KINDLERS
NEUES
LITERATUR
LEXIKON

Herausgegeben von
Walter Jens

Verlegt bei Kindler

Kindlers Neues Literatur Lexikon

CHEFREDAKTION
RUDOLF RADLER

STUDIENAUSGABE

Aa-Az

BAND 1

KINDLERS
NEUES
LITERATUR
LEXIKON

Redaktion:
Susanne Bacher, Eva Bachmann, Brigitte Hellmann, Marta Kijowska, Maria Koettnitz,
Ulrich Neininger, Dr. Meinhard Prill, Wolfgang Rössig, Dr. Henning Thies, Lydia Weber
Redaktionelle Mitarbeit:
Elisabeth Graf-Riemann, Dr. Kristine Hecker, Kirsten Hölterhoff, Dr. Sabine Laußmann,
Dr. Ulrich Prill, Dr. Helga Quadflieg, Dr. Kathrin Sitzler, Tamara Trautner,
Dr. Brunhilde Wehinger, Dr. Gerhard Wild
Bearbeitung der Bibliographien:
Dr. Leopold Auburger, Prof. Dr. Peter Bartl, Walter Bohnacker, Evamaria Brockhoff,
Dr. Uwe Englert, Dr. Susanne Ettl, Gisela Fichtl, Isaac Goldberg, Theo M. Gorissen,
Elisabeth Graf-Riemann, Dr. Günter Grönbold, Karl Groß, Dr. Sven Hanuschek,
Ingeborg Hauenschild, Sonja Hauser, Prof. Dr. Dieter Herms, Armin M. Huttenlocher,
Dr. Jan Jiroušek, Barbara Kauper, Gregor Klant, Nina Kozlowski, Bernd Kuhne,
Bruno Landthaler-Liss, Susanne Mattis, Carla Meyer, Dr. Holt Meyer,
Wilhelm Miklenitsch, Christine M. Morawa, Paul Neubauer, Kathrin Neumann,
Dr. Klaus Detlef Olof, Gabriele Otto, Uwe Petry, Claudia Rapp, Dr. Winfried Riesterer,
Christa Schmuderer, Otto M. Schneider, Andreas Schubert, Dörte Schultze,
Dr. Gerhard Seewann, Dr. Hubert Stadler, Werner Steinbeiß, Dr. Ulrike Strerath-Bolz,
Charlotte Svendstrup-Lund, Martina Urban, Anne Vogt, Dr. Christine Walde,
Dr. Eberhard Winkler, Birgit Woelfert, Markus Wolf, Dr. Ulrich Wolfart,
Drs. Rein A. Zondergeld

Die Studienausgabe wurde auf Druck- und Satzfehler durchgesehen; im Text- und
Datenbestand ist sie mit der Originalausgabe (1988–1992) identisch. Ein Nekrolog
der seit 1988, dem Erscheinungsjahr von Band 1 der Originalausgabe, verstorbenen
Autoren ist in Band 21 enthalten. Dort finden sich auch die Hinweise für die
Benutzung des Werks und die Gesamtregister.

© Copyright 1988 by Kindler Verlag GmbH München
Das Werk einschließlich aller seiner Teile ist urheberrechtlich geschützt. Jede
Verwertung außerhalb der engen Grenzen des Urheberrechtsgesetzes ist ohne
Zustimmung des Verlags unzulässig und strafbar. Das gilt insbesondere für
Vervielfältigungen, Übersetzungen, Mikroverfilmungen und die Einspeicherung
und Verarbeitung in elektronischen Systemen.
Satz: Satz-Rechen-Zentrum, Berlin
Umschlaggestaltung: Heuser, Mayer + Partner, München
Druck und Verarbeitung: C.H. Beck'sche Verlagsdruckerei, Nördlingen
Printed in Germany
ISBN 3-463-43200-5

FACHBERATER

Prof. Dr. Bozorg Alavi *(Neupersische Literatur)*
Walter Annuß M. A. *(Slovakische Literatur)*
Dr. Werner Arens *(Literatur Australiens)*
Eva Bachmann M. A.
(Portugiesische/Brasilianische Literatur)
Prof. Dr. Heinz Bechert *(Literatur der Singhalesen)*
Dr. Eva Behring *(Rumänische Literatur)*
Prof. Dr. Otto F. Best *(Jiddische Literatur)*
Prof. Dr. Uwe Böker *(Englische/Amerikanische Literatur)*
Dr. Eckhard Breitinger *(Anglophone Literatur Schwarzafrikas)*
Prof. Dr. Dietrich Briesemeister *(Spanische Literatur)*
Antonín Brousek *(Tschechische Literatur)*
Prof. Dr. Dagmar Burkhart *(Serbische Literatur)*
Bettina Clemens M. A. *(Chinesische Literatur)*
Niki Eideneier *(Neugriechische Literatur)*
Dr. Wolfgang Eitel *(Lateinamerikanische Literatur)*
Dr. Klaus Ensslen *(Schwarzamerikanische Literatur)*
Dr. Susanne Ettl *(Chinesische Literatur)*
Dr. Anat Feinberg *(Neuhebräische Literatur Israels)*
Prof. Dr. Helmut Feldmann *(Brasilianische Literatur)*
Prof. Dr. Ulrich Fleischmann *(Frankophone Literatur der Karibik)*
Dr. Aurelio Fuentes Rojo *(Spanische, katalanische und lateinamerikanische Literatur)*
Anneli Ute Gabanyi M. A. *(Rumänische Literatur)*
Dr. Antoni Gajewski *(Weißrussische Literatur)*
Dr. Günter Grönbold *(Indische/Tibetische Literatur)*
Dr. Sophia Grotzfeld *(Arabische Literatur)*
Dr. Eva Haldimann *(Ungarische Literatur)*
Prof. Dr. Bernd Henningsen *(Skandinavische Literaturen)*
Prof. Dr. Irmela Hijiya-Kirschnereit *(Japanische Literatur)*
Dr. Anna-Halja Horbatsch *(Ukrainische Literatur)*
Prof. Dr. Wolfgang Kasack *(Russische Literatur)*

Prof. Dr. Barbara Kellner
(Türkische/Turksprachige Literaturen)
Dr. Friedhelm Kemp *(Französische Literatur)*
Marta Kijowska M. A. *(Polnische Literatur)*
Prof. Dr. Fritz Peter Kirsch *(Okzitanische Literatur, Québec, Maghreb)*
Dr. E. U. Kratz *(Literaturen Südostasiens)*
Dr. Detlef Kulman *(Bulgarische Literatur)*
Prof. Dr. Ekkehard May *(Japanische Literatur)*
Dr. Christoph K. Neumann *(Türkische Literatur)*
Prof. Dr. Hans-Josef Niederehe *(Literatur des Québec)*
Prof. Dr. Karl-Heinz Nusser *(Philosophie/Soziologie)*
Dr. Klaus D. Olof *(Slovenische/Kroatische Literatur)*
Dr. Meinhard Prill *(Deutsche Literatur)*
Dr. Ray-Güde Mertin *(Brasilianische Literatur)*
Prof. Dr. Dieter Riemenschneider *(Angloindische Literatur)*
Prof. Dr. János Riesz *(Frankophone Literatur Schwarzafrikas)*
Prof. Dr. Michael Rössner *(Lateinamerikanische Literatur)*
Prof. Dr. Volker Roloff *(Französische Literatur)*
Dr. Wolfgang Schamoni *(Japanische Literatur)*
Prof. Dr. Egidius Schmalzriedt *(Literatur der griechischen und lateinischen Antike)*
Prof. Dr. Friedrich Scholz *(Lettische/Litauische Literatur)*
Eberhard Spieß *(Verfilmte Literatur)*
Prof. Dr. Tilbert Dídac Stegmann *(Katalanische Literatur)*
Dr. Thomas Steiert *(Musikliteratur)*
Manfred Weichmann M. A. *(Italienische Literatur)*
Prof. Dr. Rotraud Wielandt *(Arabische Literatur)*
Dr. Eberhard Winkler *(Finnische Literatur)*
Dr. Norbert Wolf *(Kunst- und Kulturgeschichte)*
Dr. Ulrich Wolfart *(Türkische/Turksprachige Literaturen)*
Dr. H. J. Zaborowski *(Koreanische Literatur)*
Drs. Rein A. Zondergeld *(Niederländische, Flämische und Afrikaanse Literatur)*

EINFÜHRUNG

KINDLERS NEUES LITERATUR LEXIKON – die Werkenzyklopädie der Weltliteratur von den Anfängen bis zur Gegenwart – erscheint in 20 Bänden als Neuausgabe von *Kindlers Literatur Lexikon,* dessen erster Band im Jahr 1965 veröffentlicht wurde, nach mehr als zwei Jahrzehnten in modifizierter Konzeption und inhaltlich überarbeiteter sowie wesentlich erweiterter Form. Auch KINDLERS NEUES LITERATUR LEXIKON ist ein Lexikon der Werke, d. h. das einzelne Werk wird in seiner Besonderheit betrachtet. Die Einzelbeiträge informieren über Entstehungsgeschichte und Inhalt des betreffenden Werks, geben interpretatorische und wirkungsgeschichtliche Hinweise und ordnen es in den jeweiligen geistes- bzw. literaturgeschichtlichen Zusammenhang ein. In diesem Sinne hat *Kindlers Literatur Lexikon* in der Geschichte der deutschen Lexikographie erst die Tradition des »Werklexikons« begründet. Bei der Planung der Neuausgabe haben sich Verlag und Redaktion dazu entschlossen, unter Beibehaltung des Charakters einer Werkenzyklopädie verschiedene konzeptionelle Modifikationen vorzunehmen, die die Benutzung des Lexikons vereinfachen und die zugleich eine inhaltliche Aktualisierung und Erweiterung bedeuten.

Neu ist die Anordnung der Werkbeiträge nach dem Alphabet der Autoren – eine konzeptionelle Änderung, die den Gebrauch des Lexikons erheblich erleichtern wird: Alle Beiträge zu Werken von Balzac z. B. erscheinen nunmehr unter dem Stichwort BALZAC, während in der früheren Ausgabe die Beiträge nach dem Alphabet der Originaltitel sortiert waren. Anonyme Werke und Großbeiträge bzw. »Sammelartikel«, das sind Beiträge zu Werken verwandter Thematik, die die Entwicklung eines literarischen Stoffs oder Motivs in verschiedenen Zeiten und Literaturen zeigen (z. B. *Alexanderroman; Trojaroman*), erscheinen, alphabetisch nach Titeln geordnet, nach dem Buchstaben Z des Autorenalphabets in den Bänden XVIII und XIX des Werks.

Neu ist die inhaltliche Überarbeitung eines Großteils der aus der früheren Ausgabe übernommenen Beiträge, mit dem Ziel, neue, seit der Erstausgabe gewonnene Erkenntnisse zur Entstehungs- oder Rezeptionsgeschichte oder zur Interpretation bestimmter Werke einzubringen. Darüber hinaus wurden fehlerhafte Angaben korrigiert, in Einzelfällen Beiträge auch neu in Auftrag gegeben. Soweit die früheren Autoren ausfindig gemacht werden konnten, wurden ihnen die Texte zur Kenntnisnahme und Korrektur zugeleitet.

Neu ist auch die durchgreifende Aktualisierung des bibliographischen Anhangs der Einzelbeiträge (Ausgaben; Übersetzungen; Sekundärliteratur), so daß dem Benutzer der gegenwärtige Stand der wissenschaftlichen Diskussion zugänglich gemacht wird. Um die Literaturangaben der autorenalphabetischen Anordnung des Stoffes anzupassen, wurde die wichtige Sekundärliteratur zum jeweiligen Autor vor den einzelnen Werkbeiträgen unter der Rubrik »Literatur zum Autor« angeordnet.

Neu ist schließlich die Modernisierung des Gesamtbestandes der dargestellten Werke durch zusätzliche Berücksichtigung von mehr als 2000 Werken der Gegenwartsliteratur. Daneben wurde auch der bereits in der Erstausgabe des Lexikons enthaltene Titelbestand um weitere wichtige Werke ergänzt.

Eine entscheidende Änderung betrifft die Aufnahme der Lyrik. Während in der Erstausgabe des Lexikons ausschließlich lyrische Zyklen, thematisch oder formal komponierte Gedichtbände oder bedeutende Einzelwerke dargestellt waren, bringt KINDLERS NEUES LITERATUR LEXIKON zusätzlich das Gesamtwerk der bedeutenden Lyriker – abweichend vom Prinzip des Beitrags zum Einzelwerk – in Form zusammenfassender, entwicklungsgeschichtlich angelegter Beiträge unter dem Titel »Das lyrische Werk« zur Darstellung. Es werden insgesamt etwa 1500 wichtige Lyriker in dieser Form vorgestellt.

Band XX von KINDLERS NEUEM LITERATUR LEXIKON wird neben den Registern zum Gesamtwerk Essays zu den mehr als 130 Nationalliteraturen enthalten, deren Werke in den etwa 19 000 Einzelbeiträgen des Lexikons dargestellt sind.

Wie schon *Kindlers Literatur Lexikon* will auch KINDLERS NEUES LITERATUR LEXIKON keine Enzyklopädie im traditionellen Sinne sein, es will nicht nur eine Bestandsaufnahme sein, sondern darüber hinaus neue Wertungen ermöglichen. Im Hinblick auf die Vielzahl der in diesem Lexikon präsentierten Literaturen wäre eine Auswahl, die sich auf allgemein anerkannte Meisterwerke beschränkt, ohnehin zufällig und fragwürdig. Die ästhetischen Kategorien, die in der abendländischen Literatur seit Aristoteles entwickelt worden sind, haben keine Gültigkeit für Werke, die in ganz anders strukturierten Kulturbereichen entstanden und andere Lebenshaltungen spiegeln. Diesem gewandelten Begriff der Weltliteratur muß aber auch ein gewandelter Begriff des literarischen Einzelprodukts entsprechen. Es sind daher in dieses Lexikon auch Schriftwerke aus allen Zweigen der Geistes- und Naturwissenschaften einbezogen worden, soweit sie die Entwicklung der Geschichte, das Gesicht einer Nation, eines Volksstammes mitbestimmt haben. Doch nicht nur die großen Schöpfungen des menschlichen Geistes prägen das Bild einer Epoche. Auch das Triviale, der als Bestseller verbreitete Unterhaltungsroman, die zu Unrecht in Vergessenheit geratene Schrift eines Außenseiters und nicht zuletzt die Zeugnisse der Unmenschlichkeit vom *Hexenhammer* bis zu Hitlers *Mein Kampf,* repräsentieren die Zeit, in der sie – wenngleich oft in außerliterarischer Sphäre – Einfluß gewannen. Die bedeutsamsten, typischsten Erscheinungen dieser Art wurden ebenfalls berücksichtigt.

In Anbetracht der zahllosen Einzeltitel eines schriftstellerischen Lebenswerks konnten kurze, ursprünglich nicht separat in Buchform veröffentlichte Erzählungen und Essays nur in solchen Fällen aufgenommen werden, wo es sich um singuläre und exemplarische Leistungen oder literarische bzw. historische Dokumente einer bestimmten Epoche, einer bestimmten Gattung oder Form handelt (z. B. Kleists Aufsatz *Über das Marionettentheater*; E. A. Poes *The Murders in the Rue Morgue*; Gogol's *Šinel'* – *Der Mantel*).
Erzählungs- oder Novellenbände sind nur dann aufgeführt, wenn sie nicht eine zufällige Folge mehrerer Einzelstücke bieten, sondern ein zyklisch angelegtes oder in einer anderen Weise hinlänglich in sich geschlossenes Werk darstellen (z. B. G. Kellers *Sieben Legenden*); Geschichten-, Essay- und Aphorismensammlungen nur dann, wenn sie als Einheit in die Literaturgeschichte eingegangen sind (z. B. die *Essais* von Montaigne). Briefe und Memoiren erscheinen im vorliegenden Lexikon nur dann, wenn der private, autobiographische Charakter hinter dem Gedankenaustausch über Fragen von allgemeinerem Interesse zurücktritt (z. B. in den Briefwechseln zwischen Schiller und Goethe, Richard Strauss und Hofmannsthal, Hannah Arendt und Karl Jaspers), wenn die Briefform der Darlegung einer Lehre dient (z. B. die *Briefe Platons*), und wenn Brief, Bekenntnis, Lebensrückblick, Tagebuch zur Kunstform geraten, Wahrheit zur Dichtung geworden ist, die Niederschrift subjektiver Erfahrung zu einem historischen Dokument (z. B. Kafkas *Brief an den Vater*, Börnes *Briefe aus Paris*, Saint-Simons *Mémoires*, Samuel T. Coleridges *Biographia Literaria*, Anne Franks Tagebuch *Het achterhuis*, Bismarcks *Gedanken und Erinnerungen*).
Gelegentlich zwang die Einbeziehung früher Literaturen oder wenig differenzierter Traditionen auch dazu, das Werklexikon dort, wo originale Einzeltitel fehlen, zum Reallexikon zu modifizieren (z. B. *Ägyptische Totenliteratur; Altpersische Keilinschriften; Irische Annalen; Koptische Homiletik; Veda*). Umfangreiche Sammel- und Reihenwerke (z. B. die *Bibel*, die *Comédie humaine* von Balzac) oder von der Wissenschaft als Einheit behandelte Zyklen (z. B. *Edda;* der spanische *Romancero*) werden unter diesen Stichwörtern nur entstehungs- und wirkungsgeschichtlich dargestellt, im übrigen wird auf die an anderer Stelle ausführlich beschriebenen Einzeltitel verwiesen. Ausgesprochene Fachliteratur, Kompendien, populärwissenschaftliche Sachbücher und anderes Gebrauchsschrifttum wurden generell nicht aufgenommen.
Bei der Aufgabe, das Bild von den Literaturen der Welt aus Einzeldarstellungen ihrer Werke wie ein Mosaik zusammenzufügen, sah sich die Redaktion immer wieder vor Problemen, die nicht durch strikte Einhaltung der an sich maßgebenden Konzeption zu lösen waren. Keine der aufgestellten Regeln konnte für alle Bereiche gelten, auf alle Erscheinungen von Sprache und Literatur angewendet werden. Auch die Kriterien einer hochentwickelten Ästhetik erwiesen sich oft als unanwendbar, z. B. dann, wenn der Rang eines Werks nur relativ zum Entwicklungsstand einer Literatur eines Volkes oder einer bestimmten Zeit gemessen werden kann. Es leuchtet ein, daß »Wert« oder »Wirkung« eines bedeutenden lettischen oder türkischen Romans des 19. Jahrhunderts nicht mit denen eines bedeutenden russischen, englischen oder französischen dieser Zeit zu vergleichen sind.
Gleichwohl war und ist es das Ziel, in der hier getroffenen Auswahl der Werke ein den jeweiligen eigenständigen historischen Voraussetzungen und Entwicklungen entsprechendes Bild der einzelnen Nationalliteraturen zu vermitteln, das in vielen Fällen nicht den durch deutsche Übersetzungen einzelner Werke ermöglichten Erkenntnissen entspricht.
Die Schwierigkeiten, eine zutreffende Auswahl wichtiger Werke zu treffen, wachsen mit dem Grad der angestrebten Aktualität. KINDLERS NEUES LITERATUR LEXIKON stellt sich hier bewußt der Diskussion einer Kanonbildung, trägt im Rahmen gebotener Möglichkeiten sicher dazu bei. Es versteht sich in diesem Sinn eher als Forum, auf dem produktive Prozesse sichtbar werden, nicht so sehr als Museum der Meisterwerke.
Gerade die Literaturen Afrikas und Lateinamerikas, die Gegenwartsliteratur Israels oder des frankophonen Kanadas sind Beispiele dafür, daß in den letzten Jahrzehnten neue Regionen literarischer Produktivität entstanden sind, die einer eurozentrischen Betrachtungsweise jede Berechtigung entziehen, sie als provinziell diskreditieren.
Im übrigen aber ist es der Benutzer und Leser, dem es überlassen bleibt, den Akt einer vergleichenden Literaturerkenntnis zu vollziehen, für den KINDLERS NEUES LITERATUR LEXIKON das Material in größter Breite zur Verfügung stellt.
Unter diesen Voraussetzungen erwies sich die Vereinheitlichung der Betrachtungsweise von etwa 1000 Mitarbeitern als nur begrenzt möglich – aber auch als wenig wünschenswert. Dieses Lexikon kann und will auf keiner Seite verleugnen, daß es das Werk höchst unterschiedlicher Temperamente ist. Es sind hier alle Darstellungsmöglichkeiten versammelt, die zwischen dem nüchternen Bericht des strengen Fachgelehrten und der souveränen Interpretation ebenso kenntnisreicher wie gewandter Essayisten vorstellbar sind. Sie alle verband nur die eine Pflicht, dem Werk, über das sie schrieben, gerecht zu werden.
In jedem Fall will KINDLERS NEUES LITERATUR LEXIKON zu den Werken hinführen, selbst dann, wenn mit der gebotenen Information eine kritische Stellungnahme verbunden ist. Keinesfalls will das Lexikon die Lektüre der dargestellten Werke überflüssig machen.

Die Redaktion

WALTER JENS

NATIONALLITERATUR UND WELTLITERATUR – VON GOETHE AUS GESEHEN

»Es giebt 3 Hauptmenschenmassen – Wilde – zivilisirte Barbaren – Europaeer. Der Europaeer ist so hoch über den Deutschen, wie dieser über den Sachsen – der Sachse über den Leipziger. Über ihn ist der Weltbürger. Alles Nationale, Temporelle, Locale, Individuelle läßt sich universalisiren, und (derart) ... canonisiren und *allgemein* machen«[1]: So lautet, formuliert am Ende des 18. Jahrhunderts, die Notiz eines sächsischen Salineninspektors, die ebenso rasch wie griffig niedergeschriebene Maxime Friedrich von Hardenbergs, alias Novalis, in der jene Dialektik von Nationellem und Weltbürgerlichem, Provinziellem und Universalem definiert wird, die sich in Deutschland, zwischen Aufklärung und Romantik, thematisiert sieht und heute, im Zeichen der *one world*, entschiedener als je zuvor debattiert werden will.
Wie, lautet die Frage, ist das Spannungsverhältnis zwischen Partikulärem, dem Selbstbehauptungswillen junger Völker, und dem Allgemeinen, der transnationalen Weltkultur, fruchtbar zu realisieren? Wie muß eine Zivilisation beschaffen sein, die das Eigenständige und Unverwechselbare nicht unterdrückt, ohne dadurch die Kommunikation innerhalb der Völkerfamilie zu gefährden? Wie kann einer zugleich Leipziger (oder, in unseren Tagen, Kolumbianer, Nigerianer, Indio) und, als Partizipant der modernen, das abgelegenste Dorf erreichenden Massenmedien, Weltbürger sein?
Der Prozeß zunehmender Universalisierung der Literatur, soviel scheint sicher, ist irreversibel – ein Prozeß, der am Ausgang des achtzehnten und zu Beginn des neunzehnten Jahrhunderts im deutschen Sprachraum inauguriert wurde, als, mit dem Blick auf die geeinten, kulturell selbstbewußten Nationen des Westens, Engländer und Franzosen, die Vorredner des zersplitterten, hauptstadtlosen und gesellschaftlich unorganisierten Landes die Frage stellten, mit welchen Mitteln eine Nicht-Nation, wie die deutsche, die sich abzeichnende europäische Kultur mitbestimmen, ja, vielleicht sogar anführen könnte.
Ließe sich's denken, lautete die Frage, von Hardenberg oder von Schiller artikuliert, daß die zu spät Gekommenen die Ersten sein würden: Deutschland, die letzte Nation, Europas Herz – Deutschland, vom Schicksal bestimmt, wie Schiller 1797 im Fragment *Deutsche Größe* formulierte, »die Menschheit, die allgemeine, in sich zu vollenden und das Schönste, was bei allen Völkern blüht, in einem Kranz zu vereinen?« Die Deutschen – Habenichtse, deren Armut plötzlich, im Rahmen europäischer Gesittung, ins Königtum umschlüge?
»Jedem Volk der Erde« – noch einmal Schillers Vision – »glänzt ... sein Tag in der Geschichte, wo es strahlt im höchsten Lichte und mit hohem Ruhm sich kränzt. Doch des Deutschen Tag wird kommen, wenn der Zeiten Kreis sich füllt.«[2]
Wieder und wieder wird am Ende des 18. Jahrhunderts die Aufhebung jener deutschen Misere, wie sie Goethe, politische Zerstückelung benennend, im *Literarischen Sansculottismus*, oder Wieland im Traktat *Der Eifer, unsrer Dichtkunst einen National-Charakter zu geben etc.* beschrieb ... wieder und wieder wird die Verwandlung der deutschen Bettler in die deutschen Könige, die große Metamorphose der verhinderten Nationalschriftsteller in Protagonisten einer europäisch, ja, weltbürgerlich bestimmten Allgemein-Literatur vorgetragen: »Der Deutsche«, so Friedrich von Hardenberg, »ist lange das Hänschen gewesen. Er dürfte aber wohl bald der Hans aller Hänse werden.«[3]
Werden? Erst *werden*? Oder stand, aller Welt sichtbar, das kleine Hänschen nicht schon hier und jetzt als ein mächtiger Hans da, an dessen Hof sich die Völker, vertreten durch illustre Geister aus aller Welt, ein Stelldichein gaben? Der König, der da kommen sollte, Hans I., präfiguriert in einem Schriftsteller, der, in Theorie und Praxis, die Dialektik von Aktualität und Potentialität, will heißen: von National- und Weltliteratur, exemplarisch dargestellt hatte?
In der Tat, wenn einer den um 1800, im Kreis der Romantiker, beschriebenen Umschlag von nationaler Poesie in eine (aus Deutschland kommende) progressive Universalliteratur gültig und zeichensetzend formuliert hatte, dann ist es Goethe gewesen: Goethe, der die schwärmerische Antizipation einer allgemeinen, von den Deutschen vorweg bestimmten Dichtung ins Praktikable, Nüchtern-Wirkliche kehrte. Keine Rede von jenen Deutschen, die, nach Schiller, vom Weltgeist erwählt seien, »nicht im Augenblick zu glänzen ..., sondern den großen Prozeß der Zeit zu gewinnen«; keine Rede auch vom Novalisschen Deutschen, der dabei sei, sich mit allem Fleiß »zum Genossen einer höheren Epoche der Cultur« zu bilden (»und dieser Vorschritt muß ihm ein großes Uebergewicht über die Anderen im Lauf der Zeit geben«[4]);

statt dessen gelassene Meditation über die Frage, wie sich aus partikulärer Abgeschiedenheit und borniertem Für-sich-Sein schrittweise (organisch und nicht mit einem spekulativen Salto mortale) eine zu allgemeiner Partizipation fähige kommunikable Kultur machen ließe.
Wie das geschehen könne? Bedachtsam auf jeden Fall, im Prozeß jenes allmählichen Aufstieges, dessen Stationen Goethe, nicht lange vor seinem Tod, in einem *Promemoria* benannte, das, bei der Einweihung des Weimarischen Lesetheaters, dem Kanzler von Müller zur gefälligen Berücksichtigung bei einer Rede oder einem festlichen Gedicht dienen sollte.
Drei Stufen, so Goethe, seien zu überschreiten, ehe sich der Wanderer (der, frei nach Novalis, vom Leipziger zum Weltbürger aufsteigen wolle) am Ziel dünken könne. Zunächst gelte es, den engen Zirkel einer – *idyllisch* genannten – Epoche zu verlassen und aus Kreisen zu scheiden, wo man nur dem Freunde vertraue und die Geliebte besänge: häuslich-familiären Kreisen, in denen die Muttersprachler sich, nur an ihre eigene Existenz denkend, allem Fremden gegenüber versperrten.
Danach, in einer zweiten, der *sozialen oder civischen* Epoche, käme es darauf an, die engen Kreise zu erweitern und miteinander, in beschränktem Rahmen, zu kommunizieren, wodurch sich lebhafte Zirkulation ergebe und fremde Sprachen Einlaß gewännen, ehe, in der dritten, *allgemeineren* Epoche, bei nach wie vor bestehenden Scheidegrenzen, das Berühren und Sich-Verschmelzen von Kreis zu Kreis wüchse, so daß sich langsam gemeinsame Absichten und Wünsche herauskristallisierten und ein Kommunikations-Netz entstünde, das *conditio sine qua non* der höchsten Epoche sei, der *universellen*, deren Realisierung nicht von Wunschträumen und hochfahrender Spekulation, sondern, höchst real, von den Weltläuften abhinge: vom gesellschaftlichen *Kairos*.
»Daß sie aber *universell* werde« (die allgemeine Epoche), läßt Goethe seinen Festredner wissen, »dazu gehört Glück und Gunst, deren wir uns gegenwärtig rühmen können. Denn da wir jene Epochen, seit vielen Jahren, treulich durchgefördert, so gehört ein höherer Einfluß dazu, das zu bewirken was wir heute erleben: die Vereinigung aller gebildeten Kreise, die sich sonst nur berührten, die Anerkennung eines Zwecks, die Überzeugung, wie notwendig es sei, sich von den Zuständen des augenblicklichen Weltlaufs, im realen und idealen Sinne, zu unterrichten. Alle fremde Literaturen setzen sich mit der einheimischen ins gleiche, und wir bleiben im Weltumlaufe nicht zurück.«[5]
Sage dem Beschränkt-Familiären Valet, lieber Deutscher, heißt die Devise, begib dich hinaus ins offene Land, setze dich, statt Nationelles zu verabsolutieren, in freundlichen Bezug zu ferneren Zirkeln, erlerne Sozialität und geselligen Sinn: So und nicht anders wirst du, im Prozeß des großen Weltumlaufs, Schritt halten mit den anderen Völkern. Evolution ist angezeigt und keine kopernikanische Wendung: Evolution mit dem Ziel, das Heimische nicht preiszugeben, sondern es, in freundlichem Austausch mit Fremdem, auf höherer – ja, auf der höchsten – Stufe zu bewahren.
Die Stunde, so Goethe, sei günstig, das Menschengeschlecht schreite auf allen Gebieten voran: ein Narr, wer sich abseits hielte – ausgerechnet jetzt – in den Niederungen der Lokalität, statt auf den Höhen (wie es 1827, in der hauseigenen Zeitschrift ›Über Kunst und Altertum‹ heißt) die »weiteren Aussichten der Welt- und Menschenverhältnisse« ins Auge zu fassen.
»Wie es auch im Ganzen hiemit beschaffen sein mag ..., (so) will ich doch von meiner Seite meine Freunde aufmerksam machen, daß ich überzeugt bin, es bilde sich eine allgemeine *Weltliteratur*, worin uns Deutschen eine ehrenvolle Rolle vorbehalten ist.«[6] Man sieht, von nationalem Enthusiasmus ist in jenem Jahr, da Goethe den Begriff Weltliteratur prägt[7], keine Rede: Man habe sich einzureihen und die *anmarschierende* Kolonne von Poeten unterschiedlicher Prägung und Nationalität nicht vorbeiziehen zu lassen, sondern in der Phalanx entschlossen mitzumarschieren – das sei ehrenvoll genug.
Passé, für immer passé: die Zeit der patriotischen Poesie; eingeläutet: der Äon der Weltliteratur; Befehl an alle Vernünftigen: »mitzuwirken, diese Epoche zu beschleunigen« ... eine Epoche, deren Ambiente Goethe unter dem Oberbegriff, seinem ästhetisch-politischen Lieblingswort, »gesellig« ausmalte.
Vom »großen Zusammentreten« ist da die Rede, von »freundlichen Schritten«, »weiterer Aussicht« und »erleichterter Kommunikation«, von »lebhafter Verbreitung«, »Heil und Segen«, von »Kenntnisnahme aller«, kurzum, von urbanem Austausch und angenehmem, Humanität, Gesittung und Friedfertigkeit beförderndem Einander-Gewahren.
»Es ist schon einige Zeit von einer allgemeinen Weltliteratur die Rede« – Einleitung zu Carlyles *Leben Schillers* –, »und zwar nicht mit Unrecht: denn die sämtlichen Nationen, in den fürchterlichsten Kriegen durcheinander geschüttelt, sodann wieder auf sich selbst einzeln zurückgeführt, hatten zu bemerken, daß sie manches Fremdes gewahr worden, in sich aufgenommen, bisher unbekannte geistige Bedürfnisse hie und da empfunden. Daraus entstand das Gefühl nachbarlicher Verhältnisse, und anstatt daß man sich bisher zugeschlossen hatte, kam der Geist nach und nach zu dem Verlangen, auch in den mehr oder weniger freien geistigen Handelsverkehr mit aufgenommen zu werden.«
Weltliteratur, Welthandel, Weltbürgerlichkeit: Im Zeichen dieser Trias beschreibt Goethe eine Universalität der Poesie, die durch Übersetzungen, wechselseitige Korrekturen unter den Völkern, durch allgemeine Achtung und Duldung, entschiedenes *symphilologein*, also gemeinsamen Wissenschaftsbetrieb, durch den

Ausgleich nationaler Differenzen und, dies vor allem, durch das Gesetz jener nützlichen Verfremdung bestimmt sei, die das Eigene im Spiegel des Fremden überzeugender als noch so intensive Selbst-Beschauerei verdeutliche: »Es ist ... sehr artig« – Gespräch mit Eckermann am 15. Juli 1827 –, »daß wir jetzt, bei dem engen Verkehr zwischen Franzosen, Engländern und Deutschen, in den Fall kommen, uns einander zu korrigieren. Das ist der große Nutzen, der bei einer Weltliteratur herauskommt und der sich immer mehr zeigen wird. Carlyle hat das Leben von Schiller beschrieben und ihn überall so beurteilt, wie ihn nicht leicht ein Deutscher beurteilen wird. Dagegen sind wir über Shakespeare und Byron im klaren und wissen deren Verdienste besser zu schätzen als die Engländer selber.«

Weltliteratur – auf den Begriff gebracht und zugleich praktiziert: Goethe hatte seinen Spaß daran, das für recht Erkannte unverzüglich in die Tat umzusetzen – botanische Arbeiten, ingeniös und witzig, ins Französische übersetzt, die Übersetzung Freund Soret vorgelegt, der sich unverzüglich ans Polieren und Ausfeilen machte: mit dem Ergebnis, daß im Französischen sich plötzlich elegant und verständlich ausnahm, was im Deutschen eher dunkel klang.

Übersetzung als Eingemeindung: »Dies«, heißt es am 24. April 1831, »sind die unmittelbaren Folgen der allgemeinen Weltliteratur, die Nationen werden sich geschwinder der wechselseitigen Vorteile bemächtigen können.«

Können schon – wenn sie nur *wollen*! Wenn sie mitspielen, auf den Markt gehen und, von Handelsmann zu Handelsmann, miteinander verkehren! Doch in diesem Punkt eben hatte Goethe seine Bedenken und fürchtete, daß die Deutschen – und das in einem Augenblick, da die anderen Nationen, überzeugt vom Geist Weimars, sich nach ihnen umschauten: derart ermöglichend, daß man nicht nur in London und Paris, sondern auch in Berlin oder München »eine schöne Rolle« spielen konnte ... Goethe fürchtete, daß die Deutschen, ausgerechnet in diesem Augenblick, ihre Aufgabe im Rahmen der literarischen Weltfamilie verspielten – ängstlich bei dem Gedanken verharrend, wie viel sie, dank mangelnder gesellschaftlicher Organisation, zu verlieren hätten bei freier Konkurrenz auf europäischem Markt.

Bedenken, berechtigte, von Goethe akzeptierte Bedenken: »Jetzt, da sich eine Weltliteratur einleitet, hat, genau besehen, der Deutsche am meisten zu verlieren; er wird wohl tun, dieser Warnung nachzudenken.«[8]

Berechtigte, aber auch überwindbare Bedenken, Gefahren, derer die Deutschen Herr werden könnten, wenn sie ihr Eigenes, statt es vor den Blicken der Umwelt zu hüten, entschieden zu Markte trügen und sich zu ihrer Ware bekennten; wenn sie sich nicht blenden ließen durch fremden Flitter, statt es, unvertraut mit Konventionen und Gepflogenheiten urbanen Verkehrs, für opportun zu halten, das – gestern befürchtete – Fremde heute kritiklos zu bewundern: nur weil's in Mode sei, und ohne zu fragen, ob's einem nütze und zu einem passe.

»Die Übertriebenheiten, wozu die Theater des großen und weitläufigen Paris genötigt werden«, schreibt Goethe im März 1829 an Zelter, »kommen auch uns zu Schaden, die wir noch lange nicht dahin sind, dies Bedürfnis zu empfinden.«[9]

Hüben die Weltstadt, die, als geschmacksbildende Metropole, den Stil der Grande Nation bestimmte, und drüben das *Aggregat* (ein Ausdruck Wielands) der Duodezfürstentümer; hier das gesellige Land und dort das Volk, in dem jedermann nur mit sich selbst beschäftigt sei; auf der einen Seite die geistreichste Nation und auf der anderen das Volk, das »Schwach- und Eigensinn« für Genialität hält: Goethe ist nicht müde geworden, das der Weltliteratur Förderliche und das ihr Konträre am Beispiel französischer Soziabilität und deutscher Eigenbrötelei zu exemplifizieren: »Das Mindeste«, teilte er am 2. April 1828 Nees von Esenbeck mit, »was ein Franzos nur schreibt und vorträgt, ist ... an eine große Gesellschaft gerichtet ..., die er zu überreden wünscht; der Deutsche, wenn er es sich selbst recht macht, glaubt alles gethan zu haben.«[10]

Da wird eine Antithese entworfen, die, von Goethe exemplarisch formuliert, die europäischen Literatur-Debatten bis ins 20. Jahrhundert hinein prägt. »Buntscheckigkeit«, »Sucht nach Originalität«, »Absonderung und Verisolierung«: dieser erzdeutsche Nationalcharakter, über den der alte Goethe sich indigniert zeigte und dessen Besonderheit er durch Vergleiche mit den praktischen Engländern und den geselligen Franzosen zu veranschaulichen suchte (»Franzosen und Engländer ... richten sich nach einander ... und ... fürchten, von einander abzuweichen, um sich nicht auffallend oder gar lächerlich zu machen. Die Deutschen aber gehen jeder seinem Kopfe nach ... (einer) fragt nicht nach dem Andern«)[11] ... dieser erzdeutsche Nationalcharakter wurde, vor allem mit Hilfe der Gegenüberstellung von engagierter und reiner Literatur, rhetorisch-aufklärerischer Publizistik und aus dem Herzen strömender Dichtung, ein Jahrhundert lang von der Linken attackiert und von der Rechten verteidigt: Wo Thomas Mann, in den *Betrachtungen eines Unpolitischen*, das illiterate Land zu verteidigen sucht, preist Bruder Heinrich die Heimat jenseits des Rheins, das Land der Zivilisation und der Literatur.

Genialische Eigenbrötelei gegen weltläufige Urbanität: In diesem Zeichen entwickelt sich die Goethesche Opposition von Welt- und Nationalliteratur zum Muster einer Generaldebatte, in deren Verlauf die demokratischen, über den Ozean hinüber nach Amerika blickenden Westler eine Bataille um Kopf und Kragen gegen die auf einen doktrinären Nationalismus eingeschworenen Apologeten des »geheimen

Deutschlands«, mit den Jüngern Stefan Georges an der Spitze, ausfochten – eine Bataille, die ebensosehr durch starre Frontziehungen wie plötzliche Flügelwechsel – Musterbeispiel Thomas Mann – und Vermittlungsversuche in letzter Stunde gekennzeichnet sind: Appelle, wie Hofmannsthals Ansprache am 10. Januar 1927 in der Universität München, *Das Schrifttum als geistiger Raum der Nation*, in der französischen Identität von Geist und Gesellschaft, Literatur und Wirklichkeit *und* der »geheime Konsensus – all dieser Abseitigen, Ungekannten, von Geistesnot sich selber berufen Habenden«[12], Diesseitigkeit der belles lettres *und* Weltlosigkeit der Poesie als gleichberechtigte Ausdrucksformen erscheinen ... wobei es charakteristisch ist, daß die Franzosen, mehr amüsiert als berührt durch den binnendeutschen Literaturstreit in Goethes Spuren, sich eher distanziert verhielten bei diesem Gefecht, während Deutsche und Österreicher, zwischen der Jahrhundertwende und dem Ende des Faschismus, sich mit nimmermüdem Elan, im Namen der Kultur, gegen die zerstörerischen Kräfte einer internationalistischen Zivilisation in die Arena stürzten. (Nur die Schweizer hielten sich abseits – kein Wunder, wenn man bedenkt, daß Rütlischwur und Dreisprachigkeit offenbar jene Symbiose von Nation und Welt schaffen können, auf die, gelassen und souverän, Gottfried Keller in seinem Essay *Vermischte Gedanken über die Schweiz* verwies, in dem er sein Land nicht nur als die Nation weltläufiger Eidgenossen, sondern als Heimat vernünftigen Freisinns beschrieb: »Wenn ein Ausländer die schweizerische Staatseinrichtung liebt, wenn er sich glücklicher fühlt bei uns als in einem monarchischen Staate ..., so ist er ein so guter Schweizer als einer, dessen Väter schon bei Sempach gekämpft haben.«[13]

Glückliche Schweiz, unglückliches Deutschland, mit seiner fehlenden Nationalkultur, Bildung und Geselligkeit, die, in der Folge Goethes, nicht zuletzt von den Landeskindern apostrophiert wurden, wenn es galt, Gesittung mit Tolpatschigkeit und weltläufige Politesse mit anarchoidem Tiefsinn zu konfrontieren. »Sagt, ist noch ein Land außer Deutschland, wo man die Nase eher rümpfen lernt als putzen?«[14] – ein Satz von Lichtenberg: aus englischer Sicht formuliert. Goethe hätte beim Anhören dieses Bonmots nicht nur gelacht, sondern wahrscheinlich laut geklatscht; er liebte es, wenn Patriotisch-Borniertes sich konterkariert sah, und hatte keinen Sinn für nationale Wissenschaft und Kunst. Literatur gehörte für ihn der Welt und nicht einem Volk. Gewiß, er pries, von Herder belehrt, ihren individuellen Charakter, schätzte das Unverwechselbare einer Poesie, die sich noch im Abgelegensten zeige, bei fernen Völkern und in scheinbar primitiven Kulturen – und lobte sie doch nicht um ihrer selbst willen, sondern wegen der »Zugabe zum großen und allgemeinen poetischen Fest« der Völker, für das sie aufbewahrt werden wolle.

Nicht Leugnung, sondern *Transzendierung der Nationalpoesie* war Goethes Geschäft: Fortsetzung, nicht Abbruch jener Herderschen Bestrebungen, die darauf abzielten, das Individuelle und Nationalliterarische nicht isoliert und statisch für sich zu betrachten, sondern es »fortschreitend im großen Gange der Zeiten und Völker wirken zu sehen«.

Wenn Goethe etwas an Herders poetischer Vision faszinierte, dann war es der Gedanke der Kontemporaneität, der den Nachfahren in den Stand setzte, imaginäre Gespräche mit Kompatrioten im Reich der Dichtung zu führen und Lebende so gut wie Tote zum geselligen Gespräch an seine Tafel zu laden, mit »Morgenländern«, Griechen und Römern sowie »den edelsten Geistern« Italiens oder Frankreichs zu sprechen und im Verlaufe solcher Konversation zu bemerken, mit welcher Überzeugung jedermann, einerlei, ob er nun Homer, Dante oder Shakespeare heiße, seine Gedanken – hier in freundlicher, dort in mitreißender Rede – derart zu formulieren suche, daß sie die Nachwelt, über Jahrhunderte hinweg, entzückten und überzeugten.[15]

Kein Zweifel, Goethe hätte zustimmend genickt, wenn ihm von Herder der Gedanke einer allen Völkern gemeinsamen Ur- und Welt-Poesie dargelegt worden wäre (es sollte ja *sein* Gedanke werden, Jahrzehnte nach Herders Tod), und er hätte auch zugestimmt, wenn Georg Forster (als Politiker, wie bekannt, nicht gerade nach Goethes Geschmack) ihm die Vorrede zu seiner, Forsters, Sakontala-Übertragung erklärt hätte, in der es heißt, daß »die zartesten Empfindungen, deren das menschliche Herz fähig ist, sich so gut am Ganges und bei dunkelbraunen Menschen, wie am Rhein, am Tiber, am Ilissus bei unserem weissen Geschlechte äussern konnten.«[16]

Goethe hätte sich, weiterhin, beifällig geäußert, wenn ein imaginärer Ernst Robert Curtius, Erich Auerbach oder Victor Lange seinerzeit über die griechischen, römischen, christlich-lateinischen Weltliteraturen und den Zusammenbruch gemeinsamer Bildungstradition im nationalstaatlich geprägten 18. Jahrhundert doziert haben würde[17], über das Ende der normativen, alle partikulären Literatur-Aufstände niederschmetternden Ästhetik und den Schwanengesang jener uniformen Geschmackskultur in Europa, dem Voltaire präludierte, als er es wagte, dem Abendland, mit dem Blick auf die der europäischen Poesie keineswegs nachgeordneten Literaturen Indiens und Chinas[18], seine universale Geltung zu nehmen.

Und er hätte schließlich auch genickt, der Alte in Weimar, ein bißchen widerwillig allerdings (wegen der Person des Redenden), wenn Friedrich Schlegel, Voltaire zur Raison bringend, nun wiederum auf dem allgemeinen Charakter der europäischen Literatur, ihrem Aufeinander-angewiesen-Sein und dem Bedürfnis insistiert hätte, sich wechselseitig zu stützen.

Kurzum, man hätte in Weimar genickt und geklatscht und gelächelt, wann immer die Mitunterredner, die lebenden und gestorbenen Kontrahenten, von transnationalen Bezügen, von Dialektik zwischen dem Nationalen und dem Menschheitlichen, von Geben und Nehmen, vielfacher Spiegelung und der Verpflichtung der Literaturen gesprochen hätten, das gemeinsame Erbe im niemals abzuschließenden Prozeß des Weiter- und Anders- und Besser-Machens aufzuheben.

Universale Kenntnis, weltweite Toleranz und Wetteifer in allen Ländern und Zeiten, Konkurrenz mit dem Ziel, zu jenem Allgemein-Menschlichen beizutragen, dessen Beförderung über die Qualität (genauer: den Humanitäts-Grad) der einzelnen Literaturen befände: Ja (hätte Goethe sagen können), dies, und vieles andere außerdem, sei ihm ganz aus dem Herzen gesprochen – und am Ende des ersten Jahrhundertviertels gottlob nicht nur ihm: »Offenbar«, hört man 1827 aus Weimar, »ist das Bestreben der besten Dichter und ästhetischen Schriftsteller aller Nationen schon seit geraumer Zeit auf das allgemein Menschliche gerichtet. In jedem Besondern, es sei nun historisch, mythologisch, fabelhaft, mehr oder weniger willkürlich ersonnen, wird man durch Nationalität und Persönlichkeit hindurch jenes Allgemeine immer mehr durchleuchten und durchschimmern sehn. Da nun auch im praktischen Lebensgange ein gleiches obwaltet und durch alles Irdisch-Rohe, Wilde, Grausame, Falsche, Eigennützige, Lügenhafte sich durchschlingt, und überall einige Milde zu verbreiten trachtet, so ist zwar nicht zu hoffen, daß ein allgemeiner Friede dadurch sich einleite, aber doch daß der unvermeidliche Streit nach und nach läßlicher werde, der Krieg weniger grausam, der Sieg weniger übermütig.«

Weltliteratur als die große, Toleranz, Besonnenheit, Milde und Menschlichkeit in ihre Rechte setzende Universal-Agentur: Ist, gilt es zu fragen, der Dichtung jemals so behutsam und verpflichtend ihre erste und höchste Aufgabe vorgeführt worden wie in Goethes Brief an Carlyle: »*Das Beste herzlich wünschend, treu teilnehmend. Weimar, d. 20. Juli 1827*«?[19]

Und wieviel Nüchternheit, Skepsis und Besonnenheit dabei; kein Schlegelscher Traum von progressiver Universalpoesie; kein Orakeln, im Sinne der Phantasmagorie des anderen Schlegel, August Wilhelm, von einer »nicht bloß als wilde Naturergießung zum Vorschein gekommene, sondern zu echter Kunst vollendete, nicht bloß national oder temporär interessante, sondern universelle und unvergängliche Poesie«[20] – und auch kein vorzugsweise auf erlauchte Tote zurückgreifender Exkurs, sondern, ganz im Gegenteil, eine handfest-praktikable Analyse für Zeitgenossen.

Wenn Goethe über Weltliteratur redet, dann werden nicht Shakespeare und Dante, Homer und Calderón auf die Bühne zitiert, dann spricht kein romantisierender *laudator temporis acti*, kein Grillparzer, der die fünfundzwanzig Bände der »Comedias« seines geliebten Lope de Vega mindestens viermal durchlas[21] und darüber den Tag und die Stunde vergaß – und schon gar nicht ein Georgeaner, der, über die *Divina Comedia* gebeugt, naserümpfend der »Jahrzehntmänner« vom Schlage C. F. Meyers, Fontanes oder Thomas Manns gedenkt – im Privatbrief natürlich (so Friedrich Gundolf an Freund Ernst Bertram[22]) und nicht etwa in Publikationen.

Und dagegen nun Goethe: immer auf der Höhe der Zeit, ein Literat durch und durch[23] – kein Seher aus deutschem Gefild, sondern ein Publizist von internationaler Couleur, übersetzungslustig, erpicht auf literarische Fehden, alleweil *rerum novarum cupidus*: neugierig also, ein fanatischer Zeitschriften-Leser. ›Le Globe‹ und ›Edinburgh Review‹ konnten nicht schnell genug kommen, Tages-Gazetten waren beliebt am Frauenplan, und was die Weltliteratur betraf, nun *in concreto*, so war für Goethe, wie gesehen, die *Kontemporaneität*, der Verkehr mit den Kollegen aus allen Räumen und Zeiten, zwar wichtig, aber bedeutsamer, weil Spaß und Spannung erzeugend, galt ihm doch die *Simultaneität*, das Mitreden, Mitbezeugen, Mitberaten im Augenblick.

Kein Wunder, so betrachtet, daß manche Äußerung über Probleme der weltliterarischen Kommunikation sich ausnimmt, als spräche ein PEN-Präsident, ein Promotor der Gruppe 47 oder, besser noch, der Vorsitzende eines Ärzte-Verbandes, der seine Kollegen im In- und Ausland ermuntert, sich nicht länger im Schneckenhaus zu verkriechen, sondern die internationalen Kongresse so oft wie möglich zu frequentieren: »Wenn wir eine europäische, ja eine allgemeine Weltliteratur zu verkündigen gewagt haben«, schreibt Goethe 1828 – nicht etwa an die Teilnehmer einer Poetenversammlung, sondern, wohl wissend, daß man sein Anliegen dort am besten verstünde, an die Zusammenkunft der Naturforscher in Berlin, »... wenn wir ... eine allgemeine Weltliteratur zu verkündigen gewagt haben, so heißt dieses nicht, daß die verschiedenen Nationen voneinander und ihren Erzeugnissen Kenntnis nehmen, denn in diesem Sinne existiert sie schon lange, setzt sich fort und erneuert sich mehr oder weniger. Nein! hier ist vielmehr davon die Rede, daß die lebendigen und strebenden Literatoren einander kennenlernen und durch Neigung und Gemeinsinn sich veranlaßt sehen, gesellschaftlich zu wirken.«[24]

Austausch also, Dichter-Treffen, Gespräche von Autor zu Autor, Anpacken von gemeinsamen Unterfangen, Projekt-Debatten, Verständigung über Interessen, gesellschaftliches Engagement: So realistisch, so unfeierlich, als ein Tagesgeschäft, das im Dienste der Allgemeinheit zu erledigen sei, hat Goethe die Weltliteratur aufgefaßt, nicht als Numinosum, sondern als einen Gegenstand, der, in der Gegenwart, Geschäftigkeit und Mühe verlangte ... gelegentlich auch spaßigen Verdruß: »Sodann bemerke,« – der Leser ver-

spürt ein Stöhnen, das von Befriedigung zeugt – »daß die von mir angerufene Weltliteratur auf mich, wie auf den Zauberlehrling, zum Ersäufen zuströmt; Schottland und Frankreich ergießen sich fast tagtäglich, in Mailand geben sie ein höchst bedeutendes Tagesblatt heraus, L'Eco betitelt.«[25]
So weit Goethe auch ausfuhr, als Poet, ins Persische und ins Chinesische, so entschieden er, nach Voltaire und Herder, über Europa hinaussah und so enthusiasmiert er war, wenn es galt, mit interessanten Verstorbenen zu debattieren, so konsequent beschränkte er sich aufs Feld-Bestellen in einem überschaubaren Raum, wenn es um Handfestes ging, um den Vergleich von Übersetzungen, die Expertisen im Literaturbetrieb seiner Zeit oder das Ermuntern und Abqualifizieren von Mitstreitenden.
Mochten die Romantiker nach Indien fliehen: Der Meister der *Wanderjahre* blieb in Thüringen. Sobald der Wagen vorgefahren war und der Kutscher seine Peitsche knallen ließ, waren die Geistergespräche vergessen. Goethes eigentliche, ja vielleicht seine höchste Passion war das Kommunizieren, ein sympathischer Austausch mit Nahen und Fernen und die Partizipation an Prozessen (nicht nur literarischer Art), von denen er, das Musterexemplar eines anteilnehmenden Menschen, mit Leidenschaft profitierte.
Ich denke, wir könnten da viel von ihm lernen, wir Literaturbeflissenen – lernen, wie sich Retrospektion mit weiter Überschau verbinden läßt: wie man Quintilian und Pablo Neruda, China und Kolumbien, Nicaragua und den Tschad im Blickfeld behält und dennoch, der eigenen Grenzen bewußt, Europa zum Ausgangspunkt seiner Expeditionen bestimmt – das Gorbatschowsche »gemeinsame Haus«, wie sich versteht, das vom Atlantik bis nach Innerrußland reicht, tief hinein in die Weiten der Sowjetunion, und nicht etwa jenes Europa, dessen Bezirk Horst Rüdiger einmal mit der sich aufs Adenauer-Reich der fünfziger Jahre beziehenden Lokalangabe parodiert hat: »Das alte Lothringen zwischen Rhöndorf und Paris mit einer klerikalen Spitze im Vatikan.«[26]
Weltliteratur: Das war für Goethe kein abstrakter Begriff, sondern lebendige Realität – eine Wirklichkeit, die nicht auf imaginären Phantasien beruhte, wie man sie in Jena oder Heidelberg träumte, nein, ein Stück Hier und Jetzt, das mit Schnellposten, Fernhandel und beschleunigtem Warenumschlag, mit kommenden Land-Durchstichen oder Fluß-Verbindungen, mit Amerika und mit Maschinen zu tun hatte: mit *Welt* also, der Zauberformel eines Jahrhunderts, die Goethe so liebte, daß er das Präfix Welt bis zum Tickartigen strapazierte.[27]
»Allgemeine Länder- und Weltannäherung« heißt das Gebot, das, seiner Ansicht nach, die Stunde regiert – Annäherung durch Produktivkräfte, zu denen die Technik der Maschinen so gut wie die perfektionierte Technik von Übersetzungen zähle.
Nach den amerikanischen Unabhängigkeitskämpfen, der Französischen Revolution und den napoleonischen Kriegen[28] sah Goethe die Heraufkunft eines neuen Zeitalters – der Epoche, die sich im Zeichen des Welthandels und der durch ihn ermöglichten allgemeinen Kommunikation entfalte: einer »veloziferischen«[29] (auch ein Lieblingswort Goethes) Zeit mit rascher »Rotation«, charakterisiert durch ungeheure Möglichkeiten, aber auch durch nie zuvor bekannte Gefahren: »Junge Leute« – Brief an Zelter vom 6. Juni 1825 – »werden viel zu früh aufgeregt und dann im Zeitstrudel fortgerissen; Reichtum und Schnelligkeit ist was die Welt bewundert und wornach jeder strebt; Eisenbahnen, Schnellposten, Dampfschiffe und alle mögliche Fazilitäten der Kommunikation sind es worauf die gebildete Welt ausgeht, sich zu überbieten, zu überbilden und dadurch in der Mittelmäßigkeit zu verharren... Eigentlich ist es das Jahrhundert für die fähigen Köpfe, für leichtfassende praktische Menschen, die, mit einer gewissen Gewandtheit ausgestattet, ihre Superiorität über die Menge fühlen, wenn sie gleich nicht zum Höchsten begabt sind.«[30]
Es ist bewegend zu sehen, wie hier die Furcht des Mannes, der sich, mit Zelter, zu den »Letzten einer Epoche« zählt, »die sobald nicht wiederkehrt«, durch die Faszination konterkariert wird, mit der Goethe Rapidität und Rotation der neuen Zeit beschwört und, in ungewohnt rascher und vorwärtsschnellender Rede, der Kommunikations-Fazilitäten eines vorweggenommenen amerikanischen Jahrhunderts innewird, mitsamt ihrem verwegenen Tempo und ihrer Angebote im Marktschreier-Stil: *überbieten* und *überbilden*! Angst paart sich mit Bewunderung, die Furcht vor der großen Wende im Merkantilen, die eine Veränderung aller Lebensgewohnheiten erzwinge (»alles... ist jetzt ultra, alles transzendiert unaufhaltsam, im Denken wie im Tun. Niemand kennt sich mehr, niemand begreift das Element worin er schwebt und wirkt, niemand den Stoff den er bearbeitet«[30])... die in rapidem, durch Anaphern und Parallelismen bestimmtem Stil beschriebene Furcht schlägt in jene nüchterne Begeisterung um, die den Greis angesichts des veloziferisch expandierenden Welthandels überkommt – eines Welthandels, in dessen Zeichen auch die Literatur *Kontinente* rascher überspringt als, Jahrzehnte zuvor, die Grenzen zwischen *Land und Land*: Was da annonciert wird, in den Meditationen eines sehr alten Mannes über Welthandel und Weltliteratur, ist die Epoche des Kapitalismus... noch nicht so benannt, aber in umschreibender Rede gleichwohl exakt analysiert.
Weltliteratur: mit diesem Begriff wurde das *pars pro toto* der bürgerlichen Wirtschaftsordnung bezeichnet – exakt und divinatorisch: »Das Wort«, so Ludolf Wienbarg in seinem Essay *Goethe und die Weltliteratur*, »ist... ein prophetischer Blick Goethes, der mit halbgebrochnem, strahlenlosem und doch so weitsichti-

gem Auge in die entstehende große Literaturbewegung der Völker hineinsah.«[31] – Goethes, der das »Riesenkind« taufte – »auf den einzig ihm gebührenden Namen«, in einem Augenblick von welthistorischer Brisanz, da sich jenes »durch Welthandel und Weltkriege ... vorbereitete, aber dennoch staunenswerte und an Zauberei streifende Phänomen einer beginnenden Weltliteratur« offenbarte. Eine Literatur, fügen wir hinzu, die zu gleicher Zeit auch die Romantiker zu realisieren begannen, der Salineninspektor Hardenberg allen voran, Novalis, der im Handelsgeist den alles in Bewegung setzenden, Länder und Städte, Nationen und Kunstwerke verbindenden Weltgeist erblickte, den Geist schlechthin, den Geist der Kultur und der Vervollkommnung des Menschengeschlechts.[32]

Blüte der Literatur, Beförderung der Künste durch den Handelsgeist hieß jene Losung der Stunde, die Hardenberg um 1800 zu enthusiastischer Beschwörung welthistorischer *Coaktivitäten*, zur Imagination von *literarischen Büros, journalistischen Logen* und *kosmopolitischen Agenturen* auf dem Feld der *belles lettres* inspirierte, während Goethe, der, wie bekannt ist, lieber mit der Tinte als dem Herzblut schrieb, *das poetische Menschengeschlecht*, die romantische *Weltfamilie* und die *schöne Haushaltung des Universums* Metaphern sein ließ, die ihn eher belustigten als inspirierten.

Er hielt es lieber mit Soll und Haben und Kontokorrent, sprach bedachtsam und wägend von freiem geistigem Handelsverkehr, nachbarlichen Verhältnissen und jener durchaus erleichterten Kommunikation, die in der »gegenwärtigen, höchst bewegten Epoche« binnen kurzem auf die Etablierung der Weltliteratur hoffen ließe. Ein verläßlicher, nicht nur in der Poesie, sondern auch in praktischer Wissenschaft versierter Mann schaute sich um, schlüpfte, wie in den Noten zum *West-östlichen Divan* beschrieben, in die Gewandung eines Handelsmanns, der »seine Waren gefällig auslegt und sie auf mancherlei Weise angenehm zu machen sucht«[33], und verdeutlichte so, wie nicht zuletzt die Ware aller Waren, die Poesie, ihren Profit aus einem veloziferischen Zeitalter zöge, das mit der Schaffung des Weltmarkts auch die Voraussetzung dafür geschaffen hatte, daß Produktion und Rezeption der Völker sich von nun an, im Krud-Ökonomischen so gut wie in den Gefilden des Geistes, wahrhaft kosmopolitisch ausnehmen könnten: Internationalisierung aller Güter, die schönen Künste nachdrücklich einbezogen, hieß das Gesetz der Epoche.

Erinnern wir uns. »Die engen Kreise vermehren sich und dehnen sich ... aus«, hatte Goethe im Promemoria für Kanzler von Müller geschrieben; vorbei die Zeit, da die Zirkel sich abschlössen und alles noch ein »häusliches Familienansehn« habe. Vorbei, vorbei. »Je weiter« – hören wir genau hin – »sich im Laufe dieser Entwicklung ... die einzelnen Kreise, die aufeinander einwirken, ausdehnen, je mehr die ursprüngliche Abgeschlossenheit der einzelnen Nationalitäten durch ... Verkehr und dadurch naturwüchsig hervorgebrachte Teilung der Arbeit zwischen verschiednen Nationen vernichtet wird, desto mehr wird die Geschichte zur Weltgeschichte.«[34]

Ist das eine Goethe-Kopie? Variation des Vorgedachten mit Hilfe eines kaum veränderten Vokabulars? *(Kreise, die sich ausdehnen; Abgeschlossenheit, die überwunden wird.)* Das rasche Werk eines eiligen Kompilators? Mitnichten. Die – ebenso wie bei Goethe von Faszination zeugende – Beschreibung einer rapiden Universalisierung der Welt und ihrer Geschichte durch die Überwindung des Partikulären und Separaten stammt aus der Feder jener beiden Schriftsteller, denen, nach Goethe, die signifikanteste Zitierung des Begriffs »Weltliteratur« zu danken ist: Friedrich Engels und Karl Marx. Zwei Schriftsteller, die in der *Deutschen Ideologie* Goethesche Terminologie vom Ästhetischen ins Ökonomische transferierten: Marx und Engels sind es gewesen, die im *Kommunistischen Manifest* eine ihnen vielleicht nicht bewußte, dem zum Vergleich befähigten Leser aber sehr wohl erkennbare *hommage* an Johann Wolfgang Goethe in Weimar artikulierten: »An die Stelle der alten lokalen und nationalen Selbstgenügsamkeit und Abgeschlossenheit tritt ein allseitiger Verkehr, eine allseitige Abhängigkeit der Nationen voneinander. Und wie in der materiellen, so auch in der geistigen Produktion. Die geistigen Erzeugnisse ... werden Gemeingut. Die nationale Einseitigkeit und Beschränktheit wird mehr und mehr unmöglich, und aus den vielen nationalen und lokalen Literaturen bildet sich eine Weltliteratur«[35]: so das *Kommunistische Manifest*.

Bemerkt man, wie in der *Deutschen Ideologie* und im *Kommunistischen Manifest* Goethesche Leidenschaft nachklingt – nüchterne Emphase angesichts einer sich weltweit vollziehenden Revolution, die zur Befreiung von nationaler Engstirnigkeit, zur Überwindung lokaler Schranken und zur Genuß verbürgenden Möglichkeit führt, von der Produktion (»auch mit der geistigen«: so die *Deutsche Ideologie*) zu profitieren?

»Nationalliteratur«, hatte Goethe am 31. Januar 1827 Eckermann gegenüber geäußert, »will jetzt nicht viel sagen; die Epoche der Weltliteratur ist an der Zeit« – ein Diktum, das ein halbes Jahrhundert später, im *Kommunistischen Manifest*, nunmehr eingebettet in eine konsequent entwickelte Geschichtstheorie, auf den politischen Begriff gebracht wurde: »Die nationalen Absonderungen und Gegensätze« – noch einmal der Tonfall des »Promemoria« – »... verschwinden mehr und mehr schon mit der Entwicklung der Bourgeoisie ... Die Herrschaft des Proletariats wird sie noch mehr verschwinden machen.«[36]

Drei deutsche Männer, ein Trierer, ein Elberfelder und, ihnen voraus, ein Frankfurter: vereint durch die Vision einer Kultur, die weit hinausging über alle nationale Partikularität.

Unwidersprochen freilich ist sie nicht geblieben, die Goethesche Vorwegnahme einer weltbürgerlichen Literatur, im Gegenteil: Kaum daß der Gedanke, beiläufig übrigens, nicht systematisch, formuliert worden war, meldete sich auch schon Widerspruch an. Von »weltbürgerlichen Grillen« wurde gesprochen – und das von keinem Konservativen, sondern einem erzliberalen Gelehrten, dem Germanisten Gervinus. Untergrabung der bestehenden Gesellschaftsordnung! Verführung der Jugend! Verlassen des vaterländischen Bodens!

Weltliteratur – der bare Aberwitz! Nicht eine imaginäre Weltliteratur, sondern die deutsche Poesie habe – wie die französische über das achtzehnte – über das neunzehnte Jahrhundert zu herrschen.

Weltliteratur: ein skurriles Gedankengebilde, über das sich die Literaten Europas in nebulösem Gerede verlören. »Auf allen meinen Reisen«, läßt der Jungdeutsche Theodor Mundt in seinen *Briefen aus London* die Leserschaft wissen, ». . . habe ich stets große Furcht gehabt, daß einer von der sogenannten Weltliteraturidee, die durch Goethe in Mode gekommen, zu sprechen anfangen könnte, und meide dieses Thema . . . mit sichtlicher Angst.«[37]

Peinlichkeit ohne Ende! Ein Tort für Nationalliberale im Vormärz und für die Apologeten des wilhelminischen Imperialismus, Männer von Treitschkes Schlag, erst recht. Schaut man genauer hin, dann sind es, nehmt alles in allem, nur zwei Literaten gewesen, die sich darum bemühten, den Goetheschen Begriff der Weltliteratur, durch ein genaues Bedenken der Zeit- und Kultur-Entwicklung, fruchtbar zu machen: Der erste war ein Privatdozent namens Theodor Wilhelm Danzel, ein junger Gelehrter, der anno 1849, in seiner Leipziger Vorlesung *Über die Behandlung der Geschichte der neueren deutschen Literatur*, den Nachweis antrat, daß die vaterländische Poesie, internationalistisch geprägt im achtzehnten Jahrhundert, die geschichtliche Aufgabe habe, sich von einer empfangenden in eine produzierende Literatur zu verwandeln und damit der Weltliteratur, in deren Horizont sie sich entfaltet habe, neue Impulse zu geben. Wenn unsere Literatur, so Privatdozent Danzel in seinem Probe-Kolleg (Auditorium: drei Zuhörer, bestehend aus dem Dekan und zwei Pedellen) ». . . Wenn diese Literatur ihrem Ursprunge nach nicht bloß eine deutschnationale ist, so bezeichnet ihr Auftreten auch nicht bloß eine Epoche in der Geschichte der *deutschen* Literatur, sie hat eine *welt*historische Bedeutung: jene Weltliteratur selbst, auf welcher sie beruht, bekommt durch sie eine neue Richtung.«[38]

Rettung und Verklärung des Nationalen mit dem Blick auf eine von Deutschland aus voranzutreibende weltliterarische Organisation der Völker-Poesien hieß die in Leipzig verkündete These: eine Kompromiß-Sentenz, von der, achtzig Jahre später, in der zweiten Variation der Goetheschen Formel nicht mehr die Rede sein konnte – damals, als kein frierender Privatdozent, an einem kalten Wintertag mit Mantel und Schal – Hans Mayer[39] hat die Szene prägnant und sarkastisch beschrieben – sein Pflichtpensum absolvierte, sondern ein Festredner in bürgerlichem Feiertagshabit, vor erlesenem Publikum über »Goethe als Repräsentant des bürgerlichen Zeitalters« dozierend, in einem der ihm gemäßen Akte kritischer Seligpreisung, den Übergang des Bürgerlichen ins Weltgemeinschaftliche beschwor: ins Universale, ja, »wenn man das Wort allgemein genug und undogmatisch verstehen will, ins Kommunistische«.[40]

Kein Geringerer als Thomas Mann war es, der am 18. März 1932, zum hundertsten Todestag Goethes, in der Preußischen Akademie der Künste des »träumerischen und kühnen Blicks« gedachte, mit dem der Dichter des zweiten *Faust* die Konturen eines Zeitalters gezeichnet habe, das, geprägt von technischer Rationalität *und* weltbürgerlichem Utopismus, hundert Jahre später Realität werden sollte: als die neue und soziale Welt, die man in Weimar vorausgeahnt habe. »Zweifellos lag viel Vorwegnahme in Goethe's Statuierung der Weltliteratur, und die Entwicklung der zehn Jahrzehnte seit seinem Tode, die Vervollkommnung der Kommunikation, die Beflügelung des Austausches, die sie brachte, das selbst durch den großen Krieg eher geförderte als aufgehaltene Intimwerden Europas, ja der Welt, dies alles war nötig, um die Epoche, die Goethe als an der Zeit empfand, erst recht zu verwirklichen, – in dem Grade sogar, daß heute die Gefahr der Verwechslung des Weltfähig-Weltgültigen mit dem nur Weltläufigen, einem minderen internationalen Gebrauchsgut, sehr nahe liegt und von den Provinzlern des Geistes mit Vorliebe zur nationalen Diskreditierung allgemein anerkannter Leistungen ausgenutzt wird.«[41]

Das ist ein Seitenhieb, elegant und gleichsam à part gesprochen (wie's Thomas Manns Art war) gegen die Neider im eigenen Land: Vertreter des »total platten Landes«, Hinterwäldler, die, irgendwo, weit weg von Berlin, ihr Unwesen trieben. Im Namen Goethes wird den nationalistischen Erben der Mundt und Treitschke Paroli geboten und die Weltfähigkeit wahrer Dichtung von der platten Weltläufigkeit einer flinken Journaille getrennt.

Rückblick und Umschau aber verbindet sich, ergreifend zu sehen, in Thomas Manns Rede mit einer Antizipation à la Goethe, wenn der Festredner insgeheim schon auf Thesen der amerikanischen Emigration, auf Roosevelts *New Deal* und die Ökonomie-Diskussionen des letzten *Joseph*-Bandes verweist: »Was hier interessiert«, ruft er aus, »ist der bürgerlich-überbürgerliche Charakter dieses Zuges ins Große und Weltweite, ein Charakter, der seinen schlagenden Ausdruck findet in gewissen Namen, die Goethe dieser expansiven Neigung gibt. Er spricht nämlich von einem ›Freihandel der Begriffe und Gefühle‹, was einer charakteristischen Übertragung liberal-ökonomischer Grundsätze auf das geistige Leben gleichkommt.«[42]

Man sieht, der radikal-sozialistischen Politisierung des Goetheschen Begriffs »Weltliteratur« durch Marx und Engels entspricht, auf seiten Thomas Manns, eine nicht minder entschiedene politische Indienstnahme der Formel: eine Verwendung zugunsten jener radikaldemokratischen Bürgerlichkeit, die dabei sei, das Citoyenhafte ins Überbürgerliche, ja »Kommunistische« (im Spirituellen und Allgemeinen) zu transzendieren.

Hier das *Kommunistische Manifest*, dort *Goethe als Repräsentant des bürgerlichen Zeitalters*, und das Weltkind, dessen Formel man übernimmt, in der Mitten: Das ergibt ein Geistergespräch zwischen Deutschen, die, ungeachtet aller dramatischen Unterschiede *in politicis*, zugleich auch Weltbürger waren. (»Ich bin ein Weltbürger«, hatte Marx, Lafargue gegenüber, geäußert. Schade, daß Thomas Mann dieses Diktum offenbar unbekannt war – wie viel hätte er sonst daraus gemacht!)

Die Epoche der Weltliteratur jedenfalls, daran ließ Marx so wenig Zweifel wie Thomas Mann, hat längst begonnen: Was für Goethe weitgehend noch Forderung, für Marx konkrete Möglichkeit und für Thomas Mann Tatbestand war[43], ist am Ende des zwanzigsten Jahrhunderts eine Selbstverständlichkeit: In der *one world*, wo in Sekundenschnelle Washington mit Moskau, Bogotá mit Tunis kommuniziert, ist es vorbei mit der Nationalliteratur als dem Hauptelement der Poesie; nicht das Universale, sondern das Partikuläre stellt die Ausnahme dar: ein liebenswürdiges Relikt, das in einer sich mehr und mehr vereinheitlichenden Welt als Preziosität zu schützen sei.

Wie stolz war Friedrich Engels gewesen, als er 1890 das *Kommunistische Manifest* (»beschlossen von Kommunisten der verschiedensten Nationalität«) »unzweifelhaft das weitest verbreitete, das internationalste Produkt der gesamten sozialistischen Literatur, das gemeinsame Programm vieler Millionen von Arbeitern aller Länder von Sibirien bis Kalifornien« nannte[44] – und wie alltäglich ist weltweite Kommunikabilität gesellschaftsverändernder, im Konkreten verankerter und ins Universale ausgreifender Programme, von *Glasnost* bis *peace movement*, neunzig Jahre nach der Formulierung der Engelsschen These geworden! Was heute Realität ist, dies lehrt ein historischer Rückblick, hat zu Lebzeiten Goethes, zwischen Herder und Marx, dem späten Voltaire und dem frühen Engels begonnen[45]: die Inthronisation einer Weltliteratur, in deren Zeichen die Nationalliteraturen nicht *neben-*, sondern *miteinander* operieren, einer Weltliteratur, die – so das *Kommunistische Manifest* – auf der kosmopolitischen Gestaltung von Produktion und Konsumption, auf allseitiger Kommunikations- und Partizipations-Möglichkeit und, dies vor allem, nun eher in Goethes Sinn, auf der Fähigkeit beruht, vergleichbare, durch die Internationalisierung der Technik geschaffene Lebensumstände, Existenzweisen und Bewußtseins-Formationen nachzuvollziehen – einerlei ob der Leser sich mit ihnen identifizieren kann, oder ob er sie als Ungleichzeitiges im Gleichzeitigen: als Verletzung durch obsolete Sozialverhältnisse, als Provokation infolge gesellschaftlicher Benachteiligung oder als anachronistische, vermeintlich natur-, in Wahrheit sozial-bedingte Restriktionen empfindet.

Erst seit – maximal! – zweihundert Jahren kann von epochaler Synchronität, von gemeinsamem, Kontinente überbrückendem Erleben und der uniformen Anerkennung von Fremd-Beschreibungen die Rede sein: Madame Bovary, Effi Briest und Anna Karenina sind im bourgeoisen Ambiente unterschiedlichster Nationen in gleicher Weise zu Hause; Tony Buddenbrook reizt College-Girls in Massachusetts zum Lachen; Josef K. paßt in die Ära Stalins so gut wie in die Ausbeuter-Gesellschaft des kapitalistischen Imperialismus; Joyce wird in Chicago, Faulkner in der Provence verstanden[46]. Je konkreter, zeit- und ortsbezogener die Beschreibung, je individueller der Duktus, desto größer die Chance, im weltliterarischen Kontext überall verstanden zu werden – nicht vager Kosmopolitismus, sondern das »verzweifelt Deutsche« seiner Bücher garantierte Thomas Manns Weltruf[47].

Kurzum, was der ubiquitären, im Wolkenkuckucksheim formulierten Verbrüderungs-Phrase mißlingt, die Provokation eines weltweiten Echos, erreicht die scheinbar regionalistisch abgeschottete Poesie, die Beschreibung Dublins oder die Darstellung des kafkanischen Prag, mit jener Selbstverständlichkeit, die sich auf gegenwartsbestimmende Dialektik von *Welt-* und *Regional-*Literatur gründet.

Mag das Zeitalter klassischer Nationaldichtung unwiederbringlich dahin sein – die *regionalistische* Literatur, einerlei, ob sie nun aus Kirgisien oder Kolumbien stammt, hat den Tod der einstmals auf den ersten Blick erkennbaren französischen, englischen, italienischen Literatur nicht geteilt. Gott sei Dank, daß in einer Epoche zunehmender kultureller Nivellierung und Vereinheitlichung[48], wo Dallas- und Denver-Produktionen den Millionen-Geschmack standardisieren und die Dritte Welt von amerikanischen Billigwaren aus dem Bereich der elektronischen Unkultur überschwemmt wird ... Gott sei Dank, daß in solcher Epoche, wo von wechselseitiger Befruchtung nicht mehr die Rede sein kann, jedenfalls die Regionalliteratur, die lateinamerikanische voran, der totalen Einebnung aller kulturellen Differenzen im uniformen Hier und Jetzt Paroli bietet.

Nicht, wie im letzten Jahrhundert, von den Metropolen, sondern von der Provinz aus, von abgelegenen Lokal-Literaturen, in denen sich, wie in der südamerikanischen Poesie, Europäisches und Indianisches, das Portugiesische und das Afrikanische, die Folklore und die Avantgarde, das Raffinierte und das Vorsprachliche zu neuer Einheit verbindet ... von der »Provinz« aus ist die weltliterarische Ramschliteratur, in der der große Kotzebue als kleiner Konsalik fröhliche Urstände feiert, zwar nicht zu überwinden, wohl aber zu konterkarieren ... und dieser Tatbestand verlangt vom Betrachter, sei er nun Wissenschaftler oder Dilettant im Goetheschen Sinn, Weltliteratur nicht länger mit einer Addition von einhundertunddreißig Nationaldichtungen zu identifizieren – einer Addition, bei der am Ende die eigene Poesie zumindest quantitativ alleweil als die größte erscheint. (Man erinnere sich an die Genese der von Raymond Queneau herausgegebenen Geschichte der Weltliteratur in der *Encyclopédie de la Pléiade*[49]: zwei Bände für alle Literaturen der Welt und der dritte – reserviert für die Poesie der *Grande Nation*!)

Nein, mit Additionen wird der kritische Betrachter am Ausgang des 20. Jahrhunderts dem Phänomen »Weltliteratur« am Ende so wenig gerecht wie mit der – auf rigider Selektion beruhenden – Installierung eines Pandämoniums[50], wo Goethe, Homer, Shakespeare und Dante Dialoge in der Beletage führen, Schiller und Balzac im Parterre miteinander verkehren, Kleist mit Trollope im Souterrain parliert, Stifter bestenfalls als Hauswart fungiert und Manzoni sein Zelt im Freien aufschlagen muß. (Weil das Pandämonium längst überfüllt ist.)

Wohl allen Dilettanten, die sich, Hermann Hesse folgend, ihre »Bibliothek der Weltliteratur« zusammenstellen und dabei ein höchst privates, von Zeit zu Zeit zu entrümpelndes und hernach neu zu besetzendes Pantheon bauen – aber Vorsicht vor jenen Päpsten, die, in New York, Paris oder Madrid, definitiv bestimmen möchten, wer zur Weltliteratur zählt und wer nicht; Vorsicht auch vor jenen Nobel-Preis-Verteilern, die, da das pur selektive Prinzip offenbar schlecht funktionierte (Paul Heyse bedacht, aber Strindberg und Ibsen, Proust, Joyce und Gorkij vergessen; Pontoppidan und Sully-Prudhomme honoriert; Mark Twain und Tolstoj übergangen: da kann etwas nicht stimmen)[51] ... Vorsicht vor jenen Nobel-Preis-Verteilern, die, nachdem die normative Ästhetik (seit 200 Jahren immerhin), durch partikuläre Bewertungs-Maßstäbe außer Kraft gesetzt, endgültig passé ist, nunmehr dem Gießkannen-Prinzip frönen: heute ein Tscheche, morgen ein Grieche, übermorgen ein Mann – oder eine Frau sogar, die aus Schwarzafrika stammt.

In dieser Situation, denke ich, wird es hohe Zeit, an die Stelle der *additiven* und *selektiven* Betrachtung von Weltliteratur endlich wieder Goethes *kommunikative* Interpretationsart als eine nicht nur für den Fachmann, sondern auch für den Laien nützliche Umgangsweise mit Homer und Ajtmatov, Neruda und Ranke (Literatur, man kann es nicht oft genug sagen, ist nicht identisch mit Belletristik!), dem Redner Roosevelt oder den Verfassern des *Code Napoléon* in ihre Rechte zu setzen.

Literatur will, in Homogenität *und* Widersprüchlichkeit, endlich wieder als geselliges Geschäft verstanden sein – ein Geschäft, dessen Usancen wir am besten verstehen, wenn wir, vom Nahen, Vertrauten und Begreifbaren: vom Gegenwärtigen über das Gleichzeitige, wenngleich ferner Gelegene stufenweise, *Kontemporaneität* und *Simultaneität* miteinander verbindend, zuerst zum vergangenen Nahen und schließlich, in Goetheschem Vierschritt, zum zurückliegenden Fernen aufbrechen: stets darauf bedacht, alle Überstürzung zu meiden (Goethe wußte schon, weshalb er, in weiser Beschränkung, die europäische als eine Art von vorläufiger Weltliteratur perzipierte), und strikt darauf achtend, welche Völker von welchem Augenblick an das sich hier stetig, dort sprunghaft entwickelnde Geschehen der Weltliteratur mitbestimmten; welche (oft maskiert: verurteilt, die Sprache ihrer Zwingherrn zu sprechen)[52] erst heute ihre Stimme erheben und welche, sozial deklassiert, immer noch schweigen.

Weltliteratur ist, so betrachtet, ein prozessual wirkendes Kultur-Phänomen, dessen Geschichte eine Historie des geistigen, den einen bevorzugenden, den anderen duldenden, den dritten ausschließenden Handelsgeschäfts ist – eine von Fürsten, Adligen, Citoyens, Kapitalisten und Sachwaltern des Proletariats bestimmte Geschichte, deren Kenntnis den Wißbegierigen aufklärt, in welchem Maße sich Literatur, das große Menschheits-Gedächtnis, wandelte und inwieweit sie, zur Weltliteratur emanzipiert, ihr ureigenes, durch erweiterte Kommunikationsmöglichkeiten in greifbare Nähe gerücktes Ziel im Auge behielt, jenen im Zeitalter der *one world* verramschten und vertuschten Gedanken einer humanen Universalität zu verlebendigen, den, Glasnost präludierend, Maxim Gorkij in seinem Essay *Über Weltliteratur* formulierte: »Je größer und intensiver das Interesse des Menschen für seinen Nächsten ist, desto schneller vollzieht sich der Prozeß der Verschmelzung der guten schöpferischen Prinzipien zu einer einheitlichen Kraft, desto schneller vollenden wir unseren Golgathaweg, der zum Weltfesttag des gegenseitigen Verständnisses, der Achtung, der Brüderlichkeit und der freien Arbeit zum Ruhm des Menschen führt.«[53]

Pathetische Worte? Gewiß. Zu pathetische? Ich denke, nein. Worte, vielmehr, deren utopische Zielsetzung endlich wieder mit jenem Elan verfolgt werden soll, wie er die Literaturdebatten unmittelbar nach der Oktoberrevolution in der Sowjetunion bestimmte.

Hinzugesetzt sein will freilich, daß der von Maxim Gorkij apostrophierte »Weltfesttag« des gegenseitigen Verständnisses und einander alternierender Ins-Licht-Setzens die Emanzipation aller mißachteten und unterdrückten literarischen Sonderbewegungen, mit ihrem Reichtum und ihrer Tiefe, zur Voraussetzung hat.

Wer Weltliteratur, in Goethes Sinn, als Brückenschlag versteht[54], wird bedenken müssen, wieviel gutzumachen ist: an Literaten außerhalb des Pandämoniums und an Literaturen, mit der Poesie der Dritten Welt an der Spitze, die bis heute darauf warten, daß einer kommt, der den Gorkijschen Versuch, »Weltliteratur« mit Hilfe einer großen Chrestomathie zu etablieren, nicht nur unter selektivem, sondern auch unter kommunikativem Aspekt[55] wiederholt und dabei, in einer Variation des berühmten Goetheschen Diktums erklärt: »Gott hat jedem Volk seine Propheten gegeben.«

An Schwierigkeiten bei diesem Versuch, im Wechselspiel von Welt- und Regional-Literatur eine »humanistische Summe« unserer Zeit zu entwickeln, wird es nicht fehlen. Die Tage, da, nach Goethe, nicht nur die Engländer ihren heimischen Teekessel sogar auf den Ätna mitschleppten, sondern alle Nationen auf Reisen ihre von zu Hause mitgebrachten Kräuterbündel aufbrauten, sind noch nicht vorbei.[56]

Doch gottlob gibt es Gegenbeispiele, und an Vorbildern, in deren Schule einer lernen kann, wie Weltliteratur sich in nüchterner Arbeit realisiert, fehlt es nicht. »Ich komme in den Gesprächen mit Goethe immer leichter voran«, trug André Gide am 6. Juli 1940 in sein Tagebuch ein, »und mache unleugbare Fortschritte ... Ich lasse aber auch kein Wort durchgehen, bis ich es nicht völlig verstanden habe. Hätte ich in meiner Kindheit denselben Fleiß aufs Lernen verwandt – wo könnte ich da heute nicht sein!«[57]

Weltliteratur, zeigt sich hier, will nicht nur genußreich rezipiert, sie will auch erarbeitet sein: nicht mit dem Teebeutel im Rucksack, sondern, in Gides Spuren, mit dem Vokabelheft in der Tasche – und einem Seitenblick aufs Promemoria Goethes: »Die ... Zirkulation wird lebhafter, den fremden Sprachen verweigert man die Einwirkung nicht.«

Weltbürgerlichkeit als Resultat ernsten, fleißigen, offenen und lernbereiten Sich-Umschauens in aller Welt: Was Goethe in Weimar antizipierte, ist, im Zeichen von *Glasnost,* allen Widerständen zum Trotz (der Frauenplan liegt nah bei Buchenwald) heute zu realisieren: »Und jeder muß jetzt dazu wirken, diese Epoche zu beschleunigen.«[58]

Anmerkungen

1 Novalis, *Schriften. Die Werke Friedrich von Hardenbergs.* Hrsg. Paul Kluckhohn u. Richard Samuel. 2., nach den Handschriften ergänzte, erw. u. verb. Aufl. in 4 Bänden u. einem Begleitband. Darmstadt 1965. Bd. 2: *Das philosophische Werk I.* Hrsg. Richard Samuel in Zusammenarbeit mit Hans-Joachim Mähl u. Gerhard Schulz, S. 616 (Ergänzungen zu den *Teplitzer Fragmenten 5*)
2 Friedrich Schiller, *Sämtliche Werke.* Hrsg. Gerhard Fricke u. Herbert G. Göpfert in Verbindung mit Herbert Stubenrauch. Bd. 1, München 1958, S. 477.
3 Novalis, *Schriften,* a. a. O., Bd. 2, S. 436.
4 Novalis, *Schriften,* a. a. O., Bd. 3, S. 519.
5 Johann Wolfgang Goethe, *Gedenkausgabe der Werke, Briefe und Gespräche. 28. August 1949.* Hrsg. Ernst Beutler. Bd. 14: *Schriften zur Literatur.* Einführung u. Textüberwachung von Fritz Strich. Zürich 1950, S. 959 f (*Epochen geselliger Bildung*).
6 Goethes Äußerungen zur Weltliteratur sind zusammengestellt von Fritz Strich im Anhang seines Buchs: *Goethe und die Weltliteratur.* 2. verb. u. erg. Aufl. 1957, S. 369–372.
7 Hans-J. Weitz hat jüngst gezeigt, daß, insgeheim: im Nicht-Öffentlichen bleibend, Wieland ein Vorläufer Goethes war. Im Handexemplar von Horazens Briefen findet sich Wielands handschriftliche, den Begriff Welterkenntnis erweiternde Einfügung »u. Weltliteratur«. Vgl. Hans-J. Weitz, *»Weltliteratur« zuerst bei Wieland.* In: Arcadia. Zeitschrift für Vergleichende Literaturwissenschaft. Hrsg. Horst Rüdiger, Bd. 22, 1987, S. 206–208.
8 Fritz Strich, *Goethe und die Weltliteratur,* a. a. O., S. 371 (*Aus Makariens Archiv*).
9 ebd., S. 371 (Brief an Zelter vom 4. März 1829).
10 Brief an Nees von Esenbeck vom 2. April 1828. In: *Goethes Werke.* Hrsg. im Auftrag der Großherzogin Sophie von Sachsen. IV. Abt.: *Goethes Briefe.* Bd. 44, Weimar 1909, S. 53.
11 Gespräch mit Eckermann am 6. April 1829, François Guizots Vorlesungen an der Sorbonne betreffend. Vgl. zum Komplex ›Goethe und die Deutschen‹ die Zusammenstellung von Hans-J. Weitz, *Goethe über die Deutschen.* Frankfurt/M. 1978, sowie, zumal die Vergleiche zwischen praktischen Engländern, geselligen Franzosen und spekulierenden Deutschen aufführend (»während die Engländer ... mit ihrem großen praktischen Verstande« die Welt erobern, quälen sich die Deutschen derweil mit der »Auflösung philosophischer Probleme« ab): Peter Boerner, *Die Deutschen und die anderen. Goethes Bild seiner Landsleute im vergleichender Sicht.* In: *Kontroversen, alte und neue. Akten des VII. Internationalen Germanisten-Kongresses.* Göttingen 1985. Bd. 9: *Deutsche Literatur in der Weltliteratur. Kulturnation statt politischer Nation?* Hrsg. Franz Norbert Mennemeier u. Konrad Wiedemann. Tübingen 1986, S. 179–187.
12 Hugo von Hofmannsthal, *Gesammelte Werke in Einzelausgaben.* Hrsg. Herbert Steiner: *Prosa,* Bd. 4, Frankfurt/M. 1955, S. 394–415, vor allem S. 406 u. 409.
13 Gottfried Keller, *Sämtliche Werke und ausgewählte Briefe.* Hrsg. Clemens Heselhaus. Bd. 3, München 1958, S. 1023–1028, vor allem S. 1024 f.
14 G. Chr. Lichtenberg, *Aphorismen und Schriften.* Sein Werk ausgewählt u. eingeleitet von Ernst Vincent. Leipzig 1931, S. 180.
15 Siehe dazu: *Herders Sämmtliche Werke.* Hrsg. Bernhard Suphan. Bd. 18: *Briefe zu Beförderung der Humanität.* 8. Sammlung 1796. Berlin 1883, S. 67–140.
Vgl. Helmut Bender u. Ulrich Melzer, *Zur Geschichte des Begriffes »Weltliteratur«.* In: Saeculum. Jahrbuch für Universalge-

schichte 9, 1958, S. 113–123, vor allem S. 117.

Über Herder und seine »apriorische« Vorstellung einer Nationalliteratur, die, über sich hinausweisend, gleichwohl im Goetheschen Sinne aufhebbar war, vgl. Victor Lange, *Nationalliteratur und Weltliteratur*. In: Goethe. Neue Folge des Jahrbuchs der Goethe-Gesellschaft 33, Weimar 1971, S. 15–30, vor allem S. 21. Und ebd.: Manfred Naumann, *Goethes Auffassung von den Beziehungen zwischen Weltliteratur und Nationalliteratur und deren Bedeutung für die heutige Zeit*, S. 31–45, sowie, auf die Dialektik von deskriptiver (im Herderschen Sinn national ausdifferenzierender) und normativer, auf die Ungebrochenheit des klassisch-antiken Vorbilds verweisender Ästhetik: Peter J. Brenner, *»Weltliteratur«. Voraussetzungen eines Begriffs in Goethes Literaturkritik*. In: Goethe Jahrbuch. Bd. 98 der Gesamtfolge, Weimar 1981, S. 25–42, vor allem S. 38: »Die Antike ist Vorbild nicht mehr ... in ihrer klassizistischen Form, sondern in der klassischen. Nicht ihre rigide formale Nachahmung wird gefordert, sondern die Ausrichtung der eigenen künstlerischen Produktion der Gegenwart an dem so gesetzten klassischen Ideal.«

16 Vgl. *Georg Forsters Werke. Sämtliche Schriften, Tagebücher, Briefe*. Hrsg. Deutsche Akademie der Wissenschaften zu Berlin. Bd. 7: *Kleine Schriften zu Kunst und Literatur. Sakontala*. Bearb. von Gerhard Steiner. Berlin/DDR 1963, S. 287.
Gerhard Steiner, *Über Weltliteratur und weltliterarische Forschung*. In: Wiss. Zeitschrift der Ernst-Moritz-Arndt-Universität Greifswald. Gesellschafts- u. sprachwiss. Reihe 4, 14. Jg. 1965, S. 415–425, vor allem S. 419.

17 Vgl. Victor Lange, *Weltliteratur als Kontinuum*. In: *Dichter und Leser. Studien zur Literatur*. Hrsg. Ferdinand van Ingen u. a. Groningen 1972, S. 94–104, vor allem S. 98.

18 Dazu grundsätzlich, auch nach sechzig Jahren noch nicht überholt: Ernst Merian-Genast, *Voltaire und die Entwicklung der Weltliteratur*. In: Romanische Forschungen. Organ für romanische Sprachen, Volks- und Mittellatein. Hrsg. Rudolf Zenker. Bd. 40, Erlangen 1927, S. 1–226.

19 Brief Goethes an Carlyle vom 20. Juli 1827.

20 August Wilhelm Schlegel, *Geschichte der romantischen Literatur*. In: August Wilhelm Schlegel, *Kritische Schriften und Briefe*. Bd. 4, hrsg. Edgar Lohner, Stuttgart 1965, S. 14.

21 Siehe Franz Grillparzer, *Sämtliche Werke. Ausgewählte Briefe, Gespräche, Berichte*. Hrsg. Peter Frank u. Karl Pörnbacher. Bd. 3, München 1964, S. 415 ff.

22 »Mann, Fontane, Meyer«, so Gundolf am 29. März 1918 an Bertram, »haben was Zufälliges ... Byron, Wagner, Nietzsche gehören in eine Schicksalseb(e)ne, wo jene gar nichts zu suchen haben.« Vgl. *Thomas Mann an Ernst Bertram. Briefe aus den Jahren 1910–1955*. Hrsg. Inge Jens. Pfullingen 1960, S. 302 f.

23 Das Problem der »Zeitgenossenschaft« für Goethe, das Insistieren auf *augenblicklicher* Einwirkung wird nachdrücklich betont und belegt von Fritz Strich, a. a. O. (*Erster Teil: Goethes Idee der Weltliteratur*), passim.

24 Fritz Strich, *Goethe und die Weltliteratur*, a. a. O., S. 370 f. (Die Zusammenkunft der Naturforscher in Berlin 1828).

25 ebd., S. 370 (Brief an Zelter vom 21. Mai 1828).

26 Vgl. dazu grundlegend, aspektreich und witzig: Horst Rüdiger, *Europäische Literatur – Weltliteratur. Goethes Konzeption und die Forderungen unserer Epoche*. In: *Komparatistik. Theoretische Überlegungen und südosteuropäische Wechselseitigkeit. Festschrift für Zoran Konstantinović*. Hrsg. Fridrun Rinner und Klaus Zerinschek. Heidelberg 1981, S. 27–41, das Zitat s. S. 40.

27 Vgl. Hans Joachim Schrimpf, *Goethes Begriff der Weltliteratur*. Essay. Stuttgart 1968, vor allem S. 54–56.

28 Vgl. Klaus Hermsdorf, *Weltgeschichtliches Individuum und Weltliteratur*. In: Weimarer Beiträge 15, 1969. Sonderheft zum 20. Jahrestag der Gründung der Deutschen Demokratischen Republik. S. 168–182, vor allem S. 169.

29 Zum »Velozifersichen«, der »Rotation«, und der »rollenden Zeit« vgl. Fritz Strich, *Goethe und die Weltliteratur*, a. a. O., S. 44 f.

30 Brief Goethes an Zelter vom 6. Juni 1825.

31 Ludolf Wienbarg, *Goethe und die Weltliteratur*. In: ders., *Ästhetische Feldzüge*. Hrsg. Jürgen Jahn. Berlin u. Weimar 1964, S. 199–214, hier S. 199 u. 206.

32 Vgl. dazu grundsätzlich die neue Komplexe und vorher unbekannte Verbindungen (z. B. Romantik und Kommerz) erhellende Arbeit von Thomas Bleicher, *Novalis und die Idee der Weltliteratur*. In: Arcadia. Zeitschrift für Vergleichende Literaturwissenschaft. Hrsg. Horst Rüdiger, Bd. 14, 1979, S. 254–270. Die im Folgenden aufgeführten Schlüsselworte von Novalis und den Brüdern Schlegel verdanke ich der Bleicherschen Studie.

33 Johann Wolfgang Goethe, *Noten und Abhandlungen zu besserem Verständnis des West-östlichen Divans*. In: J. W. Goethe, *Gedenkausgabe*, a. a. O., Bd. 3, S. 414.

34 Karl Marx/Friedrich Engels, *Die deutsche Ideologie*. In: Marx/Engels, *Werke* (MEW). Bd. 3. Berlin/DDR 1969, S. 45.
Vgl. zum Problem ›Handel und Dichtung, Weltliteratur bei Goethe und Marx/Engels‹ vor allem: Siegbert S. Prawer, *Karl Marx und die Weltliteratur*. Aus dem Englischen übers. von Christian Spiel. München 1983, S. 118–126. Außerdem: Irina Neupokoeva, *Dialectics of historical development of national and world literature*. In: Neohelicon. Acta comparationis litterarum universarum, Budapest. Bd. 1, Nr. 1/2, 1973, S. 115–130, vor allem S. 120.
Peter Weber, *Funktionsverständnis in Goethes Auffassung von Weltliteratur*. In: *Funktion der Literatur. Aspekte – Probleme – Aufgaben*. Herausgeberkollektiv: Dieter Schlenstedt u. a., Berlin/DDR 1975, S. 133–139, vor allem S. 136.
Grundsätzlich zur Frage ›Goethe und die Ökonomie‹ vgl. das Standardwerk von Bernd Mahl, *Goethes ökonomisches Wissen. Grundlagen zum Verständnis der ökonomischen Passagen im dichterischen Gesamtwerk und in den »Amtlichen Schriften«*. Frankfurt/M. u. Bern 1982 (Tübinger Studien zur deutschen Literatur. Hrsg. Gotthart Wunberg, Bd. 6).

35 Karl Marx/Friedrich Engels, *Manifest der Kommunistischen Partei*. In: Marx/Engels, *Werke*, a. a. O., Bd. 4, Berlin/DDR 1974, S. 466.

36 ebd., S. 479.

37 Theodor Mundt, *Spazierfahrten und Weltfahrten*. Bd. 1, Altona 1838, S. 77. Vgl. dazu: Peter Weber, *Goethes Begriff von Weltliteratur. Historische und aktuelle Aspekte*. In: Weimarer Beiträge 10, 1982, S. 90–105.

38 Theodor Wilhelm Danzel, *Zur Literatur und Philosophie der Goethezeit*. Neu hrsg. Hans Mayer. Stuttgart 1962, S. 286–294, vor allem S. 292 ff.

39 Hans Mayer, *Deutsche Literatur und Weltliteratur. Reden und Aufsätze*. Berlin/DDR 1957, S. 169–193, vor allem S. 169. (Grundsätzlich und aspektreich, wichtig auch durch den Hinweis auf die Leninsche Vorstellung der »beiden Kulturen«, die in meinem Essay nicht verfolgt werden konnte.)

40 Thomas Mann, *Goethe als Repräsentant des bürgerlichen Zeitalters*. In: Thomas Mann, *Gesammelte Werke in Einzelbänden. Frankfurter Ausgabe*. Hrsg. Peter de Mendelssohn. Bd. 8: *Leiden und Größe der Meister*. Frankfurt/M. 1982, S. 145–179, hier S. 179.
Dazu: Manfred Naumann, *Nationalliteratur – Weltliteratur unter geschichtlichem Aspekt*. In: *Internationale Literatur des sozialistischen Realismus 1917–1945. Aufsatze*. Hrsg. Georgi Dimow u. a. Berlin und Weimar 1978, S. 74–90. Sowie, kritisch: Peter Weber, *Goethes Begriff von Weltliteratur. Historische und aktuelle Aspekte*. In: Weimarer Beiträge 10, 1982, S. 90–105, vor allem S. 96: »Die bürgerliche Demokratie wird (im amerikanischen Exil) nicht mehr vor die Aufgabe ihrer Selbstüberwindung gestellt; sie erscheint vielmehr im amerikanischen Beispiel selbst schon als Zukunft.«
41 Thomas Mann, *Goethe als Repräsentant des bürgerlichen Zeitalters*, a. a. O., S. 175.
42 ebd., S. 176.
43 Ein beliebiges Beispiel: »Der deutsche Naturalismus ist ein Kind aus einer europäischen Ehe.« Vgl. dazu: Joachim Müller, *Die völkerverbindende Aufgabe der Weltliteratur. Die klassische Humanitätsidee. Zwei Vorträge*. Leipzig 1948, S. 7–28, vor allem S. 22. Ein schlagender, von Müller zitierter Beleg: 1887–1890 wurden in der Berliner Gesellschaft »Freie Bühne« nacheinander aufgeführt – Ibsens »Gespenster«, Hauptmanns »Vor Sonnenaufgang« und Tolstojs »Macht der Finsternis«. Alle drei Stücke übrigens von einem ›märkischen Kosmopoliten‹ besprochen: Theodor Fontane.
44 Vgl. Peter Weber, *Goethes Begriff von Weltliteratur*, a. a. O., S. 93 u. Anm. 17 u. 18, S. 104.
45 Erst seit zweihundert Jahren kann deshalb, im *eigentlichen* Sinn, von Weltliteratur gesprochen werden, wie ein die Dreiteilung in additive, selektive und kommunikative Weltliteratur-Betrachtung durch historische Argumente aufhebender Beitrag von Horst Steinmetz zeigt: *Weltliteratur. Umriß eines literaturgeschichtlichen Konzepts*. In: Arcadia. Zeitschrift für Vergleichende Literaturwissenschaft. Hrsg. Erwin Koppen. Bd. 20, 1985, S. 2–19; sowie, vorher schon die gleiche Richtung einschlagend, die Studie von Gerhard Steiner, *Über Weltliteratur und weltliterarische Forschung*, a. a. O.
46 Vgl. dazu: Horst Steinmetz, *Weltliteratur*, a. a. O., passim.
47 Claus Träger, *Weltgeschichte – Nationalliteratur, Nationalgeschichte – Weltliteratur*. In: Weimarer Beiträge 7, 1974, S. 18–28. (Grundsätzlich; über das egale, unegale und disparate Verhältnis von Historie und Literatur handelnd, das Gespräch zwischen Bloch und Eisler ›Über die Kunst zu erben‹ fortsetzend; zu Thomas Mann vgl. S. 25.)
48 »Aus tausend Gründen, die jeder kennt, vereinheitlicht sich das Leben der Menschen auf dem ganzen Planeten«: Über die standardisierte Monokultur des 20. Jahrhunderts, die den Gedanken der Weltliteratur ›zugleich verwirklicht und zerstört«, vgl. die humanistische Philippica von Erich Auerbach, *Philologie der Weltliteratur*. In: *Weltliteratur. Festgabe für Fritz Strich zum 70. Geburtstag*. Hrsg. Walter Muschg u. Emil Staiger. Bern 1952, S. 39–50.
Vgl. zur (historisch irreversiblen) Nivellierung der Kulturen durch Handel und rasche Kommunikation schon Friedrich Nietzsche, *Der europäische Mensch und die Vernichtung der Nationen*: »Der Handel und die Industrie, der Bücher- und Briefverkehr, die Gemeinsamkeit aller höheren Kultur ... bringen notwendig eine Schwächung und zuletzt eine Vernichtung der Nationen ... mit sich.« Charakteristisch, daß, wie Goethe, auch Nietzsche die Beförderung der kommunikativen Kultur unter den europäischen Nationen zur besonderen Aufgabe der Deutschen macht: »wobei die Deutschen durch ihre alte bewährte Eigenschaft, Dolmetscher und Vermittler der Völker zu sein, mitzuhelfen vermögen.« Vgl. Friedrich Nietzsche, *Menschliches, Allzumenschliches* I, 475. In: Friedrich Nietzsche, *Werke in drei Bänden*. Hrsg. Karl Schlechta. München 1954.
49 Vgl. dazu J. C. Brandt Corstius, *Writing Histories of World Literature*. In: Yearbook of Comparative and General Literature. Indiana University, No. 12, 1963, S. 5–14, vor allem S. 12 f. (mit ausdrücklicher Hervorhebung des die Addition des Gesamtwerks konterkarierenden Beitrags von Raymond Schwab über die orientalischen Literaturen: »je puis prédire à coup sûr qu'avant le fin de ce siècle«, so R. Schwab, »on ne pourra plus analyser des grands processus historiques, in littérature grecque, française, ou américaine, sans puiser des éléments de comparaison dans les séries orientales.«
50 Zu der unterschiedlichen Bedeutung von »Weltliteratur« vgl. außer dem *Deutschen Wörterbuch* von Jacob und Wilhelm Grimm vor allem die folgenden, die Forschung zusammenfassenden und künftige, bisher vernachlässigte Generalaspekte ins Blickfeld rückenden, mit reicher Literaturangabe ausgestatteten Arbeiten: Erwin Koppen, *Weltliteratur*. In: *Reallexikon der deutschen Literaturgeschichte*, Bd. 4. Hrsg. Klaus Kanzog u. Achim Masser. Berlin/New York 1984, Sp. 815–827, und, resümierend, aber auch die traditionellen Bestimmungen von Weltliteratur kritisierend: Gerhard R. Kaiser, *Einführung in die vergleichende Literaturwissenschaft. Forschungsstand – Kritik – Aufgaben*. Darmstadt 1980, S. 11–24.
51 Vgl. Erwin Koppen, *Weltliteratur zwischen Vulgäridealismus und Repräsentation. Der Nobelpreis für Literatur in der Belle Epoque*. In: *Teilnahme und Spiegelung. Festschrift für Horst Rüdiger*. Hrsg. Beda Allemann u. Erwin Koppen. Berlin/New York 1975, S. 415–432, vor allem S. 416–420.
52 Vgl. K. Geißler, *Probleme sozialistischer Weltliteratur*. In: Zeitschrift für Slawistik 29, H. 5, Berlin/DDR 1984, S. 665–673, vor allem S. 668: »In die Weltkommunikation neu eingetretene Literaturen, wie die algerische oder nigerianische, artikulieren sich noch häufig in den Sprachen ihrer ehemaligen Kolonialherren.«
53 Maxim Gorki, (»*Weltliteratur*«). In: Maxim Gorki, *Über Weltliteratur*. Leipzig 1969, S. 31–40, vor allem S. 39.
54 Gefordert ist eine Literatur, die Auerbachs skeptisch-bitteren Satz widerlegt: »Von geistigem Austausch ... und von Völkerversöhnung ist nicht mehr die Rede.« (vgl. Anm. 48: Erich Auerbach, *Philologie der Weltliteratur*, S. 42)
55 Hervorhebung des kommunikativen (unter Einschluß des selektiven) Aspekts auch bei K. Geißler, *Probleme sozialistischer Weltliteratur*, a. a. O., S. 660.
56 Johann Wolfgang Goethe, *Winckelmann und sein Jahrhundert*. In: J. W. Goethe, *Gedenkausgabe*, a. a. O., Bd. 13: *Schriften zur Kunst*. Hrsg. Christian Beutler. Zürich 1954, S. 446.
57 André Gide, *Tagebuch 1939–1949*. Ins deutsch von Maria Schaefer-Rümelin u. Gisela Schlientz. Stuttgart 1967, S. 38.
58 Gespräch mit Eckermann vom 31. 1. 1827.

DIE VERFASSER DER BEITRÄGE

A.A.	Dr. Alkis Anghelou	A.Ko.	Akın Kocagil
A.A.A.	Prof. Dr. Angel Antón-Andrés	A.Kos.	Albrecht Koschorke
Aa.K.	Prof. Dr. Aage Kabell	A.Kr.	Astrid Kramer
A.A.L.	Dr. Allan A. Lund	A.Ku.	Annemarie Arnold-Kubina
A.Am.	Prof. Antonio Amorth	A.Kum.	Aikaterina Kumarianú
A.Ar.	Dr. Andreas Ammer	A.L.	Annegret Lamey
A.As.	Alois Aschenbrenner	A.Lö.	Prof. Dr. Arno Löffler
A.B.	Dr. Anneliese Botond	A.M.	Prof. Dr. Alessandro Martinengo
A.Bar.	Dr. Alfredo Barbina	A.Maa.	Prof. Dr. Annegret Maack
A.Bh.	Anil Bhatti	A.Mah.	Andreas Mahler M.A.
A.Bl.	Axel Blaeschke	A.Mar.	Dr. Annegret Martin
A.Br.	Anneliese Broede	A.Mau.	Prof. Dr. Albert Maucher
A.Bro.	Antonín Brousek	A.M.B.	Anton M. Batliner
A.Bs.	Alken Bruns	A.M.Bo.	Armin M. Boerne
A.C.K.	Ana-Maria Cortes-Rosa Kollert M.A.	A.M.C.	Angelika Meßner-Chuchuy
A.C.S.	Dr. Agnieszka Cienkowska-Schmidt	A.Mg.	Anita Moga M.A.
A.De.	Anette Degott	A.M.H.	Armin M. Huttenlocher
A. de T.	Dr. Afonso de Toro	A.Mi.	Dr. Achim Mittag M.A.
A.Do.	Annette Dochweiler	A.M.K.	Dr. Anton Mirko Koktanek
A.E.	Anke Ehlers	A.Mo.	Dr. Angelika Moser
A.E.B.	Prof. Dr. Albin E. Beau	A.Mr.	Andreas Mrugalla
A.En.	Angela Enders	A.M.R.	Prof. Dr. Anton M. Rothbauer
A.Es.	Antonius Ester	A.M.Sp.	Anna Maria Speckel
A.F.	Dr. Anat Feinberg	A.M.W.	Dr. Angela Martini-Wonde
A.Fa.	Prof. Dr. Adam Falkenstein	A.Nü.	Prof. Dr. Ansgar Nünning
A.F.L.	Dr. Alexander F. Lohner	A.O.H.J.	Prof. Alfred O. H. Jarman
A.Fo.	Anoukh Foerg	A.P.	András Petöcz
A.F.R.	Dr. Aurelio Fuentes Rojo	A.Pa.	Andreas Papachristos
A.Fu.	Dr. Albert Fuß	A.Pi.	Prof. Dr. Annemarie Pieper
A.G.	Dr. Alfreds Gāters	A.Pip.	Dr. Annelotte Piper
A.Ga.	Anneli Ute Gabanyi M.A.	A.P.M.	Prof. Ada Prospero Machesine
A.Gaj.	Dr. Antoni Gajewski	A.Q.	Dr. Artur Quintana
A.Ge.	Dr. Anneliese Gerecke	A.R.	Dr. Albert Raffelt
A.Gi.	Prof. Dr. Albert Gier	A.Ri.	Prof. Dr. Arnulf Rieber
A.Go.	Dr. Alexander Gosztonyi	A.Ric.	Anne Richter
A.Gö.	Anne Görblich	A.Roe.	Anke Roeder
A.Gs.	Prof. Dr. Armin Geus	A.Rö.	Andrea Rössler
A.Gu.	Prof. Dr. Andreas Guski	A.S.	Dr. Apostolos Sachinis
A.H.	Dr. Alfons Höger	A.Sch.	Dr. Arthur Scherle
A.Ha.	Prof. Dr. Alois Halder	A.Schä.	Armin Schäfer
A.Haa.	Dr. Alexander Haardt	A.Schi.	Prof. Dr. Annemarie Schimmel
A.Has.	Prof. Dr. Adolf Haslinger	A.Schm.	Dr. Alexander Schmidt
A.Hd.	Dr. Alexander Hildebrand	A.Schma.	Prof. Dr. Alois Schmaus
A.He.	Dr. Alfred Heil	A.Schn.	Anne Schneider
A.Hel.	Prof. Dr. Arno Heller	A.Schö.	Axel Schönberger M.A.
A.Her.	Prof. Dr. Armin Hermann	A.Schr.	Angela Schrott
A.Hf.	Axel Hauff	A.Schü.	Alexander Schütz
A.H.H.	Dr. Anna-Halja Horbatsch	A.Si.	Armin Sievers M.A.
A.Ho.	Andreas Hofmann M.A.	A.St.	Alexander Steininger
A.Hor.	Prof. Dr. Alfred Hornung	A.Su.	Astrid Surmatz
A.I.	Dr. Assen Ignatow	A.T.	Atila Türk
A.J.	Dr. Albrecht Juergens	A.U.	Dr. Alfons Uhl
A.Ja.	Dr. Anke Janssen	A.V.	Anne Vogt M.A.
A.K.	Prof. Dr. Alfred Karnein	A.v.B.	Prof. Dr. Alexander von Bormann
A.Ka.	Prof. Dr. Annelies Kammenhuber	A.v.H.	Drs. Ada van Hoeken
A.Kar.	Alexa Károly	A.v.W.	Almut von Wulffen
A.Kau.	Prof. Dr. Dr. Arthur Kaufmann	B.A.	Prof. Dr. Bozorg Alavi
A.Ki.	Prof. Dr. Aarne Kinnunen	B.Ad.	Dr. Bernhard Adamy OBL OSB
A.Kn.	Prof. Dr. Armin Knigge	B.Ant.	Barbara Antkowiak

B.Ap.	Dr. Bernhard Appel	B.W.	Berta Wiedemann
B.At.	Bedriye Atsiz	B.Wa.	Dr. Birgit Wagner
B.B.	Bastian Brant	B.Wal.	Prof. Dr. Bernhard Waldenfels
B.Be.	Dr. Birger Bergh	B.We.	Dr. Brunhilde Wehinger
B.Bh.	Brigitte Bergheim M.A.	B.Wi.	Beate Wilgenbus
B.Br.	Barbara Brick	B.Wid.	Prof. Dr. Berthe Widmer
B.C.	Barbara Conrad	B.Woe.	Birgit Woelfert
B.Ca.	Beatrix Caner	B.Wu.	Bettina Wuthenow
B.Cl.	Bettina Clemens M.A.	B.Y.K.	Dr. Barbara Yoshida-Krafft
B.D.	Dr. Bärbel Dymke	B.Z.	Beate Zimmermann
B.De.	Bettina Debon	C.A.	Christina Albrecht M.A.
B.F.	Betty Falkenberg	C.A.G.	Christian-Albrecht Gollub M.A.
B.Fi.	Dr. Bernhard Fischer	C.B.	Dr. Christian Begemann
B.G.	Dr. Brigitte Gras	C.Ba.	Christa Balzer
B.G.B.	Dr. Barbara Bronnen	C.Bi.	Christa Bianchi
B.Ge.	Barbara Gentikow	C.Bl.	Carmen Birkle
B.Gl.	Bernhard Glienke	C.Bo.	Cecilia Borggreve-Lengefeld
B.Gö.	Barbara Göbler	C.Bt.	Christian Barth
B.Gr.	Brigitte Grossmann	C.Bu.	Dr. Christoph Buggert
B.Gu.	Prof. Dr. Bodo Guthmüller	C.Ch.	Claudio Chuchuy
B.H.	Benjamin Henrichs	C.Cob.	Dr. Christoph Cobet
B.Ha.	Dr. Baymirza Hayit	C.D.	Prof. Dr. Carl Dahlhaus
B.Hb.	Dr. Brigitte Haberer	C. de B.	Dr. Cl. de Boor
B.He.	Prof. Dr. Bernd Henningsen	C.D.G.M.	Dr. C. Detlef G. Müller
B.Hel.	Brigitte Hellmann	C.Dr.	Dr. Christoph Dröge
B.I.	Dr. Bernhard Irrgang	C.D.S.	Claus D. Sittig
B.K.	Dr. Bernhard Küppers	C.E.	Prof. Dr. Christian Enzensberger
B.Ka.	Barbara Kasper	C.F.	Dr. Christian F. Feest
B.Kar.	Barbara Karhoff	C.Fe.	Dr. Christoph Ferber
B.Ke.	Prof. Dr. Barbara Kellner	C.Fi.	Dr. Cornelia Fischer
B.Ki.	Dr. Barbara Kinter	C.F.L.	Clara Fernandez Lopez
B.Kl.	Dr. Barbara Kleiner	C.Fr.	Dr. Dr. Carl Freytag
B.Ko.	Brita Kolster	C.F.W.	Dr. C. T. Frey-Wehrlin
B.Ku.	Bernd Kuhne M.A.	C.G.	Prof. Dr. Curt Grützmacher
B.L.	Prof. Dr. Brigitte Schlieben-Lange	C.Ga.	Prof. Cesare Galimberti
B.Le.	Prof. Dr. Bernd Lenz	C.Gu.	Cordelia Gundolf
B.L.L.	Bruno Landthaler-Liss	C.H.	Charlotte Haefelin
B.M.	Dr. Brigitte Mannsperger	C.Ha.	Prof. Dr. Claus Haebler
B.Ma.	Prof. Bruno Maier	C.Hb.	Cornelius Hasselblatt
B.M.D.	Bärbel Meyer-Dettum	Ch.Ha.	Christiane Haberl
B.Mi.	Boris Mihalkovič	C.Hs.	Christine Hans
B.Mo.	Barbara Mors	C.Hü.	Dr. Christopher Hüllen
B.Mü.	Burkhard Müller	C.J.	Dr. Claudia Jeschke
B.N.	P. Prof. Dr. Burkhard Neunheuser OSB	C.J.M.N.	Prof. Dr. Christoffel J. M. Nienaber
		C.K.	Dr. Christoph Koch
B.Ne.	Behçet Necatigil	C.Kn.	Christine Knobloch M.A.
B.O.K.	Dr. Alexander Osadczuk-Korab	C.K.N.	Dr. Christoph K. Neumann
B.P.	Dr. Branka Palme	C.L.	Christine Lutz
B.Po.	Béla Pomogáts	C.Ld.	Christian Lederer
B.R.	Brigitta Rambeck	C.Le.	Dr. Christiane Leube
B.Re.	Brigitte Rechenberg	C.Lu.	Dr. Christine Lubkoll
B.R.E.	Birgit R. Erdle M.A.	C.M.	Prof. Dr. Christoph Müller
B.Rei.	Beatrix Reichel	C.M.C.	Clara Mori Castelnuovo
B.Rz.	Beate Rzadtki	C.M.S.	Cornelia Meyer-Scupin
B.S.	Bernhard Setzwein M.A.	C.N.	Christian Nymphius
B.Sch.	Barbara Schaper	C.O.	Claudia Ortner M.A.
B.Scha.	Prof. Dr. Birgit Scharlau	C.P.	Christine Privat
B.Se.	Barbara Seitz	C.Pe.	Carola Peckolt M.A.
B.Sp.	Barbara Sparung	C.Pl.	Celeste Plückebaum
B.Spi.	Dr. Barbara Spielmann	C.P.L.	Cornelia Panzacchi-Loimeier M.A.
B.S.S.	Prof. Dr. Brigitte Scheer-Schaezler	C.Pp.	Christine Popp M.A.
B.St.	Beate Stiehl	C.P.S.	Claus P. Schmid
B.v.B.	Burkhart von Braunbehrens	C.R.	Christian Riechers

C.Ra.	Claudia Rapp M.A.	D.R.M.	Daniela Riess-Meinhardt
C.Ro.	Dr. Christoph Rodiek	D.S.	Dieter Steland
C.S.	Dr. Claus Schönig	D.Sc.	Daniela Scarpati
C.Sa.	Christoph Sahner	D.Sch.	Dr. Dorothea Schurig
C.Sch.	Christian Schäfer	D.Sr.	Dr. Dorothea Schröder
C.Sche.	Dr. Christoph Schefold	D.St.	Doris Studeny
C.Schm.	Christa Schmuderer	D.T.	Prof. Dr. Dmitrij Tschižewskij
C.Schn.	Prof. Dr. Carl Schneider	D.Te.	Dieter Teichert M.A.
C.Schu.	Dr. Christoph Schuwalski	D.Tr.	Dorothea Trottenberg
C.Schw.	Claus Schweer	D.V.	Djavad Vahabzadeh
C.Sf.	Prof. Dr. Constans Seyfarth	D.v.B.	Dagmar von Beulwitz
C.S.L.	Charlotte Svendstrup-Lund	D.Vo.	Dr. Dieter Vogel
C.St.	Christoph Stoll	D.W.	Prof. Dr. Dieter Woll
C.V.	Christian Venth	D.We.	Dorothee Wege
C.V.A.	Carlos Valderrama Andrade	D.Wö.	Dietrich Wörn
C.v.M.	Christoph Frh. v. Maltzahn	D.Wu.	Prof. Dr. Dieter Wuttke
C.v.Y.	Christian Graf Ysenburg	D.Z.	Prof. Dr. Dirk Ziervogel
C.W.	Prof. Dr. Claus Wilcke	D.Ž.	Prof. Dr. Dragiša Živkovic
C.Wa.	Dr. Christine Walde	E.A.	Erika Annuß M.A.
D.A.	Dr. Dietlind Amlong	E.A.G.	Dr. Ernst August Gruber
D.Au.	Dr. Daine Augustaitis	E.A.Z.	Elisavet A. Zachariadu
D.B.	Prof. Dr. Dietrich Briesemeister	E.B.	Erika Bartolomäus
D.Ba.	Dr. Dieter Baake	E.Ba.	Elisabetta Bascone
D.Bar.	Dieter Barber	E.Be.	Prof. Dr. Ernst Behler
D.Be.	Dr. Diana Behler	E.Beh.	Dr. Eva Behring
D.Ben.	Prof. Dr. Dietrich Benner	E.Bl.	Prof. Dr. Eugen Blessing
D.Bo.	Prof. Dr. Dieter Borchmeyer	E.Bn.	Eva Bachmann M.A.
D.Br.	Prof. Dr. Detlef Brennecke	E.Bo.	Dr. Eske Bockelmann
D.Bu.	Prof. Dr. Dagmar Burkhart	E.Boj.	Endre Bojtár
D.C.	Dr. Danae Coulmas	E.Br.	Dr. Elisabeth Bronfen
D.D.	Denise Dictus	E.Bre.	Dr. Eckhard Breitinger
D.De.	Dorette Deutsch M.A.	E.Bren.	Elke Brendel
D.Dö.	Doris Döpke	E.Bro.	Evamaria Brockhoff M.A.
D.E.Z.	Dieter E. Zimmer M.A.	E.Bs.	Elisabeth Berres
D.F.	Darinka Florijan	E.B.T.	Prof. Dr. Emma Brunner-Traut
D.Fr.	Dr. Dieter Freihoffer	E.C.	Prof. Dr. Ernesto Codignola
D.Fu.	Dieter Fuchs	E.Cr.	Dr. Eberhard Crusius
D.G.	Dietrich Grille	E.D.	Evelyn Detterbeck M.A.
D.Gr.	Diana Groß	E.E.	Dr. Elisabeth Ettenauer
D.H.	Dr. Dietrich Heinemann	E.Ed.	Edit Erdödy
D.Ha.	Dr. Dieter Hasselblatt	E.En.	Dr. Erhard Engler
D.He.	Prof. Dr. Dieter Herms	E.Er.	Eric Erfurth
D.Ho.	Dieter Holz	E.F.	Dr. Egbert Faas
D.Hof.	Dr. Dieter Hoffmann	E.Fe.	Erwin Fenster
D.Hor.	Prof. Dr. Detlef Horster	E.Fel.	Dr. Egon Felder
D.K.	Prof. Dr. Dieter Kremers	E.F.H.	Prof. Dr. Eyvind F. Halvorsen
D.Ka.	Prof. Dr. Dietmar Kamper	E.Fi.	Dr. Ernst Fischer
D.Kös.	Diethard Köster	E.Fr.	Eberhard Frost M.A.
D.K.P.	Donate Kluxen-Pyta M.A.	E.Ge.	Dr. Eberhard Geisler
D.Ku.	Dr. Detlef Kulman	E.G.K.	Eaghor G. Kostetzky
D.L.	Dr. Dieter Lührmann	E.Gl.	Dr. Elvira Glaser
D.La.	Prof. Dr. Dietz Lange	E.Gr.	Dr. Eberhard Griem
D.Lg.	Dieter Lang	E.G.R.	Elisabeth Graf-Riemann M.A.
D.Ma.	Dr. Dietrich Mannsperger	E.H.	Dr. Ernst Hempel
D.Man.	Doris Manschke	E.Ha.	Dr. Eva Haldimann
D.Mk.	Dr. Dolores MacKenna	E.Hab.	Engelbert Habekost
D.O.E.	Prof. Dr. Dietz Otto Edzard	E.He.	Ernst Herhaus
D.P.	Prof. Dr. Dietmar Peil	E.Hei.	Elke Heidenreich
D.Pe.	Dagmar Petrovská	E.Her.	Prof. Dr. Eilert Herms
D.Pl.	Dagmar Ploetz	E.H.H.	Dr. Elisabeth Höpker-Herberg
D.R.	Prof. Dr. Dieter Reichardt	E.Hm.	Dr. Elisabeth Hermann
D.Re.	Dr. Dorothea Redepenning	E.Hn.	Elisabeth Hoffmann
D.Ri.	Prof. Dr. Dieter Riemenschneider	E.Ho.	Eginhard Hora

E.Hö.	Dr. Eckhard Höfner	E.Th.	Evangelia Thomadaki
E.Hög.	Dr. Elvira Högemann-Ledwohn	E.Tr.	Dr. Elmar Treptow
E.Höh.	Erika Höhnisch	E.Vl.	Ekrem Vlora
E.Hor.	Prof. Dr. Erik Hornung	E.v.S.	P. Dr. Emmanuel von Severus OSB
E.H.P.	Prof. Dr. Eberhard H. Pältz	E.v.Z.	Eberhard Zezschwitz
E.Hs.	Eva Hesse-O'Donnell	E.W.	Prof. Dr. Erwin Wedel
E.H.S.	Dr. E. Hidalgo-Serna	E.Wa.	Dr. Elisabeth Wagner
E.H.V.	Eike H. Vollmuth	E.Wi.	Dr. Eberhard Winkler
E.I.	Elena Ilina	E.Wo.	Dr. Elisabeth Wolfheim
E.J.	Elsa Johnston	E.Wol.	Dr. Elsbeth Wolffheim
E.J.K.	Dr. Ernst J. Krzywon	F.Ad.	Franz Adam
E.K.	Dr. Eugen Kende	F.Ar.	Fritz Arnold
E.Ka.	Dr. Eleni Kakulidi	F.B.	Dr. Dr. Friedrich Bassenge
E.Ke.	Edith Kempf	F.Bo.	Prof. Dr. Fritz Bock
E.Keß.	Dr. Eckard Kessler	F.D.	Friedrich Denk
E.Kg.	Prof. Dr. Eugen Kogon	F.Di.	Dr. Frank Dietz
E.Kl.	Prof. Dr. Eduard Klopfenstein	F.D.M.	Friderica Derra de Moroda
E.Kle.	Erwin Klein	F.E.	Friedrich Ege
E.Ko.	Prof. Dr. Erwin Koschmieder	F.Ed.	Ferdinand Edenhofer
E.Koe.	Elmar Koenen	F.F.	Prof. Dr. Fritz Fleischmann
E.Kö.	Ernst Kölnsperger	F.F.B.	Dr. Fátima de Figueiredo-Brauer
E.Kr.	Prof. Dr. Eberhard Keutzer	F.Fe.	Dr. Federico Federici
E.K.S.	Dr. Ernö Kulcsar Szabó	F.F.M.	Ferran Ferrando Melia
E.Le.	Prof. Dr. Eberhard Leube	F.G.	Dr. Frank Göbler
E.Ma.	Edita Marx	F.Ge.	Federico Gerratana
E.Man.	Ernst Mannheimer	F.H.	Friedrich Hitzer
E.M.B.	Prof. Dr. Eberhard Müller-Bochat	F.Hei.	Frank Heibert
E.M.F.	Dr. Eva-Marie Fiedler	F.I.	Dr. Friedrich Irmen
E.Mü.	Dr. Eberhard Müller	F.J.	Dr. Friedrich Jenaczek
E.My.	Prof. Dr. Ekkehard May	F.J.F.	Dr. Franz Josef Fuchs
E.N.	Dr. Eckehart Nölle	F.J.K.	Franz J. Keutler
E.Ne.	Eva Neunzig M.A.	F.J.Kn.	Franz-Josef Knape
E.O.	Prof. Dr. Eva Osswald	F.K.	Prof. Dr. Friedrich Klemm
E.O.G.	Prof. Dr. Ernst-Otto Gerke	F.Ke.	Dr. Friedhelm Kemp
E.O.R.	Prof. Dr. Ernst Otto Reichert	F.Ki.	Prof. Dr. Fritz Peter Kirsch
E.Pá.	Dr. E. Pátková	F.Ku.	Ferenc Kulin
E.Pe.	Prof. Dr. Eberhard Peschke	F.Le.	Dr. Felix Leibrock
E.Pi.	Dr. Ewa Pietrzak	F.M.	Dr. Franz Meier
E.P.N.	Prof. Dr. E. Pribić-Nonnenmacher	F.N.	Dr. Friedrich Nemec
E.P.P.	Edith Pimentel Pinto	F.Pa.	Prof. Dr. Fritz Paul
E.Pu.	Dr. Elsbeth Pulver	F.P.C.	Francisca Pichardo Castro
E.R.	Prof. Dr. Ernstpeter Ruhe	F.Pf.	Friedrich Pfäfflin
E.Re.	Prof. Dr. Eberhard Reißner	F.P.K.	Franz Peter Künzel
E.Ri.	Prof. Dr. Ernst Ribbat	F.Pö.	Fritz Pöppel
E.Ro.	Dr. Ernst Rohmer	F.P.R.	Francisco Pérez Ribera
E.Rö.	Dr. Erich Rössler	F.R.	Prof. Dr. Frithjof Rodi
E.R.S.	Dr. Edmé R. Smits	F.S.	Dr. Friedrich Springorum
E.Ru.	Dr. Eberhard W. J. Rumbke	F.Š.	Dr. Franz Šen
E.Rud.	Prof. Dr. Enno Rudolph	F.Sch.	Frank Schaumann
E.S.	Eveline Schacht	F.Scho.	Prof. Dr. Friedrich Scholz
E.Sch.	Prof. Dr. Egidius Schmalzriedt	F.Se.	Prof. Dr. Ferdinand Seibt
E.Sche.	Dr. Elmar Schenkel	F.S.S.	P. Dr. Franciscus S. Schmitt OSB
E.Schl.	Erdmuthe Schlottke	F.Sz.	Prof. Dr. Ferenc Szabadváry
E.Schn.	Prof. Dr. Ernst Schulin	F.U.	Dr. Fritz Usinger
E.Schö.	Erika Schöpplein	F.V.	Prof. Dr. Franco Volpi
E.Schü.	Eberhard Schüttpelz	F.Va.	Prof. Dr. Florian Vaßen
E.Sie.	Dr. Elisabeth Siedel	F.W.	Dr. Fritz Walter
E.Sp.	Ekkehard Sperling	F.Wi.	Prof. Dr. Friedrich Wilhelm
E.Spä.	Dr. Eberhard Späth	F.W.M.	Dr. Friedrich W. Marquardt
E.S.R.	Eva-Sabine Rosen M.A.	F.W.P.	Fritz W. Pöppel
E.St.	Dr. Eckart Stein	F.W.V.	Dr. Friedrich W. Volberg
E.S.W.	Dr. Elisabeth Schulze-Witzenrath	F.W.Z.	Dr. F. W. Zimmermann
E.T.	Prof. Dr. Emanuel Turczynski	G.A.	Ghemela Adler M.A.

G.Ae.	Georg Aescht	G.Nie.	Dr. Gottfried Niedhardt
G.An.	Dr. Gunnar Andersson	G.O.	Dr. Gert Oberembt
G.B.	Prof. Guido Billanovich	G.O.S.	Dr. Gunhild Oberzaucher-Schüller
G.Ba.	Gertrud Baruch	G.P.	Dr. Gerhard Penzkofer
G.Bau.	Gerda Baudisch	G.Pl.	Prof. Giovanni Pioli
G.Be.	Georges Belmont	G.P.S.	Prof. Dr. G. P. Savvidis
G.Ber.	Dr. Günter Bernt	G.Q.	Gaby Quester
G.Bg.	Prof. Dr. Günter Berger	G.R.	Prof. Dr. Gunter Reiss
G.Bi.	Dr. Günter Bielemeier	G.Ra.	Dr. Georg Ramseger
G.Bj.	Dr. Gerhild Bjornson	G.Re.	Prof. Dr. Gerhard Regn
G.Bn.	Dr. Günter Baumann	G.Rö.	Gertrud Rösch
G.Br.	Georg Brun	G.R.S.	Dr. Georg R. Schroubek
G.C.	Prof. George Cioranescu	G.Sa.	Prof. Dr. Gert Sautermeister
G.Cs.	Gisela Csik M.A.	G.Sc.	Dr. Gavril Scridon
G.D.	Prof. Dr. Georg Denzler	G.Sch.	Prof. Dr. Gert Schäfer
G.Di.	Gisa Dippe	G.Schi.	Dr. Gerhard Schindele
G.D.S.	Giuseppe Di Stefano	G.Scho.	Günther Scholz
G.E.	Dr. Günther Erken	G.Schu.	Dr. Gabriella Schubert
G.E.F.	Götz-Erik Flohr M.A.	G.Schw.	Dr. Gottfried Schwarz
G.Ei.	György Eisemann	G.Schwa.	Prof. Dr. Gesine Schwan
G.Fa.	Gudrun Fabian	G.Schy.	Dr. Günther Schiwy
G.Fi.	Gisela Fichtl	G.Se.	Günther Senf
G.Fr.	Prof. Dr. Gianfranco Frigo	G.S.N.	Prof. Dr. Gabriël St. Nienaber
G.G.	George Göriöri	G.S.T.	Georges S. Tsouyopoulos
G.Ga.	Prof. Dr. Günter Gawlik	G.Sz.	Dr. Günter Schulz
G.G.C.	Dr. Gary Grieve-Carlson	G.U.	Dr. Gerda Utermöhlen
G.Go.	Prof. Dr. Gerhard Goebel-Schilling	G.Ue.	Dr. Gisela Uellenberg
G.Gr.	Dr. Günter Grönbold	G.V.	Prof. Dr. Georg Veloudis
G.Gri.	Prof. Dr. Gerhard Grimm	G.V.D.	Dr. Geoffrey V. Davis
G.Gü.	Prof. Dr. Georges Güntert	G.v.S.	Georg von Schlippe
G.H.	Dr. Gertrud Herding	G.v.Y.	Gabriella Gräfin Ysenburg
G.Ha.	Gertraud F. Hasemann	G.W.	Prof. Dr. Gotthart Wunberg
G.Hae.	Prof. Dr. Gerhard Haefner	G.We.	Gerhard Wehr
G.Haf.	Dr. Gertrude Hafner	G.Wi.	Dr. Gertraude Wilhelm
G.He.	Gisela Hesse	G.Wil.	Dr. Gerhard Wild
G.Heb.	Prof. Dr. Gerhard Heberer	G.Wit.	Prof. Dr. Gunther Witting
G.Hei.	Gerd Heistermann	G.Wo.	Gert Woerner
G.Hel.	Dr. Georg Heller	G.Wol.	Prof. Dr. Gerd Wolandt
G.Hg.	Dr. Gisela Hellwig	G.W.W.	Prof. Dr. Gerd W. Weber
G.Hi.	Dr. Günther Hillmann	G.Wy.	Prof. Dr. Günther Wytrzens
G.Hil.	Gerd Hilger	Gy.B.	Dr. Gyula Borbándi
G.Hm.	Dr. Gerd Hofmann	H.A.	Dr. Heidrun Adler
G.Hs.	Godehild Hesse	H.A.D.	Prof. Dr. Hans A. Dettmer
G.Hu.	Dr. Gerd Hurm	H.Ae.	Prof. Dr. Hans Aebli
G.Hü.	Gerbert Hübner	H.B.	Prof. Dr. Helmut Brackert
G.Hz.	Georg Heintz	H.Ba.	Dr. Helmut Bachmaier
G.J.	Dr. Gerhard Jäger	H.Bas.	Dr. Hagen Bastian
G.Ja.	Prof. Dr. Günther Jarfe	H.Be.	Prof. Dr. Heinrich Beck
G.J.H.	Dr. Günter Johannes Henz	H.Ber.	Hilde Bergner
G.K.	Günter Karcher	H.Bes.	Heribert Besch
G.Ka.	Dr. Gerd Kahle	H.Beu.	Prof. Dr. Helmut Beumann
G.Kä.	Gesche Kähler	H.B.H.	Hansjörg Beger-Hintzen
G.Kr.	Prof. Dr. Gert Kreutzer	H.Bi.	Hannelore Bitsch
G.Kri.	Dr. Gottfried Krieger	H.Bl.	Dr. Horst Belke
G.Kro.	Gabriele Kroes	H.Blo.	Helmut Blochwitz
G.Kü.	Dr. Gottfried Küenzlen	H.Bm.	Hanjo Berressem
G.L.	Prof. Gino Lupi	H.B.Moe.	Prof. Dr. Hans-Bernhard Moeller
G.Le.	Günther Leitzgen	H.Bn.	Helmut Braun
G.M.	Dr. Gerhard Müller	H.Bo.	Prof. Dr. Hans Borchers
G.Mac.	Gloria Macchiavello M.A.	H.Bor.	Helga Born
G.Mü.	Dr. Gerhard Müller	H.Bou.	Heike Boudalfa
G.N.	Dr. Guido Noulian	H.Br.	Prof. Dr. Hellmut Brunner
G.Nau.	Dr. Gerd Nauhaus	H.Bre.	Harald Breier

H.Bs.	Helgard Brauns M.A.	H.H.G.	Dr. Hans-Helmuth Gander
H.Bt.	Prof. Dr. Heinz Bechert	H.H.H.	Hans-Horst Henschen
H.Bu.	Dr. Helena Buřičova	H.H.Ho.	Prof. Dr. Hans Heinz Holz
H.C.N.	Dr. Hans Nickelsen	H.H.Kr.	Prof. Dr. Hans-Henrik Krummacher
H.C.R.	Prof. Dr. Hans-Christoph Rublack	H.Ho.	Dr. Helmut Homeyer
H.Da.	Prof. Dr. Helmut Dahmer	H.Hof.	Prof. Dr. Hermann Hofer
H.De.	Hanna Dehio	H.Hon.	Dr. Helga Honold
H.Dep.	Heike Depenbrock	H.H.P.	Hanne Hauenstein-Pöppel
H.Det.	Dr. Heinrich Detering	H.Hs.	Helgo Halbfaß
H.D.H.	Hans Dieter Huber	H.Hu.	Hans Hug
H.Dö.	Hannah Dörries	H.Hun.	Harald Hundius
H.D.R.	Dr. H.-Diether Reimer	H.Hy.	Dr. Hannicke Henny
H.D.S.	Prof. Dr. Horst D. Schlosser	H.I.	Prof. Dr. Heinz Ickstadt
H.D.Sch.	Hans Dieter Scheffel	H.I.G.	Hans Isaak Grünewald
H.D.W.	Prof. Dr. Heinz-Dieter Weber	H.I.R.	Hans-Ingo Radatz
H.E.	Hermann Ebeling	H.J.B.	Dr. Hans J. Ballschmieter
H.E.H.	Prof. Dr. Hans E. Hirsch	H.J.E.	Prof. Dr. Hans-Jürgen Engfer
H.Ei.	Dr. Heide Eilert	H.J.G.	Prof. Dr. Horst-Jürgen Gerigk
H.Eid.	Prof. Dr. Hans Eideneier	H.J.H.	Prof. Dr. Hans-J. Heinemann
H.En.	Horst Ensslen	H.J.He.	Hans Jürgen Hentschel
H.Es.	Hans Esselborn	H.J.Hö.	Dr. Hans-Joachim Höhn
H.F.	Dr. Herbert Frenzel	H.J.K.	Prof. Dr. Hans-Joachim Klimkeit
H.Fa.	Helmuth Faust	H.J.L.	Prof. Dr. Hans-Jürgen Lüsebrink
H.Fau.	Dr. Heinrich Fauteck	H.J.La.	Prof. Dr. Hans Joachim Lang
H.Fe.	Prof. Dr. Helmut Feldmann	H.J.Lo.	Prof. Dr. Hans-Joachim Lope
H.Fel.	Prof. Dr. Hans Felten	H.J.M.	Dr. Hermann J. Meyer
H.Fl.	Dr. Holger Fließbach	H.J.P.	Hans-Joachim Petsch
H.Fö.	Hans Földeak	H.J.S.	Hans-Joachim Schlegel
H.Fr.	Prof. Dr. Herbert Franke	H.Ju.	Dr. Helga Jungblut-Leihener
H.Fro.	Prof. Dr. Hans Fromm	H.J.W.	Dr. Hans-J. Wulschner
H.Frü.	Dr. Hella Frühmorgen	H.J.Z.	Dr. Hans-Jürgen Zaborowski
H.Fu.	Prof. Dr. Horst Fuhrmans	H.K.	Heinrich Küntzel
H.G.	Helmut Goerlich	H.Ka.	Dr. Heidi Kalmbach
H.Ga.	Dr. Hans Gaertner	H.Kay.	Prof. Dr. Harold Kaylor
H.Gai.	Heide Gaiser	H.Ke.	Prof. Dr. Hermann Kellenbenz
H.Gan.	Dr. Herbert Ganslmayr	H.Kei.	Dr. Hartmut Keil
H.Gas.	Dr. Howard Gaskill	H.Kg.	Hedda Kage
H.Ge.	Prof. Dr. Hellmut Geißner	H.Ki.	Hermann Kinder M.A.
H.Ged.	Hanne Gedeon	H.Kil.	Hubert Kilgenstein
H.Geh.	Dr. Hansjörg Gehring	H.Kl.	Hellmut Klocke
H.Gi.	Heinrich Gimmler M.A.	H.Kn.	Dr. Heinz Kneip
H.G.M.	Prof. Dr. Hans Georg Majer	H.Kö.	Dr. Hermann Kölln
H.Go.	Prof. Dr. Helmut Gollwitzer	H.Köh.	Dr. Hartmut Köhler
H.G.O.	Heinz-Georg Ortmanns	H.Kog.	Dr. Hermann Kogelschatz
H.Gö.	Hilaria Gössmann	H.Koh.	Dr. Helmut K. Kohlenberger
H.Gr.	Dr. Hanns Grössel	H.Koo.	Prof. Dr. Helmut Koopmann
H.Gru.	Prof. Dr. Herbert Grundmann	H.Ks.	Harald Kaas
H.Gs.	Prof. Dr. Hartmut Gese	H.K.T.	Helena Knoop-Tieben
H.Gü.	Prof. Dr. Hans Günther	H.Ku.	Prof. Dr. Heinrich Kunstmann
H.G.W.	Dr. Horst G. Weise	H.L.	Harald Landry
H.H.	Prof. Dr. Helmut Hoffmann	H.La.	Prof. Dr. Hubert Laitko
H.Ha.	Henno Harjes	H.L.A.	Heinz L. Arnold
H.Hä.	Dr. Hiltrud Häntzschel	H.Lau.	Helga Lauterwein
H.Häu.	Dr. Heiner Häufle	H.Le.	Heide Lehmann
H.Hak.	Hermann Hakel	H.L.H.	Hans Ludwig Heuss
H.Ham.	Prof. Dr. Horst Hammitzsch	H.Li.	Dr. Hermann Lindner
H.Har.	Henno Harjes	H.Lo.	Dr. Helmut Loiskandl
H.He.	Helene Henze	H.L.S.	Prof. Dr. Hans Ludwig Scheel
H.Hei.	Prof. Dr. Hubertus Heinen	H.Lü.	Hartmut Lück
H.Hen.	Prof. Dr. Hans Hennecke	H.Lüh.	Dr. Helga Lühning
H.Her.	Prof. Dr. Hubert Herkommer	H.M.	Herbert Müller
H.Herl.	Dr. Hermann Herlinghaus	H.Ma.	Dr. Harry Maor
H.Hg.	Prof. Dr. Hermann Häring	H.Mar.	Prof. Dr. Helmut Martin

H.Me.	Prof. Dr. Horst Meller	H.Wi.	Horst Wiedemann
H.Meh.	Dr. Henning Mehnert	H.W.I.	Dr. Hans Werner Ingensiep
H.Mes.	Dr. Harald Mesch	H.W.J.	Prof. Dr. Hans-Wolf Jäger
H.Mey.	Holt Meyer M.A.	H.Wo.	Holger Wolandt
H.M.K.	Dr. Holger M. Klein	H.W.S.	Dr. Hans W. Schmidt
H.Ml.	Helmut Madl	H.W.Sch.	Prof. Dr. Hermann W. Schmidt
H.M.N.	Dr. Heribert M. Nobis	H.Z.	Prof. Dr. Hermann Zeltner
H.Mo.	Hildegard Moral	H.Ze.	Dr. Hartmut Zelinsky
H.Mon.	Dr. Hiltgunt Monecke	I.A.	Dr. Ingrid Adam
H.Mr.	Hildegard Müller	I.Ad.	Irma Adler
H.M.S.	Dr. Hans-Martin Saß	I.Am.	Dr. Irmgard Ackermann
H.M.Sch.	Dr. Hans-Manfred Schuh	I.B.	Ilsi Berger
H.Mü.	Helga Müller	I.Ba.	Ilse Bauer
H.N.	Dr. Hannelore Neves	I.B.B.	Ingi Bogi Bogason
H.N.F.	Prof. Dr. Hans Norbert Fügen	I.Bo.	Dr. Ingeborg Boltz
H.Ni.	Dr. Horst Nitschack	I.E.	Irmela Erckenbrecht
H.O.	Dr. Helmut Olles	I.F.	Dr. Ingeborg Frank
H.P.	Helga Probst	I.Fa.	Dr. Ildikó Fazekas
H.Pe.	Prof. Dr. Helmut Petri	I.Fr.	Prof. Dr. Ivo Frangeš
H.P.H.O.	Dr. Hans-Peter Hoelscher-Obermaier	I.F.R.	Irene Frandsen-Roeger
		I.F.W.	Ingo F. Walther
H.P.K.	Hans-Peter Kunisch	I.G.D.	Prof. Dr. Iion G. Dimitriu
H.Po.	Herbert Potzel	I.H.	Ingeborg Herbst
H.P.R.	Dr. Hans-Peter Rodenberg	I.H.K.	Prof. Dr. Irmela Hijiya-Kirschnereit
H.P.Rö.	Hans-Peter Rösler	I.Ja.	Dr. Irene Jablonowski
H.P.W.	Dr. Heddy Pross-Weerth	I.K.	Dr. Ingrid Kerkhoff
H.Qu.	Dr. Helga Quadflieg	I.Ku.	Dr. Ilia Kutschuchidse
H.R.	Dr. Hermann Rinn	I.Kun.	Prof. Dr. Ilse Kunert
H.Ri.	Dr. Heinz Rieder	I.M.	Ilse Mirus
H.R.J.	Hartmut Rainer Jaene	I.Me.	Inge Mees
H.R.P.	Hans Rudolf Picard	I.N.	Ion Negoiţescu
H.Ru.	Dr. Holger Rudloff	I.P.	Ingrid Peter
H.S.	Hilde Schretzmayr	I.R.	Dr. Irmhild Reischle
H.S.B.	Dr. Hansgeorg Schmidt-Bergmann	I.S.	Dr. Irene Schwendemann-Osterkamp
H.Sch.	Prof. Dr. Hartmut Scheible		
H.Schi.	Prof. Dr. Dr. Heinrich Schipperges	I.Sch.	Ingrid Scheid
H.Schl.	Dr. Hermann Schlüter	I.Scha.	Dr. Ingeborg Schank
H.Schm.	Dr. Hermann Schmidt	I.Sche.	Dr. Ingrid Scherf
H.Schn.	Hans Schneider	I.Schn.	Prof. Dr. Ivo Schneider
H.Scho.	Dr. Horst Scholz	I.Schö.	Ingeborg Schönenberg
H.Se.	Prof. Dr. Hubert Seelow	I.Schw.	Dr. Ingrid Schwamborn
H.S.G.	Prof. Dr. Helwig Schmidt-Glintzer	I.Si.	Iannis Sideris
H.Sp.	Dr. Hildegard Spraul	I.St.	Iris Strohschoen
H.St.	Dr. Horst Steinmetz	I.U.	Inge Uffelmann M.A.
H.Sta.	Dr. Hubert Stadler	I.v.L.	Irene von Lossow
H.Staf.	Hermann Staffler	I.v.W.	Ilse von Werder
H.Ste.	Helmut Steinkogler	I.W.F.	Dr. Ilaria Weise-Furno
H.Str.	Horst Strittmatter	I.Ž.	Dr. Irena Živsa
H.T.	Horst Taubmann	J.A.	Prof. Joseph Aquilina
H.Thi.	Dr. Henning Thies	J.Ad.	Jens Aden
H.Tho.	Prof. Dr. Heinz Thoma	J.Al.	Dr. Jürg Altwegg
H.Ts.	Prof. Dr. Harmen Thies	J.As.	Prof. Dr. Julius Aßfalg
H.Ue.	Prof. Dr. Heiko Uecker	J.Ass.	Dr. Johann Aßbeck
H.U.Sch.	Dr. Heinz-Ulrich Schmidt	J.B.	Prof. Dr. Jürgen Berndt
H.V.	Dr. Hartmut Vinçon	J.B.B.	Prof. Dr. Jurij Bojko-Blochyn
H.Ve.	Dr. Heinz Vestner	J.Be.	Johannes Berger
H.Vo.	Prof. Dr. Hans Volz	J.Bec.	Jochen Becker
H.Vö.	Dr. Herfried Vögel	J.B.M.	Dr. Josef B. Michl
H.Vwg.	Dr. Heinrich Vormweg	J.Bo.	Jutta Bonin
H.W.	Herbert Wiesner	J.Bou.	Dr. John Bourke
H.W.Br.	Prof. Dr. H. Wilfrid Brands	J.Br.	Dr. Joachim Braun
H.We.	Dr. Horst Weich	J.Bro.	Jan Brouer
H.W.G.	Dr. Hans W. Grohn	J.Bu.	Johannes Bucej M.A.

J.Bum.	Prof. Dr. Joachim Bumke	J.Nö.	Jolanta Nölle M.A.
J.C.S.	Prof. Dr. Joseph C. Schöpp	J.N.S.	Prof. Dr. Johann N. Schmidt
J.D.	John Dimond	J.O.	Dr. Jiří Opelík
J.De.	Jovan Delić	J.Ob.	Jörg Oberhaidacker
J. de K.	Jan de Kuytelaere	J.P.S.	Prof. Dr. Josef P. Stern
J.Di.	Dr. J. Dittmar	J.R.	Prof. Dr. János Riesz
J.Din.	Prof. James Dingley	J.R.H.	Dr. Jürgen R. Hansen
J.Dr.	Prof. Dr. Jörg Drews	J.Ri.	Prof. Dr. Joachim Ringleben
J.Dy.	Prof. Dr. Joachim Dyck	J.Ru.	Prof. Dr. Jörg Ruhloff
J.D.Z.	Jack D. Zipes	J.S.	Prof. Dr. Joachim Spiegel
J.E.	Prof. Dr. Juliane Eckhardt	J.Sa.	Prof. Dr. Jörg Salaquarda
J.E.H.	Prof. Dr. Joseph Ehrenfried Hofmann	J.S.A.	Dr. Juaquín Sanmartín Ascaso
		J.Sch.	Joachim Schickel
J.E.K.	J. E. Krichbaum	J.Schl.	Prof. Dr. Jürgen Schläder
J.F.	Prof. Dr. Johannes Feest	J.Schm.	Dr. Jochen Schmidt
J.Fo.	Jutta Fonrobert	J.Schn.	Dr. Johannes Schneider
J.G.	Johanna Gees	J.Schö.	Prof. Dr. Jörg Schönert
J.Gr.	Dr. Jonas Grinius	J.Schr.	Prof. Dr. Johannes Schröpfer
J.Gro.	Jürgen Grosholz	J.Schu.	Dr. Jochen Schultz
J.G.V.	Javier Gonzáles-Vilaltella	J.So.	Dr. Johann Sonnleitner
J.H.	Dr. Josef Hahn	J.Sp.	Jeschajáhu Spiegel
J.Ha.	Jan Hans	J.S.R.	Prof. Dr. Jürgen Schmidt-Radefeldt
J.He.	Jürgen Hensel	J.St.	Dr. Jürgen Stalph
J.Hee.	Dr. Jens Heese	J.Su.	Dr. Janet Sutherland
J.Hg.	Dr. Jörg Helbig	J.T.	Dr. Josef Tewes
J.H.J.	Janheinz Jahn	J.Th.	Dr. Josef Theisen
J.H.K.	Judith H. Kaufmann	J.Tz.	Dr. Jannis Tziotis
J.H.T.	Prof. Dr. Johannes H. Tisch	J.U.H.	Dr. Jens-Uwe Hartmann
J.J.	Dr. Jaromír Jedlička	J.V.	Jiřina Vavřinová
J.Ji.	Dr. Jan Jiroušek	J.Ve.	Dr. Joachim Vennebusch
J.J.M.	Dr. Jörg Jochen Müller	J.v.Ge.	Jerôme von Gebsattel
J.Jo.	Joachim Johannsen	J.Vi.	Jan van de Vijver
J.Ju.	Dr. Jochen Jung	J.Vo.	Joseph Vogl
J.K.	Prof. Dr. Johannes Krogoll	J.v.P.	Janusz von Pilecki
J.Ka.	Prof. Dr. Joachim Kaiser	J.v.S.	Dr. Jürgen vom Scheidt
J.Kap.	Joachim Kapuste	J.W.	Dr. Joachim Weiland
J.K.D.	Dr. Joseph Kiermeier-Debre	J.Wo.	Dr. Johanna Wolf
J.Ke.	Jörg Keilbach	J.W.St.	Dr. Joachim W. Storck
J.Kl.	Julius Klausner	J.Z.	Prof. Dr. Jürgen Zwernemann
J.Km.	Dr. Jürgen Kamm	J.Ze.	Dr. Johanna Woltmann-Zeitler
J.Kn.	Prof. Dr. Jan Knopf	K.A.	Klaus Aichele
J.Ko.	Dr. Jürgen Kolbe	K.Al.	Kaj Alstrup M.A.
J.Kol.	Dr. Jaroslav Kolár	K.Ale.	Kàroly Alexa
J.Kop.	Prof. Dr. Josef Kopperschmidt	K.An.	Koffi Anyinefa
J.Kr.	Jelena Kristl	K.A.N.	Prof. Dr. Karl A. Nowotny
J.Kri.	Jaroslav Kříž	K.A.O.	Prof. Dr. Karl August Ott
J.Kru.	Janna Krumm M.A.	K.B.	Prof. Dr. Klaus Baumgärtner
J.Kz.	Janina Katz-Hewetson	K.Ba.	Klaus Babel
J.L.	Joseph Leftwich	K.Be.	Dr. Karel Benda
J.Le.	Jan Lenčo	K.Ben.	Dr. Klaus Benesch
J.Ł.W.	Dr. Jeannine Łuczak-Wild	K.Bl.	Dr. Klaus Blesenkemper
J.M.	Josef Matejka	K.Br.	Karin Bründl
J.Ma.	Dr. Julius Maitlis	K.Bry.	Prof. Dr. Knut Brynhildsvoll
J.Mar.	Dr. Jan Marek	K.Bu.	Dr. Klaus Butzenberger
J.Mi.	Dr. Joachim Mittag	K.Ch.	Dr. Květoslav Chvatik
J.M.I.	Prof. Dr. John MacInnes	K.C.K.	Dr. Klaus Christian Köhnke
J.Mie.	Prof. Dr. Jürgen Miethke	K.D.	Dr. Konstantin Dimaràs
J.Mo.	John Morley	K.De.	Klemens Detering
J.Mon.	Jörg Monar	K. de V.	Prof. Dr. Koenraad de Vreese
J.Mr.	Dr. Julius Mrosik	K.D.G.	Dr. Karl Dietrich Gräwe
J.M.T.	Johanna Maria Tylbor	K.Do.	Dr. Karl Dockhorn
J.N.	Jutta Nagel	K.D.O.	Dr. Klaus Detlef Olof
J.N.F.	Dr. Jutta Neuendorff-Fürstenau	K.E.	Dr. Klaus Ensslen

K.E.L.	Prof. Dr. Karl-Egon Lönne	K.Vi.	Keijo Virtanen
K.E.M.	Karl E. Mittring	K.v.S.	Prof. Dr. Klaus von See
K.En.	Klaus Engelhardt	K.W.	Kristian Wachinger M.A.
K.Er.	Dr. Klaus-Dieter Ertler	K.Wa.	Katharina Wagner
K.F.	Dr. Kornel Földvári	K.We.	Prof. Dr. Klaus Wengst
K.Fr.	Dr. Konrad Franke	K.Wo.	Karl Wolff
K.G.	Karl Groß M.A.	L.A.	Prof. Dr. Ludwig Alsdorf
K.H.	Dr. Karla Günther-Hielscher	L.B.	Dr. Lucien Bloklander
K.Ha.	Dr. Kyrill Haralampieff	L.Ba.	Dr. Lucie Baldauf
K.Hab.	Dr. Klaus Haberkamm	L.Bi.	Prof. Dr. Lutz Bieg
K.Hä.	Karl Häußler	L.Br.	Dr. Leo Brod
K.H.D.	Prof. Dr. Karl Heinz Delille	L.C.H.	Luisa Costa-Hölzl
K.He.	Prof. Dr. Klaus W. Hempfer	L.D.	Dr. Ludwig Dietz
K.H.G.	Dr. Karl-Heinz Gradl	L.F.F.	László F. Földényi
K.Hm.	Kerstin Holm	L.G.	Lothar Gaertner
K.H.N.	Prof. Dr. Karl-Heinz Nusser	L.Ga.	Prof. D. Dr. Leo Gabriel
K.Ho.	Prof. Dr. Karel Horálek	L.Ge.	Lisette Gebhardt
K.Hö.	Kirsten Hölterhoff M.A.	L.Gö.	Lutz Götze
K.Hol.	Katharina Holzinger	L.Gü.	Liane Gürbig
K.Hr.	Dr. Kristine Hecker	L.H.	Dr. Leonore Herbst
K.Hü.	Dr. Klaus Hübner	L.Ha.	Lutz Hagestedt
K.J.	Dr. Klaus Joerden	L.H.E.	Prof. Dr. Leonard H. Ehrlich
K.Je.	Prof. Dr. Klaus Jeziorkowski	L.H.G.	Dr. Lucette Heller-Goldenberg
K.J.L.	Klaus-Jürgen Liedtke	L.K.	Dr. Lucia Krasnik
K.J.P.	Dr. Klaus Jürgen Popp	L.Ko.	Lore Kornell
K.K.	Konrad Koller	L.Kr.	Lojze Krakar
K.Ka.	Katriina Kajannes	L.Ma.	Lukas Maniatis
K.Kl.	Julius Klausner	L.Mad.	László Madocsáy
K.L.	Prof. Dr. Klaus Ley	L.M.E.	Luis Michelena y Elissalt
K.Le.	Kay Lechleitner	L.Mo.	Dr. Livia Monnet
KLL	Redaktion Kindlers Literatur Lexikon	L.M.S.	Dr. Maria-Lourdes Möller-Soler
		L.Mü.	Prof. Dr. Dr. Ludolf Müller
K.L.W.	Karl-Ludwig Wetzig	L.P.	Prof. Dr. Linos Politis
K.M.	Dr. Karl Migner	L.Po.	Lilja Popowa
K.Ma.	Prof. Dr. Klaus Martens	L.Pr.	Prof. Dr. Leo Prijs
K.M.K.	Dr. Klaus Meyer-Koeken	L.R.	Prof. Dr. Dr. Liselotte Richter
K.N.	Knut Nievers	L.Roo.	Prof. Lodewijk Roose
K.N.R.	Dr. Karl N. Renner	L.Rs.	Dr. Leo Ross
K.O.A.	Prof. Dr. Karl-O. Apel	L.Rü.	Lutz Rühling
K.Oe.	Prof. Dr. Klaus Oettinger	L.S.	Ladislav Smutek
K.P.	Klaus Podak	L.Sch.	Lisa Schiffer
K.P.W.	Dr. Klaus-Peter Walter	L.Schr.	Prof. Dr. Ludwig Schrader
K.R.	Prof. Dr. Dr. Kurt Rudolph	L.Schw.	Lilo Schweizer
K.Re.	Dr. Karl Reichert	L.U.	Dr. Ludwig Uhlig
K.Rei.	Prof. Dr. Kurt Reichenberger	L.V.	Ljubica Veljković
K.Rh.	Kurt Rosshirt M.A.	L.W.	Lia Wainstein
K.Ri.	Prof. Dr. Karl Riha	M.A.	Marta Abrahamson
K.Rl.	Karl Reichl	M.A.A.	Maria Antónia Amarante
K.R.M.	Dr. Karl R. Mühlbauer	M.A. de C.B.S.	Maria Aparecida de Campos Brando Santilli
K.Rn.	Dr. Klaus Rosen		
K.Ros.	Dr. Klaus Rossenbeck	M.A.H.	Michaele Albring-Hormes M.A.
K.S.	Prof. Dr. Kurt Schier	M.A.L.	Dr. Maria Aldouri-Lauber
K.Sch.	Prof. Dr. Karl Schuhmann	M.B.	Dr. Michael Bauer
K.Si.	Dr. Kathrin Sitzler	M.Ba.	Dr. Marta Baerlecken-Hechtle
K.Sk.	Kaare Skagen	M.Bah.	Michael Bahlke
K.St.	Karlheinz Steigleder	M.Be.	Dr. Marianne Bernhard
K.Stae.	Dr. Klaus Staemmler	M.Beh.	Dr. Maria Behre
K.Ste.	Dr. Karel Štefec	M.Ben.	Prof. Mario Bendiscioli
K.T.	Dr. Klaus Tietze	M.Bo.	Margarete Bormann
K.Tu.	Kerstin Tuomolin fil.mag.	M.Br.	Prof. Dr. Manfred Brauneck
K.U.	Klaus Uhde	M.Bru.	Marco Brusotti
K.V.	Klaus Völker	M.Brz.	Dr. Matthias Brzoska
K.v.F.	Prof. Dr. Kurt von Fritz	M.Bs.	Michael Basse

M.Č.	Miroslav Červenka	M.Man.	Michaela Manke
M.Ca.	Michèle Chaudière	M.Mar.	Dr. Marina Marinescu
M.Cam.	Prof. Dr. Martin Camaj	M.May.	Dr. Mathias Mayer
M.Ch.	Prof. Dr. Martin Christadler	M.Me.	Martina Mehring
M.D.	Mikolaj Dutsch	M.Mer.	Dr. Michael Merschmeier
M.De.	Michael Degenhardt	M.Mi.	Martina Milletich M.A.
M.Di.	Prof. Dr. Maria Diedrich	M.M.M.	Dr. Marina Meier Mundt
M.Die.	Dr. Manfred Diersch	M.Mo.	Magdalena del Monte
M.Dr.	Martin Dreher	M.M.R.	Prof. Mario Manlio Rossi
M.Dri.	Prof. Dr. Michael Drieschner	M.Mu.	Martin Mulsow M.A.
M.D.T.	Mechthild D. Duppel-Takayama	M.Mü.	Monika Müller
M.E.	Dr. Monique Engelbertz	M.N.	Prof. Dr. Manfred Naumann
M.Eck.	Margit Eckholt	M.Ni.	Martin Nickisch
M.Egg.	Marion Eggert M.A.	M.O.	Dr. Mojmír Otruba
M.En.	Dr. Markus Engelhardt	M.P.	Prof. Dr. Manfred Porkert
M.E.S.	Dr. Marie E. Schmeidler	M.Pa.	Marie Palme
M.F.	Dr. Michael Fleischer	M.Pf.	Prof. Dr. Manfred Pfister
M.Fe.	Dr. Michael Fend	M.P.J.	Maria de la Pau Janer Mulet
M.Fo.	Miklós Fogarassy	M.Po.	Micheline Poli M.A.
M.For.	Prof. Dr. Maximilian Forschner	M.Pr.	Dr. Meinhard Prill
M.Fr.	Prof. Dr. Martin Franzbach	M.Pro.	Dr. Miroslav Procházka
M.Fri.	Dr. Michael Friedrich	M.R.	Prof. Dr. Michael Rössner
M.Fru.	Michael Fruth	M.Ra.	Dr. Marta Rasupe
M.G.	P. Mesrop Gianashian O Mech	M.Rau.	Mechthild Rausch
M.Ga.	Prof. Dr. Michael Gassenmeier	M.Re.	Mark Reinhardt
M.Gal.	Dr. Maria Gallistl	M.Ri.	Manfred Richter
M.G.D.	Monika Grünberg-Dröge M.A.	M.S.	Manfred Strauß
M.Gi.	Dr. Martin Grimm	M.Sar.	Mátyás Sarközi
M.Gie.	Dr. Marion Giebel	M.Sch.	Dr. Monika Schütz
M.Gl.	Dr. Martin Glaubrecht	M.Schb.	Martina Schönbein
M.Gr.	Dr. Marga Graf	M.Schi.	Dr. Michael Schilling
M.G.R.	Dr. Marion Gras-Racić	M.Schm.	Dr. Michael Schmidt
M.Gro.	Maria Grotz	M.Schö.	Michael Schönhals
M.Gru.	Manfred Grunert	M.Se.	Prof. Dr. Martin Selge
M.Gü.	Manuela Günter M.A.	M.Si.	Metka Simončić
M.H.	Mechthild Heine	M.Sie.	Dr. Manfred Siebald
M.Ha.	Prof. Dr. Mathilde Hain	M.Sil.	Dr. Michael Silnizki
M.Haa.	Michael Haase	M.Sk.	Monika Skibicki
M.He.	Prof. Dr. Manfred Henningsen	M.Sl.	Marko Slodnjac
M.Ho.	Michael Hofmann	M.Sp.	Dr. Marina Spinu
M.Hp.	Matthias Hoop	M.Sr.	Marianne Sauer
M.Hz.	Michael Heintz	M.S.R.	Dr. Michael Scotti-Rosin
M.J.	Dr. Milan Jankovič	M.St.	Dr. Margarethe Steinberg
M.K.	Magda Kerényi	M.Sta.	Prof. Dr. Martin Staehelin
M.Ka.	Marra Kazoknieks	M.St.C.	Prof. Marcella Strauß-Colasanti
M.Kä.	Dr. Martin Kämpchen	M.Sz.	Mario Szenessy
M.Kč.	Dr. Miroslav Kačer	M.Sza.	Mikály Szajbély
M.Ke.	Manfred Kluge	M.T.	Prof. Dr. Michael Titzmann
M.Ki.	Marta Kijowska M.A.	M.Th.	Manuel Thomas
M.K.I.	Michael K. Iwoleit	M.Ti.	Prof. Dr. Manfred Tietz
M.Kir.	Dr. Mark Kirchner	M.Tö.	Michael Töteberg
M.Kl.	Dr. Manfred Klein	M.U.	Dr. Manfred Urban
M.Kö.	Michael Köhler	M.Ul.	Dr. Michaela Ulich
M.Kön.	Matthew Königsberg	M.U.S.	Martin U. Schoell
M.Kr.	Marion Kraft	M.Va.	Dr. Manfred Vasold
M.Ku.	Mette Kunøe	M.W.	Prof. Dr. Martin Wierschin
M.L.	Dr. Michaela Langer	M.Wa.	Dr. Monika Walter
M.Li.	Prof. Dr. Max Liedtke	M.We.	Prof. Dr. Max Wehrli
M.L.K.	Marie-Luise Knott	M.Wi.	Prof. Dr. Michael Witzel
M.L.L.	Marie L. Lotze	M.Wn.	Manfred Weichmann
M.L.N.	Prof. Dr. Maria-Liisa Nevala	M.Wö.	Monika Wöhlken
M.Lu.	Michael Lundgren	M.W.P.	Monika Wehrheim-Peuker
M.Ma.	Michael Matzer M.A.	M.Wün.	Dr. Marianne Wünsch

M.Ze.	Dr. Michaela Zelzer	P.J.O.	Prof. Dr. Peter J. Opitz
M.Zi.	Max Zihlmann	P.J.T.	PD Dr. Pedro Juan-Tous
M.Zn.	Dr. Michael Zimmermann	P.K.	Peter Kirchheim
N.Ba.	Niels Bach	P.Ka.	Petra Kaltsas-Rümenapp
N.D.M.	Natascha Drubek-Meyer	P.Ko.	Peter Kobbe
N.G.	Norbert Groß M.A.	P.Koh.	Peter Kohlhaas M.A.
N.K.	Nina Kozlowski M.A.	P.L.	Dr. Peter Laemmle
N.Ma.	Nicolae Manolescu	P.La.	Dr. Peter Langemeyer
N.M.K.	Prof. Dr. Nils Magne Knutsen	P.M.	Panagiotis Moulàs
N.N.	Prof. Dr. Nelly Naumann	P.Mi.	Peter Michael M.A.
N.N.C.	Prof. Dr. Nelly Novaes Coelho	P.M.L.	Prof. Dr. Paul Michael Lützeler
N.Oe.	Prof. Dr. Norbert Oellers	P.Mo.	Dr. Paul Mog
N.P.	Prof. Dr. Nikola Pribić	P.M.T.	Peter M. Trautvetter
N.Pr.	Prof. Dr. Nada Prašelj	P.Mü.	Dr. Peter Müller
N.R.	Norbert Randow	P.N.	Dr. Pnina Navè-Levinson
N.v.H.	Nils-Hennig von Hugo	P.Nb.	Paul Neubauer
N.W.	Dr. Norbert Wolf	P.Ne.	Dr. Peter Neesen
N.Z.	Norbert Zimmermann	P.Neu	Peter Neu
O.A.W.	Dr. Otto A. Webermann	P.P.	Perikles A. Petrou
O.Dr.	Otto Drude	P.P.C.	Paqui Pinchardo Castro
O.E.	Otmar Engel	P.Pö.	Dr. Peter Pörtner
O.F.B.	Prof. Dr. Otto F. Best	P.Pr.	Dr. Peter Prechtl
O.G.	Dr. Otto Gsell	P.R.	Prof. Dr. Peter Rehder
O.Gr.	Dr. Orlando Grossegesse	P.Š.	Pavol Števček
O.H.	Otto Holzapfel	P.Sa.	Peter Sacher M.A.
O.He.	Comm. Olaf Hein M.A.	P.Sch.	Dr. Peter Schraud
O.K.	Prof. Dr. Otto Karow	P.Sche.	Dr. Peter Scherber
O.Koe.	Prof. Dr. Otto Koehler	P.Schm.	Peter Schmidt
O.Ku.	Dr. Ortwin Kuhn	P.Schü.	Peter Schünemann
O.Kü.	Olaf Kühl	P.S.D.	Dr. Papa Samba Diop
O.M.S.	Otto Michael Schneider M.A.	P.S.P.	P. S. Pistas
O.O.	Prof. Dr. Otto Oberholzer	P.St.	Dr. Peter Strohschneider
O.Ob.	Oskar Obracaj	P.Str.	Dr. Petra Strien
O.P.	Prof. Dr. Oswald Panagl	P.Stu.	Dr. Peter Stummer
O.Pu.	Otto Putz M.A.	P.U.	Peter Urban
O.Ra.	Prof. Dr. Otthein Rammstedt	P.v.M.	Prof. Dr. Peter von Moos
O.S.	Prof. Dr. Dr. Otto Spies	P.W.	Dr. Peter Wirth
O.Se.	Prof. Dr. Otto Seel	P.Wa.	Peter Waldmann
O.Sz.	Olga Szenfeld	P.Wag.	Dr. Peter Wagner
P.Al.	Prof. Pirkko Alhoniemi	P.We.	Prof. Dr. Paul Wernst
P.B.	Prof. Dr. Peter Bartl	P.Wn.	Dr. Peter Welsen
P.Ba.	Dr. Paola Barbon	P.W.W.	Dr. Paul W. Wührl
P.Be.	Dr. Peter Bekes	R.A.Z.	Drs. R. A. Zondergeld
P.Br.	Peter Brinkemper	R.B.	Prof. Dr. Rose Bachem-Alent
P.Bu.	Pavel Burian	R.Ba.	Rolf Baumgarten
P.D.v.d.W.	Dr. Peet D. van der Walt	R.Bä.	Prof. Dr. Remigius Bäumer
P.E.	Prof. Dr. Peter Erlebach	R.Bar.	Dr. Renata Barocas
P.E.K.	Prof. Dr. Peter-Eckhard Knabe	R.Bi.	Rolf Binner
P.F.	Dr. Peter Fischer	R.Bl.	Renata Blodow
P.Fr.	Prof. Dr. Peter Freese	R.Bo.	Dr. Rafo Bogišic
P.G.	Prof. Dr. Peter Gaeffke	R.Br.	Renate Briesemeister
P.Ga.	Peter Gahl	R.Bü.	Dr. Robert Büchner
P.Gl.	Peter Glaser	R.Bz.	Dr. Rüdiger Bolz
P.Go.	Prof. Dr. Paul Gorceix	R.Ca.	Dr. Rainer Carle
P.H.	Prof. Dr. Peter Hinst	R.C.S.	Roberto Corrêa dos Santos
P.Ha.	Prof. Dr. Peter Hauptmann	R.D.	Rudolf Dinkel
P.Hai.	Dr. Peter Haida	R.De.	Prof. Dr. Robert Detweiler
P.He.	Dr. Peter Heumos	R.Di.	Rüdiger Dingemann M.A.
P.Hel.	Dr. Paul Heller	R.D.K.	Prof. Dr. Rolf-Dietrich Keil
P.H.F.	Peter H. Forsthuber	R.D.P.	Dr. Robert D. Pross
P.Hs.	Dr. Peter Hammans	R.Du.	Dr. Ralph Dutli
P.J.B.	Dr. Peter J. Brenner	R.E.	Dr. Rolf Eckart
P.J.H.V.	Prof. Dr. Pierre J. H. Vermeeren	R.Er.	Dr. Regina Erbentraut

R.E.Z.	Dr. Rainer E. Zimmermann	R.Rr.	Rudolf Radler
R.F.	Renate Frohne	R.S.	Prof. Dr. Rudolf Sühnel
R.Fr.	Prof. Dr. Rüdiger Frommholz	R.Sch.	Dr. Rolf Schröder
R.G.	Rolf Geisler	R.Schi.	Prof. Dr. Reinhold Schiffer
R.Gl.	Prof. Dr. Rainer Grübel	R.Schk.	Rike Schick
R.Glä.	Rupert Gläser	R.Scho.	Prof. Dr. Rita Schober
R.G.M.	Dr. Ray-Güde Mertin	R.Schö.	Prof. Dr. Rainer Schöwerling
R.Go.	Rüdiger Gollnik	R.Schw.	Prof. Dr. Richard Schwaderer
R.Gr.	Prof. Dr. Rolf Grimminger	R.St.	René Strien
R.G.R.	Prof. Dr. Rolf G. Renner	R.T.	Prof. Dr. Rolf Trauzettel
R.Gra.	Ronald Graetz	R.Ta.	Prof. Dr. Rolf Tarot
R.Gt.	Rainer Goldt	R.Th.	Dr. Rudolf Thomas
R.H.	Reinhart Hosch	R.Ti.	Rosemarie Tietze
R.Ha.	Prof. Dr. Reiner Haussherr	R.Tr.	Dr. Richard Trappl
R.He.	Prof. Dr. Robert Heinemann	R.Tw.	Dr. Ralf Twenhöfel
R.Hes.	Renate Hess	R.V.	Dr. Ruprecht Volz
R.Het.	Prof. Dr. Robert Hettlage	R.v.H.	Prof. Dr. Renate von Heydebrand
R.Hk.	Richard Heckner	R.W.	Prof. Dr. Reinhold Wolff
R.Ho.	Roland Hoffmann M.A.	R.Wa.	Dr. Rainer Wannicke
R.Hol.	Doc. Roger Holmström	R.W.D.	Roland Wagner-Döbler
R.I.	Dr. Rudolf Iltis	R.We.	Rudolf Westermayr
R.Im.	Prof. Dr. Rüdiger Imhof	R.Wei.	Ralf Weingart
R.J.	Renate Jaschke	R.Wi.	Prof. Dr. Rotraud Wielandt
R.J.L.	Renato J. Luti	R.Z.	Rainer Zimmer
R.J.U.	Dr. Richard J. Utz	S.A.	Sabine Awiszus
R.K.	Ruth Keen	S.Ba.	Susanne Bach
R.Ke.	Prof. Dr. Radko Kejzlar	S.B.E.	Dr. Siegrid Braunfels-Esche
R.Ki.	Reinhard Kiefer	S.B.J.	Dr. Sven-Bertil Jansson
R.Kl.	Prof. Dr. Reinhard Klescewski	S.Bl.	Dr. Siegfried Blasche
R.Kn.	Prof. Rudolf Klein	S.Bo.	Susanne Bornhöft
R.Kr.	Rüdiger Käuser M.A.	S.B.P.	Stefan B. Polter
R.Kv.	Dr. Reimund Kvideland	S.B.R.	Sabine Blocher-Rahlfs M.A.
R.Ky.	Dr. Roland Kley	S.B.T.	Solange Bernard-Thierry
R.L.	Renate Luscher	S.C.	Dr. Sebastiano Caso
R.La.	Prof. Dr. Reinhard Lauer	S.C.H.	Dr. Shen-Chang Hwang
R.Le.	Prof. Dr. Rolf Lessenich	S.C.W.	Scarlett Christiane Winter
R.Li.	Prof. Dr. R. Lieberwirth	S.D.	Dr. Sibylle Dahms
R.Lo.	Raimund Lorenzer	S.Di.	Dr. Siglinde Dietz
R.M.	Richard Mellein M.A.	S.Dö.	Prof. Dr. Sieghart Döhring
R.Ma.	Dr. Renate Matthaei	S.E.	Dr. Steffen Ewig
R.Mad.	Rolf Mader	S.Er.	Dr. Stefan Erzt
R.Mal.	Prof. Dr. Rudolf Malter	S.Et.	Dr. Susanne Ettl
R.Man.	Dr. Renate Mangold	S.G.	Swetlana Geier
R.May.	Dr. Rainer Mayer	S.Gr.	Dr. Sophia Grotzfeld
R.Maz.	Renate Mazur	S.H.	Swantje Hanck
R.M.B.	Renate Müller-Buck	S.Ha.	Dr. Sven Hanuschek
R.M.G.	Ragni M. Seidl-Gschwend	S.Has.	Stephanus Haslinger
R.M.P.	Rolando Morel Pinto	S.Hau.	Sonja Hauser M.A.
R.N.	Dr. Ruth Neukomm	S.H.D.	Dr. Sabine Henze-Döhring
R.Ne.	Prof. Dr. Rudolf Neuhäuser	S.Hu.	Dr. Serge Hutin
R.O.	Rüdiger Offergeld	S.I.	Stefan Iglhaut
R.Oph.	Reinold Ophüls M.A.	S.Ij.	Dr. Shoji Iijima
R.Os.	Ringmar Osterkamp	S.K.	Siegfried Kohlhammer
R.O.V.	Ruth Otte Volpi	S.Ka.	Soledad Kassai
R.P.	Robert Pecher	S.Ko.	Prof. Dr. Stephan Kohl
R.Pa.	Prof. Dr. Rudi Paret	S.Kop.	Stefan Koppelberg
R.R.	Dr. Rüdiger Reitemeier	S.L.	Dr. Sabine Laußmann
R.Ra.	Roland Rall	S.M.	Sábato Magaldi
R.Rau.	Rolf Rauh	S.Ma.	Susanne Mattis M.A.
R.Rh.	Dr. Reinhold Rauh	S.M.G.	Dr. Siamak Mohadjer-Ghomi
R.Ri.	Prof. Dr. Rudolf Rieks	S.Mo.	Samuel Moser
R.Ro.	Rudolf Rouček	S.Mos.	Stefan Moster
R.Ros.	Dr. Regine Rosenthal	S.O.	Susanne Offenbächer

S.P.	Dr. Susanna Partsch	U.Gr.	Ursula Gräfe
S.Pe.	Susanne Peschel	U.H.	Dr. Ulrich Hubert
S.P.H.	Sanja Pavešić-Hirschfeld	U.He.	Dr. Udo Hebel
S.Po.	Stefan Polter	U.Hei.	Ute Heinemann
S.Pr.	Sabine Prössl	U.H.H.	Ulla H. de Herrera
S.R.	Susanna Roth	U.J.	Urs Jenny
S.Re.	Stephan Reinhardt	U.K.	Dr. Ulrich Kratz
S.Ri.	Susanne Rick M.A.	U.Ka.	Dr. Ulrich Kautz
S.S.	Suzanne Sullivan	U.Ko.	Uwe Kossack
S.Sa.	Dr. Stefana Sabin	U.Ku.	Ulrike Kunkel M.A.
S.S.C.	Stanca Scholz-Cionca	U.L.	Dr. Ursula Lewenton
S.Sch.	Susanne Schwalb	U.Lä.	Dr. Ulrike Längle
S.Schaa.	Siegfried Schaarschmidt	U.L.P.	Ulrike Lentz-Penzoldt
S.Sche.	Stefan Scherer	U.M.	Prof. Dr. Ulrich Mölk
S.Schm.	Stephan Schmid	U.Ma.	Ulrich Martzinek
S.Schu.	Sabine Schultz	U.Me.	Dr. Ulrich Metschl
St.Ku.	Prof. Dr. Stefan Kunze	U.Mo.	Dr. Ulrich Montag
St.Schu.	Stephan Schurr	U.Moe.	Dr. Ulrich Moennig
S.U.	Prof. Dr. S. Ucko	U.Mu.	Prof. Dr. Ulrich Muhlack
S.v.E.	Sibylle von Eicken	U.N.	Dr. Ute Nyssen
S.v.G.	Sibylle von Gültlingen	U.Nei.	Ulrich Neininger
S.v.M.	Stephan von Minden M.A.	U.P.	Uwe Petry M.A.
S.W.	Stefanie Weiz	U.Pr.	Dr. Ulrich Prill
S.We.	Siegfried Weibel	U.R.	Dr. Ursula Richter
T.B.	Dr. Tilo Brandis	U.S.	Uta Smail
T.Be.	Dr. Thomas Beckermann	U.Sch.	Ursula Schmalbruch
T.Br.	Thomas Brons	U.W.	Dr. Ulrich Wolfart
T.Bre.	Thomas Bremer M.A.	U.Wa.	Prof. Dr. Ulrich Wandruszka
T.D.S.	Prof. Dr. Tilbert Dídac Stegmann	U.Wi.	Ursula Wiedenmann M.A.
T.E.	Thomas Eckert	V.A.	Veronika Ambros
T.H.	Prof. Dr. Titus Heydenreich	V.B.	Vera Bojić M.A.
T.Ha.	Dr. Thomas Harnisch	V.G.	Volker Glab
Th.B.	Prof. Dr. Theodor Berchem	V.Ga.	Dr. Volker Gadenne
T.He.	Tobias Heyl	V.Gu.	Vanamali Gunturu M.A.
Th.H.	Thomas Hausmanninger	V.H.	Dr. Valentin Herzog
Th.S.	Thomas Steiert	V.Ho.	Prof. Dr. Volker Hoffmann
T.J.S.	Thomas J. Schröder	V.K.	Dr. Volker Klöpsch
T.Koe.	Prof. Dr. Thomas Koebner	V.M.P.	Vera Marina Paiva
T.M.	Dr. Tatjana Michaelis	V.N.	Vincas Natkus
T.McF.	Timothy MacFarland M.A.	V.Nü.	Dr. Vera Nünning
T.M.M.	Dr. Thomas M. Mayer	V.Pe.	Dr. Vladimir Petrik
T.M.S.	Prof. Dr. Thomas M. Scheerer	V.Pi.	Vera Piroschkow
T.Pe.	Dr. Thorleif Pedersen	V.R.	Prof. Dr. Volker Roloff
T.P.I.	István Turi Polgár	V.S.	Prof. Dr. Vsevolod Setschkareff
T.R.S.	Thomas R. Scheuffelen	W.A.	Prof. Dr. Werner Arnold
T.S.	Dr. Thomas Sternberg	W.An.	Walter Annuß M.A.
T.T.	Tamara Trautner M.A.	W.Ar.	Dr. Werner Arens
T.V.	Prof. Dr. Theodor Verweyen	W.B.	William T. Bedwell
T.W.	Dr. Thomas Wörtche	W.Ba.	Prof. Dr. Wolfgang Bauer
U.A.	Ute Arnold	W.Bau.	Prof. Dr. Walter Baumgartner
U.B.	Prof. Dr. Ulf Bichel	W.B.B.	Prof. Dr. Walter Bruno Berg
U.Ba.	Ulrike Backofen	W.Bo.	Dr. Wilhelm Bomke
U.Bl.	Ursula Blatter	W.Br.	Prof. Dr. Wilhelm Baumgartner
U.Bö.	Prof. Dr. Uwe Böker	W.Bs.	Dr. Wolf Baus
U.Bu.	Prof. Dr. Ulrich Blau	W.Bu.	Wolfgang Butt
U.Cl.	Ulrike Classen	W.Cl.	Wolfgang Clauß
U.C.S.	Ulrike-Christine Sander M.A.	W.D.	Wilfried Dittmar
U.Di.	Dr. Ulrich Dittmann	W.Dl.	Werner Dierlamm
U.E.	Dr. Ulf Eisele	W.Do.	Dr. Willi Donner
U.En.	Uwe Englert M.A.	W.Dr.	Werner Dierlamm
U.F.	Prof. Dr. Ulrich Fleischmann	W.Dro.	Prof. Dr. Wolfgang Drost
U.Fe.	Uta Felten	W.E.	Dr. Wolfgang Eitel
U.Fr.	Ulrich Frei	W.Eb.	Wiltrud Eberhard

W.Er.	Dr. Wolfgang Eschker	W.Ma.	Wolfgang Mattern
W.F.	Wolfgang Freise	W.Mat.	Prof. Dr. Wolfgang Matzat
W.Fä.	Dr. Walter Fähnders	W.Mi.	Wilhelm Miklenitsch
W.Fl.	Dr. Walter Flemmer	W.Mk.	Dr. Walter Mogk
W.Fr.	Prof. Dr. Wolfgang Frühwald	W.N.	Prof. Dr. Wolfram Naumann
W.Fre.	Wolfgang Freise	W.Ni.	Wolfram Nitsch M.A.
W.F.S.	Dr. Wilfried F. Schoeller	W.O.	Dr. Werner Oswald
W.Fü.	Prof. Dr. Wilhelm Füger	W.Osch.	Dr. Wolf Oschlies
W.G.	Prof. Dr. Walter Gebhard	W.P.	Dr. Wulf Piper
W.Ga.	Prof. Dr. Werner Gauer	W.Pa.	Prof. Dr. Walter Pabst
W.Ge.	Dr. Wolfgang Geiger	W.Ph.	Wendy Philipson
W.Gl.	Dr. Werner Glinga	W.Pl.	Dr. Wolfgang Pleister
W.G.M.	Prof. Dr. Wolfgang G. Müller	W.Po.	Prof. Dr. Wilfried Potthoff
W.H.	Dr. Werner Huber	W.Pr.	Prof. Dr. Wolfgang Promies
W.Ha.	Prof. Dr. Wilhelm Halbfaß	W.Pre.	Prof. Dr. Wolfgang Preisendanz
W.Hae.	Dr. Wilhelm Haefs	W.Pü.	Wolfgang Püschel
W.Hah.	Prof. Dr. Werner Hahlweg	W.R.	Wolfgang Rössig M.A.
W.Hau.	Wilfried Hauke	W.Ri.	Dr. Waltraut Rieß
W.Hb.	Prof. Dr. Wolfgang Haubrichs	W.Rir.	Dr. Wolfgang Ritter
W.He.	Prof. Dr. Wolfgang Helck	W.R.L.	Prof. Dr. Werner R. Lehmann
W.Hei.	Prof. Dr. Walther Heissig	W.Rö.	Dr. Walther Röll
W.Hen.	Prof. Dr. Wolfhart Henckmann	W.Rü.	Werner Rührmair M.A.
W.Hk.	Werner Hupka	W.S.	Prof. Dr. Walther Schubring
W.Hm.	Walter Heim	W.Sch.	Wilfried Schäfer
W.Hn.	Dr. Winfried Hellmann	W.Scha.	Prof. Dr. Walter Schamschula
W.Ho.	Dr. Wolfgang Hochbruck	W.Scham.	Prof. Dr. Wolfgang Schamoni
W.H.Schra.	Prof. Dr. Wolfgang H. Schrader	W.Sche.	Prof. Dr. Wolfgang Schenk
W.Ht.	Dr. Walter Heist	W.Schi.	Prof. Dr. Wolfgang Schild
W.Hu.	Wolfram Huncke	W.Schl.	Prof. Dr. Wolfgang Schlachter
W.Hub.	Dr. Werner Huber	W.Schla.	Winfried Schlaffke
W.Hü.	Walter Hümmelink	W.Schm.	Dr. Walter Schmitz
W.J.	Wolfgang Jeschke	W.Schn.	Prof. Dr. Wilhelm Schneemelcher
W.Ja.	Dr. Wolfgang Jahn	W.Schr.	Dr. Wolfgang Schriek
W.Jak.	Werner Jakobsmeier	W.Schra.	Prof. Dr. Wolfgang H. Schrader
W.J.G.	Wolfgang Josing-Gundert	W.Sp.	Dr. Wilfried Spaar
W.J.H.	Prof. Dr. Wolfgang J. Helbich	W.St.	Prof. Dr. Wolfram Steinbeck
W.K.	Prof. Dr. Walter Kern SJ	W.Ste.	Werner Steinbeiß M.A.
W.Ka.	Prof. Dr. Wolfgang Kasack	W.Steu.	Dr. Wolfgang Steuhl
W.Kar.	Prof. Dr. Wolfgang Karrer	W.Str.	Prof. Dr. Wilfried Stroh
W.K.E.	Prof. Dr. Wilhelm K. Essler	W.T.	Prof. Dr. Werner Thomas
W.Kg.	Prof. Dr. Werner Kaegi	W.v.E.	Dr. Wolfgang von Einsiedel
W.Kl.	Dr. Walter Kluge	W.v.K.	Wolfgang van Kann
W.Klu.	Prof. Dr. Wolfgang Kluxen	W.Vo.	Prof. Dr. Wilhelm Voßkamp
W.Kr.	Prof. Dr. Werner Krauss	W.v.S.	Werner von Stegmann
W.Kre.	Prof. Dr. Winfried Kreutzer	W.W.	Prof. Dr. Wolfhart Westendorf
W.Ks.	Prof. Dr. Wolfgang Klooss	W.Wa.	Dr. Wiebke Walther
W.Kü.	Werner Küffner M.A.	W.We.	Walter Weidner
W.L.	Dr. Wolfgang Lindow	W.Wei.	Prof. Dr. Wolfgang Weiß
W.La.	Dr. Werner Lauter	Y.G.M.	Dr. York-Gothart Mix
W.Le.	Prof. Dr. Werner Leibbrand	Y.P.	Dr. Ype Poortinga
W.Lö.	Prof. Dr. Wolfgang von Löhneysen	Z.F.	Zoltán Frater
W.M.	Prof. Dr. Walter W. Müller	Z.P.	Zora Pruškova
		Z.Ş.	Zafer Şenocak

RUBEN A.

d.i. Ruben Alfredo Andresen Leitão
* 26.5.1920 Lissabon
† 29.9.1975 London

KAOS

(portug.; *Chaos*). Roman von Ruben A., erschienen 1981. – *Kaos* ist das letzte und wohl auch ehrgeizigste Werk des Autors, dessen plötzlicher Tod die Überarbeitung des in über achtjähriger Arbeit entstandenen und postum veröffentlichten Romans verhinderte. Wie schon in *A torre da Barbela* (1964) bleibt auch hier die individuelle und soziale portugiesische Psychologie das zentrale Thema, werden konstante Eigenschaften und Verhaltensweisen eines Volkes im Verlauf der Geschichte analysiert, läßt der Autor Ereignisse und Personen aus verschiedenen Epochen zusammentreffen und erzeugt einen surrealen Zeit- und Handlungshintergrund. Während aber in *A torre da Barbela* die gesamte portugiesische Geschichte von Dom Afonso Henriques bis zum 20. Jh. thematisiert wird, konzentriert sich die Handlung in *Kaos* auf zwei entscheidende Etappen der nationalen Historie: am Beginn des 19. Jh.s den Zeitraum zwischen der Flucht der königlichen Familie vor den napoleonischen Truppen nach Brasilien und der Rückkehr Dom Joãos VI. (1807–1821), und die Epoche zwischen 1907 und 1917, die Zeit der Gründung der Republik. Gegen Ende des Romans finden sich darüber hinaus Anspielungen auf die »Nelkenrevolution« vom 25. April 1974, die den Demokratisierungsprozeß in Portugal einleitete. Auch hier durchkreuzen sich historische Ereignisse mit fiktiven persönlichen Schicksalen, prägt mißglückte oder verhinderte Liebe die Biographien der in drei Handlungsstränge einbezogenen Personen.
Zunächst geht es um ein Paar, das nicht zueinander findet – der Revolutionär António Vaz und die oberflächlich mondäne Vera Lúcia. Unbewußt spüren beide einen Hunger nach Liebe, den die Begegnung mit dem Anderen stillen würde, doch sie laufen ahnungslos aneinander vorbei. Das prosaische Gegenstück zu diesem romantischen Pärchen bilden Zémacho, der Prototyp des portugiesischen Mannes und Guiomar Rodrigues, seine entschlossene und tatkräftige Geliebte. Schließlich wird das Schicksal der Duquesa da Vouzela erzählt, eine uneheliche Tochter des Königs Dom Carlos, die sich als »*Tochter der Liebe*« wegen ihrer Herkunft vor Gericht verteidigen muß. Der Mangel an Liebe und die Angst als kollektive historische Konstanten in der Existenz eines Volkes erscheinen als die bewegenden Kräfte der nationalen Geschichte, in Anbetracht derer die folgenschweren historischen Umbruchsituationen als bloße Wiederholungen erscheinen.

Obwohl der Roman vom Autor nicht mehr druckreif überarbeitet werden konnte, wird *Kaos* von der Kritik als ein »*unvollendetes aber nicht unvollkommenes Werk*« betrachtet, das an Phantasie und Kühnheit des Stils den Vergleich mit *A torre da Barbela* nicht zu scheuen braucht. Die Konzentration auf zwei Ereignisse der portugiesischen Geschichte verleiht der Analyse von Charakteren und Ereignissen eine Schärfe und Prägnanz, welche die von *A torre da Barbela* übertrifft.
A.C.K.

AUSGABE: Lissabon 1981.

LITERATUR: J. Palla e Carmo, *Breve nota sobre um romance inédito de R. A.* (in *In memoriam R. A. L.*, Bd. 1, Lissabon 1981). – L. Cruz, *O último romance de R. A.* (in Colóquio/Letras, 1984, Nr. 77, S. 78 f.

A TORRE DA BARBELA

(portug.; *Der Turm der Barbela*). Roman von Ruben A., erschienen 1964. – Mit seinem zweiten Roman erreichte der Autor einen unumstrittenen Durchbruch zum Erfolg. *A torre da Barbela* vereint profunde historische Kenntnisse mit dichterischer Phantasie zu einem surrealistisch verfremdet gezeichneten Gesamtbild der portugiesischen Geschichte und Mentalität. Am Beispiel der Familie Barbela, deren Geschichte mit der Gründung der Nation durch Dom Afonso Henriques beginnt, entwickelt Ruben A. eine schonungslose und zuweilen ironische Darstellung der kollektiven Eigenschaften, Gefühle und Irrtümer seines Volkes. Der Roman spielt in einem magisch-realen Zeitraum, in dem Realität und Fiktion sich fortwährend durchkreuzen und ergänzen.
Ein Fluch hat bewirkt, daß die längst verstorbenen Generationen der Familia Barbela dazu verurteilt sind, sich allnächtlich aus ihren Gräbern zu erheben und auf ihren Gütern im Norden Portugals umherzuirren. So treffen sich hier Menschen der verschiedensten Epochen, deren fiktive individuelle Biographien in reale historische Momente und Ereignisse der portugiesischen Geschichte eingebettet werden. Dom Raymundo – der Stammvater der Barbelas – kämpfte neben seinem Cousin Dom Afonso Henriques gegen Mauren und Spanier, Dom Segismundo begleitete den unglücklichen König Dom Sebastião auf seinem folgenschweren Kreuzzug nach Alcácer-Quibir, und Dona Mafalda unterhielt angeblich eine Liaison mit König Dom João V. Das letzte Mitglied der Familie ist Dom Mirinho, ein geschwätziger Politiker aus der Gegenwart, der von der restlichen Familie nur unwillig geduldet wird.
Neben dem ständigen Wechselspiel von historischen Ereignissen und fiktiven Episoden ist es die Überlagerung der Handlung durch epochenspezifische Diskurse, die dem Roman einen surrealen Charakter verleiht. Abgesehen von der Französin

Madeleine und ihrem nur »Cavaleiro« genannten Cousin – die Protagonisten einer Liebesgeschichte – sind sämtliche Personen des Romans von einer lähmenden Lethargie befallen. Die Barbelas treffen sich lediglich, um über vergangene Erlebnisse und Skandale zu plaudern. So enthüllt Ruben A. durch die Gegenüberstellung von Menschen aus verschiedenen Epochen konstante und wiederkehrende Verhaltensmuster in der Mentalität eines Volkes, dessen »*tragischer Zustand als lebende Tote*« als eine Folge von Entscheidungsunfähigkeit und mangelndem Mut dargestellt wird. Es sind Charakterzüge, die sich bei den Barbelas vor allem in ihrer Unfähigkeit, zu lieben, ausdrücken: »*Der Mangel an Liebe war es, der sie verriet.*« Diese zentrale These des Romans bildet den Mittelpunkt sämtlicher fiktiver Handlungen. Dom Raymundo, der erste der Barbelas, ließ es einst zu, daß seine Geliebte und uneheliche Verwandte Izabella aus Standesdünkel von der restlichen Familie verbannt wurde. Zur Hexe geworden, sprach Izabella dann den Fluch über die Familie. Die daraus resultierende Angst – zu der sich die Unfähigkeit zu handeln und gegen Konventionen anzukämpfen gesellt – prägt die weitere Geschichte der Barbelas und erklärt ihren Niedergang: »*Es gab sogar eine Zeit, da Barbela als die Hauptstadt eines Kontinents galt, von dem neue Ideen, Sitten und sogar Gesten ausgingen. Dies währte nicht lange. Die Gesten wurden ängstlicher, der Hals enger und die Gedanken trockneten ein.*« Einzig in der Liebe zwischen Madeleine und dem Cavaleiro wird ein Hoffnungsschimmer sichtbar. Beide unterscheiden sich in ihrem Wesen von der restlichen Familie. Bei Madeleine ist es eine »*Art von Freude*«, welche die Cousins »*ratlos machte*«; und der Cavaleiro »*war der einzige, der sich vom Alltag des Turms fernhielt. Er zeigte eine Unabhängigkeit, die bei den anderen Cousins selten vorzufinden war*«. Die allgemeine Unentschlossenheit und die Angst vor Konventionen überwindend, folgt der Cavaleiro Madeleine nach Paris, wo sie sich trotz ihrer bevorstehenden Hochzeit dazu durchringt, mit ihrem Cousin zu fliehen. Beide kehren nach Barbela zurück und beschließen, der Ablehnung und der Doppelmoral der Familie widerstehend, hier zu leben. Doch auch diese Liebe scheitert, wie es schon bei Dom Raymundo geschah, an der Angst: »*Es war die Angst Dom Mendos, es war dasselbe Gefühl, welches sich des starken und flinken Körpers des Cavaleiros bemächtigte. Seine Unschuld brach entzwei.*« Die Hoffnung auf eine Änderung der Verhältnisse in der Torre ist damit vereitelt. Madeleine wird als Hexe verbrannt, die Familie kann ihr Phantomdasein erhalten und hartnäckig gegen jede Änderung ankämpfen.

Der eigenwillige, barock-expressionistische Stil, der von der *écriture automatique* der Surrealisten geprägt ist und sich keiner literarischen Schule zuordnen läßt, weist Ruben A. als Erneuerer der portugiesischen Sprache aus. Doch greift der Autor mit diesem allegorischen Gemälde der nationalen Geschichte und in der Analyse des portugiesischen Charakters – ein Beispiel ist die verbreitete Vorliebe für endlose Gespräche bei gleichzeitiger Unfähigkeit, in entscheidenden Momenten zu handeln – eine spezifisch portugiesische Tradition auf, die von José Maria Eça de QUEIROS (1845–1900) geprägt und von Autoren wie Aquilino RIBEIRO (1885–1963) fortgesetzt wurde. José-Augusto FRANÇA bezeichnete das Werk als »*einen der bedeutendsten Romane der modernen portugiesischen Sprache*« und als »*einen der ernsthaftesten Angriffe gegen die Mentalität in der portugiesischen Kultur der letzten 25 Jahre*«. A.C.K.

AUSGABEN: Lissabon 1964. – Lissabon ³1966 [m. Studie v. J. Palla e Carmo]. – Lissabon 1983.

LITERATUR: O. Lopes, Rez. (in O Comércio do Porto, 11. 5. 1965). – J.-A. França u. J. do Prado Coelho, *Lembrança de R. A.* (in Colóquio/Letras, 1976, Nr. 29, S. 5–8). – L. C. de Araújo, *Uma torre portuguesa, com certeza* (in *In memoriam R. A. L.*, Bd. 1, Lissabon 1981). – L. F. Trigueiros, *R. e a torre* (ebd.). – A. Gallut-Fruzeau, *Libre essai d'interprétation de deux romans fantastiques.* »*O aquário*« d'A. Sampaio et »*A torre da Barbela*« de *R. A.* (in *Le roman portugais contemporain. Actes du colloque*, Paris 1984, S. 299–306).

JEPPE AAKJÆR

* 10.9.1866 Akjær
† 22.4.1930 Jenle

LITERATUR ZUM AUTOR:
J. Aakjær, *Mit Regnebræt. En Selvbibliografi*, Kopenhagen 1919 (Forts.: A. F. Schmidt, *J. A. Fra Sallingland til Øresund. Studier fra Hjemstavnen*, Kopenhagen 1932, S. 160–177). – F. Nørgaard, *J. A. En Introduktion til hans Forfatterskab*, Kopenhagen 1942. – S. Bjerre, *Den hvide rug – den blide rug – J. A. og ›Jenle‹*, Kopenhagen 1980. – I.-L. Hjordt-Vetlesen, *J. A.* (in *Danske digtere i det 20. århundrede*, Hg. T. Brostrøm u. M. Winge, 5 Bde., 1, Kopenhagen 1980–1982, S. 197–217). – Dies., *Flugtens fængsel*, Odense 1981.

DAS LYRISCHE WERK (dän.)
von Jeppe AAKJÆR.
Im Zusammenhang mit der dänischen Heimatliteratur, des »Volksrealismus«, ist Jeppe Aakjær als Lyriker von zentraler Bedeutung. Wie seine Prosawerke sind auch die Gedichte vielfach aus tief empfundener Kritik an jeder Art von Unterdrückung und Entmündigung entstanden: Gegen die »bürgerliche« Politik setzt er den Sozialismus, und gleichzeitig werden Natur, Arbeit und Geschichte poetisch gestaltet. Die schriftstellerische Tätigkeit Aakjærs begann in der sozialistischen Agitation, mit Kampfliedern wie *Tyendesangen (Gesindelied)* und *Kommer I snart (Kommt ihr geschwind)*.

Aakjær blickt zurück auf die Arbeitsverhältnisse vor der industriellen Revolution und betont dabei vor allem die Verbundenheit des Menschen mit den Tieren und der ihn umgebenden Natur. Der Glaube an die menschliche Natur und an die für den Menschen notwendige enge Verbindung mit dem Land und mit der Geschichte ist das Fundament von Aakjærs lyrischem Schaffen, z. B. in den Sammlungen *Fri Felt*, 1905 *(Freies Feld)* und *Rugens Sange*, 1906 *(Lieder des Roggens)*. In diesen Gedichten gibt Aakjær einer unmittelbaren Freude an der Natur Ausdruck, meist vor dem Hintergrund konkreter Sinneseindrücke, die er mit wehmütigen Erinnerungen verknüpft. Darüber hinaus ist seine Lyrik gekennzeichnet durch eine bisweilen erotisch gesteigerte naturreligiöse Stimmung. Parallel zu diesen durch und durch lyrischen Stimmungsgedichten, wie etwa *Stille Hjærte, Sol gaar ned (Stilles Herz, die Sonne geht unter)*, verfaßte Aakjær gesellschaftskritische Agitationslyrik, deren Bandbreite vom intimen, einfühlsamen *Jens Vejmand* bis zu dem revolutionären Kampflied *Her kommer fra Dybet den mørke Armé! (Hier kommt aus der Tiefe die dunkle Armee!)* reicht.

In formaler Hinsicht orientierte sich Aakjær vor allem an der Volkstradition. Der Gesang ist ein Grundpfeiler der Überlieferung: der singbare und gesungene Vers, vor allem das Lied, die gesungene Ballade und das Kirchenlied. Daneben war Aakjærs Lyrik jedoch auch beeinflußt vom Stil der zeitgenössischen Literatur, vor allem von BJØRNSON, IBSEN und DRACHMANN. Besondere Bedeutung gewann für ihn der schottische Dichter Robert BURNS (1759–1796). Bei ihm fand er seine Ansicht bestätigt, daß sowohl Natürseligkeit wie soziale Empörung in einer schlichten, sangbaren Form ausgedrückt werden können, die der Volksdichtung nahesteht. Zu diesem Zweck dichtete Aakjær mit einer ›Melodieschablone‹, die er selbst entwickelt hatte, um einen singbaren Rhythmus einhalten zu können. Dies zeigt sich in der Einfachheit und Wiederholungstechnik seiner Gedichte. Aakjær verfaßte mehrere Gedichte mit festem Kehrreim, die Volksliedern nachempfunden waren, wie etwa *Ræven skriger paa Heden*, häufiger jedoch tritt der Kehrreim bei ihm in freieren Formen auf. Er bevorzugte die achtzeilige Strophe mit festem oder flüssigem Kehrreim in der letzten Zeile (z. B. *Endnu et bitte Nyk*), in einigen Fällen auch inmitten der Strophe (z. B. *Mors Rok*). Daneben benutzte er auch kürzere Strophenformen, z. B. einen Vierzeiler mit Kehrreim in der zweiten Zeile (z. B. *Der so tow Kragger*) oder mit doppeltem Kehrreim (z. B. *Raabet stiger i Morg'nens Skjær*). Anstelle sinngebender Worte besteht der Kehrreim oft nur aus Lauten (z. B. *Ole sad paa en Knold*) oder aus einer Mischung aus Worten und Lauten (z. B. *Ung Vise*), wodurch das musikalische und klangspielerische Element unterstrichen wird. Typisch sind ferner die mehrfache Wiederholung, vor allem des Namens der Hauptperson im jeweiligen Gedicht (z. B. *Jens Vejmand*) bzw. desjenigen, der damit angesprochen wird (z. B. *Æ Muespig*), sowie Variationen von Motiven und Sätzen und syntaktische Parallelen.

Der Reim ist ein ganz wesentliches, immer wiederkehrendes Element im dichterischen Schaffen Aakjærs. Die bereits erwähnten Kehrreime und die variierten, aber parallel gebildeten Verszeilen umkränzen das jeweilige Reimwort, das sich, lautspielerisch und verschiedene Assoziationen hervorrufend, von Vers zu Vers fortpflanzt (z. B. *Sneflokke kommer vrimlende*).

Viele von Aakjærs Gedichten wurden von Carl Nielsen und Thorvald Aagård in besonders geglückter Weise vertont. Dabei passen sich die Melodien der jeweiligen Strophenform an und verstärken so die emotionale Wirkung des betreffenden Gedichts. Diese Vertonungen haben in entscheidendem Maße dazu beigetragen, daß die Lieder und Gedichte Aakjærs in ganz Dänemark Verbreitung fanden und hier zum festen Liedbestand gehören. C.S.L.

AUSGABEN: *Derude fra Kjærene*, Kopenhagen 1899. – *Fri Felt*, Kopenhagen 1905. – *Rugens Sange og andre Digte*, Kopenhagen 1906. – *Samlede Værker*, 8 Bde., Kopenhagen 1918/1919. – *Samlede Digte*, 3 Bde., Kopenhagen 1919, ²1947. – *Udvalgte Digte*, Kopenhagen 1956.

LITERATUR: H. Andersen, *J. Aa. og »Rugens Sange«* (in OoB, 64, Stockholm 1955). – Sv. Møller Kristensen, *Den store generation*, Kopenhagen 1974. – H. J. Nielsen, *Til Folket vi går. Omkring nogle Aakjær-sange*, Aalborg 1982.

VREDENS BØRN. Et Tyendes Saga

(dän.; Ü: *Kinder des Zorns. Eine Gesindegeschichte*). Roman von Jeppe AAKJÆR, erschienen 1904. – Der Autor, einer der bekanntesten Heimatdichter Dänemarks, gehört literarhistorisch gesehen zur Gruppe der sogenannten »Volksrealisten«, die in ihrer Erzählweise den modernen Realismus, der die Formung eines Individuums durch seine soziale Umwelt erklärt, mit der ländlichen, traditionellen Erzählweise verbinden. Beeinflußt wurde Aakjær vor allem von Georg BRANDES (1842–1927) und dessen modernen und radikalen, sozialistischen und sozialdarwinistischen Ideen, verbunden mit einem optimistischen Fortschrittsglauben und großer Begeisterung für neue Entwicklungen. Aakjærs Werk wird unter anderem deshalb zur Heimatliteratur bzw. zum Volksrealismus gerechnet, weil die einfachen Leute, die er teils in seiner Kindheit erlebt, teils bei seiner Arbeit als Historiker durch umfangreiche Studien in Archiven kennengelernt hatte, im Mittelpunkt seiner Romane und Novellen stehen. Auch die Wahl der Erzählstoffe legt eine solche Einordnung nahe – die Schilderungen des vorindustriellen bäuerlichen Alltags zeugen von eigenen Erfahrungen und von der Vertrautheit mit diesem Milieu. Aakjær gelang es, sich in Stil und Eigenart des Altjütischen einzuleben, und die lebendige Sprache seiner Dialoge trägt dazu bei, dem Leser einen überaus plastischen Eindruck der damaligen Zeit zu vermitteln.

Typisch für Aakjær ist sein unermüdlicher Kampf gegen das soziale Unrecht, das Kleinbauern und Landproletarier erdulden mußten – ein Impuls, aus dem auch der Roman *Vredens Børn* entstand. Grundthema des Buches ist die soziale Entrüstung; in keinem anderen Werk der dänischen Literatur werden die unmenschlichen Bedingungen, denen die Dienstboten auf dem Land ausgesetzt waren, so heftig kritisiert. Aus jeder Zeile spricht der Protest gegen die herrschenden sozialen Verhältnisse auf dem Land, wo mittellose Menschen trotz der allgemeinen politischen Demokratisierung immer noch geknechtet und ausgebeutet wurden.

Der Roman erzählt vom Leben des Armenhauskindes Per, der als Zehnjähriger an den reichsten Bauern der Gemeinde als Hütejunge »verkauft« wird und danach sein Leben als Knecht und Tagelöhner fristet. Nachdem er den vergeblichen Versuch unternommen hat, die anderen Landarbeiter zum Aufstand zu bewegen, verläßt er die Gemeinde und wandert nach Amerika aus.

Die Erzählung gliedert sich in einzelne Episoden von Pers Leben. Wie in einer Reportage werden dabei die Verhältnisse, in denen die ländliche Unterschicht leben muß, Zug um Zug aufgedeckt und dokumentiert: die schmutzigen Schlafkammern der Knechte, die illegale Kinderarbeit, der fehlende Schlaf, vor allem aber der Verstoß der Großbauern gegen die gesetzliche Schulpflicht – denn damit wurde den Kindern der Armen auch noch das Recht auf Wissen und Ausbildung genommen. Durch Per lernt der Leser die armen, unterdrückten Schichten kennen, die es zur Zeit der Jahrhundertwende auf dem Land gab. Die ledige Ann Mari, die Mutter Pers, hat ihren unehelichen Sohn vom verrückten Küster der Gemeinde bekommen, damit ist ihre Lebensbahn vorgezeichnet. Nach der Geburt mehrerer unehelicher Kinder wird sie schließlich von der einen Gemeinde an eine andere verkauft, ein lahmer Schuster bekommt Geld dafür, daß er sie heiratet und die fünf Kinder dazu nimmt. Die Familie landet im Armenhaus, das gegen Ende des Romans abbrennt – aus Sparsamkeitsgründen war es von der Gemeinde nicht gegen Brand gesichert worden.

Der soziale Abstieg der Mutter, dessen Ursache nicht zuletzt auch in ihrer unbewußten Auflehnung gegen den für sie vorgezeichneten Weg liegt, zeigt die eine Perspektive, die das Leben diesen Menschen bietet. Die andere Möglichkeit zeigt Aakjær in Gestalt des pflichtbewußten Kleinbauern und Tagelöhners Jens Romlen. Er ist einer von denen, die regelmäßig und zuverlässig ihre Arbeit tun, sich als Tagelöhner abrackern und jeden Pfennig sparen, um ihre Familie zu versorgen – aber ihre soziale Lage können sie trotzdem nicht verbessern. Die Armut wird in der folgenden Generation noch deutlicher sichtbar, die Kinder sind krank und schwächlich. Die Geschichte besagt also, daß es überhaupt keine Rolle spielt, wie die Landproletarier ihr eigenes Leben gestalten, denn an der Aussichtslosigkeit und Hoffnungslosigkeit ihres Lebens können sie sowieso nichts ändern.

Neben Per gibt es in Aakjærs Roman drei Personen, die positive Aspekte verkörpern; sie gehören allerdings nicht dem bäuerlichen Milieu an. Der Revolutionär Goj vermittelt Per ein Bewußtsein von der Lage seiner Klasse; der Krämer Kræn Lybsker versteht als einziger, daß Kinder Sonne und Spiel brauchen; und der Schullehrer kämpft vergeblich dafür, daß die Schulpflicht eingehalten wird.

Eine positive soziale Utopie wird jedoch von keiner der genannten Personen entworfen, sondern von dem Arzt Koldur, der als Sprachrohr des Autors eine Vision von der Umverteilung des Eigentums entwickelt und verlangt, daß die Urbarmachung der jütländischen Heide gestoppt wird. Diese Vorstellungen entsprachen ziemlich genau der Zielsetzung der dänischen Sozialdemokraten, politisch realisiert wurden sie schließlich durch das Aufteilungsgesetz des Jahres 1919.

Zwar unterliegt Per im Roman, er resigniert und emigriert nach Amerika, aber die politische Wirkung von *Vredens Børn* war enorm. Deutlich wird dies an den heftigen Reaktionen nach Erscheinen des Buches: Mehr als 1000 erboste Leserbriefe und Artikel versuchten, vor allem durch moralische Argumente, die Darstellung des Elends der Dienstboten und Kleinbauern zu widerlegen. Dank seines einfühlsamen Reportagestils hatte der Roman die Wirkung von konkretem Beweismaterial, das man nicht umgehen konnte; damit wurde das Buch zu einem von vielen Anstößen, die zur Gründung eines Landarbeitervereins und einer 1904 eingesetzten Gesindekommission führten. Im Jahr 1921 wurde dann ein neues Dienstbotengesetz erlassen, welches das alte Gesetz aus dem Jahr 1854 ablöste und damit noch existierende feudalistische Relikte beseitigte, die gegen den Geist des Grundgesetzes von 1915 verstießen. C.S.L.

AUSGABEN: Kopenhagen 1904. – Kopenhagen 1913 (in *Skrifter*, 10 Bde., 1912/13, 7/8). – Kopenhagen 1919 (in *Samlede Værker*, 8 Bde., 1918/19, 6). – Kopenhagen 6 1947.

ÜBERSETZUNG: *Kinder des Zorns. Eine Gesindegeschichte*, E. Holm, Lpzg. 1912.

LITERATUR: K. K. Nicolaisen, *J. Aa.*, Kopenhagen 1913. – R. Fuchs, *Der dänische Bauerndichter J. Aa.*, Bonn 1940. – F. Nørgaard, *Danske Samfundsromaner*, Kopenhagen 1946, S. 49–65. – H. J. Christensen, *»Vredens Børn«. En montage*, Kopenhagen 1979. – M.-L. Svane, *Social kritik og folkeling tradition i Aa.s roman »Vredens Børn«* (in Kultur og Klasse, Kopenhagen 1980, Nr. 38). – M. Zerlang, *Fra land til by med J. A. og Nick Carter* (ebd.).

JOHANNES AAL

lat. Anguilla
* um 1500 Bremgarten / Aargau
† 28.5.1551 Solothurn

TRAGOEDIA JOHANNIS DES HEILIGEN VORLOEFFERS UND TOEUFFERS CHRISTI JESU

Dramatisches Spiel von Johannes AAL, erste Aufführung: Solothurn 1549; eine weitere Aufführung ist nur in Kolmar 1573 nachweisbar. Eine veränderte Druckausgabe wurde 1575 von Andreas Meyenbrunn besorgt. – Als im Jahre 1529 mit dem Auftreten des Ablaßkrämers Samson in Bremgarten der Glaubenskampf ausbrach und der amtierende Dekan öffentlich die neue Lehre akzeptierte, wurde Johannes Aal von den Altgläubigen zum neuen Dekan gewählt. Nach einem Vergleich der streitenden Religionsparteien verließ Aal mit anderen Bürgern die Stadt, begab sich wahrscheinlich im Frühjahr 1529 nach Baden und wurde am 26. 8. 1536 an der Universität Freiburg i. B. immatrikuliert. Dort studierte er bei dem Humanisten Heinrich LORITI (Glareanus) und gewann somit Anschluß an die südwestdeutsche Geistesbewegung. Als er 1538 als Magister nach Solothurn berufen und dort u. a. Superattendens (Rektor) der Stiftsschule wurde, lenkte er die Solothurner Studenten an die Universität Freiburg i. B. in die Burse seines Lehrers und Vertrauten Glareanus, mit dem er in regem brieflichem Kontakt geblieben war. Auch an Glareans musikalischem Werk *Dodekachordon* arbeitete Aal mit, so daß zu vermuten ist, daß er selbst seine *Johannes-Tragödie* auch vertont hat – davon ist allerdings nichts mehr erhalten. Der von starken pädagogischen Neigungen beseelte Humanist regte gerade durch seine literarischen Exempel die Schüler an.

Aals Spiel vom Auftreten und Tod Johannes des Täufers ist ebenso durch humanistische Elemente gekennzeichnet (Bezeichnung als »Tragödie«, Einteilung in Akte und Szenen, gelegentliche Anwendung des Dimeters und dialogischer Dramatik, Beginn einer zwar unvollkommenen, doch deutlich spürbaren Psychologisierung der Handlung), wie es noch spätmittelalterliche Motive enthält (die Kontinuität des heilsgeschichtlichen Geschehens zeigt der Bericht des ersten Herolds und des Calliopius; die mit dem Spiel implizit beanspruchte Totalität der Welt spiegelt sich im Aufzug der Standesvertreter – z. B. in den Gesprächen mit Johannes und bei den Heilungswundern Christi – oder in der Enthauptung des Täufers auf offener Szene). Der Zuschauer begegnet vertrauten Szenen, da Aal in der inhaltlichen Gestaltung des Spiels hauptsächlich auf die Berichte der *Evangelien* zurückgreift (vgl. Vers 59 ff.). Frei verfährt Aal hauptsächlich in der dialogischen Ausformung der Szenen und insofern, als er verschiedene Personen mit unterschiedlichen Absichten zusammenführt. Der erste Teil der Tragödie endet mit der Gefangennahme des Johannes; der zweite Teil zeigt das Auftreten Christi, die Festlichkeiten zur Geburtstagsfeier des Herodes und die Enthauptung des Täufers.

Ob das Stück seinerzeit bereits auf einer Bühne gespielt wurde, ist nicht eindeutig festzustellen. Jedenfalls scheint Aal für Gott-Vater eine Oberbühne vorgesehen zu haben; das gesamte Spielfeld war außerdem in zwei Hälften unterteilt (Wüste bzw. Hof), wobei jede Hälfte ihrerseits verschiedene Spielorte besaß (Synthese von Mysterien- und Humanistenbühne). – Auf eine Abhängigkeit Aals von BINDERS *Acolast* (1543 in Solothurn aufgeführt), der wiederum von GNAPHÄUS beeinflußt wurde, ist hingewiesen worden. Aal hat neben den Berichten der *Bibel* auch FLAVIUS IOSEPHUS und HEGESIPP benutzt. Nicht sehr wahrscheinlich ist eine – für möglich gehaltene – Verbindung zu Johannes SCHOEPPERS (eines Dortmunder Humanisten) Werk *Ioannes decollatus* (1546). R.Go.

AUSGABEN: Solothurn 1549. – Straßburg 1575. – Halle 1929 (*Tragoedia Johannis des Täufers*; Neudr. dt. Lit.-werke des 16. u. 17. Jh.s, Nr. 263–267).

LITERATUR: L. Gombert, *J. A.s Spiel von Johannis dem Täufer*, Breslau 1908; Nachdr. Hildesheim/NY 1977. – E. Meyer, »*Tragoedia Johannis des Täufers*«, Halle/S. 1929, S. V–XLV.

HANS AANRUD

* 3.9.1863 Vestre Gausdal
† 10.1.1953 Oslo

LITERATUR ZUM AUTOR:
R. Øksnevad, *Norsk litteraturhistorisk bibliografi 1900–1945 u. 1946–1955*, 2 Bde., Oslo 1951 u. 1958. – H. S. Næss, *Norwegian Literary Bibliography 1956–1970*, Oslo 1975. – A. H. Winsnes, *Norges Litteratur fra 1880–årene til første verdenskrig*, Oslo 1961, S. 368–372. – E. Beyer, *Norges Litteraturhistorie*, 6 Bde., 4, Oslo 1975, S. 282–286. – K. Sandvik, *H. A. – han gav bygde-Norge øket verdi* (in K. Heggelund u. a., *Forfatternes litteraturhistorie*, 4 Bde., 2, Oslo 1980, S. 135–142).

STORKEN

(norw.; *Ü: Der Storch*). Komödie in drei Akten von Hans AANRUD, erschienen 1895. – Hauptperson des Stücks, das im Kristiania des ausgehen-

19.Jh.s spielt, ist der Kontorist Seladon Andersen, ein harmloser, naiver Mensch, der jedoch unbedingt gebildet, fortschrittlich und vornehm wirken und in »besseren Gesellschaftsschichten« verkehren will und sich deshalb von hochtrabenden Reden und feinen Manieren beeindrucken läßt: So wird er eine leichte Beute des königlichen Bevollmächtigten Amandus Bomann, eines Gecken und Lebemanns, den er bei einem Spaziergang auf Bygdøy kennenlernt. Bomann, der Andersen sofort durchschaut, gibt sich liebenswürdig und jovial, äußert sich schmeichelhaft über dessen Bildung und Geschmack und erzählt ihm einige Lügenmärchen, will damit indessen nichts anderes bezwecken, als den Ahnungslosen in die Rolle des Ehemanns seiner Geliebten Anna hineinzumanövrieren, die von ihm ein Kind erwartet. Dies gelingt ihm auch: Andersen macht Anna den Hof und heiratet sie vierzehn Tage später.

Nach einigen Jahren bekommt Annanias, das Kind Bomanns, das Andersen für sein eigenes hält, ein Schwesterchen, das ebenfalls sein Leben dem »Storch« verdankt, wie Bomann vom alten Quartiermeister Nymo genannt wird, der das Spiel längst durchschaut hat. Andersen möchte seinen vornehmen Freund als Taufpaten gewinnen, dieser zeigt indessen wenig Lust dazu und erfindet lächerliche, unglaubwürdige Ausreden, die Andersen freilich genausowenig durchschaut wie den Betrüger selbst: Er imitiert ihn in Kleidung und Manieren und hört sogar auf seine kuriosen Eheratschläge. – Vergeblich versucht Nymo, Andersen zur Einsicht zu bringen, doch was die Vernunft nicht vermag, bringt am Tauftag der Alkohol zustande; Bomann fungiert nun doch als Pate, weil er seine Besuche bei Anna rechtfertigen will, die von Andersen entdeckt wurden. Doch das Glück läßt ihn im Stich: In angetrunkenem Zustand hält Andersen vor versammelten Gästen eine Rede auf den Hausfreund und berichtet dabei die Geschichte dieser Bekanntschaft von Anfang an. Aus der anfänglichen Lobrede wird bald eine Abrechnung mit dem Nebenbuhler. Vom Wein erregt, gehen dem Betrogenen während des Erzählens die Augen auf, plötzlich erfaßt er die wahren Zusammenhänge all der eigenartigen Begebenheiten in seiner Ehe, und so schließt er seine Rede mit der Feststellung, daß Bomann ihn zum Narren gehalten habe, er selbst aber ein Dummkopf sei, der nichts Besseres verdient habe. Kleinlaut und verwirrt verläßt der »Storch« das Haus.

Der Autor zählt zu den norwegischen Autoren, die sich in den neunziger Jahren des 19.Jh.s auf die Darstellung von Land und Leuten ihrer engeren Heimat konzentrierten. Sein gleichzeitiger politischer Einsatz zeigt jedoch, daß es ihm letztlich um mehr ging als nur um idyllische Heimatdichtung, nämlich um das Wohl seines Vaterlands. Er forderte einen organischen Annäherungsprozeß von Stadt- und Landkultur, eine positive Einflußnahme der innerlich gesunden, unverbrauchten ländlichen Welt auf die geistig haltlose, morbide des Städters. Wie seine Novellen jenen bäuerlichen Lebensbereich schildern, der innere Kraft und Ruhe ausstrahlt, so zeigt die Komödie *Storken* das Gegenstück: die unechte, wurzellose, verlogene Welt der Städte. Nur wenige, darunter der alte Nymo, verkörpern das Echte, die gesunde Vernunft. Mitleid mit der dummen Tugend, die ein Opfer des bösen Lasters wird, ist hier unangebracht. Der Spott und die Verachtung Aanruds gelten jeder Erscheinungsform des Affektierten, Unechten, Milieulosen, ob sie nun aus Dummheit oder Schläue erwächst. – Wie die Bauernnovellen zeichnet sich auch dieses Stück Aanruds durch Humor und wohlwollende Ironie aus. Das Mietshaus-Milieu, die Mentalität der Kleinbürger, das Alltagsleben sind scharf beobachtet und wirklichkeitsgetreu dargestellt. M.Sr.

AUSGABEN: Kopenhagen 1895. – Kristiania 1915 (in *Samlede verker*, 6 Bde., 1914/15, 6).

ÜBERSETZUNG: *Der Storch*, G. Morgenstern, Lpzg. 1896.

LITERATUR: A. Bolckmans, *The Stories of H. A.*, Brügge 1960. – P. Hallberg, *Harmonisk realisme. En studie i H. A.s bondeberättelser* (in Edda, 62, 1962, S. 213–280).

EMIL AARESTRUP

* 4.12.1800 Kopenhagen
† 21.7.1856 Odense

LITERATUR ZUM AUTOR:

G. Brandes, *Samlede Skrifter*, Kopenhagen [2]1919, Bd. 2, S. 61–90. – H. Brix, *E. Aa.*, 2 Bde., Kopenhagen 1952. – *E. Aa.'s Breve til Christian Petersen*, Hg. M. Borup, Kopenhagen 1957. – H. H. Jacobsen, *E. Aa. Stiftsfysikus i Odense 1840–1856*, Kopenhagen 1975. – *Dansk Litteraturhistorie*, Hg. F. J. Billeskov Jansen, 6 Bde., Kopenhagen 1976 ff., Bd. 3, S. 120–140. – *Dansk Biografisk Leksikon*, Hg. Sv. Cedergreen Bech, 16 Bde., 16, Kopenhagen 1984, S. 235–239. – *Dansk Litteraturhistorie*, Hg. St. Auring u. a., 9 Bde., 5, Kopenhagen 1984, S. 381–396.

DAS LYRISCHE WERK (dän.)
von Emil AARESTRUP.

Obwohl Aarestrup sich zur Spätromantik bekannte und als einer der letzten spätromantischen Dichter gilt, unterscheidet sich sein Werk doch ganz deutlich von der dänischen Literatur jener Zeit, weil er mit seinen Gedichten zum großen Erneuerer der erotischen Lyrik in Dänemark wurde.

Zwar gibt es sowohl hinsichtlich der Wahl dieses Themas als auch in der Anwendung der Natursymbolik (Projektion des Innenlebens auf die äußere Natur) viele Übereinstimmungen mit der damaligen zeitgenössischen erotischen Lyrik. Der Unterschied liegt darin, daß Aarestrup keine Idyllen dichtet, nicht im Geist der Biedermeierzeit schreibt. Diese Unabhängigkeit von formalen und inhaltlichen Konventionen der Zeit hängt vielleicht damit zusammen, daß er nicht für ein Publikum schrieb. Aarestrup war Arzt, er konnte die Gedichte mit Rücksicht auf seine berufliche Tätigkeit nicht an die Öffentlichkeit bringen. Diese Isolation findet auch im Werk selbst ihren Ausdruck, aus dem das bürgerliche Alltagsleben sorgfältig ausgeklammert wird. So entsteht eine künstlich arrangierte Welt der Schönheit, deren Zentrum mannigfache erotische Erlebnisse bilden. Aarestrups Gedichte wurden auch deshalb öffentlich nicht bekannt, weil er selbst nur eine einzige Sammlung, *Digte*, 1838 *(Gedichte)*, herausgab, die zwar im verborgenen einiges Aufsehen erregte, von der zeitgenössischen Kritik jedoch überhaupt nicht wahrgenommen wurde.

Als Übersetzer bedeutender europäischer Lyriker der Zeit (u. a. HEINE, BYRON und Thomas MOORE) lernte Aarestrup den Umgang mit verschiedenen Versmaßen. In eigenen und übersetzten Gedichten benutzte er eine Vielzahl verschiedener Metren und Strophenformen, wobei er das italienische *Ritornell*, eine dreizeilige, improvisierende Strophe mit dem Reimschema *a–b–a* bevorzugte. Dabei wird eine Blume beim Namen genannt und in eine mehr oder minder offensichtlich erotische Situation einbezogen, wie in folgender Grundform: »*Blomst af Violen,/ I denne lille Lund ved Veien,/ Her kan vi skjule os for solen.*« Noch häufiger gibt Aarestrup damit einzelne Sinneseindrücke wieder: »*Jeg standsede i Midten af mit Buk –/ Saa sort en Lidse paa en Barm saa hvid!/ Jeg tabte fatningen – Du var for smuk!*« Er bediente sich auch sehr gern einer spanischen Balladenstrophe, die er so umformte, daß sie in der dänischen Metrik unter dem Namen »*Aarestrup-Strophe*« bekannt ist (z. B. »*Hvor kan du lee, Veninde*«).

Mit einer freien und geschmeidigen Verwendung von Rhythmen und Klängen weist Aarestrups Verstechnik bereits auf die modernistische Lyrik Dänemarks voraus. Er dichtete zwar noch in metrisch gebundener Form, ging aber bereits sehr frei mit diesen Formen um. Er unterwarf seine Metren dem Rhythmus und nicht umgekehrt.

Haupt- und Schlußstück der Sammlung *Digte* ist der 51 Gedichte umfassende Zyklus *Erotiske Situationer (Erotische Situationen)*, eine Art Versnovelle, deren Vorbild möglicherweise die *Tales* von Lord BYRON waren (Aarestrup übersetzte daraus zu jener Zeit *Parisina*). Der Zyklus konzentriert sich auf die Träume des Erzählers und auf dessen Versuch, sein Traumleben zur tatsächlichen Wirklichkeit zu machen, eine ästhetische Alternative zu schaffen. Der subjektiven, erotischen Traumwelt des Erzählers entspricht die Form aneinandergereihter Einzelsituationen, in denen intensive Augenblickserlebnisse in impressionistischer Weise beschrieben werden. Dennoch ist insgesamt ein gewisser Handlungsverlauf erkennbar.

Erzählt wird die Liebesgeschichte von einem Du (dem Mädchen) und dem lyrischen Ich. Dabei lassen sich drei Hauptabschnitte unterscheiden: Der erste Abschnitt spannt sich von *Paa Bjerget (Auf dem Berg)* bis zu *Til Haugen (Zum Hügel)*, dabei wird der gemeinsame Weg des lyrischen Ich und des Mädchens den Berg hinunter geschildert. Das weibliche Du soll von der normierten Welt, der es zu Beginn angehört, befreit werden, damit der Erzähler es in Besitz nehmen kann. Die unterschiedlichen Weltbilder der beiden werden skizziert, gleichzeitig beginnt die Schilderung der Liebesbeziehung. Der zweite große Abschnitt umfaßt die Texte von *Solens Nedgang (Sonnenuntergang)* bis zu *Vanskelighed (Schwierigkeit)* und beschreibt die Hingabe des Mädchens, wobei sich in einer Atmosphäre sexueller Spannung bereits die Trennung ankündigt und schließlich vollzieht. Der dritte und letzte Abschnitt handelt von Krankheit und Tod des Mädchens, das lyrische Ich kehrt zurück in die Berge. Mit dem Gedicht *Det Sidste (Das Letzte)* schließt der Zyklus, aber durch den Tod wird die Beziehung der Liebenden zueinander auf eine höhere Ebene gestellt. Der physische Verlust führt zu einer um so stärkeren Präsenz des geliebten »Du« in der Erinnerung, die sich in den Träumen des lyrischen Ich auslebt.

Abgesehen von *Erotiske Situationer* verfaßte Aarestrup eine Vielzahl einzelner Gedichte, die jedoch meist in einem thematischen und metaphorischen Zusammenhang stehen. Vielfach sind es erotische Gedichte, als Metapher tritt immer wieder die Schlange auf, die Aarestrup als Phallussymbol und in Anspielung auf den zweifachen Mythos in der *Genesis* benutzt (ohne sich dabei auf die christliche Sündenlehre im Zusammenhang mit dem Eros zu beziehen): »die Verführung zur Erkenntnis«, d. h. bei ihm zur sexuellen Erfahrung, und »der Verlust«, d. h. der Identitätsverlust, den der Verlust des Lebens nach sich zieht. Die Schlange ist ein wichtiges Zeichen für die Verbindung von Sexualität und Tod, die in Aarestrups Werk immer wieder zutage tritt. Man kann in seinem Œuvre einen monistischen Zug entdecken, Tod und Leben sind kontrapunktisch unlösbar miteinander verbunden, genauso wie Lust und Angst zwei Seiten desselben intensiven Gefühls sind: »*Livsglæden og Dødsangsten/ i en Buket forenet*« (»*Lebensfreude und Todesangst/ in einem Strauß vereint*«). Auch mit diesem doppelten Aspekt des Eros war Aarestrup – wie in seiner freien Versbehandlung – ein Vorläufer des Modernismus.

C.S.L.

AUSGABEN: *Digte*, Kopenhagen 1838. – *Efterladte Digte*, Hg. Chr. Winther u. F. L. Liebenberg, Kopenhagen 1863. – *Samlede Digte*, Hg. F. L. Liebenberg, Kopenhagen 1877. – Dass., Hg. P. Levin, Kopenhagen 1899. – Dass., Kopenhagen 1913 [Einl. v. O. Borchsenius]. – *Samlede Skrifter*, Hg. H. Brix, 5 Bde., Kopenhagen 1922–1925; [2]1976,

6 Bde. [erw.]. – *Digte*, Hg. O. Friis, Kopenhagen 1962 [m. Komm.].

LITERATUR: Sv. Møller Kristensen, *Den dobbelte eros*, Kopenhagen 1967, S. 136–143. – K. Zeruneith, *Den frigjorte*, Kopenhagen 1981. – S. Baggesen, *Den frigjorte?* (in Kultur og Samfund, 3, Roskilde 1982).

DJORDJI ABADŽIEV

* 1910
† 1963

PUSTINA

(maked.; *Wüste*). Roman von Djordji ABADŽIEV, erschienen 1961. – Abadžiev gehört zusammen mit Slavko JANEVSKI († 1920) und Stale POPOV (1902–1965) zu den Begründern der Gattung Roman in der jungen makedonischen Literatur – nach erzählerischen Vorarbeiten vor allem mit dem Roman *Aramisko gnezdo* (1954). Allerdings fiel seine frühe Prosa, verglichen mit Werken anderer makedonischer Autoren, etwas ab: Sie spielte ausschließlich in der Geschichte Makedoniens, die – trotz immenser Detailkenntnis des Autors – leblos und fremd blieb, nicht zuletzt, weil die Hauptgestalten oft schematisch gezeichnet und schon auf den ersten Blick in gute und böse zu unterscheiden waren. Schon Mitte der fünfziger Jahre schien sich der Romancier Abadžiev überlebt zu haben.

Da veröffentlichte er seinen neuen Roman *Pustina*, der Leser wie Kritik gleichermaßen begeisterte. Auch dieses Werk spielte wieder in der Historie, aber hatte Abadžiev bisher »den Menschen historisiert«, so gab er nun »der Geschichte menschliche Züge« (G. Stardelov). Die Handlung geht auf Ereignisse zurück, die sich im Frühjahr 1903 in Thessaloniki ereigneten: In Makedonien – damals noch zusammenhängende Provinz des Osmanischen Imperiums – wurde ein Aufstand vorbereitet. Jungen Intellektuellen, die sich zu der Anarchistengruppe *Gemidžii* (Matrosen) zusammengeschlossen hatten, dauerten die Vorbereitungen zu lange, und daher schlugen sie am 29. April mit Bombenattentaten gegen Banken, Schiffe und Gebäude (darunter den »Deutschen Klub«) los, um so eine Intervention der Großmächte gegen die Türkei zu provozieren. Ein Teil der »Attentäter von Saloniki« wurde am Tatort erschossen, der Rest in Großrazzien gefaßt, zum Tode verurteilt, später zu langer Haft in Kleinasien begnadigt.

Die Helden von *Pustina* sind die jungen makedonischen Nationalrevolutionäre Arso und Gligor, die in der Gefängniszelle das Gerichtsurteil erwarten. Vor dem Gitterfenster dehnt sich eine endlose Einöde, aber die eigentliche »Wüste« liegt im Gemütszustand der jungen Männer. Die drohende Aussicht, ein Leben lang in türkischen Gefängnissen eingesperrt zu sein, bringt die beiden gegeneinander auf. Arso, ein romantischer Träumer, empfindet es als Schande, überhaupt noch am Leben zu sein. Nach dem ungeschriebenen, wiewohl strengen Gesetz der »Attentäter von Saloniki« hätte er heroisch sterben müssen, und so verbringt er seine Tage mit selbstquälerischen Reflexionen, die sich immer stärker zu lähmender Todessehnsucht verdichten: Wer lebt, begeht Verrat – der wahre Heros ist siegreich oder tot. Der pragmatisch denkende Gligor dagegen versucht, ihm das auszureden: »*Jetzt, mein lieber Attentäter, hoffe ich, daß du alle bösen Geister von dir gejagt hast. Du wirst diese deine Aufgabe vollenden, die du begonnen und nicht erledigt hast. Und deswegen bist du so verzweifelt.*« Aber Arso hat bereits aufgegeben: »*Ich werde gar nichts erledigen. In mir ist alles leer. Ich habe kein Ziel mehr.*«

Gligor findet es absurd, »*das Leben in irgendein Loch zu werfen*«, und beschließt, die Flucht zu ergreifen, die durch einen selbstgegrabenen Tunnel führen soll. Arso bleibt tatenlos – bei den Attentaten war seine Waffe beim ersten Schuß zu Bruch gegangen, und mit ihr zerbrach auch sein Lebensideal als aktionistisch-altruistischer Nationalrevolutionär; sich wie Gligor um einen Rückweg in den Kampf zu bemühen, erscheint ihm sinnlos und schmachvoll. So trennen sich die Freunde. Der romantische Arso stirbt unheroisch in der Zelle – der (scheinbar) primitive Gligor findet den Weg zurück zu denen, die für das Ideal der Befreiung Makedoniens kämpfen.

Zwei Jahre nach Erscheinen des Romans starb Abadžiev plötzlich. Mit seinem Tod sah die Kritik auch eine neue Literaturströmung wieder versiegen, die Geschichte als das Leben und Leiden von Menschen, die Darstellung historischer Ereignisse als Fragen nach dem Sinn menschlicher Existenz begriff. In *Pustina* hatte Abadžiev zu einer unpathetisch-lakonischen Darstellungsweise gefunden, die er situativ noch durch die Verwendung literarischer oder archaischer Sprachebenen zu bereichern verstand. »*Hol' der Teufel alles unnötige Geschwätz. Wenden wir uns der Arbeit zu. Das ist jetzt die Hauptsache*«, beschließt in *Pustina* Gligor eine längere Strafpredigt an Arso: ein Rat, der für Makedonien, für ganz Jugoslawien und gewiß darüber hinaus gilt. W. Osch.

AUSGABEN: Skopje 1961; zahlreiche Neuauflagen sowie Übersetzungen ins Serbokroatische und Albanische.

LITERATUR: M. Durčinov, *D.A.:* »*Pustina*« (in Razgledi, 1961, 3). – D. Mitrev, *I nov i svoj* (in Sovremenost, 1961, 9). – G. Stardelov, *D.A. 1910–1963* (in Sovremenost, 1963, 7/8, S. 428–431). – D. Mitrev, *Za razvitokot na makedonskata proza* (in Literaturen zbor, 1962, 1, S. 1–9). – *Makedonskiot Roman*, Hg. P. Boškovskina u.a., Skopje 1972, S. 27 ff.

SAIT FAIK ABASIYANIK

* 1906 Adapazarı
† 11.5.1954 Istanbul

LITERATUR ZUM AUTOR:
O. Spies, *Die türkische Prosaliteratur der Gegenwart*, Lpzg. 1943. – H. Yücebaş, *Bütün cepheleriyle S. F.*, Istanbul 1964. – M. Uyguner, *S. F. A., Hayatı, Sanatı, Eserleri*, Istanbul 1964. – T. Alangu, *Cumhuriyetten sonra hikâye ve roman*, Bd. 2, Istanbul 1965. – St. I. Peycheff, *S. F. A. The Man and His Fictional World*, Diss. U. C. Los Angeles 1975. – M. Alptekin, *S. F. A.*, Istanbul 1976. – A. Miskioğlu, *Ana hatlarıyla S. F. ve yeni Türk edebiyatı*, Istanbul 1979. – M. Uyguner, *S. F. 'in dil anlayışı* (in Çevren, 10, 1983, 40, S. 116–120). – O. Önertoy, *Türk Roman ve öyküsü*, Ankara 1984.

LÜZUMSUZ ADAM

(ntürk.; *Der überflüssige Mensch*). Sammlung von Kurzgeschichten von Sait Faik ABASIYANIK, erschienen 1948. – In der autobiographischen Titelerzählung beschreibt der Autor sieben Jahre seines Lebens, in denen sich eigentlich gar nichts ereignet, weil er während dieser ganzen Zeit seine kleine Gasse und die umliegenden vier kurzen Straßen nicht verläßt. Auch seine früheren Freunde wissen nicht mehr, wo er sich aufhält. Er geht nicht einmal bis zur hundert Meter entfernten Trambahnstraße, und er will weder die Menschen, die er gekannt hat, noch die Stadt Istanbul sehen. Jeden Morgen trinkt er seinen Cappucino in dem winzigen Café einer wahrscheinlich aus Deutschland stammenden Jüdin und parliert mit ihr französisch über Belanglosigkeiten. Seine Gedanken gelten dem Sinn des Tischlerberufs, seine Leidenschaft dem straffen Busen und den Beinen einer jungen jüdischen Schneiderin; zu gern möchte er wenigstens ein einziges Mal diese dunkelhäutigen, drallen und etwas schmutzigen Beine küssen. Aber auch dieser Wunsch vermag es nicht, seinen Puls zu beschleunigen, der hartnäckig 63, mitunter sogar nur 62 Schläge in der Minute tut – ein Zustand, der ihm seit Jahren ernsthafte Sorgen bereitet.

Auf diese Weise lebt er sieben Jahre lang in seiner aus fünf Gassen bestehenden kleinen Welt von den Einnahmen eines ererbten Ladens und eines Miethauses. Er hat Angst vor den vielen Menschen außerhalb seines Gesichtskreises und meint, sie würden ihn um seine Habseligkeiten bringen, ihn verprügeln oder gar lynchen. Er fragt sich, warum die Menschen so nah beieinander wohnen und leben, da sie doch nicht im geringsten bereit sind, einander zu lieben; aber das sind müßige Betrachtungen. Das einzige, was sich im Laufe der sieben Jahre etwas gewandelt hat, ist sein Begehren nach den Beinen der Schneiderin; er denkt jetzt daran, daß sie auch andere wohlriechende, süße Körperteile haben müßte, die man gern küssen würde. – Und eines Tages wagt er sich wie zufällig aus seiner Welt hinaus. Istanbul erkennt er nicht wieder, so sehr hat sich alles verändert. Er sieht, wie ein altes türkisches Bad, das er früher besuchte, von Arbeitern abgerissen wird. In diesem Augenblick wird ihm klar, daß er sich seit sieben Jahren kein einziges Mal gewaschen hat. Er holt das Versäumte nach und ist hinterher nicht nur ein sauberer, sondern auch ein neuer Mensch. Den Gedanken, weitere sieben Jahre in seinen fünf Gassen zu verbringen, gibt er sofort wieder auf; das ist ihm nicht mehr möglich.

Die übrigen dreizehn Kurzgeschichten der Sammlung seien nur kurz genannt: *Ben ne yapayım* (Was soll ich denn tun?), *Birahanedeki adam* (Der Mann in der Bierschenke), *Mürüvvet* (Mürüvvet), *Ip meselesi* (Die Seil-Affäre), *Menekşeli vadi* (Das Tal mit den Veilchen), *Bizim köy bir balıkçı köyüdür* (Unser Dorf ist ein Fischerdorf), *Kaçamak-Papağan-Karabiber* (Kaçamak-Papagan-Karabiber), *Bacakları olsaydı* (Wenn er Beine hätte), *Ayten* (Ayten), *Papaz Efendi* (Der Herr Pope), *Bir külhanbey hikâyesi* (Eine Gaunergeschichte), *Kameriyeli mezar* (Das Grab mit der Laube) und *Hayvanca gülen adam* (Der Mann, der tierisch lachte). – Sie sind größtenteils in den Jahren 1946 bis 1948 entstanden und gelten als Vorboten der zweiten Phase im schöpferischen Leben des Autors, in der sich Sait Faik Abasıyanık allmählich von überkommenen Formen und Techniken der türkischen Erzählkunst löst und seine Beobachtungen und Gedanken so formuliert, daß sie die Perspektive des »Manns auf der Straße« wiedergeben. Was Abasıyanık von allen Vertretern des Sozialistischen Realismus in der türkischen Literatur der Nachkriegsjahre prinzipiell unterscheidet, ist sein Bestreben, den Lebenskampf und die kleinen Freuden von Arbeitern, Fischern, Straßenmusikanten, Säufern, Matrosen und Huren nicht unter dem Gesichtspunkt der oft zum Schematismus neigenden Sozialkritik darzustelllen, sondern die innere Welt des Individuums mitzuerleben und für den Leser lebendig werden zu lassen. B.At.

AUSGABEN: Istanbul 1948. – Istanbul 1954. – Istanbul ³1965; ⁹1984 (in *Bütün Eserleri*). – Ankara 1970.

MAHALLE KAHVESI

(ntürk.; *Das Café des Stadtviertels*). Erzählungssammlung von Sait Faik ABASIYANIK, erschienen 1950. – Der dünne Band enthält neben der Titelgeschichte folgende 21 Erzählungen und Kurzgeschichten: *Plájdaki ayna* (Der Spiegel am Strandbad); *Uyuz hastalığı arkasından hayál* (Träumereien hinter der Krankheit Krätze); *Dört zait* (Vier plus); *Hallaç* (Der Baumwollkrempler); *Baba-Oğul* (Vater und Sohn); *Karanfiller ve domates suyu* (Nelken und Tomatensaft); *Bilmem neden böyle yapıyorum?* (Ich weiß nicht – warum verhalte ich mich so?); *Bir sarhoş-*

luk (Ein Trunkenheitszustand); Kınalıada' da bir ev (Ein Haus auf der Insel Kınalı [proti]); Süt (Die Milch); Gramofon ve yazı makinesi (Das Grammophon und die Schreibmaschine); Barometre (Das Barometer); İzmir'e (Nach Izmir); Kış akşamı, maşa ve sandalye (Der Winterabend, die Feuerzange und der Stuhl); Bir bahçe (Ein Garten); Bir ilkbahar hikâyesi (Eine Frühlingsgeschichte); Sakarya balıkçısı (Der Fischer vom Sakarya); Kestaneci dostum (Mein Freund, der Maronenverkäufer); Söylendim durdum (Ich habe endlos vor mich hingeschimpft); Ermeni balıkçı ile topal martı (Der armenische Fischer und die hinkende Möve); Sinagrit Baba (Väterchen Sinagrit).

Die Sammlung *Mahalle kahvesi* stellt im Schaffen des Autors den Beginn einer neuen Entwicklungsphase dar. Anstatt wie vorher in seinen Schilderungen vom Glück des kleinen Mannes nur als außenstehender Beobachter zu berichten und sich selbst fast immer und völlig aus dem Spiel zu lassen, geht er in einem Gutteil dieser Erzählungen dazu über, in Vorahnung des nahenden Todes sein eigenes Ich als Mittelpunkt des Geschehens und der Wahrheit schlechthin zu betrachten. Jeder Tag, den er in alter Manier als »überflüssiger Mensch« (vgl. *Lüzumsuz adam*) mit Nichtstun, langen Spaziergängen, Angeln und Trinken verbringt, entfernt ihn weiter von dieser Welt, die er jetzt nicht mehr vorbehaltlos wie früher zu lieben vermag. Obwohl seine Beobachtungen in den zahllosen Straßen, Kneipen, Bars und Cafés Istanbuls immer noch den Ausgangspunkt seiner Erzählungen bilden, so verfolgt er doch die Schicksale seiner Figuren nur noch für flüchtige Anfangsmomente in der »Wirklichkeit«; dann existieren sie lediglich in seiner Phantasie weiter. Alle diese Erzählungen vermitteln den Eindruck einer unaufhörlichen Pendelbewegung zwischen der Schönheit und der Unerträglichkeit des Daseins. – Die erste Geschichte, *Mahalle kahvesi*, ist ein gutes Beispiel für den bloßen Beobachter Sait Faik, während er in der letzten, *Sinagrit Baba*, schon die Grenze zur Welt der Allegorien überschreitet.

Mahalle kahvesi schildert das Milieu eines türkischen Kaffeehauses, in dem die Leute stundenlang sitzen, spielen, plaudern oder auf andere Weise die Zeit totschlagen. Der Ich-Erzähler, der – wie fast jeden Tag in seinem Leben – in der gleichen Absicht dorthin gegangen ist, wird eines Nachmittags zufällig Zeuge einer dramatischen Entwicklung: Während draußen ein Schneesturm tobt und alle im Café sich der Wärme freuen, kommt ein junger Mann herein, der die Unterhaltung verstummen läßt. Nach und nach erfährt der Leser mit dem Erzähler, daß der Bursche von seinem Vater verstoßen worden ist und daß dieser jetzt ein paar Häuser weiter im Sterben liegt. Der junge Mann wird jedoch von den Gästen daran gehindert, seinen Vater ein letztes Mal zu sehen, da man dem Sterbenden den Anblick des mißratenen Sohnes ersparen möchte. Der unverwechselbare Stil des Autors ist auch in diesen Erzählungen elegant und ungezwungen. An zahlreichen Stellen zeigt sich, daß der Melancholiker Sait Faik eine empfindliche Ader für Komik hat.   B.At.

AUSGABEN: Istanbul 1950. – Istanbul 1954. – Ankara ³1977; ⁵1985 (*His bütün eserleri*, 4).

SEMAVER

(ntürk.; *Der Samowar*). Neunzehn Kurzgeschichten von Sait Faik ABASIYANIK, erschienen 1936. – Die am Anfang der Sammlung stehende Titelgeschichte berichtet von einem jungen Arbeiter, der bei seiner Mutter lebt. Das bescheidene Wohnzimmer duftet jeden Morgen nach geröstetem Brot, und auf dem Tisch summt der Samowar, den der Autor, um ein Bild aus der Arbeitswelt zu wählen, mit einer Fabrik vergleicht; allerdings ist es eine Fabrik ohne Sorgen, Unfälle und Streik, und sie produziert nur Wohlgeschmack, Dampf und das Glück der Morgenstunde. Eintönig verrinnen die Tage, bis eines Morgens die Mutter den Sohn nicht wie üblich weckt. Auf den gedeckten Frühstückstisch gestützt, ist sie entschlafen. Ali will den Samowar nicht mehr sehen. Es ist Winter, und vor dem Tor seiner Fabrik in Halıcıoğlu, wo es kälter ist als in anderen Stadtteilen Istanbuls, schlürft auch er nun Salep, das Getränk, das die Straßenhändler an arme Arbeiter, Studenten oder Schullehrer verkaufen, einer der vielen, die so im Morgengrauen den warmen Becher in beiden Händen halten und darin auf den Bodensatz ihrer Träume starren.

Stelyanos Hrisopulos Gemisi (Das Schiff Stelyanos Hrisopulos) ist die Geschichte einer Fischerfamilie auf der Prinzeninsel Burgaz im Marmarameer. Der alte Stelyanos und sein verwaistes Enkelkind Trifon leben dort allein in armseligen Verhältnissen. Obwohl er erst zwölf Jahre zählt, hat sich der Junge ein komplettes Schiffsmodell gebaut, das sein ganzer Stolz ist; er läßt es jeden Tag schwimmen und träumt dabei von allen Häfen der Welt, ohne zu ahnen, daß er den Neid der reichen Kinder auf sich zieht, die mit ihren Familien zur Sommerfrische auf die Insel kommen und Spielzeugboote mit Segeln oder richtigen Motoren besitzen. Eines Tages kommt ihre Mißgunst kollektiv zum Ausbruch, und sie versenken das bescheidene Holzschiffchen, das Trifon so viel bedeutete.

Meserret Oteli (Hotel Meserret), betitelt nach der sauberen, komfortablen Herberge in einem Provinzstädtchen Anatoliens, ist die Geschichte einer jungen Frau, die für eine Nacht in diesem Hotel absteigt, um das Versprechen einzulösen, das sie ihrer Freundin, einer Malerin in der Schweiz, am Sterbebett gegeben hat. – In *Bir Kıyının Dört Hikâyesi (Die vier Geschichten eines Ufers)* erzählt der Autor von eigenen Erlebnissen während eines Sommers auf einer der Istanbuler Prinzeninseln: von einem naiven Bauernburschen, der mit seinem Boot vom Festland herüberkommt und seine Zwiebeln verkauft; von den Inselkatzen, den Inselkindern und der angeschwemmten Leiche eines Fischers; es sind weniger Kurzgeschichten als skizzenhafte Impressionen, die allerdings bei Abasıyanık meist eine Pointe aufweisen. – Die übrigen Titel der Sammlung seien hier nur kurz gestreift: *Babamın İkinci Evi (Meines Vaters zweites Haus)* handelt von einem kleinen Jungen, der aus der Kleinstadt in ein Dorf reist, um dort seinen Vater, dessen zweite Frau und seinen Stiefbruder zu besuchen. – *İpekli Mendil (Das seidene Taschentuch), Kıskançlık (Der Neid), Bohça (Das Bündel)* und *Orman ve Ev (Der Wind und das Haus)* sind Kindheitserinnerungen des Autors, *Düğün Gecesi (Hochzeitsnacht), Şehri Unutan Adam (Der Mann, der die Stadt vergaß)* und *Üçüncü Mevki (Dritte Klasse)* Geschichten vom Lande. *Garson (Der Kellner)*, eine Diskussion über das Thema »Macht Besitz oder Armut glücklicher?«, kommt zu dem sattsam bekannten Ergebnis, daß Armut bekömmlicher sei. *Bir Takım İnsanlar (Einige Menschen)* schildert das Elend der Obdachlosen in Istanbul. In *Sevmek Korkusu (Angst vor der Liebe), Luvr'dan Çaldığım Heykel (Die Statue, die ich aus dem Louvre stahl), Robenson (Robinson)* und *İhtiyar Talebe (Der betagte Student)* hat der Autor Eindrücke von einer Europareise verarbeitet, in *Bir Vapur (Ein Schiff)* beschreibt er eine Mittelmeerreise nach Marseille und die Menschen in der Touristenklasse.

Die Stücke dieser frühen Sammlung sind charakteristisch für die meisten Kurzgeschichten Sait Faiks (vgl. *Lüzumsuz Adam* und *Mahalle Kahvesi*). Ihr Thema ist immer wieder die *condition humaine*, die zu bestimmen zwar vor dem Hintergrund sozialer Gegebenheiten, im wesentlichen aber von individuellen seelischen Prozessen her versucht wird. Skizzenhaft angelegt, kulminieren die Erzählungen meist nicht in äußerer Dramatik, sondern in Momenten innerer Entscheidung oder auch Nichtentscheidung, die in ihrer bewußt auf das Individuum beschränkten Relevanz allerdings auch dessen allgemeine Situation deutlich werden lassen. Diese kann, wie in der Titelgeschichte *Semaver*, die Welt des Industriearbeiters sein, doch bevorzugt Sait Faik später zunehmend den legendären »kleinen Mann«, der sich weniger einer Klasse zugehörig als den Mächten von Natur und Tradition unterworfen fühlt; ihn schildert er in liebevoller Resignation und mit einem Realismus, der durch surrealistische Elemente der Darstellung noch unterstrichen wird. Unausgesprochen, aber deutlich spürbar ist eine sozialkritische Tendenz in Kindheitserinnerungen wie *Bohça*, die den Autor selbst als »Herrensöhnchen« auf der Angeklagtenseite zeigen. Sait Faik, der später auch Kurzromane und Lyrik veröffentlicht hat, ist durch seine Erzählungen – insgesamt 171, gesammelt in dreizehn Büchern – zum Klassiker der modernen türkischen Kurzprosa geworden; nach ihm ist der 1955 gestiftete türkische Literaturpreis für Erzähler (Sait Faik Hikâye Armağanı) benannt. B.At.

AUSGABEN: Istanbul 1936. – Istanbul 1951. – Istanbul ³1965 (in *Bütün Eserleri*). – Ankara 1970; ²1973 (in *His Bütün Eserleri*, 1).

ÜBERSETZUNGEN: *Un point sur la carte*, Sabri Esat Siyavuşgil, Leiden 1962 [frz.: enth. *Semaver, Bir Vapur, İhtiyar Talebe, Üçüncü Mevki*]. – *Das verschwundene Bündel*, H. W. Brands (in *Die Pforte des Glücks*, Hg. H. W. B., Tübingen/Basel ²1969; Ausw.; Geistige Begegnung, 5).

LITERATUR: Z. Güvemli, »Semaver« (in Resimli Uyanış, Istanbul 1936). – T. Alangu, *S. F. 'te Yalnızlık* (in Yedi Tepe, 1, 1956, 5).

ÁBU L-FARAǦ ʿABDALLĀH IBN AṬ-ṬAIYIB AL-ʿIRAĀQĪ

† Okt. 1043

FIQH AN-NAṢRĀNĪYA

(arab.-chr.; *Recht der Christenheit*). Gesetzessammlung von ʿABDALLĀH IBN AṬ-ṬAIYIB. – Das Werk enthält als »Nomokanon« sowohl die weltlichen Gesetze (griech. *nomoi*) wie auch die kirchlichen Rechtsvorschriften (griech. *kanones*) der ostsyrischen nestorianischen Kirche. Es wurde von dem nestorianischen Priester, Arzt und Philosophen ʿAbdallāh Ibn aṭ-Ṭaiyib, Sekretär des nestorianischen Patriarchen, aufgrund syrischer Vorlagen in arabischer Bearbeitung zusammengestellt. Das nur in wenigen Handschriften (die wichtigste stammt aus dem 13. Jh. und befindet sich im Vatikan) und lückenhaft überlieferte Werk umfaßt zwei Hauptteile: ein »Synodikon«, d. h. eine Sammlung der von verschiedenen Kirchenversammlungen, aber auch von anderen kirchlichen Autoritäten erlassenen kirchenrechtlichen Verordnungen, und eine »Systematik«, die den Stoff sachlich ordnet.

Der erste Hauptteil, das »Synodikon«, enthält den Wortlaut der als verbindlich erachteten Rechtsquellen in chronologischer Anordnung. Neben den sogenannten »Kanones der Apostel« finden sich hier vor allem die Kanones wichtiger Kirchenversammlungen wie der Synoden von Ankyra (314), Caesarea, Nicaea, Gangra, Antiochia, Laodicea und Konstantinopel, ferner die Kanones des Papstes Damasus (366–384), die »Kanones der Elften Synode« und die des Konzils von Chalcedon (451). Anschließend bietet das Werk die sogenannten »Kanones des Ostens«, kirchenrechtliche Verordnungen, in denen sich die Sonderentwicklung der nestorianischen Kirche in der Folgezeit widerspiegelt; zu diesen gehören vor allem die Kanones der nestorianischen Patriarchen Mār Īšḥāq, Yaballāhā, Dādīšōʿ, ʿAqāq, Mār Bābai, Mār Ābā, Josef, Ezechiel, Īšōʿyab, Sabrīšo, Gregor und Georg. Auch die den oströmischen Kaisern Konstantin I. (reg. 306–337) und Leo I. (reg. 457–474) zugeschriebenen Gesetze, die sogenannten *Leges Constantini et Leonis*, sind in der Sammlung enthalten, ferner das

Gesetzbuch des Īšōʿboht, die »Kanones« des Patriarchen Timotheus, des Īšōʿbar Nūn und die rechtlichen Vorschriften des Yūḥannā Ibn Aḥi l-Aʿrağ. Im zweiten Hauptteil des Werks werden die Rechtsbestimmungen nach sachlichen Gesichtspunkten systematisch zusammengestellt und in weltliche und kirchliche Rechtsverordnungen eingeteilt. Hier lehnt sich ʿAbdallāh Ibn aṭ-Ṭaiyib an die Rechtssammlung des GABRIEL VON BASRA (9. Jh.) an, ist jedoch stofflich umfassender, wenn auch kürzer in den Einzelheiten. Durch Aufnahme von rechtlichen Verordnungen seines Zeitgenossen, des Metropoliten ʿAbdīšōʿ bar Bahrīz von Mossul (um 1028) bringt ʿAbdallāh das »Recht der Christenheit« auf den Stand seiner Zeit. – Der Abschnitt, in dem die weltlichen Rechtssatzungen zusammengestellt sind, behandelt Heirat, Verlobung, Brautpreis und Aussteuer, Scheidung und – besonders ausführlich – das Erbrecht, außerdem letztwillige Verfügungen, Schuldrecht, Kauf und Verkauf, Teilhaberschaft, Prozeßrecht, Urkunden, Eid und vieles andere. Der folgende – umfangreichere – Abschnitt enthält die kirchlichen Rechtssatzungen, beginnend mit den liturgischen Vorschriften im weitesten Sinn: Gebet und eucharistische Liturgie, Fasten, Feste des Kirchenjahres, Bestattung der Toten, Verbot abergläubischer Praktiken wie Zauberei, Wahrsagerei usw. Ein weiterer Abschnitt, der der Rangordnung des Klerus gewidmet ist, beginnt mit den »Patriarchen des Ostens« und den Metropoliten; dabei lassen die für China, Indien, Zypern und Äthiopien geltenden Bestimmungen die weite Ausdehnung der damaligen nestorianischen Kirche erkennen. Weitere Vorschriften befassen sich mit der Wahl, den Rechten und Pflichten der Bischöfe, Chorbischöfe, Visitatoren und der niedrigen Kleriker, ferner mit den Mönchen, den Armen- und Krankenhäusern, besonders aber mit der Gründung und Führung von Schulen, wobei mehrere »Kanones«-Sammlungen im Wortlaut angeführt werden. Als Anhänge finden sich die Bestimmungen des Yūḥannā Ibn Aḥi l-Aʿrağ († 905) über Erbschaftsangelegenheiten und liturgische Anweisungen des Īšōʿbar Nūn († 828).
Das *Recht der Christenheit* stellt sowohl durch seine Stoffülle wie auch durch seine Systematik ein wichtiges Glied in der Entwicklung des »Nomokanons« vom 9. bis 14. Jh. dar und hat seinerseits die spätere Rechtssammlung des Nestorianers ʿABDĪŠŌʿBAR BRĪKĀ († 1318) stark beeinflußt. J.As.

AUSGABE: Löwen 1956/57, Hg. W. Hoenerbach u. O. Spies (m. dt. Übers.; CSCO, 161/162; 167/168).

LITERATUR: Baumstark, S. 54, Anm. 2; 83, Anm. 3; 119, Anm. 5; 217, Anm. 4; 219, Anm. 6; 352. – GAL, 1, S. 635; Suppl. 1, S. 884. – Graf, 2, S. 160–162; 173–176; S. 2/3; 134 – H. Kaufhold, *Die Rechtssammlung des Gabriel von Basra u. ihr Verhältnis zu den anderen juristischen Sammelwerken der Nestorianer*, Bln. 1976.

MUWAFFAQADDĪN ʿABDALLAṬĪF AL-BAĠDĀDĪ

* 1162 Bagdad
† 10.11.1231 Bagdad

LITERATUR ZUM AUTOR:
C. Cahen, *A. al-B., portraitiste et historien de son temps. Extraits inédits de ses mémoires* (in Bulletin d'Études Orientales, 23, 1970, S. 101–128).

KITĀB AL-IFĀDA WAL-I ʿTIBĀR

(arab.; *Das Buch des Nutzens und der Belehrung*). Beschreibung Ägyptens von Muwaffaqaddīn ʿABDALLAṬĪF AL-BAĠDĀDĪ. – Das Werk des berühmten Bagdader Arztes und Naturforschers gehört teils der geographischen und naturwissenschaftlichen, teils der historisch-annalistischen Literatur an. Der Autor hat es in zwei Bücher (*maqāla*) eingeteilt. Die sechs Abschnitte des ersten Buchs handeln von Ägypten im allgemeinen, den heimischen Pflanzen und Tieren, den dort üblichen Speisen sowie den antiken Baudenkmälern aus der Pharaonenzeit, und sie enthalten Interessantes über Bauten und Schiffe. Im ersten Abschnitt der zweiten *maqāla* beschreibt ʿAbdallaṭīf den Nil und die Nilschwemme mit ihren Gesetzmäßigkeiten und erläutert deren hohe Bedeutung für Ägypten. Die beiden restlichen Abschnitte berichten dann über Kairo und die Ereignisse während der Hungerjahre 597 und 598 der Hiğra (1201 und 1202 n. Chr), als die Nilschwemme ausblieb.
Die Bedeutung des Werks liegt vor allem darin, daß der Autor überall aus eigener Erfahrung berichtet und seine Beobachtungen notiert, die er mit den in anderen Ländern der islamischen Welt gemachten vergleicht, wobei er sich nur auf sein eigenes Urteil verläßt. Mit der gleichen Leidenschaftslosigkeit und dem gleichen wissenschaftlichen Interesse, die seine Darstellung der Pflanzen- und Tierwelt Ägyptens auszeichnen, schildert ʿAbdallaṭīf auch die durch das Ausbleiben der Nilschwemme entstandene Hungersnot: die wachsende Verrohung der hungernden Kairiner Bevölkerung, die Beispiele von Kannibalismus, die Morde auf offener Straße, die Ohnmacht der Behörden angesichts der Not. Dies alles beschreibt er in der klaren, schmucklosen Sprache der arabischen Naturwissenschaft, nur hin und wieder einen *Koran*-Vers zitierend. Wenn auch in erster Linie Gelegenheitsschrift, war das *Kitāb al-ifāda* doch zur Veröffentlichung bestimmt, und allein des Inhalts wegen konnte der Verfasser mit einem großen Leserkreis rechnen. – Es ist eins der wenigen Bücher ʿAbdallaṭīfs, die aus der großen Zahl seiner Werke erhalten geblieben sind. S.Gr.

AUSGABEN: Oxford 1788, Hg. J. White [Vorw. H. E. G. Paulus]; Tübingen 1789. – Kairo 1869. – Ldn. 1965, Hg. J. u. I. Videan [Faks. des Autographs.].

ÜBERSETZUNGEN: *A.s Denkwürdigkeiten Ägyptens*, S. Wahl, Halle 1790. – *Relation de l'Égypte par A.*, S. de Sacy, Paris 1810 [frz.]. – *The Eystern Key*, K. H. Zand, J. u. I. Videan, Ldn. 1965 [engl.].

ʿAḆDĪŠŌʿ BAR BRĪḴĀ

auch Ebedjesu genannt
† 1318

PARDAISĀ ḎA-ʿḎEN

(syr.; *Paradies von Eden*). Religiöses Werk von ʿAḆDĪŠŌʿ BAR BRĪḴĀ, entstanden 1290/91. – Das *Paradies von Eden* des nestorianischen Metropoliten von Nisibis und Armenien ist eine Sammlung von 50 *mēmrē* (metrische Reden, Gedichte, die in außerordentlich kunstvoller, nicht selten gekünstelter Sprache verschiedene erbauliche Gegenstände behandeln. Seine Entstehung verdankt das Werk dem Bestreben, der weitverbreiteten und beliebten Makamen-Literatur in arabischer Sprache (vgl. *Maqāmāt*) ein christliches Gegenstück in syrischer Sprache entgegenzustellen. Dieser schwierigen Aufgabe unterzog sich ʿAḆDĪŠŌʿ auf Anregung seines Patriarchen Jaballāhā. So sind denn die 50 *mēmrē* wohl mehr nach der in ihnen zutage tretenden Meisterschaft in der Beherrschung des Syrischen, weniger nach der Originalität des Inhalts zu beurteilen.
Die Sammlung besteht aus zwei Teilen, von denen jeder 25 *mēmrē* umfaßt; der erste ist nach Henoch, der zweite nach Elias benannt. Allerdings sind die einzelnen Stücke nicht nach dem Inhalt, sondern eher der Form nach geordnet. Es finden sich dogmatische Themen, wie Dreifaltigkeit und Einheit (1), Offenbarung Jesu in der Welt des Fleisches (14), Auferstehung und zukünftige Welt (17), der orthodoxe Glaube (26), der Glaube der Kirche (27), die göttliche Vorsehung (31), das Geheimnis der Menschwerdung (32), Evangelium und Evangelisten (36), das Weltende (37), Auferstehung, Vollendung und neue Welt (50). Daneben stehen biblische Stoffe, wie der verlorene Sohn (7, 8, 28) und Adam (24). Zahlreich sind asketische Themen vertreten: Verstand und Kontemplation (5), die rechte Zeit zur Vervollkommnung (9), geistige Offenbarung über die Ordnung der Betrachtung (10), über die menschlichen Affekte (11), über die Bitterkeit der Trennung (19), der Neid und seine schlechten Sitten (23), über die Schlechtigkeit der Zeit (34), über die Liebe (35), Ermahnung zu gutem Wandel (38), über die Tugend (40), über die Seltenheit der Tugenden und die Häufigkeit der Laster (41), über die Hinfälligkeit der Welt (43), über die Vortrefflichkeit und Erhabenheit der Heiligen (47), über die Reue und die Sünderin Maria (49). Auch philosophische Themen werden behandelt, so z. B. der Spruch der Weisen: »*Der Mensch ist ein Mikrokosmos, der Kosmos aber ein Mensch im Großen*« (18), Kapitel des Wissens (20), die Weisheit des Bryqy (30). Dazwischen eingestreut sind Mahnreden, Gebete, kirchliche Rätsel (3) und dergleichen.

Erstaunlich ist die Meisterschaft, mit der ʿAḆDĪŠŌʿ bar Brīḵā hier die syrische Sprache handhabt. Die metrischen Möglichkeiten des Syrischen sind ja viel beschränkter als etwa die des Arabischen, da sich die einzelnen Metren nur durch die Zahl der Silben, nicht durch deren verschiedene Quantität unterscheiden. ʿAḆDĪŠŌʿ bevorzugt den sieben- und den zwölfsilbigen Vers, seltener erscheinen Vier- oder Zehnsilbler. In den *mēmrē* benutzt ʿAḆDĪŠŌʿ die 22 Buchstaben des syrischen Alphabets am Anfang der Verse bzw. Strophen der Reihe nach als Akrostichen, indem jeweils ein bis zehn Verse mit dem gleichen Buchstaben beginnen, und so das ganze Alphabet hindurch. Auch am Versende finden sich die Buchstaben in ihrer alphabetischen Reihenfolge (vor- oder rückwärts laufend) oder ein oder mehrere das Gedicht hindurch gleichbleibende Buchstaben, wodurch dann ein Reim entstehen kann. Nicht selten bilden mehrere, meist vier, mitunter aber bis zu zehn Verszeilen eine Strophe mit alphabetischen Akrostichen, der mitunter noch ein die Strophe hindurch gleichbleibender Buchstabe folgt, wie z. B. in Nr. 2, wo alle Zeilen der ersten Strophe mit den Buchstaben ʿy- beginnen und auf -yʿ enden; die Zeilen der zweiten Strophe beginnen mit br- und enden auf -rb usw. Bei vierzeiligen Strophen enden oft die ersten drei Zeilen auf gleiche Buchstaben, während die vierten Zeilen eine davon verschiedene, aber das ganze Gedicht hindurch gleichbleibende Endung aufweisen. Bemerkenswert ist Nr. 3, wo alle Zeilen vor- oder rückwärts gelesen den gleichen Text ergeben, also Palindrome sind.

Die *mēmrē* 26–50 gehören durch formale Eigenheiten eng zusammen. Zu der kunstvollen Behandlung von Versanfang und Versende, die sich in den vorangehenden *mēmrē* findet, kommt hier noch ein weiterer Kunstgriff: In Nr. 26 fehlen die Buchstaben *g, p, q, s, ṣ, ṭ* vollständig. In den *mēmrē* 27–50 dagegen weisen alle Wörter einen bestimmten Buchstaben auf; so enthält z. B. in den *mēmrē* 27 und 28 jedes Wort ein Alaph (ʾ), in Nr. 29 ein *b*, und so das ganze Alphabet hindurch bis zu den *mēmrē* 49 und 50, in denen alle Wörter ein *t*, den letzten Buchstaben des syrischen Alphabets, enthalten. – Unter diesen Künsteleien leiden allerdings nicht selten der Gedankengang und die Verständlichkeit. Deshalb sah sich der alternde Autor veranlaßt, sein Werk selbst noch durch einen Kommentar zu erläutern, den er 1316 vollendete. Das Werk scheint sich aber trotz seiner Schwerverständlichkeit ziemlicher Beliebtheit und Verbreitung erfreut zu haben, wie die zahlreichen erhaltenen Handschriften vermuten lassen. J.As.

AUSGABEN: Gesamtausg. fehlt. – Beirut 1888 (*Carmina selecta ex libro Paradisus Eden*, Hg. H. Gismondi; m. lat. Übers. v. Nr. 4, 6, 7, 9, 13, 18, 29, 37, 42, 50). – Beirut 1889 (*Pardaisa Dha Edhen seu Paradisus Eden carmina auctore Már Ebed Isó Sobensi*, Hg. G. Cardahi; enth. mēmrē 1–25).

LITERATUR: J. S. Assemani, *Bibliotheca Orientalis Clementino Vaticana*, Bd. 3/1, Rom 1725, S. 325–332. – Baumstark, S. 324. – Urbina, S. 219. – Graf 2, S. 214.

ABDÜLHAK HÂMİD

eig. Abdülhak Hâmid Tarhan
* 5.2.1851 Istanbul
† 12.4.1937 Istanbul

LITERATUR ZUM AUTOR:
Rıza Tevfik, *A. H. ve Müláhazát-ı Felsefiyesi*, Istanbul 1918. – Ismael Habib Sevük, *Türk Teceddüt Edebiyatı Tarihi*, Istanbul 1922, S. 212–344. – I. N. Dilmen, *A. H. ve Eserleri*, Istanbul 1932. – A. S. Levend, *Edebiyat Tarihi Dersleri*, Istanbul 1932. – A. H. Tanpınar, *19. Asır Türk Edebiyatı Tarihi*, Istanbul 1949, S. 378–466. – S. E. Siyavuşgil, *A. H.* (in *Islam Ansiklopedisi*, Bd. 1, Istanbul 1950, S. 68–73). – H. Dizdaroğlu, *A. H. T. Hayatı. Sanatı. Eserleri*, Istanbul 1953. – O. Spies, *Die moderne türkische Literatur* (in HO, Bd. 5, Leiden/Köln 1963). – K. Akyüz, *La Littérature moderne de Turquie* (PhTF, 2, Wiesbaden 1963, S. 465–634). – S. Öner, *A. H. T.*, Istanbul 1974. – A. Bezirci, *A. H.*, Istanbul 1982.

EŞBER

(ntürk.; *Eşber*). Versdrama in vier Akten von ABDÜLHAK HÂMİD, erschienen 1880. – Unter den zahlreichen Theaterstücken des Autors ist dies das einzige in Versen (in einem Großteil seiner Werke mischen sich gebundene Rede und Prosa); das in quantitierendem Metrum (*'arūz*) geschriebene Werk gilt bei den türkischen Literaturwissenschaftlern allgemein als eine gelungene Tragödie. *Eşber* wurde 1879 in Istanbul, nach Rückkehr Abdülhak Hâmids von seinem Posten als türkischer Gesandter in Paris, verfaßt. Das Motiv, einen klassischen Konflikt zwischen Pflicht und Liebe, hat der Autor, wie er selber sagt, CORNEILLES *Horace* entlehnt; er gab der Geschwister-Tragödie jedoch einen ganz anderen Akzent. Da der führende Nationaldichter NAMIK KEMAL (1840–1888) den ersten Teil des Werkes als zu kurz befunden hatte, wurde es durch Zusätze erweitert; erst die Ausgabe von 1922 enthält die endgültige Form.

Alexander von Makedonien führt Krieg gegen König Eşber von Kaschmir. Eşbers Schwester und Mitregentin Sumru ist in Alexander verliebt und möchte diesem das Land kampflos überlassen. Um ihren Bruder zur Zustimmung zu bewegen, versucht sie ihm einzureden, er könne Alexanders Heeren doch nicht widerstehen und werde sinnlos Blut vergießen. Eşber jedoch, ein Held und Patriot, der nur seine Ehre und seine Pflicht vor Augen hat, läßt sich von solchen Erwägungen nicht beeinflussen. Schließlich erkennt er das wahre Motiv für den Wunsch seiner Schwester, tötet sie und hängt ihren Leichnam ans Stadttor. – Unterdessen ist auch auf der Gegenseite eine Frau bemüht, den König vom Kampf zurückzuhalten: Alexanders Verlobte Rügzan (Roxane), Tochter des Herrschers von Persien. Aus Angst, Alexander könnte bei der Begegnung mit Sumru deren Schönheit erliegen, fällt sie seinem Pferd in die Zügel und fleht ihn an, den Angriff auf die Hauptstadt zu verschieben. Als aber ein Bote den Fall der Festung und die Ermordung Sumrus meldet, reißt des Königs Geduld, und Roxane stirbt unter den Hufen der Pferde. Als der Makedonier in Anerkennung der Tapferkeit seines Feindes das Schwert an Eşber zurückgibt, stößt dieser es sich durch die Brust mit den Worten: »*Sein Platz ist nur mein Herz.*«

Die Dialoge zwischen Alexander und dem gefangenen Eşber erweisen Abdülhak Hâmid als Meister in der Kunst der Kontrastierung und der prunkvollen Entfaltung einer majestätischen Sprache. Auch die philosophischen Gespräche zwischen Aristoteles, Batlamyus (Ptolemaios) und Alexander am Schluß der Tragödie sind typisch für seine Gestaltungsweise. Hâmid hält sich hier ebensowenig an die geschichtliche Wahrheit wie in seinen anderen historischen Stücken. Sowohl Alexander wie Aristoteles sprechen Gedanken und Überlegungen des Autors aus. Beide sind Monotheisten. Bei Alexander finden sich sogar gewisse Glaubensüberzeugungen und Gedankengänge des Islam. Als Alexander darüber klagt, daß die Welt zum Grab geworden sei, verwirrt ihn Aristoteles mit der Antwort: »*Die Ursache dieses Zustandes ist deine Gier*«; als Alexander Ptolemaios einen »*Geschichtsschreiber der Übeltaten*« schimpft, erwidert dieser: »*Ich schreibe die Geschichte, du machst sie!*« B.At.

AUSGABEN: Istanbul 1880. – Istanbul 1922 [rev. Fassg.]. – Istanbul 1945.

LITERATUR: M. K. Bilgegil, *A. H. 'in şiirlerinde ledünnî meselelerden Allah*, Ankara 1959.

ÖLÜ

(ntürk.; *Die Tote*). Elegie von ABDÜLHAK HÂMİD, erschienen 1885, im selben Jahr wie die etwas früher entstandene Elegie *Makber (Das Grab)*; wegen ihres engen thematischen Zusammenhangs seien hier beide gemeinsam behandelt.

Die beiden Dichtungen Hâmids beklagen den Tod seiner jungen Frau Fatma Hanım, die er als Vierzehnjährige geheiratet hatte und die 1885 im Alter von 26 Jahren auf der Rückreise von Bombay nach Istanbul in Beirut einer langwierigen Schwindsucht erlag. Vierzig Tage lang pilgerte er an ihr Grab; in dieser Zeit entstand *Makber*. Wie sehr dieser Tod ihn erschütterte, zeigen die verzweifelten Rufe des frommen islamischen Dichters, der streng religiös erzogen worden ist, aber nun nicht begreift, daß Gott die Welt weiterbestehen läßt, als ob nichts geschehen wäre: »*Ich wanderte allein umher und sah, daß alles noch an seinem Platze war. Nirgendwo fand ich etwas verändert. Das einzige, was sich verändert hatte, war meine Vorstellung von Gott.*« Zum erstenmal stellt Hâmid in diesem Gedicht, das mit einer Anklage beginnt und endet, die metaphysischen Fragen, die ihn dann sein Leben lang nicht mehr loslassen werden. Doch der unmittelbare Schmerz ist hier noch so übermächtig, daß seine Gedanken fast wie im Selbstgespräch einander ohne Übergang und Ordnung zu folgen scheinen. Demgegenüber zeigt *Ölü* den Dichter zwar in unvermindert tiefer Trauer, aber der Sturm der Gefühle hat sich gelegt und macht nun der philosophischen Bemühung Platz, das Geschehene einzuordnen; so wird aus einem gefährlichen Sprengkörper der Grundstein eines Systems. 1922 erscheinen beide Werke mit neuen Vorworten des Autors, die als Prosaarbeiten ebenfalls einen wichtigen Platz in der Entwicklung der türkischen Literatur einnehmen. Darin wird *Makber* als ein »*Beispiel der Glaubensverleugnung*« qualifiziert, die den Menschen nur vorübergehend und scheinbar ins Freie führe: Hinter allen vermeintlichen Ausgängen aus der Religion steht für Hâmid letztlich doch wieder die Zuflucht zu Gott.

Formal erinnern beide Gedichte an das *terğğı'-i bend* der Diwanliteratur, d. h. sie bestehen aus Strophen, im Fall *Makber* zu je acht Versen mit dem Reimschema *aabbaaca*; im Fall *Ölü* sind es zehn Abschnitte von jeweils sechzehn, einmal auch siebzehn Verszeilen. Die strengen Regeln des *'arūz*, der traditionellen quantitierenden Metrik, die in *Makber* oft durch einen ausufernden Lyrismus gesprengt werden, sind in *Ölü* souverän gehandhabt. Dem entspricht die inhaltliche Gewichtsverschiebung vom Protest zur Resignation: »*Ich glaube, daß mir heute ein großes Unheil zugestoßen ist. Aber ich kann nicht sagen, daß es von Gott kam. Sosehr auch dieses Geschehen in Gottes Ratschluß gründet, so ist es doch richtiger, ein Naturgesetz darin am Werk zu sehen.*« An anderer Stelle heißt es: »*Es gibt Gebilde der eigenen Phantasie, die so schön sind, daß der Mensch sie nicht als die seinen erkennt. Ein Gedanke, seinem eigenen Kopf entsprungen, ist bisweilen zu hoch, als daß er ihn fassen, ein in seinem Herzen geborenes Glück zu tief, als daß er es auffinden könnte, und diesem Versagen entringt sich ein Aufschrei, dieser Aufschrei ist die Ohnmacht des Menschen. Makber – das sind die Gräber, die in meinem Herzen aus solchen Schreien errichtet sind. Doch in allen liegt ein Leib begraben: die Menschheit, die mir in einem geliebten Antlitz erschien.*« Zwar finden sich auch in *Ölü* noch Anwandlungen der Revolte, doch sie werden bald unter Kontrolle gebracht. Der Dichter versucht Gott zu rechtfertigen: Sowenig die Blitze die Himmel ausmessen, die Träne den Ozean zum Überfließen bringen könne, sowenig lasse sich das Geheimnis der Schöpfung vom Verstand erfassen. Bei aller zeitbedingten Sentimentalität, die diesem Psychogramm anhaftet und ebenso wie die altertümliche Sprache seine Lektüre erschwert, vermag doch in beiden Elegien die tiefe persönliche Betroffenheit des Dichters auch den heutigen Leser noch unmittelbar zu ergreifen. Die Ohnmacht des Menschen dem Tod gegenüber: diese existentielle Erfahrung ist hier in einer für die türkische Literatur neuen, aber bis heute gültigen Weise gestaltet, die *Makber* und *Ölü* zu Klassikern der »europäischen« Dichtung in der Türkei hat werden lassen.   B.At.

AUSGABEN: *Ölü*: Istanbul 1885. – Istanbul 1922 [m. Vorw.].
Makber: Istanbul 1885. – Istanbul 1922 [m. Vorw.]. – Istanbul 1944. – Istanbul 1948.

LITERATUR: F. A. Tansel, *H. ve »Makber«* (in Ülkü, 9, 1937, Nr. 51). – M. K. Bilgegil, *A. H. in Şiirlerinde Ledünnî Meselelerden Allah*, Ankara 1959.

TURHAN

(ntürk.; *Turhan*). Historisches Versdrama von ABDÜLHAK HÂMİD, erschienen 1916. – Das Werk stellt eine Fortsetzung des 1913 in Buchform erschienenen Bühnenstücks *İlhan* dar und bildet zusammen mit diesem und drei weiteren Dramen – *Tayıflar Geçidi*, 1919 *(Gespensterzug)*, *Ruhlar*, 1922 *(Geister)*, und *Arzîler*, 1925 *(Die Irdischen)* – einen Zyklus mit dem Obertitel *Kanbur (Der Bucklige)*. Der in allen Stücken auftretende Bucklige, dem der Autor seine eigenen philosophischen Ideen in den Mund legt, ist identisch mit der Figur des Turhan; in der abgewandelten Form »Tarhan« hat Abdülhak Hâmid den Namen später als seinen eigenen Familiennamen angenommen.

Als Exposition der Handlung fungiert das Stück *İlhan*. Der Titelheld ist Ebûsaid Bahadur Han, der letzte Herrscher der von Çinggis-Khan abstammenden Dynastie der Il-Khane (»Landesfürsten«) in Iran. Er heiratet nacheinander Bağdad Hatun, die Tochter seines Wesirs Çoban, und dessen Enkelin Dilşad Hatun. Dies geht nicht ohne Konflikte ab, und obwohl beide Frauen İlhan lieben, haßt ihn Dilşad zugleich als den Vernichter ihrer Familie und erwürgt ihn eines nachts, als er betrunken ist. Mit der Bekanntgabe von İlhans Tod – als Ursache wird Herzschlag ausgegeben – und der Einsetzung Dilşads zur Reichsverweserin (Bağdad Hatun hat Selbstmord begangen) beginnt das Drama *Turhan*. Zur Sicherung ihrer Macht schaltet Dilşad zunächst den Emir Gıyaseddin von Kabul aus und vollendet damit zugleich ihre Rache; denn Gıyaseddin hat seinerzeit auf Befehl İlhans den bei ihm Zuflucht suchenden Çoban und dessen Sohn Helû ermordet. Mit Hilfe seines buckligen Hofnarren lockt ihn Dilşad mit der Aussicht auf Heirat und Thron in die Hauptstadt und läßt ihn töten. Überzeugt von der überragenden Intelligenz des Buckligen, bietet sie diesem ihre Hand. Niemand außer dem Dichter Hafis in Schiras weiß, daß der neue Herrscher ein Verwandter des alten ist, nämlich dessen älterer Halbbruder Turhan, der als verkrüppeltes Kind von der Stiefmutter ausgesetzt worden und seitdem gezwungen war, seine Identität geheimzuhalten. Nun muß er die Erfahrung machen, daß Dilşad nicht nur ihn, den äußerlich häßlichen, innerlich »schönen«, sondern über den Tod hinaus auch seinen äußerlich »schönen«, innerlich »häßlichen« Bruder liebt, so daß sich ihr zusehends die Grenzen zwischen Wahn und Wirklichkeit verwischen.

Unterdessen sind Dilşad und Turhan mit ihrem Heer dem osmanischen Sultan Murad I. in der berühmten Schlacht auf dem Kosovo Polje (Amselfeld) gegen die Balkanchristen zu Hilfe geeilt. Yakub Çelebi, ein osmanischer Kronprinz, der İlhan ähnlich sieht, erweckt Dilşads Interesse. Seine Verlobte, die walachische Prinzessin Lisette, fühlt dies und meidet Dilşads Nähe. Als am Ende der Schlacht Sultan Murat ermordet wird und sein Nachfolger Bayezid II. Yakub Çelebi hinrichten läßt, stirbt Lisette aus Gram und Dilşad ist tief betroffen. Vorausschauend weissagt Turhan, daß jemand diesen Tod rächen werde; dieser Unbekannte aber ist Timur – dem Drama zufolge Turhans geheimgehaltener Sohn. Turhan selbst weiß sich von Dilşad nunmehr mit zwei »Schatten« betrogen und beschließt, Selbstmord zu begehen. Kaum hat er im Garten seinen Dolch gezückt, da erscheint auch Dilşad wie ein Phantom, spricht von Unglück, Tod und Jenseits und bricht zusammen, worauf sich Turhan den Todesstoß versetzt und sich über ihre Leiche wirft. Dem erregt zusammenströmenden Volk, das nach dem neuen Herrscher fragt, antwortet er mit letzter Kraft: Timur.

Abdülhak Hâmid hat bewußt den wahren Verlauf der Geschichte entstellt: Weder haben die Il-Khane den Osmanen auf dem Amselfeld beigestanden, noch hat eine historische Figur wie der Bucklige, geschweige denn als Vater Tamerlans, existiert. Doch dem Autor geht es lediglich darum, in einer mehr oder weniger frei erfundenen historischen Dekoration seine philosophischen Ideen zum Ausdruck zu bringen, die großen Themen abzuhandeln, die ihn zeitlebens beschäftigten: Leben und Tod, Liebe, Religion und Sünde, Gott und die Menschen, das Volk. Die Personen, die sie sprechend und handelnd verkörpern, stellen manchmal das eine, manchmal das andere höher, stets aber leben sie bewußt in der Spannung zwischen Leben und Tod. Hier wie in allen seinen Werken ist Abdülhak Hâmid vor allem auch ein Dichter der Gegensätze, und gerade darin liegt seine Stärke. Sprachlich und stilistisch zwischen Einfachheit und bombastischem Schwulst schwankend wie der Großteil seiner Dichtung, dazu von der Technik der Inszenierung her sehr mangelhaft – was nur zum Teil durch das Fehlen jeder Möglichkeit für eine tatsächliche Aufführung erklärbar ist –, gehört das Drama dennoch von der Idee und der philosophischen Substanz her zu seinen besten Bühnenstücken.

B.At.

AUSGABE: Istanbul 1916.

ABDULLAH BIN ABDULKADIR

genannt Munsyi
* 12.8.1796 Kampung Pali (Kampung Mesjid) / Malakka
† Oktober 1854 Jeddah

LITERATUR ZUM AUTOR:
C. Hooykaas, *Over Maleise literatuur*, Leiden 1947, S. 101–116. – R. O. Winstedt, *A History of Classical Malay Literature*, Singapur ²1961, S. 141–144. – C. Skinner, *Shaer Kampong Gelam terbakar oleh A. b. A.* (in JMRAS, 45, 1972, 1, S. 21–56). – H. F. O'B. Traill, *An Indian Protagonist of the Malay Language, A. ›Munshi‹: His Race and Mother Tongue* (in ebd., 52, 1979, 2, S. 67–83). – A. C. Milner, *A Missionary Source for a Biography of Munshi Abdullah* (in ebd., 53, 1980, 1, S. 111–120). – H. F. O'B. Traill, *Aspects of Munshi Abdullah* (in ebd., 54, 1981, 3, S. 35–56).

HIKAYAT ABDULLAH

(mal.; *Die Erzählung Abdullahs*). Memoiren des malaiischen Sprachgelehrten *(munsyi)* und Schriftstellers ABDULLAH BIN ABDULKADIR, erschienen 1849. – Wie es in der Einleitung heißt, geht das Werk auf die Anregung eines Freundes (vermutlich des englischen Missionars B. P. Keasberry) zurück. Es wurde gegen 1840 begonnen und im Mai 1843 abgeschlossen. Die vom Autor durchgesehene und erweiterte lithographierte Druckausgabe in arabischer Schrift (1849) liegt allen späteren Editionen zugrunde.

Die *Hikayat Abdullah* ist die erste Selbstdarstellung eines Malaien in Ichform innerhalb der malaiischen Literatur. In den Anfangskapiteln berichtet der Autor über die Geschichte seiner Familie – sie war arabisch-tamulischer Abstammung und orthodox islamisch eingestellt – und über seinen eigenen Entwicklungsgang. Danach entwirft er vor dem Hintergrund weltpolitisch bedeutsamer Verschiebungen im Kräfteverhältnis der europäischen Kolonialmächte im südostasiatischen Raum (Niedergang der holländischen Ostindischen Kompagnie und Festigung des britischen Einflusses auf der Malakka-Halbinsel durch den Erwerb Singapurs im Jahre 1819) ein lebendiges Bild der Ereignisse seiner Zeit. Insbesondere ziehen ihn die vielen einheimischen und ausländischen Persönlichkeiten an, mit denen er durch seine Tätigkeit als malaiischenglischer Übersetzer und Dolmetscher in nähere Berührung kommt. Nüchtern und wirklichkeitsgetreu hat er sie charakterisiert und manchem von ihnen mit humorvollem Verständnis für kleine menschliche Schwächen, aber auch mit echter Anteilnahme ein bleibendes Denkmal gesetzt. So entstand etwa aus täglichem Umgang ein besonders abgerundetes, liebevolles Porträt von Sir Thomas Stamford Raffles (1781–1826), dem Begründer von Singapur und Erforscher des Malaientums, den Abdullah verehrte und bewunderte, wie er überhaupt – was ihm den Vorwurf der Anglophilie eingebracht hat – sich überschwenglich für die durch englische Kolonialbeamte und Kaufleute vermittelten Kulturgüter begeisterte und die Errungenschaften westlicher Technik mit geradezu kindlicher Freude registrierte. – Der Autor erweist sich darüber hinaus als ein scharfsinniger Beobachter seiner von verschiedenen asiatischen Rassen durchsetzten Umwelt. Mit lebhaftem Interesse verfolgt er die in den großen Hafenstädten langsam einsetzende Wandlung der traditionellen malaiischen Lebensweise. Er erkennt das Heraufkommen einer von westlichen Ideen angeregten, die alte Feudalstruktur erschütternden neuen Gesellschaftsordnung. Durchaus fortschrittlich eingestellt, begrüßt er die Neuerungen, wenn auch als gläubiger Muslim mit einer gewissen mißtrauischen Zurückhaltung auf religiösem Gebiet. Die sozialen und wirtschaftlichen Probleme bleiben ihm in ihrer Vielschichtigkeit allerdings undurchschaubar. Obwohl seine Aufzeichnungen nicht frei von Ungenauigkeiten oder bewußten Entstellungen historischer Fakten sind, bilden sie doch eine überaus wichtige und ergiebige Quelle zur Zeitgeschichte aus der Sicht des gebildeten Malaien.

Abdullah hat in Anlehnung an die gesprochenen Passagen der *Sejarah Melayu (Malaiische Geschichte)*, eines der bedeutendsten Werke der malaiischen Klassik, mit seiner *Hikayat Abdullah* und mit anderen Schriften, wie der *Kisah Pelayaran Abdullah bin Abdulkadir Munsyi dari Singapura ke Kelantan (Bericht über die Reise Abdullah bin Abdulkadirs von Singapur nach Kelantan)* und der posthum erschienenen und unvollendeten *Kisah Pelayaran Abdullah kenegeri Jeddah (Bericht über die Reise Abdullahs nach Jeddah)*, einen leichten, umgangssprachlichen Prosastil von mustergültiger Prägnanz und reichem, differenziertem Wortschatz geschaffen. Wohl bedingt durch seine intensive Beschäftigung mit der englischen Sprache, finden sich bei ihm nicht selten auch Anglizismen oder gegen die malaiische Syntax verstoßende Satzbildungen, die ein englisches Vorbild durchscheinen lassen. – Abdullah bin Abdulkadir galt für lange Zeit als der Vater der modernen malaiischen Literatur. Heute neigt man jedoch dazu, ihn als Schriftsteller zu sehen, der außerhalb der sich viel langsamer vollziehenden, allgemeinen Entwicklung der malaiischen Literatur und Presse steht und sich nur aufgrund seines engen Kontakts mit Europäern in dieser Form entwickeln konnte. O.K.

AUSGABEN: Singapur 1849 (*Hikayat Abdullah*; lithogr.; in arab. Schrift). – Singapur 1907/08 (*Hikayat Abdullah*, Hg. W. G. Shellabear, 2 Bde.). – Amsterdam/Djakarta 1953, Hg. R. A. Datoek Besar u. R. Roolvink.

ÜBERSETZUNGEN (engl.): *Hakayit Abdulla*, J. T. Thomson, Ldn. 1874. – *The Autobiography of Munshi Abdullah*, W. G. Shellabear, Singapur 1918. – *The Hikayat Abdullah*, A. H. Hill (in JMRAS, 28, 1955, 3).

LITERATUR: H. F. O'B. Traill, *The ›Lost‹ Manuscript of the »Hikayat Abdullah Munshi«* (in JMRAS, 57, 1984, 1, S. 69).

KISSAH PELAJARAN ABDULLAH BIN ABDULKADIR MUNSJI DARI SINGAPURA KE KELANTAN

auch: *Kesah pelajaran ...* (mal.; *Bericht über die Reise des Abdullah bin Abdulkadir Munsji von Singapur nach Kelantan*). Reisetagebuch von ABDULLAH BIN ABDULKADIR, nach Aussagen des Kolophons im August 1838 abgeschlossen, erschienen 1907. – Der malaiische Schriftsteller und Sprachgelehrte *(munsji)* Abdullah war Mitarbeiter und Vertrauter von Sir Thomas Stamford Raffles (1781–1826), dem Begründer von Singapur. An der Reise nach Kelantan im Jahre 1838 nahm Abdullah als Dolmetscher einer von chinesischen und jüdischen Kaufleuten Singapurs finanzierten Gesandtschaft unter der Führung des Chinesen Baba Ko An und des Engländers Grandpré teil. Das Unternehmen diente dem Ziel, durch die Überbringung von Amtsschreiben und Verhandlungen mit der Regierung des Fürstentums von Kelantan die Freigabe von singapurischen Handelsschiffen zu erwirken, die dort während dynastischer Streitigkeiten festgehalten wurden.

In seinen minuziös geführten tagebuchartigen Aufzeichnungen erweist sich der Autor, wie in seinem Hauptwerk *Hikajat Abdullah*, der ersten malaiischen Autobiographie, als ein nüchterner und unbestechlicher Beobachter. Er registriert getreulich alle seine Erlebnisse während der damals keineswegs ungefährlichen Schiffsreise. Vor allem in Notsituationen, bei orkanartigen Stürmen oder angesichts der Bedrohung durch die gefürchteten Seeräuber, bewahrt er seine aufrechte und unerschütterliche Haltung. Klug durchschaut er die Schwächen seiner Mitreisenden und vermag beispielsweise durch geschicktes Taktieren die Unentschlossenheit des furchtsamen Baba Ko An, der nur auf die Rückkehr nach Singapur bedacht ist, zu überwinden und ihn zur Weiterfahrt nach Kelantan zu bewegen. Der Neigung Abdullahs, auch die alltäglichsten Vorkommnisse dem Papier anzuvertrauen, verdanken wir eine Fülle aufschlußreicher Angaben, so über die damaligen Preise und Währungssysteme, über Handelsgepflogenheiten und die in den Basaren zum Kauf angebotenen Landesprodukte. Sogar Dialekteigentümlichkeiten des Malaiischen und Beispiele abweichenden Sprachgebrauchs hält er für erwähnenswert. Ebenso finden die in den Städten in geschlossenen Wohnbezirken lebenden, eigene Kultureinheiten bildenden fremdrassigen Bevölkerungsgruppen seine Aufmerksamkeit, wie Araber und Chinesen, die das Handelsmonopol innehaben und den Überseeverkehr pflegen.

Abdullahs Hauptinteresse jedoch gilt der herrschenden malaiischen Gesellschaftsstruktur. Dabei läßt er in seine lebendige, farbenfrohe Schilderung des Volkslebens, das er bei seinen Spaziergängen an Land kennenlernt, immer wieder kritische Gedanken einfließen. So fragt er nach den Ursachen der allerorts anzutreffenden Mißstände und nennt als Gründe: die Despotie einer durch Tabu-Vorschriften des Hofzeremoniells vom Volk abgeschirmten Feudalherrschaft; antiquierte und auf Gewohnheitsrecht *(adat)* gegründete Institutionen, die er als »*dumm und schlecht*« bezeichnet; die mangelhafte Vorbereitung der Fürstensöhne auf ihr hohes Amt – umgeben von einer selbstsüchtigen, die Rechte des Volkes mißachtenden Hofkamarilla, verbringen sie ihre Zeit mit Hahnenkämpfen, Opiumrauchen und Glücksspiel. Da zudem von dieser Hofkamarilla jede Privatinitiative der Untertanen unterdrückt und die durch Fleiß oder händlerisches Geschick erstrebte Bildung von Vermögen mit Mißgunst betrachtet wird, versinkt das Volk in Lethargie. Die Männer ergeben sich dem Müßiggang; ihre einzige Beschäftigung ist, wie Abdullah beobachtet, die Waffen instandzuhalten, zu essen und zu schlafen. Die Sorge für den Lebensunterhalt überlassen sie den Frauen. Im Vergleich hierzu weist der Autor, der stolz bekennt, unter der »Fahne Englands« geboren und erzogen zu sein, auf die Lebensverhältnisse in seiner Heimatstadt Singapur. Immer wieder preist er die Vorzüge des englischen Verwaltungssystems, das jedem Bürger, unbeschadet seiner Rasse und seines Glaubens, die persönliche Freiheit, Rechtssicherheit und unbehinderte Entfaltung der Persönlichkeit garantiere.

In diesem Sinne will Abdullah seinen Reisebericht primär nicht als eine interessante Sammlung folkloristischer und ethnologischer Notizen verstanden wissen – sosehr diese für unsere Kenntnis der malaiischen Welt des beginnenden 19.Jh.s von Wert sind; das Werk soll vielmehr, wie der Autor am Schluß betont, eine an seine Landsleute gerichtete, zeitkritische Lehrschrift sein, die sie zum Nachdenken anregt: Denn nur eine neue, nach westlichem Vorbild gestaltete, die Menschenrechte schützende Gesellschaftsordnung kann, wie Abdullah mit geradezu hellsichtiger Klarheit erfaßt, die malaiischen Staaten in eine bessere Zukunft führen. So ist die *Kissah pelajaran Abdullah bin Abdulkadir Munsji* zugleich sein politisches Glaubensbekenntnis und die Rechtfertigung seiner aufrichtigen Liebe zu England geworden. O.K.

AUSGABE: Singapur 1907 (Malay Literature Series, 2). – Singapur ⁶1949.

ÜBERSETZUNG: *The Voyage of Abdullah*, A. E. Coope, Singapur 1949 [engl.].

SAYYID ʿABDUL-LAṬĪF

genannt Šāh (König)
* 1689 Hāla Havēlī / Sind
† 1752 Bhiṭa / Sind

RISĀLŌ ŠĀH ʿABDUL-LAṬĪF

auch: *Šāh ǧō risālō* (sindi; *Traktat des Šāh ʿAbdul-Laṭīf*, auch: *Buch des Šāh*). Zyklus mystischer indo-islamischer Gedichte und Lieder von Sayyid ʿABDUL-LAṬĪF, gesammelt von seinen Schülern TAMAR und HĀŠIM in der ersten Hälfte des 18.Jh.s. – Dieser 35 *sur* oder *rāg* (Gesänge) umfassende Liederzyklus, der die Lehre des islamischen Pantheismus in schönen, aber oft dunklen Gleichnissen zum Ausdruck bringt, ist das erste vollständige dichterische Werk in der Sindi-Sprache. Der Volksmystiker Sayyid ʿAbdul Laṭīf, ein Nationalheiliger von Sind (Provinz in West-Pakistan), der in Bhiṭ (Ort in der Nähe von Haiderabad) lebte, hat darin die alten Volkssagen, die am unteren Indus erzählt wurden, als Grundlage für seine mystischen Dichtungen und Lieder verwendet. Den Inhalt dieser Sindi-, Balotschi- und Pandschabi-Legenden setzt er als bekannt voraus; in seinen Gedichten beginnt daher die Handlung meist in dem Augenblick, wo die Fabel sich ihrem Höhepunkt nähert. Zum Unterschied von den islamischen Traditionen verwendet er als Symbol für die Gott suchende Seele stets eine Frauengestalt, ähnlich wie es in der hinduistischen Mystik – besonders in den Legenden von der Liebe des Milchmädchens Rādhā zum Hirtengott Krischna – üblich ist. Bei ʿAbdul-Laṭīf sind es immer liebende und hingebungsvolle Mädchen, die als Symbole der höchsten mystischen Erfahrung dienen.

Eine der schönsten Sagen, die ʿAbdul-Laṭīf in der *Risālō* gestaltet hat, ist die von der schönen Sōhnī, die jede Nacht ihren auf einer Insel im Indus weilenden Geliebten Mehar besucht, bis ihre mißgünstige Schwägerin den großen, breiten Tonkrug, in dem Sōhnī den Flußarm überquert, mit einem Gefäß aus ungebranntem Lehm vertauscht, das im Wasser zerfällt, so daß das Mädchen im Strudel versinkt, dadurch aber im Tode mit ihrem Geliebten auf ewig vereint wird. – Sōhnī ist das Symbol der im gefahrvollen Strudel der Welt kämpfenden Seele, die jeweils nur für kurze Augenblicke mit Gott, ihrem Geliebten, vereint sein kann und die erst dann zur endgültigen Vereinigung gelangt, nachdem – ähnlich wie es mit dem sich auflösenden Lehmkrug geschieht – alle äußeren Hilfsmittel versagt haben.

Eine andere bekannte und beliebte Legende, die von Sasuī und Punhūn, ist von dem Autor in sieben großen Gesängen wiedergegeben worden: Punhūn, ein junger Prinz von Kēč in Balotschistan, verliebt sich in die schöne Sasuī, Tochter eines armen Wäschers, die seine Neigung erwidert. Als der Prinz seiner Geliebten in ihre Sindi-Stadt Bhambhor folgt, beschließen seine vier Brüder, die eine solche Schmach ihres Herrscherhauses nicht dulden wollen, Punhūn wieder heimzuholen. Bei einem Fest, an dem sie zusammen mit Punhūn und Sasuī teilnehmen, geben die Brüder beiden einen Schlaftrunk ein. Den schlafenden Punhūn binden sie dann auf ein Kamel, um ihn in die Heimat zu bringen. Sasuī, die – als sie erwacht – ihren Gatten verzweifelt sucht, folgt den Spuren der Karawane, die den Geliebten entführte, in die Wüste, wo sie aber, ohne ihn erreicht zu haben, stirbt. – Sasuī stellt ein Bild der Seele dar, die ihr kostbarstes Gut verliert und bei der weltlichen Wanderung auf viele Widerstände stößt, bis sie erkennt, daß nur der Weg nach innen sie mit dem Geliebten vereinigen kann. – Auch die Heldin einer weiteren Sage, Māruī, die der Fürst ʿOmar Sūmrō von ihrem Dorf Malīr in sein prächtiges Schloß ʿOmarkōt entführt, stellt eine Seele dar, die sich vom Glanz der Welt nicht blenden läßt, sondern ihrer wirklichen Heimat treu bleibt.

ʿAbdul-Laṭīf hat sich als ein so vollendeter Meister der Sprache erwiesen, daß er den Ehrennamen »Ḥāfeẓ von Sind« erhielt. Er hat die bis dahin fast unbekannte Sindi-Sprache zur geschmeidigen Literatursprache erhoben; die melodischen, reimreichen Verse, die er in dieser Sprache dichtete, befassen sich ebenso mit den einfachen Begebenheiten des täglichen Lebens wie mit den Tiefen mystischer Erlebnisse. Sein Werk ist einerseits voll von Anspielungen auf Verse des *Korans*, andererseits aber hat er das Vokabular der hinduistischen Yogis übernommen und mit dem des Islams verschmolzen. Überdies bedient er sich islamischer wie auch hinduistischer Metaphern. Nach Auffassung der meisten Sindis werden seine Werke an Heiligkeit nur von dem *Koran* übertroffen. ʿAbdul-Laṭīfs Verse werden bis zum heutigen Tag von den Sindis auswendig gelernt und als einfache Volkslieder unter Begleitung von Flöte, Trommel und Saiteninstrumenten häufig gesungen. – Der Text des *Risālō ʿAbdul-Laṭīf* ist in zahlreichen Varianten überliefert; dabei ist auch in der Anordnung der Kapitel oft ganz willkürlich verfahren worden. Trotzdem gehört dieser Zyklus von Liedern zu den klassischen Perlen mystischer Dichtkunst nicht nur im indischen, sondern im ganzen islamischen Kulturbereich. J.Mar.

AUSGABEN: Lpzg. 1866 (*The Divan of Abd-ul-Latif*, Hg. E. Trumpp). – Bombay 1958 (*Shāh jō risālō*, Hg. K. Advānī).

ÜBERSETZUNG: *Risalo*, E. Kazi, Haiderabad/Sind 1965 [Einl. A. K. Brohi; Ausz.; engl.].

LITERATUR: L. W. Lalwani, *Religion and Poetry of Shāh Latīf*, Karachi 1890. – M. K. Bēg, *Shāh Abdul Latīf Bhitāī*, Karachi 1910. – H. T. Sorley, *Shāh Abdul Latīf of Bhit. His Poetry, Life and Times*, Oxford 1940; ²1966 [m. Übers.]. – A. I. I. Kazi, *Shah Abdul Latif. An Introduction to His Art*, Haiderabad/Sind 1961. – A. Schimmel, *Schah Abdul Latif von Bhit* (in Kairos, 1961, S. 207–216).

ABE KŌBŌ

eig. Abe Kimifusa

* 7.3.1924 Tokio

LITERATUR ZUM AUTOR:
Ph. Williams, *Abe Kōbō and Symbols of Absurdity* (in *Studies on Japanese Culture*, Bd. 1, Hg. The Japan P. E. N. Club. Tokio 1973, S. 477–483). – W. Currie, *Metaphors of Alienation: The Fiction of Abe, Beckett und Kafka*, Diss. Univ. of Michigan 1973. – I. Hijiya-Kirschnereit: *Abe Kōbō und der Nouveau Roman* (in Nachrichten der Gesellschaft für Natur- und Völkerkunde Ostasiens / Hamburg, 1977, 121/122, S. 39–52). – Dies., Art. *Abe Kōbō* (in KLFG, 6. Nlg., 1985).

HAKO OTOKO

(jap.; *Der Kistenmann*). Roman von ABE KŌBŌ, erschienen 1973. – Die vergebliche Suche oder Flucht in einer anonymen, labyrinthischen Stadtlandschaft und die Verwandlung in einen Gegenstand bilden seit seinen frühesten Werken häufig wiederkehrende Themen in Erzählungen, Romanen und Dramen dieses Autors. Sie sind Chiffren für die Grundbefindlichkeit des modernen Menschen, seine Entfremdung, Einsamkeit und Unbehaustheit. In *Hako otoko* wird das Thema in der bislang höchsten Abstraktion und unter Absehen von jeglichem konventionell-realistischen Erzählen entfaltet. Die Einheit der Handlung wie der Person ist zerbrochen, nur das zentrale Bild des Kistenmannes hält die in sich widersprüchlichen Handlungselemente und die diversen Teile des Diskurses – es werden tagebuchartige Notizen mit nachträglichen Zusätzen, aber auch Erzählpartien mit Dialogen aus unterschiedlichen Perspektiven ohne ordnende Instanz aneinandergereiht – zusammen.

Der Kistenmann, so erfahren wir eingangs, ist ein durchschnittlicher Mann, der bereits seit drei Jahren als Stadtstreicher ziellos durch die Gegend wandert und dabei seine eigene Behausung mit sich führt – einen großen Pappkarton, den er sich über den Körper stülpt. Ein kleines Fenster erlaubt ihm eine gewisse Orientierung. An den Beginn seiner Aufzeichnungen stellt er eine detaillierte technische Beschreibung zum Basteln dieser beweglichen Behausung, die aus der Verpackung eines großen Geräts, etwa eines Kühlschranks, entstanden ist. Im Schutz seiner Kiste, die er so gut wie nie verläßt, fühlt er sich sicher vor den Blicken seiner Mitmenschen, doch weckt sein Anderssein auch ihre Aggressionen. Als Aussteiger aus der Gesellschaft unterhält der Kistenmann keinerlei soziale Bindungen mehr, er scheint ihrer auch nicht zu bedürfen. Er ist sich seiner provokanten Existenz bewußt, die eine »*Beleidigung für die Welt*« darstellt. Dieser Rückzug aus der Gesellschaft trägt deutliche Züge des in der japanischen Tradition tief verankerten Einsiedler-Ideals. Doch widerspricht diesem sein starker voyeuristischer Drang, den er im Schutze der Kiste auslebt. Die Begierde zu sehen, die vorwiegend sexuell-erotischer Natur ist, deutet auf ein nicht gänzlich erloschenes Interesse an der Welt. Die Welt des Romans erscheint verworren und läßt sich kaum rekonstruieren, zumal sie sich in zahllosen Parallelgeschichten spiegelt. Berichte über Personen mit ähnlichen Obsessionen und Geschichten von anderen Kistenmännern, die sowenig wie die Hauptfigur einen Namen tragen, fließen ein und veranlassen den Leser zu immer neuen Spekulationen über ihre Identität, bis sich später herausstellt, daß es sich um eine einzige Person handeln muß. Der Kistenmann, der dies alles niederschreibt, wird mit einem Luftgewehr beschossen und an der Schulter verletzt. Der Arzt, der ihn in der Klinik behandelt, ist mit der Person identisch, die auf ihn schoß. Eine Krankenschwester bietet dem Kistenmann eine hohe Summe für seine Behausung, und er nimmt das Geld an, weigert sich aber später, die Kiste abzugeben. In der längsten Szene des Buches sitzt der Kistenmann, diesmal ohne sein Requisit, im Krankenhaus und beobachtet einen Striptease-Akt der Krankenschwester, während nun der Arzt unter einem Kasten hockt.

Die vielfältigen Bezüge der allesamt anonymen Personen verdichten sich weiter. Der Kistenmann, von dem man zuvor erfahren hatte, daß er in seinem bürgerlichen Leben ein Photograph gewesen war, entpuppt sich als Arzt, dessen Stelle von einem falschen Arzt eingenommen wird, auch er ein Kistenmann, wenn auch ein »falscher«. Der echte Arzt wird von seinem Doppelgänger ermordet und beiseite geschafft, während der Mörder sich mit der Krankenschwester verbindet und dem Kistenmann immer ähnlicher wird. Als die Frau ihn verläßt, vernagelt er das Haus, um sich noch radikaler von der Welt zu isolieren, doch hegt er weiterhin die Hoffnung auf ihre Rückkehr. Das Werk endet mit den Sätzen: »... *Eine Kiste ist äußerlich gesehen eigentlich nichts anderes als ein einfacher Quader, aber von innen betrachtet ist sie ein Labyrinth aus hundert miteinander verbundenen Weisheitsringen. Je mehr du dich windest, umso mehr neue Verzweigungen läßt die Kiste in diesem Labyrinth entstehen, als sei sie eine zusätzliche Haut auf deinem Körper, so daß sich die inneren Verwicklungen steigern. – Nur eins ist sicher – daß selbst sie, die gegenwärtig verschwunden ist, sich irgendwo in diesem Labyrinth verbirgt. Sie ist nicht weggelaufen, sie kann offenbar nur nicht finden, wo ich bin. Jetzt kann ich mit voller Überzeugung sprechen. Ich bereue nichts. Die Indizien sind zahlreich, und in Abhängigkeit von ihrer Zahl müßte auch die Wahrheit existieren. – Die Sirene eines Rettungswagens ist zu hören.*«

Das Zitat verdeutlicht den abstrakten, nicht-mimetischen Stil des Werks, das seinen experimentellen Charakter auch durch die Kombination verschiedener Textsorten wie Zeitungsmeldungen, lyrische Einschübe, mit Unterschriften versehene dokumentarische Fotografien und Abschnitte belegt, die Titel tragen wie »*Aussage*« oder »*Der Fall des A*« oder »*In seinem Traum legt der Kistenmann die Kiste ab. Träumt er vom Leben vor seiner Kistenexistenz oder träumt er vom Leben nach dem Aus-der-Kiste-Schlüpfen? ...*«.

Die Figur des Kistenmanns, die wir aus der Perspektive »von innen«, aber stellenweise auch von außen gezeigt bekommen, ist ambivalent und innerlich zerrissen. Er kapselt sich ab, fühlt sich aber zu der Frau hingezogen, unternimmt Kommunikationsversuche, jedoch nur in der Sphäre der Sexualität, er setzt Distanz und fühlt sich einsam, ist Voyeur, anonym und auffällig zugleich.

Als existentielle Parabel mit Anklängen an das Theater des Absurden stellt *Hako otoko* eine konsequente Fortentwicklung der vom Autor von Anbeginn seiner literarischen Karriere verfolgten Thematik dar. Erzähltechnisch manifestiert sich darin jedoch auch eine neue Stufe des Experiments, indem erstmals der Akt des Schreibens selbst thematisiert wird. Der Roman repräsentiert zugleich den hochgradig abstrakten, surrealen und ins Groteske hinübergleitenden Stil Abes in den siebziger Jahren, der im Roman *Mikkai*, 1977 *(Heimliche Begegnungen)*, zu weiterer Entfaltung gelangt.

I.H.K.

AUSGABEN: Tokio (Shinchōsha) 1973 ff.

ÜBERSETZUNG: *The Box Man*, E. Dale Saunders, NY 1974; Rutland u. Tokio 1975 [amer.].

LITERATUR: *Abe Kōbō's Philosophy of the Box* (in *Transcultural Understanding and Modern Japan*, Hg. K. Kracht u. H. Morsbach, Bochum 1983, S. 103–110).

SUNA NO ONNA

(jap.; Ü: *Die Frau in den Dünen*). Roman von ABE KŌBŌ, erschienen 1962. – »*Eines Tages im August verschwand ein Mann*«. Mit diesem Eingangssatz werden Stoff und Thema dieses berühmtesten

Werks von Abe Kōbō umrissen, dessen preisgekrönte Verfilmung durch den Regisseur Teshigahara Hiroshi (1964) den Autor international bekannt machte. In Bildern von großer Suggestivität wird der Fluchtversuch eines entfremdeten Menschen, eines Jedermann namens Niki Jumpei, aus seinem Alltag geschildert, der in weitere Fluchtversuche mündet, als er, ein passionierter Insektensammler, in einer bedrohlichen und surrealen Welt in Gefangenschaft gerät. Niki, in seinem Alltagsberuf Lehrer, fährt an einem Ferienwochenende aus der Stadt an die Küste, um dort nach seltenen Insektenexemplaren zu suchen. Ganz und gar in seine Suche vertieft, nimmt er erst nach einer geraumen Weile wahr, daß er sich inmitten einer »höchst beunruhigenden« wüstenartigen Szenerie bewegt. In dem entlegenen Küstendorf, das schon am späten Nachmittag von allen Verkehrsverbindungen abgeschnitten ist, wird ihm eine Bleibe angeboten. Sein Quartier ist ein Haus am Grunde eines tiefen Sandlochs, wo er von einer freundlichen, etwa gleichaltrigen Frau willkommen geheißen wird. Beim Hinabklettern empfindet er »*Neugierde, er fühlte sich in seine Kindheit zurückversetzt*«. Doch was zunächst nach Rückkehr zur Natur und in die Kindheit aussieht, entfaltet sehr schnell existenzbedrohende Züge: Der Mann muß erkennen, daß er in einer Falle sitzt und dazu gezwungen ist, wie die Frau dem ständig herabrieselnden Sand zu widerstehen – ein absurdes Unterfangen, dessen stumpfsinnige Monotonie er mit wütender Verachtung von sich weisen will, aber nur wenn er wie die Frau mit schicksalsergebener Routine tagaus, tagein die nachrutschenden Sandmassen in Kanister schaufelt, die von den Dörflern regelmäßig hochgezogen werden, wird er mit Wasser und Nahrung versorgt. Der Sand ist die allgegenwärtige, alles bestimmende Realität und zugleich die zentrale Chiffre des Romans. Dieses ständig strömende Element fesselt die Gedanken des Mannes, der zunächst nur über abstraktes Wissen verfügt: »*Sand: ein Verwitterungsprodukt aus Steinen. ... Durchmesser: 1,6 bis 2 mm*«. Doch sodann ist auch von der »*Unfruchtbarkeit des Sandes*« die Rede, von seiner ständigen Bewegung, wodurch er zum »*Feind alles Lebendigen*« wird. Die metaphorische Bedeutung dieses Elements, das eine geradezu mythische Qualität annimmt, ist auch dann stets gegenwärtig, wenn die Wirkung seiner konkreten Materialität beschrieben wird. Die vielfältigen Formen körperlichen Unbehagens, die der Sand bereitet, werden mit Besessenheit fürs Detail geschildert, doch im Zusammenwirken mit der eingelagerten Schicht der metaphorisch-mythischen Dimension ergibt sich beim Lesen der Effekt einer zugleich sehr realen wie magisch-surrealen Darstellung.

Niki Jumpei, aus dessen Perspektive der wesentliche Teil des Werks geschildert wird, lernen wir im Laufe der Geschichte als einen recht egozentrischen, nicht sehr phantasiebegabten Rationalisten kennen, dem es nur um eines geht – die Flucht aus dem Sandkessel. In einem Versuch, seine gegenwärtige Situation wie einen Alptraum abzuschütteln, klammert er sich an die Markenzeichen seiner bürgerlichen Existenz: »*Das konnte doch nicht möglich sein. Aber es stimmte. Einfach absurd! Konnte man einen ordentlichen Menschen, der ins Familienregister eingetragen war und einen Beruf ausübte, der Steuern zahlte und in einer Krankenversicherung war, wie eine Maus oder ein Insekt in eine Falle locken und dort festhalten? Wahrscheinlich handelte es sich um ein Mißverständnis.*« Doch die entfremdete Alltagsexistenz wird nun von einer zwar durch unmittelbarere physische Bedrohung gekennzeichneten, aber nicht minder absurden Situation abgelöst, und gegen Ende des ersten Teils hat sich Niki auf die neue Realität eingestellt.

Der zweite Teil des Werks zeichnet das von physischer Mühsal, Monotonie und dem ständig wieder wachgerufenen Gedanken an Flucht geprägte Leben am Grunde des Sandlochs nach. Während der Mann anfangs noch begierig ist auf Nachrichten aus der Welt draußen, bekommen die Berichte aus Zeitungen, die ihm manchmal zugespielt werden, einen immer irreleren Klang, und sein Interesse daran schwindet: »*Die Zeitung brachte nichts Neues. Es war kaum zu merken, daß inzwischen eine Woche vergangen war: so wenig hatte sich ereignet. ... Das Ganze war ein Turm aus Illusionen, eingebildeten Ziegeln und Löchern. Wenn das Leben nur aus wichtigen Dingen bestände, wäre es ein gefährliches Glashaus, das man nicht berühren durfte. Kurz, dies hier war der Alltag. Und da jeder die Sinnlosigkeit erkannte, richtete man den Zeiger seines Kompasses auf das eigene Zuhause.*«

Der Frau gegenüber bleibt er lange Zeit gleichgültig, dann benutzt er sie als Geisel, um seine Freilassung zu erzwingen, doch auch dies scheitert. Der sexuelle Kontakt, der sich dann ergibt, wird als bloße Triebabfuhr, als gegenseitiges Abreagieren von Wut und Verzweiflung, geschildert. Als auch sein Fluchtversuch vereitelt und er von den Männern des Dorfes wieder in das Sandloch hinabgeseilt wird, nimmt er erstmals Mitgefühl und Sympathie bei der Frau wahr, doch er selbst verhält sich ihr gegenüber weiterhin ambivalent. Dennoch wird ihm, der sich in dieser Situation fühlt »*wie ein Punchingball, den man nach Belieben herumstieß*«, bewußt, daß seine Niederlage, Hoffnungslosigkeit und Trauer auch die ihre ist.

Der kurze dritte Teil behandelt einen Zeitraum von Oktober – zwei Monate seit Beginn der Gefangenschaft – bis zum Mai des folgenden Jahres. In ungebrochenem Unternehmungsgeist baut er im Sand eine Krähenfalle, die er »Hoffnung« nennt, und entdeckt dabei, daß er mit dieser Vorrichtung Wasser sammeln kann. Dadurch gewinnt er nicht nur mit einem Schlage an Unabhängigkeit gegenüber den Dorfbewohnern, sondern er fühlt sich auch zu neuer Schaffenskraft beflügelt: »*Die Veränderung im Sand hatte eine Veränderung in ihm bewirkt. Vielleicht hatte er, durch das Wasser im Sand, ein neues Ich entdeckt!*« Durch diesen kreativen Akt, der ihm zu größerer Selbstbestimmung und Unabhängigkeit verhilft, findet Niki Jumpei Ansätze zu einer neuen Identität. Den Winter verbringt er mit Experimenten für eine möglichst effektive Methode der Wasserspeicherung. Auch sonst mehren sich die Zeichen neuen Lebens im Sandloch: Die Frau wird schwanger. Sie erwerben ein Radio, das den Kontakt mit der Außenwelt herstellt. Als sich Schwangerschaftskomplikationen einstellen und die Frau ins Krankenhaus gebracht werden muß, eröffnet sich dem Mann die Möglichkeit, über eine zurückgelassene Strickleiter zu entkommen, doch hat die Freiheit für ihn an Reiz verloren. Statt dessen verlangt es ihn, mit jemandem über seine bisher geheimgehaltene Entdeckung zu reden. *»Über die Flucht konnte er ja auch noch später nachdenken ...«* Mit zwei kurzen amtssprachlichen Dokumenten, nach denen der seit nunmehr sieben Jahren Vermißte für verschollen erklärt wird, endet der Roman in der Gegenwart des Jahres 1962.

Als existentialistische Parabel wird *Die Frau in den Dünen* gelesen, das Werk, das, in mehr als zwanzig Sprachen übersetzt, in Japan bereits den Status eines Klassikers der Moderne besitzt. Unüberhörbar sind die Anklänge an KAFKA und BECKETT, mit denen der Autor seinen Ruf als Avantgardist unterstreicht, als der er seit seinen schriftstellerischen Anfängen von 1948 gilt. Der Roman wird häufig auch als erster Teil einer Art Trilogie betrachtet, zu der außerdem die Werke *Tanin no kao*, 1964 *(Ü: Das Gesicht des anderen)*, ein Roman mit stark kriminalistischen Zügen, und *Moetsukita chizu*, 1967 *(Die verbrannte Karte)* zählen. I.H.K.

AUSGABEN: Tokio (Shinchōsha) 1962 ff.

ÜBERSETZUNG: *Die Frau in den Dünen*, O. Benl u. Mieko Osaki, Reinbek 1967; ern. 1970. – Dass., dies., Ffm. 1981.

VERFILMUNG: Japan 1964 (Regie: Teshigawara Hiroshi).

LITERATUR: A. G. Kimball, *Identity Found. The Woman in the Dunes* (in ders., *Crisis in Identity and Contemporary Japanese Novels*, Rutland/Tokio 1973, S. 115–139). – W. Currie, *The Woman in the Dunes* (in *Approaches to the Modern Japanese Novel,* Hg. Kinya Tsuruta u. Thomas E. Swann, Tokio 1976, S. 1–18).

AUGUSTO ABELAIRA

* 18.3.1926 Ançã

A CIDADE DAS FLORES

(portug.; *Die Stadt der Blumen*). Roman von Augusto ABELAIRA, erschienen 1959. – Das erste Werk des Autors – nach eigener Aussage das Ende eines acht Jahre währenden Schweigens – ist ein Bekenntnis zur sozial engagierten Literaturtradition neorealistischer Prägung und zugleich Ausdruck einer Auseinandersetzung mit zentralen Fragestellungen des Existenzialismus. Porträtiert wird die Lissabonner Jugend der fünfziger Jahre, die theoretische Fragen zur Politik, Ethik, Liebe, Kunst, Technik und Natur erörtert. Um der salazaristischen Zensur zu entgehen, verlegte der Autor den Schauplatz seines Romans nach Florenz im faschistischen Italien der dreißiger Jahre. Geschildert werden Lebensweise und Gespräche einer Gruppe junger Sozialisten, die jeweils eine Möglichkeit der Auseinandersetzung mit dem totalitären Regime verkörpern.

Giovanni Fazio, der Protagonist, ist Skeptiker. Er hat nach jahrelanger passiver Opposition den Glauben an eine politische Veränderung verloren und hofft nun, diesen durch seine Liebe zur jüngeren und hoffnungsvollen Rosabianca wiederzufinden. Arnolfo Sodati, ein Freund Fazios, ist ein mittelmäßiger und erfolgloser Architekt, dessen Entwürfe sich zwischen Anpassung und Verweigerung bewegen. Renata, Soldatis Freundin, glaubt fest an eine Veränderung und an die Notwendigkeit, aktiv dazu beizutragen. Der Revolutionär Vianello ist aus dem Gefängnis entkommen und taucht unter; er verübt einen mißlungenen Sprengstoffanschlag auf einen deutschen Munitionszug, bei dem mehrere Unschuldige ums Leben kommen, und wird auf der Flucht erschossen. Vianellos Freund und Komplize Benedetto ist gläubiger Christ, der sich aus religiöser Überzeugung den revolutionären Kräften angeschlossen hat. Domenico Villani schließlich ist arbeitsloser Akademiker, kooperiert zeitweilig mit dem Faschismus, um auf diese Weise eine Stellung zu bekommen, wendet sich aber vom Regime wieder ab und übernimmt die Verantwortung für den von Vianello verübten Anschlag, um auf diese Weise das Vertrauen und die Freundschaft der anderen zurückzugewinnen.

Obwohl der Autor im Nachwort der ersten nach der Revolution vom 25. April 1974 erschienenen Ausgabe des Romans betont, daß ihm beim Schreiben *»ein gewisses Bild von Portugal, das faschistische Portugal der fünfziger Jahre und nicht das Italien der dreißiger Jahre«* vorgeschwebt habe, sind die Protagonisten kaum als Portugiesen identifizierbar, nicht einmal individuell eindeutig auseinanderzuhalten. Sie sind eher typisierend dargestellt; die Fragen, die diese Gruppe junger Akademiker bewegen, sind allgemein ethischer und existenzphilosophischer Natur: die Rechtfertigung von Gewalt, die Verantwortung des Einzelnen, die Aufgabe der Kunst im zukünftigen sozialistischen Staat, die Rolle der Liebe, das Recht auf privates Glück angesichts des Massenelends, die Bedeutung der Technik und das Verhältnis zur Natur. Insgesamt hinterläßt die Schilderung dieser Jugend, die weder opportunistisch genug ist, um mit dem Regime zu kooperieren, noch so mutig oder überzeugt, um über eine passiv-resignierende Widerstandshaltung hinaus für eine bessere Welt zu kämpfen, an die sie glaubt, geglaubt hat oder weiterhin zu glauben versucht, ein Gefühl der Ohnmacht und Hoffnungslosigkeit, das noch von Fazios letzten Worten bei Ausbruch des Zweiten Weltkriegs am Ende des Romans (»*Es ist das Ende*«) verstärkt wird. Der Autor scheint sich vier Jahre nach Fertigstellung des Romans über dessen resignativen Charakter bewußt zu werden und stellt im Nachwort zur zweiten Ausgabe die Frage, ob »*A cidade das flores die Krise jener Männer ausdrückt, welche die Gegenwart überwinden wollen oder die Krise derjenigen, die sie zu erhalten trachten?*« Abelaira schließt mit dem Wunsch, *A cidade das flores* möge als ein Buch, verstanden werden, das von jemand verfaßt wurde, »*der an den Fortschritt glaubt, an die Gerechtigkeit, an den Frieden und an die reale Möglichkeit, daß alle Menschen gleichberechtigt sein werden*«.

Inhaltlich und stilistisch bewegt sich der Roman an der Grenze zum Essay, wobei die erörterten theoretischen Fragen nicht von dem auktorialen Erzähler gestellt, sondern von den Protagonisten in Gesprächen und inneren Monologen angerissen werden. Von der portugiesischen Kritik wird der Roman als ein »*nüchternes und originelles*« Werk gefeiert, als eine »*schöne und traurige Geschichte von Liebe und Tod, in der mit bewundernswerter Einfachheit das Leben jener geschildert wird, die zwischen Skeptizismus und Hoffnung, Freude und Enttäuschung hin- und hergerissen werden*«. A.C.K.

AUSGABEN: Lissabon 1959. – Lissabon ²1961 [Nachw. A. A.]. – Lissabon ⁷1979.

LITERATUR: M. A. Seixo Barahona, *Le rapport individu-société dans les romans d'A. A.* (in BEP, 33/34, 1972/73, S. 353–358). – V. S. Arêas, *A cicatriz e o verbo. Análise da obra romanesca de A. A.*, Rio 1976. – L. A. de Azevedo Filho, *A. A. e o moderno romance português* (in RBLL, 2, 1980, Nr. 5, S. 5–10). – M. Poppe, *Triste e belo »A cidade das flores«* (in M. P., *Temas de literatura viva. 35 escritores contemporáneos*, Lissabon 1982, S. 25–31). – J. Camilo, *A. A. e Vergílio Ferreira: plenitudes breves e absolutos adiados* (in ArCCP, 19, 1983, S. 413–468).

KJELD ABELL

* 25.8.1901 Ribe
† 5.3.1961 Kopenhagen

LITERATUR ZUM AUTOR:
En bog om K. A., Hg. S. Møller Kristensen, Kopenhagen 1961 [mit Bibliogr.]. – F. J. Marker, *K. A.*, Boston 1976. – J. F. Bjørnsen, *K. A. Hans ideer og verker*, Oslo 1978. – H. Lundgren, *K. A.* (in *Danske digtere i det 20. århundrede*, Hg. T. Brostrøm u. M. Winge, Bd. 3, Kopenhagen 1980,

S. 121–137). – D. Thomas, *Dansk drama i skyggen af magtpolitikken* (in *Tilbageblik paa 30'erne*, Hg. H. Hertel, Kopenhagen ²1981, S. 94–151).

ANNA SOPHIE HEDVIG

(dän.; *Anna Sophie Hedvig*). Schauspiel in drei Akten von Kjeld ABELL, Uraufführung: Kopenhagen, 1. 1. 1939, Königliches Theater; deutsche Erstaufführung: Kiel, 20. 6. 1956, Kammerspiele. – Kjeld Abell gilt als Erneuerer des dänischen Theaters, da er dem experimentellen, post-naturalistischen Drama in Dänemark zum endgültigen Durchbruch verhalf. Angeregt durch das moderne französische Drama, experimentierte er vor allem mit verschiedenen visuellen und szenischen Effekten. *Anna Sophie Hedvig* markiert einen neuen Abschnitt im Theaterschaffen des Autors. Während er in früheren Stücken bürgerliche Borniertheit und soziales Unrecht bloßgestellt hatte, rechnete er in diesem, seinem ersten politischen Stück mit den Dänen und ihrem Verhalten zum Dritten Reich und zum Nationalsozialismus ab. Die Abells erste beiden Stücke charakterisierende Struktur des Nummerntheaters wurde nun abgelöst von einer durchgehenden Handlung; den Rahmen bildet dabei ein Kriminalspiel.

Mehrere Rahmenhandlungen umgreifen bei *Anna Sophie Hedvig* das eigentliche Geschehen, wobei scheinbar voneinander unabhängig verlaufende Handlungsstränge durch Rückblenden miteinander verknüpft werden. Dank dieser Technik wird die Spannung der Zuschauer erhöht, Zeit und Ort wechseln häufig, und es ergibt sich eine vollkommen neue Reihenfolge der Ereignisse. Die äußerlichste der drei Rahmenhandlungen ist die einzige, die nicht nur erzählt wird: Ein junges Paar verwechselt bei einem Stromausfall die Wohnungstür, unter dramatischen Umständen kommen die beiden in der falschen Wohnung mit einem Dienstmädchen ins Gespräch. In der ersten Rückblende, die gleichzeitig die zweite Rahmenhandlung darstellt, erzählt dieses Dienstmädchen von den Ereignissen des Tages. Dabei geht es scheinbar um eine banale Geschichte: Die Titelfigur des Stücks, Anna Sophie Hedvig, eine einfache, schüchterne Lehrerin vom Land, besucht ihre Cousine, eine vermögende Kaufmannsgattin, in der Großstadt. Am Abend wird für einen wichtigen Geschäftsfreund ein Essen gegeben, in dessen Verlauf es zum Höhepunkt des Stücks kommt – zweite Rückblende –, als nämlich Anna Sophie Hedvig erzählt, sie habe eine diktatorische Kollegin umgebracht. – Die dritte Rückblende versetzt die Zuschauer in die Schule, die Umstände der Tat werden geschildert, der Mord selbst allerdings nicht. Danach diskutieren die Gäste der Abendgesellschaft darüber, was nach diesem Geständnis geschehen soll. Der unsympathische Herr Hoff verläßt als erster die Runde, um bei der Polizei Anzeige gegen Anna Sophie Hedvig zu erstatten, kurz nach ihm verlassen auch die übrigen Anwesenden den Raum. In der letzten Szene des

Stücks kommt John, der Sohn der Gastgeber, nach Hause und trifft hier das junge Paar aus der ersten Szene.

Hauptthema von *Anna Sophie Hedvig* ist die Aufforderung zum individuellen und nationalen Einsatz gegen Unrecht und Diktatur. Es ist die Pflicht jedes einzelnen, das Böse in der Welt aktiv zu bekämpfen. Als Anna Sophie Hedvig ihre Beweggründe für den Mord analysiert, schafft sie eine Verbindung zwischen ihrer eigenen kleinen Welt und der großen Welt der machtpolitischen Kämpfe: »*Sie hat meine kleine Welt angegriffen – hätte ich mich denn nicht verteidigen sollen? Müssen wir denn nicht alle unsere kleinen Welten verteidigen? Alle zusammen sind doch die große Welt.*«

Die Geschichte der Anna Sophie Hedvig dient als Ausgangspunkt für eine Auseinandersetzung zwischen den Repräsentanten der zur damaligen Zeit herrschenden gegensätzlichen politischen Auffassungen. Auf der einen Seite steht dabei der böse Kapitalist Hoff, der mit der Ermordeten und mit dem Nationalsozialismus in Verbindung gebracht wird. Vertreter des gemäßigten, konservativen Bürgertums und damit gleichzeitig einer passiven Einstellung zum Nationalsozialismus ist der Gastgeber, während die Überzeugung des Autors – außer durch Anna Sophie Hedvig – durch den jungen Idealisten John zum Ausdruck kommt. Ihm zufolge ist es die Pflicht eines Humanisten, sich zu Diktatur und Unfreiheit zu äußern, und nur der darf sich seiner Meinung nach Humanist nennen, der aktiv handelt und angreift.

Im letzten Monolog der Anna Sophie Hedvig erfährt die Handlung des Stücks eine Ausweitung. Hier spricht sie zu einem Freiwilligen des Spanischen Bürgerkriegs, der auf seine Hinrichtung wartet, und stellt sich an seine Seite. Obwohl in diesem Monolog ein universeller ethischer Anspruch in ergreifender Form zum Ausdruck kommt, ist das Drama – künstlerisch gesehen – kein großer Wurf; es bleibt ein Zeitstück, dessen politische Botschaft in propagandistischer Absicht vorgetragen wird.

C.S.L.

AUSGABEN: Kopenhagen 1939. – Kopenhagen [10]1977, Hg. N. Heltberg.

ÜBERSETZUNG: *Anna Sophie Hedvig*, K. Habernoll, Bln. 1956 [Bühnenms.].

LITERATUR: K. E. Løgstrup, »*Anna Sophie Hedvig*« (in *En bog om K. A.*, Hg. S. Møller Kristensen, Kopenhagen 1961, S. 73–78). – M. Gravier, *L'idée de neutralité et le théâtre scandinave* (1930–1940) (in *Problems of International Literary Understanding*, Hg. K. R. Gierow, Stockholm 1968, S. 67–82.) – A. Segala, *Struttura di »Anna Sophie Hedvig«* (in AION, Sezione Germanica, 14, Neapel 1971, S. 269–288). – D. Thomas, *Dansk drama i skyggen af magtpolitikken* (in *Tilbageblik paa 30'erne*, Hg. H. Hertel, Kopenhagen [2]1981, S. 105–114).

MELODIEN, DER BLEV VÆK. Larsens Komedie i 21 Billeder

(dän.; *Die Melodie, die verschwand*). Komödie in 21 Bildern von Kjeld ABELL mit Liedtexten von Sven Møller KRISTENSEN (*1909), Uraufführung: Kopenhagen, 6. 9. 1935, Riddersalen. – »*Ich heiße Larsen – ich bin der Sohn sehr netter Eltern – ich ging in eine sehr nette Schule – ich bekam ›gut‹ beim Einjährigen – ich bin ein Mittelding zwischen höherem Bürogehilfen und niedrigerem Bevollmächtigten hier im Büro – ich bin, wie Sie sehen, sehr fein gekleidet – ich habe gelernt, daß man, wenn man sich nur an dunkle, allgemeine Farben hält, immer dezent wirkt – ich kann bei allem leidlich ein wenig mitreden – gibt es etwas, was ich tatsächlich nicht kenne, bin ich ruhig – ich mache meine Arbeit nicht besonders gut, aber auch nicht besonders schlecht…*« So stellt sich der Repräsentant der dänischen Mittelklasse, ein typischer Spießer, selbst vor.

Larsen und seine Frau Edith haben sich allmählich auseinandergelebt. Als sie sich kennenlernten, war Larsen noch ein zwar etwas leichtsinniger, aber liebenswerter Mensch. Die Eltern von Edith wollten sie jedoch nur einem Mann zur Frau geben, der das Leben von der ernsthaften Seite sieht, Realitäten anerkennt und sich nach ihnen richtet. Zu einem solchen Menschen hat sich Larsen tatsächlich gewandelt und ist dabei zu einem pedantischen, langweiligen, von der Büroarbeit immer erschöpften Ehemann geworden. Da beschließt Edith, für Larsen die Melodie wiederzufinden, die er seinerzeit auf Verlangen seiner Schwiegereltern vergessen mußte, die Melodie, die ein Symbol der Poesie, der Lebensfreude ist, ein Aufruhr gegen die Mächte, die den Menschen daran hindern, frei und er selbst zu sein. Auf der Suche nach dieser Melodie werden vom Autor die verschiedenen Institutionen kritisch beleuchtet, die vorgeben, eine solche Melodie für den Menschen gefunden zu haben: Staat, Kirche, Pazifismus, Naturschwärmerei, Vergnügungsindustrie. Edith findet sie endlich bei einem spielenden Kind und bei einem Arbeiter, Larsen, nachdem er vor einer patriotischen Versammlung gegen die verwerfliche Kriegsmelodie protestiert und daraufhin vorübergehend verhaftet wird. Durch seinen Protest findet er sich mit einem Mal aus der bürgerlichen Gesellschaft ausgestoßen, frei wie das Kind, aber wie der Arbeiter erkennt er nun, daß diese Freiheit und damit das Glück, eine eigene Melodie zu haben, nur in einer Gesellschaft gewährleistet ist, in der nicht Ausbeuter und Ausgebeutete einander gegenüberstehen, sondern in der »*wir für uns*« arbeiten.

Dieser etwas verschwommenen sozialistischen These dürfte das Stück jedoch kaum den großen Erfolg verdanken, den es mit über 500 Aufführungen im Riddersalen, einer vom deutschen Expressionismus beeinflußten Experimentierbühne, erlebte. Die Begeisterung galt wohl eher Abells szenischer Phantasie und der Neuartigkeit seiner Bühnentechnik, zu deren Vorbildern Max Reinhardts »entfesseltes Theater« zählte. Seine theatertechnische Gewandtheit verleitete den Autor häufig dazu, anstelle eines Gedankens nur einen Gag zu setzen. Treffsicher und bitter ist jedoch die Karikatur des Bürgers im ersten Teil, und eine dort enthaltene Schilderung eines gewöhnlichen Sommersonntags gehört zum Besten, was Abell geschrieben hat. – Mit diesem Stück gelang Abell eine totale Erneuerung der dänischen Bühne: Es ist ein szenisches »Spiel« in einem damals unerhört neuen und leichten Ton, charmant, jargonhaft, fast eine Revue, mit der der Autor die erstarrten Fesseln des naturalistischen Theaters sprengen konnte. A.H.

AUSGABEN: Kopenhagen 1935. – Kopenhagen 1955 (in *Fire skuespil*).

LITERATUR: F. Schyberg, *K. A.*, Kopenhagen 1947. – P. P. Rohde, *K. A. og det retoriske drama* (in Vindrosen, 1955, H. 2). – B. G. Madsen, *Leading Motifs in the Dramas of K. A.* (in Scandinavian Studies, 33, 1961, S. 127–136). – F. Nielsen, *K. A.* (in OoB, 70, 1961, S. 221–224). – H. Rømeling, *Den lille mand i 30'ernes litteratur*, Kopenhagen 1974, S. 54–69. – D. Thomas, *Dansk drama i skyggen af magtpolitikken* (in *Tilbageblik paa 30'erne*, Hg. H. Hertel, Kopenhagen ²1981, S. 97–105).

ABEOZEN

d.i. Yann-Fañch Eliès
* 1896 Tre Nevez bei Brest oder Saint-Sauveur
† 1963 La Baule

HERVELINA GERAOUELL

(bret.; *Hervelina Geraouell*). Erzählung, von ABEOZEN, erschienen 1943. – Die beiden Hauptpersonen der Erzählung Hervelina und Anton, gehören der um die Jahrhundertwende geborenen bretonischen Generation an, die sich der kulturellen Eigenständigkeit der Bretagne neu bewußt wird und versucht, das literarische und folkloristische Erbe der keltischen Sprachgruppe gegen das Vordringen des französischen Einflusses zu verteidigen und aus eigener Initiative zu erneuern. Während der größte Teil der älteren Generation vor der technischen, kommerziellen und kulturellen Aktivität der Franzosen in resignierte Apathie flüchtet, bilden sich, vor allem in Rennes, der alten Hauptstadt der Bretagne, Gruppen junger Leute, die in Wort und Schrift für die Erhaltung und Förderung der keltischen Sprache und keltischer Bräuche, ja, sogar für die verwaltungstechnische Unabhängigkeit der Provinz eintreten. Anton, der Sohn eines Notars, und Hervelina, eine Halbwaise, die in bescheidenen Verhältnissen bei ihrer Großmutter aufwuchs, studieren beide in Rennes und nehmen aktiv an der bretonischen Erneuerungsbewegung teil. Sie kennen sich schon seit ihrer Kindheit und lieben sich seit langem. Die standesbewußte Mutter des jungen Mannes widersetzt sich jedoch der Heirat der beiden. Es gelingt Anton nicht, seine Mutter zum Nachgeben zu bewegen, aber er bringt auch nicht die Kraft auf, sich gegen ihren Willen ganz zu Hervelina zu bekennen, die bereit ist, ihm überallhin zu folgen. Die Scham über seine moralische Schwäche verbietet ihm, dem Mädchen noch einmal gegenüberzutreten; er schreibt Hervelina einen Abschiedsbrief, und als sie, unfähig, an sein Versagen zu glauben, ihn noch einmal zu treffen versucht, weigert er sich, sie zu sehen. Erst nach langer, schwerer Krankheit vermag sie, von ihrem Vater unterstützt, die Enttäuschung zu überwinden.

Die in einfacher, klarer Sprache geschriebene Erzählung enthält viele in melancholischer Erinnerung gesehene autobiographische Details. Die wichtigsten Ereignisse spielen sich um 1925 in Rennes ab, wo Abeozen zu dieser Zeit die Universität besuchte; er gehörte selbst jener begeisterungsfähigen studentischen Jugend an, die 1925 die von Roparz Hemon geleitete bretonische Zeitschrift ›Gwalarn‹ gründete. Mit zahlreichen Aufsätzen, mit zwei Büchern über bretonische Literatur und vielen eigenen Gedichten und Erzählungen – unter diesen ist *Hervelina Geraouell* die bekannteste – hat Abeozen der keltischen Erneuerungsbewegung starke Impulse gegeben. L.B.

AUSGABE: Brest 1943.

LITERATUR: Y. Olier, *A.* (in AL Liamm, 1952, Nr. 34, S. 32-42). – Abeozen, *Istor Lennegezh vrezonek en Amzer-vreman*, La Baule 1957, S. 118-121. – Y. Olier, *E ser un tremenvan* (in Al Liamm, 1963, Nr. 100, S. 365/366). – P. Denez, *Modern Breton Literature* (in *Literature in Celtic Countries*, Hg. J. E. C. Williams, Cardiff 1971, S. 113-136). – Kendeal a–zivout al lennegezh an arzou, »*Hervelina Geraouell*«, gand A. (in Emsav, Sept.1976, Nr. 117, S. 317-324).

MARIANNE ABGRALL

* 1850
† 1930

GWINIZ HEPKEN

(bret.; *Nur Weizen*). Sammlung von Erzählungen und Gedichten von Marianne ABGRALL, erschienen 1906. – Die beiden ersten Erzählungen sind zu-

gleich die bekanntesten: *Ar gornandoned diwezhahn (Die letzten Kobolde)* und *Oremus*.
Die letzten Kobolde: Der christliche Heilige Kado lebt auf Grund eines Abkommens zu gegenseitigem Nutzen in Frieden mit heidnischen Kobolden, aber Fant, eine alte Hirtin, verrät dem heiligen Petrus, daß bei Kados Kapelle nachts Kobolde tanzen. Fant gibt Petrus einen Rat, wie er diesem unchristlichen Treiben ein Ende machen könne: Die Kobolde werden in einem großen Fischernetz gefangen, das Petrus vom Himmel fallen läßt. Von nun an müssen sie in einem Käfig zum Gaudium der kleinen Englein im Paradies dienen. – *Oremus*: Dem kleinen Oremus, der sich in einem Konflikt zwischen dem Wunsch, zum hl. Jakob zu wallfahrten, und der Pflicht der Fürsorge für seine kranke Mutter befindet, rät ein böser Geist, seine Mutter beiseite zu schaffen. Doch als er dem Rat folgen will, enthüllt sich ihm an dem Schmerz eines Füllens, das seine Mutter verliert, die eigene Liebe zur Mutter, und er verzichtet freiwillig auf die ersehnte Wallfahrt.
Diese und die übrigen Geschichten sind teilweise nichts anderes als einfache Umschreibungen alter bretonischer Fabeln, die von der Autorin in lebenslanger Sammlertätigkeit zusammengetragen wurden, damit für künftige Generationen der Schatz der bretonischen Legenden gerettet werde. Sie sind in einem aus den bretonischen Dialekten vereinheitlichten, schlichten und korrekten Bretonisch geschrieben und hatten zur Zeit ihres Erscheinens viel Erfolg. L.B.

AUSGABEN: 1906 (in Feiz ha breiz). – Rennes 1962 [m. frz. Resümee].

LITERATUR: Abeozen, *Istor Lennegezh vrezonek en Amzer-vreman*, La Baule 1957, S. 51/52.

ABHERRI

d.i. Roberzh er Mason

* 1900 Lorient
† 1952 Hourtin

EVIT KET HA NETRA

(bret.; *Umsonst*). Roman von ABHERRI (d. i. Roberzh er Mason), erschienen 1951. – Das zum großen Teil eigene Erlebnisse des Autors verarbeitende Werk besteht aus zwei Teilen: *Karantez didalvez (Unnütze Liebe)* und *Emgann didalvez (Unnützer Kampf)*. Die drei Kapitel des ersten Teils sind nach den Orten benannt, in den jeweils die Handlung spielt: *Damgen, Kerabuz* und *Portivi*. Hier, in der harmonischen Landschaft des Morbihan, erlebt die Heldin des Romans, Fant, ihre Jugend. Jeden Sommer verbringen Fant und ihre Familie bei den Großeltern in Damgen. Ihr Großvater, ein Arzt mit politischen Ambitionen, gibt sich dem Trunk hin, als er sieht, daß seine Ideen – die Gründung einer freien bretonischen Republik – nicht realisierbar sind. Während eines Wortwechsels verflucht er seinen Sohn Jacques und wirft ihn aus dem Haus. Fant vermißt schmerzlich den Onkel, den sie sehr liebt, findet dann aber in Henri le Sage, dem Freund ihres Bruders Giles, eine Stütze. Kurz darauf stirbt der Großvater; das Haus wird verkauft. Bei Ausbruch des Ersten Weltkriegs wird Fants Vater eingezogen. Fant, die Giles und dessen Freund oft auf dem »Kriegspfad« begleitete, verliebt sich in Henri, der jedoch ihre Zuneigung nicht im gleichen Maße erwidert. – Die Familie le Sage ist in das nahe Städtchen Portivi gezogen. Fant bereitet sich aufs Bakkalaureat vor, Henri besucht die Polytechnische Hochschuhe in Paris, so daß sich Henri und Fant nur während des Sommers sehen. Die Jahre vergehen, Fant aber hofft noch immer, daß Henri sie einmal lieben werde. Als sie ihm jedoch eines Tages ihre Liebe gesteht, wird sie von ihm zurückgewiesen.
Im zweiten, mehr politischen Teil, der in die Kapitel *Emsav* (Name einer bretonischen Bewegung), *Brezel (Der Krieg)* und *Bernuz* (ein bei Vannes gelegenes Dorf) gegliedert ist, tritt die Gestalt Fants etwas in den Hintergrund. Durch die Familie Marie Gerandros, der jungen Frau Giles', kommen Fant und ihr Bruder mit der bretonischen politischen Bewegung »Emsav« in Berührung, die durch soziale und kulturelle Arbeit eine Renaissance des bretonischen Volkes herbeiführen will. Fant, für die sich eine neue Welt erschließt, fängt an, Bretonisch zu lernen. Ohne die politische Aktion, so versichert ihr der Priester Maogwenn, könne diese Renaissance jedoch nicht verwirklicht werden, und vor allem müsse man der Bretagne ihre nationale Freiheit zurückgeben. Auf einem vom »Emsav« organisierten Kongreß werden Verse eines neuen Barden vorgelesen, der, wie sich herausstellt, Henri le Sage ist: für Fant eine große und angenehme Überraschung, Henri (er hat inzwischen geheiratet) den gleichen Kampf wie sie führen zu sehen. – Im Zweiten Weltkrieg (*Der Krieg*) geben die Deutschen dem »Emsav« fast völlige Freiheit, die die Bewegung um des Wohls der Bretagne willen auch nützt: sie darf Zeitungen drucken lassen, bretonische Schulen einrichten, politische und kulturelle Versammlungen abhalten usw. Die Mitglieder des »Emsav«, deren Devise »*Die Bretonen über alles*« heißt, hoffen auf ein gerechtes Gesetz, das dem Volk seine Freiheit garantiert. Sie sind davon überzeugt, daß ein solches Gesetz eines Tages eingeführt wird, gleichgültig, wer in diesem Krieg die Oberhand behält. Nach der Niederlage der deutschen Armee werden alle jene Bretonen verfolgt, die für die Deutschen gearbeitet haben. Fant gelingt die Flucht. Die Nachricht vom Tode Henris trifft sie schwer. Gegen ihren Pessimismus jedoch (»*Wir haben alle unser Bestes gegeben, und doch ist er*

umsonst gestorben«) stellt Henris Witwe ihre Überzeugung: »Henri ist für seinen Gott und seine Bretagne gestorben.«

Evit ket ha netra ist im Dialekt von Vannes geschrieben, weist aber daneben zahlreiche Entlehnungen aus den anderen bretonischen Mundarten auf. Gegen den ersten Teil mit seiner liebevollen und genauen Beschreibung des Morbihan und seiner Bewohner fällt der zweite Teil des Romans stark ab. In ihm haben die übernommenen Figuren fast nur noch die Funktion, Glieder einer historischen, neubretonischen Bewegung zu sein und die politischen Sorgen des Autors auszusprechen. Diese Schwächen teilt das Buch mit dem Roman *Hervelina Geraouell* von ABEOZEN. L.B.

AUSGABE: La Baule 1951.

LITERATUR: R. Hemon, *R. ar M. hag hor yezh* (in Al Liamm, 1952, Nr. 31, S. 36/37). – Langleiz, *R. ar M. ur skouer e pep kenver* (ebd., 1952, Nr. 31, S. 23–28). – Y. Olier, *R. ar M.* (ebd., S. 29–35). – Abeozen, *Istor Lennegezh vrezonek an Amzer-vreman*, La Baule 1957, S. 207/208. – P. Denez, *Modern Breton Literature* (in *Literature in Celtic Countries*, Hg. J. E. C. Williams, Cardiff 1971, S. 113-136).

ABHINAVAGUPTA

um 1000

LITERATUR ZUM AUTOR:
K. C. Pandey, *A.*, Varanasi ²1963. – R. Gnoli, *The Aesthetic Experience According to A.*, Varanasi ²1968. – K. N. Dhar, *A. - the Philosopher* (in Glimpses of Kashmir Culture, 1, 1975, S. 1–46). – V. Raghavan, *A. and His Works*, Varanasi 1980. – K. H. Potter, *Encyclopedia of Indian Philosophies: Bibliography*, Delhi 1983, S. 219–222.

TANTRĀLOKA

(skrt.; *Die Lampe der Tantras*). Werk von ABHINAVAGUPTA. – Es handelt sich hier um ein in Versen abgefaßtes ausführliches und repräsentatives Kompendium der philosophisch-mystischen Lehren des kaschmirischen Śivaismus. Bemerkenswert an den Ausführungen dieses Autors, der ein Meister in der seit dem 9.Jh. sich entwickelnden kaschmirischen Schule des Śiva-Glaubens war, ist die enge Verbindung, die in seinem System Kategorien der Mystik und der Poesie miteinander eingegangen sind; so z. B. bedeutet *pratibhā* bei ihm sowohl die dichterische Inspiration wie das spontane Aufleuchten göttlicher Erfahrungen.

Das in den 37 Abschnitten *(āhnika) des Tantrāloka* dargestellte religiös-philosophische System gipfelt in der Lehre, daß das Einzelwesen nur dann die Erlösung erlangt, wenn es sich als Śiva »wiedererkennt«, so daß hier also eine neue Ausprägung der alten All-Einheitslehre der *Upaniṣaden* begegnet. Das System nennt sich selbst auch »Trika«-(Dreiheits-)Lehre, da es eine Triade von Prinzipien voraussetzt: 1. Śiva (das Göttliche), 2. Śakti (seine wirkende Kraft) und 3. die Einzelseele. Im Gegensatz zur Vedānta-Philosophie gilt hier die Sinnenwelt als real und eine Objektivation Gottes. Erwachen, Wachsein, Einschlafen und Schlaf Śivas sind identisch mit dem periodischen Wechsel von Entstehen, Bestehen, Vergehen und Ruhezustand der Welt.

Die Lehre dieses Śivaismus hat die 25 Prinzipien der »Sāṁkhya«-Philosophie (vgl. *Sāṁkhyakārikā*) übernommen, die mit *puruṣa* (Seelenmonade) und *prakṛti* (Materie) beginnen, hat aber davor noch elf speziell śivaitische »Tattvas« gespannt, deren stufenweise Entwicklung die Weltentfaltung darstellen: Aus »Śiva-tattva« (a), dem reinen, lichthaften Bewußtsein tritt »Śakti-tattva« (b), die reine Kraft, polar hervor. Es folgen »Sadāśiva-tattva« (c), das Ichbewußtsein, »Aiśvaratattva« (d), das Gefühl der göttlichen Hoheit, »Sadvidyā-tattva« (e), die göttliche Erkenntnis von der Identität alles Werdenden aus Gott, »Māyātattva« (f), die falsche Vorstellung, die aus der Gottheit emanierten Prinzipien seien etwas Selbständiges. Nach diesem Vorgang legen sich fünf Hüllen *(kancuka)* um das sich in der Welt manifestierende Göttliche: »Kālatattva« (g), das Gefühl, durch die Zeit beschränkt zu sein, »Niyatitattva« (h), das Gefühl der Beschränkung durch Raum und Kausalität, »Rāgatattva« (i), Interesse des Geistes nur noch an bestimmten ausgewählten Objekten, »Vidyā-tattva« (k), Begrenzung der Allwissenheit, »Kalā-tattva« (l), Verringerung der Wirkensmacht, Empfindung als in seinen Möglichkeiten begrenzter Täter.

Besonderes Interesse darf die im Abschnitt 6 *(āhnika)* dargestellte Zeitphilosophie über *kāla-tattva* beanspruchen, da in den gleichen Jahrhunderten auch im späten Buddhismus ein System der Zeitphilosophie, das *Kālacakra-tamtra* (vgl. dort) entstand. H.H.

AUSGABEN: Srinagar 1918–1938, 12 Bde.; Nachdr. Delhi 1987, 8 Bde. – Kheda 1984, 2 Bde.

ÜBERSETZUNG: *Luce delle sacre scritture*, R. Gnoli, Turin 1972 [ital.].

LITERATUR: E. Bajpai, *The Philosophy of the »Tantrāloka«*, Diss. Lucknow 1971. – T. Goudriaan u. S. Gupta, *Hindu Tantric and Śakta Literature*, Wiesbaden 1981, S. 162–165. – N. Rastogi, *Introduction to the »Tantrāloka«*, Delhi 1987.

WALTER ABISH

* 24.12.1931 Wien

HOW GERMAN IS IT

(amer.; Ü: *Wie deutsch ist es*). Roman von Walter ABISH, erschienen 1980. – Für seinen vierten Prosa-Band erhielt Abish den Faulkner-Preis des amerikanischen PEN Clubs. Hatte Abish in den drei vorherigen Bänden metafiktionale Experimente der Erzählkunst unternommen (vor allem in seinem ersten Werk, dem Roman *Alphabetical Africa,* 1974), verwendet er in *How German Is It* zum erstenmal realistische Schauplätze, glaubwürdige Charaktere und Themen, die mit der zeitgenössischen Geschichte verbunden sind, um eine der treffendsten Beschreibungen Nachkriegs-Deutschlands zu liefern. Die Leit-Frage, die im Zentrum des Romans steht, lautet: Wie *Deutsch* ist das neue Deutschland eigentlich? Damit wird ein Netzwerk an Beziehungen zwischen einer Ordnung, dem Dritten Reich, und einer zweiten, der Bundesrepublik Deutschland, impliziert. Das zentrale Anliegen Abishs ist es, aufzuzeigen, wie die nationalsozialistische Vergangenheit, die von den meisten Bewohnern am liebsten vergessen wird, sich auch in Form von Verschweigen und Aussparen in die deutsche Wirklichkeit weiterhin einschreibt, ubiquitär gegenwärtig ist und stets, wenn auch ungewollt, auf ambivalente Weise diese beeinflußt.

Die Handlung spielt hauptsächlich in der nach dem Krieg neugeschaffenen Stadt Brumholdstein, benannt nach einem an HEIDEGGER erinnernden Metaphysiker, der sich mit Fragen über das »Dinghafte« beschäftigte. Diese Stadt, die sich hauptsächlich durch ihre oberflächliche Perfektion und Funktionsfähigkeit auszeichnet, ist vor allem ein Symbol für die Bedürfnisse und den so widersprüchlichen Erfolg des Wiederaufbaus Nachkriegs-Deutschlands. Denn sie wurde auf dem Gelände des ehemaligen Konzentrationslagers Durst errichtet, an einem Ort also, der die Geschichte, die mit solch großem Aufwand getilgt werden soll, markiert. Als eines Tages, aufgrund von Bauarbeiten, eine Straße einbricht, kommt ein Massengrab ans Tageslicht, dessen Leichen man jedoch nicht identifizieren kann. Möglicherweise handelt es sich um die im KZ ermordeten Juden – aber es könnten auch die damals hingerichteten deutschen, amerikanischen oder russischen Soldaten sein. Der Fall zeigt, wie begrenzt die Möglichkeiten der geschichtlichen Rekonstruktion sind, nachdem eine offizielle und die Wahrheit erforschende Untersuchung dieses grauenhaften Geschehens seinerzeit versäumt wurde; gleichzeitig wird damit der gewaltsame Einbruch der krampfhaft im verborgenen gehaltenen Vergangenheit in die Gegenwart demonstriert und verdeutlicht, daß aufgrund der Strategie des Verbergens und der Betonung einer oberflächlichen Erneuerung in dem für die gesamte Gesellschaft stehenden Ort Brumholdstein die Gegenwart unerbittlich und ausweglos von der Vergangenheit zehrt und damit der so sorgsam und umsichtig geplanten Zukunft widerspricht.

Im Zentrum der Handlung steht das Brüderpaar Helmuth und Ulrich Hargenau, deren Vater, nun als Patriot gefeiert, 1944 wegen seiner Beteiligung an einem von Offizieren geplanten Attentat gegen Hitler hingerichtet worden ist. Abwechselnd entwerfen, errichten und zerstören sie ihr Nachkriegs-Vaterland. Helmuth, ein typischer erfolgreicher, machtbewußter Neureicher, ist Architekt und zerstört die noch bestehenden Bauten der dreißiger und vierziger Jahre, um neue Gebäude zu errichten, z. B. ein damals preisgekröntes Postamt und eine Polizeistation. Er entwirft Traumvillen für seine reichen Freunde, die ihrem schillernden oberflächlichen Leben entsprechen sollen. Doch hinter der den Klischees in Mode-Zeitschriften ähnelnden Fassade verbergen sich lebensfeindliche psychische Strukturen wie autistische Entfremdung, Menschenverachtung, Lebenshaß und potentielle Gewalttätigkeit.

Ulrich dagegen, ein eher romantisch-schwärmerischer, grüblerischer Typ, an den die Perspektive der Erzählung gebunden ist, schreibt Romane, um seine eigene Lebenserfahrung zu tilgen. Er war über seine Frau Paula in terroristische Aktionen der »Einziehe«-Gruppe involviert, die u. a. die von Helmuth entworfene Polizeistation in die Luft sprengte. Mitangeklagt, festgenommen und vom Gericht freigesprochen, war er nach Paris gezogen, um zu schreiben und zu vergessen. Mit seiner Rückkehr nach Deutschland, ausgelöst durch eine unglückliche Liebesaffäre, setzt der Roman ein. Geschildert werden seine Erlebnisse, Eindrücke, Fragen und Überlegungen zu Deutschland, während er umherreist, in Brumholdstein einige Zeit mit seinem Bruder und dessen Freunden Egon und Gisela verbringt, das von seinem alten Diener Franz im Hobbykeller aus Streichhölzern gebastelte Modell des KZ Durst oder die das Häßliche und Morbide ablichtenden Photographien von Rita Tropf-Ulmwert betrachtet und eine Affäre mit der Lehrerin Anna Heller hat. Um ihn herum wird zwar immer das beständige und dauerhafte »deutsche Wesen« gepredigt, doch das Leben, so wie er es erlebt, ist zusammengesetzt aus Lügen, Vortäuschungen und Vertuschungen, unter denen sich an der Oberfläche eine beunruhigende Unordnung und die Möglichkeit eines Ausbruchs von Gewalt und Zerstörung, um das heuchlerische, künstlich erstellte Wohlbehagen durch eine genauso unzulängliche Ordnung zu ersetzen. Schließlich verbringt er einige Wochen auf einer Ostfriesischen Insel und erlebt die Sprengung einer Zugbrücke, bei der wahrscheinlich seine Frau Paula mitbeteiligt ist: ein letztes Bild für die Instabilität der so sicher, sauber und solide wirkenden Oberfläche. Zuletzt bleibt ihm für eine Erklärung der eigenen Geschichte nur die psychoanalytische Hypnose.   E.Br.

AUSGABEN: NY 1980. – Manchester 1982.

ÜBERSETZUNGEN: *Wie deutsch ist es*, R. Herms, Hbg. 1982. – Dass., R. Hampke, Ffm. 1986 (st).

LITERATUR: W. Abish, »*Wie deutsch ist es*« (in Semiotext(e), 4, 1982, S. 160–178). – R. Martin, *W. A.'s Fictions: Perfect Unfamiliarity, Familiar Imperfection* (in Journal of American Studies, 17, 1983, Nr. 2, S. 229–242). – D. Saalmann, *W. A.'s »How German is it«: Language and the Crisis of Human Behavior* (in Critique, 26, 1985, Nr. 3, S. 105–121).

ISAAK ABRABANEL

auch Isaak Abravanel oder Abarbanel
* 1437 Lissabon
† 1508 Venedig

MA'AJNE HA-JESCHUAH

(hebr.; *Quellen des Heils*). Kommentar zum Buch *Daniel* von Isaak ABRABANEL, vollendet 1496 in Italien. – Obwohl der berühmte jüdische Staatsmann (im Dienst des Königs Alfons V. von Portugal), Bibelexeget, Philosoph und Apologet sein Werk als »*Kommentar zum Buch Daniel*« bezeichnet, gehört dieses weniger zu den exegetischen als vielmehr zu den apologetischen Schriften des Autors. So wird denn auch das Buch *Daniel* (vgl. *Propheten-Bücher*) nicht fortlaufend kommentiert, sondern die in siebzig Kapitel (»Palmen«) unterteilten zwölf Abteilungen (»Quellen«) des Werkes erörtern im Anschluß an *Daniel*-Verse Fragen der Prophetie und des Messianismus. Zweck dieser Erörterungen ist, wie der Verfasser in seinem Vorwort angibt, Tröstung der aus der Iberischen Halbinsel vertriebenen Juden (zu denen er ja auch selbst gehörte) durch die Festigung des Glaubens aus den »Quellen des Heils«, d. h. der jüdischen Religion und ihrer Lehre vom Messias. Diese Thematik führt ihn zu einer Auseinandersetzung mit der christlichen Messiaslehre, besonders mit der christlichen Auslegung der eschatologischen Stellen des Buches *Daniel*. Mit der christlichen Exegese stimmt er jedoch (im Gegensatz zum Talmud) darin überein, daß Daniel ein »Prophet« war.

Die etwa gleichzeitig von Abrabanel verfaßten Werke *Jeschuot meschicho*, 1497 (*Das Heil seines Gesalbten*), und *Maschmia jeschuah*, 1498 (*Die Verkündigung des Heils*), bilden zusammen mit den *Ma'ajne ha-jeschuah* eine Trilogie messianisch-apologetischer Schriften. Mit dem *magnum opus* Abrabanels, seinem breitangelegten Kommentar zum *Pentateuch*, haben diese drei Schriften gemeinsam, daß in ihnen die Aufgeschlossenheit des Verfassers für die Spezifika anderer Religionen und vor allem – als ein Novum in der mittelalterlichen hebräischen Literatur – sein durch die Praxis erworbener Sinn für politische und historische Zusammenhänge literarischen Ausdruck finden. Jeder der drei genannten apologetischen Schriften hat der Autor, ebenso wie jedem seiner Kommentare zu den *Fünf Büchern Mosis*, eine Einleitung vorausgeschickt. Diese Einleitungen können im modernen Verständnis des Wortes als wissenschaftlich bezeichnet werden, da sie exakt über Entstehung und Charakter des betreffenden Werks informieren. Die Schrift *Ma'ajne ha-jeschuah* enthält auch ein längeres Nachwort, in dem u. a. Ort und Zeit ihrer Beendigung genau vermerkt sind: »*Mein ganzes Streben bei der Abfassung dieses Buches war, schwache Hände zu stärken und schwankende Knie zu festigen. Es wurde begonnen und beendet in der Stadt Monopoli in der Provinz Apulien, die zum Königreich Neapel gehört, meiner Zufluchtstätte in der Not der Vertreibung aus dem Vaterland ... Und es war die Beendigung am 1. Teweth des Jahres 5257 [1496].*«

L.Pr.

AUSGABEN: Ferrara 1521. – Amsterdam 1647. – Stettin 1860.

LITERATUR: J. Guttmann, *Die religionsphilosophischen Lehren des Don I. Abravanel*, Breslau 1916. – P. Goodman, *I. Abravanel, Six Lectures*, Hg. J. B. Trend u. H. M. J. Loewe, Cambridge 1937 [Einl. H. M. J. Loewe]. – J. Sarachek, *Don I. Abravanel*, NY 1938. – J. Baer (in *Ha-encyclopedia ha-iwrith*, Bd. 1, 1949, S. 273–278). – A. Melinek, *Don I. Abravanel. His Life and Times*, Ldn. 1952.

ROSCH AMANA

(hebr.; *Hauptgrundsätze des Glaubens*). Religionsphilosophische Schrift von Isaak ABRABANEL, erschienen um 1505. – Der Verfasser, gleich berühmt als Staatsmann (im Dienst des Königs Alfons V. von Portugal) wie als Schriftsteller, ist als Bibelkommentator (vgl. *Ma'ajne ha-jeschuah – Quellen des Heils*) durchaus originell, als Philosoph gehört er jedoch mehr zu den Epigonen der klassischen Periode der jüdischen Philosophie. So basiert denn auch die vorliegende Schrift auf den dreizehn Glaubensartikeln des MAIMONIDES (vgl. *Schloscha asar ikarim*), die Abrabanel gegen die von Chasdai CRESCAS in *Or Adonai (Licht Gottes)* und Joseph ALBO in *Sefer ha-ikarim (Buch der Glaubenssätze)* vorgetragenen Angriffe verteidigt, da diese Autoren statt der dreizehn nur sechs bzw. drei Glaubensartikel gelten lassen wollen. Zu Albos Reduktion der dreizehn Glaubenssätze des Maimonides auf die drei Grundlehren – 1. Existenz Gottes, 2. Göttlichkeit der Thora und 3. Theodizee (Belohnung bzw. Bestrafung des menschlichen Tuns) – bemerkt er (in *Rosch amana*, Kap. 9), daß zwar tatsächlich, wie Albo behauptet, aus diesen drei Grundsätzen, die bei Maimonides als Nr. 1, 8 und

11 figurieren, die anderen Grundsätze abgeleitet werden können, was auch Maimonides gewußt habe. Maimonides habe aber trotzdem alle (also auch die eigentlich in den drei schon implizierten) Grundsätze aufgezählt, weil er sein Buch über die dreizehn Glaubensartikel nicht nur für Gelehrte und Denker, sondern für das ganze Volk, alt und jung, geschrieben habe; und da die abzuleitenden Grundsätze überaus wichtig seien, habe er sie separat aufgezählt. – Am Schluß seiner Schrift sagte Abrabanel überraschenderweise, er persönlich sei gegen das Aufstellen von numerisch abgegrenzten Glaubensartikeln überhaupt, weil dies einer – wenn auch ungewollten – Abwertung anderer, nicht aufgezählter, scheinbar weniger wichtiger Lehren gleichkäme. Die *Bibel* stelle ja auch keine Liste von Glaubensgrundsätzen auf und hebe auch nicht grundlegende Verse wie »*Höre, Israel, der Ewige ... ist einzig*« (5. *Mose* 6,4) gegenüber anderen Bibelversen hervor. Nach dem *Talmud* sei jemand bereits als Gottesleugner zu bezeichnen, wenn er an der Wahrheit einer selbst unbedeutenden Erzählung der *Bibel* zweifle. Letzten Endes sei Maimonides selbst von der Idee der numerierten Aufzählung von Glaubensartikeln abgekommen, denn die dreizehn Artikel fänden sich nur in seinem frühen Werk, dem Kommentar zur *Mischna*, in späteren Werken sei er nicht mehr darauf zurückgekommen. Was *Rosch amana* auch heute noch lesenswert macht, ist nicht zuletzt die anthologische Gegenüberstellung der bis zu Abrabanel geäußerten Meinungen über die Glaubensgrundsätze der jüdischen Religion. L.Pr.

AUSGABEN: Konstantinopel o. J. [ca. 1505]. – Venedig 1545. – Amsterdam 1638 [lat. Übers.]. – Altona 1770. – Warschau 1891.

LITERATUR: J. Guttmann. *Die religionsphilosophischen Lehren des I. A.*, Breslau 1916, S. 108 ff. – *Six Lectures on I.A.*, Hg. J.B. Trend u. H. Loewe, Cambridge 1937, S. 48 u. 102 ff. – J. Sarachek, *Don I. A.*, NY 1938, S. 148 ff. – B. Netanyahu, *Don I.A., Statesman, Philosopher*, Philadelphia 1953; ³1972 [m. Bibliogr.]. – A.J. Reines, *Maimonides and A. on Prophecy*, Cincinnati 1970. – Ders. u. a., Art. *I. A.* (in EJ², 2, Sp. 103–109).

ABRAHAM A SANCTA CLARA

d.i. Johann Ulrich Megerle

* 2.7.1644 Kreenheinstetten / Baden
† 1.12.1709 Wien

LITERATUR ZUM AUTOR:
Th. G. v. Karajan, *A. a S. C.*, Wien 1867. –
C. Blanckenburg, *Studien über die Sprache A. a S. C.s*, Halle 1897. – H. Schulz, *Studien zu A. a S. C.*, Freiburg i. Br. 1910. – K. Bertsche, *Pater A. a S. C.*, Mönchen-Gladbach ²1922. – L. Bianchi, *Studien zur Beurteilung des A. a S. C.*, Heidelberg 1924. – A. Horber, *Echtheitsfragen bei A. a S. C.*, Weimar 1924; ern. Hildesheim 1979. – H. Hoffmann, *Die Metaphern in Predigten und Schriften A.s a S. C.*, Düsseldorf 1933. – H. Jensen, *Nur Adler herrschen, nicht die Eulen*, Karlsruhe 1969. – *A. a S. C.*, Karlsruhe 1982 [Ausstellungskatalog]. – W. Welzig, *A. a S. C.* (in *Dt. Dichter des 17.Jh.s*, Hg. H. Steinhagen u. B. v. Wiese, Bln. 1984, S. 726–735). – N. Bachleitner, *Form und Funktion der Verseinlagen bei A. a S. C.*, Ffm. u. a. 1985.

JUDAS DER ERTZ-SCHELM, FÜR EHRLICHE LEUTH. Oder: Eigentlicher Entwurff und Lebens-Beschreibung des Iscariotischen Böẞwicht

Theologisches Werk von ABRAHAM A SANCTA CLARA, erschienen 1686–1695. – Dieses umfangreichste Werk des berühmten Wiener Hofprädikanten besteht aus belehrenden und erbaulichen Abhandlungen in Predigtform, die durch eine ausmalende Judas-Biographie zusammengehalten werden. Die kurzen Erzählungen über die Lebensabschnitte des abtrünnigen Apostels sind den exegetischen Hauptteilen vorangestellt, deren Einzelheiten Abraham neben der *Bibel* aus apokryphen Traditionen (er nennt JACOBUS DE VORAGINE als Hauptquelle) schöpft.
In dieser Erzählung verbinden sich alttestamentliche und antike Sagenmotive mit den neutestamentlichen Berichten zu einer schaurigen Lebensgeschichte: Von bösen Träumen geängstigt, setzt die Mutter den neugeborenen Judas auf dem Meere aus. Wie einst Moses wird das Kind von einer Königin gefunden und an Kindes Statt angenommen. Im Jugendalter tötet Judas deren Sohn und flieht an den Hof des Pilatus, erschlägt in dessen Dienst bei einem Diebstahl den eigenen Vater und heiratet, um das Verbrechen zu verschleiern, wie einst Ödipus, ohne Kenntnis der wahren Zusammenhänge, seine Mutter. Nachdem er den wirklichen Sachverhalt erfahren hat, schließt er sich reumütig Jesus an, betrügt, begeht Verrat und erhängt sich schließlich. Mit dem Tod des Verräters endet der dritte Teil, ohne daß Abraham darin ein Hindernis sähe, noch einen vierten Teil mit Betrachtungen über allerlei Laster und einer Grabrede auf den Erzschelm folgen zu lassen, der auf dem tiefsten Grund der Hölle zunächst dem Erzteufel Luzifer sitzt.
Mit erstaunlichem Spürsinn gewinnt Abraham aus diesem Sujet die Stoffe seiner Predigten über den Ehestand und die bösen Weiber, die Schmeichler, Ehrabschneider, die Spiegel-Närrinnen, die Neidigen, die Zornigen, über das Thema »*Venus heißt soviel wie Weh-Nuß*«, über die Geizigen und vieles mehr. Immer verfolgt er den praktischen Zweck, die Wiener sollten nicht soviel »*saufen, raufen, fres-*

sen und sich vermessen, huren und buhlen, sich äußerlich putzen und mit unrechtem Gut die Hände beschmutzen, faulenzen und fuchsschwänzen, lügen und trügen, prahlen und ihre Schuld nicht bezahlen, spielen und ihre Untergebenen trillen, in den Tag hinein leben und den Armen nichts geben«.
Er scheut nicht davor zurück, in kerniger, oft bizarrer, aber stets anschaulicher Sprache durch Possen, Witze und satirische Einstreuungen die moralischen Inhalte seinen Zuhörern und Lesern nahezubringen. Wenngleich er seine Exempel aus den Schriften der Kirchenväter, den *Acta sanctorum*, den mittelalterlichen Kompendien, aus Werken von Historikern, Geographen, ARISTOTELES, EURIPIDES und HIPPOKRATES schöpft, so läßt er sich niemals auf lange theoretische Erörterungen ein; immer redet er dem Leser einfach und – wenn er es für richtig hält – derb und unverblümt ins Gewissen. Hin und wieder wird der prosaische temperamentvolle Redefluß unterbrochen durch Reimgedichte, darunter *Antonius predigt den Fischen*, ein Gedicht, das GOETHE als »*unvergleichlich dem Sinne und der Behandlung nach*« bezeichnete und das später in neuhochdeutscher Fassung von ARNIM und BRENTANO in die Sammlung *Des Knaben Wunderhorn* aufgenommen wurde. Durch die Farbigkeit und die sprachliche Ausdruckskraft, die in diesem Werk einen Höhepunkt erreichen, wird Abraham neben GRIMMELSHAUSEN zum bedeutendsten deutschen Prosaisten des 17. Jh.s, auch wenn er im vierten Band bescheiden vermerkt: »*Es ist zwar der Titul dieses Buchs nit gar fein; aber man findet doch zuweilen, daß in einer s. v.* [mit Verlaub zu sagen] *schmutzigen Saublattern auch gute und gewichtige Dukaten anzutreffen seyn.*« C.P.

AUSGABEN: Salzburg 1686–1695, 4 Bde. – Passau/Lindau 1835/36 (in *SW*, 21 Bde., 1835–1847, 1-7). – Bln./Stg. o. J. [1884], Hg. F. Bobertag (DNL, 40; Ausw.). – Mchn. 1963 (in *Hui und Pfui der Welt u. andere Schriften*, Hg. J. v. Hollander; m. Einf.; Ausw.). – Aschaffenburg 1986 (in *Ein Hui und ein Pfui auf die Welt*; Ausw.).

LITERATUR: F. Maurer, *A. a S. C.s Huy! und Pfuy! Der Welt. Eine Studie zur Geschichte des moralpädagogischen Bilderbuchs im Barock*, Heidelberg 1968. – B. E. Donnan, *Etymologie und deutendes Wortspiel in den Predigten A. a S. C.s*, Diss. McGill Univ./Kanada 1979.

MERCKS WIENN. Das ist: Deß wütenden Todts Eine umständige Beschreibung In Der berühmten Haubt und Kayserl. Residentz Statt in Oesterreich Im sechzehen hundert und neun und sibentzigsten Jahr. Mit Beyfügung so wol Wissen als Gwissen antreffender Lehr

Satirischer Traktat in dreizehn Kapiteln von ABRAHAM A SANCTA CLARA, erschienen 1680. – Das im Erscheinungsjahr allein in Wien achtmal aufgelegte erste größere Werk Abraham a Sancta Claras, das ihn weit über die Grenzen Österreichs hinaus bekannt machte, verbindet die lokalhistorisch präzise, mit Statistiken angereicherte Schilderung der Ereignisse während der elfmonatigen Pestzeit mit »*so wol Wissen als Gwissen antreffender Lehr*«. Das rein Chronikalische gibt dabei lediglich den Hintergrund ab für eine unter dem biblischen Motto *omnes morimur* stehenden Moralsatire. Kernstück der »*Denen Drey Obern Land-Ständen deß Ertz-Hertzogthums Oesterreich*« gewidmeten Mahnschrift ist die spätmittelalterlichen Totentanzsequenzen nachempfundene Zitation einzelner Stände vor den in Kupferstichen drastisch dargestellten Tod. In willkürlicher Auswahl werden Geistliche, Gelehrte, Soldaten, Reiche, schöne Frauen und Eheleute mit ihren Vorzügen und Schwächen nach Art der Ständesatire revuehaft vorgeführt und mit der »Pestlentzischen Seuch« konfrontiert, die niemanden verschont und nirgends halt macht: »*Auff dem Hohenmarckt/ hat der Todt viel erniedriget (...) Auff dem Bauernmarckt/ hat der Todt viel Burger angetroffen (…) Auff dem Heydenschuß/ hat der Todt nach Christen geschossen (…) In dem Jungfraugaßl/ hat der Todt galanisiert (…) In dem Judengaßl/ hat der Todt keinen Sabbath gehalten.*«
In ihrem Aufbau und mit ihrer wuchernden Rhetorik gleicht die Schrift eher einem Predigtzyklus als einem »Tractätl«. Eine Fülle von Parabeln und Gleichnissen aus der Heils-, Kirchen- und Profangeschichte, von Sprichwörtern, Anspielungen, eingestreuten Versen und Zitaten, die des Verfassers Belesenheit gerade auch in der Pestliteratur und seine Vertrautheit mit allen Schattierungen des Aberglaubens seiner Zeit verraten, läßt den seelsorgerischen Zweck des Buches streckenweise fast völlig vergessen. Oratorische Kunstfertigkeit verleiht der volkstümlich-derben, bildkräftigen Sprache durch die gezielte Verwendung von assoziativen Wort- und Klangspielen, Anagrammen und Assonanzen, von Worthäufung, Reimformeln, Neologismen u. ä. einen wirkungssicheren Reiz.
In dieser Hinsicht übertrifft *Mercks Wienn* die noch im gleichen Jahr erschienenen weiteren Pestschriften des Barfüßermönchs, die vor der (damals noch hölzernen) Dreifaltigkeitssäule auf dem »Graben« gehaltenen Predigten *Danck und Denckzahl Desz Achten gegen dem Drey..., Oesterreiches Deo Gratias..., Große Todten-Bruderschaft* und die *Lösch Wienn...* betitelte Sammlung von paränetischen, die Überlebenden zu Gebet und guten Werken für die Pestopfer anhaltenden Predigten aus der Allerseelenoktav 1680. C.St.

AUSGABEN: Wien 1680. – Ffm. 1681. – Salzburg 1687. – Lpzg. 1926, Hg. u. Bearb. K. Bertsche (RUB). – Wien ²1947 (Österreichische Heimat, 1). – Mchn. 1963 (in *Hui und Pfui der Welt und andere Schriften*, Ausw. u. Einf. J. v. Hollander; Auswahl). – Tübingen 1983, Hg. W. Welzig [m. Nachw.; Nachdr. d. Ausg. Wien 1680].

LITERATUR: W. Welzig, *Weheklagen in Wien. A. a S. C.s Beschreibung der Pest von 1679*, Wien 1979.

Abraham ben Asriel

13. Jh.

ARUGAT HA-BOSSEM

(hebr.; *Das Balsambeet*). Sammelwerk des wahrscheinlich aus Böhmen stammenden Abraham ben Asriel, einem Schüler des Mystikers Jehuda he-Chassid (der Fromme). – Unter dem Einfluß der deutschen *Chassidim* verfaßte der Autor einen Kommentar zu den religiösen Gedichten *(pijutim)* der Liturgie, um dem Betenden zum genaueren Verständnis dieser oft schwierigen Hymnen und damit zur vollen Hingabe an Gott zu verhelfen. Jeder Hymne, die zu seiner Zeit gebräuchlich war, fügte er sprachliche Erläuterungen, Belegstellen aus den Legendenbüchern, Erklärungen der Formen usw. bei. Oft stützt er sich bei seinen Ausführungen auf die Meinungen der Zeitgenossen von Spanien bis Byzanz, übersetzt schwierige Ausdrücke ins Slavische oder Französische und zitiert Aussagen seines Lehrers. (Das diesem irrtümlich zugeschriebene *Sefer Chassidim [Buch der Frommen]* war ihm übrigens unbekannt.) Über die in vielen Hymnen erwähnten religiösen Vorschriften liefert das Werk eigene Abhandlungen des Verfassers, die ihn als einen der bedeutendsten Kenner der jüdischen Überlieferung zeigen. Die große Ausführlichkeit der Darstellung macht das Buch zu einer wichtigen, allerdings bisher noch wenig genutzten Quelle der jüdischen Geistesgeschichte seiner Zeit. Es ist in zwei einander ergänzenden Handschriften überliefert. P.N.

Ausgabe: Jerusalem 1939–1963 (*Sefer Arugat ha-Bosem*, Hg. E. E. Urbach, 4 Bde.). – Jerusalem 1967, Hg. u. Einl. ders.

Abraham ben Chijja

† um 1136 Spanien

ZURAT HA-AREZ

(hebr.; *Die Gestalt der Erde*). Astronomisches Werk von Abraham ben Chijja. – Der von Nichtjuden auch Abraham Judäus genannte Autor verfaßte außer dem vorliegenden Werk auch mathematische, philosophische und moraltheologische Schriften. *Zurat ha-arez* ist in zehn »Pforten« *(sch'arim,* Plural von *scha'ar)* eingeteilt, die wiederum jeweils in mehrere Kapitel unterteilt sind. Die einzelnen »Pforten« befassen sich mit der Sonne, dem Mond, den Planeten und ihren Konstellationen sowie mit den Fixsternen; die erste »Pforte« handelt teilweise, die neunte hauptsächlich von der Erde, ihrem Flächeninhalt und ihren sonstigen Maßen.
Mit diesem Werk war Abraham ben Chijja in der hebräischen Literatur insofern bahnbrechend, als hier zum ersten Mal ein vollständiges astronomisches Kompendium vorlag, das nicht – wie bisher in Spanien auch bei Juden üblich – in arabischer, sondern in hebräischer Sprache abgefaßt war. Dadurch hat der Autor die hebräische Sprache um viele astronomische Fachausdrücke bereichert, so daß sein Buch bald auch anderen jüdischen Gelehrten als Richtschnur für astronomische Abhandlungen diente. L.Pr.

Ausgaben: Basel 1546 [Ausz. u. lat. Übers.]. – Offenbach 1720 [vollst.].

Übersetzung: *La obra forma de la tierra*, J. M. Millás Vallicrosa, Madrid/Barcelona 1956 [m. Vorw. u. Anm.; span.].

Literatur: M. Waxman, *A History of Jewish Literature*, Bd. 1, NY/Ldn. 1960, S. 451 f. – J. Prijs, *Die Basler Hebräischen Drucke*, Olten/Freiburg i. B. 1964, S. 113 ff. – G. Wigoder, Art. *A. bar Hiyya* (in EJ[2], Sp. 130–133).

peter Abrahams

* 19.3.1919 Vrededorp / Johannesburg

Literatur zum Autor:
P. Abrahams, *Tell Freedom*, Ldn. 1954 [Autobiogr.]. – M. Wade, *The Novels of P. A.* (in Critique, 11, 1968, 1, S. 82–95). – V. Klima, *South African Prose Writing in English*, Prag 1971 (Dissertationes Orientales, 32). – M. Wade, *P. A.*, Ldn. 1972. – Ders., *South Africa's First Proletarian Writer* (in *The South African Novel in English*, Hg. K. Parker, NY 1978, S. 95–113). – K. Ogunbesan, *The Writing of P. A.*, NY 1979. – W. A. Umezinwa, *La Voix de Silence du Roman de P. A. et de Mongo Beti* (in *Proceedings of the Eighth Congress of the International Comparative Literature Association*, Bd. 2, *20th Century Literature, Originating in Different Cultures*, Hg. B. Köpeczi u. G. Vojda, Stg. 1980, S. 261–265). – Chidi T. Madunka, *Limitation and Possibility: The Intellectual as a Hero Type in P. A.'s »A Wreath for Udomo«* (in Zagadniania Rodnajow Literackich, 24, 2, Warschau 1981, S. 51–60). – N. Chiwengo, *P. A. in Perspective* (in Diss. Abstracts, 42, 1986, 2, 527 A). – B. Lindfors, *Exile and Aesthetic Distance: Geographical Influences on Political Commitment in the Works of P. A.* (in The International Fiction Review, 13, 1986, Nr. 2, S. 76–81).

MINE BOY

(engl.; *Der Kumpel*). Roman von Peter ABRAHAMS (Südafrika), erschienen 1946. – Abrahams ist der erste farbige südafrikanische Autor, der internationale Anerkennung gefunden hat. *Mine Boy* knüpft an die autobiographischen Notizen *Dark Testament* (1942) an, in denen Abrahams seine Jugend in dem Johannesburger Slum Vrededorp schildert. In *Mine Boy* erhält das Slum jedoch eine weiterreichende Bedeutung als die der sozialen Szenerie: Schwarzes Slum und weiße Vorstadt sind Synonyme für die *condition humaine* in Südafrika. Der Autor knüpft auch an *Song of the City* (1945) an, in dem das Thema Stadt-Land behandelt wird. Damit nimmt er die bis in das 18.Jh. zurückreichende Tradition des moralisch-sozialkritischen Romans auf, wobei sich der Gegensatz zwischen integrer ländlicher Gesellschaft und der komplex-anonymen Stadtgesellschaft im Afrika des 20.Jh.s mit großer politischer Relevanz neu stellt. Die Reise des Helden vom Land in die Stadt ist aber zugleich auch ein Grundmuster des Bildungsromans.

Xuma, die Hauptgestalt des Romans, trifft bei Einbruch der Dunkelheit in der Großstadt Johannesburg ein. Er sucht Arbeit in den Goldminen. Seine erste Kontaktperson in der Stadt ist Leah, die »Shebeen Queen«, Betreiberin einer illegalen Kneipe. Leah ist eine für Abrahams typische dominierende Frauenfigur. Auch sie stammt wie Xuma aus dem Norden, hat aber die Verbindung zu ihrer Stammesheimat abgebrochen und lebt das typische Leben des Slumbewohners. Sie huldigt einem aggressiven Individualismus kleinkapitalistischer Prägung, nur um ihr eigenes Wohl besorgt. Sie wird Xumas Lehrmeisterin im Umgang mit der brutalisierten Slumgesellschaft und im Umgang mit einer erpresserischen, auch korrupten Polizei. Bei aller Härte nach außen zeigt Leah doch große menschliche Wärme: Ihr Haus ist Zufluchtsort für die von Armut und Rassismus Geschlagenen und die Wunden, die die südafrikanische Gesellschaft schlägt, werden bei Leah zwar nicht geheilt, aber doch gepflegt. Eliza, Leahs Pflegetochter, ist Lehrerin. Als gebildete Schwarze fühlt sie sich nicht nur ihrer ethnischen Herkunft entfremdet, wie Leah, sondern ihrer Rasse und damit ihrer grundsätzlichen menschlichen Identität beraubt. Sie faßt das Ausmaß ihrer Entfremdung in den Worten zusammen: »*In meinem Innern bin ich nicht schwarz und möchte auch nicht schwarz sein.*« Xumas Liebe zu Eliza muß scheitern, da er seine Kraft aus seiner Stammeszugehörigkeit schöpft und daher Elizas Verlangen nach »*den Dingen des weißen Mannes*« nur ablehnen kann.

Daddy, der im Suff verkommene Alte, repräsentiert ein weiteres Slum-Stereotyp: den ausgepowerten Arbeiter, der sein Scheitern an der Stadt im Delirium betäubt. Daddy hat jedoch eine Geschichte hinter sich, die ihn zu einer Schlüsselfigur für Abrahams politische Botschaft macht. Einst ein hünenhafter, unermüdlicher Arbeiter, von Schwarz und Weiß respektiert, der Streiks und politische Demonstrationen anführte, war Daddy körperlich und geistig scheinbar unverwüstlich, so wie es Xuma bei seiner Ankunft in der Stadt auch ist. Daddy ist von der Stadt gebrochen worden; er steht für Abrahams marxistische Analyse, daß das individuelle Bewußtsein Ausfluß des gesellschaftlichen Seins sei. So ist Daddys Hoffnungslosigkeit das sozio-politische Korrelativ zur Machtlosigkeit der schwarzen Mehrheit. Xuma urteilt über Daddy nach dem Ist-Zustand, wie er ihn in Leahs Shebeen sieht. Leah aber hält ihm den alten Säufer als warnendes Beispiel für die erodierende Wirkung der Stadt vor Augen, der auch er ausgesetzt sein wird. Daddys Entfremdung ist die Entfremdung von seiner sozio-politischen Identität.

Die Handlung in und um Leahs Kneipe verläuft episodisch, jedoch mit zunehmender Tragik der Einzelereignisse: Razzien, Ermordung eines Polizeispitzels, der Tod Daddys, der von einem Auto überfahren wird, Leahs Verhaftung und Verurteilung zu neun Monaten. Die Gruppe um Leah, die Xuma zunächst die Geborgenheit der Stammesgemeinschaft ersetzt hatte, wird auseinandergerissen, so daß er zunehmend auf sich selbst gestellt ist. Er lernt, sich im Ghetto zu behaupten, wo jeder gegen jeden kämpft, aber er lernt auch bei seinen Ausflügen in die weißen Stadtviertel die gesellschaftliche Spaltung seines Landes erkennen und in einem Prozeß politischer Bewußtseinsbildung zu verarbeiten. Abrahams Lichtsymbolik von Hell/Dunkel, Schwarz/Weiß sorgt für eindeutige Zuordnung: Über die Schwarzenghettos bricht jeden Abend die Düsternis herein, während die weißen Stadtteile in gleißendes Licht getaucht sind. Xuma weiß, daß die Weißen, die im Licht sind, ihn nicht verstehen können, da »*sie mit dem Kopf verstehen. Ich aber verstehe mit dem Herzen, mit den Schmerzen meiner Seele, nicht mit den Lippen.*«

In seinem anderen Lebensbereich, seinem Arbeitsplatz, fühlt Xuma sich frei, denn selbst der weiße Vorarbeiter hört auf ihn. Aber auch im Goldbergwerk muß er Entfremdung durch Arbeit erdulden. Sysiphusartig karrt er Sand auf die Abraumhalden, ohne am Ende des Arbeitstages eine Spur seiner Arbeit zu erkennen. Bei jedem Schichtwechsel sieht er die anonyme Kolonne der Kontraktarbeiter von ihren Massenquartieren in die Grube marschieren. Wirklich er selbst scheint er nur in der Düsternis unter Tage zu sein. Er ist »boss boy«, die rechte Hand des weißen Kolonnenführers Paddy O'Shea. Zusammen mit Paddy verhilft er einem kranken Kumpel zu einer Abfindung; zusammen mit Paddy birgt er nach einem Grubenunglück zwei tote Kumpel. Xuma allein weigert sich, mit seiner Kolonne einzufahren, solange die Unglücksstelle nicht gesichert ist. Hier geht er voran, und der weiße Vorarbeiter Paddy schließt sich dem Streik seines Boys an. So führt Xumas Weg vom einfachen Landarbeiter, der in der Stadt sein Brot sucht, zu einem Arbeiterführer für Schwarz und Weiß. Als proletarischer Held stellt er sich schließlich der Polizei mit seiner Vision einer den Rassismus hinter sich lassenden, kämpferischen Klassengemeinschaft: »*Xuma fühlte sich stärker als je zuvor in seinem Leben, stark genug um Mensch zu sein – ohne Rücksicht auf die Hautfarbe. Plötzlich wußte er, daß dies möglich war: Mensch sein, nur Mensch sein – nichts weiter.*« E.Bre.

AUSGABEN: Ldn. 1946. – NY 1955. – NY 1970 [Einl. Ch. R. Larson].

LITERATUR: Rez. (in Public Opinion, Kingston, 14. 6. 1946, S. 7 u. 13). – S. Rodman, *A Search for a Place in the Sun* (in The New York Times, 12. 6. 1955, Sekt. 7, S. 5). – J. E. Reinhardt, *People Are People* (in Phylon, 16, Atlanta 1955, S. 476 f.). – K. Ogunbesan, *The Political Novel of P. A.* (in Présence Africaine, 83, 1972, 3, S. 33–50).

THE PATH OF THUNDER

(engl.; *Ü: Reiter der Nacht*). Roman von Peter ABRAHAMS (Südafrika), erschienen 1948. – Wie im gesamten literarischen Werk Abrahams' steht auch in diesem Roman das Problem im Vordergrund, das den Werdegang und die innere Entwicklung des farbigen Autors gekennzeichnet hat und schließlich seine Emigration bedingte: die Rassenvorurteile und die Apartheidpolitik in der Südafrikanischen Union. Die konventionelle, tragische Liebesgeschichte zwischen dem Mischling Lanny und Sarie, einem weißen Mädchen, muß daher aus ihrer Funktion verstanden werden, den Protest gegen die vom Rassenwahn gezeichnete Welt zu versinnbildlichen. Es ist ein Engagement in einer besonderen Form, denn Abrahams verzichtet weitgehend auf die verbale Anprangerung der Rassenvorurteile: In einer Welt, in der die Liebe von vornherein zum Scheitern verurteilt ist, spielt die äußere Begründung für das Engagement keine Rolle mehr. Es liegt in der reinen Darstellung des sinnlosen Leidens der Liebenden und darin, daß positive, verbindende Gefühle zu einem Konflikt führen, der schließlich in der Ermordnung der Liebenden durch weiße Rassenfanatiker gipfelt.

Diese auf das emotionelle Engagement des Lesers ausgerichtete Form der Protestliteratur, die bewußt auf eine sehr vereinfachte und konventionelle Form der Handlungsführung und Darstellung von Personen zurückgreift, um die Gefühlswelt des Lesers anzusprechen, beruht sehr wesentlich auf einer eindeutigen Gegenüberstellung positiver und negativer Figuren, die symbolhaft für die Rassengruppen stehen. Lanny Swarts, ein junger farbiger Akademiker, Mako, der schwarze Volksschullehrer, aber auch der Weiße Isaac Finkelberg sind verschworene Freunde und stellen damit die Vision eines unbehinderten Zusammenlebens aller Rassen in der Südafrikanischen Union dar. Ihr Gegenspieler ist der weiße Großgrundbesitzer Gert Villier, der aus Rassenhaß nicht nur die Gemeinschaft der Freunde, sondern auch das Leben jedes einzelnen zu zerstören droht. Im Laufe des Romans wird jede einigermaßen rationale Begründung für den Haß Gerts gegen Lanny entkräftet. Gert als Weißer ist keineswegs mehr wert als die farbigen Freunde, die aufgrund ihrer Ausbildung dem primitiven und bigotten Großgrundbesitzer überlegen sind. Auch das Argument einer durch die natürlichen und verwandtschaftlichen Unterschiede gegebenen Gegensätzlichkeit zwischen den beiden Widersachern entfällt: Es stellt sich heraus, daß Lanny Gerts Halbbruder ist. Auch das Argument, daß Gert die Ehre seiner von Lanny geliebten Schwester Sarie verteidigen muß, erweist sich nicht nur als objektiv sinnlos, sondern auch als subjektiv falsch, denn es zeigt sich, daß Sarie ein adoptiertes Kind ist. So ist am Ende das Vorgehen Gerts gegen die Liebenden nur noch das Ergebnis irrationalen Hasses und sinnloser Brutalität.

Gegen Schluß wirkt Abrahams der Gefahr entgegen, daß das Verhalten Gerts und seiner Freunde als abnormer Einzelfall aufgefaßt werden könnte, indem er den Bezug zur gesamtgesellschaftlichen Situation Südafrikas wiederherstellt, denn die öffentliche Meinung rechtfertigt unter Verdrehung der Tatsachen das Verhalten der Weißen: Lanny wird als amoklaufender Farbiger dargestellt, der glücklicherweise unschädlich gemacht werden konnte. U.F.

AUSGABEN: NY 1948. – Ldn. 1952.

ÜBERSETZUNG: *Reiter der Nacht*, E. Klein, Bln. 1957.

LITERATUR: P. A., *Return to Goli*, Ldn. 1953. – Ders., *The Blacks* (in *African Treasury. Arts, Essays, Stories, Poems, by Black Africans*, Hg. L. Hughes, NY 1960, S. 42–55; ern. Ldn. 1961). – I. Holm, *P. A. Om motiver og modeller i hans forfatterskap* (in Vinduet, 15, 1961, S. 298–306). – H. K. Girling, *Writers in South Africa. Provincial and Continental* (in Queen's Quarterly, 69, 1962). – A. Gérard, *Le roman néo-africain: P. A.* (in Revue Nouvelle, 38, 1963, S. 374–381). – R. Larson, *The Emergence of African Fiction: Character and Modes of Characterization: C. Achebe, J. Ngugi, P. A.*, Bloomington 1972. – K. Ogunbesan, *The Political Novels of P. A.* (in Présence Africaine, 83, Paris 1972, 3, S. 33–50). – C. P. Leeman, *Art and Politics in the Novels of P. A.: A Study of His Three Political Novels* (Diss. Abstracts, 39, 1986, S. 3600 A).

WILD CONQUEST

(engl.; *Ü: Wilder Weg*). Roman von Peter ABRAHAMS (Südafrika), erschienen 1950. – In seinem Londoner Exil gehörte Abrahams zum Kreis schwarzer Intellektueller um Kwame Nkrumah (Ghana) und Jomo Kenyatta (Kenia) und war Initiator des ersten Panafrikanischen Nationalkongresses. Zwei Jahre nach dem Wahlsieg D. F. Malans und seiner burischen Nationalpartei (1948), als der Rassismus der Apartheid zur Staatsdoktrin wurde, hat er den Ursprung des bis in die Gegenwart unvermindert andauernden Rassenkonflikts in seinem historischen Roman *Wild Conquest* zu ergründen versucht.

Der große Treck der Buren (1835–1838) unter Hendrik Potgieter und Piet Retief ist beliebtes Thema einer nationalistisch gestimmten Populärliteratur in Südafrika. Aus der Perspektive der Schwarzen hatte Sol PLAATJE (1878–1932), Mitbegründer des African National Congress (ANC), in seinem Roman *Mhudi* (1930) die Zeit des Trecks und der Mtabele-Kriege beschrieben. Abrahams bewegt sich also sowohl in der Form des historischen Romans wie auch thematisch innerhalb einer literarischen Tradition. Um so mehr entscheidet die spezifische Gestaltung über den literarischen Wert eines Werks. Tatsächlich schrieb Abrahams mit diesem Buch mehr als einen historischen Kostümroman in farbenprächtigem historischem Kolorit; es ist ihm vielmehr gelungen – und hier scheint ihm die marxistische Geschichtsanalyse nützlich gewesen zu sein –, die großen historischen Triebkräfte, die hinter dem Zusammenstoß von Treck-Buren und Mtabele-Kriegern stehen, in sinnlich erfahrbare Bilder und Episoden umzusetzen: den unausweichlichen Konflikt zweier aggressiv expansiver Viehzüchtergesellschaften, nämlich der Buren und der Mtabele.

Dieser Konflikt bestimmt die Struktur des Romans. Entsprechend der dramatischen Konzeption entfaltet sich das Geschehen in drei Akten. Das erste Buch, *Mit Bibel und Gewehr*, schildert den Auszug der Buren aus der Kapkolonie, nachdem die britische Regierung die Befreiung der Sklaven proklamiert hatte. Der Roman setzt ein mit dem einsamen Reiter Kasper Jansen, der die Nachricht von der politischen Umwälzung auf seine entlegene Farm bringt. Zusammen mit seinem Bruder Koos, seiner Frau Anna und dem Sohn Stefan, bricht Kasper auf, um sich dem Treck nach Norden anzuschließen. Schon auf dieser Ebene kommt es zu einer gewalttätigen Auseinandersetzung mit den gerade befreiten Schwarzen. Beim Versuch, das Waffenarsenal der Farm zu sichern, schießt Koos den Sohn des treuen Sklavenführers Johannes nieder. Dieses kaltblütige Morden wird zu einem Kennzeichen der »Verkrampften« unter den Buren, zu deren widerwärtigsten Repräsentanten Koos gehört. Auch bei Kasper steht am Anfang des Trecks eine geistige Verhärtung. Er deutet die Befreiung der Sklaven durch die britische Krone dahin um, daß der Exsklave Johannes der eigentliche Schuldige sei, der ihn von seinem angestammten Land vertreibe. Um Johannes nicht in den Genuß des Besitzes kommen zu lassen, zündet Kasper das Farmhaus an, als er mit seinem Planwagen das Tal verläßt.

Was bei der Familie der Jansens mit symptomatischen Einzelaktionen begonnen hat, wächst sich im Verlauf des ersten Buches zu einer burischen Massenbewegung aus: Die Familie der Jansens, die bisher isoliert operierte, stößt auf andere Treckburen; die Wagenkolonne wird immer größer, bis schließlich am Ufer des Oranje-Flusses unter Hendrik Potgieter sich ein ganzes Volk zusammenfindet auf der Suche nach »seiner« Freiheit.

Mit dem politischen Slogan »Freiheit von der britischen Kolonialherrschaft« verdrängen aber die Buren die elementaren wirtschaftlichen Ursachen des Trecks: Hunger nach mehr Land für größere Herden innerhalb einer großagrarischen Oligarchie. Und sie verdrängen auch, daß ihre Freiheit vom britischen Kolonialismus die Unterjochung anderer Völker unter den burischen Kolonialismus bedeutet. Diese Selbsttäuschung über ihre wahren Ziele wie auch die Verhärtung der burischen Seele in der Bewährungsprobe des Trecks, wird ermöglicht durch eine religiöse Propaganda mythischen Ausmaßes. Wie die Propagandisten der mittelalterlichen Kreuzzüge predigt Pastor Smuts seiner Gemeinde, daß Potgieter und Retief als neuer Moses das auserwählte Volk der Buren aus der ägyptischen Knechtschaft des britischen Kolonialismus in das gelobte Land im Norden führen werden. In dieser Atmosphäre religiöser Euphorie des Auserwähltseins haben gemäßigte Kräfte im Burenlager keine Chance. Anna Jansen resigniert vor der Starrheit ihres Mannes Kasper, schwört sich aber, das Kind, das sie trägt, zur Toleranz zu erziehen. Paul van As, der dem Traum eines friedlichen Nebeneinanders nachhängt und daher als einziger die Sprache der Bantu erlernt, steht im Burenlager isoliert. Diese beiden Repräsentanten eines versöhnlichen Burentums sterben beide am Tag der Entscheidungsschlacht: Anna im Kindbett, Paul im Kampf gegen die Mtabele. Mit ihnen stirbt die Hoffnung auf eine konfliktärmere Zukunft.

Im Gegensatz zur Volksarmee der Buren werden die Mtabele im zweiten Teil des Buches als Marionetten eines streng hierarchischen Militärstaates dargestellt. Abrahams versucht, ein Bild der krisenbedrohten Mtabelegesellschaft in einem nur wenige Tage umspannenden Bericht aus der Hauptstadt Inzwinyani zu zeichnen. Dadurch werden die Porträts der intriganten Generäle und Hofschranzen, der Zauberdoktoren scherenschnittartig vereinfacht, die Ereignisse werden plakativ vergröbert: ein Rachefeldzug, die Hinrichtung von Verrätern, ein zu einem Blutbad ausartender Hexenexorzismus und schließlich der Auszug der fanatisierten Krieger. Warnungen vor der überlegenen Kriegstechnologie der Buren werden arrogant in den Wind geschlagen.

Das Desaster der Mtabele-Armee ist unvermeidlich. Auch bei den Mtabele sind in dieser Zeit der äußeren Gefahr mäßigende Stimmen weniger gefragt als das Gekreische der Einpeitscher. Mkomozi, Zauberer und Sozialphilosoph seines Volkes, predigt vergeblich gegen die Kriegshysterie. Gubuza, der Schöpfer und Kommandant der Mtabele-Armee, hatte sich von den Weißen eine neue Dynamik erhofft, die die Erstarrung der Mtabele brechen könnte, aber als er erkennt, daß die Weißen keine neue Weisheit, sondern nur wieder Krieg bringen, zieht er mit seinem Heer in die Schlacht. Er stirbt an der Spitze der letzten Angriffswelle, die bis ins Lager der Buren vordringt, neben dem Buren van As. Seine letzten Worte sind: »*Ich habe schon lange nicht mehr das Land gepflügt.*« So macht Abrahams in seinem Schlußbild noch einmal die historische Entwicklung deutlich: Am Anfang des Romans, um 1840, stand der Konflikt um den physischen Besitz des Landes; 1950 ist daraus ein Konflikt um dessen geistigen Besitz geworden, denn mit der Politik der Apartheid versuchen die Buren, die Schwarzen auch geistig und kulturell aus ihrem angestammten Territorium zu vertreiben. Der »neue Tag« des Schlußkapitels, der den Weg in die Zukunft weist, ist sicher kein Tag für neue Hoffnungen. E.Bre.

AUSGABEN: NY 1950; ²1971. – Ldn. 1951. – Walton 1982.

ÜBERSETZUNG: *Wilder Weg*, E. Schnack, Zürich 1952.

LITERATUR: B. Jackson, *Aurora Borealis* (in Phylon, 11, 1950, S. 290 f.). – L. Hale, Rez. (in The Observer, 24. 6. 1951, S. 7). – Rez. (in TLS 3102, 11. 8. 1961, S. 522). – J. Carew, *African Literature – From the Breath of Gods* (in The New York Times, 2. 4. 1972, Sekt. 7, S. 7). – K. Ogungbesan, *In the Beginning Was Conflict* (in Studies in Black Literature, 4, Frederickburg / VA 1973, 2, S. 11–20).

FËDOR ALEKSANDROVIČ ABRAMOV

* 29.2.1920 Verkola
† 14.5.1983 Leningrad

LITERATUR ZUM AUTOR:
V. Lakšin, *Spor s vetchoj mudrost'ju* (in Novyj mir, 1961, 5, S. 224-229). – J. Andreev, *Bol'šoj mir (O proze F. A.)* (in Neva, 1973, 3, S. 172-182). – J. Andreev, *Chudožestvennaja literatura v épochu NTR. Surovaja dobrota F. A.* (in J. A., *V poiskach zakonomernostej*, Leningrad 1978, S. 249-275). – I. Dedkov, *Vkus pekašinskogo chleba* (in I. D., *Vozvraščenie k sebe*, Moskau 1978, S. 226-246). – F. Kuznecov, *Samaja krovnaja svjaz'*...(in F. K., *Pereklička époch*, Moskau 1980, S. 234–248). – I. Zolotusskij, *Trepet serdca* (in Novyj mir, 1981, 9, S. 244–250). – I. Dedkov, *O tvorčestve F. A.* (in Voprosy literatury, 1982, 7, S. 37–65). – J. Kříž, *Ein kompromißloser Vertreter der Wahrheit (zu wirtschaftspolitischen Aspekten in F. A.s Prosa)* (in *Russische Literatur der Gegenwart*, Hg. N. Franz u. J. Meichel, Mainz 1986, S. 143–156). – I. Zolotusskij, *F. A.* Moskau 1986.

BRAT'JA I SESTRY

(russ.; *Ü: Brüder und Schwestern*). Romantetralogie von Fëdor A. ABRAMOV, erschienen 1958-1978. – Der Romanzyklus gestaltet die Geschichte eines nordrussischen Dorfes vom Jahr 1942 bis in die siebziger Jahre und entstand in der Absicht, mit einer wirklichkeitsnahen und für sowjetische Verhältnisse durchaus offenen Schilderung des Dorflebens die jüngste Vergangenheit des russischen Bauerntums darzustellen und auf die vielfältigen Widersprüche in der Kolchoswirtschaft aufmerksam zu machen. Trotz schonungsloser Offenlegung der sozialen und wirtschaftlichen Mißstände wird aber das Sowjetsystem an sich nicht in Frage gestellt, als vielmehr das persönliche Verantwortungsbewußtsein der Einzelnen gegenüber der Gesellschaft als der wichtigste Faktor bei der Beseitigung der Probleme hervorgehoben.

Der erste Teil der Tetralogie, *Brat'ja i sestry*, 1958 (*Ü: Brüder und Schwestern*), beschreibt das Leben der Menschen in einem im russischen Norden gelegenen Dorf während des Zweiten Weltkriegs. Es werden die Entbehrungen und die Opferbereitschaft vor allem der Frauen und Kinder hinter den Frontlinien gezeigt, die mit ihrer schweren Arbeit einen eigenen Beitrag zum Sieg leisten. Die Dorfbewohner treten als eine Familiengemeinschaft auf, der es mit vereinten Kräften gelingt, die Auswirkungen des Krieges leichter zu ertragen und sogar einen Wechsel in der Kolchosleitung durchzusetzen. – Die Handlung des zweiten Romans, *Dve zimy i tri leta*, 1968 (*Ü: Zwei Winter, drei Sommer*), spielt in den Jahren unmittelbar nach dem Krieg, als die unter der Last der Bedrohung entstandene Gemeinsamkeit zerbricht und das Einzelschicksal in den Vordergrund tritt. Die Hoffnung auf ein besseres Leben weicht angesichts der fortdauernden Not und Mißwirtschaft der Enttäuschung und mündet in Resignation und Selbstbezogenheit. Die scharfen Gegensätze zwischen den Erwartungen und Hoffnungen der Dorfbewohner und der ökonomischen Wirklichkeit führen zu heftigen Konflikten, in welchen die Widersprüche des Kolchossystems deutlich zutage treten.

Der dritte Teil des Zyklus, *Puti-pereput'ja*, 1973 *(Ü: Wege und Kreuzwege)*, gibt die Atmosphäre zu Beginn der fünfziger Jahre wieder, die von der Suche nach Auswegen aus der wirtschaftlichen Misere des Kolchos geprägt ist. In dieser Phase treten die Bauern als tragende Figuren der Handlung eher in den Hintergrund; größere Bedeutung gewinnen nun die Parteifunktionäre als Repräsentanten des Systems, an deren Auseinandersetzungen der Kampf um einen effizienteren Planungs- und Organisationsapparat und somit die Notwendigkeit von Veränderungen demonstriert wird. Die bis dahin räumlich begrenzte Handlung greift hier erstmals über die Grenzen des Kolchos hinaus und bezieht das Geschehen in den Machtzentralen einer Kreisstadt ein. – Der abschließende Band, *Dom*, 1978 *(Ü: Das Haus)*, zeigt ein völlig verändertes Dorf. Die Lebens- und Arbeitsbedingungen haben sich merklich verbessert und lassen andere Probleme in den Vordergrund treten. Die bisher in düsteren Farben geschilderte materielle Lage der Bauern ist einem Leben ohne Nöte gewichen. Die deutlich erkennbaren Attribute des Wohlstands können allerdings nicht darüber hinwegtäuschen, daß an die Stelle der alten, existenziellen Sorgen neue, teilweise noch kompliziertere getreten sind, wobei die Frage nach den moralischen und sittlichen Werten der Gesellschaft zentrale Bedeutung gewinnt.

Obwohl *Brat'ja i sestry* als die Chronik eines Dorfes im Zeitraum von dreißig Jahren konzipiert ist, bilden die einzelnen Teile selbständige und in sich geschlossene Romane. Als Bindeglied fungiert das Schicksal der Familie Prjaslin (die Gesamtausgabe der ersten drei Bände trägt den Namen *Prjasliny*), deren Geschichte stellvertretend für die ganze Dorfgemeinschaft steht. Das Auseinanderfallen der Familie ist ein Synonym für den Zerfall der Gemeinschaft, die zögernde Wiederannäherung symbolisiert die Möglichkeit eines auf gegenseitiger Achtung basierenden Neuanfangs. Michail Prjaslin als die zentrale Figur des Romanzyklus verkörpert den Typus des bodenständigen Bauern, der wegen eines ausgeprägten Verantwortungsbewußtseins gegenüber seiner Arbeit und der Gemeinschaft in immer neue Konflikte verstrickt wird. Die persönliche Tragödie des Helden liegt darin, daß ihm sein unermüdliches Engagement für die Belange des Dorfes trotz des ursprünglichen hohen Ansehens letztendlich den Ruf eines Störenfriedes einbringt. Seine positiven Charaktereigenschaften wie die Liebe zur Arbeit oder die unentwegte Suche nach Gerechtigkeit werden lediglich von den alten, die tradierten bäuerlichen Werte bewahrenden Bauern anerkannt, während sie für die neue, vom Strukturwandel geprägte Generation keine Bedeutung zu haben scheinen. Die Geschichte von Michails Jugendfreund Egor zeigt die Folgen des Identitätsverlustes: Sein Streben nach schnellem Glück endet in Entwurzelung und Einsamkeit.

Der Romanzyklus läßt eine thematische Schwerpunktverschiebung erkennen, die für die gesamte sowjetische Dorfprosa der Nachkriegszeit charakteristisch ist und der tatsächlichen geschichtlichen Entwicklung Rechnung trägt. Während die ersten Teile von dem materiellen Elend der Landbevölkerung geprägt sind bzw. eine verzweifelte Suche nach Verbesserung der Verhältnisse wiedergeben, tritt im letzten Band der soziopsychologische Aspekt in den Vordergrund, der auf die Zerstörung der alten Lebensformen und mit ihnen der ideellen Werte aufmerksam macht. Abramov gelingt es auf diese Weise, »*die realistische, beschreibende Prosa, sowie eine historisch-philosophische und moralische Betrachtungsweise zu einem Ganzen zu vereinen*« (V. Lavrov). Die wahrheitsgetreue Darstellung des Dorflebens macht die mannigfaltigen Probleme des Kolchossystems sichtbar, mit denen die russischen Bauern seit dem Zweiten Weltkrieg zu kämpfen hatten. Der Autor beschränkt sich jedoch nicht auf die Schilderung der negativen Seiten des Landlebens, sondern versucht, auf Wege zur Überwindung der aufgezeigten Mißstände hinzuweisen, wodurch sein Werk trotz der oft bedrückenden Trostlosigkeit des beschriebenen Dorfalltags einen optimistischen Grundton erhält. Die präzise, auf detaillierten Kenntnissen basierende Schreibweise und der teils dokumentarische Stil machen die Tetralogie zu einem Dokument der sowjetischen Zeitgeschichte.

J.Kri.

AUSGABEN: *Brat'ja i sestry*: Leningrad 1958 (in Neva, 9); Leningrad 1959; Iževsk 1979. – *Dve zimy i tri leta*: Moskau 1968 (in Novyj mir, 1–3); Leningrad 1977; Leningrad 1986. – *Puti-pereput'ja*: Moskau 1973 (in Novyj mir, 1–2); Moskau 1973. – *Prjasliny. Trilogija*: Moskau 1974; ern. 1977; Leningrad 1978. – *Dom*: Moskau 1978 (in Novyj mir, 12); Leningrad 1979; ern. 1980; Moskau 1984. – *Brat'ja i sestry. Roman v 4-ch knigach*: Moskau 1980; Leningrad 1982; Moskau 1987. – Leningrad 1980–1982 (*in Sobr. soč. v trech tomach*, 1–2).

ÜBERSETZUNG: *Brüder und Schwestern*, E. Panzig, 4 Bde., Bln. 1976–1980.

DRAMATISIERUNGEN: *Brat'ja i sestry*, Leningrad 1978 (Regie: A. Kazman und L. Dodin). – *Dom*, Archangel'sk 1981 (Regie: È. S. Simonjan).

LITERATUR: B. Pankin, *Živut Prjasliny!* (in Literatura i sovremennost', 1970, 10, S. 371–383). – V. Staroverov, *K portretu poslevoennoj derevni* (in Oktjabr', 1973, 7, S. 197–206). – S. Galimov, *Konflikty i charaktery* (in Moskva, 1973, 11, S. 198–205). – E. Klepikova, *Kak èto bylo...* (in Neva, 1976, 9, S. 180–186; Ü: *F. A.s Trilogie »Brüder und Schwestern«* in Kunst und Literatur, 1977, 6, S. 627–638). – E. Sidorov, *Chronika sela Pekašina* (in E. S., *Vremja, pisatel', stil'*, Moskau 1978, S. 94–105). – V. Oskockij, *Čto že slučilos' v Pekašine?* (in Literaturnoe obozrenie, 1979, 5, S. 46–50; Ü: *Was geschieht in Pekaschino?* in Kunst und Literatur, 1980, 9, S. 973–982). – F. Kuznecov, *Letopis' derevni Pekašino* (in F. K., *Pereklička èpoch*, Moskau 1980, S. 241–248).

CASIMIRO JOSÉ MARQUES DE ABREU

* 4.1.1837/1839 Barra de S.João
† 18.10.1860 Indaiaçu

LITERATUR ZUM AUTOR:
Bibliographie:
Carpeaux, S. 149–153.
Biographien:
N. Bruzzi, *C. de A.*, Rio 1942; [2]1957 (rev.). – R.

Magalhães Jr., *Vida e obra de C. de A.*, São Paulo 1965; ²1972 [erw. u. korr.; ersch. u. d. T. *Poesia e vida de C. de A.*].

Gesamtdarstellungen und Studien:
C. Nunes, *C. de A. ou A sinceridade de um mistificador* (in C. N., *A experiência brasileira*, São Paulo 1964, S. 65–75). – E. de Morais, *C. de A.* (in Coutinho, 2, S. 152–177). – A. S. Amora, *C. de A.* (in A. S. A., *O romantismo*, São Paulo ³1970, S. 161–174).

PRIMAVERAS

(portug.; *Frühlingsblumen*). Gedichte von Casimiro José Marques de ABREU (Brasilien), erschienen 1859. – »*Der Dichter des Heimwehs und der Liebe*«, dessen Lebenswerk diese Sammlung enthält (außer den hier vereinigten Gedichten hat Abreu nur noch die dramatische Szene *Camões e o Jau – Camões und der Javana* geschrieben), ist einer der volkstümlichsten brasilianischen Lyriker, wenn nicht der beliebteste überhaupt. Von großer Einfachheit und Spontaneität der Empfindung und des Ausdrucks, mühelos und natürlich in Vers und Reim, schmeichelt sich diese Lyrik ins Ohr, ist freilich auch leicht zu parodieren, wenn man sich ihrer sanften Melancholie und süßen Traurigkeit widersetzt. Auch einen »Dichter der Ferne« hat man Abreu genannt, denn die meisten seiner Gedichte entstanden in Lissabon, wo er vom vierzehnten bis zum achtzehnten Lebensjahr gegen seinen Willen auf Anordnung des Vaters eine kaufmännische Lehre absolvierte. Hier, »im Exil«, wie er es übertreibend nannte, verzehrt ihn das Heimweh, und aus der Ferne besingt er, woran sein Herz hängt: die Heimat, die heimatliche Natur, Kindheit und Elternhaus, Mutter und Schwester und die ungenannte Geliebte. *Canção do exilio (Gesang aus dem Exil)* heißt bezeichnenderweise das erste Gedicht des ersten »Buches« seiner Sammlung; es folgen *Saudade (Sehnsucht), Meu lar (Mein Elternhaus), A Juriti (Die Taube), Meus oito anos (Mein achtes Lebensjahr), Minha mãe (Meine Mutter)*, Gedichte der Rückerinnerung und romantischen Versenkung, die um so unmittelbarer wirken, als kein grübelnder Sinn, keine »philosophische« Reflexion Empfindung und Aussage stören. Das gilt auch von den Liebesgedichten im zweiten und dritten Buch, die in einfacher, anspruchsloser Sprache die altbekannten, immer wieder beschriebenen Gefühle, Phasen und Situationen der Liebe gestalten. Den letzten, *Livro negro (Schwarzes Buch)* betitelten Teil der Sammlung bilden Gedichte, die nach der Rückkehr des Dichters in Brasilien entstanden. Ihr gemeinsamer Titel bringt die Stimmung tiefer Enttäuschung und düsterer Schwermut zum Ausdruck, die den von unheilbarer Krankheit befallenen Dichter in seinen letzten Lebensjahren beherrschte. Diese Gedichte haben das, wenn auch nur teilweise richtige, romantische Bild des »unglücklichen Jünglings« entstehen lassen, der, in seiner dichterischen Berufung durch widrige Lebensumstände und die unnachgiebige Härte des Vaters behindert, als Einundzwanzigjähriger starb. R.M.P.

AUSGABEN: Rio 1859. – São Paulo 1940 (in *Obras completas*, Hg. Sousa da Silveira). – Rio 1945 [Faks.]. – Rio 1955, Hg. Sousa da Silveira [krit.]. – São Paulo 1961 (in *Poesias completas*, Hg. F. J. da Silva Ramos; m. Einl.). – São Paulo 1965. – São Paulo 1972 [Einl. D. C. da Silva].

LITERATUR: R. Ortigão, Vorwort zur Ausgabe Porto 1866, Rio 1945. – D. Tringali, *A retórica amorosa de C. de A.* (in RLA, 21, 1981, S. 13–23).

DAVID BEN JOSEPH ABUDARHAM

* 1300 Sevilla
† 1354

SEFER ABUDARHAM

(hebr.; *Das Buch des Abudarham*). Kommentar zur jüdischen Liturgie von David ben Joseph ABUDARHAM, verfaßt 1340. – Den Kern des Werkes bildet ein fortlaufender Kommentar zum Text der jüdischen Werktags- und Feiertagsgebete (vgl. *Machsor* bzw. *Siddur*). Dieser erste fortlaufende Kommentar zu den jüdischen Gebeten besteht aus Wort- und Inhaltserklärungen und enthält wertvolle Textvarianten aufgrund von heute nicht mehr zugänglichen Handschriften. Ein besonderes Verdienst erwarb sich der Verfasser dadurch, daß er auch die wichtigsten der poetischen, oft in dunklem Stil abgefaßten mittelalterlichen Zusatzgebete (vgl. *Pijut-Dichtung*) in seinen Kommentar mit einbezieht. Darüber hinaus kommentiert er auch Texte, die dem Gebetbuch nur zuweilen beigefügt, meistens jedoch separat herausgegeben werden, z. B. die Rezitation bei der häuslichen Osterfeier (vgl. *Hagada schel Pessach*). Was das Buch aber weit über den Rang einer bloßen »*Erklärung zu den Segenssprüchen und Gebeten*« (als das es der Verfasser selbst bezeichnet) hinaushebt, sind die eingehenden Untersuchungen über den Ursprung und die Entwicklung synagogaler Bräuche, so daß das Werk auch einen Beitrag zur Geschichte des jüdischen Gottesdienstes darstellt, mit interessanten Einblicken in die gottesdienstliche Praxis der damaligen spanisch-jüdischen Gemeinden. Die originelle Kombination von exegetischem, ritualgesetzlichem und historischem Material macht das Werk zu einer Art Enzyklopädie des jüdischen Gottesdienstes und verwandter Gebiete, so z. B. auch des jüdischen Kalenderwesens (mit einem Kalendarium von 1332 bis 1617).
Für die moderne wissenschaftliche Erforschung des jüdischen Gottesdienstes und seiner histori-

schen Entwicklung wurde das *Sefer Abudarham*, dank der gediegenen Gelehrsamkeit des Verfassers, ein unentbehrliches und zuverlässiges Quellenwerk. Auch in den jüdischen Gesetzeskompendien wird Abudarham häufig zitiert. Da das Buch zudem in klarer und leicht verständlicher Sprache geschrieben ist, fand es nicht nur bei den Gesetzesgelehrten Anklang, sondern auch in jüdischen Laienkreisen, was sich in der großen Zahl von Auflagen spiegelt. L.Pr.

AUSGABEN: Lissabon 1490. – Venedig 1546. – Warschau 1877. – Klausenburg 1927, Hg. Ch. J. Ehrenreich [unvollst.]. – Jerusalem 1958/59, Hg. S. A. Wertheimer [krit.]; ²1962/63.

ÜBERSETZUNG: A. Lewin, in A. Wünsche u. J. Winter, *Die jüdische Literatur*, Bd. 3, Trier 1896, S. 332 f. (Ausz.).

LITERATUR: J. Zimmels (in *Encyclopedia of Great Men in Israel*, Bd. 2, Tel Aviv 1961, S. 341–346; hebr.).

ABRAHAM BEN SAMUEL ABULAFIA

* 1240 Saragossa
† nach 1291 Barcelona (?)

SEFER HA-OT

(hebr.; *Buch des Zeichens*). Methodik der mystischen Ekstase von Abraham ben Samuel ABULAFIA, entstanden 1288. – In diesem Werk (sowie in zahlreichen anderen Schriften) unternimmt es der Autor, die jüdische Mystik über rein philosophische Spekulationen hinaus zu einer Bewegung zu erheben, die die Vervollkommnung des Menschen durch ekstatische Zustände anstrebt, deren Ziel die mystische Vereinigung mit Gott ist. Diese von Abulafia selbst als »prophetische Kabbala« bezeichnete Richtung der Mystik war innerhalb der sephardischen (d. h. im Mittelmeergebiet ansässigen) Judenheit ein Novum; in Deutschland bestand diese mystische Bewegung jedoch spätestens seit ELEASAR BEN JEHUDA aus Worms (1160–1237), auf dessen Autorität sich Abulafia ausdrücklich beruft. Außerdem dürfte Abulafia durch die damals auf ihrem Höhepunkt stehende islamische Sufi-Bewegung und deren System religiöser Inbrunst beeinflußt worden sein. Vor allem aber war er selbst eine schwärmerische Natur mit romantischen Wunschvorstellungen: Als Zwanzigjähriger reiste er in den Orient, um den sagenhaften Fluß Sambation und die angeblich an seinen Ufern hausenden zehn verlorenen israelitischen Stämme zu suchen, mußte aber in Syrien wegen kriegerischer Wirren umkehren. Nachdem er 1271 in Barcelona die prophetisch-mystische »Erleuchtung« hatte, verkündete er für 1290 den Anbruch des messianischen Reiches (das dann allerdings nicht gekommen ist); 1280 wollte er Papst Nikolaus III. zum Judentum bekehren, was ihn beinahe auf den Scheiterhaufen gebracht hätte. Von dem berühmten SALOMO IBN ADRET (vgl. *Responsen-Sammlungen der Juden*) wegen seiner schwärmerischen Offenbarungen getadelt und von seinen Gegnern beschuldigt, daß er sich selbst für den Messias halte, floh er nach der Insel Contina bei Malta, wo er sein *Sefer ha-ot* verfaßte.

In Abulafias Werk ist die Methode niedergelegt, durch die wissenschaftliche Kombination der Buchstaben (daher der Titel *Buch des Zeichens*, was auch *Buch des Buchstabens* bedeuten kann) zur Ekstase zu gelangen. Es handelt sich zunächst um hebräische Buchstaben, aber letztlich sei alles, was der Mensch spreche und schreibe, von gewisser Heiligkeit, da alle Sprachen auf die hebräische zurückgingen ... Das Wesen der Welt sei sprachlicher Natur; alles existiere nur durch den Anteil, den es am großen Namen Gottes, der sich in der ganzen Schöpfung offenbart, besitze. Die Wissenschaft von den verschiedenen Verbindungen der Buchstaben und Worte ist die »mystische Logik«, mit deren Hilfe die mystisch-ekstatische Transfiguration des Menschen erreicht werden soll, durch die er zur Gottesnähe und innigen Verbindung mit der Gottheit gelangt. Trotz der schwer verständlichen Formulierungen hat das *Sefer ha-ot*, zusammen mit den anderen Schriften des Autors, bewirkt, daß seit jener Zeit der Aufschwung der Seele zu Gott durch religiöse Inbrunst ein integrierender Bestandteil der jüdischen Mystik wurde: im *Sohar* und darüber hinaus in der Lurianischen Mystik (vgl. *Ez chajim*) sowie auch im Chassidismus. L.Pr.

AUSGABE: Breslau 1887, Hg. A. Jellinek (in *Jubelschrift zum 70. Geburtstag des Prof. Dr. H. Graetz*, S. 65–88).

LITERATUR: G. Scholem, *Die jüdische Mystik in ihren Hauptströmungen*, Ffm. 1957; zul. 1980 (stw). – A. Berger, *A. ben S. A.* (in *Essays on Jewish Life and Thought, Presented in Honour of S. W. Baron*, Hg. J. L. Blau u. a., NY 1959, S. 55–61). – G. Scholem, Art. *A. ben S. A.* (in EJ², 2, Sp. 185 f.).

TODROS ABULAFIA

* 1247 Toledo
† nach 1295

GAN HA-MESCHALIM WE-HA-CHIDOT

(hebr.; *Garten der Parabeln und Rätsel*). Gedichtsammlung von Todros ABULAFIA. – Der Autor

und sein Werk waren bis ins 20. Jh. völlig in Vergessenheit geraten. Der Anstoß zur Wiederentdeckung erfolgte durch einige Genisa-Fragmente. Genisa *(Versteck)* werden Schriften genannt, die vor der Zerstörung bewahrt wurden. Am berühmtesten ist die Kairoer Genisa mit Hunderttausenden von Blättern.
Das umfangreiche Werk ist in einer vollständigen Handschrift und mehreren fragmentarischen Abschriften erhalten, die alle der vom Verfasser festgelegten Anordnung folgen. Es enthält über tausend Gedichte; einige davon stammen von Autoren, mit denen Todros Abulafia Gedichte austauschte. Er war der erste hebräische Dichter Spaniens, der nie im muslimischen Andalusien, sondern ausschließlich im christlichen Kastilien lebte, wo er nach dürftiger Jugend Finanzverwalter unter Alfons X. (reg. 1252–1284) und seinem Nachfolger Sancho IV. (reg. 1284–1295) wurde. Er gehörte jedoch der andalusischen Dichterschule an und beherrschte die arabische Sprache, führte für seine Leser aber hebräische (statt der üblichen arabischen) Überschriften und Erklärungen zu den Gedichten ein. Im Gegensatz zur meist allgemein gehaltenen Aussage mittelalterlicher hebräischer Dichtung überrascht Abulafia durch seinen persönlichen Ton. Seine Derbheit und Ironie nehmen anscheinend in gleichem Maße zu, wie er von den Gönnern seiner Jugend finanziell unabhängig wird. Allerdings bezeugen manche Klagelieder seiner Jugendjahre echte Trauer um den Tod von jüdischen Granden, an deren Hof er gelebt hatte. Seine Freundschaftsgedichte enthalten ungeschminkte Darstellungen des fröhlichen Lebenswandels, den er mit seinen Genossen führte. Neben Liebes- und Trinkliedern im eleganten Stil findet sich das Lob schöner Knaben und Mädchen. Daß es sich dabei nicht etwa nur um eine literarische Mode handelt, bezeugt seine Selbstverteidigung gegen die Beschuldigung, sich allzuviel mit schönen Damen abzugeben. – Schon als Siebzehnjähriger verfaßte er eine Sammlung von 500 »Homonymenversen« (Verse mit gleichlautenden Wörtern verschiedener Bedeutung), zwar nach Themen geordnet, aber mit anderem Aufbau, als ihn z. B. der *Anak* des Mosche IBN ESRA zeigt. – Ein Gedicht an Alfons X. ist in der Form des Siebenzeilers der Troubadours verfaßt (Reimschema: *abbaccb*), eine Versart, die sonst in der hebräischen Dichtung ungebräuchlich ist. Das »Gürtelgedicht« genannte Strophengedicht (arab. *muwaššaḥ*) des arabischen und hebräischen Andalusien ist in seinem Werk mit 47 Beispielen vertreten, die alle mit einer in arabischen Dialekt abgefaßten Schlußstrophe (arab. *ḫarǧa*) enden. Alle anderen Gedichte haben sogenannte »Gleichreime« oder »reiche Reime« (mit Gleichklang von mindestens den letzten drei Silben des Reimworts). Manche Gedichte sind sehr lang, aber daneben enthält die Sammlung auch Hunderte von wohlgeprägten Epigrammen. Einige scherzhafte Streitgedichte sind im Stil der altprovenzalischen Tenzonen verfaßt. Die Vorliebe des Todros Abulafia für kunstvolle Formen zeigt sich in akrostischen Verschränkungen, so in einer Sammlung von 120 Epigrammen mit dem Akrostichon seines Namens. Wie die meisten hebräischen Dichter hat er auch Gebete rein persönlicher Natur verfaßt, darunter eine Version des Sündenbekenntnisses. Manches schrieb er während einer langen Augenkrankheit, *»als er nicht dichten konnte«.*
Als Alfons X. 1281 aus religiösem Fanatismus seine jüdischen Beamten und Ratgeber einkerkern ließ, kam auch Todros Abulafia in Haft und schrieb mehrere Gedichte über seine Gefangenschaft. Seine Verse zeichnen sich durch Gewandtheit im Ausdruck wie durch die Beherrschung der arabisierenden Versmaße und des Reims aus. Er weicht bewußt vom reinen bibelhebräischen Stil seiner Vorgänger ab, indem er sehr viele nachbiblische Wörter und Redewendungen gebraucht. P.N.

AUSGABEN: Ldn. 1926, Hg. M. Gaster [Faks. einer Hs. aus Indien]. – Jerusalem 1932–1937, Hg. D. Yellin, 3 Bde. [m. Einf. u. Anm.]. – Bln. 1933 (*Gürtelgedichte des T. A.*, Hg. H. Brody, in Mitt. des Forschungsinstituts f. hebr. Dichtg., 1, 1933). – Jerusalem ²1960 (in J. Schirmann, *Ha-schira ha-ivrit bi-Sefarad uvi-Provans*, Bd. 4; Ausw.). – Harmondsworth/NY 1981 (in *The Penguin Book of Hebrew Verse*, Hg. T. Carmi; 10 Gedichte; hebr.-engl.).

LITERATUR: B. Chapira, *Contribution à l'étude du Divan de T. A.* (in REJ, N. S., 6, 1945, S. 1–33). – Y. Baer, *A History of the Jews in Christian Spain*, Philadelphia 1961 [Übers. a. d. Hebr.].

ŠAMS AR-RI'ĀSA ABŪ L-BARAKĀT

† 1324

MIṢBĀḤ AẒ-ẒULMA WA-'ĪḌĀḤ AL-ḤIDMA

(arab.-christl.; *Lampe der Finsternis und Darlegung des Dienstes*). Theologische Enzyklopädie von Šams ar-Ri'āsa ABŪ L-BARAKĀT. – Der Autor gehörte als Priester zum Klerus der bekannten Kirche al-Mu'allaqa in Kairo und war außerdem Sekretär des Emirs Rukn ad-Dīn BAIBARS AL-MANṢŪRĪ († 1325), den er bei der Abfassung seiner Geschichte des Islam *(Zubdat al-fikra fī ta'rīḥ al-hiǧra – Die Quintessenz der Reflexion über die Geschichte der Hedschra)* unterstützte; dieses Werk reicht bis zum Jahr 1324, dem Todesjahr des Abū l-Barakāt. Die *Lampe der Finsternis*, die bedeutendste unter den zahlreichen Schriften des Abū l-Barakāt, enthält alles für den Klerus und die Laien Wissenswerte aus Glaubenslehre, Bibelkunde, Kirchenrecht, Literaturgeschichte, Liturgie und Kult, teils in Form von Abhandlungen, teils in Form ausführlicher Inhaltsangaben und knapper Übersichten über frühere Werke. Das unter didaktischen Gesichtspunkten angelegte Werk will den kommenden Geschlechtern das überlieferte Glaubensgut der koptischen Kirche übermitteln und Lehre und Kult in Zukunft gegen Abweichungen und Entstellungen sichern. Der immense Stoff ist in 24 Kapitel gegliedert: 1) Über den Glauben und seine Grundlagen. 2) Orthodoxes Glaubensbekenntnis mit Erklärung. 3) Die Geburt des Herrn und ihr Zeitpunkt; in diesen drei dogmatischen Kapiteln schließt sich der Autor an die Überlieferung der Jakobiten ABŪ RĀ'IṬA († nach 828) und Yaḥyā IBN ADĪ († 974) sowie des Kopten Severus IBN AL-MUQAFFAʿ († nach 987) an; er erwähnt auch die Lehren der Melchiten und Nestorianer und gibt eine Liste von siebzehn früheren Häresien. 4) Legendenhafte Nachrichten über die zwölf Apostel und die siebzig Jünger. 5) Eine Liste der kirchlichen Rechtssammlungen mit Inhaltsangaben, die für die Kenntnis der koptischen Kirchenrechtsquellen von großer Bedeutung sind. 6) Ein Verzeichnis der Bücher der Heiligen Schrift und der gebräuchlichen liturgischen Bücher. 7) Eine Aufzählung der christlichen Schriftsteller und ihrer Werke (ein für die christlich-arabische Literaturgeschichte äußerst wertvoller Katalog). – Die folgenden Kapitel sind dem Kult im weiteren Sinn gewidmet: 8) Über Kirchengebäude und Kirchweihe. 9) Der Ritus der Zubereitung und der Weihe des heiligen Myron (Salböl). 10) Die Wahl und Weihe des koptischen Patriarchen. 11) Die Weihe der Bischöfe. 12) Die Weihe der Priester. 13) Die Weihe der Diakone und der niedrigen Weihegrade. 14) Die Mönchsweihe und das Mönchsleben. 15) Die Taufe. 16) Die Ordnung der Gebete bei Tag und Nacht. 17) Das Meßopfer. 18) Die Fastenzeit und Osterwoche. 19) Die fünfzig Tage (nach Ostern) und die Herrenfeste. 20) Die Trauung. 21) Das Begräbnis. Die Kapitel 10–21 sind alle nach dem gleichen Schema verfaßt: Zunächst wird ein Abriß der bestehenden kirchenrechtlichen Bestimmung geboten, fast ausschließlich aus dem Nomokanon (vgl. *Maǧmūʿ al-qawānīn*) des Kopten aṣ-Ṣafī IBN AL-ʿASSĀL, darauf folgen liturgische Texte, Gebete, Schriftlesungen und Rubriken aus den damaligen liturgischen Büchern der Kopten. Die letzten drei Kapitel bringen Vermischtes: 22) Ein Verzeichnis der Schrift-Lesungen für die Tage und Feste des Kirchenjahres. 23) Die Berechnung der Epakten (Angaben im Mondkalender zur Berechnung des Osterfestes) mit einer chronologischen Tabelle. 24) Eine Chronographie der Weltära sowie eine kurze Geschichte der Patriarchen von Alexandrien. Die Eigenart der *Lampe der Finsternis* beruht weniger auf der schöpferischen Leistung des Autors als vielmehr auf seiner umfassenden Sammel- und Registriertätigkeit, die viel anderweitig Verschollenes bewahrt hat. Das Werk ist eine Fundgrube für die Kenntnis der koptischen Kirche, besonders für das liturgische Leben, die Zeremonien und Gebräuche des 14. Jh.s. Leider nennt der Autor nur selten seine Quellen. Doch lassen sich unter anderem Entleh-nungen feststellen aus Werken der Kopten Severus Ibn al-Muqaffaʿ, aṣ-Ṣafī und Hibatallāh Ibn al-ʿAssāl (13. Jh.), des Jakobiten Yaḥyā Ibn ʿAdī, der Nestorianer Ḥunain IBN ISḤĀQ († um 873) und ʿABDALLĀH IBN AṬ-ṬAIYIB († 1043). Wie die zahlreichen, wohl vom Autor selbst herrührenden Glossen, Ergänzungen und Berichtigungen zeigen, die in den Handschriften überliefert sind, ist das Werk offenbar nicht in einem Zug niedergeschrieben. Die 1928 begonnene Gesamtausgabe ist leider noch nicht vollendet. J.As.

AUSGABEN UND ÜBERSETZUNG: Paris 1928 (*Livre de la lampe des ténèbres et de l'exposition (lumineuse) du service (de l'église)*, Hg. L. Villecourt, E. Tisserant u. G. Wiet; PO, 20,4; Kap. 1. 2). – *Abū l-Barakāt Ibn Kabar, Misbāḥ az-Zulmah fī ʾīḍāh al-khidmah, Lampa tenebrarum*, 1ª Pars, Kairo 1971 [Kap. 1–12; nur arab.].

LITERATUR (enth. auch Teilausg.): W. Riedel, *Die Kirchenrechtsquellen des Patriarchates Alexandrien*, Lpzg. 1900, S. 15–80. – A. Baumstark, *Abū ʾl-Barakāt's nichtgriechisches Verzeichnis der siebzig Jünger* (in OC, 1, 1901, S. 240–257). – Ders., *Abū ʾl-Barakāt's ›Griechisches‹ Verzeichnis der siebzig Jünger* (ebd., 2, 1902, S. 312–343). – W. Riedel, *Der Katalog der christlichen Schriften in arabischer Sprache von Abū ʾl-Barakāt*, Göttingen 1902, S. 635–706 (NGG, phil.-hist. Kl., H. 5). – E. Tisserant, *Le calendrier d'Abou ʾl-Barakāt*, Paris 1913, S. 245–286 (PO, 10,3). – F. Haase, *Apostel u. Evangelisten in den orientalischen Überlieferungen*, Münster 1922, S. 295–300. – L. Villecourt, *Les observances liturgiques et la discipline du jeune dans l'église copte* (in Le Muséon, 36, 1923, S. 249–292; 37, 1924, S. 201–280; 38, 1925, S. 261–320). – A. Rücker, *Die Mariamitensekte nach Abū ʾl-Barakāt* (in F. J. Dölger, Antike u. Christentum, Bd. 1, Münster 1929, S. 160). – Graf 2, S. 439–442.

ABU'L ĠĀZĪ BAHĀDUR ḪĀN

* 12.8.1603 Urgentsch
† März 1664

LITERATUR ZUM AUTOR:
C. Huart, Art. *Abu'l-Ġhāzī Bahādur Khān* (in EI, Bd. 1, 1913, S. 92). – A. Z. V. Togan, Art. *Ebülġāzī Bahādur Han* (in İslâm ansiklopedisi, Bd. 4, 1945, S. 79–83). – B. Spuler, Art. *Abu'l Ġhāzī Bahādur Khān* (in EoI, Bd. 1, 1960, S. 120f.). – A. İnan, *Ebülgazi Bahadır Han ve Türkçesi* (in Türk Dili Araştırmaları Yıllığı. Belleten, 1957, S. 29–39). – Art. *Abulġozij Bahodirchon* (in Ŭzbek sovet ėnciklopedijasi, Bd. 1, Taschkent 1971, S. 77).

ŠAĞARA-I TÜRK

(čag.-türk.; *Stammbaum der Türken*). Geschichtswerk von ABU'L-ĞĀZĪ BAHĀDUR ḪĀN, fertiggestellt von seinem Sohn Abu'l-Muzaffar ANŪŠA Muḥammad Bahādur Ḫān im Jahre 1665. – Der Autor, der, als zweiter Sohn des Herrschers 'Arab Muḥammad Ḫān, erst nach wechselvollen Bruderkriegen und zehnjährigem persischem Exil den Thron des Khanats von Chwarezm in der neuen Hauptstadt Chiwa besteigen konnte, begründete die tschagataisch-türkische Literatur in diesem Land mit zwei historiographischen Werken (einer Gattung, die hier bis ins späte 19. Jh. noch hervorragende Vertreter finden sollte).

Während das erste, die *Šaǧara-i Tarākima*, 1660/61 *(Stammbaum der Türkmenen)*, vor allem die legendäre Geschichte der Ogus-Türkmenen beschreibt und dank der Fülle der herangezogenen Quellen – neben dem Ogusenkapitel aus RAŠĪD O'D-DĪNS *Ǧāmeʿ o't-tawārīḫ* sind noch zwanzig türkmenische Texte verarbeitet – die umfassendste Darstellung der islamisierten Ogusentradition bietet (vgl. *Oǧuznāme*), konzentriert sich die *Šaǧara-i Türk* auf die Geschichte der usbekischen Šaybanidendynastie von der Mitte des 15. Jh.s bis 1663. Da sich dieses in mehreren Zweigen regierende Herrscherhaus auf Činggis-Khans Sohn Ǧoči zurückführen konnte, beginnt der Autor jedoch mit einem legendären Stammbaum der Türken, der von Adam bis Činggis-Khan reicht, behandelt letzteren sowie dessen Söhne und Enkel und kommt schließlich – über die Šaybaniden in Turan, Kasachstan, der Krim und Transoxanien – zu den Šaybaniden in Chwarezm. Im ersten Teil seines Werkes stützt sich Abu'l-Ğāzī Bahādur auf die Weltgeschichte Rašīd o'd-Dīns, die er allerdings in manchen Punkten korrigiert. Darüber hinaus beruft er sich auf siebzehn *Čingiznāme*-Texte, ohne diese jedoch im einzelnen anzugeben. Am interessantesten ist die Schilderung der jüngsten Vergangenheit Chwarezms, die offensichtlich auf Informationen aus erster Hand beruht.

Der im engeren Sinn autobiographische Teil des Werks umfaßt fünfzig Seiten; der Autor erzählt von seiner politischen Tätigkeit während der Regierungszeit seines Vaters: Seine Jugend verbringt er in Ürgenč, der älteren Hauptstadt von Chwarezm; 1619, anläßlich der Verlegung der Residenz nach Chiwa, erhält Abu'l-Ğāzī die Statthalterschaft von Kat, östlich des Amu-Darja; 1620 werden er und sein Vater von seinen beiden jüngeren Brüdern besiegt und flüchten nach Buchara; 1623, nach der Vertreibung der Usurpatoren, wird er, von seinem ältesten Bruder Isfandiyār, als Statthalter von Ürgenč eingesetzt; 1626 nach einem mißlungenen Komplott muß er erneut fliehen, zu den Kasachen, nach Taschkent und Buchara; 1629 wird er von Isfandiyār gefangengenommen und nach Isfahan verbannt; 1639 flieht er von dort und gelangt nach vielen Abenteuern 1643/44 auf den Thron von Chwarezm. Daran anschließend schildert Abu'l-Ğāzī die erste Zeit seiner Regierung, die von Kämpfen ausgefüllt war (Feldzüge gegen die Kalmüken, gegen Buchara, Qaraköli, Čarguy und Yayči).

Die *Šaǧara-i Türk* kann sich zwar weder in literarischer Hinsicht noch als menschliches Dokument mit dem 135 Jahre älteren *Bāburnāme* messen – dies mag auch damit zusammenhängen, daß sich BĀBUR bewußt auf Memoiren beschränkte, während Abu'l-Ğāzī ein umfassendes Geschichtswerk schreiben wollte –, doch ist den beiden schreibenden Staatsmännern das Streben nach Objektivität und nach Allgemeinverständlichkeit gemeinsam. Daher ist Abu'l-Ğāzīs Buch in einem von allen persischen und arabischen Bestandteilen gereinigten Türkisch abgefaßt, das er ausdrücklich auch von der üblichen tschagatai-türkischen Schriftsprache unterscheidet: »*Ich habe diese Geschichte in türkischer Sprache verfaßt, damit alle Leute, Vornehme und Gemeine, sie verstehen. Auch türkisch habe ich so geschrieben, daß selbst ein fünfjähriges Kind es versteht.*« Die Absicht, sein Buch durch eine persische Übersetzung auch Nichttürken zugänglich zu machen, konnte er nicht mehr verwirklichen.

Die *Šaǧara-i Türk* wurde durch eine deutsche Übersetzung, die der Schwede SCHENSTRÖM 1720/21 in Sibirien mit Hilfe eines Bucharer Imams angefertigt hatte, schon früh in Europa bekannt und im Lauf des 18. Jh.s in mehrere Sprachen übersetzt.
U.W.

AUSGABEN: 1) *Šaǧara-i Tarākima*: Istanbul 1937, Hg. Türk Dil Kurumu (Ebülgazi Bahadır, *Şecerei Terakime*; Faks.). – Moskau/Leningrad 1958 (*Rodoslovnaja turkmen. Sočinenie Abu-l-Gazi Chana chivinskogo*, Hg. A. N. Kononov; m. russ. Übers. u. grammat. Darstellung d. Sprache Abu'l-Ğāzīs; krit.). – 2) *Šaǧara-i Türk*: Kasan 1825 (*Abulghasi Bahadur Chani Historia Mongolorum et Tatarorum nunc primum tatarice edita auctoritate et munificentia illustrissimi Comitis Nicolai de Romanzoff Imperii Russici Cancellarii Supremi*, Hg. C. M. Fraehn). – Petersburg 1871 (*Histoire des Mongols et des Tatares par Aboul-Ghâzi Béhâdour Khan*, Hg. Baron Desmaisons, Bd. 1; ern. Amsterdam 1970). – Ankara 1950 (in Saadet Ş. Çagatay, *Türk Lehçeleri Örnekleri*; Ausz. in lat. Umschrift).

ÜBERSETZUNGEN: *Šaǧara-i Tarākima: Rodoslovnaja turkmen Abul'-Gazi-Bochadur-chana*, A. Tumanskij, Aščhabad 1897 [russ.]. – *Šaǧara-i Türk: Histoire généalogique des Tatares, traduite du manuscrit tatare d' Abulgazi Bagadur Chan*, Barenu u. Bentinck, 2 Bde., Den Haag 1726 [frz.; nach d. dt. Übers. v. Schenström]. – *Abulgazi Bagadur Chans Geschichtsbuch der mugalisch-mongolischen oder mongorischen Chane*, D. D. G. Messerschmid, Göttingen 1780. – *Histoire des Mongols et des Tatares par Abou-l-Ghâzi Béhâdour Khan*, Baron Desmaisons, Bd. 2, Petersburg 1874 [frz.; ern. Amsterdam 1970]. – *Rodoslovnoe drevo tjurkov. Sočinenie Abul-Gazi, chivinskogo chana*, G. S. Sablukov, Kasan 1906 [russ.]. – Abu'l Ğāzī Bahādur Ḫān, *Türk şeğeresi*, R. Nūr, Istanbul 1343/1925 [osm.-türk.].

LITERATUR: A. Abraževev, »*Rodoslovnoe drevo tjurkov« i ego avtor* (in Zvezda Vostoka, 1946, Nr. 12, S. 68–76). – J. Eckmann, *Die tschagataische Literatur* (in PhTF, Bd. 2, Wiesbaden 1964, bes. S. 382–385). – Ch. Korogly, »*Rodoslovnaja turkmen« Abulgazi i oguzskij ėpos* (in Turcologica, Leningrad 1976, S. 268–273).

AL-ḤASAN IBN HĀNI' ABŪ NUWĀS

* zwischen 747 und 762 al-Ahwāz
† zwischen 813 und 815 Bagdad

DĪWĀN

(arab.; *Diwan*). Gesammelte Gedichte von Al-Ḥasan Ibn Hāni' ABŪ NUWĀS. – Der *Dīwān* des Abū Nuwās wurde nicht vom Dichter selber zusammengestellt; erst ab dem 10. Jh. sind uns Rezensionen des Abū Nuwās-Dīwāns überliefert, die beiden wichtigsten und ältesten von ḤAMZA AL-IṢFAHĀNĪ und ABŪ BAKR AṢ-ṢŪLĪ. Ḥamza – um größtmögliche Vollständigkeit bemüht – nahm ziemlich kritiklos alle Abū Nuwās zugeschriebenen Gedichte auf und brachte deshalb eine weit größere Anzahl zusammen als aṣ-Ṣūlī, der in der Frage der Authentizität sehr strenge Maßstäbe anlegte, auch nach ästhetischen Gesichtspunkten auswählte und damit wohl zu weit ging. Ḥamza nahm zu den Gedichten eine große Anzahl *aḫbār* (›Nachrichten‹) auf, die Anlaß und nähere Umstände der betreffenden Gedichte erzählen, etwa daß gewisse obszöne Verse den Dichter ins Gefängnis brachten. Im Kap. *madā'iḥ* hat Ḥamza Gedichte gesondert zusammengestellt, die Abū Nuwās in Gefangenschaft verfaßt hat. Die Rezensoren teilten den *Dīwān* des Abū Nuwās nach seinen verschiedenen Themen in Kapitel ein (Ḥamza begründet bisweilen die Zuordnung): *naqā'iḍ* (›Rangstreitgedichte‹), *madā'iḥ* (›Lobgedichte‹), *marāṭī* (›Trauergedichte‹), *'itāb* (›Tadelsgedichte‹), *hiǧā'* (›Spottgedichte‹), *zuhdīyāt* (›Askesegedichte‹), *ṭaradīyāt* (›Jagdgedichte‹), *ḫamrīyāt* (›Weingedichte‹), *ġazalīyāt* (›Liebesgedichte‹), *muǧūnīyāt* (›Obszönitäten, Scherzgedichte‹).
Abū Nuwās, im Urteil der Nachwelt der hervorragende Dichter unter den *muḥdaṯūn* (Modernen) der frühen Abbasidenzeit, beherrschte alle alten Formen und Mittel: In seiner Dichtung verwendet er die alten Versmaße meisterlich und neben neuen Formen auch die der Qaside (arab. *qaṣīda*) mit den alten, obligaten Topoi. Thematisch im traditionellen Rahmen halten sich im allgemeinen die Qasiden und Stücke (arab. *qiṭa'*) der Kapitel *madā'iḥ*, *naqā'iḍ*, *hiǧā'* und *marāṯī*: Gegenstand des Lobes sind Freigebigkeit des Adressaten, seine edle Abstammung, Tapferkeit, Religiosität, Strenge gegenüber Feinden, Milde gegenüber Bedrückten, Weisheit und bei Wesiren auch die Fähigkeit, guten Rat zu geben, Entschlußkraft. Motivation ist, wie in alter Zeit, der Wunsch, vom Angesprochenen entsprechend belohnt zu werden; eine Reihe von *madā'iḥ* endet mit der Bitte um Befreiung aus dem Gefängnis. Auch der Dank ist Anlaß und Gegenstand von Lobgedichten sowie gelegentlich der Glückwunsch. Die *naqā'iḍ* des Abū Nuwās sind poetische Fehden mit Dichterkollegen. Stammes-*hiǧā'* richtet sich bei ihm immer gegen die Nordaraber. Aus dem Rahmen fallen die Schmähverse gegen den Nil, den Regen und den Fastenmonat Ramaḍān. In seinen wenigen *marāṭī* betrauert Abū Nuwās Kalifen und Wesire, Gelehrte und Dichter, Freunde, Geliebte, seinen Sohn und sich selbst. Bereits klassisch ist die Verbindung von Trauer mit Lob, neu ist Abū Nuwās mit seiner Verknüpfung von Trauer und Glückwunsch in einem Gedicht an al-Amīn zum Tod seines Vaters Hārūn, in dem den Beileidsversen der Glückwunsch zum Regierungsantritt folgt. In seinen ebenfalls nicht zahlreichen *'itāb*-Gedichten spricht Abū Nuwās zumeist in maßvollen Worten ehemalige Freunde an, die ihn enttäuscht haben, weil sie ihm ihre Freundschaft entzogen, ihm Hilfe versagt haben. Die 24 *zuhdīyāt* des Abū Nuwās beweisen – wie WAGNER ausführt – nicht eine echte Bekehrung des »Lebemannes« Abū Nuwās. Die Beschäftigung mit den Themen Vergänglichkeit, Tod und Reue ist mehr in zeitweiligen Stimmungen und wohl auch Opportunismus begründet.
Die frühe Abbasidenzeit war für die Dichtung eine Zeit des Übergangs: Die altarabische Qaside wurde von neuen Gattungen abgelöst. Einzelne ihrer Themen verselbständigten sich oder wurden von den *muḥdaṯūn* verfremdet angewandt, sei es durch Übertragung ins städtische Milieu oder durch Negierung des Sachverhalts und Ironie. Berühmt sind Abū Nuwās' Persiflagen auf den *nasīb* der Beduinenqasiden, in denen er dazu aufruft, sich von den verlassenen Lagerstätten abzukehren und statt dessen dem Weingenuß und der Liebe zu huldigen. Allgemein wurde dem Leben der Beduinen, wie es in den alten Qasiden zum Ausdruck kommt, mehr und mehr das Leben des Bürgertums und des abbasidischen Hofes gegenübergestellt, und schließlich bestimmten Milieu und Verhaltensweisen dieser neuen Kreise die Thematik der Dichtung (z. B. der Verlauf eines Schachspiels, die Einladung zu einem Mahl, Einzelheiten von Zechgelagen, Pferderennen, das Polospiel usw.). Wie der Inhalt, so ändert sich auch die Sprache der Dichtung. Sie wird überreich an kunstvoller Rhetorik. Vor allem durch Metapher und Vergleich erhält die Poesie eine bis dahin nicht gekannte Vielschichtigkeit. Abū Nuwās war Mitbegründer aber auch Meister dieses Stils: »*Ich schildere einen Hund, der in seinen Ketten hin- und herzerrt// Wie ein Verrückter, der vor seiner Nasenmedizin flieht,// Bei einem Arzt, dessen Peitsche er fürchtet.*« Einige Verse weiter über den Lauf des Hundes: »*Wie ein Blitz, indem er, wenn er darauf traf, die Kiesel aufwirbelte,// Gleich einem Braten, der in seinem spritzenden Fett fliegt.*« (Übers. Wagner).

Jagdbeschreibungen, Weinlieder und Liebesgedichte waren es, die Abū Nuwās berühmt gemacht haben. In seinen ṭaradīyāt, die bis auf wenige Ausnahmen raǧaz-Gedichte sind, geht Abū Nuwās immer vom jagenden Tier aus: Hund, Gepard, verschiedene Arten von Beizvögeln schildert er in immer neuen Bildern während der Jagd auf Gazellen, Kraniche, Hasen, Bergziegen und andere Beutetiere. Analog zur Jagd mit Tieren wird auch die Jagd mit der Armbrust beschrieben. Abū Nuwās' Schilderungen sind realistisch und sicher größtenteils Ergebnis eigener Beobachtung. Ihn fasziniert das jagende Tier, seine Aufmerksamkeit, Ungeduld und Bewegungsweise. Mitleid mit der Beute hat in diesen Gedichten keinen Platz.

Die ḫamrīyāt sind in ihrer Thematik sehr vielfältig: Zurückweisung des Tadels ist häufig das Einleitungs- oder Schlußthema. Im Hauptteil herrscht die Beschreibung vor, deren Gegenstand alles sein kann, was mit dem Weingenuß in Zusammenhang gebracht werden kann: Wein, Becher, Schenke, Garten, Schenkknabe oder Schenkmädchen, Zecher und Sänger.

Die Liebesgedichte des Abū Nuwās werden von HAMZA und AṢ-ṢŪLĪ eingeteilt in muʾannatāt (Frauenliebe betreffend) und muḏakkarāt (Knabenliebe betreffend), doch unterscheiden sie sich hinsichtlich der Thematik und des Tenors kaum. Die meist kurzen ġazalīyāt beschreiben die Liebe und ihre Folgen, wie Tränen, Schlaflosigkeit, Tadel, Trennung, Hoffnung; sie schildern Hindernisse und Erfüllung sowie die Geliebte bzw. den Geliebten, den Liebeskranken und den Liebesboten. Wie die ḫamrīyāt, spiegeln auch die ġazalīyāt Erfahrungen des Dichters wider. Abū Nuwās schildert auch da eigene Erlebnisse, wo er selber der Unglückliche, der Abgewiesene, der Verspottete ist. Im Kapitel muǧūnīyāt sind im Rahmen oft derber, erotischer Gedichte eine Fülle von Themen in Verse gefaßt. Eine Besonderheit sind die Buchstaben- und Worträtsel (arab. muʿammā), in denen Abū Nuwās die Eigentümlichkeiten der arabischen Schrift und Sprache voll ausschöpft. Die Lösung des Rätsels ist gewöhnlich der Name eines geliebten Knaben oder ein Tabu-Wort. Die Rätselgedichte im Dīwān des Abū Nuwās sind der früheste Beleg für diese Gattung.

Die neue ʿabbasidische Dichtung war das Ergebnis längerer Entwicklung. So sind auch Jagd, Weingenuß und Liebe als Themen bereits vorhanden. Abū Nuwās hat aber die ṭaradīyāt, die ḫamrīyāt und die ġazalīyāt als Gattungen zu höchster Vollendung gebracht, hat dadurch zu ihrer festen Etablierung in der arabischen Dichtung beigetragen und ist Generationen von Dichtern zum Vorbild geworden.

S.Gr.

AUSGABEN: Greifswald 1861, Hg. W. Ahlwardt [nur T. 1, *Die Weinlieder*]. – Kairo 1953, Hg. A. al-Gazzālī. – Wiesbaden 1958 (T. 1), 1972 (T. 2), Hg. E. Wagner (Bibliotheca Islamica 20 a, 20 b); Wiesbaden 1982 (T. 4), Hg. G. Schoeler (Biblioteca Islamica 20 d).

LITERATUR: E. Wagner, *A. N. Eine Studie zur arabischen Literatur der frühen Abbasidenzeit*, Wiesbaden 1965 [m. zahlr. Übers. u. ausführl. Bibliogr.]. – A. Hamori, *Examples of Convention in the Poetry of A. N.* (in Studia Islamica, 39, 1969, S. 5–26). – J. Bencheikh, *Poésies bachiques d'A. N., thèmes et personnages* (in Bulletin d'Études Orientales, 8, 1963/64, S. 7–84).

ḤABĪB IBN AUS ABŪ TAMMĀM

* 804 oder 806 Ǧāsim / Syrien
† 846 Musul

KITĀB/DĪWĀN AL-ḤAMĀSA

(arab.; *Das Buch/der Diwan der Tapferkeit*). Anthologie von Ḥabīb Ibn Aus ABŪ TAMMĀM. – Abū Tammāms *Kitāb al-ḥamāsa*, so genannt nach dem ersten und mit 261 Stücken weitaus längsten Kapitel (Abū Tammām selber hatte seine Sammlung ursprünglich *Al-iḫtiyārāt min šiʿr aš-šuʿarāʾ*, »Auswahl aus der Dichtung der Dichter«, genannt), ist eine Auswahl vor- und frühislamischer arabischer Poesie nach Vorlagen, die uns nur noch zum Teil erhalten sind. Im Bestreben, zu bestimmten Themen nur besonders gute und schöne Verse in seine Anthologie aufzunehmen, richtete Abū Tammām sein Augenmerk vor allem auch auf die weniger bekannten Dichter und nahm sogar zahlreiche Verse auf, bei denen der Name des Dichters schon nicht mehr bekannt war. Er verzichtete darauf, Qasiden (arab. *qaṣīda*) in voller Länge zu bringen und beschränkte sich auf seiner Meinung nach besonders gelungene Abschnitte. Seinem Auswahlprinzip entsprechend nahm Abū Tammām auch sog. *qiṭaʿ* (Sg. *qiṭʿa*) - ›Stücke‹ – das sind kürzere Gedichte mit nur einem Thema – und raǧaz-Gedichte auf. Der Vorwurf, den vor allem sein Kommentator AL-MARZŪQĪ erhob, Abū Tammām, selber Dichter, habe Verse und Stücke für seinen Zweck verändert, läßt sich anhand des erhaltenen Vergleichsmaterials nicht aufrechterhalten.

Die altarabische Qaside (vgl. *Muʿallaqāt* von HAMMĀD AR-RĀWIYA) ist ein Langgedicht, das stets mehrere Themen behandelt. Sie besteht im allgemeinen und ganz grob beschrieben aus drei Teilen: dem *nasīb*, in dem der Dichter beim Anblick einer verlassenen Lagerstätte der Trennung von seiner Geliebten gedenkt, der Kamelbeschreibung bzw. dem *raḥīl*, der Beschreibung der Reise zum Adressaten des Gedichts, und dem Schlußteil, je nach Funktion der Qaside *faḫr* (»Selbstruhm«), *hiǧāʾ* (»Schmähung«) oder *madīḥ* (»Lob«, Panegyrik). Aus dieser Themengebundenheit der Qaside erklären sich sowohl die Zusammenstellung der Stücke bei Abū Tammām als auch Überschneidungen: Im Kap, *ḥamāsa*, einem Aspekt des Qasidenelements *fahr*, sind vielfältige Themen vereint, die unterschiedlichen Zwecken dienen: der Darstellung der eigenen Person, des eigenen Stammes vor einem zum Kampf resp. Widerspruch bereiten Gegner, der Antwort auf Schmähverse oder der Rückschau auf das eigene Leben; daneben werden vor allem die männlichen, beduinischen Tugenden, wie Tapferkeit, Entschlußkraft, Kampfesstärke, Schlauheit, Klugheit, edle Abstammung usw. gerühmt. Auf den *fahr* folgen manchmal *higā'*-Verse auf einen Gegner, häufig finden sich in diesem Zusammenhang ironische oder auch ernst gemeinte Ratschläge und Ermahnungen. Der Versinhalt hat bisweilen Erzählcharakter: In Nr. 162 (Ausg. Kairo 1951–1953) rühmt sich ᶜABDALLĀH IBN SABRA im Dienst eines nicht namentlich genannten Emirs seiner Verschlagenheit, da er, dem der Emir Urlaub verwehrt hatte, sich auf eigene Faust durch den wegen der Sommerhitze seicht gewordenen Euphrat davonmacht.

Die weit kürzeren Kapitel *adab (feine Bildung)* sowie *adyāf wa-madh (Gastlichkeit und Lob)* sind gewissermaßen das friedliche Pendant zum Kap. *hamāsa* mit einer gelegentlichen Parallelität der Themen. Die Dichter der *adab*-Verse rühmen sich des eigenen guten Benehmens und erteilen Ratschläge: AL-MARRĀR IBN SAᶜĪD dichtete »*Wo du ein Fürst willst sein in deinem Stamme, so sei es mehr mit Milde denn Gewalt:/ Die Mild hat bess'ren Ausgang als die Strenge, es sei denn, wo's zu steuern Freveln galt.*« (Nr. 401, Übers. Rückert Nr. 393). Die Dichter der Stücke *adyāf wa-madh* rühmen vor allem bedingungslose Gastfreundschaft, Großzügigkeit und Freigebigkeit; sie weisen Tadel wegen übergroßer Freigebigkeit zurück, drücken ihren Abscheu gegenüber dem Geizigen aus und mahnen zu Hilfsbereitschaft. – Zu den umfangreicheren Abschnitten der Anthologie gehört das Kap. *marātī (Trauergedichte)*. Es sind oft nur wenige Verse aus Qasiden, die den Toten rühmen, seine guten Eigenschaften hervorheben und die Größe des Verlustes beklagen, wie z. B. die von IBN AL-MUQAFFAᶜ: »*Starb Abu Amru, welchem gleich kein Mann gelebt! Gott! welchem Mann die Ungebühr der Zeit begräbt!/ Wenn du uns nun verlassen hast, und uns ein Schatz entgieng, für den der Mangel uns nie hofft Ersatz;/ Hat einen Nutzen dein Verlust uns doch gebracht, daß künftig uns kein Trauerfall mehr Kummer macht*« (Nr. 282, Übers. Rückert, Nr. 276).

Die Stücke des Kapitels *nasīb* stammen aus dem Einleitungsteil von Qasiden und beziehen sich auf die mit dem Leben der Beduinen verbundenen Schwierigkeiten zweier Liebender: Wenn der Stamm wegzieht, zieht auch das geliebte Mädchen mit, zurück bleiben nur die Reste der Lagerstätte und die daran haftende Erinnerung. – Das Kap. *higā'* ist gleichsam das Negativ der Kapitel *hamāsa*, *adab* und *adyāf*. Die Dichter prangern Feigheit, Untreue, Undankbarkeit, Geiz, Geschwätzigkeit an: »*Leute, die soft sie essen, leis zu reden pflegen, und dem Gast vor ihre Thüre Schloß und Riegel legen:/ Keinen Brand von ihrem Feuer darf ein Nachbar holen; doch des Nachbars Ehre wird von ihnen keck bestohlen*« (Nr. 646, Übers. Rückert, Nr. 639). Die Abgrenzung gegenüber den Kapiteln *mulah (Spottverse)* und *madammat an-nisā' (Frauentadel)* ist nicht absolut. ᶜABDALLĀH IBN AUFĀS Verse im Kap. *higā'* gegen seine Frau, die er gegen ihren Willen geheiratet hatte, und deren schlechte Haushaltsführung, Gefräßigkeit und Zanklust er anprangert, wären auch im letztgenannten Kapitel denkbar, in dem so manches Schmähgedicht von wenig Eheglück zeugt: »*Es tränke Gottes Regen und Segen ewiglich die Stätte samt der Stunde, die scheidet dich und mich!/ Und nie des Tags gedenke der Herr und nie der Nacht, wo ich dich heimgeführet, da hat kein Mond gelachet!*« (Nr. 864, Übers. Rückert Nr. 846).

Das Kap. *sifāt (Beschreibungen)* enthält nur drei Stücke. Sie beschreiben ein weibliches Kamel, einen Drachen und eine Gewitternacht in der Wüste. Das anschließende Kapitel *as-sair-wan-nuᶜās (Reise und Ruhe)* umfaßt neun Stücke über das Rasten während langer Ritte. Sie schildern, wie Mensch und Tier nach der Anstrengung ausruhen und sich erquicken.

Abū Tammām begründete mit seiner Sammlung einen ganz neuen Typ Anthologie: Parallel zum funktionsbezogenen Klassifikationsprinzip der alten Beduinendichtung (Kapitel *higā'*, *martiya*, *nasīb*), führte er auch für die alte Dichtung bis in der zeitgenössischen Dichtung bereits bestehende deskriptive Klassifikationsprinzip ein (Kapitel *hamāsa; adab; adyāf; sifāt; as-sair wan-nuᶜās*). Statt einmal mehr lange Qasiden zusammenzustellen, ordnete er einzelne Teile und kürzere Gedichte besonderer Qualität bestimmten Themen zu und präsentierte so die alte Dichtung neu. Er kam damit dem Geschmack seiner Zeit entgegen, die wohl die alte Beduinenpoesie noch schätzte, sich aber in ihrer eigenen Dichtung von langen Qasiden abgewandt hatte und kürzere, gattungsbezogene Gedichte bevorzugte. Der Erfolg der *Hamāsa* war so groß, daß in den folgenden Jahrhunderten zahlreiche Nachahmungen entstanden. Zwölf Gedichtsammlungen gleichen Namens sind bekannt, angefangen von der *Hamāsa* des BUHTURĪ (gest. 897) bis zu der des SUYŪTĪ (gest. 1505). S.Gr.

AUSGABEN: Bonn 1828–1851 (*Hamasae carmina cum Tebrisii scholiis integris*, Hg. G. G. Freytag, 6 Bde.; m. lat. Übers. u. Komm.; ern. Kairo 1938). – Kairo 1951–1953 (*Al-Marzūqī: Šarh dīwān alhamāsa*, Hg. Ahmad Amīn u. ᶜAbdassalām Hārūn). – o. O. 1981, 2 Bde.

ÜBERSETZUNG: *Hamasa oder Die ältesten arabischen Volkslieder*, F. Rückert, 2 Tle., Stg. 1846 [m. Erl.].

LITERATUR: F. Klein-Franke, *Die »Hamasa« des A. T. Ein Versuch*, Köln 1963. – A. S. Gamal, *The Basis of Selection in the Hamāsa Collections* (in Journal of Arabic Literature, 7, 1976, S. 28–44).

ABUTSU-NI

(Nonne Abutsu)
† 1283 Kamakura

IZAYOI NIKKI

(jap.; *Tagebuch* [seit] *der sechzehnten Nacht* [des Mondes]). Lyrisches Tagebuch der ABUTSU-NI, verfaßt 1279/80. - Die Verfasserin, deren eigentliche Abkunft ungewiß ist, war in der Kindheit von Taira no Norishige adoptiert worden und in jugendlichem Alter, etwa um 1235, in den Hofdienst eingetreten; enttäuschte Liebe hatte sie in Nonnenklöstern Trost suchen lassen, ehe sie, wahrscheinlich um 1253, mit dem einflußreichen Höfling und Dichter FUJIWARA NO TAMEIE (1198-1275) infolge literarischer Interessen zusammenkam. Tameie galt als höchste Autorität im Bereich der höfischen traditionellen Lyrik, allein gestützt auf die Familientradition, die sein Großvater Shunzei (Toshinari) begründet und sein Vater Teika (Sadaie) zu höchstem Ansehen gebracht hatte. Zwischen Abutsu und Tameie entspann sich eine enge Liebesbeziehung, aus der zwei Söhne hervorgingen. Abutsu drang später darauf, daß ein dem ältesten Sohn aus der ersten Ehe ihres Mannes, Tameuji, zugesprochener Grundbesitz schließlich dem 1263 geborenen Tamesuke, ihrer beider Kind, vererbt werden sollte. Nach dem Tode seines Vaters weigerte sich Tameuji, seinem noch im Knabenalter stehenden Halbbruder das fragliche Landgut (Hosokawa in der Provinz Harima) abzutreten. Infolgedessen entschloß sich die Mutter, ihres Sohnes Recht bei den Behörden der Shogunatsregierung in Kamakura einzuklagen. Im 10. Monat 1277 (1279?), am 16. Tage, brach sie von Kioto aus auf.

Über diese Reise gibt das *Izayoi nikki* Aufschluß. Es beginnt mit einer Prosaeinleitung, in der Abutsu wehmütig über ihre Lage nach dem Tode des Gatten sinniert: Sie spielt an auf den »pietätlosen« Tameuji, entwickelt einige Gedanken über die Funktion der Poesie, gedenkt der literarischen Verdienste Tameies und klagt über ihre unbefriedigende Situation. Es folgt die Darstellung des Abschieds von ihren fünf Kindern, der im wesentlichen aus dem Austausch von Kurzgedichten besteht. Das eigentliche Reisetagebuch ist eine Folge von 55 Kurzgedichten, die durch kurze beschreibende Passagen verknüpft und eingeleitet werden. Die Gedichte nehmen Bezug auf die Stationen der Reise, greifen traditionelle Assoziationen mit Ortsnamen oder Landschaften auf und bevorzugen wortspielerische Effekte. Auch die Prosaeinschübe zeigen wenig Individualität. Abutsu erreichte am 29. Tag des gleichen Monats ihr Ziel und verkürzte sich die dann folgende lange Wartezeit mit einem lyrischen Briefwechsel. Den Abschluß des Werks bildet ein Langgedicht von 151 Versen, in dem Abutsu mit der feierlichen Umständlichkeit dieser seit einem halben Jahrtausend vernachlässigten Gedichtform ihre Situation und ihre Hoffnungen schildert; die gehäuften Anspielungen und Paraphrasen geben ihrer Aussage jedoch wenig Transparenz.

Von diesem Wiederbelebungsversuch archaischer Form abgesehen, darf das Werk als »klassizistisch« bezeichnet werden, d. h. es entspricht der Tradition der heianzeitlichen, rein japanischen, sentimentalen Dichtung. Die Bedeutung des in zahlreichen Handschriften verbreiteten, weithin populären Tagebuchs liegt denn auch eher auf soziologischem als auf literarischem Gebiet; es ist ein frühes Zeugnis weiblicher Selbständigkeit. Statt der aus der vorausgegangenen Damenliteratur so vertrauten weinerlichen Passivität spricht aus dem *Izayoi nikki* die tatkräftige Selbstbehauptung, die robuste Fürsorglichkeit einer Mutter, die ihrem Sohn den gebührenden Platz im väterlichen Hause erkämpft. Bezeichnend ist der Satz, mit dem die Verfasserin die Chronik der Reise einleitet: »*Ich dachte:* › *Was nützt es, wenn ich dermaßen verzagt bin?* ‹ *- und so riß ich mich ungerührt* [von den Kindern] *los.*« W.N.

AUSGABEN: Kioto 1659. - Tokio 1932, ³1977, Gunsho ruijû 332. - Tokio 1957 (Nihon koten zensho).

ÜBERSETZUNGEN (engl.): The »*Izayoi nikki*«, E. O. Reischauer (in Harvard Journal of Asiatic Studies, 10, 1947, 3/4, S. 255-387). - Dass., ders. (in *Translations from Early Japanese Literature*, Cambridge/Mass. 1951, S. 3-135; m. Bibliogr.).

LITERATUR: vgl. Übersetzungen. - Fukuda Hideichi, *Abutsu-ni* (in: *Chûsei wakashi no kenkyû*, Tokio 1972).

BRENO ACCIOLY

* 22.3.1921 Santana do Ipanema
† 13.3.1966 Rio de Janeiro

OS CATA-VENTOS

(portug.; *Die Windräder*). Erzählungen von Breno ACCIOLY (Brasilien), erschienen 1962. - Der Autor gehört zu der Schriftstellergruppe des brasilianischen Nordostens, die auf die neuere Literatur Brasiliens einen entscheidenden Einfluß ausübt. Seine unmittelbaren Vorbilder sind Gilberto FREYRE, mit dem ihn vor allem eine verwandte Thematik verbindet, sowie José Lins do RÊGO und Graciliano RAMOS, dem er in der psychologischen Analyse der Personen ähnlich ist. Die dreißig zum Teil sehr kurzen Erzählungen des Bandes sind gekennzeichnet von einem tragischen Lebensgefühl und einer

schwermütigen Grundstimmung. Bereits die einleitende Erzählung ist dafür charakteristisch: Eudocia, Besitzerin einer Zuckerfabrik, stolz auf ihre wertvollen importierten Maschinen, ist eine einsame Frau, weder glücklich noch unglücklich, eine Frau, die ohne Liebe lebt. Ihr Leben fließt zwischen der Arbeit des Tages und dem Feierabend im Dämmerlicht auf der Terrasse ihres Hauses in ruhigen Bahnen dahin. Das einzige, was sie wirklich liebt, sind »*die Windräder, die sich ewig drehen, Wasser fördernd, Wasser, das unterirdisch durch viele Meter lange Röhren fließt, die Windräder, die Wasser aus der Erde springen lassen, daß sie nie wieder ausdörren wird*«. Plötzlich erwacht auch in ihr die Sehnsucht nach Liebe. Doch ihr Versuch, die Einsamkeit, die tödliche Isolierung zu überwinden, scheitert am Mißtrauen und an der Liebesunfähigkeit des Partners: Was sie zu geben bereit ist, wird zurückgewiesen; was sie nicht zu geben vermag, wird ihr abgefordert. – In dieser Erzählung sind die wichtigsten Themen Acciolys angeschlagen: das Leben der Zuckerbarone; die allgemeine Furcht vor der Dürre, die in der Verehrung der Windräder symbolisiert ist; die Liebe zum Heimatstaat Alagoas an der Küste des Atlantischen Ozeans; die Einsamkeit des Menschen und die Unmöglichkeit, sie durch die Liebe zu überwinden. Auch die übrigen Erzählungen des Bandes spielen im Innern des Staates Alagoas mit seinen Zuckerplantagen und Raffinerien, oder in der Hauptstadt Maceió; manchmal treten Künstler – Schauspieler, Schriftsteller – an die Stelle der Zuckerpflanzer. Die Grundthematik kehrt wieder als tragische Verlorenheit oder als ausweglose Sinnlichkeit, die oft ganz unvermittelt, fast brutal, hervorbricht, freilich gemildert durch eine überlegene Ironie. Hier zeigen sich deutlich Unterschiede zu der Mehrzahl der anderen Schriftsteller des brasilianischen Nordostens, die in ihrem Werk im allgemeinen die Triebgebundenheit als etwas Naturgegebenes darstellen.
Acciolys Sprache ist gegenständlich und präzis. Er ist ein sehr bewußter Sprachkünstler, der seinen knappen, fast gehämmerten Sätzen ein Äußerstes an Anschaulichkeit zu verleihen weiß. Zur Schilderung differenzierter seelischer Vorgänge, wie sie für den Autor charakteristisch ist, erweist sich diese disziplinierte Sprache als hervorragend geeignet.

H.Fa.

AUSGABEN: Rio 1962. – São Paulo 1984 (in *Os melhores contos*, Ausw. R. Ramos).

LITERATUR: L. Martins, *B.A.* (in *O Estado de São Paulo*, 17. 3. 1966). – Adonias Filho, *Um imaginativo* (in A. F., *Modernos ficcionistas brasileiros*, 2ª série, Rio 1965, S. 85–88).

MARIA PUDIM

(portug.; *Maria Pudim*). Erzählungen von Breno ACCIOLY (Brasilien), erschienen 1955. – Die Kurzgeschichten dieses zur sogenannten »Generation von 45« gehörenden Arztes und Schriftstellers stellen fast ausschließlich Menschen vor, die unter düsteren Alpträumen, Lebensangst, seelischen Depressionen oder Sexualkomplexen leiden. Aus ihrer inneren Not sehen sie meist keinen anderen Ausweg als die Selbstzerstörung. Der Autor, der zeitweilig selbst in psychiatrischer Behandlung war, siedelt seine Erzählungen in der Alltagsrealität seiner nordostbrasilianischen Heimat Alagoas an und behandelt das Schicksal einer Reihe von Männern und Frauen der untersten sozialen Schichten. Seine psychologische Analyse und die unbekümmerten Selbstaussagen der Personen zeigen das Unbewußte als bestimmende Urkraft, der jeder ausgeliefert ist. Immer wieder durchbricht der Erzähler die vordergründige, eindeutig lokalisierbare Alltäglichkeit und projiziert die dramatisch zugespitzten Situationen, die sprachlich-technisch mit knappsten Mitteln eindringlich skizziert werden, auf die letztlich nicht zu fassende Rätselhaftigkeit menschlicher Existenz. Selbst die banalsten Begegebenheiten, Worte und Zeichen gewinnen auf diese Weise wieder eine geheimnisvolle Tiefe. Das Werk Acciolys bietet ein eindrucksvolles Beispiel für die neue, verfeinerte brasilianische Erzählkunst. D.B.

AUSGABEN: Rio 1955. – São Paulo 1984 (in *Os melhores contos*, Ausw. R. Ramos).

LITERATUR: L. Martins, *B. A.* (in *O Estado de São Paulo*, 17. 3. 1966). – Adonias Filho, *Um imaginativo* (in A. F., *Modernos ficcionistas brasileiros*, 2ª série, Rio 1965, S. 85–88).

ACHAD HA'AM

d.i. Ascher Ginzberg
* 18.8.1856 Skwira bei Kiew
† 2.1.1927 Tel Aviv

AL PARASCHAT DERACHIM

(hebr.; *Am Scheidewege*). Essays von ACHAD HA'AM (»Einer aus dem Volk«), erschienen ab 1895, vierbändige Sammelausgabe 1921. – Als einer der bedeutendsten Vertreter der modernen jüdischen Erneuerung legte der Verfasser in diesen Aufsätzen die Anschauungen dar, die ihn dazu gebracht haben, Zion als das »geistige Zentrum« des jüdischen Volkes zu bezeichnen. Ein Teil der frühen Aufsätze war das Ergebnis ideologischer Auseinandersetzung mit der von Theodor HERZL propagierten Judenstaatsidee; denn im Gegensatz zu Herzl, der die Lösung der Judenfrage auf politischem Weg erstrebte, sah Achad Ha'am die Judenfrage als kulturelles Problem und forderte die gedankliche und gefühlsmäßige Verbundenheit mit dem Geistesgut der Vergangenheit, weil dies die einzige gültige Garantie für die Zukunft sei. Ihrer ganzen Anlage nach sind die Essays jedoch nicht als schematische Darstellung einer Geschichtsphilosophie zu betrachten, sie sind vielmehr ein fortlaufendes Gespräch über die zentralen Fragen des Zionismus. In einer für den Verfasser typischen Weise sind in den Aufsätzen Positivismus und Ethik miteinander verbunden. Die wichtigsten Essays behandeln folgende Themen: *Nicht dies ist der Weg! – Die Lehre des Herzens. – Äußere Freiheit und innere Knechtschaft. – Nachahmung und Assimilation. – Priester und Prophet. – Judenstaat und Judennot. – Auferstehung des Geistes.* – Durch seine Schriften, die sich ebenso durch Gedankenreichtum wie durch Einfachheit und Klarheit des Stils auszeichnen, hat der Autor entscheidend zur Entwicklung der modernen hebräischen Publizistik beigetragen. P.N.

AUSGABEN: Odessa 1895. – Bln. 1921, 4 Bde. – Jerusalem 1947 (in *GS*, Hg. L. Roth; hebr.).

ÜBERSETZUNG: *Am Scheidewege*, I. Friedländer u. H. Torczyner, Bln. 1913–1916; ern. 1923, 2 Bde.

LITERATUR: M. Acher, *A. H.; ein Denker u. Kämpfer d. jüd. Renaissance*, Bln./Köln 1903. – N. Sokolow u. M. Buber, *A. H.: Gedenkreden*, o. O. 1928. – M. Ehrenpreis, Art. *A. H.* (in EJ, 1, Sp. 683–694). – L. Simon, *A. H. Ascher Ginzberg. A Biography*, Ldn. 1960. – M. Buber, *A. H.-Gedenkreden* (in M. B., *Der Jude u. sein Judentum*, Köln 1963, S. 750–770). – E. Schweid, Art. *A. H.* (in EJ[2], 2, Sp. 440–448).

MARCEL ACHARD

* 5.7.1899 Sainte-Foy-lès-Lyon
† 4.9.1974 Paris

LITERATUR ZUM AUTOR:
D. Bourdet, *Pris sur le vif*, Paris 1957. – J. Lorcey, *A. ou cinquante ans de vie parisienne*, Montréal 1977.

VOULEZ-VOUS JOUER AVEC MOÂ?

(frz.; *Wollen Sie mit mir spielen?*). Drama in drei Akten von Marcel ACHARD, Uraufführung: Paris, 18. 12. 1924, Théâtre de l'Atelier. – In Achards erstem erfolgreichem Stück, dessen Handlung von der ersten bis zur letzten Szene in einer Zirkusmanege abläuft, werben zwei Clowns, Crockson und Rascasse, um Isabelle, Mitglied der Zirkustruppe und moderne Verkörperung des alten literarischen Motivs des *amour volage*. Ihr Gegenspieler ist Auguste, der aus dem Saal heraus auf die Bühne kommt. Er vertritt die Welt des Publikums, die er gleichzeitig poetisch verklärt, denn er ist Dichter. Stets darauf bedacht, die Konkurrenten außer Gefecht zu setzen, betteln alle drei Rivalen, jeder auf seine Weise, mit wechselndem Erfolg um die Gunst Isabelles. Bei diesem bald derb-farcenhaften, bald naiv-sentimentalen, für Augenblicke melancholischen, doch zumeist unbeschwert heiteren amourösen Wettstreit wird bald klar, daß der eigentliche Partner Isabelles nur Auguste heißen kann, der mit der Bitte »*Voulez-vous jouer avec moi?*« ins ausgelassene Treiben der Gaukler eingreift, um selbst Clown zu werden und Isabelle zu gewinnen. Im ersten Akt sowohl von den Clowns, die den Neuling mit einer Kanonade von Fußtritten begrüßen, wie von Isabelle, die seinem unbeholfenen Werben mit Herablassung und Spott begegnet, abgelehnt, erscheint Auguste im zweiten Akt weitaus selbstsicherer im Umgang mit Isabelle und den Konkurrenten. Dennoch bleibt sein Versuch, in die Kunstfertigkeiten der Clowns und in die Kunst der Liebe einzudringen, erfolglos. Isabelle ist, nachdem sie allen Verehrern Hoffnungen gemacht hat, am Ende dieses Akts von allen gleicherweise enttäuscht und ratlos geworden; bis sie im letzten Akt dann doch eine Wahl trifft und sich für den glücklichen Auguste entscheidet.

Das flatterhafte Spiel Isabelles mit den drei Liebhabern wird allen möglichen Ernstes entkleidet und entspricht dem heiteren Grundton, den die Clowns der Handlung von Anfang bis Ende verleihen. Ihre Spielfreude äußert sich nicht nur in einer Unzahl komischer Gags: Sie spielen – in einem in Aussprache und Wortwahl mit Elementen des Englischen versetzten Französisch – mit dem Medium Sprache, führen Wortgefechte voll von Nonsens, literarischen Anspielungen und skurriler Mathematik; sie verkleiden und verprügeln sich, tanzen und singen; darüber hinaus inszenieren sie ein Spiel im Spiel in Form einer als Zirkusnummer gekennzeichneten Duellszene. Alle ihre extravaganten Aktionen bringen sie ihrem im Bühnenhintergrund stets präsenten Direktor aus Holz, namens Monsieur Loyal, dar. Gleichzeitig beziehen sie aber auch die Welt der Zuschauer in das Spiel mit ein und suchen so die Grenze zwischen Phantasie und Wirklichkeit zu verwischen: Durch häufige Anreden ans Publikum, durch Beiseite-Sprechen, besonders aber durch die Aufnahme Augustes, einem aus dem Saal kommenden »Zuschauer«, in ihren Kreis, wird die Bühnenillusion gebrochen.

Was viel später bei BECKETT und anderen als bedrückendes Problem des modernen Menschen eindrucksvoll dramatisiert wurde, hat Achard in virtuoser Vordergründigkeit leichthin und unwirklich gestaltet: diskursives Denken und Argumentieren, Dialog und Liebe als elementare Manifestationen zwischenmenschlicher Beziehung. All dies erscheint bei ihm in drollig-naiver Darbietung als realitätsfernes reines Spiel. H.Li.

AUSGABEN: Paris 1924. – Paris 1959 (in *Théâtre*). – Paris 1968.

LITERATUR: H. Béraud, Rez. (in MdF, 15.1. 1924). – P. Surer, *A.* (in Inf. Litt., 10, 1958, S. 193–197). – D. Knowles, *French Drama of the Inter-War Years 1918–1939*, Ldn. 1967, S. 183–187.

CHINUA ACHEBE

* 15.11.1930 Ogidi / Nigeria

LITERATUR ZUM AUTOR:
V. K. Evalds, *C. A.: Bibliography and Selected Criticism, 1970–1975* (in African Journal, 8, 1977, 2, S. 101–130). – *Critical Perspectives on C. A.*, Hg. C. L. Innes u. B. Lindfors, Washington D.C. 1978 [mit Bibliogr.]. – R. Jestel, *Literatur und Gesellschaft Nigerias*, Diss. Mainz 1979. – R. M. Wren, *A.'s World. The Historical and Cultural Contexts of the Novels of C. A.*, Washington D.C. 1980. – D. Carroll, *C. A.*, NY ²1980. – Chinweizu, *An Interview with C. A.* (in Okike, 20, 1981, S. 19–32). – *An Interview with C. A.* (in TLS, 26, 1982, 4117, S. 209). – A. Ch. Ogbonaya, *C. A. and the Igbo World View*, Wisconsin 1984. – I. Glenn, *Heroic Failure in the Novels of C. A.* (in English in Africa, 12, 1985, 1, S. 11–27). – H. I. Goddard, *The Post-Colonial Syndrome in the Works of C. A.*, Diss. Montreal 1985.

ARROW OF GOD

(engl.; *Ü: Der Pfeil Gottes*). Roman von Chinua ACHEBE (Nigeria), erschienen 1964, revidierte Fassung 1974. – Nach dem im Großstadtmilieu spielenden Buch *No Longer at Ease* (1960) wandte sich Achebe in seinem dritten Roman wieder der Geschichte seines Volkes zu. Das Werk ist komplexer als sein erster Dorfroman *Things Fall Apart* (1958), dessen Thematik es fortführt und um eine religiöse Komponente erweitert. *Arrow of God* hat seine Wurzeln in afrikanischer Tradition, Kultur und Denkweise und wurde im schwarzen Kontinent rasch zu einem modernen Klassiker. Aus mündlichen und schriftlichen Quellen schöpfend, rekonstruiert Achebe ein authentisches Bild des Stammeslebens (Bräuche, Religion, Zeremonien, Feste, Ackerbau) in einem Ibo-Dorf Mitte der zwanziger Jahre unseres Jahrhunderts. Seine exakte, detailreiche Schilderung, die aber stets der Romanstruktur untergeordnet bleibt bzw. diese unterstreicht, ist daher weder eine anthropologische Studie noch simples folkloristisches Dekor. Es ist das Anliegen dieses Chronisten einer sich auflösenden Zivilisation, seinen europäisch beeinflußten Landsleuten wieder ein Gefühl der Selbstachtung zu geben, das auf dem Bewußtsein der Werte ihrer traditionellen Kultur basiert.

Sachlich untersucht Achebe einen kritischen Zeitpunkt des Wandels, doch liegt das Gewicht nie auf dem Tun der Weißen, auch wenn erst durch ihr Einwirken Konflikte, wie sie jede Gesellschaft zu allen Zeiten kennt, katastrophale Dimensionen annahmen. Er geht über das Lokale hinaus und verfolgt universellere Fragen nach Macht, Verantwortung und Schuld, nach der *conditio humana*.

In dem fiktiven Dorf Umuaro ist alles Handeln noch weitgehend religiös bestimmt. Ezeulu, der Hauptpriester des Schutzgottes Ulu hat die Aufgabe, all jene Rituale auszuführen, die dem Clan jedes Jahr den lebenswichtigen Ernteertrag an Jamswurzeln sichern sollen. Er ist ein machtorientierter, starrköpfiger Mann. Daher hat er viele neidische Gegner im eigenen Stamm und legt sich auch mit der britischen Kolonialverwaltung an. Er kämpft an mehreren Fronten gegen sich anbahnende Krisen und Entwicklungen und begeht dabei folgenschwere Fehler. Als sich sogar sein eigener Gott gegen Ezeulu zu stellen scheint, kann sein Geist dieses unlösbare Dilemma nicht entwirren, und er verfällt dem Wahnsinn – ein Ereignis, in dem sich das Ende der alten Ordnung und der Beginn einer neuen Zeit manifestieren.

Der Roman ist eine Analyse der besonderen Probleme, die sich aus der Beziehung eines Gottes zu seinem Priester ergeben. Bereits auf den ersten Seiten sinniert Ezeulu, ob er lediglich ein passives Werkzeug (= *arrow*) in der Hand Ulus ist oder ob er wirkliche Freiheit und Macht bei den rituellen Entscheidungen (Ankündigung der Saat- und Ernteterminen) besitzt. Da er ehrgeizig ist, überschreitet er erstmals in Gedanken die Grenze seiner Rechte als Priester. Auch sein Dorf, das in einem gespaltenen Verhältnis zu dem unbequemen Priester lebt, will er zur Strafe seine Macht spüren lassen. Durch seine religiöse und öffentliche Funktion gerät er in weitere Spannungsfelder, aus denen er sich mit den traditionellen Verhaltensweisen nicht befreien kann. Obwohl er alle Beziehungen zu Weißen ablehnt, schickt er vorsorglich seinen Sohn (sozusagen als Spion) in die Missionsschule. Er ahnt nicht, daß Oduche bald als Christ zurückkommt und sogar die heilige Python töten will. Noch fatalere Folgen für Ezeulu und den Dorfclan hat seine Konfrontation mit den Briten. Als der Distriktbeamte Captain Winterbottom ihm die Häuptlingswürde aus den Händen der Regierung anträgt (eine Führungsposition, die es in der urdemokratischen Ibo-Gesellschaft nicht gab), lehnt der Priester arrogant ab und wird daraufhin ins Gefängnis geworfen. Die Zeit im Arrest verhindert, daß Ezeulu alle heiligen Jamswurzeln auf zeremonielle Weise essen und dann das Zeichen zum Erntebeginn geben kann. Vielleicht weil er seinem Dorf wieder zürnt, weigert sich Ezeulu, das von Ulu vorgeschriebene Ritual zu ändern, auch wenn er weiß, daß Hunger und Tod die Folge sein müssen. In dieser lebensbedrohenden Situation wird das Angebot der christlichen Missionare zu einem neuen Erntefest als Erlösung empfunden, und die Dorfbewohner wenden sich in Scharen dem neuen Glauben zu. Ezeulu hat die Dinge nicht aufhalten können. Die endgültige Niederlage des Gottes Ulu nimmt er nicht mehr wahr, da seit dem Tod seines Lieblingssohnes sein Verstand verwirrt ist. Der Clan aber, gegen den sich seine harte Hand oft gerichtet hat, lebt – wenn auch unter jetzt völlig anderen Lebensbedingungen – weiter.

Es heißt oft, der Autor verfüge über »mehrere Sprachstile«, so geschmeidig wechselt er vom Standardenglisch der deskriptiven Passagen zur individualisierten Redeweise der einzelnen Personen. Sein großes Verdienst ist es, ein idiomatisches »afrikanisiertes« Englisch geschaffen zu haben, das so koloriert ist, daß es den Duktus der Ibo-Sprache widerspiegelt. Dabei können die zahlreich vorkommenden Ibo-Sprichwörter mit ihrem Schatz kollektiver traditioneller Erfahrung geradezu als Schlüssel zum richtigen Verständnis seiner Romane gelten. Die Rivalität zwischen Ezeulu und den Anhängern Idemilis, des Priesters der Python, wird von rhetorisch eindrucksvollen Debatten begleitet, in denen Sprichwörter die Argumente untermauern. Achebes Stil ist einfach, ohne Schnörkel. Die häufige motivartige Wiederholung bestimmter Sprichwörter, Bilder oder Szenen bewirkt wie in der Oralliteratur eine engere Verflechtung der Episoden.   N.G.

AUSGABEN: Ldn. 1964. – Ldn. 1965. – NY 1967. – Ldn. 1974 [rev.].

ÜBERSETZUNG: *Der Pfeil Gottes*, M. von Schweinitz, Wiesbaden 1965.

LITERATUR: A. Shelton, *The ›Palm-oil‹ of Language: Proverbs in C. A.'s Novels* (in MLQ, 30, 1969, S. 86–111). – J. Jordan, *Culture Conflict and Social Change in A.'s »Arrow of God«* (in Critique, 13, 1971, S. 66–82). – K.-H. Böttcher, *Tradition und Modernität bei Amos Tutuola und C. A.*, Bonn 1974. – S. Soile, *Tragic Paradox in A.'s »Arrow of God«* (in Phylon, 37, 1976, S. 283–295). – G. D. Killam, *The Writings of C. A.*, Ldn. 1977. – M. B. Cham, *Language as Index of Character, Humor and Conflict in »Arrow of God« and »A Man of the People«* by C. A. (in Current Bibliography on African Affairs, 17, 3, 1984/85, S. 243–265). – J. Swann, *Disrupted Worlds: Knowledge and Encounter in Amos Tutuola's »The Palm-Wine Drinkard« and C. A.'s »Arrow of God«* (in Studies in Commonwealth Literature, Hg. E. Breitinger u. Sander, Tübingen 1985, S. 27–38).

A MAN OF THE PEOPLE

(engl.; *Ein Mann des Volkes*). Roman von Chinua ACHEBE (Nigeria), erschienen 1966. – In seinem bisher letzten Roman wendet sich Achebe erstmals einem zeitgenössischen Thema zu: den politischen und sozialen Mißständen im jetzt unabhängigen Staat während der sog. Afrikanisierungsphase. In einer lose zusammenhängenden Trilogie hatte er zuvor an tragischen Einzelschicksalen die Folgen der Begegnung Afrikas mit den europäischen Kolonialmächten geschildert (vgl. *Things Fall Apart; No Longer at Ease; Arrow of God*), so daß sein Gesamtwerk einen Zeitraum nigerianischer Geschichte von ca. 1890 bis 1964 umspannt.

Die Handlung spielt in einem Dorf und der fiktiven Hauptstadt eines ungenannten Landes, das aber durch die Erwähnung bestimmter Ereignisse (Inflation, Poststreik, Tumulte im Parlament, Wahlkampfauswüchse) unschwer als Nigeria in den Jahren vor 1964 auszumachen ist. Achebe zeigt und kritisiert die Apathie der Menschen im neuen Staatswesen, ihre Verführbarkeit und die Entfremdung von den alten Werten. Die Tagesaktualität der witzig geschriebenen Satire verhalf ihr zu rascher Popularität. Nach dem Erscheinen dieses Werks verstummte Achebe als Romanautor (er wurde 1967 auch in die Wirren des Biafrakriegs verwickelt) und veröffentlichte seither nur noch einige Gedichte, Essays und Kurzgeschichten.

Der junge, idealistische Lehrer Odili, ein typischer Vertreter der neuen intellektuellen Elite des Landes, berichtet in einer ausführlichen Rückblende, wie es dazu kam, daß er in die Tagesereignisse verstrickt wurde. Das erste Kapitel bringt seine Wiederbegegnung mit Chief Nanga, dem ehemaligen Lehrer und jetzigen Kulturminister, der bei einer Reise in den Heimatstimmkreis auch Odilis Schule besucht. Obwohl Odili recht sarkastisch sowohl Nangas fehlende akademische Qualifikation als auch die brutalen, undemokratischen Methoden kommentiert, mit denen er und andere korrupte Politiker an die Macht gelangten, nimmt er dennoch die Einladung in dessen Stadtvilla an. Bald zeigt sich, wie Odili dem Charme Nangas und den Annehmlichkeiten des Luxuslebens verfällt. Er scheint bereit, seinen hohen ethischen Prinzipien abzuschwören und einige Praktiken des Ministers zu tolerieren. Schon wirkt er wie ein potentieller zweiter Nanga, da verführt dieser Odilis Freundin Elsie. Aus verletztem Mannesstolz schwört Odili Rache, obwohl Nanga ihn noch mit verlockenden Angeboten von Auslandsstipendien beschwichtigen will.

In dieser gereizten Stimmung tritt der bisher apolitische Individualist eher zufällig der neugegründeten Oppositionspartei seines Freundes Max bei. Sein politisches Bewußtsein wächst, als er den Zynismus der Volksvertreter und die schier unveränderbare Passivität des Volkes erkennt. Er beschließt, bei den anstehenden Parlamentswahlen in Nangas eigenem Stimmkreis als Gegenkandidat anzutreten. Zwar ist sein Wahlkampf dilettantisch und seine Siegeschance gleich null, doch duldet der volkstümliche Politiker keine Konkurrenz. Da Bestechungsgelder nicht wirken, setzt er den unterlegenen Odili mit physischer Gewalt und Verhaftung außer Gefecht. Betrugsmanöver verhelfen der alten Regierung und Nanga zur Wiederwahl. Da es im Land keine echten revolutionären Kräfte gibt, hat sich auch die Situation nicht geändert. Aber als die gut bezahlten Wahlkampfschlägertrupps ihre

Pfründe schwinden sehen, zetteln sie Krawalle an, die sich so ausweiten, daß das Militär in einem Putsch die Macht im Land übernimmt. Erst jetzt empört sich das Volk lautstark über die Korruptheit des abgesetzten Regimes. Für Odili gibt es wenigstens ein privates Happy-End: er kann endlich mit Edna Hochzeit feiern. Das Geld für den Brautpreis holt er sich – in der Manier Nangas – aus der Parteikasse.

Von der Literaturkritik wurde *A Man of the People* sehr unterschiedlich beurteilt. Besonders das Ende der Geschichte erscheint konstruiert und wenig befriedigend. Da Achebe selbst keinerlei Lösung anbietet, ist seine Gesellschaftskritik eher moralischer als politischer Art. Durchaus ambivalent sind die beiden Protagonisten gezeichnet, auch erlaubt die begrenzte Perspektive des Ich-Erzählers keine tiefgehenden Einblicke in die gesellschaftlichen Prozesse. Odili ist ein etwas naiver Intellektueller, der durch seinen Werdegang der Stammesgemeinschaft ganz entfremdet ist. Infolge seiner Selbstisolation ist er zu schwach, seine abstrakten moralischen und sozialen Ideen in die Tat umzusetzen. Skepsis ist sogar am Schluß angebracht: arrangiert er sich doch wieder auf opportunistische Art. Der »Schurke« Nanga dagegen ist Odili in jeder Beziehung überlegen. Er ist der Prototyp des cleveren, rücksichtslosen, aber jovialen und populären Politikers, ein echter »Mann des Volkes«, der über weite Strecken geradezu sympathisch wirkt. Das Volk protestiert nicht gegen die Korruption, weil es selbst allzu anfällig ist. Das neue unabhängige Staatswesen ist noch keine organische Einheit und kennt noch keine neuen, gesellschaftlich als verbindlich anerkannten Werte: ein pessimistischer Ausblick.

Sehr überzeugend wirkt wiederum Achebes Beherrschung der englischen Sprache. Er bevorzugt einen einfachen Stil, doch gelingt ihm eine höchst individuelle Charakterisierung der Personen durch meisterhaftes Nuancieren ihrer Redeweise. In stärkerem Umfang benutzt er diesmal bei Dialogen auch westafrikanisches Pidgin-Englisch, das vor allem in der urbanen Gesellschaft Nigerias als Kommunikationsmittel zwischen Angehörigen verschiedener Stämme dient. N.G.

AUSGABEN: Ldn. 1966. – NY 1967.

LITERATUR: B. King, *Introduction to Nigerian Literature*, Ldn./Lagos 1971. – Ch. L. Wanjala, *A.: Teacher and Satirist* (in *Standpoints on African Literature. A Critical Anthology*, Hg. Ch. L. W., Nairobi 1973, S. 161–171). – N. Ekaney, *Corruption and Politics in C. A.'s »A Man of the People«: An Assessment* (in Présence Africaine, 104, 1977, S. 114–126). – M. B. Cham, *Language as Index of Character, Humor and Conflict in »Arrow of God« and »A Man of the People« by C. A.* (in Current Bibliography on African Affairs, 17, 1984/85, 3, S. 243–265).

NO LONGER AT EASE

(engl.; Ü: *Obi. Ein afrikanischer Roman*). Roman von Chinua ACHEBE (Nigeria), erschienen 1960. – In seinem zweiten Roman setzt Achebe die Geschichte der Familie Okwonko aus dem Ibodorf Umuofia fort, die er in *Things Fall Apart* (1958) begonnen hatte. Während er sich in diesem ersten Roman darauf beschränkt hatte, den Zusammenstoß zwischen westlicher Kultur und Christentum einerseits und den Stammessitten andrerseits in einem kleinen ländlichen Rahmen vorzuführen, schildert er nun Konflikte, die sich aus der ungleichmäßigen Entwicklung der einzelnen Landesteile Nigerias ergeben. Die Repräsentanten dieser verschiedenartigen Zivilisations- und Kulturstufen (die Dorfbewohner von Umuofia, der einheimische Intellektuelle Obi Okwonko und der englische Beamte Green) sind weder fanatisch, noch böswillig gezeichnet; ihre divergierenden Anschauungen resultieren vielmehr aus mangelndem gegenseitigem Verständnis. Die Leute von Umuofia z. B. sind keineswegs fortschrittsfeindlich gesinnt; vielmehr haben die führenden Männer des Ortes eine »Union für den Fortschritt« gegründet und Obi, den intelligentesten Jungen des Dorfes, auf eigene Kosten zum Studium nach England geschickt. Aber die Einsicht in die tatsächlichen Notwendigkeiten ist durch ihre traditionelle Denkweise beschränkt. Obi soll, auch als er nach seiner Rückkehr als Regierungsbeamter in der Hauptstadt arbeitet, weiter den Stammessitten treu bleiben und »bei denen«, d. h. bei der Regierung, die Interessen des Dorfes wahrnehmen.

Für Obi entsteht so eine Konfliktsituation: Einerseits muß er den zahllosen Verpflichtungen gegenüber seiner Familie und seinem Dorf nachkommen, andererseits kann er diese Notwendigkeiten kaum mit seinen Pflichten als Beamter und mit den Konventionen eines europäischen Lebensstils, denen er ausgesetzt ist, vereinbaren. Sein Gehalt, das den Dorfbewohnern unermeßlich erscheint, reicht nicht aus, um die notwendigen Statussymbole, wie Auto, Wohnung und Diener, zu finanzieren, die Studienkosten zurückzuzahlen und auch noch seine Eltern und andere Dorfbewohner zu unterstützen, wie es die Sitte verlangt. Hinzu kommt die schwerwiegende Diskrepanz, die zwischen seinen Auffassungen und denen der Dorfbewohner klafft: Obi will eine *osu*, d. h. ein nach Stammessitte »unberührbares« Mädchen heiraten, stößt mit seiner Absicht aber nicht nur im Dorf, sondern auch bei seinen gebildeten Freunden auf unüberwindlichen Widerstand. Meisterhaft demonstriert Achebe an diesem Beispiel den eigentümlichen Zwiespalt, der im Denken moderner Afrikaner vielfach auftritt: Da sie sich scheuen, sich zur afrikanischen Tradition zu bekennen, fehlt ihren Argumenten jede Begründung, und der Protest artikuliert sich nur noch in allgemeinen Redensarten.

In ähnlich ambivalenter Weise ist das Thema der Korruption gestaltet, das – neben der persönlichen Problematik Obis – den ganzen Roman beherrscht.

Dem jungen Beamten würde sich ständig die Gelegenheit bieten, besondere Vorteile in Anspruch zu nehmen, und obgleich alle seine Freunde diese vielgeübte Praktik verurteilen, können sie nicht einsehen, daß er versucht, ehrlich zu bleiben, obwohl er damit die Leute, die ihm Bestechungsgelder anbieten, vor den Kopf stößt. Angesichts seiner finanziellen Notlage gibt Obi schließlich resigniert nach und bestätigt damit wiederum die Vorurteile seines Vorgesetzten Green, der im übrigen den Afrikanern väterliches Wohlwollen entgegenbringt. In dieser Relativierung, durch die weder Personen noch ihre Handlungen moralisch verurteilt werden, kommt die eigentümliche Erzählhaltung des Autors zum Ausdruck: Er schildert in einem leicht ironischen Plauderton Prototypen und Ereignisse, ohne selbst offen Stellung zu beziehen. Achebe verbindet die Form eines modernen Romans mit der Art afrikanischer Erzähler, die durch eine weitschweifige Geschichte indirekt belehren wollen; dieser Eindruck wird durch die zahlreichen, zunächst nebensächlich erscheinenden, eingeschobenen Episoden und Rückblenden verstärkt, die dazu dienen, die Gegensätze im heutigen Nigeria besonders hervorzuheben. Die Darstellung kleiner, oft grotesker Details und der ständige Wechsel der Stilformen sollen den Leser in die Erlebnissphäre der jeweiligen handelnden Romanfigur versetzen, so daß z. B. die Denkweise der einfachen Leute von Umuofia nachvollziehbar wird. Ebenso wie Obi oder Mr. Green folgen sie alle ihrer eigenen Logik, deren Verschiedenheit die Konflikte Obis unausweichlich und unlösbar zu machen scheint.   U.F.

AUSGABEN: Ldn. 1960. – NY 1960. – Ldn. 1963. – Greenwich 1969.

ÜBERSETZUNG: *Obi. Ein afrikanischer Roman*, J. Tichy, Wiesbaden 1963.

LITERATUR: Ch. Abebe, *English and the African Writer* (in Transition, 4, Kampala 1965, Nr. 18). – O. Wali, *The Individual and the Novel in Africa* (ebd.). – J. Jahn, *Geschichte der neoafrikanischen Literatur*, Düsseldorf 1966, S. 243/244. – P. Mills, *Notes on C. A.'s »No Longer At Ease«*, Nairobi 1974. – A. Omidiji (d. i. U. Beier), Rez. (in Black Orpheus, 8, 1975). – G. D. Killian, *The Novels of C. A.*, Ldn. 41975, S. 35–39. – S. H. Gale, *»No Longer At Ease« – A Critical Commentary*, NY 1975. – P. Roger, *»No Longer At Ease«: C. A.'s Heart of Whiteness* (in RAL, 14, 1983, 2, S. 165–183). – B. C. Njoku, *The Four Novels of C. A.*, NY 1984, S. 38–60. – C. A. Babalola, *A Reconsideration of A.'s »No Longer At Ease«* (in Phylon, 42, 1986, 2, S. 139–147).

THINGS FALL APART

(engl.; Ü: *Okonkwo oder Das Alte stürzt*). Roman von Chinua ACHEBE (Nigeria), erschienen 1958. – Achebes erster Roman fand seine Fortsetzung in dem gewichtigeren *No Longer at Ease* (1960). Der Autor, der in dem späteren Werk engagiert zu den Problemen der Kolonialpolitik Stellung nehmen wird, beläßt es hier noch bei der breit angelegten Schilderung des unberührten Stammeslebens in einem Ibodorf. Erst gegen Schluß des Romans wird die im Titel angesprochene Auflösung der alten afrikanischen Kultur Gegenstand des Romans.
Der Held des aus Einzelepisoden aufgebauten Werks ist Okonkwo, Symbol des eigenständigen, kraftvollen Afrika. Als reicher Mann besitzt er großen Einfluß im Dorf Umuofia. Peinlich genau beachtet er alle Bräuche seines Stammes. Innere Unsicherheit, die ihren eigentlichen Grund in dem problematischen Verhältnis zu seinem Vater, einem Taugenichts, hat, kompensiert Okonkwo mit herrischen, zuweilen grausamen Auftritten. Aus Opposition zu diesem schwachen Vater glaubt er die aus eigner Kraft aufgebaute Position mit allen Mitteln verteidigen zu müssen. So schneidet er auf Wunsch des Dorfes seinem heißgeliebten Adoptivsohn, einem Kriegsgefangenen von einem anderen Stamm, die Kehle durch, eine Szene, die in *No Longer at Ease* noch einmal als Beispiel atavistischer Grausamkeit erwähnt wird. Das letzte Drittel des Romans ist stärker handlungsbetont als die vorausgehenden Teile. Okonkwo hat aus Versehen einen Dorfbewohner getötet und muß nun nach alter Sitte für sieben Jahre sein Dorf und seine dort mühsam errungene Stellung aufgeben. Im Exil lernt er weiße Missionare kennen und erlebt, daß sein leiblicher Sohn, ebenfalls aus Opposition zum Vater, sich der neuen Religion anschließt. Als er endlich nach Umuofia zurückkehren kann, findet er auch dort das alte Leben durch den Einfluß der Missionare verändert. Er führt noch einen letzten verzweifelten Kampf gegen das Neue, tötet dabei einen Gerichtsdiener und erhängt sich schließlich, nachdem er eingesehen hat, daß alles, wofür er ein Leben lang gekämpft hat, verloren ist.
Achebe hat in Okonkwo das Bild des afrikanischen Sagenhelden beschworen. Indem er aber das Verhalten des Protagonisten psychologisch begründet und seinen Untergang als historische Notwendigkeit erscheinen läßt, distanziert er sich zugleich von diesem Heldentum. In *Things Fall Apart* stellt Achebe seine eigene Auseinandersetzung mit dem alten Afrika dar, hier beleuchtet er auch kritisch die romantische Sehnsucht vieler afrikanischer Intellektueller nach ihrer Vergangenheit. Nach dem Untergang Okonkwos war für Achebe gleichsam der Weg frei geworden für die Konfrontation mit den Problemen des modernen Afrika, denen er sich dann in *No Longer at Ease* zuwandte.   U.F.

AUSGABEN: Ldn. 1958. – NY 1959. – Ldn. 1962. – Greenwich 1969.

ÜBERSETZUNG: *Okonkwo oder Das Alte stürzt*, R. Moering, Stg. 1959. – Dass., D. Heusler u. E. Petzold, Ffm. 1983 (es).

LITERATUR: G. D. Killiam, *The Novels of C. A.*, Ldn. ⁴1975, S. 13–35. – B. J. Barthold, *Three West African Novelists*, Diss. Univ. of Arizona 1975. – A. M. Kemoli, *Notes on C. A.'s »Things Fall Apart«*, Nairobi 1975. – K. Turkington, *C. A. »Things Fall Apart«*, Ldn. 1977. – J. Beneke, *C. A.: »Things Fall Apart«. Der Fall in die Geschichte* (in *Black Literature*, Hg. E. Breitinger, Mchn. 1979, S. 126–155). – R. M. Wren, *»Things Fall Apart«*, Ldn. 1980 (Longman Guides to Literature). – T. A. Dunn, *York Notes on C. A.: »Things Fall Apart«*, Ldn. 1981. – K. Ogbaa, *A Cultural Note on Okonkwo's Suicide* (in Kunapipi, 3, 1981, 2, S. 126–134). – W. P. Taylor, *The Search for Value Themes in C. A.'s Novel »Things Fall Apart«: A Crisis of the Soul* (in Griot, 2, 1983, 2, S. 17–26). – B. C. Njoku, *The Four Novels of C. A.*, NY 1984, S. 14–38. – P. Cairns, *Style, Structure and the Status of Language in C. A.'s »Things Fall Apart« and »Arrow of God«* (in WLWE, 25, 1985, 1, S. 1–10). – R. McDougall, *Okonkwo's Walk: The Choreography of »Things Fall Apart«* (ebd., 26, 1986, 1, S. 24–33).

ACHILLEUS TATIOS AUS ALEXANDREIA

2. Jh.

TA KATA LEUKIPPĒN KAI KLEITOPHŌNTA

(griech.; *Die Erzählung von Leukippe und Kleitophon*). Unversehrt überlieferter Liebesroman in acht Büchern von ACHILLEUS TATIOS aus Alexandreia, entstanden wohl im letzten Viertel des 2. Jh.s. – Das Werk weist alle Mängel seines Genres samt einigen zusätzlichen eigenen auf. Die Gattung des Prosaromans, meist als kombinierte Liebes- und Reiseabenteuergeschichte angelegt, trug von Anfang an den Stempel seichter Gebrauchsliteratur; im Späthellenismus entstanden – formal eine Reaktion auf die exklusive Gelehrtenpoesie der Alexandriner, inhaltlich ein Gegenstück zur frivol-freien Erotik der idyllischen Kleinkunst –, war sie ganz auf den Geschmack einer ungebildeten Masse zugeschnitten. Aber gerade das erklärt die anhaltende Beliebtheit dieser Produkte, die sowohl den Untergang der heidnischen Lebensauffassung als auch den der gesamten antiken Welt überdauerte.

Achilleus beginnt seine Geschichte mit dem Versuch, die Herkunft seiner Erzählung zu legitimieren. Er selbst, der Autor, sei einst nach Sidon gekommen; als er vor einem Bild die meisterhaft gemalte Entführung Europas durch den Zeus-Stier bewunderte, habe sich ihm ein junger Mann mit den Worten zugesellt: *»Ich bin selbst ein lebendes Beispiel für die zahllosen Leiden, die Eros bereitet.«* Dieser junge Mann sei Kleitophon gewesen, der dem Autor dann, an einem plätschernden Bach unter Platanen, seine unwahrscheinlichen Erlebnisse – *»sie gleichen Mythen«* – berichtete. Mit seiner Geliebten Leukippe mußte er vor der Hochzeit aus Tyros fliehen, um ihre Verheiratung mit einem anderen zu verhindern. Ein Seesturm verschlug beide nach Ägypten, wo sie von Sumpfräubern überfallen und getrennt wurden. Der Jüngling fiel schließlich in die Hände der liebesdurstigen ephesischen Witwe Melite (Ephesus war im Altertum berühmt für seine Witwen), kam nach dem plötzlichen Wiedererscheinen von deren Ehemann ins Gefängnis und wurde zum Tode verurteilt. Nach mancherlei Gefahren, darunter mehreren Gottesurteilen, fand er die totgeglaubte Leukippe wohlbehalten wieder und feierte mit ihr in Byzanz eine glänzende Hochzeit. Mit der Rückkehr des Paares zu den versöhnten Eltern nach Tyros schließt der Roman unvermutet, ohne daß der Verfasser nochmals auf die Einleitung zurückkäme, die *»er selbst vergessen zu haben scheint«* (Gaselee).

Die stereotype Anspruchslosigkeit der Gattung erscheint in dieser Erzählung geradezu auf die Spitze getrieben. Die Handlung besteht aus einer sich überstürzenden Fülle von Einzelepisoden, deren Aneinanderreihung jede Motivation fehlt. Die Sprache ist höchst disparat – der Verfasser bemüht sich um ein klassisch-reines Attisch und fällt doch immer wieder in die Umgangssprache seiner Tage. Angestrebte und tatsächliche Gestaltung stehen in groteskem Mißverhältnis – der Autor trachtet nach Schlichtheit in der Darstellung und verdirbt doch jede klare Linie durch tausenderlei Einlagen (popularphilosophische Exkurse, Bildbeschreibungen, rhetorisch verbrämte Briefe, mythische Paradigmen, langatmig ausgefeilte Reden, biologische oder geographische Abhandlungen, äsopische Fabeln, akademisch-theoretische Diskussionen usw.). Daß ein solches *mixtum compositum* mit Vergnügen genossen wurde, ist nicht verwunderlich – dergleichen Liebes- und Abenteuerromane befriedigen dasselbe Bedürfnis wie heute Dreigroschenhefte und *comic-strips*. E. Sch.

AUSGABEN: Leiden 1544 (*Narrationis amatoriae fragmentum*; lat. Übers. von Annibale della Croce [Cruceius]; Buch 5–8). – Venedig 1551 (*Dell' amore di Leucippe et di Clitophonte*; ital. Übers. von F. A. Coccio da Jano; vollst.). – Basel 1554 (*De Clitophontis et Leucippes Amoribus Libri VIII*; Übers. von Annibale della Croce). – Heidelberg 1601 (*De Clitophontis et Leucippes amoribus libri VIII ...*, Hg. I. u. N. Bonnvitius, 2 Bde.). – Ldn./Cambridge (Mass.) 1917 (*Achilles Tatius*, Hg. S. Gaselee; m. engl. Übers.; Loeb; Nachdr. 1969). – Göteborg/Stockholm 1955 (*Leucippe and Clitophon*, Hg. E. Vilborg; m. Bibliogr.).

ÜBERSETZUNGEN: *Die sehr artliche und ergetzliche Histori von keuscher ... Liebe Clitophonis und Leucippe*, anon., Ffm. 1644. – *Liebesgeschichte des Klitophon und der Leukippe*, D. C. Seybold, Lemgo 1772. – *Leukippe*, F. Äst, Lpzg. 1802. – Dass., ders.

(in *Im Reich des Eros*, Hg. B. Kytzler Bd. 2, Mchn. 1983; überarb.). – *Leukippe und Kleitophon*, Hg. K. Plepelits, Stg. 1980 [griech.-dt.].

LITERATUR: E. Rohde, *Der griechische Roman und seine Vorläufer*, Lpzg. ³1914; Nachdr. Darmstadt 1964, S. 498-517. – Schmidt-Stählin, 2/2, S. 1046 bis 1048. – F. Altheim, *Literatur und Gesellschaft im ausgehenden Altertum*, Bd. 1, Halle 1948, S. 121-124. – Q. Cataudella, *Giovanni Crisostomo nel romanzo di Achille Tazio* (in La Parola del Passato, 9, 1954, S. 25-40). – R. Helm, *Der antike Roman*, Göttingen ²1956, S. 45-47. – E. Vilborg, *Achilles Tatius. »Leucippe and Clitophon«, a Commentary*, Stockholm/Göteborg/Uppsala 1962. – Lesky, S. 921/922. – D. Sedelmeier, *Studien zu A. T.* (in WSt, 72, 1959, S. 113-143). – N. Holzberg, *Der antike Roman*, Mchn./Zürich 1986, S. 99-124. – T. Hägg, *Eros und Tyche. Der Roman in der antiken Welt*, Mainz 1987.

FRIEDRICH ACHLEITNER

* 23.5.1930 Schalchen / Oberösterreich

LITERATUR ZUM AUTOR:
Die Wiener Gruppe, Hg. G. Rühm, Reinbek 1967; ²1985. – *F. A. und G. Rühm / super record 50 + 50*, Hg. H. Bäcker, Linz 1981. – M. Mixner, *F. A.* (in KLG, 15. Nlg., 1983).

QUADRATROMAN

Experimenteller Text von Friedrich ACHLEITNER, erschienen 1973. – Der zuletzt vorwiegend als Architekturschriftsteller tätige Achleitner schrieb, nach fast zehnjähriger Unterbrechung seiner literarischen Tätigkeit, 1972 während eines Berlin-Aufenthalts den *quadratroman*, eine konsequente Weiterführung von Ansätzen, wie er sie in den frühen sechziger Jahren als Angehöriger der »Wiener Gruppe« entwickelt hatte (vgl. die in dem von G. RÜHM herausgegebenen Sammelband *Die Wiener Gruppe* aufgenommenen Texte Achleitners, ferner die »i-o-studie« in dessen Werkdokumentation *prosa, konstellationen, montagen*, 1970). Der *quadratroman* bezieht seine Eigenart und seine Konsistenz aus einem durchgängigen Prinzip: Jede einzelne der insgesamt 176 Seiten wird von einem gezeichneten Quadrat gleicher Größe bestimmt und erhält so ein materiales Bezugsfeld für den Aufbau unterschiedlichster *»(ästhetischer?) Situationen«* (S. 65), erzeugt durch ein- oder umgeschriebene Texte, durch Erfüllung oder Durchbrechung der graphischen Vorgabe, durch Deformation, spielerische Verfremdung, ironisches Zitat und pointierte Selbstthematisierung des poetischen Verfahrens. Die Ebene des (überwiegend maschinenschriftlich erzeugten) rein sprachlichen Zeichens ist zwar dominant, wird aber ständig transzendiert; Achleitners Verfahrensweisen berühren sich in mancher Hinsicht mit jenen der Konkreten bzw. Visuellen Poesie, doch repräsentiert der Text von seiner humorvoll-spielerischen Note her in erster Linie die vor allem von Gerhard RÜHM kultivierte Tendenz zu einer sich aller Prätention und auch aller poetologischen Systembildung widersetzenden Schreibart.
Der Hang zur Persiflage, zur Ironisierung der literarischen Tradition und zum Spiel mit der Erwartungshaltung des Lesers manifestiert sich bereits in der Vorbemerkung des Autors auf dem Umschlag: *»... lassen sie sich nicht von einem schreiber bevormunden halten sie dann auch den mund wenn sie nicht das bekommen was sie von einem vergnüglichen buch erwarten von einem bildungsroman einem entwicklungsroman dessen hauptfigur das quadrat ist ...«*. In der Tat ließen sich die einzelnen Seiten des Textes als Stationen eines bewußtseinserweiternden Prozesses beschreiben, als fortschreitende Erfahrungen eines schreibenden Ichs im Rahmen einer selbstgewählten Versuchsanordnung, als Abenteuer in einer formalistisch-geometrisch definierten Welt, Abenteuer, wie sie sich aus dem Zusammenstoß der Prinzipien von Freiheit und Ordnung ergeben (*»Dieses Quadrat übt einen guten Zwang aus. Es erzeugt eine Situation, der man sich unterwerfen oder die man auch sprengen kann«*, S. 65), wobei der Hang zur Grenzüberschreitung immer deutlicher wird und zuweilen auch in Destruktivität mündet. Inhaltlich spiegelt sich das Entwicklungsmoment des Textes im Übergang von der Ereignislosigkeit des Beginns, dem scheinbar uninspirierten und unengagierten Umkreisen einer vorgeblichen Schreibhemmung zu den immer neuen Variationen um das Thema »Welt aus Sprache«, zu der Einbeziehung emotionaler Komponenten bis zur Auseinandersetzung mit Dichterkollegen oder dem gleichsam enzyklopädischen Schlußteil, der das Quadrat in mannigfaltige Bezüge zur empirischen Wirklichkeit setzt; da und dort schlägt das artifizielle Spiel mit Zeichen und Bedeutung plötzlich um in eine unverblümte Zeit- und Gesellschaftskritik. Es entspricht aber durchaus dem Gesamtcharakter des *quadratromans*, wenn der Autor auf der letzten Seite noch auf eine Aufhebung seiner Konzeption zielt, mit dem Eingeständnis nämlich, es habe sich bei dem verwendeten Quadrat aufgrund eines *»Setzerfehlers«* eigentlich um ein Rechteck gehandelt, *»... womit dem ganzen roman titel und basis entzogen sind das ganze müsste wie sie es schon richtig bemerkt haben rechteckroman heissen blöder titel und die ganze philosophie ums quadrat herum die ganze quadratphilosophie muss ich zurücknehmen ...«* (S. 176). In der lustvoll-selbstironischen Brechung des eigenen Anspruchs manifestiert sich eine avancierte Position experimentellen Schreibens, das über seine Voraussetzungen hinaus seine Aporien mitreflektiert. Es scheint nur konsequent, wenn Achleitner seine literarische Publikationstätigkeit

an diesem Punkt bis auf weiteres abgebrochen hat.
E.Fi.

AUSGABE: Darmstadt/Neuwied 1973.

LITERATUR: J. Drews, *Wirklichkeit im Quadrat. F. A.s konkreter Roman* (in SZ, 8. 12. 1973). – M. Kesting, *Endspiel im stillen winkel* (in FAZ, 26. 1. 1974). – K. P. Dencker, *Poesie mit dem Lineal. F. A.s ›quadratroman‹ ist eher ein Rechteckroman* (in Stuttgarter Zeitung, 22. 6. 1974).

BELLA ACHATOVNA ACHMADULINA

* 10.4.1937 Moskau

LITERATUR ZUR AUTORIN:
Bibliographie:
Russkie sovetskie pisateli. Poėty. Bibliografičeskij ukazatel', Bd. 2, Moskau 1978, S. 118–132.
Gesamtdarstellungen und Studien:
A. Nejmirok, *B. A.* (in Grani, 55, 1964, S. 169–177). – Chr. Rydel, *The Metapoetical World of B. A.* (in Russian Literature Triquarterly, 1971, 1, S. 326–341). – P. G. Antokol'skij, *B. A.* (in P. G. A., *Sobr. soč.*, Bd. 4, Moskau 1973, S. 248–256). – F. Mierau, *B. A.* (in Akzente, 1974, S. 541–545). – N. P. Condee, *The Metapoetry of Evtušenko, A., and Voznesenskij, Analyzed in the Context of Soviet Aesthetic Theory*, Phil. Diss. Yale 1978. – J. Brodal, *Wahlverwandtschaft – ein Motiv bei B. A.* (in Scando-Slavica, Bd. 28, 1982, S. 19–26). – B. Gass, *Zaduj vo mne sveču*, London 1984. – S. Ketchian: *Poetic Creation in B. A.* (in SEEJ, 28, 1984, 1, S. 42–57). – N. Condee, *A.'s Poėmy: Poems of Transformation and Origins* (in SEEJ, 29, 1985, 2, S. 176–187). – R. Mustafin, *Poisk algoritma. Zametki o poėzii B. A.* (in Družba Narodov, 1985, 6, S. 245–252). – V. Erofeev, *Novoe i staroe. Zametki o tvorčestve B. A.* (in Oktjabr', 1987, 5, S. 190–194).

DAS LYRISCHE WERK (russ.) von Bella ACHMADULINA.
Bella (eigentlich: Izabella) Achatovna Achmadulina, deren literarisches Werk neben Lyrik noch Übersetzungen, Filmdrehbücher und einige wenige, meist essayistische Prosaskizzen umfaßt, wird zwar meist als Repräsentantin der sog. »Tauwetterlyrik« in einem Atemzuge mit EVTUŠENKO und VOZNESENSKIJ genannt, stand jedoch deren polemisch-pathetischer *estradnaja lirika* (Tribünenlyrik) von Beginn an ästhetisch fern. Prägenden Einfluß gewann demgegenüber ihre Jugendbekanntschaft mit E. VINOKUROV, dessen an der philosophischen Dichtung des 19.Jh.s (BARATYNSKIJ, TJUTČEV, FET) geschulte Gedankenlyrik besonders in ihrem Frühwerk deutlich durchscheint. Als Lyrikerin debütierte Bella Achmadulina, die das berühmte Gor'kij-Literaturinstitut absolvierte, 1955 in der Jugendzeitung ›Komsomol'skaja Pravda‹; und schon zwei Jahre später fand sie Eingang in die angesehene, jährlich erscheinende liberale Anthologie *Den' poėzii*.
Es dauerte allerdings bis 1962 – unterdessen hatte A. GINZBURG einige ihrer Gedichte in der Samizdat-Zeitschrift ›Sintaksis‹ veröffentlicht –, ehe ihr erster Lyrikband *Struna (Die Saite)* erscheinen konnte, der in seiner erstaunlichen Frühreife grundlegend für ihre gesamte weitere Entwicklung blieb. Die 54 Gedichte dieser Sammlung umkreisen in einem für die Sowjetunion damals gänzlich ungewohnten radikalen Subjektivismus meist Bereiche individuellen Erlebens von Natur, Liebe und Kunst, wobei dem Prinzip der Vergeblichkeit menschlicher Anstrengung (*tščetnost'*) der Selbstwert ästhetischer Reflexion entgegengestellt wird. Selbst prosaische Symbole der technischen Zivilisation vermag die dichterische Imagination auf diese Weise mit der Aura des Geheimnisvollen zu umgeben, indem sie Gegenstände ebenso wie bestimmte Wörter aus ihrem gewöhnlichen Kontext löst und in einer derart großen Unbefangenheit neu zu erkennen sucht, daß orthodoxe Kritiker vor einem »*Verlust des Zeitbezugs*« (Lesnevskij) warnten, während andere später das »*Abenteuer eines Geschichtlichmachens von Empfindungen*« (Mierau) begrüßten. – Die meist jambischen vierzeiligen Strophen verweisen in ihrer traditionellen und bewußt schlichten Formgebung auf eine durch das Vorbild PUŠKINS und ACHMATOVAS geformte Ästhetik, deren Stilprinzipien sich auch vereinzelte Versuche, im Stile der Moderne durch bewußte Bloßlegung innersprachlicher Mechanismen neue semantische Bezüge herzustellen, stets unterzuordnen haben. Charakteristisch für Achmadulinas subtile, meist in der Andeutung verharrende und historische wie stilistische Varietäten des Russischen reizvoll miteinander verflechtende Sprache ist ihr Gedicht *Vulkany (Vulkane)*, das die stimmgewaltigen antistalinistischen Pamphlete Evtušenkos künstlerisch wirkungsvoll konterkariert. Im Rückgriff auf das alte Pompeji warnt das lyrische Ich in »aesopischer Sprache« vor den unter den Kratern des keineswegs für ewig erloschenen Vesuvs schlafenden Riesen.
Das Ende 1963 entstandene Poem *Skazka o dožde (Märchen vom Regen)* leitete mit seiner vorübergehenden Wendung zu größeren Formen eine neue Schaffensperiode im Werk Achmadulinas ein. Der Regen, ein zentrales Motiv der Lyrik PASTERNAKS, erscheint hier als Sinnbild der dem Auserwählten schicksalhaft verliehenen Begabung, die ihn zwangsläufig in Konflikt zu seiner Umwelt geraten läßt. Schon in dem Gedicht *Den' poėzii (Tag der Poesie)* hatte Achmadulina zuvor in bewußter Anlehnung an Puškins *Poėt i tolpa*, 1828 (*Der Dichter und die Menge*) Einsamkeit und Andersartigkeit des schöpferischen Individuums zum zeitlosen Phänomen erhoben – ein bewußter Affront gegen

die Forderung des Sozialistischen Realismus nach *narodnost'* (Volkstümlichkeit).
Nachdem 1968 ein Emigrantenverlag den Auswahlband *Oznob (Schüttelfrost)* veröffentlicht hatte, erreichte die Dichterin 1969 bei Erscheinen ihres vielbeachteten Bandes *Uroki muzyki (Musikstunden)* den vorläufigen Höhepunkt ihres Ansehens. Dennoch waren Anzeichen einer schöpferischen und persönlichen Krise nicht zu verkennen. Nur so, als intimer Ausdruck der Lebensangst und nicht im Sinne moderner Sprachskepsis, ist das früher nur vereinzelt anklingende, jetzt vielgestaltete Motiv des drohenden Verstummens zu begreifen. In der Folge drohte Achmadulinas archaisierender Sprachgestus ebenso wie ihre Subjektivität zeitweise zur manierierten Pose zu erstarren. Ihr Poem *Moja rodoslovnaja (Mein Stammbaum)* trug der im Grunde unpolitischen Dichterin, die väterlicherseits von Tataren, mütterlicherseits von russifizierten Italienern abstammt, den Vorwurf allzu großer Willfährigkeit gegenüber großrussischem Nationalismus ein (Brodal), und auch liberale Kritiker in der UdSSR konstatierten enttäuscht ihre Wandlung zu einem »*Pop-Star der Poesie*« (rückblickend V. Erofeev).
Erst 1975 trat die Autorin mit einem schlicht *Stichi (Gedichte)* betitelten Band, der zum größten Teil auf früher publizierte Texte zurückgriff, wieder an die Öffentlichkeit. 1977 erschienen beinahe gleichzeitig drei neue Gedichtsammlungen: *Sny o Gruzii (Träume von Georgien)* unterstreicht leitmotivisch die Bedeutung, die Achmadulina – u. a. in der Tradition Mandel'štams – der georgischen Literatur beimißt. Das Gros des Bandes machen allerdings Nachdichtungen und literaturkritische Essays aus. Neben dem schmalen Band *Metel' (Der Schneesturm)* offenbarte vor allem *Sveča (Die Kerze)* neue Aspekte in Achmadulinas Weltsicht. In Gedichten wie *Odnaždy, pokačnuvšis' na kraju (Einstmals, am Rande wankend)* oder *Fevral' bez snega (Februar ohne Schnee)* tritt das Erschrecken vor der geistigen Haltlosigkeit des modernen Menschen zutage, ein Thema, das schon in *Stichi* vereinzelt angeklungen war (z. B. in dem Gedicht *Medlitel'nost' – Zaudern*).
Tajna, 1983 *(Das Geheimnis)*, ist das motivisch und thematisch vielleicht am strengsten durchkomponierte Werk der Autorin, in dem in immer neuen Schattierungen – Achmadulina verwendet den uralten Topos von der »Lesbarkeit der Welt« – das Verhältnis von Natur und Sprache reflektiert wird; Subjektivität ist hier eher souverän gehandhabtes Stilmittel denn Ausdruck authentischen Erlebens.
Die vorläufig letzte Gedichtsammlung, *Sad*, 1987 *(Der Garten)*, nimmt die Leitmotive des Gesamtwerks auf, zeigt jedoch ein spürbares Bemühen um größere formale und stilistische Vielfalt. Zuweilen allzu gewollt virtuos knüpft Achmadulina ein dichtes Netzwerk innerliterarischer Verflechtungen (u. a. Anklänge an Deržavin, Turgenevs Gedichte in Prosa, Ibsen und Blok) und spannt den Bogen von vereinzelten, ungewohnt sozialkritischen Gedichten *(Paška – Paschka)* über eine Vielzahl bisweilen an Cvetaeva erinnernde Landschaftsmeditationen *(Tarusa – Tarusa)* hin zu fast symbolistischer Klangakrobatik im Stile Bal'monts. In den gelungensten Gedichten bleibt Achmadulinas nuancenreiche, oft altertümlich stilisierte Sprache kein ästhetisches Selbstzweck, sondern eröffnet in der assoziativen Verbindung von Zeiten und Ideen auch inhaltliche Dimensionen *(Elka v bol'ničnom korridore – Ein Tannenbaum im Krankenhauskorridor)*.
Achmadulinas Bedeutung liegt in der Erneuerung der in stilistischer Normierung und ideologischer Tendenziosität erstarrten Dichtungssprache der Stalinzeit und in der schöpferischen Rückbesinnung auf die lange verschüttete russische Lyriktradition des 20.Jh.s (Achmatova, Cvetaeva, Mandel'štam, Pasternak), wobei eine behutsam eingesetzte Ironie das Abgleiten ins Epigonale verhindert.
Achmadulinas Lyrik, ähnlich wie bei Achmatova ein geschlossenes, jedoch keineswegs modernistisch-hermetisches Universum regelmäßig wiederkehrender Themen, Symbole und Motive (z. B. der Farbe Orange), versucht, innerem Erleben eine im dichterischen Wort sinnlich wahrnehmbare Gestalt zu verleihen; »*das Materielle ist nur dazu da, das Geistige zu stimulieren*« (Ėtkind). Der Dichter ist für Achmadulina in einem beinahe religiösen Sinne ein Benennender, der die Phänomene der »*Namenlosigkeit der Nacht*« (»*noči bezymjannosti*«) entreißt und ihnen seine Stimme leiht, was gleichbedeutend ist mit einer Teilhabe am Leid der Welt: »*Und so stehe auch ich – klingend und dem Schmerz geöffnet*«. R. Gt.

Ausgaben: *Struna*, Moskau 1962. – *Oznob*, Ffm. 1968. – *Uroki muzyki. Stichi*, Moskau 1969. – *Stichi*, Moskau 1975. – *Metel'. Stichi*, Moskau 1977. – *Sveča*, Moskau 1977. – *Sny o Gruzii*, Tblisi 1977. – *Tajna. Novye stichi*, Moskau 1983. – *Sad. Novye stichi*, Moskau 1987.

UROKI MUZYKI

(russ.; *Ü: Musikstunden*). Gedichtsammlung von Bella Achmadulina, erschienen 1969. – *Uroki muzyki* ist die zweite in der Sowjetunion erschienene Gedichtsammlung der Autorin. Wie die vorausgegangene Sammlung *Struna*, 1962 *(Die Saite)*, aus der einige Texte wieder übernommen wurden, verweist bereits der Titel des Werks auf das Prinzip der »*Kammerdichtung*« (Holthusen). Ein großer Teil der Gedichte läßt sich dem Genre des lyrischen Tagebuchs zuordnen. Thematische Schwerpunkte bilden Schlaflosigkeit und Traum, Krankheit und Schaffenskrise. Schlüsselwörter der Lyrik Achmadulinas sind Begriffe wie *gorlo* (Kehle), *gortan'* (Kehlkopf, Kehle), *guby* (Lippen), *vydoch* (Hauch, Ausatmen), *golos* (Stimme) und *slovo* (Wort). Indem diese immer wieder auf die physische Organe des dichterischen Worts verweisen, umreißen sie ein poetisches Modell, das dem Experiment mit den spezifischen Werkzeugen des Dichters, dem Klangspiel, der Sprachübung, der Etüde, auf die der Titel *Musikstunden* anspielt, Vorrang einräumt. Auf den ersten Blick allerdings nimmt sich Achmadulinas Vers- und Strophentechnik eher traditionell aus. Die Norm des aus fünfhebigen Jamben bestehenden Quartetts wird nur selten durchbrochen. Experimentiert wird vor allem auf den Ebenen der Wortbildung und des Reims durch Silben- und Lautspiele.

Achmadulinas Leitmotiv der leisen, heiseren, den Dienst verweigernden Stimme markiert einen deutlichen Gegensatz zu MAJAKOVSKIJS Lyrik der »vollen Stimmkraft« (vgl. dessen Poem *Vo ves' golos*, 1930), an die in den sechziger Jahren EVTUŠENKO, mit dem Achmadulina in erster Ehe verheiratet war, und VOZNESENSKIJ anknüpften. Von beiden Autoren hebt sich auch Achmadulinas Verwendung technischer Symbole ab. In Gedichten wie *Motorroller, Magnitofon (Das Tonbandgerät), Gazirovannaja voda (Sodawasser)* und *Malen'kie samolety (Kleine Flugzeuge)* wird die Welt der Technik poetisch verwandelt, verzaubert und »enttechnisiert«. *Kleine Flugzeuge* liest sich wie ein Gegentext zu Voznesenskijs berühmtem Gedicht *Nočnoj aėroport v N'ju-Jorke*, 1962 (*Nächtlicher Flughafen in New York*), auf das Achmadulina ironisch auch in *Moi tovarišči (Meine Kollegen)* anspielt.

Einen eigenen thematischen und formalen Ort besitzen die vier kurzen, an den Schluß der Sammlung gestellten Poeme, denen allen ein Zug zum Grotesken und Phantastischen eignet: in *Priključenie v antikvarnom magazine (Begebenheit in einem Antiquariat)* die unglückliche Liebe des Antiquariatsbesitzers, in *Oznob (Schüttelfrost)* die zum Wahnerlebnis verzerrte Beschreibung der eigenen Krankheit, in *Skazka o dožde (Märchen vom Regen)* die phantastische Geschichte vom störrischen Regen, der sich von der Heldin des Poems nicht trennen will, sie öffentlich kompromittiert und von ihr dennoch wie ihr eigenes Kind geliebt wird, in *Moja rodoslovnaja (Mein Stammbaum)* schließlich die aus der Perspektive des ungeborenen Kindes in Handlung umgesetzte Darstellung des eigenen Stammbaums. Das Zurückgehen hinter die Wirklichkeit wird in diesen vier Poemen vor allem als formales Element realisiert. Mögen gewisse Momente auch auf die symbolistische und akmeistische Tradition hinweisen, so ist doch nicht zu übersehen, daß das Phantastische und Groteske stets unter dem Vorzeichen einer deutlichen Ironie steht, die besonders in der Wahl der poetischen Mittel (unreiner Reim, mehrfacher Binnenreim, Archaismen in Form von Alliterationen, Anaphern und Parallelismen) zum Ausdruck kommt. Die »Erweiterung« der Wirklichkeit im Bereich des Bewußtseins erweist sich hier also als Erweiterung des technischen Instrumentariums, nicht etwa als Wirklichkeitsflucht. Dies gilt auch für die intimen und melancholischen Gedichte des ersten Teils wie etwa *Sumerki (Dämmerung)* und *Son (Traum)*, in denen die Rückbesinnung auf eine »heile« und bessere Zeit am Schluß als Illusion entlarvt wird. A.Gu.

AUSGABE: Moskau 1969.

ÜBERSETZUNG: *Musikstunden*, A. Christoph, Bln./DDR 1974 [russ.-dt.].

ANNA ACHMATOVA

eig. Anna Andreevna Gorenko
* 23.6.1889 Bol'šoj Fontan bei Odessa
† 5.3.1966 Domodedovo bei Moskau

LITERATUR ZUR AUTORIN:
B. Ėjchenbaum, *A. A.*, Petrograd 1923. – V. Vinogradov, *O poėzii A. A.*, Leningrad 1925 [Nachdr. Den Haag 1969]. – E. Dobin, *Poėzija A. A.*, Leningrad 1968. – J. Rude, *A. A.*, Paris 1968. – K. Verheul, *The Theme of Time in the Poetry of A. A.*, Den Haag 1971. – S. Driver, *A. A.*, NY 1972. – V. Žirmunskij, *Tvorčestvo A. A.*, Leningrad 1973. *Pamjati A. A.*, Paris 1975. – A. Haight, *A. A. A Poetic Pilgrimage*, Ldn. 1976. – L. Čukovskaja, *Zapiski ob A. A.*, 2 Bde., Paris 1976–1980. – S. Ketchian, *The Poetry of A. A. A Conquest of Time and Space*, Mchn. 1986 (Slavistische Beiträge, 196).

BELAJA STAJA

(russ.; *Der weiße Schwarm*). Gedichtsammlung von Anna ACHMATOVA, erschienen 1917. – Die thematischen Neuerungen dieser dritten und mit knapp 90 Texten umfangreichsten Gedichtsammlung Achmatovas gegenüber den vorausgegangenen Bänden *Večer*, 1912 *(Abend)*, und *Četki*, 1914 *(Der Rosenkranz)*, sind verhältnismäßig gering. Obwohl also auch *Belaja staja* im weiteren Sinne als Liebeslyrik bezeichnet werden kann, hat die Geschlechterbeziehung als unendlich weit zurückliegende Vorgeschichte des lyrischen Ich und damit fast schon als abstrakte Utopie hier doch einen gänzlich anderen Stellenwert.

Was in *Večer* noch in greifbarer und selbstverständlicher Nähe lag – Natur, das eigene Selbst, der eigene Körper, der des Partners oder auch nur die Erinnerung daran – rückt hier auf extreme Distanz. In diesem perspektivischen Übergang von Nähe und Intimität auf Abstand und Entfremdung liegt der wesentliche Unterschied zwischen *Belaja staja* und den früheren Dichtungen der Autorin. Der elegische Tenor geht über weite Strecken in tiefste Resignation über. Die elegische wird durch die »*tragische Muse*« (Etkind) verdrängt. Religiöse Elemente, die bei Achmatova bis dahin nur schwach und eher kontrastiv zur erotischen Thematik verwendet wurden, entwickeln sich nun zu einer tragenden Motivschicht. Einige Gedichte wie z. B. *Ja tak moli-*

las' (Ich habe so gebetet) und *Molitva (Gebet)* stehen ganz in der Tradition des romantischen lyrischen Gebets. Primäre Signalwörter wie »Kälte«, »Eis«, »Frost«, »Erstarrung« erzeugen ein emotionales Klima, das die Blütenpracht von Carskoe selo (Blumen sind in *Večer* ein Schlüsselmotiv für weibliche Rollenvielfalt) in Eisblumen verwandelt. An die Stelle der Blumensymbolik treten Symbole des erdfernen Schwebens und Fliegens (Kraniche, Schwalben, Schwäne) – ein Motiv also, das auf die dem Gedicht *Ja ne znaju, ty živ ili umer (Ich weiß nicht, ob du lebst oder tot bist)* entlehnte Titelmetapher *belaja staja* verweist (im Gedicht: *i stichov moich belaja staja* – *und meiner Verse weißer Schwarm*). Blumen enthüllen ihren Zauber nur in der Nähe, Vögel ihre Grazie erst im freien Flug, d. h. aus der Ferne. Im semantisch kontrastiven Reimbezug *letet'* (fliegen) – *pet'* (singen) wird Fliegen zur Chiffre einer Freiheit, die auch die Befreiung vom poetischen Sprachzwang einschließt (vgl. *Tak ranenogo žuravlja/zovut drugie* – *So rufen dem verletzten Kranich/die anderen zu*). Der verletzte Kranich kann mit dem Schwarm nicht mithalten. Er ist zum Bleiben verurteilt und dazu, seinen eigenen Schmerz zu besingen.

Der Publikumserfolg von *Belaja staja* kam dem von *Večer* und *Četki* gleich. Die Literaturkritik jedoch hat Anna Achmatovas neue Gedichtsammlung, die kurz nach der Februarrevolution erschien, erst mit Verspätung entdeckt. A.Gu.

AUSGABEN: Petrograd 1917. – Petrograd 1923. – Leningrad 1976 (in *Stichotvorenija i poėmy*). – Mchn. 1979 (in *Sočinenija*, 3 Bde., 1). – Minsk 1983 (in *Beg Vremeni*; Ausw.).

ÜBERSETZUNG: In *Im Spiegelland. Ausgewählte Gedichte*, Hg. E. Etkind, Mchn./Zürich 1982.

LITERATUR: A. Slonimskij, *A. A., »Belaja staja«* (in Vestnik Evropy, 1917, Nr. 9–12, S. 403–407). – V. M. Žirmunskij, *»Belaja staja«* (in Naš vek, 1918, Nr. 21, S. 4; auch in V. M. Ž., *Voprosy teorii literatury*, Leningrad 1928, S. 322–326). – V. V. Vinogradov, *A. A. O simvolike – o poėzii*, Mchn. 1970. – S. Driver, *The Poetry of A. A., 1912–1922*, Ann Arbor 1970.

POĖMA BEZ GEROJA

(russ.; *Ü: Poem ohne Held*). Gedichtzyklus von Anna ACHMATOVA, entstanden 1940 bis 1942, bearbeitet und erweitert bis 1963, veröffentlicht in Teilen ab 1940, vollständig erstmals 1967 in den USA (›Slavonic and East European Review‹, Nr. 45), fast vollständig in der UdSSR 1974. – Die Entstehung dieses wichtigsten Gedichtzyklus von Anna Achmatova geht auf das Jahr 1923 und das Gedicht *Novogodnjaja ballada (Neujahrsballade)* zurück. Den Neuanstoß für das Werk, das von der Silvesternacht 1913/14 als dem Ende einer Epoche ausgeht und über den Terror bis in den Zweiten Weltkrieg

mit dem zerstörten Leningrad reicht, erhielt sie in der Nacht vom 26. auf den 27. Dezember 1940 in Leningrad. Die erste Fassung schloß sie in Taschkent als Evakuierte am 18. 8. 1942 ab. Teile erschienen 1944 und 1945, manche, z. B. den Rückgriff bis in die Zeit DOSTOEVSKIJS, hat sie später verworfen. Nach ihrer zehnjährigen Verfemung als Opfer des Parteierlasses vom 14. 8. 1946, der zur Makulierung von zwei Auswahlbänden und zum Ausschluß aus dem Schriftstellerverband führte, erschienen ab 1956 fast jedes Jahr Auszüge in der UdSSR. Die ersten Gesamtredaktionen kamen in dem Almanach *Vozdušnye puti* (Bd. 1 u. 2) in New York 1960 und 1961 heraus. Eine zunächst als endgültig bezeichnete Fassung bereitete sie 1962 für die Zeitschrift ›Znamja‹ vor, doch lehnte V. M. KOŽEVNIKOV im Dezember die Veröffentlichung ab. Als bei der Aufnahme in den Auswahlband *Beg vremeni* (1965) bei den Teilen 2 und 3 des *Triptychons* erhebliche Zensureingriffe gefordert wurden, schloß A. Achmatova nur den ersten Teil ein. Bald nach dem Tode der Dichterin brachte Amanda HAIGHT 1967 die erste vollständige Edition in den USA heraus, sie wurde von Boris FILIPPOV für die dreibändige Ausgabe ihrer Werke (Washington/Paris 1967–1983) übernommen. Die erste fast vollständige sowjetische Ausgabe ist in *Izbrannoe* (1974) enthalten. Dort fehlen am Schluß 7 Zeilen über den Zug der GULag-Häftlinge nach Sibirien. Diese wurden ab 1976 in sowjetische Ausgaben aufgenommen, es fehlen aber noch 1986 20 Zeilen, ebenfalls im 3. Teil, über das Leid *Hinter dem Stacheldraht*.

Poėma bez geroja besteht aus drei Teilen: I. *Devjat'sottrinadcatyj god (Das Jahr 1913. Eine Petersburger Erzählung)*; II. *Reška (Gegenbild)*; III. *Epilog (Epilog)*. Der Entstehung und dem Umfang nach liegt der Schwerpunkt des Werks im ersten Teil, er ist als einziger in (vier) Kapitel untergliedert, wobei zwischen Kapitel 1 und 2 noch ein *Intermedium* gestellt ist. Jedem dieser insgesamt acht Teile ist wie bei einem Theaterstück eine kurze Ortsbeschreibung und Zeitangabe vorangestellt: Teil I, 1 handelt am Silvesterabend 1913 im Haus an der Fontanka, wo Anna Achmatova als vor dem Zusammenbruch des Zarenreiches und dem bolschewistischen Umsturz berühmte Akmeistin gelebt hat und wo das *Intermedium* »irgendwo in der Nähe« und »*in der Tiefe des Saales, der Szene, der Hölle oder oben auf Goethes Brocken*« spielt; I, 2 handelt »*im Schlafzimmer der Heldin*« (gemeint, doch nicht genannt, ist die Schauspielerin Ol'ga Afanas'evna Glebova-Sudejkin); I, 3 in Petersburg 1913; I, 4 beim Haus der Brüder Adamini an der »*Ecke des Marsfelds*« in Petersburg und ist von der Zeit gelöst; Teil II handelt am 5. Januar 1941 in demselben Haus wie I, 1 an der Fontanka; Teil III im kriegszerstörten Leningrad, nachts am 24. 6. 1942. Die Orts- und Zeitangaben weisen auf das Anliegen der Dichterin hin, am Beispiel ihrer Heimatstadt St. Petersburg/Leningrad ein Bild an zwei unglückträchtigen Vorabenden zu geben: am Vorabend des Ersten Weltkriegs und damit der

Oktoberrevolution als der Schaffung eines neuen, aus der Tradition des 19.Jh.s herausgerissenen Staates – und am Vorabend des Zweiten Weltkriegs und damit der Zerstörung Leningrads, der Evakuierung oder des Todes eines großen Teils seiner Menschen. Für Anna Achmatova ist das Jahr 1913 Ende des »Silbernen Zeitalters«, damit des Geistes des 19.Jh.s. Erst danach beginnt für sie im geistigen Sinne das 20.Jh.
Das historische Poem gestaltet in der Wechselbeziehung der Vorabende die Tragödie des 20.Jh.s. Der Form nach knüpft dieser lyrische Zyklus an die Poeme des 19.Jh.s an, kennt aber im Unterschied zu PUŠKINS Petersburg-Dichtung *Mednyj vsadnik* (1834) weder eine Fabel, noch eine zentrale Figur, noch überhaupt zwischenmenschliches Handeln. Es beginnt mit einem Karneval der Schemen, Masken von Größen des Petersburger Geisteslebens von 1913, wie BLOK oder MEJERCHOL'D, dazu von Gestalten des literarischen Lebens aus einem vergangenen Europa wie Faust oder Don Juan. Aber die Maskerade ist ein Erinnerungsbild, von Silvester 1940 her gesehen, die Namen sind meist verschlüsselt, was das Gespenstische der Theater- und Bohèmewelt ebenso unterstreicht wie Gedanken des erzählenden Beobachters: *»Sind das nicht die letzten Zeiten?«* Das *Intermedium* setzt neben die allgemeine Maskerade das Spiel von Columbina und Harlekin, von Märchenfee und Iwanuschka aus alten Märchen. Der autobiographische Charakter wird in I, 2 durch die Gleichsetzung (*»Doppelgänger«*) des Ichs mit O. A. Glebova-Sudejkin, der *»Columbine«* des ersten Jahrzehnts, unterstrichen. Neben ihr ist, unter anderen, als Motto der Lyriker Vsevolod KNJAZEV stark integriert, der sich 1913 aus nicht erwiderter Liebe das Leben nahm. Das »Gegenbild« in Teil II zeichnet erst konkreter, dann wieder in literarischer Allusion und versteckten Zitaten die Dichterin in Leningrad vor dem Kriegsuntergang. In unverbrämter Härte und ohne Rücksicht auf die sowjetische Zensur erwähnt sie die Jahre des schlimmsten Terrors: *»Von Folter, Verbannung und Hinrichtung kann ich nicht singen«* (in sowjetischen Ausgaben liest man statt dessen »*Von Kriegen, Tod und Geburt..«*). Teil III, der Epilog, wendet sich 1942 unmittelbar an *»Meine Stadt«*. Das Kriegsleid in Rußland und außerhalb wird mit dem Terrorleid in der Sowjetunion – *»Stacheldraht«*, *»Verhör«*, *»Lagerstaub«* – als Einheit gesehen, den Weg nach Sibirien treten Evakuierte wie Verurteilte an. Das Ort- und Zeitübergreifende bestimmt die außerordentlich konkreten Details des ganzen Werks, die persönliche Betroffenheit der Dichterin verschmilzt mit der Hebung ins Allgemeingültige. Achmatovas religiöse Grundhaltung trägt Gebets- und Bekenntnischarakter, sucht nicht Trost. Das nur durch Kommentare entschlüsselbare System von Andeutungen, Anspielungen und literarischen Zitaten nimmt allerdings die Möglichkeit, das Werk beim ersten Lesen zu verstehen, und schränkt Leserkreis und Erfassungstiefe ein. W.Ka.

AUSGABEN: Washington/Paris 1968 (in *Sočinenija*, 3 Bde., 1967–1983, 2). – Moskau 1986 (in *Sočinenija*, Bd. 1; nicht vollständig).

ÜBERSETZUNG: *Poem ohne Held*, Hg. F. Mierau, Lpzg. 1979; ³1984.

LITERATUR: K. Čukovskij, *Čitaja A.* (in Moskva, 1964, 5). – E. Dobin, *»Poèma bez geroja« A. A.* (in Voprosy literatury, 1966, 9). – A. Haight, *»Poema bez geroja«* (in SEER, 1967, 105). – B. Filippov, *»Poèma bez geroja«* (in A. A., Sočinenija, Bd. 2, Washington 1968). – V. Toporov, *Kotzvukam zapadnoevropejskoj poèzii u A.* (in International Journal of Slavic Linguistics and Poetics, 16, 1973, S. 157–176). F. Mierau, *Vorabend: 1913 und 1940. Jahrhundertbild und Gattungsevolution in A. A.s »Poem ohne Held« (1940–1962)* (in Konzepte, Lpzg. 1979, S. 143–161). I. Tlusty, *A. A. and the Composition of her »Poema bez geroja«, 1940–1962*, Diss. Univ. of Oxford 1984.

REKVIEM

(russ.; *Ü: Requiem*). Gedichtzyklus von Anna ACHMATOVA, geschrieben 1935–1961, Erstveröffentlichung in München 1963, in der UdSSR 1987 (in ›Oktjabr'‹, H. 3). – Die in diesem Zyklus vereinten 16 Gedichte bilden das bedeutendste russische Sprachdenkmal, das den Millionen Frauen gesetzt wurde, die vom Leid der willkürlichen Verhaftung ihrer Männer oder Söhne betroffen waren. Hier haben die Ohnmacht vor dem Terror, der stumme Aufschrei gegen die zynische Gewalt, das Bangen um geliebte Menschen, das schwache Hoffen, das Wissen um die massenweisen Tötungen gültige dichterische Gestaltung gefunden. Das Werk gründet im christlichen Glauben und verbindet Elemente des Evangeliums und der russisch-orthodoxen Kirche mit denen des stalinistischen Leningrad. Seine Allgemeingültigkeit ist so groß, daß es in der Sowjetunion als ganzes über vierzig Jahre verboten blieb. Der Zyklus ist im wesentlichen 1935–1940 entstanden, als Anna Achmatova, von der seit 1922 keine Zeile mehr im Druck zugelassen wurde, mit einer Veröffentlichung nicht rechnen konnte. In den wunderbarerweise 1940 genehmigten Auswahlband *Iz šesti knig* konnte sie aus *Rekviem* ein Gedicht *(Das Urteil)* einbeziehen. Selbst das Aufbewahren der Handschrift war lebensgefährlich. Daher lernte Lidija ČUKOVSKAJA das Gedicht auswendig (Aufzeichnung vom 31. 1. 1940). Nach A. Achmatovas Rückkehr in die Literatur während des Tauwetters Mitte der fünfziger Jahre, blieb es noch drei Jahrzehnte als Ganzes allein von Slavisten im Westen bewahrt (insgesamt vier Gedichte erschienen in der UdSSR), wurde auch mehrfach übersetzt, bis die *Glasnost'*-Politik Gorbačevs 1987 eine sowjetische Veröffentlichung ermöglichte (ein Raubdruck in ›Oktjabr'‹ und ein Abdruck durch A. Achmatovas Sohn Lev in ›Neva‹). Der Zyklus besteht aus zehn numerierten Gedichten in verschiedenem Versmaß, denen zwei *Wid-*

mung und *Einführung* überschriebene Gedichte voran- und zwei *Epilog* überschriebene Gedichte nachgestellt sind. Drei Gedichte tragen Überschriften: *Prigovor* (*Das Urteil*, 7), *K smerti* (*An den Tod*, 8) und *Raspjatie* (*Kreuzigung*, 10). Die meisten Gedichte sind datiert, teils mit Jahresangaben, bisweilen genauer, doch weichen die verschiedenen Handschriften darin ab. Sie sind nicht chronologisch geordnet. Vor das ganze hat Anna Achmatova am 1. 4. 1957 einen kurzen Prosavorspann gestellt, der die Entstehung vergegenwärtigt. Irgend jemand, der einmal mit ihr vor dem Gefängnistor anstand, um auch ein Päckchen abzugeben oder Auskunft zu erbitten, hatte sie erkannt. Da flüsterte eine Unbekannte: »›Können Sie das beschreiben?‹ Und ich antwortete: ›Ja, ich kann es.‹« Diese Verpflichtung vor der einen Frau, in der sie die Millionen sprechen hörte, hat Anna Achmatova eingelöst. Ein lyrischer Vierzeiler, den sie 1961 noch vor das Vorwort stellte, erinnert daran, daß sie sich damals als Teil ihres Volkes empfand, sein Leid teilte und nicht »*unter fremden Flügeln*« lebte, nicht – wie die Mehrzahl der bedeutenden Dichter vor 1917 – nach dem Oktoberumsturz emigriert war. Der autobiographische Charakter des *Rekviem* gibt dem Werk seine Überzeugungskraft, kommt aber nur in berichtenden Teilen wie dem Beginn des ersten Gedichts zum Ausdruck: »*Sie holten dich im Morgengraun*«. Hier stimmt das Entstehungsjahr 1935 mit der ersten Verhaftung ihres Sohnes Lev aus ihrer Ehe mit Nikolaj GUMILËV (1910–1918) überein. Wenn sie 1940 von ihren »*zwei satanischen Jahren*« spricht, ist die Frist seit der zweiten Verhaftung Levs gemeint (dritte Verhaftung 1949, Rehabilitierung 1956). Situationen und Gedanken sind konkret erfaßt, nachvollziehbar, doch immer gleichnishaft auf das damals typische russische Frauenschicksal übertragbar.

Die *Widmung* gibt das Warten vor den Gefängnismauern wieder, Gedanken an die hinter den Toren oder in Sibirien gequälten Menschen. Naturbilder veranschaulichen den Schmerz: »*Berge krümmen sich vor diesem Kummer, selbst der große Fluß steht still*«. Natur ist in viele Gedichte einbezogen, es sind die »*Sterne des Todes*«, Erinnerungen an den »*stillen Don*« und den »*gelben Mond*«, vor deren stummem Hintergrund der Hinweis auf den toten Mann und den inhaftierten Sohn und die Bitte, für sie zu beten, hörbar werden. Anna Achmatova wählt die »*weißen Nächte*«, um vorzuführen, daß sie »*ins Gefängnis schauten*« und daß »*sie wieder schauen*« (1939) und »*von deinem hohen Kreuz und vom Tode sprechen*«. Die religiöse Bildsprache wie hier das »*hohe Kreuz*« als Metapher für das Leiden des unschuldigen Opfers der staatlichen Willkür, die an einigen Stellen den Zyklus verbindet, gipfelt im Schlußgedicht *Kreuzigung*. Das Motto entstammt dem Beginn des neunten Liedes des österlichen orthodoxen Gebetskanons »*Weine nicht über Mich, Mutter, wenn Ich im Grabe bin*«. Hier wird die Christuserfahrung zum Trost. Auch die Häftlinge, denen der Tod bestimmt ist, wenden sich im Bewußtsein der Auferstehung so an ihre leidend zurückbleibenden Mütter. Der erste der zwei Vierzeiler des Gedichtes wiederholt diese Situation des Evangeliums, erweitert um Christi Aufruf »*Warum hast du Mich verlassen*« und den Ruhmesgesang der Engel, der zweite ruft das Ikonenbild der am Kreuz leidenden drei – Magdalena, Johannes und Maria – vor Augen und schließt »*Doch dorthin, wo Maria Mutter stand im Schweigen, hat keiner einen Blick gewagt.*« Diesen Blick auf die leidenden Mütter erzwingt diese Dichtung.

Die Schilderung des Leids und der Verzweiflung überwiegt den Trost. *An den Tod*, das achte Gedicht, ist von Todessehnsucht bestimmt; jede Todesart sei besser als eine Fortsetzung der Angst und Ungewißheit. In *Das Urteil* aber kommt Entschlossenheit zum Ausdruck, das Schicksal auf sich zu nehmen. »*Seis drum, ich war ja doch bereit, ich werde damit schon fertig werden*«. So wie Anna Achmatova ihre abgrundtiefe Verzweiflung im *Rekviem* in Worte fassen konnte, so greift seine Wirkung über das Festhalten des Leids der vom sowjetischen Terror außerhalb des GULag betroffenen Menschen hinaus, läßt durch die Gründung im Christlichen Trost erkennen. W.Ka.

AUSGABEN: Mchn. 1963. – Washington/Paris 1967 (in *Sočinenija*, 1967–1983, 3 Bde., 1). – Moskau 1987 (in Oktjabr', 3). – Leningrad 1987 (in Neva, 6).

ÜBERSETZUNGEN: *Requiem*, M. v. Holbeck, Ffm. 1964. – Dass., S. u. R. Kirsch (in *Ein niedagewesener Herbst*, Bln. 1967; ²1973). – Dass., H. Baumann (in *Gedichte*, Ebenhausen 1967). – Dass., L. Müller (in *Im Spiegelland*, Hg. E. Etkind, Mchn. 1982). – Dass., R. Düring, Hbg. 1987.

LITERATUR: H. Birnbaum, *Face to Face with Death* (in Scando-Slavica, 28, 1982, S. 5–17). – E. Etkind, *Die Unsterblichkeit des Gedächtnisses. A. A.'s Poem »Requiem«* (in Die Welt der Slaven, 1984, Nr. 2, S. 360–394). – S. Dedjulin, *Spustja četvert' veka* (in Russkaja mysl', 1./2. 5.1987, S. 12). – A. Urban, »*I upalo kamennoe slovo...*« (in Literaturnaja gazeta, 22. 4. 1987, S. 4).

VEČER

(russ.; *Abend*). Gedichtsammlung von Anna ACHMATOVA, erschienen 1912. – Schon dieser schmale Gedichtband, mit dem Anna Achmatova 1912 ihr literarisches Debüt gab, sicherte der Autorin einen führenden Rang unter den zeitgenössischen Lyrikern. Der größte Teil der Texte entstand 1911, während einer längeren Auslandsreise ihres Mannes, des Dichters N. GUMILËV, mit dem sie seit 1910 in wenig glücklicher Ehe (bis 1918) verheiratet war. So unangemessen und unzureichend eine platt autobiographische Auslegung der Texte als Bekenntnislyrik wäre, ist andererseits doch der Zusammenhang der meisten Gedichte mit Strukturprinzipien des Tagebuchs unabweislich und für ihr Verständnis wesentlich. Dieser Zusammenhang äußert sich thematisch in der durchgängigen Behandlung von Rollenkrisen und -konflikten im Verhältnis zwischen Frau und Mann, kompositionell in der lockeren, sprunghaften, jede tektonische Anlage meidenden Form der Textverknüpfung, rhetorisch in der Projektion der verwendeten poetischen Figuren auf das umgangssprachliche System der »*Formen des ›intimen‹ Briefes, der Tagebuchfragmente*« u. a. m. (Vinogradov).

Večer ist Liebeslyrik *par excellence*. Kein einziges Gedicht verläßt diesen eng gezogenen Themenkreis. Stilistik, Wortwahl, Gegenstände und Bilder fügen sich dem elegischen Grundton, der schon im Titel *Abend* als Chiffre der (seelischen) Verdüsterung und einer Zeit des Abschiednehmens anklingt. Dieser wohlkalkulierten Monotonie des thematischen Materials steht die Vielfalt der rhythmisch-syntaktischen Fügungen des Verses und der lyrischen Genres gegenüber, unter denen sich epigrammatische und albumhafte Formen ebenso finden wie romanzenhafte und balladeske. Auch die Rolle des lyrischen Ich ist durchaus nicht einheitlich. Die Klage um den Verlust des Geliebten gilt neben dem eigentlichen Partner immer auch einem mysteriösen Nebenbuhler und Verführer, der als »*geheimnisvoller Graf*«, »*Prinz*« oder »*grauäugiger König*« märchenhaft in Erscheinung tritt. Das lyrische Ich verharrt denn auch nicht durchweg in der passiven Pose des unschuldig leidenden Opfers, sondern übernimmt zugleich eine aktive und fordernde Rolle, die das weibliche Recht auf Liebe einklagt, sich andererseits aber auch keine Illusionen hinsichtlich der Bereitschaft und Fähigkeit des Mannes macht, weibliches Recht zu akzeptieren und weibliche Ansprüche auf Partnerschaft mehr als nur flüchtig zu befriedigen. Diesem emanzipatorischen Ansatz verdankt die Gedichtsammlung *Večer* den großen Erfolg beim zeitgenössischen Lesepublikum zunächst mehr als ihrem poetischen Raffinement, das erst ein Jahrzehnt später von den Versspezialisten der russischen Formalen Schule (Ejchenbaum, Vinogradov) angemessen gewürdigt wurde.

In ihrer autobiographischen Notiz *Korotko o sebe*, 1965 (*Kurz über mich selbst*) hat Anna Achmatova ihr literarisches Debüt dem Akmeismus zugeordnet, zu dessen bedeutendsten Vertretern sie neben Gumilëv und Mandel'štam gerechnet wird. Die künstliche und aristokratische Ordnung der Parklandschaft von Carskoe Selo, die die Kulisse der meisten Gedichte bildet, und ihre typischen Requisiten (Lilien, Marmorbilder, Immortellen) stehen freilich noch in der Tradition des russischen Symbolismus. Neue Akzente jedoch, die auf die Poetik des Akmeismus verweisen, setzt Achmatova durch den Verzicht auf mythologische und historische Symbole ebenso wie auf die abstrakt überhöhte Rhetorik eines Brjusov oder Bal'mont zugunsten sinnlich präziser Bilder und eines eher mittleren, ungezwungenen, »natürlichen« Sprachniveaus.

A.Gu.

Ausgaben: Petersburg 1912. – Mchn. 1965. – Leningrad 1976 (in *Stichotvorenija i poėmy*). – Mchn. 1979 (in *Sočinenenija*, 3 Bde., 1).

Übersetzung: In *Im Spiegelland. Ausgewählte Gedichte*, Hg. E. Etkind, Mchn./Zürich 1982.

Literatur: B. Filippov, *A. A.* (in A. A., *Stichotvorenija*, Mchn. 1965, S. 17–31). – G. Struve, *A. A.* (ebd., S. 5–15). – A. L. Crone, *A. A. and the Imitation of A.* (in WSLA, 1981, 7, S. 81–93).

Achmet

arab. Aḥmad
8./9. Jh.

ONEIROKRITIKON

(griech.-byzant.; *Traumbuch*). Umfangreiches, aus indischen, persischen und arabischen Quellen schöpfendes Werk von Achmet, dem vorgeblichen Wahrsager des Ma'mūn, Minister am Hof des Kalifen, verfaßt um 820. – Die Einleitung der griechischen Version gibt Aufschluß über die Gewährsleute, auf die der Autor besonders gern zurückgreift: Syrbacham, Baran und Tarphan, den Traumdeuter des Pharao. Trotz der Wiedergabe meist heidnischen Gedankenguts bekennt sich Achmet ausdrücklich zum Christentum. Die Lehren der Inder, Perser, Araber und Ägypter zu den einzelnen Problemen der Traumanalyse werden in gedanklicher Reihenfolge geordnet in 301 Kapiteln vorgetragen und mit besonders treffenden geschichtlichen Beispielen erhärtet. Das Werk beginnt mit der Auslegung der Träume über die Auferstehung der Toten, über das Höllenfeuer, die Engel, die Propheten und Apostel, über den Glauben, über Gericht und Richter, geht dann über auf banalere Themen wie Haar, Salbe, Weihrauch, Aderlaß, Haarfärben, beschreibt die verschiedenen Körperteile, Verletzungen und Krankheiten, behandelt weiter Komplexe wie Frau, Hochzeit, Tod, Bestattung, sodann untereinander zum Teil stark differenzierte Themenkreise wie Herrschaft, Erdbeben, Priester und Heiligenbilder usf. Selbstverständlich genießt der Bereich »Sterne« besondere Beachtung. Das Handbuch umgreift mit seinen Deutungen praktisch das Gesamtbild menschlichen Seins und Denkens, Makro- wie Mikrokosmos. Die gepflegte, gefällige Diktion des Autors hat dem Werk zweifellos zu seiner Zeit und später das Interesse eines breiteren Publikums gesichert.

P.W.

Ausgaben: Paris 1603, Hg. N. Rigault. – Lpzg. 1925, Hg. F. X. Drexl.

ÜBERSETZUNG: *Traumbuch... Das ist: kurtze Auslegung und Bedeutung der Träume nach der Lehr der Indianer, Persianer, Egypter und Araber*, J. Coler, Wittenberg 1627; ern. Ffm. 1655.

LITERATUR: Krumbacher, S. 630. – F. X. Drexl, *A.s »Traumbuch«*, Freising 1909. – Ch. H. Haskins, *Leo Tuscus* (in ByZ, 24, 1923/24, S. 43 ff.). – Ders., *Studies in the History of Mediaeval Science*, Cambridge/Mass. 1924. – F. X. Drexl, *A. und Artemidoros* (in ByZ, 36, 1936, S. 299). – Hunger, Bd. 2, S. 224.

GERRIT ACHTERBERG

* 20.5.1905 Neerlangbroek
† 17.1.1962 Leusden

LITERATUR ZUM AUTOR:
Commentaar op A. Opstellen van jonge schrijvers over de poëzie van G. A., Hg. F. Sierksma, Den Haag 1948; Utrecht ²1979. – M. van Loggem, *Oorsprong en noodzaak. Het werk van G. A.*, Assen 1950. – P. Rodenko, *Ter inleiding* (in G. Achterberg, *Voorbij de laatste stad*, Den Haag 1955). – R. P. Meijer, *Bijdrage tot de studie van de poëzie van G. A.*, Diss. Melbourne 1958. – Ders., *Schijnbare en ware chronologie in het werk van G. A.* (in De Gids, 125, 1961, Nr. 12). – *In memoriam G. A. 1905–1962* (ebd., 126, 1962, Nr. 3). – S. Vestdijk, *G. A.* (in S. V., *Gestalten tegenover mij*, Amsterdam ²1962). – Maatstaf, 11, 1964, Nr. 10/11 [Sondernr. G. A.]. – W. Hazeu, *Dichter bij A.*, Den Haag/Rotterdam 1965. – *Nieuw commentaar op A.*, Hg. B. Bakker u. A. Middeldorp, Den Haag 1966. – R. A. Cornets-de Groot, *Vier opstellen over G. A.* (in R. A. C.-de G., *Labirinteek*, Den Haag 1968). – A. F. Ruitenberg-de Wit, *Formule in de morgenstond. Een studie over het dichtwerk van G. A.*, Amsterdam 1968. – A. de Longie, *G. A.*, Brugge 1970. – *A. in kaart*, Hg. D. Wolthers, Den Haag 1971. – M. J. G. de Jong, *Bewijzen uit het ongerijmde*, Den Haag 1971. – R. L. K. Fokkema, *Varianten bij A.*, Diss. Amsterdam 1973, 2 Bde. – A. F. Ruitenberg-de Witt, *Het huis van A. Een commentaar*, Amsterdam 1978. – *G. A.-Chronologie*, Bearb. D. Wolthers, Amsterdam 1981. – W. Hazeu, *G. A. Een biografische schets*, Apeldoorn 1982. – R. L. K. Fokkema, *G. A.* (in Kritisch lexikon van de Nederlandstalige literatuur na 1945, Hg. A. Zuiderent u. a., Alphen aan den Rijn u. a., Nlf. Okt. 1983).

THEBE

(ndl.; *Theben*). Gedichtsammlung von Gerrit ACHTERBERG, erschienen 1941. – Achterbergs fünfte Gedichtsammlung kreist ausschließlich um das Grundmotiv seiner Dichtung: den versuchten Dialog zwischen dem »Ich« des Dichters und einem gestorbenen »Du«, in dem man zumeist die gestorbene Geliebte erkennen oder vermuten kann. Auch Literaturwissenschaftler, die allen biographischen Erklärungen skeptisch gegenüberstehen, führen diese geradezu obsessive Beschäftigung mit einem Motiv auf ein entscheidendes Ereignis im Leben des Dichters zurück: Am 15. Dezember 1937 erschoß der schon wiederholt psychiatrisch behandelte Achterberg seine Wirtin, die kurz darauf starb, und verwundete gleichfalls ihre Tochter. Nachdem er sich der Polizei gestellt hatte, wurde er in eine Klinik eingewiesen. Offenbar besserte sich der Geisteszustand Achterbergs rasch, und er durfte sich 1944 mit seiner Jugendfreundin Cathrien van Braak in Neede niederlassen; 1946 heiratete er sic.

Die Sammlung *Thebe*, die einige der berühmtesten Gedichte des Autors enthält, entstand während der Behandlung durch den Psychiater Dr. A. L. C. Palies, dem Achterberg sehr gewogenen Direktor des »Rijksasyl voor psychopathen« in Balkburg, und war ihm gewidmet. In späteren Ausgaben freilich hat Achterberg diese Widmung gestrichen. In den 34 Gedichten des Bandes läßt sich das gestorbene »Du«, das namenlos bleibt, weitgehend eindeutig als die Geliebte identifizieren, deren Tod durch die beschwörende Kraft der Sprache ungeschehen gemacht werden soll. Im ersten der beiden *Reincarnatie*-Gedichte *(Gij gaf uw leven in mijn hand – Du gabst dein Leben in meine Hand)* wird die Situation des Totschlags wie in einer mystischen Entrückung neu erlebt, während im zweiten Gedicht *(Een vereenzelviging van taal en dood – Eine Gleichsetzung von Sprache und Tod)* die erlösende Möglichkeit der Befreiung des Ichs von Schuld angedeutet wird: Die »Reinkarnation« im Titel meint nicht etwa eine konkrete Wiederauferstehung. Indem die Gestorbene zu den Elementen des Ursprungs zurückgekehrt ist, kann das Ich sich abermals mit ihr vereinen und die schuldhafte Tat ungeschehen machen: »Ich bin befreundet mit Elementen,/ die sich in mir zu Dir verschmelzen./ Die Sterne rasen durch Dein Grab/ und schwenken dann nach oben ab.«

Reincarnatie und das nachfolgende Gedicht *Franciscus*, das gleichfalls die tröstende Vorstellung heraufbeschwört, daß sich der Tod überwinden läßt, weil die Gestorbene in allem Lebendigen anwesend ist, stehen am Ende des Bandes und der Suche, die mit dem Titelgedicht, *Thebe*, das die Sammlung eröffnet, begonnen wurde. Theben ist die ägyptische Totenstadt, in der sich die Pharaonen der 18. bis 20. Dynastie begraben ließen und in der sich das »Du« wie in einem Labyrinth verirrt hat, aus dem es schließlich durch die sprachliche Zaubergewalt des »Ich« befreit werden kann. Damit ruft Achterberg auch den Orpheus-Mythos in Erinnerung – eine 1944 erschienene Gedichtsammlung hieß *Eurydyce* – und spielt zugleich auf die altägyptische Bezeichnung für das Totenreich als »Haus des Lebens« an. Der Weg von *Thebe* bis *Franciscus* ist mühevoll, und etwa in der Mitte nimmt die Tote negative, teuflische Züge an, erscheint als »*Vampier*« oder »*Nachtmerrie*« (= Nachtmahr).

Das letzte Gedicht der Sammlung wirkt wie ein Epilog und ist dem bei einer Schiffsüberfahrt nach England (1940) ertrunkenen Lyriker und Freund Achterbergs, Hendrik MARSMAN, gewidmet. Die letzte Zeile, »›*Wir sehen einander gewiß noch einmal wieder*‹, *hat er mir geschrieben*«, formuliert zum Schluß die utopische Möglichkeit einer Wiederauferstehung, so wie sie in *Reïncarnatie* angedeutet wurde.

Die meist knappen, nur dann und wann festen, strophischen Formen folgenden und sich häufig des Reims und der Asonanz bedienenden Verse, die von VESTDIJK treffend als »*mit Dynamit geladene Wortminiaturen*« beschrieben wurden, verblüffen durch eine eigenwillige Metaphorik und eine wirkungsvolle Verwendung von Alltagssprache. Die im Spätwerk Achterbergs auffallende Vorliebe für objektivierendes Wissenschaftsvokabular läßt sich hier noch nicht feststellen. Die Wirkung Achterbergs auf die nachfolgenden Lyriker-Generationen war groß; er gilt, neben Martinus NIJHOFF (1894–1953), als der wohl bedeutendste niederländische Lyriker des 20. Jh.s. R.A.Z.

AUSGABEN: Rijswijk 1941 (Helikon, 11, 1941, Nr. 18). – Den Haag, 1946 (in *Cryptogamen*). – Amsterdam 1972 (in *Verzamelde Gedichten*).

LITERATUR: R. A. Cornets-de Groot, *Het nieuwe »Thebe«* (in R. A. C.-de G., *De open ruimte*, Den Haag 1967). – G. van Hoe, *Interpretaties van de gedichten van G. A.s. »Thebe«*, Gent 1985.

HERBERT ACHTERNBUSCH

* 23.11.1938 München

LITERATUR ZUM AUTOR:
H. A., Hg. J. Drews, Ffm. 1982 (st). – Th. Beckermann u. M. Töteberg, *H. A.* (in KLG, 21. Nlg., 1985).

DIE ALEXANDERSCHLACHT

Roman von Herbert ACHTERNBUSCH, erschienen 1971. – Nach seinen ersten Gedichten (*Südtyroler*, 1966) und den in den Bänden *Hülle* (1969), *Das Kamel* (1970) und *Die Macht des Löwengebrülls* (1970) versammelten Prosatexten etablierte sich Herbert Achternbusch mit diesem in vielerlei Hinsicht unkonventionellen »Roman«, in dem es »*eigentlich nur um ein Mädchen, um ein Ich und den Vesuv*« geht, endgültig als wichtiger, wegen seines eigenwilligen bavaro-anarchistischen Erzählstils (»*i mecht me amoi richte in da Sprach darenna, daß i iberhaupt nimma zum Tema kimm*«) in keine der herkömmlichen literarischen Gruppierungen passender deutschsprachiger Erzähler. Der die traditionellen Grenzen zwischen Leben und Literatur souverän ignorierende Prosatext *(»Das beste Verständis der Alexanderschlacht hat der, der sich am nächsten beim Autor befindet«)* kann verstanden werden als erzählte »*Auseinandersetzung über die notwendige Tat in dieser Zeit, über die Form des künstlerischen Engagements und über die Anstrengungen des richtigen Lebens*« (Th. Beckermann).

Ein mit Frau und Kindern in beengten Verhältnissen lebender schriftstellernder Ich-Erzähler, der sich meist »*Sepp*« und manchmal auch »*Jörgl*« nennt, denkt nach über Leben und Tod einer Frau namens Susn, »*und die ist die Schwester und Krankenschwester, die unbekannte Geliebte des Erzählers und zugleich die Verfasserin bestimmter Abschnitte des Buches (...), sie ist Jugenderinnerung und Phantasiegestalt, imaginäre Gesprächspartnerin und Halbschwester des Erzählers und vielleicht Pflegemutter seiner Tochter*« (J. Drews). Ein Ergebnis dieses literarischen Erinnerns ist die Entstehung Alexanders, welcher sich zuallererst seiner selbst vergewissern will und deshalb hinabsteigt in die bizarre Vorgeschichte seiner Familie. Alexanders subjektives Bewußtsein reflektiert ein als »*Inlandeis*« bezeichnetes System von Verwandtschafts- und Nachbarschaftsverhältnissen, von durch Pfarrer und Lehrer verwalteter subproletarisch-dörflicher Lebensart, und es beschreibt den allmählichen Niedergang dieser aus niederbayerischen Kleinbauern- und Arbeiterfamilien bestehenden Gesellschaftsschicht. In der literarischen Rede des empfindsamen und verzweifelten Alexander entfaltet sich das eindringliche Bild einer vorindustriellen Lebensform. Zu ihr gehören auch Haß, Wut und unbedingter Freiheitswille, die sich vor allem in Alexanders ebenso grandiosen wie absurden Zukunftsvisionen artikulieren. Susns Versuch bewußt-kritischer Aufklärung und Alexanders eruptive Phantasiearbeit werden einander gegenübergestellt als zwei Möglichkeiten, sich ins Bestehende nicht einzufügen und eigensinnig-revoltierend auf dem Willen und den Bedürfnissen des Einzelnen zu beharren *(»Ich sags ja, in den Menschen steckt ja doch oft mehr drin als der Staat aus ihnen macht«)*. Alexander, in seiner Trauer über die ein Opfer des menschenverachtenden Staates gewordene Susn, verweigert sich jedweder begrifflichen Analyse oder politischen Strategie. Als ein auch durch die »*vulkanische Metaphorik*« (Th. Beckermann) vermitteltes Hauptthema des Buches erscheint somit das Verhältnis des einzelnen zur revolutionären Änderung bestehender Verhältnisse. »*Da es eine plötzliche und allgemeine Veränderung nicht gibt, wohl aber das Verkommen des Einzelnen, bleibt nur die Zerstörung aller schönen Bilder im individuellen Tod und in der totalen Katastrophe. Für Achternbusch gleicht der Verfall eines Einzelnen an zerstörerischer und befreiender Energie einem Vulkanausbruch und der wiederum der Revolution*« (Th. Beckermann).

Die pathetisch, selbstironisch und streckenweise durchaus komisch erzählte *Alexanderschlacht*, die in ihrem Figurenarsenal wie auch in vielen in den Romantext integrierten selbständigen Erzählungen auf eine Reihe späterer Achternbusch-Texte und -Filme vorausweist – ein »*Werk im Werk, zu dem fast alles zurückführt, was er bisher gemacht hat*« (J. Drews) –, zeichnet sich durch abrupte Wechsel von Szene und Erzählerposition sowie durch eine gleichermaßen an den Dadaismus und an Karl VALENTIN erinnernde, oft mit den Möglichkeiten von Dialekt und Hochsprache spielende implizite Sprachkritik (*»Liaba bin i doch der blödste Hund und hab mei Sprach als daß i koa Sprach net ha und blöd daherred«*) bis hin zu »*Beckettschem Erzähl- und Sprachzweifel*« (R. Baumgart) aus. Um dem Labyrinthischen und Lebendig-Chaotischen des Textes, der weder eine Grenze zwischen Erinnerung und Gegenwart noch zwischen »Fiktion« und »Realität« anerkennt, analytisch beizukommen, schlägt Jörg DREWS die folgende Grobeinteilung vor: »*Ebene 1 sei eine autobiographische, Ebene 2 eine, auf der der Schreibvorgang reflektiert und mit einkomponiert werde, und die weiteren Ebenen seien fiktiven bzw. phantastischen Charakters, und alle zusammen spiegelten eben das Durcheinander des Lebens bzw. eines Schriftsteller-Lebens wider.*« Die in diesem Roman, für den Laurence STERNE, Marcel PROUST, James JOYCE, Michel LEIRIS, Blaise CENDRARS, Henry MILLER und Dieter ROTH als literarische Ahnherren in Anspruch genommen wurden, auf quasi-authentische Weise zur (Literatur-)Sprache kommenden »kolonisierten« Menschen in all ihrer banalen Alltäglichkeit, ihrer inhumanen Erniedrigung, ihrer Wut und ihren wilden Träumen vom Besseren konstituieren den epischen Kosmos Herbert Achternbuschs, der von Heiner MÜLLER als »*Klassiker des antikolonialistischen Befreiungskampfes auf dem Territorium der BRD*« bezeichnet wurde. K.Hü.

AUSGABEN: Ffm. 1971. – Ffm. 1972 (st). – Ffm. 1978 [veränd. Fassg.]. – Ffm. 1986 (st).

LITERATUR: R. Baumgart, *Statt Erzählung: Anarchie* (in SZ, 26. 5. 1971; auch in H.A., Hg. J. Drews, Ffm. 1982, S. 70–74). – G. Blöcker, *Der Kobold tanzt in seinem Kopf* (in FAZ, 12. 6. 1971). – M. Gregor-Dellin, *Verrannt in die Sprache* (in Die Zeit, 20. 8. 1971).

ELLA. - SUSN. - GUST.

Drei szenische Texte von Herbert ACHTERNBUSCH, entstanden in den Jahren 1978 und 1979, deren Stoffe der Autor schon in früheren erzählenden Texten (vgl. *Die Alexanderschlacht*, 1971) skizziert hatte.
Ella, ein Zwei-Personen-Stück in einem Akt (Uraufführung: Stuttgart, 27. 1. 1978, Württembergisches Staatstheater), das zu großen Teilen bereits im Roman *Die Alexanderschlacht* (1971) und im Kapitel *Der Neger Erwin* aus dem Buch *Der Tag wird kommen* (1973) skizziert wurde, konfrontiert den Zuschauer mit der Lebensgeschichte einer von der Gesellschaft ausgestoßenen Frau. Die in ein subproletarisches Milieu in der katholisch geprägten bayerischen Provinz hineingeborene Ella, die von ihrem Vater »*deppert*« geschlagen wurde, erzählt ihr aus einer einzigen Kette von Erniedrigungen und Quälereien bestehendes und schließlich im Hühnerstall ihrer Schwester Lena vergehendes Leben. Der Monolog der von Geburt an geschundenen, mißhandelten und entmündigten Frau verdeutlicht, daß sie weder geisteskrank noch kriminell war, jedoch stets so behandelt wurde. Ihre ohnmächtigen Auflehnungsversuche gegen die ihr zugefügten physischen und psychischen Deformationen enden letztlich in regungs- und hoffnungsloser Apathie.

Das Stück beginnt mit einer stummen Szene, in der Ellas Sohn Josef, der »*aber keinen Zweifel daran läßt, daß er die Mutter ist*«, sich mit Zyankali vergiftet. Während Ella abgehärmt und erstarrt vor dem Fernseher sitzt, erzählt Josef, der nun die Rolle der Mutter spielt, aus einem Maschendrahtkäfig heraus die Geschichte ihres verpfuschten und vernichteten Lebens. Schon bei der Geburt vom Vater verflucht, wächst Ella ohne Liebe und Zuwendung auf. Wegen ihrer angeblichen Geistesschwäche wird sie entmündigt, mit einem 28 Jahre älteren Viehhändler verheiratet (»*Direkt also wie einen Kuhhandel hat er das betrieben mein Vater wie einen Kuhhandel*«) und nach der Geburt ihres Sohnes wieder geschieden – und bei alledem niemals anders als menschenunwürdig behandelt. Zwischen Gelegenheitsarbeiten und Arbeitslosigkeit (»*Wo hätte ich denn hingehen sollen? Da habe ich von einem Bauern zum anderen gearbeitet ohne Papiere*«), Schlägen und Syphilis, Krankenhäusern und geschlossenen Anstalten fristet Ella ihr ärmliches Dasein. Sie wird zwangssterilisiert und darf am Ende den Rest ihres Lebens im Hühnerstall der Schwester verbringen, zu menschlichen Regungen kaum noch fähig, kaputtgemacht von den herzlosen und gewalttätigen Verhältnissen.

Ellas ergreifender Monolog über die brutale und gnadenlose Zerstörung ihres Lebens erhält durch Verfremdungseffekte (ein Mann in Frauenkleidern, Slapstick-Einlagen), durch wiederholtes Auflösen der zeitlichen Kausalität und durch assoziative Erzählsprünge einen collageartigen Charakter, der das Willkürliche, Gewaltsame und Fragmentarische von Ellas Leben und Sprechen bühnenwirksam unterstreicht. Das Stück, das das Thema der übertragenen Identität in seiner Figurenkonstellation plastisch vor Augen führt, kann als effektvolle Montage von Romanabschnitten bezeichnet werden, »*eingebettet in eine anti-naturalistische Bühnenkonzeption*« (M. Töteberg).

In ähnlicher Weise gilt dies für die 1979 geschriebene und 1984 umgearbeitete szenische Collage *Susn* (Uraufführung: Bochum, 23. 10. 1980, Schauspielhaus). Wiederum geht es Achternbusch in erster Linie darum, wie ein Mensch durch erniedrigende soziale Normen, falsche Autoritäten und herzlose Institutionen zu einer unfreien und in jeder Hinsicht beschädigten Persönlichkeit gemacht wird. Zugleich aber wird auch gezeigt, wie eine Einzelne sich wehrt und wie die Sehnsucht nach dem Glück eines menschenwürdigen Lebens durch alle Demütigungen und Niederlagen hindurch nicht gänzlich auszurotten ist. In fünf Bildern, die eine jeweils um zehn Jahre gealterte Frau zeigen und in denen verschiedene Figuren und Motive aus ihrem Leben »*übereinanderkopiert und gegeneinander verschoben sind*« (H.-H. Henschen), wird auf exemplarische Weise ein zerstörtes und gerade in der Verzweiflung starkes Frauenleben szenisch dargestellt.

Im ersten Bild trägt sich die 16jährige Susn vor dem Beichtstuhl mit dem Gedanken, aus der katholischen Kirche auszutreten – ein bayerisches Dorfkind zwischen unkontrollierter Lebenssehnsucht und schamhaften Selbstvorwürfen. Im zweiten Bild hält die Studentin Susn Zwiesprache mit ihrem Tagebuch; sie ist auf der Suche nach ihrer eigenen Sprache und nach einem authentischen Verhältnis zu ihrem Körper und ihren erotischen Bedürfnissen. Im dritten Bild werden die letztlich zerstörerischen Folgen einer Mann-Frau-Beziehung besonders deutlich: Eine verzweifelte Susn wütet gegen ihren selbstgefälligen, sich an seine Schreibmaschine zurückziehenden Mann (»*Du hast einen Putzlumpen aus mir gemacht*« – »*Ich bin doch für dich nur Umwelt*«). Zehn Jahre später ist ihre Kraft zur Revolte erschöpft: Eine einsame, resignierte Frau liefert sich gänzlich dem Alkohol aus; über ihre Sprache und über den »*Schmarrn*« in ihrem Kopf kann sie nur noch höhnisch und verzweifelt lachen. Im letzten Bild (»*Ein ödes Land*«) redet nur noch der Mann, der an Susns Stelle so lange ihr Leben erzählt, bis die stumm-apathische alte Frau sich erschießt (»*Es hat sich ausgelabert*«). Der Schreiber zerrt die Leiche von der Bühne, und »*alltäglich heult ein Coyote*«.

Vater, Gott-Vater und Ehemann sind die wichtigsten gesellschaftlichen Instanzen, zu denen Susn in eine konfliktreiche, die Entfaltung ihrer ureigenen Lebensmöglichkeiten verhindernde Abhängigkeit gerät. Ihre einzige Form der Notwehr ist das Reden, und im Reden werden auch – oft auf durchaus komische Weise – ihr Eigensinn und ihr Widerspruchsgeist deutlich, ihr Sich-Wehren gegen ein fremdbestimmtes Leben, welches sie letztendlich jedoch zerbricht. Die auch in anderen Texten Achternbuschs auftauchende Susn kann als Symbolfigur für die alle Widrigkeiten zum Trotz unauslöschliche Kraft sozialer und erotischer Glückssehnsucht und somit als »*eine Art Lebensmetapher*« (H.-H. Henschen) verstanden werden.

Das 1979 entstandene Stück *Gust* (Uraufführung: Caen, 6. 3. 1984, Comédie de Caen. – Deutsche Erstaufführung: München, 12. 4. 1985, Residenz-Theater), das ebenso wie *Susn* bereits im Roman *Die Alexanderschlacht* (1971) bruchstückhaft enthalten ist, spielt in einem verfallenen Bienenhaus und erzählt die Lebensgeschichte des Lohndreschers Anzenberger Gust aus dem Dorf Mietraching im Vorderen Bayerischen Wald. Seit jeher besteht Gusts Leben in erster Linie in dem nie-enden-wollenden Versuch, sich in schwierigen Zeiten durch unermüdliche Arbeit, Härte gegen sich und andere, ständigen Kampf mit Konkurrenten und Behörden und eine gehörige Portion Schläue ein karges Auskommen zu sichern. »*Die zähe Lebenstapferkeit, aber auch die dumpfe, noch geradezu vorindividualistische Gefühlsarmut dieses Menschenschlages – das ragt in die sophistication und Glätte unserer Industriegesellschaft hinein wie ein Stück bodenlose Archaik*« (H.-H. Henschen). Während der Lohndrescher und Bienenzüchter monologisierend Rückschau hält, liegt seine Frau Lies auf dem Kanapee im Sterben. Ein »*richtiges Arbeiter- und Bauern-Stück*« nennt der Autor seinen szenischen Monolog. »*Dem, der das Vorbild für den Gust ist, hab' ich drei Tage lang zugehört und ihm ausgefragt und hab' mir die Namen von Dreschmaschinen notiert, und so.*«

Gusts lange, in bewußt unbeholfenem Dialekt gehaltene Rede läßt in immer neuen Anläufen und Variationen ein plastisches Bild vom Lebensschicksal eines gewöhnlichen Landarbeiters in all seiner Härte, Enge und Trostlosigkeit, aber auch in seiner Würde und Schönheit entstehen. Der Monolog kreist um seine erste, an Krebs gestorbene Frau Mare, um Gusts Elternhaus und um Fluch und Trost des Bieres, in erster Linie jedoch um den Arbeitsalltag von der Zeit des Ersten Weltkriegs bis in die Gegenwart, wobei auch die damit verbundenen Krankheiten und Unfälle, der Preis des Schuftens also, zur Sprache kommen (»*Schau her, da hats mir alles zerdruckt gehabt. Die ganzen Beiner und das.*«) Einen wichtigen Platz nehmen Gusts Erlebnisse in der Zeit des Nationalsozialismus und seine Haltung gegenüber Politik (»*Die Politik ist die größte Hur*«) und Staat (»*Aber der Staat selber ist der größte Volksverderber. Der letzte Terrorist ist mir noch lieber als der erste von der CSU*«) ein. Während des gesamten Monologs nähert sich die stöhnende Lies der Stunde ihres Todes, von Gust nur in lakonisch-praktischer Weise beachtet – so etwa, wenn er sich um ihr Gebiß kümmert (»*Weil wenn sie hin ist, tu ich mich zu schwer, daß ich ihr das Gebiß in das Maul hineindruck.*«) Am Ende des Stückes richtet sich Lies ein letztes Mal auf und bittet Gust um »›*ein süßes Wort*‹. Gust: ›*Ein süßes Wort. Hene das Hene das Honig der Honig, Honig*‹. Sie stirbt. Er wendet sich ab. Gust: ›*Jetzt muß ich gehen, sonst krieg ich Abschiedsschmerzen. Ich habe mir allweil denkt, ich werde nie 18 Jahr; das hat lang dauert, bis ich 18 Jahr alt worn bin. Mei war das was Langsames! Und jetzt bin ich auf einmal 83.*‹«

Mit *Gust* – eher eine für die Bühne eingerichtete Montage von Romanabschnitten denn ein eigenständiges Drama – schreibt der Autor (ähnlich auch mit weiteren Stücken wie *Kuschwarda City, Plattling, Mein Herbert* oder *Sintflut*) seine erstmals im Roman *Die Alexanderschlacht* dargelegten und im Laufe seines bisherigen Gesamtwerks weiterentwickelten Themen und Motive fort. Der Darstellung subproletarischen Alltagslebens im Nationalsozialismus kommt in vielen seiner Texte ein besonderes Gewicht zu: »(...) *wie die kleinen Leute sich borniert und schlau durchs Dritte Reich schlagen mußten, weil sie an die große Politik ohnehin nicht glauben, ja sich gar nichts drunter vorstellen können, darüber kann man in der zeitgenössischen Literatur Deutschlands kaum irgendwo so Genaues erfahren wie in Achternbuschs Alexanderschlacht oder in seinem Theaterstück Gust«* (J. Drews). K.Hü.

AUSGABEN: *Ella*: Ffm. 1978 (in *Die Atlantikschwimmer*, S. 327–355). – Zürich 1978 (in Theater heute, H. 2, S. 49–55). – Ffm. 1979 (in *Spectaculum*, Bd. 31, S. 7–23).
Susn: Zürich 1979 (in Theater heute, H. 9, S. 39–48). – Ffm. 1980 (in *Es ist ein leichtes beim Gehen den Boden zu berühren*). – Ffm. 1982 (in *Spectaculum*, Bd. 35, S. 7–29).
Gust: Ffm. 1980 (in *Es ist ein leichtes beim Gehen den Boden zu berühren*). – Ffm. 1986 (in *Spectaculum*, Bd. 42, S. 7–30).

LITERATUR: Zu *Ella*: Th. Thieringer, *A.s Kino-Theater* (in SZ, 31. 1. 1978). – G. Hensel, *Man sollte mehr über Hühner wissen* (in FAZ, 31. 1. 1978). – M. Skasa, *Der wilde Mann von Feldafing* (in Theater heute, 1978, H. 3, S. 6–10). – S. Wirsing, *Der Muttersohn und Menschensohn* (in FAZ, 7. 4. 1978). – Th. Rothschild, *Die Szene auf der Szene* (in FRs, 25. 2. 1978).
Zu *Susn*: S. Carp, *Diese Susn geht mit Mut kaputt* (in Theater heute, 1981, H. 7, S. 28–31). – Th. Thieringer, *A. greift wieder an* (in SZ, 27. 10. 1980). – J. Schmidt, *Die Totgeburt des Dramatikers A.* (in FAZ, 28. 10. 1980). – U. Schreiber, *Indianer aus Bayern* (in FRs, 3. 11. 1980). – H. Schödel, *Kampf um Andechs* (in Die Zeit, 7. 11. 1980). – H.-H. Henschen, *Meteorit, im Anflug* (in *H. A.*, Hg. J. Drews, Ffm. 1982, S. 84–94).
Zu *Gust*: P. v. Becker, *Die Stadt, das Land und der Tod* (in Theater heute, 1985, H. 7, S. 22–27). – S. Dhein, *H. A. inszeniert »Gust«* (in *Spectaculum*, Bd. 42, Ffm. 1986, S. 255–259). – R. Henry, *Neben dem Sterbelager* (in FRs, 6. 6. 1984). – Th. Thieringer, *Lachen und Sterben* (in SZ, 15. 4. 1985). – R. Schostack, *Ein Mannsbild wie eine Dampfwalze* (in FAZ, 17. 4. 1985). – B. Henrichs, *Gust und Frust oder: Deutschlands Jammer Bayerns Stolz* (in Die Zeit, 19. 4. 1985).

LAND IN SICHT

Roman von Herbert ACHTERNBUSCH, erschienen 1977. – Das mit einer durchaus irreführenden Gattungsbezeichnung versehene Buch, vom Autor selbst als *»ein Entwicklungsroman, ein Kapitel, ein Stück des Weges, den ich gehe«* bezeichnet, hat keine zusammenhängende Geschichte und läßt nur im Hinblick auf sein zentrales Thema – der Film und das Filmen im Leben des Herbert Achternbusch – eine gewisse Geschlossenheit erkennen. Der sogenannte Roman läßt sich am ehesten als gattungstypologisch und inhaltlich äußerst disparate *»Dokumentation von Achternbuschs Kino-Liebe«* (B. Henrichs) beschreiben. Zum *Land in Sicht*-Komplex gehören die Drehbücher *Die Atlantikschwimmer* und *Bierkampf*, mehrere zwischen Erzählung und Essay stehende Texte (über die japanischen Regisseure OZU und KUROSAWA, über Werner HERZOG, Karl VALENTIN und Charlie CHAPLIN – und dabei immer über den Regisseur und Komiker Herbert ACHTERNBUSCH) sowie zwei eher autobiographisch geprägte Erzählskizzen *(Blutentnahme, Land in Sicht)*. Wiederum erweist sich der bavaroanarchistische Schriftsteller und Filmemacher als rigoroser Moralist, *»der unter allen Umständen festhält an den Visionen einer zukünftigen Freiheit«* (Th. Beckermann). Vielzitierte Sätze wie *»Du hast zwar keine Chance, aber nutze sie!«* (aus *Die Atlantikschwimmer*) oder *»Irgendwo draußen ist Leben möglich, sonst hätten wir doch nicht diese verrückte Idee danach«* (aus *Land in Sicht*) können als charakteristische Leitmotive für das gesamte bisherige Werk von Herbert Achternbusch gelten.

Aus der skurrilen Geschichte von Heinz und Herbert, der *»aus Muttersehnsucht«* zum Atlantikschwimmer wird und sich am Ende in der Wasserwüste verliert *(Die Atlantikschwimmer)*, und dem Szenarium *Bierkampf*, in dem der als Polizist verkleidete Herbert verschreckt und hinterhältig zugleich durch eine *»Bierhölle«* – d. h. durch die Zelte und Menschenmassen des Münchner Oktoberfestes – irrt und am Ende seiner Täuschung erliegt, hat Achternbusch zwei vielbeachtete Filme gemacht, die sich den herkömmlichen Mitteln der Filmkritik durch ihre zersplitterte, a-logische Struktur und ihre radikal subjektive Exzentrik entziehen. *»Sie sind Menschwerdungsversuche, die so unerbittlich angelegt sind, daß am Ende unter diesen Verhältnissen nur der Tod stehen kann. Sie wollen nichts beweisen, aber sie verlangen einen Zuschauer, der sich selbst vergißt, um zu sich selbst zu kommen«* (Th. Beckermann). Kennzeichnend auch für diese beiden Texte ist das in vielschichtig zerborstenen Handlungssequenzen vorgeführte kreative Ausprobieren einer Vielzahl von Ich-Rollen, die einzig und allein in der Person des Autors selbst zu stets labiler Integrität gelangen können. Die 1975 spielende Geschichte *Blutentnahme* handelt von einem Autofahrer, der von der Polizei angehalten wird und sich deren Anordnungen nicht fügen will *(»Es war nur so ein freiheitlicher Drang, der mir riet, nichts von mir herzugeben.«)* Die neben der autobiographischen Reflexion *Land in Sicht* in den »Roman« aufgenommenen Texte *(Das Mumienherz; Neues von Ambach; Es lebe der Partisan!; Der Thron ist frei)* drehen sich in verschiedenen, stets von ureigenen Erlebnissen und Instinkten ausgehenden Erzählvarianten um Achternbuschs tiefe Liebe zu einem konsequent subjektiven, bildmächtigen Kino *(»Mein einziger Erzieher, den ich nicht angefeindet habe, war das Kino«)*, das auf vertrackt-absurde und urtümlich-komische Weise berauschend-wilde Gefühle zu evozieren vermag und utopische Bilder geglückten Lebens aufscheinen läßt. Auch in *Land in Sicht*, das wie andere Achternbusch-Werke *(Die Stunde des Todes*, 1975; *Es ist ein leichtes beim Gehen den Boden zu berühren*, 1980; *Das Haus am Nil*, 1981; *Revolten*, 1982 u. a.) Splitter aus seinem großem Versuch künstlerischer Selbstwerdung zwischen Buchdeckeln vereint, erweist sich der schlitzohrig-vertrackte Schriftsteller als virtuoser Nachfahre der *»Tradition einer romantischen Bohème, die das Künstlertum als einzig wahre Form der Existenz gegen die schlechte Realität setzt«* (M.Töteberg).

K.Hü.

AUSGABEN: Ffm. 1977. – Ffm. 1978 (in *Die Atlantikschwimmer*, S. 197–296).

VERFILMUNGEN: *Die Atlantikschwimmer*, BRD 1976 (Regie: H. Achternbusch). – *Bierkampf*, BRD 1977 (Regie: H. Achternbusch).

LITERATUR: B. Henrichs, *Das Kino in meinem Kopf* (in Die Zeit, 11. 3. 1977; auch in *H. A.*, Hg. J. Drews, Ffm. 1982, S. 130–137). – V. Hage, *Irgendwo draußen ist Leben möglich, sonst hätten wir nicht diese verrückte Idee danach* (in FAZ, 29. 3. 1977). – J. Kaiser, *Wirklich Land in Sicht?* (in SZ, 17. 4. 1977). – W. Schütte, *Ein Mensch werden* (in FRs, 14. 5. 1977). – E. Nef, *Provokation und Vereinsamung* (in NZZ, 8. 5. 1977). – M. Rutschky, *Auf der Suche nach Verfolgern* (in Merkur, 1977, H. 349, S. 596–598).

REVOLTEN

Textbuch in fünf Teilen von Herbert ACHTERNBUSCH, erschienen 1982. – Die auch für andere Achternbusch-Bände aus den achtziger Jahren *(Es ist ein leichtes beim Gehen den Boden zu berühren*, 1980; *Das Haus am Nil*, 1981; *Wellen*, 1983) charakteristische Zusammenstellung von Prosatexten, Filmdrehbüchern und Fotografien bestimmt die innere Struktur dieses Buches. Jeder der fünf durch *»irritierende Bilder und bizarre Metaphern«* (M. Töteberg) verrätselten Texte ist qua Überschrift einem einzigen, magisch aufgeladenen Wort zugeordnet, das dem Autor *»zwischen das Denken«* geraten ist (*»Gerade jetzt, da ein neues Denken anhob, schlug ihm das Wort Sarglager dazwischen. Gestern war es das Wort Hirsebrei. Sarglager also heute. Und der Einschlag dieses Wortes gab den kaum zugedachten Zugang einer Schuld im Innern frei. Nein, weit unterm Innern, im Bodenlosen.«*) Der Gesamttitel *Revolten* bezeichnet eines der zentralen Motive im Gesamtwerk des bayerischen Poeten: *»Denn alles, was er in Worte faßt, zeugt vom Aufstand gegen sich selbst und gegen die eigene Geschichte, zugleich gegen die Öde in uns und um uns, die Gleichmacherei und Anpassung, die Lieblosigkeit und die Einsamkeit«* (I. Heinrich-Jost).
Der eine implizite Poetik formulierende Vorspruch umreißt das Thema des Revoltierens durch Sprache und die damit verbundene Auflösung der herkömmlichen Gattungsgrenzen: *»Das Schreiben ist nicht leicht. Jeder Satz revoltiert gegen sich selber für den nächsten. Und das Tagebuch will die Erzählung, und die an sich selbst erstickende Erzählung will etwas Gesprochenes werden, doch der gesetzte oder gehüpfte Leichengang der Bühne will genußreichere Bewegung und lügnerische Authentizität: Film. Doch von so viel Welt belastet schreit seine Seele nach reiner Poesie. Und die Poesie will Dich, Du Hund! Revoltierst Du gegen die Gesellschaft? Mit jedem Deiner eigenen Sätze läßt Du Dich von ihr erwischen!«* Mit einem Tagebuchtext, der den Gedankenfluß des Ich-Erzählers vom 15. August 1981 festhält *(Hirsebrei)*, beginnt das Buch, das im zweiten Teil *(Sarglager)* in eine Erzählung vom in und um München lebenden Schriftsteller und Theaterdichter *»He-Du«* übergeht. Für *»He-Du«*, der sich vor den nur zur Arbeit fähigen *»idiotisierten Geistern«*, von denen er sich umgeben sieht, abzuheben trachtet *(»Nur der Holzverschlag im eigenen Hirn gibt ihnen die Sicherheit bei allem, was sie mitmachen, nicht völlig zu verkommen. Die werden noch viel überleben. Leben? Wer nur überlebt verzweifelt nicht«*), bedeutet *»jeder gelungene Augenblick«* eine Revolte, *»wenn man nicht vergißt, daß ein Schriftsteller die im Augenblick gelungenen Sätze meint«*.
Der von groteskem Pathos, absurder Komik und sarkastischer Gesellschaftskritik gekennzeichneten Erzählung *(»Wer dieses Leben als Hölle empfindet, braucht sich vor einer weiteren Hölle nicht zu ängstigen«*) folgt ein zwischen der in Verzweiflung, Wut und bedingungsloser Mutterliebe alternden Luise *(»Spotte nur. Du hast das Abitur. Aber in meinem Herzen ist ein Meer von ungeweinten Tränen«*), ihrem zum Schriftstellerberuf hinstrebenden Sohn Herbert und dessen behinderter Schwester Ella sich entspinnender längerer Prosatext *(Kinderschuh)*. Er beleuchtet in neuen Variationen das in allen Achternbusch-Texten ausgebreitete Panorama einer heillos-zerrissenen, die Ausbildung von Identität verhindernden Kindheit im niederbayerischen Kleinbauern- und Arbeitermilieu, wobei wiederum das gegen jeglichen Zwang revoltierende Individuum vehement verteidigt und in Schutz genommen wird *(»Jedes Menschenherz darf glauben, daß sein Schmerz wichtig ist«*). Am Ende der Geschichte fällt ein Schuß: Luise ist tot, und Herbert bleibt nichts mehr zu tun, als ihr seine sieben Bücher darzubringen. Die 1982 verfilmte quasi-surreale Farce *Der Depp*, in der Gabi und Franz, des Deppen Frau und ein zwergenwüchsiger Polizist auftreten, handelt in erster Linie von einem Mann, der seit einem *»Bierkampf«* einen Maßkrug im Kopf hat *(»Das ist ja klar, was einen kaputt macht, das hat man im Hirn«*) und deshalb in einer Welt aus einzelnen Wörtern *(»Atemnot«*) existiert. In *Windstille* schließlich erläutert Herbert im Gespräch mit Annamirl einige Fotos aus dem Familienalbum der Achternbuschs. Mit dem Satz *»War ich froh, wie der ganze Krampf ein Ende hatte«* schließt das Buch, das als ein weiteres Bruchstück aus Achternbuschs unablässiger literarischer Reflexion gesehen werden muß und von daher auch vorausweist auf Bücher

wie *Wind* (1984), *Weg* (1985), *Breitenbach* (1986) oder *Das Ambacher Exil* (1987). K.Hü.

AUSGABE: Ffm. 1982.

LITERATUR: I. Heinrich-Jost, *Hirsebrei, Windstille* (in FAZ, 5. 10. 1982). – W. Schütte, *Zerrissen/Die Erinnerung in tausend Notizen* (in FRs, 6. 10. 1982). – M. Delling, *7 Bücher, ein Buch* (in Dt. Allg. Sonntagsblatt, 28. 11. 1982). – H. Schödel, *Die Überlebenden des Bierkampfs* (in Die Zeit, 24. 12. 1982). – H. Kohl, *Revolten. Untersuchungen zur Prosa H. A.s*, Bln. 1982. – J. G. Pankau, *Figurationen des Bayerischen* (in *Der Begriff »Heimat« in der deutschen Gegenwartsliteratur*, Hg. H. W. Seliger, Mchn. 1987, S. 133–147).

DIE STUNDE DES TODES

Roman von Herbert ACHTERNBUSCH, erschienen 1975. – Mit diesem in engem Zusammenhang mit dem Beginn seines filmischen Schaffens stehenden »Roman« führt der bayerische Autor zwar manchen Themen- und Motivstrang aus dem großen Kompendium *Die Alexanderschlacht* (1971) fort, erschließt sich darüber hinaus jedoch auch Perspektiven einer möglichen Zukunft. Die Freiheit und das Glück des Einzelnen durch kreatives Hervorbringen von Kunst ist das zentrale Thema dieses Buches, in dem nach jeweils einem biographischen Text des erzählenden Ich ein Filmdrehbuch folgt, ehe sich erzählte Geschichte und Drehbuch im fünften und letzten Kapitel in vielfältiger Weise durchdringen.

Die Drehbücher zu Achternbuschs erstem Film *Das Andechser Gefühl* (die Darstellung der Sehnsucht eines Lehrers nach der Traumfrau, welche Mutter, Schwester und Geliebte zugleich ist, einer Sehnsucht, deren Erfüllung mit dem Tod der Hauptfigur zusammenfällt) und zu der 1976 von Werner Herzog verfilmten Legende *Herz aus Glas* (die in mystisch-raunender Sprache gehaltene Geschichte vom Untergang einer Glasbläser-Gemeinde im Bayerischen Wald) sind demnach als integrale Bestandteile dieses »Romans« zu verstehen, der autobiographisches Erzählmaterial *»zum Sprungbrett für Saltos der Imagination«* (J. Drews) werden läßt.

»Die Stunde des Todes ist der Bericht eines Überlebenden. Ich habe dieses Buch geschrieben und fühle mich jetzt ziemlich wohl. Nach der Lektüre wird es Ihnen nicht anders ergehen.« Mit diesen Worten beginnt die Geschichte eines im Bayerischen Wald unter schwierigsten Bedingungen aufgewachsenen Ich-Erzählers, der sich, changierend *»vom realen Herbert Achternbusch bis zu den verschiedensten Spalt-Ichs«* (J. Drews), um den *»Trennungsstrich zwischen meinem Leben und dem Allgemeinen«* nicht kümmern möchte. Der Schreibende kommt vom Land in die Stadt (*»München machte mich noch kleiner«*), wo er sich nur in der Dunkelheit des Kinos zeitweise geborgen fühlen kann (*»Im Kino will ich mich spüren. Auf ein Kino, in dem ich mich nicht wieder meiner Gefühlswelt vergewissern kann, pfeif ich. Vom Kino verlange ich ein Rechtsempfinden zurück. Zur Erhaltung meines Lebens war immer das Kino nötig«*). Inmitten einer durch und durch abweisenden Realität versucht das erzählende Ich, seine Kraft und Phantasie in Literatur umzusetzen (*»Und ich erzog mir die Sprache zum Bösewicht«*) und sich dabei erst einmal Rechenschaft zu geben über das Verhältnis von Kunst und Lebenspraxis sowie über die wichtige Rolle, die der Film für sein Leben spielt. Vor der Qual des Wartens auf die Finanzierungszusage für die Dreharbeiten am ersten Film, in steter radikaler Auseinandersetzung mit seiner Erinnerung an Erniedrigungen und Verletzungen (Familie, Schule, Kirche, Ehe), flüchtet der Schreibende in die Waldeinsamkeit des Berges Falkenstein, um dort als *»Kuschwarda City«* zu leben wie der letzte Überlebende eines Indianerstammes (*»Da ich ohne Geld keinen Film machen konnte, hatte ich nur noch Lust, zu leben wie in einem Film«*) und gegen Spießer und Ordnungsmächte auf jede erdenkliche Weise anzukämpfen. Die auftretenden Frauen werden ihm alle zu Maria, die abwechselnd *»seine Mutter, Mutter Gottes, ein junges Mädchen, ein nach Whisky schreiendes Ungeheuer«* (Th. Bekkermann) ist. Das instinktive Vertrauen auf die Durchsetzungskraft des sich selbst *»aus den Angeln«* hebenden und seine Möglichkeiten unbeirrbar realisierenden Einzelnen erweist sich schließlich als siegreich.

Am Ende des Romans ruft der Erzähler dem *»Kuschwarda Dummian«* zu: »*Deine Seele hat genug Schaden erlitten, jetzt gilt es, die Welt zu gewinnen. Wir haben für ›Das Andechser Gefühl‹ vom Kuratorium Junger Deutscher Film 80 000 Mark bekommen, was stimmt.«* K.Hü.

AUSGABEN: Ffm. 1975. – Ffm. 1977 (st; gek. um die Filmtexte *Herz aus Glas* u. *Das Andechser Gefühl*). – Ffm. 1978 (in *Die Atlantikschwimmer*, S. 87–195).

VERFILMUNGEN: *Das Andechser Gefühl*, BRD 1975 (Regie: H. Achternbusch). – *Herz aus Glas*, BRD 1976 (Regie: W. Herzog).

HÖRSPIEL: *Das Andechser Gefühl*, BRD 1975 (SDR, SR, SWF).

LITERATUR: J. Drews, *Wer überlebt hat, (der) geht querfeldein* (in SZ, 14. 5. 1975; auch in *H. A.*, Hg. J. Drews, Ffm. 1982, S. 79–83). – B. Henrichs, *Katastrofen-Prosa* (in Die Zeit, 21. 3. 1975). – Th. Zenke, *Gleichmut kennt A. nicht* (in FAZ, 11. 3. 1975). – J. Theobaldy, *Ein letzter Held* (in FRs, 19. 4. 1975). – E. Nef, *Literatur des vereinsamten Subjekts* (in NZZ, 22. 10. 1975). – M. Rutschky, *Das Ende des Schreibens* (in Merkur, 1975, H. 326, S. 679–681). – N. Schachtsiek-Freitag, *Geschichte einer Obsession* (in FH, 1975, H. 12, S. 69/70). – J. Amann, *A. fragt: »Bin ich wirklich der Allerletzte?«* (in Tages-Anzeiger, Zürich, 23. 1. 1976).

MIRZA FATALI ACHUNDOV

aser. Aḥundzāde
* 30.6.1812 Nucha
† 26.2.1878 Tiflis

LITERATUR ZUM AUTOR:
Bibliographien:
G. M. Tagiev, *M. F. A. Bibliografija (1837–1957 gg.)*, Baku 1960. – *Opisanie archiva M. F. Achundova*, Hg. A. A. Ibragimov, Baku 1962. – A. N. Lerman, *M. F. A. v russkoj pečati. 1837–1962 gg. Bibliografija*, Baku 1962.
Biographien:
F. Köčärli, *Mirzä Fätäli A.*, Tiflis 1911. – Ä. Mirähmädov, *M. F. A.*, Baku 1953. – M. G. Rafili, *M. F. A. Žizn' i tvorčestvo*, Baku 1957. – F. S. Gasymzadä, *M. F. Achundovun häjat vä jaradyġylyġy*, Baku 1962. – D. Džafarov, *M. F. A. Kritiko-biografičeskij očerk*, Moskau 1962. – A. Caferoğlu, *Aḫundzāde* (in PhTF, Bd. 2, Wiesbaden 1964, S. 671–674). – G. Mustafaev, *M. F. A.*, Baku 1966.
Gesamtdarstellungen und Studien:
A. Dämirčizadä, *M. F. A. dil haggynda vä M. F. Achundovun dili*, Baku 1940. – G. Gusejnov, *Filosofskie vzgljady M. F. Achundova*, Baku 1942. – *Mirzä Fätäli A. Müchtäsär ädäbijjat köstäriġisi*, Baku 1948. – M. G. Gäfärov, *M. F. Achundovun ädäbi-tängidi körüšläri*, Baku 1950. – Dž. Džafarov, *Dramaturgija M. F. Achundova*, Baku 1950. – N. Äfändjev, *M. F. Achundovun näsri*, Baku 1954. – M. M. Gasymov, *M. F. A. vä XIX äsr rus ingilabi-demokratik estetikasy*, Baku 1954. – M. F. Melikova, *Obščestvenno-političeskie vzgljady M. F. Achundova*, Baku 1958. – H. W. Brands, *Azerbaidschanisches Volksleben und modernistische Tendenz in den Schauspielen Mīrzā Fetḥ-ʿAlī Aḫundzāde's (1812–1878)*, Den Haag/Wiesbaden 1958. – Z. Mamedov, *Estetičeskie vzgljady M. F. Achundova*, Baku 1961. – *Mirzä Fätäli A. Mägalälär mäǧmuäsi*, Hg. N. Mämmädov, Baku 1962. – M. Mustafaev, *Ekonomičeskie vzgljady M. F. Achundova*, Baku 1962. – N. Mamedov, *Chudožestvennoe tvorčestvo M. F. Achundova*, Baku 1962. – S. Murtuzajev, *M. F. Achundovun komedijalarynyn dil vä üslub chüsusijjätläri*, Baku 1962. – Š. F. Mamedov, *Mirovozzrenie M. F. Achundova*, Moskau 1962. – M. Ğahankirov, *M. F. A. öz dram äsärlärinin neǧä islämišdir*, Baku 1963. – A. K. Rzaev, *Političeskie vzgljady M. F. Achundova*, Baku 1968. – H. Mämmädzadä, *M. F. A. vä Šärg*, Baku 1971. – I. Ğäfärpur, *Mirzä Fätäli A. vä Šärg* (in Azärbajǧan, 7, 1972, S. 204–207). – R. Eminov, *M. F. A. vä Iranda estetik fikrin inkišafy* (in ebd., 2, 1973, S. 199–205). – N. Mämmädov, *M. F. Achundovun realizmi*, Baku 1978. – N. Dž. Mamedov, *Literaturno-kritičeskie vzgljady M. F. Achundova* (in Sovetskaja Tjurkologija, 6, 1982, S. 56–63). – M. Sadychov, *M. F. A. i russkaja literatura*, Baku 1986. – *M. F. Achundovun anadan olmasynyn 175 illija* (in Azärbajǧan, 12, 1987, S. 14–33).

MEDVED', POBEDITEL' RAZBOJNIKA

d.i.: *Hekayät-i ḫịrs guldurbaṣan* (aser.; *Der Bär, der den Räuber bezwang*). Komödie in drei Akten von Mirza Fatali ACHUNDOV, Uraufführung (russ. in 2. Fassg.): Tiflis, 31. 1. 1852, Stadttheater; erschienen in russischer Übersetzung 1851, in der aserbeidschanisch-türkischen Originalfassung 1859. – Schauplatz des Stücks ist ein Stammeslager *(oba)* türkmenischer Halbnomaden. Die Handlung dient dem Autor als Mittel der in der Karikatur abschreckenden Darstellung überholter Lebensgewohnheiten, vor allem der Räuberei. Das Mädchen Pärzād soll mit einem ungeliebten reichen Bewerber, Tarverdi, verheiratet werden, der noch keine Probe seiner Mannhaftigkeit als Wegelagerer abgelegt hat. Päräds Liebhaber, der kriegerische Bayram, will den Nebenbuhler durch eine List unschädlich machen, indem er ihn mit Hilfe anderer zu einem Banditenabenteuer als Mutbeweis verlockt. Die Tolpatschigkeit des furchtsamen Tarverdi soll ihn der russischen Obrigkeit in die Hände fallen lassen. Die Intrige gelingt beinahe, aber aus den – vermeintlich kostbare Stoffe enthaltenden – Kisten des überfallenen Wagens kommen ein Affe und ein gefährlicher Bär zum Vorschein: Der Reisende, ein Westeuropäer, ist kein Händler, sondern ein Tierdresseur. Der Anstifter Bayram, der die Szene hoffnungsvoll aus der Ferne beobachtet hat, muß seinem Rivalen durch einen Schuß das Leben retten. Der Knall alamiert eine unterwegs befindliche Gruppe Russen – ausgerechnet den Bezirksrichter mit seinen Kosaken. Anstelle des geflohenen Tarverdi wird Bayram selbst abgeführt. Bei der Gerichtsszene im dritten Akt kommt dennoch alles zu einem glücklichen Ende, nicht zuletzt dank der Milde des Richters, der für die Einheimischen Verständnis hat. – Dieser Figur hat der Autor nicht allein aus Zensurrücksichten, sondern auch aus Überzeugung die Züge eines väterlichen Erziehers und nicht eines Funktionärs kolonialherrscherlicher Willkür verliehen. Achundov hat, wie sein Zeit- und Glaubensgenosse in Indien, Syed AKHMAD KHAN, die entwicklungsfördernde Rolle der Okkupationsverwaltung in diesem Stadium bejaht.
Die lehrhafte Absicht und aufklärerische Tendenz, die allen Komödien des Dichters zugrunde liegt, beeinträchtigt den Reiz der echten Schilderung des Volkslebens nicht, zumal sie durch humorvolle Dialoge und wirksame Einfälle belebt wird. – An der Bearbeitung der endgültigen Fassung hatte Vladimir A. Graf SOLLOGUB, der erste Regisseur des Stücks, Anteil.   H.W.Br.

AUSGABEN: Tiflis 1851 (in Kavkaz, Nr. 83/84, 86, 90/91; russ.). – Tiflis 1853 (in *Komedii*; russ.). –

Tiflis 1859 (in *Tämsīlāt*; aser.). – Baku 1958 (in *Äsärlär*, Bd. 1). – Baku 1962 (in *Komedijalar*). – Baku 1982 (in *Komedijalar, povest, se'rlär*).

ÜBERSETZUNGEN: *L'ours et le voleur*, C. Barbier de Meynard u. S. Guyard (in *Recueil de textes et de traductions*, Bd. 1, Paris 1886; frz.). – *The Bear That Knocked Down the Robber*, A. Rogers (in *Three Persian Plays*, Ldn. 1890; engl.). – *L'ours gendarme*, L. Bazin (in M. F.-A. Akhundov, *Comédies*, Paris 1967; Coll. UNESCO d'œuvres représentatives; frz.).

MOLLA IBRAGIM-CHALIL, OBLADATEL FILOSOFSKOGO KAMNJA

d.i. *Hekayät-i Molla Ibrāhīm Ḥalīl Kīmyāgär* (aser.; *Molla Ibrāhīm Ḥalīl, der Besitzer des Steins der Weisen*; im Original: *Geschichte von Molla Ibrāhīm Ḥalīl, dem Alchimisten*). Komödie in vier Akten von Mirza Fatali ACHUNDOV, entstanden 1850; Datum und Ort der (russischen) Uraufführung unbekannt, in Originalfassung nicht vor 1886, vermutlich Tiflis oder Baku; Erstveröffentlichung 1851 in der russischen Übersetzung des Autors in der Zeitung ›Kavkaz‹, im aserbeidschanisch-türkischen Original 1859.
Dieses erste – und mit rund siebzehn Druckseiten kürzeste – von sechs Schauspielen Aḥundzādes ist zugleich das erste nennenswerte Zeugnis einer eigenständigen türksprachigen Bühnenliteratur. Die Handlung geht auf eine tatsächliche Begebenheit zurück, die dem Verfasser bei seiner Tätigkeit als Dolmetscher für orientalische Sprachen in der Kanzlei des Generalgouvernements Tiflis (seit 1836) bekannt geworden war: In der kleinen Stadt Nuḥū (in Wirklichkeit sein eigener Geburtsort Nūḥā) versammeln sich im Jahr 1832 einige Honoratioren bei dem Goldschmied Ḥağğī Kärīm. Der Hausherr weiß zu berichten, ein gewisser Molla Ibrāhīm Ḥalīl habe in den Bergen eine alchimistische Werkstatt eingerichtet, in der er mit Hilfe des *iksīr* (arab. *al-iksīr*, davon »Elixier«), des Grundstoffs der Alchimie, aus Kupfer reines Silber machen könne. Auf diese Kunde hin sind der Kaufmann, der sich Arzt (*ḥākīm*) nennende Quacksalber, der Grundbesitzer und der primitive, allenfalls zum Maultiertreiber taugende Molla (»Theologe«) Salmān wie der Goldschmied selbst sofort bereit, ihre Habe zu verpfänden, um von einem Wucherer die nötige große Menge Kupfergeld zu erhalten. Nur der Dichter Ḥağğī Nūrī, der Exponent des Aufklärungsgedankens, behält den Verstand: »Für jeden ist das eigene Handwerk der Stein der Weisen.« Er dringt mit seinen Warnungen nicht durch und tritt resignierend endgültig von der Bühne ab, nachdem er den Anwesenden noch einige unangenehme Wahrheiten gesagt hat. Damit endet der erste Aufzug.
Die übrigen drei Aufzüge spielen im Gebirge, bei den »Schmelzöfen« des Alchimisten, der den Bewerbern aus Nuḥū mit Hilfe seines Famulus eine glänzend geschilderte pseudomagische Szene vorspielt und sich erst nach langem Drängen dazu herbeiläßt, auch den neuen Kunden ein Quantum Silber zu reservieren und ihr Geld anzunehmen. Als sie weisungsgemäß nach einem Monat wiederkommen (vierter Aufzug), führt der Scharlatan einen mit bengalischem Pulvern und vorgetäuschter mystischer Ekstase inszenierten Verwandlungsakt vor. Durch die Ankömmlinge aus der »Entrückung« aufgestört, spielt er den Verzweifelten: Während das Elixier kocht, darf sich kein Sterblicher nähern. Eine letzte Chance gibt es für die Eingeschüchterten: Sie müssen, solange der Zauber andauert, mit aller Konzentration die Vorstellung des Affen aus ihrem Bewußtsein verdrängen, wie es ein imaginärer alchimistischer Autor vorschreibt. Auf diese Konträrsuggestion hin sehen die Leute aus Nuḥū sich allesamt von bösartigen Pavianen umringt; ihre Panik läßt sich nicht verbergen. Der Famulus sorgt dafür, daß gerade jetzt der Tiegel explodiert. Nach dieser Katastrophe wird erst ein neu gewonnenes Elixier wieder Silber erzeugen können, aber der Dichter läßt keinen Zweifel daran, daß die Wundergläubigen ihr Geld nie wiedersehen werden.
Trotz mancher dramaturgischen Unvollkommenheit ist die Komödie literarisch als satirisches Meisterwerk zu werten. Wie die übrigen Schauspiele Achundovs vermittelt sie ein plastisches Bild vom Leben des islamischen Transkaukasien in einer Übergangsphase, in der – nach jahrzehntelanger Zugehörigkeit zu Rußland – im lokalen Bereich noch religiöser Fanatismus und vielerlei Formen des Aberglaubens grassierten. Die islamische, vor allem die schiitische Orthodoxie, hat sich lange mit Erfolg gegen das von Achundov begründete moderne Profantheater gewehrt. Der Autor konnte daher nur wenige Originalaufführungen von zweien seiner sechs Stücke erleben. Heute gilt er aufgrund seiner kulturphilosophischen Schriften auch als einer der bedeutendsten islamischen Reformisten der Neuzeit. (Seinen Namen trägt u. a. die Staatsbibliothek Sowjet-Aserbeidschans in Baku.)

H.W.Br.

AUSGABEN: Tiflis 1851 (in Kavkaz, Nr. 44/45; russ.). – Tiflis 1853 (in *Komedii*; russ.). – Tiflis 1859 (in *Tämsīlāt*; aser.). – Baku 1958 (in *Äsärlär*, Bd. 1). – Baku 1962 (in *Komedijalar*). – Baku 1982 (in *Komedijalar, povest, se'rlär*).

ÜBERSETZUNGEN: *The Alchemist. A Persian Play*, G. Le Strange (in JRAS, 18, 1886, S. 103–126; engl.). – *Le Mollah Ibrahim Khèlil, alchémiste*, L. Bazin (in M. F.-A. Akhundov, *Comédies*, Paris 1967; frz.; Coll. UNESCO d'œuvres représentatives).

MÜRĀFI'Ä VÄKILLÄRININ HEKAYÄTI

(aser.; *Die Geschichte von den Prozeßbevollmächtigten*). Komödie in drei Akten von Mirza Fatali

Achundov, entstanden 1855, erschienen 1859. – Dieses letzte Bühnenstück des kaukasischen Reformisten geißelt zeitgenössische Mißstände der Rechtssprechung nach dem islamischen religiösen Recht *(šarī'at)*. Achundov wollte damit speziell die korrupten Verhältnisse in Tiflis treffen. Daß der Ort der Handlung erst nachträglich aus »Tiflis« in »Täbriz« umgeändert, also von Rußland nach Persien verlegt worden ist, geht aus den Handschriften hervor. Der Autor, selbst in zaristischen Diensten, konnte sich mit seiner Zeitkritik nicht allzusehr exponieren. Im Mittelpunkt der Fabel steht eine Erbschaft, um die vor dem *Šarī'at*-Gericht prozessiert wird. Neben Säkinä hanïm, der Schwester des Erblassers und Hauptperson des Stücks, macht auch Zeynäb, die Frau des Verstorbenen aus einer – nach schiitischem Recht zulässigen – »Ehe auf Zeit«, ihren Anspruch geltend. Sie bedient sich dabei mit allen Wassern gewaschenen Advokaten Aġa Märdän, der mit gekauften Zeugen, Bestechung von Beisitzern und der Erfindung eines Kindes aus jener Ehe zum Ziel zu kommen hofft. Die Intrige (die manchen Einblick in Regeln und Kniffe islamischer Rechtspraxis bietet) mißlingt infolge der Primitivität der gedungenen Helfershelfer, die den im Grunde rechtschaffenen Gerichtsvorsitzenden argwöhnisch macht.

Das Stück überzeugt im Gesamtaufbau weniger als die übrigen fünf Komödien Achundovs, die es auch in den komischen Effekten nicht ganz erreicht, doch liegt seine eigentliche Bedeutung außerhalb des Dramaturgischen: Mit der Heldin, der achtzehnjährigen Säkinä, die, selbstsicher und schlagfertig, ihr Schicksal in die Hand nehmen will, hat der Dichter eine frühe Vorbotin der Emanzipation der islamischen Frau geschaffen. Vor allem in den Dialogen zwischen Säkinä und ihrer in den alten Vorstellungen befangenen Tante Zübäyde – die ihr einen Ehemann aufdrängen will, obwohl Säkinä ihre Wahl schon getroffen hat – äußert der Autor für seine Zeit durchaus unkonventionelle Ansichten zur Frauenfrage. H.W.Br.

Ausgaben: Tiflis 1859 (in *Tämṣīlāt*). – Baku 1958 (in *Äsärlär*, Bd. 1). – Baku 1962 (in *Komedijalar*). – Baku 1968. – Baku 1982 (in *Komedijalar, povest, še'rlär*).

Übersetzungen: *The Pleaders of the Court*, A. Rogers (in *Three Persian Plays*, Ldn. 1890; engl.). – *Les avocats*, L. Bazin (in M. F.-A. Akhundov, *Comédies*, Paris 1967, S. 219–254; Coll. UNESCO d'œuvres représentatives; frz.).

MUS'JE ŽORDAN, BOTANIK, I DERVIŠ MASTALI-ŠACH, ZNAMENITYJ KOLDUN

d.i.: *Hekayät-i Müsyö Žordan ḥäkīm-i näbätät vä därviš Mästä'lī Šäh ǧādūkün-i mäšhūr* (aser.; *Monsieur Jordan, der Botaniker, und der Derwisch Mästä'lī Šäh, der berühmte Zauberer*). Komödie in vier Akten von Mirza Fatali Achundov, Uraufführung in der russischen Übersetzung des Autors nach dem aserbeidschanisch-türkischen Manuskript: Petersburg, Wintersaison 1851/52, Privatbühne; Erstaufführung im Originaltext: Baku, 29. 12. 1886, Arcruni-Theater; erschienen russisch 1851, aserbeidschanisch-türkisch 1859.

Das Stück spielt im Jahr 1848 in der aserbeidschanischen Landschaft Karabagh. Bei der Familie des Stammesältesten der Täklä-Muġänlï, Hätäm-Han Aġa, ist der Pariser Gelehrte Jordan zu Gast, um in der Gegend botanische Studien zu treiben. Der »Franke« hat Šähbāz Bäy, dem Neffen des Gastgebers und Verlobten der sechzehnjährigen Tochter Šäräfnisä, Wunderdinge aus Europa erzählt. Da er den aufgeweckten jungen Mann bei seiner Rückkehr nach Paris mitnehmen will, sind die Frauen der Familie in größter Sorge, die Frankenmädchen mit ihren losen Sitten könnten Šähbāz den Kopf verdrehen. Der Aga ist schon für den Reiseplan gewonnen. Sein Neffe spricht neben seiner türkischen Muttersprache bereits Arabisch, Persisch und Russisch, in Paris wird er noch Französisch lernen, ja sogar – dank Jordans Einfluß – bei Hofe eingeführt werden; also stehen ihm in der Heimat später alle Türen offen. Die Braut, ihre Mutter und ihre Amme sehen die Dinge ganz anders. In ihrer Verzweiflung wissen sie nur einen Ausweg: Sie lassen den zauberkundigen wandernden Derwisch Mästä'lī Šäh herbeiholen, der sich gegen eine hohe Summe bereitfindet, mit Hilfe der ihm zu Dienst stehenden Dämonen (*dīv* und *ifrīt*) die gottlose, gefährliche Stadt Paris zu vernichten. Die Beschwörung findet denn auch statt. Unmittelbar danach erscheint Monsieur Jordan in höchster Panik: Er hat soeben vom russischen Amtmann erfahren, in Paris gehe alles drunter und drüber, die Tuilerien seien zerstört, der König sei geflohen; er selbst will nun Hals über Kopf abreisen (natürlich ohne den jungen Bäy mitzunehmen). Die Zauberwirkung wird also durch die hier gemeinte Februarrevolution von Paris (22.–24. 2. 1848), die zur Abdankung des »Bürgerkönigs« Louis-Philippe führte, ersetzt. »*Wie können die Männer immer daherreden, man solle nicht an Zauberei glauben*«, sagt die Gattin des Aga, »*dabei hat man alles mit eigenen Augen gesehen!*«

Der besondere Reiz der Komödie liegt in der humorvollen, zugleich die Dimensionen zurechtrückenden Auseinandersetzung mit dem Abendland, die, im Verein mit der Persiflage auf den Aberglauben, die Handlung wirkungsvoll trägt. Es war dieses in Europa schon früh bekannt gewordene Stück, das Achundov den Beinamen eines »*tatarischen Molière*« eintrug (erstmalig wohl in der anonymen Rezension *Ein tatarischer Lustspieldichter* aus dem Jahr 1852). H.W.Br.

Ausgaben: Tiflis 1851 (in Kavkaz, Nr. 15–17; russ.). – Tiflis 1853 (in *Komedii*; russ.). – Tiflis 1859 (in *Tämṣīlāt*; aser.). – Baku 1958 (in *Äsärlär*, Bd. 1). – Baku 1962 (in *Komedijalar*). – Baku 1982 (in *Komedijalar, povest, še'rlär*).

ÜBERSETZUNGEN: *Ein tatarisches Lustspiel*, W. Schott (in Archiv f. d. wissenschaftl. Kunde von Rußland, 11, 1852, S. 415–449). – *Monsieur Jourdan, der Pariser Botaniker im Qarabaġ*, A. Wahrmund, Wien 1889 [m. pers. Übers. v. Mīrzā Ġaʿfar Qaraġadāġī u. Glossar]. – *Monsieur Jourdan*, A. Rogers (in *Three Persian Plays*, Ldn. 1890; engl.). – *Monsieur Jourdan, le botaniste parisien dans le Karabagh*, L. Bouvat, Paris 1906 [franz.]. – *Histoire de Monsieur Jourdan, botaniste, et du derviche Mestèli chah, célèbre magicien*, L. Bazin (in M. F.-A. Akhundov, *Comédies*, Paris 1967; Coll. UNESCO d'œuvres représentatives; frz.).

LITERATUR: Anon., *Ein tatarischer Lustspieldichter* (in Magazin f. d. Lit. des Auslandes, 41, 1852, S. 389/390).

PRIKLJUČENIJA SKRJAGI

d.i.: *Särgüzäšt-i märd-i ḫäsīs*, auch *Ḥaǧi Gara* (aser.; *Die Abenteuer des Geizigen*, auch: *Ḥāǧǧī Qara*). Komödie in fünf Akten und sieben Bildern von Mirza Fatali ACHUNDOV, entstanden 1852; erschienen – in der russischen Übersetzung des Autors – 1853, aserbeidschanisch-türkisch 1859; Uraufführung (aser.): Baku 1873, Klubhaus. – Die an der Uraufführung Beteiligten waren dabei wegen ihres »gottlosen Unterfangens« größten Anfeindungen und Drohungen orthodox-islamischer Fanatiker ausgesetzt.
Das alte Lustspielmotiv des Geizigen, dessen Verarbeitung etwa durch PUŠKIN (vgl. *Skupoj rycar'*) dem Autor zweifellos bekannt war, ist hier völlig den Landes- und Zeitverhältnissen angepaßt, wobei offenbar eine tatsächliche Begebenheit (eine russische Militäraktion zur Schmuggelbekämpfung an der persischen Grenze 1852) als Anregung gedient hat. Häydär Bäy, ein junger Stammeskrieger, will seit Jahren die schöne Sona ḫānim heiraten, bringt aber das nötige Geld nicht auf. Im Gespräch mit Freunden trauert er den »alten Zeiten« nach, in denen Raubzüge und Schmuggelunternehmungen in der Landschaft Qarabaġ – dem Schauplatz der Handlung – noch florierten. Entrüstet berichtet er, der russsiche Kommissar habe ihm nahegelegt, statt dessen Landwirtschaft oder Handel zu treiben: »*Bin ich vielleicht ein schlapper Armenier, daß ich den Pflug herumzerren soll?*« Die Braut drängt ihn, sie zu entführen, aber er glaubt, eine bessere Idee zu haben. Er denkt an ein Schmuggelgeschäft, das der stets auf seinen Vorteil bedachte Kaufmann Ḥaǧi Gara im Bazar des benachbarten Fleckens finanzieren soll. Es geht darum, westeuropäische Stoffe, deren Import Rußland gesperrt hat, in Persien billig einzukaufen und mit hohem Gewinn abzusetzen. Am Grenzfluß Aras (Araxes) und in dessen Nähe hat der geldgierige Händler eine Reihe burlesker Abenteuer mit armenischen Gendarmen und russischen Beamten zu bestehen; er wird sogar mit einem gesuchten Banditenhäuptling verwechselt und mit dem Galgen bedroht. Währenddessen sind Ḥäydär Bäy und seine Freunde triumphierend in ihr Dorf zurückgekehrt; die lange aufgeschobene Hochzeit hat stattgefunden. Sie wissen nicht, daß Ḥaǧi Gara inzwischen mit der Ladung Schmuggelgut festgesetzt worden ist. Als der russische Kommissar mit Friedensrichter und Gefolge eintrifft, sind auch die richtigen Banditen bereits gefaßt. Gerührt durch die Tränen Sona ḫānims läßt der Repräsendant der Obrigkeit Gnade vor Recht ergehen, nicht ohne eine wirksame Strafpredigt: »*... wer die Befehle des Padischah [d. h. des Zaren] mißachtet, der versündigt sich auch gegen Allah. Wer sich gegen Allah versündigt, findet in der anderen Welt seine Strafe; wer sich den Befehlen des Padischah widersetzt, muß in dieser Welt dafür büßen ...*«. – Vor allem der Handlungsablauf des dritten, vierten und fünften Akts gibt Anlaß zu zahlreichen Dialogen von praller Komik. Das Stück ist bis heute das populärste aserbeidschanische Bühnenwerk geblieben. Das glänzende Charakterbild des »Geizigen« hat Ḥaǧi Gara bei den Landsleuten Achundov zur Personifizierung dieses Menschentyps werden lassen, »*wie Harpagon und Gobseck für die Franzosen, Pluškin für die Russen*« (F. Gasymzadä im Vorwort zur französischen Übersetzung, 1967).
Daß die zaristische Obrigkeit hier in besonders günstigem Licht und als *deus ex machina* erscheint, läßt sich nicht nur aus Rücksichten auf die allgegenwärtige Zensur erklären, vor der sich Achundov als Staatsdiener besonders hüten mußte. Der tapfere, aber bornierte Krieger Ḥäydär Bäy ist die zweite negative Figur in dem Stück; er verkörpert die Rückständigkeit der niederen türkischen Stammesaristokratie, die an überlieferten Ehrbegriffen – und an den schlechten Seiten des alten Nomadentums – festhält und noch keinen neuen Lebensinhalt gefunden hat. Solchen Atavismen gegenüber muß die zaristische Kolonialverwaltung geradezu als Trägerin neuzeitlich-aufklärerischen Gedankenguts erscheinen. Achundov versteht sich auch hier nicht lediglich als Schreiber unterhaltsamer Stücke, sondern als Träger einer reformatorischen Mission, zu der er, kraft seiner Vertrautheit mit orientalischislamischer wie mit okzidentaler Denkweise, sich zu Recht berufen fühlte. H.W.Br.

AUSGABEN: Tiflis 1853 (in Kavkaz, Nr. 28–32; russ.). – Tiflis 1853 (in *Komedii*; russ.). – Tiflis 1859 (in *Tämsīlāt*; aser.). – Baku 1958 (in *Äsärläri*, Bd. 1). – Baku 1962 (in *Komedijalar*). – Baku 1982 (in *Komedijalar, povest, še'rlär*).

ÜBERSETZUNGEN (frz.): *L'avare*, L. Bouvat (in JA, 1904; m. Orig.text). – Dass., L. Bazin (in *Comédies*, Paris 1967; Coll. UNESCO d'œuvres représentatives).

VERTONUNG: R. Mustafaev u. V. Adigozalov, *Ḥaǧi Gara* (Urauff.: Baku 1958).

VERFILMUNG: *Ḥaǧi Gara*, Baku 1929

VIZIR' SERABSKOGO CHANSTVA

späterer Titel: *Vizir' Lenkoranskogo chanstva*, d.i. *Särgüzäšt-i väzīr-i ḫān-i Säräb* (aser.; [Das Abenteuer des] *Wesir des Khans von Serab* bzw. *Lenkoran*). Komödie in vier Akten von Mirza Fatali ACHUNDOV, entstanden 1850, erschienen in der russischen Übersetzung des Autors 1853, aserbeidschanisch-türkisch 1859, aufgeführt in Baku 1873 (Originaltext mit geändertem Titel).

Das Stück, eine beißende Satire gegen die Feudalherrschaft der kleinen Lokalfürstentümer, ist die humorvollste unter den sechs Komödien Achundovs; die aufgelockerte Sprache schreckt auch vor volkstümlichen Drastizismen nicht zurück. Die Änderung des Schauplatzes motiviert der Autor selbst in einem Brief aus dem Jahre 1870 an einen persischen Freund folgendermaßen: Da die Handlung am Meer spiele und der kleine nordwestpersische Ort Serab sehr weit von der Küste entfernt sei, habe er sich für die Umbennung entschieden. Es ist aber nicht unwahrscheinlich, daß Achundov zunächst jeden Verdacht einer direkten Anspielung auf russische Verhältnisse vermeiden wollte und deshalb bei der Erstveröffentlichung den Schauplatz nach Iran verlegt hat. (Das Khanat Talyš mit der Hauptstadt Lenkoran war seit 1813 von Rußland okkupiert.)

Die Hauptfigur des Stücks, der Wesir Mīrzā Ḥabīb, steht seinem Gebieter an tyrannischer Herrschsucht nicht nach, übertrifft ihn jedoch an Beschränktheit. Zwei rivalisierende Ehefrauen machen ihm das Leben schwer. Sein langgehegter Plan, die Schwester Nisä seiner Lieblingsfrau Šo'le mit dem Khan zu verkuppeln und so dessen Schwager zu werden, schlägt fehl, denn Nisä liebt den Neffen des Fürsten, Teymur Aġa. Die ersten beiden Akte spielen im Haus des Wesirs; der dritte Akt – dramaturgischer Schwerpunkt des Ganzen – zeigt den Khan beim Gerichtstag. Mehrere Bagatellfälle werden verhandelt, bis der Wesir aufgeregt herbeieilt, entweder Genugtuung oder Entlassung vom Amt fordernd. Teymur habe – indem er sich mit Nisä getroffen hat – die Ehre seines Hauses angetastet. In maßlosem Zorn will der Khan seinen Neffen auf der Stelle hinrichten lassen; dieser zieht jedoch eine Pistole und durchbricht den Kordon der Hofchargen. Im vierten Akt wird der Wesir, der an Wahrsagerei glaubt, durch eine List der Nisä und ihrer Mutter außer Gefecht gesetzt, bis sich Teymur in Sicherheit bringen kann. Kurz darauf kommt die Botschaft, daß der Khan bei einer Bootspartie ertrunken ist; Teymur Aġa ist der rechtmäßige Thronfolger. Der korrupte Wesir wird von dem jungen Herrscher seines Amts enthoben, dieser verzichtet aber großmütig auf persönliche Rache und setzt seinem Widersacher sogar eine Pension aus. Der Schluß läßt damit die Hoffnung anklingen, daß der Thronwechsel zu einem humaneren Regime führen wird, wenngleich der Autor auch Teymur Aġa – der ja nicht die Hauptfigur ist – wohl bewußt nicht zum positiven Helden hinaufstilisiert.

Ungeachtet der gelegentlich verwendeten groben Vaudeville-Effekte geht es Achundov auch in diesem Stück darum, didaktisch in einem aufklärerisch-ethischen Sinne zu wirken; der Schwank dient als Vehikel für eine grundsätzliche Abrechnung mit dem orientalischen – möglicherweise auch dem russischen – Despotismus und dessen Handlangern. H.W.Br.

AUSGABEN: Tiflis 1853 (in Kavkaz, Nr. 7–9; russ.). – Tiflis 1859 (in Tämtilat; aser.). – Baku 1958 (in Äsärläri, Bd. 1). – Baku 1962 (in Komedijalar). – Baku 1982 (in *Komedijalar, povest, še'rlär*).

ÜBERSETZUNG: *Der Vezier von Lenkoran*, C. Wittmann, Lpzg. o. J. [um 1900].

JOSÉ DE ACOSTA

* Ende Sept. oder Anf. Okt. 1540 Medina del Campo / Sevilla
† 15.2.1600 Salamanca

LITERATUR ZUM AUTOR:
J. Rodríguez Carracido, *El padre A. y su importancia en la literatura científica española*, Madrid 1899. – J. M. López Piñero, *La introducción de la ciencia moderna en España*, Barcelona 1973. – *Peregrinación de Bartholomé Lorenzo*, Hg. J. J. Arrom, Lima 1982.

HISTORIA NATURAL Y MORAL DE LAS INDIAS en que se tratan de las cosas notables del cielo y elementos, metales, plantas y animales dellas: y los ritos, y ceremonias, leyes y gobierno, y guerras de los Indios

(span.; *Natur- und Sittengeschichte Indiens, in welcher die Merkwürdigkeiten des Himmels und der Elemente, Metalle, Pflanzen und Tiere dieses Landes behandelt werden, wie auch die Riten, Zeremonien, Gesetze und Regierung sowie die Kriege der Indianer*). Landeskundliches Werk von José de ACOSTA, erschienen 1590. – Das Werk besteht aus sieben Büchern; die ersten vier, in die der Autor seine 1588 erschienene und in viele Sprachen übersetzte Schrift *De natura novi orbis (Über die Natur der Neuen Welt)* eingearbeitet hat, behandeln geophysikalische, astronomische, meteorologische und klimatologische Fragen, die sich aus der genaueren Erkundung der eroberten Länder ergeben, und enthalten eine Darstellung der Tier- und Pflanzenwelt des neuen Kontinents. Die übrigen drei sind der Religion und der Kultur der Indianer gewidmet.

Man hat Acosta wegen dieses Werks als Plagiator verschrien und als Bahnbrecher gepriesen – beides mit Recht. Er übernahm, wie damals üblich, von anderen Autoren bedenkenlos, was immer er verwenden konnte. Sein eigener Verdienst liegt dagegen in seiner methodischen Arbeitsweise, seiner wissenschaftlichen Strenge und dem systematischen Aufbau seines Werks. Acosta ist wohl der erste, der sich bemüht, ein ganzheitliches, kritisch begründetes Bild der Neuen Welt zu erarbeiten. Er, der Jesuit der Gegenreformation, ist von einer überraschenden geistigen Unabhängigkeit. Seine einzige Autorität ist die Vernunft, selbst die *Bibel* will er »*dem Geist, nicht dem Buchstaben nach*« verstanden wissen, wenn es um die Wissenschaft geht. Er ist sich des Unterschieds zwischen seinem Vorhaben und den Werken der anderen Chronisten seiner Zeit bewußt, die »*über neue und wunderbare Dinge berichtet haben ... aber ich kenne bis jetzt keinen Autor, der versucht hätte, in die Ursachen und den Grund dieser Dinge einzudringen*«. Gerade das ist es, was Acosta in seinem Werk versucht: aus den einzelnen Tatsachen und Phänomenen Schlüsse zu ziehen, Gesetzmäßigkeiten abzuleiten, Verbindungen zwischen scheinbar Unzusammenhängendem aufzudecken. Seine eigenen Forschungen und Beobachtungen sind exakt und, wie er sagt, nach den Forderungen »*der rechten Vernunft und der sicheren Erfahrung*« angestellt; Alexander von HUMBOLDT lobte ihn als einen der Begründer der Geophysik.

Seine nüchternen Überlegungen führen ihn zu Hypothesen, die weit über sein Jahrhundert hinausweisen. So steht z. B. die Theorie, mit der er das Vorhandensein von Menschen und Tieren in der Neuen Welt erklärt, in schärfstem Kontrast zu den sonstigen Spekulationen seiner Zeitgenossen. Er vermutet, daß die Neue und die Alte Welt irgendwo im Norden miteinander verbunden sind; über diese Brücke zwischen Amerika und Asien seien die Indianer vor einigen tausend Jahren eingewandert – noch auf der niedrigen Kulturstufe von Jägern und Fischern – und hätten erst dann ihre Hochkulturen entwickelt. Seine Überlegungen zur Entstehung der vielgestaltigen Flora Amerikas sind seiner Zeit ähnlich weit voraus; mit seinen Vorstellungen von Anpassung an ein Milieu und Auslese durch den Daseinskampf nimmt er manche Ideen der Entwicklungstheorie DARWINS vorweg. Die humane Einstellung den Indianern gegenüber ist bei einem Mann seines Denkens nicht verwunderlich; daß Acosta, der im Weltgeschehen nicht das unmittelbare Eingreifen Gottes, sondern das Wirken ewiger Gesetze sieht, bei der Erklärung vieler Züge der indianischen Religion dem Teufel den größten Spielraum zubilligt, wirkt dagegen wie eine ironische Pointe. A.F.R.

AUSGABEN: Sevilla 1590. – Mexiko 1940, Hg. E. O'Gorman. – Madrid 1954 (in *Obras*, Hg. F. Mateos; BAE). – Valencia 1977. – Mexiko 1979, Hg. u. Einf. E. O'Gorman.

ÜBERSETZUNGEN: *New Welt, das ist volkommen Beschreibung von Natur, Art und Gelegenheit der Newer Welt, die man sonst America oder West-Indien nennet*, anon., Köln 1600. – *America oder wie mans zu teutsch nennet, die newe Welt oder West-India*, anon., Ursel 1605.

LITERATUR: E. O'Gorman, *La »Historia natural y moral de las India« del P. J. de A.*, Mexiko 1940. – L. Lopetegui, *Vocación de Indias del P. J. de A.* (in Revista de Indias, 1, 1940, S. 83–102). – Ders., *El padre J. de A. y las misiones*, Madrid 1942. – E. Alvarez López, *La filosofía natural en el P. J. de A.* (in Revista de Indias, 4, 1943, S. 305–322). – I. B. Cohen, *The New World as a Source of Science for Europe* (in Actes du 9e Congrès International d'Histoire des Sciences, Bd. 1, Barcelona 1960, S. 95–130). – F. Esteve Barbba, *Historiografía indiana*, Madrid 1964, S. 102–111. – A. Melón, *El padre A. y significación de su »Historia«* (in CHA, 194, 1966, S. 271–283). – F. Ivanhoe, *El Padre J. de A.: Cronista de Indias* (in Historia de México, 17, 1967, S. 126–145). – J. J. Arrom, *Precursores coloniales de la narrativa hispanoamericana: J. de A. o la ficción como biografía* (in RI, 44, 1978, S. 369–383). – D. Domenichini, *Sulla fortuna italiana di J. de A.: Episodi di storia religiosa del Cinquecento* (in Studi Ispanici, 1981, S. 23–46).

LORD ACTON

d.i. John Emerich Edward Dalberg-Acton

* 10.1.1834 Neapel
† 19.6.1902 Tegernsee

LITERATUR ZUM AUTOR:
G. E. Fasnacht, *A.'s Political Philosophy*, Ldn./NY 1952. – G. Himmelfarb, *Lord A. A Study in Conscience and Politics*, Chicago/Ldn. 1952. – H. Butterfield, *Lord A.* (in Cambridge Journal, 6, 1953, Nr. 8). – D. Mathew, *Lord A. and His Times*, Ldn. 1968.

THE HISTORY OF FREEDOM and Other Essays

(engl.; *Die Geschichte der Freiheit und andere Essays*). Sammlung von siebzehn Aufsätzen, Vorträgen und Rezensionen aus den Jahren 1859 bis 1895 von Lord ACTON, erschienen 1907. – Der Historiker und Publizist Lord Acton, ab 1895 Professor für neuere Geschichte in Cambridge, hat sein geplantes Hauptwerk, eine »Geschichte der Freiheit«, nie vollendet. Der Zugang zu den zahlreichen, historiographisch wie denkerisch hochbedeutsamen, weitverstreuten und teils noch nicht ausgewerteten Fragmenten ist bis in die Gegenwart schwierig geblieben.

Der persönliche Konflikt, in dem der liberale Denker und gläubige Katholik sich zeit seines Lebens befand, tritt auch in seinen Schriften zutage. Einerseits entgeht ihm keine von der Geschichtsschreibung noch so verschleierte Ungerechtigkeit, wenn er seine Erkenntnisse über die in Jahrtausenden nur geringfügigen Wandlungen unterworfenen autoritären Herrschaftsformen und über die seit der Französischen Revolution immer stärker drohende Gefahr grundsätzlich ebenfalls autoritär ausgerichteter demokratischer Staatsformen darlegt, andererseits beschreibt er den Gang der Geschichte als eine von der Hand Gottes geleitete Entwicklung zur – cum grano salis verstandenen – allgemeinen Freiheit. Da für ihn diese Freiheit nur »die empfindliche Frucht einer reifen Zivilisation« sein kann, nimmt es kaum wunder, daß in seinen Abhandlungen über die Gewissensfreiheit, Selbstbestimmung, Vertrags- und Föderationsfreiheit im alten Israel, in den klassischen Mittelmeerstaaten, im christlichen Mittelalter und den Religions- und Souveränitätswirren der beginnenden Neuzeit »die Geschichte der Freiheit die Geschichte dessen ist, das es nicht gab«, auch wenn immer wieder deutliche Ansätze oder gar beispielhafte Systeme gegeben waren: in der Bibel, bei den Essenern, bei den griechischen Denkern und in der Stoa, bei den Kirchenvätern, bei THOMAS VON AQUIN und Meister ECKHART, bei Thomas MORE, den vor- und besonders den nachreformatorischen Sekten (etwa bei Roger WILLIAMS), bei Joseph BUTLER und nicht zuletzt bei Alexandre VINET, William E. CHANNING, Georg von GIZYCKI, Søren KIERKEGAARD, Jean Charles PASSAVANT, Antonio Graf ROSMINI-SERBATI und Richard ROTHE. – Den ersten für längere Zeit geglückten Versuch einer freiheitlichen Staats- und Lebensform sieht Acton in der Gründung der Vereinigten Staaten von Amerika, bei der sich das Neben- und Miteinander von befreiender Unabhängigkeitserklärung und bindender Bundesverfassung als fruchtbar erwies. »Amerika achtete Freiheit, Autorität und Gesetz, indem es bewies, daß Revolution auch bei geringster Provokation gerechtfertigt und Demokratie selbst in großen Dimensionen gefahrlos sein kann.« Dort, so schreibt Acton, begann man, »unter Freiheit die Versicherung zu verstehen, daß jedermann die Möglichkeit garantiert wird, so zu handeln, wie er es für seine Pflicht hält – gegen die Beeinflussung durch Obrigkeit oder Mehrheiten, Tradition oder Meinungsmache«, und dort wurde selbst das Schwierigste angestrebt: »Um der Freiheit willen ist auch Toleranz dem Irrtum gegenüber erforderlich.« Um eben diese Maxime ordnen sich im großen und ganzen auch die neben dem Titelessay in diesem Band enthaltenen Aufsätze zur Geschichte der Inquisition im Mittelalter, über die schillernden Thesen MACHIAVELLIS, die weltliche Macht der Päpste und das Vatikanische Konzil (diese Schrift wurde von Rom indiziert; Acton war hinter den Kulissen einer der bedeutendsten Opponenten des Dogmas der Unfehlbarkeit) ebenso wie die brillant mit historisch belegten Beispielen argumentierende Schrift gegen die Zensurgewalt des Hl. Offiziums und der kirchlichen Hierarchie, der in das Gewand einer Werkbesprechung gekleidete Tribut, den Acton seinem verehrten Münchner Lehrer Ignaz von DÖLLINGER zollt, und schließlich die einsichtige und aufrüttelnde Analyse des modernen Nationalismus und seiner bedrohlichen Auswüchse.

Der Gedanke einer »untrennbaren Einheit von Autorität und Freiheit« klingt in jeder dieser höchst aktuell gebliebenen geschichtlichen Untersuchungen an, die in anspielungsreichem, kompliziertem, aphoristischem Stil geschrieben sind und aus denen ein stupendes Wissen spricht. Mehr noch als die Denker und Politiker seines eigenen Jahrhunderts haben Actons oft bestürzend tiefe Einsichten in das Wesen der Freiheit und in die Umstände, die ihrer Entfaltung förderlich oder hinderlich waren und sind, die Denker und Politiker des 20.Jh.s angesprochen. Denn ihnen fiel es bereits leichter, seiner Erkenntnis zuzustimmen, daß »der untrüglichste Prüfstein, ob ein Land wirklich frei ist, der Grad von Sicherheit ist, den seine Minderheiten genießen«. – Der sonst in seinem Urteil eher zurückhaltende Herbert BUTTERFIELD, heute verläßlichster Vertreter und Kenner der Cambridge historischen Schule, nennt Acton den »bei weitem größten historischen Denker, den England je besessen hat«.

R.G.

AUSGABEN: Ldn. 1907, Hg. J. N. Figgis u. R. V. Laurence [m. Einl.]. – Boston/Ldn. 1948 (in *Essays on Freedom and Power*, Hg. G. Himmelfarb; Ausw.; m. Einl. u. Bibliogr.; ern. NY 1955). – Louvain 1970 (in L. A., *The Decisive Decade (1864–1874). Essays and Documents*, Hg. D. McElrath u. a.; Ausw. m. Einl. u. Bibliogr.).

ÜBERSETZUNGEN: in G. Coudenhove-Kalergi, *Revolution oder Freiheit*, Salzburg 1952 [Auszüge]. – in U. Noack, *Politik als Sicherung der Freiheit*, Ffm. 1947 [Auszüge].

LITERATUR: Anon., Rez. (in Times Literary Suppl., 6. 2. 1908). – L. Kochan, *A. on History*, Ldn. 1954. – G. H. D. Hornwall, *Lord A.s tankar om friheten* (in Statsvetenskaplig Tidskrift, 59, 1956, Nr. 5). – H. A. MacDougall, *L. A. on Papal Power*, Ldn. 1973 [Einl.].

PAUL ADAM

* 7.12.1862 Paris
† 1.1.1920 Paris

LITERATUR ZUM AUTOR:
F. C. Mauclair, *P. A.*, Paris 1921. – F. H. Heinen, *Das Frankreichbild im Werke P. A.s*, Bochum 1932.

– T. Fogelberg, *La langue et le style de P.A.*, Paris 1939. – J. A. Duncan, *Les romans de P.A.*, Ffm./Bern 1977.

AU SOLEIL DE JUILLET

(frz.; *Unter der Julisonne*). Roman von Paul ADAM, erschienen 1903. – Das Werk setzt die Handlung der vorausgehenden Romane *La force*, *L'enfant d'Austerlitz* und *La ruse* über die antideutschen, antirepublikanischen »boulangistischen« Tendenzen fort und bildet den letzten Teil eines unvollendeten, unter dem Titel *Le temps et la vie* konzipierten Zyklus, der im Frankreich des Ersten Kaiserreichs und der Restauration spielt.

Von einer im Auftrag der Carbonari unternommenen Reise nach Italien kehrt Omer Héricourt, Held des Romans, nach Frankreich in den Kreis seiner Familie zurück. Obwohl in Rom sein lateinisch-römisch orientierter Geist Bestärkung fand, sieht er sich in Paris, im Bann der jakobinischen Mentalität seiner hitzköpfigen Familie, von neuem der fluktuierenden Unbeständigkeit seines Charakters ausgeliefert. Sein Plan, durch die Heirat mit Elvire Gesloup der klerikalen Karriere zu entgehen, scheint ihm zunächst nicht ganz glükken zu wollen. Er schwankt lange zwischen der sanften Festigkeit Elvires, die er liebt, und der temperamentvollen Schönheit der Spanierin Dolores Alvina, die seine Sinne fesselt. Die Vernunft, die Liebe und politische Erwägungen (der jakobinische Enthusiasmus seines Onkels und seiner Freunde) bringen ihn schließlich dazu, Elvire zu heiraten. Als durch die berühmten »Ordonnances« vom Juli 1830 Karl X. entthront wird und der »Bürgerkönig« Louis-Philippe an seine Stelle tritt, stellt sich Omer entgegen den jakobinischen Überzeugungen seiner Familie an die Seite der Restauratoren und der Monarchie. Halt suchend in seinem unzerstörbaren Glauben an die Suprematie des Gesetzes, wird er zum Feind seiner alten Gefährten, der Verteidiger der Freiheit und der Republik. Dieser Entschluß veranschaulicht noch einmal die Verwirrung und innere Unsicherheit, die den Helden dieses Romans kennzeichnen.

Durch präzise psychologische Porträtierung gelingt es Paul Adam, den zahlreichen Gestalten seiner Romane, in deren Schicksal sich weitgehend die Geschichte und die politische Haltung seiner eigenen Familie spiegelt, Leben zu geben. Sein Werk ist ein Beispiel für die Fruchtbarkeit und Vielseitigkeit der von BALZAC begründeten Romantradition des 19. Jh.s.

A.M.Sp.

AUSGABEN: Paris 1903. – Paris 1913.

LITERATUR: J. Ernest-Charles, »*Au soleil de juillet*« (in Revue Bleue, 20, 1903). – A. E. Sorel, »*Au soleil de juillet*« (in Journal des Débats, 9. 7. 1903).

CAREL STEVEN ADAMA VAN SCHELTEMA

* 26.2.1877 Amsterdam
† 6.5.1924 Bergen

LITERATUR ZUM AUTOR:
A. Lottum, *A. van S.*, Rotterdam 1924. – *In memoriam A. van S.*, Rotterdam 1924. – *Ter herdenking van A. van S.*, Amsterdam 1929. – F. Drost, *A. van S.*, Arnheim 1952. – W. J. Simons, *De doornen des levens of A. van S. als acteur* (in W. J. S., Hakken en spaanders, Amsterdam 1970). – *O die tijd komt, C. S. A. van S. 1877–1977*, Hg. M. Tjoeng (in Literama, 11, 1977, Nr. 9, S. 456–466).

DE GRONDSLAGEN EENER NIEUWE POËZIE. Proeve tot een maatschappelijke kunstleer tegenover het naturalisme en anarchisme, de tachtigers en hun decadenten

(ndl.; *Die Grundlagen einer neuen Poesie. Versuch einer gesellschaftlichen Kunstlehre gegenüber dem Naturalismus und Anarchismus, den Tachtigern und den von ihnen Abhängigen*). Streitschrift von Carel Steven ADAMA VAN SCHELTEMA, erschienen 1908. – Vorwiegend an dem deutschen Arbeiterphilosophen und Materialisten Joseph DIETZGEN (1828–1888) orientiert, versucht der Autor eine sozialistische Literaturtheorie aufzustellen. Er teilt die Dichtung in subjektive (Lyrik) und objektive (Dramatik) Poesie ein; erzählende Dichtung ist seiner Meinung nach »minderwertig« und bleibt unberücksichtigt. Der Verfasser spart nicht mit polemischen Ausfällen gegen VERWEY oder KLOOS, er protestiert auch gegen die »*Liebe der Naturalisten, die Schwein und Menschen gleich liebhatten*« (vgl. *De dood van het naturalisme* von Lodewijk van DEYSSEL) und verkündet einen sozialistischen »Neo-Humanismus«: »*Wir wollen wieder, daß ein Gedicht wird: ein Musikstück aus Worten und Gedanken, das von so viel anderen Menschen wie möglich erfühlt und begriffen werden kann.*« *Wanderers Nachtlied* von GOETHE gilt ihm als Musterbeispiel einer solchen Lyrik; DA COSTA, TOLLENS und BEETS sowie Henriëtte ROLAND HOLST-VAN DER SCHALK stellt er weit über die »Tachtiger« (»Achtziger«), die beherrschende Literatengruppe der achtziger Jahre. Im Bereich des Dramas lehnt Adama van Scheltema Gerhart HAUPTMANN ebenso ab wie den »*verdorbenen*« WEDEKIND oder den »*eitlen*« D'ANNUNZIO; als Ideal schwebt ihm eine Bühnenform vor, die wieder den Forderungen von ARISTOTELES entsprechen und die »*sozialdemokratische Moral*« zum Inhalt haben soll.

Es ist eigenartig, wie in diesem Traktat überspannte Doktrinen und ernstzunehmende Gedanken miteinander abwechseln. Zu letzeren zählen vor allem die mit sehr viel Sachkenntnis durchgeführte

Betrachtung des Verfassers über die Verfremdung der niederländischen Literatursprache durch deutsches und französisches Sprachgut und die Kritik an den Tachtigern, soweit sie deren überspitzten Individualismus angreift. Hiermit hat das merkwürdige Werk auch den größten Widerhall gefunden. Konnte auch die in der Schrift angebotene Synthese nicht akzeptiert werden, so war seine Analyse der zeitgenössischen Literaturtheorien doch nicht durchweg falsch. Zumindest dämpfte sie die unlautere Überheblichkeit einiger Dichter und übte so eine ähnliche Funktion im niederländischen Geistesleben aus wie fast ein Jahrhundert zuvor da Costas *Bezwaren tegen den geest der eeuw* (1823). W.Sch.

AUSGABE: Rotterdam 1908.

LITERATUR: C. Scharten, Rez. (in De Gids, Aug. 1908). – F. Drost, *A. van S.*, Arnheim 1952, S. 62–74.

ADAM DE LA HALLE

auch Adam le Bossu
* um 1235 Arras
† um 1285/88 Neapel

LITERATUR ZUM AUTOR:
H. Guy, *Essai sur la vie et les œuvres du trouvère A. de la H.*, Paris 1898. – G. Meyer, *Lexique des œuvres d'A. de la H.*, Paris 1940. – J. Maillard, *A. de la H. Perspective musicale*, Paris 1982. – Ders., *A. de la H. Bibliographie, discographie*, Paris/Genf 1982.

LI JUS ADAN

(afrz.; *Das Spiel von Adam*). Satirisches Schauspiel von ADAM DE LA HALLE, entstanden um 1275. – Um Verwechslungen mit dem liturgischen Adamsspiel zu vermeiden, wird das Stück allgemein unter seinem zweiten Titel, *Le jeu de la feuille (Spiel unter dem Blätterdach)* zitiert, wobei dieser Titel sich nicht auf den Inhalt, sondern auf die – nicht feststehende – Tatsache bezieht, daß es bei der Maifeier unter einem Laubendach aufgeführt wurde. Der Autor führte sich selbst als handelnde Person in das Stück ein, und sicherlich wirkte er bei der ersten, vielleicht einzigen, Aufführung selbst mit.

Zu Beginn der Handlung hat Adam es sich in den Kopf gesetzt, endlich seinen langgehegten Traum wahrzumachen und seine Studien in Paris wieder aufzunehmen. Schon zuviel Zeit hat er an das Provinzleben und seine mittlerweile auch nicht mehr taufrische Ehefrau verschwendet. Sein Vater verweigert allerdings das für diesen Plan nötige Geld und behauptet, er sei krank und leidend. Der hinzugezogene Arzt entlarvt jedoch die vorgebliche Krankheit des Alten als extremen Geiz, von dem auch noch eine ganze Reihe Bürger und Bürgerinnen der Stadt befallen sind. Zu dieser Personengruppe, deren Mitglieder alle mit ihren wirklichen, historischen Namen genannt werden, gesellt sich nunmehr Dame Douche, eine stadtbekannte Frau, die ihre Gunst offensichtlich recht freigebig verteilt. Bei einer offen auf der Bühne dargestellten Urinprobe stellt sich zu ihrem Entsetzen heraus, daß der Grund ihrer Leibschmerzen in einer fortgeschrittenen Schwangerschaft besteht. Die nächste Szene spielt auf einem Jahrmarkt. Ein Mönch verhökert dort seine Reliquien als Wunderheilmittel gegen alle Arten von Verrücktheit, und jeder der Anwesenden hält seinen lieben Nachbarn für einen potentiellen Kunden, wobei alle Bürger ihr Fett abbekommen. Nunmehr tritt die Schicksalsfee Morgue mit ihren Begleiterinnen auf den Plan, für die man zum Festtag köstliche Speisen bereitgestellt hat, um sie günstig zu stimmen. Zwischendurch erscheint das wilde Heer mit seinem König Hellekin, den die Forschung sowohl mit Harlekin und mit der Hölle wie mit dem Erlkönig in Zusammenhang gebracht hat. Die Feen spenden den Gastgebern verschiedene Sorten von Glück. Adam wird dabei mit höfischer Liebe und Dichtkunst begabt, eine unzufriedene Fee verfügt jedoch in ihrem Zorn, daß Adam nicht zum Studium nach Paris fährt, sondern den Annehmlichkeiten des gesellschaftlichen Lebens von Arras verfällt und in den Armen seiner Frau die hochfliegenden Pläne begraben muß. Besagte Feen zaubern Fortunas berühmtes Rad herbei, an dem die Bilder einiger angesehener Bürger von Arras auf- und abwärts gedreht werden, wobei einiges an politischen Mißständen in Arras ans Tageslicht befördert wird. Zum Schluß begeben sich alle Akteure in ein Wirtshaus; dort wird auch der Mönch Opfer eines Streiches, da man ihn beim Auswürfeln der Zeche betrügt und er dem Wirt seine Reliquien als Pfand zurücklassen muß. Adam aber wird in Arras bleiben.

Die außerordentliche Komplexität des Schauspiels, dessen Handlung jeder Einheit und Logik zu entbehren scheint, hat zu erregten Deutungskontroversen geführt. »*Sicher ist, daß das Jeu de la feuillé gerade wegen der rätselhaften Heterogenität seiner Szenen, wegen seiner grotesken, nichts verschonenden Satire, wegen des Auftretens des Dichters selbst, seiner Angehörigen und Freunde zu den merkwürdigsten und originellsten Schöpfungen des mittelalterlichen Theaters gehört*« (E. Köhler). Alfred ADLER vertrat die These, daß die Themen und Personen des *Jeu de la feuillé* als Projektionen von Wesensaspekten und Konflikten des Verfassers selbst zu werten seien, daß sie Gefahren seines Charakters und Spiegelungen möglicher falscher Entscheidungen verkörperten. Begreift man das Schauspiel als Psychodrama, werden einzelne Handlungsteile besser verständlich, und hinter ihrer Disparatheit läßt sich eventuell doch eine übergreifende Einheit erkennen. Vielleicht ist das Stück am ehesten in seiner Verbindung mit dem mittelalterlichen karnevalesken Fest zu verstehen, das jenen sanktionierten Freiraum schafft, der dem Autor ermöglicht, seinen Unwillen über das beengte Leben in Arras, die Vulgarität und Borniertheit seiner Bürger, über die Verständnislosigkeit des Vaters und der Ehefrau für die Bildungsbestrebungen des Dichters zum Ausdruck zu bringen. Es vermittelt die »*Erfahrung eines totalen Theaters, das auf der Straße gespielt wird, ohne Bühne, mit einem sich selbst spielenden Publikum, das nichts dabei findet, sich selbst schonungslos durch den Kakao zu ziehen und seine peinlichsten Schwächen selbstkritisch darzustellen, um sie zu überspielen*« (E. Köhler). In diesem Sinne realisiert dieses mittelalterliche Stück bereits manche radikale Forderung moderner Dramentheoretiker. W.R.

AUSGABEN: Paris 1828, Hg. L. J. N. Monmerqué. – Paris 1917, Hg. E. Langlois [krit.]. – Paris 1923, Hg. ders. [m. neufrz. Übers.]. – Paris 1951; ²1978, Hg. ders. (CFMA). – Würzburg 1971, Hg. O. Gsell [krit.; mit dt. Übers.]. – Mchn. 1972, R. Bordel u. a. [mit dt. Übers.]. – Gent 1977, Hg. J. Dufournet [krit.; mit neufrz. Übers.].

ÜBERSETZUNGEN: *Das Laubenspiel*, O. Gsell, Würzburg 1971. – Dass., R. Bordel u. a., Mchn. 1972.

LITERATUR: A. Guesnon, *A. de la H. et le »Jeu de la feuille«*, Paris 1917. – A. Adler, *Sens et composition du »Jeu de la feuille«*, Ann Arbor 1956. – G. Lütgemeier, *Beitrag zum Verständnis des »Jeu de la feuillé«*, Bonn 1969. – N. R. Cartier, *Le bossu desenchanté*, Genf 1971. – C. Mauron, *Le »Jeu de la feuille«. Étude psychocritique*, Paris 1973. – J. Dufournet, *A. de la H. à la recherche de lui-même ou le jeu dramatique de la Feuillé*, Paris 1974. – Ders., *Sur le »Jeu de la feuillé«. Études complémentaires*, Paris 1977. – P. Ménard, *Le sens du »Jeu de la feuille«* (in TLL, 16, 1978, S. 381–393). – A. Kay, *Une étude de la réalité du »Jeu de la feuille«* (in Chimères, 13, 1979, S. 17–45). – C. Méla, *»Je suis ses fieus, il est mes pere«* (in C. M., *Blanchefleur et le saint homme ou la semblance des reliques*, Paris 1979, S. 74–122). – M. Rousse, *Le »Jeu de la feuille« et les coûtumes du cycle de mai* (in *Mélanges C. Foulon*, Rennes 1980, S. 313–327). – J.-H. Grisward, *Les fées, l'aurore et la fortune* (in *Études de langue et de littérature offertes à A. Lanly*, Nancy 1980, S. 121–136). – P. Homan, *Structure et mouvement dans le »Jeu de la feuille«* (in Chimères, 15, 1982, S. 13–25). – A. Leupin, *Le ressassement. Sur le »Jeu de la feuille« de A. de la H.* (in MA, 89, 1983, S. 239–268). – E. Vance, *»Le jeu de la feuille« and the Poetics of Charivari* (in MLN, 100, 1985, S. 815–828). – E. Köhler, *»Le jeu de la feuille«* (in E. K., *Vorlesungen zur Geschichte der französischen Literatur: Mittelalter II*, Hg. D. Rieger, Stg. 1985, S. 95 ff.). – D. Musso, *Adam o dell'ambivalenza* (in L'Immagine riflessa, 8, 1985, S. 3–26).

LI JUS DE ROBIN ET DE MARION

(afrz.; *Das Spiel von Robin und Marion*). Singspiel von ADAM DE LA HALLE, entstanden um 1285; die erste Aufführung fand vermutlich kurz nach dem Tod des Dichters in Arras statt. – Adam de la Halle schrieb dieses Stück, das zu den schönsten Werken des französischen Mittelalters zählt, wahrscheinlich am Hof der Anjous in Neapel, wohin er dem Herzog Robert von Artois gefolgt war. Seine Vorlage war die zunächst im provenzalischen Kulturraum beheimatete höfische Gattung der *pastourelle* – Gedichte in Dialogform, die ein in seinen Grundzügen feststehendes Thema behandeln: die Begegnung und galante Konversation zwischen einer Schäferin (meist Marion genannt) und einem Ritter, der mit Geschenken, Versprechungen und oft auch mit Gewalt zu verführen sucht und den sie zuweilen erhört, nicht selten aber mit der Begründung abweist, sie liebe allein den Schäfer Robin. Adam de la Halles szenischer Bearbeitung des stereotypen Handlungsschemas, die er mit Regieanweisungen und choreographischen Angaben versah, kommt insofern besondere literarische Bedeutung zu, als sie das erste und einzige französische Schäferspiel vor der Renaissance darstellt. Es gliedert sich deutlich in zwei Teile. Die Anfangsszenen sind ganz dem Muster der *pastourelle* angepaßt. Marion weist das Ansinnen des Ritters, der sich ihr mit dem Falken auf der Faust nähert, anmutig und kokett zurück und erzählt Robin von dem Erlebnis, der daraufhin davoneilt, um Hilfe für den Fall einer Rückkehr des Ritters zu holen. Dieser taucht auch wirklich ein zweites Mal auf und entführt Marion, der es jedoch gelingt, sich aus eigener Kraft zu befreien. Das anschließende fröhliche Fest der Schäfer bei Tanz und Gesang, dem ein altes Pfingstspiel von Robin und Marion als Maienkönigspaar zugrunde liegt, wirkt spontan und wirklichkeitsnah, verglichen mit dem an den Ton eines stilisierten, aristokratischen Gesellschaftsspiels gestimmten ersten Teil. Dennoch waltet auch hier kein naiver Realismus, vielmehr die vollkommene theatralische Illusion des einfachen Lebens, dessen Natürlichkeit nur das Resultat einer bewußten Verkleidungs- und Verwandlungskunst ist. B.L.

AUSGABEN: Paris 1822, Hg. L. J. N. Monmerqué (*Li Gieus de Robin et Marion*). – Paris 1895, Hg. E. Langlois (*Le Jeu de Robin et Marion*; m. frz. Übers.). – Paris 1958; ²1977, Hg. ders. [krit.; CFMA]. – Ffm. 1962, Hg. F. Gennrich (*Li Jus de Robin et de Marion*, zus. m. *Li Rondel Adam*; m. Einl. u. Übertragung d. Notation).

VERTONUNG: D. Milhaud, *Le Jeu de Robin et Marion*, Wiesbaden 1951.

LITERATUR: R. Meienreis, *A. de la Hales Spiel »Robin und Marion« des letzteren Stellung in der Entwicklung der dramatischen u. musikalischen Kunst*, Mchn. 1893 [zugl. Diss. Lpzg.]. – J. Tiersot, *Sur »Le jeu de Robin et Marion« d'A. de la H.*, Paris

1897. – F. Helfenbein, *Die Sprache des Trouvère A. de la H. aus Arras* (in ZfrPh, 35, 1911, S. 309–363; S. 397–435). – A. Henry, *Sur deux passages du »Jeu de Robin et Marion«* (in Rom, 81, 1952, 73, S. 234–238). – J. Chailley, *La nature musicale du »Jeu de Robin et Marion«* (in *Mélanges offerts à G. Cohen*, Paris 1950, S. 111–117). – J. Frappier, *Le théâtre profane en France au moyen âge. Introduction. 13e et 14e siècles*, Paris 1959. – C. Mazouer, *Naiveté et naturel dans le »Jeu de Robin et Marion«* (in Rom, 93, 1972, S. 378–393). – J. Dufournet, *Du »Jeu de Robin et Marion« au »Jeu de la feuillé«* (in *Mélanges F. Lecoy*, Paris 1973, S. 73–94). – R. Axton, *»Robin et Marion«* (in R. A., *European Drama in the Early Middle Ages*, Ldn. 1974, S. 140–144). – A. C. Tolivar-Alas, *A. de la H. et le »Jeu de Robin et Marion«* (in *Estudios de lengua y literatura francesa*, Oviedo 1976, S. 79–93). – J. Dufournet, *Complexité et ambiguité du »Jeu de Robin et Marion«* (in *Études de philologie romane et d'histoire littéraires offertes à J. Horrent*, Hg. J.-M. D'Heur u. N. Cherubini, Lüttich 1980, S. 141–159). – K. Varty, *Le mariage, la courtoisie et l'ironie comique dans le »Jeu de Robin et Marion«* (in MR, 1980, S. 287–292). – R. Brusegan, *»Le jeu de Robin et Marion« et l'ambiguité du symbolisme champêtre* (in *The Theatre in the Middle Ages*, Hg. H. Braet u. a., Löwen 1985, S. 119–129). – F. Ferrand, *»Le jeu de Robin et Marion«* (in RLaR, 90, 1986, S. 87–97).

ARTHUR ADAMOV

* 23.8.1908 Kislowodsk / Kaukasus
† 15.3.1970 Paris

LITERATUR ZUM AUTOR:
Bibliographie:
D. Bradby, *A.*, Ldn. 1975.
Gesamtdarstellungen und Studien:
A. Adamov, *Ici et maintenant*, Paris 1964. – M. Esslin, *Das Theater des Absurden*, Reinbek 1965, S. 66–99 (erw. 1985; rde). – G. Serreau, *Histoire du Nouveau Théâtre*, Paris 1966, S. 66–82. – Les Lettres Françaises, 25. 3. 1970 [Sondernr. *A. A.*]. – R. Gaudy, *A. A., essai et documents*, Paris 1971. – U. Bennholdt-Thomsen, *A. A.* (in *Französische Literatur der Gegenwart in Einzeldarstellungen*, Hg. W. D. Lange, Stg. 1971, S. 650–673). – La Nouvelle Critique, 66, 1973, Beilage [Sondernr. *A. A.*]. – P. Melèse, *A. A.*, Paris 1973. – F. C. Jacquart, *Le théâtre de dérision*, Paris 1974. – J. H. Reilly, *A. A.*, NY 1974. – D. Bradby, *A.*, Ldn. 1975. – J. J. McCann, *The Theater of A.*, Chapel Hill 1975. – NL, 2563, 1976 [Sondernr. *A. A.*]. – S. Assad Chahine, *Regards sur le théâtre d'A. A.*, Paris 1981. – *Modernes französisches Theater: A.-Beckett-Ionesco*, Hg. H. A. Blüher, Darmstadt 1982 (WdF). – *Lectures d'A.*, Hg. R. Abirached u. a., Tübingen 1983. – J. Bessen, *A. A.* (in KLFG, 4. Nlg., 1984). – W. Floeck, *A. A.* (in KLRG, 1984).

L'INVASION

(frz.; *Die Invasion*). Theaterstück in vier Akten von Arthur ADAMOV, Uraufführung: Paris, 14. 11. 1950, Studio des Champs-Elysées; deutsche Erstaufführung: Pforzheim, 29. 2. 1952, Stadttheater. – Adamov schrieb über dieses Stück: »*Unter ›Invasion‹ verstehe ich die schleichende Belastung eines Menschen durch seine eigenen drückenden Beschäftigungen, durch die Anwesenheit anderer Menschen, die ihrerseits auch durch ihre eigenen Sorgen belastet sind, und schließlich durch den Stoß der äußeren Ereignisse, die schlecht mit dem inneren Leben in Einklang zu bringen sind.*« Das Manuskript eines Verstorbenen bestimmt Handlung und Gruppierung der Personen. Pierre hat sich vorgenommen, dieses Manuskript zu entziffern und wiederherzustellen. Er unterzieht sich seiner Aufgabe mit der Passion des Besessenen. Agnes, seine Frau, und sein Freund Tradel arbeiten für ihn, ohne seinen hohen Ansprüchen genügen zu können. Zu dieser Schwierigkeit gesellt sich eine Bedrohung von außen: Die Familie des Verstorbenen erhebt Anspruch auf das Manuskript; mit einer Beschlagnahme muß jeden Augenblick gerechnet werden. Der Freund überwirft sich schließlich mit Pierre und verläßt ihn. Pierre selbst zieht sich zur Meditation für vierzehn Tage in einen dunklen Abstellraum zurück; er faßt dort den Entschluß, sein Unternehmen aufzugeben und ein normales Leben anzufangen. Aber inzwischen hat sich Agnes von einer Zufallsbekanntschaft entführen lassen. Pierre öffnet die Kiste, in der seine Mutter das störende Manuskript aufbewahrt hat, zerreißt die mühsam bearbeiteten Blätter und kehrt in seine Zelle zurück, um Selbstmord zu begehen. Adamov führt Personen vor, deren verwandtschaftliche Bindung nur ihre tatsächliche Bindungslosigkeit hervortreten läßt. Sie wird dramaturgisch faßbar in der Form des Aneinandervorbeisprechens. Das Scheitern der menschlichen Beziehungen und einer Sinngebung des Lebens stellt Adamov am Schicksal des Manuskripts dar. In den beiden ersten Akten überfluten die Blätter des Manuskripts das Zimmer, im dritten und vierten Akt werden sie beiseite geräumt und verpackt, ehe sie am Schluß des Stücks, zerrissen und wahllos verstreut, zum Spielzeug eines Kindes werden. Das in der anfänglichen Unordnung wirksame Bemühen um Entzifferung versinnbildlicht den Versuch der Menschen, gemeinsam eine neue, sinnvolle Ordnung herzustellen, während das Verpacken des unentzifferten Manuskripts und seine Zerstörung die Unmöglichkeit einer Erneuerung und Sinngebung des Lebens verdeutlichen sollen. Darin wird die Nähe dieses Stücks zum absurden Theater eines IONESCO offenkundig. A.B.

AUSGABEN: Paris 1950 [zus. m. *La parodie*]. – Paris 1953 (in *Théâtre*, 3 Bde., 1953–1966, 1).

LITERATUR: T. Proskurnikowa, *Flucht aus dem Teufelskreis. Über das Schaffen A. A.s* (in Kunst u. Literatur, 13, 1965, S. 1056–1073). – B. Dort, *Sur la singularité de la dramaturgie de A.* (in *Lectures d'A.*, Hg. R. Abirached u. a., Tübingen/Paris 1983, S. 26–35).

PAOLO PAOLI

(frz.; *Ü: Paolo Paoli*). Schauspiel in zwölf Bildern von Arthur ADAMOV, Uraufführung: Lyon, 17. 5. 1957, Théâtre de la Cité; deutsche Erstaufführung: Hannover, 14. 2. 1959, Niedersächsisches Staatstheater. – Das Stück spielt in der Zeit von 1900–1914. »*Lichtbilder sowie Text sollen zeigen, wie in einer Epoche, die in mancher Hinsicht leichtlebig und sorglos erschien, sich langsam, aber unaufhaltsam der Krieg vorbereitete*« (*Vorbemerkung*). Adamov hat sich mit *Paolo Paoli* vom absurden Theater lösen und dem politisch engagierten Theater zuwenden wollen. Um die ihm ungewohnten Probleme eines realistischen Stückes bewältigen zu können, übernimmt er von Bertolt BRECHT Elemente der epischen Dramaturgie.

Jedes Bild leitet Adamov mit Projektionen von Zeitungstexten und -photos ein, die von »*dumm-frivolen Schlagern aus der Zeit*« und von Chansons, die »*auf Tagesereignisse anspielen*«, begleitet werden. Ähnlich wie Brecht in *Mutter Courage und ihre Kinder* stellt er der großen Geschichte die der kleinen Leute gegenüber, oder in Adamovs Terminologie: *La grande et la petite manœuvre (Das große und das kleine Manöver)*, wie der Titel eines früheren Stückes heißt. Paolo Paoli, ein »*von der Bohème leicht angehauchter Kleinbürger*«, ist Insektenforscher, der aus seinem Forschungsobjekt auch finanziellen Nutzen zu ziehen weiß. Er verkauft exotische Schmetterlinge, die von Sträflingen der Teufelsinsel gefangen werden. Einer seiner Kunden ist Florent Hulot-Vasseur, Industrieller in Straußenfedern, von Adamov als »Liberaler« bezeichnet. Paoli und Hulot-Vasseur versuchen sich gegenseitig zu übervorteilen. Als Paolis Frau Stella mit Hulot-Vasseurs Unterstützung einen Hutladen aufmacht, sind beider Geschäfte miteinander verquickt. Stella wird später Hulot-Vasseurs Geliebte. Von ihm verlassen, geht sie bei Kriegsausbruch nach Deutschland, in ihre Heimat, zurück.

Unerwartet kommt der Arbeiter Marpeaux, ein entflohener Strafgefangener der Teufelsinsel, der von Paoli besonders schamlos ausgebeutet worden war, nach Frankreich zurück. Der Versuch, für ihn eine Begnadigung zu erwirken, mißlingt. Paoli schickt den Arbeiter auf Schmetterlingsfang nach Marokko, wo Krieg herrscht. Als Marpeaux doch begnadigt wird (durch eine großzügige Amnestie sollen Freiwillige für den Marokkokrieg gewonnen werden), findet er Arbeit bei Hulot-Vasseur, wird aber bald wieder entlassen. Marpeaux ist inzwischen Sozialist geworden und bekämpft die klerikalen »gelben« Gewerkschaften des Abbé Saulnier, der ebenfalls in die Geschäfte des Insektenforschers verwickelt ist. Rose, Marpeaux' Frau, wird die Geliebte Paolis, kehrt aber schließlich zu ihrem Mann zurück. Als der Abbé Marpeaux wegen pazifistischer Agitation ins Gefängnis bringt, ist das selbst Paoli zuviel. Er will nun in Zukunft sein Geld aus dem dreckigen Umlauf herausziehen, um es denen zu geben, »*die es brauchen, um zu essen, um sich anzuziehen*«.

Adamovs Figuren vertreten bestimmte allgemeine politische Richtungen, Verhaltensweisen oder gesellschaftliche Institutionen. So haben ESSLIN u. a. darauf hingewiesen, daß Adamov an dem Ehekonflikt zwischen Paoli und Stella »*auch das Sinnwidrige des europäischen Nationalismus*« aufzeige. An Abbé Saulnier, der »*sich kaum um Theologie kümmert*«, demonstriert Adamov die politischen und ökonomischen Interessen der Kirche. Auch auf den Zusammenhang zwischen Krieg und Geschäft wird hingewiesen. Die wirtschaftliche Verflechtung zeigt Adamov an Paoli und Hulot-Vasseur, die ausgebeutete Klasse ist durch Robert und Rose Marpeaux vertreten, die einzigen ganz positiven Figuren des Stücks. – Die Handlung ist allerdings nur mittelbar auf die in den Bild- und Textprojektionen gegenwärtige Wirklichkeit der Jahre 1900–1914 beziehbar. Adamov macht tatsächlich eher allgemeine menschliche Schwächen sichtbar als soziale Verhältnisse; Kontaktlosigkeit, Fremdheit, Leere der menschlichen Beziehungen, Undurchschaubarkeit des Daseins sind Grundthemen des absurden Theaters, nicht des epischen. Trotz der seit *Le professeur Taranne* angestrebten Objektivierung der Personen und Handlungen durch zunehmende Einbeziehung der sozialen Realität bleibt Adamov bei einer metaphysischen Weltdeutung, indem er auch das, was er einmal den »*heilbaren ... Aspekt der Dinge*« genannt hat, d. h. die gesellschaftlichen Gegebenheiten, letztlich der Absurdität des Daseins unterstellt. K.N.

AUSGABEN: Paris 1957. – Paris 1966 (in *Théâtre*, 4 Bde., 1953–1968, 3).

ÜBERSETZUNG: *Paolo Paoli*, P. Aron (in *Theaterstücke*, Darmstadt 1959). – Dass., ders., Wien/Mchn. 1961.

LITERATUR: A. Gisselbrecht, »*Paolo Paoli*« (in Théâtre Populaire, 25. Juli 1957, S. 73–83). – F. Wahl, *Lecture de* »*Paolo Paoli*« (in Esprit, 2, 1957, S. 559–563). – B. Dort, »*Paolo Paoli*« *ou La découverte du réel* (in Les Temps Modernes, 13, 1957/58, S. 1106–1114). – A. Adamov et A. Gisselbrecht, *A propos de* »*Paolo Paoli*« *(Un entretien)* (in Théâtre Populaire, 28. Jan. 1958, S. 99–104). – R. Laubreux, »*Paolo Paoli*« *et la difficulté d'être* (in Théâtre d'Aujourd'hui, 6, März/April 1958, S. 31–33).

LE PING-PONG

(frz.; *Ü: Ping-Pong*). Schauspiel in zwei Teilen von Arthur ADAMOV, Uraufführung: Paris, 27. 2. 1955,

Théâtre des Noctambules; deutsche Erstaufführung: Berlin, November 1955, Schlossparktheater. – Die beiden Studenten Arthur und Victor sind fasziniert von einem Apparat, der gerade in Mode kommt und als eine umsatzsteigernde Attraktion in den Gaststätten Einzug hält: der Flipper. In ihrer Stammkneipe »L'Espérance« macht die Wirtin, Madame Duranty, sie mit einem gewissen Sutter bekannt: Er arbeitet in den Diensten des Automaten-Konsortiums, das die Flipper vermietet und die Geldmagazine der Apparate zu entleeren hat. Hier lernen die Studenten auch einen undurchschaubaren Taugenichts, Monsieur Roger, kennen, den Freund von Annette, einem Waisenmädchen, das von Madame Duranty mütterlich protegiert wird. Damit sind – bis auf den Chef des Konsortiums – auch schon die Personen des Stückes vorgestellt. Ihrer aller Schicksal hängt mit dem Flipper zusammen. Besonders die beiden Studenten sind nicht nur durch Spielleidenschaft an den Apparat gefesselt, sondern seit der Bekanntschaft mit dem wichtigtuerischen Sutter auch überzeugt, daß sich aus dem Flipper finanzieller Nutzen ziehen läßt. Da die Apparate häufig technischen Störungen unterliegen, sollten sie nach einer Idee Arthurs so eingerichtet werden, daß der Einwurf eines weiteren Geldstückes die Mängel behebt. Beim Konsortium, wo sie den Einfall vortragen, werden sie jedoch in zweifacher Weise enttäuscht. Sie begegnen Roger, der hier einen recht hohen Posten zu bekleiden scheint, was ihnen ungereimt vorkommt, und sie werden von dem Chef, Monsieur Constantin, »dem Alten«, geprellt. Nachdem er von ihrer Idee gehört hat, behauptet er, sie sei nicht neu und er könne sie ihnen nicht honorieren. Als es dann mit dem Konsortium bergab geht, sollen die Spielautomaten unter staatliche Kontrolle gebracht werden. Mit ihrer Unterschrift unterstützt Madame Duranty einen Protest Monsieur Constantins, obwohl das Konsortium sein Versprechen, ihre Flipper zu reparieren, nicht eingehalten und ihr finanziellen Schaden zugefügt hat. Sutter arbeitet jetzt auf der Gegenseite und verteilt Flugblätter gegen die »Groschengräber«. Als Monsieur Constantin stirbt, übernimmt Arthur das Geschäft. Annette, seine Geliebte, wird vor einer Spielhölle vom Auto überfahren; Victor beendet sein Studium und arbeitet als Arzt. Sutter ist zum Bettler geworden. Im Schlußbild sehen wir Arthur und Victor – sie sind jetzt Greise – Pingpong spielen. Dabei streiten sie sich über neueingeführte Regeln, die das Spiel komplizierter machen. Dann lassen sie das Netz weg, werfen die Schläger beiseite und spielen mit den Händen, völlig kindisch geworden. Als Victor einen Luftsprung macht, bricht er – vom Herzschlag getroffen – zusammen.
Adamov hat zuerst die Schlußszene geschrieben. Sie ist noch ganz im Sinne des absurden Theaters seiner früheren Stücke verfaßt. Die Sinnlosigkeit des kindischen, senilen Streites um die Spielregeln wird durch Victors plötzlichen Tod pointiert. Auch ohne Kenntnis des Arbeitsprozesses wird deutlich, daß die Schlußszene nicht konsequent aus dem Vorangegangenen entwickelt ist. – Nach ESSLIN gehört das Stück zu den Meisterwerken des Theaters des Absurden. *Le Ping-Pong »bietet ein erschütterndes Bild der Selbstentfremdung des Menschen, die ausgelöst wird durch den Kult eines falschen Wunschbildes, durch die Vergötterung einer Maschine, eines ehrgeizigen Anliegens oder einer Ideologie«.* K.N.

AUSGABEN: Paris 1955 (in *Théâtre*, 4 Bde., 1953 bis 1968, 2).

ÜBERSETZUNG: *Ping-Pong*, E. Tophoven (in *Theaterstücke*, Darmstadt 1959).

LITERATUR: G. Prince, *Le couple dans »Le ping-pong«* (in RoNo, 12, 1970/71, S. 5–10).

LE PROFESSEUR TARANNE

(frz.; *Ü: Professor Taranne*). Schauspiel in einem Akt von Arthur ADAMOV, entstanden 1951, Uraufführung: Lyon, 18. 3. 1953, Théâtre de la Comédie; deutsche Erstaufführung: Kassel, Mai 1960, Theater am Goetheplatz. – Professor Taranne wird bezichtigt, sich vor Kindern am Strand exhibitionistisch aufgeführt zu haben. Es gelingt ihm nicht, den Kommissar von seiner Unschuld zu überzeugen. Je mehr Beweise Taranne beibringt, desto verdächtiger macht er sich. Personen, die er als Zeugen seines Gelehrtenberufs und seiner Unbescholtenheit aufruft, erkennen ihn nicht wieder oder haben ihn nie gekannt. Wenig später wird Taranne zum zweitenmal von der Polizei beschuldigt: Er soll eine Badekabine verunreinigt haben. Da er behauptet, keine Badekabine benutzt zu haben, verstärkt sich der gegen ihn aufgekommene Verdacht. Der Professor verwickelt sich immer mehr in Widersprüche. Ein von der Polizei gefundenes Notizbuch erkennt er als seines; er behauptet, jede Seite beschrieben zu haben. Aber in dem Notizbuch sind eine Reihe von Seiten leer, und Taranne kann die Notizen nicht entziffern. In seinem Hotel wird dem Professor eine Karte ausgehändigt, aus der hervorgeht, daß Taranne eine Passage auf einem Luxusdampfer gebucht hat. Da Taranne zu Gastvorlesungen nach Belgien reisen will, bleibt unerfindlich, wie es zu der Buchung gekommen ist. Jeanne, zu der Taranne in einem näheren, aber nicht genau bestimmten Verhältnis steht – vielleicht ist sie eine Verwandte –, bringt dem Professor einen Brief von der belgischen Universität, an der er Vorlesungen halten soll. Man habe herausgefunden, daß Taranne ein Plagiat an dem berühmten Professor Ménard begangen habe, und verzichte auf seinen Besuch. Als Taranne allein ist, nimmt er seine Platzkarte für den Speisesaal des Dampfers und hängt sie an die Wand. Dann beginnt er, sich langsam auszuziehen.
Das Stück ist die Aufzeichnung eines Traumes, den Adamov innerhalb von zwei Tagen – er arbeitete an seinen Texten im allgemeinen sehr lange – in der Form eines Theaterstücks niederschrieb. Traum-

charakter hat wie der Inhalt auch die Dramaturgie. Raum- und Zeitverhältnisse sind gleitend. So steht z. B. der Schreibtisch des Polizeikommissars sozusagen auf der Straße (denn Spaziergänger gehen vorbei) oder in einem »offenen«, virtuellen Raum. Von der Kritik wird das Stück als Wendepunkt in Adamovs Schaffen aufgefaßt (Esslin, Regnaut), als Übergang von den frühen absurden zu den späteren realistischen Stücken des Autors. Zum erstenmal gibt Adamov eine konkrete Ortsbezeichnung (Belgien), und auch Taranne ist weniger Symbolfigur und mehr durch einen psychologischen Realismus bestimmt als Personen der früheren Werke. Beispiel absurden Theaters ist das Stück insofern, als die Verschwörung gegen Professor Taranne unmotiviert bleibt, d. h. ganz allgemein auf die Sinnlosigkeit des Daseins bezogen wird.

Auf ein neues Realitätsverhältnis Adamovs deutet auch der Schluß. Indem Taranne am Ende das tut, was man ihm angelastet hat, durchbricht er die Absurdität zwar nicht, setzt sich aber real zu ihr in Beziehung. Der Akt ist zugleich selbstzerstörerisch und befreiend. In keinem anderen Stück hat Adamov absurdes Dasein so sehr im Realen sichtbar machen können. K.N.

AUSGABEN: Paris 1953 (in *Théâtre*, 4 Bde., 1953–1968, 1). – Groningen 1961 [Anm. J. A. G. Tans].

ÜBERSETZUNG: *Professor Taranne*, E. Tophoven (in *Theaterstücke*, Darmstadt 1959).

LITERATUR: M. Regnaut, *A. A. et le sens du fétichisme* (in Cahiers de la Compagnie M. Renaud – J.-L. Barrault, 22/23, Mai 1958, S. 182–190). – W. Grasshoff, »*Professor Taranne*«. *Deutsche Erstaufführung im Kasseler Theater am Goetheplatz* (in FAZ, 13. 5. 1960). – R. Green, *A propos du* »*Professeur Taranne*« (in EFL, 7, 1970, S. 89–95). – E. Ruhe, »*Le professeur Taranne*« *ou Comment utiliser ses névroses* (in RJb, 27, 1977, S. 152–175; ern. in *Modernes frz. Theater*, Hg. K. A. Blüher, Darmstadt 1982, S. 88–100). – A. Fischler, *The Absurd Professor in the Theater of the Absurd* (in MD, 22, 1978, S. 137–152). – L. K. Stillman, »*Le professeur Taranne*« (in FF, 8, 1983, S. 259–273).

TOUS CONTRE TOUS

(frz.; *Ü: Alle gegen alle*). Schauspiel in zwei Teilen von Arthur ADAMOV, Uraufführung: Paris, 14. 4. 1953, Théâtre de L'Œuvre; deutsche Erstaufführung: Pforzheim, 20. 11. 1953, Stadttheater. – Das Stück spielt in einem nicht näher bestimmten totalitären Staat unserer Zeit. Ein gewisser Darbon, Handlanger einer unsichtbaren Macht, herrscht nach dem Prinzip des »divide et impera«. Es gibt keine Individuen, sondern nur eine formlose, aber manipulierbare Masse, die in »Einheimische« und »Flüchtlinge«, d. h. in Verfolger und Verfolgte, unterteilt wird. Politische Ereignisse spülen Vertreter der ehemals Verfolgten nach oben, die nun ihrerseits die »anderen« jagen, bis eine Wendung des Schicksals sie wieder zu Flüchtlingen macht. Die Mauern um das Land aber sind solid; es gibt kein Entrinnen, es gibt nur den Tod. Eine der Hauptpersonen, Jean Rist, rettet den Flüchtling Zenno, dessen Lage sich entscheidend bessert, als er seine Spezialkenntnisse den Herrschenden zur Verfügung stellt. Ungeachtet der Hilfe, die er von Jean erhielt, spannt er diesem die Frau aus. Jean wird indessen zum Gehilfen von Darbon, der eine Säuberungsaktion leitet. Zenno ist erneut in Gefahr. Skrupellos versucht er durch Maries Vermittlung noch einmal Jeans Unterstützung zu gewinnen. Schließlich besteht er darauf, daß die Frau ihn bis zur Grenze begleitet, obwohl die neuesten Gesetze alle Unbescholtenen, die sich mit Flüchtlingen einlassen, mit dem Tode bedrohen. Marie wird von einer Streife erschossen. Dann ändern sich die Verhältnisse nochmals, und zwar zugunsten der Flüchtlinge. Jean, der sich in Noëmie, eine Verfolgte, verliebt hat, gibt sich, seine kompromittierende Vergangenheit als Helfershelfer der Säuberer vertuschend, als Gejagter aus. Doch als die Situation wiederum wechselt, glaubt seine Mutter, die immer das Falsche tut, ihn zu retten, indem sie seine wahre Identität enthüllt. Damit zerstört sie den Glauben des Mädchens an ihn, ohne ihn vor dem Tod bewahren zu können.

Das Stück markiert einen Wendepunkt in Adamovs künstlerischer Entwicklung. »*Um diese Zeit hatte ich genug vom psychoanalytischen Theater. In meinem Geist nahm Brecht die Stelle ein, die vorher Strindberg behauptet hatte. Die Notwendigkeit eines kritischen und realistischen Theaters wurde mir bewußt. Unter Realismus verstehe ich die Auswahl überraschender Elemente des Realen.*« Adamovs Kritik richtet sich gegen den Mechanismus von Herrschaft und Unterdrückung, die Sinnlosigkeit des Kampfes »aller gegen alle« und die Rücksichtslosigkeit eines opportunistischen Selbsterhaltungstriebs, dem Verfolger und Verfolgte gleichermaßen unterworfen sind. Die Sympathie des Autors gilt daher nur drei Nebenfiguren, einem jungen Mann, einer jungen Frau und Noëmie. Sie alle haben ein gemeinsames Merkmal: Sie hinken. Der jeweils herrschenden Gruppe dienen sie als Sündenböcke, da sie angeblich die lebenswichtigen Interessen der Machthaber bedrohen. Sie »kaufen« alles, heißt es, obzwar sie kein Geld haben. Ihr Schicksal ist Teil eines absurd erscheinenden Geschehens. Doch in der Absurdität der Vorgänge spiegelt sich unsere Zeit mit ihrer Tendenz zur Auslöschung des Individuums, spiegelt sich sie Machtlosigkeit des einzelnen gegen Verbrechen, die im Namen der Macht begangen werden. L.Ko.

AUSGABEN: Paris 1953 (in *Théâtre*, 4 Bde., 1953–1968, 1). – Paris 1954.

ÜBERSETZUNG: *Alle gegen alle*, E. Tophoven (in *Theaterstücke*, Darmstadt 1959).

ANDY ADAMS

* 3.5.1859 Whitley County / Ind.
† 26.9.1935 Colorado Springs

THE LOG OF A COWBOY. A Narrative of the Old Trail Days

(amer.; Ü: *Ein Cowboy erzählt. Aus der Zeit des großen Viehtrecks*). Halb autobiographischer Bericht von Andy ADAMS, erschienen 1903. – Das Buch schildert den Zug einer Herde von über dreitausend mexikanischen Langhornrindern von der südlichen Grenze der Vereinigten Staaten bis zu einem Reservat der Schwarzfußindianer im Nordwesten von Montana. An diesem Viehtreck (1882) hatte der Autor selbst als *cow puncher* (Viehtreiber) teilgenommen.

Mit großer Sachtreue und in einem angemessen mitteilsamen Sprachstil (der nur bei der Wiedergabe von Lagerfeuergesprächen gelegentlich dem Schwadronieren der *frontiersmen* angenähert ist) hat der Autor seine Berufssage vom »Great Western Trail« aufgezeichnet: die Übernahme der Herde am Grenzfluß, die erste Herdenpanik, den Versuch, ein Dürregebiet zu durchqueren, das dann doch umgangen werden kann, die riskante Begegnung mit Viehfreibeutern, die seltenen Besuche in Grenzersiedlungen, die häufigen, jeweils neue Gefahren aufwerfenden Flußdurchquerungen (eine davon endet für den abergläubisch-wasserscheuen Führer einer anderen Herde tragisch) und schließlich das letzte Zusammensein des Arbeitsteams im Saloon der Stadt, von der aus die Männer mit der Eisenbahn zurückfahren.

Die Herde mit ihren mehr oder weniger berechenbaren Impulsen, gleichsam ein riesiger pulsierender, organischer Körper, im Zaum gehalten von einer Handvoll Männer und ihrer *remuda* (Pferdekoppel), wird dem Leser dieser Aufzeichnungen bildhaft vertraut. Adams beschränkt sich auf die Darstellung tatsächlicher Vorgänge und der von ihnen ausgelösten Gemütsbewegungen, vermeidet alles Sensationelle, Aufgebauschte und macht selbst die Schilderung einer zufälligen Bärenjagd oder eines bizarren Pfannkuchenfressens zum schlichten Erfahrungsbericht. – So ist ihm, der seine Jugenderinnerungen als Viehtreiber noch in mehreren anderen Werken (z. T. fiktiver Art) beschrieben hat, ein exemplarischer, heute als »klassisch« geltender Erlebnisbericht aus der Arbeits- und Gefühlswelt der Cowboys gelungen, einer Welt, die eine eigene, umfangreiche Literatur hervorgebracht hat, aber wohl in keinem anderen Werk so unverfälscht dargestellt worden ist. K.E.

AUSGABEN: Boston/NY 1903 [Ill. E. Boyd Smith]. – Boston/NY 1927 [Ill. R. F. Elwell]. – Lincoln 1964 [Ill. E. Boyd Smith]. – NY 1969. – NY 1976.

ÜBERSETZUNGEN: *Das große Treiben*, R. Röder, Mchn. 1977. – *Ein Cowboy erzählt. Aus der Zeit des großen Viehtrecks*, M.-A. Manz-Kunz, Zürich 1981 [Nachw. M. Mittler].

LITERATUR: F. Doby, *A. A., Cowboy Chronicler* (in Southwestern Review, 11, Jan. 1926, S. 92–101). – W. M. Hudson, *A. A. His Life and Writings*, Dallas 1964. – J. K. Folsom, *The American Western Novel*, New Haven 1966, S. 24–29. – W. M. Hudson, *A., Dobie and Webb on the Use of Regional Material* (in *American Bypaths*, Hg. R. G. Collmer u. J. W. Herring, Waco 1980, S. 57–78).

HENRY ADAMS

* 16.2.1838 Boston
† 27.3.1918 Washington

LITERATUR ZUM AUTOR:
E. Samuels, *H. A.*, 3 Bde., Cambridge/Mass. 1948–1964. – J. C. Levenson, *The Mind and Art of H. A.*, Boston 1957. – B. Fabian, *H. A.: ein Forschungsbericht 1918–1958* (in AfKg, 41, 1959, S. 218–259). – E. Samuels, *H. A.*, 3 Bde., Cambridge/Mass. 1948–1964. – F. Bishop, *H. A.*, Boston 1979 (TUSAS).

THE EDUCATION OF HENRY ADAMS: An Autobiography

(amer.; Ü: *Die Erziehung des Henry Adams. Von ihm selbst erzählt*). Autobiographisches Werk von Henry ADAMS, erschienen 1907. – Der Historiker, Geschichtsphilosoph und Schriftsteller Adams schrieb diese Selbstdarstellung als Komplementärwerk zu seinem *Mont-Saint-Michel and Chartres* (1905). Ausgehend von seiner Überzeugung, daß – analog zu den naturwissenschaftlichen Entwicklungstheorien – eine Gesetzmäßigkeit des Geschichtsverlaufs ableitbar sei, hatte er seine »dynamische« Theorie der Geschichtsschreibung entwickelt. In den beiden erwähnten Werken setzte er die in zwei verschiedenen Entwicklungsstadien der menschlichen Zivilisation wirksamen Geschichtskräfte in Beziehung zueinander: das einheitliche Weltbild des 13.Jh.s (»*universe*«) und das vielfältig aufgespaltene (»*multiverse*«) des 20.Jh.s.

Adams' *Education* ist weder eine Autobiographie im eigentlichen Sinn (entscheidende Phasen seines Privatlebens sind ausgespart) noch eine umfassende Darstellung der Zeitereignisse. Das in der dritten Person geschriebene Werk ist vielmehr eine kritische, ja pessimistische Rekapitulation der Bemühungen Henry Adams' und einer ganzen Generation von Amerikanern, eine Vielzahl von »Erziehungserlebnissen« zu bewältigen, Bemühungen,

die letztlich daran scheitern mußten, daß diese Erziehung im 18.Jh. steckengeblieben war und dem mit dem technischen Zeitalter konfrontierten Menschen nicht das nötige Rüstzeug mitgeben konnte.
Daß das Werk darüber hinaus ein außergewöhnlich aufschlußreiches Dokument zur amerikanischen Geschichte in der zweiten Hälfte des 19. und zu Beginn des 20.Jh.s ist, nimmt bei der Herkunft und dem Werdegang des Autors kaum wunder. Henry Adams – Mitglied einer der berühmtesten Familien Neuenglands, Nachfahr zweier amerikanischer Präsidenten (John und John Quincy Adams), Sohn des Gründers der Bostoner Whig-Partei, des Kongreßabgeordneten und Diplomaten Charles Francis Adams, Bruder des Historikers Brooks Adams – erlebte gleichsam hinter den Kulissen jene dramatische Periode der amerikanischen Geschichte mit, in der nach Beendigung des Bürgerkrieges die Konsolidierung der Union und ihr eigentlicher Eintritt in die Weltgeschichte begann. Die meisten der prominenten Gestalten, deren Charakterporträts er vortrefflich zeichnet, hat er selbst gekannt. Sein Buch enthält lebhafte Schilderungen seiner Universitätsjahre in Harvard, seiner Studienzeit in Deutschland, seines Aufenthalts in England, wohin er dem Vater nach dessen Ernennung zum Gesandten folgte und wo er nicht nur mit der amerikanischen Außenpolitik während des Bürgerkriegs in enge Berührung kam, sondern auch geistige Strömungen Europas, u. a. Darwins Theorien, näher kennenlernte. Im letzten Teil der *Education* geht Adams vor allem auf die Entwicklung seiner historischen und historiographischen Theorien ein.
Bei der postumen Veröffentlichung des Buches erregte der Freimut, mit der der Träger eines gewissermaßen zum amerikanischen Nationaleigentum gewordenen Namens zugab, daß er hier die Bilanz eines Versagens vorlege und das Bild einer ihre Energie sinnlos verschwendenden Zivilisation zeichne, das Unbehagen, ja den Unwillen vieler Leser. Trotzdem erhielt das Werk 1919 den Pulitzer-Preis für die beste Biographie. Inzwischen wurde, über das historische und persönliche Interesse hinaus, der künstlerische Rang dieser Selbstdarstellung erkannt. Sie wird heute zu den als klassisch bezeichneten Werken der amerikanischen Literatur gezählt. KLL

Ausgaben: Washington 1907 [Privatdruck]. – Boston/NY 1918. – NY 1931 [m. Einl. v. H. A.]. – Boston 1961, Hg. D. W. Brogan [m. Einl.]. – Boston 1974, Hg. E. Samuels [m. Einl.]. – NY 1976, Hg. E. Spiller.

Übersetzung: *Die Erziehung des Henry Adams. Von ihm selbst erzählt*, J. Lesser, Zürich 1953; ²1957.

Literatur: R. A. Hume, »*The Education of Henry Adams«: A Critical Estimate*, Diss. Cornell Univ. 1940. – C. K. Sandelin, *The Educational Philosophy of H. A.: A Brahmin Contribution to Critical Realism*, Diss. Univ. of Wisconsin (vgl. Diss. Abstracts, 16, 1955/56, S. 2184/85). – K. McLean, *Window and Cross in H. A.' »Education«* (in University of Toronto Quarterly, 28, 1959, S. 332–344). – G. H. Koretz, *Augustine's »Confessions« and »The Education of Henry Adams«* (in CL, 12, 1960, S. 193–206). – P. T. Donovan, *H. A. and Brooks Adams, the Education of two American Historians*, Norman 1961. – J. K. Folsom, *Mutation as Metaphor in »The Education of H. A.«* (in ELH, 30, 1963, S. 162–174). – H. F. Hahn, *»The Education of H. A.« Reconsidered* (in CE, 24, 1963, S. 444–449). – H. Friedl, *»The Education of Henry Adams« oder Ein interesseloses Mißfallen* (in Geschichte und Gesellschaft in der amerikanischen Literatur, Hg. K. Schubert u. U. Müller-Richter, Heidelberg 1975, S. 86–101). – J. M. Cox, *Learning Through Ignorance : »The Education of Henry Adams«* (in Sewanee Review, 88, 1980, S. 198–227). – W. A. Williams, *Thoughts on Rereading H. A.* (in Journal of American History, 68, 1981, Nr. 1, S. 7–15). – W. Lesser, *Criticism, Literary History, and the Paradigm : »The Education of Henry Adams«* (in PMLA, 97, 1982, Nr. 3, S. 378–394).

ĒRIKS ĀDAMSONS

* 22.6.1907 Riga
† 28.2.1946 Riga

Literatur zum Autor:
P. Andrups u. V. Kalve, *Latvian Literature*, Stockholm 1954. – V. Grevins, *Ē. Ā. dramaturģija* (in Literatura un Māksla, 1958, Nr. 34). – J. Grots, *Dažas atmiņu rindas par Ē. Ā.* (in Karogs, 1958, Nr. 2). – *Latviešu literaturas vēsture*, Bd. 5, Riga 1959, S. 692–707. – I. Bērsons, *Padomju Latvijas rakstnieki*, Riga 1976, S. 5–9. – J. Rudzītis, *Raksti*, Västerås 1977, S. 103–108, S. 781–782.

LIELAIS SPĪTNIEKS

(lett.; *Der große Dickkopf*). Novelle von Ēriks Ādamsons, erschienen 1942. – Die Erzählung spielt im Spanien des 17.Jh.s. Auf der Straße, die von Aranjuez nach Madrid führt, bleibt der Esel eines Granden, mit dessen zwei Knechten auf dem Rücken, plötzlich stehen. Alle Bemühungen der beiden Reiter, das Tier zum Weitergehen zu bewegen, bleiben fruchtlos. Der Verkehr ist blockiert, immer mehr Fuhrwerke, Kaleschen, Wagen und Reiter sammeln sich von beiden Richtungen her an, »*kastilische Mönche, Handwerker, Quadrilleros, Hirten, Räuber, Bettler*«. Schließlich erscheint der König selbst mit seinem Gefolge. Er möchte den Granden nicht seines einzigen Esels berauben und läßt darum von allen Anwesenden Vorschläge machen, wie man den Esel dazu veranlassen könnte, weiterzugehen. Nichts führt zum gewünschten Erfolg. Endlich muß auch der König zugeben, daß er vom Esel besiegt ist: Der Esel wird nach Hause getragen. Dort findet er ein unrühmliches Ende, als er der Wut seines Herrn und dessen Knechten zum Opfer fällt, weil er sich auf eine nächtliche Wanderung begibt.

Durch die Verwendung zahlreicher spanischer Namen und einiger spanischer Wörter sowie durch eine zurückhaltende historische Stilisierung der Erzählweise läßt Adamsons in dieser kleinen Erzählung ein exotisches Bild des barocken Spanien vor den Augen des Lesers lebendig werden. Ihr parabelhafter Charakter läßt eine Deutung auf verschiedenen Ebenen zu, u. a. wurde sie auf die Verhältnisse in Lettland unter der deutschen Besatzung bezogen. A.Schm.

AUSGABEN: Riga 1942. – Stockholm 1960 (in *Raksti*, Bd. 2). – Riga 1985 (in *Izlase*).

ÜBERSETZUNG: *The Great Defier*, L. Bērziņš (in A. Rubulis, *Latvian Literature*, Toronto 1964).

ADAM VON BREMEN

seit 1066/67 in Bremen
† 12. 10. zwischen 1081 und 1085

GESTA HAMMABURGENSIS ECCLESIAE PONTIFICUM

(mlat.; *Taten der Hamburger Kirchenfürsten*). Geschichtswerk in vier Büchern von ADAM VON BREMEN, entstanden 1074–1076, mit Nachträgen bis 1085. – In den ersten beiden Büchern sind die Anfänge der nordischen Mission unter Karl dem Großen, die Gründung und die Geschichte des Erzbistums Bremen-Hamburg bis zum Tode Bischof Alebrands (1043) beschrieben. Der Autor erörtert die einzelnen Ereignisse in zeitlicher Reihenfolge, verknüpft sie durch Hinweise mit der Reichspolitik der deutschen Kaiser und schaltet öfter ethnologische und geographische Exkurse ein, unter denen die Schilderungen der slavischen Gebiete besonders hervorragen und zu den bedeutendsten Länderbeschreibungen des Mittelalters gehören. Den Höhepunkt des Werks bildet der Bericht im dritten Buch über die politische und missionarische Tätigkeit Erzbischof Adalberts in den Jahren 1043–1073. Das chronologische Ordnungsprinzip tritt hier hinter eine für das Mittelalter einzigartige psychologische Charakterzeichnung Adalberts zurück: Adam erkennt dessen großes Verdienst an, in unermüdlicher Anstrengung das Erzbistum gegen die sächsischen Herzöge und die benachbarten geistlichen Würdenträger verteidigt und unter kaiserlichem Schutz die Schlüsselstellung Bremens gestärkt und ausgeweitet zu haben. Doch kann er das bedenkenlose Ausnützen aller günstigen Gelegenheiten und die Rücksichtslosigkeit des Erzbischofs nicht billigen und tadelt vor allem dessen Ruhmsucht, Überheblichkeit und Maßlosigkeit: Diese Mängel hätten zwangsläufig zum Sturz Adalberts von seiner hohen Stellung als Vormund Kaiser Heinrichs IV. und damit zum Niedergang des Erzbistums und zum Verrat an der Missionsaufgabe geführt. Der Bericht über Adalbert, der Adam als Domherrn nach Bremen berufen hatte, ist besonders eindrucksvoll durch die gegenseitige persönliche Verbundenheit der beiden Männer, durch die unbedingte Wahrheitsliebe des Verfassers und die für jene Zeit ungewöhnliche Darstellungsweise, die Taten eines Menschen stets in Beziehung zu seinem Charakter zu setzen. Im abschließenden vierten Buch entwirft der Verfasser eine Geographie der skandinavischen Länder. Etwa 140 Nachträge, die bis in das Jahr 1085 reichen, sind nicht mehr zu einem geschlossenen Text ausgearbeitet. Das Werk ist Erzbischof Liemar von Bremen, dem Nachfolger Adalberts, gewidmet.

Mit großer Gewissenhaftigkeit bemüht sich Adam um genaue Angabe seiner Quellen, unter denen SOLINUS und OROSIUS, RIMBERTS *Vita Anscarii*, die Heiligenleben des WILLEHAD und des BONIFATIUS, die *Fränkische Geschichte* GREGORS VON TOURS und EINHARDS *Vita Karoli* sowie die *Fuldaer Annalen* besonders zu nennen sind. Von den Urkunden, die ihm im Archiv von Bremen zugänglich waren, abgesehen, stützt er sich für die Gegenwartsgeschichte im wesentlichen auf mündliche Berichte und eigene Erfahrungen. Es kam Adam vor allem auf die Wahrheit seiner Angaben an, mit der allein er die Gegner des Bistums von der Wichtigkeit der Missionsaufgabe überzeugen konnte. Wenn er auch in vielem falsch unterrichtet war, hat er doch durch die kunstvolle Komposition der Schrift und die lebendige Darstellung der Personen ein Werk geschaffen, das jahrhundertelang für die nordische Geschichtsschreibung vorbildlich war.

T.B.

AUSGABEN: Kopenhagen 1579, Hg. A. S. Vedel. – Hannover 1846, Hg. G. H. Pertz (MGH, Script. rer. Germ., 1,1; ³1917, Hg. B. Schmeidler; 6). – Kopenhagen 1948, Hg. C. A. Christensen [Faks. des *Cod. Havniensis*]. – Darmstadt 1961 (in *Fontes saeculorum noni et undecimi historiam ecclesiae Hammaburgensis necnon Imperii illustrantes*, Hg. G. Waitz; Übers. u. Einl. v. W. Trillmich; m. Bibliogr.; Ausgewählte Quellen zur deutschen Geschichte des MAs, 11). – Hannover 1977 [Nachdr. d. Ausg. Schmeidler 1917].

ÜBERSETZUNGEN: *Geschichte der Ausbreitung der christlichen Religion durch die hamburgische und bremische Kirche*, C. Miesegaes, Bremen 1825. – *Hamburgische Kirchengeschichte*, S. Steinberg, Lpzg. 1926 (Einf. B. Schmeidler; GdV, 44).

LITERATUR: Ph. W. Kohlmann, *A. v. B., ein Beitrag zur mittelalterlichen Textkritik u. Kosmographie*, Lpzg. 1908. – B. Schmeidler, *Hamburg-Bremen u. Nordost-Europa vom 9. bis 11. Jh.*, Lpzg. 1918. – Manitius, 2, S. 398-413. – B. Schmeidler, *Zur Entstehung u. zum Plane der »Hamburgischen Kirchengeschichte« A. s v. B.* (in NA, 50, 1933, S. 221–228). – Ders., *A. v. B. u. das »Chronicon breve Bremense«* (in DA, 3, 1939, S. 499–512). – Wattenbach-Holtzmann, 1/3, S. 563–575. – S. Bolin, *Zum Cod. Havniensis G. Kgl. S. 2296* (in Classica et Mediaevalia, 10, 1949, S. 131–158). – F.-J. Schmale, Art. *A. v. B.* (in VL², 1, Sp. 50–54).

JOSEPH ADDISON

* 11.5.1672 bei Amesbury / Wiltshire
† 17.6.1719 London

LITERATUR ZUM AUTOR:
S. E. Summers, *A.'s Conception of Tragedy* (in College English, 8, 1947). – P. Smithers, *The Life of J. A.*, Oxford 1954; ern. 1968. – P. K. Alkon, *Critical and Logical Concepts of Method from Addison to Coleridge* (in ECS, 5, 1971, S. 97–121). – S. J. Rogal, *J. A. (1672–1719): A Checklist of Works and Major Scholarship* (in Bull. of the NY Public Library, 77, 1974, S. 236–250). – R. M. Otten, *J. A.*, Boston 1982 (TEAS).

CATO

(engl.; *Cato*). Tragödie von Joseph ADDISON, Uraufführung: 1713. – PLUTARCHS Lebensbeschreibung Catos des Jüngeren regte Addison zu dieser Tragödie an, die die letzte Lebensphase des im Jahr 46 v. Chr. von Caesar in Utica belagerten republikanischen Freiheitshelden zum Inhalt hat. Nachdem sein numidischer Verbündeter Syphax und der Senator Sempronius Cato verraten haben, hält nur noch der numidische Prinz Juba zu ihm. Als Cato einsehen muß, daß jeder Widerstand gegen Caesar vergeblich ist, sorgt er für die Rettung seiner Freunde und nimmt sich dann das Leben, um sich nicht dem Sieger ergeben zu müssen. Weitere Handlungselemente der Tragödie sind die Liebe des Juba zu Catos Tochter Marcia und die Rivalität der Söhne Catos, die sich beide um Lucia bewerben, bis der eine im Kampf gegen den Verräter Syphax fällt.
Addison arbeitete an dieser Tragödie bereits während seiner Universitätsjahre. Das Werk zeigt deutlich den Einfluß des klassischen französischen Dramas. Der Autor versuchte darin, die Forderung der Vernunft mit der Unabänderlichkeit des göttlichen Sittengesetzes in Einklang zu bringen, und gelangte so zu einer ethischen Haltung, die man als einen im christlichen Geist korrigierten Stoizismus bezeichnen könnte. – Der Prolog des Stückes stammt von POPE. Im Vorwort zu *Brutus* und in seinem Essay *De la tragédie anglaise (Über die englische Tragödie)* lobte VOLTAIRE Addisons Stück, ja er bezeichnete es sogar als die einzige durchweg gut geschriebene englische Tragödie. LESSING dagegen sprach in seiner *Hamburgischen Dramaturgie* Addison jegliches dramatische Talent ab. – Der große Erfolg des Stückes erklärt sich aus den damaligen politischen Verhältnissen in England: Die Verteidigung der Freiheit, wie Cato sie proklamierte, begeisterte viele Engländer zu einer Zeit, als das Ende der Regierung Königin Annas (1714) das Land vor schwierige Nachfolgeprobleme gestellt hatte. Addison neigte der nach dem Tod Annas wieder zur Macht gelangenden Whig-Partei zu. Diese Einstellung, die in seinem *Cato* ihren Niederschlag fand, brachte ihm in seinen letzten Lebensjahren hohe Staatsämter ein. KLL

AUSGABEN: Ldn. 1713. – Ldn. 1893 (in *The Works*, 6 Bde., 1893–1899, 1, Hg. H. G. Bohn; Anm. R. Hurd). – Ldn. 1914 (in *The Miscellaneous Works*, 2 Bde., 1). – NY 1914 (in *Representative English Dramas from Dryden to Sheridan*, Hg. F. u. J. W. Tupper). – *Cato ... Without the Love Scenes*, Ldn. 1964 [engl.-lat.].

ÜBERSETZUNGEN: *Cato*, V. Gottsched, Lpzg. 1735. – Dass., H. Borchler, Basel 1863.

LITERATUR: A. G. Heynauer, *Der Einfluß von A.s »Cato« auf die dramatische Literatur Englands und des Continents in der ersten Hälfte des 18. Jh.s*, Hbg. 1912. – G. L. Anderson, *The Authorship of »Cato«. Examin'd »1713«* (in Papers of the Bibliographical Society of America, 51, 1957, S. 84–90). – J. S. Malek, *The Fifth Act of A.'s »Cato«* (in NphM, 74, 1973, S. 515–519). – M. Brunkhorst, *Die »Cato«-Kontroverse: Klassizistische Kritik an A., Deschamps und Gottsched* (in LJb, 20, 1979, S. 71–87).

ADENET LE ROI

* um 1240 Brabant
† um 1305 Brabant

LITERATUR ZUM AUTOR:
A. Henry, *Les œuvres d'A.*, Brüssel 1956. – A. Adnès, *A., dernier grand trouvère*, Paris 1971.

CLÉOMADÈS OU LE CHEVAL DE FUST

(afrz.; *Cléomadès oder Das Pferd aus Holz*). Abenteuerroman in Versen von ADENET LE ROI, ge-

schrieben für Marie, die Frau Philipps III. von Frankreich, zwischen 1275 und 1282. – Cléomadès, der Sohn des Königs von Spanien, zeichnet sich schon in jungen Jahren in einem Krieg gegen fünf feindliche Könige aus und rettet durch seine Kühnheit das Vaterland. Seine drei Schwestern werden von drei afrikanischen Königen umworben, deren einer, der bucklige Crompart, als Brautgeschenk ein fliegendes Pferd aus Ebenholz darbringt. Cléomadès, der die Eigenschaft des Pferdes prüfen soll, wird unversehens in Windeseile durch die Lüfte davongetragen; der betrogene König von Spanien läßt Crompart für diese List in den Kerker werfen. Cléomadès landet in der Toskana auf dem Turm eines Königsschlosses; dort begegnet er einer wunderschönen Jungfrau, Clarmondine, in die er sich verliebt. Er entführt sie auf dem Pferd in seine Heimatstadt Sevilla. Hier wird sie jedoch von Crompart, der inzwischen freigelassen worden ist, ohne die Königstochter zur Braut zu erhalten, aus Rache geraubt. Beide landen in Salerno, wo König Meniadus, mißtrauisch gegen das äußerlich so ungleiche Paar, Crompart einsperren läßt. Dieser stirbt bald darauf, und Meniadus wirbt um Clarmondine. Unterdessen hat sich Cléomadès auf die Suche nach der Verlorenen gemacht; er durchstreift viele Länder, besteht Abenteuer und Kämpfe und gelangt endlich an den Hof des Königs Meniadus. Er findet Clarmondine, die vorgibt, wahnsinnig zu sein, um der Heirat mit dem König zu entgehen; er flieht mit ihr nach Spanien, wo sie prunkvoll ihre Hochzeit und Krönung feiern.
In dem aus 18 688 Achtsilbern bestehenden Roman hat der Dichter antike, spanische und orientalische Elemente miteinander verschmolzen – das fliegende Pferd etwa entstammt dem Märchen *Malek und Schirine* aus der Sammlung *Tausendundeine Nacht (Alflaila wa-laila)*. Andere Motive gehen auf spanische Märchen zurück, deren robuste Volkstümlichkeit jedoch, wie es einer höfischen Auftragsdichtung geziemt, bei Adenet durch einen eleganten Stil gemildert wird. In die abenteuerlich-reiche Handlung sind – nach dem Vorbild des *Roman de Guillaume de Dole* von Jehan RENART – kleine Lieder in der Art der Troubadourgesänge eingestreut.
Das Werk war zu seiner Zeit sehr beliebt; im 15. und 16. Jh. fand eine gekürzte Prosafassung große Verbreitung. I.B.

AUSGABEN: Ldn. 1859, Hg. Chevalier de Chatelain [neufrz. Übers.]. – Brüssel 1865/66 (*Li roumans de Cléomadès*, Hg. A. van Hasselt, 2 Bde.). – Brüssel 1971 (in *Œuvres*, Hg. A. Henry, Bd. 5).

LITERATUR: J. H. Bormans, *Observations philologiques et critiques sur le texte de »Cléomadès«*, Lüttich 1867. – A. Römermann, *Über das Verhältnis der Handschrift D von Girard d'Amiens' »Cheval de fust« zu A.s »Cléomadès«*, Diss. Greifswald 1903. – H. S. V. Jones, *The »Cléomadès« and Related Folktales* (in PMLA, 23, 1908, S. 557–598). – J. Marchand, *»Cléomadès«, roman d'aventures renouvelé*, Paris 1925. – A. Henry, *L'ascendance littéraire de Clavileño* (in Rom, 90, 1969, S. 242–257). – Ders., *Pour le commentaire de »Cléomadès«* (in Revue de linguistique romane, 34, 1970, S. 126–132). – A. Saly, *Source d'une épisode de »Cléomadès« et de »Méliacin«* (in TLL, 8, 1970, S. 7–22). – L. Flutre, ›*Une arbaleste fait de cor*‹ (in Rom, 95, 1974, S. 309–317). – M. M. Boland, *»Cléomadès«. A Study in Architectonic Patterns*, University of Mississippi 1974. – L. Rouday, *Analyse du »Cléomadès« de A.*, Diss. Trier 1977 [microverfilmt]. – A. Micha, *»Cléomadès «* (in *Le roman jusqu'à la fin du XIIIe siècle*; GRLMA, IV/1, Hg. J. Frappier u. R. Grimm, Heidelberg 1978, S. 463–464).

LE ROMAN DE BERTHE AUX GRANDS PIEDS

(afrz.; *Der Roman von Berta mit den großen Füßen*). Versepos von ADENET LE ROI, entstanden zwischen 1272 und 1274. – Von den altfranzösischen Epen um die Geburt und Jugend Karls des Großen ist nur wenig erhalten geblieben. Die Auseinandersetzungen mit seinen Halbbrüdern Rainfroi und Heldri sind lediglich in Fragmenten und in Übersetzungen der *Chanson de Mainet* und der *Chanson de Basin* überliefert. Auch die inhaltlich mit diesen Epen zusammenhängende *Bertasage* – sie entstand wohl Ende des 12. Jh.s und wird erstmals in der Version I von *Flore und Blancheflur* erwähnt – ist nur in einer späteren Überarbeitung tradiert. Ihre Erwähnung und Zitierung in der *Chronique saintongeoise* aus dem frühen 13. Jh. läßt darauf schließen, daß es frühere epische Bearbeitungen des Stoffes gab, auf die sich Adenet bei der Ausarbeitung seiner Fassung stützen konnte.
Li romans de Berte aus grans piés erzählt die Vorgeschichte der Geburt Karls des Großen. Sein Vater, Pippin der Kurze, wirbt um Berthe, die Tochter des ungarischen (sic!) Herrscherpaares Flore und Blanchefleure (vgl. *Flore und Blancheflur*). Vor der Hochzeitsnacht tauscht jedoch die Amme des Mädchens Berthe gegen ihre eigene, dem Königskind sehr ähnliche Tochter Aliste aus und erreicht, daß jene, die nun für Aliste gehalten wird, des Mordversuchs an der Königstochter beschuldigt und in einen einsamen Wald verbannt wird; dort nimmt sie ein einfacher Mann, Simon, auf. Als Blanchefleure nach Jahren ihre Tochter besuchen will, kommt der Betrug auf, und die Amme wird hingerichtet; Aliste, die dem König zwei Söhne, Rainfroi und Heldri, geboren hat, wird in ein Kloster verbannt. Während einer Jagd entdeckt Pippin zufällig die eigentliche Berthe und nimmt sie auf sein Schloß mit, wo sie ihm später einen Sohn, den künftigen Karl den Großen, schenkt.
Die Legende enthält zahlreiche Elemente aus Sagen und Märchen, so das Thema von der unschuldigen Prinzessin und ihrer bösen Magd; oder das Motiv der Dame, deren große Füße ihr wichtigstes Erkennungszeichen sind. Möglicherweise spielt hier auch das Symbol von der Königin Pédauque,

der Frau mit den Gänsefüßen, eine Rolle. Bestimmte Teile der Sage gründen sich auf historische Ereignisse: Pippin heiratete wirklich eine Berthe, die ihm schon zuvor einen Sohn, Karl den Großen, geboren hatte.

Adenet hat die *Bertasage* zu einem eleganten und ausgefeilten Gedicht verarbeitet; seine Schulung als gewandter Salondichter zeigt sich z. B. in der technisch meisterhaften Versform (3482 Alexandriner). Der Gefahr der Gleichförmigkeit entgeht er immer wieder durch poetische und rhetorische Glanzpunkte, z. B. in der Schilderung der Handarbeiten, die Berthe bei Simon anfertigt. Adenets Werk wird daher als die bedeutendste dichterische Verarbeitung der *Bertasage* angesehen. Hier verschmelzen schon die Traditionen des Heldenepos mit den Neuerungen des Romans, wobei sich eine literarische Entwicklung abzeichnet, die im 15. Jh. zu umfangreichen Prosakompilationen führen wird, wie z. B. *I reali di Francia (Das fränkische Königshaus)* des Toskaners ANDREA DA BARBERINO (um 1370–1431/32), der in freier Umgestaltung auch die *Bertasage* wiederaufnimmt, von der etwa zwanzig über ganz Europa verstreute Fassungen bekannt sind.

Aus dem 15. Jh. stammt auch ein *Miracle de Berthe*, das einzige überlieferte mittelalterliche Drama, dem ein Stoff aus dem epischen Zyklus um Karl den Großen zugrunde liegt. U.F.

AUSGABEN: Brüssel 1874, Hg. A. Scheler. – Chapel Hill 1946, Hg. U. T. Holmes [krit.]. – Paris/Brüssel 1963 (in *Les œuvres*, Hg. A. Henry, 4. Bde., 4). – Mailand 1966, Hg. C. Cremonesi [cod. Marciano XIII]. – Genf 1982, Hg. A. Henry [krit.; TLF].

LITERATUR: E. Faral, *Pour l'histoire de »Berthe au grand pied« et de »Marcoul et Salomon«* (in Rom 40, 1911, S. 93–96). – J. Reinhold, *Über verschiedene Fassungen der Bertasage* (in ZfrPh, 35, 1911, S. 1–30; 129–152). – A. Memmer, *Die altfranzösische Bertasage u. das Volksmärchen*, Halle 1935. – M. Bedel, *»Berthe au grand pied«, mère de Charlemagne*, Paris 1943. – A. Adler, *A.'s »Berte« and the Ideological Situation in the 1270's* (in StPh, 45, 1948, S. 419–431). – R. Levy, *Les manuscrits et le vocabulaire de »Berte aus grans piés«* (in PQ, 29, 1950, S. 49–60). – A. Henry, *»Berta da li gran pie« et la »Berte« de A.* (in Cultura Neolatina, 21, 1961, S. 135–140). – W. Kellermann, *Zu Text und Stoff des Berta-Romans von A.* (in ZfrPh, 85, 1969, S. 45–55). – R. Colliot, *A. »Berte aus grans piés«*, Paris 1970, 2 Bde. – J. de Caluwé, *Les prières de »Berthe aux grand pieds« dans l'œuvre de A.* (in *Mélanges P. Gentil*, Paris 1973, S. 151–160). – W. Kellermann, *Le texte et la matière du roman »Berte aus grans piés« de A.* (in *Mélanges J. Wathelet-Willem*, Lüttich 1978, S. 287–300). – R. Colliot, *Structure de la trahison dans les diverses versions de la légende de »Berte aus grans piés«* (in *Actes du IXe Congrès International de la Société Rencesvals*, Modena 1984, Bd. 2, S. 663–678).

GUILLAUME ADER

* 1570 (?) Lombez
† 1638 Gimont

LOU GENTILOME GASCOUN é lous heits de gouérre deu gran é pouderous Henric Gascoun, Rey de France é de Naouarre

(okzit.; *Der gaskognische Edelmann und die Kriegstaten des großmächtigen Gaskogners Henric, Königs von Frankreich und Navarra*). Epos in Alexandrinern von Guillaume ADER, erschienen 1610. – Der unter dem Eindruck des Endes der Religionskriege noch zu Lebzeiten des bourbonischen Friedensbringers Henri IV. verfaßte Text schildert in vier »Büchern« (Gesängen) das Heranwachsen und den militärisch-gesellschaftlichen Aufstieg des als Idealtypus präsentierten Aristokraten aus der Gaskogne, der engeren Heimat des Königs. Die Erziehung des Jünglings legt das Hauptgewicht auf körperliche Ertüchtigung: Ausführlich wird seine Lehrzeit als Reiter und Fechter geschildert, ebenso die Jagd vom Vogelfang bis zur Konfrontation mit wehrhaftem Wild wie Wolf und Keiler. Gelehrsamkeit ist nicht Sache des Kriegers, der die Notare verabscheut, aber als Soldat glanzvoll Karriere macht (1. Gesang). Auch bei wechselndem Kriegsglück bleibt der Tapfere standhaft und vermag die Lage zu seinen Gunsten zu wenden; in ruhigen Zeiten stellt er seinen Mann bei Turnieren und anderen Waffenspielen, aber auch als galanter Tänzer inmitten rauschender Hoffeste (2. Gesang). Selbst in seinen Träumen geht es um Kampf und Sieg. In der Wirklichkeit ist er bereits Befehlshaber, greift eine Stadt an und erobert sie nach hartem Kampf. Dem feindlichen Gouverneur schenkt er edelmütig Leben und Freiheit (3. Gesang). In offener Feldschlacht kommt schließlich der Augenblick höchster Bewährung (4. Gesang). Nach homerischem Vorbild greifen die Götter ein: Vom Himmel fällt ein Rundschild, der durch seine bildlichen Darstellungen den Helden von seinem Inkognito befreit – es handelt sich natürlich um Henri IV. persönlich – und ihn in einen allegorischen Zusammenhang stellt. Durch ihre mythische Abstammung von den Zeussöhnen Francion und Herculés sind Frankreich und die Gaskogne nahe Verwandte, die sich im Kampf gegen ihre Feinde, von denen nur Spanien beim Namen genannt wird, gefunden haben. Dank militärischer Bravour und ritterlichem Edelsinn haben die Gaskogner unter der Führung ihres Heldenkönigs Frankreich aus schwerer Bedrängnis gerettet und garantieren nun kraft ihrer Treue zu den Tugenden der Väter eine gedeihliche Zukunft.

Der *Gentilome gascoun* gehört zu den bedeutendsten Werken, die während einer kurzen Blütezeit der okzitanischen Literatur gegen Ende des 16. und zu Beginn des 17.Jh.s entstanden sind. Besonders eindrucksvoll entfaltet sich die Sprachgewalt des

Autors in den Kampfszenen, unter denen die Begegnung des Helden mit den bäuerlichen Opfern des Krieges hervorragt: Wenn es das Raubgesindel zu arg treibt, wendet sich das Landvolk ängstlich an den Gaskogner, der durch sein Vorbild auch die Ängstlichsten mitreißt und an der Spitze der Dörfler die Plünderer in die Enge treibt. Leidenschaftliche Anteilnahme ohne falsches Pathos und die souveräne Beherrschung eines von Hyperbolik, lautmalenden Effekten und Akkumulationstechnik geprägten Stils verleihen den Schilderungen eine Intensität, der sich auch ein moderner Leser nicht entziehen kann. Wenn diesem Werk nicht die Rezeptionsgeschichte beschieden war, die es verdient hätte, so liegt dies an Aders gaskognischem Patriotismus, der in einer Zeit, in der die Entwicklung der zentralistischen Monarchie Frankreichs zum Absolutismus schon weit fortgeschritten war, auf wachsende Ablehnung stoßen mußte. Nach kurzem Ruhm am Hof des glorifizierten Königs selbst fiel Aders Epos der »Entgaskognisierung« des französischen Adels zum Opfer. In dem Maße, da Dichter wie François de MALHERBE nach kultureller Vereinheitlichung, Rationalisierung und Normierung strebten, mußten die barocke Bilderfülle und der leidenschaftliche Ton des *Gentilome gascoun* schokkieren. Als noch unerträglicher aber wurde wohl Aders Verherrlichung einer ländlichen Aristokratie empfunden, die sich in keiner Weise für jene Domestizierung und höfische Vereinnahmung eignete, wie sie von der monumentalen *Astrée* Honoré D'URFÉS oder dem *Cid* Pierre CORNEILLES bereits anvisiert wurde.

Die Tradition der Fürstenspiegel seit XENOPHON oder CASTIGLIONES Höflingstraktat dürften als Vorbilder von Aders Text eine weit geringere Rolle gespielt haben als jene Erziehungsbücher, die sich an die ritterliche Elite des Mittelalters wandten, wie etwa Ramon LLULLS *Libre de l'orde de Cavaylleria* (1274–1276?). Zieht man noch die Unbekümmertheit in Betracht, mit der Ader alle Register vom niedrigen bis zum hohen Stil zog, obgleich seine Sprache seit dem Edikt von Villers-Cotterets in Frankreich offiziell nicht mehr gebraucht werden durfte, so leuchtet ein, daß eine Dichtung wie der *Gentilome gascoun* im Frankreich des 17.Jh.s wie ein störender Fremdkörper wirken mußte. Die Karikatur des schurkischen oder überheblich-großsprecherischen Gaskogners, die in der französischen Literatur des klassischen Zeitalters häufig anzutreffen ist, stellte die ablehnende Antwort auf das Beharren seiner Eigenständigkeit dar, das sich im 16.Jh. nicht mehr auf den ganzen okzitanischen Süden erstreckte (bezeichnenderweise hat Ader seinen Text im gaskognischen Dialekt abgefaßt), aber noch stark genug war, um den Anspruch auf Alleinherrschaft einer sich gerade erst etablierenden Standardkultur Frankreichs in Frage zu stellen. F.Ki.

AUSGABEN: Toulouse 1611. – *Poésies de Guillaume Ader*, Hg. A. Vignaux und A. Jeanroy, Toulouse 1904 [m. Anm. u. frz. Übers.].

LITERATUR: A. Jeanroy, *Une Henriade gasconne* (in *Revue des Pyrénées*, 17, 1905, S. 271–291). – *Petite Anthologie de la Renaissance toulousaine de 1610*, Hg. R. Lafont, Avignon 1960. – F. Garavini, *La Letteratura occitanica moderna*, Mailand 1970, S. 44–47. – C. Anatole u. R. Lafont, *Nouvelle Histoire de la littérature occitane*, Paris 1970, Bd. 1, S. 348–356. – I. Girard, *Notas preliminarias entà ua edicion navèra de las òbras gasconas de Guilhem Ader* (in *Actes du VIe Congrès int. de langue et littérature d'oc*, Montpellier 1971, Bd. 1, S. 95–114). – *Anthologie des baroques occitans*, Hg. R. Lafont, Avignon 1974. – *Béarn et Gascogne, de la réalité historique à la fiction romanesque*, Pau 1985.

JEAN-MARIE ADIAFFI

* 1.1.1941 Bettié / Elfenbeinküste

LITERATUR ZUM AUTOR:
A. Tamuly, *J.-M. A., écrivain ivoirien* (in Écriture Française, 11/12, 1983, S. 40–44). – J. Riesz u. a., *La carte d'identité. Interview avec J.-M. A.* (in Bayreuth African Studies Series, 8, 1987, S. 29–48).

LA CARTE D'IDENTITÉ

(frz.; *Der Personalausweis*). Roman von Jean-Marie ADIAFFI (Elfenbeinküste), erschienen 1980. – Der erste Roman des aus dem Volk der Agni stammenden Autors, der als Philosophielehrer in Abidjan tätig ist, erhielt 1981 den renommierten Literaturpreis »Grand prix littéraire d'Afrique Noire«. Bereits der Titel verweist auf die zentrale Problematik des Werks, die Suche des Protagonisten Mélédouman nach seiner »Identität«, nach der verlorenen Einbindung in die kulturelle und soziale Welt seiner Vorfahren, von der ihn Schulbildung und Studium zunehmend entfernt haben. Die Handlung, die in der Kolonialzeit angesiedelt ist, nimmt ihren Ausgang von der Verhaftung Mélédoumans (dessen Namen je nach Intonation in der Sprache Agni »Ich habe einen Namen« oder »Ich habe keinen Namen« bedeutet) durch den Ortskommandanten Kakatika (auf Agni »Riesenmonster«). Ihm wird zur Last gelegt, keinen Personalausweis zu besitzen. Trotz grausamer Folterungen, bei denen Mélédouman sein Augenlicht verliert, vermag dieser über den Verbleib des Dokuments keine Aussage zu machen. Der zweite Teil des Romans schildert die Suche des blinden, für eine Woche aus dem Gefängnis entlassenen Mélédouman nach diesem verlorenen Personalausweis. Hierbei wird er von seiner Enkelin Ebah Ya begleitet, die ihn führt. Beginnend mit dem Geheiligten Sonntag (»*Anan Morè*«, »*Dimanche Sacré*«) des rituellen Kalenders der Agni, durchläuft der aus königlichem Geschlecht stammende Mélédouman in den folgenden Tagen verschiedene Sphären und Institutionen seiner Gesellschaft, in denen die kulturelle Entfremdung von afrikanischen Traditionen besonders deutlich zutage tritt: die Schule, die Kirche und die Welt der europäisierten Kolonialstadt, die der blinde Mélédouman als ein Universum des körperlichen Verfalls, der Verwesung und des Schmutzes wahrnimmt. Die Stationen seines Weges sind geprägt durch die Konfrontation mit der kolonialen Ideologie, deren Vertreter – der Schulleiter, der Priester, der Ortskommandant – afrikanischen Religionen, Sprachen und Kulturen das Recht auf Bestand und Würde grundsätzlich absprechen. Am Ende seiner Suche, die als ein »Eintauchen« in die traditionelle Zeit und ihre Kosmogonie beschrieben wird, und nach seiner Teilnahme an den Feierlichkeiten zum Geheiligten Freitag (»*Anan Ya*«, »*Vendredi Sacré*«) steht das Bekenntnis Mélédoumans zur traditionellen, mündlich überlieferten Kultur seines Volkes: *»Ich betrachte mich«*, so Mélédouman zu Kakatika, *»schlicht als ein aktiver, dynamischer, lebendiger Teil meines Volkes. ... Die französische Kultur nicht zu kennen bedeutet keineswegs, ungebildet zu sein. Jeder Mensch, der über die Totalität der Kultur, die Gesamtheit der Kenntnisse und des technischen Standes seiner Gruppe, seiner Gesellschaft verfügt, ist weder Analphabet noch ungebildet.«*

Ungleich wichtiger als die Wiederauffindung des Personalausweises, den Mélédouman beim Eintritt in das Gefängnis verloren hat, erweist sich am Ende von *La Carte d'Identité* die zurückgewonnene persönliche Identität des Protagonisten, auf die metaphorisch die zweite Bedeutungsebene des französischen Originaltitels verweist. Die Gefangennahme stellt sich als reine Willkürmaßnahme heraus, durch die der Kommandant Kakatika sein Gegenüber Mélédouman, einen Enkel des letzten Königs der Agni, provozieren und demütigen wollte. Der Verlauf der Handlung, die den allmählichen Bewußtwerdungsprozeß des Protagonisten nachzeichnet, zeigt, daß er hiermit letztlich genau das Gegenteil erreicht: aus der Konfrontation mit der Gewalt und Brutalität der Kolonialherrschaft erwächst in Mélédouman das Bewußtsein von der Fragwürdigkeit und Widersprüchlichkeit der europäischen Zivilisation, aber auch von der Würde der eigenen Person und dem Wert der eigenen Kultur, dem Adiaffi in streckenweise geradezu manifestär klingenden Passagen Ausdruck verleiht. H.J.L.

Ausgabe: Paris/Abidjan 1980.

Literatur: W. L. Schomers, »*La Carte d'Identité« de Jean-Marie Adiaffi ou la recherche de la dignité africaine (La réception du thème de la colonisation de Mongo Beti à J. M. A.)* (in OCrit., 7, 1983, H. 2, S. 57–81). – T. Mpoyi-Bwatu, »*La Carte d'Identité« de Jean-Marie Adiaffi* (in Peuples Noirs/Peuples Africains, 32, 1983, S. 153–156).

D'ÉCLAIRS ET DE FOUDRES. Chant de braise pour une liberté en flammes

(frz.; *Von Donnern und Blitzen. Flammengesang für eine lodernde Freiheit*). Lyrischer Text von Jean-Marie Adiaffi (Elfenbeinküste), erschienen 1980. – *D'éclairs et de foudres* bildet den Mittelteil des vom Autor als Trilogie konzipierten lyrischen Werks *Assanou: La piste de la libération (Der Weg der Befreiung)*, dessen erster Teil *Galerie infernale (Höllengalerie)* 1984 erschien, während der dritte Teil, *A l'orée de ma montagne de kaolin (Am Rande meines Kaolinberges)*, noch nicht veröffentlicht ist. Jeder dieser Teile soll eine der drei entscheidenden Epochen in der Geschichte Afrikas zum Gegenstand haben: die Zeit des Sklavenhandels, die Zeit des Kolonialismus und die Zeit der Unabhängigkeit.

Der poetische Text wirkt wie eine Collage aus Prosagedichten, Sprichwörtern, hymnischen, litaneiartigen Passagen und dramatischen Elementen. Das Ineinander von traditionell afrikanischen und europäischen Elementen betrifft sowohl die formale als auch die inhaltliche Seite des Gedichts: Vorstellungen, welche ihren Ursprung in der Agni-Kultur haben und Anleihen aus einer marxistisch-utopischen Denktradition – mit Verweisen auf Rimbaud und Éluard – bilden die Pole, zwischen denen sich der Text entfaltet. Das Werk legt eine Dreiteilung nahe, wobei im ersten Abschnitt, in dem in weitläufigen Passagen kosmogonische Ereignisse zur Sprache kommen, das lyrische Ich sich zur kosmischen Dimension in Beziehung setzt und von daher lernt, die soziale Wirklichkeit in ihrer historischen Bedingtheit zu interpretieren. Die Revolte gegen die als »erstarrt« und »tot« diagnostizierte Gesellschaft wird zur Aufgabe und findet ihren metaphorischen Ausdruck im Bild des Vulkans. *»Ihr furchterregenden Vulkane welch schwer lastende Geheimnisse lassen euch so stöhnen? Ich habe vor Wut den gleichen Schluckauf wie ihr den gleichen Ekel den gleichen blutigen Auswurf und die gleichen Exkremente die ich dem HIMMEL und der ERDE ins Gesicht schleudern will.«* In einem gebetsartigen Passus an die Erde wird der initiatorische Charakter des Textbeginns unterstrichen: *»O Erde taufe mich gib mir einen Schlangennamen einen Felsennamen einen Vulkannamen einen Himmelsnamen ... einen Menschennamen ... Heute o Erde die du deine Wurzeln in der Erde und im Himmel hast gib mir die Kraft den Tod zu töten ... O Erde ich habe den Vulkanen ihre Fäuste gestohlen ihren immerwährenden Zorn.«*

Im zweiten Abschnitt wird der Verlauf der kolonialen Vergangenheit Afrikas am Schicksal »des Dorfes« illustriert, ein Ort, der von Hunger und Tod regiert wird, in dem alles Leben erstarrt ist: *»Und das Dorf ruht versteinert unter einer Sonne aus Blei.«* Exemplarisch für das Ausmaß der Zerstörung durch die Kolonisation steht das Schicksal des »*vieux nègre pendu*«, des alten, am Rande des Dorfes erhängten Negers. *»Eines Morgens platzt das Dorf beinahe vor Ameisen die alles erfüllen und schwarzgekleidete weiße Menschen mit dem Tod behelmt und weißgekleidete schwarze Menschen* *schmerz- und schamgeschminkt haben zusammen den alten Neger erhängt den alten Neger im Dorf erhängt.*« Nicht Weiß oder Schwarz macht die Menschen bösartig, sondern allein die Tatsache, daß sie ihre Identität verleugnen. An den Vorgängen, die sich bei der Verwandlung des verfaulenden Körpers ereignen, wird parabolisch die Verwandlung des »verfaulenden« Afrikas in einen neuen Zustand der Freiheit vorgeführt: »*... und der Bauch des alten Negers der sich in wertvolles Metall verwandelt fängt an eine goldene Mutter zu regnen Hoffnungsjuwele die zu Schmuckstücken geschliffen werden Augäpfel um die entflammten Horizonte prachtvoll zu gestalten ... Und die Griots sollen es mit ihrer prägenden Stimme aufschreiben das so vollbrachte Wunder durch den goldtragenden Bauch eines Alten der am Rande seiner Träume erhängt wurde für den zerstrittenen Geist eines Dorfes ohne Träume.*« – Im dritten Abschnitt vollzieht sich in einem als Drama gestalteten Geschehen die Entmachtung des Königs und seiner Notabeln im Dorf. Das lyrische Ich – Sohn des erhängten Negers – erweist sich als Garant einer neuen sozialen und politischen Ordnung. Der Protagonist verbindet seine politische Mission als Revolutionär mit seinen Fähigkeiten als Initierter: »*Ich bin eine Blume eine Orange Ich bin eine Savanne die duftet ... Ich bin ein Himmel und eine Erde.*« »Wunder« und »Revolution« erweisen sich schließlich als zwei Aspekte desselben Vorgangs: »*Ohe ohe der Hoffnung / ohe ohe dem Wunder / ohe ohe Revolution / Wunder der Revolution / Schlag mir das an Balafon / Schlag mir das an Kora / Schlag mir das an Tam-Tam / Revolution und Wunder.*«

Adiaffis Ästhetik geht seinen Aussagen zufolge von der Einbindung mündlicher Erzählelemente in den literarischen Diskurs aus: »*... man muß sie in die neue Schreibweise integrieren können, damit sie sich durch eine gebrochene Kontinuität hindurch weiterentwickeln können.*« Der Autor zitiert zur Illustration seiner Vorstellung von einer authentisch afrikanischen Schreibweise in der Situation einer kulturellen »Hybridität« das Bild der Gedächtniskirche in Berlin, wo neben der Ruine die neue Kirche gebaut und doch eine architektonische Einheit bewahrt wurde. Analog dazu geht es ihm darum, »*eine neue Konstruktion, ausgehend von den Ruinen, zu erstellen. Dieses Gebäude muß sich auf Ruinen erheben, denn durch den Kolonialismus war es zerstört worden.*« Die literarische Umsetzung dieses Konzepts ließ Adiaffi einen poetischen Diskurs schaffen, dessen Bedeutung auf dem Weg der Entwicklung zu neuen Formen afrikanischer Schreibweisen heute schon unbestritten ist, der aber auch auf das ungelöste Authentizitätsproblem einer Dichtung verweist, die sich in einer fremden Sprache Gehör verschaffen muß, und die der weiße Leser – fern aller exotischen Vorstellungen von einer nur zu oft mißbrauchten *négritude* – in ihrem mystischen, phantastischen und ideologischen Charakter verstehen lernen sollte, auf dem ihre literatische Qualität beruht. C.O.

AUSGABE: Abidjan 1980.

HALIDE EDIB ADIVAR

* 1884 Istanbul
† 9.1.1964 Istanbul

LITERATUR ZUR AUTORIN:
Ruşen Eşref (Ünaydın), *Diyorlar ki ...*, Istanbul 1918. – B. Dürder, *H. E. ve sanatı*, Istanbul 1940. – H. U. Barlas, *H. E. A. Hayatı ve eserleri*, Istanbul 1963. – O. Spies, *Die moderne türkische Literatur* (in HO, Bd. 5, Leiden/Köln 1963). – K. Akyüz, *La littérature moderne de Turquie* (in PhTF, Bd. 2, Wiesbaden 1965, S. 465–634). – M. Uyguner, *H. E. A. Hayatı. Sanatı. Eserleri*, Istanbul 1968. – K. Yavuz, *Der Islam in Werken moderner türkischer Schriftsteller 1923–1950*, Freiburg i. Br. 1974 (Islamkundl. Untersuchungen, Bd. 26). – İ. Enginün, *H. E. A. 'ın eserlerinde doğu ve batı meselesi*, Istanbul 1978. – S. K. Tural, *H. E. 'ın kültür değişmelerimizdeki yeri üzerine bir çalışma* (in Türk Kültürü, 16, 1978, 192, S. 729–737). – İ. Tatarlı, *Les grandes époques dans l'évolution créative de H. E. A.* (in Études Balkaniques, 2, 1984, S. 15–40).

ATEŞTEN GÖMLEK

(ntürk.; *Das Flammenhemd*). Roman von Halide Edib ADIVAR, erschienen 1923. – Die großen politischen Auseinandersetzungen in der Türkei nach der Niederlage im Ersten Weltkrieg bilden den Hintergrund des Romans, der neben seinen literarischen Qualitäten zweifellos auch einen gewissen Wert als historisches Dokument besitzt. Trotz der Vielfältigkeit an historischen und politischen Details ist das schlichte Handlungsgerüst des Romans nicht überfordert.

Ayşe, die Mann und Kind bei der Eroberung der Stadt Izmir durch die Griechen verloren hat, widmet sich mit ganzer Kraft der Befreiung ihrer Heimat. Zwei junge Männer, İhsan und Peyami, schließen sich ihr an und nehmen gemeinsam am Kampf teil, als in Anatolien der Befreiungskrieg beginnt. Alle drei tragen sie begeistert das »Flammenhemd« des Patriotismus: İhsan als Soldat, Peyami als Verwaltungsbeamter, Ayşe als Krankenschwester. Später kommt İhsan verwundet in ihr Krankenhaus, wo ihn Ayşe mit großer Hingabe pflegt; doch ihre Neigung gilt mehr dem patriotischen Gesinnungsgenossen als dem Mann. İhsan aber beginnt sie zu lieben und gesteht ihr, daß er sie heiraten wolle. Ayşe gibt schließlich nach und verspricht, nach der Befreiung des Vaterlands seine Frau zu werden. Bald reißt der Krieg sie wieder auseinander. Als sie sich wiedersehen, nimmt Ayşe ihr Versprechen zurück; denn sie glaubt dem Gerücht, daß İhsan sich mit einem anderen Mädchen verlobt habe. İhsan meldet sich wieder an die Front und fällt während eines siegreichen Sturmangriffs; zur gleichen Stunde wird Ayşe von einer griechischen Granate getötet. Peyami, der im Krieg beide Beine verloren hat, trägt nun als letzter das »Flammenhemd«. Noch einmal schwer verletzt, liegt er im Krankenhaus und schreibt, während er auf die Operation wartet, seine Erinnerungen nieder. Der tödliche Ausgang des Eingriffs befreit ihn von seinem »Flammenhemd«.

Die Hoffnungslosigkeit der patriotischen Bewegung angesichts der erlittenen Niederlage und zugleich die verbissene Entschlossenheit, sich trotz aller Demütigungen zu behaupten, dann das Erwachen des nationalen Selbstbewußtseins und schließlich der mutige, zähe Kampf der türkischen Patrioten gegen alle äußeren und inneren Feinde und Widerstände – diese bittere Epoche der türkischen Geschichte wurde von der Schriftstellerin in packende Bilder gebannt. A.Ko.

AUSGABEN: In Ikdam gazetesi, Nr. 9059–9122 (6. Juni–11. Aug. 1922). – Istanbul 1923; [9]1969. – Istanbul 1976.

ÜBERSETZUNG: *Das Flammenhemd*, H. Donn, Wien 1923.

VERFILMUNG: Türkei 1923 (Regie: M. Ertüğrül).

LITERATUR: M. H. Doğan, *Türk romanında kurtuluş savaşı* (in Türk Dili özel sayı 26, 34, 298, Juli 1976, S. 7–40). – C. A. Kansu, *Aliye öğretmen, Ayşe hemşire, Halide onbaşi* (ebd., S. 41–48). – A. Özkırımlı, *Türk edebiyatı ansiklopedisi*, Istanbul 1982, Bd. 1, S. 155–156.

DÖNER AYNA

(ntürk.; *Der Drehspiegel*). Roman von Halide Edib ADIVAR, erschienen 1954. – Mit der Geschichte eines Bauernmädchens will die Autorin ihrem vom Zweiten Weltkrieg verschont gebliebenen Land einen Spiegel vorhalten, in dem es sein von inneren Spannungen gezeichnetes Gesicht sehen soll. Allerdings nimmt dieses Gesicht mitunter so fratzenhafte Züge an, daß man glaubt, es in einem Zerrspiegel zu sehen. In dem Roman werden den Vertretern der traditionellen religiös-patriarchalischen Ordnung, die immer noch absolute Herren in Haus und Dorf sind, entwurzelte Kriminelle gegenübergestellt, denen die Parolen der Demokratie als Freibrief für jedes Verbrechen gelten. Eine Frau gerät in dieser von Entwicklungskrisen erschütterten Welt zwischen die Fronten.

Die kleine Hanife ist eines der vielen unehelichen Kinder des Dorfherrn Haci Murad. Von ihrer Mutter gehaßt, ist sie vom Vater nachträglich anerkannt und für einige Jahre nach Izmir in Pflege gegeben worden«. Die Handlung beginnt mit der Reise der Elfjährigen zu ihrem Vater. Unterwegs vergreift sich der junge Maultiertreiber Mürsel an ihr und wird deshalb von ihrem Begleiter fast totgeschlagen. Er schwört Rache, und von diesem Augenblick an lebt das Mädchen ständig in dem Gefühl, bedroht zu sein. Der väterliche Hof ist für Hanife zunächst ein Hafen der Sicherheit. Ihr Vater, der alte »Räuber« Murad, ist auf den besten Weg, sein ausschweifendes Leben zu ändern. Da zieht ihm ein später Fehltritt den Haß der Magd Huriye zu. Im Verein mit Mürsel plant sie, Haci Murad zu vernichten. Es gelingt Mürsel, die junge Hanife am Vorabend ihrer Hochzeit zu entführen und sie sich unter viehischen Torturen hörig und gefügig zu machen. Seinen Komplizen Şaban ermordet er. Nach kurzem Aufenthalt in einem gastlichen Bauernhaus, das noch an das »gute Anatolien« erinnert, schleppt Mürsel sein Opfer in die Unterwelt von Istanbul. Der Polizei gegenüber deckt Hanife den Mörder durch ihre Aussage. Es folgen vier Jahre der Erniedrigung, in denen sie Mürsels Lager mit einer anderen Frau teilen muß. Als Putzfrau im Hause eines neureichen Politikers lernt sie auch die Oberschicht nicht gerade von der besten Seite kennen. Als Mürsel sich dem Rauschgiftschmuggel und politischen Intrigen zuwendet (eine neue Wahl steht bevor), kann sich Hanife etwas freier bewegen. Sie nimmt eine Stellung bei einer Familie an, die zur politischen Opposition gehört und gleichsam eine saubere, neue Welt repräsentiert. Dort erzählt Hanife zum erstenmal ihre Lebensgeschichte, die den jungen Leuten wie ein Wildwestfilm erscheint. Die dramatische Zuspitzung, die man nach diesen Enthüllungen erwartet, bleibt jedoch aus. Bei endlosen Debatten über Politik und Kunst reicht Hanife den Kaffee und wartet auf die Rückkehr Mürsels, der ihrem Vater noch immer nach dem Leben trachtet. Was über Haci Murads weiteres Schicksal bekannt wird, hat kaum mehr Bedeutung für den Fortgang der Handlung, Mürsel wird der Mord an Şaban nachgewiesen; sein weiteres Schicksal bleibt im Dunkeln. Hanifes Leben erfährt durch die Eheschließung mit einem aufrechten, älteren Politiker eine recht abrupte Wendung zum Besseren.

Sowenig man sich – vor allem im Mittelteil des Buches – dem Eindruck des dargestellten Einzelschicksals entziehen kann, sowenig befriedigt am Ende die »private« Lösung. Daß die Autorin alle überpersönlichen Probleme bewußt offengelassen hat, erstaunt um so mehr, als sie sonst mit Kommentaren zur Wandlung des Sozialgefüges ihres Landes nicht spart. Auf der sprachlichen Ebene kommen die Eigenheiten des geschilderten Milieus nur teilweise zur Geltung, und in der Darstellung vermischen sich mehr oder weniger freiwillig die Perspektiven der Erzählerin mit denen ihrer Figuren. U.W.

AUSGABEN: Istanbul 1954. – Istanbul 1964. – Istanbul [3]1971; [5]1984.

HANDAN

(ntürk.; *Ü: Handan*). Briefroman von Halide Edib ADIVAR, erschienen 1912. – Wie die anderen Frühwerke der Autorin behandelt das Buch fast ausschließlich die Psychologie der weiblichen Titelfigur. Von ihrem Schicksal berichtet eine Reihe von Briefen, die der junge Refik Cemal an seinen Freund Server schreibt. Refik Cemal hat in Instanbul in eine Nachbarsfamilie eingeheiratet, deren nach englischem Vorbild erzogene Töchter im ganzen Viertel als »*die westlerischen Töchter des Cemal Bey*« bekannt sind. Schon im ersten Brief ist weniger von seiner Frau Neriman die Rede als von deren älterer Schwester Handan, die mit einem schon ziemlich betagten Pascha verheiratet ist und in Europa herumreist. Da sich alle Gespräche im Haus um sie drehen, erfährt Refik Cemal nach und nach ihre ganze Lebensgeschichte: Handan war ein glückliches, von allen verwöhntes und bewundertes Kind, an Begabung stets ihren Altersgenossen überlegen. Die Reihe ihrer Hauslehrer endete mit einem jungen Sozialisten namens Nâzım, der sich ihretwegen im Gefängnis erhängte, und zwar mit einem Strick, dessen rötlicher Schimmer an Handans Haarfarbe erinnerte (ein Motiv, das im Roman immer wiederkehrt). Handan, die Nâzıms Heiratsantrag zurückgewiesen hatte, weil sie fürchtete, er liebe seine Idee mehr als sie, hat nun in dem alten Frauenkenner Hüsnü Paşa einen Ehemann, der in ihr nur das Weib sieht. Refik Cemal, dessen Frau ihr erstes Kind erwartet, muß aus politischen Gründen Istanbul verlassen und nach Europa gehen. Er lernt Handan kennen und findet bei ihr gemeinsame geistige Interessen, die er bei Neriman vermißt hat. Als seine Frau mit dem Kind nach London kommt, ist Handan immer öfter bei ihnen. Sie leidet unter der Untreue des Paschas, der sie mit jeder Frau betrügt, die ihm in den Weg läuft. Ein Brief, der ihr seine Abreise mitteilt, wirft Handan mit einer Gehirnblutung und Meningitis aufs Krankenlager; monatelang bleibt sie hilfslos wie ein kleines Kind. Auf die Bitten Nerimans, die wieder schwanger ist, kümmert sich Refik Cemal um die Kranke und bringt sie nach Paris und Korfu. Handan, deren Bewußtsein nur langsam zurückkehrt, klammert sich in besinnungsloser Leidenschaft an den Mann, den sie täglich sieht – ohne eine Erinnerung daran, daß es ihr Schwager ist. Als sie endlich ganz zu sich kommt und die Wahrheit erfährt, wird ihr blitzartig klar, daß sie schon als Kind den fremden Nachbarsjungen geliebt hat. Der Schock löst einen Rückfall aus. Handan will keinen Menschen mehr sehen; sie wünscht mit allen Kräften den Tod herbei und stirbt.

Der verzweifelte Kampf zwischen Bewußtsein und Unbewußtem ist mit einer im türkischen Roman bis dahin unbekannten Eindringlichkeit und Realistik dargestellt. Der klinische Fall gibt der Autorin Gelegenheit, auf die Darstellung der Umwelt weitgehend zu verzichten; trotzdem schildert das Buch keine Ausnahmesituation, sondern liefert einen interessanten Beitrag zum Thema des *garplılaşma*, der »Verwestlichung« oder »Europäisierung«, die auch in der relativ freien türkischen Oberschicht vielfach an der traditionellen gesellschaftlichen Trennung der Geschlechter scheiterte. Als eine der besten zeitgenössischen Darstellungen dieses Problems hat das Werk auch nach den späteren Welterfolgen Halide Edibs seine Bedeutung behalten.

B.At.

AUSGABEN: Istanbul 1912. – Istanbul 1925. – Istanbul 1938. – Istanbul 1943. – Istanbul 1955. – Istanbul [11]1972; [17]1984.

ÜBERSETZUNG: *Handan*, Habib Edib (in *Türkische Geschichten*, Weimar 1917; Deutsche Orientbücherei, H. 23).

MEMOIRS OF HALIDE EDIB

(engl.; *Erinnerungen der Halide Edib*). Autobiographie von Halide Edib ADIVAR über die Jahre 1885 bis 1917, erschienen 1926. – Als Fortsetzungen des Werks können die ebenfalls englisch geschriebenen Bücher der türkischen Autorin *The Turkish Ordeal*, 1928 *(Die türkische Feuerprobe), Turkey Faces West*, 1930 *(Die Türkei blickt nach Westen), Conflict of East and West in Turkey*, 1936 *(Der Ost-West-Konflikt in der Türkei)* gelten, in denen jedoch die Privatsphäre ganz hinter den Zeitereignissen zurücktritt.

Ihren englischen und amerikanischen Lesern (die *Memoirs* wurden erst fast vierzig Jahre nach ihrem Erscheinen ins Türkische übersetzt) erzählt Halide Edib die Geschichte einer Kindheit und Jugend, die in eine Periode umwälzender politischer Veränderungen in ihrer Heimat fielen. Die Wechselbäder von Reform, Reaktion und »Revolution«, denen der »kranke Mann am Bosporus« von den »Tanzimat«, den durch Sultan Abdul Meid von oben her eingeleiteten Reformen (1839–1876), über die kurzlebige erste Verfassung (1876–1877) und den dreißigjährigen unaufgeklärten Absolutismus Sultan Abdul Hamids II. bis zur »konstitutionellen Revolution« der Jungtürken (1908, »Zweite Verfassung«) und den konterrevolutionären Wirren am Vorabend des Ersten Weltkriegs, dem Zusammenbruch und der kemalistischen Revolution ausgesetzt war und an denen sich mehr und mehr auch das Kräftespiel der ausländischen Mächte ablesen ließ, werden aus der Sicht eines *insider* der Gesellschaft, der »unterrichteten Kreise« im Doppelsinn des Worts, dargestellt.

Im Haus des Vaters, der zum engsten Kreis um den Sultan gehört, seine Kinder aber englisch erziehen läßt (die Mutter ist früh gestorben, die wichtigste Bezugsperson ist seither »Granny«, die Großmutter), wächst eine der ersten emanzipierten Frauen der Türkei heran, empfindsam, romantisch und zugleich von einem unbezähmbaren Hunger nach rationaler Daseinsbewältigung getrieben. Die Stadien der persönlichen Entwicklung – die traditionsgesättigte, gedämpft-konfliktgeladene Atmosphäre der Großfamilie (die sich in zwei Parteien spaltet, als der verwitwete Vater nacheinander zwei neue Ehen schließt), der Besuch des amerikanischen Colleges in Scutari/Üsküdar mit seinen teils aufklärerisch, teils protestantisch-missionarisch gesinnten Lehrerinnen, der Privatunterricht durch namhafte türkische Literaten und Gelehrte und – nach dem Collegeabschluß – die erste Ehe (1901–1910) mit dem viel älteren Salih Zeki, dem berühmtesten Mathematiker des Landes – füllen den ersten Teil der Biographie, *Between the Old and the New Turkey (1885–1908)*.

Der zweite Teil mit dem Titel *New Turkey in the Making* schildert nach einem Exkurs in die Geschichte der politischen Reformideen seit 1839 den Verlauf der jungtürkischen Revolution und die darauf folgenden innen- und außenpolitischen Krisen; die führende Rolle, die Halide Edib – sowohl mit ihrem programmatischen Roman *Yeni Turan*, 1911 *(Das neue Turan)*, »*a political and national Utopia*«, als auch durch ihre Tätigkeit in der völkischen Bildungsorganisation »Türk Ocagı« (»Türkischer Herd«) – neben Ziya Gökalp und anderen Schriftstellern in der Bewegung des türkischen Nationalismus und insbesondere des Panturanismus spielte, läßt Biographie und Historiographie ineinander übergehen.

Daß die Rolle wirtschaftlicher Faktoren gegenüber den von psychologischen wie militärstrategischen kaum in Erscheinung tritt, ist weniger auf eine Schwäche der Darstellung zurückzuführen als vielmehr auf eine Eigentümlichkeit der osmanischen Staats- und Gesellschaftsstruktur, die – mit Ausnahme der nationalen Minderheiten – um die Jahrhundertwende nicht weiter gediehen war als bis zur »*formalen Einführung kapitalistischer Eigentumsverhältnisse, denen eher feudale Produktions- und Herrschaftsverhältnisse gegenüberstanden*« (K. Steinhaus). Die jahrhundertealte Arbeitsteilung zwischen handeltreibenden Minoritäten und waffentragendem (bzw. viehhütendem) Staatsvolk ließ dem Angehörigen der türkischen Oberschicht nur die Wahl, Militär, Bürokrat, Geistlicher oder »Literat« zu werden. Die Autorin der *Memoirs* schildert die subjektive Realität dieser Klasse, die Realität der politischen Bühne und der literarischen Salons, denn reaktionäre Hofkamarilla und progressive Intellektuelle entstammten derselben, zahlenmäßig kleinen Elite, oft denselben Familien. Deshalb haben Schriftsteller gerade in dieser Epoche Geschichte gemacht, und deshalb ist diese Geschichte an der Masse der Bevölkerung fast spurlos vorübergegangen. Die sich aufdrängende Frage, »*was wohl die einfachen kleinen Leute machen, während in ihrem Land solche blutige und grausame Kämpfe tobten*«, impliziert bereits, daß sie weder aktiv noch passiv daran beteiligt waren; in diesem Sinne war das Mittelalter für die Türkei erst nach dem Ersten Weltkrieg zu Ende, d. h. nach dem Berichtszeitraum der *Memoirs*, und erst viel später tritt in Halide Edibs Romanen neben die immer noch romantisch überhöhten Heldinnen eine ansatzweise sozialkritische Analyse ihres Milieus.

Gemessen an dieser Ausgangsbasis, die auch den Informationsrückstand westlicher Leser berücksichtigt, hat Halide Edib Erstaunliches geleistet. Anscheinend mühelos überbrückt sie in der fremden Sprache eine Distanz von Jahrhunderten. Der Abstand, den sie selbst schon im College zu vielen Selbstverständlichkeiten ihrer traditionsverhafteten Umgebung gewonnen hatte, macht es ihr möglich, auch im Exotischen das Vertraute, Allgemeinmenschliche zu zeigen, sei es in nostalgischer Rechtfertigung mancher guten alten Sitte, sei es – wie im Fall der Polygamie – durch die glaubhafte Schilderung ihres eigenen kindlichen Widerwillens dagegen. Bei aller Empfindlichkeit gegenüber westlichem Hochmut wird hier nicht abgerechnet, sondern eher geworben: Man ist doch unter sich, in der *family of man*, und so ist es oft die Fülle der Details, die den fremden Hintergrund gleichsam mit der Internationalität des Klatsches zudeckt. Die Maßstäbe, die der Verständigung zugrunde liegen, sind am Anfang und bis zu einem gewissen Grad auch noch am Ende des Buchs die eines idealistischen Kosmopolitismus. Die Periode, in der Halide Edib zur Wortführerin des ultranationalistischen Panturanismus wurde, erscheint nachträglich wie ein Zwischenspiel in ihrer individuellen Entwicklung – entsprechend ihrer eigenen Einschätzung des Nationalismus als eines notwendigen, aber zu überwindenden Stadiums in der Entwicklung einer Gesellschaft.

Wenn innerhalb des Texts eine Verschiebung des Standpunkts erkennbar ist, dann vor allem im zweiten Teil, in Richtung auf zunehmendes soziales Engagement; die Position des freischwebenden Beobachters mit seinem ebenso privaten wie universalen Gesichtskreis weicht einer sozusagen verengten, gleichzeitig aber verdichteten Wirklichkeit. Sie liegt weit ab (so scheint es jedenfalls von den Vorstellungen des ›Neuen Turan‹: 1916 geht Halide Edib nach Syrien, um dort unter größtem persönlichen Einsatz eine Schule für armenische, kurdische und türkische Waisenkinder zu leiten – Überlebende der beiderseitigen, aber, wie sie öffentlich zu sagen wagt, in erster Linie den Türken anzurechnenden Massaker. Mit der Rückkehr nach Istanbul, in Erwartung des türkischen Zusammenbruchs, schließt das Buch.

Zwischen diesem Datum und dem Erscheinungsjahr der *Memoirs* liegen neun Jahre: Auf die erneute Identifizierung mit der Nation – diesmal realistisch die Grenzen der Türkei akzeptierend – folgt erneute Distanzierung: Nachdem sie als »Leutnant Halide« durch ihre aktive Teilnahme am Freiheitskrieg zum Symbol der nationalen Wiedergeburt und ihr zweiter Mann Adnan Adıvar (dessen Familiennamen sie später übernahm) Präsident des neuen Parlaments geworden war, gingen beide für fünfzehn Jahre ins Exil. Dort erschienen die *Erinnerungen*, dort schrieb Halide Edib auch ihre folgenden englischen Bücher. U.W.

Ausgaben: Ldn. 1926. – NY 1972.

Übersetzung (ins Türkische): *Mor salkımlı ev*, Istanbul 1951 u. 1955, Teilausg. (in Yeni Istanbul). – Dass., Istanbul 1963.

LITERATUR: H. U. Barlas, *H. E. A. Hayatı ve Eserleri*, Istanbul 1963. – K. Steinhaus, *Soziologie der türk. Revolution*, Ffm. 1969.

SEVİYE TALİB

(ntürk.; *Seviye Talib*). Roman von Halide Edib ADIVAR, erschienen 1910. – Das Werk war einer der ersten Romane der Autorin und erregte bei seinem Erscheinen großes Aufsehen in der Türkei wegen der freizügigen Art, in der es die geistige und soziale Anarchie seiner Zeit schildert. Im Mittelpunkt steht allerdings nicht der politische Wirrwarr im Gefolge der zweiten türkischen Konstitution (1908), sondern die Gestalt der Titelheldin, ein Produkt romantisch-sentimentaler Emanzipationsvorstellungen – Seviye Talib ist eine Frau, die innerlich den traditionellen, religiös geprägten Normen ihrer Zeit entwachsen ist und »nur ihrem Herzen folgt«. Nach zwölf Jahren Ehe hat sie eingesehen, daß sie sich geistig in keinem Punkt mit ihrem Mann zusammengefunden hat, und hat ihn verlassen. Er aber will sich keinesfalls scheiden lassen.
Daraufhin ignoriert Seviye Talib das Urteil der Gesellschaft und zieht zu ihrem Klavierlehrer Cemâl, der zwar häßlich, aber ein begabter Künstler ist. Gemeinsam und fern den Blicken anderer verbringen sie ihre Zeit mit Musik. Sie stehen nur mit zwei Familien in Verbindung: mit Numan, einem Verwandten von Seviye Talibs früherem Gatten, und mit Fahir, einem gemeinsamen Freund, sowie deren Frauen. Cemâl erteilt auch Fahirs Frau Klavierunterricht. Fahir hat in England studiert und ist nach der Ausrufung der Verfassung zurückgekehrt, um an der »Revolution« und dem Aufbau einer modernen Türkei mitzuarbeiten. Das erste Objekt, an dem er seine Idealvorstellungen erprobt, ist seine aus konservativem Haus stammende Frau; er will ihr zeigen, auf welche Prinzipien sich eine moderne Familie gründen sollte. Als ihm jedoch bei der Wiederbegegnung mit Seviye Talib klar wird, daß er diese von Kind an geliebt hat, ist er aus der Bahn geworfen. Seine Anstrengungen, dieses Gefühls Herr zu werden, machen ihn zum Nervenkranken. Um die Frau, die einem anderen gehört, zu vergessen, läßt er alles hinter sich und geht nach Ägypten. Die neue Umgebung und die leichten Mädchen vermögen ihn jedoch nicht zu trösten, und er flüchtet sich nach Hause zu Frau und Sohn. Vergebens – er kann sich des Zaubers nicht erwehren, der von Seviyes Schönheit und Stimme ausgeht. Die Heldin gleicht überhaupt mehr einer Traumgestalt als einem Wesen aus Fleisch und Blut. Zwar fällt sie in einem Augenblick der Schwäche in Fahirs Arme, aber derjenige, der wirklich fällt, ist Fahir. Seine Kaltblütigkeit und Vernunft, seine Grundsätze, sein Selbstvertrauen, die Pflichten seiner Familie gegenüber existieren nicht länger; der Wirrwarr der Gefühle treibt ihn, in den Straßenkämpfen der Revolution den Tod zu suchen.

Wie *Handan* und *Son Eseri (Sein letztes Werk)* und andere Romane der Autorin stellt *Seviye Talib* ein schwer entwirrbares Gewebe aus Romantik und Realismus dar. Die scharfe Kritik, die das Buch in der Türkei auslöste, richtete sich seinerzeit vor allem gegen seine »Unmoral«; geblieben ist der Vorwurf, daß Halide Edib sehr wenig Sorgfalt auf ihren Stil verwendet und gegen die einfachsten Regeln der Syntax verstößt, wenn auch in dem Bemühen, sich der Umgangssprache anzunähern. Ihren Ruhm als Romanautorin verdankt sie weniger ihrer eher schwachen Erzähltechnik als den bei aller Überhöhung plastischen Porträts ihrer Heldinnen und den Milieuschilderungen, die trotz der rein pittoresken Verwendung des sozialen Hintergrunds in diesem Frühwerk schon einen hohen Grad von Realismus erreichen. B.At.

AUSGABEN: Istanbul 1910. – Istanbul 1924. – Istanbul ³1967; ⁴1973.

LITERATUR: R. Necdet, *Musahaba-i Edebiye*, »*Seviye Talib*« *(Halide Salih Hanım)* (in Resimli Kitab, Bd. 5, Nr. 24/25, Istanbul 1908). – O. Hachtmann, *Die türkische Literatur des 20. Jahrhunderts*, Lpzg. 1916, S. 38–42.

SİNEKLİ BAKKAL

(ntürk.; [Das Stadtviertel] *Sinekli Bakkal*). Roman von Halide Edib ADIVAR, erschienen zuerst englisch u. d. T. *The Clown and His Daughter*, 1935 *(Der Clown und seine Tochter)*, danach in der türkischen Übersetzung der Autorin 1936. – Das Istanbuler Viertel mit dem sprechenden Namen »Sinekli Bakkal« (»Fliegenkrämer«) hat einen Imam, der nur ans Geld denkt, die Religion mit der Furcht vor der Hölle identifiziert und seiner Gemeinde auch die kleinsten weltlichen Freuden auszutreiben versucht. Da er seine Tochter auch in diesem Sinne erzogen hat, scheitert ihre Ehe mit Tevfik, einem gutaussehenden jungen Mann aus der Nachbarschaft, dessen Leidenschaft das Mitwirken beim Schattenspiel (vgl. *Qaragöz*) und das Auftreten in Frauenrollen beim volkstümlichen »Spiel der Mitte« (vgl. *Orta Oyunu*) ist.
Die nach der Scheidung geborene Rabia, die Heldin der Geschichte, wächst zwischen Mutter und Großvater auf. Sehr früh kann sie schon den Koran rezitieren, und bald beginnt sie, damit in den großen Moscheen Istanbuls aufzutreten; sie verdient Geld und wird bekannt. Bei einer solchen Gelegenheit erweckt sie auch die Aufmerksamkeit des in der Nähe residierenden Polizeipräfekten, seiner Frau und seines Sohnes Hilmi. Sie wird ständiger Gast im Konak, und der Pascha selbst kümmert sich um ihre weitere Erziehung. So nimmt sie Musikunterricht bei dem alten Mevlevī-Derwisch Vehbi Dede und macht die Bekanntschaft eines mit Hilmi Bey befreundeten westlichen Musikers namens Peregrini, der sich von ihrem Talent und ihrer Stimme entzückt zeigt. Er lebt seit fünfzehn Jahren in Istanbul

und führt mit Vehbi Dede religiöse, mit Hilmi Bey politische Gespräche. In dieser Atmosphäre wird Rabia großgezogen. Als ihr Vater, der seine Tochter noch nie zu Gesicht bekommen hat und deportiert war, weil er in einer Aufführung den Hof kritisiert hatte, nach Istanbul zurückkehrt, verläßt sie Mutter und Großvater, um bei ihm zu wohnen und ihm die Wirtschaft zu führen. Zum Haushalt gehören auch Pembe, eine ehemalige Tänzerin und Rakim, ein Zwerg, den Rabia Onkel nennt. Pembe, eine genügsame Eigenbrötlerin, ist Zigeunerin und übernimmt die Rolle des treuen Butlers. Bald schließen sich der Gruppe auch Rabias andere Freunde, Vehbi Dede, Hilmi Bey und Peregrini, an, da sie den Künstler in Tevfik spüren. Rabias Mutter ist kurz nach der Trennung von ihrer Tochter gestorben. Als Tevfik in weiblicher Verkleidung bei der französischen Post in Beyoğlu für Hilmi und seine Freunde verbotenes Schrifttum abholen will, wird er beim Verlassen des Gebäudes verhaftet. Trotz aller Foltern verrät er die Namen der Adressaten nicht und wird wiederum deportiert. Rabia ist schwer getroffen. Jahre vergehen. Verschiedene Ereignisse bringen Peregrini zu der Erkenntnis, daß er Rabia liebt; aber sie ist mit einer Heirat nur unter der Bedingung einverstanden, daß er zum Islam übertritt. Der katholische Theologe nennt sich von nun an Osman und wird ein Mitglied der konservativen muslimischen Gemeinde von Sinekli Bakkal.

Das Buch endet mit dem Regierungswechsel und der Bekanntmachung der Zweiten Konstitution 1908; Tevfik ist mit anderen Deportierten freigelassen worden. Die Autorin behandelt die politischen Probleme mit einem gewissen Spott. Menschen, die ihre politischen Meinungen wie ihr Hemd wechseln, bilden auch bei der jungtürkischen Revolution von 1908 keine Ausnahmen. Der Einzige, der diese Clownerien durchschaut, ist der Clown Tevfik, aber ihm sind jetzt ganz andere Dinge wichtig. Vehbi Dede überbringt ihm die freudige Nachricht: Er hat jetzt ein Enkelkind, das er in seine Träumereien einschließen kann.

Das »Fliegenkrämer«-Viertel im Stadtteil Aksaray bietet mit seinen Typen, wie etwa dem Iman und seiner Familie, Sabit Beyabey und den anderen jungen Leuten aus der Umgebung, einen Ausschnitt Istanbuler Volkslebens. Weitere Milieus sind das Haus des Polizeipräfekten, in dem noch die Sitten des untergehenden Imperiums herrschen, während unter den Augen des sultanstreuen Beamten sein Sohn mit seinem Freundeskreis, darunter gar ein europäischer Musiker, mit den Jungtürken gegen Sultan und Regime konspiriert. In Palästen und Strandvillen am Bosporus begegnet der Leser Personen aus allen Gegenden des Reichs, vom Balkan bis zum Kaukasus; in der Gegenüberstellung der beiden Musikfreunde Vehbi Dede und Peregrini wird gezeigt, wie fremd sich islamische Mystik und katholisch-abendländische Welterfahrung sind, die Zigeunerin Pembe versinnbildlicht das Glück und die Toleranz des Menschen, der sich an keinen Besitz bindet, und in Tevfik, dem Schattenspieler, offenbart sich als innerstes Prinzip seines Lebens Eigenschaft wie Treue, Selbstlosigkeit und Menschenliebe.

Wie in den letzten Werken Halide Edibs überwiegt in diesem Roman schon die realistische Darstellung; die Handlung ist zudem nicht nur an inidviduelle Helden, sondern an Zeitalter, Generationen und Sitten gebunden, wenn auch von einer soziologischen Betrachtungsweise noch kaum die Rede sein kann. *Sinekli Bakkal* war in der Türkei ein Bestseller mit 28 Auflagen und gewann beim Romanwettbewerb der Republikanischen Volkspartei 1942 den ersten Preis. B.At.

AUSGABEN: Ldn. 1935 (u. d. T. *The Clown and His Daughter*). – Istanbul 1936; [26]1968; [33]1975; [41]1986.

VERFILMUNG: Türkei 1962.

LITERATUR: O. Spies, *Die türkische Prosaliteratur*, Lpzg. 1943, S. 37–47. – C. Yener, »*Sinekli Bakkal*« – *Türkçülüğün esasları* (in Ulusal Kültür, 1. 4. 1979, S. 135–149). – I. Tatarlı, *H. E. A.'ın »Sinekli Bakkal« romanının yapısı ve özellikleri üstüne* (in *Studia turcologica memoriae Alexii Bombaci dicata*, Hg. A. Galotta u. U. Marazzi, Neapel 1982).

VURUN KAHBEYE

(ntürk.; *Tötet die Hure*). Roman von Halide Edib ADIVAR, erschienen 1926. – Das Werk spielt, wie Halide Edibs berühmter Roman *Ateşten Gömlek*, in der Zeit des Freiheitskampfes. Auch hier ist die Hauptfigur eine Frau: Die junge, schöne Aliye hat in einer westanatolischen Kleinstadt ihre erste Stelle als Lehrerin angetreten. Als ein Symbol für Zivilisation und Fortschritt wird sie von Anfang an zu einer Herausforderung für die Kräfte der Reaktion, verkörpert in den Honoratioren Hacı Fettah und Kantarcı. Die Gegenseite wird vertreten von Lâtif Ağa sowie Ömer Efendi und seiner Frau Gülsüm, bei denen Aliye wohnt und denen sie Ersatz für die eigene verstorbene Tochter ist. Bei der Ankunft hat Aleye geschworen: »*Eure Erde ist meine Erde, euer Haus ist mein Haus, den Kindern dieser Gegend will ich eine Mutter und eine Lehrerin sein und mich durch nichts einschüchtern lassen, so wahr mir Gott helfe!*«

Nach der Besetzung Izmirs durch die Griechen formiert sich im Hinterland die türkische Resistance. Als Gast Ömer Efendis bleibt Tosun Beğ, Chef einer kleinen Einheit der *kuva-yı milliye* (nationale Streitkräfte), einige Zeit in der kleinen Stadt, um politisch zu arbeiten. Sobald es ihm gelungen ist, eine Art Burgfrieden zwischen Anhängern und Gegnern der *kuva-yı milliye* herzustellen, kehrt er an die militärische Front zurück; vorher jedoch verlobt er sich mit Aliye und vertraut sie der Obhut seiner Freunde an. Die alten Konflikte brechen nach Tosuns Abreise aufs neue aus und verschärfen sich. Hacı Fettah und der von Aliye abgewiesene Hüseyin aus der Familie Kantarcı verraten seinen militärischen Operationsplan an die Griechen und bereiten die Besetzung der Stadt durch den Feind vor. Hacı Fettah wird die recht Hand des griechischen Kommandanten Damianos und der wichtigste Mann am Ort. Er denunziert seinen Rivalen Ömer Efendi, und als Aliye in das griechische Hauptquartier geht, um ihrem verhafteten Pflegevater zu helfen, verbreitet er das Gerücht, sie sei eine Ungläubige und eine Hure. Getreu ihrem Schwur, handelt Aliye ohne Rücksicht auf ihren Ruf. Sie nützt die Zuneigung des griechischen Ortskommandanten aus und hilft Tosun Beğ, das griechische Munitionsdepot und eine Brücke auf dem Rückzugsweg der Griechen zu sprengen. Bevor jedoch die türkischen Streitkräfte die Stadt einnehmen können, gelingt es Hacı Fettah durch religiöse Demagogie und schamlose Verleumdungen, das Volk gegen diese »Hure«, die mit unbedecktem Gesicht herumläuft und die Sprachen der Ungläubigen beherrscht, aufzuhetzen; zusammen mit einem Straßenmädchen wird Aliye auf dem Platz vor der Moschee gesteinigt. Nach dem Einmarsch der Kemalisten wird Aliyes Ehre wiederhergestellt: Die Schuldigen werden von Militärgerichten abgeurteilt und an derselben Stelle hingerichtet. Tosun Beğ, während der Kämpfe schwer verwundet und zum Krüppel geworden, wiederholt Aliyes Schwur und widmet den Rest seines Lebens dem von ihr begonnenen Werk.

Der Schwur, der als Leitmotiv ständig wiederkehrt, hat offenbar die Funktion, das Thema »Vaterlandsliebe« zu differenzieren und daran zu erinnern, daß der bewaffnete Kampf nicht alle Probleme löst und daß die inneren Feinde, Unwissenheit und religiöser Fanatismus, nur durch geduldige Aufklärung zu besiegen sind. Die Autorin setzt den Islam nicht mit einer Figur wie Hacı Fettah gleich, vielmehr erblickt sie darin die in einer bestimmten historischen Situation zum Bündnispartner der Reaktion und der ausländischen Interessen wird. Der Gegenentwurf eines toleranten, menschenfreundlichen und damit dem türkischen Volkscharakter entsprechenden Islams ist für Halide Edib SÜLEYMĀN ČELEBIS *Mevlid*, eines ihrer Lieblingsbücher, das in *Vurun Kahbeye* ebenso deutliche Spuren hinterlassen hat wie in ihren im gleichen Jahr veröffentlichten Erinnerungen *(Memoirs of Halide Edib)*.

Die Thematik, deren verschiedene Stränge in diesem Roman noch allzu unvermittelt nebeneinander stehen (selbst der Konflikt zwischen Liebe und Patriotismus ist nur angedeutet), kehrt in dem zehn Jahre später erschienenen Roman *Sinekli Bakkal* wieder; erst mit diesem Werk beginnt die Autorin, ihr gefühlsmäßiges sozialkritisches Engagement mit einer vertieften sozioökonomischen Analyse zu verbinden und in die Schilderung des Milieus zu integrieren.   B.At.

AUSGABEN: Istanbul 1926. – Istanbul 1943. – Istanbul 1962.

HANS GÜNTHER ADLER

* 2.7.1910 Prag

PANORAMA. Roman in zehn Bildern

Roman von Hans Günther ADLER, erschienen 1968. – In genau registrierten Schritten und zehn für die Geschichte der ersten Hälfte des 20. Jh.s charakteristischen Stationen bewegt sich das Geschehen in diesem Erziehungs- und »Stationenroman« Adlers, dessen literarisches und wissenschaftliches Œuvre eine Einheit bilden. Das gleiche Erlebnismuster, das den Autor zum Chronisten und Analytiker des industriellen Mordens, zum Erforscher der Geschichte der Judenverfolgung unter nationalsozialistischer Herrschaft werden ließ (vor allem mit den beiden Standardwerken *Theresienstadt 1941–1945. Das Antlitz einer Zwangsgemeinschaft*, 1955 [²1960], und *Der verwaltete Mensch. Studien zur Deportation der Juden aus Deutschland*, 1974), liegt als lebensgeschichtliche Erfahrung auch seinen Erzählungen (*Eine Reise*, 1962) und dem Roman *Panorama* zugrunde.

Als Sohn bürgerlich-mittelständischer jüdischer Eltern geboren, erlebt Josef, der Protagonist, den Einbruch von Unordnung und Wertverlust des Zusammenbruchs von 1914–1918. Auf die Kargheit der Jahre in der Stadt folgt eine Zeit ländlicher Idylle, die zu der sich anschließenden mechanisierten Öde des Knabeninternats mit ihrer Gefängnis- und Einsamkeitserfahrung einen scharfen Kontrast bildet. Sektiererische Gemeinschaft und Freundschaftsbund wecken Sehnsüchte, verführen zu Traumbild und idealisierender Erwartung. Die Stellung als Privatlehrer in einer großbürgerlichen Familie oder als kleines Rad im Kulturgetriebe eines Volksbildungsinstituts läßt Fragen in Josef aufsteigen und ihn schließlich im Nachdenken Distanz gewinnen. Wie ein Salto mortale nimmt sich der Übergang aus zur 8. Station: der Zeit als Zwangsarbeiter beim Eisenbahnbau, die freilich zunächst als Idylle konsumierbar erscheint und zu der die ersten Nachrichten von Abtransport und Todeslager in bedrohlichem Widerspruch stehen. Letzte Stationen sind Konzentrationslager und das Befreiungserlebnis. In England erlebt der Held den Übergang vom »Verlorensein« zum »Vergessensein«, stellt er, der Bildungsbürger, der als Überlebender seine Unbefangenheit verloren hat, die Frage, wie er es mit dem Widerstand gegen die Unmenschlichkeit gehalten habe. Er, der als Kind im »Panorama« »vor den Bildern« stand und nun »durch die Bilder« hindurchgegangen ist, sucht nach einer Rechtfertigung für sein Überleben. Sie ergibt sich aus der Annahme des Auftrags, »hinter den Bildern« zu sein, im Bewußtsein der Gnade Fragen zu stellen, sich dem Verständnis zu öffnen und wachen Sinnes Vergessen zu üben.

H. G. Adler, der von sich sagt, er sei »*ein deutscher Dichter des österreichischen Kulturkreises jüdischer Nation, tschechoslowakischer Staatsangehörigkeit ursprünglich und heute britischer Staatsbürger*«, erzählt seine Geschichte sozusagen »von innen her«, in Reduktion auf innermenschliche Perspektive. Protokollartiges Demonstrieren von Wirklichkeitsmaterial, an Techniken Peter Weiss' erinnernd (*Der Schatten des Körpers des Kutschers*, 1960) läßt Disproportionalität greifbar werden, die das Ungeheuerliche ins Bild zwingt. Josefs »Situationen« sind zugleich Bewußtseinsstufen, in denen die jeweils neue Erkenntnis umgeformt in die neuen Verhältnisse des neuen »Bildes« einbezogen wird, so daß in diesem autobiographischen Rechenschaftsbericht nicht nur die »Kulissen« Veränderung erfahren, sondern auch der vor und in ihnen Agierende. Ein dialektischer Prozeß vollzieht sich, in dessen Verlauf der Protagonist den Blick immer mehr zurücknehmen, sich einstellen muß auf die Grenzprioritäten einer feindlichen Umwelt, um wenigstens ein Minimum an Identität und damit Individualität zu retten. Nicht zuletzt diese Qualitäten machen Adlers Roman zu einem der wichtigsten deutschsprachigen Beiträge zur Holocaustliteratur.
O.F.B.

AUSGABE: Olten/Freiburg i. B. 1968.

LITERATUR: *H. G. A. Buch der Freunde. Stimmen über den Dichter und Gelehrten*, Hg. W. P. Eckert u. W. Unger, Köln 1975.

ADONIAS FILHO

eig. Adonias Aguiar Júnior
* 27.11.1915 Itajuípe

LITERATUR ZUM AUTOR:
A. Brasil, *A. F.*, Rio 1969 [m. Bibliogr.]. – G. W. Lorenz, *A. F.* (in G. W. L., *Dialog mit Lateinamerika*, Tübingen 1970, S. 541–574). – L. C. Lima, *A. F.* (in Coutinho, 5, S. 473–477). – H. Silveira, *A. F. ficcionista* (in Convivium, 19, São Paulo 1976, Nr. 4, S. 318–343; m. Teilbibliogr.). – B. Ziegler, *A. F.* (in Eitel, S. 134–145). – L. L. P. Santamaria, *The New Narrative in the Novels of A. F.*, Diss. New Mexico 1980. – M. Simões, *Introdução à narrativa de A. F.* (in Studi di letteratura ispano-americana, 11, 1981, S. 73–89).

O FORTE

(portug.; *Ü: Das Fort*). Roman von ADONIAS FILHO (Brasilien), erschienen 1965. – *»Als das große Tor offensteht, durchschreitet es Jairo, Tibiti an seiner Seite, und seine Worte erreichen den Innenhof vor seinen eigenen Schritten. Die dunkle Erde – das Gewicht des Forts zermalmt sie nicht – trägt die drei Bäume. Sie gehen mit kurzen Schritten, während die Sonne steigt, die Steintreppe wartet.«* So geheimnisvoll dringt der Leser mit Jairo und Tibiti in das Fort ein, und geheimnisvoll werden Bruchstücke des Lebens in seine Hände geworfen. Damiana, Olegário, Michel – Gestalten tauchen auf, man weiß nicht woher, aber sie bemächtigen sich des Lesers und beherrschen ihn. Wer sind sie? Welche Verbindung haben sie mit dem Fort? Und die zauberische Geschichte entfaltet sich, wie in langem Warten aufgestaut. Das alte bahianische Fort türmt sich empor auf der Kuppe eines Hügels, an dem drei Jahrhunderte lang eine ganze Menschheit vorbeigezogen ist und es mit Schatten, Schemen und Erinnerungen bevölkert hat. Aus dem Fort tritt der Neger Olegário, sibyllinisch sind seine Worte, eine übernatürliche Macht liegt in seinem Blick, seinen Gesten und seinem Gang: *»O negro ocupa a sala, seu péso nas tábuas, os braços cercam as colunas.«* (*»Der Neger füllt den Saal aus, sein Gewicht auf den Tischen, die Arme umschließen die Säulen.«*) Und in seinem Schatten, der sich vermischt mit dem des Forts, entwickelt und erfüllt sich mit der Macht des Fatums der antiken Tragödie die ungewöhnliche Liebesgeschichte zwischen Jairo und Tibiti, *»a dos olhos da côr de ferrugem e de corpo cheirando a alecrim«* (*»mit den rostfarbenen Augen und dem Körper, der nach Rosmarin duftet«*). Beide tauchen aus dem Geheimnis des Lebens auf: Sie sind *der* Mann und *die* Frau. Mit ihnen beginnt die Welt. Den Roman durchdringt, sich mit allem vermischend, die Gegenwart der Bahia mit ihrer geduldigen Erde, ihren Sandflächen, Häusern, Fischerbooten und dem Meer.

Diese erregende Geschichte, in der geheime Kräfte das menschliche Geschick lenken, beschwört in verstärktem Maße jene Atmosphäre der Zauberei, von der schon *Corpo vivo*, 1962 *(Lebendiger Körper)*, erfüllt war. Die spezifischen Mittel, deren sich der Dichter dabei bedient, erinnern an die Schwenks, Nah- und Momentaufnahmen, Überblendungen und Schnitte der Filmtechnik. In ihrer Handhabung erweist er sich als ein wahrer *»mago do romance«* (*»Magier des Romans«*), wie ihn der Kritiker Octávio de FARIA einmal nannte. Atmosphärische Dichte zu schaffen ist eine der hervorragenden Fähigkeiten von Adonias Filho, der zu den Autoren gehört, die der brasilianischen Literatur seit 1950 ein neues Gepräge gaben. Der Wechsel von direkter, indirekter und erlebter Rede, das ständige Bemühen um eine völlige Läuterung der Metaphern, die feierliche Musikalität seiner schlichten, konzisen Sätze, die an die Sprache der *Bibel* erinnern, und vor allem das *jôgo temporal* (Spiel mit der Zeit), durch das die »kreisförmige« Erzählstruktur bedingt wird, sind einige der künstlerischen Mittel, die seinem Roman ein besonderes Gewicht verleihen. Und schließlich findet sich hier wieder jene geistige Offenheit, die für die erzählende Literatur Brasiliens in den letzten Jahren bezeichnend ist: Nicht mehr das verschlossene Leben wird geschildert, das sich vom Anfang bis zum Ende innerhalb des in sich selbst gefangenen Individuums vollzieht, sondern das Leben, das sich weiten Räumen öffnet; der Mensch durchbricht seinen engen Kreis und trifft den anderen, der Mensch empfindet sich als dynamisches und entscheidendes Element des Kosmos. N.N.C.

AUSGABEN: Rio 1965; 1973. – Lissabon 1974. – São Paulo 1983.

ÜBERSETZUNG: *Das Fort*, C. Meyer-Clason, Hbg. 1969. – Dass., ders., Lpzg. 1983.

LITERATUR: P. G. Bedate, »*O Forte*« (in CHA, 65, 1966, Nr. 193). – Ders., »*O Forte« é a Bahia* (in Suplemento literário do Diário de Notícias, Rio 8. 5. 1968). – J. R. da Paiva, *Níveis de consciência no romance: uma leitura de »O Forte« de A. F.* (in Cadernos de literatura, 16, 1983, S. 51–58).

THEODOR (WIESENGRUND)
ADORNO

* 11.9.1903 Frankfurt am Main
† 6.8.1969 Visp / Wallis

LITERATUR ZUM AUTOR:
Bibliographien:
K. Schultz, *Vorläufige Bibliographie der Schriften Th. W. A.s* (in *Th. W. A. zum Gedächtnis*, Hg. H. Schweppenhäuser, Ffm. 1971, S. 177–239). – C. Pettazzi, *Kommentierte Bibliographie zu Th. W. A.* (in *Th. W. A.*, Hg. H. L. Arnold, Mchn. 1977, S. 176–191 (Text + Kritik; ²1983, erw.). – R. Görtzen, *Th. W. A. Vorläufige Bibliographie seiner Schriften und der Sekundärliteratur* (in *A.-Konferenz 1983*, Hg. L. v. Friedeburg u. J. Habermas, Ffm. 1984, S. 509–556; stw).
Forschungsberichte:
A.-Konferenz 1983, Hg. L. V. Friedeburg u. J. Habermas, Ffm. 1984 (stw). – *Hamburger A.-Symposium*, Hg. M. Löbig u. G. Schweppenhäuser, Lüneburg 1984.
Biographien:
G. P. Knapp, *Th. W. A.*, Bln. 1980. –
R. Wiggershaus, *Th. W. A.*, Mchn. 1987.
Gesamtdarstellungen und Studien:
Zeugnisse. Th. W. A. zum 60. Geburtstag, Hg. M. Horkheimer, Ffm. 1963. – *Über Th. W. A.*, Hg. K. Oppens, Ffm. 1968 (es). – *Th. W. A. zum Gedächtnis. Eine Sammlung*, Hg. H. Schweppenhäuser, Ffm. 1971. – M. Jimenez, *Th. W. A. Art, idélogie et théorie de l'art*, Paris 1973. – F. Grenz, *A.s Philosophie in Grundbegriffen. Auflösung einiger Deutungsprobleme*, Ffm. 1974. – M. Jablinski, *Th. W. A.: ›Kritische Theorie‹ als Literatur- und Kunstkritik*, Bonn 1976. – *Th. W. A.*, Hg. H. L. Arnold, Mchn. 1977; ²1983 (erw.; Text + Kritik). – B. Herrmann, *Th. W. A. Seine Gesellschaftstheorie als ungeschriebene Erziehungslehre ...*, Bonn 1978. – Th. Mirbach, *Kritik der Herrschaft. Zum Verhältnis von Geschichtsphilosophie, Ideologiekritik und Methodenreflexion in der Gesellschaftstheorie Th. W. A.s*, Ffm./NY 1979. – N. Caspar, *Die Philosophie A.s als Modellfall*, Diss. Tübingen 1980. – W. v. Reijen, *A. zur Einführung*, Hbg. 1980; ³1987 [überarb. u. erw.]. – A. Allkemper, *Rettung und Utopie. Studien zu A.*, Paderborn 1981. – P. Ch. Lang, *Hermeneutik, Ideologiekritik, Ästhetik. Über H.-G. Gadamer u. Th. W. A. sowie Fragen einer aktuellen Ästhetik*, Königsstein/Ts. 1981. – W. M. Lüdke, *Anmerkungen zu einer ›Logik des Zerfalls‹: A. – Beckett*, Ffm. 1981 (es). – S. Specht, *Erinnerung als Veränderung. Über den Zusammenhang von Kunst und Politik bei Th. W. A.*, Mchn. 1981. – N. Rath, *A.s Kritische Theorie. Vermittlungen und Vermittlungsschwierigkeiten*, Paderborn 1982. – R. Hoffmann, *Figuren des Scheins. Studien zum Sprachbild und zur Denkform Th. W. A.s*, Bonn 1984. – M. Jay, *A.*, Ldn./Cambridge (Mass.) 1984. – H.-H. Kappner, *Die Bildungstheorie A.s als Theorie der Erfahrung von Kultur und Kunst*, Ffm. 1984. – R. Merten, *A. – Individuum und Geschichte*, Essen 1985. – A. Wellmer, *Zur Dialektik von Moderne und Postmoderne. Vernunftkritik nach A.*, Ffm. 1985 (stw). – J. Früchtl, *Mimesis: Konstellation eines Zentralbegriffs bei A.*, Würzburg 1986. – G. Kimmerle, *Verwerfungen. Vergleichende Studien zu A. und Habermas*, Tübingen 1986.

ÄSTHETISCHE THEORIE

Unvollendete ästhetisch-philosophische Abhandlung von Theodor Wiesengrund ADORNO, 1970 postum herausgegeben von Gretel ADORNO und Rolf TIEDEMANN. – Geplant als Hauptwerk neben der *Negativen Dialektik* (1966) und einem projektierten moralphilosophischen Werk, ist Adornos *Ästhetische Theorie* in mehrfacher Hinsicht Fragment geblieben: Der Tod riß den Verfasser aus der zweiten Redaktionsphase an dem zunächst mündlich diktierten Text heraus. Die heutige provisorische Disposition unterwirft den durchgehenden und doch in vielfältige aphoristische Abschnitte unterteilten Text einer kapitelartigen Anordnung in zwölf Blöcken. Das Inhaltsverzeichnis der Editoren interpretiert diese Gliederung – nicht unproblematisch – in stichwortartigen Haupt- und Untertiteln. Im Anhang folgen nicht eingefügte »Paralipomena«, eine »Frühe Einleitung« sowie ein detailliertes, aber unvollständiges Begriffsregister. Und doch entspricht der editorische Kompromiß auch der Intention des Autors: Befreit von der übergeordneten deduktiven Systematik traditioneller Theorie präsentiert sich die *Ästhetische Theorie* dem Leser als ein offenes, umfassend verwobenes Begriffsnetz mit vielen Ein- und Zugängen. Seine Stringenz ergibt sich gerade aus der parataktischen, gleichgewichtig-konzentrischen Anordnung der Teilkomplexe in Konstellation um einen Mittelpunkt.

Diesen artikuliert der Titel als dialektischen Reibungspunkt zweier komplementärer Grenzüberschreitungen: Kunst werde theoretisch, Theorie werde ästhetisch. So beanspruche die moderne Kunst jenseits des ästhetisch-schönen Scheins einen umfassenden Wahrheitsanspruch gegenüber der Vorherrschaft wissenschaftlicher und philosophischer Theorie. Umgekehrt könne diese nur dann den Wahrheitsanspruch der Kunst prüfen, wenn sie sich in den besonderen Gehalt jedes einzelnen Werkes versenke und sich so für das diskursiv Unbegreifliche, Individuelle, Andere und Fremde der Vernunft sensibilisiere.

Ausgangspunkt der *Ästhetischen Theorie* ist die »*Situation*« klassischer moderner Kunst (von BAUDELAIRE und WAGNER bis SCHÖNBERG und BECKETT). Auf der einen Seite treibe die Kulturindustrie die »*Entkunstung der Kunst*« in den konsumierbaren Unterhaltungsproduktionen und die Ästhetisierung des Warenüberflusses voran. Dem entziehe sich andererseits die radikale moderne Avantgarde seit der Jahrhundertwende, indem sie ihre Bestimmung als »*neue Kunst*« im Sinne des Noch-Nicht-Seienden, Utopisch-Aufgegebenen und Anderen gerade gleichzeitig eröffne und verweigernd aufschiebe. Die ästhetische Moderne breche radikal mit Stilen und Traditionen überhaupt, erschüttere in ihren expressiven Momenten die klassische Werkidee organischer Geschlossenheit, unterhöhle die Verbindlichkeit konventioneller Formen und Gattungen. Sie reflektiere darauf, daß die einstigen Invarianten der musikalischen Zeit, des literarischen Sinns und der bildnerischen Gegenständlichkeit zu verfügbarem Material geworden seien. Dieses werde experimentellen und konstruktiven Verfahren unterworfen, die die Grenzen der individuellen künstlerischen Imagination weit überschritten. In den Werkstätten der Moderne werde in didaktischer Weise über einzelne Werke hinaus der dynamisch-prozessuale Charakter der Kunst(-Verfahren) freigelegt und der Grundwiderspruch jeder künstlerischen Praxis hervorgetrieben: wie intentional-subjektiv hervorzubringen sei, was nicht bloß gewollter und gemachter, sondern notwendig objektiver Ausdruck sein solle.

In der Forderung, die Kunst und ihre Praxis im Verhältnis zur geschichtlich-gesellschaftlichen Situation zu analysieren, knüpft die *Ästhetische Theorie* an die sozialphilosophischen Prämissen der »Kritischen Theorie« der »Frankfurter Schule« an, zu der neben Max HORKHEIMER u. a. auch Adorno zählt. In unorthodox materialistisch-dialektischer Methode begreift Adorno hier die Kunst als soziales Faktum und beharrt doch auf der autonomen Wertsphäre des Ästhetischen und dem spezifischen Wahrheitsgehalt jedes einzelnen Werks. Indem sich die Kunst aus ihren frühen magisch-kultischen und religiösen Funktionszusammenhängen emanzipiert habe, sei sie gezwungen, auf die Symbolisierung einer transzendenten Heilsordnung zu verzichten. Statt dessen halte sie das Versprechen eines umfasseneren Versöhnungs- und Glückszusammenhangs von Gesellschaft, Individuum und Natur in negativ-kritischer Weise, ohne falsch befriedende Verheißung fest. Gegen die bürgerlich-kapitalistische Alleinherrschaft instrumenteller Vernunft, die zu beliebigen Zwecken die ökonomisch-technischen Mittel bereitstelle, sträube sich die Kunst in ihrer Bestimmung nach KANT als in sich »*zweckmäßig ohne Zweck*« und vertrete so im Namen des realen Leidens die Idee einer umfassenderen Rationalität jenseits von Herrschaft und Technik. Dennoch gehe auch in die künstlerische Praxis die von MARX an der sozialen Basis angenommene Dialektik der Produktivkräfte und Produktionsverhältnisse ein: Jedes Werk sei vermittelt durch die konkrete Arbeit des künstlerischen Subjekts auf dem jeweils aktuellen historischen Stand des »*ästhetischen Materials*«. Unter diesem Inbegriff faßt Adorno nicht nur das stoffliche Sujet oder inhaltliche Werkelemente, sondern die gesamte Schichtung akkumulierter künstlerischer Arbeit in den verschiedenen technischen Werkdimensionen. Die zum Material geronnene subjektive Arbeit stehe der nachfolgenden künstlerischen Produktion gleichsam zur Verfügung. Sobald diese sich aufs Material einlasse, werde sie auf den Spuren der bisherigen Verfahren in die noch ungelösten Probleme fortschreitender Materialbeherrschung objektiv-zwingend verstrickt.

In der Kunst überwintere das frühkulturelle Verhalten der »*Mimesis*«, die expressiv-gestische Angleichung des Subjekts in Kult und Magie an die objektiven Schauer und Schrecken der noch übermächtigen Natur. Die Grenze zwischen »Häßlichem« und »Schönem« markiere daher den Übergang von der noch ungeschiedenen Natur und dem ihr korrespondierenden ungezügelten Ausdruck zur Beherrschung und Stilisierung des subjektiven wie objektiven Schauers, der so in einem überwältigt und gerettet werde. Gegen HEGELS idealistischen Vorrang des »Kunstschönen« rehabilitiert Adorno das »Naturschöne« KANTS als ästhetische Grundschicht jedes Kunstwerks. Angesichts der Kolonisierung der Natur durch Gesellschaft und Technik melde sich in der Kunst die Versöhnung mit einer zweiten, zukünftig unentstellten Natur an. In der fernrückenden Distanz der »Aura« entreiße Kunst die Natur ihrer Kontingenz und bringe das, was sie »*mehr zu sagen scheint, als sie ist*«, ihr nicht-empirisch Anderes zur »*Erscheinung*«, »*Apparition*« in den »*Konstellationen*« und »*Augen-Blikken*« einer »*aufblitzenden und vergehenden Schrift*« nach Art des »*Feuerwerks*« (122 ff.). In solcher Entbindung transzendenter, das Werk übersteigender Momente leuchte dessen »Geist« auf – nicht mehr als jenseitige Offenbarung oder als Hegels »*sinnliches Scheinen der Idee*« des absoluten Geistes, sondern als innere Vermittlungsbewegung gerade der sinnlichen Momente. Geistig seien die Werke nicht durch vorgegebene Programmatik und politisches

Engagement, sondern allein in ihrem nicht-diskursiven, rätselhaften »*Schriftcharakter*«, ihrer »*Traumlogik*«, durch ihre mimetische Sprachschicht, zu der der Schlüssel gleichsam verlorengegangen sei. In der Doppelstruktur des Geistes, eingeschrieben ins Werk und zugleich über dieses hinausweisend, zeichne sich der »*Wahrheitsgehalt*« des Werks ab, als Anspruch auf »*Authentizität*«, auf den ereignishaften Zusammenfall von Sagbarem und Unsagbarem. Diese ästhetische Wahrheit ohne Intentionen und Begriffe könne allein von philosophischer Reflexion in negativ umschriebenen Konstellationen des Begriffs eingefangen werden.

Die Krise moderner Kunst erweise als »*Zentrum*« und Problem aller Ästhetik die »*Rettung des Scheins*« und die Rettung als Schein. Damit ist nicht die romantische Kunst der Phantasmagorie und der Illusion gemeint, sondern die Aufgabe aller Kunst, das technisch Gemachte als ein Nicht-Gemachtes, das Scheinbare als ein Wahres erscheinen zu lassen. Die scheinhafte Selbstkonstitution der Kunst erweise sich als kritische Differenz, als konkrete (nicht abstrakte) Negation der sozialen Realität, aus der die entqualifizierten Objekte ästhetisch errettet würden. Diese Rettung sei wiederum scheinhaft, da auch die Stoffe und Elemente der Werke ihre qualitative Andersheit historisch einbüßten und so zum disponiblen Material künstlerischer Techniken verfielen. Insofern habe Kunst an der fortschreitenden gesellschaftlichen Rationalisierung durch instrumentelle Vernunft teil. Die gewagtesten Werke der Moderne versuchten sich dem zu entziehen, indem sie sich in gesteigerter immanenter Durchbildung monadisch gegen von außen herangetragene Sinnzusammenhänge abdichteten und doch einen historischen Zeitkern bewahrten. In ihrem Innern verfolgten sie das Ideal der ungezwungenen mimetischen Ähnlichkeit des Identischen und Anderen durch konsistente Artikulationen, in denen die extreme Hitze des unzensierten Ausdrucks und die äußerste Kälte rationaler Konstruktion – ohne versöhnende Synthese – ineinander umschlügen.

Die Theoreme der Ästhetik Adornos haben nicht zuletzt durch die konkreten Musik- und Literaturanalysen des Autors spätestens seit den sechziger Jahren maßgeblichen Einfluß auf Kunstkritik, philosophische Theoriebildung und die programmatischen Reflexionen zeitgenössischer Künstler gehabt. Neuere Interpretationen versuchen Adornos Konzeption nicht bloß textimmanent, sondern aus kritischen Gegenpositionen weiterzudenken: so A. WELLMER, der im Anschluß an J. HABERMAS den ästhetischen »Wahrheitsgehalt« als spielerische Interferenz verschiedener Geltungsansprüche alltäglicher Kommunikation bestimmt, H. R. JAUSS, der die negativ-utopische Dimension der Kunst rezeptionsästhetisch abschwächt, P. BÜRGER, der die Aufhebung des künstlerischen Scheins in einer befreiten Lebenspraxis denkt, und K. H. BOHRER, der, wie Wellmer feststellt, mit NIETZSCHE die ästhetische Wahrheit zugunsten von momentanem Schocks des Erhabenen abschaffen will. P.Br.

AUSGABEN: Ffm. 1970, Hg. G. Adorno u. R. Tiedemann (in *GS*, Hg. R. Tiedemann, 20 Bde., 1970–1986, 7). – Ffm. 1973; zuletzt 1983, Hg. dies. (stw).

LITERATUR: Th. Baumeister u. J. Kulenkampff, *Geschichtsphilosophie und philosophische Ästhetik. Zu A.s »Ästhetischer Theorie«* (in Neue Hefte für Philosophie, 1973, H. 5, S. 73–104). – G. Kaiser, *Benjamin. A. Zwei Studien*, Ffm. 1974. – G. Figal, Th. W. A. *Das Naturschöne als spekulative Gedankenfigur. Zur Interpretation der »Ästhetischen Theorie« im Kontext philosophischer Ästhetik*, Bonn 1977. – K. Sauerland, *Einführung in die Ästhetik A.s*, Bln./NY 1979. – *Materialien zur »Ästhetischen Theorie«. Th. W. A.s Konstruktion der Moderne*, Hg. B. Lindner u. W. M. Lüdke, Ffm. 1980 (stw). – E. Grohotolsky, *Ästhetik der Negation – Tendenzen des dt. Gegenwartsdramas. Versuch über die Aktualität der »Ästhetischen Theorie« Th. W. A.s*, Königstein/Ts. 1984. – M. Oehme, *Zur sozialen Funktion der Kunst bei Th. W. A.: Kritik, Grenzen und Möglichkeiten der »Ästhetischen Theorie«, ein Beitrag zum spezifischen Wirkungspotential der Musik*, Diss. Lpzg. 1984. – A. Wellmer, *Zur Dialektik der Moderne und Postmoderne. Vernunftkritik nach A.*, Ffm. 1985 (stw). – G. Schrader, *Expressive Sachlichkeit. Anmerkungen zur Kunstphilosophie und Essayistik Th. W. A.s*, Königstein/Ts. 1986. – W. Schoberth, *Das Jenseits der Kunst*, Diss. Erlangen 1986.

AUTHORITARIAN PERSONALITY

(amer.; *Die autoritäre Persönlichkeit*). Eine Untersuchung von Theodor W. ADORNO, Else FRENKEL-BRUNSWIK, Daniel J. LEVINSON und R. NEWITT SANFORD; erschienen 1950. – Diese Studie entstand gegen Ende des Zweiten Weltkrieges in den Vereinigten Staaten und wurde innerhalb der von Max HORKHEIMER und Samuel H. FLOWERMAN herausgegebenen Reihe ›Studies in Prejudice‹ veröffentlicht. Thema der empirischen Studie ist die Analyse des Vorurteils gegenüber Gewerkschaften, Parteien, Wertsystemen, anderen Volksstämmen, vor allem aber gegenüber nationalen Minderheiten wie Negern, Juden, Japanern, die in den USA einen beträchtlichen Teil der Bevölkerung bilden und spezifische Kulturmerkmale aufweisen, die den übrigen Amerikanern fremd sind. Die Verfasser der Studie untersuchen nun nicht die Frage, ob und inwieweit eine Meinung über eine Minderheit – z. B. die, daß die Juden sehr sinnlich oder geschäftstüchtig seien – tatsächlich beweisbaren Eigenschaften entspricht. Vielmehr geht ihre Arbeit von der Hypothese aus, daß nicht in realen, charakteristischen Eigenarten der Juden, sondern in einer vorgefaßten Einstellung die Ursache für das Entstehen einer Meinung, die ein Vorurteil ist, zu suchen sei. Ihr Ziel ist es, eine Persönlichkeitsstruktur des zu Vorurteilen neigenden Menschen zu entwerfen und zu beweisen, daß zwischen Vorurteilen dieser

Art und Phänomenen wie Faschismus und Nationalsozialismus eine Verbindung besteht.

Um dieses Ziel zu erreichen, wurden zwei Verfahren angewandt. Man legte mehr als 2000 Personen sehr umfangreiche Fragebögen vor. Die Fragen, die mit Ja oder Nein beantwortet werden konnten, betrafen Themen, bei deren Beantwortung man mit Vorurteilen rechnete. Bei ihrer Formulierung wurde darauf geachtet, daß der Antwortende, wenn er im Sinn des Vorurteils entscheiden wollte, sein demokratisches Gesicht wahren konnte; sie wurden daher in möglichst harmlos klingender Weise gestellt. Da die Forscher nicht nur beabsichtigten, statistisch auswertbare Ergebnisse über Vorurteile auf verschiedenen Gebieten zu erhalten, sondern auch die zugrunde liegenden Affektstrukturen erhellen wollten, wurden weitere Fragen gestellt, die stichhaltige Daten zur Charakterisierung der zu Vorurteilen neigenden Persönlichkeit ergeben sollten.

Ausschließlich der Erforschung der tieferen Persönlichkeitsschichten dienten die freien Interviews. Man befragte die Personen, die auf Grund der Fragebogenerhebungen als vorurteilsbehaftet oder als vorurteilsfrei galten. Beide Gruppen wurden erneut getestet. Sie mußten einmal zu vorgelegten Bildern frei assoziieren, zum anderen Suggestivfragen spontan beantworten. Dadurch sollten die Verschiedenheiten beider Testgruppen im Persönlichkeitsaufbau und in der Persönlichkeitsentwicklung herausgearbeitet werden.

Das Ergebnis der Untersuchung war ein präzises Persönlichkeitsbild des Menschen, der zu Vorurteilen neigt, des potentiellen Faschisten oder »Ethnozentrikers«, wie er in der Studie genannt wird. Der Ethnozentriker erlebt die Gesellschaft in zwei Gruppen: der einen rechnet er sich selbst zu, die zweite ist die der »Anderen«, derer, die außerhalb seines Lebensbereiches stehen. Die Gesellschaft ist für ihn geteilt und abgegrenzt: hier Weiße, dort Neger, hier reine Amerikaner, dort Juden. Während er sich mit dem eigenen Gesellschaftskreis uneingeschränkt und kritiklos identifiziert, distanziert er sich von dem anderen und begegnet ihm feindlich. Die Anderen sind unmoralisch, schlecht, gefährlich, unrein. Daß alle Außengruppen für ihn dieselben negativen Merkmale haben, ist für das Gesellschaftsbild des Ethnozentrikers typisch. Weil sie gefährlich sind, müssen sie von der eigenen Gruppe in Schach gehalten, d. h. unterdrückt werden. Logische Argumente und Tatsachen vermögen die Einstellung des Ethnozentrikers nicht zu beeinflussen: er orientiert sich nicht an den erfahrbaren Realitäten. Sein Denken ist unbeweglich, seine Urteile sind borniert und in starre Kategorien gefaßt. Er reflektiert nicht, ist extravertiert und erstrebt Macht, Prestige und Einfluß. Er bewertet Stärke sehr hoch und unterdrückt und verachtet Schwäche bei sich und anderen. Er ist phantasie- und gefühlsarm, wenig schöpferisch und von mittlerer Intelligenz. Auf der politischen Ebene neigt er mehr zu den Konservativen als zu den Liberalen. Sein konfessionelles Engagement ist beständig.

Diese Studie über das Vorurteil und seine gesellschaftliche Bedeutung ist die umfangreichste über dieses Thema. Während andere Untersuchungen nur Teilaspekte des Problems beleuchteten, wird in dieser nach verschiedenen methodischen Verfahren und auf einer möglichst breiten Ebene das Problem angegangen und systematisch analysiert. Dazu war eine enge Verknüpfung soziologischer und psychologischer Fragestellungen notwendig. Der Studie kommt insofern große Bedeutung zu, als sie einen wichtigen Ansatzpunkt liefert, um den verkappten Faschismus aufzudecken, der sowohl in Amerika wie in Europa eine latente Gefahr für die Demokratie bildet. Auch gibt sie die Möglichkeit, Rassenvorurteile in ihrem Kern zu verstehen.

P.Wa.-KLL

AUSGABEN: NY 1950 (Studies in Prejudice; The American Jewish Committee; Social Studies Series, 3). – NY 1964. – Ffm. 1974 (in *GS*, Hg. R. Tiedemann, 20 Bde., 1970–1986, 9; Ausw.). – NY 1982 [gek.].

ÜBERSETZUNGEN: *Der autoritäre Charakter. I: Studien über Autorität und Vorurteil*, E. v. Schenck u. a., Amsterdam 1968; ²1977 [gek. dt. Fassg. der Bde. I–III u. V der *Studies in Prejudice*, NY 1950; Vorw. M. Horkheimer]. – *Studien zum autoritären Charakter*, M. Weinbrenner, Ffm. 1973; zuletzt 1982 (Vorw. L. v. Friedeburg; st).

LITERATUR: P. R. Hofstätter, *Minoritätsprobleme* (in *Psychologie*, Hg. P. R. H., Ffm. 1957, S. 208 ff.; Das Fischer Lexikon, 6). – Ders., *Gruppendynamik, Kritik der Massenpsychologie*, Hbg. 1957, S. 188 ff. – P. Heintz, *Zur Problematik der Autoritären Persönlichkeit* (in Kölner Zs. f. Soziologie u. Sozialpsychologie, 9, 1957, S. 28–49). – Ders., *Vorurteile u. Minoritäten* (in *Soziologie*, Hg. R. König, Ffm. 1958, S. 305 ff.; Das Fischer Lexikon, 10). – G. E. Rusconi, *La critica sociologica di T. W. A.* (in Revista di Filosofia Neo-scolastica, 54, 1962, H. 1, S. 33–58).

DIALEKTIK DER AUFKLÄRUNG. Philosophische Fragmente

Sozialphilosophische, sozialpsychologische und wissenschaftstheoretische Untersuchungen von Theodor W. ADORNO und Max HORKHEIMER (1895–1973), entstanden aus Notizen, die Gretel ADORNO 1942–1944 bei Diskussionen zwischen Horkheimer und Adorno in Santa Monica/USA gemacht hat; zunächst 1944 in hektographierter Form publiziert anläßlich des 50. Geburtstags des Soziologen Friedrich POLLOCK, mit einigen späteren Zusätzen veröffentlicht 1947, schließlich in leicht veränderter Fassung 1969. – Die Verfasser gehen bei ihrer Untersuchung, die in den dunkelsten Jahren des Zweiten Weltkriegs (Perversion der Russischen Revolution im Stalinismus, Sieg des Faschismus in Europa) entstand, von der These

aus, daß »*die Freiheit in der Gesellschaft vom aufklärenden Denken unabtrennbar ist*«, daß aber »*der Begriff eben dieses Denkens, nicht weniger als die konkreten historischen Formen, die Institutionen der Gesellschaft, in die es verflochten ist, schon den Keim zu jenem Rückschritt enthalten, der heute überall sich ereignet*«. Aufklärerisches Denken muß also die Reflexion über dieses in seinem eigenen Begriff angelegte, dialektische Moment des »Rückschritts« in sich aufnehmen, wenn es sich nicht selbst zerstören will. Konkret ist dies den Verfassern zufolge identisch mit dem Bemühen um »*die Erkenntnis, warum die Menschlichkeit, anstatt in einen wahrhaft menschlichen Zustand einzutreten, in eine neue Art von Barbarei versinkt*«. Bereits im ersten Abschnitt des Buches, *Begriff der Aufklärung*, zeigen Adorno und Horkheimer die »*dialektische Verschlingung von Aufklärung und Herrschaft, das Doppelverhältnis des Fortschritts zu Grausamkeit und Befreiung*«. Zwei Tendenzen der Aufklärung, die nicht nur als historisches Phänomen des 18.Jh.s, sondern generell als die Hauptrichtung des westlich-europäischen Denkens schon der Griechen und dann insbesondere der letzten vierhundert Jahre verstanden wird, stehen im Mittelpunkt der Erörterung: die radikale Tendenz zur Entmythologisierung und die universale Formalisierung und Mathematisierung des Denkens: »*Beharrt wird auf der Zerstörung von Göttern und Qualitäten ... Aufklärung ist totalitär.*« Dabei ist der Mythos, den die Aufklärung zerstören will, selbst schon ein Stück Aufklärung gewesen: »*Der Mythos wollte berichten, nennen, den Ursprung sagen: damit aber darstellen, festhalten, erklären.*« Die Aufklärung schlägt aber ihrerseits in Mythologie zurück; denn »*je weiter die magische Illusion entschwindet, um so unerbittlicher hält Wiederholung unter dem Titel Gesetzlichkeit den Menschen in jenem Kreislauf fest, durch dessen Vergegenständlichung im Naturgesetz er sich als freies Subjekt gesichert wähnt. Das Prinzip der Immanenz, der Erklärung jeden Geschehens als Wiederholung, das die Aufklärung wider die mythische Einbildungskraft vertritt, ist das des Mythos selber.*«
Im Laufe der ausführlichen und differenzierten Darlegungen der Zusammenhänge zwischen Philosophie und gesellschaftlichen Formen, zwischen Erkenntnisarten und Formen der Arbeitsteilung, zwischen Rationalität und gesellschaftlicher Wirklichkeit finden sich scharfe Polemiken gegen die zum Positivismus verkommene Aufklärung, der die Welt nur als unentrinnbare, gigantische, selbst wieder mythische Funktion, als ein einziges analytisches, gegen alle Qualitäten und Inhalte sich abdichtendes Urteil erscheint: »*Das Tatsächliche behält recht, die Erkenntnis beschränkt sich auf seine Wiederholung, der Gedanke macht sich zur bloßen Tautologie.*« Folge dieser Einstellung in Verbindung mit der kapitalistischen bzw. liberalistischen herrschaftlichen Gesellschaftsordnung ist die Rückbildung des Denkens zum Instrument industrieller Herrschaft (Quantifizierung des Denkens, Trennung von Denken und Lust, Unfähigkeit zu differenzierter Erfahrung usw.). In der Gegenwart wandelt sich daher Aufklärung, die doch »*der Gedanke, der aus dem Banne der Natur heraustritt*«, sein möchte, zum »*totalen Betrug der Massen*«. – Es folgen zwei Exkurse, deren Gegenstand einmal die *Odyssee* bzw. die in dieser zu verfolgende Dialektik von Mythos und Aufklärung ist. Die Fahrt des Helden der *Odyssee*, die als »*eines der frühesten repräsentativen Zeugnisse bürgerlich-abendländischer Zivilisation*« gelten darf, wird interpretiert als Kampf des sich erst bildenden, gegen frühe (animistische, magische, chthonische) Schichten der menschlichen Vorwelt sich durchsetzenden Ich; die *Odyssee* wird dechiffriert als »*Urgeschichte der Subjektivität*«. Im zweiten Exkurs, *Juliette oder Aufklärung und Moral*, wird die rationalistische Zersetzung aller bürgerlich-aufklärerischen Moralkategorien bei DE SADE und NIETZSCHE dargestellt. De Sades Werk »*enthüllt den mythologischen Charakter der Prinzipien, auf denen nach der Religion die Zivilisation beruht: des Dekalogs, der väterlichen Autorität, des Eigentums ... jedes einzelne der zehn Gebote erfährt den Nachweis seiner Nichtigkeit vor der Instanz der formalen Vernunft. Sie werden ohne Rest als Ideologien nachgewiesen*«, und NIETZSCHES Schriften, insbesondere *Zur Genealogie der Moral* (1887), entlarven Wissenschaft und Moral als ideologische Ausdrucksformen eines pervertierten Willens zur Macht; analog hierzu denunzieren Horkheimer/Adorno Wissenschaft und Moral als Verkörperungen einer nur noch »instrumentellen« Vernunft. So zersetzt die Aufklärung fortschreitend kraft ihres eigenen Prinzips auch noch jenes »*Minimum an Glauben*«, die Prinzipien der Tugend und der allgemeinen Menschenliebe, an denen das Bürgertum noch festhielt, bis auch diese Maximen vor dem wirtschaftlichen Wachstum und dem hereinbrechenden Faschismus zunichte wurden. – Im Abschnitt *Kulturindustrie*, der als Fortsetzung von und Widerspruch zu Walter BENJAMINS Aufsatz *Das Kunstwerk im Zeitalter seiner technischen Reproduzierbarkeit* von 1936 gelesen werden muß, wenden sich die Autoren der Regression der Aufklärung in den nivellierten Produkten des Films und des Radios zu. Die von den Massenmedien adaptierte oder gleich mit rigoros standardisierten Produktionsmitteln hergestellte Kunst ist reduziert aufs bloße Amüsement; die Produkte sind total systemgerecht (Seifenopern, Schlager, Bestseller) und zeigen einen neuen »Stil« von entsetzlicher Gleichheit und Geschlossenheit: Die Kulturindustrie wiederholt mit läppischen Variationen »*das Immergleiche*«. Ein Tabu liegt dabei allerdings noch immer auf der Sexualität bzw. auf deren freier Darstellung, selbst wenn Sexuelles dauernd im Mittelpunkt steht, denn: »*Kunstwerke sind asketisch und schamlos, Kulturindustrie ist pornographisch und prüde.*« Selbst Tragik wird in den Darbietungen der Kulturindustrie zum einkalkulierten und bejahten Moment der Welt gemacht: »*Die Kulturindustrie weist der Tragik ihre feste Stelle in der Routine zu.*« – In dem vorletzten Abschnitt *Elemente des Antisemitismus*, an dessen Formulierung z. T. auch Leo LÖWENTHAL (* 1900) mitarbeitete, erörtern die Auto-

ren die Ursachen des größten und aktuellsten Ausbruchs moderner Barbarei in der Gestalt des faschistischen Antisemitismus. Als Ursprünge des Antisemitismus gelten ihnen religiöse Gründe, sodann jene »*Idiosynkrasie*«, die Antisemiten als Grund ihrer Abneigung gegen die Juden angeben und die selbst Untersuchungsgegenstand ist; eine weitere wichtige Quelle des Antisemitismus ist das psychologische Faktum der »*falschen Projektion*« als eines paranoiden Charakterzuges, der seinerseits wieder aus den zivilisatorisch verdrängten und in ihrer Äußerung heute daher krankhaften mimetischen Trieben des Menschen herzuleiten ist; aber »*das Pathische am Antisemitismus ist nicht das projektive Verhalten als solches, sondern der Ausfall der Reflexion darin*«, d. h. der Wegfall der die Projektion rational korrigierenden Instanz bei den faschistischen Verführten und Henkern.

Den Schluß des Buches bilden kurze Stücke philosophischer Prosa, in deren Themen und Denkstil sich schon deutliche Anklänge an Adornos Buch *Minima Moralia* (1951) finden. Der Untertitel *Philosophische Fragmente*, den die *Dialektik der Aufklärung* trägt, weist ebenso wie die Bemerkung »fortzusetzen« am Ende des Abschnitts *Kulturindustrie* deutlich voraus auf die folgenden Arbeiten der Autoren, insbesondere Adornos *Negative Dialektik* (1967) sowie die nach seinem Tod als Fragment veröffentlichte *Ästhetische Theorie* (1970). Die *Dialektik der Aufklärung*, Horkheimer/Adornos »schwärzestes Buch« (Jürgen HABERMAS), erreichte einen außerordentlichen Einfluß auf die intellektuelle Entwicklung der Bundesrepublik, insbesondere als das Buch im Zusammenhang mit der Studentenbewegung als Raubdruck vervielfältigt und dann 1971 nochmals mit Zustimmung der Autoren als Taschenbuch neu aufgelegt wurde; die Diskussion dieses Werks dauerte an bis in die Erörterungen des Begriffs und der Situationsanalyse der »Postmoderne« auf dem Frankfurter Kongreß »Zukunft der Aufklärung« im Dezember 1987.

Auch Werke, die den – und sei's auch kritischen – Bezug auf die *Dialektik der Aufklärung* nicht offen eingestehen, wie etwa Hans BLUMENBERGS *Arbeit am Mythos* (1979), entstammen doch einer intensiven Auseinandersetzung insbesondere mit der dort gelieferten Deutung des Verhältnisses von Aufklärung und Mythos; der Geschichtspessimismus der achtziger Jahre entdeckte dieses Buch wieder, dessen Autoren zum Zeitpunkt seiner Niederschrift (und, weniger deutlich, auch später noch) kein Vertrauen mehr in das positive Potential der spätkapitalistischen Gesellschaft noch auch in das Vernunftpotential der bürgerlichen Kultur mehr hatten: »*Die vollends aufgeklärte Erde strahlt im Zeichen triumphalen Unheils*« – solche Sätze von Horkheimer/Adorno sind aktuell angesichts des riesig angewachsenen atomaren Vernichtungspotentials in Ost und West oder auch im Hinblick auf die bis jetzt nicht bewältigbaren ökologischen Nebenfolgen des modernen technisch-industriellen Komplexes. Nicht übersehen werden aber darf die in der *Dialektik der Aufklärung* vorgenommene Ausgrenzung sinnvoller fachwissenschaftlicher Arbeit. Wissenschaft wird mit ihrer produktionstechnischen und sozialtechnischen Anwendung identifiziert und als »positivistisch«, »instrumentalistisch« etc. diskreditiert (Helmut DUBIEL). Auch der Vernunftbegriff, der der Verfallsgeschichte der »Dialektik der Aufklärung« zugrunde liegt, muß ein ursprüngliches Verhältnis von Natur und Geist voraussetzen, ohne diese Voraussetzung systematisch einlösen zu können. Die Abwendung von der »Kritischen Theorie«, die einige vorgenommen haben, geschieht aber auch unter neuen Prämissen. Jürgen HABERMAS' systemtheoretische Implikationen des Gesellschaftsbegriffs bedingen ein Gesellschaftskonzept, das durch das Verständnis der Sprache als dem kommunikativen Medium in enger Verbindung mit der Vernunft gedacht werden muß. Vieles spricht dafür, daß die Weiterentwicklung der »Kritischen Theorie« durch Jürgen Habermas keine Ergänzung, sondern ein ganz neuer und anderer Ansatz in der Geschichte der Sozialphilosophien ist. J.Dr.–K.H.N.

AUSGABEN: NY 1944 (*Philosophische Fragmente*; unvollst.). – Amsterdam 1947. – Amsterdam 1955. – Ffm. 1969. – Ffm. 1971; zuletzt 1986 (FiTb). – Ffm. 1981 (in *GS*, Hg. R. Tiedemann, 20 Bde., 1970–1986, 3).

LITERATUR: H. L. Matzat, *M. H. und T. W. A.: »Dialektik der Aufklärung«* (in Philosophischer Literaturanzeiger, 1, 1949/50, S. 27–30). – I. Müller-Strömsdörfer, *Die »helfende Kraft bestimmter Negation«* (in Philosophische Rundschau, 8, 1960, S. 81–105). – G. E. Rusconi, *La critica sociologica di T. W. A.* (in Revista di Filosofia Neo-Scolastica, 54, 1962, S. 33–58). – F. Tomberg, *Utopie und Negation zur Kunsttheorie T. W. A.s* (in Das Argument, 5, H. 26, Juli 1963, S. 36–48). – O. K. Werckmeister, *Das Kunstwerk als Negation zur Kunsttheorie T. W. A.s* (in NRs, 73, 1962, S. 111–130). – V. Rittner, *Horkheimer/A.: »Die Dialektik der Aufklärung«* (in *Abstraktion und Geschichte. Rekonstruktionen des Zivilisationsprozesses*, Hg. D. Kamper, Mchn. 1975, S. 126–160). – Ch. Hubig, *»Dialektik der Aufklärung« und neue Mythen. Eine Alternative zur These von A. und Horkheimer* (in *Philosophie und Mythos. Ein Kolloquium*, Hg. H. Poser, Bln./NY 1979, S. 218–240). – J. Habermas, *Die Verschlingung von Mythos und Aufklärung. Bemerkungen zur »Dialektik der Aufklärung« – nach einer erneuten Lektüre* (in *Mythos und Moderne*, Hg. K. H. Bohrer, Ffm. 1983, S. 405–431). – S. Cochetti, *Mythos und »Dialektik der Aufklärung«*, Ffm. 1985. – O. Thal, *Realismus und Fiktion. Literatur- und filmtheoretische Beiträge von Th. W. A., G. Lukács, S. Kracauer u. A. Bazin*, Dortmund 1985. – *Vierzig Jahre Flaschenpost. »Dialektik der Aufklärung« 1947–1987*, Hg. W. v. Reijen u. G. Schmid-Noerr, Ffm. 1987 (FiTb).

MINIMA MORALIA. Reflexionen aus dem beschädigten Leben

Philosophisches Werk von Theodor W. ADORNO, entstanden 1944 bis 1947, erschienen 1951. – Das Max HORKHEIMER gewidmete Buch steht, wie schon die im Titel enthaltene Anspielung auf die Aristotelischen *Ethika megala* andeutet, in der Tradition der philosophischen Ethik. Doch kann es dem Dialektiker Adorno nicht darum gehen, spruchartig und abstrakt positive ethische bzw. moralische Normen zu deduzieren oder zu setzen; vielmehr bezieht er sich nur indirekt auf eine im Hintergrund stehende utopische Idee des richtigen Lebens, des *beate vivere*, die nicht ausgemalt, sondern nur negativ, in der betrachtenden Versenkung in die Phänomene des falschen, entfremdeten, »beschädigten Lebens«, beschworen wird mit der Überzeugung, daß »*die vollendete Negativität, einmal ganz ins Auge gefaßt, zur Spiegelschrift ihres Gegenteils zusammenschießt*«. Adornos Reflexionen, dargeboten in rund 150 vom Aphorismus bis zum fünfseitigen Kurzessay reichenden Abschnitten, unter »*Verzicht auf expliziten theoretischen Zusammenhang*«, sind der Philosophie HEGELS verpflichtet und widersprechen ihr zugleich; die dialektische Denkbewegung führt bei Adorno am Ende nicht zu einem positiven Systemabschluß, sondern bleibt kritisch und fragmentarisch, in der – selbst wieder hegelianischen – Überzeugung: »*Das Leben des Geistes gewinnt seine Wahrheit nur ..., indem er dem Negativen ins Angesicht schaut, bei ihm verweilt*« (G. W. F. Hegel).

In allen Abschnitten des Buches geht Adorno vom denkenden und erfahrenden Subjekt aus, das als die »*Grundkategorie*« der bürgerlichen Gesellschaft verstanden wird; obwohl von der »*Totalstruktur* [der spätkapitalistischen, latent faschistischen Gesellschaft] *umklammert, welche die einzelnen Subjekte erst zu bloßen Momenten reduziert, um sie dann, als Ohnmächtige und Abgetrennte, zum Kollektiv zu vereinen*«, obwohl also historisch dem Untergang geweiht, hat doch das Subjekt zugleich »*an Fülle, Differenziertheit, Kraft ebensoviel gewonnen*«, und da die Gesellschaft wesentlich die Substanz des Individuums ist, »*vermag die gesellschaftliche Analyse aber auch der individuellen Erfahrung unvergleichlich viel mehr zu entnehmen, als Hegel konzedierte*«. Konkret geht der Verfasser meist aus von seinen eigenen Wahrnehmungen, seinem privaten Bereich, dem des spätbürgerlichen Intellektuellen in Deutschland und in der Emigration, der sich aber nicht unkritisch zu seinen eigenen Ursprüngen verhält. Seine Erwägungen, immer überschattet von der Kenntnis des Entsetzlichen, das der Faschismus den Menschen und vor allem den Juden antat, haben die verschiedensten Aspekte des Lebens zum Gegenstand: politische und persönliche Moral, Liebe, Ehe und Tod, Probleme der Psychoanalyse, der modernen Ästhetik, der Massenmedien und der philosophischen Theorie ebenso wie Beobachtungen zur Verrohung der Umgangsformen und zum Verfall der Wohnkultur. Mit der ganzen Fülle der Sensibilität und Bildung des Abkömmlings des westeuropäischen Großbürgertums spürt Adorno, unter dem schockhaften Eindruck, den das Leben in der hochindustrialisierten Gesellschaft der USA wohl auf ihn machte, den gesellschaftlichen Tendenzen nach, die er zwar am Leben in den Vereinigten Staaten abliest, in denen er aber die Kräfte der Barbarei erkennt, die zunehmend auch das europäische Leben prägen werden und dort schon den Faschismus heraufgeführt hatten. In liebevoller, oft fast zärtlicher »*gewaltloser Betrachtung, von der alles Glück der Wahrheit kommt*«, zugleich aber mit großer Schärfe des Begriffs, geschult an der marxistischen Gesellschaftstheorie und an den Einsichten Sigmund FREUDS, bedenkt Adorno gerade unscheinbare Details an Lebensäußerungen, Umgangsformen und Kunstwerken und sucht sie in ihrer Verbundenheit mit dem gesellschaftlichen Zustand durchsichtig zu machen, den er als in einem spezifischen Sinn »*totalitär*« bezeichnet: Noch die letzten Regungen der Menschen werden genormt durch den immensen politisch-gesellschaftlichen Druck, dem – auch außerhalb faschistischer oder kommunistischer Staaten – alle Individuen ausgesetzt sind; er äußert sich am augenfälligsten in der zur »*Kulturindustrie*« gewordenen Kultur, die, insbesondere durch die »*kalkulierte Idiotie*« der Massenmedien, die tradierten Gedanken und Werke für die durch die fortschreitende Arbeitsteilung zur Erfahrungsarmut verurteilten Subjekte zu konsumierbaren »*Bildungsgütern*« zurichtet. Gegenbild des so zugerichteten Subjekts ist Adorno vor allem das aller Erfahrung aufgeschlossene, noch nicht durchs Erwerbsleben verstümmelte, allen Erfahrungen preisgegebene Kind, und das heimliche utopische Gegenbild der in den *Minima Moralia* entworfenen negativen Anthropologie der Massengesellschaft, der Adornosche Inbegriff von Glück ist die »*vollständige Triebbefriedigung, die nicht um den Preis infantiler Regression erkauft wäre.*«

Die Sprache der *Minima Moralia*, des vielleicht »künstlerischsten« Buches des Gesellschaftstheoretikers und Musiksoziologen Adorno, zeigt eine fast dichterische Fülle und Nuanciertheit, ein Nebeneinander von begrifflicher und polemischer Schärfe und empathischem Sich-Einlassen auf Erfahrungen, die der Autor nicht nur in der Emigration, in der englischen und amerikanischen Gesellschaft, sondern schon im deutschen Bürgertum der zehner und zwanziger Jahre machte, in das er aufgewachsen war. Stil und Darbietungsweise sind geschult an den großen Aphoristikern bzw. philosophischen Essayisten der deutschen Tradition, an LICHTENBERG, NIETZSCHE, Karl KRAUS, vor allem aber auch an den Schriften seines Freundes Walter BENJAMIN (insbesondere *Einbahnstraße*, 1928; *Berliner Kindheit um Neunzehnhundert*, 1951 bzw. 1987), der sich ähnlich wie Siegfried KRACAUER und Ernst BLOCH jenes mikrologischen Blicks bediente, der aus scheinbaren Randphänomenen des gesellschaftlichen Alltags Tendenzen der sozialen und kulturellen Entwicklung abliest. Alle Abschnitte des Buches »*wollen Einsatzstellen markieren oder Modelle abgeben für kommende Anstrengung des Begriffs*«, und in der Tat klingen in den *Minima Moralia* Problemstellungen und Gedanken bisweilen sehr persönlich, auch aperçuhaft an, die der Verfasser dann in der gleichzeitig entstehenden *Dialektik der Aufklärung* (1947) sowie in seinen Publikationen der fünfziger und sechziger Jahre, zuletzt in der *Negativen Dialektik* (1966) und der *Ästhetischen Theorie* (1970), ausführlich dargestellt hat.

Die Wirkung des Buches auf die Generation der in den späten fünfziger und in den sechziger Jahren studierenden Intellektuellen und auf den Ton der Kulturkritik und Ideologiekritik, soweit sie Ingrendiens aller Gesellschaftstheorie und auch aller Film-, Musik- und Literaturkritik jener Jahre war, ist kaum if zu überschätzen; die *Minima Moralia* waren ein erstes ›Kultbuch‹ und wurden gelesen wie ein »*heiliger Text*« (Michael Rutschky).

Was mag von all diesen enthusiastischen Wirkungen des Textes bleiben, nachdem an die Stelle der existentialistisch gefärbten Nachkriegssituation normale Zeiten – der Alltag sozusagen – getreten sind? Adornos Reflexionen waren der Versuch individueller Selbstfindung angesichts des Grauens der Judenvernichtung und des Unheils der deutschen Vergangenheit. In deutscher Sprache über das Verhältnis von Individuum und Gesellschaft zu schreiben, bedeutete, Auschwitz als die Negation des Menschlichen schlechthin begreifen und diese Negation noch einmal negieren zu müssen. Hinter dem zeitgenössischen aktuellen Motiv der nötigen Vergangenheitsbewältigung liegt jedoch noch ein anderer Strom des Empfindens, der das Individuum zu überschwemmen droht: das Empfinden, daß das Individuum im Geflecht gesellschaftlicher Beziehungen nur noch eine auswechselbare Variable konstanter gesellschaftlich-materieller Verhältnisse der Reproduktion ist. Niemand hat in der Moderne diesen Ängsten der Zerstörung des Ich vehementer Ausdruck gegeben als Jean-Jacques Rousseau. In dessen Fußstapfen steht Adorno, wenn er in der *Dialektik der Aufklärung* auf die bedrohlichen Folgen der Wissenschaft aufmerksam macht oder wenn er in den *Minima Moralia* das Menetekel der lautlosen Vernichtung des Individuellen an die Wand malt. Nicht zuletzt diese beschwörenden Beobachtungen sind es, die dem Text innerhalb der Gattung der moralischen Gesellschaftskritik eine bleibende Aktualität sichern werden. J.Dr.–K.H.N.

Ausgaben: Bln./Ffm. 1951; Ffm. ³1967. – Ffm. 1969; zuletzt 1983 (BS). – Ffm. 1980 (in *GS*, Hg. R. Tiedemann, 20 Bde., 1970–1986, 4).

Literatur: R. Schottlaender, Rez. (in Philosophischer Literaturanzeiger, 3, 1951, S. 281 f.). – M. Rychner, *Moral an Kleinigkeiten* (in M. R., *Sphären der Bücherwelt, Aufsätze zur Literatur*, Zürich 1952, S. 235–243). – I. Müller-Strömdörfer, *Die ›helfende Kraft bestimmter Negation‹* (in Philosophische Rundschau, 8, 1960, S. 81–105). – P. Bürger, *Das Altern der Moderne* (in *A.-Konferenz 1983*, Hg. L. v. Friedeburg u. J. Habermas, Ffm. 1984, S. 177–197; stw). – H. R. Jauss, *Der literarische Prozeß des Modernismus von Rousseau bis A.* (ebd., S. 95–130). – A. Wellmer, *Wahrheit, Schein. Versöhnung. A.s ästhetische Rettung der Modernität* (ebd., S. 138–176; auch in A. W., *Dialektik der Moderne und Postmoderne*, Ffm. 1985; stw). – M. Rutschky, *Erinnerungen an die Gesellschaftskritik* (in Merkur, 38, 1984, Nr. 423, S. 28–38). – R. Schurz, *Ethik nach A.*, Ffm. 1985.

NEGATIVE DIALEKTIK

Philosophisches Werk von Theodor W. Adorno, geschrieben 1959–1966, erschienen 1966. – In einer untrennbaren Einheit von methodischer Reflexion und inhaltlicher Analyse versucht Adorno in diesem Buch eine Rechtfertigung des Verfahrens zu geben, dessen er sich bei seinem Philosphieren bedient, allerdings nicht im Sinne einer nachträglichen Grundlegung seiner vorangegangenen »*materialen Arbeiten*«, sondern im Sinn einer eigenständigen »*Methodologie*«. Die Wahrheit seiner Einsichten soll sich dabei in begrifflicher, aber in dieser Begrifflichkeit immer sachbezogener, »materialistischer« Arbeit als Evidenz herstellen. Absicht des Autors ist es, »*mit der Kraft des Subjekts den Trug konstitutiver Subjektivität zu durchbrechen*«, d. h., vom denkenden Subjekt ausgehend, aber antisystematisch darzulegen, daß die Kraft des denkenden Subjekts sich nur in der Kritik erhält, die, Negativ des Positiven, des »Systems«, dieses als mit Gedanken nicht oder nicht mehr herstellbares zeigt. Diese Ohnmacht des Denkens deutet auf die falsche Macht des Bestehenden und überführt die Gesellschaft ihrer Unfähigkeit, Vernunft zu verwirklichen. Damit erweist sich Adornos Denken als der großen Tradition der Philosophie der Subjektivität, wie sie im deutschen Idealismus auftrat, zugehörig, und zwar als deren bestimmte Negation.

Grundeinsicht Adornos ist die in die Differenz zwischen Denken und seinem Gegenstand. Gerade das, was vom Gegenstand nicht eingeht in den identifizierenden Gedanken, was der Gedanke als allgemeiner von der Besonderheit wegläßt, wäre auf den Begriff zu bringen; das konkrete Einzelne nicht durch generalisierende Begriffe zu verdecken. Zentral ist daher allen Versuchen eines inhaltlichen, materialistischen Denkens das Aufweisen dieses Widerspruchs; dies geschieht mittels der Dialektik. »Negativ« heißt sie, weil sie ihre Negation nicht wieder in Affirmation und damit Setzung eines scheinversöhnten Positiven verwandelt. Aber gerade im Festhalten der Negativität überlebt die Sehnsucht nach realer Versöhnung. Der Ausarbeitung dieses Gedankens dient die Einleitung des Buchs, die sich mit dem Begriff und den Methoden philosophischer Erfahrung beschäftigt. – Im darauffolgenden ersten Teil des Werks, *Verhältnis zur Ontologie*, setzt sich Adorno mit dem Hauptgegner dialektischen Denkens, der Ontologie und insbesondere der Philosophie Martin HEIDEGGERS, auseinander, deren Kritik schon das Thema von Adornos philosophisch-sprachkritischem Pamphlet *Jargon der Eigentlichkeit. Zur deutschen Ideologie* (1964) war. Die ontologische Philosophie wird aus dem geistig-gesellschaftlichen Bedürfnis verstanden, dem sie antwortet, und wird kritisiert wegen der Gleichsetzung ihrer Gedanken mit vorgeblichen Grundbestimmungen des Seins selbst; solch scheinbare Identität erreicht sie – laut Adorno – nur um den Preis totaler Entleerung von konkreter gesellschaftlicher Erfahrung. Damit rechtfertigt sie das schlechte Bestehende noch und gerade da, wo sie mit Verachtung sich darüber zu erheben vermeint: *»Von der ewigen Idee, an der das Seiende teilhaben oder durch die es bedingt sein sollte, ist nichts übrig als die nackte Affirmation dessen, was ohnehin ist: Bejahung der Macht.«* – Der zweite Teil, *Negative Dialektik. Begriff und Kategorien*, exponiert die Idee der negativen Dialektik selbst. Gezeigt wird, daß sie möglich und notwendig ist, wenn das Denken seinen Gegenstand, das zu Denkende *»auch dort«* respektieren will, *»wo er den Denkregeln nicht willfahrt«*. Im dritten Teil werden *Modelle* negativer Dialektik gegeben. Freiheit ist nur im Aufweis konkreter Unfreiheit, also negativ bestimmbar *(Freiheit. Zur Metakritik der praktischen Vernunft)*. Der Gegensatz Natur und Geschichte ist nicht zu ontologisieren; beiden wäre zu ihrem Recht zu verhelfen, indem man Natur als Geschichte, Geschichte als Natur denkt und ihre von Menschen gemachte Entfremdung zeigt *(Weltgeist und Naturgeschichte. Exkurs zu Hegel)*. Das letzte Modell, *Meditationen zur Metaphysik*, durchdenkt Fragen der Metaphysik in einer Selbstreflexion dessen, dem die Erfahrung des Grauens hemdsärmelig-naives Fragen nach dem »Sinn« verbietet. Im Schrecken erfährt das Denken wie nie sonst reale Ohnmacht. Doch nur wenn es bleibt, kann es diese Erfahrung dem Weltlauf entgegensetzen; Philosophie darf *»nicht abdanken, wenn nicht Stumpfsinn in verwirklichter Widervernunft triumphieren soll«*. Als Schüler der großen Philosophie, insbesondere KANTS und HEGELS, erweist Adorno sich, wenn er die Philosophie mit dem in ihr angelegten Wahrheitsanspruch konfrontiert; gesellschaftliche Erfahrung spürt er in ihr auf und mobilisiert sie gegen sie.

Adornos Sprache, nicht frei von Manierismen, aber präzis, erfüllt in der *Negativen Dialektik* eine doppelte Funktion: Ihre subjektive Seite hält den Gedanken an das Subjekt aufrecht, das da spricht. Sie gibt sich nicht den Anstrich einer das Individuum übersteigenden Pseudo-Allgemeinheit, wie die Fachsprache sie beansprucht. Auf der objektiven Seite ist ihre zu Unrecht beklagte Abstraktheit Ausdruck eines Konkreten: Sie läßt die Bewegung des Gedankens als Gedanke erscheinen und bildet damit ab, was Zentrum dieser Philosophie ist; die Differenz zwischen dem Denken und seinem Gegenstand drückt sich konkret in der Sprachform aus. Eine umfassende Auseinandersetzung mit dem Werk steht noch aus, doch bestand ungeachtet vieler gewichtiger Einwände in den ersten Kritiken Übereinstimmung darin, daß die *Negative Dialektik »in der wenig glanzvollen Landschaft deutscher Gegenwartsphilosophie als Gipfel mit unverwechselbaren Konturen herausragt«* (I. Frenzel). K.P.

AUSGABEN: Ffm. 1966; ²1967 leicht erw. – Ffm. 1970. – Ffm. 1973 (in *GS*, Hg. R. Tiedemann, 20 Bde., 1970–1986, 6). – Ffm. 1975 (stw).

LITERATUR: B. Willms, *Theorie, Kritik und Dialektik. Zum Denken Th. W. A.s* (in Soziale Welt, 17, 1966, H. 3, S. 206–231). – I. Frenzel, *Ist Philosophie noch möglich?* (in SZ, 2./3. 9. 1967). – W. R. Beyer, *A.s »Negative Dialektik«* (in Dt. Zs. für Philosophie, 15. Jg., 1967, H. 10, S. 1199–1219). – H. Plessner, *A.s »Negative Dialektik«. Ihr Thema mit Variationen* (in KSt, 61. Jg., 1970, H. 4, S. 507–519). – H. J. Heinz, *Negative Dialektik und Versöhnung bei Th. W. A. Studien zur Aporie der kritischen Theorie*, Diss. Freiburg i. Br. 1975. – S. Buck-Morss, *The Origin of Negative Dialectics. Th. W. A., W. Benjamin and the Frankfurt Institute*, Hassocks/Sussex 1977. – H. Deuser, *Dialektische Theologie. Studien zu A.s Metaphysik und zum Spätwerk Kierkegaards*, Mchn. 1980. – H. Mörchen, *Macht und Herrschaft im Denken von Heidegger und A.*, Stg. 1980. – U. Guzzoni, *Identität oder nicht. Zur kritischen Theorie der Ontologie*, Freiburg i. Br. 1981. – H. Mörchen, *A. und Heidegger. Untersuchung einer philosophischen Kommunikationsverweigerung*, Stg. 1981. – L. Stresius, *Th. W. A.s »Negative Dialektik«: eine kritische Rekonstruktion*, Ffm./Bern 1981. – *Die »Negative Dialektik« A.s. Einführung – Dialog*, Hg. J. Naeher, Opladen 1984. – K. Günther, *Dialektik der Aufklärung in der Idee der Freiheit* (in Zs. für philosophische Forschung, 39, 1985, H. 2, S. 229–260; zu Kap. 3). – H. Gripp, *Th. W. A. Erkenntnisdimensionen negativer Dialektik*, Paderborn 1986.

PHILOSOPHIE DER NEUEN MUSIK

Philosophisches Werk von Theodor W. ADORNO, erschienen 1949. – Der Autor versteht sein Buch als einen ausgeführten Exkurs zur *Dialektik der Aufklärung* (1947), die er zusammen mit Max HORKHEIMER schrieb. Wenn dort in Fragmenten einer Geschichte des bürgerlichen Geistes gezeigt wurde, wie die zunehmende Naturbeherrschung sich entfesselnder Subjekts in die Liquidation eben dieses Subjekts mündet, so wird hier in Fragmenten einer Geschichte der Musik die Tätigkeit der Komponisten reflektiert auf das, was sie in autonomen Gebilden der Zerstörung des Subjekts entgegensetzen. Doch vollzieht sich der Widerspruch der Musik nicht als Herstellung eines angeblich schönen Scheins jenseits antagonistischer Wirklichkeit. Denn schon das Material des Komponierens ist gesellschaftlich geformt: nicht an sich seiende Natur, sondern etwa durch Hörgewohnheiten zu einem Kanon verhärteter Ausdruck geschichtlicher Arbeit. Ist so das Gesellschaftliche der Musik immanent, dann ist auch die Versenkung des Komponisten in immanente Probleme seines Bereichs auszulegen als vermittelte Reflexion auf den jeweiligen Bewußtseinsstand. Und das Musikstück ist die Darstellung des Verhältnisses, in welchem das komponierende Subjekt sich gegenüber den objektiven Forderungen des Materials befand. Deshalb vollzieht sich auch die an HEGEL erlernte dialektische Analyse Adornos als Eingehen in die Dynamik, die von den Gebilden strukturell selber ausgedrückt wird. Nicht Parallelisieren ist seine Sache – hier Musik, da gesellschaftliche Entsprechung –, sondern aus den Grundverhältnissen der Strukturen werden Einsichten entwickelt, die gesellschaftliche Bestände erhellen, deren Erkenntnis von ihnen selbst her meist nicht zu gewinnen gewesen wäre. »*Die Formen der Kunst verzeichnen die Geschichte der Menschheit gerechter als die Dokumente.*«

Nach einer sogleich inhaltlich argumentierenden Einleitung folgen zwei Teile: *Schönberg und der Fortschritt. Strawinsky und die Restauration.* Die beiden Komponisten gelten dem Autor als Extreme der neuen Musik. Die vielen Einzeleinsichten Adornos, unablösbar von seiner Argumentation, können nicht referiert werden. Schönberg wird die Konsequenz des Wahren zuerkannt, die selbstgesetzte Regeln aufkündigt, wo diese umschlagen in repressive Behinderung des Aufschreis gegen die Liquidation des Subjekts. War es einmal Idee des Kunstwerks, daß in ihm die Spannung zwischen Subjekt und Objekt sich löse, so artikuliert die neue Musik die Unauflöslichkeit dieser Spannung heute und den Einspruch des Subjekts gegen die ihm angetane Gewalt. – Die schon in der Emigration in Amerika formulierten Erkenntnisse des Schönberg-Teils gingen ein in die Musiktheorie Adrian Leverkühns im *Doktor Faustus* von Thomas MANN. (Über den Einfluß Adornos auf dieses Buch: Th. Mann, *Die Entstehung des Doktor Faustus*, 1949). – Der schroff und brillant argumentierende Strawinsky-Teil analysiert, bei allem Verständnis für die Qualität des Komponisten, in dessen Arbeiten die das Subjekt verratenden Momente. Zirkusmäßige Bewegung gibt die Anpassungsversuche der Subjekte für naturhafte Dynamik aus und verspottet ihre Sprünge musikalisch in den frühen Balletten. Restaurative Tendenzen werden in Rhythmus, Instrumentation usf. aufgewiesen. Besonders dieser Teil des Buches wurde in den nicht sehr zahlreichen Kritiken heftig angegriffen. Die Vorwürfe reichten von dem der Parteilichkeit, die dem Theoretiker nicht anstehe, bis zum Hinweis auf die Sonderentwicklung slavischer Musik, der Strawinsky zuzurechnen sei. Adorno antwortete mit einem Vortrag (*Strawinsky. Ein dialektisches Bild*, abgedruckt in *Quasi una fantasia*, 1963), in dem er die Einwände erst einmal verschärfte, um seine Analyse dann durch Weiterdenken zu korrigieren. »*In ihrer Idee ist Strawinsky der jüngsten Musik womöglich näher als Schönberg es war, von dem sie sichtbar sich herleitet.*« Die erneute Reflexion führt Adorno dann zu der Einsicht, die zugleich mit der von ihm nie verhohlenen Parteilichkeit der Theorie auch das konkrete Engagement der Philosophie der neuen Musik rückblickend scharf sehen läßt: »*Strawinsky hat die musikalische Pflicht der Freiheit verleugnet, vielleicht unter der Übermacht objektiver Verzweiflung, aus dem größten Motiv also, einem, das Musik zwänge zu verstummen.*« K.P.

AUSGABEN: Tübingen 1949. – Ffm. 1958; ⁴1969. – Ffm. u. a. 1972 (Ullst.Tb). – Ffm. 1975 (in *GS*, Hg. R. Tiedemann, 20 Bde., 1970–1986, 12). – Ffm. 1978 (stw).

LITERATUR: J. Kaiser, *Musik u. Katastrophe* (in FH, 6, 1951, S. 435–440). – T. W. Adorno, *Dissonanzen. Musik in der verwalteten Welt*, Göttingen 1956; ⁶1982 (Kl. Vandenhoeck-R.). – H. H. Stukkenschmidt, *A. u. seine Gedanken zur Musik* (in NDH, 8, 1957, S. 446). – T. W. Adorno, *Musikalische Schriften*. 2 Bde., Bln./Ffm. 1959. – H. Lohmüller, *Der Dialektiker der neuen Musik* (in Melos, 27, 1960, S. 121 ff.). – K. Oppens, *Zu den musikalischen Schriften T. W. A.s* (in Merkur, 15, 1961, S. 779–789; ern. in *Über T. W. A.*, Ffm. 1968; es). – O. K. Werckmeister, *Das Kunstwerk als Negation. Zur Kunsttheorie T. W. A.s* (in NRs, 73, 1962, S. 111–130). – F. Tomberg, *Utopie u. Negation. Zur Kunsttheorie T. W. A.s* (in Das Argument, 5, 1963, S. 36–48). – B. Heimann, *Th. Manns »Doktor Faustus« u. die Musikphilosophie A.s* (in DVLG, 38, 1964, S. 248 ff.). – T. W. Adorno, *Einleitung in die Musiksoziologie. 12 theoretische Vorlesungen*, Hg. E. Grassi, Reinbek 1968 (rde; ern. Ffm. 1975; stw). – Zs. für Musiktheorie, 1973, H. 1 [Sondernr. *A.*]. – U. Richter, *Der unbegreifbare Mythos – Musik als Praxis negativer Dialektik. Eine philosophische Abhandlung zur Schönberg-Interpretation Th. W. A.s*, Köln 1974. – *A. und die Musik*, Hg. O. Kolleritsch, Graz/Wien 1979. – L. Sziborsky, *A.s Musikphilosophie. Genese – Konstitution – Pädagogische Perspektiven*, Mchn. 1979. – R. Court, *A. et la nouvelle musique. Art et modernité*, Paris 1981.

ADSO VON TOUL

* 910/915 im Jura
† 992 auf Pilgerfahrt nach Palästina

DE ORTU ET TEMPORE ANTICHRISTI

(mlat.; *Über Ursprung und Zeit des Antichrist*). Eine Auslegung der *Apokalypse* von ADSO VON TOUL, vor 954 verfaßt, im Auftrag der westfränkischen Königin Gerberga, der Tochter des Ottonen Heinrich I. – Adso schrieb vor allem Hagiographien; diesen Heiligenleben und Wundererzählungen, die Frodobertus, Mansuetus, Waldebert, Aper, Basolus und Bercharius galten, kann man »*eine gewisse Kunst ... nicht absprechen, da er seine Berichte zuwei-*

len mit novellistischer Frische und Lebendigkeit gibt« (Manitius). Auf die Zeitgenossen wirkte vor allem sein Büchlein vom Antichrist. Der Antichrist ist für Adso ein Sohn von Wüstling und Dirne, den der Teufel selbst in allen Höllenkünsten unterwiesen hat. Als böse Vordeutung auf sein Kommen habe der Abfall aller Vasallen und Bundesgenossen vom Römischen Reich und das Auftreten des letzten Frankenkönigs zu gelten, der noch einmal das Reich einigen und seine Herrschaftsinsignien auf dem Ölberg niederlegen werde. Dort erscheine dann der Antichrist, werde jedoch von Gott niedergerungen und getötet.
Obwohl die Schrift von ihrem Autor selbst als Kompilation bezeichnet wurde (als Quellen sind nachgewiesen LAKTANZ, HIERONYMUS, AUGUSTIN, ALKUIN und HAIMO VON HALBERSTADTS *Kommentar zum 2. Thessalonicherbrief*), begründete sie doch seinen frühzeitigen literarischen Ruhm: Adso war fortan als hervorragender Gelehrter weithin geschätzt; seine bibliophilen Neigungen trugen ihm sogar die Freundschaft mit GERBERT VON REIMS, dem nachmaligen Papst Silvester II., ein.

J.Sch.

AUSGABEN: Paris 1617 (in *Alchuini opera*). – Hildesheim 1898 (in E. Sackur, *Sibyllinische Texte und Forschungen*).

LITERATUR: Manitius, 2, S. 432–442. – Wattenbach-Holtzmann, 1/2, S. 187 ff. – LThK, 1, S. 159. – VL, 1, Sp. 92 f.; 3, Sp. 99 f.; VL², 1, Sp. 399 f. – R. Konrad, *»De ortu et tempore Antichristi«. Antichristvorstellungen und Geschichtsbild des Abtes Adso von Montier-en-Der*, Kallmünz 1964. – K. F. Werner, *A.* (in HZ, 200, 1965, S. 11). – Ders., Art. *A.* (in LM, 1, Sp. 169 f.).

ENDRE ADY

* 22.11.1877 Ermindszent
† 27.1.1919 Budapest

LITERATUR ZUM AUTOR:
Bibliographie:
L. Vitályos u. L. Orosz, *A-bibliográfia 1896–1977. A. E. önállóan megjelent művei és az A-irodalom*, Budapest 1972, ²1980.
Biographien:
A. Schöpflin, *A. E.*, Budapest 1934. – B. Révész, *A. trilogiája*, Budapest 1935. – Gy. Bölöni, *Az igazi A.*, Budapest 1947, ²1955, ³1974, – M. Kovalovszky, *Emlékezések A. E.-ről*, 2 Bde, Budapest 1961–1974. – J. Varga, *A. E. Pályakép-vázlat*, Budapest 1966. – O. K. Rossijanov, *Tvorčestvo E. A.*, Moskau 1967. – E. Vezér, *A. E. Élete és pályája*, Budapest 1969, ²1977. – I. Király, *A. E.*, Budapest 1970, ²1972. – J. Varga, *A. és kora*, Budapest 1977. – *Adytól Adyról*, Hg. M. Fenyvesi, Budapest 1977, ²1981 – L. Vitályos, *A.-Léda-Csinszka. Visszaemlékezések és levelek a költő életrajzahoz*, Budapest 1977.
Gesamtdarstellungen und Studien:
E. Halász, *Nietzsche éfs A.*, Budapest 1942. – Gy. Földessy, *A. minden titkai*, Budapest 1949. – G. Lengyel, *A. a műhelyben*, Budapest 1957. – I. Csukás, *A. E. a szlovák irodalomban*, Budapest 1961. – L. Vatai, *Az isten szörnyetege. A. lirája*, Washington 1963. – P. Schweitzer, *Ember az embertelenségben. A háborús évek A-verseinek szimbolikus motivum csoportjai*, Budapest 1969. – *Az A-vers időszerűsége*, Újvidék 1977. – Z. Fabry, *Ady igaza*, Bratislava 1977. – Gy. Lukács, *A. E.-ről*, Budapest 1977. – *Tegnapok és holnapok árján. Tanulmányok A.-ról*, Hg. J. Láng, Budapest 1977. – L. Sziklay, *A. und unsere Nachbarn* (in Hungaro-Slavico, 1978, S. 307–324). – P. Hanák, *The Start of E. A.s Literary Career 1903–1905*, Budapest 1980. – P. Schweitzer, *Szépség és totalitás. A szép fogalmának A. utolsó alkotó korszakában*, Budapest 1980.

DAS LYRISCHE WERK (ung.) von Endre ADY.
Der dichterische Nachlaß des ungarischen Lyrikers Ady umfaßt 12 Bände mit insgesamt mehr als tausend meist kürzeren Gedichten; in die 1961 erschienene Gesamtausgabe wurden noch weitere 69 Gedichte aufgenommen, die seinerzeit unter Pseudonym veröffentlicht worden waren. Während die 1899 bzw. 1903 erschienenen ersten beiden Gedichtbände Adys unbeachtet blieben, sollte der dritte (*Uj versek*, 1906 – *Neue Gedichte*) die literarische Landschaft Ungarns auf einen Schlag verändern; ein Ereignis, das der Dichter selbst vorausgesehen zu haben scheint, wenn er im Prolog verkündet: »*Ich, ein Sohn von Gog und Magog, frage: / Renne ein umsonst ich Tür und Tor?*« Seither erwartete ein Teil seiner Leser Adys Dichtung mit grenzenloser Begeisterung wie eine Offenbarung, ein anderer Teil – der weitaus größere – nahm die Gedichte mit verblendetem Haß und Abscheu auf. Während Adys Gegner seine Lyrik aus ästhetischen und moralisch-politischen Gründen radikal ablehnten, sahen die Protagonisten der literarischen Avantgarde in ihm eine Art Führer. Ähnlich enthusiastische Anhänger fand Ady bei den Vorkämpfern einer sozialen Revolution.
Ady registrierte sehr schnell die Druckwellen der revolutionären Ereignisse 1905 in Rußland, die mittlerweile Ungarn erreicht hatten (*». . . und zartes Beben (ist) meine Kraft«*; *Am Ufer der Theiß*), und verspricht im gleichen Prolog, daß seine Gedichte, von urmadjarischen Liedern inspiriert, in der Tat neu, kompromißlos und madjarisch werden. Das oft verwendete Epitheton »madjarisch« ist weder rassistisch noch völkisch zu verstehen: Ady bezeichnet damit die Schicksalsgemeinschaft der Erniedrigten, Ausgebeuteten, zum Scheitern verurteilten Talente (»*Soll Rumänen-, Slawen-Kummer / Nicht auch Ungarn-Kummer sein?*«; Lied

eines ungarischen Jakobiners), und kein nicht-jüdischer Dichter hat so leidenschaftlich das jüdische Schicksal mitgetragen, wie er es tat (vgl. *Die Gezeichneten*).

Adys Vorgänger sind kaum in der heimischen Literatur zu suchen, wenngleich die Forschung zahlreiche ungarische Vorgänger nachgewiesen hat, eher schon in BAUDELAIRE, VERLAINE und anderen französischen Symbolisten, denen er seine Reverenz erwies. Schnell finden die unterschiedlichsten Lektüren des belesenen Dichters Eingang in sein Werk: So entstand z. B. die berühmte Zeile *»Es schwindet die braune Trauer meiner Seele« (Adam wo bist du?)* unmittelbar nach der Lektüre eines ethnographischen Berichts über Bestattungsriten mittelasiatischer Völker.

Ganz im Zeichen westeuropäischer Dekadenzliteratur stehen Gedichte, in denen Lebensgier und unersättliche Erotik einer spießigen Moral trotzt, wie *Habichtshochzeit im gelben Laub*, das den unauflösbaren Gegensatz von Mann und Frau in das Bild zweier Habichte bannt, die einander im Flug bekämpfen und ineinander verkrallt in das dürre Laub hinabstürzen, oder die von fataler Todeserwartung gekennzeichnet sind *(Das fliehende Leben)*. Eine Synthese wird Ady erst in seiner späten Lyrik finden *(Ich behüte deine Augen)*. Daneben steht der religiöse Aspekt in Adys Lyrik, der z. B. in den sog. *»Gottesliedern«* zum Ausdruck kommt, in denen der Dichter sich ein eigenes Bild von Gott schafft, der einerseits in vollkommener Teilnahmslosigkeit verharrt *(Der trostlose Gott)*, sich andererseits aber doch seiner gnädig annimmt *(Die Kunft des Herrn)*. Nirgends offenbart sich Andys kalvinistischer Geist klarer als in dem Gedicht *Herr, es ist in Ordnung*, und die Suche des Dichters nach Erlösung von irdischen Qualen spricht sich am ausdrucksvollsten aus im *Sanften Abendgebet*.

Im Gegensatz dazu stehen die sog. *»Revolutionslieder«*. Bereits als Publizist hatte Ady ein untrügliches Gespür für die Auslöser aktueller politischer Ereignisse im Lande bewiesen, aber auch für die uralten Gebrechen des ungarischen Gesellschaftssystems, die eines Tages zu radikalen Umwälzungen führen sollten. So zitiert der Dichter die Bauern auf der gräflichen Tenne, wo sie nach einer verheerenden Feuersbrunst um die verbrannte Ernte weinen, die ihnen nicht gehört *(Auf der gräflichen Tenne)*; oder er zeigt den Bauern, wie er, von allen himmlischen und irdischen Mächten verfolgt, ungebrochen das Korn mäht, weil *»Leben und Hoffnung immer so geerntet werden in Ungarn, inmitten der Fäulnis« (Ungar bei der Ernte)*. Den Geist der Empörung, das kämpferische Vorbild, sah Ady jedoch eher in der Masse des Proletariats verkörpert. Als erster in der ungarischen Literatur attackiert er den Knebel des Kapitals *(Der Kampf mit dem Herrn des Goldes)* und begreift die Ausbeutung des Arbeiters *(Gedicht eines Proletarierburschen: Die Astern)*. Die Gedichte, in denen Ady, bar jeder Ideologie, unmittelbar zur Revolution, zur Beendigung der Mißstände sowohl auf dem Lande als auch in den Städten aufruft *(Auf das Komitatshaus; Lied eines ungarischen Jakobiners)*, seine prophetische Verkündigung, daß es bald soweit kommen werde *(Wir rennen in die Revolution)*, erklären wohl am besten seine Wirkung auf die Zeitgenossen und die Jugend späterer Generationen.

Adys letzte Schaffensperiode mündet in eine Verschmelzung all dieser Aspekte. Der *»Mensch in seiner Unmenschlichkeit«* steht nunmehr im Vordergrund. Die *Erinnerungen an eine Sommernacht* beschwören die kosmischen Schrecken des Krieges; und Weltuntergangsstimmung *(Die Stimme des Schrecks)* inspiriert ihn zu den letzten Liedern, in denen Liebe und Madjarentum harmonieren *(Schaue, Schatz, auf meine Schätze)*. Der Schlußstrich wird gezogen. *»Die Erde ist gedeckt, setzt euch zum Mahle, und freßt und freßt euch tot bei dem Gelage!« (Beim großen Gelage)*. Kein Raum mehr für Hoffnung: *»Die niedrigsten von allen Tieren / Sind Gottes Prachtgeschöpfe – Menschen. / Und die Propheten gehn spazieren, / Mehr Hölle gib dem Volk, mehr Böses, / dann, wenn du kannst, du Gott, erlös es« (Fluch der Propheten von heute)*.

In der Bildsprache Adys sind sowohl westeuropäische Elemente (Blume, Vogel, Boot, Wasser, Feuer) als auch biblische Symbole (Lazarus, Leviathan, Sauerteig, Geißel und Posaune Gottes) vertreten; er greift aber auch ausgiebig auf Bilder aus dem ungarischen Volksleben (das »urmadjarische« Erbe) zurück (Roß und Reiter, Hufeisen, Fuhrwerk, Fisch); seine eigenen Schöpfungen, wie z. B. der *»Gebieter Saukopf«*, oder das Farb- und Klangimpressionen vereinende *»Schwarze Klavier«*, wurden von den Zeitgenossen mit Unverständnis aufgenommen. Verblüffende Assoziationen verleihen den Symbolen zusätzliche Kraft und Bildhaftigkeit (*»Die Sonne Brillantenstaub streut auf ihre eisige Bahn«*; *»Mein Herz ist ein Geschwür«*; *»ergrautes Meer«*; *»der Tod verfolgt wie Wanzen die Blutspur im Zickzack«*; *»meine Heroldsstiefel sind grindig«*); ein meisterhaft komponierter Überfluß an Attributen steigert die Wirkung; Wortschöpfungen, trotz ihrer Einmaligkeit klar und verständlich, werden eingesetzt: *»Für mich ist das Wort Opium, / Quelle heidnischer Geheimnisse« (Ein böser Zauber)*. Der Synthese entspricht auch die Verstechnik, ebenfalls eine Verschmelzung westeuropäischer quantitierender und ungarischer akzentuierender Metrik, bereichert durch die Verwendung des reimlosen altungarischen Achtsilbers. Der Strophenbau weist unzählige Variationen auf; so bedient sich Ady des mittelalterlichen Zweizeilers *(Tränen, Tränen, Tränen)* ebenso wie fernöstlicher Kurzformen *(Drei Herbsttränen)*.

Wenngleich Ady dem späten Symbolismus der europäischen Literatur zugerechnet werden kann und im Zusammenhang mit RILKE, VERHAEREN oder BLOK genannt wird, ist er mit seiner leidenschaftlichen und spannungsreichen Subjektivität, die doch in einem tragischen Geschichtsbewußtsein wurzelt, für die Zeitspanne zwischen Jahrhundertwende und Oktoberrevolution in der Literaturgeschichte Ungarns eine singuläre Erscheinung. Ebensowenig wie man im eigentlichen Sinne von

»Vorläufern« sprechen kann, hat er etwa schulbildend gewirkt. Die Ausstrahlung seiner Lyrik hält allerdings bis heute unvermindert an. G.Hel.

AUSGABEN: *Versek*, Debrecen 1899. – *Még egyszer*, Nagyvarad 1903. – *Uj Versek*, Budapest 1906. – *Vér és arany*, Budapest 1906. – *Az Illés szekerén*, Budapest 1908. – *A Minden Titkok verseiből*, Budapest 1910. – *Szeretném, ha szeretnék*, Budapest 1910 [1909]. – *A menekülő élet*, Budapest 1912. – *A magunk szerelme*, Budapest 1913. – *Ki látott engem?*, Budapest 1914. – *Gyüjtemény Ady Endre verseiből*, Budapest 1918. – *A halottak élén*, Budapest 1918. – *Margita élni akar*, Budapest 1921. – *Az utolso hajók. Versek 1914–1918*, Budapest 1923. – *Összes versei*, Budapest 1929. – *Összes versei*, Budapest 1950. – *Összes versei*, Hg. F. Gyula, 2 Bde., Budapest 1955. – *Versek*, 2 Bde., Budapest 1960. – *Összes versei*, Hg. K. Sándor u. K. András, 2 Bde., Budapest 1962. – *Összes versei*, Budapest 1969. – *Összes versei*, 2 Bde., Budapest 1972.

ÜBERSETZUNGEN: *Blut und Gold*, Z. Franyo, Bukarest 1962 [Ausw.]. – *Gedichte*, F. Fühmann u. H. Kahlau, Bln./DDR 1965. – *Gedichte*, Budapest 1977. – *Endre Ady, Mensch in der Unmenschlichkeit*, Z. Franyo, Budapest 1979 [Ausw.].

VERTONUNGEN: B. Reinitz, Budapest 1936. – K. Lendvay, Budapest 1977.

AEGIDIUS ROMANUS

* um 1243 Rom
† 22.12.1316 Avignon

LITERATUR ZUM AUTOR:
G. Bruni, *Le opere di Egidio Romano*, Florenz 1936. – G. Santo Nastaso, *Il pensiero politico di E. R.* (in Civiltà Moderna, 11, 1939, S. 167–200). – J. Beumer, *Augustinismus und Thomismus in der theologischen Prinzipienlehre des Ae. R.* (in Scholastik, 32, 1957, S. 524–560). – G. Trapé, *Il Platonismo di Egidio Romano* (in Aquinas, 7, 1964, S. 309–344). – A. Zumkeller, *Die Augustinerschule des Mittelalters: Vertreter und philosophisch-theologische Lehre* (in Analecta Augustiniana, 27, 1964, S. 176–194). – Ders., Art. *Ae. R.* (in LM, 1, Sp. 178). – P. Prassel, *Das Theologieverständnis des Ae. R. O.E.S.A. (1243/7 bis 1316)*, Ffm. 1983.

DE ECCLESIASTICA SIVE DE SUMMI PONTIFICIS POTESTATE

(mlat.; *Über die Macht der Kirche oder des Papstes*). Politische Abhandlung von AEGIDIUS ROMANUS. –

Die um die Mitte des 14.Jh.s erstmals dokumentierte Behauptung, daß Aegidius Romanus aus dem mächtigen römischen Adelsgeschlecht der Colonna stammte, wird heute allgemein in Frage gestellt. Er trat vierzehnjährig dem Orden der Augustiner-Eremiten bei und wurde 1260 in das Studienhaus des Ordens nach Paris gesandt, wo er 1266 als Magister Artium anerkannt wurde. Als Student der Theologie hörte er zwischen 1269 und 1272 die Vorlesungen von THOMAS VON AQUIN, der ihn offensichtlich sehr beeindruckte, zu dessen theologischen und philosophischen Lehren Aegidius aber einen deutlichen Abstand wahrte; in der Forschung der letzten Jahrzehnte wurde seine Originalität gegenüber den Grundpositionen von Thomas immer klarer herausgearbeitet. Aegidius war ein sehr fruchtbarer und vielseitiger Philosoph und Theologe, und seine Stellungnahmen zu aktuellen theologisch-philosophischen Streitfragen erfreuten sich hohen Ansehens bei seinen Zeitgenossen; 1287 wurden seine Lehren durch das Generalkapitel seines Ordens, das in Florenz zusammentrat, als Ordensdoktrin für alle Dozenten der Augustiner-Eremiten für verbindlich erklärt. Diese Entscheidung konnte sich zwar nicht auf diese erst 1301 verfaßte politische Schrift beziehen, aber in seinem zu dem Zeitpunkt schon bekannten »Fürstenspiegel« (vgl. *De regimine principum*), den er 1285 geschrieben hatte, nimmt Aegidius eine ähnliche Haltung ein.

Zusammen mit seinem ausführlichen, um 1295 verfaßten Gutachten *De renuntiatione papae* (*Über die Abdankung des Papstes*; nämlich Cölestins V.) formuliert Aegidius in der vorliegenden Schrift die weitreichenden Ansprüche der Kirche und ihres administrativen Haupts, des Papstes und der Römischen Kurie, wie sie sich aus einer konsequenten Anwendung der Augustinischen Lehre von den Zwei Reichen (vgl. *De civitate Dei*) ableiten lassen. Aegidius argumentiert, daß der Gottesstaat, der nach AURELIUS AUGUSTINUS ja parallel zum säkularen Staat schon in dieser Welt existiert, direkt von Gott eingesetzt sei, daß also die päpstliche Herrschaftsgewalt sich unmittelbar über alle Menschen erstrecke; sie sei »*potestas directa*« und bedürfe keiner Vermittlung durch den weltlichen Arm, nämlich Kaiser und Könige. Damit wurde Aegidius zu einem der bedeutendsten Anwälte päpstlicher Autorität gegenüber den Ansprüchen der säkularen Herrscher. Spätere Theologen sahen sich allerdings gezwungen, diese kirchenpolitische Position abzumildern, damit nicht Rechtsordnung und Autorität in den modernen Gemeinwesen überhaupt zur Farce würden.

Die Bedeutung des Aegidius wurde lange Zeit unterschätzt, da *De ecclesiastica sive de summi pontificis potestate* erst 1858 durch Charles JOURDAIN in Paris wiederentdeckt wurde. Bei genauer Untersuchung stellte sich jedoch heraus, daß Aegidius' Argumentation die eigentliche Grundlage der Bulle *Unam sanctam* von Bonifatius VIII. aus dem Jahre 1302 bildete und damit in die kirchlichen Gesetzessammlungen integriert wurde, so daß sich eine getrennte Überlieferung der Schrift des Aegidius weitgehend erübrigt hatte. Daß er aber den Zeitgenossen als Urheber dieser Position bekannt war, zeigt sich beispielsweise daran, daß Dante ALIGHIERI in seiner Schrift *De monarchia* (*Von der Monarchie*; um 1313), in der er die Ansprüche des Kaisertums gegenüber der Kirche verteidigt, Aegidius als einen Vertreter der kirchlichen Haltung erwähnt. H.Sta.

AUSGABEN: Florenz 1908. – Weimar 1929, Hg. R. Scholz [m. Einl.].; Nachdr. Aalen 1961.

LITERATUR: S. Bross, *Gilles de Rome et son traité »De ecclesiastica potestate«*, Paris 1930. – G. Bruni, *Le opere di Egidio Romano*, Florenz 1936, S. 136. – R. Kuiters, *»De ecclesiastica sive de Summi Pontificis potestate« secundum Aegidium Romanum*, Rom 1949. – Ders., *A. R. and the Authorship of »In utramque partem« and »De ecclesiastica potestate«* (in Augustiniana, 8, 1958, S. 267–280). – L. Buisson, *Potestas und Caritas. Die päpstliche Gewalt im Spätmittelalter*, Köln/Graz 1958.

ständlich, daß die Schrift von Zeitgenossen und Nachfahren häufig als Quelle oder Vorbild für ähnliche Abhandlungen ausgebeutet wurde. So bezog sich etwa Dante ALIGHIERI in seinem *Convivio* (*Das Gastmahl*; um 1309) ausführlich auf die Ausführungen des ersten Buches von *De regimine principum*. H.Sta.

AUSGABEN: Augsburg 1473. – Rom 1556; Nachdr. Ffm. 1968. – Rom 1607; Neudr. Aalen 1967.

LITERATUR: V. Courdaveaux, *A. R. »De regimine principum« doctrina*, Paris 1858. – G. K. Born, *The Perfect Prince* (in Speculum, 2, 1928, S. 470–504). – G. Bruni, *Le opere di E. R.*, Florenz 1936, S. 75–108 [m. Bibliogr.]. – J. Beneyto Pérez, *Glosa castellana al »Regimiento de príncipes« de E. R.*, Madrid 1947/48. – M. Galino Carrillo, *Los tratados sobre educación de príncipes, siglos XVI y XVII*, Madrid 1948. – W. Berges, *Die Fürstenspiegel des hohen und späten Mittelalters*, Stg. ²1952. – F. Rubio, *»De regimine principum« de E. R. en la literatura castellana de la edad media y en el siglo XV* (in Ciudad de Díos, 173, 1960; 174, 1961).

DE REGIMINE PRINCIPUM

(mlat.; *Über die Herrschaft der Fürsten*). Fürstenspiegel in drei Büchern von AEGIDIUS ROMANUS, verfaßt für seinen Zögling Prinz Philipp, also bevor dieser 1285 als Philipp IV. den französischen Thron bestieg. – Schon in dieser ersten politischen Schrift zeigt sich Aegidius als Propagandist der päpstlichen Autorität über alle Menschen, die weltlichen Fürsten miteingeschlossen. Sein Einfluß auf seinen Schüler Philipp den Schönen scheint also einigermaßen beschränkt gewesen zu sein, da dieser 1303 Papst Bonifatius VIII. in Agnani gefangensetzen ließ, um ihn zumindest politisch kaltzustellen. Das Verhältnis von Kirche und weltlichen Fürsten ist allerdings nur ein Hintergrundthema der vorliegenden Schrift. Ihre Hauptthemen sind Lebensführung und Verwaltungstätigkeit des Territorialfürsten. Geformt nach den drei Stufen des aristotelischen Konzepts praktischer Wissenschaft (Ethik – Ökonomie – Politik) behandelt Aegidius alle Aspekte der Lebensführung eines Fürsten oder Königs: die Aneignung und Übung der rechten persönlichen Tugenden und Fähigkeiten, also die Ergänzung des Geburtsadels durch eigenverantwortetes edles Verhalten (Buch I); die Führung des fürstlichen/königlichen (Privat-)Haushalts sowie das angemessene Verhalten gegenüber Familie und Dienstleuten (Buch II); dann erst folgen Überlegungen zur Einrichtung und zum Zweck des Staatswesens und wie das Amt des Herrschers bezogen auf politische Zustände wie Krieg oder Frieden angemessen wahrgenommen werden müsse (Buch III).
Die nahezu universelle Anwendbarkeit dieses Konzepts auf die unterschiedlichen Stufen der mittelalterlichen Herrschaftshierarchie macht leicht ver-

GÄBRÄ IYÄSUS AFÄWÄRQ

* 10.7.1868 Zäge am Tana-See / Nordwestäthiopien
† 25.9.1947 Dschimma / Südwestäthiopien

LITERATUR ZUM AUTOR:
A. S. Gérard, *Four African Literatures. Xhosa, Sotho, Zulu, Amharic*, Berkeley u. a. 1971. *Amharic Literature*, S. 279–284. – L. Fusella, *Le premier romancier éthiopien: Afä-Wärq Gäbrä-Iyäsus* (in L. F., S. Tedeschi, J. Tubiana, *Trois essais sur la littérature éthiopienne*, Antibes 1984, S. 1–38; Bibliothèque Peiresc, 3).

LEBB WÄLLÄD TARIK

(amhar.; *Phantasiegeschichte*). Roman von Gäbrä Iyäsus AFÄWÄRQ, erschienen 1908. – Die Handlung spielt in einem nicht genannten Land, hinter dem sich jedoch Äthiopien verbirgt, in welchem kriegerische Auseinandersetzungen zwischen Christen und Ungläubigen herrschen. Bei einem Raubzug wird auch ein christlicher Offizier gefangengenommen und als Sklave fortgeführt. Ein edelmütiger reicher Kaufmann wird, als er dies erfährt, von Mitleid gerührt und stiftet das Lösegeld, das dem Gefangenen die Freiheit wiedergibt. Um den Wohltäter aufzusuchen und ihm seine Dankbarkeit zu zeigen, begibt sich Wahed, der im Jünglingsalter

stehende Sohn des Freigelassenen, auf eine abenteuerliche und gefahrvolle Reise, auf welcher er jedoch von Sklavenhändlern überfallen und entführt wird. Der verzweifelte Vater und Ṭobbiya, die Zwillingsschwester Waheds, welche sich als Jüngling verkleidet, nehmen nun ihrerseits die Beschwerlichkeiten und Gefahren einer Reise auf sich, um den Vermißten zu suchen, erleiden aber das gleiche Schicksal wie jener. Am Hof des Königs, in dessen Dienste sie treten, werden sie jedoch freundlich behandelt. Als der König die wahren Hintergründe der Geschehnisse erfährt, läßt er den Jüngling Wahed suchen und gibt sodann allen dreien die Freiheit wieder. Die Cousine des Königs, die zuvor in Liebe zu der als Jüngling verkleideten Jungfrau entbrannt war, erhält den echten Jüngling zum Gemahl, während der König um die Hand von Ṭobbiya anhält, in die er sich inzwischen verliebt hat. Als dieselbe ihm entgegenhält, daß sie als Christin keinen Heiden heiraten kann, bekehrt er sich mit seinem Gefolge zum Christentum, worauf die Hochzeit stattfindet.

Lebb wälläd tarik ist der erste in amharischer Sprache verfaßte Roman. Es ist ein verdienstvolles Werk, mit welchem die Verwendung des Amharischen als weltliche Literatursprache beginnt und das gleichzeitig die Möglichkeiten der Ausdrucksfähigkeit jener Sprache aufzeigt. Zwar finden sich deutliche Spuren, welche die umfassende, europäisch beeinflußte Bildung Afäwärqs erkennen lassen, es ist dem Autor jedoch gelungen, die bei seiner langjährigen Berührung mit der italienischen Kultur übernommenen Elemente weitgehend zu assimilieren und in ein äthiopisches Gewand zu kleiden. Die verwickelte Handlung des Romans weist frappierende Ähnlichkeiten mit der Geschichte von Theagenes und der schönen Chariklea in den *Aithiopika* des HELIODOROS von Emesa auf, die trotz der erstaunlichen Einbildungskraft des Autors naiv anmutende Erzählung wird jedoch kompensiert durch eine Sprache, die sich durch gesuchte Wortwahl, urwüchsige idiomatische Redewendungen und stilistische Erlesenheit auszeichnet. Das Werk ist zudem auch reich an Erfindungen von neuen Verwendungsweisen von Wörtern, und seine Originalität in Schreibweise und Gebrauch derselben macht das Buch mitunter zu einer schwierigen Lektüre. Milieuschilderungen und Naturbeobachtungen sind Afäwärqs lebhafter Darstellungskunst besonders gelungen. Hier wird deutlich, daß der Autor, der auch ein Maler war, die vor seinem geistigen Auge entstehenden Bilder auch mit Worten wiederzugeben versteht. Mit dem Verfassen dieses erbaulichen Romans, in welchem Familienzusammengehörigkeit und Großmut verherrlicht werden, die Gerechtigkeit obsiegt und der wahre Glaube triumphiert, verfolgte der Autor zweifellos auch eine moralisierende Absicht. Das Werk hat auf die seit Beginn des 20. Jh.s im Entstehen begriffene amharische Literatur großen Einfluß ausgeübt; Afäwärq führte mit diesem Buch in Äthiopien eine gänzlich neue Art des Schreibens ein, und sein Titel *Lebb wälläd tarik* erhielt im Amharischen die Bedeutung von »Roman« schlechthin. W.M.

AUSGABEN: Rom 1908, Hg. F. Gallina. – Dire Dawa 1926/27. – Asmara 1965/66.

ÜBERSETZUNG: *Tobbya*. Tamrat (in Ethiopia Observer, 8, 1964, S. 242–267; engl.).

LITERATUR: L. Fusella, *Il »Lebb wällad tärik«* (in RSE, 10, 1951, S. 56–70).

ALEKSANDR NIKOLAEVIČ AFANAS'EV

* 23.7.1826 Bogučar
† 5.10.1871 Moskau

NARODNYE RUSSKIE SKAZKI

(russ.; *Russische Volksmärchen*). Märchensammlung von Aleksandr N. AFANAS'EV, erschienen 1855–1863. – Das bis in die Gegenwart beliebte Hausbuch des russischen Lesers, das auch der russischen Märchenforschung als klassisches Werk gilt, stellt die erste umfassende Edition russischer Volksmärchen dar, deren Rang weder zeitgenössische noch spätere Märchensammlungen in Frage zu stellen vermochten. Der Herausgeber, der sich nach einem Jurastudium zunächst mit historischen Problemen befaßte, wandte sich – angeregt von den ethnographischen Interessen seines Lehrers K. D. Kavelin – der russischen Folklore zu. Als Mitglied der Russischen Geographischen Gesellschaft erwirkte Kavelin, daß die im Archiv der Gesellschaft aufbewahrten Märchentexte Afanas'ev zur Veröffentlichung anvertraut wurden. Das reiche Material füllt nahezu die ersten drei Hefte von dessen Sammlung. Weitere Aufzeichnungen, die durch einige Texte aus Handschriften des 18.Jh.s ergänzt werden sollten, stellten Sammler wie V. I. DAL' (über 150 Nummern), P. V. KIREEVSKIJ, P. I. JAKUŠKIN und N. I. VTOROV zur Verfügung. Hinzu kamen gedruckte Sammlungen (von B. BRONNICYN, A. N. ZYRJANOV u. a.) sowie Volksbilderbogen. Der Herausgeber selbst steuerte nur etwa zehn Texte aus eigener Feldforschung in seinem Heimatgouvernement Voronež bei. Aus der Fülle des genannten Materials wählte er mehr als 640 Texte aus, die seines Erachtens einen repräsentativen Überblick über den Bestand des russischen Märchens zu geben imstande waren. Als Ziel der Sammlung nannte Afanas'ev, »*Die Ähnlichkeit von Märchen und Legenden der verschiedenen Völker zu erklären, auf deren wissenschaftliche und poetische Bedeutung hinzuweisen und Muster russischer Märchen vorzustellen.*«

Bot Afanas'ev die Texte in der ersten Auflage seiner Sammlung noch in mehr oder weniger unsystematischer Anordnung, so unternahm er in der erst 1873 erschienenen Neuausgabe zum ersten Mal einen Klassifizierungsversuch, der – A. AARNES Märchentypen-Index folgend – trotz seiner Unzulänglichkeiten im Detail bis heute in Theorie und Praxis Gültigkeit besitzt. Afanas'ev unterscheidet Zaubermärchen, Tiermärchen, Abenteuermärchen, novellistische Märchen, Lügen- und Scherzmärchen sowie pointierte Anekdoten. Den größten Raum der Sammlung (ca. 30 v. H.) nehmen die Zaubermärchen ein, denen seinerzeit das größte Alter zugeschrieben wurde. Für satirische Märchen über die Geistlichkeit sowie für Märchen obszönen Inhalts sah der Herausgeber einen Extraband vor, der, in Rußland aus Zensurgründen von der Veröffentlichung ausgeschlossen, in Genf unter dem Titel *Russkie zavetnye skazki (Geheime russische Märchen)* erschien.

Zu den Zaubermärchen finden sich die meisten Entsprechungen in der westeuropäischen, zu den Tier- und novellistischen Märchen dagegen in der orientalischen Märchenliteratur. Afanas'ev selbst verglich die Texte seiner Sammlung mit den deutschen Märchen, die ihm, wie die vergleichende Methode selbst, aus der 1812–1822 erschienenen Ausgabe der Brüder GRIMM bekannt waren. Er war bei seinen historischen und ethnographischen Plänen schon früh auf die Arbeiten der Brüder Grimm gestoßen und wurde innerhalb der jungen russischen Folkloristik des 19.Jh.s – neben F. I. BUSLAEV – zum bedeutendsten Vertreter der von diesen begründeten, von M. MÜLLER, A. KUHN u. a. fortgeführten »mythologischen Schule«, die die alten Mythen aus Naturerscheinungen abzuleiten suchte. Am deutlichsten zeigen sich die in heutiger Sicht allzu schematischen Prinzipien dieser Schule bei Afanas'ev in *Poetičeskie vozzrenija Slavjan na prirodu*, 1865–1869 *(Die poetischen Anschauungen der Slaven über die Natur)*, die, nach dem Vorbild der *Deutschen Mythologie* (1835) von J. Grimm konzipiert, die ursprünglichen religiös-mythologischen Vorstellungen des russischen Volkes zu erhellen suchen. Von Grimms Theorie ausgehend, betrachtete Afanas'ev die Beschaffenheit der Mythologie in engem Zusammenhang mit der Entwicklung der Sprache: *»Es ist erwiesen, daß die gleiche schöpferische Kraft, die die Sprache schuf, auch den Volksglauben und dessen treue Repräsentantin, die Volkspoesie erzeugt hat.«* Von größtem wissenschaftlichem Wert blieb bis heute das umfangreiche Beispielmaterial dieses Werkes aus den verschiedenen Gattungen der Volksdichtung, die Afanas'ev als Fragmente oder Reste alter Sonnen- oder Donnermythen deutete.

Die Prinzipien der »mythologischen Schule« liegen auch dem ausführlichen Kommentar zugrunde, der nicht zuletzt das wissenschaftliche Verdienst der Märchensammlung ausmacht. Während Afanas'evs Erläuterungen dem Kommentar der Grimmschen Märchenedition verpflichtet sind, weist ihn die Textgestaltung seiner Sammlung als eigenständigen Forscher aus. Räumt er mit den Brüdern Grimm prinzipiell die Möglichkeit einer Korrektur und Überarbeitung der Märchentexte ein, so bemüht er sich doch, äußerst behutsam dabei vorzugehen. Eingriffe gestattet er nur da, wo er eine unzulängliche Aufzeichnung vermutet oder wo hochsprachlicher Stil den volkssprachlichen Wortlaut der Texte entstellt. Im Gegensatz zur Grimmschen Editionstechnik mißt er den Textvarianten große Bedeutung bei und kontaminiert sie nur ausnahmsweise zu einem Grundtext.

Afanas'evs Märchensammlung wurde in Rußland von den Lesern und der Kritik positiv aufgenommen. Früh wurden jedoch auch kritische Einwände laut. In einer berühmten Rezension lobte N. A. DOBROLJUBOV die Vollständigkeit der Texte und Varianten, bemängelte jedoch, daß der Kommentar den Hintergrund der Märchenaufzeichnung, ihre äußere und innere *(»sittliche«)* Situation unberücksichtigt läßt. Keine Märchensammlung der slawischen Völker ist – wenn auch nur in Auswahlausgaben – öfter in westliche Sprachen übersetzt worden als diejenige Afanas'evs. Obwohl in Deutschland bereits 1831 die hervorragende Märchensammlung A. DIETRICHS vorlag, fanden die von Afanas'ev gesammelten Texte gerade hier die größte Verbreitung. J.Di.

AUSGABEN: Petersburg 1855–1863, 8 Bde. – Moskau 1936–1940, 3 Bde., Hg. Ju. M. Sokolov. – Moskau 1957, 3 Bde., Hg. V. Ja. Propp; ²1958. – Moskau 1985, 3 Bde.

ÜBERSETZUNGEN: *Narodnye Russkie Skazki. Russische Volksmärchen* (russisch-deutsch), ausgew. u. übers. von H. Dehio, Mchn. 1979. – Dass., ders., Mchn. 1981. – *Russische Volksmärchen*, S. Geier, 2 Bde., Mchn. 1985 – Dass., W. v. Grimm, Ffm. 1988.

LITERATUR: N. A. Dobroljubov, Rez. (in Sovremennik, 1858, Nr. 9, auch in N. A. D., *Sobr. soč.*, Bd. 1, Moskau 1950). – A. N. Pypin, *Istorija russkoj etnografii*, Bd. 2, Petersburg 1891, S. 350–374. – S. A. Savčenko, *Russkaja narodnaja skazka. Istorija sobranija i izučenija*, Kiew 1914. – M. K. Azadovskij, *Russkaja skazka*, 1–2, Moskau/Leningrad 1932. – Ders., *Literatura i fol'klor*, Leningrad 1938. – Ju. M. Sokolov, *Žizn' i naučnaja dejatel'nost' A. N. A.* (in A. N. Afanas'ev, *Narodnye russkie skazki*, Bd. 1, Moskau 1936). – V. A. Tonkov, *A. N. A.* (in Literaturnyj Voronež, 1947, Nr. I/16, S. 337–360). – V. P. Anikin, *Russkaja narodnaja skazka*, Moskau 1959. – È. V. Pomeranceva, *A. N. A. u. die Brüder Grimm* (in Deutsches Jahrbuch für Völkerkunde, 9, 1963, S. 94–103). – Dies., *Sud'by russkoj skazki*, Moskau 1965. – F. Harkort u. K.-H. Pollok, *Übersetzungen russischer Volksmärchen aus der Sammlung von A. N. A.* (in *Slavistische Studien zum VI. Internationalen Slavistenkongreß in Prag 1968*, Wiesbaden 1968, S. 591–630).

ʿALI MOḤAMMAD AFĠĀNI

* 1927

ŠOUHAR-E ĀHU-ḤĀNOM

(iran.-npers.; *Der Gatte der Ahu-Ḥānom*). Sozialkritischer Roman von ʿAli Moḥammad AFĠĀNI, erschienen 1961. – In das geordnete Dasein des Bäckermeisters Seyyed Mirān, der in der Provinzstadt Kirmanschah mit seiner Frau Āhu-Ḥānom und seinen vier Kindern zufrieden und standesgemäß lebt und es zu einem kleinen Vermögen gebracht hat, tritt eines Tages die junge Frau Homā, die das häusliche Glück der Familie zerstört. Seyyed heiratet Homā. Da es nach islamischem Recht einem Mann gestattet ist, mehrere Frauen nebeneinander zu haben, leben die beiden Frauen als *hawu*, d. h. als gleichberechtigte Gattinnen nun jahrelang in einer Wohnung zusammen. Zeitweilig vertragen sie sich, oft aber intrigieren sie gegeneinander oder streiten sich, beschimpfen und bekriegen einander, so daß Seyyed, verblendet durch die im vorgerückten Alter bei ihm wieder erwachte Liebe, seine erste Frau, die Mutter seiner vier Kinder, aus dem Hause jagt. – Seyyed legt sein Schicksal nun ganz in die Hände der vergnügungssüchtigen Homā, der er bald völlig hörig wird, so daß er sich von ihr zur Trunksucht und schließlich zu Schmuggelgeschäften verleiten läßt. Immer mehr verkommt der vordem so angesehene Bäckermeister, doch im letzten Moment gelingt es Frau Āhu-Ḥānom, den der Familie drohenden Ruin zu verhindern.

Trotz ihrer menschlichen Schwächen sind die einzelnen Gestalten dieses Romans sympathisch gezeichnet; dies gilt sowohl für die Heldin selbst als auch für die lebenslustige, kokette Homā und den alternden Seyyed Mirān, der in seiner Liebestollheit sein Ansehen selbst untergräbt, indem er sich zu Handlungen hinreißen läßt, die er vor seinem Gewissen nicht verantworten kann. – Dem Autor geht es vor allem darum, auf die Diskriminierung und Rechtlosigkeit der iranischen Frau sowie auf die Notwendigkeit ihrer Emanzipation hinzuweisen. Āhu-Ḥānom zeigt die typischen Eigenschaften der islamischen Frau, die einer strengen mittelalterlichen Moral unterworfen ist, die ihr keinerlei Freiheit läßt, andererseits aber dem Mann alle Rechte einräumt, so daß er eine schuldlose Gattin ohne weiteres verstoßen darf. Die Polygamie mit ihren Mängeln und Belastungen wird dem Leser eindringlich vor Augen geführt. Daneben werden aber auch andere Einflüsse auf das Leben und Handeln der Protagonisten beachtet: die wirtschaftliche Entwicklung des Irans, die Modernisierung des Landes und die Anpassung der Lebensverhältnisse an die der westlichen Länder.

Afġāni bedient sich einer volkstümlichen Fabel, verzichtet aber nicht auf eine komplexe Schilderung der Charaktere und der sozialen Wirklichkeit.

Wenn auch der Gang der Handlung immer wieder durch langatmige Monologe und Dialoge unterbrochen wird, so ist doch das 863 Seiten umfassende Werk für den Autor ein Erfolg und für die moderne iranische Literatur ein Gewinn.   B.A.

AUSGABEN: Teheran 1961. – Teheran 1962. – Teheran 1965.

LITERATUR: B. Alavi, »*Der Gatte der Ahu-Chanom*« – *ein bemerkenswerter persischer Roman* (in Wissenschaftliche Zeitschrift der Wilhelm-Humboldt-Univ. Berlin, 12, 1963, S. 717). – M. A. Djamalzadeh, »*Chauhare Ahou Khanom*« (*The Husband of Ahou Khanom*). *A Recent Persian Novel* (in Yādnāmeye Jan Rypka, Akademia, Publishing House of the Czechoslovakia Academy of Sciences, Prag 1967, S. 173).

ALEKSANDR NIKOLAEVIČ AFINOGENOV

* 4.4.1904 Skopin
† 29.10.1941 Moskau

LITERATUR ZUM AUTOR:
I. L. Altman, *A. A.* (in Znamja, 1947, 4, S. 117–133). – A. O. Boguslavskij, *A. N. A. Očerki žizni i tvorčestva*, Moskau 1952. – A. V. Karaganov, *A. A. Kritiko-biogr. očerk*, Moskau 1957. – J. Gorbunova, *Lebendig mit dem Leben. Über das liter. Erbe A. A.s* (in Sowjetwissenschaft, 1958, 6, S. 644–658). – A. V. Karaganov, *Žizn' dramaturga. Tvorčeskij put' A. A.*, Moskau 1964. – W. Kasack, *Lexikon der russischen Literatur ab 1917*, Stg. 1976, S. 19/20.

DALËKOE

(russ.; *Ü: Ein Punkt in der Welt*). Schauspiel in drei Akten von Aleksandr N. AFINOGENOV, Uraufführung: Moskau 1935, Vachtangov-Theater. – Auf der Fahrt von Wladiwostok nach Moskau muß der Sonderzug des Kommandeurs der Fernostarmee, Matvej Mal'ko, an dem kleinen Ausweichstellwerk Dalëkoe (»Weitab«) halten. Dieses Ereignis – bisher hatte hier »*nie auch nur ein einziger Passagierzug angehalten*« – versetzt die in der einsamen Taiga gelegene Eisenbahnerkolonie in unerhörte Aufregung. Ein wenig verschämt gibt man dem hohen Offizier ein bescheidenes Fest, und bald fühlt sich Mal'ko – gerührt von der Offenherzigkeit und selbstlosen Gastfreundschaft des Vorstehers Korjuško und seiner Mitarbeiter – zu diesen einfachen Menschen hingezogen. Gutmütig und amüsiert nimmt er Korjuškos »Rapport« über das Stellwerk entgegen, obwohl er dafür natürlich gar nicht zuständig ist. Auf burschikose Weise unterhält er sich mit Korjuškos vorlauter Tochter Ženja, mit dem egoistischen »*leeren Menschen*« Vlas führt er spöttische Gespräche, und den unzufriedenen Streckenwärter Lavrentij will er sogar nach Moskau mitnehmen. Die Sibirier wiederum erfahren von Mal'kos Frau Vera, daß der Kommandeur, ohne es zu wissen, unheilbar krank ist und daß seine Reise nach Moskau wohl seine letzte sein wird. Sie beschenken ihn daraufhin auf rührende Weise, wobei sich Ženja, die ihr Blut für den Kranken spenden will, peinlich verplappert. Wie sich jetzt aber herausstellt, weiß Mal'ko sehr wohl, wie es mit ihm steht; doch er, der Kommunist, kann seine Frau belehren: »*Ich bin zwar krank, aber ich bin außerdem auch noch Bolschewik.*« Als die Stunde des Abschieds gekommen ist, der Zug anfährt und der Streckenwärter Lavrentij sich in letzter Sekunde doch dafür entscheidet, auf seinem Posten in Dalëkoe zu bleiben, schöpft der Bolschewik Mal'ko neuen Lebensmut und sieht vertrauensvoll in die Zukunft: »*Lavrentij ist geblieben, Veruša... Ach, die Leute werden doch erwachsen... Und noch leben wir... Noch leben wir, mein Schatz!*«

Afinogenov setzt in diesem Stück weder seine eigene Proletkult-Tradition fort, noch zeigt er sich allzu sehr von der Doktrin des »sozialen Auftrags« beeindruckt. Er »*stellt sein traditionelles, psychologisch-realistisches Drama bewußt gegen den von V. Višnevskij und N. F. Pogodin geforderten Typ des in Szenen gereihten, offenen Dramas mit vielen Figuren (der Masse) und dem Verzicht auf persönliches Schicksal zugunsten gesellschaftlichen Geschehens.*« (W. Kasack). Zwar hat der Held des Stücks das übliche ideologische Spruchband zu liefern, das die am Sinn ihres Lebens zweifelnde Belegschaft von Dalëkoe aufrichten soll (»*Für jene unter uns... die dies große Band der Werktätigen sehen, ... ist überhaupt keine Abgeschiedenheit furchtbar*«), und auch die stereotype negative Figur (Vlas) des sozialistischen Dramas fehlt nicht. Doch die Patenschaft ČECHOVS, die das Werk deutlich erkennen läßt, half jenes Schwarzweißklischee von Klassenfeinden und Kommunisten vermeiden, wie es vor allem POGODIN in seinen Stücken produzierte. Die lebensechten Dialoge und der feinfühlige psychologische Realismus sicherten diesem verhalten dramatischen Bericht über einen Tag aus dem Leben des kleinen Sowjetbürger mehr Publikumserfolg als anderen zeitgenössischen Bühnenwerken. Eine Fortsetzung von *Dalëkoe* erschien 1939 unter dem Titel *Vtorye puti (Das zweite Gleis)*, ist jedoch in Form und Inhalt bedeutend schwächer.   W.Sch.

AUSGABEN: Moskau 1935 (in *Krasnaja nov'*, 11, S. 3–25). – Moskau 1935. – Moskau 1955. – Moskau 1956 (in *P'esy*). – Letchworth 1978.

ÜBERSETZUNG: *Ein Punkt in der Welt*, L. Schwarz u. F. F. Treuberg, Bln. 1946.

VASILIJ EGOROVIČ AFONIN

* 3.9.1939 Žirnovka / Gebiet Novosibirsk

NA BOLOTACH

(russ.; *Ü: Im Moor*). Kurzroman von Vasilij E. AFONIN, erschienen 1978 in der Zeitschrift ›Junost'‹; 1979 in Buchform unter dem Titel *Kljukva jagoda (Moosbeeren)*. – Der Autor, ein Vertreter der sogen. Dorfprosa, wählt zumeist seine sibirische Heimat als Handlungsort für seine Erzählungen und Romane. Der Schauplatz des in sechs Kapitel gegliederten Romans ist das sibirische Dorf Jurga am Rande der Taiga, die Handlung spielt in den siebziger Jahren. Der Konflikt zweier charakterlich völlig verschiedener Brüder – Michail ist ein gutmütiger Mensch, Semen hingegen ein brutaler Egoist – bestimmt die nur wenige Tage umfassende Gegenwartshandlung. Der fünfzigjährige Michail, der jüngere Bruder, ein Gelegenheitsarbeiter, der durch die Lande zieht, kommt in sein Heimatdorf, um Moosbeeren zu sammeln. Er trifft seinen fast 20 Jahre älteren Bruder Semen nicht an, wird aber von seiner Schwägerin Frosja freundlich aufgenommen und erfährt, daß sein Bruder, der Geld für die Hochzeit seiner Tochter benötigt, bereits zum Beerensammeln ins Moor gegangen sei.

Die Vorgeschichte – das Verhältnis der beiden Brüder zueinander und das Schicksal der Dorfbewohner während des Krieges – werden durch die Dialoge und Erinnerungen der Figuren – häufig in erlebter Rede – eingebracht, wobei bestimmte Begebenheiten aus verschiedenen Perspektiven geschildert werden: Michail wird 1941 achtzehnjährig in den Krieg eingezogen, Semen hingegen wird staatlich angestellter Jäger. Obwohl er während des Krieges überreichlich mit Nahrungsmitteln versorgt ist, kümmert er sich nicht um seine Eltern; während im Dorf die Kinder verhungern, füttert er seine Hunde mit Fleisch. Frosja, die ihn wie alle im Dorf verachtet, hat ihn nur geheiratet, um ihre Familie unterhalten zu können. Sie muß die Arbeit auf dem Hof bewältigen und wird häufig von Semen geschlagen. Doch erträgt sie ihn um ihrer Kinder willen. Als Michail am Ende des Krieges als Offizier unversehrt nach Jurga zurückkehrt, kommt es wegen Semens Verhalten zu Streit und Gewalttätigkeiten. Michail, der nach dem Krieg das Leben erst einmal genießen will, findet Arbeit als stellvertretender Vorsitzender in der Kreisversorgungszentrale. Aus Unerfahrenheit und Gutmütigkeit läßt er Unregelmäßigkeiten und Schiebereien durchgehen und wird nach einem Jahr zur Verantwortung gezogen. Um den fehlenden Betrag zurückzahlen zu können, wendet er sich in einem Brief an Semen mit der Bitte um Geld. Dieser aber läßt den Bruder ohne Antwort, und Michail muß eine fünfzehnjährige Lagerhaft verbüßen. Nach seiner Entlassung zieht es ihn wieder ins heimatliche Dorf. Wieder streiten sich die Brüder. Michail verläßt Jurga und kehrt erst sieben Jahre später zurück, wie seither jeden Herbst. Dieses Mal will er jedoch für immer bleiben. Um das Geld für den Neubeginn zusammenzubekommen, hat er sich vorgenommen, in diesem Jahr besonders viele Moosbeeren zu sammeln.

Im weiteren Verlauf der Gegenwartshandlung macht sich Michail nach dem Besuch bei Frosja nun auf den Weg ins Moor zu seinem Bruder, der nicht zur verabredeten Zeit ins Dorf zurückgekehrt ist, weil er sich den Fuß verstaucht hat. Michail findet Semen, renkt den Knöchel ein und bietet dem Bruder an, für ihn mitzusammeln, bis er wieder gesund ist. Aber Semen, der nicht teilen will, meint, in diesem Jahr gebe es gar keine Beeren. Dennoch macht sich Michail auf die Suche und entdeckt die Stelle, die ihm Semen absichtlich verschwiegen hat. Glücklich berichtet er seinem Bruder von dem Fund. Der sieht seinen Gewinn plötzlich halbiert und will daher Michail das Pflücken verbieten. Im Verlauf einer dramatischen Auseinandersetzung erschießt Semen kaltblütig den Bruder. Dann versenkt er die Leiche im See, bringt den Hund um, der mit Michail gekommen ist, und beschließt, zu leugnen, seinen Bruder überhaupt getroffen zu haben. Auf dem Heimweg ins Dorf erscheint ihm im Wasser eines Flusses Michails Gesicht. Von Panik ergriffen, will er sich das Leben nehmen, jedoch entscheidet er sich im letzten Moment anders und geht ins Dorf zurück.

Neben der eigentlichen Handlung werden in Gesprächen und Rückblenden die Lebensumstände im sibirischen Dorf, die Veränderungen der traditionellen Lebensweise durch den Einzug der Technik, Konflikte zwischen der jungen und alten Generation und die Zerstörung der Umwelt deutlich. Jedoch wird all dies weitgehend unreflektiert konstatiert, weder aus der Erzählerperspektive noch von seiten der Figuren ist eine Problematisierung erkennbar. Der Roman fand ein positives Echo, es wurden die Sprachdisziplin, die ungekünstelte Erzählweise, die Eindringlichkeit und Glaubwürdigkeit der Figuren und die allgemeingültige Darstellung der zwischenmenschlichen Beziehungen herausgestellt. »*Ohne äußere (und äußerliche) Dramatik werden in diesem bemerkenswerten Roman in ruhigem Erzählfluß menschliche Schicksale beschworen, denen sich die uralte und ewig neue Frage nach dem Sinn des Lebens stellt*« (Jacobi). B.Gö.

AUSGABEN: Moskau 1978 (*Na bolotach*; in Junost', 7). – Moskau 1979 (*Kljukva jagoda*).

ÜBERSETZUNG: *Im Moor*, W. Kasack, Ffm. 1982.

LITERATUR: I. Pitljar, *Trud kak osnova žizni* (in Novyj mir, 1981, 4, S. 249–254). – G. Leech-Anspach, Rez. (in Der Tagesspiegel, 16. 5. 1982, S. 60). – H. Jacobi, Rez. (in NZZ, 29. 5. 1982). – E. Wolffheim, Rez. (in Sonntagsblatt, 4. 7. 1982). – Ju. Stefanovič, *Vse v étom mire* (in Literaturnaja gazeta, 24. 9. 1986, S. 6).

ĀGAMACAKRAVARTIN

Ende 12. Jh. Sri Lanka

PARICCHEDAPOTA

(singhal.; *Das Buch der Abschnitte*). Buddhistische Lehrschrift von ĀGAMACAKRAVARTIN. – Zu den bedeutendsten klassischen singhalesischen Prosawerken gehört das Predigtbuch *Paricchedapota*, auch *Pariccheda hatara (Vier Abschnitte)* oder einfach *Pariccheday (Abschnitt)* genannt. Es ist um die Wende vom 12. zum 13. Jh. zu datieren; von seinem Verfasser kennen wir nur den Schriftstellernamen Āgamacakravartin (»Weltherrscher der Religion«), der dem Namen des etwas früheren VIDYĀCAKRAVARTIN (»Weltherrscher des Wissens«) nachgebildet ist. Der Verfasser ist mit Sicherheit buddhistischer Mönch gewesen. Sein Stil ist nicht allzu verschieden von dem Vidyācakravartins in der Trilogie *Butsarana (Zuflucht zum Buddha)*, *Dahamsarana (Zuflucht zum Dharma)* und *Saṅgasaraṇa (Zuflucht zur Mönchsgemeinde)*.

Das *Paricchedapota* besteht aus vier Teilen: *Avavādapariccheda (Abschnitt der Ermahnung)*, *Dānapariccheda (Abschnitt über Spenden)*, *Sīlapariccheda (Abschnitt über sittliches Verhalten)* und *Bhāvanāpariccheda (Abschnitt über Meditation)*. Jeder der vier in sich geschlossenen Abschnitte ist als Predigtbuch für buddhistische Mönche zu einem der vier Themenkreise gedacht. Zahlreiche Erzählungen aus der kanonischen Literatur und aus der ceylonesischen Legendenüberlieferung illustrieren die Darstellung, und der Leser findet interessante Hinweise auf die damalige religiöse Praxis sowie einzelne wichtige historische Informationen. Der beliebteste der vier Teile ist der erste; er dient noch heute traditionell gebildeten buddhistischen Mönchen als Grundlage für viele ihrer Lehrpredigten. – Die Sprache ist ein verhältnismäßig reines Singhalesisch; sie ist frei von den langen Sanskrit-Passagen der spätklassischen Prosa und in nicht allzu lange Sätze gegliedert. Deshalb ist das *Paricchedapota* für Predigtzwecke wesentlich besser geeignet als andere buddhistische Werke jener Zeit. Die in Pāli zitierten Stellen aus den kanonischen Schriften sind meist mit singhalesischen Übersetzungen oder Paraphrasen versehen. H.Bt.

AUSGABEN: Ambalangoda 1921 (*Paricchedaya*, Hg. T. Paññamoli Tissa). – Colombo 1939 (*Avavādapariccheda*, Hg. Siriratana; Teilausg.). – Colombo 1955 (*Pariccheda hatara*, Hg. H. Dhammānanda).

LITERATUR: C. E. Godakumbura, *Sinhalese Literature*, Colombo 1955, S. 77–79.

ADÂLET AĞAOĞLU

*1929 Nallıhan

LITERATUR ZUR AUTORIN:
The Readers Encyclopedia of World Drama, NY 1969. – A. Özkırımlı, *Türk Edebiyatı Ansiklopedisi*, Istanbul ³1984, S. 40 f. – O. Önertoy, *Cumhuriyet Dönemi Türk Roman ve öyküsü*, Ankara 1984, S. 193–196. – B. Necatigil, *Edebiyatımızda İsimler Sözlüğü*, Istanbul ¹²1985, S. 14.

BİR DÜĞÜN GECESİ

(ntürk.; *Die Nacht einer Hochzeit*). Roman von Adâlet AĞAOĞLU, erschienen 1979. – Ein Geflecht aus inneren Monologen, aus dem eine besondere Spannung resultiert, ersetzt die lineare Erzählung der Handlung dieses Romans, dessen Thema die Kritik an der politischen und sozialen Ordnung der Türkei ist, insbesondere an der bürgerlichen und intellektuellen Schicht des Landes, die als verantwortlich für die Lage der sechziger Jahre angeprangert wird. Der Leser erhält einen Einblick in die Ereignisse sowie die Hintergründe der militärischen Machtübernahme in der Türkei am 12. 3. 1971, in die Studentenbewegung, in die allgemeine Krise – all dies vor dem Hintergrund der speziellen Probleme und Krisen der Intellektuellen.

Die Hochzeitsfeier Ercans und Ayşens bildet lediglich die Kulisse im Hintergrund, wenngleich in ihrem fragwürdigen Glanz sich viele Teilnehmer gern sonnen. Der Vater der Braut (Ayşen), Ilhan Dereli, ist der größte Bauunternehmer in Ankara, daneben aber übt er auch seinen eigentlichen Beruf als Rechtsanwalt aus. Spekulationen, Bestechungen und undurchsichtige Geschäfte brachten ihm ein Vermögen und einen gewissen politischen Einfluß ein. Er richtet das luxuriöse Hochzeitsfest für seine einzige Tochter im »Anadolu Kulübü« (Klub Anatolien) aus. Diese Heirat ist ihm willkommen, obwohl er weiß, daß seine Tochter unglücklich ist, aber der Vater des Bräutigams ist ein einflußreicher General. Der Handel kam zustande, nachdem der General, Hayrettin Özkan, geholfen hatte, Ayşen aus dem Gefängnis zu holen. (Zusammen mit einer Studentengruppe war Ayşen an einer Aktion beteiligt gewesen, bei der ein amerikanischer Wagen in Brand gesteckt worden war.) Der General seinerseits sieht den Vorteil darin, eine so reiche Familie als unmittelbare Unterstützung für seine hochtrabenden Zukunftspläne zu nutzen. Ayşen aber verliert die Sympathie ihrer Kameraden, gerät in die Isolation, denn sie wird verdächtigt, eine Verräterin oder gar Spionin zu sein. So entschließt sie sich aus Verzweiflung zu dieser Heirat.

Aus der Perspektive des reserviert erscheinenden Hochschullehrers Ömer (Onkel der Braut) wirken die ersten Eindrücke von der Hochzeit wie ein widerwilliges Eintauchen in gefährliches Gewässer. Zusammen mit seiner Schwägerin Tezel beobachtet er aus einer von Pflanzen verdeckten Ecke das Geschehen. Durch den Filter seiner Schilderungen erscheinen die Gäste, aber auch die Mitglieder der Familie wie groteske Figuren. Seine Monologe, die sich sowohl in das aktuelle Geschehen einblenden als auch Episoden aus seiner Vergangenheit vergegenwärtigen, beschreiben nicht nur persönliche, familiäre und gesellschaftliche Konflikte und reflektieren nicht nur seine immer stärker werdende Entfremdung, sondern bilden auch den Leitfaden des Romans. Seine Frau Aysel (die Schwester Ilhan Derelis) hat den Kontakt zu ihrer Familie abgebrochen, nicht nur weil Ilhan ein korrupter Geschäftsmann ist, sondern als Konsequenz aus ihrer politischen Haltung.

Das weibliche Pendant Ömers an diesem Abend ist Tezel, die jüngere Schwester seiner Frau. In jungen Jahren hielt sie sich für revolutionär und bewunderte Aysel, doch jetzt ist sie ohne jeden moralischen Halt, einsam und ausgebrannt. Von der erfolgreichen und engagierten Malerin zur Alkoholikerin führte Tezels Weg über zwei gescheiterte Ehen mit Männern, die sie ausnutzten, und über demagogische Freunde, die sich für die einzig wahren Revolutionäre hielten, die sie aber erniedrigten. Sie ist eine zynische Frau ohne Selbstachtung geworden.

Neben Ömer und Tezel ist Ayşen diejenige, deren Gedanken der Leser ausführlich kennenlernt. Ihr Konflikt ist einerseits in dem schlechten Ruf der Eltern begründet und andererseits in der Ablehnung, die sie trotz ihres politischen Engagements seitens ihrer Studentengruppe erfährt. Ayşen ist zu tiefen Gefühlen fähig und erkennt, daß ihre Eltern und deren Umgebung ihre Ideale weder teilen noch in der Lage sind, diese zu würdigen. Vor allem ihre Mutter Müjgân enttäuscht sie. Ayşen charakterisiert sie treffend: »*Du riechst nach Haarfarbe. Du riechst nach Nagellack. Du riechst nach Make-up. Du riechst nach Sauna. Du riechst nach Massage. Du riechst nach Gold. Du riechst nach Diamanten. Du riechst nach Semih [der Name ihres Liebhabers] und sogar – ich irre mich nicht –, und sogar nach Generalleutnant, nach Generaloberst. Zur Zeit riechst du am meisten nach Uniform. Nach Blut riechst du, nach Blut! Du riechst nach allem, nur nach Mutter riechst du nicht.*«

Aus den kurzen Monologen der Nebenfiguren wird die andere Seite der Gesellschaft sichtbar, die im starken Kontrast zu der Welt Ömers, Tezels und Ayşens steht. Diese Figuren sind ebenso knapp wie typisierend als gierige, egoistische und rücksichtslose Menschen skizziert. Die Autorin betrachtet sie als Produkte einer Gesellschaft, die eine Umwälzung erlebt und im Begriff ist, ihr System und ihre Struktur zu ändern. Lediglich Ali Usta (Meister Ali), ein einfacher Elektriker, ist eine wohltuende Ausnahme, ein positiver Held, der unbeirrt seinen Weg geht.

Ömer, der im Laufe des Abends sehr viel getrunken hat, ruft schließlich seine Frau Aysel an. Betrunken, wie er ist, beginnt er einen Streit mit ihr. Sie erzählt von einer Besucherin, die darum bittet, vor der Polizei versteckt zu werden. Kurze Zeit später entschließt sich Ömer, nach Hause zu gehen. Doch gelingt es Tezel, ihn zurückzuhalten. Seine Frau habe angerufen, um ihn zu warnen, weil sie zusammen mit jener Besucherin verhaftet wurde. Gerade dieses Ereignis gibt Ömer die Hoffnung, einen neuen Anfang, eine neue Annäherung in ihrer beider Ehe schaffen zu können. – Für diesen Roman erhielt die Autorin in den Jahren 1979/80 drei wichtige Literaturpreise der Türkei. B.Ca.

AUSGABEN: Istanbul 1979; ⁶1984.

LITERATUR: M. H. Doğan, *Okurken* (in Milliyet Sanat Dergisi, 319, 1979). – R. Mutluay, *»Bir Düğün Gecesi«* (in Edebiyat Cephesi, 4, 1979). – J. Parla, *A. A.'nun Romanlarında Değişim, Bunalım, Direniş* (in Somut, 5, 1979). – B. Günel, *Bir Karşılaştırma* (in Yazko Edebiyat, Februar 1981). – *A. A. Ne Yaptı?* (in Yankı, 23. 2. 1981). – B. Günel, *Günlerden* (in Varlık, März 1981). – F. Otyam, *Hariçten Gazel ve Posta Kutusu Üzerine* (in Yazko Edebiyat, März 1981). – *Üç Mektup* (in ebd., April 1981). – A. Özkırımlı, *Bir Edebiyat Okuyan Değişin* (in Varlık, Juli 1981). – B. Günel, *Tartışmanın Böylesi* (in Türkiye Yazıları, Oktober 1981). – A. Ağaoğlu, *Bir Karşılaştırma İçin* (in *Aziz Nesin Vakfı Edebiyat Yıllığı*, Istanbul 1982, S. 368–371). – K. Ertop, *»Bir Düğün Gecesi« üstüne Sorunsuz Edebiyata Bir Sorun* (in ebd., S. 384–386). – F. Atkalı, *Aynı Güneşte Çamaşır Kurutanlar* (in ebd., S. 386–388).

FİKRİMİN İNCE GÜLÜ

(ntürk.; *Ü: Die zarte Rose meiner Sehnsucht*). Roman von Adâlet AĞAOĞLU, erschienen 1976. – Die Probleme der in der Bundesrepublik Deutschland lebenden türkischen Gastarbeiter begannen in den siebziger Jahren die Literaten in der türkischen Heimat zu beschäftigen. Die Auseinandersetzung zwischen Individuum und Gesellschaft, das Hauptthema Adâlet Ağaoğlus, wird in diesem Roman am Schicksal eines heimkehrenden Gastarbeiters dargestellt. Die Gier, die Verfolgung fragwürdiger materieller Ziele, die Entfremdung, ja sogar Entmenschlichung, die in ihren anderen Werken meist in einem bürgerlichen Umfeld zu beobachten sind, führt die Autorin hier in der Person Bayrams vor. Bayram gilt in der zeitgenössischen türkischen Literatur als Prototyp des irregeführten Arbeiters, der einen Ausweg aus der trügerischen Scheinwelt der Konsumgesellschaft sucht. Aber wenngleich er sein kleines persönliches Ziel – der Besitzer eines Mercedes zu sein – erreicht, vermag er damit doch nicht seine eigentlichen Probleme zu lösen. Der Autorin gelingt in diesem Roman die Schilderung jenes manipulierten Bewußtseins, das Sachen über Menschen stellt, aber auch die Analyse des Unterschiedes zwischen den Verhaltensformen innerhalb einer Industriegesellschaft und der traditionellen Denkweise der noch in eine Dorfgemeinschaft Anatoliens integrierten Menschen. An Bayram, der keiner dieser beiden gegensätzlichen Welten wirklich zugehört, werden die Folgen der Entwurzelung verdeutlicht.

In München, wo er arbeitet und in einem Wohnheim lebt, zeigt sich Bayrams Charakter recht deutlich: Er ist bei seinen türkischen Kollegen unbeliebt, weil er nicht bereit ist, wie es den Traditionen entsprechen würde, mit den anderen zu teilen oder zu helfen. So wundert es nicht, daß er seit seiner Kindheit keine Freunde hat und glaubt, Anerkennung nur durch die Demonstration materiellen Besitzes zu erreichen.

Der Leser lernt ihn auf seiner ersten Heimreise kennen, wie er sich zunächst ausmalt, in seinem Dorf die ersehnte Bewunderung zu finden. Der Mercedes, den er sich vom Munde abgespart hat, ist für ihn ein personifiziertes Statussymbol: Er nennt den schmutziggelben Wagen *»Honigmädchen«* (*»Balkızı«*). Doch schon bei der Einreise an der türkischen Grenze beginnt für ihn ein Spießrutenlaufen: Die Reaktionen auf seinen Wagen sind abwertend; er muß sogar Spott und Beschimpfungen über sich ergehen lassen (z. B. nennt der Grenzbeamtin Nuran Hanım den Wagen »pissefarben«, ein Kollege tituliert ihn als »scheißfarben«). Nur mit Mühe gelingt es ihm, die notwendigen Formalitäten zu erledigen, weil er sich nicht einmal ein Einreisevisum besorgt hat. Auch der erste »Unfall« passiert schon an der Grenze während der Bearbeitung seiner Papiere, als ein rumänischer Lastwagen den geparkten Mercedes beschädigt und einfach weiterfährt. So unheilvoll, wie es sich in der ersten Stunde angekündigt hat, geht die Reise weiter: Schrammen, der abgebrochene Mercedesstern, das zerbrochene Rücklicht sind für Bayram Anlässe zu zahlreichen lautstarken Auseinandersetzungen mit anderen Verkehrsteilnehmern. Schließlich fängt er sogar eine Schlägerei an, die ihm aber lediglich einen Hieb aufs Auge einbringt. Derart erniedrigt, nähert er sich seinem Dorf.

Dort glaubt er, endlich seine Jugendliebe Kezban heiraten zu können, die er damals sitzenließ, weil sie arm war. Er erinnert sich auch an seinen seinerzeit kranken Onkel Ibrahim, der ihn großgezogen hat, und an Kezbans Bruder Ismail, mit dem er befreundet war. Nicht etwa danken will er dem Onkel, sondern er möchte ihm den Mercedes als Beweis für seine Leistung vorführen und bringt den Wagen noch schnell auf Hochglanz. Am Dorfbrunnen trifft er den Schäfer, der ihm erzählt, was seit seinem Weggang geschehen ist: Als Kezban erfahren hatte, daß ihr angeblicher Freund Bayram ihren Bruder betrogen hatte und an dessen Stelle nach Deutschland gegangen war, erlitt sie einen Nervenzusammenbruch; bald danach wurde sie die Frau eines Fischers. Onkel Ibrahim ist gestorben, und Bayram ist seither im Dorf eine verhaßte Person. Die Worte des Schäfers schockieren den Heimkehrer; er wirft von einer Anhöhe einen letzten Blick auf sein Dorf und fährt davon. Jetzt hat er endgültig keinen Menschen mehr, und sein Mercedes ist nach der langen Reise schrottreif. B.Ca.

AUSGABEN: Istanbul 1976; ²1977.

ÜBERSETZUNG: *Die zarte Rose meiner Sehnsucht,* W. Scharlipp, Stg. 1979.

LITERATUR: A. Özkırımlı, *Öykü ve Roman.* »*Fikrimin Ince Gülü*« (in *Aziz Nesin Vakfi Edebiyat Yıllığı,* Istanbul 1977). – R. Taner u. A. Bezirci, *Seçme Romanlar,* Istanbul ³1983.

AGAPETOS

Mitte 6.Jh.

EKTHESIS KEPHALAIŌN PARAINETIKŌN

(griech.-byzant.; *Vorlage von Maximen in Form von Kapiteln*). Kaiserliche Lebensregeln, verfaßt von AGAPETOS, einem Diakon der Sophienkirche (Hagia Sophia) in Konstantinopel. – In seinen 72 Abschnitten gibt das dem oströmischen Kaiser Iustinian I. (reg. 527–565) gewidmete Werk in äußerst knappen Sätzen und sentenzenartigen Abschnitten sittliche, religiöse und staatspolitische Normen für das Handeln eines Fürsten; es ist also eine Art »Fürstenspiegel«, ähnlich dem später verfaßten *Andrias* von Nikephoros BLEMMYDES. Von ähnlichen paränetischen Werken der älteren griechischen Literatur (z. B. der Rede des SYNESIOS *Über das Kaisertum* an die Adresse des Kaisers Arkadios vom Jahr 399) unterscheidet sich das Œuvre des Agapet durch die Betonung christlicher Lebensregeln (Nachahmung und Stellvertretung Gottes durch den Kaiser; der Herrscher als Mittler zwischen Himmel und Erde; Verpflichtung des Regenten zur Mildtätigkeit). Agapet fordert für den idealen Monarchen Charakterfestigkeit, Umsicht, Überlegung und Überlegenheit, Wahrheitsliebe sowie Abkehr von materieller Gesinnung. Ihren moralischen Lehren und ihrer sprachlichen Formulierung verdankt die inhaltlich recht spröde Schrift des Agapetos, daß sie schon in byzantinischer Zeit wie auch in den frühneuzeitlichen Jahrhunderten zu einem beliebten Lehrbuch des Griechischen wurde. P.W.

AUSGABEN: Venedig 1509 [griech.-lat.]. – Basel 1521, Hg. J. Frobenius [griech.]. – Lpzg. o. J. (in *Libellus Gnomicus,* Hg. J. Camerarius; griech.). – MG, 86, Sp. 1163–1186.

ÜBERSETZUNGEN: *Das Büchlein Agapeti an den Kayser Justinianum,* N. Krumpach, Wittenberg

1530. – *Agapetus deutsch,* M. Moller, Görlitz o. J. – Dass., N. Glaser, Bremen 1619. – In W. Blum, *Byzantinische Fürstenspiegel. Agapetos, Theophylakt von Ochrid, Thomas Magister,* Stg. 1981 (Bibliothek der griechischen Literatur; m. Einl.).

LITERATUR: J. A. Fabricius, *Bibliotheca Graeca,* Bd. 8, Hbg. ⁴1790–1809, S. 36–42. – B. Keil, *Epikritische Isokratesstudien* (in Herm, 23, 1888, S. 346–391). – K. Prächter, *Der Roman* »*Barlaam und Joasaph*« *in seinem Verhältnis zu A.s Königsspiegel* (in ByZ, 2, 1893, S. 444–460). – Krumbacher, S. 456 f.; 591; 699; 887. – A. Bellomo, *Agapeto Diacono e la sua schedia regia,* Bari 1906. – Bardenhewer, Bd. 5, S. 24. – F. Dölger, *Der griechische Barlaamroman, ein Werk des H. Johannes von Damaskus,* Ettal 1953. – I. Ševčenko, *A Neglected Byzantine Source of Muskovite Political Ideology* (in Harvard Slavic Studies, 2, 1954, S. 141–179). – P. Henry III, *A Mirror for Justinian. The Ekthesis of A. Diaconus* (in Greek, Roman and Byzantine Studies, 8, 1967, S. 281–308). – J. Irmscher, *Das Bild des Untertanen im Fürstenspiegel des A.* (in Klio, 60, 1968, S. 507–509). – P. Hadort, *Fürstenspiegel* (in RAC, 8, 1969, S. 555–632). – I. Ševčenko, *A. East and West: The Fate of a Byzantine* »*Mirror of Princes*« (in Revue des Études Sud-Est Européens, 16, 1978, S. 3–44). – Hunger, Bd. 1, S. 157–160, 161–208; Bd. 2, S. 23. – R. Frohne, *A. Diaconus. Untersuchungen zu den Quellen und zur Wirkungsgeschichte des ersten byzantinischen Fürstenspiegels,* Diss. Tübingen 1985.

ION AGÂRBICEANU

* 12.9.1882 Cenade
† 28.5.1963 Klausenburg

LITERATUR ZUM AUTOR:
D. Vatamaniuc, *I. A.,* Bukarest 1970. – M. Rezlescu, *I. A. 1882–1963. Cercetare bibliografică,* Jassy 1972. – M. Zaziu, *I. A.,* Bukarest 1972. – C. Regman, *A. şi demonii. Studiu de tipologie literară,* Bukarest 1973. – D. Vatamaniuc, *I. A. Biobibliografie,* Bukarest 1974. – *Ceasuri de seară cu I. A. Mărturii, comentarii, arhivă,* Bukarest 1982. – M. Zaciu, *I. A. 100 Jahre seit seiner Geburt,* Bukarest 1982.

ARHANGHELII

(rum.; *Die Erzengel*). Roman von Ion AGÂRBICEANU, erschienen 1914. – Die Goldbergwerke Siebenbürgens, die seit zwei Jahrtausenden ausgebeutet werden, bestimmen die Lebensweise der Bergarbeiter, Goldwäscher und Grubenbesitzer. Im

Mittelpunkt der Handlung steht Vasile Murăşanu, der Sohn des Dorfpfarrers. Bald wird er sein Theologiestudium abschließen. Schon träumt er von seiner Zukunft als Dorfgeistlicher und seiner Heirat mit Elenuţa Rodeanu. Sie empfindet tiefe Zuneigung für ihn, da er anders ist als die lauten und vergnügungssüchtigen Söhne der reichen Dorfbewohner, die sie vergebens umwerben. Ihr Vater Rodeanu konnte sich vor fünfzehn Jahren durch eine geschickte Einheirat vom Gemeindeschreiber zu einem der reichsten Goldwäscher emporarbeiten. Dank seinem nicht geringen Unternehmungsgeist und Wagemut gelang es dem robusten, aber rücksichtslosen Mann, die brachliegende Grube »Arhanghelii« auszubeuten. Zwischen Elenuţa und dem ein wenig unbeholfenen Theologiestudenten spinnt sich bald ein Briefwechsel an. Im Sommer darauf gestehen sie einander ihre Liebe und wollen heiraten. Doch der Vater Elenuţas weist Vasiles Werbung schroff und verletzend ab. Murăşanu verläßt das Dorf, bleibt aber mit Elenuţa in brieflicher Verbindung. – Der alte Rodeanu verfällt dem Kartenspiel und verliert dabei hohe Summen. Jeder der beiden inzwischen verheirateten älteren Töchter, die schon von jeher zu ihrem erfolgreichen Vater hielten, läßt el außerdem in der Stadt ein Haus bauen. So wachsen seine Schulden noch weiter an, zumal der einzige ergiebige Stollen seiner Grube in einen alten Schacht mündet, der wohl schon in der Römerzeit abgebaut worden war. Aber Rodeanu gibt nicht auf; er läßt im Stollen weiterhin nach Goldadern schürfen, obwohl ihn die alten Hauer warnen. Schließlich erwerben seine »Freunde« bei einer Versteigerung die Grube. Er verarmt völlig. Murăşanu kann nun endlich das Mädchen Elenuţa heiraten, das mit ihm fortzieht. Auch andere Dorfbewohner verarmen, da der Goldreichtum nach und nach versiegt. Viele der Bergleute müssen schließlich auswärts Arbeit suchen.

Dieser breit angelegte Roman schildert spannend und bildhaft das Schicksal einiger Familien in Văleni. Die einzelnen Charaktere werden jedoch nicht psychologisch gesehen, so daß die Empfindungen der Handelnden sich nur in ihrem Tun offenbaren. Die Mentalität des rumänischen Erzgebirglers, der gläubig und konservativ ist, tritt deutlich hervor. Die Sprache Agârbiceanus ist die des einfachen Volkes, reich an bildhaften Vergleichen, Sprichwörtern und Redewendungen, auch dringen die mundartlichen Eigenheiten der »Motzen« immer wieder durch, denn der Verfasser ist selbst Siebenbürger Rumäne und Vertreter des Traditionalismus.
E.T.

AUSGABEN: Hermannstadt 1914, 2 Bde. – Bukarest 1956. – Bukarest 1972 (in *Opere*, 7).

LITERATUR: Rez. (in Luceafărul, 13, 1914, S. 278). – O. Botez, *Un roman din viaţa Ardealului* (in Însemnări literare, Jassy 1919, 9). – D. Vatamaniuc, *Cronica transilvană a lui I. A.* (in SCILF, 8, 1959, S. 577–602). – I. Breazu, *Studii de literatura română şi comparată*, Bd. 2, Klausenburg 1973, S. 306–339.

LEGEA MINŢII. Povestea altei vieţi

(rum.; *Das Gesetz des Geistes. Die Geschichte eines anderen Lebens*). Roman von Ion AGÂRBICEANU, erschienen 1927. – Der Titel enthält eine Anspielung auf die *Römer-* und *Korinther-Briefe* des Apostels PAULUS und bezeichnet den Primat des Geistes im Kampfe mit der Materie, mit dem Gesetz des Leibes. Im Mittelpunkt der epischen Handlung steht Andrei, ein Bauernsohn aus Siebenbürgen. Zu mittellos, um an der Universität Naturwissenschaften studieren zu können, tritt er in das Priesterseminar in Budapest ein. Seine fortdauernde Begeisterung für die exakten Wissenschaften ebenso wie sein Abscheu vor dem Zwangscharakter des kirchlichen Lebens führen dazu, daß Andrei sich anfangs gegen die rein äußerliche Gläubigkeit einiger seiner Lehrer und Mitschüler auflehnt. Nach Überwindung einer schweren moralischen Krise findet er zum Glauben und zur inneren Ruhe zurück und entdeckt den tieferen Sinn der kirchlichen Dogmen und des Priestertums. Obwohl seine Leistungen am Seminar auf eine glänzende Karriere hindeuten, entschließt sich Andrei, als Pfarrer in Măgura, einem ärmlichen Dorfe, zu wirken, wo die konfessionell in Orthodoxe und Unierte gespaltenen rumänischen Bauern von den sächsischen Gemeindemitgliedern ausgebeutet werden. Es gelingt Andrei, den Streit der Konfessionen beizulegen und die Lage der Dorfbewohner dadurch zu verbessern, daß er eine Schule und eine Bank gründet und ein Gut erwirbt, um es an seine Pfarrkinder zu verpachten. Nach dem Tode seiner Frau Mărioara wird Andrei zum Erzpriester ernannt. Durch sein Wirken kann er entscheidend zur Erneuerung des kirchlichen und kulturellen Lebens in Rumänien beitragen. Die Begegnung mit Dora Muntean, seiner Jugendliebe, ruft alte Erinnerungen und Zweifel wach; Andrei bezwingt jedoch diese letzte Versuchung und widmet sich ausschließlich seiner Aufgabe als Priester. Diese Lösung des Konflikts steht in einem bezeichnenden Gegensatz zum Ende des 1926 erschienenen Romans von Agârbiceanu, *Legea trupului (Das Gesetz des Leibes)*, dessen Held Ion Florea Selbstmord begeht, weil er aus dem tragischen Dilemma seiner Existenzkrise keinen Ausweg finden kann.

Legea minţii ist eine realistische Darstellung des von nationalen und religiösen Kämpfen zerrissenen Daseins der rumänischen Landbevölkerung um die Jahrhundertwende. Der Autor zeigt viel Verständnis für die Leiden der Unterdrückten und bewundert die vorbildliche moralische und religiöse Haltung der einfachen Menschen. Der künstlerische Wert des Romans wird jedoch dadurch gemindert, daß es dem Autor nicht gelang, die häufigen theologischen und moralisierenden Exkurse mit der Handlung in wirklich glaubwürdiger Weise zu verbinden.
G.C.

AUSGABEN: Bukarest 1927. – Bukarest 1976 (in *Opere*, 9).

LITERATUR: D. Miron, *I. A. la 75 de ani* (in Steaua, 1957, Nr. 9, S. 2). – G. Călinescu, *Probleme si exemple* (in Contemporanul, 1958, Nr. 9, S. 1). – I. Breazu, *Studii de literatură română și contempratā*, Bd. 2, Klausenburg 1973, S. 306–339. – M. Popa, *Introducere ín opera lui I. A.*, Bukarest 1982.

AGATHIAS AUS MYRINA

* 531/532 Myrina / Kleinasien
† wahrscheinlich 579/582 Konstantinopel

DAPHNIAKÀ

(griech.-byzant.; *Erotische Gedichte*). Vermischte epische Gedichte des byzantinischen Literaten AGATHIAS »*über den mythischen Hirten Daphnis*«. – Die Gedichte waren in elegischen Distichen abgefaßt; das Original des neun Bücher umfassenden Werks ist verlorengegangen; ein Bruchstück überliefert die sogenannte *Anthologia Palatina* (auch *Anthologia Graeca*) in Buch 6, Nr. 80 (6 Zeilen) mit Widmung dieser Poesie an Paphia. Das Fragment ist im homerischen Stil gehalten. P.W.

AUSGABEN: Paris 1871 (in *Epigrammatum Anthologia Palatina*, Hg. F. Dübner u. E. Cougny, Bd. 1, S. 173). – Lpzg. 1894 (in *Anthologia Graeca*, Hg. H. Stadtmüller, Bd. 1, S. 267 f.). – Paris 1931 (in *Anthologie grecque*, Hg. P. Waltz, Bd. 3, S. 58; m. frz. Übers.). – Mchn. 1957 (in *Anthologia Graeca*, Hg. H. Beckby, Bd. 1, S. 475; m. dt. Übers.). – Mailand 1967 (in Agazia Scolastico, *Epigrammi*, Hg. G. Viansino; m. Komm. u. ital. Übers.).

LITERATUR: Krumbacher, S. 727 ff. – A. Cameron, *A.*, Oxford 1970. – R. C. McCail, *The Erotic and Ascetic Poetry of A. Scholasticus* (in Byzantion, 41, 1971, S. 205–267). – Hunger, Bd. 2, S. 166 f.

HISTORIAI

(griech.-byzant.; *Geschichte*), auch: *Peri tēs Iustinianu basileias* (griech.-byzant.; *Über die Herrschaft des Kaisers Iustinian*). Geschichtswerk von AGATHIAS, das in fünf Büchern die Goten- und Perserkriege des Kaisers Iustinian I. in den Jahren 552–559 behandelt. – In einem längeren Prolog stellt sich der Autor persönlich vor (»*Mein Name ist Agathias, ich stamme aus Myrina, Memnonios ist mein Vater und von Berufs wegen bin ich Rechtsanwalt*«) und verweist auf seine vorangegangene poetische Schriftstellertätigkeit, in deren Verlauf die *Daphniaka* und der sogenannte *Kyklos* entstanden waren.

Erst nach dem Tod des Kaisers (565) beginnt er mit seiner Fortsetzung des Geschichtswerks des PROKOP VON CAESAREA mit dem Ziel, der Nachwelt die Ereignisse der Vergangenheit wahrheitsgemäß und ohne Beschönigung zu überliefern. Agathias' ursprüngliche Intention war es wohl, seine Darstellung bis in die unmittelbare Gegenwart fortzuführen, doch wurde dies durch seinen frühzeitigen Tod verhindert.

Die Kämpfe der oströmischen Armee unter General Narses in Italien nehmen den ersten Teil der *Historiai* ein, gefolgt von einer Schilderung des Erdbebens von 551. Dann wechselt der Schauplatz nach Lazica (südlich vom Schwarzen Meer) zum Krieg gegen das Perserreich des Sasaniden, der bis zu den Friedensverhandlungen des Jahres 557 andauert. Das letzte Buch schließlich handelt kurz von einer Militärkampagne gegen die Tzanen (Volksstamm südlich des Schwarzen Meeres) und wendet sich dann den Ereignissen in Konstantinopel zu mit der Schilderung des Erdbebens von 557, der Pest im folgenden Jahr und der Abwehr eines Angriffs der kotrigurischen Hunnen (559). Während Agathias sich sonst wohl auf Augenzeugenberichte stützt oder, was für die Ereignisse in der Hauptstadt zutrifft, aus eigener Anschauung berichtet, benutzt er für seine Perserkapitel Übersetzungen aus persischen Dokumenten, die der Dolmetscher Sergios auf sein Bitten in persischen Archiven angefertigt hat.

Agathias ist bestrebt, in seiner Darstellungsweise »*die Musen mit den Chariten zusammenzubringen*«, die historischen Ereignisse also in einer literarischen Form zu präsentieren, die der Poesie in nichts nachsteht. Dies sucht er durch die »Mimesis«, d. h. Nachahmung der klassischen Autoren, insbesondere des HERODOT und THUKYDIDES, zu erreichen. Dementsprechend ist sein Stil stark attizistisch. Agathias steht in der Tradition der großen heidnischen Geschichtsschreibung; aber auch wenn seine Orientierung am klassischen Modell es ihm verbietet, christliche Terminologie und Reflexionen einzuführen, so unterliegt doch seinem Werk eine christliche Grundhaltung. – Das Geschichtswerk des Agathias wurde fortgesetzt von MENANDER PROTEKTOR und von THEOPHANES CONFESSOR für seine Chronik herangezogen. In Auszügen ist es in die *Konstantinische Exzerptensammlung* eingegangen. C.Ra.

AUSGABEN: Leiden 1594, Hg. B. Vulcanius. – Bonn 1828, Hg. B. G. Niebuhr (ern. MG 88, Sp. 1249–1608). – Bln. 1967 (*Agathiae myrinaei historiarum libri quinque*, Hg. R. Keydell).

ÜBERSETZUNG: *Agathias. The Histories*, J. O. Frendo, Bln./NY 1975 [engl.].

LITERATUR: A. u. A. Cameron, *Christianity and Tradition in the Historiography of the Late Roman Empire* (in Classical Quarterly, N. S., 14, 1964, S. 316–328). – A. Cameron, *Herodot and Thucydides in A.* (in ByZ, 57, 1964, S. 33–52). – Ders., *A.*

on the Sassanians (in Dumbarton Oaks Papers, 23/24, 1969/70, S. 67–183). – Ders., *A.*, Oxford 1970. – J. Irmscher, *Bemerkungen zu A. Antiker Mythus zum frühbyzantinischen Geschichtsverständnis* (in Klio, 66, 1984, S. 646–649).

ĠAZAROS AĠAYAN

* 1840
† 1911

ANAHIT

(arm.; *Anahit*). Märchen von Ġazaros AĠAYAN, entstanden 1900; erschienen 1948. – Prinz Vačagan verliebt sich auf der Jagd in das Dorfmädchen Anahit, das jedoch seine Werbung zunächst abweist, weil er kein Handwerk erlernt hat. Vačagan wird Teppichweber, heiratet Anahit und gerät, nachdem er König geworden ist, verkleidet in unterirdische Werkstätten, wo Sklaven, von Priestern beaufsichtigt, unter schweren Bedingungen arbeiten müssen. Jetzt erfährt Vačagan endlich, wohin so viele seiner Untertanen auf rätselhafte Weise spurlos verschwanden. Er webt einen kostbaren Teppich, den er über den Sklavenhalter der Königin Anahit schicken läßt. Dank der in den Teppich eingewobenen Geheimzeichen kann Anahit den Aufenthalt ihres Mannes feststellen. Mit einem Heer eilt sie herbei und befreit die Sklaven und mit ihnen Vačagan vom Joch.

Aġayans Bearbeitung verknüpft ein einheimisches Märchen mit fremden Motiven. Der Prinz wurde zum Herrscher des geschichtlich dunklen kaukasischen Albanien und verlor so die märchenhafte Unbestimmtheit, ohne jedoch den romantischen Zauber einzubüßen. In den Priestern, die als Sklavenhalter auftreten, erkannte jeder Armenier die Unterdrücker des armenischen Volkes: die Perser; in dem kaukasischen Albanien das Armenien der Gegenwart, das nur befreit werden kann durch eigener Hände Arbeit. Das in der Zeit der Wiedererweckung eines armenischen Nationalbewußtseins entstandene Märchen erfreute sich großer Popularität und diente dem ersten sowjetarmenischen Film (1948) als Vorlage. J.J.

AUSGABEN: Eriwan 1948. – Eriwan 1957. – Eriwan 1962–63 [2 Bde.].

LITERATUR: *Hay grakanut'yun II*, Eriwan 1955, S. 32–48. – H. Thorossian, *Histoire de la littérature arménienne*, Paris 1951, S. 332f. – V. Astvacatryan, *Aġayane mankavarz*, Eriwan 1957. – *Haykakan sovetakan Hanragitaran* 1, 1974, S. 243f.

JAMES AGEE

* 27.11.1909 Knoxville / Tenn.
† 16.5.1955 New York

LITERATUR ZUM AUTOR:
J. Behar, *J. A. The World of His Work*, Diss. Ohio State Univ. 1963 (vgl. Diss. Abstracts, 24, 1964, S. 4690). – A. T. Barson, *A Way of Seeing : A Critical Study of J. A.*, Amherst 1972. – V. A. Kramer, *J. A.*, NY 1975 (TUSAS). – G. Moreau, *The Restless Journey of J. A.*, NY 1977.

A DEATH IN THE FAMILY

(amer.; *Ü: Ein Schmetterling flog auf*). Roman von James AGEE, postum erschienen 1958 und mit dem Pulitzer-Preis ausgezeichnet. – Agee, der vor allem als Journalist, Filmautor und Kritiker bekannt wurde, hat diesem Roman – seinem einzigen außer dem Kurzroman *The Morning Watch* – nicht mehr die endgültige Form geben können. Nach seinem Tod wurden Teile des Manuskripts in eine neue Reihenfolge gebracht. In dem in Agees Heimatstadt Knoxville, Tennessee, um die Zeit des Ersten Weltkriegs spielenden Buch stehen nicht Ereignisse im Vordergrund, sondern warmherzig, zuweilen poetisch geschilderte Familienbeziehungen. Mit 36 Jahren hat Jay Follet auf der Rückfahrt von einem Besuch bei seinem schwerkranken Vater einen tödlichen Autounfall. Die Wirkung des Unglücks auf seine Frau Mary, eine einfache, tiefreligiöse Natur, die ihren Mann sehr geliebt hat, und auf die Kinder Catherine und Rufus ist das Hauptthema des Romans. Sein Höhepunkt ist die Schilderung von Jays Begräbnis. Die Vorbereitungen hierzu nehmen in der Erzählung einen breiten Raum ein, ebenso wie die Reaktionen des sensiblen Rufus, dessen kindliche Vorstellungswelt durch das Ereignis aus den Fugen geraten ist. Am Verhalten der Verwandten von Jay and Mary Follet stellt Agee dar, wie in einer Zeit des Unglücks und Leidens das Gefühl der Verwurzelung und Geborgenheit in der Familie den Betroffenen Halt geben kann.

Angesichts des nahezu einstimmigen Lobes, das dem Buch bei seinem Erscheinen zuteil wurde, sollte man sich daran erinnern, daß nach dem Tod des Autors in Amerika und England die Agee-Verehrung hohe Wellen schlug und möglicherweise dazu geführt hat, daß seine literarische Leistung überschätzt wurde. In jedem Fall aber muß man dem Autor bescheinigen, daß ihm mit diesem schlichten, stillen Buch der Versuch geglückt ist, ein »positives« Werk zu schreiben, in dem es ohne Rührseligkeit um so »altmodische« Gefühle wie verwandtschaftliche Loyalität und Zuneigung geht.

J.v.Ge.

AUSGABE: NY 1957. – NY 1970. – NY 1971 (Bantam).

ÜBERSETZUNG: *Ein Schmetterling flog auf*, G. v. Uslar, Hbg. 1962.

LITERATUR: W. M. Frohock, *J. A.: The Question of Unkept Promise* (in Southwest Review, 42, 1957, S. 221–229). – D. MacDonald, *J. A.* (in Encounter, 29, 1962, S. 73–84). – K. Curry, *The Knoxville of J. A.'s »A Death in the Family«* (in Tenn. Studies in Literature, 14, 1969, S. 1–14). – G. Whittier, *Belief and Unbelief in »A Death in the Family«* (in Renascence, 31, 1979, S. 177–192).

SAMUEL JOSEF AGNON

d.i. Samuel Josef Czaczkes
* 17.7.1888 Buczacz / Galizien
† 17.2.1970 Rehovot bei Tel Aviv-Jaffa

LITERATUR ZUM AUTOR:
Bibliographien:
Y. David, *Books and Essays on S. J. A. and His Works*, Jerusalem 1972 [hebr.]. – *S. J. A. Eine Bibliographie seiner Werke*, Hg. W. Martin, Hildesheim/NY 1980.
Gesamtdarstellungen und Studien:
B. Kurzweil, *Massot'al sippure S. Y. A.*, Jerusalem/Tel Aviv 1962. – Ariel, 1966/67, Nr. 17 [Sondernr. *S. Y. A.*]. – G. Scholem, *S. J. A. – der letzte hebräische Klassiker?* (in NZZ, 14. 10. 1967). – W. A. C. Whitlau, *Begegnung mit A.* (in Emuna, 2, Köln, 1967, Nr. 2, S. 99ff.). – A. J. Band, *Nostalgia and Nightmare, a Study in the Fiction of S. Y. A.*, Berkeley/Los Angeles 1968 [m. Bibliogr.]. – B. Hochman, *The Fiction of S. Y. A.*, Ithaca/Ldn. 1970. – A. J. Band, Art. *S. J. A.* (in EJ², 2, Sp. 367–371). – D. Sadan, *Al S. Y. A.*, Tel Aviv 1973. – G. Shaked, *Omanut haSippur shel S. Y. A.*, Tel Aviv 1973. – A. BarAdon, *S. J. A. and the Revival of Hebrew*, Jerusalem 1977 [hebr.]. – Y. Mazor, *HaDinamika shel Motivim biTzirat S. Y. A.*, Tel Aviv 1979. – *Selected Essays on A.'s Writings*, Hg. H. Barzel, Tel Aviv 1982 [hebr.]. – D. Aberbach, *At the Handles of the Lock. Themes in the Fiction of S. J. A.*, Oxford/NY 1984. – G. Shaked, *By some Miracles: S. Y. A. – The Literary Representation of Social Dramas* (in Modern Hebrew Literature, 11, 1986, Nr. 3/4, S. 11–16).

HACHNASSAT KALLA

(hebr.; *Bräutigamssuche*). Erzählwerk von Samuel Josef AGNON, erstmals 1929/30 erschienen in einer Zeitschrift, erweiterte und in Buchform 1931, umgearbeitete und um zahlreiche Details erweiterte Fassung 1953. – Thematik und Erzählweise kennzeichnet der Verfasser schon durch den Untertitel: *Die Wunder des Chassid Reb Judel aus Brody und seiner drei züchtigen Töchter, wie auch die Größe unserer Brüder, der Kinder Israels, im Reich des erhabenen* [habsburgischen] *Kaisers*. Das Werk, das sich in seiner Struktur und Motivik an alte hebräische Kunstformen (Legenden) anlehnt, ist eine Art pikaresker Roman, der in der glaubensfrohen Welt der armen Chassidim Galiziens zu Beginn des 19.Jh.s spielt.

Reb Judel, der Held des Romans, ist der bettelarme, weltfremde Chassid schlechthin. Der Sinn seines Daseins ist für ihn der Dienst vor Gott in immerwährendem Studium, Gebet und Anhören der Berichte über die Wundertaten der chassidischen Meister, der Zaddikim. Da die älteste seiner drei Töchter bereits zwanzig Jahre alt ist und kaum Aussicht hat, je zu Mitgift und Bräutigam zu kommen, sucht Judels Frau Frumet voller Verzweiflung Rat bei dem heiligen Rabbi von Apta, genannt Ohew Israel (»der Israel liebt«), der als die überragende Persönlichkeit in der dritten Generation der Jünger des Baal-Schem berühmt geworden ist. Der Rabbi von Apta befiehlt Judel, seine Studien zu unterbrechen und mit einem Empfehlungsschreiben zum Gebot der »Hachnassat kalla« von Ort zu Ort zu wandern und – wie es das Recht der Armen ist – bei allen Gemeinden um die Mitgift zu bitten. Wird ihm ein Bräutigam vorgestellt, so soll er sich zu einer Mitgift in gleicher Summe verpflichten, wie die Morgengabe des Bräutigams an die Braut beträgt. Die Reichen der Gemeinde leihen ihm stattliche Kleider, ein gedeckter Wagen wird gemietet, und dann zieht Reb Judel fünf Wintermonate lang mit dem Fuhrmann Nata umher. Überall lernt er Leute kennen, hört fromme Geschichten an, wird überall zu Gast geladen und sammelt zweihundert Gulden. Nach Vorschrift des jüdischen Gesetzes, der Halacha, darf er vom zweihundertsten Gulden ab keine Gaben mehr annehmen. Anstatt sich aber wie bisher nach dem Gebet von seinen Glaubensgenossen einladen zu lassen, steigt er in der nächsten Stadt zur Empörung seines Gefährten im besten Hotel ab; denn er möchte nun sein Studium – zum ersten Mal in seinem Leben – in Wohlstand betreiben. In der Stadt rätselt man, wer den fremden »reichen Mann«, der keinerlei Handelsinteressen hat, wohl sein könnte. Und weil er, genau wie der – ihm völlig unbekannte – reichste Mann aus Brody, Judel Nathanson heißt, trägt ihm ein Heiratsvermittler ungefragt den Sohn des Stadtreichen als Bräutigam für seine Tochter an. Da der junge Mann genügend Gelehrsamkeit aufweist, wird alsbald der Verlobungskontrakt geschrieben. Die Morgengabe des Bräutigams an die Braut soll 12 000 Gulden betragen, und ebensoviel soll die Braut von ihrem Vater als Mitgift erhalten.

Sobald die von ihm gesammelten zweihundert Gulden restlos ausgegeben sind, macht sich Reb Judel zu Fuß auf den Heimweg. Mittlerweile ist das

Purimfest nähergerückt, und die berühmten jüdischen Bänkelsänger von Brody, die Broder Singer, haben die Erlebnisse Judels und Natas zu einem Spiel für ihre traditionelle Festvorstellung gestaltet. Im Haus des reichen Judel Nathanson hört der Heimgekehrte, ohne daß sie einander kennen, erstaunt dies neue Purimspiel mit an. Der Reiche hat, da Brautgeschenke bei ihm eingetroffen sind, obwohl er kinderlos ist, schon seit Wochen nach seinem Namensgenossen gefragt. Nun schreibt er dem Bräutigamsvater, damit das Zustandekommen einer anscheinend fest vereinbarten Ehe nicht durch ein Mißverständnis verhindert werde. Darauf kommt die Familie des Bräutigams mit großem Prunk angereist. Im letzten Moment klärt sich die Komödie der Irrungen auf: Da Frau Frumet und ihre Töchter einen verborgenen Schatz finden, ist auch für die Mitgift gesorgt, so daß der Hochzeit nichts mehr im Wege steht. Der Rabbi von Apta traut das Paar, und allerseits herrscht Freude und Wohlgefallen. Im Nachwort wird berichtet, daß Reb Judel und seine Frau als alte Leute ins Heilige Land zogen.

Unter den drei großen Werken Agnons ist *Hachnassat kalla* das Epos der jüdischen Kleinstadt im 19. Jh. Den Rückgang des Ostjudentums nach dem Ersten Weltkrieg schildert er in *Oreach nata lalun*, 1939 *(Nur wie ein Gast zur Nacht),* und das Leben der Nachkommen im Heiligen Land beschreibt er in *Tmol schilschom*, 1945 *(Gestern, vorgestern).* – Obwohl Agnons Darstellung weit entfernt von Realismus ist, zeichnet *Hachnassat kalla* das umfassendste und zugleich getreueste Bild chassidischen Lebens in seinem Alltag und seinen Beziehungen zur jüdischen und christlichen Umwelt. Als wichtige Kunstmittel verwendet der Autor gern Nebenbemerkung und Anekdote. Auch Nachdichtungen jiddischer Volkslieder sind in die Erzählung eingefügt. Die Perspektive wird oft durch distanzierende Ironie erweitert, sparsame Situationskomik dient zur Aufhellung. Hin und wieder findet sich die Reimprosa der hebräischen Rhetorik des Mittelalters. Nacherzählungen aus den chassidischen Legendenbüchern nehmen einen breiten Raum ein. Doch liegt die Eigenart des Werks weniger in den einzelnen Teilen als vielmehr in der differenzierten Gestaltung des gesamten Stoffs.

Da *Hachnassat kalla* in mehreren Phasen entstanden ist, ist das Werk ein Musterbeispiel des Stil- und Strukturwandels, der sich im Lauf der Jahre in Agnons dichterischem Schaffen vollzog. Der Autor hat auch früher veröffentlichte selbständige Erzählungen in das Werk aufgenommen. Ihm selbst gilt die für die Werkgeschichte wichtige erste Fassung als unfertiges Stadium. P.N.

AUSGABEN: NY 1929/30 (in Miklat). – Bln. 1931 (in *Kol Sippurej*, 11 Bde., 1931–1952, 1/2; erw.). – Tel Aviv 1953 (in *Kol Sippurej*, 8 Bde., 1953–1962, 1; umgearb.).

ÜBERSETZUNGEN: *The Bridal Canopy*, I. M. Lask, NY 1931; ern. 1967 [engl.]. – *Eine Peßachfeier* u. *Die Abreise*, N. N. Glatzer (in Jüdische Rs., 39, 1934, Nr. 25/26, S. 9; Nr. 31, S. 4; 2 Kap.).

LITERATUR: M. Mayer, *S. J. A.s »Hachnassat Kalla«* (in Jüdische Rs., 37, 1932, Nr. 23/24, S. 115f.). – B. Kurzweil, *Massechet ha-roman. Schne machsorej massot al S. J. A. we-al toldot ha-roman he-eropi*, Jerusalem/Tel Aviv 1953. – S. Verses, *Zur Struktur von »Hachnassat Kalla«* (in *Le-Agnon Schaj*, Jerusalem 1959).

HA-NIDACH

(hebr.; *Ü: Der Verstoßene*). Roman von Samuel Josef AGNON, erschienen 1931. – Der Roman spielt im ostjüdischen Milieu des 19.Jh.s; den Hintergrund der Handlung bildet der innerjüdische Kulturstreit, der durch das Ankämpfen der jungen, aber dynamischen Bewegung des Chassidismus gegen die streng intellektualistische Haltung der gelehrten Rabbinen ausgelöst wurde. Jedoch nicht gegen Studium und Gelehrsamkeit an sich kämpften die Chassidim, sondern sie wollten erreichen, daß – vor allem für die breite Masse der Nichtgelehrten – ein neues religiöses Lebensgefühl geschaffen werde durch fröhliche Geselligkeit, durch Verrichtung der Gebete in fast mystischer Verzückung, durch unbedingtes Vertrauen zum Rabbi, dem Tröster in der Not, dem Ratgeber in allen Lebenslagen.

Im Roman wird die traditionelle, streng rationalistische Orthodoxie verkörpert durch Avigdor, den patriarchalischen Gemeindevorsteher des bis dahin noch kaum vom Chassidismus berührten galizischen Städtchens Schibbusch. Um seine Gemeinde vor dem – wie er sagt – *»verderblichen Einfluß der Sekte»* zu bewahren, schreckt Avigdor nicht davor zurück, den an einem Freitagnachmittag im Städtchen eintreffenden Chassidim-Rabbi Uriel durch die Behörden ausweisen zu lassen. Durch die ihm widerfahrene Ungerechtigkeit erscheint Uriel seinen wenigen Anhängern im Städtchen mit dem Glorienschein eines Märtyrers umkränzt. Voller Enthusiasmus folgen sie ihrem Rabbi in ein nahegelegenes Dorf, wo sie inmitten der winterlichen Natur einen herrlichen, romantischen und echt chassidischen Sabbat mit ihm verbringen. Zur gleichen Zeit wird in Schibbusch Avigdors Tochter, die junge schwer herzkranke Edele, nach kurzem Todeskampf ihrem Vater, ihrem Mann und unmündigen Kindern entrissen. Eine allgemeine Welle von Mitgefühl schlägt dem Hause Avigdors entgegen.

Hatte es schon manchen abergläubischen Seelen (zu denen Avigdor freilich nicht gehörte) geschienen, als stünde der Zeitpunkt von Edeles Tod irgendwie in Zusammenhang mit der Vertreibung des Rabbi Uriel, so verstärkt sich dieser Eindruck, als bald auch Gerschom, der älteste Sohn Edeles und Enkel Avigdors, unter merkwürdigen Umständen erkrankt. Der junge Gerschom wird kurz nach dem Tod seiner Mutter von Schwermut befallen, die auch durch den Einfluß seiner Braut nur vorübergehend gemindert wird und allmählich fast pathologische Züge annimmt: »*Und zu vielen Malen fragten sie* [seine Studienkollegen] *ihn, wie spät es sei, um ihm die Uhr in den Sinn zu rufen, mit der seine Braut ihn geschmückt hatte. Aber Tage kamen und Tage gingen – ohne Ruhe, ohne Heilung ... Die einfachen Leute murmelten mit ihrem Mund, bedeuteten mit ihren Augen, wiesen mit ihren Fingern und sprachen:* ›*Strafe vom Himmel! Rabbi Avigdor hat an jenen Zaddik* [Chassidim-Rabbi] *gerührt, nun wird er an seinem Samen gestraft.*‹«

Die Ironie des Schicksals will es, daß Gerschom von der chassidischen Lebensweise und Denkart angezogen wird und fühlt, daß etwa das Beten auf chassidische Art oder ein Besuch bei einem der «Zaddikim« (die ja tatsächlich oft »Seelsorger« in der eigentlichen Bedeutung des Wortes waren) ihm seelische Erleichterung verschaffen könnte. Da er aber weiß, daß solches Gebaren ihn seinem Vater, Großvater und Brautvater entfremden muß und daß letzterer die Verlobung mit seiner geliebten Braut rückgängig machen würde, zwingt er sich zur Zurückhaltung, zumal er sehr an seiner Familie hängt und rational auch weiterhin den Chassidismus ablehnt. Am Kampf seines Verstandes gegen sein Gefühl zerbricht seine Seele und dann auch sein Körper: Er macht sich in seiner Not heimlich auf den Weg zu Rabbi Uriel, stirbt indes unterwegs vor Aufregung an einem Herzschlag – als ein von sich selbst »Verstoßener«. Die Chassidim jedoch, die von seinen inneren Kämpfen nichts wissen, betrachten seinen Tod als Sühne für ihre und des Rabbi Uriel »Verstoßung« durch Avigdor.

Wie in seinen anderen Romanen und Erzählungen, glänzt Agnon auch hier durch seine Fähigkeit, die Handlung mit logischer Folgerichtigkeit und unerhörter Spannung zu Ende zu führen, ebenso wie durch seine Meisterschaft, in der ausgefeilten Detailschilderung ernster und heiterer, tragischer und idyllischer Szenen. So findet sich etwa zu Beginn des zweiten Kapitels die religiös inspirierte Schilderung einer Winternacht und gleich darauf eine realistische Beschreibung, wie Hausfrau und Magd mit fachmännischem Eifer eine Rote-Rüben-Suppe für die chassidische Mahlzeit zubereiten. – Gerschoms Tod erscheint um so tragischer, als vorher in idyllischen Szenen geschildert wird, wie die Braut, die fast noch ein Kind ist, sich im Kreise ihrer Gespielinnen voller Freude auf die Hochzeit vorbereitet. – Nicht zuletzt besticht Agnon durch die Gedankentiefe und Bildhaftigkeit seiner Formulierungen, wie etwa der folgenden über die Seelenqualen Gerschoms: »*In jener Stunde ward die Hülle der zarten Seele erschüttert, und das ganze Schibbusch war aus ihr mit einem Nu herausgeschnitten. Ein Sehnen, mit dem die Leute von Schibbusch nicht begnadet waren, begann sich in seinem Herzen zu entzünden und von da an in seine Augen zu steigen, die sich mit der Lehre mühten, und das verlangte immer höher und höher. Aber seine Finger ... tasteten im Weltraum umher, wie ein Blinder im Dunkeln tastet.*«

L.Pr.

AUSGABEN: Bln. 1931 (in *Kol Sippurej*, 11 Bde., 1931–1952, 3). – Tel Aviv 1953 (in *Kol Sippurej*, 8 Bde., 1953–1962, 2).

ÜBERSETZUNG: *Der Verstoßene*, N. N. Glatzer u. M. Spitzer, Bln. 1938. – Dass., dies., Ffm. 1964 (IB).

OREACH NATA LALUN

(hebr.; *Ü: Nur wie ein Gast zur Nacht*). Roman von Samuel Josef AGNON, erschienen 1939. – Dieser große, kurz vor Ausbruch des Zweiten Weltkriegs entstandene Roman ist der Form nach eine Chronik des seit seiner Jugend in Palästina ansässigen Autors über einen Besuch in seinem polnischen Heimatstädtchen Buczacz. Der Besuch, der wohl in Wirklichkeit stattgefunden hat (Agnon hat in der Zwischenkriegszeit in Europa geweilt), ist romanhaft ausgestaltet. Den Eindruck einer Chronik, einer Bestandsaufnahme erhält das Werk durch die tagebuchartigen detaillierten Berichte in der Ichform. Wenn sich schon im allgemeinen Agnons Stil durch große Verhaltenheit und das Fehlen von Gefühlsausbrüchen auszeichnet – »*Kaum je erhebt er seine Stimme, und es gibt in allen seinen Schriften nicht eine Spur von expressionistischer Hysterie*« (G. Scholem) –, so scheint auf den ersten Blick bei diesen Aufzeichnungen eines »*Gastes für eine Weile*« der leidenschaftslose Stil dem Inhalt ganz besonders angemessen zu sein. Wer aber tiefer in Agnons Werke eindringt, dem erweist sich freilich oft genug der knappe Berichtstil als besonders wirksam bei emotionsgeladenen Situationen. Aus den nüchternen Zeilen Agnons spricht seine innere Anteilnahme am Schicksal seines von uralter Kultur geprägten, aber durch den Ersten Weltkrieg und seine Folgen verarmten Heimatstädtchens. Die teils dem Leben nachgezeichneten, teils erfundenen, mit psychologischer Präzision geschilderten verschiedenartigen Menschentypen, deren Summe die *comédie humaine* einer jüdischen Kleinstadt in Polen ergibt, sind symbolisch dadurch im Herzen des Autors beschlossen, daß er scheinbar versehentlich, aber im Unterbewußtsein wohl absichtlich, den ihm anvertrauten Schlüssel zum alten Lehrhaus auf die Heimreise nach Palästina mitnimmt und erst zu Hause in seinem Gepäck entdeckt. – Nun harrt der Schlüssel des Tages, da – nach einer talmudischen Legende – mit den jüdischen Gemeinden der Diaspora auch deren Bet- und Lehrhäuser nach dem Lande Israel verpflanzt würden: »*Wehe! Der Erdboden liegt brach und schweigt, und von Bet- und Lehrhäusern ist keine Spur zu sehen. Noch liegt der Schlüssel bei mir und harrt jenes Tages. Wahrscheinlich, er, der aus Eisen und Kupfer gemacht ist, hat die Kraft zu warten, ich aber, der ich Fleisch und Blut bin, werde schwerlich so lange aushalten können*« (Ende des vorletzten Kapitels).

In dem Roman herrscht eine verhaltene Untergangsstimmung, als hätte Agnon das Grauen vorausgeahnt, das im Zweiten Weltkrieg über die ostjüdischen Gemeinden hereinbrechen sollte. Und wie ein Epilog zu seinem Buch nimmt sich in seiner Rede in Stockholm bei der Verleihung des Nobelpreises (1966) der folgende Passus aus: »*Fünf Jahre war ich alt, als ich mein erstes Lied schrieb. Ich schrieb es aus Sehnsucht nach meinem Vater. Es geschah, daß mein Vater, seinen Geschäften folgend, wegreiste ... Von da an schrieb ich viele Lieder. Von all den Liedern, die ich damals schrieb, blieb nichts übrig. Das Haus meines Vaters, wo ich ein Zimmer voll mit Geschriebenem hinterlassen hatte, verbrannte im ersten Krieg, und mit ihm verbrannte alles, was ich dort gelassen hatte. Und die jungen Handwerker, die Schneider und Schuhmacher, die während ihrer Arbeit meine Lieder sangen, sie wurden im ersten Krieg getötet. Die, welche nicht im Krieg getötet wurden, wurden teils zusammen mit ihren Schwestern lebendig begraben in der Grube, die sie auf Befehl des Feindes selbst ausheben mußten, und viele von ihnen wurden in den Feueröfen von Auschwitz verbrannt mit ihren Schwestern, die unsere Stadt geschmückt hatten mit ihrer Schönheit und die meine Lieder verschönt hatten mit ihrer süßen Stimme.*« L.Pr.

AUSGABEN: Jerusalem 1939 (in *Kol Sippurej*, 11 Bde., 1931–1952, 7). – Tel Aviv 1953 (in *Kol Sippurej*, 8 Bde., 1953–1962, 4).

ÜBERSETZUNG: *Nur wie ein Gast zur Nacht*, K. Steinschneider, Ffm. 1964.

LITERATUR: M. Waxman, *A History of Jewish Literature*, Bd. 4, NY/Ldn. 1960. – B. Bondy, Rez. (in SZ, 21./22. 11. 1964). – H. Halkin, *A Regrettable Guest* (in Midstream, 14, 1968, Nr. 6, S. 72–80). – A. Wineman, *A.'s Forest: The Case of »Oreah nata la-lun«* (in Hebrew Annual Review, 7, 1983, S. 251–257).

SCHNEJ TALMIDEJ CHACHAMIM SCHEHAJU BE-IREJNU

(hebr.; *Ü: Zwei Gelehrte, die in unserer Stadt lebten*). Erzählung von Samuel Josef AGNON, erschienen 1951. – Die unheimliche Folgerichtigkeit, mit der die beiden Hauptpersonen dieser Erzählung, die »zwei Gelehrten aus unserer Stadt«, den bitteren Kelch des Schicksals bis zur Neige leeren müssen, erinnert in vieler Hinsicht an den strengen Handlungsablauf einer antiken Tragödie. Das Zerwürfnis zwischen den beiden jungen Gelehrten, das schließlich beider Leben zerstört, ist um so tragischer, als es aus einem ganz unbedeutenden Anlaß entstand: Eine leicht hingeworfene, etwas herablassende Bemerkung, die der vornehm-höfliche, eben zum offiziellen Stadtrabbiner berufene Salomo Horowitz macht, als ihn sein Freund, der fleißig-ernste, aber etwas bäurisch-eigensinnige *Talmud*-Studiosus Mosche Pinchas einer Fehlentscheidung in einer religiösen Angelegenheit bezichtigt, führt zu einer erbitterten Feindschaft. Mit psychologischer Meisterschaft wird geschildert, wie der introvertierte Mosche Pinchas die Bemerkung still in sich hineinfrißt, auf wiederholte Bitten um Verzeihung nicht reagiert und sich so sehr in Haßgefühle steigert, daß er sich zu öffentlichen Angriffen gegen die Kompetenz des Rabbiners als *Talmud*-Wissenschaftler hinreißen läßt. Als er die Haltlosigkeit seiner Argumente einsehen muß, kann er sich – trotz innerer Kämpfe mit sich selbst – nicht dazu aufraffen, seinen verletzten Stolz zu überwinden und die stets zur Versöhnung ausgestreckte Hand seines früheren Freundes zu ergreifen. Durch diesen inneren Konflikt verfällt er zuletzt in eine Art Schwermut, die ihn bis zu seinem frühen Tod nicht mehr losläßt.

Durch diesen Tod und die damit endgültig vernichtete Hoffnung auf Versöhnung zutiefst erschüttert, reist Rabbi Salomo, der inzwischen auf einen wichtigen Rabbinatsposten in einer großen Stadt berufen worden ist, trotz angegriffener Gesundheit bei Schneetreiben und eisiger Kälte mit der Kutsche in »unsere Stadt«, um die mit mehreren kleinen Kindern hinterbliebene Witwe zu trösten und ihre schlechte materielle Lage (Mosche Pinchas hatte es nur bis zum einfachen Schullehrer gebracht) diskret zu verbessern. »Unsere Stadt« rüstet sich zu seinem Empfang, als wäre er ein heimkehrender Fürst; er aber hat sich auf der Reise eine Lungenentzündung zugezogen, an der er bald nach seiner Ankunft stirbt. Der letzte Wunsch des seit dem Bruch der Freundschaft innerlich Ruhelosen und von Selbstvorwürfen Geplagten ist: neben Mosche Pinchas begraben zu werden und so wenigstens im Tode mit ihm vereint zu sein. – »*Das Licht der Thora reicht nicht aus, um ein erfrorenes Herz zu wärmen. Diese bittere Wahrheit wird hier nicht mit polemischer Leidenschaft eingehämmert ..., sondern mit einem tiefen Verständnis und einer überlegenen Ruhe und Unbeteiligtheit, die daraus eine der größten Erzählungen der hebräischen Literatur überhaupt gemacht haben*« (G. Scholem). L.Pr.

AUSGABEN: Jerusalem/ Tel Aviv 1951 (in *Kol Sippurej*, 11 Bde., 1931–1952, 10). – Tel Aviv 1953 (in *Kol Sippurej*, 8 Bde., 1953–1962, 6).

ÜBERSETZUNG: *Zwei Gelehrte, die in unserer Stadt lebten*, K. Steinschneider (in *Im Herzen der Meere u. andere Erzählungen*, Zürich 1966, Nachw. T. Rübner).

SEFER HA-MA'ASIM

(hebr.; *Das Buch der Ereignisse*). Sammlung von Erzählungen von Samuel Josef AGNON, erschienen 1942. – Die hier vereinigten kurzen und längeren Erzählungen fallen durch ihren surrealistisch-symbolhaften Charakter aus dem Rahmen des Gesamtwerks dieses Klassikers. Man hat die in der Ichform gehaltenen Berichte mit den Kurzgeschichten KAFKAS verglichen, besonders auch deshalb, weil hier wie dort traumhafte und unheimliche Erfahrungen »*mit größter Durchsichtigkeit und realistischer Ein-*

fachheit erzählt sind« (G. Scholem). Einen Prototyp dieser Erzählweise sieht G. Scholem bereits in Rabbi NACHMANS Erzählung von den sieben Bettlern (vgl. *Sippurej Rabbi Nachman mi-Brazlaw*). In vielen Erzählungen Agnons ist die Handlung nicht zu Ende geführt; in *Pat schlema (Ein ganzer Laib Brot)* z.B. schildert der Autor, wie ihm ein Bekannter einen Brief übergibt, der zur Post gebracht werden soll, der Auftrag aber infolge immer wieder auftretender Hinderungsgründe unausgeführt bleibt. In *Mi-dira le-dira (Von Wohnung zu Wohnung)* erzählt Agnon, wie er eine Wohnung in Tel Aviv aufgibt, weil sie ihm zu geräuschvoll ist, besonders aber, weil ein krankes Kind aus dem gleichen Haus ihn nachts durch sein Weinen stört und bei Tag dadurch, daß es sich auf Schritt und Tritt an ihn klammert. Er findet eine neue Wohnung in einer geradezu paradiesisch anmutenden Gegend. Aber an der Tür seines neuen Hauses wendet er sich plötzlich um und kehrt in die alte Wohnung zurück. Eine der kleinsten, aber symbolträchtigsten Erzählungen, *Ha-nerot (Die Lichter)*, beschreibt einen Freitagnachmittag-Spaziergang am Strand von Tel Aviv. *Ha-michtaw (Der Brief)*, die längste der Geschichten, handelt von der unheimlichen Begegnung mit einem Verstorbenen, den der Autor auf der Straße trifft, nachdem er sich mit dem Schreiben eines Kondolenzbriefes abgemüht und gerade sein Haus verlassen hat. Im Verlauf eines längeren Zeitraums wiederholen sich die Begegnungen mit dem aus dem Jenseits Zurückgekehrten. L.Pr.

AUSGABEN: Jerusalem/Tel Aviv 1942. – Jerusalem/Tel Aviv 1951 (in *Sippurej*, 11 Bde. 1931–1952, 10).

ÜBERSETZUNGEN: *Ein ganzer Laib Brot*, K. Steinschneider (in Almanach des S. Fischer Verlages, 77, 1963, S. 90–106; Einl. B. Kurzweil). – *Der Brief*, ders. (in *Im Herzen der Meere u. andere Erzählungen*, Zürich 1966, S. 256–321).

LITERATUR: B. Kurzweil (in Haarez, 18. 9. 1963; Literaturbeil.). – W. Whitlau (in Emuna, Köln, Juni 1967, S. 102/103).

SIPPUR PASCHUT

(hebr.; *Ü: Eine einfache Geschichte*). Familienroman von Samuel Josef AGNON, erschienen 1935. – Die Handlung spielt in einem ostjüdischen Städtchen zu Ende des 19.Jh.s und gewährt nebenbei auch Einblick in die bei den damaligen Ostjuden vorherrschenden geistigen und kulturellen Strömungen: Chassidismus, Aufklärung (*haskala*), Zionismus, Sozialismus. Das eigentliche Thema des Romans ist jedoch das zeitlose und überall gültige Problem einer unerfüllten und unerfüllbaren Liebe. Der darauf beruhende seelische Konflikt entwickelt sich aus einer »einfachen« (oder nur scheinbar einfachen) Vorgeschichte: Nach dem Tod ihres Vaters Chajim Nacht findet die arme Vollwaise Blume Nacht Unterkunft und Nahrung im Haus ihrer reichen Verwandten, des Geschäftsinhabers Baruch Horowitz und seiner Frau Zierel. Unaufgefordert verrichtet sie alle Hausarbeiten. Als Verwandte kann ihr die Hausfrau nicht wie einem Dienstmädchen Lohn anbieten (»*Sie ist doch wie eine von uns*«), gelobt aber bei sich selbst, ihr dereinst eine der Zahl ihrer Dienstjahre entsprechende Mitgift auszusetzen. Zierel hat also im Grund keinen schlechten Charakter, ist aber der ihr zugefallenen Rolle als Pflegemutter des sensiblen vierzehnjährigen Mädchens nicht gewachsen, was Agnon, in seiner Weise, durch epische Detailschilderung zum Ausdruck bringt: »*Wie sie* [Zierel] *gegen jedermann freundlich ist, so auch gegen Blume. Findet sie ein Kleid, das ihr nicht mehr paßt, gibt sie es Blume ... Was noch Verwendung hat, verwendet Blume, und was zu nichts mehr taugt, kommt aus dem Haus. Dazu sagt Zierel:* ›*Mein Lebtag habe ich nichts fortgeworfen, aber unsere Blume, die ist da anders; was ihr nicht gefällt, das wirft sie fort.*‹ *Das hört sich wie ein Vorwurf an; aber wer Zierel kennt, weiß, es ist nicht so gemeint ...* «

Hirschel, das einzige Kind des Ehepaars, etwa zwei Jahre älter als Blume, wird hingegen mit Liebe und Zärtlichkeit überschüttet. Hirschels Einstellung gegenüber der armen Verwandten ist geprägt von der Unvoreingenommenheit der Jugend. Seine Freundlichkeit ist echt; als er sich später leidenschaftlich in das Mädchen verliebt, versucht er, ohne daß es ihm so recht gelingt, den spröden Stolz der Armut zu durchbrechen, mit dem Blume ihn zunächst abweist. Da Hirschel aber ein passiver Typ ist, der sich von seiner energischen Mutter diktieren läßt, bricht er gehorsam seine Beziehungen zu Blume ab, als seine Eltern in Mina, der Tochter eines wohlhabenden Grundbesitzers, eine »standesgemäße« Partie für ihn finden. Obwohl die mit allen hausfraulichen Tugenden ausgestattete Mina ihn liebt und umsorgt, kann Hirschel – auch nachdem Kinder zur Welt gekommen sind – sich innerlich nicht von seiner ersten Liebe lösen. Vergeblich sucht er sich durch gesellschaftliche Aktivität und einsame Spaziergänge abzulenken. Der innere Kampf bringt ihn zeitweise fast um den Verstand, und es dauert Jahre, bis er sich, wenigstens scheinbar, beruhigt.

Alle Gestalten des Romans sind mit meisterhafter psychologischer Einfühlung gezeichnet. Selbst die Nebenfiguren erstehen in knappster Skizzierung plastisch vor den Augen des Lesers; so Blumes verstorbener Vater Chajim Nacht, der in dieser »*in Erfolgreiche und Ehrliche zweigeteilten Welt*« zu den Letztgenannten gehört und überdies eine Neigung hatte zu »*Poesie, Parabeln, Philosophie und anderem, was nie im Leben gebraucht wird*«, weshalb er auch nie zu Erfolg gekommen ist. L.Pr.

AUSGABEN: Bln. 1935 (in *Kol Sippurej*, 11 Bde., 1931–1952, 5). – Tel Aviv 1953 (in *Kol Sippurej*, 8 Bde., 1953–1962, 3). – Tel Aviv 1969 (in *Schriften*).

ÜBERSETZUNG: *Eine einfache Geschichte*, K. Steinschneider, Ffm. 1967. – Dass., ders., Ffm. 1987 (FiTb).

LITERATUR: A. O. Ben-Or, *Toledot ha-sifrut haiwrit bedorenu*, Bd. 2, Tel Aviv 1956, S. 27/28. – W. Cutter, *Setting as a Feature of Ambiguity in S. Y. A.'s »Sippur Pashut«* (in Critique, 15, 1974, Nr. 3, S. 66–80).

TEHILLA

(hebr.; *Ü: Tilli*). Erzählung von Samuel Josef AGNON, erschienen 1952. – »*Es war einmal eine alte Frau in Jerusalem, und sie war freundlicher, als man je eine gesehen hat. Sie war gut und weise und demütig und liebenswürdig. Der Glanz ihrer Augen verhieß Nachsicht und Güte, die Falten ihrer Wangen Segen und Frieden.*« Diese Frau – die Titelgestalt Tehilla – war in jüngeren Jahren von Polen nach Jerusalem gekommen, wo sie seither ohne alle Familienangehörige lebte und ganz in den Werken der Nächstenliebe aufging. Der Autor, der in der ersten Person erzählt, trifft und begleitet Tehilla auf ihren Wegen durch die winkligen Gassen der Jerusalemer Altstadt, deren Milieu den romantisch-idyllischen Hintergrund für Tehillas Samaritertätigkeit bildet. Erst gegen Ende, kurz bevor Tehilla stirbt, offenbart die alte Frau dem Erzähler, daß sich hinter der Fassade ihrer abgeklärten Heiterkeit die Tragik einer zerstörten Jugend verbirgt: In ihrem polnischen Heimatstädtchen hatten ihre Eltern die Verlobung mit ihrem Jugendfreund Schraga kurz vor der Hochzeit aufgelöst, weil sich herausstellte, daß die Eltern des Bräutigams der damals noch stark angefeindeten Gemeinschaft der Chassidim angehörten. Die Ironie des Schicksals wollte es, daß der verstoßene und beschämte Schraga bald darauf dem Chassidismus den Rücken kehrte, während der Mann, den Tehilla dann auf Wunsch ihrer Eltern heiratete, sich im Verlauf der Ehe immer mehr von dem fröhlichen Kreis der Chassidim angezogen fühlte. Als die Kinder Tehillas bis auf ein Töchterchen der Reihe nach dahinstarben, sah die Frau darin eine Art Strafe des Himmels für die Schmach, die man Schraga angetan hatte. Daher bat sie ihren Mann, sich auf seinen ausgedehnten Geschäftsreisen nach dem Aufenthaltsort des ersten Bräutigams zu erkundigen und Schraga, wenn er ihn finde, um »Verzeihung« (*selicha*) zu bitten. (Tehillas Eltern hatten die »Verirrung« des Bräutigams für so groß gehalten, daß sie ihn nicht um »Verzeihung« für die Auflösung der Verlobung gebeten hatten, wie es in solchen Fällen der Brauch verlangt.) Doch unterwegs wurde ihr Mann krank und starb, noch ehe er Schraga ausfindig machen konnte. Tehilla blieb allein mit ihrer Tochter zurück, die aber, als sie eben im Begriff war, zu heiraten, wahnsinnig wurde. Das war der Grund für Tehillas Auswanderung nach Palästina. – Jahrzehntelang hat die alte Frau nicht über ihr Leben gesprochen; jetzt offenbart sie sich dem Erzähler, weil sie ihn, den Schriftsteller, bitten will, für sie einen Brief an Schraga mit der Bitte um »Verzeihung« zu formulieren – obwohl sie schon vor dreißig Jahren durch Zufall erfahren hat, daß Schraga nicht mehr lebt: Sie möchte diesen Brief in ihre »Heimat« mitnehmen, nämlich – ins Grab. Und so geschieht es dann auch. L.Pr.

AUSGABEN: Jerusalem/ Tel Aviv 1952 (in *Kol Sippurej*, 11 Bde., 1931–1952, 11). – Tel Aviv 1953 (in *Kol Sippurej*, 8 Bde., 1953–1962, 7).

ÜBERSETZUNGEN: *In Davids Laube*, J. Piron, Mchn. 1960. – In *Im Herzen der Meere u. andere Erzählungen*, K. Steinschneider u. M. Strauss, Zürich 1966 [Nachw. T. Rübner]. – *In Davids Laube*, J. Piron, Mchn. 1969 (dtv).

TMOL SCHILSCHOM

(hebr.; *Ü: Gestern, vorgestern*). Roman von Samuel Josef AGNON, erschienen 1945, eine Art Fortsetzung seines Romans *Hachnassat kalla (Bräutigamssuche)*. Während jedoch Reb Judel Chassid, der Held dieses Buches, die Blütezeit des Chassidismus in Galizien (um 1830) und dessen Romantik repräsentiert, sagt sich in *Tmol Schilschom* Jizchak Kummer, ein Enkel Reb Judels, von seiner chassidischen Umgebung los, um seine eigenen Wege zu gehen. Er wird Zionist und wandert nach Palästina aus, um dort, in der alten Heimat, ein Stück Land zu bebauen. Aber Jizchak Kummer ist noch so eng mit den Traditionen seiner Vorfahren verbunden, daß er sich bei den Chaluzim (den damaligen Pionieren) mit ihrer areligiösen Lebensweise nicht wohlfühlen kann. Er sucht deshalb geistige Befriedigung in den Kreisen des »alten Jischuw«, d.h. der seit Generationen in Palästina – hauptsächlich in Jerusalem – ansässigen jüdischen Kolonie. Nun aber verhindert seine Verbundenheit mit der Scholle, daß Kummer in dem vergessenen, in sich geschlossenen Kreis der Altorthodoxie heimisch wird. Die Mischung aus Pioniergeist und Traditionstreue, jene Atmosphäre also, die Jizchak Kummer zugesagt hätte, existierte im Palästina des beginnenden 20.Jh.s noch nicht. So irrt der junge Einwanderer verstört und unsicher zwischen zwei Lebensbereichen hin und her.
Seine Ehe mit einer Frau aus einer orthodoxen Familie Jerusalems leidet unter seiner geheimen Sehnsucht nach Sonja, einem modern eingestellten jungen Mädchen aus Jaffa, das er kurz nach seiner Ankunft kennengelernt, dann aber aus den Augen verloren hat. Gerade, als es ihm einigermaßen gelungen ist, Sonja aus seinem Bewußtsein zu verdrängen, stirbt er an den Folgen einer durch den Biß eines Hundes verursachten Infektion. Dieser Hund, Balak, ist eine surrealistische Schlüsselfigur des Romans. Auf seinen Rücken hatte Jizchak Kummer, als er in Jerusalem eine Zeitlang als Anstreicher arbeitete, eines Tages in übermütiger Laune mit Pinsel und Farbe die Worte »Toller Hund« gemalt. Damit lief das Tier, verfolgt, verspottet

und »hündisch-philosophischen« Grübeleien hingegeben, seitdem durch die Straßen der Stadt.
Tmol schilschom erzählt »*von den Nöten, den im Scheitern endenden Lebensjahren einer verlorenen Seele, die mit einer Mischung aus Melancholie und Humor sehr detailliert beschrieben werden*« (G. Scholem). Es ist zwar behauptet worden, Agnon sei eigentlich unübersetzbar, weil »*sein Werk bis zum Rand mit Anspielungen auf die alte jüdische religiöse Literatur angefüllt ist*« (W. A. C. Whitlau), doch sind die Ausgefeiltheit seines Stils und die Eindringlichkeit seiner Charakterschilderungen auch in einer guten Übertragung erkennbar, wie die Übersetzung ins Deutsche zeigt. L.Pr.

AUSGABEN: Jerusalem/ Tel Aviv 1945 (in *Kol Sippurej*, 11 Bde., 1931–1952, 9). – Tel Aviv 1953 (in *Kol Sippurej*, 8 Bde., 1953–1962, 5).

ÜBERSETZUNG: *Gestern, vorgestern*, K. Steinschneider, Ffm. 1969. – Dass., ders., Bln./DDR 1982.

LITERATUR: G. Scholem, *S. J. A. – der letzte hebräische Klassiker?* (in NZZ, 14. 10. 1967). – W. A. C. Whitlau, *Begegnung mit A.* (in Emuna, 2, Köln, 1967, Nr. 2, S. 99ff.). – J. Fleck, *Fiction, Faible and the Face of a Generation: S. Y. A.'s »Only Yesterday«* (in Hebrew Annual Review, 7, 1983, S. 69–88).

WE-HAJA HE-AKOW LE-MISCHOR

(hebr.; *Ü: Und das Krumme wird gerade*). Roman von Samuel Josef AGNON, erschienen 1912. – Wenn man von der 1909 in der Zeitschrift ›haOmer‹ (Palästina) erschienenen Erzählung *haAgunot (Die Verlassenen)* absieht, ist der vorliegende Roman das Erstlingswerk des in Galizien geborenen Autors. Die Handlung spielt, wie die der meisten Romane Agnons, im ostjüdischen Milieu, das liebevoll der Wirklichkeit nachgezeichnet ist. Aber hinter dem vordergründigen speziellen Habitus der handelnden Personen werden immer wieder allgemeine Existenzsituationen sichtbar: die Größe des Menschen in seiner Liebe, seine Erniedrigung in der Armut, seine Ohnmacht gegenüber dem Schicksal, seine Fehlbarkeit und seine Selbstläuterung.
In einem der jüdischen Städtchen Galiziens lebt ein einfacher, gottesfürchtiger Mann, Menasche Chajim, mit seinem Weib Kreindel Tscharne in harmonischer Ehe. Die Eintracht im Zusammenleben der beiden wird zwar manchmal etwas gestört durch eine Gardinenpredigt der energischen Kreindel, die ihrem Mann seine Weltfremdheit in geschäftlichen Dingen vorhält, aber alsbald wiederhergestellt durch Reuebezeugung der im Grund gutmütigen Kreindel. Während ihr Mann morgens im Lehrhaus sitzt, sinniert sie etwa: »*Siehe, er sitzt jetzt im Lehrhaus und betet und erforscht die Worte der Thora. Und für wen anders ist alle Herrlichkeit von Menasche Chajim, als für sie, seine Ehefrau. Nicht einmal ein warmes Getränk hat sie ihm bereitet, und er ging hinaus in die Kälte mit leerem Magen. Und Kreindel Tscharne schauert zusammen und rückt den Topf mit den Kohlen, die schon begonnen haben zu glühen und zu knistern, von sich fort, wie wenn sie ihm jemand zuschöbe, der vor ihr stünde.*« – Der heimkehrende Pantoffelheld bekommt nun weiche Worte zu hören, und ein warmes Frühstück wird ihm vorgesetzt.
Eine Verkettung unglücklicher Umstände trennt eines Tages die beiden auf ganz unvorhergesehene Weise für ewige Zeiten. Der Ruin seines Geschäftes, eines Kramladens, der eigentlich nie recht floriert hat, zwingt Menasche Chajim, sich zu erniedrigen und die Wohltätigkeit seiner Glaubensgenossen in Anspruch zu nehmen. Versehen mit einem Empfehlungsschreiben eines der Stadtrabbiner, das bescheinigt, daß er kein gewöhnlicher Schnorrer ist, beginnt Menasche Chajim seine Wanderung von Ort zu Ort. Aber gerade weil er kein berufsmäßiger Bettler ist, hat er keinen Erfolg. So verkauft er in einem schwachen Augenblick das Empfehlungsschreiben an einen raffinierten Schnorrer, nur um mit dem Erlös endlich zu seiner geliebten Kreindel Tscharne heimkehren zu können. Das Geld wird ihm aber gestohlen, so daß er wohl oder übel weiter betteln muß, um das Geld für die Heimkehr zusammenzubekommen.
Unterdes stirbt der Käufer des Empfehlungsschreibens, der den Namen Menasche Chajims mißbraucht hat, und wird unter dessen Namen begraben. Die Kunde, daß Menasche Chajim gestorben sei, erreicht sein Weib, das lange um ihn trauert, aber schließlich doch wieder heiratet. Als Menasche Chajim sich nach langer Zeit seinem Heimatstädtchen nähert, erfährt er, was sich dort ereignet hat. Um Kreindels Glück nicht zu stören, macht er kehrt und irrt von nun an ziellos in der Welt umher, geplagt von Gewissensbissen, weil seine Frau durch seine Schuld in Sünde geheiratet hat und infolge seines Schweigens weiterhin in Sünde lebt. Um nicht erkannt zu werden, übernachtet er, ohnehin ein »lebender Leichnam«, auf Friedhöfen, wobei er eines Abends auf ein Grabmal stößt, das seinen eigenen Namen trägt. Der Friedhofswärter erzählt ihm, daß vor einigen Tagen eine vornehme, fein gekleidete Frau viele Stunden über diesem Grab Tränen vergoß ... Als Menasche Chajim kurz darauf an gebrochenem Herzen stirbt, ist der Friedhofswärter der einzige, den er ins Vertrauen gezogen hat.
Szenen von idyllischer Schönheit wechseln hier mit solchen von erschütternder Dramatik. Auch der typische, nie verletzende, stets gütige Humor Agnons ist in diesem Roman schon in reichem Maße vertreten, so z. B. gleich zu Anfang, wo erzählt wird, daß das Ehepaar tief in Schulden steckt, dies aber verbergen muß, um kreditwürdig zu bleiben. Als nun einmal zwei angesehene Männer kommen, um für einen wohltätigen Zweck zu sammeln, wendet die Hausfrau alle möglichen Tricks an, um als wohlhabend zu erscheinen, so z. B. in der Art, wie sie mit Süßigkeiten aufwartet: »*Und Kreindel Tscharne steckte einen großen Löffel in das Glas Ein-*

gemachtes, verschüttete ein wenig von der guten Süßigkeit, und stellte sich an, als ob sie auf etwas so Wichtiges gar nicht achtete, weil sie doch ihr Vermögen übertreiben mußte, wie der Weise sagt: >Wenn ein Reicher eine Scherbe nötig hat, zerbricht er einen Krug.<« In der Beschreibung solcher kleinen Szenen ist Agnon hier wie auch in allen seinen folgenden Romanen in der hebräischen Literatur ein unerreichter Meister. L.Pr.

AUSGABEN: Jaffa 1912. – Bln. ²1919. – Bln. 1931 (in *Kol Sippurej*, 11 Bde., 1931–1952, 3). – Tel Aviv 1953 (in *Kol Sippurej*, 8 Bde., 1953–1962, 2).

ÜBERSETZUNGEN: *Und das Krumme wird gerade*, M. Strauß, Bln. 1919; ern. 1934. – Dass., K. Steinschneider (in *Im Herzen der Meere und andere Erzählungen*, Zürich 1966; Nachw. T. Rübner).

GEORG AGRICOLA

Georg Bauer
* 24.3.1494 Glauchau
† 21.11.1555 Chemnitz (Karl-Marx-Stadt)

LITERATUR ZUM AUTOR:
Bibliographien:
E. Darmstaedter, *G.A., Leben und Werk*, Mchn. 1926 [m. Bibliogr.]. – *G.A. 1494–1555*, Hg. Zentrale A.-Kommission der DDR, Bln./DDR 1955. – R. Michaëlis u. H. Prescher, *A.-Bibliographie 1520 bis 1963*, Bln./DDR 1971 [zugl. G.A., *AW*, Hg. H. Prescher, Bd. 10].
Gesamtdarstellungen und Studien:
G. H. Jacobi, *Der Mineralog G.A. und sein Verhältnis zur Wissenschaft seiner Zeit*, Werdau i. S. 1889. – W. Fischer, *Zum 450. Geburtstag A.s, des >Vaters der Mineralogie< und Pioniers des Berg- und Hüttenwesens* (in Neues Jb. für Mineralogie, Geologie u. Paläontologie, Stg. 1944, Monatshefte Abt. A, S. 113–225). – P. Lersch, *Dr. G.A. als Mensch und Arzt*, Med. Diss. Leipzig (in Wiss. Zs. d. Univ. Lpzg., 1952/53, S. 109–156). – H. Hartmann, *G.A. 1494–1555, Begründer dreier Wissenschaften: Mineralogie – Geologie – Bergbaukunde*, Stg. 1953. – H. Wilsdorf, *G.A. und seine Zeit*, Bln./DDR 1956 [zugl. G.A., *AW*, Hg. H. Prescher, Bd. 1]. – *A. Studien*, Hg. F. Selbmann u. a., Bln./DDR 1957. – E. Herlitzius, *G.A. (1494–1555). Seine Weltanschauung und seine Leistung als Wegbereiter einer materialistischen Naturauffassung*, Bln./DDR 1960. – K. H. Ludwig, *Die A.-Zeit im Montangemälde*, Düsseldorf 1979.

DE RE METALLICA LIBRI XII

(nlat.; *Zwölf Bücher vom Berg- und Hüttenwesen*). Mineralogisch-technische Abhandlung von Georg AGRICOLA, erschienen 1556. – Gregor Bauer, der Vater des Autors, war offenbar ein einigermaßen wohlhabender Handwerksmeister, da er drei Söhnen ein akademisches Studium zu finanzieren in der Lage war; der gängigen Überlieferung zufolge gehörte er der Zunft der Tuchmacher und Färber an. Agricolas Interesse am humanistischen Gedankengut wurde wahrscheinlich schon am Zwickauer Gymnasium geweckt, bevor er 1514 an der Leipziger Universität immatrikuliert wurde. Sein bedeutendster Lehrer aus dieser Zeit war der Humanist Petrus MOSELLANUS (Peter Schade), was ihm 1517 eine Anstellung als Griechischlehrer an der Zwickauer Schule eintrug. Auch an der neugegründeten Griechisch-Lateinischen Schule Zwickaus nahm Agricola dann dieselbe Funktion wahr und wurde schließlich Rektor der bald zu einer Anstalt vereinigten Schulen, die bei den Zeitgenossen in hohem Ansehen stand. Aus dieser Periode stammt seine Schrift *Libellus de prima ac simplici institutione grammatica (Büchlein von der ersten und auch einfachen grammatischen Bildung)*, die 1520 in Leipzig gedruckt wurde.
Sein Aufenthalt inmitten des geschäftigen und blühenden sächsischen Bergbaugebiets lenkte seinen Wissensdrang offensichtlich mehr und mehr auf Fragestellungen, die ihn 1522 dazu veranlaßten, seinen Posten aufzugeben und sich in Leipzig medizinisch-naturwissenschaftlichen Studien zu widmen. 1524, nach dem Tod von Mosellanus, besuchte Agricola Italien, wo er schließlich zum Doktor der Medizin promoviert wurde. Er hielt sich an den Universitäten Bologna und Padua sowie in Venedig auf, wo er maßgeblich an der Herausgabe der Werke von GALEN und HIPPOKRATES beteiligt war, die seit 1525 bei Aldus Manutius gedruckt wurden. 1526 kam Agricola dann in das Sudetengebirge, ein Zentrum des Silberabbaus, und ließ sich 1527–1530 als Stadtarzt in Joachimsthal nieder. Ein Schwerpunkt seiner Arbeit lag zunächst in der Erforschung mineralischer Heilmittel, deren Kenntnis in antiken Quellen dokumentiert war, die aber mittlerweile in Vergessenheit geraten waren und in der medizinischen Praxis nicht mehr eingesetzt wurden. 1530 erschien in Basel sein Buch *Bermannus sive de re metallica dialogus (Bermann, oder Ein Dialog über Metallurgie)*, in dem derartige Überlegungen dokumentiert sind; dieser Band war seinem Freund Lorenz BERMANN gewidmet. Nach einer undokumentierten Wanderzeit, wohl durch die Grubenreviere der weiteren Umgebung, folgte Agricola 1533 einer Berufung zum Stadtarzt in Chemnitz. In dieser Funktion, die er bis zu seinem Lebensende beibehielt, hatte er auch maßgeblichen Anteil an der politischen Verwaltung der Stadt. Unter einer Vielzahl von Schriften verschiedenen Umfangs und unterschiedlicher Bedeutung zu medizinischen und naturwissenschaftlichen Themen ragen seine *De re metallica libri XII* deutlich hervor.

Dieses Werk blieb bis zum Ende des 18. Jh.s das Standardwerk zur Hüttenkunde schlechthin. Auch der Autor selbst hatte das Werk als eine Summe seiner Lebensarbeit verstanden und angelegt. Von 1549 bis zu seinem Tode widmete er alle ihm neben seinen Verpflichtungen verbleibende Zeit der Abfassung dieser Schrift, deren Erstausgabe im Frühjahr 1556 bei Froben in Basel erschien. Der verlegerische Aufwand zeugt davon, daß die Bedeutung des Werkes von Anfang an richtig eingeschätzt worden war. Auch daß schon im Jahr darauf die erste deutsche Übersetzung des Werkes beim selben Verleger unter dem Titel *Vom Bergkwerck 12 Bücher* aufgelegt wurde, spricht für den unmittelbaren Erfolg der Studie bei den Zeitgenossen.

Die wahrlich enzyklopädische Anlage dieser Studie wird schon augenfällig, wenn man sich ihren vollen Titel vor Augen führt: »*Zwölf Bücher vom Berg- und Hüttenwesen, in denen die Ämter, Instrumente, Maschinen und alle Dinge, die zum Berg- und Hüttenwesen gehören, nicht nur aufs deutlichste beschrieben, sondern auch durch Abbildungen, die am gehörigen Ort eingefügt sind, unter Angabe der lateinischen und deutschen Bezeichnungen aufs klarste vor Augen gestellt werden.*« Tatsächlich ist der Band nicht nur eine umfassende Gesamtdarstellung von Organisation und Technik des zeitgenössischen Bergbaus, sondern er erweist sich mit seinen 273 Holzschnitten auch als das erste völlig durchkonstruierte Lehr- und Handbuch eines gewerblichen Berufszweiges. Dies ist nicht nur ein Zeugnis für die systematisierende Begabung Agricolas, sondern gereicht nicht zuletzt den Baseler Verlegern Hieronymus Froben und Nikolaus Bischof zur Ehre, die hier die anschaulich-didaktischen Möglichkeiten des gerade erst hundertjährigen Buchdrucks erkannten und voll ausschöpften.

In seinem Widmungsbrief (und Vorwort) zu *De re metallica* macht Agricola seinen Pionierstatus deutlich, indem er erklärt, daß ein vergleichbares Werk weder aus der klassischen Überlieferung noch aus mittelalterlicher oder zeitgenössischer Feder bekannt sei. Dies verwundert ihn um so mehr, als seiner Einschätzung nach der Bergbau mindestens ebenso alt, wenn nicht gar älter als der Ackerbau ist und sicherlich von gleichrangigem Nutzen für die Menschheit wie dieser. Es erscheint ihm unverständlich, daß der Landbau so häufig und umfassend dargestellt wurde, während das Hüttenwesen nur selten und beiläufig erwähnt und zudem eher als abschreckendes Beispiel menschlicher Gier und Gewinnsucht behandelt wird. Folglich konzentriert sich Agricola im ersten Buch auf die Rehabilitierung des Bergbaus und die Ehrenrettung der bergmännischen Berufe, indem er insbesondere die nützlichen Ergebnisse und die breite wissenschaftliche Basis solcher Tätigkeit herausstreicht. Im zweiten Buch gibt er dann einen Aufriß der gewerblichen Organisation sowie der geologischen Vorbedingungen für den Bergbau. Die detaillierte Beschreibung der Geologie von Erzlagerstätten, von Gängen, Flözen und Stöcken erfolgt im dritten Buch, während das vierte Buch die praktischen Schritte zur Eröffnung einer Grube in allen Einzelheiten beschreibt: vom Erwerb der Schürfrechte über Vermessung und Besitzformen einer Grube bis hin zu den unterschiedlichen Berufsgruppen, die für den Betrieb einer Grube erforderlich sind. In den folgenden Büchern wendet sich der Verfasser schließlich den verschiedenen Technologien, die sich zu seiner Zeit im Einsatz befanden, im Detail zu.

Er organisiert das Material gewissermaßen in zeitlicher Abfolge vom Abbau bis hin zur Ausscheidung der Metalle und Mineralien aus dem tauben Gestein. Aufschließung einer Grube und Abbau des erz- oder mineralhaltigen Gesteins (fünftes Buch) sowie Beschreibung der dabei eingesetzten Werkzeuge und Maschinen (sechstes Buch) betreffen die Arbeiten unter Tage. Das siebente Buch behandelt das »Probierwesen«, also die Auswertung des geförderten Materials im Hinblick auf seine Qualität und den zu erwartenden Ertrag der erschlossenen Erzader. Die erste Gruppe der geschilderten Verhüttungsverfahren umfaßt Sortierung und Vorbereitung des Förderguts zur Schmelze (achtes Buch) sowie Darstellung der Schmelzöfen und ihrer maschinellen Ausstattung (neuntes Buch); die Gewinnung von Gold, Silber, Kupfer, Blei, Zinn, Eisen, Stahl, Quecksilber, Antimon und Wismut wird hier behandelt. Die folgende Reinigung der Erze durch Scheidekunst (zehntes Buch) und Saigern (elftes Buch) mit Blick auf die Gewinnung von reinstem Gold und Silber bildet einen weiteren Abschnitt der Verhüttungstechnik. Im zwölften Buch seines Werkes geht Agricola noch auf die besonderen Formen der Salzgewinnung sowie auf die Gewinnung der Grundmaterialien für Glas und die Glasherstellung selbst ein.

Im Anschluß an *De re metallica* findet sich in den meisten Ausgaben noch *De animantibus subterraneis liber (Das Buch von den Lebewesen unter Tage)*, das Agricola 1548 seinem Freund, dem Humanisten Georg Fabricius, widmete und das er vor seinem Tode noch neu bearbeitet hatte. In diesem kurzen Werk beruft er sich hauptsächlich auf antike Autoren, weniger auf eigene Anschauung und Erfahrung. Am Schluß bezieht er auch noch Berggeister, etwa Kobolde und Trolle der germanischen Sagenwelt, in seine Aufstellung ein. Indices, die insbesondere der Gegenüberstellung deutscher, lateinischer und griechischer Fachbegriffe dienen, runden die Information der beiden Werke ab.

Die erwähnte erste Übersetzung von *De re metallica* aus dem Jahre 1557 wurde von dem Arzt und Philosophen Philipp Bech (oder Bechius) besorgt, der zu dieser Zeit an der Universität Basel lehrte. Er widmete die Übertragung dem königlichen Rat Christoph Weitmoser, der offenbar einer seiner Förderer war und an den Gruben in Gastein und in der Rauris Anteile besaß. Schon 1563 folgte der lateinischen und deutschen Ausgabe eine Übersetzung des Werks ins Italienische, die ebenfalls in Basel gedruckt wurde. Erst in diesem Jahrhundert wurden zudem Übertragungen ins Englische, Tschechische und Russische veröffentlicht, die die

Bedeutung von Agricolas Bergwerksbuch für die Kultur- und Technikgeschichte neuerlich unterstreichen. H.Sta.

AUSGABEN: Basel 1556; Faks. Brüssel 1967. – Basel 1561; Faks. Rom 1959. – Basel 1621; Nachdr. Ffm. 1981. – Basel 1657.

ÜBERSETZUNGEN: *Vom Bergkwerck XII*, Ph. Bech, Basel 1557 [ndh.]; Faks. Essen 1985, bearb. W. Treue; Faks. Weinheim 1985; m. Komm.bd. v. H. Perscher. – *Opera di G. A. de l'arte de metalli*..., M. A. Florio, Basel 1563 [ital.]. – *Vom Berghwerck XII*, Ph. Bech, Basel 1621 [nhd.]. – *De re metallica*, H. C. u. L. H. Hoover, Ldn. 1921; Nachdr. NY 1950 [engl.]. – *Zwölf Bücher vom Berg- und Hüttenwesen*, C. Schiffner u. a., Bln. 1928; Düsseldorf ⁵1978. – *Bergbau und Hüttenkunde, 12 Bücher*, G. Fraustadt u. H. Perscher, Bln./DDR 1974 [zugl. G. A., *AW*, Hg. H. Perscher, Bd. 8].

LITERATUR: W. Fischer, *Mineralogie in Sachsen von A. bis Werner*, Dresden 1939. – W. Pieper, *Die Holzschnitte im Bergwerksbuch des G. A.* (in Metall und Erz, 41, 1944, H. 5/6, S. 49–56). – B. Dibner, *A. on Metals*, Norwalk/Conn. 1958. – H. Wilsdorf, *A.s Darlegungen und Illustrationen zum Thema Wetterführung und Wettermaschinen* (in Fs. *Georg Fraustadt zum 75. Geburtstag*, Dresden 1960, S. 25–53). – H. Winterhagen, *»De re metallica«. Festvortrag zur Rektoratsübernahme an der RWTH Aachen am 11. Nov. 1959*, Essen 1961 (Schriften der RWTH Aachen, H. 4). – R. Halleux, *La nature et la formation des métaux selon A. et ses contemporains* (in Revue d'histoire des sciences, 27, 1974, H. 3, S. 211–222).

RUDOLF AGRICOLA

Roelof Huysman

* 17.2.1444 Baflo bei Groningen
† 27.10.1485 Heidelberg

LITERATUR ZUM AUTOR:
F. v. Bezold, *R. A.*, Mchn. 1884. – J. van der Velden, *R. A.*, Leiden 1911. – C. Prantl, *Geschichte der Logik im Abendlande*, Bd. 4, Lpzg. 1927, S. 167 ff. – M. A. Nauwelaerts, *R. A.*, Den Haag 1963. – L. W. Spitz, *The Religious Renaissance of the German Humanists*, Cambridge/Mass. 1963. – E. H. Waterbolk, *En hond in het bad. Enige aspecten van de verhouding tussen Erasmus en A.*, Groningen 1966.

DE INVENTIONE DIALECTICA

(nlat.; *Von der dialektischen Erfindung*). Rhetorische Schrift in drei Büchern von Rudolf AGRICOLA. – Der Autor, ein Gelehrter, Maler und Musiker, hatte während seiner Studien in Italien (etwa 1473–1480), besonders in Ferrara, den italienischen Humanismus kennengelernt; in *De inventione dialectica* unternimmt er nun den Versuch, das humanistische Ideengut in Form einer Abhandlung über die Kunst der Rede auch in Deutschland zu verbreiten. Grundlage des Werkes sind die *Topika* des ARISTOTELES, vor allem aber CICEROS rhetorische Schriften; hinzu kommen einige neuere Autoren, darunter Lorenzo VALLA mit seinen *Disputationes dialecticae*. – Zunächst werden Grammatik, Dialektik und Rhetorik definiert und ihre Bereiche gegeneinander abgegrenzt; die Dialektik erhält die Aufgabe zugewiesen, dafür zu sorgen, daß eine Rede nicht nur belehrt, sondern auch überzeugend wirkt und ergötzt. Das erste Buch ist – unter bemerkenswerter Unabhängigkeit von Aristoteles – dem Problem der *loci*, der »Örter« (Grundformen der Argumentation), gewidmet. Wie der Jäger und der Fischer ihr Jagdgebiet nicht willkürlich wechseln, sondern an solchen Orten auf die Beute warten, wo sie ihrer gewiß sein können, so bedarf der Dialektiker einer systematischen Einteilung der Begriffe, um die Argumentationen gleichsam bequem an Land zu ziehen. Aus diesem Grund muß er die Fülle der *termini* in Klassen unterteilen, aus denen jederzeit – wie aus Geldschränken – das Material einer Demonstration entnommen werden kann. Im zweiten Buch behandelt der Autor ausführlich die eigentliche Dialektik als die Kunst der Argumentation. Wie die besten Waffen nichts nützen können, wenn man sich ihrer nicht zu bedienen weiß, so nützt auch die ganze Vielfalt der *termini* nichts, wenn man nicht die Kunst beherrscht, sie im Vortrag in einen Zusammenhang zu bringen. Im dritten Buch schließlich will Agricola erweisen, daß alles Reden nichts nützt, wenn der Vortragende nicht das Gefühl seiner Zuhörer anzusprechen und ihren Willen zu beherrschen vermag.

Agricolas Werk, das von MELANCHTHON sehr gelobt wurde, ist ein charakteristisches Zeugnis für den Hang des Humanismus, ins Rhetorische und damit schließlich in die reine Pedanterie abzugleiten und so die Logik am Ende auf die bloße Kunst des richtigen Ausdrucks zu reduzieren. KLL

AUSGABEN: Löwen 1515, Hg. A. Aemstelredamus. – Köln 1518, Hg. J. Noviomagus. – Köln 1523 [recte 1539], Hg. A. Amstelredamus [Nachdr. Ffm. 1967]. – Hildesheim/NY 1976 [Vorw. W. Risse].

LITERATUR: A. Faust, *Die Dialektik R. A.s* (in AGPh, 34, 1922, S. 118–135). – C. Vasoli, *Dialettica e retorica in R. A.* (in Accademia toscana di scienza e lettere XXII, 1957, S. 305–355). – W. Risse, *Die Logik der Neuzeit*, Bd. 1: *1500–1640*, Stg. 1964. – C. Vasoli, *Retorica e dialettica nell' Umane-*

simo. ›Invenzione‹ e ›Metodo‹ nella cultura del XV e XVI secolo, Mailand 1968. – E. Garin, A. e l'invenzione dialettica (in Archivio di filosofia III, 1971, S. 9–64).

HEINRICH CORNELIUS AGRIPPA VON NETTESHEIM

* 14.9.1486 Köln
† 18.2.1535 Grenoble

LITERATUR ZUM AUTOR:
A. F. Ludwig, *Geschichte der okkultischen (metapsychischen) Forschung von der Antike bis zur Gegenwart*, Bd. 1, Pfullingen ²1922. – E. Hahn, *Die Stellung des A. v. N. in der Geschichte der Philosophie*, Diss. Lpzg. 1923. – W. Andreas, *Deutschland vor der Reformation, eine Zeitenwende*, Stg. 1956, S. 611–619. – R. H. Popkin, *The History of Scepticism from Erasmus to Descartes*, Assen 1960. – L. W. Spitz, *The Religious Renaissance of the German Humanists*, Cambridge/Mass. 1963. – F. A. Yates, *Giordano Bruno and the Hermetic Tradition*, Ldn. 1964. – Ch. G. Nauert, *A. and the Crisis of Renaissance Thought*, Urbana/Ill. 1965 [m. Bibliogr.]. – W.-D. Mueller-Jahncke, *Magie als Wissenschaft im frühen 16.Jh.*, Diss. Marburg 1973. – F. A. Yates, *The Occult Philosophy in the Elizabethan Age*, Ldn. 1979 [bes. Kap. V u. VI].

DE INCERTITUDINE ET VANITATE SCIENTIARUM ET ARTIUM ET DE EXCELLENTIA VERBI DEI

(nlat.; *Über die Unsicherheit und Eitelkeit der Wissenschaften und Künste und über die Vortrefflichkeit des Wortes Gottes*). Skeptisch-kritische Abhandlung von Heinrich Cornelius AGRIPPA VON NETTESHEIM, erschienen 1530. – Nach einem ruhelosen Leben, in dem er sich nacheinander dem Katholizismus, der Kabbala, dem Averroismus, der Mystik, der Magie, dem Humanismus und der Lutherschen Reformation zugewandt hatte, war Agrippa zum grundsätzlichen Zweifler an der Möglichkeit geworden, durch die Wissenschaft zur Erkenntnis der Wahrheit zu gelangen. Das vorliegende Werk, sein »Bekenntnisbuch«, hat er aus großer Not niedergeschrieben, als er wieder einmal gescheitert war. – Mit profunder Gelehrsamkeit stellt Agrippa alles zusammen, was bislang an Kritik der Philosophie, der Scholastik, der Astrologie und der Alchimie vorgebracht worden ist. In keiner Wissenschaft ist seiner Meinung nach etwas Beständiges, Unanfechtbares zu finden; in der Philosophie zum Beispiel gebe es nur Meinungsverschiedenheiten, in der Geschichte Fälschungen und Widersprüche.

Die einzige wissenschaftliche Tätigkeit, die anzuerkennen ist, sei die Bibelkunde. Agrippa fordert eine Rückkehr zur *Heiligen Schrift* und zum einfachen Christusglauben. Das umfangreiche Werk endet mit einem *Encomium asini (Lob des Esels)*: der Esel symbolisiert jene Reinheit und Einfalt des Herzens, die auch die Apostel und die ersten Christen besessen hätten, unberührt von Meinungsstreitigkeiten und fern aller durch das Denken erlangten Wahrheitserkenntnis. Das Motto der Originalausgabe soll das Ergebnis der Abhandlung zum Ausdruck bringen: »*Nihil scire felicissima vita*« (»*Nichts zu wissen ist das glücklichste Leben*«). Das Erkennen sei eine Last, die Wissenschaft habe noch keinen glücklich gemacht.
Agrippa vertritt jenen christlichen Skeptizismus, der bei vielen Gelehrten seiner Zeit zu finden ist. Auch die politischen und kirchlichen Mißstände werden einer harten Kritik unterzogen; der Autor klagt über die Sittenverderbnis bei Hof und Adel, Kirche und Gelehrten. – Mit dem Bekenntnisbuch hatte Agrippa gewaltigen Erfolg; bis zu seinem Tod sind rund zehn Auflagen erschienen. M.L.

AUSGABEN: Antwerpen 1530. – O. O. 1536; 1564. – Lyon 1600 (in *Opera omnia*, Hg. G. u. M. Béring, 2 Bde., 2; Nachdr. Hildesheim/NY 1970).

ÜBERSETZUNGEN: *Von der Haylosigkaitt, Eyttelkaytt und Ungewisshait aller menschlichen Künst und Weyshait* (in Desiderius Erasmus, *Das theur und künstlich Büchlin morie encomion*, Ulm 1534). – *Lobe des Esels*, S. Franck, o. O. u. J. [16.Jh.]. – *Die Eitelkeit und Unsicherheit der Wissenschaften*, F. Mauthner, Mchn. 1913; Nachdr. Vaduz 1970.

LITERATUR: G. Rossi, *A. di N. e la direzione scettica della filosofia nel rinascimento*, Turin 1906. – E. Metzke, *Die Skepsis des A. v. N.* (in DVLG, 13, 1935, S. 407–420). – Schottenloher, 1; 7. – W. Deonna, *Laus asini* (in Revue Belge de Philologie et d'Histoire, 34, 1956, S. 5–46; 337–364; 623–658). – G. H. Daniels, *Knowledge and Faith in the Thought of C. A.* (in Bibl. d'Humanisme et Renaissance, 26, 1964, S. 326–340).

DE OCCULTA PHILOSOPHIA LIBRI III SIVE DE MAGIA

(nlat.; *Drei Bücher über die okkulte Philosophie oder Über die Magie*). Eine Theorie der Magie von Heinrich Cornelius AGRIPPA VON NETTESHEIM, verfaßt um 1510, erschienen 1531. – Unter dem Einfluß der Neuplatoniker PLOTIN, IAMBLICHOS und PORPHYRIOS sowie jüdischer Kabbalisten versucht Agrippa, angeregt und gefördert vom Benediktinerabt JOHANNES TRITHEMIUS, in den drei echten Büchern (ein viertes und fünftes sind unter seinem Namen postum erschienen) die Geheimwissenschaft als Naturwissenschaft zu erweisen. »*Das Ziel, das Agrippa sich setzte, bestand eben darin, die Magie aus einem übernatürlichen Wissen in ein natürliches*

Wissen auf dem Gebiet der Physik, Mathematik und Theologie umzuwandeln; die magischen Handlungen sollten keine geheimen Künste sein, sondern natürliche Anwendungen jener Wissenschaften« (Lehmann).

Der unstete Humanist, der, begabt zu politischem und militärischem Beruf wie zu theologischem Wirken, bald in Diensten des Kaisers Maximilian oder der Margarete von Österreich stand, bald den Advokaten der Stadt Metz oder den Hausarzt der Herzogin von Savoyen abgab, erschien seinen Zeitgenossen als ein Häretiker, ja sogar als Teufelskumpan; er selber hielt sich – nicht ganz zu Unrecht – eher für einen Weisen unter den Magiern. (Nach MAUTHNERS Vermutung hat er GOETHES *Faust*-Konzeption beeinflußt; den historischen Faust beurteilte Agrippa freilich recht skeptisch.) Die neuzeitliche Devise, Wissen sei Macht, lautet bei Agrippa, Wissen sei Macht zu Wundern. Der Magus erkennt die Welt durch Physik: er studiert die Elemente, die auf Erden vermischt, in Gestirnen und höheren Wesen aber rein vorkommen; er beachtet Sympathien und Antipathien zwischen den Dingen, um ihre Wirkungen steigern zu können (so vermag dem Pferd die »Sympathie« des Zeichens Schütze zu helfen); er findet überall das Gesetz, daß Niederes vom Höheren, aber auch Höheres vom Niederen beeinflußt wird.

Dieser natürlichen Magie, zu der neben der Nutzung ebendieser Einflüsse auch die Anwendung wundertätiger Mittel und das Wahrsagen gehören, folgt die himmlische: der Magus ist Mathematiker, »*denn alle natürlichen Kräfte in unserer Welt existieren nur durch Zahl, Gewicht, Maß, Harmonie, Bewegung ... und alle Dinge, die wir hier sehen, haben darin ihre Wurzel auf ihr Fundament*«. Den Zahlen wird wunderbare Kraft zugeschrieben (so der Eins die Macht des Ursprungs und des Schöpfers), eine pythagoreische Heiligkeit, die alle menschlich-irdische Proportion im göttlich-himmlischen Makrokosmos als »Entsprechung« gegründet sein läßt. Die Theologie schließlich führt den Magus zum geheimsten Wissen: Gottes zehn heilige Namen, die Sprache der Engel, die kabbalistische Zahlensymbolik sind magische Schlüssel, das Übernatürliche beschwörend zu öffnen.

Soviel Spekulation in alledem sich auch ausdrückt: Agrippa hat doch manche Einsicht moderner Parapsychologie antizipiert. Telepathische Phänomene zum Beispiel suchte er statt durch Aberglauben durch eine irgendwie physikalische Vermittlung zu begreifen. Stigmata bei Heiligen schienen ihm durch übermächtige Imagination bedingt; seine Deutung von Spukphänomenen hatte noch DU PREL nichts Besseres entgegenzusetzen. Nicht nach ihrer reichlich phantastischen Ausführung, wohl aber nach ihrer programmatischen Absicht erscheint Agrippas Theorie der Magie als ein früher, obschon zwangsläufig gescheiterter Versuch, die Bereiche von Rationalität und Natur prinzipiell zu erweitern. Seine Verbindung von Magie und Mathematik kehrt in ahnungsvollen Aphorismen des NOVALIS und bei den »Harmonikalen Symbolikern« der neueren Zeit (THIMUS, KAYSER) wieder.

J.Sch.

AUSGABEN: Lyon/Paris 1531. – Köln 1533. – Lyon 1600 (in *Opera omnia*, Hg. G. u. M. Béring, 2 Bde., 1; Nachdr. Hildesheim/NY 1970). – Graz 1967, Hg. K. A. Nowotny [Faks. d. Ausg. Köln 1533].

ÜBERSETZUNGEN: *Die Cabbala des H. C. A. v. N.*, F. Barth, Stg. 1855. – Dass., ders., Kiel 1921. – *De Occulta Philosophia*, ders., Swisttal 1967 [Ausw., Einf. u. Komm. W. Schrödter]. – *Die magischen Werke*, ders., Wiesbaden ²1985. – *De Occulta Philosophia*, ders., Nördlingen 1987.

LITERATUR: A. Prost, *Les sciences et les arts occultes au 16e siècle. Corneille A. Sa vie et ses œuvres*, Paris 1881, S. 82. – A. Lehmann, *Aberglaube und Zauberei*, Stg. ³1925. – J. Bielmann, *Zu einer Handschrift der »Occulta philosophia« des A. v. N.* (in AfKg, 27, 1937, S. 318–324). – W.-E. Peuckert, *Pansophie*, Stg. 1956; ³1976. – C. G. Nauert, *Magic and Scepticism in A.'s Thought* (in Journal of the History of Ideas, 18, 1957, S. 161–182). – D. P. Walker, *Spiritual and Demonic Magic from Ficino to Campanella*, Ldn. 1958. – C. G. Nauert, *A. in Renaissance Italy. The Esoteric Tradition* (in Studies in the Renaissance, 6, 1959, S. 195–222). – P. Zambelli, *Cornelio A., Erasmo e la teologia umanistica* (in Rinascimento, XX, 1969, S. 1–59). – Ch. Zika, *Reuchlin and Erasmus: Humanism and the Occult Philosophy* (in Journal of Religious Studies, IX, 1977, S. 223–246).

DEMETRIO AGUILAR MALTA

auch Demetrio Aguilera Malta

* 24.5.1909 Guayaquil
† 1980

LITERATUR ZUM AUTOR:
R. Flores Jaramillo, *D. A. M.* (in CHA, 1979, Nr. 346–348, S. 623–638). – C. C. Rabassa, *D. A. M. and Social Justice: The Tertiary Phase of Epic Tradition in Latin American Literature*, Ldn./Toronto 1980. – Ders., *En torno a A. M.: temas épicos y negros*, Guayaquil 1981.

DON GOYO. Novela americana

(span.; *Don Goyo. Ein amerikanischer Roman*). Roman von Demetrio AGUILAR MALTA (Ekuador), erschienen 1933. – Für den Verfasser wie für die ganze »Guayaquil-Gruppe«, der er angehörte, ist die Literatur ein Mittel des sozialen Protests, der Anklage und selbst der umstürzlerischen Propaganda. Diese Grundhaltung, die sich auf die dichterischen Arbeiten der Gruppe oft ungünstig ausgewirkt und ihre Romane in die Nähe der polemischen Reportage gestellt hat, fehlt auch in *Don Goyo* nicht ganz, tritt aber gegenüber den echten erzählerischen Ambitionen in den Hintergrund. Schauplatz des Romans sind die Wälder an den Ufern der Flüsse Daule und Guayas, wo die Mangroven mit ihren Luftwurzeln eine Dickichtlandschaft von eigenartigem Reiz bilden. Aguilar Malta schildert das Leben in dieser sumpfigen, von Malariafieber verseuchten Gegend. Seine Erzähltechnik verdankt viel dem Naturalismus, dessen Einfluß sich in der Kraßheit des Ausdrucks zeigt, in der Vorliebe für das Grausige, Düstere oder Abstoßende und in der Auswahl von Vorgängen, die zu den primitivsten Lebensformen und Daseinsbedürfnissen gehören. Sprache und Stil sind jedoch mit eigenwilligen kunstvollen Motiven durchsetzt, die ein dichterisches Erlebnis der Natur widerspiegeln und in einer originellen Metaphorik gipfeln, die das Verhältnis zwischen Mensch und Natur versinnbildlicht. Der Mangrovenwald mit seiner tropisch wuchernden Pflanzenwelt ist als paradiesähnliches Rückzugsgebiet anzusehen, in dem die Menschen einfach und in unschuldiger Naturhaftigkeit leben. Der Titelheld, der alte Don Goyo, hat den Wald entdeckt und hier als erster Siedler in unermüdlicher Arbeit einen Lebensraum für die Seinen geschaffen, die in aufeinanderfolgenden Generationen eine kleine, von ihm mit patriarchalischer Würde und großer Lebensweisheit geleitete Gemeinde bilden. Er verkörpert das Prinzip von Herrschaft und Ordnung, das sich gerade in Ekuador, dem »Land der tausend Revolutionen«, nicht verwirklichen konnte. Aber das Lebenswerk des Patriarchen wird einer harten Bewährungsprobe unterworfen, als die Weißen den Wald kommerziell ausbeuten möchten. Don Goyo, der nicht verhindern kann, daß die Bäume gefällt und an ein »kapitalistisches« Unternehmen verkauft werden, verläßt den Ort, in dem er mehr als hundert Jahre gelebt hat. Er geht irgendwo zugrunde, zur gleichen Zeit, als der Wald der Axt zum Opfer fällt.

Aguilar Malta hebt in diesem Roman das Einzelschicksal seines Helden aus der Sphäre des nur Anekdotischen heraus und macht es zum Symbol des Menschheitstraums vom »Paradies auf Erden«. Stilistisch ist *Don Goyo* eine der besten Leistungen der »Guayaquil-Gruppe«. Seine Sprache, ohne herkömmliche Rhetorik, zielt mit drastischer Unmittelbarkeit auf die Wirklichkeit. Dennoch umhüllt der Autor die rauhe Realität mit einem Hauch von tiefer Poesie, den sein übriges erzählerisches Werk vermissen läßt.　　　　　　　　　　A.F.R.

AUSGABEN: Madrid 1933. – Buenos Aires 1958. – Guayaquil 1970.

LITERATUR: B. Carrión, *El nuevo relato ecuatoriano*, Quito 1959. – M. E. Ribadeneira, *La moderna novela ecuatoriana*, Quito 1959. – I. J. Barrera, *Historia de la literatura ecuatoriana*, Bd. 4, Quito 1960. – J. S. Brushwood, *El criollismo »de esencias« en »Don Goyo« y »Ecué-Yamba-O«* (in *Lectures in Memory of Louise Taft Semple*, Hg. C. G. Boulter u. a., Cincinnati 1973). – F. Guillén, *Evocación de »Don Goyo«* (in CA, 42, 1983, Nr. 4, S. 65–68).

NATANIEL AGUIRRE

* 10.10.1843 Cochabamba
† 11.10.1888 Montevideo

JUAN DE LA ROSA: Memorias del último soldado de la Independencia

(span.; *Juan de la Rosa: Erinnerungen des letzten Soldaten des Unabhängigkeitskriegs*). Historischer Roman von Nataniel AGUIRRE (Bolivien), erschienen 1885. – Der Untertitel ist ein wenig irreführend. Boliviens Unabhängigkeitskampf – der Roman spielt zwischen 1804 und 1812 in der Gegend von Cochabamba – wird aus der Perspektive eines etwa zwölfjährigen Jungen geschildert. Juan de la Rosa, der uneheliche Sohn »*der schönen Spitzenklöpplerin Rosita, an die die älteren Einwohner der Stadt Oropesa* [alter Name von Cochabamba] *sich noch erinnern können*«, wird von Bruder Justo erzogen und nach dem Tod seiner Mutter von Pater Arredondo im Hause der reichen Teresa Altamira untergebracht, die zur besten Gesellschaft Boliviens gehört. Hier erfährt er schließlich, daß sein Vater kein anderer ist als Teresas Bruder Carlos und daß seine Mutter zwar unehelich geboren war, aber gleichfalls aus einem edlen Geschlecht stammte. Diese wenig originelle romantisch-melodramatische Geschichte dient dem Autor nur als Vorwand für seine eigentliche Absicht, die vergangene Zeit der Loslösung Boliviens von der spanischen Herrschaft erzählerisch zu vergegenwärtigen. Aguirre hat sich das historische Material teils durch Befragen von Augenzeugen, teils durch geduldiges Stöbern in Archiven beschafft, und er schreibt seine Quellen oft wörtlich ab, was ihm den Tadel vieler Literaturkritiker eingetragen hat. Doch seine Absicht hat er erreicht, und darin liegt seine wesentliche Leistung: Vertreten durch historische oder fiktive Gestalten, denen der Autor in psychologisch schlüssiger Darstellung individuelle Züge verleiht, stehen im Roman zwei Welten einander gegenüber; die dem Untergang geweihte, aber zäh an ihren Vorrechten festhaltende feudale Oberschicht der kolonialen Gesellschaft und die Masse des bolivianischen Volks – Kreolen, Mestizen, Indianer –, die davon träumt, ihren Anteil an Freiheit und Glück zu erringen.

Aguirre gilt mit Recht als Vater des bolivianischen Romans. Bis dahin hatten sich die bolivianischen Schriftsteller darauf beschränkt, in romantischen

Erzählungen und heimatlichen Sittenbildern spanische und noch häufiger französische Vorbilder nachzuahmen; erst mit *Juan de la Rosa* erscheint ein eigenständiges Werk von großem epischen Atem, das überdies außer rein literarischen Qualitäten auch solide historische Informationen bietet und die politisch-soziale Wirklichkeit des Landes genau erfaßt. Insofern ist das Urteil des Spaniers Marcelino MENÉNDEZ Y PELAYO, der das Werk als den besten iberoamerikanischen Roman bezeichnete, aus damaliger Perspektive verständlich. Freilich steht auch Aguirre noch unter dem Einfluß der Romantik – davon zeugt neben der Lebensgeschichte des Helden die gelegentlich auffallende Vorliebe des Autors für den emphatischen Ausdruck, die deklamatorische Tirade in einer sonst sachlich-entspannten, differenzierten Sprache. A.F.R.

AUSGABEN: Cochabamba 1885. – Cochabamba 1943. – La Paz 1964. – Cochabamba 1969.

LITERATUR: A. Guzmán, *Historia de la novela boliviana*, La Paz 1938. – P. Díaz Machicao, *N. A.*, Buenos Aires 1945. – A. Guzmán, *La novela en Bolivia*, La Paz 1955. – A. Flores, *The Literature of Spanish America*, Bd. 1, NY 1966, S. 513–548. – W. Navia Romero, *Introducción y análisis de »Juan de la Rosa«*, La Paz 1966 [auch Prolog der Ausg. Cochabamba 1969].

IGNACIO AGUSTÍ

* 3.9.1913 Lliça de Vall / Barcelona
† 26.2.1974 Barcelona

LITERATUR ZUM AUTOR:
G. E. Wade, *A New Spanish Novelist* (in MLJ, 31, 1947, S. 426–430). – L. Horno Liria, *El novelista I. A.* (in Estafeta Literaria, 1968, H. 399, S. 9/10). – W. Miranda, *I. A.: El autor y la obra*, Washington D. C. 1982.

LA CENIZA FUE ÁRBOL

(span.; Ü: *Von der Asche zum Baum*). Fünfteiliger Romanzyklus von Ignacio AGUSTÍ, bestehend aus den Einzelbänden *Mariona Rebull* (1944), *El viudo Rius* (1945), *Desiderio* (1957), *19 de julio* (1966) und *Guerra Civil* (1972). – *Mariona Rebull* führt in die Anfänge des industriellen Unternehmertums in Katalonien. Joaquín Rius hat sein in der südamerikanischen Emigration erspartes kleines Kapital in die Errichtung von Webstühlen investiert. Unter der Leitung seines Sohnes wird der Betrieb zu einem der führenden Unternehmen in Barcelona. Inzwischen hat sich die Gesellschaftsstruktur der Stadt gewandelt: Die neue Klasse der Industriekapitäne rivalisiert mit dem alten Patriziat, das die Emporkömmlinge als plebejische Händler betrachtet. Joaquin Rius' Sohn strebt mit allen Mitteln danach, die höchste Sprosse der sozialen Leiter zu erklimmen. Er heiratet Mariona Rebull, die Tochter eines der angesehensten Patrizierfamilien. Sie erkennt jedoch bald, daß sie für ihren zwar grundehrlichen, aber nur in Produktionsziffern denkenden Mann kaum mehr als ein Wertgegenstand ist. Als die Entfremdung zwischen dem Paar auch durch die Geburt eines Sohnes – Desiderio – nicht überbrückt wird, läßt sich die enttäuschte Frau in eine ehebrecherische Affäre mit Ernesto, einem Angehörigen ihrer Klasse, treiben. Das anarchistische Attentat auf die Opera, bei dem Mariona und Ernesto umkommen, setzt den familiären Wirren ein tragisches Ende.

Im zweiten Teil *El viudo Rius (Der Witwer Rius)* wird auf die Verflechtung von individuellem Schicksal und Zeitgeschehen, die den Reiz von *Mariona Rebull* ausmacht, weitgehend verzichtet. Der früh verwitwete, kontaktarme Rius, der das Geheimnis seiner Familienschande peinlich hütet, gerät in eine *»groteske Fabrikanteneinsamkeit«*. Aber obwohl der Verfasser in dieser Gestalt das zähe und arbeitsame Bürgertum dargestellt hat, das die in Spanien einzig dastehende wirtschaftliche Macht Barcelonas begründete, ist die wahre Hauptfigur des Romans ein Kollektiv; eben die Stadt Barcelona selbst. Sie erlebt jetzt den Aufstieg zu einer der Metropolen Europas, aber auch die ersten großen sozialen und wirtschaftlichen Krisen und den Alptraum des Anarchismus, der seinen Höhepunkt in der »Semana tragica« (Tragische Woche, 1909) erreicht. So wird *El viudo Rius* zur romanhaften Chronik, deren Schilderungen ohne wesentliche Veränderungen in eine Stadtgeschichte Barcelonas übernommen werden könnten.

In *Desiderio* wird das Gleichgewicht zwischen sozialpolitischem Dokumentarbericht und Figurenroman wiederhergestellt. Nun tritt die dritte Generation der Rius' auf die Bühne. Desiderios Entwicklung wird bis zu dem Tag beschrieben, an dem er eine vorzeitige Ehe mit Christa, der Gefährtin seiner Vergnügungen, eingehen muß. – Hatte Großvater Rius vor allem Freude am Reichwerden (*»das Beneidenswerte, das Aufregende ist nicht, reich zu sein, sondern die Lust in sich zu spüren, reich sein zu wollen«*) und kapselt sich der Sohn in einer Welt ein, die ausschließlich von Geld, Geschäft und wirtschaftlicher Macht bestimmt war, so ist in dem im Reichtum aufgewachsenen Enkel der kompromißlose Pioniergeist seiner Vorfahren erloschen. Er und seine Freunde sind typische Vertreter des spanischen *señoritismo* (Klasse der reichen Nichtstuer), die bar jeder ethischen, sozialen und politischen Ideale einem krassen Hedonismus huldigen. Indem er ihnen auf ihrer ständigen Jagd nach Vergnügungen folgt, entwirft der Autor ein neues Bild von Barcelona: Nicht mehr das große Industriezentrum, sondern die lärmende, mondäne Stadt der rauschenden Feste, der Sportveranstaltungen,

Spielhäuser und eleganten Klubs steht im Mittelpunkt.
Der Titel des vierten Bandes *19 de julio (Der 19. Juli)* bezieht sich auf den Tag, an dem in Barcelona das Volk den Aufstand der sog. Nationalisten gegen das noch junge, erst 1931 eingeführte linksliberale republikanische Regime zum Scheitern brachte; ein wichtiges Datum der spanischen Geschichte, da ohne den Sieg der regimeloyalen Kräfte, der Arbeitermassen vor allem, dieser Aufstand nur einer von vielen Staatsstreichen in Spanien geblieben wäre. Da aber Agustís erzählerische Begabung nicht auf der Darstellung der Massendynamik liegt, verblaßt in seinem Roman die vermutbare schicksalhafte Größe dieses Tages, denn der größte Teil des Romans ist der Beschreibung der Lebensläufe Desiderios und seiner näheren Umgebung gewidmet: seiner Frau Christa, seiner Liebschaft mit Blanquita, der Schilderung von Sitten und Gebräuchen des *»gente chic«* (Schickeria) von Barcelona. Damit verbindet Agusti die Darstellung der ersten sechs Jahre der Zweiten Republik. Eine Besonderheit hierbei ist, daß der Autor die Schuld für das unaufhaltsame Taumeln der Republik in den am 18. Juli ausgebrochenen Bürgerkrieg auch bei ihren Gründern und Anhängern sucht.
Im letzten Teil der Pentalogie *Guerra Civil (Bürgerkrieg)* verlieren die Rius', die am Anfang der Serie vordergründig das Interesse des Lesers beanspruchen, die Repräsentanz im Schatten der politischen Wirren. Bei Agustís Darstellung des Spanischen Bürgerkriegs hat sich die Tatsache ungünstig ausgewirkt, daß der Autor offen für die sog. Nationalisten oder Rebellen Partei ergreift. In den letzten Kapiteln schildert Agusti, mit welcher Hingabe die Katalanen sich an den Aufbau ihrer Stadt machen. Auch die Familie Rius findet nach dem Versagen von Desiderio ihre alte Schaffenskraft in dessen Sohn, dem jungen Carlos, wieder, der die Fabrik in den langsam wiedereinsetzenden Produktionsgang der katalanischen Industrie einschleust. Mit Wärme und Melancholie wird der Tod des alten Großvaters Rius erzählt, der sich – mit allem versöhnt – an der Seite seiner einst schönen, vitalen und ungetreuen Ehefrau Mariona Rebull begraben läßt.
Agustí realisiert in dieser Romanserie – einer Art Genealogie der Industrieklassen Kataloniens – seine Theorie des Romans als eines nach den strengen Gesetzen des klassischen Realismus aufgebauten sprachlichen Organismus, dessen Struktur unveränderbar festliegt. In Stil und Erzähltechnik herrscht die Haltung des sachlichen, leidenschaftslosen Beobachters vor, der das sorgfältig gesichtete Material mit handwerklicher Geduld und Präzision zu einem Gesamtbild im Rahmen einer zeitlich genau abgegrenzten Periode zusammenfügt.   A.F.R.

AUSGABEN: *Mariona Rebull:* Barcelona 1944; Barcelona 1962; Barcelona 1982. – *El viudo Rius:* Barcelona 1945; Barcelona 1962; Barcelona 1982. – *Desiderio:* Barcelona 1957; Barcelona 1976, 2 Bde.
– *19 de Julio:* Barcelona 1966; Barcelona 1976. – *Guerra Civil:* Barcelona 1972; Barcelona 1976.

ÜBERSETZUNG: *Von der Asche zum Baum, 1. Mariona Rebull,* B. Fenigstein, Zürich 1946.

LITERATUR: G. Torrente Ballester, *Panorama de la literatura española contemporánea,* Madrid 1956, S. 455–465. – R. M. de Hornedo,*»19 de Julio« en la tetralogía de A.* (in Razón y Fe, 173, 1966, S. 91-99). – J. Alberich, *»Mariona Rebull« o la burgesía inútil* (in RdO, 28, 1970, S. 23-28). – J. Sendra-Catafau, *La novelística de I. A. en »La ceniza fue árbol«: Una saga catalana,* Diss. Univ. of Maryland 1977 (vgl. Diss. Abstracts, 39, 1978, 912/913A).

DELMIRA AGUSTINI

* 24.10.1886 Montevideo
† 6.7.1914 Montevideo

LITERATUR ZUR AUTORIN:
M. Alvar López, *La poesía de D. A.,* Sevilla 1958. – H. E. Pedemonte, *D. A.* (in CHA, 1961, Nr. 137, S. 161–183). – C. Silva, *Genio y figura de D. A.,* Buenos Aires 1968. – Dies., *Pasión y gloria de D. A. Su vida y su obra,* Buenos Aires 1970. – B. Acker, *Surrealism and the Poetry of D. A.* (in Letras femininas 10, 1984, 1, S. 39–48).

LOS CÁLICES VACÍOS

(span.; *Die geleerten Kelche*). Gedichtzyklus von Delmira AGUSTINI (Uruguay), erschienen 1913. – Obwohl sie sehr jung starb und ihr Werk nicht sehr umfangreich ist, stellt die dichterische Leistung Delmira Agustins sie in die Nachbarschaft der anderen großen Dichterinnen Südamerikas, besonders ihrer Landsmännin Juana de IBARBOUROU, mit der sie vor allem die unmittelbare Leidenschaftlichkeit des Ausdrucks gemeinsam hat. – Mit den Gedichten der Sammlung *Los cálices vacíos* vereinigte die Dichterin Teile ihrer früher erschienenen Sammlungen *El libro blanco (Das weiße Buch)* und *Cantos de la mañana (Morgenlieder),* doch ist diese Zusammenstellung keineswegs zufällig. Das ordnende Prinzip, das die verschiedenen Teile zusammenhält, wird bereits im ersten Gedicht des Bandes deutlich, einer Widmung des Werkes *»an Eros:«* ... *Brücke aus Licht, Duft und Klang / Die Hölle mit dem Paradies verbindend«.* Und sie widmet der Allmacht Eros ihr Werk *»con alma fúlgida y carne sombría« (»mit glühender Seele und dunkelschattigem Fleisch«).* Delmira Agustinis beherrschendes Thema ist die Liebe, auch dann, wenn sie zunächst, wie in dem Exvoto *An ein Kruzifix,* einen anderen Gegenstand zu behandeln scheint. Diese Liebesgedichte sind von einer bestürzend konkreten Sinnlichkeit. So heißt es in *Otra estirpe (Das andere Geschlecht)*: »*Así tendida soy un surco ardiente / Donde puede nutrirse la simiente, / De otra estirpe sublimamente loca!*« (»*So bin ich hingebreitet, flammende Furche, / draus sich der Same nähren kann: / Vom anderen Geschlechte herrlich toll!*«). Die Gedichte besitzen etwas von der üppigen Schönheit tropischer Gewächse, und aus diesem Bereich nimmt sie auch die Mehrzahl ihrer äußerst expressiven Bilder. Ein charakteristischer Zug der Liebesgedichte ist ihre »unschuldige« Schamlosigkeit. Die Dichterin ist stets bemüht, die Grenzen der Konvention zu durchbrechen. Alles, was die Liebe betrifft, erscheint ihr sagbar, muß gesagt werden, doch die leidenschaftliche Ehrlichkeit der Aussage, die kraftvolle Sprache und die Klarheit der Form lassen diese Gedichte niemals in Geschmacklosigkeit abgleiten. Auch im Religiösen gibt Delmira Agustini nichts von ihrer Sinnlichkeit auf, sie ist ganz Mystikerin, eine späte Schwester etwa der KATHARINA VON SIENA. In den beiden zitierten Gedichten klingt auch das andere große Thema der Agustini auf, ein Thema, das der spanischen wie der hispanoamerikanischen Dichtung weithin eigen ist: die Spannung zwischen Licht und Dunkel, Glut und Schatten. Die Seele ist stets im Licht, stets flammend, voller Glut, während im Fleisch, das, der Vergänglichkeit verfallen, auf Erlösung hofft, Dunkel und Schatten ihre Herrschaft ausüben. – Ruben DARÍO, der große Erneuerer der hispanoamerikanischen Dichtung, schrieb über diese Dichterin: »*Von allen Frauen, die heute Verse schreiben, hat keine mich so beeindruckt wie Delmira Agustini, wegen ihrer Seele ohne Schleier und ihres blumengleichen Herzens.*« H.Fa.

AUSGABEN: Montevideo 1913. – Montevideo 1940 (in *Obras poéticas*, Hg. R. Montero Bustamante; m. Einl.). – Buenos Aires 1962 (in *Poesías completas*, Hg. A. Zum Felde; m. Einl.). – Montevideo 1968 (zus. mit M. E. Vaz Ferreira, *La isla de los cánticos*). – Barcelona 1971 (in *Poesías completas*, Hg. M. Alvar López).

LITERATUR: A. Zum Felde, *Proceso intelectual del Uruguay*, Montevideo 1941, S. 316–329.

ERNST AHLGREN

d.i. Victoria Benedictsson
* 6.3.1850 Hof Domme (Schonen)
† 21.7.1888 Kopenhagen

LITERATUR ZUR AUTORIN:
E. Key, *E. A.*, Stockholm 1889. – T. Sandström, *E. A. En psykoanalytisk kvinnostudie*, Stockholm

1935. – F. Böök, *V. B.*, Stockholm 1950. – A. Forssberger, *Ekon och speglingar. Studier kring V. B., Johanne Luise Heiberg och Herman Bang*, Stockholm 1961. – K. E. Rosengren, *V. B.*, Stockholm 1965. – M. Norrman, *I livets hand. En studie i V. B.s religiösa föreställningsvärld*, Stockholm 1978. – K. Ekman, *V. B.s arbete* (in *Författarnas Litterturhistoria*, Bearb. L. Ardelius u. G. Rydström, Bd. 2, Stockholm 1978, S. 101–108). – M. Sjögren, *Rep utan knutar. V. B. – en levnadsteckning*, Stockholm 1979. – J. Ljunghill, *Mordet på den kvinnliga författaren – en detektifrapport i V. B.s efterföljd* (in *Kvinnornas Litterturhistoria*, Bearb. M. L. Ramnefalk u. A. Westberg, Bd. 1, Stockholm 1981, S. 160–197). – J. Lundbo Levy, *Den dubbla blicken. Om att beskriva kvinnor. Ideologi och estetik i V. B.s författarskap*, Stockholm 1982.

FRU MARIANNE

(schwed.; *Frau Marianne*). Roman von Ernst AHLGREN, erschienen 1887. – Victoria Benedictssons Eheromane *Frau Marianne* und *Pengar*, 1885 *(Geld)*, weisen überraschend viele thematische Parallelen auf: Beide spielen in Kreisen der Wohlhabenden, deren Standesdünkel so weit geht, daß ein unerfahrenes Mädchen allein des Prestiges wegen verheiratet wird. In beiden Fällen muß die junge Frau erkennen, daß ihre Backfischträume der Wirklichkeit einer Ehe nicht entsprechen. Auch der soziale Status der Ehemänner ist der gleiche, beide sind Gutsbesitzer; während jedoch Kristerson in *Pengar* als abstoßender Charakter gezeichnet ist, an dessen Seite das Leben zur Hölle werden muß, wird Olesson als aufrechter, bescheidener Mann geschildert, der stolz auf seine bäuerliche Herkunft ist. Marianne, die Städterin, ist weder reif genug für die Ehe noch reif genug für das Leben auf dem Land, das so gar nicht ihren von Erziehung und Lektüre geprägten Vorstellungen entspricht. Die Folge davon ist, daß sie sich in ihrer neuen Umgebung fremd, unverstanden und allein fühlt. Das Auftauchen eines schwärmerisch-poetischen Schulfreundes ihres Mannes bringt ihr zunächst willkommene Abwechslung; doch dann glaubt sie in Pål den Helden ihrer von der Unterhaltungsliteratur inspirierten Mädchenträume gefunden zu haben und ist nahe daran, einen Fehltritt zu begehen. Die Entdeckung, daß sie schwanger ist, bewirkt jedoch die Rückkehr an die Seite ihres Mannes, dem gegenüber sie zukünftig, anerkannt und geachtet von ihrer bäuerlichen Umwelt, ihre Pflicht als Gattin und als Mutter seines Kindes erfüllen wird.
Die Autorin ist auch hier wieder – in unbedingter Wahrheitsliebe – um eine realistische, gesellschaftskritische Darstellung von Zeitproblemen bemüht, obwohl sie wissen mußte, daß ein Großteil ihres Lesepublikums und ihrer Kritiker aus den Kreisen um die Frauenrechtler und um BRANDES sich gegen sie wenden würde, weil sie die Ehe der Frau Marianne nicht mehr als Zwangssituation verurteilte,

sondern positiv wertete. Th. LORCK, der das Original 1890 ins Deutsche übersetzte, behielt recht, als er in seinem Vorwort sagte, der Roman *Fru Marianne* genüge, »*den Namen* [der Autorin] *nicht so bald aus der Litteratur verschwinden zu lassen*«. In der Tat gilt Victoria Benedictsson heute als eine der bedeutendsten Vertreterinnen der schwedischen Prosa des ausgehenden 19.Jh.s. R.P.

AUSGABEN: Stockholm 1887. – Stockholm 1918 (in *Samlade skrifter*, Hg. A. Lundegård u. I. af Schultén, 7 Bde., 4). – Stockholm 1950 (in *Skrifter i urval*, Hg. F. Böök, 4 Bde., 2). – Stockholm 1968.

ÜBERSETZUNGEN: *Frau Marianne*, Th. Lorck, Stg./Bln. 1890. – Dass., M. Mann, Bln. 1897. – Dass., M. Niggli, Basel 1945.

LITERATUR: A. Nilsson, *E. A.s roman »Fru Marianne«* (in *Festskrift tillägnade H. Larsson*, Stockholm 1927, S. 311–323). – V. Svanberg, *»Fru Mariannes« tillkomsthistoria* (in Samlaren, N. F., 12, 1931/32, S. 191–242). – E. Witt-Brattström u. G. Domellöf, *Romanen om Marianne – Att läsa och skriva sitt livs story* (in OoB, 90, 1981, S. 51–65). – A. Melberg, *Sexualpolitiken, »Fru Marianne« och dåres försvarstal* (in OoB, 89, 1980, S. 50–65).

PENGAR

(schwed.; *Geld*). Roman von Ernst AHLGREN, erschienen 1885. – Dieser aufsehenerregende Roman, mit dem die Autorin ein breites Publikum erreichte, nahm bereits das Grundthema der späteren *Fru Marianne* (1887) vorweg: das Problem der Ehe, betrachtet mit den Augen einer von bittersten Enttäuschungen gezeichneten Frau. Selma, ein junges, unerfahrenes Mädchen, heiratet, dem Wunsch ihrer Verwandten folgend, einen weitaus älteren Gutsbesitzer, in der Hoffnung, diese Ehe werde ihr nicht nur zu Reichtum und Ansehen verhelfen, sondern sie auch von ihrer Familie unabhängig machen. Selma hatte ohne Mutter aufwachsen müssen und nie eine Freundin besessen, die ihr mit Rat oder Hilfe hätte beistehen können. So muß sie nun, an der Seite des ungeliebten Mannes, allmählich die Erkenntnis akzeptieren, daß ihre nach außen hin glückliche Ehe in Wahrheit längst zur bloßen Fassade entartet ist. Ihr Drang nach Wahrhaftigkeit bringt sie schließlich so weit, daß sie ihren Mann mit dem Entschluß konfrontiert, sich entgegen der bürgerlichen Konvention von ihm zu trennen, da sie ihr als unmündiges junges Mädchen gegebenes Eheversprechen nicht mehr aufrechterhalten könne. Dann schreibt sie ihrem geliebten Vetter, er möge ihr einen Platz an einem deutschen Gymnastikinstitut vermitteln: Sie weiß, daß sich nun auch ihr einstiger Mädchentraum, Malerin zu werden, nicht mehr verwirklichen läßt.
Pengar ist ein leidenschaftlicher Beitrag zur Emanzipationsbewegung im Schweden des ausgehenden 19.Jh.s. Die Autorin fordert in diesem von ihr selbst als »Novelle« bezeichneten Werk die völlige Gleichberechtigung der Frau. In ihrer beredten Verteidigung der Scheidung als der einzigen Möglichkeit, einer zur Hölle gewordenen Ehe zu entfliehen, stimmt die Verfasserin mit den Ansichten einer breiten literarischen Zeitströmung überein: Die »Jung-Schweden« begrüßten das Werk, und die »Feministen« propagierten es; in *Fru Marianne* distanzierte sich die Benedictsson indes deutlich von der radikalen Front der Frauenrechtler. – Beide Werke sind – ohne geradezu Schlüsselromane zu sein – stark autobiographisch geprägt: Auch Victoria Benedictsson hatte sich, um nach einer unglücklichen Jugend dem Elternhaus zu entfliehen, mit einem 28 Jahre älteren Mann verheiratet, sich später von ihm getrennt und versucht, im Beruf Selbständigkeit zu erlangen. R.P.

AUSGABEN: Stockholm 1885. – Stockholm 1919 (in *Samlade skrifter*, Hg. A. Lundegård u. I. af Schultén, 7 Bde., 3). – Stockholm 1941. – Stockholm 1950 (in *Skrifter i urval*, Hg. F. Böök, 4 Bde., 1). – Stockholm 1969 (mit *Ur Från Skåne* u. a.). – Gamleby 1977. – Stockholm 1982.

ÜBERSETZUNG: *Geld*, M. Mann, Bln. 1890.

LITERATUR: K. Westman Berg, *Kvinnorevolt mot förtryck: V. B.s »Pengar«* (in K. W. B., *Könsdiskriminering förr och nu*, Stockholm 1972). – V. Moberg, *Woman and Nature in Art: Reading the Meanings of the National Museum Scene in V. B.'s Novel »Pengar«* (in Edda, 1981, S. 13–21). – P. Bjørby, *Myth and Illusion: The Aesthetics of Self in V. B.'s »Pengar«* (in Edda, 1985, S. 209–229).

LARS AHLIN

* 4.4.1915 Sundsvall

LITERATUR ZUM AUTOR:
E. A. Nielsen, *L. A.: Studier i sex romaner*, Stockholm 1968. – *Synpunkter på L. A.*, Hg. L. Furuland, Stockholm 1971 [mit Bibliogr.]. – A. Melberg, *På väg från realismen. En studie i L. A.s författarskap, dess sociala och litterära förutsättningar*, Stockholm 1973. – T. Lundell, *L. A.*, Boston 1977 (TWAS). – L. A. Augustsson, *L. A.: A Swedish Writer of European Stature* (in The Cambridge Quarterly, 9, 1979, S. 1–16).

HANNIBAL SEGRAREN

(schwed.; *Hannibal der Sieger*). Roman von Lars AHLIN, erschienen 1982. – Das Buch wurde von Ahlin gemeinsam mit seiner Frau Gunnel (* 1918) verfaßt und bildet eine selbständige Fortsetzung ihres Romans *Hannibal Sonen*, 1974 *(Hannibal der Sohn)*. Die Verschiedenheit der beiden Werke legt die Vermutung nahe, daß Lars Ahlin der Hauptautor ist. – *Hannibal segraren* war die erste Buchveröffentlichung Ahlins nach einer Schaffenspause von 21 Jahren und nimmt innerhalb seines Werks insofern eine Sonderstellung ein, als der Autor sich damit vom Sozialrealismus seiner frühen Arbeiten abwandte und einen historischen Stoff aufgriff. Den Handlungsrahmen des Romans bildet der Zug des karthagischen Feldherrn Hannibal (ca. 247–183 v. Chr.) von Südfrankreich über die Alpen, also der Auftakt des Zweiten Punischen Kriegs (218 v. Chr.). Der Erzähler ist der Schreiber Yadamilk; bei dem Roman handelt es sich um sein Arbeitstagebuch, das als Materialsammlung für ein großes Epos dienen soll. Die Aufzeichnungen Yadamilks brechen mit einer Vision der siegreichen Zukunft ab, als das Heer den Aufstieg des Alpenpasses bewältigt hat. Sie sind in vier Abschnitte eingeteilt: *Vogelfabel; Aus den Augenwinkeln; Der Europamythos; Das Karthagopoem*. Jede dieser Überschriften bezeichnet einen der Motivkreise, die jedoch durchgehend im Roman behandelt werden. Yadamilk nimmt die Geschehnisse nur »*aus den Augenwinkeln*« wahr. Detailliert beschrieben sind der Übergang über die Rhône, die Opferung eines Ebers, die Begegnung mit dem schwedischen Bernsteinhändler Baltant und Hannibals Rettung, nachdem er mit dem Pferd abgestürzt war. Der überwiegende Teil des Tagebuchs besteht aus Reflexionen, die den Handlungsverlauf zuweilen störend unterbrechen. Yadamilk will mit seinem Hannibal-Epos ein Werk schaffen, das der phoinikischen Sprache und damit auch Karthago Weltgeltung verschaffen soll. Hannibal soll nach der Unterwerfung Roms ein geeintes Europa unter der Vorherrschaft Karthagos begründen. Die Ironie liegt darin, daß die Niederlage Hannibals auch das Nichtzustandekommen des Epos bedingt. Neben der Reflexion über das Epos räumt Yadamilk auch der Auseinandersetzung mit Hannibal, dem er privat den Beinamen »der Sieger« gegeben hat, breiten Raum ein. Soll er Hannibal als Adler oder als Wolf sehen? Er begreift mehr und mehr auch das Destruktive der Macht und der Ideologie des Siegs. Es fällt ihm schwer, die hohen Verluste bei einem Angriff der Allobroger, eines keltischen Stammes, zu rechtfertigen. Eines der Opfer ist sein schwarzer Sklave Stjärna, zu dem er eine fast freundschaftliche Beziehung hat. Unbehagen erfüllt ihn bei der Kreuzigung von vier angeblichen Spionen. Ihm wird klar, daß sein Epos den Charakter einer Apologie annehmen muß. Weitere Themen sind die Auseinandersetzung mit der griechischen Kultur und Philosophie und mit dem Atheismus des Juden Isak (Ahlins SARTRE-Lektüre ist hier deutlich spürbar).

Hannibal der Sieger ist von der Kritik weithin unbeachtet geblieben. Das mag damit zusammenhängen, daß der Stoff dem skandinavischen Leser relativ fremd ist. Lars ANDERSSON interpretiert das Werk als einen Entwicklungsroman, dessen Gegenstand die Wandlung des anfänglich an die Ideologie des Siegs glaubenden Yadamilk ist, schränkt jedoch abschließend ein: »*Ein ›Entwicklungsroman‹ ist ›Hannibal der Sieger‹ wirklich nicht, die Linien kreuzen sich, das Motiv des Siegs behält seine Leuchtkraft und ist am Schluß der Erzählung, mit Hannibal und seinem Schreiber auf dem höchsten Alpengipfel, ergreifender und verwirrender als jemals zuvor.*« Arne MELBERG geht auf die »Zweideutigkeit« des Romans ein, auf das Spannungsverhältnis zwischen Verfasser und Erzähler und zwischen Erzähler und Welt. Er stellt fest, die »*Theologie der Niederlage*« in den frühen Werken Ahlins sei nun von einer »*Poetik des Sieges*« abgelöst worden. H.Wo.

AUSGABE: Stockholm 1982.

LITERATUR: A. Melberg u. L. Andersson, »*Hannibal Segraren*«, *Berättarens predikament och människans villkor. Två läsningar av G. och L. A.s roman* (in BLM, 51, 1982, S. 268–274). – S. Linnér, *Samtal under en tryffelek: Anteckning till en scen i* »*Hannibal segraren*« *av G. och L. A.* (in Finsk Tidskrift, 1983, S. 2/3 u. 101–106). – L. Eriksson, »*Hannibal Sonen*« (in BLM, 43, 1974, S. 107–109).

NATT I MARKNADSTÄLTET

(schwed.; *Nacht im Marktzelt*). Roman von Lars AHLIN, erschienen 1957. – Der Roman »*handelt ... davon, wie man in das einzig mögliche Verhältnis zur Wirklichkeit tritt, das Liebe ist, und davon, wie man ihm entflieht; wie man Worte ausspricht und wie man zum Schweigen, zum Tod verwandelt wird ... von einer Ehe, einem Verhältnis zwischen zwei Menschen also, in dem jeder ausersehen ist, die Wirklichkeit des andern zu werden*« (Birgitta Trotzig). Die Hauptgestalten in diesem breitangelegten Werk sind das ältere Ehepaar Leopold und Paulina. Die Stärke der Frau ist es, daß sie es wagt, der Liebe – und somit der Wirklichkeit – ins Auge zu sehen, während der Mann aus Schwäche vor der Wirklichkeit, also vor der Liebe, flieht.

Der Schauplatz ist eine typische schwedische Kleinstadt mit ihren Originalen, mit Gauklern, in ihrer Bescheidenheit rührenden Menschen und Verbitterten. Daneben tritt auch die lebensfrohe Jugend auf – kecke Knaben, verträumte Jünglinge und wunderliche Mädchen. Ihrer aller Lebensbahnen kreuzen sich in diesem farbenreichen Buch, aber dominierend ist Paulina, eine vollblütige Frau, die Zärtlichkeit, Bitterkeit und Leidenschaft in sich vereinigt. Ihr Mann Leopold verrät sie, verrät die Liebe und damit auch sich selbst, indem er sich von Frau und Kindern wegbegibt, weil er es nicht erträgt, das Bild von sich selbst zu sehen, das seine Wirklichkeit ist, denn im Grunde ist er eine gescheiterte Existenz; er gerät auf Abwege, um diese Schmach zu rächen. Erst nachdem er, wie er glaubt, die »Rache« vollzogen hat, kehrt er zurück, denn jetzt hat er sein Selbstbewußtsein wiedererlangt. Den Mann, der einst seine Schwäche entlarvte,

zwang er, gleichermaßen seine eigene Schwäche bloßzustellen: »*Er kehrt nicht zur Gattin zurück, sondern zu der wiederhergestellten Vorstellung von sich selbst – er ist nach wie vor auf der Flucht vor seiner Wirklichkeit*« (B. Trotzig). Während die Nacht sich über das Zelt senkt, ermordet ihn seine Frau.
Paula und Leopold symbolisieren das Weibliche und das Männliche, Liebe und Verneinung, Leben und Tod, aber die beiden »*sind einander gegeben, und das Geschenk kann nicht zurückgenommen werden: sie sind einander ausgeliefert – der Fall des einen ist der des andern*« (B. Trotzig). – Die Komposition des umfangreichen Romans, den man zu den bedeutendsten Schöpfungen der modernen schwedischen Literatur zählt, ist sehr vielschichtig; lyrische und epische Passagen durchdringen einander, und die Vielfalt der Personen, Bilder und Stimmungen bewirkt, daß das Werk oft in Episoden zu zerfallen droht. Die Einzelszenen sind indes von so dichter Poesie und tragen derart intensiv zu einem Gesamtbild menschlichen Lebens bei, daß das kaleidoskopartige Gefüge des Romans nur nach außen hin undurchsichtig erscheint. Es gibt innerhalb der nordischen Literatur kaum eine merkwürdigere und fesselndere Liebesgeschichte als diese von warmer Menschlichkeit beseelte Dichtung, in der die unbekannten Tiefen der menschlichen Psyche ausgelotet werden. KLL

AUSGABEN: Stockholm 1957. – Stockholm 1979.

LITERATUR: B. Trotzig, *Mellan ord och tystnad* (in BLM, 26, 1957, S. 717–719). – H.-G. Ekman, *En bok i boken – om L. A.s majevtiska metod* (in Komma, 2, 1967, 3, S. 16–18).

TÅBB MED MANIFESTET. Historien om hur Tåbbs livsstil växte fram

(schwed.; *Ü: Tobb mit dem Manifest*). Roman von Lars AHLIN (* 1915), erschienen 1943. – Dieser erste Roman des Arbeiters und Autodidakten Ahlin erregte wegen der Radikalität seiner sozial-ethischen Fragestellung in der literarischen Welt Schwedens sogleich Aufmerksamkeit. Den Hintergrund der Handlung bilden zwar die wohlbekannten Motive der Arbeiterdichtung jener Zeit – Landflucht und Arbeitslosigkeit –, doch geht es hier nicht mehr um das Schicksal der Masse, sondern um die Bewußtseinsbildung der einzelnen (der Untertitel des Romans lautet: »Die Geschichte, wie sich Tåbbs Lebensansichten entwickelten«) in einer Gesellschaft, die »zwischen den Zeiten« eines alternden Kapitalismus und eines noch utopischen Sozialismus beheimatet ist – eine Problematik, die Ahlins Prosa der folgenden Jahre beherrschte. Den Charakter seiner Gegenwart als einer Zeit des Übergangs und die spezifischen Anforderungen, die sie als solche an die Verantwortung des einzelnen stellt, begreift der Titelheld erst am Ende einer schmerzhaften Entwicklung.

Dem jungen Arbeiter, der das *Kommunistische Manifest* mit sich zu tragen pflegt, wird seine Stellung in der Gesellschaft in dem Augenblick problematisch, als er in einer Wirtschaftskrise seine Arbeit verliert und gezwungen ist, sich selbst unter der Marxschen Kategorie des geschichtslosen »Lumpenproletariats« zu begreifen. Der Konflikt zwischen persönlichem und außerpersönlichem Sein – in diesem Fall zwischen dem moralischen und dem sozialen Aspekt einer Situation – wird zum Movens verschiedener Lösungs- bzw. Fluchtversuche, die, entweder die These oder die Antithese verabsolutierend, für Tåbb immer suspekt bleiben: Er erfährt die Unlauterkeit eines gesellschaftsfremden Individualismus wie auch die Verlogenheit des utopischen Sozialismus, der der Zukunft das gegenwärtige Leben und Sterben des einzelnen opfert *(»Wir sind heute nicht nur Sozialisten, wir sind auch noch Bürger«)*. Die befreiende Erkenntnis, zu der Tåbb nach Jahren unruhigen Umherziehens gelangt – das Ja zur dialektischen Struktur des Seins, zur »Halbheit« der Zeit mit ihrem »Stempel des Untergangs« –, bedeutet indessen keine Absage an die Idee des Sozialismus. Tåbb argumentiert vielmehr auch hier noch in der Sprache des *Kommunistischen Manifests:* »... *darum müssen wir, die wir zwischen den Zeiten leben, einzusehen versuchen, was geschieht. Die dunklen Manipulationen müssen aufgedeckt werden, so daß nicht eine Ursache gesucht wird, wo sie nicht hingehört, und Schuld nicht empfunden wird, wo sie nicht empfunden zu werden braucht.*«
Tåbbs Erkenntnis geht dahin, daß die Wertungen des *Kommunistischen Manifests* allein den Menschen als Glied der Gesellschaft betreffen, nicht aber sein individuelles moralisches Bewußtsein. Im moralischen Bereich ist der Mensch frei – frei, so erfährt Tåbb, angesichts des Todes, der dem einzelnen seine Würde als Mensch verbürgt – bezeichnend für diese Einstellung ist der Titel von Ahlins nächstem Roman: *Min död är min*, 1945 *(Mein ist mein Tod)*. Um dieser Würde willen in voraussetzungsloser Solidarität dem anderen, d. h. »*dem Bürger und dem Utopisten*«, das Leben in der Spannung zu ermöglichen, »*daß er Frieden findet mitten im Drama, Aufrichtigkeit in der Lüge, Leben mitten im Tode*«, ihm »*den Übergang zu erleichtern*« – dies erkennt Tåbb als die Verantwortung des einzelnen in einer sich wandelnden Welt. – Die Schwäche der Erzählkunst Ahlins gründet in dem starken Engagement des Autors für die gedankliche Aussage seiner Romane, unter der die künstlerische Gestaltung besonders in seinen frühen Werken leidet. So stehen hier nur notdürftig umkleidete moraltheoretische Exkurse neben poetischen Bildern von großer Dichte. Diese aber zeugen bereits in diesem Roman von der frappierenden Lebendigkeit einer Sprache, die Lars Ahlin zu einem der eigenartigsten und bedeutendsten Autoren seines Landes hat werden lassen. B.M.D.

AUSGABEN: Stockholm 1943, [2]1949. – Stockholm 1954. – Stockholm 1984.

ÜBERSETZUNG: *Tobb mit dem Manifest*, C. Heinig, Hbg. 1948.

LITERATUR: H.-G. Ekman, *Humor, grotesk och pikaresk. Studier i L. A.s realism*, Staffanstorp 1975. – L. Andersson, *Språkets hållplatser. En läsares möte med L. A.s tre första romaner* (in L. A., *Försöksgrupp*, Stockholm 1980, S. 85–106).

LEOPOLD AHLSEN

d.i. Helmut Abzmann

* 12.1.1927 München

PHILEMON UND BAUKIS

Schauspiel in vier Akten von Leopold AHLSEN, Uraufführung: München, 9. 1. 1956, Kammerspiele. – Das zunächst als Hörspiel gesendete Stück, nach *Pflicht zur Sünde* (1952) und *Wolfszeit* (1954) Ahlsens bisher erfolgreichstes Schauspiel, greift einen antiken Mythenstoff auf, den OVID überliefert hat: Zeus gewährt Philemon und Baucis, einem alten Ehepaar, als Dank für erwiesene Gastfreundschaft den gemeinsamen Tod. Ahlsen modernisiert den Stoff radikal und funktioniert die Parabel zum zeitgeschichtlichen Kriegsdrama um. Das Stück spielt 1944 in Griechenland unter Widerstandskämpfern. Nikolaos und Marulja, ein altes Ehepaar, geraten nach vierzig Jahren gemeinsamen Lebens in die Mühlen des Krieges. Sie verstecken den Partisanenführer Petros in ihrer Hütte vor den Deutschen. Als die griechischen Widerstandskämpfer in einem nächtlichen Überfall einen feindlichen Spähtrupp aufreiben und drei verfolgte deutsche Soldaten, darunter ein tödlich Verwundeter, bei Nikolaos und Marulja Unterschlupf suchen, verstecken sie auch die Feinde, ohne sie den Partisanen auszuliefern, die ihre Hütte durchsuchen. Bei einem Vergeltungsschlag erschießen die Deutschen Geiseln aus dem Dorf – Nikolaos' Warnung kommt zu spät. Die Partisanen aber durchschauen jetzt sein Doppelspiel. Petros verurteilt Nikolaos zum Tode durch den Strang; Marulja droht so lange mit Verrat, bis sie das Schicksal ihres Mannes teilen darf. Gemeinsam treten sie den letzten Gang an.
Ahlsen gestaltet die antike Idylle vom glücklichen Sterben zur absurden Farce eines sinnlosen Tötens um. An die Stelle von Göttern, die höchstpersönlich die Schicksalsfäden knüpfen, tritt eine anonyme Kriegsmaschinerie. Was im Mythos als göttliche Gnade erschien, wird im modernen Gewand zur gnadenlosen Notwendigkeit. Eine einzige Beziehung zur alten Sage bleibt unverändert erhalten: Der untragische Tod der beiden Alten hat etwas Heiteres an sich, das die allgegenwärtige Brutalität des Krieges für Augenblicke zu transzendieren scheint. Das bittere Glück, gemeinsam sterben zu dürfen, relativiert die Sinnlosigkeit dieses Sterbens, das Ahlsen als zwangsläufig darstellt. Nikolaos und Marulja begreifen nicht, daß eine Tat verräterisch sein soll, die noch einen Tag vorher als patriotische Pflichterfüllung gepriesen wurde; sie verraten den Widerstand, weil sie es aus Gründen der Menschlichkeit unterlassen, den Gegner zu verraten. Wer siegen will, darf sich die Schwäche der Menschlichkeit nicht leisten: »*Vielleicht ist's eine schmutzige Sache, ihn aufzuhängen. Aber man muß so was machen, wenn man siegen will.*«

Ahlsen versucht erst gar nicht, die komplexe Thematik von Krieg und Widerstand szenisch zu bewältigen; nicht den Krieg stellt er auf die Bühne dar, sondern eine exemplarische Konfliktsituation, die der Krieg mit sich bringt. Er entwirft ein szenisches Modell, das die unfaßbare Katastrophe zweier alter Menschen widerspiegelt. Der Krieg erscheint als anonymes Verhängnis; das Beispiel schlichter Gastfreundschaft und Menschlichkeit kann nur in einen sinnlosen Tod führen. M.Ke.

AUSGABEN: Mchn. 1955 [Bühnen-Ms.]. – Hbg. 1956; zul. 1963 (Hörwerke d. Zeit; Hörspielfassg.). – Emsdetten/Westf. 1960 (Dramen d. Zeit). – Stg. 1969 (Hörspielfassg.; RUB).

VERFILMUNG: BRD 1960 (Regie: E. Zbonek).

LITERATUR: H. Braun, Rez. (in SZ, 12, 11.1. 1956, S. 3). – P. Blaha, *Saisoneröffnung im Keller. »Philemon und Baucis«* (in Die Furche, 13, 1957, Nr. 41, S. 15). – B. Hebel, *L. A., Philemon und Baukis. Interpretation eines Hörspiels* (in Lit. in Wissenschaft u. Unterricht, 12, 1979, S. 89–98). – H. Elshorst, *L. A.* (in HbdtG, 1987).

QĀḌĪ AḤMED DĀʿĪ

15.Jh.

LITERATUR ZUM AUTOR:
İ. H. Ertaylan, *Ahmed-i Dāʿī, Hayatı ve eserleri*, Istanbul 1952. – F. Timurtaş, *Ahmed-i Dāʿī ve eserleri'nin Türk dili ve edebiyatındaki yeri* (in Türk Dili, 3, 1954, S. 426–430). – A. Bombaci, *Storia della letteratura turca*, Mailand 1956, S. 297–299. – F. İz, Art. *Dāʿī* (in EoI, 2, 1965, S. 98f.). – T. Kortantamer, *Der Diwan Aḥmed-i Dāʿīs* (in ZDMG 127, 1977, S. 307–312). – Dies., *Ahmed-i Dāʿī'nin »Mutáyebât« adıyla tanınan eseri üzerine* (in Türkoloji Dergisi, 7, 1977, S. 139–147). – Dies., *Ahmed-i Dāʿī ile ilgili yeni bilgiler* (ebd., 7, 1977, S. 103–138). – T. N. Gencan, *Bir ozanın adı* (in Türk Dili, 27, 1977, S. 151–153). – *Büyük Türk Klâsikleri*, 2, Istanbul 1985, S. 109–124.

ČENKNĀME

(osm.-türk.; *Das Buch der Harfe*). Hauptwerk des Hofdichters und Gelehrten Qāḍī AḤMED DĀʿĪ. – Die aus über 1000 Distichen bestehende Dichtung sichert dem Autor, den İ. H. ERTAYLAN als den Begründer der osmanischen Kunstpoesie bezeichnet, einen Ehrenplatz in der türkischen Literatur. Das Werk beschreibt die Lustbarkeiten am Hof Süleymāns (reg. 1403–1411), dem es gewidmet ist. Der Dichter findet sich im Frühling auf einer blühenden Wiese inmitten einer fröhlichen Gesellschaft, die sich um einen Harfenspieler schart. Der Spielmann stimmt ein Preislied auf den Fürsten an, fordert den Mundschenk auf, Wein auszuschenken, und ermahnt alle, zu genießen; denn die Epoche Süleymāns sei eine Zeit »*der Umarmungen, der Küsse und intimen Zusammenkünfte*«. – Ahmed, bewegt vom Ton der Harfe, »*deren Melodien gleichsam hundert Weisen der Poesie rezitieren, mit Versen, deren jeder einem Becher Weines gleicht*«, fragt das Instrument nach seinem Wesen und warum es bei seinem fröhlichen Werke traurig sei. Die Harfe erklärt, sie sei die Gefährtin der von Wein und Drogen Berauschten, der Verliebten und der in uralte Mysterien Eingeweihten; so manchen frommen Asketen habe sie vom Gottesdienst weggerufen und zu Tanz, Becher und Knabenliebe verführt; in ihrer Stimme aber würden die Geheimnisse der menschlichen Seele offenbar. Als der Dichter mit dieser Erklärung nicht zufrieden ist, sprechen nacheinander die einzelnen Teile des Instruments. Als erste kommt die Seide der Saiten zu Wort: sie stamme von Seidenwürmern, die statt mit Maulbeerblättern mit dem Fleisch Hiobs genährt wurden. Deshalb seufzt und fleht sie, wenn die Saiten zu schwingen beginnen. Das Holz der Harfe war einst eine herrliche Zypresse im Garten des Königs Hiram von Tyrus. Das Pergament, mit dem das Holz verkleidet ist, war die Haut einer anmutigen Gazelle, die grausame Jäger töteten. Das Haar der Mensola schließlich bildete den Schweif eines Wildpferdes, das Tataren mit der Schlinge fingen. Die Melodie, die sich den vier im Unglück Vereinten entringt, ist eine Klage der Sehnsucht nach vergangenen glücklichen Zeiten.

Die Allegorie ist durchsichtig: die Harfe symbolisiert die menschliche Seele, die in der Musik voller Sehnsucht weint, weil sie sich ihres göttlichen Ursprungs bewußt ist und durch mystische Versenkung in die Nähe Gottes zu gelangen strebt. Der Autor versichert, die Erzählung sei nur ein Vorwand für die Idee; in Wirklichkeit scheint aber der philosophische Anspruch dazu zu dienen, ein gewandtes und graziöses Spiel der Phantasie in eine irreale und märchenhafte Atmosphäre zu übertragen. Ahmed Dāʿī ist ein echter höfischer Lyriker, der die konventionellen Themen Liebe und Wein in vollendeter Technik besingt, wobei ihm auch mancher spontane Wurf gelingt. Die schon mit Persianismen durchsetzte Sprache weist bereits auf die osmanische Dichtung des 16. Jh.s voraus.

U.W.

AUSGABEN: Istanbul 1952, Hg. İ. H. Ertaylan (in *Ahmed-i Dāʿī, Hayatı ve eserleri*; Faks.). – Cambridge, Mass., Hg. G. Alpay (in *Ahmed-i Dāʿī and his Çengnāme, an old Ottoman mesnevi/Ahmed-i Dāʿī ve Çengnāmesi. Eski Osmanlıca bir mesnevi* = Sources of Oriental languages and literatures, Turkic sources, 3; Faks. u. Textedition).

ḪOĞA AḤMED FAQĪH

13. Jh.

ČARḪNĀME

(osm.-türk.; *Das Buch des Rades*). Dichtung des anatolischen Mystikers Ḫoğa AḤMED FAQĪH, veröffentlicht 1926. – Die einzige Handschrift enthält 82 von ursprünglich 100 Qaṣiden; der Schluß fehlt. Das Čarḫnāme ist bis heute das älteste erhaltene Werk in anatolischem Türkisch und trägt in Sprache, Stil und Gehalt die Züge der Seldschukenzeit, in der die mystischen Strömungen des Sufismus in Anatolien weite Verbreitung und Bedeutung erlangt hatten. Es ist eine moralisch-sufische Dichtung, die von der Vergänglichkeit alles Irdischen handelt und die Schrecken des Jüngsten Tages beschwört; es sei nötig, sich hienieden schon rechtzeitig darauf vorzubereiten, zu beten, im Unglück geduldig zu sein, die Armen zu speisen und immer Demut zu bewahren. Der Autor, den die Legende des Derwischordens der Bektāšī als einen außerhalb des Gesetzes und selbst der Ordensregeln lebenden verzückten Derwisch (*meğzūb*) darstellt, erscheint in seinem Werk zumindest als orthodoxer sunnitischer Sufi (Mystiker), der sich peinlich genau an Koran und Sunna hält. Darin zeigt sich deutlich der Einfluß seines Lehrers und Meisters BAHĀʾ-ED-DĪN VELED, während etwa seine Gedanken über die Demut seit YUNUS EMRE Gemeingut aller anatolischen Sufis sind. Als Theologe und Rechtsgelehrter (*faqīh*) kannte Ahmed zweifellos auch die bei den Gebildeten Anatoliens damals weitverbreitete persische Literatur. Das *Čarḫnāme* ist jedoch frei von Bildungsdünkel und wendet sich als einfaches, schlichtes Mahngedicht (*naṣīhatnāme*) an das Volk in dessen eigener Sprache, die damals noch kaum literaturfähig war. Daher ist es in der Form noch ziemlich roh. Seine weite Verbreitung unter dem anatolischen Volk aber sorgte dafür, daß Ahmed Faqīhs Einfluß noch Jahrhunderte nachwirkte.

U.W.

AUSGABE: Istanbul 1956, Hg. M. Mansuroğlu.

LITERATUR: Köprülüzade Mehmed Fuad [d. i. F. Köprülü], *Anatolische Dichter in der Seldschukenzeit, II. A. F.* (in Körösi Csoma Archivum, 2, 1926, S. 20–38). – Ders., *Ahmed Fakīh ve Çarh-nāmesi* (in Türk Yurdu, 4, 1926, S. 289–295). – M. Mansuroğlu, *The Rise and Development of Written Turkish of Anatolia* (in Oriens, 7, 1954, S. 250–264). – B. Necatigil, *Edebiyatımızda İsimler Sözlüğü*, Istanbul 1960, S. 12. – A. Bombaci, *Storia della lett. turca*, Mailand ²1962, S. 242ff. – T. Gandjei, *Notes on the Attribuition and Date of the »Čarhnāme«* (in *Studi preottomani e ottomani*, Neapel 1976, S. 101–104). – Art. *Ahmed Fakih* (in *Türk Dili ve Edebiyatı Ansiklopedisi*, Bd. 1, Istanbul 1977, S. 61). – F. Köprülü, *Türk edebiyatı tarihi*, Istanbul 1980, S. 261f.

EFENDİ AHMED MİTHAT

* 1844 Istanbul
† 28.12.1912 Istanbul

LITERATUR ZUM AUTOR:
J. Oestrup, *A. M.* (in EI, S. 211f.). – E. S. Siyavuşgil, *A. M. E.* (in *Islam Ansiklopedisi*, Bd. 1, Istanbul 1950, S. 184–187). – M. Baydar, *A. M. E. – Hayatı. Sanatı. Eserleri*, Istanbul 1954. – K. Akyüz, *La littérature moderne de Turquie* (in PhTF, 2, Wiesbaden 1963, S. 490– 499). – O. Okay, *Batı medeniyeti karşısında A. M. E.*, Ankara 1975 (Atatürk Üniversitesi Yayınları 429). – Ders., *Türk romanına köy mevzunun girişinde unutulan bir isim: A. M. E.* (in *Istanbul 6. 9. 1978: 1. Millî Türkoloji Kongresi. Referate*, Istanbul 1980). – R. P. Finn, *The Early Turkish Novel, 1872–1900*, Istanbul 1984.

EYVAH!

(ntürk.; *Ü: O Weh!*). Drama in fünf Akten von AHMED MİTHAT Efendi, Uraufführung 1872. – Der Autor, einer der produktivsten Schriftsteller der Spätzeit des Osmanischen Reiches, zielt mit diesem Werk auf einen wunden Punkt der alten türkischen Gesellschaftsordnung: die Vielehe. Der junge Meftun Bey hat zwei Frauen, Sabire und Leyla, die nichts voneinander wissen. Beide lieben ihn und beten ihn an, sind aber so eifersüchtig, daß er ihnen nicht die Wahrheit zu sagen wagt. Da er beide liebt, findet er keinen Ausweg aus dieser prekären Lage. Er halbiert seine Woche und erzählt jeder der zwei Frauen, er habe die Buchhaltung einer Fabrik im Vorort Beykoz übernommen und komme deshalb manche Nacht nicht nach Hause. Eines Tages entdeckt Sabires Vater den wahren Grund und dringt nun darauf, daß Meftun sich von Sabire trennt. So hofft der alte Mann, seine Tochter von ihrer unglücklichen Liebe zu heilen und sie nach Möglichkeit wiederzuverheiraten. Meftun Bey sträubt sich zunächst heftig. Bei dem Gedanken,

seine geliebte Sabire könnte einen anderen Mann nehmen, leidet er Qualen der Eifersucht. Aber schließlich willigt er ein, und es kommt zur Scheidung. Die arme Frau wird darüber todkrank; Meftun seinerseits muß ständig an Sabire denken und macht damit sich selbst und Leyla unglücklich. Um ihrer Tochter auf dem Sterbebett noch eine Freude zu machen, laden Sabires Eltern den früheren Schwiegersohn ein. Für einen Augenblick ist Sabire glücklich. Sie »gesteht« sogar, von Meftuns zweiter Ehe gewußt zu haben; er aber, von Verwirrung und Gewissensbissen gepeinigt, wiederholt ständig nur: »*Leeres Gerede, leeres Gerede.*« Sabire greift das Wort auf: »*Ist etwa auch Leyla ›leer‹?*« (Mit dem Wort *boş* [leer] war nach osmanischem Scheriat-Recht die Scheidung [boşama] ausgesprochen!) In der Hoffnung, Sabire zu retten, bejaht Meftun – da seufzt sie erleichtert auf und stirbt. Mit Meftuns Verzweiflungsschrei »*O weh! Sie ist dahin, meine Sabire ist dahin, und auch Leyla ist dahin!*« schließt der letzte Akt.

Wie in seinen übrigen Werken verfolgt der Autor auch in diesem Stück einen sozialen Zweck: Es geht ihm um die Änderung von »*Denk- und Lebensgewohnheiten, die nicht in Einklang mit der modernen Zivilisation zu bringen sind*«. Neben der Sklaverei gilt sein Kampf vor allem der Institution der orientalischen Vielehe und der damit verbundenen Deklassierung der Frau. *Eyvah!* will jedoch offenbar nicht nur die Frauen, sondern auch den Mann als Opfer dieser Einrichtung zeigen. So verfehlte es auch nicht seine Wirkung und wurde nach der Uraufführung von den fanatischen Muslimen heftig angegriffen, woraufhin der Autor mit einer scharfen Satire antwortete. – Dem sozialen Engagement des »Volkserziehers« Ahmed Mithat steht allerdings eine auffallende stilistische Nachlässigkeit gegenüber, besonders in den Theaterstücken, was angesichts der Zahl seiner Werke – insgesamt fast hundertfünfzig Titel, darunter zwölf Dramen und vierzig große Romane – nicht verwunderlich ist. So hat sein bekanntestes Stück, *Eyvah!*, seinen Platz in der Geschichte des neueren türkischen Theaters nicht so sehr als Kunstwerk wie als weltanschauliches Dokument. B.At.

AUSGABEN: Istanbul 1872. – Istanbul 1884.

ÜBERSETZUNG: *O Weh!*, D. Reeck, 1913 (Türkische Bibliothek, 15).

MÜFTÜOĞLU AHMET HİKMET

* 3.6.1870 Istanbul
† 20.5.1927 Istanbul

LITERATUR ZUM AUTOR:
O. Hachtmann, *Die türkische Literatur des XX. Jh.s*,

Lpzg. 1916, S. 33–38. - Türk Yurdu, 5, 1927 (Sondernr. A. H.). - A. H. Tanpınar, *A. H.* (in *Islam Ansiklopedisi*, Bd. 1, Istanbul 1950). - F. Tevetoğlu, *Büyük türkçü M. A. H.*, Ankara 1951 (Milli Eğitim Bakanlığı Türk Kültürü Eserleri Serisi, Etüdler, 1). - H. Dizdaroğlu, *M. A. H.*, Ankara 1964 (Türk Dil Kurumu Yayınları).

GÖNÜL HANIM

(ntürk.; *Frau Gönül*). Roman von Müftüoğlu AHMET HİKMET (1870–1927), erschienen 1920. - Hauptfigur des Buches ist der osmanische Offizier Mehmet Tolun, der bei Beginn des Ersten Weltkriegs in russische Gefangenschaft gerät und nach Sibirien verschickt wird. Im Lager schließt er Freundschaft mit gefangenen deutschen, österreichischen und ungarischen Offizieren, wobei er seine deutschen Sprachkenntnisse auffrischt. Da er von der Kriegsakademie her Russisch kann, überträgt man ihm Besorgungen in der nahegelegenen Stadt. Dort lernt er ein Geschwisterpaar türkischer Abstammung kennen; bezeichnenderweise führt er sich damit ein, daß er ihren russifizierten Familiennamen Kaplanof in die echt türkische Form Kaplanoğlu korrigiert. Daran knüpfen sich lange Gespräche über die glorreiche Vergangenheit der türkischen Völker, mit der sich Tolun schon lange beschäftigt hat. Man bewundert auch die Forschungen westlicher Gelehrter in Mittelasien, bedauert aber, daß daran noch keine Türken beteiligt waren. So beschließen die drei, eine eigene Expedition zu unternehmen, der sich auch ein ungarischer Graf und Gelehrter aus dem Lager anschließt. Die von dem reichen Ali Bahadır Kaplanoğlu ausgerüstete Karawane wird nach seiner Schwester »Gönül Hanım« benannt. Die folgenden Passagen schildern die Abenteuer der Gruppe auf dem Weg zum »*Mekka der Türken*«, den Fundstätten der gök-türkischen Runeninschriften (erste Hälfte des 8.Jh.s) am Fluß Orchon in der Mongolei. Unterwegs entwickelt sich eine immer stärkere Zuneigung zwischen Tolun und Gönül, die sich schließlich verloben. - Nach dem Abschluß der Forschungsreise kehren jedoch Gönül Hanım und Bahadır nach Rußland zurück, Tolun dagegen in die Türkei. Er scheidet aus der Armee aus und wird bald reich durch den Handel mit Pelzen, die er von Bahadır aus Rußland bezieht. Mit dem Flüchtlingsstrom, der sich nach der russischen Revolution in die Türkei ergießt, kommen auch die Geschwister Kaplanoğlu nach Istanbul. Die Geschichte schließt mit der Hochzeit von Gönül und Tolun.

Gönül Hanım ist der einzige Roman des Autors, der vor allem mit Gedichten, Erzählungen, Zeitschriftenartikeln und Essays hervorgetreten ist und zu den Wortführern der Gruppe »Servet-i Fünûn« (1896–1901) gehörte, die der »westlerischen« Richtung in der türkischen Literatur zum Sieg verhalf. In der Folgezeit wandte er sich jedoch der nun aufkommenden nationalistischen Bewegung zu, und zwar ihrer extremsten Form, dem sogenannten Panturanismus, der eine Vereinigung aller türkisch sprechenden bzw. »turanischen« Völker anstrebte. *Gönül Hanım* gehört zu den wenigen reinen Tendenzromanen, die ganz im Dienst dieser Idee stehen; die Figuren der westlichen Offiziere und Gelehrten erinnern gleichsam an die »westliche« Periode Ahmet Hikmets. Auch die Hauptgestalten sind schematisch gezeichnet; ihre endlosen theoretischen Erörterungen kreisen um eine starre Vergangenheit und nehmen der Handlung Lebendigkeit und logische Überzeugungskraft. - Daß der Roman trotzdem einen wichtigen Platz in der türkischen Literaturgeschichte behauptet, hat - neben seiner Bedeutung als Programmschrift des Turanismus - vor allem sprachliche Gründe; während Ahmet Hikmet in seinen früheren Werken die gekünstelte »mittlere Sprache« und den Stil der »Servet-i Fünûn«-Schule pflegte, hat er sich hier weitgehend der natürlichen, gesprochenen Volkssprache angenähert und wird damit zu einem Exponenten der »Nationalen Literatur« (»Millî Edebiyat«, 1911–1923).
B.At.

AUSGABEN: Istanbul 1920 (in Tasvir-i Efkâr; 33 Forts.). - Istanbul ³1969.

HÂRİSTAN VE GÜLİSTAN

(ntürk.; *Hâristan und Gülistan* oder *Dornenhag und Rosenhain*). Sammlung 22 kurzer Prosastücke von Müftüoğlu AHMET HİKMET (1870–1927), erschienen 1900. - Die am Beginn des Buches stehende Titelerzählung greift auf einen alten Märchenstoff zurück: die Geschichte von der wunderschönen Prinzessin Nesrinnuş, die von ihrer Mutter auf die Roseninsel »Gülistan« im Roten Meer verbannt worden ist, um fern von den Blicken der Männer aufzuwachsen. Jeder Wunsch wird ihr erfüllt, doch mit den Jahren befällt sie immer stärker die Sehnsucht nach etwas Unbekanntem, das weder die Blumen noch die Spiele der Sklavinnen ersetzen können; am meisten tröstet sie noch die Jagd. - Dieselbe Sehnsucht fühlt der junge Prinz Hara, der einst als vierjähriges Kind mit sieben treuen Mannen einem Schiffbruch entgangen ist und auf die öde Felseninsel »Hâristan« im Indischen Ozean verschlagen wurde. Eines Tages entflieht er von dort, gelangt nach vielen Abenteuern auf die Insel Gülistan und begegnet der Jägerin Nesrinnuş, die ihn mit ihrem Pfeil verwundet, aber alsbald von seinem Blick getroffen wird. So verstehen sich beide ohne Worte; sie kehren zusammen nach Hâristan zurück und leben dort glücklich und vergnügt. Das Märchen will sagen, daß keine Schönheit der Natur die Liebe ersetzen kann: Sie wird auch den Dornenhag in einen Rosenhain verwandeln. Eine gewisse melancholische Distanz spricht aus den Worten des alten Gefährten von Hara: *»Des Menschen Leben ist ein Schlaf, die Liebe aber ist sein Traum.*« - Von den folgenden Arbeiten seien hier nur die wichtigsten kurz angeführt. In dem satirischen Monolog *Yeğenim (Mein Neffe)*

wird ein junger Mann karikiert, der zum Studium nach Europa geht und dort in mißverstandenem »Westlertum« seine Herkunft verleugnet und als lächerlicher Stutzer auftritt. – Die Erzählung *Hüsn-ü aşk (Die Schönheit der Liebe)*, die mit dem gleichnamigen allegorischen *mesnevi* von GĀLIB DEDE (1757–1799) nur den Titel gemeinsam hat, befaßt sich mit der alten türkisch-islamischen Sitte, die eine freie Wahl des eigenen Ehepartners ausschloß; hier jedoch siegt persönliche Tugend über alle Ränke der Familie. – *Muammāyi dil (Das Rätsel des Herzens)* ist die Geschichte eines Mannes, der aus Trauer um seine verstorbene Frau einsam bleiben will, aber nach kurzer Zeit seine Schwägerin ehelicht; als auch diese plötzlich stirbt, hindert ihn seine Verzweiflung nicht daran, wieder zu heiraten und ein drittes Mal glücklich zu werden. – In *İki mektup (Zwei Briefe)* spiegelt sich die Krise der noch nicht europäisierten, aber schon vom orientalischen Erbe losgelösten Türkei des 19.Jh.s in den persönlichen Konflikten einer Ehe zwischen einer westlich erzogenen Tochter aus reichem Haus und einem in der alten Tradition großgewordenen Mann. – *Ah şu erkekler (O diese Männer)* entwirft in der Form des Monologs das typische Frauenbild des türkischen Mannes im 19.Jh. – *Bir damla kan (Ein Tropfen Blut)* ist die sentimentale Geschichte eines Jungen, der einen Vogel getötet hat und diese Tat sein Leben lang nicht verwinden kann. – *Nakiye Hala (Tante Nakiye)* ist eine alte Frau, die Mann und Söhne im Krieg verloren hat, aber stolz darauf ist, eine Heldenmutter zu sein. – *Ninni (Das Wiegenlied)* schildert das traurige Schicksal einer Frau, die, nach zehn Ehejahren endlich Mutter geworden, ihr Kind verliert und wahnsinnig wird.
Einige dieser Erzählungen wurden bald übersetzt, vor allem ins Deutsche und Ungarische, und Lesestücke wie *Nakiye Hala* oder *Yeğenim* haben bis heute einen bevorzugten Platz in türkischen Schulbüchern. Ahmet Hikmet gehört zu den Wegbereitern der Kurzgeschichte in der Türkei; die Gattung des Monologs hat er dort überhaupt erst eingeführt. Gegenüber späteren Werken, die den Autor als einen führenden Vertreter der »Nationalen Literatur« (»Millî Edebiyat«, 1911–1923) zeigen, trägt *Hâristan ve Gülistan* in Sprache und Themenwahl noch deutlich die Merkmale seiner »westlichen« Periode, in der er der Gruppe »Servet-i Fünûn« (1896–1901) angehörte. Doch weisen gerade Satiren wie *Yeğenim* oder Erzählungen wie *Hüsn-ü aşk* oder *İki mektup* eine sozialkritische Komponente auf, die den späteren Verfechter der »Kunst für das Volk« gegenüber dem Prinzip »L'art pour l'art« erkennen lassen. B.At.

AUSGABEN: Istanbul 1900. – Istanbul 1908. – Straßburg 1916, Hg. F. Taeschner (in Umschrift; m. Wb.; Trübners Bibl., 3). – Istanbul 1971. – Istanbul 1973.

ÜBERSETZUNGEN: *Türkische Frauen. Das Wiegenlied, Tante Naqijje, Salhas Sünde*, F. Schrader, Bln. 1907 (Türkische Bibl., 7). – *Schönheit und Liebe*, L.

Szamatolski (in Garb, 1913, Beil.: *Osmanische Literatur*). – *Der Traubenhändler*, ders., Bln. 1913 (Wiss. Beil. zum Jahresber. der 6. Städt. Realschule zu Bln.). – *Türkische Erzählungen*, C. Frank, Mchn. 1920.

LITERATUR: Mehmed Rauf, *Hâristan* (in Servet-i Fünûn, 22, 1901, S. 66–70). – M.N. Özön, *Son asır Türk edebiyatı tarihi*, Istanbul 1941.

JUHANI AHO

d.i. Johan Brofeldt
* 11.9.1861 Lapinlahti
† 8.8.1921 Helsinki

LITERATUR ZUM AUTOR:
I. Havu, *J. A.*, Helsinki 1929. – A. J. Aho, *J. A. Elämä ja teokset*, 2 Bde., Porvoo 1951. – N. P. Virtanen, *Juhani Ahon tuotanto sekä hänen teoksiaan ja elämäänsä käsittelevä kirjallisuus*, Porvoo 1961. – R. Koskimies, *J. A.* (in *Suomen kirjallisuus*, Bd. 4, Helsinki 1965, S. 73–138). – K. Laitinen, *Suomen kirjallisuuden historia*, Helsinki 1981, S. 236–241. – J. Niemi, *J. A.*, Helsinki 1985.

JUHA

(finn.; Ü: *Schweres Blut*). Roman von Juhani AHO, erschienen 1911. – Der Roman spielt in der Zeit nach der schrecklichen Hungersnot der Jahre 1867/68. Auf einem Hof in der Wildmark von Nordkarelien, nahe der russischen Grenze, leben der alte Juha, der hinkt, seit er von einem Bären angefallen wurde, und seine um viele Jahre jüngere Frau. Marja war nach dem Tod ihrer Mutter, einer aus Rußland entflohenen Leibeigenen, unter seiner Obhut aufgewachsen. In die Ehe mit dem alternden Mann hat sie ohne Neigung eingewilligt; nun läuft sie mit einem, der ihr gefällt, dem begüterten Händler Schemeikka, davon. Bald durchschaut sie indes die leichtfertige Natur ihres Liebhabers, verläßt ihn und ihrer beider Kind und kehrt an die Seite ihres vertrauenswürdigen, gütigen Mannes zurück. Den aber läßt die Frage nicht ruhen, ob sie aus freien Stücken oder gezwungen mit dem Händler davonging. Als er von der Existenz des Kindes erfährt, ist er sogleich bereit, es mit Marja zu holen und ins Haus zu nehmen. Die Begegnung mit Schemeikka aber gibt ihm die Gewißheit, daß seine Frau ihn nicht nur freiwillig verlassen hat, sondern auch wünschte, daß er tot wäre. Diese Erschütterung vermag Juha nicht zu überwinden. Als er auf dem Heimweg bei einer Stromschnelle sein Boot am Ufer entlangzieht und Marja mit dem Kind am Strand zum ruhigen Wasser hinwandert, läßt er das Boot plötzlich in den Strudel gleiten und stürzt mit ihm die Stromschnelle hinab.

Mit Juhani Aho fand die finnische Literatur den Anschluß an den europäischen Realismus. Es waren vor allem französische Vorbilder – MAUPASSANT, DAUDET und BOURGET –, denen er zunächst folgte, ohne allerdings auf genuin finnische Elemente in der Tradition der volkstümlichen Literatur zu verzichten. In den neunziger Jahren unterlag dann auch Aho dem Einfluß der neuromantischen Strömung; alle diese Komponenten fanden ihren Niederschlag in *Juha*, seinem geschlossensten Roman, der gleichermaßen durch dramatische Kraft wie durch die Subtilität der psychologischen Analyse überzeugt. Einzig die für den Menschenschlag der Wildmark untypische Gestalt des jungen Schemeikka wird von der finnischen Literaturkritik als mißlungen bezeichnet. F.E.

AUSGABEN: Helsinki 1911. – Helsinki 1936 (in *Kootut teokset*, 10 Bde., 9; ern. 1952). – Hämeenlinna 1973 (in *Valitut teokset*); ³1975. – Porvoo-Helsinki-Juva 1981.

ÜBERSETZUNG: *Schweres Blut*, G. Schmidt, Dresden 1920. – Dass., ders., Berlin 1972; 1976.

VERFILMUNGEN: *Johan*, Schweden 1921 (Regie: M. Stiller). – Finnland 1936 (Regie: N. Tapiovaara).

LITERATUR: R. Koskimies, *Junnu ja Juha* (in R. K., *Kymmenen tutkielmaa Juhani Ahosta*, Helsinki 1975, S. 101–109). – L. Valkama, *Juhani Ahon »Juha«* (in L. V., *Proosan taide*, Porvoo 1983, S. 3–54).

LASTUJA

(finn.; *Späne*). Skizzensammlung von Juhani AHO, erschienen in acht Bänden 1891–1921. – Unter dem Titel *Lastuja* faßt der Autor eine Reihe von Skizzen, Stimmungsbildern, lyrischen Reflexionen, Reiseeindrücken und Erinnerungen zusammen. Zu seinem Besten gehören Naturbeschreibungen, »Prosagedichte« aus dem »*Herz der düsteren Ödmark*« (Russisch-Karelien) oder Skizzen wie *Am Imatra*, die Schilderung eines tosenden Wasserfalls. – Auf wenigen Seiten gibt der Autor das Leben eines *Neusiedlers (Uudisasukas)* wieder, der als Knecht auf einem Pfarrhof dient und mit seiner Frau, einer Magd vom selben Hof, in die einsame Ödmark geht, um dort ein Häuschen zu bauen und Land zu roden. Obwohl es ihnen auf dem Pfarrhof nicht schlecht ergangen ist, nehmen sie ein entbehrungsreiches Leben und eine unsichere Zukunft in Kauf, weil in ihnen der Wunsch nach einem Stück Land und nach Unabhängigkeit übermächtig geworden ist. Doch bald stirbt die Frau, erschöpft von dem harten Pionierleben. Die Geschichte ist von gedämpftem Pessimismus durchdrungen. »*Wenn sie auf dem Pfarrhof geblieben wären, er als Kutscher, sie als Hausmädchen, hätten sie es wohl besser gehabt. Aber die Ödmark wäre unberührt und die Tat der Neulanderschließung wäre ungetan geblieben. Laßt uns, wenn der Roggen blüht und das Korn auf unseren Äckern in die Ähren schießt, an die ersten Opfer dieser Kolonisation denken.*« – Eine andere Geschichte ist einem *Sauna-Badekünstler (Sasu Punanen)* gewidmet, einem Theologiestudenten, der es in seiner Trägheit nur bis zum Hilfspastor gebracht hat und der nun seinen Einfallsreichtum in der Sauna dadurch beweist, daß er das Baden zu einem genießerischen Ritus gestaltet. – Ein Beispiel des Humors seiner engeren Heimat Savo gibt der Autor in der Geschichte von *Schalk-Matti*, der einige Höfe erbt, die er alle bis auf einen, in dem er selbst wohnt, verpachtet. Schalk-Matti ist nie um eine schlagfertige Antwort verlegen. Auf die verwunderte Anfrage eines Nachbarn, warum er sein Haus verkommen lasse und das Dach nicht ausbessere, erwidert er z. B.: »»*Der Teufel kann im Regen aufs Dach gehen und es flicken!*‹ – ›*Aber wir haben doch auch schönes, trockenes Wetter!*‹ – ›*Dann leckt ja auch das Dach nicht!*«« Er läßt allen Dingen ihren Lauf, und wenn er wichtige Arbeiten verschlafen hat, so daß er nicht weiß, womit er anfangen soll, pflegt er sich mit den Worten zu trösten: »*So, nun ist es zu spät, sowohl das eine wie das andere zu tun!*« – Ahos Skizzen, denen der Einfluß französischer Erzähler (MAUPASSANT, DAUDET, BOURGET) anzumerken ist, haben entscheidend zur Herausbildung des modernen finnischen Prosastils beigetragen. F.E.

AUSGABEN: Porvoo 1891–1921, 8 Bde. – Porvoo/Helsinki 1953/54 (in *Kootut teokset*, 10 Bde., 4–6). – Helsinki 1974.

LITERATUR: U. Kupiainen, *Humoori suomalaisessa kirjallisuudessa I. Aleksis Kivi ja 1880-luvun realistit*, Helsinki 1939, S. 261–281. – R. Koskimies, *Lastujen asenteita* (in R. K., *Kymmenen tutkielmaa Juhani Ahosta*, Helsinki 1975, S. 51–56).

PAPIN ROUVA

(finn.; *Ü: Ellis Ehe*). Roman von Juhani AHO, erschienen 1893. – Der Roman, der zu den bedeutendsten Werken Ahos zählt, ist eine in sich geschlossene Fortsetzung von *Papin tytär*, 1885 *(Die Tochter des Pfarrers)*, und spielt in einem abgelegenen Landpfarrhaus und dessen näherer Umgebung. Der Konflikt entsteht, als in diese Isoliertheit ein »Hauch der weiten Welt« eindringt und die nach außen hin idyllische Atmosphäre zerstört. – Elli, die Tochter des Landpfarrers, hat unter Zwang den Hilfsgeistlichen ihres Vaters geheiratet, für den sie keinerlei Sympathien hegt. Fünf Jahre nach der Hochzeit kommt ein Studienfreund ihres Mannes, Magister Olavi Kalm, zu Besuch und bleibt den Sommer über als Gast im Pfarrhaus. Diesen unsteten und weitgereisten Weltmann hatte

Elli schon vor ihrer Verheiratung im Haus ihrer Eltern kennengelernt, und beide hatten sie füreinander Zuneigung empfunden, ohne es sich einzugestehen.

Mit psychologischem Einfühlungsvermögen schildert der Autor die erwartungsvolle Spannung Ellis und ihre Stimmungen bis zur Ankunft des Gastes, der noch nicht ahnt, in der Frau seines Freundes nun das Mädchen wiederzufinden, dem er einst zugetan war. Spontan empfinden die beiden eine starke Sympathie füreinander. Olavi – er vertritt die fortschrittlichen sozialen Forderungen des Autors – hatte sich längere Zeit in Paris aufgehalten und arbeitet nun an einer umfangreichen Studie über die Frau in der französischen Literatur des Realismus. Seine Ideen von der völligen Gleichberechtigung der Geschlechter beeindrucken Elli zutiefst. Die Freundschaft mit Olavi wird für sie allmählich zu einem Unterpfand für die Hoffnung auf ein glückliches Leben. Höhepunkt des Geschehens ist eine Bootsfahrt, die Elli und Olavi gemeinsam unternehmen; der Gleichklang der Natur eines finnischen Sommertags mit den Empfindungen der beiden Menschen ist hier mit einer seltenen poetischen Konzentration vergegenwärtigt. Zitate aus dem berühmten Gedicht *Der Schwan* des großen finnland-schwedischen Dichters J. L. RUNEBERG (1804–1877) prägen die Stimmung. Elli ist bereit, auf die Erfüllung ihrer Liebe zu verzichten, wenn sie den Geliebten nur einmal im Jahr sehen dürfte – ihr genügt die Gewißheit, sich von einem anderen wirklich verstanden zu wissen. Hierin sieht sie einen Ausweg aus ihrer hoffnungslosen Ehe. Olavi will indes Elli ganz besitzen, auch wenn sie nicht bereit ist, mit ihrem Mann endgültig zu brechen. Sie möchte *»nicht das Gefühl haben, daß jemand mich anklagen könnte«*. Eines Abends kommt es zu einer heftigen Auseinandersetzung zwischen Elli und ihrem Mann, der dem Freund gegenüber den Anschein aufrechtzuerhalten versucht, seine Ehe sei glücklich; Elli reißt sich jedoch aus seiner Umarmung los und apostrophiert ihren Gatten als den *»plumpesten, ungebildetsten Mann auf der Welt«*. Jetzt wäre sie sogar bereit, dem Freund bedingungslos zu folgen, doch dieser rüstet sich bereits zur Abreise: *»Das ist das beste für uns beide.«* Ohne Sentimentalität, ohne Anklage endet der Roman. Für Elli freilich ist Olavis Rückzug ein Beweis dafür, *»daß er sie nicht liebte«*.

Deutlich ist hier der Einfluß verwandter Stoffe aus der französischen Literatur des Realismus zu erkennen. Aho macht sich zum Fürsprecher einer liberalen Lösung sozialer Probleme. Daß sein Werk bis heute lebendig blieb, ist auf die gegenwartsnahe Aufgeschlossenheit seines Geistes zurückzuführen, vor allem aber auf seinen tief verwurzelten Humanismus. F.E.

AUSGABEN: Porvoo 1893. – Helsinki 1936 (in *Kootut teokset*, 10 Bde., 2/2–3; ern. 1954). – Helsinki ⁵1957 (in *Valitut teokset*). – Hämeenlinna 1973 (in *Valitut teokset*); ³1975.

ÜBERSETZUNG: *Ellis Ehe*, E. Brausewetter, Bln. 1896.

LITERATUR: R. Koskimies, *Papin tytär ja papin rouva* (in R. K., *Kymmenen tutkielmaa Juhani Ahosta*, Helsinki 1975, S. 18–31). – L. Valkama, *Kolme romaania ja eepillinen ajankäsittely* (in L. V., *Proosan taide*, Porvoo 1983, S. 104–151).

RAUTATIE ELI KERTOMUS UKOSTA JA AKASTA, JOTKA EIVÄT OLLEET SITÄ ENNEN NÄHNEET

(finn.; *Ü: Die Eisenbahn. Eine Erzählung aus Finnland*). Erzählung von Juhani AHO, erschienen 1884. – In einer einsamen Kate, die zum Pfarrgut gehört, leben Matti und Liisa, ein älteres Ehepaar, in völliger Weltabgeschiedenheit. Als Matti eines Tages zum Pfarrhof kommt, um den Pachtzins zu entrichten, hört er dort zum erstenmal in seinem Leben das Wort »Eisenbahn«. Humorvoll erklären ihm der Verwalter und die Frau des Propsts, was das sei, und zu Hause angelangt, berichtet Matti sofort seiner Frau von dem Ungetüm, das unmittelbar neben dem nächsten Kirchdorf vorbeifahre. Liisa hält die Geschichte von dem »Haus auf Rädern« zunächst für ein Lügenmärchen, fährt aber dann doch mit dem Schlitten und ihrer armseligen Stute zum Pfarrhof, um Näheres zu erfahren, zumal sie bei dieser Gelegenheit der Frau Propst gleich gesponnenes Garn mitbringen kann. Die Neuigkeiten, die Liisa auf dem Pfarrhof erfährt, sind so spannend, daß sie erst am darauffolgenden Tag wieder nach Hause kommt. Doch nun ist es Matti, der den Erzählungen von der Eisenbahn keinen Glauben mehr schenkt.

Den ganzen Winter über sprechen die Eheleute nicht mehr von dem technischen Wunder; erst im Frühjahr verfallen sie wieder auf dieses Thema. Am Johannistag, im Mittsommer, machen sich die beiden endlich auf, um die Eisenbahn wirklich bestaunen zu können. Etwa zwanzig Kilometer legen sie deswegen zu Fuß zurück, sie übernachten in einer Sauna und finden sich schon am frühen Morgen am Bahnhof ein, der mitten im Wald liegt. Ein Bekannter, der dabei war, als die Bahnstrecke gebaut wurde, klärt sie über alles auf und überredet sie dazu, bis zur nächsten Station mit dem Zug mitzufahren, der indes erst gegen Mittag eintrifft. Matti und Liisa kommen aus dem Staunen nicht heraus. Als sie voller Bangen und Mißtrauen den Zug schließlich bestiegen haben, saßen sie *»einander gegenüber, starrten sich an und hielten sich fest«*. Ein Fahrgast bietet Matti einige Schlucke aus seiner Branntweinflasche an, worauf dieser beschwipst wird und die beiden eine Station zu weit fahren. Mit derbem Humor sind diese Szenen gezeichnet, nach denen schließlich die beiden Alten zu dem Schluß kommen, *»daß Eisenbahnen und dergleichen nicht für sie in der Welt waren«*.

Selten wurde ein Bewohner der Ödmark so liebevoll und lebendig charakterisiert wie dieser Matti, der dem Phänotyp des Siedlers in dieser rauhen finnischen Landschaft genau entspricht. Mit ihm schuf der Autor eine inzwischen klassisch gewordene Gestalt der finnischen Literatur und brachte darin zugleich seine Verbundenheit mit der Heimat, seine humorvolle Kunst, Menschen zu schildern, und sein soziales Engagement deutlich zum Ausdruck. F.E.

AUSGABEN: Helsinki 1884; 38 1973. – Helsinki 1936 (in *Kootut teokset*, 10 Bde., 1; ²1954). – Porvoo-Helsinki-Juva 1985.

ÜBERSETZUNG: *Die Eisenbahn. Eine Erzählung aus Finnland*, G. Schmidt, Dresden ³1922.

LITERATUR: U. Kupiainen, *Humoori suomalaisessa kirjallisuudessa I. Aleksis Kivi ja 1880-luvun realistit*, Helsinki 1939, S. 238–261. – R. Koskimies, *Toisto ja porrastus Rautatiessä* (in R. K., *Kymmenen tutkielmaa Juhani Ahosta*, Helsinki 1975, S. 9–17).

MEHDI AḤWĀN ṬĀLEṬ

* 1928 Mesched / Ostiran

BEHTARIN OMID

(iran.-npers.; *Die beste »Hoffnung«* oder *Die besten Gedichte von Omid*). Gedichtsammlung von Mehdi AḤWĀN ṬĀLEṬ (Pseudonym Omid, d. h. »Die Hoffnung«), erschienen 1969. – In diese Auswahl der seit 1948 erschienenen lyrischen Texte Aḥwān Ṭāleṭs wurden Gedichte aus *Arġun*, 1951 *(Orgel)*, *Zemestān*, 1956 *(Winter)*, *Āhar'e šāhname*, 1959 *(Ende des Schahname)*, *Az in awestā*, 1966 *(Aus diesem Awesta)*, *Šekār, yek manzume*, 1966 *(Jagd, eine Dichtung)*, und *Pā'iz dar zendān (Herbst im Gefängnis)* aufgenommen.

Als Lehrer tätig, wurde Aḥwān Ṭāleṭ nach dem Staatsstreich vom August 1953 (Sturz des Ministerpräsidenten Mossadeq und Restitution der Herrschaft des Schahs) mehrfach wegen seiner politischen und weltanschaulichen Gesinnung eingekerkert, was seine Poesie – ungeachtet seiner Hochachtung für die vorislamische Vergangenheit Irans – sehr beeinflußte. Er ist ein strenger Anhänger von NIMĀ YUŠĪǦ, und es ist ihm gelungen, dessen Verslehre zu interpretieren und zu ergänzen, so daß er den Meister sowohl in der Bildhaftigkeit der Sprache wie im Rhythmus der Verse übertraf. Anfangs folgte er dem Vorbild der Klassiker, erst später bekannte er sich zu Nimā Yušīǧ, der die versteinerten Regeln der persisch-arabischen Verskunst - 'Aruḍ – durch eine neue Metrik ersetzte. Er glaubte, auf der neuen Ebene seine eigenen Überzeugungen verständlicher übermitteln zu können. Sein Stil basiert auf einer glücklichen Synthese des klassischen Erbes und der Methode seines Vorgängers. Die Sprache, vielfach mit traditionalistischer Ornamentik verziert und doch modern klingend, vermittelt dem Leser gelungene Beispiele der modernen iranischen Poesie. Dem Dichter gelingt es, Bilder zu evozieren, die sein Leid und seine Empörung symbolisieren: seien es Naturerscheinungen, Tiere oder Menschen, die gezeichnet werden, um seinen Gedanken und Gefühlen über Unfreiheit, Verfolgung und Verzweiflung Ausdruck zu verleihen. Vertrocknete Zweige, Kälte und Frost, verborgene Höhlen, durch die Wolken irrende Vögel, Wolf und Wachtel, schwebender Löwenzahnsamen (pers. *qāṣedak*, d. h. »kleiner Bote«) und schließlich Menschen, die durch die Gassen schlendern aus Angst Freunden und Bekannten den Gruß verweigern – dies sind sprachliche Bilder, um die grausame Wirklichkeit darzustellen. Die Zerschlagung der Parteien, die Festigung der Gewaltherrschaft und der Polizeiterror erzeugten eine Atmosphäre der Depression, die insbesondere die persische Intelligenz erschütterte. Pessimismus, Melancholie und Resignation erfaßten viele Schriftsteller und Künstler und beeinflußten ihre Werke.

Das Gedicht *Čon ṣabu-ye tešne (Wie ein durstiger Krug)* bezeugt vielleicht am deutlichsten die vom Autor empfundene Ausweglosigkeit: *»Voller Leere/ fließt der Strom der Augenblicke./ + Wie ein durstiger Krug, der im Traum das Wasser sieht und im Wasser den Stein, der ihn zerschlägt/ – Kenne ich Freund und Feind./ Ich liebe das Leben,/ Dem Tod bin ich feind./ Aber, ach, wem kann ich DAS anvertrauen./ Ich habe einen Freund,/ Vor dem ich Zuflucht nehmen werde bei dem Feind. / + Der Strom der Augenblicke fließt «* (Übers. K. Scharf).

Im Gedicht *Qāsedak (Löwenzahnsamen)*, der nach iranischer Vorstellung gute und schlechte Nachrichten bringt, weist er den »kleinen Boten« und die Botschaft ab mit den Worten: *»Keine Nachricht erwarte ich,/ Von keinem Freund, keinem Menschen, keinem Ort – mit einem Wort/ Fliege fort nach dort, wo man dein Wort erwartet,/ Kleiner Bote!/ In meinem Herzen ist alles taub und blind./ Verlaß diesen Fremdling im eigenen Heimatland./ Der Bote von Botschaften, die ich alle bitter fand,/ Sagt meinem Herzen,/ Daß du Lug bist, Lug,/ Daß du Trug bist, Trug«* (Übers. K. Scharf).

Ein wirksames Mittel, um die tabuisierten, von den Behörden geächteten Wahrheiten doch auszusprechen, sind die treffend ausgesuchten Parabeln aus alten Mären, mit deren Hilfe Aḥwān Ṭāleṭ politisch brisante Aussagen an die Öffentlichkeit bringt. Als nach dem Sturz Mossadeqs im August 1953 schon die Erwähnung seines Namens Schlägereien provozierte und Verhaftungen nach sich zog, schrieb er das Gedicht *Qeṣṣe-ye sangestān (Die Legende von der Steinwüste)*, in dem er seine Hochachtung dem eingekerkerten Greis entgegenbrachte. Im Gespräch zweier Tauben erfährt der Leser einiges über das Schicksal eines leidenden, Zuflucht suchenden und verstoßenen Alten, dessen Hilfeschreie an sein Volk unerhört geblieben sind. Seepiraten haben eines Nachts sein Lager verwüstet und verhexte Stämme und kreischende Horden seine Anstrengungen zum Erliegen gebracht. Ob es einem Fluch des Schicksals, ob teuflischer Zauberei oder infamen Machenschaften zuzuschreiben war – seine Appelle fanden kein Gehör, denn seine Mitmenschen waren plötzlich versteinert und kalt; daher nannte man ihn den »Fürsten der Steinwüste«. Einst war sie die Stätte des Schaffens, des Glücks, ob im Sommer oder im Winter, immer und überall erstrahlte der Glanz der Feste und Feiern, und nun ist sie ein schändliches Nest, ein Ort der Misere, wo Gefräßigkeit herrscht statt Trauer. Gleich einer elenden Dirne streckt sie ihre Arme nach allen Richtungen aus. Tausende Bäche voll trüben Wassers fließen darin. Und Seepiraten schleppen auf ihren Schiffen Lasten hinweg und bringen Schergen und Spitzel...

Diese Dichtung und die ganze Poesie des Dichters zeugen von einem ungebändigten Drang nach Freiheit und von seiner Verwegenheit, einen Menschen zu preisen, der wegen seines Widerstandes gegen fremde Mächte und Unterjochung als Symbol des Patriotismus gefeiert wurde. – Die niederdrückenden Eindrücke sind Widerspiegelungen der politischen Realität in der Zeit vor dem Sturz des Schahregimes ... Denn nach der Auffassung des Dichters ist die Mission der neuen Poesie nicht nur eine Erneuerung des literarischen Schaffens, sondern auch die Humanisierung des ganzen Lebens. B.A.

AUSGABE: Teheran 1969.

ÜBERSETZUNGEN [Auszüge]: *Gesänge von Morgen. Neue iranische Lyrik*, C. Abatay, Hbg./Düsseldorf 1968, S. 47–49. – *Noch immer denke ich an den Raben. Lyrik aus Iran*, K. Scharf, Stg. 1981, S. 61–64 [m. Vorw.].

LITERATUR: In Rāhnamā-ye ketāb, 1, 1958, Nr. 5, S. 75. – B. V. Kljastorina, *Sowremennaja persidskaja poesija*, Moskau 1962, S. 82–97. – In Farhang o zendegi, Teheran 1970 [Zs.].

ILSE AICHINGER

* 1.11.1921 Wien

LITERATUR ZUR AUTORIN:
W. Weber, *I. A.* (in *Schriftsteller der Gegenwart, Deutsche Literatur*, Hg. K. Nonnenmann, Olten/Freiburg i. B. 1963, S. 11–18). – J. C. Allridge, *I. A.*, Ldn. 1969. – W. Eggers, *I. A.* (in *Deutsche Literatur seit 1945*, Hg. D. Weber, Stg. 1970, S. 252–270). – H. F. Schafroth, *Die Erfahrung der Widersprüchlichkeit – über die Texte I. A.s* (in I. A., *Dialoge, Erzählungen, Gedichte*, Stg. 1971; Nachw.). – H. M. Gerresheim, *I. A.* (in *Deutsche Dichter der Gegenwart*, Hg. B. v. Wiese, Bln. 1973, S. 481–496). – M. E. Fleming, *I. A.: »Die Sicht der Entfremdung« – ein Versuch, die Symbolik ihres Werkes von dessen Gesamtstruktur her zu erschließen*, Diss. Maryland 1978. – E. Endres, *I. A.* (in *Neue Literatur der Frauen*, Hg. H. Puknus, Mchn. 1980, S. 44–50). – D. C. G. Lorenz, *I. A.* Königstein/Ts. 1981. – H. F. Schafroth, *I. A.* (in KLG, 9. Nlg., 1981). – C. Kleiber, *I. A. Leben und Werk*, Ffm. u. a. 1984. – K. Rothmann, *I. A.* (in K. R., *Deutschsprachige Schriftsteller seit 1945 in Einzeldarstellungen*, Stg. 1985, S. 9–13). – S. Weigel, *Schreibarbeit und Phantasie: I. A.* (in *Frauenliteratur ohne Tradition? Neun Autorinnenporträts*, Hg. I. Stephan, R. Venske, S. Weigel, Ffm. 1987, S. 11–37).

DIE GRÖSSERE HOFFNUNG

Roman von Ilse AICHINGER, erschienen 1948. – Reduziert man die im bisher einzigen Roman der Autorin – ihrer ersten Buchveröffentlichung überhaupt – erzählten Erlebnisse eines Kindes auf die ihnen zugrunde liegenden Fakten, so ergibt sich eine einfache Geschichte: Das halbjüdische Mädchen Ellen, ein Kind noch, gerät ins Räderwerk des Dritten Reichs. Es versucht ein Visum für sich zu bekommen, um seine Mutter, eine Jüdin, die das Land verlassen darf, begleiten zu können. Aber für Ellen bürgt niemand. Sie muß zurückbleiben bei ihrer jüdischen Großmutter; der arische Vater hat die Familie verleugnet und verlassen. Doch zwei »falsche« Großeltern reichen nicht aus, Ellen in ihre in Verwirrung geratene Umwelt einzuordnen; auch der Platz bei ihren kleinen jüdischen Freunden, die vier »falsche« Großeltern haben, muß erst erkämpft werden. Hier erlebt sie dann alles mit: die schrittweise Verdrängung aus jedem Lebensraum, Krieg, Lebensmittelkarten, Davidstern, Bombenangriffe, den Tod der Großmutter. Doch was sich lange nicht verwirklichen läßt, sooft es auch versucht wird: die Hoffnung, aus diesem Ort der Verfolgung auszubrechen, die große Hoffnung, die, je öfter sie enttäuscht wird, um so mehr sich mit der Vorstellung vermischt, ein nicht nur dem Namen nach Heiliges Land, ein Paradies also, warte darauf, errungen zu werden – diese »größere Hoffnung« scheint sich am Ende des Kriegs zu erfüllen: Ellen kann sich durch Zufall auf die andere Seite durchschlagen. Doch hält es sie nicht bei den fremden Soldaten, die schon vor der Stadt liegen, sie findet hier »*den Frieden*«, die »*neue Welt*« nicht; so will sie dorthin zurück, wo sie zu Hause ist und wo noch gekämpft wird. Ihr Begleiter Jan, ein junger Offizier, wird unterwegs schwer verwundet. Ellen erlebt, daß das Wunderbare, das sie gesucht hat, für kurze Zeit sein Gesicht annimmt. Bei dem Versuch, stellvertretend für ihn eine wichtige Botschaft zu den Brücken zu bringen, wird sie von einer Granate zerrissen. Ihr Tod an der »Brücke«, dem Symbol für »Friede« und »Vereinigung«, ist die Erfüllung der größeren Hoffnung. »*Über den umkämpften Brücken stand der Morgenstern*«, heißt der letzte Satz.

Ilse Aichinger verzichtet darauf, das Geschehen jener Jahre in seiner ganzen Fülle und Breite mit den Augen des objektiven Beobachters zu beschreiben. Poetisches Prinzip der Darstellung ist die Perspektive des eigensinnig die Wirklichkeit seiner Traumwelt anverwandelnden Kindes, das die Realität ins Märchenhafte transponiert, auch wo sie schrecklich ist. Solcherart von der kindlichen Optik verwandelt und verzerrt, wird die Welt – das ist die paradoxe Erfahrung – erst als das kenntlich, was sie wirklich ist: ein rätselhaftes und hintergründiges Geschehen. Nicht Echtheit des kindlichen Ausdrucks wird dabei angestrebt, sondern das Prinzip der kindlichen Sehweise – das Aufnehmen unverständlicher Vorgänge, die nicht mit der Ratio, sondern mit Gefühl und Phantasie gedeutet werden – als Schlüssel zur Erkenntnis der Wirklichkeit verstanden. So beherrschen vom Kinde gelenkte direkte oder indirekte Rede und Ellens innerer Monolog den Roman, der nur selten auf eigentlich epische Darstellung zurückgreift. Oft findet die Autorin aus dem Geschehniszusammenhang zwanglos sich ergebende und ihn erklärende, einprägsame Formeln – »*Nur wer sich selbst das Visum gibt, wird frei*«, »*Der für den Wind und die Haifische bürgt, der bürgt auch für dich.*« Das Ergebnis: ein Roman, der bei einem Minimum an Realien ein hohes Maß an poetischer Intensität erreicht. L.D.

AUSGABEN: Amsterdam 1948. – Wien 1948. – Ffm. 1960. – Ffm. 1976. – Bln. 1979. – Ffm. 1986.

LITERATUR: W. M. Guggenheimer, *Das Feuer hat Hunger* (in FH, H. 12, 1951). – R. A. Schröder, *Reden zur Verleihung des Literaturpreises*, Bremen 1956, S. 17–25. – A. Friedrichs, *Untersuchungen zur Prosa I. A.s*, Diss. Münster 1970. – K. H. Kramberg, *Ellen und die fremde Macht* (in SZ, 26./27. 2. 1977).

MEINE SPRACHE UND ICH

Erzählungen von Ilse AICHINGER, erschienen 1978. – Das Prosawerk Ilse Aichingers, das sich nach ihrem Roman (vgl. *Die größere Hoffnung*) auf Erzählungen und Kurztexte konzentriert, dokumentiert auf anschauliche Weise die schriftstellerische Entwicklung der Autorin. Während frühe Kurzgeschichten noch von Handlungszusammenhängen getragen sind und eine »Fabel« enthalten, äußert sich im späteren Schreiben eine zunehmende Tendenz zur Hermetik und Sprachautonomie. Der Band *Meine Sprache und ich* versammelt einen Großteil der zwischen 1949 und 1968 entstandenen Erzählungen in chronologischer Reihenfolge. Bis auf den Titel-Essay *Meine Sprache und ich* wurden alle Texte bereits zuvor publiziert: die frühen Geschichten im Band *Rede unter dem Galgen* (1952) bzw. *Der Gefesselte* (1953); weitere Gruppen von Erzählungen im Band *Wo ich wohne* (1963) und im Band *Eliza Eliza* (1965); schließlich einige spätere Prosatexte im Band *Nachricht vom Tag* (1970), der zugleich einen Querschnitt der bis dahin erschienenen Aichinger-Erzählungen enthält.

Unter Lebensangst, Alpträumen, Wahnvorstellungen und Fieberphantasien leiden die Figuren in Ilse Aichingers zehn kleinen Erzählungen, die 1952 in dem Band *Rede unter dem Galgen* erschienen sind. Im Vorwort definiert die Autorin die Situation des modernen Erzählers: »*So liegt auch heute für den Erzählenden die Gefahr nicht mehr darin, weitschweifig zu werden. Sie liegt eher darin, daß er angesichts der Bedrohung und unter dem Eindruck des Endes den Mund nicht mehr aufbringt.*« Die Gefahr des Verstummens, der zunehmenden Sprachauszehrung verhalf der parabolisch komponierten Form der Kurzgeschichte nach dem Zweiten Weltkrieg zu ihrem literarischen Durchbruch.

Vieldeutige, dicht zusammengedrängte Parabeln sind auch Ilse Aichingers Kurzgeschichten, die sich um die *Spiegelgeschichte* gruppieren, für die die Autorin 1952 den Preis der Gruppe 47 erhielt. Diese Geschichte beginnt mit dem Tod und endet mit der Geburt. Eine Frau stirbt an den Folgen einer Abtreibung; in flüchtigen Bildern huscht ihr Leben vorbei, das sich wie ein verkehrt eingelegter Film vom Ende her abspult. Stimmen in sachlichem Ton kommentieren die Phasen der Agonie. Die Sterbende steht zugleich diesseits und jenseits des Todes, der Todeskampf verwischt die Grenzen zwischen Leben und Tod. Vom Tod, dem Fixpunkt der Geschichte, geht alles aus, zum Tod strebt alles hin. In spiegelbildlichen Verkehrungen werden die Stationen ihres Lebens notiert, das im Bild des Spiegels symbolisch vom Ende her dechiffriert wird, verlängert noch um eine Dimension jenseits des Todes: »*Der Spiegel spiegelt alles.*«

Während die Struktur der perspektivischen Umkehrung in frühen Erzählungen noch häufig ein dichterisches Mittel der Wahrheitssuche darstellt, um die es Ilse Aichinger geht, lösen sich die Texte der sechziger Jahre zunehmend vom herkömmlichen Wirklichkeitsbegriff. Sie erscheinen als pure Phantasiebilder, als Versuchsanordnungen, in denen Gegenwelten als Sprachspiele hervorgebracht werden (*Das Bauen von Dörfern; Eliza Eliza*). Surrealistische Visionen (*Mein grüner Esel; Mein Vater aus Stroh*) und traumhafte Sequenzen (*Herodes; Wiegenfest; Holzfahrscheine*) treten an die Stelle linearen Erzählens. Die Autonomisierung der Sprache wird schließlich in den spätesten Texten des Erzählbandes selbst zum Thema gemacht (*Die Rampenmaler; Die Schwestern Jouet*). Der Titel-Essay *Meine Sprache und ich*, der eine Art Bilanz des Erzählens darstellt, reflektiert die schon in der frühen Prosa beschworene Gefahr des Verstummens nun nicht mehr in historischer, sondern in einer radikal sprachkritischen Perspektive: »*Meine Sprache und ich, wir reden nicht miteinander, wir haben uns nichts zu sagen.*« Die resignative Einsicht in die konstitutive Fremdheit und Unzulänglichkeit der Sprache bildet jedoch keinen Endpunkt, sondern markiert eine Wende, von der aus Ilse Aichinger in den siebziger Jahren ein neues poetologisches Konzept entwickelt (vgl. *Schlechte Wörter*). C.Lu.

AUSGABEN: Ffm. 1978. – Ffm. 1986 (gem. m. *Die größere Hoffnung* und *Verschenkter Rat*).

LITERATUR: A. Polazzi, *Die Erzählungen I. A.s*, Diss. Mailand 1965/66. – C. B. Bedwell, *The Ambivalent Image in A.'s »Spiegelgeschichte«* (in Revue des Langues Vivantes, 33, 1967). – W. Hildesheimer, *Das absurde Ich*, (in W. H., *Interpretationen*, Ffm. 1969, S. 84–110). – H. Wolfschütz, *I. A., The Sceptical Narrator* (in *Modern Austrian Writing. Literature and Society After 1945*, Hg. A. Best u. H. Wolfschütz, Ldn. 1980, S. 156–180).

SCHLECHTE WÖRTER

Texte von Ilse AICHINGER, erschienen 1976. – Die im Band *Schlechte Wörter* enthaltenen Texte Ilse Aichingers unterscheiden sich grundlegend von der früheren Schreibweise der Autorin (vgl. *Die größere Hoffnung; Meine Sprache und ich*). Im Titel-Essay *Schlechte Wörter* entwickelt Ilse Aichinger einen programmatischen poetologischen Ansatz, der den ästhetischen Anspruch und das Wahrheitspostulat der Dichtung radikal in Frage stellt: »*Ich gebrauche jetzt die besseren Wörter nicht mehr.* ›*Der Regen, der gegen die Fenster stürzt.*‹ *Früher wäre mir da etwas ganz anderes eingefallen. Damit ist es jetzt genug.*« An die Stelle des in der abendländischen Tradition verankerten Kohärenzprinzips tritt ein Experimentieren mit Wortfragmenten, deren Auswahl und Gruppierung willkürlich erscheint: »*Niemand kann von mir verlangen, daß ich Zusammenhänge herstelle, solange sie vermeidbar sind.*« Gerade aus dieser provokanten Negation leitet sich jedoch ein engagierter Anspruch des Schreibens ab: Aufgabe des Schriftstellers ist es, »*Ausfälle*« zu produzieren, subversive Sprachkritik zu üben. Die Texte des Bandes, der sich in drei Teile gliedert, legen davon ein beredtes Zeugnis ab. In der ersten Gruppe finden sich Erzählungen, die, ausgehend von losgelösten Namen und Begriffen, Assoziationsgeflechte herstellen, die auf nichts als sich selbst verweisen. Indem die Sprache hier buchstäblich beim Wort genommen wird – häufig folgen die Bildketten linguistischen Gegebenheiten –, öffnet sich der Blick auf Abseitiges, Un-sinniges, Verschwiegenes, Ungewöhnliches: *Flecken; Zweifel an Balkonen; Liebhaber der Westsäulen* etwa bilden den Horizont des Schreibvorgangs. Daß die Verfremdung der Sprache zugleich eine eigentlich wahre Dimension aus sich entbindet, zeigen Assoziationstexte wie *Dover; Privas; Albany*, in denen eine unverstellte Sprache des Wahnsinns geradezu programmatisch ins Recht gesetzt wird.
Eine zweite Gruppe bilden die von Ilse Aichinger selbst so bezeichneten *Prosagedichte*, die sich um visionäre Figuren (*Hemlin; Galy Sad; L. bis Muzot*) und Ereignisbilder (*Surrender; Bergung*) entspinnen. Die Tendenz zum fragmentarischen und unzusammenhängenden Sprechen zeigt sich in diesen Texten in äußerster Verknappung: Die einzelnen Prosagedichte erscheinen durch die Strophenform wie zerstückelt; die jeweils neu ansetzende, abrupte Rede treibt die Sprache in eine fundamentale Indifferenz, die auf die Leere ›zwischen den Zeilen‹ verweist: »*... Kam nicht hin, wo ich gern entsprungen und den jüngsten Lauf getan hätte. Wäre. Wo ich nicht geblieben wäre. Gern, gern, aber ich kam nicht hin. Kam nicht hin, wo ich nicht geblieben wäre. Kam nicht hin*« (*Sur le bonheur*).
Auf einen solchen Zielpunkt der Leere und des ›Zwischenraums‹ richtet sich das Hörspiel *Gare Maritime*, das im dritten Teil den Band beschließt. Die Atemlosigkeit, die insgesamt den Band *Schlechte Wörter* durchzieht (H. F. Schafroth), wird hier auf die Spitze getrieben und – umgewendet im buchstäblichen Sinn – zum Programm erhoben: Joe und Joan, zwei heimatlose, gejagte Randexistenzen, deren materielle Gestalt im Text unfaßlich bleibt, erklären das Aussetzen des Atems zur Bedingung des Überlebens: »*Du hast nicht geatmet... Oder du hast nur den Akzent aus dem Atem gebracht, weil der Atem die Akzente übertreibt... hast ihn abgesäbelt hast lange Pausen gemacht.*« Am Ende, nachdem beide von einem Museumswärter in Stücke zerrissen werden, artikuliert sich im äußersten Rand des Todes und des Verstummens eine Hoffnung: »*Joan: Und kommen wir voran / Joe: Es näßt mich Zwischen deinen Rippen hindurch tränt es auf meinen Doch doch Joan Ich glaube wir kommen voran*«. Die Kompromißlosigkeit und Schärfe, die in einer solchen Poetologie der Zerstörung am Werk ist, kennt in der zeitgenössischen Dichtung wohl kaum ihresgleichen. C.Lu.

AUSGABE: Ffm. 1976 [mit einem Nachw. von H. F. Schafroth, *Die Dimensionen der Atemlosigkeit*].

LITERATUR: H. Politzer, *I. A.s todernste Ironien* (in Merkur, 336, 1976, S. 486–488). – K. Hoffer, *Die Räuberin. Zu I. A.s »Schlechte Wörter«* (in NRs, 92, 1981, S. 39–42). – S. Moser, *Auf Dover zu. Reflexionen über I. A.* (ebd., S. 70–82). – H. F. Schafroth, *Hinter Pritzwalk und Privas. Die Topographie des Privaten im Werke I.A.s* (in Schweizer Monatshefte, 61, 1981, S. 135–147).

VERSCHENKTER RAT

Gedichtsammlung von Ilse AICHINGER, erschienen 1978. – Neben den Prosawerken, den Hörspielen und den Dialogen nimmt die Lyrik Ilse Aichingers einen vergleichsweise schmalen Raum ein; gleichwohl kann sie thematisch und sprachlich als eine Art Quintessenz ihres Schreibens gelten: In der Lyrik »ver-dichten« sich die wesentlichen Probleme und Motive ihres Werks; in der sprachlichen Form dokumentiert sich eine Tendenz zu äußerster Verknappung, die insgesamt den Schreibprozeß dieser Autorin kennzeichnet. Während sie 1948 zuerst mit einem Romantext an die Öffentlichkeit trat (vgl. *Die größere Hoffnung*) und diesem Erzählungen und Hörspiele folgen ließ, finden sich in ihrem Schaffen seit den sechziger Jahren zunehmend literarische Kurzformen, die keiner herkömmlichen Gattung zugeordnet werden können und die in ihrer Aussage bis an den Rand des Verstummens reichen. Die Übergänge zwischen »Lyrik« und »Prosa« verschwimmen; einen Teil der im Band *Schlechte Wörter* (1976) erschienen Kurztexte bezeichnet die Autorin selbst als »Prosagedichte«.

Der Band *Verschenkter Rat* enthält einen Großteil der in den Jahren zwischen 1955 und 1978 entstandenen Gedichte. Einige Texte dieser Sammlung finden sich bereits in früheren Publikationen: im Band *Wo ich wohne* (1963); in *Dialoge, Erzählungen, Gedichte* (1963) sowie vereinzelt in Anthologien oder Zeitschriften. Es ist bezeichnend, daß die Gedichte in *Verschenkter Rat* nicht chronologisch geordnet wurden, sondern in einem von der Autorin nicht aufgeschlüsselten inneren Verweiszusammenhang stehen. Die Dichte der wechselseitigen Bildbezüge sowie zahlreiche Querverbindungen zu anderen Texten Aichingers lassen ihre Lyrik als eine Art Netz erscheinen, das sich über das Gesamtwerk breitet. Die auffällig dunkle Hermetik der Sprache dieser Gedichte hat ihren Grund vor allem in den poetologischen Voraussetzungen des Schreibens. Ausgehend von den katastrophalen Erfahrungen des Dritten Reichs, die sich auch autobiographisch im Werk Aichingers niederschlagen, steht im Zentrum ihrer Dichtung ein radikales Mißtrauen gegen die Macht, die sich – so behauptet schon der Roman – fundamental in der Sprache manifestiert (vgl. das Kap. *Im Dienst einer fremden Macht* in: *Die größere Hoffnung*). Mit ihrem Schreiben wendet sich die Autorin gegen vorschnelle, selbstzufriedene, verschleiernde Sprachregelungen der Nachkriegsgesellschaft und beharrt dagegen auf der ungelösten und mahnenden Präsenz des Schreckens und der Gewalt (vgl. den Essay von 1954: *Die Sicht der Entfremdung*). Entsprechend der »*Entscheidung, die Welt als Sprache zu sehen*« (G. Eich), eröffnet sich im Medium einer unbedingten und subversiven Sprachkritik zugleich die Hoffnung auf Veränderung: Auf der Suche nach neuen, unverbrauchten Ausdrucksformen spürt die Dichterin zugleich den Möglichkeiten einer alternativen Wirklichkeit nach. Das poetologische Programm einer solchen »*Sprachsuche*« verbindet Ilse Aichinger mit bedeutenden Schriftstellern ihrer Zeit: Günter EICH, Ingeborg BACHMANN, Paul CELAN. Mit einer radikalen Autonomisierung der Sprache, dem selbstreferentiellen Gebrauch einer »*absoluten Metaphorik*« (H. Friedrich) knüpfen diese Dichter durchaus an eine Tradition an: an die Lyrik der Symbolisten, der Surrealisten, der Expressionisten. Ein wesentlicher Unterschied besteht freilich in den politischen Implikationen, mit denen in der Nachkriegszeit die Form des »absoluten Gedichts« favorisiert wird. Dieses folgt nun nicht mehr einem losgelösten ästhetischen Gesetz, sondern die »*Notwendigkeit des Gedichts*« (G. Eich) resultiert aus dem Willen zur politischen Veränderung. Damit wird dem Diktum ADORNOS »*nach Auschwitz ließe kein Gedicht mehr sich schreiben*«, entschieden widersprochen.

Die Lyrik Ilse Aichingers ist einem so engagierten Anspruch in doppelter Weise verpflichtet: in ihrer konzentrierten thematischen Ausrichtung ebenso wie in der stets mitklingenden poetologischen Selbstreflexion. Die meisten ihrer Gedichte sind von dunkler Trauer und lakonischer Bitterkeit gezeichnet. Nur in der schonungslosen Vergegenwärtigung des Leids vermag die Autorin Spuren einer utopischen Gegen-Wirklichkeit aufzuweisen. Oft sind es Bildanklänge an die Zeit des Nationalsozialismus, die das Thema der Gewalterfahrung historisch dingfest und zum Ausgangspunkt der neuen Sprachsuche machen: »*Nichts weiter, / Flutlicht / auf die Pelzerhaltungsstätten, / die gebrannten Gladiolen, / die Gesellenlampen*« (*Seitlicher Durchblick*). Neben (autobiographisch gefärbten) Verweisen auf die Erschütterungen des Dritten Reichs (*Winterantwort; Meiner Großmutter*) richtet sich das Interesse zahlreicher Gedichte jedoch vor allem auf die Gegenwart eines »*alltäglichen Faschismus*« (*Abgezählt*), dessen Verdrängung im gesellschaftlichen Bewußtsein der Nachkriegszeit Ilse Aichinger mit ihrem Schreiben aufzubrechen versucht: »*Ich trau dem Frieden nicht, / den Nachbarn, den Rosenhecken, / dem geflüsterten Wort*« (*Ortsanfang*). Ein solcher *Aufruf zum Mißtrauen* (so der Titel einer programmatischen Äußerung Ilse Aichingers von 1946) zielt in erster Linie immer wieder auf die Macht von Sprachregelungen: »*Hör gut hin, Kleiner, / es gibt Weißblech, sagen sie, / es gibt die Welt, / prüfe, ob sie nicht lügen*« (*Verschenkter Rat*).

Darüber hinaus weitet Ilse Aichinger die fundamentale Infragestellung herkömmlich anerkannter Machtinstanzen auf den Bereich der Religion aus: In zahlreichen Gedichttexten findet eine radikale Demontage von Glaubensinhalten statt. Nicht zuletzt stellt die Autorin (deren Mutter Jüdin war) immer wieder religiöse Grundvorstellungen in den Zusammenhang des Machtmotivs (*Auf Sicht; Nachruf*). Gegen die Hoffnung einer transzendenten Rückbindung behauptet Ilse Aichinger in ihren Gedichten die Perspektive eines unwiderruflich verlorenen Paradieses: »*Und darum geh ich fort / aus diesem Frieden, / aus diesem lieben Frieden / in den Schatten / zu meinen lieben Schweinen...*« (*Neuer Bund*).

Die Aufgabe konventioneller Positionen zugunsten eines kreativen Außenseitertums ist überhaupt kennzeichnend für die Aichingersche Dichtung. Gegen die schlechte Wirklichkeit werden immer wieder außergewöhnliche Perspektiven ins Feld geführt: die tröstlich unverstellte Sichtweise von Kindern (*Baumzeichnen; Hochzeitszug*); sehr häufig ein die Realität überlagernder visionärer Blick (*Rauchenberg; Winter, gemalt*); schließlich die Insistenz auf eine Phantasie des Unwahrscheinlichen: »*... so laßt es nicht zu, / daß hinter euren Ställen die Elstern / kurz auffliegen und glänzend / in die glän-*

zenden Weiher stürzen, / daß euer Rauch noch steigt / vor den Wäldern, / lieber wollen wir warten, / bis uns die goldenen Füchse / im Schnee erscheinen« *(Spaziergang)*.
Die Schreibweise Ilse Aichingers ist von einer starken Bildhaftigkeit der Sprache geprägt. In zwei poetologischen Gedichten *(Baumzeichnen; Winter, gemalt)* wird der schöpferische Vorgang mit der Herstellung eines Gemäldes verglichen: Im kreativen Spiel mit Bildassoziationen, die vorwiegend der Naturwelt entstammen, werden neue Wirklichkeiten entworfen: »*Hier, jetzt / nehmt diese Zweige / und gebt ihnen recht, / bemalt sie, laßt sie hängen, / spannt sie aus, / laßt auch Mäuse daran / und was euch noch zukommt...*« *(Baumzeichnen)*. Ein buchstäblicher »Zu-Fall« von Bildern beherrscht die Lyrik Aichingers. Als absolute Metapher sind sie nicht übersetzbar; der Leser selbst muß sich auf das Assoziationsfeld einlassen und kann sich dabei allenfalls an der Dichte der Bildbezüge untereinander orientieren. C. Kleiber hat zu Recht von einer Art »privater Mythologie« Aichingers gesprochen, die den Gedichtband zusammenhält. Die zentrale Leerstelle, um die das Verweissystem der Bilder letztlich kreist, ist die Sprache selbst. Der Autorin geht es in ihrem Schreiben um die utopische Synthese von Sprache und Wirklichkeit; diese sucht sie in einer paradoxen Artikulation des Unaussprechlichen zu gestalten und gerät dabei immer wieder an die Grenze des Schweigens: »*Hinausgehen / auf den Flecken, / der still ist, / unter die Sonne, / die heute / das Lärmen läßt, / das alte Geprahle. / Herausfinden, / jetzt herausfinden, / wo die hinrannten, / die hier / verwegen und leise waren, / in welchen Gestalten, / Chören, Verfänglichkeiten / sie unauffindbar sind*« *(Danach)*. Die Zeitlichkeitsdimension der Sprache ist es, die den authentischen Ausdruck immer wieder in eine Sphäre des »Noch-Nicht« oder »Nicht-Mehr« verschiebt *(Übermorgen; Verfrüht)*. Neben einer solchen aus der Dynamik des Sprechens sich entwickelnden »Poetik des Nachklangs« (vgl. auch: *Dorfweg; Ende des Ungeschriebenen)* ermöglicht auch das Aufsuchen von »ungenützten Zwischenräumen« *(Wunsch)* die Artikulation des Nicht-Gesagten: »*Zwischen Leiter und Nordwand, / Besuch am Nachmittag und verworfenem / Holz, / Apfel- und Schneeresten / ein Verhältnis herzustellen, das unaufhebbar ist*« *(Versuch)*.
Nicht zuletzt ist es auch die Sprachstruktur selbst, in der die Dichterin das Verschwiegene mitklingen und laut werden läßt: durch bewußt eingesetzte grammatikalische Diffusionen etwa in der Mehrdeutigkeit der Satzbezüge oder unvermittelten Tempuswechsel *(Außer Landes)*; durch die Form der Negation *(Winterantwort; Kleine Summe)*; durch abrupt anhebende Satzfragmente *(Gebirgsrand; Winter, gemalt)*. Schließlich werden auffällig häufig Konjunktivkonstruktionen und Frageformen verwendet, die das Gesagte ins Offene verweisen. Die wesentliche Bedeutung solcher unabgeschlossenen Ausdrucksformen bezeugt auf prägnante Weise jener Text, mit dem Ilse Aichinger ihren Gedichtband ausklingen läßt: »*Und hätt ich keine Träume, / so wär ich doch kein anderer, / ich wär derselbe ohne Träume, / wer rief mich heim?*« *(In einem)*. Die Rezeption der Aichingerschen Lyrik steht noch in ihren Anfängen. Als sprachliche Ausdrucksform einer radikalen und sensiblen Zeitgenossenschaft wird sie erst noch zu entdecken sein.

C.Lu.

AUSGABEN: Ffm. 1978. – Ffm. 1986 (gem. m. *Die größere Hoffnung* und *Meine Sprache und ich*).

LITERATUR: A. Hildebrand, *Zu I. A.s Gedichten* (in Literatur und Kritik, 23, 1968, S. 163–167). – E. Fried, *Über Gedichte I. A.s* (in NRs, 92, 1981, S. 25–38). – H. Spiel, *Eh' die Träume rosten und brechen. I. A.s Gedichte* (in Dies., *In meinem Garten schlendernd. Essays*, Mchn. 1981, S. 145–152). – H. Schafroth, *Ich und Jetzt – Zu I. A.s Gedichten* (in *Frauenliteratur in Österreich von 1945 bis heute. 21.–23. Februar 1985 in Mulhouse*, Hg. C. Kleiber u. E. Tunner, Bern u. a. 1986, S. 87–107).

AMA ATA AIDOO

* 23.2.1942 Ghana

OUR SISTER KILLJOY OR REFLECTIONS FROM A BLACK-EYED SQUINT

(engl.; *Unsere Schwester, die Spielverderberin*). Erzählung von Ama Ata AIDOO, erschienen 1977. – Dieses erste längere Werk der ghanaischen Autorin, die sich vor allem durch ihre Kurzgeschichten einen Namen gemacht hat, widersetzt sich der eindeutigen Eingliederung in einen Genretyp. Das in vier Abschnitte untergliederte Bändchen knüpft stilistisch an die oralen Traditionen Afrikas an, Prosa und Lyrik wechseln ab, gehen ineinander über, so wie auch der traditionelle Erzähler seine Geschichten mit Liedern ausschmückt oder ergänzt. Das Werk entstand unter dem Eindruck einer längeren Studienreise, die Aidoo in den sechziger und frühen siebziger Jahren durch verschiedene Länder Europas und durch die USA führte. Die »*Betrachtungen mit schwarzem Augenzwinkern*« sind ein verdichteter Bericht über äußere Erfahrungen während dieser Reisen, die in die innere Erkenntnis umgesetzt werden, daß Heimkehr not tut – nicht sentimentale Rückkehr ins Land der Geburt im Sinne einer emotionsüberfrachteten *Négritude*, sondern Rückkehr in die Heimat Afrika, um dort anzupacken, zu arbeiten, aufzubauen, der eigenen Identität den ihr zustehenden Raum zu geben und die ihr innewohnende Würde zu erhalten.
Der sehr kurze erste Teil *(Into a Bad Dream)* berichtet von den Vorbereitungen der ersten Reise in das Land der Weißen. Zu diesen Vorbereitungen gehört das Zusammentreffen von Sissie, der Hel-

din der Episoden, der Spielverderberin, der Miesmacherin, mit einem »Been-to«, einem Landsmann, der bereits in Europa gewesen ist und dessen adulatorisches Verhalten den Weißen gegenüber in Sissie Verwirrung und Abscheu auslöst. Die Flugreise nach Frankfurt und die ersten Kontakte mit der europäischen Bevölkerung setzen Überlegungen in Gang, die das merkwürdige Verhalten dieser fremden Menschen zu erklären suchen. Sie bilden das Kernstück des zweiten Teils *(Plums)*. Sissie verbringt einige Wochen in einer ungenannten süddeutschen Kleinstadt und kommt hier mit einer jungen Deutschen in Kontakt, deren naiv-wißbegierige Fragen nach Sissies Zuhause Reflexionen über alle möglichen Probleme des schwarzen Kontinents und die problematischen Beziehungen zwischen den Rassen auslösen. Ein von Sissie nicht gewolltes lesbisches Abenteuer steht stellvertretend für den vergewaltigenden Überfall auf Afrika durch die Kolonialmächte; schlägt aber augenblicklich um in verzeihendes Verstehen für die Einsamkeit der Frau, sprich Europas, das freilich keine Entschuldigung enthält. Im dritten Teil *(From Our Sister Killjoy)* trifft Sissie mit anderen Afrikanern im Lande des ehemaligen Kolonialherren England zusammen und sieht sich mit deren ungezügelter Begeisterung für die Errungenschaften der modernen Wissenschaft konfrontiert, die in der Leistung des großen »Doktor Christian« (Barnard) kulminieren, dem es gelungen ist, einem Weißen mit dem transplantierten Herz einer Schwarzafrikanerin das Leben zu verlängern. Der vierte Teil *(A Love Letter)* ist ein Abschiedsliebesbrief an den in Europa gebliebenen afrikanischen Freund.
Sissies Reflexionen sind von Verständnis und Mitleid, nicht von Haß und Beschuldigungen getragen; dabei ist sie gegenüber dem ehemaligen Kolonialherren, dem Weißen insgesamt, milder und nachsichtiger gestimmt als gegenüber dem eigenen Landsmann, der Europa huldigt, es nachäfft und damit das eigene Land, die eigenen Leute, die eigene Kultur verrät. Galt es früher, sich gegen die Unterdrückung durch die Fremden zur Wehr zu setzen, so gilt der Kampf heute dem inneren Feind. Der gefährliche Gegensatz heißt nicht Weiße gegen Schwarze, sondern schwarze Bourgeoisie gegen den Rest von Afrika. Sissie ist sich darüber im klaren, daß ihre Forderung nicht leicht zu erfüllen ist, denn der Weg, den zu gehen sie ihre Landsleute auffordert, ist nicht der Weg in ein »Home, Sweet Home«, es ist der Weg in die Einsamkeit, gepflastert mit Vorwürfen der eigenen Leute: *»Warum hast du uns keinen Kühlschrank gebracht, kein Auto?«* Und dem steht nur das ziemlich aussichtslose Unterfangen gegenüber, ihnen zu erklären, daß *»Autos und Kühlschränke die Stricke sind, an denen ihr euch selbst aufhängt«*. I.U.

Ausgabe: London 1977.

Literatur: Al. Imfeld, *Vision und Waffe*, Zürich 1981, S. 267–277. – A. Kern, Rez. (in WLWE, 17, Nr. 1, 1978, S. 56).

CONRAD POTTER AIKEN

* 5.8.1889 Savannah / Ga.
† 17.8.1973 Savannah / Ga.

Literatur zum Autor:
F. J. Hoffman, *C. A.*, NY 1962 (TUSAS). – J. Martin, *C. A., a Life of his Art*, Princeton 1962. – R. Denney, *C. A.*, Minneapolis 1964. – C. S. Brown, *The Achievement of C. A.* (in Georgia Review, 27, 1973, S. 477–488). – M. Cowley, *C. A.: From Savannah to Emerson* (in Southern Review, 11, 1975, S. 245–259). – M. M. Rountree, *C. A.'s Heroes: Portraits of the Artist as a Middle-Aged Failure* (in Studies in the Literary Imagination, 13, 1980, Nr. 2, S. 77–85). – F. W. u. F. C. Bonnell, *C. A.: A Bibliography, 1902–1978*, San Marino, Cal. 1982. – C. Harris, *C. A.: Critical Recognition. 1914–1981. A Bibliographic Guide*, NY 1983. – St. Cummings, *C. A.* (in American Poets, 1880–1945, Hg. P. Quartermain, Detroit 1986).

DAS LYRISCHE WERK (amer.) von Conrad Aiken.
Die Wurzeln der Lyrik Aikens liegen – wie die seines gesamten Schaffens – in einem einschneidenden Ereignis, das den Elfjährigen mit einem lebenslang nachwirkenden *»moralischen Schrecken«* (J. W. Beach) konfrontierte. Der Vater, ein von schottischen Quäkern abstammender, aus dem Norden nach Georgia übergesiedelter Arzt brachte im Jahre 1901 die Mutter um und beging anschließend Selbstmord.
Aiken hat sich zwar ausdrücklich für den Schutz der Privatsphäre des Künstlers vor den Blicken der Öffentlichkeit ausgesprochen, so wie er sich auch auf dem Höhepunkt der »roten Dekade« der dreißiger Jahre gegen eine auf persönlichem Engagement beruhende Funktionsbestimmung der Literatur gewandt hat. Aber wie gelegentliche Äußerungen und der autobiographische Essay *Ushant* (1952) zeigen, unterscheidet sich Aikens Position deutlich von der seines Freundes T. S. Eliot, der vom Künstler das impersonale Aufgehen im Artefakt forderte. Angesichts des frühen und intensiven Interesses Aikens an den neuen Methoden der Psychoanalyse und seines Versuches, mit ihrer Hilfe das eigene Kindheitstrauma zu bewältigen (Freuds Angebot einer eingehenden Analyse hat er allerdings nicht wahrnehmen können), scheint es legitim, auch bei einer Deutung seines lyrischen Werks von dem für sein Leben zentralen Ereignis auszugehen, das er in immer neuen Ansätzen, Konfigurationen und literarischen Darstellungsweisen verarbeitet hat.
Aikens Werk ist daher als Versuch zu verstehen, die durch Mord und Selbstmord bedingten Erfahrungen des Verlusts, des plötzlichen Identitätsbruchs und der Konfrontation mit der übermächtig scheinenden Gewalt von Tod und Chaos durch Refle-

xion über »*die Relation ›Ich: Welt‹* « (Aiken), durch »*Stärkung und maximale Entwicklung des individuellen Bewußtseins*« (H. Borchers), durch Akzeptieren schließlich der eigenen Geschichte und der existentiellen Unsicherheit zu bewältigen. Das heißt aber auch: in einer modernen Welt, in der Gott zu schweigen scheint und religiöse Therapiemöglichkeiten ausscheiden, mit Hilfe der Kunst, deren Funktion primär psychologischer Natur ist, die Evolution des eigenen Bewußtseins ebenso voranzutreiben wie zur Ausweitung des immer umfassenderen menschlichen Bewußtseins – dies Aikens Kernkonzept – beizutragen. Gerade der aufgrund seiner elementaren Verunsicherung neurotischsensible Künstler kann, so meint Aiken, dem modernen Menschen auf eine Weise dienen, die den exakten Wissenschaften verwehrt ist.

In diesem Zusammenhang stellt sich Aiken allerdings das epistemologische Problem, wie denn das mit einer chaotischen und im ständigen Fluß befindlichen Wirklichkeit konfrontierte Subjekt nicht nur die äußere Realität, sondern auch den eigenen Bewußtseinsprozeß erfassen und vor allem benennen könne. Aiken, der sich durch die Anregung T. S. Eliots mit F. H. BRADLEYS Skeptizismus (*Appearance and Reality*, 1896) beschäftigt hat, spricht gelegentlich vom »*pluralen Geist in einem pluralen Universum*« und verwendet immer wieder das Bild einander reflektierender Spiegel. Aikens spezifisch poetische Techniken und seine fortwährenden sprachlichen Experimente mit einer dem Musikalischen angenäherten Form des indirekten Sagens sind deshalb aus der epistemologischen Grundproblematik zu verstehen.

Nachdem Aiken mit zehn Jahren wieder in den Norden zurückgekehrt und in Cambridge, Mass., zur Schule gegangen war, studierte er seit 1907 an der Harvard University, wurde enger Freund des ebenfalls dort eingeschriebenen T. S. Eliot (beide gehörten neben W. LIPPMANN und Van Wyck BROOKS der »berühmten Klasse von 1911« an) und wurde stark von den Vorlesungen G. SANTAYANAS über die »drei philosophischen Dichter« LUCRETIUS, DANTE und GOETHE, deren Werke dieser als die höchste Form von Dichtung überhaupt bezeichnete, beeindruckt. Auch wenn Aiken zunächst in der Dichtung die Möglichkeit einer »*Flucht aus den auferlegten Beschränkungen in eine erweiterte Persönlichkeit und ein harmonisiertes Universum*« sah, blieb doch seine Zentralkategorie die der Erkenntnis. Epigraph seiner Autobiographie *Ushant* sind deshalb auch fünf Zeilen aus S. T. COLERIDGES Gedicht *Self-Knowledge* (1834), das mit den über JUVENAL vermittelten sokratischen Worten γνῶθι σεαυτόν (*»Erkenne dich selbst«*) beginnt. Aiken steht mit seinem Zentralkonzept der auf Erkenntnis zielenden »Bewußtseinsausweitung« damit letztlich in der romantischen und neuenglischtranszendentalistischen Tradition und teilt schließlich auch den grundsätzlichen Optimismus ihrer Vertreter.

Aiken, der sich früh als einen »*regulären und ziemlich energischen Kritiker der amerikanischen Dichtung*« bezeichnet hat und seit 1915 u. a. Mitherausgeber von ›The Dial‹ und Korrespondent für das Londoner ›Athenaeum‹ und ›The London Mercury‹ war, hat sich folgerichtig auch in einer großen Anzahl von Essays (gesammelt in *Skepticisms. Notes on Contemporary Poetry*, 1919, und *Collected Criticism*, 1958) mit dichtungstheoretischen Fragen beschäftigt.

Sein eigentliches lyrisches Werk umfaßt insgesamt dreißig Sammlungen und reicht von *Earth Triumphant*, 1914 (*Die triumphierende Erde*), bis *The Morning Song of Lord Zero*, 1963 (*Das Morgenlied des Lord Zero*), und *Thee*, 1967 (*Du*). Nachdem bereits 1929 die *Selected Poems* erschienen waren, nahm Aiken den größten Teil seiner bis dahin vorgelegten Gedichte 1953 in die *Collected Poems* auf, für die er im folgenden Jahr den National Book Award erhielt (die Sammlung erschien 1970 in einer erweiterten Ausgabe).

Aiken hielt allerdings seinen ersten Lyrikband *Earth Triumphant*, der wie der zweite den Untertitel »*And Other Tales in Verse*« (»*Und andere Verserzählungen*«) trägt, für so »unreif«, daß er ihn aus den *Collected Poems* aussparte. Hier wie in den folgenden Gedichtsammlungen geht es häufig – wie auch bei anderen modernen Lyrikern – um die Erfahrung von Einsamkeit, Entfremdung und Chaos. Formal greift Aiken dabei auf den im 19. Jh. beliebten Typ des langen Erzählgedichts zurück, um das »moderne tägliche Leben« darzustellen. Die Kritik, die in dieser Hinsicht vom deutlichen Einfluß J. MASEFIELDS (1878–1967) sprach, hat das formale Können Aikens durchaus anerkannt, aber angesichts eines gelegentlichen Übermaßes an leerer Rhetorik und an Sentimentalität intellektuelle Tiefe vermißt.

Zwar hatte Aiken zu diesem Zeitpunkt enge Kontakte zu den Modernisten in England – ihm ist es zu verdanken, daß POUND den »*Prufrock*« von ELIOT zu Gesicht bekam – aber seine eigenen dichterischen Experimente gingen in andere Richtung als die der Imagisten oder Vortizisten. Bezeichnenderweise war er nach seiner Rückkehr in die USA (1915) in Boston Nachbar des Imagisten J. G. FLETCHER (1886–1950), blieb aber in kritischer Distanz zu den Wahrnehmungs- und Dichtungstheorien der anglo-amerikanischen Neuerer. Andererseits scheint ihn Fletcher, der mit »polyphoner Prosa« experimentierte, kontrapunktische Techniken verwendete und seine Texte häufig »Symphonien« nannte, zu den eigenen poetischen »Symphonien« angeregt zu haben, auch wenn er die Annäherung von Musik und Dichtung selbst auf eine frühe Vorliebe für R. Strauss zurückgeführt hat.

Aiken verwendet den Terminus »Symphonien« für einige zwischen 1916 und 1925 entstandene Werke: *The Jig of Forslin*, 1916 (*Die Gigue Forslins*); *Senlin: A Biography*, 1918 (*Senlin: Eine Biographie*); *The Charnel Rose*, 1918 (*Die Leichenrose*); *The House of Dust*, 1920 (*Das Haus des Staubs*); *The Pilgrimage of Festus*, 1923 (*Die Pilgerfahrt des Festus*), und *Changing Mind*, 1925 (*Sich wandelnder Geist*). Aiken hat diese Texte allerings später überarbeitet und 1949 im Zyklus *The Divine Pilgrim* zusammengefaßt.

Das Thema von *The Charnel Rose* sei, so bemerkt Aiken, das der »Nympholepsie« *(»im weiteren Sinne der Impuls, der den Menschen von einem Traum oder Ideal zu anderen schickt, stets desillusioniert, stets einen neuen fiktiven Gegenstand der Verehrung schaffend«)*. Aiken will dieses Thema in seinen verschiedenen Varianten darstellen, mit *»Reprisen und Vorwegnahmen«* wie in der *»absoluten Musik«*. Er gliedert zu diesem Zweck den Text in verschiedene satzähnliche Einheiten mit jeweils eigenen rhythmischen, syntaktischen und metaphorischen Merkmalen, so daß hier – wie auch in den übrigen »Symphonien« – durch musikähnliche Repetitions-, Variations-, Kontrast- oder Leitmotivtechniken die Grenze zwischen dem Sagbaren und dem nicht mehr Benennbaren hinausgeschoben scheint. Aiken hat für seine Musikalisierung der dichterischen Sprache die beiden Termini »Kontrapunkt« und »Implikation« verwendet: während er mit dem ersten vor allem die strukturellen Variationen einander ähnlicher Textelemente auf der syntagmatischen Ebene meint, bezieht sich der zweite auf die paradigmatische Achse und die konnotativen Aspekte sprachlicher Partikel, deren Suggestivität und Evokationskraft *(»schimmernde Obertöne der Andeutung und Suggestion«)*. Da das Suggestiv-Evokative im wesentlichen Resultat der (nur im übertragenen Sinne) kontrapunktischen Technik der repetitiven Variation ist, verschwindet in Aikens »Symphonien« mehr und mehr das Narrative, das durch das lyrische Element ersetzt wird. Charakteristisch sind zudem Perspektivwechsel (innen –außen; oben–unten; Partikulares–Allgemeines) und Wechsel zwischen sprachlichen Registern und metrisch-rhythmischen Mustern. Letztlich zielt Aiken auf den Eindruck der Simultaneität partikular-fragmentarisch nebeneinandergestellter Aspekte, ohne freilich das »Ding-an-sich« benennen zu können. Im wesentlichen handelt es sich um eine Variante der auch bei anderen Modernisten zu findenden Methode der dichterischen Indirektion.

Thematisch geht es Aiken um das Problem der Ichfindung und Erkenntnis. *Forslin* etwa soll ein *»emotionales und geistiges Hinterland«* erkunden, ein *»Feenreich unmöglicher Illusionen und Träume«*, die jedoch nicht eine spezifische Person, sondern den modernen Menschen generell kennzeichnen. *The House of Dust* ist eine *»sorgfältig ausgearbeitete, fortschreitende Analogisierung der Stadt ... und des menschlichen Bewußtseins«*. *Senlin* thematisiert *»das Problem der persönlichen Identität«*, *»die fundamentale und möglicherweise nicht zu beantwortende Frage, wer und was bin ich, wie kommt es, daß ich Ich bin, Senlin, und nicht jemand anderer«*. Und dieser Senlin (= kleiner alter Mann) muß erkennen, *»daß er nicht nur eine ganze Galerie von Menschen oder Identitäten ist, ... sondern auch, daß diese Entdeckung ebenso wenig kommunizierbar wie faßbar ist«*. Aikens poetische Helden sind insofern Möglichkeiten des Menschen schlechthin, und die »musikalischen« Variationen deuten die verschiedenen Facetten dieses Allgemeinen an, das dann in der Coda »*The Changing Mind*« zu Aspekten des umfassenden dichterischen Bewußtseins wird.

1927, drei Jahre bevor Aiken für die *Selected Poems* den Pulitzer Prize erhielt, begann er mit der Arbeit an den häufig als Hauptwerk bezeichneten »Preludien«, von denen 1931 zunächst *Preludes for Memnon; or, Preludes to Attitude (Preludien für Memnon, oder Preludien zum Standpunkt)* erschienen, zum gleichen Zeitpunkt wie die erste Monographie über sein Werk von Houston PETERSON, *The Melody of Chaos*. Wenn Aiken bis dahin von der Einsicht ausgegangen war, daß in der Welt des Fließens und der Vergänglichkeit das Ich sein eigentliches Wesen nicht zu erkennen imstande sei und daß es keine Kommunikation zwischen den verschiedenen Aspekten seiner Identität geben könne, deutet sich mit den weniger skeptisch-ironischen *Preludes*, ergänzt durch *Time in the Rock, or Preludes to Definition*, 1936 (*Zeit im Fels, oder Preludien zur Definition*), ein Wandel an. Der Titel der ersten Sammlung bezieht sich auf jenen durch ein Erdbeben beschädigten Koloß nahe Theben, der stets bei Sonnenaufgang – seine Mutter Aurora, die Göttin der Morgenröte grüßend – zu klingen begann. In diesem Sinne scheint für Aiken die Kunst nunmehr dazu in der Lage zu sein, mit einer »präludienartigen« Summation signifikanter »majestätischer« Augenblicke dem Fließen der Zeit Einhalt zu gebieten. Die Gedichte dieser Sammlung bewahren in diesem Sinne Momente der Bewußtheit und flüchtige Erinnerungen auf. So registrieren sie sowohl die Veränderungen des menschlichen Bewußtseins als auch den Prozeß der Wahrnehmung. Aiken will dabei die eigene dunkle Vergangenheit und das sich in ihr manifestierende Chaos des Seins ergründen, um es in einer Haltung der nicht mehr verzweifelnden Liebe zu akzeptieren. Helena von Troja *»ist alles, was sie gesehen hat«*, in *»dieser irren Welt der Spiegel/Und des korrodierenden Gedächtnisses«*: *»Und alle diese Dinge kennend, wird sie sein«* (Prelude XXIX).

Aiken führt diese Thematik mit der gleichen autobiographischen Rückhaltlosigkeit in *Time in the Rock* fort, einer weiteren umfangreichen Sammlung von spekulativ-meditativen Gedichten von großer rhythmischer Kraft und bildlicher Weite, in denen der Fels für das Konzept des reinen, ungeteilten Seins steht, während das Ich, sich seiner selbst bewußt und fragmentiert, gleichzeitig die Fähigkeiten besitzt, sein Verhältnis zur Welt auszuloten und so zu einem höheren Selbstbewußtsein vorzustoßen (Aiken spielt dabei mit der Homophonie von englisch *»I«* – Ich und *»eye«* – Auge). Der Mensch, der im ersten Preludientext mit einer kaleidoskopartig-mehrdeutigen Welt konfrontiert ist, muß als *»verlorener Kriecher zwischen Glauben und Zweifel«* sein eigenes Thema, d. h. seine innerweltliche Sinnsetzung selbst vollziehen. Und er findet es im Akzeptieren seines eigenen, ihm aus dem Spiegel haßerfüllt entgegenglotzenden Antlitzes, dessen *»Mund plötzlich zu lächeln beginnt«* (Prelude LXXXV).

Nachdem Aiken zwischen 1931 und 1936 erneut in England gelebt hatte, ließ er sich 1939 in Massachusetts nieder (1962 dann in seiner Geburtsstadt Savannah, wo er 1973 starb). Diese Rückkehr nach Neuengland deutet auf eine gewisse Akzentverlagerung an, die sich in einer Suche nach dem spezifisch amerikanischen Erbe und den Wurzeln in der Neuen Welt zeigt. So gestaltet Aiken in den *Brownstone Eclogues,* 1942 *(Braunsandstein-Eklogen)* in 38 Gedichten unterschiedlicher Länge und metrischer Formen das Leben in der amerikanischen Stadt – mit Anspielung auf SHAKESPEARE »*kein Wald von Arden dies*«. Der Band enthält außerdem eine Huldigung für GARCIA LORCA, »*The Poet in Granada*«, mit der unbeantworteten Frage nach den Gründen für menschliche Opferbereitschaft.

In *The Soldier* (1944) greift Aiken auf die altenglische Figur des fahrenden Sängers *Widsith* (wörtlich: Weitfahrt) des gleichnamigen Merkgedichts (ca. 650 n. Chr.) im *Exeterbuch* zurück, um die sich in immer neuen Formen manifestierende Menschheitsgeschichte als Prozeß innerer und äußerer Auseinandersetzungen und als »*Entwicklung des Bewußtseins*« zu gestalten, deren Ziel das »*sokratische Erkenne dich selbst*« sein soll (Aiken an M. LOWRY). Aiken arbeitet wiederum mit musikalischen Strukturen – etwa im »*Wechselgesang der toten Soldaten*« oder im Dialog zweier Krieger – und der Technik einer den Eindruck von Zeitlosigkeit evozierenden Nebeneinanderfügung heterogener Orts- und Zeitpartikel. *The Soldier* ist kein engagiertes Kriegsgedicht, das zu aktuellen Ereignissen Stellung nehmen würde. Gerade angesichts der zeitlichen Nähe zu umwälzenden historischen Ereignissen fragt es sich aber, ob die Parallelisierung von physischem Kampf bzw. Vernichtung und Evolution des Bewußtseins mit dem Ziel der heldenhaften »*Selbstbesiegung*«, wie sie von Aiken hier vorgenommen worden ist, ästhetisch legitimierbar ist.

Mit *The Kid* wendet sich Aiken der Figur des 1675 gestorbenen neuenglischen Siedlers William Blackstone zu, den er als das »*wahre Urbild des Amerikaners*« bezeichnet, der um die »*dunkleren Königreiche der Seele*« kämpft und aufgrund seines inneren Freiheitsdranges ebenso weiterzieht wie der im ersten Teil vorgestellte (gesetzlose) Billy the Kid, dessen Weg in den Westen des noch »*ungezähmten Kontinents*« führt. Aiken sieht diesen Drang, die erreichten Grenzen immer wieder zu überschreiten, gleicherweise in Männern wie AUDUBON, THOREAU, MELVILLE, aber auch Daniel Boone oder Kit Carson verwirklicht. Auch wenn Aiken die Reihe nur bis E. DICKINSON führt, spricht aus *The Kid* doch eine grundsätzliche Annahme Amerikas.

Ein von der Kritik als wichtig bezeichnetes spätes Gedicht ist *A Letter from Li Po,* 1955 *(Ein Brief von Li Po),* dessen Titelfigur der bekannte chinesische Dichter des 8. Jh.s ist. Es handelt sich dabei um Meditationen über »*das Wunder der gegenseitigen Verbindungen*«, die Suche nach der Brücke zwischen dem »*einsamen Ich*« und der geistigen Gemeinschaft. Aiken stellt erneut das Leben als einen fließenden Prozeß dar, während die Kunst die Kontinuität des Bewußtseins ermöglicht.

Aiken hat zwar eine große Anzahl von Preisen erhalten – u. a. 1930 den Pulitzer Prize, 1954 den National Book Award, 1956 den Bollingen Prize für Dichtung, 1958 die Gold Medal for Literature, und 1973 ist er zum »Poet Laureat« von Georgia ernannt worden – aber er gilt seit langer Zeit als »*unser bekanntester nicht gelesener Autor*« (L. Untermeyer), dessen Neuentdeckung immer noch bevorsteht. U.Bö.

AUSGABEN: *Collected Poems,* NY 1953, 2. erw. Aufl. 1970. – *Selected Poems,* NY 1961, 1969. – *A Letter from Li Po and Other Poems,* NY 1955. – *Preludes: Preludes for Memnon/Time in the Rock,* NY 1966. – *Skepticisms: Notes on Contemporary Poetry,* NY 1919. – *A Reviewer's ABC: Collected Criticism,* Hg. R. A. Blanshard, NY 1958, Ldn. 1961 [*Collected Criticism,* Ldn./NY 1968].

LITERATUR: H. Peterson, *The Melody of Chaos,* NY 1931. – C. S. Brown, *Music and Literature: A Comparison of the Arts,* Baton Rouge 1945. – J. W. Beach, *Obsessive Images: Symbolism in the Poetry of the 1930's and 1940's,* Hg. Wm. Van O'Connor, Minneapolis 1960. – A. Lerner, *Psychoanalytically Oriented Criticism of Three American Poets: Poe, Whitman and A.,* Madison 1970. – J. L. Wheeler, *C. A.: The Poetic Act,* Diss. Univ. of Cal., Los Angeles 1972. – H. Hagenbüchle, *Epistemology and Musical Form in C. A.s Poetry* (in Studies in the Literary Imagination, 13, 1980, S. 7–25). – R. Zimmermann-Marthaler, *Reisen ins Bewußtsein. C. A.s Hauptthematik und ihre Gestaltung,* Diss. Zürich 1981. – H. Hagenbüchle, *Antennae of the Race. C. A.s Poetry and the Evolution of Consciousness* (in Huntington Library Quarterly 45, 1982, 215–226). – H. Borchers, *Freud und die amerikanische Literatur (1920–1940). Zur Rezeption der Psychoanalyse in den lit. Zeitschriften u. den Werken von A., Lewison u. Dell,* Mchn. 1987.

BLUE VOYAGE

(amer.; *Blaue Reise*). Roman von Conrad AIKEN, erschienen 1927. – Die »blaue Reise« ist zunächst und auf realistischer Ebene eine Seefahrt von Amerika nach England, die Demarest, der Held des Romans, unternimmt. Demarest ist ein anerkannter Schriftsteller. Trotzdem wird er immer aufs neue von dem Gefühl heimgesucht, seinem Leben und seiner Arbeit gegenüber versagt zu haben. Äußerer Anlaß der Reise ist die geplante Aufführung eines seiner Bühnenstücke, wirkliche Triebfeder ist der Wunsch, in England das Mädchen Cynthia wiederzusehen, das er einst geliebt hat. Als er sie unvermutet an Bord seines Schiffes entdeckt, versucht er vergeblich, die Gefühle in sich wachzurufen, die er einst für sie empfunden hat. Die Vergangenheit bleibt tot.

Technisch ist der Einfluß von James JOYCE deutlich spürbar, so insbesondere in der langen, weitschweifigen Rückblende auf Demarests Leben und Lieben, die in Form eines Monologs gehalten sind, ähnlich wie bei Joyce, mit witzigen Wortspielen ausgeschmückt ist. Schon in seiner Kurzgeschichte *Mr. Arcularis* hatte Aiken die Metapher einer Seereise für die Darstellung einer Reise in den Tod benutzt. Trotz eines scheinbaren Realismus klingen auch in *Blue Voyage* allegorische Obertöne an, und immer aufs neue gibt Aiken Hinweise auf eine andere thematische Absicht als die unmittelbar zutage tretende; so führt er etwa die Gestalt eines Hellsehers ein, der den Tod eines der Passagiere voraussieht. Demarests (d. h. »*de mare est*«) Reise in die Vergangenheit bedeutet zugleich die »Überfahrt« vom Leben zum Tod. Es bleibt offen, ob seine Mitpassagiere unabhängig von ihm existieren, ob sie fleischgewordene Phantasiegebilde sind und seine Alpträume, Begierden, Hoffnungen, Niederlagen verkörpern oder ob sie die Charaktere eines von ihm verfaßten Romans darstellen: die Bezüge greifen ineinander. Aiken bedient sich einer verwirrenden Vielzahl von Symbolen, die nicht nur der Literatur, Mythologie und Geschichte, sondern auch den psychoanalytischen Theorien FREUDS und JUNGS entnommen sind. Das Resultat ist zeitweilig irritierend, aber trotz seiner Schwächen bleibt *Blue Voyage* der nicht unbedeutende Roman eines Dichters, der primär Lyriker ist. J.v.Ge.

AUSGABE: Ldn. 1927.

LITERATUR: H. Peterson, *The Melody of Chaos*, NY 1931, S. 231–260. – S. Puisker, *The Artist and the Art Novel: A Reappraisal of C. A.'s »Blue Voyage«* (in Southern Quarterly, 21, 1982, Nr. 1, S. 28–37).

GREAT CIRCLE

(amer.; *Der große Kreis*). Roman von Conrad AIKEN, erschienen 1933. – Wie *Blue Voyage* (1927) zeigt auch dieser Roman Aikens enge Anlehnung an die Erzähltechnik von James JOYCE und sein starkes Interesse an der Psychoanalyse. Protagonist von *Great Circle* ist Andrew Cather, dessen Leben in den literarischen und akademischen Kreisen der Universitätsstadt Cambridge/Massachusetts recht durchschnittlich verlaufen ist. Nun aber, als Achtunddreißigjähriger, muß er erfahren, daß seine Frau ihm untreu ist. Im ersten Teil des in vier Abschnitte gegliederten, handlungsarmen Romans geht es um Cathers wachsenden Argwohn und seine Entdeckung des Ehebruchs, während in den drei weiteren sein Seelenzustand geschildert wird. Dies geschieht mittels einer Rückblende in seine Kindheit, eines langen Gesprächs zwischen ihm und einem Psychoanalytiker und der Schilderung seiner Selbstanalyse, in deren Verlauf er freilich keine andere Lösung seiner Probleme findet als die bewußte Abwendung von der Gegenwart, die Flucht in die Vergangenheit.

In wesenenthüllenden Dialogen und Monologen untersucht Aiken die Niederlage eines Mannes, der im Konflikt zwischen körperlichen und geistigen Bedürfnissen in eine Falle geraten ist, einem Konflikt, der in einem seiner Träume symbolische Form annimmt: Er erkennt sich wieder in einem geflügelten Schwein, das auf einem Jahrmarkt ausgestellt wird und furchtbare Qualen erleidet. – Wohl erscheint Cather schließlich als ein Egozentriker und Egoist, der sich selbst bemitleidet, doch sein unbarmherziges Ringen um Selbsterkenntnis verrät seine hohe Intelligenz und Sensibilität. Vor allem in der Kindheitsepisode, die verdeutlichen soll, wie stark ein Mensch von unglücklichen Jugenderlebnissen geprägt wird, ist der Lyriker Aiken nicht zu verkennen. Die aus der Sicht des Knaben Andrew Cather wiedergegebene Familientragödie trägt autobiographische Züge: Als Aiken elf Jahre alt war, tötete sein Vater seine Mutter und beging dann Selbstmord. J.v.Ge.

AUSGABEN: NY 1933. – NY 1965 (in *Three Novels*). – NY 1985.

LITERATUR: H. Hatcher, *Eroticism and the Psychological Novel: C. A.* (in H. H., *Creating the Modern American Novel*, NY 1935, S. 183–187). – D. M. Rein, *C. A. and Psychoanalysis* (in Psychoanalytic Review, 42, Okt. 1955, S. 402–411). – S. E. Olson, *»Great Circle«: C. A.'s Autoplastic Journey into Childhood* (in Southern Quarterly, 21, 1982, Nr. 1, S. 38–63).

USHANT: AN ESSAY

(amer.; *Ushant: ein Essay*). Autobiographie von Conrad AIKEN, erschienen 1952. – Nachdem Aiken nach seiner frühen Rezeption der Psychoanalyse S. FREUDS zwischen 1927 und 1940 fünf Romane mit autobiographischer Basis vorgelegt hatte, die allerdings unter Aussparung – wie er später selbst meinte – wesentlicher Momente stets nur Einzelaspekte seines Ichs in fiktionaler Verhüllung dargestellt hatten, entstand in einem langen Prozeß eine Autobiographie, die in dieser Form in der amerikanischen Literatur keine Vorbilder hat.

Aiken geht in seiner Selbstdarstellung trotz der ungefähren zeitlichen Situierung einzelner Ereignisse nur am Rande auf historisch-politische Vorgänge wie etwa die beiden Weltkriege ein, so wie auch die äußere Handlung lediglich eine untergeordnete Rolle spielt: die Rahmenfiktion ist die Schiffsreise des Schriftstellers D., der sich mit ca. zehn anderen Passagieren in Kabine 144 befindet, von Amerika nach England. D., der von sich selbst in der dritten Person spricht, hat jedoch nicht eine bloß faktenorientierte Selbstdarstellung verworfen, sondern, wie der Leser nach und nach erfährt, auch zwei andere Varianten: zum einen die das innere Leben des Künstlers unter chronologischen Gesichtspunkten enthüllende Form *(»Zwanzigtausend Tage«)*, zum anderen eine das Ich in das räumliche Zentrum einer konzentrisch sich erweiternden Umwelt stellende Deskription *(»Räume, Straßen, Häuser«)*. Aiken hat vielmehr auf im wesentlichen achronologische und undramatische Art mit Hilfe eines zwischen verschiedenen psychischen und geistigen Ebenen hin- und hergleitenden inneren Monologs von starker stilistischer Brillanz und emotionaler Intensität Erinnerungsbruchstücke, Traumrelikte, Fragmente des Unterbewußtseins, Reflexionen und Analysen miteinander verknüpft, und zwar mit einem über Leitbilder und -metaphern (wie Meer, Schiff, Haus, Baum, Glocke, Spiegel, Kreis, Spirale) aufeinander bezogenen Beziehungsgeflecht, das letztlich die Suggestion von Simultaneität schaffen soll.

Die Autobiographie beginnt mitten in einem unvollständigen Satz *(» - beginnend ohne Anfang«)* und endet mit dem eine transindividuelle Perspektive andeutenden und metaphorische Elemente aus den Juvenal-, Coleridge-, Nietzsche- und Melville-Epigraphen aufgreifenden Bild von der Hand des *»Lehrers aus dem Westen«*, dessen noch nicht sichtbarem Antlitz *»wir«* uns zuwenden: *»wir selbst jetzt wie Töne einer Musik, die sich zu einer himmlischen Harmonie anordnen, einem himmlischen Einklang, der, da er keinen Anfang hatte, kein Ende haben kann –«*. Hier bricht die Bewegung ab, die mit D.s kreisförmiger Rückkehr in die Kindheit eine neue Stufe des Ichbewußtseins schafft und auf diese Weise auch – wie Aiken meint – zur evolutionären, im Bild der Spirale gefaßten, Ausweitung des menschlichen Bewußtseins generell beitragen soll.

Die im Bewußtsein des Passagiers der Kabine 144 realisierte Simultaneität unterschiedlichster Partikel soll den Zusammenhang zwischen dem Kindheitstrauma Aikens (hervorgerufen durch den Mord des Vaters an der Mutter und den anschließenden Selbstmord), seinem erratischen Verhältnis zum Weiblichen (den drei Ehefrauen, »Lorelei« eins, zwei und drei genannt, sowie den zahlreichen Frauenbekanntschaften, den »Loreliebchen«), dem ständigen Schwanken zwischen England und Amerika als Heimat und Aufenthaltsort (mit der Suche nach der verlorenen Mutter assoziiert) sowie schließlich der Genese des neurotisch fundierten, aber ins Produktive gewendeten Künstlertums verdeutlichen. Die gesamte Autobiographie ist insofern der Versuch, in das Kinderzimmer vor dem entscheidenden Erlebnis zurückzukehren und durch eine sich selbst akzeptierende Befreiung von *»Schuld und Scham«* der Mordtat eine neue Einheit und Ganzheit des bis dahin durch ständige Kontinuitätsbrüche verunsicherten Ich zu erreichen.

Aiken strebt dabei ein Höchstmaß an Bewußtheit an, schreibt also nicht etwa unreflektiert-naiv und spontan nieder, sondern – ganz im Gegenteil – bezieht noch den Schreibprozeß und dessen Genese mit in die analytisch gerichtete Darstellung ein. *Ushant* wird auf diese Weise zu einer kunstvoll in sechs Kapitel aufgeteilten Komposition, deren Protagonist nur durch die Initiale D. bezeichnet wird, sicherlich bewußte Reminiszenz an Aikens ersten Roman *Blue Voyage* (1927), dessen Held den Namen Demarest trägt (»de mare est«, wobei das Meer Symbol des Unterbewußten ist). Auch die übrigen Figuren, die für D.s bzw. Aikens Entwicklung eine wesentliche Rolle gespielt haben, erscheinen unter Pseudonymen, die in einem dem Werk vorangestellten Schlüssel allerdings bereits aufgelöst sind (Rabbi Ben Ezra etwa ist Ezra POUND, Tsetse ist der Name für T. S. ELIOT, Malcolm LOWRY, für den Aiken die Funktion eines Vaters hatte, erscheint als Hambo). Diese distanzierende Verschlüsselung ist freilich keine fiktionale Maske, sondern resultiert aus Aikens Prämisse einer objektivierenden Neutralität, die das analysierende Ich gegenüber sich selbst einzunehmen hat *(»nicht gelingend – natürlich«)*.

Ziel der sich auf diese Weise artikulierenden Analyse von Leben, bisher vorgelegtem Werk und augenblicklichem Schaffensprozeß ist die in den vorangestellten JUVENAL- und COLERIDGE-Epigraphen (mit der in beiden zitierten sokratischen Forderung des »Erkenne Dich selbst«) anvisierte Erkenntnis. Diese für das Ich befreiende Selbsterkenntnis wird metaphorisch mit dem Westen assoziiert. Das zeigen die Schlußsätze des Werkes ebenso wie die Bemerkungen über W. BLACKSTONE, den exemplarischen Uramerikaner in Aikens Versgedicht *The Kid* (1947), aber auch der Titel der Autobiographie. Aiken vergleicht nämlich die kreisförmig angelegte Analysetätigkeit nicht nur mit einem *»tausend Jahre alten Palimpsest«*, sondern auch mit einem *»unentzifferbaren Land«*, das man nur *»besitzen«* kann, wenn man sich auf die in den NIETZSCHE- und MELVILLE-Epigraphen angedeutete Fahrt über das Meer des Unterbewußtseins begibt. Das »unbekannte« Land heißt für Aiken Ushant, Anglisierung von frz. *Île d'Ouessant* und Wortspiel mit *»You shan't«*. Die vor der bretonischen Küste gelegene Île d'Ouessant war, wie der Erzähler bemerkt, bereits in früheren Zeiten als Ort am äußersten westlichen Rand der Welt und als Zwischenstation auf dem Weg der Verstorbenen in das Totenreich bekannt. Ushant ist einerseits *»Verheißung der Landung«*, aber auch mit ihrer saurierartigen Felsgestalt *»Drohung des Schiffbruchs«*, also Verkörperung des zweiten Bedeutungsaspektes (*»Du wirst nicht«*). »Landung« heißt für den Schiffsreisenden D. die geglückte Rückkehr an den Ort und in die Zeit, die den Ursprung der lebenslang wirkenden Neurose darstellen, mit dem Ziel einer Befreiung, die letztlich auf die *»Fähigkeit, das Universum zu bewundern und zu lieben«* (Aiken 1968), abzielt und die für den Leser am Ende ähnlicher Erkenntnisprozesse stehen sollte. U.Bö.

AUSGABEN: NY 1952. – Ldn. 1963. – Cleveland 1962. – NY 1971.

LITERATUR: M. Cowley, *C. A.'s Autobiography* (in New Republic, 6. 10. 1952, S. 20–22). – A. Kazin, Rez. (in The New York Herald Tribune, Okt. 1952, S. 26). – V. L. O. Chittick, *Ushant's Malcolm*

Lowry (in Queen's Quarterly 71, 1964, S. 67–75). – R. H. Wilbur, *C. A.: An Interview* (in Paris Review 11, 1968, S. 97–124). – A. Westerman, *The Evolution of Consciousness: C. A.'s Novels and »Ushant«* (in Critique, 15/2, 1973, S. 67–81). – G. M. B. Maurer, S. S. J., *»Ushant«. Form and Meaning*, Diss. Notre Dame Univ. 1974. – D. G. Bridson, *C. A.'s »Ushant«* (in PN Review 6, 1979, S. 36–39). – J. Killoin, *C. A.'s Use of Autobiography* (in Studies in the Literary Imagination, 13, 1980, S. 27–49). – R. Zimmermann-Marthaler, *Reisen ins Bewußtsein. C. A.'s Hauptthematik und ihre Gestaltung*, Diss. Zürich 1981. – J. L. Wheeler, *The Ushant Dream of C. A.* (in The Southern Quarterly, 21, 1982, S. 82–98). – C. M. Lorenz, *Lorelei Two: My Life with C. A.*, Athens, Ga., 1983.

KLAUDIOS AILIANOS AUS PRAENESTE

eig. Claudius Aelianus
* um 170
† 235

PERI ZŌŌN IDIOTĒTOS

(griech.; *Über die Eigenart von Tieren*). Siebzehnbändige Kuriositätensammlung aus der Welt des Tierreichs von Klaudios AILIANOS aus Praeneste. – Das Werk ist ein charakteristisches Produkt jener vom römischen Hof inaugurierten Neosophistik des 2.Jh.s, die die Wissenschaft zur seichten Bildung und die alte Forschung zur rhetorisch präparierten Unterhaltungslektüre degradierte. Der abstruse und doch wendige Geist des Autors wußte sich diesem Geschmack der Epoche in geschicktem intellektuellem Opportunismus anzupassen.

Das Kompositionsprinzip der siebzehn Bücher – die von einem Prolog und einem Epilog gerahmt werden, worin der Verfasser in eigener Sache spricht – ist Buntheit um jeden Preis. Es herrscht ein geradezu hektischer Wechsel der Themen und Tiere – je Buch meist mehr als fünfzig Arten –, und das Ganze mutet wie ein aufregend flimmerndes, im Tempo des Zeitraffers vorgeführtes zoologisches Panoptikum an. Dabei ist nicht nur die Vielzahl der vorgestellten Tiergattungen und -arten frappant, der Autor verblüfft vielmehr auch mit der Breite seines Interesses: Er hält vom Aussehen der Fische, Vögel, Insekten, Vierbeiner usw. bis zu ihren Seelenregungen, von ihren Verhaltensweisen in der Umwelt und untereinander bis zu ihren erotischen Eigenarten (die Skala reicht von rühmlicher Gattentreue bis zum Inzest) so ziemlich alles an Merkwürdigkeiten parat, was damals ein Betrachter mit anthropologisch bestimmten Neigungen über die Lebewesen überhaupt in Erfahrung bringen konnte. Dennoch war Aelian beileibe kein spezialisierter Naturforscher, im Gegenteil: Was er dem staunenden Publikum bietet, ist zum allergrößten Teil eine Sammlung von Lesefrüchten, redigiert von einem ambitionierten Stilisten, der das Ideal einer dem Attizismus verpflichteten künstlichen Schlichtheit an einem möglichst ausgefallenen Objekt ins Wort umsetzen möchte. Da er seine Exzerpte mit großem Fleiß, doch geringer Kritik zusammenstellt, wirkt sein Raritätenkabinett nicht selten befremdlich: so etwa, wenn er, der sein Leben lang nie über Mittelitalien hinauskam, unbedacht von einem Gewährsmann Sätze wie *»da sah ich doch in der großen Stadt der Alexandriner einen fünffüßigen heiligen Stier«* übernimmt. Unter diesen Umständen nimmt es nicht wunder, daß der heutige Leser, ganz im Gegensatz zu den Zeitgenossen des Autors und seiner unmittelbaren Nachwelt, in Aelianus nur noch den Vermittler von Zitaten älterer Schriftsteller schätzen kann. Der Gedanke von der weisen Zweckhaftigkeit alles Naturgeschehens ist jedenfalls nur ein dünner Kitt, der die einzelnen »Geschichten« notdürftig zusammenhält; den Autor deswegen als tiefsinnigen Repräsentanten stoischer Philosophie aufzufassen, wird niemand mehr in den Sinn kommen. E.Sch.

AUSGABEN: Leiden 1533 (*Es Aeliani historia ... libri XVI*; lat. Übers. d. Petrus Gyllius; Ausz.). – Zürich 1556 (*Ailianu ta heuriskomena hapanta*, Hg. C. Gessner, m. lat. Übers.). – Lpzg. 1864 (*De natura animalium libri XVII*, Hg. R. Hercher). – Ldn./Cambridge (Mass.) 1958/1959 (*On the Characteristics of Animals*, 3 Bde., Hg. A. F. Scholfield; m. Bibliogr. u. engl. Übers.; Loeb).

ÜBERSETZUNGEN: *Thiergeschichte*, F. Jacobs (in Werke, Bd. 4–9, Stg. 1839–1842). – *Die tanzenden Pferde von Sybaris, Tiergeschichten*, Hg. U. u. K. Treu, Lpzg. 1978 [Ausw.].

LITERATUR: W. Schmid, *Der Atticismus in seinen Hauptvertretern*, Bd. 3, Stg. 1893. – W.Baumann, *Quaestiones de animalium historia Aelianeae et Oppianeae I*, Diss. Marburg 1912. – Schmid-Stählin, 2/2, S. 788 f. – G. Gossen, *Die Tiernamen in Älians 17 Büchern »Peri zōōn«* (in Quellen und Studien zur Geschichte der Naturwissenschaften, 4, 1935, H. 3, S. 128–188). – R. Keydell, *Oppians Gedicht von der Fischerei und Aelians »Tiergeschichte«* (in Herm, 72, 1937, S. 411–434). – H. Gossen, *Aelians »Tiergeschichten«* (in Geistige Arbeit, 5/15, 1938, S. 11–12). – E. S. McCartney, *Modern Analogues to Ancient Tales of Monstrous Races* (in Classical Philology, 36, 1941, S. 390–394). – K. Gerth, Art. *Die Zweite oder Neue Sophistik* (in RE, Suppl. 8, 1956, Sp. 732–734). – J. Richmond, *Chapters on Greek, Fish-Lore*, Wiesbaden 1973. – W. Huebner, *Der Mensch in Aelians Tiergeschichten* (in Antike und Abendland, 30, 1984, S. 154–176).

GUSTAVE AIMARD

d.i. Olivier Gloux
* 13.9.1818 Paris
† 20.6.1883 Paris

LES TRAPPEURS DE L'ARKANSAS

(frz.; *Die Trapper von Arkansas*). Roman von Gustave AIMARD, erschienen 1858. – Das Œuvre Aimards – er schrieb insgesamt 78 Romane und 31 Erzählungen – ist heute selbst in Frankreich kaum mehr bekannt, doch wurden seine Werke zu Lebzeiten des Autors von den französischen Lesern mit ähnlicher Begeisterung verschlungen wie in Deutschland die Romane Karl MAYS, die als Abenteuerromane den Schriften Aimards thematisch auch durchaus verwandt sind. Mit der zunehmenden Technisierung des Verlags- und Pressewesens kamen in Frankreich zu Beginn des 19. Jh.s die Feuilletonromane auf, oft mehrbändige Werke, die in Fortsetzungen in Tageszeitungen erschienen. Viele dieser Romane versuchten nicht wie Eugène SUES *Les mystères de Paris* (1842/43) eine Schilderung der Gesellschaft, sie boten vielmehr Gegenwelten an, wie beispielsweise auch die Abenteuerromane Aimards, die zwar nicht alle vor ihrer Veröffentlichung in Buchform in Tageszeitungen erschienen, sich jedoch im Prinzip an dieselbe Leserschaft wandten, u. a. an die Schicht der weniger Bemittelten, für die Literatur jetzt erschwinglich geworden war.

Les trappeurs de l'Arkansas gilt als Hauptwerk Aimards, es ist sein erster und auflagenstärkster Roman, der gleich in Buchform erschien. Die Geschichte spielt im Norden Mexikos, dem Zentrum kämpferischer Auseinandersetzungen zwischen Amerikanern, Indianern und Mexikanern. Im Prolog wird erzählt, wie der Held, Rafael, von seinem Vater verstoßen wird und die elterliche Hazienda verlassen muß. Auch Rafaels Mutter, die ihren Sohn sehr liebt, verläßt daraufhin ihren Mann Don Ramón, um den Jungen in der Wildnis zu suchen. Nach dem Prolog setzt die eigentliche Geschichte ein. Ungefähr zwanzig Jahre sind vergangen. Der Trapper Belhumeur und Rafael alias Cœur Loyal entdecken, nachdem sie die schöne Mexikanerin Doña Luz und ihre Reisegruppe aus einem von Komantschen gelegten Präriebrand gerettet haben, ein nach einem Angriff des Komantschenführers Tête d'Aigle abgebranntes Fort am Arkansas. Dort hatte Cœur Loyals Mutter mit ihrem treuen Begleiter No Eusébio – immer noch auf der Suche nach Rafael – Zuflucht gefunden, sie waren jetzt aber von den Komantschen gefangengenommen worden. Tête d'Aigle will die Mutter Cœur Loyals gegen Cœur Loyal selbst austauschen. Diesem gelingt es jedoch, seine Mutter zu retten, und er freundet sich mit dem Häuptling der Komantschen an. Inzwischen ist die mexikanische Reisegruppe, mit der Doña Luz die Wildnis bereist, von Banditen bedroht, woran der Reiseführer der Gruppe schuld ist. Cœur Loyal gelingt es mit Hilfe seines neuen Freundes Tête d'Aigle, die Gruppe zu befreien. Es stellt sich heraus, daß der Führer der Reisegruppe nicht nur der Onkel der Mexikanerin ist, er entpuppt sich auch noch als Vater Cœur Loyals. Die Familie kehrt vereint auf die Hazienda zurück, und Cœur Loyal heiratet Doña Luz. – Wie Aimards übrige Romane greift auch *Les trappeurs de l'Arkansas* auf die Gattungen des Reiseromans, des Abenteuerromans, des historischen Romans und auf die Indianerromane J. F. COOPERS zurück. Aimard verarbeitete jedoch nicht nur literarische Vorbilder, sondern in entscheidendem Maße auch eigene Erlebnisse, die er während seiner Reisen in Amerika gemacht hatte. T.T.

AUSGABEN: Paris 1858. – Paris 1958. – Paris 1967.

ÜBERSETZUNG: *Die Trapper in Arkansas*, W. E. Drugulin, 3 Bde., Lpzg. 1859.

LITERATUR: R. Sieverling, *Die Abenteuerromane A.s.* Diss. Freiburg i. Br. 1982. – D.-H. Pageaux, *L'univers romanesque d'A.* (in *Richesse du roman populaire*, Hg. R. Guise u. H.-J. Neuschäfer, Nancy 1986, S. 223–236).

AINEIAS AUS GAZA

um 500 n.Chr.

THEOPHRASTOS

(griech. Patr.; *Theophrast*). Christlich-platonischer Dialog von AINEIAS aus Gaza, verfaßt um 487. – Als das Ansehen der großen griechischen Philosophenschulen bereits stark geschwunden war, erlebte die palästinische Stadt Gaza im 5. Jh. eine kurze Blütezeit. Als Lehrer der Philosophie und Rhetorik wirkte dort Aineias, der, wohl von Hause aus Christ, bei dem Neuplatoniker HIEROKLES in Alexandria studiert hatte. In seinem Hauptwerk, dem *Theophrastos*, versucht er, neuplatonische Gedanken mit christlichen Lehren zu verschmelzen und die irrigen Meinungen, die manche christliche Denker seiner Zeit aus dem Neuplatonismus übernommen hatten, zu bekämpfen.

An dem Dialog beteiligen sich der Alexandriner Aigyptos, der Syrer Euxitheos und der Athener Theophrastos. Während Theophrastos die platonische Auffassung von der Präexistenz der Seele, der Seelenwanderung und der Ewigkeit der Welt vertritt, verteidigt Euxitheos die christliche Lehre von der Weltschöpfung, bringt gewichtige Gründe gegen die Präexistenz der Seele vor und schneidet dabei auch noch verschiedene eschatologische Fragen an. Von den Argumenten der Christen für die Unsterblichkeit der Seele und für die Auferstehung überzeugt, tritt Theophrastos zuletzt aus der Akademie aus.

Der Dialog enthält eine Fülle von Zitaten und Entlehnungen aus der griechischen Literatur, doch dürfte der Autor unmittelbar nur PLATON (vor allem den Dialog *Gorgias*), PLOTIN und GREGOR VON NYSSA gekannt haben; die übrigen Klassikerzitate stammen aus zweiter Hand. – Obwohl Aineias gerade die irrigen neuplatonischen Ansichten mancher Christen widerlegen will, entwickelt er mehrfach Gedanken, die der orthodoxen Lehre des Christentums widersprechen. Die angestrebte Verschmelzung ist ihm also nicht immer gelungen. Doch trotz dieser und anderer Schwächen – der Dialog wirkt recht leblos – fand das Werk vielfach Bewunderung und wurde das Vorbild für die apologetischen Schriften des ZACHARIAS SCHOLASTIKOS und des IOANNES PHILOPONOS. M.Ze.

AUSGABEN: MG 85, Sp. 872–1004. – Neapel 1958 (Enea di G., *Teofrasto*, Hg. M. E. Colonna; mit ital. Übers.).

LITERATUR: S. Sikorski, *De Aeneo Gazeo, I. D.*, Breslau 1909 (Breslauer philolog. Abh., 9,5). – M. E. Colonna, *Zacaria Scolastico, il suo »Ammonio« e il »Teofrasto« di Enea di Gaza* (in Annali della Facoltà di Lettere e Filosofia, Neapel, 6, 1956, S. 107–118). – M. Wacht, *Aeneas v. G. als Apologet. Seine Kosmologie im Verhältnis zum Platonismus*, Bonn 1969. – E. Gallicet, *La risurrezione dei morti in Enea di G. e in Zacaria Scolastico* (in Augustinianum, 18, 1978, S. 273–278).

CLEMENTE AIRÓ ARVERAS

* 14.8.1918 Madrid
† 21.6.1975 Bogotá

LA CIUDAD Y EL VIENTO

(span.; *Die Stadt und der Wind*). Roman von Clemente AIRÓ ARVERAS (Kolumbien), erschienen 1961. – Das Werk beschreibt das Leben einer südamerikanischen Stadt mit ihrem Nebeneinander von Wolkenkratzern und armseligen Hütten, von sozialem Elend und uneingeschränkter Macht, von Demonstrationen und Militärparaden, einer Stadt, deren Wetterlage ständig zwischen unerträglicher Hitze und starken Regengüssen schwankt und mit riesigen Überschwemmungen das Leben der Menschen bedroht. In dieser Stadt versucht Armando, der vom Lande kommt, sich emporzuarbeiten. Er erreicht sein Ziel, als es ihm gelingt, das Vertrauen des einflußreichen Don Ricardo zu gewinnen und dessen Tochter zu heiraten. Seine Freundin Elvira, der er einmal die Heirat versprochen hat und die inzwischen ein Kind von ihm erwartet, läßt er im Elend zurück. Ein Intellektueller, der sich resigniert aus dem gesellschaftlichen Leben zurückgezogen hat, nimmt sich ihrer an, und zwischen dem einfachen Mädchen und dem alternden Mann entwickelt sich eine zarte Zuneigung. Auch dessen Tochter Inés findet, enttäuscht von ihrer Ehe mit einem Minister, zu ihrem Vater zurück. Armando, der sich unter Ausnutzung der gespannten politischen Lage von seinem ehemaligen Beschützer frei zu machen versucht, wird ermordet.

Der Roman besteht aus kurzen, zunächst voneinander unabhängigen Szenen, die sich erst allmählich zu einer Gesamthandlung verknüpfen. Dazwischen finden sich lyrisch-beschreibende Abschnitte, in die Leuchtschriften, Lautsprecherstimmen und abgerissene Unterhaltungen von Passanten eingeblendet sind. Die Hauptpersonen, mitunter etwas klischeehaft gezeichnet, stehen in scharfem Kontrast: Armando, der vitale, schlaue Emporkömmling, dessen Intelligenz gerade weit genug reicht, um praktischen Erfolg zu garantieren, steht dem innerlich gebrochenen und reflektierenden Intellektuellen Carlo gegenüber; die einfache und unschuldige Elvira ist das genaue Gegenteil der ehrgeizigen, geistig emanzipierten Inés. Clemente Airó versucht in diesem Roman die gesamte Wirklichkeit einer südamerikanischen Großstadt einzufangen, vom individuellen Einzelschicksal bis zu sozialen, wirtschaftlichen und politischen Problemen, in einer Szenerie, welche die Stadt, das Land und selbst die Naturgewalten umfaßt. Allerdings gelingt es ihm nur an wenigen Stellen, aus Dialog, realistischer Erzählung, poetisierender Beschreibung und ideologischer Analyse ein überzeugendes und homogenes Ganzes zu schaffen. B.v.B.

AUSGABE: Bogotá 1961.

LITERATUR: T. E. Kooreman, *Las novelas de C. A.: Evolución hacía una realidad completa* (in Thesaurus, 30, Bogotá 1975, S. 153–163).

AISCHINES

* 390/389 v.Chr. Athen
† 315/314 v.Chr. Samos

KATA KTĒSIPHŌNTOS

(griech.; *Gegen Ktesiphon*). Rede des AISCHINES. – *Kata Ktēsiphōntos* ist die letzte forensische Ansprache, die der athenische Politiker in seiner Heimatstadt gehalten hat, und auch sie ist, wie *Kata Timarchu (Gegen Timarchos)* und *Peri tēs parapresbeias (Über die Truggesandtschaft)*, ein Zeugnis der bitteren politischen und persönlichen Feindschaft ihres Autors gegen den großen DEMOSTHENES.

Im August des Jahres 338 hatte Philipp II. von Makedonien (reg. 359–336 v. Chr.) durch den Sieg bei Chaironeia den Widerstand Athens endgültig brechen können. Da ihm jedoch an einem Ausgleich gelegen war, konnten die athenischen Gesandten – Demades, Phokion, Aischines – einen sehr günstigen Frieden aushandeln; lediglich einige weitere Gebiete im thrakischen Norden gingen verloren, die innere und äußere Autonomie Athens blieb unangetastet. So konnte Demosthenes, dessen Lebenswerk bei Chaironeia zu Grabe getragen wurde (trotzdem war er dazu ausersehen worden, den Gefallenen die Leichenrede zu halten), ungehindert darangehen, die Befestigungsanlagen der Stadt wieder instand setzen zu lassen. Selbst zu einem der Aufsichtsbeamten gewählt (337/336), steuerte er der Staatskasse für diese und andere Aufgaben nicht unerhebliche Mittel aus seinem Privatvermögen bei. Nach Ablauf des Amtsjahres stellte Ktesiphon in der Volksversammlung den bereits vom Rat gebilligten Antrag, Demosthenes für diese Leistungen und überhaupt für seine Verdienste um die Stadt beim Großen Dionysienfest im Theater mit der Verleihung eines goldenen Kranzes zu ehren. Aischines erhob Einspruch, erstens weil Ehrungen gesetzlich erst nach dem Rechenschaftsbericht der Beamten über ihre Amtsführung zulässig seien, zweitens weil eine Kranzverleihung nur in der Volksversammlung, nicht im Theater erlaubt sei, zum dritten weil Demosthenes dieser Ehre weder im allgemeinen noch im besonderen würdig sei. Der Nachdruck lag zweifelsohne auf dem dritten Punkt; der Ehrenantrag war als außen- und innenpolitische Demonstration gedacht, und der makedonenfreundliche Gegner konnte, wollte er nicht sein Gesicht verlieren, die Antwort nicht schuldig bleiben. Zu einer Verhandlung kam es allerdings zunächst nicht: Philipp starb unerwartet, und mancherlei Umstände – wir kennen sie nur zum Teil – zögerten den Prozeß Jahr um Jahr hinaus. 330 endlich – wiederum ließ die Lage eine ostentative Geste geboten scheinen – setzte die patriotische Partei die Erneuerung des Ratsbeschlusses durch, und Aischines mußte sich zur Wiederaufnahme der Klage entschließen.

Sein Plädoyer ist die erhaltene *Rede gegen Ktesiphon*. Sie liegt jedoch nicht in der ursprünglichen Form, sondern in einer doppelten Überarbeitung vor. Den Grundstock bildet die 336 verfaßte Niederschrift; für den Prozeß im Jahr 330 unterzog Aischines diese einer Redaktion, und während seines Aufenthalts auf Rhodos machte er das Ganze für die Publikation zurecht, wobei er ausführlich die Demosthenische Verteidigung, die *Kranzrede (Peri tu stephanu)*, mit berücksichtigte (dabei kommen dann sogar Argumente zur Sprache, die Demosthenes seinerseits bei der Edition der *Kranzrede* gestrichen hat). Die erste Umarbeitung ist dem Opus, nach Meinung der Kritiker, fraglos schlecht bekommen: Aischines wäre sicher besser gefahren, hätte er 330 eine neue Ansprache verfaßt, in der er nicht ständig zwischen Präsens und Präteritum zu springen genötigt gewesen wäre. Dann hätte er sich auch klar entscheiden können, wieviel Raum und Bedeutung dem formaljuristischen »Aufhänger« der Klage, der Gesetzwidrigkeit des Ktesiphontischen Antrags, in dem Plädoyer zweckmäßigerweise einzuräumen sei (denn nach sechs Jahren war der Fall natürlich zum reinen politischen Manöver geworden). Aber anstatt diese Mängel bei der Schlußredaktion vor der Herausgabe zu beseitigen, hat der Autor durch die zweite Rezension die innere Struktur nur weiter verwirrt.

Auf die Gründe, weshalb die Korrekturen das Werk nicht verbessern konnten, haben die Forscher mehrfach hingewiesen. Aischines hatte bereits bei der allerersten Konzeption die Akzente unglücklich verteilt, indem er auf juridische Kasuistik baute, wo mitreißendes politisches Pathos (das ihm völlig abging) am Platz gewesen wäre, ohne gleichzeitig die Untersuchung des gegnerischen politischen Verhaltens als Hauptpunkt der Anklage aufzugeben; in der uns vorliegenden Fassung hat, nach dem Prooimion (1–8), die Darlegung der Gesetzwidrigkeit des Ktesiphontischen Ehrenantrags (9–48) im Vergleich zu der Ausführlichkeit, mit der die Unwürdigkeit des Demosthenes dargestellt wird (49–176), einen minimalen Umfang. Nimmt man dazu, daß die historischen Exkurse über Ehrungen verdienter Männer (177–190) und über Prozesse wegen Gesetzwidrigkeit (191–206) sowie die Zurückweisung der erwarteten Verteidigung des Ktesiphon und des Demosthenes (207–229) eindeutig die persönlichen und politischen Momente betonen, und bedenkt man ferner, daß dem Autor im Hauptteil des Plädoyers allmählich die beweisenden Unterlagen (Dekrete, Volksbeschlüsse, Gesetze usw.) ausgehen und er schließlich ganz auf seine Phantasie und Überzeugungskraft – ein Feld, auf dem ihm Demosthenes haushoch überlegen war – angewiesen ist, so wird man sich über den Ausgang der Verhandlung nicht wundern. Was in der *Timarchrede* nicht unbrauchbar war, was in der Verteidigung seiner Gesandtschaftsführung allein Erfolg versprechen konnte – die Zerfaserung des Falls in ein Gewirr disparater Fakten –, das wurde Aischines hier zum Verhängnis. Die anschließende Verteidigung des Gegners, Demosthenes' *Kranzrede* – dessen rhetorisches Meisterwerk und politisches Vermächtnis in einem –, in der Komposition zwar verwickelt, psychologisch aber aus einem Guß, zerriß nicht nur das Gespinst der Anklage, sondern brachte auch den Ankläger selbst an den Rand des Ruins. Nicht einmal ein Fünftel der Stimmen konnte Aischines auf sich vereinen, und damit verfiel er der Konventionalstrafe von 1000 Drachmen und verlor das Recht, je wieder eine Anklage zu führen. Zudem war er nunmehr – was sich schon im Gesandtschaftsprozeß angebahnt hatte – als Mensch und Politiker in den Augen Athens endgültig vernichtet. Aischines zog daraus die Konsequenz und verließ seine Heimatstadt. In Rhodos, wo er, zu seiner einstigen Beschäftigung zurückkehrend, als Schulmeister sein Brot verdiente, überlebte er seinen großen Rivalen um mehr als acht Jahre. E.Sch.

AUSGABEN: Venedig 1485 (*Oratio in Ctesiphontem*, lat. Übers. von Leonardo Bruni; in Cicero, *De oratore*, m. Komm. von Omnibonus Leonicenus, Hg. Hieronymus Squarzaficus). – Venedig 1513 (in Bd. 1 der Rednerausgabe des Aldus Manutius). – Bln. 1878 (*Rede gegen Ktesiphon*, Hg. A. Weidner; m. Komm.). – Lpzg. ²1908 (in *Orationes*, Hg. F. Blass). – Ldn./Cambridge (Mass.) 1919 (in *The Speeches*, Hg. Ch. D. Adams; m. engl. Übers.; Loeb; Nachdr. zul. 1968). – Mailand 1934 (*Contro Ctesifonte*, Hg. G. Ammendola; m. Komm.). – Paris ²1952 (*Contre Ctésiphon*, in *Discours*, Hg. V. Martin u. G. de Budé, Bd. 2; m. frz. Übers.). – Stg. 1978 (In *Orationes*, Hg. U. Schindel).

ÜBERSETZUNGEN: In *Demosthenis und Aeschinis Reden*, J. J. Reiske, 5 Bde., Lemgo 1764–1769. – *Reden gegen Ktesiphon*, J. H. Bremi (in *Aeschines der Redner*, Bd. 3, 1829; überarb. u. eingel. v. K. Rauchenstein, Stg. 1859). – *Die Rede gegen Ktesiphon*, A. F. Wolper (in *Reden*, Bd. 1, Prenzlau 1831). – *Rede gegen Ktesiphon vom Kranze*, A. Westermann (in Demosthenes, *Ausgewählte Reden*, Lief. 3–6, Stg. 1859 u. ö.). – *Rede gegen Ktesiphon*, G. E. Benseler (in *Reden*, Bd. 3, Lpzg. 1860; griech.-dt.). – *Rede gegen Ktesiphon*, W. Reeb, Lpzg. 1894 (RUB, 3174).

LITERATUR: A. Schaefer, *Demosthenes u. seine Zeit*, Bd. 3, Lpzg. ²1887, S. 221–292. – Th. Thalheim, Art. *A. (15)* (in RE, 1/1, 1893, Sp. 1050–1062). – F. Blass, *Die attische Beredsamkeit*, Bd. 3/2, Lpzg. ² 1898, S. 208–221; Nachdr. Hildesheim 1962. – S. Preuss, *Index Aeschineus*, Lpzg. 1924; Nachdr. Amsterdam 1965. – E. Wolf, *Griechisches Rechtsdenken*, Bd. 3/2, Ffm. 1956, S. 306–324. – G. Rammning, *Die politischen Ziele und Wege des A.*, Diss. Erlangen 1965. – G. O. Rowe, *The Portrait of A. in the Oration on the Crown* (in Proceedings of the Amer. Philol. Assoc., 97, 1969, S. 397–406). – G. Daverio, *Sul ruolo politico di Eschine* (in Rivista di Filologia e di istruzione classica, 97, 1969, S. 375–380). – M. Rolih, *Eschine il retore* (in Parola del Passato, 24, 1969, S. 97–115). – E. M. Burke, *Character Denigration in the Attic Orators*, Diss. Medford (Mass.) 1972. – A. Anastassiou u. D. Irmer, *Kleinere attische Redner*, Darmstadt 1977. – U. Schindel, *Doppeltes Recht oder Prozeßtaktik? Zu A.s erster und dritter Rede* (in Herm, 106, 1978, S. 100–116). – J. F. Kindstrand, *The Stylistic Evaluation of A. in Antiquity*, Uppsala 1982. – E. M. Harris, *The Political Career of A.*, Diss. Harvard Univ. 1983.

KATA TIMARCHU

(griech.; *Gegen Timarchos*). Anklagerede des AISCHINES, nach dem Prozeß in redigierter Form publiziert. – Der Anlaß der Anklage gegen Timarchos, einen Parteigänger des DEMOSTHENES, hat mit ihrem Inhalt nicht das mindeste zu tun, die Rede ist ausschließlich als politisches Manöver zu verstehen. Demosthenes strebte eine gerichtliche Untersuchung wegen Landesverrats gegen Aischines an, der im Jahr 346 maßgeblich an dem für Athen schmachvollen Philokrates-Frieden mit Philipp II. von Makedonien beteiligt war. Timarch, ein versierter Staatsmann, zur fraglichen Zeit als Ratsherr Kollege des Demosthenes, sollte die Anklage führen. Doch kam es nicht soweit, da es Aischines – mit der vorliegenden Rede – gelang, dem formellen Ankläger aufgrund eines jahrhundertealten Gesetzes über Homosexualität, das noch so gut wie nie angewandt worden war, einen Sittlichkeitsprozeß anzuhängen und sein bürgerliches und politisches Ansehen völlig zu ruinieren. Die gesetzmäßige Strafe lautete auf Ehrlosigkeit.

Der Prozeß war ein äußerst geschickt provozierter Skandal, bei dessen Verhandlung Aischines auf reges Interesse nicht nur der einheimischen Bevölkerung, sondern auch auswärtiger Gäste rechnen durfte. Die Rede selbst folgt dem gängigen Schema. Das Prooimion referiert den Tatbestand und die juristisch-ethischen Grundlagen, denen zufolge dieses Vergehen verfolgt werden muß. Die methodische Prothesis gibt das Programm der Rede, nach dem sich Erzählung und Beweis, die zusammenfallen, entfalten werden: zunächst Darlegung der betreffenden Sittengesetze (über Buhlschaft, Hurerei, Verschleuderung des Vermögens, Amtsvernachlässigung u. a.), dann Erhellung des Lebenswandels des Beklagten, wobei »bewiesen« wird, daß Timarchos im Sinne der Gesetze schuldig ist. Timarchos war, so wird argumentiert, in seiner Jugend eine stadtbekannte Schönheit, war mit mehreren zum Teil notorischen Homoerotikern befreundet und ließ sich angeblich – die Beweise sind äußerst sophisticed und fragwürdig – dafür bezahlen. Später habe er ein sehr unsolides Leben geführt und seine Amtsgeschäfte zu ruchlosem persönlichem Vorteil ausgenutzt. An ein knappes Resümee dieses Hauptteils (12–115) schließt sich die Zurückweisung der vermutlichen Verteidigung an, ergänzt durch eine Rechtfertigung der Lebensführung des Klägers (der ebenfalls den schönen Knaben zugetan ist) und einen Angriff auf die erwarteten Fürsprecher des Angeklagten (die einzige Stelle, wo Aischines die Maske fallen läßt und Demosthenes nennt). Der Epilog, sonst der Ermahnung der Bürger zu rechtschaffenem Leben gewidmet, fordert von den Richtern die rücksichtslos harte Bestrafung des Übeltäters.

Die Wirkung dieser zum Teil ebenso detaillierten und massiven wie ungerechtfertigten Argumente konnte nicht ausbleiben: Timarch wurde verurteilt, ohne daß seine politischen und persönlichen Freunde ein Wort für ihn einzulegen gewagt hätten. Doch trotz des spektakulären Erfolgs kann man Aischines den Vorwurf nicht ersparen, daß die ganze Angelegenheit eine schmutzige und auch für ihn beschämende Manipulation war: nicht nur, weil hier die Existenz eines Menschen vernichtet wird, an dessen Dasein, Fähigkeiten und Handlungen der Redner niemals die geringste Anteilnahme zeigen würde, ginge es ihm nicht um die Attacke auf den verhaßten Rivalen Demosthenes, sondern weil in geheuchelter Entrüstung höchst Privates, das jedem bekannt war und niemanden störte, just in dem Augenblick ans Licht gezerrt wird, in dem sich für subjektiv-politische Zwecke aus einer Volksverhetzung Kapital schlagen läßt. Dieser Tadel an einer zutiefst unmoralischen Haltung, die sich ausgerechnet, aber bezeichnenderweise mit dem Mantel der Moral bekleidet, trifft nicht nur den Ankläger, sondern auch das Publikum: Allen war die Homosexualität bekannt, alle duldeten sie, kaum einer unter den Richtern, der nicht selbst dem Gesetz verfallen wäre, kaum einer, der öffentlich gegen den angeblichen gesellschaftlichen Niedergang protestiert hätte – doch jeder bereit, auf ein gegebenes Zeichen hin den ersten Stein zu werfen. E.Sch.

AUSGABEN: Venedig 1513 (in Bd. 1 der Rednerausgabe des Aldus Manutius). – Lpzg. ²1908 (in *Orationes*, Hg. F. Blass). – Ldn./Cambridge (Mass.) 1919 (in *The Speeches*, Hg. Ch. D. Adams; m. engl. Übers.; Loeb; Nachdr. zul. 1958). – Paris ²1952 (*Contre Timarque*, in *Discours*, Hg. V. Martin u. G. de Budé, Bd. 1; m. frz. Übers.). – Stg. 1978 (in *Orationes*, Hg. U.Schindel).

ÜBERSETZUNGEN: In *Demosthenis und Aeschinis Reden*, J. J. Reiske, 5 Bde., Lemgo 1764–1769. – *Rede gegen Timarchos*, J. H. Bremi (in *Aeschines der Redner*, Bd. 1, Stg. 1828). – Dass., G. E. Benseler (in *Reden*, Bd. 1, Lpzg. 1855; griech.-dt.).

LITERATUR: A. Schaefer, *Demosthenes u. seine Zeit*, Bd. 2, Lpzg. ²1886, S. 333–343. – Th. Thalheim, Art. *A. (15)* (in RE, 1/1, 1893, Sp. 1050–1062). – F. Blass, *Die attische Beredsamkeit*, Bd. 3/2, Lpzg. ²1898, S. 192–201; Nachdr. Hildesheim 1962. – S. Preuss, *Index Aeschineus*, Lpzg. 1924; Nachdr. Amsterdam 1965. – E. Wolf, *Griechisches Rechtsdenken*, Bd. 3/2, Ffm. 1956, S. 297–306; 316–324. – G. Rammning, *Die politischen Ziele und Wege des A.*, Diss. Erlangen 1965. – G. Daverio, *Sul ruolo politico di Eschine* (in Rivista di Filologia e di istruzione classica, 97, 1969, S. 375–380). – M. Rolih, *Eschine il retore* (in Parola del Passato, 24, 1969, S. 97–115). – E. M. Burke, *Character Denigration in the Attic Orators*, Diss. Medford (Mass.) 1972. – A. Anastassiou u. D. Irmer, *Kleinere attische Redner*, Darmstadt 1977. – U. Schindel, *Doppeltes Recht oder Prozeßtaktik? Zu A.s erster und dritter Rede* (in Herm, 106, S. 100–116). – J. F. Kindstrand, *The Stylistic Evaluation of A. in Antiquity*, Uppsala 1982. – E. M. Harris, *The Political Career of A.*, Diss. Harvard Univ. 1983.

PERI TĒS PARAPRESBEIAS

(griech.; *Über die Truggesandtschaft*). Verteidigungsrede des AISCHINES gegen die Anklagerede gleichen Titels des DEMOSTHENES; entstanden 343 v. Chr. – Das Werk galt als die am besten gelungene der drei erhaltenen Reden des Aischines, weil hier – anders als in *Kata Timarchu (Rede gegen Timarchos)* oder gar in *Kata Ktēsiphōntos (Rede gegen Ktesiphon)* – das erklärte Ziel der Ansprache mit dem schriftstellerischen Können und dem Charakter des Autors aufs glücklichste harmoniert; er selbst sagt im Schlußwort an die Richter (180 f.): »*All die andern aber, denen ich nie ein Ärgernis gewesen bin – ich, von Natur ein Privatmann und den Durchschnittsbürgern unter euch gleich, ich, in den politischen Kämpfen der einzige von allen, der sich nicht gegen euch verschworen hat –, euch ersuche ich um meine Rettung.*«

Um den Inhalt des Werks zu verstehen, muß man sich die historische Situation und die Anklagepunkte des Demosthenes vergegenwärtigen: Philipp II. von Makedonien hegte nach der Unterwerfung eines Großteils athenischer Verbündeter in Nordgriechenland den Wunsch, sich mit Athen durch einen Friedensvertrag zu arrangieren. Auf der ersten Gesandtschaft (346) ließen sich Aischines und die übrigen Teilnehmer, bis auf Demosthenes, in Pella völlig von Philipps einschmeichelnden Reden und seinem Charme überrumpeln. Daß außerdem Geschenke eine Rolle spielten, ist selbstverständlich: Philokrates rühmte sich deren sogar öffentlich. Nach Athen zurückgekehrt, wußten die Gesandten das Volk – gegen den leidenschaftlichen Widerspruch der Demosthenischen Partei – für die wenig ehrenhaften Friedensvorschläge des Makedonen zu gewinnen: Der *status quo* bei Vertragsabschluß sollte sanktioniert werden, die Phoker aber, Athens Bündner, vom Vertrag ausgenommen bleiben. Eine zweite Legation machte sich auf den Weg, um den Frieden zu beeiden. Inzwischen eroberte allerdings Philipp noch schnell den Rest des thrakischen Gebietes; doch wurde trotz der veränderten Lage der »Schandfriede des Philokrates« paraphiert. Noch im selben Jahr strengte Demosthenes gegen Aischines einen Hochverratsprozeß wegen Betrugs, nämlich bewußt falscher Berichterstattung, sowie wegen passiver Bestechung an. Der Angegriffene konnte jedoch den offiziellen Kläger Timarch in einem provozierten Skandalprozeß unmöglich machen und auch die darauf von Demosthenes persönlich gegen ihn betriebene Sache bis ins Jahr 343 verschleppen.

Aischines hatte sich vor allem gegen drei Vorwürfe zu rechtfertigen, in denen die »Untreue als Gesandter« konkretisiert war: Bestechung bei der ersten Gesandtschaft und Hintertreibung der athenischen Interessen bei der zweiten Gesandtschaft; Mitschuld am Untergang der Phoker; Preisgabe der nördlichen Bundesgebiete. Die Verteidigung war nichts weniger denn leicht, hatte sich doch Aischines als Haupt der Makedonenfreunde Athens in erster Linie wegen seiner Politik zu verantworten –

die Kriminalklage war nur deren konkreter juristischer Ansatzpunkt. Aber der Redner zieht sich äußerst geschickt aus der Schlinge. Zwar verschmäht er nicht die traditionellen Mittel der Beweisführung (Zitat von Erlassen, Gesetzen, Briefen, mündlichen und schriftlichen Aussagen, die Befragung wahrer oder – wie durchaus üblich – gekaufter Zeugen); auch hält er sich formal an den gewohnten Aufbau (das Prooimion mit *captatio benevolentiae* und prophylaktischer »Vernichtung« des Klägers, die Prothesis mit dem methodischen Plan der Rede, der erzählende Bericht und die Widerlegungen, Rekapitulation mit Schlußfolgerung, epilogische Bitte an die Richter); doch der wesentliche Trick der Verteidigung besteht darin, Erzählung und Widerlegung so zu mischen, daß der fortlaufende Bericht gerade das erzählt, was entweder nicht zum Thema der Anklage gehört (Wahl der Legation und ähnliches) oder was ein unverfängliches Verhalten des Angeschuldigten bekunden kann, während die Widerlegung den Rest des gegnerischen Gebäudes in einzelne zusammenhanglose Argumente auflöst, die, jedes für sich, leicht zu zerpflücken sind. Hinzu kommt der durchgängige Tenor der Rede, alle Verantwortung dem inzwischen zum Tod verurteilten Philokrates aufzuladen und den Gegner Demosthenes dadurch zu belasten, daß man ihn immer wieder des Einverständnisses mit Philokrates bezichtigt.

Diese Art der Argumentation verfehlte den gewünschten Eindruck nicht, wenngleich das Abstimmungsergebnis der Geschworenen äußerst knapp ausfiel. Für die makedonische Partei der Stadt wog das Resultat des Prozesses soviel wie eine Niederlage. Aischines freilich konnte sich – obwohl die geschichtliche Entwicklung ihm von Jahr zu Jahr in steigendem Maß recht gab – in den Augen der Bürger von dem üblen Ruf, den ihm Domosthenes mit der Presbeiaklage angehängt hatte und den er zum Teil gewiß verdiente, nicht mehr reinigen; der Mißerfolg seiner letzten Aktion in Athen ist der eklatante Beweis dafür (vgl. *Kata Ktēsiphōntos*).

E.Sch.

AUSGABEN: Venedig 1513 (in der Rednerausgabe des Aldus Manutius, Bd. 1). – Lpzg. ²1908 (in *Orationes*, Hg. F. Blass). – Ldn./Cambridge (Mass.) 1919 (*On the Embassy*, in *The Speeches*, Hg. Ch. D. Adams; m. engl. Übers.; Loeb; Nachdr. zul. 1958). – Paris ²1952 (*Sur l'ambassade infidèle*, in *Discours*, Hg. V. Martin u. G. de Budé, Bd. 1; m. frz. Übers.). – Paris 1954 (*Discours sur l'ambassade*, Hg. M. Dessenne). – Stg. 1978 (in *Orationes*, Hg. U. Schindel).

ÜBERSETZUNGEN: In *Demosthenis und Aeschinis Reden*, J. J. Reiske, 5 Bde., Lemgo 1764–1769. – *Rede über die Truggesandtschaft*, J. H. Bremi (in *Aeschines der Redner*, Bd. 2, Stg. 1829). – *Rede über den Gesandtschaftsverrath*, G. E. Benseler (in *Reden*, Bd. 2, Lpzg. 1859; griech.-dt.).

LITERATUR: A. Schaefer, *Demosthenes und seine Zeit*, Bd. 2, Lpzg. ²1886, S. 382–417. – F. Blass, *Die attische Beredsamkeit*, Bd. 3/2, Lpzg. ²1898, S. 201–208; Nachdr. Hildesheim 1962. – S. Preuss, *Index Aeschineus*, Lpzg. 1924; Nachdr. Amsterdam 1965. – F. R. Wüst, *Philipp II. von Makedonien und Griechenland in den Jahren von 346 bis 338*, Mchn. 1938. – Lesky, S. 655 f. – H. Bengtson, *Griechische Geschichte*, Mchn. ³1965, S. 291–293. – G. Ramming, *Die politischen Ziele und Wege des Aischines*, Diss. Erlangen 1965. – G. Daverio, *Sul ruolo politico di Eschine* (in Rivista di Filologia e di istruzione classica, 97, 1969, S. 375–380). – M. Rolih, *Eschine il retore* (in Parola del Passato, 24, 1969, S. 97–115). – E. M. Burke, *Character Denigration in the Attic Orators*, Diss. Medford (Mass.) 1972. – A. Anastassiou u. D. Irmer, *Kleinere attische Redner*, Darmstadt 1977. – J. F. Kindstrand, *The Stylistic Evaluation of A. in Antiquity*, Uppsala 1982. – E. M. Harris, *The Political Career of A.*, Diss. Harvard Univ. 1983.

AISCHYLOS

* 525/524 v.Chr. Eleusis bei Athen
† 456/455 v.Chr. Gela / Sizilien

LITERATUR ZUM AUTOR:
Bibliographien:
B. Gladigow, *Auswahlbibliographie zu A.* (in *Wege zu A.*, Hg. H. Hommel, Bd. 2, Darmstadt 1974, S. 381–393). – A. Wartelle, *Bibliographie historique et critique d'Eschyle*, Paris 1978.
Index:
G. Italie, *Index Aeschyleus*, Leiden 1964.
Biographie:
G. Murray, *Aeschylos. The Creator of Tragedy*, Oxford 1940 (dt. Velber 1969).
Gesamtdarstellungen:
U. v. Wilamowitz, *A. Interpretationen*, Bln. 1914. – G. Thomson, *A. and Athens*, Cambridge 1941 (dt. *A. und Athen*, Bln. 1957). – K. Reinhardt, *A. als Regisseur und Theologe*, Bern 1949. – A. Lesky, *Die tragische Dichtung der Hellenen*, Göttingen ³1972, S. 65–168. – *Wege zu A.*, Hg. H. Hommel, 2 Bde., Darmstadt 1974. – E. Petrounias, *Funktion und Thematik der Bilder bei A.*, Göttingen 1976. – O. Taplin, *The Stagecraft of A.*, Oxford 1977. – H. Görgemanns, *A.: Die Tragödien* (in *Das griechische Drama*, Hg. G. A. Seeck, Darmstadt 1979, S. 13–50). – S. Melchinger, *Die Welt als Tragödie*, Bd. 1, Mchn. 1979, S. 9–181. – Th. G. Rosenmeyer, *The Art of A.*, Berkeley u. a. 1982. – E. Segal, *Oxford Readings in Greek Tragedy*, Oxford 1982. – R. P. Winnington-Ingram, *Studies in A.*, Cambridge 1983. – G. A. Seeck, *Dramatische Strukturen der griechischen Tragödie: Untersuchungen zu A.*, Mchn. 1984.

HEPTA EPI THĒBAS

(griech.; *Sieben gegen Theben*). Tragödie des AI-SCHYLOS. – Die *Sieben gegen Theben* waren das Schlußstück der thebanischen Trilogie, mit der Aischylos beim Tragikerwettkampf des Jahres 467 den ersten Preis gewann. Voran gingen ein *Laios*-Drama sowie ein *Oidipus*; abgerundet wurde die Trilogie mit dem Satyrspiel *Sphinx*. Von dieser ganzen Tetralogie sind nur die *Hepta* erhalten. Der Stoff, den Aischylos in die griechische Dramatik einführte, hatte zu jener Zeit bereits eine rund zweihundertjährige literarische Vorgeschichte, denn ein wesentlicher Teil des *Epikos kyklos (Epischer Zyklus)* war dem thebanischen Sagenkreis gewidmet: die *Oidipodeia* hatte, soweit sich das noch erkennen läßt, die Herrschaft des Oidipus in Theben samt deren Vorgeschichte zum Thema, die *Thebais* – nach allem, was wir wissen, einst die bedeutendste Dichtung des Zyklus – erzählte vom grausam-blutigen Zug der sieben Feldherrn gegen Theben, die *Epigonoi* schließlich berichteten über den Rachefeldzug der Söhne jener sieben vor Theben zugrunde gegangenen Heerführer. In welchem Maße sich Aischylos in seiner Tetralogie auf die im ionischen Epos vorgeformte Handlung stützte, wo und in welcher Weise er sie modifizierte und anders akzentuierte, vielleicht unter Verwendung thebanischer Lokaltraditionen, läßt sich natürlich nicht mehr in allen Einzelheiten feststellen (die Forschung steht auf Grund der unglücklichen Überlieferung vor der Schwierigkeit, beide Komplexe wechselseitig erhellen zu müssen).

Daß der Tragiker den Stoff neu strukturierte und den Gesetzen seiner Vorstellung vom Tragischen dienstbar machte, steht jedenfalls fest. Die Zentrierung um Grundmotive wie Fluch und Schuld, göttliches Gebot und Überheblichkeit des Menschen, die Beschränkung auf einen einheitlichen, in sich als ein tragisches Geschehen dramatisch plausibel zu machenden Handlungskomplex zeigt sich schon darin, daß Aischylos die ausschließlich dem Zweck zyklischer Vollständigkeit dienende *Epigonen*-Geschichte des Epos beiseite läßt und daß er die für die tragische Entfaltung des Geschehens irrelevante, ihrer Herkunft und Gattung nach dem Bereich der volkstümlichen Novellistik zugehörige Episode von Oidipus und der Sphinx in das Satyrspiel verweist. Auch der Aufbau der Trilogie verrät diese Umgestaltung, die ebenso als Ausdruck dramaturgischer Ökonomie wie einer bestimmten Auffassung vom Menschen und seinem Verhältnis zur Gottheit verstanden sein will: Jedes Drama enthüllt das Geschick einer Generation – Laios, sein Sohn Ödipus, dessen Söhne Eteokles und Polyneikes –, jedes Drama spannt sich zwischen der frevlerischen Verletzung eines göttlichen Gebots und dem Untergang des Frevlers, und alle drei Dramen sind aufeinander bezogen als Stufen der Enthüllung des vom Delphischen Apoll einst über Laios und seine Nachkommen verhängten Geschlechterfluchs. Auf dem Höhepunkt der *Sieben* (und damit der ganzen Trilogie), als Eteokles von der Bühne abgeht, um seinem Bruder im Zweikampf gegenüberzutreten, erinnert der Chor ausdrücklich an diese erste Ursache des ganzen unheilvollen Geschehens: »*Der schweren Schuld alter Zeit / Denk ich, da schnell büßte der Frevler; / Doch herrscht sie fort ins dritte Glied. / Es bot Laios Phoibos' Worte Trotz, / Das dreimal einst warnend ihm / Aus Pythos Erdmitte dort / entgegenscholl: nur kinderlos / Sterbend, rett' er Haus und Stadt*« (V. 742–749). Laios mißachtete den Rat des Gottes und zeugte einen Sohn, den er aussetzen ließ. Die Rache des Gottes erfüllte sich zum erstenmal, als dieser Sohn ihn, ohne ihn zu erkennen, an einem Kreuzweg erschlug; sie erfüllte sich zum zweitenmal, als der Sohn Oidipus die eigene Mutter heiratete, sich nach der Erkenntnis dieser Tat die Augen ausstach und seine Söhne verfluchte, die den blinden Vater zu hintergehen versucht hatten; sie erfüllt sich jetzt zum drittenmal, da Polyneikes mit seinen Verbündeten von Argos aus gegen Eteokles und die Vaterstadt Theben in den Krieg zieht und die Brüder das Schwert zu wechselseitigem Brudermord erheben.

Zu Beginn der *Hepta* freilich ist von Schuld und Verhängnis noch nicht die Rede. Eteokles tritt auf als ein selbstbewußter, entschlossener Lenker des Staatsschiffes, der gelassen seine Befehle erteilt, den Bericht von dem heranrückenden siebenfachen Heer zur Kenntnis nimmt und die Götter der Stadt um Hilfe und Beistand bittet (V. 1–77). In derselben männlichen Entschlossenheit stellt er sich dem Chor thebanischer Mädchen entgegen, die in verzweifelter Furcht zu den Altären stürzen und die Götter der Stadt um Erbarmen und Rettung anflehen (Parodos, V. 78–180): die Gefahr von außen darf nicht durch Panik im Innern geschürt werden, not tut nüchterne Verteidigungsplanung (V. 181–286). Das anschließende Chorlied der angsterfüllten Thebanerinnen (V. 287–368) mit seiner Schreckensvision von den Folgen des Krieges steht als beziehungsvoller Kontrast zum Schluß des zweiteiligen Eingangs wie zu dem breit angelegten Mittelstück der Tragödie, das in einem siebenfach aufgetürmten Rededialog zwischen Eteokles und seinem Kundschafter die Choreographie der Schlacht entwirft (V. 369–719). Unter detaillierter Beschreibung der symbolhaften Schildbemalungen berichtet der Späher über die vor den sieben Toren stehenden sieben Feldherrn, und Eteokles benennt für jeden von ihnen einen Gegner. Die archaisch gefügte Parallelität dieser jeweils von einem kurzen Gebet des Chors unterbrochenen sieben Redepaare wird gegen Ende zu einer dynamischen Klimax gesteigert: Der sechste Kämpfer der Feinde ist der wider besseres Wissen mit den wilden Haudegen gegen Theben gezogene Seher Amphiaraos, den sogar Eteokles als »*weisen, edlen, tapfren, frommgesinnten Mann*« anspricht; am siebten Tor aber steht Polyneikes, bereit, im Kampf mit dem verhaßten Bruder sich zum Herrn der Stadt zu machen oder den Tod zu erleiden.

Erst an dieser Stelle, im siebten Redepaar, bricht die (in den verlorenen vorausgegangenen Stücken angelegte) Grundthematik der Trilogie durch, jetzt erst zeigt sich, daß der kluge Staatsmann und energische Feldherr noch einem andern Gesetz unterworfen ist: dem Fluch des Labdakidenhauses. Sein Aufschrei über das verblendete, gottverhaßte Geschlecht des Oidipus und die Flüche des Vaters (V. 653 f.) trifft nicht nur den feindlichen Bruder, auch er selbst ist davon betroffen: daß er einer der sieben Verteidiger der Tore sein will, hat er schon am Ende des Eingangs (V. 282–284) angekündigt, daß er es sein wird, der Polyneikes gegenübertritt, ist, je weiter die Heerschau in den Redepaaren voranschritt, immer mehr zur Gewißheit geworden. Und so zeigt das erregte Wechselgespräch mit dem Chor, worin dieser Mittelteil gipfelt, nicht eigentlich den Entschluß der Tat, es demonstriert vielmehr die Identifikation des zweiten Oidipus-Sohns mit seinem ihm von früher her bestimmten Geschick: Notwendigkeit und Schuld, Verhängnis und eigene Entscheidung sind nicht zu trennen, Gottverlassenheit und hybride Abwendung von den Göttern gehen ineinander über; die Katastrophe ist damit besiegelt (»*Die Götter dachten lange schon nicht unser mehr;/ Nur eines, unser Untergang, ist ihre Lust;/ Was also sucht'ich flehend noch den Tod zu fliehn?*«, V. 702–704; alle Ü: Donner). Dramaturgisch drückt sich dieser Wandel in der gegenüber dem Beginn vertauschten Rolle von Chor und Held aus: Jetzt ist der Chor der besonnene, zu Mäßigung und Vernunft ratende Teil, Eteokles aber der in Starrsinn und Emotion Verblendete, der, weil er sich nicht (wie der Chor in der Eingangsszene) umstimmen läßt, dem Tode verfallen ist.

Das resümierende Lied des Chores über das Los des Laios-Hauses (V. 720–791) beschließt den – bereits alles entscheidenden – Mitteilteil: der Rest kann in komprimierter Kürze dargestellt werden. Eine knappe Botenszene (V. 792–820) referiert das Eintreten der erwarteten Ereignisse – die Brüder sind im Zweikampf gefallen, aber die Stadt ist gerettet; ein Schlußbild (V. 821 ff.) demonstriert die Situation nach der Katastrophe – die toten Brüder werden hereingetragen, der Chor sowie die Schwestern Antigone und Ismene stimmen die Totenklage an. Vor allem in diesem Schlußstück fällt die – für das ganze Stück signifikante – Ähnlichkeit in der Struktur der *Hepta* und der fünf Jahre zuvor entstandenen *Persai (Die Perser)* ins Auge: Die in einem Eingangsteil gezeichnete gespannte Grundsituation banger Sorge, die sich in einem zweiten, durch lange Berichtreden geprägten Abschnitt zugleich konkretisiert und zugespitzt hat, wird im dritten Teil »aufgelöst« – die Befürchtung wandelt sich zu endgültiger, schrecklicher Gewißheit –, während ein vierter, threnetisch-klagender Teil noch einmal in demonstrativer Breite die ganze Wucht der Katastrophe vorführt (W. Jens). Befremdlich wirkt allerdings in den *Hepta*, daß das Schlußtableau in eine dramatische Botenszene einmündet (V. 1005–1078), in der ein neuer Konflikt aufgerissen wird: das Verbot der Bestattung des Landesverräters Polyneikes und Antigones Auflehnung gegen dieses Verbot. Es ist kaum einzusehen, warum der Dichter am Ende der Trilogie durch eine solche Wendung das dramatische Geschehen seines natürlichen Schlußsteines beraubt haben soll. Solange nicht durch parallele Beispiele das Gegenteil wahrscheinlich gemacht werden kann, wird man wohl der Meinung zustimmen müssen, daß der überraschende Ausklang (wenn nicht überhaupt das Schwesternpaar) spätere Zutat ist. Eine Wiederaufführung, vielleicht in Verbindung mit einem *Antigone*-Drama, könnte der Anlaß dafür gewesen sein.

Daß es solche Neuinszenierungen Aischyleischer Werke gab, und zwar lange vor der Institutionalisierung des Brauches im Jahr 386, wird verschiedentlich überliefert: Ein Volksbeschluß hatte diese besondere postume Ehrung für Aischylos als Ausnahme gesetzlich festgelegt (normalerweise durften die Stücke nur einmal zum Agon am Dionysfest eingereicht werden). Daß diese Möglichkeit gerade den *Hepta* zugute kam, läßt sich sehr wohl denken. Denn die *Sieben gegen Theben* gehörten zu den Tragödien des Aischylos, die bei den Zeitgenossen und der Nachwelt, bis weit in die römische Kaiserzeit hinein, besonders im Gedächtnis geblieben sind. Das bezeugt SOPHOKLES, der in seine *Antigone* einen Vers aus den *Hepta* einfließen ließ, das bezeugen Anspielungen bei verschiedenen Vertretern der Alten Komödie, das bezeugt vor allem ARISTOPHANES, der dem Archegeten der drei großen Tragiker in seinen 405 aufgeführten *Batrachoi (Die Frösche)* ein bei allem Scherz exemplarisches Denkmal setzt und ihm – unter Verwendung einer von dem Sophisten GORGIAS stammenden Kritik – die Worte in den Mund legt (V. 1021 f.): »*Ein Drama schuf ich, ›des Ares voll‹ ... die ›Sieben gegen Theben‹. Und jeglicher Mann, der dies geschaut, entbrannte, dem Feind zu begegnen*« (Ü: Seeger). Mag der bissige Nachsatz auch auf das Konto des pazifistischen Komikers Aristophanes gehen (wie Aischylos wirklich über den Krieg denkt, wird in den Chorliedern unmißverständlich deutlich), so erinnert das Zitat doch an die gewaltige Wirkung, die die *Hepta*, nicht zuletzt wegen der Nähe der Perserkämpfe, bei ihrer Uraufführung auf das athenische Publikum ausgeübt haben dürften, und wenn Aristophanes während des Bruderkrieges zwischen Athen und Sparta auf diese Wirkung anspielen und sie zugleich korrigieren zu müssen glaubt, so verrät dies, wie lebendig das Drama mehr als sechzig Jahre nach seiner Entstehung noch war. E.Sch.

AUSGABEN: Venedig 1518 (in *Tragōdiai hex*, Hg. Franciscus Asulanus). – Bln. 1914 (in *Tragoediae*, Hg. U. v. Wilamowitz-Moellendorff; Nachdr. 1958). – Groningen 1938 (*Zeven tegen Thebe*, Hg. P. Groeneboom; m. Komm.; Nachdr. Amsterdam 1966). – Leiden 1950 (*Zeven tegen Thebe*, Hg. G. Italie; m. Komm.). – Oxford [2]1955 (in *Aeschyli septem quae supersunt tragoediae*, Hg. G. Murray). – Ldn./Cambridge (Mass.) [2]1957 (in *Aeschylus*, Hg. H. w. Smyth, Bd. 1; m. engl. Übers.; Loeb). – Paris [7]1958 (in *Eschyle*, Hg. P. Mazon). – Oxford 1972 (in *Tragoediae*, Hg. D. Page; Nachdr. 1982). – Oxford 1985 (*Septem contra Thebas*, Hg. G. O. Hutchinson; m. Komm.).

ÜBERSETZUNGEN: *Die sieben Helden vor Theben*, J. E. Goldhagen (in *Griechische u. römische Anthologie in deutscher Übersetzung*, Bd. 2, Brandenburg 1768). – *Sieben gegen Theben*, F. L. Graf zu Stolberg (in *Vier Tragödien*, Hbg. 1802). – *Die Sieben vor Thebä*, J. J. C. Donner (in *Aeschylos*, Bd. 1, Stg. 1854; auch in *Die Tragödien*, Ffm./Hbg. 1961; EC, 30). – *Sieben gegen Theben*, L. Wolde (in *Tragödien u. Fragmente*, Lpzg. 1938; Slg. Dieterich, 17). – *Die Sieben gegen Theben*, nach d. Übers. v. J. G. Droysen, bearb. v. F. Stoessl (in *Die Tragödien u. Fragmente*, Zürich 1952). – *Die Sieben wider Theben*, H. F. Waser (in *Tragödien*, Zürich 1952). – *Die Sieben gegen Theben*, E. Buschor (in *Die Danaostöchter. Prometheus. Thebanische Trilogie*, Mchn. 1958). – Dass., J. G. Droysen (in *Die Tragödien und Fragmente*, Hg. W. Nestle, Stg. 1962; Nachw. W. Jens; KTA). – Dass., W. Schadewaldt (in *Griechisches Theater*, Ffm. 1964). – *Sieben gegen Theben*, E. Staiger, Stg. 1974 (RUB). – Dass., O. Werner (in *A. Tragödien und Fragmente*, Mchn. ³1980; griech.-dt.).

LITERATUR: U. v. Wilamowitz-Moellendorff, *A.*, Bln. 1914, S. 56–113. – B. Snell, *A. u. das Handeln im Drama*, Lpzg. 1928, S. 78–95 (Phil. Suppl., 20/1). – Schmid-Stählin, 1/2, S. 208–221. – F. Dirlmeier, *Der Mythos von König Oedipus*, Mainz 1948. – W. Jens, *Strukturgesetze der frühen griechischen Tragödie* (in Studium Generale, 8, 1955, S. 246–253). – E. Fraenkel, *Die Sieben Redepaare im Thebanerdrama des A.* (in SBAW, phil.-hist. Kl., 1957, 3). – A. Lesky, *Eteokles in den »Sieben gegen Theben«* (in WSt, 74, 1961, S. 5–17; ern. in *Wege zu A.*, Hg. H. Hommel, Bd. 2, Darmstadt 1974, S. 23–37). – W. Schadewaldt, *Die Wappnung des Eteokles* (in *Eranion. Fs. Hommel*, Hg. J. Kroymann, Tübingen 1961, S. 105–116). – K. v. Fritz, *Die Gestalt des Eteokles in A.s »Sieben gegen Theben«* (in K. v. F., *Antike u. moderne Tragödie*, Bln. 1962, S. 193–226). – H. Erbse, *Interpretationsprobleme in den »Septem« des A.* (in Herm, 92, 1964, S. 1–22). – H. W. Cameron, *Studies on »The Seven Against Thebes« of A.*, Den Haag/Paris 1971. – A. Lesky, *Die tragische Dichtung der Hellenen*, Göttingen ³1972, S. 88–98 [m. Bibliogr.]. – D. Beyerle, *Die feindlichen Brüder von A. bis Alfieri*, Bln./NY 1973. – W. G. Thalmann, *Dramatic Art in A.'s »Seven Against Thebes«*, New Haven/Ldn. 1978.

HIKETIDES

(griech.; *Die Schutzflehenden*). Tragödie des AISCHYLOS, Eingangsstück der *Danaidentrilogie*, einst gefolgt von den *Aigyptioi (Die Aigyptossöhne)* und den *Danaides (Die Danaiden)* sowie dem Satyrspiel *Amymōnē*. – Wie in der 467 aufgeführten thebanischen Trilogie, von der wir nur noch das Schlußstück, die *Hepta epi Thēbas (Sieben gegen Theben)*, besitzen, konnte sich Aischylos auch in seinen Danaidendramen auf eine dem *Epischen Zyklus (Epikos kyklos)* nahestehende literarische Bearbeitung des Stoffes stützen: die *Danais*. Wer den Stoff für die Tragödie entdeckt hat, läßt sich nicht mehr sagen. Wenn die Titel *Aigyptioi* und *Danaides* auch im Werkkatalog des PHRYNICHOS begegnen, so sieht man daraus, daß Aischylos nicht nur zeitgenössischen Stoffen (vgl. *Phoinissai – Die Phoinikierinnen* und *Persai – Die Perser*), sondern ebenso in traditionellen Tragödienthemen mit dem älteren Rivalen konkurrierte, ohne daß indes noch etwas über das chronologische oder inhaltliche Verhältnis der verschiedenen Versionen auszumachen wäre; daß sie nicht allzu weit auseinanderlagen, möchte man annehmen.

Lange Zeit haben die *Hiketiden* als das früheste erhaltene Stück des Aischylos gegolten, angeblich noch in der Zeit der Perserkriege, also in den achtziger oder gar in den neunziger Jahren, entstanden. Vor wenigen Jahren (1952) kam jedoch ein Papyrusbruchstück mit Resten einer Didaskalie (Aufführungsurkunde) ans Licht, der zu entnehmen war, daß Aischylos mit seiner *Danaidentrilogie* beim Tragikeragon vor Werken des SOPHOKLES und des MESATOS den ersten Preis erringen konnte; da nun das erste Auftreten des Sophokles nachweislich in das Jahr 468 fällt, gehört die *Danaidentrilogie* des Aischylos mit Sicherheit in die sechziger Jahre (die fünfziger Jahre kommen nicht in Betracht), eventuell – wenn in dem Papyrus der Archontenname Archedemides zu ergänzen ist – ins Jahr 463. Versuche, das Fragment der Didaskalie anders zu deuten und so den Frühansatz zu retten, dürfen als widerlegt gelten. Damit hat sich eine von Walter NESTLE schon vor rund dreißig Jahren aufgrund eingehender Kompositionsanalyse vermutete Datierung bestätigt.

Die *Danaidentrilogie* handelt vom Schicksal der fünfzig Töchter des Danaos (was nicht heißt, daß auch der Chor der *Hiketiden* aus fünfzig Choreuten bestanden haben muß). Diese waren ihren Vettern, den Söhnen des Aigyptos, zur Ehe versprochen, lehnten aber die ihnen verhaßte Heirat ab und flohen mit ihrem Vater nach Argos, um hier, im Land ihrer Vorfahren, Asyl zu suchen. Die Parodos der *Hiketiden*, das Einzugslied des Chores (V. 1–175), exponiert die Handlung nach verschiedenen Richtungen: sie liefert zum einen die Information über die Vorgeschichte, stellt zum andern die Grundsituation vor Augen, in der sich die Mädchen während des ganzen Stückes befinden – in Habitus und Gebärden von Schutzflehenden sind sie angstvoll um die Altäre der Götter versammelt –, und schließlich läßt sie in einem langen Gebet an Zeus ein erstes Mal das Ethos anklingen, das der Chor der Schutzflehenden in seinen Liedern immer wieder entfalten wird. Zur Exposition gehört auch noch die erste Szene des ersten Epeisodions (V. 176–233), in der Danaos seine Töchter, da in der Ferne der Landesherr mit seinem Gefolge sichtbar wird, zu der Bittflehenden gebührenden demütigen Haltung ermahnt. Der Auftritt des Königs

Pelasgos in der folgenden Szene (V. 234–523) bringt den ersten dramatischen Höhepunkt des Geschehens: Aischylos hat diesem Dramenteil auch in den *Persai* von 472 (durch die langen Botenberichte) und in den *Hepta* von 467 (durch die sieben Redepaare zwischen Eteokles und den Boten) besonderes Gewicht gegeben. Der Vergleich mit diesen funktional parallelen Szenen lehrt jedoch einen bedeutsamen Unterschied: dort ist das Geschehen statisch, es expliziert ein vorgegebenes Ereignis, eine bereits getroffene Entscheidung, hier dagegen erleben wir – zum erstenmal in der Geschichte des Dramas –, wie sich die im Verlauf des Stückes zentrale Entscheidung in Rede und Gegenrede, durch Gespräch und Argumentation unmittelbar auf der Bühne anbahnt. Auf seiten der Mädchen steht das Recht, auf seiten des Königs die Verantwortung – Asyl für die Danaiden bedeutet Krieg zwischen Argos und den Verfolgern der Mädchen. Der König, zunächst geneigt, abzulehnen, beginnt unter dem Drängen der bittenden schwankend zu werden (»*Furcht trübt meinen Blick. Soll ich es tun? Soll ich es nicht tun?*«, V. 379 f.), versucht auszuweichen, erkennt, daß es keinen Ausweg für ihn gibt, und beugt sich schließlich, als die Mädchen mit Selbstmord drohen, ihrem Verlangen: er wird ihre Sache der Volksversammlung vortragen. Dieselbe Dynamisierung des dramatischen Geschehens, dieselbe Auflösung in unmittelbar vor den Augen des Zuschauers sich vollziehende Handlung zeigt auch der letzte Teil des Stücks. Nachdem der dritte, von zwei Gebetsliedern des Chores (V. 524–599 und V. 625–709) gerahmte Abschnitt – wie bei den *Hepta* sehr kurz gehalten – in Berichtsform die endgültige Entscheidung zugunsten der Asylsuchenden gebracht hat, erwartet man, den *Persai* und den *Hepta* entsprechend, ein Schlußbild, in dem mit demonstrativem Pathos die Situation der Betroffenen nach der Entscheidung vorgeführt wird. Statt dessen inszeniert der Dichter in zwei Epeisodien (V. 710–755; 825–1017) eine – an den Beginn erinnernde – neue dramatische Verwicklung. Danaos sieht in der Ferne das Heer der Verfolger landen, die auch alsbald auf die Szene stürmen und die Mädchen von den Altären wegreißen; doch Pelasgos, von Danaos herbeigeholt, setzt ihrem Treiben in einem erregten Gespräch ein Ende: die Aigyptier müssen weichen. Jetzt erst folgt der erwartet Schlußpunkt: dem Land Argos steht zwar ein Krieg bevor, aber die Mädchen können, begleitet vom Chor ihrer Dienerinnen, in die schutzgewährende Stadt einziehen.

Was die *Hiketiden* trotz der offenkundigen dramaturgischen Fortschritte, speziell im zweiten und vierten Teil, immer wieder als ein besonders frühes Werk des Dichters erscheinen läßt, ist der scheinbar ganz archaische Aufbau, ein Eindruck, den vor allem die große Rolle erweckt, die dem Chor zugeteilt ist: gut zwei Fünftel des Dramas nehmen die reinen Chorpartien – die Parodos und die Tanzlieder – ein, fast ein weiteres Fünftel sind chorlyrische Partien innerhalb der Szenen (in den sogenannten »epirrhematischen« Abschnitten), und von den agierenden Einzelfiguren ist die bei weitem dominierende die Sprecherin der Danaiden, also die Chorführerin. Freilich, der Stoff hätte wohl kaum eine andere Möglichkeit der Darstellung zugelassen. Hinzu kommt, daß Aischylos, wie ein Blick auf den *Agamemnon* lehrt, anscheinend in den Eingangsstücken einer Trilogie gerne dem Chor ein größeres Gewicht verliehen hat. Diese Rücksicht auf die Gesamtkomposition des mehrteiligen Dramas tritt auch noch in anderer Hinsicht zutage. Fragt man nämlich, was denn das Tragische am Geschehen dieser Tragödie ausmacht, so läßt sich anhand der *Hiketiden* nur eine sehr vage Antwort geben. Nirgends erfährt man genau, warum die Danaiden eigentlich die Ehe mit den Aigyptossöhnen ablehnen. Bedenkt man jedoch den Fortgang der Geschichte, die trotz allem zustande kommende Zwangsheirat und den Mord der Danaiden an den Aigyptossöhnen in der Hochzeitsnacht, und stellt man einige auffällige Hinweise, wie den Preis Aphrodites im Chor der Dienerinnen am Ende der *Hiketiden* oder die aus den *Danaides* erhaltene Rede der Göttin Aphrodite über das Allwalten des Eros, daneben (nicht zu vergessen: auch das Satyrspiel *Amymōnē* ist ein burleskes Spiel über die Macht der Liebe), so kann man daraus erschließen, was der Verlauf der Trilogie offenbar immer deutlicher sichtbar machen sollte: daß die Schuld der Danaiden in der Ablehnung des von den Göttern gestifteten Liebes- und Ehebundes bestand; diese Schuld ist wohl erst am Ende (man vgl. die *Eumeniden*) durch göttliches Eingreifen entsühnt worden (wie darin die Hypermestra-Episode eingefügt war, ist nicht mehr zu erkennen). Auch die Dramatisierung des Schlußteils der *Hiketiden* könnte solchen übergreifenden Bauprinzipien gedient haben, zumindest wissen wir, daß die Auseinandersetzung zwischen Pelasgos und den Aigyptossöhnen eine kriegerische Fortsetzung fand, bei der der Argiverkönig das antinomisch-ausweglose Dilemma, in das er geraten war, durch den Tod löste (ebenfalls eine Form Aischyleischer Tragik, wie etwa die Parallelgestalt Eteokles bekundet).

Der Eindruck, den die *Danaidentrilogie* auf die Zeitgenossen des Aischylos gemacht hat, scheint in der Nachwelt – anders als im Fall der thebanischen Trilogie oder gar der *Orestie* – nicht sehr stark nachgewirkt zu haben. Von einer Wiederaufführung ist uns nichts bekannt, und nur gelegentlich begegnet man einem Hinweis auf Bekanntschaft mit den *Hiketiden*. Immerhin ist bemerkenswert, daß diese ihre Spuren nicht nur in dem gleichnamigen Stück des Euripides hinterlassen haben, sondern auch in dessen *Orestēs* und nicht zuletzt im *Hippolytos*, jenem Werk also, das den tragischen Untergang eines Mannes darstellt, der sich ebenfalls gegen die Liebesgöttin Aphrodite aufgelehnt hat. E.Sch.

AUSGABEN: Venedig 1518 (in *Tragōdiai hex*, Hg. Franciscus Asulanus). – Bln. 1914 (in *Tragoediae*, Hg. U. v. Wilamowitz-Moellendorff; Nachdr. 1958). – Amsterdam 1928 (*Schutzflehende*, Hg. J. Vürtheim; m. Komm.). – Neapel 1935 (*Le supplici*,

Hg. M. Untersteiner; m. Komm.). – Ffm. 1948 (*Die Schutzsuchenden*, Hg. W. Kraus; m. Einl.; griech.-dt.). – Oxford ²1955 (in *Aeschyli septem quae supersunt tragoediae*, Hg. G. Murray). – Ldn./Cambridge (Mass.) ²1957 (in *Aeschylus*, Hg. H. W. Smyth, Bd. 1; m. engl. Übers.; Loeb). – Paris ⁷1958 (in *Eschyle*, Hg. p. Mazon). – Oxford 1972 (in *Tragoediae*, Hg. D. Page; Nachdr. 1982). – Kopenhagen 1980 (*The Suppliants*, Hg. H. F. Johansen u. E. W. Whittle, 3 Bde.; m. Komm. u. Bibliogr.).

ÜBERSETZUNGEN: *Die Hülfeflehenden*, J. T. L. Danz (in *Trauerspiele*, Bd. 2, Lpzg. 1808). – *Die Schutzflehenden*, L. Wolde (in *Tragödien u. Fragmente*, Lpzg. 1938; Slg. Dieterich). – Dass., F. Stoessl, nach der Übers. v. J. G. Droysen (in *Die Tragödien u. Fragmente*, Zürich 1952). – Dass., H. F. Waser (in *Tragödien*, Zürich 1952). – Dass., E. Buschor (in *Die Danaostöchter. Prometheus. Thebanische Trilogie*, Mchn. 1958). – Dass., J. G. Droysen (in *Die Tragödien u. Fragmente*, Hg. W. Nestle, Stg. 1962; Nachw. W. Jens; KTA; auch in *Die Tragödien*, Ffm./Hbg. 1961; EC). – Dass., O. Werner (in *A. Tragödien u. Fragmente*, Mchn. ³1980; griech.-dt.).

LITERATUR: U. v. Wilamowitz-Moellendorff, *A.*, Bln. 1914, S. 1–41. – B. Snell, *A. u. das Handeln im Drama*, Lpzg. 1928, S. 52–65 (Phil Suppl., 20/1). – Schmid-Stählin, 1/2, S. 194–203. – K. v. Fritz, *Die »Danaidentrilogie« des Aeschylus* (in Phil, 91, 1936, S. 121–136; 249–269; ern. in K. v. F., *Antike und moderne Tragödie*, Bln. 1962, S. 160–192). – M. Untersteiner, *Le »Supplici« di Eschilo* (in Dioniso, 6, 1937, S. 24–50). – D. Kaufmann-Bühler, *Begriff und Funktion der Dike in den Tragödien des A.*, Diss. Heidelberg 1951, S. 38–50. – W. Jens, *Strukturgesetze der frühen griechischen Tragödie* (in Studium Generale, 8, 1955, S. 246–253). – E. A. Wolff, *The Date of Aeschylus' »Danaid Tetralogy«* (in Eranos, 56, 1958, S. 119–139; 57, 1959, S. 6–34). – R. P. Winnington-Ingram, *The »Danaid Trilogy« of Aeschylus* (in Journal of Hellenic Studies, 81, 1961, S. 141–152; dt. in *Wege zu A.*, Hg. H. Hommel, Bd. 2, Darmstadt 1974, S. 57–82). – A. F. Garvie, *A.'s »Supplices«, Play and Triology*, Cambridge 1969. – C. Gülke, *Mythos und Zeitgeschichte bei A. Das Verhältnis von Mythos und Historie in »Eumeniden« und »Hiketiden«*, Meisenheim a. G. 1969. – A. Lesky, *Die tragische Dichtung der Hellenen*, Göttingen ³1972, S. 98–108 [m. Bibliogr.]. – H. Lloyd-Jones, *Die »Hiketiden« des A.: Das neue Datum und die alten Probleme* (in *Wege zu A.*, Hg. H. Hommel, Bd. 2, Darmstadt 1974, S. 101–124). – F. Wehrli, *Io, Dichtung und Kultlegende* (ebd., S. 136–148).

ORESTEIA

(griech.; *Orestie*). Tragödientrilogie des AISCHYLOS, bestehend aus den Stücken *Agamemnōn (Agamemnon)*, *Choēphoroi (Die Opfernden am Grab)* und *Eumenides (Die Eumeniden)*, einst ergänzt durch das heute verlorene Satyrspiel *Prōteus (Proteus)*; im Jahr 458 v. Chr. in der Inszenierung des Xenokles aus Aphidna aufgeführt. – Die Geschichte von der Ermordung des aus Troia heimkehrenden Königs Agamemnon durch seine treulose Gattin Klytaimestra und den ehebrecherischen Usurpator Aigisthos, Agamemnons Vetter, sowie von der blutigen Rache, die Agamemnons Sohn Orestes an den Mördern seines Vaters nimmt (was ihn der Verfolgung durch die Fluch- und Rachegöttinnen, die Erinyen, aussetzt), ist ein seit den Anfängen der griechischen Literatur oft behandeltes Thema. Schon die *Odyssee* berichtet an mehreren Stellen davon (1, 29 ff.; 3, 255 ff.; 4, 512 ff.; 11, 397 ff.), und innerhalb des *Epikos kyklos (Epischer Zyklus)* nahmen die Ereignisse im Atridenhaus in den heute verlorenen *Nostoi (Heimkehrgeschichten)* vermutlich einen zentralen Platz ein.

Mörder Agamemnons ist im Epos Aigisth, der den siegreichen Feldherrn samt seinen Getreuen bei einem Gastmahl umbringen läßt; Klytaimestra ermordet in der *Odyssee* nur Kassandra, die von Agamemnon als Sklavin und »Beutefrau« aus Troia mitgeführte Tochter des Priamos. Auch die Chorlyriker nahmen sich des Stoffes an – vor allem STESICHOROS in seiner *Oresteia*, ebenso PINDAR (*Pythien*, 11); sie bemühten sich besonders um die innere Motivation der Geschehnisse: Bei Stesichoros tötet Klytaimestra ihren Gatten mit eigener Hand, als Rache für die Opferung ihrer Tochter Iphigenie durch Agamemnon; der Muttermord Orests wird so zur gerechtfertigten Rachetat für den Gattenmord (äußeres Zeichen: der Gott Apollon erteilt selbst den Befehl dazu und gibt seinem Schützling den Bogen zur Abwehr der Erinyen). Dieses Bemühen der Lyriker um eine größere Plausibilität im Ablauf des Geschehens – aufgrund eines immer differenzierteren Eindringens in die Problematik von schuldhafter Verstrickung und zwangsläufig folgender Bestrafung und Sühnung – bildet den unmittelbaren Ansatzpunkt für die dramatische Behandlung des Stoffes durch Aischylos.

Was der Aischyleischen *Orestie* in der Geschichte der griechischen Tragödie wiederum ihren eigentümlichen Rang verleiht, ist der Umstand, daß sie die einzige vollständig erhaltene Trilogie darstellt. Sie ist also das einzige Beispiel, an dem sich unmittelbar ablesen läßt, in welchem Ausmaß und in welcher Weise die griechischen Dramatiker versuchten, das einzelne Stück in eine übergreifende dramaturgische Einheit einzufügen, ohne dabei seine eigene dramaturgische Geschlossenheit zu sprengen. Das wichtigste Mittel hierfür war, wie sich an der *Orestie* deutlich zeigt, ein Grundgerüst teils offener, teils verdeckter kompositorischer Korrespondenzen. So sind, um nur einiges Wesentliche zu nennen, der *Agamemnon* und die *Choephoren* genau parallel strukturiert: Beide Male treten zwei Paare gegeneinander auf den Plan – Klytaimestra und Aigisth gegen Agamemnon und Kassandra hier, Orest und Elektra gegen Klytaimestra und Aigisth dort –; beide Male werden die »unterliegenden« Paare von ihren »Hauptgegnern«, Klytaimestra hier, Orest dort, in den Palast (das Bühnenhaus in der Mitte der Skene) gelockt und dort ermordet, und zwar in der derselben Reihenfolge, erst der Mann, dann die Frau; beide Male wird den (scheinbar) triumphierenden Mördern im nachfolgenden Stück der Prozeß gemacht – Klytaimestra und Aigisth fallen der Rache Orests zum Opfer, der von den Erinnyen verfolgte Orest muß sich dem Blutgericht des Areopag stellen –, und beide Male wird diese Wendung am Ende des vorangehenden Stükkes vorbereitet – hier durch das Streitgespräch Aigisths mit dem Chor, der auf die Rückkehr Orests hofft, dort durch den »Wahnsinnsanfall« Orests, der der Erinnyen ansichtig wird. Dieses Neben- und Gegeneinander paralleler Figurationen und Handlungsstränge läßt sich, aus verständlichen motivischen Gründen, im dritten Teil der Trilogie nicht fortführen: Die *Eumeniden* sind im Vergleich zu den beiden vorangehenden Stücken individuell strukturiert, so daß die gesamte Trilogie dem in Literatur und Musik so häufig anzutreffenden Kompositionsprinzip *a-a-b* oder »Stollen-Stollen-Abgesang« folgt.

Dennoch wird, wenngleich auf einer anderen Ebene, die kompositorische Einheit der Trilogie gewahrt: Dadurch, daß allen drei Stücken ein von Aischylos in seinen Tragödien immer wieder durchgespieltes vierteiliges Handlungsschema zugrunde liegt, wobei in allen drei Stücken gleichermaßen entscheidende, für die differenzierte Dramatik des Aischyleischen Alterswerkes charakteristische Varationen gegenüber den früheren Dramen (vgl. *Persai – Die Perser, Hepta epi Thēbas – Sieben gegen Theben, Hiketides – Die Schutzflehenden*) zu verzeichnen sind (nach Walter Jens). Der Beginn bringt jeweils ein Bild ängstlicher Erwartung: Wann erscheint das Flammensignal, das Agamemnons Sieg in Troia verkündet? (*Agamemnon*, V. 1–39) – Ist es wahr, daß Troia gefallen ist? – Was soll bei Agamemnons Rückkehr geschehen? (V. 258–354); Was ereignet sich an Agamemnons Grab? (*Choephoren*, V. 1–21) – Was ist aus Orest geworden? – Wird Orest nach seiner Rückkehr seinen Vater rächen? (V. 84–305); Wird Orest den Erinyen entkommen können? (*Eumeniden*, V. 1–234). Im nächsten Teil des Dramas fällt dann jeweils eine erste Vorentscheidung: Ein Bote bestätigt den Untergang Troias und die bevorstehende Rückkehr des siegreichen Feldherrn (*Agamemnon*, V. 489–680); Orest bekennt sich erneut zu der vom Gott Apollon befohlenen Rachetat und entwickelt den Plan zu ihrer Durchführung (*Choephoren*, V. 306–584); die Göttin Athene erklärt sich bereit, in dem Ringen Orests mit den Erinyen zu vermitteln und den Gerichtshof einzuberufen (*Eumeniden*, V. 234–489). Der mehrgliedrige dritte Abschnitt, das Zentrum aller drei Dramen, bringt jeweils die endgültige Entscheidung, und zwar in unmittelbarem Bühnengeschehen, nicht mehr, wie in *Hepta* und *Hiketiden*, in Form von Berichten: Agamemnon und Kassandra, Klytaimestra und Aigisth werden gezwungen, den Palast zu betreten, wo sie der Tod erwartet (*Agamemnon*, V. 810–974; 1035–1330; 1343–1371; *Choephoren*, V. 652–718; 838–934), Orest wird dank der durch Athenes Votum erzielten Stimmengleichheit bei der Gerichtsverhandlung freigesprochen (*Eumeniden*, V. 566–777). Der Schlußteil der Dramen endlich, die Exodos, führt jeweils die Lage nach der Entscheidung vor Augen, interpretiert die Konsequenzen und gibt einen Ausblick in die Zukunft, wobei jedoch – wiederum im Gegensatz zum frühen Aischylos – zugleich, wie erwähnt, auch noch einmal neue Handlungsimpulse auftauchen können: Klytaimestra und Aigisth suchen sich vor dem Chor der Alten von Argos zu rechtfertigen (*Agamemnon*, V. 1372–1673), Orest sich vor dem Chor der Argiverinnen zu rechtfertigen versucht (*Choephoren*, V. 973–1075) – beide Male wird dabei schon das kommende Strafgericht sichtbar –; Athene besänftigt den Chor der Erinyen, die nach dem Wunsch der Göttin künftig ihr selbst gleichgeachtet als »Eumeniden«, als »wohlgesinnte« Segensgöttinnen, über Athen und seinen Bürgern walten sollen (*Eumeniden*, V. 778–1047).

Eine besondere Eigenart dieses ausgereiften Spätwerks liegt darin, daß sich Aischylos allenthalben bemüht, die vorgegebenen starren Handlungsfunktionen dieses vierteiligen Schemas aufzulösen. Das zeigt sich zumal daran, daß immer wieder entscheidende Augenblicke des Geschehens in irgendeiner Form vorweggenommen werden, noch ehe sie eintreten: Klytaimestra zwingt Agamemnon, den blutroten Purpurteppich vor dem Palast zu betreten – damit ist sein Schicksal bereits besiegelt –; Kassandra erlebt die Morde in visionärer Verzükkung bereits vorweg (auch den Muttermord Orests); Klytaimestras Traumgesicht von dem Drachen, den sie zur Welt bringt und der ihr mit der Muttermilch das Blut aus der Brust saugt, ist ein antizipiertes Schreckensbild ihres bevorstehenden Untergangs usw. Auf diese Weise kann der Dichter das Faktische des Geschehens, für dessen Präsentation auf der Bühne in früheren Dramen ausgedehnte Botenberichte nötig waren, ganz in den Hintergrund treten lassen und statt dessen in mehrschichtig gebrochenen Vorverweisen und Rückbezügen die geheimen Beweggründe, die die Personen leiten, und die tieferen Ursachen dessen, was sich vor den Augen des Zuschauers ereignet, in den Mittelpunkt des Bühnengeschehens stellen. Dies hat zur Folge, daß die ganze Trilogie durchzogen ist von Reflexionen über das Geschehen. Das beginnt im ersten Chorlied mit seinem Rückblick auf die Ereignisse in Aulis: Bereits hier werden die zentralen Leitmotive genannt, die das Drama bestimmen – von außen verhängter Zwang und innere Schuld, verblendetes Überschreiten göttlicher Rechtsnormen, Notwendigkeit der Unterwerfung des Menschen unter dieses Recht *(dikē)*, dessen unerbittliches Gesetz lautet »Durch Leiden lernen« (V. 250 f.). Höchster Vertreter dieser Rechtsnorm ist Zeus, der überragende Allgott des Aischylos, doch auch die anderen Götter, Apollon und Athene, ja selbst die finsteren Mächte der Fluch- und Rachegeister wirken daran mit, die von den Menschen schuldhaft verletzte Ordnung der Dike wiederherzustellen. Wohl stehen die Gestalten des Dramas unter dem immer wieder beschworenen Fluch, der seit alters auf dem Haus des Atreus lastet und in jeder Generation neue Greuel zeitigt (Tantalos schlachtet seinen Sohn Pelops und bietet ihn den Göttern als Mahl an; Atreus setzt dem Bruder Thyestes dessen ermordete Kinder als Mahl vor; Helena, Gemahlin von Agamemnons Bruder Menelaos, beschwört durch ihren Ehebruch mit Paris den Troianischen Krieg herauf; Agamemnon schlachtet den Göttern die eigene Tochter als Opfer); aber die Menschen sind diesem Geschlechterfluch nicht zwanghaft ausgeliefert, sondern handeln in freier Verantwortung, einzig von dem *daimōn*, der sie beseelt, getrieben. Das gilt auch für Orest, der von Apollon den Befehl zum sühnenden Muttermord erhält: Der Dichter läßt keinen Zweifel daran, daß Orest sich mit dem Befehl des Gottes identifiziert und sich zugleich der wiederum Sühne heischenden Schuld bewußt ist, die er damit auf sich lädt. Diese Schuld wird denn auch am Schluß nicht getilgt – Orest kommt nur durch einen göttlichen Gnadenakt frei (dramaturgische Chiffre: Athenes Votum führt zur Stimmengleichheit, was Freispruch bedeutet). Was jedoch durch diesen Gnadenakt endgültig getilgt ist, das ist der auf dem Atridenhaus lastende Fluch. Und unter diesem Aspekt enthüllt sich am Ende die Grundstruktur der gesamten Trilogie als ein gewaltiger Dreischritt: breit ausgeführte Demonstration der Atridengreuel (die Länge des *Agamemnon* beruht vor allem auf den ausgedehnten Chorpartien [man vergleiche die *Hiketiden*], die die unheilvolle Vorgeschichte reflektieren) – Sühne des letzten Frevels durch eine erneute, trotz des Befehls der Gottheit immer noch dem Familienfluch verhaftete Mordtat – endgültige Entsühnung und versöhnende Wiederherstellung der Rechtsnormen durch das Eingreifen der Gottheit.

Daß dieser Ausgleich am Ende sich gerade mit Hilfe Athenes und vor einem athenischen Gericht vollzieht (worin sich eine im Jahr 362 unter Ephialtes und Perikles erfolgte Reformierung des Areopags spiegeln mag), macht die *Orestie* zu einer Reverenz des Dichters vor seiner Heimatstadt. Doch dürfte diese *captatio benevolentiae* nur eine der Ursachen für den Sieg gewesen sein, der der Trilogie im tragischen Agon zufiel: Gewiß konnten sich schon damals die Zuschauer der dramatischen Stringenz und Wucht des Werkes nicht entziehen, das SWINBURNE zu den »*größten Schöpfungen des menschlichen Geistes*« zählte. Das dokumentiert auch die nachhaltige Wirkung der *Orestie* auf die beiden jüngeren großen Tragiker: Die *Elektra* des SOPHOKLES und die *Elektra*, der *Orestēs*, die *Iphigeneia hē en Taurois* (*Iphigenie bei den Taurern*) des EURIPIDES entstanden in zum Teil bis in die motivischen und dramaturgischen Details reichender Auseinandersetzung mit den entsprechenden Teilen der Trilogie. Ebenso läßt sich der Einfluß der Aischyleischen Gestaltung des Stoffes auf die bildende Kunst nicht übersehen. In Rom verfaßte LIVIUS ANDRONICUS einen *Aegisthus*, ENNIUS übertrug die *Eumeniden* ins Lateinische. ACCIUS schrieb einen *Aegisthus* und eine *Clutemestra*; erhalten hat sich aus der römischen Literatur allerdings nur der *Agamemno* SENECAS, dessen Beziehungen zu dem Aischyleischen Werk aber noch nicht geklärt sind. Dem vom Christentum mit seinem ganz anderen Schuld- und Sündenbegriff geprägten Mittelalter lag der Stoff aus verständlichen Gründen fern. Erst in der Zeit der Renaissance war auch ihm eine Wiedergeburt beschieden, teilweise dank BOCCACCIOS *De claris mulieribus* (*Über berühmte Frauen*), der Hans Sachs zu seiner *Mörderisch Königin Clitimestra* (1554) und zur *Historia Clitimestra, die Königin Micennarum* (1558) anregte. Die im 16.Jh. wieder einsetzende Bekanntschaft mit den antiken Originaldichtungen führte in den folgenden Jahrhunderten zu einer derartigen Fülle von Agamemnon-, Klytaimestra-, Elektra- und Orestdramen, daß der Atridenmythos mit der Zeit zu einem der meistbehandelten antiken Stoffe wurde (vgl. etwa CRÉBILLON Pères *Électre*, 1708; VOLTAIRES *Oreste*, 1750; BODMERS *Elektra oder Die bestrafte Übeltat*, 1760; ALFIERIS *Agamemnone*, 1776, und *Oreste*, 1781; LEMERCIERS *Agamemnon*, 1789; DUMAS Pères *L'Orestie*, 1865; LECONTE DE LISLES *Les Érinnyes*, 1873, und vieles andere). In jüngerer Zeit gaben die von Jacob BURCKHARDT und NIETZSCHE inaugurierte antiidealistische Betrachtungsweise des Griechentums und die um die Jahrhundertwende aufblühende Psychoanalyse der Beschäftigung mit den Themen der Atridensage entscheidend neue Impulse und regten zu einer ganzen Reihe von dramatischen Schöpfungen an, die bei aller Freiheit in der Auseinandersetzung mit den Vorlagen an Wirkung und Bedeutung ihren antiken Vorbildern zum Teil ebenbürtig zur Seite stehen (vgl. HOFMANNSTHAL, *Elektra*, 1903; Robinson JEFFERS, *The Tower beyond Tragedy*, 1925; O'NEILL, *Mourning Becomes Electra*, 1931; GIRAUDOUX, *Électre*, 1937; HAUPTMANN, *Atriden-Tetralogie*, 1941–1948; SARTRE, *Les mouches*, 1943).   E.Sch.

AUSGABEN: Gesamtausgaben: Venedig 1518 (in *Tragōdiai hex*, Hg. Franciscus Asulanus). – Bln. 1914 (in *Tragoediae*, Hg. U. v. Wilamowitz-Moellendorff; Nachdr. 1958). – Ldn./Cambridge (Mass.) 1926 (in *Aeschylus*, Hg. H. W. Smyth, Bd. 2; m. engl. Übers.; Loeb; mehrere Nachdr.). – Mchn. 1948 (*Orestie*, Hg. O. Werner; griech.-dt.). – Oxford [2]1955 (in *Aeschyli septem quae supersunt tragoediae*, Hg. G. Murray; Nachdr. zul. 1966). – Paris [7]1961 (in *Eschyle*, Hg. P. Mazon, Bd. 2; m. frz. Übers.). – Amsterdam/Prag [2]1966 (*The Oresteia*, 2 Bde., Hg. G. Thomson; m. Komm.). – Oxford 1972 (in *Tragoediae*, Hg. D. Page; Nachdr. 1982).

Einzelausgaben: *Agamemnon*: Cambridge 1910, Hg. W. Headlam [m. Komm. u. engl. Übers.; Hg. A. C. Pearson]. – Catania o. J. (*Agamemnone*, Hg. A. Ardizzoni). – Oxford 1950, Hg. E. Fraenkel,

3 Bde. [m. Komm. u. engl. Übers.]. – Florenz 1955 (*Agamemnone*, Hg. G. Ammendola; m. Komm.). – Oxford 1957, Hg. J. D. Denniston u. D. Page. – Amsterdam ²1966, Hg. P. Groeneboom [m. Komm.].
Choephoren: Ldn. 1893 (*The ›Choephori‹*, Hg. A. W. Verall; m. Komm. u. engl. Übers.). – Bln. 1896 (*Orestie, Zweites Stück: Das Opfer am Grabe*, Hg. U. v. Wilamowitz-Moellendorff; griech.-dt.; m. Komm.). – Cambridge 1901 (*The Choephori*, Hg. T. G. Tucker; m. Komm. u. engl. Übers.). – Halle 1906 (*Choephoren*, F. Blass; m. Komm.). – Florenz 1948 (*Le Coefore*, Hg. G. Ammendola; m. Komm.). – Groningen 1949, Hg. P. Groeneboom [m. Komm.]. – Oxford 1986 (*Choephori*, Hg. A. F. Garvie; m. Komm.).
Eumeniden: Bln. 1907 (*Die Eumeniden*, Hg. F. Blass; m. Komm.). – Turin 1931, Hg. P. Ubaldi [m. Komm.]. – Groningen/Djakarta 1952 (*Eumeniden*, Hg. P. Groeneboom; m. Komm.).

ÜBERSETZUNGEN: *Agamemnon*, G. A. v. Halem, Lpzg. 1785. – Dass., D. Jenisch, Bln. 1786. – *Agamemnon. Die Choephoren. Die Eumeniden*, J. T. L. Danz (in *Trauerspiele*, Bd. 2, Lpzg. 1805). – *Orestie*, U. v. Wilamowitz-Moellendorff (in *Griechische Tragödien*, Bd. 2, Bln. ¹¹1929). – *Oresteia*, L. Wolde (in *Tragödien und Fragmente*, Lpzg. 1938 u. ö.; Slg. Dieterich). – *Die Orestie*, F. Stoessl, nach J. G. Droysen (in *Die Tragödien und Fragmente*, Zürich 1952). – *Oresteia-Tetralogie*, H. F. Waser (in *Tragödien*, Zürich 1952). – *Oresteia*, J. G. Droysen (in *Die Tragödien u. Fragmente*, Hg. W. Nestle; Nachw. W. Jens; Stg. 1962; KTA). – *Die Orestie* (in *Die Perser. Die Orestie*, E. Buschor, Mchn. 1953; ern. als Einzelausg. Ffm./Hbg. 1958, FiBü, 194). – Dass., W. Jens, Bad Hersfeld o. J. [Bearb.]. – *Agamemnon. The Libation Bearers. The Eumeniden*, H. Lloyd-Jones, 3 Bde., Ldn. 1970 [engl.; m. Komm.]. – *Die Orestie*, W. Jens, Mchn. 1979. – *Orestie* (*Agamemnon; Die Weihgußträgerinnen; Die Eumeniden*), O. Werner (in *A. Tragödien und Fragmente*, Mchn. ³1980; griech.-dt.). – *Orestie* (*Agamemnon; Die Totenspende; Die Eumeniden*), E. Staiger, Stg. ³1987.

VERFILMUNGEN: BRD 1968 (TV; Regie: F. J. Wild). – *Appunti per una Orestiade Africana*, Italien 1977 (Regie: P. P. Pasolini).

LITERATUR: A. Lesky, *Die »Orestie« des A.* (in Herm, 66, 1931, S. 190–214). – Schmid-Stählin, 1/2, S. 221–257. – A. Setti, *L'»Orestea« di Eschilo*, Florenz 1935. – G. Méautis, *Eschyle et la trilogie*, Paris 1936. – G. Thomson, *Aeschylus and Athens*, Ldn. ²1946, S. 245–297; Nachdr. 1950 (dt.: *A. und Athen*, Bln. 1957, S. 258–313). – K. Reinhardt, *A. als Regisseur und Theologe*, Bern 1949, S. 79–162. – D. Kaufmann-Bühler, *Begriff und Funktion der Dike in den Tragödien des A.*, Diss. Heidelberg 1951. – W. Jens, *Strukturgesetze der frühen griechischen Tragödie* (in Studium Generale, 8, 1955, S. 246–253). – E. Fraenkel, *Der »Agamemnon« des A.*, Zürich/Stg. 1957 (ern. in E. F., *Kleine Beiträge zur Klassischen Philologie*, Bd. 1', Rom 1964, S. 329–351; ebd. S. 353–369: *Der Zeushymnus im »Agamemnon« des A.* [zuvor in Herm, 86, 1931, S. 1–17]; S. 375–387: *Die Kassandraszene der »Orestie«*). – E. R. Dodds, *Moral and Politics in the »Oresteia«* (in Proceedings of the Cambridge Philological Society, 186 [N.S.6], 1960, S. 19–31; dt. *Die Rolle des Ethischen und Politischen in der »Orestie«* in *Wege zu A.*, Hg. H. Hommel, Bd. 2, Darmstadt 1974, S. 149–172). – E. Frenzel, *Stoffe der Weltliteratur*, Stg. ²1963, S. 12–15; 481–486 [m. Bibliogr. zum Nachleben]. – K. v. Fritz, *Die Orestessage bei den drei großen griechischen Tragikern* (in K. v. F., *Antike und moderne Tragödie*, Bln. 1962, S. 113–159). – H. J. Dirksen, *Die Aischyleische Gestalt des Orest und ihre Bedeutung für die Interpretation der »Eumeniden«*, Nürnberg 1965 (Erlanger Beiträge zur Sprach- und Kunstwissenschaft). – W. H. Friedrich, *Schuld, Reue und Sühne der Klytämnestra* (in W. H. F., *Vorbild u. Neugestaltung. Sechs Kapitel zur Geschichte der Tragödie*, Göttingen 1967, S. 140–187). – C. Gülke, *Mythos und Zeitgeschichte bei A. Das Verhältnis von Mythos und Historie in »Eumeniden« und »Hiketiden«*, Meisenheim a. G. 1969. – R. Schottlaender, *Um die moralische Qualität des Freispruchs in den »Eumeniden«* (in Das Altertum, 16, 1970, S. 144–153). – A. Lebeck, *The »Oresteia«. A Study in Language and Structure*, Harvard 1971. – A. Lesky, *Die tragische Dichtung der Hellenen*, Göttingen ³1972, S. 108–134 [m. Bibliogr.]. – K. Schneider, *Das religiöse Empfinden als Kriterium philologischer Interpretation. Zur Gerichtsszene in den »Eumeniden«* (in *Wege zu A.*, Hg. H. Hommel, Bd. 2, Darmstadt 1974, S. 319–330). – L. Bergson, *Der Zeushymnos im »Agamemnon« des A.* (ebd., S. 186–199). – F. Solmsen, *Elektra und Orestes. Drei Wiedererkennungsszenen in der griechischen Tragödie* (ebd., S. 275–318). – H. Hommel, *Schicksal und Verantwortung. A.s »Agamemnon« 1562* (ebd., S. 232–263). – C. Meier, *A.s »Eumeniden« und das Aufkommen des Politischen* (in C. M., *Die Entstehung des Politischen bei den Griechen*, Ffm. 1980, S. 144–246).

PERSAI

(griech.; *Die Perser*). Tragödie des AISCHYLOS, 472 v. Chr. in der Trilogie *Phineus, Persai, Glaukos Potnieus* zusammen mit dem Satyrspiel *Promētheus Pyrkaeus* aufgeführt, und zwar in einer Inszenierung des berühmten Perikles. – Im Gegensatz zu den 467 v. Chr. aufgeführten *Hepta epi Thēbas* (*Sieben gegen Theben*), den weitere vier Jahre später entstandenen *Hiketides* (*Die Schutzflehenden*) und zur *Oresteia* (*Orestie*) von 458 stehen die *Perser* nicht im Gefüge einer inhaltlich verbundenen Trilogie. Vielmehr behandeln sie innerhalb der mythologisch geprägten Parallelwerke – als einzige Aischyleische Tragödie – ein historisches, genauer sogar, ein zeitgeschichtliches Thema: den Untergang der persischen Flotte des Großkönigs Xerxes in der Schlacht von Salamis (480 v. Chr.). Damit stellt sich Aischylos in eine Tradition, die unseres Wissens sein um eine Generation älterer Zeitgenosse und Rivale PHRYNICHOS begründet hat, dessen *Milētu halōsis (Die Einnahme von Milet)* von 492 und *Phoinissai (Die Phönikierinnen)* von 476 ebenfalls Ereignisse der unmittelbaren Zeitgeschichte auf die Bühne brachten. Zu den *Phoinissen* bestehen darüber hinaus besonders enge Beziehungen, denn Aischylos hat seine *Perser* allem Anschein nach in direkter Auseinandersetzung mit diesem Stück verfaßt; die antike Hypothesis (Einleitung) berichtet sogar von einem Kritiker, der die *Perser* als »Umarbeitung der ›Phoinissen‹ des Phrynichos« bezeichnet hat. Leider gestatten es unsere dürftigen Kenntnisse von dem Phrynichos-Stück nicht, diese für das antike Publikum nicht zu übersehenden offenen und verdeckten Korrespondenzen in allen Einzelheiten anzugeben. Bedeutsam ist jedoch, daß wir den gegenüber dem Vorbild völlig gewandelten dramaturgischen Grundansatz des Aischylos noch fassen können: Während Phrynichos das zentrale Ereignis – die persische Niederlage – bereits im Prolog des Eunuchen vorab berichten läßt, wodurch sein Stück, wie man glaubt, einen weitgehend threnetischen (*thrēnos* – »Klagelied«) Charakter erhielt, läßt Aischylos dieses Ereignis in einem mit innerer Spannung erfüllten, von Ahnung und banger Furcht zu schrecklicher Enthüllung und Demonstration führenden Spiel unmittelbar auf der Bühne Wirklichkeit werden. Damit hat Aischylos in der dramatischen Technik wie in der interpretatorischen Durchdringung des dramatischen Geschehens eine ganz neue Dimension erreicht – bereits sein für uns frühestes Stück zeigt ihn als den überlegenen »Regisseur und Theologen« (Karl Reinhardt), der er zeitlebens geblieben ist.

Die Parodos, das Einzugslied des Chores (V. 1–154), entwirft in breit ausgedehnter Parataxe ein Bild von der Größe der persischen Macht und der Vielzahl von Fürsten, die nach Griechenland gezogen sind. Doch schon in seinen ersten Worten (V. 8 ff.) klingen Angst und Sorge an, was aus dieser gewaltigen Streitmacht geworden sein könnte: »*Denn wenn die Götter listigen Trug ersinnen, welcher sterbliche Mann wird dann entkommen?*« (V. 93 f.). Diese Sorge steigert sich mit dem Auftreten der Königinmutter Atossa (V. 155–248), die ohne Umschweife in den angstvollen Ton des Chors mit einstimmt. Die allgemeine Furcht verdichtet sich in den zwei gespenstischen Träumen, von denen sie berichtet (V. 176–214), und immer wieder fällt in bedeutsamem Kontrast zu Xerxes der Name seines Vaters Dareios, dessen Reich der Sohn in Gefahr gebracht hat. Was sich so in einer doppelten Szene angedeutet hat, bricht im folgenden mit unmittelbarer Wucht über die Betroffenen herein (V. 249–597) – ein Bote stürzt auf die Bühne und bringt die Schreckensnachricht: »*Mit einem Schlag ist dieses reiche Glück vernichtet, der Perser Blüte liegt am Boden.*« Das ganze Ausmaß der Katastrophe wird freilich erst in den fünf nachholenden Reden sichtbar, in denen der Bote diese – wie häufig bei Aischylos – pauschal vorweggenommene Unglücksbotschaft im einzelnen wiederholt; Höhepunkt ist die große Schlachtbeschreibung (V. 353–432), die der Dichter als einer der beteiligten griechischen Kämpfer aus eigener Anschauung gestaltet hat. Allerdings kann der Bote nur eines klären – die Frage nach dem »Wie« –, die Antwort auf die Frage »Warum?« muß in seinem Bericht offenbleiben. Diese Antwort gibt dann das die Botenszene abschließende Chorlied (V. 532–597) ein erstes und die Beschwörung des Schattens von Dareios durch Atossa (V. 598–851) ein zweites Mal: Der allzu stolze, allzu selbstbewußte Xerxes hat sich gegen die Gottheit vergangen, er hat Poseidon versucht, als er seine gewaltige Flotte baute und mit Hilfe einer noch nie dagewesenen Schiffsbrücke den Hellespont überquerte; denn wenn der Mensch in seinem Übermut, seiner Hybris, das ihm gesetzte Maß verläßt, dann rennt er in sein Unheil, und die Gottheit hilft dabei noch nach: Die Niederlage von Plataiai wird den Untergang des Perserheeres vollends besiegeln. Bange Erwartung – entsetzliche Gewißheit – deutende Begründung: Auf diese stufenweise geschichtete Klimax folgt am Ende, als bildhaft-eindrucksvolles Resümee des Geschehens wie seiner Deutung, die sichtbare Demonstration des Unheils (V. 852–1077). Nach einem Trauerlied des Chors, das die einstige Macht des Daraiosreiches und seiner weiten Besitzungen beklagt (V. 852–906), erscheint der geschlagene König Xerxes selbst auf der Bühne, mit zerrissenem Gewand, verlassen von seinem einstigen Gefolge, und mit einem threnetischen Wechselgesang von beklemmender Düsterkeit und Wildheit schließt das Drama.

Was den *Persern* auf der Bühne ihre auch den heutigen Zuschauer noch ungebrochen beeindruckende Wirkung verleiht, ist nicht nur die – bei aller archaischen Statik in der Szenenfolge – ungeheure innere Dynamik, mit der sich das Geschehen vollzieht, sondern beruht zu einem nicht minderen Teil auf der Meisterschaft des Dichters, das Geschehen selbst kontinuierlich als einen Ausfluß der ständig im Hintergrund sichtbaren, alle Ereignisse bestimmenden Kräfte erscheinen zu lassen. Nicht »Was geschieht?« ist wesentlich, sondern »In welcher Weise und aus welchem Grund geschieht es?«; von Anfang an lautet die zentrale Frage weniger »Wird das Perserheer heil zurückkehren?« als vielmehr »Wird die Ate, die von den Göttern verhängte Verblendung, den Xerxes vernichten?« Deshalb ist das dramatische Geschehen auch nicht mit dem gewaltigen Botenbericht von der Katastrophe zu Ende: Dieser steht zwar als faktischer Mittelpunkt im Zentrum, wird aber an Umfang und Gewicht weit übertroffen von den beiden folgenden interpretatorischen Szenen. Damit hängt zugleich die eigentümliche kompositorische Doppelstruktur des Stückes zusammen: Eine vom Gesichtspunkt dramaturgischer Ökonomie bestimmte Klammerkomposition rahmt das faktische Zentrum (den Botenbericht) ein durch zwei Atossa-Szenen, in denen jeweils dem früheren König Dareios entscheidende Funktion zukommt, sowie durch zwei in dialektischer Umkehrung aufeinander bezogene Reflexionen über die bisherige Größe des Perserreiches (der Aufzählung der Länder und Fürsten in der Parodos entspricht die im letzten Chorlied und im abschließenden Threnos bis in die Details); doch diese Klammerposition wird überlagert, ja fast verdeckt von der »theologisch« bestimmten, viergliedrigen teleologischen Stufenkomposition, deren treibendes Moment eben die Entlarvung der Konsequenzen menschlichen Übermuts und die Enthüllung der unerbittlichen göttlichen Übermacht ist.

Die *Perser* sind das früheste erhaltene Beispiel der griechischen Tragödie; gerade als solches aber vermögen sie zu zeigen, mit welcher Konstanz sich diese Gattung von ihren Anfängen bis zu ihrem Ende entfaltet hat: In allen wesentlichen Eigenarten präludiert dieses Drama der gesamten folgenden Tragödienproduktion, soweit sie uns in den Werken der drei großen Tragiker faßbar ist. Daß die klassische griechische Tragödie im Gegensatz zur modernen Dramatik als kultisches Spiel entstanden und kultisches Spiel geblieben ist, lehrt ein Blick auf die Stücke des Aischylos und SOPHOKLES nicht weniger als auf die des EURIPIDES. Noch das letzte uns überlieferte tragische Werk, die Euripideischen *Bakchai (Die Bakchen)*, ist, wie das erste, eine Demonstration der göttlichen Strafe für menschlichen Übermut. Daß dem Menschen ein Maß gesetzt ist, das hybrid und verblendet zu überschreiten zum Untergang führt, ist das geradezu wesensspezifische Kernthema des Genos (man denke etwa an den Sophokleischen *Aias* oder den *König Oidipus*); wenn Euripides dieses für die beiden älteren Tragiker noch verhältnismäßig unreflektiert gültige Grundmodell von »Verhängnis und Verblendung« von Ate und Hybris in einer für ihn typischen Weise kritisch zu dem Motiv »Der Mensch als Spielball der Götter« zuspitzt, so zeigt sich eben in dieser das Alte bewahrenden Variation die Konstanz der Grunddimension. Die erste wie die letzte uns bekannte Tragödie sind dramatische Studien über das ambivalente Verhältnis von Wahn und Wirklichkeit, beide stellen einen konsequent durchgeführten Entlarvungs- und Enthüllungsprozeß dar - genauso wie jenes Stück des Sophokles, das man als den glanzvollen Höhepunkt der griechischen Tragödienkunst empfindet: der *Oidipus tyrannos (König Oidipus)*.

Doch nicht nur in solchen Grundcharakteristika und in der nie verlorenen Bindung an den kultischen Ursprung der Gattung setzen die *Perser* die bleibenden Akzente, sondern auch in der Kunst der dramatischen Komposition: So liegt beispielsweise das Muster einer Entfaltung des Geschehens in vier Schritten allen erhaltenen Tragödien des Aischylos zugrunde (W. Jens), und die meisterhafte Verwebung einer Ringkomposition mit einer exakt strukturierten Zielkomposition begegnet noch in einem so späten Werk wie der Sophokleischen *Elektra* von 413 wieder.

Aischylos hat mit der Trilogie des Jahres 472 im Tragiker-Agon den ersten Preis gewonnen. Daß er es hierfür bei allem Lob, das er der griechischen, speziell der attischen Freiheitsliebe zollt, nicht im mindesten nötig hatte, seinen *Persern* einen politisch feindseligen oder gar patriotisch-chauvinistischen Ton zu verleihen, gehört zu den oft gerühmten Besonderheiten des Stückes: Der Fall des Xerxes - »Fall« im doppelten Sinn - ist für ihn nichts anderes als ein Paradigma, wie ähnlich die Götter- und Heroenmythen so vieler anderer griechischer Tragödien. Ob der Dichter damit zugleich ein innenpolitisches Fanal errichten wollte, wie man vermutet hat - die *Perser* entstanden kurz vor der Zeit, zu der der berühmte und selbstherrliche Themistokles dem Ostrakismos und der Verbannung verfiel -, mag dahingestellt sein. Unbestreitbar dagegen ist, daß das Bild, das Aischylos von Xerxes entwirft, für die spätere Beurteilung dieses Herrschers maßgebend geworden ist (falls nicht Aischylos seinerseits auf eine allgemeine attische Anschauung über den Perserkrieg rekurriert): Das bekundet zumal HERODOT in seiner Darstellung der Perserkriege.

E.Sch.

AUSGABEN: Venedig 1518 (in *Tragōdiai hex*, Hg. Franciscus Asulanus). - Bln. 1914 (in *Tragoediae*, Hg. U. v. Wilamowitz-Moellendorff; Nachdr. 1958). - Groningen 1930 (*Persae*, Hg. P. Groeneboom; m. Komm.; dt. u. d. T. *Perser*, 2 Bde., Göttingen 1960). - Turin 1948 (*I Persiani*, Hg. V. Inama u. A. Colonna; m. Komm.). - Rom 1951 (*I Persiani*, Hg. F. M. Pontani; m. Komm.). - Leiden 1953 (*Perzen*, Hg. G. Italie; m. Komm.). - Oxford ^{2}1955 (in *Septem quae supersunt tragoediae*, Hg. G. Murray; Nachdr., zul. 1966). - Ldn./Cambridge (Mass.) ^{2}1957 (in *Aeschylus*, Hg. H. W. Smyth; m. engl. Übers. Loeb; mehrere Nachdr.). - Cambridge 1960 (*Persae*, Hg. H. D. Broadhead; m. Komm.). - Paris 1960 (*Les Perses*, Hg. L. Roussel; m. Komm. u. frz. Übers.). - Paris ^{8}1963 (*Les Perses*, in *Eschyle*, Hg. P. Mazon; m. frz. Übers.). - Oxford 1972 (in *Tragoediae*, Hg. D. Page; Nachdr. 1982). - Paris 1974 (*Les Perses*, Hg. J. de Romille; m. Komm.).

ÜBERSETZUNGEN: *Perser*, J. T. L. Danz, Lpzg. 1789. - *Die Perser*, H. Voß u. J. H. Voß (in *Äschylos*, Heidelberg 1826; ern. in *Die Tragödien*, Hg. W.-H. Friedrich, Ffm./Hbg. 1961, EC). - Dass., L. Wolde (in *Tragödien und Fragmente*, Lpzg. 1938 u. ö.; Slg. Dieterich). - Dass., E. Buschor, Mchn. 1950. - Dass., F. Stoeßl, nach der Übers. v. J. G. Droysen (in *Tragödien*, Zürich 1952). - Dass., H. F. Waser (in *Tragödien*, Zürich 1952). - Dass., C. Woyte, Stg. 1959 (RUB). - Dass., J. G. Droysen (in *Die Tragödien und Fragmente*, Hg. W. Nestle, Nachw. W. Jens, Stg. 1962; KTA). - Dass., W. Schadewaldt (in *Griechisches Theater*, Ffm. 1964). - Dass., E. Staiger, Stg. 1971 (RUB). - *Perser*, O. Werner (in *A. Tragödien und Fragmente*, Mchn. ^{3}1980; griech.-dt.).

VERFILMUNG: *Die Perser*, DDR 1966 (TV; Regie: H. Schliemann).

LITERATUR: U. v. Wilamowitz-Moellendorff, *A.*, Bln. 1914, S. 42–55. – B. Snell, *A. und das Handeln im Drama*, Lpzg. 1928, S. 66–77 (Phil. Suppl., 20/1). – Schmid-Stählin, 1/2, S. 203–208. – J. Keil, *Die Schlacht bei Salamis* (in Herm, 73, 1938, S. 333–340). – K. Deichgräber, *Die »Perser« des Aischylos* (NAG, phil.-hist. Kl., 1941, S. 155–202). – R. Lattimore, *Aeschylus on the Defeat of Xerxes* (in *Classical Studies in Honor of W. A. Oldfather*, Urbana/Ill. 1943, S. 82–93). – F. Stoeßl, *Die »Phoinissen« des Phrynichos und die »Perser« des Aischylos* (in MH, 2, 1945, S. 148–165). – G. Thomson, *Aeschylus and Athens*, Ldn. [2]1946, S. 220–231; 309–311 (dt.: *Aischylos und Athen*, Bln. 1957, S. 231–243; 325–328). – W. Jens, *Strukturgesetze der frühen griechischen Tragödie* (in Studium Generale, 8, 1955, S. 246–253). – G. Salanitro, *Il pensiero politico di Eschilo nei »Persiani«* (in Giornale Italiano di Filologia, 18, 1965, S. 193–235). – D. Korzeniewski, *Studien zu den »Persern« des A.* (in Helikon, 6, 1966, S. 548–596). – A. Lesky, *Die tragische Dichtung der Hellenen*, Göttingen [3]1972, S. 80–88 [m. Bibliogr.]. – K. Deichgräber, *Die Persertetralogie des A.*, Wiesbaden 1974.

PROMĒTHEUS DESMŌTĒS

(griech.; *Der gefesselte Prometheus*). Tragödie des AISCHYLOS, Entstehungszeit unbekannt. – Im Kampf des Zeus und seiner Geschwister gegen ihren Vater Kronos und die Titanen, die Nachkommenschaft von Uranos (Himmel) und Gaia (Erde), hat der Titanensproß Prometheus (wörtlich: »Vorbedacht«) die Partei gewechselt, und sein kluger Rat hat am endgültigen Sieg des Zeus und der Begründung seiner Weltherrschaft entscheidenden Anteil. Doch bei der Neuordnung der Kompetenzen entzündet sich an der Stellung der Menschen, die Zeus dem Untergang preisgeben will, zwischen ihm und Prometheus ein Konflikt, in dessen Folge dieser den Sterblichen das Feuer, das er dem Hephaistos entwendet hat, verschafft und sie in seinem Gebrauch unterrichtet. Dieser Eingriff in die Weltordnung fordert eine Strafe, mit deren Darstellung das Stück einsetzt.

Im Prolog (V. 1–127) haben Hephaistos und die beiden Büttel Kratos (»Macht«) und Bia (»Zwang«) soeben Prometheus in eine öde Gegend am nördlichen Rand des Erdkreises gebracht, um ihn im Auftrag des Zeus an einen Felsen zu schmieden. Im Gespräch (V. 1–87) entpuppt sich Kratos als dienstbeflissener Scherge, der dem grausamen Auftrag mit roher Schadenfreude obliegt, während der bestohlene Schmiedegott sein Mitgefühl für den Bestraften nicht verbergen kann. Allein gelassen, bricht Prometheus in bitteres Klagen über die harte Bestrafung seiner Menschenfreundlichkeit aus (V. 88–127). Die vom Lärm der Schmiedehämmer angelockten Okeaniden (Töchter des göttlichen Ringstromes Okeanos, die den Chor des Dramas bilden) bringen dem Dulder das gleiche Mitleid entgegen, das nach ihren Worten außer Zeus alle Götter fühlen (V. 128–192). In der ersten Szene (V. 193–283) des anschließenden ersten Epeisodions löst die Frage der Chorführerin nach der Ursache dieser grausamen Folter eine Erzählung des Prometheus vom Hergang des Götterkampfes und von der nachfolgenden Zwingherrschaft des Zeus aus. Während der Chor die Szene freigibt – er wird, um Näheres zu hören, seinen Flügelwagen verlassen und zu Prometheus hinabsteigen –, sucht Vater Okeanos den einsamen Büßer auf (2. Szene: V. 284–396). Er, selbst ein Titan, hat die neue Herrschaft in kluger Voraussicht rechtzeitig anerkannt und glaubt sich imstande, als Vermittler und Fürsprecher zum Wohl des Bestraften seinen Einfluß auf Zeus geltend machen zu können. Doch Prometheus lehnt jeden Kompromiß ab: Er rät Okeanos, auf seine eigene Haut achtzugeben, und heißt ihn seines Weges gehen. In dem auf das erste Stasimon (V. 397–435) folgenden Epeisodion (V. 436–525) verkündet Prometheus in einem langen Rechenschaftsbericht, wie er das vormals elende Dasein der Menschen erleichtert und verschönt habe, indem er sie alle Fähigkeiten lehrte, auf die sich ihre Kultur und Zivilisation gründet: Zeitrechnung, Zahlen und Schrift, Domestizierung der Tiere und Ackerbau, Schiffahrt, Heilkunde, die Weissagung in all ihren Spielarten, ja selbst den Bergbau. Da stürzt – nach dem zweiten Stasimon (V. 526–561) – von Wahnvorstellungen getrieben, eine junge Frau mit Kuhhörnern auf die Bühne: Es ist Io, über die Zeus gleichfalls großes Leid gebracht hat. Das Mädchen, das des Gottes Liebe bis in die Träume verfolgt hat, ist von Hera aus Eifersucht in eine Kuh verwandelt worden, die der scharfsichtige Argos ständig zu bewachen hatte; seit dieser beseitigt ist, wird sie von den Stichen einer Bremse – die in diesem Drama zum Stachel der Angst vor dem sie noch immer verfolgenden Phantom ihres toten Hüters sublimiert erscheinen – durch die Lande gehetzt (V. 562–608). Prometheus offenbart der Unglücklichen in breiter Prophetie den weiteren Gang ihrer Irrsal, die erst im Nildelta ihr Ende finden wird: Dort soll Zeus ihr seine Hand auflegen und so ihre Unrast beenden, sie aber wird ihm den Epaphos gebären, dessen später Nachfahre (gemeint ist Herakles) dereinst auch Prometheus von schwerem Leid erlösen wird (3. Epeisodion: V. 669–886).

In diese Verkündigung fügt Prometheus einen Schicksalsspruch für Zeus ein, dessen Kenntnis der Held seiner weisen Mutter Themis dankt: Der Gott werde sich mit einer Frau verbinden, die ihm einen übermächtigen Sohn – seinen Bezwinger – schenken werde; so wird Zeus ebenso zu Fall kommen wie sein Vater Kronos durch ihn. Prometheus aber will das Geheimnis hüten, bis Zeus ihm die Fesseln löst, dessen Los er so letztlich in seiner Hand weiß (V. 755–770). Nachdem Io in neuerlicher Regung ihres Wahns davongestürzt ist, steigert Prometheus sein Wissen um die Gefährdung des neuen

Weltherrn zu einer krassen Vision von dessen Sturz (V. 907–927). Schon naht der Götterbote Hermes, um für Zeus Genaueres über die gefahrvolle Vermählung in Erfahrung zu bringen. Doch Prometheus verharrt in trotzigem Stolz, und auch die angedrohte Verschärfung der Strafe kann seinen Sinn nicht beugen (V. 928–1039). So versinkt er denn unter gewaltigem Aufruhr der Elemente mitsamt dem Okeanidenchor, der bis zu seinem endgültigen Untergang treu und mutig zu ihm steht (Exodus: V. 1040–1094).

Das Spiel fand einst seine Fortsetzung im *Promētheus lyomenos (Die Befreiung des Prometheus)*, dessen Handlung im wesentlichen noch rekonstruiert werden kann. Im Kaukasus, wo Prometheus wieder aufgetaucht ist, erlöst Herakles den in seinem Lebensmut Gebrochenen von den Qualen der unaufhörlichen Zerfleischung seiner Leber, indem er den Adler mit einem Bogenschuß erlegt: Die Voraussagungen des vorigen Stückes werden damit erfüllt. Schließlich erfolgte die Aussöhnung der Gegner – Prometheus offenbart dem Zeus sein Geheimnis und wird dafür befreit –, ein Vorgang, dem Anzeichen einer milderen Haltung des Zeus (er hat sich mit Vater Kronos versöhnt und die Titanen aus ihrem unterirdischen Kerker gelöst) bereits zu Beginn des Dramas präludieren.

Unklar bleibt dagegen der Inhalt des *Promētheus pyrphoros (Prometheus der Feuerträger)*, das man sich entweder als Anfang (Inhalt: Feuerraub) oder als Ende (Stiftung des Fackellaufs am attischen Prometheusfest) der fiktiven *Promētheus*-Trilogie gedacht hat, sofern man ihn nicht mit dem für Aischylos gleichfalls bezeugten Satyrspiel *Promētheus pyrkaeus (Prometheus der Feueranzünder)* gleichsetzt.

Der Prometheus-Mythos, den zuerst HESIOD in seiner *Theogonia* und in den *Erga* behandelt hat, erscheint bei Aischylos in etwas modifizierter Gestalt. Das zentrale Motiv vom Opferbetrug des Prometheus an Zeus wird in der Tragödie, für die es sich nicht eignete, ausgespart, dafür ein dramaturgisch überaus fruchtbarer Zug – das Wissen des Helden über die Bedrohung des Zeus durch den Ehebund – eingeführt, der in etwas anderer Form auch in einem Siegeslied PINDARS (*Isthmien*, 8, 28 ff.) anklingt. Besonders breit ist in dem Drama die Erfinderrolle des Prometheus und seine Leistung für den kulturellen und zivilisatorischen Fortschritt der Menschheit ausgeführt, was die Gelehrten an den Einfluß von sophistischem Gedankengut denken ließ.

Beobachtungen hinsichtlich der schlichten metrischen Gestalt der Chorlieder und ihres geringen Umfangs haben schon früh zu der Annahme geführt, gewisse Partien des Stückes seien das Produkt einer späteren Umarbeitung (R. Westphal, 1869). Durch bühnentechnische Argumente und sprachlich-stilistische Indizien – einfache, der Alltagsrede angenäherte Sprache gegenüber dem Wortprunk anderer Aischylos-Dramen, selbst in den lyrischen Teilen klare Periodisierung, unaischyleische Wörter und Wortformen – versuchte man später diese Theorie zu erhärten. In radikaler Konsequenz führte dies schließlich zur Athetese des Stückes. Das gewichtigste Argument dieser Richtung (W. Schmid, W. Porzig, Walter Nestle) bot die Gestalt des Zeus: Er scheint in diesem Drama völlig aus Aischylos' sonstigem *»Zeusbild, in dem sich Kraft und Weisheit, Gerechtigkeit und Güte vereinen«* (Lesky), herauszufallen. Unter den – in neuerer Zeit überwiegenden – Befürwortern der Echtheit des Stücks haben manche (U. v. Wilamowitz, M. Pohlenz, G. Murray) eine tiefgreifende Entwicklung des Zeus von Grausamkeit und unbarmherziger Härte im *Desmōtēs* zur Einsicht und Mäßigung des gereiften Gottes im *Lyomenos* angenommen; andere haben – was kaum angeht – die Zeichnung des Zeus als notwendige Folge seiner Gegenposition zu Prometheus bloß auf die dramatische Konstellation zurückgeführt. Karl REINHARDT sieht in der theologischen Aussage des Dramas ein irrationales Mysterium: Wie die Gottheit wechselweise ein unbarmherzig-selbstherrliches, vor der Ausweglosigkeit der Verzweifelten aber wieder ein mildes, gnädiges Antlitz zeige, so werden auch erst über den vordergründig sichtbaren Aspekt grausamer, brutaler Härte (demonstriert an den Schicksalen von Prometheus und Io) *»Durchblicke«* auf eine *»höhere und geheime Ordnung«* möglich. Gegenüber dieser »antithetischen« Deutung versucht Walther KRAUS eine »synthetische« Interpretation des Dramas: Aischylos, der Zeitgenosse des HERAKLIT, hat demnach eine *»im Werden, im Geschichtlichen, in der Zeit«* beruhende *»Tiefendimension«* aufgedeckt – die am Anfang des Weltgeschehens isoliert wirkende *»Macht«* gedeiht erst durch das Hinzutreten des *»Rechts«* zum Spannungsgefüge bleibender Ordnung; Sinn der Problematik und ihrer Lösung in den *Promētheus*-Dramen ist demnach, daß *»aus Widerspruch und Gegensatz die höhere Einheit erwächst, ... in der die feindlichen Elemente nicht zunichte gemacht ... sind, sondern erhalten und gebunden in welttragender Spannung«*.

Neben diesen interpretatorischen Argumenten zählen die noch erkennbaren Querbezüge zwischen dem erhaltenen Stück und den Fragmenten des sicher echten *Promētheus lyomenos* zu den stärksten Hinweisen auf die Authentizität des *Promētheus desmōtēs*. Auch die einhellige Zuweisung an Aischylos im Altertum und die hohe Wertschätzung, die dem Drama die Aufnahme, ja den ersten Platz im engen Kanon der sieben überlieferten Aischylos-Tragödien gesichert hat, darf nicht übersehen werden. Dazu treten Vorzüge der Komposition, die nur einem Meister wie Aischylos, nicht einem schattenhaften Epigonen zugemutet werden dürfen: so etwa das in einer von leiser Andeutung bis zu massiver, realistisch-bildhafter Drohung ansteigenden Klimax dreimal (V. 512 ff.; 757 ff.; 907 ff.) aufgegriffene Motiv vom Untergang des Zeus; die in der Abhängigkeit von diesem Gott konzipierten Schicksale von Prometheus und Io, deren Lebenspfade sich hier in tiefer Symbolik am äußersten Rand der *oikumenē* kreuzen; die ständig wachgehaltene Vorstellung von der gegenseitigen Abhängigkeit der beiden Hauptkontrahenten, von denen Zeus, ohne je aufzutreten, doch ständig in der Handlung präsent bleibt; schließlich die meisterhaft gestalteten Kontrastpaare (Kratos – Hephaistos; Okeanos – Prometheus). Für die Autorschaft des Aischylos sprechen neben manchem kühnen Bild der Sprache unter anderem auch das ausgeprägte geographische Interesse des Autors (in der Io-Episode), das ebenso in den *Hiketides (Die Schutzflehenden)* und in den *Persai (Die Perser)* zutage tritt und schon von einem antiken Scholion direkt bezeugt wird, sowie das genuin Aischyleische Wort von »*Zeus' gefügter Ordnung*«, an der »*nimmer führwahr wird ... vorüberkommen des Menschen Rat*« (V. 550 f.; Ü: Kraus). Was an Schwierigkeiten verbleibt, wird man auf die besonderen Anforderungen des Sujets und unsere geringe Kenntnis von den künstlerischen Möglichkeiten des Aischylos zurückführen dürfen, besonders aber den Umstand, daß uns – bedingt durch die fragmentarische Überlieferung – nur ein ungefährer Einblick in die dramatische Fortführung der *Promethie* erlaubt ist.

Auf die Zeitgenossen und die unmittelbare Nachwelt scheint der *Prometheus desmōtēs* eine starke Wirkung ausgeübt zu haben. Die hellenistische Zeit schätzte ihn anscheinend weniger, doch später wurde er Bestandteil der Schullektüre, und das blieb er auch noch in der byzantinischen Epoche. Begeisterte Resonanz fand er dann wieder im 18.Jh. in der »Sturm-und-Drang«-Bewegung, wovon besonders GOETHES *Prometheus*-Dichtung beredtes Zeugnis ablegt. Auch Johann Gottfried HERDER hat einen *Entfesselten Prometheus* entworfen, und für Friedrich Maximilian KLINGERS *Verbannten Göttersohn* stand gleichfalls der Aischyleische Held Pate. Aus neuester Zeit verdient der Versuch des Komponisten Carl Orff Beachtung, durch Vertonung des griechischen Originaltextes eine dem ursprünglichen Eindruck adäquate Wirkung zu vermitteln. O.P.

AUSGABEN: Venedig 1518 (in *Tragōdiai hex*, Hg. Franciscus Asulanus). – Bln. ²1859, Hg. G. Hermann. – Bln. 1914 (in *Tragoediae*, Hg. U. v. Wilamowitz-Moellendorff; Nachdr. 1958). – Groningen 1928, Hg. A. P. Groeneboom. – Cambridge 1932, Hg. G. Thomson. – Oxford ²1955 (in *Aeschyli septem quae supersunt tragoediae*, Hg. G. Murray). – Ldn./Cambridge (Mass.) ²1957 (in *Aeschylus*, Hg. H. W. Smyth, Bd. 1; m. engl. Übers.; Loeb). – Paris ⁷1958 (in *Eschyle*, Hg. P. Mazon). – Bamberg 1962, Hg. W. Buchwald [m. Komm.]. – Oxford 1972 (in *Tragoediae*, Hg. D. Page; Nachdr. 1982). – Cambridge 1983 (*Prometheus Bound*, Hg. M. Griffith; m. Komm.).

ÜBERSETZUNGEN: *Prometheus in Fesseln*, J. G. Schlosser, Basel 1784. – *Prometheus in Banden*, F. L. Graf zu Stolberg (in *Vier Tragödien*, Hbg. 1802). – In *Aeschylos*, J. J. C. Donner, Stg. 1854. – *Der gefesselte Prometheus*, W. A. Roth, Bln. 1936. – Dass., L. Wolde (in *Tragödien u. Fragmente*, Lpzg. 1938; Slg. Dieterich, 17). – *Prometheus*, nach J. G. Droysen, bearb. v. F. Stoessl (in *Die Tragödien u. Fragmente*, Zürich 1952). – *Prometheus*, E. Buschor (in *Die Danaostöchter*, Mchn. 1958). – *Der gefesselte Prometheus*, J. G. Droysen (in *Die Tragödien und Fragmente*, Hg. W. Nestle, Stg. 1962; Nachw. W. Jens; KTA). – Dass., W. Kraus, Stg. 1965 (m. Nachw.; RUB). – Dass., O. Werner (in *A. Tragödien und Fragmente*, Mchn. ³1980; griech.-dt.).

VERTONUNG: C. Orff, *Prometheus* (Oper; Urauff.: Stg., 23. 3. 1968).

LITERATUR: U. v. Wilamowitz-Moellendorff, *A. Interpretationen*, Bln. 1914, S. 114–162. – W. Schmid, *Untersuchungen zum »Gefesselten Prometheus«*, Stg. 1929 (Tübinger Beitr. z. Altertumswiss., 9). – L. R. Farnell, *The Paradox of the »Prometheus Vinctus«* (in The Journal of Hellenic Studies, 53, 1933, S. 40–50). – H. D. F. Kitto, *The Prometheus* (ebd., 54, 1934, S. 14–20). – W. F. J. Knight, *Zeus in the Prometheia* (ebd., 58, 1938, S. 51–54). – G. Murray, *Aeschylus. The Creator of the Tragedy*, Oxford 1940, S. 19–36; 88–110. – Schmid-Stählin, 1/3, S. 281–308. – J. Coman, *L'authenticité du »Prométhée enchaîné«*, Bukarest 1943. – E. Vandvik, *The »Prometheus« of Hesiod and Aeschylus*, Oslo 1943. – F. Heinimann, *Nomos u. Physis*, Basel 1945. – K. Reinhardt, *Aischylos als Regisseur u. Theologe*, Bern 1949, S. 27–78. – F. Solmsen, *Hesiod and Aeschylus*, NY 1949. – L. Séchan, *Le mythe de Prométhée*, Paris 1951. – M. Pohlenz, *Die griechische Tragödie*, Göttingen ²1954, Bd. 1, S. 64–84; Bd. 2, S. 30–43. – K. Reinhardt, *Prometheus* (in Eranos-Jb., 25, 1957, S. 241–283). – W. Kraus, *Prometheus* (in RE, 23/1, 1957, Sp. 653–702, bes. 666–681). – S. Young, *Notes on Aeschylus' »Prometheus Bound«* (in Proceedings of the American Philos. Society, 102/103, 1958, S. 229–280). – K. Kerényi, *Prometheus. Die menschliche Existenz in griechischer Deutung*, Hbg. 1959 (rde, 95). – G. Meautis, *L'authenticité du »Prométhée enchaîné« d'Eschyle*, Genf 1960. – K. Reinhardt, *Prometheus* (in K. R., *Tradition und Geist*, Göttingen 1960, S. 191–226). – R. Trousson, *Le thème de Prométhée dans la littérature européenne*, 2 Bde., Genf 1964. – A. Garzya, *Le tragique du »Prométhée enchaîné« d'Eschyle* (in Mnemosyne, 18, 1965, S. 113–125). – R. Unterberger, *»Der gefesselte Prometheus« des Aischylos. Eine Interpretation*, Stg. 1968. – C. J. Herington, *The Author of the »Prometheus Bound«*, Ldn. 1970. – A. Lesky, *Die tragische Dichtung der Hellenen*, Göttingen ³1972, S. 134–143 [m. Bibliogr.]. – W.-H. Friedrich, *Die Sonderstellung des aischyleischen »Prometheus«* (in *Wege zu A.*, Hg. H. Hommel, Bd. 2, Darmstadt 1974, S. 251–332). – I. Zawadzka, *Die Echtheit des »Gefesselten Prometheus«. Geschichte und gegenwärtiger Stand der Forschung* (ebd., S. 333–351).

AISOPOS

eig. Äsop
6. Jh.v.Chr.

MYTHŌN SYNAGŌGĒ

(griech.; *Fabelsammlung*). Die Fabeln des AISOPOS. – Mythische und säkulare Tiergeschichten mit Gleichnischarakter wurden im alten Orient schon im 3. Jahrtausend v. Chr. erzählt. Die europäische Fabeldichtung geht aber nicht auf das orientalische Gut zurück, sondern auf Aisop, den selbst fabulosen und legendenumsponnenen großen Geschichtenerzähler der Griechen. Dieser hat – teils direkt, teils durch die poetischen Fassungen seiner namhaftesten Nachfolger PHAEDRUS, BABRIOS und AVIANUS (samt deren Prosaadaptionen, etwa dem *Romulus*-Corpus) – die mittelalterliche Entfaltung angeregt, die erst später, etwa im 13. Jh., wieder mit indisch-arabischem Gut bereichert wurde.

Obwohl auch die Griechen weitaus ältere Fabeln (etwa von HESIOD und ARCHILOCHOS) kannten, wurde Aisop der Ahnherr der Gattung, die seit alters seinen Namen trägt. Sicheres über seine Person ist nicht bekannt. Er muß ein Mann des Volkes gewesen sein, von niederer Abkunft wie sein Publikum: Fabeln gehörten in Griechenland wie anderwärts zum mächtigen Bestand uralter mündlicher Literatur, sie waren, ähnlich dem Märchen, der Novelle, dem Schwank, dem Witz und dem Sprichwort, dem Rätsel und den Zaubersprüchen, nicht eine Ausdrucksform der gebildeten aristokratischen Kreise, sondern der einfachen Massen. Und eben auf diese besondere Art von Histörchen muß sich Aisop – falls er wirklich eine historische Persönlichkeit ist – verstanden haben: auf kleine, aus einer kurzen, pointierten Handlung bestehende und in sich geschlossene Geschichten, meist aus dem Tierreich (doch sind auch Pflanzen, Götter und Heroen, Menschen des Alltags, ja geschichtliche Persönlichkeiten tragende Figuren), auf Geschichten, deren Geschehen eine unmittelbar einleuchtende, bei den besten Stücken aber behutsam verschwiegene allegorische Bedeutung für das menschliche Leben besitzt. Diese Allegorie trägt stets den Charakter erzieherischen Tadels, mag die Geschichte sich als scherzhafte, lustig-groteske Episode oder als gesalzene Satire geben, mag sie dialogisch oder dramatisch geformt sein. Stoff und Figuren entstammen dem Horizont des kleinen Mannes – Aisop wird im alten Ionien lokalisiert, in Samos: Da treffen sich Händler und Matrosen, Soldaten und Fischer, Bauern aus dem Hinterland und Bettler, Hafenarbeiter und Nichtstuer; ärmlich werden die Verhältnisse gewesen sein, dürftig die Sprache, Analphabeten die Regel. Der Hörer wird durch Situationen angesprochen, die ihm vertraut sind, begegnet den Tieren und Pflanzen wieder, die er kennt: Pferd und Rind, Esel und Hund, Maus und Frosch, Adler und Taube, Lerche, Rabe und Schwalbe, Fische, Füchse, Wölfe, Hirsch und Hase, Schlangen und Zikaden, Bienen und Flöhe, Schafe und Schweine usw., dazu auch allbekannte fremde Tiere, Löwe und Kamel, Krokodile und Affen; Rosen und Reben sind die wie Menschen agierenden Pflanzen, Eiche und Ölbaum, Feigen- und Apfelbaum, Dornstrauch, Tanne und anderes. Wo Menschen in den Geschichten auftreten, sind es meist typische Gestalten wie Greis, Wanderer und Seemann (in späteren Fabeln kommen auch individuelle Personen vor: etwa die Redner DEMOSTHENES und DEMADES, ja sogar Aisop selbst und seine Werke werden zu Fabelmotiven). Zeus zu begegnen ist keine Seltenheit, auch Apoll und Aphrodite, Athene und Helios, Prometheus und Herakles, Hermes und Teiresias, Plutos (Reichtum) und Thanatos (Tod), der Erdgöttin Ge oder den Meer- und Flußgöttern. Die apostrophierten menschlichen Schwächen sind nie außergewöhnlich: Neid und Geiz, Habsucht und Eitelkeit, Hochmut und Freßgier – und in allem immer wieder die schalkhaft bloßgestellte Dummheit, denn dies ist ja ursprünglich die lebenskluge Konsequenz der Fabel: daß sich Eigennutz und Dummheit nicht auszahlen.

Dies deutet auf ein ganz wesentliches Merkmal der alten (wenn man so will, der original Aisopischen) Fabeln: ihre unausgesprochene »Moral« war anfänglich alles andere als moralisch – sie wollte werten, aber nicht vernichten, urteilen, aber nicht verdammen, sie wollte demaskieren und enthüllen: aber nicht Böses, sondern Schlechtes, Ungeschicktes, Unpassendes. Ihre Pädagogik war indirekt – wie auch das Signum ihrer künstlerischen Form das indirekt Andeutende, der Gehalt hinter dem einprägsamen Inhalt blieb. Daß man die ethische Exegese in einem *Epimythion* hinzufügte, den Sinn und »die Moral von der Geschicht'« nicht mehr verschwieg, ist späterer Usus und schon Zeichen der Verflachung. Doch ob mit oder ohne Interpretation des angedeuteten Sinns – die Mahnung der Fabelgeschichte blieb immer der markant sichtbare Kern. Und dieser unterhaltsam belehrenden und leicht verständlichen Paränese wegen geschah es auch, daß die *Fabeln* Aisops in den folgenden zweieinhalb Jahrtausenden lebendig geblieben sind; nicht einmal die unsinnige »Sprachgymnastik«, zu der die Rhetorenakademien die Fabeln immer wieder mißbrauchten, konnte ihre Kraft schwächen, ja die *Aisopischen Fabeln* sind der einzige Strom, der mit unverminderter Stärke aus den Tagen des archaischen Griechenlands über alle toten Zeiten der Überlieferung und alle Epochen der Kulturfeindlichkeit hinweg in unsere Welt hinübergeflossen ist.

E.Sch.

AUSGABEN: o. O. u. J. [Venedig ca. 1470/71] (*Aesopus*; lat. Übers. v. Omnibonus Leonicenus). – o. O. u. J. [Utrecht (?) ca. 1472] (*Fabulae*; lat. Übers. v. Lorenzo Valla). – Mailand 1474 (*Fabulae*; lat. Übers. v. Rinucius). – o. O. u. J. [Mailand ca. 1480] (*Aisōpu mythoi*, Hg. Bonus Accursius; m. lat. Übers. v. Rinucius). – Heidelberg 1910 (*Der Lateinische Äsop des Romulus und die Prosa-Fassungen des Phädrus*, Hg. G. Thiele; m. Einl u. Komm.). – Paris 1925/1926 (*Fabulae*, 2 Bde., Hg. E. Chambry; ern. 1959). – Paris 1927 (*Fables*, Hg. ders.; m. frz. Übers.; ²1960). – Lpzg. 1940–1956 (*Corpus fabularum Aesopicarum*, Hg. A. Hausrath; Bd. I/1: ⁴1970, Hg. H. Hunger; Bd. 1/2: 1956, Hg. H. Haas; ²1959, Hg. H. Hunger). – Urbana/Ill. 1952 (*Aesopica* Hg. B. E. Perry; krit.; enth. Vitae u. Fabeln; Nachdr. NY 1980).

ÜBERSETZUNGEN: *Das leben des hochberühmten fabeldichters Esopi ... und fürbas das selb leben Esopi mit synen fabeln die etwan romulus von athenis synem sun Thiberino vß kriechischer zungen in latin gebracht*, H. Steinhöwel, Ulm o. J. [ca. 1476/77] (nach der Romulus-Version; m. lat. Prosaübers. von Rinucius, lat. Versübers. des Anonymus Neveleti, den Fabulae des Avianus lat.-dt. u. a.). – *Die Aesopischen Fabeln*, W. Binder, Stg. 1866. – *Steinhöwels Äsop*, Hg. H. Österley, Tübingen 1873. – *Buch und Leben des hochberühmten Fabeldichters Aesopi*, H. Steinhöwel, bearb. v. R. Renz, m. Einf. v. W. Worringer, Mchn. 1925. – *Aesopische Fabeln*, A. Hausrath, Mchn. 1940; ²1944 [Ausw.; griech.-dt.]. – *Antike Fabeln*, L. Mader, Zürich 1951 [Ausw.]. – *Schöne Fabeln des Altertums*, H. Gasse, Lpzg. o. J. [1954] (Ausw.; Slg. Dieterich). – *Antike Fabeln*, Hg. J. Irmscher, Bln. 1978, S. 11–152. – *Fabeln der Antike*, Hg. H. C. Schnur, Mchn. 1978, S. 40–159 [griech.-dt.]; ²1985. – *Die Diebe und der Hahn: Fabeln des Äsop*, Hg. H. Marquart, Lpzg. ³1985 [m. Zeichnungen v. J. Hegenbarth]. – *Fabeln aus drei Jahrtausenden*, Zürich ²1985 [Nachw. R. Dithmar]. – *Fabeln*, W. Binder, Mchn. 1988 (Goldm. Tb).

LITERATUR: O. Keller, *Untersuchungen über die Geschichte der Fabel* (in Jbb. f. class. Philol., Suppl. 4, 1861–1867, S. 307–418). – A. Hausrath, Art. *Fabeln* (in RE, 6/2, 1909, Sp. 1704–1736). – W. Wienert, *Die Typen der griechisch-römischen Fabel*, Helsinki 1925. – Schmid-Stählin, 1/1, S. 667 bis 683. – P. E. Perry, *Studies in the Text History of the Life and Fables of Aesop*, Haverford/Pa. 1936 (Philological Monographs, 7). – H. Zeitz, *Der Aesoproman und seine Geschichte* (in Aegyptus, 16, 1936, S. 225–256). – F. R. Adrados, *Estudios sobre el léxico de las fabulas Esópicas*, Salamanca 1948. – K. Meuli, *Herkunft und Wesen der Fabel*, Basel 1954. – Lesky, S. 178–181. – A. Wiechers, *Aesop in Delphi*, Meisenheim a. G. 1961. – T. Karadagli, *Fabel und Ainos*, Königstein/Ts. 1981. – K. Grubmüller, *Meister Esopus. Untersuchungen zu Geschichte und Funktion der Fabel im MA*, Mchn. 1977 [zugl. Hab. Schr.]. – I. Opelt, *Krokodile als Gymnasiarchen. Zur Datierung aesopischer Fabeln* (in RhMus, 125, 1982, S. 241–251). – M. L. West, *The Ascription of Fables to Aesop in Archaic and Classical Greece* (in *La fable*, Hg. I. Rodríguez Adrados, Genf 1983, S. 105–136; Fondation Hardt).

JONAS AISTIS

d.i. J. Aleksandravičius
(bis 1940: J. Kossu-Aleksandravičius;
1940–1952: J. Kuosa Aleksandriškis)

* 7.7.1904 Kampiškių dvaras / Litauen
† 13.6.1973 Washington / USA

LITERATUR ZUM AUTOR:
J. Kossu-Aleksandravičius, *Autobiografija* (in *Antrieji vainikai*, Kaunas 1936, S. 51–52). – Venclova, *Jaunystės atradimas*, Wilna 1970.

DAS LYRISCHE WERK (lit.) von Jonas AISTIS.
Im Zentrum des Gesamtœuvres von J. Aistis steht das lyrische Werk. Erste Gedichte erschienen in litauischen literarischen Zeitschriften seit 1927, ein erster eigener Band *Eilėraščiai* (»Gedichte«) 1932 in Kaunas. Auch seit 1936, als der Dichter nach Grenoble ging, um an der dortigen Universität seine literaturwissenschaftlichen Studien fortzusetzen, kamen bis 1942 alle weiteren Gedichtbände in Litauen heraus. Nach seiner Übersiedelung in die USA im Jahre 1946 konnte er seine Gedichte und Schriften nur noch dort und in anderen westlichen Ländern veröffentlichen.
Aistis gehört zu jener Generation litauischer Dichter, die zu schreiben begannen, als der Symbolismus (J. BALTRUŠAITIS, F. KIRŠA, B. SRUOGA) und der Futurismus (Kazys BINKIS) und mit ihm eine expressionistische Richtung in der Dichtung in Litauen schon etabliert waren und nebeneinander weiterbestanden. Beide Strömungen sind für Aistis' Werk bestimmend gewesen. Aber auch direkte Einflüsse des russ. Symbolismus, besonders von Alexander BLOK, und des deutschen Expressionismus (Gottfried BENN) sind spürbar. In ihrer Thematik sind Aistis' Gedichte noch vielfach dem Symbolismus verpflichtet. Der Bereich des Religiösen und Märchenhaften (*Mater dolorosa; Rūpintojėlis – Der Schmerzensmann; Šv. Pranciškus – Der Hl. Franziskus; Osanna; Imago mortis; Vaidila – Der Opferpriester; Šventas Gralis – Der heilige Gral; Pasaka – Ein Märchen; Sniego karalaitė – Die Schneekönigin*) nimmt einen bedeutenden Raum ein. Auch die Vorliebe für ganz persönliche, intime Themen (*Intymios giesmės – Intime Lieder*), für die Musik (*Fuga in as moll*) und für tragische Figuren der Weltliteratur (*Ofelija; Karalius Lyras – König Lear; Hidalgo*) sind aus dieser Quelle herzuleiten. Daneben ziehen sich die großen ewigen Themen, Liebe und Tod, und, besonders nach dem endgültigen Verlust der Heimat, Heimweh, Vaterlandsliebe und Kampf um die Freiheit (*Laisvės kovų dainos – Lieder von Freiheitskämpfen*) durch sein ganzes Werk hindurch. Auf der einen Seite werden diese Themen noch ungebrochen gestaltet (so steigt die

Holzfigur des »*grauenvollen Schmerzensmannes*«, Christus, von ihrem Sockel in der kleinen Wegkapelle herab, »*schreitet durch die Dörfer, / Durch Not und Wehklagen – / Lehrt Gottsfurcht / Und segnet ihre Erde*«), auf der anderen Seite wird die evozierte Welt des Wunderbaren und der Poesie gleich wieder zurückgenommen (die Schneekönigin erweist sich als ein Schemen, der der Geliebten ähnlich ist) oder ganz in Frage gestellt (Legenden sind nur durch die Kunst »*verzauberte Wirklichkeit*«; »*Tinte war das nur, und mir wird übel. / Das ist gar nicht unsere Liebe – das ist schrecklich ärgerlich*«). Auch die Reflexion über Dichtung und ihre Bedingtheit wird thematisiert. Besonders deutlich aber wird die Abkehr Aistis' vom Symbolismus in seinen Bildern und in seiner Metaphorik. Sie sind bereits vom Futurismus und Expressionismus mit ihrer antiästhetischen Tendenz geprägt *(»die lächelnden gelben Zähne«* und *»die Augenhöhlen gleich halbgeöffneten Abgründen«* des mit seinen »*Knochen klappernden*« Todes; »*Viele werden flennen und scherzen, – ich kann spucken / Auf diese Welt, auf diesen Boxring«)*, dem der Dichter auch die grellen, hart nebeneinandergestellten Farben verdankt, mit denen er mitunter auch abstrakten Begriffen Leben verleiht (»*der blaue Herbst*«; »*die Nächte sind so grün, / Um den See herum schimmert es weiß*«). Die expressiven Bilder haben klare Konturen (die untergehende Sonne »*schwitzt Blut, wie Christus im Garten Gethsemane*«; »*dort sind die seidenen Fäden der Spinnweben, / Dort der Abend – eine offene Wunde, dort fließt Blut, / Und in der Sonne stecken scharfe Schwerter: / Die sieben Schmerzen, sieben Psalmen!*«). Die Naturerscheinungen werden durch diese Vergleiche und Metaphern aus dem religiösen Bereich verlebendigt, vermenschlicht, spiegeln gleichzeitig aber auch dies religiöse Geschehen wider, werden hineingenommen in das ewig gegenwärtige Heilsgeschehen. Ein Mittel einer von der dichterischen Aussage Distanz schaffenden Verfremdung ist die Einbeziehung fremder Namen (Shakespeare, Watteau) und von Wörtern aus fremden Sprachen (dies irae, frz. *fragil*). Bisweilen entnimmt Aistis seine Bilder den litauischen *Dainos* (»*Es wuchs im Garten ein Johannisbeerstrauch / Mit Tränenrispen*«) und fügt sie in modernistischer Manier in neue, unerwartete Zusammenhänge. Aber auch zahlreiche dem Volkslied in seinen großen, einfachen Gefühlen und seiner melancholischen Stimmung nachempfundene Gedichte entstehen auf diese Weise *(Bernelis – Der Bursche; Mergaitė – Das Mädchen; Peizažas – Die Landschaft)*. In der Vers-, Strophen- und Reimgestaltung seiner Gedichte hält Aistis sich durchweg an die traditionelle klassische Verskunst, deren strenge Regelmäßigkeit hin und wieder, wohl in Anlehnung an die Rhythmik der *Dainos*, durchbrochen wird. Die Technik der Lautinstrumentierung bezieht er vor allem aus der symbolistischen Tradition, ohne jedoch die Lautgestaltung auf Kosten der Klarheit der Bilder und der Semantik der Wörter zu verselbständigen. Der euphonische Grundton wird beibehalten.

Bis zum Ende des Zweiten Weltkriegs spielte Aistis trotz seiner Abwesenheit (seit 1936) im literarischen Leben der Litauischen Republik eine bedeutende Rolle, als Dichter sowohl wie als Literaturkritiker und politischer Publizist. Für den Gedichtband *Užgesę chimeros akys* (Die erloschenen Augen der Chimäre) erhielt er 1937 den Staatspreis für Dichtung. In der Sowjet-Republik Litauen war sein Name zunächst tabuisiert. Erst seit 1967 erschienen in Anthologien wieder einige seiner Gedichte. In der Emigration nahm er als Vertreter der älteren Generation eine geachtete Stellung ein, geriet aber als Dichter, der die Schrecken der deutschen und sowjetischen Okkupation und die des Zweiten Weltkriegs nicht selbst miterlebt hatte und daher das historische Schicksal Litauens von einer anderen Warte her sah, in eine gewisse Isolation. Die Versklavung der Heimat und den Verlust vieler traditioneller Werte, besonders der religiösen, betrachtete er zunächst als eine vorübergehende Erscheinung, für die es in der Geschichte Litauens Parallelen gab. Später ließ ihn eine pessimistischere Einstellung die Ursachen für die heutige Situation des Landes schon in der Vergangenheit sehen und die Geschichte Litauens in diesem Sinne hinterfragen. F.Scho.

AUSGABEN: *Eilėrasčiai*, Kaunas 1932. – *Imago mortis*, ebd. 1934. – *Intymios giesmės*, ebd. 1935. – *Užgesę chimeros akys*, ebd. 1937. – *Poezija*, ebd. 1940. – *Be tevynės brangios* Thompson, Conn. 1942. – *Nemuno ilgesys*, Greene, Me. 1947. – *Pilnatis*, Schweinfurt 1948. – *Sesuo buitis*, Putnam, Conn. 1951. – *Kristaliniam karste*, NY 1957. – *Poezija*, NY 1961. – *Laisvės kovų dainos*, ebd. 1962.

LITERATUR: R. Šilbajoris, *Aspects of poetic imagery in the work of J. A.* (in *Perfection of Exile*, Norman, Oklahoma 1970, S. 77–93). – A. Mišhinis, *Tyliojo sielvarto poetas* (in *Lietuvių literatūros kritika*, Bd. 2, Wilna 1972, S. 436–443). – F. Scholz, *Offene und verborgene Elemente der Volksdichtung bei J. A.* (in *Fs. f. H. Kunstmann*, Mchn. 1988).

MICHAEL FREIHERR VON AITZING

eig. Michael Eyzinger

* um 1530 Obereitzing b. Ried / Innkreis
† 1598 Bonn

DE LEONE BELGICO EIUSQUE TOPOGRAPHICA ATQUE HISTORICA DESCRIPTIONE

(nlat.; *Der belgische Löwe und seine topographisch-historische Beschreibung*). Historisches Werk von Michael Freiherr von AITZING, erschienen 1583. – Als kaiserlicher Rat verbrachte der weitgereiste und vielseitig gebildete österreichische Jurist fast dreißig Jahre seines Lebens in den Niederlanden und in Belgien. Er wurde mehrmals mit diplomatischen Missionen (u. a. beim Tridentiner Konzil) betraut und lieferte wahrscheinlich längere Zeit hindurch vertrauliche Nachrichten an den Hof in Wien. Glänzende persönliche Beziehungen, nicht zuletzt über seine Frau, eine Tochter Anton Fuggers aus Augsburg, vermittelten Aitzing, der die Zeitergebnisse aufmerksam zu beobachten gewöhnt war, eine gründliche Kenntnis der politischen und wirtschaftlichen Lage in den Niederlanden und in den belgischen Provinzen während der zweiten Hälfte des 16.Jh.s. 1581 ließ er sich in Köln nieder. Von da an konnte er sich ausschließlich seinen kartographischen und historischen Arbeiten widmen.

Sein erstes bedeutendes Werk, der *Leo Belgicus*, war 1579 noch in Brüssel abgeschlossen worden. Aitzing behandelt darin die von Unruhen beherrschte Geschichte der Niederlande unter spanischer Herrschaft (Herzog Alba) seit 1559 sowie den Abfall der sieben Nordprovinzen. Eine dem Buch beigefügte Erläuterungskarte in Form eines Löwen erklärt den Titel; auf ihr sind die einzelnen Landesteile eingetragen, in deren Wappen zumeist wiederum der Löwe als Sinnbild der Tapferkeit erscheint. Aufgrund eigener Erlebnisse (u. a. war er 1569 Zeuge der Hinrichtung der Grafen Egmont und Horn gewesen) und Mitteilungen von Freunden, mit denen er einen umfangreichen Briefwechsel führte (z. B. mit dem Historiker und Archäologen Jean Natale MATAL), von zeitgenössischen Flugschriften und anderen Quellen gibt Aitzing in fünf Büchern eine fortlaufende chronikalische Darstellung der niederländischen Orts- und Landesgeschichte. Auf sie ging damals im Ausland vorwiegend die genauere Kenntnis von den Vorgängen in den spanisch besetzten Niederlanden zurück. Bereits 1585 war eine Neuauflage notwendig geworden, die im Anhang die Ereignisse bis 1585 schildert. 1588 erschien eine abermals erweiterte und bis 1587 fortgeführte Ausgabe mit 208 Kupferstichen von Franz Hogenberg. Gleichzeitig legte Aitzing auch eine dreiteilige Übersetzung bzw. Bearbeitung seines Werks in deutscher Sprache vor. Unterdessen hatte er in Köln 1587 sein *Itinerarium Belgicum* veröffentlicht und, wiederum in Zusammenarbeit mit dem berühmten Stecher Hogenberg, auch einen Atlas *Belgici leonis chorographia* herausgebracht. Diese beiden weniger bekannten Werke stellen eine Ergänzung zum *Leo Belgicus* dar. Aitzing bemüht sich um zuverlässige und objektive Berichterstattung. Seine Stärke liegt weniger in der historisch-kritischen Forschungsmethode oder deutenden Zusammenschau der Ereignisse als vielmehr in zahlreichen wertvollen Einzelinformationen. Obwohl Aitzing als Katholik und Österreicher unverkennbar auf der spanischen Seite steht, zeigt er wiederholt seine Sympathie für Wilhelm von Oranien. Der lateinische Stil verrät die gründliche Schulung des sprachenkundigen Aitzing, der in jungen Jahren sogar ein Lehrbuch der Rhetorik veröffentlicht hatte (*Artis oratiae tabulae*, 1553). Aitzings Bedeutung liegt vor allem darin, daß er, angeregt durch Erfolg und Vorbild seines *Leo Belgicus*, schon sehr früh den Wert laufender Unterrichtung über das Zeitgeschehen erkannt hat und deshalb 1583 eine ›Relatio historica‹ herausgab, die mit ihren späteren regelmäßigen Fortsetzungen als wichtige Vorform der Zeitung anzusehen ist. Als unmittelbare Geschichtsquellen und Kommentare zu Zeitereignissen besitzen sowohl die ›Relationes‹ als auch der *Leo Belgicus* noch heute Informationswert. D.B.

AUSGABEN: Köln 1583. – Köln 1585. – Köln 1588.

ÜBERSETZUNG: *Niderländische Beschreibung*, M. v. Aitzing, 3 Bde., Köln 1584–1587.

LITERATUR: F. Stieve, *Über die ältesten halbjährlichen Zeitungen oder Maßrelationen insbesondere über deren Begründer Frh. M. v. A.* (in ABAW, phil.-hist. Kl., 55, 1882, Abt. 1). – K. Schottenloher, *Flugblatt u. Zeitung*, Bln. 1922. – *Handbuch der Zeitungswissenschaft*, Bd. 1, Lpzg. 1940, S. 26–28. – W. Bonacker, *Le baron M. v. Eitzing et la »Belgici leonis chorographia«* (in Revue Belge de Philologie et d'Histoire, 37, 1959, S. 950–966).

RELATIONES HISTORICAE

(Historische Berichte). Sammelberichte über Ereignisse der Jahre 1576–1599 von Michael Freiherr von AITZING, ab 1588 jeweils zur Messe in Frankfurt erschienen. – Der außerordentliche Anklang, den der österreichische Adelige und Gelehrte mit seinem Werk *De leone Belgico (Der belgische Löwe)* – es schildert die niederländischen Unruhen in den Jahren 1559–1581 – gefunden hatte, brachte ihn auf den Gedanken, im Anschluß daran vom katholischen Standpunkt aus die Ereignisse in Köln bei und nach dem Übertritt des Kurfürsten und Erzbischofs Gebhard Truchsess zum Protestantismus darzustellen. Diesen Bericht ließ er 1583 zu Köln erscheinen. Wieder erntete er so viel Beifall, daß er sich zur Fortsetzung entschloß und den Plan faßte, alljährlich Sammelberichte herauszubringen. Den entscheidenden letzten Schritt tat er dann im Frühjahr 1588: Hatte er bis dahin nur von den Streitigkeiten in Köln und Aachen und von einigen niederländischen Angelegenheiten berichtet, so dehnte er jetzt den Kreis seiner Nachrichten auf ganz Europa aus. Von 1588 bis 1593 erschienen die solchermaßen erweiterten Sammelberichte jeweils halbjährlich zur Frankfurter Messe im März und September – daher wurden sie auch *Meßrelationen* genannt –; von 1594 bis 1599 war die Erscheinungsfolge jährlich. Der letzte Band wurde erst nach dem Tod Aitzings publiziert.

Die streng chronologisch berichtenden *Relationen* referieren durchweg sehr ausführlich und völlig unparteiisch, wirken aber im ganzen recht monoton. Obwohl sich der Autor der deutschen Sprache bedient, ist das Werk nicht für die große Masse bestimmt, sondern für die Gebildeten. Wunderberichte und ähnliche unhistorische Flunkereien wurden bei der Darstellung nicht berücksichtigt, dagegen zahlreiche – wörtlich zitierte – lateinische Briefe und Aktenstücke, wodurch die *Relationes* die wichtigste Geschichtsquelle für den Truchsessischen Krieg sind. – Die *Meßrelationen* fanden nicht nur viele Ab- und Nachdrucke sowie vermehrte und verbesserte Gesamtausgaben, sondern riefen bald auch mehrere Nachahmungen und Konkurrenzunternehmen auf protestantischer Seite hervor; am bedeutendsten davon ist das *Historicae Relationis Complementum (Ergänzung zum ›Historischen Bericht‹)* des Jacobus FRANCUS (d. i. Konrad Lautenbach), erschienen seit 1591. Doch auch dieses Werk kommt bei weitem nicht an den Wert der originalen *Berichte* Aitzings heran, die – in handlicher Quartform gedruckt – als erstes periodisch erscheinendes historiographisches Druckwerk eine der Vorformen der Zeitung darstellen. M.Ze.

AUSGABEN: Köln 1588–1614, 16 Bde. – Köln 1590–1597, 5 Bde.

LITERATUR: F. Stieve, *Über die ältesten halbjährlichen Zeitungen oder Meßrelationen, insbesondere über deren Begründer Freiherr M. v. A.* (in ABAW, phil.-hist. Kl., 1882, Abt. 1). – K. Schottenloher, *Flugblatt u. Zeitung*, Bln. 1922. – K. D'Ester, *M. v. A.* (in *Handbuch der Zeitungswissenschaft*, Bd. 1, Lpzg. 1940). – K. Bender, *Eine Meßrelation M. v. A.s u. Herzog Heinrich Julius. Der Anlaß für eine Intervention des Wolfenbütteler Hofes in Köln im Jahre 1590* (in Wolfenbütteler Notizen zur Buchgeschichte, 3, 1978, S. 286–289).

AJBEK

usbek.-türk. Ojbek, d.i. Musa Tašmuchamedov
* 10.1.1905 Taschkent
† 1.7.1968 Taschkent

LITERATUR ZUM AUTOR:
Biographien:
Ġ. I. Joḵubov, *Ojbek. Tanḵidij-biografik očerk*, Taschkent 1955. – M. Komčanov, *A. Kritiko-biografičeskij očerk*, Moskau 1966. – L. Bat' u. M. Koščanov, *A. Kritiko-biografičeskij očerk*, Moskau 1976.
Gesamtdarstellungen und Studien:
Ch. Jakubov, *Romany Ajbeka* (in Zvezda Vostoka, 5, 1955). – Ġ. I. Joḵubov, *Ojbek. Adabij tanḵidij očerk*, Taschkent 1959. – M. Koščanov, *Masterstvo izobraženija charakterov v romanach Ajbeka*, Taschkent 1959. – H. Joḵubov, *Ojbek lirikasida ğojavijlik va mahorat*, Taschkent 1963. – M.

Ḵušġonov, *Ojbek mahorati*, Taschkent 1965. – M. Koščanov, *Uroki masterstva. Iz tvorčeskoj laboratorii Ajebeka*, Taschkent 1972. – G. Gafurova, *Ojbek prozasi rus tilida* (in Šarḵ yuldizi, 8, 1973, S. 222-226). – *Ojbek tuġilganiga 70 jil tüldi* (in ebd., l, 1975, S. 147–162). – O. Sobirov, *Ojbek iġodida fol'klor*, Taschkent 1975. – *Ojbek tuġilgan kunga 75 jil tüldi* (in Šarḵ yuldizi, 4, 1980, S. 196-205).

NAVOIJ

(usbek.-türk.; *Navoij*). Roman von AJBEK, erschienen 1944. – Der Autor – Lyriker und Erzähler, auch Literaturhistoriker und Mitglied der Taschkenter Akademie der Wissenschaften – hatte 1937 eine epische Dichtung (russ. *poéma*) mit dem gleichen Titel veröffentlicht, aus der der historischbiographische Roman hervorgegangen ist.

Das Werk versucht, parallel mit Szenen aus dem Leben des größten Dichters der tschagataischen Literatur und bedeutenden Kunstmäzens Mīr 'Alī Šīr (gen. Navā'ī – »der Melodische«, 1441–1501; vgl. *Dīvān-i 'Alī Šīr Navā'ī, Hamse* u.a.), ein Bild der gesellschaftlichen Zustände der Timuridenzeit zu vermitteln. Der Autor läßt seinen Helden – der als Jugendfreund des ebenfalls dichtenden Sultans Ḥusayn BAYQARA Ämter am Hof von Herat bekleidet und wohl tatsächlich einen positiven Einfluß auf die Staatsführung ausgeübt hat – als Exponenten aufgeklärter Gerechtigkeit und humanistischen Fortschrittsdenkens erscheinen. Bei Disputationen läßt er ihn die Überlegenheit der türkischen Literatursprache (im Roman, entsprechend der heutigen sowjetischen Terminologie, »Usbekisch«, was in sprachgeschichtlicher Sicht für die mitteltürkische Periode nicht korrekt ist) über das Persische verfechten. Diese Ansicht hat Navā'ī in seinem theoretischen Prosawerk *Muḥākamat alluġatayn (Die Beurteilung der beiden Sprachen)* vertreten. Historisch ist auch die im Roman geschilderte Freundschaft mit dem persischen Dichter ĠĀMĪ, mit dem Maler Behzād und mit anderen bedeutenden Zeitgenossen. Als negative Kontrastfiguren erscheinen u.a. der ränkespinnende Wesir Maġīddīn und der aus Karrieresucht skrupellose Tuganbek. Sultan Ḥusayn selbst wird als willenloser Schwächling dargestellt, der den rückschrittlichen Kräften nicht widersteht und damit dem Verfall des Staats Vorschub leistet.

Die dialektische Konstruktion und die Übertragung marxistischer Kriterien auf die mittelasiatische Gesellschaft des 15.Jh.s ließen diesen zweiten Roman Ajbeks – nach *Ḵutluġ kon*, 1943 *(Geheiligtes Blut)*, in dem die Thematik der Revolutionsjahre Turkestans verarbeitet war – zu einem Musterbeispiel des Sozialistischen Realismus werden. Der Autor, dessen lyrische Frühwerke noch politische Kritik wegen »*dekadent-orientalischer und nationalistischer Romantik*« herausgefordert hatten, rückte nun in die erste Reihe der Sowjetliteratur (Stalinpreis 1. Kl. 1946). Mit weiteren Romanen, wie dem in einem Baumwollbauern-Kolchos spielenden *Oltin vodinin šamoli,* 1950 *(Der Wind des goldenen Tals),* vermochte er seine Stellung als einer der maßgeblichen nichtrussischen Sowjet-Prosaisten der fünfziger und sechziger Jahre zu behaupten. Sein letztes größeres Werk, *Bolalik,* 1963 *(Kindheit),* Jugenderinnerungen mit reizvollen Schilderungen des vorrevolutionären Lebens in Turkestan, ist auch als volkskundliche Quelle wertvoll.

H.W.Br.

AUSGABEN: Taschkent 1944. – Taschkent 1976 (in *Mukammal asarlar tŭplami,* Bd. 6). – Taschkent 1985.

ÜBERSETZUNGEN: *Navoi,* Moskau 1948 [frz.]. – Dass. (in *Izbrannye proizvedenija,* Bd. 2, Moskau 1958; russ.). – Dass. (in Ajbek, *Sočinenija,* Bd. 2, Taschkent 1962). – *Nawa'i,* Taschkent 1979 [arab.]. – *Navoi,* Taschkent 1983 [russ.]. – Dass. (in *Sobranie sočinenij,* Bd. 2, Taschkent 1985; russ.).

LITERATUR: M. Koščanov, *Izobraženie charaktera Ališera Navoi v romane Ajbeka »Navoi«* (in Voprosy uzbekskoj literatury, Taschkent 1959, S. 177–221).

GENNADIJ NIKOLAEVIČ AJGI

* 21.8.1934 Šajmuržino / Tschuwaschenland

LITERATUR ZUM AUTOR:
D. Ivanova, *Mir G. A. – tišina* (in Grani, 1970, 74). – K. Krolow, *Skythische Winde* (in Der Tagesspiegel, 11. 4. 1971). – K. Dedecius, Vorw. zu G. A., *Beginn der Lichtung,* Ffm. 1971. – W. Kasack, Vorw. zu G. A., *Stichi,* Mchn. 1975. – A. Martini, *Prolegomenon zu G. A.s »Wosklizanije bjustschich«* (in Literatur und Sprachentwicklung in Osteuropa im 20. Jahrhundert, Bln. 1982). – I. Rakusa, *G. A.s Lyrischer Suprematismus* (in Schweizerische Beiträge zum IX. Internationalen Slavistenkongreß in Kiew, September 1983, Bern 1983). – A. Martini, *Sprache und Dichten an ihrer Grenze: G. A.s Gedicht »Tišina«* (in Russische Lyrik heute. Interpretationen Übersetzungen Bibliographie, Hg. E. Reißner, Mainz 1983).

DAS LYRISCHE WERK (tschuw.-russ.) von Gennadij N. AJGI.

Ajgis Jugend wurde von Lyrik geleitet und begleitet; der Vater übersetzte und schrieb Gedichte, und der tschuwaschische Dichter und Freund seines Vaters Waslej Mitta, einer der vielen geächteten Literaten, ist bis heute ein Vorbild für Ajgi geblieben. 1987 wurde ihm der Waslej Mitta-Preis verliehen, eine der ersten offiziellen Auszeichnungen, die Ajgi in der Sowjetunion zuteil wurde.

Die russischen Gedichte des seit 1953 in Moskau lebenden Lyrikers konnten bisher fast nur außerhalb der Sowjetunion erscheinen: *Beginn der Lichtung* (Ffm., 1971), *Stichi 1954–1971,* (*Gedichte,* Mchn., 1975) und *Otmečennaja zima (Gezeichneter Winter,* Paris 1982). Weniger umfängliche Ausgaben seiner noch in tschuwaschischer und dann in russischer Sprache geschriebene Lyrik erschienen seit den sechziger Jahren in der Tschechoslowakei, Polen, Jugoslawien und in Ungarn. In der Sowjetunion hingegen sind bisher nur vereinzelt, seit 1987 vermehrt, Gedichte in Periodica publiziert worden, da Ajgis Lyrik in jeglicher Hinsicht, in ihrer formalen, traditionsabweisenden Gestalt, in ihrer semantischen Polyvalenz und ihrer geistigen Aussage sich von der von der offiziellen Kulturpolitik geförderten Dichtung unterschied und unterscheidet. Ungeachtet seiner künstlerischen Außenseiterposition in dem von ihm gewählten russischen Sprach- und Denkraum wurde er früh, noch während seines Studiums am Moskauer Gor'kij-Literaturinstitut, von seinem Lehrer, dem Lyriker Michail SVETLOV, 1961 in der ›Literaturnaja gazeta‹ als ein »sowjetischer Baudelaire« erkannt, als eine sich »bahnbrechende Sonne«, und Bella ACHMADULINA erklärte 1964 die Kompliziertheit seiner Gedichte als nicht vorsätzlich, sondern als eine »authentische und ernsthafte Kompliziertheit«: »Er sieht die Umwelt unverwandt an, und es gibt keine Kleinigkeit, die ihn nicht nachdenklich stimmte.« Während die tschuwaschische Sprache für ihn vornehmlich ein »Feld übersetzerischer Betätigung« (Ajgi) ist, in die er MAJAKOVSKIJ, DANTE, SHELLEY, WHITMAN, GARCIA LORCA, die französischen und italienischen Lyriker vom XIII. bis zum XX. Jahrhundert übersetzte, ist die russische Sprache das Medium seiner eigenen Lyrik.

Ajgis Lyrik ist Auseinandersetzung und Summe der europäischen Poesie, und zugleich wird sie geprägt von tschuwaschischen Mythen und dem Christentum. Eines der grundlegenden Charakteristika seines Werkes ist es, verschlüsselt und dennoch erkennbar in Widmungen, intertextuellen Bezügen und typographischen Hinweisen, einen Dialog mit den Exponenten der ost- und westeuropäischen Kulturgeschichte zu führen, die ihm geistig und in ihrem Dichtungsverständnis wahlverwandt scheinen. In Rußland sind es u. a. die Suprematisten, Majakovskij und PASTERNAK, im westlichen Kulturraum sind es jene Traditionen, die zu BAUDELAIRE hinführten und an ihn anknüpften. Ajgi schreibt eine grenzüberschreitende Dichtung, in der sich die unterschiedlichen geistigen und poetischen Traditionen in der Erkenntnis aufheben: »Lyrik ist eine autonome Erscheinung im geistigen Schaffen des Menschen« (Ajgi), weshalb sie unabhängig, jedoch zutiefst verpflichtend ist. Bewußt und aussagereich gruppiert Ajgi seine Gedichte zu Zyklen, die thematisch und semantisch eng aufeinander bezogen sind, da das einzelne Gedicht ebenso wie die Zyklen die Mosaiksteine eines Buches sind, das nie abgeschlossen sein wird. Denn das »*Leben ist das Buch, Ein Leben – Ein Buch*«. – Das »*Buch*« ist ein Gedicht, das wie das Leben nie abgeschlossen, immer wieder ergänzt und erweitert wird, bis zum Ende, zum Tod. Den Anfang dieses Buches, dessen Pariser Ausgabe (1982) nun den Titel des in der Münchner Ausgabe (1975) noch an 2. Stelle stehenden Zyklus *Otmečennaja zima (Gezeichneter Winter)* trägt, bilden die in Russisch geschriebenen Gedichte. Jene aus der Zeit des zweisprachigen Dichtens (1954–1959) und Gelegenheitsgedichte sind ausgegliedert worden. Bedeutsam ist dies deshalb, weil Ajgis Entscheidung, russisch zu schreiben, nicht pragmatischer Art war, sondern von dem poetologischen Theorem seiner Dichtung diktiert zu sein scheint. Die russische Sprache ist ihm Distanz in der Nähe, die ihm die Möglichkeit gibt, in dem Vertrauten das Fremde, Verschüttete zu entbergen. Ajgi steht der russischen, der Sprache insgesamt gegenüber, er begegnet ihr, kann sich auf sie einlassen, ohne ihre Widerständigkeit zu glätten. Diese Sprach- und Sprechhaltung ist auch der Grund, daß seine hermetischen Gedichte grammatikalisch und syntaktisch mitunter in die Grenzbereiche der Sprachkonventionen vorstoßen. Sein reflexives und existentielles Verhalten gegenüber der Sprache ist darauf bedacht, die Sprache und das Denken als die authentischen, jedoch gefährdeten Grundlagen des menschlichen Seins freizulegen. Überzeugt davon, daß die »*Wirklichkeit erfüllt ist von Hieroglyphen, Chiffren, Symbolen, versucht der Künstler nicht, sie zu lesen. Mitunter tut er das Gegenteil, mittels einer neuen Hieroglyphe zeichnet er das auf, was in der alltäglichen Erfahrung zu einfach und zu eindimensional erscheint*« (V. Vorošil'skij). Dergestalt befreit er die Worte aus ihrer Vokabelhaftigkeit und der daraus resultierenden Einschränkung, erweitert sie zu polyvalenten und Bedeutungsschichten verrätselnden und entbergenden Hieroglyphen. Dieses Verfahren verstärkt sich zunehmend in seinem lyrischen Werk, die Reduktion und Fragmentarität bei der Gestaltung der syntagmatischen Ebene nimmt zu, verstärkt wird die Offenheit und Vieldeutigkeit der paradigmatischen Ebene.

Hiermit korrespondiert die Offenheit seiner Zyklen, eines jeden einzelnen Gedichts, das aufgenommen und fortgeführt wird durch das nachfolgende und spätere. Die Gedichte gehen aufeinander zu, sie überschreiten die Zyklus»grenzen«. Diese Unabgeschlossenheit, die Ajgi semantisch in vielen Titeln und Anfangsversen durch den Auftakt »*I*« (und, auch), »*Snova*« (Von neuem), »*I vnov'*« (Und erneut), durch Titelkorrespondenzen und -wiederaufnahmen anzeigt, bewirkt jedoch nicht, daß der einzelne Text formal oder semantisch fragmentarisch bleibt. Die einzelnen Gedichte entbehren nicht der Autonomie, die sie auf einer anderen Ebene durch und in der dialektischen Spannung von niedergeschriebenem Text und dessen semantisches und gedankliches Noch-nicht-zu-Ende-Sprechen bzw. Gesprochenhaben gewinnen. Das Anfangs-Gedicht seines bisherigen »*Buches*« ist noch *Tišina (Stille)*, das die Eckpfeiler seines Dichtungsverständnisses andeutet und thematisiert. Das Gedicht und seine Genesis ist der »schmerzvolle«, noch nicht zu Ende geschrittene Weg zum dichterischen und eigentlichen Wort. »*Wie/ durch blutige Zweige/ dringst du in helle./*« »*Dieses aber ist das ›Wort‹ Johannes (die Definition des Wortes durch den Apostel bleibt weiterhin wirksam: ›eben jetzt‹, in jeder Sekunde).*«

Dieser Weg, den ein jedes seiner Gedichte durch das sprachliche und gedankliche »Gestrüpp« hindurch veranschaulicht, bedeutet auch, daß jeder Text in seinem Werden und als Annäherung begriffen werden muß, als Vermittlungsinstanz von sprachlicher Materialität und angestrebter Immaterialität, sei es die Stille in der sich verlautbarenden Sprache, sei es die Schwere in der Schwerelosigkeit, die Immanenz des Göttlichen in der Transzendenz abweisenden Alltagsrealität, das Aufscheinen der Idee in der Erscheinung.

Das Feld, das in den tschuwaschischen Gebetstexten symbolisch für die geistige Freiheit steht, der Weg, der Schnee, das Licht und das Kreuz, das Ajgi auch in der typographischen Anordnung seiner Verse versinnbildlicht *(Vozniknovenie chrama,* 1981 – *Die Entstehung des geistlichen Hauses)* und deren Assoziationsumfelder – Blumen, Bäume, Sonne, Blut und Liebe –, aus der Romantik und dem Symbolismus vertraute, doch bei Ajgi neubelebte Metaphern, bilden ein dichtes semantisches Netz zwischen seinen Gedichten und poetologischen Essays. Auch dieses bewirkt, daß die Gedichte aufeinander zugehen, einander erinnern und veranschaulichen in ihrer bisherigen Zusammenstellung, die durch Ajgis angekündigten neuen Gedichtband *Pole – Rossija (Feld-Rußland)* erneut modifiziert sein wird, die Suche nach dem Ort der »*ursprünglich-hohen Sprache*«, der »*langue pure*«, in dem sich »*weiße linien*« kreuzen, ohne daß »*namen genannt werden*« (*Ženščina sprava*, 1961 – *Frau von rechts*). A.M.W.

AUSGABEN: In tschuwaschischer Sprache: *Attesen jaćepe*, Čeboksary 1958. – *Pětěm purnăssăn çěklenně muzykă*, Čeboksary 1962. – *Utăm*, Čeboksary 1964. – *Franci poečěsem. XV – XX emersem*, Čeboksary 1968. – In russischer Sprache: *Stichi*, Moskau 1961 (in Literaturnaja gazeta, 26. 9.) – *Stichi*, Ffm. 1970 (in Grani 74). – *Stichi*, Paris 1975 (in Kontinent, 5). – *Stichi 1954–1971*, Mchn. 1975. – *Otmečennaja zima*, Paris 1982. – *Poetu rozy poeta. Desjat' stichotvorenij*, Mchn. 1982 (in *Poet-perevodčik Konstantin Bogatyrev*). – *Polja – dvojnik*, Čeboksary 1987 (in Molodoj kommunist, 24. 12.). – *Stichi*, Moskau 1988 (in Družba narodov, 2).

ÜBERSETZUNGEN: *Beginn der Lichtung*, K. Dedecius, Ffm. 1971. – *Dem Dichter des Dichters der Rose. Zehn Gedichte*, F. Kasack (in *Ein Leben nach dem Todesurteil mit Pasternak, Rilke und Kästner. Freundesgabe für Konstantin Bogatyrjow*, Bornheim 1982). – *Gedichte*, F. Ph. Ingold (in Akzente, 1982, 3). – *Gedichte*, F. Kasack, K. Borowsky (in *Russi-*

sche Lyrik. Von den Anfängen bis zur Gegenwart, Stg. 1983). – *Gedichte*, R. Ziegler (in *NRL. Neue Russische Literatur*, Almanach 4–5, 1981–1982, Salzburg 1983). – *Veronikas Heft. Das erste Halbjahr meiner Tochter. Gedichte*, F. Ph. Ingold, Zürich 1986.

VERTONUNG: S. Gubajdulina, *Rozy. Cikl romansov na stichi G.A.*, 1974.

SADRIDDIN AJNI

* 15.4.1878 Soktare
† 15.7.1954 Duschanbe

LITERATUR ZUM AUTOR:
Bibliographien:
Dz. Azizkulov u. Z. Mullodžanova, *Bibliografija proizvedenij S. A. i literatury o nem do konca 1961 g.*, Duschanbe 1963; Folgeband für die Jahre 1962–1976: Duschanbe 1978.
Biographien:
I. S. Braginskij, *Žizn' i tvorčestvo S. A.*, Moskau 1958; ern. 1978. – Ders., *Hajot va ähodijoti S. A.*, Duschanbe 1968. – *Kniga zizni S. A.*, Hg. K. S. Ajni, Duschanbe 1978. – K. S. Ajni, *Žizn' Sadriddina A. Kratkij chronologičeskij očerk*, Duschanbe 1982.
Gesamtdarstellungen und Studien:
Z. Š. Radžabov, *S. A. – istorik tadžikskogo naroda*, Stalinabad 1951. – S. Tabarov, *S. A. – asosguzori adabijoti sovetii toģik*, Stalinabad 1954. – A. Manijozov, *Publicistika va nazmi ustod S. A. (1918–1921)*, Stalinabad 1958. – A. Sajfulloev, *Obrazi kahramononi musbati muboriz dar romanhoi ustod S. A.*, Stalinabad 1960. – Ch. N. Nijazov, *Put' Sadriddina A. – poèta*, Moskau 1965. – A. Sajfulloev, *Romani ustod S. A. »Dochunda«*, Duschanbe 1966. – N. R. Rahimov, *S. Ajnij. Mahoratiga doir*, Taschkent 1970. – I. S. Braginskij, *Problemy tvorčestva Sadriddina A.*, Duschanbe 1974. – N. Rahimov, *S. A. – tarichči* (in Šarķ yuldizi 5, 1978, S. 170–174).

JODDOŠTHO

(tadsch.; *Erinnerungen*). Erzählung von Sadriddin AJNI, erschienen 1949. – Bekannt wurde das Werk erst durch die usbekisch-türkische Fassung von 1952 unter dem Titel *Buchara*. Ajni, zunächst Vertreter der bürgerlich-reformistischen, dann (von 1918/19 an) der sowjetisch-realistischen Literatur, schreibt in zwei Sprachen: tadschikisch und usbekisch. In dieser Erzählung stellt er das Gesellschaftsleben der Stadt und des Emirats Buchara anhand seiner eigenen Erlebnisse dar. Er selbst steht im Mittelpunkt seiner Erzählung und konzentriert alle Geschehnisse um sich, um so einen historischen Überblick über die Zeit vom Ende des 19. bis zum Anfang des 20.Jh.s zu geben. – In einem Dorf in der Nähe von Buchara geboren, wächst er im Kreise gebildeter Menschen auf, die sein Vater um sich zu versammeln pflegt, kommt nach Buchara und studiert dort. Er erzählt von dem Unterrichtswesen in den islamischen Hochschulen (Medresen), von den Einflüssen der Geistlichen auf die Politik des Emirs von Buchara, von ihrer und mancher Richter eigenmächtigen Handlungsweise und schildert die Lebensverhältnisse der Landbevölkerung. – In Buchara beginnt er auch, sich für die Dichtkunst zu interessieren; mit verschiedenen Dichtern schließt er Bekanntschaft, weil er hofft, durch ihre Hilfe später selbst dichten zu lernen. Vor allem aber setzt er sich kritisch mit seiner Zeit auseinander, wobei er hauptsächlich die negativen Erscheinungen, wie den religiösen Fanatismus und die Politik der Emire von Buchara, in den Vordergrund rückt. In dieser Erzählung bemüht er sich auch darzulegen, welche wichtige Rolle die Eltern in seiner Erziehung spielten, und beschreibt schließlich den Einfluß, den Gelehrte und Dichter wie Aḥmed DANIŠ und HABIBI auf ihn ausgeübt haben. B.Ha.

AUSGABEN: Stalinabad 1949 (*Joddošth̄o*). – Stalinabad 1952 (*Joddošth̄o*). – Moskau 1952 (*Buchara*). – Duschanbe 1958–1964 (*Joddošth̄o*, in S. Ajni, *Kullijot*, 2 Bde). – Taschkent 1963–1967 (*Buchara*, in S. Ajni, *Asarlar*, 8 Bde).

ÜBERSETZUNGEN: *Vospominanija*, Moskau 1960 [russ.]. – *Buchara*, 2 Bde., Duschanbe 1980/81 [russ.].

LITERATUR: M Šukurov, *Chususijathoi gojaviju badeii »Joddošth̄o«-i ustod S. Ajni*, Duschanbe 1966.

ČINGIZ AJTMATOV

* 12.12.1928 Kišlar Šeker / Kirgisien

LITERATUR ZUM AUTOR:
B. Ašymbaev, *Č. A.*, Frunze 1965 [m. Bibliogr.]. – Dž. Šamaganov, *Pisateli sovetskogo Kirgizstana*, Frunze 1969, S. 49–51 [m. Bibliogr.]. – L. Lebedeva, *Povesti Č. A.a*, Moskau 1972. – W. Kasack, *Tsch. A.* (in Osteuropa, 1974, 24, S. 254–256). – K. Abdyldabekov, *Č. A. (Stat'i i recenzii o ego tvorčestve)*, Frunze 1975. – A. Latchinian, *Tradition und Neuertum im Schaffen Tsch. A.s* (in WB, 1975, 21, S. 96–121). – Vl. Voronov, *Č. A. Očerk tvorčestva*, Moskau 1976. – K. Kasper, *Der menschheitsgeschichtliche Anspruch der Erzählungen Č. A.s* (in ZfSl, 1976, 21, S. 65–71). – I. Lakov, *Zur Funktion nationaler Traditionen im Schaffen des kirgisischen*

Schriftstellers Č. A. (in ZfSl, 1981, 26, H. 4, S. 479–488).

BELYJ PAROCHOD

(russ.; *Ü: Der weiße Dampfer*). Novelle des kirgisisch-sowjetischen Schriftstellers Čingiz AJTMATOV, verfaßt in kirgisischer und russischer Sprache; russisch erschienen 1970 in der Zeitschrift ›Novyj mir‹ unter dem Titel *Belyj parochod*, im gleichen Jahr als Buch mit dem Nebentitel *Posle skazki (Nach dem Märchen)*. – Ajtmatov schildert das Leben einer Handvoll Menschen in einer einsamen Förstrei, die an einem Zufluß des Issyk-Kul-Sees in den kirgisischen Bergen liegt und der Kontrolle staatlicher Institutionen fast völlig entzogen ist. Die Bewohner des Gehöfts sind der Tyrannei des despotischen Forstwarts Oroskul völlig ausgeliefert. Dem Autor geht es jedoch weniger um die Formen der Solidarität und des Widerstands, die in dieser Situation von den Unterdrückten entwickelt werden; im Mittelpunkt steht vielmehr das Schicksal eines elternlosen siebenjährigen Jungen, der von seinem Großvater erzogen wird, dem Schwiegervater Oroskuls, dem alten Momun, der als einziger dem Kind Liebe und Hilfe zuteil werden läßt und ihm unter großen Opfern den Besuch der weit entfernten Schule ermöglicht. Oroskul und seine zweite Frau ziehen ihn dafür ständig zur Rechenschaft. Die Großmutter ermahnt ihren Mann zu Unterwürfigkeit und duldet auch nicht, daß er seiner eigenen Tochter zu Hilfe kommt, wenn diese von ihrem betrunkenen Mann halbtot geschlagen wird. Die Ehe zwischen Oroskul und Momuns Tochter ist kinderlos geblieben, und alle Betroffenen sehen darin die Ursache für das Verhalten des Forstwarts, der – von Selbstmitleid, Haß und Alkohol zerstört, machthungrig und bestechlich, jähzornig und sadistisch – der Prototyp des Menschenschinders ist. Die Gegenfigur ist der alte Momun, der, fleißig und freundlich, arm und unterwürfig, erfüllt von Demut, zu schwach ist, um seinem Enkel den nötigen Schutz zu gewähren oder zu verhindern, daß er am Ende selbst gegen seine heiligsten Überzeugungen verstößt. Seine Liebe gilt der Vergangenheit, der Geschichte seines Stammes, der kirgisischen Bugu. Bei den Totenfeiern für verstorbene Bugus ist er ein beliebter Gast. Diese Mythengläubigkeit, die er auch seinem Enkel zu vermitteln sucht, führt bei dem Jungen dazu, daß er vor der Wirklichkeit in seine Kinderträume flieht: »*Er hatte zwei Märchen. Das eine war sein eigenes, von dem niemand wußte. Das andere pflegte der Großvater zu erzählen.*« Der Kern seines eigenen »Märchens« besteht in der Wunschvorstellung, sich in einen Fisch zu verwandeln und durch den Fluß zum Issyk Kul zu schwimmen, um seinem Vater, der Matrose auf einem weißen Dampfer ist, sein ganzes Elend berichten zu können. Das »Märchen« des Großvaters hingegen handelt von der »Gehörnten Hirschmutter«, einer weißen Maralkuh, die einst den am Jenissej beheimateten kirgisischen Stamm vor der Ausrottung bewahrte und an den Issyk Kul brachte. Sie blieb der »Schutzpatron« der Bugus, bis diese ihre ungeschriebenen Gesetze übertraten und die Marale zur Jagd freigaben. Seither blieb die weiße Hirschkuh verschwunden.

In Ajtmatovs Erzählung taucht nur eine einzige Figur auf, die Verantwortungsbewußtsein für die Gegenwart mit dem Bewahren der Tradition verbindet: der junge Sowchos-Fahrer Kulubek, der eine kurz Nacht lang im Haus des Großvaters zu Gast ist und dem vereinsamten Jungen kameradschaftlich entgegenkommt. Seine Eigenschaften – er ist klug, kraftvoll, ehrlich und freundlich – lassen ihn als ideale Verkörperung des »neuen kommunistischen Menschen« erscheinen. Zwar greift Kulubek nicht aktiv in das Schicksal der Förstereibewohner ein, ohne seine Existenz jedoch bliebe die Erzählung ein Alptraum ohne jede Hoffnung.

Welche Bedeutung dieser »positiven« Figur zukommt, zeigt besonders deutlich der Schluß der Novelle. Als in der Nähe der Försterei plötzlich Marale auftauchen, erflehen der alte Momun und sein Enkel von der »Gehörnten Hirschkuh« für Oroskuls Frau ein Kind, das – wie in den Mythen der Bugus – ihr Schicksal verändern soll. Der *deus ex machina* erweist sich jedoch als ohnmächtig, ja, der Großvater wird vom Forstwart gezwungen, die Maralkuh zu erschießen. Eigenhändig zertrümmert Oroskul den schönen Kopf der Hindin, der Junge findet seinen Großvater betrunken beim verbotenen Festmahl. Von Fieber und Ekel geschüttelt, steigt das Kind zum eiskalten Fluß hinab, um ein Fisch zu werden... In einem Schlußwort wendet sich der Erzähler an den Jungen: »*Du bist weggeschwommen. Hast nicht auf Kulubek gewartet... Warum bist du nicht auf der Landstraße davongegangen? Wenn du lange auf der Landstraße gelaufen wärst, hättest du ihn unbedingt getroffen...*« Nicht an seiner brutalen Umgebung, sondern an seinem mangelnden Vertrauen zum Leben, zu dem Menschen, der ihm den Weg in die Zukunft hätte zeigen können, geht der Junge schließlich zugrunde. Mit der darin enthaltenen, sehr vorsichtig formulierten Hoffnung auf ein besseres und gerechteres Leben vermeidet die kunstvoll aufgebaute Erzählung jedes affirmative Klischee. E.A.G.

AUSGABEN: Moskau 1970 (in Novij mir, H. 1; *Belyj parochod/Posle skazki*). – Moskau 1970 (in C. A., *Povesti i rasskazy* u. d. T. *Posle skazki [Belyj parochod]*). – Moskau 1983 (in *Sobr. soč.*, 3 Bde., 2).

ÜBERSETZUNGEN: *Der weiße Dampfer*, H.-J. Lambrecht, Bln. 1971; ern. Ffm. 1972. – Dass., L. Hornung, Bln. 1974; ern. Ffm. 1982. – Dass., ders., Bln. 1985.

VERFILMUNG: UdSSR 1976 (Regie: B. T. Šamšiev).

LITERATUR: J. D. Döring, *Die Aufhebung des Märchens als Märchen erzählt: Č. A.: Posle skazki. Belyj parochod* (in WdS, 1977, 22, S. 40–56). – W. Kasack, Č. A. »Der weiße Dampfer« (in *Die russische Novelle*, Hg. B. Zelinsky, Düsseldorf 1982, S. 264–273; 329–331).

I DOL'ŠE VEKA DLITSJA DEN'

auch: *Burannyj polustanok* (russ.; *Ü: Ein Tag länger als ein Leben*). Roman von Čingiz AJTMATOV, erschienen 1980. – In seinem ersten umfangreicheren Roman, dessen Titel nach dem Willen des Autors ursprünglich *Obruč (Der Ring)* lauten sollte, hat Ajtmatov die in früheren Werken erprobte Synthese von sowjetischer Gegenwart und mythisch-legendenhaften Stoffen um einen kritischen Rückblick in die Stalinzeit und eine Science-fiction-Ebene erweitert.

In Boranly-Burannyj, einer einsam gelegenen Eisenbahnstation in der kasachischen Steppe, stirbt der siebzig Jahre alte Eisenbahnarbeiter Kazangap. Edigej, sein etwa fünfzehn Jahre jüngerer Kollege, besteht gegen den Willen von Kazangaps Sohn, einem opportunistischen Karrieristen, auf seiner Absicht, den Freund nach islamischem Ritus beizusetzen. Sechs Männer machen sich zu dem in der Steppe gelegenen Stammesfriedhof Ana-Bejit auf. Unterwegs erinnert sich Edigej an die entscheidenden Phasen seines Lebens. Diese Rückwendungen bilden den überwiegenden Teil des Romans. Die einsame Ausweichstation war schicksalhafter Kreuzungspunkt der Lebenswege dreier Familien. Kazangap hat einst die Heimat verlassen, weil sein Vater als Opfer von Stalins Vernichtungskampagne gegen sogenannte Kulaken umkam. Edigej gelangt, durch die Kriegswirren heimatlos geworden, als Kriegsversehrter mit seiner Frau Ukubala 1945 nach Boranly-Burannyj. Und auch für das Lehrerehepaar Abutalip und Zaripa wird die Eisenbahnstation 1951 ein Zufluchtsort. Abutalip geriet während des Krieges in deutsche Gefangenschaft, konnte jedoch fliehen und kämpfte bei den jugoslawischen Partisanen. Nur dank seiner hohen Kriegsauszeichnungen kann er nach Kriegsende wieder als Lehrer arbeiten. Aufgrund einer Unterrichtsstunde, in der er den Schülern wahrheitsgemäß von seinen Kriegserlebnissen berichtet, wird er jedoch ein paar Jahre später denunziert und darf nicht mehr unterrichten. Trotz der harten Arbeits- und Lebensbedingungen in der Steppe verläuft das Leben harmonisch, bis Abutalip 1953 von einem Revisor wegen der für seine Kinder aufgezeichneten Lebenserinnerungen erneut denunziert wird. Von der Geheimpolizei verhaftet, stirbt er kurze Zeit später – laut offizieller Mitteilung an die Witwe – an einem Herzanfall. Edigej, der sich nach Abutalips Verhaftung um dessen Familie kümmert, verliebt sich in Zaripa. Um Edigejs Ehe nicht zu gefährden, zieht Zaripa mit den Kindern weg. 1956, drei Jahre nach Stalins Tod, bemüht sich Edigej erfolgreich um Abutalips Rehabilitierung.

Von wesentlich geringerem Umfang als Edigejs Erinnerungen ist eine relativ selbständige, in mehreren Teilen eingeschobene Science-fiction-Handlung, die ebenfalls in der Gegenwart spielt: Die USA und die Sowjetunion betreiben ein gemeinsames Weltraumforschungsprogramm. Zwei Astronauten, ein Amerikaner und ein Russe, die Besatzung der Weltraumstation »*Parität*«, haben ohne Wissen der irdischen Kommandozentrale Funksprüche von außergalaktischen Lebewesen empfangen. Sie sind einer Einladung auf den fremden Planeten gefolgt und berichten per Funk über dessen technisch und moralisch weitentwickelte Zivilisation. Das eigenmächtige Handeln der Männer und ihr Bericht über den Wunsch der extraterrestrischen Lebewesen, Kontakt mit den Menschen aufzunehmen, lösen auf der Erde eine Krise zwischen den beiden Supermächten aus. Den Kosmonauten wird trotz ihrer Bitten die Rückkehr verweigert, und um die Erde wird ein Ring aus Abwehrraketen gezogen, um das Eindringen der Außerirdischen abzuwehren. Der gesamte Vorgang bleibt der Öffentlichkeit vorenthalten. Die Menschen können aufgrund ihres gegenseitigen Mißtrauens die Chance, von einer höherstehenden Zivilstation zu profitieren, nicht nutzen. Diese Science-fiction-Ebene berührt sich mit der in der Gegenwart spielenden Handlung lediglich zu Beginn und am Ende des Romans, wenn Edigej den Start der Raketen vom nahegelegenen Kosmodrom beobachtet. Plötzlich wird der Leichenzug durch einen Schlagbaum gestoppt; die Männer wußten nicht, daß der Friedhof Ana-Bejit sich auf dem streng bewachten Kosmodrom-Gelände befindet. Sie erhalten die Auskunft, daß die Beerdigungsstätte einem Wohnkomplex weichen soll, und werden trotz ihrer Proteste nicht durchgelassen; so beerdigen sie Kazangap an einer anderen traditionsreichen Stelle.

Eine weitere Schicht des Romans bilden zwei in die Erinnerungen Edigejs integrierte Legenden: Die eine erzählt von Rajmaly-aga, einem Dichter-Sänger, der sich als alter Mann in ein junges Mädchen verliebt. Obwohl seine Verwandten diese Liebe als unschicklich verurteilen und seine Lieder nicht begreifen, sein Instrument zerstören, sein Pferd töten und ihn an einen Baum fesseln, bleibt Rajmaly-aga der Überlegene. Seinen Körper können sie binden, nicht aber seinen Geist. Die Legende von Najman-Ana handelt vom Stamm der Žuan-Žuany, die in Vorzeiten die Steppe erobert, ihren Gefangenen durch grausame Folter das Gedächtnis zerstört und sie so zu willenlosen Sklaven gemacht haben. Najman-Ana, die Mutter eines zum »*Mankurt*« gemachten jungen Mannes, versucht ihren Sohn aus der Gewalt der Žuan-Žuany zu befreien. Er erkennt sie jedoch nicht und tötet so auf Befehl seines Herrn die eigene Mutter.

Während das Schicksal der Eisenbahnerfamilien und die Legendenschicht aufeinander bezogen sind und sich gegenseitig erhellen, scheint das Einfügen der Science-fiction-Ebene weniger motiviert. Der hier vorherrschende nüchterne Stil und der Mangel an Individualisierung der Figuren tragen dazu bei, daß die fremde Zivilisation ein abstraktes Denkmodell bleibt: »*Es wird berichtet, nicht gestaltet*« (Kasack). Überzeugender sowohl als eigenständige

Erzählschicht als auch in ihrer Korrelation sind die Legende von Najman-Ana und die Gegenwartshandlung. Auch Abutalip werden seine Erinnerungen und somit seine Identität genommen. Die Aussage, daß es »*das schwerste aller denkbaren und undenkbaren Verbrechen*« sei, dem Menschen das Gedächtnis zu rauben, läßt sich nicht zuletzt auch auf das Problem sowjetischer Geschichtsfälschung beziehen. Edigej nennt den feigen, angepaßten Sohn Kazangaps, dessen Ideal der lenkbare Mensch ist, einen »*Mankurt*«. Dies ist Ajtmatovs Ausdruck für den Typ des geschichtslosen Zynikers, wie ihn etwa zur gleichen Zeit auch V. ROZOV u. E. EVTUŠENKO gestaltet haben. B.Gö.

AUSGABEN: Moskau 1980 (in Novyj mir, 11). – Moskau 1981 (u. d. T. *Burjannyj polustanok*). – Frunze 1981. – Moskau 1982–1984 (in *Sobr. soč.*, 3 Bde., 2).

ÜBERSETZUNGEN: *Der Tag zieht den Jahrhundertweg*, Ch. Kossuth, Bln. (Ost) 1981. – *Ein Tag länger als ein Leben*, dies., Mchn. 1981.

DRAMATISIERUNG: Moskau 1981 (Bearb. und Regie: V. Spesivcev).

LITERATUR: E. Sidorov, Rez. (in Literaturnaja gazeta, 14. 1. 1981, S. 4). – V. Čubinskij, *Sarozekskie metafory Č. A.* (in Neva, 1981, 5, S. 173–178). – A. Latynina, *Cep' čelovečeskoj pamjati* (in Oktjabr', 1981, 5, S. 203–208). – Ju. Surovcev, *Mnogozvučnyj roman-kontrapunkt* (in Družba narodov, 1981, 5, S. 246–255). – V. Novikov, *Duchovnaja zrelost' geroja* (in Znamja, 1981, 6, S. 213–227). – K. Mehnert, *Ein Tag – länger als ein Leben* (in Osteuropa, 1981, 11, S. 985–989). – H.-P. Klausenitzer, Rez. (in FAZ, 22. 2. 1982, S. 20). – H. v. Ssachno, Rez. (in SZ 3./4. 4. 1982). – V. Iverni, Rez. (in Russkaja mysl', 24. 6. 1982, S. 11). – V. Levčenko, *Č. A.*, Moskau 1983, S. 197–217. – I. Silina, *Odin iz mnogich na zemle* (in Teatr, 1983, 1, S. 62–68). – W. Kasack, *A.s erster Versuch im Bereich der Phantastik* (in Sience-Fiction in Osteuropa, Hg. ders., Bln. 1984, S. 61–69).

OVON

auch: *Ğamiyla* (kirg.; *Ü: Djamila*). Erzählung von Čingiz AJTMATOV, vorabgedruckt 1958 in den Zeitschriften ›Ala-Too‹ (Frunze, kirg.) und ›Novyj mir‹ (russ.); erschienen 1959. – Der Autor, Absolvent des Moskauer Gor'kij-Instituts für Literatur, schrieb zunächst kirgisisch und russisch. Nach dem außergewöhnlichen Erfolg dieses ersten umfangreicheren Prosawerks publizierte er spätere Arbeiten sogleich in russischer Sprache.
Ovon (wörtlich *Die Melodie*) ist eine Liebesgeschichte aus den Jahren des Zweiten Weltkriegs. Im Mittelpunkt steht die junge Kirgisin Ğamiyla, deren ungeliebter Ehemann Sadyk in der Sowjetarmee dient. Der Ich-Erzähler, Sadyks fünfzehnjähriger Stiefbruder Sayd, verehrt die Schwägerin und fühlt sich als ihr Beschützer. Ğamiyla ist anders als die jungen Frauen des Dorfs, selbstbewußt und eigenwillig, bisweilen übermütig, alles andere als bereit, sich nur als dienende Kreatur zu empfinden. Bei der schweren Arbeit ersetzt sie ihren Mann. Zudringliche Burschen weiß sie sich stets vom Halse zu halten, bis der scheue, träumerische Frontheimkehrer Daniyar, das Gegenteil eines Frauenhelden, ihr Herz gewinnt. Mit ihm geht sie in die Ferne und reißt sich so von allen Bindungen, nicht nur von denen traditioneller Sitte, los. Der einzige, der sie deswegen nicht schmäht, ist der junge Sayd, der Maler wird und das verfemte Liebespaar aus der Erinnerung im Bild festhält: »*Geh, Ğamiyla, bereue nichts, du hast dein schweres Glück gefunden . . . Ich betrachte die beiden und höre die Stimme Daniyars, er ruft mich zum Aufbruch. Ich werde durch die Steppe zu meinem Aúl gehen, ich werde dort neue Farben finden, und in jedem meiner Bilder wird Daniyars Lied erklingen, wird Ğamiylas Herz schlagen.*«
Daß die an sich anekdotisch-schlichte Handlung ein Werk von dichterischem Rang zu tragen vermag, ist vor allem auf die lyrischen Elemente der Sprache zurückzuführen. Neben Naturschilderungen von seltener Schönheit beeindruckt die faszinierende Darstellung des Nebeneinanderbestehens orientalisch-traditioneller und moderner Lebensformen und -auffassungen. Klischees, die sich in den Werken sowjetasiatischer Autoren häufig – und zum Nachteil der künstlerischen Vollendung bei gutem Ansatz – bemerkbar machen, sind hier souverän überwunden. – Die Erzählung wurde von der in- und ausländischen Kritik begeistert begrüßt (Louis ARAGON nannte sie im Vorwort zur französischen Ausgabe 1959 »*die schönste Liebesgeschichte der Welt*«); sie gehört zu den meistübersetzten Werken der Sowjetliteratur. Ajtmatov erhielt 1963 für einen Band anderer Erzählungen den Lenin-Staatspreis. H.W.Br.

AUSGABEN: Frunze 1959 u. ö. – Moskau 1959 u. ö. [russ.]. – Moskau 1982 (russ., in *Sobr. soč.*, 3 Bde., 1).

ÜBERSETZUNGEN: *Djamila*, H. Herboth, Bln. 1960. – Dass., G. Drohla, Wiesbaden 1962. – Dass., H. Herboth, Lpzg. 1974; [2]1981. – *Dshamilja*, G. Drohla, Ffm. 1985.

VERFILMUNGEN: UdSSR 1969 (Regie: I. Poplavskaja). – DDR 1975 (TV; Regie: K. Veth).

LITERATUR: V. Mel'nikov, *Liričeskie rasskazy* (in Literaturnyj Kirgizstan, 1959, Nr. 1). – Z. Kedrina, »*Džamilja« i zarubežnaja kritika* (in Literaturnaja gazeta, 1961, Nr. 36).

PEGIJ PES, BEGUŠČIJ KRAEM MORJA

(russ.; *Ü: Der Junge und das Meer*). Kurzroman von Čingiz AJTMATOV, erschienen 1977. – Anders als in Ajtmatovs übrigen Werken ist der Schauplatz dieses Romans nicht Kirgisien oder Kasachstan, sondern die Küste am Ochotskischen Meer. Auch läßt sich die Handlung nicht, wie sonst, in der sowjetischen Gegenwart fixieren. Die Figuren des Romans, Angehörige des Stamms der Nivchen, leben in einer archaischen Gesellschaft, fast abgeschnitten von der Welt und dem Weltgeschehen, was dem Roman einen zeitlos-allgemeingültigen Charakter verleiht. Das im Schaffen Ajtmatovs zentrale Thema der Konfrontation von Tradition und sozialistischer Gesellschaftsordnung fehlt hier völlig.

Im Mittelpunkt der Handlung steht der Junge Kirisk, der zum erstenmal mit seinem Vater, seinem Onkel und dem Clan-Ältesten Organ in einem Kajak zur Robbenjagd aufs Meer fährt. Die Erwachsenen begreifen es als ihre natürliche Pflicht, den Jungen in die Tradition und die Geheimnisse der Natur einzuweihen sowie ihn mit der Technik der Jagd vertraut zu machen. Nachdem sie eine kleine Insel erreicht haben, erlegen sie eine Robbe. Auf dem Weg zu der Insel, auf der sie ihr Nachtlager aufschlagen wollen, überrascht sie eine Nebelwand, die von einem Sturm begleitet wird. Sie verlieren die Orientierung und treiben tagelang im dichten Nebel. Da das Trinkwasser zur Neige geht, opfern sich, in der Hoffnung, daß die anderen überleben werden, nacheinander Organ, der Onkel und der Vater des Jungen, indem sie sich ins Meer stürzen. Der alleingelassene Junge ist verzweifelt und will sich ebenfalls das Leben nehmen, jedoch reichen seine Kräfte dazu nicht mehr aus. Nach einiger Zeit lichtet sich der Nebel, und Kirisk orientiert sich, wie er es von Organ gelernt hat, nach den Sternen, den Wellen, dem Wind und am Flug einer Polareule. Mit letzter Kraft kann er die heimatliche Bucht erreichen.

Das Geschehen auf dem Boot – der Kampf gegen Hunger und Durst, das Schwanken zwischen Resignation und Hoffnung und der allmähliche körperliche Verfall – spiegelt sich in der Gedankenwelt der Männer, insbesondere Organs, und des Jungen. Die Erinnerungen Kirisks – an die heimatliche Dorfgemeinschaft, an die Mutter, die Schwester, die Spielgefährten, an die rituellen Feste und die Beschwörung der Geister – zeigen eine harmonische, moralisch festgefügte Gemeinschaft. Die Menschen leben im ständigen Kampf mit der Natur, gleichzeitig jedoch im Einklang mit ihr. Achtung gegenüber den Mitmenschen und der Natur bestimmt das Handeln. Organ, im Bewußtsein seines nahen Todes, überdenkt sein Leben. Er versteht den Tod als schicksalhafte, naturgegebene Rückkehr zum Ursprung, als Vereinigung mit der Großen Fischfrau, der legendären Urmutter der Nivchen, die ihn zeit seines Lebens in seinen erotischen Träumen begleitet und für ihn fast reale Züge angenommen hat. Auch in den vom Durst erzeugten Fieberträumen Kirisks verwischen sich die Grenzen zwischen Traum und Realität. Er träumt von der Ente Luvr, aus deren Federn nach der Weltschöpfungslegende der Nivchen das feste Land entstanden ist. Im Traum jedoch läßt sie sich nicht auf dem Wasser nieder, um dort ihr Nest zu bauen: Hoffnung auf Land scheint es nicht zu geben. Die Disziplin der Männer – auch Kirisk erträgt tapfer Hunger und Durst – sowie die Anerkennung des Ältesten als Anführer ermöglichen die Rettung des Jungen, und ihre Selbstopferung wird erleichtert durch die Hoffnung, in dem Jungen weiterleben zu können. »*In dieser Nacht begriff er den Sinn seines vergangenen Lebens, das sich in dieser Nacht vollendete. Er war geboren worden, und er starb, um alles zu tun, damit er im Sohn weiterlebte. Daran dachte er in jener Stunde, da er schweigend Abschied nahm vom Sohn. Emraijin machte die Entdeckung, daß er sein Leben lang der gewesen war, der er war, damit er – bis zum letzten Atemzug – in seinem Sohn fortlebte.*«

B.Gö.

AUSGABEN: Moskau 1977 (in Znamja, 4). – Moskau 1977. – Moskau 1982–1984 (in *Sobr. soč.*, 3 Bde., 2).

ÜBERSETZUNG: *Der Junge und das Meer*, Ch. Kossuth, Bln. (Ost) 1978. – Dass., dies., Mchn. 1978.

DRAMATISIERUNG: *Os'*, 1982 (Bearb. und Regie: I. Ryskulov).

LITERATUR: V. Levčenko, Rez. (in Literaturnaja gazeta, 18. 5. 1977, S. 4). – V. Turbin, Rez. (in Novyj mir 1977, 8, S. 250–253). – *Legenda, sozdannaja zanovo*; Gespräch: A. Rudenko u. V. Sangi (in Družba narodov, 1978, 1, S. 256–260). – G. Ziegler, Rez. (in FAZ, 2. 6. 1978). – H. Stehli, Rez. (in NZZ, 11. 8. 1978). – P. M. Mirza-Achmedova, *Nacional'naja epičeskaja tradicija v tvorčestve Č. A.*, Taschkent 1980, S. 72–87. – V. Levčenko, *Č. A.*, Moskau 1983, S. 162–196.

PLACHA

(russ.; Ü: *Der Richtplatz*). Roman von Čingiz AJTMATOV, erschienen 1986. – Der Roman *Placha* war zum Zeitpunkt seiner Veröffentlichung Ajtmatovs ambitioniertestes Werk. Es behandelt eine Vielzahl aktueller Probleme der sowjetischen Gesellschaft – vom Antagonismus zwischen Religion und sogenanntem wissenschaftlichem Atheismus über Umweltzerstörung, Drogensucht, Pressezensur, verfehlte Landwirtschaftspolitik bis hin zu Kriminalität und Strafvollzug. Einem ähnlich umfassenden Anspruch stellt sich Ajtmatov in erzähltechnischer Hinsicht. Er verwendet unterschiedliche Erzählperspektiven, verschränkt Handlungssequenzen und Zeitebenen ineinander, bezieht umgangs- und vulgärsprachliche Stilelemente ein und greift auf Schlüsselstellen der großen russischen Literatur zurück.

Hauptfigur der ersten beiden von insgesamt drei Teilen ist der ehemalige russische Seminarist Avdij Kallistratov, der auf Suche ist nach einem als eine Art ethisches Ideal verstandenen persönlichen Gott, der nur im Bewußtsein des einzelnen existiert. Sein konkretes Ziel ist es, den Wurzeln des Bösen in der Form des Drogenhandels nachzugehen und es durch eine Serie von Zeitungsartikeln zu bekämpfen. Er mischt sich in eine Gruppe jugendlicher »Kuriere«, die in der kasachischen Steppe Hanf für die Haschisch-Herstellung sammeln und in die Großstädte bringen. Sein Versuch, die Kuriere zum Guten zu bekehren, scheitert, er wird von ihnen aus einem fahrenden Zug geworfen, wobei er beinahe ums Leben kommt. Den Tod findet Avdij später als Mitglied eines Jägertrupps, der auf halblegale Weise zur Erfüllung der Fleischnorm beiträgt. Nachdem er sich gegen das grausame Abschlachten der zuvor mit einem Hubschrauber zusammengetriebenen Steppenantilopen auflehnt, wird er von den anderen gefesselt, mißhandelt und schließlich – als Hohn auf seine christlichen Appelle – gekreuzigt.

Der in bezug auf Figuren und Handlung selbständige dritte Teil – die Geschichte des kirgisischen Schafzüchters Boston – ist durch die Erzählung von der Wölfin Akbara mit den beiden anderen Teilen lose verbunden. Mit dieser Erzählung eröffnet Ajtmatov den Roman; in den Handlungsstrang um Avdij wird sie durch dessen Begegnung mit den Wölfen beim Hanf-Sammeln und im Augenblick seines Todes sowie durch die Schilderung der Antilopenjagd aus der Sicht der Wolfsfamilie integriert. Hier nun, im dritten Teil, wird sie handlungsbestimmend: Basarbaj, ein verrohter, wurzelloser Alkoholiker, stiehlt einen Wurf von vier Wolfsjungen aus Akbaras Höhle, um sie an einen Zoo zu verkaufen. Die Wolfseltern werden auf ihrer Suche zu dem Anwesen Bostons gelockt, wo sie die Jungen irrtümlich vermuten. Nachdem sie durch die Schuld der Menschen bereits zwei Würfe verloren haben, bleiben sie nun an Ort und Stelle, versetzen durch ihr Geheul die Menschen in Angst und beginnen in der Folge, sinnlos Tiere zu töten. Basarbaj, der Boston um seinen relativen Wohlstand und seine schöne Frau beneidet, schlägt dessen Bitte, die Jungen zurückzubringen, ab. Statt dessen beschimpft und denunziert er ihn als Kulak und Volksfeind und liefert einem dogmatischen Funktionär, der gegen Bostons traditionelle (privatwirtschaftliche) Arbeitsweise vorgehen will, Material. Das Ende ist tragisch: Die Wölfin Akbara holt Bostons zweijährigen Sohn vom Hof weg, bei der Verfolgung tötet Boston Wolf und Kind und übt schließlich an Basarbaj Rache, indem er auch ihn erschießt.

In der sowjetischen Literaturkritik war das Buch heftig umstritten. Von konservativer Seite wurden vor allem die Wahl eines religiösen Menschen als Zentralfigur und das allzu negative Gesellschaftsbild bemängelt, aber auch liberale Kritiker wie V. Lakšin, die Ajtmatovs gute Absichten würdigten, hatten Bedenken. Die philosophisch-religiösen Passagen seien oberflächlich und blieben weit hinter ihren Vorbildern F. Dostoevskij und M. Bulgakov zurück. Vor allem die aus Bulgakovs Roman *Master i Margarita* (Der *Meister und Margarita*) übernommene Verhörszene zwischen Pilatus und Christus (hier als Projektion von Avdijs Phantasie) ist auch im Westen einhellig mit Unbehagen aufgenommen worden. Zudem wurde der Aufbau des Romans als sehr konstruiert, manche Charaktere als unglaubwürdig empfunden (z. B. der Anführer der Drogenkuriere, der das absolute Böse verkörpern soll, in seinem intellektuellen Wettstreit mit Avdij oder dessen schematisch bleibende ideale Geliebte). Überzeugungskraft besitzen nur einzelne Passagen, etwa wo es – wie in Ajtmatovs gelungeneren Werken – um die traditionelle kirgisische Lebensweise im Konflikt mit der modernen sowjetischen Gesellschaft geht oder wenn der Autor die Perspektive des Tieres wählt. Doch auch derartige Stellen werden in ihrer Wirkung durch allzu häufige Erzählereinschaltungen (Kommentare, Interpretationen, Vorausdeutungen) beeinträchtigt – und die Wölfe wirken doch zu sehr vermenschlicht. Das Sensationelle des vor der Ära Gorbačëvs geschriebenen Romans wurde durch die Tatsache geschmälert, daß die hier angesprochenen Tabuthemen bald auch Gegenstand der Diskussion in den offiziellen Medien wurden. F.G.

Ausgaben: Moskau 1986 (in Novyj mir 6, 8, 9). – Moskau 1987.

Übersetzung: *Der Richtplatz*, F. Hitzer, Zürich 1987.

Literatur: S. Averincev u. a., *Paradoksy romana ili paradoksy vosprijatija?* (in Literaturnaja gazeta, 15. 10. 1986, S. 4). – V. Lakšin, Rez. (in Izvestija, 2. 12. 1986, S. 3 u. 3. 12. 1986, S. 3). – M. Koz'min u. a., *Obsuždaem Roman Č. A. »Placha«* (in Voprosy literatury, 1987, 3, S. 3–82). – W. Kasack, Rez. (in Rheinischer Merkur, 23. 10. 1987, S. 22).

PROŠČAJ, GUL'SARY!

(russ.; *Ü: Abschied von Gulsary*). Erzählung von Čingiz Ajtmatov, erschienen 1967. – Das Werk, dessen kirgisischer Titel *Koš' bol, Gülsary! (Leb' wohl, Gülsary!)* lautet, wurde im März 1966 in der Zeitschrift ›Novyj mir‹ und, im gleichen Jahr, zusammen mit *Materinskoe pole (Das Feld der Mutter)* in Nr. 24 (372) der ›Roman-gazeta‹ vorabgedruckt. Erzählt wird die tragisch-heroische Lebensgeschichte des kirgisischen Bauern Tanabaj Bakasov, verknüpft mit der seines Freundes Čoro, seiner Frau Džajdar und des Pferdes Gulsary. – Der alte Tanabaj ist mit seinem Gaul auf dem nächtlichen Heimweg vom Haus seines Sohnes in der Stadt, dem Rayonzentrum, zum Wächterhäuschen in einer Schlucht der kirgisischen Gebirgswelt. Am Ende des Weges stirbt das Pferd, und der Mann gewinnt die Einsicht, daß seine Tage gezählt sind. Ein Gefühl von Freiheit überkommt ihn in dem Augenblick, als er sich entschließt, »*nicht als einsamer Vogel zu sterben, der von seiner Schar abgekommen ist. Er wollte im Fluge sterben, damit diejenigen ihn mit*

Abschiedschreien umkreisen, mit denen er zusammen in einem Nest aufgewachsen war.« In die Gegenwartshandlung sind Szenen aus der Vergangenheit eingeblendet. In diesen Bildern, die Kreuzwegstationen ähneln, sieht der Alte sein immer schneller verrinnendes Leben vorüberziehen, während sich im verlöschenden Gedächtnis des in Agonie dahinstolpernden Pferdes nur Schemen abzeichnen.

Kristallisationspunkt der Handlung ist der Kolchos, dessen erfolgreichem Aufbau die Altkommunisten Tanabaj und Čoro ihre Jugend, die besten Jahre ihres Lebens, gewidmet haben. Aus dem Zweiten Weltkrieg zurückgekehrt, findet Tanabaj, der Mitglied der Revisionskommission ist, den Kolchos in völlig heruntergewirtschaftetem Zustand vor. Da auch bei Mißernten alles abgegeben werden muß, herrscht bitterste Armut: *»Wann endlich konnte man so leben, daß der Staat das Seine bekam und daß die Menschen nicht so gut wie umsonst arbeiten mußten?«* Dennoch beginnt für Tanabaj die schönste Zeit seines Lebens. Als Pferdehirt bekommt er Gulsary und reitet ihn zu. Der Festtag, an dem ein Wettkampf mit den Kasachen in Rennen und Reiterspiel ausgetragen wird, endet mit einem großen Triumph für Tanabaj und sein Pferd. Nach einer Romanze mit einer Witwe ist der Zenit in Tanabajs Leben überschritten; es folgen die Stationen des leidvollen Abstiegs und der in ohnmächtigem Zorn ertragenen Demütigungen. Der besonnene und gutmütige Čoro, der es verstanden hat, seine Pflicht zu erfüllen, ohne anzuecken, und die Wirtschaft des Kolchos einigermaßen zusammenzuhalten, muß aus gesundheitlichen Gründen den Vorsitz aufgeben und macht unfähigen, verkommenen, fintenreichen Apparatschiks Platz. Tanabaj, der im Gegensatz zu Čoro zeitlebens ein Hitzkopf geblieben ist, muß erleben, daß ihm sein Pferd weggenommen und, um es seinem neuen Herrn gefügig zu machen, kastriert wird. Tanabaj führt als Schäfer einen aussichtslosen Kampf gegen eine Mißwirtschaft, die sture Planerfüllung zum Dogma erhebt, gegen die Lauheit und die zynische Resignation der Jungen, gegen die Unbilden der Natur. Wegen der hohen Zahl toter Lämmer zur Rechenschaft gezogen, geht er mit der Forke auf den Rayonstaatsanwalt, den *»neuen Manap [kirg. Stammeshäuptling] im Ledermantel«,* los. Als Schädling und Volksfeind wird er – Opfer rivalisierender Gruppen – aus der Partei ausgeschlossen. Darüber zerbricht seine Freundschaft mit Čoro, den er nur noch als Toten um Verzeihung bitten kann. In Čoros Sohn – sein eigener ist ihm in der Stadt fremd geworden – und dem jungen Komsomolzen Kerimbekov, der ihn während des Verfahrens verteidigte, sieht Tanabaj die Garanten einer glücklicheren Zukunft. Dennoch kann er sich nicht zum Wiedereintritt in die Partei entschließen, als die beiden sieben Jahre später als Abgesandte zu ihm kommen.

Durch die meisterhaft gearbeitete, breit angelegte Erzählung klingt Džajdars Lied von der Klage der Kamelstute, Ausdruck der Sehnsucht und des Leids der geschundenen Kreatur. Der Humanist Ajtmatov löst das zentrale Problem, die gesellschaftliche Verantwortung des Individuums, im Hohenlied der Liebe und Freundschaft auf. Doch gerade aus der *»Unfähigkeit, etwas leicht zu nehmen, das zwar nicht von einem abzuhängen scheint, mit dem man sich aber weder abfinden kann noch darf«,* aus diesem Charakterzug Tanabajs, der die Wurzel des tragischen Konflikts zwischen ihm und Čoro bildet, entsteht die Fähigkeit zu gesellschaftlicher Verantwortung, worauf Larissa Lebedeva hingewiesen hat. Wenn sie in ihrer knappen, von Mut und klarem Blick zeugenden Darstellung die Geschichte Tanabajs unter die Kapitelüberschrift *Ein gewöhnliches Schicksal* stellt, so deshalb, weil diese *»wohl komplizierteste Figur im Werk Ajtmatovs«* die komplexe Realität, in der Millionen sowjetischer Kommunisten leben, in exemplarischer Weise verkörpert. – Das Werk wurde 1968 mit dem Staatspreis der UdSSR ausgezeichnet. E.A.G.

Ausgaben: Moskau 1967. – Frunze 1967. – Moskau 1982 (in *Sobr. soč.*, 3 Bde., 1).

Übersetzungen: *Wirf die Fesseln ab, Gulsary*, P. Braun, Düsseldorf/Köln 1967. – *Abschied von Gulsary*, L. Hornung, Bln. 1968. – *Abschied von Gulsary. Der weiße Dampfer*, L. Hornung, Bln. 1974; [6]1984.

Verfilmung: UdSSR 1969 (Regie: S. Urussevskij).

Literatur: K. Asanaliev, Rez. (in Sovetskaja Kirgizija, 27. 4. 1966; russ.). – G. Radov, Rez. (ebd., 11. 5. 1966; russ.). – V. Efimov, Rez. (in Mugalimder gazetasy, 14. 6. 1966; kirg.). – B. Dement'ev, Rez. (in Sovettik Kyrgyzstan, 18. 6. 1966, kirg.; in Sovetskaja Kirgizija, 18. 6. 1966, russ.). – A. Fesenko, Rez. (in Sovetskaja Kirgizija, 21. 7. 1966; russ.). – N. Janovskij, *Duchovnaja drama Tanabaja* (in Ural, 1966, Nr. 8, S. 100–108). – L. Lebedeva, *Nerazdelimye kontrasty* (in Novyj mir, 1966, Nr. 9, S. 206–215). – S. Krutilin, *Obida Tanabaja* (in Družba narodov, 1966, Nr. 10, S. 276–279). – È. Skobelev, *Put' Tanabaja* (in Oktjabr', 1967, Nr. 2, S. 210–213).

RANNIE ŽURAVLI

(russ.; *Ü: Frühe Kraniche*). Kurzroman von Čingiz Ajtmatov, erschienen 1975. – Wie in vielen seiner Werke schildert der Autor die erzählte Welt vorwiegend aus der Sicht eines Kindes. Der fünfzehnjährige Sultanmurat erlebt im heimatlichen Ail in der kirgisischen Steppe den Kriegswinter 1942/43 und den darauffolgenden Frühling. Den Menschen im Dorf mangelt es an Nahrung und Heizmaterial. Fast alle Männer befinden sich im Krieg, und die Frauen tragen die Last sämtlicher Arbeiten. Immer wieder wird das Dorf durch die Nachricht vom Tod eines Familienvaters erschüttert. Auch Sultanmurats Familie wartet verzweifelt auf Nachricht vom

Vater. Angesichts des Mangels an Arbeitskräften werden fünf Jungen, darunter auch Sultanmurat, vom Kolchosvorsitzenden dazu bestimmt, die Schule zu verlassen, um in einem abgelegenen Gebiet die Felder für die Aussaat des Sommergetreides vorzubereiten. Die Jungen haben nur wenige Wochen Zeit, die halbverhungerten Zugpferde aufzupäppeln und die verwahrlosten Geräte wieder instand zu setzen. In einer an den Anfang gestellten Rückblende erinnert sich Sultanmurat an die glückliche Zeit vor dem Krieg, als er einmal seinen Vater auf einer Fahrt nach Dshambul begleiten durfte und gerade damals das beglückende Gefühl der Geborgenheit empfunden hatte. Jetzt muß der Junge nicht mehr als Kommandeur der Pflügertruppe Verantwortung tragen, sondern auch als ältester Sohn die überlastete, kranke Mutter unterstützen. Neue Kraft schöpft er aus seiner endlich eingestandenen Liebe zur schönen, stolzen Myrzagul', die ihm kurz vor dem Aufbruch in die Aksaier Steppe ihre Zuneigung durch ein mit beider Monogramm besticktes Seidentuch bekennt. Im Bewußtsein der Verantwortung für die Dorfbewohner beginnen die Jungen, unter schwersten Bedingungen die Felder zu pflügen. Wenige Tage später werden sie nachts von zwei Männern überfallen, die ihnen vier Pferde rauben. Sultanmurat muß die Verfolgung der Männer aufgeben, nachdem sie sein Pferd erschossen haben. Der Roman endet mit dem beginnenden Kampf zwischen einem durch den Blutgeruch angelockten ausgehungerten Wolf und dem nur spärlich bewaffneten, aber wild entschlossenen Jungen.

Trotz dieses eigentlich negativen Ausgangs, trotz der Verzweiflung Sultanmurats endet der Roman nicht in Hoffnungslosigkeit. Der Junge hat sich bewährt, er hat gezeigt, daß er Verantwortung tragen kann und bereit ist, dem Bösen entgegenzutreten und für das Gute zu kämpfen. Als positiv gemeintes Zeichen sind die frühen Kraniche anzusehen, die die Jungen am Tag vor dem Überfall am Himmel entdecken, nach kirgisischem Glauben ein Zeichen für Glück und reiche Ernte. Wenn auch nicht so überzeugend mit der Gegenwartsebene verflochten wie z. B. in *Belyj parachod (Der weiße Dampfer)*, bringt Ajtmatov auch in diesen Roman Elemente aus kirgisischen Mythen und Legenden ein, indem er die Jungen zu Recken des kirgisischen Nationalepos *Manas* stilisiert: »*Als stünde der legendäre Rekke Manas vor ihnen, graumähnig, furchtgebietend, ringpanzerbewehrt, und sie wären seine Mannen. Schwertumgürtet, Schilde in der Hand. Wer waren sie, diese ruhmreichen Helden, wessen Schultern vertraute Manas seine Hoffnungen und Pläne an?*« Mit der Schilderung des dörflichen Zusammenhalts bei einer Todesnachricht, der Beileidsbesuche, der Trauerklage, des gemeinsamen Gebets wird die traditionelle Lebensweise der Kirgisen, die trotz sozialistischer Gesellschaftsordnung weiterbesteht, positiv hervorgehoben. Der Roman entspricht zwar nicht mehr der Kriegsliteratur der Stalinzeit mit positivem Helden und Aufopferung fürs Vaterland – die Jungen werden durchaus auch als Menschen mit Schwächen und in ihren kindlichen Vergnügungen dargestellt; sie nehmen Verantwortung auf sich, nicht nur, um zum Sieg beizutragen, sondern auch, weil sie die Versorgung ihrer Familien sichern wollen. Ganz frei von moralisierendem Pathos ist das Werk jedoch nicht. B.Gö.

AUSGABEN: Moskau 1975 (in Novyj mir, 9). – Moskau 1976. – Moskau 1982–1984 (in *Sobr. soč.*, 3 Bde., 1).

ÜBERSETZUNG: *Frühe Kraniche*, Ch. Kossuth, Bln./DDR 1976. – Dass., dies., Mchn. 1980.

LITERATUR: V. Bykov, Rez. (in Literaturnaja gazeta, 15. 10. 1975, S. 4/5). – L. Anninskij, Rez. (in Literaturnoe obozrenie, 1976, 3, S. 43/44). – A. Pankov, Rez. (in Moskva 1976, 3, S. 214/215). – P. Ul'janov, Rez. (in Literaturnoe obozrenie, 1976, 3, S. 43/44). – V. Novikov, *Chudožestvennyj poisk* (in Novyj mir, 1978, 12, S. 254–263). – P. M. Mirza-Achmedova, *Nacional'naja epičeskaja tradicija v tvorčestve Č.A.*, Taschkent 1980, S. 41–71. – G. Ziegler, Rez. (in FAZ, 27. 9. 1980). – G. Leech-Anspach, Rez. (in Der Tagesspiegel, 7. 6. 1981). – H. Stehli, Rez. (in NZZ, 23./24. 8. 1981, S. 27).

AKA GÜNDÜZ

d.i. Enis Avni
* 1886 Katerin / Selanik (Griechenland)
† 7.11.1958 Ankara

LITERATUR ZUM AUTOR:
O. Hachtmann, *Die türkische Literatur des 20. Jh.s*, Lpzg. 1916, S. 42–46 (Die Literaturen des Ostens in Einzeldarstellungen, Bd. 4, Ergänzungsheft). – M. Hartmann, *Dichter der neuen Türkei*, Bln. 1919, S. 112–128 (Urkunden und Untersuchungen zur Geistesentwicklung des heutigen Orients, H. 3). – Th. Menzel, *Die türkische Literatur* (in *Die Kultur der Gegenwart*, Bln. 1924, S. 283–331). – O. Spies, *Die türkische Prosaliteratur der Gegenwart*, Lpzg. 1943, S. 54–56. – H. Yücebaş, *Bütün cepheleriyle A. G.*, Istanbul 1958. – K. Akyüz, *La littérature moderne de Turquie* (in PhTF, Bd. 2, S. 465–634).

MUHTEREM KAATİL

(ntürk.; *Der ehrenhafte Mörder*). Schauspiel in drei Akten von AKA GÜNDÜZ, Uraufführung: Istanbul, 1. 5. 1914. – Der Autor, der während des Ersten Weltkriegs und der darauffolgenden Zeit nach der Gründung der türkischen Republik bekannt wurde, stellt in diesem Stück eine besonders virulente Phase des russisch-türkischen Antagonismus dar.

In den Jahren 1910–1920 entstand in der türkischen Literatur die nationalistische, »großtürkische« Strömung des »Türkismus« und »Turanismus«, deren Anliegen die Befreiung und Vereinigung aller unter russischer Herrschaft lebenden Turkvölker war und die in einem romantischen Schrifttum ihren Ausdruck fand. *Muhterem kaatil* ist ein Musterbeispiel dieser Gattung und hatte seinerzeit großen Erfolg auf der Bühne.

Die Handlung spielt in der Gegend von Ecdat Köy im Kaukasus während der Periode der kurzlebigen türkischen Staatsgründungen, die ihre Existenz gegen die Petersburger Zentralgewalt zu verteidigen versuchen. Der Feind steht schon in der Nähe, und das Dorf ähnelt einem Stabsquartier. Der Kaukasustürke Doğan, der als freiwilliger Teilnehmer am Balkankrieg ein Bein und ein Auge verloren hat, stellt eine Partisanentruppe zusammen. – Doğans Schwester Kumru und sein Kamerad Can lieben sich; er selbst liebt Cans Schwester Esma, hält sich aber von ihr fern, da er als Krüppel Minderwertigkeitskomplexe hat, was jedoch Esma nicht hindert, seine Liebe zu erwidern. Alle vier sind von tiefer Vaterlandsliebe erfüllt und wetteifern im Kampf gegen den Feind. Aber es gibt auch Verräter; so kämpft etwa Doğans Stiefbruder Şahin als Major im zaristischen Heer gegen seine Stammesbrüder. Eines Tages fällt er den Partisanen in die Hände. Doğan gibt sich große Mühe, Şahins Nationalbewußtsein zu wecken und ihn auf seine Seite zu ziehen, scheinbar mit Erfolg. Aber eines Nachts ertappt er ihn mit wichtigen Dokumenten auf der Flucht zu den Russen; es kommt zu einem Schußwechsel, und Şahin fällt. Doğan fühlt sich als Mörder, wenngleich als »ehrenhafter Mörder«. Bald darauf wird ein Freiwilliger gesucht, der in das feindliche Stabsquartier eindringen und dort heimlich eine Bombe legen soll. Die Mädchen müssen zwischen Doğan und Can das Los ziehen, womit der Höhepunkt des Dramas erreicht ist: In jedem Fall muß das Los auf den Geliebten oder Bruder fallen. Es trifft Can; er stirbt bei der Durchführung seines Auftrags, und Doğan fällt bei Kampfhandlungen an der Front.

Um die Idee der türkischen Einheit noch deutlicher zu machen, läßt der Autor als Gegenstück zu dem Kaukasier Doğan, der den Balkankrieg mitgemacht hat, seinen Freund Yâkub aus Anatolien am kaukasischen Freiheitskampf teilnehmen. Das Stück enthält auch Kampflieder, die denselben Gedanken propagieren und an ein gemeintürkisches Nationalbewußtsein appellieren. Einmal erscheint sogar laut Regieanweisung in einem grünen Schein am Himmel der Geist des berühmten kaukasischen Glaubenskriegers und Nationalhelden Şeyh Şâmil und erweist seinen würdigen Nachfolgern seine Ehrerbietung.

Das in romantischem, bilderreichem Stil geschriebene Drama zeichnet sich sprachlich durch ein einfaches, klares und schönes Türkisch aus, wie es gerade die intellektuellen Anhänger der nationalistischen Richtung in die damalige Literatur einführten. B.At.

AUSGABE: Istanbul 1914.

ÜBERSETZUNG: In O. Hachtmann, *Die türkische Literatur des 20.Jh.s*, Lpzg. 1916, S. 42–46 (Die Literaturen des Ostens, 4; Ergänzungsheft; Ausz.).

OKTAY AKBAL

* 20.4.1923 Istanbul

LITERATUR ZUM AUTOR:
T. Alangu, *Cumhuriyetten sonra hikâye ve roman*, Bd. 3, Istanbul 1965, S. 621–640. – *Türk Dili ve Edebiyatı Ansiklopedisi*, Bd. 1, Istanbul 1977, S. 85f.

SUÇUMUZ İNSAN OLMAK

(ntürk.; *Unsere Schuld ist, daß wir Menschen sind*). Roman von Oktay AKBAL, erschienen 1957. – Dieser zweite Roman – nach *Garipler Sokağı*, 1950 *(Die Gasse der Heimatlosen)* – des wegen seiner gedankenreichen, psychologisch nuancierten Schilderungen menschlicher Schicksale und auswegloser, verborgener Konflikte am Rande des Großstadtalltags geschätzten Autors ist sein bisher erfolgreichstes größeres Prosawerk. (Es wurde 1958 mit dem Romanpreis der Türk Dil Kurumu ausgezeichnet.)

Der Handlungsablauf, eine unerfüllte Liebesbegegnung zwischen dem in ein tristes Beamten- und Familiendasein gezwängten Nuri und der ebenfalls verheirateten Nedret, in der er romantische Jugendträume verkörpert sieht, weist nur wenig sichtbare Dynamik auf. Die endgültige Resignation der Liebenden, denen Bindungen und Konventionen im Wege stehen, wird absichtsvoll durch einen banalen Effekt ausgelöst: In dem Augenblick, als Nedret endlich bereit ist, sich Nuri hinzugeben, klingelt es an der Tür des einem Freund Nuris gehörenden Appartements. Nedret erkennt, daß sie nicht die Kraft hat, ihren Gatten zu betrügen; Nuri selbst fühlt die »reine« Liebe, die er für Nedret empfindet, in der plötzlichen Ernüchterung entwürdigt, durch sein sexuelles Begehren auf die Stufe des Alltäglich-Gewöhnlichen – dem er ja in seinen Träumen entfliehen wollte – hinabgezogen. Er kehrt in dem Bewußtsein zu seiner Familie zurück, daß er sich »*an diese Welt ohne Liebe gewöhnen*« wird. Das Motiv der Resignation, des unüberbrückbaren Gegensatzes zwischen geträumtem und realem Leben, klingt bei Akbal immer wieder an; der zweite von bisher sechs Erzählungsbänden trägt den Titel *Aşksız İnsanlar*, 1949 *(Menschen ohne Liebe)*.

Mit seiner durch häufige Rückblenden, Jugenderinnerungen und Reflexionen angereicherten Darstellung individueller, gesellschaftlich irrelevanter Konflikte nimmt Akbal, wie u.a. auch Sait Faik ABASIYANIK (dessen poetisch-impressionistischer Erzählweise er oft nahekommt), innerhalb der türkischen Gegenwartsprosa eine klare Gegenposition zur realistischen Richtung ein. Daß er auch den drängenden Zeitproblemen seines Landes nicht ausweicht, hat er als bekannter und engagierter Journalist bewiesen. In seiner schriftstellerischen Arbeit gilt seine Vorliebe jedoch dem leiseren Genre, insbesondere dem Psychogramm des sensiblen Einzelwesens, das es schwer hat, mit dem Leben fertig zu werden. H.W.Br.

AUSGABE: Istanbul 1957; ²1969; ³1972.

LITERATUR: A. A. Babaev, *Očerki sovremennoj tureckoj literatury*, Moskau 1959.

PIET VAN AKEN

* 15.2.1920 Terhagen
† 3.5.1984 Antwerpen

LITERATUR ZUM AUTOR:
B. Ranke, *Het werk van P. v. A., Hoe eenzaam een mens kan zijn* (in Dietsche Warande en Belfort, 53, 1953, Nr. 6, S. 355–368). – F. Auwera, *P. v. A.* (in *Schrijven of schieten, Interviews*, Hg. ders., Antwerpen 1969). – B. F. v. Vlierden, *Van in 't Wonderjaar tot de verwondering. De poetica van de Vlaamse roman*, Antwerpen 1969. – Mens en taak, 13, 1970, Nr. 2 [Sondernr. P. v. A.]. – E. Popelier, *P. v. A.*, Brugge 1972. – *Van en over P. v. A.* (in Mens en taak, 16, 1973, Nr. 1). – F. Auwera, *P. v. A.*, Antwerpen 1974. – G. J. v. Bork, *P. v. A.* (in *Kritisch lexicon van de Nederlandstalige literatuur na 1945*, Alphen a.d.R. u. a., Lfg. Nov. 1984).

ALLEEN DE DODEN ONTKOMEN

(fläm.; *Nur die Toten entkommen*). Psychologischer Gesellschaftsroman von Piet van AKEN, erschienen 1947. – Van Akens erster Nachkriegsroman beschreibt, wie drei Menschen »von drüben« (aus der belgischen Widerstandsbewegung im Zweiten Weltkrieg) in eine bürgerliche Umgebung zurückkehren und sich dort die bittere Frage stellen müssen: »*Ist das unsere Heldentat, daß wir langsam asozial geworden sind und uns diesem Prozeß völlig ausgeliefert haben?*« Weniger dogmatisch als SARTRES *Morts sans sépulture (Tote ohne Begräbnis)* und weniger anklagend als BORCHERTS *Draußen vor der Tür* behandelt er doch das gleiche Thema: die existentielle Isolierung, mit der eine vergeßliche Gesellschaft jenen dankt, die sich verantwortungsbewußt verhalten haben.
Johan Dasters, der den »*Körper*« Richard Brees zu dessen Eltern bringt (Brees, einst ein vielversprechender Lyriker, ist als Partisan von den Deutschen grausam verstümmelt worden und dabei um den Verstand gekommen), erfährt schmerzlich, daß »*sein Gedanke, die Welt werde aus dieser Tragödie bis auf ihre Grundfesten erneut hervorkommen*«, Täuschung war. Ihn und das unterwegs von ihm aufgelesene Mädchen Sylvia Moyson, das auch »*fünf lange Jahre drüben in den Wäldern*« gelebt hat, hindert »*der dürre frostige Wächter, der einmal aus der Schneenacht zu ihnen gerauscht kam und sie nie wieder verließ*« (wie Brees es in einem Gedicht formuliert hat), in das Leben der bürgerlichen Gesellschaft zurückzufinden. Während Sylvia jedoch mit ihrer erwachenden Liebe zu Dasters »*ein Stück des alten Lebens drüben auch in dem anderen*« entdeckt, klammert dieser sich an seinen lebendig-toten Freund, der es ihm leicht macht, »*das neue Leben, das ihm erwartet, zu hassen*«. Beide, Sylvia und Dasters, können jedoch weder ihrer Vergangenheit noch dem rücksichtslosen Lebensopportunismus des fremd gewordenen Hüben entkommen. Entkommen konnte nur Richard, dessen lyrischer Wunsch Erfüllung fand:
»*Wenn je zurück wir kehren in das Vaterhaus,
Verarmt von Nebel, Sturm und nächtlichen Gefahren,
Mein Gott, so blende unser schwaches Herz,
Damit es nicht verbittert wird durch das Gesindel
Der halben Patrioten. Sondern triff uns, töte uns
mit dem sachten Gift der Träume ...*«

Van Aken erzählt dies in einer knappen und genauen Prosa. Die Gefahr, in einen banalen Realismus abzugleiten, vermeidet er, indem er jedes Detail funktionalisiert und als Metapher oder Leitmotiv für die äußere Charakterisierung der Personen verwendet. (Dasters' Lastwagen z. B. ist nicht nur gegenständliches Requisit, sondern dient zugleich als Symbol seines Besitzers.) Eine direkte innere Charakterisierung seiner introvertierten Gestalten gibt der Autor dagegen nicht. Er überläßt es dem Leser, aus dem Widerspruch zwischen dem, was sie meinen, aber nicht sagen, und sagen, aber nicht meinen, ihr Wesen und ihre Eigenart zu erschließen. Wie in *Het begeren* fällt auf, welche große Rolle auch in diesem Roman dem jeweiligen Sexualverhalten zukommt; in der lasziven Zuneigung des jungen Broeckmeyer zu Richards Stiefmutter einerseits, der seelisch begründeten Keuschheit Dasters' und Sylvias andererseits, spiegeln sich bestimmte soziale Gegebenheiten des »Hüben« und des »Drüben«. W.Sch.

AUSGABE: Brüssel 1947.

LITERATUR: S. Vestdijk, *P. v. A.: »Alleen de doden ontkomen«* (in Het Parool, 3. 7. 1948). – B. v. Eysselsteijn, *Een nieuwe Vlaamse auteur* (in Haagsche Post, 3. 9. 1949).

HET BEGEREN

(fläm.; *Ü: Das Begehren*). Roman von Piet van AKEN, erschienen 1952. – In drastisch-bildkräftiger Sprache schildert der Flame Piet van Aken auch in seinem fünften Roman Menschen und Landschaft an der flämischen Rupel zwischen Mecheln und Antwerpen, und wiederum ist es die Ziegelindustrie, die, wie in seinen ersten Romanen *De falende god* (1942), *Het hart en de klok* (1944) und *De duivel vaart in ons* (1946), das Schicksal »überlebensgroß« gestalteter Charaktere bestimmt. Während jedoch dort die Saga einer Unternehmersippe in der ersten Hälfte des vorigen Jahrhunderts aufgezeichnet wird, wendet sich van Aken hier der Welt der Unterdrückten in den neunziger Jahren zu: den Ziegeleiarbeitern des Rupeldistrikts. Der Agitator Ekels findet in dem Elendsmilieu der schlechtbezahlten, durch das Trucksystem versklavten Arbeiter den besten Nährboden für die neuen sozialistischen Ideen. Freilich ist *Het begeren* keineswegs ein ausschließlich gesellschaftskritischer Roman. Schon die Hauptfigur Balten Reussens, eine jener in der flämischen Literatur so beliebten Vollnaturen, zeigt das deutlich: Mit zwei Brüdern und einer überaus stolzen und begehrenswerten Schwägerin lebt er auf einem einsamen Gehöft – ein unbändiger, gewalttätiger, nur dem eigenen Wesensgesetz gehorchender Charakter. Seine ganze Kraft und Leidenschaft richtet sich auf die Eroberung Marias, der Frau seines heimtückischen und feigen Bruders Tonne, den er im Verlauf einer Auseinandersetzung unbeabsichtigt tötet. Jep, der jüngste der Brüder, dem brutalen ältesten in devoter Weise ergeben, verehrt die Schwägerin auf seine Art, und diese Verehrung für Maria, deren Stolz und Einzelgängertum vor allem einem tiefen Sinn für Gerechtigkeit und dem Haß gegen jede Unterdrückung entspringen, läßt ihn zum treuesten Gefolgsmann des Sozialisten Ekels werden, der das Schicksal der Ausgebeuteten durch Reden und Aufrufe zum Besseren wenden möchte. Balten hegt zunächst nur mitleidige Geringschätzung für das Funktionärswesen und die ganze Gewerkschaftsbetriebsamkeit. Da aber Maria die Bundesgenossin von »Mankepoot« (Hinkefuß) Jep und Ekels ist, gerät er beinahe zwangsläufig auf den Weg, der ihm zunächst verachtenswert erschien.
Seine Wandlung ist also nicht gesellschaftlicher, sondern persönlicher Art; sie wird nicht vom Ethos, sondern vom Eros bewirkt. Eros: das ist das Stichwort, das schon im Titel des Romans anklingt. Es geht van Aken keineswegs um die literarische Verwirklichung einer politischen oder philosophischen Idee oder Ideologie, sondern um die künstlerische Beschwörung von elementaren Daseinsmächten, wie sie stolzen und blutvollen Naturen zum Schicksal werden: Balten Reussens wächst erst durch seine Leidenschaft über sich selbst hinaus und den »Anderen« zu, die seiner Kraft bedürfen. Es ist van Akens tiefe Überzeugung, daß erst die freie, allseitige Entfaltung der Vitalkräfte den Menschen zum Herrn seines Geschicks macht und ihn zu »Höherem« befähigt. So wird hier der Held erst aufgeschlossen für Recht und Gerechtigkeit, als ihm das »Begehren« die Augen öffnet für seine eigene Liebesfähigkeit und eine ihrer würdige gesellschaftliche Aufgabe. Gleichzeitig aber ist er damit reif geworden für eine Frau, deren Wesen dem seinen so sehr verwandt ist und deren Gefühl für Gerechtigkeit und Brüderlichkeit denselben Lebensquellen entspringt. – Der Stil des Romans – Balten Reussens erzählt seine Geschichte selbst – ist wegen seiner absichtsvoll simplen und demonstrativ rauhborstigen Diktion bei manchem Lob nicht ganz ohne Tadel geblieben. Gleichwohl gehört Piet van Aken zu den bedeutendsten flämischen Schriftstellern der Gegenwart. H.Ho.

AUSGABEN: Amsterdam 1952. – Amsterdam 1955 [recte 1956].

ÜBERSETZUNG: *Das Begehren*, J. Piron, Zürich 1958.

LITERATUR: H. Lampo, »*Het begeren*« (in Nieuw Vlaams Tijdschrift, 8, 1954, S. 426–432). – W. Spillebeen, »*Het begeren*« (in Jeugd en cultuur, 11, 1965/66, Nr. 6).

MARK AKENSIDE

* 9.11.1721 Newcastle-upon-Thyne
† 23.6.1770 London

LITERATUR ZUM AUTOR:
C. T. Houpt, *M. A. A Biographical and Critical Study*, Philadelphia 1944. – A. O. Aldridge, *A. and Imagination* (in StPh, 42, 1945, S. 769–792).

THE PLEASURES OF IMAGINATION

(engl.; *Die Freuden der Vorstellungskraft*). Philosophisch-didaktische Blankversdichtung in drei Büchern von Mark AKENSIDE, erschienen 1744. – Basierend auf Gedanken ADDISONS, SHAFTESBURYS und anderer neuplatonischer Vorgänger, versuchte Akenside nicht nur eine Systematisierung zeitgenössischer moralisch-ästhetischer Theorien, sondern auch ihre illustrierende Gestaltung in Versen. Zusammen mit POPES *Essay on Man* (1733/34) und THOMSONS *The Seasons* (1726–1730) gehörte *The Pleasures of Imagination* zu den meistgelesenen Gedichten der Zeit. In der zweiten, vielfach veränderten Fassung wird der metaphysischen Spekulation mehr Raum gegeben, während die Naturschilderungen an Unmittelbarkeit verlieren. HAZLITT war einer der wenigen Kritiker, die der Revision den Vorzug gaben.

Akensides Absicht ist es, »*die bewegendsten Aspekte der Natur aufzuzeigen, die Vorstellungskraft zu erweitern und zu harmonisieren, um auf diese Weise den Menschen unmerklich zu entsprechendem Geschmack und Denken im religiösen, moralischen und gesellschaftlichen Bereich anzuregen*« (Vorwort). Gott ist der Ursprung alles Geschaffenen - seine Existenz wird in kosmologischen Betrachtungen zu erweisen versucht -, und ein Abglanz seiner Weisheit und Allmacht schwingt auch im poetischen Genius mit und befähigt ihn, die verborgenen Gesetze des Seins zu erspüren. Die dichterische Schöpferkraft, entflammt durch die Natur und ihren Reflex in der sie nachbildenden Kunst, richtet sich auf drei Bereiche: das Erhabene, das Wunderbare und das Schöne. Die begriffliche Scheidung von *fancy* und *imagination*, um die sich erst COLERIDGE ernsthaft bemühte, ist bei Akenside noch nicht konsequent durchgeführt. Dennoch versteht er unter *fancy* mehr den spielerischen, oberflächlichen Gebrauch der Phantasie, während er der Imagination meist einen höheren Erkenntniswert in Richtung auf den Inbegriff des Wahren, Guten und Schönen, auf Gott, zuschreibt. Die Stufen der Schöpfung - bei deren Erfahrung *fancy* schrittweise von *imagination* abgelöst wird - führen hin zum intensivsten ästhetischen Erlebnis, zur größtmöglichen irdischen Vollkommenheit, in die Nähe des Göttlichen: die Wärme der Farben, die Vielfalt der Formen, die Pflanzen- und Tierwelt und schließlich der Mensch als »*hoher Ausdruck eines geistigen Wesens*«. Ihre erhabene Aufgabe aber kann die Kunst nur erfüllen, wenn sie sich aus aller äußeren Unterdrükkung befreit, und gerade das an Freiheit gewöhnte England könnte hierin beispielhaft sein und die klassisch-griechischen Traditionen neu beleben. Die Musen sollten sich nicht mit einer Widerspiegelung von Sinneseindrücken bescheiden, sondern sich gleichzeitig von philosophisch-naturwissenschaftlichen Erkenntnissen und einer moralischen Absicht bestimmen lassen. Gerade diese mangelnde Bewußtheit, die Verkennung der Wirklichkeit, sei die Ursache der Laster, des Lächerlichen und des Geschmacklosen: »*What then is taste, but these internal powers, / Active, and strong, and feelingly alive / to each fine impulse?*« (»*Was anders ist Geschmack als diese inn'ren Kräfte, / Wirksam und stark, empfindsam offen / jedweder edlen Regung?*«).   W.Hü.

AUSGABEN: Ldn. 1744. - Ldn. 1794 [Einl. Mrs. Barbauld]. - Glasgow 1823. - Boston 1864 (in *The Poetical Works*, Hg. A. Dyce; m. Biogr.).

ÜBERSETZUNGEN: *Die Vergnügungen der Einbildungskraft*, Greifswald 1757. - Dass., A. v. Rode, Greifswald 1804.

LITERATUR: R. W. Chapman, *A Note on the First Edition of »The Pleasures of Imagination«* (in RESt, 1, 1925, S. 346-348). - G. J. ten Hoor, *A.'s »The Pleasures of Imagination« in Germany* (in JEGPh, 38, 1939, S. 96-106). - A. O. Aldridge, *The Eclecticism of M. A.'s »The Pleasures of Imagination«* (in Journal of the History of Ideas, 5, 1944, S. 292-314). - M. Kallich, *The Association of Ideas in A.'s »Pleasures of Imagination«* (in MLN, 62, 1947, S. 166-173). - J. Norton, *A.'s »The Pleasures of Imagination«: An Exercise in Poetics* (in ECS, 3, 1970, S. 366-383). - M. Box, *A Quotation in »The Pleasures of Imagination« Identified* (in NQ, 31 [229], März 1984, S. 9-10).

GÜLTEN AKIN

*1933 Yozgat

DAS LYRISCHE WERK (ntürk.) von Gülten AKIN.

Das zahlreiche Gedichtbände wie auch Theaterstücke (*Keloğlan*, 1968) und Hörspiele (*Kızlar Değirmeni*, 1966 - *Die Mühle der Mädchen*) umfassende Werk der bedeutenden und mehrfach preisgekrönten türkischen Lyrikerin liegt bis jetzt nicht in deutscher Sprache vor. Einzelne Gedichte aus den Gedichtbänden *Sığda (In der Ebene), Kırmızı Karanfil (Die rote Nelke), Ağıtlar ve Türküler (Elegien und Lieder)* wurden ins Deutsche und Englische übersetzt und in Anthologien veröffentlicht. Mit ihren ersten Gedichtbänden *Rüzgâr Saati*, 1956 (*Die Stunde des Windes*), und *Kestim Kara Saçlarımı*, 1960 (*Ich schnitt mir meine schwarzen Haare*), steht Gülten Akın der türkischen Lyrik-Richtung der *Ikinci Yeni* (»Zweite Neue«) nahe, die sich in den fünfziger Jahren bildete und sich als Gegenbewegung zu *Garip* (»Fremdartig«), einer Stilrichtung von Lyrikern um Orhan Veli KANIK (1914-1950) verstand. Geistiges Vorbild der *Ikinci Yeni* ist der von Philosophen wie SARTRE und HEIDEGGER ausgehende »Existentialismus« im Europa der fünfziger Jahre, aber surrealistische Stilmittel herrschen vor. Mit der für die *Ikinci Yeni* charakteristischen, metaphernreichen Sprache, zeichnet sie die beunruhigte innere Welt einer Frau nach, in der Gefühle wie Einsamkeit (*Yalnız Kıza - Das einsame Mädchen*), Hoffnungslosigkeit (*Dönmesiz - Ohne Rückkehr*) und dunkler Pessimismus (*Yitikler Gecesi - Die Nacht der Verlorenen*) vorherrschen.

In den Anfang und Mitte der sechziger Jahre entstandenen Gedichten (Gedichtbände: *Sığda*, 1964 - *In der Ebene*; *Kırmızı Karanfil*, 1971 - *Die rote Nelke*) läßt sich dann eine Entwicklung der Sichtweise und der Themen der Autorin erkennen, die aus ihrer veränderten Lebenssituation resultieren; seit Ende der fünfziger Jahre lebt Gülten Akın in verschiedenen Kleinstädten Ostanatoliens. Die Gedichte spiegeln ihre Begegnung mit der Gewalt der Natur (*Kar Kar - Schnee*) und der fremdartigen Lebensweise der Menschen (*Kadın Olanın Türküsü - Das Lied der Frauen*). Ihre persönliche und künstlerische Reifung führt sie von der Schilderung individueller Gefühle zur Beschreibung gesellschaftlicher

Konflikte: »*Biz Nereye Düşeriz, Halk Fakir Fukara*« (»*Wohin wir auch kommen, sind die Menschen arm*«). Sie erkennt immer mehr, daß Zustände wie Armut, Unwissenheit und Unterdrückung, insbesondere die der Frauen, in der Gesellschaftsordnung begründet sind.

Diese Hinwendung zu den Menschen und das Vertrautwerden mit ihrer Lebensweise führt sie zu den reichen und vielfältigen Wurzeln der türkischen Volksdichtung. Gülten Akın schöpft nicht nur Motive aus dieser Dichtung, sondern diese stellt für sie auch die Quelle der Erneuerung der modernen türkischen Lyrik dar. Ihrer Ansicht nach leidet die moderne türkische Literatur unter der starken Orientierung an europäischen Vorbildern einerseits, und an einer Verarmung durch die einseitige nationale Prägung andererseits (vgl. *Millî Edebiyatı – Nationale Literatur*). Diese Auffassung drückt sie in den Werken *Maraş'ın ve ökkeş'in Destanı*, 1972 *(Das Epos von Maraş und ökkeş)*, und *Ağıtlar ve Türküler*, 1976 *(Elegien und Lieder)*, aus. Bereits die Titel weisen auf die Bearbeitung von Stoffen der Volksdichtung hin, die die Dichterin mit ihren lyrischen Inhalten ausfüllt; *destan* ist in der türkischen Volksdichtung eine epische Erzählform.

Seyran Destanı, 1982 *(Das Seyran-Epos)*, stellt künstlerisch und thematisch den Höhepunkt ihrer jahrelangen Auseinandersetzung mit der harten sozialen Wirklichkeit Anatoliens wie auch der türkischen Gesellschaft als Ganzem dar. In diesem Epos erzählt Gülten Akın von der Landflucht, die in der Türkei, bzw. im Osmanischen Reich, schon im 17.Jh. einsetzte. Sie schildert die Konflikte der Menschen, die ihre Traditionen in sich tragen und in den *Gecekondus* (»Elendsviertel«) der Großstädte ihre neue Existenz suchen. Nicht nur der Kampf um das Überleben, sondern vor allem der Verlust ihrer Identität wird zur existentiellen Bedrohung, die Gülten Akın realistisch, lebendig und einfühlsam darstellt.

Die in den achtziger Jahren entstandenen Gedichte spiegeln Gülten Akıns Sorge um ihren Sohn, der seit 1980 im berüchtigten Gefängnis *Mamak* in Ankara inhaftiert ist. Anders als die Mehrheit der Lyriker findet Gülten Akın aus ihrer persönlichen Betroffenheit heraus und nimmt am Leben der Gefangenen und der vielen Betroffenen (z.B. der Mütter der Gefangenen) teil.

Bei der Formulierung ihrer gesellschaftspolitischen Erkenntnisse begnügt sie sich nicht damit, aufzudecken, daß Ungerechtigkeit und Unterdrückung in der Gesellschaftsordnung begründet sind, sondern sie benennt die dafür Verantwortlichen und ihre Handlanger. (»*Der Folter wäre kein Glück beschieden/die Grausamkeit könnte nicht gedeihen/Doch sie ziehen dem Menschen sein Menschsein aus/Spannen ihn ein in ihre Maschinerie/Spannen ihm ein.*«)

Aus Empfindsamkeit und Mitleid, das in ihren ersten Werken dominiert, entwickelt sie durch Hinterfragen und Erkennen gesellschaftlich-aktives Handeln.

Mit der Thematisierung von Verhaftung, Gefängnisbesuchen und Gewalt gegen die Gefangenen verändert sich auch die Metaphorik in Gülten Akıns Gedichten. Sie konfrontiert Symbole wie Vogel und Blume, die für Leben und Hoffnung stehen *(Tel örgüde Sarı Çiğdem – Ein gelber Krokus im Drahtzaun)* mit Symbolen wie *Eisen* und *Zaun*. Die Bilder sind durch ihre Klarheit und Unmittelbarkeit nachvollziehbarer geworden. Ein Leitmotiv ist die Stimme, die brüchig zu werden und zu verstummen droht, und die es zu retten gilt, um das herrschende Schweigen aufzuheben. Aus der Verbindung von Rhythmus und Harmonie der türkischen Volksdichtung mit ihrer eigenen Ausdrucksweise entsteht eine für diese Dichterin charakteristische Stilsynthese.

Gülten Akın hat in allen ihren Werken als Frau geschrieben. Diese Tatsache läßt sich nicht im Sinne europäischer und amerikanischer Frauenliteratur an der Wahl bestimmter Themen festmachen, sondern äußert sich in der Perspektive der Autorin: Von Solidarität aus eigener Betroffenheit als Frau wandelt sich ihre Haltung zum kämpferischen Eintreten für das Menschsein (eine Aufgabe, die sich Männern und Frauen gleichermaßen stellt) – und vor allem für die Mütter. Ihre Verantwortlichkeit für die schutzbedürftigen Kinder (und nicht nur für die eigenen) steht im Mittelpunkt, weil in ihnen die Zukunft liegt.

Aus der Schärfung ihres Blicks für Zusammenhänge und Strukturen resultiert angesichts von Armut und Tod nicht etwa Resignation – es erwächst daraus eine Hoffnung. War es zu Beginn ihres Schaffens die Sehnsucht nach dem Ausbrechen aus der traditionellen Ordnung, ist es jetzt die Hoffnung auf die Neugestaltung einer menschlichen Gesellschaft.

E.Hn.

AUSGABEN: *Rüzgâr Saati*, Istanbul 1956. – *Kestim Kara Saçlarımı*, Istanbul 1960. – *Sığda*, Istanbul 1964. – *Kırmızı Karanfil*, Istanbul 1971; ern. 1980. – *Marraş'ın ve ökkeş'in Destanı*, Istanbul 1972; *Ağıtlar ve Türküler*, Istanbul 1976; *Seyran Destanı*, Istanbul 1979. – *Seyran / Bütün Şiirleri (Seyran / Gesammelte Gedichte)*, Istanbul 1982. – *Şiiri Düzde Kuşatmak (Die Belagerung des Gedichtes in der Ebene)*, Istanbul 1983. – *Ilahiler (Hymnen)*, Istanbul 1983, ern. 1984. – *42 Gün (42 Tage)*, Istanbul 1986.

ÜBERSETZUNGEN (einzelner Gedichte): In *Moderne türkische Lyrik*, Hg. u. Einl. Y. Pazarkaya, Basel/Tübingen 1971. – In *The Penguin Book of Turkish Verse*, Hg. N. Menemengioğlu u. F. İz, Harmondsworth 1978 [engl.]. – In Akzente, 1980, H. 6 [Schwerpunktthema »Türkische Literatur Heute«]. – In *... ich schreibe mit den Fingernägeln. Gedichte aus türkischen Gefängnissen*, Hg. Zambon, Ffm. 1986.

LITERATUR: *Gülten Akın anlatıyor* (in Varlık, 443, 1956, S. 14). – R. Tomris, *Sığlıkta O Kadın Tek Başına* (in Papirüs, 15, 1967, S. 49). – Hüseyin Yurttaş, *Kırmızı Karanfil* (in Yeditepe, 23, 198, 1973, S. 12). – Mehmet Salihoğlu, *Gülten Akın Ve*

Kırmızı Karanfil (in Varlık, 785, 1973, S. 11). –
M. H. Doğan, Rez. (in Milliyet Sanat, April 1980).
– Aziz Nesin, Rez. (in Nesin Vakfı Edebiyat Yıllığı,
1985). – P. Kappert, *[Türkische] Literatur* (in *Türkei*, Hg. K. D. Grothusen, Göttingen 1985). – Y.
Pazarkaya, *Zeitgenössische Türkische Literatur* (in
Türkei 1, Hg. E. Schmitt, Bln. 1985, S. 324).

LUKIS AKRITAS

* 1909 Morfu / Zypern
† 1965

I ARMATOMENI

(ngriech.; *Die Bewaffneten*). Kriegsroman von Lukis AKRITAS, erschienen 1947. – Mit diesem Buch schrieb der aus Zypern stammende Autor das bedeutendste Werk über den griechisch-italienischen Krieg 1940/41, der mit dem Angriff italienischer Truppen von Albanien aus im Oktober 1940 begann. Eine drohende Niederlage Italiens wurde nur durch das das Eingreifen deutscher Truppen im April 1941 abgewendet. Von der Warte eines objektiven Beobachters aus versucht der Autor, eine zusammenhängende, beiden Seiten gerecht werdende Gesamtdarstellung dieses Krieges zu geben, wobei der den Kampf der Griechen gegen die übermächtigen italienischen Aggressoren ideologisch zu rechtfertigen sucht. Die *Armatomeni* sind also nicht das Antikriegsbuch eines Pazifisten, sondern der Kriegsbericht eines militanten Humanisten, der – wie es einer seiner Helden ausspricht – die Notwendigkeit eines Krieges, der zur Verteidigung der Freiheit geführt wird, anerkennt. Akritas beobachtet hauptsächlich die Reaktionen der Frontkämpfer bei unmittelbarer Gefahr: den ruhigen Ernst oder unverzagten Humor, die zum Wahnsinn gesteigerte Angst, Verrat, Feigheit, demaskiertes Heldentum oder Edelmut bei Freund und Feind. Auf diese Weise reihen sich Episoden an Episoden, die sich parallel und unabhängig voneinander entwickeln. Dadurch aber geht diesem Buch jede kompositorische Einheit verloren; Wichtiges steht neben Beiläufigem, das ebenso breit und bedächtig erzählt wird, so daß die Akzente sich verschieben: Der Tod der meisten in dem Roman vorkommenden – und treffend charakterisierten – Helden vermittelt zwar den Sinn eines großartigen Opfers, wird jedoch in der Darstellung Akritas' nicht zum erschütternden Höhepunkt des Buchs.

P.M.

AUSGABE: Athen 1947; ⁴1983 [Einl. N. Vrettakos].

LITERATUR: G. Protopapa-Bubulidu, *Pesografiká kímena tu polému ke tis katochís*, Ioannina 1974, S. 8–12.

SERGEJ TIMOFEEVIČ AKSAKOV

* 1.10.1791 Ufa
† 12.5.1859 Moskau

LITERATUR ZUM AUTOR:
D. D. Jazykov, *Literaturnaja dejatel'nost' S. T. A.*, Petersburg 1891. – O. Miller, *S. T. A.* (in O. M., *Russkie pisateli posle Gogolja*, Bd. 3, Petersburg/Moskau ⁵1910, S. 1–60). – A. Noskova, A., Moskau 1914. – S. I. Mašinskij, *S. T. A. Žizn' i tvorčestvo*, Moskau 1961. – P. J. Wreath, *A critical study of S. T. A.*, Phil. Diss. Cornell Univ. 1969. – J. J. Pinkus, *The world view of S. A.*, Diss. Brown Univ. 1971. – S. I. Mašinskij, *S. T. A.: Žizn' i tvorčestvo*, Moskau 1973. – E. F. Cohen, *The genre of the autobiographical account of childhood, three test cases. The trilogies of Tolstoy, A., and Gorky*, Diss. Yale Univ. 1973 [enth. Bibliogr.]. – M. J. Gauntt, *S. T. A.'s »The Family Chronicle«. An exceptional novel*, Diss. Univ. of California, Los Angeles 1975 [enth. Bibliogr.]. – N. H. Carr, *S. T. A. in Russian literary criticism before 1917*, Diss. Univ. of Colorado 1976 [enth. Bibliogr.]. – N. A. Nikolina, *K 190–letiju S. T. A.: Žizn' čeloveka v detstve* (in Russkaja Reč', 1981, 5, S. 39–44).

DETSKIE GODY BAGROVA-VNUKA. Služaščie prodolženiem Semejnoj chroniki

(russ.; *Die Kinderjahre des Enkels Bagrov. Fortsetzung der Familienchronik*). Roman von Sergej T. AKSAKOV, erschienen 1858. – Als Aksakov seinen ersten Roman *Semejnaja chronika*, 1852 *(Familienchronik)*, den »letzten Akt« seines Lebens nannte, ahnte er nicht, daß sich aus diesem Werk eine umfangreiche Romantrilogie, die Geschichte der Familie Bagrov, entwickeln sollte: an die *Familienchronik* schlossen sich 1858 die *Detskie gody (Kinderjahre)* – inhaltlich und formal dem ersten Roman verwandt – und wenig später die etwas schwächeren *Vospominanija (Erinnerungen)* an. Aksakov selbst hat in einem Brief bekannt, seine Kunst beruhe nicht auf einer »ungebundenen Einbildungskraft«, sondern allein »auf dem Boden der realen Wirklichkeit« und folge »den Linien des tatsächlichen Geschehens«. So ist auch seine Chronik der Adelsfamilie Bagrov in Wahrheit nichts anderes als eine Autobiographie des Dichters und die Geschichte seiner Vorfahren. Behandelt die *Familienchronik* die Generation der Großeltern, so steht im Mittelpunkt der *Detskie gody* der Enkel, der den Autor selbst verkörpert. War der erste Roman aus den Überlieferungen der Familie und den Erzählungen der Eltern hervorgegangen, so spiegelt der zweite die Erlebnisse und Eindrücke des jungen Aksakov. Es ist dem Autor in seinen Romanen gelungen, den Einzelfall des persönlichen Geschicks und der eigenen Familie zur Allgemeingültigkeit typischer

Schicksale der zeitgenössischen Gesellschaft zu erheben.

Der junge Bagrov der *Detskie gody* steht in vielem Nikolen'ka Irten'ev aus Tolstojs sechs Jahre zuvor erschienener Erzählung *Detstvo (Kindheit)* nahe, unterscheidet sich aber von ihm durch seine unreflektierte Offenheit der Welt gegenüber. Er sieht sein eigenes Leben unbefangener, unvoreingenommener und mißt die Wirklichkeit nicht ausschließlich nach moralisch-ethischen Kategorien. Weil er in frühester Kindheit auf den Tod krank war, wird er von seiner Mutter noch in späteren Jahren ängstlich vor allen negativen Eindrücken des Lebens bewahrt und in einer in sich abgeschlossenen Welt häuslicher Liebe und Zurückgezogenheit behütet. Die enge Bindung an die Welt der Mutter und die Anhänglichkeit an seine kleine Schwester, die ihm gleichaltrige Spielkameraden ersetzt, lassen ihn ängstlich und furchtsam, fast hilflos werden, machen ihn zugleich aber äußerst sensibel und empfänglich für die Außenwelt, vor allem für die Eindrücke der Natur, die das Reich seines Vaters ist. Mit ihm teilt er eine unstillbare Leidenschaft für den Angel- und Jagdsport, die die beiden häufig sogar der Mutter zu entfremden droht. Seine Sensibilität läßt ihn die aus zahlreichen Interessen, Abneigungen und Sympathien resultierenden Verhaltensweisen der Menschen seiner Umgebung instinktiv richtig beurteilen und verstehen und schärft ihm den Blick für die feinen Unterschiede in der Behandlung der Menschen durch die Mitglieder der adligen Gesellschaft. Früh begreift er auch die sozialen Gegensätze zwischen Besitzern und Untergebenen und versteht, daß er dereinst zur Klasse der Herren gehören wird. Mehr und mehr fächern sich so die tatsächlichen Verhältnisse des gesellschaftlichen Lebens vor ihm auf, bis er mit dem Eintritt in das Gymnasium den Kreis seiner Familie für immer verläßt.

Aksakov beabsichtigte ein *»Kinderbuch für Erwachsene«* zu schreiben, in dem mit größter Genauigkeit kindliche Entwicklung, kindliche Vorstellungs- und Erlebnisweise in einer bestimmten gesellschaftlichen Umwelt dargestellt werden sollten. Zu diesem Zweck läßt er den jugendlichen Helden des Romans sein Leben selbst erzählen und gibt sich lediglich als Herausgeber dieser Erzählungen aus. Indem er alles Geschehen aus dem Blickwinkel des Kindes darstellt, engt er die Erzählung inhaltlich bewußt ein, schafft sich aber zugleich die Möglichkeit, die geschilderten Vorgänge aus dem vorbehaltlosen Erleben des Kindes heraus plastischer und eindringlicher zu gestalten. Die Psyche des Kindes ist die Lupe, durch die die Gesellschaft seiner Umgebung betrachtet wird. Dies geschieht mit solch feinem Verständnis für die kindliche Psychologie, daß der Leser fortwährend geneigt ist, das Werk eher als einen Entwicklungsroman denn als Gesellschaftsanalyse zu betrachten. Man hat die realistische Erzählweise Aksakovs häufig von der Tradition der Prosa Gogols herleiten wollen, doch steht sie in ihrer Verhaltenheit und Einfachheit der Technik Puškins wesentlich näher. Es wäre jedoch verfehlt, den anspruchslosen Charakter seiner Sprache nach Art der sowjetischen Forschung ausschließlich aus ihrer Nähe zur Volkssprache zu erklären.

C.K.

AUSGABEN: Moskau 1858. – Petersburg 1886 (in *Poln. sobr. soč.*, 6 Bde., 1/2). – Moskau 1958 (*Semejnaja chronika. Detskie gody Bagrova-vnuka*; Vorw. v. S. Mašinskij). – Moskau 1982 *(Semejnaja chronika. Detskie gody Bagrova-vnuka)*.

ÜBERSETZUNGEN: *Eine Familienchronik* [enth.: *Familienchronik; Die Kinderjahre Bagrows des Enkels; Aus den Erinnerungen*], H. Röhl, Lpzg. 1919. – *Bagrovs Kinderjahre*, E. Müller-Kamp, Zürich 1978.

LITERATUR: I. V. Čuvašev, *Semejnoe vospitanie A. v »Detskie gody«* (in Doškol'noe vospitanie, 1946, 4, S. 29–36). – N. Onufriev, *Povest' A. »Detskie gody Bagrova-vnuka«* (in *Detskie gody Bagrova-vnuka*, Moskau 1949, S. 3 ff.).

SEMEJNAJA CHRONIKA

(russ.; *Eine Familienchronik*). Roman von Sergej T. Aksakov, erschienen 1856. – Die Verschärfung der inneren Widersprüche der russischen Gesellschaft um die Mitte des 19. Jh.s weckte in weiten Kreisen der russischen Öffentlichkeit das Interesse an der historischen Durchdringung und Erklärung der herrschenden Verhältnisse. Das wachsende politische und geschichtliche Bewußtsein findet seinen Niederschlag in der russischen Literatur im Vordringen der historischen und gesellschaftskritischen Thematik. Aus demselben Interesse erklärt sich das Aufblühen einer umfangreichen Memoirenliteratur, welche die tatsächlichen oder fiktiven Erlebnisse ihrer Helden mit dem Blick auf die nationale Geschichte darstellte. Als Memoirenwerk wurde auch Aksakovs *Semejnaja chronika* aufgenommen, der erste, eigenständige Teil einer überdies die Romane *Vospominanija*, 1856 *(Erinnerungen)*, und *Detskie gody Bagrova vnuka*, 1858 *(Die Kinderjahre des Enkels Bagrov)*, umfassenden Trilogie der Familien- und Jugenderinnerungen des Autors. Auf Anregung Gogol's entstanden, beschreibt die Trilogie die Geschichte dreier Generationen der Familie Bagrov (d. i. Aksakov: mit Rücksicht auf lebende Familienmitglieder änderte der Autor die wichtigsten Eigennamen des im übrigen authentischen Werks). Der erste Teil der Trilogie fußt auf mündlichen Familienerzählungen. Er beschreibt das Leben der Eltern und Großeltern des Ich-Erzählers: die Übersiedlung der Großeltern auf das neuerworbene Gut Bagrovo, welche die gewaltsame Entwurzelung ihrer 180 Leibeigenen zur Folge hat; die streng gefügte patriarchalische Ordnung im Haus des Großvaters; die Untaten des Großonkels Kurolesov, der von den eigenen Leibeigenen vergiftet wird; die Liebe des schwachen, von seinem Vater unterdrückten Aleksej Bagrov zu der selbstbewußten, machthungrigen Sof'ja Nikolaevna, der Tochter eines hohen Beamten; endlich die ersten Ehejahre der Eltern bis zur Geburt des Erzählers.

Aksakov, der selbst bekennt, daß ihm die »*Gabe der freien Erfindung*« versagt sei, hält sich in seinem Roman eng an den vorgegebenen Stoff der eigenen Familiengeschichte. Gleichwohl erlangen seine Gestalten jenes Maß an Allgemeingültigkeit, das sie zu charakteristischen Vertretern der zeitgenössischen russischen Gutsbesitzersschicht macht. Die größte Glaubwürdigkeit gewinnt zweifellos die machtvolle Persönlichkeit des Großvaters Stepan Bagrov. Energisch, unduldsam, despotisch bis zur Grausamkeit, zeichnet er sich zugleich durch seinen wachen Verstand, seinen klaren Blick und seinen Gerechtigkeitssinn aus. Ungezügelt im Zorn, ist er gutmütig und milde, solange sich alles seinem Willen fügt. Gut und Böse verschmelzen in seiner Psyche zu einer untrennbaren Einheit. Typisches Produkt einer auf die brutale Unterdrückung des Menschen in der Leibeigenschaft gegründeten Gesellschaft, setzt Stepan Bagrov unabhängig von seinem Willen das Unrecht dieser Ordnung in seinen guten wie in seinen schlechten Taten fort. Seine herrische Haltung, die er auch im Verkehr mit seinen Angehörigen nicht aufgibt, zerrüttet die Harmonie seiner Familie und läßt ihn zum Opfer heimlicher Betrügereien durch Kinder und Gattin werden. Von den übrigen Figuren des Romans kommt allein Sof'ja, die Mutter des Erzählers, der eindrucksvollen Gestalt des Großvaters nahe. Der ausgeprägte Charakter der klugen, sensiblen Frau weiß sich dem ebenbürtigen Schwiegervater weit mehr verbunden als der gänzlich entgegengesetzten Natur des Gatten. Ausschließlich negativ gezeichnet ist die Gestalt des Gutsbesitzers Kurolesov, eines Teufels in Menschengestalt, der seine sadistischen Neigungen in der unmenschlichen Behandlung seiner Leibeigenen auslebt. Der Erzähler gibt sich keine besondere Mühe, die Untaten Kurolesovs anzuklagen. Er beschreibt sie mit den Worten des unbeteiligten Zeugen, der durch seine Objektivität den Leser um so dringender zur Parteinahme herausfordert. Trotz seiner Sympathie für die Opfer der Gutsherrenwillkür schildert der Autor das russische Volk als unbewegliche, beharrende, ihr Schicksal in ergebener Demut ertragende Masse. Obgleich Aksakov das Unrecht der herrschenden Gesellschaft erkennt, weiß er, selber Gutsbesitzer, keinen Weg zu seiner Überwindung aufzuzeigen. Ohne den Standpunkt des neutralen Beobachters zu verlassen, zeichnet er ein Bild der russischen Wirklichkeit, das durch seinen unbestechlichen Realismus zu einer unüberhörbaren Anklage der zeitgenössischen russischen Gesellschaftsordnung wird. Fern jeder Absicht, zum Widerstand gegen die bestehenden Verhältnisse aufzurufen, steht Aksakovs Familienchronik somit dennoch auf einer Stufe mit den gegen die Leibeigenschaft gerichteten Werken eines TURGENEV, GRIGOROVIČ u. a. Nicht umsonst erzwang die zaristische Zensur – insbesondere in der Erzählung über Kurolesov – einschneidende Kürzungen des Romans, die jedoch den ungeheuren Erfolg der ersten Veröffentlichung nicht beeinträchtigen konnten. C.K.

AUSGABEN: Moskau 1856 (zus. m. *Vospominanija*). – Moskau 1955 (in *Sobr. soč.*, 4 Bde., 1955/56, 1). – Moskau 1982 *(Semejnaja chronika. Detskie gody Bagrova-vnuka)*.

ÜBERSETZUNGEN: *Eine Familienchronik*, U. F. Krantz, Bln. 1912. – Dass., S. Raczynski, Lpzg. 1958. – *Am Rande der Wildnis. Eine Familienchronik*, S. Raczynski, Hg. u. Vorw. A. Luther, Hbg. 1961. – *Familienchronik*, E. Schäfer-Luther, Stg. 1982.

LITERATUR: P. Annenkov, *A. i ego »Semejnaja chronika«* (in P. A., *Vospom. i kritič. očerki*, Petersburg 1881).

VOSPOMINANIJA

(russ.; *Erinnerungen*). Memoiren von Sergej T. AKSAKOV, erschienen 1856. – Nahezu gleichzeitig mit den letzten Kapiteln der *Semejnaja chronika*, 1856 *(Eine Familienchronik)*, und vor den *Detskie gody Bagrova-vnuka*, 1858 *(Die Kinderjahre des Enkels Bagrov)*, entstanden, bilden die *Vospominanija* inhaltlich den chronologischen Abschluß der autobiographischen Trilogie des dem Realismus der Natürlichen Schule *(natural'naja škola)* verbundenen Autors.

Gegenstand der in der Ichform erzählten Memoiren ist der geistige Werdegang des Autors während seiner Gymnasial- und Universitätsjahre zwischen 1800 und 1807. Der ängstlichen Obhut der Mutter mit Mühe entzogen, tritt Aksakov mit neun Jahren als Staatspensionär in das Kazaner Gymnasium ein. Übersteigerte Sensibilität und Mutterbindung lassen den zarten Knaben den Wechsel aus dem freien Leben des naturverbundenen Gutsherrensohnes in die streng geordnete, wenngleich durch verständnisvolle Pädagogen erträgliche Wirklichkeit des zaristischen Gymnasiums nicht bewältigen. Er erkrankt an einem gefährlichen Nervenleiden und verläßt das Gymnasium auf Anraten der Ärzte. Ein vornehmlich mit Jagd- und Angelfreuden verbrachtes Jahr auf dem väterlichen Gut stellt die körperliche und seelische Gesundheit des Knaben soweit her, daß er, diesmal als zahlender Externer, auf das Gymnasium zurückkehren kann. Der psychisch weiterhin labile Knabe findet sich in das Gymnasialleben ein und besteht die Gymnasialkurse, vor allem unter der fürsorglichen Aufsicht seines Mentors Kartaševskij, als einer der besten Schüler. Von Kartaševskij in die russische Literatur eingeführt, gewinnt er ein kritisches Verhältnis zur Prosa KARAMZINS. Die Liebe zu Literatur und Theater nähert ihn seinem Mitschüler Alexander Panaev (dem Bruder des Schriftstellers Ivan PANAEV), der am Gymnasium als engagierter Anhänger Karamzins die handschriftliche literarische Zeitschrift ›Arkadskie pastuški« (Arkadische Schäferinnen) herausgibt. Als im Jahre 1804 die Gründung der Kazaner Universität beschlossen wird, wird Aksakov zu einem ihrer ersten Studenten, sein Erzieher Kartaševskij zum Adjunkt ernannt. Ein Gastspiel des Schauspielers Plavil'ščikov, das Aksakov »*eine neue Welt in der Theaterkunst*« erschließt, steigert seine Theaterbegeisterung zur Passion. Gemeinsam mit Panaev organisiert er ein studentisches Laientheater, das erfolgreich VERËVKIN, SUMAROKOV und KOTZEBUE aufführt. Durch ein Zerwürfnis mit den Kommilitonen vom Theaterspielen ausgeschlossen, gibt Aksakov mit Panaev das im Vergleich zu den ›Arkadskie pastuški‹ »*seriösere*« literarische ›Žurnal našich zanjatij‹ (Journal unserer Beschäftigungen) heraus, aus dem er, unter dem Einfluß des Literaturprofessors Gorodčaninov gegen die Mehrzahl der Studenten entschiedener Verfechter der Ansichten ŠIŠKOVS, energisch die »*idyllische Richtung*« der Karamzinisten zu verdrängen sucht. Da Kartaševskij nach einem Konflikt mit der Universitätsleitung Kazan verläßt, verbringt Aksakov den Rest seines Studiums ohne Erzieher. Er feiert neue Triumphe auf der Bühne des studentischen Theaters und wird Gründungsmitglied der literarischen Gesellschaft der Universität, bevor er die Anstalt 1807 verläßt.

In ihrer Konzentration auf das persönliche Geschick des Helden weit entfernt von der sozialkritischen Allgemeingültigkeit vor allem der *Semejnaja chronika*, geben die *Vospominanija* krasser als die übrigen Bände des autobiographischen Zyklus die Unzulänglichkeit der »*subjektiven Beobachtungsgabe*« des Autors (Dobroljubov) zu erkennen, die ihn einseitig die Wirklichkeit im Bezug auf das Erleben des Helden, nicht aber zugleich den Helden als Produkt seiner gesellschaftlichen Umwelt zeigen läßt. Von der durch exakte Beobachtung und unparteiische Darstellung entlarvenden Schilderung der russischen Leibeigenengesellschaft in den Hauptwerken des Autors sind den *Vospominanija* nur noch faktographischer Reichtum und sachliche Gewissenhaftigkeit geblieben. Außerstande, »*die Wirklichkeit durch die Phantasie zu ersetzen*«, schreibt Aksakov ausführlich, doch mit sparsamem gestalterischem Instrumentarium die Chronik des eigenen Bildungsgangs, die sich über die meisterhafte Charakteristik von Lehrern, Erziehern, Mitschülern und Studenten hinaus selten zur Widerspiegelung umfassenderer Zusammenhänge erhebt. Die mangelnde Typisierung des Vorwurfs bedingt die größere Intimität des Textes, der gelegentliche Sentimentalität nicht meidet. Die chronologische Anlage der kontrastarm, in behäbigem, lediglich in den für Aksakov charakteristischen Jagdschilderungen belebtem Erzähltempo vorgetragenen Erinnerungen ist durch Rückblenden und vorauseilende Erzählungen, seltener durch kontemplative Einschübe unterbrochen. Die gegen Ende des Werks zunehmende motivische Zergliederung des Textes verleiht dem Werk fragmentarischen Charakter. Das Interesse des in literarischer Hinsicht schwächsten Teils der Trilogie liegt nahezu ausschließlich in seinem Aufschluß über die Biographie des Autors. C.K.

AUSGABEN: Moskau 1856 (in *Semejnaja chronika i Vospominanija*). – Petersburg 1909 (in *Sobr. soč.*, Hg. A. G. Gornfel'd, 6 Bde., 1909–1911). – Bln. 1921 (in *Semejnaja chronika. Vospominanija*). – Moskau 1955 (in *Sobr. soč.*, Hg. S. Mašinskij, 4 Bde., 1955/1956, 2). – Moskau 1966 (in *Sobr. soč.*, Hg. S. Mašinskij, 5 Bde., 2). – Moskau 1982 (in *Izbr. soč.*).

ÜBERSETZUNG: *Aus den Erinnerungen* (enth. die ersten drei Kapitel der *Vospominanija*), S. Raczynski, bearb. v. H. Röhl, Lpzg. 1919.

LITERATUR: N. P. Giljarov-Platonov, »*Semejnaja chronika i Vospominanija*« *S. A.* (in N. P. G.-P., *Sobr. soč.*, Bd. 2, Moskau 1899, S. 75–143).

VASILIJ PAVLOVIČ AKSËNOV

* 20.8.1932 Kazan'

LITERATUR ZUM AUTOR:
V. Kardin, *Večnye voprosy – novye otvety* (in Voprosy literatury, 1961, 3, S. 25–48). – A. Makarov, *Serez'naja žizn'* (in Znamja, 1961, S. 188–211). – A. Marčenko, *Ne ob eksperimente* (in Voprosy literatury, 1962, 5, S. 42–53). – J. Holthusen, *V. A. u. A. Gladilin* (in J. H., *Russische Gegenwartsliteratur*, Bd. 2, Bern/Mchn. 1968, S. 106–111). – V. Meženkov, *Strannaja proza* (in Oktjabr', 1972, 7, S. 189–203). – A. Vasily, *Russian Writer Abroad* (in Soviet Analyst, 9, 1980, 16, S. 7–8).

APEL'SINY IZ MAROKKO

(russ.; *Ü: Apfelsinen aus Marokko*). Roman von Vasilij P. AKSËNOV, erschienen 1963. – Aksënovs dritter, formal an sein vorausgegangenes Werk *Zvëzdnyj bilet*, 1961 *(Fahrkarte zu den Sternen)*, anknüpfender Roman schildert in perspektivisch gebrochenen, zeitlich ineinander verschränkten Erzählabschnitten die Ankunft einer Ladung marokkanischer Apfelsinen in Talyj und die »Wallfahrt« der Techniker, Seeleute, Bohrmannschaften, Pelztierjäger und Fabrikbelegschaften aus der näheren und ferneren Umgebung in die sibirische Hafenstadt. Trotz häufiger Rückschau auf die Vorgeschichte seiner Helden verzichtet der Autor auf epische Breite und legt das erzählerische Hauptgewicht auf pointierte Dialogszenen und knappe Gedächtnisrückblenden. Die Hauptfiguren des Romans, die Fabrikarbeiterin Ljudmila Kravčenko, der Bohrtechniker Viktor Koltyga, der Ingenieur

Nikolaj Kalčanov und die Seeleute German Kovalëv und Koren' Kostjukovskij, die allesamt jugendlicher Unternehmungseifer und Abenteuerlust in die unwegsamen Gebiete der fernöstlichen UdSSR verschlagen haben, erleben die Ankunft des Apfelsinenfrachters als Einbruch des Außerordentlichen, des »Feiertäglichen« in den harten und öden Alltag ihres Lebens fern jeder Zivilisation. Die Apfelsinen sind nicht allein Katalysator und Leitmotiv der verschiedenen, jeweils aus der Sicht eines der Helden erzählten Episoden, sondern darüber hinaus Symbol eines bestimmten Lebensgenusses: der Fähigkeit zu jugendlicher Ausgelassenheit, Unbeschwertheit und schnoddrigem Draufgängertum. Daß dieser Lebensgenuß nicht philiströs als morbider, arbeitsscheuer, dekadenter Amerikanismus, sondern, wenn schon nicht positiv, so doch zumindest wertneutral und mit offensichtlicher Vorliebe für deftige Details dargestellt wird, ist einer der bemerkenswertesten Aspekte des Romans. Deutlich ist der Autor bemüht, einem Maximum an Privatem, an individueller Lebensführung und nonkonformistischer Lebensbejahung Raum zu geben. Gerät ihm dabei in Bericht und Dialog manches allzu salopp, burschikos und forciert modernistisch, so kann die qualitative Unterlegenheit des Buches gegenüber vergleichbaren Werken der westlichen Literatur (etwa der Prosa Jerome D. SALINGERS) nicht Wertmaßstab für eine gerechte Beurteilung des Romans sein, dessen entscheidende Leistung in der Überwindung der schablonisierten, sterilen Leistungs- und Frohsinnsethik früherer Komsomol-Literatur besteht. Die Einwände der sowjetischen Kritik veranlaßten den Autor in der zweiten Auflage des Romans (1964) zu zahlreichen Streichungen und Korrekturen. A.G.

AUSGABEN: Moskau 1963 (in Junost'). – Moskau 1964.

ÜBERSETZUNGEN: *Apfelsinen aus Marokko*, Ch. Auras u. A. Jais, Mchn. 1963. – Dass., H. Herboth, Bln. 1965.

NA POLPUTI K LUNE

(russ.; *Ü: Auf halbem Weg zum Mond*). Erzählung von Vasilij P. AKSËNOV, erschienen 1962. – »Auf halbem Weg zum Mond« befindet sich Valerij Kirpičenko, als er anstelle des geplanten Urlaubs am Schwarzen Meer zum siebtenmal die Flugstrecke Chabarovsk–Moskau zurücklegt, um Tanja, die Stewardess seines ersten Fluges, wiederzusehen. Der Mond ist das Bild, mit dem Kirpičenko, Lastkraftwagenfahrer eines am Rande der Zivilisation gelegenen Forstbetriebs auf der Halbinsel Sachalin, seine Vorstellung von erfüllter Liebe und Glück umschreibt. Zum erstenmal begegnete er Tanja, als er sich gerade aus der beklemmenden Atmosphäre eines oberflächlichen Verhältnisses befreit hatte. Welten trennen den derben Waldarbeiter von der gebildeten und gewandten Stewardess. Dennoch verfliegt Kirpičenko in beharrlicher, scheuer Verehrung für Tanja sein gesamtes Urlaubsgeld, nur um noch einmal ein paar Worte und Blicke mit der Geliebten seiner Träume zu wechseln. Zum erstenmal in seinem Leben hat ihn eine Begegnung nicht unberührt gelassen. »*Er las sehr viel. Nie im Leben hatte er so viel gesehen. Nie im Leben hatte er so viel nachgedacht. Nie im Leben hatte er geweint. Nie im Leben hatte er sich so erstklassig erholt.*« Doch nur noch ein einziges Mal, am letzten Urlaubstag, sieht Kirpičenko Tanja wieder. Unerreichbar und ohne einen Blick für ihn steht sie inmitten einer Schar plaudernder Mädchen. Die Kluft zwischen den beiden schließt sich nicht, der Weg zum Mond bleibt unvollendet.

Aksënovs Erzählung gibt sich fast durchweg als innere Betrachtung des Helden aus. Sie zeichnet, bis auf einen kurzen Abschnitt, der die Gestalt Kirpičenkos blitzartig aus der Sicht eines im übrigen fehlenden Ich-Erzählers umreißt, den Charakter des Arbeiters aus der Perspektive seines eigenen Selbstverständnisses. Die Diktion des Werks spiegelt das rauhe, naiv-ehrliche Wesen des Helden wider. Der niedere Umgangsjargon Kirpičenkos charakterisiert zugleich die offene, unbefangene Geradlinigkeit seines Verhaltens zur Umwelt wie auch sein Gefühl der Zurücksetzung und Hilflosigkeit in ebendieser Welt. Die sprunghafte Linienführung der Komposition bildet das unvermittelte, ungeschulte Denken des Helden nach. C.K.

AUSGABEN: Moskau 1962 (in Novyj mir, 38). – Moskau 1966 (in *Na polputi k lune. Kniga rasskazov*).

ÜBERSETZUNG: *Auf halbem Weg zum Mond. Erzählungen*, J. Elperin, Bln./Weimar 1977.

OSTROV KRYM

(russ.; *Ü: Die Insel Krim*). Roman von Vasilij P. AKSËNOV, erschienen 1981. – Der ungemein produktive Autor, dessen realistisch-phantastisch-satirisches Spätwerk in der amerikanischen Emigration (ab 1980) sich vor allem durch originelle formale und sprachliche Experimente auszeichnet, geht in dem 1981 in den USA erschienenen satirischen Roman *Ostrov Krym*, den er 1977 noch in der UdSSR zu schreiben begann, von der *»köstlichen Fiktion«* (W. Kasack) aus, die Krim sei eine Insel im Schwarzen Meer und 1920 nicht von der Roten Armee erobert worden. In dem reichen Freistaat, dem Refugium der Weißen Truppen von Wrangel, leben die ihre alten Traditionen beibehaltenden russischen Emigranten aristokratischer Herkunft in einer nach westlichem Vorbild gestalteten freien Demokratie mit allem Luxus eines kapitalistischen Staates. Aksënov verbindet in diesem irrealen Roman die US-Erfahrung mit seinem SU-Erleben. Die westliche Gesellschaft mit Wolkenkratzern, Highways, freier Presse, Werbung und Rockgruppen ist ebenso skizziert wie die sowjetische mit hohen Parteifunktionären, Geheimdienstagenten, Bespitzelung, Bestechung, Mißtrauen und Angst. Der Luxus und die Freiheit führen die Krim-Bewohner zu Selbstzufriedenheit, geistiger Verarmung und moralischer Verflachung.

Im Zentrum der Handlung steht der als eine Art Superman gezeichnete, dekadente Playboy mit James-Bond-Zügen Andrej Lučnikov, Herausgeber der Zeitung »Russischer Kurier« und Gründer der Partei UGS (»*Union des Gemeinsamen Schicksals*«). Als Vertreter der von Nostalgie und Heimweh geplagten »*dritten Generation*« setzt sich Lučnikov für die Wiedervereinigung mit der Sowjetunion ein. Die Anhänger der ultrarechten Gegenpartei, Jaki genannt, vertreten nationalistische und separatistische Ideen und versuchen mit allen Mitteln des Terrors die Verhinderung des Anschlusses. Um den Protagonisten Lučnikov gruppiert Aksënov Figuren, die mit Hilfe von Klischees aus der Trivialliteratur karikiert werden, wie die unwiderstehliche Moskauer Spitzensportlerin Tat'jana Lunina, der Dissident Vitalij Gangut oder der sowjetische Krim-Apparatschik Marlen Kusenkov. Nach der erfolgreichen Abwehr aller oppositionellen Gegenströmungen offeriert Lučnikov der Kremlführung den Anschluß der Krim an die Sowjetunion unter der Bedingung, daß diese Annexion allmählich und gewaltlos vollzogen werde. Die Sowjetregierung geht zum Schein auf diesen Vorschlag ein und beginnt unter dem Kennwort »*Feiertag Frühling*« die gewaltsame Eroberung, bei der alle Widersacher liquidiert werden.

Aksënovs Romane sind allgemein locker strukturiert. Die ebenfalls in diesem Werk wenig straff entwickelte Handlung spielt an mehreren Schauplätzen – neben der Krim u. a. in Moskau und Paris – und auf mehreren Ebenen. Der Reiz des Romans liegt in einzelnen Episoden mit einer Fülle von Intrigen, Verwicklungen und Anspielungen, im sprachlichen Spiel und in der amüsant-grotesken, bisweilen überzogenen Darbietung des realen politischen Geschehens als irreale Phantasmagorie.

Ostrov Krym ist eine Parabel über das Verhältnis zwischen den beiden ideologisch divergierenden Weltmächten und über die unterschiedlichen Lebensverhältnisse: im Westen der allmähliche moralische Zersetzung und der Ausverkauf der Freiheit mit der »*fast masochistischen Neigung*« (E. Wollfheim), sich in die Arme des diktatorischen Systems treiben zu lassen; im Osten der expansive Machthunger, die Unterdrückung von Individualität und Andersdenken. Prägnant-nüchtern und humorvoll zeichnet der Leiter einer Jazzband ein authentisches Bild der Sowjetunion: »*Wir machen antisowjetische Musik. Die Ausländer kommen in Scharen angetanzt, wir blasen ihnen, sozusagen, ein, wir hätten den Himmel auf Erden, die absolute Freiheit.*« Diese lakonische Aussage ist symptomatisch für viele ähnliche präzise Formulierungen über die sowjetischen Zustände.

Aksënov wagt sich in diesem Roman an politische, philosophische, menschliche und soziale Fragen heran, die besonders Ende der siebziger und Anfang der achtziger Jahre aktuell waren, wobei er die Probleme sowjetischer Emigranten im Ausland und deren Verhältnis zur Heimat genauer beleuchtet. Bei der Umsetzung in ein künstlerisches Werk ist jedoch eine Diskrepanz zwischen Idee und deren Realisierung spürbar. Der Autor steht bisweilen in der Gefahr der Übertreibung, Verflachung und Oberflächlichkeit. Eine deutlich spürbare nihilistische Haltung, die der Idealist Aksënov in dieses Werk einbringt, gewinnt häufig eine verstärkte, ja störende Gewichtung. Jedoch ist dieser Roman »*ein Stück flott geschriebener Unterhaltungsliteratur*« (Th. Rothschild), »*eine Mischung aus Politsatire, Politthriller und tragikomischer Groteske*« (E. Wolffheim). W.Schr.

AUSGABE: Ann Arbor 1981.

ÜBERSETZUNG: *Die Insel Krim*, M. Milack-Verheyden, Ffm./Bln. 1986.

LITERATUR: Ju. Malzew, *Freie russische Literatur 1955–1980*, Ffm. u. a. 1981, S. 316–318. – V. Tarsis, *Spelunke mit Filzvorhängen* (in ZeitBild, 23, 1982, Nr. 18, S. 10–11). – W. Kasack, *Russische Gegenwartsliteratur in Übersetzungen des Jahres 1986* (in Osteuropa, 1987, 12, S. 925). – Ders., *Wenn die Krim zum Westen gehörte...* (in Die Welt, 24. 5. 1986). – Th. Rothschild, *Rußlands Taiwan* (in Frankfurter Rundschau, 14. 6. 1986). – E. Wolffheim, *Vom Ausverkauf der Freiheit* (in NZZ, 16. 7. 1986).

OŽOG

(russ.; *Ü: Gebrannt*). »Roman in drei Teilen. Die späten sechziger und frühen siebziger Jahre« von Vasilij P. AKSËNOV, erschienen 1980. – Der heute in den USA lebende Schriftsteller entwirft in seinem reifsten und vielschichtigsten, zuerst auf italienisch erschienenen Roman, an dem er sechs Jahre (1969–1975) arbeitete, ein chronikartiges Bild der sowjetischen Gesellschaft vom Ende der poststalinistischen Tauwetterperiode bis zum »Prager Frühling«. Der satirische, dreiteilige Montageroman, der mit den Prinzipien des sozialistischen Realismus bricht, spiegelt ein »*assoziativ verknüpftes, phantastisch-realistisch-impressionistisch-surrealistisches Zeitmosaik einer Generation der allen staatlichen Anstrengungen zum Trotz zu selbständigem Denken herangewachsenen Intelligenz*« (W. Kasack) wider. Aksënov beschreibt in achronischer Erzählweise und auf verschiedenen Zeitebenen angeordneten Episoden das Schicksal von fünf »*gebrannten*« Vertretern der Moskauer Intelligenzija, die nicht nur durch gleiche Obsessionen und Erinnerungen, sondern auch durch den identischen Vatersnamen Apollinarevič verbunden sind; hier spielt Aksënov auf den griechischen Gott Apoll an, aber gleichzeitig auf den französischen Dichter APOLLINAIRE, den geistigen Vater des literarischen

Surrealismus. Die fünf Protagonisten, den Saxophonisten Samson A. Sabler, den Bildhauer Radij A. Chvastiščev, den mit autobiographischen Merkmalen versehenen Schriftsteller Pantelej A. Pantelej, den Physiker Aristarch A. Kunicer und den Arzt Gennadij A. Malkolmov, verbindet trotz verschiedener Lebensgewohnheiten viel Gemeinsames: der amerikanische Freund Thunderjet, dieselbe Geliebte Alisa, das hemmungslose Säufer- und Erotomanentum, die nihilistische Lebensgier und die ähnliche Vergangenheit in der Verbannung. In grotesker Verzerrung skizziert Aksënov Wirklichkeits- und Erinnerungsfragmente aus der Chruščëv- zur Brežnev-Zeit. Im Querschnitt des sowjetischen Lebens führt der Autor in die KGB-infiltrierte Moskauer Halb- und Unterwelt, ins Dissidentenmilieu und in die Polit- und Kulturszene.

Die Stoffbreite, die Aufhebung von Raum- und Zeitprinzipien, verschiedene Stilebenen, besonders der hyperbolische Stil, Polyperspektivität, provozierende und obszöne, für den westlichen Leser bisweilen schwerverständliche Anspielungen, erschweren die Lektüre dieser komplex-chaotischen »*totalen Satire*« mit ihrem »*irritierenden epischen Flimmern und Flackern*« (H. v. Ssachno). Der verwirrende Erzählstil reflektiert symbolisch die Gesamtheit der sowjetischen Lebensumstände jener Zeit, die der Autor als »*Karneval*« charakterisiert und ironisch analysiert. Aksënov verzerrt grotesk das Bild des sowjetischen Einmarsches in die ČSSR von 1968, indem er einen nach Prag befohlenen sowjetischen Panzer sich verfahren und zwischen Urlaubsfahrzeugen auf italienischen Straßen rollen läßt oder indem er Nikita Chruščëv in der Figur Kukita Kusevič (von: *kusat'* – beißen, brennen) karikiert. Auch reale Personen treten in Aksënovs Monumentalwerk auf: die Literaten Okudžava, Evtušenko, Vysockij sowie dessen Ehefrau, die Schauspielerin Marina Vlady, die Theaterregisseure Efros, Evremov, Tovstonogov, die Dissidenten Sacharov, Sinjavskij oder Aksënovs literarische Vorbilder Zoščenko, Bulgakov, Majakovskij und Hemingway.

Aksënovs Intellektuelle sind zunächst »*gebrannt*« von den traumatischen Jugenderlebnissen während der Stalinzeit, zuletzt von der sowjetischen Okkupation der ČSSR. Die Verzweiflung treibt sie in die Scheinfreiheit von Alkoholismus und hemmungslosen Ausschweifungen. Die Inkarnation dieser »lost generation« ist Tolja von Steinbock, der Sohn einer »Volksfeindin«, die als Verbannte in einem Zwangsarbeitslager in Magadan lebt. Hinter dem als Ich-Erzähler fungierenden Jungen, der wiederholt in die Rolle der fünf Hauptfiguren schlüpft, ahnt man Aksënov, den Sohn von Evgenija Ginzburg, deren Aufzeichnungen *Krutoj marsrut* (dt.: *Gratwanderung*) ein authentisches Lagerwelt-Zeugnis liefern. Aus der Sicht des 16jährigen Tolja, der als »*fertiger Sklave in einer versklavten Welt*« freiwillig zu seiner Mutter in die Eiswüste geht, zeichnet Aksënov die ersten alptraumhaften Erfahrungen des »*Gebranntseins*«, die in der Gestalt des brutalen GuLag-Sadisten Čepcov, der Symbolfigur des Stalin-Terrors, ihren Höhepunkt finden. Zum erstenmal läßt sich in Aksënovs Werk eine religiöse Dimension ausmachen. In einem Gespräch über Gott zwischen Pantelej und dem katholischen Priester Alexander Jurčenko, einem ehemaligen GuLag-Häftling, spiegelt sich Aksënovs Suche nach einer metaphysischen Sinngebung, die er das »*dritte Modell*« nennt.

Aksënovs Chronik-Roman ist ein »*kakophonisches Gemisch aus Prosa und Lyrik, Volkssprache und Parteijargon, dem Geplapper der Schickeria, pornographischen Blütenlesen und alkoholischem Gestammel*« (H. v. Ssachno). In dem Panorama über das sowjetische Leben, in dem Groteskes und Märchen, Symbolismus und Realismus, philosophische Reflexion und Bewußtseinsstrom aufeinandertreffen, schildert Aksënov die Atmosphäre der Verzweiflung seiner Generation über die verlorenen Hoffnungen der »Tauwetter«-Ära und zeichnet, satirisch verfremdet, die Auflehnung gegen die totalitäre Macht, die jegliches geistiges Leben unterdrückt. In der Sowjetunion durfte das Werk bisher nie erscheinen; im Westen stieß es auf große Zustimmung. W.Schr.

Ausgaben: Ann Arbor 1980. – Ffm. 1981.

Übersetzungen: *L'Ustione*, G. Buttafava u. S. Rapetti, Mailand 1980. – *Gebrannt*, L. Ujvary u. U. Spengler, Bln. u. a. 1983.

Literatur: W. Kasack, *A.s Brandmal* (in NZZ, 11. 7. 1980). – Ders., *Der Schriftsteller W. A. im Westen* (in Die Welt, 26. 7. 1980). – Ju. Malzew, *Freie russische Literatur 1955–1980*, Ffm. u. a. 1981, S. 313–316. – W. Kasack, *Ironie, die Zuflucht des Verzweifelten* (in Die Welt, 10. 12. 1983). – H. v. Ssachno, *Ohrenbetäubende Stille über Moskau* (in Der Spiegel, 16. 4. 1984, S. 232–234). – I. Rakusa, *Phantastisches Epochenkaleidoskop* (in NZZ, 4. 5. 1984). – G. Leech-Anspach, *Aggression aus Verzweiflung* (in Tagesspiegel, 8. 7. 1984). – W. Smith, *V. A.* (in Publisher's Weekly, 31. 8. 1984). – D. Sexton, Rez. (in Sunday Times, 21. 10. 1984).

PORA, MOJ DRUG, PORA

(russ.; *Ü: Es ist Zeit, mein Freund, es ist Zeit*). Roman von Vasilij P. Aksënov, erschienen 1964. – Held des Romans ist der junge sowjetische Intellektuelle Valentin Marvič, der sich früh von seinem Elternhaus losgesagt hat, um nach seinen eigenen Vorstellungen zu leben. Die Ehe, die er voreilig mit der gleichaltrigen Tanja schließt, erweist sich rasch als beider Unglück. Valentin reicht die Scheidung ein. Nach Jahren eines unruhigen Wanderlebens – die Scheidung ist noch nicht ausgesprochen – begegnet er erneut Tanja, die zum Filmstar avanciert ist und in Reval einen Film dreht. Beide verlieben sich ein zweites Mal ineinander, doch weist Tanja als allseits umworbene Schauspielerin den Gedanken an ein gemeinsames Eheleben weit von sich. Sie wolle nicht verbürgerlichen, doch könne man sich von Zeit zu Zeit lieben. So trennt sich Marvič ein weiteres Mal von Tanja, diesmal, wie er meint, für immer. Beide jedoch können ihre Liebe zueinander nicht vergessen. Am Ende des Romans kehrt Tanja zu Valentin zurück – auf Zeit, wie sie sagt. Sie beschließen ein Zusammenleben, das beiden ihre Unabhängigkeit beläßt. Tanja wird weiterhin an verschiedenen Orten filmen, Valentin auf seine Großbaustelle in Sibirien zurückkehren. Obgleich er mit seinen literarischen Versuchen in einer führenden Literaturzeitschrift Erfolg hat und man ihn als Drehbuchautor verpflichten will, bleibt Marvič Traktorist auf seinem »Objekt«, wo er seinen Platz im Leben gefunden hat.

Gemeinsam mit seinem Helden Marvič ist Aksënov in dem Roman über die jugendliche Form der Auflehnung gegen die Routine des sowjetischen Alltags hinausgewachsen. Zwar taucht noch einmal ein Held nach dem Vorbild SALINGERS auf, doch spielt er – in Gestalt eines blassen Jünglings – nur noch die Rolle einer komischen Randfigur ohne Perspektive und ohne Einfluß auf den Ablauf der Dinge. Aksënovs Roman markiert einen Wendepunkt im Leben seiner Generation: Die »Dreißigjährigen« suchen einen Weg zur Ruhe, zum Ausgleich mit der bestehenden Gesellschaft, ohne sich den Vorwurf opportunistischer Anpassung einhandeln zu müssen. »*Es ist Zeit, mein Freund, Zeit, um Ruhe fleht das Herz*«, heißt es mit den Worten eines Puškin-Gedichts gegen Ende des Romans. Die nicht resignierte, doch wehmütige Einsicht erscheint als Leitmotiv hinter der weitausgreifenden Handlung und klingt nicht zuletzt auch in der Sprache des Romans mit, die bei aller Lässigkeit des Umgangsjargons die Stimmung des Abschieds von der Zeit des jugendlichen Protests nicht zu verbergen vermag. M.Gru.

AUSGABE: Moskau 1964.

ÜBERSETZUNGEN: *Das Jahr der Scheidung*, N. Drechsler, Bln. 1966. – *Es ist Zeit, mein Freund, es ist Zeit*, I. Tinzmann, Stg. 1967.

ZATOVARENNAJA BOČKOTARA

(russ.; Ü: *Defizitposten Faßleergut. Novelle mit Übertreibungen und Traumgesichten*). Erzählung von Vasilij P. AKSËNOV, erschienen 1968. – Ab 1965 bezieht Aksënov in die realistische Erzählschicht verstärkt das Irreale, Groteske, Absurde und Surreale ein und distanziert sich durch das inhaltliche, sprachliche und formale Experiment von der sowjetischen Wirklichkeit. *Zatovarennaja Bočkotara* ist eine der ersten und brillantesten, slanggetragenen Satiren in Aksënovs zweiter Schaffensphase.

Ein Posten leerer Fässer wird auf einem Lkw ins Depot der Kreisstadt Korjašk befördert. Der Fahrer Volodja Teleskopov – Aksënovs symbolhafte Namengebung erinnert an GOGOL' und BELYJ – ist »*eine typische Aksjonowsche Kodderschnauze mit dem Herzen auf dem rechten Fleck*« (H. v. Ssachno), der sich »schwarz« ein wenig Geld dazuverdient, indem er in jedes Faß einen Fahrgast setzt. Es sind insgesamt fünf satirisch gezeichnete Figuren verschiedenen Alters und Geschlechts: der einzige sowjetische Spezialist für das lateinamerikanische Phantasieland Hullygullien, Vadim Afanas'evič Drožžinin; der nörgelnde Querulant und professionelle Denunziant Ivan Motčenkin, der eine Anzeige gegen die ihrer Sinne nicht mehr mächtige Geographielehrerin Irina Valentinovna Selezneva aufzusetzen beginnt; Irina, die eine Reise auf die Krim plant, auf der Suche nach einem Ehemann ist und in dem auf Urlaub weilenden Matrosen Gleb Šustikov einen willkommenen Liebhaber findet; und schließlich die progressive Stepanida Efimovna, die ein wissenschaftliches Institut mit verschiedenen Insekten beliefert und nun nach einem seltenen Käfer forscht.

Auf der langen Fahrt zum Zielort rast Teleskopovs Lkw – wie einst Gogols Trojka – durch das archaisch-schläfrige, angeblich fortschrittliche Land. Die Fahrgäste hocken wie in Klosterzellen in ihren Fässern, finden sich zu einer Gemeinschaft zusammen, unterhalten sich miteinander und träumen. Jede der von Aksënov allegorisch gestalteten Figuren erzählt von ihrem Schicksal; jede Erzählung ist ein Ausschnitt aus Beruf, Charakter, Zeitgeschichte und setzt eine literarische Tradition fort: In sprachlicher Stilisierung parodiert Aksënov BULGAKOV, GOGOL', IL'F-PETROV, LESKOV, OLEŠA, ZOŠČENKO, ČECHOV und nicht zuletzt sich selbst. Als der Lkw in der Kreisstadt ankommt, beschließen die Passagiere, zusammenzubleiben. Auf mysteriöse Weise sind sie zu einer Einheit geworden: Jeder hat sich in seinem Faß selbst zu erkennen und von seinem selbstbeschränkten Horizont zu befreien begonnen und möchte weiterfahren, weiterträumen und nicht auf dem Müll enden. Anstatt die unnütz gewordenen Fässer als Schrott abzuladen, lädt Volodja die Fässer wieder auf und fährt mit den Fahrgästen weiter – ins unbekannte Land der Verheißung, wo sie »*der heitere, ruhige und gute Mensch*« erwartet.

Die künstlerische Qualität der handlungsarmen, als Allegorie angelegten Erzählung einer gelungenen »*Mischung aus Vision und Reportage, Idylle und Parodieren der Idylle*« (H. v. Ssachno) liegt im Spiel mit dem sprachlichen Experiment. In einer komplizierten, fast unübersetzbaren Mischung von wissenschaftlicher Terminologie, dörflichem Idiom, Parteijargon, Kirchenslavismen, Vulgarismen, Neologismen, Slang, Hyperbeln, Metaphern und Wortverschmelzungen schafft Aksënov eine originelle, verzerrt-groteske, stilisierte Kunstsprache, die die Tradition der gogolschen Diktion fortsetzt, den Einfluß der literarischen Avantgarde der zwanziger Jahre, vor allem Belyjs, Olešas und Zoščenkos, spüren läßt und den sozialistischen Sprachhabitus *ad absurdum* führt.

In dieser Erzählung zeigt sich Aksënovs Begabung für mehrschichtige Aussagen, die besonders in den späteren Romanen *Ožog*, 1980 *(Gebrannt)*, und *Ostrov Krym*, 1981 *(Die Insel Krim)*, zur Perfektion geführt werden. Mit Hilfe bestimmter Kunstgriffe wie Verzerrung, schöpferische Deformierung, Auflösung von Inhalt und Form als literarische Bestimmungskategorien sowie durch Abweichung vom geläufigen Sprachgebrauch, der vorherrschenden künstlerischen Norm und der konventionellen Wirklichkeitsdarstellung des sozialistischen Realismus nimmt Aksënov das von den russischen Formalisten entwickelte Kunstmittel der Verfremdung auf und markiert eine Wende zu einer neuen, künstlerisch-originellen Erzählweise, wie sie u. a. auch Vl. Nabokov und Saša Sokolov schufen.

W.Schr.

AUSGABEN: Moskau 1968 (in Junost', 3). – NY 1980.

ÜBERSETZUNG: *Defizitposten Faßleergut. Novelle mit Übertreibungen und Traumgesichten*, T. Reschke, Mchn. 1975. – Dass., ders., Mchn. 1985.

LITERATUR: D. Brown, *V. A. at 33* (in Triquarterly, 1965, Nr. 3, S. 75–83). – I. Solov'eva, *S preuveličenijami i snovidenijami* (in Literaturnaja gazeta, 1. 5. 1968, S. 6). – H. v. Ssachno, *Die pubertären Rebellen sind vergessen* (in SZ, 8. 5. 1968). – A. Elkin, *O »chorošem čeloveke« i Zatovarennoj bočkotare* (in Večernjaja Moskva, 1. 8. 1968, S. 3). – V. Lokonov, *Posleslovie k obsuždeniju* (in Učitel'skaja gazeta, 21. 9. 1968, S. 4). – V. Vladin, *Zabočkotarennyj tovar* (in Literaturnaja gazeta, 2. 10. 1968, S. 6). – A. Elkin, *Pered kem snimet sljapu Šekspir* (in Moskva, 1968, 10, S. 190–210). – S. Rassadin, *Šestero v kuzove, ne sčitaja bočkotara* (in Voprosy literatury, 1968, 10, S. 93–115). – P. Meyer, *A. and Soviet Prose of the 1960's* (in Russian Literature Triquarterly, 1973, Nr. 6, S. 447–460). – P. Vajl u. A. Genis, *Randevu s bočkotaroj* (in V. A., *Zatovarennaja bočkotara*, NY 1980, S. 5–8). – W. Kasack, *Russische Gegenwartsliteratur in Übersetzungen des Jahres 1985* (in Osteuropa, 1986, 12, S. 1001).

ZVËZDNYJ BILET

(russ.; *Ü: Fahrkarte zu den Sternen*). Roman von Vasilij P. Aksënov, erschienen 1961. – Die »Sternenfahrkarte« ist das kleine Stückchen Himmel, welches man, weit aus dem Zimmerfenster der Brüder Denisov gelehnt, von dem altehrwürdigen Moskauer Mietshaus mit dem poetischen, vorrevolutionären Namen »Barcelona« aus zu sehen bekommt. Das blaue Rechteck, in dem die Sterne wie die Löcher einer Eisenbahnfahrkarte erscheinen, ist das Sinnbild des stetig emporführenden Lebens des älteren Denisov, des achtundzwanzigjährigen Viktor, der als wissenschaftlicher Assistent an der Entwicklung eines geheimen sowjetischen Raumfahrtprojektes mitarbeitet. Als Symbol der sowjetischen Kosmonautik steht es zugleich für die Bewältigung der materiellen Natur durch die organisierten menschlichen und technischen Kräfte der sozialistischen Gesellschaft. Viktor ist der Vertreter der »mittleren« Generation der Sowjetunion, deren erwachsenes Leben mit dem Ende der Stalinzeit begann. Mit dem Abschluß seiner Dissertation steht ihm eine glänzende wissenschaftliche Laufbahn bevor. Der Verteidigung seiner Arbeit, in der er nichts als die Ausführung einer fremden Idee erblickt, zieht er jedoch die Veröffentlichung eines eigenen, die Theorien einflußreicher Wissenschaftler in Frage stellenden Versuches vor. Trotz etlicher verletzter Eitelkeiten findet das eigenwillige Vorgehen des fähigen Wissenschaftlers Anerkennung. Seine berufliche Zukunft hat mit dieser vielversprechenden Arbeit begonnen.

Viktor und seine Welt sind gleichsam der ruhende Pol des Werks. Sie bilden den unbewegten Hintergrund, auf dem sich der eigentliche Gegenstand des Romans um so bunter und bewegter abhebt: das Leben der nächsten, der *»vierten Generation«* nach der Oktoberrevolution, der die Errichtung der sozialistischen Gesellschaft nicht mehr den kämpferischen Einsatz zur Sicherung des Erreichten, sondern die auf unverrückbaren Fundamenten aufbauende Fortentwicklung des Bestehenden bedeutet, einer Generation, die man ihrer kritisch-fordernden Haltung zur Wirklichkeit der Sowjetgesellschaft wegen in Anspielung auf die demokratische Publizistik des 19.Jh.s die Generation der »Sechziger« genannt hat. Sie wird verkörpert durch die vierköpfige Bande Moskauer Oberschüler, deren Haupt Viktors achtzehnjähriger Bruder Dimka ist. Dimka, Jurka, Alik und ihre hübsche Freundin Galka sind aus anderem Holz geschnitzt als der besonnene, zielbewußte Viktor. In ihrem Leben gibt es keine a priori gültigen Wahrheiten und keine ungeprüft anerkannten gesellschaftlichen Verpflichtungen. Maßstab ihrer Entscheidungen ist das individuelle Bedürfnis. Nach der auffallendsten Mode gekleidet, begeistert für Jazz und Rock 'n' Roll, allen Konventionen auch der sozialistischen Gesellschaft hohnsprechend, suchen diese Jugendlichen den von Gesellschaft und Elternhaus getroffenen Vorentscheidungen über ihr Schicksal zu entkommen. Der eintönigen, fortwährend neue Grenzen errichtenden Umgebung von Schule und Elternhaus überdrüssig, beschließen sie, ihren Weg auf eigene Faust und ohne Wissen der Erwachsenen zu suchen. Spärlich mit Geld versehen, brechen sie an die baltische Küste auf, um sich durch Gelegenheitsarbeiten über Wasser zu halten und die neugewonnene Freiheit bis zur Neige auszukosten. Nach einer Fülle widersprüchlicher Zwischenstationen, deren einschneidendste die erwachende Liebe Galkas und Dimkas, Galkas Verrat und ihr Verhältnis zu einem alternden Schauspieler ist, finden sich die Helden in der ernüchternden Situation, da der Geldbeutel leer und der erste Enthusiasmus mit anhaltend hungrigem Magen verflogen ist. Mit der Notwendigkeit zu arbeiten beginnt der eigenwillige, aber stetige Prozeß der Eingliederung der Rebellen in die Normen der sozialistischen Gesellschaft. In der solidarischen Gemeinschaft der Werktätigen eines Fischerei-Kolchos lernen sie, ein kritisches Verhältnis zu ihren eigenen Fähigkeiten und Neigungen zu entwickeln. Jurka entschließt sich, als Dreherlehrling in einer Fabrik in Reval zu arbeiten, Alik vervollkommnet seine Kenntnisse an einem Literaturinstitut. Lediglich Dimka kann sich über seine Zukunft nicht schlüssig werden, doch läßt der Roman über die positive Entwicklung auch seines Lebens keinen Zweifel: Dimka gewinnt Galka zurück, die, von ihrem Schauspieler verlassen, in seinem Kolchos als Einsalzerin Dienst tut. Nach dem Unfalltod des Bruders entdeckt er das Sinnbild von Viktors Leben, die »Sternenfahrkarte« über dem soeben abgerissenen »Barcelona«, als Leitmotiv der eigenen Zukunft.

Der Reiz des Romans liegt in der souveränen Meisterschaft, mit der der Autor – möglicherweise von SALINGER beeinflußt – in die Welt der *»vierten Generation«* der Sowjetunion, ihre Voraussetzungen, ihren Charakter und ihre Perspektiven, eingedrungen ist. Die Vertrautheit mit dem Gegenstand findet ihren formalen Niederschlag in der Diktion des Werks, dem lakonischen, spöttisch-sensiblen, mit formelhaften Ausdrucksschemata häufig westlichen Ursprungs durchsetzten Jargon der handelnden Personen, welche die vier Kapitel des Romans aus wechselnder Perspektive erzählen. Aksënovs Roman, der bei seinem Erscheinen auf begeisterte Zustimmung wie auf helle Empörung traf, macht kein Hehl aus seiner Sympathie für die Gedankenwelt seiner Helden. Er sieht in ihrer Existenz keine Auflösungserscheinung der sozialistischen Gesellschaft, sondern eine durch den Grad ihrer Konsolidierung bedingte Erscheinung. Er begrüßt die bewußte Eigenständigkeit der jungen Menschen, ihre kritische Prüfung des Bestehenden, und betont, daß eben die Eigenschaften, die sie zur Rebellion veranlassen, sie zu ihrem persönlichen Beitrag zur Entwicklung der sozialistischen Gesellschaft befähigen. C.K.

AUSGABEN: Moskau 1961 (in Junost', 7, Nr. 6/7). – Aarhus 1970.

ÜBERSETZUNG: *Fahrkarte zu den Sternen*, W. Löser, Köln o. J. [1962].

LITERATUR: J. Bondarëv, Rez. (in Literaturnaja gazeta, 29. 7. 1961). – A. Jëlkin, Rez. (in Molodaja gvardija, 1961, Nr. 10). – L. Lazarev, Rez. (in Voprosy literatury, 1961, Nr. 9). – S. P. Pavlov, Rez. (in Literatura i žizn', 29. 12. 1961). – G. Radov, Rez. (in Literaturnaja gazeta, 16. 11. 1961). – R. Śliwowski, Rez. (in Przegląd kulturalny, 19. 4. 1961). – L. Sobolev, Rez. (in Literatura i žizn', 24. 12. 1961). – L. Anninskij, Rez. (in Literaturnaja gazeta, 19. 4. 1962).

JĀNIS AKURĀTERS

* 13.1.1876 Dignāja
† 25.7.1937 Riga

LITERATUR ZUM AUTOR:
A. Dravnieks, *Latv. lit. vēsture*, Göppingen 1946. – J. Kadilis, *Rakstnieki un grāmatas*, Esslingen 1949. – Z. Mauriņa, *Latviešu esejas*, Västeras 1953. – *Latviešu literaturas vēsture*, Bd. 4, Riga 1957, S. 291–306. – E. Blese, *Storia della letterature lettone* (in G. Devoto, *Storia delle letterature baltiche*, Mailand 1957). – J. Jansons-Brauns, *Literatūra un laikmets*, Riga 1972, S. 229–232.

DEGOŠĀ SALA

(lett.; *Die brennende Insel*). Novelle von Jānis AKURĀTERS, erschienen 1912. – Nach zwanzigjähriger Abwesenheit kehrt Smailis Zimza, der Held der Erzählung, für wenige Tage in seinen Heimatort zurück. Zufällig findet er in seinem ehemaligen Vaterhaus ein altes Märchenbuch, das er als Kind geschenkt bekam. Er liest es noch einmal, und jedes dieser Märchen weckt in seiner Erinnerung Bilder und Erlebnisse aus seiner Kindheit. Seine Liebe zu dem Mädchen Rūtina wird ihm wieder gegenwärtig, die schon während ihrer gemeinsamen Schulzeit ihren Anfang genommen hatte und ihr Ende fand, als Rūtina einen anderen Mann heiratete. Jetzt erscheint sie ihm wieder wie einst, als sie seiner Erzählung von der verzauberten Königstochter lauschte: *»Auf dem See schwimmt ihr Geist, verzaubert in einen weißen Vogel. Man braucht nur das erlösende Wort zu rufen, und sie wird sich in einen Menschen verwandeln.«* Dieses erlösende Wort fand Zimza nicht. Ihm blieb nur die Erinnerung an seine Liebe und eine Johannisnacht, die er mit Rūtina zusammen erlebte: Träumend sieht er jetzt noch einmal, wie die *»brennende Insel«*, das auf einem Floß lodernde Sonnwendfeuer, über den See treibt – Symbol für die Träume seiner Kindheit und seiner Jugendliebe. Vor der Abreise begegnet Zimza einigen seiner früheren Schulfreunde, doch keiner erkennt ihn wieder. Im nüchternen Alltag des Lebens haben sie ihn wie auch die *»brennende Insel«* vergessen: *»Das Tor zum Land der Sagen ist zugefallen, und der Alltag legt sich als Rost um die fest verschlossenen Eisen.«*

Traum und Wirklichkeit, Vergangenheit und Gegenwart sind in dieser neoromantisch-symbolistischen Novelle dicht miteinander verwoben. Dinge und Namen verwandeln sich in symbolische Zeichen, wie etwa der Name des Helden, »Zimza«, in dem sich das Glänzen der Sterne verbirgt, die *»wandern wie in Urzeiten«*. Wie in *Kalpa zēna vasara*, 1908 (*Der Sommer eines jungen Landstreichers*), besticht auch in dieser Erzählung Akurāters' impressionistisch bildhafte Darstellungsweise. Die Melodik geht so weit, daß ganze Passagen in rhythmische Prosa übergehen. Auffallend tritt in *Degosā sala* das für den Autor charakteristische Nebeneinander von Unrast und Resignation in Erscheinung, das auch als Ausdruck der Lebenshaltung des von der Gegenwart enttäuschten, seines politischen Engagements wegen verfolgten Revolutionärs (Akurāters wurde nach der Revolution von 1905 verhaftet und mußte schließlich ins Exil gehen) gedeutet werden kann, der sich in romantischer Sehnsucht nach einer besseren Welt der Wirklichkeit entzieht und sich in das Land seiner Kindheit zurückversetzt.

Vor allem aber ist der Symbolgehalt der Novelle auf einer allgemein menschlichen Ebene angesiedelt. Jugend und Liebe in ihrer Vergänglichkeit erscheinen in einem verklärten Lichte, werden in den eindrucksvollen symbolischen Bildern zu ewigen Werten und einem unveräußerlichen Besitz, obwohl sie im Leben dem grauen Alltag unterliegen.

A.Schm.

AUSGABEN: Riga 1912. – Riga 1921–1925 (in *Kopoti raksti*, 12 Bde.). – Augsburg 1946 (in *Kalpa zēna vasara* u. a.). – Eutin 1951. – Riga 1971.

LITERATUR: V. Knoriņš, *Literatūrkritiskie raksti*, Riga 1960, S. 267–269. – A. Upīts, *Kopoti raksti*, Bd. 17, Riga 1951, S. 49–52. – V. Labrence, *Stāsts par pirmo mīlestību*, o. O. 1970, Nr. 3, S. 23–24.

AKUTAGAWA RYŪNOSUKE

* 1.3.1892 Tokio
† 24.7.1927 Tokio

LITERATUR ZUM AUTOR:
S. Yoshida, *A. R.*, Tokio 1942; ²1958. – B. Yu, *A. R. An Introduction*, Detroit 1972. – D. Keene, *Dawn to the West*, NY 1984, S. 556–593.

HŌKYŌNIN NO SHI

(jap.; *Tod einer Christin*). Novelle von AKUTAGAWA RYŪNOSUKE, erschienen 1918. – Der eigentlichen Erzählung folgt ein Anhang pseudophilologischen Charakters, worin ein angeblich bis dahin unbekanntes, vom (tatsächlich bestehenden) »Christlichen Verein von Nagasaki« 1596 herausgegebenes Werk mit dem »lateinisch« klingenden Titel *Regenda ōrea (Legenda aurea)* als Quelle bezeichnet wird. Auch der Hinweis fehlt nicht, daß es sich nicht um die berühmte lateinische Sammlung gleichen Namens handle. Obwohl die Quelle fingiert war, ließ sich das gelehrte Publikum, ja sogar der erwähnte Verein, täuschen, da Akutagawa mit genauen Angaben über Papierart, Schrifttypen, Band- und Seitenzahl aufwartete und den zeitgemäßen Stil virtuos kopierte.

Die Legende, die im Nagasaki des 16.Jh.s unter den frühen Christen Japans ihren Schauplatz findet, führt den Leser sogleich in die Handlung ein: »*Vor einiger Zeit lebte in der Kirche Santa Lucia zu Nagasaki in Japan ein einheimischer Knabe namens Lorenzo.*« Man hat ihn in einer Christnacht in erbarmungswürdigem Zustand an der Kirchenpforte gefunden. Der Pater von Santa Lucia zieht ihn als Mündel der Kirche auf. Sein liebliches, mädchenhaftes Äußere und seine Frömmigkeit machen ihn überall beliebt. Nach drei Jahren jedoch – Lorenzo erreicht das Alter, in dem die japanische Mündigkeitszeremonie *(gempuku)* vollzogen wird – verdächtigt man ihn heimlicher Beziehungen zur Tochter eines christlichen Schirmmachers. Sein anfängliches Leugnen gibt Lorenzo auf, als ein aufgefundener Liebesbrief des Mädchens den Verdacht zu bestätigen scheint. Seine vermeintliche Geliebte wird schwanger, Lorenzo muß Santa Lucia verlassen. Er lebt unter Bettlern, wird verspottet und verfolgt, ohne im Glauben zu wanken. Ein Jahr darauf wird halb Nagasaki von einer Feuersbrunst verheert, vor der auch die Familie des Schirmmachers flieht, ohne sich um das inzwischen geborene Kind zu kümmern. In letzter Minute wird es von Lorenzo gerettet, der dabei sein Leben opfert. Nun gesteht die Mutter, vor dem Pater von Santa Lucia kniend, daß sie Lorenzo aus verschmähter Liebe fälschlich beschuldigt habe. Gleichsam zur Bestätigung zeigen in diesem Augenblick einige Blößen in der Kleidung des Toten, daß er weiblichen Geschlechts ist.

Mit dieser gefühlvollen und außergewöhnlichen Geschichte, deren Milieu – die frühen Christengemeinden in Japan – für den Japaner den Reiz des Exotischen hat, stellte Akutagawa seine enzyklopädische Bildung unter Beweis. Das spätmittelalterliche Sprachkolorit, mit lateinisch-portugiesischen Ausdrücken aus dem christlichen Bereich vermischt, wie auch die einfühlsame Wiedergabe der naiven, zwischen frommer Begeisterung und Haß schwankenden Haltung der Volksmenge machen die Illusion einer authentischen Quelle perfekt. Vermutlich Anatole FRANCE in manchen Zügen verpflichtet, hat Akutagawa 1918 mit einer weiteren christlichen Legende, *Kirishitohoro-shōnin den (Das Leben des heiligen Christophorus)*, ein im Vorderen Orient spielendes Sujet gestaltet.

N.N.

AUSGABEN: Tokio 1918. – Tokio 1953 (in *A. R. Shū*, in Gendai Nihon bungaku zenshū, 26).

ÜBERSETZUNG: *The Martyr*, T. Kojima (in *Rhashōmon and Other Stories*, NY 1952; engl.).

LITERATUR: *Hōkyō jin no Shi* (in *Hihyō to kenkyū A. R.*, Tokio 1972).

KAPPA

(jap.; *Ü: Der Kappa*). Satire von AKUTAGAWA RYŪNOSUKE, erschienen im März 1927 in der Zeitschrift ›Kaizō‹. – Der Patient Nr. 23 einer Irrenanstalt ist von der fixen Idee besessen, sich im Reich der Kappas aufgehalten zu haben. Der *kappa* (wörtlich: »Flußkind«) ist ein dem deutschen Nöck (Neck, Nix) vergleichbarer Wassergeist, der als Geschöpf des Volksglaubens bald Menschen und Tieren nachstellt und sie in sein feuchtes Reich zu ziehen trachtet, bald von Menschen überlistet und gefangen wird. Über diese Wesen und seine Bekanntschaft mit ihnen erzählt Nr. 23 jedem, der sie hören will, die folgende Geschichte:

Auf einer Gebirgswanderung sieht er plötzlich einen Kappa hinter sich, verfolgt ihn bis in ein Bambusdickicht, wo er ihn aus den Augen verliert, selbst kopfüber in tiefe Finsternis stürzt – und sich wiederfindet in einer von Kappas bevölkerten »Unterwelt«, die ihm seltsam vertraut vorkommt. Denn die gewohnten Einrichtungen der menschlichen Zivilisation umgeben ihn, die irdischen gesellschaftlichen Verhältnisse samt ihrer Problematik begegnen ihm auch hier, und mit den Schwierigkeiten humaner Existenz scheint auch der Kappa sich auseinandersetzen zu müssen. Freilich muß sich der Held erst an das Äußere der Kappas gewöhnen: Sie sind ungefähr einen Meter groß, haben auf dem Kopf eine ovale schüsselförmige Höhlung, wechseln ihre Hautfarbe je nach ihrer Umgebung und verschmähen Kleidung – aber *»es versteht sich von selbst«*, daß sie Brille, Zigarettenetui und Brieftasche tragen. Daß jemand, wie es die Menschen zu tun pflegen, seine Blößen bedeckt, findet der Kappa ungeheuer komisch, ja geradezu anstößig. Ebenso reizen ihn die fundamentalen ethischen Begriffe wie »Gerechtigkeit« und »Humanität« zum Lachen. Doch die Umwertung aller menschlichen Werte macht vor dem ästhetischen Kappa-Zirkel halt: Der »selbstverständlich« langhaarige Dichter Tock, mit dem der Gast bald wie mit den meisten prominenten Kappas befreundet ist, fühlt sich als »Über-Kappa«. Sexuelle und soziale Krisen werden – vom »menschlichen« Standpunkt aus gesehen – recht unkonventionell gelöst: erstere, indem etwa das liebeshungrige Weibchen zur Verfolgung des Gegenstands ihrer Begierde ansetzt; letztere – etwa die durch Mechanisierung hervorgerufene Arbeitslosigkeit – mit Hilfe des *»Gesetzes zur Arbeiterschlachtung«*, mit dem Schlachtung und Verzehr der Arbeitslosen dekretiert werden, um den Betroffenen leibliche und seelische Not zu ersparen. (*»Diesen Monat wurden 64 769 Arbeiter entlassen, weshalb der Fleischpreis gesunken ist.«*) Die religiöse Sphäre birgt Monstrositäten anderer Art: Als wichtigste Kappa-Religion fungiert »Quemoocha«, etwa »Vitalismus« (von *quemal*: essen, trinken, geschlechtlich verkehren; und *cha*: »-ismus«); das zugehörige Pantheon vereint Sankt Strindberg mit den Heiligen Nietzsche, Wagner u. a., deren eigentliches Verdienst um den Vitalismus, so lassen die einführenden Worte eines (glaubensschwachen) Priesters schließen, in ihrer Affinität zum Tode zu bestehen scheint.

Die Summe dieser düsteren Aspekte, dazu der Selbstmord des Poeten Tock (dessen Auskünfte aus dem Totenreich im »Journal der Gesellschaft für Parapsychologie, Nr. 8274« publiziert werden), verleiden schließlich dem oberirdischen Gast den Aufenthalt und lassen ihn den Ausweg, die Einfahrt von einst, suchen. Nach der Flucht gewöhnt er sich nur schwer an menschliche Umgebung, und schon nach einem Jahr, als eine »Unternehmung« fehlschlägt, rührt sich die Sehnsucht nach den absurden Geistern des Wassers. Doch die Rückkehr wird verhindert durch seine Einlieferung in die Heilanstalt. Hier empfängt er regelmäßig Besuche von Kappas, die ihm durch Kanäle und Wasserleitungen zuschwimmen. – Diese alptraumhafte Vision als Zerrbild der menschlichen Gesellschaft, als Bloßstellung verborgener Lüste, als Entlarvung der Willkür menschlicher Konventionen unterscheidet sich von der Wirklichkeit hauptsächlich darin, daß aus identischen Grundsituationen die garstigsten und skurrilsten Konsequenzen entwickelt werden. Bei alledem ist der Kappa-Staat verruchter, aber innerlich wahrer als der Staat des *homo sapiens*. Darüber hinaus ist ein personaler Bezug nicht zu verkennen. Offensichtlich spiegelt die Utopie die psychische Bedrängnis des Dichters in einer als grotesk, grausam und häßlich empfundenen Umwelt, und Begriffe wie Melancholie, Wahnsinn und Selbstmord dürften wohl als Schlüsselwörter für die Verfassung Akutagawas zu deuten sein, aller distanzierenden Ironie zum Trotz. Freilich mag die Tatsache, daß er in demselben Jahr, in dem *Kappa* erschien, seinem Leben ein Ende setzte, zu einer vorschnellen psychologischen Interpretation verleiten.

Nach eigenem Zeugnis fühlte sich Akutagawa durch SWIFTS *Gulliver* (vgl. auch dessen *Modest Proposal* ...) angeregt. Weiterer Einfluß ist vermutlich VOLTAIRE und vor allem NATSUME SŌSEKI (1867–1916) mit seinem Roman *Wagahai wa neko de aru (Ich bin ein Kater)* zuzuschreiben. W.N.

AUSGABEN: Tokio 1927 (in Kaizō). – Tokio 1930. – Tokio 1953 (in *A. R. shū*; Gendai Nihon bungaku zenshū, 26). – Tokio 1958 (in *A. R. zenshū*).

ÜBERSETZUNGEN: *Der Kappa*, Y. Kōsaka u. W. Roth, Tokio 1934. – *Kappa*, S. Shiojiri, Osaka 1947 [engl.]. – Dass., ders., Tokio 1949. – Dass., G. Bownas, Ldn. 1970 [engl.]. – Dass., J. Berndt (in *Rashomon*, Mchn. 1985).

LITERATUR: Y. Sekiguchi, »*Kappa*« kara »*Seihō no hito*« e. A. bannen no shisō ni tsuite (in Nihon bungaku, 14, 1965).

RASHŌMON

(jap.; *Ü: Rashōmon*). Novelle von AKUTAGAWA RYŪNOSUKE, erschienen 1915 (und 1917 als Titelgeschichte einer Kurzgeschichtensammlung Akutagawas). – Der Autor ließ sich von einer in den *Erzählungen aus alter Zeit* (vgl. *Konjaku monogatari*) überlieferten Volkserzählung des 12.Jh.s inspirieren: *Die Geschichte vom Räuber, der in den Oberstock des Rashōmon stieg und einen Leichnam entdeckte.* Der Ort der Handlung ist das »Rashōmon« genannte Südtor des alten Kioto. Hier lauert eines Abends, dem knappen, etwa ein dutzend Zeilen umfassenden Text der Vorlage zufolge, »*ein Mann aus der Provinz Settsu*« auf eine günstige Gelegenheit zum Stehlen. Um sich vor Passanten zu verbergen, erklimmt er das obere Stockwerk des Torbaus und sieht ein Bild des Grauens: Inmitten eines wirren Haufens von Leibern hockt eine weißhaarige Greisin neben der Leiche einer jungen Frau und reißt ihr das Kopfhaar aus. Der Räuber ermannt sich und geht mit gezücktem Messer auf den vermeintlichen Spuk los – um von der zu Tode erschrockenen Alten zu erfahren, daß sie Perücken herstellt. »*Da raffte der Räuber die Kleider der Toten, die Kleider der Alten und die ausgerauften Haare zusammen*« und suchte das Weite.

Diese trockene, auf die wichtigsten Handlungsmomente beschränkte und eher dürftig pointierte Schilderung verwandelt sich unter der Hand Akutagawas in ein wohldurchdachtes Lehrstück über die Selbsterhaltung. Zeitlicher und lokaler Hintergrund treten hervor; die Figuren gewinnen plastische Wirklichkeit. Der anonyme »Mann aus Settsu« erhält individuelles Gepräge: ein von seinem Herrn verstoßener Diener mit einer »*großen Pustel auf der rechten Wange*«, der in der nacheinander von Erdbeben, Wirbelsturm, Feuer und Hungersnot heimgesuchten Hauptstadt des Reichs vor der Alternative steht, entweder zu rauben oder zu verhungern. Derselben Grenzsituation sieht sich die leichenschändende Alte konfrontiert, und nicht genug damit: Auch die Tote, deren Haare nun zum Lebensunterhalt dienen sollen, hatte in analoger Situation verwerflich, nämlich betrügerisch, gehandelt. Für dieses von der Greisin zur Rechtfertigung vorgebrachte Argument verwendet Akutagawa, wiederum aus dem *Konjaku monogatari*, die Fabel der *Geschichte von der Frau, die in der Wachstation der Schwertjunker Fisch verkaufte* (der nichts anderes war als gedörrtes Schlangenfleisch). »*Ich glaube nicht, daß das, was diese Frau getan hat, böse war*«, entschuldigt die Greisin die Tote, »*denn wenn sie es nicht getan hätte, wäre sie Hungers gestorben ... Darum glaube ich auch nicht, daß das, was ich tue, böse ist.*« Dieses Bekenntnis zur Maxime »Not kennt kein Gebot« ernüchtert den zunächst von der grausigen Dämonie des Orts gepackten Diener – gleichsam Vergeltung übend, wird er an der Alten zum Räuber und macht sich aus dem Staub, abermals ein Adept der unbarmherzigen Moral der Selbsterhaltung.　　　　　　　　　　　N.N.

AUSGABEN: Tokio 1915. – Tokio 1917 (in *Rashōmon*; ²1919). – Tokio 1959 (in Nihon bungaku zenshū, Bd. 22).

ÜBERSETZUNGEN: *Rajomon*, H. Brasch (in Yamoto, 4, 1932, S. 63–70). – *Rashōmon*, T. Kojima (in *Rashōmon and Other Stories*, NY 1952; Einl. H. Hibbett; Ill. M. Kuwata; engl.). – Dass., H. Tsuji u. K. Takahara, Hg. H. J. Meyer, Tübingen 1955. – *Raschomon*, K. Watanebe (in *Japanische Meister der Erzählung*, Bremen 1960). – *Rashōmon*, W. Donat (in *Die fünfstöckige Pagode*, Düsseldorf 1960). – Dass., J. Berndt, Zürich 1966 [Vorw. E. Schnack; Ill. W. Klemke]. – *Rashomon*, Ders. (in *Rashomon. Ausgewählte Kurzprosa*, Mchn. 1985).

VERFILMUNG: Japan 1950 (Regie: A. Kurosawa).

ALAGIYAVANNA MUKAVEṬI

* 1552 Hisvälla / Sri Lanka
† nach 1620 Sri Lanka

SUBHĀṢITAYA

(singhal.; *Das Wohlgesprochene*). »Nīti«-Werk von ALAGIYAVANNA MUKAVEṬI. Der im Dorf Hisvälla in Ceylon als Sohn des Pandit Dharmadhvaja geborene Alagiyavanna erhielt eine ausgezeichnete Erziehung und wurde dann Mukaveṭi (Urkundsbeamter) am Hof des Königs Rājasiṃha I. (reg. 1581–1592). Nachdem dieser einer Kriegsverletzung erlegen und sein Reich dem Herrschaftsgebiet des von den Portugiesen abhängigen Marionettenkönigs Dharmapāla (reg. 1551 bis 1597) einverleibt worden war, trat Alagiyavanna in portugiesische Dienste. Er studierte im Jesuitenkolleg von Colombo, trat zum römisch-katholischen Glauben über und nahm den Namen Don Jeronimo an. Der Glaubenswechsel ist in die Zeit zwischen 1602 und 1612 zu datieren. Don Jeronimo Alagiyavanna, von dem französischen Reisenden Jean Baptiste TAVERNIER (1605–1689) unter dem Namen Alegamma Motiar erwähnt, war damals als Mahā-Mohoṭṭāla (Generalsekretär) mit Arbeiten für ein Landregister beschäftigt. Besonderer Gönner des Dichters war der portugiesische Oberbefehlshaber Constantino de Sa de Noronha (amtierte 1618–1630), dessen Kampf und Sieg über den Rebellen Antonio Barreto im Jahr 1619 Alagiyavanna in dem Gedicht *Kustantinuhaṭana (Der Kampf des Constantino)* feierte.

Die Tradition der indischen Spruch- und Aphorismen-Dichtung hat auch die literarische Überlieferung der Singhalesen beeinflußt. Abgesehen von einigen Sammlungen indischer Sprüche in Sanskrit, die in Ceylon bekannt waren oder sogar dort zusammengestellt wurden, gehören auch einige Werke in singhalesischer Sprache zu den in Ceylon bekannten Texten der »Nīti«-(Weltklugheits- und Lebensregel-)Literatur. Das älteste singhalesische Werk dieser Art ist das *Dahamgätaya (Knoten der*

Lehre), ein kunstvolles lehrhaftes Gedicht eines Unbekannten aus dem 13. Jh., dessen Verse durchweg doppeldeutig sind, d. h. außer im eigentlichen Sinn auch als ganz unwichtige, wo nicht lächerliche oder unpassende Aussagen verstanden werden können. Die drei Werke der singhalesischen Spruchdichtung, die sich die ersten Plätze in der Wertschätzung der Singhalesen erringen konnten, sind *Lōvāḍasaṅgarāva (Zusammenfassung des Werkes der Welt)* von VĪDĀGAMA MAITREYA (15. Jh.), das die Lehren des Buddhismus zum Gegenstand hat, *Lokopakāraya (Hilfe für die Welt)* von RAṆASGALLĒ THERA (vollendet 1799), ein Werk moralischer Unterweisung aus buddhistischem Geiste, und schließlich das *Subhāṣitaya.* Dieses hat im Gegensatz zu den anderen genannten Dichtungen nicht durchwegs die Morallehren der buddhistischen Religion zum Gegenstand. Der Verfasser erklärt es vielmehr als sein Ziel, die von den Weisen in der Vergangenheit in Tamil, Sanskrit und Pāli ausgesprochenen Regeln der Klugheit *(nīti)* den Ungebildeten, die diese Sprachen nicht kennen, zugänglich zu machen. Tatsächlich hat Alagiyavanna Aphorismen aus der Sanskrit-Literatur, in einigen Fällen aus Pāli-Werken sowie auch aus der älteren singhalesischen Literatur neu formuliert. Die hundert Strophen des Gedichts sind ausnahmslos in dem der SanskritMetrik entnommenen Versmaß *samudraghoṣa* abgefaßt; die einzelnen Aphorismen zeigen kein sachliches oder formales Anordnungsprinzip. Das Werk gehört in die aus der Sanskrit-Literatur übernommene Tradition der »Śatakas« (aus »hundert« Strophen bestehende Gedichtsammlungen).

Von Alagiyavannas Werken ist das *Subhāṣitaya* nach Inhalt und Stil das früheste. Das in den Schlußversen enthaltene Datum 1611 ist jedoch unrichtig, und die Strophen 101–106 erweisen sich auch durch ihren Stil als nachträgliche Zusätze. Das zweite Werk, *Sävulsandēśaya (Botschaft des Hahnes),* das in die Gruppe der »Sandeśa«-Dichtungen gehört (vgl. auch Toṭagamuvē Śrī RĀHULA, *Sälaliniṇi-sandeśaya),* ist ebenso wie das *Dahamsoṇḍakava (Kunstgedicht von Dhammasoṇḍaka),* das eine poetische Bearbeitung der ersten Erzählung der *Rasavāhinī* darstellt (vgl. VEDEHA), am Hof des Rājasiṃha verfaßt. Alagiyavannas umfangreichstes Werk ist das *Kusajātakaya* (poetische Bearbeitung des *Kusajātaka* aus der »Jātaka«Sammlung des Pāli-Kanons). Nach der in Ceylon allgemein akzeptierten Tradition wurde diese Dichtung 1610 abgeschlossen; manches spricht freilich für ein früheres Datum. Alagiyavannas letztes Werk, das *Kustantinuhaṭana,* ist das früheste erhaltene Kriegsgedicht in singhalesischer Sprache und zugleich das einzige Werk der christlichen singhalesischen Literatur des 17.Jh.s, das zur klassischen Literatur Ceylons zu rechnen ist. H.Bt.

AUSGABEN UND TEILÜBERSETZUNGEN: Colombo ³1869, Hg. R. W. Dias. – Pānadurā 1917, Hg. W. F. Guṇawardhana [m. Komm. Subhāṣita varṇanā]. – Colombo 1936, Hg. S. Mahinda. – Colombo 1937, Hg. Munidasa Kumāraṇatuṃga [Tl. 1; m. engl. Übers.]. – Colombo 1937, Hg. L. B. D. Lionel [Tl. 1; m. engl. Übers.]. – Colombo 1938, Hg. Charles de Silva [Tl. 2; m. engl. Übers.]. – Colombo 1954, Hg. Bentara Śraddhātiṣya. – Colombo 1956, Hg. Vēragoḍa Amaramoli. – Colombo 1957, Hg. Kumāratuṃga Munidāsa. – In C. Reynolds, *An Anthology of Sinhalese Literature up to 1815,* Ldn. 1970, S. 19/20.

LITERATUR: *Alagiyavanna's Kustantinu Haṭana,* Hg. S. G. Perera u. M. E. Fernando, Colombo 1932 [Einl.]. – C. E. Godakumbura, *The Dravidian Element in Sinhalese* (in Bulletin of the School of Oriental Studies, 11, 1939, S. 838 ff.). – P. Sannasgala, *Siṃhala Sāhitya Vaṃśaya,* Colombo 1961, S. 299–307. – H. Bechert, *Das Pratyayaśataka* (in NAG, 1985, Nr. 6, S. 256/257.

ALAIN

d.i. Émile Auguste Chartier

* 3.3.1868 Mortagne-au-Perche
† 2.6.1951 Le Vésinet

LITERATUR ZUM AUTOR:
Bibliographie:
S. Dewit, *A., Essai de bibliographie 1893 – juin 1961,* Brüssel 1961.
Gesamtdarstellungen und Studien:
A. Maurois, *A.,* Paris 1949. – H. Mondor, *A.,* Paris 1953. – G. Pascal, *Pour connaître la pensée d'A.,* Paris ³1957. – J. Robinson, *A. lecteur de Balzac et de Stendhal,* Paris 1958. – G. Bénézé, *Généreux A.,* Paris 1962. – B. Halda, *A.,* Paris 1965. – O. Reboul, *L'homme et ses passions d'après A.,* 2 Bde., Paris 1968. – G. Pascal, *L'idée de philosophie chez A.,* Paris 1970. – H. Giraud, *La morale d'A.,* Toulouse 1970. – *A., Colloque de Cérisy-la-Salle,* Hg. G. Kahn, Paris 1976. – A. Carnec, *A. et J. J. Rousseau,* Paris 1977. – O. Reboul, *L'élan humain ou l'éducation selon A.,* Montréal/Paris 1979. – A. Sernin, *A. Un sage dans la cité,* Paris 1985.

LES DIEUX

(frz.; *Ü: Wie die Menschen zu ihren Göttern kamen. Eine Naturgeschichte der Religion).* Essay in vier Büchern von ALAIN, erschienen 1934. – Alain versucht – in scheinbar zwangloser essayistischer Form –, das Entstehen des Glaubens an Götter »natürlich«, d. h. aus dem Wesen des Menschen, zu erklären, und beginnt mit der Frage, weshalb wir uns, obgleich die Welt uns »*stets das gleiche und völlig wahre Bild*« bietet, »*den Gedanken des Unsichtbaren*« bilden. Die Vorstellung einer uns umgebenden magisch-geheimnisvollen Kraft, die durch Gebet und

Opfer gnädig gestimmt werden kann, geht seiner Ansicht nach zurück auf die Erfahrung des Kindes, etwas durch Bitten und Versprechen zu erhalten. In der Welt des Märchens (Buch 1: *Aladin*) genügt die bittende Geste, und Gott Aladin erfüllt alle Wünsche. Auch in der kindlichen Angst vor Gebilden der eigenen Phantasie sieht Alain den Ursprung eines religiösen Grunderlebnisses: »*Montaigne bezeichnet die Kurve des Glaubens, wenn er darauf hinweist, daß die Kinder oft Angst bekommen vor dem Gesicht, das sie sich selbst angemalt haben.*« »*Wunderbar wie ein Märchen*« ist die ganze Geschichte der Religionen des Okzidents, die Alain »*statisch*« nennt, weil sie Ausdruck unveränderlich gleicher menschlicher Grunderfahrungen sind. Im Laufe des Erwachsenwerdens der Menschheit wandelt sich das Gotteserlebnis von staunender Verehrung der gotterfüllten Natur (Buch 2: *Pan*) über die Anbetung der olympischen Menschengötter (Buch 3: *Zeus*) zur Unterwerfung unter den Gottmenschen, die Inkarnation des Geistes (Buch 4: *Christopheros*). Der Kindheit, dem naiven Einssein mit der Natur, entspricht der Glaube an Pan, der in Sonne, Tieren und Pflanzen verehrt wird, im Grunde »*eine Religion ohne Gott*«, die nur die Ordnung der Natur feiert. »*Wer wagte zu sagen, daß die Sonne lügt?*« heißt ein Sprichwort, das PLATON einmal zitiert. – Das Kind wird erwachsen, aus dem ländlichen Pantheismus wird der städtische Glaube an den vollendeten Menschen, den Helden. Wer die Natur mutig besiegt, wird von den Griechen erhoben und verehrt: »*Gott aber ist der Mensch, der nicht stirbt.*« Die Religion wird Organisation: »*Der Heros schwebt nicht mehr über den Wolken. Alles wird nach dem Vorbild des Palastes geregelt; der Unsterbliche hat seine Wächter ...*« Aber Zeus hat noch teil an den Menschen, er vergnügt sich wie sie. Wohl hat er Macht über die Sterblichen, aber auch er muß sich unterordnen: dem Geschick, das ihn zwingt, Gott zu sein, einer Notwendigkeit, der er sich nicht entziehen kann – dem »Geist«. Dieser Geist wirkt als verborgene Kraft. »*Der Geist schwingt sich auf und durchmißt die ganzen Weiten des Seienden ... der Geist ist weder drinnen noch draußen; er ist das Ganze von allem. Wenn man also sagt, der Geist ist nicht, so meint man, er ist mehr als Sein.*« Eine neue erhabene Religion entsteht. Sie fordert bedingungslosen Gehorsam; nicht nur das Handeln, gerade auch den Geist, »*Abbild des göttlichen Denkens*«, gilt es, Gott demütig zu unterwerfen. Doch mit der Erniedrigung bringt diese Religion gleichzeitig auch wunderbare Erhöhung: Gott hat sich inkarniert – in einem Kinde. Das Kind in seiner »*Schwäche, die aller bedarf*«, ist Gott. »*Das Wesen, das ohne Fürsorge zu existieren aufhört, ist Gott.*«
Auf dieser Stufe der Religion wandelt sich der reine Geist zum Geist der Nächstenliebe, wird »*Gebot*« zum »*Geben*«, und das bedeutet für Alain die vollendete Gottesverehrung. Aber im Menschen »*sind alle Götter immer beisammen*«, sie lösen einander nicht eigentlich ab, sie spiegeln nur verschiedene Aspekte immer gültiger Wahrheiten, sind weniger »*Etappen*« des Menschen als »*Etagen*«. »*Die Stufenordnung ist die wahre Dialektik, wie Hegel lehrt. Die Folge der Religionen unterrichtet uns darüber besser als die philosophischen Systeme; diese Einsicht aber ist selbst eine Frucht der Philosophie, nicht der Religion.*« Denn die Wahrheiten der Religion werden nicht erkannt, sondern – durch die Sprache, durch heilige Schriften, durch Dichtung, durch jegliche Kunst geoffenbart, und insofern alle Religionen in Gleichnissen die Phantasie – unmittelbar oder auf dem Wege über das Denken – aufs stärkste beeinflussen, ist »*jede Religion geoffenbart*«.

Alain betrachtet also die Religionen, hierin C. G. JUNG nicht unähnlich, als Seins- und Bewußtseinsstufen des Menschen. Sein Werk verrät enge Vertrautheit mit den Philosophen der Antike, aber auch mit HEGEL und SPINOZA. In seiner Gedankenführung hält er sich jedoch, hierin seinem großen Vorbild MONTAIGNE ähnlich, von jeder Schematisierung frei, und wie dieser ist auch er in erster Linie Moralist. Die zentrale Stellung, die Begriffe wie »Mensch«, »Leben«, »Geist« etc. in seinem Denken einnehmen, weist Alain zudem als einen Vertreter der Lebensphilosophie aus, und wie NIETZSCHE und BERGSON ist er kein Systematiker. Der lehrhaften Absicht dient vor allem die Sprache, die, aperçuhaft-elegant, nach leicht einprägsamen, oft wie Aphorismen wirkenden Formulierungen sucht: »*Die Religion ist ein Märchen, das wie alle Märchen voller Sinn ist. Man fragt nicht, ob ein Märchen wahr ist.*« B. Ka.

AUSGABEN: Paris 1934. – Paris 1947. – Paris 1958 (in *Œuvres*, Hg. G. Bénézé, 1958 ff., Bd. 2: *Les arts et les dieux*; Vorw. A. Bridoux; Pléiade). – Paris 1985.

ÜBERSETZUNG: *Wie die Menschen zu ihren Göttern kamen. Eine Naturgeschichte der Religion*, J. Schmidt, Mchn. 1965.

LITERATUR: J. Schmidt, »*Les dieux*« von A. (in Neuphilologische Monatsschrift, 6, 1935, S. 87–94).

LES PROPOS

(frz.; *Glossen*). In der Zeit zwischen 1903 und 1914 veröffentlichte ALAIN unter dieser Gattungsbezeichnung erst wöchentlich (*Propos du dimanche*, 1903–1905, und *Propos du lundi*, 1905–1906), dann täglich (*Propos du Normand*, 1906–1914) insgesamt etwa dreitausend ein- bis zweispaltige Texte in der ›Dépêche de Rouen‹, einer Zeitung, die 1903 als »Organ republikanischer Demokratie« gegründet worden war. Nach dem Krieg erschienen weitere 2000 *Propos* in den von Michel und Jeanne ALEXANDER eigens dafür gegründeten Broschüren *Libres propos* (›Journal d'Alain‹) sowie in anderen Blättern, z. B. der ›Nouvelle Revue Française‹ und ›L'Émancipation‹. Aus den über 5000 *Propos*, die Alain insgesamt verfaßte, sind schon zu seinen Lebzeiten immer wieder Texte ausgewählt und in Buchform herausgegeben worden, chronologisch geordnet oder unter thematischen Schwerpunkten: *Cent-un propos d'Alain* (in fünf Serien 1908–1928), *Les propos d'Alain* (1920), *Propos sur l'esthétique* (1923), *Propos sur le christianisme* (1924), *Éléments d'une doctrine radicale* (1925), *Propos sur le bonheur* (1925), *Le citoyen contre les pouvoirs* (1926), *Sentiments, passions et signes* (1926), *Esquisses de l'homme* (1927), *Propos sur l'éducation* (1932), *Propos de littérature* (1933), *Propos de politique* (1934), *Propos d'économie* (1935), *Les raisons de l'esprit* (1937), *Propos sur la religion* (1938), *Minerve ou de la sagesse* (1939), *Suite à Mars I. Convulsions de la force* (1939), *Suite à Mars II. Échec de la force* (1939), *Préliminaires de l'esthétique* (1939), *Vigiles de l'esprit* (1942), *Humanités* (1946), *Politique* (1951). 1956–1970 erschien die zweibändige, chronologisch geordnete Ausgabe einer Auswahl der *Propos* in der ›Bibliothèque de la Pléiade‹ des Pariser Gallimard-Verlages, womit auch eine Art offizielle Aufnahme Alains in die Reihe der französischen »Klassiker« erfolgt war.

Schon bevor Alain seine Arbeit begann, gab es in der ›Dépêche de Rouen‹ die Rubrik *Propos en l'air*, unter der H. TEXCIER kurze Artikel veröffentlichte. Zum eigenständigen literarischen Genre wurde das »Propos« jedoch erst mit Alain, der die Gattung auch in kurzen theoretischen Aussagen kommentierte. Diese »poetologischen« Überlegungen beinhalten oft auch eine Klassifizierung der eigenen Werke. Die Kürze der *Propos*, so Alain, gewährleistet, daß der Autor seine Leser auch erreicht: *»On ne parcourt pas un article dont on voit le bout; on prend courage de le lire«* (»Einen Artikel, dessen Ende man sieht, überfliegt man nicht; man fühlt sich ermutigt, ihn zu lesen«). Der jeweils unterschiedlichen Leserschaft der *Propos* vor und nach dem Krieg (den nach 1914 in Broschüren und Zeitschriften gedruckten *Propos* mit einer intellektuellen, linken Leserschaft stehen die *Propos* der Vorkriegsjahre gegenüber, die sich einem größeren und breiter gefächerten Publikum zuwandten) entsprechen, wie er ausführt, zwei stilistische Phasen seiner Kurztexte: *»Ce n'est pas la même chose d'être assuré de vingt mille lecteurs pour un jour, ou de compter sur mille fidèles, et fidèles pour des années. De tels changements appuient sur le style«* (»Es ist nicht dasselbe, sich zwanzigtausend Leser pro Tag sicher zu sein und auf Tausende Anhänger, Anhänger über Jahre, zu zählen. Derartige Veränderungen wirken sich auf den Stil aus«).

Der Einfachheit der Vorkriegsjahre hat Alain später immer in gewisser Weise nachgetrauert. Den etwas längeren *Propos du dimanche* und *Propos du lundi*, an denen Alain lange feilte und die dennoch nicht sehr erfolgreich waren, zog er die daraufhin täglich verfaßten *Propos d'un Normand* vor, für die er sich vornahm, den spontanen Lauf der Gedanken und ihrer sprachlichen Ausformulierung nicht im nachhinein durch Korrekturen und Überarbeitungen zu verändern. Daher werden diese als die »eigentlichen« *Propos* Alains angesehen. Von oft ganz alltäglichen Beobachtungen ausgehend, stellt Alain philosophische Reflexionen an. Die Zufälligkeit des Ausgangspunktes (man denke an Formulierungen wie »à propos«) sind genauso in der Gattungsbezeichnung von Alains kurzen Texten angelegt wie die sich anschließenden Überlegungen (lat. »*propositum*«, was man vor sich hinstellt, um es eingehend zu analysieren). Die Sonderstellung seines Genres zwischen Literatur, Philosophie und Journalismus war Alain selbst bewußt: *»Je m'égarai fort loin du journalisme traditionnel«* (»Ich entfernte mich ziemlich weit vom herkömmlichen Journalismus«). Mit der Einfachheit und Spontaneität von Ansatz und Anspruch der *Propos* versucht man die Tatsache zu erklären, warum Émile-Auguste Chartier seine Texte mit dem Pseudonym »Alain«, unter dem er bekannt wurde, unterzeichnete: Alain ist ein typisch normannischer Name und repräsentiert daher für den Autor der *Propos* jemanden, der die Welt unbefangen, unverbildet, auf der Grundlage des gesunden Menschenverstandes betrachtet und analysiert.

Der Umfang der *Propos* sowie die Vielfalt der behandelten Themen (z. B. Pferde, Gymnastik, Hände, Mond, dann Freundschaft, Haß, der Tod, auch Analysen zu Schriftstellern und Philosophen: NEWTON, KANT, KIPLING, BALZAC ...) machen es unmöglich, die *Propos* als ein in sich geschlossenes Werk zu interpretieren, wenngleich bei aller Vielfalt einige immer wieder variierte, aber unveränderte Grundgedanken der Alainschen Philosophie erkennbar sind. Seit der Dreyfus-Affäre und nach dem Ersten Weltkrieg in besonderem Maße für die Linke engagiert, betont Alain immer wieder, daß Politik und Philosophie stets in engem Zusammenhang gedacht werden müssen. Trotz punktueller Anleihen bei unterschiedlichsten Denkern – HEGEL, SPINOZA, COMTE, seinem Lehrer Jules LAGNEAU – unterstreicht Alain, daß kein System, philosophische Theorien eingeschlossen, eine totale Erfassung der Welt gewährleisten könne. Vielmehr geht er von der sinnlichen, vorintellektuellen Erfahrung aus (hierin ist er von den Theorien der Perzeption inspiriert, die Lagneau entwickelte). Ideen und Konzepte können nur Hilfsmittel bei der Ordnung der Welt sein und dürfen nicht zum Selbstzweck werden: Ein Strohhalm im Wasserglas scheint abgeknickt zu sein. Durch den Zweifel – Alains Anleihe bei DESCARTES – gelangt der Geist von der ersten ungewissen Ahnung zur Erkenntnis. In dieser Fähigkeit sind alle Menschen gleich, Voraussetzung ist jedoch der Wille (*volonté*), vom Irrglauben zur Erkenntnis zu gelangen: *»Tout homme a du génie autant qu'il veut«* (»Jeder Mensch hat genau so viel Genie, wie er will«). Ein immer wiederkehrendes Thema in den *Propos* ist daher die Erziehung, die nur dann gut ist, wenn sie diesen Willen erweckt und nicht die Freiheit, die zur Bildung jenes Willens notwendig ist, durch die Starrheit von Lehrplänen und den Primat der Reproduktion von Wissen zerstört. Die Freiheit des Menschen steht im Zentrum dieses Denkens. Da es keine Beweise gegen einen etwaigen Determinismus gibt, muß man es zumindest durch den Glauben (*foi*) an seine Freiheit vermeiden, zum Sklaven zu werden. An

Regierungen stellt Alain die Bedingung, daß sie einer Entwicklung des Menschen nicht im Wege stehen.
In der Kritik ist Alain zuweilen der allusive Charakter seiner *Propos* vorgeworfen worden, daß er also auf Zusammenhänge zwar anspielt, sie aber wegen der programmatischen Kürze der *Propos* nicht wirklich beweisen muß. Es darf jedoch nicht vergessen werden, daß das »Propos« als Gattung u. a. in der Tradition der Aphoristik der französischen Moralisten steht. André MAUROIS, Schüler von Alain und Herausgeber der *Propos*, stellt Alain auf eine Stufe mit MONTAIGNE und MONTESQUIEU.

T.T.

AUSGABEN: Paris 1908–1928 *(Les cent-un propos)*. – Paris 1920 *(Propos)*. – Paris 1923 *(Propos sur l'esthétique)*. – Paris 1925 *(Éléments d'une doctrine radicale)*. – Paris 1925 *(Propos sur le bonheur)*. – Paris 1926 *(Le citoyen contre les pouvoirs)*. – Paris 1926 *(Sentiments, passions et signes)*. – Paris 1927 *(Esquisses de l'homme)*. – Paris 1932 *(Propos sur l'éducation)*. – Paris 1933 *(Propos de littérature)*. – Paris 1934 *(Propos de politique)*. – Paris 1935 *(Propos d'économie)*. – Paris 1937 *(Les raisons de l'esprit)*. – Paris 1938 *(Propos sur la religion)*. – Paris 1939 *(Minerve ou De la sagesse)*. – Paris 1939 *(Suite à Mars I. Convulsions de la force)*. – Paris 1939 *(Suite à Mars II. Échec de la force)*. – Paris 1939 *(Préliminaires à l'esthétique)*. – Paris 1942 *(Vigiles de l'esprit)*. – Paris 1946 *(Humanités)*. – Paris 1951 *(Politique)*. – Paris 1956, Hg. M. Savin *(Propos*; Pléiade, Bd. 1). – Paris 1967, Hg. J. Miguel *(Les propos)*. – Paris 1970, Hg. S. S. de Sacy *(Propos*; Pléiade, Bd. 2). – Paris 1977 *(Propos sur le bonheur)*. – Paris 1985 *(Propos sur les pouvoirs*; Folio). – Paris 1985 *(Propos sur le bonheur*; Folio).

ÜBERSETZUNGEN: *Gedanken über die Religion*, B. Krüger-Löffler, Ffm. 1948 *(Propos sur la religion)*. – *Die Pflicht, glücklich zu sein*, A. Fabri, Düsseldorf 1960 *(Propos sur le bonheur)*. – *Spielregeln der Kunst*, ders., Düsseldorf 1961 *(Préliminaires à l'esthétique)*. – *Über die Erziehung*, L. Schmidts, Paderborn 1963 *(Propos sur l'éducation)*. – *Die Pflicht, glücklich zu sein*, A. Fabri, Ffm. 1975; ²1987 (BS); ern. Ffm. 1982 (st). – *Spielregeln der Kunst*, A. Fabri, Ffm. 1985 (FiTb). – *Mars oder Die Psychologie des Krieges*, H. Abosch, Ffm. 1985 (FiTb). – *Das Glück ist hochherzig*, F. J. Krebs, Ffm. 1987 (BS).

LITERATUR: J. Huby, *Au fil des »Propos« d'A.* (in Études, 243, 1940, S. 183–189). – J. Alexandre, *Note concernant les »Libres propos«* (in NRF, 1952, S. 168–174). – G. Picon, *»Les propos« d'A.* (in MdF, 328, 1956, S. 114–120; auch in G. P., *L'usage de la lecture*, Bd. 2, Paris 1961, S. 175–181). – F. Sieburg, *Das Glück als Teil der Moral* (in FAZ, 16. 4. 1960). – J. Schmidt, *Die Sprache A.s* (in ZfrzSp, 75, 1965, S. 278–281). – W. Weber, *»Propos«* (in W. W., Forderungen, Zürich/Stg. 1970, S. 42–47). – *Sur la première version de Mars* (1916) (in Bull. de l'Association des Amis d'A., 56, Juni 1983). – C. Jamet, *Le Dreyfusisme radical d'A.* (in *Les écrivains de l'affaire Dreyfus*, Orléans 1983).

ALAIN DE LILLE

* um 1125/30 nahe Lille
† 1203 Cîteaux

LITERATUR ZUM AUTOR:
M. Baumgartner, *Die Philosophie des A. de I.*, Münster 1896. – J. Huizinga, *Über die Verknüpfung des Poetischen mit dem Theologischen bei A. de I.*, Amsterdam 1932 (Mededeelingen d. k. Akademie van wetenschapen, Afd. Letterkunde, Ser. B, 74). – G. Raynaud de Lage, *A. de L., poète du XIIe siècle*, Montreal/Paris 1951. – J. de Ghellinck, *L'essor de la littérature latine au XIIe siècle*, Brüssel/Paris 1954. – V. Cilento, *Alano di Lilla, poeta e teologo del secolo XII*, Neapel 1958. – C. Vasoli, *Le idee filosofiche di Alano di Lilla nel »De planctu« e nell'»Anticlaudianus«* (in Giornale Critico Filos. Ital., 41, 1961, S. 462–498). – E. R. Curtius, *Europäische Literatur und lateinisches Mittelalter*, Bern/Mchn. ⁴1963, S. 127 f. – H. Brinkmann, *Wege der epischen Dichtung im MA* (in ASSL, 200, 1964, S. 401–435). – H. R. Jauss, *La transformation de la forme allégorique entre 1180 et 1240, d'A. de L. à Guillaume de Lorris* (in H. R. J., *L'humanisme médiéval dans les littératures romanes du 12e au 14e siècles*, Paris 1964, S. 107–142). – M.-Th. d'Alverny, *A. de L. Textes inédits*, Paris 1965 (Étud. Phil. méd., 52; m. Einl. über Leben u. Werk). – W. Wetherbee, *Platonism and Poetry in the Twelfth Century. The Literary Influence of the School of Chartres*, Princeton 1972. – P. Ochsenbein, Art. *A. ab I.* (in VL², 1, Sp. 97–102). – G. Silagi, Art. *A. ab I.* (in LM, 1, Sp. 268–270).

ANTICLAUDIANUS DE ANTIRUFINO

(mlat.; *Anticlaudianus, über den Antirufinus*). Allegorisches Epos von ALAIN DE LILLE, entstanden 1183/84. – Wie das vorhergehende Werk *De planctu naturae* beginnt dieses mit 4354 Hexametern groß angelegte Gedicht mit der Klage der Natur. Sie bekennt hier, keines ihrer Werke sei ganz frei von Irrtümern gewesen, und sie beschließt im Kreis der Tugenden, ein in allen Teilen vollkommenes Werk zu schaffen: den göttlichen Menschen. Klugheit und Vernunft stimmen ihrem Plan bei, wenden aber ein, daß ohne die Hilfe Gottes, der allein die Seele des Menschen schaffen könne, das Werk nicht zu vollenden sei. Deswegen wird die Klugheit auf dem Wagen der Sinne, den die sieben freien Künste erbaut haben, zuerst unter der Führung der Vernunft, dann der Theologie und zuletzt des Glaubens in den Himmel entsandt. Gott läßt

Nus (der Gedanke) die Idee des menschlichen Geistes suchen, die er mit seinem Siegel zur menschlichen Seele prägt. Die Natur formt jetzt aus den vier Elementen einen schönen Körper, den die Himmelskräfte – ausgeschlossen ist allein die Fortuna – mit ihren Gaben schmücken und den Concordia mit der Seele verbindet. Es entsteht der ideale Mensch, der als Sieger aus dem Kampf gegen die bösen Mächte hervorgeht.

Das Werk war zunächst als positive Antwort auf CLAUDIANS Schmähgedicht gegen den Minister des Theodosius, Rufinus *(In Rufinum)*, angelegt. Bei Claudian schicken die Mächte des Bösen ihren Diener (Rufinus) in Menschengestalt an den Kaiserhof, um die Welt ins Verderben zu stürzen. Alanus' Gedicht, dessen Stoff stark abhängig ist von den allegorischen Dichtungen eines MARTIANUS CAPELLA *(De nuptiis Mercurii et Philologiae)*, BOETHIUS *(De consolatione philosophiae)*, PRUDENTIUS und BERNARDUS SILVESTRIS, reicht aber weiter als bis zu einem literarischen *Antirufinus*. Dank der Allegorie, die sich reich und farbenprächtig entwickeln ließ, konnte Alanus in dichterischer Form ein erhabenes Bild der Weltschöpfung zeichnen, wie sie sich dem Theologen und Philosophen des 12. Jh.s darstellte. – Das Werk läßt sich schwer einer bestimmten philosophischen Richtung zuordnen. Daß mit Hilfe der Vernunft, einer Allegorie der scholastisch-didaktischen Methode, nur die erste Stufe auf dem Weg zu Gott erstiegen werden kann, bedeutet eine klare Abwendung von ARISTOTELES; doch von einem uneingeschränkten Bekenntnis zur Platonischen Ideenlehre kann auch kaum gesprochen werden, da die von den Ideen abgenommenen Formen bei Alain ihren vollkommen autonomen Wirkungskreis haben: Selbst Gott hat keinen Einfluß mehr auf die von ihm geformte Seele, nachdem er sie in ihren irdischen Bereich eingesetzt hat.

Schlüsselfigur des Werks ist die Natur, die unabhängig von Gott Ordnung und Kontinuität nicht nur in der physisch-kosmischen, sondern als Führerin der Tugenden auch in der moralischen Welt garantiert. Vor dem *Anticlaudianus* ist Natur noch nie in dieser doppelten Funktion gesehen worden. – Das Epos war im Mittelalter weit verbreitet und hat auf DANTE und andere Dichter eingewirkt. T.B.

AUSGABEN: Basel 1536. – Antwerpen 1654 (in *Opera*, Hg. C. de Visch; dieser Text ern. in ML, 210). – Ldn. 1872 (in *The Anglo-Latin Satirical Poets and Epigrammatists of the 12th Century*, Bd. 2, Hg. T. Wright, S. 268–428). – Paris 1955, Hg. R. Bossuat [m. Einl.].

ÜBERSETZUNGEN: *The Anticlaudian*, W. H. Cornog, Philadelphia 1935 [engl.; m. Einl. u. Komm.]. – Alan of Lille, *Anticlaudianus or The Good and Perfect Man*, J. J. Sheridan, Toronto 1973 [engl.; m. Komm.].

BEARBEITUNG: Ellebaut, *Anticlaudien. A 13th Century French Adaptation of the »Anticlaudianus« of A. d. L.*, Hg. A. J. Creighton, Washington 1944.

LITERATUR: E. Bossard, *A. de I. »Anticlaudianus« cum divina Dantis Alighieri Comoedia collatus*, Angers 1885. – C. M. Hutchings, *L'»Anticlaudianus« d'A. de L.* (in Romania, 50, 1924, S. 1–13). – G. Raynaud de Lage, *»Anticlaudien« et »Anticlaudianus«, Ellebaus traducteur d'A.*, Diss. Paris 1948. – P. Ochsenbein, *Studien zum »Anticlaudianus« des A. ab I.*, Bern 1975. – W. Rath, *Aus der Schule von Chartres*, Bd. 2: *A. ab I. »Der Anticlaudian«*, Stg. ²1983.

DE PLANCTU NATURAE

(mlat.; *Über die Klage der Natur*). Philosophische Allegorie in Prosa und Versen von ALAIN DE LILLE, entstanden um 1170. – Die Natur erscheint dem Dichter in Gestalt einer edlen Frau im Traum und klagt über die Verirrungen der menschlichen Liebe. Alle Lebewesen fügen sich in den wohlgeordneten, erhabenen Staat Gottes ein; nur der Mensch, der den Lastern ergeben sei, habe die geschlechtliche Liebe verkehrt, deren Ordnung die Natur der Venus, dem Hymenäus und dem Kinde Cupido überlassen habe. Nach einer längeren Unterredung mit dem Träumenden treten die Tugenden der Reihe nach auf, unter ihnen Keuschheit und Wahrheit, und die Natur läßt durch einen urkundlichen Brief den Genius herbeirufen, der in einem feierlichen Akt die in ihre Lasterhaftigkeit verstrickten Menschen exkommuniziert.

In Anlehnung an BOETHIUS *(De consolatione philosophiae)*, CLAUDIUS CLAUDIANUS *(In Rufinum)*, MARTIANUS CAPELLA *(De nuptiis Mercurii et Philologiae)* und vor allem an die kurz zuvor erschienene Kosmogonie des BERNARDUS SILVESTRIS *(De mundi universitate)* hat Alanus sein Werk in prosimetrischer Form geschrieben. Wie das Werk des Boethius beginnt *De planctu naturae* mit einem Klagelied des Träumenden in elegischen Distichen. Die Natur, in deren Beschreibung Alanus (über Martianus und Claudianus hinausgehend) mit großem rhetorischem Aufwand symbolisch das ganze Universum einbezieht, stellt sich dem Philosophen – nach dem Vorbilde des Bernardus – als die Schöpferin des Menschen vor. Sie habe die Materie geformt und ihr die Möglichkeit zur Vereinigung mit der Seele gegeben. Doch ist (anders als bei Bernardus) die Macht der Natur begrenzt: sie kann das einmal Verdorbene nicht heilen oder neu erschaffen. Demütig bekennt sie sich als Kreatur Gottes, als Dienerin, und übernimmt die Rolle des Vermittlers zwischen Gott und der Welt.

Thematisch beschränkte sich Alain auf das Gebiet der widernatürlichen Liebe, weil sich hier, in bewußter Distanzierung von der weltlich-humanistischen Naturphilosophie seines Vorgängers, der theologische Aspekt am deutlichsten exemplifizieren ließ. Das Werk, das eine Fülle antiker Namen und Anspielungen enthält, erfreute sich bis in die Neuzeit großer Beliebtheit. Schon kurz nach seinem Erscheinen hat WALTER VON CHÂTILLON es als Vorbild für die Gestaltung der anklagenden Natu-

ra im zehnten Buch seiner *Alexandreis* benutzt.
T.B.

AUSGABEN: Lpzg. 1494. – Antwerpen 1654 (in *Opera*, Hg. C. de Visch; dieser Text ern. in ML, 210). – Halle 1721 (in P. Leyser, *Historia poetarum et poematum medii aevi*). – Ldn. 1872 (in *The Anglo-Latin Satirical Poets and Epigrammatists of the 12th Century*, Hg. T. Wright, 2 Bde.).

ÜBERSETZUNG: *The Complaint of Nature*, D. M. Moffat, NY 1908 (Yale Studies in English, 36; engl.).

LITERATUR: R. H. Green, *Alan of L.'s »De planctu naturae«* (in Speculum, 31, 1956, S. 649–674).

ALAIN-FOURNIER

eig. Henri Alban Fournier
* 3.10.1886 La Chapelle d'Angillon
† 22.9.1914 bei Les Éparges

LITERATUR ZUM AUTOR:
W. Jöhr, *A.-F. Le paysage d'une âme*, Neuchâtel 1945; ern. 1972. – C. Dédéyan, *A.-F. et la réalité secrète*, Paris 1947. – H. Gillet, *A.-F.*, Paris 1948. – R. D. D. Gibson, *The Quest of A.-F.*, Ldn. 1953. – H. Valotton, *A. ou la pureté retrouvé*, Paris 1957. – I. Rivière, *Vie et passion d'A.-F.*, Monaco 1963. – J. Bastaire, *A.-F. ou La tentation de l'enfance*, Paris 1964. – C. Borgal, *A.-F.*, Paris ²1963. – J. Bastaire, *A.-F. ou l'anti-Rimbaud*, Paris 1978. – R. G. Vidal, *Les masques de A.-F.*, Paris 1981. – R. Duterme, *A.-F. ou le fantasme amoureux*, Paris 1985. – Ders., *A.-F.*, Paris 1986. – C.-É. Des Laumes, *Le Nocturne passager. A.-F. et son message*, Paris 1986.

LE GRAND MEAULNES

(frz.; *Ü: Der große Meaulnes*). Roman von ALAIN-FOURNIER, erschienen 1913. – Dieses einzige größere Werk des im Ersten Weltkrieg gefallenen Autors soll *»ein ewiges unmerkliches Hinüberwechseln vom Traum zur Wirklichkeit«* vergegenwärtigen, *»wobei der Traum als ein unendliches und ungenaues Kinderdasein zu verstehen ist, das unter jenem anderen webt und unaufhörlich von seinem Widerhall in Bewegung versetzt wird«*.
Der Erzähler, François Seurel, Sohn eines Volksschullehrers in der nordfranzösischen Provinz, findet an einem Novembersonntag des Jahres 1890 in dem siebzehnjährigen Augustin Meaulnes, der seinen Eltern in Pension gegeben wird, um die Oberschule am Ort zu besuchen, einen langersehnten Freund. Der schweigsame, stolze, halb bäurisch, halb jägerhaft gekleidete Junge wird von seinen Mitschülern bald der »große Meaulnes« genannt und widerspruchslos als ihr Führer anerkannt. Als kurz vor Weihnachten Seurels Großeltern mit einem Pferdefuhrwerk von der Bahnstation abgeholt werden sollen, bemächtigt er sich des Wagens und fährt allein davon. Erst nach drei Tagen taucht er müde, ausgehungert, aber *»begeistert, von Wundern erfüllt«* wieder auf und weiht Seurel in sein rätselhaftes Abenteuer ein: Er ist unterwegs zur Bahnstation auf dem Wagen eingeschlafen, und das weitertrabende Pferd hat ihn in eine ihm gänzlich unbekannte Landschaft entführt. Als er nachts erwacht und die Gegend zu erkunden sucht, gelangt er zu einem Schloßgut, wo Vorbereitungen zu einem großen Maskenfest getroffen werden, mit dem die Hochzeit des jungen Schloßherrn Frantz de Galais gefeiert werden soll. Es gelingt Meaulnes, sich als Fremder unter die Gäste zu mischen und, ebenfalls verkleidet, dem Fest beizuwohnen. Eine flüchtige Begegnung mit der Schwester des Bräutigams, Yvonne de Galais, bestimmt ihn, sich ihr als Student vorzustellen und ihr bei einer Kahnfahrt seine Liebe zu gestehen. Yvonne verspricht, auf ihn zu warten. Das Fest wird jäh abgebrochen, als Frantz ohne seine Braut eintrifft, die aus Angst vor soviel unerwartetem Glück nach Paris geflohen ist. Meaulnes legt den Heimweg in einer der zahlreichen wartenden Kutschen zurück, ohne sich jedoch die Richtung zu merken.
Die beiden Schüler versuchen vergebens, mit Hilfe einer Landkarte die genaue Lage jenes mysteriösen Schloßgutes zu rekonstruieren, das sie in ihren Gesprächen das *»verlorene Land«* nennen. Als eines Tages ein junger Komödiant, der mit einem älteren Gefährten einen Wanderzirkus betreibt, in der Schule auftaucht, um den Winter hindurch am Unterricht teilzunehmen, erkennt Meaulnes in ihm jenen Frantz de Galais, der, seit seine Braut ihn verließ, verzweifelt umherirrt und ihre Spur zu finden hofft. Frantz verrät Meaulnes, daß seine Schwester in Paris lebe, und macht einige verschlüsselte Andeutungen über die Lage des Schlosses. Meaulnes und Seurel versprechen, ihm bei seiner Suche zu helfen, wann immer er sich mit einem verabredeten Zeichen, einem langhallenden Eulenruf, ihnen bemerkbar machen werde. Meaulnes reist bald darauf nach Paris, berichtet dem Erzähler jedoch in einigen Briefen lediglich vom Fehlschlagen seiner Nachforschungen. Seurel, inzwischen selbst Volksschullehrer, erfährt endlich durch Zufall die genaue Lage jenes jetzt verkauften und abgerissenen Schlosses Sablonnières und lernt Yvonne de Galais kennen, die noch immer auf Meaulnes wartet.
Auf einer Landpartie begegnet der eilig benachrichtigte Meaulnes seinem traumhaften Erinnerungsbild wieder und versucht, gegen die in ihm aufsteigende Traurigkeit ankämpfend, mit ungewohnter Leidenschaftlichkeit die Vergangenheit erneut zu beleben, *»als wollte er sich überzeugen, daß nichts, gar nichts mehr von seinem schönen Erlebnis weiterlebte, daß ihm das junge Mädchen nicht ein einziges Überbleibsel, kein Trümmerstück mehr beibrin-*

gen konnte, das ihm bewies, sie hätten beide nicht geträumt...« Seine Enttäuschung überwindend, heiratet er Yvonne wenig später. Aber in der Hochzeitsnacht ertönt plötzlich der verzweifelte, langgezogene Eulenschrei des Komödianten Frantz, der Meaulnes an sein Versprechen erinnert. Er bricht noch am gleichen Morgen auf und überläßt Seurel die Sorge um seine junge Frau, die nach der Geburt einer Tochter stirbt. Seurel findet einige ältere Tagebücher aus der Zeit von Meaulnes' Aufenthalt in Paris, die berichten, daß er auf seiner Suche nach Yvonne ein junges Mädchen namens Valentine kennen- und liebengelernt hat, die aber, wie er entsetzt bemerkt, niemand anders als die verschollene Braut von Frantz war. Meaulnes kehrt noch einmal nach Hause zurück, nachdem er Frantz und Valentine zusammengeführt hat, jedoch nur, um sein Kind bei Seurel abzuholen, bevor er »mit ihm zu neuen Abenteuern« auszieht.

Diese wehmutsvolle Geschichte eines jungen Mannes, »dessen Kindheit zu schön war«, ist ganz eingesponnen in die Atmosphäre der nordfranzösischen Landschaft. Das Thema der Flucht aus der Zeit, der Suche nach dem verlorenen Paradies der Jugend und nach dem »alten, dornenverwachsenen Weg, zu dem der Prinz, von Müdigkeit übermannt, den Zugang nicht finden konnte«, erweist die Beziehung Alain-Fourniers zur deutschen Romantik (Achim von ARNIM, Clemens BRENTANO). In einem Augenblick veröffentlicht, da das ernüchternde Abenteuer des Weltkriegs die Traumunternehmungen des Dichters ad absurdum zu führen schien, wurde das Buch zunächst als unzeitgemäß empfunden. Zu Beginn der zwanziger Jahre erkannte man dann die wahrscheinlich nur von PROUSTS *A la recherche du temps perdu* übertroffene Bedeutung des *Grand Meaulnes* für eine neue, Traum und Wirklichkeit koordinierende Erzählweise in der französischen Literatur. H.H.H.

AUSGABEN: Paris 1913. – Paris ⁴⁹1928. – Paris 1947. – Paris 1973. – Paris 1976. – Paris 1983. – Paris 1984 (Poche). – Paris 1986, Hg. J. Rivière u. F. Touzan (Class. Garn.).

ÜBERSETZUNGEN: *Der große Kamerad*, A. Seiffhart, Bln. 1930; Hbg. ²1938; ern. Hbg./Stg. 1946 (rororo) u. Hbg. 1962 [Ill. L. Maclès]. – *Meaulnes, der große Freund*, W. Widmer, Basel 1944. – *Der große Meaulnes*, ders., Ffm. 1965 (BS). – *Mein großer Freund Augustin*, N. Kiepenheuer, Weimar 1969.

VERFILMUNG: Frankreich 1967 (Regie: J.-G. Albicocco).

LITERATUR: A. Léonard, *A.-F. et »Le grand Meaulnes«*, Paris 1943. – P. Suire, *Les raisons du »Grand Meaulnes«*, Niort 1952. – J.-M. Delettrez, *A.-F. et »Le grand Meaulnes«*, Paris 1956. – J. Robichon, *Quand la réalité devient le rêve de la fiction. Le roman d'amour du »Grand Meaulnes«* (in J. R., *Le roman des chefs-d'œuvre*, Paris 1959, S. 261–305). – M. Jouhandeau, *Chemins et châteaux du »Grand Meaulnes«*, Paris 1961. – L. Cellier, *»Le grand Meaulnes« ou L'initiation manquée*, Paris 1963. – F. Desonay, *»Le grand Meaulnes« d'A.-F.*, Paris ²1963. – M. Guiomar, *Inconscient et imaginaire dans le »Grand Meaulnes«*, Paris 1964. – M. Lecuyer, *Réalité et imagination dans »Le grand Meaulnes« et »Le voyeur«* (in Rice University Studies, 51, 1965, Nr. 2, S. 1–51). – C. Borgal, *L'Yvonne du »Grand Meaulnes«* (in La Table Ronde, 1965, Nr. 208, S. 45–55). – F. Desonay, *Quand A.-F. préludait au »Grand Meaulnes«* (in SRLF, 6, 1965, S. 213–278). – J. Loize, *A.-F., sa vie et »Le grand Meaulnes«*, Paris 1968. – M. G. Jones, *A Critical Commentary on A.-F. »Le grand Meaulnes«*, Ldn. u. a. 1968. – M. Mac Lean, *Le jeu suprême*, Paris 1973. – E. D. Cancalon, *Fairy-Tale Structures and Motifs in »Le grand Meaulnes«*, Bern/Ffm. 1975. – H.-A. Bouraoui, *Structure intentionelle du »Grand Meaulnes«*, Paris 1976. – C. Herzfeld, *»Le grand Meaulnes« d'A.-F.*, Paris 1977. – R. Baudry, *Le type du héros dans »Le grand Meaulnes« d'A.-F.* (in TLL, 19, 1981, S. 121–151). – B. Tritsmans, *»Le grand Meaulnes«* (in RZL, 6, 1982, S. 346–357). – Ders., *Procès de symbolisation dans »Le grand Meaulnes«* (in RRo, 18, 1983, S. 82–104). – F. Calin, *»Le grand Meaulnes« et la quête d'un nouveau domaine* (in The French Novel, University of South Carolina 1984, S. 97–108). – R. Gibson, *A.-F. »Le grand Meaulnes«*, Ldn. 1986.

LUIGI ALAMANNI

* 28.10.1495 Florenz
† 18.4.1556 Amboise

LITERATUR ZUM AUTOR:
V. Gualtieri, *Dei poemi epici di L. A.*, Salerno 1888. – H. Hauvette, *Un exilé florentin à la Cour de France: L. A., sa vie et son œuvre*, Paris 1903. – R. Weiss, *L. A.* (in Dizionario biografico degli italiani, Bd. 1, 1960, S. 568–571). – L. Malagoli, *Le contraddizioni del Rinascimento*, Mailand 1968. – P. Malgarotto, *L. A.* (in Branca, Bd. 1, S. 4–6).

LA COLTIVATIONE

(ital.; *Der Landbau*). Lehrgedicht in sechs Büchern von Luigi ALAMANNI, erschienen 1546. – Alamanni widmete sein 1530 begonnenes und 1546 erschienenes Werk über den Ackerbau, das zu den gelungensten Lehrgedichten des 16. Jh.s zählt, dem französischen König Franz I., an dessen Hof er nach der Aufdeckung seiner Beteiligung am Komplott gegen die Medici-Fürsten in Florenz geflohen war. *La coltivatione* folgt dem Modell von VERGILS *Georgica* und weist weitere Anlehnungen an antike

Schriftsteller auf, vor allem an HESIOD und die antiken Theoretiker der Landwirtschaft, COLUMELLA und VARRO. Es erzählt von Leben, Arbeit und Gewohnheiten der Bauern, Viehzucht, Feldbestellung und dem Wechsel der Jahreszeiten.
In freien Elfsilbern abgefaßt, ist es in seiner Preisung ländlichen Lebens vor allem Ausdruck der Erinnerung des aus seiner Heimatstadt verbannten Dichters. Das Land wird als *rifugio* (Zufluchtsort) erlebt; die Anmerkungen enthalten Erlebnisse der Flucht und Hinweise auf die politischen Ereignisse in Italien. Trotz des flüssigen Stils legte Alamanni weniger Wert darauf, das Schauspiel der Natur zu beschreiben als seine Eigenschaft als *Poeta doctus* erkennen und die eigenen Quellen durchscheinen zu lassen. Auch Anspielungen auf andere Dichter, u. a. LUKREZ und seine *Alma Venus*, fehlen nicht. Thema der ersten vier Bücher ist die landwirtschaftliche Arbeit im Lauf der Jahreszeiten, das fünfte beschreibt den Gartenbau, das sechste die Bedingungen und Erfordernisse der Viehzucht und Feldbestellung. Fünf der sechs Bücher werden von mythologischen und historischen Anmerkungen des Dichters ergänzt: Das erste enthält einen Lobgesang auf Frankreich und den französischen Hof, das zweite preist das Goldene Zeitalter, das dritte besingt den Gott Bacchus, während das vierte die politischen Zustände in Italien, die Zerrüttung des Landes und die leidvolle Erfahrung derjenigen beschreibt, die wie der Dichter das Land verlassen mußten. Das fünfte Buch lobt die Schönheit der Gärten von Fontainebleau und endet mit einer Betrachtung über die Vergänglichkeit jeder irdischen Macht.
La coltivatione gehört zu den gelungensten Lehrgedichten, dem auch innerhalb des Gesamtwerks Alamannis – vorbildlich vor allem wegen der Reinheit seiner Sprache – die größte Aufmerksamkeit galt. Die Urteile über das Werk gingen insofern auseinander, als man zum Teil darin eine Reaktion auf die Verbannung des Dichters und Ausdruck seiner Heimatliebe sah, zum Teil Alamanni lediglich als Nachahmer poetischer antiker Formen betrachtet wurde, die zum Leben zu erwecken er am französischen Hof – unterstützt und gefördert von dem die klassische Kunst und Literatur bewundernden König – als seine Aufgabe ansah. Als Beispiel dafür ist auch sein Rittergedicht *L'Avarchide*, 1570 *(Die Avarchide)* anzusehen, in dem er die höfische Ritterschaft aus dem bretonischen Sagenkreis zum Träger einer Handlung macht, die bis auf einzelne Episoden genau der *Ilias* HOMERS nachgebildet ist. KLL

AUSGABEN: Paris 1546. – Mailand 1804. – Venedig 1814. – Mailand 1826. – Mailand 1840. – Turin 1871.

LITERATUR: F. Caccialanza, *Le »Georgiche« die Virgilio e »La coltivatione« di L. A.*, Susa 1892. – G. Naro, *L. A. e »La coltivazione«*, Syrakus 1897.

PEDRO ANTONIO DE ALARCÓN Y ARIZA

* 10.3.1833 Guadix / Granada
† 19.7.1891 Valdemero / Madrid

LITERATUR ZUM AUTOR:
H. Rodríguez de la Pena, *P. A. de A., el novelista romántico*, Madrid 1933. – J. F. Montesinos, *P. A. de A.*, Saragossa 1955; ern. Madrid 1977 [rev. u. erw.]. – E. Pardo Canalis, *P. A. de A.*, Madrid 1965. – A. Ocaño, *A.*, Madrid 1970. – C. C. De Coster, *P. A. de A.*, Boston 1979 (TWAS). – F. Liberatori, *I tempi e le opere di P. A. de A.*, Neapel 1981.

EL ESCÁNDALO

(span.; *Der Skandal*). Roman von Pedro Antonio de ALARCÓN Y ARIZA, erschienen 1875. – Alarcóns berühmtester Roman erzählt die Geschichte eines jungen Aristokraten, der *»der Verwegenheit und Gottlosigkeit eines Don Juan Tenorio nacheifert und sie sogar übertrifft«*. Im Haus seiner Geliebten Matilde, der Frau eines Offiziers, lernt Fabián Conde deren bezaubernde Nichte Gabriela kennen und verliebt sich in sie. Er erhofft sich von dieser reinen Liebe die Erlösung von seinem ausschweifenden Leben und bricht mit Matilde. Doch als Gabriela sich über die Art seiner Beziehungen zu ihrer Tante klar wird, flieht sie in ein Kloster und teilt ihm mit, sie werde ihn erst erhören, wenn er sich vor der Gesellschaft rehabilitiert habe. Sein Freund Diego steht ihm mit Rat und Tat zur Seite, doch dessen Frau Gregoria, herrschsüchtig und fanatisch auf ihre Tugend bedacht, haßt Fabián. Um die Freunde zu entzweien, behauptet sie, Fabián habe versucht, sie zu verführen. Diego fühlt sich getäuscht, fordert den Freund zum Duell und erklärt öffentlich, dieser habe in Wirklichkeit gar nicht die Absicht, sich zu bessern. Um seinen guten Willen und seine Unschuld vor der Welt zu beweisen, verzichtet Fabián, dem Rat eines Jesuiten folgend, auf Adelstitel, Reichtum und Heirat, ja der Atheist gewinnt sogar den Glauben an Gott zurück und beschließt, Missionar zu werden. Doch unversehens wendet sich das Schicksal zu Fabiáns Gunsten: er kann in Madrid bleiben und Gabriela heiraten. Schließlich söhnt sich, kurz vor seinem plötzlichen Tod, auch Diego mit ihm aus.

Der breit angelegte Roman weist noch deutliche Anklänge an die Romantik auf, der der junge Alarcón sich einst mit einer Fortsetzung von ESPRONCEDAS *Diablo mundo* verpflichtet gezeigt hatte. Das Motiv der Erlösung des hartnäckigen Sünders durch die reine Liebe ist romantischen Ursprungs, und ebenso die Vorliebe des Autors für starke Kontraste (etwa im Wechsel der Schauplätze) und das Auftreten geheimnisvoller Personen unbekannter Herkunft. Dagegen macht sich eine Tendenz zu realistischerer Darstellung dort bemerkbar, wo der Verfasser mit psychologischer Einfühlung die Wandlung des Helden vom skrupellosen Abenteurer zum ernsthaft Liebenden gestaltet. Die in der Ichform erzählten Bekenntnisse des Fabián Conde nach seiner Bekehrung gehen auf eigene Erlebnisse Alarcóns zurück, der nach Jahren heftiger Religions- und Kirchenfeindschaft zum überzeugten, ja ultrakonservativen Katholiken geworden war. Diese Umkehr war ein rein emotionaler, kein intellektueller Akt. So nimmt es nicht wunder, daß ihm als Schriftsteller die gefühlsmäßige Darstellung mehr liegt als die intellektuelle Durchdringung eines Stoffes. Vielleicht ist gerade deshalb der problematischere, autobiographisch geprägte Teil des Werkes weniger überzeugend als der, in dem der gottlose Wandel des leichtlebigen Aristokraten geschildert wird. A.A.A.

AUSGABEN: Madrid 1875. – Mexiko 1958. – Madrid 1968 (in *Obras completas*, Hg. u. Einl. L. Martínez Kleiser; m. Biogr. v. M. Catalina). – Madrid 1973, Hg. u. Einl. M. Baquero Goyanes, 2 Bde. (Clás. Cast). – Madrid 1986, Hg. u. Einl. J. Bautista Montes (Cátedra).

ÜBERSETZUNG: *Der Skandal*, H. Bondy, Bln. 1959.

LITERATUR: F. de P. Canalejas, »*El escándalo*« (in Revista Europea, 5, 1932). – J. F. Montesinos, *Ensayos y estudios de literatura española*, Mexiko 1959, S. 170–201. – M. Z. Hafter, *A. in »El escándalo«* (in MLN, 83, 1968, S. 212–225). – C. Feal Deibe, »*El escándalo« de A. a una nueva luz* (in KRQ, 19, 1972, S. 501–514). – H. B. Powers, *Allegory in »El escándalo«* (in MLN, 1972, Nr. 2, S. 324–329).

EL NIÑO DE LA BOLA

(span.; *Das Kind mit der Kugel*). Roman von Pedro Antonio de ALARCÓN Y ARIZA, erschienen 1880. – Dieses Buch mit seiner apologetischen Intention rückt in die Nähe des früheren Romans *El escándalo*, 1875 *(Der Skandal)*. In beiden Werken ereignet sich die Bekehrung eines Sünders durch einen Priester. Im übrigen unterscheiden sie sich gründlich. Das spätere Werk spielt nicht wie das frühere in der Madrider Oberschicht, sondern in einem kleinstädtisch-volkstümlichen Milieu Andalusiens. Auch die beiden Priester sind ihrer Persönlichkeit nach sehr verschieden: in *El escándalo* ein gebildeter, theologisch geschulter Jesuit, in *El niño de la bola* ein schlichter Landpfarrer, Don Trinidad Muley, der sich mehr durch Herzensgüte als durch Verstandesschärfe auszeichnet. Don Trinidad nimmt Manuel Venegas, ein Waisenkind, bei sich auf und macht einen frommen Jungen aus ihm. »El niño de la bola« nannte man ihn, weil er am liebsten zu dem Bild des Jesuskindes mit der Weltkugel seine Zuflucht nahm. Als Jüngling verliebt er sich in Soledad, die Tochter des Wucherers Don Elías, der den Vater Manuels an den Bettelstab brachte. Um die Schulden, die sein Vater hinterlassen hat, abzutragen und Soledad heiraten zu können, geht Manuel in die Welt hinaus, kehrt nach Jahren als ein reicher Mann zurück, findet jedoch Soledad, von ihrem Vater dazu gezwungen, mit einem andern verheiratet. In zorniger Aufwallung will Manuel, der den Glauben seiner Kindheit verloren hat und ein harter, selbstsüchtiger Mann geworden ist, den Ehemann töten. Die Beschwörungen und die Güte Don Trinidads und die Begegnung mit dem Christusbild seiner Jugend halten ihn davon ab, und er verläßt die Stadt. Im Epilog allerdings teilt der Autor mit, daß Manuel später Soledad, deren Verlust er nicht verwinden konnte, ums Leben brachte und daraufhin selbst von ihrem Ehemann getötet wurde. – Geschrieben, wie Alarcón selbst in seiner *Historia de mis libros*, 1884 *(Geschichte meiner Bücher)*, erläuterte, um die »*Nützlichkeit und Notwendigkeit religiöser Gefühle und Rücksichten*« zu beweisen, ist dieser Thesenroman trotz seiner lehrhaften Absicht nicht ohne tragische Wirkung. Bei aller romantischen Übertreibung und psychologischen Unglaubwürdigkeit ist er ein Werk, dem der Autor farbige Akzente und plastische Lebendigkeit zu verleihen wußte. A.A.A.

AUSGABEN: Madrid 1880. – Madrid ²1954 (in *Obras completas*, Hg. L. Martínez Kleiser). – Mexiko 1958. – Madrid 1968 (in *Obras completas*, Hg. u. Einl. L. Martínez Kleiser; mit Biogr. v. M. Catalina). – Madrid 1975.

ÜBERSETZUNG: *Manuel Venegas*, F. Eyssenhardt, Stg. 1882.

VERTONUNG: H. Wolf, *Manuel Venegas*, 1902 (Oper; unvollendet).

LITERATUR: L. Alas, *Solos de Clarín*, Madrid 1881. – G. Mancini, *Qualche considerazione su »El niño de la bola«*, Pisa 1963. – A. Bensoussan, »*El niño de la bola« d'A. sur les planches* (in LNL, 1965/66, Nr. 175, S. 29–34).

EL SOMBRERO DE TRES PICOS

(span.; *Der Dreispitz*). Erzählung von Pedro Antonio de ALARCÓN Y ARIZA, erschienen 1874. – Aus einer Volkserzählung, *Der Stadtrichter und die Müllerin*, auch *Der Müller und die Stadtrichterin* oder *Der Müller von Arcos*, die Alarcón erstmalig von einem Ziegenhirten und danach noch mancherorts auf dem Lande gehört, auch in Volksliederbüchern gelesen haben will, ist hier ein kleines Meisterwerk geworden, das alles übertrifft, was Alarcón selbst und was seine Zeitgenossen in der erzählenden Gattung hervorgebracht haben. Unter Verzicht auf »Philosophie« und Tiefsinn, im leichten, humorvollen, boshaft-ironischen Plauderton

erzählt Alarcón die Geschichte neu, in einer Form, die erst von VALLE-INCLÁN (1869–1936) wiederaufgenommen und weiterentwickelt werden sollte. In Alarcóns Version erhält die Erzählung einen fröhlich-versöhnlichen Schluß und spielt zu Beginn des 19. Jahrhunderts, da »*in Spanien noch in allen Bereichen des öffentlichen und privaten Lebens das ›Ancien régime‹ herrschte, als hätten sich inmitten so vieler Neuerungen und Wirren die Pyrenäen in eine zweite Chinesische Mauer verwandelt*«. Zu dieser Zeit lebt in Andalusien, nahe dem Städtchen *** – die ungenannt bleibende Stadt ist Guádix, die Heimat des Dichters –, Lucas Fernández, der Müller, mit »señá« Frasquita, seiner Frau, in glücklicher Eintracht, er »*häßlich wie die Nacht*«, aber über alle Maßen »*sympathisch und angenehm*«, sie »*eines der schönsten, anmutigsten und bewunderungswürdigsten Werke, die je aus Gottes Hand hervorgegangen sind*« und trotzdem »*eine gute Frau, ein Engel, unschuldig wie ein vierjähriges Kind*«. Ihr eifrigster Verehrer ist der Stadtrichter, der zusammen mit anderen Honoratioren der Stadt, dem Anwalt, dem Obersten der Miliz, dem Prior des Franziskanerklosters, dem Bischof, die Mühle zu besuchen pflegt, denn sie ist ein Ausflugsort und Treffpunkt der guten Gesellschaft. Um an das Ziel seiner frivolen Wünsche zu gelangen, bestimmt er den Dorfschulzen Juan López, den Müller des Nachts in einer angeblich dringenden Angelegenheit aus dem Hause holen zu lassen. Währenddessen schleicht er selbst im Umhang und Dreispitz dorthin, fällt aber in der Dunkelheit in den Mühlbach und wird von der resoluten Frau mit der Flinte bedroht, so daß er vor Kälte und Schreck einen Anfall erleidet und von Frasquita kurzerhand ins Bett gesteckt wird. Dort sieht durchs Schlüsselloch der Müller ihn liegen, der Verdacht geschöpft hat und heimlich zurückgekehrt ist. Natürlich glaubt er sich betrogen, schwört, sich zu rächen, ergreift Hut und Mantel des Stadtrichters, von seiner Frau zum Trocknen auf die Leine gehängt, und eilt mit den Worten »*auch die Stadtrichterin ist hübsch*« zum Haus des Rivalen, um dort Gleiches mit Gleichem zu vergelten. Doch bei der Stadtrichterin hat er ebensowenig Erfolg wie der Stadtrichter bei »señá« Frasquita. Zum Schluß geht alles gut, nur für den Stadtrichter nicht, dem die tugendhafte Gattin höchst eindrucksvoll den Standpunkt klarmacht. Die Mühle wird wie zuvor Treffpunkt der guten Gesellschaft. Nur der Stadtrichter verschwindet. Von ihm wird erzählt, nach den großen Veränderungen des Jahres 1808 sei er durch einen französischen Marschall ersetzt worden und im Gefängnis gestorben, denn er habe »*nicht einen einzigen Augenblick (zu seiner Ehre sei es gesagt) mit der Fremdherrschaft gemeinsame Sache machen wollen*«.
Geist und Stimmung dieser »*Königin der spanischen Erzählungen*« (E. Pardo Bazán), ihre spielerische Anmut, zierliche Spontaneität und verschmitzte Boshaftigkeit hat Manuel de Falla (1873–1943) in seinem gleichnamigen Ballett (*Der Dreispitz*, 1919) in kongenialer Weise musikalisch wiedergegeben. *El sombrero de tres picos* stellt heute das einzige Werk des im Augenblick nur wenig geschätzten Autors dar, das nicht der Vergessenheit anheimfiel. Vor allem die Thesenromane Alarcóns »*sind einerseits neben Fernán Caballeros noch zu ähnlich, ohne deren Originalität beanspruchen zu können, und erwecken andererseits nicht das Interesse, mit denen man den dualistischen Romanen eines Pereda oder Pérez Galdós als Vorstufen ihrer Schaffenshöhepunkte begegnen kann*« (W. Kreutzer).   F.I.

AUSGABEN: Madrid 1874. – Madrid 1954 (in *Obras completas*, Hg. L. Martínez Kleiser). – NY 1965. – Madrid 1968 (in *Obras completas*, Hg. u. Einl. L. Martínez Kleiser; m. Biogr. v. M. Catalina). – Madrid 1975, H. u. Einl. V. Gaos (Clás. Cast.). – Madrid 1985, Hg. u. Einl. A. López-Casanova (Cátedra). – Madrid 1986, Hg. u. Einl. J. Rubio Jiménez (Austral).

ÜBERSETZUNGEN: *Der Dreispitz*, H. Meister, Lpzg. 1886 (RUB). – Dass., V. Schubert, Stg. 1961. – Dass., H. Weyl, Wiesbaden 1963 (IB). – Dass., E. V. Dombrowski, Mchn. 1970. – Dass., H. Meister, Stg. 1981.

BEARBEITUNG: F. Ringgenberg, *Der Dreispitz als passe partout*, Elgg 1959.

VERTONUNGEN: H. Wolf, *Der Corregidor* (Oper; Urauff.: Mannheim 7. 6. 1896; Text: R. Mayreder). – M. de Falla, *El sombrero de tres picos* (Ballett; Urauff.: 1919).

VERFILMUNGEN: *Il cappello a tre punte*, Italien 1934 (Regie: M. Camerini). – *La pícara molinera*, Spanien/Frankreich 1954 (Regie: L. Klimovsky).

LITERATUR: A. Bonilla y San Martín, *Los orígenes de »El sombrero de tres picos«* (in RH, 13, 1905, S. 5–17; siehe auch R. Foulché-Delbosc, ebd., 18, 1908, S. 468–487). – E. B. Place, *The Antecedents of »El sombrero de tres picos«* (in PQ, 8, 1929, S. 39–42). – J. E. Gillet, *A New Analogue of A.'s »El sombrero de tres picos«* (in RH, 73, 1928, S. 616–628). – E. de Chasca, *La forma cómica en »El sombrero de tres picos«* (in Hispania, 36, 1953, S. 283–285). – R. A. Mazzara, *Dramatic Variations on Themes of »El sombrero de tres picos«: »La zapatera prodigiosa« and »Una viuda difícil«* (in Hispania, 41, 1958, S. 186–189). – V. Gaos, *Ensayos y estudios de literatura española*, Madrid 1959, S. 177–201. – R. W. Winslow, *The Distinction of Structure in A.'s »El sombrero de tres picos« and »El Capitán Veneno«* (in Hispania, 46, 1963, S. 715–721). – O. Bělič, »*El sombrero de tres picos« como estructura épica* (in O. B., Análisis estructural de textos hispánicos, Madrid 1969, S. 117–141). – V. Gaos, *Técnica y estilo de »El sombrero de tres picos«* (in Claves de la literatura española, Bd. 1, Madrid 1971, S. 383–405). – S. G. Armistead u. J. H. Silverman, *El corregidor y la molinera: Some Unnoticed Germanic Antecedents* (in PQ, 51, 1972, S. 279–291).

BOZORG ALAVI

* 2.2.1904 Teheran

ČAŠMHĀYAŠ

(iran.-npers.; *Ü: Ihre Augen*). Roman von Bozorg ALAVI, erschienen 1952. – Der teils in politischen, teils in Künstlerkreisen spielende Roman erzählt die Geschichte von der tragischen Liebe der schönen Farangis zu dem Maler Makan. Farangis entstammt einer aristokratischen iranischen Familie. Ihre erste Begegnung mit dem berühmten Maler verläuft jedoch recht enttäuschend für sie, da er sie, die verwöhnte junge Dame, kaum beachtet. – In Paris, wohin Farangis sich begeben hat, um Malerei zu studieren, führt sie, von vielen wegen ihrer Schönheit umschwärmt, zunächst ein ziemlich unbekümmertes Leben: die meiste Zeit verbringt sie mit Nichtstun. Dann aber lernt sie mehrere iranische Studenten kennen, die sich von Paris aus illegal gegen die in ihrem Heimatland herrschende Diktatur betätigen, und beteiligt sich eine Zeitlang an der politischen Arbeit dieser Widerstandsgruppe. Doch immer mehr muß sie erkennen, daß es ihr als Malerin sowohl an Begabung wie auch an Ausdauer fehlt. »*Mir ist nie beigebracht worden, wie man arbeitet*«, beklagt sie sich bei ihren Freunden. – Nach Iran zurückgekehrt, nimmt sie alsbald Verbindung mit Makan auf, der eine illegale demokratische Gruppe leitet. Daß sie sich nun endgültig zur Teilnahme an der politischen Widerstandstätigkeit entschließt, geschieht jedoch weniger aus Überzeugung oder Mitgefühl für die Leiden des iranischen Volkes – denn von diesem hat die ihr zuteil gewordene Erziehung sie bisher ferngehalten –, sondern vielmehr deshalb, weil sie nach Erfüllung ihres eigenen Daseins, nach Selbstverwirklichung und persönlichem Glück strebt. Vor allem aber vermag sie sich dem Einfluß der starken Persönlichkeit Makans nicht zu entziehen; sie übernimmt Aufträge für ihn und stellt die Verbindung mit den im Ausland lebenden iranischen Demokraten her. Makan beginnt sie zu lieben, ohne jedoch die innere Zwiespältigkeit gewahr zu werden, an der sie leidet. Aber auch Farangis, die sich durch ihre Herkunft und Vergangenheit belastet fühlt, bringt es nicht fertig, sich ihm ganz anzuvertrauen, so daß sie letztlich doch nicht zueinander finden. – Schließlich werden die Widerständler von der Polizei entdeckt und Makan verhaftet. Farangis gelingt es zwar, seine Freilassung zu erreichen, doch muß sie dem Polizeipräsidenten, der sie seit langem umwirbt, die Heirat versprechen. Makan aber glaubt, daß sie ihn aus freiem Entschluß in der Zeit der Not im Stich gelassen habe; deshalb malt er sie in einem Bild, das er »Ihre Augen« nennt, mit einem Ausdruck, der sie leichtsinnig, doch zugleich auch ernst und rätselvoll erscheinen läßt. – Dieser Roman, der die soziale und politische Situation Irans zwischen den beiden Weltkriegen widerspiegelt, zeigt besonders deutlich die Schaffensmethode Alavis, dem es durch geschickte psychologische Analyse gelingt, die Handlungen seiner Helden überzeugend zu motivieren und die auftretenden Personen lebendig zu charakterisieren. D.V.

AUSGABE: Teheran 1952.

ÜBERSETZUNG: *Ihre Augen*, H. Melzig, Bln. 1959.

LITERATUR: V. Kubíčková (in J. Rypka, *Iranische Literaturgeschichte*, Lpzg. 1959). – D. Raffat, *The Prison Papers of B. A.: A Literary Odyssey,* Syracuse/N.Y. 1985.

NĀMEHĀ O DĀSTĀNHĀ-YE DIGAR

(iran.-npers.; *Briefe und andere Erzählungen*). Sammlung von Erzählungen von Bozorg ALAVI, erschienen 1951. – Die Haupterzählung dieser Sammlung ist *Nāmehā (Briefe)* betitelt. Ein häßlicher, buckliger Richter erhält das schönste Mädchen aus Schiras zur Frau. Sie ist der Preis für die Vertuschung der von ihrem Vater begangenen Verbrechen. Als die Frau jedoch von ihrem Geliebten erschossen wird, lebt der Richter nur noch für seine über alles geliebte Tochter Schirin, die ihren Vater tief verehrt. Unter dem Eindruck anonymer Briefe, in denen die Verfehlungen ihres Vaters beschrieben werden, verwandelt sich Schirins Verehrung für diesen jedoch in tiefe Verachtung. Sie selbst setzt die Briefe fort, und der Richter muß erleben, daß seine Tochter, die mittlerweile Anschluß an die fortschrittliche Jugend des Landes gefunden hat, sich nicht nur politisch, sondern auch menschlich immer weiter von ihm entfernt.
Auch die anderen Erzählungen der Sammlung behandeln hauptsächlich Themen, die soziale Probleme des zeitgenössischen Iran berühren. So berichtet etwa die Erzählung *Gile mord (Der Mann aus Gilan)* über Geschehnisse während des Bauernaufstands in den turbulenten Jahren nach dem Ersten Weltkrieg, und die Erzählung *Eǧāre-ye ḫāne (Hausmiete)* beschreibt das Leben einer armen Familie in einem Mietshaus. – Als Titel der Erzählung *Dezašub (Dezašub)* dient der Name eines Teheraner Vororts, in dem der Autor eine Zeitlang gelebt hat. Dort stirbt ein armer alter Bauer aus Gram darüber, daß seine einzige Tochter, für deren Ausbildung zur Hebamme er seinen letzten Pfennig ausgegeben hat, ihn verläßt und in die Stadt zieht, um sich dort mit einem jungen »Herrn« einzulassen. – Die Erzählung *Jerenecka (Jerenečka)* schildert das Los einer Polin, die während des letzten Weltkriegs – wie Tausende anderer unglücklicher Männer und Frauen – in den Iran geflüchtet war. – Auch die übrigen Erzählungen der Sammlung befassen sich mit humanitären und zeitbezogenen Themen, die die soziale Lage im Iran erhellen. Für dieses Buch wurde der Autor 1953 mit der Goldmedaille des Weltfriedensrates ausgezeichnet. D.V.

Ausgabe: Teheran 1951.

Literatur: R. Gelpke, *Die iranische Prosaliteratur im 20. Jh.*, Tl. 1, Wiesbaden 1962. – J. Rypka, *History of Iranian Literature*, Dordrecht 1968, S. 414 ff.

EDWARD ALBEE

* 12.3.1928 Washington D.C.

Literatur zum Autor:
Bibliographien:
R. E. Amacher u. M. Rule, *E. A. at Home and Abroad: A Bibliography*, NY 1973. – Ch. L. Green, *E. A.: An Annotated Bibliography 1968–1977*, NY 1980. – R. A. Wilson, *E. A.: A Bibliographical Checklist* (in American Book Collector, 4, 1983, Nr. 2, S. 37–44). – R. Tyce, *E. A.: A Bibliography*, Metuchen/N.J. u. a. 1986.
Forschungsberichte:
R. Brede, *E. A.* (in LWU, 8, 1975, S. 30–46). – Ph. C. Kolin u. J. M. Davis, *Introduction* (in *Critical Essays on E. A.*, Hg. dies., Boston 1986, S. 1–40).
Gesamtdarstellungen und Studien:
R. E. Schulz-Seitz, *E. A. – der Dichterphilosoph der Bühne*, Ffm. 1966. – H. M. Braem, *E. A.*, Velber 1968; ern. Mchn. 1977. – N. Vos, *Eugène Ionesco and E. A.: A Critical Essay*, Hg. R. Jellema, Grand Rapids 1968. – R. E. Amacher, *E. A.*, Boston 1969; ern. 1982 (TUSAS). – C. W. E. Bigsby, *A.*, Edinburgh 1969. – R. Cohn, *E. A.*, Minneapolis 1969. – R. Haas, *Wer hat Angst vor E. A.? Gedanken zum modernen amerikan. Drama* (in Universitas, 25, 1970, S. 347–362). – M. Rutenberg, *E. A.: Playwright in Protest*, NY 1969. – R. Hayman, *E. A.*, Ldn. 1971; NY 1973. – A. Paolucci, *From Tension to Tonic: The Plays of E. A.*, Carbondale 1972. – H. Rauter, *E. A.* (in *Amerikan. Lit. der Gegenwart*, Hg. M. Christadler, Stg. 1973, S. 488–505). – *E. A.: A Collection of Critical Essays*, Hg. C. W. E. Bigsby, Englewood Cliffs/N.J. 1975. – R. Preuss, *Die Einsamkeit als Grunderfahrung des Menschen. Untersuchung des Menschenbildes in den Dramen E. A.s*, Diss. Freiburg i. Br. 1976. – F. Hirsch, *Who's Afraid of E. A.?*, Berkeley 1978. – L. Kerjan, *Le Théâtre d'E. A.*, Paris 1978. – A. M. Stenz, *E. A.: Poet of Loss*, Den Haag u. a. 1978. – M. Brunkhorst, *A.s Frühwerk im Kontext des absurden Theaters: Etappen einer Deutungsgeschichte* (in LWU, 12, 1979, S. 304–318). – *E. A.: Planned Wilderness*, Hg. P. De La Fuente u. a., Edinburgh 1980. – *E. A.: An Interview and Essays*, Hg. J. Wassermann u. a., Houston 1983. – C. W. E. Bigsby, *E. A.* (in C. W. E. B., *A Critical Introduction to Twentieth Century American Drama*, 3 Bde., 2, Cambridge u. a. 1984, S. 249–329). – *Critical Essays on E. A.*, Hg. Ph. C. Kolin u. J. M. Davis, Boston 1986. – G. McCarthy, *E. A.*, Ldn. 1987.

THE AMERICAN DREAM

(amer.; Ü: *Der amerikanische Traum*). Komödie von Edward Albee, Uraufführung: New York, 24. 1. 1961, York Playhouse; deutsche Erstaufführung: Berlin, 7. 10. 1961, Schiller-Theater-Werkstatt. – In diesem Stück von einem der führenden Vertreter des absurden Theaters in den USA wird eine amerikanische Familie vorgeführt: der ältliche, reiche Papi, die herrschsüchtige Mami und die senil-vorwitzige Oma. Ihre Probleme und ihre Konversation scheinen sich darauf zu beschränken, wie man einen Handwerker für den kaputten Kühlschrank, die defekte Türklingel und die undichte Stelle »auf dem Örtchen« finden könne. Man erwartet Besuch; als jedoch endlich eine Frau Barker auftritt, will sich niemand mehr erinnern, wozu man sie eigentlich herbestellt hat. Aber schließlich enthüllt Oma die Hintergründe: Papi und Mami hatten vor etwa zwanzig Jahren bei Frau Barker einen Knaben adoptiert. Dieser schrie sich jedoch bald das Herz aus dem Leibe, seine Mutter kratzte ihm die Augen aus, weil er nur nach Papi schaute, und als er mit seinem »Sie-wissen-schon-was« spielte, schnitt man ihm dieses und später sogar seine Hände ab. Nachdem sich bei dem Knaben noch weitere Unarten und Anomalien gezeigt hatten (»... zum Beispiel: er hatte keinen Kopf auf den Schultern, er hatte kein Mark in den Knochen, kein Rückgrat ...«), starb er schließlich. Man hat Frau Barker nun herbeigerufen, um das damals bezahlte Geld von ihr zurückzufordern. Da tritt ein fremder junger Mann auf, der eine Stellung sucht und den Oma den »Amerikanischen Traum« tauft. Er scheint eine Art Zwillingsbruder des Verstorbenen zu sein, jedenfalls sind dessen Verstümmelungen bei ihm zu seelischen Schäden geworden: Er empfindet nur noch kalte Gleichgültigkeit, seine Gefühle sind abgestorben, er kann nicht mehr lieben. Frau Barker betrachtet sein Erscheinen als günstige Gelegenheit und präsentiert den jungen Mann zur großen Freude von Papi und Mami als Ersatz für den Verstorbenen. Oma aber unterbricht und beendet an dieser Stelle das Stück: »Schließlich ist dies eine Komödie ... Lassen wir alles in seinem jetzigen Zustand auf sich beruhen ... solange noch jedermann glücklich ist.« Das Alptraumhafte der Handlung wird noch unterstrichen durch zahlreiche Widersprüchlichkeiten im Detail. Mit den Stilmitteln des absurden Theaters greift Albee eine extrem individualistische Gesellschaft an, in der jeder nur »auf seine Rechnung kommen« will. – Außer Frau Barker kommen alle Personen des Stücks schon in dem Einakter *The Sandbox*, 1959 (*Der Sandkasten*), vor, den Albee dem Andenken seiner Großmutter gewidmet hat. Darin und in der Tatsache, daß der Autor zwei Wochen nach seiner Geburt von dem reichen Varietédirektor Reed Albee und dessen Frau adoptiert wurde, deuten sich die autobiographischen Züge des Stücks an. J.F.

AUSGABEN: NY 1961. – NY 1962. – NY 1963 (Signet Books; m. Vorw. v. E. A.). – NY 1981/82 (in *The Plays*, 4 Bde., 1).

ÜBERSETZUNGEN: *Der amerikan. Traum*, P. Braun, Ffm. 1962 (FiBü). – Dass., ders. (in *Stücke*, Bd. 1, Ffm. 1968).

LITERATUR: W. V. Harris, *Morality, Absurdity, and A.* (in Southwest Review, 49, 1964, S. 249–256). – J. Glenn, *The Adoption Theme in E. A.'s »Tiny Alice« and »The American Dream«* (in *Lives, Events, and Other Players*, Hg. J. T. Coltrera, NY 1981, S. 255–269). – K. R. Shull, *A.'s Humanistic Enterprise: »The Sandbox« and »The American Dream«* (in North Dakota Quarterly, 51, 1983, Nr. 4, S. 116–128). – A. Pant, *The Illusion and Reality of Happiness in E. A.'s »The American Dream«* (in Kyushu American Literature, 26, 1985, S. 57–64). – F. Schulz, *Amerikakritik in E. A.s »The American Dream«* (in *Amerikanisierung des Dramas und Dramatisierung Amerikas*, Hg. M. Siebald u. H. Immel, Ffm. 1985, S. 173–193).

A DELICATE BALANCE

(amer.; *Ü: Empfindliches Gleichgewicht*). Stück in drei Akten von Edward ALBEE, Uraufführung: New York, 12. 9. 1966, Martin Beck Theatre; deutsche Erstaufführung: München, 26. 4. 1967, Kammerspiele. – Trotz sehr kontroverser Aufnahme und des von manchen Kritikern geäußerten Vorwurfs der Selbstwiederholung wurde Albee für dieses Werk zum erstenmal der Pulitzer-Preis zugesprochen, den man ihm für sein Erfolgsstück *Who's Afraid of Virginia Woolf?* verweigert hatte – eine verspätete Anerkennung seiner künstlerischen Verdienste.

Verglichen mit Albees Frühwerk ist das Salondrama *A Delicate Balance* ein relativ realistisches Stück, das jedoch auch wieder die für diesen Autor typischen, über eine scheinbar realistische Situation hinausweisenden Tiefenstrukturen aufweist. Albee stellt eine Familie vor, deren Mitglieder bemüht sind, in ihren Beziehungen zueinander ein »empfindliches Gleichgewicht« zu wahren und somit eine – labile – Atmosphäre der Sicherheit zu erhalten. Jedes Familienmitglied agiert nach einem festen Verhaltensmuster; alle Probleme und Ausbruchsversuche werden durch Sprachmanöver verdrängt, ignoriert oder im Keim erstickt. Wie auf einer Kreislinie bewegen sie sich stetig um die Sinnleere ihres Daseins herum.

Die Hausherrin Agnes, die besessen ist von dem Gedanken, daß sie eines Tages den Verstand verlieren und *»eine Fremde in der Welt«* werden könnte, achtet streng auf die Stabilität der Verhältnisse. Mit sanftem Druck beherrscht sie ihren lethargischen Mann Tobias. Seit dem Tod ihres kleinen Sohnes Teddy haben sie sich zunehmend einander entfremdet; sie schlafen in getrennten Zimmern. Mit ihrer Schwester Claire führt Agnes einen ständigen Kleinkrieg. Claire (›die Klarsehende‹) durchschaut die verfahrene Situation der Familie und reagiert frustriert mit Ironie und Zynismus. Da sie aber vom Wohlwollen der beiden abhängig ist, fügt sie sich immer wieder in die ihr zugedachte Rolle als verantwortungslose Alkoholikerin. Alle drei erwarten die Rückkehr Julias, der 36jährigen Tochter des Hauses, deren vierte Ehe gerade in die Brüche gegangen ist und die wie ein unreifes Kind wieder einmal zu den Eltern zurückkehren will.

Eine unerwartete Krisensituation entsteht, als die besten Freunde der Familie, Harry und Edna, ein ebenfalls ältliches Ehepaar, im Haus Zuflucht suchen. Die beiden, die Tobias und Agnes sehr ähnlich sind, waren im Laufe des Abends, den sie abweichend von der üblichen Gesellichkeit allein zubrachten, plötzlich von einer panischen Angst überfallen worden und fordern nun freundschaftlichen Beistand. Sehr zum Leidwesen Julias, die am nächsten Tag eintrifft, halten sie deren Mädchenzimmer besetzt und verkünden ihre Absicht, länger zu bleiben, ja sie verhalten sich so, als wären sie die Hausherren. In einer pathetischen Szene versucht deshalb die kindlich-hysterische Julia, die beiden mit der Pistole ihres Vaters zu vertreiben – und erntet dafür eine Ohrfeige von Edna.

Die folgende Nacht bringt erstaunliche Veränderungen: Tobias liegt kurzzeitig in Agnes' Bett, und auch Harry und Edna haben erstmals wieder flüchtigen Körperkontakt. Am nächsten Morgen fordert Agnes ihren Mann auf, eine Entscheidung zu fällen. Sie meint, Edna und Harry hätten eine tödliche Seuche eingeschleppt. Edna gegenüber wahrt sie aber den Schein der Höflichkeit. Als die beiden willensschwachen Männer unter sich sind, verkündet Harry, daß er und Edna wieder ausziehen werden. Sie haben beide eingesehen, daß sie im umgekehrten Fall Agnes und Tobias nicht aufnehmen würden. Bei Tobias löst diese Nachricht einen Gefühlsausbruch aus. In einer langen, lautstarken »Arie« gibt er zwar zu, daß er die Freunde nicht gern im Haus hat, besteht aber darauf, daß sie bleiben, weil sie ein Recht auf Hilfe hätten. Erstmals wird so eine zwischenmenschliche Beziehung als moralische Verpflichtung verstanden. Aber Harry und Edna verlassen dennoch das Haus, und die Familie stellt nach dieser symbolischen Invasion wieder ihr prekäres Gleichgewicht her.

Ähnlich wie in den Dramen Tennessee WILLIAMS' sind die Charaktere des Stücks auf Lebenszeit in die Einzelhaft ihrer Körper verbannt. Vor der Verantwortung für ihre Mitmenschen scheuen sie zurück, soziale Interaktion findet nur auf entpersönlichter Ebene statt. Im Gegensatz zu *Who's Afraid of Virginia Woolf?* ist am Ende einer alkoholreichen Reise durch die Nacht hier kein Hoffnungsschimmer zu sehen. Albee malt ein düsteres Bild des Verlusts: »Für alles ... wird es einmal zu spät.« Aus dem Titel und aus Bemerkungen im Stück ist zu schließen, daß der Autor mit der hier dargestellten Konstellation sogar auf das prekäre atomare Gleichgewicht zwischen den Weltmächten anspielen wollte. K.G.

AUSGABEN: NY 1966. – NY 1967. – Ldn. 1968. – Harmondsworth 1969. – NY 1981/82 (in *The Plays*, 4 Bde., 2).

ÜBERSETZUNG: *Empfindliches Gleichgewicht* – *Winzige Alice: 2 Dramen*, P. Braun, Ffm. u. Hbg. 1967 (FiBü).

VERFILMUNG: USA/England 1974 (Regie: T. Richardson).

LITERATUR: R. Michaelis, *E. A. wiederholt sich* (in Theater heute, 8, Juni 1967, S. 16–21). – P. Hübner, *Prekäre Gleichgewichte: A., Hofmannsthal und Camus* (in WW, 19, 1969, S. 28–34). – R. M. Post, *Fear Itself: E. A.'s »A Delicate Balance«* (in CLA, 13, 1969/70, S. 163–171). – J. v. Szeliski, *A.: A Rare Balance* (in TCL, 16, 1970, S. 123–130). – Ch. R. Bachmann, *A.'s »A Delicate Balance«: Parable as Nightmare* (in Revue des langues vivantes, 38, 1972, S. 619–630). – C. A. Sykes, *A.'s Beast Fables: »The Zoo Story« and »A Delicate Balance«* (in ETJ, 25, 1973, S. 448–455). – E. G. Bierhaus, *Strangers in a Room: »A Delicate Balance« Revisited* (in MD, 17, 1974, S. 199–206). – F. Busch, *A.'s »A Delicate Balance«: Balanceakt mit oder ohne Netz?* (in *Geschichte und Gesellschaft in der amerik. Literatur*, Hg. K. Schubert u. U. Müller-Richter, Heidelberg 1975, S. 220–231). – M. Winston, *E. A.: »A Delicate Balance«* (in *Das amerik. Drama der Gegenwart*, Hg. H. Grabes, Kronberg 1976, S. 29–43). – M. G. Porter, *Toby's Last Stand: The Evanescence of Commitment in »A Delicate Balance«* (in Theatre Journal, 31, 1979, S. 398–408). – M. P. Fumerton, *Verbal Prisons: The Language of A.'s »A Delicate Balance«* (in ESC, 7, 1981, Nr. 2, S. 201–211). – F. M. Robinson, *A.'s Long Night's Journey into Day* (in MLS, 11, 1981, Nr. 3, S. 25–32).

TINY ALICE

(amer.; *Ü: Winzige Alice*). Stück in drei Akten von Edward ALBEE, Uraufführung: New York, 29.12.1964, Billy Rose Theatre; deutsche Erstaufführung: Hamburg, 3.2.1966, Deutsches Schauspielhaus. – Das rätselhafte »metaphysische Traumspiel« *Tiny Alice*, dessen Broadway-Premiere mit Spannung erwartet wurde, konsternierte Kritiker und Publikum gleichermaßen. In ersten positiven Reaktionen gestanden einige Kritiker freimütig ihre Verblüffung: »*Das Stück entfaltet mit großem Geschick, was zum Teufel auch immer es aussagen will*« (H. Hewes, Saturday Review, 30.1.1965). Weitaus häufiger aber wurde der Autor in polemischen Rezensionen bezichtigt, durch Obskurität eine nicht vorhandene Tiefenstruktur vorzutäuschen. Scharfe Attacken richteten sich auch gegen das versteckt eingebrachte, nicht aber zentrale Thema der Homosexualität (›Tiny Alice‹ ist in homosexuellen Kreisen eine veraltete Bezeichnung für den menschlichen Anus). Das stark an PIRANDELLO, PINTER und T. S. ELIOT erinnernde Stück gewinnt seine enigmatische Komplexität aus den verwirrenden Rollenspielen der Charaktere, deren Identität und Beziehungen zueinander durchwegs doppelbödig bleiben. Anders als in *Who's Afraid of Virginia Woolf?* sind die Charaktere nicht mehr eigenständige Regisseure von Gesellschaftsspielen, sondern sie folgen den Regeln eines anonymen, gottähnlichen Spielleiters (des Autors?), der eine »endlose Metapher« inszeniert. *Tiny Alice* ist einem Schachspiel vergleichbar, das auf – mindestens – zwei Spielebenen abläuft, wobei die Figuren je nach Situation selbständig von einer Ebene auf eine andere wechseln.

Die Oberflächenstruktur der Handlung ist relativ einfach wiederzugeben: In einem Gespräch, das zwischen geschäftlicher Routine und persönlichen Angriffen schwankt, überbringt ein Anwalt seinem verhaßten ehemaligen Schulkameraden, dem »Kardinal«, die Botschaft seiner Mandantin: Das junge, reiche Fräulein Alice will der Kirche jährlich ein Vermögen stiften. Begierig auf die immense Geldsumme, entsendet der Kardinal seinen Sekretär, den Laienbruder Julian, um diese geschäftliche Transaktion abzuwickeln. Im Schloß des Fräulein Alice wird Julian aber das Opfer einer mysteriösen Verschwörung: Alice und ihre beiden Geliebten, der Anwalt und ihr Butler (ein Mann namens Butler), wollen ihn von seinem religiösen Glauben abbringen. Julian erliegt schnell Alices erotischer Verführungskunst; der Kardinal selbst vollzieht bald ihre Trauung. Als Julian sich aber weigert, das Realitätskonzept der Verschwörer, denen auch der Kardinal beisteht, anzunehmen, schießt ihn der Anwalt nieder. Damit ist die Mission der Verschwörer erfüllt, sie verlassen den tödlich Verwundeten. Julian stirbt in der Pose des Gekreuzigten vor einem minuziös nachgebauten Modell des Schlosses, während der riesige Schatten *»einer ungeheuren Wesenheit«* und akustisch verstärkte Herzschläge den Raum erfüllen.

In der Form einer Parabel widmet sich Albee in diesem Stück wieder seinem Generalthema, dem vergeblichen Versuch des Menschen, sich durch die Flucht in Illusionen der Realität zu entziehen. Der Autor wendet sich gegen weltabgewandten Eskapismus, indem er am Beispiel des religiösen Glaubens eine symbolische Deutung des Begriffs »Illusion« entwickelt. Julians Leidensweg ist so als ein poetischer Heilungsprozeß zu verstehen. – Der Laienbruder hat sechs Jahre seines Lebens in einer Anstalt verbracht, weil er den Widerspruch zwischen der Natur Gottes und dem Bild, das sich die Menschen von Gott machen, nicht überwinden konnte. Ebensowenig kann er seine menschlichen Fehler und Bedürfnisse mit seinem Glauben in Einklang bringen. Er wünscht sich das Einssein mit dem Abstrakten. In Alices kafkaeskem Schloß steht er gleichsam einem umgekehrten Spiegelbild seines von religiösen »Phantasien« geprägten Wirklichkeitskonzepts gegenüber. Als zentrales Symbol dient dabei das Modell des Schlosses, das Julian erstaunt bewundert. Man erklärt ihm, daß sich (nach Art der russischen Puppe oder der chinesischen Schachtel) in diesem Modell wieder ein Modell des Modells befinde. Dieses Verschachtelungsprinzip ist endlos fortsetzbar. Doch erfährt Julian ferner, daß das Modell wiederum als Entwurf für das Schloß gedient habe. Dadurch ergibt sich auch die Möglichkeit einer Schachtelung in umgekehrter Richtung: Das Gebäude, in dem sich die handelnden Personen aufhalten, könnte wiederum selbst ein Modell in einem noch größeren Schloß sein. Diese Möglichkeit spiegelt Julians Lebenskonzept, da er sich nach einem metaphysischen »Überbau« sehnt. Ihm wird jedoch ebenso wie dem Zuschauer die Umkehrbarkeit dieses Denkprinzips verdeutlicht.

Zu seinem Erstaunen lernt der Laienbruder Alice als eine häßliche alte Frau kennen, die aber bald ihre Maskierung ablegt und ihm als verführerische Schönheit gegenübertritt. Doch auch diese – nunmehr junge – Alice wird als Person nicht faßbar. Sie erweist sich als eine personifizierte Abstraktion (Alice = griech. *Aletheia* = »Wahrheit«), als eine Allegorie des Metaphysischen, die jedoch nicht frei von menschlichen Bedürfnissen ist. Darin ist die Umkehrung von Julians Problem zu sehen: Er, der Mensch, sehnt sich nach dem Abstrakten; sie, die Abstraktion, sehnt sich nach dem Menschsein. Der menschliche Zugang zu Alice wird Julian verwehrt. Sie gibt ihm nach der Hochzeit vielmehr zu verstehen, daß er jene winzige, weltliche Alice geheiratet hat, als deren Heimat man sich folgerichtig die Replik des Schlosses denken muß. Julian muß schließlich ungläubig das akzeptieren, was er sich immer gewünscht hat: die Realität der Abstraktion. Dies kommt aber einer »Verkleinerung« der weltlichen Lebenswirklichkeit gleich: In der Aura metaphysischer Realität ist die physische Realität des menschlichen Lebens in den »Unterbau« und somit in das Modell des Schlosses verbannt.

Wie in vielen Dramen Albees (vgl. z. B. *The Zoo Story*) ist auch der Bewußtseinsprozeß Julians ein schmerzhafter Vorgang. Er muß das Leid des Menschseins akzeptieren und stirbt mit den Worten: »*Gott, Alice ... ich füge mich Deinem Willen.*« Albee bietet damit einen betont offenen Schluß, den er selbst erläutert hat: »*Am Ende geschieht, ganz wie Ihr Glaube es sehen mag, eins von beiden: Entweder das Abstraktum personifiziert sich, erweist sich als real; oder der sterbende Mann schafft sich in einer letzten notwendigen Anstrengung der Selbsttäuschung etwas, das, wie er weiß, nicht existiert, und glaubt daran.*« Schon wenige Tage nach der Uraufführung lagen 18 verschiedene Interpretationen des Stücks vor; die Zahl kontroverser Auffassungen des Stücks ist bis heute ständig gewachsen. Einig sind sich die Kritiker allenfalls darüber, daß – verglichen mit Albees Frühwerk – *Tiny Alice* einen experimentellen, wenn auch schwer entschlüsselbaren Fortschritt darstellt und als Metatheater – als fiktives Spiel – auch die Positionen des Postmodernismus vorausnimmt. K.G.

AUSGABEN: NY 1965. – NY 1966. – Ldn. 1966. – NY 1981/82 (in *The Plays*, 4 Bde., 2).

ÜBERSETZUNGEN: *Winzige Alice*, P. Braun (in Theater heute, 13, 1966, S. 85–103; Jahresheft *Theater 1966*). – Dass., ders., Ffm./Hbg. 1967 (FiBü). – Dass., ders., Bad Homburg v. d. H./Zürich 1980 [Bühnenms.].

LITERATUR: Th. B. Markus, »*Tiny Alice*« *and Tragic Catharsis* (in ETJ, 17, 1965, S. 225–233). – L. M. Ballew, *Who's Afraid of »Tiny Alice«?* (in Georgia Review, 20, 1966, S. 292–299). – B. F. Dukore, *»Tiny Alice«* (in Drama Survey, 5, 1966, S. 60–66). – C. W. E. Bigsby, *Curiouser and Curiouser: A Study of E. A.'s »Tiny Alice«* (in MD, 10, 1967, S. 258–266). – M. E. Campbell, *The Statement of E. A.'s »Tiny Alice«* (in Papers on Language and Literature, 4, 1968, S.85–100). – R. A. Davison, *E. A.'s »Tiny Alice«: A Note of Re-examination* (in MD, 11, 1968, S. 54–60). – R. H. Curry u. M. Porte, *The Surprising Unconscious of E. A.* (in Drama Survey, 7, 1968/69, S. 59–68). – A. Mandanis, *Symbol and Substance in »Tiny Alice«* (in MD, 12, 1969, S. 92–98). – W. Willeford, *The Mouse in the Model* (ebd., S. 135–145). – M. E. Campbell, *The Tempters in A.'s »Tiny Alice«* (in MD, 13, 1970, S. 22–33). – R. M. Coe, *Beyond Absurdity: A.'s Awareness of Audience in »Tiny Alice«* (in MD, 18, 1975, S. 371–383). – H. Razum, *E. A. und die Metaphysik* (in *Theater und Drama in Amerika*, Hg. E. Lohner u. R. Haas, Bln. 1978, S. 353–363). – M. C. Anderson, *Staging the Unconscious: E. A.'s »Tiny Alice«* (in Renascence, 33, 1980, S. 178–192).

WHO'S AFRAID OF VIRGINIA WOOLF?

(amer.; Ü: *Wer hat Angst vor Virginia Woolf?*). Schauspiel in drei Akten von Edward ALBEE, Uraufführung: New York, 13. 10. 1962, Billy Rose Theatre; deutsche Erstaufführung: Berlin, 13. 10. 1963, Schloßpark-Theater. – In den Ehekrieg des 46jährigen George, Professor an einem Provinzcollege, und der 52jährigen Martha, Tochter des Collegepräsidenten, wird das junge Ehepaar Nick und »Honey« verwickelt, als es nach einer Party in die Wohnung der beiden eingeladen wird. Im Verlauf eines nächtlichen, alkoholisch-rituellen Gelages decken beide Paare die Ursachen ihrer Eheprobleme auf und finden dadurch zu neuer Zuneigung auf höherer Bewußtseinsstufe.

Im ersten Akt, überschrieben *Fun and Games (Gesellschaftsspiele)*, beleidigt und demütigt Martha ihren Mann in Gegenwart der Gäste; sie nennt ihn einen Versager als Mensch, als Ehepartner und in seiner beruflichen Laufbahn als Historiker. Als Reaktion darauf läßt George den Biologen und karrierebewußten College-Neuling Nick seine Überlegenheit spüren und belehrt ihn über die dehumanisierenden Aspekte der auf ein Retortenmenschtum zielenden biologischen Experimente. Im zweiten Akt, *Walpurgisnacht*, erzählt George die autobiographisch-fiktive Geschichte eines Jungen, der ungewollt zum Mörder seiner Eltern wurde, und im Verlauf eines auf die »*Demütigung der Gäste*« abzielenden »Spiels« stellt sich heraus, daß Nick eine Frau nur wegen ihrer eingebildeten Schwangerschaft und wegen des Vermögens, zu dem ihr Vater als Wanderprediger gelangt ist, geheiratet hat. Um sich an dem »Versager« George zu rächen, verführt im »Hausfrauenschänderspiel« Martha den jungen Biologen zu »*einem kleinen Experiment*«, bei dem Nick, weniger trinkfest als die Gastgeberin, ebenfalls versagt. Zum Äußersten getrieben, entschließt sich George, die Lebenslüge, die seine und Marthas Ehe bisher zusammengehalten hat, zu zerstören: Um eines illusionslosen Neubeginns willen soll der Sohn, der, ein Symbol der Unschuld, Vollkommenheit und Zukunft, nur in ihrer beider Einbildung existiert, sterben. Im dritten Akt, *Exorcism (Austreibung)*, wird Martha zur Angeklagten und Verurteilten, weil sie sich angesichts des intellektuell-erotischen Machtkampfes beider Männer auf die Seite dessen geschlagen hat, der den pragmatisch-technischen Konformismus vertritt. Das letzte, »christliche« Gesellschaftsspiel, »Wie sag' ich's meinem Kinde?«, handelt vom Tod des Sohnes, »*weil der Vater es so will*«. Es weckt in Honey den Wunsch nach einem Kind und endet damit, daß George und Martha, nachdem sie ihren »Sohn« in rituellem Responsorium zu Grabe getragen haben, erkennen, daß sie aufeinander angewiesen sind.

Nach dem für Albee bereits sehr erfolgreichen Jahr 1961 (»Off Broadway«-Premieren von *The Death of Bessie Smith*, *The American Dream*, *The Ballad of the Sad Café*) markierte die Uraufführung von *Who's Afraid of Virginia Woolf?* in einem der großen Broadwaytheater einen ersten Einschnitt im Werk des Dramatikers. Ein Wendepunkt zeichnet sich aber auch im Stück selbst ab: Die Anklänge an IONESCOS und BECKETTS »absurdes Theater« sind verschwunden, die verächtliche Gestaltung des »American way of life« ist subtiler und allgemeingültiger geworden. Mit der Verwirklichung seiner Jahre vor der Niederschrift dieses Stückes erklärten Absicht, er wolle, wie GENET, Dramen schreiben, die »*so tief unter die Haut gehen, daß es fast unerträglich ist*«, schloß Albee an das moderne amerikanische Drama eines T. WILLIAMS u. E. O'NEILL sowie an die Ehedramen STRINDBERGS an, deren Problematik er nach eigener Aussage damals nur durch die Lektüre O'Neills kannte. Im Gegensatz zu Strindberg und auch zu O'Neill geht es ihm nicht um die Darstellung tiefenpsychologischer Probleme; psychologische Prinzipien sind für ihn nur Instrumente zur Diagnose der Gesellschaft. Wenn zwischen ihm und Strindberg Gemeinsamkeiten festgestellt werden, dann beschränken sie sich auf die Einstellung der Personen zur Ehe, auf den Haß der Geschlechter. Albee imitiert Strindberg nicht, er teilt Empfindungen mit ihm (vgl. etwa Strindbergs *Der Stärkere* und *Totentanz*). Ist der realistisch-gesellschaftskritische Charakter seiner Dramen ebenso wie die durch psychische Tortur bewirkte Selbstentblößung seiner Figuren europäischer Provenienz, so verweisen seine Themen und Motive auf Ideen, die die amerikanische Geistesgeschichte durchziehen: auf den Mythos der adamitischen Unschuld und des amerikanischen Traums, auf den Mamismus und die Idee des Lebensgefängnisses. In *Who's afraid*... ist der »*blonde, gut gebaute, gut aussehende*«, einem wissenschaftlichen Futurismus huldigende Nick mit seiner Kontrastfigur, dem Historiker und Humanisten George, eine Parodie der adamitischen Unschuld, da der Autor ihm »positives Denken« abverlangt. George wiederum zerstört den von ihm und Martha genährten »amerikanischen Traum«, als er den imaginären Sohn, Sinnbild Adams, am Tag seiner Volljährigkeit »tötet«. Auch in der Geschichte, die George – von Martha höhnisch »Mr. Amerika« genannt – im zweiten Akt erzählt, erscheint der Mord als ein Akt der Selbstbefreiung vom Mythos des amerikanischen Adam. Auch der kulturkritische Begriff des Mamismus, 1942 geprägt von Philip WYLIE, ist für die Interpretation der Dramen Albees relevant. Gemeint ist eine Form des Matriarchats, die im Verlauf der Erziehung eines Jungen zu einer trotz aller Auflehnung dagegen immer stärkeren Bindung an die Mutter führt; diese Bindung werde später auf die Ehefrau übertragen, was je nach Temperament Haß, Zorn, stille Rebellion oder Resignation zur Folge habe. Im Fall Nicks führt dies zu Impotenz im engsten, im Fall Georges zu Impotenz im weitesten Sinn. Der Mann als Erziehungsprodukt der Frau sieht in dieser nicht mehr die Spenderin des Lebens, sondern das Symbol des Nicht-Lebens: Honey, »*klein, schmal und ohne weibliche Rundungen*«, hat sich ihre Schwangerschaft nur eingebildet und gesteht während des »Hausfrauenschänderspiels«, daß sie keine Kinder haben will – ein Wunsch, der nach der Peripetie des Dramas ins Gegenteil umschlägt. Im Gegensatz zu ihr verkörpert Martha das allgewaltige Matriarchat, wenn sie (im ersten Akt) dem Gatten unter ständigen Beschimpfungen und Demütigungen gewissermaßen die Faust auf die Brust setzt, d. h. ihn unter den Tisch trinkt.

Aufschlußreich ist auch die Schauplatzgestaltung: Das Wohnzimmer, obwohl ähnlich ausgestattet wie im Boulevardtheater, erweckt den Eindruck, als sei es den beiden Paaren zum Gefängnis fürs Leben geworden. Nicht zufällig hat Albee eine Vorliebe für den vieldeutigen Begriff *box* (*Sandbox*, 1960; *Box – Quotations of Chairman Mao – Box*, 1968), der im amerikanischen Slang auch für »Sarg« und für die »Klemme«, in die jemand gerät, steht. Wenn er in seinen Dramen damit eine ausweglose Situation bezeichnet, so entspricht dies der im europäischen und angloamerikanischen Theater zu beobachtenden Neigung, eng begrenzte Räume symbolträchtig werden zu lassen (ELIOT, WESKER, PINTER, IONESCO, BECKETT, CAMUS, GENET, WILLIAMS, DÜRRENMATT). Im Hinblick auf die Gespräche zwischen dem Biologen und dem Historiker wird man – im Sinn SPENGLERS – das Stück als Psychodrama der Angst und Untergangsstimmung angesichts der durch die Naturwissenschaft bewirkten Dehumanisierung deuten müssen (vgl. ›Times Literary Supplement‹, 27. 2. 1964). – Für die Interpretation des Stücks ist auch der Titel von Bedeutung: Wenn in der tschechischen Übersetzung der Name »Virginia Woolf« durch »Franz Kafka« ersetzt wurde, so hat man außer acht gelassen, daß Albee den Witwer der englischen Schriftstellerin ausdrücklich um Genehmigung bat, ihren Namen verwenden zu dürfen, der ja nicht nur auf »emanzipierte Frauen« (H. Braem) hinweist, sondern auch auf die für Albees Dialoggestaltung wichtigen Techniken des inneren Monologs und des Bewußtseinsstroms, in denen der *»innere Fluß logisch und ethisch nicht filtriert wird«* (E. R. Curtius). Bereits im ersten Entwurf hatte Albee die Worte *»Who's afraid of Virginia Woolf?«*, die er an der Wand einer Bar im New Yorker Künstlerviertel Greenwich Village gelesen hatte, leitmotivisch in sein Spiel verwoben, dem er damals noch den Haupttitel *Exorcism* geben wollte. Daß der Titel das Kinderlied »Wer hat Angst vor dem bösen Wolf?« parodiert, ist ebenfalls von Bedeutung, geht es doch in dem Stück durchweg um das traurige Lied vom »Kind« Georges und Marthas. Zudem weist *wolf* als Slangausdruck für »Schürzenjäger« auf den Mitgiftjäger Nick. So deutet bereits der multivalente Titel auf die gesellschaftskritische Absicht des Dramas, dessen direkter Angriff dem Lebens- und Partystil der beiden Ehepaare und dem geistigen Klima auf dem College-Campus von Neukarthago gilt, das, wie der Name impliziert, zerstört werden muß.

Den Einfluß FREUDS verraten nicht nur Albees Techniken der »freien Assoziation« und »Regression« (beides zentrale Begriffe aus dem Verschlüsselungsgeschehen der Freudschen Traumforschung), sondern auch die Form des Dramas (vgl. auch die Riten von Gewalt und Tod in Stücken wie *The Zoo Story* und *The Death of Bessie Smith*) und seine Sprache. Verdrängte und verdeckte Gefühle sind Voraussetzungen für Aggression, die ihrerseits Voraussetzung ist für die Form der Farce, die keine szenische Klimax kennt und im Gegensatz zur Komödie unentwegt entlarvt (E. Bentley). Die Form der Farce bringt ungehemmte Phantasien und alltäglich eintönige Realitäten dialektisch zusammen – eine Dialektik, die Albee meisterhaft beherrscht. Aber auch melodramatische Elemente – Übertreibung und Sentimentalisierung – sind in dem Stück verarbeitet. Alkoholische Exzesse, imaginärer Mord, psychische Folterung des Partners führen zu einem versöhnlichen Ende: Alle Lebenslügen werden benannt, erkannt und damit, laut Freud, überwunden; die desillusionierten Ehepartner fassen wieder Zuneigung zueinander. Und schließlich hat Albee wie in einer Tragikomödie das Komische (alkoholisch vernebelte Zitate und Liedanfänge, Spielcharakter der Einzelszenen) mit dem Tragischen (verzweifelter Kampf zwischen George und Martha) verbunden. Aus der Mischung traditioneller Formen ist ein modernes Stück entstanden, das mit den Mitteln der Ironie, der Allegorie und des umgangssprachlichen Dialogs die Gefährdung des einzelnen in einer kranken Zivilisation beklemmend vor Augen führt. O.Ku.

AUSGABEN: NY 1962; [4]1963. – Harmondsworth 1964; ern. 1970. – NY 1983.

ÜBERSETZUNG: *Wer hat Angst vor Virginia Woolf?*, P. Braun, Ffm./Hbg. 1963 (FiBü); [20]1986. – Dass., ders. (in *Stücke*, Bd. 1, Ffm. 1968).

VERFILMUNG: USA 1965 (Regie: M. Nichols).

LITERATUR: I. Nagel, *Requiem für die Seele: Über A.s »Wer hat Angst vor Virginia Woolf?«* (in NRs, 74, 1963, S. 646–651). – Anon., Rez. (in TLS, 27. 2. 1964). – D. McDonald, *Truth and Illusion in »Who's Afraid of Virginia Woolf?«* (in Renascence, 17, 1964, S. 63–69). – A. Lewis, *The Fun and Games of E. A.* (in A. L., *American Plays and Playwrights of the Contemporary Theatre*, NY 1965, S. 81–98). – E. Roy, *»Who's Afraid of Virginia Woolf?« and the Tradition* (in Bucknell Review, 13, 1965, S. 27–36). – A. C. Hilfer, *George and Martha: Sad, Sad, Sad* (in *Seven Contemporary Authors*, Hg. Th. B. Whitbread, Austin 1966, S. 119–139). – C. W. E. Bigsby, *»Who's Afraid of Virginia Woolf«. E. A.'s Morality Play* (in Journal of American Studies, 1, 1967, S. 257–268). – J. Flash, *Games People Play in »Who's Afraid of Virginia Woolf?«* (in MD, 10, 1967, S. 280–288). – L. Paul, *A Game Analysis of A.'s »Who's Afraid of Virginia Woolf?«* (in Literature and Psychology, 17, 1967, S. 47–51). – R. Meyer, *Language, Truth, and Illusion in »Who's Afraid of Virginia Woolf?«* (in ETJ, 20, 1968, S. 60–69). – Th. E. Porter, *Fun and Games in Suburbia: »Who's Afraid of Virginia Woolf?«* (in Th. E. P., *Myth and Modern American Drama*, Detroit 1969, S. 225–247). – Th. P. Adler, *A.'s »Who's Afraid of Virginia Woolf?«: A Long Night's Journey into Day* (in ETJ, 25, 1973, S. 66–70). – P. Goetsch, *E. A.: »Who's Afraid of Virginia Woolf?«* (in *Das Amerikanische Drama*, Hg. ders., Düsseldorf 1974, S. 295–318). – J. P. Quinn, *Myth and Romance in A.'s »Who's Afraid of Virginia Woolf?«* (in Arizona Quarterly, 30, 1974, S. 197–204). – H. P. Blum, *A Psychoanalytic View of »Who's Afraid of Virginia Woolf?«* (in *Lives, Events, and Other Players*, Hg. J. T. Coltrera, NY 1981, S. 271–283). – D. Ducker, *›Pow!‹ ›Snap!‹ ›Pouf!‹ The Modes of Communication in »Who's Afraid of Virginia Woolf?«* (in CLA, 26, 1982/83, S. 465–477).

THE ZOO-STORY

(amer.; Ü: *Die Zoogeschichte*). Einakter von Edward ALBEE, Uraufführung: Berlin, 28. 9. 1959, Werkstatt des Schillertheaters; amerikanische Erstaufführung: New York, 14. 1. 1960, Provincetown Playhouse. – Das Zweipersonenstück spielt an einem sommerlichen Sonntagnachmittag im New Yorker Central Park, die Antagonisten sind der Durchschnittsbürger Peter, Familienvater und

Verlagslektor, und der vereinsamte Außenseiter der Gesellschaft Jerry. Dieser verwickelt den auf einer Bank in seine Lektüre vertieften Peter in ein Gespräch über seinen Besuch im Zoo, wo er beobachtet hat, wie Mensch und Tier, durch Gitterstäbe getrennt und vergeblich um Verständigung bemüht, einander angstvoll belauern. Um dem anderen diese Erfahrung zu veranschaulichen und ihn aus seiner Selbstzufriedenheit aufzuscheuchen, erzählt Jerry die gleichnishafte Geschichte von sich und dem Hund seiner Zimmerwirtin: Immer wenn er heimgekommen sei, habe ihn das »Biest« zähnefletschend angeknurrt. Er habe vergeblich versucht, es sich mit Hilfe von Frikadellen zum Freund zu machen, und ihm schließlich Rattengift gegeben. Daß das Tier daran nicht gestorben sei, habe seinem innersten Wunsch entsprochen, denn nun könne er die weitere Entwicklung ihrer Beziehung beobachten. *Wir müssen die Wirkungen unserer Handlungen kennenlernen.* Im weiteren Verlauf des Gesprächs wird diese Situation plötzlich umgekehrt: Jerry wird aggressiv, drängt sein Gegenüber von der Bank, zieht ein Messer und spielt es Peter zu. Dessen bürgerlichen Konformismus und seine Symbole (Wellensittiche, Katzen, Töchter und Ehefrau) verhöhnend, stürzt er sich in das Messer. *Die Zoogeschichte* stellt die Rebellion eines Einzelgängers dar, der zwischen sich und der leistungs- und konsumorientierten Massengesellschaft Gitterstäbe errichtet sieht. Jene, die in der sogenannten Freiheit leben, zwingen alle, die mit ihrem System nicht konform gehen, in die Unfreiheit und Isolation. Der Selbstmörder Jerry ist der wahre Sieger der Auseinandersetzung, denn er hat erreicht, daß Peter nicht mehr derselbe Mensch ist, der er vor der Konfrontation war – eine Wandlung, auf die Albee auch beim Zuschauer abzielt: *»Ich glaube, der höchste Ausdruck von Kunst ist die Tragödie ... Es ereignet sich etwas, wenn man einen anderen Menschen erkennt ... Und ich glaube, wenn man das Theater nicht als ein anderer Mensch verläßt, hat man nur Geld verschwendet.«* Dem beklemmenden und bestürzenden Geschehen der *Zoo-Story* entsprechen die ständig zwischen extremen Gefühlslagen und -äußerungen hin und her flackernden Dialoge.

Daß die amerikanische Erstaufführung im Off-Broadway-Theater der Provincetown Players stattfand, ist bezeichnend. Ähnlich wie die in Europa entwickelte freie Bühne (etwa eines André Antoine in Paris, Otto Brahm in Berlin, John Green in England, Stanislavskij in Moskau) war diese kleine New Yorker Bühne stets um Unabhängigkeit vom kommerziellen Theaterbetrieb bemüht. FREUD und MARX sind die Ausgangspunkte ihres psychologischen und sozialen Realismus, mit dem sie seit der Aufführung von O'NEILLS Einakter *Bound East for Cardiff* (1916) gegen den romantischen Bühnenstil rebellierte. Eine Generation später schloß sich Albee mit seinem Erstlingsdrama diesem Programm an.   O.Ku.

AUSGABEN: Baltimore 1960 (in Evergreen Review, Bd. 4, Nr. 12). – NY 1960 [zus. m. *The Sandbox*]. – NY 1962 [zus. m. *The American Dream*]. – Ldn. 1963. – NY 1981/82 (in *The Plays*, 4 Bde., 1).

ÜBERSETZUNG: *Die Zoogeschichte*, P. Braun (in *Der amerikanische Traum*, Ffm. 1962; FiBü). – Dass., ders. (in *Stücke*, Bd. 1, Ffm. 1968).

LITERATUR: R. A. Zimbardo, *Symbolism and Naturalism in E. A.'s »The Zoo Story«* (in 20th Century Literature, 8, 1962, S. 10–17). – K. Schwarz, *E. A.'s »The Zoo Story«* (in NSp, 68, 1969, S. 261–267). – W. M. Force, *The ›What‹ Story? or Who's Who at the Zoo?* (in Studies in the Humanities, 1, 1969/70, S. 47–53). – R. S. Wallace, *»The Zoo Story«: A.'s Attack on Fiction* (in MD, 16, Juni 1973, S. 49–54). – P. Goetsch, *E. A.'s Zoogeschichten: Zur eingelagerten Erzählung im modernen Drama* (in Amerik. Drama und Theater im 20. Jahrhundert, Hg. A. Weber u. S. Neuweiler, Göttingen 1975, S. 289–318). – R. B. Bennett, *Tragic Vision in »The Zoo Story«* (in MD, 20, 1977, S. 55–66). – C. Thomiszer, *Child's Play: Games in »The Zoo Story«* (in College Literature, 9, 1982, Nr. 1, S. 54–63). – F. D. White, *A.'s Hunger Artist: »The Zoo Story« as a Parable of the Writer vs. Society* (in Arizona Quarterly, 39, 1983, Nr. 1, S. 15–22). – G. Ahrends, *Stationen einer Odyssee: E. A.s »The Zoo Story«* (in Anglistik & Englischunterricht, 28, 1986, S. 81–96).

ALBER (VON WINDBERG)

12. Jh.

TUNDALUS

Verslegende (mhd.) von dem Mönch ALBER, entstanden um 1191. – Die Tundalus-Legende, die in den Bereich der Jenseitsvisionen gehört, ist ein beliebter und verbreiteter Erzählstoff des Mittelalters. Die Geschichte des irischen Ritters Tnugdalus oder Tundalus, der im Jahre 1149 bei einem Gastmahl scheintot niederfällt, eine Vision vom Leben der Seele in Himmel und Hölle hat, dadurch bekehrt wird und nach seinem Erwachen ins Kloster geht, ist uns erstenmal in einem lateinischen Prosatext überliefert, der bald nach 1149 abgefaßt sein muß. Der Autor der *Visio Tnugdali* gibt seinen Namen selbst am Eingang des Prologs als Frater MARCUS an.

Wie der spätere deutsche Bearbeiter berichtet, war Marcus Mönch in Regensburg und verfaßte die *Visio* auf Bitten einer Äbtissin Gisila des Nonnenklosters St. Paul zu Regensburg. Diese lateinische Prosafassung ist die Quelle für eine ebenfalls lateinische Versbearbeitung aus dem 13.Jh. Außerdem beruhen auf Marcus' Text niederrheinische bzw. mittelfränkische (so Carl v. Kraus) Bruchstücke der

Legende, deren Abfassungszeit ins spätere 12.Jh. fällt. Sie halten sich getreu an die Vorlage.
Eine eigenständige deutsche Bearbeitung ist dagegen die Versdichtung Albers, der sie im Auftrag eines Mönches Konrad in Windberg, der vielleicht mit dem Abt Konrad des Klosters identisch ist, verfaßte. Sie ist in bairischer Mundart geschrieben, ihre Verstechnik weist noch Unregelmäßigkeiten auf. Alber schildert die Vision von den Qualen der Seele in der Hölle, um ein warnendes Beispiel zu geben: »*daz unser hant und unser zunge / sî ein warnunge!*« In kräftigen Farben entwirft er das Bild des lebensfrohen, edlen Ritters Tnugdalus, der zwar alle höfischen Tugenden – Freigebigkeit, Mut, Liebenswürdigkeit – in sich vereinigt, aber vom Standpunkt des geistlichen Verfassers aus sich den weltlichen Freuden zu sehr hingibt und seine religiösen Pflichten, den Kirchgang und die Armenpflege, vernachlässigt. Hier klingen schon die Gegensätze zwischen weltlicher und geistlicher Sphäre an, die in der Höllen- und Himmelsvision hart gegeneinander abgesetzt sind. Die Seele schaut, von einem Engel geführt, zunächst die verschiedenen Stationen der Hölle – Schwefelpfuhle, Schlangenhöhlen, brennende Wüsten. Aber Alber geht es in seiner Schilderung nicht um das Abstraktum, den »*dogmatischen Ort*« Hölle (H. de Boor), wie er im Mittelpunkt früherer Jenseitsschilderungen steht (vgl. z. B. *Himmel und Hölle*), sondern um das konkrete Schicksal der einzelnen Seele, die für das bestraft wird, was sie im Leben begangen hat. So erleidet Tnugdalus Ängste und Qualen, als er eine Kuh, die er im irdischen Leben gestohlen hat, über eine mit Nägeln beschlagene Brücke führen muß, unter der schreckenerregende Seeungeheuer schwimmen. Nach dem Anblick der Hölle schaut die Seele den Himmel, der in konzentrischen Kreisen die Erlösten umschließt. Von den noch nicht Geläuterten, die auf der äußersten Mauer sitzen, dringt die Seele in den innersten Bezirk vor, in dem sich die Seligen und die Engel befinden. In der Himmelsvision des Tundalus begegnen zum erstenmal Gedanken, wie sie später Dante ALIGHIERI in seiner Jenseitsschilderung gestaltet (vgl. *La Comedia*).
Himmel und Hölle, höchste Seligkeit und grausame Qual, stehen einander gegenüber, aber nicht als dogmatische Begriffe, sondern als Lebenserfahrungen des einzelnen. Die Verdichtung metaphysischer Vorstellungen, in denen sich Weltangst und Jenseitshoffnung des Zeitalters aussprechen, zum individuellen menschlichen Schicksal mag die breite Wirkung erklären, die die Tundalus-Legende erfahren hat. A.Roe.

AUSGABEN: Erlangen 1882 (in *Visio Tnugdali*, Hg. A. Wagner; lat. u. mhd. Fassg.). – Halle 1894 (in *Deutsche Gedichte des 12.Jh.s*, Hg. C. v. Kraus; m. Komm.; mittelfränkische Bruchstücke). – Zürich 1921 [lat. u. dt. Fassg.; Übers. K. Falke; m. 14 Holzschnitten u. Initialen v. O. Baumberger]. – Mchn. 1980, Hg. N. F. Palmer.

LITERATUR: E. Schröder, *Alber v. Windberg* (in ZfdA, 50, 1908, S. 391 ff.). – E. Peters, *Quellen u. Charakter der Paradiesvorstellungen in der dt. Dichtung vom 9.–12.Jh.*, Breslau 1915, S. 123–134. – Ehrismann, 2/1, S. 162. – E. Schröder, *Die Überlieferung von A.s »Tundalus«* (in ZfdA, 72, 1935, S. 249 ff.). – H. Lang, *Zur Entwicklung der mhd. Versnovelle*, Diss. Mchn. 1951. – De Boor, 1, S. 195/196. – H.-W. Rathjen, *Die Höllenvorstellungen in der mittelhochdeutschen Literatur*, Diss. Freiburg i. Br. 1956. – H. Spilling, *Die »Visio Tnugdali«. Eigenart und Stellung in der mittelalterlichen Visionsliteratur bis zum Ende des 12.Jh.s*, Mchn. 1975. – W. Freytag, *A.* (in VL², 1, Sp. 108–111). – Ch. Gerhardt, *»... und treten auf ein Fuß.« Zu A.s »Tnugdalus« V. 417 f.* (in Schweizer Archiv für Volkskunde, 77, 1981, S. 202–204). – N. F. Palmer, *»Visio Tnugdali«: The German and the Dutch Translations and Their Circulation in the Later Middle Ages*, Mchn. 1982.

JUAN BAUTISTA ALBERDI

* 20.8.1810 San Miguel de Tucumán
† 18.6.1884 Neuilly / Frankreich

LITERATUR ZUM AUTOR:
Historia de la literatura argentina, Hg. R. A. Arrieta, Bd. 2, Buenos Aires 1958, S. 311–361 [m. Bibliogr.]. – J. M. Mayer, *A. y su tiempo*, Buenos Aires 1963. – J. L. Campobassi, *Las ideas políticas de A.* (in Lecciones y Ensayos, 27, Buenos Aires 1964, S. 97–104). – M.J. López, *A. y la realidad nacional*, Buenos Aires 1972.

BASES Y PUNTOS DE PARTIDA PARA LA ORGANIZACIÓN POLITICA DE LA REPÚBLICA ARGENTINA

(span.; *Grundlagen und Ausgangspunkte für die politische Organisation der argentinischen Republik*). Theoretische Schrift von Juan Bautista ALBERDI (Argentinien), erschienen 1852. – Als Alberdi von der Niederlage des Diktators Juan Manuel Rosas bei Caseros (1852) erfuhr, zog er sich in ein Landhaus zurück und verfaßte diese berühmte Schrift, in der er das Musterbild einer politisch organisierten argentinischen Nation entwarf. Das Werk enthält außer theoretischen Überlegungen den Entwurf zu einer Verfassung sowie – seit der Ausgabe von 1854 – die *Studie über die argentinische Verfassung von 1853*.
Alberdi faßt in seinem Programm die Ideale der argentinischen Intelligenz zusammen, die vor den Unterdrückungsmaßnahmen Rosas nach Chile oder Uruguay geflüchtet war. Die Bedeutung des Werks ist weniger literarischer als geistesgeschicht-

licher Art. Alberdi selbst hielt wenig von der Literatur und zog die französische und englische der spanischen Sprache vor. Die *Bases* bildeten den Grundstock der im Jahre 1853 in Santa Fé ausgearbeiteten Verfassung, in die die liberalen, fortschrittlichen Thesen Alberdis oft wörtlich übernommen sind und die mit wenigen Änderungen bis 1949 in Kraft blieb. Alberdis Ideen waren zur Zeit ihrer Niederschrift bereits Allgemeingut; nur die Schärfe des Denkens, die Klarheit der Darstellung und die Fähigkeit, feste Überzeugungen in zwingende Formulierungen zu fassen, verhalfen dem Werk zu seinem weittragenden Einfluß. Als Anhänger der Aufklärung und der sozialpolitischen Philosophie ROUSSEAUS tritt Alberdi leidenschaftlich für Freiheit und Menschenrechte ein, die unter Rosas Diktatur mit Füßen getreten wurden. In seinen Verfassungsvorschlägen hält er sich weitgehend an die in der Verfassung Nordamerikas verankerten liberalen Prinzipien wie Föderalismus, Gewaltenteilung, Präsidialregierung, Gewissens- und Religionsfreiheit, Trennung von Staat und Kirche etc. Alberdi ist überzeugt, daß die Diktatur in Argentinien nur durch das Mißverhältnis zwischen Landfläche und Bevölkerungszahl entstehen konnte. Demgemäß lautet seine Parole »*Regieren heißt bevölkern*«. Vor allem mit dieser Doktrin, die bis heute wenig von ihrer Schlagkraft verloren hat, polemisierte er gegen die Praktiken Rosas, der Argentinien gegen alle fremden Einflüsse und Einwanderungen isoliert und so dem eklatanten Menschenmangel des Landes, das um 1800 auf 2 Millionen Quadratkilometern nur 900 000 Einwohner zählte, Vorschub geleistet hatte. Alberdis These, daß nur eine großzügige Besiedlungs- und Einwanderungspolitik die Zukunft Argentiniens sichern könne, wurde von bedeutenden argentinischen Staatsmännern in der zweiten Hälfte des 19. Jh.s übernommen und verwirklicht und trug damit wesentlich zum raschen Aufschwung des argentinischen Staates bei.

A.F.R.

AUSGABEN: Buenos Aires 1852. – Valparaiso ²1852. – Buenos Aires 1920 (in *Obras selectas*, Hg. J. V. González, Bd. 10) – Buenos Aires 1957, Hg. A. L. Palacios. – Santa Fé 1963, Hg. L. Gianello. – Buenos Aires 1969, Hg. J. M. Mayer. – Buenos Aires 1974. – Buenos Aires 1979.

LITERATUR: A. S. Carranza, *El gran americano J. B. A.*, Tucumán 1920 [m. Bibliogr.]. – G. S. Moreau, *A. y la organización nacional*, o. O. 1925. – B. Canal-Feijoo, Constitución y revolución, J. B. A., Buenos Aires 1955. – J. M. Mayer, *Las »Bases« de A.*, Buenos Aires 1969.

EL CRIMEN DE LA GUERRA

(span.; *Das Verbrechen des Krieges*). Schrift von Juan Bautista ALBERDI (Argentinien), erschienen 1895. – Alberdi, der mit seinen *Bases* die Grundlagen der argentinischen Republik schuf, vertritt hier die Ansicht, daß ein Krieg unter allen Umständen ein Verbrechen sei. Wenn es auch nach Hugo GROTIUS' Definition ein Recht auf Krieg gebe, so bedeute doch jede Berufung auf einen »gerechten« Krieg schon darum ein Sakrileg an der Gerechtigkeit, weil jede kriegführende Partei letzten Endes eigene Interessen vertrete.

Das Recht auf Krieg sei ein unchristliches Relikt des römischen Rechts. Während sich das Zivilrecht weiterentwickelt und humanisiert habe, befinde sich das Völkerrecht noch im Zustand der Barbarei. Aber das Völkerrecht verkörpere nichts anderes als das Zivilrecht der ganzen Menschheit; denn auf der Einheit der Legislatur beruhe das gesamte Gebäude menschlichen Rechts. Der Staat müsse dabei als kollektive Person behandelt werden. Dies setze allerdings eine freiheitliche Staatsordnung voraus, die es den Regierenden unmöglich mache, Krieg gegen den ausdrücklichen Willen des Volkes zu führen.

Alberdi erkennt die große Bedeutung, die der öffentlichen Meinung als Waffe gegen die Verantwortungslosigkeit der Regierenden zukommt. Trotz seiner optimistischen Annahme, daß der einzelne keinen Krieg wünsche, hält er es aber doch für notwendig, die Menschen zur Friedensbereitschaft zu erziehen. Geradezu für Wegbereiter des Friedens hält er den Handel und die öffentlichen Kommunikationsmittel; ein wichtiger Garant sei die Neutralität. In diesem Zusammenhang greift er die romantische Vorstellung einer Völkerfamilie auf, einer freien Vereinigung, die nicht unbedingt Föderation bedeuten müsse. Dieses »Weltvolk« entwickle sich spontan in dem gleichen Maße wie die Gesellschaft und werde sich in großen geographischen Blöcken ordnen, die den großen Religionsgemeinschaften entsprechen. – An diese theoretischen Erörterungen schließt sich eine Kritik südamerikanischer Verhältnisse. Südamerika sei absurderweise das klassische Land der Kriege, obwohl dort Völker gleicher Sprache, Religion und Kultur wohnten, die zudem noch Gebiete bevölkern, die sie nicht ausfüllen können. Dieser Kontinent habe zwar Helden, auf dem Gebiet der Kultur und Technik jedoch fast nichts hervorgebracht, nichts jedenfalls, was zur friedlichen Entwicklung der Welt beitrage. Sein Wahlspruch sei »Ruhm und Freiheit«, obwohl (Kriegs-)Ruhm und Freiheit diametrale Gegensätze seien.

Dieses Werk fasziniert durch seine kühne Vorwegnahme der heute so aktuellen Forderungen nach Neutralität und übernationalen völkerrechtlichen Institutionen. Auch Erkenntnisse wie die der einigenden Macht wirtschaftlicher und handelspolitischer Interessen verblüffen um so mehr, als diese fortschrittlichen Gedanken Teile einer uns heute naiv optimistisch anmutenden Betrachtungsweise sind.

B.v.B.

AUSGABEN: Buenos Aires 1895 (in *Escritos póstumos*, 16 Bde., 1895–1901, 2). – Buenos Aires 1920 (in *Obras selectas*, 18 Bde., 16). – Buenos Aires 1957.

LITERATUR: G. Díaz Doin, *A. y »El crimen de la guerra«* (in Cuadernos Americanos, 18, 1959, Nr. 102, S. 193–207). – *Diccionario de literatura latinoamericana. Argentina*, Bd. 1, Washington 1960. – J. L. Romero, *A History of Argentine Political Thought*, Stanford 1963.

PEREGRINACIÓN DE LUZ DEL DÍA O VIAJE Y AVENTURAS DE LA VERDAD EN EL NUEVO MUNDO

(span.; *Luz del Días Pilgerfahrt oder Abenteuerliche Reise der Wahrheit in die Neue Welt*). Allegorischer Roman von Juan Bautista ALBERDI (Argentinien), erschienen 1871. – Geschrieben im freiwilligen Exil in Paris, wo Alberdi bis an sein Lebensende blieb, hat dieser »*allegorische Roman über die Politik der La-Plata-Staaten... das Verdienst, sich von allem zu unterscheiden, was damals geschrieben wurde*« (Anderson Imbert). Im Jahre 1870 beschließt die Wahrheit, um den Greueln der Alten Welt zu entfliehen, unter dem Namen »Luz del Día« (Tageslicht) nach Amerika auszuwandern. Doch in Buenos Aires, wo sie landet, begegnet sie alsbald ihren alten Feinden, die ebenfalls ausgewandert sind: dem Heuchler Tartuffe, dem Intriganten Basilius, dem Zyniker Figaro, dem Gauner Gil Blas. Die Enttäuschungen mehren sich im weiteren Verlauf der Reise, als Luz del Día zu den alten Hidalgos, den Nachfahren der spanischen Konquistadoren, gelangt und unter ihnen Don Juan, den Verführer, und andere wenig vorbildliche Gestalten antrifft. Erst als sie Don Quijote begegnet, schöpft die Pilgerin neue Hoffnung. Der »Ritter von der traurigen Gestalt« ist im Begriff, seinen alten, in dem Roman von Cervantes geäußerten Wunsch zu verwirklichen und Schäfer zu werden: Auf der Grundlage der Schafzucht will er in Patagonien ein freiheitliches, republikanisches Staatswesen errichten. Aber – dies schildert der dritte und letzte Teil des Romans – das Unternehmen schlägt fehl, die Republik »Quijotiana« floriert nicht: Die Ideale des Liberalismus lassen sich in dem Argentinien Sarmientos (reg. 1868–1874) nicht verwirklichen.

Der Wert dieses seltsamen Buchs, dessen Gestalten lediglich Personifikationen abstrakter Begriffe und als solche zum Teil bekannten Werken europäischer Autoren – MOLIÈRE, BEAUMARCHAIS, LESAGE, CERVANTES usw. – entnommen sind, liegt allein im Gedanklichen. Voll von kritischen, bald ironisch-humorvollen, bald sarkastischen Beobachtungen und Bemerkungen bezeugt es auf jeder Seite die Lebensweisheit und Menschenkenntnis Alberdis, leider nicht in gleichem Maße auch seine Vertrautheit mit den Verhältnissen und Problemen Südamerikas. In dieser Hinsicht wirkt sich seine lange Abwesenheit von der Heimat negativ aus. Wie die Moralisten des 18. Jh.s beherrscht Alberdi die Kunst der aphoristisch pointierten, überraschenden Formulierung, die manchmal zum Widerspruch reizt und immer zum Nachdenken zwingt. Als literarische Schöpfung ist das Werk jedoch unvollendet. Es fehlt ihm die Einheit und Folgerichtigkeit des Aufbaus, die Gestalten sind unlebendig und blaß, Sprache und Stil, wie in allen Schriften Alberdis, verwildert, voll von lexikalischen und syntaktischen Gallizismen, von schwerfälligen, dem Französischen nachgebildeten Fügungen. »*Es ist kein Roman, sondern nur der Entwurf zu einem Roman*« (Anderson Imbert). A.F.R.

AUSGABEN: Buenos Aires 1871. – Buenos Aires 1887 (in *Obras completas*, 8 Bde., 7).

LITERATUR: A. Monfort u. P. Rojas Paz, *A., ciudadano de la soledad* (in Sur, 83, 1941, S. 76–78). – C. M. Onetti, *A., escritor* (ebd., 107, 1943, S. 76–78). – C. Sánchez Viamonte, *El pensamiento liberal argentino en el siglo XIX*, Buenos Aires 1957.

PIERRE ALBERT-BIROT

* 22.4.1876 Angoulême
† 25.7.1967 Paris

LITERATUR ZUM AUTOR:
F. Pouey, *Entretiens avec P. A.-B.*, Brüssel 1958. – J. Follain, *P. A.-B.*, Paris 1967. – *Connaissance de A.*, Hg. M. Pons, Saint-Front-sur-Lemance 1968. – E. Helmlé, *P. A.-B.* (in KLFG).

GRABINOULOR

(frz.; *Ü: Grabinoulor*). Poetisch-humoristische Prosa von Pierre ALBERT-BIROT. Nach des Autors eigenen Angaben umfaßt das Werk insgesamt sechs Bücher; davon liegen als größere Folgen gedruckt vor: Buch I (26 Kapitel), 1921; Buch I und II (31), 1933; ausgewählte Kapitel aus Buch I (11), II (10) und III (5), 1964. Die jüngste Ausgabe enthält außerdem eine *Note* von Jean FOLLAIN sowie von Albert-Birot einen Vortext *La langue en barre* und als Appendix einen Brief Grabinoulors an seinen Freund, den Advokaten Follain, über eine Gerichtsverhandlung gegen den General Pétain im August 1945. – Grabinoulor ist ein mythischer Doppelgänger seines Erfinders: einerseits ein moderner Großstädter, eine Art Kasperl freilich, ein rechtes wackeres Mannsbild, reichlich ausgestattet und jederzeit bereit, männlich in Aktion zu treten; anderseits ein allvermögendes adamitisches Urwesen mit ungeahnten Fähigkeiten, dem Zeit und Raum und Kausalität keine Schranken bieten. Grabinoulor lebt in einer porösen, elastischen, vor allem einer freundlichen, lichten Welt, in der es ihm behagt. Mühelos mischt er Alltag und Wunder; das »*Ferment des Absurden*« (Guillaume APOLLINAIRE) ist ihm unentbehrlich; er liebt es, die Dinge zu verrücken, zu verformen und in ihr Gegenteil zu verkehren; am allerliebsten aber, so scheint es, lebt er so vor sich hin, ißt, schläft, beschläft, geht spazieren und läßt seine Gedanken und Vorstellungen sich durch den Kopf und aufs Papier wandern. Albert-Birots deutliche Vorliebe für eine erotische Drastik ist auch kasperlhaft-unschuldig, eher RABELAIS' und BALZACS *Contes drôlatiques (Tolldrastische Geschichten)* nahestehend als der groben oder abgefeimteren Pornographie.

Jedes der sechs Bücher besteht aus einer Folge anfangs kürzerer, später immer umfangreicherer selbständiger Episoden, die miteinander nicht näher verknüpft sind als etwa Eulenspiegels Streiche in dem alten deutschen Schwankbuch. Immerhin kehren im Fortgang der »Epopöe« gewisse Nebenfiguren wieder: Monsieur Poire, Monsieur Stop, Furibar, Eugénie und Grabinoulors Freund Bondieu-Toubleu. In der Darstellung verbinden und durchdringen sich banale, klowneske, phantastische und surrealistische Elemente; in der Sprache steigern sich Argot, Archaismen, Wortspiele, Worterfindungen zu einer an Kurven, Wendungen und Überraschungen reichen Redseligkeit, die sich wohl gelegentlich auch umständlich explizierend benimmt, doch immer hurtig, leicht, vergnügt und durchtrieben daherkommt. Als Albert-Birot, der zuerst als Bildhauer tätig war und später seinen Lebensunterhalt als Restaurator von Antiquitäten verdiente, in den Jahren 1916–1918 die kleine avantgardistische Zeitschrift ›Sic‹ herausgab und selber druckte, verkündigte er, über den »Futurismus« hinaus, als die freieste aller modernen Kunstrichtungen den *nunisme* (von dem deutschen »nun«), ein Leben, Handeln und Erfinden aus dem Augenblick heraus, aus der unmittelbaren Erfahrung jetzt und hier, eine Art Trivial-Mystik für geniale Sonntagsdichter, die Grabinoulor mit einer geradezu unerschöpflichen Laune und Tatkraft praktiziert.

In *La langue en barre* begründet Albert-Birot das Fehlen jeglicher Interpunktion in *Grabinoulor*. Die Sprache wird hier nicht kleinteilig ausgemünzt, wie dies bei der Verwendung zu logischen Zwecken üblich und unerläßlich ist; als poetisches Wort beschreibt sie jedesmal einen einzigen Atem-Bogen, jedes Kapitel ist gleichsam ein kompakter Barren Sprache und soll deshalb auch *»mit einem (offenkundig nicht zu entbehrenden) Minimum an Intelligenz und einem Maximum an Artikulation, in einer einzigen durchgehaltenen Tonlage«*, gelesen werden. Mit dieser rücksichtslosen Notierung eines ununterbrochen fortgehenden Sprachflusses erweist sich Albert-Birot unverkennbar als genialer Vorläufer mancher seither in Übung gekommenen Techniken. F.Ke.

AUSGABEN: Paris 1921 [Buch 1]. – Paris 1933 [Buch 1 u. 2]. – Paris 1955, Hg. A. Lebois *(Grabinoulor-Amour, précédé de Passeport pour l'île Albert-Birot).* – Paris 1964. – Paris 1965 *(Grabinoulor, livre III, chapitre 2).* – Mortemart 1968 *(Grabinoulor, livre IV, chapitre 9).* – Marseille 1976 *(Grabinoulor, livre 6, chapitre 14;* in Sud, 19, 1976, S. 31–33).

ÜBERSETZUNGEN: *Grabinoulor,* E. Koch, Mchn. 1973. – *Das erste Buch von Grabinoulor,* E. Helmlé, Mchn. 1980.

LITERATUR: J. Follain, Rez. (in NRF, 40/41, 1933). – M. Jacob, Rez. (in NL, 12, 1933). – G. Marcel, Rez. (in L'Europe Nouvelle, 15. 7. 1933). – A. Miguel, *»Grabinoulor« ou la liberté* (in Cahiers du Sud, 55, 1965, S. 100–104). – A. Lebois, *»Grabinoulor« redivivus* (in Le Thyrse, 58, 1965, S. 317–323). – R. Abirached, *Visite à »Grabinoulor«* (in NRF, 25, 1965, S. 568–572). – J. Roudaut, *Rendre justice à »Grabinoulor«* (in Mag.litt., 70, Nov. 1970, S. 56–57).

LEON BATTISTA ALBERTI

* 14.2.1404 Genua
† 25.4.1472 Rom

LITERATUR ZUM AUTOR:
G. Mancini, *Vita di L. B. A.*, Florenz ²1911. – L. Olschki, *L. B. A.* (in L. O., *Geschichte der neusprachlichen wissenschaftlichen Literatur*, Bd. 1, Lpzg. 1919, S. 45–88). – G. Santinello, *L. B. A.*, Florenz 1962. – J. Gadol, *L. B. A.*, Chicago 1969. – F. Tateo, *A., Leonardo e la crisi dell'umanesimo*, Bari 1971. – E. Garin, *Il pensiero di L. B. A. e la cultura del Quattrocento* (in Belfagor, 27, 1972, S. 501–521). – S. F. Mirri, *Ironia e pessimismo nel pensiero di L. B. A.* (in FI, 7, 1972, S. 47–64). – G. Ponte, *L'ideale letterario di L. B. A.* (in RLI, 77, 1973, S. 5–25). – *Convegno internazionale indetto nel V centenario di L. B. A.* (1972), Rom 1974. – A. F. Nagel, *Rhetoric, Value, and Action in A.* (in MLN, 95, 1980, S. 39–65). – G. Ponte, *L. B. A., umanista e scrittore*, Genua 1981.

DELLA FAMIGLIA LIBRI IV

(ital.; *Vier Bücher über die Familie*). Moralphilosophische Schrift in Dialogform von Leon Battista ALBERTI, entstanden 1432–1434 (Bücher 1–3) und 1441 (Buch 4). – Ausgehend von einer Rückbesinnung auf antike griechische und römische Familien versucht das Werk, die Bedeutung der Familie unter den gegenüber dem Mittelalter gewandelten Verhältnissen der Renaissance neu zu bestimmen. Die positive und optimistische Einschätzung des familiären Zusammenlebens bezieht sich sowohl auf das Glück des einzelnen als auch auf die Wohlfahrt des Staates. Die Form des Werkes, ein fingierter Dialog zwischen den Brüdern Giannozzo, Lionardo, Adovardo und Battista am Krankenlager ihres 1421 verstorbenen Vaters Lorenzo Alberti, beschränkt sich zwar vordergründig auf den individuellen Familienkreis des Autors, doch den

Gesprächspartnern werden nach Alter und Auffassung typisierte Äußerungen in den Mund gelegt, die den zur Sprache gebrachten Inhalt ins Allgemeingültige überführen.

Das erste Buch befaßt sich mit Fragen der Erziehung und dem Verhältnis zwischen den Generationen, das zweite ist Problemen der Ehe gewidmet. Im dritten wird die familiäre Gemeinschaft unter wirtschaftlichen Aspekten betrachtet, während das nachträglich hinzugekommene, anläßlich eines Dichterwettstreits entstandene vierte Buch das Thema der Freundschaft, d. h. die Beziehung der Familie zur sie umgebenden Welt in den Mittelpunkt der Diskussion rückt.

Die Originalität und ›Modernität‹ von Albertis Standpunkt läßt sich am stärksten an der Rolle ablesen, die er der Zeit und dem Geld zuweist, sowie an der Tragweite des Ehr- und Tüchtigkeitsbegriffs. War im Mittelalter Zeit noch eine gottgegebene, dem Menschen nicht verfügbare Kategorie, so untersteht sie bei Alberti dem freien Gebrauch des Menschen, der nun dazu aufgerufen ist, Zeitplanung und Zeitverwendung zu seinem eigenen Nutzen zu gestalten. In ähnlicher Weise steht es dem Menschen auch frei, über materielle Güter zu verfügen und sie aus eigener Initiative, so vor allem durch Handel, zu vermehren. In jedem Fall aber bleibt der einzelne den Prinzipien von *onore* (Ehre) und *virtù* (Tugend) verbunden: Höchstes Ziel seines Arbeitens ist daher nicht persönlicher Reichtum, sondern der ehrende Einsatz für die familiäre und die staatliche Gemeinschaft. Die Frauen allerdings sind vom öffentlichen Wirken weitgehend ausgeschlossen, ihre Stellung beschränkt sich auf die verantwortliche Leitung der innerfamiliären Aufgaben, die als »*cose minori*«, als unbedeutender zu gelten haben. Mit Nachdruck betont Alberti die Notwendigkeit, in allen Dingen Ordnung zu halten, und er geht daher auch mit Akribie auf Detailfragen wie das Stillen der Säuglinge, das ideale Heiratsalter u. ä. ein.

Albertis Schrift ist nicht nur nach Umfang und Anspruch die bedeutendste ihrer Art in der italienischen Renaissance, sondern zeichnet sich auch durch ihre sprachlich-stilistische Qualität aus. In der Auseinandersetzung der Humanisten um das Primat des Lateinischen bzw. des Italienischen hat Alberti der Volkssprache den Weg gebahnt, indem er sie den Eigenarten des Humanistenlateins angenähert und so die vollendetste italienische Prosa des 15.Jh.s geschaffen hat. U.P.

AUSGABEN: Florenz 1844 (in *Opere volgari*, 5 Bde., 1843–1849, 2, Hg. A. Bonucci). – Florenz 1908, Hg. G. Mancini. – Florenz 1911; ²1913, Hg. F. C. Pellegrini (Biblioteca scolastica di classici italiani). – Florenz 1946, Hg. F. C. Pellegrini u. R. Spongano. – Bari 1960 (in *Opera volgari*, Bd. 1, Hg. C. Grayson; krit.; Scrittori d'Italia, 218). – Turin 1969, Hg. R. Romano u. A. Tenenti.

ÜBERSETZUNG: *Über das Hauswesen*, W. Kraus, Hg. F. Schalk, Zürich/Stg. 1962.

LITERATUR: F. Schalk, *L. B. A. und das Buch »Della famiglia«* (in RF, 62, 1950, S. 402–416). – C. Grayson, *Notes on the Text of Some Vernacular Works of L. B. A.* (in Rinascimento, 3, 1952, S. 212–231). – G. Di Pino, A., *»Della famiglia«* (in G. Di P., *Linguaggio della tragedia alfieriana e altri studi*, Florenz 1952, S. 31–42). – G. Ghinassi, *L. B. A. fra latinismo e toscanismo: la revisione dei »Libri della famiglia«* (in Lingua Nostra, 22, 1961, S. 1–6). – P. V. Mengaldo, Rez. d. Ausg. v. C. Grayson, Bari 1960 (in GLI, 138, 1961, fasc. 421, S. 113–131). – F. Tateo, *»Dottrina« ed »esperienza« nei libri della »Famiglia«* (in F. T., *Tradizioni e realtà nell'umanesimo italiano*, Bari 1967). – E. Frauenfelder, *Il pensiero pedagogico di L. B. A.*, San Giorgio a Cremano 1969. – G. Ponte, *Etica ed economia nel terzo libro »Della famiglia«* (in A. Molho u. J. A. Tedeschi, *Renaissance Studies in Honour of Hans Baron*, Dekalb/Ill. 1971). – L. Goggi Carotti, *Dalle »Intercenalia« ai libri della »Famiglia«: La prima formazione di L. B. A.* (in Annali della Scuola Normale Superiore di Pisa, N.S., 1, 1971, S. 375–414). – H. Mettler, *L. B. A.s Verhältnis zur Antike als Ausgangspunkt für seine Konzeption der Virtù-Interpretation von »Della famiglia«* (in Arcadia-Berlin, 8, 1973, S. 1–77). – A. Buck, *Ökonomische Probleme in den »Libri della famiglia« des L. B. A.* (in A. B., *Studia humanitas. Gesammelte Aufsätze 1973–1980*, Hg. B. Guthmüller u. a., Wiesbaden 1981, S. 227–236).

DE PICTURA PRAESTANTISSIMA ET NUNQUAM SATIS LAUDATA ARTE LIBRI TRES ABSOLUTISSIMI

(nlat.; *Die drei ganz vollständigen Bücher über die Malerei, die sehr vortreffliche und niemals genug gelobte Kunst*). Kunsttheoretische Schrift von Leon Battista ALBERTI, entstanden 1435; veröffentlicht 1540. – Alberti, der rigorose Verfechter des *volgare*, schrieb dieses Brunelleschi, dem Schöpfer der Kuppel des Doms zu Florenz, gewidmete Werk in italienischer Sprache *(Della pittura)*; es wurde jedoch zuerst in einer lateinischen Übersetzung veröffentlicht. Gemeinsam mit seinen Schriften über die Bildhauerei *(Della statua)* und die Architektur *(Dell'architettura)* gehört es nicht nur zu den theoretischen Grundlagen der Kunst der Renaissance, sondern es bedeutet zugleich auch den literarisch entscheidenden Vorstoß des Italienischen gegen die Vormachtstellung des Lateinischen in der damaligen Wissenschaftssprache.

In diesem Werk erklärt Alberti die Malerei zur einzig vollkommenen Kunst, der nicht nur die Bildhauerkunst, sondern auch die von ihr beeinflußte Architektur unterzuordnen sei. Um das durch die Natur gegebene Objekt optisch richtig wiedergeben zu können, wie es dem an den Werken der antiken Meister ausgerichteten Idealbild der Zeit entsprach, müssen sich die Maler systematisch mit den kompositorischen Regeln und Gesetzen der bildenden Künste vertraut machen. Eine den wirklichen Proportionen entsprechende Darstellung des Menschen sei ohne das eingehende Studium des nackten Körpers nicht möglich. Großen Wert legt Alberti darauf, daß Gemütsbewegung und körperliche Haltung in Einklang stehen und daß Alter, Charakter und Pose einander entsprechen. Bei der Farbwahl empfiehlt er helle, miteinander harmonisierende Töne, vornehmlich in der Kombination Rosa, Zartgrün und Himmelblau; der Goldglanz sei durch andere Farben nachzuahmen.

Die außerordentliche Bedeutung des Traktats läßt sich jedoch nicht allein auf diese Anweisungen zurückführen, sondern vor allem auf Albertis *costruzione legittima*, die Konstruktion der Fluchtpunktperspektive, die eine gesetzmäßige Verkürzung in die Tiefe darzustellen erlaubt. Nachdem Giotto als Praktiker – allerdings in einer sich an natürlichen Verhältnissen erst ganz allgemein orientierenden Darstellungsweise – bereits im 14.Jh. die byzantinische Kunst, also jene Epoche abgelöst hat, in der man die der abgebildeten Person zukommende Bedeutung u. a. durch die figürliche Proportion zu unterstreichen pflegte, geht Alberti weiter und entdeckt und entwickelt zugleich als Theoretiker apriorisch die vorgegebenen Gesetze, deren sich dann nicht nur Piero della Francesca, Leonardo da Vinci und Albrecht Dürer bedienten, sondern die darüber hinaus die methodische Grundlage der Malerei für ein halbes Jahrtausend wurden.   KLL

AUSGABEN: Basel 1540, Hg. T. Venatorius. – Amsterdam 1649 (in M. Vitruvius Pollio, *De architectura libri decem*). – Florenz 1847 (in *Opere volgari*, 5 Bde., 1843–1849, 4, Hg. A. Bonucci; ital. Fassg.). – Florenz 1950, Hg., Einl. L. Mallè (Raccolta di fonti per la storia dell'arte, 8; ital. Fassg.). – London 1972, Hg. C. Grayson [zus. m. *De statua*; lat.-engl.].

ÜBERSETZUNG: *Drei Bücher über die Malerei*, H. Janitschek (in *L. B. A.s kleinere kunsttheoretische Schriften*, Hg. H. Janitschek, Wien 1977; m. ital. Text).

LITERATUR: K. Clark, *L. B. A. on Painting*, Ldn. 1944 (Annual Italian Lecture of the British Academy; auch in Proceedings of the British Academy, 30). – A. M. Brizio, Rez. d. Ausg. v. L. Mallè, Florenz 1950 (in GLI, 129, 1952, S. 79–81). – C. Grayson, *Studi su L. B. A.: 1. Villa, 2. Appunti sul testo »Della pittura«* (in Rinascimento, 4, 1953, S. 45–62). – R. Watkins, *Note on the Parisian Ms. of L. B. A.'s Vernacular »Della pittura«* (ebd., 6, 1955, S. 369–372). – A. Blunt, *Artistic Theory in Italy 1450–1600*, Oxford 1956. – J. R. Spencer, *Ut Rhetorica pictura. A Study in Quattrocento Theory of Painting* (in Journal of the Warburg and Courtauld Institutes, 20, 1957, S. 26–44). – V. Zoubov, *Quelques aspects de la théorie des proportions esthétiques de L. B. A.* (in Bibliothèque d'Humanisme et Renaissance, 22, 1960, S. 54–61). – P.-H. Michel, *Le traité »De la peinture« de L. B. A., version latine et version vulgaire* (in Revue des Études Italiennes, 8,

1961, S. 80–91). – N. Badaloni, *La interpretazione delle arti nel pensiero di L. B. A.* (in Rinascimento, 2. Ser., 3, 1963, S. 59–113). – C. Grayson, *The text of A.s »De pictura«* (in Italian Studies, 23, 1968, S. 71–92). – W. C. Westfall, *Painting and the liberal Arts: A.'s View* (in Journal of the History of Ideas, 30, 1969, S. 487–506).

DE RE AEDIFICATORIA

(nlat.; *Von der Architektur*). Traktat über die Baukunst von Leon Battista ALBERTI, entstanden zwischen 1443 und 1452, vermutlich auf Anregung von Lionello d'Este; 1485 postum veröffentlicht (Vorwort von A. Poliziano; Lorenzo dem Prächtigen gewidmet). 1546 und 1550 erschienen zwei Übersetzungen ins Italienische, bald darauf folgten Übertragungen in französischer, spanischer und portugiesischer Sprache. – Albertis theoretische Beschäftigung mit der Baukunst reicht noch in die Zeit vor seinem Wirken als Architekt zurück. Sie ist als Versuch anzusehen, die Architektur aus mittelalterlichen Bindungen herauszunehmen und ihr in Anlehnung an antike Theoretiker (v. a. an die in zehn Büchern erschienene Schrift *De architectura* von VITRUV) eine zeitgemäße, humanistische Grundlage zu geben. Die ebenfalls zehn Bücher des Traktats gehen auf Fragen des Materials und der Konstruktion (Buch II u. III), der Funktion und Typologie (Buch IV u. V) sowie des Dekors, der Angemessenheit und der Proportionen (Buch VI bis IX) ein.

Albertis wissenschaftlich-humanistischer Anspruch drückt sich in einer gegenüber dem römischen Vorbild verstärkten Systematik aus. Er operiert mit sechs Grundelementen der Architektur: Gegend, Grundstück, Grundriß, Mauer, Decke, Öffnung und versieht sie mit detaillierten Erläuterungen nach den klar definierten Prinzipien der *utilitas (Zweckbestimmung)*, *dignitas (»Ästhetik«)* und *amoenitas (Annehmlichkeit)*. Seinen Bewertungen liegt ein normatives, an der organischen Natur orientiertes Architekturverständnis zugrunde, das jedoch nicht auf einen strengen Formenkanon reduziert wird, sondern gemäß der Forderung nach *varietas* auf Vielfalt ausgerichtet ist. Entscheidend ist das ausgeglichene Verhältnis der Teile zum Ganzen. Das Bauen der Alten kann auf dieser Grundlage nicht nur nachgeahmt, sondern sogar übertroffen werden. Wie Vitruv stellt auch Alberti die *utilitas* als ursprüngliches Prinzip der Architektur heraus, das auf die ästhetische Gestaltung *(venustas)* einwirken kann. Erst am Ende, im 9. Buch, Kap. 5, geht Alberti auf die entscheidenden ästhetischen Kategorien der *pulchritudo (Schönheit)* und der *ornamenta (Schmuck)* ein. Die drei Ebenen der Zahl *(numerus)*, der Beziehungen *(functio)* und der Anordnung *(collocatio)* müssen in ein ausgewogenes Verhältnis, die sog. *concinnitas*, gebracht werden, wenn Schönheit entstehen soll. Die *concinnitas* verlangt eine Orientierung an den als immer gleich aufgefaßten Verhältnissen der Natur, und sie führt als oberstes Prinzip die Kategorien Natur, Schönheit und Kunst auf eine gemeinsame Grundlage zurück. Albertis *ornamentum*-Begriff unterscheidet sich von dem auf Angemessenheit ausgerichteten Begriff des *decor* bei Vitruv. Für Alberti ist der Schmuck nicht mehr organischer Bestandteil des Bauwerks, sondern bloße Beigabe, womit er bereits auf ein zu seiner Zeit sehr ungewöhnliches und weit moderneres Architekturverständnis vorausweist.

Der Traktat betrachtet die soziologische Stellung des Architekten ausschließlich von der Warte humanistischer Gelehrsamkeit. Er weist diesem Berufsstand nicht die Aufgabe der praktischen Überwachung, sondern des Planens und Beratens zu und rechnet den Architekten zu den leitenden Kreisen des Staates. Als unmittelbare Adressaten müssen humanistisch gebildete Auftraggeber und Bauherren angenommen werden. Das Verhältnis des Traktats zu Albertis eigener Baupraxis ist umstritten. Dem Buch blieb auch die Verbreitung versagt, der sich Vitruv und andere Theoretiker in der Renaissance erfreuten. Im Zusammenhang mit anderen kunsttheoretischen Werken Albertis wie *De pictura (Über die Malerei)* und *De statua (Über die Bildhauerei)* bleibt jedoch der Einfluß von *De re aedificatoria* auf die italienische Renaissance in der Forschung unumstritten: »Als theoretische Auseinandersetzung mit Architektur ist Albertis Werk vielleicht der bedeutendste Beitrag, der je geleistet wurde.« (Kruft). U.P.

AUSGABEN: Florenz 1485 [Vorw. A. Poliziano]. – Paris 1512. – Straßburg 1541. – Venedig 1546 (*Dieci libri d'architettura*; ital.). – Florenz 1550 (*L'architettura*). – Bologna 1782 (in *Della architettura, della pittura e della statua*; ern. Perugia 1804). – Mailand 1966, 2 Bde., Hg. G. Orlandi (*L'Architettura*, lat.-ital.).

ÜBERSETZUNG: *Zehn Bücher über die Baukunst*, M. Theuer, Wien 1912. Dass., ders., ern. Darmstadt 1975.

LITERATUR: O. Hoffmann, *Studien zu A.s zehn Büchern »De re aedificatoria«*, Frankenberg i. S. 1883. – M. L. Gengaro, *L. B. A., teorico ed architetto del rinascimento*, Mailand 1939. – J. Alazard, *La modernité des idées de L. B. A. sur l'aménagement des villes* (in *Umanesimo e scienza politica*, Mailand 1951, S. 419–424). – V. Golzio, *Il quinto centenario del »De re aedificatoria« di L. B. A.* (in Studi Romani, 1, 1953, S. 638–647). – C. Grayson, *The Composition of L. B. A.'s »Decem libri de re aedificatoria«* (in Münchner Jb. der bildenden Kunst, 11, 1960, S. 152–161). – N. Badaloni, *La interpretazione delle arti nel pensiero di L. B. A.* (in Rinascimento, 2. Serie, 3, 1963, S. 59–113). – »*Alberti Index*«. *De re aedificatoria« (Florenz 1485): Index verborum*, 3 Bde., Bd. 4; Faksimile, Hg. H.-K. Lücke, München 1975 ff. – H.-W. Kruft, *Geschichte der Architekturtheorie*, München 1985, S. 44–54.

RAFAEL ALBERTI

* 16.12.1902 Puerto de Santa María / Cádiz

LITERATUR ZUM AUTOR:
R. Alberti, *La arboleda perdida*, Buenos Aires 1959 (dt. *Der verlorene Hain*, Ffm. 1985). – E. Gonzáles Lanuza, *R. A.*, Buenos Aires 1965. – C. Couffon, *R. A.*, Paris 1966. – S. Salinas de Marichal, *El mundo poético de R. A.*, Madrid 1969. – B. Ophey, *R. A. als Dichter des verlorenen Paradieses*, Ffm. 1972. – J. P. Gonzáles Martín, *A. (Ensayo)*, Madrid 1978. – J. L. Tejada, *La poesía gaditana y universal de R. A. Biografía y nostalgía* (in Gades, 8, 1981). – *Dr. R. A.*, Hg. Université de Toulouse – Le Mirail, Toulouse 1984.

CAL Y CANTO

(span.; *Kalk und Gesang*). Gedichte von Rafael ALBERTI, erschienen 1929. – Alberti leistete mit *Cal y canto* seinen Beitrag zur Renaissance GÓNGORAS, dessen dreihundertstes Todesjahr – 1927 – zum Symbol der »Generation von 27« (GUILLÉN, GARCÍA LORCA, DIEGO u. a.) wurde. So ist der vierte Teil des Werks, die dem Barockdichter gewidmete *Soledad tercera (Dritte Einsamkeit)*, die Huldigung Albertis an den Ahnherrn moderner Metaphernlabyrinthe. In Stil, Form (er verwendet die aus sieben- und elfsilbigen Versen in unregelmäßiger Folge bestehende Silva) und Konzeption versucht der Dichter, die einst von Góngora geplante *Einsamkeit der Wälder* zu realisieren. Das so benannte Gedicht bildet durch die Hervorhebung im Druck den Kern des Werks, das mit vier aus barocken Formenelementen (Hyperbata, Ellipsen, Topoi etc.) aufgebauten Sonetten einsetzt. Die Themen der einzelnen Gedichte sind teils der Mythologie entnommen (Nixen, Engel, Narziß, Venus), teils der unmittelbaren Gegenwart (Stierkampf, Reise, Torwart Platko). Diese beiden Ebenen stehen jedoch nicht getrennt nebeneinander, sie überschneiden sich, werden vertauscht und dadurch beide verfremdet. Die Welt der Mythologie erhält Attribute der Zivilisation: *Venus im Fahrstuhl, Sommerprogramm des Paradieses*, während auf der anderen Seite die banale Wirklichkeit ins Kosmische überhöht wird: *An Miss X, Begraben im Westwind*. Nur die Phantasie des Dichters schafft seine Welt, nur sie ist Realität. In *Carta abierta (Offener Brief)* heißt es: »*En todas partes, tú, desde tu rosa, / desde tu centro inmóvil, sin billete, / muda la lengua, riges, rey de todo... / Y es que el mundo es un álbum de postales.*« (»Überall herrschst Du, von Deiner Rose / Deiner unbewegten Mitte aus, ohne Fahrschein / mit stummer Zunge, König über alles... / Die Welt ist nämlich ein Postkartenalbum.«). Die Gestalten selbst bewegen sich in der Welt ihrer Vorstellungen und Träume, in einer von der dichterischen Phantasie erweiterten »Realität« (so in der von leiser Ironie getragenen Idylle *Don Homero y Doña Ermelinda*). Die Metaphorik dient nicht mehr, sie ist selbständig geworden, sie verklammert die entferntesten Bereiche. So entstehen Grotesken wie z. B. *Asesinato y suicidio (Mord und Selbstmord)*, in der der Küchenruß nach der im Soßennapf verbrennenden Köchin gefragt wird. Ebenso wie die thematischen Ebenen Mythologie, Traum, Realität sind auch die sprachlichen Elemente vermischt: das Vokabular der Moderne, der Technik, mit Begriffen der griechischen Mythologie, banaler Alltag mit barocken Metaphern. Alberti verwendet neben traditionellen metrischen Formen, wie Silva, Romanzenvers, Terzine und reimloser elfsilbiger Vierzeiler, auch freie Rhythmen. D.R.

AUSGABEN: Madrid 1929. – Buenos Aires 1959. – Bucnos Aircs 1961 (in *Poesías completas*). – Barcclona 1978 (in *Obras*, 14 Bde., 9). – Madrid 1978 (in *Obras completas*, Hg. A. Alberti). – Madrid 1981.

ÜBERSETZUNGEN: *Stimme aus Nesselerde und Gitarre*, E. u. K. Arendt, Bln. 1959 [Ausw.]. – *Zu Lande zu Wasser*, E. W. Palm, Ffm. 1960 (BS; Ausw.).

LITERATUR: E. Proll, *The Surrealist Element in R. A.* (in Bulletin of Spanish Studies, 18, 1941, S. 70 ff.) – Ders., *Popularismo and Barroquismo in the Poetry of R. A.* (ebd., 19, 1942, S. 59 ff.) – R. Marrast, *Essai de bibliographie de R. A.* (in BH, 57, 1955, S. 147–177; 59, 1957, S. 430–435). – L. Monguío, *The Poetry of R. A.* (in Hispania, 43, 1960, S. 158–168). – C. Zardoya, *Poesia española contemporanea*, Madrid 1961. – Ders., *La técnica metafórica albertiana* (in PSA, 30, Mallorca 1963, S. 12–75). – Y. Gonzáles-Montes, *Pasión y forma en »Cal y canto«*, NY 1982. – A. del Villar, *»Cal y canto« – Síntesis de la poesía albertiana* (in Arbor, 118, 1984, Nr. 461, S. 31–44).

MARINERO EN TIERRA

(span.; *Ü: Zu Lande zu Wasser*). – Gedichtsammlung von Rafael ALBERTI, erschienen 1925 (ausgezeichnet mit dem Premio Nacional de la literatura 1924). – Das verlorene Paradies, das Alberti besingt, ist das Meer. Das Heimweh, das ihn im Landesinneren quält, ist die Sehnsucht nach dem Meer der Bucht von Cádiz. *»Weg vom Meer, / verlor ich mich im Land«*. Als Fünfzehnjähriger mußte er mit den Eltern nach Madrid ziehen, und seitdem fühlt er sich vom Meer *»verbannt«*, von seinem Meer. *»Ich sah, träumte oder erfand viele kleine Dinge, die ich aus diesem nostalgischen Brunnen schöpfte, der von Tag zu Tag tiefer wurde«*. Nicht daß er in diesem Moment am realen Meeresufer von Cadiz leben möchte, er begibt sich vielmehr in eine magische Welt des Meeres, in das vergnügte Spiel eines Heranwachsenden mit Booten, Matrosenanzügen, Sirenen, Kapitänen; *»Auf einem Wägelchen, das / ein Lachs zieht, böten wir dann, / unterm Salzwasser, wär das ein Spaß, / dein Grünzeug, Liebste, an«*. Zurückzukehren an den Ort seiner Kindheit, dem Ort der Freiheit und des Abenteuers, ist sein Wunsch, zurück mit den Wellen, die kommen und gehen. Und so macht er sich zum Reiter schäumender Wogen: *»Wer reitet das Pferd / des blauen Meeresschaums! ... mit einem Satz, / auf dem Meer will ich reiten«*. Die heiter bis melancholische Sehnsucht kann sich bis zum Lamento steigern: *»Warum, Vater, brachtest du mich / in die Stadt? ... Nach dem Meere jammernd hißt / ein Matrose, an Land verschlagen, / diesen Seufzer, in der Luft: / Meine Bluse, armes Ding, / die hat der Wind sonst aufgeblasen, / noch eh's um die Mole ging«*.

Marinero en tierra hat das Meer zum Thema, *»nicht in seiner epischen Erhabenheit, sondern als Tresor kurzer, beschwingter und graziöser Eingebungen, wie eine Sammlung von Seemannsliedern«* (Salinas). Von einer gefährlichen Krankheit überfallen symbolisiert es für den Matrosen an Land mehr noch als Quelle und Medium der Erinnerung die Polarität der Existenz selbst, das doppelte Gesicht von Leben und Tod: *»Windet mich aus auf dem Meer, / in der Sonne, als ob mein Leib / ein Fetzen Segel wär. / Wringt alles Blut aus mir / und hängt mein Leben zum Trocknen / auf die Takelage am Kai ...«*

Daß Alberti in seinem Erstlingswerk neben der traditionellen populären Liedform auch die klassische Sonettform wählt, deutet schon seine Absicht an: die – gelungene – Verschmelzung von volkstümlicher Kunst und moderner Lyrik; Lebendigkeit, Sensibilität mit klassischer Reinheit, womit er die neopopularistische Strömung in Spanien zu einem ersten Höhepunkt führte. Trotz der hier noch deutlich spürbaren Abgrenzung Albertis zum gerade entstehenden *Vanguardismo* enthält *Marinero en tierra* bereits feine surrealistische Andeutungen, aber ohne die menschenleere Künstlichkeit des Surrealismus, dem der Dichter jedoch selbst mit seinem bedeutendsten Werk *Sobre los angeles* in Spanien zum gefeierten Durchbruch verhelfen sollte.

W.Ste.

AUSGABEN: Madrid 1925. – Madrid 1985 (Castalia).

ÜBERSETZUNG: *Zu Lande zu Wasser*, E. W. Palm, Ffm. 1960 (BS).

LITERATUR: M. López Muñoz, *»Marinero en tierra«* (in Revista Portuense, 7, 1926). – J. M. Quiroga Plá, *Ulises adolescente* (in RdO, 69, März 1929). – C. Zardoya, *Poesía española contemporánea*, Madrid 1961, S. 601–608. – S. Salinas de Marichal, *Los paraisos perdidos de R. A.* (in Insula, 198, Mai 1963). – G. Siebenmann, *Die moderne Lyrik in Spanien*, Stg. 1965, S. 194–198. – S. Salinas de Marichal, *El mundo poetico de R. A.*, Madrid 1968. – A. Valbuena Prat, *Lo popular y lo culto en la poesía de R. A.* (in A. V. P., *Historia de la literatura española*, Barcelona 1983, S. 41–46).

SOBRE LOS ÁNGELES

(span.; Ü: *Über die Engel*). Gedichtzyklus von Rafael ALBERTI, erschienen 1929. – Bei seinem Erscheinen als Manifest des Surrealismus in Spanien stürmisch gefeiert, gilt dieser Zyklus bis heute als das bedeutendste Werk Albertis und als ein Höhepunkt der spanischen Gegenwartslyrik. Die Engel, die der Dichter hier anspricht, sind nicht mehr die Vermittler des Friedens und der Unschuld, als die der christliche Glaube sie ansieht, sondern Boten des Unheils und des Chaos, Symbole der Unbehaustheit des Menschen im Kosmos. Vertrieben aus seiner Urheimat, sich nur dunkel des verlorenen Paradieses erinnernd, findet der Mensch die Hand des Engels nicht mehr. Die Engel sind »*stumme Engel*«, »*grausame Engel*«, »*lügenhafte Engel*« geworden, sie gehen unerkannt durch die Straßen und überlassen den Menschen der Ungewißheit und Ratlosigkeit. Vom ersten Gedicht, *Verlorenes Paradies*, bis zum letzten, *Davongekommener Engel mit den verstümmelten Flügeln*, zeigt der Dichter in alogischen Strophen und surrealistischen Bildern Stationen der menschlichen Seele in Angst und Bedrohung, in einer Welt, in der auch die scheinbar gewissesten, weil selbstgeschaffenen Dinge – Stuhl, Tisch, Balkon – plötzlich fragwürdig werden, als Verbündete des Unheils erscheinen. – Die Engel-Gedichte Albertis bezeichnen den Zeitpunkt, von dem an die »Generation von 1927« sich statt einer ausschließlich der Schönheit verpflichteten Lyrik mit fast prophetischer Emphase menschlichen Inhalten zuwendet. Diese Umkehr vollzieht sich im Zeichen Gustavo Adolfo BÉCQUERS (1836–1870), dessen Wort vom *Nebelgast (Huesped de las nieblas)* Alberti den Engel-Gedichten als Motto vorangestellt hat. Die Vision des vom Unheil bedrohten Ich gestaltet Alberti mit den ihm zu Gebote stehenden Stilmitteln radikaler als der große Romantiker. Surrealistische Wendungen wie: »*Man spricht im Himmel vom Verrat der Rose*«, oder: »*Die böse Minute, / da das Wasser stirbt, / das immer zum Himmel sah*«, lassen die tiefe Entfremdung verspüren, in welcher der Mensch, dessen Hand die Engel für immer losgelassen haben, allein und seiner Qual überantwortet ist. Die Gestalt des Engels, die in der abendländischen Tradition ihren festen Platz als Verkörperung sowohl des Schönen als des Schrecklichen hat, verkörpert bei Alberti nur das Schreckliche: »*Geister mit sechs Flügeln, / sechs strohgelbe Geister, / stießen mich vor sich her. / Sechsfache Glut ... / Sechsfache Glut, / verborgen Name und Angesicht, / stießen mich vorwärts in Eile.*« – Eine »*Vision der bedrängten, unheilbedrohten Welt, in der Asche und Gold sich verbinden wie in den Engeln der romanischen Malerei*«, so nannte Pedro SALINAS (vgl. *La bomba increíble; El desnudo impecable*) die Engelgedichte Albertis. A.As.

AUSGABEN: Madrid 1929. – Buenos Aires 1959. – Buenos Aires 1961 (in *Poesías completas*). – Barcelona 1978 (in *Obras*, 14 Bde., 1). – Madrid 1978 (in *Obras completas*, Hg. A. Alberti). – Madrid 1984, Hg. u. Einl. C. B. Morris (Cátedra).

ÜBERSETZUNG: *Über die Engel*, F. Vogelgsang, Stg. 1981.

LITERATUR: H. Baumgart, *Der Engel in der modernen spanischen Literatur*, Genf/Paris 1958. – C. B. Morris, »*Sobre los ángeles*«. *A Poet's Apostasy* (in BHS, 37, 1960, S. 222–231). – G. W. Connell, *The Autobiographical Element in »Sobre los ángeles«* (ebd., 40, 1963, S. 160–173). – G. Siebenmann, *Die moderne Lyrik in Spanien*, Stg. 1965, S. 204/205. – R. T. Horst, *The Angelic Prehistory of »Sobre los ángeles«* (in MLN, 81, 1966, S. 174–194). – C. B. Morris, *R. A.'s »Sobre los ángeles«. Four Major Themes*, Hull 1966. – C. M. Bowra, *The Creative Experiment*, Ldn. 1968. – C. G. Bellver, *El infierno de ángeles de R. A.* (in Hispanófila, 55, 1975, S. 67–86). – M. Heisel, *Imagery and Structure in R. A.'s »Sobre los ángeles«* (in Hispania, 58, 1975, S. 864–873). – F. G. Sarriá, *»Sobre los ángeles« de R. A. y el surrealismo* (in PSA, 1978, Nr. 271–273, S. 23–40). – A. Soria Olmeda, *El producto de una crisis: »Sobre los ángeles« de R. A.* (in Lectura del 27, Universidad de Granada 1980, S. 157–198). – J. Jiménez, *El ángel caído. La imagen artística del ángel en el mundo contemporáneo*, Barcelona 1982. – M. D. Rugg, »*Sobre los ángeles*«: *The Poetic Voices of R. A.* (in MLN, 1983, Nr. 2, S. 259–267). – D. Gagen, ›*Thy Fading Mansion*‹: *The Image of the Empty House in R. A.'s »Sobre los ángeles«* (in BHS, 64, 1987, Nr. 3, S. 225–235).

AEGIDIUS ALBERTINUS

* um 1560 Deventer
† 9.3.1620 München

LITERATUR ZUM AUTOR:
C. v. Reinhardsstöttner, *A. A.* (in Jb. f. München. Geschichte, 2, 1888). – H. Rausse, *Zur Geschichte des Schelmenromans*, Münster 1908. – R. Alewyn, *Grimmelshausen-Probleme* (in Zs. f. Deutschkunde, 44, 1930, S. 89 ff.). – G. v. Gemert, *Übersetzung und Kompilation im Dienste der katholischen Reformbewegung. Zum Literaturprogramm des A. A.* (in Gegenreformation und Literatur, Hg. J.-M. Valentin, Amsterdam 1979, S. 123–142). – Ders., *Die Werke des A. A. Ein Beitrag zur Erforschung des deutschsprachigen Schrifttums der katholischen Reformbewegung in Bayern um 1600*, Amsterdam 1979. – J.-M. Valentin, *Bouffons ou religieux? Le débat sur le théâtre dans l'Allemagne catholique au début du 17e siècle – A. A., H. Guarinonius* (in Revue d'Allemagne, 12, 1980, S. 442–480; m. dt. Zusammenfassg.).

LUCIFERS KÖNIGREICH UND SEELENGEJÄIDT: ODER NARRENHATZ

Volkstümliches Unterhaltungs- und Erbauungsbuch von Aegidius ALBERTINUS, erschienen 1616.
– Aegidius Albertinus, vermutlich niederländischer Herkunft, Jesuitenzögling, Hofkanzlist und Hofsekretär im Dienste Kurfürst Maximilians in München, veröffentlichte von 1598 bis 1618 über fünfzig eigene Schriften und Übersetzungen aus dem Spanischen, Italienischen und Französischen. Unter den Übersetzungen, die eher als freie Bearbeitungen anzusprechen sind, nehmen die Schriften des Antonio de GUEVARA (1480–1545), des franziskanischen Hofpredigers Karls V. in Madrid, den breitesten Raum ein. Albertinus führte auch den spanischen Schelmenroman in Deutschland ein: unter dem Titel *Der Landstörtzer Gusman* erscheint 1615 eine Übersetzung des *Guzmán de Alfarache* (1599–1604) von Mateo ALEMÁN (1547 – nach 1613), die mehrfach wiederaufgelegt wurde und auch GRIMMELSHAUSEN beeinflußt hat.
Lucifers Königreich steht in der Nachfolge der kompendiösen Weltspiegel, der Hof- und Tugendspiegel des Mittelalters wie auch der didaktischen Narrensatire, die bis zu ABRAHAM A SANCTA CLARA (1644–1709) fortwirkt. Das Buch gliedert sich in acht Teile; in den ersten sieben werden, nach dem überlieferten Kanon, die sieben Haupt- oder Todsünden (Hoffart, Geiz, Völlerei, Unkeuschheit, Neid, Zorn, Trägheit) abgehandelt und die ihnen ergebenen Temperamente, Stände oder Klassen gegeißelt; »*im letzten wird das Orth der Verdampten beschriben*«, in welchem Lucifer »*die seinigen badet und butzet, und ihnen ihren verdienten Lohn gibt*«. Es ist das Werk eines strengen Sittenpredigers und eifrigen Verfechters der katholischen Sache, der jedoch durch Drastik, Anschaulichkeit und ergötzliche Exempel zu wirken bestrebt ist. Zwei Jahre später lieferte Albertinus ein Gegenstück in drei Teilen: *Christi unsers Herrn Königreich und Seelengejaidt* (1618), »*Darinn tractirt wird von der Beschaffenheit, Herrlichkeit und Hochheit deß Reichs Christi: Item, von den Mitteln, mit denen er die verführte Seelen fahet und zuwegen bringet: Beschließlichen, mit was für Exempeln er uns vorgehet und zu sich locket*«. Hier werden den Hauptsünden sieben Tugenden entgegengestellt. Dem Gegenstand entsprechend waltet das erbaulich-ermahnende Element vor, und Kurzweil findet sich nur spärlich eingestreut.
Groß sind die Verdienste dieses populären Schriftstellers um eine lebendige, kräftig ausgebildete oberdeutsche Prosa. Genauere Untersuchungen darüber, was in seinen Schriften ihm selber zuzuschreiben, was von anderen entlehnt ist, stehen noch aus. Viele seiner Bücher tragen im Titel einen Vermerk, sie seien aus bewährten Autoren »*zusammen getragen*« oder »*colligirt*«. Das gilt auch für *Lucifers Königreich* und sein Gegenstück von 1618. Eine Hauptquelle für *Lucifers Königreich* war das aus verwandtem Geist entstandene erste volkshygienische Werk *Die Grewel der Verwüstung Menschlichen Geschlechts* (1610) des Hippolytus GUARINONIUS (1571–1654), Stadtphysikus in Hall. Albertinus hat ganze Kapitel dorther nahezu wörtlich übernommen, wobei er meist nur raffend eingriff, und diese Partien gehören unbestreitbar zu den überzeugendsten des Buches. F.Ke.

AUSGABEN: Mchn. 1616; ²1617. – Bln./Stg. o. J. [1884], Hg. u. Einl. R. v. Liliencron (DNL, 26). – Amsterdam 1979 (in G. v. Gemert, *Die Werke des A. A.*; Ausz.; dt.). – Bern/Ffm. 1983, Hg. u. Einl. R. A. Stelzmann (*Christi Königreich und Seelengejaidt*, Faks. der Ausg. v. 1618).

LITERATUR: C. v. Reinhardtsstöttner, *A. A.* (in Jb. f. München. Geschichte, 2, 1888). – H. Rausse, *Zur Geschichte des Schelmenromans*, Münster 1908. – R. Alewyn, *Grimmelshausen-Probleme* (in Zeitschrift f. Deutschkunde, 44, 1930, S. 89 ff.). – R. Newaldt, *Die deutsche Literatur vom Späthumanismus zur Empfindsamkeit*, Mchn. ⁶1967, S. 121–131. – R. A. Stelzmann, *A. A. »Luzifer«: Erhaltene Exemplare und Standorte* (in Daphnis, 4, 1975, S. 179–186). – De Boor, 4/2, S. 228–230. – H. Walz, *Der Moralist im Dienste des Hofes. Eine vergleichende Studie zu der Lehrdichtung von A. Guevara und A. A.*, Ffm/Bern 1984 [Hab.Schr. Darmstadt 1982].

ALBERTUS MAGNUS

Albert der Große, eig. Albert von Lauingen

* um 1200 Lauingen
† 15.11.1280 Köln

LITERATUR ZUM AUTOR:
Bibliographien:
F. J. Catania, *A Bibliography of St. Albert the Great, 1931–1958* (in The Modern Schoolman, 37, 1959/60, S. 11–28). – R. Houde, Addenda zu Catania (ebd., 39, 1961/62, S. 61–64). – W. Totok, *Handbuch der Geschichte der Philosophie*, Bd. 2, Ffm. 1964 ff., S. 362–376.
Gesamtdarstellungen und Studien:
A. M. Beiträge zu seiner Würdigung, Hg. G. v. Hertling, Köln 1880 [Fs.; Nachdr. Ffm. 1981]. – J. Bach, *Des A. M. Verhältnis zu der Erkenntnislehre der Griechen, Lateiner, Araber und Juden. Ein Beitrag zur Geschichte der Noëtik*, Wien 1881; Nachdr. Ffm. 1966. – F. Pelster, *Kritische Studien zum Leben u. zu den Schriften A.s des Gr.*, Freiburg i. B. 1920. – G. Meersseman, *Introductio in opera omnia B. Alberti Magni O. P.*, Brügge 1931. – Ders., *Geschichte des Albertismus*, 2 Bde., Paris 1933; Rom 1935. – M. Grabmann, *Der Einfluß A.s des Gr. auf das mittelalterliche Geistesleben* (in M. G., *Mittelalterliches Geistesleben*, Bd. 2, Mchn. 1936,

S. 324–412). – B. Geyer, *Die Universitätspredigten des A. M.*, Mchn. 1966 (SBAW, philos.-hist. Kl., 1966/3). – A. Fries u. K. Illing, Art. *A. M.* (in VL², 1, Sp. 124–139). – *A. M. Doctor universalis 1280–1980*, Hg. G. Meyer u. A. Zimmermann, Mainz 1980 (Walberger Studien zur Philosophie). – I. Craemer-Ruegenberg, *A. M.*, Mchn. 1980 (Beck'sche Schwarze Reihe). – G. Nitz, *A. M. in der Volkskunst*, Mchn. 1980. – *A. M. and the Sciences: Commemorative Essays*, Hg. J. A. Weisheipl, Toronto 1980 (Studies and Texts). – *A. der Gr. Seine Zeit, sein Werk, seine Wirkung*, Hg. A. Zimmermann, Bln. 1981 (Miscellanea Medievalia). – H. Ch. Scheeben, *A. M. Ordensmann, Bischof, Gelehrter, Mann des Volkes*, Köln ³1981. – *A. M. Sein Leben und seine Bedeutung*, Hg. M. Entrich, Graz 1982. – J. Streit, *A. M. Am Wendekreis des abendländischen Denkens*, Stg. 1982. – W. Kübel u. a., Art. *A. M.* (in LM, 1, Sp. 294–299).

DE UNITATE INTELLECTUS, CONTRA AVERROEM

(mlat.; *Über die Einheit des Verstandes, gegen Averroes*). Philosophische Streitschrift von ALBERTUS MAGNUS, im Auftrag von Papst Alexander IV. 1256 verfaßt. – Albert ist sicher als einer der großen Wegbereiter der geistig-akademischen Kultur von der Mitte des 13. Jh.s an zu betrachten. Es erscheint also auch rückwirkend angemessen, daß er zu einer »offiziösen« Stellungnahme aufgefordert wurde in einer Streitfrage, die die Universität zu Paris, und nicht sie allein, in feindliche Fraktionen spaltete. Die Interpreten und Anhänger des arabischen Philosophen und Arztes AVERROES im lateinischen Westen hatten nämlich die These von einer einzigen, allen Menschen gemeinsamen Verstandesseele entwickelt und waren dieser Lehrmeinung wegen von öffentlichen Auftritten in der Universität ausgeschlossen worden. Eine solche Vorstellung von den rationalen Seelenkräften schien dem auf der Bibel basierenden Dogma von der Unsterblichkeit der Seele und der individuellen Auferstehung zu widersprechen. Eine institutionelle Lehrverurteilung allein konnte jedoch solch hortgewandten Vertretern des Averroismus wie SIGER VON BRABANT (vgl. seine Schrift *De anima intellectiva*) keineswegs allen Einfluß nehmen; eine philosophisch-argumentative Entgegnung und Widerlegung mußte angebracht erscheinen. Dies war das Ziel von Alberts Abhandlung.

Albert setzt die Kenntnis seiner Darstellung *De anima* voraus, in der er die generelle Vorstellung von der Seele sowie die Frage ihres Weiterbestehens nach Tod und Verfall des Körpers entwickelt hatte. Hier beschäftigt er sich nicht weiter mit der allgemeinen Theorie von der Seele, sondern widmet sich gezielt in 36 Argumenten der Widerlegung der Hauptthese der Averroisten, die er folgendermaßen zusammenfaßt: Sie behaupten, daß das, was von einer Seele weiterlebt bzw. weiterbesteht, identisch sei mit dem, was von einer anderen Seele weiterlebt, daß also, was von allen Seelen beständig ist, eine einzige Sache sei. Dies erscheint als eine zufriedenstellende Umschreibung der Behauptung der Averroisten, daß Geist sich nicht in verschiedene Individuen teilen könne, weil er dann nicht länger von höherer Wertigkeit als Materie wäre. Nach diesem Konzept, so eines der Hauptargumente Alberts, könne gar nicht mehr sinnvoll von einer Seele gesprochen werden, insofern sie nicht ursächliches und formendes Prinzip eines individuellen Körpers sei, das sich in diesem und durch diesen selbst verwirklicht. Die Lehrmeinung der Averroisten, daß die vernunftbegabte Seele eine besondere Substanz völlig unabhängig von der Körperwelt sei, führe zu der zweifelhaften Feststellung, die Verstandesseele sei wohl in allen Einzelwesen vorhanden, obwohl sie zugleich völlig unabhängig und außerhalb der Individuen existiere.

Beiden Seiten in diesem Streit geht es letztlich um Verbindlichkeit und Wahrheit von Wissen. Während auf seiten der Averroisten man dies nur durch einen gemeinsamen Verstand (*anima intellectiva*), der durch und in den Individuen handelt, verbürgen zu können meinte, legte Albert – und mit ihm ein großer Teil der zeitgenössischen Theologen und Philosophen – den Akzent seiner Argumentation auf die Harmonie zwischen den verschiedensten Wissensgebieten als Garant von Wahrheit. Da das grundlegende Problem dieses philosophischen Streits – wenn auch in veränderten Formulierungen oder auch Kompromissen zwischen diesen Positionen – weiterhin auf der Tagesordnung philosophischen Argumentierens blieb, ist es nicht möglich, Beitrag und Wirkung von Alberts Abhandlung zu isolieren. Daß er selbst etwa zwei Jahrzehnte später den Text dieser Schrift nur leicht überarbeitet in seine *Summa theologiae* übernahm und außerdem in seinen *Problemata quindecim* ausführlich daraus zitierte, bestätigt beides: erstens, daß das Problem nicht schon mit seiner Abhandlung 1256 aus der Welt geschafft war, und zweitens, daß er seine Darstellung als ein wirkungsvolles Gegenargument erfahren hatte. H.Sta.

AUSGABEN: Lyon 1651 (in *Opera omnia*, 21 Bde., 5). – Paris 1890 (in *Opera omnia*, Hg. A. Borgnet, 38 Bde., 1890–1899, 9). – Münster 1975 (in *Opera omnia*, Hg. B. Geyer, 1951 ff., Bd. 17, 1).

LITERATUR: P. Mandonnet, *Siger de Brabant et l'averroïsme latin au 13e siècle*, Bd. 2, Löwen 1913 [m. Text]. – M. Grabmann, *Die Lehre des hl. A. M. vom Grunde der Vielheit der Dinge u. der lateinische Averroismus* (in Divus Thomas, 10, 1932). – A. Masnovo, *A. M. e la polemica averroistica* (in Atti della settimana albertina, Rom 1932). – D. Salman, *A. le Grand et l'averroïsme latin* (in Revue des Sciences Philosophiques et Théologiques, 24, 1935, S. 38–64). – B. Nardi, *Note per una storia dell'averroismo latino* (in Rivista di Storia della Filosofia, 2, 1947, S. 197–220). – P. Mazzarella, *Il »De unitate« di A. M. e di Tommaso d'Aquino in rapporto alla teo-

ria averroistica, Neapel 1949. – R. Miller, *An Aspect of Averroes' Influence on St. A.* (in Mediaeval Studies, 16, 1954, S. 57–71). – F. Ruggiero, *Intorno all'influsso di Averroè su s. Alberto Magno* (in Laurentianum, 4, 1963, S. 27–58).

METAPHYSICA

(mlat.; *Metaphysik*). Kommentar des ALBERTUS MAGNUS zur *Metaphysik* des ARISTOTELES, entstanden um 1265. – Das Werk ist eines der bedeutendsten Zeugnisse für den philosophischen Aristotelismus, der das gesamte geistige Leben des 13.Jh.s geprägt hat. In der zweiten Hälfte des 12.Jh.s und im 13.Jh. wurde nach und nach der größte Teil der Aristotelischen Schriften teils aus den griechischen Originalfassungen, teils aus arabischen Übersetzungen ins Lateinische übertragen (vorher waren den Lateinern nur einige logische Schriften des Aristoteles bekannt). Die anfängliche Reserve gegenüber dem Aristotelischen Schrifttum, die in kirchlichen Aristoteles-Verboten (1210, 1215) ihren Niederschlag fand, machte bald einer wachsenden Sympathie Platz: Albert, der sich seit etwa 1254 bemühte, in gründlichen Kommentaren die Aristotelische Philosophie seinen Zeitgenossen zu erschließen, gilt mit Recht als der große Bahnbrecher des mittelalterlichen Aristotelismus. Höhepunkt seiner philosophischen Arbeit ist die *Metaphysik*.

Ihr Inhalt deckt sich naturgemäß weitgehend mit dem der aristotelischen Schrift. (In der zugrundeliegenden griechisch-lateinischen *Metaphysik*-Übersetzung, der sogenannten *Metaphysica media*, und folglich auch im Kommentar fehlt Buch 11 [K.].) Einleitenden wissenschaftstheoretischen Überlegungen folgen eine Reflexion über wichtige philosophische Grundbegriffe und als Hauptteil die Lehre vom Sein der Substanz sowie eine Auseinandersetzung mit der Platonischen Ideenlehre. Eigentlicher Gegenstand der Metaphysik ist nach Albert das Seiende, insofern es Seiendes ist. Dabei zeigt der Aristotelismus des Autors stark neuplatonisierende Züge, die vor allem auf arabische Autoren (den pseudoaristotelischen *Liber de causis*, auf AVICENNA und AVERROES) zurückgehen. In der *Metaphysik* artikuliert sich das von Albert maßgeblich angeregte neue Selbstverständnis der Philosophie: Sie wird als eine gegenüber der christlichen Theologie eigenständige, auf eigenen Prinzipien basierende und mit eigenen Methoden vorgehende Wissenschaft verstanden.

Wegen seiner methodischen Eigenart wird der *Metaphysik*-Kommentar Alberts als »Paraphrase« bezeichnet. Der Verfasser verzichtet darauf, den Wortlaut des Aristotelischen Textes den einzelnen Kapiteln des Kommentars voranzustellen (im Gegensatz zu den Aristoteles-Kommentatoren Averroes und THOMAS VON AQUIN). Er paraphrasiert den Aristotelischen Text und flicht eigene erläuternde und weiterführende Gedanken ein. Neben die eigentliche Paraphrase stellt er umfangreiche Exkurse *(digressiones)*. Es ist umstritten, ob er in diesem Werk und überhaupt in seinen Aristoteles-Paraphrasen nur den Gedankengang des Aristoteles nachzeichnen oder ob er philosophische Aussagen mit Wahrheitsanspruch machen wollte. Obwohl die letzten Sätze der *Metaphysik* für die erste der beiden Alternativen zu sprechen scheinen (»*Damit endet diese Abhandlung, in der ich nicht meine eigene Meinung dargelegt habe, in der vielmehr das Dargelegte die Thesen der Peripatetiker wiedergibt. Wer das nachprüfen will, lese sorgsam die Originale, und er kritisiere deren Verfasser und nicht mich*«), kann ein bedachtsamer Leser ohne Zweifel auch die *Metaphysik* als eine Fundgrube für die eigenen philosophischen Anschauungen des Autors heranziehen; die zitierten Sätze wird man als eine taktisch kluge Vorsichtsmaßnahme gegen übereifrige Kritiker ansehen dürfen.

Wenn Alberts *Metaphysik* nicht die Geschlossenheit und die gedankliche Stringenz erreicht, die man bis heute am *Metaphysik*-Kommentar des Thomas von Aquin bewundert, so stellt sie doch eine bedeutende philosophische Leistung dar, die zur Revision des verbreiteten Vorurteils zwingt, der Verfasser sei nur ein fleißiger Kompilator gewesen. Zwar hat Albert keine philosophische Schule begründet (abgesehen von dem kurzlebigen Versuch einer »albertistischen« Schulbildung im 15. Jh.); seine Gedanken wirken aber sowohl in der neuplatonisch-mystischen als auch in der naturwissenschaftlichen, vor allem aber in der aristotelisch-thomistischen Denkrichtung des Mittelalters weiter. In DANTES *Comedia* eröffnet Alberto di Cologna, der dem Thomas von Aquin *»ganz nah zur Rechten«* steht, den Reigen der großen Lehrer des Abendlandes, die Thomas dem Wanderer durchs Paradiso vorstellt. J.Ve.

AUSGABEN: Venedig 1494. – Lyon 1651 (in *Opera omnia*, Hg. P. Jammy, 21 Bde., 3). – Paris 1890 (in *Opera omnia*, Hg. A. Borgnet, 38 Bde., 1890–1899, 6). – Münster 1960–1964 (in *Opera omnia*, Hg. B. Geyer, 1951 ff., Bd. 16/1 u. 2).

LITERATUR: G. Endriß, *A. M. als Interpret der Aristotelischen Metaphysik*, Mchn. 1886. – B. Geyer, *De aristotelismo B. Alberti Magni* (in *Alberto Magno. Atti della Settimana Albertina*, Rom 1932, S. 63–80). – M. Grabmann, *Zur philosophischen u. naturwissenschaftlichen Methode in den Aristoteles-kommentaren Alberts des Großen* (in Angelicum, 21, 1944, S. 50–64). – M. Schooyans, *La distinction entre philosophie et théologie d'après les commentaires aristotéliciens de saint Albert le Grand* (in Revista da Universidade Católica de São Paulo, 18, 1959, S. 255–279). – R. Kaiser, *Zur Frage der eigenen Anschauung Alberts d. Gr. in seinen philosophischen Kommentaren* (in Freiburger Zs. für Philosophie und Theologie, 9, 1962, S. 53–62). – B. Geyer, *A. M. und die Entwicklung der scholastischen Metaphysik im MA*, Bln. 1963, S. 3–13). – A. Zimmermann, *Ontologie oder Metaphysik? Die Diskussion über den Gegenstand der Metaphysik im 13. und 14. Jahrhundert*, Leiden/Köln 1965. – G. Wieland, *Untersuchungen zum Seinsbegriff im Metaphysik-Kommentar Alberts d. Gr.*, Münster 1972. – B. Thomassen, *Metaphysik als Lebensform. Untersuchungen zur Grundlegung der Metaphysik im Metaphysik-Kommentar Alberts d. Gr.*, Münster 1985.

SUMMA DE CREATURIS

(mlat.; *Summe über die Geschöpfe*). Philosophisch-theologisches Werk von ALBERTUS MAGNUS, verfaßt bald nach 1240, als Albert an der Universität Paris tätig war. Das Werk besteht aus zwei Teilen: *De quattuor coaequaevis (Über die vier »coaequaeva«)* und *De homine (Über den Menschen)*. Der diese beiden Schriften zusammenfassende Titel *Summa de creaturis* ist zwar sachlich zutreffend, aber doch nicht ursprünglich. Die beiden Schriften gehören zu einer Gruppe von insgesamt sechs theologischen Schriften; es sind außer den beiden genannten: *De sacramentis (Über die Sakramente), De incarnatione (Über die Menschwerdung), De resurrectione (Über die Auferstehung)* und *De bono (Über das Gute)*. Oft wird das sechsgliedrige Gesamtwerk als *Summa de creaturis* bezeichnet; diese Bezeichnung ist sachlich unbegründet und irreführend. Wer das Gesamtwerk, das vielleicht den literarischen Niederschlag akademischer Disputationen darstellt, für eine unvollendete theologische Summe hält, mag es (mit Meersseman) *Summa theologica prior (Erste theologische Summe)* nennen, um es so von der späteren *Summe der Theologie* zu unterscheiden.

Die *Summa de creaturis* markiert einen Wendepunkt im Entwicklungsgang der mittelalterlichen Philosophie und Theologie. Bis etwa 1200 hatte sich die Theologie vorwiegend am Denken der griechischen und lateinischen Väter, besonders am Denken des AUGUSTINUS, das ganz von platonischer und neuplatonischer Philosophie geprägt war, orientiert. Im 13.Jh. vollzog sich unter heftigen Kämpfen die Rezeption der Aristotelischen Philosophie. Albertus gilt mit Recht als Bahnbrecher dieser Entwicklung. Die *Summa de creaturis*, sein erstes großes Werk, verfaßt zwischen der Pariser Verurteilung der naturphilosophischen und metaphysischen Schriften des ARISTOTELES (1210, 1215) und jenem berühmten Jahr (1255), in dem die Pariser Artistenfakultät ihre Mitglieder auf das Studium eben dieser Schriften verpflichtete, zeigt auf Schritt und Tritt den Einfluß der Aristotelischen und zudem eine sehr starke Einwirkung der arabischen Aristoteliker (AVICENNA, AVERROES). Albert übernimmt die neuen Anregungen nicht kritiklos, sondern assimiliert sie kritisch und versucht sie in das vorhandene System christlicher Weltanschauung zu integrieren. Es ist verständlich, daß zu einem so frühen Zeitpunkt die Kritik der neuen Ideen und der Prozeß der eigenständigen Umgestaltung noch nicht das Niveau erreichen konnte, das fünfundzwanzig Jahre später in den *Summen* des THOMAS VON AQUIN erreicht worden ist.

Der erste Teil der *Summa* behandelt die vier *coaequaeva*, d. h. jene Wirklichkeiten, die am Beginn der Schöpfung, gewissermaßen gleichzeitig, von Gott ins Dasein gesetzt worden sind und die als elementare Schöpfungswirklichkeiten untereinander nicht in einem zeitlichen oder kausalen Folgeverhältnis stehen: 1. die erste Materie, das passive und an sich bestimmungslose Konstitutionsprinzip aller Körper; 2. die Zeit, das reale Maß (Bezugssystem) aller Veränderungen; 3. der oberste Himmel, das Empyreum; 4. die Engel, die geschaffenen immateriellen Substanzen. Die vier *coaequaeva* sind der Anknüpfungspunkt für weitergehende Erörterungen.

Der zweite Teil der *Summa* handelt vom Menschen. Albert diskutiert verschiedene Definitionen der Seele und schließt sich dabei enger an Avicenna als an Aristoteles an. Er bespricht ausführlich die vegetativen, sensitiven und geistigen Fähigkeiten der Seele, das Streben, die Willensfreiheit und das Gewissen. Die Lehre vom menschlichen Intellekt ist philosophiegeschichtlich besonders interessant. Sowohl das rezeptive Prinzip des geistigen Erkennens (*intellectus possibilis*, potentieller Verstand) als auch das aktive Prinzip (*intellectus agens*, wirkender Verstand) sind »Teile« der einzelnen Menschenseele. Verstandeserkenntnis ist das Produkt einer Abstraktion aus der Sinneserfahrung. Alberts Menschenbild ist erheblich dualistischer als das des Thomas von Aquin, d. h., bei der philosophischen Interpretation der Leib-Seele-Einheit schreibt er sowohl dem Leib als auch der Seele ein höheres Maß an eigener Selbständigkeit zu. Hier wie an vielen anderen Stellen der *Summa de creaturis* wird deutlich, daß Alberts Aristotelismus, nicht zuletzt infolge arabischer Einflüsse, stärker platonisch gefärbt ist als der Aristotelismus seines Schülers Thomas von Aquin.

J.Ve.

AUSGABEN: Venedig 1498/99, 2 Tle. – Lyon 1651 (in *Opera omnia*, Hg. P. Jammy, 21 Bde., 19). – Paris 1895/96 (in *Opera omnia*, Hg. A. Borgnet, 38 Bde., 1890–1899, 34/35).

LITERATUR: M. Grabmann, *Drei ungedruckte Teile der »Summa de creaturis« Alberts des Großen*, Lpzg. 1919. – R. Liertz, *Der selige Albert der Große als Naturforscher u. Lehrer*, Mchn. 1931. – A. Öhlmeyer, *Zwei neue Teile der »Summa de creaturis« Alberts des Großen* (in Recherches de Théologie Ancienne et Médiévale, 4, 1932, S. 392–400). – E. Gilson, *L'âme raisonnable chez Albert le Grand* (in AHDLM, 14, 1943–1945, S. 5–72). – H. Balss, *A. M. als Biologe*, Stg. 1947. – O. Lottin, *Problèmes concernant la »Summa de creaturis« et le »Commentaire des Sentences« de saint Albert le Grand* (in Recherches de Théologie Ancienne et Médiévale, 17, 1950, S. 319–328). – I. Brady, *Two Sources of the »Summa de homine« of Saint Albert the Great* (ebd., 20, 1953, S. 222–271). – E. Gilson, *History of Christian Philosophy in the Middle Ages*, NY 1955, S. 279–289. – L. A. Kennedy, *The Nature of the Human Intellect According to St. Albert the Great* (in The Modern Schoolman, 37, 1959/60, S.

121–137). – O. Lottin, *Ouvrages théologiques de saint Albert le Grand* (in O. L., *Psychologie et morale aux XIIe et XIIIe siècles*, Bd. 6, Gembloux 1960, S. 237–297).

SUMMA THEOLOGIAE

(mlat.; *Summe der Theologie*). Unvollendetes theologisches Spätwerk von ALBERTUS MAGNUS, entstanden nach 1270; der ursprüngliche Titel, unter dem das Werk in der seit 1951 erscheinenden Gesamtausgabe gedruckt werden wird, lautet: *Summa de mirabili scientia Dei (Summe über das wunderbare Wissen von Gott)*. Das Werk umfaßt zwei Bücher. Das erste Buch ist vorwiegend der Gotteslehre gewidmet; das zweite Buch behandelt die Schöpfungslehre, aber auch moraltheologische Fragen. Alberts Schrift *De unitate intellectus contra Averroem* ist, leicht überarbeitet, in das zweite Buch übernommen worden.
In ihrem äußeren Aufbau lehnt sich die *Summa* überraschend eng an das *Sentenzenbuch* (vgl. *Sententiarum libri IV*) des PETRUS LOMBARDUS an; besonders das zweite Buch macht den Eindruck eines Sentenzenkommentars (ein Kommentar zu den Sentenzen des Petrus Lombardus war die im Mittelalter übliche Form, in der die Theologen ihre Theologie zusammenfassend vortrugen und schriftlich niederlegten). Inhaltlich dagegen zeigt die *Summa theologiae* an vielen Stellen außerordentlich enge Verwandtschaft mit der sogenannten *Summa Halensis*, einem theologischen Werk, das unter dem Namen des ALEXANDER VON HALES verbreitet war. Merkwürdigerweise hat Albert die *Theologische Summe* seines Schülers THOMAS VON AQUIN nicht berücksichtigt.
Obwohl Albert von seinen Zeitgenossen und seinen Nachfahren vor allem als Philosoph, Aristoteles-Kommentator und Naturforscher gerühmt wird, hält er selbst die christliche Theologie für die erhabenste und wichtigste Wissenschaft. Das notwendig unvollkommene philosophische Wissen von Gott und unsere notwendig unvollkommene Kenntnis ethischer Normen finden in der Offenbarungstheologie ihre angemessene Ergänzung und Krönung. Albert setzt sich in seiner Theologie auch mit griechischen und arabischen Philosophemen kritisch auseinander: Gott ist nicht nur der Gestalter der Welt, sondern ihr Schöpfer. Die Welt ist nicht ewig, sondern hat einen zeitlichen Anfang, der von Gott frei gesetzt ist. Jeder Mensch hat eine unsterbliche, geistige Seele, die nicht dem materiellen Bereich entstammt, sondern unmittelbar von Gott geschaffen ist. Eines der interessantesten Stücke der *Summa* ist der Abschnitt über zehn verschiedene Definitionen der Seele (Lib. II, tr. XII, q. 69). Albert beschreitet einen Weg, der von AVICENNA vorgezeichnet ist: Betrachtet man die Seele in ihrer Beziehung zum Leib, kann man sie mit ARISTOTELES als »Form des Körpers« definieren; betrachtet man sie in ihrem eigenständigen Wesen, so muß man sie mit PLATON als eine geistige Substanz definieren. Dies ist ein Beispiel dafür, daß Albert, der als erster dem Aristotelismus die Pforten der christlichen Theologie weit geöffnet hat, doch in vielen Fragen platonisch-neuplatonischen Auffassungen bewußt treu bleibt.
Kenner der mittelalterlichen Theologie beurteilen die *Summa* Alberts recht unterschiedlich. Manche erblicken in ihr ein zwar unvollendetes, aber gedanklich ausgereiftes Alterswerk. Andere halten sie für eine unausgeglichene Kompilation, in die frühere, teils sehr frühe Werke Alberts und auch Gedanken anderer Theologen eingegangen sind. Die zweite Auffassung verdient wohl den Vorzug, da manche Aussagen unausgeglichen wirken oder im Widerspruch zu früheren Werken Alberts stehen. Wahrscheinlich entfällt ein gewisser Anteil an der Kompilation auf GOTTFRIED VON DUISBURG, den Sekretär, dessen sich der alternde Albert bei der Arbeit an der *Summa* bediente. J.Ve.

AUSGABEN: Basel 1506 (vgl. dazu: A. Hiedl, *Zur Basler Ausgabe des Sentenzenkommentars Alberts des Großen vom Jahre 1506*, Bonn 1966). – Lyon 1651 (in *Opera omnia*, Hg. P. Jammy, 21 Bde., 17/18). – Paris 1895 (in *Opera omnia*, Hg. A. Borgnet, 38 Bde., 1890–1899, 31–33). – Münster 1978 (in *Opera omnia*, Hg. B. Geyer, 1951 ff., Bd. 34/1).

LITERATUR: C. Feckes, *Wissen, Glauben u. Glaubenswissenschaft nach Albert dem Großen* (in Zeitschrift für katholische Theologie, 54, 1930, S. 1–39). – M.-D. Roland-Gosselin, *Sur la double rédaction par Albert le Grand de sa dispute contre Averroès »De unitate intellectus« et »Summa theologiae II, Tr. XIII, Q. 77, m. 3«* (in AHDLM, 1, 1926, S. 307–312). – M. M. Gorce, *Le problème des trois Sommes: Alexandre de Halès, Thomas d'Aquin, Albert le Grand* (in RTh, 36, 1931, S. 293–301). – M. Grabmann, *De prachtige Nurenbergsche Handschriften der Summa Theologiae van den Heiligen Albertus den Groote* (in Thomistisch Tijdschrift voor katoliek kultuurleeven, 3, 1932, S. 715–728). – A. C. Pegis, *St. Albert the Great and the Problem of the Soul as Form and Substance* (in A.C .P., *St. Thomas and the Problem of the Soul in the 13th Century*, Toronto 1934, Kap. 3). – H. Kühle, *Zum Problem der »Summa theologiae« und der Sentenzenkommentare Alberts des Großen* (in Aus der Geisteswelt des Mittelalters, Münster 1935, S. 591–610). – O. Lottin, *»Commentaire des Sentences« et »Somme théologique« d'Albert le Grand* (in Recherches de Théologie Ancienne et Médiévale, 8, 1936, S. 117–153). – H. Neufeld, *Zum Problem des Verhältnisses der theologischen Summe Alberts des Großen zur theologischen Summe Alexanders von Hales* (in Franziskanische Studien, 27, 1940, S. 22–56; 65–87). – O. Lottin, *Ouvrages théologiques de saint Albert le Grand* (in O. L., *Psychologie et morale aux XIIe et XIIIe siècles*, Bd. 6, Gembloux 1960, S. 237–297). – R. McInerny, *A. and Thomas on Theology* (in *A. d. Gr. Seine Zeit, sein Werk, seine Wirkung*, Hg. A. Zimmermann, Bln. 1981, S. 51–60).

Albert von Aachen

12. Jh.

HISTORIA HIEROSOLYMITANA

(mlat.; *Geschichte von Jerusalem*). Kreuzzugsgeschichte von ALBERT VON AACHEN. – Der Verfassername – in der Ausgabe von MIGNE Albericus Aquensis – ist wahrscheinlich zu deuten als Albert von Aachen, da »Aquensis« sich wohl nicht, wie gelegentlich angenommen wurde, auf Aix-en-Provence bezieht. Über die Lebenszeit des Autors sowie über das Entstehungsdatum des Werks läßt sich nur sagen, was diesem selbst zu entnehmen ist: Die geschilderten Ereignisse reichen bis in das Jahr 1121, und die älteste erhaltene Handschrift stammt aus dem Jahr 1158. Zwischen 1121 und 1158, wahrscheinlich jedoch bald nach 1121, ist also die *Historia* geschrieben worden.

In dem kurzen Prolog sagt der Verfasser, er habe sich, da er persönlich stets daran gehindert worden sei, selbst mit ins Heilige Land zu ziehen, schließlich dazu entschlossen, den Verlauf des Kreuzzugs so niederzuschreiben, wie er ihn aus Berichten von Teilnehmern habe erfragen und erfahren können, um auf diese Weise wenigstens im Geist ein Gefährte der Kreuzfahrer zu werden. Das insgesamt zwölf Bücher umfassende Werk gliedert sich in zwei Hälften. Die erste schildert den Verlauf des Ersten Kreuzzugs und seines Vorspiels vom Auftreten des Predigers Peter von Amiens an (1095) bis zur Ankunft des von Gottfried von Bouillon geleiteten Ritterheers vor den Mauern Jerusalems (1099). Das sechste Buch beschreibt im wesentlichen die Belagerung und die Einnahme von Jerusalem. Die Bücher 7 bis 12 sind der Geschichte des Königreichs Jerusalem von der Einnahme der Stadt und dem Tod Gottfrieds (1100) bis zum Jahr 1121 gewidmet. Hier bricht das Werk ziemlich abrupt ab.

Die Frage nach den Quellen und möglichen Vorlagen und damit nach dem geschichtlichen Wert der *Historia* ist noch nicht geklärt. Die eigentliche Bedeutung Alberts liegt allerdings auch auf einem anderen Gebiet: *»Sein Werk ist im Grunde ein historischer Roman und steht als solcher zwischen der im 12. Jahrhundert erstarkenden Erzählungsliteratur und der eigentlichen Historiographie ... Albert hat in meist schlichter, jedenfalls ungekünstelter Sprache ein farbenprächtiges Gemälde vom ersten Kreuzzug geschaffen, das wohl nicht in allen Einzelheiten historische Treue beanspruchen kann, das aber als Ganzes wie wenig andere Werke eine Vorstellung von der Stimmung der Kreuzfahrer wie der Daheimgebliebenen zu geben vermag«* (F. Brunhölzl). Im Mittelalter erfreute sich die *Historia* großer Beliebtheit, wie aus der Breite der handschriftlichen Überlieferung hervorgeht. WILHELM VON TYRUS (um 1130 bis um 1186) hat das Werk für seine *Kreuzzugsgeschichte* (*Historia rerum in partibus transmarinis gestarum*) benutzt, und seither ist es bis zur *Geschichte des Ersten Kreuzzuges* von Heinrich von SYBEL (1887), der als erster den Quellenwert von Alberts *Historia* in Frage stellte, für alle Darstellungen des Ersten Kreuzzugs grundlegend geblieben. G.Hü.

AUSGABEN: Helmstedt 1584 (*Chronicon Hierosolymitanum*, Hg. R. Reineccius). – ML, 166.

ÜBERSETZUNG: *Geschichte des ersten Kreuzzuges*, H. Hefele, 2 Bde., Jena 1923.

LITERATUR: F. Krebs, *Zur Kritik Alberts von Aachen*, Münster 1881 [zugl. Diss. Tübingen]. – B. Kugler, *Albert von Aachen*, Stg. 1885. – K. Partisch, *Über die Glaubwürdigkeit der »Historia Hierosolymitana« des A. A.*, Tl. 1–3: Progr. Arnau 1903, 1907, 1908; Tl. 4: Wien 1909. – H. E. Mayer, *Bibliographie zur Geschichte der Kreuzzüge*, Hannover 1960, S. 44. – P. Knoch, *Studien zu Albert von Aachen*, Stg. 1966. – C. Minis, *Stilelemente in der Kreuzzugschronik des Albert von Aachen...* (in *Lit. und Sprache im europäischen MA*, Hg. A. Önnerfors u. a., Darmstadt 1973, S. 356–363). – F. J. Worstbrock, Art. *Albert von Aachen* (in VL², 1, Sp. 111–114). – P. Ch. Jacobsen, Art. *Albert von Aachen* (in LM, 1, Sp. 286 f.).

Joseph Albo

* um 1360 Monreal del Campo / Spanien
† um 1445

SEFER HA-IKARIM

(hebr.; *Buch der Glaubensgrundsätze*). Systematische Darstellung des jüdischen Glaubens von Joseph ALBO, entstanden um 1425. – Dieses aus vier Teilen bestehende Hauptwerk des letzten großen jüdischen Philosophen des Mittelalters ist geradezu fesselnd geschrieben, in flüssigerem und leichter verständlichem Stil als alle bis dahin verfaßten philosophischen Abhandlungen in hebräischer Sprache; dadurch wurde es in jüdischen Kreisen zu einem der populärsten und am meisten gelesenen philosophischen Bücher.

Zuerst bespricht der Verfasser die dreizehn Glaubensartikel *(Schloscha asar ikarim)* des MAIMONIDES sowie die Reduzierung der Zahl der Glaubensartikel auf sechs durch Chasdai CRESCAS, den Lehrer Albos und Verfasser des *Or Adonai (Das Licht Gottes)*. Albo kommt zu dem Ergebnis, daß es drei fundamentale Dogmen (*ikarim*, Plural von *ikar* »Wurzel«, auch »Glaubensgrundsatz«) gibt, die allen monotheistischen Religionen gemeinsam sind: 1. die Existenz Gottes (bei Maimonides ebenfalls Nr. 1); 2. die Offenbarung am Sinai (bei Maimoni-

des Nr. 8); 3. Lohn und Strafe für das Tun des Menschen (die sog. Theodizee; bei Maimonides Nr. 11). Diese drei Dogmen – so führt Albo aus – seien bereits in den ersten vier Kapiteln der *Genesis* impliziert: die Existenz Gottes im Schöpfungsbericht (Kap. 1), die Offenbarung in der Paradiesgeschichte (Kap. 2–3), die Theodizee in der Erzählung von Kain und Abel (Kap. 4). Außer diesen drei fundamentalen Dogmen gebe es in allen monotheistischen Religionen noch abgeleitete Dogmen. Die jüdische Religion kenne deren elf; vier davon seien von der Existenz Gottes abgeleitet (seine Einheit, Unkörperlichkeit, Zeitlosigkeit und Unfehlbarkeit), drei von der Offenbarung Gottes (seine Allwissenheit, das Vorhandensein von Prophetie sowie die Authentizität der Propheten), und eines der Dogmen (Gottes persönliche Fürsorge für jedes Individuum) sei von der Theodizee abgeleitet. Wenn wir, sagt Albo, noch sechs »Glaubenswahrheiten« (Dogmen von verhältnismäßig minderer Wichtigkeit) hinzuzählen (Schöpfung aus dem Nichts; Superiorität der Prophetie des Moses über alle anderen Prophetien; Unveränderlichkeit des *Thora*-Gesetzes; Fähigkeit des *Thora*-Gesetzes, den Menschen sittlich zu vervollkommnen; Wiederauferstehung der Toten; Kommen des Messias), ergeben sich insgesamt 17 Dogmen. In diesen sind, wenn auch nach Wichtigkeit abgestuft, die dreizehn Glaubensgrundsätze des Maimonides – mit Ausnahme des dritten (alleinige Verehrungswürdigkeit Gottes) – enthalten, aber auch einige (genau fünf), die bei Maimonides nicht aufgezählt sind (z.B. Schöpfung aus dem Nichts).
Ein Novum in diesem Werk ist nicht nur die nach ihrer Bedeutung orientierte Abstufung der Glaubensartikel, sondern auch die Ausführlichkeit, mit der die Anordnung der Glaubensartikel besprochen wird. Die Erörterungen entbehren zwar der spekulativen Tiefe, sind aber stets anregend, nicht zuletzt durch passend eingeflochtene Deutungen biblischer und talmudischer Stellen. – Albo verfaßte das Buch, nachdem er 1413 an der von Papst Benedikt XIII. erzwungenen Religionsdisputation zu Tortosa teilgenommen hatte. Trotz der dort erfahrenen Demütigungen blieb Albo in seiner Haltung der christlichen Religion gegenüber durchaus konziliant. Ausdrücklich bestätigt er (im Teil 1) den im *Talmud* und auch von Maimonides ausgesprochenen Grundsatz: *»Die Frommen der Völker haben Anteil an der kommenden Welt«*, wodurch er jeder Polemik den Stachel nimmt. Durch die Feststellung, daß der Messiasglaube nicht als fundamentales Dogma, sondern nur als eine der sechs Glaubenswahrheiten aufzufassen sei, hoffte er vielleicht, in der Streitfrage zwischen Judentum und Christentum über den bereits erschienenen bzw. den noch zu erwartenden Messias eine Lösung zu finden.

L.Pr.

AUSGABEN: Soncino 1486 [Wiegendruck]. – Venedig 1618 [Komm. G. Lipschütz]. – Warschau 1877 [Nachdr. Jerusalem 1960]. – Philadelphia 1929/30, Hg. I. Husik, 5 Bde. [m. engl. Übers. u. Anm.; krit.]. – Tel Aviv 1951 [Nachw. J. Guttmann].

ÜBERSETZUNG: *Das Buch Ikkarim. Grund- und Glaubenslehren der Mosaischen Philosophie*, W. u. L. Schlesinger, Ffm. 1844 [m. Text].

LITERATUR: S. Back, *J. A.s Bedeutung in der Geschichte der jüdischen Religionsphilosophie*, Bln. 1869. – A. Tänzer, *Die Religionsphilosophie J. A.s nach seinem Werk »Ikkarim« systematisch dargestellt*, Ffm. 1896. – J. Guttmann, *Die Philosophie des Judentums*, Mchn. 1933, S. 441- 446. – I. Husik, *A History of Mediaeval Jewish Philosophy*, Philadelphia 6 1948, S. 406ff. – J. Rosenthal (in *Kirche und Synagoge*, Hg. K. H. Rengstorf u. S. v. Kortzfleisch, Bd. 1, Stg. 1968). – A. Altman, Art. J. A. (in EJ[2], 2, Sp. 535–537).

ALBRECHT VON EYB

* 24.8.1420 Schloß Sommersdorf bei Ansbach / Franken
† 24.7.1475 Eichstätt

LITERATUR ZUM AUTOR:
M. Herrmann, *A. v. E. und der deutsche Humanismus*, Bln. 1893. – G. Gailhofer, *Der Humanist A. v. E.* (in Sammelblätter des hist. Vereins Eichstätt, 42, 1927, S. 28–71). – J. A. Hiller, *A. v. E. – Medieval Moralist*, Washington 1939; Nachdr. NY 1970. – G. Klecha, *A. v. E.* (in VL[2], 1, Sp. 180–186).

EHEBUCH

Traktat von ALBRECHT VON EYB, erschienen 1472. – Das in seinem Prosastil an den *Ackermann aus Böhmen* erinnernde Büchlein des Juristen Albrecht, das sich mit der Frage beschäftigt, »*ob einem manne sey zunemen ein eelichs weyb oder nit*«, ist der Stadt Nürnberg »*auß freüntlicher nachparschaft . . . zu lob und ere und sterckung irer pollicey und regimentz*« gewidmet. Als Vorlagen zu den einzelnen Teilen seines Traktats dienten Albrecht BOCCACCIOS Novelle von Guiscardo und Ghismonda (*Decamerone* IV, 1) in der deutschen Übertragung von NICLAS VON WYLE, die lateinische Fassung der orientalischen *Marina-Legende*, PETRARCAS Novelle *Grisardis* in der Verdeutschung von Erhart GROSZ, die *Albanus-Legende* und BRACCIOLINIS um 1440 entstandener Dialog *De nobilitate*.
Albrecht von Eybs Schrift, die heute als sein Hauptwerk gilt, gliedert sich in drei Teile unterschiedlichen Umfangs und ungleicher Qualität. Die einzelnen Kapitel sind unverbunden aneinandergereiht und zeigen mitunter inhaltliche und sti-

listische Brüche. – Im ersten Teil zählt der Autor zunächst Gründe auf, die gegen eine Ehe sprechen, und untermauert sie mit Äußerungen berühmter Schriftsteller. Dann predigt er Keuschheit und Mäßigkeit, meldet Bedenken an gegen das, was oft die Folge weiblicher Schönheit sei – wie Hoffart, Unkeuschheit und Untreue –, und spricht über das Verhältnis der Eltern zu ihren Kindern. Besonders in diesem Kapitel wird Albrechts Neigung, sich in Einzelheiten zu verlieren, deutlich, wie auch ein wesentliches Kapitel z. B. der Zunge gilt, die schon viel vermeidbares Unglück über die Menschen gebracht habe. Am Schluß des ersten Teils wird das Problem der Mitgift mit allen aus ihr erwachsenden Konsequenzen behandelt.

Der zweite Teil des Traktats schildert, antithetisch zum ersten, die Ehe als etwas Erstrebenswertes. Das zweite Kapitel gibt »*die antwurt*« auf die zu Beginn gestellte Frage, nämlich »*das ein weyb zunemen sey*«, und zwar zu dem Zwecke, »*das die welt mit menschen erfüllet, die menscheit geewigt, ein geschlecht und name gemert und die sünde der un keüscheit vermiden werde*«. Hier klingt das *proles procreanda, fornicacio vitanda* der mittelalterlichen Eheauffassung an, doch geht Albrecht darüber hinaus, wenn er anmerkt, daß der Mann des Weibes, das Weib des Mannes bedürfe und daß die Partnerwahl nicht auf freiem Ermessen beruhe, sondern in Gottes Gebot stehe. Die beiden folgenden Kapitel – *Das man frawen und iunckfrawen zu rechter czeyt menner geben solle* und *Wie sich ein fraw halten solle in abwesen ires manns* – folgen Boccaccios Guiscardo-und-Ghismonda-Erzählung sowie der *Marina-Legende* in enger Anlehnung. Das sechste Kapitel bildet mit dem *Lob der Ee* und dem *Lob der frawen* den Höhepunkt der Schrift. Hier ist die Darstellung frei von Überliefertem und Angelesenem und tritt Albrechts Auffassung »*als frei, als sittlich, als modern*« (M. Herrmann) am reinsten hervor. »*Die Ee* [ist] *ein frölichs, lustpers und süsz ding: was mag frölicher und süszer gesein, dann der name des vaters, der muter und der kinder...*« – Der dritte, nur drei Kapitel umfassende Teil des *Ehebuchs* enthält – neben zwei Abhandlungen über Gebräuche beim Essen usw. und über Elend, Krankheit und Unglück der menschlichen Natur – unter dem Titel *Das kein sünder verzwyfeln solle* die grausige *Albanus-Legende*. Der im Inzest zwischen Vater und Tochter gezeugte Albanus nimmt Rache an seinem Vater und seiner Mutter, die zugleich seine Frau und Schwester ist. Nach innerer Umkehr findet er zum bußwilligen Leben eines Heiligen. – Mit einem Gebet schließt Albrechts Schrift.

Albrecht von Eyb gilt als der gelehrteste unter den Frühhumanisten, und so spricht auch aus seinem Werk kenntnisreiche Belesenheit. Das *Ehebuch* ist voll literarischer Anklänge und Zitate, die nicht nur der zeitgenössischen, sondern auch der antiken Literatur entstammen. Den Rechtsgelehrten verraten die juristische Diktion und die gedankliche Schärfe, mit der das Eheproblem in den drei dialektischen Stufen These – Antithese – Synthese (denen freilich die drei Teile des Werks nicht entsprechen) betrachtet und gelöst wird. – Die Tatsache, daß vom Erscheinungsjahr bis 1540 zwölf weitere Drucke des *Ehebuchs* Verbreitung fanden, spricht für die Wirkung der Schrift in jener Zeit.   A.Hd.

AUSGABEN: Nürnberg 1472. – Augsburg 1472. – Sonderhausen 1879 (*Ehestandbüchlein*, Hg. K. Müller). – Bln. 1890 (*Ehebüchlein*, in *Deutsche Schriften*, Hg. M. Herrmann, 2 Bde., 1). – Wiesbaden 1966, Hg. E. Geck [Faks. der Ausg. Nürnberg 1472; enth. Bibliogr. der Faks.drucke v. Inkunabeln 1918–1965 v. J. P. Strömer]. – Darmstadt 1982 (*Ob einem manne sey zunemen ein eelichs weyb oder nit*; Einl. H. Weinacht). – Ffm. 1984, Hg. u. Übers. M. Dallapiazza (*Wie ein Mann ein fromm Weib soll machen. Mittelalterliche Lehren über Ehe und Haushalt*; Insel Tb). – Hildesheim/Zürich 1984 [Nachdr. der Ausg. Bln. 1890]. – Lpzg. 1986, Hg. K. Müller (*Ehebüchlein*; m. Textrevision, Glossarium u. »Zur Sprache«; Insel-Bücherei).

LITERATUR: G. Gailhofer, *Die Eheauffassg. des ausgehenden deutschen Mittelalters* (in Archiv f. Kirchengeschichte, 9, 1911, S. 136–198; 279–318). – G. Weber, *A. v. E. Ehebüchlein* (in *Bayerische Literaturgeschichte*, Hg. E. Dünninger u. D. Kiesselbach, Bd. 1, Mchn. 1965, S. 384–396). – H. Weinacht, *A. v. E.* (in *Fränkische Klassiker*, Hg. W. Buhl, Nürnberg 1971, S. 170–182). – De Boor, 4/1, S. 576/577. – A. Sottili, ›*An uxor sapienti sit ducenda*‹. *Zum Stemma codicum von A. v. E.s lateinischer Eheschrift* (in Wolfenbütteler Renaissance-Mitt., 4, 1980, S. 81–187). – R. K. Hennig, *A.s v. E.* ›*Lob der Ehe*‹ *und seine Vorlage* (in JEGPh, 84, 1985, S. 364–373). – A. R. Deighton, *Zwei unbekannte Handschriften des* »*Ehebüchleins*« *von A. v. E.* (in AfdA, 98, 1987, H. 2, S. 134–140).

SPIEGEL DER SITTEN, im latein genannt **Speculum morum: Von güten vnd bösen sitten, von sünden vnd tugenden dargegen, von ständen vnd ämptern mancherlay personen**

Traktat von ALBRECHT VON EYB, vollendet 1474, postum erschienen 1511. – Der nach dem *Ehebuch* begonnene, wohl einem auf scholastisch-patristischer Grundlage beruhenden *speculum morum* nachempfundene *Spiegel der Sitten* sucht zwischen dem Moraldogma mittelalterlicher Theologie und humanistischen Lehrsätzen zu vermitteln. Mit den Bischöfen von Bamberg, Eichstätt und Würzburg gewidmeten Arbeit will Albrecht dem Vorwurf zuvorkommen, er habe in seinen Schriften die Kirche vernachlässigt.

Das Werk ist in zwei Hauptteile gegliedert, von denen jeder in zwei Bücher zerfällt. Das erste Buch des ersten Hauptteils beginnt mit einem Spiegel der Unsitten, dem die Lehre von den sieben Todsünden zugrunde liegt. Die einzelnen Kapitel von unterschiedlichem Umfang entsprechen in ihrer Ausführung, indem sie jeder Hauptsünde einige verwandte andere Sünden und eine entgegengerichtete Tugend zugesellen, der Struktur scholastischer Lehrgebäude. Der Abschnitt *Von aim streyt der sünden vnd tugenden* beendet die Auseinandersetzungen der ersten Hälfte des ersten Buchs. Die zweite Hälfte behandelt die Eschatologie. Ursache der Sünden ist das irdische Leben, dessen Wert gering ist. Der sittliche, einen gottgefälligen Tod erstrebende Mensch fürchtet sich nicht vor dem Sterben, auf das er vorbereitet ist; dabei übernimmt die *ars moriendi* ihre angestammte Rolle. Daß auch die weltliche Bereitung zum Tod besonders erwähnt wird, ist sehr bemerkenswert. Das zweite Buch des ersten Hauptteils, dessen Titel *Von aigenschafften vnd natur der personen vnd von jren ampten* lautet, ist in seiner ganzen Anlage ein Produkt der Spätscholastik. Es wählt den Staat und seine Glieder in ihrem Verhältnis zu den ethischen Aufgaben der Menschheit, soziale Themen, wie »*von vättern, müttern vnd kinderen*«, »*von Eeleüten vnd von der ee*«, und Einzelpersonen zum Gegenstand. Wie viele Kapitel, so klingt auch der erste Hauptteil des Werks gebetartig aus.

Die beiden Bücher des zweiten Teils verwenden als literarisches Exempel verkehrter Sitten (gleich dem *Ehebuch*) klassische Dichtung, und zwar in Form dreier Dramenübertragungen: die *Menaechmi* des PLAUTUS bilden das erste, der neulateinische Schwank *Philogenia* des UGOLINUS PARMENSIS, ein realistisch-satirisches Sittenbild, und Plautus' *Bacchides* das zweite Buch. *Bacchides* war für einen Druck nicht vorgesehen und wurde von dem Herausgeber des Werks, dem Kanonikus Johannes HUFF, Albrechts Nachlaß entnommen und ans Ende gestellt, so daß beide Plautinischen Stücke getrennt sind.

Albrecht von Eyb, um 1455 von seinem Paveser Lehrer RASINUS, dem ersten Plautus-Erklärer, inspiriert und bereits vor 1452 im Besitz von Exzerpten, vollbringt mit seiner Dramenübertragung, der ersten dieses Autors, sprachlich seine beste Leistung. Es gelingt ihm, den fremden Stoff seiner Zeit und seiner Welt anzugleichen, indem er volkstümliche Namen und Ausdrücke verwendet, auf den deutschen Sprichwort- und Zitatenschatz zurückgreift und die zahllosen Anspielungen auf die antike Mythologie in christliche Vorstellungen umwandelt. Er, dem Vorbilder so gut wie ganz fehlen, erreicht in seiner Bearbeitung – einem Gemisch von fortlaufender, die lateinischen Perioden auflösender Prosaerzählung und dramatischer Handlung – mit seinen auf Rasinus zurückgehenden, teils den Personen zugeordneten, teils den Dialog unterbrechenden szenischen Anmerkungen eine klare Darstellung der bei Plautus oft unverständlichen Zusammenhänge. Die schon den Grobianismus vorwegnehmenden Kuppel- und Bauernepisoden, die zu drastischen und grotesken Höhepunkten gesteigert werden, übertreffen die der Originale. – Während der erste Hauptteil, dessen Terminologie der verschiedenen ethischen Begriffe noch zu untersuchen ist, wenig weiterwirkte, regte der zweite Teil Hans SACHS, Martin GLASER, Jonas BITNER und Jacob AYRER zu eigenen Stücken an. Die *Bacchides* allerdings blieben ohne Nachfolge; ihr Übersetzer hatte sie wohl nicht zu Unrecht unterdrückt. A.Hd.

AUSGABEN: Augsburg 1511. – Augsburg 1518 u. 1537 [enth. nur *Bacchides, Menaechmi* u. *Philogenia*]. – Ffm. 1550 (in J. Pauli, *Schimpf und Ernst*; Anhang: *Bacchides, Menaechmi* u. *Philogenia*). – Bln. 1890 (in *Deutsche Schriften*, Hg. u. Einl. M. Herrmann, 2 Bde., 2). – Bern/Ffm. 1984, Hg. P. A. Liwan (*Die Plautus-Übersetzungen*; lat.-dt.). – Bln. 1986, Hg. G. Klecha [krit.].

LITERATUR: O. Günther, *Plautuserneuerungen in der deutschen Literatur des 15.–17. Jh.s u. ihre Verfasser*, Diss. Lpzg. 1886. – J. Fey, *A. v. E. als Übersetzer*, Diss. Halle 1888. – W. Creizenach, *Geschichte des neueren Dramas*, Bd. 1, *Mittelalter u. Frührenaissance*, Halle ²1911. – Ehrismann, 2, 2/2, S. 667. – H. Schöne, *Der Stil des A. v. E.*, Diss. Greifswald 1945. – F. E. Baron, *Plautus und die deutschen Frühhumanisten* (in *Studia humanitas, Fs. für E. Grassi*, 1973, S. 89–101 passim). – R. K. Hennig, *Ein Plagiat A. v. E.s* (in GRM, 56, 1975, S. 87–92). – De Boor, 4/1, S. 577/578. – G. Klecha, *Zur moralphilosophischen Terminologie A. v. E.s im »Spiegel der Sitten«* (in *Ethik in Humanismus und Renaissance*, Hg. W. Rüegg u. D. Wuttke, Boppard 1979, S. 113–124).

ALBRECHT VON JOHANSDORF

* um 1160 Jahrsdorf an der Vils
† nach 1206

MINNE- UND KREUZLIEDER (mhd.) von ALBRECHT VON JOHANSDORF.

Dem am Beginn des hochhöfischen Minnesangs stehenden niederbayrischen Dichter werden dreizehn Lieder zugeschrieben (nach *Des Minnesangs Frühling*), wobei die fünf *Kreuzlieder*, die wohl anläßlich des Barbarossa-Kreuzzuges 1189/90 entstanden, seine Minnelieder überragen. Hauptthema der Kreuzlieder ist der Konflikt zwischen Kreuzzug und Minne, den beiden Pflichten des höfischen Ritters. Im Gegensatz zu seinen Zeitgenossen FRIEDRICH VON HAUSEN, der sich von der Minne lossagt und sich für Gott entscheidet, und HARTMANN VON AUE, der sich von der Minne und allem Weltlichen abwendet, ist für Albrecht die Gottesfahrt nicht mit der Weltabsage verbunden. Die religiöse Verpflichtung und die Bindung an die *vrouwe* sind gleichrangig und miteinander vereinbare Werte.

Selbst wenn Albrecht unter Verwendung der Hauptthesen der kirchlichen Kreuzzugswerbung zur Gottesfahrt aufruft, bekennt er sich gleichzeitig emphatisch zur Minne: »*ich minne ein wíp vor al der welte in mínem muote*«. In dem daktylischen Kreuzlied *Mich mac der tôt von ir minnen wól scheiden* – wohl eine Kontrafaktur auf das Abschiedslied *Ahi! Amors, cum dure departie* (O weh, Liebe, welch harter Abschied) des Trouvères CONON DE BETHUNE – greift Albrecht in der bangen Frage der zurückbleibenden Geliebten »*wie wiltu nú geleisten diu beide, varn über mer und iedoch wesen hie*« wie Hausens *Mín herze und mín líp diu wellent scheiden* die Trennung von *cors* (Körper) und *cuers* (Herz) auf. Im gemeinsamen Gebet der Liebenden findet die Konfliktsituation jedoch einen hymnischen Ausklang. Die Koexistenz von Minne und der Pflicht gegenüber Gott verwirklicht Albrecht, indem der Kreuzritter die Geliebte im Herzen mit ins Heilige Land führt (»*vüere ich dich danne mit mir in gotes lant*«), ihm die personifizierte Liebe *urloup* gewährt (»*Minne, lâ mich vrí! / du solt mich eine wîle sunder liebe lân*«) oder das *saelic wíp* mit ihrer reinen Liebe dem Ritter den Weg zu Gott weist. Obwohl der Minnende vor Gott verdammt sein will, wenn er wegen der Kreuzfahrt von der Geliebten ließe (»*daz ich si láze vrí / got vor der helle niemer mich bewar*«), schickt er sich gottesfürchtig zur Fahrt angesichts der Bedrohung für das Grab Jesu (»*wir suln varn dur des ríchen gotes êre / gern ze helfe dem vil heiligen grabe*«) und ist überzeugt, daß der Märtyrertod seiner Seele zum ewigen Heil gereichen werde (»*die sêlen werden vrô / sô si ze himele kêren mit schallen*«). Im Abschiedsschmerz der Frau und in der Sorge des Kreuzritters, wie es in seiner Abwesenheit der Geliebten ergehen mag (»*süle aber sí ir leben verkêren, / sô gebe got, daz ich vervar*«), zeigt sich wie in den innigen Anreden *min herzevrowe*, *wíp* und *min herzeliep* die Vorstellung von der Gegenseitigkeit der Minne. Den Gedanken, daß »*beider minne ein triuwe wirt*«, bezieht Albrecht in seine Minnelieder ein, wenn die Frau um den Bestand der Liebe bangt, den Ritter zur Treue mahnt und befürchtet, die Gesellschaft könnte ihrer beider Minne entdecken.

Das dem donauländischen Minnesang verpflichtete Motiv der gegenseitigen Minne verbindet Albrecht mit der Haltung der hohen Minne und dem ihr gemäßen höfischen Verhalten, wie es im Gelöbnis des Ritters zum ewigen Minnedienst, der Klage über den ungelohnten Dienst, dem Motiv der Fernliebe und dem Topos des *von kinde minnen* deutlich wird. Ungewöhnlich aber für die hochhöfische Zeit ist, daß die *vrouwe* selbst von ihrer Minne spricht (»*Wie sich minne hebt, daz weiz ich wol; wie sie ende nimmt, des weiz ich niht*«). Die Unerfüllbarkeit des Minnedienstes ist Gegenstand des von der Minnetheorie des ANDREAS CAPELLANUS inspirierten Liedes *Swaz ich nú gesinge*. Die Herrin antwortet dem klagenden Ritter auf die Fangfrage, ob es *unstaete* wäre, zweien zu dienen, spitzfindig: »*wan solz den man erlouben unde den vrouwen niht*«. Das Programm der Hohen Minne faßt die Minnediskussion *Ich vant si âne huote* zusammen, wenn die Dame den realen Lohn begehrenden Ritter über den Sinn des Dienstes belehrt: »*›Sol mich dan mín singen / und mín dienst gegen iu niht vervân?‹ / ›iu sol wol gelingen, / âne lôn sô sult ir niht bestân.‹ › Wie meinent ir daz, vrowe guot?‹ / ›Daz ir dest wérder sint unde dâ bí hôchgemuot.*« (Übers. U. Müller: »So hat also mein Singen und mein Dienst / bei euch keinen Erfolg?‹ / ›Ihr sollt durchaus etwas davon haben, / ohne Entlohnung braucht ihr nicht zu bleiben.‹ / ›Wie meint Ihr das, schöne Herrin?‹ / ›Daß ihr dadurch edler und hochgemut werdet.‹«). Der Minnedienst schenkt dem Ritter *werdekeit* und *vröide*, die gesellschaftliche und sittliche Erhöhung sowie das aus ihr resultierende freudig erhobene Gefühl der Zugehörigkeit zum höfischen Menschentum.

Formale Einflüsse des donauländischen Minnesangs sind die einfache Strophenkomposition der Minnelieder, die bevorzugte Verwendung der langen achttaktigen Zeile, Einstrophigkeit, der Wechsel mit seiner schlichten Ausdrucksweise und der ungewöhnlich farbenreiche Natureingang des Liedes *Wîze, rôte rôsen*, der an DIETMAR VON AISTS *Waz ist vür daz trúren guot* erinnert. Die Vorliebe für die pointierte Endgipfelkomposition ist Albrechts Minneliedern mit seiner Kreuzzugslyrik gemein, von der insbesondere das Lied *Mich mac der tôt von ir minnen wól scheiden* mit seinem dreizähligen Takt, die Zwieklängigkeit im Reimgefüge und der Strophenkoppelung durch das gleiche Reimband unverkennbar Formeigenschaften der romanischen Dichtung trägt. Albrechts bedeutendster Beitrag zum deutschen Minnesang ist (nach BERGMANN) die Bereicherung der Kreuzzugslyrik durch die heimischen Liedgattungen des Wechsels und des knappen Dialogs auf szenischem Hintergrund. G.A.

AUSGABEN: Lpzg. 1857 (in *Des Minnesangs Frühling*, Hg. K. Lachmann u. M. Haupt). – Stg. 1879 (in *Deutsche Liederdichter des 12. bis 14. Jh.s*, Hg. K. Bartsch; Ausw.). – Düsseldorf 1952 (in *Liebeslyrik der deutschen Frühe in zeitlicher Folge*, Hg. H. Brinkmann). – Kopenhagen 1962 (*Die Kreuzzugslieder A.s von J.*, Hg. U. Pretzel; in *Fs. Hammerich*, S. 229–244). – Tübingen 1969 (in *Keuzzugsdichtung*, Hg. U. Müller). – Stg. 36 1977 (in *Des Minnesangs Frühling*, bearb. H. Moser u. H. Tervooren).

LITERATUR: R. Bergmann, *Untersuchungen zu den Liedern A.s v. J.*, Diss. Freiburg i. Br. 1963. – U. Fülleborn, *Die Motive Kreuzzug und Minne und das Gestaltungsprinzip in den Liedern A.s von J.* (in Euph, 58, 1964, S. 337–374). – H.-H. S. Räkel, *Drei Lieder zum dritten Kreuzzug* (in DVLG, 47, 1973, S. 508–550). – D. Sudermann, *The Minnelieder of A. v. J.*, Göppingen 1976 [m. Textausg.]. – H. Bekker, *The Poetry of A. v. J.*, Leiden 1978. – K.-H. Schirmer, *A. v. J.* (in VL, Bln. [2]1978, S. 191–195). – U. Meves, *Zur urkundlichen Bezeugung A.s v. J.* (in Euph, 75, 1981, S. 103 f.). – U. Müller, *»Ich vant si âne huote«* (in *Lyrik des Mittelalters II. Probleme und Interpretationen*. Hg. H. Bergner, Stg. 1983, S. 72–77; RUB).

ALBRECHT VON SCHARFENBERG

2. Hälfte 13. Jh.

JÜNGERER TITUREL

Strophisches Epos (mhd.), wahrscheinlich von ALBRECHT VON SCHARFENBERG, entstanden um 1270. – Der Dichter des unter dem Namen WOLFRAMS VON ESCHENBACH verfaßten Werks, das an dessen *Titurel*-Fragment und den *Parzival* anknüpft und in der metrischen Form der von Wolfram übernommenen sogenannten Titurel-Strophe geschrieben ist, gibt sich erst in Strophe 5883 als Albrecht zu erkennen. Die Frage, ob dieser mit dem von Ulrich FÜETRER in seinem *Buch der Abenteuer* (2. Hälfte des 15.Jh.s) gepriesenen gleichnamigen Dichter zweier Ritterromane identisch ist, ist nicht schlüssig zu beantworten.

In einer Einleitung paraphrasiert Albrecht den *Parzival*-Prolog und führt mit den Wörtern »Tugend«, »Zweifel«, »Taufe«, »Freude« und »Kunst« Kernbegriffe seiner Dichtung vor. Es folgen Stammbaum und Lebensgeschichte Titurels, der als Urahn des Gralsgeschlechts bezeichnet wird, und die Erzählung vom Bau des Gralstempels. Sie stellt ein Musterbeispiel nachhöfischer Architekturphantasie dar. Unmittelbar an Wolframs *Titurel* anschließend, berichtet Albrecht dann von der Liebe Tschionatulanders und Sigunes, die beide dem Gralsgeschlecht angehören. Er erzählt von der Kinderminne des Paars, von Tschionatulanders Orientfahrt und schließlich die Geschichte des verhängnisvollen Brackenseils, das den tragischen Tod des Helden herbeiführt: Tschionatulander spürt einen fremden Jagdhund auf, in dessen Leitseil die Liebesgeschichte Claudittes und Ekunahts eingestickt ist. Während Sigune zu lesen beginnt, reißt sich der Hund los und entläuft mit dem Seil. Sigune, die die Inschrift durchaus zu Ende lesen will, verspricht Tschionatulander ihre volle Hingabe, wenn er ihr den Bracken wieder einfange. Der junge Held macht sich auf die Suche und wird nach vielen Abenteuern von dem Ritter Orilus, der sich des Seils inzwischen bemächtigt hat, im Zweikampf getötet. Orilus, an dessen Geliebter, Jeschute, der junge Parzival bei Wolfram eine mißverstandene Lebensregel seiner Mutter auf so komische wie unselige Weise in die Tat umsetzt, und Sigunes Klagen über den Tod des Geliebten leiten zur Parzival-Handlung über. Albrecht malt Abenteuer Parzivals auf der Gralssuche, die Wolfram nur andeutet, breiter aus und beschreibt seine Krönung zum Gralskönig. Die anschließende, nur knapp angedeutete Lohengrin-Handlung endet mit der Entrückung des Berges Montsalvatsche und des Grals in das ferne Fabelreich Indien, wo der Priesterkönig Johannes herrscht.

Die starke Wirkung der Dichtung, die sich – außer in den 56 Textüberlieferungen – in der Übernahme der Titurel-Strophe und mancher sprachlicher Eigentümlichkeiten durch spätere Dichter (HADAMAR VON LABER, HEINRICH VON MÜGELN, Ulrich FÜETRER) spiegelt, beruht in erster Linie auf ihrem geblümten Stil. Unabhängig von KONRAD VON WÜRZBURG, dem Meister der geblümten Rede, schrieb Albrecht einen preziösen, bewußt schwerverständlichen, mehrdeutigen und anspielungsreichen Stil, der die verschiedenen Eigenheiten GOTTFRIEDS VON STRASSBURG, HARTMANNS VON AUE und WOLFRAMS VON ESCHENBACH in sich vereinte. Ein staunenswerter Inhalt sollte durch eine effektgeladene Erzählweise noch in seiner Wirkung gesteigert werden, und so bediente sich der Dichter des rhetorischen Schmucks der »Blumen«, um seine Erzählung in angemessene Worte fassen zu können. KLL

AUSGABEN: Straßburg 1477. – Quedlinburg/Lpzg. 1842, Hg. K. A. Hahn (Bibl. der ges. dt. Nat.-Lit., 24). – Bern 1952, Hg. W. Wolf (Altdt. Übungstexte, 14; Ausw.). – Bln. 1955–1968, Hg. ders., 2 Bde. (DTM; Str. 1–4394; krit.). – Göppingen 1973, Hg. J. Heinzle (in *Wolfram v. Eschenbach*, »*Titurel*«; m. Abb. sämtl. Hss.; dt.-mhd.). – Bln./DDR 1985, Hg. K. Nyholm (DTM; nach den Grundsätzen v. W. Wolf; Bd. 3,1; Str. 4395–5417).

LITERATUR: W. Wolf, *Grundsätzliches zu einer Ausgabe des »Jüngeren Titurel«* (in ZfdA, 76, 1939, S. 64–113; 79, 1942, S. 49–113, 209–248). – Ders., *Wer war der Dichter des »Jüngeren Titurel«?* (ebd., 84, 1953, S. 309–346). – Ders., *Der »Jüngere Titurel«, ›das Haubt ob teutschen Puechen‹* (in WW, 6, 1955/56, S. 1–12; auch in WW, Sammelbd. 2, 1963, S. 209–220). – C. Müller, *Studie zum »Jüngeren Titurel«. Zur Wandlung der Epik am Ende des 13.Jh.s in Deutschland*, Diss. Tübingen 1958. – W. Röll, *Studien zu Text u. Überlieferung des sog. »Jüngeren Titurel«*, Heidelberg 1964. – K. Nyholm, *Studien zum sogenannten ›geblümten Stil‹* (in Acta Academiae Aboensis, Ser. A, Humaniora, 39, 1971, Nr. 4). – J. Bumke, *Titurelüberlieferung und Titurelforschung* (in ZfdA, 102, 1973, S. 147–188). – A. G. Thornton, *Weltgeschichte und Heilsgeschichte in A.s v. S. »Jüngerem Titurel«*, Göppingen 1977. – D. Huschenbett, *»Titurel«/A. v. S.* (in VL², 1, Sp. 158–173; 200–206). – Ders., *A.s »Jüngerer Titurel«. Zu Stil und Komposition*, Mchn. 1979. – De Boor, 3/1, S. 52–64. – L. Parshall, *The Art of Narration in Wolfram's »Parzival« and A.'s »Jüngerer Titurel«*, NY/Cambridge 1981. – W. Schröder, *Wolfram-Nachfolge im »Jüngeren Titurel«. Devotion oder Arroganz*, Ffm. 1982. – Ders., *Der Schluß des »Jüngeren Titurel«* (in ZfdA, 111, 1982, S. 103–134). – Ders., *Demontage und Montage von Wolframs Prologen im Prolog zum »Jüngeren Titurel«*, Mchn. 1983. – E. Pistor, *Der »Jüngere Titurel« der Bayerischen Staatsbibliothek München. Zur Illumination der höfischen Rittererzählung*, Diss. Mchn. 1983. – *Würzburger Kolloquium über den »Jüngeren Titurel«* (in Wolfram-Studien, 8, 1984, S. 7–176; m. Bibliogr.). – W. Schröder,

Textkritisches zum »Jüngeren Titurel« (II) (in AfdA, 98, 1987, H. 1, S. 29–35).

MERLIN

Versroman (mhd.) von ALBRECHT VON SCHARFENBERG, entstanden gegen Ende des 13.Jh.s. – Der Roman wurde von Ulrich FÜETRER in seinem *Buch der Abenteuer* (zwischen 1473 und 1478) bearbeitet und ist nur in dieser Fassung überliefert. Die Verwendung der Titurel-Strophe rührt wohl eher von ihm als von Albrecht selbst her. – Der mit überirdischen Kräften ausgestattete Merlin entstammt der Verbindung des Teufels mit einer keuschen Jungfrau, der jüngsten Tochter des Königs Constans von Groß-Priton. Mit viel Geschick entgeht er allen Anschlägen auf sein Leben und verhilft seinem Sohn Uter Pandragon – dem er auch die Geschichte vom Gral erzählt – zum Thron. – Auf Merlins Rat gründet sein Sohn die Tafelrunde. Aus Uters Ehe mit der Herzogin von Tintajol, die Merlin ihm durch eine List gewinnt, geht Artus hervor, der sich durch das Bestehen der Schwertprobe – er muß aus einem Stein, der im Münster aus dem Boden aufgetaucht ist, ein Schwert ziehen – als Herrscher und Herr der Tafelrunde erweist.

Fremd und dunkel ist der Ursprung des proteusartigen Zauberers Merlin, des Sehers und Helfers, des Suchers und Grüblers. Als seine Heimat gilt der *enchanted forest*, der Zauberwald; Merlin ist kein kriegerischer Held, sondern vom Drang nach Wissen und magischer Kunst beseelt. Albrechts Dichtung ist wahrscheinlich die einzige mittelhochdeutsche Bearbeitung der weitverzweigten Merlinsage. Sie ist gekennzeichnet durch die Neigung zur Stoffülle, den Ehrgeiz des Verfassers, die erreichbaren Quellen möglichst vollständig auszuschöpfen und in den Text einfließen zu lassen. In seinem freizügigen Umgang mit den Vorlagen erweist sich Albrechts Roman als typisch für das nachhöfische Epos.

Bereits in der Bearbeitung der *Historia Britonum* (672) durch den keltischen Geschichtsschreiber NENNIUS (um 800) finden sich einzelne Züge der Sage, die jedoch erst Bischof GEOFFREY OF MONMOUTH um 1140 (vgl. *Historia regum Britanniae*) mit dem Namen Merlin (gälisch »Myrddin«) verknüpfte. Von Geoffrey gehen die beiden parallel verlaufenden mittelalterlichen Vorstellungen von Merlin aus, deren eine den Propheten (*Prophetia Merlini*, entstanden um 1135 während der Arbeit an der *Historia*, in die sie später als Buch 7 eingefügt wurden) und deren andere den Zauberer *(Vita Merlini)* in den Vordergrund stellt, der sich in den späteren literarischen Bearbeitungen des Stoffes allein behauptet. Die etwa ein Jahrzehnt nach der *Historia* entstandene *Vita Merlini*, für die Geoffreys Verfasserschaft nicht restlos gesichert ist, verfolgt die Absicht, Merlin als wundertätigen Menschen zu charakterisieren; auch trägt er hier Züge des keltischen Lailoken, eines »milden Waldmenschen«. Um 1155 übertrug der Anglonormanne Robert WACE Geoffreys Geschichtswerk in französische Verse, wobei er besonderen Wert auf die romanhaften Partien legte und erstmals in der französischen Literatur König Artus in Zusammenhang mit seiner Tafelrunde erwähnte. Diese Bearbeitung wurde unter dem Titel *Roman de Brut* bekannt und brachte die Merlinsage nach Frankreich. Dort war es dann ROBERT DE BORON mit seiner Trilogie *Le roman de l'estoire del Graal* (vgl. dort) – deren 2. Teil der *Merlin* bildet –, der den Stoff weiter mit der Artussage verwob, indem er die Gestalt des Zauberers Merlin als Bindeglied zwischen Evangelium und Artuskreis einfügte. Diese dem Ende des 12.Jh.s angehörende Dichtung liegt den späteren französischen, provenzalischen, italienischen, spanischen, deutschen, niederländischen und isländischen Prosafassungen der Sage zugrunde. Auch bei Albrechts *Merlin* handelt es sich wohl um eine erweiterte Übersetzung von Borons Epos und den davon abhängigen Prosaromanen, ähnlich wie bei Thomas MALORYS *Le Morte Darthur* (vgl. dort; entstanden zwischen 1451 und 1470).

Die Figur des Merlin fand im Mittelalter auch über ihre literarische Gestaltung hinaus Beachtung. So spielten seine Weissagungen im politischen Bereich eine beachtliche Rolle (*Verba Merlini*, 1251–1254), wurden übersetzt und kommentiert, so u. a. auch von ALANUS AB INSULIS (um 1128–1202). Die weite Verbreitung und Wirkung der Weissagungen des »Propheten« wird daran deutlich, daß sich 1564 das Tridentinische Konzil genötigt sah, den *Merlini angli liber obscurarum praedictionum* auf den Index zu setzen. – Im 18. und 19.Jh. wurde der Merlinstoff in der Dichtung wieder aufgegriffen (WIELAND, GOETHE, Dorothea von SCHLEGEL, TENNYSON, HEINE, LENAU, UHLAND) und auch als Motiv in der Oper verwendet. Dabei zeigte sich vor allem ein Interesse an dem lyrischen Motiv des alten Merlin im Grabe, aber auch an dem dramatischen des Teufelssohnes (Karl IMMERMANN, *Merlin. Eine Mythe*, 1831/32). Die jüngste Bearbeitung des Stoffes unternahm Tankred DORST in seinem Schauspiel *Merlin oder Das wüste Land* (1980). A.Hd.

AUSGABEN: Tübingen 1902 (*Merlin u. Seifried de Ardemont von A. v. S. in der Bearbeitung U. F.s*, Hg. F. Panzer; BLV, 227). – Bln. 1964 (*Die Gralsepen in U. F.s Bearbeitung. »Buch der Abenteuer«*, Hg. K. Nyholm; DTM).

LITERATUR: San-Marte, *Die Sagen von Merlin*, Halle 1853. – P. Hamburger, *Untersuchungen über U. F.s Dichtung von dem Gral u. der Tafelrunde. I. Zur Metrik u. Grammatik*, Diss. Straßburg 1882. – R. Spiller, *Studien über A. v. S. u. U. F.* (in ZfdA, 27, 1883, S. 158–179, 262–294; zugl. Diss. Lpzg.). – E. Schiprowski, *Der Zauberer Merlin in der dt. Dichtung*, Breslau 1933 (zugl. Diss.). – A. M. Weiss, *Merlin in German Literature*, Washington 1933 (The Catholic Univ. of America Studies in German, 3). – R. Newald, *U. F.* (in VL, 1, Sp. 781–783). – A. O. H. Jarman, *The Legend of*

Merlin, Cardiff 1959. – K. Nyholm, *A. v. S.s »Merlin«* (in Acta Academiae Aboensis, Ser. A, Humaniora, 33, 1967, Nr. 2). – U. Killer, *Untersuchungen zu U. Füetrer ›Buch der Abenteuer‹*, Diss. Würzburg 1971. – H. Thoelen, *Die Erstellung eines Wörterbuchs zu U. F.s Buch der Abenteuer – Arbeitsbericht* (in *Maschinelle Verarbeitung altdeutscher Texte II*, Hg. W. Lenders u. H. Moser, Bln. 1978, S. 197–208).

BRÁS DE ALBUQUERQUE

* 1500 Lissabon
† 1580

COMMENTÁRIOS DE AFONSO DALBOQUERQUE

(portug.; *Kommentare des Afonso de Albuquerque*), von seinem Sohn Brás de ALBUQUERQUE bearbeitet und 1557–1576 herausgegeben. – Das Vorbild waren, wie in der Widmung ausdrücklich erwähnt wird, die *Commentarii* CAESARS. Diese Widmung an König Sebastian nennt auch die Beweggründe für die Veröffentlichung des Werkes: Der König soll an seine Verpflichtungen gegenüber den Nachkommen derjenigen Männer gemahnt werden, die unter seinem Urgroßvater Manuel I. die portugiesische Macht im Orient begründet haben. Vor allem liegt dem Verfasser daran, das Wirken seines Vaters Afonso de Albuquerque (1462?–1515) ausführlich darzustellen, der sich zuerst in Kämpfen gegen die Türken (1480) und in Nordafrika (1489) ausgezeichnet hatte und dann ein berühmter Seefahrer wurde, aber in der Geschichtsschreibung der portugiesischen Entdeckungen noch nicht in vollem Umfang gewürdigt worden war. – Die Geschichte der Taten Albuquerques von seiner ersten Fahrt nach Indien 1503 bis zu seinem Tod ist in vier Teile gegliedert: seine Eroberungszüge nach Ormuz, Goa und den Molukken, seine Tätigkeit als Vizekönig, die Festigung der portugiesischen Macht durch die Christianisierung der Eingeborenen und ihre Vermischung mit den Portugiesen sowie durch den Abschluß von Staatsverträgen mit indischen Fürsten.
Die Darstellung des Sohnes stützt sich auf die Briefe, die Albuquerque während seiner Amtszeit an König Manuel gerichtet hatte. Sie beschränkt sich auf schlichte Berichterstattung, die auf alle rhetorischen und schmückenden Mittel verzichtet. Die Worte und Taten des Vaters sollen für sich selbst sprechen. A.E.B.

AUSGABEN: Lissabon 1557. – Lissabon 1576 [erw. u. verb. Ausg.] – Coimbra 1922, Hg. A. Baião. – Lissabon 1973, 2 Bde. [Vorw. u. Anm. J. V. Serrão].

ÜBERSETZUNG: *The Commentaries of the Great Afonso Dalboquerque*, B. Franklin, 4 Bde., NY 1970.

LITERATUR: W. de Gray Birch, *The Commentaries of the Great A.D.*, Ldn. 1875 [Einl. zur engl. Übers.]. – G. da Costa, *Descobrimentos e conquistas*, Bd. 3, Lissabon 1929. – E. Prestage, *Afonso de Albuquerque, Governor of India*, Watford 1929. – *Livros antigos portuguezes 1489–1600 da Biblioteca de Sua Majestade Fidellissima*, Bd. 2, Ldn. 1932, S. 497–509. – J. Moreira Campos, *Da fantasia à realidade*, Bd. 1, Lissabon 1953. – J. V. Serrão, *A historiografia portuguesa*, Bd. 1, Lissabon 1972. – E. Sanceau, *Afonso de A. – sonho da India*, Porto ⁵1983.

ANDREAS ALCIATUS

eig. Andrea Alciato oder Alciati
* 8.5.1492 Mailand oder Alzate b. Como
† 11./12.1.1550 Pavia

EMBLEMATUM LIBER

(nlat.; *Emblembuch*). Sinnbildgedichte von Andreas ALCIATUS, erschienen 1531. – Der philologisch, literarisch und historisch hochgebildete Mailänder Humanist und Jurist Alciatus gilt als der Begründer der modischen Kunstform des sogenannten Emblems (griech. *emblēma*: das Eingesetzte, die Einlegearbeit), die vom 16. bis ins 18. Jh. nachhaltig das literarische und künstlerische Schaffen beeinflußt hat. Ein Emblem ist die bildliche Darstellung *(icon, pictura)* eines Vorgangs oder Sachverhalts, einer menschlichen Situation oder Eigenschaft, einer historischen, mythologischen, biblischen Gestalt oder eines Gegenstandes, Tieres, Baumes usw. Als Motto ist ihr eine knappe Überschrift vorangestellt *(lemma, inscriptio)*. Auf den eigentlichen Sinn des Bildes weist abschließend ein mehr oder weniger umfangreiches Epigramm hin *(subscriptio)*. So zeigt z. B. eine *Ex bello pax (Aus Krieg Frieden)* überschriebene Darstellung den von einem Schild abgedeckten Brustpanzer eines Kriegers, in dem sich Bienen eingenistet haben. Die Bildunterschrift erklärt u. a.: »*Mögen die Waffen auch ferne liegen, so ist es doch recht, den Krieg zu beginnen. Anders kannst du die Kunst des Friedens nicht genießen.*« Den Spruch »*Quae supra nos nihil ad nos*« (»*Was über uns ist, geht uns nichts an*«) illustriert die Gestalt des Prometheus, dem ein Geier zur Strafe die Leber herausreißt. *Gegen die Geizhälse* ist das Bild eines Esels gemünzt, der hartes Stroh frißt, während er auf seinem Rücken »*preciosa obsonia*« (»*kostbare Speisen*«) trägt.
Die Erstausgabe der *Emblemata* zeigt auf 88 Seiten 98 kleinformatige Holzschnitte nach Zeichnungen

des Augsburger Malers Jörg Breu. Eine thematische Gruppierung der einzelnen Embleme ist nicht erkennbar. Die späteren Auflagen wurden ständig erweitert und verbessert, dann auch nach inhaltlichen Gesichtspunkten angeordnet und mit neuen Holzschnitten versehen. Die Paduaner Ausgabe 1621, ein stattlicher Band mit über tausend Seiten, weist 212 Abbildungen auf. Es entstanden nicht nur Übersetzungen in das Deutsche, Englische, Französische, Italienische und Spanische, sondern auch zahlreiche Nachahmungen, Kommentare und theoretische Schriften, ungefähr ein Drittel davon in Deutschland. Außer vielen anonymen Emblembüchern sind über sechshundert Verfasser emblematischer Werke bekannt. Allein Alciatus' Emblembuch erlebte insgesamt rund 150 Auflagen. Wenngleich der Emblemkunst keine nationalen Grenzen gesetzt sind, so zeigen sich dennoch in der Folgezeit gewisse charakteristische Ausprägungen in verschiedenen europäischen Ländern (höfisch-politische, erotische, religiös-historische und mythologische Emblembücher in Spanien, den Niederlanden und Italien). Ihre typographischen und künstlerischen Wandlungen lassen die allmählich wachsende Betonung des Bildgehalts gegenüber dem zunächst mehr literarischen Anliegen des Alciatus erkennen. In Malerei, Plastik, Graphik und Kunstgewerbe des Barock spiegelt sich mannigfach die Inspiration an emblematischen Motiven wider, so daß heute ein vertieftes Verständnis sowohl seiner literarischen als auch künstlerischen Zeugnisse die genaue Kenntnis des Formenschatzes dieser Sinnbildkunst, ihrer Bedeutung und ihres Fortlebens voraussetzt. Erst in jüngster Zeit hat die systematische Erforschung der Emblematik eingesetzt. Die Emblematik stellt ein riesiges Sammelbecken für die gesamte mittelalterliche und humanistische Bildung und Gelehrsamkeit dar. Die für die Wesensbestimmung des Emblems grundlegende Verbindung von Wort und Bild (Matthias HOLTZWART nannte z. B. 1581 seine Embleme »*Gemälpoesy*«) findet sich bereits verbreitet in der mittelalterlichen Kunst (*tituli* – Bildgedichte, Armenbibel, Heilsspiegel, Totentanz). Tier-, Pflanzen- und Steinbücher boten zahlreiche Beispiele moralisierender und symbolisierender Deutungen der Natur *(Physiologus)*. Jedoch unterscheidet sich das Emblem sowohl vom Symbol als auch von der im Mittelalter überaus beliebten Allegorie. Seine Einheit von Wort und Bild stellt etwas »*tatsächlich Existierendes, faktisch Mögliches ..., ein Stück Wirklichkeit*« dar (A. Schöne). Wichtige Anregungen vermittelten die besonders in Burgund gepflegte und nach Italien übergreifende Vorliebe für Wappenschilder und Wappensprüche (Devisen, Impresen, d. h. Lebensmaximen) sowie das ausgeprägte Festzeremoniell des 15.Jh.s. Dagegen brachte der Humanismus neben literarischen und philologischen Bestrebungen z. T. esoterisch-hermetische Kräfte ins Spiel. Die Beschäftigung mit den ägyptischen Hieroglyphen führte zu Spekulationen über eine allgemeine Bilder(rätsel)sprache als Verständigungsmittel (vgl. die erste dichterische Darstellung der Hieroglyphik in der *Hypnerotomachia Poliphili* des Francesco COLONNA, 1499, und die erste gedruckte Ausgabe der *Hieroglyphica* des HORAPOLLON aus Neilopolis, 1505). Für die Entstehung des Emblems ist ferner das antike Bildepigramm eine wichtige Vorstufe. Alciatus hat selbst eine Reihe von griechischen Epigrammen aus der *Anthologia Graeca* als Bildunterschriften für die *Emblemata* übersetzt und bearbeitet. Dabei zeigt er seine sprachliche Gewandtheit und Beherrschung der lateinischen Verskunst. Wie beliebt seinerzeit außer der Epigrammdichtung die Sammlungen von Spruchweisheiten waren, beweisen die zahlreichen Auflagen der *Adagia* (1500), *Parabolae* (1514) und *Apophthegmata* (1531) des ERASMUS VON ROTTERDAM sowie ähnliche, von diesen angeregte Werke. Die immer umfangreicher werdenden Kommentare zu den *Emblemata* führen aus dem Schatz antiker und mittelalterlicher Weisheit und Gelehrsamkeit (Schulautoren) eine Fülle von Beispielen und Textbelegen an, die für die Topos- und Motivforschung von unschätzbarem Wert sind, weil sie den Schlüssel zur Deutung vieler in der rhetorischen Tradition noch lange fortlebender Metaphern liefern.

Solche Erläuterungen waren notwendig geworden, um den spielerischen, in seinen gedanklichen Kombinationen oft dunklen Gehalt des Emblems zu klären. Ein ihm verwandtes Phänomen stellen die manieristischen Sprachkünsteleien des *concettismo* in seinen verschiedenen europäischen Ausformungen dar. Durch gewagte Gedankensprünge werden an sich ungleiche Bilder und Begriffe auf überraschende Weise zueinander in Beziehung gesetzt oder vertauscht. Damit wird die eigentliche Aussage chiffriert. Das Wiedererkennen des im Bild verschlüsselt ausgedrückten Gehalts mit Hilfe des pointierten Wortes und aufgrund des Verständnisses der darin mitschwingenden Anspielungen bildete bei jenem »*tacitis notis scribere*« (»*in verschwiegenen Zeichen schreiben*«, so Alciatus in der Widmung seiner *Emblemata* an den Augsburger Humanisten Konrad PEUTINGER) den ästhetischen Reiz. Leicht verband sich damit, im Unterschied zum reinen Bilderrätsel, die literarische Belehrung und Unterhaltung, die religiöse Erbauung und sogar die mystische Spekulation. In seiner breiten und zugleich tiefen Wirkungsgeschichte hat das Emblem die Literatur und die Kunst des 16. und 17.Jh.s »*mindestens ebenso stark beeinflußt wie die Bibel*« (M. Praz).

D.B.

AUSGABEN: Augsburg 1531 [Nachdr. Hildesheim/NY 1977]. – Lyon 1551 *(Emblematum flumen abundans)*. – Padua 1621, Hg. J. Thuilius. – Manchester 1870 (*Emblematum fontes quatuor, Namely an Account of the Original Collection Made at Milan 1522, and Photo-Lith Facsimiles of the Editions Augsburg 1531, Paris 1534, and Venice 1546*, Hg. H. Green; m. Einl.).

Für die Ausgaben im 16.Jh. vgl. *Index Aureliensis. Catalogus librorum sedecimo saeculo impressorum*, p. 1, t. A, Bd. 2, Baden-Baden 1963, S. 293–312.

ÜBERSETZUNGEN: *Emblematum libellus*, W. Hunger, Paris 1542 [dt.; Nachdr. Darmstadt 1980; ern. 1987]. – *Liber emblematum. Kunstbuch*, J. Held, Ffm. 1566. – *A. A. Volume 1: The Latin Emblems. Volume 2: The French, German, Italian, and Spanish Emblems*, Hg. P. M. Daly u. V. W. Callahan, Toronto/Ldn. 1985 [Faks. m. engl. Übers.; Indices u. Listen; Bibliogr.].

LITERATUR: H. Green, *A. A. and His Books of Emblems*, Ldn. 1872 [m. Bibliogr.; Nachdr. NY 1965]. – L. Volkmann, *Bilderschriften der Renaissance. Hieroglyphik u. Emblematik in ihren Beziehungen u. Fortwirkungen*, Lpzg. 1923 [Nachdr. Nieuwkoop 1962]. – P. E. Viard, *A. A. 1492–1550*, Paris 1926. – H. Rosenfeld, *Das deutsche Bildgedicht*, Bln. 1935 [Nachdr. NY 1966]. – R. Freeman, *English Emblem Books*, Ldn. 1948. – K. L. Selig, *La teoria dell'emblema in Ispagna* (in Convivium, N. S., 3, 1955, S. 409–421). – G. R. Hocke, *Manierismus in der Literatur*, Hbg. 1959 (rde). – W. S. Heckscher u. K.-A. Wirth, Art. *Emblem, Emblembücher* (in *Reallexikon z. dt. Kunstgeschichte*, Bd. 5, Stg. 1959, Sp. 85–228; m. Bibliogr.). – K. L. Selig, *Emblèmes religieux* (in *Dictionnaire de spiritualité ascétique et mystique*, Bd. 4, Paris 1960, Sp. 605–609; m. Bibliogr.). – *Dizionario biografico degli italiani*, Bd. 2, Rom 1960, S. 69–77 [m. Bibliogr.]. – G. de Tervarent, *Attributs et symboles dans l'art profane, 1450–1600*, 2 Bde., Genf/Paris 1958-1964. – R. J. Clements, *Picta poesis. Literature on Humanistic Theory in Renaissance Emblem Books*, Rom 1960. – J. Landwehr, *Dutch Emblem Books. A Bibliography*, Utrecht 1962. – A. Schöne, *Emblemata. Versuch einer Einführung* (in DVLG, 57, 1963, S. 197–231). – Ders., *Emblematik u. Drama im Zeitalter des Barock*, Mchn. 1964. – M. Praz, *Studies in Seventeenth Century Imagery*, Rom 1964. – E. F. v. Monroy, *Embleme u. Emblemliteratur in den Niederlanden, 1560–1630*, Utrecht 1964. – H. Homann, *Studien zur Emblematik des 16.Jh.s*, Utrecht 1971. – V. W. Callaghan, *The Mirror of Princes. Erasmian Echoes in A.'s »Emblemata Liber«* (in *Acta conventus Neo-Latini Amstelodamensis*, 2, Hg. P. Tuynman u. a., Mchn. 1979, S. 183–196). – K. Hoffmann, *A. und die geschichtliche Stellung der Emblematik* (in *Formen und Funktionen der Allegorie*, Hg. W. Haug, Stg. 1979, S. 515–534).

AMOS BRONSON ALCOTT

* 29.11.1799 Wolcott / Colo.
† 4.3.1888 Boston / Mass.

CONCORD DAYS

(amer.; *Tage in Concord*). Essay-Sammlung von Amos Bronson ALCOTT, erschienen 1872. – Alcott, ein zu seiner Zeit bekannter Pädagoge, Vater der berühmten Verfasserin von *Little Women*, Louisa May ALCOTT, war eine der exzentrischsten Gestalten am Rande der transzendentalphilosophischen Bewegung des 19. Jh.s, als deren prominente Vertreter Ralph Waldo EMERSON (vgl. *Nature*, 1836 und *The American Scholar*, 1837) und Henry David THOREAU (vgl. *Walden, or Life in the Woods*, 1854) anzusehen sind. Obwohl er kein bedeutendes philosophisches Werk hervorbrachte, hielt er sich für einen – verkannten – geistigen Führer der neuen philosophischen Richtung in Neuengland. Seine Arbeit fand ihren Abschluß in der Gründung der Concord School of Philosophy (1879 bis 1888) und seine Ideen wurden vor allem durch William Torrey HARRIS (1835–1909) verbreitet. Im Jahre 1869 schrieb er, auf seine Tagebücher zurückgreifend, eine Reihe von Erinnerungen, erbaulichen Betrachtungen, Gedichten und Essays nieder, die er nach seiner Wahlheimat Concord, Massachusetts, *Concord Days* nannte und die auf liebenswürdige Weise die Atmosphäre Neuenglands in der zweiten Hälfte des 19. Jh.s einfangen. – Die einzelnen Kapitel sind mit den Monatsnamen überschrieben und behandeln jeweils etwa zehn verschiedene Themen, die von Problemen der Landbevölkerung bis zu Fragen der spekulativen Philosophie reichen. Die besten Abschnitte des Buches sind diejenigen, in denen Alcott von Menschen berichtet, die er persönlich kannte – und er kannte alle bedeutenden literarischen Persönlichkeiten Neuenglands (die zum größten Teil wie er selbst in Concord lebten): Margaret FULLER, Nathaniel HAWTHORNE, Thoreau, Emerson, William Ellery CHANNING, Horace GREELEY und andere. In seinen Essays beschäftigt er sich nicht mit ihren Werken, sondern porträtiert mit spürbarer innerer Anteilnahme ihre Persönlichkeit.

Alcott, im Grunde ein Träumer, der die Realität nicht akzeptierte, sehnte sich nach der Zeit zurück, in der die Transzendentalphilosophie in höchstem Ansehen stand und seine Landsleute noch echten Idealismus besaßen. Als er sein Buch schrieb, hatte der Bürgerkrieg schon zuviel vom amerikanischen Traum zerstört. Es herrschte nicht mehr der Zukunftsoptimismus, der die unverdorbenen, hart arbeitenden Amerikaner der Pionierzeit erfüllt hatte. Aber dieser Geist spricht noch einmal aus den beschwingten, ja überschwenglichen Zeilen von *Concord Days*. J.D.Z.

AUSGABE: Boston 1872. – NY 1969 [Nachdr.].

LITERATUR: F. B. Sanborn u. W. T. Harris, *A. B. A. His Life and Philosophy*, 2 Bde., Boston 1893; Nachdr. NY 1965. – O. Shepard, *Pedlar's Progress: The Life of B. A.*, Boston 1937 [Bibliogr. S. 523–528]. – R. C. Schlicht, *Die pädagogischen Ansätze amerikanischer Transzendentalisten. Erziehungswissenschaftliche Studie zu A. B. A., R. W. Emerson und H. D. Thoreau, 1830–1840*, Ffm. u.a. 1977. – M. Bedell, *The Alcotts: Biography of a Family*, NY 1980.

LOUISA MAY ALCOTT

* 29.11.1832 Germantown bei Philadelphia / Pa.
† 6.3.1888 Boston / Mass.

LITERATUR ZUR AUTORIN:
M. B. Stern, *L. M. A.*, Norman 1950. –
M. Worthington, *Miss A. of Concord*, NY 1958. –
M. Bedell, *The Alcotts: Biography of a Family*, NY 1980. – R. K. MacDonald, *L. M. A.*, Boston 1983 (TUSAS).

LITTLE WOMEN

(amer.; *Kleine Frauen*). Roman in zwei Teilen von Louisa May ALCOTT, erschienen 1868/69. – In *Little Women* ebenso wie in den Komplementärromanen *Little Men* (1871) und *Jo's Boys* (1886) will die Verfasserin das typische Familienleben in den Neuenglandstaaten darstellen. Obwohl ihre wichtigsten Modelle für dieses Buch BUNYANS *Pilgrim's Progress* (dessen allegorisch-moralische Formulierungen sie häufig für Kapitelüberschriften und Belehrungen benutzt) und RICHARDSONS Briefromane über Tugend und Laster am häuslichen Herd waren, schrieb sie ihr *domestic drama* ausdrücklich für Kinder und Jugendliche. Sie, die bis dahin kurze Sensationsgeschichten, meist in Form von Schauerromanen, Reiseberichte und regelmäßige Beiträge in Zeitschriften veröffentlicht hatte, um damit (ähnlich wie Jo, die zweitälteste der »kleinen Frauen«) Geld zu verdienen, fand das Material für ihr erstes Jugendbuch in ihrem eigenen Familienleben in Concord, Massachusetts.

Der erste Teil der Geschichte, in der Autobiographisches und Fiktives kaum zu unterscheiden sind, beschreibt die Jugendjahre der vier Schwestern March, Meg, Jo, Beth und Amy, die in bescheidenen Verhältnissen unter den Fittichen ihrer frommen, tüchtigen Mutter aufwachsen. Ihr Vater, ein gelehrter Pastor, der bei dem Versuch, einem ins Unglück geratenen Freund zu helfen, sein Vermögen verloren hat, ist trotz seines vorgeschrittenen Alters als Feldgeistlicher in den Bürgerkrieg gezogen. In Vater March, von der Autorin mit vielen Zügen ihres eigenen Vaters, des eng mit dem neuenglischen Transzendentalismus verbundenen Amos Bronson ALCOTT (vgl. *Concord Days*) ausgestattet, manifestiert sich der grotesk übersteigerte Patriotismus der Verfasserin, die im Buch beispielsweise ein harmloses Gesellschaftsspiel dazu benutzt, den Sieg der amerikanischen Kinder über englische Spielgefährten mit der Überlegenheit der Neuen über die Alte Welt zu begründen. Während Pastor Marchs langer Abwesenheit lernen seine Töchter anhand der unwahrscheinlichsten Beispiele die »Moral von der Geschicht'«, nämlich daß Armut Glück, Reichtum Unglück bringt. Dank dieser Überzeugung ertragen sie tapfer die sorgenvolle Zeit, in der der verwundete Vater in Washington und die schwer erkrankte dreizehnjährige Beth zu Hause darniederliegen, bis dann am Weihnachtstag die Familie glücklich vereint ist. – Der zweite Teil handelt vor allem von den Liebes- und Eheproblemen Megs, Jos und Amys. Die engelhafte, von der Krankheit nie ganz genese Beth stirbt. Daß die Autorin hier mehr Zeit auf die Schilderung der neuen Umgebung, in die die Mädchen sich nach dem Abschied von zu Hause gestellt sehen, als auf die moralische Belehrung verwendet, kommt diesem Teil sehr zugute. Mittel- und Ruhepunkt für alle bleibt das Elternhaus in Concord, und am Schluß wird dem Leser die inzwischen beachtlich angewachsene Familie in glücklicher Gemeinsamkeit noch einmal vorgeführt.

Dieses »Jugendbuch« ist eine kuriose Mischung aus einer kindlich-naiven Handlung und der Denk- und Redeweise Erwachsener. (Schon der Titel deutet ja an, daß die vier Schwestern stets wie »kleine Frauen« denken und handeln.) Unter anderem gehen die gelegentlichen, von fern an die Gesellschaftsromane Jane AUSTENS erinnernden ironischen Passagen über das Verständnis jugendlicher Leser hinaus. – Der häufig sentimentale und moralisierende Ton, der heute penetrant wirkt, scheint einigen zeitgenössischen Rezensenten nicht genügt zu haben. Man warf dem Buch u. a. Mangel an Religiosität vor und bezeichnete es als ungeeignet für Sonntagsschulen. Die bewundernden Kommentare vieler anderer, etwa EMERSONS Lob auf die Verfasserin (»*Sie wird die Dichterin der Kinder sein. Sie kennt deren Engel*«), zeigen, wie beliebt solche Erbauungsliteratur damals war, und erklären den überwältigenden Erfolg von *Little Women* – ein Erfolg, der nicht nur in Amerika bis weit ins 20.Jh. anhielt.
G.Bj.

AUSGABEN: Boston 1868 (Tl. 1: *Little Women; or, Meg, Jo, Beth and Amy*). – Boston 1869 (Tl. 2: *Little Women Married*). – NY 1911 (*Little Women and Good Wives*, Tl. 2; Einl. G. Rhys). – Boston/NY 1928, Hg., Einl. u. Anm. F. L. Warner, 2 Bde. – Ldn./Glasgow 1964 [Tl. 1]. – Ldn. 1964 [Tl. 2 u. d. T. *Good Wives*]. – NY 1968. – Oxford 1975. – NY 1984 (Bantam). – Ldn. 1986.

ÜBERSETZUNGEN: *Kleine Frauen*, anon., Bremen 1877. – *Kleine Frauen oder Meg, Jo, Beth u. Amy*, P. Schanz, Lpzg. ³1902. – *Vier Schwestern*, C. Schuldt, Wuppertal 1940. – *Betty u. ihre Schwestern*, I. Artl, Stg. 1959. – *Wildes Mädchen, gute Freunde*, I. M. Artl, Balve 1984 [Nacherz.].

DRAMATISIERUNGEN: E. L. Gould, *The Little Women Play*, Ldn. 1912. – R. Wheeler, *Little Women*, Boston o. J. [ca. 1935]. – P. Phelps, *Little Women. A Comedy*, Sioux City 1940. – D. I. Williamson, *Little Women. A Play*, Ldn./Glasgow 1947. – P. Clapham, *Good Wives, a Play*, Ldn./NY 1965.

VERFILMUNGEN: England 1917. – USA 1919 (Regie: H. Knoles). – USA 1933 (Regie: G. Cukor). – USA 1948 (Regie: M. Le Roy).

LITERATUR: J. T. Winterich, »Little Women« (in J. T. W., *Twenty-Three Books and the Stories behind Them*, Berkeley 1938, S. 195–204). – M. B. Stern, *The First Appearance of a »Little Women« Incident* (in American Notes and Queries, 3, Okt. 1943, S. 99–100). – I. C. L. Meigs, *Invincible Louisa. The Story of the Author of »Little Women«*, Boston 1945. – S. Salyer, *Marmee, the Mother of »Little Women«*, Norman 1949. – H. Boaden, *The Joyful Woman. Comedy as Mode of Liberation in »Little Women« and »Work«* (in *The Mask of Comedy*, Hg. dies., Rock Island 1980, S. 47–57). – C. G. Heilbrun, *L. M. A. The Influence of »Little Women«* (in *Women, the Arts, and the 1920s in Paris and New York*, Hg. K. W. Wheeler u. a., New Brunswick 1982, S. 20–26).

JOAN ALCOVER

* 3.5.1854 Palma de Mallorca
† 26.4.1926 Palma de Mallorca

LITERATUR ZUM AUTOR:
J. M. Llompart, *La literatura moderna a les Balears*, Palma de Mallorca 1964, S. 88–97. – Ders., *J. A. (La història d'un home)*, Palma de Mallorca 1964. – A. Comas, *J. A.: Aproximació a l'home, al seu procés i a la seva obra*, Barcelona 1973. – *J. A. en els seus millors escrits*, Hg. J. Vidal i Alcover, Barcelona 1976. – J. Fuster, *Literatura catalana contemporània*, Barcelona 1976. – M. de la Pau Janer Mulet, *L'escola mallorquina* (in Hispanorama, 40, Juni 1985, S. 107–109). – J. Castellanos, *J. A.* (in *Història de la literatura catalana*, Hg. M. de Riquer, A. Comas u. J. Molas, Bd. 8, Barcelona 1986, S. 357–368).

CAP AL TARD

(kat.; *Gegen Abend*). Gedichtsammlung von Joan ALCOVER, erschienen 1909. – Joan Alcover, neben Miguel COSTA I LLOBERA (1854–1922) herausragendster Vertreter der mallorquinischen Dichterschule, wurde durch die Trauer um seine erste Frau und viel zu früh verstorbenen Kinder zu seinen besten Dichtungen inspiriert. Nach ersten literarischen Versuchen in spanischer Sprache schrieb er von 1903 an den besten Teil seines Werks auf Katalanisch. *Cap al tard*, sein bedeutendster Gedichtband, besteht aus vier Teilen: *Cançons de la serra* (Berglieder), *Elegies* (Elegien), *Endreces* (Widmungsgedichte) und *Juvenils* (Jugendgedichte). Die *Cançons de la serra* und die *Elegies* enthalten seine wichtigsten Gedichte. – Die *Berglieder* beschwören in verschiedenen Ausprägungen ein bäuerliches Szenarium, Symbol für ein freies Leben, auf das der Dichter verzichten mußte. In dem Gedicht *La Balanguera* (eine Art dreieinige katalanische Schicksalsgöttin) werden verschiedene Aspekte des kollektiven Lebens seiner Heimat und die Vergänglichkeit menschlichen Seins angesprochen. In der Vertonung durch Amadeu Vives wurde *La Balanguera* – von der mallorquinischen Sängerin Maria del Mar Bonet interpretiert – zur inoffiziellen, doch eigentlichen »Hymne Mallorcas«. – Die *Elegies* bringen die schmerzliche Erfahrung und Resignation eines Mannes zum Ausdruck, der sich der Realität seines Lebens stellt und die Wechselfälle des Schicksals gefaßt erträgt. Die Gedichte, welche den Tod seiner ersten Frau und seiner Kinder Teresa und Pau betrauern, sind hierfür eindrucksvolle Zeugnisse.

Charakteristisch für *Cap al tard* ist die Beschreibung einer humanisierten, oft mit Figuren bevölkerten Landschaft: Mensch und Landschaft fügen sich harmonisch in ein großes Gesamtbild ein. Lediglich an einer Stelle – in *El vianant (Der Wanderer)* – zerstört die menschliche Gegenwart mit der Vision eines Richtplatzes inmitten einer vollkommenen Morgendämmerung in den letzten beiden Versen diese Harmonie und verweist auf die menschliche Fähigkeit, den natürlichen Lebensrhythmus zu unterbrechen. Ganz im Gegensatz hierzu enthält *L'ermità qui capta (Der Einsiedler, der um Almosen bittet)* Alcovers Kontemplationstheorie, die mit der Einstellung des Dichters zur Natur untrennbar verbunden ist; sie bewirkt eine Vertiefung der Menschenkenntnis, indem der Mensch sich auf ein intensives und bewußtes Zusammenleben mit seiner Umgebung, mit dem Objekt der Kontemplation einläßt. In den Augen des Dichters besitzt die Natur nicht selten die menschliche Fähigkeit, Schmerz und Leid zu empfinden (z. B. *Cançó dels pins*). Auch in den Gedichten *Ave Maria, El rei (Der König)* und *Notes de Deià (Bemerkungen aus Deià)* herrscht die ausgewogene, heitere Landschaftsbeschreibung vor, die in *La serra* durch die panoramaartige Darstellung einer bevölkerten Landschaft besondere Lebendigkeit gewinnt. Kollektive und alltägliche Aspekte des menschlichen Lebens treten in perfekter Anpassung an die Umgebung hervor. Gelegentlich wird das Landschaftsbild mit einem Anflug von Wehmut und Sehnsucht gesehen, z. B. in *La serra* und *La sirena*; letztere verkörpert in einer mythischen Frauengestalt das Sinnbild eines idyllischen Lebens. Während die menschlichen Lebensumstände, wie Alcover sie in *La serra* evoziert, als frei, patriarchalisch, ländlich und primitiv charakterisiert werden können, spricht er in *La sirena* eher von instinktiven, naturverbundenen Lebensformen. Die Landschaft wirkt hier fast immer irreal und idealisiert. Ein aus der mallorquinischen Dichtungstradition entnommenes Schlüsselsymbol, das Alcover häufig verwendet, ist das des Baums. Gelegentlich symbolisiert dieser bestimmte individuelle Konzepte, wie das der Freiheit in *La cançó dels pins (Das Pinienlied)*, häufiger dient er aber der Versinnbildlichung von Dauer und Ewigkeit. Die Landschaft fungiert oft als feste visuelle Achse, von der aus eine menschliche Figur ihre Umgebung betrachten und in dieser ihre Seelenruhe finden kann. Natur wird in sich ruhend, als Sinnbild der Dauer und als Gegensatz zum kurzen, vergänglichen, unsicheren und unbeständigen Leben der Menschen verstanden.

Für das reife Werk Alcovers ist die Bindung an die katalanische Sprache und Tradition ebenso signifikant wie seine Auffassung einer sozialen Dimension jeglicher Kunst als zutiefst mit dem Leben verbundener Manifestation des Humanen. *Cap al tard* ist das beste Beispiel für seinen reifen katalanischen Humanismus. M.P.J.

AUSGABEN: Barcelona 1909. – Barcelona 1951 (in *Obres completes*, Hg. M. Ferrà u. J. Pons i Marquès). – Barcelona 1981, Hg. C. Arnau.

LITERATUR: J. M. Llompart, »*Cap al tard*« *de J. A.* (in *Guia de la literatura catalana contemporània*, Hg. J. Castellanos, Barcelona 1973, S. 129–145). – J. Hösle, *Die katalanische Literatur von der Renaixença bis zur Gegenwart*, Tübingen 1982, S. 39/40.

FRANCISCO DE ALDANA

* 1537 Neapel (?)
† 4.8.1578 Kasr el-Kebir / Marokko

LITERATUR ZUM AUTOR:
J. P. W. Crawford, *F. de A.: A Neglected Poet of the Golden Age in Spain* (in HR, 7, 1939, S. 46–81). – A. Rodriguez Moñino, *El capitán F. de A., poeta del Siglo XVI (1537–1578)*, Valladolid 1943. – K. Vossler, *Poesie der Einsamkeit in Spanien*, Mchn. ²1950, S. 210–231. – E. L. Rivers, *F. de A., el divino capitán*, Badajoz 1955. – D. G. Walters, *The Poetry of F. de A.*, Ldn. 1987.

DAS LYRISCHE WERK (span.) von Francisco de ALDANA.
Das (bisher veröffentliche) lyrische Werk Francisco de Aldanas – es umfaßt 44 Sonette (und 2 Oktaven eines unvollendeten Sonetts), bei denen es sich um Liebeslyrik, religionsphilosophische oder Gelegenheitsdichtungen handelt, etwa 20 Texte in Oktaven, die zumeist eine didaktisch-moralische Intention aufweisen und oft christlich-dogmatischen Inhalts sind, die *Fábula de Faetonte*, 6 Coplas, 4 Kanzonen und 6 Episteln in der OVID- oder HORAZ-Tradition – gilt heute als einer der bedeutendsten Beiträge der spanischen Lyrik zur Literatur der europäischen Renaissance. Aldanas Bruder Cosme weist in seiner Ausgabe der Werke Franciscos auf weitere Texte Aldanas hin, die in den Kriegswirren verlorengegangen seien. Es müßte sich dabei – das läßt sich aus den von Cosme aufgezählten Titeln erschließen – hauptsächlich um Werke religiösen (z. B. über die Eucharistie, über die Wahrheit des Glaubens, über die Schöpfung) und neuplatonischen Inhalts gehandelt haben. Cosmes Ausgabe – die keinerlei Systematik und keine editorische Kriterien erkennen läßt – wurde bereits von QUEVEDO (1609), der sogar eine emendierte und korrigierte Neuausgabe plante, scharf kritisiert. Selbst die modernen Ausgaben leiden noch unter den Nachlässigkeiten Cosmes, und von einer definitiven Edition der Werke Aldanas (falls sie überhaupt möglich wäre) ist man noch weit entfernt. Die Bedeutung Aldanas wurde von seinen Zeitgenossen, die ihm den Beinamen »El Divino« gaben, klar erkannt. Auch in der nachfolgenden Dichtergeneration wurde er hoch geschätzt, geriet in der Folgezeit allerdings völlig in Vergessenheit und wurde erst in der Nachfolge der Romantik (durch Nicolás BÖHL DE FABER für Deutschland und England, durch Marcelino MENÉNDEZ Y PELAYO für Spanien) wiederentdeckt. Eine breitere Rezeption und Würdigung seiner Lyrik setzt indes erst seit den dreißiger Jahren des 20. Jh.s ein (u. a. durch Studien von VOSSLER, CRAWFORD, RODRIGUEZ MOÑINO und CERNUDA). Aldana verkörpert geradezu paradigmatisch den Typus des *poeta soldado*, der sich dem *armas y letras*-Ideal (der Verbindung von imperialem Waffendienst und humanistischer Bildung) des spanischen Renaissancehumanismus verpflichtet weiß. Er begann sein lyrisches Schaffen im Florenz Lorenzo de Medicis, und seine ersten Werke zeigen eine starken Einfluß der höfischen Kultur (insbesondere von CASTIGLIONES *Il cortegiano*, 1528), des humanistischen Gedankenguts und des Florentiner Neuplatonismus, den Aldana vermutlich über die Vermittlung Benedetto VARCHIS (1503–1565) kennengelernt hatte. Aldanas literarische Vorbilder dieser Zeit sind vor allem OVID, VERGIL, HORAZ sowie die zeitgenössische italienische Literatur (hier besonders Iacopo SANNAZARO (um 1456–1530), Luigi ALAMANNI (1495–1556) und Ludovico ARIOSTO (1474–1533)). Die italienische Lyrik Aldanas – später wird er ausschließlich spanischsprachige Texte verfassen – beschränkt sich auf Gelegenheitsgedichte, z. B. auf den Tod der Lucrezia de Medici oder der Leonore von Toledo.

Aldanas Originalität zeigt sich weniger in seinen neuplatonischen Texten, die lediglich die Topoi und Bilder der in der FICINO-Nachfolge stehenden Literatur variierend imitieren, als vielmehr in seiner Liebeslyrik, die sich zunehmend von der reinen Nachahmung PETRARCAS und des Petrarkismus löst. Der Eros wird nicht mehr sublimiert oder lediglich als bloßes Symbol der Vereinigung mit dem *summum bonum* gedeutet, sondern in seiner Körperlichkeit ernst genommen und allenfalls mit philosophischen Reflexionen kontrastierend kombiniert. Im Gegensatz zur selbstmitleidigen Innenschau der petrarkistischen Tradition (auch z. B. eines GARCILASO DE LA VEGA, 1501–1536), kann Aldana die Freuden einer sinnlich erfüllten Liebe schildern: *¿Cuál es la causa, mi Damón, que estando / en la lucha de amor juntos, trabados, / con lenguas, brazos, pies y encadenados / cual vid que entre el jazmín se va enredando/...«* (»Was ist der Grund nur, mein Damón, wir sind / im Liebesgefecht vereint, verbunden / mit Zungen, Armen, Füßen und verschlungen / so wie der Wein inmitten des Jasmins sich windet«). Bereits im Frühwerk kündigt sich auch Aldanas weitere Entwicklung an, in der die religiös-philosophische Thematik dominieren wird. Sein *Parto de la Virgen (Geburt der Jungfrau)* – auf weiten Strecken eine Bearbeitung von Sannazaros *De partu Virginis* (1526) – stellt den Versuch einer Synthese aus christlichem und antik-heidnischem Gedankengut dar: Während seines Abstiegs auf die Erde unterhält sich der Erzengel Gabriel ungezwungen mit den heidnischen Göttern, denen er in den verschiedenen Himmelssphären begegnet.

Es wird gemeinhin angenommen, daß Aldanas Tätigkeit als Offizier in Flandern (1567–1576) – er nahm aktiv an den großen Schlachten von Harlem, Alkmaar und Leiden teil – seine weitere literarische Produktion maßgeblich beeinflußt hat. Die Hauptthemen seiner Lyrik in dieser Schaffensperiode sind die Schrecken des Kriegs und die damit verbundene – den barocken *vanitas*-Gedanken antizipierende – Erkenntnis der Vergänglichkeit alles Irdischen, der ein Verlangen nach einer mystischen Gotteserfahrung gegenübergestellt wird. Eines seiner bekanntesten Sonette überhaupt stammt aus diesem thematischen Umfeld: *»En fin, en fin, tras tanto andar muriendo, / tras tanto variar vida y destino, / tras tanto, de uno en otro desatino, / pensar todo apretar, nada cogiendo / ... y en un rincón vivir con la vitoria/ de sí, puesto el querer tan solo adonde / es premio el mismo Dios de lo servido«* (»Nun also, nach soviel Sterben Tag für Tag, / nach soviel Wandel in Leben und Geschick, / Nach soviel Fallen von einer Torheit in die andre, / Glauben, alles zu besitzen und doch nichts zu halten./.../ Im Verborgenen leben, Sieger über / sich selbst, alles Trachten nur darin gewandt, / Wo Gott selber Lohn ist für allen Dienst«). Aldana setzt sich allerdings auch in sarkastisch-ironischer Weise mit dem Kriegshandwerk auseinander *(»Hueso en astilla, en él carne molida, / despedazado arnés, rasgada malla. / ioh solo de hombres digno y noble estado!«* – »Knochen in Splittern, zerquetschtes Fleisch, Zerhaunen Harnisch, zerrissene Panzer: / Oh nobler Stand, dem Manne einzig würdig«), obwohl er andererseits durchaus die Notwendigkeit der Verteidigung der katholischen Monarchie gegen Angriffe von außen erkennt *(Octavas dirigidas al Rey don Felipe, nuestro Senor – Oktaven, an den König Don Felipe, unseren Herrn, gerichtet).*

Nachdem Aldana nach Madrid zurückgekehrt war (1577), entstand dort sein wohl bedeutendstes Werk: die *Carta para Arias Montano (Brief an Arias Montano).* Der Text fiktionalisiert ein Basisaxiom des christlichen Neuplatonismus – die Kontemplation Gottes beginnt mit der rechten Kontemplation der von ihm geschaffenen Natur –, das Aldana mit autobiographischen Reminiszenzen auffüllt und in die Bildersprache der spanischen Mystik überführt. Die Seele, die sich von der Materialität der Welt gelöst hat, erkennt in der von der Schöpfung ausgehenden Ruhe die Möglichkeit zur Erkenntnis der Wirklichkeit Gottes: »*Ojos, oídos, pies, manos y boca, / hablando, obrando, andando, oyendo y viendo, / serán del mar de Dios cubierta roca. // Cual pece dentro el vaso alto, estupendo, / del Oceano irá su pensamiento / desde Dios para Dios yendo y viniendo: // Serále allí quietud el movimiento / cual círculo mental sobre el divino / centro, glorioso origen del contento*« (»Augen, Ohren, Füße, Händ und Mund / sprechend, wirkend, gehend, hörend, sehend / werden sein ein Fels, bedeckt vom Meere Gottes, / So wie ein Fisch in weiter, staunenswerter Schale / des Ozeans schweifen die Gedanken / von Gott her, auf Gott hin, kommend und gehend: / Dort wird in Ruhe sein Bewegung / wie ein Gedankenkreis um Gottes / Mitte, glorreicher Ursprung aller Seligkeit«). Innerweltliches Abbild dieser angestrebten Harmonie mit Gott ist ein der Kontemplation geweihtes Leben, das sich das lyrische Ich zusammen mit Arias Montano erträumt.

Aldana ist mit seinem lyrischen Werk das »*menschliche Symbol der spanischen Renaissance*« (G. Diaz Plaja); er hat eine exemplarische Zusammenschau aller wesentlichen intellektuellen und literarischen Anliegen der Renaissance geschaffen: »*Christlicher Platonismus, italienischer Humanismus, spanische Mystik, realistischer Humor... kriegerische Motive*« (Vossler) sind die thematischen Schwerpunkte der Lyrik Aldanas, die sich sprachlich durch eine souveräne Handhabung stilistischer Raffinessen auszeichnet und oft konzeptionistische Sprachspiele der spanischen Barockliteratur vorwegnimmt.   U.Pr.

AUSGABEN: *Primera parte de las Obras que hasta agora se han podido hallar del Capitán Francisco de Aldana...* Mailand 1589. – *Segunda parte de las Obras...* Madrid 1591. – *Todas las obras que hasta agora se han podido hallar...* Madrid 1593. – *Poesías,* Hg. u. Einl. E. L. Rivers, Madrid 1957. – *Poesías castellanas completas,* Hg. J. Lara Garrido, Madrid 1985.

ÜBERSETZUNG: In *Spanische Lyrik von Garcilaso bis Bécquer,* Hg. H. Felten u. A. Valcarcel, Stg. 1988 (Ausw. einiger Gedichte; RUB).

MARK ALDANOV

d.i. Mark Aleksandrovič Landau

* 7.11.1889 Kiev
† 25.2.1957 Nizza

LITERATUR ZUM AUTOR:
C. Lee, *The novels of M. A. A.*, Den Haag/Paris 1969. – Ders., *The philosophical tales of M. A. A.* (in

SEEJ, 1970, 15, S. 273–292). – Ders., *The short stories of M. A. A.* (in Studia Litteraria Russica in Honorem Vsevolod Setchkarev, Mchn. 1974, S. 252–266). – A. Bachrach, *Po pamjati, po zapisjam: M. A. A.* (in Novyj Žurnal, 1977, 126, S. 146–170).

NAČALO KONCA

(russ.; *Der Anfang vom Ende*). Roman von Mark ALDANOV, erschienen 1939. – Die literarische Hinterlassenschaft des Autors, der die Sowjetunion schon 1919 verließ und seine schriftstellerische Laufbahn in der Emigration begann, umfaßt eine größere Anzahl historischer Romane, die, ausgehend von der Tetralogie *Myslitel'*, 1921–1927 *(Der Denker)*, und thematisch sowie durch wiederkehrende Gestalten miteinander verbunden, ein Panorama der europäischen Geschichte von 1792 bis in die Zeit nach dem Zweiten Weltkrieg entwerfen. *Načalo konca* beschreibt die dreißiger Jahre des 20. Jh.s, die Epoche des deutschen Faschismus, des Spanischen Bürgerkriegs und der Moskauer Schauprozesse. Eine Gruppe sowjetischer Diplomaten reist in das der Katastrophe zutreibende westliche Europa. Ihre Mitglieder verkörpern exemplarische, nach ihrer sozialen wie weltanschaulichen Herkunft divergierende Typen des zeitgenössischen Sowjetbürgers. Kangarov, der sowjetische Botschafter in einem »*der kleineren und weniger bedeutenden westlichen Königreiche*«, lebt in Angst vor den Folgen eines Artikels, den er, damals gemäßigter Sozialist, vor der Revolution über die Bolschewisten geschrieben hat. Er reist in Begleitung seiner Frau Helen, einer Gutsbesitzerstochter, die durch die Revolution um ihre Karriere als bürgerliche Schauspielerin gebracht wurde. Zum Botschaftspersonal gehört die anziehende, zwanzigjährige Nadja, eine Vertreterin der ersten, nach der Revolution geborenen Generation der Sowjetunion. Unter dem Decknamen Wislicenus begleitet den Botschafter ferner einer der führenden Männer der Oktoberrevolution, ein Mitstreiter Lenins, in geheimem Auftrag der Komintern. Schließlich gehört der Gruppe Konstantin Tamarin an, ehemals Generalmajor des zaristischen Heeres, nun Kommandeur der Roten Armee. – Der Erzähler des Romans sagt wenig über die politische Tätigkeit der Sowjetdiplomaten. Statt dessen begleitet er sie durch die Audienzen und Empfänge, die Hotels und Caféhäuser, die Salons und Sanatorien einer morbiden bürgerlichen Welt, als deren Totengräber der deutsche Faschismus auf der einen, der Stalinismus auf der anderen Seite vorgestellt werden. Symbolgestalt des siechenden Bürgertums ist der alternde, angeblich prokommunistische Schriftsteller Vermandois, der sich trotz seiner Mittellosigkeit seinen Anteil am Wohlleben der gehobenen Gesellschaft zu sichern sucht. Der Wohlstand der bürgerlichen Welt verfehlt nicht seine Wirkung auf die sowjetischen Reisenden: Tamarin fühlt sich in den Pariser Cafés der russischen Emigranten in seine vorrevolutionäre Offizierszeit versetzt. Kangarov und seine Frau sind alsbald auf dem Parkett des europäischen Erb- und Finanzadels heimisch und bedienen sich der bourgeoisen Spielregeln bei ihren eigenen Geschäften. Selbst Nadjas Überzeugung, daß zu Hause »*alles besser*« sei, gerät nach dem Anblick der reichen Pariser Schaufenster ins Wanken. Gleichwohl denkt keiner von ihnen ernstlich daran, dem Beispiel der konterrevolutionären Emigranten zu folgen.

Weniger an der Erhellung der historischen Ereignisse als an ihrer Wirkung auf das Bewußtsein der Beteiligten interessiert, gliedert Aldanov die kaum entwickelte Handlung in eine Reihe nur oberflächlich miteinander verbundener, aus der Psychologie der Personen entwickelter Erlebniskomplexe, die in ermüdend langatmigen Meditationen und inneren Monologen seiner Protagonisten zum Ausdruck kommen. »*Die Kunst des historischen Romans besteht... in der ›Erhellung des Inneren‹ der handelnden Personen und ihrer gehörigen räumlichen Distanz – einer Distanz, die ermöglicht, daß die Personen die Epoche und die Epoche die Personen erklärten*«, hat Aldanov selbst seine Technik charakterisiert. Unorganisch mit dem Ganzen verbunden ist die offensichtlich nach dem Vorbild DOSTOEVSKIJS entworfene Schilderung eines Raubmords, der Vermandois' Sekretär Alvera aufs Schafott bringt. Kaum größere Dynamik verleiht dem Werk die Darstellung der Beziehungen zwischen Nadja und dem Botschafter. Das weitere Geschick der Romangestalten bleibt ohne hinreichende Motivation: Wislicenus wird in Paris durch Agenten der GPU entführt; Tamarin stirbt im Spanischen Bürgerkrieg einen sinnlosen Tod; Nadja endet als hoffnungsvolle Sowjetschriftstellerin; Kangarov verliert, zwischen der Angst vor den Moskauer Prozessen und der Ernüchterung über seine enttäuschte Liebe zu Nadja, jeden inneren Halt; Vermandois (in dem die Kritik der Emigration Züge des Autors zu entdecken meint) setzt, die Gunst des Publikums verlierend, das deprimierende Leben eines alternden Dichters fort. Sein kraftlos empörter Aufschrei, als Kangarov ihn durch das Angebot einer russischen Edition seiner Werke zu einer prosowjetischen Stellungnahme bewegen will, schließt den Roman: »*Merde!*«

Das Augenmerk des Erzählers gilt weniger dem objektiven Verlauf der geschichtlichen Ereignisse, die er ohne Analyse der zugrundeliegenden gesellschaftlichen Auseinandersetzungen betrachtet, als vielmehr den menschlichen Charakteren, deren über Zeiten und Klassen hinweg im wesentlichen typisches, unverändliches Wesen mit den wechselnden Konstellationen der Weltgeschichte konfrontiert wird. Aldanovs Romane knüpfen an die Tradition Lev N. TOLSTOJS, aber auch der westeuropäischen, insbesondere der französischen Literatur an.   C.K.

AUSGABEN: Paris 1936–1942 (in Sovremennye zapiski, 62–64, 68). – Paris 1939.

IGNACIO ALDECOA

* 25.7.1925 Vitoria
† 15.11.1969 Madrid

LITERATUR ZUM AUTOR:
M. García Viño, *I. A.*, Madrid 1973. – J. M. Lasagabaster, *La novela de I. A.*, Madrid 1978. – R. Fiddian, *I. A.*, Boston 1979 (TWAS). – *Bibliografía de I. A.*, Hg. P. G. Martínez Domene (in Letras de Deusto, 12, 1982, Nr. 23, S. 191–207). – D. Lytra, *Aproximación crítica a I. A.*, Madrid 1984. – M.-L. García Veto Onrubia u. C. G. Cobos Dávila, *Experimentos narrativos en los cuentos de I. A.* (in Iris, Montpellier 1987, Nr. 1).

GRAN SOL

(span.; *Gran Sol*). Roman von Ignacio ALDECOA, erschienen 1957. – Im Jahre 1955 sprach der Autor in einem Interview von seiner Absicht, das Leben des einfachen Menschen in Spanien zu schildern. Er wolle dieses Leben, das »*zugleich rauhe und zarte Aspekte besitzt*« und von dem der spanische Roman bisher »*kaum Kenntnis genommen hat*«, in einem umfangreichen Romanzyklus darstellen: in drei Trilogien, von denen je eine der Küste, dem flachen Land und den Industriestädten gewidmet sein solle. Thema des ersten, in sich abgeschlossenen Bandes der »Küstentrilogie« ist eine fünfzehntägige Fahrt des Kutters »Aril« zu den Fischgründen der »Great Sole«-Bank im Atlantik, westlich von Irland, die bei den kantabrischen Hochseefischern »Gran Sol« heißt. Aldecoa beschreibt die Vorbereitungen, die Ausfahrt und das Leben der dreizehnköpfigen Besatzung an Bord, die tägliche Routine, den Fang mit dem Schleppnetz, den Tod des Schiffsführers, schließlich die Rückkehr zum Heimathafen.

Aldecoas Darstellungstechnik ist realistisch, er erzählt nicht, sondern zeichnet den Ablauf der Fahrt chronologisch in Bildern und Dialogen auf und konzentriert sich ganz auf das Geschehen an Bord. Die Objektivität der aus großer Sachkenntnis und genauer Beobachtung entstandenen Schilderung schließt dabei jede Wertung des Autors aus: Probleme werden nicht analysiert, sondern gezeigt, mögliche soziale Kritik bleibt bei der Sachlichkeit der Darstellung unausgesprochen. Der Stil entspricht der Absicht Aldecoas: die Sprache, reich an Seemannsausdrücken, zieht sich gleichsam hinter die Dinge zurück, sie wird nüchtern und spröde, paßt sich der Tätigkeit an, die es zu beschreiben gilt. Formelhafte Wiederholungen bekräftigen das Leben an Bord, in Satzfetzen formen sich die Erinnerungen und Träume der Fischer, und oft bedarf es nur eines Wortes, um ein Bild wachzurufen, das zu vervollständigen dem Leser überlassen bleibt. Der Autor selbst nannte seine Erzählungen »*Epos der kelinen Berufe*« und auch »*Epos der Menschen, die von ihrer Hände Arbeit leben*«, erzählende Reportagen also, die darauf gerichtet sind, den sowohl glanzlosen als auch heroischen Kampf – mal als Sieg, mal als Niederlage endend – mit der als Arbeitsfeld verstandenen Natur vorzuführen. Das Spanien Aldecoas ist das Land der Knappheit, der Tagelöhner und der unbedeutenden Berufe, auch das Spanien der Vagabunden und Bettler. Erstaunlich ist, daß ein Werk ohne dichterische Beschreibung soviel poetischen Reiz, ohne packende Handlung soviel Faszination ausstrahlt. Zu verdanken ist diese Wirkung der unmittelbaren, unreflektierten Anschauung der Wirklichkeit – eines Ausschnitts der Wirklichkeit, der innerhalb seiner Grenzen archetypische Gültigkeit gewinnt. A.F.R.

AUSGABEN: Barcelona 1957. – Madrid 1981/82 (in *Obras completas*). – Barcelona 1981.

LITERATUR: M. Muñiz, »*Gran Sol*«, *última novela de I. A., es una narración vivida en los mares del Norte* (in Estafeta Literaria, 51, 1956, S. 4). – J. L. Alborg, *Hora actual de la novela española*, Madrid 1958, S. 261–280. – J. L. Cano, Rez. (in Insula, 1958, Nr. 13, S. 136). – L. Gomis, Rez. (in Ciervo, 1958, Nr. 63, S. 6). – E. Gonzáles López, Rez. (in RHM, 26, 1960, S. 112/113). – E. G. de Nora, *La novela española contemporánea*, Bd. 3, Madrid 1962, S. 326–334. – F. Arroja, *El papel del mar en »Gran Sol«: Realidad y símbolo* (in *I. A.: A Collection of Critical Essays*, Hg. R. Landeira u. C. Mellizo, Laramie 1977, S. 29–40). – J. B. Jelinski, *I. A. – a Forgotten Matter: A Critical Re-examination of »Gran Sol«* (in ebd., S. 41–47). – J. Díaz, *Recursos artísticos nada objetivos de un escritor objetivista: I. A.* (in Hispanic Journal, 1, 1980). – R. Fiddean, *Sobre los multiples significados de »Gran Sol«, novela española del mar* (in CHA, 1981, Nr. 367/368, S. 287–299).

ALDHELM VON MALMESBURY

* um 639 Wessex
† 25.5.709 Sherborne

DE LAUDIBUS VIRGINITATIS SIVE DE VIRGINITATE SANCTORUM

(mlat.; *Vom Lob der Keuschheit oder Von der Keuschheit der Heiligen*). Religiöse Erbauungsschrift von ALDHELM VON MALMESBURY, geschrieben vor 690; der Äbtissin Hildelitha zu Berking und ihren Ordensschwestern gewidmet. – Das Werk ist in zwei Teilen überliefert: einer Darstellung des Themas in Prosa (mit 60 Kapiteln und eingestreuten Versen) ist eine Paraphrase in Hexametern angehängt. Nach einem allgemeinen Lob der Unberührtheit bringt Aldhelm zahlreiche Beispiele vom Leben keuscher Frauen und Männer. Viele Worte verwendet er darauf, die Nonnen von der Putzsucht abzuhalten. Zwischendurch, nur lose mit dem Thema verknüpft, sind Heiligengeschichten eingestreut. Vorbild Aldhelms waren CYPRIANUS, HIERONYMUS, AUGUSTINUS, CASSIANUS und GREGOR DER GROSSE. An Vers 2445 des Gedichtteils schließt sich eine später entstandene Fortsetzung an, die man zeitweise irrtümlich unter dem Titel *De octo principalibus vitiis (Von den acht Hauptlastern)* als selbständiges Gedicht abtrennte: Aldhelm führt darin aus, daß Keuschheit nur möglich ist, wenn gleichzeitig gegen die Versuchungen der Sünden angekämpft wird.

Die Bedeutung des Werks liegt auf kulturgeschichtlichem Gebiet: das Bild, das Aldhelm von der Erziehung und Bildung der Nonnen entwirft, ist kaum weniger aufschlußreich für seine Zeit als etwa die lebendige Beschreibung der Kleidermode jener Tage (Kapitel 58). Doch auch sprachlich ist das Werk sehr interessant. Aldhelm, »*Englands ältester Klassiker*« (Manitius), verfügt über einen großen Wortschatz, der sich dem »irischen Latein« seiner Zeit nähert. Grammatikalische Fehler unterlaufen ihm nicht. Freilich ist seine Prosa recht weitläufig und überladen, ja wirkt stellenweise geradezu ermüdend. Die poetischen Teile sind weitaus klarer und verständlicher – wohl nicht zuletzt ihres paraphrasierenden Charakters wegen. Das mag dazu beigetragen haben, daß sich das Gedicht bei den Zeitgenossen großer Beliebtheit erfreute und auch den karolingischen Poeten noch gut bekannt war: es läßt in der Tat keinen Zweifel an der dichterischen Begabung des auf diesem Gebiet an VERGIL, HORAZ, OVID, LUKAN, STATIUS und zahlreichen anderen geschulten Autors.   J.Bo.

AUSGABEN: Deventer 1513 *(Parthenice)*. – Basel 1569, Hg. J. J. Grynaeus (Monumenta Sanctorum Patrum orthodoxographa). – Ingolstadt 1604, Hg. H. Canisius (Antiquae lectiones, Bd. 5). – Antwerpen 1725, Hg. J. Basnagius (Thesaurus monumentorum ecclesiasticorum et historicorum, Bd. 1). – ML, 89. – Bln. 1919, Hg. R. Ehwald (MGH, Auct. ant., 15, S. 211–471; Nachdr. 1961). – Brügge 1941, Hg. G. van Langenhove [m. Einl. u. Faks. des Ms. Brüssel].

LITERATUR: E. Sievers, *Zu den angelsächsischen Glossen* (in Anglia, 13, 1891, S. 309–332). – H. Logeman, *New A. Glosses* (ebd., S. 26–41). – R. Ehwald, *A.s Gedicht »De virginitate«* (in Programm des Herzoglichen Gymnasiums Ernestinum zu Gotha 1903/04). – Manitius, 1, S. 134–141. – J. Fowler, *Saint Aldhelm*, Sherborne 1947. – W. Bonser, *An Anglo-Saxon and Celtic Bibliography*, Oxford 1957, S. 190 f. u. ö. – *Bibliotheca Sanctorum*, Bd. 1, Rom 1961, Sp. 740–747 [m. Bibliogr.]. – W. F. Bolton, *A History of Anglo-Latin Literature*, Bd. 1, Princeton 1967, S. 68–100. – F. Brunhölzl, *Geschichte der lateinischen Literatur des MA.s*, Bd. 1, Mchn. 1975, S. 200–206. – M. Winterbottom, *A.'s Prose Style and its Origin* (in Anglo-Saxon England,

6, 1977, S. 39–76). – R. Düchting, Art. *A.* (in LM, 1, Sp. 346 f.).

RICHARD ALDINGTON

* 8.7.1892 Portsmouth
† 27.7.1962 Sury-en-Vaux bei Bourges

LITERATUR ZUM AUTOR:
R. A.: An Intimate Portrait, Hg. A. Kershaw u. F.-J. Temple, Carbondale/Edwardsville 1965. – M. J. Benkovitz, *A Passionate Prodigality: Letters to Alan Bird from R. A., 1949–1962*, NY 1976. – R. E. Smith, *R. A.*, Boston/NY 1977 (TEAS). – C. J. Fox, *Looking Back on a Liberator* (in Antigonish Review, 55, Herbst 1983, S. 135–142).

DEATH OF A HERO

(engl.; *Ü: Heldentod*). Roman von Richard ALDINGTON, erschienen 1929. – Die bejahrten, dem viktorianischen England verhafteten Männer zeichneten aus sicherer Entfernung für die Kriegführung 1914–1918 verantwortlich. Sie waren in ihrer Engstirnigkeit völlig unfähig, jenes Leben zu verstehen, das sie bedenkenlos der Vernichtung preisgaben, und beschworen denn auch in den sinnlosen Metzeleien des Stellungskrieges 1915–1917 das Ende ihrer eigenen Welt herauf, nach Kräften dazu beitragend, die Generation auszulöschen, die sie bereits in den Public Schools zu Lebensuntüchtigkeit erzogen hatten. – Dies ist, zusammengefaßt, die Überzeugung, die Aldington seinem Roman *Death of a Hero* zugrunde legt und die er an der Geschichte der Kindheit, der Jugend und des frühen »Heldentodes« seines Protagonisten George Winterbourne exemplifiziert.

Der Autor greift auf eigene Erfahrungen aus dem Weltkrieg und der folgenden Zeit der Auseinandersetzung zwischen den Generationen zurück, aus jenen Jahren, in denen nach den Worten George ORWELLS für die Jugend »*die offiziell postulierten Werte wie Sandburgen zusammenfielen*«. So plausibel Aldingtons Theorie klingen mag – in seinem Roman vermag es sie deshalb nicht wirklich zu erhärten, weil sein verbissener Zorn ihm jede Objektivität unmöglich macht. – George Winterbournes Eltern, Großeltern und Lehrer werden ebenso wie die Londoner Boheme, in der er bis zu seiner Einberufung lebt, von Aldington als eine Galerie von Karikaturen und Grotesktypen präsentiert, und auch George selbst bleibt – so detailliert sein Entwicklungsgang dargestellt wird – im Grunde eine Chiffre. So ist es allein der Schock des wütenden Angriffs auf eine morsche, verantwortungslose Gesellschaft, der in den beiden ersten Teilen des Buches seine Wirkung auf den Leser ausübt. Anders verhält es sich dagegen mit dem dritten Teil, der auf den Kriegsschauplatz selbst führt. Trotz einer gewissen Neigung, den einfachen Landser zu sentimentalisieren, bewältigt Aldington hier seinen Stoff in der kompromißlos-realistischen Schilderung der verbrecherischen Torheiten und mörderischen Schrecken des Stellungskriegs. Wie ähnliche Werke von Robert GRAVES (*Goodbye to All That*, 1929), Erich Maria REMARQUE (*Im Westen nichts Neues*, 1929) und Siegfried SASSOON (*Memoirs of an Infantry Officer*, 1930) gehört *Death of a Hero* zu jener Anti-Kriegsliteratur, die den Massenmord auf den Schlachtfeldern anprangert, indem sie die Reaktionen eines zum Kanonenfutter degradierten denkenden einzelnen in den Mittelpunkt stellt.

J.v.Ge.

AUSGABEN: Ldn. 1929. – Ldn. 1937. – Ldn. 1958. – Ldn. 1965. – Salem 1984. – Norwood 1986.

ÜBERSETZUNGEN: *Heldentod*, D. v. Mikasch, Lpzg. 1930. – Dass., ders., Mchn. 1950.

LITERATUR: Anon., »*Death of a Hero*« (in Times Literary Suppl., 17. 9. 1929, S. 713).

THOMAS BAILEY ALDRICH

* 11.11.1836 Portsmouth / N.H.
† 9.3.1907 Boston / Mass.

LITERATUR ZUM AUTOR:
F. Greenslet, *The Life of T. B. A.*, Boston 1908; ern. NY 1965 [m. Bibliogr.]. – V. W. Brooks, *A. and His Circle* (in V. W. B., *New England. Indian Summer*, NY 1940, S. 296–315). – Ch. R. Mangam, *A Critical Biography of T. B. A.*, Diss. Cornell Univ. 1950. – Ch. E. Samuels, *T. B. A.*, NY 1965 (TUSAS).

MARJORIE DAW

(amer.; *Marjorie Daw*). Kurzgeschichte von Thomas Bailey ALDRICH, erschienen 1873. – Um seinen ans Bett gefesselten Freund John Flemming aufzuheitern, erfindet Edward Delany (»*Wäre ich doch ein Romancier!*«) die reine Idealgestalt der Marjorie Daw und schildert sie ihm in seinen Briefen in glühenden Farben. Das Unvermeidliche geschieht: Flemming verliebt sich in Marjorie, und Delaney schürt diese Liebe noch, indem er dem Freund vorspiegelt, das Mädchen erwidere seine Gefühle. Als Flemming schließlich die Geduld verliert und angereist kommt, um Marjorie mit eigenen Augen zu sehen, macht sich Delaney aus dem Staub; sein letzter Brief an den Freund endet mit den Worten: »*Es gibt überhaupt keine Marjorie Daw!*«

Die in Briefform abgefaßte, inhaltlich anspruchslose Kurzgeschichte gehört ihrer technischen Perfektion wegen zu den wenigen Werken, die Aldrich vor völliger Vergessenheit bewahrt haben. Von Anfang an strebt diese Geschichte nur ihrem effektvollen Höhepunkt zu. Die für den aufmerksamen Leser kaum noch überraschende Pointe erinnert an Fitz-James O'BRIENS auch inhaltlich mit *Marjorie Daw* verwandte Kurzgeschichte *The Diamond Lens*, 1858 *(Die Diamantlinse)*, in der ein Erfinder unter einem starken Mikroskop einen Wassertropfen untersucht und sich dabei in eine Sylphe verliebt; als sie stirbt, verliert er den Verstand. Ähnlich darf man sich die (von Aldrich nicht mehr geschilderte) Reaktion Flemmings auf die plötzliche Enthüllung der Wahrheit vorstellen.

K.J.P.

AUSGABEN: Boston 1873 (in *Marjorie Daw and Other People*). – Cambridge 1897 (in *The Writings*, 8 Bde., 3). – Boston/NY 1907 (in *The Writings*, 9 Bde., 3). – Boston/NY 1908 (in *Marjorie Daw and Other People*; zul. 1923). – NY 1972 (in *Marjorie Daw and Other Stories*); ern. 1986.

ÜBERSETZUNGEN: *Marjorie Daw und andere Erzählungen*, M. Goulven, Halle 1900. – *Marjorie Daw*, H. Sauter, Ulm 1948.

LITERATUR: W. D. Howells, Rez. (in Atlantic, 32, 1873, S. 625 f.). – Ders., *Heroines of Fiction*, NY/Ldn. 1901. – A. Cowie, *Indian Summer Novelist* (in New England Quarterly, 15, 1942, S. 608–621). – Ch. R. Mangum, *A Critical Biography of T. B. A.*, Diss. Cornell Univ. 1950. – V. Bischoff, *Zur Form und Funktion literarischer Illusionsbildung in T. B. A.s Kurzgeschichte* »*Marjorie Daw*« (in *Literarische Ansichten der Wirklichkeit. Studien zur Wirklichkeitskonstitution in englischsprachiger Literatur*, Hg. H. F. Freitag u. P. Hühn, Ffm. 1980, S. 231–248).

JAMES ALDRIDGE

* 10.7.1918 White Hilla / Victoria (Australien)

LITERATUR ZUM AUTOR:
A. Anikst, *Über die Romane von J. A.* (in Sowjetliteratur, 1955, H. 10, S. 168–173). – H. Findeisen, *J. A.: Schriftsteller und Kämpfer*, Halle 1960. – O. V. Stukov, *Romany Džejmsa Oldridža*, Moskau 1961. – P. Balasov, *Džejms Oldridž: kritiko-biografičeskij očerk*, Moskau 1963. – B. Ilgner u. W. Wicht, *J. A. und die Sowjetunion: Eine Untersuchung zu Schriftstellerpersönlichkeit und Schaffensmethode* (in ZAA, 17, 1969, S. 41–59). – G. Seehase, *Zum Problem der*

künstlerischen Subjektivität im literarischen Werk von J. A. (in ZAA, 22, 1974, S. 117–130). – V. Stabnikov, *The Writer: An Instrument of Good or Evil?* (in Sowjetliteratur, 10, 1981, S. 148–150). – *A Talk with the English Writer J. A.* (in Sowjetliteratur, 11, 1981, S. 156–157).

THE DIPLOMAT

(engl.; Ü: *Der Diplomat*). Roman von James ALDRIDGE (Australien), erschienen 1949. – Den Hintergrund dieses sehr ereignisreichen Romans, der, abgesehen von einem dramatischen Finale in London, ungefähr zu gleichen Teilen in Moskau und Persien spielt, bildet der anglo-amerikanisch-russische Ölkonflikt im Mittleren Osten. Die Handlung kreist um einen der bedeutendsten britischen Diplomaten Lord Essex, den jungen Mikropaläontologen Ivre McGregor, der Essex als technischer Mitarbeiter und Iranspezialist auf einer Mission von internationaler Tragweite begleitet, und die begehrenswerte Katherine Clive, die lange unentschieden zwischen den beiden ungleichen Rivalen schwankt. Von Anfang an begegnet der idealistische McGregor der diplomatischen Sphäre und dem Moskauer Auftrag seines Vorgesetzten, der letztlich zur Sicherung der britischen Ölinteressen, die Russen von ihrer Einmischungspolitik im Pulverfaß Nordiran (Aserbeidschan) abbringen und die Autorität Teherans wiederherstellen soll, mit tiefer Skepsis. Sein Zweifel an der moralischen Integrität der Mission, deren machtpolitisch-imperialistische Zielsetzung er zu erkennen glaubt, wird verschärft durch Essex' Verhalten in Moskau und vor allem beim Augenschein in Persien selbst, der den Aserbeidschaner Separatistenaufstand als praktisch frei von russischer Agitation erweist. Der unerträgliche Gewissenskonflikt treibt McGregor nach der Rückkehr nach London dazu, in der Presse der offiziellen Version seine persönliche Analyse der Lage und der politischen Absichten des gefeierten Diplomaten Essex gegenüberzustellen. Seine Enthüllungen, die zurückzunehmen er sich standhaft weigert, entfesseln einen politischen Sturm, der seine Wellen bis nach Moskau und in die Vereinten Nationen wirft. McGregor, der nur knapp einer Hochverratsanklage entgeht, wird in entehrender Weise aus seiner Stellung im Auswärtigen Amt entlassen, kann aber hoffen, gemeinsam mit Katherine, die sich endlich für ihn erklärt, in Iran seine wahre wissenschaftliche und menschliche Berufung zu erfüllen.

Ähnlich wie Aldridges andere Bücher – selbst wenn sie, wie etwa *The Sea Eagle*, 1944 *(Der Seeadler)*, australische Figuren enthalten – weist dieser in den Vereinigten Staaten geschriebene, in etwa zwei Dutzend Sprachen übersetzte Roman keine innere Beziehung zum Geburtsland des kosmopolitischen Autors auf. Dank seiner Gabe, durch lebendige, bisweilen allerdings einem etwas stereotypen psychologischen Rezept folgende Charakterisierung seine Gestalten dem Leser nahezubringen, schafft Aldridge ein Gegengewicht zur filmischen Handlungsfülle und zum ideologischen Problemgehalt des Buches. Die Protagonisten sind wirkungsvoll gegeneinander abgesetzt: der überlegene Essex, ein gewiegter Verhandlungskünstler alter Schule; sein unbequemer, begabt-impulsiver Schützling und Gegenspieler McGregor, der schließlich mit dem Mut eines Don Quijote den bekennerhaften Schritt in die innere Freiheit auf sich nimmt; die selbstsichere, unberechenbare, äußerst feminine Kathy, die, wie Essex Mitglied einer zu sozialer Arroganz neigenden Oberschicht, im linkischen, aber charaktervollen McGregor Regungen und Überzeugungen achten lernt, die sie in sich selbst unterdrückt hatte. Viele weitere Porträts des umfänglichen Buches haben Relief und Kraft.

Aldridge hat in *The Diplomat*, einer Mischung aus Thriller, psychologischer Studie und seriösem Zeitbild mit gesellschaftskritisch-satirischen Elementen, weitgehend seinen eigenen Stil gefunden. Er hat es verstanden, das bewährte Schema vom Gedanklichen wie vom Erzählerischen her aufzuwerten und die mit Lokalfarbe gesättigten Stoffmassen (er schreibt aus persönlicher Kenntnis der Schauplätze und kann den erfahrenen Reporter nicht verleugnen) in einen überlegten Gesamtplan einzugliedern. Der Roman ist keineswegs frei von Schwächen – die Gespräche werden oft zu monologisch-lehrhaft, die verschiedenen Schichten des anspruchsvollen Themas greifen nicht überall fugenlos ineinander, und es fehlt nicht an Unwahrscheinlichkeiten und an reißerischen Effekten. Und doch hat Aldridge hier mit sittlichem Ernst und einem Talent, das internationale Beachtung fand (seine Bücher sind gerade auch in Rußland sehr beliebt), ein Thema aufgegriffen, dessen Aktualität für unsere Zeit keiner Erklärung bedarf: das Verhältnis von Moral und Politik. Unter Verzicht auf die Schwarzweißtechnik, ohne Verzerrung oder Heroisierung, trägt er die grundsätzlichen Fragen vor allem im charakterlich-seelischen Bereich aus. J.H.T.

AUSGABE: Ldn. 1949.

ÜBERSETZUNG: *Der Diplomat*, R. Frank, Bln. 1952; ³1955.

LITERATUR: Rezension (in Times Literary Suppl., 16. 12. 1949, S. 821). – I. Turner, *The Necessity of Freedom: A Discussion of the Novels of J. A.* (in Overland, Nov. 1956, Nr. 8, S. 21–24). – E. Partridge, *Man of Action, Words in Action; the Novels of J. A.* (in Meanjin, Bd. 20, Sept. 1961, Nr. 3, S. 256–263). – J. Hetherington, *J. A.: a Novelist of International Standing* (in The Age, 25. 2. 1961, S. 18). – Ders., *Forty-Two Faces*, Melbourne u. a. 1962, S. 195–200. – V. A. Stepanow, *Roman Diplomat, ego značenie i mesto v tvorčestve Dzejmsa Oldridža* (in Voprosy Filologii, 2, 1972, S. 171–178).

ĠALĀL ĀL-E AḤMAD

* 1923 Teheran
† 29.8.1969 Asālem/Prov. Gilan

NEFRIN-E ZAMIN

(iran.-npers.; *Fluch der Erde*). Roman von Ġalāl ĀL-E AḤMAD, erschienen 1967. – Ġalāl ĀL-E AḤMAD legt in diesem Roman seine geistige und sittliche Haltung gegenüber der europäischen Zivilisation dar. Im Zuge der Modernisierung und Industrialisierung Irans seit dem Zweiten Weltkrieg beschäftigten sich einige Kreise der Intellektuellen mit dem Problem, ob das Eindringen der europäischen Technik die eigenständige Kultur des Landes fördern oder ruinieren werde. In seinem Werk *Ġarbzadegi*, 1952 (*Verwestlichung* – genauer »Verwestlichungsfimmel«) vertrat er die Auffassung, daß das Christentum seit Jahrhunderten bestrebt sei, den Islam zu entwerten und sogar zu entwurzeln. Nach seiner Darstellung sei die Invasion der Mongolen in Iran und andere mohammedanische Länder ein Ergebnis der Verschwörung der Kreuzfahrer mit den ostasiatischen Fürsten gewesen. In der Neuzeit benutzt das Christentum die Maschine als die Waffe, mit der das Jahrhunderte hindurch angestrebte Ziel erreicht werden soll.

In diesem Geist und auf dieser Ebene entwickeln sich die Erfahrungen und Erlebnisse und auf Hörensagen beruhende Berichte eines jungen Lehrers, der in ein Dorf versetzt worden ist, um die Kinder zu unterrichten und auszubilden. Der erste Eindruck, den der Erzähler von seinem Arbeitsfeld gewinnt, ist die Feststellung, daß die Schule auf einem Ödland, auf einem alten Friedhof, gebaut worden ist und er befürchtet, auf Totenschädel und Knochen zu stoßen, was seinem Ansehen schaden könnte. In seinen Gesprächen mit den Kindern und ihren Eltern erfährt er die Ansichten der Landbewohner. Um sich dem Milieu anzupassen, muß der Lehrer sich einen Bart wachsen lassen, auf gebügelte Hosen verzichten, mit einer verwitweten Bäuerin gegen ein geringes Entgelt eine Zeitehe eingehen usw. Die Radiosendungen preisen die paradiesischen Verhältnisse in den Städten und verherrlichen den Glanz und den Fortschritt Europas. In dem einzigen Teehaus hängen Plakate von Traktoren, Radios, Batterien, Fahrrädern und Taschenlampen. Die Folge ist, daß die Jungen in die Stadt ziehen, denn sie verdienen dort mehr als ungelernte Arbeiter mehr als die eigenen Eltern. Im Dorf leben noch Menschen wie der alte Schulmeister, der das Trinkwasser aus dem unterirdischen Kanal nicht trinkt, sondern sein eigenes, im Frühjahr gespeichertes Regenwasser aus dem Reservoir verwendet; denn nach seiner Auffassung ist dieses Wasser aus dem Kanal *ḥarām (unrein)* und diese Erde verflucht. Die früheren Besitzer, gierig auf Macht und Reichtum, haben sich bekämpft und Menschenblut vergossen. Durch die Bekanntschaft mit dem Direktor und dem alten Schulmeister sowie dem Verwalter (der mit der Grundbesitzerin, einer herrschsüchtigen Witwe, liiert ist), mit einem Derwisch und schließlich den Staatsbeamten, die die Zivilisation ins Dorf bringen sollen, erfährt der Lehrer, welche ungesunde Atmosphäre in seiner neuen Umgebung herrscht. Es gibt rivalisierende Gruppierungen, die gegeneinander intrigieren und hetzen. Auch zwischen der Grundbesitzerin und ihrem Sohn, einem Rechtsanwalt und Parlamentsabgeordneten in Teheran, bestehen Meinungsverschiedenheiten. Er verdient in seinem Anwaltsbüro in der Hauptstadt mehr als das ganze Dorf einbringt, und deshalb möchte er es entsprechend den Bestimmungen der Bodenreformgesetze – verkaufen und das Geld in andere Geschäfte investieren, aber sie hängt an ihrem Grund und Boden und verläßt die geerbte Scholle nicht. Einem geschickten Geschäftsmann gelingt es jedoch, die Mutter zu gewinnen und durch die Verwandlung der Dorfmühle in eine motorisierte Mühle und durch Errichtung einer Hühnerzuchtfarm unter der Leitung eines Fremden – finanziert mit ausländischem Kapital – die Industrialisierung auf dem Lande durchzusetzen. Diese Maßnahmen betrachten die Dörfler als gegen ihre Interessen gerichtet.

Um die erhitzten Gemüter zu beschwichtigen und zugleich den Abgeordneten zu unterstützen, versucht der Staat durch Einführung von Kooperationen und landwirtschaftlichen Schulungen die Modernisierung voranzutreiben. Auch die am grünen Tisch entworfenen Vorhaben scheitern an der Sturheit sowohl der Bauern als auch der Planer. Die erste Empörung drückt sich darin aus, daß ein Bauernjunge Sand in den Mühlenmotor schüttet. Diesem Anschlag folgt die Ruinierung der Baumschule des Schuldirektors und schließlich der offene Aufruhr der Landbewohner, den der Verwalter mit einem Schuß unterdrückt. Nach dem Tod der Besitzerin vernichten die Aufständischen alle neuen technischen und wirtschaftlichen Einrichtungen und ermordeten den Verwalter und seine Helfershelfer. Die Aussage ist klar: Die Verwestlichung führt zum Verfall der iranischen Gesellschaft.

Abgesehen von seiner pessimistischen Einstellung gewährt das Werk einen genauen Einblick in die Wirklichkeit eines Dorfes in den sechziger Jahren unseres Jahrhunderts. B.A.

AUSGABE: Teheran 1967.

LITERATUR: in Andiše o honar, 5, Teheran 1964, Nr. 4. – H. Kamshad, *Modern Persian Prose Literature*, Cambridge 1966. – R. Barāhenī, *Qessa-newisi*, Teheran ²1969. – E. Yar-Shater, *The Modern Literary Idiom* (in *Iran Faces the Seventies*, NY 1971, S. 284–320). – *Moderne Erzähler der Welt – Iran*, Hg. F. Behzad, Tübingen 1978, S. 13 u. 390. – J. W. Clinton, Art. *A. A.* (in EIr, 1, S. 745–747). – Āraš, N. S. 6, 1980 [Sondernr. A. A.]. – *Ġorūb-e Ġalāl*, Hg. S. Dāneŝwar, Teheran 1981. – *Yādnāma-ye G. A. A.*, Hg. ʿAlī Dehbāši, Teheran 1985.

SE-TĀR

(iran.-npers.; *Die Zupfgeige*). Sammlung von dreizehn Kurzgeschichten von Galāl Āl-e Aḥmad, erschienen 1949. – Der Band umfaßt außer der Titelgeschichte die Erzählungen *Baćće-ye mardom* (*Das Kind der Leute*), *Waswās* (*Der Skrupel*), *Lāk-e ṣurati* (*Der rosarote Nagellack*), *Wedā'* (*Abschied*), *Zendegi ke goriḫt* (*Das entflohene Leben*), Āftāb-e lab.e bām (*Die Sonne über dem Dachrand*), *Gonāh* (*Die Sünde*), *Nazdik-e Marzum-ābād* (*In der Nähe von Marzum ābād*), *Dahan-kaǧi* (*Das Grimassenschneiden*), *Arzu-ye godrat* (*Die Machtgier*), *Eḫtelāf-e ḥesāb* (*Der Fehlbetrag*) und *Al-Gamārek wa' l-mokus* (*Zoll und Zollgebühren*). Durch die Schilderung alltäglicher Begebenheiten entwirft der Autor in diesen Geschichten ein anschauliches Bild vom Prozeß der Modernisierung Irans in den Jahren nach dem Zweiten Weltkrieg. Alle Erzählungen wenden sich gegen die noch im Land herrschenden Mißstände und altüberkommenen Vorurteile.

Der Streit zwischen einem jungen Musiker, der sich durch harte Arbeit ein eigenes »Se-tār« (viersaitiges Zupfinstrument) erworben hat, und einem strenggläubigen Händler an der Moscheepforte illustriert die starrsinnige Haltung vieler fanatischer Moslems, denen die Pflege der Musik als unvereinbar mit dem Verhalten eines frommen Mohammedaners gilt. Daß das Se-tār bei der Auseinandersetzung in Stücke zerbricht, ist nicht weiter verwunderlich. – Die Geschichte *Nazdik-e Marzun-ābād* erzählt, wie ein Gendarm beauftragt wird, einen jungen Bauern zu verhaften. Dieser hatte seine Braut entführt, weil sie nicht gewillt war, einen anderen Mann zu heiraten, den ihre Eltern ihr bestimmt hatten. Aber dann entführt der Vertreter der Obrigkeit fast aus denselben Gründen seine eigene Braut. – Andere Erzählungen befassen sich mit dem elenden Los der Arbeiter und der Bauern, die für das den Großgrundbesitzern gehörende Land, das sie bestellen, hohen Pachtzins bezahlen müssen. Immer wieder weist der Autor auf die Gleichgültigkeit der Besitzenden gegenüber den Besitzlosen hin. Ein typisches Beispiel dieser Verhaltensweise liefert die Kurzgeschichte *Eḫtelāf-e ḥesāb*, in der ein Bankbeamter jahrelang die Konten reicher Leute führt, sich aber nie für die Schicksale der ihn umgebenden Menschen interessiert. Erst als er infolge der Krankheit seines Kindes selbst das Leid kennenlernt, wird er auch auf die Sorgen und Nöte seiner Mitmenschen aufmerksam. – Fast alle diese Erzählungen sind zwar arm an Handlung und Spannung, doch die scharfe Beobachtungsgabe des Autors, sein Einfallsreichtum und sein gepflegter Stil sichern dem Werk den ihm gebührenden Platz in der modernen Prosaliteratur Irans. B.A.

AUSGABE: Teheran 1949; ²1970.

LITERATUR: H. Kamshad, *Modern Persian Prose Literature*, Cambridge 1966.

VASILE ALECSANDRI

* 21.7.1821 oder 14.6.1818 Bacău
† 22.8.1890 Mirceşti

LITERATUR ZUM AUTOR:
C. Drouhet, *V. A. şi scriitorii francezi*, Bukarest 1924. – E. A. Manoil, *O Privire retrospectivă asupra teatrului moldovenesc*, Jassy 1925. – N. Iorga, *La société roumaine du 19e siècle dans le théâtre roumain*, Paris 1926. – E. Rădulescu-Pogoneanu, *Viaţa lui A.* Craiova 1940. – G. C. Nicolescu, *Viaţa lui V. A.*, Bukarest 1962. – G. Călinescu, *V. A.*, Bukarest 1965. – C. Bădic u. S. Codreanu, *V. A. Catalogul lucrărilor*, Galaţi 1971. – A. Ciorănescu, *V. A.*, New York 1973. – Ch. Korbu, *A. ŝi teatrul*, Kišinev 1973. – I. Roman, *V. A. orizonturi şi repere*, Bukarest 1973. – D. Curticăpeanu, *V. A. prozator*, Bukarest 1977. – A. Piru, *Introducere în opera lui V. A.*, Bukarest 1978. – E. Ghiţulescu, *V. A.*, Bukarest 1979. – M. Platon, *V. A., poeţii felibri şi »Cîntecul gintei latine«, o pagină din istoria relaţiilor culturale şi literare franco-române*, Jassy 1980. – C. Ciuchindel, *Studii şi articole despre opera lui V. A.*, Bukarest 1980.

BOIERI ŞI CIOCOI

(rum.; *Bojaren und Parvenüs*). Lustspiel von Vasile ALECSANDRI, Uraufführung: Jassy 1872. – Alecsandri entwarf den Plan zu diesem Lustspiel bereits im Jahr 1862, zögerte aber volle zehn Jahre, ehe er es, mehrfach umgearbeitet, aufführen ließ. Der nötige Abstand zu den sozialen Umwälzungen der vierziger Jahre – das Stück spielt im Zeitraum von 1840–1846 – mußte erst gefunden werden. Damals war das Moldaugebiet nach dem Friedenspakt von Adrianopel (1829) zeitweise unter russische Besatzung gestellt worden. Im Wirrwarr der politischen und sozialen Probleme war jedes Mittel recht, eine neue Gesellschaftsschicht – die der Parvenüs – hochzuzüchten, deren skrupel- und gewissenlose Machenschaften dem alten Adelsstand der Bojaren den Todesstoß geben sollten. So wird Hârzobeanu, ein Bojar vom alten Schlag, zum Hampelmann des Emporkömmlings Lipicescu, dem er blindlings vertraut. Lipicescu ist offiziell nur der Majordomus im Hause Hârzobeanu, doch versteht er es geschickt, seinen inzwischen zum Minister ernannten Herrn in seinen politischen Entscheidungen zu beeinflussen und für sich selbst aus Bestechungsgeldern ein bedeutendes Vermögen zu gewinnen. Es ist sein Ehrgeiz, in den Adelsstand erhoben zu werden und zudem Hârzobeanus Tochter Elena zu heiraten. Doch sie liebt ihren aus Frankreich heimgekehrten ehemaligen Spielgefährten Radu. In der Geliebten Hârzobeanus findet Lipicescu eine skrupellose Verbündete: sie kann es nicht verwinden, daß Radu sie verschmäht hat. Sie erschleicht sich von Hârzobeanu eine Blankovollmacht, um Radu in ein Kloster verbannen zu können. Um sich keine Blöße zu geben, vertraut sie Lipicescu das verhängnisvolle Papier an. Er macht kurzerhand einen Schuldschein daraus, der seinen Wohltäter Hârzebeanu unweigerlich an den Bettelstab bringen müßte. Einem treuen Anhänger Hârzobeanus gelingt es aber, den Übeltäter zu überführen und damit das Glück der treuen Liebenden Elena und Radu zu besiegeln.

Um das Milieu der vierziger Jahre echter zu gestalten, verwendet Alecsandri viele Ausdrücke griechischen Ursprungs, die sich im Sprachgebrauch des beginnenden 19.Jh.s zeitweise eingebürgert hatten, heute jedoch ohne entsprechendes Wörterbuch kaum noch verständlich sind. Davon abgesehen bleibt dieses Lustspiel in der Szenenfolge und der lebendigen Charakterisierung der Personen wie der Zeit sein originellstes, am besten ausgearbeitetes Werk. J.M.

AUSGABEN: Jassy 1874. – Bukarest 1875/76. – Bukarest 1952/53. – Bukarest 1979 (in *Opere*, Bd. 6).

LITERATUR: Ch. Drouhet, *Modelele franceze ale teatrului lui A.*, Jassy 1913. – G. Gane, *»Boierii şi ciocoii« lui A. cu prilejul unor scrisori inedite de la Kotzebue şi Kogălniceanu* (in Arhiva românească, 5, 1940, S. 205–212).

BUCHETIERA DE LA FLORENŢA

(rum.; *Die Blumenbinderin von Florenz*). Novelle von Vasile ALECSANDRI, erschienen 1840. – Im Nachwort der Novelle wendet sich der Autor an seinen Freund Costache Negri: *»Sechzehn Jahre sind es her, daß ich zum ersten Mal Italien in Deiner Begleitung erlebte. Du warst Zeuge dieses Erlebnisses, Dir habe ich mich anvertraut. Empfange daher, Du als erster, die Niederschrift meiner ersten Arbeit in der Sprache meines Landes.«* – Alecsandri versucht mit diesem Werk, die Novelle in Rumänien einzuführen. In einem romantisch-empfindsamen Stil schildert er eine fiktive Liebesgeschichte, deren Held jedoch unverkennbar die Züge seines Freundes Costache Negri trägt. – Ein junger Maler hat dem Bild seiner Träume die Gestalt der heiligen Cäcilia verliehen und begegnet eines Tages einer berühmten Sängerin, die ihr erstaunlich gleicht. Die von einem alten, eifersüchtigen Gönner behütete Künstlerin nähert sich dem Maler als Blumenverkäuferin verkleidet und verspricht ihm ein Stelldichein. Diese Unbesonnenheit muß der Maler mit einem Überfall, die Sängerin mit ihrer Entführung bezahlen. Nach abenteuerlichen Irrwegen finden die Verliebten wieder zueinander und können gemeinsam fliehen.

Der Dom von Florenz, das Künstlercafé Donné und die Toskana sind die Schauplätze dieser romantischen Erzählung. Alecsandri hat darin zugleich der damals wegen ihrer Schönheit berühmten Blumenbinderin Beppa aus Florenz ein Denkmal gesetzt. J.M.

AUSGABEN: Jassy 1840 (u. d. T.: *Suvenire din Italia. Buchetiera de la Florenţa*, in Dacia Literara). – Bukarest 1875/76. – Craiova 1939. – Bukarest 1966. – Bukarest 1974 (in *Opere*, Bd. 4).

LITERATUR: D. Popovici, *»Buchetiera« lui A. şi »Buchetiera« lui Paul de Kock si Valory* (in Studii Literare, 2, 1943, S. 172–179). – L. Fischer, *Studii de istorie literară: Proza lui V. A.* (in SCILF, 6, 1957, S. 165–208). – G. C. Nicolescu, *Proza lui A.*, (in Limbă şi literatură, 12, 1966).

CETATEA NEAMŢULUI

(rum.; *Die Burg Neamţul*). Heldendrama von Vasile ALECSANDRI, erschienen 1857. – Im Stil Victor HUGOS dramatisierte Alecsandri die Novelle *Sobieski und die Rumänen* seines Freundes Costache NEGRUZZI, die ihrerseits auf eine Volkslegende zurückgeht. Ob der Stoff historisch ist, läßt sich nicht mehr ermitteln.

Johann Sobieski, der Wien vom türkischen Joch befreit hat, kehrt 1686 durch die Donaufürstentümer nach Polen zurück. Alles jubelt ihm zu und unterwirft sich seiner Herrschaft, nur die Burg Neamţul in der Moldau leistet ihm Widerstand. Achtzehn Grenzwächter unter Führung des alten Şoiman und seiner Tochter Tudora verteidigen die Burg. Tudora gelingt es sogar, in der Uniform eines gefallenen polnischen Soldaten ins Feindeslager vorzudringen und einen Mordanschlag auf den König zu unternehmen. Sobieski, zutiefst erbost über den Wahnwitz seiner Gegner, fordert unbarmherzige Vergeltung. Als sich die Besatzung jedoch nach fünf Tagen ergibt, ist er großzügig genug, die Heldentat der Grenzwächter zu würdigen, die in so geringer Zahl seiner Übermacht getrotzt haben. Selbst Tudora wird begnadigt und empfängt – als Anerkennung ihrer tapferen Gesinnung – einen Ring des Königs. Sobieski verkündet, fortan die Provinz Moldau nicht mehr unterwerfen zu wollen, und bekennt sich glücklich, Freund eines so tapferen Volkes sein zu dürfen.

Das heroische Drama sollte – wie viele ähnliche Werke Alecsandris – mit rhetorischem Sprachaufwand im nationalen Bewußtsein die Großtaten der Vergangenheit wachrufen. Wohl nicht zu Unrecht erhielt der Autor dafür nach seinem Tode den Beinamen »der Barde«. J.M.

AUSGABEN: Jassy 1857. – Jassy 1904–1908 (in *Opere*). – Jassy 1952/53 (in *Opere*). – Bukarest 1979 (in *Opere*, Bd. 6).

LITERATUR: L. Bodnarescu, *»Cetatea Neamţului«*, Czernowitz 1921. – O. Papadima, *Naţionalismul lui A.* (in Familie, 1936, Nr. 6). – N. Herescu, *V. A. poet al priveliştei şi al legendelor româneşti* (in Rev. Fund. Reg., 1940, Nr. 9). – L. Călinescu, *Studii li* *terare: V. A.* (in SCILF, 7, 1958, S. 269–333). – D. Tomescu, *Dramaturgia pe teme istorice a lui V. A.* (in Revista de istorie și teorie literară, 21, 1972, S. 261–277).

COANA CHIRIȚA ÎN JAȘI

(rum.; *Frau Chirita in Jassy*). Lustspiel in drei Akten von Vasile ALECSANDRI, Uraufführung: Jassy 1850. – Außer in diesem Lustspiel – einer Bearbeitung des Schwanks *Les provinciaux à Paris* (1801) von PICARD – hat Alecsandri seine »Frau Chirita« mit gleichem Erfolg auch in den Stücken *Auf Reisen, Im Luftballon* und *In der Provinz* auftreten lassen. Das im Stil eines Vaudeville mit Gesangseinlagen versehene Bühnenwerk ist das meistgespielte des Autors.

Frau Chirita geht mit ihren zwei heiratsfähigen Töchtern, einem verwöhnten Muttersöhnchen und einem treuergebenen Dienstmädchen – gegen den Willen ihres Mannes, der bereits in der Provinz für seine Töchter die passenden Ehepartner ausgesucht hat – nach Jassy (der damaligen Hauptstadt des Donaufürstentums Moldau), um während des Faschings die Mädchen unter die Haube zu bringen. Wo immer sich Gelegenheit bietet, versucht Frau Chirita (Ebenbild der österreichischen Frau Pollack) unter Aufbietung all ihrer Französisch-»Kenntnisse«, die Vorzüge ihrer Töchter herauszustreichen und auf die nicht zu unterschätzende Mitgift hinzuweisen, die diese in die Ehe einbringen würden. Unglücklicherweise fällt sie zwei gerissenen Gaunern, Pungescu und Bondici, die sich als Heiratskandidaten ausgeben, in die Hände. Nur dem energischen Dazwischentreten ihres Mannes ist es zu verdanken, daß sie von dem Schlimmsten verschont bleibt und schließlich reumütig in ihr geruhsames Landleben zurückkehren kann.

Den großen Erfolg dieses Stücks verdankte Alecsandri nicht zuletzt dem berühmten Schauspieler Matei Millo, der in der Rolle der Frau Chirita brillierte. J.M.

AUSGABEN: Jassy 1850. – Bukarest 1904–1908 (in *Opere*). – Bukarest 1961. – Bukarest 1977 (in *Opere*, Bd. 5). – *Chirițele*, M. Boga, Bukarest 1978.

LITERATUR: E. Lovinescu, *Feimei în teatrul lui A.* (in *Scrieri*, Bd. 1, Bukarest 1969, S. 103 ff).

DESPOT VODĂ

(rum.; *Fürst Despot*). Historisches Drama von Vasile ALECSANDRI, Uraufführung: Bukarest, 30. 9. 1879. – Die Stücke des Schwank- und Komödienschreibers Alecsandri füllten bereits drei Bände, als er sich mit *Despot Vodă* an einem großen historischen Drama versuchte. Nach dem Vorbild von Victor HUGOS Heldendramen bearbeitete er das Schicksal des Fürsten Despot (reg. 1561-1563) für das Theater: Ein Abenteurer, Heraklid Vasiliscos, wird von seiner Heimatinsel Samos in das Donaufürstentum Moldau verschlagen. Hier gelingt es ihm in kürzester Zeit, das Vertrauen des Landesfürsten Alexandru Lăpușneanu und die Gunst der einflußreichen Damen des Hofes zu erringen. Die waghalsigen politischen Schachzüge des Günstlings und die Ränke, durch die er die führenden Männer des Landes gegeneinander auszuspielen versteht, erregen bald den Verdacht des Fürsten, und Vasiliscos wird gefangengesetzt. Es gelingt ihm, nach Siebenbürgen zu fliehen, dort eine Söldnerarmee aufzustellen, Lăpușneanu zu überfallen und sich selbst unter dem Namen Despot zum Fürsten ausrufen zu lassen. Nach der Machtergreifung verliert er jedes Maß. Er legt dem Land schwere Steuersätze auf, um sich die Gunst der türkischen Oberherrschaft, der die Moldau zinspflichtig ist und ohne deren einiger Thron abhängig ist, zu erkaufen. Sein Versuch, dem Land die lutherische Glaubenslehre aufzuzwingen, scheitert, und er muß seine kühnen Zukunftspläne mit dem Leben bezahlen.

Alecsandri schrieb die Tragödie eines genialen Herrschers, der, in vieler Hinsicht seiner Zeit weit voraus, seine politische Konzeption nicht verwirklichen konnte. J.M.

AUSGABEN: Bukarest 1880. – Jassy 1904–1908 (in *Opere*). – Bukarest 1953. – Bukarest 1962. – Bukarest 1979 (in *Opere*, Bd. 6). – Bukarest 1980 (in *Drame*).

ÜBERSETZUNG: *Fürst Despot*, Immanuel Weissglass, Bukarest 1973.

LITERATUR: O. Papadima, *Naționalismul lui A.* (in Familia, 1936, Nr. 6). – A. Philippide, *V. A., cîntărețul marilor idealuri naționale* (in Limbă și literatură, 4, 1973, S. 747–753).

DUMBRAVA ROȘIE

(rum.; *Der Rote Hain*). Epos von Vasile ALECSANDRI, erschienen 1872. – Wie für seine historischen Dramen, so verwendet Alecsandri auch für seine großangelegten epischen Dichtungen die Heldensagen NECULCEAS, eine überaus reiche Fundgrube für die rumänische Literatur des 19.Jh.s. In bewußter Nachahmung von Victor HUGOS *La légende des siècles* entstand in der Zeit von 1872 bis 1877 der Zyklus *Legendele* (*Legenden*), der eine Reihe historischer Gedichte enthielt.

Eines der volkstümlichsten ist die Geschichte vom *Roten Hain*, die den Einfall König Alberts von Polen in das kleine Donaufürstentum Moldau und die grausigen Kriegsereignisse schildert. Der viel schwächeren Armee des moldauischen Fürsten Stefan gelingt wider Erwarten der Sieg über die Eindringlinge. Die zahlreichen polnischen Gefangenen werden gezwungen, vor den Pflug gespannt ein Schlachtfeld umzuackern, in das Eichen gepflanzt werden. Nach Jahren ist ein prächtiger

Wald herangewachsen, dem der Volksmund den Namen »Dumbrava Roşie« gibt, weil sein Boden mit Blut getränkt ist.

Hauptmerkmal dieses Heldengedichts ist, wie bei Victor Hugo, die Vorliebe für Kolossalgemälde und weitschweifige Detailschilderungen, die in rhetorisch-kunstvoller Sprache vorgetragen werden. Alecsandri verfaßte das Werk anläßlich einer Hilfsaktion für die bedrohten französischen Gebiete in Nordafrika, für die er durch Subskriptionslisten eine recht ansehnliche Geldsumme aufbrachte.

J.M.

AUSGABEN: 1872 (in Conv. lit., 1. 5.). - Bukarest 1880. - Bukarest 1904-1908 (in *Opere*). - Bukarest 1952/53 (in *Opere*). - Bukarest 1966 (in *Opere*).

LITERATUR: O. Papadima, *Naţionalismul lui A.* (in Familia, 1936, Nr. 6). - N. Herescu, *K. A. poet al privelişteii şi al legendelor româneşti* (in Rev. Fund. Reg., 9. 1940). - E. Rădulescu-Pogoneanu, *Viaţa lui V. A.*, Craiova 1940. - G. Lupi, *A.*, Brescia 1946. - G. Călinescu, *Studii literare: V. A.* (in SCILF, 7, 1958, S. 269-333).

FÂNTÂNA BLANDUZIEI

(rum.; *Die blandusische Quelle*). Trauerspiel in Versen von Vasile ALECSANDRI, erschienen 1884. - Der Titel nimmt Bezug auf eine Ode des HORAZ (3, 13: *O fons Bandusiae* [sic!]). - Fern von Rom, auf einem Landgut, möchte der alternde Dichter Horaz, der seinen Ruhm schwinden sieht, sein scheinbar nutzlos gewordenes Dasein beschließen. Die Begegnung mit Getta, einer Sklavin seines Nachbarn Scaur, scheint seinem Leben nochmals einen Sinn geben zu können. Da er hofft, sie werde aus Dankbarkeit seine Liebe erwidern, kauft er sie los. Doch das Mädchen hat sich bereits dem jungen Sklaven Gallus versprochen und weist den Dichter zurück. Zutiefst verletzt, ist Horaz nun entschlossen, sie weiterzuverkaufen. Als Getta aber an der blandusischen Quelle die verlorengegangene Handschrift seiner *Ars poetica* wiederfindet, gelingt es ihr, ihren Herrn zu versöhnen. Großzügig schenkt der Dichter den Liebenden die Freiheit. Ort und Handlung sind frei erfunden, geschichtliche Personen werden ohne Rücksicht auf historische Wahrscheinlichkeit neben fiktive Figuren gestellt. - Alecsandri hat mit diesem idyllisch-pastoralen Trauerspiel, das heute noch zum Repertoire des rumänischen Theaters gehört, einen seiner größten Bühnenerfolge errungen.

J.M.

AUSGABEN: Bukarest 1884. - Bukarest 1964. - Bukarest 1973 (in *Teatru*, Bd. 2). - Bukarest 1981 (in *Opere*, Bd. 7).

ÜBERSETZUNGEN: *Am Blandusischen Quell*, E. v. Herz, Wien 1885. - *Die Blandusische Quelle*, A. Altmann, Bukarest 1922.

LITERATUR: A. Marcu, *A. e l'Italia*, Rom 1929. - G. Lupi, *A.*, Brescia 1946. - G. Călinescu, *Studii literare: V. A.* (in SCILF, 7, 1958, S. 269-333). - D. Micu, *Motive horaţiene şi ovidiene în dramaturgia lui A.* (in Limbă şi literatură, 13, 1967, S. 63-76).

IORGU DE LA SADAGURA SAU NEPOTU-I SALBA DRACULUI

(rum.; *Iorgu aus Sadagura oder Der Neffe ist des Teufels Halsschmuck*). Komödie in drei Akten von Vasile ALECSANDRI, Uraufführung: Jassy, 18. 1. 1844, Nationaltheater. - Alecsandri, der Erneuerer des rumänischen Theaters, setzte sich nicht nur theoretisch für eine Umorientierung des damals von Übersetzungen französischer und deutscher Stücke beherrschten Spielplans ein; als Schöpfer eines neuen rumänischen Dramas schuf er dafür auch selber die Voraussetzung. Die Komödie vor allem galt ihm als wirksames Instrument um Zeit- und Gesellschaftskritik zu üben und den Geist der Französischen Revolution auch in Rumänien zu verbreiten.

Iorgu de la Sadagura, eine heute kaum noch gespielte, doch literarhistorisch interessante, zum Teil farcenhafte Sittenkomödie, die den jungen Autor mit einem Schlag bekannt machte, behandelt ein damals in Rumänien aktuelles Thema: die Auseinandersetzung zwischen den Verteidigern der Tradition und denen des aus Frankreich und Deutschland importierten Fortschritts. Alecsandri richtet seinen treffenden, doch nicht boshaften Spott gegen die »Extremisten« in beiden Lagern - gegen den modernitätssüchtigen Iorgu ebenso wie gegen die beiden traditionsstolzen Bojaren Enache und Gângu, die jeden Fortschritt und alles Ausländische verabscheuen. - Iorgu hat in Sadagura (Bukowina) studiert und kritisiert nun, im Vollgefühl seiner westlichen Bildung, Land und Leute seiner Heimat in Grund und Boden. Seinem Onkel Enache gehen diese ständigen Kritteleien trotz aller väterlichen Zuneigung für den Neffen so wider den Strich, daß er ihn kurzerhand hinauswirft. Iorgu findet eine verwandte Seele in der nicht mehr ganz jungen Gahiţa, auch sie ist fortschrittsbegeistert und radebrecht Französisch. Gemeinsam ziehen sie nach Jassy und leben dort in den Tag hinein, bis Iorgu wegen seiner Schulden eingesperrt werden soll. Nur knapp gelingt ihm die Flucht; er schließt sich einer Gauklertruppe an und gelangt in das Dorf, wo Gângu, der Vater seiner verlassenen Braut Marghioliţa, wohnt. Onkel Enache ist zufällig Gângus Gast, und so führt die Vorstellung der Gaukler alle Hauptpersonen zusammen. Iorgu, unkenntlich im Kostüm des Wahrsagers, verspricht Enache, seinen Neffen herbeizuzaubern, wenn er diesem verzeihen wolle, und der gutmütige Onkel ist einverstanden. Nun gibt Iorgu sich zu erkennen, verspricht Besserung und versöhnt sich auch mit Marghioliţa. Eine Hora, ein alter Volkstanz, beschließt das Stück.

Ähnlich wie MOLIÈRE, dessen Einakter *Les précieuses ridicules* ihn zu diesem Werk angeregt haben mag, kennzeichnet und karikiert Alecsandri seine Gestalten vorwiegend durch ihre sprachlichen Eigenheiten – Iorgu und Gahița durch ihr wunderlich-komisches Gemisch aus Rumänisch und verballhorntem Französisch, Enache und Gângu durch ein besonders »kernig« zu nennendes Rumänisch. A.Ga.

AUSGABEN: Jassy 1844. – Bukarest 1875/76. – Bukarest 1890. – Bukarest 1940. – Bukarest 1979 (in *Opere*, Bd. 6).

LITERATUR: A. Iordan, *Comediile lui V. A.*, Craiova 1940. – G. Lupi, *A.*, Brescia 1946, S. 100–104. – M. Ruffini, *V. A.*, Brescia 1949. – G. Călinescu, *Studii literare: V. A.* (in SCILF, 7, 1958, S. 269–333).

OVIDIU

(rum.; *Ovid*). Versdrama in fünf Akten von Vasile ALECSANDRI, Uraufführung: Bukarest, 9. 3. 1885. – *Ovidiu* beschließt den Zyklus von Alecsandris historischen Dramen. Ebenso wie das Schauspiel *Fântâna blanduziei*, 1884 *(Die blandusische Quelle)*, behandelt *Ovidiu* das Problem des alternden Künstlers und seiner schwindenden gesellschaftlichen Anerkennung. Die Handlung des Schauspiels entbehrt der dramatischen Spannung: Die ersten vier Akte stellen die vergeblichen Versuche des Karthagers Ibis dar, sich an dem Dichter Ovid für den Verlust seiner Geliebten Julia zu rächen. Zuerst plant er einen Überfall auf Ovid während dessen nächtlicher Zusammenkunft mit Julia; der Versuch mißlingt, da Julia sich als Enkelin des Kaisers Augustus zu erkennen gibt und die Angreifer daraufhin die Flucht ergreifen. Im zweiten Akt gelingt es Ovid, die von Ibis angestifteten Volksmassen durch Bestechung davon abzuhalten, Julia auf ihrem Weg zum Tempel öffentlich zu schmähen. Nun denunziert Ibis das Liebespaar bei Augustus, und der Kaiser droht Ovid mit dem Exil. Dessen ungeachtet veranstaltet der Dichter ein Festmahl, an dem auch Julia teilnimmt. Der Kaiser macht seine Drohung wahr und verbannt Ovid nach Tomis, an der Küste des Schwarzen Meeres. Der fünfte Akt versammelt alle Hauptpersonen am Lager des sterbenden Dichters. Das Drama schließt mit dem visionären Ausblick Ovids auf die zukünftige Größe eines neuen römischen Reiches auf rumänischem Boden. Unter der Maske des römischen Dichters verbirgt sich Alecsandri selbst; er macht Ovid zum Sprachrohr seiner Enttäuschung darüber, daß sein dichterischer Ruhm neben dem Mihail EMINESCUS verblaßt war. Der Autor empfindet diese Situation als unverdientes »Exil« und gibt seiner Bitterkeit in langen Verstiraden im Stil des französischen romantischen Theaters Ausdruck. *Ovidiu* ist heute nur noch von historischer Bedeutung. N.Ma.

AUSGABEN: Bukarest 1885/86 (in Convorbiri literare). – Bukarest 1890. – Bukarest 1916. – Bukarest 1925. – Bukarest 1943. – Bukarest 1957. – Bukarest 1981 (in *Opere*, Bd. 7).

ÜBERSETZUNG: A. Stern, Hermannstadt 1886.

LITERATUR: E. Lovinescu, *V. A.* (in Flacăra 4, 1914/15, S. 503). – G. Călinescu, *Istoria literaturii române de la origini pînă in prezent*, Bukarest 1941. – E. Lovinescu, *Scrieri*, Bd. 1, *Critice*, Bukarest 1969, S. 103 f. – I. Micu, *Motive horațiene și ovidiene în dramaturgia lui A.* (in Limbă și literatură, 13, 1967, S. 63–76).

PASTELURI

(rum.; *Ü: Die Herbstmaid-Gedichte*). Zyklus lyrisch-deskriptiver Naturgedichte von Vasile ALECSANDRI, erschienen 1868 bis 1870 in der Zeitschrift ›Convorbiri Literare‹. – Mit den *Pastellen* schuf Alecsandri den ersten Zyklus lyrischer Naturgedichte in der Geschichte der rumänischen Lyrik. Zuvor hatten zwar schon Iancu VĂCĂRESCU (1791–1863) und Vasile CÎRLOVA (1809–1831) anakreontische und pastorale Dichtungen verfaßt, während die Naturgedichte von Ion Eliade RĂDULESCU (1802–1872) und Grigore ALEXANDRESCU (1810–1885) den Einfluß der französischen Romantiker HUGO und LAMARTINE verraten. Unter dem Einfluß von Titu MAIORESCU (1840–1917), dem Herausgeber der Zeitschrift ›Convorbiri Literare‹, der für den »*Ausdruck gesunder, natürlicher Empfindungen*« in einer schlichten dichterischen Form eintrat, wählte Alecsandri VERGIL, den Klassiker der bukolischen Dichtung, als sein Vorbild. Auch die Bezeichnung »Pastelle« für diese Art der Naturlyrik findet sich erstmals bei Alecsandri; man versteht darunter eine Sonderform der lyrischen Idylle, die sich durch realistische und anschauliche Darstellung und durch die klassische Ausgewogenheit der Form auszeichnet.
In seinem Aufbau folgt der Zyklus dem Rhythmus der Jahreszeiten sowie dem Wechsel von Tag und Nacht. Er enthält ein Herbstgedicht, acht Wintergedichte, vier dem Frühling und neun dem Sommer gewidmete Gedichte. Das autobiographisch gefärbte Einleitungsgedicht des Zyklus, *Serile la Mircești (Die Abende in Mircești)*, erfüllt eine expositorische Funktion durch die Gegenüberstellung des früheren luxuriösen Lebens des Dichters mit dem anspruchslosen, naturnahen Dasein auf seinem Gut in Mircești.
Der Einfluß Vergils ist auch in der Darstellung der Natur als eines lebendigen Rahmens für die landwirtschaftlichen Tätigkeiten und die Feiern der Bauern erkennbar. Durch die Technik der Personifizierung von Tieren und Pflanzen (z. B. in dem Gedicht *Concertul în luncă – Konzert auf der Wiese*) entstehen besonders enge Bindungen zwischen dem menschlichen und dem außermenschlichen Bereich einer einheitlich konzipierten Natur. In der

idyllischen Darstellung des Landlebens äußert sich Alecsandris Traditionsverbundenheit, hingegen betonen zahlreiche, dem Volksglauben und der Volkssage entlehnte folkloristische Elemente den spezifisch nationalen Charakter dieser Dichtung. Dieselben Elemente sind auch in den Zyklen *Doine* und *Lăcrămioare* erkennbar: Die Gedichte des ersten, 1840–1862 verfaßten Zyklus sind von einer halb-phantastischen halb-realen Atmosphäre geprägt, in der volkstümliche Gestalten auftauchen, während der 1845–1847 entstandene Zyklus *Lăcrămioare* die Schilderung starker Gefühle mit eindrucksvollen Naturbeschreibungen verbindet.

Mit seiner Naturlyrik hat Alecsandri ebenso wie mit seinen Folkloresammlungen und seinen volksliedhaften Dichtungen auf das Schaffen seiner Nachfolger (besonders von Mihail EMINESCU, George COȘBUC und George TOPÎRCEANU) einen nachhaltigen Einfluß ausgeübt. G.Sc.

AUSGABEN: Bukarest 1868–1870 (in Convorbiri Literare). – Bukarest 1876. – Bukarest 1954. – Bukarest 1966 (in *Opere*, Bd. 1). – Bukarest 1972. – Bukarest 1978.

ÜBERSETZUNG: *Die Herbstmaid-Gedichte*, Z. Franyó, Bukarest 1955.

LITERATUR: T. Maiorescu, *Despre A.* (in T. M., *Critice I*, Bukarest 1908). – N. Petrașcu, *V. A.*, Bukarest 1894. – N. Zaharia, *V. A., viata și opera lui*, Bukarest 1919. – P. Cornea, *Studii de literatură română modernă*, Bukarest 1962. – G. Călinescu, *V. A.*, Bukarest 1965. – D. Micu, *Periplu*, Bukarest 1974, S. 149–154.

TOMA ALIMOȘ

(rum.; *Toma Alimoș*). Hauptgestalt einer rumänischen Volksballade. Die etwa zwanzig bekannten Varianten dieser Heldenballade waren – wie auch die thematisch verwandten Heiduckenballaden *Corbea* und *Miul Cobiul* – bereits im 17.Jh. in Rumänien sehr verbreitet. Der Dichter Vasile ALECSANDRI war der erste, der eine Variante der Ballade *Toma Alimoș* schriftlich fixierte und 1852/53 in dem Sammelband rumänischer Volksdichtung *Poezii poporale. Balade (Volksdichtung, Balladen)* veröffentlichte. Im Jahre 1885 veröffentlichte der Folklorist G. Dem. TEODORESCU eine zweite, ebenfalls weitverbreitete Variante dieser Ballade. Der allen Varianten gemeinsame epische Kern läßt sich folgendermaßen resümieren: Toma Alimoș, ein heldenhafter »Bojar aus dem Unterland«, macht mit seinem Pferd am Ufer des Dnjestr Rast. Im Schatten der Ulmen bereitet er sich eine Mahlzeit, ißt und trinkt. Plötzlich erscheint Manea, der Besitzer der Ländereien, die Toma zu seinem Rastplatz erwählt hatte. Toma empfängt Manea freundlich und bietet ihm einen Schluck Wein aus seiner Flasche an, doch Manea sticht ihn nieder und ergreift die Flucht. Trotz seiner schweren Verwundung bittet Toma sein Pferd, ihm beizustehen: Er reitet Manea mit letzter Kraft nach und tötet ihn. Als Toma sein Ende nahen fühlt, bittet er sein Pferd, ihm unter den Ulmen ein Grab zu bereiten. In einer zweiten, von Alecsandri aufgezeichneten Variante bittet Toma sein Pferd außerdem, ihm Blumen aufs Grab zu streuen, in den Wald zurückzukehren und einen neuen tapferen Reiter zu suchen.

Die moralische Grundhaltung der Ballade ergibt sich aus dem krassen Gegeneinander zweier ethischer Kategorien: Das Gute wird durch den tapferen, großmütigen und schönen Toma verkörpert, das Böse durch den gewalttätigen, feigen und häßlichen Manea. Die Bestrafung des Bösen erscheint als ein legitimer Akt der Gerechtigkeit und als eine moralische Notwendigkeit. Bemerkenswert ist die am Schluß der Ballade ausgesprochene Sehnsucht nach dem vollkommenen Einswerden des Menschen mit der Natur, ein sowohl in der Volksdichtung als auch der Kunstlyrik Rumäniens verbreiteter Topos: etwa am Schluß der meisten Varianten der Volksballade *Miorița*, in den Gedichten *Moartea lui Gelu (Gelus Tod)* von George COȘBUC (1866–1918) und *Mai am un singur dor (Nur eine Sehnsucht habe ich noch)* von Mihail EMINESCU (1850–1889). G.Sc.

AUSGABEN: Jassy 1852/53 (in *Poezii poporale. Balade*, Hg. V. Alecsandri). – Bukarest 1885 (in *Poezii populare române*, Hg. G. D. Teodorescu). – Bukarest 1964 (in *Balade populare românești*, Bd. 2). – Bukarest 1966 (in *Opere*, Bd. 3). – Bukarest 1971.

ÜBERSETZUNG: In *Rumänische Volkspoesie*, Hg. W. v. Kotzebue u. V. Alecsandri, Bln. 1857.

LITERATUR: Al. I. Amzulescu, *Indroducere, Indice tematic și bibliografic*, Bukarest 1964 [Vorw. der Ausg. von 1964]. – Gh. Vrabie, *Balada populară românească*, Bukarest 1966. – L. Rusu, *Viziuna lumii în poezia noastră populară*, Bukarest 1967. – I. C. Chițimia, *Folcloriști și folcloristică românească*, Bukarest 1968, S. 15–36.

CIRO ALEGRÍA

eig. Ciro Alegría Bazán
* 4.11.1909 Quilca
† 17.2.1967 Lima

LITERATUR ZUM AUTOR:
H. Bunte, *C. A. und sein Werk im Rahmen der spanisch-amerikanischen Romandichtung*, Diss. Hbg. 1955 [m. Bibliogr.]. – E. Early, *Joy in exile: C. A.'s Narrative Art*, Washington 1980. – L. J. Rodríguez, *Hermenéutica y praxis del indigenismo*.

La novela indigenista de Clorinda Matto a José María Arguedas, México 1980. – M. Vilariño de Olivieri, *La novelística de C. A.*, Puerto Rico 1980. – C. Taylor, *Literature as History: C. A.'s View of Rural Society in the Northern Peruvian Andes* (in Ibero-Amerikanisches Archiv, 10, 1984, S. 349–378).

EL MUNDO ES ANCHO Y AJENO

(span.; *Ü: Die Welt ist groß und fremd*). Roman von Ciro ALEGRÍA (Peru), erschienen 1941. – Wie alle Romane Alegrías, der ein Vorkämpfer der proindianischen Bewegung in Südamerika war, gehört auch dieses Werk zur literarischen Richtung des *Indigenismo*. Dargestellt wird das Schicksal der peruanischen Indios in den Jahren 1910–1930 am Beispiel der Dorfgemeinschaft Rumi.
Unter der weisen Führung ihres greisen *alcalde* Rosendo Maqui leben die Dorfbewohner, uralte vorkolumbische Lebensformen und die sozialen Strukturen einer kommunalen Selbstverwaltung bewahrend, hoch droben in den Anden und bearbeiten gemeinsam den kargen Boden, dessen Früchte sie gerecht untereinander verteilen. Geduldig ertragen sie ihr hartes Leben in dem Bewußtsein, inmitten der großartigen Gebirgslandschaft frei und unabhängig zu sein. Durch den Zugriff des mächtigen Großgrundbesitzers Don Alvaro Amenábra, gegen dessen Ansprüche Rosendo sich vergeblich zur Wehr setzt, aus der angestammten Heimat vertrieben, zieht ein Teil der Gemeinde noch höher in die Anden hinauf, um dort unter ungünstigeren Bedingungen die alte Lebensform fortzusetzen. Andere wandern in die Küstenebene ab, wo sie sich ein leichteres Leben erhoffen. Unterwegs lernen sie das Leben der Indios in den Bergwerken der Sierra, in den Cocapflanzungen und im Kautschukdschungel der Montaña kennen, erfahren, wie der Indio überall ausgebeutet, systematisch in Verschuldung getrieben und in eine Art Fronknechtschaft gezwungen wird.
El mundo es ancho y ajeno erzählt parabelhaft von der traditionellen Lebensweise peruanischer Hochlandindianer, die ihren Sinn aus dem Einklang von Mensch und Natur bezieht, ohne daß dabei die Härte dieses Daseins beschönigt würde. Und der Roman erzählt vom Verlust dieser Existenz durch das Eindringen teils feudalistischer, teils kapitalistischer Herrschafts- und Wirtschaftsformen: im Falle des Dorfes Rumi durch Landnahme und Vertreibung aus angestammten Lebensräumen.
Am Ende des Romans scheinen die Perspektiven der Indios mehr als trostlos. Der Versuch Bendito Castros, ins Heimatdorf Rumi zurückzukehren und als Nachfolger Rosendo Maquis die *comunidad* wieder aufzubauen, scheitert. Der bewaffnete Kampf um die Rechte der Eingeborenen wird von Regierungstruppen blutig niedergeschlagen. Ein Moment der Hoffnung liegt allenfalls in den überzeugenden großen Gestalten des Romans wie Rosendo Maqui oder dem Räuberhauptmann »El fiero Velásquez«. Sie nähren die vage Hoffnung, daß die Niederlage der Indios nicht endgültig sein muß.

E.Ba.

AUSGABEN: Santiago de Chile 1941. – Madrid 1959 (in *Novelas completas*, Hg. A. del Hoyo). – Buenos Aires 1961. – Lima 1968. – Buenos Aires 1968. – Havanna 1972. – Buenos Aires 1973. – Caracas 1978.

ÜBERSETZUNG: *Die Welt ist groß und fremd*, A. u. L. Frankhauser, Stg. 1980.

LITERATUR: J. F. Ferreira, *O indio no romance de C. A.*, Pôrto Alegre 1957. – S. P. Darmon, *El humanismo de C. A. en »El mundo es ancho y ajeno«* (in Armas y Letras, 2, 1959, 3, S. 45–50). – V. Endres, *The Role of Animals in »El mundo es ancho y ajeno«* (in Hispania, 48, 1965, S. 67–69). – T. G. Escajadillo, *Filiación y derrotero del último alcalde de Rumi* (in Revista de Crítica Literaria Latinoamericana 6, 12, 1980, S. 225–253). – Ders., *A. y »El mundo es ancho y ajeno«*, Lima 1983.

LOS PERROS HAMBRIENTOS

(span.; *Ü: Die hungrigen Hunde*). Roman von Ciro ALEGRÍA (Peru), erschienen 1939. – Im Mittelpunkt dieses Romans über das Leben der Eingeborenen in den peruanischen Anden steht die Schilderung der engen Verbindung, die Menschen und Hunde in der urtümlichen Lebensgemeinschaft der Bauern, Hirten und Schafzüchter eingegangen sind. Die Hunde der Familie Robles, in weitem Umkreis als Schäferhunde berühmt, bilden mit dieser eine unauflösliche Gemeinschaft: Wie die Familie der Hunde bedarf, die ihren einzigen Reichtum, die Herde, behüten, so bedeutet in der öden Weidelandschaft des Hochlands die Familie Robles für die Tiere, einen Ort der Geborgenheit zu kennen. Doch als eine fürchterliche, nicht enden wollende Dürre eintritt, zerreißen die uralten Bande zwischen Mensch und Tier. Toll geworden, stürzen sich die »hungrigen Hunde« auf die Schafe der eigenen Herde und werden daraufhin von ihrem Herrn vertrieben. Danach streunen sie in der Gegend umher, werden niedergeschossen oder vergiftet oder fallen übereinander her.
Auch soziale Spannungen kommen durch den Hunger vehement zum Ausbruch. Eine Gruppe von Indios wendet sich hilfesuchend an ihren reichen Hacendero, der sie jedoch abweist. Als sie versuchen, seine gut gefüllten Kornspeicher zu plündern, läßt der Gutsherr auf sie schießen. Nach der Hungersnot scheint es mit Beginn der Regenzeit für Menschen und Tiere neue Hoffnung zu geben. Auch Wanka, einer der Hunde, kehrt zu den Robles zurück und nimmt im fast leeren Stall wieder seinen alten Platz ein. Bald müssen aber die eingeborenen Bauern feststellen, daß die Willkür und Brutalität der Hacenderos dieselbe geblieben ist. Eine Lösung ihrer aktuellen Probleme und Exi-

stenzsorgen in den bestehenden Verhältnissen erscheint aussichtslos.

Der Roman *Los perros hambrientos* beschreibt in anklagender Absicht die sozialen und wirtschaftlichen Bedingungen, unter denen die vorwiegend indianische Landbevölkerung in Peru ihr von Hunger, Abhängigkeit und Demütigungen gezeichnetes Dasein fristet. Mit seiner Sozialkritik und der realistischen Darstellungsweise, in die zahlreiche Wendungen aus der Umgangssprache und der Eingeborenensprache Quechua eingeflossen sind, weist sich Alegría auch mit diesem Roman als Vertreter des *Indigenismo* aus, jener literarischen Strömung, die sich konsequent die Perspektive der Unterdrückten zu eigen machte. E.Ba.

AUSGABEN: Santiago de Chile 1939. – Madrid 1959 (in *Novelas completas*, Hg. A. del Hoyo). – Lima 1964. – Lima 1967. – Buenos Aires 1968. – Madrid 1969.

ÜBERSETZUNGEN: *Hirten, Herden, Hunde*, M. Schwauss, Halle 1957. – *Die hungrigen Hunde*, W. A. Luchting, Ffm. 1978 (Nachw. W. Boehlich).

LITERATUR: C. Meléndez, »*Los perros hambrientos*« (in Revista Iberoamericana, 3, 1941, S. 226–228). – L. Durand, »*Los perros hambrientos» por C. A.* (in Atenea, 1942, Bd. 70, S. 278–308). – M. Nemtzow, *Acotaciones al costumbrismo peruano* (in Revista Iberoamericana, 15, 1949, S. 45–62). – J. A. Galaos, *La tierra y el indio en la obra de C. A.*, (in CHA, 48, 1961, S. 387–395). – E. Oppens, *Die Entrechteten. Indianisches Schicksal in den Andenländern im Spiegel der Literatur*, Hbg. 1965. – L. Lapshiná, *El estilo en la novela »Los perros hambrientos« de C. A.* (in Buletín Cultural y Bibliográfico 20, 1, Bogotá 1983, S. 86–97).

FERNANDO ALEGRÍA

* 6.10.1918 Santiago de Chile

LITERATUR ZUM AUTOR:
Homenaje a F. A. Variaciones interpretativas en torno a su obra, NY 1972. – J. O. Valencia, *F. A. en la palabra de su plenitud* (in Revista Nacional de Cultura, 36, Caracas 1976, Nr. 227, S. 193–203). – R. Ruiz, *F. A.: vida y obra*, Madrid 1979.

EL PASO DE LOS GANSOS

(span.; *Ü: Stechschritt*). Roman von Fernando ALEGRÍA (Chile), erschienen 1975. – Alegrías Werk ist einer der ersten Versuche, die Ereignisse um den Putsch in Chile (September 1973) und seine unmittelbaren Auswirkungen literarisch zu gestalten. Innerhalb seines Werks, das zahlreiche Romane, Essays, Erzählungen und literaturkritische Aufsätze umfaßt, zählt dieser Roman zu den jüngeren Arbeiten des Autors. Aus unterschiedlichen Erzählperspektiven und mit verschiedenen Stilmitteln werden die Ereignisse um den 11. September 1973 beleuchtet. Reportageähnliche Passagen, Tagebuchaufzeichnungen, dokumentarische und novellistische Texte sind vermischt und werden erst im Zusammenhang der historischen Realität voll verständlich.

Das Buch gliedert sich in sechs Abschnitte, von denen die ersten fünf inhaltlich und formal nur einen losen Zusammenhalt aufweisen. In einer Art Prolog berichtet der Autor in staccatoartigen Sätzen vom Kampf um die Moneda und vom Tod des Präsidenten. Als zeitgeschichtliches Dokument enthält dieser Abschnitt auch die letzte Rede Allendes an das chilenische Volk. – Im zweiten Abschnitt, der »Präfation« *(Prefacio)*, stellt der Autor, der teilweise mit dem Ich-Erzähler identisch ist, sich und weitere Personen als Augenzeugen der Ereignisse vor. – Im dritten Abschnitt *(Las diez de últimas)* schildert der Ich-Erzähler die erste Begegnung mit Salvador Allende und eine sich später entwickelnde Freundschaft. In der Zeit der Unidad-Popular-Regierung begleitet er den Präsidenten als persönlicher Berater bei offiziellen Anlässen durch das Land. Bildhafte Sequenzen über Kindheit und Jugend Allendes wechseln ab mit Reflexionen über Menschen und Geschichte Chiles sowie bedeutende gesellschaftliche Veränderungen, etwa im Hinblick auf die Stellung der Frau. Der Autor zieht die Parallele zwischen der Situation des gerade gestürzten Allende und José Manuel Balmaceda (1838–1891), der Ende des 19.Jh.s als Präsident die Vorherrschaft Großbritanniens in Chile einzuschränken suchte, im Bürgerkrieg auf republikanischer Seite unterlag und schließlich in den Selbstmord getrieben wurde. Wie Balmaceda hinterläßt Allende ein politisches Vermächtnis, das vor allem nationale Unabhängigkeit und soziale Gerechtigkeit für das Volk will. – Im kurzen vierten Abschnitt im Stil eines spanischen Sainete *(Gallito de la Pasión)* transponiert der Autor das bisher Erzählte auf die poetische Ebene eines blutigen Hahnenkampfes. Der Titel ist im Original doppeldeutig und signalisiert sowohl Leidenschaft als auch Leidensgeschichte. – Im Abschnitt *El paso de los gansos* (identisch mit dem Titel des Buches) zeichnet Alegría in einem apokalyptisch anmutenden Bild eine Militärparade. Es entspricht dem Zynismus des Ereigniszusammenhangs, daß der Autor die Geschehnisse des 11. September als »Generalprobe« für den 18., den chilenischen Nationalfeiertag interpretiert und dabei gleichzeitig das Inferno noch einmal in Szene setzt. – Im formal und inhaltlich geschlossenen letzten Abschnitt *(El evangelio según Cristián)* tritt dem Leser der Ich-Erzähler in Gestalt des jungen Chilenen Cristián entgegen. Dieser kehrt kurz vor dem Putsch in sein Heimatland zurück, um sich mit seiner Frau und Mutter seiner Kinder auszusöhnen. Als Fotoreporter fährt er mit seinem Bruder durch die belagerte Stadt, fotografiert, filmt, hält minutiös die Ereignisse fest. Durch seine Frau Luz Maria sieht er sich schließlich mit der Entscheidung konfrontiert, Verfolgten zu helfen. Cristián, der sich von allen politischen Gruppierungen ferngehalten hat, handelt im Selbstverständnis seines Glaubens und wird schließlich selbst zum Opfer.

Alegría weckt in seinem nur bedingt als Roman zu charakterisierenden Werk Assoziationen an die biblische Leidensgeschichte. Er zeigt, daß in einem gegebenen historischen Augenblick Politisches und Persönliches untrennbar miteinander verwoben sind. Betrachtet wird das in Übereinstimmung mit seinen ethischen Grundlagen handelnde Individuum. Jakobus' *Gericht über die Reichen* mag als Leitmotiv für den ganzen Roman stehen: »*Ihr habt verurteilt den Gerechten und getötet, und er hat euch nicht widerstanden.*« Alegrías Werk wurde vor allem in Exilkreisen und in der DDR gelesen und diskutiert. Das Buch ist in Chile bisher nicht erschienen.

C.A.

AUSGABE: NY/Madrid 1975.

ÜBERSETZUNG: Stechschritt, J. Martin, Bln./DDR 1978.

LITERATUR: C. Correas de Zapata, Rez. (in Hispamérica, 11/12, 1976, S. 187/88). – L. Leal, *Entre la fantasía y el compromiso: Los cuentos de F. A.* (in Nueva narrativa hispanoamericana, 1, 1971, Nr. 2, S. 65–71).

VICENTE ALEIXANDRE

* 26.4.1898 Sevilla
† 14.12.1984 Madrid

LITERATUR ZUM AUTOR:
K. Schwartz, *V. A.*, NY 1970. – C. Bousoño, *La poesía de V. A. Imagen. Estilo. Mundo poético*, Madrid 1950; ern. 1977 [erw.]. – *Homenaje a V. A.* (in Insula, 1978, Nr. 374/375; Sondernr.). – L. de Luis, *Vida e obra de V. A.*, Madrid 1978. – Y. Novo Villaverde, *V. A. poeta surrealista*, Santiago de Compostela 1980. – L. Personneaux Conesa, *V. A. poète de l'amour fou* (in LNL, 77, 1983, Nr. 245, S. 69–94).

LA DESTRUCCIÓN O EL AMOR

(span.; *Ü: Die Zerstörung oder Die Liebe*). Gedichtzyklus von Vicente ALEIXANDRE, erschienen 1935. – Der Titel ist keineswegs antithetisch zu verstehen; denn die Konjunktion *o* bedeutet bei Aleixandre stets Verbindung. Er soll ausdrücken, daß die Liebe zwischen Mann und Frau nichts anderes ist als das Abbild der höheren Einheit alles Organischen, die Werden und Zerstörung einschließt. Für Aleixandre ist die Welt da, um geschaut zu werden; sie lebt nur durch ihre ständigen Verwandlungen im dichterischen Wort. Ein Hauptmerkmal seiner Dichtung ist ihre Universalität, ihr Streben nach Vereinigung aller Elemente, nach Ganzheit: Der Dichter »*hat Meer in den Adern*«, und »*Menschsein ist wie ein unermeßlicher Ozean*«. Die Natur ist der Quell jeder Wahrheit. Die Materie, nackt und glühend, verwandelt sich und schweigt. Die Tiere sind fast so rein wie der Stein und das Licht. Der Mensch aber ist elend, sein Blut pulsiert in einem solchen Kosmos »*wie besänftigte Trauer*«: was seine Existenz rechtfertigt, ist allein sein Verlangen nach Liebe, sind seine Visionen einer Morgenröte, einer Kindheit, eines Paradieses. In der Ganzheit der Schöpfung allein offenbart sich die ewige Schönheit, die aus einer Form in die andere tritt. Aus dieser Überzeugung des Dichters entstehen seine kosmischen und tellurischen Metaphern. Menschliches Leben kann in diesem gewaltigen Kosmos nur ein kurzes Unterwegssein bedeuten; huldigen muß man »*dem Adler, der die Felsen wie harte Brüste liebkost*« und »*dem Meer, das kraftvoll ohne Flügel sich aufschwingt, dich zu lieben*«. Liebe und Zerstörung sind das Gesetz, unter dem sich das All täglich erneuert: »*Du schreiendes Herz im Gefieder des Vogels / oder im geheimnisvollen Knochenmark der Tiger / du Herz, das überall ist, wo auch der Tod ist ...*«

Wo in diesem Buch der Mensch auftaucht, ist es vor allem der liebende Mensch. Nur für ihn gibt es Helligkeit, »*Licht, das kommt mit der Wärme einer Haut, die uns liebt*«; nur wer liebt, hat teil an der Harmonie des Kosmos. In der Hingabe an den anderen erscheinen Liebe und Zerstörung wie Brechungen in einem Prisma, das die Einheit des Strahls zerlegt, aber nicht aufhebt. Diese Identität der Kontraste ist ein ständig wiederkehrendes Leitmotiv der Gedichte. Licht und Schatten dienen nur dazu, ein Ungeteiltes und Ganzes zu besingen. In solchen Visionen erscheint der Tod nicht als Begrenzung oder Bedrohung, sondern als die letzte und große Gewißheit der Vereinigung, als endgültige Erlösung, als die »*Wirklichkeit, die am Grunde eines schlummernden Kusses lebt / wo die Falter nicht zu fliegen wagen, um die Luft, still wie die Liebe, nicht zu bewegen*«. Der Tod ist die dauernde Liebe, die der Dichter in seinen oratorischen Strophen herbeiruft: »*Komm, komm, komm wie dunkle erloschene Kohle, die eine Tote umhüllt*«.

Die Dichtung, die 1935 mit dem spanischen Nationalpreis für Literatur ausgezeichnet wurde, hat einen bedeutenden Einfluß auf die junge spanische Lyrik ausgeübt.

A.As.

AUSGABEN: Madrid 1935. – Madrid 1960 (in *Poesías completas*; Vorw. C. Bousoño). – Madrid 1978 (in *Obras completas*, Hg. C. Bousoño). – Madrid 1984, Hg. u. Einl. B. Brancaforte, 2 Bde. (Cátedra). – Madrid 1986, Hg. u. Einl. J. L. Cano (Castalia).

ÜBERSETZUNGEN: *Nackt wie der glühende Stein*, E. Arendt, Hbg. 1963 [Ausw.]. – *Die Zerstörung oder Die Liebe*, F. Vogelsang, Stg. 1978.

LITERATUR: D. Alonso, »La destrucción o el amor« (in RdO, 1935, 114, S. 331–340). – P. Salinas, *Nueva poesía* (in Indice Literario, 5, 1935, S. 93–100). – J. L. Cano, *De Machado a Bousoño*, Madrid 1955. – L. F. Vivanco, *Introducción a la poesía española contemporánea*, Madrid 1957, S. 341–383. – R. Gullón, *Itinerario poético de V. A.* (in PSA, 11, 1958, S. 195–234; m. Bibliogr., S. 443–463). – C. Zardoya, *Poesía española contemporánea*, Madrid 1961. – J. Olivio Jiménez, *V. A. en dos tiempos* (in RHM, 29, 1963, S. 263–289). – G. Siebenmann, *Die moderne Lyrik in Spanien*, Stg. 1965. – C. Esteban, *Occultation du moi et fonction du poète dans »La destrucción o el amor«* (in Ibérica, 2, 1979, S. 77–92). – D. Puccini, *La palabra poética de V. A.*, Barcelona 1979, S. 68–103. – A. Amusco, *Las recurrencias en »La destrucción o el amor«* (in *V. A. A Critical Appraisal*, Hg. S. Daydi-Tolson, Ypsilanti 1981, S. 145–171).

POEMAS DE LA CONSUMACIÓN

(span.; *Ü: Strophen des Vollendens*). Gedichtsammlung von Vicente ALEIXANDRE, erschienen 1968. – In diesen meist kurzen, aphorismenartigen Gedichten blickt der Dichter von der Höhe des vollendeten Lebens aus zurück, stellt er die menschlichen Polaritäten Jugend und Alter einander gegenüber: »*Sind die Jahre ihr Gewicht oder ihre Geschichte?*«; man empfindet weniger ein nostalgisches Zurücksehnen nach der unwiderbringlich vergangenen Jugend, oder eine Reflexion über den biologischen Zerfall; vielmehr ist es eine Meditation über die Einwirkung der Zeit auf das menschliche Leben. Die düsteren Farbtöne des abnehmenden Lichts des vollendeten Lebens, dem »*letzten Strahl der untergehenden Sonne*« beherrschen das »*erste Grün der frühen Jahreszeit*«. »*Conocer no es lo mismo que saber*« (»*Erkennen ist nicht Wissen*«).
Die Haltung gegenüber der Welt ist für Aleixandre durch den Gegensatz von »*conocer*« und »*saber*« – Schlüsselbegriffe dieser Sammlung – bestimmt. Der unabgeschlossene Prozeß einer neugierigen Suche nach dem noch nicht Bekannten, das Gefühl, sich auf unsicheren, noch nicht begangenen Wegen zu befinden, ist gleichbedeutend mit Jugend und Lebendigkeit: »*Erkennen« ohne zu »wissen«*; »*Ich bin jung und erkenne*«, »*Leben ist jung sein und nichts mehr*«. »*Saber*« dagegen ist das Resultat des abgeschlossenen Erfahrungsprozesses: »*Wissen heißt sterben*«, »*Weil ich weiß, bin ich nicht.*« Das Wissen ist mit der Jugend unvereinbar. Das Leben dauert so lange, wie der Wunsch, die Welt kennen zu wollen, nicht vollkommen gesättigt ist. Die Augen »*glänzen nicht, denn sie hatten erfahren*«. Wissen läßt den Glanz der Augen verblassen, Symbol der verschwenderischen Kraft der Jugend. »*Porque quien vio y miró, no nació y vive*« (»*Denn wer sah und hinsah, ward nicht geboren. Und / lebt*«). »*Mirar*« ist das Äquivalent zu »*conocer*«, »*ver*« das zu »*saber*«. »*Mirar*« meint ebenfalls – wie »*conocer*« – den unabgeschlossenen Prozeß des Betrachtens der Welt, ohne sie erklären zu können, das Schauen ohne entzaubernes analytischen Einblick. Das Paradoxon, daß jeder Erfahrungsprozeß nur in einem zeitlichen Ablauf gewonnen werden kann und notwendigerweise zu bestimmten Schlußfolgerungen führen muß, spiegelt sich in zahlreichen Gegensätzen wider, z. B.: »*Wer stirbt, wird geboren*«; der Wissende stirbt für das Leben und wird geboren – für die Wissenschaft. Das Streben nach Wissen beruht nach Aleixandre auf der falschen Überzeugung, die Welt müsse mit Begriffen zugänglich gemacht werden, der sinnliche Kontakt könne dies nicht erreichen. »*Die Lippen auf deinen Gedanken legen, heißt, dich / als Verkündigung spüren. O ja, Schreckliche, du / bist / ich bin es, der endete, der deinen Namen als Gestalt / aussprach, / während er starb.*«
Leben ist gleichbedeutend mit der Fähigkeit zur Liebe. Sie ist im Kontext von Aleixandres Lyrik untrennbar mit dem Wunsch zu »*erkennen*« verbunden, auch sich selber zu erkennen, was letztlich nur ein Teil des Erkennens des Anderen ist. Aber wenn mit der erlangten Weisheit einmal die Welt an Neuheit verliert, weil jede neue Erfahrung erklärbar und sogar voraussehbar wird, wenn man alles Betrachtete gesehen hat, wenn jedes Erkennen zum Wiedererkennen wird, erlischt auch der Stimulus, der zum Anderen führt: »*Erkennen heißt lieben. Wissen, sterben. / Ich zweifelte. / Nie ist die Liebe Leben*«. Wissen und Weisheit drücken sich in Worten aus, und so stellt sich für den Dichter auch die Frage des Schreibens, die meist in einer entzauberten Sicht erscheint: »*In ihnen leben? Die Worte sterben*«, es sei denn, die Worte des Dichters sind eine weitere Form von vitaler Lebensäußerung: »*Sterben heißt, einige in Augenblicken des Entzückens / oder Zorns gesagte Worte, in Ekstase oder / Verlassenheit / zu vergessen, wenn die erwachte Seele aus den Augen / schaut*«, so heißt es im einleitenden Gedicht *Die Worte des Dichters*. Aber jene Worte des »*Entzückens oder des Zorns*« bestehen für den alt gewordenen Dichter nur noch in der Erinnerung: »*Die Kälte brennt, und in deinen Augen wird ihr / Gedächtnis / geboren. Sich erinnern ist obszön, / schlimmer noch: traurig. Vergessen ist sterben*« – so die letzten Zeilen des letzten Gedichts. In dem 1974 erschienenen Band *Diálogos del conocimiento (Zwiegespräche des Erkennens)* führt Aleixandre, der 1977 den Nobelpreis für Literatur erhielt, das Thema zu Ende. W.Ste.

AUSGABEN: Madrid 1968. – Madrid 1977.

ÜBERSETZUNGEN: *Gesicht hinter Glas. Gedichte/ Dialoge*, F. R. Fries, Mchn. 1978 [enth. *Strophen des Vollendens* u. *Zwiegespräche des Erkennens*]. – Dass., ders., Ffm. 1980.

LITERATUR: J. Talens, *V. A. y el surrealismo* (in Insula, 304, 1972, S. 3). – G. Carnero, ›*Conocer‹ y ›sa-*

ber« en »Poemas de la consumación« y »Diálogos del conocimiento« de V. A. (in CHA, 276, 1973, S. 571–579). – D. Puccini, *La extrema ciencia del vivir en imágenes esenciales: »Poemas de la consumación«* (in *V. A. – A Critical Appraisal*, Hg. S. Daydi-Tolson, Ypsilanti/Mich. 1981, S. 187–199).

MATEO ALEMÁN

* 28.9.1547 Sevilla
† nach 1614 Mexiko

LITERATUR ZUM AUTOR:
G. Álvarez, *M. A.*, Buenos Aires 1953. – J. L. Laurenti u. J. Siracusa, *Ensayo de una bibliografía del sevillano M. A.* (in Archivo Hispalense, 45, 1966, S. 179–216). – E. Cros, *Protée et le gueux*, Paris 1967. – D. McGrady, *M. A.*, NY 1968. – E. Cros, *M. A. Introducción a su vida y a su obra*, Salamanca 1971. – C. B. Johnson, *M. A. y sus fuentes literarias* (in NRFH, 28, 1979, S. 360–374). – M. A. Lozano Alonso, *Aproximación a M. A.* (in *La picaresca*, Hg. M. Criado del Val, Madrid 1979, S. 495–509).

GUZMÁN DE ALFARACHE

(span.; *Guzmán von Alfarache*). Schelmenroman von Mateo ALEMÁN, erschienen 1599–1604. – Erst 45 Jahre nach dem Erscheinen des ersten europäischen Schelmenromans, *Lazarillo de Tormes* (1554), wurde diese Gattung in Spanien wieder aufgenommen – die strenge, asketische Atmosphäre der Herrschaft Philipps II. mochte zur Veröffentlichung so diesseitiger, weltfreudiger Bücher nicht eben verlockt haben. Und auch der *Guzmán de Alfarache*, dessen erster Teil ein Jahr nach dem Tod des Königs erschien, zeigt in seiner tief pessimistischen Auffassung vom Menschen und vom Wert des Irdischen deutlich die Prägung dieser Zeit.

Guzmán erzählt seine Geschichte – in der autobiographischen Form, die allen spanischen Schelmenromanen eigen ist – aus der Perspektive des zur Einsicht Gelangten und läßt dabei Handlung und belehrende Betrachtung miteinander abwechseln. Guzmán weiß nicht mit Sicherheit, wer sein Vater ist; wie fast alle *pícaros* aus ungeordneten Verhältnissen stammen, läuft er eines Tages aus seinem Zuhause in Sevilla fort. Völlig naiv und ohne Waffen gegen die Welt, bekommt er sogleich die Härte der Ungeborgenheit zu spüren; er wird gefoppt und geprellt. Aber er paßt sich rasch an. Bei einem Madrider Wirt lernt er, die Gäste zu betrügen. Fortan verdient er sein Geld durch Diebereien, verliert es aber – Strafe und neue Untat zugleich – immer wieder beim Spiel. Als Diener verschiedener Herren, die er fleißig bestiehlt, gelangt er nach Toledo, Almagro, Genua – hier wird er von seinen reichen Verwandten recht kühl behandelt – und schließlich nach Rom, wo er sich zu einem der gerissensten Diebe seiner Zeit emporarbeitet. Immer wieder jedoch wird er, der moralisierenden Absicht des Autors entsprechend, selbst betrogen. Er versucht sich in der Liebe, aber die Frauen führen ihn an der Nase herum.

Inzwischen hat er so viel Geld, daß er sich einen Diener leisten kann. Über Florenz und Bologna kommen die beiden nach Mailand, wo sie zusammen mit einem dritten Gauner einen Händler kräftig rupfen. Als reicher Mann wird Guzmán nun auch von seinen Verwandten in Genua gut aufgenommen, es gelingt ihm sogar, sie um hohe Geldbeträge und wertvollen Schmuck zu erleichtern. Dann schifft er sich nach Spanien ein und reist über Saragossa und Alcalá nach Madrid. Er verheiratet sich, wird Kaufmann und kann nun ungehindert betrügen: »*Ich tat, was ich immer getan hatte, jetzt freilich als Ehrenmann*«. Doch sein aufwendiges Leben ruiniert ihn; zudem stirbt seine Frau, und er verliert die Mitgift. Völlig verarmt, versucht er es mit Arbeit, doch – »*nur wenn ich Böses tat und stahl, hatte ich Glück*«. Als er fast verhungert, kommt ihm der rettende Einfall, Theologe zu werden, wobei er auf eine fette Pfründe spekuliert. Er geht nach Alcalá und wird einer der besten Studenten, doch kurz vor dem Abschluß verliebt er sich in eine Wirtstochter und heiratet sie. Er gibt sein Studium auf, sie ziehen nach Madrid und leben dort recht auskömmlich von dem, was liebeshungrige Männer der jungen Frau für ihre Gunstbeweise zahlen. Doch ihre Geschäftstüchtigkeit erregt Anstoß, und sie werden aus der Stadt verbannt. Sie gehen nach Sevilla, wo Guzmán seine alte Mutter wiederfindet, während seine Frau ihm mit einem Galeerenkapitän davonläuft. Guzmán stiehlt und betrügt wieder, wird aber erwischt und lebenslänglich auf die Galeeren geschickt. Dort spielt man ihm so übel mit, daß er beschließt, sich ernstlich zu bessern. Er deckt eine Meuterei auf und wird zur Belohnung begnadigt. Damit endet der zweite Teil des Romans; ein dritter wird vom Autor angekündigt, ist aber offensichtlich nicht mehr erschienen.

Aus der erzieherischen Absicht Alemáns ergibt sich der besondere Aufbau dieses zweiten spanischen Schelmenromans: Zwischen derb-realistischer Handlung und moralisierenden Betrachtungen wechselnd, verknüpft er die Gesellschaftssatire der neuen Gattung mit der Tradition der mittelalterlichen Predigtliteratur. Die überlegene Erzählperspektive des Helden, der sein Leben selbst als abschreckendes Beispiel kommentiert, gestattet dem Autor, seine moralische Absicht zu verwirklichen und dem Leser eine handfeste Lebenshilfe zu geben: »*Ich kriege hier die Prügel und du die Lehre, die in ihnen steckt.*« Damit unterscheidet sich der Roman wesentlich von seinem Vorbild, dem *Lazarillo de Tormes*, und auch von den meisten späteren Schelmenromanen, bei denen die angehängte »Moral« eher wie die pflichtgemäße Erfüllung einer Norm wirkt. Ein weiterer Unterschied gegenüber dem Vorbild ist die Stellung des Helden zur Welt. Lazarillo ist Diener, mögen seine Herren auch wechseln, er hat eine soziale Funktion; Guzmán dagegen ist allein, mag er auch zuweilen einem Herrn dienen – er bleibt der Ausgestoßene, Vogelfreie. Entsprechend unterscheidet sich auch die Gesellschaftskritik, die in diesem Werk zum Ausdruck kommt, von der des *Lazarillo*. Sie hat nichts von dessen heiterer Ironie, steht allerdings der grotesken Karikatur in QUEVEDOS *Buscón* ebenso fern. Die Haltung Guzmáns ist von einem verzweifelt anklagenden Zynismus geprägt, der sich auch gegen den Helden selbst wendet: »*Weil ich selbst schlecht bin, gilt mir auch nichts anderes als gut.*« Antiklerikalismus und didaktische Ziele des Verfassers deuten auf erasmistische Einflüsse hin. Die sprachliche Form des Werks läßt auf lange, sorgfältige Arbeit des Autors schließen. Sein Stil ist nüchtern und elegant zugleich, er bevorzugt kurze, konzise Sätze, in denen er aber eine große Flexibilität des Ausdrucks erreicht. Als sprachlich vorbildlich für seine Zeit gelten vor allem die in das Werk eingeschobenen Erzählungen, deren poetischer Zauber eigentümlich mit der drastischen Lebensschilderung des Helden kontrastiert.

Alemáns Schelmenroman, der vom Volk einfach *Pícaro* genannt wurde, hatte einen ungewöhnlichen Erfolg. Mit mindestens 26 Auflagen bis 1605 (von denen nach FITZMAURICE-KELLY 23 belegt sind) übertraf er sogar den *Don Quijote* bei weitem. Diese Beliebtheit nutzte der Valencianer Juan MARTÍ aus, indem er 1602 unter dem Pseudonym Mateo Luján de Sayavedra einen falschen zweiten Teil des *Guzmán* herausbrachte. Alemán rächte sich an ihm dadurch, daß er in seiner Fortsetzung einen gerissenen Dieb mit dem Namen Sayavedra auftreten läßt, dem Guzmán jedoch großmütig verzeiht. Das Werk wurde rasch in alle europäischen Sprachen übersetzt und regte – in der freien Übertragung durch Aegidius ALBERTINUS (1615) – GRIMMELSHAUSEN zu seinem *Simplicissimus* an.

D.Kös.

AUSGABEN: Madrid 1599 *(Primera parte de Guzman de Alfarache)*. – Lissabon 1604 *(Segunda parte de la vida de Guzman de Alfarache. Atalaya de la vida umana)*. – Madrid 1846 (BAE). – Madrid 1962 u. ö., Hg. S. Gili Gaya (Clás. cast.). – Barcelona 1963, Hg. M. Villalta. – Madrid 1981, Hg. u. Einl. B. Brancaforte (Cátedra). – Madrid 1982 (Austral). – Barcelona 1983, Hg. u. Einl. F. Rico. – Barcelona 1984, Hg. u. J. Cañas Murillo. – Barcelona 1984 (in *Obra completa*).

ÜBERSETZUNGEN: *Der Landstörtzer Gusman von Alfarache*, A. Albertinus, Mchn. 1615. – *Der Landstörtzer Gusman von Alfarache*, M. Freudenhold, Ffm. 1626 [enth. Tl. 3]. – *Gusman d'Alfarache*, E. Buchner, Bln. 1931. – *Das Leben des Guzmán von Alfarache*, R. Specht (in *Spanische Schelmenromane*, Hg. H. Baader, Bd. 1, Mchn. 1964). – *Der Landstörtzer Gusman von Alfarache oder Pícaro genannt*, A. Albertinus, Hildesheim 1975, Hg. J. Mayer [Nachdr. der Ausg. Mchn. 1615].

LITERATUR: M. Garcia Blanco, »*Guzmán de Alfarache*« *y la novela picaresca alemana*, Madrid 1927, S. 7–13. – E. Moreno Baez, *Lección y sentido de* »*Guzmán de Alfarache*« (in RFE, 40, 1948). – J. A. van Praag, *Sobre el sentido de* »*Guzmán de Alfarache*« (in *Estudios dedicados a Menéndez Pidal*, Bd. 5, Madrid 1954, S. 283–306). – R. Specht, *Turm über dem Menschenleben. Zu M. A.s vergessenem Schelmenroman* (in Hochland, 49, 1957, S. 252–259). – D. Pérez Minik, *Novelistas españoles de los siglos XIX y XX*, Madrid 1957, S. 39–55. – J. Simon Díaz, *Bibliografía de la literatura hispánica*, Bd. 5, Madrid 1958, S. 126–158. – G. Sobejano, *De la intención y valor del* »*Guzmán de Alfarache*« (in RF, 71, 1959, S. 267–311). – C. S. de Cortázar, *Notas para el estudio de la estructura del* »*Guzmán de Alfarache*« (in Filología, 8, 1962, S. 79–95). – Th. Hanrahan, *La mujer en la novela picaresca de M. A.*, Madrid 1964. – F. Mauren-Rothenberger, *Die Mitteilungen des* »*Guzmán de Alfarache*«, Bln. 1967. – J. Arias, »*Guzmán de Alfarache*«: *The Unrepentant Narrator*, Ldn. 1977. – B. Brancaforte, »*Guzmán de Alfarache*« ¿*Conversión o proceso de degradación?*, Madison 1980. – M. Cavillac, *Gueux et marchands dans le* »*Guzmán de Alfarache*« *(1599–1604). Roman picaresque et mentalité bourgeoise dans l'Espagne du Siècle d'Or*, Bordeaux 1983. – R. Tscheer, »*Guzmán de Alfarache*« *bei M. A. und Juan Martí*, Ffm. 1983. – F. Rico, *The Spanish Picaresque Novel and the Point of View*, NY 1984. – C. A. Rodríguez Matos, *El narrador pícaro:* »*Guzmán de Alfarache*«, Madison 1985. – A. San Miguel, *M. A.:* »*Guzmán de Alfarache*« (in *Der spanische Roman vom Mittelalter bis zur Gegenwart*, Hg. V. Roloff u. H. Wentzlaff-Eggebrecht, Düsseldorf 1986, S. 62–81). – J. A. Whitenack, *Patterns of Rejection in* »*Guzmán de Alfarache*« (in KRQ, 34, 1987, Nr. 1, S. 63–76).

JEAN LE ROND D'ALEMBERT

* 17.11.1717 Paris
† 29.10.1783 Paris

LITERATUR ZUM AUTOR:
J. Bertrand, *D'A.*, Paris 1889. – L. Ducros, *Les Encyclopédistes*, Paris 1900. – M. Muller, *Essai sur la philosophie de J. d'A.*, Paris 1926. – J. N. Pappas, *Voltaire and d'A.*, Bloomington 1962. – R. Grimsley, *J. d'A.*, Oxford 1963. – T. L. Hankins, *D. A. Science and the Enlightenment*, Oxford 1970. – G. J. van Treese, *D'A. and Frederick the Great*, Löwen 1974. – D. F. Essar, *The Language Theory Epistemology and Aesthetics of d'A.*, Oxford 1976. – DHS, 1984 [Sondernummer *d'A.*].

DISCOURS PRÉLIMINAIRE DE L'ENCYCLOPÉDIE

(frz.; *Vorrede zur Enzyklopädie*) von Jean Le Rond d'ALEMBERT, erschienen 1751. – Die berühmte Einleitung in die *Enzyklopädie* verrät heute noch etwas von der Begeisterung, mit der ihre Verfasser (neben d'Alembert DIDEROT, VOLTAIRE, ROUSSEAU, BUFFON, MONTESQUIEU u. a.) an ihre Aufgabe herangegangen sind.

D'Alembert, vielseitig gebildet und ein glänzender Schriftsteller, wurde von seinem Jugendfreund Diderot mit der Abfassung der *Vorrede* beauftragt. Sie machte den damals Fünfunddreißigjährigen mit einem Schlag bekannt. Er formuliert darin das Programm der *Enzyklopädie*, das die geistige Einheit des riesigen Unternehmens gewährleisten sollte: den Aberglauben auszurotten, überkommene Wahrheiten kritisch zu prüfen und das Denken rationalen Kriterien zu unterwerfen. Die philosophischen »Absoluta« der vergangenen Zeit: Gott, angeborene Ideen, Substanzen etc. – überhaupt jede Art von hierarchischem System –, gelten als unvereinbar mit der leidenschaftlich vertretenen These vom stetigen Fortschritt des menschlichen Geistes. Der Anspruch der Enzyklopädisten, nicht nur ein Abbild des Wissens ihrer Zeit zu geben, sondern dieses Wissen auch zu verändern und mit ihrem Werk ein mächtiges Instrument zur Zerstörung des Ancien Régime in religiöser wie politischer Hinsicht zu schaffen, wird von d'Alembert unmißverständlich zum Ausdruck gebracht. Anstelle eines an Autoritäten orientierten »*esprit de système*«, so fordert er, soll künftig ein »*esprit systématique*« treten, der sich praktisch-empirisch mit der Wirklichkeit des Menschen und seiner Welt auseinandersetzt. Diese Konzeption der *Enzyklopädie* – die seit dem zweiten Band mit einer Zensurauflage belastet und nach Erscheinen des siebten Bandes zunächst verboten wurde – nimmt im geistigen Bereich die Französische Revolution vorweg.

Der *Discours* umfaßt drei Abschnitte. Im ersten beschreibt d'Alembert die Entstehung der Wissenschaften, indem er einen Stammbaum *(arbre encyclopédique)* ihrer Entwicklung aufstellt. Grundlage allen Wissens in Geschichte, Philosophie und Kunst sind ihm die sinnlichen Empfindungen, die ihrerseits Gedächtnis, Vernunft und Einbildungskraft *(mémoire, raison, imagination)* entstehen lassen. Er folgt hierin Ideen des englischen Empirismus, besonders den Konzeptionen John LOCKES im *Essay Concerning Human Understanding* (1690). Im zweiten Teil gibt d'Alembert eine philosophisch-historische Darstellung der Fortschritte des menschlichen Geistes seit der Wiedergeburt der Wissenschaften *(renaissance)*. Er schildert den Aufbruch der Naturwissenschaften als die Überwindung eines von Unwissenheit und dogmatischem Fanatismus beherrschten Mittelalters und weist ihnen im geistigen und gesellschaftlichen Lebensbereich den Platz zu, den in den vorhergehenden Jahrhunderten die göttliche Offenbarung und die Metaphysik eingenommen haben. Im dritten Abschnitt wird bis ins Detail Diderots Plan zur Anordnung der einzelnen Wissensgebiete innerhalb der *Enzyklopädie* mitgeteilt.

D'Alemberts *Vorrede* ist in mehr als einer Hinsicht von Bedeutung: Synthese der philosophischen Konzeption der Enzyklopädisten und Dokument eines Rationalismus, der die Metaphysik ablehnt, die Theologie aber als eigene Wissenschaft von Gott anerkennt. KLL

AUSGABEN: Paris 1751 (in *Encyclopédie ou Dictionnaire raisonné des sciences, des arts et des métiers...*, Hg. D. Diderot u. J. L. R. d'Alembert, Bd. 1; Nachdr. Stgt. 1966). – Paris 1805 (in *Œuvres philosophiques, historiques et littéraires*, Hg. J. F. Bastien, 18 Bde., 1; Nachdr. Hildesheim 1965 ff.). – Paris 1893, Hg. C. Delgrave. – Paris 1894, Hg. F. Picavet [krit.]. – Paris 1966. – Hbg. ²1975, Hg. E. Köhler. – Paris 1984.

ÜBERSETZUNGEN: *Abhandlung von dem Ursprung, Fortgang und Verbindung der Künste und Wissenschaften*, J. Weguelin, Zürich 1761. – *Einleitung in die französische Enzyklopädie von 1751*, Hg. E. Hirschberg, 2 Bde., Lpzg. 1912; – *Einleitung zur Enzyklopädie von 1751*, A. Heins, Hg. H. Köhler, Hbg. 1955; ²1975.

LITERATUR: G. Misch, *Zur Entstehung des französischen Positivismus* (in AGPh, 14, 1901). – A. Körbel, *D'A.s Vorrede zur Enzyklopädie im Rahmen der philosophischen Auffassungen der Zeit*, Progr. Bielitz 1907. – M. Schinz, *Die Anfänge des französischen Positivismus*, Tl. 1: *Die Erkenntnislehre*, Straßburg 1914. – D. Mornet, *Les origines intellectuelles de la Révolution française*, Paris 1934; ⁴ 1947. – W. H. Evans *A Practical Application of d'A.'s and Diderot's Classification of Human Knowledge* (in MLR, 36, 1941, S. 460–466). – W. Moser ›*L'ordre philosophique de ce discours*‹ (in MLN, 91, 1976, S. 722–733). – Ders., *Les discours dans le »Discours préliminaire«* (in RomR, 47, 1976, S. 102–116). – J. F. Groulier, *D'A. »Discours préliminaire de l'Encyclopédie«* (in *Baudelaire-D'A.*, Hg. C. Debon-Tournadre u. a., Montreuil 1976, S. 87–175). – *Raison et expérience dans le »Discours préliminaire de l'Encyclopédie« de d'A.*, Paris 1976. – A. Buck, *Der Renaissance-Humanismus aus der Sicht von d'A.s »Discours préliminaire de l'Encyclopédie«* (in A. B., *Studia humanitatis*, Wiesbaden 1981. S. 124–132).

ESSAI SUR LES ÉLÉMENTS DE PHILOSOPHIE OU SUR LES PRINCIPES DES CONNAISSANCES HUMAINES

(frz.; *Abhandlung über die Grundbegriffe der Philosophie oder über die Grundlagen menschlichen Wissens*). Philosophische Untersuchung von Jean Le Rond d'ALEMBERT, erschienen 1759. – Der Autor schrieb diese Darstellung der Grundlagen seines philosophischen Systems als Fortsetzung und Erweiterung seines *Discours préliminaire* (1751), der die *Encyclopédie* einleitete. Die Abhandlung steht also in engem Zusammenhang mit den Zielen der als Summe der menschlichen Kenntnisse, Dispute und Irrtümer gedachten *Encyclopédie*. D'Alembert weist darauf hin, daß seit dem Anfang des 17. Jh.s zwar die empirischen Wissenschaften einen gewaltigen Aufschwung genommen hätten, die Entwicklung des philosophischen Denkens jedoch nicht mit ihnen Schritt gehalten habe. Da die Grundbegriffe der Philosophie noch nicht erweitert worden seien, müsse von ihnen immer mehr Material bewältigt werden. Die natürliche Folge sei, daß der Mensch der Beschäftigung mit den wichtigsten und bereits am weitesten entwickelten Disziplinen am meisten Raum gebe. Deshalb ist für d'Alembert das wissenschaftliche auch ein moralisches Problem. Nachdem der Philosoph auf diese Weise ein Bild der Entwicklung des menschlichen Geistes im 18. Jh. entworfen und Ziel, Gegenstand und Methode seines Werks dargelegt hat, widmet er den überwiegenden Teil des umfangreichen Essays Problemen der Logik, Metaphysik, Moral, Grammatik sowie der Mathematik und Physik.

Die Vielzahl der aufgegriffenen Themen zeigt d'Alemberts ungewöhnliche Gelehrsamkeit und seine vielseitigen Interessen und Fähigkeiten. Das Wesen der Logik wird auf eine einzige Funktion reduziert: Sie soll ermöglichen, die Bindeglieder zu finden, mit deren Hilfe verschiedene Gedanken miteinander in Beziehung zu setzen sind. Denn es ist Aufgabe des kritischen wissenschaftlichen Denkens, empirisch erfaßbare Sinnestatsachen durch Vergleiche miteinander zu verknüpfen und daraus logisch haltbare Definitionen abzuleiten. Die Metaphysik muß sich nach d'Alembert auf die Untersuchung des Problems beschränken, auf welche Weise aus unseren Empfindungen Ideen entstehen können. Alle über die verifizierbare Erfahrung hinausgehenden Sätze der traditionellen Metaphysik werden als prinzipiell unentscheidbar zurückgewiesen. In naher Beziehung zur Logik und zur Metaphysik steht die Ethik, da sie aufs engste mit unserer Freiheit zusammenhängt, von unserer natürlichen Erkenntnis des Guten und Bösen einen vernünftigen Gebrauch zu machen. Die geistige Natur des Menschen, die Unsterblichkeit der Seele und die Existenz Gottes seien für den Philosophen Gegebenheiten, die er anerkennen müsse, ohne sich bei den Schwierigkeiten, die sie dem Denken bereiten, lange aufhalten zu dürfen; denn er erwarte von der Vernunft, nicht von der Offenbarung, daß sie sein Leben lenke. Hier wird die eigentümliche Übergangsstellung des Autors deutlich, dessen Philosophie – wenn auch durch Rücksichten auf die Lehren der Kirche gemildert – dem extremen Positivismus des 19. Jh.s nahesteht.

Der Grundsatz, daß alle Erscheinungen in der Natur wie im Universum als Ganzes, als ein Kontinuum betrachtet werden müssen, führt d'Alembert zur Erörterung auch der Jurisprudenz, der Mathematik, der Mechanik, der Astronomie, ja zu so speziellen Themen wie Optik, Hydrostatik und Hydraulik – Gegenständen, die dem Essay einen besonderen Wert als Dokument zur Geschichte der experimentellen Physik verleihen und einmal mehr zeigen, daß die philosophische Position des Autors weitgehend von seiner naturwissenschaftlichen Bildung bestimmt ist. J.H.K.

AUSGABEN: Amsterdam 1759 (in *Mélanges de littérature, d'histoire et de philosophie*, 4 Bde.). – Leiden 1783 (in *Mélanges de littérature, d'historie et de philosophie*, 5 Bde., 4; neue erw. Ausg.) – Paris 1805. – Bln. 1821 (in *Œuvres philosophiques, historiques et littéraires*, Hg. J. F. Bastien, 18 Bde., 1; verm. Ausg.; Nachdr. Hildesheim 1965 ff.).

ÜBERSETZUNG: *Anfangsgründe der Philosophie*, anon., Wien 1787.

LITERATUR: H. Ley, *Zur Bedeutung d'A.s* (in WZLpzg, 1, 1951/52, H. 5, S. 48–60).

JOSÉ MARTINIANO DE ALENCAR

* 1.5.1829 Mecejana / Ceará
† 12.12.1877 Rio de Janeiro

LITERATUR ZUM AUTOR:
Bibliographien:
J. A. Castelo, *Bibliografia e plano das obras de J. de A.* (in Boletim Bibliográfico da Biblioteca Municipal, 13, São Paulo 1949). – M. Leão, *J. de A.*, Rio 1955. – Carpeaux, S. 125–132.
Biographien:
A. Mota, *J. de A.*, Rio 1921. – O. Orico, *A vida de J. de A.*, São Paulo 1929. – R. de Menezes, *J. de A., literato e político*, São Paulo 1965. – R. Magalhães Jr., *J. de A. e sua época*, Rio ²1977 [rev. u. erw.]. – L. Viana Filho, *A vida de J. de A.*, Rio 1979.
Gesamtdarstellungen und Studien:
O. Montenegro, *O romance brasileiro*, Rio ²1953, S. 47–59. – G. Freyre, *Reinterpretando J. de A.*, Rio 1955. – N. Werneck Sodré, *J. de A.* (in N. W. S., *Ideologia do colonialismo*, Rio 1961). – A. Cândido, *Formação da literatura brasileira*, Bd. 2, São Paulo ²1964, S. 218–232. – M. Cavalcanti Proença, *J. de A. na literatura brasileira*, Rio 1966. – H. de Alencar, *J. de A.* (in Coutinho, 2, S. 236–256). – A. S. Amora, *A.* (in A. S. A., *O romantismo*, São Paulo ³1970, S. 241–282). – *Conferências comemorativas do centenário da morte de J. de A.*, Hg. A. Coutinho u. a., Rio 1977.

O GUARANY. Romance brasileiro

(portug.; *Der Guarany. Brasilianischer Roman*) von José Martiniano de ALENCAR (Brasilien), erschienen 1857. – Dieser zweite bedeutende Roman der brasilianischen Literatur – nach den *Memórias de um sargento de milícias*, 1852/53 *(Lebenserinnerungen eines Unteroffiziers der Bürgerwehr)* von Manuel Antônio de ALMEIDA – gehört auch heute noch zu ihren populärsten Werken. Der Untertitel deutet auf die Absicht Alencars hin, einen nationalen Roman zu schaffen. Wesentliches Element dabei ist der Indianismus als Idealisierung nicht des *bon sauvage* in der Nachfolge ROUSSEAUS und CHATEAUBRIANDS – denen der Verfasser freilich in vielem verpflichtet ist –, sondern speziell eines Eingeborenen, der zum Zusammenleben mit den weißen Siedlern Brasiliens fähig und bereit ist und so zu einem Bestandteil der späteren brasilianischen Nation werden könnte.

Der Guarani-Indianer, der dem Roman seinen Titel gegeben hat, heißt Peri. Er ist – Anfang des 17.Jh.s – bei einem Angriff auf eine weiße Siedlung vom Anblick eines Madonnenbildes zutiefst ergriffen worden und sieht nun diese »Herrin der Weißen« in Cecília (»Ceci«), der Tochter eines portugiesischen Edelmannes verkörpert, der sich mit seiner Familie und seinen Untergebenen am Rio Paquequer im heutigen Staat Rio de Janeiro niedergelassen hat. Peri kann eines Tages Ceci aus höchster Lebensgefahr retten und darf von nun an sein ganzes Leben in ihren Dienst stellen. Nach und nach wird er als unfehlbarer Retter in der Not zu einer zentralen Figur der Siedlergemeinschaft: Er schützt die Familie vor dem Anschlag eines Verräters, des verkleideten italienischen Mönches Loredano, und setzt am Ende sein Leben ein, um die Siedler vor einem Indianerüberfall zu bewahren. Zwar mißlingt der Versuch, und die Portugiesen suchen angesichts des drohenden Massakers durch die Wilden freiwillig den Tod durch Sprengung ihres Hauses, aber Peri, inzwischen getauft, kann Ceci in einem Kanu in Sicherheit bringen und entkommt am Ende mit ihr auch dem Tod des Ertrinkens in den Hochwasserfluten des Rio Paraíba – ob endgültig, bleibt freilich ungewiß, indem er wie Tamandaré, der Noah der indianischen Sintflut-Sage, mit ihr auf einer dahintreibenden Palme Zuflucht sucht: Symbol des nationalen Zusammenfindens des brasilianischen Eingeborenen und des weißen Einwanderers. Ob die beiden ein neues Geschlecht, das der »Brasilianer« gründen, wird im Roman allerdings dann nicht weiter zur Sprache gebracht und bleibt ungewiß.

Neben der Gestaltung des Indianismus spielen hier die Darstellung der brasilianischen Naturlandschaft und die zum erstenmal in der brasilianischen Literatur beabsichtigte Loslösung von allzu sklavischer Bindung an die europäische portugiesische Literatursprache eine wesentliche Rolle. Trotz der insbesondere von OLÍVIO MONTENEGRO aufgewiesenen zeitbedingten Schwächen erfreut sich die romantische Geschichte von Peri und Ceci auch heute noch bei ernsthaften Kritikern erstaunlicher Wertschätzung und erfährt im Zusammenhang mit Alencars Gesamtwerk bzw. der indianistischen Literatur Brasiliens immer wieder neue Deutungsversuche gerade auch in der deutschen Literaturwissenschaft (Schwaderer, Schwamborn). D.W.

AUSGABEN: Rio 1857. – Rio 1958 (*O Guarani*, Hg. D. Damasceno; krit.). – Rio 1958 (in *Obra completa*, 4 Bde., 1958–1960, 2; Vorw. A. Meyer). – Rio 1971, Hg. G. da Costa Pinto. – São Paulo 1981. – Rio 1983, Hg. M. Cavalcanti Proença [m. Einl. u. Biogr.].

ÜBERSETZUNG: *Der Guarany*, M. Emerich, 2 Bde., Falkenberg 1876.

VERFILMUNG: Brasilien 1916 (Regie: V. Capellaro).

VERTONUNG: A. Carlos Gomes, *Il Guarany* (Text: A. Scalvini; Oper; Urauff.: Mailand, 19. 3. 1870, Scala).

LITERATUR: V. R. Schmidt Vasconcelos, *História e estoria nos romances indianistas de J. de A.* (in Estudos Leopoldenses, São Leopoldo 1971, Nr. 19, S. 451–480). – J. R. G. de Faria, *J. de A.: a polémica em torno da adaptação teatral de »O Guarani«* (in Revista de Letras, 31, Curitiba 1982, S. 59–101). – L. Pollmann, *Romantik als utopischer Weg der Selbstentdeckung – »O Guarani« und »Iracema«* (in L. P., Gesch. des latein-amerik. Romans, Bln. 1982, S. 73–77). – R. Schwaderer, *Ethnologie und Ideologiekritik. Zur Entwicklung des kulturellen Selbstverständnisses in der brasilianischen Literatur von J. de A.s »O Guarani« zu Mário de Andrades »Macunaíma«* (in RZL, 6, 1982, S. 96–117). – R. R. M. Wasserman, *The Red and the White: The Indian Novels of J. de A.* (in PMLA, 98, 1983, H. 5, S. 815–827). – R. Schwaderer, *J. de A.s indianistische Romane »O Guarani« (1857) und »Iracema« (1865)* (in APK, 18, 1985, S. 52–69). – I. Schwamborn, *Die brasilianischen Indianerromane »O Guarani«, »Iracema«, »Ubirajara« von J. de. A.*, Ffm./Bern 1987.

IRACEMA. Lenda do Ceará

(portug.; *Iracema. Legende aus Ceará*). Roman von José Martiniano de ALENCAR (Brasilien), erschienen 1865. – Der zweite indianistische Roman Alencars erlangte seit dem Modernismus (1922) noch größere Popularität als *O Guarany*. Im Gegensatz zu dem früheren Werk, mit dem der Autor einen nationalen Roman schaffen wollte, wurde *Iracema*, der im Untertitel ausgedrückten Absicht Alencars entsprechend, ein literarisches Denkmal seines Heimatstaats in Nordbrasilien, wo die Handlung zu Anfang des 17.Jh.s spielt.

Die Titelheldin des Werks, Iracema (ihr Name ist nach Alencars umstrittener Deutung das indianische Wort für »Honiglippen«, nach Afrânio PEIXOTO ist er ein symbolhaftes Anagramm für »América«), ist die schöne Tochter eines indianischen Medizinmanns. Der Portugiese Martim (M. Soares Moreno, der historische Gründer der ersten beständigen portugiesischen Siedlung in Ceará) begegnet ihr, als er sich auf der Jagd verirrt hat. Ihr Vater nimmt ihn gastfreundlich auf. Schon bald zeigt sich, daß Iracema in Martim verliebt ist, und obwohl ihr als gottgeweihter Jungfrau des Stammes der Tod droht, wenn sie das Keuschheitsgebot verletzt, gibt sie sich dem Weißen hin. Sie flieht mit ihm als seine Frau zu den Küstenindianern, den Potiguaras, dem Stamm von Martims Freund Poti, der mit den Tabajaras, den im Ibiapaba-Gebirge lebenden Indianern, Iracemas Stamm, verfeindet ist. Willig erträgt sie das Leben in der Fremde, solange sie weiß, daß Martim und Poti gegen die weißen Eindringlinge, die Franzosen, kämpfen. Doch bald erkennt sie, daß Martims Gefühle für sie erkalten: Er sehnt sich nach den Siedlungen seiner zivilisierten Landsleute. Diese Feststellung trifft sie tief; sie stirbt an ihrem Kummer, nachdem sie einem Kind, dem ersten Sohn eines Weißen in Ceará, das Leben geschenkt hat. Martim zieht mit dem Kind zunächst zu seinen Landsleuten, kehrt aber vier Jahre später mit diesen zurück und gründet die erste bleibende Siedlung Weißer in Ceará, nämlich die Stadt Fortaleza.

Während in *O Guarany* die endgültige Form der persönlichen Verbindung zwischen Weißen und Indios im ungewissen bleibt, schildert Alencar hier das Zusammenleben einer Indianerin mit einem Weißen und die daraus entstehenden Probleme: Zwar glückt Martim das politische Zusammengehen mit einem befreundeten Indianerstamm, doch die symbolhafte Liebesbegegnung mit Iracema bedingt leidvolle Erfahrungen, die sich im Namen des Sohns, Moacyr (»Schmerzenssohn«), ausdrücken. So ist der Akzent gegenüber *O Guarany* von der äußeren Handlung stärker auf die Darstellung des Seelischen verlagert. Die Sprache des Romans trägt diesem Umstand Rechnung, sie dient weitgehend der Evozierung von Stimmungen und zeigt auf weite Strecken einen ausgesprochen lyrisch-rhythmisierten Duktus. Die portugiesische Wiedergabe der bilderreichen Indianersprache prägt nicht nur – wie schon in *O Guarany* – die Dialoge unter oder mit Indianern, sondern auch die Sprache des Autors selbst.

Bemerkenswert ist der oft übersehene Legendencharakter der Erzählung: Anhand des Weges, den Iracema, Martim und Poti zurücklegen, werden Ortsnamen wie Quixeramobim und Maranguape, Flußnamen wie Pirapora erklärt, der Name Ceará geht auf den Ruf des Papageien zurück, und die Gründung der Stadt Fortaleza wie die des Volkes der Brasilianer ist legendenhaft gedeutet. Trotz der historischen Gestalten Martim Soares Moreno und Poti, Verbündeter der Portugiesen im Kampf gegen die Holländer, handelt es sich hier um einen rein fiktiven Gründungsmythos. Gerade an *Iracema* entzündete sich von Portugal ausgehend die Frage, ob Alencar bewußt auf die Schaffung einer vom europäischen Portugiesisch deutlich getrennten brasilianischen Sprache hingewirkt habe.

D.W.-KLL

AUSGABEN: Rio 1865. – Rio 1948, Hg. G. Chaves de Melo [m. Einl.; krit.]. – Rio 1958 (in *Obra completa*, 4 Bde., 1958–1960, 3). – Rio 1965, Hg. M. Cavalcanti Proença [Einl. B. Broca; krit.; m. Dokumentation; ern. 1982; Faks.]. – São Paulo 1983.

ÜBERSETZUNG: *Iracema. Ein Sang aus den Urwäldern Brasiliens*, Ch. v. Düring, Hbg. 1896.

VERFILMUNGEN: Brasilien 1917 (Regie: V. Capellaro). – Brasilien/BRD 1975 (Regie, Buch: J. Bodanzky u. O. Senna).

LITERATUR: C. Jucá Filho, *Uma obra clássica brasileira, »Iracema« de J. de A. Vocabulário, morfologia, sintaxe e fraseologia*, Rio 1940. – R. Girão, *Ecologia de um poema* (in Clã, 17, Fortaleza 1965, Nr. 21, S. 19–50). – S. Santiago, *Alegoria e palavra em »Iracema«* (in LBR, 2, 1965, Nr. 2, S. 55–68). – J. A. Castelo, *»Iracema« und die Indianerromantik J. de A.s* (in Staden-Jb, 15, 1967, S. 115–126). – V. R. Schmidt Vasconcelos, *História e estoria nos romances indianistas de J. de A.* (in Estudos Leopoldenses, São Leopoldo 1971, Nr. 19, S. 451–480). – L. Tavares Jr., *Opacidade e transparência em »Iracema«* (in Revista de Letras, 1, Ceará 1978, S. 97–110). – L. Pollmann, *Romantik als utopischer Weg der Selbstentdeckung – »O Guarani« und »Iracema«* (in L. P., *Gesch. des lateinamerik. Romans*, Bln. 1982, S. 73–77). – R. R. M. Wasserman, *The Red and the White: The Indian Novels of J. de A.* (in PMLA, 98, 1983, H. 5, S. 815–827). – R. Schwaderer, *J. de A.s indianistische Romane »O Guarani« (1857) und »Iracema« (1865)* (in APK, 18, 1985, S. 52–69). – I. Schwamborn, *Die brasilianischen Indianerromane »O Guarani«, »Iracema«, »Ubirajara« von J. de A.*, Bern/Ffm. 1987.

SENHORA

(portug.; *Eine Dame*). Roman von José Martiniano de ALENCAR (Brasilien), erschienen 1875. – Dieser Roman des Großmeisters der brasilianischen Romantik, dessen Ziel es war, eine nationalbrasilianische, von der portugiesischen unabhängige Literatur zu schaffen, ist *»einer der bestgebauten Romane des Autors«* (Afrânio Peixoto) und gehört zu denen, die auch den heutigen Leser noch zu fesseln vermögen. In mehrfacher Hinsicht ist Alencar der Schöpfer des brasilianischen Romans. Er ist einer der Begründer des *indianismo* (vgl. *O Guarany*, 1857; *Iracema*, 1865) und – durch Romane wie *O gaúcho*, 1870 *(Der Gaucho)*, und *O sertanejo*, 1876 *(Der Mann aus dem Innern)* – des *regionalismo* in der brasilianischen Literatur, und er ist der Begründer des brasilianischen Gesellschaftsromans. Zu dieser letzten Gattung gehört neben *Diva*, 1864 *(Diva)*, *A viuvinha*, 1860 *(Die kleine Witwe)*, und *Sonhos d'ouro*, 1872 *(Goldene Träume)*, auch der Roman *Senhora*.

Im Mittelpunkt des Werks steht die Geschichte der armen Aurélia, die von ihrem Verlobten, Fernando Seixas, verlassen wird, als sich diesem die Aussicht eröffnet, eine reiche Erbin zu heiraten. Als ein typisches Produkt der Gesellschaft seiner Zeit, in der die jungen Leute durch eine reiche Erbschaft oder durch eine reiche Heirat ihr Glück zu machen hofften, erscheint ihm diese Aussicht als die große Möglichkeit seines Lebens, sein soziales Ansehen zu steigern. Aber das Projekt zerschlägt sich, Seixas gerät in ernste finanzielle Schwierigkeiten, aus denen nur das Angebot einer reichen Dame, ihm seine Schulden zu bezahlen, wenn er sie heiratet, ihn retten zu können scheint. Seixas hat, entsprechend der Mentalität seiner Zeit und Gesellschaft, keine Bedenken, auf dieses Angebot einzugehen. Erst als er erkennt, wer die »Dame« ist – nämlich seine frühere Verlobte, die, durch eine Erbschaft reich geworden, sich auf diese Weise rächen will –, beginnt der Konflikt, der, wie meist bei Alencar, zu keinem tragischen Ende führt. Seixas wird sich der Schändlichkeit des Handels, auf den er sich eingelassen hat, bewußt, es gelingt ihm, sich auf eine andere, ehrenhaftere Weise seiner Schulden zu entledigen, so daß sich zum Schluß die beiden Menschen mit Aufrichtigkeit und Klarheit über ihre Gefühle gegenüberstehen.

Wie alle Romane Alencars leidet auch dieser an dem für den heutigen Leser unerträglich fiktiven Charakter seiner Personen und Situationen und an einer ebenso unerträglichen romantischen Übersteigerung und Verzerrung der Gefühle und Konflikte. Der Wert des Werks auch für den heutigen Leser liegt, abgesehen von der hinreißenden Kraft der Sprache, worin Alencar hier wie überall eine unbestreitbare Meisterschaft und Größe besitzt, in dem Bild der Gesellschaft Rio de Janeiros in der zweiten Hälfte des 19.Jh.s. V.M.P.

AUSGABEN: Rio 1875. – Rio 1957 (in *Obras de ficção*, 16 Bde., 15). – Rio 1958 (in *Obra completa*, 4 Bde., 1958–1960, 1). – Rio 1975. – Rio 1979, Hg. H. C. Garbuglio [krit.]. – São Paulo 1980. – Rio 1982, Hg. I. Cavalcanti Proença [m. Einl.].

LITERATUR: O. Baranda, *O ser e o parecer em »Senhora« de J. de A.* (in Cultura, 3, Brasília 1973, Nr. 9, S. 57–63). – M. de Costa Correia, *Sehora, senhora* (in Littera, 4, Rio 1974, Nr. 12, S. 17–23). – R. Schwarz, *A importação do romance e suas contradições em A.* (in R.S., *Ao vencedor as batatas*, São Paulo 1977, Kap. 2).

SIBILLA ALERAMO

d. i. Rina Faccio
* 14.8.1876 Alessandria
† 13.1.1960 Rom

UNA DONNA

(ital.; Ü: *Una donna*). Autobiographischer Roman von Sibilla ALERAMO, erschienen 1906. – Sibilla Aleramos Autobiographie umfaßt die Jahre 1890 bis 1900 und gibt ein historisch detailliertes Bild der Lebensbedingungen, denen Frauen im Süden zur Zeit der Jahrhundertwende ausgesetzt waren. Im Versuch, einen größeren Lebenszusammenhang zu erfassen, orientiert sich Sibilla in ihrer Kindheit an der Leitfigur des Vaters, der zwar an patriarchalischen Strukturen festhält, aber seine Tochter zunächst in ihrer Selbstbestimmung fördert. Als die Familie dann wegen einer Änderung seiner beruflichen Tätigkeit Mailand verläßt und in ein süditalienisches Dorf zieht, muß Sibilla auch ihre Ausbildung und die damit verbundene Hoffnung auf bessere Lebensbedingungen aufgeben. Als Ersatz dafür wird sie Sekretärin des Vaters in der Fabrik, wo sie bald eine Mittlerrolle zwischen ihm, dem strengen Vorgesetzten, und den Arbeitern einnimmt: »*Die Fabrik wurde für mich ebenso wie für ihn ein gewaltiges Wesen, das uns von allen anderen Sorgen und Gedanken fernhielt, ein Wesen, das geradezu Liebe verlangte, Fragment eines schwindelnden Lebens, das uns zu Sklaven machte, während wir glaubten, Herrscher zu sein.*«

Nach dem Selbstmordversuch der Mutter, die danach in einer psychiatrischen Klinik lebt, kann auch Sibilla den Vater nicht mehr vorbehaltlos akzeptieren und wendet sich stärker den Menschen ihrer Umgebung zu. In der Fabrik lernt sie schließlich einen jungen Arbeiter kennen, den sie mit sechzehn Jahren heiratet – wider besseres Wissen und in der Überzeugung, sich an die bestehende gesellschaftliche Ordnung anpassen zu müssen. Der Vater, der ihre Ehe als sozialen Abstieg betrachtet, wendet sich gegen die Wahl seiner Tochter, die er zwar zur Unabhängigkeit erzogen hatte, aber dann auf halbem Weg allein ließ. Sibillas Verhältnis zu ihrem Mann wird bestimmt vom Klassenunterschied, der Überlegenheit, die sie als Angehörige der bürgerlichen Klasse gegenüber dem Arbeiter spürt. Ihre Unzufriedenheit hält sie für die normale Kondition der Frau. Mit zwanzig Jahren Mutter geworden, überträgt sie die eigenen unerfüllten Wünsche auf den Sohn. Erst als sie nach einem belanglosen Abenteuer von ihrem Mann in rasender Eifersucht als Gefangene gehalten wird, erkennt sie, daß auch die Tatsache, der bürgerlichen Schicht anzugehören, ihr nicht zu größerer Freiheit verhilft. Nach einem Selbstmordversuch wird sie sich nicht nur ihrer eigenen Lebensbedingungen als Frau bewußt, sondern erkennt auch die sozialen Unterschiede im Dorf.

Erste Streiks der sich immer stärker organisierenden Arbeiter untergraben nun auch die öffentliche Autorität des Vaters. Sibilla beginnt, Artikel über die sozialen Bedingungen der Region zu veröffentlichen, die starkes Echo finden. In ihrer eigenen Opferbereitschaft und Selbstverleugnung erkennt sie die gequälte Existenz der Mutter wieder, deren Flucht in den Wahnsinn wie eine dunkle Mahnung vor ihr steht. Gleichzeitig erfährt sie durch einen Brief, daß ihre Mutter die eigene Situation zwar erkannt hatte, aber aus Pflichtbewußtsein gegenüber den Kindern zu keiner Auflehnung fähig war. Bei

dem Entschluß, ihren Mann zu verlassen, nimmt sie nun auch den äußersten, gesellschaftlich nicht akzeptierten Schritt in Kauf, sich von ihrem Sohn zu trennen, um die eigene Würde »*und schließlich die Würde aller Menschen zu bewahren*«. Den Schuldigen sucht sie nicht in einer Person, vielmehr spricht sie von ihrem Mann als dem »*traurigen Bruder*«: Die Ursache jeder Unterdrückung liegt in sozialen Zusammenhängen, zu deren Änderung jeder beitragen muß: »*Das Denken des Mannes muß verändert und das Denken der Frau muß geschaffen werden.*«
Sibilla Aleramos Autobiographie behandelt die Frauenfrage als gesellschaftliches Problem und nimmt damit Aspekte vorweg, die erst viel später für die Frauenliteratur kennzeichnend wurden. Trotz einer gewissen Mühseligkeit, die im seltsamen Kontrast zur thematisierten Auflehnung steht, wurde *Una donna* bereits im Erscheinungsjahr 1906 von Publikum und Kritik begeistert aufgenommen. Positive Rezensionen zum Teil von namhaften Schriftstellern (PIRANDELLO) wiesen – ungewöhnlich für die Zeit – auf die gesellschaftliche Relevanz der Frauenfrage hin. »*In ›Una donna‹ fand ich wie in einer modernen soziologischen Untersuchung die Daten der abgrundtiefen Unterlegenheit, in der die Frau in Italien heute noch lebt*« (M.-A. Macciocchi).
Aleramos Erstlingsroman *Una donna*, mit dem sie Weltruhm erlangte, steht jedoch nur am Beginn eines fruchtbaren literarischen Schaffens. So veröffentlichte die Autorin weitere Romane autobiographischen Inhalts und sozialkritisch-marxistischer Tendenz wie *Il passaggio* (1919), *Trasfigurazione* (1922), *Amo dunque sono* (1927) und *Il frustino* (1932), verfaßte autobiographische Prosatexte wie *Andando e stando* (1920), *Il mio primo amore* (1924), *Gioie d'occasione* (1930) und *Orsa minore* (1938) und schrieb sogar ein Theaterstück (*Endimione*), 1923). Aleramo trat darüber hinaus auch als Journalistin hervor, und mit den Gedichtbänden *Momenti* (1920), *Poesie, 1912-1928* (1929), *Si alla terra* (1935), *Selva d'amore* (1947), *Aiutatemi a dire* (1952) und *Luci della mia sera* (1956) sicherte sie sich auch einen Namen als Lyrikerin.   D.De.

AUSGABEN: Turin 1906. – Mailand 1950. – Mailand 1973. – Mailand 1978 [Vorw. F. Cialente]. – Mailand 1982 [Vorw. M. Corti].

ÜBERSETZUNG: *Una donna. Geschichte einer Frau,* M. Wunderle, Ffm. 1977.

LITERATUR: A. Graf, Rez. (in Nuova Antologia, 4, 1906). – U. Ojetti, Rez. (in Corriere della Sera, 14. 12. 1906). – L. Pirandello, Rez. (in Gazzetta del Popolo, 26. 4. 1907). – F. Guerricchio, *Storia di Sibilla*, Pisa 1974. – M. Federzoni u. a., *S. A.*, Florenz 1980. – M. Viano, *Ecco Foemina* (in Annali d'Italianistica, 4, 1986, S. 223-241). – *S. A.*, Hg. F. Contorbia u. a., Mailand 1986.

MEISTER ALEXANDER

Der Wilde Alexander
2. Hälfte 13. Jh.

LITERATUR ZUM AUTOR:
R. Haller, *Der Wilde A.. Beiträge zur Dichtungsgeschichte des 13. Jh.s*, Würzburg 1935. – J. Biehl, *Der wilde A.. Untersuchungen zur literarischen Technik eines Autors im 13. Jh.*, Hbg. 1970 [zugl. Diss. Hbg. 1968]. – I. Glier, *Meister A. (Der Wilde A.)* (in VL², 1, Sp. 213–218).

LEICH, LIEDER, SPRÜCHE (mhd.) von Meister ALEXANDER

»Der wilde Alexander« oder »Meister Alexander« nennen die Handschriften einen der Sprache der von ihm überlieferten Gedichte nach oberdeutschen, vielleicht alemannischen Lied- und Spruchdichter. Schon der Name, der ein unstetes, fremdartiges Durchwandern der Welt bezeichnet und offenbar auf Alexander den Großen anspielt, deutet auf eine zumindest vorübergehende Fahrendenexistenz hin. Dem Meistertitel zufolge, den der Autor in der *Jenaer Liederhandschrift* führt, war er kein Adeliger. Sein Werk wird aufgrund zeitgeschichtlicher Anspielungen gewöhnlich in das letzte Viertel des 13. Jh.s datiert; neuerdings geht man auch bis in die Mitte des 13. Jh.s zurück. Überliefert sind die Gedichte Meister Alexanders in der *Heidelberger (Manessischen) Liederhandschrift* (C), in der *Jenaer Liederhandschrift* (J), in der *Wiener Leichhandschrift* (W) und in der *Niederrheinischen Liederhandschrift* (n). Keiner der Kodizes enthält das gesamte Œuvre, am vollständigsten ist die Sammlung in J. Insgesamt gehören zu dem unter Alexanders Namen überlieferten Textbestand ein Leich, fünf Lieder und 24 Spruchstrophen – eine lyrisch-didaktische Gattungszusammensetzung also, die deutlicher als ihre je einzelnen, oft anspruchsvollen Teile traditionsbestimmt ist.

Der *Minneleich* des Wilden Alexander, in W und J mit Melodie überliefert, ist metrisch-musikalisch nicht kompliziert gebaut; wie in den Leichdichtungen REINMARS VON ZWETER oder HERMANN DAMENS ist die Melodie hier »*Derivat eintönigen Erzählgesangs*« (Bertau). Der Leich setzt als Minneklage ein (»*Mîn trûreclîchez klagen...*«), nimmt aber alsbald über die traditionellen Gegensatzpaare *leben – tôt, vröude – trûren, sueze – sur, liebe – leit* und mittels der überleitenden Anreden an Minne und Publikum die Wendung zur Lehrhaftigkeit. Im Mittel- und Schlußteil wird das Bildnis Cupidos – Schildwappen der Minne – vorgestellt, die einzelnen Attribute der Cupidogestalt (Blindheit, Nacktheit, Krone, Flügel, Pfeil, Fackel) werden in neuer Reihenfolge minnedidaktisch ausgelegt, wobei zum Schluß ein Trojaexemplum die einleitende Klage aufgreift und verallgemeinernd zum Akzeptieren von Minneleid mahnt. Das solcherart belehrte Publikum nimmt am Dialog von allegorisierter Minneinstanz (hier geht der Wilde Alexander für den Leich neue Wege) und Dichter nicht teil, es ist vielmehr auf dessen Mittlerdienste angewiesen.

Die Mittelstellung im überschaubaren Werkzusammenhang des Meisters Alexander nehmen seine *Lieder* ein. Thematisch und seinen Inszenierungsformen dem Leich am nächsten steht unter diesen das Minnelied *Ach owê, daz nâch liebe ergât / ein leit*. In einem Gespräch zwischen Frau Minne und dem auch hier vermittelnden Sänger artikuliert das Gedicht Klage um die Geliebte, bricht aber zugleich geltende Konventionen auf, insofern die Unerreichbarkeit der Dame nicht Metapher ihres gesellschaftlichen Entrücktseins ist, sondern ganz wörtlich genommen räumliche Trennung bezeichnet. Das Bildmaterial des Minnelieds *Der meie ist komen gar wuneclîch* ist dagegen in allen Einzelheiten den längst eingeübten Topoi des Frauenpreises verpflichtet. In neue Gebiete der mittelalterlichen deutschsprachigen Lieddichtung führt Alexander durch die Einbeziehung geistlicher Themen und Motive: so mit seinem *Weihnachtslied*, das Gottes Menschwerdung, seine Verheißung, der Christenheit *altez leit* als ihr machtvoller Streiter zu vertreiben, sowie die Jungfräulichkeit Mariae rühmt und das »*als religiöse Hymne in deutscher Sprache ein Werk fast ohne Gegenstück ist*« (Haller). Vor allem aber gelingt solche Neuerung in der apokalyptischen Endzeitstimmung der Strophe *Sîôn, trûre*, die sich mit ihrer expressiv rhythmischen Klanggestalt zwischen allgemeiner Warnung vor dem Antichrist und konkret politischem Aufruf bewegt. Auch das sog. *Kindheitslied* des Wilden Alexander entwickelt mit dem ins Bild der Schlange gefaßten Einbruch tödlicher Gefahr in ein Kindheitsidyll des Blumenpflückens, Tanzens und Erdbeersuchens eine eindringliche Mahnung zur geistigen Umkehr. Seinem allegorischen Sinn nach beschreibt das Lied »*den inneren Verlauf des menschlichen Lebens in seiner irdischen Zeitlichkeit, von der Unschuld der Kindheitstage über die genießerische Hingabe an die Welt, den drohenden Zustand sündiger Verfallenheit an sie bis zu jener Grenze, an der die Entscheidung für diese oder jene Welt unabänderlich wird*« (Worstbrock). Das von der *Spruchdichtung* des Autors abgedeckte Themenfeld überschneidet sich mit dem der Lieddichtung. Auch hier ist in der bildhaft klärenden oder wortspielerisch verwischten Kritik an der *huote* und ihren isolationistischen Wirkungen eine Minnediskussion fortgeführt. Die dem Spruch traditionell eigene apokalyptische Mahnung oder Klage wird in Alexanders *Antichristgedicht* artikuliert, in dem der Dichter in komplexem Bildaufbau die Weltverfallenheit der beiden Töchter des *rîchen küniges*, von *stôle* (Geistlichen) und *swert* (Laien), und eben darin die drohende Ankunft des Antichrist zeigt. Andere Strophen warnen vor den Verlockungen von Frau Welt, Bilder des Unwetters, der Seenot, des Streits zwischen Babylon und Zion mahnen zum Kampf wider die Sünde. Der Zustand der Christenheit wird so in seiner Endzeitlichkeit bewußt, während aktuelle Bezüge dieser Sprüche zwar naheliegen (Kreuzzug, Eroberung Jerusalems), hier aber unbestimmt bleiben. Zuweilen artikuliert Meister Alexander satirische Kritik an intriganten höfischen Verhaltensformen; seine eigene Rolle als fahrender Sänger literarisiert der Dichter im Schutz der Selbstverspottung und dort, wo er poetologische Reflexion, welche Kunst als originär aristokratische Aufgabe definiert, die unglücklicherweise der *armen diet* anheimgefallen sei, in die Anmahnung fürstlicher *milte* münden läßt.

Ein Schwerpunkt im Werk des Wilden Alexander ist neben der Bedeutung, welche hier der Minneklage zukommt, kaum zu übersehen: das Endzeit- und Antichristthema. In Spruch und Lied gleichermaßen gegenwärtig, ist mit ihm in der volkssprachigen Lieddichtung des 13. Jh.s Neues gewonnen. Deren Möglichkeiten erweiterte der Fahrende zugleich auch in der Nachformung lateinischer Hymnik. Daß darin ebenso wie in seinen Ausprägungen allegorischen Sprechens und der rhythmisch-klanglichen Ausdrucksmächtigkeit seiner Mahnungen zur *conversio* eigenständige Konturen dieses literarischen Werks sich abzeichnen, das entspricht der Beobachtung, daß diese Dichtung nicht von einer festumrissenen literarischen Tradition her schlüssig erklärbar ist nach auf eine solche merklich eingewirkt hat. Gleichwohl oder gerade darum aber zählt dieser Einzelgänger unter den zeitgenössischen Autoren »*zu den profiliertesten Übergangsfiguren zwischen höfischer und meisterlicher Kunst*« (Glier). P.St.

AUSGABEN: Lpzg./Bln. 1838 (in *Minnesinger*, Hg. F. H. von der Hagen, Bd. 2, S. 364–367, Bd. 3, S. 26–31; Nachdr. Aalen 1963). – Lpzg. 1901 (in *Die Jenaer Liederhandschrift*, Hg. G. Holz u. a., Bd. 1, S. 41–51; Nachdr. Hildesheim 1966). – Wien 1913 (in *Gesänge von Frauenlob, Reinmar v. Zweter und Alexander*, Hg. H. Rietsch; Nachdr. Graz 1960). – Würzburg 1935 (in R. Haller, *Der Wilde Alexander*, S. 103–127). – Tübingen ²1978 (in *Deutsche Liederdichter des 13. Jh.s*, Hg. C. von Kraus, Bd. 1, S. 1–19; Komm. Bd. 2, S. 1–17).

LITERATUR: G. Hase, *Der Minneleich Meister A.s und seine Stellung in der m.a. Musik*, Halle 1921. – H. de Boor, *Das Antichristgedicht des Wilden A.* (in Beitr., 82, Tübingen 1960, S. 347–351). – K. H. Bertau, *Sangverslyrik. Über Gestalt und Geschichtlichkeit mhd. Lyrik am Beispiel des Leichs*, Göttingen 1964, S. 181–184 u. ö. – J. Schulze, *Zu den Strophen »Sion, trure« und »Owe, Minne« des Wilden A.* (in ZfdPh, 83, 1964, S. 340–345). – Ders., *Das Lied »Ach Owé daz nâch liebe ergât« des Wilden A. und seine Bearbeitungen* (ebd., 84, 1965, S. 361–368). – H. Kuhn, *Minnesangs Wende*, Tübingen ²1967, S. 134 ff. – I. Glier, *Der Minneleich im späten 13. Jh.* (in *Werk – Typ – Situation. Fs. H. Kuhn*, Stg. 1969, S. 161–183). – T. Cramer, *Das Zion-Lied des Wilden A.* (in Euph, 65, 1971,

S. 187–193). – M. S. Schindler, *Structure and Allegory in Der Wilde A.'s »Hie vor dó wir kinder wáren«* (in GQ, 46, 1973, S. 1–11). – P. Kern, *Das »Kindheitslied« des wilden A.* (in ZfdPh, 98, 1979, Sonderh., S. 77–91). – F. J. Worstbrock, *Das »Kindheitslied« des Wilden A.* (in *Medium aevum deutsch. Fs. K. Ruh*, Hg. D. Huschenbett u. a., Tübingen 1979, S. 447–465). – W. C. McDonald, *A Pauline Reading of Der Wilde A.'s »Kindheitslied«* (in MDU, 76, 1984, S. 156–175).

ALEXANDER NECKAM

Alexander Nequam (»Nichtsnutz«)
* 1157 St. Albans
† 1217 Kempsey

DE NATURIS RERUM

(mlat.; *Über die Natur der Dinge*). Naturwissenschaftliches Kompendium von ALEXANDER NECKAM. – Unter dem Namen Alexanders sind, zum Teil fälschlich, viele Schriften überliefert: darunter finden sich z. B. Fabeln AESOPS und AVIANS, theologische Manuskripte (noch nicht ediert) und ein Verzeichnis lateinischer Termini für Werkzeuge, Kleidungsstücke, Berufe usw. *(De nominibus utensilium)*. Seine Prosaschrift *Über die Natur der Dinge*, zu der 1211 ein Parallelwerk in Distichen hinzukam *(Laus sapientiae divinae – Lob der göttlichen Weisheit)*, verbindet Kosmologie mit Naturbeschreibung und Anthropologie. An die Schöpfungsgeschichte schließt sich eine Erörterung der Engel, der Sterne und der Planeten an. Von dort geht der Autor zur Luft und ihren Bewohnern über, sodann zum Wasser und seinen Tieren, endlich zur Erde samt ihren Mineralien und Organismen. Zuletzt wird der Bereich des Menschen – in natürlicher, allegorischer und moralischer Sicht – behandelt; mit Wissenschaft und Gesellschaft (Universitäten, Lehrbetrieb; Rittertum, höfisches Leben) klingt das Buch aus.
Eines der auffälligsten Merkmale des Werks besteht darin, daß Alexander jede Gelegenheit nutzt, antike Autoren, wie OVID, MARTIAL oder CASSIODOR, anzuführen (doch zitiert er als Ergänzung zu den Alten auch Zeitgenössisches). Bemerkenswert erscheint ferner, wie er *»die hinter dem eingehend behandelten Tierreich vorgebrachten menschlichen Dinge ironisiert«* (Gröber). Den Tenor des Ganzen charakterisiert GRÖBER sehr richtig als eine Verbindung von »*mystischer Auffassung mit Moralisation«*. KLL

AUSGABE: Ldn. 1863 (*De naturis rerum. De laudibus divinae sapientiae*, Hg. T. Wright; m. Einl.; Neudr. Ldn. 1967).

LITERATUR: Gröber G, 2, 1. – M. Esposito (in English Hist. Review, 30, 1915, S. 450–471; Werkverz. m. Pseudo-N.). – C. H. Haskins, *Studies in the History of Mediaeval Science*, Cambridge 1924, S. 356–376. – E. Heron-Allen, *Barnacles in Nature and in Myth*, Oxford 1928. – J. C. Russel, *A. N. in England* (in English Hist. Review, 47, 1932, S. 260–268; Erg. zum Werkverz.). – Manitius, 3, S. 784–794. – R. W. Hunt, *English Learning in the Late Twelfth Century* (in Transactions of the Royal Hist. Society, Ldn., Serie IV, 19, 1936, S. 19–41). – E. O. v. Lippmann, *Die vier Elemente bei A. N.* (in Chemische Ztg., 58, 1934, S. 709–716). – R. Loewe u. R. W. Hunt, *A. N.'s Knowledge of Hebrew* (in Mediaeval and Renaissance Studies, 4, 1958, S. 17–34). – *Lexikon der Geschichte der Naturwissenschaften*, Hg. J. Mayerhöfer, Wien 1959 ff., Bd. 1, S. 180 f. [m. Bibliogr.]. – R. Düchting, Art. *A. N.* (in LM, 1, Sp. 378 f.). – R. W. Hunt, *The Schools and the Cloister. The Life and Writings of A. N.*, Oxford 1984 [Hg. u. rev. M. Gibson; teilw. zugl. Diss. Oxford 1936].

ALEXANDER VON ROES

13. Jh.

NOTITIA SAECULI

(mlat.; *Weltkunde*). Streitschrift von ALEXANDER VON ROES, entstanden 1288; lange Zeit ging die Schrift unter dem Namen des JORDANUS VON OSNABRÜCK, doch ist die Zuteilung an Alexander heute gesichert. – Als der aus Köln stammende Kleriker Alexander im Gefolge des ghibellinisch gesinnten Kardinals Jacobus Colonna an der päpstlichen Kurie lebte, wurde er Zeuge der antideutschen Intentionen und Machtansprüche der Franzosen und ihres großen Einflusses an der Kurie. Gegen diese Tendenzen verfaßte er zunächst 1281 das *Memoriale de praerogativa imperii Romani* (Denkschrift über den Vorrang des römischen Reiches), dessen Grundgedanken er, als nach dem Tod des französischen Papstes Martin IV. die Wahl des neuen Papstes im Gange war, in dieser Schrift wiederholte und weiter vertiefte. In einer Zeit politischer Wirren in Deutschland, die zur Auflösung des Reiches führten, hält Alexander beharrlich an der Reichsidee fest und versucht, das Schwinden des deutschen Ansehens in Italien aufzuhalten und sich gegen den Einbruch einer französisch geprägten Epoche zu wehren.
Nach der Widmung an einen Adligen – vermutlich eben Jacobus Colonna – skizziert der Autor zunächst die fünf Weltalter von der Schöpfung bis zur Ewigkeit und die drei Erdteile, Europa, Asien, Afrika. Erst dann kommt er zu seinem eigentlichen Thema: dem Zustand Europas im gegenwärtigen,

vierten Weltalter, dem Weltalter der Gnade, von dessen vier Abschnitten es ihm insbesondere auf die beiden noch in der Zukunft liegenden ankommt. Er beklagt den Niedergang des Reiches aufgrund des Interregnums und setzt seine ganze Hoffnung auf einen neuen Aufstieg in der Person Rudolfs von Habsburg. Einer kurzen Beschreibung Europas und einer Darstellung der Geschichte der Franken folgt eine Charakterisierung der drei großen Völker: Die Deutschen gelten Alexander als Adelsvolk, die Italiener als Bürger und Städter, die Franzosen als Kleriker und Gebildete; entsprechend ihrer Eigenart habe jede Nation ihre bestimmte Aufgabe in der gottgewollten, natürlichen Ordnung: Italien das *sacerdotium*, Deutschland das *imperium* und Frankreich das *studium*. Mit der eindringlichen Warnung, das Bestehende zu erhalten, kommt er auf die Bedrängnis, die die Franzosen, zumal den – als französisch gedachten – Weltklerus, treffen wird, sowie auf die große Verfolgung beim Kommen des Antichrist zu sprechen. Das dabei zugrundeliegende eschatologische Schema mit den Angaben, wann dies alles eintreffen wird, entnahm der Autor der wahrscheinlich von einem Bamberger Geistlichen 1204/05 verfaßten Schrift *De semine scripturarum (Vom Schriftsamen)*. M.Ze.

AUSGABEN: Wien 1851, Hg. Th. G. v. Karajan. – Weimar 1949, Hg. H. Grundmann u. H. Heimpel [m. Übers.].

LITERATUR: F. Kampers, *Zur »Notitia« des A. de R.*, Mchn. 1903. – H. Heimpel, *A. v. R. u. das deutsche Selbstbewußtsein im 13.Jh.* (in AfKg, 26, 1936, S. 19–60). – H. Grundmann, *Über die Schriften des A. v. R.* (in DA, 8, 1951, S. 154–237). – J. Leuschner, *Zur Idee der deutschen Geschichte im späten MA*, Diss. Göttingen 1951. – M. Hamm, Art. *A. v. R.* (in VL², 1, Sp. 222–226). – H. Thomas, Art. *A. v. R.* (in LM, 1, Sp. 379).

ALEXANDER VON VILLEDIEU

* 1160/70 Villedieu / Normandie
† 1240/50 Avranches / Manche

DOCTRINALE

(mlat.; *Lehrbuch*). Versifizierte Grammatik von ALEXANDER VON VILLEDIEU, vollendet etwa 1200. – Der Autor hat mehrere Lehrgedichte verfaßt, z. B. über das Kirchenjahr und seine Ordnung (*Ecclesiale*, als Gegenstück zu OVIDS *Fasti*), über Kalenderrechnung und Mathematik. Die Legende erzählt, daß Alexander schon zu seiner Studienzeit gern den Lehrstoff in Verse umsetzte; als ihn der Bischof von Dol zum Lehrer seiner Neffen bestellte, brachte er die Unterrichtsregeln in Doppelverse. Daraufhin soll der Bischof ihn um eine metrische Grammatik gebeten haben; aus diesem Auftrag resultierte das *Doctrinale*, das von da an bis zur Epoche der Humanisten als hochgeschätztes Lehrbuch – Alexander wurde sogar unter die Schulautoren aufgenommen – benutzt wurde.

Die Grammatik galt als erste der sieben *artes liberales*, der »freien Künste« sie bildete mit Rhetorik und Dialektik das *trivium*, während Arithmetik, Geometrie, Musik und Astronomie die vier Disziplinen des *quadrivium* darstellten. Die ungleiche Wertung der sieben *artes* zeigt sich schon in der Enzyklopädie des ISIDOR VON SEVILLA (um 570–636), die der Grammatik, die ja Grundlage für alles andere war, ein ganzes Buch widmet. Der Schüler sollte dazu gebracht werden, die Sprache Roms nicht nur zu lesen, sondern auch im mündlichen und schriftlichen Gebrauch zu meistern. Der grammatische Unterricht mußte also viel eindringlicher sein als auf einem deutschen Gymnasium des 19. Jh.s. Der frühmittelalterliche Lateinschüler war im Elementarunterricht auf die *Ars minor (Kleineres Lehrbuch)* des DONATUS (Mitte 4.Jh.) angewiesen; auf der nächsten Stufe ging er zu dessen *Ars maior* und zu PRISCIANS (ca. 480–540) *Institutio (de arte) grammatica* über. »Erst um 1200«, bemerkt CURTIUS, »wurden neue Grammatiken geschaffen, um den Stoff logisch und spekulativ zu systematisieren.« Alexander versuchte diese Systematisierung durch die drei Hauptteile seines Werks: Etymologie (mit Deklination, Komparation, Verbformen etc.); Syntax; Prosodie (Akzent und Figuren). Daß wichtige grammatische Themen – etwa Adverbien, Präpositionen, Tempora und Modi – fehlen, hatte pädagogische Gründe; als Elementargebiet wurden sie weiterhin Donat überlassen: Alexander schrieb nur für die »fortgeschrittenen« Studenten. – Die Forschung hat weitgehende Anlehnung des *Doctrinale* an Priscian festgestellt, doch erkennt man ihm in der Syntax durchaus Originalität zu. J.Sch.

AUSGABEN: Venedig ca. 1470. – Köln 1491 [Nachdr. Ffm. o. J.]. – Bln. 1893, Hg. D. Reichling [m. Einl. u. Bibliogr.].

LITERATUR: C. J. Neudecker, *Das »Doctrinale« des V. und der lateinische Unterricht während des späten Mittelalters in Deutschland*, Diss. Lpzg. 1885. – F. Paulsen, *Geschichte des gelehrten Unterrichts*, Bd. 1, Lpzg. 1919, S. 47–50. – Manitius, 3, S. 758 f. – O. Clemen, *Eine unbekannte Satire auf das »Doctrinale« des A. de V.-D.* (in Zs. f. Gesch. d. Erziehung u. d. Unterrichts, 22, 1932). – S. A. Hurlbut, *A Forerunner of A. de V.* (in Speculum, 8, 1933, S. 258–263). – E. R. Curtius, *Europäische Literatur und lateinisches Mittelalter*, Bern/Mchn. 1948, S. 53; 60 f. – R. H. Robins, *Ancient and Mediaeval Grammatical Theory in Europe*, Ldn. 1951. – F. Raby, *A History of Secular Latin Poetry in the Middle Ages*, 2 Bde., Oxford ²1957. – C. S. Baldwin, *Medieval Rhetoric and Poetic*, Gloucester/Mass. 1959. – J. Dolch, *Lehrplan des Abendlandes*, Ratingen 1959.

Alexandre de Bernay

12. Jh.

ATHIS ET PROPHILIAS

(afrz.; *Athis und Prophilias*). Roman in Versen von ALEXANDRE DE BERNAY. – Alexandre will die Geschichte zweier mächtiger Städte, Rom und Athen, erzählen, von denen er Rom die bedeutendere nennt. 1. Teil (V. 17–2516): Der Autor berichtet von der Gründung Roms und hält sich dabei an den herkömmlichen Sagenstoff. Er vergleicht Rom und Athen miteinander: Rom ist an Kriegstüchtigkeit unerreichbar, Athen dagegen ist der Sammelpunkt der Gelehrsamkeit. Reiche Römer schicken ihre Söhne nach Athen, damit sie sich den Wissenschaften widmen, die vornehmen Athener lassen ihre Söhne in Rom in der Kriegskunst ausbilden. Der adlige Römer Prophilias begegnet Athis in Athen, und ein inniger Freundschaftsbund bestimmt von nun an ihre gemeinsame Studienzeit. Athis heiratet die schöne Cardiones und rettet dem aus heimlicher Liebe zu der gleichen Frau todkrank gewordenen Freund das Leben, indem er ihm in der Hochzeitsnacht seinen Platz im Ehebett einräumt. In völliger Selbstverleugnung erklärt er sich schließlich dazu bereit, ihm Cardiones ganz zu überlassen und nach Rom mitzugeben. Athis selbst hat dieser höchste Freundschaftsbeweis Armut und Verachtung eingebracht. Nach allerlei unglücklichen Umständen gelingt es ihm, in Rom im Haus des Prophilias aufgenommen zu werden, der ihm die Hälfte seiner Ländereien schenkt. – 2. Teil (2517–8990): Bei einem Fest gesteht Athis seine Liebe zu Gaite, der Schwester des Prophilias, die ihm ihrerseits auch gewogen ist. Prophilias führt beide zusammen, obwohl König Bilas, dem Gaite bereits versprochen war, Einspruch erhebt. – 3. Teil (8991–20 732): Der Schauplatz ist nach Athen verlegt. Nach langen Kriegswirren stirbt Cardiones vor Kummer über die Nachricht vom Tode des Prophilias, die sich jedoch als falsch erweist. Schließlich erhält Prophilias die Griechin Alemandine, König Bilas die Schwester des Athis zur Frau. – Im Unterschied zu der hier wiedergegebenen ausführlichen Fassung des Romans, die in sieben Handschriften überliefert ist, enthält die Handschrift von Tours eine kürzere Darstellung (6076 Verse), die im ersten Teil mit den übrigen Handschriften übereinstimmt, im zweiten aber wesentlich und im dritten völlig abweicht. Der Roman von *Athis und Prophilias* gehört zu der Reihe der sogenannten griechisch-byzantinischen Romane, d. h. zu den Werken, die sich über eine lateinische Vermittlung an die hellenistische bzw. neohellenistische Tradition anlehnen. Während die beiden ersten Teile noch in einem inneren Zusammenhang miteinander stehen, sinkt der dritte Teil zu einem Abenteuerroman mit ruhmvollen Kämpfen um die Gunst schöner Frauen ab. Der Autor nennt sein Werk *Estoire d'Athenes*, was er durch die Erwähnung antiker Namen – Theseus, Pirithous, Palamedes, Resus, Thoas u. a. – noch unterstreicht. Die beiden Städte im Mittelpunkt des Romans charakterisiert der Verfasser auf folgende Weise: »*Athene est pleinne de clergie / et Rome de chevalerie*« (191/192). (»*Athen ist reich an Gelehrsamkeit und Rom an Kriegstüchtigkeit.*«) Später jedoch wird die Machtgier Roms zur Unterwerfung Athens führen: »*Del savoir qui ert en Athene / fu puis Rome garnie et plene*« (185/186). (»*Von dem Wissen, das Athen erfüllte, war nun Rom geziert und angefüllt.*«) Mit dieser vom Dichter vorgetragenen Translationstheorie sind die Begriffe *chevalerie* und *clergie* nahezu vertauschbar geworden. Die Ausweisung des Remus nach Gallien soll schließlich andeuten, daß er auch das Wissen indirekt dorthin überführt.

I.B.

AUSGABEN: Stäfa/Zürich 1881, Hg. A. Weber [unvollst.]. – Dresden/Halle 1912–1916, Hg. A. Hilka.

ÜBERSETZUNG: *Athis u. Prophilias*, Bln. 1846, Hg. W. Grimm [bearb.].

LITERATUR: L. F. W. Stael v. Holstein, *Le roman d'»Athis et Prophilias«*, Stockholm 1909. – A. V. Brovarone, *Un nuovo frammento del »Romanz d'Athis et Prophilias«* (in Atti della Academia delle Scienze di Torino II, 111, 1977, S. 333–336). – H. Legros, *L'amitié dans »Athis et Prophilias«*, Diss. Caen 1977. – G. Raynaud de Lage, »*Athis et Prophilias*« (in *Le Roman jusqu'à la fin du XIIIe siècle*; GRLMA, IV, 1, Hg. J. Frappier u. R. R. Grimm, Heidelberg 1978, S. 278–280).

Grigore Alexandrescu

* 22.2.1810 Tîrgovişte
† 25.11.1885 Bukarest

LITERATUR ZUM AUTOR:
E. Lovinescu, *G. A. Viaţa şi opera lui*. Bukarest 1910. – S. Iosifescu, *G. A.* Bukarest 1960. – G. Călinescu, *G. M. A.* Bukarest 1962. – R. Gioglovan, *Contribuţii la biografia lui G. A. şi a familiei sale* (in Limbă şi literatură, 19, 1968, S. 207–219). – M. Anghelescu, *Introducere în opera lui G. A.*, Bukarest 1973.

LUPUL MORALIST

(rum.; *Der Wolf als Moralist*). Fabel von Grigore ALEXANDRESCU, erschienen 1842. – In Alexandrescus dichterischem Schaffen kommt den Fabeln eine besondere Bedeutung zu, da diese Gattung als eine Synthese der klassischen Prinzipien des *prodesse et delectare* sowohl seinem künstlerischen Anliegen als auch seinem politischen Engagement entsprechen mußte. Die Anekdotik seiner Fabeln entlehnt der Dichter häufig französischen Vorbildern wie LA FONTAINE, VOLTAIRE, FLORIAN, LA MOTTE-HOUDAR und LACHAMBEAUDIE, aber auch dem Russen KRYLOV und dem rumänischen Fabeldichter A. DONICI. Erst durch die Aktualisierung der übernommenen Stoffe und die Bezugnahme auf die konkrete politische Situation in Rumänien gelangt der Autor zu originellen Schöpfungen. Seine getarnten satirischen Angriffe richten sich vor allem gegen die Mißstände in Regierungs- und Verwaltungskreisen, gegen die politische Demagogie, den Arrivismus, die Korruption der Presse und des Parteienwesens, aber auch gegen allgemein menschliche Schwächen oder persönliche Gegner, wie z. B. I. HELIADE-RĂDULESCU.

Der Wolf als Moralist ist ein Musterbeispiel der schöpferischen Umformung eines gegebenen Fabelstoffes. Den Ausgangspunkt bildet die Fabel Voltaires *Le loup moraliste*, deren Spitze gegen den heuchlerischen Klerus gerichtet ist, der das Gebot der Mäßigkeit zwar predigt, aber selbst nicht befolgt. In Voltaires Fabel hält der Wolf sein Junges dazu an, Sanftmut zu üben und die Schafe zu schonen. Der junge Wolf bemerkt aber bald, daß die väterliche Praxis mit der Theorie nicht übereinstimmt, und er beschließt, dem Vorbild, nicht dem Rat des Vaters zu folgen. Alexandrescu paßt diesen Stoff rumänischen Verhältnissen an, dem politischen Klima der Jahre vor 1848. Der Wolf, im Tierreich zu Herrscherwürden gelangt, erfährt von den Mißbräuchen, die sich seine Würdenträger und Richter zuschulden kommen lassen. Um diesen Zuständen abzuhelfen, beruft er seine Statthalter ein und macht ihnen Vorhaltungen wegen ihrer Gier und ihrer Grausamkeit. Mit frommen Ermahnungen und dem Hinweis auf das Jüngste Gericht hofft der gekrönte Wolf, die Übeltäter zu Sanftmut und Uneigennutz zu bekehren. Der beispielhaft fromme Moralist trägt aber selbst einen Schafspelz, der sein wahres Wesen verrät. Die Moral der Fabel wird pointiert in einem Distichon zusammengefaßt: »*Wenn der Herrscher einen Schafspelz trägt, / könnt ihr sicher sein, daß seine Statthalter euch das Fell über die Ohren ziehen.*«

Nach französischem Vorbild ist die Fabel in freien Rhythmen abgefaßt. In dieser flexiblen Form gestaltet Alexandrescu geschickt die Übergänge von einem kolloquial-unverbindlichen Erzählton zum salbungsvollen Tenor der Moralpredigt und der heuchlerischen Unterwürfigkeit der Untergebenen. Der Dichter erweist sich als ein Meister der anspielungsreichen Satire, des ironischen *understatement* und des humoristischen Details, vor allem durch den Gebrauch von Wendungen und Floskeln des Hof- und Kanzleistils, die für die Epoche typisch sind. Durch den Wechsel von erzählenden, kommentierenden und dialogisierten Partien gewinnt die Darstellung an Lebendigkeit und Un-

mittelbarkeit. Mit Recht wird Alexandrescu als »Klassiker« unter den rumänischen Fabeldichtern bezeichnet. A.Ga.

AUSGABEN: Jassy 1842. – Bukarest 1863 (in *Meditaţii, elegii, epistole, satire şi fabule*). – Bukarest 1957 (in *Opere*, Hg. I. Fischer). – Bukarest 1967 (in *Fabule şi alte scrieri*). – Bukarest 1976 (in *Satire şi fabule*). – Bukarest 1977 (in *Poezii. Proză*).

ÜBERSETZUNG: In *Fabeln*, L. Berg, Bukarest 1957.

LITERATUR: G. Bogdan-Duică, *Istoria literaturii române moderne*, Cluj 1923. – Ch. Drouhet, *G. A. şi Voltaire* (in *Omagiu lui J. Bianu*, Bukarest 1927, S. 175–192). – P. Eliade, *G. A. et ses maîtres français* (in RDM, 74, 1904, 24, S. 871–909). – E. Luca, *G. A., poetic satriric* (in *Literatura noastră clasică*, Bd. 1, Bukarest 1953, S. 166–197). – C. Tabarcea, *Model şi originalitate în fabulele a lui G. A.* (in Analele Universităţii Bucureşti. Limbă şi literatură română, 22, 1973). – G. Loghin, *G. A., fabulist: Influenţă şi originalitate* (in Revista de istorie şi teorie literară, 27, 1978, S. 372–386). – L. Valmarin, *Le favole di G. A. fra tradizione classica e attualità storica* (in Synthesis, 6, 1979, S. 71–83). – M. Freiberg, *Pe marginea »Îndreptării« lui Heliade la »Vulpea, calul şi lupul« de G. A.* (in Limbă şi literatură, 1980, S. 176–184).

SUVENIRE ŞI IMPRESII

(rum.; *Erinnerungen und Impressionen*). Gedichtzyklus von Grigore ALEXANDRESCU, erschienen 1847. – Nicht nur der Titel des Zyklus, sondern auch zahlreiche thematische und formale Reminiszenzen lassen den Einfluß von LAMARTINES *Souvenirs et impressions* (1845) erkennen. Unter dem Sammelbegriff »Suvenire« hat Alexandrescu seine von der präromantischen und romantischen Nacht- und Ruinendichtung beeinflußte Lyrik zusammengefaßt. Die elegische Rückschau auf eine betont nationale Vergangenheit erscheint bei Alexandrescu und bei der Mehrzahl seiner Zeitgenossen – z. B. Vasile CÎRLOVA (1809–1831), Ion HELIADE-RĂDULESCU (1802–1872) – in Verbindung mit Optimismus und Fortschrittsglauben.

Die drei bedeutendsten, der Gattung der Ruinendichtung innerhalb dieses Zyklus zuzuordnenden Werke sind: *Umbra lui Mircea la Cozia* (*Der Geist Mirceas in Cozia*), *Răsăritul lunii la Tismana* (*Der Aufgang des Mondes in Tismana*) und *Mormintele de la Drăgăşani* (*Die Gräber von Drăgăşani*). Diese drei Gedichte entstanden während einer Reise zu den historischen Klöstern im Südosten Rumäniens, die Alexandrescu in Begleitung seines Freundes Ion GHICA (1816–1897) im Jahre 1842 unternommen hatte. Seine Eindrücke legte er auch in einem 1863 veröffentlichten Reisetagebuch *Memorial de călătorie* nieder. In dem Gedicht *Mormintele de la Drăgăşani* evoziert der Autor ein tragisches Moment im Kampf der griechischen Freiheitsbewegung der Hetärie, an dem auch rumänische Truppen teilnahmen. In *Răsăritul lunii la Tismana* bildet die romantische Beschreibung des aufgehenden Mondes nur den literarischen Vorwand für die poetische Darstellung der Schlacht von Posada (1330) zwischen dem walachischen Fürsten Basarab I. und dem ungarischen König Karl Robert von Anjou.

Das künstlerisch gelungenste und am weitesten verbreitete Gedicht des Zyklus ist ohne Zweifel *Umbra lui Mircea la Cozia*. Das Poem beginnt mit einer kunstvollen, dem romantischen Geschmack verpflichteten Beschreibung des am Ufer des Alt gelegenen Klosters Cozia, welches die Abenddämmerung monumental und geheimnisvoll erscheinen läßt. Bei Einbruch der Nacht erscheint dem im Kloster verweilenden Dichter der Geist Mirceas des Alten, eines der bedeutendsten Fürsten der Walachei, dessen Grab sich in Cozia befindet. Der Dichter und mit ihm die gesamte Natur begrüßt den Monarchen voller Ehrfurcht, er beklagt jedoch die von den Kriegen jener Zeit verursachten Leiden, »*die bittere und traurige Zeit glänzender Heldentaten*«. Beseelt vom Glauben an die Perfektibilität des Menschen und an den Fortschritt der gesamten Menschheit, zieht der Dichter die Gegenwart jener heldenhaften Epoche vor. Das Poem schließt zyklisch, mit einer neuerlichen Beschreibung der wellenumspülten Klostermauern. Formal könnte das Poem als Mischung zwischen einer romantischen Ode und einer »méditation« bezeichnet werden. – Die unter dem Gattungsbegriff »Impresii« zusammenfaßten Gedichte sind Meditationen politisch-philosophischen, religiösen und erotischen Inhalts. Die Liebesgedichte sind zwei Frauen, genannt Emilia und Eliza, gewidmet. Alexandrescus romantische Dichtung hat einen nicht zu unterschätzenden Einfluß auf die Dichtung seiner Zeitgenossen ausgeübt. G.Sc.

AUSGABEN: Bukarest 1847. – Bukarest 1940. – Bukarest 1957, Hg. I. Fischer [krit.]. – Bukarest 1963. – Bukarest 1969. – Bukarest 1972 (in *Opere*, Bd. 1). – Bukarest 1977 (in *Poezii. Proză.*)

ÜBERSETZUNG: in *Episteln, Satiren, Fabeln*, H. Roth, Bukarest 1957.

LITERATUR: N. I. Apostolescu, *L'influence des romantiques français sur la poésie roumaine*, Paris 1919. – Ch. Drouhet, *G. A. și Voltaire* (in *Omagiu lui I. Bianu*, Bukarest 1927, S. 175–192). – P. Cornea, *De la Alecsandrescu la Eminescu*, Bukarest 1966, S. 108–180. – N. Vasilescu-Văleni, *Evoluția lexicului în poeziile lui G. A.* (in Limbă și literatură, 15, 1967, S. 193–202). – D. Păcurariu, *Clasicismul românesc*, Bukarest 1971, S. 100–109. – I. Fischer, *Accentuarea împrumuturilor lexicale în versificația liu G. A.* (in Studii și cercetări lingvistice, 32, 1981, S. 11–24). – M. Bara, *G. A.: »Umbra lui Mircea la Cozia«* (in Limbă și literatură, 1985, S. 538–547).

ARIS ALEXANDROU

* 24.11.1922 Leningrad
† 2.7.1978 Paris

TO KIVOTIO

(ngriech.; *Die Kiste*). Roman von Aris ALEXANDROU, erschienen 1974. – Der einzige Roman des meist mit lyrischen Texten hervorgetretenen Autors befaßt sich als erstes wichtiges Erzählwerk direkt mit dem Bürgerkrieg (1946–1949) und geht insbesondere mit den Inkonsequenzen und der ideologischen Erstarrung der griechischen Linken hart ins Gericht. Alexandrou formuliert damit auch seine eigenen bitteren Erfahrungen während seiner Mitgliedschaft in der Kommunistischen Partei Griechenlands 1938–1941 und in der Partisanenbewegung 1940–1950 sowie seiner nahezu ununterbrochenen zehnjährigen Inhaftierung in verschiedenen Lagern. Geschrieben in der Form von Bittschriften an einen unbekannten, unsichtbaren Untersuchungsrichter, gibt der Roman mittels einer eigentümlichen und beklemmenden Sprache die Absurdität und Widersprüche der Handlungen und Ereignisse jener Tage wieder.

Die Handlung bewegt sich auf zwei unterschiedlichen Zeitebenen. Im September 1949 sitzt der letzte anonyme Überlebende eines Todeskommandos in einer streng überwachten Isolationszelle und schreibt seine Apologie auf numerierte und bestempelte Seiten, die ihm von einem schweigsamen Wächter ohne jede weitere Erklärung übergeben werden. Er kennt weder die Gründe für seine Verhaftung noch die Vorwürfe, die gegen ihn erhoben werden; er weiß nicht einmal, ob jemand seine Berichterstattung auch tatsächlich liest. Ein großes Schweigen umhüllt seine Wächter und die »oberste Instanz« in Gestalt des unsichtbaren Untersuchungsrichters. Dennoch ist der Gefangene der »großen Sache« immer treu geblieben. Er hat die letzte Mission, die ihm anvertraut wurde und von deren Durchführung der Ausgang des Krieges angeblich abhing, erfolgreich erfüllt. Zusammen mit 40 anderen »ausgewählten Genossen« wollten sie eine eiserne verriegelte Kiste vom Hauptquartier der Stadt N. an die revolutionäre Führung der Stadt K. übergeben. Doch außer ihm sind alle Mitglieder des Kommandos, einer nach dem anderen, umgekommen; manche wurden in Gefechten mit dem Feind getötet, einige auf Minenfeldern in die Luft gesprengt. Auf Befehl der Führung mußten die Kranken und die Verletzten Selbstmord verüben, um die Mission nicht zu gefährden. Nach Anweisung des Hauptquartiers sollten sie ihren Bestimmungsort ständig umkreisen, so daß die Erfüllung des Auftrags statt ein paar Tage schließlich fast zweieinhalb Monate dauerte, in denen die Mitglieder des Kommandos in die Falle gelockt und umgebracht wurden. Jetzt sitzt der einzige Überlebende, der die verriegelte Kiste nach Plan den revolutionären Behörden der Stadt K. übergab, in Gewahrsam. Er berichtet ohne chronologische Abfolge, mit Wiederholungen, zeitlichen Überschneidungen und Rückblenden von den vorgefallenen Ereignissen, um diese Kiste – die, wie sich nach ihrer Öffnung herausstellte, leer war.

Anfangs schreibt er an den »*Genossen Untersuchungsrichter*« tagtäglich und detailliert und gesteht dabei auch Fehler und Versäumnisse ein, in der Hoffnung, dadurch seine Ehrlichkeit zu beweisen. Dennoch hüllt sich die »*oberste Instanz*« weiterhin in Schweigen. Er nimmt bald an, er sei unter Feinden, und der Adressat seiner Berichte sei nicht der »*Genosse*« – sondern ein »*Herr*« Untersuchungsrichter«. Irritiert, wie er ist, bemüht er sich, mit spärlichen Bittschriften die andere Seite zu zwingen, Farbe zu bekennen. Als ihm auch dies nicht gelingt, setzt er seine Apologie weiter fort, diesmal für sich, um aus seiner mißlichen Lage Schlußfolgerungen ziehen zu können. In seiner Verzweiflung revidiert er wichtige Punkte aus vorangegangenen Berichten oder bezieht Stellung zu aktuellen Ereignissen des Krieges. Fortwährend kreist er um die gleichen Themen und verfängt sich dadurch immer mehr in seiner ausweglosen Situation. Er kann seine Unschuld nicht mehr beweisen, zumal, wie er selber feststellt, jedes Argument in das Gegenteil umschlagen kann. Die Variationen der »*Wahrheit*« sind unendlich, alles ist möglich. Am Ende hört er auf zu schreiben und überläßt sich hoffnungslos seinem Schicksal.

Die düstere, an KAFKA erinnernde Atmosphäre des Buches, durchsetzt mit surrealistischen Momenten (Partisanen bewegen die Zeiger der alten Kirchturmuhr mit den Händen, ein verstorbener Parteifunktionär wird mit zwei Särgen begraben usw.) und anderen erzählerischen Erfindungen (Codewörter, Skizzen der Missionsroute, mathematische Andeutungen) weist auf eine besondere Problematik hin. Der Autor prangert die Zerstörung der Persönlichkeit durch die Willkür der politischen Macht an, einer »*Phänomenologie unserer Welt*« (A. Argyriou). Von der Kritik wurde insbesondere die innovative Sprache des Romans hervorgehoben. »*Die Kiste öffnete neue Wege in unserer Nachkriegsprosa*« (D. N. Maronitis). P.P.

AUSGABE: Athen 1974; ⁹1982.

ÜBERSETZUNG: *La caisse*, C. Lust, Paris 1978 [frz.].

LITERATUR: A. Argyriou, Rez. (in Anti, 15.11.1975). – R. Kotzias, Rez. (in Kathimerini, 18.5.1975). – D. N. Maronitis, *Piitiki ke politiki ithiki – Proti metapolemiki jenia (A., Anagnostakis, Patrilios)*, Athen 1976. – D. Ravtopoulos, Rez. (in D. R., *Kritische Literatur*, Athen 1986, S. 123–133). R. L. Christ, *Translating »To Kivotio«: At Work With A. A.* (in Translation Review, 11, 1983, S. 37–44).

JACQUES STÉPHEN ALEXIS

* 22.4.1922 Gonaïves
† 1961 Haiti

LITERATUR ZUM AUTOR:
J. S. Alexis, *Du réalisme merveilleux des Haïtiens* (in Présence Africaine, Juni 1956, S. 245–271). – G. Gourage, *Histoire de la littérature haïtienne*, Port-au-Prince 1963. – U. Fleischmann, *Ideologie und Wirklichkeit in der Literatur Haitis*, Bln. 1969. – Europe, 1971, Nr. 501 [Sondernr. *J. S. A. et la littérature d'Haïti*]. – R. Berrou u. P. Pompilus, *Histoire de la littérature haïtienne illustrée par les textes*, Port-au-Prince 1975. – M. Dash, *The Peasant Novel in Haiti* (in African Literature Today, 1978, Nr. 9, S. 77–90). – C. Souffrant, *Une négritude socialiste: Religion et développement chez J. Roumain et J. S. A.*, Paris 1978. – R. Depestre, *Bonjour et adieu à la négritude*, Paris 1980. – M. Dash, *Literature and Ideology in Haiti 1915–1961*, Ldn. 1981. – L.-F. Hoffmann, *Le roman haïtien. Idéologie et structure*, Sherbrooke 1981. – U. Fleischmann, *Die haitianische Literatur zwischen Regionalismus und Internationalisierung* (in Französisch Heute, 17, 1986, Nr. 1, S. 231–243). – M. Dash, *Haiti and the United States. National Stereotypes and the Literary Imagination*, Ldn. 1988.

LES ARBRES MUSICIENS

(frz.; Ü: *Die singenden Bäume*). Roman von Jacques Stéphen ALEXIS (Haiti), erschienen 1957. – Im Gesamtwerk des Autors wie auch in der haitianischen Literatur nimmt dieser Roman eine wichtige Stellung ein: Nachdem Alexis in seinem ersten Roman, *Compère Général Soleil* (1955) Abstand zu der die vergangenen 35 Jahre beherrschenden literarischen Doktrin des haitianischen Indigenismus genommen hatte, greift er deren wichtigste Themen – die Darstellung des bäuerlichen Lebens in Haiti, die mystisch-emotionelle Verbindung zur Erde und vor allem das des afrikanisch-synkretistischen Voudouglaubens – noch einmal auf. Ohne ihn direkt zu kritisieren oder sogar zu »entzaubern«, bringt er den Indigenismus zu einem Abschluß, indem er dessen Themen in einen konkreten historischen Kontext setzt und damit relativiert.

Diesen historischen Hintergrund bilden die Ereignisse der Jahre 1941/42 in Haiti: Ein von Nordamerikanern geführtes Unternehmen versucht, durch die Massenenteignung von Kleinbauern Land für die Anlegung kriegswichtiger Kautschuk-Plantagen zu gewinnen. Gleichzeitig führt die katholische Kirche, ebenfalls mit Unterstützung der haitianischen Regierung von Lescot, eine feldzugartig angelegte Zerstörung von Voudoutempeln und Verfolgung der Priester und Gläubigen durch.

Die hierdurch entstehenden Konflikte zwischen Stadt und Land werden von Alexis in epischer Breite dramatisiert; er entwickelt zahlreiche parallele Handlungsstränge, die sich erst gegen Ende des Romans vereinigen. Die hauptstädtische Politik wird durch die Familie Osmin dargestellt: Die energische und ehrgeizige Vorstadthändlerin Céphise Osmin hat ihren drei Söhnen durch eine gute Ausbildung den Aufstieg in die bürgerlichen Schichten ermöglicht: Carlos ist der Typus des mittellosen und zynischen Intellektuellen geworden, dessen Engagement für Politik im Rhetorischen steckenbleibt; Diogène ist Priester und Edgar Polizeioffizier; beide werden in eine abgelegene Gegend der Ebene Cul-de-Sac geschickt, wo sie die Interessen ihrer jeweiligen Auftraggeber, die Enteignung der Bauern und die Ausrottung des Voudouglaubens, vertreten sollen. Eine zweite Gruppe von Handlungssträngen betrifft das bäuerliche Leben in dieser Gegend, das in sehr idealisierter, indigenistischer Manier vorgestellt wird. Der eigentliche Herr ist hier Bois d'Orme, ein alter Voudoupriester, ein traditionsbewußter Mann und weiser Ratgeber der Bauern, der durch seine enge Verbindung zu den alten afrikanischen Göttern Wunder bewirken kann. Noch wichtiger für den ideengeschichtlichen Stellenwert des Romans ist die Figur des Gonaïbo, eines Waisenjungen, der, mißtrauisch gegenüber allen Menschen, in mystischer Verbindung zu den Tieren und Pflanzen und der präkolumbischen Geschichte seiner Heimat lebt. Bereits sein Name – Gonaïbo ist eine legendäre Häuptlingsgestalt aus der Zeit der spanischen Eroberung und verweist auch auf Gonaïves, die Stadt, in der die haitianische Unabhängigkeit ausgerufen wurde – macht deutlich, daß Alexis hier, wie auch in anderen Werken, von einem Geschichtsverständnis ausgeht, das auch die verschwundenen präkolumbischen Kulturen einschließt. Gonaïbo stellt eine literarische Auseinandersetzung mit der Figur des »guten Wilden« dar, der nun durch die zerstörende Macht der städtischen Interessen aus einem Paradies vertrieben wird und sich zunächst Bois d'Orme anschließt, bis auch dessen Kultstätte zerstört wird. Der Roman wäre somit nur ein pessimistischer Abgesang auf die autochthonen ländlichen Kulturen der Karibik, deren Lebensform durch die Macht- und Profitgier des städtischen Bürgertums und der nordamerikanischen Kapitalinteressen zerstört wird, wenn nicht Alexis ein seinem marxistischen Weltbild entsprechendes Ende angehängt hätte: Im Moment der Zerstörung der Kultstätte taucht ein Waldarbeiter auf, der als »neuer Mensch«, als »hombre total« vorgestellt wird und der Bois d'Orme die Frage stellt: *»Si cette maison, ces rites et toi-méme devaient disparaître pour que notre peuple revive, qu'importe?«* (»*Wenn dieses Haus, diese Riten und du selbst verschwinden müßten, damit unser Volk wieder leben kann, was tut's?«*) Gonaïbo, der eigentlich Nachfolger des sterbenden Bois d'Orme werden sollte, schließt sich dem Arbeiter an, um, aus der idyllischen Vergangenheit austretend, ein neues, tätiges und zukunftsgerichtetes Leben zu beginnen. Die Familie Osmin hingegen endet tragisch: Edgar wird bei der Enteignung des Landes getötet, und Diogène irrt nach der Zerstörung des Voudoutempels wahnsinnig durch Wälder.

Verschiedene Einzelheiten weisen auf die Scharnierstellung dieses Romans im Verhältnis zu den anderen beiden Romanen von Alexis hin und zeigen, daß die drei Romane, trotz ihrer jeweils abgeschlossenen Handlung, als eine Trilogie konzipiert sind. Wie in dem ersten Roman *(Compère Général Soleil)* wird verschiedentlich als politische Leitfigur der Kommunist Pierre Roumel genannt; die Umstände weisen darauf hin, daß Alexis damit seinem politischen und literarischen Vorbild, dem Schriftsteller Jacques ROUMAIN, ein literarisches Denkmal setzen wollte. Die Idealisierung bäuerlichen Lebens wie auch die Suche nach einer authentischen haitianischen Kultur müssen auch als Hommage an Roumain verstanden werden, obgleich Alexis bereits deutlich andere Akzente setzt: Das für Roumain bestimmende Idealbild des *»nègre véritable«*, des sich seiner Herkunft und seiner Heimat bewußten schwarzen Menschen, wird am Ende durch den *»hombre total«*, das Idealbild des internationalen und klassenbewußten Proletariers, abgelöst, der dann im dritten Roman *(L'espace d'un cillement)* der Held der neuen Zeit ist. *Les arbres musiciens* ist damit in einem weiteren Sinn ein historischer Roman, in dem Alexis die Geschichte seines Landes von den präkolumbischen Indianern und der Widerstandskultur der schwarzen Sklaven symbolisch wieder aufleben läßt, um sie dann in die Utopie einer humanitären Weltkultur hineinzuführen. U.F.

AUSGABE: Paris 1957.

ÜBERSETZUNG: *Die singenden Bäume*, E. Czapski, Bln./DDR 1961.

LITERATUR: J. Jahn, *Muntu – Umrisse der neoafrikanischen Kultur*, Düsseldorf 1958. – U. Pierre-Louis, *Le roman français contemporain dans une impasse. Perspectives communes du roman d'Haïti, des peuples noirs et de l'Amérique latine* (in Présence Africaine, 27/28, 8. 2. 1959, S. 51–68). – A. Dalmas, *Écrire pour vivre* (in MdF, 1960, Nr. 338, S. 706–708). – T. Melone, *De la négritude dans la littérature négroafricaine* (in Présence Africaine, Paris 1962). – G. R. Coulthard, *Race and Colour in Caribbean Literature*, Ldn./Oxford 1962.

COMPÈRE GÉNÉRAL SOLEIL

(frz.; *Ü: General Sonne*). Roman von Jacques Stéphen ALEXIS (Haiti), erschienen 1955. – Der Überraschungserfolg des literarischen Neulings (dessen Vater Stéphen Alexis allerdings auch schon ein in Haiti nicht unbekannter Romanautor war) stellte in vielfacher Hinsicht einen weitgehenden Bruch mit der literarischen Doktrin des Indigenismus dar, der über dreißig Jahre lang die Grundlage einer umfangreichen Romanproduktion gewesen war. *Compère Général Soleil* ist vor allem als ein Stadtroman zu sehen, dessen Protagonist, Hilarion Hilarius, ein städtischer Proletarier ist. Anders als in den indigenistischen Romanen, deren Erzählhaltung die Weltsicht der Bauern nachempfinden sollte, herrscht in Alexis' Roman eine Pluralität von Perspektiven vor, die der Vielfalt der zum Teil nur in Nebenhandlungen eingeschobenen Romanfiguren entspricht. Hinzu kommt die Tendenz des Autors, selbst didaktisch erklärend in die Handlung einzugreifen und deren Relevanz für sein marxistisches Gesellschafts- und Zukunftsbild herauszustellen. Diese erzieherische Absicht, die Alexis in verschiedenen Schriften als wichtigstes Ziel seiner Romane betont hat, könnte eine Schwäche des Romans sein, würde sie nicht durch die prägnante Schilderung des Lebens in den Vorstädten und Hinterhöfen der haitianischen Hauptstadt Port-au-Prince, durch die ins Satirische hineinreichende Charakterisierung von typischen Figuren dieses Milieus aufgehoben. In dieser Technik knüpft Alexis an die besten Traditionen des »naturalistischen« Romans der haitianischen Literatur der Jahrhundertwende (HIBBERT, MARCELLIN, LHÉRISSON) an.

Die Haupthandlung umfaßt die Lebensgeschichte des Hilarion, eines schwarzen notorisch arbeitslosen Analphabeten, dessen Neigung zu epileptischen Anfällen ihn weiter isoliert und der damit zum Sinnbild einer in jeder Hinsicht marginalisierten schwarzen Bevölkerung der Vorstädte wird. In höchster Not versucht er, in eine Villa einzubrechen, wird gefaßt und muß die auf weitere Erniedrigung abzielenden Folterungen während des Polizeiverhörs und den anschließenden Gefängnisaufenthalt durchleben. Hier lernt er jedoch einen politischen Gefangenen, Pierre Roumel, kennen, eine Figur, mit der, wie sich aus historischen Zusammenhängen und Anspielungen ergibt, Jacques ROUMAIN, Schriftsteller, Ethnologe und Begründer der haitianischen Kommunistischen Partei, gemeint ist und der für Alexis' Werk eine besondere Bedeutung hat: Er sieht sich, wie er vielfach bezeugt, dazu berufen, die literarischen und politischen Ziele dieses berühmten Autors weiterzuverfolgen.

Roumel, der in dem Roman ein stark idealisiertes Leitbild bleibt, verspricht Hilarion konkrete Hilfe nach der Entlassung, versucht vor allem, ihm Selbstbewußtsein und den Glauben an die Veränderbarkeit der menschlichen Gesellschaft zu vermitteln. Hilarion kann sich wohl nicht aus den seit Generationen angelernten Formen der Unterwerfung und Schicksalsergebenheit befreien; doch verändert die Freundschaft mit den Kommunisten sein Leben: Er findet Arbeit, heiratet, lernt lesen und macht sich dadurch die Geschichte seines Landes zugänglich. Schließlich befreit ihn die moderne Medizin des Arztes Jean-Michel (in vieler Hinsicht ein literarisiertes Selbstbildnis des Autors, der selbst Arzt war) von der Epilepsie und erweist sich als wirkungsvolle Alternative zu den Heilmitteln des Voudou, der in dem Roman zur Folklore herabgewürdigt wird.

Bald jedoch zeigt sich die Zerbrechlichkeit des kleinen Glücks von Hilarion: Er verliert seine Arbeit und büßt bei einem Großbrand seinen ganzen Besitz ein. Wie viele seiner Nachbarn ist er nun gezwungen, als Plantagenarbeiter in die benachbarte Dominikanische Republik zu ziehen. Wieder ist er der von allen verachtete »schwarze Hund«, doch erfährt er auch hier die internationale Solidarität der dominikanischen Kommunisten, die sich als einzige gegen die Diskriminierung und Ausbeutung der haitianischen Arbeiter wenden. An dieser Stelle wird nun der bislang latente historische Bezug des Romans wesentlich, denn Hilarion erlebt die Massaker von 1937, die Ermordung und Vertreibung von Zehntausenden haitianischen Arbeiter durch die Polizei Trujillos. Am Ende des Romans flieht der Held mit seiner Frau und seinem neugeborenen Kind, verfolgt von Polizei und dressierten Hunden. Das Kind stirbt, Hilarion wird bei Durchschwimmen des Grenzflusses erschossen. Auf dem haitianischen Ufer vermittelt er sterbend seiner Frau die Erkenntnis seines gescheiterten Lebens, die sich metaphorisch mit dem Aufgehen der Sonne verbindet: die Notwendigkeit, kämpfend gegen die Ungerechtigkeit und Ungleichheit unter den Menschen anzugehen und damit einen Schritt auf dem Weg in eine bessere Zukunft zu tun.

Diese Sterbeszene erklärt die Bedeutung des dem Roman vorgeschalteten Prologs, so daß Anfang und Schluß mit ihrer sinngebenden Metaphorik die Haupthandlung umschließen, die stärker von der episch ausufernden Erzählfreude Alexis' geprägt ist. Dieser Prolog umfaßt die verzweifelten Gefühle Hilarions während seines Diebeszugs; sie verbinden sich mit äußeren Gegebenheiten – der Nacht, den fernen Voudoutrommeln – und verdichten sich zum Bild eines »*Afrika, das an der Haut des Negers klebt*«. Wenn auch diese Assoziationen des »Nächtlichen«, »Schwarzen« und »Afrikanischen« nicht ausschließlich negativ zu verstehen sind, so zeigt ihre letztendliche Konfrontation mit dem (auch im Titel angesprochenen) Aufgehen der Sonne der Erkenntnis, daß der Roman vor allem im aufklärerischen Sinne zu verstehen ist. In diesem Sinne bricht er deutlich aus den Doktrinen des Indigenismus und der Négritude aus. U.F.

AUSGABEN: Paris 1955. – Paris 1982.

ÜBERSETZUNGEN: *Es brennt wie Dornen im Blut...*, P. Schlicht u. H. Sanguinette, Köln/Bln. 1959 [Nachw. G. Chenet]. – *General Sonne*, dies., Bornheim/Merten 1985 [Nachw. ders.].

LITERATUR: A. Dalmas, *Écrire pour vivre* (in MdF, 1960, Nr. 338, S. 706–708). – B. Ormerod, *Paradise Redefined: The Marxist Vision of A.'s Comrade General Sun* (in B. O., *An Introduction to the French Caribbean Novel*, Ldn. 1985, S. 87–107).

L'ESPACE D'UN CILLEMENT

(frz.; *Ü: Die Mulattin*). Roman von Jacques Stéphen ALEXIS (Haiti), erschienen 1959. – Seinen letzten Roman widmete Alexis ganz seiner Vorstellung vom »Neuen Menschen«, dem *»hombre total«*, die in den vorhergehenden Werken schon implizit angelegt war, bis sie am Ende von *Les arbres musiciens* erstmals in der Figur des Waldarbeiters konkretisiert wurde. Der Tendenz zur Idealisierung entsprechend, tritt nun die breit ausmalende und karikierende Schilderung der gesellschaftlichen Wirklichkeit Haitis zurück, die die Attraktivität der beiden ersten Romane ausgemacht hatte. Dies erklärt die eher zögerliche Rezeption des Werkes, die sich auch an den wenigen und späten Übersetzungen zeigt. Was der Roman an Lokalkolorit verliert, gewinnt er jedoch durch seine disziplinierte, vielschichtige formale Komposition; sie erlaubt es dem Autor, mittels eines Netzes von Metaphern und symbolhaften Vorgängen die Utopie einer neuen, humaneren Welt ohne Hunger und Machtmißbrauch zu entwerfen. *L'espace d'un cillement* entspricht damit nicht mehr ganz den geläufigen, an einen karibischen Roman gerichteten Erwartungen, kann jedoch als das reifste Werk des Autors gelten.

Anders als in den vorhergehenden Werken sind Ort und Zeit der Handlung streng begrenzt. Sie spielt in einem Bordell des Vergnügungsviertels La Frontière von Port-au-Prince und zeigt an den Prostituierten, wie Menschen, die durch den Zwang, sich und ihre Liebe immer wieder zu verkaufen, an die Grenzen einer vollkommenen Selbstentfremdung gelangt sind: Sie haben die Erinnerung an ihr eigentliches Leben verloren. An einer dieser Frauen – ihre Entpersönlichung wird dadurch gekennzeichnet, daß sie zunächst nur »La Niña« (span.: »das Mädchen«) genannt wird – vollzieht sich in den sechs Tagen der Karwoche, die den sechs Kapiteln entsprechen, ein »Osterwunder«: Sie findet ihren wahren Namen und ihre Erinnerung an die Kindheit wieder. Der siebte Tag der »Wiederauferstehung« bleibt noch aus; er wird durch ein *»Coda«* betiteltes Kapitel ersetzt, d. h. durch den (musikalischen) Begriff für eine Variation und Verdichtung des Grundthemas, durch die das Fragmentarische, Unabgeschlossene der erzählten Geschichte angedeutet wird.

Die »Erlösung« von La Niña vollzieht sich dadurch, daß sie einen Mann, einen neuen Typ von Menschen, kennenlernt: El Caucho, einen kubanischen Arbeiter, der, aufgrund seiner gewerkschaftlichen Aktivitäten verfolgt, von Insel zu Insel zieht und immer wieder versucht, in kleinen Akten der Menschlichkeit die Welt zu verändern und der Vorstellung des *»hombre total«*, des »ganzen« und nicht entfremdeten Menschen, näher zu kommen. Der Prozeß der gegenseitigen Annäherung von El Caucho und La Niña ist langwierig, denn er setzt voraus, daß letztere ihre Identität wiederfindet. Jeder Tag (und damit jedes Kapitel) ist einem der fünf Sinne gewidmet, der beiden das Wesen und die Identität des anderen erschließt; der sechste Tag schließlich ist der des »sechsten Sinnes«, der Liebe und Solidarität: In der sexuellen Vereinigung überwindet La Niña ihre Frigidität und bekommt ihren eigentlichen Namen und ihre Erinnerung, für Alexis wesentliches Merkmal eines nichtentfremdeten Menschseins, und letztlich sogar ihre Unschuld zurück: *»Ils sont deux enfants retrouvés de la Caraibe radieuse«* (*»Sie sind zwei wiedergefundene Kinder der strahlenden Karibik«*), müssen sich aber wieder verlieren, denn La Niña verläßt nun das Bordell, um El Caucho ebenbürtig und würdig zu werden.

Das wichtigste Stilmittel dieses Romans ist der innere Monolog, der, wie in früheren Werken, dem Autor auch dazu dient, unmittelbar erklärend und didaktisch einzugreifen. Die Grenzen der Innenwelten der Helden und des Bordells werden nur selten überschritten; die wenigen Nebenfiguren dienen vor allem dazu, das Phänomen der Entfremdung aus der individualpsychologischen Pathologie herauszuholen und als kollektives und damit auch politisch relevantes Syndrom zu kennzeichnen.

Neben die Kritik am Kapitalismus und nordamerikanischen Imperialismus tritt ein weiteres politisches Leitmotiv, das sich bereits darin äußert, daß wichtige Begriffe, aber auch Teile der direkten Rede in Spanisch gefaßt sind: Ein Teil der Zukunftsutopie ist die Vorstellung einer auch politisch vereinigten Karibik, in der die durch Kolonialgrenzen erzwungene Verengung der Lebenswelt aufgehoben sein wird. Die Identität, die die beiden Protagonisten mit ihren fünf Sinnen schrittweise erfassen, ist weder haitianisch noch kubanisch, sondern gesamtkaribisch, und in deren Beschreibung erreicht die suggestive Poetik der Sprache von Alexis ihren Höhepunkt. U.F.

AUSGABEN: Paris 1959. – Paris 1983.

ÜBERSETZUNGEN: *Die Mulattin*, Th. Dobberkau, Hbg. 1985. – Dass., ders., Bergisch-Gladbach 1987.

LITERATUR: H. Amer, *»L'espace d'un cillent«*, *»Romancero aux étoiles«* (in NRF, 15, 1960, S. 969 f.). – A. Dalmas, *Écrire pour vivre* (in MdF, 1960, Nr. 338, S. 706–708). – N. D. Assali, *»L'espace d'un cillement« de J. S. A.: Amour, politique et antillanité* (in Journal of Caribbean Studies, 2, 1981, Nr. 1, S. 15–23).

ROMANCERO AUX ÉTOILES

(frz.; *Ü: Der verzauberte Leutnant*). Erzählungen von Jacques Stéphen ALEXIS (Haiti), erschienen 1960. – Als Nachzügler zu den drei Romanen des Autors hat dieser Erzählungsband zunächst kaum Beachtung gefunden. Es erschien nahezu paradox, daß der politisch so engagierte Autor, der 1961 bei dem Versuch einer bewaffneten Invasion von Präsident Duvaliers Sbirren gefaßt und zu Tode gefoltert worden war, als letztes Werk eine unpolitische Sammlung von Märchen und phantastischen Erzählungen hinterlassen hatte. Dennoch ist dieses Werk bedeutungsvoll, denn hier hat Alexis ein weiteres literarisches Anliegen verwirklicht, das in *Les arbres musiciens* an einzelnen Stellen bereits auftaucht: die Darstellung einer »wunderbaren Wirklichkeit«, ein Konzept, das er analog zu Alejo CARPENTIERS »*real maravilloso*« entwickelt und bereits 1956 in einem Aufsatz vorgestellt hatte *(Du réalisme merveilleux des Haïtiens)*.

Der sehr locker gehaltene Rahmen für die Zusammenstellung der Geschichten sind verschiedene Treffen zwischen dem Autor und einer legendären Figur, dem »Vieux Vent Caraibe«. Beide unterhalten sich in der Manier der haitianischen Bauern durch das Erzählen von Geschichten *(»audiences«)*. Diese sind nur zu einem kleineren Teil literarisch verarbeitete traditionelle Märchen *(Dit de Bouqui et de Malice; Fable de Tatez'o-Flando, Romance du Petit-Viseur)*; aber auch andere Formen der phantastischen Erzählung, mit denen Alexis experimentiert, sollen als Ergebnisse einer kollektiven Fabulierkunst der Haitianer erscheinen, als deren Exponent der Autor sich hier versteht. Daß der Erzähler hierbei selbst – auch als Handelnder – in die Geschichte eintritt, entspricht durchaus haitianischer Märchentradition.

Das Verhältnis von Phantastischem und Realem kann, entsprechend der literarischen Absicht, sehr unterschiedlich sein. Ein Zug, der allen Erzählungen – bis zur Rahmenhandlung – gemeinsam ist, ist die Personifizierung der Natur (vor allem in *Dit d'Anne aux longs cils*) und Geschichte *(Dit de la fleur d'or)*, womit nach indigenistischer Manier (vgl. Jacques ROUMAIN) die identitätskonstituierende Einheit der Menschen mit ihrem Land suggeriert werden soll. Daß Alexis hierbei auch mit seinem in den früheren Romanen vertretenen aufklärerischen Anspruch in Konflikt kommt, zeigt die *Chronique d'un faux-amour*: Es ist der Bericht einer zu einem Zombie (lebenden Toten) verwandelten Frau; der Autor stellt die Bemerkung voran, daß es Zombies ja nicht wirklich gibt, und im folgenden bleibt es auch offen, ob der Leser nicht nur den Wahnvorstellungen einer hysterischen Frau folgt, die in einem Kloster eingeschlossen auf einen imaginären Geliebten wartet.

Als originellste und für das Gesamtwerk Alexis' bedeutungsvolle Geschichte ist die des »verzauberten Leutnants« *(Le sous-lieutenant enchanté)* herausgestellt worden: Sie beschreibt das Abenteuer eines sehr mittelmäßigen Leutnants aus einer nordamerikanischen Kleinstadt, der mit den Invasionstruppen von 1915 nach Haiti kommt und dort der Legende um einen in einem Berg verborgenen Goldschatz nachgehen möchte. Auf der Suche begegnet er einer wunderbaren Frau, deren Liebe er verfällt. Auch hier bietet Alexis eine banale und »vernünftige« Erklärung der Geschichte: Die Strapazen der Suche und der Alkoholgenuß lassen den Leutnant den Verstand verlieren; er wird als Fahnenflüchtiger gefaßt und standrechtlich erschossen. Im Vordergrund steht jedoch die legendäre Ausdeutung: Der Leutnant fällt einer mystischen Frauengestalt anheim, die sowohl als die im Volksglauben vorgestellte »Herrin des Wassers« als auch als die in vielen Texten verherrlichte indianische Königin Anacaona *(Fleur d'or)* erscheint. Gemeinsam mit ihr tritt der Leutnant in einen Zustand der nie endenden Glückseligkeit ein. In dieser Deutung ist unschwer eine Parabel auf die Eroberung und Kolonisierung Amerikas zu entdecken: Aus Gier nach materiellen Gütern fallen die Fremden – die Spanier, wie später die Nordamerikaner – in Lateinamerika ein; doch nicht das Gold ist der eigentliche Reichtum des neuen Landes; es sind die spirituellen Erlebnisse, welche den Eroberer und Kolonisten in eine »andere Wirklichkeit« einführen, die untergründig und unabhängig von der alles zerstörenden Gier nach Geld weiterlebt. So vereint Alexis in dieser kurzen Geschichte noch einmal seine wichtigsten Anliegen: die Kritik an der entfremdenden Macht des Geldes und den daraus folgenden Übergriffen der fremden Staaten, aber auch den Glauben an eine bessere Welt, die sich in den Legenden des Volkes erhalten hat und die durch den Schriftsteller wieder an die Oberfläche gebracht werden muß. U.F.

AUSGABE: Paris 1960.

ÜBERSETZUNG: *Der verzauberte Leutnant*, E. Czapski, Ffm. 1984 (Nachw. H. Ch. Buch; BS).

LITERATUR: H. Amer, *»L'espace d'un cillement«, »Romancero aux étoiles«* (in NRF, 15, 1960, S. 969f.). – M. Laroche, *Le »Romancero aux étoiles« et l'œuvre romanesque de J. S. A.*, Paris 1968.

WILLIBALD ALEXIS

d.i. Wilhelm Häring

* 29.6.1798 Breslau
† 16.12.1871 Arnstadt

LITERATUR ZUM AUTOR:
H. A. Korff, *Scott u. A. Eine Studie zur Technik des historischen Romans*, Diss. Heidelberg 1907. – Th. Fontane, *W. A.* (in Th. F., *GW*, 2. Ser., Bd. 9, Bln. o. J. [1908], S. 169–218). – L. H. C. Thomas, *W. A. A German Writer of the 19th Century*, Oxford 1964. – W. Gast, *Der deutsche Geschichtsroman im 19.Jh. W. A. Untersuchungen zur Technik seiner vaterländischen Romane*, Freiburg i. B. 1972. – A. Carlssohn, *W. A. – ein Bahnbrecher des deutschen Romans* (in ZfdPh, 102, 1983, S. 541–563).

DIE HOSEN DES HERRN VON BREDOW.
Vaterländischer Roman

Roman von Willibald ALEXIS, als *»Erste Abtheilung der Hosen des Herrn von Bredow«* unter dem Titel *Hans Jürgen und Hans Jochem* erschienen 1846 (als *»Zweite Abtheilung«* folgte 1848 *Der Wärwolf*), später separat mit dem Titel *Die Hosen des Herrn von Bredow* veröffentlicht. – Historischer Hintergrund des Romans sind die Machtkämpfe zwischen dem jungen Kurfürsten von Brandenburg, Joachim I. (reg. 1499–1535), und dem brandenburgischen Adel, den die Abschaffung des Faustrechts zu Haß und Verschwörung aufstachelte.
In dieser Zeit der gärenden Unzufriedenheit bewahrt ein Paar elchlederne Reithosen seinen Besitzer, Gottfried von Bredow, Herrn auf Hohen-Ziatz im Havelland, vor dem Galgen. Während der dem Essen und Trinken überaus zugetane Burgherr seinen vom märkischen Landtag heimgebrachten Rausch ausschläft, entwendet ihm Frau Brigitte, vom Eifer der großen Herbstwäsche beseelt, das geliebte und vor jeder Reinigung ängstlich gehütete Erbstück, das jedoch zum Entsetzen aller, die Herrn Gottfrieds Zorn kennen, auf der Leine vergessen und von dem Krämer Hedderich gestohlen wird. Die Hose gelangt zwar schließlich an ihren erwachenden und mit beängstigendem Nachdruck nach ihr verlangenden Besitzer zurück; doch der Krämer ist inzwischen von dem Kurfürstlichen Rat Wilhelm von Lindenberg – einem Verwandten der Bredows, der zufällig in Hohen-Ziatz weilt und sich der Rüstung des unschuldig schlummernden Hausherrn bemächtigt hat – überfallen und ausgeraubt worden. Hedderich erhebt Klage beim Kurfürsten gegen Herrn Gottfried, der, eben ins wache Leben zurückgekehrt, sogleich verhaftet wird. Die Tatsache aber, daß dem Ritter nachweislich in der fraglichen Zeit die unerläßlichen *»Elenslederne«* nicht zur Verfügung standen, und schließlich die erneute Aussage des Krämers Hedderich erweisen Götzens Unschuld. Lindenberg wird des Raubes überführt, und der Kurfürst läßt den nahen Vertrauten blutenden Herzens, doch gewillt, Gerechtigkeit um jeden Preis zu üben, hinrichten. Damit ist für den schon lange grollenden Adel das Zeichen zur Erhebung gegeben. Auch Götz gibt, erneut im Rausch, sein Wort zur Teilnahme an dem geplanten Anschlag, doch wieder retten ihn die elchledernen Hosen vor dem Verderben: Um ihren Eheherrn an seinem gefährlichen und zudem ihrer Meinung nach unberechtigten Unternehmen zu hindern, stiehlt Frau Brigitte ihm abermals das kostbare Stück und schickt es nach dem Mißlingen des Anschlags als Beweis für Götzens Unschuld ins Berliner Schloß. Der von den Bredows an Sohnes Statt angenommene junge Vetter Hans Jürgen aber tritt in die persönlichen Dienste des Kurfürsten.
Alles, was in diesem mit humoriger Behäbigkeit erzählten Roman geschieht, Großes und Kleines, Bedeutendes und Unbedeutendes, hat inneren Zusammenhang und ist Historie. Die kleine Mark Brandenburg steht für das spätere Preußen, das für Alexis, *»als Land der Verheißung, Ziel und Erfüllung der deutschen Geschichte«* ist (W. Monecke) – eine Einstellung, die von der Alexis–Kritik immer wieder gerügt wurde. In der Wahl dieses Handlungsorts spricht sich ein Provinzialismus aus, der *»der innenpolitischen Lage Deutschlands, der traditionalistischen ... Selbstbehauptung abgeschlossener Landschaften und Geschichtsräume«* entspricht (F. Martini). Für Theodor FONTANE ist jedoch nicht Alexis' Provinzialismus, sondern seine *»Mischung von Realismus und Romantizismus«*, das *»Detail seiner Forschungen«*, die *»Endlosigkeit seiner Dialoge (geistvoll wie sie sind)«* und vor allem seine *»Stilschwerfälligkeit«* schuld an seiner mangelnden Popularität. *»Hätte sich Willibald Alexis entschließen können, das Ganze knapp novellistisch zu behandeln ... so würde diese Erzählung eine Zierde unserer Literatur und völlig eigenartig sein.«*   KLL

AUSGABEN: Bln. 1846 (*Die Hosen des Herrn von Bredow*. 1. Abt. *Hans Jürgen und Hans Jochem*, 2 Bde.). – Bln. 1848 (*Die Hosen des Herrn von Bredow*. 2. Abt. *Der Wärwolf*, 2 Bde.). – Bln. 1892 (*Der Werwolf*, in *Vaterländische Romane*, 8 Bde., 1892/93, 4). – Regensburg o. J. [1915] (*Die Hosen des Herrn von Bredow*, Hg. O. v. Schaching). – Lpzg. o. J. [1916] (*Der Werwolf*; RUB). – Lpzg. 1942 (*Die Hosen des Herrn von Bredow*; RUB). – Bln. 1976. – Bln. 1985.

DRAMATISIERUNG: Kory Towska, *Die Hosen des Herrn von Bredow* (Urauff.: Hbg., 2.10. 1909).

VERFILMUNG: *Die Hosen des Ritters von Bredow*, DDR 1973 (Regie: K. Petzold).

LITERATUR: R. Kaufel, *Kampf der Hohenzollern mit dem Adel in Brandenburg nach W. A.' »Die Hosen des Herrn von Bredow«*, Göttingen 1915. – W. Beutin, *Königtum u. Adel in den historischen Romanen des W. A.*, Bln. 1966. – L. Tatlock, *W. A. and »Young Germany«: A Closer Look* (in GLL, 34, 1981, S. 359–373).

ISAAK BEN JAKOB ALFASI

genannt Rif

* 1013 bei Constantine / Algerien
† 1103 Lucena / Spanien

HALACHOT

(hebr./aram.; *Rechtssprüche*, auch: *Hilchot Raw Alfas, Lehrmeinungen des Rabbi Alfasi*). Handbuch des jüdischen Rechts von Isaak ben Jakob ALFASI. –

Das Werk ist eines der frühesten jüdischen Rechtskompendien überhaupt. Der Autor, der der bedeutendste jüdische Jurist Nordafrikas war und auch in Spanien lehrte, sammelte das Material, das sich auf die drei im praktischen Gebrauch befindlichen *sedarim* (Ordnungen, hier Hauptteile) des *Talmud* bezieht: Familienrecht, Kriminal- und Zivilrecht, Sabbat und Festtage. Zu jedem Lehrstück der betreffenden Traktate der *Mischna* bringen seine *Halachot* die Debatten und Lehrmeinungen, die im *Babylonischen* und *Palästinensischen Talmud* verstreut sind, ferner Relevantes aus der talmudischen *Agada* sowie die Ausführungen der nachtalmudischen babylonischen Autoritäten, der Geonim (vgl. *Gaonäisches Schrifttum*), bis zu seiner eigenen Zeit. Bei dem dargebotenen Material handelt es sich meist um Richtlinien oder juristische Methoden, nicht um ein für allemal feststehende Entscheidungen. Dadurch wurde das Werk gültiges Handbuch bis zur Gegenwart. Besonders viel benutzte man es im Mittelalter in Spanien und Frankreich; in Ägypten lehrte MAIMONIDES praktisches Recht danach (sein eigenes Werk, *Mischne Thora*, ist jedoch anders aufgebaut und umfangreicher). Seit der Einführung des Drucks ist Alfasis Handbuch fast allen Ausgaben des *Babylonischen Talmud* angehängt, daneben gibt es zahlreiche Sonderausgaben. Die oft gebräuchliche Bezeichnung *Talmud katan (Kleiner Talmud)* für diese Sonderausgaben rührt wohl daher, daß das Druckbild der Folianten genau dem des *Talmud* entspricht: die hebräische *Mischna* und der aramäische Alfasi-Text in großem Quadratdruck nehmen die Seitenmitte ein und sind rings umgeben von zahlreichen kleinstgedruckten hebräischen Kommentaren von Verfassern aus Deutschland, Frankreich, Italien und der Türkei, unter ihnen NACHMANIDES und JONATHAN HA-KOHEN aus Lunel. Alfasi verfaßte zahlreiche Gutachten, *Responsen*, zu Rechtsfragen. Diese, der ersten rabbinischen Periode (11. und 12. Jh.) zuzurechnende *Scheelot u-teschuwot (Responsen-Sammlung)* gehört neben der des JOSEF IGB MIGAS (gedruckt 1791) und der des MAIMONIDES (gedruckt 1859) zu den wichtigsten aus der spanischen Talmud-Schule (vgl. *Responsen-Sammlungen der Juden*),

P.N.

AUSGABEN: Konstantinopel 1509, 3 Bde.; Neudr. Jerusalem 1969, Hg. N. Sachs. – Livorno 1781 *(Scheelot u-teschuwot).* – Wilna 1825, 6 Bde. – Wilna 1880 (in *Talmud Babli*, Bd. 1; fotomech. Nachdr. NY 1959 u. Jerusalem 1960). – Pittsburgh 1954, Hg. W. Leiter *(Responsa of J. ben J. A.;* m. Anm. u. engl. Vorw.).

LITERATUR: B. Cohen (in Jewish Quarterly Review, 19, 1928/29, S. 335–410). – *A Critical and Annotated Text of Judah b. Benjamin Anav's Commentary on A. to Beza*, Hg. A. Neustein, Ann Arbor 1953. – *A Treasury of Responsa*, Hg. S. B. Freehof, Philadelphia 1963, S. 23–27. – S. Assaf u. I. Ta-Shma, Art. *I. A.* (in EJ², 2, Sp. 600–604).

VITTORIO ALFIERI

* 16.1.1749 Asti
† 8.10.1803 Florenz

LITERATUR ZUM AUTOR:
Bibliographien:
B. Maier, *A.*, Palermo 1957. – *Rassegna alfieriana (1970–72)* (in Lettere Italiane, 25, 1973, 235–248). – G. Santato, *Rassegna alfieriana (1972–77)* (in Lettere Italiane, 30, 1978, 388–410). – G. Santato, *Rassegna alfieriana (1978–81)* (in Annali alfieriani III, 165–196).

Gesamtdarstellungen und Studien:
E. Bertana, *V. A. studiato nella vita, nel pensiero e nell'arte*, Turin 1923.–G. G. Ferrero, *L'anima e la poesia di V. A.*, Turin 1932. – P. Sirven, *V. A.*, 8 Bde., Paris 1934 – 57. – G. Marzot, *A. tragico*, Florenz 1936.–L. Russo, *Dall'A. al Leopardi*, Bari 1946. – U. Leo, *Der Dichter A.* (in RJb, 4, 1951, 315–339; 5, 1952, 293–321; 6, 1953, 653–673).–C. Jannaco, *Studi sulle tragedie dell'A.*, Messina/Florenz 1953. – G. Pellecchia, *V. A. o la tragedia della libertà*, Rom 1959. – R. Scrivano, *La natura teatrale dell'ispirazione alfieriana e altri scritti alfieriani*, Mailand 1963. – V. Masiello, *L'ideologia tragica di V. A.*, Rom 1964.–W. Binni, *Saggi alfieriani*, Florenz 1969. – A. Signorini, *Individualità e libertà in V. A.*, Milano 1972. – C. Jannaco, *V. A.* (in *Dizionario critico della letteratura italiana*, Hg. V. Branca, 3 Bde., Turin 1973, Bd. 1, S. 21–27). – Ders., *Studi alfieriani, vecchi e nuovi*, Florenz 1974.–G. Nicastro, *V. A.*, Rom 1974.–P. Müller, *Alessandro Pepoli als Gegenspieler V. A. s. Ein literarischer Wettstreit im Settecento*, München 1974 (m. Bibliogr.). – F. Portinari, *Di V. A. e della tragedia*, Turin 1976.–G. Debenedetti, *Vocazione di V. A.*, Rom 1977. – W. Binni, *Settecento maggiore: Goldoni, Parini, A.*, Mailand 1978.–M. Trovato, *Il messaggio poetico dell'A. La natura del limite tragico*, Rom 1978. – L. Bàccolo, *Il signor conte non riceve*, Cuneo 1978. – E. Raimondi, *Il concerto interrotto*, Pisa 1979. – J. Joly, *Le désir et l'utopie. Etudes sur le théâtre d'A. et de Goldoni*, Clermont-Ferrant 1979. – H. Heintze, *A., Foscolo und Leopardi zwischen Klassik und Romantik* (in WZBln, 25, 1980, 547–558).–V. Branca, *A. e la ricerca dello stile*, Bologna 1981. – F. Betti, *V. A.*, Boston 1984 (TWAS).

BRUTO PRIMO

(ital.; *Brutus der Erste*). Tragödie in fünf Akten von Vittorio ALFIERI, entstanden um 1786.–Das Stück greift LIVIUS' altrömische Erzählung vom Tod der Lukrezia und der Befreiung Roms von dem Etrusker Tarquinius Superbus auf und schlägt mit der Widmung an den »*weitblickenden und freiheitslie-*

benden« General Washington den Bogen zur zeitgenössischen Politik.

Collatino gewinnt den Konsul Bruto dafür, die Schande, die König Tarquinius seiner Frau Lukrezia angetan und die diese zum Selbstmord getrieben hat, zu rächen. Auch der Senator Valerio schließt sich ihnen an. In großen Reden wendet sich Bruto an das Volk, das in Massen auf die Bühne gebracht wird, und wiegelt es gegen die Herrschaft des Tarquinius auf. Brutos Söhne, Tito und Tiberio, lassen sich allerdings von einem Gesandten des Königs in eine Verschwörung gegen Rom hineinziehen. Sie werden zusammen mit den anderen Verschwörern verhaftet und in der tragischen Schlußszene vor den Augen des Bruto, der die Freiheit des Staates über seine Vaterliebe setzt, hingerichtet. Die Tragödie ist eine Verherrlichung des republikanischen Rom und gleichzeitig ein unverhohlener politischer Aufruf an die Zeitgenossen.

U.P.

AUSGABEN: Paris 1787–1789 (in *Tragedie*, Bd. 5). – Parma 1801–1803 (in *Tragedie*, Bd. 5).–Neapel 1933, Hg. P. Lecnetti [krit.]. – Mailand 1957 (in *Le tragedie*, Hg. P. Cazzani). – Florenz 1961, Hg. U. Brilli. – Asti 1975, Hg. A. Fabrizi [krit.].

ÜBERSETZUNG: *Brutus, d. Ältere*, W. v. Lüdemann u. a. (in *Trauerspiele*, 8 Bde., 7, Zwickau 1824–1826).

LITERATUR: G. A. Camerino, *Liberatà e tirannide. Il »Brutus« del Voltaire e il »Bruto primo« dell'A.* (in Italianistica, 12, 1983, 265–275).

BRUTO SECONDO

(ital.; *Brutus der Zweite*). Tragödie in fünf Akten von Vittorio ALFIERI, entstanden etwa 1786/87. – Alfieris letzte vollendete Tragödie gestaltet den Stoff der Ermordung Julius Caesars, den schon SHAKESPEARE (*Julius Caesar*) und VOLTAIRE (*La mort de César*) auf die Bühne gebracht hatten, unmittelbar nach der Darstellung von PLUTARCH. Schon dort findet sich das Attentat als Tyrannenmord gerechtfertigt. Alfieri entlastet die Gestalt des Brutus zusätzlich dadurch, daß dieser in eindringlichen Reden versucht, Caesar zur Wiedereinführung der republikanischen Staatsform zu bewegen. Erst nach dem Scheitern aller dieser Bemühungen tritt Brutus dem Kreis der Verschworenen bei und führt selbst das Attentat aus. Die Tragik dieser Handlung wird noch dadurch gesteigert, daß sich Caesar zuvor als leiblicher Vater des Brutus zu erkennen gegeben hat. In der letzten Szene gewinnt Brutus durch seine Tat das römische Volk für seine Sache und führt es unter dem Banner der Freiheit gegen die Feinde der Republik. Dieses idealisierte Schlußbild muß im Zusammenhang mit der Widmung der Tragödie an das »*italienische Volk der Zukunft*« gesehen werden, in der Alfieri die Hoffnung ausdrückt, von den Urenkeln jener Zeitgenossen gefeiert zu werden, die seine politische Überzeugung noch ablehnen. Der Autor stellt sich mit dieser Tragödie am deutlichsten an den Beginn des *risorgimento*.

U.P.

AUSGABEN: Paris 1787–1789 (in *Tragedie*, Bd. 5). – Parma 1801–1803 (in *Tragedie*, Bd. 5). – Mailand 1957 (in *Le tragedie*, Hg. P. Cazzani). – Florenz 1959, Hg. R. Scrivano [krit.]. – Florenz 1961, Hg. U. Brilli. – Asti 1976, Hg. A. Fabrizi [krit.].

ÜBERSETZUNG: *Brutus, d. Jüngere*, W. v. Lüdemann u. a. (in *Trauerspiele*, 8 Bde., Zwickau 1824–1826, 8).

LA CONGIURA DE' PAZZI

(ital.; *Die Verschwörung der Pazzi*). Historische Tragödie in fünf Akten von Vittorio ALFIERI, erschienen 1789. – Vorlage für Alfieris Drama über die berühmte Verschwörung gegen die Medici von 1478 ist eine Erzählung aus MACHIAVELLIS *Istorie fiorentine (Florentiner Geschichten)*, die er jedoch abwandelt und im Hinblick auf die Personenzahl stark reduziert. Bereits die ersten Szenen entwerfen den Grundkonflikt der Tragödie. Raimondo de'Pazzi, durch die Heirat mit Bianca zum Schwager von Lorenzo und Giuliano de'Medici geworden, leidet genauso wie sein Vater Guglielmo unter der despotischen Herrschaft der Medici-Dynastie. Während der Vater zum besonnenen Ertragen der Verhältnisse ermahnt, strebt die ungestüme Jugend Raimondos, der Hauptgestalt des Dramas, nach Auflehnung. Zusammen mit dem Erzbischof Salviati, einem erklärten Gegner der Medici, plant er den Umsturz, ohne den Vater davon in Kenntnis zu setzen. Doch von dem feurigen Mut des Sohnes läßt sich schließlich auch Guglielmo für die Verschwörung begeistern und unterwirft sich dem Sohn: »*Tu a me maestro, e duce e Nume or sei*« (»*Du bist jetzt mein Herr, Führer und göttlicher Leiter*«). Zur eigentlich tragischen Gestalt entwickelt sich Bianca, die das Unheil erahnt und sowohl um ihre Brüder als auch um ihren Gatten fürchtet. Die beiden Medici-Brüder sind ebenfalls antagonistisch gezeichnet. Während Lorenzo tatendurstig nach Erweiterung der ererbten Macht strebt, ist Giuliano ein Zauderer, der mit den Pazzi zu verhandeln versucht. Die Verschwörung wird durch Verrat eines feigen Familienangehörigen der Pazzi entdeckt, doch gelingt es Raimondo, Giuliano zu töten, wobei er sich jedoch selbst tödlich verletzt. In den Armen von Bianca stirbt er vor den Augen des siegreich vordringenden Lorenzo, während das Volk auf der Straße nach Freiheit ruft.

Die Sympathie wird in diesem Drama auf die entschlossen Handelnden gelegt, und damit sowohl auf Raimondo als auch auf Lorenzo, der ebenfalls seiner Rolle gemäß handelt. In Akt IV,5 heißt es von ihm: »*D'alti sensi è costui; non degno quasi d'esser tiranno.*« (»*Er ist edlen Sinns und fast nicht würdig, ein Tyrann zu sein.*«) Diese positive Personenzeichnung wird von Lorenzos Schlußsatz abgerundet, in dem er es zukünftiger Beurteilung überläßt, ob er ein Tyrann oder die Pazzi Verräter gewesen sind. Die hier ausgebreitete differenzierte Haltung Alfieris gegenüber den Herrschenden und Unterdrückten findet sich weitgehend schon in der Abhandlung *Della tirannide (Von der Tyrannei)* angelegt, so daß das Drama als direkte Umsetzung der politischen Überzeugungen des Autors gelten kann.

U.P.

AUSGABEN: Paris 1789 (in *Tragedie di V. A. da Asti*, 6 Bde., 1787–1789, 4). – Florenz 1926 (in *Tragedie*, Hg. F. Maggini, Bd. 1; krit.). – Florenz 1958 (in *Tragedie scelte*, Hg. M. Porena; ern. 1963). – Asti 1968, Hg. L. Rossi.

ÜBERSETZUNGEN: *Verschwörung der Pazzi*, W. v. Lüdemann (in *Trauerspiele*, 8 Bde., 2, Zwickau 1824–1826). – *Verschwörung der Pazzi*, anon. (in *Sämtliche Schauspiele*, Bd. 3, Gotha 1825).

LITERATUR: W. A. Vetterli, *Dal Macchiavelli all'A. »La congiura de'Pazzi«* (in Civiltà Moderna, 9, 1937, S. 56–64). – M. Boni, *Sull'A. politico. Noti e appunti*, Modena 1963. – G. R. Sarolli, *Machiavelli e A.*, Bari 1977.

DELLA TIRANNIDE

(ital.; *Von der Tyrannei*). Politische Schrift in zwei Büchern von Vittorio ALFIERI, entstanden 1777, erschienen 1789. – Das zu Beginn der Dramenproduktion entstandene Werk ist die theoretische Grundlegung des zentralen Konfliktes von Alfieris Tragödien. Das erste Buch beschreibt, jeweils in kurzen Kapiteln, das Wesen der Tyrannei und des Tyrannen sowie die Rahmenbedingungen, die deren Existenz sichern. Alfieris Definitionen sind zwar – juristisch betrachtet – teilweise undeutlich, gleichen diese Schwäche jedoch durch eindringliche Formulierungen aus. So wird als Tyrannis jede Regierungsform bezeichnet,»*bei welcher der mit der Wahrung der Gesetze Betraute diese in sicherer Straflosigkeit verstümmeln, brechen, willkürlich auslegen, für nichtig erklären oder auch nur umgehen kann«.* Als der Tyrannis förderlich sieht der Autor ein Klima der Angst und Feigheit, des übersteigerten Ehrgeizes und Besitzstrebens und das Standesdenken des Militärs, des Klerus und des Adels an. Das zweite Buch befaßt sich mit praktischen Fragen einer moralisch verantwortbaren Existenz unter tyrannischer Herrschaft. Neben dem Rückzug aus dem Gesellschaftsleben bleibt als äußerste Reaktion der Selbstmord. Eine aktive Auflehnung gegen den Alleinherrscher oder sogar den Tyrannenmord hält Alfieri nur bei geschlossenem Handeln des ganzen Volkes für erfolgreich. Im Gegensatz zu der Schrift *Del Principe e delle Lettere* bezieht sich *Della Tirannide* nicht explizit auf die Lage des zeitgenössischen Italiens. Gleichwohl hat es einen ähnlich starken Einfluß auf die italienische Einigungsbewegung des *risorgimento* gehabt.

U.P.

AUSGABEN: Kehl 1789. – Bari 1927 (in *Opere*, Hg. A. Donati, Bd. 4). – Asti 1951 (in *Scritti politici e morali*, Hg. P. Cazzani, Bd. 1; krit.) – Toronto 1961, Hg. J. A. Molinaro u. B. Corrigan [m. engl. Übers.].

ÜBERSETZUNG: *Von der Tyrannei*, H. Schweizer, Zwickau 1822.

LITERATUR: M. Cerini, *Machiavelli e A.* (in Nuova Italia, 4, 1933, H. 7). – G. Callero, *Indagini sul pensiero politico di V. A.* (in G. C., *Studi d'arte e di letteratura*, Genua 1941, S. 121–128). – L. Russo, *L'A. politico* (in L. R. *Ritratti e disegni storici*, Ser. 1, *Dall'A. al Leopardi*, Bari 1946, S. 87–140). – N. Sapegno, *A. politico* (in Civiltà, 5, 1949, S. 365–382). – B. Maier, *Il pensiero politico dell'A.* (in Ausonia, 7, 1952, H. 3/4, S. 49–52; H. 5/6, S. 5–15). – C. Bernasconi, *Il pensiero politico-morale di V. A.*, Como 1960. – V. E. Alfieri, *Politica e morale in A.* (in *Studi in onore di Vittorio Lugli e Diego Valeri*, Bd. 1, Venedig 1962, S. 1–12). – M. Boni, *Sull'A. politico. Note e appunti*, Modena 1963. – G. R. Sarolli, *Machiavelli e A.*, Bari 1977.

DEL PRINCIPE E DELLE LETTERE

(ital.; *Vom Fürsten und von der Literatur*). Abhandlung in drei Teilen über die Stellung des Schriftstellers in der Gesellschaft von Vittorio ALFIERI, konzipiert 1777–1786, erschienen 1795. – Schon das einleitende Motto, dem römischen Dichter LUKAN entnommen, setzt die im Titel nebeneinandergestellten Begriffe in ein eindeutige Beziehung zueinander »*virtus et summa potestas non coeunt*« (»*Tugend und Herrschergewalt gehen nicht zusammen*«). Alfieris Versuch, die Rolle des Schriftstellers in der absolutistischen Gesellschaft zu bestimmen, steht ganz im Bann eines übersteigerten Idealbildes vom tugendhaften Literaten, dessen Rigorismus in letzter Konsequenz im System der absoluten Herrschaft wie ein Sprengkörper wirken muß. Im ersten Buch wird der Schriftsteller in aller Deutlichkeit als Feind jedes Fürsten dargestellt, da er Tugend lehre, die die Mächtigen aus Gründen der Staatsraison nicht verwirklichen könnten. Parallel zu den Antagonisten Held und Tyrann in der Tragödie tritt hier das Gegensatzpaar *letterato – principe* auf, wobei der Dichter als ein *eroe in potenza* bezeichnet wird. Das zweite Buch wendet sich praktischen Fragen zu. Alfieri lehnt jegliches Mäzenatentum ab und setzt an seine Stelle den freien Schriftsteller. Er lobt unter diesem Aspekt DANTE, PETRARCA und BOCCACCIO, verurteilt aber viele Dichter des 16. Jh.s, die sich in Abhängigkeit von Fürstenhöfen begeben hatten. Diese relativ moderne Auffassung wird im dritten und letzten Buch wieder von einer idealistisch-empfindsamen Beurteilung der Persönlichkeit des Schriftstellers abgelöst. Vier Eigenschaften zeichnen ihn vor allem aus: »*alto animo, libere circostanze, forte sentire, ed acuto ingegno*« (»*hoher Mut, äußere Freiheit, starkes Empfinden und Geistesschärfe*«; 2. Kap.). Der Dichter wird somit zum Modell für die Gesellschaft, stellt sich in den Dienst des Erhabenen und strebt nach ruhmvollem Weiterwirken seiner Werke über seinen Tod hinaus. Leben und Werk können daher nicht voneinander getrennt werden, und der unmittelbare Einfluß des Lebens (*impulso naturale*) bringt bessere Werke zustande als das rein sprachkünstlerische Bemühen (Kap. 6 u. 7). Unter diesem Aspekt werden die griechischen Dramen dem Klassizismus eines RACINE vorgezogen. Das vorletzte Kapitel übernimmt aus MACHIAVELLIS *Principe* den dort das letzte Kapitel bezeichnenden Titel »*Esortazione a liberar la Italia dai barbari*« (»*Aufruf, Italien von der Fremdherrschaft zu befreien*«). Alfieri analysiert hier die zeitgenössischen politischen Verhältnisse Italiens und appelliert an das italienische Volk, seine Kräfte der tugendhaften Aufgabe nationaler Befreiung und Einheit zu widmen.

Im Schlußkapitel schließlich wird der Literatur eine vorbereitende Rolle bei der gesellschaftlichen Veränderung zugesprochen: »*le vere lettere fiorire non possono se non se all'aura di libertà*« (»*die wahre Literatur kann nur im Umkreis der Freiheit gedeihen*«). Über frühromantische Autoren wie FOSCOLO vermittelt, hat diese politisch-philosophische Schrift starken Einfluß auf die Einigungsbewegung des *risorgimento* ausgeübt, die die Gedanken des idealistischen Aufklärers in ihrem Sinn interpretierte.

U.P.

AUSGABEN: Kehl 1795. – Bari 1927 (in *Opere*, Hg. A. Donati, Bd. 4). – Florenz 1943, Hg. L. Rossi. – Asti 1951 (in *Opere*, Bd. 3/1: *Scritti politici e morali*, Hg. P. Cazzani; krit.).

LITERATUR: G. A. Levi, *Il trattato »Il principe e le lettere«. Dall'A. a noi* (in La Nuova Italia, 1935, S. 37–41). – G. Callero, *Indagini sul pensiero politico di V. A.* (in G. C., *Studi d'arte e di letteratura*, Genua 1941, S. 121–128). – B. Croce, *Sul trattato »Il principe e le lettere« di V. A.* (in Critica, 40, 1942, S. 331–337; ern. in B. C., *La letteratura italiana*, Bd. 2, Bari 1956, S. 395–405). – L. Russo, *L'A. politico* (in L. R., *Ritratti e disegni storici, Ser. 1, Dall'A. al Leopardi*, Bari 1946, S. 87–140). – N. Sapegno, *A. politico* (in Civiltà, 5, 1949, S. 365–382). – C. Bernasconi, *Il pensiero politico-morale di V. A.*, Como 1960. – M. Boni, *Sull'A. politico, Note e appunti*, Modena 1963. – G. R. Sarolli, *Machiavelli e. A.*, Bari 1977.

IL DIVORZIO

(ital.; *Die Scheidung*). Verskomödie in fünf Akten von Vittorio ALFIERI, konzipiert um 1801, erschienen 1804. – Alfieris dramatisches Werk endet mit sechs Komödien. Während in der sog. *Tetralogia politica* (*L'uno, I pochi, I troppi, L'antidoto*) und in dem phantastischen Lustspiel *La finestrina* die Handlung in der Antike oder der Renaissance spielt, hält der Autor in *Il divorzio* der zeitgenössischen italienischen Gesellschaft mit einer beißenden Satire den Spiegel vor.

Im Mittelpunkt des Stücks steht die kapriziöse Lucrezia Cherdalosi, die verwöhnte Tochter einer Familie des gehobenen Bürgertums. Um ihre Hand wirbt ein junger Verliebter aus gutem Haus, Prospero Benintendi. Damit zitiert Alfieri zu Beginn des Stücks die Grundkonstellation einer typischen Komödienhandlung, doch der weitere Verlauf enttäuscht die Erwartung auf eine Liebesheirat nach vorausgehender Überwindung aller Hindernisse. Lucrezias Launen, die sie dem Beispiel ihrer Mutter Annetta verdankt, schrecken den Verliebten derart, daß er von der Heirat zurücktritt. Lucrezia schließt statt dessen mit dem älteren, aber reichen Fabrizio Stomaconi einen Ehevertrag, worüber ihr geiziger Vater hocherfreut ist. Als jedoch im fünften Akt der Rechtsanwalt den von Lucrezia diktierten Vertrag bekannt gibt, wird sogar das streitsüchtige Elternpaar von den Anmaßungen der Tochter vor den Kopf gestoßen, während der satirisch überzeichnete Stomaconi – ein von *stomaco* – *Magen* abgeleiteter sprechender Name – als braver Ehemann alle Bedingungen »schluckt«. Hauptanliegen des Vertrags ist es, Lucrezia jegliche Freiheit in der Ehe zu sichern, insbesondere aber das Recht, sich mehr oder weniger vertraute Gesellschafter, die sog. *cicisbei*, zu halten. Zu allem Überfluß gelingt es der attraktiven Tochter dabei, der eigenen Mutter die *cicisbei* auszuspannen.

Alfieris satirische Kritik richtet sich gegen die durch das Freiheitsstreben der Frau und das kommerzielle Denken des Mannes zum bloßen Vertrag, ja zur faktischen Scheidung verkommene Ehe. In weit schärferer Form als etwa GOLDONI (vgl. *I quattro rusteghi*) geißelt er die Mode des *cicisbeismo* und fordert am Ende des Stückes die Zuschauer auf, zu pfeifen anstatt zu klatschen und in dem Spiel ihre eigenen verfallenen Sitten wiederzuerkennen. Indem der Autor auf das komödientypische Element einer komischen Nebenhandlung verzichtet und Komik nur durch Übersteigerung gewinnt, unterstreicht er seine rein satirische Absicht.

U.P.

AUSGABEN: Ldn. 1804 (in *Commedie*). – Florenz 1840 (in *Opere postume*, 13 Bde., 3). – Turin 1903 (in *Opere*, 11 Bde., 8). – Asti 1958, Hg. F. Forti [krit.]. – Florenz 1959 (in *Opere*, Hg. F. Maggini, 1959 ff., Bd. 3: *Commedie. Dagli autografi Laurenziani*; Biblioteca nazionale le Monnier).

LITERATUR: I. Della Giovanna, »*Il divorzio*«, *commedia di V. A.* (in Rivista d'Italia, 6, 1903, S. 665–667). – I. Martines, *La donna nella vita e nelle opere di V. A.*, Mistretta 1909. – E. Raimondi, *L'ultimo A., il poeta delle commedie* (in Convivium, fasc. 314, 1949). – R. Scrivano, *Introduzione alla lettura del teatro alfieriano*, Florenz 1958. – M. Boni, *Appunti per una tesi sulla teatralità del teatro alfieriano*, Bologna 1963. – G. Santarelli, *Studi e ricerche sulla genesi e le fonti delle commedie alfieriane*, Mailand 1971. – V. Placella, *A. comico*, Bergamo u. a. 1973.

L'ETRURIA VENDICATA

(ital.; *Das gerächte Etrurien*). Epos in vier Gesängen von Vittorio ALFIERI, konzipiert 1778–1786, erschienen 1789. – Der Autor greift in diesem Epos auf die historische Überlieferung der Ermordung des Alessandro de'Medici durch seinen Vetter Lorenzino zurück, um einmal mehr den Sieg republikanischer Freiheitsideale über die Tyrannei des absoluten Herrschers literarisch zu verherrlichen. Die Tatsache, daß Alessandro der Schwester Lorenzinos, Bianca, in unsittlicher Weise nachstellt, ist bei Alfieri nur ein vordergründiges Motiv für den Tyrannenmord. In der Hauptsache wird Lorenzinos Tat von Traumvisionen angeregt. Zunächst erscheint ihm die allegorische Gestalt der Freiheit, später der als Ketzer verbrannte Bußprediger Gerolamo SAVONAROLA, der in Florenz nach Vertreibung der Medici kurzfristig eine theokratische Republik ausgerufen hatte. Auch die anfeuernde Klage von Lorenzinos Mutter ist vorwiegend von Freiheitsidealen beseelt. Im dritten Gesang wird die Gestalt Alessandros im Rahmen von satirischen Seitenhieben auf Zeitgenossen des Autors karikierend entwertet: Bei einer Ratsversammlung bricht er unter der Last seines Panzerhemdes zusammen, das er aus Furcht vor Attentätern angelegt hat. Das Epos endet damit, daß Alessandro von der Figur der Freiheit, in der Gestalt Biancas, in das Haus seines Vetters gelockt wird, wo ihn Lorenzino in offenen Zweikampf tötet. Alfieris Werk kann nur als Versuch angesehen werden, seinen großen Vorbildern ARIOST und TASSO nachzueifern und auch die Gattung des Epos literarisch zu gestalten. Der Stoff erfuhr eine weit bedeutsamere Bearbeitung in Alfred de MUSSETS Drama *Lorenzaccio* (1834).   U.P.

AUSGABEN: Kehl 1800 [recte 1789]. – Pisa 1805–1815 (in *Opere*, 27 Bde.) – Asti 1966, Hg. P. Cazzani [krit.].

LITERATUR: L. De Venditis, »*L'Etruria vendicata*«: *una tragedia in forma di poema*, (in GLI, 161, 1984, 321–333).

FILIPPO

(ital.: *Philipp*). Tragödie von Vittorio ALFIERI, konzipiert 1775, bis 1789 mehrmals überarbeitet; Uraufführung: Florenz 1794. – Für seine zweite Tragödie (nach *Cleopatra*) wählte Alfieri in Anlehnung an die historische Novelle SAINT-RÉALS (1672) den Don-Karlos-Stoff und gestaltete ihn in freier Bearbeitung zur Darstellung der tyrannischen Herrscherpersönlichkeit, die durch die Zwänge der Macht zur Unterdrückung ihrer aufbegehrenden Untertanen getrieben und so von allem Menschlichen ausgeschlossen wird.
Am Beginn der tragischen Handlung steht die inzestuöse Beziehung zwischen Carlo und seiner Stiefmutter, Königin Isabella, die vor ihrer Heirat bereits einmal mit dem Prinzen verlobt war. Beide beklagen sich über die Härte des Königs, gestehen einander ihre Liebe, entsagen jedoch deren Erfüllung. Carlo, der seinem Vater vorwirft, weder Liebe noch Freundschaft zu kennen, findet in dem Hofbeamten Perez einen ergebenen Beistand. Filippo fürchtet um seine Autorität und prüft den Verdacht des Ehebruchs am Urteil seines unterwürfigen Ministers Gomez, der ihm wider besseres Wissen die erwartete Bestätigung liefert. In Zwiesprache mit dem Sohn gerät Filippo in einen Rollenkonflikt: Indem er als Vater dem Rebell verzeiht, erscheint die Auflehnung Carlos gegen die königliche Macht um so größer. Nach Anhörung der Räte läßt Filippo den Sohn unter der Anschuldigung, den Vatermord zu planen, verhaften. Der König sagt sich von aller Vater- und Gattenliebe los, reicht Carlo den Dolch, mit dem schon Perez hingerichtet wurde, und kann nicht verhindern, daß die anwesende Isabella ihrem Stiefsohn in den Tod folgt. Die Autorität des Tyrannen bleibt damit zwar gewahrt, doch Filippo erkennt, daß er zu einem Unmenschen geworden ist, dem menschliches Glück versagt bleibt.
Im Gegensatz zu SCHILLER (vgl. *Don Karlos*, 1787) entwickelt Alfieri die aufklärerische Anklage gegen den Absolutismus an der Figur des Tyrannen selbst und zeigt, wie er als Mensch zwangsläufig an dieser Herrschaftsform scheitern muß (vgl. auch *Della Trannide*, 1777) und der Freiheitsliebe nur der Tod bleibt. Die Charaktere, vor allem aber Carlo, erreichen nicht die Dynamik und Intensität, die Schiller ihnen gibt. Alfieris Frühwerk spielt jedoch bei seinen Bemühungen um eine Reform der italienischen Tragödie eine wichtige Rolle. Zuerst in Französisch entworfen, übertrug es der Autor in das ihm als Piemontesen wenig vertraute Italienisch und gelangte nach vielen Umarbeitungen zu der charakteristischen Reduktion der Personenzahl. Auch stilistisch vermittelt die endgültige Fassung jene sprachliche Härte, die der Autor einer rokokohaften Glättung der Tragödiensprache entgegensetzen wollte.
Im Rahmen von Alfieris geistiger Entwicklung repräsentiert dieses Frühwerk den noch ungebrochenen Glauben des Aufklärers an humanistische Ideale, denen durch das sog. *forte sentire*, d. h. das emotionale Aufbäumen des Individuums gegen die politischen und menschlichen Verhältnisse zu ihrem Recht verholfen werden muß. Dieser Glaube weicht in den späteren Werken einer passiveren, pessimistischen Haltung.   U.P.

AUSGABEN: Siena 1783 (in *Tragedie*, 3 Bde., 1). – Mailand 1940 (in *Opere*, Hg. F. Maggini, 2 Bde., 1). – Asti 1952, Hg. C. Jannaco (krit.). – Mailand 1955 (in *Tutte le tragedie*, Hg. G. R. Ceriello,

5 Bde., 1955–1957, 1). – Florenz 1958, Hg. C. Guerrieri Crocetti.

ÜBERSETZUNGEN: *Philipp II.* (in *Trauerspiele*, W. v. Lüdemann, Bd. 1, Zwickau 1824). – Dass., A. Seubert, Lpzg. o. J. [1877] (RUB).

LITERATUR: F. Ferrarotti, *Saggio critico sulle prime quattro tragedie di V. A.*, Trient 1929. – C. Cattaneo, *Il »Don Carlo« di Schiller e il »Filippo« d'A.* (in C. C., *Scritti letterari artistici, linguistici e vari*, Hg. A. Bertani, Bd. 1, Florenz 1948, S. 11–59.). – L. Sannia Nowé, *Dall'idea alla tragedia. Nascita della forma tragica nel Filippo alfieriano*, Padua 1976. – G. A. Camerino, *Elaborazione dell'A. tragico. Lo studio del verso e le varianti del »Filippo«*, Neapel 1977.

MIRRA

(ital.; *Myrrha*). Tragödie in fünf Akten von Vittorio ALFIERI, entstanden 1784–1787, Uraufführung: Paris 1789. – Im Unterschied zu Alfieris übrigen Tragödien, in denen sich die verhängnisvollen Zuspitzungen stets aus den Gegensätzen leidenschaftlicher Charaktere entwickeln, scheitern die Helden seiner Hauptwerke *Mirra* und *Saul* an ihren eigenen inneren Konflikten. Das Motiv des Inzests, das der Dichter aus den *Metamorphosen* OVIDS entnahm, wird in *Mirra* zur Grundkonstellation eines großen Seelendramas, dessen psychologische Problematik Alfieri nötigt, den ihm vertrauten dramatischen Rahmen zu sprengen. – Mirra, die Tochter des Königs Ciniro und seiner Gemahlin Cecri, fühlt sich zum Vater in einer unnatürlichen Liebe hingezogen. Da sie diese Neigung zugleich als unsühnbares Verbrechen empfindet, sucht sie das Verlangen zu unterdrücken und vor der Umwelt zu verbergen. Ihre Eltern, und ebenso die Amme und Pereo, Mirras Verlobter, bemerken das seltsame Wesen des Mädchens und suchen den Anlaß des geheimnisvollen Leidens zu ergründen; aber Mirra begegnet allen besorgten Fragen und wohlmeinenden Ratschlägen bald mit apathischer Unterwürfigkeit, bald mit gereizter Auflehnung. Schließlich erklärt sie sich einverstanden, den ungeliebten Pereo zu heiraten: Noch hofft sie, die Ehe werde sie von ihrem verhängnisvollen Trieb befreien. Doch schon während der Hochzeitsfeier (Akt 4) glaubt die Braut, die rächenden Erinnyen zu erblicken, die Schlangengeißeln gegen sie schwingen. In wahnsinniger Erregung verflucht Mirra den Gatten und die Mutter. Pereo nimmt sich – das berichtet der König zu Beginn des letzten Aktes – das Leben. Als Ciniro daraufhin seine Tochter beschuldigt, Pereos Mörderin zu sein, läßt sich die Verzweifelte vom Vater nach und nach das schreckliche Geheimnis ihrer Liebe entlocken. Nach ihrem Geständnis entreißt sie ihm das Schwert und tötet sich. Die Eltern wenden sich schaudernd von der Verfluchten ab, die auch der Tod nicht entsühnen kann.

Der interessanteste Aspekt dieser Tragödie ergibt sich daraus, daß Alfieri, oft als Hauptvertreter des italienischen Neoklassizismus bezeichnet, die Baugesetze des klassischen Dramas hier weitgehend außer acht läßt. In den vom Motiv her verwandten Phädra-Dramen von EURIPIDES und RACINE wird das Opfer schließlich tatsächlich schuldig durch die Zustimmung zur frevlerischen Leidenschaft. Im Gegensatz dazu bleibt Mirra, die ihrer verbotenen Liebe hilflos ausgeliefert ist, schuldlos und rein. Sie muß den Konflikt, der jeden Augenblick die Selbstzerstörung bedeuten kann, verbergen und kann sich erst im Augenblick des Todes durch ihr Bekenntnis daraus lösen. Die Enthüllung, die fünf Akte hindurch nur vorbereitet worden war, wird nun zum ungeheuren Ausbruch. Das *»Auseinanderklaffen von Sagen und Denken, das Verbergen des leidenschaftlich Gefühlten und doch sich Verraten durch geheime Blicke, unwillkürliche Gebärden der Leidenschaft, des Begehrens, wo der verhängnisvolle Trieb erstickt werden müßte«* (H. Kindermann), ist beispielhaft für die Alfieris Dramatik zugrundeliegende seelische Auseinandersetzung des um Läuterung bemühten Helden. Der von diesem Dichter entwickelte tragische Stil, der abgenutzte Theatercoups durch neue darstellerische Ausdrucksformen ersetzen sollte, bietet im Fall der *Mirra* bis dahin unbekannte Möglichkeiten dramatischer Expression. Nicht zufällig zählen die Aufführungen mit Anna Fiorilli Pellandi (Florenz 1803), Carlotta Marchionni (Turin 1821) und Adelaide Ristori (Paris 1855 und später) zu den großen Triumphen der europäischen Theatergeschichte. KLL

AUSGABEN: Paris 1789 (in *Opere*, 1787–1789, Bd. 5). – Paris 1855. – Mailand 1878 (in *Opere scelte*, 4 Bde., 3; Classici italiani). – Mailand 1940 (in *Opere*, Hg. F. Maggini, 2 Bde., 1). – Bari 1947 (in *Tragedie*, Hg. N. Buscoli, 4 Bde., 1946/47, 3; Scrittori d'Italia, 196). – Asti 1952 (in *Opere*, Hg. C. Calcaterra, 14 Bde., 1951–1963, 6; krit.). – Mailand 1957 (in *Tutte le tragedie*, Hg. G. R. Ceriello, 5 Bde., 1955–1957, 4). – Florenz 1960 [Komm. W. Binni u. R. Scrivano]. – Mailand 1963, Hg. F. del Chiaro. – Asti 1974, Hg. M. Capucci [krit.].

ÜBERSETZUNGEN: *Myrrha*, bearb. v. P. Hansmann (in *Vier Trauerspiele*, Mchn. 1919). – Dass., K. Mager, Wien 1922.

LITERATUR: G. Raya, *Sulla »Mirra« di V. A.* (in Civiltà Moderna, 5, 1933). – E. Gianturco, *Abbé Arteaga as a Critic of A.'s »Myrrha«* (in RomR, 27, 1936, S. 282–292). – B. Croce, *La »Mirra« dell'A. e il Dumas padre* (in B. C., *Aneddoti di varia letteratura*, Neapel 1942, Bd. 2, S. 368/369). – A. Momigliano, *»Mirra«* (in A. M., *Introduzione ai poeti*, Mailand 1946, S. 127–146). – W. Binni, *Lettura della »Mirra«* (in Rendiconti dell'Istituto Lombardo die Scienze e Lettere, 61, 1957, S. 12–30). – P. Azzolini, *La negazione simbolica nella »Mirra« alfieriana* (in Lettere Italiane, 32, 1980, S. 289–313).

ORESTE

(ital.; *Orest*). Tragödie in fünf Akten von Vittorio ALFIERI, konzipiert ab 1776, Uraufführung: Foligno 1781. – In dieser und der gleichzeitig entstandenen Tragödie *Agamemnone* greift Alfieri, von SENECAS Tragödien inspiriert, den antiken Atriden-Mythos auf, um an ihm die Überwältigung des Menschen durch elementare Gefühle aufzuzeigen. In Begleitung seines treuen und besonnenen Freundes Pylades kehrt Orest ins väterliche Königreich zurück, um die Ermordung seines Vaters Agamemnon durch seine Mutter Klytemnästra zu sühnen und Ägist, ihren Geliebten, vom Thron zu stürzen. Die Unbeherrschtheit Orests erlaubt es Ägist zunächst, die beiden Freunde festzunehmen und ihre Identität zu enthüllen. Doch seine Untertanen fallen von ihm ab und befreien Agamemnons Sohn als ihren rechtmäßigen Herrscher. Von Rache überwältigt, tötet Orest mit Ägist auch seine an diesen sich klammernde Mutter, die sich in ihrem Wankelmut weder für ihren Sohn noch für den Geliebten entscheiden konnte. Bereits im Eingangsmonolog der Elektra kündigt sich das hohe Pathos dieser Tragödie an. Es wird, verstärkt durch das retardierende Moment von Orests Verhaftung, zu einem rasenden Ausbruch der Leidenschaften geführt, die sich in den zerrissenen Dialogen des Schlußaktes sprachlich wirkungsvoll manifestieren und der Hauptgestalt eine bei Alfieri seltene Dynamik verleihen. U.P.

AUSGABEN: Siena 1783. – Paris 1787 (in *Opere*, 1787–1789, Bd. 2). – Mailand 1956 (in *Tutte le tragedie*, Hg. G. R. Ceriello, 5 Bde., 1955–1957, 2). – Florenz 1961 (in *Tragedie*, Hg. U. Brilli). – Modica 1962 [Einl. u. Komm. V. Scibilia]. – Asti 1967, Hg. R. De Bello.

ÜBERSETZUNG: *Orest*, W. v. Lüdemann (in *Trauerspiele*, Bd. 6, Zwickau 1826).

LITERATUR: G. G. Ferrero, *L'»Oreste« dell'A.* (in Rivista di Sintesi Letteraria, 1935, S. 376–436). – G. Gervasioni, *Di alcune caratteristiche che differenziano l'»Oreste« dalle altre tragedie alferiane* (in G. G., *Dal Macchiavell all'A.*, Mailand 1940, S. 79–94). – V. Gassmann, *L'A. e l'»Oreste«* (in Sipario, 141, 1958, S. 3–4).

RIME

(ital.; *Gedichte*) von Vittorio ALFIERI. Sammlung lyrischer Werke, entstanden von 1771–1802, erste Teilveröffentlichung 1789. – Alfieris lyrisches Werk umfaßt insgesamt etwa 400 Gedichte, von denen er ca. 240 zu Lebzeiten geordnet und veröffentlicht hat. Das lyrische Dichten durchzieht seine gesamte literarische Schaffenszeit, bildet häufig den Ausgangspunkt oder den Spiegel der dramatischen Werke und kann wegen der meist exakten Datierung der einzelnen Gedichte auch zu Alfieris Autobiographie (vgl. *Vita*) in Beziehung gesetzt werden. Im Vergleich mit der vorausgehenden italienischen Lyrik des 18. Jh.s bezeichnen Alfieris Gedichte einen grundsätzlichen Neuanfang nach der durch arkadische Bukolik und rokokohaften Libertinismus geprägten ersten Jahrhunderthälfte. Während dort die kurze Ode das Formenrepertoire dominiert hatte, greift Alfieri auf das Sonett zurück und entfernt sich gleichzeitig auch inhaltlich von der unbeschwerten Liebes- und Naturlyrik der Arkadier.

Der erste, vom Autor selbst geordnete Teil der *Rime* wird eröffnet von mythologischen Sonetten auf Gestalten wie Ganymed, Herkules oder Antäus. Bald jedoch treten Liebessonette dazu, die, schenkt man dem Dichter Glauben, alle an die Gräfin D'Albany gerichtet sind. Durch die tagebuchartige Gestaltung verschiedener Stimmungen und die Beschreibung kleinerer Begebenheiten wie Abreise oder Wiedersehen der Geliebten, Pflege ihres Hundes, Erinnerung ihrer Liebe in der Einsamkeit usw. werden Anklänge an den petrarkistischen *Canzoniere* geschaffen. Alfieri erhöht jedoch die Liebe nicht ins Idealtypische, sondern gestaltet in den Gedichten eine existentielle Aneignung petrarkistischer Liebeserfahrungen. Die Gedichte sind zur Darstellung unmittelbarer Empfindungen einer Dichterpersönlichkeit stilisiert, die in ihrer Individualität Vorbild für die Leser sein soll. Beredtes Zeugnis für die bewußte Selbststilisierung des Dichters ist das wohl berühmteste Sonett, *Sublime specchio di veraci detti*, in dem Alfieri ein von Widersprüchen geprägtes, aber gerade deswegen empfindungsreiches Selbstbildnis entwirft. Der letzte Vers »*Uom, se' tu grande, o vil? Muori, e il saprai*« (»Mensch, bist du ein Großer oder ein Feigling? Stirb, und du wirst es wissen«) setzt das Schicksal des Autors mit dem seiner tragischen Helden gleich. Alfieris Stellung als Dichter wird in einigen poetologischen Gedichten reflektiert, seine Beziehung zu zeitgenössischen Ereignissen drückt sich in Gelegenheitsgedichten aus, so zum Ballonflug der Brüder Mongolfier, zum Tod Friedrichs des Großen, zum amerikanischen Unabhängigkeitskrieg oder zur Erstürmung der Bastille (die letzten beiden sind längere Oden). Der zweite Teil der *Rime* wird in der kritischen Ausgabe von einer längeren, pindarisch inspirierten Ode beschlossen, die, wie schon die mythologischen Sonette, Alfieris neoklassizistische Vorliebe für die Antike untermauern, die er als ideale Welt immer wieder dem eigenen Jahrhundert entgegenstellt. Ein bedeutender Teil der *Rime* besteht schließlich noch aus epigrammatischer Dichtung, die ebenfalls von antiken Autoren inspiriert ist.

Nach einer langen Periode der Geringschätzung ist mittlerweile die Bedeutung der Lyrik für Alfieris Gesamtwerk und seine Dichterpersönlichkeit erkannt worden. Die Gedichte treten nahezu gleichberechtigt neben die Tragödien und gelten als einflußreiche Vorbilder für Autoren wie FOSCOLO und MANZONI. U.P.

AUSGABEN: Florenz 1912, Hg. R. Guastalla. – Asti 1954, Hg. F. Maggini [krit.]. – Florenz 1963, Hg. C. Bozzetti. – Turin 1965, Hg. G. G. Ferrero u. M. Rettori ern. 1978 (in *Vita, Rime e Satire*).

LITERATUR: P. Mazzamuto, *Proposte sull'A.*, Palermo 1957. – M. Fubini, *Ritratto dell'A. e altri studi alfieriani*, Florenz 1963. – S. M. Gilordino, *La tradizione ossianica nella poesia dell'A., del Foscolo e del Leopardi*, Ravenna 1982. – S. Costa, *Lo specchio di narciso: autoritratto di un »homme de lettres«; su A. autobiografo*, Rom 1983.

SAUL

(ital.; *Saul*). Tragödie in fünf Akten von Vittorio ALFIERI, erschienen 1783; Uraufführung: Turin, 29.4.1821, Teatro Carignano. – In der Handlung den beiden *Samuelbüchern* folgend, wird das Werk bei Alfieri zur Tragödie des schweren Sterbens, in deren Mitte die Tragik des ruhmreichen alten Mannes steht, der sich selbst überlebt hat und sich besiegt sehen muß von der Kraft der Jugend und der neuen Zeit. Der Protagonist ist damit weit mehr als eine der tendenziösen Tyrannenfiguren (vgl. *Filippo*) des großen Tragikers: »*Er ist die Gestalt, die mir am teuersten ward, weil alles, aber auch wirklich alles in ihr steckt.*« Ein großmütiger Herrscher, läßt Saul sich trotzdem von kleinlichem Mißtrauen gegen seine Nächsten quälen; ihre lautere Anteilnahme zurückweisend, glaubt er sich von allen verraten und verlassen; den Schwiegersohn David, der ihn liebt und durch Gesang – die Paraphrase einer Ode von DRYDEN – besänftigen will, bedroht er mit dem nackten Schwert; König des Gottesvolkes, läßt er den Oberpriester Achimelech hinrichten, nachdem dieser ihm Unheil prophezeit hat. Somit handelt Saul motivlich aus heroischem Wahnsinn, ohne daß der Autor sich damit an SHAKESPEARES Vorbilder halten wollte. Vielmehr hatte er am biblischen Stoff festgestellt, dieser böte die Möglichkeit, »*beschreibende, phantastische und lyrische Dichtung anzuwenden, ohne dadurch die dramatische Wirkung im geringsten zu zerstören*«. Diese dramatische Wirkung, die turbulenten, sich überstürzenden Geschehnisse der biblischen Vorlage also, wird dabei genial auf die Sichtbarmachung des inneren Geschehens reduziert. Denn Sauls seelische und gedankliche Zerrissenheit soll Zeugnis geben von der Kluft zwischen dem »*düsteren Tale Mensch*« und seinem Gott, dessen erleuchtender »*Blitzstrahl*« nur selten aus der »*unnennbaren Höhe*« dringt. Gegen alles und alle kämpfend, nur nicht gegen den in der eigenen Seele eingenisteten Zwiespalt, erkennt er den göttlichen Ratschluß nicht, verfolgt er den von Gott erwählten David. Doch gerade damit gibt er den Feinden seines Volkes, den Philistern, eine Blöße. Ihnen gelingt es, die Israeliten zu überrumpeln und ins Lager des Königs vorzudringen. Aber Saul stürzt sich nicht deshalb in sein Schwert, um einem schmählichen Tod zu entgehen, sondern um nicht erleben zu müssen, wie David, nach dem er rufen ließ, mit jugendlicher Kraft ihn, den Schwachen, Alten, Verbrauchten und schon Abgeschriebenen, überflügelt.

Alfieri pflegte in seinen Tragödien die entscheidenden Vorgänge auf vier Personen zu konzentrieren; in *Saul* ging er noch weiter und beschränkte sich auf zwei Kontrahenten. Deshalb trifft vor allem auf dieses Werk GOETHES Urteil zu:» *Verwandelt Alfieri nicht seine Stücke in vollkommene Wüsteneien, da er sie auf so wenige Personen zurückführt? Und wer lebt denn so allein, daß ein geistreicher Dichter aus notwendiger und wahrscheinlicher Umgebung nicht einen Mitredenden hervorbilden sollte, um die Helden, sowohl als die Zuhörer von den schrecklichen Monologen zu entbinden?*« Freilich hat erst die neuere Forschung Alfieris Werk als eine für die damalige Zeit erstaunliche Leistung des psychologischen Theaters gewertet. Und so sind es gerade die »schrecklichen Monologe«, die Alfieris eigentliche Bedeutung bekunden: Sauls farbige Sprache, in ihr die Häufung von bewegungsbetonten Verben und Attributen der Freude, des Schmerzes, des Hasses und der Furcht, fast regelmäßig in superlativischer Steigerung angewendet. In den markigen, ausdrucksstarken reimlosen Kurzvers Alfieris gebändigt, erfährt diese Sprache ihre Höhepunkte in den Königsmonologen. Naturgewalten – Sonne, Sturm, Nebel, Meer – liefern hier die Sprachbilder für Sauls Selbstcharakterisierung. Denn größer als der Wille, sie zu bezwingen, ist die Leidenschaft selbst, in deren Bann der Held Alfieris steht. Auch kann der Saul als Selbstporträt Alfieris hinsichtlich seiner schwankenden und widerspruchsvollen Gefühle gelten. Kein Wunder, daß dieses Werk als der Höhepunkt der 22 Tragödien Alfieris gilt und daß der Dichter bei eigenen Inszenierungen seines Lieblingsstückes auf Laienbühnen mit Vorliebe die Rolle des Titelhelden übernahm. M.Sch.

AUSGABEN: Siena 1783. – Mailand 1957 (in *Tutte le tragedie*, Hg. G. R. Ceriello, 5 Bde., 1955–1957, 4). – Florenz 1960 [Einl. R. Ramat]. – Florenz 1962, Hg. A. Momigliano [Einl. u. Anm.]. – Florenz 1968 [Einl. u. Komm. G. Marzot]. – Asti 1982, Hg. C. Jannaco u. A. Fabrizi [krit.].

ÜBERSETZUNG: *Saul*, P. Hansmann (in *Vier Trauerspiele*, Mchn. 1919).

LITERATUR: M. Baldini, *La genesi del »Saul« di V. A. Saggio critico*, Florenz 1934. – R. Ramat, *A. tragico lirico*, Florenz 1940. – A. Momigliano, *Le tragedie dell'A. e segnatamente del »Saul«* (in A. M., *Introduzione ai poeti*, Mailand 1946, S. 101–126). – E. Ciafardini, *Saul nel primo libro dei Re e nella tragedia dell'A.* (in E. C., *Saggi e rassegne*, Neapel 1947, S. 77–110). – V. Masiello, *Il »Saul« nella storia della poesia alfieriana* (in Convivium, 29, 1961, 561–579 u. 677–696). – G. Getto, *Tre studi sul teatro*, Caltanisetta/Rom 1976.

VIRGINIA

(ital.; *Virginia*). Tragödie von Vittorio ALFIERI, Uraufführung: Turin 1784, Teatro Carignano. – Der seit der Renaissance in der Literatur häufig aufgegriffene Stoff (vgl. *Emilia Galotti*) ist dem dritten Buch der *Historiae* von Titus LIVIUS entnommen, dessen Werk Alfieri bei einem Aufenthalt in Siena zufällig in die Hand gefallen war. Zusammen mit *La congiura de' Pazzi* und *Timoleone* gehört *Virginia* zur ideenverwandten Gruppe der vom Autor als *tragedie di libertà* deklarierten Bühnenwerke, in denen er dem politischen Gedankengut, das er zur gleichen Zeit in seiner Abhandlung über die Tyrannei (vgl. *Della tirannide*) fixiert hat, dramatischen Ausdruck verleiht.

Der skrupellose Dezemvir Appio Claudio stellt der jungen Römerin Virginia nach, obwohl sie dem früheren Volkstribun Icilio versprochen ist und den Gewaltherrscher verabscheut. Zwar hält sich Appio vorerst persönlich noch zurück, aber in seinem Auftrag handelt Marco, der auf offener Straße dreist behauptet, Virginia sei seine Sklavin, die er seinerzeit Numitoria übergeben habe, als deren Tochter gestorben sei. Icilio kann vorerst die Situation retten, indem er unerschrocken Anklage um Anklage gegen Appio schleudert und das Volk zum Beistand aufruft, so daß Marco Vorsicht walten läßt. Unter Appios Vorsitz findet auf dem Forum die öffentliche Gerichtsverhandlung über den Fall statt. Den Schein der Gerechtigkeitssuche vortäuschend, schenkt Appio den Behauptungen des Anklägers Gehör. Mit flammender Rhetorik verteidigen sich Icilio und Virginias Mutter Numitoria, wodurch sie einen Aufschub des drohenden Schuldspruchs erreichen, stemmt sich doch das Volk entschieden dagegen, daß in Abwesenheit von Virginias Vater verhandelt wird. Am Tag der Urteilsverkündung kehrt der verdiente und populäre Feldherr Virginio zurück, obwohl Appio dies zu verhindern versucht hatte. Im engsten Familienkreis suchen die Betroffenen vergebens einen Ausweg. Um einen öffentlichen Skandal zu vermeiden, versucht Appio nun, Virginio zu bestechen, indem er ihm eine Beförderung in Aussicht stellt. Dann wendet er sich direkt an Virginia und droht, falls sie sich widersetze, den Vater und den Verlobten umbringen zu lassen. Das eingeschüchterte Mädchen erklärt sich bereit, auf Icilio zu verzichten, beugt sich aber den weiteren Wünschen des Verführers nicht. Schließlich wird Icilio nur der gedungenen Bürgern bezichtigt, gegen die Verfassung zu rebellieren und nach der Krone zu streben. Ihm bleibt nur noch der Freitod, womit Appios gefährlichster Gegner ausgeschaltet ist. Bei der großen Verhandlung auf dem Forum versuchen Virginio und Numitoria vergebens, das jetzt unsicher, feig und indolent gewordene Volk auf ihre Seite zu bringen. Nachdem Virginio verhaftet ist, kann Appio in seinem Urteil Marco als rechtmäßigen Eigentümer der Sklavin Virginia bezeichnen. Der Vater, der sie noch ein letztes Mal umarmen darf, stößt ihr in diesem Augenblick seinen Dolch in die Brust. Jetzt erkennen die Bürger Roms das Unrecht; das Volk stürzt sich auf den Tyrannen.

Obgleich dieses Werk dem Dichter besonders am Herzen lag, stufte es die Kritik recht unterschiedlich ein. Nun war es allerdings die erklärte Absicht Alfieris, eine Freiheitstragödie, also ein politisch zu interpretierendes Werk zu schreiben, in der das persönliche Drama der handelnden Personen lediglich das an der Oberfläche sichtbare Resultat eines viel entscheidenderen Konflikts zwischen dem Ideal der Freiheit und dem Joch der Unterdrückung bleibt. Deshalb stehen die Kontrahenten einander in krasser Schwarzweißmanier gegenüber: Virginia, Numitoria, Virginio, Icilio als hervorragende, für Alfieris Zeit wohl beispiellose Verkörperung des klassischen Ideals der tugendhaften Familie auf der einen Seite, auf der anderen die den damaligen Machthabern nachgezeichneten Figuren des Marco und Appio. An dem Schlagwort *essere romano* (Römer sein) berauschen sich die Verfolgten immer wieder; unnachgiebig stellen sie ihr persönliches Schicksal zurück, um die Selbstaufgabe, ja die Selbstzerstörung im Namen der Freiheit den Schwachen als Beispiel anzubieten, aus dem der Zuschauer die Kraft zur politischen Tat schöpfen kann. Wie es auch FOSCOLO in *Dei sepolcri* vorschwebte, sollte in dem politisch zersplitterten Italien die Darstellung des Untergangs der Großen das breite Volk zum Handeln ermutigen. Damit läßt sich jedoch *Virginia* keineswegs nur als Paradestück patriotisch-gefühlloser Eloquenz im Dienste der Freiheit abstempeln. Denn das schmerzliche Eigenleben der Haupthelden ist eng mit der dem Autor wichtigeren politischen Gesamtsituation verschmolzen, was sich vor allem bei Virginia und ihrem Vater, aber auch bei Appio erkennen läßt. Dieser tritt zwar als Tyrann auf, aber nicht, wie sonst so oft bei Alfieri, zugleich als faszinierender Übermensch auf.
P.Mü.

AUSGABEN: Siena 1783 (in *Tragedie*, 3 Bde., 1). – Mailand 1801. – Bari 1946 (in *Tragedie*, Hg. N.Bruscoli, 3 Bde., 1946/47, 1). – Asti 1955, Hg. C. Jannaco. – Mailand 1956 (in *Tutte le tragedie*, Hg. G. R. Ceriello, 5 Bde., 1955 bis 1957, 3). – Florenz 1961 (in *Tragedie*, Hg. U. Brilli). – Padua 1968, Hg. G. Pellecchia.

ÜBERSETZUNGEN: *Virginia*, J. V. v. Tscharner (in *Sämtliche Trauerspiele*, Bd. 1, Bln. 1804). – Dass., D. Adrian (in *Trauerspiele*, Bd. 2, Zwickau 1824).

LITERATUR: L. Rottenbacher, *Die französischen »Virginia«-Dramen. Mit Einschluß derjenigen des Monti, A. und Ayrenhoff*, Lpzg. 1910. – *Studi sull'A.*, Turin 1949 (Convivium, 1949, H. 3/4; Sonderbd.).

VITA

(ital.; *Lebensbeschreibung*). Autobiographie von Vittorio ALFIERI, erschienen 1806. – Italiens bedeutendster Tragiker beginnt als Vierzigjähriger in Paris seine Lebensgeschichte niederzuschreiben. Dann versiegelt er das Manuskript mit dem Vorsatz, das Werk nach zwanzig Jahren weiterzuführen. Doch in der Vorahnung, nicht mehr lange zu leben, überarbeitet er bereits 1803 das Geschriebene und ergänzt es durch weitere elf Kapitel, die freilich stilistisch unvollkommen bleiben. Drei Jahre später veröffentlichen die Nachlaßverwalter – die Gräfin Albany, Alfieris langjährige Freundin, und der Maler Fabre – einen verstümmelten Text. 1809 erschien die erste französische, 1812 die erste deutsche Ausgabe dieser *Vita*, die zu den berühmtesten und wichtigsten Selbstzeugnissen zählt.

Nach antikem Vorbild ist der Bericht in vier Lebensalter gegliedert. Der Umfang, den er den einzelnen Abschnitten einräumt, wie auch die Intensität, in der sie dargestellt werden, entsprechen der Ansicht des Autors über ihre Bedeutung innerhalb des gesamten Lebensablaufes. So wird der Schilderung von Kindheit, Knabenalter und Jünglingszeit zusammen der gleiche Umfang zugestanden wie der *virilità*, dem Mannesalter, der Periode des Schaffens und der Bewährung. Der zurückhaltende Aristokrat Alfieri tendierte weder zur übertriebenen Selbstentblößung, die er aus den *Confessions* ROUSSEAUS gekannt haben dürfte, noch zur Selbstbeweihräucherung. Er schildert zwar spannend und farbig seine Kindheit und Schulstreiche, die Epoche seines Müßiggangs und die hektischen Reisen durch ganz Europa bis in den Norden Skandinaviens (berühmt ist die Beschreibung des winterlichen Baltikums), seine Liebesabenteuer und die politische Konversion, aber alles wird, kaum berichtet, schon wieder abgewertet; denn allein der sich seiner Berufung und damit seiner selber bewußt gewordene autodidaktische Gelehrte und Tragödienverfasser kann den Kriterien des Zurückblickenden standhalten. »*Gibt es vielleicht etwas, das interessanter oder bizarrer wäre als der Held und Erzähler dieser Geschichte?*« fragte MANZONI. – Ein Vergleich der beiden Fassungen weist die Entwicklung des Dichters vom Stadium der Selbstbetrachtung zu dem der Selbsterkenntnis nach; es vertieft sich der Vorsatz, Resultate zu finden und – weitgehend im Gegensatz zu GOETHE (vgl. *Aus meinem Leben*) – dem Leser eine allgemeine Deutung von Zusammenhängen nahezulegen und damit einen vom individuellen Schicksal losgelösten Beitrag zur Menschenkunde zu liefern. Daher die auffallend genaue psychologische Motivierung seines Tuns und Denkens, die weder als *confessio* noch als Apologie aufzufassen ist; daher die Auswertung seiner Erfahrungen in allgemein nützlichen Reflexionen. Vor allem die überarbeitete Fassung verstärkt die kritische Altersreflexion.

Alfieris Leben läuft wie in einem Drama ab – variabler, komplexer in den ersten drei Teilen, etwas monoton anmutend im vierten; denn nun sind die großen Diskrepanzen überwunden, die Widersprüche versöhnt. Die Veranlagung zu Extremen des Denkens und Fühlens bestimmt einen kontrastreichen, trotz superlativischen Überschwangs nie pathetisch wirkenden Stil, der das Ich nicht verschleiert, sondern es sogar noch stärker aufdeckt – ein Ich, das, einen selbsterkannten und -gewählten Weg einhält und das aus ethischer Einsicht exemplarisch sein will. Darüber hinaus enthält das Werk eine pädagogisch beispielhaft vorgebrachte Ästhetik mit einer Beschreibung der nach Alfieris Meinung erlernbaren Tätigkeit des Dichters, wie sie von ihm selbst praktiziert wurde. (Alfieri fand nicht nur spät zur Literatur; im französisch-piemontesischen Sprachraum aufgewachsen, schrieb er seine für Italien bestimmten Werke in einer ihm fremden Sprache.) Darum enthält die Beschreibung der *virilità* auch die Geschichte und Deutung seines literarischen Schaffens. Die Schilderung der letzten Jahre, in denen das Lebenswerk weitgehend abgeschlossen ist, wird eigentlich nur noch ein Arbeitsdiarium und Leistungskatalog, in dem sich ein geistiges Wachstum abzeichnen soll, dem es gelungen ist, seinen Gipfel zu erreichen.

Am meisten fasziniert an Alfieris *Vita* das Moment der Authentizität. »*Wenn ich vielleicht auch nicht den Mut oder die Indiskretion haben werde*«, schrieb der Dichter in der Einleitung, »*über mich die ganze Wahrheit zu sagen, so werde ich doch bestimmt nicht so feig sein, etwas von mir zu geben, das nicht wahr wäre.*« In dem ständigen Kampf zwischen Wollen und Schwäche, zwischen Vernunft und Sentiment zeichnet sich jene innere Wahrheit ab, »*die nicht übereinzustimmen braucht mit der historischen Wahrheit und die dem Kanon der neuen Poetik der Aufklärung entspricht*« (Russo). KLL

AUSGABEN: Ldn. 1804 [d. i. Florenz 1806]. – Neapel 1910, Hg. E. Bertana. – Mailand 1936, Hg. L. Russo. – Bari 1943, Hg. M. Sansone. – Asti 1951, Hg. L. Fassò, 2 Bde. [beide Fassg.; krit.]. – Turin 1968. Hg. F. Portinar. – Mailand 1983, Hg. V. Branca [m. Komm.].

ÜBERSETZUNGEN: *V. A. Denkwürdigkeiten seines Lebens*, L. Hain, Amsterdam 1812, 2 Bde. – *Mein Leben*, H. Hinderberger, Zürich 1949.

LITERATUR: M. Sansone, *V. A. e la »Vita«* (in Civiltà Moderna, 10, 1938). – W. Binni, *Vita interiore dell'A.*, Bologna 1942. – E. Bigi, *Le due redazioni della »Vita« alfieriana* (in E. B., *Dal Petrarca al Leopardi*, Mailand 1954). – F. Portinari, *›Per forza di struttura‹. Dopo una lettura della »Vita« di V. A.* (in Sigma, 17, 1968). – N. Bonifazi, *L'operazione autobiografica e »La vita« di V. A.* (in L'approdo letterario, 22, 1976, Nr. 75/76). – T. Boli, *The Didactic Aspect of A's Vita* (in Italica, 54, 1977, 56–74). – J. Hösle, *V. A. s. Selbstdarstellungen* (in GRM, 27, 1977, 284–296). – S. Costa, *A. autobiografo e l'autocoscienza narrativa* (in RLI, 3, 1978). – S. Costa, *Lo specchio di Narciso: autoritratto di un ›homme de lettres‹. Su A. autobiografico*, Rom 1983. – R. Fedi, *Il ›fare‹ ed il ›raccontare‹: Memoria e scrittura nella »Vita« di V. A.* (in Annali d'Italianistica, 4, 1986, S. 152–167).

FRANCESCO ALGAROTTI

* 11.12.1712 Venedig
† 3.5.1764 Pisa

LITERATUR ZUM AUTOR:
V. C. Albertus, *De vita et scriptis F. A. commentarius*, Venedig 1722. – M. Siccardi, *L'A. critico e scrittore di belle arti*, Asti 1911. – I. F. Treat, *Un cosmopolite italien du XVIIIe siècle: F. A.*, Trévoux 1913 [zugl. Diss. Paris]. – A. Ambrogio, *Intorno all'A.*, Catania 1924. – A. Scaglione, *L'A. et la crisi letteraria del settecento* (in Convivium, N. S. 4, 1956, S. 176–196). – M. Fubini, *Dall'Arcadia all'illuminismo: F. A.* (in M. F., *La cultura illuministica in Italia*, Turin 1957, S. 69–86). – A. Noyer-Weidner, *Die Aufklärung in Oberitalien*, Mchn. 1957. – B. Talluri, *I riflessi della cultura europea del XVIII secolo nei saggi filosofici di F. A.* (in *Miscellanea di studi in onore di E. Di Carlo*, Bd. 1, Trapani 1959, S. 341–360). – E. Bonora, *F. A.* (in *Dizionario biografico degli italiani*, Bd. 2, Rom 1960, S. 356–360; m. Bibliogr.). – Ders., *F. A. e S. Bettinelli*, Turin 1962. - P. Bedarida, *Stato presente degli studi su F. A.* (in *Problemi di lingua e letteratura italiana nel settecento*, Wiesbaden 1965, S. 273–280). – F. Betti, *Bettinelli, A., Frugoni e la polemica delle Virgiliane* (in Atti dell'Istituto Veneziano, 130, 1971/72, S. 233–259). – G. Da Pozzo, *F. A.* (in *Dizionario critico della letteratura italiana*, Hg. V. Branca, Bd. 1, Turin 1973, S. 27–30; m. Bibliogr.). – H. T. Mason, *A. and Voltaire* (in RLM, 33, 1980, S. 187–200). – E. Bonora, *Parini e altro settecento*, Mailand 1982.

IL NEWTONIANISMO PER LE DAME ovvero Dialoghi sopra la luce e i colori

(ital.; *Newtons Theorie für Damen oder Dialoge über das Licht und die Farben*). Populärwissenschaftliches Werk von Francesco ALGAROTTI, erschienen 1737. – Nach dem Beispiel des Franzosen FONTENELLE (vgl. *Entretiens sur la pluralité des mondes*) versucht der venezianische Essayist Algarotti, dessen enzyklopädische, mit dem sicheren Auftreten des Weltmannes verbundene Bildung ihn zum Idealbild eines Literaten der Aufklärung stempelte, einen komplizierten wissenschaftlichen Stoff, die Optik des englischen Physikers NEWTON, in allgemeinverständlicher, formal eleganter Weise vorzutragen. Dabei wird der Empirismus Newtons nicht nur vor reaktionären Dunkelmännern in Schutz genommen, sondern auch gegenüber den oft so abstrakten wie phantastischen Vernunftschlüssen der Kartesianer vertreten. Algarotti wählt die Methode des Dialogs – Gesprächspartner sind, wie bei Fontenelle, der Autor und eine Marquise –, um die Lehrsätze Newtons ohne Abstraktionen, geistreich und galant Schritt für Schritt zu explizieren, wobei der von dem Franzosen übernommene *esprit de vulgarisation* es ihm ermöglicht, selbst schwierigste Sachverhalte erstaunlich einfach und verständlich erscheinen zu lassen.

Algarottis Schrift, die den Popularisierungstendenzen des 18.Jh.s entgegenkam und sich zudem an die Frauen wandte, dem inzwischen entscheidenden Lesepublikum, hatte einen außerordentlichen Erfolg und wurde sofort in die europäischen Hauptsprachen übersetzt. Dadurch trug sie wesentlich bei zum Verständnis und zur Anerkennung Newtons in ganz Europa. Algarottis Freund VOLTAIRE war von ihr so beeindruckt, daß er nach ihrem Vorbild seine allerdings weit schwächeren *Éléments de la philosophie de Newton* (1738) schrieb. Obgleich Algarotti, »der Handelsvertreter in Popularwissenschaft, Kunstliebhaberei und Aufklärung« (A. Baumgartner), sich später auch in der Bearbeitung von Themen aus der Architektur, Malerei, Musik, Geschichte und Metrik versuchte, konnte er einen mit diesen *Dialoghi* auch nur annähernd vergleichbaren Erfolg nie mehr für sich buchen. So blieb sein Name vor allem damit verbunden; sein königlicher Freund und Gönner, Friedrich der Große, ließ Algarottis Grabstein auf dem berühmten Campo Santo in Pisa mit der Inschrift versehen: »*Algarotti Ovidii aemulo, Newtoni discipulo Fridericus rex.*«.   R.M.

AUSGABEN: Neapel [d. i. Mailand] 1737. – Neapel [d. i. Venedig] 1739. – Bln. 1750. – Venedig 1791 (in *Opere*, Hg. F. Aglietti, 17 Bde., 1791–1794, Bd. 1 ff.). – Mailand 1823 (in *Opere scelte*, 3 Bde., 2; Classici Italiani). – Mailand 1830. – Mailand 1969.

ÜBERSETZUNG: *Jo. Newtons Welt-Wissenschaft für das Frauenzimmer oder Unterredungen über das Licht, die Farben u. die anziehende Kraft*, anon., Braunschweig 1745 [n. d. frz. Übers. v. L. A. du Perron de Castera].

LITERATUR: G. Toraldo di Francia, »*Il Newtonianismo per le dame*« (in Luce ed immagini, 16, 1962). – A. R. Hall, *La matematica, Newton e la letteratura* (in *Scienza e letteratura nella cultura italiana del settecento*, Hg. R. Cremante u. W. Tega, Bologna 1984).

NELSON ALGREN

* 28.3.1909 Detroit / Mich.
† 9.5.1981 Sag Harbor / N.Y.

LITERATUR ZUM AUTOR:
G. Bluestone, *N. A.* (in Western Review, 22, Herbst 1957, S. 27–44). – A. Anderson u. T. Southern, *N. A.* (in *Writers at Work*, Hg.

M. Cowley, NY 1958, S. 231–249). – M. Geismar, *American Moderns : From Rebellion to Conformity*, NY 1958, S. 187–194. – H. E. F. Donohue, *Conversations with N. A.*, NY 1964. – M. H. Cox u. W. Chatterton, *N. A.*, NY 1975 (TUSAS).

THE MAN WITH THE GOLDEN ARM

(amer.; *Ü: Der Mann mit dem goldenen Arm*). Roman von Nelson ALGREN, erschienen 1949. – Algren, Vertreter des sogenannten Chicagoer Realismus, gibt in seinem erfolgreichsten Roman ein panoramisches Bild von Elend, Korruption und Kriminalität auf der »Westside« Chicagos. Frankie Majcinek, der wie die meisten seiner Kumpane polnischer Abstammung ist und sich stolz »Frankie Machine« oder »Der Mann mit dem goldenen Arm« nennen läßt, ist nach seiner Entlassung aus der Armee ein gerissener Falschspieler geworden. Doch sein »goldener Arm«, mit dem er nächtelang die Spielkarten austeilt, ist von Morphiuminjektionen zerstochen. Obwohl Frankie seine Sucht bekämpft, holt ihn »Sergeant McGantic« – wie man in seinen Kreisen das Rauschgift nennt – immer wieder ein. Ebensowenig kann er einen anderen »Verfolger« abschütteln: das Schuldbewußtsein gegenüber seiner Frau Sophie, die durch einen von ihm verschuldeten Verkehrsunfall unheilbar gelähmt ist. Und schließlich jagt ihn auch die Polizei, weil er einen seiner Kumpane – unbeabsichtigt – getötet hat. In die Enge getrieben, sieht er im Selbstmord den einzigen Ausweg.

Frankie Machine ist also nicht mehr wie die jungen, von der Gesellschaft ausgestoßenen Protagonisten der ersten beiden sozialen Protestromane Algrens – *Somebody in Boots* (1935) und *Never Come Morning* (1942) – eindeutig ein Opfer des Elendsmilieus, sondern trägt zu einem großen Teil selbst die Schuld an seinem Versagen. Während er einerseits davon träumt, seinem besseren Selbst zum Durchbruch zu verhelfen (ein neues Leben an der Seite der jungen Prostituierten Molly Novotny und eine Stelle als Schlagzeuger gehören zu diesen Wunschträumen), fehlt ihm andererseits die Willenskraft dazu. Obwohl sein Gewissen ihn plagt, überläßt er seine hilflose Frau sich selbst, obwohl er Ekel davor empfindet, bleibt er der Welt der Spieler und Schieber verhaftet. Ähnlich ambivalent ist das Verhalten der Menschen seiner Umgebung. Die lebenslustige, plötzlich an den Rollstuhl gefesselte Sophie versucht einerseits, sich mit ihrem Schicksal abzufinden, verscherzt sich aber andererseits durch ihre Selbstgerechtigkeit und die Tyrannei, die sie über Frankie ausübt, jede Sympathie; Sparrow hängt voller Bewunderung an seinem alten Kumpan Frankie, begeht jedoch im entscheidenden Moment Verrat an ihm; und Violet, eine junge Frau aus dem gleichen Milieu, hilft Sparrow selbstlos aus der Klemme, spielt aber gleichzeitig ihrem sehr viel älteren Ehemann in herzlosester Weise mit. – Obwohl Algren die »Enterbten« nicht als schuldlos an ihrem Schicksal darstellt, ist sein Roman doch eindeutig gegen den »amerikanischen Traum«, gegen die Wohlstandsgesellschaft gerichtet, die die Erfolglosen verurteilt, weil sie »*die große, heimliche, spezifisch amerikanische Schuld*« auf sich geladen haben, »*in dem einzigen Land, in dem Besitz und Tugend ein und dasselbe sind, nichts, absolut nichts zu besitzen*«. Es ist der mit der Verfolgung ihrer Straftaten beauftragte Polizeichef Bednar (eine DOSTOEVSKIJ nachempfundene Gestalt), der den wahren Grund für ihr Scheitern erkennt. – Sein Engagement für die »*gequälten, unnützen, licht- und lieblosen Existenzen*« verleitet Algren zu Kommentaren und Reflexionen, deren häufig ins Sentimentale umschlagender, lyrisch gefärbter Ton und stark simplifizierte Problemstellung wenig zum Tenor eines Romans passen, dessen Stärken die schonungslose Schilderung des Lebens in den Niederungen der Großstadt und die realistischen, HEMINGWAY verpflichteten und mit Slang und Ganovenjargon durchsetzten Dialoge sind. KLL

AUSGABEN: Garden City/N. Y. 1949. – Ldn. 1959.

ÜBERSETZUNGEN: *Der Mann mit dem goldenen Arm*, W. v. Grünau, Hbg. 1952. – Dass., C. Weissner, Ffm. 1983.

VERFILMUNG: USA 1955 (Regie: O. Preminger).

LITERATUR: Anon., Rez. (in New York Times Book Review, 2. 10. 1949). – R. A. Perlongo, *Interview with N. A.* (in Chicago Review, 11, 1959, H. 3, S. 92-98). – Y. Miyamoto, *Chicago Naturalism, N. A.* (in SEL, 36, 1959, S. 177/178).

AHMED ALI

* 1.7.1910 Delhi / Indien

LITERATUR ZUM AUTOR:
Contemporary Authors, New Revision Series, Hg. L. Metzger u.a., Bd. 15, Detroit 1985. – C. Cappola, *Nationalism and Urdu Literature of India and Pakistan* (in *Essays on Nationalism and Asian Literatures*, Austin/Texas 1987, S. 45ff.).

TWILIGHT IN DELHI

(engl.; *Dämmerung in Delhi*). Familienroman von Ahmed ALI, erschienen 1940. – Lange bevor S. R. RAU in ihrem Roman *Remember the House* (1956) als Antwort auf die von E. M. FORSTER in *A Passage to India* (1924) an den Hindus geübte Kritik den westlichen Lesern einen Einblick in Leben und Denken einer Hindufamilie vermittelte, hatte Ahmed Ali in *Twilight in Delhi* die private Welt des indischen Mohammedaners geschildert. Forster, der in seinem Indienroman die Gestalt des mohammedanischen Arztes Aziz mit viel Sympathie gezeichnet hat, setzte sich denn auch für Ahmed Alis Werk ein und ermöglichte, daß es 1940 trotz der Kriegswirren veröffentlicht wurde.

Der Roman hat keine Handlung im eigentlichen Sinn: Der Verfasser reiht Ereignisse, die sich von 1910–1920 in der Familie des Mir Nihal in Delhi abspielen, lose aneinander, wobei er allerdings streckenweise Nihals Sohn Asghar in den Vordergrund rückt. Trotz des heftigen Widerstands seines Vaters heiratet Asghar die aus einer Familie niederer Herkunft stammende und in traditioneller Abgeschlossenheit aufgewachsene Bilqeece, deren Einfalt und mangelnde Bildung er bald als frustrierend empfindet. Erst kurz vor Bilqeeces frühem Tod finden die Gatten wieder zueinander. Als sich Asghar später in die jüngere Schwester seiner verstorbenen Frau verliebt, weigert sich deren Mutter, der Heirat zuzustimmen. – Neben diesen Geschehnissen werden – ebenfalls sehr detailliert und mit wechselndem Erzählerstandpunkt – einzelne Szenen aus dem Leben des Mir Nihal, seiner anderen Kinder und seiner verschiedenen Verwandten geschildert. Durch diese Erzählweise will der Autor die vielfältigen Beziehungen deutlich machen, die auch den modernen Mohammedaner mit seinen Angehörigen innerhalb des Frauenhauses *(zenana)* und mit seinen dort zugelassenen Verwandten verbinden. So läßt sich dieser Roman als ein unablässiges »Gespräch in den inneren Gemächern« charakterisieren, dessen Gleichmaß nur von religiösen Zeremonien, von Hochzeit, Geburt und Tod unterbrochen wird. – Das Frauenhaus, ein für den inneren Zusammenhang dieses Romans bedeutsames Motiv, versinnbildlicht auch die selbstgewählte Isolierung der indischen Muslime von ihrer Umwelt. Unberührt von den historischen Entwicklungen hat sich hier die Illusion von der Überlegenheit der Mohammedaner erhalten, lebt die islamische Kultur in unzähligen Erinnerungen an die alte Größe und in den Versen der klassischen persischen und der Urdu-Dichtung weiter, die exemplarische Situationen und islamische Lebensform in schwermütigen Formeln widerspiegeln. Das Englisch Ahmed Alis ist so transparent, daß es sogar die eleganten Phrasen und die inneren Strukturen der Urdu-Sprache von Delhi deutlich erkennen läßt.

Das Buch läßt keinen Zweifel daran, daß die gebildeten Mohammedaner Delhis, obwohl einige der alten Traditionen durch den Generationenwechsel und die politische Entwicklung abzubröckeln begannen, in einer völlig anderen Welt lebten als die Hindus. In dem stolzen Bewußtsein, Nachkommen der Mogul-Herrscher Indiens zu sein, lehnten sie es kategorisch ab, sich mit den Hindu-Nationalisten Gandhis zu arrangieren. So läßt der Roman auch etwas von der Dynamik des indischen Islams erkennen, die schließlich zur Gründung eines modernen mohammedanischen Staates (Pakistan) auf indischem Boden führte. P.G.

AUSGABEN: Ldn. 1940. – Bombay 1966. – Neu-Delhi 1967; ern. 1973. – Karachi/NY 1984.

LITERATUR: L. Brader, *Two Novels by A. A.* (in Journal of Commonwealth Literature, 3, 1967, S. 76ff.).

ʿALĪ ČELEBI

d.i. ʿAlaʾ ad-Dīn ʿAlī bin Ṣāliḥ, auch (ʿAbd al-) Wāsiʿ ʿAlīsi genannt

† 1543 oder 1544

HUMĀYŪNNĀME

(osm.-türk.; *Das Kaiserbuch*). Fabelbuch von ʿALĪ ČELEBI. – Das Werk ist eine Versübersetzung der persischen *Anwār-e Sohailī (Die Lichter des Sohailī)* von Kamāl oʾd-Dīn Ḥosain Wāʿez Kāšefī († 1504 oder 1505), die ihrerseits eine Paraphrase des im ganzen Orient und im Abendland bekannten Fabelbuchs *Kalila und Dimna* darstellen. Eine altosmanische Übersetzung aus dem Arabischen – zuerst in einer Prosafassung dem Aydïnoğlu Umūr Beg († 1347), dann in einer Versversion dem Sultan Murād I. (reg. 1359–1389) gewidmet – geriet in Vergessenheit durch den Glanz des *Kaiserbuchs*, durch dessen pompösen Stil der Autor noch kurz vor seinem Tod die Gunst des Adressaten, des Sultans Süleymān des Prächtigen (reg. 1520–1566), gewann.

Das Werk ist in vierzehn Kapitel *(bāb)* eingeteilt, in denen die Fabeln nach ihrer moralisch-politischen Nutzanwendung klassifiziert werden. So erfährt man 1. von dem Gebot, nicht auf üble Reden zu hören; 2. von den Untaten der Bösen und ihrer Bestrafung; 3. vom Nutzen zuverlässiger Freunde; 4. von der Pflicht, Feinden zu mißtrauen; 5. vom Schaden durch Unachtsamkeit und Leichtsinn; 6. von Katastrophen und Schicksalsschlägen; 7. wie man durch weise Voraussicht den Anschlägen seiner Feinde entgehen kann; 8. warum man sich vor neidischen Menschen hüten und ihnen nicht trauen soll; 9. vom Wert und Lohn der Verzeihung; 10. von der Strafe für gute Taten, die im Hinblick auf Belohnung geschehen; 11. wie der allzu Habgierige auch das noch verliert, was er hat; 12. von Milde, Gelassenheit und Würde als Zierden des Herrschers; 13. von der Notwendigkeit, sich vor grausamen und treulosen Menschen zu hüten; 14. vom trügerischen Wandel der Zeiten, und wie man sich in allen Dingen mit dem zufriedengeben soll, was Gott schickt.

ʿAlī Čelebis Übersetzung wurde bei den Osmanen bald ebenso berühmt wie ihr persisches Vorbild und *»galt mit ihrem prunkvollen, eleganten Stil und den eingestreuten Versen als eines der bedeutendsten*

Prosawerke der alten Schule, als ein unerreichbares Meisterwerk und Muster geschmackvoller Stilistik und Komposition« (Carl Brockelmann). Von der Beliebtheit des Werks zeugen zahlreiche Handschriften, größtenteils in Istanbul, aber auch in einigen Bibliotheken Westeuropas. Die bekannteste Stambuler Handschrift enthält auf 497 Seiten Text 88 Illustrationen, die neben denen des *Hünernāme (Buch der Fertigkeiten)* von LOQMĀN bin Ḥüseyn bin el-'Āṣūrī († 1601) zu den schönsten Beispielen osmanischer Miniaturmalerei im 16.Jh. gehören. Da die Sprache des *Humāyūnnāme* nur den Gebildeten verständlich war, ließen 'OṢMĀNZĀDE TĀ'IB und Müftü YAḤYĀ Efendi im 19.Jh. gekürzte und vereinfachte Volksausgaben erscheinen. Schon zu Anfang des 18. Jh.s entstanden auch europäische Übersetzungen; am berühmtesten wurde die französische von Jean-Antoine GALLAND (1646–1715), der auch als erster von 1704–1717 die arabische Märchensammlung *Alf laila wa-laila (Tausendundeine Nacht)* in eine europäische Sprache übertrug, allerdings den Originaltext dem französischen Geschmack anpaßte; eine Verfahrensweise, die sich auch in der Übersetzung des *Humāyūnnāme* nachvollziehen läßt, die erst postum 1724 von Th. S. GUEULLETTE herausgegeben wurde. Handschriftlich blieb eine auszugsweise französische Übertragung von Victor CHOQUET aus dem Jahr 1733. Im 19.Jh. schließlich wurde das Werk, dessen Stoff ursprünglich aus dem indischen *Pancatantra* stammt, aus dem Türkischen ins Javanische und Malaiische übersetzt. B.At.

ÜBERSETZUNGEN: *Les contes et les fables indiennes de Pidpai et de Lokman, traduites d'Ali Tchelebi-Ben-Saleh*, auteur turc, J.-A. Galland, Hg. Th. S. Gueulette, 2 Bde., Paris 1724 [frz.]. – *Indianische Geschichte u. Fabeln des Bidpai u. Lockman*, anon., 2 Bde., Ffm./Lpzg. 1745. – *Humajun Nameh: die Macht der Freundschaft*, E. A. v. Adelburg, Wien 1854 [Ausz.]. – *Auswahl türkischer Erzählungen aus dem Humajuname oder Kaiserbuch*, ders., Wien 1855.

LITERATUR: H. Ethé, *On Some Hitherto Unknown Turkish Versions of »Kalilah and Dimnah«* (in Actes du 6e Congrès International des Orientalistes, II, 1, S. 241–248). – H. F. v. Diez, *Über Inhalt und Vortrag, Entstehung u. Schicksale des königlichen Buchs, eines Werks von der Regierungskunst*, Bln. 1811. – J. v. Hammer, *Geschichte der osmanischen Dichtkunst*, Bd. 2, Pest 1837, S. 229–234. – O. Rescher, *Taşköprüzādes »Eṣ-Ṣaqā'iq en-No'mānijje«*, Konstantinopel/Galata 1927. – C. Brockelmann, Art. *Kalila wa Dimna* (in EI, Bd. 2, S. 744–748; ern. in EoI, Bd. 4, S. 503–506). – Th. Menzel, Art. *Wāsi' 'Alīsi* (ebd., Bd. 4, S. 1219). – Kātib Çelebi, *Keşfüzzunun*, Bd. 2, Istanbul 1943, S. 1507–1509. – J. Rypka, *Iranische Literaturgeschichte*, Lpzg. 1959, S. 300. – O. F. Akün, Art. *Wāsi' 'Alīsi* (in Islām Ansiklopedisi, Bd. 13, S. 226–230; m. umfangr. Hss.-Bibliogr.). – M. Abdel-Halim, *Antoine Galland, sa vie, son œuvre*, Paris 1964.

DANTE ALIGHIERI

* zwischen 14.5.-13.6.1265 Florenz
† 13./14.9.1321 Ravenna

LITERATUR ZUM AUTOR:
Bibliographien und Forschungsberichte:
P. Colomb de Batines, *Bibliografia dantesca*, 3 Bde., Prato 1845–1848 (*Indice generale*, Hg. A. Bacchi della Lega, Bologna 1883; erw., Hg. G. Biagi, Florenz 1888). – T. W. Koch, *Catalogue of the D. Collection*, Cornell University Library, 2 Bde., Ithaca/NY 1898–1900 (*Additions 1898–1920*, Hg. M. Fowler, ebd. 1921). – T. Ostermann, *D. in Deutschland. Bibliographie der deutschen D.-Literatur 1416–1927*, Heidelberg 1929 (Ergänzungen: Ders., *Bibliographie der deutschen D.-Literatur 1928–1930*; in Deutsches Dante Jb., 17, 1935, S. 102–186; Ders., *Zur neueren und neuesten D.-Deutung. Eine bibliographische Überschau*; in RJb, 4, 1961, S. 160–182). – G. Mambelli, *Gli annali delle edizioni dantesche*, Bologna 1931 (Nachdr. Turin 1965). – N. D. Evola, *Bibliografia Dantesca (1920–1930)*, Florenz 1930. – Ders., *Bibliografia Dantesca 1931–1934* (in Bibliografia degli studi sulla letteratura italiana, Mailand 1938, S. 292–333). – Ders., *Bibliografia Dantesca 1935–1939* (in Aevum, 15, 1941, H. 1, S. 91–149). – A. Vallone, *Gli studi danteschi dal 1940 al 1949*, Florenz 1950. – Ders., *La critica dantesca contemporanea*, Pisa 1953; ²1957. – T. Ostermann, *Die deutsche D.-Forschung zwischen den Dantejubiläen 1921 und 1965* (in Mitteilungsblatt der Deutschen Dantegesellschaft, 1965, H. 1). – E. Esposito, *Gli studi danteschi dal 1950 al 1964*, Rom 1965. – Ders., *Edizioni e commenti. Traduzioni di opere dantesche. La critica dantesca dal 1921 al 1965* (in *D*., Hg. U. Parricchi, Rom 1965, S. 243–256, 257–272, 273–291). – Ders., *Consuntive delle pubblicazioni del Centenario* (in *L'Italia e il mondo per D.*, Florenz 1968, S. 77–161). – Deutsches Dante-Jb., Registerband 1867–1974/75, Köln/Wien 1976. – *Repertorio bibliografico dantesco 1974–1979*, Hg. S. Zennaro (in Alighieri, 16, 1976, S. 127–134; 18, 1977, S. 71–79; 19, 1978, S. 71–79; 20, 1979, S. 77–85; 21, 1980, S. 60–67, 22, 1981, S. 64–71). – A. Vallone, *Storia della critica dantesca dal XIV al XX secolo*, Padua 1981. – M. Marti, *Rassegna di studi danteschi* (in GLI, 161, 1984, H. 515, S. 433–450).
Zeitschriften:
Jahrbuch der Deutschen Dante-Gesellschaft, Lpzg. 1867–1877. – Dante Studies (enthält Annual Report of the Dante Society), Cambridge/Mass. 1883 ff. – Deutsches Dante-Jb., Jena (später Weimar bzw. Köln/Wien) 1920 ff. – Bulletino della Società dantesca italiana, Florenz 1890–1921. – Giornale dantesco, Rom 1894–1943. – Studi danteschi, Florenz 1920 ff. – L'Alighieri. Rassegna bibliografica dantesca, Rom 1960 ff.

Lexika und Konkordanzen:
G. A. Scartazzini u. A. Fiammazzo, *Enciclopedia dantesca*, 3 Bde., Mailand 1896–1905. – E. A. Fay, *Concordance of the »Divine Comedy«*, Boston/Ldn. 1888. – P. Toynbee, *A. Dictionary of Proper Names and Notable Matters in the Works of D.*, Ldn. u. a. 1898 (Neuausgabe Hg. C. S. Singleton, Oxford 1968). – *Concordanza delle opere italiane in prosa e del canzoniere di D. A.*, Hg. E. S. Sheldon, Oxford 1905 (Nachdr. NY 1969). – E. K. Rand u. E. H. Wilkins, *Dantis Alagherii Operum latinorum Concordantia curante Societate Dantea quae est Cantabrigiae in Nova Anglia*, Oxford 1912 (Nachdr. NY 1970). – E. G. Parodi, *Concordanza dantesca*, Florenz 1919. – A. Gustarelli, *Dizionario dantesco per lo studio della »Divina Commedia«*, Mailand 1952. – G. Siebzehner-Vivanti, *Dizionario della »Divina Commedia«*, Florenz 1954. – C. Carboni, *Tavole sinottiche e critiche di studio della »Divina Commedia«*, 3 Bde., Rom 1962. – E. H. Wilkins u. a., *A. Concordance to the »Divina Commedia« of D. A.*, Cambridge/Mass. 1965 . – *Enciclopedia Dantesca*, Hg. U. Bosco, 6 Bde., Rom 1970–1978. – *Concordanza della »Commedia« di D. A.*, Hg. L. Lovera u. a., 4 Bde., Turin 1975.
Gesamtdarstellungen und Studien:
E. Moore, *Studies in D.*, 4 Bde., Oxford 1896–1917. – F. X. Kraus, *D., sein Leben und seine Werke, sein Verhältnis zur Kunst und Politik*, Bln. 1897. – B. Croce, *La poesia di D.*, Bari 1921. – H. Hatzfeld, *D. Seine Weltanschauung*, Mchn. 1921. – E. Auerbach, *D. als Dichter der irdischen Welt*, Bln./Lpzg. 1929. – T. S. Eliot, *D.*, Ldn. 1929. – U. Cosmo, *Vita di D.*, Bari 1930; ern. Florenz 1965. – N. Zingarelli, *La vita, i tempi e le opere di D.*, 2 Bde., Mailand 1931. – N. Barbi, *D. vita, opere e fortuna*, Florenz 1933 (Nachdr. u. d. T. *Vita di D.*, ebd. 1963; dt. Regensburg 1943). – F. Schneider, *D. Sein Leben und sein Werk*, Weimar 1935; erw. 1960. – E. Gilson, *D. et la philosophie*, Paris 1939 (dt. Freiburg i. Br. 1953). – B. Nardi, *D. e la filosofia medievale*, Bari 1942. – U. Cosmo, *Con D. attraverso il seicento*, Bari 1946. – H. Friedrich, *D.*, Mainz 1956. – U. Leo, *Sehen und Wirklichkeit bei D.*, Ffm. 1957. – W. Goetz, *D. Gesammelte Aufsätze*, Mchn. 1958. – P. Renucci, *D.*, Paris 1958; [2]1964. – E. R. Curtius, *Neue Dantestudien* (in E. R. C., *Gesammelte Aufsätze zur romanischen Philologie*, Bern 1960, S. 305–350). – A. Vallone, *La critica dantesca nel settecento ed altri saggi danteschi*, Florenz 1961. – G. Petrocchi, *D. e il suo tempo*, Turin 1963. – T. Spoerri, *D. und die europäische Literatur*, Stg. 1963. – U. Limentani, *The Fortunes of D. in the 17th Century Italy*, Cambridge 1964. – T. G. Bergin, *An Approach to D.*, Ldn. 1965. – *D. nel mondo*, Hg. V. Branca u. E. Caccia, Florenz 1965. – H. Heintze, *D. A. – Bürger und Dichter*, Bln./Weimar 1965. – M. Casella, *Introduzione alle opere di D.*, Mailand 1965. – G. Padoan, *Introduzione a D.*, Florenz 1965. – *D. et les mythes, tradition et rénovation* (in Revue des Études italiennes, 9, 1965; Sondernr.). – U. Limentani, *The Mind of D.*, Cambridge 1965. – *D. Mostra nazionale dantesca*, Hg. U. Parrichi, Rom 1965. – *Mostra di codici ed edizioni dantesche. Catalogo*, Hg. G. Contini, Florenz 1965. – *Centenary Essays on D. by Members of the Oxford D. Society*, Oxford 1965. – *Atti del congresso internazionale di studi danteschi*, Hg. Società Dantesca Italiana, Florenz 1965 ff. – T. di Salvo, *D. nella critica. Antologia di passi su D. e il suo tempo*, Florenz 1965. – I. Montanelli, *D. e il suo secolo*, Mailand 1965. – *D. A.*, Würzburg 1965 [Sammelband; Ill.]. – A. C. Charity, *Events and Their Afterlife. The Dialectics of Christian Typology in the Bible and D.*, Cambridge 1966. – M. Marti, *Con D. fra i poeti del suo tempo*, Lecce 1966. – S. Battaglia, *Esemplarità e antagonismo nel pensiero di D.*, 2 Bde., Neapel 1967–1974. – G. Petrocchi, *Itinerari danteschi*, Bari 1969. – E. Raimondi, *Metafora e storia*, Turin 1970. – K. Leonhard, *D. A. in Selbstzeugnissen und Bilddokumenten*, Reinbek 1970 (rm). – J. Pépin, *D. et la tradition de l'allégorie*, Paris/Montreal 1970. – *D. und seine Zeit*, Hg. E. Orlandi, Wiesbaden 1970. – A. Vallone, *D.*, Mailand 1971. – G. Barberi Squarotti, *L'artificio dell'eternità. Studi danteschi*, Verona 1972. – G. Fallani, *D. autobiografico*, Neapel 1975. – H. Rheinfelder, *D. Studien*, Hg. M. Roddewig, Köln/Wien 1975. – E. R. Curtius, *Europäische Literatur und lateinisches Mittelalter*, Mchn. [9]1978. – P. V. Mengaldo, *Linguistica e retorica in D.*, Pisa 1978. – C. Wetzel, *D. A.*, Salzburg 1979. – W. T. Elwert, *Die italienische Literatur des Mittelalters. D., Petrarca, Boccaccio*, Mchn. 1980. – G. Petrocchi, *Vita di D.*, Bari 1983. – H. Felten, *D. A.* (in *Gestalten der Kirchengeschichte. Mittelalter II*, Stg. 1983, S. 102–123). – *Die italienische Literatur im Zeitalter D.s und am Übergang vom Mittelalter zur Renaissance*, Hg. A. Buck, Heidelberg 1987 (GRLMA, X, 1). – A. Altamonte, *D. Eine Biographie*, Reinbek 1988.

LA COMEDIA

auch: *La Divina Commedia* (ital.; *Die göttliche Komödie*). Episches Gedicht *(poema sacro)* von Dante ALIGHIERI, entstanden um 1307–1321; Erstdruck 1472. – *Die Göttliche Komödie* erzählt von Dantes Wanderung durch die drei Reiche des Jenseits: Hölle, Fegefeuer und Paradies, und seiner Begegnung mit den Seelen Verstorbener, meist Träger berühmter Namen. Der uns heute unangemessen erscheinende Titel muß aus der Poetik der Zeit erklärt werden, nach der – so führte Dante selber im Brief an Cangrande della Scala aus – ein Werk, das »schrecklich« beginnt und »glücklich« ausgeht, »*Comœdia*« genannt wird. Der Titel soll aber auch auf die Tatsache verweisen, daß das Werk in der Nationalsprache verfaßt ist und daß es weiterhin im »komischen« Stil geschrieben ist. Das will besagen – und Dante beruft sich in diesem Zusammenhang auf die *Ars poetica* des HORAZ –, daß die *Commedia* sich in allen Stilbereichen und Stilhöhen bewegt. Auf BOCCACCIO, der in seiner Dante-Hagiographie die *Commedia* mit dem Attribut »*divina*« versah, bezog sich Lodovico DOLCE, als die von ihm besorgte Edition der *Commedia* 1555 bei dem venezianischen Verleger Gabriel Giolito unter dem Titel *La Divina Commedia di Dante* erschien. Das Gedicht, von dem kein Autograph erhalten blieb, ist in etwa 450 Handschriften überliefert; die älteste uns bekannte, ein florentinischer Kodex, entstand im Jahre 1350. Die kostbarsten Drucke stammen aus dem Jahre 1472.

Entstehung und Vollendung der *Commedia* fallen in die beiden letzten Lebensjahrzehnte Dantes, als er, vom Bannfluch seiner Vaterstadt Florenz getroffen, an den Fürstenhöfen Oberitaliens Asyl suchte und sich hauptsächlich in Verona und Ravenna aufhielt. Doch schon am Schluß der *Vita nuova* (1292/93) kündigt Dante an, die im Himmel aufgenommene Beatrice auf unerhört neue Weise zu besingen. Auch die theoretischen Schriften, die der *Commedia* vorausgehen, *De vulgari eloquentia* (1304–1308) und *Il Convivio* (1303 bis 1308), verraten Dantes Bemühungen, sich über die sprachlichen, dichterischen und philosophischen Voraussetzungen seines Hauptwerks klarzuwerden. Die *Commedia* ist ohne das umfangreiche historische, physikalische, astronomische, theologische und philosophische Wissen, von dem die früheren Schriften zeugen, ohne detaillierte Kenntnis der scholastischen Philosophie und des ptolemäischen Weltsystems nicht zu denken und erlaubt als poetische »*Summa*« der christlichen Welt die verschiedensten Deutungen, je nach dem Aspekt, unter dem man die universelle Thematik des Werkes betrachtet. Sie hat so die Wissenschaft zu immer neuer, zweifellos oft über die Gedanken Dantes hinausführender Exegese veranlaßt.

Ihrem Inhalt nach ist die *Commedia* die Vision einer realistisch und mit genauen Einzelheiten geschilderten jenseitigen Welt, in der Strafen, Bußen und Belohnungen den Menschen erwarten. Der Dichter durchwandert unter der Führung Vergils das Reich der Verdammten (*Inferno*) und den Läuterungsberg, das Reich der erlösbaren Büßer (*Purgatorio*) und fliegt mit Beatrice durch die Himmel des Paradieses (*Paradiso*), wo ihm im *Empyreum*, dem Sitz Gottes, die Vision der Trinität gewährt wird. Wie das *Inferno* sind auch *Purgatorio* und *Paradiso* jeweils in neun Stufen gegliedert, die – in Parallele zu den im *Inferno* fortschreitend härter werdenden Strafen – zu einem immer höheren Maß von Tugend und Seligkeit führen.

Am Beginn des *Inferno* steht die Verzweiflung des im dunklen Wald der Sünde verirrten Dante, der von Vergil erfährt, daß Gott ihm dank der Fürbitte Beatrices zu seiner Rettung die Gnade zuteil werden lasse, als Lebender die Verdammten der Hölle, die Büßer des Läuterungsberges und die Seligen des Paradieses zu schauen. Folgt man der biblischen Lebensaltertypologie, kann der fiktive Zeitpunkt dieser Jenseitswanderung, zu der ihn Vergil auffordert, genau festgelegt werden. Dante, der »*in der Mitte seines Lebensweges*« (d. h. im 35. Lebensjahr) steht, beginnt sie am Abend des Karfreitags, des 8. April des Jahres 1300, dem kirchlichen Jubiläumsjahr, und beendet sie am 7. Tag, dem 14. April. Von Vergil ermutigt, tritt der zunächst zaudernde Dante mit seinem Führer durch das Höllentor mit der berühmten Inschrift »*Lasciate ogni speranza,voi ch'entrate*« – »*Laßt alle Hoffnung fahren, die ihr eintretet*« (3. Gesang) und gelangt in die Vorhölle, wohin auf alle Ewigkeit die Lauen, die Gleichgültigen verbannt sind. Nach Überquerung des Acheron betreten die beiden Wanderer den ersten Höllenkreis (4. Gesang), der den gerechten Heiden und ungetauften Kindern vorbehalten ist, und treffen auf Homer, Plato, Cicero u. a., die in der Dämmerung des Limbus an einem abgesonderten erhellten Ort weilen, dessen Licht den Abglanz der göttlichen Gnade symbolisiert. Bei dieser Gelegenheit reiht Dante sich in die Zahl der antiken Dichtergrößen ein.

Die eigentliche Hölle beginnt mit dem zweiten Höllenkreis, an dessen Eingang Minos, der Richter in der Unterwelt der Antike, hier als Dämon dargestellt, den Verdammten die ihnen bestimmten Höllenstufen zuweist. Das Strafmaß wird durch das (aristotelische) Gesetz der physisch-symbolischen Entsprechung von Vergehen und Strafe bestimmt, von Dante als *contrapasso* bezeichnet. In der oberen Hölle (2.–5. Kreis) werden die Sünder aus Leidenschaft bestraft, in der unteren (7.–9. Kreis) die Sünder aus Bosheit. Je größer die Schuld, desto tiefer ihr Platz im Höllenschlund. So erlebt er im zweiten Kreis (5. Gesang), der den Sündern aus Fleischeslust vorbehalten ist, von Mitleid bewegt die Buße des unglücklichen Liebespaares Francesca da Rimini und Paolo Malatesta. Der 6. Gesang bringt die erste Hinwendung zur zeitgenössischen Politik in Form einer Prophezeiung über die Zukunft von Florenz. Beim Abstieg in die sich allmählich verengenden Kreise der trichterförmigen Hölle präsentieren sich den Wanderern Dante und Vergil nacheinander die verschiedenen Kategorien der entsprechend ihren Taten angemessen bestraften Sünder. Der Eintritt in die auf dem sechsten Kreis liegende Höllenstadt *Dite* wird im 9. Gesang berichtet. Dort erhält er aus dem Munde von Farinata degli Uberti, einem Florentiner, die Verheißung seiner Verbannung aus der Vaterstadt (10. Gesang), die später (15. Gesang) auch Dantes Lehrer, Brunetto Latini, der unter den Sodomiten büßt, wiederholt. Im 18. Gesang wird der Eintritt in den vorletzten Höllenkreis, den sog. *Malebolge* berichtet, der seinerseits in zehn konzentrische Kreise gegliedert ist. Berühmtester Büßer ist hier Odysseus, der seine Hinterlist im Trojanischen Krieg sühnen muß. Seine Gestalt und die den *canto* eröffnende Strafrede Dantes gegen Florenz machen den 26. Gesang zu einem der bedeutendsten des ganzen Werkes. Eine letzte Steigerung erfährt die Darstellung der Höllenqual im neunten Kreis, der mit dem 32. Gesang erreicht wird. In der Geschichte des Grafen Ugolino della Gherardesca, der zusammen mit seinen Söhnen im Hungerturm des Erzbischofs von Pisa grausam zugrunde gegangen ist, erreicht die Dramatik ihren Höhepunkt. Dante durchschreitet schließlich das Zentrum der Hölle, wo der dreiköpfige Luzifer als fratzenhaftes Gegenstück zur göttlichen Trinität in seinen Mäulern die drei Erzverräter Judas, Brutus und Cassius zermalmt, und steigt nach einer (symbolisch zu interpretierenden) Wanderung von drei Tagen am Ostermorgen zur südlichen Erdhälfte empor, auf der sich der Läuterungsberg aus dem Ozean erhebt. Dort erhält der Dichter von dem Wächter Cato, einem gerechtfertigten Selbstmörder, erst Einlaß in das Vorpurgatorium, nachdem ihn sein Begleiter Vergil mit Tau gewaschen und mit Schilf gegürtet hat.

Von hier aus wird der in tiefen Schlaf versetzte Dante an die Pforte des eigentlichen Purgatoriums getragen. Auf seinen sieben terrassenartigen Stufen, zu denen die Seelen durch enge, steile Hohlwege emporsteigen, werden die sieben Todsünden abgebüßt: Hochmut, Neid, Zorn, Trägheit, Habsucht, Schlemmerei und Wollust, die schweren Sünden zuerst, die leichtesten zuletzt. Der Beginn des *Purgatorio* wird von politischen Fragen beherrscht. Im 3. Gesang begegnet Dante dem exkommunizierten Stauferkönig Manfred, im 6. Gesang hält er eine Strafrede auf die Zerrissenheit Italiens und die Pflichtvergessenheit des deutschen Kaisertums. Corrado Malaspina prophezeit dem Dichter, daß ihm seine Nachkommen ihren fürstlichen Schutz gewähren werden. Vor dem Aufstieg auf den ersten Ring des Läuterungsberges wird Dante siebenmal mit dem Buchstaben P (= *peccatum*, Sünde) gezeichnet, die mit dem fortwährenden Aufstieg einer nach dem anderen von einem Engel fortgewischt werden. Im 19. Gesang wird Dante durch das Traumbild einer trügerisch schönen Frau auf die in dem folgenden fünften bis siebenten Ring abzubüßenden Strafen vorbereitet, nachdem er zuvor schon die Neidischen, die Zornigen und die Trägen kennengelernt hat. Im 20. Gesang begegnet er Hugo Capet, dem Stammvater des französischen Königshauses der Kapetinger. Im nächsten Gesang schließt sich der christlich-römische Dichter Statius den beiden Wanderern an. Er ist durch die Lektüre Vergils zum Christentum bekehrt worden, wie er im 22. Gesang unter Bekräftigung des prophetisch gefärbten mittelalterlichen Vergilbildes bekennt. Im sechsten Ring büßt unter den Schlemmern Dantes Dichterfreund Forese Donati, der vernichtend über die Tugend der Florentiner Frauen urteilt. Im folgenden 24. Gesang ergeht zusammen mit einem Zitat aus Dantes *Vita nova* ein Lob auf den *dolce stil nuovo*. Das Dichterlob setzt sich im 26. Gesang mit der Würdigung Guido Guinizellis und einem Gespräch mit dem Troubadour Arnaut Daniel fort, den Dante als kunstvollen Liebesdichter so schätzte, daß er ihn sogar in seiner provenzalischen Muttersprache antworten läßt. Mit dem 27. Gesang erreicht Dante das irdische Paradies; Vergil verabschiedet sich und bekränzt ihn. Im irdischen Paradies erscheint inmitten der allegorischen Prozession der Kirche die verklärte Beatrice, die Dante an seine Verirrungen erinnert und zur Reue mahnt. Nach einem reinigenden Bad im Lotheßfluß, das Dante alle Sünden vergessen läßt, ist er bereit zum Himmelsflug.

Unter Führung der heilsbringenden Frauengestalt und mit wunderbarer Leichtigkeit gelangt Dante nun in das Lichtmeer des Himmels (*Paradiso*). Die Darstellung des Himmelsgebäudes zeigt den Einfluß des im Mittelalter allgemein herrschenden Weltbilds des alexandrinischen Philosophen und Astronomen PTOLEMAEUS, das Dante jedoch christlichen Glaubensvorstellungen entsprechend abwandelt. Er beschreibt das Firmament als ein System aus sieben rotierenden Planetenhimmeln, einem Fixsternhimmel und dem darüberliegenden unbeweglichen »*Empyreum*«, dem Sitz der Gottheit und der höchsten Heiligen, Kirchenväter und Propheten, die zum Bilde einer Rose (*rosa mystica*) gruppiert sind, jedoch vorübergehend in den einzelnen Himmeln erscheinen, denen sie kraft ihrer Anlagen verwandt sind, um für Dantes Geist faßbar zu werden. Die Seelen sind der irdischen Körperlichkeit entkleidet und werden von Dante als Lichterscheinungen wahrgenommen. Der Aufstieg folgt einer Differenzierung der Seligkeit in verschiedenen Stufen: von der untersten der noch schwachen Liebe zum Guten über die Tugenden der »*vita activa*« bis zur höchsten Stufe der »*vita contemplativa*«, der reinen Gottesliebe.

Im ersten Teil des *Paradiso*, dem Mondhimmel, wird er von Beatrice über die Bedeutung des freien Willens belehrt (4. Gesang). Bedeutsam im sich anschließenden Merkurhimmel ist der umfassende Entwurf der römischen Geschichte durch Kaiser Justinian, der einen Bogen von Aeneas bis zum römisch-deutschen Kaisertum schlägt (6. Gesang). Auf den Venushimmel folgen der Sonnen- und schließlich der Marshimmel, der Himmel der Glaubensstreiter, wo in den Gesängen 15 bis 17 Dantes Vorfahr, der Kreuzritter Cacciaguida, die Geschichte von Florenz zusammenfaßt und Dantes Sendungsidee und damit den Inspirationskern der *Commedia* bestätigt. Nach dem Durchschreiten des Jupiter- und Saturnhimmels erschaut Dante im Fixsternhimmel Christi triumphale Himmelfahrt und die Krönung der Jungfrau Maria. Nunmehr muß er eine Prüfung über die drei theologischen Tugenden, Glaube, Hoffnung und Liebe durch die Apostel Petrus, Jakobus und Johannes (24–26) ablegen, bevor der Aufstieg in den Kristallhimmel und die Schau Gottes und der Engel als Widerspiegelung in Beatrices Augen erfolgen kann (28). Schließlich wird Dante der Anblick der Himmelsrose, des sog. *Empyreum*, zuteil, in der Beatrice ihren Platz einnimmt (30–31). An ihre Stelle tritt der Hl. Bernhard von Clairvaux, um Dante den Thron Mariae zu weisen und die Himmelsrose zu erklären. Im letzten Gesang kann Dante nach einem Gebet Bernhards zu Maria die Kraft finden, um in der strahlenden Lichtfülle die Dreieinigkeit zu erahnen. Das *Paradiso* schließt mit einer Umschreibung des Wesens Gottes im letzten Vers (»*L'amor che muove il sole e l'altre stelle*« – »die Liebe, die die Sonne und alle anderen Sterne bewegt«). Es stellt damit auch sprachlich einen eindrucksvollen Abschluß der drei Einzelteile des Gesamtwerks her, die alle drei mit dem erhabenen Wort *stelle* enden.

Der Personenkreis, mit dem Dante das Jenseits bevölkert – büßende Seelen, denen er auf seiner Wanderung begegnet und mit denen er spricht –, umfaßt nahezu 600 Namen. Viele dieser Gestalten, wie Francesca da Rimini, der Graf Ugolino, Pia dei Tolomei, sind erst durch die *Göttliche Komödie* für die Nachwelt lebendig geworden. Zum Großteil aber sind es berühmte mythologische oder historische Gestalten wie Odysseus, Barbarossa, die Päpste Hadrian V. und Nikolaus III., Dichter wie Bertran de Born, Guido de Cavalcanti, Guittone d'Arezzo, Maler wie Giotto und Cimabue. Die Plazierung der einzelnen »Sünder« und ihre damit verbundene moralische Qualifizierung erscheint aus heutiger Sicht oft überraschend, allzu persönlich, vor allem in politischer Hinsicht eindeutig ghibellinisch gefärbt; die deutschen Kaiser, selbst Barbarossa, werden entschieden milder behandelt als Päpste und kirchliche Würdenträger. In anderen Fällen bezeigt Dante gerade den Verdammten wie Francesca da Rimini oder den ungetauften Seelen in der Vorhölle ein oft ergreifend zum Ausdruck gebrachtes und von ihrer Strafwürdigkeit im theoretischen Sinne unabhängiges Mitgefühl.

Aus der Fülle menschlicher Gestalten und Schicksale, die das Gedicht mit dramatischem Leben erfüllen, ragen zwei Erscheinungen hervor: der römische Dichter Vergil und Beatrice, die Dante auf seiner Wanderung den Weg weisen; Vergil in der Hölle und im Purgatorium, Beatrice im Paradies. Dante, der, wie schon die *Eloquentia* und das *Convivio* beweisen, in den römischen Autoren sein höchstes Vorbild sah, dem er jedoch nicht mehr in lateinischer Sprache, sondern in einer veredelten italienischen Volkssprache, dem *volgare illustre*, nachzueifern gedachte, spricht Vergil auf der gemeinsamen Wanderung immer wieder verehrend als *Maestro* an; er stellt ihn noch über seine bevorzugten Autoren Horaz, Ovid, Lukan, die er zusammen mit Homer in der straflosen Vorhölle, dem *limbo*, zur *bella scuola*, der schönen Schule der Dichter, vereinigt. Es ist deshalb wohl anzunehmen, daß er die *Commedia* nicht zuletzt in der Absicht plante, eine große erzählende Dichtung in italienischer Sprache als würdiges Gegenstück zu VERGILS *Aeneis* zu schaffen. (Auch Vergil läßt in Buch 6 seines Epos Aeneas in die Unterwelt steigen und mit den Seelen bekannter Verstorbener sprechen.) Das Thema der Höllenfahrten und Jenseitsreisen kam allerdings auch in anderen antiken Werken gelegentlich vor, und es war vor allem in der mittelalterlichen Dichtung stark verbreitet. In diesem Zusammenhang erscheint Dantes *Göttliche Komödie* als die letzte vollendete Gestaltung des Themas, zugleich aber auch als das erste große dichterische Werk in italienischer Sprache. Aus dieser literaturhistorischen Stellung der *Commedia* ergab sich die von der Wissenschaft immer wieder diskutierte Frage, ob Dante »noch« dem Mittelalter oder »schon« der Renaissance angehöre.

Wichtiger noch als Vergil erscheint im Plan des Werkes die Gestalt der Beatrice; ihr fällt die Aufgabe zu, Dante aus den Irrungen zu befreien, in die er nach den ersten Worten der Dichtung »*in der Mitte seines Lebensweges*« geraten war. Sie ist es auch, die Vergil als Retter ausgesandt hat, und sie ist es, die an der Schwelle des Paradieses Dante erwartet, um ihn durch die Himmelskreise bis vor Gottes Thron zu führen. Er, dessen Liebe zu Beatrice sich von irdischem Begehren zu idealer Verehrung (*Vita nuova*) gewandelt hatte und dem sich dadurch das Reich der Tugend, der Wissenschaften und der philosophischen Erkenntnis erschloß, feiert sie in der Commedia als Inbegriff aller Tugend, Schönheit und Weisheit, als »*sommo bene*«, und läßt sie zum Symbol der Philosophie selbst werden. In diesem Sinne ist es auch zu verstehen, daß er die Liebe (*amore*) im Gedicht selbst immer wieder als Triebfeder seines Schaffens nennt: »*Ich bin ein Mensch der immer, / wenn Liebe ihn behaucht es wohl bemerket, / Und wie sie in mir spricht, so muß ich's sagen.*« (Purg. 24, 52).

Dante selbst legte die Deutung nahe, daß in seiner Dichtung der lange und mühevolle Weg einer verirrten Seele zum himmlischen Heil dargestellt werde; in seinem Brief an Cangrande schrieb er, daß das Werk über die wörtliche Bedeutung hinaus auch im moralischen, allegorischen und »anagogischen«, d. h. hinaufführenden, erhebenden Sinne verstanden werden müsse. »*Von einer Unterweisung über das moralisch richtige Verhalten des Einzelnen ausgehend, ruft die Commedia zu einer Wiederherstellung der gottgewollten weltlichen und geistlichen Ordnung der Gesellschaft auf. Der Glaube an die göttliche Gerechtigkeit ist das Fundament der Commedia. Sie lehrt dem Leser das Wirken Gottes als des höchsten Richters zu erkennen. Denn im Jenseits bestraft oder belohnt Gott die Seelen nach Maßgabe ihres Verhaltens im Diesseits, das er allein in seinen den irdischen Richtern oft verborgenen Beweggründen zu beurteilen vermag.*« (Buck). – Die Kernidee der *Commedia* ist der ebenso christliche wie antike Gedanke, »*daß dem Menschen ein geistiger Aufstieg bestimmt ist, ein Heil, dem er entgegengehen kann in tätiger Selbstverwandlung, erfüllt von der Überzeugung, daß die Vernunft mehr ist als die Sinne, die Seele mehr als der Leib, der Glaube mehr als das Wissen ... das Göttliche mehr als das Irdische*« (Friedrich). Den Charakter eines *poema sacro* unterstreicht auch der äußere Aufbau der Dichtung, dem die nach mittelalterlicher Auffassung heiligen und vollkommenen Zahlen drei und zehn sowie deren Potenzen neun und hundert zugrunde liegen. Nach diesem Grundschema einer symbolischen Arithmetik ist das ganze, 14 233 Verse umfassende Gedicht komponiert. Es besteht aus drei Hauptteilen, die sich in je 33 Gesänge gliedern; das ergibt mit einem einleitenden Gesang des *Inferno* die volle Zahl Hundert. Auch im Stufenbau der Jenseitsreiche ist jeweils die Zahl Neun gewahrt, und schließlich liegt die Drei als Symbol der Heiligen Dreifaltigkeit auch der Strophenform der Terzine aus Elfsilblern (*endecasillabi*) mit fortlaufender Reimverkettung und Schlußvers am Ende jeden Gesanges zugrunde, der Versform, die Dante selbst für sein Werk geschaffen hat.

Der Ruhm des Gedichts hat sich trotz der vielfach zeitgebundenen Thematik und Problemstellung, die schon für das zeitgenössische Publikum Kommentierungen erforderlich machte, bis in die Gegenwart vor allem in Italien, wo Dante als Nationaldichter verehrt wird, unvermindert erhalten. Das Werk, das am Beginn der italienischen Literatur steht, ist – ein seltener Fall – bis heute auch ihr Hauptwerk geblieben. Die Harmonie und Geschlossenheit des Aufbaus, die dramatische Vielfalt der evozierten Schicksale, die Kraft und Schönheit des dichterischen Ausdrucks und Gefühls, Adel und Tiefe der Gedanken machen es über die Grenzen Italiens hinaus zu einem zeitlosen Beispiel abendländischer Dichtkunst. In Deutschland wurde es allerdings erst seit der zweiten Hälfte des 18. Jh.s langsam zur Kenntnis genommen; noch LESSING, KLOPSTOCK, SCHILLER und GOETHE (»... *Moderduft aus Dantes Hölle*...«) äußerten sich kühl, wenn nicht ablehnend. Erst die Brüder SCHLEGEL und SCHELLING bereiteten den Boden für den im 19. Jh. ständig wachsenden Ruhm des Dichters, und auch in unserem Jahrhundert setzten sich bekannte deutsche Wissenschaftler wie Karl VOSSLER, Ernst Robert CURTIUS, Erich AUERBACH, Hugo FRIEDRICH immer wieder mit dem gewaltigen Werk auseinander, in dem sich Dante an etwas wagte, »*was noch keiner vor ihm gewagt hatte: die gesamte irdisch-historische Welt, die zu seiner Kenntnis gelangt war, als schon dem endgültigen Urteil Gottes unterworfen und somit an ihren eigentlichen, ihr nach der göttlichen Ordnung zukommenden Platz gestellt, als schon gerichtet vorzustellen*...« (Auerbach). H.F.-KLL

AUSGABEN: Foligno, 11. 4. 1472 (*Comincia la Comedia di dante alleghieri di firenze nella quale tracta delle pene e punicioni de vitii et demeriti et premi delle uirtu*...; Faks. Turin 1911). – Mantua 1472. – Venedig 1477 [1. kommentierte Ausg.]. – Florenz 1481 [Komm. v. C. Landino u. Kupferstiche nach Zeichn. v. Botticelli]. – Venedig 1502 [1. Oktavausgabe]. – Florenz 1506. – Venedig 1555 (*Divina Commedia*, Hg. L. Dolce). – Florenz 1595, Hg. Accademia della Crusca. – Ldn. 1858 [enth. die Lesarten der ersten vier Drucke]. – Bln. 1862, Hg. C. Witte. – Lpzg. 1882, Hg. G. A. Scartazzini [m. Komm.; Neubearb. G. Vandelli, Mailand 16 1955]. – Oxford 1894 (in *Tutti le opere*, Hg. E. Moore; 4 1924, Hg. P. Toynbee). – Florenz 1921 (in *Opere di D.*, Hg. Società dantesca italiana; Nachdr. 1960). – Lpzg. 1921 (in *Opera omnia*, 2 Bde., 1; Einl. B. Croce). – Heidelberg 1922, Hg. L. Olschki [m. dt. Komm. u. Glossar]. – Bologna 1923; 2 1960, Hg. M. Casella. – Bari 1933, Hg. D. Guerri (Scrittori d'Italia). – Bergamo 1934, Hg. N. Zingarelli. – Bologna 1953, Hg. M. Porena, 3 Bde. – Mailand/Neapel 1957, Hg. N. Sapegno. – Turin 1962, Hg. S. A. Chimenz. – Florenz 1964 (Edizione del VII Centenario dantesco). – Rom 1965, Hg. A. Martello. – Florenz 1965, Hg. G. Petrocchi. – Bln. 1965 (*Divina Commedia*, Hg. H. Haupt, 2 Bde.; m. Komm. u. Bibliogr.; Faks. des Codex Altonensis). – Bologna 1966, Hg. M. Porena u. M. Pazzaglia. – Rom 1967–1969, Hg. G. Giacalone, 3 Bde., Rom 1978 (in *Enciclopedia dantesca*, Hg. U. Bosco; Bd. 6, S. 621–1002). – Florenz 1979, Hg. ders. u. G. Reggio, 3 Bde. – Rom 1980, Hg. A. Lanza u. a.

ÜBERSETZUNGEN: *Dante Alighieri von der Hölle; ... von dem Fegefeuer; ... von dem Paradise*; L. Bachenschwanz, 3 Bde., Lpzg. 1767–1769. – *Die Göttliche Komödie*, K. L. Kannegießer, 3 Bde., Lpzg. 1814–1821 (Bd. 1: *Die Hölle*, zuerst Amsterdam 1809). – Dass., K. Streckfuß, 3 Bde., Halle 1824–1826; ern. Bln. 1922. – Dass., Philalethes (d. i. Johann, König von Sachsen), 3 Bde., Dresden/Lpzg. 1849 (*Hölle* u. *Fegefeuer* zuerst 1828–1833 bzw. 1839/40); ern. Mchn. 1952. – Dass., K. Witte, Bln. 1865; ern. 1938. – Dass., A. Bassermann, 3 Bde., Mchn./Bln. 1892–1921. – Dass., R. Zoozmann (in *D.s poetische Werke*, 4 Bde., Freiburg i. Br. 1908; ital.-dt.). – Dass., S. George, Bln. 1912 (Ausw.; 4 1925, erw.). – Dass., A. Vézin, Mchn. 1926; ern. Freiburg i. Br. 1956. – *Dante*, R. Borchardt, Mchn./Bln. 1930. – *Die Göttliche Komödie*, K. Vossler, Bln. 1942; ern. Mchn. 1986. – Dass., H. Gmelin, 3 Bde., Stg. 1949–1951 [ital.-dt.]. – Dass., W. G. Hertz, Ffm. 1956 (FiBü; ern. Mchn. 1978; dtv). – Dass., B. Geiger, 3 Bde., Darmstadt u. a. 1960/61. – Dass., I. u. W. v. Wartburg, Zürich 1963. – Dass., C. R. Köhler, Bln. 1966. – Dass., F. Frh. v. Falkenhausen, Ffm. 1975. – *D.s Göttliche Komödie*, O. Gildemeister, Essen/Stg. 2 1984 [Ill. G. Doré]. – *Die göttliche Komödie*, H. W. Sokop, 4 Bde., Wien 1987.

VERFILMUNG: Italien 1909–1911, 3 Tle. (Regie: F. Bertolini u. A. Padovan).

LITERATUR: Kommentare: *Lectura Dantis*, Florenz/Neapel 1900 ff. – B. Wiese. *Kommentar zu D.s Göttlicher Komödie*, Lpzg. 1922 (RUB). – K. Voßler, *Die Göttliche Komödie*, 2 Bde., Heidelberg 2 1925. – *Nuova lectura Dantis*, Hg. S. A. Chimenz, Rom 1950–1959. – H. Gmelin, *D. A., Die Göttliche Komödie*, 3 Bde., Stg. 1954–1957. – *Lectura Dantis siciliana*, Hg. G. Cottone u. a., Alcamo 1955 ff. – *Lectura Dantis Romana*, Hg. Casa di Dante in Roma, Turin 1959–1965. – *Lectura Dantis Scaligera*, Florenz 1960–1968. – *Letture dantesche*, Hg. G. Getto, Florenz 1961. – *Nuove Letture Dantesche*, Florenz 1966–1976. – *Letture Classensi*, Ravenna 1966 ff. – *Inferno. Letture degli anni 1973–1976*, Hg. Casa di Dante in Roma, Rom 1977. – E. Esposito, *Lectura Dantis* (in *Enciclopedia dantesca*, Hg. U. Bosco, 6 Bde., 6; Rom 1978).
Neuere Literatur: L. Pietrobono, *Dal centro al cerchio: la struttura morale della »Divina Commedia«*, Turin 1923. – L. Valli, *La chiave della »Divina Commedia«: sintesi del simbolismo della Croce e dell'Aquila*, Bologna 1926. – M. Porena, *La mia »Lectura Dantis«*, Neapel 1932. – G. Ferretti, *I due tempi della composizione della »Divina Commedia«*, Bari 1935. – U. Cosmo, *L'ultima ascesa*, Bari 1936. – H.

Gmelin, *D.s Weltbild*, Lpzg. 1940. – H. Friedrich, *Die Rechtsmetaphysik der Göttlichen Komödie. Francesca da Rimini*, Ffm. 1942. – T. Spoerri, *Einführung in die Göttliche Komödie*, Zürich 1946. – A. Pézard, *D. sous la pluie de feu*, Paris 1950. – M. Apollonio, *D. Storia della »Commedia«*, 2 Bde., Mailand 1951. – R. Guardini, *D.-Studien*, 2 Bde., Mchn. 1951–1958. – F. Fergusson, *D.s Drama of the Mind. A. Modern Reading of the Purgatorio*, Princeton 1953. – C. S. Singleton, *D. Studies I: »Commedia«: Elements of Structure*, Cambridge/Mass. 1954. – R. Palgen, *Werden und Wesen der Jenseitsreise D.s*, Graz/Köln 1958. – K. Foster, *God's Tree*, Ldn. 1957. – A. Noyer-Weidner, *Symmetrie und Steigerung als stilistisches Gesetz der »Divina Commedia«*, Krefeld 1961. – P. Trasi, *Indice analitico della »Divina Commedia«*, Bergamo 1964. – P. Wunderli, *Zur Auseinandersetzung über die muselmanischen Quellen der »Divina Commedia«* (in RF, 15, 1964, S. 19–50). – O. Graf, *Die »Divina Commedia« als Zeugnis des Glaubens. D. und die Liturgie*, Freiburg i. Br. 1965. – O. Lagercrantz, *Von der Hölle zum Paradies. D. und die »Göttliche Komödie«*, Ffm. 1965. – F. Di Pretore, *La »Divina Commedia« nelle sue vicende attraverso i secoli*, Florenz 1965. – E. Sanguinetti, *Il realismo di D.*, Florenz 1966. – B. Sandkühler, *Die frühen Dantekommentare und ihr Verhältnis zur mittelalterlichen Kommentartradition*, Mchn. 1967. – *D. A., Aufsätze zur »Divina Commedia«*, Hg. H. Friedrich, Darmstadt 1968. – R. Hollander, *Allegory in D.s »Commedia«*, Princeton 1969. – M. Meiss u. P. Brieger, *Illustrated Manuscripts of the »Divine Commedy«*, Princeton 1969. – H. Felten, *Wissen und Poesie. Die Begriffswelt der »Divina Commedia« im Vergleich mit theologischen Lateintexten*, Mchn. 1972. – M. Hardt, *Die Zahl in der »Divina Commedia«*, Ffm. 1973. – *Modelli semiologici nella »Divina Commedia« di D.*, Mailand 1975. – M. Bambeck, *»Göttliche Komödie« und Exegese*, Bln./NY 1975. – G. Padoan, *Il pio Enea, Ulisse. Tradizione classica e intendimento medievale in D.*, Ravenna 1977. – M. Lochbrunner, *Die »Göttliche Komödie« – D.s Botschaft aus neuer Sicht. Fund und Deutung bisher nicht erschlossener Quellen*, Köln 1978. – M. Bambeck, *Studien zu D.s Paradiso*, Wiesbaden 1979. – C. v. Holst, *D., Vergil, Geryon. Der 17. Höllengesang der Göttlichen Komödie in der bildenden Kunst*, Stg. 1980. – P. Boyde, *D. Philomythes and Philosopher, Man in the Cosmos*, Cambridge 1981. – E. J. Richards, *D. and the »Roman de la Rose«. An Investigation into the Vernacular Narrative Context of the »Commedia«*, Tübingen 1981. – P. Giannantonio, *Dottrina e poesia nella »Divina Commedia«*, Florenz 1983. – E. Loos, *Der logische Aufbau der »Commedia« und die Ordo-Vorstellung D.s*, Wiesbaden 1984. – M. Roddewig, *D. A., Die »Göttliche Komödie«: vergleichende Bestandsaufnahme der Handschriften*, Stg. 1984. – U. Limentani:, *D.s »Commedia«. Introductory Readings of Selected Cantos*, Cambridge 1985. – A. Buck, *Die »Commedia«* (in *Die italienische Literatur im Zeitalter D.s und am Übergang vom Mittelalter zur Renaissance*; GRLMA, X, 1, Hg. H. U. Gumbrecht u. U. Mölk, Heidelberg 1987, S. 21–165). – B. Sandkühler, *Die Kommentare zur »Commedia« bis zur Mitte des 15. Jahrhunderts* (ebd., S. 166–208). – H. Felten, *D.-Rezeption im Trecento und im Quattrocento außerhalb der Kommentarliteratur* (ebd., S. 209–232).

IL CONVIVIO

(ital.; *Das Gastmahl*). Philosophische Abhandlung von Dante ALIGHIERI, entstanden zwischen 1303 und 1308. – Der Titel ist metaphorisch gemeint: Dante lädt zu einem Mahl, bei dem das »*Brot der Engel*« (I, 1, 8), die Wissenschaft, gereicht wird. Geplant waren fünfzehn Traktate, von denen der erste eine Einleitung, die folgenden die Kommentare zu vierzehn Kanzonen *»von der Liebe und der Tugend«* bilden sollten. Vollendet wurden nur die ersten vier Traktate. Zur Vorgeschichte des Werkes berichtet Dante, daß er 1290 nach dem Tode Beatrices, seiner vergeistigten und doch einzig wirklichen Liebe, trostsuchend zu BOETHIUS' *De consolatione philosophiae* und zu CICEROS *De amicitia* gegriffen habe. Da ihm nach dieser Lektüre die Philosophie als »*edle Frau ... in allen ihren Handlungen barmherzig*« erschienen sei, habe er sich intensiv ihrem Studium gewidmet. Bald »*spürte er so sehr ihre Süßigkeit, daß die Liebe zu ihr jeden anderen Gedanken verjagte*« (II, 12, 7). Mit diesen Sätzen nimmt Dante ein Thema aus seinem Jugendwerk *Vita nuova* wieder auf, in dem er erzählt hatte, daß er etwa 1291 dem Andenken Beatrices untreu geworden sei und sich, wenn auch mit Gewissensbissen, der Liebe zu einer »*edlen und mitleidvollen Frau*« hingegeben habe. Im *Convivio* identifiziert er diese *»gentile donna ... pietosa«* mit der Philosophie. Sein Versuch, jetzt den allegorischen Sinn einiger seiner Dichtungen aufzudecken und gelehrt zu kommentieren, soll zum einen den Vorwurf widerlegen, er habe nach dem Tode Beatrices ein leichtfertiges Leben geführt; zum anderen möchte er eine »*feinsinnige Anleitung*« geben, »*so* [d. h. allegorisch] *zu sprechen und auch andere Werke so auszulegen*« (I, 2, 17). Im übrigen will er mit seinen Kommentaren adligen Männern und (was damals keineswegs üblich war) auch Frauen die Möglichkeit geben, ihren natürlichen Wissensdurst zu stillen. Wahrscheinlich hegte Dante auch die Hoffnung, das *Gastmahl* werde als Beweis seiner Tugend, seiner Kunst und seines universalen Wissens anerkannt werden und ihm, dem unglücklichen Exilierten, wieder die Tore seiner geliebten Vaterstadt Florenz zur Heimkehr öffnen.

Im ersten Teil legt Dante ausführlich dar, warum er diese philosophische Abhandlung verfaßt und weder das Lateinische noch das Französische, sondern die Sprache des Alltags, das Italienische gewählt habe: Er will nicht nur die Gelehrten, sondern alle diejenigen erreichen, die sich um das Gemeinwohl kümmern müssen und daher nicht die Muße haben, Fremdsprachen zu erlernen. Der zweite Traktat, in dem Dante die Kanzone *Voi ch'intendendo il terzo ciel movete* (um 1293 entstanden) kommentiert, behandelt zunächst die von den Kirchenvätern geschaffene Lehre vom vierfachen Schriftsinn, dem wörtlichen, allegorischen, moralischen und anagogischen; sodann das ptolemäische System in seiner christlichen Abwandlung, die Rolle der »Intelligenzen« (oder Engel) in diesem System, die Unsterblichkeit der Seele, die allegorische Bedeutung seiner Kanzone und schließlich die Zuordnung der Wissenschaften zu den zehn Himmeln. Im dritten, die Kanzone *Amor che ne la mente mi ragiona* (um 1296) kommentierenden Teil spricht Dante unter anderem von Ursprung und Bestimmung der menschlichen Seele, von der Natur der Liebe, der Schwierigkeit, erhabene Gegenstände in adäquater Sprache darzustellen, und sehr ausführlich vom Wert der Philosophie. Er bekundet darin seine echte Begeisterung für die Würde und die Fähigkeiten des menschlichen Geistes, gleichzeitig aber auch einen festen Glauben an die Autorität der katholischen Kirche. Im vierten und längsten Traktat, der im Gegensatz zu den beiden ersten rein lehrhaften Charakter hat, wendet er sich historischen und gesellschaftlichen Phänomenen zu: Er erörtert das Wesen des Adels und widerlegt die Friedrich II. zugeschriebene Definition, Adel sei »*alter Reichtum mit guten Sitten*«; er verficht die rein moralische Auffassung, Adel sei eine bereits im Keim angelegte individuelle Tugend, die sich im Leben ständig neu bewähren müsse. In Exkursen behandelt er u. a. die Notwendigkeit des Weltkaisertums, die *vita activa* und *vita contemplativa* und die Merkmale der vier Lebensalter.

Das *Gastmahl* ist ein durchweg vom Geist des Mittelalters geprägtes Werk. Seine formalen Vorbilder sind nicht – wie der Titel erwarten läßt – PLATONS *Symposion* oder MACROBIUS' *Saturnalia*, sondern die scholastischen Kommentare mit ihren spitzfindigen Unterscheidungen und Syllogismen. Indem er systemlos Theologie, Philosophie, Astronomie, Physik, Morallehre, Politik und Psychologie miteinander vermischt – Dante hält sich jeweils an die Stichwörter, die ihm die Kanzonen liefern –, eifert der Dichter den Enzyklopädisten seiner Zeit nach. Seine wichtigsten Quellen sind »der Philosoph«, d. h. der latinisierte ARISTOTELES – vornehmlich die *Nikomachische Ethik* –, und seine theologischen Exegeten THOMAS VON AQUIN und vor allem ALBERTUS MAGNUS. – Zwar ist das *Gastmahl* nicht das erste populärwissenschaftliche Werk in italienischer Sprache, aber als erstes dieser Gattung ist es in einer am Lateinischen geschulten, ebenso klaren und präzisen wie rhythmisch ausgewogenen Prosa geschrieben. Welch gewaltige Entwicklung Dantes Stil und mit ihm die Ausdrucksfähigkeit des Italienischen in der Zeitspanne von nur zwölf Jahren durchmachte, zeigt ein Vergleich der erzählenden und erklärenden Teile der *Vita nuova* mit jedem beliebigen Fragment des *Convivio*. Trotz der scholastischen Pedanterie und der Langatmigkeit einzelner Passagen bleibt das *Convivio* ein hervorragendes Denkmal der italienischen Stilgeschichte und ein beredtes Zeugnis für die geistige Entwicklung Dantes. R.Kl.-KLL

AUSGABEN: Florenz 1490. – Florenz 1874, Hg. G. B. Giuliani. – Oxford 1894 (in *Opere*, Hg. E. Moore; [4]1924, Hg. P. Toynbee). – Lpzg. 1921 (in *Opera omnia*, Einl. B. Croce, 2 Bde., 2). – Vatikanstadt 1932, Hg. F. Schneider (Faks. des cod. Barberiniano lat. 4086). – Florenz 1934–1937 (in *Opere*, Hg. M. Barbi, Bd. 4/5, Anm. G. Busnelli u. G. Vandelli; [2]1964, Hg. A. E. Quaglio). – Bologna 1966 (Einl. M. Simonelli). – Rom 1978 (in *Enciclopedia dantesca*, Hg. U. Bosco, Bd. 6).

ÜBERSETZUNGEN: *Das Gastmahl*, C. L. Kannegießer (in *Prosaische Schriften*, Lpzg. 1845). – Dass., C. Sauter, Freiburg i. B. 1911 (m. Einl. u. Erläut.). – Dass., ders., Mchn 1965 (Vorw. H. Rheinfelder).

LITERATUR: E. Gilson, *D. et la philosophie*, Paris 1939 (dt.: *D. und die Philosophie*, Freiburg i. B. 1953). – E. Bodrero, »Il convivio« (in E. B., *Studi, saggi ed eloggi*, Padua 1941, S. 219–228). – A. Schiaffini, »Il convivio« (in A. S., *Tradizione e poesia nella prosa d'arte italiana dalla latinità medievale a G. Boccaccio*, Rom [2]1943, S. 107–124). – V. Pernicone, *Corso di letteratura italiana: »Il convivio« di D.*, Turin 1951. – U. Leo, *The Unfinished »Convivio« and D.'s Reading of the »Aeneid«* (in Medieval Studies, 13, Toronto 1951, S. 41–64). – G. Natoli, *D. rivelato nel »Convivio«*, Rom 1954. – E. Roon-Bassermann, *D. und Aristoteles. Das »Convivio« und der mehrfache Schriftsinn*, Freiburg i. B. 1956. – B. Nardi, *Dal »Convivio« alla »Commedia«*, Rom 1960. – M. Simonelli, *Donna pietosa e Donna gentile fra »Vita Nova« e »Convivio«* (in Atti del Convegno di Studi su aspetti e problemi della critica dantesca, Rom 1967. S. 146–159). – R. Stillers, *Zum impliziten Literaturbegriff und Textverstehen in D.s »Convivio«* (in Deutsches Dante-Jahrbuch, 57, 1982, S. 85–107). – C. Vasoli, *Filosofia e politica in D. fra »Convivio« e »Monarchia«* (in Letture Classensi, 9–10, 1982, S. 11–37). – M. Corti, *Dante a un nuovo crocevia*, Florenz 1982. – Dies., *La felicità mentale. Nuove prospettive per Cavalcanti e D.*, Turin 1983 (m. Bibliogr.).

DE MONARCHIA LIBRI TRES

(mlat.; *Drei Bücher über die Monarchie*). Politisch-geschichtsphilosophische Schrift von Dante ALIGHIERI, entstanden um 1310. – Das Werk erzählt Dantes Stellungnahme zu dem zwischen Kaiser und Papst schwelenden Machtstreit, dessen Ausgang den Dichter auch aus persönlichen Gründen stark interessierte. 1302 war er nach dem politischen Sieg der päpstlich gesinnten Schwarzguelfen aus Florenz verbannt worden und erhoffte vom verheißenen Italienzug Heinrichs VII. eine Änderung der politischen Lage, die ihm die Rückkehr in die Heimat ermöglicht hätte. Nicht zuletzt deshalb lag ihm daran, das geschichtlich bestätigte Recht und die Vorzüge eines von der päpstlichen Macht unabhängigen, universellen Kaiserreiches nachzuweisen. Eine Handschrift der *Monarchia* wurde 1329 in Rom öffentlich verbrannt.

Das Werk ist in drei Bücher gegliedert, deren erstes die Vorzüge der Einzelherrschaft (Monarchie) beschreibt. Die »*ordinatio ad unum*« (monarchische Weltordnung) entspricht der natürlichen Ordnung des menschlichen Zusammenlebens, das sich stufenmäßig in immer höhere und »*edlere*« Einheiten gliedert, von der Hausgemeinschaft (*domus*) zur Nachbarschaft (*vicinia*), von der Stadtgemeinde (*civitas*) zum Staat (*regnum*) und schließlich zum Imperium, das als oberste Autorität auch die Macht besitzt, der Gesamtheit den Frieden und dem einzelnen die Freiheit zu gewährleisten. Dadurch verwirklicht die Monarchie eine dem christlichen Lebensideal entsprechende Weltordnung (in der *Divina Commedia* als »*irdisches Paradies*« verherrlicht), die in der christlichen Heilsgeschichte ihre Rechtfertigung findet: Gott hat seinen Sohn just zu dem Zeitpunkt auf die Erde gesandt, als sich unter dem weisen und gerechten Herrscher Augustus der ideale Zustand einer friedlichen Weltherrschaft verwirklicht hatte. Um seine These zu stützen, ist Dante allerdings gezwungen, den Monarchen schlechthin ein Übermaß an Tugenden zuzuschreiben, das die Geschichte nur in wenigen Einzelfällen (Dante verherrlicht vor allem Karl den Großen) annähernd kannte.

Die beiden folgenden Bücher dienen dem Nachweis, daß das Römische Reich und deshalb auch das daraus hervorgegangene »Sacrum Imperium Romanum« ein von der göttlichen Vorsehung gewolltes Recht auf die Weltherrschaft besitzt. Dafür findet Dante nicht nur mythologisch-pseudogeschichtliche (Gründung Roms durch den Asiaten Aeneas), sondern auch objektive historische Gründe: Das römische Volk schuf als erstes ein öffentliches Recht, das auf moralischen Forderungen beruhte und gleichzeitig dem Menschen und der Gesellschaft diente. Dank dieser moralisch-geistigen Überlegenheit, die Dante mit vielen Beispielen römischer Tugend aus den Werken von CICERO, LIVIUS, VERGIL belegt, blieb Rom im Wettstreit der alten Völker um die Weltherrschaft Sieger, allerdings nicht aus eigener Kraft, sondern weil es durch die göttliche Vorsehung »erwählt« war. Mit diesem Argument der Gottgewolltheit des Imperiums stützt Dante abschließend auch seine polemische These, daß der Monarch für seine Entscheidungen nicht Gottes Stellvertreter auf Erden, dem Papst, sondern Gott allein Rechenschaft schuldig sei, denn nach Christi Lehre sind das geistige und das weltliche Reich voneinander unabhängig. Die Vermischung der Gewalten hat zwangsläufig zur Folge, daß beide Reiche von ihrer höchsten Aufgabe, die dem einen die irdische, dem anderen die himmlische Glückseligkeit zu schaffen gebietet, abgelenkt sind. Dennoch ist hilfreiche und selbstlose gegenseitige Unterstützung notwendig, damit sich der Plan der vollkommen göttlichen Weltordnung erfülle.

Die *Monarchia* ist, abgesehen von ihren polemisch-politischen Aspekten, noch stark dem Thomistischen Ordnungssystem verpflichtet, zeigt aber in der methodischen Darstellung und in den historischen Gesichtspunkten überraschend moderne Tendenzen und darf daher als eines der ersten Zeugnisse der neueren Geschichtsphilosophie gelten. Insbesondere die Idee der politisch-moralischen Mission Europas begründete eine Tradition historischen Denkens, die sich in MACHIAVELLI, VICO, HEGEL, den Philosophen des *risorgimento* und des deutschen Historismus fortsetzte. H.F.

AUSGABEN: Basel 1559 (in A. Alciatus, *De formula Romani Imperii libellus*). – Genf [d. i. Venedig] 1740. – Wien 1874, Hg. C.Witte (zuerst in Acta Academiae Fridericianae Halensis, Halle 1863–1871). – Florenz 1878 (in *Opere latine*, 2 Bde., 1878–1882, Bd. 1, Hg. G. B. Giuliani; krit.). – Oxford 1894 (in *Tutte le opere*, Hg. E. Moore; [4]1924, Hg. P. Toynbee). – Friedrichsdorf b. Ffm. 1918; ern. Genf 1920, Hg. L. Bertalot. – Florenz 1921 (in *Le opere di D.*, Hg. Società Dantesca Italiana; krit.; ern. 1960). – Lpzg. 1921 (in *Opera omnia*, Einl. B. Croce, 2 Bde., 2). – Modena 1946, Hg. A. C. Volpe. – Florenz 1950, Hg. G. Vinay. – Mailand 1965 (in *Opere latine*, Hg. M. Felisatti). – Rom 1978 (in *Enciclopedia dantesca*, Hg. U. Bosco, Bd. 6).

ÜBERSETZUNGEN: *Monarchey oder dasz das Keyserthumb, zu der wolfart diser Welt von nöten*. B. J. Heroldt, Basel 1559; Faks. Basel/Stg. 1965. – *Über die Monarchie*, K. L. Kannegießer (in *Prosaische Schriften mit Ausnahme der Vita nuova*, 2 Bde., 2, Lpzg. 1845). – Dass., O. Hubatsch, Bln. 1872. – *Monarchie*, C. Sauter, Freiburg i. B. 1913; Nachdr. Aalen 1974. – *Die Monarchie*, W. von den Steinen, Mchn. 1923. – Dass., ders. (in W. v. d. S., *Heilige und Helden des Mittelalters*, Bd. 1, Breslau 1926).

LITERATUR: D. Caposcale, *Il »De monarchia« di D. e i trattati politici del tempo*, 2 Bde., Monteleone 1920. – E. Flori, *Dell'idea imperiale di D.*, Bologna 1921. – S. Vento, *La filosofia politica di D. nel »De monarchia«*, Turin 1921. – N. Vianello, *Il trattato »Della monarchia« di D. A.*, Genua 1921. – A. Solmi, *Il pensiero politico di D.*, Florenz 1922. – G. Solari, *Il pensiero politico di D.* (in Rivista Storia Italiana, 1, 1923, S. 373–475). – F. Ercole, *Il pensiero politico di D.*, Mailand 1927/28. – B. Nardi, *Saggi di filosofia dantesca*, Mailand 1930. – N. Vianello, *Il testo critico della »Monarchia« di D.*, Mailand 1931. – M. Grabmann, *Studien über den Einfluß der aristotelischen Philosophie auf die mittelalterlichen Theorien über das Verhältnis von Kirche und Staat*, Mchn. 1934. – H. Conrad, *D.s Staatslehre im Spiegel der scholastischen Philosophie*, Heidelberg 1946. – M. Seidlmayer, *D.s Reichs- und Staatsidee*, Heidelberg 1952. – M. Maccarone, *Il terzo libro della »Monarchia«* (in Studi danteschi, 23, 1955, S. 5–142). – H. Grundmann, O. Herding u. H. C. Peyer, *Dante und die Mächtigen seiner Zeit*, Mchn. 1960. – G. Vinay, *Interpretazione della »Monarchia« di D.*, Florenz 1962 (Lectura Dantis Scaligera). – P. Da Prati, *La politica e la filosofia nella »Monarchia« di D.*, San Remo 1963. – B. Nardi, *Filosofia e teologia ai tempi di D. in rapporto al pensiero del Poeta* (in *Atti del Congresso Internazionale di studi danteschi*, Florenz 1965, S. 79–175). – A. Lhotsky, *D.s Staatslehre und Geschichtsbetrachtung. Mit besonderer Rücksicht auf den Traktat »Monarchia«* (in ders., *Aufsätze und Vorträge*, Bd. 1, Mchn. 1976, S. 92–130). – K. Comoth, *Pax universalis. Philosophie und Politik in D.s »Monarchia«* (in *Soziale Ordnungen im Selbstverständnis des Mittelalters*, Hg. A. Zimmermann, 2 Bde., Berlin/NY 1980, S. 341–350). – B. Winklehner, *Die mittelalterliche Weltfriedensidee in ihrer Bedeutung für das politische Denken D.s* (in *Romanisches Mittelalter. Fs. R. Baehr*, Hg. D. Messner u. a., Göppingen 1981, S. 385–400). – B. Maier, *D. e la realtà politica del suo tempo tra Bonifacio VIII e Arrigo VII*, Mailand 1982. – C. Vasoli, *Filosofia e politica in D. fra »Convivio« e »Monarchia«* (in Letture Classensi, 9–10, 1982, S. 11–37). – O. Capitani, *Chiose minime dantesche*, Bologna 1983.

DE VULGARI ELOQUENTIA LIBRI DUO

(nlat.; *Zwei Bücher über die Ausdruckskraft der Volkssprache*). Theoretische Schrift von Dante ALIGHIERI, entstanden um 1303/04. – Das fern der Heimatstadt Florenz im Exil entstandene Werk blieb Fragment; es endet, noch bevor der Autor zu seinem Hauptthema, der *doctrina vulgaris eloquentiae*, der Lehre von der künstlerischen Gestaltung der Volkssprache, gekommen ist. Dennoch zeichnen sich im vorhandenen Teil Methode und Absicht der Schrift deutlich ab. Dante will nachweisen, daß das Italienische, die *lingua volgare*, unter gewissen, allerdings sehr strengen Bedingungen dem Lateinischen an Würde und Schönheit ebenbürtig sei.

Das erste Kapitel enthält eine allgemeine Untersuchung über Ursprung, Wesen und Geschichte der menschlichen Sprache schlechthin. Dante geht von der biblischen Vorstellung einer Ursprache aus, die Adam erschaffen hat und die sich im Hebräischen zu einer höheren Kunstsprache entwickelte und festigte. Nach der babylonischen Sprachverwirrung blieb das Hebräische den gläubigen Juden vorbehalten, während die Sprache der abtrünnigen Menschheit in zahlreiche Idiome zerfiel, von denen sich einige wiederum zu Kunstsprachen entwickelten. Von diesem Ausgangspunkt gelangt Dante zu einer fast modern anmutenden philologischen Darstellung der Sprachverhältnisse in Europa. Er unterscheidet die Bereiche des Germanischen, des Griechischen und des Romanischen, das sich seinerseits im Lauf der Jahrhunderte in drei Sprachen, Französisch, Provenzalisch und Italienisch, aufgespalten habe. In diesem fortschreitenden Sprachzerfall glaubt jedoch Dante immer wieder auch das Bestreben nach einer Festigung und Regelung erkennen zu können, wie sie der Ursprache eigen war. Dadurch entsteht, wenn nicht in allen, so doch in manchen besonders weit verbreiteten Sprachen, neben der natürlichen Redeweise des Volkes *(»locutio vulgaris«* oder *»naturalis«)* eine sekundäre, »künstliche« Ausdrucksform *(»locutio secundaria potius artificialis«)*, die einer höheren Stufe des Lebens und Denkens entspricht. Sie ist durch grammatische Gesetze geregelt und wird dadurch allgemein erlernbar und verständlich; denn die Grammatik bildet ungeachtet der Verschiedenheit der menschlichen Idiome eine *»gewisse unveränderliche Identität der Sprache durch Zeiten und Länder«*. Das ideale Beispiel einer solchen allgemein verständlichen Kultursprache ist das Latein der großen römischen Dichter VERGIL, HORAZ und OVID, die Dante als *»poetae regulares«* bezeichnet. Vom Beispiel ihrer Sprache muß deshalb der Versuch ausgehen, das Italienische zu einer grammatisch geregelten Kunst- und Dichtersprache zu erheben, zu dem von Dante angestrebten Ideal des *volgare illustre*. Das folgende Kapitel erörtert die Frage, welcher der vierzehn italienischen Dialekte, von denen u. a. das Sizilianische, Toskanische, Venezianische in der Dichtung bereits hervorgetreten sind, dem *»schönen Stil«* (*»bello stile«*) der römischen Autoren am nächsten komme. Dante entscheidet sich für das Toskanische, dessen Eignung zu künstlerischer Gestaltung Dichter wie Guido CAVALCANTI (nach 1255–1300), Lapo GIANNI (13./14. Jh.) und er selbst schon erprobt hatten. Es folgen genaue Anweisungen, wie das Toskanische sprachlich und metrisch zu behandeln sei, damit es zu einer neuen allgemeinen Dichtersprache Italiens werde. Der letzte Teil des Fragments läßt erkennen, daß Dante den Elfsilber *(endecasillabo)* als Vers und die Kanzone als poetische Gattung für die würdigsten und geeignetsten Formen der italienischen Dichtkunst hielt.

Das Werk ist für die Geschichte der italienischen Sprache und Literatur vor allem deshalb von höchster Bedeutung, weil es das Problem der Sprachwahl (Latein oder *lingua volgare*), das die Anfänge der italienischen Dichtung erheblich erschwerte, zum erstenmal methodisch erörtert. Für den Dichter Dante war es die theoretische Vorarbeit zu seinem eigenen großen volkssprachlichen Werk, der *Divina Commedia*, die entscheidend dazu beitrug, daß das Toskanische endgültig zur Grundlage der italienischen Einheitssprache wurde. H.F.

AUSGABEN: Vicenza 1529 (*De la volgare eloquenzia*; ital. Übers. v. Trissino). – Paris 1577. – Oxford 1894 (in *Tutte le opere*, Hg. E. Moore; [4]1924, Hg. P. Toynbee). – Florenz 1896, Hg. P. Rajna [krit.]. – Turin 1912, Hg. G. L. Passerini. – Friedrichsdorf b. Ffm. 1917; ern. Genf 1920, Hg. L. Bertalot. – Florenz 1921 (in *Le opere*, Hg. Società dant. ital., P. Rajna; krit. ern. 1960). – Lpzg. 1921 (in *Opera omnia*, 2 Bde., 2). – Florenz 1938 (in *Opere*, Bd. 6, Hg. A. Marigo u. P. G. Ricci; krit.; ern. 1959). – Padua 1968, Hg. P. V. Mengaldo. – Rom 1978 (in *Enciclopedia dantesca*, Hg. U. Bosco, Bd. 6). – Ravenna 1981, Hg. W. Welliver.

ÜBERSETZUNGEN: *Über die Volkssprache*, K. L. Kannegießer (in *D. A.s prosaische Schriften mit Ausnahme der Vita nuova*, 2 Bde., Lpzg. 1845, S. 93–158). – *Über das Dichten in der Muttersprache*, F. Dornseiff u. J. Balogh, Darmstadt 1925.

LITERATUR: P. Rajna, *Il trattato »De vulgari eloquentia«*, Florenz 1906 (Lectura Dantis). – A. Marigo, *Il testo critico del »De vulgari eloquentia«* (in GLI, 86, 1925, S. 289–338). – P. Rajna, *Approci per una nuova edizione del »De vulgari eloquentia«* (in Studi danteschi, 14, 1930, S. 5–78). – F. D'Ovidio, *Sul trattato »De vulgari eloquentia«* (in F. D'O., *Versificazione romanza. Poetica e poesia medievale*, 2 Bde., 2, Neapel 1932, S. 217–332). – A. Pagliaro, *La dottrina linguistica di D.* (in Quaderni di Roma, 1, 1949, H. 6, S. 485–501). – H.-W. Klein, *Latein und Volgare in Italien*, Mchn. 1957. – G. Vinay, *Ricerche sul »De vulgari eloquentia«* (in GLI, 136, 1959, S. 236 ff. u. 367 ff.). – Ders., *La teoria linguistica del »De vulgari eloquentia«* (in Cultura e Scuola, 2, 1962, H. 5, S. 30–42). – A. Schiaffini, *Interpretazione del »De vulgari eloquentia« di D.*, Rom 1963. – M. Pazzaglia, *Il verso e l'arte della canzone nel »De vulgari eloquentia«*, Florenz 1967. – K. O. Apel, *L'idea di lingua nella tradizione dell'umanesimo da Dante a Vico*, Bologna 1975. – M. Vitale, *La questione della lingua*, Palermo 1978, S. 15–35. – L. Sebastio, *Per una lettura del »De vulgari eloquentia«* (in Alighieri, 22, 1981, S. 30–57). – I. Pagani, *La teoria linguistica di D.*, Neapel 1982.

RIME

(ital.; *Gedichte*) von Dante ALIGHIERI. – Unter dem Titel *Rime* (früher *Canzoniere*) werden in modernen Ausgaben alle lyrischen Werke gesammelt, die Dante nicht in die *Vita Nuova* oder das *Convivio* eingearbeitet hat. Die über 80 Gedichte (Sonette, Kanzonen, Sestinen und Balladen) – die Verfasserschaft Dantes ist nicht immer gesichert – sind nicht nach einem übergreifenden Prinzip geordnet, sondern bilden nur einzelne Gruppen, deren chronologische Abfolge Dantes dichterische Entwicklung bis ca. 1305 (Beginn der Arbeit an der *Commedia*) gut dokumentiert.

Am Anfang der Sammlung steht die stilnovistisch geprägte Jugendlyrik. Später parallel zur *Vita nuova*, besingt Dante eine *donna gentile* (edle Herrin). Es folgen einfachere Liebesgedichte, die einer *pargoletta* (Mädchen) gewidmet sind und sich von stilnovistischen Vorbildern entfernen. Ein derber Ton wird in den sechs Streitgedichten mit Forese Donati, einem Dichterfreund, angeschlagen. An Themen wie Völlerei, Diebstahl oder Vernachlässigung der Ehepflichten entfaltet sich ein virtuos gehandhabter Burleskstil, der schon auf das *Inferno* vorausdeutet. Von besonderem stilistischem Rang sind vier Gedichte (zwei Kanzonen, eine Sestine, eine Doppelsestine) an eine abweisende, »steinerne« Frau (*donna pietra*), die sogenannten *Petrosen*, in denen sich Dantes Auseinandersetzung mit der Dichtung des provenzalischen Troubadours Arnaut Daniel widerspiegelt. Von ihm übernimmt er auf thematischer Ebene die Korrespondenz zwischen äußerer Natur und der Gefühlswelt des Liebenden und auf der Ebene des Stils die virtuos begrenzte Kombinatorik des Reims in den Sestinen. Im ersten Vers der abschließenden Kanzone *Cosi nel mio parlar voglio esser aspro* (*Ich will so rauh in meiner Rede sein*) wird das Stilideal der *asperitas* (Rauhheit), das die vier Gedichte beherrscht, unmittelbar angesprochen. Es handelt sich dabei um eine Variante des hohen Stils (vgl. *De vulgari eloquentia* II 7, 6), die heftige Leidenschaften durch harte Satzfügungen, schwere, konsonantenreiche Lautgruppen und ungewöhnliche Bilder rhetorisch wirksam zur Darstellung bringt. In den ersten drei Gedichten wird das Thema der Liebesverweigerung von Strophe zu Strophe statisch variiert, die abschließende Kanzone aber steigert es zu fast unverhülltem Sadismus. Die Ausdruckskraft der *Commedia* ist hier schon vollkommen erreicht. Nach der Exilierung Dantes (1302) fließen persönliche, politische und ethische Themen in die Lyrik ein, so in der Kanzone *Tre donne intorno al cor mi son venute* (*Drei Frauen traten an mein Herz*), eine Allegorisierung der göttlichen und menschlichen Gerechtigkeit, die mit Dantes Bitte um Begnadigung endet.

Auch wenn die Gedichte der *Vita Nuova* als Höhepunkt von Dantes Lyrik anzusehen sind, so vermitteln doch erst seine *Rime* einen angemessenen Eindruck von seinen dichterischen Möglichkeiten und deren gezielter Anwendung in den Hauptwerken. Durch die kommentierte Ausgabe von BARBI, CONTINI und FOSTER-BOYDE wurde ihrer literarhistorischen Bedeutung Rechnung getragen. U.P.

AUSGABEN: Lpzg. 1827; ²1842. – Florenz 1834. – Oxford 1894. – Turin 1939; ²1946 (Hg. G. Contini). – Florenz 1956–1969, Hg. M. Barbi; 2 Bde. – Oxford 1967, Hg. K. Foster u. P. Boyde. – Turin 1983 (in *Opere minori*, Hg. G. Bárberi-Squarotti).

ÜBERSETZUNG: *Gedichte*, H. Federmann, Köln 1966 (ital.-dt.).

LITERATUR: K. Bartsch, *D.s Poetik* (in Jahrbuch der Deutschen Dante-Gesellschaft, 3, 1871, S. 303–367). – N. Zingarelli, *Il Canzoniere di D.* (in Lectura Dantis. *Le opere minori*, Florenz 1906, S. 131–162). – A. D'Ancona, *Della »pargoletta« e di altre donne nel poema e nelle »Rime« di D.* (in Scritti danteschi, Florenz 1912, S. 230–252). – S. Santangelo, *D. e i trovatori provenzali*, Catania 1921; ²1959. – G. Zonta, *La lirica di D.* (in GLI, 19–21, 1922, S. 45–204). – R. Ortiz, *Studi sul Canzoniere di D.*, Bukarest 1923. – F. Biondolillo, *Le rime amorose di D.*, Messina/Florenz 1960. – S. Battaglia, *Le rime ›petrose‹ e la sestina (Arnaldo Daniello-D.-Petrarca)*, Neapel 1964. – A. Pézard, *»La rotta gonna«. Gloses et corrections aux textes mineurs de D.*, Bd. 1, Florenz/Paris 1967. – P. Boyde, *D.'s Style in His Lyric Poetry*, Cambridge 1971 (ital.: Neapel

1979). – K. Foster, *The Two Dantes and Other Studies*, Ldn. 1972. – I. Baldelli, *Lingua e stile dalle petrose a »Tre donne«* (in RLI, 1978, S. 5–17). – B. König, *»La novità che per tua forma luce«. Formwillen und Formkunst in D.s Kanzonendichtung* (in *Italia viva. Fs. Scheel*, Hg. W. Hirdt u. R. Klesczewski, Tübingen 1983, S. 237–251).

VITA NOVA

(ital.: *Das erneuerte Leben*). Jugendwerk von Dante ALIGHIERI, entstanden zwischen 1283 und 1293/95, Erstdruck 1576. – Die *Vita nova* (neuere Schreibung: *Vita nuova*) ist das erste durchkomponierte Buch der italienischen Literatur. Es vereinigt in der Form des Prosimetrums, die auf BOETHIUS und provenzalische Vorbilder zurückgeht, 31 Gedichte (meist Sonette, einige Kanzonen und Kanzonenstrophen, eine Ballade) mit erzählenden oder die Geschichte rhetorisch kommentierenden Prosaabschnitten, von Dante *ragioni* bzw. *divisioni* genannt. Die moderne Gliederung in 42 Kapitel entspricht nicht mehr dem (verlorenen) Original.

Schon der Titel setzt ein deutliches Signal für die Zugehörigkeit des Werks zu einer zeitgenössischen italienischen Dichterschule und deren bevorzugter Thematik: Einerseits wird mit *novus* der *dolce stil nuovo* (*der süße neue Stil*) zitiert, an dessen Hauptvertreter, Guido CAVALCANTI, in Kap. 3 eine Widmung ergeht; andererseits klingt in diesem Adjektiv eine für stilnovistische Lyrik typische biblisch-christliche Konnotation der gnadenhaften Erneuerung durch die Liebe an. Gegenstand des Werkes ist eine zunehmend entsinnlichte und unerwiderte Liebe des in Ich-Form sprechenden Dichters zur Gestalt der Beatrice, die nur mit wenigen formelhaften Wendungen beschrieben wird und somit stärker idealisiert als reale Züge trägt. Der Gott Amor tritt in doppelter Weise als Vermittler dieser Liebe auf, indem er einerseits eine solche geläuterte Liebeserfahrung ermöglicht und andererseits dem Dichter die Kraft verleiht, diese Liebe angemessen auszudrücken. Wenn das Werk in Kap. 1 als Erinnerungsbuch (*libro de la mia memoria*) vorgestellt wird, so ist damit die Wiedergabe einer stilisierten Liebesgeschichte unter dem Diktat Amors gemeint, nicht jedoch ein psychologisches Erinnern an die reale Beatrice. Der liebende Dichter durchläuft typische Stationen, die für die spätere italienische Liebeslyrik, insbesondere für PETRARCA, prägend werden. Provenzalischen Vorbildern folgend, beginnt das »erneuerte Leben« (Kap. 1: »*Incipit vita nova*«) schon in frühester Jugend. Als Neunjähriger, also 1274, begegnet er an unbestimmtem Ort der im neunten Lebensjahr stehenden Beatrice, die in ein rotes Gewand gekleidet ist. Bei ihrem Anblick verkündet ihm eine Stimme auf Latein: »*Dir ist deine Seligkeit (beatitudo) erschienen*«, womit der Name Beatrice (»Bringerin der Seligkeit«) ausgedeutet wird. Neun Jahre später erscheint ihm zur neunten Stunde erneut Beatrice, diesmal weiß gekleidet und in Gesellschaft zweier älterer Frauen. Sie gewähren ihm ihren Gruß (*saluto*), der zugleich Heil (*salute*) bedeutet. Zurück in seiner Kammer, wird der Dichter von einem angstvollen Traum ergriffen, in dem Amor eine rot gewandete, schlafende Gestalt in Händen hält, der er, als sie erwacht, Dantes brennendes Herz zur Speise gibt. Der Dichter erkennt in ihr, bevor sie mit Amor zum Himmel steigt, die *donna della salute* und teilt diese Vision den »Getreuen Amors« (*fedeli d'Amore*), d. h. seinen Dichterfreunden in einem Sonett mit (Kap. 3). Die nächste Station der Begegnung ist eine Kirche, wo sich in den Blick des Dichters auf die Geliebte der Blick einer fremden Herrin schiebt. Auf Amors Geheiß wählt der Dichter diese Frau zur Verschleierung seiner wahren Liebe (*schermo della veritate*) und huldigt ihr mehrere Jahre mit Gedichten, die sich jedoch insgeheim an Beatrice wenden. Auf die Abreise der Frau (Kap. 7) und auf den Tod eines jungen Mädchens aus der nicht mit Namen genannten Stadt (Kap. 8) entstehen Klagegedichte, doch es sind Liebesklagen an Beatrice. Als Dante selbst einmal die Stadt verläßt, befiehlt ihm Amor, eine neue Schutzherrin für seine verborgene Liebe zu wählen (Kap. 9), worin er gehorcht. Er bemüht sich um sie so sehr, daß Beatrice davon erfährt und ihm ihren Gruß, das Zeichen ihrer *caritas*, verweigert (Kap. 10).

Damit beginnt der Weg zur völligen Vergeistigung der Liebe. In Zwiesprache mit Amor erfährt der Dichter, daß Beatrice gemäß dem mittelalterlichen Namensrealismus nur Glück verströmen kann und durch das Verweigern des Grußes die Belästigung vermeiden will, die der Dichter selbst seiner vorgetäuschten Geliebten zugemutet hat. Amor fordert nun, das Versteckspiel aufzugeben, die wahre Herrin jedoch nur indirekt und nahezu unpersönlich zu bedichten. Kap. 14 berichtet von einem Hochzeitsfest, bei dem viele Frauen versammelt sind. Der Anblick Beatrices verstört den Dichter so stark, daß er, von den Frauen spöttisch belächelt, an den Rand des Todes gelangt. In diesem und in den folgenden Kapiteln wird deutlich, daß die Gegenwart der Geliebten zugleich sehnsüchtiger Wunsch und angstvoll gemiedene Gefährdung ist. Kap. 18 schließlich bringt die Lösung: Die Liebe zu Beatrice erfüllt sich nicht in ihrer Gegenwart ihres heilspendenden Grußes, sondern im Medium der Dichtung, wo der Lobpreis auf die Abwesende dem Dichter Glück gewährt. Die Kanzone *Donne ch'avete intelletto d'amore* (Kap. 19) ist ein erster Ausdruck dieser Lobdichtung. Der Tod von Beatrices Vater und eine neuntägige Krankheit des Dichters bereiten auf Beatrices Tod vor. Auf dem Höhepunkt der Krankheit hat Dante die Vision, daß Engel die tote Beatrice in den Himmel tragen, wo sie in der Schau Gottes, der *visio beatifica*, zur Seligkeit gelangt. Nur kurz (Kap. 28) wird ihr Tod erwähnt und in astronomischer Verschlüsselung auf den 9. Juni 1290 festgelegt (Kap. 29). Erreichte die Beseligung des Liebenden in dem Sonett *Tanto gentile*, dem Musterbeispiel des *stilo de la sua loda* (*Stil ihres Lobes*; Kap. 26), ihren Höhepunkt, folgen auf den Tod Beatrices Schmerzdichtungen.

Von der Versuchung einer neuen Liebe (Kap. 35) befreit ihn Beatrice, indem sie ihm zur neunten Stunde und in rotem Gewand erscheint. Von da an gilt die Liebe des Dichters keiner anderen Frau mehr. Die Schlußkapitel drücken den Wunsch aus, Beatrice in ihrer himmlischen Entrückung schauen und bedichten zu können, und schlagen somit den Bogen zur Gestalt der Beatrice in der *Divina Commedia*.

Die Deutung des Werks muß gemäß der Doppelfunktion Amors auf zwei Ebenen ansetzen. Inhaltlich oszilliert es zwischen der von den Provenzalen übernommenen höfisch-profanen Liebesvorstellung und einer mystischen Verklärung der Liebe durch deutliche Anklänge an christliche Symbolik. Beatrice verkörpert einerseits den von Amor inspirierten höfischen Seelenadel, die *gentilezza* (vgl. das Sonett *Amor e cor gentil sono una cosa*, Kap. 20), andererseits ist sie zu einer Heiligenfigur stilisiert, was an der Trinitätssymbolik der Zahl Neun besonders augenfällig wird. Sie trägt sogar teilweise christologische Züge (vgl. Kap. 24), die in Ausgaben der Gegenreformation als häretisch empfunden und von der Zensur unterdrückt wurden. Aus der Perspektive der Dichterfigur gesehen legt das Werk Zeugnis ab sowohl von einer persönlichen Betroffenheit durch die Liebe als auch von der Aneignung und kunstvollen Verarbeitung der zeitgenössischen Liebeskonzeption. Die zweite Deutungsebene betrifft die rhetorische Auseinandersetzung mit den Vorbildern der stilnovistischen Liebeskonzeption. Als poetische Wirkkraft inspiriert Amor den Dichter zu einer der Liebesthematik angemessenen mittleren Stillage, der *dolcezza*, die vor Dante insbesondere Guido Cavalcanti in der Volkssprache vorbildhaft erreicht hat. Viele lyrische Einlagen der *Vita Nuova*, so auch das alles überragende Sonett *Tanto gentile*, müssen daher als rhetorische Überbietung von Texten gesehen werden, die dem zeitgenössischen Leser vertraut waren. Ein solcher stilistischer Ehrgeiz spiegelt sich auch in den komplizierten Perioden der Prosaeinschübe wider. Selbst wenn das Jugendwerk, wie es das Schlußkapitel sogar thematisiert, im Schatten der *Commedia* steht, so bildet es doch einen ersten Höhepunkt in der nachantiken europäischen Liebeslyrik. U.P.

AUSGABEN: Florenz 1576. – Chemnitz 1810 (1. ital. Ausg. im Ausland). – Pisa 1872, Hg. A. d'Ancona. – Florenz 1885, Hg. T. Casini (²1962; Einl. C. Segre). – Straßburg 1907, Hg. G. Gröber. – Mailand 1907; ²1932, Hg. M. Barbi [krit.]. – Florenz 1921 (in *Opere*, Hg. Società Dantesca Italiana). – Lpzg. 1921 (in *Opera omnia*, 2 Bde., 2; Einl. B. Croce). – Oxford ⁴1924 (in *Tutte le opere*, Hg. E. Moore u. P. Toynbee). – Florenz 1932, Hg. N. Sapegno. – Florenz 1933, Hg. L. Pietrobono. – Turin 1936, Hg. D. Mattalia. – Ffm. 1950, Hg. W. Küchler. – Ffm. 1964, Hg. U. Leo. – Mailand 1965, Hg. E. Sanguinetti. – Neapel 1980, Hg. D. Robertis.

ÜBERSETZUNGEN: *Das neue Leben*, F. v. Oeyenhausen, Lpzg. 1824. – Dass., K. Förster, Lpzg. 1841. – Dass., K. Federn, Halle 1897 u. ö. – *Vita Nova*, R. Borchardt, Bln. 1922. – *Vita nuova*, H. Müller, Jena 1941 (Einl. F. Schneider). – *Das neue Leben*, H. Hinderberger, Basel 1947. – *Neues Leben*, S. Hildebrandt, Köln/Graz ²1957. – *Das neue Leben*, K. Federn u. R. Zoozmann (in *Werke*, Hg. E. Laaths, Bln. u. a. 1958; ²1963). – *Vita nuova*, K. Federn, Hg. U. Leo, Ffm. 1964. – *Das neue Leben*, H. Hinderberger, Zürich 1987.

LITERATUR: K. Vossler, *Der süße neue Stil*, Heidelberg 1904. – A. Marigo, *Mistica e scienza nella »Vita nuova«*, Padua 1914. – R. Borchardt, *Einleitung in die »Vita nuova«*, Bln. 1923. – E. G. Gardner, *Imagination and Memory in the Psychology of D.* (in *A Miscellany of Studies . . . to L. E. Kastner*, Cambridge 1932). – A. Schiaffini, *Tradizione e poesia nella prosa d'arte italiana dalla latinità medievale a G. Boccaccio*, Genua 1934; ²1943. – M. Barbi, *Razionalismo e misticismo in D.* (in Studi danteschi, 17, 1933, S. 3–44; 21, 1937, S. 5–91). – F. Schneider, *»Vita nuova« Studien* (in Deutsches Dante-Jahrbuch, 19, 1937). – L. Spitzer, *Bemerkungen zu D.s »Vita nuova«* (in Publications de la Faculté des Lettres de l'Université d'Istanbul II, 1937, S. 162–208). – E. Gilson, *D. et la philosophie*, Paris 1939. – E. Eberwein-Dabcovich, *Das Wort ›novus‹ . . . in D.s »Vita nuova«* (in RJb, 11, 1949, S. 171–195). – C. S. Singleton, *An Essay on the »Vita nuova«*, Cambridge/Mass. 1949; ²1958. – Ders., *Journey to Beatrice*, Cambridge/Mass. 1958. – C. Stange, *Beatrice in D.s Jugenddichtungen*, Göttingen 1959. – D. De Robertis, *Il libro della »Vita nuova«*, Florenz 1961. – A. Vallone, *La prosa della »Vita nuova«*, Florenz 1963. – H. Friedrich, *Epochen der italienischen Lyrik*, Ffm. 1964, S. 92–125. – V. Branca, *Poetica del rinnovamento e tradizione agiografica nella »Vita nuova«* (in *Studi in onore di I. Siciliano*, Bd. 1, Florenz 1966, S. 123–148). – G. Misch, *Geschichte der Autobiographie*, Ffm. 1967, S. 465–480. – P. Boyde, *Dante's Style in His Lyric Poetry*, Cambridge 1971. – F. Tateo, *Questioni di poetica dantesca*, Bari 1972. – R. Hollander, *»Vita nuova«: D.'s Perception of Beatrice* (in D. Studies, 92, 1974, S. 1–18). – M. Picone, *»Vita nuova« e tradizione romanza*, Padua 1979. – K. W. Hempfer, *Allegorie und Erzählstruktur in D.s »Vita nuova«* (in Deutsches Dante-Jahrbuch, 1982, S. 7–39). – B. Garavelli, *Presenze di sintassi poetica nella prosa della »Vita Nuova«* (in Stc, 16, 1982, Nr. 49, S. 312–348). – A. D'Andrea, *La struttura della »Vita nova«: Le divisioni delle rime* (in A. D'A., *Il nome della storia*, Neapel 1982, S. 25–58). – P. Guiberteau, *D, et son intinéraire spirituel selon la »Vita Nova«*, Paris 1983. – R. Warning, *Imitatio und Intertextualität. Zur Geschichte lyrischer Dekonstruktion der Amortheologie . . .* (in *Interpretation. Fs. A. Noyer-Weidner*, Hg. K. W. Hempfer u. G. Regn, Wiesbaden 1983, S. 288–317). – M. Hardt, *Zur Zahlenpoetik D.s* (in *D. A.*, Hg. R. Baum u. W. Hirdt, Tübingen 1985, S. 149–167).

MĪR ʿALĪ ŠĪR NAVĀʾĪ

* 9.2.1441 Herat
† 3.1.1501

LITERATUR ZUM AUTOR:
Bibliographien:
A. A. Semenov, *Materialy k biobibliografičeskomu ukazatelju pečatnych proizvedenij Ališera Navoi i literatury o nem*, Taschkent 1940. – *Ališer Navoi. Biobibliografija. 1917–1966 gg.*, Hg. E. D. Svidina, Taschkent 1968.
Lexika:
A. K. Borovkov, »*Badāʾiʿ al-luġat*«. *Slovar' Ṭāliʿ Īmānī Geratskogo k sočinenijam Ališera Navoi*, Moskau 1961. – È. A. Umarov, *Frazeologičeskij slovar'*. »*Chažojin-ul-maonij*« *Ališera Navoi*, Taschkent 1971. – P. Šamsiev u. S. Ibragimov, *Slovar' Navoi*, Taschkent 1972.
Biographien:
Riza Nour, *Ali-Chīr-Nevāī* (in Revue de Turcologie, 5, 1935, S. 5–58). – A. İnan, *A. Ş. Nevai*, Istanbul 1941. – A. N. Tarlan, *A. Ş. Nevayi*, Istanbul 1942. – ʿAli Asġar Ḥekmat, *Nawāʾī*, Teheran 1947. – A. Šarafutdinov, *Ališer Navoi. Biografičeskij očerk*, Taschkent 1948. – E. È. Bertel's, *Navoi. Opyt tvorčeskij biografii*, Moskau/Leningrad 1948. – A. S. Levend, *A. Ş. Nevai*, Bd. 1: *Hayatı, sanatı ve kişiliği*, Ankara 1965. – S. Narzullaeva, *Ališer Navoij. Iǧodij biografijasidan*, Taschkent 1966. – S. Ganieva, *Ališer Novoij. Hajoti va iǧodi*, Taschkent 1968. – Art. *Ališer Navoij* (in *Uzbek sovet enciklopedijasi*, Bd. 1, Taschkent 1971, S. 247–262). – A. Hajitmetov, *Navoij hakida jangi maʾlumotlar* (in Šark yuldizi, 9, 1972, S. 183–188). – T. Gandjeï, *The Makārim al-akhlāq: a treatise on ʾAlīshīr Navāʾī by Ghiyāth ad-Dīn b. Humām ad-Dīn Muḥammad* »*Khvāndmīr*« (ed. in facs. from the ms. Add. 7669 in the British Museum, with an introd. and indices), Cambridge 1979.
Gesamtdarstellungen und Studien:
Mir-A.-Š. Sbornik k pjatisotletiju so dnja roždenija, Hg. V. V. Bartol'd, Leningrad 1928. – *Rodonačal'nik uzbekskoj literatury. Sbornik stat'ej ob Ališere Navoi*, Taschkent 1940. – *Ališer Navoi. Sbornik stat'ej. K 500-letiju so dnja roždenija, 1441–1941*, Moskau/Leningrad 1946. – A. Usmanov, »*Muchakamat al-Luġatajn*« *Ališera Navoi*, Taschkent 1948. – A. Chajitmetov, *Navoij lirikasi*, Taschkent 1961. – V. Zachidov, *Mir idej i obrazov Ališera Navoi*, Taschkent 1961. – A. Chajtmetov, *Navoijning iǧodij metodi masalalari*, Taschkent 1963. – J. Eckmann, *Die tschaghataische Literatur* (in PhTF, Bd. 2, Wiesbaden 1964, bes. S. 329–357). – A. K. Borovkov, *Upominanie* »*achi*« *u Ališera Navoi* (in Kratkie soobščenija Instituta narodov Azii, 65, 1964, S. 32-39). – E. Isokov, *Ališer Navoijning ilk lirikasi*, Taschkent 1965. – T. Gandjei, *Navāʾī on rhyme in Turkish* (in Rocznik orientalistyczny, 30, 1966, S. 75f.). – *Abdurahmon Ǧomij va Ališer Navoij*, Taschkent 1966. – *Navoij va adabij taʾsir masalalari*, Hg. S. Ganieva u. A. Abduġafurov, Taschkent 1968. – T. Gandjei, *Navāʾī's Poems in the Persian Verse Translation of Sāʾil* (in Central Asiatic Journal, 13, 1969, S. 146–151). – I. Sultan, *Navoijning ḳalb daftari*, Taschkent 1969. – A. Bombaci, *Ali-Šcer* (in A. B., *La letteratura turca*, Mailand 1969, S. 145–163). – H. Zarif, *Fozillar fazilati*, Taschkent 1969. – È. Rustamov, *Lev Tolstoj, Ǧaloliddin Rumij va Ališer Navoij* (in Šark yuldizi, 8, 1970, S. 218–227). – I. Engelke, ʿ*A. Š. N. als Kritiker der Verse des Sultans Ḥusain Bāiqarā* (in Ural-altaische Jahrbücher, 42, 1970, S. 91–113). – A. Chajitmetov, *Navoij dachosi*, Taschkent 1970. – E. A. Umarov, *Priem ijchom v proizvedenijach Ališera Navoi* (in ebd., 1, 1971, S. 76–81). – Ö. Kümisbaev, *Navai žäne Abaj* (in Žůldyz, 8, 1972, S. 212–218). – L. N. Serikova, *Nekotorye tipy organizacii rubai Ališera Navoi* (in Sovetskaja Tjurkologija, 6, 1973, S. 91–101). – N. Mallaev, *Ališer Navoij va chalḳ iǧodijoti*, Taschkent 1974. – L. Serikova, *Rol' i soderžanie sufijskich terminov v* »*kytʾa*« *Navoi* (in Sovetskaja Tjurkologija, 6, 1974, S. 53–62). – E. Jusupov u.a., *Ališer Navoij va chalḳ iǧodijoti dialektikasi tadkikoti* (in Šark yuldizi, 10, 1975, S. 170–178). – Ch. Donijorov, *Ališer Navoij va uzbek adabij tili* (in Šark yuldizi, 12, 1976, S. 169–181). – V. Abdullaev, *Navoij va Bobir ġazallarida ḳajtarik sanʾati* (in ebd., 1977, S. 221–226). – M. Hakimov, *Ališer Navoij va chalḳ oġzaki iǧodi*, Taschkent 1979. – I. Sultan, *Kniga priznanij Navoi. Žizn' i tvorčestvo velikogo poèta so slov ego samogo i sovremennikov*, Taschkent 1979. – M. E. Subtelny, *A. S. N.: Bakhshī and Beg* (in Eucharisterion, Bd. 2, Cambridge 1980, S. 797–807; Harvard Ukrainian Studies, 4). – L. N. Serikova, *Malye formy liriki Ališera Navoi. Kutʾa, rubai, fard*, Taschkent 1981. – Ǧ. Abdurahmonov u. A. Rustamov, *Navoij tilining grammatik chususijatlari*, Taschkent 1984. – G. A. Davydova, *Iz epistoljarnogo naslediju Ališera Navoi* (in *Turcologica 1986*, Leningrad 1986, S. 102–114).

DĪVĀN-I ʿALĪ ŠĪR NAVĀʾĪ

(čag.-türk.; *Diwan des ʿAlī Šīr Navāʾī*). Das lyrische Werk des Dichters, Staatsmanns und Gelehrten MĪR ʿALĪ ŠĪR NAVĀʾĪ, von ihm selbst in einem vierbändigen Diwan zusammengefaßt, der auch unter der Bezeichnung *Ḫazāʾin uʾl-maʿānī (Schätze der Gedanken* oder *Abstraktionen)* zitiert wird. Wegen der Verstreutheit der oft stark voneinander abweichenden Handschriften liegt noch keine Gesamtausgabe vor; die 1940 in Taschkent erschienene Auswahl in lateinischer Umschrift ist wissenschaftlich unbrauchbar.

Der Autor hat seine Gedichte – entsprechend ihrer Entstehungszeit – den vier Lebensaltern des Menschen: Kindheit (17. bis 20. Jahr), Jugend (20. bis

35. Jahr), Lebensmitte (35. bis 45. Jahr) und Alter (vom 45. Lebensjahr ab) zugeordnet. Nach diesem Einteilungsschema sind die einzelnen Bände des Diwans benannt: 1. *Ġarā'ib u'ṣ-ṣiġar (Sonderbarkeiten der Kinderzeit)*, 2. *Navādir u'š-šabāb (Perlen der Jugendzeit)*, 3. *Badā'i' u'l-vaṣaṭ (Einzigartiges aus den mittleren Jahren)*, 4. *Favā'id u'l-kibar (Vorteile des Alters)*. Innerhalb jedes der vier Bände herrscht die übliche Anordnung nach Versarten und Reimbuchstaben, wobei jedoch die Quaside zugunsten der Gasele zurücktritt. Weder stilistisch noch thematisch verläßt 'Alī Šīr Navā'ī die seit Ḥāfeẓ geltenden Normen, erfüllt sie aber mit neuer Frische, zuweilen auch mit Schärfe, etwa wenn er die Polemik gegen die Frömmler – Gemeingut aller mystisch-sufischen Dichtung – als soziale Satire auch gegen die Scharlatane des Sufismus richtet. – Inhaltlich am meisten Spielraum gewährt die Form der *qiṭ'a* (»Fragment« oder »Epigramm«). Der Autor benützt sie zur Kritik an der höfischen Gesellschaft, der er selbst angehört; freilich ist er als Berater und Wesir (Kanzler) seines königlichen Freundes, des Šāh Ḥusain Bāyqarā, aller Schönrednerei und Speichelleckerei enthoben. Seine für die damaligen Verhältnisse sicher bemerkenswert humane Haltung und seine Wahrheitsliebe sind jedoch im Zug der in neuerer Zeit hervortretenden Bemühungen (BERTEL'S) um programmatische Aufwertung 'Alī Šīr Navā'īs zum »Begründer der usbekischen Literatur« wohl etwas überbetont worden; dem gegenüber verweist BOMBACI darauf, daß die Perser Ḥāfeẓ, AMIR ḤOSROU, ĞĀMI und der Türke LUṬFĪ sämtlich 'Alī Šīr als Vorbild gedient haben. – Das Hauptthema seiner Gaselen, die Liebe, bleibt auch bei Navā'ī auf den erotisch-mystischen Bereich beschränkt, da es damals eine ausdrücklich profane Liebesdichtung nicht gab; schon die Menge seiner rund 50 000 Verse umfassenden Produktion spricht gegen reale Erfahrung, selbst wenn man das angeredete Objekt jeweils beliebig als männliche oder weibliche Person deuten kann. – Unbestreitbar ist, daß Zartheit der Empfindung, Reichtum und Farbigkeit der Bilder, fließender und harmonischer Stil fast alle seine Gedichte auszeichnen. *»Mit diesen künstlerischen Tugenden«*, so schreibt Husain Bāyqarā, *»hauchte 'Alī Šīr die Seele in den toten Leib der türkischen Sprache.«*   U.W.

AUSGABEN: Taschkent 1884 [lithogr.]. – Istanbul 1903 [lithogr.]. – Taschkent 1948 (*Ališer Navoij, Devon*, Hg. G. Karimov u. S. Mirzaev). – Taschkent 1959/60 (*Ališer Navoij. Chazojinul maoni*, Hg. H. Sulajmon; enth. die 4 Diwane; krit.). – Ankara 1966 (in *Ali Şir Nevaî*, Bd. 2: *Divanlar*, Hg. A. S. Levend; čag.-türk. in Translit.).

LITERATUR: E. Birnbaum, *The Ottomans and Chagatay Literature. An Early 16th Century Ms. of N.'s Dīvān in Ottoman Orthography* (in Central Asiatic Journal, 20, 1976, S. 157–190).

FARHĀD U ŠĪRĪN

(čag.-türk.; auch: *Farhād va Šīrīn; Farhād und Šīrīn*). Romantisches Versepos von Mīr 'ALĪ ŠĪR NAVĀ'Ī, entstanden 1484. – Die in der iranischen und türkischen Volksüberlieferung verbreitete und heute noch lebendige Sage von dem Steinmetzen Farhād und der Prinzessin Šīrīn bildete seit ihrer ersten literarischen Fixierung durch den Perser NEẒĀMI (1180/81) einen integrierenden Bestandteil des Zyklus *Ḫosrou o Šīrīn*; jedoch hob sie sich »*im Laufe der Entwicklung immer mehr aus der Rahmenerzählung ›Ḫosrou u Šīrīn‹ heraus, ... um schließlich Selbstzweck zu werden*« (H. W. Duda). Der Typus *Ḫosrou o Šīrīn* (osttürkisch *Ḫusrav u Šīrīn*, osm.-türk. *Ḫusrev ile Šīrīn*) blieb auch in der Folgezeit stark an das Vorbild Neẓāmis (dem die Gestalt des bedingungslos liebenden Farhād als Kontrastfigur zu dem wankelmütigen König Ḫosrou diente) gebunden, so z.B. in der ältesten türkischen Nachdichtung von QUṬB (1341/42), aber auch in der selbständigeren altosmanischen Fassung von Yūsuf Sinān Germiyānī, genannt ŠEYḤĪ (1389 bis nach 1430). Navā'ī erhebt erstmals die Episode *Farhād und Šīrīn* zum Zentralthema und weist damit allen Personen der Handlung neue Rollen zu. Diese grundlegend veränderte Konzeption erläutert der Autor – neben anderem – in den zehn Einleitungskapiteln seines Werks, das insgesamt 53 Kapitel mit rund 5780 Doppelversen umfaßt. Sowohl durch die Wahl des elfsilbigen Metrums *hazağ* wie durch die Einordnung des Epos in eine *ḥamsa (Pentalogie, Quintett)* – hier wie dort an zweiter Stelle – knüpft Navā'ī ausdrücklich an Neẓāmi und dessen Nachfolger AMIR ḤOSROU von Delhi (1253–1325) an.

Farhād, der einzige Sohn des Kaisers von China, leidet an Schwermut. Um ihn zu zerstreuen, läßt der Kaiser vier Paläste bauen, bei welcher Gelegenheit Farhād von den sagenhaften Meistern Qārūn und Mānī die Steinmetz- und Malkunst erlernt. Eines Tages findet er in der Schatzkammer ein verschlossenes Kästchen, das den Zauberspiegel Iskandars (Alexanders des Großen) birgt. Unter gefahrvollen Prüfungen gelangt er nach Griechenland zu dem weisen Sokrates, der ihm zeigt, wie es zu öffnen ist. Im Spiegel erscheint eine Landschaft und danach eine Frauengestalt, bei deren Anblick Farhād die Besinnung verliert. Ein Hinweis seines Freundes Šāpūr, dem er davon erzählt, führt ihn nach Armenien. Dort mischt er sich unter Arbeiter, die einen Kanal für die Herrscherin Mehīn Bānū durch die Felsen schlagen sollen. Bald dringt der Ruhm des fremden Meisters, der seine edle Art nicht verleugnen kann, in den Palast, und Mehīn Bānū erscheint mit ihrer Nichte Šīrīn, um ihn zu sehen. Farhād erkennt die Geliebte wieder; auch Šīrīn wird von Liebe ergriffen. Beim Festmahl trinken beide aus einem Becher und werden darauf bewußtlos hinausgetragen. Farhāds Liebe steigert sich zum Wahnsinn, und Šīrīn wagt aus Angst vor dem Urteil der Menschen nicht, ihn zu heiraten. Unterdessen hat der iranische König Ḫusrav von

Šīrīns Schönheit gehört und wirbt um sie. Abgewiesen, fällt er in Armenien ein. Farhād kämpft an der Spitze der Verteidiger, wird aber durch die List einer alten Frau gefangen und vor Ḫusrav geführt. Der König sucht ihn mit Versprechungen und Drohungen zum Verzicht auf seine Liebe zu bewegen, doch er unterliegt im Wortgefecht den Antworten Farhāds. Schließlich wird Farhād zu lebenslänglicher Verbannung auf eine Festung im Gebirge gebracht; es gelingt ihm aber, Briefe mit Šīrīn zu wechseln, in denen beide ihr Unglück beklagen. Ḫusrav, der davon erfährt, treibt Farhād durch die falsche Nachricht von Šīrīns Tod zum Selbstmord. Inzwischen hat sich Ḫusrav mit Mehīn Bānū versöhnt, doch noch ehe es zwischen ihm und Šīrīn zur Hochzeit kommt, wird er von seinem Sohn Šīrūya (Šīrōē) erschlagen, der ebenfalls um Šīrīn wirbt. Sie willigt scheinbar ein, ihn zu heiraten, läßt sich aber zuvor die Leiche Farhāds bringen und stirbt. Der Wesir Bahrām von China, ein Freund Farhāds, marschiert gegen Armenien, unterwirft Šīrūya und zieht sich dann zusammen mit Šāpūr zurück, um als Einsiedler am Grab der beiden unglücklichen Liebenden sein Leben zu beenden.

Allein die Vorgeschichte Farhāds bis zu seiner Ankunft in Armenien füllt die Hälfte des Werks. Wichtiger als diese äußere Gewichtsverschiebung ist die innere: Šīrīn ist nicht mehr in Liebe und Ehe mit Ḫusrav verbunden – wodurch bei Neẓāmī die Liebe Farhāds von vornherein zum Scheitern verurteilt war –, sondern sie ist frei und liebt Farhād, der nun kein einfacher Steinmetz mehr ist, sondern ein ihr ebenbürtiger Prinz. So ergab sich das Problem, den von der Tradition geforderten tragischen Ausgang der Liebesgeschichte neu zu motivieren. BOMBACI bemerkt richtig, daß dies wie in der Geschichte von *Laylā und Maǧnūn* durch die Liebestollheit des Helden geschieht, »*der die charakteristischen Züge des mystischen Liebenden annimmt, dessen Leidenschaft dazu bestimmt ist, in dieser Welt ein sublimer Wahnsinn zu bleiben*«; doch geht er vielleicht zu weit, wenn er von daher Navā'īs ganze Konzeption mystisch-allegorisch deutet. Als Prototyp der verselbständigten Erzählung *Farhād u Šīrīn*, die in der Folge bei den Türken vorherrschend wurde (osttürkisch *Farhād va Šīrīn*, osm.-türk. *Ferhād ve Šīrīn, Ferhād ile Šīrīn*), ist Navā'īs Dichtung unübertroffen geblieben. Bei aller Freiheit der Gestaltung und trotz des Reichtums der Komposition und der Farbigkeit vieler Szenen entfernt sie sich stilistisch kaum von Neẓāmī, es sei denn in Richtung aufs Manieristische und Rhetorische. An die Stelle der »*vielfältigen und dramatischen Menschlichkeit Neẓāmis*« (Bombaci) treten hier schließlich – schwer voneinander zu trennen – die Phantastik des Abenteuerromans und die mystische Umdeutung. B.Ha.

AUSGABEN: Taschkent 1882 (in *Ḥamsa*). – Taschkent 1925 (*Farhād u Šīrīn*). – Samarkand 1926 (*Farhād va Šīrīn*). – Taschkent 1940 (*Farhād va Šīrīn*, in *Chamsa*, Hg. S. Ajnij). – Taschkent 1940 (*Farhād va Šīrīn*, Hg. Ġafur Gulām; Einl. u. Wb. Hamid Ālimǧān; usbek.-türk. Übers.). – Taschkent 1948 (*Chamsa, 2 kitob, Farhod va Širin*, Hg. Ġafur Gulom). – Taschkent 1956 (*Farhod va Širin*). – Taschkent 1961 (in *Ŭzbek še'rijeti antologijasi*, Bd. 2, S. 235–325; Ausz.). – Taschkent 1963 (*Farhod va Širin*. Tanḳidij tekst). – Ankara 1967 (in *Ali Šir Nevaî*, Bd. 3: *Hamse*, Hg. A. S. Levend [čag.-türk. in Translit.]).

ÜBERSETZUNGEN: *Farchad i Širin. Poėma*, L. Pen'kovskij, Taschkent 1943; Moskau ³1956; russ. – *Farchad i Širin* (in *Ališer Navoi, Pjat' poėm*, Hg. A. Dejč u. L. Pen'kovskij, Moskau 1948; russ.). – *Farchad i Širin* (in *Ališer Navoi, Sočinenija*, Bd. 4, Hg. V. A. Abdullaev u.a., Taschkent 1968; russ.). – *Ferhad ü Širin. İnceleme, metin*, Hg. G. Alpay, Ankara 1975; ntürk. – *Farchad i Širin*, Moskau 1984; russ.

LITERATUR: H. W. Duda, *Ferhād und Schīrīn. Die literarische Geschichte eines persischen Sagenstoffes*, Prag 1933 (Monografie Archivu Orientálního, 2). – F. Abdullah, Art. *Ferhad ile Şirin* (in *İslâm ansiklopedisi*, Bd. 4, Istanbul 1945, S. 565–567). – A. Zajączkowski, *Die früheste türkische Version des Werkes Ḫusrev u Šīrīn von Quṭb* (in *Akten des Vierundzwanzigsten Internationalen Orientalisten-Kongresses München, 28. 8. – 4. 9. 1957*, Wiesbaden 1959, S. 412–417). – F. K. Temirtaş, *Türk edebiyatında Hüsrev ü Şirin ve Ferhad ü Şirin hikâyesi* (in Türk Dili ve Edebiyatı Dergisi, 9, 1959). – F. K. Temirtaş, *Şeyhi'nin Hüsrev ü Şirin'i*, Istanbul 1963. – G. Begdeli, *Särg ädäbijjatynda »Chosrov vä Širin« mövzusu*, Baku 1970. – A. Ülkasida, *Tafakkur va hissijotning olij nuḳtalari* (in Šarḳ yuldizi, 2, 1984, S. 136–140).

ḤAMSE

(čag.-türk.; *Quintett* oder *Pentalogie*). Fünf Dichtungen umfassendes Sammelwerk von Mīr ʿALĪ ŠĪR NAVĀ'Ī, entstanden 1483–1485. – Das Werk wurde im gleichen Jahr wie Ǧāmīs persisches Septett *Haft aurang (Sieben Throne* oder *Das Sternbild des Bären)* abgeschlossen und verdankt seine Entstehung einem Gespräch der beiden befreundeten Dichter über die Quintette von NEẒĀMĪ und AMĪR HOSROU DEHLAWĪ, die damals in der Residenz Herat großes Ansehen genossen und auch andere Autoren zu Nachdichtungen anregten. Das Vorbild Neẓāmī bestimmte nicht nur die Zahl, sondern auch Themenwahl, Metrum und Reihenfolge der in einer *ḥamse* vereinigten Stücke. Bei ʿAlī Šīr Navā'ī sind es folgende fünf Maṯnawīs (Dichtungen in Doppelversen aus paarweise reimenden Halbversen): 1. *Ḥayratu 'l-abrār (Verwunderung der Frommen)*, 2. *Farhād u Šīrīn (Farhād und Šīrīn)*, 3. *Laylā u Maǧnūn (Laylā und Maǧnūn)*, 4. *Sabʿa-i sayyāra (Die sieben Planeten)*, auch *Sabʿa-i sayyār (Die sieben Wanderer)* genannt, 5. *Sadd-i Iskandarī (Die Alex-

andrinische Mauer). Sie entsprechen wie bei Amir Hosrou Dehlawi der Reihe nach den fünf Dichtungen Nezāmīs.

Den Anfang und den Beschluß bildet je ein ethischreligiöses Werk. Die *Hayratu'l-abrār* stimmt in ihrem Aufbau bis ins Detail mit Nezāmīs *Mahzan o'l-asrār (Die Schatzkammer der Geheimnisse)*, Amir Hosrous *Matlaʿ o'l-anwār (Der Aufgang der Lichter)* und Ğāmīs erst 1481 vollendeter *Tohfat o'l-ahrār (Die Gabe der Freien)* überein. Im Einleitungsteil findet sich neben dem Lob der Vorgänger ein eigenes Kapitel über den verehrten älteren Freund und Lehrer Ğāmī als Anreger der *Hamse*. Da unter dessen Führung auch Navā'ī sich den Naqšbandī-Derwischen angeschlossen hatte, beschließt er seine Ausführungen über den Sufismus mit dem Preis des Ordensgründers Hwāğa Bahā o'd-Din Naqšband. Im Hauptteil des Werks fällt vor allem die scharfe Kritik des Autors an der Korruption von Adel, Beamtenschaft und Geistlichkeit seiner Heimat auf. Wie schon Nezāmī und Ğāmī gliedert er diesen Abschnitt in zwanzig Kapitel oder *maqālāt* (Reden), in denen jeweils ein Gegenstand (religiöse oder soziale Fragen, Tugenden, Wissenschaften u. a.) zuerst theoretisch abgehandelt und dann an einem praktischen Beispiel veranschaulicht wird.

Die fünfte Dichtung, eine Bearbeitung des *Alexanderromans*, geht in ihrer Systematik weit über Nezāmī hinaus. ʿAlī Šīr Navā'īs *Sadd-i Iskandarī* lehnt sich eng an das gleichzeitig entstandene *Herad-nāme-ye Sekandarī (Das Buch von Alexanders Weisheit)* von Ğāmī an und setzt damit eine Entwicklung fort, in deren Verlauf die ursprüngliche Abenteuergeschichte mehr und mehr in den ethisch-philosophischen Traktat überging. Während Nezāmī in seinem *Eskandar-nāme (Alexanderbuch)* noch beides in zwei getrennten Büchern nebeneinanderstellt, verteilt Navā'ī die Geschichte selbst über achtzehn Kapitel, die alle nach demselben Schema aufgebaut sind: 1. Einleitung, in der der philosophische Grundgedanke des Kapitels dargelegt wird; 2. eine kurze Erzählung zur Illustration dieses Gedankens; 3. eine Frage Alexanders an Aristoteles (je einmal auch an Sokrates und den arabischen Weisen Loqmān); 4. Erzählung eines Abschnitts der Alexandersage (auf den das Vorangehende abgestimmt war). Der Held, wie immer in der orientalischen Überlieferung ein idealer Herrscher, Weiser und Philosoph, ist als türkischer Sultan dargestellt; seine Charakterzüge erinnern an Navā'īs fürstlichen Mäzen Husain BĀYQARĀ und dessen Sohn Badīʿ az-Zamān Mīrzā, denen das Werk gewidmet ist. Trotz der im äußeren Aufbau waltenden Pedanterie bescheinigt der sowjetische Gelehrte BERTEL'S gerade dieser Dichtung mehr Gefühlswärme und Menschlichkeit als Nezāmīs *Eskandar-nāme* mit seinem allzu hohen moralischen Anspruch. Das im Jahre 1390 entstandene *Iskender-nāme (Alexanderbuch)* von AHMEDĪ (vgl. den Sammelart. *Alexanderroman*, Nr. 9; osmanisch-türkische Version), das auch in Handschriften aus Herat erhalten ist, dürfte Navā'ī bekannt gewesen sein; er hat es aber offenbar nicht für seine Arbeit herangezogen.

Auch die drei romantischen Versepen, die das Mittelstück von Navā'īs *Hamse* bilden, sind mehr oder weniger stark von ihren Vorlagen bei Nezāmī geprägt, weichen aber in der Auffassung und Gestaltung der überkommenen Sujets so weit von ihm ab, daß sie alle drei unter ihren Originaltiteln noch gesondert behandelt werden.

Das eigenständigste Werk ist wohl Navā'īs *Farhād u Šīrīn*, in dem die Grundkonzeption von Nezāmīs *Hosrou o Šīrīn* entscheidend verändert ist und gegenüber dem Realismus der Vorlage eher mystisch wirkt. Beim Vergleich von Nezāmīs *Lailī o Mağnūn* und Navā'īs *Laylā u Mağnūn* scheint das Verhältnis umgekehrt zu sein, ganz zu schweigen von der rein mystischen Deutung des Themas bei späteren Dichtern, vor allem bei FUŻŪLĪ. Das vierte Matnawi (türk. *mesnevi*) übernimmt die Rahmenerzählung sowie das Motiv der sieben Planeten, Farben und Prinzessinnen aus Nezāmīs berühmtem *Haft paikar (Sieben Bilder* oder *Sieben Schönheiten)*, läßt aber von sieben Wanderern sieben andere Geschichten erzählen. Während bei Nezāmī die Geschichten durch ihren Symbolgehalt wirken, sind sie bei Navā'ī äußerlich enger mit dem Schicksal des zuhörenden Schahs verknüpft; die letzte Erzählung mündet direkt wieder in die Rahmenhandlung ein.

U.W.

AUSGABEN: Gesamtausgaben: Chiwa 1880 [lithogr.]. – Taschkent 1882. – Taschkent 1905 [lithogr.]. – Taschkent 1940, Hg. S. Ajnij. – Taschkent 1947, Hg. S. Ajnij [gekürzt]. – Taschkent 1963–1965 (in Ališir Navoij, *Asarlar*, 15 Bde.). – Ankara 1967 (in Ali Şir Nevaî, Bd. 3, Hg. A. S. Levend [Text čag.-türk. in Translit.]).

Einzelausgaben: *Hayratu'l-abrār*: Taschkent 1941 *(Hajratul-abror)*. – Taschkent 1970 *(Hajratul-abror. Ilmij tankidij matn)*. – *Sadd-i Iskandarī*: Taschkent 1941 *(Saddi Iskanderij*; mit usbek.-türk. Übers.). – Taschkent 1948 *(Saddi Iskandarij*, in *Tanlangan asarlar*, Bd. 2). – *Sabʿa-i sayyāra*: Taschkent 1956 *(Sabʿaj sajer*; usbek.-türk.). – Vgl. ferner *Farhād u Šīrīn* u. *Laylā u Mağnūn*.

ÜBERSETZUNGEN: Ališer Navoi, *Pjat' poem*, Hg. A. Dejč u. L. Pen'kovskij, Moskau 1948 [russ.]. –Ališer Navoi, *Sočinenija*, Bd. 3–7, Hg. V. A. Abdullaev u. a., Taschkent 1968 [russ.].

LITERATUR: E. Ė. Bertel's, *Roman ob Aleksandre i ego glavnye versii na Vostoke*, Moskau/Leningrad 1948. – C. Huart, Art. *Hamse* (in *Islâm ansiklopedisi*, Bd. 5, 1, Istanbul 1950, S. 200). – N. Mallaev, »Chamsa« va fol'klor (in Šark yuldizi, 12, 1985, S. 150–158). – A. Rustamov, »Hajratyl abror« dagi birinči sarlavhaning šarhi (in Šark yuldizi, 11, 1985, S. 135–138). – F. Sulajmonova, Navoij »Chamsa«-si-ğahon adabijoti chazinalarida (in Šark yuldizi, 11, 1985, S. 153–157).

LAYLĀ U MAǦNŪN

(čag.-türk.; auch: *Maǧnūn u Laylā*; *Laylā und Maǧnūn*). Über 3500 Verspaare umfassendes Maṯnawi (Dichtung in Doppelversen aus paarweise reimenden Halbversen) von Mīr ʿAlī Šīr Navāʾī, abgeschlossen 1484. – Das Werk ist bei den östlichen Turkvölkern ähnlich berühmt wie Meḥmed Fuz̤ūlīs *Leylā ve Meǧnūn* in Aserbeidschan und der Türkei als eine der meisterhaften selbständigen dichterischen Gestaltungen der berühmten arabischen Liebesgeschichte von Lailā und Maǧnūn, dem »Wahnsinnigen« – er ist wahrscheinlich identisch mit dem Dichter Qais ibn Mulawwaḥ al-Amirī († zwischen 690 u. 700) –, deren erste und für alle Nachfolger maßgebende poetische Fassung von dem Perser Neẓāmī stammt (vgl. *Laili o Maǧnun*). Die mystische Deutung, die er dem Stoff gab, hat vor allem Fuz̤ūlī wiederaufgegriffen und bis zur letzten Konsequenz getrieben, nachdem sie der zweite persische Bearbeiter, Amir Ḥosrou Dehlawi (1253–1325), in seinem gleichnamigen Werk aufgegeben hatte. Navāʾīs Interpretation ist ebenfalls weniger mystisch als die Neẓāmīs (das umgekehrte Verhältnis herrscht zwischen dessen Epos *Ḫosrou o Šīrīn* und Navāʾīs *Farhād u Šīrīn*). Wie bei seinen beiden persischen Vorgängern ist das Werk auch bei ihm Teil einer *Ḫamse* (Quintett oder Pentalogie).

Der Knabe Qays, Sohn eines reichen Mannes in Arabien, verliebt sich in seine Schulkameradin Laylā, ebenfalls Tochter eines Reichen aus einem andern Stamm. Sein tolles Benehmen gefährdet den Ruf ihrer Familie; man bringt das Gerücht in Umlauf, er sei wahnsinnig geworden, und gibt ihm den Beinamen »Maǧnūn«. Sein Vater legt ihn in Ketten, aber er entflieht in die Wüste. Unterdessen willigen Laylās Eltern in die Werbung eines reichen Jünglings namens Ibn Salām ein, da sie hoffen, dadurch einen Skandal vorbeugen zu können. Laylā wird aus Kummer krank. Maǧnūn, der von seinem Vater nach Mekka geführt wird, betet dort nicht um Befreiung von seiner Besessenheit, sondern er fleht Gott an: »*Wird mir die ewige Hölle zuteil, so heize sie mit dem Feuer meiner Liebe. Sollte mein Schicksal mich in den Himmel führen, so mach, daß die Vereinigung mit ihr mein Paradies sei.*« Nach der Pilgerfahrt zieht er sich in die Wüste zurück und beklagt seinen Kummer in Gaselen, die er den wilden Tieren vorsingt. Der mächtige Häuptling Navfal, der ihm hier begegnet, will sich seiner Sache annehmen und verhandelt mit Laylās Stamm, doch der Vater will seine Tochter keinem Wahnsinnigen geben. Als Navfal zu den Waffen greift und ihn besiegt, erklärt er, daß er Laylā lieber töte als ausliefere. Maǧnūn erfährt davon im Traum und bittet Navfal, den Kampf aufzugeben. Er streicht heimlich um den Lagerplatz von Laylās Stamm, wo er in seiner Erniedrigung Freundschaft mit einem krätzigen Hund schließt. Durch Vermittlung eines Jünglings namens Zayd wechseln die Liebenden Briefe. Vorübergehend kann Maǧnūns Vater ihn nach Hause holen, aber er entflieht wieder, verbirgt sich unter Laylās Schafen, und als sie ihn dort entdeckt, verlieren beide die Besinnung. Maǧnūn wird auf ein Kamel gebunden und zu seinem Vater geschickt, der ihn nach vielem Zureden mit Navfals Tochter verlobt; da ihm diese jedoch erzählt, sie habe einen Geliebten, verzichtet er auf die Ehe. Laylā, die inzwischen mit Ibn Salām verlobt ist, entflieht vor der Hochzeit in die Wüste, wo sie noch einmal mit Maǧnūn zusammentrifft. Als sie kurz darauf stirbt, erscheint Maǧnūn und sinkt an ihrer Bahre ebenfalls tot nieder. Die beiden unglücklichen Liebenden, denen man im Leben die Vereinigung versagte, werden gemeinsam in einem Grab bestattet.

Der Autor sagt im letzten Kapitel über die Zielsetzung seines Werks nicht mehr, als daß er den Stoff auch türkischen Lesern habe zugänglich machen wollen: »*Denn die Türken sind heute in der Welt / Viel, sie sind von guter Natur und reinem Verstand.*« – Die Handlung selbst gibt genügend Anhaltspunkte für eine diesseitig-realistische Deutung, so etwa Maǧnūns ständig wiederholte Annäherungsversuche oder auch seine schließliche Bereitschaft zu der aufgezwungenen Heirat, der er sich dann nicht unter Berufung auf seine eigene Bindung, sondern auf die der Braut wieder entzieht. Er fällt aus dem Rahmen des gesellschaftlich Tragbaren durch sein passives Verfallensein an die Liebe, nicht durch aktive Auflehnung, und er findet starke Worte nur gegenüber Gott in seinem Gebet an der Kaaba. Hier schlägt die Lebensschwäche des Helden in einen ganz eigenen Stolz um, der ihn wieder in die Nähe der Mystiker rückt, und sein Verzicht, als Laylā endlich zu ihm in die Wüste kommt, deutet in dieselbe Richtung. Aber erst die bewußt der Welt entsagende Haltung des Maǧnūn in der Interpretation Fuz̤ūlīs macht aus dem von der Liebe geschlagenen Unglücklichen einen gleichsam Stigmatisierten; das psychologische Gegenbild zu dem aus Liebe handelnden Helden Farhād (vgl. auch *Legenda o ljubvi*) wird damit, zumindest für den gläubigen Sufi, auch ideell in den Rang einer Alternative erhoben. Was dagegen an Navāʾīs Darstellung besticht, ist gerade die Kenntnis und das Eingeständnis der Irrungen und Wirrungen, mit denen selbst die menschliche Tragik behaftet bleibt.

U.W.

AUSGABEN: vgl. *Ḫamse*. – Taschkent 1925 *(Laylā u Maǧnūn)*. – Taschkent 1925, Hg. Š. Huršijd *(Läylä vä Mäǧnun;* usbek.-türk. Übers.). – Taschkent 1958, Hg. T. Ġalalov *(Layli va Maǧnun)*. – Ankara 1967 (in Ali Şir Nevai, Bd. 3: *Hamse,* Hg. A. S. Levend [Text čag.-türk. in Translit.]).

ÜBERSETZUNGEN: Ališer Navoi, *Lejli i Medžnun,* S. Lipkin, Taschkent 1943; ern. Leningrad 1948; ern. Taschkent 1957. [russ.]. – *Lejli i Medžnun* (in Ališer Navoi, *Pjat' poèm,* Hg. A. Dejč u. L. Pen'kovskij, Moskau 1948; russ.). – *Lejli i Medžnun,* Moskau 1945 [russ.]. – *Lejli i Medžnun* (in Ališer Navoi, *Sočinenija,* Bd. 5, Hg. V. A. Abdullaev u.a., Taschkent 1968; russ.).

LITERATUR: E. È. Bertels's, »Lejli i Medžnun« (in Rodonačal'nik usbekskoj literatury. Sbornik statej obAlišere Navoi, Taschkent 1940). - I. Ju. Kračkovskij, Rannaja istorija povesti o Medžnune i Lejle v arabskoj literature (inAlišer Navoi. Sbornik statej, Hg. A. K. Borovkov, Moskau/Leningrad 1946, S. 31-91; dt.: Die Frühgeschichte der Erzählung der Macnūn und Lailā in der arabischen Literatur in Oriens, 8, 1955, S. 1-50). - A. Ateş, Art. Leylá ile Mecnún (in Islám ansiklopedisi, Bd. 7, Istanbul 1957, S. 49-55). - E. R. Rustamov, Znal li Fuzuli poėmu Navoj »Laili i Madžnun« (in Kratkie soobščenija Instituta narodov Azii, 65, 1964, S. 144-146). - T. Ahmetov,Ališer Navoijning »Lajli va Maǧnun« dostoni, Taschkent 1970. - S. Narzullaeva, Maǧnun chamsanavislar talkinida (in Šark yuldizi, 2, 1978, S. 219-224).

ÜBERSETZUNG: Jazyk ptic (inAlišer Navoi, Sočinenija, Bd. 8, Hg. V. A. Abdullaev u.a., Taschkent 1970; russ.).

LITERATUR: E. È. Bertel's, Nevai i Attar (in Mir-Ali-Šir, Leningrad 1928, S. 24-82). - A. N. Malechova, Ličnost' avtora v kompozicii poėmy »Lisān attajr« (»Jazyk ptic«) Ališera Navoi (in Sovetskaja Tjurkologija, 4, 1977, S. 25-30). - A. N. Malechova, Zametki o poėtike pejzaža v poėme »Lisan-at-tajr« (›Jazyk ptic‹) Ališera Navoi (in Vestnik Leningradskogo Universiteta. Serija istorii, jazyka i literatury, 8, 1977, S. 86-89). - A. N. Malechova, K charakteristike obraznoj struktury teksta v poėme Navoi »Lisān uṭ-ṭajr« (»Jazyk ptic«) (in Sovetskaja Tjurkologija, 4, 1981, S. 20-26).

LISĀNU 'Ṭ-ṬAYR

(čag.-türk.; auch: Lisān aṭ-ṭayr; Die Sprache der Vögel). Dichtung in Doppelversen von MĪR ʿALĪ ŠĪR NAVĀʾĪ, beendet 1498/99. - Das Werk ist eine Nachdichtung von Farid o'd-Din AṬṬĀRs Manteq o'ṭ-ṭair (Die vernünftige Sprache der Vögel), das schon auf den jungen NAVĀʾĪ tiefen Eindruck gemacht hatte und dessen Übersetzung ins Türkische er endlich in seinem sechzigsten Lebensjahr beginnen konnte. Wie er selbst berichtet, schrieb er jede Nacht vierzig bis fünfzig Verspaare nieder.

Der Inhalt ist kurz folgender: Die Vögel wollen sich einen König wählen. Der Wiedehopf schlägt als Kandidaten den Sīmurǧ vor, der auf dem Qāf-Berg am Rande der Welt lebt, und fordert alle auf, ihm dorthin zu folgen. Da der Weg sehr lang und mühsam ist, wollen die Vögel unter verschiedenen Vorwänden zurückbleiben. Der Wiedehopf überzeugt jeden einzelnen davon, daß er unrecht hat, indem er ihm eine Parabel erzählt. Er beantwortet auch die Fragen, die daraufhin noch gestellt werden, und erzählt weitere Parabeln. Endlich brechen die Vögel unter der Führung des Wiedehopfs auf; aber auf der langen Reise sterben die meisten, und nur dreißig von ihnen erreichen das Ziel. Da stellt sich heraus, daß niemand anders als sie selbst Sīmurǧ (iran.-npers. si: »dreißig«; murǧ: »Vogel«) sind. - Als Moral dieser »Rahmenfabel« enthüllt sich damit die Bedeutung des arabischen Spruchs »Wer sich selbst kennt, kennt auch seinen Herrn«, d.h., wer Gott sucht und darum die ganze Welt bereist, findet ihn endlich in seinem eigenen Herzen (J. Eckmann). NAVĀʾĪ gebraucht in diesem Werk ausnahmsweise den Dichternamen »Fānī« (»der Vergängliche«), um an die letzte Läuterung der Vögel im Tal der Entwerdung zu erinnern. U.W.

AUSGABEN: Taschkent 1965 (Lisonut-tajr. Ilmijtankidij tekst). - Ankara 1968 (in Ali Şir Nevaî, Bd. 4, Hg. A. S. Levend [Text čag.-türk. in Translit.]). - Taschkent 1984 (Lisonut-tajr; usbek.-türk.).

SUTAN TAKDIR ALISJAHBANA

* 11.2.1908 Natal / Sumatra

LAJAR TERKEMBANG

(indon.; Geschwellte Segel). Roman von Sutan Takdir ALISJAHBANA, erschienen 1937. - Die Lehrerin Tuti setzt sich mit ganzer Kraft für die Emanzipation der indonesischen Frau und den Aufbau einer neuen Gesellschaft ein. Sie hat ihre Verlobung gelöst, da sie diesem Kampf den Vorrang gibt vor der Rolle einer wohlversorgten, geistig wie sozial aber gefesselten Ehefrau eines politisch desinteressierten und nur auf seine Stellung bedachten Mannes. Ihre Schwester Maria, eine Schülerin, ist ihr genaues Gegenteil. Jusuf, ein politisch aktiver Medizinstudent, lernt die beiden kennen und verlobt sich mit der recht oberflächlichen Maria, obwohl er sich mit der abweisend wirkenden Tuti geistig weit besser versteht. Diese Bindung bewirkt, daß Tuti, nach dem frühen Tod Marias, ihre ablehnende Haltung gegenüber der Ehe aufgibt und, dem letzten Wunsch Marias folgend, Jusuf heiratet.
Der auch als Essayist hervorgetretene Autor, der als Mitbegründer der Gruppe der »Pudjangga Baru« (Neue Dichter) in den dreißiger Jahren als Kulturkritiker und als unermüdlicher Verfechter westlichen Gedankenguts in Indonesien hervorgetreten ist, benutzt diesen Roman und die Figur Tutis, um seine Vorstellungen von einer neuen, indonesischen Kultur auszudrücken. Platz in dieser Gesellschaft haben lediglich aktive Menschen wie Tuti, Jusuf und auch Saleh, dem eine Karriere als Staatsbeamter offensteht. Saleh schlägt diese aber aus, um zurück aufs Land zu gehen und dort, zusammen mit seiner Frau, die wirtschaftlichen und sozialen Probleme der armen, des Lesens und Schreibens unkundigen Landbevölkerung lösen zu helfen. Erfüllung und Glück findet der einzelne ihrer Ansicht nach nur dann, wenn er sich nicht irgend-

welchen gesellschaftlichen Zwängen unterwirft, sondern allein seinem Gewissen folgt. Diese Menschen haben kein Verständnis für die »östliche« Weltanschauung, die sie als statisch, introvertiert und nicht in die heutige Zivilisation passend negativ beurteilen. Die Religion in ihrer gegenwärtigen Form scheint allein ein Zufluchtsort der Alten zu sein. (Eine völlige Negierung der Religion wagt der Autor nicht und hält sie auch im Hinblick auf den Bildungs- und Bewußtseinsstand der Landbevölkerung nicht für angebracht.)

Lajar Terkembang ist ein Tendenzroman, dessen literarischer Wert heute gering erachtet wird, da die Handlung doch allzu konstruiert ist. So werden verschiedene, teilweise stark überzeichnete Personen des Werkes lediglich eingeführt, um bestimmten Gedanken des Autors Ausdruck zu geben; großangelegte Charaktere entwickeln sich nicht oder müssen, wie Maria, sterben, da für sie keine Verwendung mehr besteht. Als Spiegel der Gedanken des auch heute noch am Aufbau und an der Entwicklung der indonesischen Gesellschaft Anteil nehmenden Autors ist der Roman jedoch hoch zu bewerten, wenn Alisjahbanas Auffassungen auch nicht immer ungeteilte Zustimmung gefunden haben und selbst von den Mitbegründern der »Pudjangga Baru«, wie Armijn PANÉ, kritisiert werden. Formal und teilweise auch inhaltlich in Verbindung mit der Literatur der zwanziger Jahre stehend, stellt *Lajar Terkembang* dennoch einen bedeutenden Schritt in der sprachlichen und geistigen Entwicklung der neuen indonesischen Literatur dar. U.K.

AUSGABEN: Djakarta 1937; ²1959.

LITERATUR: Amal Hamzah, *Buku dan Penulis*, Djakarta 1964, S. 110–116. – H. B. Jassin, *Kesusasteraan Indonesia dalam kritik dan esai*, Bd. 1, Djakarta 1967, S. 83–90. – A. Teeuw, *Modern Indonesian Literature*, Den Haag 1967, S. 38–41.

FRANCIŠAK ALJACHNOVIČ

* 9.3.1883 Wilna
† 3.3.1944 Wilna

LITERATUR ZUM AUTOR:
E. Karskij, *Geschichte der weißrussischen Volksdichtung und Literatur*, Bln./Lpzg. 1926, S. 198–200. – A. Luckevič, *Die weißruthenische Literatur in der Vergangenheit und Gegenwart* (in JbKGS, 1931, 8, S. 383–385). – A. Zvonak, *Šljachi razviccja Trecjaha Belaruskaha Dzjaržaŭnaha Teatra* (in Polymja revaljucyi, 1936, 1, S. 154). – F. A. – *60 hod* (in Belaruskaja hazeta, 1943, 19). – *Vil'nja – F. A.* (in Belaruskaja hazeta, 1943, 25). – F. Hryškevič, *Dramaturh praŭdzivaha žyccja* (in Belaruski holas, 1943, 9). – E. v. Engelhardt, *Weißruthenien*, Bln. 1943, S. 274. – A. Adamovich, *Opposition to Sovietization in Belorussian Literature (1917–1957)*, NY 1958, S. 24–25. – *Ab žycci i dzejnasci F. A. i Uladyslava Halubka* (in Bač'kaŭščyna, 1958, 31). – F. Neureiter, *Weißrussische Anthologie*, Mchn. 1983, S. 113 (Slavistische Beiträge, 162). – U. Njafëd, *Historyja belaruskaha teatra*, Minsk 1982, S. 121, 124, 132.

NA ANTOKALI

(wruth.; *In Antokal'*). Komödie in drei Akten von Francišak ALJACHNOVIČ; Uraufführung: Wilna 1916. – Der Schriftsteller und Publizist Aljachnovič, der die nationale Bewegung Weißrutheniens weitgehend mitprägte, war in erster Linie dem Theater verpflichtet und wurde oft als »Vater der neuen weißruthenischen Dramaturgie« und »der weißruthenische Molière« bezeichnet. Teilweise unter dem Einfluß von MARAŠEUSKI und der französischen Dramatik entwickelte er einen eigenen dramaturgischen Stil und schrieb 18 realistische Dramen und Komödien. In seinen Werken befaßte er sich mit dem Leben der Arbeiter während des politischen Umsturzes (*Kalis'*, 1917 – *Einst*), dem Tod und Hunger, verursacht durch die Zeit der Wirren (*Strachi žyccja*, 1918 – *Die Schrecken des Lebens*), der Nationalbewegung (*Pan Ministar – Herr Minister* und *Njaskončanaja drama – Das unvollendete Drama*, beide 1922) und den sowjetischen Verfolgern (*Kruci, ne kruci – prydzecca pamjarci*, 1943 – *Ob du willst oder nicht, du mußt sterben*). Das Lieblingswerk des Autors blieb jedoch sein erstes und bestes Stück, *Na Antokali* (1914 in einem russischen Gefängnis begonnen und 1915 in Freiheit beendet), eine bühnenwirksame, humorvolle Sittenkomödie mit Tanz, Gesang und lebhaftem Handlungsablauf.

Das Sujet ist teilweise grotesk; der schwungvolle Dialog wird durch Vaudeville-Couplets unterbrochen.

Der Schuhmachermeister Vincent Sližyk trinkt, und seine Frau Michalina schwatzt gern, trotzdem arbeiten beide fleißig. Der Schusterjunge Juzjuk Žalejka ist ein Prachtkerl, der die Arbeit achtet und das Geld haßt, für das man einen Menschen kaufen kann. Er ist gutmütig und sentimental und verliebt sich in die Tochter des Meisters, die seichte Städterin Zos'ka. Die psychologisch am besten entwickelte Gestalt ist der bescheidene, unter russischen Vorgesetzten abgestumpfte Postangestellte Ihnat Radzivilovič. Aus allem, was er sagt, hört man das Stöhnen eines gedemütigten Menschen heraus. Obwohl Michalina den Schusterjungen mehr schätzt als den Postangestellten, erklären die Sližyks Ihnat zum Verlobten ihrer Tochter, weil sie den Eindruck gewonnen haben, daß er eine große Erbschaft antreten wird. Sobald sie jedoch erfahren, daß ein anderer geerbt hat, verläßt Zos'ka den alten Ihnat und kehrt zu Juzjuk zurück. Der verzweifelte Ihnat wendet sich der ältlichen Jungfer Barbusja zu, der forschesten unter den neugierigen, zänkischen Spießbürgerinnen.

Na Antokali ist ein malerisches Porträt der Bewohner des Wilnaer Vororts Antokal'. Zum erstenmal in der weißruthenischen Literatur werden hier typische Angehörige des Kleinbürgerstandes mit seiner Ideenlosigkeit dargestellt. Das Stück zeigt das Stadtleben, das die Weißruthenen um ihre Sittenstrenge bringt (Harecki) und sie hindert, den neuen Weg des nationalen Wiederauflebens zu beschreiten (Luckevič). Aljachnovičs Stücke wurden während beider Weltkriege in Weißruthenien unter deutscher Besatzung aufgeführt. In der UdSSR wurden sie 1930 verboten. 1944 wurde der Schriftsteller von einem sowjetischen Agenten ermordet. Die sowjetischen Literaturhistoriker behaupten, Aljachnovič habe die Oktoberrevolution abgelehnt (Zvonak) und in seinen sowjetfeindlichen Stücken reaktionäre Ideen verbreitet. Gegenwärtig werden seine Stücke nur im Westen von weißruthenischen Emigranten aufgeführt. A.Gaj.

AUSGABE: Wilna 1918.

LITERATUR: J. Karskij, *Belorusy*, Petrograd 1922, S. 366–367. – M. Harecki, *Historyja belaruskae litaratury*, Moskau/Leningrad 1924, S. 337–338. – »*Na Antokali*« *F. A. u Menskim teatry* (in Belaruskaja hazeta, 1943, 19). – A. McMillin, *A History of Byelorussian Literature*, Gießen 1977, S. 148. – V. Seduro, *The Byelorussian Theatre and Drama*, N.Y. 1955, S. 170–171.

ALKAIOS AUS MYTILENE

um 600 v.Chr.

DIE LIEDER (griech.) des ALKAIOS.

Alkaios, der frühgriechische Dichter, um etwa 630 v. Chr. auf Lesbos geboren, repräsentiert zusammen mit SAPPHO die äolische Lyrik, die ihren Namen vom heimischen Dialekt der Insel hat. Auf Lesbos hatten Dichter und Musiker wie TERPANDER und ARION gewirkt und eine kunstreiche Formensprache entwickelt, die sowohl vom Epos wie auch vom Volkslied beeinflußt ist. Dazu entstand eine Fülle von Vers- und Strophenformen, die äolische Metrik, und die zum melodischen Charakter des Äolischen passende Musik, die zum Saiteninstrument, z. B. zur Lyra oder zum Barbiton, vorgetragen wurde.

Aus dieser reichen Tradition schöpft Alkaios, der, wie vor ihm ARCHILOCHOS, sein persönliches Leben in den Mittelpunkt stellt und sich mit seiner Dichtung an eine Gruppe Gleichgesinnter wendet. Die Alexandriner nahmen ihn in den Kanon der großen neun Lyriker auf und teilten sein Werk in 10 Bücher ein. Davon sind nur noch Fragmente erhalten, das meiste in Zitatform bei späteren antiken Autoren, einiges auf Papyrusresten. Diese knappe direkte Überlieferung konnte in jüngster Zeit durch neue Funde bereichert werden.

Alkaios war in die politischen Kämpfe seiner Zeit verstrickt und gebrauchte als erster Dichter seine Verse als Waffe im Parteienstreit. Seine Lebenszeit, das archaische Zeitalter Griechenlands, war geprägt von einem politischen und gesellschaftlichen Strukturwandel, der sich vor allem im Aufstieg einer adligen Oligarchie sowie in der großen Kolonisationsbewegung manifestierte. Die griechische Kolonisation hatte den geographischen wie geistigen Horizont geweitet; sie eröffnete dem einzelnen neue, reiche Möglichkeiten zur Entfaltung, löste ihn zugleich aber auch aus seinen angestammten Bindungen. So konnte sich das Individuum seiner selbst bewußt werden – eine Wurzel für das Entstehen der Lyrik als einer Selbstdarstellung des Ich. Im politischen Bereich führte diese Entwicklung dazu, daß Einzelpersönlichkeiten aus ihrem aristokratisch-oligarchischen Verband heraustraten und sich eine unumschränkte Machtstellung in ihrer Stadt zu erobern suchten. Daraus entstand die für das frühe 6.Jh. v. Chr. typische Erscheinung der Tyrannis. Der Tyrann, d. h. der nicht vom Bürgerkonsens gewählte Stadtherrscher, beseitigte mit Waffengewalt den regierenden Adelsrat und übernahm die Alleinherrschaft. Die Angehörigen der entrechteten Adelssippen verbündeten sich und arbeiteten auf den Sturz des Tyrannen hin, um die Oligarchie wieder einzuführen.

Von solchen Parteikämpfen wurde auch Lesbos erschüttert, und der Dichter Alkaios nahm aktiv an ihnen teil. In seiner Heimatstadt Mytilene hatte sich der Adlige Myrsilos als Tyrann etabliert. Seine Gegner, darunter Alkaios und seine Brüder, die einer der Ratsfamilien angehörten, verschworen sich zu seinem Sturz. Nach einem mißglückten Putschversuch mußten sie fliehen. Alkaios schildert in einem Gedicht – dem ersten Stück Exilpoesie – seine traurige Lage fern von seiner Heimat, ausgeschlossen aus seiner Bürgergemeinde. Er haust wie ein einsamer Wolf und ersehnt nur eins, »*zu hören, wie Heroldes Ruf zu der Versammlung lädt, / wo mein Vater ergraut und meines Vaters Ahn, / wie sie pflogen des Rats mit diesen Bürgern, die / stets nur Böses einander sinnen. / Mir ist das versagt. Fern an den fernsten Strand / zog ich, einsam, verbannt*« (24 c D – Diehl, Übers. Treu). Mit Besorgnis verfolgt Alkaios die Lage in seiner Heimatstadt. Er vergleicht seine aufs äußerste gefährdete Partei mit einem gegen Sturm und Wogen kämpfenden Schiff (vgl. die später vielgebrauchte Allegorie vom »Staatsschiff«) und ruft seine Gefährten zu gemeinsamem Handeln auf. Es läßt sich vermuten, daß die Partei des Alkaios einen neuen, diesmal erfolgreichen Anschlag durchführte. Alkaios frohlockte: »*Jetzt den Wein, jetzt heißt es wüst getrunken, / Denn Myrsilos ist heut' ins Grab gesunken*« (39 D, Übers. W. Kranz). Doch die Freude währte nicht lange.

Einer der Mitverschworenen des Alkaios, Pittakos, warf sich zum Alleinherrscher auf. In seinen Kampf- und Rebellenliedern (Stasiotiká) brandmarkt Alkaios den eidbrüchigen Genossen: »*Ihn aber verfolge der Rachegeist, weil er schimpflich gebrochen den Eid, / den wir beim Opferfest geleistet, / nie die Gefährten im Stich zu lassen, / nein, tapfer vor dem Feinde zu fallen und / ins Grab zu sinken, oder mit eigner Hand / die Gegner zu erschlagen und das / Volk zu befreien von schwerer Bürde*« (24a D, Übers. Ebener).

Alkaios und die Seinen nehmen den Kampf auf: Nie wollen sie die Zwingherrschaft eines einzelnen dulden. Als Dichter und Kämpfer bringt Alkaios das Motiv *In tyrannos* in die Dichtung ein. Pittakos gelingt es jedoch, seiner Gegner Herr zu werden. Alkaios und seine Gesinnungsgenossen müssen abermals in die Verbannung gehen; sie verlieren auch ihr Vermögen. Alkaios zitiert bitter das Sprichwort: »Geld macht den Mann.« Er muß erkennen: »*Ein schlimmes Übel ist die Armut, unerträglich, sie knechtet auch ein großes Volk, zusammen mit ihrer Schwester, der Amechaníē*«, der Hilf- und Ratlosigkeit. Dieses Gefühl, das man angesichts der Wechselfälle des Lebens und des unerforschlichen Waltens der Götter empfindet, suchen die frühgriechischen Lyriker durch das Aussprechen in der Dichtung, oft mit Hilfe des Mythos, zu überwinden. Alkaios nimmt weiterhin leidenschaftlich Anteil an der Politik seiner Heimat. Er greift den Tyrannen Pittakos mit Schmähgedichten an, in denen er ihn einen ungewaschenen Trunkenbold, einen Plebejer und ein Unglück fürs Vaterland nennt. Die Alexandriner haben eigens eine Liste von Schimpfwörtern des Alkaios angelegt, mit denen er seinen Gegner brandmarkte. Er stieß ihn damit gleichsam aus der adligen Gemeinschaft aus, die Pittakos verraten hatte. Die Bürgerschaft von Mytilene aber wurde des jahrelangen Parteihaders müde und übertrug Pittakos – sehr zum Groll des Alkaios – die Stellung eines Aisymneten, ein mit besonderen Vollmachten ausgestattetes Amt, das er nach zehn Jahren ordnungsgemäßer Führung wieder niederlegte. Die Verbannten durften nach Mytilene zurückkehren (etwa um 590/585), unter ihnen Alkaios und auch SAPPHO, die mit ihrer Familie verbannt war. Die beiden Meister des äolischen Liedes scheinen auf gutem Fuße miteinander gestanden zu haben. Von Alkaios ist ein Vers überliefert: »*Du dunkellockige, reine, lieblich lächelnde Sappho*« (63 D). Auf einer antiken Vase (München, Staatl. Antikensammlung) sind beide zusammen abgebildet.

Die Dichtung des Alkaios ist Gesellschaftslyrik. Sie hatte ihren Platz beim Symposion (der Ausdruck »Trinkgelage« wirkt vergröbernd und wird dem rituellen Charakter dieses an das eigentliche Gastmahl anschließenden Zusammenseins nicht gerecht). Hier trafen sich jeweils die Mitglieder einer Hetairie (von *hetairos*, der Gefährte), einer adligen Kriegergemeinschaft in der Art eines politischen Clubs, die über ihre politische Solidarität hinaus zu einer Lebensgemeinschaft verbunden waren.

Man stand beim Symposion unter der Schirmherrschaft eines Gottes, dem eingangs ein Hymnus angestimmt wurde. Dann wurden Lieder vorgetragen, die den Zusammenhalt der Gruppe betonten. Sie gaben der adligen Lebensauffassung Ausdruck und dienten zu festlicher Verklärung des Daseins. Im Blick auf die jüngeren Mitglieder der Gesellschaft wurden Lebensweisheiten verkündet, und auch der erzieherische Eros in Form der Bindung eines Jüngeren an einen Älteren wurde gepriesen. Im Brennpunkt aber stand die aktuelle politische Lage und der Aufruf an die Gruppe zu gemeinsamem tapferen Handeln. Alle diese Themen hat Alkaios behandelt, wie aus den Fragmenten erkennbar ist. Stolz auf seine Gemeinschaft, Ermunterung zum Zusammenhalt sprechen aus dem sogenannten *Waffensaalgedicht*: Der Raum, in dem man sich versammelt hat, ist geschmückt mit Waffenstükken, die in ihrem Glänzen und Funkeln beschrieben werden – alles ist bereit für den Kampf. Daneben finden sich aber auch stimmungsvolle, heute noch nachvollziehbare Bilder eines frohen Zusammenseins: »*Zeus läßt es regnen, furchtbar vom Himmel weht / des Winters Hauch, die Ströme gefrieren fest / ... Dem Winter trotze: Fache das Feuer an, / und misch' im Kruge reichlich den süßen Wein, / darauf, mit innigem Behagen, bette dein Haupt auf das weiche Polster ... Gieße mir Myrrhenöl über das Haupt, das so viel erdulden mußte, / und über die weißhaarig schimmernde Brust auch ... Freunde beim Trunk ...*« (90 D, 86 D, Übers. Ebener).

Alkaios trug seine Lieder zu einer Begleitung mit dem Saiteninstrument vor. Wenn die archaische Lyrik auch weitgehend mündliche (freilich nicht improvisierte) Dichtung ist, so muß doch bei der äolischen Lyrik mit ihren vielfältigen Versmaßen an eine notizenhafte schriftliche Formung durch den Dichter gedacht werden. Die Verbreitung erfolgte zunächst in mündlicher Weitergabe; die äolische Strophenform erleichterte die Einprägung. Da die Gedichte des Alkaios das homogene Wertesystem des Adels widerspiegelten und in ihrer Themenvielfalt für das Symposion als Ort adliger Geselligkeit repräsentativ waren, konnten sie mit weiter Verbreitung rechnen. Die äußere Voraussetzung dafür bot die allgemeine Mobilität, wie sie seit der griechischen Kolonisation im Mittelmeerraum herrschte.

Freilich waren die Lieder des Alkaios nicht nur eine künstlerische Umsetzung der gesellschaftlich-historischen Lebenssituation ihres Autors; Alkaios vermochte über die Situationsgebundenheit hinaus dem Augenblick Dauer zu verleihen und das Symposion zu einem überhöhten Ort kultivierter Geselligkeit werden zu lassen. Darin lag seine Wirkung auf die Nachwelt, vor allem auf HORAZ. Dieser übernahm nicht nur die alkäische Strophe (später *Ode* genannt) und mehrere Motive, er gab seinen lyrischen Gedichten eine persönliche Atmosphäre, zugleich aber auch Allgemeingültigkeit, indem er den Rahmen eines Symposions und die autoritative Haltung und Sprechweise des Alkaios übernahm. So spricht er jeden Leser als Mitglied ei-

ner idealen Gruppe Gleichgesinnter an, wenn er zum Lebensgenuß und zur richtigen Haltung im Leben aufruft.
In der Neuzeit wurde die alkäische Strophe vor allem von KLOPSTOCK und HÖLDERLIN gebraucht, die mit dieser Form ihren Oden Öffentlichkeitscharakter verliehen und ihre eigene Rolle als Künder und Deuter betonten. M.Gie.

AUSGABEN: Lpzg. 1935 (in *Anthologia Lyrica Graeca*, Hg. E. Diehl; ³1954; = D). – Mchn. 1952 (A., *Lieder*, Hg. M. Treu; griech.-dt.; ²1980). – Oxford 1955 (in *Sappho and A.*, Komm. D. L. Page; ⁵1975). – Oxford 1955 (in *Poetarum Lesbiorum Fragmenta*, Hg. E. Lobel u. D. L. Page; ²1963). – Amsterdam 1971 (in *Sappho et Alcaeus*, Hg. E.-M. Voigt).

ÜBERSETZUNGEN: in *Das Erwachen*, M. Hausmann, Ffm. 1949; ern. Zürich 1976 [Ausw.]. – in *Griechische Lyrik*, Hg. W. Marg, Stg. 1964; (RUB; Ausw., zul. 1983). – in *Flöte und Harfe, göttlicher Widerhall*, D. Ebener, Hg. V. Jarcho, Lpzg. 1985 [Ausw.].

LITERATUR: C. M. Bowra, *Greek Lyric Poetry*, Oxford 1936; ²1961. – C. Gallavotti, *Storia e poesia di Lesbo nel VII–VI sec. a. C.*, Bari/Neapel 1948. – M. Treu, *Von Homer zur Lyrik*, Mchn. 1955; ²1968. – H. Eisenberger, *Der Mythos in der äolischen Lyrik*, Diss. Ffm. 1956. – H. Fränkel, *Die alte Lyrik: A.* (in H. F., *Dichtung und Philosophie des frühen Griechentums*, Mchn. ³1969, S. 214–228; Nachdr. 1976). – W. Rösler, *Dichtung und Gruppe. Eine Untersuchung zu den Bedingungen u. zur historischen Funktion früher griech. Lyrik am Beispiel A.*, Mchn. 1980. – A. Pippin Burnett, *Three Archaic Poets: Archilochus, A., Sappho*, Cambridge/Mass. 1983. – D. Meyerhoff, *Traditioneller Stoff und individuelle Gestaltung. Untersuchung zu A. und Sappho*, Hildesheim 1984 [zugl. Diss. Göttingen 1982].

ALKMAN AUS SARDES

2. Hälfte 7. Jh.v.Chr.

DIE CHORLIEDER (griech.) des ALKMAN.

Alkman, der früheste griechische Chorlyriker, von dem Fragmente erhalten geblieben sind, ist eine der eigenwilligsten und eindrucksvollsten Gestalten, die uns in der archaischen Dichtung begegnen. Er stammte aus dem lydischen Sardes, doch zur Stätte seines Wirkens wurde Sparta, das im 7.Jh. ein Zentrum der musikalisch-lyrischen Kultur gewesen ist, wo TERPANDROS ein, zwei Generationen zuvor seine »Erste Schule« gegründet hatte und wo sich zu Lebzeiten Alkmans der Kreter THALETAS, der Argiver SAKADAS und andere profilierte Repräsentanten der »Zweiten Schule« aufhielten, in deren Umkreis man das Schaffen Alkmans stellen darf. Hier in Sparta ist seine Lyrik, ähnlich den Liedern Terpanders, auch am längsten – bis ins 4.Jh. hinein – unmittelbar lebendig geblieben, während etwa in Athen bereits EUPOLIS (um 446–411 v. Chr.) ihn unter die antiquierten Dichter rechnet. Eine große Renaissance erlebte Alkman in hellenistischer Zeit: zur Zeit Ptolemaios' II. (reg. 285–246) schrieb der Lakonier SOSIBIOS ein Werk »Über Alkman« in mindestens drei Büchern, alexandrinische Philologen sammelten die Alkmanschen Lieder – die maßgebende kritische Ausgabe in 5 Büchern dürfte von ARISTOPHANES aus Byzanz stammen –, es entstanden Kommentare und Monographien über Alkmansche Spezialprobleme, und die Dichter jener Zeit, wie THEOKRIT oder APOLLONIOS RHODIOS, nehmen sich seine Poesie zum Vorbild.

Alkmans Dichtung entspringt, wie die gesamte archaische Chorpoesie in ihrer elementaren Mischung von Wort, Musik und Tanz, grundsätzlich aus kultischen Bereichen, ja, man darf annehmen, daß Alkmans Übersiedlung nach Sparta zunächst nur mit einem Auftrag zusammenhing, als Chormeister, d. i. Regisseur und Chorführer, für die ordentliche Feier der Kultfeste zu sorgen: So ist denn eine ganze Gruppe seiner Chöre für die Aufführung am spartanischen Apollonfest der Gymnopaidien bestimmt gewesen, und eine andere Gruppe bestand in *Hymenäen*, Hochzeitsliedern, die als Geleittanz bei der Überführung der Braut aus dem Elternhaus von einem Männerchor gesungen wurden. Seinen Namen hat sich Alkman aber mit einer durchaus eigenen Schöpfung gemacht: nämlich mit den Mädchenchören, den *Parthenien (partheneia)*, die er als erster gedichtet und festlich aufgeführt haben soll.

Von welcher Art diese Lieder waren, könnte man aus den geringen Fragmenten nicht ersehen, hätte nicht einer der frühesten Papyrosfunde (1855) ein großes, wohl im 1.Jh. v. Chr. geschriebenes Bruchstück aus einem Lied bewahrt, das, wie der beigefügte Kommentar lehrt, aus Anlaß einer Gewandweihe für die Artemis Orthia bei einem Wettstreit von Mädchenchören vorgetragen wurde. Ist das Fragment auch arg verstümmelt – es setzt mitten in einer Strophe ein, im ersten Teil sind fast nur die Versenden lesbar, am Schluß fehlen vier Zeilen – und bringt es auch eine Fülle philologischer Probleme mit sich, so ist es doch in seiner Verbindung archaischer Strenge mit lebendiger Frische eines der schönsten Zeugnisse der frühgriechischen Dichtung. Drei Teile heben sich deutlich voneinander ab: eine mythische, von lakonischem Lokalkolorit gefärbte Erzählung (Herakles und die Dioskuren im Kampf mit den Söhnen des Hippokoon), in der die für den Dichter typische Gliederparataxe der Namenreihung auffällt. Im zweiten Teil wird der Mythos als Paradigma ausgewertet für eine allgemeinmenschliche Gnome: Es gibt die Aisa, unseren Schicksalsteil, und den Poros, die Findigkeit, *»ehrwürdigste Götter«* – *»aber der Mensch strebe* *nicht zum Himmel und begehre nicht, Aphrodite zu freien«.* Und dann, seltsamerweise zu Beginn einer der vierzehnzeiligen Strophen, das Resümee – *»es gibt eine Rache der Götter«* (35) –, eine ganz überraschende Gegenthese – *»der aber ist glücklich, der frohgemut seinen Tag durchwebt ohne Tränen«* –, gefolgt von einem noch verblüffenderen Absprung in die Gegenwart des tanzenden Mädchenchores – *»ich aber besinge das Licht der Agido«*. Ein neckisches Hin und Her der Rivalität zwischen Agido und Hagesichora, der »Chorführerin«, entspinnt sich – man hat in diesem dritten Teil immer wieder vergeblich versucht, zwei Halbchöre herauszuhören –; es geht um den Preis der Schönheit, der im Vergleich der Vorzüge abgewogen wird, und wenngleich die Schönste nur Agido heißen kann, so erhält auch Hagesichora ihre Würde, da sie als die gestrenge Meisterin der übrigen zehn Mädchen (sie werden alle namentlich genannt) den Chor zum Sieg führt.

Man darf dieses Parthenion in vielem als charakteristisch für solch archaische Dichtung wie für den Dichter selbst nehmen: im Stilistischen die harten, unvermuteten Übergänge, das »Prinzip« der autonomen Glieder, Reihung und Blockfügung, dazu ein überaus phantasieerfüllter, bildstarker sprachlicher Ausdruck – die Distanz zum Epos ist nicht immer so markant wie gerade hier –, vor allem aber auf der motivischen oder thematischen Ebene das unbekümmerte, bereits verblüffend selbstsichere Aussprechen der eigenen Persönlichkeit. Daß es hier der Chor der Mädchen ist, der plaudernd über den Alltag und die ephemeren, doch so brennenden Sorgen der Mädchen redet, mag man als sehr bezeichnend empfinden: Das Bewußtwerden der menschlichen Individualität geschieht hier noch völlig im Rahmen und vor dem Hintergrund kultischer und mythischer Gegebenheiten.

Ähnliches läßt sich in den anderen Resten der Alkmanschen Lieder verfolgen. Man sieht auch dort: Dieser Dichter ist, wie seine lyrischen Zunftgenossen, ein Mann des starken Selbstbewußtseins, der – selbst in kultgebundenen Chören – mit Überzeugung und zugleich mit einer unverwechselbar humorvoll-schelmischen Keckheit von seinen Fähigkeiten und Eigenarten spricht und der in einer ungemein eindrücklichen Realitätsfülle seine Umwelt zum Ausdruck bringt. Aber immer ist zu bemerken, wie er an die traditionellen Formen anknüpft und sich in seine welthaften »biographischen Reflexion« an sie anlehnt, sich in sie einfügt (und wo die Fragmente den entsprechenden Kontext einmal verloren haben, ist es mit großer Sicherheit zu erschließen): Wenn er sich an einer kompakten Aufzählung verschiedener Weinsorten gütlich tut (Frg. 53 D.); wenn er die drei Jahreszeiten rühmt und launig die vierte, den Frühling, hinzufügt, den »blühenden«, da es nicht genug zu essen gibt; wenn er sich im Zusammenhang mit dem (Weih-?)-Geschenk eines Kessels kaustisch als *»Allesfresser Alkman«* tituliert (Frg. 49 D.); wenn er die Last des Alters in dem Wunsch spiegelt, ein Eisvogelmännchen zu sein, das von dem Weibchen getragen wird (Frg. 94 D.) – immer muß der moderne Leser bedenken, daß der schelmische Witz, die kräftige »Realistik«, der persönliche Ton ihren Platz in einem kultisch zentrierten, von einem tanzenden Chor gesungenen Lied hatten.

In solcher Begrenzung und Bedingung – als Kontrastbild, Paradigma, Illustration, keinesfalls aber als autonome Naturpoesie – muß man auch jenes Fragment verstehen, in dem man nicht zu Unrecht einen weithin weisenden frühen Gipfelpunkt europäischer Lyrik gesehen hat, das man freilich eben dieser lyrischen Gedrängtheit wegen auch gelegentlich dem Jahrhundert Alkmans absprechen wollte (Frg. 58 D.): *»Nun schlafen der Berge Gipfel und Schluchten, / die Matten, die Täler der Flüsse, / alles Gewürm, das die dunkle Erde ernährt, / das Wild im Wald am Gebirg und die Völker der Bienen, / die Ungetüme am Grunde des purpurnen Meeres; / nun schlafen die Schwärme / der schmalgefiederten Vögel.«* (Ü: nach H. Rüdiger). E.Sch.

AUSGABEN: Lpzg. 1925 (in *Anthologia Lyrica Graeca*, Hg. E. Diehl, Bd. 2; [2]1942). – Ldn. [2]1928 (in *Lyra Graeca*, Hg. J. M. Edmonds, Bd. 1; griech.-engl.). – Oxford 1951 (in A., *The Partheneion*, Hg. D. L. Page; griech.-engl.). – Neapel o. J. [1954] (in A., *I frammenti*, Hg. A. Garzya; griech.-ital.). – Oxford 1962 (in *Poetae Melici Graeci*, Hg. D. L. Page; OUP). – NY 1963 (in *Greek Melic Poets*, Hg. H. W. Smyth, S. 2–14 u. S. 170–204). – Exeter 1967 (in *Greek Lyric Poetry*, Hg. D. A. Campbell, S. 18–26 u. S. 192–221; m. engl. Komm.; Nachdr. 1982). – Oxford 1968 (in *Lyrica Graeca Selecta*, Hg. D. L. Page, S. 1–28; Nachdr. 1979; OUP). – Rom 1983 (in *A.*, Einl. u. Komm. C. Calame; griech.-ital.).

ÜBERSETZUNGEN: In W. Schadewaldt, *Sappho*, Potsdam 1950. – In *Das Erwachen*, M. Hausmann, Ffm. 1949; ern. Zürich 1976 [griech.-dt.]. – In *Griechische Lyriker*, H. Rüdiger, Zürich 1949; [2]1968 [völlig neubearb.; m. Komm.]. – In *A.'s Parthenia and Fragments*, G. Davenport (in Arion, 8, 1969, S. 477–499; engl.). – In *Frühgriechische Lyriker*, Z. Franyó; Bearb. B. Snell, T 1.4, Bln. 1976, S. 16–31 [griech.-dt.].

LITERATUR: Schmid-Stählin, 1/1, S. 457 ff. – W. Schadewaldt, *Sappho*, Potsdam 1950, S. 59 ff. – *A., The Partheneion*, Hg. D. L. Page, Oxford 1951. – E. Risch, *Die Sprache A.s* (in MH, 11, 1954, S. 20 ff.). – C. M. Bowra, *Greek Lyric Poetry*, Oxford [2]1961, S. 16 ff. – H. Fränkel, *Dichtung und Philosophie des frühen Griechentums*, Mchn. 1962, S. 179 ff. – J. P. Vernant, *Thétis et le poème cosmogonique d'A.* (in *Hommage à M. Delcourt*, Brüssel 1970, S. 38–69). – C. Calame, *Les chœurs de jeunes filles en Grèce archaique*, Rom 1977. – G. Ciangrande, *On A.'s Partheneion* (in Museum Philologum Londiniense, 2, 1977, S. 151–164). – H. Hommel, *A.s Eisvogelvers* (in Gymnasium, 85, 1978, S. 387–407).

ALKUIN

* um 730 Northumbria
† 19.5.804 Tours

LITERATUR ZUM AUTOR:
C. J. B. Gaskoin, *A., His Life and His Work*, Ldn. 1904; Nachdr. NY 1966. – Manitius, 1, S. 273–288; 2, S. 800 f. – M. Folkerts, Art. *Alkuin* (in LM, 1, Sp. 417–420). – E. S. Duckett, *A., Friend of Charlemagne*, NY 1956. – L. Wallach, *A. and Charlemagne*, Ithaca/NY 1959.

DE PONTIFICIBUS ET SANCTIS EBORACENSIS ECCLESIAE

(mlat.; *Über die Bischöfe, Könige und Heiligen der Kirche von York*). Gedicht in Hexametern von ALKUIN, wahrscheinlich 792/93, vielleicht aber schon in den achtziger Jahren des 8.Jh.s verfaßt. – Alkuin, der in der Schule von York erzogen worden war und seit 767 ihr als Lehrer *(Master)* vorstand, wurde nach 780 von Karl dem Großen zum Leiter seiner Palast-Schule bestellt. Hier, unter anderem offensichtlich zum Schulgebrauch, erarbeitete er diese Versfassung und Ergänzung der Kirchengeschichte der Angeln von BEDA VENERABILIS (vgl. *Historia ecclesiastica gentis Anglorum*). Daß er das Lehrgedicht zusammen mit einer Abhandlung *De laude Dei (Über das Lob Gottes)*, die liturgischen Inhalts war, verfaßte, deutet darauf hin, daß er ein Vorbild für die karolingische Reform der Kirchenverfassung intendierte.

Die Lebensbeschreibungen der Bischöfe und Herrscher von York beruhen auf den von Beda gelieferten Informationen, ohne daß Alkuin ihm im Detail sklavisch nachfolgt. Der vorbildhafte Charakter der Lebensläufe wird durch die Ausarbeitung von bei Beda allenfalls angedeuteten Begebenheiten noch unterstrichen, insbesondere in der Darstellung des Zusammenwirkens der Könige und Bischöfe, weltlicher und geistlicher Macht, zum Wohle der Bevölkerung. Alkuins geistig-geistliche Ideale fußen auf der Benediktinischen Überlieferung, wie sie durch Papst GREGORIUS DEN GROSSEN und Beda Venerabilis den nachfolgenden Generationen vermittelt wurden. Die Bedeutung Alkuins liegt kaum in seiner Originalität, sondern darin, daß er in seiner – im positiven Sinne – schulmeisterlichen Art diese einflußreiche zeitgenössische Strömung dem Leser vor Augen führt.

Aus historischer Sicht von besonderem Wert sind die letzten 400 Verszeilen, in denen Alkuin die Geschichte der Kirche von York von 731 an, wo Bedas Buch abbricht, ergänzt. Die Darstellung der Erzbischöfe Egbert (732–766) und Aelbert (von 766 an), in der er keinem mächtigen Vorbild mehr verpflichtet ist, gerät ihm zu einem Urbild der wünschenswerten Ausformung des institutionellen Zusammenwirkens von geistlicher und weltlicher Gewalt innerhalb des karolingischen Hofes. In diesem Kontext berichtet Alkuin auch über Entwicklung und Blüte der Schule von York und über Bestand und Ausbau der dortigen Bibliothek. Dieser Bericht ist nicht nur wegen seines Einflusses auf den Aufbau der Klosterbibliotheken im karolingischen Reich von Bedeutung, sondern auch als umfassende Dokumentation des in York gesammelten Kulturerbes, das kurz darauf von den einfallenden Wikingern zerstört wurde. H.Sta.

AUSGABEN: Paris 1688–1701 (in *Acta Sanctorum ordinis S. Benedicti*, Hg. J. Mabillon, Bd. 2). – ML, 101, Sp. 812–846. – Bln. 1873 (in *Bibliotheca rerum Germanicarum*, Bd. 6, Hg. Ph. Jaffé; Nachdr. Aalen 1964). – Bln. 1880 (in MGH, Poetae Latini medii aevi, Hg. E. Dümmler, 1, S. 169–206). – *Alkuin-Briefe u. andere Traktate. Codex Vindobonensis 795*, Graz 1969 [vollst. Faks.-Ausg. m. wiss. Komm. v. F. Unterkircher]. – Alcuin, *The Bishops, Kings, and Saints of York*, Hg. P. Godman, Oxford 1983 [Text, engl. Übers. u. Komm.].

LITERATUR: M. L. Hargrove, *A.'s Poem on York* (in Cornell University, Abstracts of Theses 1937 [1938], S. 20–23). – A. Kleinclausz, *A.*, Paris 1948. – E. S. Duckett, *A., Friend of Charlemagne*, NY 1956. – L. Wallach, *A. and Charlemagne*, Ithaca/NY 1959. – *Bibliotheca Sanctorum*, Rom 1961, Bd. 1, S. 730–735 [m. Bibliogr.]. – *A Catholic Dictionary of Theology*, Ldn. u. a. 1962, Bd. 1, S. 56 f. – *Karl der Große. Lebenswerk und Nachleben*, Hg. W. Braunfels, Bd. 2, Düsseldorf 1965. – F. Brunhölzl, *Geschichte der lateinischen Lit. des MA.s*, Bd. 1, Mchn. 1975, S. 268–286 u. 546–549 [Bibliogr.].

FANCH AL LAY

François Le Lay
* 1859
† 1937

BILZIG

(bret.; *Bilzig*). Erzählung von Fanch AL LAY, erschienen 1924. – Die Erzählung spielt gegen Ende des 18.Jh.s in Lokireg, dem Heimatdorf des Autors, im äußersten Nordwesten Tréguiers, Departement Finistère. Der Junge Bilzig, früh verwaist, wird als Säugling von einer jungen Frau adoptiert, verbringt eine sehr unruhige Jugend, in der er oft verletzende Anspielungen auf seine Herkunft zu hören bekommt. Hunger, Armut und Elend bleiben auch ihm nicht erspart, doch lehnt er sich rebellisch gegen diese Ungerechtigkeiten auf: er stiehlt Holz, läßt Kaninchen und Hasen »verschwinden«, und fast immer kann er den Zöllnern und Gendarmen entwischen. Nur gegenüber seinen Freunden und Kameraden ist er stets offen und ehrlich. Mit den Jahren weicht die Armut; Bilzigs Adoptivmutter kann sich endlich eine anständige Wohnung leisten, er selbst wird Schiffsjunge. Auf seinen langen Fahrten übers Meer trägt er ein Geheimnis mit sich: seine Liebe zu der Tochter des Grafen von Trémédeur, die einst von einer giftigen Schlange gebissen wurde und die er vor dem Tod retten konnte. Freilich wird diese Liebe niemals Erfüllung finden können, da das hochgeborene Mädchen für ihn unerreichbar ist.

Verschiedene Kritiker, die der Erzählung eine mehr gesellschaftskritische Tendenz unterlegen wollten, wünschten sich einen dritten Teil, in dem der Graf unter der Guillotine sterben und Bilzig seine Geliebte heiraten sollte. Doch scheint der Schluß vom Autor wohl deshalb nicht so angelegt worden zu sein, weil er der Erzählung nicht die Spannung zwischen Auflehnung und Resignation – übrigens ein typischer Charakterzug der Bretonen – nehmen wollte. – Die Sprache der Erzählung ist poetisch, lebhaft bewegt und phantasievoll, in dem sehr reichhaltigen Vokabular finden sich auch viele seltene Wörter. Einen Reiz ganz eigener Art bildet die Verwendung des Dialekts von Lokireg, dessen Wiedergabe so exakt ist, daß das Werk ein wertvolles Hilfsmittel für das Studium der bretonischen Sprache darstellt. L.B.

AUSGABEN: 1924 (in Buhez Breiz, Nr. 37–47). – Brest 1925. – Brest 1963 [Ill. F. Ar Goaill].

LITERATUR: Abeozen, *Istor Lennegezh vrezhonek an Amzer-vreman* (in La Baule, 1957, S. 135/136). – P. Trepos, *»Bilzig«, roman inachevé* (in Annales de Bretagne, 65, 1958, S. 423–430).

nach Frankreich, trifft dort Napoleon und hat eine Affäre mit einer Geliebten des großen Bonaparte, die schon zuvor Anthonys Jugendliebe gewesen war. Nach einer weiteren Reise in eine mexikanische Leprakolonie und nach dem tragischen Tod seiner Frau und seines Kindes fällt Anthony einem selbstverschuldeten Unfall zum Opfer.

Obgleich der Autor wiederholt durchblicken läßt, daß es ihm vor allem um die Entwicklung eines Charakters geht, liegt dennoch der Nachdruck auf den romantischen Abenteuern seines Helden, auf seinen zahlreichen Liebesgeschichten und auf der exotischen Kulisse. Allens Erzählbegabung beweist sich besonders in den am Hof Napoleons spielenden Szenen, aber auch bei der Darstellung des Konflikts zwischen einem Missionar und einem Medizinmann in Afrika und der Schilderung einer Leprakolonie. Wenig überzeugend sind dagegen seine häufigen symbolischen und allegorischen Anspielungen. Der dauerhafte Publikumserfolg des *Antonio Adverso* dürfte darauf zurückzuführen sein, daß dem Autor hier eine spannende Mischung aus den üblichen Ingredienzen des historisch verbrämten Abenteuer- und Liebesromans gelungen ist, die dem Buch in der modernen Unterhaltungsliteratur einen ähnlichen Platz sicherten, wie ihn Margaret MITCHELLS Roman *Gone with the Wind (Vom Winde verweht)* einnimmt. J.v.Ge.

AUSGABEN: NY 1933. – Ldn. 1956. – NY 1977.

ÜBERSETZUNG: *Antonio Adverso*, W. E. Süskind u. R. v. Scholz, Stg. 1935, ²1957.

VERFILMUNG: USA 1936 (Regie: M. LeRoy).

LITERATUR: M. M. Culver, *H. A. Historical Novelist*, Diss. Univ. of Illinois 1959 (vgl. Diss. Abstracts, 20, 1959/1960, S. 3289).

WILLIAM HERVEY ALLEN

* 8.12.1889 Pittsburgh / Pa.
† 28.12.1949 Miami / Fla.

ANTHONY ADVERSE

(amer.; *Ü: Antonio Adverso*). Roman von Hervey ALLEN, erschienen 1933. – *Anthony Adverse* ist ein umfangreiches, in der Napoleonischen Ära spielendes, farbiges Buch, dessen Titelheld zahllose Abenteuer zu bestehen hat. Anthony, der illegitime Sproß eines ehebrecherischen Paares aus aristokratischen Kreisen, wächst in Livorno auf, wo er bei einem britischen Handelskaufmann in die Lehre geht, bis er sich selbständig macht. Er kommt zunächst nach Kuba, läßt sich dann in Afrika als Sklavenhändler nieder und macht große Geschäfte mit dem Menschenhandel. Reich geworden, geht er

ISABEL ALLENDE

* 2.8.1942 Lima

LA CASA DE LOS ESPIRITUS

(span.; *Ü: Das Geisterhaus*). Roman von Isabel ALLENDE (Chile), erschienen 1982. – In ihrem ersten, im Exil geschriebenen Roman erzählt Isabel Allende eine chilenische Familiensaga, die vier Generationen umspannt, einen Zeitraum, der von der Jahrhundertwende bis zur Gegenwart um 1975 reicht, als die Militärjunta des Generals Augusto Pinochet schon zwei Jahre regiert, nachdem der Staatspräsident Salvador Allende, dessen Nichte die Autorin ist, im September 1973 gewaltsam gestürzt worden war. Den zum Teil mit krassem Realismus geschilderten aktuellen Ereignissen steht –

bezogen vor allem auf die weiblichen Figuren des Romans – eine magisch-fantastisch anmutende Welt gegenüber, auf deren übersinnliche Aspekte der Titel des Buches Bezug nimmt.

Protagonist des *Geisterhauses* ist Esteban Trueba, der einer adeligen, aber verarmten Familie entstammt. Nach der Ermordung seiner Braut Rosa, »der Schönen«, entwickelt er eine ungeheure, verzweifelte Lebenskraft. Es gelingt ihm in kurzer Zeit, ein heruntergekommenes Landgut wiederaufzubauen; seine Familie gehört bald zu den reichsten und angesehensten Mitgliedern der chilenischen Oligarchie. Die Kehrseite seiner Vitalität äußert sich in Gewalttätigkeiten, Gefühlsausbrüchen und ungezügelter Sexualität, deren Resultat eine unglaubliche Zahl unehelicher Kinder ist. Dieses turbulente Leben mündet in etwas ruhigere Bahnen, als Esteban Rosas jüngste Schwester Clara heiratet und mit ihr in die Hauptstadt Santiago zieht. Die Villa, die sie nun bewohnen, läßt Clara zu einem labyrinthartigen Gebäude umbauen, das durch ihre hellseherischen und telepathischen Aktivitäten allmählich in ein wahres »Geisterhaus« verwandelt wird. Esteban liebt Clara leidenschaftlich, sein absoluter Besitzanspruch wird in dieser Verbindung aber nie ganz gestillt. Auch die drei Kinder der Truebas entfernen sich vom Vater: Die Tochter Blanca liebt den revolutionären Bauernführer Pedro Tercero, der Sohn Jaime sympathisiert mit den Sozialisten und widmet als Arzt sein Leben den Armen, und sein Zwillingsbruder Nicolas folgt den Spuren des »mißratenen« Onkels Marcos. Im Leben der Eheleute wächst mit den Jahren das Gefühl der Fremdheit: Während Clara sich für mehr soziale Gerechtigkeit auf ihrem Gut »Las Tres Marías« einsetzt, wo ihr Mann die Bauern wie Leibeigene behandelt, sind Estebans politische und soziale Vorstellungen äußerst reaktionär und streng patriarchalisch geprägt. Als seine Frau sich ganz von ihm zurückziehen will und soziale Unruhen das Land erschüttern, beginnt Esteban, politisch aktiv zu werden. Dem konservativen Senator Trueba bleibt die spätere politische Entwicklung, die schließlich zum Wahlsieg der Unidad Popular und ihres Präsidenten Salvador Allende führt, so unbegreiflich und undenkbar, daß er dessen Realität kaum anzuerkennen imstande ist. Die Bombardierung des Präsidentenpalastes durch die Putschisten im September 1973 feiert Esteban mit Champagner, während sein Sohn Jaime, ein »*glaubwürdiger Märtyrer aus unseren Tagen*« (A. v. Schirnding), von den neuen Machthabern gefoltert und ermordet wird. Estebans geliebte Enkelin Alba wird von einem Oberst vergewaltigt und mißhandelt; er ist ein Enkel Pancha Garcías, die als junge Frau von Esteban Trueba mißbraucht wurde. Erst dieser »Racheakt« erschüttert Estebans Weltbild und bewirkt in ihm eine Art Läuterung. Angesichts des Todes sinnt er über seine Handlungen nach und söhnt sich mit Pedro Tercero und Albas Freund, einem Guerillero, aus. Alba indessen versteht die Geschehnisse als schicksalhafte Antwort auf die frühere Untat ihres Großvaters und sieht sich als Teil einer »*endlosen Geschichte von Schmerz, Blut und Liebe*«. Sie erkennt, daß sich die unendliche Folge von Schuld und Bestrafung nur unterbrechen läßt, wenn auf allen Seiten der Haß überwunden wird. Diese Einsicht befreit sie von allen Gefühlen der Rache und Vergeltung und steht zugleich am Ende des Romans als versöhnliche Botschaft der Hoffnung und Liebe.

Alba ist auch die Haupterzählerin dieser Familienchronik, die auf den Aufzeichnungen, den »*Lebensnotizheften*« ihrer Großmutter basiert. Die Beweggründe, die sie für ihr Erzählen anführt – »*die Dinge der Vergangenheit, dem Vergessen zu entreißen*« und ihr »*eigenes Entsetzen zu überleben*« –, können wohl auch autobiographisch auf die seit 1974 im venezolanischen Exil lebende Autorin bezogen werden. Sie hat ihr Buch den Frauen ihrer eigenen Familie und den »außergewöhnlichen« Frauen der Erzählung gewidmet, die eine, wenn auch oft ohnmächtige, Gegenposition zur Welt der herrschenden Männer einnehmen. Denn *La casa de los espíritus* ist auch ein Roman über die ironisch, bisweilen in grotesker Übersteigerung dargestellte Macht des Patriarchats in seinen verschiedenen Ausprägungen in Familie, Politik, Wirtschaft und Militär.

Kritiker haben *La casa de los espíritus* immer wieder mit *Cien años de soledad* (1967), jener anderen großen lateinamerikanischen Familiensaga des Kolumbianers Gabriel García Márquez in Beziehung gesetzt. In Allendes Erfolgsroman werden, verwoben mit der Geschichte der Familie Trueba, entscheidende Kapitel der jüngeren und jüngsten chilenischen Geschichte in durchaus eigenwilliger, origineller Weise dargestellt. Die einzelnen Mitglieder dieses Clans und ihre vielschichtigen Beziehungen zueinander illustrieren eindrucksvoll die sozialen und ideologischen Gegensätze, die Chile zerrissen und in die Diktatur geführt haben.

G.Mac.-KLL

Ausgabe: Barcelona 1982.

Übersetzung: *Das Geisterhaus*, A. Botond, Ffm. 1984.

Literatur: J. Edwards, Rez. (in Mensaje, Okt. 1983, S. 603). – B. Hernan-Gómez, *Las violencias circulares: Notas a »La casa de los espíritus«* (in Studi di letteratura iberoamericana offerti a G. Bellini, Rom 1984). – A. v. Schirnding, Rez. (in SZ, 12. 5. 1984). – W. Haubrich, Rez. (in FAZ, 26. 1. 1985). – R. M. Adams, Rez. (in The New York Review of Books, Bd. 32, 18. 7. 1985, S. 20/21). – D. A. N. Jones, *Magical Realism: The House of the Spirits* (in London Review of Books, 14, Aug. 1985, S. 26). – J. M. Marcos, *Isabel viendo llover en Barataria* (in REH, 19, 1985, S. 129–137). – M. Agosin, Rez. (in Revista Interamericana de Bibliografía, 35, 1985, S. 448–458). – M. A. Rojas, *Un caleidoscopio de espejos desordenados* (in RI, 133, 1985, S. 817–925). – S. Magnarelli, Rez. (in Latin American Literary Review, 14, 1986, Nr. 28,

S. 101–106). – J. Drews, *I.A. bei Suhrkamp* (in Merkur, 40, H. 454, Dez. 1986).

DE AMOR Y DE SOMBRA

(span.; *Ü: Von Liebe und Schatten*). Roman von Isabel ALLENDE (Chile), erschienen 1984. – Dieser zweite Roman der in Venezuela lebenden chilenischen Autorin geht auf ein tatsächliches Ereignis zurück. 1978 fand man in einem verlassenen Bergwerk südlich der chilenischen Hauptstadt Santiago Leichen von Vermißten, die während des Militärputsches vom September 1973 ermordet worden waren. Das Massaker an den Bewohnern des Dorfes Lonquén war der erste Fall, in dem es der katholischen Kirche in Chile gelang, eine politische Gewalttat öffentlich und zum Gegenstand eines Gerichtsverfahrens zu machen. Im Roman bildet die Aufdeckung eines politisch motivierten Verbrechens durch die Journalistin Irene Beltrán und ihren Freund Francisco Leal die Rahmenhandlung. Mit der Fülle der Nebenfiguren und zahlreichen kurzen Episoden versucht die Autorin darüber hinaus, das Leben der unterschiedlichen Gesellschaftsschichten im diktatorisch regierten Chile möglichst vollständig abzubilden.

In dem Dorf Los Riscos lebt die fünfzehnjährige Evangelina. Das aus einer Landarbeiterfamilie stammende Mädchen verfügt – wie Clara im *Geisterhaus*, Allendes erstem Roman – über übersinnliche Fähigkeiten und lockt damit Scharen von Wundergläubigen und Schaulustigen an. Als Soldaten eintreffen, um eine versammelte Menge zu zerstreuen und Evangelina gefangenzunehmen, wirft das zarte Mädchen in einer Art Trance mit ungeheurer Kraft den Offizier mit einem Schlag aus dem Haus. In der folgenden Nacht kehrt der Offizier zurück, Evangelina und ihr Bruder Pradelio werden verhaftet und gefoltert. Die Polizei verschleppt mehrere Bauern des Dorfes, die nie wieder auftauchen. Auch Evangelina ist seitdem verschwunden. Ihre Leiche finden Irene Beltrán und Francisco Leal in einer verlassenen Mine, wo sie noch weitere Leichen und die Überreste der vermißten Bauern aus der Umgebung entdecken. – Diesen Greueltaten, den »Schatten«-Seiten des Romans, steht als quasi ausgleichendes Element die Liebesbeziehung von Irene und Francisco gegenüber. Die Journalistin Irene stammt aus einer wohlhabenden Familie. Ihre Verlobung mit einem Hauptmann der Armee löst sie, als sie sich in den als Fotografen arbeitenden Francisco verliebt. Francisco, Sohn verarmter spanischer Einwanderer, ist einer der vielen nach dem Militärputsch arbeitslos gewordenen Intellektuellen und gehört einer Untergrundorganisation an. Beide fühlen sich verpflichtet, die Massaker ans Tageslicht zu bringen, um die Brutalität des Regimes aufzudecken. Für dieses gewagte Unternehmen setzt Irene sogar ihr Leben aufs Spiel; erst nach einem mißglückten Mordversuch durch ein getarntes Polizeikommando verläßt sie mit Francisco das Land.

Vertiefend beschreibt ein gewissermaßen innerer Handlungsstrang den Prozeß der Bewußtwerdung Irenes, deren drei wichtigste Entwicklungsphasen sich mit den drei Abschnitten des Romans in etwa decken. Dem ersten Teil, *Der Frühling*, entspricht die Zeit ihrer naiven Unwissenheit. Wie ihre ganze Familie, ist sie zunächst von der Notwendigkeit des Militärregimes überzeugt. Erst der Einfluß Franciscos und die Ereignisse um Evangelina bewirken, daß sie allmählich die Wahrheit ahnt. Der zweite Teil, *Die Schatten*, zeigt die schmerzhafte Desillusionierung Irenes und das Erkennen einer Realität, in der Unrecht und Gewalt regieren. Am Ende dieses Prozesses steht der Entschluß, aktiv zu werden, Widerstand zu leisten. Dies geschieht weniger aus politischer Überzeugung denn aus spontaner Solidarität und aus Mitgefühl mit den Unterdrückten und Opfern. Im dritten Teil, *Liebe. Heimat*, vollzieht sich infolge immer neuer bitterer Erkenntnisse die weitere Radikalisierung Irenes. Sie ist schließlich bereit, ihr Leben für die Vollendung ihrer »Mission« aufs Spiel zu setzen.

Von Liebe und Schatten, wie *Das Geisterhaus* ein internationaler Bestseller, wurde von der Kritik längst nicht mehr so positiv aufgenommen wie Isabel Allendes erster Roman. Erzählerische Schwächen treten hier deutlich hervor. Vor allem die »Liebesrhetorik« gleitet häufig ins Triviale und Kitschige ab. Der Gegenstand des Romans, den sich die Autorin durch authentische Zeugenaussagen und Dokumente verschiedenster Art erarbeitete, ist jedoch von hochaktueller politischer Brisanz. Sie beschreibt ihn in einem Interview als »*die Reise zweier unschuldiger Personen in die Gewalt und das Entsetzen, mit dem sie nichts zu tun haben, das sie nicht einmal erahnen*«. In diesem Sinn gehört *De amor y de sombra* in die weit zurückreichende Tradition von Romanen zur lateinamerikanischen »*violencia*«. Seine eigentliche Stärke und Überzeugungskraft liegt in der mit großer Eindringlichkeit und poetischer Kraft gestalteten Darstellung von Irenes und Franciscos Mitleiden mit den Opfern der Diktatur. – Mit dem Roman *Eva Luna*, 1987 (*Eva Luna*), in dem die Autorin den pikaresken Lebensweg eines armen, analphabetischen Mädchens aus dem Urwald vor dem Hintergrund der gesellschaftspolitischen Umwälzungen in Chile schildert, bestätigte Isabel Allende ihren Ruf als lateinamerikanische Erfolgsautorin. G.Mac.-KLL

AUSGABE: Barcelona 1984.

ÜBERSETZUNG: *Von Liebe und Schatten*, D. Ploetz, Ffm. 1986.

LITERATUR: Y. D. Köchli, Rez. (in Die Weltwoche, 19. 6. 1986). – C. Fetscher, Rez. (in Der Spiegel, 25, 14. 7. 1986, S. 149–151). A. v. Schirnding, Rez. (in SZ, 26. 7. 1986). – E. Heftrich, Rez. (in FAZ, 26. 7. 1986). – U. Greiner, Rez. (in Die Zeit, 25. 7. 1986). – J. M. Marcos, Rez. (in RIB, 137, 1986, S. 1086–1090). – J. Drews, *I.A. bei Suhrkamp* (in Merkur, 40, H. 454, Dez. 1986).

JOSÉ SOBRAL DE ALMADA-NEGREIROS

* 7.4.1893 Ilha de S.Tomé
† 15.6.1970 Lissabon

LITERATUR ZUM AUTOR:
M. do Carmo Gonçalves Pereira, *A obra literária de A.-N.*, Diss. Lissabon 1965. – M. M. E. Ferrat da Silva, *José de A.-N.*, Diss. Coimbra 1967. – J.-A. França, *A.-N. O português sem mestre*, Lissabon 1974. – D. Colombini, *A.-N.*, São Paulo 1978.

NOME DE GUERRA

(portug.: *Deckname*). Roman von José Sobral de ALMADA-NEGREIROS, erschienen 1938. – Dieses Buch eines Schriftstellers, der vor allem als Maler hervorgetreten ist, zur Gruppe der ersten portugiesischen »Modernisten« gehörte und zusammen mit Mário de SÁ-CARNEIRO und Fernando PESSOA die kurzlebige, aber literarisch bedeutsame Zeitschrift »Orpheu« (1915) herausgab, ist eine Art erotischer Entwicklungsroman.

Der reiche Herr Antunes, ein durch falsche Erziehung zum Sonderling gewordener Dreißigjähriger, kommt aus der Provinz in die Hauptstadt, um unter der Führung eines »erfahrenen Mannes«, den sein Onkel bestellt hat, das Lissabonner Nachtleben kennenzulernen. Doch die Atmosphäre des »Nightclub«, in den er eingeführt wird, bedeutet ihm nichts; er erkennt, daß er nicht durch Anleitung, sondern nur durch sich selbst zu persönlichem Erlebnis kommen und reifen kann. Mit der Dirne Judite, die sich in der Verbindung mit ihm für das Unglück ihres Lebens schadlos halten will, läßt er sich in ein Verhältnis ein, durchschaut jedoch alsbald die Verlogenheit dieser Beziehung und verläßt Judite. Immerhin verändert diese Erfahrung sein Bewußtsein insoweit, als er nun seine Verantwortung gegenüber dem Leben erkennt. – Dem begrenzten Erfahrungsbereich entspricht die Begrenztheit des Schauplatzes dieser Geschichte: ein Nachtklub und ein gemietetes Zimmer. Charakteristisch für das in kurze, teils erzählende, teils betrachtende Kapitel eingeteilte Buch sind die häufigen psychologischen Digressionen, in denen der Autor seine Vertrautheit mit den Fragestellungen und Thesen der Psychoanalyse verrät. Der bewußt umgangssprachliche Stil gibt sehr genau die Besonderheiten des Lissabonner Sprachgebrauchs wieder.
K.H.D.

AUSGABEN: Lissabon 1938. – Lissabon 1956. – Lissabon 1971 (in *Obras completas*, 8 Bde., 2).

LITERATUR: V. Nemésio, Rez. (in Revista de Portugal, 1, 1938, S. 451–456). – J. G. Simões, *A geração do Orpheu* (in Revista do Livro, 5, 1960, S. 41–57). – A. Casais Monteiro, *A. N.*, »*Nome de guerra*« (in A. C. M., *O romance, teoria e crítica*, Rio de Janeiro 1964, S. 380–384). – D. Mourão-Ferreira, »*Nome de Guerra*« (in D. M.-F., *Hospital das letras*, Lissabon 1966; ⁵1985, S. 143–146). – E. Prado Coelho, *Sobre o* »*Nome de Guerra*« (in Colóquio/Letras, 1970, Nr. 60, S. 35–38). – F. Guimarães, *Um romance de A. N.:* »*Nome de Guerra*« (in F. G., *Simbolismo, modernismo e vanguardas*, Lissabon 1982, S. 53–59). – M. E. Martínez, »*Nome de Guerra*«: *una novela de tesis* (in Nova Renascença, 3, 1983, Nr. 10, S. 161–166).

GUILHERME DE ALMEIDA

eig. Guilherme de Andrade e Almeida
* 24.7.1890 Campinas
† 11.7.1969 São Paulo

LITERATUR ZUM AUTOR:
Bibliographie:
Carpeaux, S. 379–381.
Biographien:
F. P. de Barros, *G. de A., biografia e bibliografia*, São Paulo 1972. – J. A. P. Ribeiro, *G. de A.: poeta modernista*, São Paulo 1983 [m. Bibliogr.].
Gesamtdarstellungen und Studien:
R. Bastide, *Poetas do Brasil*, Curitiba 1947, S. 63–69. – S. Milliet, *Diario crítico*, Bd. 5, São Paulo 1948, S. 169–176. – R. Otávio Filho, *G. de A.* (in Coutinho, 4, S. 252–256). – C. Ricardo, *G. e suas antecipações* (in Revista da Academia Paulista das Letras, 26, 1969, Nr. 73, S. 95–103). – P. E. da Silva Ramos, *G. de A.* (in Coutinho, 5, S. 69–72).

MEU

(portug.; *Mein*). Gedichte von Guilherme de ALMEIDA (Brasilien), erschienen 1925. – In diesem Werk eines Dichters, der vom Parnassianismus herkommt, dann aber zu den Organisatoren der »Semana de Arte Moderna« (Woche der modernen Kunst) 1922 in São Paulo gehörte, gehen Vergangenheit und Gegenwart eine enge Verbindung ein. Der *modernismo* wird für Almeida der Weg, auf dem er endgültig zu sich selber findet, zu einer Form der Aussage nämlich, die das Neue bejaht, ohne der Überlieferung abzuschwören. Die außergewöhnliche Mühelosigkeit von Vers, Reim und Bild, die diesen Dichter auszeichnet, läßt ihn wie von selbst immer wieder zurückfinden zu den klassischen Formen, ebenso wie er diese ganz selbstverständlich durchbricht, wo »der Inhalt«, das, was er sagen will, es erfordert. Dieser Inhalt ist in *Meu* die Natur, und zwar von wenigen Ausnahmen abgesehen, die brasilianische Landschaft in der Fülle ihrer

Farben und Formen. Palme und Kokosbaum, Johannisblume und Hauswurz, Blautaube und Rotdrossel bevölkern diese Gedichte und vermitteln die Atmosphäre einer arteigenen Natur, die sich hie und da in den Rhythmen typisch brasilianischer Volkstänze zu wiegen scheint. In dem Gedicht *Missa negra (Schwarze Messe)* sind es die vielförmigen, riesigen Kaktuspflanzen, die zum rituellen Gezirp der Grillen »*die haarigen Arme*« erheben. In *Manhã (Morgen)*, *Alegria (Freude)* und *Dia (Tag)* begrüßt der Dichter das Erwachen, die Entfaltung, den Rausch des Lebens in einer tropischen Welt. Den Zauber der nächtlichen Landschaft unter dem strahlenden Sternbild des Südlichen Kreuzes vermittelt das Gedicht *Mandinga (Zauber)*, die heimwehträchtige Stimmung Innerbrasiliens das Gedicht *Canção de ninar (Wiegenlied)*.

M.A. de C.B.S.

AUSGABEN: São Paulo 1925. – São Paulo 1952 (in *Toda a poesia*). – São Paulo 1976 (in *Poesia vária*).

LITERATUR: M. de Andrade, *G. de A.* (in Estética, 1, 1925, 3, S. 296–306). – R. de Carvalho, *Estudos brasileiros*, 2. Ser., Rio de Janeiro 1931, S. 45–56.

JOSÉ AMÉRICO DE ALMEIDA

* 10.1.1887 Areia / Paraíba
† 10.3.1980 João Pessoa / Paraíba

A BAGACEIRA

(portug.; *Die Zuckerrohrmüllhalde*). Roman von José Américo de ALMEIDA (Brasilien), erschienen 1928. – Das Werk gilt in Brasilien als der erste bedeutende »Roman des Nordostens« *(romance nordestino)*. Schauplatz ist die Heimat des Autors, der Nordoststaat Paraíba. Themen sind die *séca*, die periodisch wiederkehrende Dürre und ihre sozialen Folgen, sowie der Zusammenprall zweier Lebensformen, der des *sertão* (etwa: Steppe) und der des *brejo* (Sumpf), wobei die erstere im Landesinneren als die ursprünglichere, archaisch-intakte, von heroischen Werten (Freiheit, Ehre, Treue, Rache) geleitete Region gilt und die zweite, in Küstennähe liegende Zone, als moralisch verwerfliche, durch die Rassenmischung verdorbene Zivilisationserscheinung betrachtet wird (räumliche Enge, Ausbeutung, Unterwürfigkeit, Promiskuität). *A bagaceira* ist der erste und bedeutendste von drei thematisch verwandten Romanen des Autors, der sich später ganz in die Politik begab.

Während der Dürre von 1898 suchen Flüchtlinge aus dem *Sertão* Unterkunft und Hilfe auf der Zuckermühle des Dagoberto Marcau. Aber er nimmt nur das junge Mädchen Soledade, ihren Vater Valentim und ihren Vetter Pirunga auf, denn das Mädchen erinnert ihn an seine vor 18 Jahren bei der Geburt seines Sohnes Lúcio verstorbene Frau. Erst am Schluß erfährt der Leser, daß Soledade in Wahrheit Dagobertos Nichte ist. Vater und Vetter bewachen abwechselnd ihre Unschuld, während Dagoberto und Lúcio im Hinblick auf das Mädchen zu Rivalen werden, ohne daß der Sohn (ebenso wie der Leser) dies ahnt. Geschildert wird einerseits die deprimierende Arbeits- und Lebensweise der ehemaligen Negersklaven auf der noch von Ochsen betriebenen Zuckermühle und andererseits die wachsende gegenseitige Zuneigung von Lúcio und Soledade inmitten einer üppigen und herausfordernden Natur. Lúcio, der naive Jurastudent, bemerkt jedoch die fast animalischen Avancen des Mädchens gar nicht, zumal ihn sein Vater mit der Geschichte einer Carlota warnt, die in der Dürrezeit von 1845 mehrere Männer ruiniert hätte. Während Lúcio wieder in der Stadt studiert, tötet Valentim, Soledades Vater, den Verwalter, den er für ihren Liebhaber hält; dafür bringt Dagoberto ihn ins Gefängnis. Als Lúcio zurückkehrt und seinem Vater erklärt, er wolle Soledade heiraten, macht dieser seine eigenen Ansprüche auf das Mädchen geltend. Daraufhin verläßt Lúcio empört den Hof und seinen Vater, dessen herrisches und ausbeuterisches Verhalten er nie gebilligt hatte. – Mit dem Regen kehren alle wieder in den *Sertão* zurück, Soledade und ihr Vetter Pirunga leben nun mit Dagoberto auf dessen Rinderfazenda. Eines Tages stürzt Dagoberto einen Abhang hinunter, weshalb Soledade, die inzwischen ein Kind von ihm erwartet, mit dem Gewehr auf ihren Vetter losgeht; bei der Auseinandersetzung würgt dieser sie aus Notwehr so sehr, daß er sie für tot hält. Als im Jahr 1915 eine neue Dürre auftritt, suchen wieder Flüchtlinge auf dem modernisierten Hof des inzwischen verheirateten Lúcio Unterkunft, darunter auch eine verhärmte Frau, die ihm ihren Sohn vorstellt. Verlegen muß Lúcio seiner Frau erklären, dies sei sein Stiefbruder und dessen Mutter Soledade, seine Cousine und Stiefmutter. Die Arbeiter lehnen jedoch die Aufnahme der beiden Flüchtlinge ab; Lúcio ist von der menschlichen Natur enttäuscht.

Der Erzähler lenkt den Leser mit der Liebesgeschichte Lúcio-Soledade von dem eigentlichen Geschehen, dem brutalen, egoistischen Vorgehen Dagobertos ab; nachträglich wird erschließbar, daß der Verwalter dessen Zuträger war. Erst zuletzt erfährt man, daß Soledade für Lúcio als Cousine tabu war, während der Vater in ihr eine arme Nichte sah, die er entehren konnte (wodurch sie sich zunächst sogar geehrt fühlte). Die Bedeutung des Romans liegt u. a. in der hier erstmals literarisch genutzten regionalistisch gefärbten Sprechweise der Personen; ein wertvolles Glossar erläutert seit der dritten Auflage Begriffe wie *bagaceira* (Zuckerrohrmüllhalde und moralischer Sumpf), *cabra* (Mulatte oder »Knecht«), *cangaço* (Banditentum), sogar *casa grande* (Herrenhaus) und *retirante* (Flüchtling), die seit diesem Buch zum brasilianischen Allgemeinwissen gehören. In dem erzähltechnisch sehr geschickt aufgebauten Werk, dessen sozialrefomerische Absichten nichts an Aktualität verloren haben, zeigt sich ein starker Einfluß von José de ALENCARS *Iracema* (1865), dem verführerischen Naturmädchen, und *O Sertanejo* (1875), dessen heroischer Viehhirte Arnaldo dem etwas kläglichen Pirunga als Vorbild diente; die maximenhaften Aussprüche erinnern an *Os Sertões*, 1902 *(Die Sertões)* von Euclides da CUNHA. Vor allem aber begründete *A bagaceira* den neuen Regionalismus der dreißiger Jahre *(romance de 30)* in Brasilien, eine Gegenbewegung zu dem von Mario de ANDRADE (1893–1945) und Oswald de ANDRADE (1890–1954) 1922 auf der »Semana de arte moderna« in São Paulo begründeten und von den Regionalisten abgelehnten Modernismus, die 1926 in Recife einen »Ersten Regionalistenkongreß des Nordostens« abhielten. Im armen Nordosten basierte die veraltete Wirschaft vor allem auf dem Zuckerrohranbau, und die patriarchalische Welt der Erben der großen Sklavenhalter war dort noch lebendig. Zyklisch traten Dürre und Hungersnöte auf und trieben die *Retirantes* in periodischen Abständen auf die Landstraßen, auf die Flucht vor dem unbezähmbaren Landesinnern. So griff Rachel de QUEIROZ 1930 in *O Quinze (Das Jahr Fünfzehn)* das Thema der Dürre, José Lins do RÊGO in *Menino de Engenho*, 1932 *(Herrenkind von der Zuckermühle)*, das des Lebens auf den Zuckerrohrmühlen auf. Jorge AMADO schilderte in *Jubiabá* (1935) das Leben der schwarzen Bevölkerung, Graciliamo RAMOS in *Vidas Sécas*, 1938 *(Karges Leben)*, das der Flüchtlinge; in diesen Zusammenhang gehört auch *Casa grande e senzala*, 1933 *(Herrenhaus und Sklavenhütte)*, von Gilberto FREYRE. Almeidas Roman leitete somit eine der wichtigsten Phasen der brasilianischen Literatur ein. I.Schw.

AUSGABEN: Paraíba 1928. – Rio ⁴1928. – Rio ¹⁵1978 [enth. M. Cavalcanti Proença, *A Bagaceira*; T. de Atayde, *Uma revelação*, A. A. Lima, *O criador de um novo estilo*].

ÜBERSETZUNG: *Die Zuckermühle*, I. Teltscher (in *Von der brasilianischen Seele. Alma Nossa*, Hg. dies., Rio 1938, S. 23–27; Ausz.).

LITERATUR: H. de Campos, *Literatura das Sécas* (in H. de C., *Crítica I*, São Paulo 1951, S. 301–313). – L. C. Lima, *Regionalismo. 1. J. A. de A.* (in Coutinho, 5, S. 279–283). – Adonias Filho, *J. A. de A.* (in A. F., *O romance brasileiro de 30*, Rio 1969, S. 19–30). – S. Santiago, »*A Bagaceira*«: *fábula moralizante* (in S. S., *Uma literatura nos Trópicos*, Rio 1978, S. 101–122). – J. C. S. Pereira, *Programas de géneros e sintagmática narrativa: sobre ›A Bagaceira‹ como romance de formação* (in RBLL, 3, 1984, Nr. 5, S. 5–8). – F. P. Ellison, *Soledade – Persephone : A Cyclical Myth in »A Bagaceira«* (in *Woman as Myth and Metaphor in Latin American Literature*, Hg. C. Virgillo u. N. Lindstrom, Columbia 1985, S. 27–41). – T. Landim, »*A Bagaceira*« *– submissão e liberdade* (in T. L., *Séca: a estação do inferno*, Diss. Fortaleza 1988).

JOSÉ VALENTIM FIALHO DE ALMEIDA

* 7.5.1857 Vila de Frades
† 4.3.1911 Cuba / Alentejo

LITERATUR ZUM AUTOR:
In Memoriam F. de A., Porto 1917. – R. Brandão, *Memórias*, Bd. 1, Porto ²1919, S. 61–78. – C. Basto, *A linguagem de F.*, Porto ²1940. – A. J. da Costa Pimpão, *F.*, Coimbra 1944 [m. Bibliogr.]. – A. Coimbra Martins, *Portrait de F.* (in BEP, 1954; Separatdr.). – L. de Oliveira, *O espirito e a graça de F.*, Lissabon 1957. – J. do Prado Coelho, *A situação de F. na literatura portuguesa* (in AION, 1, 1959, S. 49–63). – U. Araújo, *De F. e da sua obra* (in Arquivo Coimbrão, 18, 1963, S. 105–138). – K. H. Trost, *Kulturkritische Ideen bei F. de A.*, Diss. Mainz 1966. – C. T. de Oliveira Zokner, *A influencia de França na obra de F. de A.*, Curitiba 1974. – Saraiva/Lopes, S. 958–963. – O. Lopes, *Entre F. e Nemésio*, Bd. 1, Lissabon 1987, S. 173–196.

OS GATOS

(portug.; *Die Katzen*). 57 Artikel von José Valentim Fialho de ALMEIDA, erschienen zunächst als Monatshefte mit dem Untertitel *Monatsheft zur Untersuchung des portugiesischen Lebens*, dann in unregelmäßiger Folge zwischen 1889 und 1894. – Diese Artikel oder Pamphlete weisen die gleiche Thematik wie *As farpas* (1871–1882) von Ramalho ORTIGÃO auf, d. h., auch sie wollen die politischen, sozialen, pädagogischen, künstlerischen und religiösen Aspekte des portugiesischen Lebens beschreiben. Im ersten Artikel vergleicht Fialho de Almeida die Figur des Kritikers mit einer Katze, der dieser in ihrer Nervosität, Agilität, ihrem Humor und ihrer Phantasie gleicht: »*Gott schuf den Menschen nach seinem Bild und Gleichnis und schuf den Kritiker nach dem Gleichnis der Katze.*« In den thematisch sehr verschiedenartigen Glossen läßt sich der Autor von seiner Phantasie und seinem bissigen Humor treiben, der sich bis zum Sarkasmus, sogar bis zur ungerechten Behandlung von Zeitgenossen steigert.

Os gatos weisen keine gedankliche Leitlinie auf. Rein zufällig werden Tagesereignisse des politischen oder künstlerischen Lebens aufgegriffen, wie das Begräbnis des Königs, die Situation des portugiesischen Theaters, das wachsende Elend der Hauptstadt Lissabon. Der Blick des Impressionisten inspiriert Almeidas reiche, bildhafte Sprache; wir begegnen Synästhesien und Details visionären Charakters, die ihn in die Nähe des Symbolismus, in der verzerrten Wiedergabe von Wirklichkeit teilweise sogar des Expressionismus rücken. Almeidas journalistische Prosa, aber vor allem seine Erzählungen stehen im Zusammenhang der damaligen literarischen Décadence, zugleich aber spiegelt sich in ihnen die Vielfalt der literarischen Strömungen, wobei Almeidas eigene Entwicklung in einem der späteren Artikel dokumentiert ist, der mit dem wissenschaftlichen Naturalismus, dem der Autor früher zugeneigt war, scharf ins Gericht geht. Die Bitterkeit seines Lebensweges, sein erfolgloser Versuch, einen Roman zu schreiben, seine unstete Art, dies und jenes zu beginnen, sind in jeder der bitterbösen Glossen zu spüren und verweisen zugleich auf seine eigene Generation, die nicht mehr vom humanitären Credo der hohen Ideale eines Antero de QUENTAL (1842–1893), sondern von Pessimismus und Nihilismus geprägt ist. – Die politische Krise zwischen Portugal und England, die im Zeichen der kolonialen Aufteilung Afrikas (1890) entstand, markiert einen Einschnitt in *Os gatos*. Während der Verfasser sich bis dahin fast ausschließlich künstlerischen und ästhetischen Problemen widmete, griff er nun zunehmend politische Themen auf. Mit aggressiver Wut und beißender Ironie kämpfte er gegen die Monarchie und trug damit zu jenem kollektiven Gemütszustand bei, der dann zur Ausrufung der Republik führte.

In Almeidas sehr launenhaften Doktrinen finden sich zahlreiche konstruktive und zukunftsweisende Gesichtspunkte, wenn er beispielsweise an die Gesellschaft appelliert, der Staat solle die Künste schützen und das Theater erneuern, die Pädagogik müsse dringend modernisiert werden. Am heftigsten klagt er das mittelmäßige Niveau der nationalen Bräuche, der Kunst und Literatur an. Als Ganzes bleibt *Os gatos* ein Zeitdokument jener portugiesischen Gesellschaft und ihrer aus Agonie und Aufruhr gemischten Stimmung im letzten Jahrzehnt des 19.Jh.s, und zugleich ist die Sammlung das Abbild eines hochsensiblen, widersprüchlichen Geistes. L.C.H.

AUSGABEN: Lissabon 1. 8. 1889–25. 1. 1894. – Lissabon 1945–1952, 6 Bde. [Vorw. A. J. da Costa Pimpão].

LITERATUR: J. Pontes, *Jornalismo em »Os gatos«* (in Ocidente, 82, 1972, Nr. 405, S. 34–48). – J. C. Seabra Pereira, *Decadentismo e simbolismo na poesia portuguesa*, Coimbra 1975. – V. M. de Aguiar e Silva, *F. de A. e o problema sociocultural do Francesismo* (in *Les rapports culturels et littéraires entre le Portugal et la France, Actes du Colloque*, Paris 1983, S. 411–422).

O PAÍZ DAS UVAS

(portug.; *Das Land der Trauben*). Erzählungen von José Valentim Fialho de ALMEIDA, erschienen 1893. – Die hier vereinigten zwanzig Erzählungen stellen zusammen mit den Sammlungen *Contos*, 1881 (*Erzählungen*), *A cidade do vício*, 1882 (*Die Stadt des Lasters*), und *Lisboa galante*, 1890 (*Galantes Lissabon*), »bei aller Begrenztheit, Unausgegli chenheit und Widersprüchlichkeit als Gesamtleistung das Beste« dar (Saraiva-Lopes), was die portugiesische Literatur auf diesem Gebiet der erzählenden Gattung hervorgebracht hat.

In seiner eigentümlichen Mischung von Romantik und Naturalismus, Phantastik und Wirklichkeitssinn, Positivismus und Pantheismus die Herkunft von Eça de QUEIRÓS (1845–1900) nicht verleugnend, gelingt Fialho de Almeida eine einzigartige, höchst persönliche Verschmelzung dieser Gegensätze in einem Stil, der dem literarischen Impressionismus ebenso nahesteht wie dem in der Lyrik von ihm verlachten Symbolismus eines Eugénio de CASTRO (1869–1944; vgl. *Oaristos*). Durch die bewußte Hereinnahme von Gallizismen und Anglizismen in die portugiesische Sprache, die Verwendung landschaftsgebundener, volkssprachlicher, ja vulgärsprachlicher Elemente, den Gebrauch von Archaismen auf der einen Seite, von eigenwilligen Neubildungen, gelehrten Wörtern und medizinischen Fachausdrücken auf der anderen, nicht zuletzt auch durch die Freiheit und Selbständigkeit seiner Syntax und einen ausgeprägten Sinn für Rhythmus und Klang nimmt er Praktiken vorweg, die sich erst in späterer Zeit allgemein durchsetzen sollten. So schafft er eine Ausdrucksform von großer Beweglichkeit und Präzision, geeignet, Menschen, Dinge, Landschaften und Begebenheiten präzis zu charakterisieren und zugleich in ihrer Bedeutsamkeit transparent zu machen. Dem Walten der geheimnisvollen Kräfte des Lebens, der Erde, der Vererbung und des Geschlechts ist Fialho de Almeida in seinen Erzählungen auf der Spur. Der Mensch erscheint in ihnen als Opfer einer blind waltenden Macht, und andererseits ist die Natur – die Landschaft, die Tier- und Pflanzenwelt – vermenschlicht gesehen; das Wunderbare und Märchenhafte ist ebenso verständlich gegenwärtig wie das Grauenerregende, Fremdartige und Abnorme. Dabei verfällt Fialho, der vom Journalismus herkam – fast sechs Jahre lang gab er selbst eine literarische Zeitschrift, ›Os Gatos‹ (1889–1894), heraus –, manchmal ins Anekdotische – z. B. in *O antiquário (Der Antiquar)* und *O menino Jesus do Paraíso (Das Jesuskind aus dem Paradies)* – oder betreibt Effekthascherei, die – beispielsweise in *O cancro (Das Krebsgeschwür)* – ans Melodramatische grenzt. Überhaupt übt das Grauenhafte, Ekelerregende und Schockierende, wie die Erzählungen *Os pobres (Die Armen), Conto do Natal (Weihnachtsgeschichte)* und *Trés cadávres (Drei Leichen)* beweisen, eine magische Anziehungskraft auf diesen Dichter aus, der in manchen Erzählungen – z. B. in *O filho (Der Sohn)* – »den Pulsschlag des Menschlichen selbst und den ureigensten Rhythmus der Dinge« (Saraiva-Lopes) zu vermitteln weiß. Zu den reizvollsten, ästhetisch kostbarsten Gebilden gehören indessen die Erzählungen, in denen Almeida Märchenstoffe gestaltet und dabei uralte Motive selbständig weiterführt oder völlig neu erschafft, so das der bekannten Goethe-Ballade in *A taça do rei de Tule (Der Becher des Königs von Thule)*, das Undine-Motiv in *A princesinha das rosas (Das Rosenprinzeßchen)*, die

Vorstellung vom Teufel als Tugendwächter der Frau in *Conto do almocreve e do diabo (Erzählung vom Maultiertreiber und dem Teufel)* und – in *O anão (Der Zwerg)* – die Geschichte vom Zwerg, den die Bauern für den Teufel hielten, der aber gar nicht der Teufel war, sondern nur eine wachsende Ähnlichkeit mit den Schafen und Ziegen zeigte, bei denen er hausen mußte. Besonders in dieser Geschichte sind, mehr noch als in den übrigen, realistisch Beobachtetes und ungreifbar Bedeutsames zu dichterischer Einheit verschmolzen.

Die ersten drei Stücke der Sammlung sind keine Erzählungen im eigentlichen Sinn, sondern Betrachtungen und Evokationen. In *Pelos campos (Auf den Feldern)* und *As vindimas (Weinlesen)* kommt das Lebensgefühl dieses Dichters zum Ausdruck, der von sich sagt: »*Ach, wär' es mir doch gegeben, ein Bauer zu sein, ein Ausfluß gleichsam der Landschaft, die mein Blick umfängt ...*« Die Landschaft, die hier gemeint ist, »das Land der Trauben«, das der Titel der Sammlung nennt, ist die des Alentejo im Süden Portugals, der Heimat des Dichters. Sie wird mit den Häusern, Straßen und Menschen von Vila de Frades, dem Geburtsort Almeidas, unter dem Titel *Ao sol (In der Sonne)* thematisch und bildet in einigen Erzählungen der Sammlung – *Os pobres, Conto do Natal* und *Triste idílio (Trauriges Idyll)* – den Hintergrund des Geschehens. Sie ist auch in anderen Werken des Autors, in seinen Chroniken und Briefen oft gegenwärtig. Es wäre jedoch verfehlt, ihn deshalb einen Heimatdichter zu nennen. Die Erzählungen *O filho* und *A velha (Die Alte)* spielen in der mittelportugiesischen Provinz Beira Litoral, die übrigen sind keiner bestimmten Landschaft zugeordnet. Das Naturgefühl dieses Dichters besitzt über den örtlichen Anlaß hinaus allgemeinmenschliche Dimension; eben hierin liegt seine Wahrheit.

F.I.

AUSGABE: Lissabon 1893. – Lissabon 1971 [Vorw. A. da Costa Pimpão]. – Mem Martins 1980 (LB-EA).

LITERATUR: A. J. da Costa Pimpão, *F.* (in Revista da Universidade de Coimbra, 15, 1945, S. 347–503). – J. Décio, *Introdução ao estudo do conto de F. de A.*, Coimbra 1969.

MANUEL ANTÔNIO DE ALMEIDA

* 17.11.1831 Rio de Janeiro
† 28.11.1861 bei Macaé

LITERATUR ZUM AUTOR:
Bibliographien:
M. Rebêlo, *Bibliografia de M. A. de A.*, Rio 1951. – Carpeaux, S. 178–181.

Biographie:
M. Rebêlo, *Vida e obra de M. A. de A.*, Rio 1943; São Paulo ²1963.

Gesamtdarstellungen und Studien:
M. de Andrade, *Aspectos da literatura brasileira*, Rio 1943, S. 165–184. – A. Pereira, *Interpretações*, Rio 1944, S. 49–133. – Ph. Serpa, *M. A. de A.* (in RI, 9, 1945, Nr. 18, S. 325–356). – E. Gomes, *Aspectos do romance brasileiro*, Salvador 1958, S. 53–76. – J. Montelo, *M. A. de A.* (in Coutinho, 2, S. 325–331). – A. S. Amora, *A.* (in A.S.A., *O romantismo*, São Paulo ³1970, S. 230–240).

MEMÓRIAS DE UM SARGENTO DE MILÍCIAS

(portug.; *Lebenserinnerungen eines Unteroffiziers der Bürgerwehr*). Roman von Manuel Antônio de ALMEIDA (Brasilien), erschienen als Fortsetzungsroman unter dem Pseudonym »Um Brasileiro« 1852/53 im ›Correio Mercantil‹. – Als »*einen der zehn besten brasilianischen Romane aller Zeiten*« (T. Nazar) bezeichnet man heute in Brasilien ein Werk, das bei seinem Erscheinen und noch Jahrzehnte nachher völlig unbemerkt geblieben war. Dieser »*unser spontanster Roman*« (M. Rebêlo), dieses »Wunder an unmittelbarer Beobachtung« (T. Nazar) und »*Schatzkästlein der Sitten und Bräuche am Vorabend der Unabhängigkeit*« (M. de Andrade) paßte nicht in die Zeit der Herrschaft einer überaus idealistischen, sentimentalen und exaltierten Romantik, wie sie für Brasilien bezeichnend ist. Vorläufer des Realismus, ja Naturalismus, geboren aus dem Geist des Schelmenromans, gehört dieses Buch zu keiner literarischen Schule oder Strömung; es ist keine Nachahmung und steht unter keinerlei Einfluß. Es ist eines jener »*Bücher, wie sie ab und zu sozusagen am Rande der Literatur entstehen*« (M. de Andrade). Formal ist überraschend, daß diese »Memoiren« nicht in der Ichform, sondern in der dritten Person die Geschichte ihres Helden erzählen. In rasch wechselnden kurzen Szenen reiht der Verfasser Episoden aus dem Leben Leonardos aneinander, der, in frühester Jugend von seiner Mutter verlassen und mit einem Fußtritt vom Vater verstoßen, bei seinem Paten, einem Bader, Unterkunft findet. Von diesem zunächst zum Geistlichen, dann ebenfalls zum Bader bestimmt, zeigt er sich für jede geordnete Tätigkeit ungeeignet und entwickelt sich zum Taugenichts. Trotz aller Schliche fällt er schließlich dem Gesetz in der Person des allmächtigen, allseits gefürchteten Majors Vidigal in die Hände und wird von diesem zu den Soldaten geschickt. Aber seine Streiche nehmen damit kein Ende, und schlimme Strafen drohen dem Helden. Zur rechten Zeit läßt jedoch seine Patentante ihre Beziehungen spielen, und das Buch endet glücklich: Leonardo wird mit dem Unteroffizierspatent von der Armee zur Bürgerwehr versetzt, beerbt seinen Patenonkel und heiratet seine verwitwete Jugendliebe.

Der Wert des Buches liegt in der ungeschminkten, unbekümmerten, satirisch-humorvollen Schilderung von Personen, Zuständen, Einrichtungen, Sitten und Lebensformen der Mittelklasse von Rio de Janeiro »*no tempo do rei*« (»*zur Zeit des Königs*«), d. h. in den Jahren, in denen Johann VI. von Portugal dort residierte (1808–1821). Als formale Mängel werden Almeida sprachliche Nachlässigkeit und unklare Gliederung vorgeworfen. Trotzdem möchte man mit J. VERÍSSIMO seinen Roman »*das Meisterwerk der* [erzählenden] *Gattung zur Zeit der Romantik*« nennen. F.I.

AUSGABEN: Rio 1852/53 (in Correio Mercantil u. d. Pseud. Um Brasileiro). – Rio 1854. – Rio 1959 [Vorw. Marques Rebêlo; ern. 1964]. – Rio 1965 [Einl. A. Olinto]. – Rio 1969, Hg. T. Marinho [krit.]. – Rio 1978, Hg. C. de Lara [krit]. – Rio 1982, Hg. A. Coutinho [m. Einl. u. Anm.].

LITERATUR: J. Montello, *As »Memórias de um sargento de milícias«* (in Mercurio Peruano, 37, 1956, S. 563–570). – D. Damasceno, *Afectividade linguística nas »Memórias de um sargento de milícias«* (in Revista Brasileira de Filologia, 2, 1956, S. 155–177). – Z. Machado Neto, *O sociológico em »Memórias de um sargento de milícias«* (in Revista Brasiliense, 28, 1960, S. 108–119). – A. Brasil, *O »Sargento de Milícias« e a literatura brasileira* (in Anuário da Literatura Brasileira, 1962/63, S. 113–115). – A. Cândido, *Dialéctica da malandragem* (in Revista do Instituto de Estudos Brasileiros, 8, 1970, S. 67–89). – J. M. Parker, *The Nature of Realism in »Memórias de um sargento de milícias«* (in BHS, 48, 1971, S. 128–150). – A. L. de Almeida Prado, *Sob o signo da tolerância* (in RLA, 15, 1973, S. 35–52). – R. Guimarães, *O folclore na ficção brasileira: roteiro das »Memórias de um sargento de milícias«*, Rio 1977. – N. K. Aiex, *»Memórias de um sargento de milícias« as Menippean Satire* (in KRQ, 28, 1981, Nr. 2, S. 199–208).

RUTH ALMOG

* 1936

MAVEL BA-GESHEM

(hebr.; *Tod im Regen*). Roman von Ruth ALMOG, erschienen 1982. – Aus Berichten, Briefen, Tagebüchern und Hörensagen rekonstruiert Professor Avigdor Licht aus Jerusalem die Geschichte einer Freundschaft und einer Liebe zwischen zwei Männern und zwei Frauen. Die beiden männlichen Hauptfiguren dieses Romans heißen Alexander und Janis. Beide sind in ein und dieselbe Frau, Henriette, verliebt. Henriette heiratet schließlich Alexander, das junge Genie, das vom Wahnsinn umgetrieben wird. Er muß erleben, wie sie Opfer eines Verkehrsunfalls wird. Diese Ereignisse liegen Jahre zurück; in der Erzählgegenwart des Romans lebt Alexander in einer Nervenheilanstalt und schreibt von dort seinem Freund Janis Briefe. Janis, den Henriette nicht wollte, weil er ein Ausländer war, ist inzwischen in seine Heimat, nach Griechenland, zurückgekehrt. Er leidet an einem unheilbaren Krebs. An sein Sterbebett ruft er Elisheva, Henriettes Freundin; sie soll ihm in den letzten Stunden beistehen. Sie schickt ihr Tagebuch sowie die Geschichten, die sie niedergeschrieben hat, an ihren ehemaligen Geliebten, Professor Licht, und beauftragt ihn, aus diesen subjektiven Schilderungen der Beziehungen zwischen den beteiligten Personen wie ein Mosaikbild zusammenzusetzen.

Die Zeitenfolge in diesem Roman ist nicht linear, die Erzählebenen werden häufig gewechselt. Die damit erreichte Fragmentierung des narrativen Fadens öffnet Räume, die der Leser durch seine Phantasie ausfüllen kann. Die verschiedenen Versionen, welche die Helden dieses Romans von den Ereignissen zeichnen, erzeugen eine innere Spannung, da der Leser selbst entscheiden muß, welche Lesart die intersubjektive ist. Diese in der hebräischen Gegenwartsliteratur originelle Romanstruktur sicherte Almogs Werk endgültig einen festen Platz in der israelischen Prosa, nachdem sie vorher bereits durch ihre Kurzgeschichten und frühen Romane Anerkennung gefunden hatte. A.F.

AUSGABE: Jerusalem 1982.

LITERATUR: A. Zahavi, Rez. (in Modern Hebrew Literature, 8, 1982, H. 1/2, S. 41–47).

CARL JONAS LOVIS (LOVE) ALMQVIST

eig. C. J. L. Almquist
* 28.11.1793 Stockholm
† 26.9.1866 Bremen

LITERATUR ZUM AUTOR:
A. Ahnfeldt, *C. J. L. A. såsom nyromantiker*, Uppsala 1869. – A. H. Bergholm, *Studier öfver C. J. L. A.*, Helsinki 1902, S. 137–197. – F. Böök, *Den romantiska tidsåldern i svensk litteratur*, Stockholm 1918, S. 290–329. – E. Lindström, *Walter Scott och den historiska romanen och novellen i Sverige intill 1850*, Göteborg 1925 (Göteborgs högskolas årsskrift, 31). – F. Vetterlund, *A.s poetiska exotism* (in F. V., *Romantik 1800-tal*, Stockholm 1934, S. 9–64). – H. Olsson, *Törnrosens diktare*, Stockholm 1956 [Bibliogr.]. – L. Englund, *Tre kortdiktens klassiker. Geijer, A., Runeberg*,

Stockholm 1959. – K. Westman Berg, *Studier i C. J. L. A.s kvinnouppfattning*, Göteborg 1962 (Kvinnohistoriskt Arkiv, 3). – R. G. Berg, *C. J. L. A. som journalist 1842–47*, Uppsala 1968. – E. Ahlén, *C. J. L. A. och hans hembygd*, Sollentuna 1971. – G. Balgård, *C. J. L. A., samhällsvisionären*, Stockholm 1973. – *Perspektiv på A.*, Hg. U.-B. Lagerroth u. B. Romberg, Stockholm 1973. – B. Romberg, *C. J. L. A.*, Boston 1977 (TWAS). – M. J. Blackwell, *C. J. L. A. and Romantic Irony*, Stockholm 1983 (Kungl. Vitterhets-, historie- och antikvitets-akademiens handlingar, Filologisk-filosofiska serien, 20).

FRIA FANTASIER HVILKA, BETRAKTADE SÅSOM ETT HELT, AF HERR HUGO LÖWENSTJERNA STUNDOM KALLADES TÖRNROSENS BOK, STUNDOM EN IRRANDE HIND

(schwed.; *Freie Phantasien, welche, als ein Ganzes betrachtet, von Herrn Hugo Löwenstjerna manchmal Dornrosenbuch genannt wurden, manchmal Eine irrende Hindin*). Sammelwerk von Carl Jonas Love ALMQVIST, anonym erschienen in zwei Ausgaben 1832–1851 (»Duodez-Auflage«) und 1839–1850 (»Imperialoktav-Auflage«), letztere unter dem Titel *Törnrosens Bok eller Fria Fantasier, berättade på Jagtslottet hos Herr Hugo Löwenstjerna (Dornrosenbuch oder Freie Phantasien, erzählt auf dem Jagdschloß bei Herrn Hugo Löwenstjerna)*. – Dem monströsen Titel entsprechen Umfang und inhaltliche Vielfalt des kurz *Törnrosens Bok* genannten Werks. Auch auf den Titelblättern seiner – meist rein zufällig – nicht in diese Sammlungen aufgenommenen Romane bezeichnet sich der Autor als »*Verfasser von Törnrosens Bok*« und hebt damit deren engen Bezug zum Hauptwerk hervor. Äußerungen des Dichters ist zu entnehmen, daß er auch seine wissenschaftlichen Arbeiten, die Themen aus verschiedensten Gebieten, von der Sprachwissenschaft bis zur Nationalökonomie, behandeln, vermutlich mit Ausnahme seiner pädagogischen Schriften, *Törnrosens Bok* eingliedern wollte.

Die verschiedenen Novellen, Dramen, Gedichte und Essays seines Sammelwerks hat Almqvist durch eine Rahmenhandlung lose miteinander verknüpft: Auf dem Jagdschloß des vornehmen Herrn Hugo Löwenstjerna vergnügen sich dieser, Mitglieder seiner Familie und seines Gesindes und ein Bürgerlicher mit dem geheimnisvoll klingenden, aber aus schwedischen Wörtern zusammengesetzten Namen Richard Furumo (»Föhrenheide«) damit, Geschichten zu erzählen, anzuhören, zu kommentieren und zu diskutieren; das gemeinsame Schwelgen in »*freien Phantasien*«, das sich vor allem als Freude am Exotischen, am Bizarren, am zeitlich und räumlich Abgelegenen äußert, ist die Hauptbeschäftigung dieses Kreises. Ästhetische Spielerei verbindet sich mit sentimentaler Andacht; wesentlich ist allein die »Dornroserei«, ein passives Genießen der Stimmung, ein »*unschuldiges liebliches Betrachten*«.

Almqvist, den man den »Messias der Neuromantik« genannt hat, ist »*wie kein anderer ein reifer Nachkomme*« der deutschen Romantik (A. Ahnfelt). Besonders NOVALIS, TIECK und E. T. A. HOFFMANN haben auf ihn eingewirkt. Bei Novalis zog ihn die religiös-mystische Naturanschauung an, bei Tieck die entfesselte Phantasie, der nichts unmöglich scheint. – War Almqvists Naturell auch romantisch angelegt und hatte er in einigen früheren Arbeiten bewußt oder unbewußt der Poesie der »blauen Blume« gehuldigt, so trat bei ihm doch schon früh die »Dornrose« (»Dornröschen«!) als Symbol für eine Poesie ganz anderer Art hervor. Von den übrigen schwedischen Romantikern unterscheidet ihn auch seine Liebe zum Volksleben, das er realistisch schildert, und seine Begeisterung für ein »*idealisiertes Bauernleben*«, wie er es selber in den Wäldern Värmlands zu verwirklichen suchte. *Törnrosens Bok* sollte ein »*Präludium zur Symphonie der Ewigkeit*«, sollte in all seinen Verzweigungen und grotesken Auswüchsen »*heilige, neue Poesie*« sein, die alle Regungen der Seele umschließt; »*Piktur, Musik und Skriptur auf einmal*«, alles sollte ein unauflösliches organisches Ganzes bilden. Im »*Dornrosenleben*« ist der Instinkt, der auf die Welt des Übernatürlichen zielt, die Triebkraft, er bildet eine Brücke vom Irdischen zum Himmlischen. Almqvist fand in der »Dornrose« die Stimmungen seines Seelenlebens widergespiegelt. Die schlichte Blume mit ihrem Ausdruck von Anmut und Reinheit war ihm »*das von Gott geschaffene und der Menschheit und der ganzen Welt geschenkte schöne Emblem des Lebens, der Liebe*«, zugleich Symbol für die Natur des Nordens in ihrer Kargheit und wilden Anmut, und – vor allem später, als der soziale Aspekt in den Vordergrund trat – für das arme und fleißige schwedische Volk.

Ähnlich wie Tieck im *Phantasus*, Hoffmann in *Die Serapionsbrüder* oder KIERKEGAARD in seinen pseudonymen Schriften erfindet Almqvist Dichtergestalten, mit denen er sich bis zu einem gewissen Grad identifiziert. Richard Furumo, der unermüdliche Erzähler bei den Abendzirkeln auf dem Jagdschloß, eine etwas düstere Persönlichkeit und in vielen Zügen ein Selbstporträt des Dichters, ist zunächst derjenige, der »*die ganze Welt von Anfang bis Ende durchgehen*« und dem Werk die innere Einheit verleihen soll, indem es »*aus dem Wesen eines einzigen Menschen herausfließt*«. Aber diesen Plan gibt Almqvist bald auf, und er läßt nun die ganze Familie Löwenstjerna samt Kammerdienern und Mägden an der literarischen Tätigkeit mitwirken. Sollte zunächst nur ein Freundeskreis dargestellt werden, in dem die schönen Künste gepflegt werden – dem Autor schwebte ein Werk vor, das gleichzeitig »*Schloßchronik*« und »*poetische Weltchronik*« wäre –, so werden die »*Geschichtenabende*« oder »*Skaldenabende*« schließlich zu Zusammenkünften von einer Art Wissenschafts- und Literaturgesellschaft: »*Herrn Hugos Akademie*« wird gestiftet. Aber auch das reicht letztlich nicht aus. Eines Tages sagt Herr

Hugo zu seinem Kreis: »*Als ich vor zehn Jahren meine Akademie gründete, glaubte ich genug zu tun; aber ich tat meine Sache nur zur Hälfte. Ach, ich brauche ein ganzes Reich, ein Zukunftsreich, wenn ihr wollt, und einen Staatsrat dazu!*« In dem kleinen Konversationszwischenstück von 1850, das den Übergang vom Aufsatz *Hvarför reser du? (Warum reist du?)* zum Roman *Det går an (Es geht an)* bildet (Imperialoktav Bd. 3), macht der Schloßherr seinem Ärger darüber Luft, daß Furumo (also Almqvist) zahlreiche Werke gesondert herausgegeben habe. Alle Arbeiten Furumos, die in *Den sansade Kritiken (Die gemäßigte Kritik)* aufgezählt werden, sollten wenigstens nachträglich in die Annalen des Jagdschlosses aufgenommen werden, ein Hinweis darauf, welche kolossalen Dimensionen das Werk in der Vorstellung seines Verfassers angenommen hat. Mit *Det går an* (erstmals erschienen 1839) beginnt Almqvist tatsächlich, bereits früher veröffentlichte Schriften, mit entsprechenden Fußnoten versehen, innerhalb von *Törnrosens Bok* neu herauszugeben. Der Umstand, daß der Dichter, des Mordversuchs an einem Wucherer verdächtigt, 1851 sein Vaterland verlassen und in Amerika und zuletzt in Deutschland unter anderem Namen leben mußte, verhinderte wohl, daß er alle seine großen Romane in das Universalwerk aufnahm. Da die »Imperialoktav-Auflage« viele Schriften enthält, die eher entstanden sind als Arbeiten in der zuvor erschienenen »Duodez-Auflage«, ist eine Chronologie der verschiedenen Werke schwierig; nicht die Anordnung innerhalb der Sammlung gibt nicht die Reihenfolge wieder, in der die Einzelwerke entstanden sind.

In der beide Ausgaben einleitenden Rahmenerzählung *Jagtslottet (Das Jagdschloß)*, die deutlich vom deutschen Bildungsroman inspiriert ist, erzählt Richard Furumo von seiner Begegnung mit der bezaubernden, sündigen Magdalena. Nachdem er sie dazu gebracht hat, die »*frommen, guten Lieder*« ihrer Kindheit zu singen, stürzt er sie in einen Abgrund, und sie stirbt in dem Augenblick, da sich ihr Wesen am reinsten und schönsten entfaltet hat. – Ausführlicher und tiefsinniger wird dieses Motiv in *Colombine* behandelt. Die Titelgestalt ist eine Prostituierte, die aber, weil sie imstande ist, zusammen mit Graf Frederik das »*Dornrosenleben*« der Poesie und Kontemplation zu leben, dem Dichter als eine Heilige erscheint. Im Gegensatz zu ihr steht die geordnete, berechnende, unfromme und seelenlose menschliche Gesellschaft, von beschränkten und konventionellen Leuten repräsentiert. Dabei glaubt sich Almqvist ganz mit der christlichen Moral im Einklang: Die Sünderin ist dem Erlöser näher als der Pharisäer. Aber die »*Dornrosenlehre*« unterscheidet sich von der christlichen Moral darin, daß sie Begriffen wie Reue und Läuterung ausweicht und eine menschenfreundliche Stimmung über den Willen zum Guten stellt. Die Vereinigung von phantastischen und realistischen Elementen, die technische Originalität und die stark persönliche Färbung machen *Colombine* zu einem Höhepunkt in Almqvists Schaffen.

Die Hauptperson des Romans *Drottningens Juvelsmycke (Der Juwelenschmuck der Königin)*, der vor dem historischen Hintergrund der Gustavianischen Ära spielt, ist die Phantasiefigur Azouras Lazuli Tintomara, eine neue Variante der aus dem Sumpf herausgewachsenen Unschuldsblumen, verwandt etwa mit Victor Hugos Esméralda. Sie steht für die »*mystische Idee vom animal coeleste*« und vertritt die Erhabenheit der Poesie über alle Konventionen und moralischen Prinzipien. Tintomaras Wesen ist unbewußt und verspielt; alles an ihr ist Verzauberung, ohne Moral und Religion. Sie weiß nichts von Schuld, ist gleichzeitig irdisch und himmlisch – und ist zum Untergang verurteilt. Romantischer Abenteuergeist und Naturmystik verbinden sich in diesem Roman. – Das Dämonische der Schönheit hatte Almqvist schon in *Jagtslottet* angedeutet: Die Gattin des Herrn Hugo bricht plötzlich tot zusammen, nachdem sie an der wunderbaren Blume aus einem fernen Land gerochen hat, dem Symbol der Kräfte aus dem »*unterirdischen Reich der Schönheit*«. – In dem Roman *Hermitaget (Die Eremitage)*, der im schwedischen Mittelalter spielt, ist Sofia, eine der beiden Schwestern des Folkungers Valdemar, die verhaßte Repräsentantin der traditionellen Ordnung in Staat und Kirche, »*ordentlich wie die Felder auf einem Schachbrett*«. Trotz des historischen Gewandes werden hier die modernen, revolutionären Gedanken Almqvists deutlich. – In der Prosasatire *Ormus och Ariman (Ormus und Ariman)* ist Ormus der göttliche Wortführer des Guten, der »Moral«, ein langweiliger Repräsentant der beschränkten Einfalt, der Ordnung, des Formalismus, ein »dummer« Gott, seelenlos, mechanisch; auf ihn gehen die gesellschaftlichen Konventionen, die Verordnungen und Gesetze, alles Normale und Poesielose zurück. Ariman dagegen, auch äußerlich Almqvists Selbstbildnis, ist der sympathisch gezeichnete Gott der Empörung, ein Geist des Fortschritts, ein »Prometheus-Luzifer«. Die grundlegende Problematik liegt in der Frage: »*Warum ist der Gute dumm? Warum ist der Gescheite schlecht?*«

Im Vorwort zu dem Drama *Signora Luna*, das der Dichter P. D. A. Atterbom »*die schönste Tochter der Almqvistschen Poesie*« nannte, fragt Richard Furumo: »*Kann Herr Hugo das Rätsel lösen und mir sagen, ob es gut, ob es edel genug ist auf der Erde Mensch zu sein und nicht mehr?*« Die Hauptcharaktere sind zwar nicht sehr scharf herausgearbeitet, aber die Entwicklung der Begebenheiten in dem von einer reichen lyrischen Stimmung getragenen Stück ist außerordentlich dramatisch. Hier wird die »*Humanisierung eines Heiligencharakters*« geschildert: Die edle Wohltäterin steigt von ihrer Höhe herab unter die Menschen, verliert dabei ihre Zauberkraft und erliegt einem tragischen Schicksal. – Auf das Problem der Ehe kommt Almqvist in *Baron Julius K**; er leugnet, daß der Segen eines Dritten eine Vereinigung heiligen könne, die nicht durch die Sympathie der Herzen zustande kommt.

Von 1835 bis 1838 hatte Almqvist die Herausgabe seiner »Dornrosen-Schriften« unterbrochen. Nach langen Reisen kreuz und quer durch Schweden leitet er nun mit *Återkomsten (Die Rückkehr)* die neue Fortsetzung ein (Duodez-Band 8, unter dem vereinfachten Titel *Fria Fantasier eller Törnrosens Bok. Ny Fortsättning*, der bis einschließlich Band 14 beibehalten wird). *Törnrosens Bok* kommt nun der reiche Gewinn aus diesen Reisen und den Studien des Volkslebens zugute. Feinfühlig schildert Almqvist jetzt die Tier- und Pflanzenwelt. In der Schrift *Svenska Fattigdomens Betydelse (Die Bedeutung der schwedischen Armut)* tadelt er den Mangel an nationaler Bildung innerhalb der Oberschicht und deren Aversion gegen das einfache Volk. Seine Liebe zu den sozial benachteiligten Schichten kommt auch in der Abhandlung *Europeiska Missnöjets Grunder (Ursachen der europäischen Unzufriedenheit)* zum Ausdruck, die den deutlichen Einfluß ausländischer Sozialrevolutionäre verrät. Damit im Zusammenhang stehen seine erst jetzt herausgegebenen realistischen Schilderungen des Volkes, die vielleicht das Beste von Almqvist sind; sie haben in der schwedischen Literatur kaum ihresgleichen und werden wohl nur von STRINDBERGS Erzählungen aus dem Landleben übertroffen. – Von religiöser Stimmung erfüllt ist die Erzählung *Kapellet (Die Kapelle)*. Sie handelt von einem jungen Kaplan, der in ein armes Fischerdorf kommt und sieht, wie fragwürdig seine Gelehrsamkeit vor diesen einfachen Leuten erscheint. Die bisweilen düstere Kriminalgeschichte *Skällnora Kvarn (Die Mühle Skällnora)* ist ähnlich wie *Målaren (Der Maler)* ein interessanter Beitrag zur Psychologie des Verbrechens. Liebenswürdig und von spielerischer Lustspiellaune bewegt ist die Briefnovelle *Araminta May eller Ett Besök i Grönhamns Prostgård (Araminta May oder Ein Besuch in der Propstei von Grönhamn)*, eine unkomplizierte Liebesgeschichte mit glücklichem Ausgang.

Eine zentrale Stellung im Gesamtwerk nimmt der zuvor schon einzeln veröffentlichte Roman *Det går an* ein, eine der künstlerisch bedeutsamsten Arbeiten von Almqvist. Die Glasermeisterstochter Sara Widebeck und der Unteroffizier Albert lernen sich auf einer Schiffsreise kennen und verlieben sich ineinander. Sie beschließen zu heiraten, aber Sara ist gegen die herkömmliche Form der Ehe. Schließlich kommen sie überein, eine freie Ehe ohne offizielle Legitimation einzugehen. Jeder soll seiner eigenen Arbeit nachgehen und einen eigenen Haushalt führen. Auf Alberts Frage »*Geht das denn an?*« antwortet Sara: »*Es geht an.*« Der scharfe Angriff gegen die Institution der Ehe, gegen die Eigentums- und Wohngemeinschaft und die Verteidigung des Rechts auf freie Liebe erregten großen Anstoß. Wie heftig gegen Almqvists kühnes Werk agitiert wurde, beweist die Anzahl der Streitschriften und Parodien auf *Det går an*; erwähnenswert davon sind eine Fortsetzung, die der finnische Hegelianer J. W. SNELLMAN schrieb, ferner *Sara Widebeck* von August BLANCHE, *Månne det går an? (Ob es wohl angeht?)* von W. F. PALMBLAD und *Eva Widebeck eller Det går aldrig an (Eva Widebeck oder Es geht nie an)* von W. STÅLBERG.

Almqvists Vorliebe für das Phantastische und Exotische ist unbegrenzt; schwedisches Mittelalter und ossianische Heidestimmung finden sich in *Hermitaget*, keltische Märchenpoesie in *Arthurs Jagt (Arthurs Jagd)*, Mittelmeerromantik in *Signora Luna*, griechische Spätantike in *Svangrottan på Ipsara (Die Schwanengrotte auf Ipsara)*, geheimnisvolle Magie Afrikas in *Schems-el-Nihar*, deutsches Mittelalter in *Urnan (Die Urne)*, japanisches Kolorit in *Palatset (Der Palast)*, Urchristentum in *Isidoros af Tadmor* und *Marjam*, einem Satyrspiel, in dem der Apostel Paulus verulkt wird. Bizarr und kontrastreich ist auch das Drama *Ramido Marinesco* angelegt: Der alternde Don Juan tut als reuiger Mönch Buße, während sein Sohn, die Titelgestalt, das tragische Schicksal erleidet, daß alle Mädchen, die er liebt, seine Schwestern sind. – Eines der seltsamsten Werke von Almqvist, *Murnis*, eine Verquikkung von Erotik und Mystik, ist nur in stark veränderter Form in *Törnrosens Bok* enthalten; die Originalfassung konnte wegen einiger gewagter Stellen erst 1960 veröffentlicht werden.

Ein eigenes Genre entwickelt Almqvist mit seinen *Songes*, den von ihm selbst in Ton gesetzten lyrischen und balladenhaften Gedichten. Die Bezeichnung verrät den bewußten Anklang an englische Stimmungspoesie und Almqvists Vorliebe für BYRONS Dichtung; über sie wird im Kreis um Herrn Hugo ebenso diskutiert wie über die Benennung »Romaunt«, die Almqvist-Furumo anstelle von »Roman« verwendet.

Ist der Ausgangspunkt von Almqvists Dichtung auch die Romantik – und alle seine Schriften tragen romantische Züge –, so ist seine Wirklichkeitsauffassung doch schon ausgesprochen realistisch. Das zeigt sich in seinen lebendigen Schilderungen des einfachen Volkes und der schwedischen Natur wie in seiner zutiefst demokratischen Gesinnung. Der sonst oft allzu artistisch in bizarren Phantastereien sich ergehende Dichter vermag seinem Werk dort ergreifende Schlichtheit zu verleihen, wo er mit persönlicher Wärme das stille Glück des anspruchslosen Lebens in der Geborgenheit der Familie schildert, wie er selbst es, innerlich gespalten, haltlos, ständig in Geldnot, hin- und hergeworfen zwischen düsterer Mystik, einem ans Anarchistische grenzenden Revolutionsgeist und überschwenglicher Lebenslust, nicht erleben durfte. *Törnrosens Bok* zeugt von Almqvists vielseitiger, ungemein schöpferischer und faszinierender Persönlichkeit mit ihrer maßlosen, jeden Rahmen sprengenden Universalität, aber auch ihrer genialischen Zerrissenheit, Unausgewogenheit und Disharmonie.

Die gewaltige Sammlung ist überschätzt, unterschätzt und parodiert worden. W. F. Palmblad veröffentlichte 1840 anonym *Törnrosens Bok. Nemligen den äkta och veritabla, utgifven icke af Richard Furumo utan af hofmarskalken Hugo Löwenstjerna sjelf (Dornrosenbuch. Nämlich das wirkliche und echte, herausgegeben nicht von Richard Furumo, sondern vom Hofmarschall Hugo Löwenstjerna selbst)*, und 1848 erschienen, ebenfalls anonym, zwei Bände *Fria fantasier, hwilka, samlade i en bok, gåfvo baron*

Julianus anledning att kalla denna bok Bolmörtens Bok (Freie Phantasien, welche, in einem Buch gesammelt, dem Baron Julianus Veranlassung gaben, dieses Buch Bilsenkrautbuch zu nennen), herausgegeben von Edvard FLYGARE mit Beiträgen von u. a. Carl Thure GILLJAM und Otto ALMGREN. – Wenn auch viele Teile aus Almqvists monströs-phantastischem Sammelwerk nicht zu Unrecht der Vergessenheit anheimgefallen sind, ist *Törnrosens Bok* zu einem festen Begriff in der schwedischen Literaturgeschichte geworden, und manche Teile zählen nach wie vor zum Besten, was in schwedischer Sprache geschrieben wurde.
F.J.K.

AUSGABEN: Stockholm 1832–1851, 14 Bde. *(Duodez-Aufl.)*. – Stockholm 1839–1850, 3 Bde. *(Imperialoktav-Aufl.)*. – Stockholm 1874 (in *Valda skrifter*, Hg. A. Th. Lysander, 4 Bde., 1874/75, 1/2; Ausw.). – Stockholm 1902–1906, Hg. R. G. Berg, 6 Bde. – Stockholm 1920–1922 (in *Samlade skrifter*, Hg. F. Böök, 21 Bde., 1920–1922, Bd. 5–9: *Duodez-Aufl.*; Bd. 13–16: *Imperialoktav-Aufl.*; Bd. 17: nachgelassene Erzählungen u. Entwürfe zu *Törnrosens Bok*; krit.). – Stockholm 1927 *(Fria fantasier. Palatset – Araminta May – Det går an)*. – Stockholm 1952 *(C. J. L. A.*, Hg. H. Gullberg; Ausw.; Den svenska prosan). – Stockholm 1964 *(Skrifter utg. av Modersmålslärarnas förening*, Hg. H. Gullberg). – Stockholm 1965 *(Jaktslottet, Ormus och Ariman, Araminta May, Det går an, Grimstahamns nybygge* u. a.). – Stockholm 1978 *(Sagor ur Törnrosens Bok)*. – Stockholm 1981 *(Skällnora kvarn och andra folklivsberättelser)*. – Stockholm 1984 (Ausw.: *Jaktslottet, Ormus och Ariman, Araminta May, Det går an* u. a.).

ÜBERSETZUNGEN: *Jagtslottet: Das Jagdschloß*, A. Meus (in *Werke*, Bd. 1, Lpzg. 1912). – *Drottningens juvelsmycke: Der Königin Juwelenschmuck*, A. Seubert, Stg. 1846. – *Der Juwelenschmuck der Königin*, E. de Boor, Lpzg. 1927. – *Ramino Marinesco*: Dass., O. Hauser, Weimar 1913. – *Kapellet: Die Kapelle*, H. Goebel, Lpzg. 1925 [zus. m. *Der Palast*]. – *Palatset: Der Palast*, O. Hauser, Weimar 1913. – Dass., H. Goebel, Lpzg. 1925 [zus. m. *Die Kapelle*]. – Dass., A. Mense, Ffm. 1959. – *Tintomara: Tintomara. Ereignisse kurz vor, bei u. nach d. Ermordung Gustav des Dritten*, anon., Lpzg. 1842.

LITERATUR: O. Holmberg, *Kronologien i »Törnrosens Bok«* (in Samlaren, 40, 1919, S. 173–209). – S. Hellsten, *Kyrklig och radikal äktenskapsuppfattning i striden kring C. J. L. A.s »Det går an«*, Diss. Uppsala 1951. – E. Tykesson, *Törnrosens upprinnelse. En rapsodisk diktanalyse* (in Svensk Litteraturtidskrift, 15, 1952). – A. Bergstrand, *»Songes«, Litteraturhistoriska studier i C. J. L. A.s diktsamling*, Uppsala 1953. – G. Qvist, *Kvinnofrågan i Sverige 1809–1846*, Göteborg 1960 (Kvinnohistoriskt Arkiv, 2). – S. Jägerskiöld, *Från jaktslottet till landsflykten*, Stockholm 1970. – *Perspektiv på A.*, Hg. U.-B. Lagerroth u. B. Romberg, Stockholm 1973. – L. Melin, *Stil och struktur i C. J. L. A.s Amorina*, Stockholm 1976 (in Stockholm Studies in Scandinavian Philology, N. S. 12). – K. Aspelin, *Studier i C. J. L. A.s författarskap åren kring 1840*, Bd. 1/2, Stockholm 1979/80.

FINN ALNÆS

* 20.1.1932 Bærum

LITERATUR ZUM AUTOR:
R. Øksnevad, *Norsk litteraturhistorisk bibliografi 1900–1945 u. 1946–1955*, Oslo 1951 u. 1958, 2 Bde. – H. S. Næss, *Norwegian Literary Bibliography 1956–1970*, Oslo 1975. – W. Dahl, *Fra 40-tall til 70-tall*, Oslo 1973, S. 118–120. – E. Beyer, *Norges litteraturhistorie*, 6 Bde., 6, Oslo 1975, S. 238–241.

GEMINI

(norw.; *Gemini*). Roman von Finn ALNÆS, erschienen 1968. – Mit dem preisgekrönten Erstlingswerk *Koloss*, 1963 *(Der Koloß)* und dem späteren *Festningen faller*, 1971 *(Die Festung wird eingenommen)* bildet *Gemini* den Auftakt zu dem auf acht Bände konzipierten, derzeit noch unvollendeten Romanzyklus *Ildfesten (Das Feuerfest)*, dessen erste Teile *Musica* (1978) und *Dynamis* (1982) intertextuell auf jene bezogen sind.
Große Teile des Textes bestehen aus einem fiktiven Dialog zwischen dem Roman-Ich und dessen Zwillingsbruder, der nach einem Sturz beim Bergsteigen im Sterben liegt und nur noch durch künstliche Beatmung am Leben erhalten wird. Der Überlebende verwickelt den Sterbenden in ein monologisches Gespräch, das den Leser über die Hintergründe und Motive ihrer gegenseitigen Entfremdung aufklärt. Da beide Brüder Schriftsteller sind, werden ihre gegensätzlichen Denk- und Verhaltensweisen in Anlehnung an ihre literarischen Hauptwerke expliziert. Dem sterbenden Bruder wird aufgrund seines Buches »Dementia erotica« vorgeworfen, ein Vertreter »*negativer Virtuosität*« zu sein. Er schließe sich vorbehaltlos der reduktiven Verfahrensweise literarischer Modeströmungen an, indem er unter dem Vorwand objektiver Wirklichkeitswiedergabe seine Perspektive auf kleinste und nichtigste Gegenstandsbereiche einenge und diese für die Wirklichkeit schlechthin ausgebe.
Während der Bruder also die Grenzen der Wirklichkeit zu eng ziehe und – in destruktiver Verweigerung verharrend – hinter den Möglichkeiten seines eigenen Talents zurückbleibe, zieht das Roman-Ich die Konsequenzen aus den bewußtseinserweiternden Erkenntnissen der modernen Naturwissenschaft und behauptet in seinem Buch »Kontra«, daß ein adäquates Verstehen irdischer Tatbe-

stände nur unter Einbeziehung kosmischer Perspektiven möglich sei, denn Endlichkeit und Unendlichkeit bedingten sich gegenseitig und dienten gemeinsam als Parameter zur richtigen Dimensionierung und Einschätzung dessen, was wirklich ist. Wer den Blick zu sehr auf das Partielle richte, laufe Gefahr zu vergessen, daß der Mensch nicht *unter* den Sternen, sondern *zwischen* den Sternen lebe. Das primäre Anliegen kosmisch bewußter Dichtung sei es, das Einzelne in eine alles umfassende Ganzheit einzuordnen und den Stellenwert des Teils vom Übergreifenden her zu erschließen. Ein romantischer Verstehensansatz wird durch seinen Rückbezug auf wissenschaftlich-empirisches Denken ins Realistische umgebogen. Das daraus entstehende erweiterte Weltbild erlaube die Vorstellung von Himmel und Hölle, wohingegen das verkürzte Denken des »Dementia erotica«-Autors und seiner Gesinnungsgenossen sich im Destruktiven erschöpfe und zur Errichtung eines Wirklichkeitsgebäudes führe, das dem Erscheinungsbild nach Ähnlichkeiten mit »*Latrine, Bordell und Irrenhaus*« habe.

Das Innere dieses Gebäudes wird im Roman als »Rest-Hölle« bezeichnet. Das Roman-Ich unternimmt in Begleitung des »Rest-Teufels« eine an DANTE erinnernde Reise durch die trostlosen und leidvollen Räumlichkeiten dieser grauenerweckenden Sphäre, in der das Böse bereits so feste Wurzeln geschlagen hat, daß der Teufel als Versucher nicht mehr benötigt wird und dieser daher den Romanautor anfleht, ihn durch Wiedereinführung eines Kontra-Diskurses wieder in seine Rechte und Funktionen einzusetzen, denn nur wo das Böse mit dem Guten ringt, kann es einen intakten Teufel geben. Die Darstellung der »Rest-Hölle« ist teils die Schreckensvision einer negativen Utopie, teils eine ins Groteske verzerrte Parodie auf bereits eingetretene Zustände. Solange Henker und Rosenzüchter auf Sichtweite nebeneinander leben, ohne voneinander Kenntnis zu nehmen, wie dies in der »Rest-Hölle« der Fall ist, solange werde es keine Umkehr zum Besseren geben. Am Ende des Romans gibt es jedoch Anzeichen dafür, daß die beiden Vertreter antinomischer Bewußtseinsstrukturen einen Schritt aufeinander zugehen und bereit sind, Maßnahmen zur Wiederherstellung ihrer Dialogfähigkeit einzuleiten.

Der Titel *Gemini* funktioniert in erster Linie im Hinblick auf die polaren Möglichkeiten in der Psyche *eines* Menschen und impliziert die Aussage, daß das Roman-Ich zwischen negativen und positiven Kräften seiner selbst hin- und hergerissen ist und in künstlerischer Hinsicht zwischen den Diskursangeboten des Traditionalismus und des Modernismus schwankt. Die polemischen Ausfälle gegen die BECKETTsche Spielart »*negativer Virtuosität*«, die dem Gegenstand der Kritik keineswegs gerecht werden, ergeben sich aus der Dominanz des Kontra-Diskurses. Obwohl *Gemini* von seinem Autor ausdrücklich als »Roman« bezeichnet wird, ist er kein Roman im herkömmlichen Sinne. Er integriert in sich viele Stilarten und literarische Techniken. Charakteristisch ist die Vermischung von populärwissenschaftlichem Essay, Pamphlet und epischer Fiktion sowie die Anwendung von Stilmitteln der angefeindeten Moderne wie Collage, *stream of consciousness*, konkrete Poesie usw. in bewußt parodistischer oder satirischer Absicht. Darüber hinaus bedient sich der Autor graphischer und typographischer Mittel, um dem Leser die Unterschiede zwischen irdischen und kosmischen Relationen klarzumachen.

Das ambitiöse Werk wurde von der Kritik durchweg positiv aufgenommen und von vielen als ein Meilenstein in der Entwicklung der neueren norwegischen Romankunst betrachtet. Wenn die unmittelbare Wirkung des Buches dennoch bescheidener ausgefallen zu sein scheint, als zunächst erwartet worden war, dürfte dies an den literaturpolitischen Weichenstellungen in den Jahren nach seinem Erscheinen gelegen haben, in deren Folge das Interesse der literarischen Öffentlichkeit auf sozialrealistische Problemstellungen gelenkt wurde.

K.Bry.

AUSGABEN: Oslo 1968. – Oslo 1981 [rev. Tb.-Ausg.].

LITERATUR: O. Hageberg, Rez. (in Vinduet, 1, 1969). – O. Solumsmoen, Rez. (in Arbeiderbladet, 13. 11. 1968). – C. F. Engelstad, Rez. (in Aftenposten, 8. 11. 1968). – A. Lundkvist, Rez. (in Dagens Nyheter, 20. 1. 1969). – P. Houm, Rez. (in Dagbladet, 8. 11. 1968). – M. Nag, Rez. (in V. G., 9. 11. 1968). – E. Eide, Rez. (in Bergens Tidende, 14. 11. 1968). – C. F. Engelstad: *F. A.* (in Minerva, 1, 1969).

GABRIEL ALOMAR

* 7.10.1873 Palma de Mallorca
† 7.8.1941 Kairo

LITERATUR ZUM AUTOR:
J. M. Llompart, *La literatura moderna a les Balears*, Palma de Mallorca 1964. – J. A. Marfany, *G. A., oblidat* (in *Aspectes del modernisme*, Barcelona 1975, S. 253–265). – G. Mir, *G. A.: Nacionalisme i escola mallorquina* (in Randa, 6, 1977, S. 174–181). – J. Castellanos, *G. A.* (in *Història de la literatura catalana*, Hg. M. de Riquer, A. Comas u. J. Molas, Bd. 8, Barcelona 1986, S. 373–377).

EL FUTURISME

(kat.; *Der Futurismus*). Vortrag von Gabriel ALOMAR, erschienen 1905. – Der am 18. Juli 1904 in Barcelona gehaltene Vortrag des katalanischen Alt-

philologen und Schriftstellers bewertet den seit dem 19. Jh. für die sprachliche und nationale Selbstbestimmung des katalanischen Volkes eintretenden Katalanismus nicht nur als literarische Renaissance einer Sprache und Kultur, sondern auch als politisch relevantes Phänomen. Soweit bekannt, wurde in diesem Vortrag zum ersten Mal der Terminus *futurisme* (Futurismus) benutzt.
El futurisme zählt zu Alomars erfolgreichsten Schriften. Als Grundbestandteile der Gesellschaft werden einerseits traditionalistische Mentalität und die Wirkungen der Vergangenheit auf die Gegenwart, andererseits Widerspruchsgeist und Traditionsbruch im jeweils individuellen Sozialisationsprozeß der Menschen gewertet. Dieser enthält sowohl ein negatives als auch ein positives Element, die Negation des Gegenwärtigen und die Affirmation der Zukunft. Die Geschichte stellt sich als ewiges Ringen zwischen Mensch und Natur dar; wie die Natur versucht, den Menschen durch Schmerz, Krankheit und Tod wieder in sich zu integrieren, so strebt der Mensch seit jeher danach, die Natur zu überwinden und ihre gewaltigen Kräfte für sich nutzbar zu machen. Die verstandesgemäße Erkenntnis ermöglicht ihm, die Natur zu humanisieren und seiner spezifischen Lebensgestaltung zu unterwerfen, ohne hierbei an ein ewiges Bestehen der Welt zu glauben. Aus dem Positivismus gewonnene Bildungswerte müssen in einer fruchtbaren Synthese in neu zu schaffende Lebensnormen eingebracht werden. Zwar ist Tradition als fundamentaler Bestandteil der Kultur und als gesellschaftliche Energiequelle generell von Wert, jedoch sind emanzipatorisch-aufklärerische von repressiven, wissenschaftsfeindlichen Traditionslinien zu unterscheiden. Erstere weisen den Futuristen in ihrem Glauben und Eintreten für eine bessere Menschheit den Weg; sie erkennen zukünftige Gesellschaften und Staaten intuitiv und gewinnen in Überwindung des Überkommenen an Persönlichkeit. Futuristen sind Schöpfer, »Poeten« in der altgriechischen Bedeutung des Wortes. Poesie als Synthese der menschlichen Besorgnisse um die Zukunft ist die höchste Stufe auf dem Weg der menschlichen Läuterung, der Poet erfüllt somit auch eine soziale Mission, er nimmt gleichsam ein Priesteramt wahr.
In der Anwendung dieses Futurismuskonzepts auf die katalanische Realität seiner Zeit spricht Alomar von der Notwendigkeit, die progressiven gesellschaftlichen Kräfte der Zeit zu unterstützen. Der lebendige Katalanismus wird nur in futuristischer Ausprägung dauerhaft Erfolg haben. Der reine Katalanismus hat sich in zwei Perioden, einer romantischen und einer aktiven, politischen, dem ersten Schritt zu seiner Liberalisierung, entwickelt. Katalonien will mit seinem Eintreten für die freie Selbstbestimmung der Völker und gegen den normierenden Zwang des spanischen Unitarismus durch seine Integration in eine neu zu schaffende föderative Union einen nationalen Bewußtseinswandel auslösen, zum Vorteil der Vitalität einer aus unversehrt erhaltenen Teilen bestehenden neu-

en Gemeinschaft. Die Zukunft wird generell optimistisch gesehen.
Fünf Jahre nach der Veröffentlichung dieser Rede benutzte der italienische Schriftsteller Filippo Tommaso MARINETTI den Begriff *futurismo* zur Kennzeichnung einer neuen Kunsttheorie. Direkte Beziehungen lassen sich aber ebensowenig feststellen wie inhaltliche Ähnlichkeiten. Im Gegensatz zu Marinettis *Futuristischem Manifest* handelt es sich bei Alomars Schrift um eine politisch-kulturelle »Predigt« im Stil des fin-de-siècle. Die Auffassungen des Aufsatzes *El futurisme* sind in Alomars literarisches Werk – ein Gedichtband *La columna de foc (Die Feuersäule)* und einige Prosaerzählungen *Un poble que es mor (Ein Volk im Sterben)*, die zur Mallorquinischen Dichterschule gezählt werden – eingegangen. M.P.J.

AUSGABEN: Barcelona 1905. – Barcelona 1970 [Vorw. A. Ll. Ferrer].

LITERATUR: F. de Sales Aguiló, *G. A., el futurista*, Bogotá 1949. – G. E. Sansoni, *G. A. i el futurisme italià* (in *Actes del IV Col·loqui Internacional de Llengua i Literatura Catalana*, Montserrat 1977, S. 431–457).

NISSIM ALONI

* 1926 Tel Aviv

HA-NESIKHA HA-AMERIKAIT

(hebr.; *Die amerikanische Prinzessin*). Schauspiel von Nissim ALONI, Uraufführung: Tel Aviv, 1963. – Wie auch in anderen Theaterstücken dieses Autors, ist der Unterschied zwischen Phantasie und Wirklichkeit, Leben und Theater nicht immer deutlich erkennbar. Die Handlung spielt auf zwei Zeitebenen. Eine der drei Figuren, die von Schauspielern verkörpert werden, ist der König Bonifatius Viktor Felix von Hohenschwaden, den man im Königreich Bogomania gestürzt hat. Der Ex-König ist in der Gegenwart Französischlehrer in einem südamerikanischen Land und lebt in einer heruntergekommenen Wohnung. Mit Liebe und Hingabe putzt er seine Krone, die er gerettet hat, und verfolgt in der Presse aufmerksam jeden Bericht über die Vorgänge und Ereignisse in seinem früheren Reich. Sein Sohn und Thronfolger Prinz Ferdinand hat sich dagegen eher an die neuen Lebensverhältnisse im Exil gewöhnen können. Eines Tages kündigt sich ein Filmteam an, das Leben und Tod (!) des ehemaligen Herrschers auf Zelluloid bannen möchte. König Bonifatius ist gegen dieses Projekt, aber sein Sohn begeistert sich für die Möglichkeiten des Mediums. Die Dreharbeiten entwickeln sich zu einem Melodrama eigener Art. Die Rolle des Königs im Film hat ein Schauspieler übernommen – die dritte Figur, die auf der Bühne erscheint. Er ist der Bösewicht dieses Melodramas, denn er will sich an dem König wegen einer Liebesaffäre rächen, die dieser mit seiner Frau hatte. Schließlich bringt er Prinz Ferdinand dazu, den »König«, seinen Vater, zu ermorden.

Die anderen Figuren dieses Schauspiels sind nur durch ihre Stimmen präsent. Aus dem Lautsprecher hört man zum Beispiel die Stimme des Ansagers, der nicht nur die Ereignisse auf der Bühne kommentiert, sondern auch zur nächsten Szene überleitet. Die wichtigste Stimme aber ist die des Filmdirektors Jean Paul Krupnik, dessen Aufgabe es ist, das Leben des Königs zu rekonstruieren, und der wie ein Puppenspieler die Fäden in der Hand hält. Außerdem hört der Zuschauer immer wieder den Namen Dolly Kokomakis. Sie ist die mysteriöse Prinzessin, auf deren Bitte der Film überhaupt gedreht wird.

Aloni entwirft mit dieser unsichtbaren »amerikanischen Prinzessin« eine Art Archetyp der Frau als Mutter, Geliebte, Königin und Dirne. Wie seine beiden anderen bekannten Dramen *B'gdey ha-melekh*, 1961 *(Des Königs Kleider)* und *Ha-mahapekha veha-tarnegol*, 1964 *(Die Revolution und das Huhn)*, spielt auch dieses Stück in einer exotisch-mythologischen Landschaft. Die Kategorie »Zeit« scheint nicht zu existieren. Nur an einer Stelle findet sich ein kurzer Hinweis auf den zeitlichen Kontext: »... aber das ist doch das 20. Jahrhundert: man sitzt!... und pflegt nur sein Gesicht... nur das Ego... die persönliche Biographie... den Charakter... Konfektion. Hah, unglückliches Jahrhundert!«. Im Mittelpunkt dieses Schauspiels steht das zeitlose Verhältnis zwischen König und Thronfolger, Vater und Sohn, das am Ende eine tragische Wende nimmt. A.F.

AUSGABE: Tel Aviv 1963.

ÜBERSETZUNG: *The American Princess*, R. Flantz, Tel Aviv 1980 [engl.].

LITERATUR: S. Levi, *To create a new reality* (in Modern Hebrew Literature, 8, 1982, H. 1/2, S. 7–9). – C. Shoham, *N.A.* (in Encyclopedia of World Literature in the 20th Century, NY 1981, Bd. 1, S. 49–50; überarb. Aufl.). – G. Abramson, *Modern Hebrew Drama*, Ldn. 1979, S. 151–156.

DÁMASO ALONSO

* 22.10.1898 Madrid

LITERATUR ZUM AUTOR:
M. J. Flys, *La poesía existencial de D. A.*, Madrid 1968. – A. P. Debicki, *D. A.*, Madrid 1974. – R. Ferreres, *Aproximaciones a la poesía de D. A.*, Valencia 1976. – A. Zorita, *D. A.*, Madrid 1976.

HIJOS DE LA IRA. Diario íntimo

(span.; *Ü: Söhne des Zorns*). Gedichtzyklus von Dámaso ALONSO, erschienen 1944. – Nach den frühen Gedichten *Poemas puros* (1921), die den Einfluß von Juan Ramón JIMÉNEZ deutlich erkennen ließen, wirkte dieser schmale Band in freien Rhythmen wie ein Schock auf das spanische Publikum, das Alonso vor allem als subtilen Deuter GÓNGORAS, als Literaturkritiker der Generation von 1927 und als Stilforscher von internationalem Ruf kannte. In diesem *Intimen Tagebuch* (Untertitel der Erstausgabe), einem verzweifelten Aufschrei des gequälten Menschen, schien sich eine völlig andere Haltung zu manifestieren als in den formal strengen und – zumindest oberflächlich betrachtet – der *poésie pure* nahestehenden Sonetten der *Poemas puros*. Doch handelt es sich hier nicht um einen Bruch in der Entwicklung des Dichters, sondern vielmehr – wie K. A. HORST im Nachwort der deutschen Übersetzung schreibt – um »*eine Erweiterung des dichterischen Bewußtseins*«, das erkannt hat, daß die Welt kein geschlossener, festen Stand bietender Kosmos ist. Alonso definiert seine Lyrik als »*poesía desarraigada*«, entwurzelte Dichtung, im Gegensatz zur »*poesía arraigada*«, der verwurzelten Dichtung aller derer, die in ihrer Weltanschauung, gleich, worauf diese gegründet sein mag, einen Halt finden. So ist *Hijos de la ira* ein verzweifelter Versuch, sich zu orientieren in einem Labyrinth, das von Schatten und Ungeheuern bevölkert ist. Den Gedichten liegen ganz konkrete Erlebnisse zugrunde, so das Todeswüten des Spanischen Bürgerkriegs, der den Dichter, wie er sagt, »*aufgerüttelt*« hat, die Perfektionierung der Zerstörungsmittel im Zweiten Weltkrieg, die Organisation des Menschen in Massenbewegungen, die Pervertierung des Wortes in politischen Demagogien und die Verdrängung des humanistischen Menschenbildes durch die technische Zivilisation. Diese Erfahrungen werden jedoch nicht konkret benannt, sondern erscheinen chiffriert als »die Ungeheuer«, von denen immer wieder die Rede ist. Untersucht man das Sprachmaterial dieser Gedichte, so findet man vor allem Bilder, Metaphern und Wörter, die negative Empfindungen und Vorstellungen hervorrufen: Chaos, Angst, Ekel, Leere, Wüste, Langeweile, Einsamkeit, Mauer, Ruinen, Verzweiflung u. a. Die aus diesem Material geformte Dichtung definiert sich selbst als Ausdruck »*inneren Schreckens, der in der Nacht nach dir [Gott] seufzt*« oder als »*wütendes Beweinen meiner Fäulnis und der sterilen Weltungerechtigkeit*«. Sehr oft wird die Welt als Labyrinth, Tunnel und immer wieder Höhle, in der die Menschen als Verdammte herumirren, bezeichnet: »*Ach, wir sind ein Todeskampf, Begrabene, die um Mitternacht erwachen, ein unterirdisches Fließen, schwarzes Gewässer in einem Kohlenbergwerk..., ein Hauch von Tod.*«

Einige Gedichte haben die Form von Selbstbekenntnissen, in denen er sich, wie in *De profundis*, als Glied der verworfenen Menschheit selber an den Pranger stellt: *»Dreck eines räudigen Hundes, in einem Jahr von Mißernte ausgepreßter Trester, Fleischabfall, den der Metzger dem Hund des Bettlers hinwirft.«* Wie sein Welterlebnis und seine Daseinsstimmung steht auch Alonsos Religiosität eher im Zeichen existentialistischer als christlicher Seinserfahrung. Der angerufene Gott ist in der Finsternis verborgen, seine Transzendenz ist Abwesenheit, er hat den Menschen – *»Kindern des Zorns«* – den Rücken gekehrt, und seine Ferne hat die Welt zum Chaos verfremdet. Der Gedanke an ihn erweckt keine fromme Zuversicht und kein Gefühl der Sicherheit. Selbst in Gedichten, die der traditionellen mystischen Lyrik am nächsten kommen, wie *Isla (Insel)* und *El alma es lo mismo que una ranita verde (Die Seele ist wie ein grüner Laubfrosch)*, erscheint Gott wie eine dahinbrausende Urgewalt, die den Laubfrosch mit sich reißt und die Insel überflutet. Der Dichter Alonso, der den Menschen weder in noch außer sich, nicht in der Geschichte und nicht in der Welt, weder in Gott noch im Nächsten einen festen Halt finden läßt, mußte auch auf das sichere Gefüge der klassischen Formprinzipien verzichten. Seine Gedichte bestehen aus freien Versen ohne Reim und Assonanz, ohne strophischen Aufbau und fast ohne Rhythmus. Der Einfluß der prophetischen und apokalyptischen Bücher der *Bibel* auch auf die Sprache und den Stil ist unverkennbar. A.F.R.

AUSGABEN: Madrid 1944. – Madrid 1958. – Madrid 1982 (in *Obras completas*). – Madrid 1983.

ÜBERSETZUNG: *Söhne des Zorns*, K. A. Horst, Bln./Ffm. 1954.

LITERATUR: L. F. Vivanco, *Introducción a la poesía española contemporánea*, Madrid 1957, S. 259–291. – J. M. Caballero Bonald, »Hijos de la ira« (in PSA, 11, 1958, S. 431–443; m. Bibliogr. S. 493–518). – E. Alarcos Llorach, »Hijos de la ira« en 1944 (in Insula, 13, 1958, 138/139, S. 7). – J. O. Jiménez, *Diez años en la poesía de D. A. De »Hijos de la ira« a »Hombre y dios«* (in Boletín de la Academia Cubana de la Lengua, 7, 1958, S. 78–100). – C. Zardoya, *D. A. y sus »Hijos de la ira«* (in RHM, 25, 1959, S. 281–290). – V. Gaos, *Temas y problemas de la literatura española*, Madrid 1959, S. 321–337. – C. Zardoya, *La poesía española contemporánea*, Madrid 1961, S. 411-428. – A. P. Debicki, *Symbols in the Poetry of D. A., 1921–1944* (in Hispania, 47, 1964, S. 722-732). – F. Silver, *Tradition and Originality in »Hijos de la ira«* (in BHS, 67, 1970, S. 124–130). – A. P. Debicki, *»Hijos de la ira« y la poesía temprana de D. A.* (in RoNo, 12, 1970, S. 274–281). – L. de Paola, *D. A. y un horror inicial de nebulosa (En torno a »Hijos de la ira«)* (in Estafeta Literaria, 1976, Nr. 582, S. 4–7). – C. A. Bradford, *The Dramatic Function of Symbol in »Hijos de la ira«* (in KRQ, 3, 1981, S. 295–308).

MARIANNE ALOPAEUS

* 9.10.1918 Ekenäs

MÖRKRETS KÄRNA

(schwed.; *Der Kern des Dunkels*). Roman von Marianne ALOPAEUS (Finnland), erschienen 1965. – Mirjam und Jurek wachsen in den dreißiger Jahren im Zentrum von Helsinki auf. Sie gehören verschiedenen Gesellschaftsklassen an: Während das Mädchen, Mirjam, aus einer streng konservativen Familie der Oberschicht stammt, ist der Junge, Jurek, das Kind russisch-jüdischer Emigranten. Jurek bringt Mirjam eine ganz andere Welt als die ihr vertraute nahe und macht sie mit dem Marxismus bekannt. Dann aber schicken Mirjams Eltern, die diesen Umgang nicht gern sehen, ihre Tochter in ein Internat nach Schweden. Im finnischen Winterkrieg 1939/40 bleibt Jurek vermißt; Mirjam geht später als Journalistin nach Paris. Von ihrem Elternhaus löst sie sich innerlich immer mehr und entwickelt sich zu einer freisinnigen, großzügig und unvoreingenommen denkenden, aufgeschlossenen und der Gesellschaft gegenüber kritischen Persönlichkeit. (*»Muß man denn an einem Platz zu Hause sein, reicht es nicht, in sich selbst zu wurzeln, im Universum zu Hause zu sein?«*) Nach Jurek sind es vor allem zwei Männer, die ihr nahestehen: der Atomphysiker Marc und der algerische Arzt und Kommunist Jacob. Schließlich verläßt Mirjam Marc, um den zurückgezogen lebenden Jacob aufzusuchen, und trifft diesen gerade noch, ehe er eine Schiffsreise antritt: *»Liebende, die einander besitzen wollen, verlieren einander, nicht solche wie wir.«*

Damit schließt der Roman, der dezent die innersten Erlebnisse der jungen Frau schildert, zwischen glühenden Liebesszenen aber auch Mirjams Diskussionen mit Marc über grundlegende wissenschaftliche Fragen wiedergibt. Die Skepsis der Autorin und ihr Abscheu allem nationalistischen Gehabe gegenüber kommen in der geistigen Entwicklung der Hauptgestalt zum Ausdruck, die den Protest ihrer Generation gegen die »heiligsten« Güter formuliert. – Die Verfasserin hat selbst lange in Frankreich gelebt und mit ihren seit 1945 entstandenen sechs Romanen die finnlandschwedische Literatur durch eine von französischem Esprit erfüllte Denkart bereichert; mit *Mörkrets kärna*, ihrem bisher bedeutendsten Buch, steht sie in der ersten Reihe der modernen Schriftsteller Finnlands. F.E.

AUSGABEN: Helsinki 1965. – Stockholm 1965. – Helsinki 1976 [rev.]. – Stockholm 1976. – Stockholm 1978.

LITERATUR: A. Wirtanen, Rez. (in Nya Argus, 1965, S. 277 f.). – I. Svedberg, *M. A.* (in P. Tarkka, *Suomalaisia nykykirjailijoita*, 2, täyd. p., Helsinki

1968, S. 14–16). – A. Viljanen, *M. A. – An Indomitable Searcher* (in Books from Finland, 2, 1972).

HIERONYMUS VAN ALPHEN

* 8.8.1746 Gouda
† 2.4.1803 Den Haag

LITERATUR ZUM AUTOR:
W. J. Simons, *Van A. vertaald* (in W. J. S., Hakken en spaanders, Amsterdam 1970). – P. J. Buijnsters, *H. van A. 1746–1803*, Assen 1973. – Ders., *De briefwisseling tussen Rijklof Michaël van Goens en H. van A.* (in Documentatieblad Werkgroep 18ᵉ eeuw, Nijmegen, Mai 1974). – Ders., *H. van A. als briefschrijver* (in Spiegel Historiael, Sept. 1974). – C. van de Ketterij, *Het literaire werk uit de 18ᵉ eeuw en zijn piëtistische contekst: enkele linguale verificatiemodellen toegepast op de poëzie van H. van A.* (in Documentatieblad Werkgroep 18ᵉ eeuw, Nijmegen, Mai 1974). – J. Wille, *Van Goens' invloed op van A.s bewerking van Riedels theorie* (in Tijdschrift voor Nederlandsche Taal- en Letterkunde, 90, Nov. 1974). – J. Matse, *»Zoudt gij voor lijken beven?«, Over de dood in de wereld van H. van A.* (in Amsterdams Sociologisch Tijdschrift, Jg. 6, Okt. 1979). – A. de Vries, *H. van A. en de kinderen van zijn tijd* (in Spektator, Jg. 11, Okt. 1981; Sondernr. Jugendliteratur).

PROEVE VAN KLEINE GEDIGTEN VOOR KINDEREN

(ndl.; *Probe kleiner Gedichte für Kinder*). Sammlung mit Kindergedichten von Hieronymus van ALPHEN, erschienen 1778. – Wohl kaum hat je ein niederländischer Gedichtband eine solche Popularität erlangt als diese Kinderverse, denen der Autor noch im selben Jahr ein weiteres Bändchen und 1782 ein drittes folgen ließ, die freilich den Erfolg nicht wiederholen konnten. Van Alphen, der sich nach einem Jurastudium als Anwalt in Utrecht niedergelassen hatte, war als Dichter kein Unbekannter mehr, denn schon 1771 und 1772 hatte er zusammen mit seinem Freund Pieter Leonard van de KASTEELE zwei Bände mit religiösen Gedichten herausgegeben. Der belesene van Alphen wandte sich gegen die in der niederländischen Literatur seiner Zeit nach wie vor herrschenden klassizistischen Auffassungen und wurde zu einem der ersten und wichtigsten Vertreter der Empfindsamkeit mit aufklärerischen Tendenzen.
Der direkte Anlaß für die Kindergedichte van Alphens, die in der niederländischen Literatur bis dahin als Genre nicht existierten, mag die Tatsache gewesen sein, daß der frühe Tod seiner Frau ihn als allein erziehenden Vater mehrerer Kinder zurückließ. In seiner Vorrede deutet er diesen Grund an und erwähnt zugleich zwei literarische Vorbilder: die *Lieder für Kinder* (1765) von Ch. F. WEISSE und *Kleine Lieder für kleine Mädchen* (1772) und *... für kleine Jünglinge* (1773) von G. W. BURMANN, die er mit großem Vergnügen gelesen habe. Die Gedichte seien, so der Autor, in erster Linie für Kinder zwischen fünf und zehn Jahren gedacht und sollen nicht nur unterhalten, sondern auch Anlaß zu Fragen geben.
Die meisten der einfachen, strophischen, zumeist reimenden Gedichte – eine Ausnahme bietet die reimlose *Vertelling van Dorisje* – schildern eine Alltagssituation, häufig konfliktträchtig, in die ein kleines Kind geraten ist und aus der es auf gutem oder auf bösem Wege hinausgeraten kann. So hat Cornelis beim Ballspielen eine Fensterscheibe zerbrochen *(Cornelis had een glas gebroken)*, verheimlicht dies aber nicht, sondern beichtet es seiner Mutter, die ihn für seine Ehrlichkeit lobt. Auch Jantje *(Jantje zag eens pruimen hangen)* ist in einem der berühmtesten Gedichte der Sammlung ähnlich brav und erfolgreich: Er klaut die Pflaumen vom Pflaumenbaum im Garten nicht, weil sein Vater es ihm verboten hat; dieser aber hat die kleine Zwiesprache des Knaben mit sich selbst überhört und schenkt Jantje einen Hut voll mit den begehrten Früchten. Aber nicht immer stürzt van Alphen seine Kinder in Gewissenskonflikte, häufig werden auch mustergültige Verhaltensweisen ganz direkt demonstriert, wie der fröhlich lernende Knabe, der sein Spielzeug gegen Bücher eintauscht *(Mijn speelen is leeren, mijn leeren is speelen)*.
Sprachlich strebt van Alphen größte Einfachheit und Flexibilität an; als Höhepunkt der Sammlung muß die weniger moralisch-didaktisch als die restlichen Gedichte angelegte *Vertelling van Dorisje* (»*Wij zaten laatst bij Saartje*« – »*Wir saßen jüngst bei Saartje*«) gelten, in der die alte Amme Saartje den Kindern beibringt, daß keine Jahreszeit schöner als die andere sei, sondern daß sie alle gleich schön seien, weil Gott allen vieren eine eigene Funktion gegeben habe.
Seit Jacob CATS und Joost van den VONDEL ist es keinem Dichter mehr gelungen, so sehr in den festen Bestand der niederländischen Umgangssprache mit einer Reihe von sprichwörtlich gewordenen Redewendungen einzugehen. Neben Jacobus BELLAMY und Rhijnvis FEITH gehört van Alphen zu den wichtigsten Erneuerern der niederländischen Lyrik am Ende des 18. Jh.s. R.A.Z.

AUSGABEN: Utrecht 1778. – Den Haag 1967. – Den Haag 1973.

ÜBERSETZUNGEN: *Kleine Gedichte für Kinder*, J. C. H. Gittermann, Emden 1832; ²1838. – *Holländische Kinderlieder*, C. Abel, Bln. 1856.

LITERATUR: H. Pomes, *Over van A.s kindergedichtjes*, Rotterdam 1908. – L. J. Th. Wirth, *Een eeuw kinderpoëzie (1778–1878)*, Groningen 1926. – A. van Battum, *Een kind, van God bemind* (in Verkenningen Jeugdliteratuur, 9, 1979, Nr. 5/6, S. 111/112).

ALBRECHT ALT

* 20.9.1883 Stübach / Neustadt an der Aisch
† 24.4.1956 Leipzig

KLEINE SCHRIFTEN ZUR GESCHICHTE DES VOLKES ISRAEL

Aufsatzsammlung von Albrecht ALT, erschienen 1953–1959. – Die drei Bände enthalten 64 Aufsätze aus der Zeit von 1913 bis 1956, von denen der größte Teil bereits vorher in wissenschaftlichen Zeit- und Festschriften erschienen war und die nicht nach ihrer Entstehung, sondern nach dem Verlauf der israelitischen Geschichte geordnet sind. Band 1 enthält Arbeiten über die Religion der Patriarchen, die Einwanderung der Israeliten und die Entstehung des israelitischen Rechts, Band 2 Aufsätze zur Staatenbildung und zu wichtigen Ereignissen der Königszeit, Band 3 Beiträge zur altorientalischen Geschichte. Da der Verfasser in seinen Aufsätzen nahezu alle entscheidenden Abschnitte aus der Zeit zwischen der Landnahme (13. Jh. v. Chr.) und dem Exil (6. Jh. v. Chr.) behandelt, können die einzelnen Aufsätze als Kapitel einer von Alt stets erwarteten, aber nie geschriebenen Geschichte Israels angesehen werden. Die äußerst sorgfältige Zusammenstellung und Analyse des Quellenmaterials, ein Höchstmaß an Objektivität und eine sichere Intuition heben diese Arbeiten aus den zahlreichen Veröffentlichungen innerhalb desselben Bereichs hervor. Die bei H. GUNKEL und H. GRESSMANN mitunter zum Selbstzweck gewordene formgeschichtliche Methode wird von Alt der Erforschung der geschichtlichen Vorgänge dienstbar gemacht.

In dem 1929 zum erstenmal veröffentlichten Aufsatz *Der Gott der Väter* erbrachte Alt anhand von Parallelen in nabatäischen und palmyrenischen Inschriften den Nachweis, daß die Patriarchen Gründer von Kulten waren, in denen Götter verehrt wurden, die durch die Namen ihrer Kultstifter gekennzeichnet waren (der Gott Abrahams, der Gott Isaaks, der Gott Jakobs). Alts heute allgemein anerkannte Darstellung trat seitdem an die Stelle oft sehr willkürlicher Hypothesen, in denen die Patriarchen etwa als Astralgottheiten oder Personifizierungen von Stämmen interpretiert wurden. – Mit den Aufsätzen über die Landnahme und das *Buch Josua* wurde die mehr oder weniger aus dem *Buch Josua* gewonnene Vorstellung hinfällig, die Israeliten hätten im 13. Jh. v. Chr. Palästina in einem großangelegten Eroberungsfeldzug besetzt. Alt erkannte durch einen siedlungsgeographischen Vergleich, daß sich die Israeliten allmählich im Zuge des Weidewechsels vorwiegend auf dem schwachbesiedelten judäischen, samarischen und galiläischen Gebirge niedergelassen hatten, während die fruchtbaren Ebenen bis zur Zeit Davids in den Händen der Kanaanäer blieben. Die formgeschichtliche Untersuchung des *Josuabuchs* ergab, daß es sich bei den in *Jos.* 1–9 erzählten Vorgängen um ätiologische Sagen handelt, die keinen geschichtlichen Wert besitzen, weil sie lediglich einen von den Israeliten vorgefundenen Zustand, etwa den der (um 2000 v. Chr.) zerstörten Städte Jericho und Ai, erklären wollen. Die Ausgrabungen von K. M. KENYON haben neuerdings diese zunächst recht umstrittenen Thesen durch archäologische Erkenntnisse bestätigt.

Zu den wichtigsten Veröffentlichungen Alts gehört die Arbeit über *Die Ursprünge des israelitischen Rechts* (1934). Er weist darin nach, daß die im *Alten Testament* überlieferten Rechtssatzungen aus zwei völlig verschiedenen Rechtstraditionen stammen. Das apodiktische Recht ist genuin israelitisch, das kasuistische Recht übernahmen die Israeliten bei ihrer Einwanderung in Palästina von den Kanaanäern. – In den Aufsätzen über die Königszeit erklärt Alt den häufigen Wechsel der Herrscherhäuser mit dem Weiterleben des charismatischen Führerprinzips aus der Richterzeit: Das jeweils regierende Geschlecht wurde beseitigt, wenn die orthodoxen Kreise zu der Überzeugung gelangten, daß die Mißerfolge einer Dynastie auf den Verlust des Charismas schließen ließen. Für die weitere Forschung grundlegend wurde auch seine Erkenntnis, daß die Omri-Dynastie im 9. Jh. sehr bewußt eine Politik des Ausgleichs zwischen Kanaanäern und Israeliten betrieb, die den Kanaanäern die politische und kultische Gleichberechtigung als Staatsvolk sichern sollte.

Der Schwerpunkt der Arbeiten von Alt lag jedoch auf dem Gebiet der israelitischen Frühgeschichte. Sie rekonstruierte er mit einer auch durch neuere Arbeiten nicht übertroffenen Evidenz. Die deutsche alttestamentliche Forschung stand auch noch Jahre nach seinem Tode weitgehend unter dem Einfluß Alts und seiner Schüler M. NOTH und G. von RAD. Die in den USA von J. BRIGHT geübte Kritik ignorierte die aus der formgeschichtlichen Methode sich ergebenden Konsequenzen. Die in den letzten beiden Jahrzehnten erfolgte Auseinandersetzung mit dem Werk Alts trägt zum Teil fundamentalistische Züge und leistet damit kaum einen Beitrag zur Rekonstruktion der israelitischen Frühgeschichte. Die Archäologie hat mit der Entdeckung zahlreicher neuer im 13. Jh. entstandener Siedlungen im Gebirgsland Palästinas die Landnahme-Version Alts eher bestätigt. Weiterführend ist der Hinweis von Rainer ALBERTZ, daß die erkennbaren Unterschiede zwischen Jahwe- und Vätergottreligion nicht auf eine chronologische Abfolge zurückgehen, sondern soziologische Gründe haben: Während Jahwe als Stammesgott verehrt wurde, galt den Vätergöttern die Frömmigkeit der Familie.

E. Rö.

AUSGABEN: Mchn. 1953–1959, 3 Bde. – Mchn. 1959, 2 Bde. [verb.]. – Mchn. 1963 ff.

LITERATUR: J. Lindblom, Rez. (in OLZ, 49, 1954, Nr. 1/2, Sp. 424–428; 50, 1955, Nr. 5/6, Sp. 232–236). – W. Zimmerli, Rez. (in NAG, 209, 1955, Nr. 2–4, Sp. 79–93). – G. Baumgartner, Rez. (in DLz, 77, 1956, H. 6, Sp. 407–410). – J. Bright, *Early Israel in Recent History Writing. A Study in Method*, Ldn. 1956 (dt.: *Altisraelische Geschichtsschreibung. Eine methodische Untersuchung*, Zürich/Stg. 1961). – H. J. Kraus, *Geschichte der historisch-kritischen Erforschung des AT*, Neukirchen 1956. – U. Weippert, *Die Landnahme der israelitischen Stämme in der wissenschaftlichen Diskussion*, Göttingen 1967. – N. K. Gottwald, *The Tribes of Yahweh. A Sociology of Literated Israel 1250–1050 B. C. E.*, NY 1979. – R. Albertz, *Persönliche Frömmigkeit und offizielle Religion. Religionsinterner Pluralismus in Israel und Babylon*, Stg. 1978 [zugl. Diss. Heidelberg 1977]. – V. Fritz, *Einführung in die biblische Archäologie*, Darmstadt 1985. – R. Albertz, *Die Religionsgeschichte Israels in vorexilischer Zeit* (in E. Lessing, *Die Bibel in Bildern erzählt. Das Alte Testament*, Mchn. 1987, S. 285–360). – F. Crüsemann, *Geschichte Israels als Geschichte der Bibel* (ebd.).

IGNACIO MANUEL ALTAMIRANO

* 13.11.1834 Tixtla
† 13.2.1893 San Remo / Italien

LITERATUR ZUM AUTOR:
M. Gonzáles Ramírez, *A.*, Mexiko 1936. – C. N. Nacci, *El enderezamiento del carácter varonil en las obras de A.* (in Kentucky Foreign Language Quarterly, 10, 1963, S. 157–161). – Ders., *I. M. A.*, NY 1970. – G. Grudzinska, *Teoría y práctica del nacionalismo literario en I. M. A.* (in *Nationalisme et littérature en Espagne et en Amérique Latine au XIXe siecle*, Hg. C. Dumas, Lille 1982, S. 247–253).

CLEMENCIA O EL BIEN POR EL MAL

(span.; *Clemencia oder Gutes für Böses*). Roman von Ignacio Manuel ALTAMIRANO (Mexiko), erschienen 1869. – Der Autor, indianischer Herkunft, der an der Seite von Benito Juarez Garcia gegen die Franzosen kämpfte, politische Karriere machte und 1869 die einflußreiche literarische Zeitschrift ›Renacimiento‹ gründete, wählt hier, dem Geschmack der Romantik folgend, als Titel einen Mädchennamen, ähnlich wie es José MARMOL für *Amalia* (1855) oder Jorge ISAAC für *Maria* (1867) tat. Aber während in der romantischen Liebeserzählung das Geschehen vorzugsweise in eine Natur gestellt wird, die den Wechsel in der Stimmung der Liebenden widerzuspiegeln oder deren Gefühle zu steigern vermag, spielen sich bei Altamirano die Ereignisse in einem historisch und sozial bestimmten Rahmen ab. In seinem Roman wird also der Übergang von der späten Romantik zum Realismus deutlich. Die Handlung spielt zur Zeit des Widerstandskampfes des mexikanischen Volkes unter Juárez gegen den von Napoleon III. und den Großgrundbesitzern eingesetzten Kaiser Maximilian. Im Jahr 1863/64 muß sich das Volksheer vor dem ersten Angriff in die Provinz Guadalajara zurückziehen. Als Hauptfiguren sind zwei Offiziere einander gegenübergestellt: der edle und ernste Fernando del Valle, der in die dunkle, leidenschaftliche Clemencia verliebt ist, und der zynische, verschlagene Enrique Flórez, der erst der sanften blonden Isabel, einer Cousine von Fernando, den Hof macht, dann aber versucht, Clemencia zu erobern, und sie auch tatsächlich gewinnt. Er verrät die Sache der Patrioten; der Verdacht fällt jedoch zuerst auf Fernando, der, als die Wahrheit entdeckt wird, die Schuld freiwillig auf sich nimmt und sich anstelle des Verräters erschießen läßt, aus Furcht, Clemencia könnte glauben, er habe Enrique aus Eifersucht verraten.

Der Aufbau des Romans ist übersichtlich, die zahlreichen Episoden fügen sich zu einem Ganzen. Damit und mit seiner getragenen und gepflegten Sprache hat das Werk dazu beigetragen, die iberoamerikanische Romanliteratur über das Niveau feuilletonistischer Unterhaltungslektüre hinauszuführen. Während ihm die vier Hauptfiguren des Romans etwas blaß und konstruiert gerieten, gelang es Altamirano, in »costumbristischen« Bildern das Leben in Guadalajara einzufangen, aber auch die Not und Bedrängnis während der Widerstandskämpfe und die urtümliche Landschaft Mexikos eindringlich zu schildern. Das Werk ist dem *mexicanismo literario* zuzurechnen, einer literarischen Richtung, die die sklavische Nachahmung europäischer Vorbilder verurteilte und zugleich mit der Hinwendung zur nationalen Wirklichkeit eine Geschichtsdeutung forderte, die sich als fruchtbar für die Gestaltung der Zukunft Mexikos erweisen würde. Der Autor, der neben *La clemencia* auch den postum veröffentlichten Roman *El Zarco* (1901) verfaßte, sowie die Erzählsammlung *La navidad en las montañas* (1870) und auch als Lyriker (*Rimas*, 1880) hervortrat, wurde so zum Wegbereiter einer neuen Kultur- und Nationalidentität. A.F.R.

AUSGABEN: Mexiko 1869. – Mexiko 1880 (in *Cuentos de invierno*; endg. Ausg.). – Mexiko 1959, Hg. J. Ramírez Cabañas. – Mexiko 1959 (in *Obras literarias completas*, Hg. S. Reyes Nevares). – Mexiko 1966, Hg. A. Castro Leal (*Clemencia y La Navidad en las montañas*). – Mexiko 1968 (*Clemencia. Cuentos de invierno*).

LITERATUR: L. Lloyd Read, *The Mexican Historical Novel*, NY 1939, S. 159–177.

PETER ALTENBERG

d.i. Richard Engländer
* 9.3.1859 Wien
† 8.1.1919 Wien

LITERATUR ZUM AUTOR:
K. Kraus, *P. A.*, Wien 1919; Zürich ²1963. – *Das A.-Buch*, Hg. E. Friedell, Lpzg. u. a. 1921. – H. E. Prohaska, *P. A., Versuch einer Monographie*, Diss. Wien 1949. – G. v. Wysocki, *P. A. Bilder und Geschichten des befreiten Lebens*, Mchn./Wien 1979; ern. Ffm. 1986. – C. Schaefer, *P. A., Ein biographischer Essay*, Wien ²1980 [erw. u. verb.]. – *P. A. Leben und Werk in Texten und Bildern*, Hg. H. C. Kosler, Mchn. 1981; ern. Ffm. 1984 (FiTb). – B. Z. Schoenberg, *The Art of P. A.: Beside Chronicles of a Dying World*, Diss. Los Angeles 1984 (vgl. Diss. Abstracts, 45, 1984, S. 1766 A). – Dies., ›*Woman-Defender*‹ *and* ›*Woman-Offender*‹. *P. A. and O. Weininger*... (in Modern Austrian Literature, 20, 1987, Nr. 2, S. 51–69). – I. Köwer, *P. A. als Autor der literarischen Kleinform. Untersuchungen zu seinem Werk unter gattungstypologischem Aspekt*, Ffm. 1987.

WIE ICH ES SEHE

Prosaskizzen von Peter ALTENBERG, erschienen 1896. – Altenberg entstammte einer wohlhabenden Kaufmannsfamilie aus Wien. Seine Eltern vererbten ihm, wie er sagte, ein »*pathologisches Gehirn*«, eine Überempfindlichkeit und Reizbarkeit der Nerven, die ihn zum normalen Berufsleben unfähig machten. So führte er ein unstetes Leben am Rande der Gesellschaft: in Caféhäusern, Hotels, Badeorten. Er beobachtete stumm, aber mit leidenschaftlicher Seele die Menschen und Dinge seiner Umwelt und schrieb seine Impressionen in kurzen, sensiblen Prosaskizzen nieder. »*Ein kostbares Spitzengewebe ist seine Seele, jedes holprige Wort bleibt in ihren Seidenmassen hängen!*« (Else Lasker-Schüler in *Gesichte*).

Altenbergs erstes Buch, *Wie ich es sehe*, erschien ohne seine Initiative, auf Betreiben von Arthur SCHNITZLER und von Karl KRAUS, der *(»hinter meinem Rücken«)* die »*verstreut liegenden Manuskripte*« des Buches an den Verleger Samuel Fischer in Berlin geschickt hatte; es wurde nach seinem ersten Erscheinen um einige Skizzen erweitert und erlebte bis 1919 elf Auflagen. – Das Echo war positiv: HOFMANNSTHAL rühmte die scheinbare Koketterie des Tones als »*wirklich wienerisch*«; Thomas MANN schrieb 1920 eine zwischen Bewunderung und Spott seltsam oszillierende Erinnerung an Altenberg, in der er von »*Liebe auf den ersten Laut*« zu dessen Buch spricht – um diesen Laut sodann, als »*atemknappen Pointillismus*«, gegen den »*zeitlosen und unsterblichen Geist der Epik*« auszuspielen. – Altenberg aber hob gerade dieses »*abgekürzte Verfahren*«, »*den Telegramm-Stil der Seele*« als seine künstlerische Intention hervor: »*Ich möchte einen Menschen in einem Satze schildern, ein Erlebnis der Seele auf einer Seite, eine Landschaft in einem Worte!*« Die Skizzen in *Wie ich es sehe* sind denn auch selten länger als ein oder zwei Seiten; oft genügen wenige Zeilen, pointierte Sätze, Partikel eines Dialogs; sie werden durch kunstvoll gesetzte Wiederholungen gegliedert und erheben sich mitunter zu hymnisch freien Jambenrhythmen im Stile der Schlegelschen Shakespeare-Version *(De amore)*. In seinen bedeutendsten Stücken zeigt Altenberg charakteristische Vorfälle aus den unteren Schichten der k. u. k. Klassengesellschaft, welche so gleichsam atmosphärisch präsent wird. Der Dichter solcher Skizzen gibt sich Ansehen und Titel eines »Revolutionärs« in der bürgerlichen Welt. Freilich ruft er nicht zur verändernden Tat auf, seine Haltung ist die des anklagenden Mitleids. Er vergegenwärtigt die unbefriedigte Sehnsucht des bürgerlichen Mädchens *(Quartett-Soirée)* oder die aristokratisch-gefaßte Haltung der untergehenden bürgerlichen Familie *(Vor dem Konkurse)* mit der gleichen scheuen Zurückhaltung wie den Kampf der Prostituierten gegen die gesellschaftliche Heuchelei *(Verkehr zwischen Menschen)* oder die Unfähigkeit des Proletariers, das Glück zu erkennen und zu genießen *(Im Volksgarten)*.

Als innerster Antrieb seines literarischen Schaffens jedoch erschien Altenberg nicht das (zeitgemäße) Pathos sozialer Anklage, sondern seine Kunst des »*liebenden Sehens*«. Seine Skizzen – virtuose Psychogramme aus einer zum Untergang verurteilten Gesellschaft – verstehen sich selbst als Fotografien nach dem wirklichen Leben, liebevollen Auges aufgenommen und beschwörend vorgezeigt. Sie gleichen Zeitungsbildern mit Szenen aus dem Bürgertum oder dem Proletariat; ihre Titel sind oftmals wie Bildunterschriften *(Blumen-Korso; Im Volksgarten; Der Landungssteg; Spätsommer-Nachmittag; Herbstabend)*. Unbefangen bestand Altenberg darauf, daß er die Fülle und Substanz seiner Kunst nicht sich selbst verdanke, seinem schöpferischen Subjektivismus, sondern daß sie ihm aus dem »fotografierten« Objekt zuströmten: aus der Natur. »*Die größte Künstlerin vor allem ist die Natur, und mit einem Kodak in einer wirklich menschlich-zärtlichen Hand erwirbt man mühelos ihre Schätze.*« Es war ihm ernst mit der Naturverehrung; das beweisen die lebensreformerischen Ansichten seines Buches, das geradezu sektiererische Eintreten für gesunde Kost, langen Schlaf und fließende Gewänder, das seinem Urheber mancherlei Spott eintrug. Für Altenberg aber waren Rücksicht und Schonung des Körpers die selbstverständliche Dankespflicht des Menschen gegen die Natur. Und die Wünschbarkeit der *mens sana in corpore sano* – gewiß auch eine Reaktion auf die rasche Entfaltung der Industriegesellschaft – mußte sich ihm um so dringender darstellen, je schwerer er unter der Hinfälligkeit seines durch Alkohol und Schlafmittel ge-

schwächten Körpers und unter der Plage seines überzarten, »pathologischen Gehirns« zu leiden hatte.
Altenberg ist lange Zeit vergessen worden, nachdem man ihn als »dekadenten jüdischen Literaten« und seine Bücher als »banales, labberiges, witzelndes Geistreichtum« beschimpft hatte. Erst nach 1945 kam so etwas wie eine Altenberg-Renaissance in Gang; sie nahm von Österreich ihren Ausgang und erfährt heute bedeutende Impulse. Man lernt allmählich, das Neuartige seines Werks mit neuen Augen zu lesen; für die eigentümlich verdeckte Gesellschaftskritik Altenbergs hat sich der Blick geschärft. H.Fl.

AUSGABEN: Bln. 1896; [11]1919 [verm.]. – Zürich 1963. – Wien/Hbg. 1977. – Mchn. 1979. – Wien/Ffm. 1987 (in *GW*, Hg. W. J. Schweiger, Bd. 1).

LITERATUR: W. Kraft, *P. A. Ein Gespräch* (in NRs, 63, 1952, S. 267–291). – E. Friedell, *P. A.* (in E. F., *Kleine Porträt-Galerie. Fünf Essays*, Mchn. 1953, S. 116–146). – E. Randak, *P. A. oder das Genie ohne Fähigkeiten*, Graz/Wien 1961. – L. Paulmichel, *Zeit- u. Gesellschaftskritik im Werke P. A.s*, Diss. Innsbruck 1963. – P. Wagner, *P. A.s Prosadichtung*, Diss. Münster 1965. – R. J. Klawiter, *P. A. und das Junge Wien* (in Modern Austrian Literature, 1, 1968, S. 1–55). – Th. Mann, *P. A.* (in Th. M., *Werke*, Bd. 12, Ffm. 1968, S. 48–51). – H. D. Schäfer, *P. A. u. die Wiener ›Belle Epoque‹* (in Literatur u. Kritik, 3, 1968, H. 26/27, S. 382–390). – D. S. Low, *P. A. A Case of Neglect* (in Trivium, 4, 1969, S. 31–42). – D. Grieser, *Tante Bertha. Im Altenberg des P. A.* (in D. G., *Schauplätze österreichischer Dichtung*, Mchn./Wien 1974, S. 59–67). – J. M. Fischer, *P. A.,* »*Wie ich es sehe*« (in J. M. F., *Fin de siècle. Kommentar zu einer Epoche*, Mchn. 1978, S. 157–168). – A. Barker, »*Die weiseste Ökonomie bei tiefster Fülle*« *– P. A.s* »*Wie ich es sehe*« (in *Studies in 19th Century Austrian Literature*, Hg. B. O. Murdoch u. M. G. Ward, Glasgow 1983, S. 77–101). – S. Nienhaus, *Das Prosagedicht im Wien der Jahrhundertwende. A. – Hofmannsthal – Polgar*, Bln./NY 1986, S. 31–139 [Diss. Münster 1984].

NATHAN ALTERMAN

* Juli 1910 Warschau
† 28.3.1970 Tel Aviv-Jaffa

HA-TUR HA-SCHEWI'I

(hebr.; *Die siebte Kolumne*). Satirische Zeitgedichte von Nathan ALTERMAN, nach Vorabdruck in der israelischen sozialistischen Zeitung ›Dawar‹ (und zwar stets in der 7. Kolumne) von 1948 an in Buchausgabe erschienen. – Der in Warschau geborene Autor lebte seit 1925 in Palästina (Israel), wo er sich als Agronom sowie als Redaktionsmitglied der Zeitungen ›Haarez‹ (1934–1943) und ›Dawar‹ (seit 1943) betätigt hat. Große Anerkennung hat er als Übersetzer – unter anderem von RACINE, MOLIÈRE und SHAKESPEARE – und als Autor von Kindergedichten gefunden, in erster Linie aber ist Alterman der Schöpfer und zugleich der Meister jenes Zweigs der neuen hebräischen Literatur, der als moderner hebräischer Bänkelsang bezeichnet werden kann. Typisch für diese Gattung ist besonders die sehr populär gewordene Sammlung seiner »Tur-ha-schewi'i«-Gedichte. In ihnen geißelt der Autor – meist von den Tagesereignissen ausgehend (wobei er die jeweilige Zeitungsnachricht dem betreffenden Gedicht voranstellt) – auf nachsichtige oder sarkastische, stets aber unterhaltsame Weise die verschiedensten menschlichen Fehler und Schwächen. Stilistisch bieten seine in flüssiger Reimprosa verfaßten Verse eine unerschöpfliche Fülle von Alliterationen, raffinierten Wortspielen und originellen Sprachschöpfungen.
In ihrer Gesamtheit bilden Altermans Gedichte eine Art dichterisch überhöhter Dokumentation zur Zeitgeschichte, vor allem des jüdischen Volkes in der Diaspora und in Palästina von der Zeit der Verfolgung im Zweiten Weltkrieg bis zur israelischen Gegenwart. »*Als die Nachrichten von der Vernichtung der europäischen Judenheit das Land erreichten, waren es die bitteren Zeilen seiner Gedichte, die mehr als jedes Pathos dem Schmerz des Volkes Ausdruck gaben*« (P. Navè). So beschreibt z. B. das Gedicht *... aus allen Völkern* eine Schar jüdischer Kinder in Polen, die von ihren Eltern weggerissen und zur Erschießung geführt werden. – Demgegenüber enthält das Gedicht *Politisches Bankett oder Die Großen beim Festmahl* die köstliche Schilderung eines Diplomaten-Banketts mit seinen obligaten wichtigtuerischen *maîtres d'hôtel*, nichtssagenden Trinksprüchen, vordergründigen Komplimenten und hintergründigen Intrigen. L.Pr.

AUSGABEN: Tel Aviv 1948. – Tel Aviv 1954. – Tel Aviv 1962. – Tel Aviv 1978 (*Selected Poems*, R. Friend; hebr.-engl.).

ÜBERSETZUNGEN: (Ausz.): D. Vardy, *New Hebrew Poetry*, Tel Aviv 1947 [engl.]. – B. Hrushovsky (in *The Modern Hebrew Poem Itself*, Hg. S. Burnshaw u. a., NY 1965; [3]1974; hebr.-engl.).

LITERATUR: A. Ben-Or, *Geschichte der zeitgenössischen hebräischen Literatur*, Bd. 1, Tel Aviv 1956, S. 246/47 [hebr.]. – M. Waxman, *A History of Jewish Literature*, Bd. 5, NY/Ldn. 1960, S. 22 ff. – P. Navè, *Die neue hebräische Literatur*, Bern 1962, S. 111/12. – M. Megged, Art. *N. A.* (in EJ[2], 2, Sp. 773–775). – E. Silberschlag, *From Renaissance to Renaissance*, NY 1977, Bd. 2, S. 72–79.

JOHANNES ALTHUSIUS

eig. Johann Althaus
* 1557 oder 1563(?) Diedenhausen / Berleburg
† 12.8.1638 Emden

LITERATUR ZUM AUTOR:
O. v. Gierke, *J. A. u. die Entwicklung der naturrechtlichen Staatstheorien*, Breslau ⁴1929. – E. Wolf, *Große Rechtsdenker der deutschen Geistesgeschichte*, Tübingen ³1951, S. 169 f. – E. Reibstein, *J. A. als Fortsetzer der Schule von Salamanca. Untersuchungen zur Ideengeschichte des Rechtsstaates u. zur altprotestantischen Naturrechtslehre*, Karlsruhe 1955. – *A.-Bibliographie*, Hg. H. U. Scupin u. U. Scheuner, 2 Halbbde., Bln. 1973. – C. J. Friedrich, *J. A. u. sein Werk im Rahmen der Entwicklung der Theorie von der Politik*, Bln. 1975.

POLITICA METHODICE DIGESTA ET EXEMPLIS SACRIS ET PROFANIS ILLUSTRATA

(nlat.; *Politik, methodisch dargestellt und durch heilige und profane Beispiele illustriert*). Staats- und Gesellschaftslehre von Johannes ALTHUSIUS, erschienen 1603; zwei erweiterte Auflagen 1610 und 1614. – In der Widmungsepistel an zwei ihm verschwägerte und befreundete Juristen erläutert der Autor Plan und Methode seiner Arbeit: Er wolle erstens ein streng logisch geordnetes, von der Theologie, Ethik und Jurisprudenz eingerahmtes »System der Politik« erstellen und zweitens entgegen der herrschenden Meinung die Ansicht erweisen, daß die höchste Gewalt immer beim Volk und niemals beim Herrscher liege. Nach einer Definition der Politik – sie ist für Althusius die Lehre vom Verhalten der Menschen untereinander und vom gegenseitigen Verhältnis der Gemeinschaften innerhalb einer übergeordneten Sozietät – behandelt der Autor zunächst die Entstehung und das Wesen der menschlichen Gemeinschaft, der *consociatio symbiotica*. Sie beruht nach seiner Meinung auf dem Naturgesetz; entstanden ist sie aus der Hilflosigkeit des einzelnen Menschen und seinem natürlichen Drang nach Vergesellschaftung. Aus solchen einfacheren Gemeinschaften entwickelt sich über eine Stufenreihe erweiterter Gesellschaftsformen der Staat als »*umfassende politische Gemeinschaft*« *(universalis politica consociatio)*: Deswegen bleibt auch die höchste Gewalt unübertragbar und unverzichtbar beim Volk, das diese an die Fürsten nur delegiere; durch eigene Vertreter, Ephoren genannt, könne das Volk über die Einhaltung der Pflichten des Herrschers wachen, und bei Entartung einer Herrschaft dürfe es in legaler Form vom Recht des Widerstands Gebrauch machen. Diese in streng methodischer Abfolge dargelegten Ausführungen illustriert der Autor durch zahlreiche Beispiele aus der *Bibel*, aus antiken Autoren sowie aus der Zeitgeschichte.

Die naturrechtlich begründete und kalvinistisch geprägte Lehre des Althusius von Gesellschaft und Staat – es ist die erste auf der Basis des deutschen Rechtes – erregte gleich bei ihrem Erscheinen großes Aufsehen. Sie wurde vielfach heftig bekämpft, fand aber dennoch weite Verbreitung, wie die insgesamt acht Auflagen des Werkes beweisen. Von der kalvinistischen Stadt Emden, die um ihre verbriefte Freiheit rang, wurde der Autor zum Syndikus bestellt und blieb sein ganzes weiteres Leben der Stadt treu. Bekämpft wurde das Werk vor allem, weil sich Althusius entschieden gegen die besonders von dem Franzosen Jean BODIN (vgl. *Les six livres de la république*) vertretene absolute Souveränität des Herrschers wandte. Dies trug auch dazu bei, daß man ihn später zu den »Monarchomachen« zählte und sein Werk infolgedessen bis ins 19. Jh. in Vergessenheit geriet. M. Ze.

AUSGABEN: Herborn 1603. – Herborn 1614. – Cambridge 1932, Hg. u. Einl. C. J. Friedrich. – Aalen 1961 [Nachdr. d. 3. Ausg. Herborn 1614].

ÜBERSETZUNG: *Grundbegriffe der Politik aus »Politica methodice digesta 1603«*, anon., Ffm. ²1948 (Deutsches Rechtsdenken, H. 3; Ausz.; zuerst 1943).

LITERATUR: W. Buchholz, *Rousseau u. A.*, Diss. Breslau 1922. – A. Passerin d'Entrèves, *Giovanni A. e il problema metodologico della filosofia politica e giuridica* (in Rivista Internazionale di Filosofia del Diritto, 14, 1934, S. 109–123). – G. Santonastaso, *Le dottrine politiche da Lutero a Suárez*, Mailand 1946. – P. J. Winters, *Die »Politik« des J. A. u. ihre zeitgenössischen Quellen. Zur Grundlegung der politischen Wissenschaft im 16. u. im beginnenden 17. Jh.*, Freiburg i. B. 1963.

LOUIS ALTHUSSER

* 16.10.1918 Birmandreis / Algerien

POUR MARX

(frz.; *Ü: Für Marx*). Aufsatzsammlung von Louis ALTHUSSER, erschienen 1965, bestehend aus verschiedenen Arbeiten, die zuvor in Zeitschriften, zumeist in ›La Pensée‹ erschienen waren. Das Buch erregte umgehend ein gewaltiges Aufsehen und wurde als »*Erwachen des marxistischen Denkens*« gefeiert. Für Althusser geht es in *Pour Marx* darum, aus der Philosophie ein Element des Klassen-

kampfs innerhalb der Wissenschaften zu machen. Er spricht von einer »*wissenschaftlichen Lektüre*« Marx'.
Als Ergebnis dieser Lektüre, die er in seiner Aufsatzsammlung vornimmt, verwirft Althusser den jungen Marx, der in seiner Sicht noch viel zu sehr den Einflüssen HEGELS und des Idealismus unterliegt, und konzentriert sich vor allem auf den späteren Marx; der »wahre Marx« ist der »*erwachsene, wissenschaftliche*« Autor des *Kapitals*. Im *Kapital* findet Althusser ein Denken in Konzepten, befreit von den Prinzipien und Phänomenen des Humanismus, den er ablehnt. Es geht ihm um die Weiterführung von Marx' Werk, das zwar durchaus eine Geschichtsphilosophie darstelle, aber den dialektischen Materialismus, der für Althusser einzig wesentlich ist, nur gerade skizziert habe. Er diskutiert ausgiebig die marxistischen Grundbegriffe (wie Mehrwert), beharrt auf seiner These, der junge Marx sei noch nicht marxistisch, und versucht, mit Konzepten, die er zum Teil von LÉVI-STRAUSS, BACHELARD, FREUD und LACAN übernimmt, eine marxistische Wissenschaft zu konstituieren. Von dieser Wissenschaft trennt er radikal die Ideologie, die er als primären Irrtum des Idealismus bezeichnet. Aktion, Engagement, Praxis im politischen Kampf situiert er als Formen der Naivität im Fahrwasser der »*romantischen und phänomenologischen Irrtümer*«, ihnen hält er den »*wissenschaftlichen Text*« entgegen. In diesem Sinne ist es durchaus logisch, daß Louis Althusser seinen Schüler Régis DEBRAY davon abhalten wollte, in Bolivien auf der Seite Che Guevaras gegen die Unterdrückung zu kämpfen. Es gebe, schrieb er ihm in einem Brief, dringendere, akutere Erfordernisse des Kampfes als die Tat, bei der man sein Leben riskiert, nämlich »*das Studium, von dem alles abhängt*«. Für Althusser ist die moderne Geschichte ein Prozeß ohne Subjekte, in dem sich antagonistische Klassen bekämpfen. Die materialistische Philosophie muß seinem Anspruch gemäß die »*Wissenschaft*« der Geschichte werden – eine Wissenschaft, die eben auch mit dem Individuum als Akteur dieser Geschichte aufräumt. Dafür liefern ihm die Humanwissenschaften und der Strukturalismus seiner Zeit – Linguistik, Psychoanalyse, Ethnologie – Elemente, die er in seine Konstruktion aufnimmt. Die Trennung zwischen den Phänomenen des Lebens und der theoretischen Praxis ist total.
Mit seiner starren Radikalität kam Louis Althusser, in dessen Philosophie weder der Stalin-Kult noch andere »*Irrtümer des sozialistischen Humanismus*« Platz finden, auch mit der Kommunistischen Partei, der er seit 1948 angehört, in Konflikt, obwohl seine Thesen zeitweise sogar von Angehörigen des Zentralkomitees unterstützt wurden. Noch im gleichen Jahr wie *Pour Marx* erschien, herausgegeben von Althusser und Etienne Balibar, unter dem Titel *Lire le Capital* (dt. *Das Kapital lesen*, 1972) eine zweibändige Sammlung mit Aufsätzen von Althusser-Schülern, die sich in seinem Sinne mit der Erneuerung des marxistischen Denkens beschäftigen. Diese Studien lösten innerhalb wie außerhalb der Kommunistischen Partei Frankreichs intensive Debatten aus.
Die Originalität von Louis Althussers Unterfangen bestand zunächst darin, daß er in Frankreich, wo der Marxismus mehr die herrschende Ideologie der Nachkriegszeit (zumindest im weiten Einflußbereich der KPF, die lange die größte Partei Frankreichs war und auch die kulturelle Szene beherrschte) war als eine wissenschaftlich fundierte Philosophie, versuchte, das armselige marxistische Denken außerhalb der ideologischen Kontrolle durch die Partei und ihre Instanzen zu erneuern und theoretisch zu verfestigen, doch kam er letztlich auf Positionen, die sehr viel dogmatischer sind als jene der Partei. Später wich er unter dem Einfluß der Kritik, die mit seiner »Wissenschaftlichkeit« ins Gericht ging, von verschiedenen dieser Positionen ab, ohne das Wesentliche seiner Lehre in Frage zu stellen. Im Jahr 1978, als die Aussicht auf einen Wahlsieg der vereinigten Linksparteien (Kommunisten und Sozialisten) bestand, kritisierte Althusser in einer Artikelserie in ›Le Monde‹ die dogmatische Aufweichung der KPF und ihren Verzicht auf die »Diktatur des Proletariats«. Damals, schreibt Bruno SCHOCH, gelang Althusser erstmals eine »*wahrhaft konkrete Analyse der konkreten Situation – allerdings nicht der gesellschaftlichen Realität, sondern des Funktionierens der KPF*«, die ihn gewissermaßen exkommunizierte, aber nicht ausschloß. Überraschend gingen die Wahlen für die Linksunion verloren, und mit dem seither in Frankreich zu registrierenden Niedergang des Kommunismus ging auch Louis Althussers intellektueller Einfluß stark zurück. Seit einem psychischen Zusammenbruch im Jahr 1980 hat Louis Althusser, von dem neben den erwähnten Texten eine Studie über MONTESQUIEU und Aufsätze (z. B. über FEUERBACH) vorliegen, nichts mehr publiziert. J.Al.

AUSGABE: Paris 1965.

ÜBERSETZUNG: *Für Marx*, K. Brachmann u. G. Sprigath, Ffm. 1968.

LITERATUR: B. Schoch, *Marxismus in Frankreich seit 1945*, Ffm./NY 1980. – A. Münster, *A.* (in *Pariser philosophisches Journal*, Ffm. 1987).

MANUEL ALTOLAGUIRRE

* 29.6.1905 Málaga
† 26.7.1959 Burgos

LITERATUR ZUM AUTOR:
Indice, Aug. 1959 (Sondernr. *M.A.*). – Revista de cultura mexicana, Juli 1959 (Sondernr. *M.A.*). – M. Smerdou Altolaguirre, *M.A., poeta e impresor*, Diss. Madrid 1970. – M. L. Álvarez Harvey, *Cielo y tierra en la poesía lírica de M.A.*, Hattiesburg/

Mississippi 1972. – C. D. Hernández de Trelles, *M.A.: vida y literatura*, San Juan de Puerto Rico 1974. – C. B. Morris, *A Generation of Spanish Poets 1920–1936*, Cambridge 1971. – J. Crispin, *Quest for Wholeness: The Personality and Works of M.A.*, Valencia/Chapel Hill 1983. – M. Lentzen, *Der spanische Bürgerkrieg und die Dichter – Beispiele des politischen Engagements in der Literatur*, Heidelberg 1985.

DAS LYRISCHE WERK (span.) von Manuel ALTOLAGUIRRE.
Manuel Altolaguirre gehört der spanischen »Generation von 27« an. Seine Lyrik, ein relativ begrenztes Korpus von etwa 300 Gedichten, stellt den Schwerpunkt seines literarischen Werks dar; sie erschien im wesentlichen in den Bänden *Las Islas Invitadas*, 1926 *(Die eingeladenen Inseln), Ejemplo*, 1927 *(Beispiel), Poesía*, 1930/31 *(Poesie), Soledades juntas*, 1931 *(Verbundene Einsamkeiten), La lenta libertad*, 1936 *(Die langsame Freiheit), Nuevos poemas de las Islas Invitadas*, 1936 *(Neue Gedichte von den eingeladenen Inseln), Nube Temporal*, 1939 *(Zeitweilige Wolke* oder *Gewitterwolke), Más Poemas de las Islas Invitadas*, 1944 *(Weitere Gedichte von den eingeladenen Inseln), Nuevos poemas*, 1946 *(Neue Gedichte)* und *Fin de un amor*, 1949 *(Ende einer Liebe)*. In der Thematisierung von Liebe, Einsamkeit, Vergessen und Erinnerung, der Reflexion über das Verfließen der Zeit, den Tod, den Traum, den Schmerz über den Verlust geliebter Menschen usw. widerspricht diese Lyrik dem Postulat einer »poesía pura« oder eines »enthumanisierten« Dichtens, eines objektiven, intellektuellen und sich am mathematischen Kalkül orientierenden Schreibens, wie es die zeitgenössische Poetik (VALÉRY u. a.) formulierte, wie ORTEGA Y GASSET es als modern definiert hatte (*La deshumanización del arte*, 1925) und wie es in Dichtung und Poetik der 27er zumindest tendenziell erscheint. Altolaguirre leugnet auch ausdrücklich die Möglichkeit eines solchen Dichtens. Mit seiner Poesie, die vor allem den privaten seelischen Innenbereich zum Gegenstand hat, steht er Autoren wie CERNUDA, PRADOS und SALINAS besonders nahe.
Die den dichterischen Kosmos Altolaguirres prägende Zentralopposition Innen versus Außen konkretisiert sich in den Motiven der Abschließung und der Öffnung bzw. Durchdringung von Grenzen, Motive, die nicht nur die Darstellung des Verhältnisses von Ich und Umwelt prägen, sondern sich schon auf sprachlicher Ebene in Schlüsselbegriffen wie etwa »Tür«, »Mauer«, »Zimmer«, »Insel« einerseits, »Feld«, »Meer«, »Fluß«, »Pfad« andererseits zeigen, wobei einige Begriffe ambivalenten Charakter haben (z. B. die häufig vorkommende »Wolke«: Kontur und Flüchtigkeit). In der Darstellung des Verhältnisses von Ich und Umwelt manifestiert sich die genannte Opposition in einer extensiven Thematisierung der Einsamkeit *(»soledad«)*, die ambivalent erscheint: Sie wird einerseits beklagt, vor allem wo sie sich daraus ergibt, daß die Liebenden einander isoliert, unabhängig und in sich verschlossen, als *»verbundene Einsamkeiten«* gegenüberstehen. Der Egoist erscheint in diesem Rahmen als *»Herr über sich, Herr über nichts«*. Andererseits wird der Verlust der Einsamkeit gefürchtet und bedauert; die Umwelt präsentiert sich als bedrohlich, ist doch die Abschließung nach außen auch wirklich Befreiung in der Loslösung von sinnlicher Beschränkung und Bedingtheit, in der Möglichkeit, authentischem Sein in der Erkenntnis seiner selbst wenigstens vorläufig näherzukommen. Dies gilt sogar für die geliebte Person: *»Jetzt weiß ich, was du bist. / Jetzt da ich dich nicht fühle, / da meine Sinne dich nicht begrenzen. / Jetzt habe ich dich«.*
Die Erkenntnis des Problems der verfließenden Zeit und des Todes führt bei Altolaguirre kaum je zum Ausdruck der Verzweiflung wie bei anderen Vertretern seiner Generation; der Tod wird von vornherein als Zukunftsperspektive und Bestandteil der Existenz akzeptiert, ja als Möglichkeit der Befreiung und Vollendung, ähnlich dem Traum (*»ensueño«*), verstanden. Gerade in der Reflexion um Zeit und Tod erscheint eine dem Altolaguirreschen Dichten zugrundeliegende Tendenz zu Ausgleich und Harmonie – und sei es auf dem Umweg über Paradox und Ambiguität. Die relativ begrenzte Thematik Altolaguirres bedingt fast notwendig die Wiederkehr von zum Teil archetypischen (»Wasser«, »Baum«), zum Teil konventionellen Bildern und Symbolen (»Himmel« vs. »Erde« steht für »Seele« vs. »Körper«, »Aufschwung« vs. »Schwere«). Soweit es sich um offensichtliche »Zitate« handelt, sind sie wohl freilich durch das spezifische Verhältnis der 27er zur dichterischen Tradition bedingt. Thematische Enge, eine gewisse Monotonie und die stilistische Neigung, zu konstatieren anstatt fühlbar zu machen, sind weitgehend verantwortlich für die Einstufung Altolaguirres als *»poeta minor«* der 27er Generation. In seiner Dichtung sind Einflüsse der Romantik, des Surrealismus, des Neopopularismus und, von Altolaguirre ausdrücklich angemerkt, von Juan Ramón JIMÉNEZ zu verzeichnen.
Trotz seiner Tendenz zur Innerlichkeit engagierte sich Altolaguirre bei Ausbruch des Bürgerkriegs entschieden auf republikanischer Seite. Schon 1936 gab er einen kleinen *Romancero de la guerra civil*, 1927 *(Romancero des Bürgerkriegs)* heraus, ein Jahr vor dem von Emilio PRADOS herausgegebenen *Romancero de la guerra de España (Romancero vom spanischen Krieg)*. Von seiner Anteilnahme am Zeitgeschehen zeugen, neben den Gedichten des Bandes *Nube Temporal*, ein programmatischer Artikel über ein neues antifaschistisches und der spanischen Tradition würdiges Theater, *Teatro Nuestro*, 1937 *(Unser Theater)*, sowie ein Theaterstück *Tiempo, a vista de pájaro*, 1937 *(Zeit, aus der Vogelschau)*. Daneben übersetzte Altolaguirre SHELLEYS *Adonais* und PUSCHKINS dramatisches Gedicht *Don Juan*, schrieb literaturkritische Artikel sowie ein Buch über GARCILASO DE LA VEGA und publizierte eine bekannte Anthologie zur Lyrik der spa-

nischen Romantik. Ebenso bedeutsam wie Altolaguirres eigenes literarisches Werk war für die Literatur der Epoche seine Tätigkeit als Drucker und Verleger. Zusammen mit Emilio Prados produzierte er in ihrer Druckerei »Sur« in Málaga ›Litoral‹, die möglicherweise bedeutendste literarische Zeitschrift im Spanien der zwanziger Jahre. Altolaguirre, zusammen mit Prados Gründer der Zeitschrift, wirkte bis zum Schluß im Direktionskollegium, wenn er sich auch 1929 weitgehend von der redaktionellen Arbeit zurückzog und der Surrealist José María Hinojosa das Bild von ›Litoral‹ prägte. ›Litoral‹, das als Zeitschrift schon durch seine sorgfältige und originelle graphische Gestaltung Aufmerksamkeit erregte, entwickelte sich zu einem Kristallisationspunkt der 27er Literatur; praktisch alle 27er und auch Juan Ramón Jiménez veröffentlichten in ihr; ein Höhepunkt war die im Oktober 1927 erschienene Dreifachnummer zum Góngora-Jubiläum, die ein Pendant zu den in Sevilla organisierten Gedenkveranstaltungen der 27er darstellte. ›Litoral‹ fungierte daneben auch als Verlag, unter dessen Ausgaben sich u. a. Erstlingswerke von Aleixandre, Prados, Cernuda, Hinojosa, Altolaguirre, Souviron, Bergamín, García Lorca und Alberti befinden. Daß ›Litoral‹ zum Treff- und Sammelpunkt dieser sich vor allem als Erlebnisgemeinschaft darstellenden literarischen Gruppe oder »Generation« werden konnte, ist nicht zuletzt dem von vielen Zeitzeugen unterstrichenen aufgeschlossenen Charakter Altolaguirres zuzuschreiben, der als Integrationselement fungierte.

Der weitverbreiteten Einschätzung Altolaguirres als einem der weniger bedeutenden Dichter der 27er Generation trat seit 1962 mit Heftigkeit Luis Cernuda entgegen, der ihn schließlich als einen der bedeutendsten Dichter seiner Generation bezeichnete. Die tiefergehende kritische Beschäftigung mit Altolaguirre hat freilich erst in den letzten Jahren ein nennenswertes Ausmaß erreicht. W.Kre.

Ausgaben: *Poesías Completas (1926–1959)*, Mexiko 1960; ²1974. – *Las Islas Invitadas*, Hg. M. Smerdou Altolaguirre, Madrid 1973. – *Fin de un amor*, Vorw. dies., Madrid 1974. – *Las Islas Invitadas y cien poemas más*, Hg. dies., Sevilla 1985 (Ausw.). – *Obras completas, I. El caballo griego. Crónicas y artículos. Estudios literarios*, Hg. J. Valender, Madrid 1986 (krit.).

Literatur: L. de Leopoldo, *La poesía de M. A.* (in PSA, 59, 1961, S. 189–202). – J. L. Cano, *M. A., poeta de la nube* (in J. L. C., *La poesía en la generación del 27*, Madrid ³1973, S. 277–282). – M. de las Mercedes de los Reyes Peña, *Aproximación a la poesía de M. A. Estudio del tema del agua* (in *Andalucía en la generación del 27*, Hg. J. Collantes de Terán, Sevilla 1978, S. 187–217). – A. Bush, *M. A., The Dialogue of Poetry* (in Modern Language Studies, 15, 1985, S. 135–142).

LAS ISLAS INVITADAS

(span.; *Die eingeladenen Inseln*). Gedichtsammlung von Manuel Altolaguirre, erschienen 1926, erweitert 1936. – Ähnlich wie etwa García Lorcas *Poeta en Nuevo York* oder Aleixandres *Sombra del paraíso* zeigt auch Altolaguirres Dichtung den gebrochenen Rhythmus und pessimistische Visionen, wie sie für diese Generation als typisch gelten können.

Jeder Mensch gleicht einer Insel, einem Turm mit »*blinden Fenstern*«, ist gefangen in der Hülle des eigenen Körpers, umgeben von »*Kreisen aus Einsamkeit*«, die eine wirkliche Kommunikation mit dem Anderen unmöglich machen. Gemäß Altolaguirres eigenem ästhetischen Bekenntnis ist die Poesie eine Flucht nach innen, Dichtung hinter verschlossenen Türen: »*Die Poesie zeigt mir die Welt, durch sie kann ich mich kennenlernen. Deshalb hat der Dichter nie etwas Neues zu sagen. Die Poesie enthüllt uns, was wir bereits wissen und wieder vergessen. Sie hilft uns, die verlorene Zeit zu retten*«. Nur ein Leben in der Poesie kann zur wahren Kommunikation führen, das Gefühl der Entfremdung und Einsamkeit überwinden, so in *Vida poética*, einer der 13 Titel, unter denen die 137 Gedichte gruppiert sind: »*Yo junto al mundo y el mundo / communicando conmigo*« (»*Die Welt neben mir und die Welt / im Gespräch mit mir*«). Der Konflikt zwischen individuellem und kollektivem Dasein wird zum zentralen Thema der *Islas invitadas*. Dieser läßt sich nur durch ein Streben nach einem geistigen Leben auflösen, das gegenüber der äußeren Welt gleichgültig ist, durch eine Flucht aus der sichtbaren Realität in eine unsichtbare, in eine Traumwelt: »*Si fuera el cuerpo lo invisible / y el almo lo real*« (»*Als wäre der Körper das Unsichtbare / und die Seele das Wirkliche*«). Demnach überwiegen in Altolaguirres Lyrik auch Symbole der Flüchtigkeit und Vergänglichkeit: »*Todo el ámbito es beso / de aire y niebla, / de alma y alma, / como si un invisible / amor interminable / cubriera la ciudad*« (»*Alles um uns ist Kuß, / von Luft und Nebel, / von Seele und Seele, / wie wenn eine unsichtbare / unendliche Liebe / die Stadt überdecken würde*«). Am eindringlichsten faßt er seinen Konflikt zwischen Realität und Traum, zwischen Licht und Dunkel, Himmel und Erde in der Ode *A un olmo* (*An eine Ulme*). Verwurzelt in der Erde und gleichzeitig dem Himmel entgegenwachsend, sieht er in der Ulme sein Ideal eines »*Dios vegetal*«, des permanenten Wachstums und der Erneuerung, verkörpert: »*Tu conquistas el cielo sin derrota / dueño de tu comienzo y tus fines*« (»*Du eroberst den Himmel ohne Niederlage / Herr deines Anfangs und Endes*«). W.Ste.

Ausgaben: Madrid 1936. – Madrid 1972, Hg. u. Einl. M. Smerdou Altolaguirre (Castalia). – Mexiko 1974 (in *Poesías completas*, Hg. u. Einl. M. L. Álvarez Harvey). – Madrid 1982 (in *Poesías completas*, Hg. u. Einl. M. Smerdou Altolaguirre u. M. Arizmendi). – *Las Islas Invitadas y cien poemas más*, Hg. M. Smerdou Altolaguirre, Sevilla 1985 [Ausw.].

LITERATUR: L. F. Vivanco, *Aprendiendo a ser buen lector de »Las islas invitadas«* (in Caracola, 1960, Nr. 90–94, S. 122–130). – C. Zardoya, *Poesía española del 98 y 27*, Madrid 1968. – C. B. Morris, *A Generation of Spanish Poets*, Cambridge 1969, S. 144–149. – T. Gonzales Rivas, *Escritores malagueños*, Malaga 1973.

Alurista

eig. Alberto Urista

* 8.8.1947 Mexico City

DAS LYRISCHE WERK (span./amer.) von ALURISTA.

Die Gedichte Aluristas bilden das umfassendste und einflußreichste lyrische Gesamtwerk im Zusammenhang der Chicanoliteratur. Der Beginn seiner Lyrik um 1970 ist untrennbar mit der Entwicklung der politischen Bewegung der Chicanos seit dem Streik der Farmarbeiter Kaliforniens (1965) zu einer kulturnationalistischen Massenbewegung verbunden, die auf den sog. »Chicano Youth Conferences« (1967 und 1969 in Denver, Colorado) die »Nation of Aztlán« verkündete. *Aztlán* ist spirituell-mythologischer Symbolbegriff für die »neue Heimat« der Chicanos (das sind die in die USA eingewanderten Mexikaner) im Südwesten der Vereinigten Staaten, dem mythischen Stammland der Azteken. Alurista war Verfasser des »Plan Espiritual de Aztlán« (1969).

Die 100 Gedichte seines ersten Zyklus, *Floricanto en Aztlán* (1971), sind im Sprachwechsel (»code switching«) von verschiedenen Dialekten des Spanischen und Englischen zur präkolumbischen Nahuatl-Sprache verfaßte bildreiche und energiegeladene Texte, die von der Ausbeutung der Chicanos unter der sengenden Sonne des »Mr. Jones« (Inkarnation des »weißen« kapitalistischen Systems in Nordamerika) ihren Ausgang nehmen, dann aber die Bilder und Symbole allmählich positiv aggregieren und umdeuten als Netzwerk einer eigenen Geschichte und Identität (z. B. Solarzentrismus der altamerikanischen Lebensphilosophie). Während *Floricanto* noch direkt auf die Azteken verweist, weitet sich im Band *Nationchild plumaroja* (1972) das Bezugssystem auf das Volk der Mayas aus. Auch die sprachliche Experimentierfreudigkeit des Autors steigert sich, wie die Schöpfung vielschichtiger Wortungetüme wie *»padrecarnalismo«* und *»madrecontinentetierra«* und die Einbeziehung konkreter Poesie zeigt. Wurde zunächst Religion als Bildwelt in den Dienst der politischen Aussage gestellt, so ist in *Nationchild* Religion selbst thematisiert, wird die soziale Problematik stärker unter einem metaphysischen Aspekt gesehen. Die Lyrik in *Timespace huracán* (1976) abstrahiert noch mehr von der Realität des politischen Kampfes und verschreibt sich, häufig in Manierismen und parodistische Effekte übersteigert, einer vagen humanistischen Utopie. Die rituellen, kommunikativ-didaktischen, auf das zentrale Moment oraler Überlieferung abgehobenen Züge der beiden ersten Zyklen wandeln sich immer häufiger zu Druckbild-zentrierten, visuellen Effekten der »Konkreten Poesie«. Vollends spielt *Spik in glyph* (1981) mit Worten, den Dialekten beider Sprachen, der Orthographie und beutet die homonymen Entsprechungen zwischen Englisch und Spanisch aus. Das Wortspiel beginnt bereits bei der Doppeldeutigkeit des Titels: *»speak English?«* und *»Lateinamerikaner im Schriftbild?«* Das Konzept von Aztlán wird hier (etwa im Gedicht *Borinquen*) auf den gesamten Kontinent ausgedehnt unter Einbeziehung der Brüder und Schwestern lateinamerikanischen Ursprungs, der Puertorikaner in den USA.

Return (1982) bildet den vorläufigen Abschluß der Lyrikproduktion Aluristas; hier schließt sich der Kreis: Der Dichter stellt die neuen Gedichte des Teilzyklus *Dawn's eye* mit einer Neuveröffentlichung von *Nationchild plumaroja* in einem Band dar. In den neuen Gedichten werden zum erstenmal Eindrücke einer Europareise *(nether, nether, netherland; from Amsterdam)* verarbeitet (man vergleiche in diesem Zusammenhang den Band *Amsterdam Cantos*, 1983, von Ricardo SÁNCHEZ). Chicanos verbleiben nicht im Ghetto ihrer eigenen Volksgruppe. Insgesamt läßt sich sagen, daß bei aller experimentellen Fragmentierung der Sprache doch die Grundanliegen der Dichtung Aluristas bleiben: Mythos, Geschichte, Religion als lebenspendende Quellen und Instrumente einer Überwindung der ökologisch und ökonomisch pervertierten Realität. Wenngleich Erfahrungs- und Wirkungszusammenhang seiner Dichtung die Lebenswelt der Chicanos bleibt, so adressiert der Dichter seine mahnend-esoterischen Sprachbilder auch an ein globales Publikum.   D.He.

AUSGABEN: *Floricanto en Atzlán*, Los Angeles 1971; 1976. – *Nationchild plumaroja*, San Diego 1972; – Ypsilanti 1982 (in *Return*). – *Timespace huracán*, Albuquerque 1976. – *A'nque*, San Diego 1979. – *Spik in glyph?*, Houston 1981. – *Return*, Ypsilanti 1982 [Einl. G. D. Keller, Bibliogr. E. N. Eger].

LITERATUR: G. Rojas, *A., Chicano Poet, Poet of Social Protest* (in *Otros mundos, otros fuegos*, Hg. D. A. Yates, East Lansing 1955, S. 255–260). – D. Testa, *A.: Three Attitudes Toward Love in His Poetry* (in Revista Chicano-Riqueña, 4, 1976, 1, S. 46–55). – T. Ybarra Frausto, *A.'s Poetics: The Oral, The Bilingual, The Pre-Columbian* (in *Modern Chicano Writers*, Hg. T. Y. F. u. J. Sommers, Englewood Cliffs 1979, S. 117–132). – J. Bruce-Novoa, *The Teachings of A.: A Chicano Way of Knowledge* (in J. B.-N., *Chicano Poetry. A Response to Chaos*, 1982, S. 69–95). – C. Candelaria, *A.* (in C. C., *Chicano*

Poetry. A Critical Introduction, Westport/Ldn. 1986, S. 78–108).

MANUEL INÁCIO DA SILVA ALVARENGA

* 1749 Vila Rica
† 1.11.1814 Rio de Janeiro

LITERATUR ZUM AUTOR:
M. de Oliveira Lima, *Aspectos de literatura colonial brasileira*, Lpzg. 1896, S. 273–292. – A. Cândido, *Formação da literatura brasileira*, Bd. 1, São Paulo 1964, S. 132–144. – Carpeaux, S. 78/79. – F. T. de Sales, *S.A.*, Brasília 1973. – Moisés, 1, S. 279–289.

GLAURA

(portug.; *Glaura*). Gedichtzyklus von Manuel Inácio da Silva ALVARENGA (Brasilien), veröff. unter dem Pseud. Alcindo PALMIRENO, erschienen 1799. – Alvarenga, der als der bedeutendste Vertreter des brasilianischen *arcadismo* (Arkadiertum) gilt, besingt in diesen Gedichten – Rondos und Madrigalen – seine Liebe zu der Hirtin Glaura und betrauert ihren frühen Tod. Die Natur, die er schildert, ist bukolisch, hat aber mit der konventionellen Bukolik seiner Zeitgenossen wenig gemein. Zwar ist sie noch in herkömmlicher Weise von Gestalten aus der griechischen Mythologie wie Nymphen, Faunen und Dryaden belebt, doch finden sich auch spezifisch brasilianische Pflanzen und Tiere in der Landschaft dieser Gedichte.
Fast alle 59 Rondos des Zyklus sind metrisch und rhythmisch gleich gebaut. Sie beginnen mit einem Quartett mit Mittenreim nach dem Schema a/ab/bc/cd, es folgen zwei weitere Quartette, die e/f/f/ed reimen und in einem Oktett zusammengeschlossen sind, und am Schluß kehrt das Einleitungsquartett als Refrain wieder. Die 57 Madrigale sind Zehnzeiler, in denen zehn- und sechssilbige Verse alternieren; Reim- und Rhythmusschema wechseln dabei häufig.
Alvarenga kannte die Werke des Italieners Pietro METASTASIO (1698–1782); seine außerordentliche Musikalität befähigte ihn, den Wohlklang der italienischen Canzonetta nachzuempfinden und in einen leichten, volkstümlichen Rhythmus umzuformen, der für die Rondos charakteristisch ist. Für ihre formale Monotonie, die bei der Lektüre leicht ermüdend wirkt, entschädigt die Aufrichtigkeit der Gefühle, die in einer schlichten, unaffektierten Sprache ausgedrückt werden. Diese starke Gefühlsbetontheit und die zuweilen idealisch verklärende Beschreibung weisen Alvarenga als Vorläufer der Romantik aus. R.M.P.

AUSGABEN: Lissabon 1799. – Lissabon 1801. – Rio 1943, Hg. A. Arinos de Melo Franco [m. Einl.]. – Rio 1958 (in *Poesia*, Hg. A. Houaiss; m. Einl.) – Brasília 1973, Hg. F. T. de Sales [m. Anm.].

LITERATUR: M. de Oliveira Lima, *Aspectos da litteratura colonial brazileira*, Lpzg. 1896. – H. Paranhos, *História do romantismo no Brasil*, Bd. 1, São Paulo 1937, S. 236–251. – A. Arinos de Melo Franco, *Portulano*, São Paulo 1945. – A. Houaiss, *Seis poetas e um problema*, Rio 1960.

FREI JOÃO ÁLVARES

* Beginn 15.Jh. Torres Novas (?)
† um 1490 Kloster Paço de Sousa

CRONICA DO SANCTO E VIRTUOSO IFFANTE DOM FERNANDO

(portug.; *Chronik des heiligen und tugendreichen Infanten Dom Fernando*). Biographie von Frei João ÁLVARES, erschienen 1527. – Der Chronist hatte dem Prinzen Fernando, der 1447 in maurischer Gefangenschaft starb (und dessen Schicksal dann CALDERÓN zu seinem *Standhaften Prinzen* anregte), als Sekretär gedient und das Los der Gefangenschaft mit ihm geteilt. Nach seiner eigenen Freilassung verfaßte er zwischen 1448 und 1460 die Lebensbeschreibung Fernandos auf Wunsch von dessen älterem Bruder, Prinz Heinrich dem Seefahrer. Die frühen Lebensjahre werden nur kurz gestreift, ausführlicher dagegen Gefangenschaft und Martyrium des Infanten als Opfer unnachgiebiger Politik geschildert.
Álvares erzählt in meist schmuckloser Sprache. Preist er jedoch die Tugenden des Prinzen, seine Standhaftigkeit im Leid, seine Treue zu den Leidensgefährten, und schildert er die Gefangenen, die ihr Schicksal beklagen und einander aufzurichten versuchen, so wird sein Ausdruck in Ausrufen, Antithesen oder Steigerungen, gedrängtem oder getragenem Satzrhythmus emphatisch bewegt. Als zuverlässiger Bericht eines Augenzeugen trug die Chronik auch dazu bei, den Ruf der Heiligkeit zu begründen, in dem der Infant in seiner portugiesischen Heimat steht. A.E.B.

AUSGABEN: Lissabon 1527 [?]. – Lissabon 1577. – Coimbra 1911, Hg. J. Mendes dos Remédios [m. Glossar]. – Coimbra 1960 (in *Obras*, Bd. 1; *Trautado da vida e feitos do muito vertuoso sōr Ifante D. F.*, Hg. A. Calado; m. Einl. u. Anm.; krit.).

ÜBERSETZUNG: *Fernando von Portugal. Leben des standhaften Prinzen*, I. F. M. Olfers, 1827.

LITERATUR: A. de Almeida-Calado, *Frei João Álvares, estudo textual e literário-cultural*, Coimbra 1964. – H. Cidade, *Lições de literatura e cultura portuguesa*, Bd. 1, Coimbra ⁵1968 [rev.]. – J. V. Serrão, *A historiografia portuguesa*, Bd. 1, Lissabon 1972, S. 89–93. – M. Martins, *Alegorias, símbolos e exemplos morais da literatura medieval portuguesa*, Lissabon 1975, Kap. 24.

HÉCTOR ÁLVAREZ MURENA

* 14.2.1923 Buenos Aires
† 6.5.1975 Buenos Aires

EL CENTRO DEL INFIERNO

(span.; *Die Mitte der Hölle*). Erzählungen von Héctor ÁLVAREZ MURENA (Argentinien), erschienen 1956. – Die acht Erzählungen dieser Sammlung gehören in den Bereich der phantastischen Dichtung, die seit den zwanziger Jahren dieses Jahrhunderts in Argentinien, vor allem mit J. L. BORGES und A. BIOY-CASARES, zu reicher Blüte gelangt ist und ihre wichtigsten literarischen Vorbilder in POE, CHESTERTON und KAFKA sieht. Die Geschichten Murenas enthalten weniger äußere Handlung als vielmehr Reflexionen, Träume, innere Reaktionen und assoziative Abläufe. In *Was sie nicht sahen* erinnern die unheimliche Atmosphäre der verfallenen Burg und der grauenhafte Todesfall an Poe. In *Der Strohhut* vermittelt ein Zufall einen Eindruck von der Gegenwart des Unheimlichen mitten in einer realen Welt. Realistische und phantastische Elemente sind in *Der Kavallerieoberst* und *Die Freunde* ineinander verwoben. Die Wirklichkeit nimmt derart phantastische Züge an, daß sie den Menschen verwirrt und ihn jedes Gefühls der Geborgenheit in einer sicheren Welt beraubt. Der Mensch ist einsam einem Leben ausgesetzt, das voller Rätsel für ihn ist *(Alles umsonst, Das Ende)*, er steht inmitten der Hölle als dem Zentrum eines undurchdringlichen Weltgebäudes, in dem er allenfalls einige wenige Räume, niemals aber die Wirklichkeit des Ganzen zu erkennen vermag *(Die Mitte der Hölle)*. H.Mo.

AUSGABE: Buenos Aires 1956.

LITERATUR: M. A. Lancelotti (in Sur, 1957, Nr. 244, S. 60–63). – *Diccionario de literatura latinoamericana. Argentina*, Washington 1961. – E. Anderson Imbert, *Historia de la literatura hispanoamericana*, Bd. 2, Mexiko 1961. – T. Frugoni de Fritzsche, *M.: Un escritor argentino ante los problemas del país y de su literatura*, Buenos Aires 1985.

HISTORIA DE UN DÍA

(span.; *Geschichte eines Tages*). Romantrilogie von Héctor ÁLVAREZ MURENA (Argentinien), erschienen 1955 – 1965. – Allen drei Romanen liegt eine Problematik zugrunde, um die die Erzählungen eines anderen Bandes des Autors, *El centro del infierno*, 1956 *(Die Mitte der Hölle)*, kreisen und die in seiner Essaysammlung *El pecado original de América*, 1954 *(Die Erbsünde Amerikas)*, als ein von Geschichte und Landesnatur geprägter Grundzug des argentinischen Nationalgefühls umrissen wird: »Hier ist der Fall gegeben, daß ein ganzes Volk einer ausweglosen Einsamkeit unterworfen ist, gegen die man alle Verteidigungsarten erproben kann, der jedoch keiner entgeht, da sie sich gerade als Annullierung der persönlichen Freiheit manifestiert.« Diese Einsamkeit erfahren die Personen der Romane als die Kraft der Leere oder des Nichts, die die geistige und vitale Existenz bedroht und um so unfaßbarer und unüberwindlicher erscheint, als sie allgegenwärtig ist, in den Menschen selbst wurzelt und auch von außen auf sie eindringt.

Alejandro Sertia, der Protagonist des ersten Romans, *La fatalidad de los cuerpos (Das Schicksal der Körper)*, ein rücksichtsloser Kämpfer von schier unerschöpflicher Vitalität, gerät durch eine schwere Krankheit in eine existentielle Krise. Er, der in egozentrischer Unbekümmertheit gewohnt war, zu nehmen, was ihm gefiel, muß erkennen, daß er verwundbar ist. Aber er ist seiner Natur nach unfähig, die Tragweite dieser Erkenntnis zu ermessen und sein Leben entsprechend einzurichten. Auch als seine Pläne scheitern, seine Glücksvorstellungen sich als Täuschungen erweisen, seine Freunde, seine Geliebte, seine Tochter sich von ihm zurückziehen, glaubt er in unentwegtem Optimismus, er könne sich durch die Flucht in ein neues Leben allen Unannehmlichkeiten und Problemen entziehen. Ein banaler Zufall setzt schließlich allem Planen ein Ende: Auf der Fahrt zu dem Schiff, das ihn zu der erträumten »glücklichen Insel« bringen soll, stürzt er beim Verlassen des Zuges und stirbt.

Hauptperson des zweiten Romans, *Las leyes de la noche (Die Gesetze der Nacht)*, ist Elsa Ferrero. Intensiver als Alejandro empfindet sie die Drohung des Nichts, die sie zum erstenmal erkennt, als sie nach dem Selbstmord ihrer Eltern vor deren Leichen steht: »Sie fühlte, daß ihr Leben und, mehr noch, alles, was existierte ... eine Insel bildete. Eine Insel, dem Anschein nach sicher, unverrückbar. Aber sie ruhte auf dem Rücken eines seit unendlicher Zeit schlafenden Ungeheuers. Jetzt hatte sich das Ungeheuer ein wenig geschüttelt und zeigte, wie zerbrechlich, wie unsicher alles war.« Als dann ihr Bruder stirbt, mit dem sie eine fast inzestuöse Liebe verbindet, scheint eine letzte Stütze in ihr zu zerbrechen. Die Männer, die in ihr Leben treten, sind nicht fähig, ihr den Halt zu geben, den sie braucht. Auch bei Alejandro, den sie während seiner Krankheit aufopfernd gepflegt hat und dessen Geliebte sie geworden ist, hält sie nur ein Gefühl der Geborgenheit. Nach seinem Tod kehrt sie zu ihrem brutalen Ehemann zurück, stürzt sich aber schon bei der ersten Wiederbegegnung, von Angst gepackt, vom Balkon hinunter. Dieser Sturz, den sie durch einen Zufall überlebt, bringt ihr innere Freiheit und zugleich den Glauben an eine göttliche Gnade: »*Die Angst schließlich hatte sie gezwungen ... sich selbst aufzugeben, sich der Leere anzuvertrauen. Und in der Leere hatte sie keinen Dämon gefunden, sondern eine mächtige unsichtbare Hand, die sie aufgefangen hatte.*«

Der dritte Roman, *Los herederos de la promesa (Die Erben der Verheißung)*, ist als »konstanter Monolog« Juan Forns angelegt. Alejandro – seine Tochter Clotilde ist Juans Geliebte – ahnt, daß Juan seine Werte nicht anerkennt, daß er nicht an die Möglichkeit menschlichen Glücks glaubt. Das Bewußtsein des Nichts, bei Alejandro entstanden durch die Krankheit, in Elsa erweckt durch den Selbstmord der Eltern, ist bei Juan von vornherein die Basis seines Intellekts und seiner Existenz. Seine Lebenseinstellung ist bei all seinem markanten Individualismus typisch für die Gruppe junger Intellektueller beiderlei Geschlechts, mit der ihn mehr oder weniger lockere Kontakte verbinden. Allen gemeinsam sind die Pose der Unbürgerlichkeit, der Ablehnung konventioneller Normen, und die Feindschaft gegenüber dem Regime des Diktators Juan Perón. – Juans Freiheitsdrang läßt ihn jede tiefere Bindung vermeiden, und als Clotilde, die ein Kind von ihm erwartet, den Gedanken an Abtreibung von sich weist, sucht er sich durch eine andere Affäre von ihr zu lösen. Dieser Versuch, sich seine Unabhängigkeit zu beweisen, gelingt ihm jedoch nur unvollkommen; der »Übermensch«, wie er sich mit ironischem Pathos nennt, fühlt sich entthront. Seine Krise erreicht ihren Höhepunkt, als die meisten seiner Freunde gefangengesetzt und gefoltert werden und Sartou, der ihm am nächsten steht, sich das Leben nimmt. Die Erkenntnis, daß Sartous Tat nicht »eisigem Stolz«, sondern »glühender Demut« entsprang, bewirkt in Juan eine Wandlung. Er schöpft neue Hoffnung und ist bereit, die Lebensverachtung des einstigen »Übermenschen« aufzugeben und sich durch die Nähe des Todes läutern zu lassen. Indem er eine transzendente Realität akzeptiert, findet er die Kraft, den Kampf fortzusetzen. Das sprachliche Raffinement, die dialektische, manchmal rabulistisch frappierende Formulierung des letzten Romans hebt sich von der Sprache der ersten beiden deutlich ab. Dort ist die Prosa schlichter, weit stärker vom Willen zu lyrischer Transparenz beherrscht. Diese Trilogie stellt eine der tiefsten, unerbittlichsten Analysen der argentinischen Wirklichkeit dar, die seit Eduardo MALLEAS *La bahía del silencio*, 1940 *(Die Bucht des Schweigens)*, geschrieben wurden. Anders als Mallea charakterisiert Álvarez Murena nicht in erster Linie eine historisch-politische Situation, die sich im Leben der Personen widerspiegelt, sondern er sieht die Tragödie seines Landes als individuelles Phänomen, als Krankheit der einzelnen, deren Summierung erst die Krankheit der Nation ergibt.

D.R.

AUSGABE: Buenos Aires 1955 *(La fatalidad de los cuerpos)*. – Buenos Aires 1958 *(Las leyes de la noche)*. – Buenos Aires 1965 *(Los herederos de la promesa)*.

LITERATUR: R. Chacel, *Sobre »La fatalidad de los cuerpos«* (in Sur, 239, 1956, S. 105/106). – M. Enguídanos, *La voz de H. A. M.* (in RHM, 25, 1959, S. 329–331). – M. I. Lichtblau, *H. A. M. »Las leyes de la noche«* (in RI, 24, 1959, S. 375–377). – E. González Lanuza, *H. A. M. »Las leyes de la noche«* (in Sur, 257, 1959, S. 66–70).

SERAFÍN ÁLVAREZ QUINTERO
JOAQUÍN ÁLVAREZ QUINTERO

Serafín Álvarez Quintero
* 26.3.1871 Utrera
† 12.4.1938 Madrid

Joaquín Álvarez Quintero
* 20.1.1873 Utrera
† 14.6.1944 Madrid

LITERATUR ZU DEN AUTOREN: Cuadernos de la Literatura Contemporánea, 1944, Nr. 13/14 [Sondernr.]. – J. Losada de la Torre, *Los hermanos A. Q.*, Madrid 1945. – A. Marquerie, *Visión y revisión del teatro de los A. Q.* (in Estafeta Literaria, 1971, H. 466, S. 4–11). – E. García Gómez, *En el centenario de S. y J. A. Q.* (in BRAE, 52, 1972, Nr. 197, S. 415–422). – J. I. Luca de Tena, *Recuerdo de los hermanos Q.* (in ebd., S. 423–433).

AMORES Y AMORÍOS

(span.; *Liebe und Liebeleien*). Prosalustspiel in drei Akten von den Brüdern Serafín und Joaquín ÁLVAREZ QUINTERO, Uraufführung: Buenos Aires, 10. 10. 1908, Teatro Avenida. – Der verführerische Frühling Andalusiens erweckt in Isabel die Liebe zu Juan Maria, einem Jugendfreund, der seine Liebesgunst ebenso freigiebig zu verteilen pflegt wie seine Madrigale. Als dann die Verliebten in das kalte Madrid zurückkehren, erlischt bei Juan Maria der Liebestraum einer andalusischen Nacht, und Isabel, die Frau, die nur einmal wirklich lieben kann, zieht sich stolz von ihm zurück. Aber ihre tiefe Zuneigung ist auch bei Juan Maria nicht ohne Wirkung geblieben, und die Erinnerung läßt ihm bald seine Liebeleien fade erscheinen. Es gelingt ihm, Isabels stolze Zurückhaltung zu überwinden, und das Spiel endet mit einer Verlobung.

Der Schlußteil der letzten Szene vermittelt einen guten Eindruck von den Gestaltungstechniken der

Brüder Álvarez Quintero. Wenn vom schönsten und lesenswertesten Buch der Welt gesprochen wird, so sind damit die Augen der Liebenden gemeint, in denen Verliebte zu lesen verstehen. Isabel beschwört Juan Maria, ihre Augen nicht durch Tränen zu verschleiern. Darauf Juan Maria zu seiner angebeteten Herzdame: »*Fürchte Dich nicht, Isabel, ich weiß, wie kostbar Deine Tränen sind. Sie haben mir gezeigt, wie verschieden im Leben des Herzens echte Liebe und Liebelei voneinander sind. Liebeleien: lose Blätter verschiedener Blumen; Liebe: gebündelte Blätter einer einzigen Blume, wie Du sie bist. Die Liebeleien beunruhigen, erschöpfen und ermüden das Herz. In einer Liebe wie Deiner ruht es sich aus. Ruhe Dich aus mein Herz.*«

Das bisweilen in Kitsch abgleitende voluminöse Repertoire der Álvarez Quinteros – sie verfaßten mehr als 200 Theaterstücke – spiegelt ihren unerschütterlichen Optimismus Leibnizscher Färbung, der da lautet: Wir leben in der besten aller möglichen Welten, in der zu guter Letzt immer die Güte siegt, deren höchste Offenbarung die Liebe ist, die wiederum in der Frau ihre reinste Verkörperung findet. – Namhafte Kritiker wie PÉREZ DE AYALA oder AZORÍN verwiesen immerhin auf die neue Rolle psychologischer Nuancierung und wahrhaft realistischer Darstellung, Merkmale der Abkehr der Brüder von einer längst überlebten Romantik, die beide mit ihren gleichwohl bedeutenden Zeitgenossen PÉREZ GALDÓS (1843–1920), BENAVENTE (1866–1954) und VALLE-INCLÁN (1869–1936) verbindet. – Nach G. EDWARDS ist der Realismus der Brüder Álvarez Quintero jedoch »*in Wirklichkeit nur eine höchststilisierte Form von Komödie, in der die Figuren vereinfachte Typen ohne wahren Individualismus sind, ohne psychologische Tiefe*«. Schließlich wandte sich ihr Theater an ein unterhaltungssüchtiges Bürgertum, das nicht mit unangenehmen Dingen behelligt werden wollte. Die auch in materieller Hinsicht sehr erfolgreichen Quinteros gaben zu, daß »*das tragische Andalusien voller Leid, gebückt unter den von der Sonne verbrannten Feldern, hungrig und obdachlos*« nirgendwo bei ihnen erschien – »*da wir es nicht gesehen und nicht gefühlt haben*« (so in einem Interview 1934). Zwei Jahre später brach der für die spanische Bevölkerung so schicksalshafte Bürgerkrieg aus. A.F.R.

AUSGABEN: Madrid 1910. – Madrid 1954 (in *Obras completas*, 7 Bde., 1948–1954, 2). – Madrid 1983 (in *Obras completas*).

LITERATUR: R. Pérez de Ayala, *Las máscaras*, Madrid 1917. – V. E. Mérimée, *Le théâtre des A. Q.* (in BHi, 28, 1926). – M. Sánches del Arco, *Algo más que Andalucía*, Madrid 1945. – G. Edwards, *Dramatists in Perspective*, Cardiff 1983.

LOS GALEOTES

(span.; *Die Galeotes*). Prosakomödie in vier Akten von Serafin und Joaquín ÁLVAREZ QUINTERO, Uraufführung: Madrid 1900. – Der wohlhabende Buchhändler Don Miguel findet durch die liebenswerte Schelmin Carita seinen alten Freund Moisés Galeote wieder, der völlig verarmt ist. In seiner Gutherzigkeit nimmt er ihn samt Sohn Mario und seiner Adoptivtochter – eben jener Carita – in sein Haus auf. Aber bald stellt sich heraus, daß die Galeotes auch moralisch ziemlich heruntergekommen sind: Von seinem Vater angestachelt, macht Mario der Tochter Don Miguels, Gloria, den Hof, um durch eine lukrative Heirat die Zukunft der Galeotes zu sichern. Er spielt die Rolle eines unglücklichen, vom Schicksal verfolgten Odysseus, und da das Mädchen ebenso schwärmerisch wie unerfahren ist, fällt es ihm nicht schwer, ihre Sympathien zu erobern. Doch rechtzeitig greift Carita ein, die die schäbige Komödie durchschaut hat, und die beiden entlarvten Intriganten müssen mit Schimpf und Schande das Haus Don Miguels verlassen. Carita aber darf bleiben und erobert sich durch ihre Treue und Anständigkeit die Zuneigung ihrer neuen Familie. So sind im Hause von Miguel wie in den Gemütern der Hausbewohner wieder Ruhe und Friede eingekehrt, gesiegt hat die Moral der bürgerlichen Konventionen, wie es das auf Unterhaltung bedachte Publikum verlangt.

Das nicht zufällig von der konservativen »Real Academia Española« ausgezeichnete Stück vereinigt alle Vorzüge des gewichtigen Œuvres der Brüder Quintero: Beherrschung der Bühnentechnik, nahtlosen Ablauf des Geschehens in lebendiger Szenenfolge, Dynamik in den von sprühender Rede und Gegenrede getragenen Dialogen, anmutige, farbige Sprache, die sich stark an die bilderreichen Mundarten Andalusiens anlehnt. So konnten die Stücke der Quinteros ein Jahrhundert lang das gutbürgerliche Publikum unterhalten, erheitern, erbauen, belehren, zu Tränen rühren, aufregen und schließlich beruhigen. Durch Ausklammerung oder Verdrängung der sozialen, politischen oder existentiellen Konflikte schufen sie ein Ambiente problemloser Heiterkeit und zauberten eine heile Welt gehobenen Mittelmaßes auf die Bühne. Abgesehen von ihrer ästhetischen Bedeutung als lebendige Dokumente der Denkungsart und Lebensweise der spanischen Bourgeoisie zu Beginn des 20. Jh.s verraten ihre Stücke den Historikern gerade die Risse in der Moral einer Gesellschaft, »*die ruhig ihre Siesta hielt im Vertrauen auf den eigentlich nur konventionellen Wert des aus Kasten, Glaubensüberzeugungen und Sitten gebildeten Gemäuers*« (M. Sánchez del Arco). A.F.R.

AUSGABEN: Madrid 1900. – Madrid 1917. – Madrid 1923 (in *Teatro completa*, 31 Bde., 1923–1929, 2). – Madrid 1954 (in *Obras completas*, 7 Bde., 1948–1954, 1). – Ldn. 1963, Hg. M. Mason. – Madrid 1983 (in *Obras completas*). – Madrid 1983 (Austral).

LITERATUR: J. Martinez-Ruiz, *Los Quinteros y otras paginas*, Madrid 1925. – V. E. Mérimée, *Le théâtre des A. Q.* (in BHi, 28, 1926).

CORRADO ALVARO

*15.4.1895 San Luca di Calabria
† 11.6.1956 Rom

LITERATUR ZUM AUTOR:
E. Falqui, *C. A.* (in E. F., *Novecento letterario*, Florenz 1954, S. 346–357). – N. Carducci, *Il realismo di A.* (in Il Campo, 8, 1956/57, 6–75). – *Omaggio a C. A.*, Hg. C. Bernari, Rom 1957. – P. Sergi, *C. A.* (in Belfagor, 13, S. 325–340). – C. Bo, *Realtà e poesia di C. A.*, Rom 1958. – A. Balduino, *C. A.*, Mailand 1965. – V. Paladino, *L'opera di C. A.*, Florenz 1968. – L. Alessandrini, *C. A.*, Turin 1968. – D. Cara, *A.*, Florenz 1968. – W. Mauro, *A.*, Mailand 1973. – R. Scrivano, *Solitudine e futuro in A. Nel ventesimo anno della morte* (in RLI, 80, 1976, 16–31). – *C. A. Cultura, mito, realtà. Atti del Congresso C. A. e i giovani. San Luca 1979*, Hg. G. Gigliozzi u. S. Amelio, Rom 1981. – C. Augieri, *C. A. e la letteratura della »crisi« nella cultura – società tra primo dopoguerra e fascismo* (in Quaderno, 1, 1981, 5–49). – M. Santoro, *L'uomo nel labirinto: saggi sulla narrativa italiana del Novecento*, Neapel 1981. – A. Balduino, *C. A.* (in Branca, 1, S. 60–65).

L'ETÀ BREVE

(ital.; *Das flüchtige Lebensalter*). Roman von Corrado ALVARO, erschienen 1946. – Alvaro erzählt die Geschichte des jungen Kalabriers Rinaldo, der aus seiner geordneten mediterranen Kinderwelt in einen neuen, ihm schmerzlich fremden Lebensraum gerät. Auf Wunsch seines Vaters wird er Zögling einer von Klerikern geleiteten Internatsschule in Rom. Bald erlebt er die ersten bitteren Erschütterungen seines Weltbilds. War für ihn der Begriff »Frau« bisher eng verbunden mit dem Bild seiner Mutter und dem der Madonna, so soll er nun im »Weib« die »Wurzel allen Übels« erkennen, den »Ur-Anlaß« der Unreinheit. Und lebte er bislang geborgen unter der sanften Obhut seiner Eltern, so ist seine kindliche Unschuld jetzt durch den Einfluß frühreifer Altersgenossen gefährdet. Instinktiv sucht er Zuflucht bei einem Mädchen, das er nur ganz kurz am offenen Fenster gesehen hat. Doch das schüchterne Briefchen, das er ihr zu schreiben wagt, wird Anlaß seiner schmachvollen Relegation. Rinaldos Eltern geht es nun keineswegs um die Heilung dieser Wunde, sondern einzig um die *bella figura* der Familie, um das Ansehen bei Nachbarn und Bekannten. Das Elternhaus behält sein Gesicht, solange »man« an das Studium des Jungen glaubt. Deshalb muß Rinaldo, in sein Bergdorf zurückgekehrt, sich als Studiosus präsentieren und feiern lassen. Die Entdeckung, daß die Vergangenheit des vergötterten Vaters gar nicht so makellos war, wie er geglaubt hat (im Dorf lebt ein uneheliches Kind des Vaters, ein fast gleichaltriges Mädchen), führt zu neuen schweren Konflikten. Rinaldos unseliges Geschick erreicht seinen Höhepunkt, als eine Prostituierte in derselben Nacht ermordet wird, in der er bangend von ihr »eingeweiht« zu werden hofft. Obgleich unschuldig, wird er des Mordes verdächtigt und muß aus dem Dorf fliehen, einer ungewissen Zukunft entgegen: »*Er wird an irgendeiner Tür klopfen*«, meint der Vater, »*irgendwen wird er finden. Er ist ja jetzt ein großer Junge, der weiß, was er zu tun und zu lassen hat. Ich gebe ihm Geld: damit kann er einen Monat lang leben, dann muß er selbst durchkommen. Auf dieser Welt gibt es so viele, die ihren Weg suchen, und kein einziger von ihnen stirbt den Hungertod.*«

Getreu seinem Vorbild Giovanni VERGA bedient sich Corrado Alvaro eines streng veristischen Stils. Er, der Kalabrier, beschränkt sich konsequent auf das Sichtbare, auf die Darstellung des Handelns und Verhaltens seiner Gestalten. Die dramatische und vielleicht etwas forcierte Zuspitzung des Geschehens ist durch die pragmatische Absicht des Autors gerechtfertigt: Sein Held soll die Kluft zwischen Schein und Wirklichkeit des Lebens entdecken.
M.S.

AUSGABEN: Mailand 1946. – Mailand 1958.

LITERATUR: N. Carducci, *Realtà e mito in A.* (in Annuario del Liceo-Ginnasio Statale G. Palmieri, Lecce 1960/61, S. 37–51).

GENTE IN ASPROMONTE

(ital.; *Ü: Die Hirten vom Aspromonte*). Novellenband von Corrado ALVARO, erschienen 1930. – Der alles beherrschende Handlungshintergrund der dreizehn selbständigen Erzählungen ist der Aspromonte, der auf dem Festland gegenüber der Insel Sizilien bis zu fast zweitausend Metern aufragt. Dort leben Menschen, deren Dasein unmittelbar vom Rhythmus der Jahreszeit bestimmt wird, und Freude und Trauer, Stolz und Demut, Liebe, Haß, Angst und gläubiges Vertrauen spielen hier noch eine ganz elementare Rolle. Widerspruchslos unterwerfen sich die »Leute vom Aspromonte« jenen höheren Mächten, denen sie sich ausgeliefert wissen: der Armut und dem Tod. Abstammung und persönliches Schicksal haben den Kalabrier Alvaro wie keinen anderen befähigt, in authentischer Weise über ihr Leben zu schreiben; denn »*das ist ein Leben, in das man eingeweiht sein muß, um es zu verstehen, in dem man geboren sein muß, daß man es liebt: so sehr ist es, wie die Gegend, voller Steine und Dornen*«. Der Autor knüpft, indem er menschliche Verhaltensweisen unmittelbar auf die Landschaft bezieht, an VERGA an, der sich seinerseits (im Vorwort zu *I Malavoglia*) auf das von MANZONI in *I promessi sposi* gegebene Beispiel beruft. Alvaros Erzählband setzt also eine literarische Tradition fort, und zwar die der »Regionalliteratur« (nicht zu verwechseln mit dem deutschen Begriff »Heimatliteratur«), die er für den Süden des italienischen Festlandes am Beispiel Kalabriens in kompetenter Weise vertritt.

In der Titelnovelle wird das von Verga in den *Malavoglia* gegebene Beispiel insofern aufgegriffen, als auch hier der Konflikt aus der Habsucht egoistischer Grundbesitzer und aus der Tyrannei entsteht, die sie über die Armen ausüben. Das Motiv anderer Erzählungen (z. B. *La pigiatrice d'uva*) ist die der unbarmherzigen Sonnenglut am Südhang des Aspromonte gleichende erotische Leidenschaft, die wie ein hektisches Fieber die Dorfleute überfällt. Der noch ganz patriarchalische, unbeugsam starre Sippengeist, der auch bei der heranwachsenden Generation jeden Versuch zur freien Entscheidung unterdrückt, dominiert vor allem in den etwas elegischen Erzählungen *Coronata, Teresita, Romantica* und *Innocenza*, aber auch in den dramatischer angelegten (z. B. *La signora Flavia, Temporale d'autunno, Cata dorme*). Die weiteren Titel lauten: *Vocesana e Primante, Il rubino, La zingara* und *Ventiquattr'ore*.

Zwar nimmt die Schilderung sozialer Zustände in allen Erzählungen einen wichtigen Platz ein, doch enthält sich Alvaro jeder Kritik, ja er distanziert sich geradezu bewußt von ihr: »*Wie bei der Berührung mit der Luft die alten Mumien zu Staub zerfallen, so wird auch dieses Leben vergehen. Es ist eine sterbende Kultur, und man braucht nicht darüber zu jammern, daß sie hinschwindet.*« Diesem Verzicht auf Engagement entspricht ein zurückhaltender, in seiner lyrischen Zartheit außerordentlich eindrucksvoller Erzählton, der nicht nur eine Sonderstellung in der zwischen den beiden Weltkriegen entstandenen italienischen Prosa einnimmt, sondern darüber hinaus eine literarhistorisch bedeutsame Verbindung zwischen dem noch bis in das ausgehende 19. Jh. zurückreichenden Verismus und dem Neorealismus der fünfziger Jahre. Der Kosmopolit VITTORINI, der die Beschränkung auf das Regionale im allgemeinen ablehnte, hat Alvaros Erzählungen mit den erstaunlich anerkennenden Worten gewürdigt: »*Alles hat sich in ihnen vollzogen, die Welt selbst hat sich vollzogen, die Tragödie hat sich erfüllt, die Menschen und Dinge sind stehengeblieben in einer Art von Status quo, von ›situation faite‹, und sie fordern nichts anderes als die ihnen gebührende Verherrlichung.*« M.S.

AUSGABEN: Florenz 1930. – Mailand 1946. – Florenz 1955.

ÜBERSETZUNGEN: *Die Hirten vom Aspromonte*, L. Birnbaum, Bln. 1942. – Dass., dies., Bln. 1948.

LITERATUR: S. Solmi, Rez. (in L'Italia Letteraria, 16. 2. 1930). – B. Tecchi, »*Gente in Aspromonte« e altre avventure* (ebd., 21. 12. 1930). – A. Palermo, *La Calabria di C. A.* (in Nord e Sud, 3, 1956, S. 110–123). – A. Terrizzi, *Notes on A.s »Gente in Aspromonte«* (in RoNo, 22, 1981).

ITINERARIO ITALIANO

(ital.; Ü: *Italienisches Reisebuch*). Betrachtungen und Erzählungen von Corrado ALVARO, bestehend aus den Teilen *Itinerario italiano* (1933); *Roma vestita di nuovo*, 1957 (*Rom in neuem Gewande*); *Un treno nel Sud*, 1958 (*Ein Zug im Süden*). – Der kalabrische Erzähler, der die literarhistorisch bedeutsame Verbindung zwischen *verismo* und *neorealismo* hergestellt hat, tendierte später mehr zur journalistischen Aufbereitung seiner Themen. Zu einem umfassenden, aus verschiedenen Perspektiven gesehenen Bild Italiens fügt sich sein Zyklus *Itinerario italiano*, der nicht, wie etwa PIOVENES *Viaggio in Italia*, 1957 (*18mal Italien*), ein systematischer Reisebericht sein soll, sondern der Versuch, in Reportagen die soziale und wirtschaftliche Erneuerung des Landes, die Voraussetzung für den einsetzenden industriellen Aufschwung, zu behandeln.

Ausgehend von der typisch italienischen Freude an der baulichen Gestaltung beschreibt Alvaro im ersten Teil die Siedlungsformen der Antike (*Il marmo*), das charakteristische mittelalterliche Städtebild (*Le città di pietra*), die komplexe moderne Großstadt (*Colori di Genova*), die für Italien atypische und doch stark in die Struktur des Landes eingreifende Militär-, Verwaltungs- und Industriekapitale Turin (*Torino e l'architettura*) und schließlich den pompösen Charakter der Baudenkmäler Neapels (*Civiltà di Napoli*). Vor allem aber interessiert sich der Autor für den Menschen, den historische Gegebenheiten und Naturkatastrophen immer wieder zum Neubeginn zwangen und zwingen. Symbol dieses Strebens nach Bewältigung der Gegenwart und Wahrung der Tradition ist für Alvaro die italienische Frau, die dem Gesellschaftssystem matriarchalische Züge aufprägt. – Im zweiten Teil greift Alvaro Probleme auf, die sich speziell für das Ballungszentrum Rom ergaben. Der Zusammenprall divergierender Kräfte wird als Verfallserscheinung interpretiert; Alvaro sieht gefährliche soziale, geistige und religiöse Entwicklungen voraus, die inzwischen zum Politikum geworden sind. In seiner Kritik läßt er das kommunistische Engagement erkennen, das bereits in seinem Rußlandbuch (*Viaggio nella Russia sovietica*, 1935) wie auch in der Polemik gegen Ugo BETTI und andere christlich orientierte Schriftsteller deutlich wurde. – Der letzte Band enthält das klar formulierte und zugleich poetisch überhöhte Glaubensbekenntnis Alvaros zu seiner südlichen Heimat. Stolz weist er darauf hin, daß er durch seine Herkunft einem – häufig verachteten – Menschenschlag angehört, der ganz der Natur verhaftet ist, bei dem die Instinkte noch nicht verbildet sind und dessen Verhaltensweisen sich weitgehend aus der Tradition erklären lassen. In diesem Teil überzeugen vor allem die beschreibenden und erzählenden Passagen über die herbe und karge Landschaft des Südens, die selbstbewußte und zugleich opferbereite Menschen hervorgebracht hat, die geeignet sind, eine maßgebliche Rolle in der künftigen Entwicklung Italiens zu übernehmen. M.S.

AUSGABEN: Rom 1933. – Mailand 1941. – Mailand 1956. – Mailand 1957 (*Roma vestita di nuovo*). – Mailand 1958 (*Un reno nel Sud*). – Mailand 1967 (*Itinerario italiano*).

ÜBERSETZUNG: *Italienisches Reisebuch*, K. A. Horst, Ebenhausen 1956 [Ausw.; ital.-dt.].

LITERATUR: F. Virdia, Rez. (in FiL, 23. 6. 1957). – G. Titta Rosa, Rez. (in L'Osservatore Politico Letterario, August 1957, S. 105–107). – C. Di Biase, *Diari di vita (A., Pavese, Papini)*, Neapel 1967.

ANTÔNIO DE CASTRO ALVES

* 14.3.1847 Cabaceiros de Curralinho
† 6.7.1871 Salvador

LITERATUR ZUM AUTOR:
Bibliographien:
A. Peixoto, *C. A.*, Rio 1931; São Paulo [2]1942 [ersch. u. d. T. *O poeta e o poema*]. – H. J. Horch, *Bibliografia de C. A.*, Rio 1960. – Carpeaux, S. 161–169.
Biographien:
M. Teixeira, *Vida e obra de C. A.*, Bahia 1896. – X. Marques, *Vida de C. A.*, Rio [2]1924. – J. Amado, *ABC de C. A.*, São Paulo 1941 u. ö. – H. Lopes Rodrigues Ferreira, *C. A.*, 3 Bde., Rio 1947. – P. Calmon, *A vida de C. A.*, Rio 1947; [4]1973 [umgearb. u. rev; ersch. u. d. T. *C. A., o homem e a obra*]. – A. Gouveia, *C. A. cavaleiro audaz da liberdade*, Salvador 1969. – F. P. da Silva, *C. A.*, Rio 1974. – E. B. V. Alves, *O poeta da liberdade*, Rio 1984.
Gesamtdarstellungen und Studien:
H. Ferreira Lima, *C. A. e sua época*, São Paulo 1942. – R. Bastide, *Poetas do Brasil*, Curitiba 1947, S. 7–38. – J. A. Haddad, *Revisão de C. A.*, 3 Bde., São Paulo 1953. – E. Carneiro, *C. A. Uma interpretação politíca*, São Paulo 1958. – A. Cândido, *Formação da literatura brasileira*, Bd. 2, São Paulo 1959, S. 267–283. – F. Cunha, *C. A.* (in Coutinho, 2, S. 195–211). – A. de Pádua, *Aspectos estilísticos da poesia de C. A.*, Rio 1972. – D. C. da Silva, *A presença do condor*, Brasília 1974. – T. Hill, *C. A. e o poema lírico*, Rio 1978. – Moisés, 2, S. 225–240.

DEUSA INCRUENTA

(portug.; *Unblutige Göttin*). Versepos von Antônio de Castro ALVES (Brasilien), erschienen 1870. – Das Werk ist ein Hymnus auf die Buchdruckerkunst, die der Dichter das »*Weltgewissen*« nennt und als »*unblutige Göttin*« personifiziert. In poetischer Antithese wird zu Beginn geschildert, wie sie sich aus dem Nebel Deutschlands erhob, um Licht über die Welt zu bringen. In der äußeren Erscheinung gleiche sie vielleicht der Göttin Athene, die weiße Blässe aber habe sie von der Beatrice Dantes. Ihr Genius wärmt die Welt, gleicht die Spannungen aus. In lebhaftem Dialog mit Homer und Cicero verspricht sie dem Griechen dauerndes Fortleben, dem Römer als Forum das Universum, als Zuhörer die Menschheit und die Jahrhunderte. Nach verschiedenen anderen historischen Szenen – auch Goethe tritt auf – wird in einer Schlußapotheose die Göttin als Begleiterin aller geistig Schaffenden gefeiert, die sie über das Meer der Ewigkeit an die Ufer des Unterweltsflusses Kokytos geleitet.

Außer dem überraschenden Einfall besticht der emphatische Schwung der Hexameter, der dazu noch in jeder Strophe durch eine Fülle von Ausrufen, Gedankenstrichen und Auslassungen gesteigert ist. Während Rhetorik und Pathos, die in der romantischen Tradition der brasilianischen Literatur und in der Vitalität Castro Alves' begründet liegen, in seiner Liebeslyrik häufig exaltiert und störend wirken, sind sie hier dem Gegenstand angemessen. Neben dem Rhythmus beeindrucken die reiche Phantasie und die plastische Vorstellungskraft des Dichters, die sich in einer Fülle harmonierender Metaphern und Assoziationen ausprägen. Gegenständlichkeit und Symbolik ergänzen und durchdringen sich. Im Wortschatz hat sich der Dichter von der romantischen Phrase gelöst. Indem er dem Wort neue Bedeutung abgewinnt und eine bewußte Lautkomposition anstrebt, ist er ein Vorläufer des Symbolismus. M.Fr.

AUSGABEN: Recife 1870 (in Correio Pernambucano, 3, 5. 11. 1870, Nr. 244). – Bahia 1875 (in *Espumas fluctuantes*). – Rio de Janeiro 1960 (in *Obra completa*, Hg. E. Gomes [m. Einl. u. Anm.; [2]1966]). – Salvador 1970 [Faks.]. – Rio 1974 (in *Espumas flutuantes*, Hg. S. Brayner). – São Paulo 1983 (in *Os melhores poemas de C. A.*; Ausw. L. Ivo).

LITERATUR: A. Gouveia, *Evocação de C. A. em »Espumas flutuantes«*, Salvador 1971.

OS ESCRAVOS

(portug.; *Die Sklaven*). Gedichtband von Antônio de Castro ALVES (Brasilien), postum erschienen 1883. – Dem Manuskript entsprechend ist das Werk in drei Teile gegliedert: *O século (Das Jahrhundert)* ist als Einleitung gedacht; es folgen 29 einzelne Gedichte, von denen einige schon früher vom Autor veröffentlicht worden waren, und den Schluß bildet *A cachoeira de Paulo Affonso (Der Wasserfall von Paulo Affonso)*.

O século steht unter einem Motto von Heinrich HEINE, als Vorbild liegt jedoch Victor HUGO – besonders seine *Légende des siècles* – näher. Alves entwirft ein Gesamtbild der zeitgenössischen Gesellschaft und beschäftigt sich unter dem allgemeinen

Aspekt der Freiheit besonders mit dem Schicksal der afrikanischen Sklaven in Brasilien. Als Vorkämpfer der sozialen Revolution verkündet er die Befreiung aller Unterdrückten, mahnt zur Hoffnung, ruft zum Kampf auf und feiert, die Zukunft vorwegnehmend, den Sieg des Volkes. Der Begriff des Volkes als Einheit tritt hier zum erstenmal in der brasilianischen Literatur in Erscheinung. – In den folgenden Gedichten schildert Alves die verschiedenen Formen menschlicher Unfreiheit an einzelnen Beispielen. Auch hier geht es ihm in erster Linie um die Sklaverei, die er aus der Nähe kennengelernt und für deren Abschaffung er schon als Student leidenschaftlich gekämpft hat. Das sechsteilige *Navio negreiro (Sklavenschiff)* sowie *Vozes d'Africa (Stimmen Afrikas)* und *Adeus meu canto (Lebe wohl, mein Lied)* gehören zu den formal gelungensten Gedichten des Autors. – Der dritte Teil, *A cachoeira de Paulo Affonso*, ebenfalls unter ein Motto von Heine gestellt, ist schon 1876 als Fragment unter dem Titel *Manuscriptos de Stenio* veröffentlicht worden. Er umfaßt 32 Gedichte, die einen geschlossenen Zyklus bilden. In ihm wird die Geschichte der Liebe zweier junger Sklaven geschildert. Lucas und Maria fliehen flußabwärts, um ihrem Schicksal zu entrinnen, doch das Verhängnis ereilt sie. Als keine Rettung mehr zu erhoffen ist, stürzen sie sich in die Strudel eines Wasserfalles, um im Tod die Freiheit zu finden, die ihnen im Leben verwehrt blieb.
A tarde (Der Nachmittag), O baile na flor (Der Tanz in der Blume), Na margem (Am Ufer), A queimada (Der Waldbrand), Na fonte (An der Quelle), Nos campos (Auf den Feldern), No monte (In den Bergen) und *Crepúsculo sertanejo (Walddämmerung)* seien als Beispiele für die künstlerische Entwicklung des Dichters genannt. Die subjektive Lyrik von *Espumas flutuantes*, 1870 *(Schaum auf den Wellen)*, wird in den ersten beiden Teilen von *Os escravos* abgelöst von einer am allgemeinen sozialen Schicksal orientierten Dichtung, die schließlich in *A cachoeira de Paulo Affonso* der lyrischen Vision eines Einzelschicksals weicht, in der es dem Dichter gelingt, die Wirklichkeit mit immer größerer Objektivität zu erfassen. E.P.P.

AUSGABEN: Bahia 1876 (*Manuscriptos de Stenio*, in *A cachoeira de Paulo Affonso*; Ausz.). – Rio 1883. – São Paulo 1955, Hg. O Ribeiro Neto [m. Einl.; ern. Belo Horizonte 1977]. – Rio 1960 (in *Obras completas*, Hg. E. Gomes; m. Einl. u. Anm.; ern. 1966). – Salvador 1970 [Faks.].

ÜBERSETZUNG: *Navio Negreiro. Das Sklavenschiff*, R. Italiaander, Hbg. 1960 (Ausw.; freie dt. Nachdichtung).

LITERATUR: H. J. W. Horch, *A. de C. A. Seine Sklavendichtung u. ihre Beziehung zur Abolition in Brasilien*, Hbg. 1958 [m. Bibliogr.]. – N. da Rocha Miranda, *C. A., o poeta dos escravos*, Rio 1958. – D. T. Haberly, *Heine and C. A.: A Question of Influence* (in RF, 97, 1985, H. 2/3, S. 239–248). – M. Picciotto, *Workers and Slaves: The Rhetoric of Freedom in the Poetry of Walt Whitman and A. de C. A.*, Diss. Princeton 1985 (vgl. Diss. Abstracts, 46, 1986, S. 1618A).

JORGE AMADO

* 10.8.1912 Itabuna

LITERATUR ZUM AUTOR:
Bibliographie:
Carpeaux, S. 424–427.
Biographien:
Z. Gattai, *Um chapéu para viagem*, Rio 1982. – C. Bagnati, *Ipotesi di una ricerca: L'infanzia di J. A. tra mito e realtà* (in AION, 21, 1985, Nr. 1, S. 67–75).
Gesamtdarstellungen und Studien:
M. Tati, *J. A.*, Belo Horizonte 1961; ²1969. – *J. A.: 30 anos de literatura*, São Paulo 1961. – R. Daus, *Dokumentation und Poesie bei J. A.* (in RJb, 19, 1968, S. 294–318). – Ders., *J. A. als engagierter Schriftsteller*, Dortmund 1968. – P. Tavares, *Criaturas de J. A.*, São Paulo 1969; ²1985 [erw.]. – *Dicionário crítico do moderno romance brasileiro*, Hg. A. Maia, Bd. 1, Belo Horizonte 1970, S. 24–37. – L. C. Lima, *J. A.* (in Coutinho, 5, S. 304–326). – J. Vincent, *J. A.: Politics and the Novel*, Diss. New Mexico 1970 (vgl. Diss. Abstracts, 31, 1970, S. 5431A). – *J. A. – povo e terra: 40 anos de literatura*, São Paulo 1971. – M. Silverman, *An Examination of the Characters in J. A.s ›ciclo da comédia baiana‹*, Diss. Univ. of Illinois 1971 (vgl. Diss. Abstracts, 32, 1971, S. 985A). – M. L. Nunes, *The Preservation of African Culture in Brazilian Literature: The Novels of J. A.* (in LBR, 10, 1973, Nr. 1, S. 86–101). – A.-A. Bourdon, *Les religions afro-brésiliennes dans l'œuvre de J. A.* (in BEP, N. S., 35/36, 1974/75, S. 145–203). – B. J. Chamberlain, *Humour: Vehicle for Social Commentary in the Novels of J. A.*, Diss. Los Angeles 1975 (vgl. Diss. Abstracts, 36, 1976, S. 6727/28A). – J. M. Bangoura, *Le noir dans la société brésilienne à travers l'œuvre de J. A.*, Diss. Montpellier 1976. – V. D. Bruna, *O mundo dividido de J. A.*, Diss. Univ. de Santa Catarina 1976. – J. Jurt, *J. A.* (in Eitel, S. 108–133). – A. W. B. de Almeida, *J. A., política e literatura*, Rio 1979 [m. Bibliogr.]. – P. Tavares, *O baiano J. A. e sua obra*, Rio 1980. – F. C. Faure, *Les lieux privilégiés et merveilleux dans certaines œuvres de J. A.* (in ArCCP, 1982, S. 515–537). – L. H. D. Tavares u. a., *J. A.: ensaios sobre o escritor*, Salvador 1983. – A. Raillard, *J. A. – ›engagierter‹ Schriftsteller und ›populärer‹ Erzähler* (in Brasilianische Literatur, Hg. M. Strausfeld, Ffm. 1984, S. 234–248; st). – E. Engler, *J. A. – Chronist, Erzähler, Unterhalter*

(in *Romankunst in Lateinamerika*, Bln./DDR 1988).

CAPITÃES DA AREIA

(portug.; *Ü: Herren des Strandes*). Roman von Jorge AMADO (Brasilien), erschienen 1937. – Der sechste und letzte Roman des Bahia-Zyklus (vgl. auch *Jubiabá*, 1935, und *Mar Morto*, 1936) gilt nach wie vor als der populärste aus Amados Frühwerk. Allein in Brasilien sind bisher 60 Auflagen erschienen, die Zahl der Übersetzungen und ausländischen Ausgaben ist immens. In einer fiktiven Zeitungsdiskussion, die dem Roman vorangestellt ist, fordern ein Jugendrichter, der Polizeichef und der Direktor eines Erziehungsheims, die angeblich kriminell veranlagten Kinder – die »Herren des Strandes« – schnellstens in eine Besserungsanstalt einzuliefern. Eine Arbeiterin und ein armer Priester versuchen, die verschmähten Halbwüchsigen zu verteidigen und die Anstalt als Hölle für die Kinder zu entlarven. Friedliche Bürger bangen um ihr Eigentum, Bahia ist beunruhigt, die Polizei fahndet nach der berüchtigten Räuberbande. Solcherart eingestimmt und beinahe voreingenommen lernt der Leser eine Gruppe verlassener brasilianischer Großstadtkinder kennen, die die Not zusammengeführt hat, die in einem baufälligen Speicher hausen, sich gemeinsam Nahrung beschaffen und dabei ein abenteuerliches, vogelfreies Leben führen. Das Verstoßensein und der Verlust des Elternhauses lassen sie Liebe und Geborgenheit in ihrer Gemeinschaft suchen. Darin sind sie Kinder geblieben. Ihre bohrenden Fragen an das Leben und ihre Pläne sind längst nicht mehr kindlich, der erbarmungslose Kampf ums Überleben hat sie vorzeitig erwachsen werden lassen.

»Hinkebein« und der »Professor« sind die einprägsamsten Figuren des Romans. Das körperliche Leiden hat »Hinkebein« gezwungen, originelle Überlebensstrategien zu entwickeln. Er übertreibt sein Gebrechen und erzählt rührselige Geschichten, um den Reichen etwas abzuluchsen. Wegen seiner Erfolge ist er den Leidensgefährten von besonderem Nutzen. Einmal gelingt es ihm, sich Mitleid und sogar die Liebe eines wohlhabenden Ehepaares zu erschleichen, das ihn anstelle seines verstorbenen Sohnes aufnimmt. Er gerät in einen unlösbaren Konflikt und nimmt sich das Leben. Am Beispiel des »Professors« führt Amado den opferreichen Weg eines künstlerisch begabten Kindes vor, das nicht zur privilegierten Oberschicht gehört. Der bildungshungrige Junge wird zum unermüdlichen Autodidakten, der Autorität genießt und Mitglieder der Gruppe positiv beeinflußt. Schmerzlicher als die anderen empfindet der angehende Maler die Ungerechtigkeiten dieser Gesellschaft, die sich der Verantwortung für die Masse armer und verlassener Kinder und Jugendlicher entzieht, ein Mißstand, der bis heute andauert. Durch seine Pflastermalereien findet der »Professor« am Ende einen reichen Gönner, der seine Ausbildung finanziert. Die gleiche Zeitung, aus der im Vorspann Polemiken gegen die »Herren des Strandes« abgedruckt sind, veröffentlicht nun Lobeshymnen auf den genialen Künstler. Das Schicksal des »Professors« wird im Roman als Ausnahmefall behandelt. Fast alle Mitglieder der Gruppe finden trotz guter Anlagen keinen noch so bescheidenen Platz in der Gesellschaft. Einige von ihnen werden letztlich in die Kriminalität gedrängt. Die Alternative, die Amado für den Führer der »Herren des Strandes«, Pedro Bala, entwickelt, vermag literarisch nicht zu überzeugen. Ihm ist die Rolle eines Arbeiterführers und Revolutionärs zugedacht, der eine gewaltsame Veränderung der Gesellschaft anstrebt.

Der Dialog von Christen und Marxisten, den der Autor zwischen dem Padre José Pedro und dem Arbeiterführer João de Adão führen läßt, ist die geniale Vorwegnahme ihrer Annäherung in den folgenden Jahrzehnten. Erstmalig formuliert Amado in diesem Roman seinen tendenziell anarchistischen Freiheitsbegriff, dem man ein halbes Jahrhundert später in *Tocaia Grande* (1984) in voller Ausprägung wieder begegnet. Die Erotik spielt hier wie in Amados gesamtem fast dreißigbändigen Œuvre eine überragende Rolle. Zahllose naturalistische Liebesszenen sind neben dem ungewöhnlichen Milieu, der spannenden Fabel, der poetischen, humorvollen Sprache und dem sozialen Engagement des Autors die Gründe für die nachhaltige Wirkung des Romans, der wie *Jubiabá* (1935) und *Mar Morto* (1936) zu den bedeutendsten kritisch-realistischen Werken brasilianischer und lateinamerikanischer Prosa der dreißiger Jahre gehört. E.En.

AUSGABEN: Rio 1937. – São Paulo 1965 (in *Obras*, 16 Bde., 6). – Lissabon 1983 (LB-EA). – Rio [60]1984.

ÜBERSETZUNG: *Herren des Strandes*, L. v. Schönfeldt, Bln./DDR 1959.

LITERATUR: E. Engler, *Der Bahia-Zyklus von J. A.* (in WZ Rostock, 14, 1965, H. 1/2, S. 49–80). – H. W. Wittschier, *Brasilien und sein Roman im 20. Jh.*, Rheinfelden 1984, S. 108–116.

A COMPLETA VERDADE SOBRE AS DISCUTIDAS AVENTURAS DO COMMANDANTE VASCO MOSCOSO DE ARAGÃO, CAPITÃO DE LONGO CURSO

(portug.; *Ü: Die Abenteuer des Kapitäns Vasco Moscoso*). Roman von Jorge AMADO (Brasilien), erschienen 1961. – In einer schäbigen Vorstadt von Bahia (heute: São Salvador) erscheint der »Kommandant« Vasco Moscoso und richtet sich dort ein Haus ein, in dem er nautische Karten, Instrumente und Seebilder unterbringt. Den Rentnern und Pensionären in der Nachbarschaft erzählt der weißhaarige Herr mit der Kapitänsmütze seine dramatischen und phantastischen Erlebnisse als »Kapitän auf großer Fahrt«. Er wird bald zum gesellschaftlichen Mittelpunkt des Städtchens. Ein Mann jedoch (der als Erzähler dieses Schelmenromans fungiert) beginnt in aller Stille, Nachforschungen über den Kapitän anzustellen. Er fördert Vorkommnisse in der vornehmen Gesellschaft der Stadt Salvador um die Jahrhundertwende zutage, in denen die Figuren aus den Schilderungen des Kapitäns zwar erscheinen, jedoch in kaum wiederzuerkennenden Zusammenhängen agieren: Moscoso muß also ein großartiger Schwindler sein.

Eines Tages verpflichtet ein altes Gesetz, das Vasco unbekannt war, den falschen Kapitän zur Übernahme des Kommandos auf einem Passagierdampfer. Zunächst geht alles gut. Er überläßt dem Ersten Offizier den Befehl und widmet sich ausschließlich den Passagieren, unter denen das ältliche Fräulein Clotilde ist, das seine Neigung liebevoll erwidert. Die Katastrophe bricht herein, als Moscoso die Befehle zur Landung im Hafen von Belém traditionsgemäß selber geben muß. Zum großen Erstaunen und unter dem lauten Gelächter der Mannschaft, Passagiere und Hafenbesucher läßt er sein Schiff mit sämtlichen Tauen, Trossen und Leinen, mit großem Anker und Notanker am Kai von Belém vertäuen. Vor dem Spott der Menge verkriecht sich der Kapitän in einer erbärmlichen Unterkunft und verschläft dort im Rausch den seit Jahren schwersten Sturm, den nur sein Schiff heil übersteht. Nun wird Moscoso unversehens zum gefeierten Helden. Im Triumphzug holt man ihn aus seinem Quartier und trägt ihn durch die Stadt.

Amados Sprache ist fröhlich-ironisch, kraftvoll und drastisch, die eines »*brasilianischen Boccaccio*« (wie der Autor in der Zeitschrift ›Time‹ genannt wurde). Der Roman besteht aus zahlreichen phantastischen Episoden, die zusammen Zeugnis für die unbeschwerte Lebensfreude und Vitalität des Autors ablegen.   E.He.

AUSGABEN: São Paulo 1961 (in *Os velhos marinheiros*). - Rio ⁴³1979.

ÜBERSETZUNGEN: *Die Abenteuer des Kapitäns Vasco Moscoso*, C. Meyer-Clason, Mchn. 1964. - Dass., ders., Mchn. 1967 (dtv). - *Kapitän auf großer Fahrt*, S. Schmidt, Bln./DDR 1966.

LITERATUR: G. Rabassa, *The Five Faces of Love in J. A.s Bahian Novels* (in RLA, 4, 1963, S. 94-103). - C. Wischmann, *J. A. - Versuch einer Übersetzungskritik* (in Iberoamericana, 2, Ffm. 1978, H. 3, S. 35-59).

GABRIELA, CRAVO E CANELA. Crônica de uma cidade do interior

(portug.; *Ü: Gabriela wie Zimt und Nelken*). Roman von Jorge AMADO (Brasilien), erschienen 1958. - Mit diesem Werk schuf Amado nicht nur den bisher populärsten der sogenannten *romances nordestinos* (Romane aus dem Nordosten Brasiliens), sondern einen der meistgelesenen Romane der brasilianischen Literatur überhaupt. - Titel und Untertitel *(Chronik einer Provinzstadt)* deuten auf das Doppelthema hin: Da ist einmal die Geschichte der Mulattin Gabriela, deren Hautfarbe wie Zimt ist und die nach Nelken duftet. Als Flüchtling aus dem von Dürreperioden heimgesuchten Landesinnern *(sertão)* in die Hafenstadt Ilhéus im Staat Bahia gekommen, findet sie Arbeit als Köchin in dem kleinen Lokal des Syrers Nacib A. Saad. In kindlicher Selbstverständlichkeit wird sie Geliebte. Nacib glaubt, er könne sie nur durch Heirat vor dem Zugriff anderer Männer sichern. Aber als seine Frau, als »Senhora Saad«, die ihre ungebundene und ungenierte Lebensweise gesellschaftlichen Rücksichten opfern muß, verkümmert Gabriela, verliert sie ihren Zauber und ihre Leidenschaft für Nacib. Dadurch wird freilich ihre Liebe zu ihm nicht gemindert: als sie sich schließlich einem anderen hingibt, tut sie es wiederum mit der gleichen naiven Selbstverständlichkeit - und liebt nach wie vor ihren Mann. Nacib verzichtet auf blutige Rache und erweist sich damit als erster Vertreter einer fortschrittlichen Einstellung, die sich in Ilhéus Bahn schafft. Er setzt allerdings die Annullierung der Ehe durch, die sowieso mit Hilfe gefälschter Unterlagen zustande kam, da die zugereiste Mulattin keine Ausweispapiere besaß. Gabriela, erneut frei, blüht wieder auf - und wird am Ende wieder Nacibs Köchin und Geliebte.

Mit dieser Geschichte verknüpft ist der Bericht über ein Jahr aus dem Leben der Stadt Ilhéus, die dem Leser bereits aus früheren Romanen Amados vertraut ist. Dank der florierenden Kakaoplantagen war Ilhéus als Exporthafen zu Wohlstand gekommen, wurde aber bis dahin von den »feudalen« Plantagenbesitzern beherrscht, den sogenannten »Obersten« *(coronéis)*, die ihre Interessen mit Mord und anderen Gewalttaten durchgesetzt hatten. Als ihr Exponent hatte sich der Bürgermeister darauf beschränkt, den bisherigen Fortschritt durch die Verschönerung der städtischen Anlagen zum Ausdruck zu bringen. Nun aber, 1925/26, gelingt der Partei eines der inzwischen in den Vordergrund getretenen kapitalistischen Kakaoexporteure der Durchbruch: sie distanziert sich von den Gewaltmethoden und sorgt vor allem durch den Ausbau des Hafens für eine echte Weiterentwicklung der Stadt.

Die symbolhaften Verskommentare zu Beginn jedes Kapitels und die tänzerisch-rhythmisierte Sprache, die dem Wesen Gabrielas entspricht, bilden mit ihrem lyrischen Zauber den besonderen Reiz des Buches. Aus der Chronik der Stadt berichtet Amado in liebevoller Ausführlichkeit und mit einem Humor, der in dieser Form bei ihm neu ist. Er zeichnet das Bild eines Gemeinwesens, in dem zwar recht spießbürgerlich zugeht und dessen Bewohner sich stets nur für das allerneueste Ereignis, sei es auch noch so nichtig, interessieren, in dem sich aber - fast zur Überraschung der Betroffenen - eine bedeutsame soziale und politische Wende anbahnt. Die sozialrevolutionäre Tendenz Amados erscheint in diesem optimistischen Roman unaufdringlicher als in früheren Werken. Nur einmal klingt, wie beiläufig, der Gedanke an, daß die Macht ja weiterhin der besitzenden Klasse vorbehalten bleibt, die Befreiung des Volkes also noch nicht verwirklicht ist. Die Lebenskraft dieses Volkes aber verkörpert sich in Gabriela, dem Naturkind, das auf jede bürgerliche Einengung spontan reagiert. D.W.

AUSGABEN: São Paulo 1958. – São Paulo 1965. – Rio [62]1982.

ÜBERSETZUNGEN: *Gabriela wie Zimt und Nelken*, G. Lazarus u. E.-A. Nicklas, Bln./DDR 1962. – Dass., dies., Hbg. 1963. – Dass., dies., Hbg. 1966 (rororo; ern. 1980, rororo).

DRAMATISIERUNG: L. Galvão, Rio 1976 [Bühnenms.].

VERFILMUNG: Brasilien 1983 (Regie: B. Barreto).

LITERATUR: R. Sanders, Rez. (in Die Zeit, 15. 11. 1963). – M.Franzbach, *Erzählkunst in J. A.s »Gabriela«* (in ASSL, 118, 1967, S. 262–271). – Ders., *J. A.: Canção de Gabriela – eine werkimmanente Deutung* (in IR, 2, 1970, H. 4, S. 326–329). – L. B. Hall, *J. A.: Women, Love and Possession* (in Southwest Review, 68, 1983, Nr. 1, S. 67–77). – J. M. Corominas, *Incidencia feminina en la estructura de »Gabriela, cravo e canela«* (in Hispania, 68, 1985, Nr. 3, S. 484–489).

JUBIABÁ

(portug.; *Ü: Jubiabá*). Roman von Jorge AMADO (Brasilien), erschienen 1935. – Amados erster großer Roman – der vierte des Bahia-Zyklus (vgl. auch *Mal Morto*, 1936, und *Capitães da areia*, 1937) – begründete seinen internationalen Ruhm und trägt bereits unverkennbar die Handschrift des erfolgreichsten brasilianischen Romanciers aller Zeiten. In Bahia ist der hundertjährige schwarze Wunderdoktor Jubiabá, der in den ersten Jahrzehnten seines Lebens noch Sklave gewesen war, »*gewissermaßen der Patriarch dieser Neger und Mulatten ..., die in Hütten aus Lehm und mit Zinkblechen gedeckt lebten*«. Während der gesamten Romanhandlung bleibt er als Integrationsfigur überwiegend im Hintergrund. Der eigentliche Held heißt Antônio Balduíno. Dieser Negerjunge aus dem Armenviertel der Stadt kann seine überschüssigen Kräfte kaum bändigen. Nach einer Schlägerei wird er als Profi-Boxer angeworben, und er tritt sogar als »Herkules« in einem Wanderzirkus auf. Nebenbei komponiert er Sambas, die er billig verkauft und mit denen sich ein unbegabter Dichter Ruhm und Reichtum ergaunert.

Antônio liebt die Frauen und reiht eine Liebesaffäre an die andere. Zu geregelter Arbeit als Stauer im Hafen findet er erst, als er sich entschließt, für einen elternlosen Jungen zu sorgen. Am Ende beteiligt er sich an Streikaktionen der Hafenarbeiter und rückt als Streikführer sogar in den Rang eines Jubiabá der neuen Zeit auf. Wie der Held eines Schelmenromans gerät Antônio Balduíno durch die merkwürdigsten Fügungen des Schicksals in unterschiedliche gesellschaftliche Schichten, immer als Außenseiter, als Neger. Er lernt begreifen, daß es nicht um schwarz oder weiß, sondern um arm oder reich geht, denn »*alle Armen sind zu Negern geworden*«. Antônios Lebenslust bleibt bei alledem ungebrochen. Als Zehnjähriger hatte er geschworen, sich durch die Art seines Lebens ein ABC, ein brasilianisches Heldenlied, zu verdienen, in dem er nach seinem Tod besungen werden könne. Dafür muß er Abenteuer bestehen, schöne Frauen lieben und auf der Seite der Armen gegen die Reichen kämpfen. Diese Forderungen erfüllt der zukünftige Heros eine nach der anderen, und er beginnt dort, wo Jubiabá aufgehört hat. So entspricht die Struktur des Romans der eines traditionellen ABC. Der Wunderdoktor war der letzte aus der Generation der Negersklaven. Kaum 50 Jahre nach der Abolition ist Antônio einer der ersten Schwarzen auf dem Weg zur zweiten Sklavenbefreiung.

Bereits in der symbolischen Einleitung, dem Boxkampf des Negers gegen einen Weißen, den Antônio nach dramatischem Fight gewinnt, wird dieses Thema angeschlagen. Amélia, Lehrerin an einer Schule für die Kinder der reichen, überwiegend weißen Oberschicht, macht zu Beginn des Romans aus ihrer Überzeugung kein Hehl: »*Die Schwarzen taugen nur zur Sklavenarbeit. Neger sind nicht geboren, um zu lernen.*« Ein betrunkener Weißer überschüttet Antônio mit Schimpftiraden, die die Zählebigkeit jahrhundertealter Ressentiments der ehemaligen Sklavenhalter veranschaulichen: »*Was bildet ihr Neger euch ein? Da haben wir den Schlamassel! Jetzt streikt ihr sogar, laßt die Straßenbahnen stehen. Mit der Peitsche müßte man dreinschlagen. Ihr Neger seid nur als Sklaven zu gebrauchen... Geh doch streiken, du Nigger! Diese Esel waren dumm genug, euch Gesindel freizulassen.*« Am Schluß werden die Kräne – stellvertretend für Maschinen und Fabriken der Kapitalisten – angeklagt, die Männer zu versklaven und zu töten. Sie seien die Feinde der Neger und die Verbündeten der Reichen.

Trotz manch vordergründig aufgesetzter Agitprop-Parolen im letzten Teil des Romans, die sich wie in *Capitães da areia* nicht überzeugend in die Handlung und Charakterisierung der Figuren einordnen, ist *Jubiabá* ein poetisches Buch, voller Heiterkeit, Erotik, Spannung und treffender Sozialkritik, das Amado mit tiefer Anteilnahme für die Armen und Schwarzen geschrieben und das er mit seinen späteren Werken nur selten übertroffen hat.

E.En.

AUSGABEN: Rio 1935. – São Paulo 1965 (in *Obras*, 16 Bde., 4). – Lissabon 1983. – Rio [46]1984.

ÜBERSETZUNGEN: *Jubiabá*, H. Bräuning u. H. Wiltsch, Bln./DDR 1950. – Dass., dies., Bln./DDR 1965. – Dass., A. Klotsch, Bln./DDR 1983.

LITERATUR: J. de Barros, *Espelho de livros*, Rio 1936. – A. Kantorowicz, *Erste Begegnung mit J. A.s Werk* (in Neue Welt, 4, Bln. 1951). – E. Engler, *Der Bahia-Zyklus von J. A.* (in WZ Rostock, 14, 1965, H. 1/2, S. 49–80). – M.-L. Nunes, *The Preservation of African Culture in Brazilian Literature. The Novels of J. A.* (in LBR, 10, 1973, S. 86–101).

MAR MORTO

(portug.; *Ü: Tote See*). Roman von Jorge AMADO (Brasilien), erschienen 1936. – Im fünften Roman des sogenannten Bahia-Zyklus, der außerdem die Werke *O pais do carnaval*, 1931 *(Das Land des Karnevals)*, *Cacau*, 1933 *(Im Süden)*, *Suor*, 1934 *(Das Mietshaus)*, *Jubiabá*, 1935 *(Jubiabá)* und *Capitães da areia*, 1937 *(Herren des Strandes)*, umfaßt, erzählt Amado, wie es im Vorspruch heißt, »die Geschichte der Kais von Bahia«; gemeint ist São Salvador, die Hauptstadt des brasilianischen Bundesstaates Bahia. »*Die alten segelflickenden Schiffer und die Männer von den Saveiros, die tätowierten Neger und die Vagabunden*«, sie alle kennen die Sagen und Lieder, aus denen diese Geschichte besteht. »*Kommt und hört diese Sagen und Lieder! Lauscht der Geschichte von Guma und Livia, denn es ist die Geschichte vom Leben und von der Liebe zum Meer.*« Mit diesen Worten wird der Leser eingeführt in die Welt der dunkelhäutigen Schiffer, die auf kleinen Frachtseglern *(saveiros)* die klippenreiche Bucht befahren und in der Unterstadt von Salvador im ständigen Umgang mit dem Meer ihr karges und gefahrvolles Leben führen. Es ist eine wundersame Welt, in deren rauhe Wirklichkeit fremdartige Riten, seltsame Legenden und Lieder eingewoben sind, durch den Mythos von der Meeresgöttin Iemanjá aufeinander bezogen und überhöht. In diesem Mythos strömen christliche und afrikanisch-heidnische Elemente zusammen: Die Meerfrau Iemanjá ist auch die Jungfrau Maria; ihr Fest wird am 2. Februar, dem Tag von Mariä Lichtmeß, begangen. Iemanjá »*ist die Mutter der See, die Königin der Meere; darum wird sie von den Männern, die auf dem Wasser leben, gefürchtet und geliebt. Sie züchtigt sie. Niemals zeigt sie sich ihnen, es sei denn, sie finden den Tod im Meer. Die bei Sturm untergehen, liebt sie besonders. Die aber, die bei der Rettung anderer umkommen, dürfen sie bis zu den fernsten Meeren begleiten ... Wie viele haben sich lächelnd in die Fluten gewagt, um die Königin der Meere zu schauen ...!*« Eben dies ist auch das Schicksal Gumas, den die Haie verschlingen, als er einen jungen Mann retten will.
»*É doce morrer no mar*« (Süß ist's zu sterben im Meer). Dieser Vers, Anfangsvers eines Volksliedes, der das Buch leitmotivisch durchzieht, nennt der Autor das Grundthema des Romans und evoziert dessen Grundstimmung. Dem wird die Übersetzung »*Süß ist der Tod in den Wellen*« in der deutschen Ausgabe nicht gerecht, ebensowenig wie der Titel »*Tote See*« dem portugiesischen »*Mar Morto*«. »*Totes Meer*« muß es heißen! Denn nicht die menschenbezogene, menschenbeherrschte, von Schiffahrtslinien durchquerte, von Flugzeugen überflogene See, sondern das mythenbeladene dunkle Reich Iemanjás, der Göttin und Herrin des Meeres, ist Schauplatz und Hintergrund des Geschehens.

Liedhaft, balladenhaft ist die Grundstimmung der Erzählung, die dank der kunstvollen, äußerst poetischen Erzählweise und Sprache des Autors den Leser verzaubert. Amado schreibt eine rhythmische, in der Syntax extrem vereinfachte, gesangliche Prosa, einen rhapsodischen Stil im Grunde eigentlicher Bedeutung. Mit diesem dichterischen, erzählend gesanghaften Charakter des Romans verbindet sich das sozialrevolutionäre Engagement, dem im Leben Amados entscheidende Bedeutung zukommt, das jedoch der poetischen Wirkung des Buchs keinen Abbruch tut, weil es undoktrinär, ideologisch nicht festzulegen ist. Den Doktor Rodrigo, der in einer Welt, »*wo es überall nur Elend gibt ... überall die Gefahr des Todes lauert*« – und eben das ist die Welt der Frachtschiffer von Bahia –, nach seinem Kinderglauben auch den Glauben an die Wissenschaft verloren hat, fragt Dona Dulce: »*Haben Sie sich dieses Meer noch nie anders als jetzt vorgestellt, voll von schmucken Booten mit Schiffern, die gut genährt sind und verdienen, was ihnen zukommt, deren Frauen eine gesicherte Zukunft haben und deren Kinder nicht nur ein halbes Jahr, sondern ... mehrere Jahre zur Schule gehen, damit die Begabtesten später die Universität besuchen können?*« – »*Ich habe einen Glauben*«, sagt sie, und mit ihr sagt es schließlich auch der Doktor: »*Ja, ich glaube an diese Menschen! Irgend etwas sagt mir, daß eines Tages sie selbst dieses Wunder vollbringen werden.*« Das sozialrevolutionäre Engagement des Autors äußert sich in *Mar morto* also lediglich als Glaube an die Zukunft des Menschen, und dieser Lebensoptimismus vermindert die Wirkung des Romans nicht, sondern steigert sie. Ob allerdings die Gestalt, die zum Symbol dieses Lebensoptimismus wird, den Leser ganz überzeugen kann, sei dahingestellt. Livia, Gumas Frau, die aus kleinbürgerlichen Verhältnissen stammt und der das Meer immer ein Greuel war, setzt nach dem Tod ihres Mannes auf dessen Boot die Frachtschiffahrt fort, die später auch der Beruf ihres Sohnes Frederico sein wird. Sie, die »*ganz Frau, eine zerbrechliche Frau*« ist, wächst über sich selbst hinaus, so daß die Fischer, als sie das erste Mal ausfährt, Iemanjá in ihr erkennen. Dona Dulce indessen sieht »*eine tapfere Frau in ihrem Kampf. Dieser Kampf war das Wunder, das Wirklichkeit zu werden begann.*« F.I.

AUSGABEN: Rio 1936. – São Paulo 1960 (in *Obras*, 9 Bde., 5); [34]1973. – Mem Martins [3]1976 (LBEA). – Rio [57]1983.

ÜBERSETZUNGEN: *Tote See*, H. Bräuning, Bln./DDR 1950; [4]1963. – Dass., ders., Hbg. 1959 (rororo). – Dass., E. Engler, Bln./DDR 1976.

LITERATUR: E. Cavalheiro, *Um romance do mar* (in Boletim do Ariel, 6, 1936, S. 53). – F. P. Ellison, *Brazil's New Novel*, Berkeley 1954, S. 83–108. – E.

Engler, *Der Bahia-Zyklus von J. A.* (in WZ Rostock, 14, 1965, H. 1/2, S. 49–80).

A MORTE E A MORTE DE QUINCAS BERRO DÁGUA

(portug.; *Ü: Die drei Tode des Jochen Wasserbrüller*). Erzählung von Jorge AMADO (Brasilien), erschienen 1961. – Fünfundzwanzig Jahre lang hatte Joaquim Soares da Cunha seine Pflichten als Finanzbeamter in Bahia redlich erfüllt, als er plötzlich die bürgerliche Existenz von sich warf, unter die Tagediebe ging und zum größten Spieler und Trunkenbold von Bahia wurde. Als man ihm eines Tages Wasser statt Schnaps zu trinken gab und er nach dem ersten Schluck entsetzt »Wasser!« schrie, bekam er den Spitznamen, unter dem er in den Hafenvierteln der Stadt allgemein bekannt wurde: »Berro Dágua« (wörtlich: Wasserschrei). Eines Tages erhält nun die Familie, die sich seit Jahren bemüht hat, ihren Vater, Schwiegervater, Großvater, Bruder und Onkel zu verleugnen und totzusagen, zu ihrer großen Erleichterung die Nachricht, er liege tot in seiner elenden Behausung. Gewaschen, neu eingekleidet und aufgebahrt, ist er alsbald wieder der ehrenwerte Joaquim Soares da Cunha, dem ein würdiges bürgerliches Begräbnis zuteil werden soll. Die Familie könnte zufrieden sein, wenn nicht ein höhnisches Grinsen auf dem Gesicht des Toten sie befürchten ließe, daß trotz des ärztlichen Totenscheins etwas nicht in Ordnung ist. Sehr zum Leidwesen der Verwandtschaft erscheinen gegen Abend die Kumpane des Verstorbenen, denen man schließlich aus Bequemlichkeit die nächtliche Totenwache überläßt. Als nun zu Ehren Berro Dáguas die Schnapsflasche zu kreisen beginnt, bewegt sich der Tote, die Freunde hören ihn sprechen, schütten ihm Schnaps in den Mund und sind bald überzeugt, daß er lebt. Nun nehmen sie ihn mit auf eine nächtliche Sauftour, die mit einem Fischessen auf dem Boot Meister Manuels enden soll. Es wird eine lustige Nacht, weitere Freunde, darunter Berro Dáguas Geliebte, stellen sich ein, und zwischendurch gibt es sogar eine zünftige Schlägerei. Ein bißchen merkwürdig ist nur, daß der vom Tod Erweckte sich weitgehend passiv verhält, nicht spricht, auf recht seltsame Weise trinkt und am Essen nicht teilnimmt. Auf dem Boot wird die Gesellschaft von einem Sturm überrascht, und plötzlich steht Berro Dágua, der bis dahin bei seiner Geliebten lag, kerzengerade am Mast, spricht einige Sätze und stürzt sich ins Meer. Über seine letzten Worte herrscht keine Einigkeit unter den Zeugen. *»Wer hätte inmitten des Sturms auch richtig hören können?«* Nach der Version des Bänkelsängers vom Markt soll er gesagt haben: *»Ich gehe aus dieser Welt / wo und wann mir's gefällt / ... Ich will nicht gefangen sein / in einem Erdloch, allein.«*
Diese makabre Geschichte wird von Jorge Amado so erzählt, daß die Vorstellung, wie die Saufkumpane die Nacht hindurch mit einer Leiche herumziehen, im Leser weder Schauder noch Ekel erregt. Wo Ansätze zu einer Erklärung, wie Berro Dágua tatsächlich gestorben ist, vorhanden sind, verwischt Amados Darstellungsweise die Grenzen zwischen Realität und Einbildung sofort wieder, und sobald sich ein Gruseleffekt einzustellen beginnt, hilft die launige, heiter-humorvolle Art der Erzählung darüber hinweg. Dieser Humor, der ohne Sarkasmus und ohne Zynismus ist, bildet im schriftstellerischen Werk Amados ein Novum. In *Gabriela, cravo e canela* (1958) zum ersten Mal hervorgetreten, wird er nun zum beherrschenden Stilmittel eines Erzählers, dessen anfängliche sozial-revolutionäre Haltung, durch eine echte, lyrisch gestimmte epische Begabung gemildert und in zunehmendem Maße geläutert, schließlich einer Einstellung weicht, die das Ganze der Welt und des Daseins *sub specie aeternitatis* mit der gleichen Anteilnahme beschreibt und dennoch die besondere Vorliebe des Autors für einzelne seiner Geschöpfe erkennen läßt.   F.I.

AUSGABEN: São Paulo 1961 (in *Obras*, Bd. 15; zus. m. *Os velhos marinheiros*; [36]1975). – Rio [51]1983.

ÜBERSETZUNGEN: *Die drei Tode des Jochen Wasserbrüller*, C. Meyer-Clason, Mchn. 1964. – Dass., ders., Ffm. 1984 (BS). – *Der zweifache Tod des Quincas Berro Dágua*, S. Schmidt, Bln./DDR 1965 (in *Beispiele*, Hg. K. Böttcher, S. 37–87).

LITERATUR: D. D. P. de Cerqueira, *A ironia e a ironia trágica em »A morte e a morte de Quincas Berro Dágua«*, Diss. Rio 1976/77. – M. do Carmo Peixoto Pandolfo, *A escalada dos espaços: a travessia de um herói* (in RBLL, 2, 1980, Nr. 3, S. 11–16). – A. de Campos Brunetti, *Nascimento e dispersão de »Quincas Berro Dágua«* (in LBR, 19, 1982, Nr. 2, S.237–242). – J. H. de Souza, *Cabo Plutarco, o Berro d'Água*, Fortaleza 1982. – E. F. Fitz, *Structural Ambiguity in J. A.s »A morte e a morte de Quincas Berro Dágua«* (in Hispania, 67, 1984, Nr. 2, S. 221–228).

TERRAS DO SEM FIM

(portug.; *Ü: Kakao. Roman aus dem brasilianischen Urwald*). Roman von Jorge AMADO (Brasilien), erschienen 1942. – Dieses Epos des Kakaos in Brasilien, des Kampfes um die fruchtbaren Böden im Osten des Landes, des Urwaldes im Staat Bahia, der, durch Axt und Feuer vernichtet, endlosen Pflanzungen des Kakaobaumes Platz machen muß, schildert die Entstehung neuer Gemeinwesen in der Wildnis, die Geburt der Zivilisation und des Fortschritts. Im Mittelpunkt des Werks steht die Auseinandersetzung zwischen den Großgrundbesitzern Horácio auf der einen Seite, Sinhô Baradó und seinem Bruder Juca auf der anderen um den »Sequeiro Grande«, ein riesiges Stück Urwald, das zwischen ihren Besitzungen liegt. Diese Auseinandersetzung wird mit allen Mitteln des Rechtsbruchs, der Bestechung, des Betrugs und des Mor-

des und mit einer Grausamkeit geführt, die, zumindest bei Horácio und Juca, aus der Lust am Töten und an der Gewalttat kommt, aber bei allen auch Raum für edlere Empfindungen läßt. So beschließt Sinhó Baradó seinen Tag mit Bibellektüre und führt das Wort Gottes ständig im Munde, Horácio liebt seine Frau und bewundert gerührt ihr Klavierspiel. Was der Rechtsanwalt Virgílio, den Horácio für seine Zwecke gebraucht und der mit Ester, der Gattin Horácios, ein Liebesverhältnis anknüpft, zu Maneca Dantas, einem Parteigänger Horácios, sagt, gilt für sie alle: *»Sie sind ein guter Mensch, Maneca Dantas. Es ist seltsam, daß Ihr soviel Unheil anrichten und trotzdem gute Menschen sein könnt.«*
Die Schilderung des Kampfes zwischen Horácio und den Baradós, so epische Formen er auch annimmt, ist jedoch bei Jorge Amado nicht Selbstzweck. Sein eigentliches Anliegen ist, die Welt, in der er sich abspielt, dichterisch zur Anschauung zu bringen: die farbigen Landarbeiter auf den Großfarmen, ihre Unterwürfigkeit, Bewußtseinsdumpfheit und abergläubischen Vorstellungen ebenso wie die hierarchischen Lebensformen in den Herrenhäusern der Grundbesitzer, die lockeren Sitten, den kulturellen Ehrgeiz, den provinziellen Klatsch und Geschmack in Tabocas, der Kleinstadt im Landesinnern, und in Ilhéus, der Hafenstadt an der Küste, die Korruption der Lokaljustiz, die, in Schach gehalten von den Leibwächtern der Grundherren, Mord und Gewalttat duldet, die Zugehörigkeit aller Menschen auf dem Land und in der Stadt zur Klientel eines der großen Kakaobarone, die Abhängigkeit der Landespolitik von der jeweiligen Konstellation der lokalen Machtverhältnisse, und nicht zuletzt den Kakao, der den Reichtum und Fortschritt bringt, den Urwald, dem er abgerungen wurde, und das Meer, das die Ausfuhr ermöglicht und Menschen und Güter zur Erschließung des Landes heranbringt.
Dies alles fängt Amado ein dank einer Erzähltechnik, die weniger romanhaft als episch im eigentlichen Sinne des Wortes ist. Die sechs ungleich langen Teile des Werks – *O navio (Das Schiff), A mata (Der Urwald), Gestação de cidades (Entstehung von Städten), O mar (Das Meer), A luta (Der Kampf)* und *O progresso (Der Fortschritt)* – ähneln Gesängen einer epischen Dichtung. Die Geschichte wird nicht kontinuierlich erzählt, sondern in einzelnen, kaleidoskopartig wechselnden balladesken Bildern und Szenen evoziert.
Das Schicksal seiner engeren Heimat – Jorge Amado wurde in Itabuna, einem der Schauplätze seines Romans, geboren – hat den brasilianischen Dichter immer wieder zu literarischer Gestaltung angeregt. Eines seiner Erstlingswerke, *Cacau*, 1933 *(Im Süden)*, hat bereits den Kakaoboom in Bahia zum Thema. Im Erscheinungsjahr von *Terras do sem fim* erschien ein weiterer Roman, der wie eine Ergänzung und Fortsetzung anmutet: *São Jorge dos Ilhéus*, 1942 *(São Jorge dos Ilhéus)*. Und eines der reifsten Spätwerke Jorge Amados spielt ebendort: *Gabriela wie Zimt und Nelken* (vgl. *Gabriela, cravo e canela*). F.I.

AUSGABEN: São Paulo 1942. – São Paulo 1966; ³³1975. – Rio ⁴⁸1982.

ÜBERSETZUNGEN: *Kakao. Roman aus dem brasilianischen Urwald*, L. Schönfeldt, Wien 1951; ern. Bln./DDR; ³1974. – *Herren des Landes*, ders., Mchn. 1987 (Goldm.Tb).

VERFILMUNG: *Terra violenta*, Brasilien 1948 (Produção Atlântida).

DRAMATISIERUNG: G. Melo, *Terras do sem fim* (Urauff. Rio 1947, Grupo Comediantes).

LITERATUR: H. Bruno, *Estudos de literatura brasileira*, Rio 1957, S. 121–134. – L. Militz da Costa, *O condicionamento telúrico-ideológico de desejo em »Terras do sem fim«*, Diss. Rio 1975; Porto Alegre 1976. – L. Ledford-Miller, *A Question of Character: The Black Presence in J. A.s ›The violent land‹* (in Studies in Afro-Hispanic Literature, 1978/79, Nr. 2/3, S. 152–163). – N. M. Scott, *Language, Humour and Myth in the Frontier Novels of the Americas: Wister, Güiraldes and A.* Amherst 1983.

TIETA DO AGRESTE

(portug.; *Ü: Tieta aus Agreste*). Roman von Jorge AMADO (Brasilien), erschienen 1977. – Antonieta Cantarelli – genannt Tieta – verbrachte ihre Kindheit in der Kleinstadt Agreste, einem *»Nest, wo alle einander kannten, dem Ende der Welt, dessen Hinterwäldler noch im vorigen Jahrhundert leben«*. Aus dieser Welt war Tieta als Minderjährige wegen nymphomanischer Ausschweifungen von ihrem sittenstrengen Vater vertrieben worden. Nach 26 Jahren kehrt sie in Begleitung ihrer angeblichen Stieftochter Leonora zurück, aber nicht, um sich zu rächen, sondern als Wohltäterin, die ihre Familienangehörigen großzügig beschenkt und Agreste dank ihrer guten Beziehungen Anschluß an die elektrische Stromversorgung verschafft. Die immer noch liebestolle Mitvierzigerin verführt ihren 17jährigen Neffen Ricardo, der als angehender Priester gegen sein Keuschheitsgelübde verstößt und zunächst in einen Gewissenskonflikt gerät. Schnell auf den Geschmack gekommen, hält er nach jüngeren Frauen Ausschau, mit denen er seine »Lehrmeisterin« betrügt. Ascânio Trindade, der junge, ehrgeizige Sekretär der Gemeindeverwaltung, verliebt sich in Leonora, ohne zu ahnen, daß sie als Prostituierte im *»Refugium der Lords«*, einem Luxusbordell für distinguierte Herren aus Politik und Wirtschaft, in São Paulo arbeitet. Besitzerin und Chefin des »Refugiums« ist niemand anderes als Tieta, die Hochverehrte und Umjubelte, die schließlich noch eine alte Frau vor dem Flammentod und Agreste samt seiner malerischen Umgebung vor der Verseuchung durch eine Chemiefabrik rettet. Als Leonora ihre wahre Identität preisgibt und Tietas Geheimnis enthüllt, kommt es zum Skandal. Fluchtartig kehren beide nach São Paulo zurück.

Prostituierte gehörten schon immer zu den bevorzugten Protagonistinnen Amados. Wie in *Teresa Batista* avanciert nun auch in *Tieta do Agreste* ein Freudenmädchen zur Heldin des Romans. Im Vergleich zum Frühwerk, in dem der Autor zumindest ansatzweise die Tragik unendlich vieler Mädchen und jungen Frauen, die die Not in dieses Gewerbe getrieben hatte, gestaltete, verzichtet er in beiden Prostituierten-Romanen weitgehend auf eine kritische Auseinandersetzung mit diesem gravierenden sozialen Problem. Tietas Persönlichkeitsentwicklung, ihr gesellschaftlicher Aufstieg und ihre Rolle als Wohltäterin werden nur durch den Verlust aller sozialen Bindungen und durch ihre Dirnenkarriere möglich. Am Beispiel ihrer psychisch verkrüppelten Schwester Perpétua und der frustrierten Halbschwester Elisa, die Tieta anfleht, sie in São Paulo als Hure arbeiten zu lassen, führt Amado die scheinbare Alternativlosigkeit vor. »*Wäre Tieta nicht auf die Straße gesetzt worden, wäre sie hier, in diesem Loch geblieben, würde sie in Armut dahinvegetieren.*« Die krassen Unterschiede zwischen der hoch entwickelten Industriemetropole und der dumpfen provinziellen Enge, der archaischen Lebensformen, der Armut und Zurückgebliebenheit des brasilianischen Nordostens werden sinnbildhaft am Schicksal der drei Frauen vorgeführt. Tradierte menschliche Werte und Normen müssen einem vermeintlichen Fortschritt ebenso geopfert werden wie die Unversehrtheit der natürlichen Umwelt, deren akute Bedrohung in diesem Fall zwar abgewendet wird, in anderen Teilen des Landes jedoch schon zur ökologischen Katastrophe geführt hat.

Amado erzählt heiter und humorvoll, mitunter weitschweifig und sentimental. Derbe Erotik, sexuelle Zügellosigkeit, spannende, in sich nicht immer schlüssige Episoden und weitgehende Typisierung der Protagonisten haben auch diesem Roman einen breiten Leserkreis gesichert, der amüsante Unterhaltung sucht und eine tiefergehende realistische Auseinandersetzung mit den Problemen des Landes und den millionenfachen Nöten der Brasilianer nicht vermißt. E.En.

AUSGABEN: Rio 1977. – Lissabon 1978. – Rio 12 1985.

ÜBERSETZUNGEN: *Tieta aus Agreste*, L. v. Schönfeldt, Mchn. 1979. – Dass., ders., Bln./DDR 1981. – Dass., ders., Reinbek 1983 (rororo).

LITERATUR: E. Engler, *J. A.s »Tieta do Agreste« – Anspruch und Wirklichkeit* (in Berichte, Humboldt-Univ. Bln./DDR, 1987, 2). – M. Silverman, *Moderna Sátira Brasileira*, Rio 1987.

TOCAIA GRANDE

(portug.; Ü: *Tocaia Grande*). Roman von Jorge AMADO (Brasilien), erschienen 1984. – In *Der große Hinterhalt. Die dunkle Seite* – wie der vollständige Titel lautet – wendet sich Jorge Amado noch einmal dem Thema zu, das ihn zeitlebens beschäftigt und dem er seine wichtigsten Werke gewidmet hat: der Eroberung, Besiedlung und Erschließung der Kakaozone im brasilianischen Nordosten. Ausgangspunkt sind die Feierlichkeiten zum 70. Jahrestag der Stadt Irisópolis, die vormals Tocaia Grande hieß. Derzeitige Honoratioren halten salbungsvolle Reden, die Presse überschlägt sich mit Huldigungen, aber alle verschweigen geflissentlich den ursprünglichen Namen des Ortes und die Leistungen seiner verwegenen Gründer. Amado will nun, wie er in seiner polemischen Vorbemerkung schreibt, der historischen Wahrheit zu ihrem Recht verhelfen und »*die dunkle Seite finden und auftun, die aus den Geschichtskompendien gelöscht wurde*«. Der Mestize Natário, ein gewiefter, unerschrockener Revolverheld *(capanga)*, der es vom Leibwächter zum Aufseher und Hauptmann seines Coronels (Oberst), dem Großgrundbesitzer Boaventura, gebracht hat, lockt die bewaffnete Bande eines konkurrierenden Coronels in den großen Hinterhalt einer Flußniederung und metzelt sie mit seinen Kumpanen nieder. Bevor die ersten Hütten gebaut werden, hat der Ort bereits einen Friedhof. Zunächst entsteht ein Rastplatz für durchziehende Eselskarawanen, die Kakao in die umliegenden Städte transportieren. Fadul, ein ambulanter Händler libanesischer Herkunft, läßt sich als einer der ersten in Tocaia Grande nieder und eröffnet einen kleinen Laden, der schnell zum Umschlagplatz für allerlei Neuigkeiten und Gerüchte wird. Sodann beziehen die ersten Prostituierten ihr eilig errichtetes Quartier. Der schwarze Hufschmied Tição, Maurer, Zimmerleute, Ackerbauern und Viehzüchter werden als nächste seßhaft und folgen wie alle anderen den Anweisungen Natários, des selbsternannten Regenten der Ansiedlung. Räuber *(jagunços)* verwüsten Faduls Laden, sintflutartige Regenfälle führen zu einer Überschwemmung, die die mühevoll angelegten Pflanzungen zerstört und die meisten Hütten fortreißt. Später bringt eine Fieberepidemie Tocaia Grande an den Rand des Ruins, aber die tapferen Gründer und Erbauer des Ortes überstehen auch diese Katastrophe. Den Garaus machen ihnen am Ende die Hüter des Gesetzes. Rücksichtslos setzen sie die staatliche Ordnung in der bis dato anarchisch-autochthonen Gemeinschaft durch. Tocaia Grande ist tot. Irisópolis kann erstehen.

In diesem monumentalen literarischen Gemälde über die Geschichte der brasilianischen Kakaoregion verknüpft Amado Themen, Motive und Gestaltungsmittel seiner bisherigen Schaffensphasen miteinander. Die Charaktere und Typen der wichtigsten Protagonisten sind aus früheren Romanen des Autors bekannt, und auch die Freudenmädchen stehen nicht hinter ihren hundertfachen Vorgängerinnen zurück. So wimmelt es denn auch hier von straffen Brüsten, prallen Schenkeln, samtnen Bäuchen und wackelnden Hinterbacken, an denen sich die Freier des Ortes und durchziehende Eseltreiber erfreuen. Massenarbeitslosigkeit, Hunger

und Not, durch die schon halbwüchsige Mädchen in die Prostitution gezwungen werden, kommen nicht zur Sprache. Das ist wiederum nur aus der Wirkungsstrategie des Autors heraus zu verstehen. Seine Romane sollen heiter und unbeschwert, unterhaltsam und leicht rezipierbar sein, möglichst wenig problematisieren und schon gar nicht philosophisch reflektieren. Machismo und doppelte Moral prägen das Selbstverständnis der Protagonisten und das Miteinander der Geschlechter, deren anachronistische Gegenwartsbezüge brasilianische Leser sicherlich erkennen. Ansatzweise sozialkritisch sind die Szenen, in denen der Autor das Unrecht der Vertreibung armer Bauern durch die Großgrundbesitzer beschreibt und die als Beitrag zu den derzeitigen Auseinandersetzungen um die überfällige Agrarreform verstanden werden können. Auch von der Schinderei der Tagelöhner ist ganz am Rande die Rede, die mit Buschmesser und Axt den Urwald roden, um Ackerflächen für den Kakaoanbau zu gewinnen. Im übrigen aber halten Liebe, Sexualität und Promiskuität bis zur »Uterustollheit«, das Streben nach Macht und Reichtum, nach eigenen Betrieben und Landbesitz die Gründer und Erbauer von Tocaia Grande in Trab. Die Unmenge der Figuren, zu denen selbst in den letzten Kapiteln immer noch neue hinzukommen, ist kaum zu übersehen. Zwangsläufig dominiert die Typisierung. Amado selbst sieht das Volk als wirklichen Helden seines Romans. Darunter versteht er eine anarcho-antiautoritäre verschworene Gemeinschaft, die ad hoc im Gegensatz zu jedweder Staatsgewalt stehen muß. Die Verabsolutierung des anarchistischen Freiheitsbegriffs muß darum zwangsläufig den Untergang der Kakaopioniere am Ende des Romans zur Folge haben. – Mit überschäumender Fabulierlust, auf deren Konto manche Überlänge und Weitschweifigkeit geht, hat Amado ein Hohelied auf die Entfesselung von Sexualität, auf Fleiß und Unternehmergeist, Lebensbejahung und Durchhaltevermögen und auf die Freiheit, wie er sie versteht, geschrieben. Eine Epopöe vom Werden und Vergehen, Aufbau und Zerstörung, Liebe und Haß, die Liebhaber sinnlicher und exotischer Unterhaltungsliteratur auf ihre Kosten kommen läßt, wie schon in den populären Romanen *Dona Flor e seus dois maridos*, 1966 *(Dona Flor und ihre zwei Ehemänner)*, *Tereza Batista, cansada de guerra*, 1972 *(Viva Teresa)* und *Farda, fardão, camisola de dormir*, 1979 *(Das Nachthemd und die Akademie)*.
E.En.

AUSGABEN: Rio 1984. – Rio ⁴1985. – Lissabon 1985.

ÜBERSETZUNGEN: *Tocaia grande*, A. Klotsch, Bln./DDR 1986. – Dass., K. v. Schweder-Schreiner, Mchn. 1987.

LITERATUR: E. F. Coutinho, *J. A.*, »*Tocaia grande*«: *A face obscura* (in Colóquio/Letras, 1985, Nr. 87). – E. Engler, *J. A.: »Tocaia grande«* (in WB, 1988, H. 9).

AMALARIUS AUS METZ

Symphosius Amalarus
* um 775/780 nahe Metz
† um 850 wahrscheinlich Metz

LIBER OFFICIALIS

auch: *De ecclesiasticis officiis* (mlat.; *Buch über den Gottesdienst*, auch: *Über die Kirchendienste*). Systematisches Werk über die Liturgie in vier Büchern von AMALARIUS aus Metz, vollendet um 823. – Der große Liturgiker wollte mit seinem umfangreichen Hauptwerk den tieferen Gehalt von Messe und Kultus erforschen. Nach einem devoten Widmungsbrief an Kaiser Ludwig den Frommen spricht er im ersten Buch ausführlich über den Sinn der Vorfasten- und Fastenzeit, des Oster- und Pfingstfests und ihrer liturgischen Gebräuche. Das zweite Buch handelt von den kirchlichen Ämtern und der liturgischen Gewandung der Priester. Besonders eingehend ist im dritten Buch die Deutung der verschiedenen Teile der Messe. Das vierte Buch befaßt sich mit dem Stundengebet an Sonn-, Wochen- und Feiertagen. – Amalar strebte keine historische Untersuchung über die Entstehung der damaligen Gottesdienstordnung an. Vielmehr übernahm er für seine Arbeit die Methode der allegorischen Bibeldeutung; allen gottesdienstlichen Riten, den Kirchenfesten und Kirchenämtern, selbst der Priesterkleidung bis hin zu den einzelnen Teilen der Schuhe wird ein – oft sehr gesuchter – mystischer Sinn unterlegt. Als Quelle dienten dem Autor die Schriften der Kirchenväter. Seine Zitierweise ist außergewöhnlich: Jeweils am Ende eines Zitats setzt er, wenn seine eigenen Worte beginnen, ein Kreuz.
Obwohl die Schriften Amalars mancher gewagter Formulierungen und auch der allegorischen Interpretation wegen als häretisch verdammt worden sind, erfreute sich das Werk während des ganzen Mittelalters – nicht zuletzt eben aufgrund der damals so geschätzten Allegorese – größter Beliebtheit und wurde von späteren Liturgikern reichlich ausgeschrieben. Für die Liturgiegeschichte ist der *Liber officialis* – den der Autor 831 nach seiner Romreise umgearbeitet hat, um auch die römischen Gebräuche berücksichtigen zu können – eine wertvolle Quelle. Das Werk stellt den ersten systematischen Versuch einer Erklärung der Gesamtliturgie dar und gewährt einen guten Einblick in die zu Anfang des 9. Jh.s bestehenden Kultusformen.
M.Ze.

AUSGABEN: Mainz 1549 (in J. Cochlaeus, *Speculum antiquae devotionis circa missam*; unvollst.). – Köln 1568, Hg. M. Hittorp [vollst.]. – ML, 105. – Vatikan 1948 (in *Opera liturgica omnia*, Hg. J. M. Hanssens, 3 Bde., 1 u.2; m. Einl. u. Bibliogr.). –

Bln. 1880 (in MGH, Poetae latini medii aevi, Hg. E. Dümmler, Bd. 1, S. 426 ff.).

LITERATUR: A. Kolping, *A. v. M. u. Florus von Lyon. Zeugen eines Wandels im liturgischen Verständnis in der Karolingerzeit* (in Zs. f. katholische Theologie, 73, 1951, S. 424–464). – A. Cabaniss, *Amalar of Metz*, Amsterdam 1954. – *Liturgisch woordenboek*, Hg. H. de Wolf, Bd. 1, Roermond 1958, S. 126/127. – F. Haffner, *S. A. v. M., Erzbischof von Trier, zur Geschichte der Sakramentenspendung* (in *Fs. A. Thomas*, Hg. H. Ries, Trier 1967, S. 135–140). – J. H. Emminghaus, Art. *A. v. M.* (in LM, 1, Sp. 505).

ANDREJ ALEKSEEVIČ AMAL'RIK

* 12.5.1938 Moskau
† 12.11.1980 bei Guadalajara / Spanien

ZAPISKI DISSIDENTA

(russ.; Ü: *Aufzeichnungen eines Revolutionärs*). Memoiren von Andrej A. AMAL'RIK, erschienen 1982 in den USA. – Die in der Zeit zwischen 1977 und 1978 in der Emigration niedergeschriebenen Erinnerungen, das letzte Werk Amal'riks, knüpfen inhaltlich an den autobiographischen Bericht *Nežalannoe putešestvie v Sibir'*, 1970 *(Unfreiwillige Reise nach Sibirien)*, an, der minuziös und eher leidenschaftslos die aufgrund des »Parasiten-Erlasses« verhängte Verbannung des Autors auf einen Kolchos in Sibirien schildert. Weltweit bekannt wurde Amal'rik, dessen geistig-schöpferische Tätigkeit als Dramatiker begonnen hatte, durch seinen 1969 erschienenen Essay *Prosuščestvuet li Sovetskij Sojuz do 1984 goda? (Kann die Sowjetunion das Jahr 1984 erleben?)* Hier prophezeit der eigenwillige Kritiker des Sowjetsystems einen Krieg zwischen Rußland und China und den Zusammenbruch der Sowjetunion.

Der ursprünglich geplante Titel der Erinnerungen, *Zapiski revoljucionera*, dem die deutsche Übersetzung entspricht, ist den gleichnamigen Aufzeichnungen des Fürsten Pëtr KROPOTKIN (1842–1921), einem Theoretiker des Anarchismus, entliehen und markiert die Position des Autors in einem längst nicht mehr revolutionären, weil erstarrten, totalitären System. Mit der Glaubwürdigkeit des Augenzeugen beschreibt Amal'rik das interessanteste Jahrzehnt der neueren sowjetischen Geschichte, die Jahre von 1966 bis 1976, die durch die Entstehung der innersowjetischen Dissidenzbewegung und die Gründung der »Helsinki-Gruppe« geprägt sind. »*Thema der Aufzeichnungen ist der Konflikt zwischen der Persönlichkeit einerseits und dem System andererseits, in dem die Persönlichkeit nichts gilt, das System jedoch alles.*« (Amal'rik)

Der erste von drei Teilen des Buches umfaßt die Jahre 1966–1970 und schildert das Moskauer Leben der zweiten Dissidentengeneration des Jahres 1966 und dessen spannungsgeladene Atmosphäre vor dem Hintergrund des Prager Frühlings und des Einmarsches in die Tschechoslowakei. Neben Amal'riks Frau, der Malerin Gjusel, und bekannten Zeitgenossen und Intellektuellen treten Vertreter der westlichen Presse auf, deren opportunistisches Verhalten aus der Sicht des Autors scharf kritisiert wird. Der zweite Teil beginnt mit der Verhaftung Amal'riks wegen Verleumdung der Sowjetgesellschaft. Die Darstellung der Gerichtsverhandlung ist nicht frei von grotesken Zügen: KGB-Leute und Milizionäre erscheinen zuweilen wie Gestalten GOGOL'S; die tragikomische Beweisführung entlarvt eine pervertierte Justiz mit der Verzerrung moralischer Begriffe. Die Beschreibung der Verschickung an die Kolyma, des Lebens in Gefängnissen, Lagern und der Verbannung macht das Kernstück der Memoiren aus. Das Lager ist als Mikrokosmos der sowjetischen Gesellschaft gezeichnet, mit eigenen Gesetzen, Führern, Unterdrückern und Unterdrückten. Die Grausamkeit der Lagerrealität kontrastiert mit der Komik der Ereignisse: Amal'rik wird verdächtigt, ein Agent des KGB in Gestalt eines Verbannten zu sein, der die Lebensbedingungen in den Lagern überprüfen soll. Diese Angst vor dem »Revisor« charakterisiert die auftretenden Personen als Akteure einer Tragikomödie. Kurzporträts wie das eines Mörders, der unzählige Beschwerdebriefe an Brežnev verfaßt, verstärken den »literarischen« Charakter der Memoiren. Zufällige Begegnungen offenbaren tragische oder unglaubliche Lebensgeschichten; skurrile Begebenheiten wie der illegale Verkauf einer Leichenhalle sind nicht der Phantasie des Dichters entsprungen, sondern aus dem Leben gegriffen. Nicht selten werden Personen mit Romanfiguren verglichen, in erster Linie aus Gogols Werken.

Im letzten Teil berichtet Amal'rik von seiner erneuten Verurteilung und den drei folgenden Verbannungsjahren in Magadan. Die Rückkehr nach Moskau läßt ihn wieder aktiv an der Dissidentenbewegung teilhaben, als deren Höhepunkt die Gründung der »Helsinki-Gruppe« unter Vorsitz von J. Orlov im Mai 1976 anzusehen ist. Der Staat reagiert mit Verhaftungen; der Druck auf Amal'rik wächst; ständige Beschattung, Festnahmen und die Drohung von Verhaftung und Totschlag zwingen ihn und seine Frau schließlich zur Emigration. Der locker-ironische Stil, in dem Amal'rik schonungslos eine grausame Realität enthüllt, die kritische Distanz und die überlegene Position, aus der dem Sowjetsystem hier das Urteil gesprochen wird, läßt diesen Lebensbericht fast emotionslos erscheinen. Amal'riks sehr individualistische Standpunkte zu Fragen der Religion, des Nationalismus und Patriotismus, seine Reflexionen über das kommunistische System grenzen ihn scharf von den russisch-national eingestellten Kreisen ab und charakterisieren ihn als Außenseiter innerhalb der Opposition. Seine Erinnerungen erweitern den Blick in die inneren Verhältnisse der Sowjetunion und bilden eine wichtige Ergänzung zu dem Lebensbericht VI. BUKOVSKIJS *I vozvraščaetsja veter (Wind vor dem Eisgang)* und den Aufzeichnungen L. PLJUŠČS *Na karnevale istorii (Im Karneval der Geschichte)*. S.Ma.

AUSGABE: Ann Arbor 1982.

ÜBERSETZUNG: *Aufzeichnungen eines Revolutionärs*, B. Kerneck-Samson, Bln. u. a. 1983.

LITERATUR: A. Razumovsky, *A. A.s Thesen* (in FAZ, 6. 6. 1970). – K. Marko, *Kann die Sowjetunion das Jahr 1984 erleben?* (in Berichte des Bundesinstituts für Ostwissenschaftliche u. Internationale Studien, Köln 1970, 53). – A. Kohlschütter, *Die Stimme der Stummen wird leiser* (in Die Zeit, 27. 7. 1973). – W. Kasack, *»Ich glaube, daß ich ein besserer Patriot bin«* (in NZZ, 18./19. 7. 1976). – A. Bezanson, *Ob A. A.* (in Sintaksis, 1980, 8, S. 4–6). – J. Gastev, *»Revoljucioner« A. A. i ego »Zapiski«* (in Russkaja Mysl', 9. 12. 1982).

AMĀNAT

d.i. Aġā Ḥasan Mūsawī
* 1816
† 1858/59 Lakhnau (Lucknow)

INDAR SABHĀ

(urdu; *Der Hof Indras*). Singspiel in zwei Akten von AMĀNAT, verfaßt 1849 oder 1853 (?). – Dieses Werk des Amānat gilt als das erste Urdu-Theaterstück. Dem Islam war die Kunstform des Dramas fremd; nur das Schattenspiel war allgemein verbreitet, nicht jedoch die Darstellung eines Geschehens durch Schauspieler. Lediglich im schiitischen Bereich waren Klagelieder auf den Tod des Prophetenenkels Husain in der Schlacht bei Kerbela (680) gelegentlich dramatisch ausgestaltet worden. In Indien, wo einstmals das Sanskritdrama Triumphe gefeiert hatte, lag die Schauspielkunst seit langem darnieder und beschränkte sich auf komische Farcen zur Erheiterung der Herrscher an den verschiedenen Fürstenhöfen. Allenfalls mochten wandernde Sänger und Tänzer Stücke aus der Hindumythologie vortragen. Erst in der überfeinerten Atmosphäre am Hof des letzten Herrschers von Lucknow, Wāǧid 'Alī Šāh (reg. 1847–1856), waren die Voraussetzungen vorhanden, die es ermöglichten, daß Amānat – vielleicht auf Anregung eines Franzosen – für den Privatgebrauch des Hofs sein Bühnenwerk *Indar sabhā* schrieb, das freilich mehr eine musikalische Komödie als ein Schauspiel ist.
Der altindische Gott Indra – den der muslimische (schiitische) Autor« in einen Geisterbeherrscher umgewandelt hat – sitzt auf seinem kostbaren Thron und läßt sich von farbenprächtigen Feen vorsingen und vortanzen. Die Heldin ist Sabz Perī, die Grüne Fee, die sich in den Prinzen Gulfām (»Rosenfarbig«) aus Aḫtarnāgar (»Sternenstadt«) verliebt hat. Sie beauftragt Kālā Deō (»Schwarzer Geist«), den Geliebten zu ihr in den Garten zu bringen. Dies geschieht; doch als Sabz Perī dem Prinzen ihre Liebe erklärt, erweist sich dieser als sehr zurückhaltend und spröde. Auf seine Bitte nimmt sie ihn, den Sterblichen, heimlich mit an den Hof Indras, wo er aber entdeckt wird. Zur Strafe wird Gulfām im fernen Kaukasus in einen Brunnen geworfen, während die Fee, nachdem ihr die Flügel abgeschnitten worden sind, den Königshof verlassen muß. – Aber sie läßt sich von diesen Grausamkeiten, die ihr angetan werden, nicht entmutigen. Als Yoginī (Büßerin) verkleidet, zieht sie durch die Welt, Menschen und sogar wilde Tiere mit ihren Liedern erfreuend. Schließlich gewinnt sie auch wieder die Gunst Indras, der entzückt ihren lieblichen Gesängen lauscht. Als Belohnung erbittet sie die Freilassung ihres Geliebten, mit dem sie endlich vereinigt wird.
Das Stück, das sich durch einen großen Reichtum an Gedichten und sangbaren Liedern auszeichnet und dessen Sprache frei von komplizierten Fügungen ist, gewann sofort die Liebe des indischen Publikums, zumal es der Verfasser verstand, hinduistische Motive mit traditionell islamischen zu verbinden und dadurch alle Teile der Bevölkerung anzusprechen. Überdies war seit jeher, in der Hindumythologie ebenso wie in der persischen Literatur, die Liebe von Feen oder himmlischen Geistern zu irdischen Wesen ein besonders beliebtes Motiv. Eine Parallele zu Sabz Perīs Liebe zu Gulfām sowie zu dessen Gefangensetzung findet sich z. B. in dem fast ein Jahrhundert früher entstandenen Maṯnawī (Dichtung in Doppelversen) *Siḥr ul-Bayān* von MĪR ḤASAN (1727–1786), das als die beste metrische Romanze in Urdu überhaupt gilt. Die Verkleidung des oder der Liebenden als Yogin oder Derwisch gehört ebenfalls zu vielen indomuslimischen Volkssagen, z. B. auch zu *Hīr Rāngḥā (Hīr und Rāngḥā)*.
Der Erfolg des Stücks war so groß, daß der Dichter MADĀRILĀL alsbald ein Stück des gleichen Titels schrieb. Amānats Werk aber wurde das Standardstück der Wanderbühnen. Man druckte es in den verschiedensten indischen Schriften: Devanāgarī, Guǧerātī, Gurmukhī u. a. (im India Office gibt es mehr als 40 verschiedene Editionen); F. ROSEN übertrug das Stück 1892 ins Deutsche; auf dieser Übersetzung beruht das Libretto zu Paul Linckes Operette *Im Reiche des Indra*.
Nach dem Erfolg der *Indar sabhā* begann sich dann in Indien, besonders durch die Anstrengungen der von Bombayer Parsen gegründeten Pestonjee-Framjee-TheaterGesellschaft, wieder ein eigentliches Theater zu entwickeln, in dem altindische Motive, muslimische Sagenstoffe und englische Vorbilder sich in spielbaren Dramentexten zusammenfinden.   A.Schi.

AUSGABEN: Amīnābād o.J. [1853]. – Lpzg. 1892 (in F. Rosen, *Indarsabhā des Amānat*; m. Übers. u. Anm.). – Karachi 1956 [Einl. Vaqar ʿAẓīm]. – Lakhnau ²1981, Hg. Masʿud Hasan Riḍvī Adīb [krit.].

LITERATUR: R. B. Saksena, *A History of Urdu Literature*, Allahabad ²1940, S. 351/352. – A. Bausani, *Storia delle letterature del Pakistan*, Mailand 1958, S. 168–172. – M. Sadiq, *A History of Urdu Literature*, Ldn. 1964; Delhi ²1984, S. 606 f. [rev. u. erw.]. – A. Schimmel, *Classical Urdu Literature from the Beginning to Iqbāl*, Wiesbaden 1975, S. 213 f.

AUSGABEN: Rom 1798, Hg. P. Paulino a S. Bartholomaeo [Teilausg.]. – Calcutta 1807. – Paris 1839–1845, Hg. A. Loiseleur Deslongchamps, 2 Bde. [m. frz. Übers.]; ern. Osnabrück 1988. – Trivandrum 1914–1917, 4 Bde. – Poona 1941 [Krit.]. – Bombay ⁶1944. – Adyar 1971 [Krit.]. – »*Amarakosa*« *in Burmese*, Hg. L. Chandra, New Delhi 1984.

LITERATUR: S. H. Levitt, *A Note on the Compound pañcalakṣaṇa in A.'s »Nāmaliṅgānuśāsana«* (in Purāṇa, 18, 1976, S. 5–38). – C. Vogel, *Indian Lexicography*, Wiesbaden 1979, S. 309–318.

AMARASIṂHA

6.Jh. (?)

AMARAKOŚA

(skrt.; *Wörterbuch des Amarasiṃha*). Das Werk *Nāmaliṅgānuśāsana (Belehrung über Nomina und ihr Genus)* wird meist nur nach seinem Verfasser als Amarakośa bezeichnet. Es handelt sich um das bedeutendste und verbreitetste Synonymen-Wörterbuch in Sanskrit. Die Handschriften und Ausgaben sind fast unzählig; an Kommentaren gibt es über 80! Über Amarasiṃha ist nichts bekannt. Er soll Buddhist gewesen sein und zu den neun »Edelsteinen« am Hofe des (legendären) Königs Vikramāditya gehört haben.

Das Werk ist in 1500 Versen, fast ausschließlich im Anuṣṭubh-Metrum, verfaßt. Es ist in drei Bücher *(kāṇḍa)* gegliedert, diese in Kapitel *(varga)*; deshalb heißt es auch *Trikāṇḍa*. Die Wörter sind in Sachgruppen zusammengefaßt. So enthält das erste Buch Kapitel mit Wörtern für Himmel, Götter, Luftraum, Sterne, Zeiteinteilung, Wort, Sprache, Schall, Musik, Tanz, Unterwelt, Schlangen, Meer, Wasser, Insel, Schiff, Fluß, Wassertiere und -pflanzen. Im zweiten Buch finden sich Wörter für Erde, Stadt, Berg, Wald, Bäume, Tiere, Mann, Frau, Verwandtschaftsgrade, Krankheiten, Körperteile, Kleidung, Schmuck, die vier Kasten und ihre Beschäftigungen. Im dritten Buch finden sich Gruppen von Eigenschaftswörtern, vermischten Wörtern und drei Anhänge: Homonyme, Indeclinabilia und eine Abhandlung über das Geschlecht der Wörter.

Wörterbücher *(kośa)* dieser Art waren vor allem für Dichter bestimmt. Denn beim Schaffen eines Kunstgedichtes *(kāvya)* war es Ehrgeiz der Autoren, zu zeigen, daß sie möglichst viele Synonyma kannten. Das Werk wurde ins Tibetische und Mongolische (enthalten im *bsTan-'gyur*) übersetzt, sowie ins Birmanische und Singhalesische. Eine Übersetzung ins Chinesische im 6. Jh. ist nicht bestätigt.

G.Gr.

MICHELE AMARI

* 1806 Palermo
† 1889 Florenz

LITERATUR ZUM AUTOR:
O. Tommasini, *La vita e le opere di M. A.* (in RANL, Ser. 4, Bd. 6, 1890, S. 340–376; ern. in O. T., *Scritti di storia e critica*, 1891, S. 271–354). – B. Croce, *Storia della storiografia italiana nel secolo 19*, Bd. 2, Bari 1921, S. 28–34; ⁴1964. – F. Brandileone, *M. A.* (in NAn, 64, 1929, 352–359). – L. u. M. Ziino, *Bibliografia in M. A., 1901–1930*, Palermo 1930. – R. Romeo, *M. A.* (in *Dizionario biografico degli Italiani*, Bd. 2, Rom 1960, S. 637–654). – U. Rizzitano, *M. A.* (in *Sicilia e l'unità d'Italia*, Bd. 2, Mailand 1962, S. 938–947).

LA GUERRA DEL VESPRO SICILIANO

(ital.; *Der Krieg der Sizilianischen Vesper*). Geschichtswerk von Michele AMARI, Erstfassung 1842 erschienen unter dem Titel *Un periodo delle istorie siciliane del secolo XIII (Ein Abschnitt aus der Geschichte Siziliens im 13. Jh.)*, erweiterte Neufassung 1843. – Mit seiner Darstellung der Sizilianischen Vesper griff der in Palermo geborene Historiker Amari ein bedeutendes Ereignis aus der mittelalterlichen Geschichte seiner Heimatstadt auf, um nach eingehenden Quellenstudien eine historisch genauere Rekonstruktion dieser Begebenheit zu ermöglichen, die gleichzeitig auch den Freiheitsbestrebungen des *risorgimento* stark entgegenkam. Amari wies nach, daß die auf die Ostermontagsvesper vom 31. 3. 1282 folgende Erhebung gegen die französische Fremdherrschaft nicht nur von der sizilianischen Aristokratie, sondern unmittelbar vom Volk getragen wurde. Dieses hatte eine Leibesvisitation, bei der ein französischer Soldat auch einer jungen Braut nahegetreten war, zum Anlaß genommen, zunächst in Palermo 2000, in den folgenden Wochen (bis zum 28. 4.) 6000 Franzosen in ganz Sizilien zu ermorden. Karl I. von Anjou wurde als Herrscher von der Insel vertrieben, an seine Stelle trat Peter III. von Aragon, der Schwiegersohn des Stauferkönigs Manfred. Er landete im September 1282 auf Sizilien und wurde in Palermo zum König über das Inselreich gekrönt. Amari verfolgt in späteren, überarbeiteten und erweiterten Fassungen (insgesamt neun) die Geschehnisse über den Tod Peters III. (1285) hinaus bis zum Frieden von Caltabellotta, der im Jahre 1302 von dem Aragoneser Friedrich III. geschlossen wurde. Da Sizilien zur Zeit der Abfassung des Werks ebenfalls unter der französischen Herrschaft der Bourbonen stand, erklärt sich die umgehende Beschlagnahmung des Buches durch die Zensur. Amari floh nach Paris, trieb dort weitere Quellenforschungen und erlebte nach seiner Rückkehr, wie das Werk in seinen verschiedenen Fassungen zum beliebtesten italienischen Geschichtsbuch des 19. Jh.s wurde. Die Popularität des Stoffes wird auch durch Giuseppe Verdis 1855 uraufgeführte Oper »*Les Vêpres siciliennes*« unterstrichen. KLL

AUSGABEN: Palermo 1842 (*Un periodo delle istorie siciliane del secolo XIII*). – Paris 1843, 2 Bde. [erw.]. – Capolago 1843, 2 Bde. – Florenz 1851. – Florenz 1876. – Mailand ⁹1886, 3 Bde. – Mazara 1947 (Biblioteca storica, 1). – Palermo 1969, Hg. F. Gicento (*Ed. nazionale delle Opere di M. A.*).

ÜBERSETZUNGEN: *Der sicilianische Vesperkrieg*, V. F. L. Petri, 4 Bde., Grimma/Lpzg. 1851. – *Der Freiheitskampf der Sicilianer im Jahre 1282, genannt die sicilianische Vesper*, J. F. Schröder, Lpzg. 1851.

LITERATUR: G. Falco, »*La guerra del Vespro*« (in G. F., *Albori d'Europa*, Rom 1947, S. 478–485). – S. Bottari, *Per una nuova edizione de »La guerra del Vespro«* (in Siculorum Gymnasium, N. S., 2, 1949, S. 295–299).

STORIA DEI MUSULMANI IN SICILIA

(ital.; *Geschichte der Muselmanen in Sizilien*). Geschichtswerk von Michele AMARI, erschienen 1854–1872. – Im Gegensatz zu *La guerra del vespro siciliano* beschränkte sich der Autor in seiner *Storia dei musulmani* nicht auf einzelne historische Ereignisse, sondern versuchte, ein umfassendes Bild von den spirituellen und ökonomischen Einflüssen der islamischen Kultur im westlichen Mittelmeerraum zu entwerfen. Dieses zu ehrgeizige Projekt überforderte Amari notwendigerweise nach Umfang und geistigem Anspruch, so daß er im Greisenalter den Historiker O. TOMMASINI und den Orientalisten C. SCHIAPARELLI die erste Fassung zur Überarbeitung anvertraute. Erst Jahrzehnte später gelangte die Neuausgabe, auch sie recht populärwissenschaftlich gehalten, unter der Leitung von G. LEVI DELLA VIDA und C. A. NALLINO zur Veröffentlichung. Trotz offenkundiger Mängel war dem Werk großer Erfolg beschieden, und Amari ergänzte es durch seine 1881 unter dem Titel »*Biblioteca arabo-sicula*« erschienene Enzyklopädie. KLL

AUSGABEN: Florenz 1854–1872. – Catania 1930–1939.

LITERATUR: E. Di Carlo, *Contributo allo studio della vita e del pensiero di M. A.*, Palermo 1935. – G. Falco, Rez. der Neuausg. (in La Critica, 38, 1940, S. 259–277). – U. Rizzitano, *Il centenario della »Biblioteca arabo-sicula« di M. A.* (in Archivio Storico Siciliano, ser. III, 9, 1957–1958, S. 263–278).

AMARU(KA)

nach der Mitte des 7. Jh.s (?)

LITERATUR ZUM AUTOR:
A. K. Warder, *Indian kāvya Literature*, Bd. 3, Delhi 1977, S. 180–197. – S. Lienhard, *A History of Classical Poetry Sanskrit – Pali – Prakrit*, Wiesbaden 1984, S. 92–95.

AMARUŚATAKA

(skrt.; *Die hundert [Verse] des Amaru*). AMARU wird neben KĀLIDĀSA als der bedeutendste Sanskritlyriker angesehen. So wird diese Sammlung von nominell 100 *(śata)* Einzelversen über alle Aspekte des Liebeslebens nur unter seinem Namen zitiert. Vom Typ und Genre her steht sie in der Tradition von HĀLA's *Sattasaī* und BHARTRHARI's *Śṛṅgāraśataka*. Ihre Beliebtheit zeigt sich in der reichen Überlieferung und Kommentierung. Es gibt eine südindische, eine Bengali, eine westindische und eine Mischrezension (nach WARDER gibt es nur zwei). Die Zahl der Verse schwankt dabei zwischen 96 und 115. Nur 51 sind allen gemeinsam. Nach FRIŠ ist die erste Rezension vorzuziehen. Die Verse sind in verschiedenen Metren verfaßt, doch überwiegt Śārdūlavikrīḍita.

Die Kunst des Amaru zeigt sich darin, daß er in einem einzelnen Vers jeweils eine bestimmte Situation oder Stimmung des Liebeslebens darzustellen vermag. Von der scheuen Zuneigung des jungen Mädchens über die Ziererei der Spröden bis zur Zurückweisung, von der Eifersucht bis zur Enttäuschung, werden alle Variationen des Gefühlslebens geschildert. Das war wohl Auslöser für zwei Legenden, die, sonst unterschiedlich, darin übereinstimmen, daß der Philosoph ŚAṄKARA in den Körper des toten Königs Amaru geschlüpft sei und mit dessen 100 Frauen der Liebe gepflegt habe. Das wurde dann wieder Anlaß für Kommentatoren, dem ganzen eine religiös-philosophische Deutung zu geben.

Aus dem 16./17. Jh. sind zwei Miniaturenzyklen zu den Versen des Amaruśataka bekannt. G.Gr.

AUSGABEN: Calcutta 1808. – Ahmedabad 1892. – Kiel 1893, Hg. R. Simon [krit.]. – Bombay ³1954. – S. K. De, *The Text of the »Amaru-Śataka«* (in Indian Studies Past and Present, 3, 1961/62, S. 87–102). – Varanasi 1966. – Delhi 1984, Hg. C. R. Devadhar [krit. m. Übers.]. – Bhubaneswar 1984, Hg. S. Mahapatra [m. Übers.].

ÜBERSETZUNGEN: A. L. Apudy (d. i. A. L. de Chézy), Paris 1831 [frz.]. – *Die hundert Sprüche des Amaru*, F. Rückert, Hannover 1925.

LITERATUR: R. Simon, *Nachträge zu »Amaruśataka«* (in ZDMG, 49, 1895, S. 577–582). – S. Kramrisch, *The Hundred Verses of A. Illustrated* (in Journal of the Indian Society of Oriental Art, 8, 1940, S. 225–240). – Motichandra, *An Illustrated Set of the »Amaru-śataka«* (in Bulletin of the Prince of Wales Museum of Western India, 1, 1950/51, S. 1–63). – O. Friš, *The Recensions of the »Amaruśataka«* (in Archiv orientální, 19, 1951, S. 125–176). – K. S. Ramamurti, *Satakas in Sanskrit Literature* (in Sri Venkateswara University Oriental Journal, 1, 1958, S. 12–35).

RAFAEL D'AMAT I DE CORTADA

Baró de Maldà
* 10.7.1746 Barcelona
† 1818/19

CALAIX DE SASTRE en que se explicarà tot quant va succehint en Barcelona y vehinat desde mitg any de 1769. A las que seguiran las dels demés anys esdevenidors, per divertiment del Autor, y sos oyents, anexas en el dit Calaix de Sastre las mes minimas frioleras

(kat.; *Sammelsurium, in dem alles, was in Barcelona und der Nachbarschaft laufend geschieht, berichtet werden wird, ab der Jahresmitte 1769. Worauf folgen werden die Berichte der weiteren zukünftigen Jahre; zum Zeitvertreib für den Autor und seine Hörer, wobei in das genannte Sammelsurium auch die winzigsten Lappalien eingefügt sein werden*). Aufzeichnungen von Rafael d'AMAT I DE CORTADA, Baró de Maldà, entstanden zwischen 1769 und 1816, teilweise publiziert ab 1919. – Diese in der Originalhandschrift des Barons von Maldà und in einer Kopie in 52 Bänden im Institut Municipal d'Història von Barcelona überlieferte »Stoffresteschublade eines Schneiders« (so die wörtliche Übersetzung) kann als das bedeutendste Erzählwerk des 18.Jh.s in katalanischer Sprache angesehen werden.
Sie umfaßt die Eintragungen des Barons über 47 Jahre hin, von 1769 bis 1816, und ist weit mehr als ein gewöhnliches Tagebuch. Rafael d'Amat war offensichtlich ein vom Schreiben und Aufschreiben Besessener, der zu seinem Vergnügen, wie er im Untertitel versichert, und um seinen Freunden gelegentlich daraus vorzulesen, dieses Riesenwerk verfaßte. Vielleicht war er dazu durch Francisco NIFOS *Cajón de sastre* (1760/61) oder durch den anonymen *Calaix de sastre catalan* (1761) angeregt worden. Jedenfalls begann er von seinem 23. Lebensjahr an alle Nachrichten über Ereignisse zu sammeln, die in seiner Umgebung geschahen: Feste, Feiern, Prozessionen, ankommende Schiffe, Besuche von Persönlichkeiten, Unglücke, neue Bauten, politische Neuigkeiten, Erfindungen, die Wetterlage usw. Dabei interessieren ihn auch ganz gewöhnliche Alltäglichkeiten aus dem Leben des Volkes, und er erzählt lieber vom Schicksal einer Näherin als von Leuten seines eigenen Standes. Lieblingsthemen des Barons sind allerdings auch Musik und gutes Essen. Man spürt in ihm den Drang, das Erfahrene und Erlebte in Sprache aufzubewahren, die Zeit vor der Vergänglichkeit zu retten. Dabei verfährt er geradezu wie ein Reporter, ja wie eine Agentur, denn er berichtet, daß er drei Nachrichtenzuträger beschäftigt: einen für die politische Sparte, einen für die kirchlichen Nachrichten, einen für Neuigkeiten aus dem »zivilen« Leben. Außerdem hat er immer einen Diener für Einzelerkundungen parat. Als 1792 die Tageszeitung ›Diario de Barcelona‹ zu erscheinen beginnt, kommentiert der Baron: *»Jetzt sind wir noch einer mehr, der Zeitung macht.«* Bei seinen Ausflügen und Reisen pflegt er sich vor oder nach dem ersten Mittagessen bereits zum Aufschreiben der ersten Eindrücke mit seinem mitgeführten Tintenfaß zurückzuziehen. Gerade auf solchen Reisen scheint er den Tageslauf mit der Aufmerksamkeit dessen zu verfolgen, der weiß, daß er wenig später das Geschehene niederschreiben wird. Rafael d'Amat hat von zahlreichen katalanischen Städten und Dörfern interessante und oft systematisch um Vollständigkeit bemühte Beschreibungen hinterlassen. Den verschiedenen überlieferten Manuskriptfassungen ist dabei zu entnehmen, daß er an den Aufzeichnungen feilte, ehe er sie endgültig in den laufenden Band eintrug.
Der Baron von Maldà ist ein gutes Beispiel dafür, daß die katalanische Aristokratie auch im 18.Jh. keineswegs völlig zur spanischen Sprache übergegangen war; er empfindet im Gegenteil das Spanische als aufgezwungene bürokratische Sprache (*»Llengua de catastro«*). Er ist von den barock überzogenen literarischen Stilmodellen seiner Zeit weit entfernt und schreibt, ohne gelehrte Fracht, das einfache Umgangskatalanisch der Leute auf der Straße in seiner typisch barceloninisch verstädterten Prägung. Offensichtlich mußte sich der Baron nicht sonderlich um dieses volkstümliche Katalanisch bemühen, sondern schrieb – unberührt von literarischer Lektüre auf Katalanisch – so, wie er selber sprach. Das Ergebnis ist jedenfalls – außerhalb der journalistischen Routinemitteilungen – eine oft mit Ironie und Humor gewürzte Sprache, in der mit scharfer Beobachtungsgabe gerade auch

nicht »literaturwürdige« Themen der menschlichen Existenz (hierin oft den Intentionen von CERVANTES in seinem *Don Quijote* nahekommend) in einem spontanen und offenen Dialog mit einem greifbar vorgestellten Leser bzw. Hörer ausgebreitet werden. T.D.S.

AUSGABEN: *Excursions d'En Rafael d'Amat Cortada i Senjust per Catalunya i Rosselló en l'últim quart del segle XVIII*, Hg. J. Massó i Torrents, Barcelona 1919 [Ausw.]. – *Badalona en las postrimerias del siglo XVIII y en los albores del XIX. Estancias de Don Rafael de Amat y de Cortada en »Can Pexau«*, Hg. J. M. Cuyàs Tolosa, Badalona 1948 [Ausw.]. – *El Col·legi de la Bona Vida. Primera sèrie de »Calaix de sastre«*, Hg. A. Galí, Barcelona 1954. – Barcelona 1987 ff., Hg. R. Boixareu [Ausw. in ca. 12 Bde. des »literarischen« Teils].

LITERATUR: A. Gali, *R. d'A. i de C., Baró de Maldà; l'escriptor, l'ambient*, Barcelona 1953. – A. Comas, *Història de la literatura catalana*, Bd. 4, Esplugues de Llobregat 1972, S. 526–548. – R. Eberenz, *El »Calaix de sastre« del baró de Maldà i la problemàtica de la »Decadència«* (in *Actes del Quart Col·loqui Internacional de Llengua i Literatura Catalanes*, Montserrat 1977, S. 205–221). – J. Escobedo, *Un manuscrit inèdit de R. d'A. i C. Baró de Maldà* (in *Estudis de Llengua i Literatura Catalanes*, 3, Barcelona 1981, S. 161–185). – J. Rubio, *Història de la literatura catalana*, Bd. 3 Montserrat 1986, S. 109–116. – A. Bover i Font, *De quan el baró de Maldà sentia tocar campanes* (in *Miscel·lània E. Moreu-Rey*, Bd. 1, Barcelona 1988).

ERIC AMBLER

* 28.6.1909 London

LITERATUR ZUM AUTOR:
Autobiographie:
E. Ambler, *Here Lies*, Ldn. 1985.
Gesamtdarstellungen und Studien:
»*How I Write My Books*« Hg. H. R. F. Keating (in Writer's Digest, Okt. 1963, S. 22–29). – *E. A. Issue* (in Hollins Critic, 1971). – D. Taylor, *Passing Through. E. A. talks to David Taylor* (in Punch, 6. 9. 1972). – H. Haycraft, *Murder for Pleasure. The Life and Times of the Detective Story*, NY. 1974, S. 205 f. – J. Hopkins, *An Interview with E. A.* (in Journal of Popular Culture, 9, 1975, S. 285–293). – R. Ambrosetti, *The World of E. A.: From Detective to Spy* (in *Dimensions of Detective Fiction*, Hg. L. N. Landrum u.a., Bowling Green, O., 1976, S. 102–109). – *Encyclopedia of Mystery and Detection*, Hg. Chr. Steinbrunner u. O. Penzler, Ldn./Henley 1976, S. 7 ff. – D. McCormick, *Who's Who in Spy Fiction*, Ldn. 1977, S. 22–26. – B. Mer-ry, *Anatomy of the Spy Thriller*, Dublin 1977. – *Reclams Kriminalromanführer*, Hg. A. Arnold u. J. Schmidt, Stg. 1978, S. 53 f. – *Über E. A.*, Hg. G. Haffmans, Zürich 1979. – Ch. Linder, *Die Maske E. A.'s* (in SZ, 3./4. 11. 1979). – P. Rüedi, *A.'s Erbschaft* (in Die Weltwoche, 7. 12. 1979). – A. N. Jeffares, *E. A.* (in *Twentieth-Century Crime and Mystery Writers*, Hg. J. M. Reilly, Ldn./Basingstoke 1980, S. 30–33). – H. Mitgang, *The Thrilling E. A.* (in New York Times Book Review, 13. 9. 1981, S. 3, 22 f.). – B. Lenz, *Factifiction. Agentenspiele wie in der Realität. Wirklichkeitsanspruch und Wirklichkeitsgehalt des Agentenromans*, Heidelberg 1987. – J. Vogt, *Im Wettlauf mit der Zeit* (in die horen 32/4, 1987, S. 215–218).

THE LEVANTER

(engl.; Ü: *Der Levantiner*). Roman von Eric AMBLER, erschienen 1972. – Moderne Erzähltechnik und die Fähigkeit, komplizierte politische Sachverhalte verständlich darzustellen und, ohne schematisch zu vereinfachen, in anspruchsvolle, zugleich unterhaltsame Literatur zu überführen, haben Ambler und seinen späteren politischen Romanen, für die *The Levanter* modellhaft stehen kann, bei Kritikern und breiten Leserschichten hohes Ansehen verschafft, während der akademische Literaturbetrieb gegenüber Ambler eher vornehme Zurückhaltung übt. Das ist eigentlich unverständlich bei einem Autor, der Graham GREENE und John LE CARRÉ verwandt ist und der mit seinen stets an der zeitgenössischen Realität orientierten Romanen das Prädikat eines Chronisten der Zeitgeschichte verdient.

Die Welt des *Levanter* ist – typisch Ambler – unheroisch und chaotisch, kennt keine positiven, zur Identifikation reizenden Helden und wird geprägt von Ungereimtheiten, Widersprüchen und Zufällen – eine Durchschnitts- und Jedermannswelt. Als Schauplatz des Geschehens wählt Ambler den östlichen Mittelmeerraum, die Levante, freilich nicht um ihrer Exotik willen, sondern wegen ihrer Bedeutung als Brennpunkt des Nahostkonflikts und der arabisch-israelischen Auseinandersetzungen im Jahre 1971. Sie bleiben jedoch nicht unverbindlicher, Authentizität vorgaukelnder Rahmen, sondern werden zu einem politischen Labyrinth, in dem sich die Titelfigur verirrt. Michael Howell, ein Levantiner, der sich selbst jedoch als »levantinischer Mischling« bezeichnet, hat als gerissener Geschäftsmann alle politischen Krisen gut gemeistert und sich geschickt mit der amtierenden syrischen Regierung über eine Kooperation verständigt. Ohne daß Howell es bemerkt hätte, ist jedoch seine Batterienfabrik von Salah Ghaled unterwandert worden, einem von der PLO geächteten, von der syrischen Regierung allerdings tolerierten politischen Wirrkopf und Freiheitskämpfer, der mit seiner Splittergruppe, dem »Palästinensischen Aktionskommando«, einen Vernichtungsschlag gegen Israel vorbereitet, deshalb in Howells Betrieb zunächst heimlich Sprengkörper herstellt und schließlich auch diesen selbst zum Mitmachen zwingt. Howell gelingt es zwar, Kontakt zum israelischen Geheimdienst aufzunehmen, aber keine politische Seite – weder die Syrer noch die Israelis – schenkt ihm Vertrauen, weil er sich durch sein nur am Profit orientiertes Taktieren überall verdächtig macht. Als unfreiwilliger Held gerät Howell in den Dschungel der Weltpolitik; er kann zwar seinen Kopf retten, indem er Ghaled erschießt und so den Israelis einen Dienst erweist, aber das internationale Aufsehen, das dieser Fall erregt, schadet seinem ohnehin fragwürdigen Ruf und seinen Geschäften beträchtlich. Ambler läßt Howell seine Geschichte überwiegend selbst erzählen, wirkt aber dessen einseitiger, rührseliger Darstellung durch kontrastierende Erzählperspektiven entgegen. Lewis Prescott, ein Auslandskorrespondent aus Amerika, relativiert durch seine Skepsis und durch sein Bemühen um politische Objektivität Howells Schilderung ebenso wie selbst Howells Freundin und Mitarbeiterin Teresa Malandra, die sein berechnendes Lavieren mißtrauisch und mißbilligend verfolgt und das Levantinische an seinem Charakter deutlich werden läßt: Howell ist keineswegs nur ein Spielball verschwörerischer Politik, sondern auch ein aalglatter, pragmatisch denkender Geschäftsmann, der stets seinen eigenen Vorteil sucht.

Auch im *Levanter* verschließt sich Ambler einer simplifizierenden Schwarzweiß-Betrachtung, unterläuft durch seine perspektivische Technik eine dichotomische Weltsicht und arbeitet politische Nuancen heraus. »*Was bleibt*«, so bilanziert H. C. BLUMENBERG, »*ist schließlich eine delikate Melange aus Resignation und kühlem Zynismus. Die moralischen Positionen heben sich gegenseitig auf*«. Ambler, der für den *Levanter* den Gold-Dagger-Award der »Crime Writers Association of Great Britain« für den besten Roman des Jahres erhielt, braucht den Vergleich mit anderen politisch ambitionierten Schriftstellern nicht zu scheuen, weder mit Graham Greene, als dessen Weggenosse er chronologisch wie thematisch gelten kann, noch mit John Le Carré, der in *The Little Drummer Girl*, 1983 *(Die Libelle)* gleichfalls den israelisch-palästinensischen Konflikt zum Zentrum eines Romans macht. Als politischer Aufklärer, der Widersprüche erkennt und Ideologien aufdeckt, bohrende Fragen stellt, ohne fertige Antworten liefern zu wollen, ist Ambler, wie Graham Greene urteilte, »*zweifellos unser bester Thriller-Autor*«, vielleicht sogar, um mit Helmut HEISSENBÜTTEL zu sprechen, »*einer der bedeutendsten lebenden Autoren überhaupt*«. B.Le.

AUSGABEN: Ldn. 1972. – Ldn. 1974. – NY 1982.

ÜBERSETZUNG: Der Levantiner, T. Knoth, Zürich 1973. – Dass., ders., Zürich 1975.

LITERATUR: I. Leitenberger, Rez. (in Die Presse, 12. 9. 1973). – G. Ortlepp, Rez. (in Der Spiegel, 24. 9. 1973). – H. Heißenbüttel, Rez. (in SZ, 10. 10. 1973). – H. C. Blumenberg, Rez. (in Die Zeit, 26. 10. 1973). – W. Roth, Rez. (in FRs, 30. 3. 1974).

THE MASK OF DIMITRIOS

(engl.; amer. Titel: *A Coffin for Dimitrios;* Ü: *Die Maske des Dimitrios*). Roman von Eric AMBLER, erschienen 1939. – Schon die frühen, in der zweiten Hälfte der dreißiger Jahre entstandenen Romane Amblers tragen die unverkennbare Handschrift eines Autors, der die Form des Thrillers zu einer differenzierten, freilich linksorientierten Analyse komplexer weltpolitischer Abläufe nutzt. Ambler knüpft zwar an die in England besonders lebendige Tradition des Kriminal- und Agentenromans an, sprengt jedoch häufig die engen Grenzen der Gattung und schildert in Verbindung mit den jeweils zeitgenössischen Realität komplizierte – dazu erzähltechnisch verschachtelte – politische Manöver, aufgrund derer realistisch dargestellte Normalmenschen unfreiwillig in alptraumhafte Situationen und in ein Netz von Intrigen geraten: Der Zufall ist nach Ambler »*der wahre Herrscher des Weltgeschehens*«.

Ein typisches Beispiel dafür ist Amblers *The Mask of Dimitrios*, ein Roman, der wenige Monate vor Beginn des Zweiten Weltkriegs erschien und Ambler zum literarischen Durchbruch verhalf, oberflächlich ein Kriminalroman, zugleich aber auch eine Erzählung über einen Spion und ein eminent politischer Roman. Der Protagonist Charles Latimer – eine Figur, auf die Ambler drei Jahrzehnte später in *The Intercom Conspiracy*, 1969 *(Das Intercom-Komplott)* noch einmal zurückgreift –, ehemals Dozent für Nationalökonomie, inzwischen jedoch hauptberuflich Kriminalromanautor, erfährt anläßlich eines Aufenthalts in Istanbul im Jahre 1938 durch Oberst Haki, den Chef der türkischen Geheimpolizei, vom Tod des Dimitrios Makropoulos, eines international berüchtigten Mörders, Spions, Rauschgift- und Mädchenhändlers, Zuhälters, Erpressers und politischen Attentäters. Beim Anblick von Dimitrios' Leiche wird Latimer von dem unwiderstehlichen Wunsch erfaßt, »*ein echtes Experiment, eine praktische Detektivarbeit*« zu leisten, ein Verlangen, das sich zu einer immer stärker werdenden Zwangsvorstellung entwickelt, zur Rechtfertigung eines nicht zu rechtfertigenden Menschen, der nicht das Böse schlechthin personifiziert, sondern als »*Teil eines sich zersetzenden sozialen Systems*« begriffen werden muß. Um Dimitrios verstehen zu lernen, recherchiert Latimer und rekonstruiert Schritt für Schritt die Biographie eines politischen Verbrechers, indem er die Lebensstationen des Dimitrios von Istanbul bis Paris nachvollzieht und sich durch Archive oder noch lebende Bekannte die zum Zusammensetzen des Mosaiks notwendigen Informationen beschafft: durch die Prostituierte Madame Preveza, durch den höchst erfolgreichen, nun in der Nähe von Genf im Ruhestand lebenden

Berufsspion Wladyslaw Grodek und durch den widerlich-sentimentalen, mysteriösen Mr. Peters, der einst an dem Rauschgiftring und dem Mädchenhandel des Dimitrios beteiligt war. Doch Latimers Rolle verwandelt sich unmerklich von der eines Analysierenden in die eines Mitspielers, ja schließlich sogar in die eines Spielballs und Opfers. Der totgeglaubte Dimitrios führt in Wirklichkeit das angesehene Leben eines Bankiers und ist Direktor der renommierten »Eurasischen Kredit-Trust«, als deren Handlanger er ursprünglich politische Morde und Umstürze inszenierte – die Vergangenheit holt die Gegenwart ein und geht in ihr auf. Die für Latimer schockierende Erkenntnis, daß der »doppelgesichtige« Dimitrios unter der Maske vornehmer Ehrbarkeit die Synthese von internationalem Großkapital und Verbrechen verkörpert, treibt ihn in eine Interessengemeinschaft mit Peters, der Dimitrios schon seit langem auf der Spur ist, ihn aber erst jetzt – dank Latimers Wissen, daß der Tote vom Bosporus nicht Dimitrios war – finanziell erpressen kann. Im Verlauf dieser Aktion erschießen sich Dimitrios und Peters gegenseitig, während Latimer, von der Polizei unerkannt, entkommen kann.

Ein zeitgeschichtliches Ambiente wie das des kranken Balkan und des von Kriegsagonie gequälten Europa bereitet den Boden für politisches Verbrechertum und internationale Verschwörungen, wie Ambler an Dimitrios zu exemplifizieren versucht. Seine politische Aussage stützt Ambler auf eine detailgetreue, realitätsnahe Schilderung der Atmosphäre, auf eine überzeugende Charakterzeichnung selbst von Nebenfiguren, wie dem sympathisch gezeichneten Kommunisten Marukakis, und auf einen ausgefeilten Plot, der Amblers erzählerisches Können nachdrücklich demonstriert. Spannung entsteht hier weniger durch direkte Handlung als durch erzähltechnische Kunstgriffe, durch zahlreiche Rückblenden und wechselnde Erzählerstandpunkte; die Digressionen – wie der Bericht des Meisterspions Grodek – stellen in sich abgeschlossene Einheiten dar, tragen zugleich aber auch zum Fortschritt der Handlung bei; und die Komplexität des Erzählten verstärkt sich noch durch eine zusätzliche – metakommunikative – Dimension, durch Latimers ständige Reflexion der Beziehung zwischen Kriminalroman und eigener detektivischer Arbeit. Viele Kritiker halten deshalb *The Mask of Dimitrios* für Amblers besten Roman, der die Tradition eines Joseph CONRAD aufnimmt und schon den ersten Höhepunkt einer Gattung darstellt, die erst wesentlich später zu einer Modeerscheinung wird. Allerdings erreichen nur wenige Polit-Thriller aus den siebziger und achtziger Jahren Amblers literarisches Niveau und seine Komplexität. B.Le.

AUSGABEN: Ldn. 1939. – Sevenoaks 1980.

ÜBERSETZUNGEN: *Die Maske des Dimitrios*, M. Brand, Nürnberg 1950. – Rev. Übers. M. Brand und W. Hertenstein, Zürich 1974.

VERFILMUNG: USA 1944 (Regie: J. Negulesco).

LITERATUR: *Crime in Good Company*, Hg. M. Gilbert, Ldn. 1959, S. 192–209. – J. Symons, *Bloody Murder. From the Detective Story to the Crime Novel: a History*, Ldn. 1972, S. 242/243. – J.-P. Becker, *Der englische Spionageroman. Historische Entwicklung, Thematik, literarische Form*, Mchn. 1973, S. 119–124. – G. Lambert, *The Dangerous Edge*, Ldn. 1975, S. 112–116.

AMBROSIUS AUS MAILAND

* wahrscheinlich 339 Trier
† 4.4.397 Mailand

LITERATUR ZUM AUTOR:
Bibliographie:
G. Picollo, *Saggio di bibliografia ambrosiana (1930–1970)* (in Scuolla Cattol., Mailand 1970, S. 98 ff.).
Gesamtdarstellungen und Studien:
F. Homes Dudden, *The Life and Times of St. Ambrose*, 2 Bde., Oxford 1935. – W. Seibel, *Fleisch und Geist beim Hl. A.*, Mchn. 1958. – H. von Campenhausen, *A.* (in *Lateinische Kirchenväter*, Stg. 1960, S. 77–108). – A. Paredi, *S. Ambrogio e la sua età*, Mailand 1960. – E. Dassmann, *Die Frömmigkeit des Kirchenvaters A. v. M.*, Münster 1965 (Münsteraner Beitr. z. Theol.). – G. Gottlieb, *A. v. M. und Kaiser Gratian*, Göttingen 1973 (Hypomnemata). – Th. G. Ring, *Auctoritas bei Tertullian, Cyprian und A.*, Würzburg 1975 (Cassiciacum). – G. Haendler, *Von Tertullian bis A.*, Bielefeld ²1981 (Kirchengesch. in Einzeldarst., Bd. 1/3).

DE OFFICIIS LIBRI TRES

(lat. Patr.; *Drei Bücher von den Pflichten*). Ein Beitrag zur christlichen Ethik in drei Büchern von AMBROSIUS aus Mailand, entstanden nach 386. – Die Schrift ist an die Kirche von Mailand gerichtet und in den Grundlagen an CICEROS *De officiis* orientiert; teilweise schöpft Ambrosius sogar wörtlich aus dieser Quelle. Die der antiken Geschichte entnommenen Beispiele Ciceros ersetzt Ambrosius durch solche aus dem *Alten Testament*, wobei er der philosophischen Weisheit die (jüdisch-)christliche als die ältere und vorrangige gegenüberstellt. Die Weisheit der Stoiker ist nach seiner Meinung schon im *Alten Testament* bei David und Hiob, Abraham und Joseph vorgezeichnet; deshalb sei die christliche Ethik der philosophischen auch an Alter überlegen. Die eigentliche Überlegenheit verdanke sie aber ihrer Bezogenheit auf die Transzendenz: das Ziel aller Sittlichkeit sei nämlich das ewige Leben.

Einleitend erörtert Ambrosius den Begriff der »Pflicht« und dessen Eignung als Titel für eine Darstellung der christlichen Ethik. Dabei übernimmt er die von den stoischen Philosophen getroffene Unterscheidung von »*mittlerer*« und »*vollkommener*« Pflicht (vgl. Cicero: »*medium ... officium ... et perfectum*«). Schließlich behandelt er eingehend die vier Kardinaltugenden. Von ihnen leiten sich die verschiedenen Arten der Pflichten ab. Die erste Quelle pflichtmäßigen Handelns, die Klugheit, zeigt sich in der Erforschung der Wahrheit: sie erweckt einen Durst nach immer tieferem Wissen. Die zweite Tugend, die Gerechtigkeit, gibt jedem das Seine, verbietet das Begehren nach fremdem Gut und gebietet, ungeachtet des eigenen Nutzens, dem Besten der Allgemeinheit zu dienen. Durch die dritte Tugend, die Tapferkeit, bewährt sich der Mensch im Krieg wie auch zu Hause; mit ihr weiß er durch körperliche Kraft Vorzüge zu erringen. Die vierte Tugend, die Mäßigkeit, sorgt stets für die rechte Weise und Ordnung im Reden und Handeln. Beispiele vollkommener Tugendübung finden sich bei den Weisen des *Alten Testaments* – die Philosophen dagegen haben es, nach LAKTANZ, nie zur vollkommenen Tugend gebracht: die Weisheit eines Moses oder Salomo ging ihnen ab.

Wenngleich das Werk als eine allgemeine Ethik verstanden sein will, ist es doch in erster Linie an die Kleriker adressiert. Ambrosius wendet sich immer wieder an diesen Stand, denn die Kleriker müssen ihrer besonderen Berufung wegen der vollkommenen Sittlichkeit am nächsten kommen. – Als erstes Kompendium der christlichen Ethik blieb die Schrift nicht ohne Einfluß auf die mittelalterliche Ethik. A.Ku.

AUSGABEN: Mailand 1474. – Basel 1492 (in *Opera*, 3 Bde.). – Mainz 1602. – Paris 1686–1690 (in *Opera*, Hg. N. Le Nourry u. J. du Friche, 2 Bde.). – Tübingen 1857, Hg. J. G. Krabinger. – Turin 1938, Hg. A. Cavasin [m. ital. Übers.].

ÜBERSETZUNGEN: *Drei Bücher Officiorum*, anon., 1534. – *Drei Bücher von den Pflichten*, P. Lichter, Koblenz 1830. – *Von den Pflichten der Kirchendiener*, F. X. Schulte (in *AS*, Bd. 2, Kempten 1877; BKV). – *Pflichtenlehre*, J. E. Niederhuber (in *AS*, Bd. 3, Mchn. 1917; BKV²).

LITERATUR: P. Ewald, *Der Einfluß der stoisch-ciceronianischen Moral auf die Darstellung der Ethik bei A.*, Lpzg. 1881. – T. Schmidt, *A., sein Werk »De officiis libri III« und die Stoa*, Augsburg 1897. – D. Löpfe, *Die Tugendlehre des hl. A.*, Sarnen 1951. – E. Cattaneo, *Lo studio delle opere di s. Ambrogio a Milano nei sec. XV–XVI* (in *Studi storici in memoria di Mons. Q. Mercati*, Mailand 1956, S. 145–161). – B. Citterio, *Spiritualità sacerdotale nel »De officiis« di s. Ambrogio* (in Ambrosius, 32, 1956, S. 157–165; 33, 1957, S. 71–80).

ZOLTÁN AMBRUS

* 22.2.1861 Debrecen
† 28.2.1932 Budapest

LITERATUR ZUM AUTOR:
P. Davidné Angyal, *A. Z.*, Budapest 1934. – Z. Fallenbüchl, *A. Z. levelezése*, Budapest 1963. – A. Gyergyai, *A Nyugat árnyékában*, Budapest 1968. – V. Korek, *Hangulat és valóság. A. Z.*, München 1976. – B. Magyar, *A Nemzeti Színház A. Z. igazgatása alatt 1917–1922*, in B. M., *A Nemzeti Színház története a két világháború között 1917–1944*, Budapest 1977, S. 5–62. – E. Illés, *Az írók írója A. Z.*, in E. I., *Mestereim, barátaim, szerelmeim*, Budapest 1979, S. 314–333.

MIDÁS KIRÁLY

(ung.; *König Midas*). Roman von Zoltán AMBRUS, erschienen 1891. – Im Mittelpunkt des Romans steht – wie auch in einigen anderen Werken von Ambrus – der konfliktreiche Lebensweg eines Künstlers in der bürgerlichen Gesellschaft. Der 28jährige Maler Bíró Jenő kehrt nach seinen in München und Paris verbrachten Studienjahren nach Budapest zurück. Nicht mangelndes Talent, sondern eine Liebesaffäre mit der Frau seines besten Freundes, des Pariser Professors Darzens, haben den Ausschlag für seine Rückkehr gegeben. Darzens, der nichts von dem Verhältnis erfahren hat, ist jedoch über die plötzliche Abreise seines Schülers so befremdet, daß er ihm jede weitere Unterstützung verweigert. – Bíró resigniert und wird Zeichenlehrer in einer Budapester Mittelschule. Mit der völlig verarmten Adligen Bella Völgyessy führt er eine glückliche Ehe, der aber nur eine sehr kurze Dauer beschieden ist: Bella stirbt an Tuberkulose. Bíró lebt auch weiterhin mit seinem Sohn Pali in großer Armut, bis ein Herzog auf eines seiner Bilder aufmerksam wird und ihn auf seine Reisen mitnimmt. Während Bíró seine Werke früher zu einem Spottpreis verkaufen mußte, erfreut er sich nun der zunehmenden Gunst des Publikums. In Trouville verliebt er sich in die reiche Gräfin Mária Galánthay, und fortan ergeht es ihm wie dem legendären König Midas: Was er mit der Hand berührt, wird zu Gold. Zu den Millionen, die ihm die Ehe mit der Gräfin einbringt, gewinnt er im Spielkasino von Monte Carlo riesige Summen. Aber die Vorstellung, daß ein Bruchteil seines gegenwärtigen Vermögens ausgereicht hätte, um seiner ersten Frau zur Heilung zu verhelfen, quält ihn von Tag zu Tag mehr, so daß er schließlich Selbstmord begeht.

Ambrus' Roman war ein bedeutender Versuch, die von Mór JÓKAI und Kálmán MIKSZÁTH bestimmten Traditionen des ungarischen Romans zu durchbrechen und ihm den Anschluß an die westeuropäische Literatur zu sichern. In seinem Bemühen, die Welt mit jener Objektivität zu zeigen, die sie selber zum Sprechen zwingt, steht Ambrus FLAUBERT sehr nah. Einige Szenen des Romans, wie Spaziergänge, Besuche in Vorstadtwirtshäusern usw., lassen deutlich sein französisches Vorbild erkennen. – Der erste Teil des Romans schildert den Mikrokosmos des Budapester Alltagslebens, der zweite die »große Welt«, in der auch der Teufel zweimal erscheint, um den Künstler zu verführen. Die mit dem Anspruch auf objektive Schilderung verbundene Er-Form des Erzählens ist stellenweise durch Tagebücher und Briefwechsel unterbrochen. Solche disparaten stofflichen und formalen Elemente sprengen die Einheitlichkeit des Romans und lassen ihn eher als ein literarisches Experiment erscheinen. M.Sz.

AUSGABEN: Budapest 1891. – Budapest 1906 (in *Munkái*, 16 Bde., 1906–1913, 1/2). – Budapest 1940. – Budapest 1967.

ÜBERSETZUNGEN: In *Das junge Ungarn. Novellen*, S. J. Klein, Mchn. 1917. – Dass., ders., Potsdam o. J. [1920].

VERFILMUNG: Ungarn 1919 (Regie: A. Deésy).

LITERATUR: I. Faludi, *A. Z. elbeszélő művészete*, Szeged 1941. – H. Lörinczy, *A századvég arany embere. A. Z.: Midas király* (in Irodalomtörténeti közlemények, 85, 1981, S. 276–289).

JEAN AMÉRY

eig. Hanns Mayer
* 31.10.1912 Wien
† 17.10.1978 Salzburg

LITERATUR ZUM AUTOR: Zs. ›Hermannstraße 14‹, Stg. 1978 [Sonderh. J. A.]. – H. Krüger, *Allein in der Sprache zu Hause. Ein Nachwort auf J. A.* (in Merkur, 1978, H. 367, S. 1283–1287). – H. Kesting, *Der Tod des Geistes als Person. Leben und Werk des J. A.* (in FH, 1979, H. 6, S. 51–62). – *A. Unterwegs nach Oudenaarde*, Hg. F. Pfäfflin, Marbach 1982 (Marbacher Magazin, H. 24; m. Biogr. u. Bibliogr.). – E. Pulver u. a., *J. A.* (in KLG, 18. Nlg., 1984).

HAND AN SICH LEGEN. Diskurs über den Freitod

Essay von Jean AMÉRY, erschienen 1976. – Eine Revision und Radikalisierung des die »*Lüge des Weiterlebens*« (H. Mayer) konstatierenden Essays *Über das Altern. Revolte und Resignation* (1968) unternimmt der zirkulär verlaufende *Diskurs über den Freitod*, dem eine Passage aus L. WITTGENSTEINS *Tractatus logico-philosophicus* (1921) als Motto vorangestellt ist: »*Die Welt des Glücklichen ist eine andere als die Welt des Unglücklichen. Wie auch beim Tod die Welt sich nicht ändert, sondern aufhört.*« Der aus »*Empathie und Introspektion*« – »*die Introspektion kann nicht trügen, sie ist die Wahrheit des vécu, vor der alle intersubjektiven Wahrheiten der Wissenschaft verblassen müssen*« – geschriebene, aus eigener Todes-Erfahrung und aus der Auseinandersetzung mit Werken von J.-P. SARTRE, L. WITTGENSTEIN, S. FREUD, V. JANKELEWITSCH und J. BAECHLER entstandene Essay betreibt keine Apologie oder gar Heroisierung des Suizids. Vielmehr versucht Améry, den »*Suizidär*« zu rechtfertigen, seine Situation »*vor dem Absprung*«, eine »*absurde résistance*« zu beschreiben, »*den unauflöslichen Widersprüchen der ›condition suicidaire‹ nachzugehen und von ihnen Zeugnis abzulegen – soweit die Sprache reicht.*« Die Verteidigungsschrift, die letztlich dem von der Konvention des »man« (»*Man muß doch leben*«; »*Man will leben*«) abweichenden einzelnen Menschen gilt, verurteilt die Exkommunikation des Suizidärs aus der Gesellschaft und klagt den Suizid als Menschenrecht ein.

Die vom Autor gewählte »*Innenperspektive*« – innerhalb der »*geschlossenen Welt des Selbstmords*« und also jenseits der »*Logik der Lebenden, die in meinen Augen eine Pseudologik ist*« – richtet sich gegen die mit dem Anspruch auf Objektivität operierende Psychologie und positive Wissenschaftlichkeit ebenso wie gegen metaphysische Konstruktionen und die »*leere Begrifflichkeit des subjektiven Idealismus*«. Améry umreißt die Position seines eigenen Diskurses wie folgt: »*Ich möchte gleichsam zwischen dem Suizidär und der Welt zu stehen kommen: nicht als ein Vermittler, den es in meinen Augen gar nicht geben kann, vielmehr als einer, der die Grenzen zieht zwischen zwei sowohl begrifflich wie nach Befindlichkeitskategorien inkommensurablen und inkompatiblen seelischen Räumen.*«

Die von Gesellschaft, Kirche und Philosophie geprägten konventionellen Formen des Sprechens vom Tod unterzieht Améry ebenso einer ständigen Kritik wie seine eigene Schreibweise, die gegen die Logik der Lebenden mittels einer streng logischen Argumentation anzugehen versucht, sich aber dennoch bisweilen »*anzweifelbarer Metaphorik*« bedienen muß, da die »*langage clair*« an das Rätsel des Todes und die zutiefst paradoxale und ambivalente Handlung des Suizids nicht heranzureichen vermag. Gegenüber SARTRES »*Le faux, c'est la mort*« und der Bewertung des Todes als »*etwas Widriges und zu wilder Gegenrede Herausforderndes*« bestimmt Améry den »*die allgemeine Todeskontradiktion oder Todesabsurdität*« um ein Vielfaches steigernden Freitod als Gegenrede zum Scheitern, zum »*échec*« sowohl innerhalb des Lebens als auch des Lebens selbst, das mit dem Tod »*seinen eigenen échec in sich birgt, das seine eigene Verneinung ist*«. Doch nicht nur zum natürlichen Tod erklärt Améry den Suizid, sondern auch zur Möglichkeit des einzelnen Menschen, durch seinen Ausbruch aus der »*Logik des Lebens*« seine Humanität und Dignität zu bekräftigen: »*Der Freitod ist ein Privileg des Humanen.*« Sartres Bewertung des Todes als »*Le faux*« ist für Améry zwar logisch schwer angreifbar, human jedoch unzulänglich. Amérys Verteidigung des Weltflüchtlings als dem Welteroberer zumindest gleichwertig hat einen neuen Humanismus im Sinn, der »*das Prinzip Hoffnung als gerechtfertigt ansieht, zugleich aber das in sich widersprüchliche und dennoch unausweichliche Prinzip Nihil anerkennt*«. Die Einzigartigkeit der niemals vollkommen mitteilbaren individuellen »*situation vécue*« betonend, bezeichnet Améry den Suizid als eine »*hochindividuelle Sache, die zwar niemals ohne gesellschaftliche Bezüge vollzogen wird, mit der aber letztlich der Mensch mit sich allein ist, vor der die Sozietät zu schweigen hat.*«

Der tiefen Widersprüchlichkeit des Freitods geht Améry in der ambivalenten Beziehung des Suizidärs zur Zeit und zum eigenen Körper nach, in der Absurdität der Anrede eines Anderen, die der Suizid darstellt, und in dem paradoxen Verhältnis des Suizids zur Freiheit: Freiheit *von* etwas versprechend, nicht aber Freiheit *zu* etwas, bildet der Suizid ein logisches Paradox und ist demnach »*das Grundverkehrte ebenso wie das einzig der eigenen Lebenslüge gegenüber Wahre*«. Amérys Bezeichnung des Suizids als einziger in seiner Widersprüchlichkeit offenstehender »*Weg ins Freie*« – (eine dem gleichnamigen Roman A. SCHNITZLERS entlehnte Wendung, eines von Améry als »*der große Erkenner sinnlosen Lebens und Sterbens*« gewürdigten Autors) – birgt so eine weitere Kontradiktion in sich. Amérys Reflexion markiert den Haltpunkt des Diskurses und der Sprache: »*Der Freitod als pure und äußerste Negation, die keinerlei Positives mehr in sich birgt, so daß vor ihr alle Dialektik ebenso zuschanden wird wie alle fortgeschrittene Logik, mag in der Tat »sinnlos« sein.*« Dem Versagen von Logik und Dialektik steht gegenüber die »*Option des Subjekts*«, dessen Negation eines Lebens »*ohne Würde, Menschlichkeit und Freiheit*« zu einer absurden, unnützen Positivität wird. Die eigene Erfahrung als KZ-Häftling verfolgend, kehrt der Diskurs Amérys immer wieder eindringlich zu einzelnen, von eigener Hand getöteten Menschen zurück: eine Bekräftigung der Hoffnung auf den einzelnen und auf die Sprache. B.R.E.

AUSGABEN: Stg. 1976. – Stg. 1979; [8]1983.

LITERATUR: H. Krüger, *Das Recht, nein zu sagen* (in NRs, 1976, H. 4, S. 663–667). – C. Schultz-Gerstein, *Manchmal hat das Unglück recht. Ein Gespräch mit J. A. über sein neues Buch »Hand an sich legen«* (in Die Zeit, 13. 8. 1976). – H. Heißenbüttel, *Leben in der erforschbaren Hölle* (in Stuttgarter Zeitung, 15. 9. 1976). – R. Hartung, *J. A.* (in SZ, 30. 10. 1976). – S. Wirsing, *Die Ideologie vom Selbstmord als Genietat* (in FAZ, 30. 10. 1976). – L. Reinisch, *Der Tod war ein Tabu. Bemerkungen zu Büchern von P. Ariès, J. A. und G. Steffens* (in Merkur, 1977, H. 1, S. 86–91). – E. Piel, *J. A.: »Hand an sich legen. Diskurs über den Freitod«* (in NDH, 1977, H. 1, S. 180 ff.). – G. Kunert, *Hand an sich legen* (in FRs, 26. 2. 1977).

JENSEITS VON SCHULD UND SÜHNE.
Bewältigungsversuche eines Überwältigten

Essaysammlung von Jean AMÉRY, erschienen 1966. – Nach fast zwanzig Jahren des mit kleineren journalistischen Arbeiten (*Karrieren und Köpfe. Bildnisse berühmter Zeitgenossen*, 1955, u. v. a.) überbrückten Schweigens über die nichtvergangene Vergangenheit und im Blick auf den im Jahre 1964 beginnenden Frankfurter Auschwitz-Prozeß entstehen im selben Jahr diese »*Bewältigungsversuche eines Überwältigten*«. Die fünf Aufsätze (zunächst als Funk-Essay verbreitet) markieren den Beginn einer Reihe von essayistischen Versuchen, die autobiographische Erinnerung und philosophisch-gesellschaftskritische Reflexion dialogisch verknüpfen. Ziel des sachlichen, metaphernlosen, die Verbindung zum konkreten Detail und zum einzelnen suchenden Schreibens ist es, Zeugnis abzulegen, Aufklärung, nicht »*Abklärung*« zu ermöglichen, zu revoltieren gegen das der vergehenden Zeit und beruhigenden Deutung immanente Vergessen: »*Die Argumentation seiner autobiographisch-essayistischen Schriften hatte etwas Rücksichtsloses an sich: rücksichtslos gegen die Tabus der Zeit, gegen das Trostbedürfnis des Lesers, recht eigentlich gnadenlos gegen das eigene Ich.*« (E. Pulver).

Die als »*ein fünfaktiges Drama*« (F. Pfäfflin) erscheinende Essay-Sammlung, deren Titel auf NIETZSCHE und DOSTOEVSKIJ anspielt, zugleich aber auch auf den mit »Auschwitz« bezeichneten fundamentalen, kulturell-moralischen Traditionsbruch hindeutet, beschreibt, ausgehend von der eigenen Erfahrung der Jahre 1940 bis 1945, die Situation der Intellektuellen in den deutschen Konzentrationslagern und die Überzähligkeit des Opfers, dem einen metaphysischen, religiösen oder politischen Sinn zuzugestehen Améry sich weigert. Der einleitende Essay, *An den Grenzen des Geistes*, schildert, wie rasch und endgültig sich die Konzepte des philosophischen Idealismus für den Häftling in Auschwitz verflüchtigen, der Glaube an die Wirklichkeit der geistigen Welt und der durch sie gestiftete soziale Bezug verlorengeht. Die Transzendierungsmacht des Wortes verschwindet: »*Mit Worten hinauszulangen über die Realexistenz wurde vor unseren Augen nicht nur zu einem wertlosen und luxuriös-unerlaubten, sondern auch zu einem höhnischen und bösen Spiel.*« Das Denken hebt sich selbst auf, »*indem es bei fast jedem Schritt, den es tat, an seine unüberschreitbaren Grenzen stieß. Die Achsen seiner traditionellen Bezugssysteme zerbrachen dabei. Schönheit, das war eine Illusion. Erkenntnis, das erwies sich als Begriffsspiel*«. Philosopheme wie etwa »das Sein« werden »*definitiv zu einem anschauungslosen und darum leeren Begriff*«. Auch die kulturell und literarisch tradierte ästhetische Todesvorstellung zerbricht unwiderruflich vor der Wirklichkeit in Auschwitz. »*Es führte keine Brücke vom Tod in Auschwitz zum ›Tod in Venedig‹.*«

Auf G. BATAILLE zurückgreifend führt Améry im Essay *Die Tortur* einen existenzialpsychologischen Sadismus-Begriff ein, der nach seiner Ansicht das Bewußtsein des Nationalsozialismus zu kennzeichnen vermag. Dessen Kern sieht er in einer radikalen »*Negation des Anderen*«, welche sich in einer »*Verneinung zugleich des Sozialprinzips und des Realitätsprinzips*« äußert. Das Weltvertrauen des einzelnen Menschen, zu welchem ganz wesentlich die Gewißheit gehört, »*daß der andere auf Grund von geschriebenen oder ungeschriebenen Sozialkontrakten mich schont, genauer gesagt, daß er meinen physischen und damit metaphysischen Bestand respektiert*«, zerbricht irreversibel in der Tortur. Im Essay *Wieviel Heimat braucht der Mensch?* schildert der 1938 aus Österreich geflüchtete Autor die Verbannung aus der Heimat, welche nicht nur im Verlust von vertrauter Umgebung und Sprache bestand, sondern auch im Verlust von Menschen, die »*Denunzianten oder Schläger (...), bestenfalls verlegene Abwarter*« geworden waren. Für Améry bedeutete der Heimatverlust, kein Ich mehr zu sein und nicht in einem Wir zu leben, aber auch: »*Kein Spiel mit dem imaginären wahren Deutschland, das man mit sich genommen hatte, kein formales Ritual einer im Exil für bessere Tage aufbewahrten deutschen Kultur.*«

Aus der Konfrontation mit dem blühenden und ordentlichen Nachkriegsdeutschland ging der Essay *Ressentiments* hervor. Die Haltung des Ressentiments, die Améry als »*den eigentlich humanen absurden Anspruch der Zeitumkehrung*« definiert, welche also der Unmöglichkeit und der Weigerung, zu vergessen, Ausdruck gibt, schirmt er ab einerseits gegen deren moralische Abwertung durch NIETZSCHE, andererseits auch gegen ihre Harmonisierung zum störenden Konflikt durch die moderne Psychologie. In der Revolte gegen ein quasi-natürliches Vergessen zeigt sich einmal mehr, daß Amérys Denken auf die Gegenwart des Vergangenen bezogen bleibt: »*Recht und Vorrecht des Menschen ist es, daß er sich nicht einverstanden erklärt mit jedem natürlichen Geschehen, also auch nicht mit dem biologischen Zuwachsen der Zeit. Was geschah, geschah: der Satz ist ebenso wahr wie er moral- und geistfeindlich ist.*« Amérys persönliche *résistance*, sein Versuch, nicht »*ein sich selbst aufgebender Flüchtling vor der Wirklichkeit*« zu sein, hat – so führt er im fünften Essay, *Über Zwang und Unmöglichkeit, Jude zu sein*, aus – seine Grundlage in der Verbundenheit mit den jüdischen Zeitgenossen, die aus der »*Solidarität angesichts der Bedrohung*« erwächst, nicht aus der Gemeinsamkeit von Religion und Tradition.

Der auf zentrale Themen von Amérys folgenden Werken (Zeit-Entfremdung, Widerstand, Rolle des Intellektuellen, Erbe der europäischen Aufklärung) verweisende Essay-Band bildet zusammen mit den Essays *Über das Altern. Revolte und Resignation* (1968) und *Unmeisterliche Wanderjahre* (1971) eine die Stummheit des Opfers aufbrechende Trilogie, in der autobiographische und »*zeitbiographische*« Perspektive ineinander übergehen. Geprägt von der Tendenz, »*die Einsicht in die »Condition humaine« an die äußerste Grenze voranzutreiben*« (E. Pulver), spiegeln diese drei Werke die der Aufklärung verpflichtete Forderung des als hervorragender Essayist und Zeit-Kritiker geltenden Autors an sich selbst: die einer »*Revision in Permanenz*«.

B.R.E.

AUSGABEN: Mchn. 1966. – Mchn. 1970 (dtv). – Stg. 1977 [rev.]; ²1980.

LITERATUR: H. Krüger, *Bericht vom beschädigten Leben* (in Die Zeit, 23. 9. 1966). – *Philosophie. Anti-Antisemitismus. Stachel der Deutschen* (in Der Spiegel, 1. 8. 1966). – W. Hädecke, *Zerstörtes Weltvertrauen – Versuch über J. A.* (in Literatur und Kritik, 1973, H. 71, S. 231–243). – G. Mehren, *Denken in Auschwitz* (in Stuttgarter Zeitung, 18. 2. 1978).

LEFEU ODER DER ABBRUCH

Roman-Essay von Jean AMÉRY, erschienen 1974. – Anhand der Geschichte des Malers Lefeu, einer lebenslangen *displaced person*, versucht der Reflexion und Erzählung, inneren Monolog, Dialog und auktoriale Beschreibung ineinanderfügende Roman-Essay, dessen Figuren kaum »*präzise individualisiert*« sind, eine kritische Revision der individuellen Welt-Abwendung und -Verneinung als einer Möglichkeit humanen Protests.

Der Maler Lefeu/Feuermann, gezeichnet, wie sein Name andeutet, von den Morden des Holocaust, lebt – ein verneinend Wartender, dem Verfall, der Dekomposition verfallen und voller Ekel gegenüber der Expansions-Lust seiner Umgebung – in einem zum Abbruch vorgesehenen Haus in der Pariser *Rue Roquentin* (eine Anspielung auf SARTRES Roman *La nausée*, 1938). Lefeu weigert sich, sein brüchiges verfallendes Zimmer in dieser »*Rue sans joie*«, »*Rue sans espoir, sans vouloir et sans temps*« zugunsten einer blitzblanken geschichtslosen Neubausiedlungswohnung zu verlassen. Denn er ist eingewurzelt in diesen Ort, »*enraciné*« (ein von Simone WEIL übernommener Begriff), »*verwachsen mit den schmutzigen Tüchern*«, die »*tief in den verfaulenden Fußboden*« reichen. Während sich der allmähliche Abbruch des Hauses unaufhaltsam vollzieht, das Haus zu einer Ruine, zum »*blutenden zerfetzten Flügel meiner Wohnstatt*« wird und schließlich ganz verschwindet, entsteht das im hoffnungslos veralteten gegenständlichen Stil Lefeus gemalte Selbstportrait »L'oiseau de malheur«. Wiederholt erhält der Maler Besuch aus Deutschland, von einem Düsseldorfer Kunsthändler (»*Ars nova, vormals Meyersohn und Sohn.*« – »*Was geschah mit Meyersohn?*«), der Lefeus Bilder unter dem Signum »*Metaphysischer Realismus*« ausstellen und verkaufen will. Der sich selbst als »*Frühpositivist*« bezeichnende Lefeu schlägt das Angebot zum Erfolg aus, da der Kunsthändler der von ihm verabscheuten expansionslüsternen, affirmativen und vergessensseligen »*Glanz-Verfalls*«-Welt angehört. Lefeu ist durch die während des Nationalsozialismus erlittene Verfolgung irreversibel herausgerissen aus jedem sozialen und zeitlichen Kontinuum. Die übermächtige Erinnerung an seine in Deutschland ermordeten Eltern, die ihn während einer Reise durch das Béarn überfällt, bringt ihn zu der Einsicht, sein Neinsagen sei »*rückführbar auf das Faktum, daß ich das Überstehen nicht überstehen kann*«. Nach dem Abschied von seiner Gespielin Irène und der Traumvision einer das Gleichgewicht wiederherstellenden Gegengewalt, einer revolutionär-violenten Brandstiftung, findet er den Tod. Am Ende hat er die Unmittelbarkeit und Unmittelbarkeit seines Unglücks, die Bedeutsamkeit des keinen kommunizierbaren Sinn ergebenden »*vécu*« erkannt: »*Ich bekenne mich zu einem nur noch mir selbst verständlichen – aber: was heißt verständlichen? – Stück Gelebtheit. Dieses hat kaum noch zu denken.*« Im letzten Kapitel des Roman-Essays, das im Sinne eines nachgeschobenen Vorworts eine »*Reflexion der Reflexion*« unternimmt, konstatiert der Autor: »*Es gibt keine gemeinsame Sprache von objektiver oder, wie ich es präziser sagen möchte: verdinglichender Betrachtungsweise und subjektiver Evidenz.*« Das »*Vertrauen in die Sprache*«, vom Autor als wesentliche formale Grundlage der Erzählung bezeichnet und in ihrem Verlauf von Lefeu immer verzweifelter verteidigt, wird von der Inkommensurabilität und Inkompatibilität des »*vécu*« mit zunehmender Schärfe dementiert. Beschwörend wie eine Gebetzeile wiederholt Lefeu den auf Wittgenstein verweisenden Satz: »*Man muß streng am Sinn des Satzes haften bleiben, im Vertrauen, daß es ihn gibt.*« Dieses das verschwundene Weltvertrauen überbrückende Sprachvertrauen hält Lefeu dem schablonenhaften Gerede der »*Glanz-Verfalls*«-Welt wie auch dem ihm in der Lyrikerin Irène begegnenden sprachzertrümmernden »*Geplapper*« der modernen Anti-Poetik entgegen. Irènes »*die Sprache nach der Welt befragende*« Poetik entspricht in den Augen Lefeus nicht der von ihm verteidigten »*Neinsage*«-Haltung der Welt-Abwendung, sondern sie betreibt die Verleugnung der Welt und stützt so die »*Glanz-Verfalls*«-Welt.

Doch die von der Erinnerung während der Reise durch das Béarn erzwungene Prüfung der Sprache in bezug auf die Reichweite und Wirklichkeitsgerechtigkeit ihrer Wörter läßt Lefeu die Notwendigkeit und das Versagen der Sprachgebung erkennen: »*Realisierung und Irrealisierung sind die Ergebnisse eines hoffnungslosen, sich selbst verurteilenden Prozesses.*« Nicht nur die Sprache wird so zutiefst fragwürdig, sondern auch die analytische »*common-sense-Vernunft*«. Lefeus Nein, das sich weder auf das Nichts noch auf das Sein bezieht, sondern auf »*ganz bestimmte Tatbestände*«, verliert damit sein Fundament. Lefeu glaubt, sein von einer Negation des Realitätsprinzips deutlich unterschiedenes Neinsagen sei »*möglicherweise ein widergeschichtli-*

cher Akt des dem geschichteten Geschehen sich nicht unterwerfenden souveränen Geistes«. Die im erbitterten Verfall Lefeus liegende narzißtische Revolte, deren Absicht die »*Negation der Moderne, des sich lärmend und glänzend in neuer Malerei, Dichtung, Architektur, Soziologie, was weiß ich, bekräftigenden, dem Wettkampf und der Selektion verschworenen Lebens*« ist, die Verneinung des natürlichen Vergessens also, geschieht nicht im Namen eines bewahrenswerten »*Alten*«, sondern im Namen einer Zeitverkehrung – ein Motiv, das seit dem Essayband *Jenseits von Schuld und Sühne* (1966) das Gesamtwerk Amérys durchzieht. Mehr noch als seine früheren Werke ist der als »*Anti-Antiroman*« konzipierte Roman-Essay geprägt von jener Technik des assoziierenden Zitats (u. a. WITTGENSTEIN, Th. MANN, A. v. PLATEN, E. MÖRIKE, HÖLDERLIN, SARTRE, ein Résistance-Lied, BEER-HOFMANN), die Alfred ANDERSCH »*Décollage als Komposition*« nennt und die »*Zeit, Ablauf, Vergangenheit (...) oder den Glanz-Verfall*« (E. Pfäfflin) sichtbar macht. B.R.E.

AUSGABEN: Stg. 1974. – Stg. 1982.

LITERATUR: H. Hartung, *Elemente einer berauschenden Befreiung. Über J. A.s kreisende Monologe* (in NRs, 1974, H. 2, S. 322–325). – J. P. Wallmann, *Zwischen den Stühlen* (in Rheinischer Merkur, 19. 4. 1974). – W. Hädecke, *Lefeus Ekel ist kerngesund* (in Deutsche Zeitung/Christ und Welt, 17. 5. 1974). – H. Bender, *Einer, der nun sagt* (in SZ, 18. 5. 1974). – M. Reich-Ranicki, *Schrecklich ist die Verführung zum Roman* (in FAZ, 1. 6. 1974). – W. Schütte, *Tabula rasa oder am Ende doch eine Illusion* (in FR, 6. 7. 1974). – H.-H. Henschen, *Auf der Suche nach dem Roman* (in Die Zeit, 21. 6. 1974). – F. J. Raddatz, *Hauchbilder. Zu J. A.s Roman-Essay »Lefeu oder der Abbruch«* (in Merkur, 1974, H. 12, S. 1183 ff.). – J. P. Bier, *Zum Begriff der Stilrelevanz. Mehrsprachige Stellen in »Lefeu oder der Abbruch«* (in Jb. f. internationale Germanistik, 11, 1979, H. 1, S. 36–55).

YEHUDA AMICHAI

* 3.5.1924 Würzburg

SHIRIM 1948-1962

(hebr.; *Gedichte 1948–1962*). Gedichte von Yehuda AMICHAI, erschienen 1962. – Amichai, der in Würzburg geboren wurde und 1936 mit seinen Eltern nach Palästina kam, ist einer der profiliertesten israelischen Lyriker der Gegenwart. Seine jüdisch-orthodoxe Erziehung, sein deutsch-jüdisches Elternhaus sowie die lange Militärzeit in der Britischen Armee (1942–1946) haben sein literarisches

Werk entscheidend geprägt. Seine Gedichte erinnern im Duktus ein wenig an RILKE und AUDEN, seine beiden großen europäischen Vorbilder. Der englische Lyriker Ted HUGHES hat einmal über seinen israelischen Kollegen geschrieben, es sei bei ihm, als ob der ganze geistige Schatz des jüdischen Volkes plötzlich in eine neue Währung umgemünzt werde, die seine Lyrik mit einem unaufhörlichen Segen von präzisen und inhaltsschweren Metaphern bereichert. Amichais Sprache hat einen familiären Ton, sie ist persönlich, auch wenn sie gelegentlich aus den Tiefen des jüdischen Kultus und seiner mythisch-liturgischen Sprache schöpft. Auffälligstes Kennzeichen seiner Dichtung ist die einfache Form, der beiläufige Ton, mit denen Bilder und Metaphern zum Sprechen gebracht werden. Amichais großer Erfolg in den fünfziger und sechziger Jahren hängt nicht zuletzt mit der Fähigkeit dieses Dichters zusammen, auf Zeitströmungen zu reagieren, gleichsam als Seismograph die durch ständige Bedrohung von außen bewirkten Veränderungen der isrealischen Psyche nachzuzeichnen. So sind die großen Themen seiner Dichtung aus diesen Jahren der israelische Alltag, das Leben im Schatten des Krieges, der alles Denken und Handeln bestimmt. Zwei Motive tauchen in diesen Gedichten immer wieder auf: das Kind und der Liebende. Zu den berühmtesten und bekanntesten Dichtungen Amichais zählt zweifellos das kurze Gedicht mit dem Titel *Elohim merahem al yaldey hagan (Gott hat Erbarmen mit kleinen Kindern)*, das zuerst in dem Band *Shirim 1948–1962* veröffentlicht wurde. Der Titel ist schon Programm: Die kindliche Unschuld, das noch ungetrübte kindliche Glück werden von Amichai kontrapunktisch mit der grausamen, wenig menschlichen Welt der Erwachsenen in Beziehung gebracht (*»Gott hat Erbarmen mit kleinen Kindern/ mit Schulkindern – weniger./ Mit Erwachsenen hat Er kein Erbarmen mehr,/ Er läßt sie allein. Manchmal müssen sie blutüberströmt/ auf allen vieren/ im glühenden Sand kriechen,/ um den Sammelplatz zu erreichen.«*). Die Menschheit muß wieder zur Kindheit zurückfinden, will sie ihre Unschuld behalten. »Laßt die Kindlein zu mir kommen« – diese hoffnungsvolle Botschaft des *Neuen Testaments* wird auch von Amichai geteilt. Aber selig sind bei ihm nicht nur die Kinder, sondern auch die Liebenden. Der erwachsene Mensch, der Gottes Gnade nicht mehr teilhaftig ist, hat nur noch eine einzige Chance, göttliche Milde, Schonung, Nachsicht und Verzeihung zu finden. Nicht der Glaube (sola fide) ist der Rettung, sondern die Liebe (*»Doch vielleicht erbarmt Er sich/ der Liebenden, vielleicht schützt Er sie/ wie ein Baum den Schläfer auf einer Bank/ im öffentlichen Park.«*). Selbst der Soldat, der aus der israelischen Gesellschaft nicht wegzudenken ist, hat nur eine Sicherheit. Ihn schützt nicht die Waffe, sondern allein die Liebe. Sie gibt ihm Hoffnung, die das Überleben erst möglich und sinnvoll macht. Bezeichnend für diese optimistische Einstellung ist ein weiteres Gedicht aus diesem Sammelband, dessen Titel, wie in einer Sentenz, Amichais Lebensphilosophie zusammenfaßt: *Shmeinu be'jachad ve kolechad lechud (Wir beide gemeinsam und jeder für sich)*: »*Mond teilt die Wolken./ Komm wir wollen uns lieben./ Kämpften vor dem bewaffneten Zelt/ um Liebe Du nur und ich – :/ vielleicht wäre Hoffnung, Neues noch möglich/ Uns beiden. Dir und mir.*«

Amichais späte Lyrik ist im stärkeren Maße autobiographisch motiviert, thematisiert persönliche Erlebnisse aus dem Alltag des Dichters. Auch die Sprache hat sich ein wenig geändert, der metaphernreiche Stil ist einem häufig nüchternen, wenig verbrämten Ton gewichen, voller Nachdenklichkeit und mit einem Anflug von Trauer und Nostalgie. Es sind, wie es Leon WIESELTIER einmal ausgedrückt hat, »*elementare Gedichte einer elementaren Persönlichkeit*«. Für sein dichterisches Gesamtwerk erhielt Amichai 1982 den Israel-Preis für Literatur. A.F.

AUSGABE: Tel Aviv 1962.

ÜBERSETZUNGEN: [Auszüge]: *Selected Poems*, A. Gutman u. H. Schimmel, Harmondsworth 1971 [engl.]. – *Love Poems*, G. Abramson u. T. Parfitt, NY 1981 [hebr.-engl.]. – A. Stadler (in Litfass, 37, 1986, S. 54 ff.). – *Wie schön sind deine Zelte, Jakob. Gedichte*, A. Stadler, Mchn. 1987 [Nachw. Ch. Meckel; Gedichte 1977–1985; Ausw.].

LITERATUR: L. I. Yudkin, *Israeli Poetry: Gilboa, A. and Zach* (in L. I. Y., *Escape into Siege. A Survey of Israeli Literature*, Ldn./Boston 1974, S. 135–149). – *Zwischen Würzburg und Jerusalem. Ein dt.-jüdisches Dichterschicksal*, Würzburg 1981. – W. Bargad u. S. F. Chyet, *Y. A.* (in *Israeli Poetry*, Hg. dies., Bloomington 1986, S. 79–101; m. Textausw.).

ABŪ L-QĀSIM AL-ḤASAN IBN BIŠR AL-ĀMIDĪ

* ? Basra
† 981 Bagdad

KITĀB AL-MU'TALIF WAL-MUḪTALIF MIN ASMĀ' AŠ-ŠU'ARĀ' WA-ALQĀBIHIM

(arab.; *Das Buch der Dichternamen, worin sie übereinstimmen und worin sie sich unterscheiden*). Anthologie, zusammengestellt von Abū l-Qāsim al-Ḥasan Ibn Bišr AL-ĀMIDĪ. – Ungefähr zur gleichen Zeit, als AṬ-ṬAYĀLISĪ sein *Kitāb al-mukātara 'inda l-muḏākara (Buch der Fülle in der Wechselrede)* zusammenstellte, kompilierte auch al-Āmidī seine Sammlung *al-Mu'talif wal-muḫtalif*, und wie jenem ging es auch ihm darum, ein Hilfsmittel für die Unterscheidung der Dichtung zu schaffen. Kam es doch häufig vor, daß ein Dichter nur unter seinem – nicht distinktiven – Rufnamen *(ism)* zitiert wurde und andere gleichen Namens mit ihm verwechselt wurden, wobei die Gefahr des Irrtums besonders groß war, wenn es einen besonders berühmten Dichter dieses Namens gab. Weitere häufige Fehlerquellen waren seltsame oder wenig gebrauchte Namensformen. Aus diesen Tatsachen resultiert die Anordnung der Anthologie. Al-Āmidī ordnete alphabetisch nach dem Namen, unter dem die einzelnen Dichter bekannt waren, wobei die berühmtesten jeweils zuerst genannt sind. Zu jedem Namen folgen die weiteren Namen und die genealogische Reihe. Bei weniger berühmten Dichtern wird vermerkt, welcher Epoche sie angehörten; oft folgen Angaben zur Biographie sowie Verse und Gedichte, häufig auch Notizen zu den Versen, vor allem zum Umstand ihrer Entstehung.

Al-Āmidī erstrebte keine Vollständigkeit; bei sehr häufigen Namen beschränkt er sich sogar auf Dichter, die dazu noch einen weiteren Namensteil gemeinsam haben, so bringt er unter 'Āmir nur die Dichter mit den Namen 'Āmir Ibn aṭ-Ṭufall sowie die mit dem Namen 'Āmir Ibn az-Ẓārib. Ist der *laqab* (Beiname) eines Dichters bekannter als sein *ism* (Rufname), so ordnet al-Āmidī ihn unter dem *laqab* ein und gibt häufig auch Auskunft, weshalb der Dichter den betreffenden *laqab* erhalten hat. – Um ähnliche Namen auseinanderzuhalten, bringt al-Āmidī, einem anderen Prinzip folgend, zu vielen Namen auch solche, die – ohne diakritische Punkte geschrieben – das gleiche Schriftbild aufweisen und deshalb Anlaß zu Verwechslungen boten, wie z. B. ʿAbīd und ʿAtīd oder Firās und Qarrās. – Wenn es al-Āmidī auch in erster Linie um die Unterscheidung der Dichter ging, so ist doch die Bedeutung der Sammlung hinsichtlich der darin enthaltenen Gedichte und Verse nicht zu unterschätzen; denn al-Āmidī war ein vorzüglicher Kenner der arabischen Poesie. Häufig zitiert er die Verse aus Quellen, die auch heute noch zugänglich sind, wie das *Kitāb al-Ḥamāsa (Buch der Tapferkeit)* von Abū Tammān oder das *Kitāb al-kāmil fī l-luġa (Das vollständige Buch über die Sprache)* von al-Mubarrad; doch hat er der Nachwelt darüber hinaus eine Fülle von Versen bewahrt, die ohne diese Sammlung nicht bekannt wären.   S.Gr.

Ausgabe: Kairo 1961, Hg. ʿAbdassattār Aḥmad Farrāġ.

---

henri frédéric Amiel

* 27.9.1821 Genf
† 11.5.1881 Genf

Literatur zum Autor:
A. Thibaudet, *A. ou la part du rêve*, Paris 1929. – H. Hilz, *A. und die Deutschen*, Münster 1930. –
E. Merian-Genast, *A. im Spiegel der europäischen Kritik*, Marburg 1931. – S. Pfister, *Expansion et concentration dans la pensée d'A.*, Bern/Ffm. 1971. – U. Schöni, *H. F. A.*, Bern 1972. – Revue des Belles-Lettres, 98, 1974, H. 2–3 (Sondernr. *H. F. A.*). – P. Trahard, *A. juge de l'esprit français*, Paris 1978. – J. Vuilleumier, *Le complexe d'A.*, Lausanne 1985.

FRAGMENTS D'UN JOURNAL INTIME

(frz.; *Bruchstücke aus einem privaten Tagebuch*). Tagebuchaufzeichnungen von Henri Frédéric Amiel (Schweiz), postum erschienen 1884. – Amiels über mehr als dreißig Jahre geführtes Tagebuch gehört zu den bedeutendsten diaristischen Aufzeichnungen der Weltliteratur, obwohl dieses melancholische *journal intime* nicht zur Veröffentlichung bestimmt war und keineswegs zum literarischen Kunstwerk stilisiert wurde. Es handelt sich vielmehr um höchst private, ungeordnete Kontemplationen eines sensiblen, romantischen, äußerst belesenen Mannes über seine – literarisch nicht bedeutenden und heute vergessenen – Arbeiten, seine Lektüre, seine Beziehungen zu Wissenschaft und Gesellschaft und über literarische und politische Ereignisse; so schrieb der »*größte Monomane des Tagebuchs, von dem die Geschichte bis heute Kenntnis genommen hat*« (W. Krauss) z. B. den literaturkritischen Essay *Du mouvement littéraire de la Suisse romande et son avenir*, 1849 *(Über die literarische Bewegung in der welschen Schweiz und ihre Zukunft)*. Doch als nach dem Tod Amiels, eines Genfer Philosophieprofessors, der seine stärksten Eindrücke der Philosophie Hegels und Schellings verdankte, eine Auswahl aus dem fast 17 000 Seiten umfassenden Manuskript publiziert wurde, entdeckte das geistige Europa des ausgehenden 19. Jh.s darin sein Spiegelbild, das Bild eines Endzustands, die Vorwegnahme der chaotischen Auflösung des bürgerlichen Zeitalters. Der Niederschlag dieser Entdeckung findet sich in den nachfolgenden Auseinandersetzungen mit dem Tagebuch, das u. a. von Tolstoj, Nietzsche und Hofmannsthal diskutiert wurde.

Für Amiel gibt es in der Welt des (im Hegelschen Sinne) objektivierten Geistes keine nach außen wirkende Tat mehr, sondern nur noch die psychologisierende Innenschau. Er versteht darunter nicht mystisches In-sich-selbst-Versinken, sondern das geduldige Abmessen der eigenen Grenzen, Möglichkeiten, Methoden. Amiels Ziel besteht nach seiner eigenen Aussage darin, sein »*ideales Ich*« zu verwirklichen, seinen »*inneren Typus*« auszuformen. Das Tagebuch soll das »*hygienische Verfahren*« sein, das zu diesem Ziel führt – ein vernünftiges, anspruchsloses und resigniertes Sichbescheiden, das zu Kierkegaards und Nietzsches leidenschaftlicher Kampfansage an den Geist der bürgerlichen Epoche in eigenartigem Gegensatz steht, doch zu Einsichten von erschütternder Redlichkeit führt: »*Meine Sünde ist die Entmutigung, mein Unglück die Unentschlossenheit, meine Göttin die Freiheit, meine Fessel der Zweifel, mein ewiger Fehler das Aufschieben, mein Idol die unfruchtbare Beschaulichkeit, mein üblicher Irrtum das Verkennen der Gelegenheit...«* Oder: *»Ich bin ein Denkorgan, weniger, ein innerer Sinn, ein Registrierapparat, kein Mann.«* Spricht er von der ersehnten befreienden Tat, dann meint er nichts anderes als literarische Produktion. Seine »Tatlosigkeit«, an der er litt und deren ergreifender Ausdruck eben das Tagebuch ist, war wohl nicht allein die Folge seines allzu narzißhaften Wesens; er selber machte jedenfalls auch die Umwelt, in der er lebte, dafür verantwortlich: das kalvinistisch-bourgeoise Genf. *»Als ich mich mit Genf verheiratete, heiratete ich den Tod, den Tod meines Talents und meiner Freude.«* Dieser Widerwille gegen das beschränkte Milieu führte zu einem Leben in völliger Isolation: *»Ohne gestorben zu sein, bin ich ein Gespenst.«* Aller gesellschaftlichen und persönlichen Bindungen ledig, lebte er fast ausschließlich der unerbittlichen Registrierung seines inneren Daseins. Dabei gab es nichts, was ihm Kraft zuführte, denn: *»Der tiefste Grund all unserer Schmerzen ist eine Art Unglaube.«* Dieses vierunddreißigjährige Ausharren in einer hoffnungslosen Situation – Amiels Tagebuch setzt mit dem Ende des Jahres 1847 ein – verleiht dem introvertierten Diaristen des Bürgertums zweifelsohne eine gewisse geistige Größe, die ihm mangelt, wenn man allein das gedankliche Ergebnis seines tagtäglichen Aufzeichnens werten wollte. C.Bt.

AUSGABEN: Genf 1884, Hg. E. Scherer, 2. Bde. [Ausw.]. – Paris/Genf 1923, Hg. B. Bouvier, 3 Bde. – Paris 1927 (*Philine, Fragments inédits du journal intime*, Hg. B. Bouvier). – Paris 1931. – Genf 1948–1958, Hg. L. Bopp, 3 Bde. – Paris 1959 (*Journal intime de l'année 1866*, Hg. L. Bopp). – Paris 1965 (*Journal intime 1857*, Hg. G. Poulet; 10/18). – Lausanne 1973 (*Journal intime, janv.-juin 1854*, Hg. P. M. Monnier). – Lausanne 1976ff., Hg. B. Gagnebin u. P. M. Monnier; bisher 6 Bde.

ÜBERSETZUNGEN: *Tagebücher*, R. Schapire, Mchn./Lpzg. 1905. – *Blätter aus dem Tagebuch*, E. Merian-Genast, Erlenbach/Zürich 1944. – *Intimes Tagebuch*, ders., Mchn. 1986 [Ausw.].

LITERATUR: W. H. Pater, *Essays from ›The Guardian‹*, Ldn. 1901. – V. W. Brooks, *The Malady of the Ideal*, Ldn. 1913. – H. v. Hofmannsthal, *Das Tagebuch eines Willenskranken* (in *Loris, Die Prosa des jungen H. v. H.*, Bln. 1930; auch in Moderne Rs, 15. 6. 1891). – F. Mauriac, *Le préau calviniste de H. F. A.* (in F. M., *Petits essais de psychologie religieuse*, Paris 1933, S. 87–104; dt.: *Das calvinistische Gefängnis des H. F. A.*, in F. M., *Religiöse Portraits*, Düsseldorf 1949, S. 56–66). – G. B. Angioletti, *L'anatra alla normanna*, Mailand 1957, S. 110–115. – W. Haftmann, *Hinweis auf A.* (in W. H., *Skizzenbuch*, Mchn. 1960, S. 32–35). – A. Thérive, *Le cas A.* (in *Écrits de Paris*, 196, 1961, S. 120–128). – G. Poulet, *A.* (in G. P., *Les métamorphoses du cercle*, Paris 1961, S. 305–370). – Ders., *La rêverie tournoyante de A.* (in *Les Temps Modernes*, 17, 1961/62, S. 1–51). – Ders., *A.* (in G. P., *Entre moi et moi*, Paris 1977, S. 41–93). – P. Gaxotte, *Le »Journal« d'A.* (in P. G., *Le purgatoire*, Paris 1982, S. 91–100). – J. Rousset, *A quoi sert le »Journal intime«? L'exemple d'A.* (in *Studi di cultura francese ed europea in onore di L. Maranini*, Hg. G. Giorgi u. a., Fasano 1983, S. 399–406). – P. M. Monnier, *A. ou le triomphe de Protée* (in *Du Romantisme au surnaturalisme. Hommage à C. Pichois*, Neuchâtel 1985, S. 259–270). – F. Kemp, Rez. der dt. Ausg. (in NZZ, 2. 7. 1986).

MIRZĀ ʿALI ḤĀN AMIN OʾD-DOULE

* 1844 Teheran
† 1904 Teheran

ḤĀṬERĀT-E SIYĀSI

(iran.-npers.; *Politische Memoiren*). Historisches Werk von Mirzā ʿAli Ḥān Amin oʾd-Doule, verfaßt um 1900. – Der Autor, der 35 Jahre lang in iranischen Staatsdiensten stand, besaß wichtige und genaue Informationen über alle politischen Ereignisse in der zweiten Hälfte des 19.Jh.s in Iran und kannte auch die sich hinter den Kulissen abspielenden Ränke und Fehden. Schon als junger Mann Privatsekretär des Kadscharenkönigs Nāṣer oʾd-Din-Šāh (reg. 1848–1896), stieg er im Alter von 54 Jahren zum Großwesir des Moẓaffar oʾd-Din-Šāh (reg. 1896–1907) auf. Bei der Niederschrift seiner Memoiren ging es dem Verfasser weniger um die Aufzählung der geschichtlichen Begebenheiten als vielmehr darum, diese zu interpretieren und die Ursachen der Verfallserscheinungen darzustellen, unter denen sein Heimatland litt.

Beginnend mit der Vorgeschichte der Kadscharen-Dynastie (1779–1925) und einer gründlichen Charakteranalyse des herrschenden Königs, der sogar seinen Minister ermorden ließ und fast fünfzig Jahre autokratisch regierte, widmete er den Hauptteil seines Werks der kritischen Betrachtung der Ereignisse und der Persönlichkeiten, die dabei eine Rolle spielten. Er erwähnt Angelegenheiten wie etwa die Reuter-Konzession, durch die der gesamte Reichtum Irans gegen geringes Entgelt unter die Kontrolle einer fremden Gesellschaft gebracht werden sollte, die kostspieligen Reisen des Monarchen nach Europa, die Aufnahme teurer Auslandsanleihen und die häufigen Grenzzwischenfälle, denn er erkennt darin imperialistische Machenschaften der beiden Mächte Großbritannien und Rußland, deren Ziel es war, Persien unter ihren Einfluß zu bringen. Das Hauptinteresse des Autors gilt jedoch den inneren Verhältnissen im Lande selbst. Ausführlich behandelt er die Intrigen der

Höflinge und der Geistlichkeit, die jeden Fortschritt verhinderten; außerdem beschreibt er verschiedene Palastverschwörungen. Einen der Hauptgründe für die Rückständigkeit des Landes erblickt der Autor im Eigennutz der Staatsmänner, die alle gegeneinander Ränke schmieden und keine gemeinsame Zielsetzung kennen. Sogar der Verfasser selbst, der doch objektiv sein möchte, scheint nicht ganz frei von solchen Untugenden gewesen zu sein. – Die letzten 40 Seiten des Werks stammen wahrscheinlich aus der Feder eines anderen, vielleicht des Sohnes des Autors. Auch über die Echtheit des eigentlichen Hauptteils sind Zweifel geäußert worden. Es wird angenommen, der Großwesir habe seine Gedanken einem Sekretär mitgeteilt, der sie dann niederschrieb. Gegen diese These sprechen jedoch einige stilistische Merkmale, die völlig mit denen eines anderen Werks von Amin o'd-Doule übereinstimmen.

Ḥāṭerāt-e siyāsi hat nicht nur politisch-soziale Bedeutung, sondern ist vor allem wegen seiner literarischen Form wertvoll. Der Autor gehört – wie auch schon sein Vater – zu den Schriftstellern, die etwa von der Mitte des 19.Jh.s an bestrebt waren, den Stil der persischen Prosa vom mittelalterlichen Ballast an rhetorischem Schwulst zu befreien und in einer schlichten, allgemein verständlichen Sprache zu schreiben – ein Grundsatz, von dem der gebildete und fortschrittlich gesinnte Amin o'd-Doule sich auch in diesem Werk hat leiten lassen. B.A.

AUSGABE: Teheran 1962.

LITERATUR: in Rāhnamā-ye ketāb, 6, 1964, Nr.1/2, S. 58–64. – D.ʿA. Moʾayyer-al-Mamālek, *Reǧāl-eʿaṣr-e Nāṣerī*, Teheran 1982. – H. F. Farmayan, *Portrait of a 19th Century Iranian Statesman* (in International Journal of Middle East Studies, 15, Ldn. 1983, S. 337–352). – Ders., Art. *Amīn-al-Daula* (in EIr, 2, S. 943–945).

YAMIN O'D-DIN ABO'L-ḤASAN AMIR ḤOSROU DEHLAWI

* 1253 Patiali
† 1325 Delhi

ḤAMSE

(iran.-npers.; *Quintett* oder *Pentalogie*). Sammelwerk, enthaltend fünf Maṯnawis (Dichtungen in Doppelversen aus paarweise reimenden Halbversen) von dem indopersischen Dichter Yamin o'd-Din Abo'l-Ḥasan AMIR ḤOSROU DEHLAWI, verfaßt 1298–1301. – Die Sammlung umfaßt die drei romantischen Epen *Širin o Ḥosrou* (*Širin und Ḥosrou*), *Laili o Maǧnun* (*Laili und Maǧnun*) und *Hašt* *behešt* (*Die acht Paradiese*) sowie eine ethisch-religiöse und eine philosophische Dichtung: *Maṭlaʿ o'l-anwār* (*Der Aufgang der Lichter*) und *Āʾine-ye Sekandari* (*Der Alexandrinische Spiegel*). Ihre Sujets stimmen – wie schon die Titel zeigen – fast genau mit denen der Ḥamse von NEẒĀMI überein und entsprechen dessen Dichtungen *Ḥosrou o Širin* (*Ḥosrou und Širin*), *Laili o Maǧnun* (*Laili und Maǧnun*), *Haft paikar* (*Sieben Bilder* oder *Sieben Schönheiten*), *Maḫzan o'l-asrār* (*Die Schatzkammer der Geheimnisse*) und *Eskandar-nāme* (*Alexanderbuch*).

Da in der klassischen persischen Literatur die Wahl des Themas eine viel geringere Bedeutung hat als die Art seiner Behandlung, gibt es z. B. etwa ein Dutzend Werke mit dem Titel *Laili und Maǧnun*, deren Thema zwar das gleiche ist, in denen aber der jeweilige Autor die unglückliche Liebe der beiden Wüstenkinder ganz auf seine eigene Weise dichterisch gestaltet hat. – Amir Ḥosrous Dichtung *Širin o Ḥosrou* handelt ebenso wie Neẓāmis Epos *Ḥosrou o Širin* von der Liebe des Sassanidenkönigs zu der armenischen Prinzessin, zeigt allerdings verschiedene Abweichungen, die besonders in der Motivierung der Handlungsweise der einzelnen Personen und in der Profilierung ihrer Charaktere hervortreten. Bei Amir Ḥosrou wird der König anläßlich einer Palastrevolte erstochen, worauf seine Geliebte freiwillig in den Tod geht; in Neẓāmis Epos dagegen folgt Širin ihrem Gatten in den Kerker, wo dann beide sterben. – In *Hašt behešt* erzählt der Autor in enger Anlehnung an Neẓāmis *Haft paikar* von dem sassanidischen König Bahrām-e Gur und den sieben Prinzessinnen; allerdings hat Amir Ḥosrou in dieses Werk einige indische Erzählungen aufgenommen. – Auch die mystisch-religiöse Dichtung *Maṭlaʿ o'l-anwār* und das philosophische Matnawi *Āʾine-ye Sekandari* lehnen sich eng an Neẓāmis *Maḫzan o'l-asrār* und *Eskandar-nāme* an, die Amir Ḥosrou als Vorbild dienten.

Die beiden romantischen Epiker Neẓāmi und Amir Ḥosrou sind oft miteinander verglichen worden. In den Werken Amir Ḥosrous fehlen jedoch die Gelehrsamkeit und die philosophische Tiefe, die die Schöpfungen Neẓāmis auszeichnen; häufig sind seine Bilder verschwommen und auch die Charaktere meist nur wenig scharf gezeichnet; dagegen ist seine Sprache schlicht und herzhaft, und seine Gleichnisse sind bedeutend leichter zu verstehen als die seiner Vorgänger. – Die *Ḥamse* des Amir Ḥosrou hat auf die spätere persische Literatur, besonders auf die des 14. und 15.Jh.s, einen starken Einfluß ausgeübt. B.A.

AUSGABEN: *Laili o Maǧnun*: Kalkutta 1811. – Moskau 1964, Hg. G. A. Mahramov. – *Širin o Ḥosrau*: Bombay 1908. – Moskau 1961, Hg. G. Alijev. – *Āʾine-ye Sekandari*: Bombay 1917. – Moskau 1977, Hg. J. Mirsaidov. – *Hašt behešt*: Bombay 1918. – Moskau 1972, Hg. J. Eftekar. – *Maṭlaʿ o'l-anwār*: Aligarh 1926.

LITERATUR: M. W. Mirza, *The Life and the Works of Amir Khusrau*, Kalkutta 1935; Lahore [3]1962. –

N. M. Ḥorg̱awī, *Ḥayāt-i Ḥosrou*, Karachi 1956. – J. Ripka, *History of Iranian Literature*, Dordrecht 1968, S. 257–259. – Indo-Iranica, 24, Kalkutta 1971, Nr. 3/4 [zahlreiche Art. zu A. Ḥ. D.]. – *Amir Khusrow, Critical Studies*, Hg. National Committee for [the] 700th Anniversary of A. K., Islamabad 1975. – A. Schimmel, Art. *Amīr Ḵosrow Dehlavī* (in EIr, 1, S. 963–965).

KINGSLEY AMIS

* 16.4.1922 London

LITERATUR ZUM AUTOR:
R. B. Smith, *An Analysis of the Novels of K. A.*, Diss. Univ. of Washington 1965 (vgl. Diss. Abstracts, 26, 1965/66, S. 2762). – J. D. Vann u. J. T. F. Tanner, *K. A.: A Checklist of Recent Criticism* (in Bull. of Bibliography, 26, 1969, S. 105, 111, 115–117). – D. Salwak, *K. A.: A Reference Guide*, Boston 1978. – Ph. Gardner, *K. A.*, Boston 1981 (TEAS).

LUCKY JIM

(engl.; Ü: *Glück für Jim*). Roman von Kingsley AMIS, erschienen 1954. – Weit davon entfernt, der Glückspilz zu sein, als der er im Titel apostrophiert wird, und ohne die geringste pädagogische Begeisterung geht Jim Dixon seiner Tätigkeit als Dozent für mittelalterliche Geschichte an einer englischen Provinzuniversität nach. Über seine wissenschaftliche Qualifikation macht er sich nichts vor: Auf das Studium des Mittelalters hat er sich nur deshalb verlegt, weil »*die schriftlichen Examensarbeiten über das Mittelalter für einfach gehalten wurden*«. Um das Wohlwollen der Fakultät zu gewinnen und seine Position zu sichern, bemüht sich Dixon um die Veröffentlichung seiner Abhandlung über die Schiffsbaukunst zwischen 1450 und 1458, einer Arbeit, von der er selbst nicht viel hält. Außerdem tut er alles, um bei Professor Welch, dem borniertem Vorstand des Historischen Seminars, gut angeschrieben zu sein. Folgsam und geduldig nimmt er an den stumpfsinnigen »kulturellen« Wochenendparties teil, die Welch in seinem Haus veranstaltet, gerät aber, mangels musischer Begabung und bürgerlichen Wohlverhaltens, von einer peinlichen Situation in die andere. Bei den Welchs hat, nach einem theatralischen Selbstmordversuch, die Dozentin Margaret Peel Aufnahme gefunden. Um ihn an sich zu fesseln, spielt diese frustrierte Neurotikerin, die in Wirklichkeit gar nicht aus ihrer Isolation herausfinden will, Jim eine abgeschmackte Komödie von unglücklicher Liebe und Lebensangst vor. Neben Margaret geht Jim vor allem Welchs widerlich arroganter Sohn Bertrand auf die Nerven, der sich für einen bedeutenden Maler hält. Auf einer jener Parties trifft Jim die aparte, aber recht naive Christine Callaghan, bei deren Onkel, dem Kunstmäzen Gore-Urquhart, Bertrand Sekretär werden möchte. Zunächst aus spontaner Antipathie, dann aus gegenseitiger Eifersucht entwickelt sich zwischen ihm und Dixon eine Feindschaft; sie gipfelt in einer Schlägerei, bei der Bertrand zu Boden geht. Waren schon diese und andere gesellschaftliche Entgleisungen seiner Universitätskarriere alles andere als förderlich, so macht sich Jim mit seinem skandalösen Festvortrag über das Allerweltsthema »Merry England«, in dessen Verlauf er, in leicht angetrunkenem Zustand, unwillkürlich den Vortragsstil von Professor Welch parodiert, vollends unmöglich. Schließlich stellt sich auch noch heraus, daß der Herausgeber der Zeitschrift, in der seine Abhandlung erscheinen sollte, ihn in einem eigenen Artikel schamlos plagiiert hat. Daß Dixon am Ende trotzdem Glück im Unglück hat, verdankt er allein der Kompromißbereitschaft des Autors, der den labilen Außenseiter für sein Scheitern an der etablierten Wissenschaft und Gesellschaft generös entschädigt: Gore-Urquhart beruft Jim auf den vakanten Sekretärsposten, und Christine schenkt ihm ihre Liebe.

Mit über zwanzig Auflagen gehört *Lucky Jim* zu den erfolgreichsten englischen Nachkriegsromanen. Dieser Erfolg basiert sowohl auf der zugleich treffsicheren und amüsanten Saloppheit vieler Erzählszenen und Dialoge wie auf der Tatsache, daß sich eine ganze Generation junger, des reaktionären Kulturbetriebs überdrüssiger Nonkonformisten mit Jim Dixon identifizierte. Auf Schriftsteller wie Amis, John WAIN und natürlich vor allem John OSBORNE wandte man damals die Bezeichnung »zornige junge Männer« an. Aber sowohl Amis als auch Wain gehören nicht zu denen, die das Establishment radikal verdammen: Sie karikieren die Gesellschaft, anstatt Sturm gegen sie zu laufen. Jim Dixon und Charles Lumley (in Wains 1953 erschienenem Roman *Hurry On Down*) sind bildungsmüde Intellektuelle mit Anpassungsschwierigkeiten, aber ohne revolutionären Ehrgeiz. Der Protestcharakter dieser Romane wurde seinerzeit zweifellos überbewertet. Trotzdem sollte man die Stellung von *Lucky Jim* innerhalb des Genres »Universitätsroman«, dem auch Romane wie Malcolm BRADBURYS *Stepping Westward* (1965) und *The History Man* (1975) angehören, nicht unterschätzen. Amis selbst erklärte, er habe nichts anderes als »*ein lustiges Buch*« schreiben wollen. Der Tatsache, daß ihm darüber hinaus brillante und humorvolle Kommentare zum sozialen Klima und akademischen Provinzialismus im Nachkriegsengland gelungen sind, verdankt sein *Lucky Jim* einen hervorragenden Platz in der modernen englischen Romanliteratur.

J.v.Ge.

AUSGABEN: Ldn. 1953 [recte 1954]; [25]1972. – Genf 1974. – Harmondsworth 1976 (Penguin). – Ldn. 1984.

ÜBERSETZUNG: *Glück für Jim*, E. Schnack, Zürich 1957.

VERFILMUNG: England 1957 (Regie: J. Boulting).

LITERATUR: W. Allen, *University Wits* (in W. A., *The Novel of To-Day*, Ldn. 1955, S. 29-31). – J. D. Hurrell, *Class and Conscience in John Braine and K. A.* (in Critique, 2, 1958, S. 39–53). – D. Colville, *The Sane World of K. A.* (in Bucknell Review, 9, 1960, S. 46–57). – R. B. Parker, *Farce and Society. The Range of K. A.* (in Wisconsin Studies in Contemporary Literature, 2, 1961, H. 3, S. 27–38). – D. Lodge, *The Modern, the Contemporary, and the Importance of Being A.* (in Critical Quarterly, 5, 1963, S. 335–354). – B. Brophy, *Just Jim* (in Sunday Times, Colour Suppl., 26. 1. 1964). – A. Ward, *Jimsday* (in Spectator, 24. 1. 1964, S. 112). – R. Conquest, *Christian Symbolism in »Lucky Jim«* (in Critical Quarterly, 7, 1965, S. 87–92). – G. Strauch, *Calendar, Construction, and Character in K. A.'s »Lucky Jim«* (in Recherches Anglaises et Américaines, 3, 1974, S. 57–66). – T. F. Dixon, *Chance and Choice in »Lucky Jim«* (in Ball State Univ. Forum, 17, 1976, Nr. 4, S. 75–80). – B. Stovel, *Traditional Comedy and the Comic Mask in K. A.'s »Lucky Jim«* (in English Studies in Canada, 4, 1978, S. 69–80). – J. P. Kenyon, *»Lucky Jim« and After : The Business of University Novels* (in Encounter, Juni 1980, S. 81–84).

AMITAGATI

10./11. Jh.

DHARMAPARĪKṢĀ

(skrt.; *Kritik der Religionen*). Polemisch-apologetische Dichtung von AMITAGATI, beendet 1014. – Die ca. 1900 Strophen sind in zwanzig Abschnitte eingeteilt. Die »Kritik«, von der der Titel spricht, bezieht sich vor allem auf das Brahmanentum und sein Verhältnis zur Jaina(auch: Jina)-Religion; ihre Vertreter sind der Jaina Manovega und sein brahmanischer Gefährte Pavanavega. Das Mittel, mit dem dieser für den Jinismus gewonnen werden soll, ist der Nachweis von Absurditäten im brahmanischen Glauben: durch absonderliche Handlungen oder Erzählungen provoziert Manovega den ärgerlichen Widerspruch der Brahmanen, um ihnen (und besonders Pavanavega) anschließend zeigen zu können, das alles bleibe weit zurück hinter den Ungereimtheiten, die die brahmanische Orthodoxie in den großen Epen und den *Purāṇas* ihren Anhängern auftische.
Im Verlauf der Geschichte wechselt Manovega mehrfach seine Gestalt und tritt den Brahmanen nicht nur als Jaina, sondern auch als Brahmane und Buddhist gegenüber. Er behauptet: von den Göttern der Brahmanen erzählt man so viele Schwächen, daß sie den Menschen unmöglich helfen können. Wo aber die Vorstellung eines vollkommenen Gottes herrscht, da frevelt dieser durch die Vernichtung der von ihm selbst geschaffenen Welt oder steigt aus unerfindlichem Grunde auf die Erde herab und erleidet Mißgeschick und Knechtschaft. Der angeblich unfehlbare *Veda* endlich ist Menschenwerk und verherrlicht sogar das Töten. – Vorher hat Manovega sich vergewissert, daß seine Gegner disputfähig sind, und in dreizehn Geschichten dargetan, mit was für Leuten ein Disput sich nicht lohnt: mit einem vorlauten Mann, einem Liebenden, einem Hassenden, einem Tropf, einem Leichtgläubigen und einer ganzen Reihe von unklug Handelnden.
Die Kritik der überkommenen Glaubensformen vollzieht sich im Grunde als ein Monolog Manovegas, denn Pavanavega läßt sich die rationale Umdeutung epischer Geschichten, die moralische Parabel *(Mann im Brunnen)*, die heroische Legende und die jinistische Mönchs- und Laienethik jeweils ohne ein Wort der Entgegnung vortragen. Der gewünschte Erfolg bleibt denn auch nicht aus: Pavanavega tritt zum Jina-Glauben über.
Es gibt eine ganze Reihe von Werken der hier beschriebenen Tendenz (vgl. *Dhuttakkhāṇa*). 988, nur 26 Jahre vor der *Dharmaparīkṣā*, hatte HARIṢEṆA in der Dichtersprache Apabhraṃśa ein solches Werk veröffentlicht, das Amitagati augenscheinlich benutzt hat. W.S.

LITERATUR: N. Mironow, *Die Dharmaparīkṣā des Amitagati*, Lpzg. 1903 [zugl. Diss. Straßburg]. – M. Winternitz, *Geschichte der indischen Literatur*, Bd. 2/2, Lpzg. 1920, S. 345–347.

SUBHĀṢITARATNASAṂDOHA

(skrt.; *Sammlung von Juwelen schöner Sprüche*). Ethik und Moral der Jaina-Religion predigende Dichtung von AMITAGATI, beendet 994. – Der Titel des vorliegenden Werks, unter dem man eine Anthologie vermuten könnte, ist so zu verstehen, daß Amitagati für sein umfassendes Lehrgedicht sich der für Indien charakteristischen Form der (gern zu thematisch bestimmten Sammlungen vereinten) gnomischen Einzelstrophe bedient; Jede der 900 Strophen kann als selbständiger »schöner Spruch« gelten, jedes der 32 Kapitel des Werks gibt sich als Spruchsammlung über ein bestimmtes Thema. In nur teilweise systematischer Anlage handeln so Kapitel 1 von den Sinnesobjekten und ihrem verderblichen Genuß, Kap. 2–5 von den für die Jaina-Ethik grundlegenden vier Leidenschaften Zorn, Stolz, Trug und Gier; Kap. 6 bringt die in mönchischer Dichtung unentbehrliche Suada gegen die Schlechtigkeit der Weiber; Kap. 7–9 behandeln die fundamentale Dreiheit Glaube, Wissen und Wandel; Kap. 10–12 erörtern die (wie auch bei den Buddhisten zusammenstehenden) Themen Geburt, Alter

und Tod; Kap. 13 verkündet die Unbeständigkeit aller Dinge; Kap. 14 legt die Unerbittlichkeit des Schicksals dar; Kap. 15 bekämpft das »Bauch-Feuer« (die Eßgier); Kap. 16 bringt allgemeine Ermahnungen; Kap. 17 und 18 beschreiben den bösen und den guten Menschen, dessen Gesellschaft man meiden bzw. suchen soll; Kap. 19 preist die Freigebigkeit, das rechte Almosenspenden; in Kap. 20–22 werden die Verbote von Alkohol-, Fleisch- und Honiggenuß eingeschärft; Kap. 23 verdammt die sinnliche Liebe und Kap. 24 speziell den Umgang mit Dirnen; Kap. 25 verurteilt das Spiel; Kap. 26 preist die geistlich Vollendeten, die als Führer auf dem Heilsweg taugen (im Gegensatz zu den Göttern des Hinduismus mit ihrer vielfach unsittlichen Mythologie; in Kap. 27 folgt der Preis des Guru, des rechten Lehrers, und in Kap. 28 der des Dharma, der Religion und Frömmigkeit; Kap. 29 erörtert das auch in buddhistischer und hinduistischer Literatur beliebte Thema der Nutzlosigkeit der Trauer um Verstorbene; Kap. 30 stellt die wahre, sittliche Reinheit polemisierend den sinnlosen rituellen Waschungen der Brahmanen entgegen; Kap. 31 liefert in 117 Strophen einen Kodex der Laien-Ethik, worauf Kap. 32 die zwölf Arten mönchischer Askese als Gipfel der Jaina-Frömmigkeit preist und mit den folgenden Worten das Werk beschließt: »*Wer (dies) Lehrbuch (...) andächtig liest, erreicht Allwissenheit und geht ein in die unvergängliche Erlösung./ So lange Mond und Sterne am Himmel befindlich das nächtliche Dunkel zerteilen; so lange der Meru und der Gebieter der Ströme (der Ozean) ihre Stelle nicht verlassen; so lange die Gaṅgā mit ihrem wellenkrausen Körper vom Himālaya auf die Erde kommt, so lange möge dies Lehrbuch den Wissenden auf dem Erdenrund Freude verbreiten.*«
Der Autor, der seine Abhängigkeit von jinistischen wie nichtjinistischen Vorbildern nicht verleugnet, sucht das, was ihm an Originalität der Darstellung abgeht, durch Variierung der Form zu ersetzen, und so verwendet er für die in sich metrisch einheitlichen Kapitel abwechselnd Versmaße der hohen Kunstpoesie. – Das schon früh im Westen bekanntgewordene Werk hat die ihm von der Jaina-Gemeinde entgegengebrachte Wertschätzung als klassische Darstellung ihrer Ethik und Moral durchaus verdient. L.A.

AUSGABEN: Bombay 1903. – Lpzg. 1905 u. 1907, Hg. R. Schmidt u. J. Hertel (in ZDMG, 59 u. 61; m. dt. Übers.).

LITERATUR: J. Hertel, *Über A.s »Subhāṣitaratnasaṃdoha«* (in WZKM, 17, 1903, S. 105–134). – E. Leumann, *Zum siebenten Kapitel von A.s »Subhāṣitaratnasaṃdoha«* (in ZDMG, 59, 1905, S. 578–588). – L. Sternbach, *On Some Non-canonical Subhāṣita-collections in the Jaina Literature* (in *Mahāvīra and His Teachings*, Bombay 1977, S. 265–269).

JO VAN AMMERS-KÜLLER

eig. Johanna van Ammers-Küller
* 13.8.1884 Noordeloos
† 23.1.1966 Bakel

LITERATUR ZUR AUTORIN:
M. Nijhoff, *J. van A.-K.* (in De Gids, 91, 1926, S. 419–435). – *J. van A.-K.* (in Opwaartsche Wegen, 4, Amsterdam 1926, S. 397–400). – *Kennen Sie J. van A.-K.? Ein Lebensbild*, Bremen 1933. – M. L. van der Heide, *J. van A.-K.* (in *Delftse vrouwen van vroeger door Delftse vrouwen van nu*, Hg. H. M. Bonebakker-Westermann, Delft 1975).

DE OPSTANDIGEN. Een familie-roman

(ndl.; *Ü: Die Frauen der Coornvelts*). »Familienroman« von Jo van AMMERS-KÜLLER, erschienen 1925. – Als erster Band einer des weiteren aus den Romanen *Vrouwenkruistocht*, 1930 *(Frauenkreuzzug)* – eine Art Geschichte der Frauenemanzipation – und *De appel en Eva*, 1932 *(Der Apfel und Eva)* – über die Problematik der Karriere einer Frau in einer modernen Ehe – bestehenden losen Trilogie beschreibt dieser dreiteilige Roman drei symptomatische Stadien der sozialen Situation der Frau der modernen Gesellschaft in den Jahren 1840, 1872 und 1924. Auf die patriarchalische Familienordnung im Leidener Kaufmannshaus Coornvelt (*»Alle Frauen hier im Haus sind zum Gehorsam verpflichtet«*) folgt das Ringen um die Gleichberechtigung und schließlich – nach erreichter Emanzipation – das Bedauern der militanten Frauenrechtlerinnen darüber, daß ihre Kinder das »Geschenk der Befreiung« nicht seiner Bedeutung gemäß zu würdigen wissen und *»einen eigenen Beruf nur ausüben, weil es nun einmal allgemeine Sitte geworden«* ist: »*Sie nahmen ihre Freiheit als eine selbstverständliche Tatsache hin und vergaßen gänzlich, daß ihre eigenen Mütter und Großmütter in ihrer Jugend noch unfreie, mit tausend unsichtbaren Stricken gebundene Wesen waren.*« Mit der Bescheidung der jungen Generation, »*sich nichts Schöneres denken zu können, als für Mann und Kinder zu sorgen*«, nimmt die Entwicklung des weiblichen Daseinsbewußtseins einen rückwärtsgerichteten Verlauf: Man erkennt, daß *»es doch nicht so schlimm ist mit unseren Lebensfragen und die Frauen im tiefsten Grunde ihres Herzens nicht so viel anders sind als früher«*.
Das starke thematische Engagement der Autorin bewirkt, daß die Handlung in einem ermüdenden Gleichmaß und mit dem stilisierten Pathos eines Melodrams verläuft. Bei allem gleichwohl unbestreitbaren Farbenreichtum mangelt dem Roman auch jeder humorige Zug, wie ihm überhaupt jede

distanzierende Note fehlt. So gewinnen die angehäuften Banalitäten eine ungerechtfertigte Bedeutsamkeit, die nur aus der Ernsthaftigkeit zu erklären ist, mit der die Autorin ihre Thesen verfochten hat. Freilich ist nicht auszuschließen, daß der undifferenzierte Stil beabsichtigt war, um der emanzipatorischen Absicht größere Geltung zu verschaffen.
W.Sch.

AUSGABEN: Amsterdam 1925. – Den Haag 1967.

ÜBERSETZUNG: *Die Frauen der Coornvelts*, F. Dülberg, Bremen 1926. – Dass., ders., Mchn. 1955. – Dass., ders., Zürich 1958 (zus. m. *Frauenkreuzzug* und *Der Apfel und Eva*).

DRAMATISIERUNG: J. van Ammers-Küller u. A. Defresne, *De opstandigen*, Amsterdam 1929.

ENRIQUE AMORIM

* 25.7.1900 Salto Orientale
† 28.7.1960 Salto Orientale

LITERATUR ZUM AUTOR:
V. de López Brenda, *En torno a E. A.*, Montevideo 1970. – K. Mose, *E. A.: The Passion of an Uruguayan*, Diss. Univ. of Toronto 1970; Madrid 1972. – S. Helwig, *Narrative Techniques in the Rural Novel of E. A.* (in Graduate Studies on Latin America, Univ. Kansas, 1973, S. 83–91). – S. Rojas, *Protesta y compromiso en la obra narrativa de E. A.*, Diss. Univ. of California 1977 (vgl. Diss. Abstracts, 38, 1978, S. 6124A). – S. Rojas, *Gaucho y paisano en A.: Del mito a la realidad* (in Explicación de textos literarios, 7, 1978/79, Nr. 2, S. 185–192).

EL CABALLO Y SU SOMBRA

(span.; *Das Pferd und sein Schatten*). Roman von Enrique AMORIM (Uruguay), erschienen 1941. – Der Gutsbesitzer Azara, ein Mann von maßlosem Stolz und unersättlicher Gier, hat es durch skrupellose Ausbeutung seiner ärmeren Nachbarn und seiner Untergebenen zu beträchtlichem Reichtum gebracht. Aber es ist vorauszusehen, daß das riesige Land in naher Zukunft nicht mehr die gleichen Erträge abwerfen wird wie bisher, denn Azara ist ein Großgrundbesitzer alter Schule auch in der Hinsicht, daß er sich den Forderungen moderner Bodenwirtschaft hartnäckig verschließt und die neuen Methoden sogar bekämpft. Als er verhindern will, daß die Leute aus der Nachbarschaft seine Ländereien durchqueren, verursacht er den Tod eines kleinen Jungen. Der Vater, ein armer italienischer Einwanderer, ersticht daraufhin den Mörder seines Kindes im Kampf. Hier schneidet Amorim das Problem der Integration der Einwanderer an: Früher hätte der Italiener den Tod seines Kindes zwar mit der gleichen Trauer, aber doch unterwürfig hingenommen; jetzt weicht er dem Kampf nicht mehr aus, ja sein Selbstbewußtsein zwingt ihn jetzt sogar, die an seinem Sohn begangene Untat zu rächen.
In *El caballo y su sombra* kündigt sich schon das Thema der sozialen Ungerechtigkeit an, das der Autor zehn Jahre später in seinem Roman *La victoria no viene sola* (*Der Sieg kommt nicht von selbst*) unter politischem Aspekt behandelte. Die Handlung ist reich an Szenen von krasser Dramatik. Die kühnen Metaphern, die Amorim häufig einsetzt, passen sich zwanglos der natürlichen Sprache der Landbevölkerung an, und besonders in den Landschaftsbeschreibungen gelingen Amorim Bilder von ursprünglicher Kraft.
H.Fa.

AUSGABEN: Buenos Aires 1941. – Buenos Aires 1957.

LITERATUR: E. Mallea, *Una novela del campo uruguayo*, »*El caballo y su sombra*« (in Nosotros, 1941, S. 96–100). – L. L. Barrett, *Two Notes on E. A., Uruguayan Cuentista and Novelist* (in Romance Studies Presented to W. M. Dey, Chapel Hill 1949, S. 35–39), – H. D. Oberhelman, *E. A. as an Interpreter of Rural Uruguay* (in Books Abroad, 34, 1960, S. 115–118). – H. D. Oberhelman, *Contemporary Uruguay as Seen in A.'s First Cycle* (in Hispania, 46, 1963, S. 312–318).

NIKOLAJ MICHAJLOVIČ AMOSOV

* 6.12.1913 Kiew

ZAPISKI IZ BUDUŠČEGO

(russ.; *Ü: Die zweite Zukunft*). Wissenschaftlichfantastischer Roman von Nikolaj M. AMOSOV, erschienen 1967. – Dem Physiologen Ivan Nikolaevič Prochorov wird im Jahre 1969 eröffnet, er sei an Leukämie erkrankt und habe nur noch ein bis zwei Jahre zu leben. Prochorov, ein Junggeselle und Individualist, der sich ständigen Selbstreflexionen ergibt, sucht nach Möglichkeiten, diese Tatsache zu verdrängen und ihr endlich zu entkommen. Da in seinem Institut die Reaktion des Organismus auf Unterkühlung getestet wird, entschließt er sich zu einem waghalsigen Experiment: der »Anabiose«. Der Terminus bezeichnet die Fähigkeit, im Zustand des Scheintods extrem ungünstige Lebensbedingungen zu überstehen. Prochorov will sich »einfrieren« lassen, bis die Medizin ein Mittel gegen Leukämie gefunden hat. Da die Zeit drängt und bis zur Erteilung einer offiziellen Genehmigung Monate vergehen würden, wird der Versuch heimlich gestartet. Ljuba, die Geliebte Prochorovs, schildert dem Leser die »letzten Stunden« des wagemutigen, doch ichbezogenen Physiologen. Im Jahre 1991 ist die Leukämie kein medizinisches Problem mehr. Prochorov wird »aufgetaut« und geheilt, vermag jedoch seiner neuen Umgebung nicht froh zu werden. Wissenschaft, Automation und Zivilisation sind um zwanzig Jahre fortgeschritten, die er nicht aufholen kann. Ein von ihm konzipiertes wissenschaftliches Projekt wird von der Akademie abgelehnt. Das Verhältnis zu seiner neuen Lebenspartnerin, der Wissenschaftsjournalistin Anna, ist bei aller Intimität distanziert und selbst durch die Geburt einer Tochter nicht enger zu gestalten. Als Anna von ihrem ersten Mann aus Eifersucht ermordet wird, bleibt Prochorov allein die Hoffnung auf seine Tochter, die seinen philosophischen Spekulationen über eine bessere Gesellschaft in der Zukunft Gestalt verleihen soll.

Der Roman gehört dem in der Sowjetunion verbreiteten Genre der wissenschaftlich-fantastischen Literatur an, die durch die Popularisierung wissenschaftlicher Ergebnisse und Einsichten nicht zuletzt eine wichtige bildungspolitische Funktion erfüllt. Mit wissenschaftlichem Anspruch, wie ihn die westliche Science-fiction nur selten erreicht, beschreibt Amosov die technischen und medizinischen Probleme zum Thema gewählten Experiments. Die literarische Versiertheit des schreibenden Wissenschaftlers zeigt sich bereits in der durchdachten, handlungsfunktionalen Erzählstruktur des Romans. Äußerlich als Tagebuch konzipiert, entspricht er weitgehend einem inneren Monolog oder – den fragenden, zweifelnden Intellekt als Partner einbeziehend – einem inneren Dialog. Der Autor spielt mit dem ständigen Wechsel beider Formen. Die Spannweite der Darstellungsmittel reicht von einmontierten Zeitungsberichten und Tonbandprotokollen bis zu Reflexionen des Ich-Erzählers über Sinn und Zweck seines Schreibens. So wird auch formal die inhaltliche Bedeutung der Hauptgestalt verdeutlicht. Todkrank, muß Prochorov rückschauend feststellen, daß er als Mensch und Wissenschaftler nichts Wesentliches vollbracht hat. Das Experiment der Anabiose zieht ihn vorab als Möglichkeit zur Stärkung seines Selbstbewußtseins an. Sein »Opfer« für die Wissenschaft ist nicht zuletzt die Rationalisierung seines unbefriedigten Geltungsbedürfnisses. Das Gelingen des Experiments ist jedoch gleichbedeutend mit erneuter Isolierung. Nach kurzem Zeitungsruhm bleibt Prochorov, der den neuen Gegebenheiten aus subjektivem wie objektivem Unvermögen nicht einzufügen vermag, erneut auf sich zurückgeworfen. Seiner zunehmenden Vereinsamung entspricht der kurzatmige Tagebuchrhythmus. Die Gesellschaft des Jahres 1991 ist im allgemeinen als fortschrittlich und angenehm geschildert, wird jedoch vornehmlich unter dem Gesichtspunkt des individuellen Schicksals gesehen. Anderseits wird eben dadurch die problematische Stellung des Arztes und Forschers zwischen wissenschaftlicher Tätigkeit, gesellschaftlicher Entwicklung und persönlichen Konflikten um so pronancierter artikuliert. Trotz epischer Breite in der Schilderung persönlicher Zweifel und Mißerfolge ist das Menschen- und Gesellschaftsbild des Romans nicht pessimistisch.

H.Lü.

AUSGABEN: Moskau 1965 (in Nauka i žizn', Nr. 9–12; Buch 1). – Moskau 1966 (in *Fantastika 1966*, Lfg. 1; gek. Fassg.). – Moskau 1967.

ÜBERSETZUNG: *Die zweite Zukunft*, K.-O. v. Czernicki, Mchn./Zürich 1971. – Dass., ders., Mchn./Zürich 1981.

LITERATUR: A. F. Britikov, *Russkij sovetskij naučno-fantastičeskij roman*, Leningrad 1970.

ʿAMR IBN MATTĀ IBN BAHNĀM

um 1350

KITĀB AL-MIǦDAL

(arab.-christl.; *Buch des Turmes*). Theologisches Werk von ʿAMR IBN MATTĀ ibn Bahnām. – Nach dem Vorbild des »Turmbuchs« von Marī IBN SULAIMĀN schuf etwa 200 Jahre später ʿAmr Ibn Mattā unter dem gleichen Titel ebenfalls eine Gesamtdarstellung der nestorianischen Theologie, jedoch in engerem Rahmen und mit dem Ziel, die nestorianische Kirche als die vorzüglichste der christlichen Glaubensgemeinschaften herauszuheben. Die fünf Vorreden und die ersten beiden Kapitel suchen die Vorrangstellung der nestorianischen Kirche in der Glaubenslehre her zu begründen. Der dritte Teil behandelt die Dogmengeschichte, indem er die christologischen Streitigkeiten im Rahmen der oströmischen Kaisergeschichte darstellt. Der vierte Teil zählt die verschiedenen Sekten und Konfessionen auf und berichtet von den Konzilien, auf denen diese Irrlehren verurteilt wurden. Der fünfte Teil bringt die nestorianische Kirchengeschichte von Christus und den Aposteln an bis zu Katholikos Timotheus II. (1318 bis um 1360), unter dessen Katholikat der Verfasser offenbar verstorben ist. Dieser Teil ist von erheblichem Interesse, weil ʿAmr Ibn Mattā hier die gleichen Quellen verwendet wie seinerzeit Marī Ibn Sulaimān; er bearbeitet sie aber selbständig, zitiert sie häufig in größerer Ausführlichkeit und fügt chronologische und statistische Angaben an. Der sechste Teil bringt die nestorianische Polemik gegen Melchiten und Jakobiten.

Neben dem geschichtlichen Teil sind auch die dogmatischen Abschnitte recht wertvoll; denn hier haben sich zahlreiche Zitate aus z. T. verschollenen älteren Werken erhalten, z. B. solche von Patriarch Elias I., Elias von Nisibis, Metropolit Georg von Mosul, Patriarch Makkīḵā, Bischof Michael von

Amid, Bischof ʿAbdīšūʿ von Nisibis, Išūʿyāb Ibn Malkūn, Sabrīšūʿ Ibn Fūlus. So liegt im »Turmbuch« des ʿAmr Ibn Mattā »*ein wertvolles Quellenwerk für die Kenntnis der theologischen Literatur des Nestorianismus*« (Graf) vor. Das bald nach 1349 entstandene Werk ist in dem leider sehr verstümmelten Autograph des Verfassers nur lückenhaft erhalten. – Offenbar noch zu Lebzeiten ʿAmr Ibn Mattās wurde das »Turmbuch« von einem Priester in Mosul, Ṣalībā IBN YŪḤANNĀ, unter dem geänderten Titel *Asfār al-asrār (Bücher der Geheimnisse)*, mit neuer Einteilung (in fünf Bücher) und mit gelegentlichen kleinen Änderungen und Einschüben versehen, als angebliches Werk des Ṣalībā verbreitet. Durch dieses Plagiat, das Ṣalībā vorsichtshalber auf 1332 vordatierte, ist der vollständige Text des ʿAmr Ibn Mattā erhalten geblieben.   J.As.

AUSGABEN UND ÜBERSETZUNGEN: Rom 1896 (*Maris Amri et Slibae de patriarchis Nestorianorum commentaria. Pars altera. Amri et Slibae textus*, Hg. H. Gismondi). – Rom 1897 *(Versio latina)*.

LITERATUR: G. Westphal, *Untersuchungen über die Quellen und Glaubwürdigkeit der Patriarchenchroniken des Mārī ibn Sulaimān, ʿAmr ibn Matai und Ṣalībā ibn Joḥannān*, Kirchhain/N.-L. 1901. – Graf 2, S. 216–218.

JEAN EL-MOUHOB AMROUCHE

* 7.2.1906 Ighil Ali / Kabylei
† 16.4.1962

DAS LYRISCHE WERK (frz.) von Jean El-Mouhoub AMROUCHE (Algerien).

Amrouche kann mit Fug und Recht als Initiator der Maghreb-Literatur in französischer Sprache gelten. Seine Persönlichkeit und sein Schaffen tragen den Stempel eines Kulturkonflikts, der im Nordafrika der Zwischenkriegszeit mit der immer radikaleren Infragestellung des Kolonialismus durch die Autochthonen ständig an Schärfe zunahm. Die erste Sprache des Algeriers Amrouche war das Berberische der Kabylei; vor allem durch die Mutter war er tief in der Volkskultur seiner ländlichen Heimat verwurzelt. Gleichzeitig hatte er durch einen intensiv gelebten Katholizismus und eine brillante Karriere als Pariser Intellektueller Anteil an europäischem Denken und Fühlen. In seinen Werken, die er ausschließlich in französischer Sprache verfaßte, sind die Einflüsse der französischen Literatur (von der Romantik bis zum Nachsurrealismus) ebenso unübersehbar wie die Quellen nordafrikanischen Ursprungs, aus denen es sich nährt.

Die ersten Gedichte erschienen in Sammelbänden: *Cendres*, 1934 *(Aschen)* und *Etoile secrète*, 1937 *(Verborgener Stern)* enthalten die seit 1928 verfaßten lyrischen oder lyrisch-epischen Texte des Autors. In *Chants berbères de Kabylie*, 1939 *(Gesänge der Berber aus der Kabylei)* publizierte Amrouche Volksdichtungen, deren Kenntnis er seiner Mutter verdankte und die er selbst ins Französische übertragen hatte (durch ihre Vortragskunst hat Amrouches Schwester Marguerite-Taos Amrouche diese Gesänge einem größeren Publikum nahegebracht). Während des Algerienkrieges, als Amrouche seine Position zwischen den Lagern zur Förderung des Friedensprozesses zu nützen versuchte (er war ein Verehrer De Gaulles, der ihn seinerseits seit dem Weltkrieg kannte und schätzte, zugleich aber auch ein deklarierter Sympathisant der algerischen Freiheitskämpfer), erschienen seine Gedichte verstreut in diversen Zeitschriften, als Komplement eines umfangreichen journalistisch-essayistischen Œuvres. Die bedeutendsten dieser Texte sind: *Le Combat algérien*, 1959 *(Der Kampf Algeriens)* und *Tunisie de la grâce*, 1960 *(Tunesien, holdes Gnadenland)*.

Am Beginn dieses lyrischen Schaffens steht eine Erfahrung des Scheiterns. Die ersten Gedichte tragen die Zeichen der Angst und Entwurzelung, des Bruches und Mangels. Eine große Sehnsucht nach Ursprung und Kindheit bricht sich Bahn. Allerdings ist es nicht allein die Kälte Europas, welche die verzweifelte Suche des Ich motiviert. Da ist auch die bedrohlich-magische Kraft einer archaischen Gräberwelt, von der aus berberische Ahnen Resignation und passive Hingabe an die unabänderlichen Gesetze des Kosmos fordern. In einem lyrisch-epischen Text am Ende von *Cendres*, mit dem Titel *La Mort (Der Tod)*, ist die alte Tchaba nahe daran, ihr Sterben nach heidnischer Art einzurichten. Erst im letzten Augenblick erkennt sie, daß Gott vom Menschen jederzeit aktive Nächstenliebe und bewußte Willensentscheidung fordert. Sollen die gegensätzlichen Welten Maghreb und Europa je zum Einklang gebracht werden, kann dies nur auf dem Weg menschlicher Erneuerung geschehen. Dieser neue Mensch begegnet in *Etoile secrète* in der Gestalt des *Absent* (Abwesenden), einer idealen Projektion des Ich, Kind und Christusgestalt in einem, deren Reich von dieser Welt und gleichzeitig von jenseits des Todes ist. Auftrag des *Absent* ist die Suche nach den Meisterworten einer totalen Sprache, die das Getrennte zu einen vermag. Durch sie ruhen die Bilder von Tod und Erstarrung nicht länger in sich selbst, sondern erwachen zur Erwartung eines neuen Lebens. Da das Paradies im Menschen verborgen ist, birgt das Forschen des Dichters nach den verschütteten Wahrheiten seiner Seele die Hoffnung auf Erlösung seines ganzen Volkes: »*Ich suche für euch das Geheimnis meines Daseins*«. Auf der Basis dieses Ringens mit dem inneren Zwiespalt des Menschen am Kreuzweg antagonistischer Welten entfaltet sich die engagierte Lyrik der Kriegszeit. In unverschlüsselter Form, aber weit jenseits platter Propagandistik bringt *Le Combat algérien* das

Elend der Kolonisierten und ihren Anspruch auf Würde und Freiheit zum Ausdruck.

Wie so mancher andere Wegbereiter und Mittler zwischen den Fronten ist Amrouche zeitweise da und dort ins Zwielicht geraten. Immer zwingender aber hat sich sein Werk nach und nach als die Grundlage erwiesen, auf der sich die besten Kräfte nachfolgender Schriftstellergenerationen des Maghreb entfalten konnten. Autoren wie Kateb YACINE, von dessen faszinierender *Nedjma* (1956) sich mehr als eine Verbindungslinie zu *Étoile secrète* ziehen läßt, verdanken ihm viel. F.Ki.

AUSGABEN: *Cendres*, Tunis 1934; Paris 1983. – *Étoile secrète*, Tunis 1937; Paris 1983. – *Chants berbères de Kabylie*, Tunis 1939; Paris 1947; Paris 1983. – *Le combat algérien* (in Vin nouveau, 4. 6. 1959). – *Tunisie de la grâce*, Rénens 1960. – *Ébauche d'un chant de guerre* (in Jeune Afrique, 22. 4. 1962).

L'ÉTERNEL JUGURTHA. Propositions sur le génie africain

(frz.; *Der ewige Jugurtha. Thesen zur afrikanischen Wesensart*). Essay von Jean El-Mouhoub AMROUCHE (Algerien), erschienen 1946. – Dieser vieldiskutierte Essay ist der bedeutendste unter den zahlreichen Texten, durch deren Publikation in Presse und Rundfunk Amrouche als Vermittler zwischen Frankreich und dem Maghreb zu wirken suchte, wobei sich diese Vermittlungsfunktion keineswegs auf den Bereich der Literatur beschränkte. Mit Jugurtha ist nicht nur der Numiderfürst der Antike gemeint: Amrouche gebraucht diesen Namen für seine Präsentation eines Ethnotyps, in dessen Widersprüchlichkeit sich sein eigener Zwiespalt spiegelt, nämlich jene des frankophonen Algeriers, den tiefe Wurzeln an die Traditionswelt des kabylischen Dorfes binden, auch wenn er in Rundfunksendungen als brillanter Gesprächspartner die bedeutendsten Schriftsteller Frankreichs interviewt. Ambivalenz ist der Grundzug des Nordafrikaners, so wie ihn Amrouche zeichnet. Mit überreicher Phantasie und Schöpferkraft ausgestattet, vermag er sich rasch für eine Idee oder Aufgabe zu begeistern, um bald darauf in völlige Passivität, in Gleichgültigkeit und Fatalismus zu verfallen. Dank seines unbeständigen Wesens vermochte sich Jugurtha seit den Zeiten der Punier und Römer allen Herrenvölkern anzupassen, sich ihre Spielregeln zu eigen zu machen und sie so in Sicherheit zu wiegen, um dann unversehens, sobald die Herrschenden Zeichen von Schwäche erkennen lassen, sein wahres Gesicht zu zeigen, nämlich das des urwüchsigen Berbers, dem allein seine Freiheit am Herzen liegt. Leben heißt für Jugurtha, flexibel bleiben, sich nicht die Zukunft verbauen. Daher ist er stets bereit, das scheinbar Solide zu erschüttern, eine Tabula rasa zu schaffen, von der aus neuer Aufbau möglich ist. Unter den widrigen Umständen, die seine ganze Geschichte prägen, ist der Treulose sich selber treu geblieben. Im Grunde hat er auch den Islam nur oberflächlich angenommen, kehrt er doch immer wieder zu den magischen Praktiken seiner heidnischen Traditionen zurück. Um aber seinen Freiheitsdurst nachhaltig zu stillen, muß Jugurtha die Nähe einer anderen Mythengestalt suchen, nämlich jene des europäischen Prometheus, der ihn lehren kann, wie man eine begonnene Aufgabe zielstrebig zu Ende führt. Nicht nachahmen soll der Afrikaner, sondern den Glauben an die eigenen Kräfte festigen, der allein imstande ist, ihm die Freiheit zu bringen.

Der Essay ist 1943 verfaßt worden, also vor den Massakern von Sétif und Guelma, die Tausenden von demonstrierenden Algeriern das Leben kosteten und die Kluft zwischen Moslems und Franzosen entscheidend vertieften. Daher finden sich kaum revolutionäre Akzente in diesem Text, der auf den ersten Blick das Klischee des unverläßlichen Eingeborenen, wie es der Ideologie des Kolonialismus entspricht, zu bekräftigen scheint. Jugurthas völkerpsychologisches Porträt läßt die geschichtlichen Perspektiven in der Tat weitgehend aus dem Spiel. Wenn man jedoch bedenkt, daß die Literatur der Frankoalgerier *(»Pieds noirs«)* seit den ersten Jahrzehnten des 20. Jh.s das Ideal des mediterranen Kulturheroen griechisch-römischer Prägung zur Rechtfertigung des Kolonialismus herangezogen hat, so erscheinen Amrouche und sein JugurthaEssay in einem anderen Licht. Während der späten dreißiger und vierziger Jahre, als die Moslems begannen, sich resoluter zu Wort zu melden und Forderungen zu erheben, versuchten frankoalgerische Schriftsteller das mediterrane Ideal von seinen imperialistischen Konnotationen zu lösen und einer Vision universeller Humanität anzunähern. In diesem Sinn hatte Gabriel AUDISIO in seinem Essay *Ulysse ou l'intelligence*, 1945 *(Odysseus oder die Klugheit)* ein Porträt des Mittelmeermenschen unter Einschluß der Arabo-Berber entworfen. Von solchen Versuchen, den soziokulturellen Konflikt zu sublimieren, setzt sich Amrouche deutlich ab, indem er Jugurthas afrikanische Aspekte betont. Nicht um sich »zivilisieren« zu lassen, soll der Berber von den Europäern lernen, sondern um sich selbst die Möglichkeit zu schaffen, anders zu bleiben. F.Ki.

AUSGABE: Algier 1946 (in L'Arche, 13. 2. 1946, S. 58–70).

LITERATUR: J. Déjeux, *J. A. ou l'éternel Jugurtha* (in J. D., *Littérature maghrébine de langue française*, Sherbrooke 1980, S. 83–113). – J. Déjeux, *De l'éternel méditerranéen à l'éternel Jugurtha* (in Studi maghrebini, 14, 1982, S. 67–162). – J. Arnaud, *J. A. le précurseur* (in J. A., *Recherches sur la littérature maghrébine de langue française*, Paris 1982, Bd. 1, S. 134–166). – *J.A. l'éternel Jugurtha (1906–1962)* (in Archives de la Ville de Marseille, Okt.–Nov. 1985; Sondernr.).

MANOLIS ANAGNOSTAKIS

* 9.3.1925 Thessaloniki

STOCHOS

(ngriech.; *Das Ziel*). Gedichtsammlung aus 14 Gedichten von Manolis ANAGNOSTAKIS, erschienen 1971. – Neben dem in begrenzter Zahl und privatem Druck erschienenen *Postscriptum* (1983) ist *Stochos* die jüngste große Gedichtsammlung des Autors. Anagnostakis, der zu den politisch und gesellschaftlich engagierten Dichtern Griechenlands gehört, war als junger Student während der deutschen Besatzungszeit im Widerstand aktiv und kam 1943 ins Gefängnis, nachdem er zunächst von einem Militärgericht zum Tode verurteilt worden war. Während des griechischen Bürgerkriegs wurde er 1948 wegen politischer Betätigung in der Studentenbewegung erneut inhaftiert und 1949 zum Tode verurteilt, 1951 jedoch im Zuge einer allgemeinen Amnestie freigelassen. Schon seit 1941 hatte Anagnostakis Gedichte veröffentlicht; 1945 erschien seine erste Sammlung *Epoches (Zeiten)*. Auch die folgenden beiden Sammlungen tragen diesen Titel, und die anschließenden drei nannte er bezeichnenderweise *Synecheia, 1954–1962 (Die Fortsetzung)*. Während die frühen Gedichte in besonderem Maße vom politischen Zeitgeschehen geprägt sind, aber auch Anagnostakis' unmittelbarer Betroffenheit von der Auseinandersetzung mit dem Tod Ausdruck verleihen, weichen Metrum und Reim in der späteren Lyrik dem freien Vers, das indirekte Wort der offenen Ironie und dem Sarkasmus.

Die meisten Gedichte in dem Band *Stochos* wurden zum ersten Mal während der Diktatur in Griechenland (1967–1974) in der von Anagnostakis herausgegebenen Sammlung *18 Texte* (1971) veröffentlicht, der ersten kollektiven Publikation griechischer Intellektueller gegen das Obristen-Regime. Unverblümt prangert Anagnostakis Mißstände, Korruption und Eigennutz in den ersten Jahren der Diktatur an und lehnt sich gegen die Anpassungsbereitschaft der mittleren und wohlhabenden Schichten auf, die *»Kleinschäden mit Kleingewinn verrechnend«* seit dem Ende des Zweiten Weltkriegs ihre politischen Ziele revidierten. Von einzelnen Schicksalen ausgehend reflektiert seine Poesie die enttäuschten Hoffnungen seiner Generation, die wie er in der Umbruchsphase des Kriegs im Widerstand gegen Faschismus und Unterwerfung gekämpft hatte.

In freien, fast prosaischen Versen mit wiederholter Anwendung der Du-Form attackiert der Dichter die Opportunisten, die ihr Leben in den Nachkriegsjahren durch die Aufgabe ihrer früheren Ideale *»auf dem internationalen Markt und auf den Wochenmärkten«* erkauft haben. Wo einst Partisanen und Revoluzzer über ihre Zukunftsvisionen debattierten, *»auf der Ägyptenstraße – erste Quergasse rechts – / Erhebt sich jetzt der Palast der Handelsbank ... / Touristikunternehmen und Agenturen für die Auswanderung / Wir wandern aus, ihr wandert aus, sie wandern aus – / Wohin ich auch reise, Griechenland verwundet mich, sagte auch der Dichter / Das Griechenland der schönen Inseln, der schönen Agenturen, der schönen Kirchen / Das Griechenland der Griechen«* (Thessaloniki, Tage des Jahres 1969 n. Chr.). Provokant formuliert Anagnostakis die Aufgaben des gesetzestreuen Dichters in diesem neuen Griechenland: *»Ich schreibe Gedichte im Rahmen, den die verantwortliche Dienststelle steckt / Die nicht das Wort enthalten: Freiheit, nicht das Wort: Demokratie / Die nicht herumposaunen: Nieder mit den Tyrannen oder: Tod den Verrätern ... / Wähle für jeden Fall das passendste der Wörter / Das wir ›poetisch‹ nennen: leuchtend, keusch fiktiv und schön. / Ich schreibe Gedichte, die wenden sich gegen die etablierte Ordnung nicht«* (Apologie eines gesetzestreuen Bürgers). Die Heuchelei und doppelte Moral, die er um sich beobachtet, führt den Dichter zur eigentlichen Aufgabe der Poesie. Er wehrt sich gegen die Anklage der »Kritik«: *»Es fehlt die Keuschheit im Ausdruck, das etwas Andere / Die Vielfalt schließlich aller Dinge – als hättet ihr / Den Hammer in der Hand und hämmertet wie die Zigeuner / Auf immer diesen Amboß ein ohn' Unterlaß / – Wie die Zigeuner – hämmern wir / ohn' Unterlaß / auf immer diesen Amboß ein.«* (Kritik). Doch macht sich der Dichter über die politische Wirkung seiner Verse (*»Wie Nägel müssen die Wörter eindringen / So daß der Wind sie nicht mitnimmt«*) keine Illusionen: *»Kein Vers setzt heute die Massen in Bewegung / Kein Vers stürzt heute Regime«* (Epilog). Dennoch schreibt er im Vorspann seiner Sammlung: *»Die Frage ist was du jetzt sagst«.* Nämlich: *»Ich zeig' ihm auf die Bösen mit dem Finger, bring' ihm bei / Namen wie ein Gebet, ich singe ihm von unsren Toten. / Ah, es reicht jetzt! Den Kindern müssen wir die Wahrheit sagen«* (Meinem Kind...).

Anagnostakis' Verse wirken belehrend mit sowohl persönlichen als auch gesellschaftlichen Bezugspunkten. Aus dem gedämpften und bekennerischen Ton seiner Gedichte, die der Enttäuschung aller Hoffnungen seiner Generation Ausdruck geben, entsteht eine »bittere« Poesie, die ein Gefühl des Verrats und der Niederlage als politischen Protest formuliert, aber auch ganz allgemein als tiefe und tragische Hoffnungslosigkeit, und deren Grundton durchaus pessimistisch, dennoch schlicht und nicht-lyrisch zugleich bleibt. Der ebenfalls pessimistische Ton früherer Gedichte führte zu einer Einordnung seines literarischen Werks in die sog. »Poesie der Niederlage«; eine Beurteilung, die der Dichter selbst energisch ablehnt und die für *Das Ziel* auch schwerlich zuträfe. Die Lyrik Anagnostakis', der auch mit Literaturkritik hervorgetreten ist, übte nachhaltige Wirkung auf jüngere griechische Dichter aus und steht, wie die Verleihung des ersten griechischen Staatspreises für Dichtung im Jahre 1986 zeigt, in Griechenland in hohem Ansehen.

P.P.-KLL

AUSGABEN: Thessaloniki 1971. – Athen 1976. – Athen 1985. – Athen 1987 (in *Ta poiemata 1941–1971*).

ÜBERSETZUNG: *Das Ziel*, N. Eideneier (in *Balladen*, Köln 1987).

LITERATUR: D. N. Maronitis, *Piitiki ke politiki ithiki-Proti metapolemiki jenia*, Athen 1976. – K. Friar, »O stochos« tu M. A. (in Epoptia, 1979, H. 39, S. 803–815). – A. Tzouma, *O chronos – o logos. I piitiki dokimassia tu M. A.*, Athen 1982. – N. Eideneier, *M. A.* (in KLFG, 15. Nlg., 1988).

ANAKREON AUS TEOS

2. Hälfte 6. Jh.v.Chr.

DAS LYRISCHE WERK (griech.) des ANAKREON.

Anakreon war, neben und nach SAPPHO und ALKAIOS, der dritte frühgriechische Lyriker, den die Alexandriner in den Kanon der Monodiker (Dichter von Liedern, die von einem einzelnen, nicht einem Chor, gesungen wurden) aufnahmen. Er stammte aus Kleinasien, mußte aber um 545 v. Chr., als die persische Großmacht die griechischen Kolonien aufsaugte, seine Heimat verlassen. Zur zweiten Vaterstadt wurde ihm Abdera in Thrakien, das freilich hart mit den umwohnenden thrakischen Stämmen zu kämpfen hatte. Später rief ihn – wie auch den Chorlyriker IBYKOS – der Tyrann von Samos, Polykrates (reg. 538–522), an seinen Hof, und hier, in der adlig-luxuriösen Atmosphäre larger Genüsse und musisch-kultivierter Symposien entfaltete der Dichter seine reichste Blüte, hier prägte sich das Bild des Sängers von Wein und Liebe, als der er in die Erinnerung der Nachwelt eingegangen ist.

Der unerwartete Tod des Herrschers im Jahr 522 machte den Dichter erneut heimatlos; doch Hipparch, Sohn des Peisistratos und Tyrann zu Athen, ließ ihn mit großartigem Geleit, auf einem Fünfzigruderer, von Samos in die attische Metropole holen – der bisherige Lebensstil fand würdige und gleichsinnige Fortsetzung, ja, Athen wurde der Ort, wo sein Ruhm am vernehmlichsten nachklingen sollte: Auf der Akropolis errichtete man ihm später ein Standbild, in zahlreichen Vasenbildern wurde er abgebildet, der Politiker und Sophist KRITIAS, dessen gleichnamigen Vorfahr der jonische Poet umworben hatte, singt sein Lob (Frg. 10), und noch heute ist inschriftlich eines der Gedichte erhalten, mit denen Anakreon die von Hipparch in ganz Attika aufgestellten Hermesstelen schmückte. Dieser Epoche setzte 514 die Ermordung des fürstlichen Gönners ein Ende. Wo Anakreon die weiteren Lebensjahre verbrachte – er soll ein Alter von 85 erreicht haben –, bleibt im Dunkeln: Zwei unter seinem Namen überlieferte Epigramme auf Weihgeschenken des thessalischen Königspaares Echekratidas und Dryseris (Frg. 107; 108 D.) scheinen darauf zu deuten, daß der Dichter nochmals die Geborgenheit eines der Kunst aufgeschlossenen Hofes gefunden hat. Ob er zuletzt nach Teos zurückgekehrt und dort gestorben ist, wie eine Reihe fiktiver Grabepigramme der *Anthologia Palatina* nahelegt (7,23 ff.), ist sehr unsicher.

Man ist bei Anakreon immer wieder der Versuchung erlegen, aus dem überwiegenden Eindruck der Tradition einen besonderen Typ des Dichters zu kristallisieren: den Wein- und Liebesseligen, den oberflächlichen Tändler, den Künder des »*carpe diem*«, den lüstern-genießerischen Greis ohne Gedankentiefe. Doch dies ist im Grunde nur das eingeengte Bild, das die Anakreonimitate zeichnen: In den 60 *Anakreontischen Gedichten* (den sogenannten *Anakreonteen*) aus späthellenistischer bis byzantinischer Zeit ist tatsächlich der Motivkreis – wie übrigens auch die Metrik – in diesem Sinn auf ein Minimum beschränkt. Überblickt man aber unbefangen die erhaltenen Reste – leider sind es aus den einst drei Büchern der alexandrinischen Ausgabe gerade rund 150 Fragmente, von denen wiederum sehr viel aus bloßen Wortfetzen besteht –, so offenbart sich, selbst aus den Trümmern, für alle Schaffensepochen dieses turbulenten Dichterlebens eine ungeahnte und überraschende Weite und Vielfalt auf allen Ebenen des Poetischen, im Metrischen wie in den Motiven, in der Darstellungs- und Empfindungsweise nicht weniger als in den Nuancen der Sprache. Vor der bloß tändelnden Spielerei mit seiner Poesie war Anakreon *re ipsa* gefeit: Zwar ist dieser Dichter durch eine tiefe Kluft von der für die archaische Poesie durchweg typischen Eingebundenheit in einen gefestigten Weltzusammenhang getrennt, aber sein so erstaunlicher »Subjektivismus« erweist eben in der Verhaftung mit dem Ich des Dichters, daß auch seine Dichtung, wie stets im frühgriechischen Raum, an einen Anlaß, an die konkrete Aktualität gebunden ist.

Ob er in Abdera ein Grabepigramm (Frg. 100D.) für einen gefallenen Soldaten schreibt, ob er – in Samos – um das schöne, jetzt abgeschnittene Haar des Knaben Smerdies klagt und ein übers andere Mal die verzehrende Anmut des Kleobulos besingt, ob er in Athen für die hohen Gönner Weihinschriften verfaßt: niemals dichtet er um des Verses oder eines Einfalls willen – selbst das Gebet entspringt dem Verlangen des Augenblicks, nicht dem Preis der Gottheit (1; 2D.). Am feinsten zeigt sich das in der berühmten Anrede an das thrakische Fohlen (88D.), das unbefangen über die Wiesen springt und scheu vor dem Betrachter flieht, der es zu zügeln und der Kunst des Reiters gefügig zu machen vermöchte: Man glaubt, ein in sich ruhendes Naturidyll vor sich zu haben – in Wirklichkeit ist es ein biographisch motiviertes Liebesgedicht:

»Warum schaust du, thrakisch Füllen, mich so an mit schrägen Blicken,
Weichst mir herzlos aus? Du scheinst mir wenig Übung zuzutraun!
Sei gewiß: Ich wüßte dir die Trense richtig anzulegen
Und am Zügel dich zu jagen um die Wende auf der Bahn.
Noch vergnügst du dich, mit flinken Sprüngen tänzelnd, auf der Weide,
Denn es fehlt dir noch ein rechter roßerfahrner Reitersmann.« (Übers.: H. Rüdiger).

Dasselbe bekunden zahlreiche Einzelzüge, unter denen besonders eine ganz eigenartige, halb zarte, halb düstere, impressionistisch gedämpfte, mitunter auch schrille Metaphorik auffällt: Epische Epitheta wirken plötzlich in sorgfältig arrangierter Farbigkeit – Dionysos als Gefährte der schwarzäugigen Nymphen und der purpurroten Aphrodite (2D.); der goldlockige Eros, der seinen roten Ball nach dem Dichter wirft, um ihn zum Spiel mit dem Mädchen in bunten Sandalen zu verlocken (5D.); Eros, der den ergrauenden Bart des Dichters erblickt und mit seinen goldenen Schwingen vorüberfliegt (53D.). Kühne Übertragungen veranschaulichen den seelischen Zustand – Eros würfelt mit Astragalen, und die Würfel heißen »Wahnsinn« und »tosende Verwirrung« (34D.), er schlägt den Dichter wie ein Schmied mit gewaltigem Hammer und taucht das Material dann in den winterlichen Waldbach (45D.), oder der Dichter, der sieht, wie er »liebt und nicht liebt, verrückt ist und nicht verrückt« (79D.), besteigt einen Fels, um sich, »betrunken mit Liebe«, in die grauen Wogen des Meeres zu stürzen (17 D.).

Der Ton der Gedichte wird bei aller lebendig-sprühenden Frische nicht selten von trauriger Melancholie bestimmt, auch dort, wo nicht vom Alter oder von vergeblicher Liebe die Rede ist. Doch ist dies keineswegs die einzige Saite, die Anakreon anschlagen kann: Das »Bittersüße« der Liebe, wie es vor ihm Sappho beschrieben hat, zeigt sich bei ihm vielfach von seiner spielerisch-lockeren Seite – man nehme nur die kecke Konjugation in Fragment 3D. In ähnlich reicher und realitätsoffener Spiegelung tritt bei den Trinkliedern – einem Genos des Alkaios – die Mannigfaltigkeit symposiastischen Lebens hervor: Die Sinnenfreude steht neben der Mahnung zu Maß und anspruchsvoller Abwechslung; wenn draußen der winterliche Poseidon tobt, soll drinnen beim vollen Mischkrug von den Musen und den strahlenden Geschenken der Aphrodite (nicht von Krieg und Schlachten) die Rede sein. Dem Reichtum der thematischen und stilistischen Ausdrucksformen entspricht die Aufgeschlossenheit allen Möglichkeiten monodischer Äußerung gegenüber: Nicht nur das von den Lesbiern kultivierte lyrische Lied wußte Anakreon in seinem jonischen Lebensraum weiterzuführen, er griff ebenso auch auf die von Archilochos inaugurierten Gattungen Elegie und Iambos zurück: Das scharfe Spottgedicht auf den zwielichtigen Emporkömmling Artemon (54D.) gibt dem Geist des Archegeten nichts nach:

»Schäbige Lumpen hatt' er früher, schmal zum Zipfel aufgeputzt
Trug er sein Kopftuch, an den Ohren Würfelschmuck aus Holz, als Schurz
Ein abgeschabtes Ochsenfell,
Eines zerfetzten Schildes schmierig-schmuddlige Hülle. Und mit Lust-
Knaben und Brotverkäuferinnen ging der Lump Artemon um;
Zu Gelde kam er durch Betrug....
Heute fährt er in der Kutsche, trägt am Ohr nur goldnen Schmuck,
Schlenkert ein elfenbeinern Sonnenschirmchen nach der Weiber Art –

Freilich: gerade diese poetische Fülle der Motive, Farben, Expressionen, die nach allem, was die Fragmente zu erkennen geben, für Anakreon charakteristisch ist, war gebunden an den einmaligen Augenblick. Wo man versucht, im alten Geist weiterzudichten, konnte man es zwangsläufig nicht anders tun als unter Beschränkung auf Allgemeines, über die Zeiten Transponierbares: Ob man die byzantinischen, ob man italienische, französische, deutsche Anakreontiker nimmt – je »anakreontischer« ihre Werke sind, desto schmerzlicher dringt das Epigonale, ja Banale ans Licht – eine individuelle Ausnahme wie Goethe mit Teilen seiner Jugendlyrik unterstreicht nur das generelle Phänomen.
E. Sch.

Ausgaben: Lpzg. ²1936 (in *Anthologia Lyrica Graeca*, Hg. E. Diehl, Bd. 1, Tl. 4, S. 160–192). – Ldn. 1924 (in *Lyra Graeca*, Hg. J. M. Edmonds, Bd. 2; griech.-engl.). – Rom 1958 (in *A.*, Hg. B. Gentili; griech.-ital.; m. Bibliogr.). – Oxford 1962 (in *Poetae Melici Graeci*, Hg. D. L. Page; OUP). – NY 1963 (in *Greek Melic Poets*, Hg. H. W. Smyth, S. 45–52 u. S. 280–298). – Exeter 1967 (in *Greek Lyric Poets*, Hg. D. A. Campbell, S. 67–73 u. S. 313 bis 330; m. engl. Komm.; Nachdr. 1982). – Oxford 1968 (in *Lyrica Graeca Selecta*, Hg. D. L. Page, S. 147–166; Nachdr. 1979; OUP). – Lpzg. 1984 (*Carmina Anacreontica*, Hg. ders.).

Übersetzungen: *Anakreon und die sogenannten Anakreontischen Lieder*, E. Mörike, Stg. 1864. – In *Griechische Lyriker*, H. Rüdiger, Zürich 1949; ²1968 [völlig neubearb.; m. Komm.]. – In *Griechische Lyrik*, E. Mörike, Hbg. 1960 (EC, 8). – In *Frühgriechische Lyriker*, Tl. 3, bearb. v. B. Snell, Bln. (DDR) 1976.

Literatur: Schmidt-Stählin, 1/1, S. 430 ff. – C. M. Bowra, *Greek Lyric Poetry*, Oxford ²1961, S. 268 ff. – H. Fränkel, *Dichtung und Philosophie des frühen Griechentums*, Mchn. ²1962, S. 332 ff. – Lesky, S. 207–210 [m. Bibliogr.].

MULK RAJ ANAND

* 12.12.1905 Peshawar / jetzt Pakistan

LITERATUR ZUM AUTOR:
M. Berry, *M. R. A.: The Man and Novelist*, Amsterdam 1971. – M. K. Naik, *M. R. A.*, Neu Delhi 1973. – G. S. Balarama Gupta, *M. R. A.*, Bareilly 1974. – S. Cowasjee, *So Many Freedoms. A Study of the Major Fiction of M. R. A.*, Calcutta / Neu Delhi 1977. – *Perspectives on M. R. A.*, Hg. K. K. Sharma, Ram Nagar 1978. – M. Fisher, *The Wisdom of the Heart. A Study of the Works of M. R. A.*, Neu Delhi 1985.

COOLIE

(engl.; *Ü: Kuli*). Roman von Mulk Raj ANAND (Indien), erschienen 1936. – Ein Jahr nach der Veröffentlichung seines ersten Romans *Untouchable* festigte Anand mit *Coolie* seinen Ruf als engagierter sozialkritischer und realistischer Schriftsteller. Wie schon zuvor setzt er sich auch in diesem, innerhalb von drei Monaten in England niedergeschriebenen Werk mit den Lebensbedingungen der gesellschaftlich Unterdrückten, d. h. mit einem Teil der Wirklichkeit auseinander, der in der Literatur Indiens bisher ausgeblendet war.
Die Handlung des recht umfangreichen Romans gliedert sich in fünf Abschnitte, die die Hauptfigur jeweils an einem anderen Ort vorstellen. Sie umspannt einen Zeitraum von drei Jahren und spielt im ersten Viertel dieses Jahrhunderts. In ihrem Mittelpunkt steht die Figur des vierzehnjährigen Waisenjungen Munoo, der einer verarmten, besitzlos gewordenen Bauernfamilie aus dem Norden des Landes entstammt. Nicht bereit, ihn kostenlos länger zu ernähren, vermittelt Munoos Onkel ihm eine Arbeitsstelle als Diener im Haushalt eines kleinen Bankangestellten in der benachbarten Stadt. Schon bald erkennt er, daß für ihn und seinesgleichen nur am Rande der Gesellschaft Platz bleibt. Mit harter Hand unterdrücken Munoos Herrschaften seine noch kindliche Spontaneität und Unschuld. Erniedrigt, geschlagen und krank entzieht er sich seinem Los durch ziellose Flucht und wird von einem kinderlosen Ehepaar aufgenommen, das ein kleines Unternehmen betreibt. Hier lernt Munoo den harten Konkurrenzkampf aller gegen alle kennen, dem sich sein Wohltäter schließlich nicht gewachsen zeigt, so daß Munoo wieder Arbeitsplatz und Bleibe verliert. Er landet wie so viele verarmte Menschen Indiens auf der Suche nach Arbeit in der Großstadt. Tatsächlich gelingt es ihm mit Unterstützung anderer, vorübergehend in einer Spinnerei Bombays angestellt zu werden, wo er die harten Arbeits- und Lebensbedingungen ungelernter Industriearbeiter kennenlernt. Doch Streik, Aussperrung und von Arbeitgeberseite inszenierte Unruhen zwischen Hindus und Moslems zwingen ihn zu fliehen, um sein Leben zu retten. Dabei wird er von einem Auto angefahren, dessen Besitzerin sich seiner annimmmt und ihn als Hausdiener und Kuli in ihrem Sommerhaus in den Bergen des Himalaja beschäftigt. Doch Munoos Lebenswille ist gebrochen. Er stirbt, erst siebzehn Jahre alt, an Tuberkulose, einsam, verlassen und von niemandem wirklich betrauert. Anand zeigt an seiner Hauptfigur exemplarisch auf, daß die Tagelöhner, die Kulis, die am radikalsten entwurzelte Gruppe der indischen Gesellschaft bilden, für die es im wörtlichen Sinne keinen Platz gibt.
Mit Munoo gelingt dem Autor die eindrucksvolle Charakterstudie einer geschundenen Kreatur, die er einfühlsam und mitfühlend, aber auch immer wieder in gerechtem Zorn über das, was ihr angetan wird, zeichnet. Doch entwirft er auch ein überaus lebendiges Panorama der täglichen Wirklichkeit. Fasziniert von den Details des Lebens auf den Straßen und Plätzen, in den Gassen, Häusern, Tempeln, Fabriken und kärglichen Unterkünften der Kulis, realistisch, aber auch ironisch und satirisch in der Darstellung seiner Charaktere, ohne Rücksichtnahme auf tabuisierte Themen wie Kastenverhalten, Schmutz oder Sexualität, führt Anand seinen Lesern ein ganz anderes Indien vor Augen, als sie es bisher aus den Erzählungen und Romanen KIPLINGS oder FORSTERS kannten. Das geschieht erzähltechnisch freilich nicht revolutionär, sondern auf traditionelle Weise. Chronologisch voranschreitend, zumeist in szenischer Darbietung mit ausführlichen Dialogpartien, scheut Anand sich nicht davor, immer wieder kommentierend einzugreifen. Hier gibt er zu erkennen, daß er sich als Romancier eher dem 19. als dem 20. Jh. verpflichtet fühlt und auch ein vor allem europäisches Lesepublikum im Sinn hat, das er in eine ihm unbekannte Welt entführen will. Wie schon in *Untouchable* experimentiert er auf der Suche nach einem typisch indo-englischen Stil mit der englischen Sprache, indem er indisches Sprachmaterial heranzieht oder wörtliche Übertragungen aus seiner Muttersprache Panjabi verwendet. *Coolie* überzeugt als Roman nicht in allen Belangen – so ist insbesondere der in den Bergen spielende letzte Teil und das häufige auktoriale Eingreifen kritisch vermerkt worden. Doch Anand gelingt es vor allem mit Munoo ein authentisches Porträt vom Leben gesellschaftlich unterdrückter indischer Menschen zu zeichnen und damit einen wichtigen Beitrag zur Entwicklung modernen indischen Erzählens zu leisten.
D.Ri.

AUSGABEN: Ldn. 1936. – Ldn. 1947. – Bombay 1947. – Ldn. 1972. – Neu Delhi 1981.

ÜBERSETZUNGEN: *Kuli*, E. Zika u. O. Tomschik, Wien 1953. – *Coolie*, Lpzg. 1956.

LITERATUR: S. Cowasjee, *»Coolie«: An Assessment*, New Delhi 1976. – Ders., *So Many Freedoms. A Study of the Major Fiction of M. R. A.*, Calcutta/Neu-

Delhi 1977, S. 60–82. – D. Riemenschneider, *Alienation in the Novels of M. R. A.* (in *Perspectives on M. R. A.*, Hg. K. K. Sharma, Ghaziabad 1978, S. 94–114). – K. R. Srinivasa Iyengar, *Indian Writing in English*, Neu-Delhi ³1983, S. 331–357.

THE OLD WOMAN AND THE COW

(engl.; *Ü: Gauri*). Roman von Mulk Raj ANAND (Indien), erschienen 1960. – Nach langjährigem Aufenthalt in England kehrte Anand 1946 in seine indische Heimat zurück. Bekannt geworden durch eine Reihe sozialkritischer Werke, deren Handlung in der Kolonialzeit spielt, widmete sich Anand in den nun folgenden Romanen der unmittelbaren Gegenwart: *The Private Life of an Indian Prince* (1953) schildert den Übergang vom feudalistisch regierten Indien der Rajas und Maharajas zur parlamentarischen Demokratie; *Death of a Hero* (1963) lenkt den Blick auf den Kashmirkonflikt; *The Road* (1961) und *The Old Woman and the Cow* (1960) stellen die Frage, was sich denn seit der Unabhängigkeit 1947 für die Menschen geändert habe. Im letztgenannten Roman greift Anand dabei auf bereits bewährte und aus seinen früheren Werken bekannte Erzählmuster und Themen zurück: Im Mittelpunkt des Geschehens steht eine Figur, die der gesellschaftlichen Unterschicht entstammt und in eine Krise gerät. Das Geschehen selbst wird auf einen kurzen Zeitraum eingeengt, chronologisch dargeboten und in szenische gestaltete, aneinandergereihte Episoden gegliedert. Viele der auftretenden Charaktere sind den Lesern Anands aufgrund ihres typologischen Zuschnitts vertraut, so der skrupellose Geschäftsmann und Geldverleiher, der heuchlerische Brahmane und Priester, der engagierte Intellektuelle oder der aufrechte Freund. Mit *The Old Woman and the Cow* schlägt der Autor aber auch neue Wege ein. So stellt er zum ersten Mal eine Frau in den Mittelpunkt des Geschehens, aus deren Blickwinkel die Ereignisse dargeboten werden. Zudem wirft Anand die Frage auf, ob die alten Mythen des Hinduismus, so die Geschichte von Rama und Sita, in der Gegenwart noch Gültigkeit beanspruchen können. Die Lösung der Lebenskrise Gauris, der Hauptfigur, zeigt an, daß dem in den Augen des sozialkritischen Autors wohl nicht so ist. *The Old Woman and the Cow* erzählt die Geschichte der Erniedrigung, des Widerstands und der Emanzipation der einfachen, bäuerlich-dörflichen Verhältnissen entstammenden Gauri, die die sprichwörtliche Sanftheit, Güte und Demut der von den Hindus verehrten Kuh (Hindi: *Gauri*) besitzt. Erniedrigung erfährt sie durch ihren Ehemann Panchi und ihre Mutter Laxmi. Unreif und unfähig, sich der Verdächtigungen Gauris durch seine Ziehmutter und Tante sowie der von ihr beeinflußten Dorfbewohner zu erwehren, verstößt Panchi seine Frau, als er von ihr erfährt, daß sie schwanger ist. Er glaubt, sie sei nicht nur schuld an seinen finanziellen Sorgen, die mit der Eheschließung einsetzten, sondern sei ihm auch untreu geworden. Laxmi fügt dem an Gauri begangenen Unrecht ein weiteres hinzu, indem sie ihre Tochter an einen Geldverleiher verschachert, um ihre Schulden zu begleichen. Doch nun setzt Gauris Widerstand ein. Sie vermag sich der Zudringlichkeiten des alten Mannes ebenso zu erwehren wie jener eines jungen Arztes, der in der Klinik ihres Befreiers und Wohltäters, Dr. Mahindra, arbeitet. Mahindra ist es auch, der sie bestärkt, ihren eigenen Weg zu finden. Voller Reue und schuldbewußt holen Panchi und Laxmi Gauri zurück. Doch der junge Mann hat nichts dazugelernt. Er glaubt eher den Verdächtigungen der Dorfbewohner und seiner Tante, als allen Beteuerungen seiner Frau, daß sie ihm in der Stadt treu geblieben sei. Diesmal trennt sich Gauri von ihrem Mann. Sie wird nicht wieder zurückkehren, sondern bei Mahindra arbeiten und dort ihr Kind zur Welt bringen.

Gauris Verkauf an den Geldverleiher, ihre Befreiung und Rückkehr zu Panchi weisen Parallelen zur Geschichte Sitas und Ramas aus dem Epos *Ramayana* auf. Doch hier endet die Ähnlichkeit. Sita, von Rama aus der Gewalt des Dämonen Ravana befreit und zurückgekehrt, reagiert auf die Zweifel an ihrer ehelichen Treue, indem sie Rama verläßt und, von einem gnädigen Schicksal aufgenommen, in der sich öffnenden Erde versinkt. Gauri dagegen schreitet fest aus, um ein neues Leben zu beginnen, voller Hoffnung, daß ihr Kind sich als mutiger erweisen wird als Panchi. Anand plädiert so für eine Revision des Mythos und für die Verwirklichung einer egalitären Gesellschaft, in der die indische Frau einen gleichberechtigten Platz neben dem Mann findet. Um dieses Ziel zu erreichen, müssen die Frauen selbst durch ihren Widerstand gegen gesellschaftliche Zwänge, religiöse Vorurteile und materielle Abhängigkeit kämpfen.

Indem Anand die unverbrüchliche Wahrheit des Mythos von Rama und Sita in Frage stellte, zog er sich die Kritik seiner Landsleute zu, die ihm Verrat am Hinduismus vorwarfen. Von Seiten der Literaturkritik dagegen wurden Einwände gegen Schwarz-Weiß-Malerei, Wiederholung bereits bekannter Thesen und die unzureichende Charakterzeichnung und sprachliche Gestaltung von *The Old Woman and the Cow* erhoben. Doch auch wenn der Roman in seiner literarischen Qualität an frühere Werke nicht heranreicht, hat der Autor der indoenglischen Erzähltradition wieder einmal neue Wege gewiesen; denn erst in den späten sechziger Jahren setzt die literarische Beschäftigung mit der indischen Frau ein, nachdem eine jüngere Generation von Schriftstellerinnen die in *The Old Woman and the Cow* aufgegriffenen Fragen zielbewußt weiterverfolgt und aus eigener, weiblicher Perspektive zu gestalten beginnt. D.Ri.

AUSGABEN: Bombay 1960. – Neu-Delhi 1981 *(Gauri)*.

ÜBERSETZUNG: *Gauri*, R. Peterli, Zürich 1986.

LITERATUR: D. Riemenschneider, *An Ideal of Man in A.'s Novels* (in Indian Literature, 10, 1967, S. 29–51). – S. Cowasjee, *So Many Freedoms. A Study of the Major Fiction of M. R. A.*, Calcutta/Neu-Delhi 1977, S. 154–160. – A. Niven, *The Yoke of Pity*, Neu-Delhi 1978, S. 105–113. – K. R. Srinivasa Iyengar, *Indian Writing in English*, Neu-Delhi ³1983, S. 331–357.

PRIVATE LIFE OF AN INDIAN PRINCE

(engl.; *Das Privatleben eines indischen Fürsten*). Roman von Mulk Raj ANAND (Indien), erschienen 1953. – Mit den linksgerichteten indischen Schriftstellern der 1936 ins Leben gerufenen »League of Progressive Writers«, zu deren Gründungsmitgliedern er gehörte, teilt M. R. Anand die Erfahrung, daß es vor der indischen Unabhängigkeit leicht war, Sozialkritik in realistischem Stil vorzutragen, da die Analyse der herrschenden Zustände als nationale Tat des Widerstands gegen die Kolonialmacht und als Versuch einer progressiven Gesellschaftsreform verstanden wurde. Auch frühere Romane *Untouchable*, 1935 *(Unberührbar)*, *Coolie*, 1936, *Two Leaves and a Bud*, 1937 *(Zwei Blätter und eine Knospe)*, u. a. verdanken ihre Dynamik größtenteils dieser anklagenden Erzählhaltung. – Nach Verwirklichung der indischen Unabhängigkeit (1947), die zur Absage aller Volksfrontpläne durch die Nationalisten führte, schieden sich die kommunistischen Schriftsteller von den sozialistischen und durchforschten abgelegene Landstriche nach ausgebeuteten und unterdrückten Gruppen, um in ihren Romanen zugleich mit einer Gesellschaftsanalyse zu zeigen, daß die regierende Kongreßpartei wegen ihrer bürgerlich-kapitalistischen Gesellschaftsauffassung nicht in der Lage sei, die angeschnittenen speziellen Probleme zu lösen. Auf diese Weise entwickelte sich ein besonderer indischer Typ des Heimatromans.

Anand beteiligte sich in *The Private Life of an Indian Prince* zwar an dieser kritischen Darstellung der Randgebiete Indiens, war aber – als Nationalist – vom Erfolg des indischen Freiheitskampfes so beeindruckt, daß er den gegen die nun indische Regierung gerichteten feindlichen Thesen, wie sie die kommunistischen Schriftsteller predigten, nicht zustimmen konnte. Daher stellt er den traditionellen Feudalismus – in der Figur des in einem kleinen Himalaja-Staat regierenden Fürsten Victor – als Ursache der verschiedensten Mißstände sowohl unter der Bergbevölkerung als auch am Hofe dar. Diese Konzentration des Romans um eine Figur bewahrte Anand zwar vor einer Romanstruktur im Stil folkloristischer Beispielsammlungen, ließ ihn aber in eine phantastische, an Intrigen reiche Liebeserzählung abgleiten, offensichtlich, weil er seinem Helden nicht das gleiche, liebevolle Mitleid entgegenbringen konnte wie den unterdrückten und gedemütigten Helden seiner frühen Romane.

Durch die Perspektive des Erzählers, eines in England erzogenen Arztes, wird das Schicksal des Fürsten Victor deshalb eher zu einer Art Krankengeschichte, die zwar einen kuriosen Fall darstellt, jedoch ohne die größeren Zusammenhänge durchscheinen zu lassen.

Der Roman endet mit der Einverleibung des Bergstaates in die Indische Union, einer Maßnahme, die der Autor als folgerichtige und notwendige Aktion darstellt und so seine Zustimmung zur Staatenpolitik des in dem Roman als handelnde Person auftretenden indischen Kongreßführers Sardar Patel (1857–1951) bekundet. Mit dem Schluß des Romans ist – wie in der indischen Wirklichkeit – der Feudalismus beseitigt, und der Fürst wird in ein Asyl verbannt. Doch äußert Anand schon hier – wie übrigens auch andere national gesinnte indische Schriftsteller in ihren Büchern aus dieser Zeit – Zweifel daran, ob der Sozialismus Nehrus und seines Kongresses als der beste Weg zur Gesundung Indiens anzusehen sei. Diese Ziellosigkeit der Autoren und ihr abnehmendes Engagement schlagen sich auch bei Anand nieder, dessen Roman daher eher interessante Aufschlüsse über die Schwierigkeiten der indischen Literatur nach der Unabhängigkeit liefert, als daß er die Entwicklung der angloindischen Erzählkunst gefördert hätte. P.G.

AUSGABEN: Ldn. 1953; 1970 [rev.]. – Toronto 1953. – Neu-Delhi 1972.

ÜBERSETZUNG: *Maharaja privat*, K. Arndt, Darmstadt 1961.

LITERATUR: K. R. Srinivasa Iyengar, *Indian Writing in English*, Bombay 1962, S. 257–278; ³1983. – J. Lindsay, *The Elephant and the Lotus: A Study in the Novels of M. R. A.*, Bombay 1965. – M. E. Derrett, *The Modern Indian Novel in English*, Brüssel 1966. – W. Ruben, *Indische Romane*, Bd. 3, Bln. 1967, S. 228–238. – S. Cowasjee, »*Private Life of an Indian Prince*« *Revisited*, Ldn. 1970. – Ders., *So Many Freedoms. A Study of the Major Fiction of M. R. A.*, Calcutta/Neu Delhi 1977, S. 132–151.

TWO LEAVES AND A BUD

(engl.; *Ü: Zwei Blätter und eine Knospe*). Sozialkritischer Roman von Mulk Raj ANAND (Indien), erschienen 1937. – Anand, einer der Gründer der »League of Progressive Writers«, einer linksgerichteten indischen Schriftstellervereinigung mit sozialreformerischem Programm, benutzte in *Two Leaves and a Bud* die gleichen Hauptmotive wie PREMCAND, der erste Präsident der League, in seinem letzten Roman *Godān* (1936, s. dort): den sozialen Abstieg eines von seinem Land vertriebenen Bauern und die Klassengegensätze innerhalb der indischen Gesellschaft. Anders allerdings als Hori in *Godān*, der als Straßenarbeiter stirbt, wird Gangu, die Hauptfigur in Anands Roman, als Kontraktarbeiter für eine Teeplantage in Assam angeworben und scheint zunächst mit seiner Familie einer glücklichen Zukunft entgegenzugehen. Tatsächlich gerät er aber in eine moderne Hölle von Naturkatastrophen, Krankheiten, Erniedrigungen und Entbehrungen, aus der es kein Entrinnen gibt und in der Pflanzer, Aufseher, Beamte und Kaufleute als Quälgeister der Arbeiter und ihrer Frauen auftreten. Wie in *Godān* spielt die Handlung teils in der Welt der Kulis, teils im Milieu der englischen Pflanzer. Stärker als Premcand hat Anand die Figur des Intellektuellen betont: Der Arzt de la Havre scheint zunächst auf seiten der Ausbeuter zu stehen, versucht dann aber den Arbeitern zu helfen und ergreift schließlich bei einem Aufstand offen ihre Partei. Das Militär stellt zwar die Ordnung wieder her, und der Arzt wird entlassen, aber der Tod Gangus klagt die Unmoral des Systems an: Ein englischer Aufseher, der die Tochter Gangus vergewaltigen will, bringt ihn um, doch es findet sich kein Richter, der den Mörder verurteilt.

Trotz seiner programmatischen Tendenz, die dem Autor gerichtliche Verfolgung eintrug, bietet der Roman einen interessanten Einblick in die Verhältnisse der Teeanbaugebiete Assams. Sein Titel verweist auf das Ernteprodukt des Teestrauches, zwei Blätter und die Knospe, die die Arbeiterfrauen pflücken und von der die Arbeiter, der Fortbestand der Plantagen und das Leben der englischen Pflanzer abhängen. Dieses Symbol hat Anand in den Mittelpunkt der abgelegenen, fast hermetisch abgeschlossenen Welt der Plantagen gestellt, in der das Elend der Kulis mit dem Sendungsbewußtsein der Pflanzer und der konventionellen Langeweile in den englischen Klubs kraß kontrastiert. Nachdem Indien unabhängig geworden war (1947), hatte Anands Anklage gegen die ehemaligen Kolonialherren ihre politische Schärfe verloren, und der Autor fand es nötig, sich davon zu distanzieren; doch als Roman und als soziales Dokument findet das Buch ein stets wachsendes Interesse.   P.G.

AUSGABEN: Ldn. 1937. – Bombay 1946; ern. 1951; ern. 1966. – N.Y. 1954. – Neu-Delhi 1981.

ÜBERSETZUNG: *Zwei Blätter und eine Knospe*, E. Klein, Bln. 1958.

LITERATUR: J. Lindsay, *M. R. A.*, Bombay 1948. – W. Ruben, *Indische Romane III*, Bln. 1967, S. 57–65. – D. Riemenschneider, *An Ideal of Man in M. R. A.'s Novels* (in Indian Literature, 10, 1967, S. 29–51). – S. Cowasjee, *So Many Freedoms. A Study of the Major Fiction of M. R. A.*, Calcutta/Neu-Delhi 1977, S. 82–93. – A. Niven, *The Yoke of Pity: A Study of the Fictional Writings of M. R. A.*, Neu-Delhi 1978. – P. Paul, *The Novels of M. R. A.*, Neu-Delhi 1983.

UNTOUCHABLE

(engl.; *Ü: Der Unberührbare*). Roman von Mulk Raj ANAND (Indien), erschienen 1935. – Mit *Untouchable* verfaßte der in englischer Sprache schreibende Anand seinen ersten und zugleich einen seiner besten Romane. Wie er selbst darlegte, schrieb er die erste Fassung während eines Wochenendes im Jahr 1930 in England nieder, wo er sich damals als Student der Philosophie und der Kunstgeschichte aufhielt. Die episodisch gegliederte Handlung spielt während der britischen Kolonialzeit, offenbar in den zwanziger Jahren dieses Jahrhunderts, in einer nordindischen Garnisonstadt und schildert auf knapp 150 Seiten einen Tag im Leben des achtzehnjährigen Latrinenreinigers Bakha. Beeinflußt von der realistischen Erzählweise Englands (DICKENS) und Rußlands (GOR'KIJ), aber auch vom Bewußtseinsroman JOYCES zeichnet Anand als erster moderner indischer Autor ein zutreffendes und teilweise bewegendes Bild von der Lebenswirklichkeit eines Unberührbaren, der im Gefüge der erstarrten hinduistischen Kastengesellschaft nach menschlicher Anerkennung sucht und sich als vollwertiges Mitglied der menschlichen Gesellschaft begreifen möchte. Dies geschieht auf gradlinig-chronologische Weise ohne Pathos und Sentimentalität.

Untouchable läßt sich in zwei Teile gliedern, deren erster den Vormittag und deren zweiter den Nachmittag eines offenbar beliebigen Tages in Bakhas Leben schildern. Die Kastenlosen leben, von der Gesellschaft verstoßen, am Rande der Stadt unter unwürdigen hygienischen Bedingungen in Lehmhütten, umgeben von Schmutz und Gestank. Anand stellt seine Hauptfigur kontrastierend in diese Welt hinein, indem er Bakha als jungen Mann zeichnet, der sich nach Sauberkeit, nach anständiger Kleidung und nach Bildung sehnt. So wird schon in der ersten Szene der dramatische Konflikt angelegt, der das folgende Geschehen im Roman bestimmt.

Immer wieder nämlich stößt Bakhas Lebenswille und seine Sehnsucht nach Verwirklichung als empfindsamer, hart arbeitender und verantwortungsbewußter Mensch auf den Widerstand der anderen, der Kastenkinder zumal, aber auch der eigenen Familie und der Freunde, die sich mit ihrem Schicksal als Ausgestoßene längst abgefunden haben. In einander schnell folgenden Episoden, die den dramatischen Grundton der Erzählung unterstreichen, illustriert Anand das menschenunwürdige Dasein indischer Unberührbarer, denen im wörtlichen Sinne kein Raum zum Leben gewährt wird. Bakha berührt unbeabsichtigt einen Kastenhindu, verunreinigt ihn somit und zieht dessen Beschimpfungen und Schläge auf sich, deren er sich angesichts einer johlenden Menge nicht zu erwehren wagt. Auch der Tempel, dem er sich fast kindlich-naiv und neugierig nähert, bleibt ihm verschlossen. Brahmanen jagen ihn mit Beschimpfungen davon. Zugleich muß er tatenlos miterleben, daß seine Schwester von einem Priester unsittlich belästigt wird. Unberührbare sind nicht nur Schmutz, sondern auch Freiwild. Schließlich gönnt ihm eine Kastenindin nicht einmal einen Platz zum Ausruhen auf den Treppenstufen ihres Hauses, sondern beschimpft und verflucht Bakha, der ihr Haus nun verunreinigt habe.

Der Autor nutzt diese Vorfälle, um die Problematik der Unberührbaren unmittelbar vor Augen zu führen. Das geschieht erzähltechnisch durch szenische Gestaltung, die freilich durch inneren Monolog, auktoriale Kommentare sowie die Wiedergabe von Erinnerungen und Träumen Bakhas von der Oberfläche bloßen Geschehens weggeführt wird. So entsteht einerseits ein konkretes Bild gesellschaftlicher Zustände und Bezüge, andererseits aber auch eine psychologisch differenzierte Darstellung eines einzelnen, durch den der dokumentarische Charakter des Erzählten erst wirklich verlebendigt wird.

Den zweiten Teil des Romans nutzt Anand nun, konkrete Möglichkeiten anzuvisieren, die es Bakha und mit ihm den Unberührbaren des Landes gestatten, die Bürde der gesellschaftlichen Aussätzigkeit abzuwerfen. Der junge Latrinenreiniger hat sein Tagewerk vollbracht, kann seine Freunde treffen und seinen Nachmittag frei verbringen. Bieten Solidarität und Freundschaft der Unberührbaren untereinander Trost? Liegt in der Menschlichkeit einzelner Hoffnung, etwa in der eines Soldaten, der Bakha mag und ihm einen Hockeyschläger schenkt? Oder bieten bestimmte Ideologien eine Lösung? Ein englischer Missionar bietet Bakha an, sich zum Christentum zu bekehren. Gandhi verkündet die Botschaft von der Gleichheit der Menschen und verlangt die Revolution der Herzen; ein Dichter diskutiert im Anschluß an Gandhis Rede als Alternative den technischen Fortschritt, der mit dem Bau eines Abwassersystems und der Einrichtung von Toiletten mit Wasserspülung die Latrinenreinigung durch Unberührbare überflüssig werden ließe. Wie schon im ersten Teil des Romans erfährt Bakha diese Ereignisse eher passiv. Seine Jugend ebenso wie seine gesellschaftliche Stellung erlauben es ihm kaum, sich mehr als nur emotional mit Christentum und Gandhi, humanem Verhalten und der Idee des technischen Fortschritts auseinanderzusetzen. Doch in dieser Unfähigkeit liegt gerade die Authentizität dieser Figur, so daß der hoffnungsvolle Ausblick des Romans überzeugt: Vielleicht wird es bald eine Revolution der Herzen – und Toiletten mit Wasserspülung geben.

Anand griff mit *Untouchable* ein Thema auf, das in der indischen Literatur bis dahin wenn nicht geradezu tabuisiert, so doch nur sehr diskret behandelt worden war. Eigene Kindheitserlebnisse, die Konfrontation mit einem ganz anderen Menschenbild in Europa und die persönliche Begegnung mit Gandhi bildeten hierzu entscheidende Anstöße, denen der Autor auch in der Folge treu blieb. Angesichts der gesellschaftlichen und politischen Brisanz des Themas reagierten die englischen Verlage freilich nicht unerwartet auf *Untouchable*. Es bedurfte der Ablehnung durch nicht weniger als neunzehn Verleger und der Verfassung eines Vorworts durch E. M. FORSTER, ehe sich Lawrence & Wishart zur Veröffentlichung bereit erklärte. Der zögernden ersten Reaktion folgte bald eine sehr positive Aufnahme des Romans, der seither in über zwanzig Sprachen übersetzt und weit über zehn Millionen Mal verkauft wurde. *Untouchable* ist die populärste indische Prosaerzählung. Sie begründete Anands Ruf als Romancier und leitete den Beginn der modernen indo-englischen Romanliteratur ein. Hierzu trug gleichermaßen Wahl und Bearbeitung des Themas wie Anands Versuch, auch sprachlich neue Wege zu gehen, bei. Indem er sich vom Standardenglisch seiner Vorgänger abwandte und durch die Verwendung indischer Sprachmaterials vor allem in den Dialogpartien sowie durch oft wortgetreue Übertragungen aus seiner Muttersprache, dem Panjabi, ein eigenes Idiom zu schaffen bemühte, setzte Anand neue Akzente, die den indo-englischen Roman nachhaltig beeinflußten. Mit Bakha schuf er eine literarische Figur, die in ihrem Anspruch auf Menschlichkeit zugleich den Anspruch auf Humanität überhaupt symbolisierte in einer Zeit, in der sie verlorenzugehen drohte. D.Ri.

AUSGABEN: Ldn. 1935. – Bombay o. J. – Ldn. 1947. – Toronto 1970. – Neu-Delhi 1981.

ÜBERSETZUNG: *Der Unberührbare*, J. Kalmer, Wien u. a. 1954; Zürich 1984.

LITERATUR: D. Riemenschneider, *An Ideal of Man in A.'s Novels* (in Indian Literaure, 10, 1967, S. 29–51). – S. Cowasjee, *So Many Freedoms. A Study of the Majorf Fiction of M. R. A.*, Calcutta/Neu-Delhi 1977, S. 41–60. – K. R. Srinivasa Iyengar, *Indian Writing in English*, Neu-Delhi ³1983, S. 331–357. – M. Fisher, *The Wisdom of the Heart. A Study of the Works of M. R. A.*, Neu-Delhi 1985.

ĀNANDA

2. Hälfte 12. Jh. Sri Lanka

UPĀSAKAJANĀLAṄKĀRA

(pāli; *Der Schmuck der Laienjünger*). Buddhistisches Werk von ĀNANDA. – Der *Upāsakajanālaṅkāra* (in Birma unter dem Namen *Upāsakālaṅkāra* bekannt) ist eines der wenigen größeren buddhistischen Literaturwerke, die sich nicht an Mönche, sondern ausschließlich an die Laienanhänger wenden. Das Werk ist in neun »Niddesas« (Kapitel) eingeteilt; diese behandeln 1. die drei Zufluchten (Buddha, seine Lehre und sein Orden); 2. die Regeln des sittlichen Verhaltens; 3. die asketischen Praktiken, die für Laienjünger geeignet sind; 4. Fragen der Berufsethik; 5. die Zehnergruppe heilsamer Taten; 6. eine Warnung vor den Gefahren übler Gesellschaft; 7. die Konsequenzen guter und böser Taten im Hinblick auf die Wiederverkörperung; 8. die Erlösung und 9. die Lehre von der Nichtexistenz der Persönlichkeit im Sinne höherer Erkenntnis. – In der Form der Darstellung schließt sich der Verfasser eng an die frühen nachkanonischen Kompendien wie *Nettipakaraṇa (Buch der Führung)* von MAHĀKACCĀNA (vermutlich 1.Jh. v. Chr.) an; er verwendet wie diese weitgehend die sog. pseudokommentarielle Form, bei der die einzelnen Erklärungen als Erläuterungen zu Textstellen aus älteren Werken, zu den Gliedern von überlieferten Begriffsreihen oder zu Wörtern abgefaßt sind, die der Verfasser selbst in Zusammenfassungen des Inhalts eines Abschnittes benützt. So beginnen Kapitel 3–8 mit der Wiederholung eines kleinen Abschnitts aus dem zu Beginn von Kapitel 2 stehenden zusammenfassenden Text. Dies ist z. B. in Kapitel 4 ein Hinweis auf die fünf für Buddhisten aus moralischen Gründen verbotenen Berufe. Es folgt deren Aufzählung und die Kommentierung der einzelnen Begriffe, danach ein Rückgriff auf die nächsten Wörter des Zusammenfassungstextes und eine ausführliche Erklärung, in deren Verlauf zahlreiche Auszüge aus dem Kanon und aus klassischen Kommentaren zitiert und für das Thema ausgewertet werden. Schließlich werden die behandelten Wörter aus dem Zusammenfassungstext wiederholt und das Kapitel durch einen kunstvollen Vers abgeschlossen.

Wie zu erwarten, ist das Werk weniger als selbständige literarische Leistung zu werten, sondern vielmehr als Teil einer gelehrten Literaturtradition, in der es darauf ankam, aus der kanonischen Literatur und aus den klassischen nachkanonischen Pāli-Werken die zum Thema gehörigen Stellen in geeigneter Weise anzuführen, weiter zu erläutern und das Ganze in Anwendung einer strengen Formtradition zu ordnen. Der Verfasser teilt mit, daß er sein Werk schrieb, weil der ältere, mit demselben Thema befaßte *Patipattisaṅgaha* verschiedene Fehler aufweise; er wollte also dieses nicht mehr vorliegende ältere Buch über die Lehren des Laienbuddhismus ersetzen. Nach den Untersuchungen des Herausgebers, H. SADDHATISSA, ist der Verfasser nicht – wie die birmanische Tradition behauptet – mit dem wahrscheinlich im 10.Jh. lebenden gleichnamigen Verfasser der *Mūlaṭīkā (Grundkommentar)* zum *Abhidhammapiṭaka* (vgl. *Tipiṭaka*) identisch, sondern gehörte zur Gemeinschaft der Waldmönche von Udumbaragiri in Ceylon und ist in die zweite Hälfte des 12.Jh.s zu datieren. Die Abfassung eines Kompendiums für buddhistische Laien lag in der damaligen religionspolitischen Situation nahe, nachdem König Parākramabāhu I. (reg. 1153–1186) die Lehren der Mahāvihāra-Schule für allgemein verbindlich hatte erklären lassen und die reiche literarische Tätigkeit der Zeit zunächst nur religiöse Werke für den Gebrauch der Mönchsgemeinde hervorgebracht hatte. – Die von Moratoṭa DHAMMAKKHANDHA 1803 gefertigte singhalesische Übersetzung des Werkes trägt den Titel *Siṃhala Upāsakajanālaṅkāraya (Schmuck der Laienjünger in singhalesischer Sprache)* und ist bis heute eines der beliebtesten Werke der buddhistischen Literatur Ceylons. H.Bt.

AUSGABE UND LITERATUR: *Upāsakajanālaṅkāra*, a Critical Edition and Study by H. Saddhatissa, Ldn. 1965.

WEITERE LITERATUR: K. R. Norman, *Pāli Literature*, Wiesbaden 1983, S. 170.

ĀNANDARĀYA MAKHIN

um 1700 Tanjore

JĪVĀNANDANA

(skrt.; *Beglückung des Lebens*). Eines der zwei allegorischen Dramen des ĀNANDARĀYA. Die übliche religiöse Allegorie (in der Nachfolge des *Prabodhacandrodaya* von KṚṢṆAMIŚRA) ist hier in interessanter Weise variiert: das Stück ist nämlich eine Darstellung der Grundprinzipien des *Āyurveda*, der altindischen Medizin.

In sieben Akten wird geschildert, wie König Jīva (»Leben«) von König Yakṣman (»Schwindsucht«) in seiner Stadt, dem Körper belagert wird. Im Heere Yakṣman's befinden sich alle möglichen Krankheiten. Doch Jīva erhält von dem Gott Śiva Heilmittel, mit denen er am Ende siegt.

Als bester Ratgeber des Königs erweist sich der Minister Vijñānaśarman (»Klugheit«, Realismus), während der andere Minister Jñānaśarman (»Wissen, Weisheit«, Idealismus) hier eher schädlich ist. Doch betont Śiva am Schluß, daß beide nötig seien: mit dem einen wird Bhukti (»Lebensgenuß«) erlangt, mit dem anderen Mukti (»religiöse Erlösung«). Entsprechend gewinnt der König schließlich die vier Ziele des Lebens: Kāma (»Lust«), Artha (»Nutzen«), Dharma (»religiöse Pflichten«) und Mokṣa (Befreiung von der Wiedergeburt). In echt indischer Weise wird also das konkrete Thema ins Religiöse überhöht.

Personifiziert sind u. a. die chirurgischen Instrumente. Wie im klassischen indischen Drama tritt auch ein Spaßmacher (vidūṣaka) auf. Ferner kommen »Zeit« (kāla) und »Folge der Taten« (karma) als Beobachter des Geschehens vor. G.Gr.

AUSGABEN: Bombay ²1933, Hg. P. Durgaprasad u. K. P. Parab. – Adyar 1947.

ÜBERSETZUNG: *Das Glück des Lebens*, A. Weckerling, Greifswald 1937.

LITERATUR: C. Cappeller, *Ein medizinisches Sanskritdrama* (in *Festschrift Ernst Windisch*, Lpzg. 1914, S. 107–115). – S. Konow, *Das indische Drama*, Bln./Lpzg. 1920, S. 94 f.

ĀNANDAVARDHANA

Mitte 9. Jh.

LITERATUR ZUM AUTOR:
S. K. De, *History of Sanskrit Poetics*, Calcutta ²1960, Bd. 1, S. 101 ff., Bd. 2, S. 139 ff. – E. Gerow, *Indian Poetics*, Wiesbaden 1977, S. 250–258.

DHVANYĀLOKA

(skrt.; *Betrachtung des »Tons«*). Kommentar zu den *Dhvanikārikās* (120 Memorialverse über die Theorie vom Unausgesprochenen), die nach manchen von Ānandavardhana selbst verfaßt sind. In den *Kārikās* wurde zum erstenmal die Lehre vom *dhvani* dargelegt, unter Anknüpfung an Theorien des früheren Poetikers UDBHATA. Aber erst der Kommentar hat dem neuen poetischen System der Poetik *(alaṃkāraśāstra)* zum Sieg verholfen; er ist so zu einem der wichtigsten Werke der indischen Poetik geworden, das die Entwicklung dieser Wissenschaft wie eine Zäsur in zwei Perioden scheidet.

Nach Ānandavardhana besteht ein grundlegender Unterschied zwischen dem prosaischen und poetischen Wort: jenes ist ein Instrument der Information, und sein Nutzen erschöpft sich in dieser Information; das Wort der wahren Poesie hingegen vermittelt, jenseits seines sachlichen Inhalts, einen ästhetischen Wert und kann, einmal geäußert, seine wesentliche Bedeutung durch nichts mehr verlieren. Den hier mit solchem Nachdruck hervorgehobenen ästhetischen Wert muß man geistesgeschichtlich von der Lehre vom *rasa* (»Grundstimmung«) ableiten, deren früheste Ausprägung wir bereits im *Bhāratīya Nāṭyaśāstra (Lehrbuch der Dramaturgie des Bharata)* finden. Für dieses neben und über der simplen Wortbedeutung stehende Ungreifbare wird jetzt der Terminus *dhvani* geprägt (eigentlich »Ton«, dann »das Unausgesprochene«): eine ästhetische Erfahrung, die nicht mitgeteilt wird, sondern sich manifestiert. Ānandavardhana bewertet alle Poesie danach, in welchem Maße in ihr das »Unausgesprochene« neben und über den stilistischen Schmuckmitteln *(alaṃkāra)* eine Rolle spielt. Nur wo das Wesentliche eines Werkes im *dhvani* besteht, kann man von echter Poesie sprechen; legt man diesen Maßstab mit strenger Konsequenz an, so gibt es nur *»zwei oder drei, allenfalls fünf oder sechs«* wirkliche Dichter; zu ihnen gehören etwa KĀLIDĀSA und AMARU. Bezeichnenderweise steht daher für die Schule des Ānandavardhana auch die künstlerische Intuition *(pratibhā*, eigentlich »das Aufleuchten«, ein sowohl ästhetischer wie religiös-mystischer Begriff) weit über dem – bei den älteren Poetikern recht hoch bewerteten – *śruta*, der bloßen »Sitzfleisch«-Gelehrsamkeit.

Der *Dhvanyāloka* übte eine starke Wirkung aus. Kein späterer Theoretiker der Dichtung konnte es vermeiden, dazu Stellung zu nehmen. Eine beachtliche Kommentarliteratur schloß sich an das Werk an, aus welcher vor allem das *Locana (Auge)* des Kaschmirers ABHINAVAGUPTA (10./11.Jh.) hervorragt; er war ein dem ersten Kommentator kongenialer Interpret der *Dhavani*-Lehre und hat das System vielfach noch weiter ausgebaut und verfeinert.

H.H.

AUSGABEN: Bombay ²1911. – Calcutta 1956/1957, 2 Bde. – Delhi 1963–1975, 3 Bde. – Dharwar 1974, Hg. K. Krishnamoorthy [krit. m. Übers.]. – Vārāṇāsi 1983.

ÜBERSETZUNGEN: *Ā.s Dhvanyāloka*, H. Jacobi (jetzt in ders., *Schriften zur indischen Poetik und Ästhetik*, Darmstadt 1969, S. 2–161). – V. Mazzarino, Turin 1983.

LITERATUR: V. A. Ramaswami Sastri, *Studies in »Dhvanyāloka«1* (in Bulletin of the Deccan College Research Institute, 17, 1955, S. 222–230). – M. M. Sharma, *The dhvani Theory in Sanskrit Poetics*, Varanasi 1968. – P. N. Virkar, *Was Sahṛdaya the Name of the Author of the Dhvanikārikās?* (in Annals of the Bhandarkar Oriental Research Institute, 57, 1976, S. 192–198). – V. M. Kulkarni, *A Recent Edition of »Dhvanyāloka«* (ebd., S. 129–139). – J. M. Masson u. M. V. Patwardhan, *The »Dhvanyāloka« and the Dhvanyālokalocana* (in JAOS, 97, 1977, S. 285–304). – K. Krishnamoorthy, *The »Dhvanyāloka« and its Critics*, Delhi ²1982.

PRAMOEDYA ANANTA TOER

* 6.2.1925 Blora / Java

KELUARGA GERILJA

(indon.; *Die Partisanenfamilie*). Roman von Pramoedya ANANTA TOER, erschienen 1950. – Das teilweise im Gefängnis geschriebene Werk (der Autor war wegen seiner Teilnahme am indonesischen Freiheitskampf inhaftiert) schildert den Zerfall einer Familie während der Revolutionswirren. Das Schicksal dieser Familie steht gleichsam stellvertretend für die unsäglichen Leiden des ganzen Volkes während der vierjährigen kriegerischen Auseinandersetzungen mit den ausländischen Besatzungsmächten.

Die Hauptgestalten sind der vierundzwanzigjährige Saaman und seine Mutter Amilah, eine einst lebensfrohe und von vielen Liebhabern umschwärmte, nunmehr über ihre einundvierzig Jahre hinaus gealterte Frau. Saaman, von der holländischen Militärpolizei als Widerstandskämpfer verhaftet, wird an einem unbekannten Ort gefangengehalten. Seine beiden Brüder, Tjaniman und Kartiman, gleichfalls Partisanen, stehen seit vier Jahren an vorderster Front. Die drei Brüder haben schwere Schuld auf sich geladen, da sie ihren mit den Holländern sympathisierenden Vater, einen ehemaligen Soldaten der Kolonialarmee, als Verräter an der indonesischen Sache hinterrücks ermordet und in einen Fluß geworfen haben. Auf Wache vor dem Feind versucht Tjaniman vergeblich, seinen von Gewissensskrupeln geplagten Bruder Kartiman zu trösten, der den Vatermord mit seinem Tod sühnen will. Im Kampf mit einem feindlichen Konvoi vor Morgengrauen trifft ihn die tödliche Kugel. – Die Szene wechselt über zum Haus der Amilah, wo die Mutter mit ihren drei Töchtern Salamah, Patimah und Salami sowie ihrem achtjährigen Sohn Hasan lebt. Amilah ist in höchster Sorge über das ungewisse Schicksal ihres Lieblingssohnes Saaman, des Ernährers der Familie. Durch den Besuch des Gefängnisdirektors erfährt sie, daß das Todesurteil bereits ausgesprochen ist und am folgenden Morgen vollstreckt werden soll. Während der Nacht zerschlägt Amilah in einem Wahnsinnsanfall die Lampe. Das brennende Öl läuft aus und entfacht einen Brand, der ihr Haus samt den Häusern der Nachbarschaft vernichtet. Saaman geht standhaft in den Tod. Seine Leiche wird von den Behörden der Familie übergeben und auf dem Friedhof beigesetzt. Über dem Grab ihres Sohnes bricht Amilah tot zusammen. Die überlebenden Geschwister beten für das Seelenheil ihres Bruders und geloben, sich in ihrem künftigen Leben seiner würdig zu erweisen.

Der Roman ist – darauf beruht sein hoher Wert als einzigartiges Zeitdokument – ein ungeschminkter, von jeder Schwarzweißmalerei freier Bericht über den Kampf Indonesiens um seine staatliche Unabhängigkeit. Dabei bewegt den Autor, über die bloße Schilderung der Geschehnisse hinaus, unablässig die Frage nach dem Sinn der Opfer, nach Schuld und Sühne. Er weiß aus eigenem, bitterem Erleben, daß in einer Zeit, die bar jeglicher staatlicher Rechtsordnung ist, in der die altüberlieferte, *adat*-gebundene Gesellschaftsstruktur unaufhaltsam zerfällt und der rücksichtslose Kampf um die nackte Existenz, Treulosigkeit und brutale Gewalt das Feld beherrschen, in der man um des Ideals der Freiheit willen nicht vor dem Vatermord zurückschreckt – daß in einer solchen Zeit jeder Indonesier, sei er Soldat oder Zivilist, jung oder alt, ständig vor unausweichlichen Gewissensentscheidungen steht, die ihn schuldig werden lassen. Nur der Tod, so meint der Autor, sühnt menschliche Schuld; in diesem Sinn schlägt Saaman bewußt die gebotene Möglichkeit der Flucht aus und bekennt: »*Die Revolution ist so entsetzlich ... Ich habe mich gezwungen, Grausamkeit und Mord zu begehen ... damit die Menschen nicht genötigt sind, dergleichen zu tun, und sie sich künftig ihrer Menschenwürde und der Freiheit erfreuen können.*« Aber auch Gott, der jenseits von Gut und Böse steht, trägt Verantwortung für die Unvollkommenheit seiner Geschöpfe; so betet der Bruder Kartiman als gläubiger Mohammedaner vor seinem Tod zu Allah: »*Du selbst bist es, der alle diese Sünden zuläßt, die in der Welt begangen werden. Ich habe Menschen für den neuen Staat geopfert, den Du in unserem Vaterland hast erstehen lassen*«.

Das Werk ist, wie seine Kritiker angemerkt haben, nicht frei von Mängeln. Vor allem ist eine gewisse Diskrepanz zwischen den Leitgedanken des Autors und ihrer Gestaltung im Roman nicht zu übersehen. Die Hauptgestalten, die Mutter Amilah und ihr Sohn Saaman, sind zweifellos mit feinem psychologischem Gespür für die durch ungewöhnliche Lebenssituationen bedingten anomalen Verhaltensweisen gezeichnet, dagegen wirken die Nebenpersonen blutleer und schemenhaft, sie erscheinen, wie der niederländische Literarhistoriker A. Teeuw bemerkt hat, geradezu »flach« und gleichen den Schattenspielfiguren der javanischen Heimat des Autors. Seinen Höhepunkt erreicht der Roman mit der Lebensbeichte und dem mannhaften Tod Saamans, während der allzu gekünstelte, unrealistische und daher nicht überzeugende Schluß befremdet. Überhaupt erliegt der Autor nicht selten gerade dort, wo er besonders engagiert ist, der Gefahr, in das Pathos der Rührseligkeit abzugleiten. Und doch ist es eben dieses bedingungslose Engagement Ananta Toers für die Idee der Freiheit, das die erstaunliche Wirkung seines literarischen Schaffens im indonesischen Volk verständlich macht und ihm zu Recht den Ruf des bedeutendsten indonesischen Prosaschriftstellers der Nachkriegszeit eingetragen hat. O.K.

Ausgabe: Djakarta 1950; ²1955.

Übersetzung: *The Voyage of Abdullah*, A. Cope, Singapur 1949 [engl.].

Literatur: A. Teeuw, *Om de menselijke waardigheid: Een volwaardige Indonesische roman* (in Nieusgier, 24, 1951, S. 3). – H. B. Jassin, *Kesusasteraan indonesia modern dalam kritik dan essei*, Djakarta 1962, S. 128–140. – S. Takdir Alisjahbana, *Indonesian Language and Literature. Two Essays*, New Haven 1962, S. 38/39. – A. Teeuw, *Modern Indonesian Literature*, Den Haag 1967, S. 170/171.

ANAXAGORAS AUS KLAZOMENAI

* um 500 v.Chr. Klazomenai / Kleinasien
† um 428 v.Chr. Lampsakos / Kleinasien

PERI PHYSEŌS

(griech.; *Über die Natur*). Nicht authentischer Titel des mehrbändigen naturphilosophischen Werkes von Anaxagoras aus Klazomenai, dem Freund

und Berater des Athener Staatsmannes Perikles. – Die Schrift, im Heimatdialekt des Klazomeners verfaßt, zeugt in den erhaltenen Stücken von dem Bemühen des Autors, zu einem klaren und geordneten Stil zu gelangen, der, mit einer gewissen Eleganz ausgestattet, sich vollkommen der wissenschaftlichen Darlegung anpaßt. SIMPLIKIOS, der fleißige Kommentator des ARISTOTELES, hat uns 16 Fragmente in Zitaten bewahrt; zusammen mit einigen wenigen Bruchstücken aus sonstigen Quellen und mit Berichten bei PLATON, Aristoteles, THEOPHRAST und anderen Autoren bieten sie die Möglichkeit, wenigstens die kosmologischen Theorien des Philosophen einigermaßen zu rekonstruieren. Auf dem Weg über EMPEDOKLES und PARMENIDES, deren Denken ihm in wesentlichen Punkten verbindlich ist (ohne daß dadurch seine eigene Entfaltung im mindesten gestört würde), wurzelt das Denken des Anaxagoras in der *Physis*-Spekulation der alten Milesischen Schule, besonders ANAXIMANDERS, mit ihrer Frage nach Ursprung und Grundprinzip (*arché*) des Seins.

Die Welt besitzt nach Anaxagoras zwei Konstitutionsmomente, die in ihrem Zusammenwirken das Seinsgeschehen ermöglichen. Auf der einen Seite nennt er als materielle Urelemente die »Samen« (*spermata*), die von Anbeginn an in unendlicher Anzahl und Kleinheit vorhanden waren und aus denen durch Mischung und Scheidung die uns sinnlich erfahrbaren Erscheinungsobjekte entstehen; die Qualität dieser – immer weiter teilbaren – Kleinstpartikel ist die der in der Realität faßbaren Dinge (wie Blut, Gold, Stein usw.), das Aussehen der Gegenstände richtet sich nach dem überwiegenden Sperma-Anteil. Diesem Stoff tritt gegenüber das formende Ordnungsprinzip; der *nus* (Geist), der freilich nichts anderes ist als eine besonders feine und reine, mit vielständiger Kraft begabte Art von *spermata*. Seine bedeutendste Funktion hat der *nus* am Anfang des Weltgeschehens, wo er im gleichmäßig gemischten Beieinander der Urelemente als »Zünder« eine Rotationsbewegung hervorruft, die nach und nach die gleichgearteten *spermata* zusammentreten läßt und so den Prozeß allmählicher Ding-Werdung auslöst.

Der Gesamtbestand des Seins war von Beginn an gegeben (hier faßt man den Ansatz des Eleaten Parmenides). Ein Werden oder Vergehen im eigentlichen Sinn des Wortes gibt es nicht: »*Beisammen waren alle Dinge, grenzenlos nach Menge wie nach Kleinheit; denn das Kleine war grenzenlos*« (Frgm. B 1); »*Wenn sich dies aber so verhält, dann sind in dem Gesamten, so muß man meinen, enthalten alle Dinge*« (Frgm. B 4); »*Vom Entstehen und Vergehen aber haben die Hellenen keine richtige Meinung. Denn kein Ding entsteht oder vergeht, sondern aus vorhandenen Dingen mischt es sich und scheidet es sich wieder. Und so würden sie demnach richtig das Entstehen Mischung und das Vergehen Scheidung nennen*« (Frgm. B 17; Ü: Diels-Kranz).

Die philosophiegeschichtliche Forschung war versucht, in dieser Kosmologie den ersten Niederschlag eines echten dualistischen Seinskonzepts zu erblicken. Aber der durchaus materielle Charakter des »geistigen« Prinzips und auch die schon von Aristoteles getadelte Tatsache, daß Anaxagoras im gewöhnlichen Seinsgeschehen den Geist nur da ansetzt, wo dinglich-physikalische Gesetze für die Erklärung nicht zureichen, gebieten einige Skepsis: Der Gedanke des »Dualismus« scheint mehr auf jenen Vorstellungen zu basieren, die in der Folgezeit, vor allem bei Platon, mit dem Begriff *nus* verknüpft wurden, als in der Anaxagoreischen Anschauung selbst. Doch bedeutet die Leistung des Anaxagoras jedenfalls – neben der des Empedokles – einen wichtigen Schritt in Richtung auf die dualistisch geprägten Gedankengebäude eines Platon und Aristoteles. E.Sch.

AUSGABEN: Göttingen 1821 (in J. T. Hemsen, *Anaxagoras Clazomenius*). – Bln./Ffm. ²1949 (in *Vorsokratische Denker. Auswahl aus dem Überlieferten*, Hg. W. Kranz; griech.-dt.). – Dublin/Zürich ¹²1966 (in *Die Fragmente der Vorsokratiker*, Hg. H. Diels u. W. Kranz, Bd. 2; m. Übers.). – Florenz 1966 (*Anassagora, Testimonianze e frammenti*, Hg. D. Lanza; m. Komm., Bibliogr. u. ital. Übers.). – Meisenheim a. G. 1981 (in *The Fragments of A.*, Hg. D. Sider; mit engl. Komm. und Bibliogr.).

ÜBERSETZUNGEN: In *Die Vorsokratiker*, W. Nestle, Jena 1908; ern. Köln 1956 (Diederichs Taschenausg.). – In *Die Vorsokratiker*, W. Capelle, Stg. ⁴1953. – In *Die Vorsokratiker*, J. Mansfeld, Stg. 1987, S. 482–496 (RUB; griech.-dt.).

LITERATUR: W. Capelle, *A.* (in NJb. 22, 1919, S. 81–102; 169–198). – Schmid-Stählin, 1/2, S. 708–719. – D. Ciurnelli, *La filosofia di Anassagora*, Padua 1947 (vgl. die Rez. v. H. Fränkel, jetzt in H. F., *Wege und Formen frühgriechischen Denkens*, Mchn. ²1960, S. 284–293). – J. Zafiropulo, *Anaxagore de Clazomène*, Paris 1948 [m. Text u. frz. Übers.]. – F. M. Cleve, *The Philosophy of A.*, NY 1949. – C. Strang, *The Physical Theory of A.* (in AGPh, 45, 1963, S. 101–118). – G. S. Kirk u. J. E. Raven, *The Presocratic Philosophers. A Critical History with a Selection of Texts*, Cambridge 1957, S. 362–394. – Lesky, S. 365–367. – K. v. Fritz, *Der ›nus‹ des A.* (in Archiv für Begriffsgeschichte, 9, 1964, S. 87–102). – D. E. Gershenson u. D. A. Greenberg, *A. and the Birth of Physics*, NY/Ldn./Toronto 1964 [m. Bibliogr.]. – W. K. C. Guthrie, *A History of Greek Philosophy*, Bd. 2, Cambridge 1965, S. 266–338. – F. Romano, *Anassagora*, Padua 1965. – M. C. Stokes, *On A.* (in AGPh, 47, 1965, S. 1–19; 217–250). – M. Schofield, *Doxographica Anaxagorea* (in Herm, 103, 1975, S. 1–24). – W. Schadewaldt, *Die Anfänge der Philosophie bei den Griechen*, Ffm. 1977, S. 453–459 (stw). – J. Barnes, *The Presocratic Philosophers*, Bd. 2, Ldn. 1979, S. 16–39. – M. Schofield, *An Essay on A.*, Cambridge 1980. – S.-T. Teodorsson, *A.'s Theory of Matter*, Göteborg 1982.

Anaximandros aus Milet

* um 610 v.Chr. Milet
† um 546 v.Chr.

PERI PHYSEŌS

(griech.; *Über die Natur*). Nicht authentischer Titel der kosmologischen Prosaschrift des ANAXIMANDROS aus Milet. – Aus dieser ersten philosophischen Abhandlung des Griechentums, die für uns zugleich den Beginn der profanen Prosaliteratur bedeutet (falls nicht THALES doch publiziert haben sollte), hat der Aristoteles-Kommentator SIMPLIKIOS (5./6.Jh. n. Chr.) das erste direkte Zeugnis abendländischen Denkens bewahrt: »*Woraus aber das Werden ist den seienden Dingen, in das hinein geschieht auch ihr Vergehen nach der Schuldigkeit; denn sie zahlen einander gerechte Strafe und Buße ... nach der Zeit Ordnung*« (Frgm. B 1, Ü: nach Diels-Kranz). Den in diesen Worten angedeuteten »*unsterblichen*«, »*unvergänglichen*« Urgrund *(archē)*, dem das einzelne Seiende entstammt, nennt Anaximander das *apeiron*, das Ungestaltet-Unendlich-Unbestimmte (im Gegensatz etwa zu dem – Thales zugeschriebenen – Seinsurprinzip »*Wasser*«): »*Dieses Apeiron ist weder ein stofflich bestimmtes Element noch eine Mischung, in der von vornherein alles enthalten wäre ... Anaximander meinte echtes Entstehen aus dem unbegrenzten und unerschöpflichen Urgrund, der allem individuellen Sein vorausliegt*« (Lesky). Wie sich der Philosoph das Werden und Vergehen der Seinserscheinungen und ihrer Elemente im einzelnen dachte, ist nicht mehr zu erkennen: in den Berichten späterer Denker, wie ARISTOTELES, sind Zeugnis und Deutung weithin untrennbar ineinander verwachsen (auch in dem Zitat des Simplikios bereitet die Festlegung des originalen Wortlauts Schwierigkeit). Soviel aber ist den antiken Doxographen zu entnehmen, daß Anaximanders Werk nicht auf diese kühn abstrahierenden kosmologischen Spekulationen beschränkt war, sondern daß darin auch die in engerem Sinne naturkundlichen Theorien des Autors Raum fanden: Astronomie und Biologie.

Sein Kosmosmodell – unsere Welt, eine von vielen, als Kugel, in deren Zentrum unbewegt die Erde, ein oben gewölbter Zylinderstumpf (Höhe : Durchmesser = 1:3) schwebt; Sonne, Mond, Planeten, Sterne (auch hier genaue Maßverhältnisse) als kleine Öffnungen in um die Erde kreisenden feuergefüllten Luftschläuchen – bedeutete gegenüber der flachen, auf dem Meer schwimmenden Scheibe des Thales einen großen Fortschritt. Besonders bemerkenswert erscheinen auch seine Hypothesen über die Entstehung des Lebens; Anaximander verlegt seinen Ursprung in das Meer, aus dem sich die Tiere, bei allmählich differenzierterer innerer Organisation, ans Land begeben hätten: Jede höher organisierte Art – so auch der Mensch – habe sich aus niedrigeren Lebewesen entwickelt. Diese Gedanken sind um so erstaunlicher, als sie auf reiner philosophischer Spekulation beruhen, denn Anaximander waren – wie fast allen griechischen Naturforschern – exaktes Messen und kritisches Experiment noch völlig fremd. E.Sch.

AUSGABEN: Bln./Ffm. ²1949 (in *Vorsokratische Denker. Auswahl aus dem Überlieferten*, Hg. W. Kranz; griech.-dt.). – Florenz 1963 (in *Ionici*, Hg. A. Maddalena; m. Komm., Bibliogr. u. ital. Übers.). – Dublin/Zürich ¹³1968 (in *Die Fragmente der Vorsokratiker*, Hg. H. Diels u. W. Kranz, Bd. 1; m. Übers.)

ÜBERSETZUNGEN: In *Die Vorsokratiker*, W. Nestle, Jena 1908 (ern. Köln 1956; Diederichs Taschenausg.). – In *Die Vorsokratiker*, W. Capelle, Stg. ⁴1953. – In *I Presocratici*, A. Pasquinelli, Turin ²1966 [ital.; m. Komm.]. – In *Die Vorsokratiker*, J. Mansfeld, Stg. 1987, S. 56–81 (RUB; griech.-dt.).

LITERATUR: Schmid-Stählin, 1/1, S. 729–731. – F. Dirlmeier, *Der Satz des A. von Milet* (in RhMus, 87, 1938, S. 376–382; ern. in *Um die Begriffswelt der Vorsokratiker*, Hg. H.-G. Gadamer, Darmstadt 1968, S. 88–94). – O. Gigon, *Der Ursprung der griechischen Philosophie. Von Hesiod bis Parmenides*, Basel 1945, S. 59–98. – K. Deichgräber, *Anaximander von Milet* (in Herm, 75, 1940, S. 10–19). – W. Kraus, *Das Wesen des Unendlichen bei Anaximander* (in RhMus, 93, 1950, S. 364–379). – U. Hölscher, *Anaximander und die Anfänge der Philosophie* (in Herm, 81, 1953, S. 257–277; 385–418; ern. in U. H., *Anfängliches Fragen*, Göttingen 1968, S. 9–89). – W. Jaeger, *Die Theologie der frühen griechischen Denker*, Stg. 1953; Nachdr. Darmstadt 1964, S. 28–49. – G. S. Kirk u. J. E. Raven, *The Presocratic Philosophers. A Critical History with a Selection of Texts*, Cambridge 1957, S. 99–142. – N. Rescher, *Cosmic Evolution in Anaximander* (in Studium Generale, 11, 1958, S. 718–731). – Ch. H. Kahn, *Anaximander and the Origins of Greek Cosmology*, NY 1960. – C. J. Classen, *Anaximander* (in Herm, 90, 1962, S. 159–172). – H. Fränkel, *Dichtung und Philosophie des frühen Griechentums*, Mchn. ²1962, S. 300–306 [m. Übers.]. – W. K. C. Guthrie, *A History of Greek Philosophy*, Bd. 1, Cambridge 1962, S. 72–115. – P. Seligman, *The Apeiron of Anaximander*, Ldn. 1962 (vgl. die Rez. v. C. J. Classen, in GGA, 215, 1963, S. 154–160). – H. Schwabl, *Anaximander. Zu den Quellen und seiner Einordnung im vorsokratischen Denken* (in Archiv für Begriffsgeschichte, 9, 1964, S. 59–72). – O. N. Guariglia, *Anaximandro de Mileto. Fragmento B 1 Diels-Kranz* (in Anales de Filología Clásica, 9, 1964/65, S. 23–155). – W. Schadewaldt, *Die Anfänge der Philosophie bei den Griechen*, Ffm. 1977, S. 235–257 (stw) – J. Barnes, *The Presocratic Philosophers*, Bd. 1, Ldn. 1979, S. 19–37. – C. J. Classen, *Ansätze*, Amsterdam 1986, S. 47–129.

ANAXIMENES AUS MILET

* um 585 v.Chr. Milet
† um 525 v.Chr.

PERI PHYSEŌS

(griech.; *Über die Natur*). Nicht authentischer Titel der naturphilosophischen Schrift des ANAXIMENES aus Milet. – Das im ionischen Dialekt geschriebene Werk behandelte die Frage nach dem Ursprung des Seins und dem Aufbau der Welt, die zuvor schon ANAXIMANDER, angeblich des Anaximenes Lehrer, gestellt hatte. Was uns durch Zitate des ARISTOTELES, THEOPHRAST und sonstiger antiker Philosophiehistoriker von den Vorstellungen des Anaximenes überliefert ist, läßt sein Bestreben erkennen, allenthalben die Gedanken seines Vorgängers weiterzudenken und zu korrigieren (soweit dies einer rein spekulierenden, höchstens durch naive Naturbeobachtung ohne prüfendes Nachforschen unterstützten Welterkundung möglich war).

Dem heutigen Betrachter erscheinen seine mehr oder minder willkürlichen Ergebnisse, verglichen mit den Gedanken Anaximanders, teils als Fortschritt, teils als Rückschritt. Daß er als Urprinzip des Alls die Luft (*aēr*) annahm, aus der durch Verdünnungs- und Verdichtungsprozesse die übrigen Formen der Erd- und Allmaterie entstehen, war durchaus geeignet, dem *apeiron*-Ansatz des älteren Zeitgenossen konkretere Züge zu verleihen. Daß er diesen *aēr* auch zum Prinzip der menschlichen Seele machte (»*Wie unsre Seele, die Luft ist, uns beherrschend zusammenhält, so umfaßt auch die ganze Weltordnung Hauch und Luft*«, Frgm. B 2, Ü: Diels-Kranz), war ein mittelbar bis in neuzeitliche Mystik hineinwirkender Gedanke. Daß er dagegen die Erde wieder als einen flachen, auf einem Luftpolster ruhenden Teller ansah und sich von der geozentrischen Kugelgestalt des Alls abkehrte, will – obgleich es vom Wesen jener rein spekulativen Denkweise her ganz natürlich erscheinen muß – ohne die verlorengegangene Begründung nur schwer einleuchten. E.Sch.

AUSGABEN: Bln./Ffm. ²1949 (in *Vorsokratische Denker. Auswahl aus dem Überlieferten*, Hg. W. Kranz; griech.-dt.). – Florenz 1963 (in *Ionici*, Hg. A. Maddalena; m. Komm., Bibliogr. u. ital. Übers.). – Dublin/Zürich ¹³1968 (in *Die Fragmente der Vorsokratiker*, Hg. H. Diels u. W. Kranz, Bd. 1; m. Übers.).

ÜBERSETZUNGEN: In *Die Vorsokratiker*, W. Nestle, Jena 1908; ern. Köln 1956 (Diederichs Taschenausg.). – In *Die Vorsokratiker*, W. Capelle, Stg. ⁴1953. – In *I Presocratici*, A. Pasquinelli, Turin ²1966 [ital.; m. Komm.]. – In *Die Vorsokratiker*, J. Mansfeld, Stg. 1987, S. 82–87 (RUB; griech.-dt.).

LITERATUR: Schmid-Stählin, 1/1, S. 731 f. – O. Gigon, *Der Ursprung der griechischen Philosophie. Von Hesiod bis Parmenides*, Basel 1945, S. 99–119. – K. Freeman, *The Pre-Socratic Philosophers. A Companion to Diels, Fragmente der Vorsokratiker*, Oxford ³1953 (Nachdr. zul. 1966), S. 64–73. – G. S. Kirk u. J. E. Raven, *The Presocratic Philosophers. A Critical History with a Selection of Texts*, Cambridge 1957, S. 143–162. – H. Fränkel, *Dichtung und Philosophie des frühen Griechentums*, Mchn. ²1962, S. 306–308 [m. Übers.]. – W. K. C. Guthrie, *A History of Greek Philosophy*, Bd. 1, Cambridge 1962, S. 115–145. – H. Schwabl, *A. und die Gestirne* (in WSt, 79, 1966, S. 33–38). – J. Klowski, *Ist der Aer des A. als eine Substanz konzipiert?* (in Herm, 100, 1972, S. 131–142). – K. Alt, *Zum Satz des A. über die Seele* (in Herm, 101, 1973, S. 129–164). – W. Schadewaldt, *Die Anfänge der Philosophie bei den Griechen*, Ffm. 1978, S. 258–266 (stw). – J. Barnes, *The Presocratic Philosophers*, Bd. 1, Ldn. 1979, S. 38–56. – C. J. Classen, *Anaximandros und A. – Die früheste griechische Theorie stofflichen Wandels* (in C. J. C., *Ansätze*, Amsterdam 1986, S. 113–129).

RUDOLFO A. ANAYA

* 1937 Pastura / New Mexiko

BLESS ME, ULTIMA

(amer.; *Ü: Segne mich, Ultima*). Roman von Rudolfo A. ANAYA, erschienen 1972. – Anaya gehört zur ethnischen Gruppe der *Chicanos* (aus: *me-jicanos*) in den USA. Die Entstehung seines Werks – wenn auch sein explizit politischer Charakter gering ist – muß im Gesamtzusammenhang der politisch-kulturellen Bewegung des *Chicanismo* im Südwesten der USA gesehen werden, die 1965 mit dem Streik der philippinischen und mexikanischen Farmarbeiter Kaliforniens (»la huelga«) ihren Anfang nahm. *Bless Me, Ultima* (im generellen Kontext der Verbreitungsmöglichkeiten für Chicano-Literatur ein »Bestseller«) gründet in den regionalen Mythen und Legenden des nördlichen New Mexico, das auch Anayas Heimat ist.

Der Roman ist die Erzählung der Initiation (und abenteuerlichen »Queste«) des Jungen Antonio Márez durch die weise *curandera* (Heilerin) Ultima; sie ist »Medizinfrau«, Lehrerin und Zauberin zugleich. Antonios Bildungserlebnisse, die er, vermittelt oder erklärt durch Ultima, erfährt, konstituieren so etwas wie einen »Chicano-Bildungsroman«. Ultima weist Antonio in die Geheimnisse der Landschaft, der Erde, der Mythen und Legenden ein. Durch sie wird ihm ein Verständnis vermittelt auch für die Verwicklungen, Wirrnisse und letztlich die Tragik menschlicher Beziehungen.

Bless Me, Ultima verkörpert das geschlossene System eines Organismus, die Statik eines etablierten Dorfes in New Mexico und der Familie während des Zweiten Weltkriegs, was nicht ausschließt, daß Rache, Gewalt und schließlich Tragik ein Grundelement darstellen. Ein Mann, Angehöriger der Dorfgemeinschaft, mordet, weil der Kriegsdienst ihn psychisch zerstört hat. Antonios Mutter ist traurig, weil die drei ältesten Söhne in den Krieg ziehen mußten. Doch sie kehren unversehrt zurück. Der Krieg figuriert als rekurrierendes statisches Negativsymbol – irgendein Krieg, der das Leben der Protagonisten beeinträchtigt. Die historischen Besonderheiten des Zweiten Weltkriegs werden nicht thematisiert.

Das durchgängige Hauptmotiv von Rache und Gewalt ergibt sich aus der Fehde Tenorios mit der Familie Antonios wegen Ultima. Die Márez, Antonios Eltern, haben die weise Heilkundlerin bei sich aufgenommen. Tenorio will Ultima töten, da sie seine Töchter verzaubert und schließlich auch ihren Tod verursacht habe. Magie, Hexerei, Kräuterheilkunde, Träume, die »Epiphanie der Landschaft«, religiöse und heidnische Bräuche (Sonne, Wind, Regen, die Ebene, der Fluß), der Zyklus der Natur, Legenden, wie diejenige vom goldenen Karpfen, sind für die folkloristische Welt des Romans konstitutiv. Hinzu kommt die durch die beiden Elternteile repräsentierte Dichotomie der Lebensprinzipien, die in Antonio dann versöhnt erscheinen: Vater Márez, der *vaquero*, Cowboy des alten Grenzlandes, der den Traum vom »Abenteuer Kalifornien« mit den Söhnen realisieren will; die Mutter, geborene Luna, seßhaft, wünscht sich Antonio als Pfarrer oder Farmer. Die Gegensätze werden letztlich – wie alle anderen – im *»great cycle of life... – the harmony within the universe«* aufgehoben. Ultimas Magie erscheint versöhnt mit der katholischen Kirche; die Eule Ultimas (Projektion ihrer Weisheit) wirkt als Beschützer des Jungen, nicht als Symbol des Bösen oder der Hexerei, wie es die Folkore sonst fixiert.

Bless Me, Ultima ist daher nicht nur die konsequente romanhafte Umsetzung der oral überlieferten Folklore, sie ist auch deren neu-mexikanische Uminterpretation. Anayas humanistischer Ansatz geht aus von einem universalen Konzept der Liebe, Versöhnung, Weisheit und Selbstbestimmung. Antonios Suche ist das Fragen nach Wissen und Sinnzusammenhang; die Einheit von Mensch und Natur ist das Angebot einer tentativen Antwort, nicht neu, aber attraktiv genug für eine potentielle Massenrezeption. Als Traum oder Vision ist Anayas Entwurf wirkungsvoll und interessant, eine Position im Ensemble der Möglichkeiten, die Identität des Chicano in Aztlán (vgl. hierzu den Beitrag zur Lyrik von ALURISTA) zu festigen; als realistische Widerspiegelung einer geschlossenen Gesellschaftsformation ist Anayas Vision nicht ungefährlich, da sie die konkrete Erfahrung gesellschaftlicher Konflikte weitgehend ausschaltet, verdrängt oder leugnet.

Nach *Bless Me, Ultima* schrieb Anaya zwei weitere Romane, *Heart of Aztlán* (1976) und *Tortuga* (1979); alle drei zusammen werden häufig als »New Mexico Trilogy« bezeichnet. Ihr Zusammenhang ist jedoch allenfalls durch den Schauplatz im weitesten Sinn gegeben. *Heart of Aztlán* stellt der mythisch grundierten Landschaft die in der Stadt herrschende Entfremdung gegenüber, mit Kriminalität, Drogen und Arbeitskämpfen. Nur durch eine »Queste« zu den mythischen Ursprüngen des Umlandes kann Clemente, der Protagonist, wieder zu sich finden. *Tortuga* spielt in einem Krankenhaus in der Nähe eines Zauberberges, der die Form einer Schildkröte hat. Das Titelsymbol bezieht sich zugleich auf den Ich-Erzähler, der nach einem Unfall von einem Gipsverband umhüllt ist; letztlich aber steht es für die Einkerkerung der Chicanos in einer feindlichen Welt. Anayas folkloristische Erzählkunst hat die Chicano-Literatur weit über die Grenzen der eigenen ethnischen Gemeinschaft hinaus bekanntgemacht.

D.He.

AUSGABE: Berkeley 1972.

ÜBERSETZUNG: *Segne mich, Ultima*, H. Tonn, Ffm. 1984.

LITERATUR: A. D. Trevino, *»Bless Me, Ultima« – A Critical Interpretation* (in De Colores, 3, 1977, 4, S. 30–33). – J. Rogers, *The Function of La Llorona Motif in R. A.'s »Bless Me, Ultima«* (in LALR, 5, 1977, 10, S. 64–69). – D. Testa, *Extensive/Intensive Dimensionality in A.'s »Bless Me, Ultima«* (in ebd., S. 70–78). – R. Cantu, *Degradación y regeneración en »Bless Me, Ultima«: el chicano y la vida nueva* (in *The Identification and Analysis of Chicano Literature*, Hg. F. Jiménez, NY 1979, S. 374–388). – A. Jung, *Regionalist Motifs in R. A.'s Fiction (1972–82)* (in *Missions in Conflict*, Hg. R. v. Bardeleben u. a., Tübingen 1984, S. 159–167).

JOSÉ DE ANCHIETA

* 19.3.1534 São Cristóvão de la Laguna / Teneriffa
† 9.6.1597 Reritiba (heute Anchieta, Espírito Santo)

LITERATUR ZUM AUTOR:

Bibliographie:
J. de Lima, *A.*, Rio 1934.

Biographien:
S. de Vasconcelos, *Vida do venerável Padre J. de A.*, Lissabon 1672; ern. Rio 1943, 2 Bde. – S. Leite, *A primeira biografia inédita de J. de A.*, Lissabon 1934. – Q. Caxa, *Breve relação da vida e da morte do*

Padre J. de A. (in Brotéria, 18, 1934, S. 169–174; 253–265). – H. A. Viotti, *A., o apóstolo do Brasil*, São Paulo 1966. – F. Nobre, *A., apóstolo do novo mundo*, São Paulo 1968 [m. Bibliogr.; ²1974]. *Gesamtdarstellungen und Studien:* *III Centenário do venerável J. de A.*, Paris/Lissabon 1900. – *Cartas, informações, fragmentos históricos e sermões do Padre J. de A.*, Rio 1933 [Einl. u. Anm. A. Peixoto; Studie C. de Abreu]. – S. Leite, *História da Companhia de Jesus no Brasil*, Bd. 2, Rio 1938. – C. Vieira, *A.*, São Paulo ³1949 [def. Ausg.]. – *Anchietana*, São Paulo 1965. – L. A. de Azevedo Filho, *A., a Idade Média e o Barroco*, Rio 1966. – P. de Fuentes y Valbuena, *J. de A.*, Leon 1982. – L. A. de Azevedo Filho u. S. Elia, *As poesias de A. em português*, Rio 1983.

AUTO NA FESTA DE SÃO LOURENÇO

(portug.; *Spiel zum Fest des heiligen Laurentius*). – Geistliches Spiel von José de ANCHIETA (Spanien/Brasilien), uraufgeführt vor der Kapelle des Indianerdorfes São Lourenço (im heutigen Niterói) am 10. 8. 1587 anläßlich des Besuchs von Anchieta in seiner Funktion als Ordensprovinzial. – Das Spiel ist in Portugiesisch, Spanisch und der Indianersprache *tupi* geschrieben, umfaßt 1674 Verse und ist in fünf Akte gegliedert. Anchieta, 1551 in Coimbra dem Jesuitenorden beigetreten, kam mit 19 Jahren nach Brasilien und widmete sich bis zu seinem Lebensende der Seelsorge portugiesischer Siedler, der Erziehung ihrer Kinder und der Bekehrung und Alphabetisierung der Eingeborenen (vgl. Fernão CARDIM, *Tratados da terra e da gente do Brasil*). Um 1555 verfaßte er die erste portugiesische Sprachlehre zum Gebrauch in Brasilien, *Arte de gramática da língua mais usada na costa do Brasil (Grammatik der Allgemeinsprache an der Küste Brasiliens)*.
Außer den berühmten lateinischen Gedichten *De Beata Virgine Matre Maria (Selige Jungfrau Maria, Mutter Gottes*, erschienen 1663) und *De Gestis Mendi de Saa (Die Taten von Mem de Sá*, erschienen 1563) hinterließ er Briefe und Predigten, historische Studien und geistliche Spiele, von denen zwölf überliefert sind. In nahezu allen seinen Spielen thematisieren die zentralen Szenen den Versuch von Teufeln und Dämonen, die Indianer zum Bösen zu verleiten und den sich anschließenden Dialog mit Engeln und Heiligen über Gut (Christentum der Missionen, Kultur) und Böse (Heidentum der Indianer, Naturhaftigkeit), wobei der Konflikt mit dem glücklichen Sieg der himmlischen Kräfte über alles sichtbare und unsichtbare Übel und der Vertreibung der Dämonen gelöst wird. Anchieta verfügte über einen Grundstock von Versen, die er nach Bedarf dem Aufführungsort (Vorplatz der Kirche oder Marktplatz von Indianerdörfern oder Siedlerkolonien) sowie den Begebenheiten des Aufführungsjahres (zwischen 1561 und 1597) und dem Publikum (Siedler, Missionare, Schüler, Eingeborene, europäische Gäste) anpaßte.

Die ersten Akte des *Auto na festa de São Lourenço* sind eine Bearbeitung des (wahrscheinlich) am 25. 12. 1561 in Piratininga (heute São Paulo) uraufgeführten *Auto de Natal ou Pregação Universal (Weihnachtsspiel oder Die allgemeine Predigt)*, das in São Vicente am Sylvestertag 1576 wegen des dabei von Anchieta vollbrachten »Regenwunders« eine andächtig aufgenommene Aufführung erfuhr. Die *Pregação Universal*, »allgemein« genannt wegen der Zusammensetzung des Publikums und des mehrsprachigen Textes, gilt als *»erster eigenständiger Beitrag zum brasilianischen Theater«* (A. Cardoso) und gehört damit zu den ersten geschriebenen literarischen Texten Brasiliens überhaupt, wobei das *Auto na festa de São Lourenço* aufgrund des gelungenen *»Zusammenspiels von Mystizismus und Naturalismus, von Doktrin und Pragmatik«* (M. L. de Paula Martins) als sein bestes Werk bezeichnet wird: es ist unterhaltend, erbaulich und belehrend zugleich. Linguisten gibt das Werk wertvollen Aufschluß darüber, wie *tupí* am Ende des 16. Jh.s gesprochen wurde. Anchieta schrieb Prolog und Epilog neu; als Identifikationsmuster für die aus dem benachbarten Rio erwarteten Zuschauer gab er den Teufeln emblematisch Namen von feindlichen Tamoyos-Anführern, die im Kampf um Rio getötet worden waren, und fügte die Figur ihres Schutzpatrons, des heiligen Sebastian, hinzu.
Das Spiel beginnt mit einem Lied (spanisch), in dem aus der Sicht des heiligen Laurentius dessen Martyrium geschildert wird: die große Liebe Jesu habe ihn verbrannt. Der Heilige liegt dabei in Gestalt seiner Statue auf einem Eisenrost. Im 2. Akt versuchen Guixará, König der Teufel, und seine Diener Aimbirê und Saravaia die Dorfbewohner zu verführen. Eine alte Frau – die einzige reale Frauengestalt bei Anchieta, dargestellt von einem Mann – empfängt Guixará mit allen rituellen Ehren; entsetzt erkennt sie schließlich, mit wem sie es zu tun hat. Die beiden Heiligen und der Dorfschutzengel rüsten sich zum Kampf und nehmen die Teufel gefangen, die dann in einem Lied *(tupi)* das Dorf verwünschen. Im folgenden Akt bewacht der Engel den Leichnam des Märtyrers und befiehlt den zu Gotteswerkzeugen gewordenen Teufelsdienern, die römischen Kaiser und Peiniger des Heiligen, Decius und Valerianus, zu töten. Mit vier Begleitern fesseln Aimbirê und Saravaia die hochmütig bzw. feige auf ihren Thronen sitzenden Imperatoren, die versuchen, durch die Aufzählung ihrer Schandtaten Gnade zu erwirken. Aber das von den Dämonen ausgehende Feuer versengt die Tyrannen, die nun den Tod erflehen (spanisch und *tupi*) und in die Hölle gejagt werden. Die Teufel setzen sich die Kaiserkronen auf und nehmen, einer Indianersitte folgend, neue Namen an. Im 4. Akt erscheint der Engel mit den allegorischen Figuren der Gottesfurcht und Gottesliebe, um zum Begräbnis des Märtyrers die Totenrede zu halten. In Portugiesisch (Engel) und Spanisch (Allegorien) ermahnen sie zur Buße, Nächstenliebe und Zuversicht. Während die Gottesliebe die verabschiedenden Verse spricht, werden die Reliquien und ein Bildnis des

Heiligen in die Kapelle getragen, und alle am Spiel Beteiligten folgen. Dazu erklingt ein Lied, zu dem zwölf Indianerkinder einen Tanz aufführen (5. Akt). Am Schluß sprechen Darsteller und Publikum gemeinsam ein Gebet *(tupí)*, das die Verdienste des Dorfheiligen preist und um geistige Erneuerung für alle Bewohner bittet.

Thematisch wie formal steht Anchieta in der Tradition von Gil VICENTE, dessen Theater er in Coimbra kennengelernt hatte und von dem er auch das überwiegend verwendete Versmaß, den gereimten Kurzvers *(redondilha maior;* auch in *tupí)* übernahm, den er vereinzelt in gebrochener Form *(cola)* benutzte. Die übliche Strophenform im Dialog ist der Fünfzeiler *(quintilha)*, bei Liedern und Gebeten häufig der Achtzeiler mit Reimschema *abba acca*, teilweise als Elfsilber *(oitavas/oitavas de arte maior)*, so im Schlußlied bzw. -gebet des *Auto na festa de São Lourenço*. Als meisterhaft gelten darin die Predigten der Allegorien (4. Akt); *»lyrische Kompositionen von hohem literarischem Niveau. Im Spiel haben sie die Aufgabe, den geistigen Gehalt des Stückes zu fixieren, ähnlich dem griechischen Chor mit seiner Reflexion über Leben und Schicksal des Menschen«* (A. Cardoso).

Anchietas Verdienst liegt darin, daß er, noch ehe die Jesuiten in Europa die Bedeutung und Notwendigkeit des Theaters bei der Verbreitung des rechten Glaubens und der religiösen Kultur gültig formuliert hatten, die dramatischen Ausdrucksmöglichkeiten schon voll ausschöpfte. Indem er die Vorliebe der Eingeborenen für Gesang, Tanz und Musik ausnutzte, nach ihren Zeremonien seine Spiele strukturierte und ihren Geisterglauben zum Ausgangspunkt einer, wenn auch noch rudimentären dramatischen Handlung machte, paßte er sich der vorgefundenen »kulturellen« Ebene der Kolonie an. Sein Theater zog seine Kraft aus den visuellen und auditiven Elementen, was ihm, dem »Apostel Brasiliens«, den Ruf eintrug, der *»Begründer des brasilianischen ›Volkstheaters‹«* (Frèches) zu sein.

E.Bn.

AUSGABEN: Rom 1730 (Opp. NN. 24 des Römischen Archivs, SJ; Ms). – São Paulo 1954, Hg. M. L. de Paula Martins (in *Poesias de J. de A., SJ*; m. Anm. u. Übers. aus dem tupí; dipl.-krit.; Nachdr. d. Ausg. Rom 1730). – São Paulo 1977 (in *Obras completas*, Bd. 3; Einl. u. Anm. A. Cardoso).

LITERATUR: C.-H. Frèches, *Le théâtre de A. Contenu et structure* (in AION, 3, 1961, S. 47–70). – S. Magaldi, *Panorama do teatro brasileiro*, São Paulo 1962, S. 16–24. – H. A. Viotti, *A., primeiro dramaturgo do Espírito Santo. Conferência na Universidade do Espírito Santo*, Vitoria 17. .3. 1967. – L. Hessel u. G. Raeders, *O teatro jesuítico no Brasil*, Porto Alegre 1972. – J. A. Mourão, *J. de A., missionário e trovador do Brasil* (in Brotéria, 111, 1980, Nr. 6, S. 475–489).

MELİH CEVDET ANDAY

* 1915 Istanbul

LITERATUR ZUM AUTOR:
R. Mutluay, *Garipçiler'den M. C. A.'ın yaşam ve şiir çizgisi nedir?* (in R. M., *100 soruda çağdaş Türk edebiyatı »1908–1972«*, Istanbul 1973, S. 357–362). – B. Necatigil, *Edebiyatımızda eserler sözlüğü*, Istanbul ²1979 [enth. Beiträge über die Stücke u. Romane A.s]. – Art. *M. C. A.* (in A. Özkırımlı, *Türk edebiyatı ansiklopedisi*, Bd. 1, Istanbul 1982, S. 109–111). – M. C. Anday, *Akan zaman, duran zaman. Anı (Erinnerungen)*, Istanbul 1984. – Art. *M. C. A.* (in B. Necatigil, *Edebiyatımızda isimler sözlüğü*, Istanbul, ¹²1985, S. 9–40).

DAS LYRISCHE WERK (ntürk.) von Melih Cevdet ANDAY.

Seit seinem frühen Erfolg zu Beginn der vierziger Jahre zählt Melih Cevdet Anday zu den vielseitigen und anspruchsvollen Autoren, die der Erneuerung der türkischen Literatur in republikanischer Zeit zum Erfolg verhalfen und die weitere Entwicklung mittrugen. In der Türkei ist Melih Cevdet Anday vor allem als Dichter bekannt. Zu einer Persönlichkeit mit breiterer Öffentlichkeitswirkung machte ihn sein jahrzehntelanger Broterwerb als Übersetzer sowie Journalist und Kritiker bei verschiedenen Tageszeitungen und Kulturzeitschriften, eine berufliche Doppelgleisigkeit, die er mit vielen seiner türkischen Kollegen teilt. Beim intellektuellen Publikum hinterließen auch seine Theaterstücke (*İçerdekiler*, 1965 – *Die Gefangenen*; *Mikado'nun çöpleri*, 1967 – *Die Mikadostäbchen*; *Dört oyun*, 1972 – *Vier Theaterstücke*) und seine Romane (vgl. *Aylaklar*, 1965 – *Die Müßiggänger*; *Gizli Emir*, 1970 – *Der geheime Befehl*; *Isa'nın güncesi*, 1974 – *Isas Tagebuch* und *Raziye*, 1975) einen starken Eindruck. Daneben verfaßte er Reiseberichte, kulturphilosophische Essays und kritische Schriften zu Literatur und Theater, insgesamt bisher 12 Bände. Sein dichterisches Werk umfaßt inzwischen neun Bände. Außerhalb der Türkei ist Melih Cevdet Anday bisher wenig bekannt, doch sind insbesondere einige seiner frühen Gedichte übersetzt und in der Regel in Anthologien türkischer Dichtung veröffentlicht worden.

Nach dem poetischen Werk Nâzım HIKMETS (1902–1963) aus den zwanziger und dreißiger Jahren war es die Gedichtsammlung *Garip (Fremdartig)* – 1941 gemeinsam von Melih Cevdet Anday und seinen Freunden Orhan Veli KANIK (1914–1950) und Oktay Rıfat HOROZCU (1915–1988) herausgebracht –, die der türkischen Lyrik entscheidende Impulse zur formalen und inhaltlichen Erneuerung gegeben hat. Alles, was das Gedicht bisher ausgemacht hatte – Vers, Metrum, Reim, Metaphern, Musikalität, letztlich »das Schöne« – lehnten die drei *fremdartigen* Dichter ab, um sich alltäglichen Themen, Situationen und Gefühlen in einer einfachen – jedoch keinesfalls simplen –, von allen Effekten freien Sprache zuzuwenden: *Yolculuk Şiirleri I (Reisegedichte I).* »Einmal dachte ich/Auf einer sehr langen Bahnfahrt/An mein Bett zuhaus/Und konnte nicht schlafen./Warum kann ich diese Nacht nicht schlafen/In meinem Bett zuhaus?« (Übers. Y. Pazarkaya, 1987).

Melih Cevdet Andays erste eigenständige Lyriksammlung erschien 1946 unter dem Titel *Rahatı kaçan ağaç (Der beunruhigte Baum).* Sie enthielt 38 seiner Gedichte, die seit 1936 in verschiedenen literarischen Zeitschriften und in *Garip* erschienen waren, sowie zwei *masal (Märchen)* genannte balladenartige Gedichte. In zumeist freirhythmischen Zeilen greift der Dichter, fast aphorismenhaft, die unmittelbare Umwelt in der Großstadt auf – Armut, Ungerechtigkeit, den trüben Alltag der Benachteiligten und Schwachen: *Yalan (Lüge).* »Ich bin der Dichter der schönen Tage/Vom Glück lasse ich mich inspirieren/Ich erzähle den Mädchen von ihrer Aussteuer/Den Gefangenen von der Generalamnestie.../Für die Kinder habe ich gute Nachricht/Für die Kinder, deren Väter an der Front geblieben sind./Aber das alles ist schwer/Schwer fällt mir das Lügen...« (Übers. Y. Pazarkaya, 1987). Mit Ironie, selbst schwarzem Humor, verschärft Anday seine gesellschaftliche Kritik: *Her gece böyle değilim (Nicht jeden Abend bin ich so).* »Auch ich habe solche Abende/an denen ich zur Tür hereinkomme und meine Mutter umarme/den Kindern Bonbons und Nüsse mitbringe/ohne ins Wirtshaus zu gehen bin ich in Stimmung/ich habe keinen Feind/und den Tageslohn in meiner Tasche/ohne zu fluchen/solche Abende, an denen ich sorglos heimkomme.../Auch ich habe solche Abende./Nicht jeden Abend bin ich so.« Die Sprache dieser auf thematische und formale Konventionen verzichtenden Lyrik des Alltäglichen weist zwar noch immer gängige persische und arabische Lehnwörter auf, ist aber deutlich von den Zielen der 1928 von Atatürk eingeleiteten Sprachreform inspiriert, die im Grunde bis heute im Fluß ist. Anday gehört zu den schöpferischsten Befürwortern der »neuen türkischen Sprache« *(Dilimiz üstüne konuşmalar, 1975 – Über unsere Sprache).*

In der 1952 erschienenen Sammlung von 27 Gedichten unter dem Titel *Telgrafhane (Das Telegrafenamt)* bleibt der sozialkritische Ton unüberhörbar, obwohl die Polemik jeder ideologisierenden Schwere entbehrt. Melih Cevdet Andays bitterböse Ironie schlägt nicht zu, sondern geht unter die Haut: *Çürük (Fäulnis).* »Die Akazien riechen nach Akazien/In den Gärten riecht es nach Rosen und Dung/Das vorbeifahrende Auto riecht nach Benzin/Die Damen darin nach Parfum/Ein fürchterliches Parfum, das/Nach was riecht der Mann, der ihr Parfum riecht?/Er riecht nach Raki./Jungen und Mädchen riechen nach Schweiß/Die offenen Wunden der Verwundeten riechen/Und die zukünftigen Wunden der Gesunden riechen auch/Die Hände, Augen, Herzen der Menschen riechen/Ihr Atem riecht nach Hunger/Ihre verfaulenden Zähne, ihre Haut, ihr Hirn riecht/Ihre Gefühle, Gedanken, Stimmen, Wörter riechen/Was sie schreiben, lesen riecht/Je mehr sie faulen, umso mehr riechen sie/Bücher, Zeitschriften, Plakate, Briefe riechen/Freundschaften, Liebesaffären, Kameradschaften riechen/Ungelüftete Zimmer riechen/Gelüftete auch/Korridore, Häuser, Wohnungen riechen/Viertel, Städte, Länder, Kontinente riechen/Je mehr sie faulen, umso mehr riechen sie/Merkst Du nicht, wie sie riechen?/Riechen, riechen, riechen, riechen.«* Hier wird die Stimmung der Nachkriegstürkei getroffen mit ihrer Hoffnung auf Modernisierung, Verweltlichung, Demokratie und Freiheit vor dem politischen und intellektuellen Hintergrund einer Phase des Kalten Krieges.

Mehr als mit seinen zwei früheren Gedichtbänden zog sich Anday mit dem 1956 erschienenen dritten Band, *Yan yana (Seite an Seite),* Unannehmlichkeiten mit den Behörden zu, wurde jedoch nach einem zwei Jahre währenden Gerichtsverfahren freigesprochen *(Akan zaman, duran zaman I,* S. 187-189). Zum äußerlichen Anlaß waren jeweils Nichtigkeiten geworden; so erregte z. B. im letzteren Fall das abstrakte Titelbild den Verdacht der Polizei. Anday gibt in *Yan yana* insbesondere der Friedenssehnsucht poetischen Ausdruck, »Meinen Frieden entbot ich Wurm und Vogel/wurde nicht böse auf die, die ihn nicht annahmen« (aus *Barış – Friede*) und der Wehmut über die weit in die Ferne gerückte Hoffnung auf Menschlichkeit: »Morgen wollen wir bessere Menschen sein« (aus *Bize bağlı – Mit uns verbunden*).

Im Jahr 1962 erschien *Kolları bağlı Odysseus (Der gefesselte Odysseus)* oder, wie ein Dichterkollege sich ausdrückte, *Melih Cevdets Odyssee* (N. Cumalı, in ›Varlık‹ 1968), sein bis heute meistdiskutiertes Werk. Das Aufsehen, das diese vierteilige Folge von 35 diszipliniert durchkomponierten Gedichten zu 7 (Teil 1), 9 (Teil 2), 11 (Teil 3) und 13 (Teil 4) Zeilen mit behutsamer Verwendung von Alliteration, Binnen- und Endreimen hervorrief, läßt sich mit der Fülle und Musikalität der Sprache und der Zeitlosigkeit des Themas (Entfremdung des Menschen von sich, der Natur und der Gesellschaft und sein Ringen um die Überwindung dieser Entfremdung) begründen. Anday selbst hat darauf hingewiesen (»*Kitaba ek*« in *Sözcükler,* S. 246-249), daß sein Gedichtzyklus von Werken mit ähnlichem Anliegen inspiriert sei (HOMERS *Odyssee,* AISCHYLOS' *Agamemnon,* T. S. ELIOTS *Waste Land,* E. POUNDS *Cantos).* Von Naturmetaphorik kann allerdings weder hier noch in den späteren Gedichten die Rede sein, vielmehr sieht Anday in der Natur den Partner für sein inneres philosophisch-poetisches Zwiegespräch.

In der 1970 erschienenen Sammlung *Göçebe denizin üstünde (Auf der Nomadensee)* besinnt sich Anday zum einen, ruhiger geworden, auf die *condition humaine: Şiir yazmak (Dichten).* »Mal gehe ich von einem Wort aus/Es ist ein schöner hungriger Wurm/Mal von einem Gedanken der/wie eine blinde Rose kreist/Wie eine beduinische Geduld bin ich/die Nacht, die trostlose« (Übers. Y. Pazarkaya, 1987). Zum anderen belebt er in geradezu üppiger Sprache die

Mythen der altorientalischen Kulturen. Im Sinne der Universalität, die er anstrebt, erzählt er nicht die alten Epen mit neuen Worten, sondern weckt im Leser durch die Konfrontation der Mythen mit der modernen Realität das Gespür für den Abgrund, an dem er sich bewegt. Die Assoziation des Konflikts zwischen Naturgesetz und menschlichem Gesetz, zwischen Recht des Einzelnen und Staatsräson stellt sich ein; vergleichbar etwa dem, was der deutsche Dramatiker Heiner MÜLLER, wenn auch mit anderen Mitteln, bewußt zu machen versucht. Daneben weist Anday selbst auf die Bedeutung des Themas »Zeit« oder vielmehr «Zeitlosigkeit« in seinem Werk hin (Nesin Vakfı Edebiyat Yıllığı 1977, S. 175–177). Alte Mythen und »Zeit«, unter diese beiden Themenkreise fallen auch Andays sechsteiliger Gedichtzyklus *Troya önünde atlar (Pferde vor den Toren Trojas)*, erschienen in Varlık 781 (1972), erneut in *Sözcükler* (1978), sein streng geometrisch aufgebauter Zyklus *Ölümsüzlük ardında Gılgamış*, 1981 *(Gilgamesch auf der Suche nach der Unsterblichkeit)* in dem gleichnamigen Gedichtband und seine 12 Variationen über ein Gedicht von KARACAOĞLAN, eines türkischen Volksdichters, der wahrscheinlich im 16. Jh. lebte und wirkte (in *Tanıdık dünya*, 1984 – *Bekannte Welt)*: [Variation] I: »*Mein Pferd und ich machen uns frühmorgens auf den Weg/Der Morgen, ein großer Vogel, wacht auf,/Wie ein beschwerter Mond schweige ich,/Vor mir der Regen mit unbekanntem Alter,/Kleine Blumen, tausend Jahre entfernt*« (Übers. Y. Pazarkaya, 1987).

Die 1978 erschienene Gesamtausgabe des poetischen Werkes, *Sözcükler (Wörter)*, enthielt neben den fünf früheren Lyrik-Sammlungen auch den 1975 publizierten Band *Teknenin Ölümü (Der Tod des Kahns)* und den Erstabdruck eines Zyklus von 9 Versgedichten, *Yaşarken (Am Leben)*, poetische Momentaufnahmen des Dichters, in denen die »belebte« Natur (Vögel, Bäume, Wolken) und der Tod, wie schon in früheren Gedichten, Anteil an seinem keineswegs als subjektiv oder ichbezogen, sondern als allgemein menschlich verstandenen Lebensgefühl nehmen.

Nicht erst in *Teknenin ölümü* fällt die Rückkehr zur formalen Strenge auf. Auch das dichterische Programm der *Garip*-Phase, leichte Faßlichkeit für jedermann, scheint seit *Kolları bağlı Odysseus* aufgegeben. Dem Vorwurf, seine Gedichte seien »schwierig«, ist Anday mit dem Argument entgegengetreten, daß »leichte Verständlichkeit« nicht der Maßstab für ein Gedicht sein könne, sondern daß der Leser aufgerufen sei, das geistige Rüstzeug, das ihm erlaube zu verstehen, zu vervollständigen. Auch für seine neunte Gedichtsammlung, *Tanıdık dünya*, 1984 *(Bekannte Welt)*, gilt, was D. Hızlan (in Papirüs 1966) über Anday sagte: »*Zuerst staunt er über alle Dinge, besonders die Natur; dann bemüht er sich, als Mensch und als Dichter dieses Staunen in Verstehen und Erklären umzusetzen; schließlich versucht er Schritt für Schritt, die Welt, so wie er sie kennengelernt hat, in seinen Gedichten zu verändern.*« B. Ke.

AUSGABEN: *Rahatı kaçan ağaç*, Istanbul 1946; ern. 1961. – *Telgrafhane*, Istanbul 1952; ern. 1964. – *Yan yana*, Istanbul 1956. – *Kolları bağlı Odysseus*, Istanbul 1963. – *Göçebe denizin üstünde*, Istanbul 1970. – *Teknenin ölümü*, Istanbul 1975. – *Sözcükler* [Gesamtausg. bis 1978], Istanbul 1978; ern. 1979. – *Ölümsüzlük ardında Gılgamış*, Istanbul 1981. – *Tanıdık dünya*, Istanbul 1984.
Einzelausgaben: Istanbul 1941 (in *Garip*, Hg. M. C. Anday, O. V. Kanık, O. R. Horozcu). – Istanbul 1983 (in *Varlık şiirleri antolojisi. 1933–1983*, Hg. Ü. Tamer, 3. Aufl.). – Istanbul 1984 (in *Çağdaş Türk şiiri antolojisi*, Hg. M. Fuat).

ÜBERSETZUNGEN: (einzelner Gedichte): In *Anthologie de la poésie turque. XIIIe–XXe siècle*, Hg. N. Arzik, Paris 1968 [frz.]. – In *Moderne türkische Lyrik. Eine Anthologie*, Hg. u. Einl. Y. Pazarkaya, Tübingen/Basel 1971. – In *On the Nomad Sea*, Übers. N. Menemencioğlu u. T. S. Halman, NY 1974 [engl.]. – In *The Penguin Book of Turkish Verse*, Hg. N. Menemencioğlu u. F. İz, Harmondsworth 1978 [engl.]. – In *L'arbre qui a perdu la quiétude*, Paris 1981 [frz.]. – In *Die Wasser sind weiser als wir. Türkische Gedichte der Gegenwart*, Hg. u. Nachw. Y. Pazarkaya, Mchn. 1987.

LITERATUR: M. Erdost, *Kolları bağlı Odysseus* (in Yeditepe, 81, 1963, S. 14). – A. Köksal, *Kolları bağlı Odysseus* (in Yeditepe, 82, 1963, S. 14). – Ş. Kurdakul, *M. C. Anday'a sorular* (in *Türk edebiyati 1964*, Hg. M. Fuat, Istanbul 1964, S. 40–45). – K. A. Čorekčjan, *Rannee poetičeskoe tvorčestvo Melicha Dževdeta Andaja* (in Kratkie soobščenija Instituta narodov Azii, 84, 1965, S. 14–23). – D. Hızlan, *Özlemini duyduğu güzel günlerin şairi Melih Cevdet* (in Papirüs, 7, 1966, S. 46–52). – N. Cumalı, *Anday'ın Odysseia'sı* (in Varlık, 732, 1968, S. 6–7). – M. C. Anday, *»Troya önünde atlar« için birkaç söz* (in Varlık, 783, 1972, S. 10). – H. Uysal, *»Troya önünde atlar«* (in Yeditepe, 198, 1973, S. 7 u. 14). – Y. Pazarkaya, Lyrik der Republik (in *Die Türkei*, Hg. W. Kündig-Steiner, Tübingen/Basel 1974, S. 223). – Z. Oral, *Yeditepe şiir Armağanını kazanan M. C. A.* (in Nesin Vakfı Edebiyat Yıllığı, 1977, S. 175–177). – K. Ertop, *M. Cevdet Anday'la »Teknenin ölümü« kitabı üstüne konuşma* (in Nesin Vakfı Edebiyat Yıllığı, 1977, S. 178–180). – H. Bozok, Interview mit M. C. A. (in Nesin Vakfı Edebiyat Yıllığı, 1977, S. 172–174. – Rez. zu *Sözcükler* (in Hürriyet v. 18. 12. 1978). – B. Osmanova, *Mälih Cövdät Andajyn »Gollary bagly Odissej« äsäri* (in *Voprosy tureckoj filologii*, Bd. 2, Baku 1980, S. 80–92). – K. Ertop, *Bütün şiirleri için* (in Nesin Vakfı Edebiyat Yıllığı, 1980, S. 262–263). – Interview mit M. C. A. (ebd., 1980, S. 264–267). – T. D. Melikov, *»Odissej so svjazannymi rukami« Melicha Dževdeta Andaja* (in T. D. Melikov, *Tureckaja poezija 60-ch – načala 70-ch godov*, Moskau 1980, S. 42–49). – Interview mit M. C. A. (in Cumhuriyet Gazetesi v. 27. 11. 1981, S. 4). – M. Fuat, *Einleitung* zu *Çağdaş Türk şiiri antolojisi*, Istanbul 1985, S. 31–41). – Y. Pazarkaya, *Zeitgenössische türkische*

Literatur (in *Türkei*, Bd. 1, Hg. E. Schmitt, Berlin 1985, S. 326). – M. H. Doğan, Rez. zu *Tanıdık dünya* (in Nesin Vakfı Edebiyat Yıllığı, 1985, S. 135–136). – P. Kappert, *Lyrik* (in *Türkei*, Hg. K. D. Grothusen, Göttingen 1985, S. 644 ff.; Südosteuropa-Handbuch, Bd. 4). – S. K. Karaalioğlu, *Çağdaş Türk edebiyatında şiir* (in Ders., *Türk edebiyatı tarihi*, Bd. 5, Istanbul 1986, S. 167–184). – Ş. Kurdakul, *M. C. A.* (in Ders., *Çağdaş Türk edebiyatı*, Bd. 2, Istanbul 1987, S. 254–266).

AYLÂKLAR

(ntürk.; *Die Müßiggänger*). Roman von Melih Cevdet ANDAY, erschienen 1965. – Dieses erste Prosawerk des bekannten Lyrikers (Veröffentlichungen seit 1936) und Theaterdichters (Aufführungen seit 1965) ist sowohl eine Familienchronik als auch eine sozialpsychologische Studie in der Nachfolge BALZACS.

Geschildert wird der unaufhaltsame Abstieg einer einstmals, zur Zeit des Sultanats, angesehenen Großfamilie, die – längst über ihre Verhältnisse – in einer Achtzehn-Zimmer-Villa am Bosporus lebt, ihren Illusionen nachhängt und die Realitäten der Gegenwart beharrlich ignoriert, um sich in ihrem parasitären Dasein nicht stören zu lassen. Unbestrittener Mittelpunkt dieser Sippe, deren Leben sich zwischen kauziger Donquichotterie und makabrer Dekadenz abspielt, ist die Großmutter, Leman Hanım, Tochter der dritten Frau eines Hofapothekers, der unter Abdul Hamid noch den Titel eines Paschas führte. Sie fühlt sich als Bewahrerin der Tradition, der »heilen Welt«; sie sorgt dafür, daß die Augen vor der neuen Wirklichkeit verschlossen, daß Skandale vertuscht werden. Wie auf einer Insel leben die »Müßiggänger« ganz mit ihrem Spleen, ihren Nervenkrisen und ihren Abartigkeiten. Die großspurige Haushaltung, Fehlspekulationen, schmarotzende Fremde und ein weltfremdes Statusdenken führen unausweichlich zur Überschuldung, bis schließlich die ganze Sippe von den Vollzugsbehörden auf die Straße gesetzt wird. Zwar hat Leman Hanıms Schwiegersohn Galip Bey, der zu seinen Lebzeiten von den anderen nie sonderlich beachtet worden war, die Katastrophe vorausgesehen und noch kurz vor seinem Tod eine ausreichende Mietwohnung besorgt; doch wie unter einem Zwang geht das alte Spiel weiter. Die betagten Familienmitglieder sterben nacheinander, die übrigen leben weiter in den Tag hinein; keinem von ihnen ist zu raten oder zu helfen, jeder steht vor dem persönlichen Bankrott.

Melih Cevdet Anday, der auch in seiner Lyrik Sozialkritik übt, hat hier einen gesellschaftstypologischen Modellfall aufgegriffen, der nicht gewaltsam konstruiert zu werden brauchte, sondern dem in der Türkei ein halbes Jahrhundert nach der kemalistischen Revolution durchaus noch Realitätsgehalt zukommt. Es liegt nahe, den Roman in Zusammenhang mit einem klassischen Text der Soziologie zu bringen, mit Thorstein VEBLENS *The Theory of the Leisure Class* (1899), zumal von diesem Werk auch eine türkische Bearbeitung existiert. Anday geht es jedoch vor allem um den Konflikt zwischen überkommenen hierarchischen Strukturen und einer ethisch begründeten, allgemeingültigen Verantwortung, den der Autor am Beispiel des türkischen Alltagslebens darzustellen versucht. In einigen Charakteren des Romans hat er – nach İ. TATARLI – eigene Verwandte oder Angehörige von Freunden und Kollegen porträtiert. Den Personenschilderungen liegt die Erkenntnis des Autors zugrunde, daß der Schriftsteller »*dem Menschen, der hinter dem Zeitalter zurückbleibt, das Zeitalter bewußt machen muß ...* «.

Die Gesellschaftsstudie Andays behandelt einen typischen Serienstoff: Die Schicksale der Überlebenden aus der Familie der Leman Hanım müßten eigentlich – in einer Fortsetzung – unter den Bedingungen der jüngsten Gegenwart geschildert werden, wie dies von türkischen Kritikern auch gefordert wurde. H.W.Br.

AUSGABEN: Istanbul 1965. – Istanbul 1974. – Istanbul 1985.

LITERATUR: H. Kazgan, »*Aylâklar*« *üzerine* (in Yeni Ufuklar, 13 (151), 12, 1964, S. 9–12). – T. Alangu, *1965de Roman ve Hikâyemiz: »Aylâklar«* (in Varlık Yıllığı, 1966, S. 51–54). – İ. Tatarlı, *M. C. A.* (in *Hüseyin Rahmi'den Fakir Baykurt'a kadar Türk Romanı*, Sofia 1968, S. 142–162; ebd. Istanbul 1969, S. 181–206). – Art. »*Aylâklar*« (in B. Necatigil, *Edebiyatımızda eserler sözlüğü*, Istanbul ²1979, S. 51 f.). – A. Özkırımlı, *Türk edebiyatı ansiklopedisi*, Bd. 1, Istanbul 1982, S. 163 f.

GÜNTHER ANDERS

eig. Günther Stern
* 12.7.1902 Breslau

LITERATUR ZUM AUTOR:
H. Mayer, *Die Zerstörung der Zukunft. G. A.* (in Die Zeit, 17.7.1981). – J. Langenbach, *A.* (in *Stadtbuch Wien*, Wien 1983, S. 67–88). – W. Fuld, *G. A.* (in KLG, 21. Nlg., 1985).

DIE ANTIQUIERTHEIT DES MENSCHEN

Essays von Günther ANDERS, erschienen 1956 und 1980. – Die in mehreren Auflagen erschienenen Bände gelten als das philosophische Hauptwerk von Anders und als Schlüsselwerk jener Richtung zeitgenössischer Philosophie, die sich den Problemen der technologischen Zivilisation des Atomzeitalters stellt: In den hier versammelten Essays und Aufsätzen behandelt Anders Aspekte der politischen sowie der Rechts- und Wirtschaftsphilosophie ebenso wie Fragen der Ethik, Metaphysik und Geschichtsphilosophie, wobei er in Erörterung der »Technikfolgenabschätzung« drei Hauptthesen folgt, die er selbst in der Vorrede zur 5. Auflage seines Werks formuliert: *»daß wir der Perfektion unserer Produkte nicht gewachsen sind; daß wir mehr herstellen als vorstellen und verantworten können; und daß wir glauben, das, was wir können, auch zu dürfen, nein: zu sollen, nein: zu müssen.«*

Der Untertitel des ersten Bandes, *Über die Seele im Zeitalter der zweiten industriellen Revolution*, weist hin auf die anthropologisch-psychosoziale und geschichtsphilosophische Orientierung des Untersuchungsganges. Anders faßt das Befinden des Menschen in einer technikzentrierten Welt in die prägnante Formel von der »prometheischen Scham« (so auch der Titel des ersten Essays): Das Vermögen der Produkte der technischen Intelligenz übertrifft den intellektuellen Horizont ihrer Erzeuger; nicht mehr der Mensch ist das Maß aller Dinge, sondern die Dingwelt manipuliert und denaturiert ihren Schöpfer, der in der Diskrepanz zwischen seiner Fähigkeit als *homo faber* und seinen übrigen Fähigkeiten – Sprache, Phantasie, Wahrnehmung, Denken, Fühlen und Handeln – leben muß. – In dem Essay *Die Welt als Phantom und Matrize. Philosophische Betrachtungen über Rundfunk und Fernsehen* thematisiert Anders die ontologische Zweideutigkeit des Massenmediums Fernsehen: *»Alles Wirkliche wird phantomhaft, alles Fiktive wirklich«* (§ 14). Anders weist nach, daß mit dem Entstehen eines ununterscheidbaren Erlebnisraumes aus Fiktion und Realität, der sich aus der prägenden Vorbildfunktion der Phantombildwelt und ihrer Rückkopplung auf die Realität sukzessive einstellt, der herkömmliche Realitätsbegriff zerstört wird. Produktion und Konsumtion des Fernsehens werden so zum Beispiel für das Verhältnis des Menschen zu den Erzeugnissen der Industrie; die Schwelle des Faßbaren, innerhalb dessen sich naturgemäß Wahrnehmung, Beurteilen und Erinnern vollzieht, wird im Zeitalter der Zweiten industriellen Revolution überschritten, was in letzter Konsequenz bedeutet, daß sich Handeln und Wissen den Instanzen des individuellen Gewissens entziehen. In diese »negative Anthropologie«, die den Menschen nur mehr am Leben, nicht mehr aber in der Welt weiß, reiht sich bündig Anders' Interpretation von BECKETTS Stück *En attendant Godot* als *»ontologische Farce«* ein (der Aufsatz *Sein ohne Zeit*).

Anders' Philosophie findet ihre Aufgipfelung in der Analyse der Fähigkeit des Menschen, den eigenen Untergang technisch zu produzieren. *Über die Bombe und die Wurzeln unserer Apokalypse-Blindheit* ist der Titel des vierten Essays, in dem Anders, von der Faktizität der atomaren Bedrohung ausgehend, die These vom *»zweiten Platonismus«* aufstellt: Indem er sich der Figur der platonischen Ontologie bedient, benennt Anders die Seinsweise des Menschen im Atomzeitalter. In Umkehrung der in der bisherigen Menschheitsgeschichte existierenden Naturverhältnisse erweisen sich nunmehr die Produkte menschlichen Herstellens als ewig und unzerstörbar, ihnen gegenüber ist die Natur vernichtbar, das potentielle Nichts. Die Lebenssituation des Menschen der Gegenwart kennt keine Zukunft mehr und ist daher zu einer Endzeit geworden: Indem die Technik zum eigentlichen Subjekt der Geschichte wurde, existiert der Mensch nur mehr »mitgeschichtlich«, er ist »antiquiert«: *»Durch unsere unbeschränkte prometheische Freiheit, immer Neues zu zeitigen (...), haben wir uns als zeitliche Wesen derart in Unordnung gebracht, daß wir nun als Nachzügler dessen, was wir selbst projektiert und produziert haben, mit dem schlechten Gewissen der Antiquiertheit unseren Weg langsam fortsetzen oder gar wie verstörte Saurier zwischen unseren Geräten herumlungern«* (Bd. 1, Vorw.). Dieses Stadium des nicht geschichtsmächtigen Menschen bezeichnet Anders als das Zeitalter der Dritten industriellen Revolution, zu dessen Wesen es gehört, daß *»wir dasjenige, was wir erzeugen, ... nicht nicht-erzeugen können oder dürfen«*, und zwar *»weil wir das Erzeugte nicht nicht-verwenden können oder dürfen«* (Bd. 2, S. 20). Aus all dem ergibt sich die moralphilosophische These, daß das Böse in der gegenwärtigen Welt weniger im Individuellen als im aufgezeigten Zustand selbst zu finden ist, der bestimmt wird durch die Pervertierung des Verhältnisses von Produzenten und Produkt und durch die Existenz von Produkten, die als Vernichtungssysteme potentielle Urheber der Apokalypse sind.

Mit sozial- und »technikpsychologischem« (ein von Anders eingeführter Neologismus) Erkenntnisinteresse widmet sich Anders zahlreichen Aspekten der modernen menschlichen Existenz in den Beiträgen des zweiten Bandes (Untertitel: *Über die Zerstörung des Lebens im Zeitalter der dritten industriellen Revolution*). Im einzelnen erörtert er dabei Themen wie die Antiquiertheit des Sterbens, der Privatheit, der Arbeit, der Ideologien, der Freiheit u. ä., wobei die Interpretation des Seins stets von so konkreten Erscheinungen wie der Gen-Manipulation, dem Automobilismus etc. ihren Ausgang nimmt. Die Aufsätze sind insofern miteinander verknüpft, als sie als Konfrontation unterschiedlicher Zustandsbilder der Wirklichkeit einander beleuchten und deuten.

Anders beschreibt und analysiert eine Zeit *»unter der Aporie, daß diese Epoche jeder Beschreibung spottet«* (M. v. Brentano); er bedient sich dabei stilistisch einer Mischform, die mit Begriffen der traditionellen Philosophie, Metaphysik und Theologie ebenso operiert wie einer pointierten Sprache, deren lehrhafter Gestus durch Aphorismen, Analogien und Fabeln unterstrichen wird. Der philosophische Diskurs entwickelt sich perspektivenreich mit Passagen in Form des sokratischen Dialogs ebenso wie konkreten Beschreibungen, phänomenologischen Erörterungen und immer wieder eingeschobenen literarischen Elementen, etwa den leitmotivischen Verweisen auf – fiktive – Stellen aus seinem unveröffentlichten Roman »*Die molussische Katakombe*«.

Anders stellt sich mit seiner Philosophie die Aufgabe, die Veränderungen in der Welt durch den Menschen zu interpretieren, »*und zwar, um diese zu verändern. Damit sich die Welt nicht weiter ohne uns verändere. Und nicht schließlich in eine Welt ohne uns*«. Seine Neuformulierung des kategorischen Imperativs, »*Habe Mut, Angst zu haben, und ängstige deinen Nächsten wie dich selbst, damit du und er Mut zum Widerstand gewinnen*«, hat Anders zum Vordenker vieler Alternativbewegungen werden lassen, die seine Ideen und unerbittlichen Stellungnahmen zum Zeitgeschehen in tagespolitischer Umsetzung als Kritik vor dem »Machbarkeitswahn« technokratischer Politik formulieren. Anders wegen dieser alle Lebensbereiche erfassenden Aktualität und der literarischen Qualität seiner Schriften als »*belletristischen Philosophen*« (W. Fuld) zu etikettieren, heißt allerdings wesentliche Dimensionen seines Werkes zu vernachlässigen, andererseits hat es auch die akademische Philosophie bislang verabsäumt, sich z. B. mit der hier vorliegenden Weiterentwicklung der Phänomenologie und des Personalismus eingehend auseinanderzusetzen. C.Fi.

AUSGABEN: Mchn. 1956 u. ö. [Bd. 1]. – Mchn. 1980 [Bd. 2].

LITERATUR: M. Schwarze, *Der Mensch in der Welt der Geräte. Wiedergelesen: »Die Antiquiertheit des Menschen«* von G. A. (In FAZ, 10.5.1978). – P. Assall, *Über die Zerstörung des Menschen und des Lebens. Die Notwendigkeit, an G. A. zu erinnern* (in FH, 1981, H. 8, S. 24–32). – K. Liessmann, *Die Schönheit der Gorgo. Günther Anders und die Literatur* (in das pult [St. Pölten], 1982, H. 65, S. 17–23). – R. Rocek, *Zu G. A. Eine Kreuzung von Journalismus und Metaphysik* (ebd., S. 23–31). – D. Ulle, *Bürgerliche Kulturkritik heute* (in WB, 1983, H. 4, S. 592–594). – G. Vinnai, *Die Innenseite der Katastrophenpolitik. Zur Sozialpsychologie der atomaren Bedrohung* (in *Weltuntergänge*, Hg. H. Boehncke u. a., Reinbek 1984; rororo). – G. Althaus, *Der Blick vom Mond. Zur Philosophie von G. A.* (in Merkur, 1985, H. 1, S. 15–24). – M. v. Brentano, *G. A.' Philosophie des Atomzeitalters* (in *Um Kopf und Krieg – Widersprüche/Friedensinitiative Philosophie*, Hg. Ch. Schulte, Darmstadt/Neuwied 1987, S. 13–30). – Th. Becker u. J. Panthel, *Häretisches zu einem Häretiker. G. A. kontrovers* (ebd., S. 31–48).

DIE SCHRIFT AN DER WAND. Tagebücher 1941-1966

von Günther ANDERS, erschienen 1967. – Der Band stellt eine »retuschierte« Auswahl aus den jahrzehntelang geführten, unveröffentlichten »philosophischen Tagebüchern« des Autors dar; die Aufzeichnungen, die sich auf die »*Zerstörung unserer Welt und auf die Verwüstung unserer heutigen Existenz*« beziehen, sind von Anders aus- und umgearbeitet worden mit dem Ziel, »*die ignorierten oder unterdrückten Wahrheiten ›vorzuspiegeln*« *in die Ebene der Sichtbarkeit*«. In der Tat leistet Anders als Zeuge und Chronist des Jahrhunderts in diesen seine anderen philosophischen Arbeiten flankierenden Notizen ein überzeugendes Beispiel von »Vergangenheitsbewältigung«, indem er vor dem Hintergrund der umwälzenden Geschehnisse der Zeit, des Holocaust und der Zertrümmerung des alten Europa Züge der *conditio humana* offenlegt.

Die Aufzeichnungen, häufig in Dialog- und Berichtform, mit eingeschobenen Fabeln, Gedichten und essayistischen Passagen, stammen teils aus der Zeit des Exils in den USA, teils vom Beginn der fünfziger Jahre, in denen Anders seinen Wohnsitz in Wien genommen und das Deutschland des Wiederaufbaus bereist hat, und schließlich aus dem Jahr 1966, als er Breslau, die Stadt seiner Kindheit, besuchte. Dabei dienen die Tagebücher stets als »Steinbruch« für die Erörterung wichtiger philosophischer Zusammenhänge, nämlich dem Weltverlust des Menschen im Atomzeitalter, der »prometheischen Scham«, Thesen, die der Autor in seinem Hauptwerk *Die Antiquiertheit des Menschen* (2 Bde., 1956/1980) näher ausgeführt hat. So nimmt er in einem ersten Abschnitt seinen Job als »*Leichenwäscher der Geschichte*« im Kostümarsenal von Hollywood zum Anlaß, der Dialektik von Alt und Neu, Original und Kopie nachzugehen und geschichtsphilosophische Gedankengänge zu entwickeln, die als Vorstudien zu seiner Auffassung von der Einebnung der zeitlichen Ordnungskategorien Vergangenheit, Gegenwart und Zukunft im »dritten industriellen Zeitalter« gelten können. Unter dem Titel *Post Festum* schreibt Anders den Epilog zu den Jahren in der Emigration: er entwirft eine einzigartige »Gefühlsgeschichte« der Emigration, in der alle Facetten menschlichen Reagierens auf die Vertreibung beleuchtet werden; selbst sieht er sich dabei als »Berufsemigranten«. Im folgenden Abschnitt, *Wiedersehen und Vergessen* gilt der geschulte Blick des Wahrnehmungspsychologen der »Rückkehr-Situation« der Emigranten und der Beschreibung der in Deutschland Verbliebenen, die den Krieg überlebt hatten: Aufzeichnungen von Gesprächen mit Zufallsbekanntschaften, Sprachfetzen, Impressionen aus dem Alltag im Wien der Nachkriegsjahre dokumentieren zunächst das Verstummen des Remigranten angesichts der seelischen und materiellen Verwüstungen. Genaues Abwägen der Eindrücke und das stete Wissen um die psychischen Bedingtheiten des Menschen führen Anders zu einer realistischen Einschätzung der Lage um 1950: da es im kollektiven Maßstab kein Bereuen und Verzeihen gebe, andererseits es dem Menschen nicht möglich ist, »*einige Millionen Vergaste auch nur zu ›fassen*‹«, führen aus Situationen, »*in denen sich Millionen durch Mittun mitschuldig gemacht haben, nur zwei Wege: Erziehung und Vergessen. – Da aber der zweite Weg der leichtere ist, ist er der Weg, den man eingeschlagen hat.*«

Anders' Erfahrungen mit dem *american way of life*, die Betrachtung der Ruinen in den Städten Deutschlands, das Nachdenken über die Wahrnehmungskapazität des Menschen führen ihn in Weiterentwicklung von Marx' Frühschriften über die Entfremdung zur These von der Inkongruenz von *homo faber* und *homo percipiens*: »Erstaunlich ist, *daß die beiden Leistungen ›Herstellen‹ und ›Wahrnehmen‹ auseinanderklaffen können; daß wir Dinge produzieren können, die unsere Sinne und unsere Auffassungen übersteigen oder, umgekehrt, Dinge auffassen können, die wir nicht herstellen könnten.*« Wenige Jahre später hat Anders diese Gedankengänge zu einer umfassenden Zivilisationskritik des Menschen im Atomzeitalter ausgeführt.

Der dritte große Themenbereich der Tagebücher eröffnet sich aus Anlaß von Anders' Besuch in Auschwitz und seiner Vaterstadt Breslau: als einer, der den Gaskammern durch die Emigration entkam, konfrontiert er sich mit dem Schicksal seines Volkes, er sucht die Stätten seiner Kindheit in einer Stadt, die durch Hitlers Befehl dem Erdboden gleichgemacht worden war, erinnert sich seiner Mutter, seines Vaters, des Psychologen William Stern und dessen Schülerin, der späteren Nonne Edith Stein, und wirft auf diese Weise noch einmal das Problem der Vermitteltheit von persönlichem Schicksal und Geschichte auf.

Die Schrift an der Wand wurde 1986 mit der Veröffentlichung eines – in den vierziger Jahren in New York entstandenen – Tagebuchs unter dem Titel *Lieben gestern. Notizen zur Geschichte des Fühlens* erneut in Erinnerung gebracht und hat eine späte Würdigung erfahren, in deren Rahmen zu Recht der Wunsch nach einer chronologischen Gesamtausgabe aller seiner Tagebücher, »*womöglich als das Tagebuch des zwanzigsten Jahrhunderts?*« (V. Hage), geäußert wurde. C.Fi.

Ausgabe: Mchn. 1967.

Literatur: I. Frenzel, *Auf der Suche nach der verlorenen Welt* (in SZ, 7. 12. 1967). – M. Boveri, *A.* (in FAZ, 2. 3. 1968). – H. Salzinger, *Vom täglichen Brot der Empörung* (in Die Zeit, 17. 5. 1968). – M. Rieger, *Nichts wird gewesen sein* (in FH, 1970, H. 1, S. 66–68). – V. Hage, *G. A., Philosoph der Liebe* (in Die Zeit, 7. 11. 1986).

ALFRED ANDERSCH

* 4.2.1914 München
† 21.2.1980 Berzona bei Locarno

Literatur zum Autor:
M. Bense, *A. A.* (in *Schriftsteller der Gegenwart. Deutsche Literatur*, Hg. K. Nonnenmann, Olten/Freiburg i. B. 1963, S. 18–28). – L. Z. Wittmann, *A. A.*, Stg. u. a. 1971. – A. Bühlmann, *Zu der Faszination der Freiheit. Eine Untersuchung zur Struktur der Grundthematik im Werk von A. A.*, Bln. 1973. – *Über A. A.*, Hg. G. Haffmans, Zürich 1974; ²1980 (detebe; erw. Aufl.; m. Bibliogr.). – H. Pischdovdjian, *Menschenbild u. Erzähltechnik in A. A.s Werken*, Diss. Zürich 1978. – *A. A.*, Hg. H. L. Arnold, Mchn. 1979 (Text u. Kritik). – E. Schütz, *A. A.*, Mchn. 1980. – V. Ch. Wehdeking, *A. A.*, Stg. 1983 (Slg. Metzler). – R. Williams, *A. A.* (in KLG, 16. Nlg., 1984). – J. Quack, *A. A., ein literarischer Nominalist* (in NDH, 32, 1985, S. 717–732). – I. Heidelberger-Leonard, *A. A.: Die ästhetische Position als politisches Gewissen: zu den Wechselbeziehungen zwischen Kunst u. Wirklichkeit in den Romanen*, Ffm. u. a. 1986. – B. Jendricke, *A. A. in Selbstzeugnissen u. Bilddokumenten*, Reinbek 1988 (rm).

EFRAIM

Roman von Alfred Andersch, erschienen 1967. – George Efraim ist Korrespondent einer großen britischen Wochenzeitung in Rom, von englischer Staats- und jüdischer Religionszugehörigkeit; Anfang Vierzig; er wirkt eher klein, mager, sein Gesicht »*eine trockene, ausgeglühte Landschaft, auf Wasser wartend*«. Er ist nicht nur Hauptfigur des Buches *Efraim*, sondern auch dessen Ich-Erzähler. Andersch hat sich »*bemüht, einen Roman zu schreiben, in dem es einem Menschen erlaubt wird, von sich selbst zu erzählen*« und sich in seiner vollen Individualität darzustellen; da Efraim aber ein narzißtisch veranlagter und widersprüchlicher Charakter ist, kann er sein eigenes Leben nicht kontinuierlich darstellen; vielmehr erzählt er mit großen Abschweifungen, nachdenklich und vielschichtig, üppig in Wiederholungen, Anspielungen, Vorwegnahmen, Rückblenden usf., will aber dennoch, in journalistischer Manier, in jedem Satz eine Nachricht unterbringen.

Sein Chefredakteur und Freund Keir Horne, ein fetter, verbrauchter Alkoholiker und Casanova mit Geschmack, schickt Efraim in dessen Geburtsstadt Berlin, mit dem offiziellen Auftrag, über die Kubakrise (1962) zu berichten, und der privaten Bitte, nach Hornes Tochter Esther Bloch zu forschen, die 1938 verschwunden ist. So wird Efraims Reise zur Reise in die eigene Vergangenheit, in die Erinnerung; Esther war sein Nachbarskind, ihre Mutter wie auch seine Eltern wurden in Auschwitz ermordet. Bei einer Party, deren Verlauf er empfindlich stört, lernt Efraim die junge kommunistische Schauspielerin Anna Krystek kennen, ein »*langes, helläugiges Vogelmädchen*«, in die er sich verliebt. Ein Gast gebraucht gedankenlos die noch heute übliche Wendung »*bis zur Vergasung*«: und wird daraufhin von Efraim »*mit der geballten Faust unters Kinn*« geschlagen, ein typisches Beispiel seines allergisch gesteigerten Gespürs für die Sprache aus dem »Wörterbuch des Unmenschen«. Anna Krystek glaubt zwar, Efraim sei verrückt geworden, verläßt aber mit ihm zusammen das Fest. Sie hilft ihm bei seiner Suche weiter, vermittelt ihm Informationen über die beiden Hälften Deutschlands im Jahre 1962 und gibt ihm den Anstoß dazu, seinen Job an den Nagel zu hängen und ein Buch zu schreiben: den Roman *Efraim* nämlich samt seiner Entstehungsgeschichte bis hin zum ersten Kontakt mit Lektor und Verleger.

Eigentliche Handlung und der Prozeß der Niederschrift durchdringen sich fortwährend. Es gelingt Efraim nicht, Anna zu überreden, mit ihm nach Rom zu gehen; sie kehrt am Flughafen in Frankfurt wieder um, weil sie erkannt hat, daß sie nach Berlin und zu ihrem Vater gehört – wenn auch nicht unbedingt zu ihrem dort lebenden Verlobten, dem jungen Avantgardekomponisten Werner Hornbostel. Ebensowenig gelingt ihm, in London wieder mit seiner Frau zu leben, der Fotografin Meg Ellis, einer agilen, selbstbewußten Frau, die ihn noch liebt, aber Bedingungen stellt – darunter die, ihr Verhältnis mit Horne zu akzeptieren. Zwar kennt er sie so gut wie keinen Menschen sonst, die einzige Frau, mit der er jederzeit gern ins Bett geht; zwar wußte er von Anfang an von ihrem Verhältnis, weiß auch, daß es sich verändert hat; trotzdem macht er bei einem kurzen Besuch eine Eifersuchtsszene und verabschiedet sich. Sein Lektor wird ihn dafür gebührend verurteilen: »*Ihr Held ist ein Idiot, daß er nicht bei dieser Frau geblieben ist.*« Bevor Efraim London verläßt, sucht er seinen Chef und findet ihn in einer Pinte: Die Recherchen über Esther haben nichts Neues ergeben, sie bleibt verschollen; Efraim weiß nun, daß ihr Vater sehr wohl die Möglichkeit gehabt hätte, sie zu retten. Daß Horne damals gegenüber Esthers Internat nur verlauten ließ, er »*wünsche in dieser Sache keine Intervention*«, erklärt den »*Schatten von Schuldbewußtsein*« um ihn; auch seinen Alkoholismus.

Vehemente Debatten (vor allem zwischen Marcel REICH-RANICKI und Robert NEUMANN) wurden über die Authentizität von Efraims Judentum geführt – eine müßige Frage, denn Andersch nimmt »*der bloß sentimentalen Mitleidsreaktion auf die Verbrechen der Vergangenheit jede Möglichkeit*« (E. Schütz), gerade indem er seinen Protagonisten mit nicht ausschließlich positiven Eigenschaften ausstattet; der Leser wird nicht zur Identifikation, sondern zur Distanz herausgefordert. Anlässe dazu bietet vor allem die Theorie des Zufalls, die Efraim den ganzen Roman hindurch immer wieder bestätigt findet und die in der Behauptung kulminiert, es sei »*purer Zufall, daß vor zwanzig Jahren Juden ausgerottet wurden, und nicht ganz andere Leute zwanzig Jahre früher oder später, jetzt zum Beispiel*«. Der Widerspruch zwischen dieser resigniert-ironischen Theorie und Efraims Sensitivität gegenüber politischer Gegenwart und Sprachentwicklung 1962 wird nicht aufgelöst; das ist des Lesers Sache.

In diesem Roman ist Andersch gelungen, was er zuletzt noch in den Werken der von ihm geschätzten Thomas MANN und Virginia WOOLF fand: Er hat Nähe durch Atmosphäre im Unterschied zur bloß organisierten Atmosphäre und zu Stimmung als »*Überschwemmung der Nähe mit Gefühl*« erreicht, indem er das Individuum George Efraim in seiner psychologischen Widersprüchlichkeit darstellt, frei von »*Idealität und Expression*«. S.Ha.

AUSGABEN: Zürich 1967. – Zürich 1976 (detebe).

LITERATUR: A. A., *Notizen über Atmosphäre* (in Jahresring, 60/1, Stg. 1961; auch in ders., *Die Blindheit des Kunstwerks*, Zürich 1979, S. 52–57). – M. Reich-Ranicki, *Sentimentalität u. Gewissensbisse* (in Die Zeit, 3. 11. 1967). – R. Neumann, J. Günther, *Leserbriefe* (in Die Zeit, 17. 11. 1967). – A. A., *Notiz über »Efraim«* (in Über A. A., Hg. G. Haffmans, Zürich ²1980; darin auch Rez. v. W. Weber, L. Marcuse, J. Améry). – I. Heidelberger-Leonard, *Schein und Sein in »Efraim«. Eine Auseinandersetzung von A. A. mit J. Améry* (in EG, 36, 1981, 2, S. 188–197).

DIE KIRSCHEN DER FREIHEIT. Ein Bericht

Autobiographischer Text von Alfred ANDERSCH, entstanden 1951/52, erschienen 1952. – Der Autor rekapituliert in diesem Buch ganz ohne Behagen, rasch, nervös, unsentimental, die Geschichte seines eigenen Lebens, als dessen Fluchtpunkt er die Desertion von der deutschen Truppe in Italien am 6. Juni 1944 betrachtet. Bezeichnenderweise steht am Anfang des Berichts sogleich die Erinnerung an ein politisches Ereignis, nämlich das Bild verhafteter Revolutionäre der Münchner Räterepublik von 1919, die der damals Fünfjährige auf ihrem Weg zur Exekution sah.

Im Spannungsfeld gegensätzlicher politischer Anschauungen wächst Andersch in kleinbürgerlichem Elternhaus auf, ist seit 1929 für die Kommunistische Partei in München tätig und 1932, mit achtzehn Jahren, bereits Funktionär, nämlich Leiter der kommunistischen Jugendorganisation Bayerns. Wie seine Parteifreunde sieht er in ohnmächtiger Tatenlosigkeit der nationalsozialistischen Machtergreifung zu, wird 1933 zweimal verhaftet und verbringt drei Monate im Konzentrationslager Dachau. In den folgenden Jahren antwortet er, wie er sich erinnert, »*auf den totalen Staat mit der totalen Introversion*«: Neben seiner Tätigkeit in einer Verlagsbuchhandlung und in einem Industriebetrieb treibt er kunsthistorische und literarische Studien, schreibt Gedichte und feiert »*im Schmelz der Lasuren Tiepolos die Wiederentdeckung der eigenen, verlorenen Seele*«. Diese »*ästhetische Existenz*«, dieser »*marxistisch gesprochen, Rückfall ins Kleinbürgertum*« endet, als er eingezogen wird, erstmals 1940, erneut dann 1943. Erst im Sommer 1944, nachdem der Gedanke an Fahnenflucht, ans »*Aussteigen*«, ihn zunehmend mehr beschäftigt hat, läuft sein Leben »*endlich auf den Punkt zu, auf den es seinen für mich unsichtbaren Kurs gehalten hatte*«. Er sondert sich von seiner Schwadron ab, schlägt sich im Niemandsland zwischen den Fronten durch und gelangt schließlich bei Nettuno in die Nähe amerikanischer Panzer. In der Gewißheit, daß seine Desertion geglückt ist und eine existentiell-moralische Entscheidung von – für ihn – großer Tragweite getroffen hat, ißt er ein paar Hände voll von den auf freiem Feld wachsenden »*wilden Wüstenkirschen meiner Freiheit* ... *Sie schmeckten frisch und herb*«.

»*Mein ganz kleiner privater 20. Juli fand bereits am 6. Juni statt*« – dieser Satz macht deutlich, daß der Autor seine Tat als einen Akt des politischen Widerstands verstanden wissen will. Andersch macht gerade die Tatsache, daß »*die Kommunistische Partei den Gedanken der Willensfreiheit ablehnte, die Freiheit des menschlichen Denkens, die Fähigkeit des Menschen, zu wählen*«, für das Ausbleiben jedes »linken« Widerstandes 1933 verantwortlich; mit der Fahnenflucht beweist er sich selbst seine Freiheit des Willens, seine Freiheit zur »*von niemandem gelenkten und stillschweigenden Sabotage*«, seine Freiheit und Bereitschaft zu jener Spontaneität, welche die KP ihren Mitgliedern so dogmatisch wie ängstlich verboten hatte. In die selbstkritische Rekapitulation seines Lebens bezieht der Autor immer wieder die politisch-gesellschaftliche Situation der Zeit ein, und er unterbricht seine Erzählung durch allgemeine Reflexionen über Mut und Angst, über Sinn und Unsinn des Eides usw. Insgesamt sei in dem Buch »*der politische Anspruch gewichtiger als der literarische; es fällt schon halbwegs unter den zeitgemäßen Gattungsbegriff der Reportage*«, dekretierte der Kritiker Hans-Egon HOLTHUSEN herablassend; Heinrich BÖLL allerdings nannte *Die Kirschen der Freiheit* gleich bei ihrem Erscheinen, mitten in der Diskussion um eine deutsche Wiederbewaffnung, ein »*erfrischendes Antikriegsbuch*« und einen »*Trompetenstoß, der in die schwüle Stille fährt*«. In der Tat hat Andersch – darin anderen Autoren und deren Werken aus der Zeit unmittelbar nach dem Krieg vergleichbar, etwa Arno SCHMIDT (*Brand's Haide*, 1951), Heinrich BÖLL (*Wanderer, kommst du nach Spa...*, 1950) oder Wolfgang KOEPPEN (*Tauben im Gras*, 1951) – eher einen trockenen Bericht als eine durchkomponierte Erzählung geschrieben; die Sprache scheint wenig stilisiert, oft umgangssprachlich und im Ton bisweilen fast wegwerfend. Aber wenn auch Anderschs Stil hier noch unberührt bleibt von den komplexeren modernen erzähltechnischen Verfahren, so ist seine Schreibweise doch nicht im schlechten Sinn nachlässig, sondern ein Zeugnis der absichtlichen Abkehr des Autors von der »*traditionellen symbolischen Schönschrift*« (Peter Demetz) in der Literatur, welche auch Gustav René HOCKE 1946 in der von Andersch und Hans Werner RICHTER herausgegebenen Zeitschrift ›Der Ruf‹ als unverantwortliche »*Kalligraphie*« gebrandmarkt und als unzeitgemäß abgelehnt hatte. *Die Kirschen der Freiheit* hat jedenfalls dem Urteil der Kritik auf die Dauer besser standgehalten als andere Arbeiten Anderschs, gerade weil das Buch so unprätentiös und auch unbeeinträchtigt von jener gewissen Sentimentalität von *Sansibar oder der letzte Grund* (1957) und frei von den mondänen Klischees von *Die Rote* (1960 bzw. 1972) ist. J.Dr.

AUSGABEN: Ffm. 1952. – Zürich 1968. – Zürich 1971 (detebe).

LITERATUR: H. E. Holthusen, *Reflexionen eines Deserteurs* (in H. E. H., *Ja und Nein*, Mchn. 1954, S. 207–218). – K. Migner, *Die Flucht in die Freiheit. Untersuchung zu einem zentralen Motiv in den Werken von A. A.* (in Welt u. Wort, 18, 1963, S. 329–332). – H. Geulen, *A. A. Probleme der dargestellten Erfahrung des »deutschen Irrtums«* (in Gegenwartsliteratur und Drittes Reich, Hg. K. Wagener, Stg. 1977, S. 205–221). – W. Barner, *A. A.: »Die Kirschen der Freiheit«. Zeitsignatur, Form, Resonanz* (in Zeit der Moderne, Hg. H.-H. Krummacher, Stg. 1984, S. 1–23).

MEIN VERSCHWINDEN IN PROVIDENCE. Neun neue Erzählungen

Erzählungsband von Alfred ANDERSCH, erschienen 1971. – Diese neun Erzählungen entstanden in den Jahren 1968 bis 1971 und haben wenig mehr miteinander gemein als die Zugehörigkeit zur Gattung der *short story* in einem sehr weit gefaßten Sinne. Das Motto von Idris Parry beschreibt Anderschs Verfahren – zumindest dessen Oberflächenstruktur – sehr genau: »*Art is not about abstractions or ultimate issues or infinity or eternity. Art is about buttons.*« Alle Texte schildern überprüfbare topographische Orte, Alltagsdetails, historische Zusammenhänge, gewissermaßen also »Knöpfe«: auf den ersten Blick konkrete Sachverhalte, deren Hintersinn zu entdecken dem Leser überlassen bleibt.

Drei Erzählungen handeln von des Autors autobiographischem *alter ego* Franz Kien: In *Die Inseln unter dem Winde* führt der neunzehnjährige Kien im Herbst 1933 den Briten Sir Thomas Wilkins, ehemaliger Gouverneur der Windward-Inseln, durch München. Wilkins hebt die Hand zum ›Deutschen Gruß‹ vor einem Nazi-Denkmal, obwohl er die Möglichkeit hätte, es zu umgehen; er »*mache in einem fremden Land gerne alles, was die Bewohner machen*«, weil man sie dann besser verstehe: »*Es hätte keinen Zweck gehabt, ihm von Dachau zu erzählen.*«

Brüder beschreibt einen Sonntagsspaziergang von Jakob und Franz Kien entlang der Elbe am Tage des Kriegsanfangs 1939. In *Festschrift für Captain Fleischer* schließlich verarbeitet der Autor Erinnerungen an die amerikanische Kriegsgefangenschaft; der Captain ist Arzt im Offiziersrang und Jude; er bringt Kien dazu, seine Einstellung zum einzigen Häftling im Lager, der sich innerlich und äußerlich weiterhin zum Nationalsozialismus bekennt, zu ändern: »*It's easy to hate, easier than to love.*«

Ähnlich scheinbar geradlinig und psychologisierend sind einige weitere Erzählungen dieses Bandes angelegt: Ein Vater bringt seine Tochter nach Oxford ins College und verabschiedet sich dort von ihr *(Tochter)*; ein Strafentlassener versucht, sich in der ihm völlig fremd gewordenen Umwelt draußen zurechtzufinden *(Die erste Stunde)*; ein Studentenpärchen der 68er Generation bringt den bei einer Demonstration verletzten Freund ins Krankenhaus und erlebt dabei einige innere Aufbrüche eher resignativer Art *(JESUSKINGDUTSCHKE)*; ein Familienvater, der stolz ist auf das Ausmaß erreichter Sicherheit, geht trotz Sturmwarnung zum Schwimmen ins Meer – und ertrinkt *(Ein Vormittag am Meer)*.

Die beiden Hauptstücke des Bandes sind komplex montierte erzählerische Experimente. *Noch schöner wohnen* berichtet, wie der Fabrikant Albert Lins in Irland Gorteen House erwirbt und es langsam, genüßlich, exklusiv und teuer zu seinem Refugium ausstattet. Sein geistiger »Überbau« wird, wie auch sein gesamter Lebenslauf, durch kurze Textabschnitte in zeitlich verschränkendem Verfahren transparent gemacht (eine Technik, die schon auf Anderschs Roman *Winterspelt* verweist). Der Leser erfährt letztendlich nicht, wie zureichend das Bild Lins' ist, das er sich aufgrund der Textpartikel von ihm gemacht hat *(»Wer ist Albert Lins?«)*, und genausowenig wird deutlich, ob er sein Altersdomizil, das sich durch die präzise Beschreibung immer mehr als Ausdruck seines Innenlebens und gleichzeitig als »Natura morta« erweist, überhaupt bewohnen wird: »*Dort, irgendwo zwischen den walisischen Hecken, verlieren wir ihn aus den Augen.*«

Mein Verschwinden in Providence, vom Autor »vielleicht ein Roman-Entwurf« genannt, ist u. a. ein »Roman als Kassiber«, an dem der Schriftsteller T. arbeitet. Er wird vom Ehepaar Dorrance in Providence, Rhode Island, wo er eine Lesung abhalten sollte, gefangengehalten. Man ermöglicht ihm, aller Sorgen entledigt, zu schreiben; als Gegenleistung verlangen die Dorrances nur, »*daß er ihnen das unter Tags Geschriebene am Abend vorliest*«. Mit der Zeit gewöhnt er sich, »*von Gefangenschaft kann kaum noch die Rede sein*«, zumal ihn die Gastgeberin erotisch zu interessieren beginnt. In den 110 kleinsten Abschnitten wird diese in der dritten Person erzählte Fabel durch zwei weitere Perspektiven angereichert: T.'s »Kassiber« steht, kursiv abgesetzt, ebenso im Text wie die Spekulationen des auktorialen Erzählers Andersch. Er spricht aus, was für alle Erzählungen des Bandes gilt: »*Transposition von Analyse in Erzählung; die Erzählung ist ebenso wahr wie die Analyse, doch reicher an Bedeutungen; die Erzählung legt nicht fest, sondern plaziert die Fest-Stellung in einen Spiel-Raum; die Erzählung gibt keine Antworten, sondern stellt Fragen*«.   S.Ha.

AUSGABEN: Zürich 1971. – Mchn. 1973 (FiTb). – Zürich 1979 (detebe); ern. 1986.

LITERATUR: F. Schonauer, *Die Wahrheit ist konkret* (in FAZ, 10. 10. 1971). – J. Kaiser, *Das Risiko der Schlichtheit* (in SZ, 13. 10. 1971). – W. Ross, *Ein Autor verschwindet in Providence* (in Die Zeit, 12. 11. 1971). – Über *Die Inseln unter dem Winde* u. *Festschrift für Captain Fleischer*: M. Durzak, *Die deutsche Kurzgeschichte der Gegenwart*, Stg. 1980.

DIE ROTE

Roman von Alfred ANDERSCH, entstanden 1958/59, erschienen 1960, in einer neuen Fassung 1972. – Andersch, der in den fünfziger Jahren mit Recht als einer der interessantesten Autoren der deutschen Nachkriegsliteratur galt, konnte mit diesem Roman nicht den Erfolg bei der Kritik wiederholen, den er mit seinem autobiographischen Bericht *Die Kirschen der Freiheit* (1952) und dem Roman *Sansibar oder der letzte Grund* (1957) errungen hatte. Der nüchterne Realismus und der ungespreizte gedankliche Ernst, die den vorangegangenen Büchern ihren Rang gesichert hatten, weichen in *Die Rote* einer manierierten, bisweilen sogar kitschigen Sprache, die nicht frei ist von trivialsten Klischees und einer Handlung, die nicht weit von Kolportage- und billiger Unterhaltungsliteratur entfernt ist.

Auch *Die Rote* variiert Anderschs Grundmotiv: Flucht, Desertion und spontane Entscheidung zur Freiheit. Doch der Flucht Franziskas, einer dreiunddreißigjährigen Dolmetscherin, aus der öde gewordenen Ehe mit dem wohlhabenden Vertreter Herbert und aus dem Verhältnis mit dessen Chef, dem Industriellen Joachim, fehlt alles Gewichtige und Verbindliche; sie ist privat im schlechtesten Sinn. Bei einem Aufenthalt in Mailand läßt Franziska Herbert einfach im Stich und fährt, nur wenige zehntausend Lire in der Tasche, nach Venedig; die Lagunenstadt ist das nur zufällige Fahrtziel ihres sehr schematisch motivierten Ausbruchs aus mondäner Langeweile. Desillusioniert, aber vage abenteuersüchtig mietet sie sich in einem billigen Hotel ein und ist nach wenigen Tagen schon wieder verstrickt in Bekanntschaften mit Menschen, die – mit einer Ausnahme – nicht sympathischer sind als ihr Mann und ihr Geliebter, diese »Ästheten und Verkäufer« aus der »Welt des Kaufens und Verkaufens«. Sie lernt den ehemaligen britischen Offizier Patrick O'Malley kennen, der aus Kriegstagen eine alte Rechnung mit dem ehemaligen Gestapo-Mann Kramer zu begleichen hat, der jetzt in privater Sondermission (Betreuung und Fluchthilfe für alte Nazis) ebenfalls in Venedig aktiv ist; Kramer hatte O'Malley, als dieser in deutsche Gefangenschaft geraten war, gefoltert, worauf dieser seinen Geheimauftrag verriet und später deshalb seine Offizierslaufbahn beenden mußte. Kramer, der typische Nazi-Bürokrat, eiskalt und brutal, noch immer ein rassistischer Sauberkeitsfanatiker, weiß, daß die Italiener ihn nicht an Interpol melden werden, obwohl sie seine Identität und Vergangenheit kennen: Sie fürchten einen Skandal; Kramer fürchtet auch nicht O'Malley, den eher feigen Homosexuellen, aber er fürchtet Franziska: Ihr traut er zu,

daß sie ihn in Deutschland verrät bzw. anzeigt. Doch als Franziska eben mit dem Engländer, der ihr angeboten hat, sie (samt dem Kind, das sie von Herbert erwartet) auf seiner Motorjacht mitzunehmen, abreisen will, macht O'Malley sie zur Zeugin seiner Rache an Kramer, den er mit Strychnin im Bier vergiftet. Aber O'Malleys Tat widert sie nur an, und sie flieht erneut. Im letzten Kapitel des Buches findet sie schließlich Unterkommen und Arbeit bei der Familie des Orchestermusikers Fabio Crepaz, eines ehemaligen Spanienkämpfers und Partisanen, der sich resigniert in ein kleinbürgerliches Junggesellenleben zurückgezogen hat.
So sympathisch die Figur dieses Crepaz auch ist (er trägt Züge des Autors, der sich ebenfalls von seiner kommunistischen Jugend lossagte), als Figur überzeugt er ebenso wenig wie Franziska, die sich mit so geistesschlichten Fragen beschäftigt wie »*Bin ich eine fatale Frau?*« und sich im übrigen ziemlich wohlfeil-kritische Gedanken macht über die Welt im allgemeinen und über das Abstoßende von solchen Phänomenen wie deutsches Wirtschaftswunder, Männer usw. im besonderen. Über dem Schluß des Buches in seiner ersten Fassung von 1960 liegt zudem ein Hauch der Ideologie vom »einfachen Leben«, das zur Selbstbesinnung und Selbstfindung geeigneter sein soll als Wohlhabenheit. Faszinierend an dem Roman ist einzig das Porträt des winterlich ungastlichen, verfallenden Venedig; im übrigen kann man das Buch, in dem sich Andersch auch in peinlich ungeschickter und kunstgewerblicher Manier der Erzähltechnik des »inneren Monologs« bedient, allenfalls als einen etwas zu prätentiös geratenen Unterhaltungsroman bezeichnen. Der Roman wurde zwar bei seinem Erscheinen von Karl Markus MICHEL ob seiner »*Brillanz und Unerbittlichkeit*« gerühmt, von zahlreichen anderen Kritikern aber herb abqualifiziert.
Der Autor hat das Buch Anfang der siebziger Jahre einer »*durchgehenden Revision*« unterzogen, die allerdings viele psychologische Unwahrscheinlichkeiten und irritierende sprachliche Unsicherheiten ganz unberührt ließ und nur beim letzten Kapitel merklich und einschneidend ist: »*Das in den bisherigen Ausgaben enthaltene letzte Kapitel, eine Art Epilog darstellend, wurde ganz gestrichen. Heute bin ich der Ansicht, daß es besser ist, dem Roman einen ›offenen Schluß‹ zu geben und das weitere Schicksal Franziskas und Fabios der Phantasie des Lesers zu überlassen.*« Das Buch gehört auch in dieser zweiten Fassung mit Sicherheit nicht zu den stärksten Arbeiten Anderschs. J.Dr.

AUSGABEN: Olten/Freiburg i. B. 1960 [literarium-Erstdruck]. – Freiburg i. B. 1960. – *Neue Fassung*: Zürich 1972. – Zürich 1974 (detebe).

VERFILMUNG: BRD 1962 (Regie: H. Käutner).

LITERATUR: K. A. Horst, Rez. (in Merkur, 14, 1960, S. 1091–1094). – K. M. Michel, Rez. [1960] im Hess. Rundfunk (in *Über A. A.*, Zürich 1974, S. 97–101).

SANSIBAR ODER DER LETZTE GRUND

Roman von Alfred ANDERSCH, erschienen 1957. – Wie in seinem autobiographischen Bericht *Die Kirschen der Freiheit* (1952), in dem der Autor seine Desertion aus der deutschen Wehrmacht schildert, steht in diesem Buch das Thema der – erzwungenen oder gewollten – Flucht in die Freiheit im Mittelpunkt.
Im Herbst 1937 treffen in dem Ostseestädtchen Rerik mehrere Menschen zusammen, die aus politischen oder privaten Gründen fliehen müssen. Am unmittelbarsten bedroht ist Judith Levin, eine junge deutsche Jüdin, deren alte, körperbehinderte Mutter wenige Tage zuvor Selbstmord beging, um ihrer Tochter die Flucht vor den Nazis zu ermöglichen. Judith hat die vage Hoffnung, daß ein schwedisches Schiff sie ins neutrale Ausland mitnehmen werde. In Rerik lernt sie den kommunistischen Instrukteur Gregor kennen, der einen Parteiauftrag ausführen soll, der KP aber mittlerweile skeptisch gegenübersteht, weil er ihren Terror auf der Lenin-Akademie in Moskau zu spüren bekommen hat und weil sie in seinen Augen versagt hat, als sie »den Anderen«, d. h. den Nazis, 1933 widerstandslos die Macht überließ. Gregor nimmt Verbindung auf zu dem Fischer Knudsen, dem letzten noch aktiven Genossen in Rerik, der sich aber gleichfalls von der Partei und ihrer aussichtslosen Untergrundarbeit absetzen will. »*Man mußte weg*« – das denkt auch Knudsens fünfzehnjähriger Schiffsjunge, den das Leben in der kleinen Stadt und bei seiner Mutter, die ewig nörgelt und »*nölt*«, langweilt und der von einer Flucht träumt, die der Huckleberry Finns auf dem Mississippi entspricht.
Den stummen Mittelpunkt dieser Gruppe von Menschen aber bildet die Figur des »Lesenden Klosterschülers«, eine offensichtlich von Barlach stammende Plastik in der Kirche von Rerik, die Knudsen auf Bitten von Pfarrer Helander nach Skilling in Schweden bringen soll, damit sie nicht als »entartete Kunst« abgeholt und vernichtet wird. Widerwillig vereinbart Knudsen, für den die Plastik nur der »Götze« aus Helanders Kirche ist, mit Gregor, der von der kleinen Figur, der Zartheit und liebevollen Konzentration in der Haltung des Klosterschülers fasziniert ist, einen Treffpunkt an einer verborgenen Stelle der Küste. Dorthin bringt Gregor in Begleitung von Judith Levi die Figur; nach anfänglichem Widerstand nimmt Knudsen sowohl die Jüdin wie auch den Klosterschüler mit nach Schweden: »*Es geht die Schönheit Judiths. Es gehen Kunst und Wissenschaft, unverhüllt verkörpert im Bild des Lesenden. – Was übrig bleibt, ist Deutschland, das-Land-aus-dem-man-flüchtet*« (Arno Schmidt).
Für Gregor und auch für den zunächst zögernden Knudsen war dies schon eine Tat, die mit der Partei nichts mehr zu tun hatte und in der sich ihre neu errungene menschliche Freiheit dokumentiert. Dem Schiffsjungen, dem ein erträumtes »*Sansibar in der Ferne*« immer der wichtigste und »letzte Grund« für eine Flucht war, gibt sich mit diesem – aus seiner Sicht – »kleinen Abenteuer« zufrieden:

Er kehrt mit Knudsen nach Deutschland zurück. Pfarrer Helander aber, ohnehin unheilbar krank, schießt, nachdem er von der Rettung der Plastik erfahren hat, auf einen der nationalsozialistischen Funktionäre, die ihn wegen des Verschwindens der Statue verhaften wollen, und wird von der SA liquidiert.

Zwischen die Kapitel, in denen von den Fluchtplänen und der Flucht selbst erzählt wird, sind kurze Abschnitte in der Art des inneren Monologs eingeschoben, in denen die Gedanken und Fluchtphantasien des Schiffsjungen wiedergegeben werden; spielerisch kehren auf dieser Ebene die Fluchtpläne der Erwachsenen und ihre Sehnsucht nach einem neuen, freien Leben wieder. »Die Anderen«, für die beiden (Ex-)Kommunisten, den Pfarrer und die Jüdin die Nazis, sind in den Augen des Schiffsjungen die Erwachsenen schlechthin. Mit der Schilderung weniger typischer Details – der massiven Kirche in Backsteingotik, eines Hafenplatzes, einer Schifferkneipe – in einer unprätentiösen, fast kargen Sprache, die gleichwohl stets vom emotionalen, autobiographisch bedingten Engagement des Autors – er war vor 1933 KP-Funktionär, desertierte 1944 zu den Amerikanern – für die Romangestalten und ihre Schicksale zeugt, gelingt es Andersch, die deprimierende Atmosphäre der kleinen Hafenstadt im Spätherbst authentisch einzufangen.

Obwohl Anderschs »Bericht« *Die Kirschen der Freiheit* zunächst bei der Kritik eine stärkere Resonanz fand, darf *Sansibar oder der letzte Grund* als eines der bedeutendsten Bücher des Autors gelten, was gleich nach seinem Erscheinen Kritiker wie Walter MUSCHG, Helmut HEISSENBÜTTEL und Arno SCHMIDT in seltener Einmütigkeit feststellten. Auch wenn das Buch nicht frei ist von gewissen sprachlichen Ungeschicklichkeiten und bisweilen recht papierenen Sätzen sowie einer gewissen gefühligen Innerlichkeit, ist darin doch Anderschs Plädoyer für die Entscheidungsfreiheit des Individuums gegenüber Mächtigen und Kollektiven und Organisationen fast so konkret, differenziert und überzeugend gestaltet wie in *Kirschen der Freiheit*. Arno Schmidt nannte das Buch 1957 »*eine sachlich unwiderlegbare Anklage gegen Deutschland. Eine Warnung an ›alle die es angeht‹. Unterricht in (ja, fast Anleitung zur) Flucht als Protest. Vorzeichen einer neuerlichen, nur durch ein Wunder noch aufzuhaltenden Emigration aller Geistigkeit ... Kompositorisch ausgezeichnet; sprachlich bedeutend über dem Durchschnitt.*« J.Dr.

AUSGABEN: Olten/Freiburg i. B. 1957. – Zürich 1970. – Zürich 1972 (detebe).

VERFILMUNGEN: BRD 1961 (TV; Regie: R. Wolffhardt). – BRD 1986 (TV; Regie: B. Wicki).

LITERATUR: K. Migner, *Die Flucht in die Freiheit. Untersuchung zu einem zentralen Motiv in den Werken von A. A.* (in Welt u. Wort, 18, 1963, S. 329–332). – R. Geißler, *A. A.: »Sansibar oder Der letzte Grund«* (in *Möglichkeiten des modernen dt. Romans*, Hg. R. G., Ffm./Bln./Bonn ²1965, S. 215–231). – I. Drewitz u. P. Demetz, *A. A. oder Die Krise des Engagements* (in Merkur, 20, 1966, S. 669–679). – W. Herzig, *Weltentwurf und Sprachverwandlung. Untersuchungen zu Dominanzverschiebungen der Erzählkunst zwischen 1825 und 1950*, Bern/Ffm. 1982 [zugl. Diss.].

DER VATER EINES MÖRDERS

Erzählung von Alfred ANDERSCH, erschienen 1980. – Aus der konsequent durchgehaltenen Sicht des vierzehnjährigen Franz Kien wird der Verlauf einer Griechischstunde im Mai 1928 geschildert: Schuldirektor Himmler, kurz »*Rex*«, kommt unangekündigt, um »seine« Untertertia zu inspizieren, nimmt sehr schnell dem Lehrer die Leitung der Stunde aus der Hand und zeigt, daß der Zweck seines Besuches die Examinierung bestimmter Schüler ist. Zunächst provoziert er den Adeligen Konrad von Greiff, der aber preußische Tugenden, zuvörderst die der Unterwürfigkeit, völlig vermissen läßt und durch unverhofft patzige – dabei überlegene – Antworten dem in seinen Schulmauern göttergleichen Rektor die Contenance raubt; er wird relegiert. Das nächste Opfer, Kien, kann die gestellten Aufgaben nicht lösen; um ihn vollends vor der Klasse zu blamieren, erklärt Himmler, Kien habe sich der auf Bitte seines Vaters gewährten Schulgeldbefreiung für unwürdig erwiesen und sei, wie sein älterer Bruder auch, »*zur Ausbildung an höheren Schulen nicht geeignet*«. Mit einem Ausblick auf die überraschend ruhige Aufnahme der schlechten Nachrichten durch den Vater schließt die Erzählung.

Die Tradition deutscher »Schulgeschichten«, die sich aus Werken bedeutender Autoren der ersten Jahrhunderthälfte (u. a. HAUPTMANN, WEDEKIND, WERFEL, Th. u. H. MANN, HESSE, MUSIL) herleiten läßt, wird in Anderschs Erzählung durch die hinter dem sichtbaren Geschehen sich ankündigende und fühlbar werdende Dimension der nationalsozialistischen Verbrechensherrschaft aufgebrochen. Es gelang ihm, ein Zeitbild der letzten Jahre der Weimarer Republik in eine konzentrierte lineare Struktur zu fügen – ein Meisterstück des Zweideutigen und Ungesagten. Denn allein der Titel durchbricht die konsequente Beschränkung der Perspektive: Dem Leser ist ständig präsent, daß dieser »Rex« der Vater von Heinrich Himmler ist, für den Franz Kien viel Verständnis empfindet; »*nicht für viel Geld möchte ich dem dem sein Sohn sein, ich kann verstehen, daß sein Sohn mit ihm Krach bekommen hat*«. Das Problem, ob solch ein Vater notwendig prädisponiert ist, einen Massenmörder zu zeugen, wird mit der Frage konfrontiert: »*Schützt Humanismus denn vor gar nichts?*«

In einem »*Nachwort für Leser*« lüftet Andersch endgültig das offene Geheimnis um Franz Kien, der in weiteren fünf Erzählungen (versammelt im *Alfred Andersch Lesebuch*, 1979) die Hauptfigur ist:

»*Franz Kien bin ich selbst.*« Zwar schreibt der Autor, er wisse nicht, warum er nicht einfach »Ich« sage, nennt dann aber einen durchaus plausiblen Grund: Durch größere erzählerische Freiheit und ein gewisses Maß an Distanz kann höhere Authentizität erreicht werden; Anderschs Verständnis von Erzählen als Sich-Erinnern macht auch die Offenheit der Annäherung an den Charakter Kien deutlich: »*Etwas Ungelöstes liegt in solchen Texten – ich gebe es zu. Es liegt sogar in meiner Absicht.*«

S.Ha.

AUSGABEN: Zürich 1980. – Zürich 1982 (detebe).

VERFILMUNG: BRD 1985 (Regie: C.-H. Caspari).

LITERATUR: H. Kesting, *Ein autoritärer Anarchist* (in *H. K., Dichter ohne Vaterland*, Bln./Bonn 1982, S. 137–143). – F. Hitzer, *Fragmente zu einem großen Plan* (in kürbiskern, 1/1981, S. 99–114). – A. v. Schirnding, *Es lohnt sich, Franz Kien zu loben* (in Merkur, 3/1981, S. 329–334). – U. Reinhold, *A. A.: »Der Vater eines Mörders«* (in WB, 1982, H. 2, S. 141–148).

WINTERSPELT

Roman von Alfred ANDERSCH, erschienen 1974. – In seinem »Bericht« *Die Kirschen der Freiheit* (1952) gestaltete Andersch die eigene Desertion 1944 in Italien; *Winterspelt*, sein Hauptwerk, stellt das Thema in einen größeren Rahmen: Ritterkreuzträger Major Joseph Dincklage ist Kommandeur einer Regimentseinheit im Dorf Winterspelt in der Westeifel. Er huldigt wie Ernst JÜNGER der Auffassung, als Offizier habe man die Möglichkeit, den Nationalsozialismus auf anständige Art zu überwintern, hegt aber insgeheim den Plan, sein Bataillon kurz vor der Ardennenoffensive 1944 kampflos den Amerikanern zu übergeben. Diese für ihn zunächst nur »*abstrakte Idee*« wird mit Hilfe einiger anderer Personen zu einer realen kleinen Verschwörung, deren Ausgang dem Leser von den ersten Seiten an bekannt ist: »*Geschichte berichtet, wie es gewesen. Erzählung spielt eine Möglichkeit durch.*«
Die untergetauchte Lehrerin Käthe Lenk, eine jener selbstbewußten, freien Frauengestalten, wie sie für Andersch typisch sind, Geliebte Dincklages und ehemalige Geliebte des alten, resignierten Kommunisten Wenzel Hainstock, drängt den Major zur Durchführung seines Planes, mutiger als er und mehr zu Taten als zu Worten aufgelegt. Hainstock hält ihn für undurchführbar, für die aussichtslose Aktion eines Einzelgängers. Dennoch vermittelt er einen Kurier, den emigrierten Kunsthistoriker Bruno Schefold, ohnehin ein »*struggler*«, ein »*Herumstreifer ohne feste Absichten*«, Bewohner des im Niemandsland zwischen den Linien gelegenen Weilers Hemmeres und – bei aller Weltfremdheit – mit den amerikanischen Offizieren Kimbrough und Wheeler bereits in Kontakt. Als fatal erweist sich, daß Dincklage verlangt, den Kurier »*zum Zeichen militärisch zuverlässiger Verhandlungsformen*« und zum Beweis der Ernsthaftigkeit seines Angebots durch die Linie zu schicken. Bei diesem Unternehmen wird Schefold von dem Gefreiten Hubert Reidel aufgegriffen und zu Dincklages Hauptquartier gebracht. Reidel, ein »*schießwütiger*« Mensch, ebenso brutal wie verklemmt, seiner Homosexualität wegen schon unliebsam aufgefallen, ist Schefold gegenüber argwöhnisch; als ehemaliger Hotellehrling sieht er in ihm den Typus des verhaßten »*Gastes*« schlechthin. Dincklage gestattet Reidel, nach einem längeren, aber belanglosen Gespräch mit Schefold, diesen wieder zurück an die Linie zu begleiten, und verspricht ihm – so er seine Aufgabe gut erledige und Schefold gut behandle – die Meldung wegen Homosexualität zu vergessen. Als Schefold ihm aber leichtsinnig und herablassend eine Zehn-Dollar-Note, »*für Ihre nicht sehr freundlichen Dienste*«, beim Abschied überreicht, sieht Reidel rot und schießt ihm alle Kugeln seines Gewehrmagazins in den Rücken. Dieser Mord an der unschuldigsten Person der ganzen Affäre macht den Plan zunichte. Reidel wird befördert werden; Dincklage samt seinem Bataillon noch in derselben Nacht zu einem neuen Einsatzort abziehen, Käthe durch die Linie gehen und sich den Amerikanern ausliefern; einzig Hainstock bleibt in seinem Steinbruch bei Winterspelt. Soweit die »*Novelle im Kleistischen Sinne*«, der »*eigentliche Kern*« (Andersch); ihre Lebendigkeit und Spannung ist vor allem der meisterhaften Personencharakterisierung zu verdanken und dem »*Roman im Roman*« (Koeppen), der Liebesgeschichte um Käthe, die ihresgleichen an vermittelter Wärme und Entschlossenheit sucht. *Winterspelt* ist Anderschs Plädoyer für historische Konditionalsätze, seine Auflehnung gegen die Geschichte überhaupt: »*Wenn man darauf verzichtet, sich vorzustellen, wie etwas hätte sein können, verzichtet man auf die Vorstellung einer besseren Möglichkeit überhaupt. Dann nimmt man Geschichte hin, wie sie eben kommt.*« Der zeitgeschichtliche Hintergrund ist in zahlreichen Dokumenten und Ausgrabungen als eine Ebene eingearbeitet; aus der Komplexität des Zusammenwirkens aller Ebenen zieht der Roman seine Überzeugungskraft, die Jean AMÉRY veranlaßte, vom »*bedeutendsten deutschsprachigen Werk über den Zweiten Weltkrieg*« zu schreiben. »*Es sind solche Verschränkungen des erzählerisch-essayistischen Vortrags, welche die absolute, freie, spielerische Souveränität des Autors beweisen. Anderschs* Winterspelt *ist ein Alterswerk…*« (W. Schütte).
Winterspelt spielt nur an einem Tag, dem 12. Oktober 1944; von ihm aus wird ständig und weit zurückgeblendet, um Lebensläufe und Charaktere der Beteiligten sowie ihre unterschiedlichen Motive offenzulegen. In der Erzählung *Noch schöner wohnen* (1971) hat Andersch diese extreme Montagetechnik zum erstenmal erprobt; durch ihre Ausformung in *Winterspelt* geriet ihm dieser Roman

auch formal zu Fluchtpunkt und Gesamtsumme seines Werks. Das Erzählen vollzieht sich in kleinen bis winzigen Bruchstücken, der epische Fluß ist zerstört; die Mannigfaltigkeit des Stils (er reicht vom eher trockenen Chronikstil über ironische Kommentare und detailfreudige Beschreibungen bis zum inneren Mono- einmal sogar Dialog) und die unterschiedliche, schlaglichtartige Beleuchtung derselben Szenen, Sachverhalte oder Personen bewirken, daß niemals ein festes Bild entsteht. Gelegentlich wird sogar die Erzählerrolle ironisch aufgekündigt: »*Wählen Sie, welche Lösung Ihnen als die glaubhafteste erscheint, angesichts so vieler Rätsel und Widersprüche...!*«

Die Struktur des Romans findet ihre Entsprechung im Text durch das Aquarell »*Polyphon umgrenztes Weiß*« von Paul Klee (korrekt: *Polyphon gefaßtes Weiß*). Um es vor der Vernichtung als »entartete Kunst« zu bewahren, nahm Schefold es mit sich ins Exil. »*Das Bild ist ein Plan*«; wie der Roman besteht es aus »*sechs sukzessiv abgeschwächten Werten*« (respektive - im Roman - Personen), die sich, von einem weißen Zentrum ausgehend, »*nach einem mathematisch-musikalischen Prinzip*« gruppieren. Die Kritik dieses poetischen Verfahrens ist im Aquarell inbegriffen: Der weltfremde Ästhet Schefold, also die »schwächste« Figur, die einzige, die den Roman nicht überlebt, emigrierte des Bildes wegen; es wäre aber von den Nazis gar nicht verbrannt, sondern versteigert worden: »*Seine Emigration beruhte auf einem Mißverständnis.*« Zugleich steckt im Bild die Hoffnung, es könne sich als »*Samenkorn*« erweisen: »*Daraus konnte eine neue Stadt wachsen.*« S.Ha.

AUSGABEN: Zürich 1974. - Zürich 1977 (für die Taschenbuchausgabe »*neu durchgesehen und hie und da verbessert*«; detebe 20397).

VERFILMUNG: BRD 1978 (Regie: E. Fechner).

LITERATUR: H. Heißenbüttel/H.T. Lehner, *Gedankenspiel in den Ardennen* (Gespräch mit A. A.) (in *Über A. A.*, Hg. G. Haffmans, Zürich ²1980, S. 222-236). - W. Koeppen, *Die Leute von Winterspelt* (in ders., *Die elenden Skribenten*, Ffm. 1981, S. 212-221). - W. Schütte, *Sachbuch über Denkweisen im Möglichkeitsfall* (in *Über A. A.*, S. 147-154). - J. Améry, *Der Denkspieler und der Krieg* (in Weltwoche, Zürich, 20. 11. 1974). - F. Hitzer, »*Winterspelt*« (in kürbiskern, 2/1975, S. 120-34). - M.W. Schulz, *Mehr als »Polyphon umgrenztes Weiß«* (in SuF, 6/1976, S. 1319-1326). - P. Bekes, *Wie man sich verweigert* (in *A. A.*, Hg. H. L. Arnold, Mchn. 1979, S. 54-62; Text + Kritik). - S. Mühlethaler, *A. A.s »Winterspelt«*, Diss. Zürich 1979. - F. Kröll, »*Winterspelt«, Bauhaus, Polyphonie* (in *Zu A. Andersch*, Hg. V. Wehdeking, Stg. 1983). - U. Fries, »*Winterspelt« im Kontext des Romanwerks von A. A.* (in Orbis litterarum, 39, 1984, Nr. 4, S. 352-379). - S. Hanuschek, »*Winterspelt« als »polyphon gefaßtes Weiß«?* (in kürbiskern, 4/1987, S. 93-108).

HANS CHRISTIAN ANDERSEN

* 2.4.1805 Odense
† 4.8.1875 Kopenhagen

LITERATUR ZUM AUTOR:
Bibliographien:
B. F. Nielsen, *H. C. A. Bibliografi. Digterens danske Værker 1822-1875*, Kopenhagen 1942. - E. Bredsdorff, *H. C. A. A Bibliographical Guide to His Works* (in Scandinavica, Bd. 6, Vol. 1, 1967). - Ders., *A Critical Guide to the Literature on H. C. A.* (in Scandinavica, Bd. 6, Vol. 2, 1967). - A. Jøorgensen, *H. C. A.-litteraturen 1875-1968*, Aarhus 1970. - Ders., *Tilføjelser og rettelser. Supplement 1875-1968. Fortsættelse 1969-1972*, Kopenhagen 1973 (auch in Anderseniana, 3. R., Bd. 1, 1970-1973). - Ders., *Tilføjelser og rettelser. Supplement 1875-1972, Fortsættelse 1973-1976*, Aarhus 1973 (auch in Anderseniana, 3. R., Bd. 2, 1974-1977). - E. Dal, *Om H. C. A.-litteraturen* (in Anderseniana, 2. R., Bd. 4, 1961 bis 3. R., Bd. 3, 1982). - A. Jørgensen, *H. C. A.-litteraturen 1875-1968. Tilføjelser og rettelser – Fortsættelse 1977-1980* (in Anderseniana, 3. R., Bd. 3, 1982). - Ders., *H. C. A.-litteraturen 1875-1968. Tilføjelser og rettelser – Fortsættelse 1981-1984* (in Anderseniana, 3. R., Bd. 4,4, 1985/86). - J. de Mylius, *Om H. C. A.-litteraturen* (in Anderseniana, 3. R., Bd. 4,4, 1985/86).
Zeitschrift:
Anderseniana, Odense 1933 ff.
Gesamtdarstellungen und Studien:
C. M. Woel, *H. C. A.s Liv og Digtning*, 4 Bde., Kopenhagen 1949/50. - N. Kofoed, *Studier i H. C. A.s fortællekunst*, Kopenhagen 1967. - S. Toksvig, *H. C. A.*, Kopenhagen ²1970. - B. Grønbech, *H. C. A. Levnedsløb - Digtning - Personlighed*, Kopenhagen 1971. - P. E. Sørensen, *H. C. A. og herskabet*, Grenå 1973. - E. Bredsdorff, *H. C. A. Des Märchendichters Leben und Werk*, Mchn./Wien 1980. - *H. C. A. og hans kunst i nyt lys*, Hg. J. Breitenstein, Odense 1976. - U. H. Petersen, *I H. C. A.s verden*, Kopenhagen 1978. - *Dansk Biografisk Leksikon*, 16 Bde., Kopenhagen 1979-1984; 1, S. 173-181. - B. Grønbech, *H. C. A.*, Boston 1980 (TWAS). - J. de Mylius, *Myte og roman. H. C. A.s romaner mellem romantik og realisme*, Kopenhagen 1981. - J. Møllehave, *H. C. A.s salt. Humoren i H. C. A.s eventyr*, Kopenhagen 1985.

AHASVERUS

(dän.; *Ahasver*). Von Hans Christian ANDERSEN, erschienen 1847. - Das Werk, dem die Gattungsbezeichnung fehlt, das aber, formal von GOETHES *Faust 2. Teil* beeinflußt, eine Mischform aus Epos und Drama ist, wurde 1840 in Athen konzipiert und im Winter 1846 abgeschlossen. – Ahasverus, ein jüdischer Schuster, träumt von der großen Zeit Israels, als David und Salomon herrschten. Er schließt sich Christus an, in dem er den neuen Messias sieht, der das jüdische Volk wieder zur Größe führen wird. Enttäuscht wendet er sich aber nach der Gefangennahme von ihm ab, ja, als Christus auf dem Weg nach Golgatha an seiner Werkstatt vorbeikommt, höhnt er ihn und verwünscht ihn, wobei er sich an den Tod seiner Mutter und seiner Schwester erinnert, die Christi wegen beim Kindermord in Bethlehem umkamen. Doch der Fluch trifft ihn selbst. Ewig und ruhelos muß er wandern, bis die Zeit sich erfüllt hat: Ahasverus tritt in Rom zur Zeit der Christenverfolgung als haßerfüllter Henker auf, er flieht, nachdem er das Schreckliche seines Tuns erkannt hat, nach Afrika, China und Indien, er kehrt zurück und wird Zeuge der immer größeren Ausbreitung des Christentums, das den Ansturm der Araber wie auch seine eigenen inneren Zwistigkeiten übersteht, bis er schließlich mit Kolumbus in Amerika landet. In diesem Augenblick begreift er die Bewegung und das Ziel der Geschichte: die Einheit der Völker im Namen Gottes. Zwar zweifelt er noch immer, aber so wie er im Lauf der Jahrhunderte allmählich von seinem Haß gegen Christus und die Christen abließ, so wird aus dem kalten Beobachter der Entwicklung nun einer, der verstehend zu glauben beginnt.

Nach eigener Aussage des Dichters und der Vorszene ist Ahasverus die Verkörperung des Engels Ahas, des Zweiflers, der mit Luzifer stürzt, sich aber bis zum Jüngsten Gericht läutern und damit wieder unter die Engel aufgenommen werden wird. Mit dieser Auffassung will der Verfasser den Zweifel als eine Kraft darstellen, die dem Fortschritt dient. Andersens Versuch, eine geschichtsphilosophische Idee symbolisch darzustellen, ist jedoch nicht geglückt, die hergestellten Beziehungen und Entsprechungen sind vielmehr allegorischer Natur. In diesem Sinn ist auch das Auftreten von Weltteilen, Ländern, Vögeln und Tieren als sprechende Wesen zu verstehen. Das Werk, in dem sich Andersen als fortschrittsgläubiger Mensch zeigt, der jedoch gleichzeitig das Auftreten des Christentums als letzte Phase der notwendigen Einigung der Welt versteht, wurde bei seinem Erscheinen lau aufgenommen; seine Formlosigkeit erregte Befremden. A.H.

AUSGABEN: Kopenhagen 1847. – Kopenhagen 1878 (in *Samlede Skrifter*, 15 Bde., ²1876–1880, 11).

ÜBERSETZUNG: *Ahasver*, H. C. Andersen (in *GW*, Bd. 29/30, Lpzg. 1847).

LITERATUR: E. Rindorm, *H. C. A og »Ahasverus«* (in Gads danske Magasin, 1930, S. 171–192). – I. Trenscényi-Waldapfel, *H. C. A. in Ungarn* (in Anderseniana, 2. R., Bd. 6, 1969, S. 47–61).

BILLEDBOG UDEN BILLEDER

(dän.; *Bilderbuch ohne Bilder*). Erzählungen von Hans Christian ANDERSEN, erschienen 1840. – Ein armer junger Maler, der allein in eine fremde Stadt kommt, fühlt in sich zwar reine und starke Empfindungen, jedoch nicht die Fähigkeit, sie adäquat auszudrücken. Als er eines Nachts einsam am Fenster steht, sieht er den Mond, der, um ihn zu trösten, gelobt, jeden Abend vorbeizukommen und ihm eine kleine Geschichte zu erzählen, die er dann aufschreiben oder malen soll. So gehen viele Abende hin. Dreiunddreißig Geschichten des Mondes werden erzählt: Anekdoten aus der jüngsten Geschichte, bizarre Bilder aus fernen Ländern (Grönland, Arabien, Indien, China) oder auch romantische Szenen *(Das tote Pompeji, Herberge vor Morgengrauen, Der Schwan, Das Hünengrab)*. Auch der Alltag kommt nicht zu kurz, vor allem der Alltag der Kinder. Gerade den Kindern, ihren Aussprüchen und Taten, ihrer Unschuld und Naivität, ist fast ein Drittel der kurzen Skizzen gewidmet, deren umfassendste nicht länger als drei Seiten sind. – Das Buch wurde in Deutschland sehr wohlwollend aufgenommen, da es der Vorliebe der jüngeren Romantik für das Phantastische und Bizarre entgegenkam. Andererseits rührte es auch den biederen Bürger, der an der Unschuld der »kleinen Poesie« sein Genügen fand. Der Gebrauch der »Kinderstubensprache« war ein Novum für die dänische Literatur, das damals wenig Beifall fand, ja fast als Indiskretion verurteilt wurde. Gerade in diesem Kinderstubenstil aber stellt sich zum erstenmal der spätere Märchendichter vor, dessen Vorliebe für *»den Zauber des Zufalls«* dieses Bilderbuch wohl seine Entstehung verdankt. A.H.

AUSGABEN: Kopenhagen 1840. – Kopenhagen 1877 (in *Samlede Skrifter*, 15 Bde., ²1876–1880, 6). – Kopenhagen 1943 (in *Romaner og Rejseskildringer*, 7 Bde., 1943/44, 4, Hg. H. Topsøe-Jensen; krit.). – Kopenhagen 1955 [mit Vorw. v. H. Topsøe-Jensen].

ÜBERSETZUNGEN: *Bilderbuch ohne Bilder*, J. Reuscher, Bln. 1841. – Dass., M. Langfeldt, Jena 1900; ⁶1923. – Dass., A. Kellermann, Zürich 1946. – Dass., B. Jolles, Wiesbaden 1955. – Dass., W. Volk u. E. Zoller, Lpzg. 1966; ²1980.

LITERATUR: F. Brandt-Pedersen u. a., *H. C. A.s »Otte og tyvende Aften«* (in Meddelelser fra Dansklærerforeningen, Kopenhagen 1969, S. 8–59). – N. Kofoed, *Genreproblemet i H. C. A.s »Billedbog uden Billeder«. Prosaskitse og Arabesk* (in Anderseniana, 3. R., Bd. 4,1, 1982, S. 17–34).

EVENTYR, FORTALTE FOR BØRN

(dän.; *Märchen, für Kinder erzählt*). Kunstmärchen von Hans Christian ANDERSEN, erschienen in elf Heften 1835–1848. – Im Jahr 1835 erschien zu-

nächst ein kleines Heft mit vier Märchen des Verfassers, der sich gerade mit dem Roman *Improvisatoren (Der Improvisator)* einen Namen gemacht hatte. Die Kritiker, die an die kunstvollen Märchenkompositionen der deutschen und dänischen Romantiker gewöhnt waren, schenkten dem Büchlein kaum Beachtung; nur H. C. ØRSTED, einer der bedeutendsten Naturwissenschaftler seiner Zeit, schrieb dem Dichter, daß, wenn sein *Improvisator* ihn berühmt gemacht habe, seine Märchen ihn unsterblich machen würden. – Andersen, der schon früher Märchen geschrieben hatte, kehrte sich in *Eventyr, fortalte for Børn* vom traditionellen Märchenstil ab und entwickelte in der Folgezeit einen unverkennbaren eigenen Stil.
Durch Übersetzungen der Märchensammlungen von PERRAULT, MUSÄUS, GRIMM und durch die *Folkeeventyr (Volksmärchen)* Mathias WINTHERS war das dänische Publikum mit dem Typus des Volksmärchens vertraut. Einzelne Elemente dieser knappen, klaren Märchenform und solche des romantischen Kunstmärchens mit seiner eine philosophische Idee üppig umwuchernden Phantastik vereinte Andersen, erfüllt von der Idee einer »Zukunftspoesie«, die »*kurz, klar und reich*« sein sollte, zu einem neuen Ganzen. Die entscheidende Neuerung gelang ihm dabei auf sprachlicher Ebene: er wollte, daß man »*im Stil den Erzähler höre*«. Darin unterscheiden sich seine Märchen deutlich von den traditionellen »geschriebenen« Märchen der Brüder Grimm und der Romantiker. Im übrigen lehnte sich Andersen eng an das Volksmärchen an, ersetzte jedoch dessen primitiv-magisches Weltbild durch eine von Ørsted propagierte pantheistische Sicht, die ihm »*die Gesetze der Natur als die Gedanken der Gottheit selbst und die bloße Wirklichkeit als ein Wunder*« erscheinen ließ. So gelang es ihm nicht nur, traditionelle Märchenmotive zu modifizieren und zu kombinieren, wie etwa in *Fyrtøjet (Das Feuerzeug), Lille Claus og Store Claus (Kleiner Klaus und Großer Klaus), Svinedrengen (Der Schweinehirt), De røde Sko (Die roten Schuhe)*, sondern darüber hinaus neue, originale Märchen zu schaffen, wie *Lykkens Kalosker (Die Glücksgaloschen), Snedronningen (Die Schneekönigin), Den lille Havfrue (Die kleine Meerjungfrau), Den lille Pige med Svovlstikkerne (Das kleine Mädchen mit den Schwefelhölzern)* oder *Den grimme Ælling (Das häßliche Entlein)*. Obwohl auch darin oft die verschiedensten altbekannten Motive verarbeitet werden, ist doch die hinter der Handlung stehende Idee stark genug, die divergierenden Elemente zu einer neuen Einheit verschmelzen zu lassen.
In einem Brief an B. S. INGEMANN schrieb Andersen über seinen Erzählstil: »*Ich greife eine Idee auf, die für Ältere gedacht ist – und erzähle sie dann den Kleinen, während ich daran denke, daß Vater und Mutter oft zuhören, und ihnen muß man etwas für den Verstand geben.*« In den großen, selbsterfundenen Märchen ist der Sachverhalt allerdings eher umgekehrt: sie sind Märchen für Erwachsene, die auch von Kindern gern gehört werden. Ein charakteristisches Beispiel dafür – und gleichzeitig Andersens ehrgeizigster Versuch, in einem Märchen seine Weltanschauung auszudrücken – ist *Die Schneekönigin*: Der Teufel verfertigt einen Spiegel, der nur das Mangelhafte und das Lächerliche wiedergibt, das Gute und Schöne dagegen verkleinert oder überhaupt nicht zeigt. Der Spiegel zerspringt, als der Teufel ihn Gott zeigen will, und die Menschen, die von einem der abertausend kleinen Splitter in den Kopf oder ins Herz getroffen werden, vermögen nur noch das Negative zu sehen. Unter ihnen ist auch ein kleiner Junge namens Kay; sein Herz gefriert zu einem Eisklumpen, und er beginnt mit seiner Freundin Gerda zu streiten. Eines Tages holt ihn die Schneekönigin in ihren Eispalast am Nordpol (das Reich der abstrakten Vernunft), wo sich Kay abmüht, das Wort »Ewigkeit« aus Eisstücken zusammenzusetzen. Gelingt ihm dies, will ihm die Schneekönigin die ganze Welt und ein Paar Schlittschuhe schenken. Gerda macht sich auf, Kay zu suchen. Im Blumengarten einer alten Frau, »*die zaubern konnte*«, wird sie aufgehalten (Klingsors-Zaubergarten-Motiv); nach zahlreichen weiteren Abenteuern gelangt sie endlich in das Reich der Schneekönigin. Dort findet sie Kay, wird aber von ihm, der in seine Berechnungen und Spekulationen vertieft ist, nicht beachtet. »*Da weinte die kleine Gerda heiße Tränen, sie fielen auf seine Brust, sie drangen in sein Herz, sie tauten den Eisklumpen auf in ihm.*« Und nun beginnt auch Kay zu weinen, und die Tränen waschen den verderblichen Spiegelsplitter aus seinem Auge. Jetzt erst vermag er das Wort »Ewigkeit« richtig zu legen, das gleichbedeutend ist mit »Gott«: der Weg zu ihm kann nicht durch kalte, lebensferne Abstraktion, sondern nur durch unreflektiertes, warmes Gefühl gefunden werden. Die selbstlose Liebe Gerdas, die mit Gott im Bunde ist, hat gesiegt, Kay ist aus dem Bann der Schneekönigin befreit; älter (!) und reifer geworden, kehren die beiden in ihre kleine Gasse zurück.
Andersens Kompositionsstil und sein Geschick, verschiedenste Motivkreise miteinander zu verbinden, treten in diesem Märchen deutlich zutage. Neben der Allegorie an Anfang und Schluß der Erzählung, die Personifizierung abstrakten Denkens in der Gestalt der Schneekönigin (Parallele zur Bienenkönigin!), die reizvolle Parodie auf die populäre Räuberromantik und die poetischen Genrebilder (in denen sich Andersens »Kunst im Kleinen« beweist) treten zahlreiche Märchenmotive: hilfreiche Tiere, Werbung um eine Prinzessin, Verzauberung und deren Lösung durch ein Schlüsselwort, Suche nach einem Verschwundenen, gute und böse Hexen. In den letzten Zeilen deutet sich sogar die Möglichkeit an, das Märchen als eine Art von verklausuliertem Bildungsroman zu interpretieren: »*Und dort saßen sie beide, beide Erwachsene und doch Kinder, Kinder im Herzen, und es war Sommer, der warme, gesegnete Sommer.*« Diese Vielfalt der Formen und Motive wird zusammengehalten durch die Idee vom Sieg der menschlichen, mit Gott verbündeten »synthetischen« Natur über die lebensfeindliche analysierende Vernunft, die sich Selbstzweck ist.

Neben dem philosophischen Märchen, das sich analog zum Romanzenzyklus meist aus mehreren Einzelmärchen aufbaut, ist für die erste Periode von Andersens Märchenschaffen vor allem das Ding-Märchen, seine eigene Schöpfung, charakteristisch. Während Pflanzen und Tiere in der magischen Welt des Märchens von jeher Stimme, Leben und Schicksal hatten, führte bei Andersen die dichterische Ausgestaltung kindlicher Spiele mit Puppen, Zinnsoldaten etc. zu einer Verlebendigung der Gegenstände, die dem Märchen eine neue Dimension erschloß. Das erste reine Ding-Märchen ist *Den standhaftige Tinsoldat (Der standhafte Zinnsoldat)*, in dem sich romantische Liebestod, Jonas- und Polykrates-Motiv in der »heroischen« Gestalt eines Zinnsoldaten realisieren: er verliebt sich in eine Tänzerin aus Papier, wird von einem Troll auf die Straße geworfen und von einem Fisch verschlungen; dieser wird von derselben Familie, der der Zinnsoldat gehört hatte, gekauft. Nun ist der Soldat seiner Angebeteten wieder nahe, aber er ist inzwischen so unansehnlich geworden, daß man ihn in den Ofen wirft. Ein plötzlicher Windstoß weht die Tänzerin ebenfalls ins Feuer, so daß beide romantisch vereint sterben. – Die späteren Ding-Märchen, etwa *Stoppenaalen (Die Stopfnadel)*, sind einfacher konstruiert, ihr Reiz beruht vornehmlich auf der treffenden Darstellung bestimmter »Charakterzüge«, die sich – wie bei der Tierfabel – an hervorstechende Eigenschaften des jeweiligen Gegenstandes knüpft. So werden Härte, Glanz und Kleinheit der Stopfnadel zur liebenswürdig-ironischen Schilderung eines Fräuleins benutzt, das sich besser als seine Umwelt dünkt (Glanz) – ein beliebtes Motiv bei Andersen – und das trotz aller Schicksalsschläge (die aus seiner Kleinheit und Starre resultieren) unbeugsam und unnachgiebig bleibt (abermals das Motiv der Härte). Wie in anderen Märchen wurden biographische Fakten und Polemiken auch in den Ding-Märchen verarbeitet, beispielsweise in *Kærestefolkene (Das Liebespaar)*. Andersens Wiedersehen mit Riborg Voigt, an die er sein bekanntestes Gedicht *To brune Øjne (Zwei braune Augen)* richtete, und in *Den flyvende Kuffert (Der fliegende Koffer)*, eine satirische Schilderung des Kreises um Ludvig HEIBERG.

Die Märchen bilden zweifellos den Schwerpunkt im reichen Schaffen Andersens und haben seinen Weltruhm begründet. Sie vereinen in glücklicher Mischung Naivität, Witz, Wirklichkeitssinn und didaktische oder philosophische Anliegen. Letztere gewinnen vor allem in den späteren Märchen an Bedeutung, die nicht mehr den Zusatz *»für Kinder erzählt«* tragen. 1849 erschien ein Sammelband der bis dahin nur in Heftform vorliegenden *Eventyr*, der das Ende der ersten Periode markiert, in der Andersen etwa fünfzig Märchen geschrieben hat. An diesem Band ist abzulesen, wie meisterhaft er die von ihm entwickelte Märchenform beherrschen gelernt hat. Das darauffolgende Heft trug den Titel *Historier (Geschichten*; vgl. dort) und wies damit auf den Beginn einer neuen Phase der Märchendichtung des dänischen Erzählers hin. A.H.

AUSGABEN: Kopenhagen 1835–1848. – Kopenhagen 1931; ern. 1943, Hg. H. Brix u. A. Jensen, 5 Bde. [krit.]. – Kopenhagen 1963 ff., Hg. E. Dal; Komm. E. Nielsen [krit.]. – Odense 1961, Hg. C. J. Frejler, 3 Bde. – Kopenhagen 1968, 3 Bde. – Kopenhagen 1981/82, 2 Bde., [Ill. E. C. Andersen].

ÜBERSETZUNGEN: *Märchen*, G. F. v. Jensen, Braunschweig 1839. – Dass., E. Federn, 4 Bde., Jena 1909. – *Sämtliche Märchen*, T. Dohrenburg, Hg. E. Nielsen, 2 Bde., Mchn. 1959. – *Gesammelte Märchen*, 2 Bde., Zürich o. J. [Ill. V. Pedersen u. L. Fröhlich]. – *Sämtliche Märchen*, anon., Aschaffenburg 1963 [Ill. H. Rothfuchs]. – *Märchen und Historien*, anon., Mchn. 1964 ff. [Ill. G. Oberländer]. – *Die schönsten Kindermärchen*, anon., Mchn. 1968 [Ill. ders.]. – *Märchen*, M. Mann, 3 Bde., Ffm. 1975. – *Gesammelte Märchen*, anon., Mchn. [5]1984 (Goldm. Tb). – *Sämtliche Märchen und Geschichten*, E.-M. Blühm u. G. Perlet, 2 Bde., Lpzg./Weimar 1982.

VERFILMUNGEN: *La petite marchande d'allumettes*, Frankreich 1928 (Regie: J. Renoir). – *The Red Shoes*, England 1948 (Regie: M. Powell u. E. Pressburger). – *Císařův slavíc (Des Kaisers Nachtigall)*, ČSSR 1948 (Regie: J. Trnka). – *Die Schneekönigin* (nach dem Schauspiel von J. Švarc), BRD 1964 (TV; Regie: W. Spier). – Dass., ČSSR 1987 (Zeichentrick; Regie: L. Čapek).

LITERATUR: H. Brix, *H. C. A. og hans »Eventyr«*, Kopenhagen 1907; [2]1970. – P. V. Rubow, *H. C. A.s »Eventyr«. Forhistorien – Idé og Form. Sprog og Stil*, Kopenhagen 1927; [3]1967. – B. Grønbech, *H. C. A.s Eventyr-Verden*, Diss. Kopenhagen 1945, [2]1964. – W. A. Berendsohn, *Fantasi og virkelighed i H. C. A.s »Eventyr og Historier«. Stil- og strukturstudier*, Aarhus 1955. – A. Duve, *Symbolikken i H. C. A.s eventyr*, Oslo 1967. – D. Pallis, *Personerne i H. C. A.s eventyr* (in Anderseniana, 3. R., Bd. 1, 1970–73). – J. S. Sørensen, *A.* (in Kritik, Kopenhagen 1970, Nr. 14, S. 5–21). – H. Topsøe-Jensen, *Buket til A. Bemærkninger til femogtyve »Eventyr«*, Kopenhagen 1971. – Ders., *Vintergrønt*, Kopenhagen 1976. – J. Munzar, *H. C. A.s Märchen u. die Tradition des Kunstmärchens in Deutschland* (in *Kortprosa i Norden, Akter fra den XIV studiekonference for skandinavisk litteratur*, Odense 1983, S. 165–169). – E. Nyborg, *Den indre linie i H. C. A.s »Eventyr«. En psykologisk studie*, Kopenhagen [2]1983. – J. de Mylius, *A.s anden revolution* (in Anderseniana, 3. R., Bd. 4,4, 1985/86, S. 311–330).

HISTORIER

(dän.; *Geschichten*). Erzählungen und Märchen von Hans Christian ANDERSEN, erschienen in zwei Sammlungen 1852; zwei weitere aus je vier Sammlungen bestehende Reihen erschienen 1858–1866 unter dem Titel *Nye Eventyr og Historier (Neue Märchen und Geschichten)*; es folgten 1869 *Tre nye*

Eventyr og Historier (Drei neue Märchen und Geschichten) sowie 1872 *Eventyr og Historier. Ny Samling (Märchen und Geschichten. Neue Sammlung)* und eine weitere Sammlung *Nye Eventyr og Historier.* – Ab 1835 brachte Andersen seine Märchen unter dem Titel *Eventyr* heraus. Mit der neuen Bezeichnung *Historier* deutet sich ein mehr realistischer Zug an, der sich in der überwiegenden Zahl der Märchen zeigt und vor allem in denen, die am ehesten der »großen Märchenform« der ersten Periode entsprechen. Der Ausdruck »realistische Märchen«, der am treffendsten die neuen Erzählungen kennzeichnet, scheint eine *contradictio in adiecto* zu enthalten, aber es ist typisch für Andersen, daß er in der Natur selbst das Wunder und im Schicksal des Menschen die ordnende Hand Gottes sieht und von einer Einheit von Natur und Geist ausgeht, wie sie der von ihm hochverehrte Naturphilosoph H. C. ØRSTED (vgl. *Der Geist in der Natur*) verkündet hat.

Die neuen Märchen halten sich teilweise in den alten erprobten Bereichen der Volksmärchen, wie *Hvad Fatter gjør, det er altid det Rigtige (Was Vatter tut, ist immer dat Richtige)*, oder sind neue Bearbeitungen älterer Motive, wie etwa *Iisjomfruen (Die Eisjungfrau)* oder *I Andegaarden (Im Entenhof)*, deren stärkere Vorbilder *Snedronningen (Die Schneekönigin)* und *Den grimme Ælling (Das häßliche Entlein)* sind. Dazu kommt eine Anzahl neuer Ding-, Pflanzen- und Tiermärchen, die von der unverwelkten Phantasie und Erfindungskraft des Dichters zeugen und in die nun stärker als in den vorausgehenden Sammlungen persönliche Erlebnisse eingeflochten sind. Ein enger Zusammenhang besteht auch mit den zahlreichen Reisebüchern: So ist der Schauplatz von *Under Piletræet (Unter dem Weidenbaum)* Nürnberg, von *En Historie fra Klitterne (Eine Geschichte von den Dünen)* Spanien oder von *Iisjomfruen* die Schweiz.

Wie bei Andersen Reales und Irreales zusammenfließen, kommt in der umfangreichsten Geschichte, *En Historie fra Klitterne* – sie ist über 50 Seiten lang –, klar zum Ausdruck, wenn er von dem kleinen Jørgen, der zum erstenmal in die Welt hinausfährt, sagt: »*Er glaubte, geradezu ins Märchenland zu fahren, und es war doch in die Wirklichkeit.*« Das Märchenland liegt also nicht in unkontrollierbaren Bereichen der Phantasie, sondern das Märchen geschieht rings um uns; es gehören nur die Augen eines Dichters oder eines Kindes dazu, es zu bemerken. Mit dieser Auffassung verwandelt Andersen historische Sagen in Märchen *(Bispen paa Børglum og hans Frænde – Der Bischof auf Börglum und sein Verwandter)*; er berichtet von alltäglichen Schicksalen *(Hun duede ikke – Sie taugte nicht)* und erzählt von den neuen technischen Erfindungen *(Den store Søslange – Die große Seeschlange* oder *Et Stykke Perlesnor – Ein Stück Perlenkette)* in einem Stil, der realistisch im Detail ist, in der Akzentuierung und in der Interpretation des Geschehens jedoch märchenhaft. Im Gegensatz zu der Schlichtheit seiner ersten Märchen verwendet Andersen jetzt eher eine stark gefühlsbetonte Prosa, die sogar das Pathos nicht scheut. Nicht immer erreicht er hier die Geschlossenheit und Frische der *Eventyr*, aber der ungeheure Reichtum an Motiven und Einfällen gibt auch dem neuen Genre der *Historier* eine immense Spannweite. Das gelungenste Beispiel dieses neuen Stils ist wohl die Prosaballade *Vinden fortæller om Valdemar Daae og sine Døtre (Der Wind erzählt von Waldemar Daae und seinen Töchtern)*, die der Dichter selbst am höchsten einschätzte und die P. V. RUBOW das »*originalste Werk*« der dänischen Literatur und O. FRIIS »*Andersens sprachliches Meisterwerk*« nennt.

A.H.

AUSGABEN: Kopenhagen 1852 *(Historier)*. – Kopenhagen 1853 *(Historier. Anden Samling)*. – Kopenhagen 1858 *(Nye Eventyr og Historier)*. – Kopenhagen 1866 *(Dass., Anden Række)*. – Kopenhagen 1869 *(Tre nye Eventyr og Historier)*. – Kopenhagen 1872 *(Eventyr og Historier. Ny Samling)*. – Kopenhagen 1872 *(Nye Eventyr og Historier. Tredie Række. Anden Samling)*. – Kopenhagen 1880 (in *Samlede Skrifter*, 15 Bde., ²1876–1880, 15). – Kopenhagen 1919, Hg. H. Brix u. A. Jensen *(Eventyr og Historier*, 5 Bde.; ern. 1943; krit.). – Kopenhagen 1964 ff., Hg. E. Dal (in *Eventyr*, 1963 ff., 2 ff.). – Kopenhagen ²1963 *(Eventyr og Historier. Jubilæumsudgave*, Hg. H. Topsøe-Jensen). – Odense 1963 ff. *(Eventyr og Historier*, Hg. S. Larsen). – Kopenhagen 1964 *(Eventyr og Historier*, Hg. B. Grønbech, 4 Bde.). – Odense 1976 *(Eventyr og Historier*, 8 Bde.). – Kopenhagen 1983 *(Samlede Eventyr og Historier*, 3 Bde.). – Kopenhagen 1986 *(Eventyr og Historier*; Ausw. u. Nachw. V. Sørensen).

ÜBERSETZUNGEN: *Gesammelte Märchen und Geschichten*, E. Federn, 4 Bde., Jena 1909. – *Gesammelte Märchen*, F. Storer-Madelung, 2 Bde., Zürich 1949. – *Sämtliche Märchen und Geschichten*, E.-M. Blühm, 2 Bde., Lpzg. 1953. – *Sämtliche Märchen*, T. Dohrenburg, Hg. E. Nielsen, 2 Bde., Mchn. 1959. – Dass., anon., Aschaffenburg 1963 [Ill. H. Rothfuchs]. – *Märchen und Historien*, anon., Mchn. 1964 ff. [Ill. G. Oberländer]. – *Märchen*, M. Mann, 3 Bde., Ffm. 1975. – *Gesammelte Märchen*, anon., Mchn. ⁵1984 (Goldm. Tb). – *Sämtliche Märchen und Geschichten*, E.-M. Blühm u. G. Perlet, 2 Bde., Lpzg./Weimar 1982.

LITERATUR: W. A. Berendsohn, *Fantasi og virkelighed i H. C. A.s »Eventyr og Historier«. Stil- og strukturstudier*, Aarhus 1955. – E. Nyborg, *Den indre linie i H. C. A.s »Eventyr«. En psykologisk studie*, Kopenhagen 1962; ²1983. – B. Grønbech, *H. C. A.s Eventyr-Verden*, Diss. Kopenhagen 1945; ²1964. – A. Duve, *Symbolikken i H. C. A.s eventyr*, Oslo 1967. – P. Rubow, *H. C. A.s »Eventyr«. Forhistorien – Idé og Form. Sprog og Stil*, Kopenhagen ³1967. – H. Brix, *H. C. A. og hans »Eventyr«*, Kopenhagen ²1970. – D. Pallis, *Personerne i H. C. A.s eventyr* (in Anderseniana, 3. R., Bd. 1, 1970–1973). – J. de Mylius, *A.s anden revolution* (in Anderseniana, 3. R., Bd. 4,4, 1985/86, S. 311–330).

IMPROVISATOREN. Original Roman i to Dele

(dän.; *Der Improvisator*). »Originalroman in zwei Teilen« von Hans Christian ANDERSEN, erschienen 1835. – Antonio, der Ich-Erzähler, wächst im Armenviertel Roms bei seiner verwitweten Mutter auf, die er jedoch schon in jungen Jahren durch einen Unglücksfall verliert. Ein reicher Patrizier aus dem Geschlecht der Borghese nimmt sich des Knaben an und schickt ihn auf eine Jesuitenschule. Antonio, poetisch begabt, zeigt weniger Eifer für ernsthaftes Lernen als vielmehr fürs »Improvisieren«, womit er sich auf Gesellschaften hervortut und es rasch zu großer Beliebtheit bringt. Er verliebt sich in die schöne Sängerin Annunziata, glaubt sich jedoch von ihr nicht wiedergeliebt, verletzt schließlich einen Nebenbuhler – wie er meint, tödlich – und flieht nach Neapel, wobei er unterwegs unter Räuber fällt. In Neapel versucht ihn eine üppige und sinnliche Professorengattin zu verführen, und Antonio sucht wieder das Weite. Nach einer ausgiebigen Bildungsreise (Capri, Paestum usw.) – während der er auch das blinde Mädchen Lara erblickt, deren überirdische Schönheit ihn bezaubert – kehrt er nach Rom zurück und wird wieder liebevoll im Palazzo Borghese aufgenommen. Schwer fällt ihm der Verzicht auf Flaminia, die liebliche Tochter seines Gönners, die für das Kloster bestimmt ist und auch ihn vom Weltlichen abzubringen versucht. Auf den Rat seiner Freunde hin geht er erneut auf Reisen und trifft die einst gefeierte Annunziata wieder, die während einer langen Krankheit ihre Stimme verloren hat und nun verarmt und verwelkt ein freudloses Dasein als Sängerin in einer Wandertruppe fristet. Auf dem Sterbebett schreibt sie ihm ihr Geständnis nieder: sie habe ihn immer geliebt. Nur schwer verwindet Antonio den Schmerz über ihren Tod, findet aber schließlich in Maria, der Tochter des venezianischen Bürgermeisters, die Annunziata den letzten Liebesdienst erwiesen hat und in der er die inzwischen geheilte Lara wiedertrifft, die Frau seines Lebens.

Der Roman vom armen Kind, das durch Glück und Talent in die höchsten Gesellschaftsschichten aufsteigt – Antonio nennt seine Geschichte selbst »*das große Märchen meines Lebens*« –, ist in vielen Zügen eine ins zeitgenössische Italien verlegte Autobiographie Andersens. Die Familie von Antonios Gönner erinnert an das Collinsche Haus, der pedantische Lehrer Habbas Dabdah an Simon Meisling, Antonios Zuneigung zu Flaminia an Andersens unglückliche Liebe zu Louise Collin.

Improvisatoren war Andersens Erstlingsroman und gleichzeitig sein erster nachhaltiger Erfolg; noch im gleichen Jahr erschien auch das erste Heft seiner *Märchen* (vgl. *Eventyr*). In der Komposition des Romans folgt der Dichter einem ähnlichen Plan, wie ihn die Baronne de STAËL-HOLSTEIN ihrem Werk *Corinne ou L'Italie* zugrunde legte. Die wechselnden Schauplätze (Rom, Neapel, Venedig) bilden jeweils den Hintergrund für ein neues Stadium in der Entwicklung des Helden. Große Lebendigkeit erhält der Roman durch die eingestreuten ausführlichen Reisebeschreibungen und die Schilderung von Land und Leuten Italiens, das Andersen auf seiner ersten Auslandsreise (1833/34) kennengelernt hatte. – Der Titel »Improvisator« spielt auf eine Äußerung J. L. HEIBERGS an, der Andersen einmal so bezeichnet hat, um dessen ihn etwas oberflächlich anmutende Schreibweise zu charakterisieren. F.J.K.

AUSGABEN: Kopenhagen 1835. – Kopenhagen 1853 (in *Samlede Skrifter*, 33 Bde., 1853–1879, 1/2). – Kopenhagen 1876 (in *Samlede Skrifter*, 15 Bde., ²1876–1880, 2). – Kopenhagen 1943 (in *Romaner og Rejseskildringer*, 7 Bde., 1943/44, 1, Hg. K. Bøgh; krit.). – Kopenhagen 1945. – Kopenhagen 1968.

ÜBERSETZUNGEN: *Jugendleben u. Träume eines Italienischen Dichters*, L. Kruse, Hbg. 1835. – *Der Improvisator*, H. C. Andersen (in *GW*, Bd. 3–5, Lpzg. 1847). – Dass., H. Denhardt, Lpzg. 1876. – Dass., E. Federn, Jena 1909. – Dass., H. C. Andersen, bearb. v. A. Wildermann, Zürich 1965 [Ill. H. Fries].

LITERATUR: V. Sørensen, *Hverken – eller*, Kopenhagen 1961, S. 20–23. – J. Breitenstein, *To kilder til »Improvisatoren«* (in Anderseniana, 2. R., Bd. 5, 1965, S. 101–116). – S. Møller Kristensen, *Den dobbelte eros*, Kopenhagen ²1967, S. 144–198. – P. Olivarius, *H. C. A. Aladdins Tandpine* (in *Den erindrende Faun*, Hg. A. Henriksen u. a., Kopenhagen 1968, S. 127–142). – K. P. Mortensen, *Forfængelighedens kortlægning* (in Kritik, Kopenhagen 1974, Nr. 30). – J. Breitenstein, *H. C. A. og Italien* (in *H. C. A. og hans kunst i nyt lys*, Hg. ders., Odense 1976, S. 31–53). – S. Gorm Hansen, *H. C. A. og Søren Kierkegaard i dannelseskulturen*, Kopenhagen 1976. – C. K. Hansen, *Den kontrolerede virkelighed*, Kopenhagen 1976, S. 71–78. – G. Lehmann, *»Improvisatoren« og H. C. A.s første Italiensrejse*, Kopenhagen 1976.

I SVERRIG

(dän.; *In Schweden*). Reisebuch von Hans Christian ANDERSEN, erschienen 1851. – Der unermüdliche Reisende Andersen hatte Schweden zum erstenmal 1837 besucht. Erst zwei Jahre nach seiner dritten Reise in das Nachbarland (1849) beendete er sein Buch und wurde mit ihm zum »*ersten Dänen, der Schweden poetisch entdeckt*« (M. Borup). Das geschah auf dem Höhepunkt von Andersens dichterischer Laufbahn, und die Befürchtung, bereits den Zenit überschritten zu haben, bewirkte, daß der Dichter seine ganze Kraft in die Gestaltung dieses Werks legte. In der Autobiographie *Das Märchen meines Lebens* (vgl. *Mit Livs Eventyr*) nennt er *I Sverrig* sein »*wohl am meisten durchgearbeitetes Buch*« und meint, daß sich gerade hier seine spezifische Eigenart offenbare: »*Naturschilderun-*

gen, das Märchenhafte, Humor und Lyrik, wie letztere in Prosa gegeben werden kann«. Wie die zahlreichen Änderungen in den erhaltenen Manuskripten beweisen, hat Andersen auf *I Sverrig* tatsächlich mehr Sorgfalt verwendet als auf andere Werke. Das geschah vor allem unter dem Eindruck, den er von der Lektüre der Aufsatzsammlung *Der Geist in der Natur* des von ihm hochverehrten Naturphilosophen Hans Christian ØRSTED empfing, dessen Fortschrittsoptimismus und dessen Ideen von der Weltharmonie, der ewig waltenden Vernunft, er zur Grundlage seines Werks machte. Andersen, der immer Universalpoesie schaffen wollte, benutzte in seinen Märchen (vgl. *Eventyr* und *Historier*) Reisemotive, in seine Reisebeschreibungen eingefügt sind Märchenerzählungen, und immer ist er – mehr oder weniger wahrheitsgetreu – Autobiograph; eine Mischung von Märchen, Reisebeschreibung und Autobiographie ist bereits sein erster Roman *Improvisatoren*, 1835 *(Der Improvisator)*.

I Sverrig erscheint auf den ersten Blick lose komponiert und sprengt als Reiseschilderung den herkömmlichen Rahmen, es ist *»weder Topographie noch Selbstbiographie, noch allgemeine Touristenpoesie, sondern ›ein Stück Perlenschnur‹* [der Titel eines Märchens von Andersen] ... *über ein Erlebnis gebaut und mit dichterischer Freiheit geformt«* (M. Borup), es *»ist nicht nur eine pittoreske Girlande wie seine übrigen Reiseerzählungen, sondern sorgfältig arrangiert oder, mit seinem Lieblingsausdruck, um eine innere Idee gruppiert«* (M. Brøndsted). BRØNDSTED hat diese »innere Idee« auch in seiner Analyse von *I Sverrig* nachgewiesen und aufgezeigt, daß die geschilderte Reise im Grunde eine »Lebensreise« ist, *»ein innerer Dialog zwischen Finsternis und Licht, Zweifel und Glauben. Die bunten Erlebnisse werden alle in das schwarz-weiße Muster hineingedeutet, und um seinen Glauben an das Leben zu bekräftigen, greift der Reisende zur Phantasie und zum Märchen als Bundesgenossen«.*

Fra Trollhätta til Siljan (Von Trollhätta zum Siljan) sollte ursprünglich der Titel des Werks sein. Nach diesem Schema ordnete Andersen seinen Stoff um und mischte, ohne der Chronologie zu folgen, sorglos eigene Erlebnisse und Eindrücke von seinen drei Reisen mit Geschichten, die er erzählt bekam, oder mit Angaben, die er einem Reiseführer entnahm. Was *I Sverrig* vor allem von den anderen Reisebüchern Andersens unterscheidet, ist, daß er hier *»mit einer für ihn seltenen Disziplin seine eigene Person im Hintergrund hält«* (M. Borup). Im Gegensatz etwa zu den entsprechenden Schilderungen in *Das Märchen meines Lebens* verzichtet er in *I Sverrig* darauf, die zahlreichen Huldigungen, die ihm auf seinen Schwedenreisen von allen Seiten zuteil wurden, zu erwähnen, und macht das Buch zu einer poetischen Liebeserklärung an Schweden. Gleichzeitig ist es das Werk, in dem Andersen vielleicht am vollkommensten Reales und Phantastisches, Lyrisches und Episches, »Geist« und »Natur« in eine Einheit brachte. F.J.K.

AUSGABEN: Kopenhagen 1851. – Kopenhagen 1878 (in *Samlede Skrifter*, 15 Bde., ²1876–1880, 8). – Kopenhagen 1944 (in *Romaner og Rejseskildringer*, 7 Bde., 1943/44, 7, Hg. M. Borup; krit.). – Kopenhagen 1962, Hg. H. Fonsmark [mit Vorw. u. Anm.].

ÜBERSETZUNGEN: *In Schweden*, H. C. Andersen (in *GW*, Bd. 36/37; Lpzg. 1851). – *Reisebilder aus Schweden und England*, G. Perlet, Hanau/Main 1985.

LITERATUR: H. Topsøe-Jensen, *Mit eget Eventyr uden Digtning. En Studie over H. C. A. som Selvbiograf*, Kopenhagen 1940. – P. Krüger, *Rejsebøgerne* (in *H. C. A. Mennesket og digteren*, Odense 1955, S. 208 ff.). – E. Ekelund, *H. C. A. som reseskildrare* (in Samtid och Framtid, 19, 1962, S. 237–239). – M. Brøndsted, *Livsrejsen. Omkring H. C. A.s »I Sverrig«* (in DS, 62, 1967, S. 5–45).

KUN EN SPILLEMAND

(dän.; *Nur ein Geiger*). Roman von Hans Christian ANDERSEN, erschienen 1837. – In seinem dritten Roman erzählt Andersen die Geschichte eines künstlerischen Scheiterns. Wie in fast allen seinen Romanen und in vielen seiner Märchen ist der Anteil des Autobiographischen unverkennbar. Freilich entgrenzt Andersen hier die authentische Erfahrungsdimension ins Fiktive und baut das epische Geschehen zu einer Studie über künstlerisches Mißlingen aus. Anders als in seinen ersten Romanen (vgl. *Improvisatoren* und *O. T.*) zerbricht in *Nur ein Geiger* der romantisch-mythische Totalitätsentwurf: Traum und Leben stehen sich unvermittelt gegenüber. Die beiden Sphären werden exemplarisch in den beiden Hauptpersonen des Romans verkörpert, dem armen Schusterssohn Christian und der aus einer wohlhabenden jüdischen Familie stammenden Naomi, die sich nach einer Phase der kindlichen Zuneigung immer weiter auseinanderentwickeln. Diese beiden Gestalten, kontrapunktisch aufeinander bezogen, sind Vertreter extremer, nicht sozialisationsfähiger Eigenschaften. Während der musisch begabte Christian gänzlich lebensunfähig ist und sich stets vor der Unbill der Wirklichkeit in eine illusionäre Traumwelt flüchtet, setzt sich die vitale und herrschsüchtige Naomi über alle Konventionen ihres Standes hinweg; sie scheitert genauso an ihrer Maßlosigkeit wie Christian an seiner Verzagtheit. Als Charaktertypen werden sie im Wertesystem des Romans entsprechend ihren Wesenszügen dem Norden und dem Süden bzw. dem Melancholischen und dem Sanguinischen zugeordnet, ohne daß ihr Autor je ernstlich den Versuch unternimmt, ihre gegensätzlichen Positionen zu harmonisieren und die Synthese des Anfangs auf dem Wege der individuellen Reifung und der sozialen Integration zu restituieren.

In den Beziehungen der beiden lassen sich bereits von Anfang an die Strukturen von Herrschaft und Unterwerfung nachweisen. Christian gelangt einmal als Kind beim Spielen durch ein Loch im Bretterzaun in den Garten des Nachbarhauses, wo er Naomi kennenlernt. Sie schlägt ihm vor, spielend eine Verkaufsszene zu simulieren, und nimmt ihm dabei Augen und Mund als Pfand ab, wodurch sie ihn in bildsprachlich verschlüsselter Form bereits bei ihrer ersten Begegnung geistig und erotisch an sich bindet. Durch die Verletzung der Grenze gerät Christian in den Bann eines weiblichen Wesens, das ihm später den nochmaligen Zutritt zu ihrem Paradies verwehrt und ihn nur gelegentlich als Spielball für ihre eigenen übermütigen Vorstellungen ausnutzt. Während sie in der Obhut einer gräflichen Familie aufwächst, fristet Christian, nachdem sein Vater, seinem alten Wandertrieb gehorchend, das Weite gesucht und seine Familie im Stich gelassen hat, ein kümmerliches Leben an der Seite seiner Mutter, die nach dem vermeintlichen Tod des Schusters einen früheren Freier heiratet, der dem Buben Geige und Notenheft abnimmt. Schließlich nimmt sich ein Bruder der Mutter seiner an und bringt ihn an Bord seines Schiffes nach Kopenhagen, wo Christian nach abenteuerlichen Erlebnissen auf dem vereisten Öresund die Bekanntschaft des gräflichen Stiefvaters von Naomi macht, der ihn zwar zur künstlerischen Arbeit ermuntert, ohne ihn jedoch materiell zu unterstützen. Erst als Christian selbst versuchen will, einen Gönner zu finden, bringt sein Onkel ihn als Schüler bei einem Musiklehrer in Odense unter.

Während seines dortigen Aufenthalts brennt Naomi – verkleidet als ein Junge – mit einem polnischen Kunstreiter durch. Ihre Leidenschaft kühlt sich aber schnell ab und verwandelt sich in Haß. In Wien entkommt sie ihm und reist nach Italien; dort heiratet sie einen französischen Marquis, mit dem sie in Paris eine unglückliche Ehe verbringt, da ihr Mann sein Wissen um ihre kompromittierende Vergangenheit als Freibrief für außereheliche Beziehungen benutzt. Bei diesem schnellen Wechsel der Schauplätze verliert der Autor zeitweilig seinen Christian fast ganz aus den Augen. Nur gelegentlich blendet er nach Dänemark zurück, wo er Momentaufnahmen aus Christians Leben zeigt, dessen Traum von der glänzenden Künstlerlaufbahn sich immer mehr verflüchtigt hat. Am Ende landet er voller Resignation als Dorfmusikant in seiner Heimat auf Fünen, immer mehr dahinsiechend an unerfüllter Hoffnung. Am Tage seiner Beerdigung muß der Trauerzug einer Kutsche ausweichen, die Naomi und ihren Marquis zu einem Sommeraufenthalt aufs gräfliche Gut nach Dänemark bringt. Mit dieser Geschichte eines traurigen Musikerdaseins – eine Art negativer Entwicklungsroman – befestigte Andersen seinen Ruhm als Romanautor. Diese Charakterisierung trifft am ehesten auf den Lebensweg Christians zu, der auch unter dem Einfluß negativer Erfahrungen keine pragmatischen Korrekturen an seinem Handeln vornimmt. Statt dessen bildet er kompensatorisch und in echt romantischem Sinne sein Leben zur Allegorie um und faßt es als Teil einer umfassenden kosmischen Lebensreise auf. Wenn auch die ideale Einheit des Lebens hier in zwei personal verkörperten Gestalten dissoziiert ist, zeigt Andersen im Zentralsymbol des Storchs die Bedingung für die Zusammenführung der auseinandergefallenen Daseinsmöglichkeiten. Wie der Storch in südlichen und nördlichen Regionen gleichermaßen beheimatet ist und beide Sphären in einem natürlichen Turnus bewohnt, so sei die Herbeiführung eines Ausgleichs zwischen vitalen und geistig-musischen Kräften für die psychische Genesung der beiden Hauptpersonen unerläßlich. Dagegen sperrt sich aber im vorliegenden Fall nicht nur die innere Disposition der beiden, sondern auch die bestehende Gesellschaftsordnung verhindert dies. So gleicht Christian einem flügellahmen Storch, der niemals mit seinesgleichen in südliche Gefilde aufbricht, sondern passiv verharrt, ein Glück erwartend, das sich nicht einstellen wird. Er erfährt nie die Zuwendung und Wärme, die für die Entfaltung seines Talents notwendig gewesen wären.

Vermutlich an dieser Genieauffassung entzündete sich die verheerende Kritik an dem Roman in Søren KIERKEGAARDS Erstlingswerk *Af en endnu levendes Papirer*, 1838 *(Aus den Papieren eines noch Lebenden)*, denn Kierkegaard vertrat im Gegensatz zu Andersen die Ansicht, daß sich Genie gegen alle noch so widrigen Umstände durchzusetzen weiß. Kierkegaards Kritik an der fehlenden Reflexionstiefe des Werks ist indessen viel zu einseitig und wird den künstlerischen Vorzügen des Romans nicht gerecht, obwohl sie manche treffende Beobachtung enthält. Im Anschluß an einen anregenden Essay des Dichterphilosophen Villy SØRENSEN aus dem Jahr 1961 haben Sven MØLLER KRISTENSEN, Mogens BRØNDSTED, Johan de MYLIUS u. a. in größeren und kleineren Studien über Komposition, Stil, Motivik und Symbolik – namentlich in *Kun en Spillemand* – den inneren Zusammenhang in Andersens Romanen nachgewiesen und damit die seit Kierkegaard und BRANDES kursierenden Fehlurteile, die aus den Erwartungshorizonten der Systemphilosophie HEGELS sowie der realistischen Ästhetik der achtziger Jahre des 19.Jh.s herrührten, ein für allemal widerlegt.   K.Bry.

AUSGABEN: Kopenhagen 1837. – Kopenhagen 1856 (in *Samlede Skrifter*, 33 Bde., 1853–1879, 5/6). – Kopenhagen 1877 (in *Samlede Skrifter*, 15 Bde., 1876–1880, 4). – Kopenhagen 1944 (in *Romaner og rejseskildringer*, 7 Bde., 1943/44, 3, Hg. O. Jacobsen; krit.). – Kopenhagen 1944.

ÜBERSETZUNGEN: *Nur ein Geiger*, anon. (in *GW*, Bd. 9–11, Lpzg. 1847). – Dass., Jena 1911.

LITERATUR: Rez. (in Dagen, 29. 11. 1837). – S. Kierkegaard, *Af en endnu levendes Papirer. Om A. som Romandigter, med stadigt Hensyn til hans sidste Værk »Kun en Spillemand«*, 1838 (dt.: *Aus eines noch lebenden Papieren*, in *GW*, Bd. 30, Düsseldorf

1960). – G. Brandes, *Angreb paa H. C. A.* (in ders., *Søren Kierkegaard. En kritisk Fremstilling i Grundrids*, 1877). – N. Jeppesen, *Digter og Kritiker* (in Gads danske Magasin, 33, 1939). – H. Brix, *H. C. A. og hans »Eventyr«*, Kopenhagen 1907; ²1970. – H. Helweg, *H. C. A. En psykiatrisk Studie*, 1927. – V. Sørensen, *De djævelske traumer* (in V.S., *Hverken-eller*, Kopenhagen 1961). – S. Møller Kristensen, *Den dobbelte Eros*, Kopenhagen 1966. – M. Brøndsted, *Kunstnerproblematikken i H. C. Andersens romaner* (in DS, 65, 1970). – S. Gorm Hansen, *H. C. Andersen og Søren Kierkegaard i dannelseskulturen*, Kopenhagen 1976. – C. Kastholm Hansen, *Den kontrollerede virkelighed*, Kopenhagen 1976.

LYKKE-PEER

(dän.; *Glücks-Peer*). Roman von Hans Christian ANDERSEN, erschienen 1870. – In seinem fünften und letzten Roman, der wegen seines geringen Umfangs mitunter als Novelle oder Erzählung bezeichnet wird, knüpft Andersen an altvertraute Themen, Motive und Darstellungsformen an. Wie aus einer Tagebucheintragung vom 29. April 1870 hervorgeht, war die Geschichte ursprünglich als ein »Märchen« konzipiert, und noch in der endgültigen Fassung lassen sich unschwer märchenhafte Züge nachweisen. Andersen stellt in idyllischer Verklärung den Aufstieg eines Knaben aus ärmlichen Verhältnissen zum gefeierten Künstler dar, wobei er vielfach Erfahrungen seiner eigenen Lebensgeschichte verwertet. Die biographischen Komponenten sind indes episch verfremdet und mit rein fiktiven Zutaten angereichert worden. Wenn auch dieses Spätwerk nicht gänzlich der bitteren Untertöne entbehrt, ist es doch als Ganzes in das mild-versöhnliche Licht der Retrospektive getaucht. Der alternde Dichter hält in heiter-melancholischer Stimmung Rückschau auf seinen künstlerischen Werdegang und stellt fest, daß sich alles zum Besten gefügt hat. Bei so viel ausgleichendem Harmoniebestreben und widerspruchsloser Schicksalszustimmung schlägt die Darstellung stellenweise ins Süßlich-Sentimentale um, aber die meisterhafte Sprachbehandlung, die satirische Unterwanderung mancher Motive sowie die Rückgriffe auf Formen und Motive dänischer Klassiker wirken dem Abgleiten ins Triviale entgegen. Während der Arbeit an dem Roman konnte sich Andersen von den Reaktionen der Leser auf sein entstehendes Buch durch Vorlesen daraus vor einem erlauchten Publikum überzeugen. Frau HEIBERG lobte die Wiederkehr des »Märchentons«, Henrik IBSEN fand die Dichtung »poetisch«, und Rasmus NIELSEN war der Ansicht, Andersen habe eine neue Synthese zwischen Märchen und Roman kreiert. Andersen macht in seinem Roman von dem bewährten Kunstgriff der kontrastierenden Gegenüberstellung Gebrauch: Er erzählt die Geschichte zweier Knaben, die am selben Tag im selben Haus geboren sind. Der eine kommt als Sohn eines Großkaufmanns in der hochherrschaftlichen *bel étage* eines wohlhabenden Bürgerhauses zur Welt und wird auf den Namen Felix getauft; der andere wird als Sohn eines in Diensten des reichen Kaufmanns stehenden Lagerarbeiters und einer armen Magd in der Dachkammer desselben Hauses geboren und erhält den schlichten Namen Peer. Im Bild der Entwicklung dieser beiden Jungen führt Andersen dem Leser zwei Formen des Glücks vor Augen. Felix wächst ohne eigenes Verdienst nahtlos in das materiell abgesicherte Großbürgertum hinein; Peer dagegen erreicht durch Talent und Fähigkeit die höchsten Weihen der Kunst und wird in den arriviertesten Gesellschaftsschichten salonfähig. Während jener das bleibt, was er immer schon gewesen ist – ein verwöhntes Kind aus besseren Kreisen –, überwindet dieser aus eigener Kraft seine Klassenzugehörigkeit und wird dem alten Topos entsprechend zu »seines eigenen Glückes Schmied«. Und in der Tat: Peer ist von Natur aus ein wahrer Glückspilz, dem alles scheinbar mühelos zufliegt. Schon das im Rinnstein wühlende Kind findet Wertsachen, wo die anderen Kinder lediglich auf Glasscherben und Unrat stoßen. Bereits in diesem Motiv – nach Topsøe-Jensen eine Variation jener Szene aus OEHLENSCHLÄGERS *Aladdin*, in der dem glücklichen Naturkind Apfelsinen in den Turban fallen – klingt die geistige Nähe des späteren Helden zur orientalischen Märchengestalt des dänischen Romantikers an. Peer macht erste Erfahrungen als Ballettänzer und erhält Gesangsunterricht. Als er wegen des Stimmbruchs nicht mehr singen kann, schickt ihn ein Mäzen in eine Provinzschule, in der er sich bis zur Wiedererlangung seiner Stimmgewalt weiterbilden soll. Dem Abschluß seines zweijährigen Kleinstadtaufenthalts geht eine schwere psychosomatische Krise voraus. In seinen Fieberphantasien materialisieren sich Nebelschwaden und Bäume zum Bild tanzender Elfenvampire, die ihn in den Elfenhügel einschließen und zu ihresgleichen machen möchten – ein balladeskes Motiv, das an entsprechende Tanzvorführungen in den Berghallenszenen des *Peer Gynt* von IBSEN erinnert. Nach seiner Rückkehr in die Hauptstadt gibt der Wiedergenesene sein Debüt als Opernsänger und wird sofort zur Zelebrität und zum Publikumsliebling, dem sich auch gesellschaftlich alle Türen öffnen. Doch strebt er nach Höherem und bereitet – geleitet von der WAGNERSCHEN Idee eines Gesamtkunstwerkes – eine Oper nach Motiven aus OEHLENSCHLÄGERS *Aladdin* vor, bei der er selber für Libretto und Musik verantwortlich zeichnet und sich auch die Hauptpartie vorbehält. Nach der mit stürmischem Beifall bedachten Premiere fällt er – »*der Glückliche vor Millionen*« – noch auf der Bühne tot um.

Dieser melodramatische Tod schließt die Vorstellung des höchsten Glücks mit ein, weil es einer alten Tradition zufolge als Privileg gilt, auf dem Höhepunkt seines Erfolgs sterben zu dürfen. In den vielen Darstellungen des armen Aufsteigers stellt der Glücks-Peer insofern eine Innovation im Schaffen Andersens dar, als die Künstlerlaufbahn nicht als beschwerlich und dornenvoll beschrieben wird. Peer scheint vielmehr das Glück gepachtet zu haben. Er muß nicht um Glück und Erfolg kämpfen, und er hat nicht, wie Aladdin, einen Noureddin an seiner Seite, der ihm die Lampe streitig macht; ihm fällt alles in den Schoß. Diese Tatsache hat dem Roman einerseits den Ruf einer reinen Idylle eingebracht, andererseits seinem Autor den Vorwurf, er habe den Begriff des Glücks unzulässig verkürzt. In ersten Rezensionen zogen die Kritiker symptomatischerweise vor allem gegen die im Buch vertretenen Ansichten vom Glück zu Felde. Fr. WINKEL-HORN findet, daß Peers Tod *»eine unangenehme Überraschung«* sei, die ihn an der vollen Ausschöpfung seines Talents hinderte. C. ROSENBERG vermißt *»die Seelenkämpfe, in deren Verlauf sich erst der Charakter entwickele«*, und fragt, was uns wohl diese Geschichte angehe, wobei er freilich dieselben Zweifel äußert, die Andersen selbst unter dem Eindruck des Deutsch-Französischen Krieges (am Tag der Kriegserklärung beendete er den Roman) in einem Brief an Frau COLLIN formuliert hatte. Übersehen haben freilich alle, daß der Roman eine immanente Kritik seines Glücksbegriffs enthält; Andersen selbst war sich schmerzhaft dessen bewußt, daß ihm genauso wie seinem Helden das wahre Glück der menschlichen Erfüllung vorenthalten geblieben war: Im Salon der verwitweten Baronesse hängt ein Gemälde, das ein jung vermähltes Paar darstellt, das auf dem Rücken eines Pferdes über die Weiten der römischen Campagna dahinreitet. Ein abseits stehender junger Mönch beobachtet die zwei Glücklichen mit einem traurig-verträumten Blick, der seine Lebensgeschichte verrät: *»ein verfehltes Ziel, das Glücklichste verloren! Das Menschenglück in der Liebe war ihm nicht zuteil geworden«*.

K.Bry.

AUSGABEN: Kopenhagen 1870. – Kopenhagen 1944 (in *Romaner og rejseskildringer*, 7 Bde., 1943/44, 5, Hg. H. Topsøe-Jensen; krit.).

ÜBERSETZUNG: *Glücks-Peter* (in *GW*, Bd. 49, Lpzg. 1871).

LITERATUR: Fr. Winkel-Horn, Rez. (in Fædrelandet, 26. 11., 1870). – C. Rosenberg, Rez. (in Heimdal, 3. 12. 1870). – H. P. Holst (in For Romantik og Historie, 5, 1871). – Matthew Browne, *H. C. A.'s »Lucky Peter«* (in H. C. A. The Picturesque Annual for the Young of All Ages, 1875). – C. J. Elmquist, *H. C. A.s ›Lykke-Peer‹* (in Aarhuus Stiftstidende, 20. 4. 1942). – M. Brøndsted, *Kunstnerproblematikken i H. C. Andersens romaner* (in DS, 65, 1970). – Ders., *Kunstnerens anfægtelser. Nogle iagttagelser i H. C. A.s romaner og rejseboger* (in Anderseniana, 2. R., Bd. 6, 1969, S. 205–233). – J. de Mylius, *Lykkedrøm og kunstnerkald* (in Anderseniana, 3. R., Bd. 1, 1970–1973, S. 31–59).

MIT LIVS EVENTYR

(dän.; *Ü: Das Märchen meines Lebens*). Autobiographisches Werk von Hans Christian ANDERSEN, erschienen 1855. – Die autobiographischen Schriften nehmen in Andersens Gesamtwerk einen zentralen Platz ein: Bereits zu Anfang der dreißiger Jahre arbeitete er an einem »Levnedsbog« (Lebensbuch), das den Zeitraum von 1805 bis 1831 umfaßt. Das Werk wurde allerdings wohl wegen der z. T. allzu offenherzigen Darstellung nicht zu Lebzeiten des Dichters veröffentlicht. Andersens erste gedruckte Selbstdarstellung erschien 1847 in Deutschland unter dem Titel *Das Märchen meines Lebens ohne Dichtung*; das dänische Original, *Mit eget Eventyr uden Digtning*, wurde erst 1942 von H. TOPSØE-JENSEN herausgegeben. Daß dieses Buch ausgerechnet in Deutschland erschien, ist nicht verwunderlich, wenn man bedenkt, daß Andersens Ruhm hier seinen Ausgang nahm und daß hier außerdem zum erstenmal eine Ausgabe seiner gesammelten Werke erschien, für die Andersen seine Autobiographie als eine Art Einleitung schrieb. Die dänische Fassung, die gegenüber der deutschen sehr an Umfang gewonnen hat, wurde 1855 in die *Samlede Skrifter* aufgenommen. Andersen hat eine Anzahl von Briefen und anderen Dokumenten eingefügt und außerdem seine Selbstbiographie bis zum Jahr 1855 weitergeführt. Für eine amerikanische Ausgabe seiner Schriften ergänzte er die Selbstdarstellung bis zum Jahr 1867. In dänischer Sprache erschien diese erweiterte Fassung 1876 als Supplement zum ersten Band der zweiten Auflage seiner *Samlede Skrifter* und schließt ebenfalls mit dem Jahr 1867, einem Höhepunkt in Andersens Leben: Er wurde damals Ehrenbürger seiner Heimatstadt Odense.

Andersens Lebenslauf mutet, wie der Titel sagt, wirklich wie ein Märchen an, und so hat es der Dichter auch in seinen berühmten Einleitungszeilen ausgedrückt: *»Mein Leben ist ein hübsches Märchen, so reich und glücklich. Wäre mir als Knabe, als ich arm und allein in die Welt hinausging, eine mächtige Fee begegnet und hätte sie gesagt: ›Wähle deine Laufbahn und dein Ziel, und dann, je nach deiner Geistesentwicklung und wie es der Vernunft gemäß in dieser Welt sein muß, beschütze und führe ich dich!‹ – mein Schicksal hätte nicht glücklicher, klüger und besser geleitet werden können.«* – Mit vierzehn Jahren geht Andersen, ein armer Schusterssohn, gegen den Widerstand seiner Mutter und seiner Gönner, nach Kopenhagen, um berühmt zu werden. Zuerst versucht er vergeblich, am Theater unterzukommen. Durch die Vermittlung des berühmten Physikers und Naturphilosophen H. C. ØRSTED lernt er den Finanzbeamten Jonas Collin kennen, der ihn in seine Familie aufnimmt und ihn auf die Lateinschule von Slagelse schickt. Der Aufenthalt dort ist eine harte Zeit; besonders leidet der Knabe unter der Strenge und dem Sarkasmus des Rektors Meiling. Als er am Ende seiner Schulzeit vor der Frage steht, ein Studium zu beginnen oder Dichter zu werden, spielt wiederum Jonas Collin eine entscheidende Rolle: Der nüchterne Beamte ermuntert ihn, die unsichere Laufbahn eines Dichters einzuschlagen. Durch seinen Roman *Improvisatoren*, 1835 *(Der Improvisator)*, und durch die ersten Hefte seiner *Märchen* (vgl. *Eventyr* und *Historier*) wird Andersen berühmt. Die folgenden Jahre, die zu den produktivsten seines Lebens zählen, sind bestimmt von den großen Reisen (vgl. *I Sverrig*) und den Begegnungen mit den literarischen und gesellschaftlichen Größen Europas. Überall wird Andersen begeistert empfangen; er gewinnt auch die Freundschaft des dänischen Königshauses, das dem Dichter auf Lebzeiten eine Pension aussetzt.

Andersens Autobiographie ähnelt tatsächlich einem seiner Märchen, vor allem, da der Dichter manches getan hat, um seine Lebensgeschichte zu stilisieren, und nicht an Eigenlob spart. Besonders augenfällig wirkt sich das bei der Beschreibung seiner Herkunft und Kindheit aus: Die Mutter war keineswegs, wie Andersen schreibt, *»unbekannt mit der Welt und dem Leben«*, vielmehr hatte sie ein lediges Kind, Andersen selbst kam zwei Monate nach ihrer Heirat zur Welt, und sie endete als Trinkerin. Auch an anderen Stellen nimmt Andersen es mit der Wahrheit nicht sehr genau. Doch trotz Retuschen und mancher Auslassungen wird in *Mit Livs Eventyr* viel von Andersens Wesen offenbar. Darüber hinaus legt das Werk Grundzüge seines Schaffens bloß, das größtenteils autobiographische Züge trägt – beredtes Beispiel dafür ist etwa das Märchen vom *Häßlichen Entlein*. Nicht ohne Grund bezeichnet deshalb Andersen selbst seine Lebensschilderung als den »besten Kommentar zu meiner Dichtung«. M.Dr.

AUSGABEN: Kopenhagen 1855 (in *Samlede Skrifter*, 33 Bde., 1853–1879, 21/22). – Kopenhagen ²1876 (in *Samleder Skrifter*, 15 Bde., 1876–1880, 1). – Kopenhagen 1926 (*Levnedsbog. Digterens Liv 1805–1831. Nedskrevet 1832*, Hg. H. Brix). – Kopenhagen 1942 (*Mit ege Eventyr uden Digtning*, Hg. H. Topsøe-Jensen; ern. Kopenhagen 1959; Hans Reitzels serie; ²1962). – Kopenhagen 1951, Hg. ders., 2 Bde.; ern. 1975 [rev; Anm. H. G. Olrik u. H. Topsøe-Jensen].

ÜBERSETZUNGEN: *Das Märchen meines Lebens ohne Dichtung*, H. C. Andersen (in *GW*, Bd. 1, Lpzg. 1847). – *Reiseskizzen und Mährchen meines Lebens*, ders. (in *SW*, Bd. 8, Lpzg. 1853). – *Das Märchen meines Lebens*, Hg. H. Amelung, Stg. 1911 (Deutsche Bibl.; ern. Bln. 1936). – *Das Märchen meines Lebens, Briefe, Tagebücher, Notizen*, Th. Dohrenburg, Mchn. 1961. – *Das Märchen meines Lebens*, M. Birkenbihl, Ffm. 1978 (Insel Tb).

VERFILMUNG: England 1950 (Regie: R. Haines).

LITERATUR: H. Topsøe-Jensen, »*Mit eget Eventyr uden Digtning*«. *En Studie over H. C. A. som Selvbiograf*, Kopenhagen 1940. – Ders., *Nye Bidrag til »Mit Livs Eventyr«s Historie* (in Edda, 40, 1940, S. 52–75). – Ders., *Omkring »Levnedsbogen«. En Studie over H. C. A. som Selvbiograf 1820–1845*, Kopenhagen 1943.

DEN NYE BARSELSTUE

(dän.; *Die neue Wochenstube*). »Originales Lustspiel in einem Akt« von Hans Christian ANDERSEN, Uraufführung: Kopenhagen, 26. 3. 1845, Det kgl. Teater. – Nach mehreren Niederlagen auf der Bühne, die Andersen dem Einfluß seiner J. L. HEIBERG nahestehenden Feinde zuschrieb, erzielte dieses Stück unter drei anonym eingesandten und aufgeführten Komödien mit Recht den größten Erfolg. Den Hauptteil des Einakters bildet eine zeitgemäße Paraphrase des berühmten Besuchsakts in HOLBERGS Komödie *Barselstuen* 1723 *(Die Wochenstube)*; eine Rahmenhandlung bereitet die Abschlußpointe vor. – Wendel, der aus unglücklicher Liebe zu Christine, der Schwester seines Freunds Jespersen, außer Landes gegangen ist und in Südamerika sein Glück gemacht hat, kehrt nach fünfzehn Jahren zurück und findet seinen Freund über Nacht berühmt geworden durch ein Stück, das er, Wendel, einst aus Liebeskummer geschrieben und Jespersen anvertraut hatte. Aus Liebe zu Christine, die er geneigter findet als früher, schweigt er jedoch darüber und ermöglicht so den heiteren Ausgang des Lustspiels.

Den eigentlichen Kern des Stücks aber bildet die Visite der verschiedensten Originale und Charaktere, die Andersen, durch seine Vorlage von dramaturgischer Verantwortung befreit, sicher zeichnet und die dem Stück letztlich den Erfolg sichern. Ihren Reigen eröffnet eine schwerhörige alte Jungfer, die bei dem berühmten Dichter ein Trauergedicht bestellen will: Es solle anonym in der Zeitung erscheinen und verschiedene unangenehme Wahrheiten über ihre Verwandten enthalten, die die Tante beerben. Nach ihr bietet ein Seilmacher ein Theaterstück »zur freien Verwendung« an, ein Baron läßt sich hochmütig und unwissend über die dänische Literatur aus – er liest natürlich nur französisch –, und der geschwätzige Rentier Mandil berichtet den neuesten Stadtklatsch. Den Abschluß bildet die eingebildete Nicoline mit ihrem Verlobten, dessen einzige, aber wirksame Replik »*Oh*« ist – zu mehr läßt ihn der Wortschwall seiner Braut nicht kommen. – Dank der dramaturgisch glänzenden Vorlage Holbergs stolpert Andersen hier nicht über technische Schwierigkeiten – eine Schwäche seiner romantischen Schauspiele – und kann sich ganz der Zeichnung der Charaktere und der Ausgestaltung des Dialogs widmen, in beidem ein gelehriger Schüler Heibergs. Nicht zu Unrecht ist somit *Den nye Barselstue* das einzige dramatische Werk Andersens, das sich auf der dänischen Sprechbühne halten konnte. A.H.

AUSGABEN: Kopenhagen 1850. – Kopenhagen 1854 (in *Samlede Skrifter*, 33 Bde., 1853–1879, 11). – Kopenhagen 1878 (in *Samlede Skrifter*, 15 Bde., ²1876–1880, 10).

ÜBERSETZUNG: *Die neue Wochenstube* (in *SW*, Bd. 7, Lpzg. 1853).

LITERATUR: B. Jensen, *A.s Skuespil* (in Tilskueren, 1927, S. 120–129). – R. Neiiendam, *Omkring H. C. A.s dramatik* (in *Anderseniana*, 2. R., Bd. 2, 1954, S. 327 ff.) – E. Nielsen, *H. C. A.*, Oslo 1962. – F. J. Marker, *H. C. A. and the Romantic Theatre*, Toronto 1971.

O. T. Original Roman i to Dele

(dän.; *O. Z.*). »Originalroman in zwei Teilen« von Hans Christian ANDERSEN, erschienen 1836. – Dieser zweite Roman Andersens bildet ein Gegenstück und eine Entsprechung zum vorausgehenden (vgl. *Improvisatoren*). Hier ist der Schauplatz Dänemark. Der Held ist Otto Thostrup (Zostrup), geboren – wie Andersen selbst – in Odense, jedoch aufgewachsen auf dem Hof seines Großvaters, eines Obersten, bei Lemvig in Westjütland nahe dem Limfjord. Als Student in Kopenhagen schließt er Freundschaft mit dem jungen Baron Vilhelm, der einen Herrenhof auf Fünen besitzt: Damit ist das geographische Terrain des Romans umrissen; alle drei Teile Dänemarks werden nicht nur in die Handlung miteinbezogen, der Dichter gibt darüber hinaus (in Reiseschilderungen, Anekdoten usw.) ein charakteristisches Bild der jeweiligen Landschaften.
Die eigentliche Handlung des Buchs ist so trivial wie romantisch und – autobiographisch geprägt. Die Initialen O. T., die Otto Thostrup auf der Schulter eintätowiert hat, sind nicht nur die Anfangsbuchstaben seines Namens, sondern bedeuten auch »Odense Tugthus« – »Zuchthaus Odense«. Dort kam er nämlich zur Welt, als Sohn einer Insassin. Seine Herkunft bedrückt den hochbegabten jungen Mann und stürzt ihn immer wieder in depressive Zustände – erst am Ende des Romans erfährt er, und mit ihm der Leser, daß Otto Thostrups Mutter unschuldig im Zuchthaus gesessen hatte. Otto verliebt sich in Vilhelms Schwester Sophie, die jedoch den Kammerjunker aus der Nachbarschaft heiratet, während Otto mit ihrer zwar weniger hübschen und geistreichen, dafür aber hausmütterlichen Schwester vorliebnimmt.
»Unsere Erzählung ist kein Phantasiegemälde, sondern die Wirklichkeit, in welcher wir leben ... Unsere Tage, Menschen unserer Zeit wollen wir kennenlernen ... Während sich in den Wechselreden die Charaktere immer klarer entwickeln, findet, wie bei den einzelnen Zweigen des Baumes, eine unwahrnehmbare Verwicklung statt.« Otto weiß, daß er noch eine Schwester hat, und fürchtet bereits aufgrund von Andeutungen eines deutschen Gauklers, dem er immer wieder unvermittelt begegnet, es sei die häßliche Sidsel, bis sich gegen Ende des Buchs enthüllt, daß es die hübsche und tugendsame Eva ist, deren sich Vilhelm angenommen hat, die aber bald darauf stirbt. Neben solchen, an SCOTT gemahnenden geheimnisvollen Verwicklungen und trotz der pittoresken Charaktere zeigt der Roman doch stark realistische Züge. Andersens armselige Herkunft, zeitlebens ein Grundthema seines Schaffens, gibt dem Buch auch sozialkritische Aspekte. Konversationen über die zeitgenössische dänische Literatur (HEIBERG, INGEMANN, HERTZ – vor allem des letzteren *Gjenganger-Breve – Gespensterbriefe* von 1830 sind Hauptthema der intellektuellen Zirkel) vermitteln einen Eindruck vom damaligen Kultur- und Geistesleben und bilden einen Hintergrund für Andersens Biographie. Wie sehr der Dichter Selbsterlebtes verarbeitete, zeigt z. B. die Geschichte der Duzfreundschaft zwischen Otto und Vilhelm: Es dauert lang, bis zu dem Du zwischen den Freunden kommt, und zweifellos hat Andersen darin sein Erlebnis mit dem Sohn seines väterlichen Gönners Collin verarbeitet, dem er das Du angetragen und der es ausgeschlagen hat, was den sensiblen Dichter sein Leben lang bedrückte. F.J.K.

AUSGABEN: Kopenhagen 1836. – Kopenhagen 1853 (in *Samlede Skrifter*, 33 Bde., 1853–1879, 3). – Kopenhagen 1876 (in *Samlede Skrifter*, 15 Bde., ²1876–1880, 3). – Kopenhagen 1943 (in *Romaner og Rejseskildringer*, 7 Bde., 1943/44, 2, Hg. O. Jacobsen; krit.). – Kopenhagen 1962 [Vorw. u. Anm. H. Fonsmark]. – Kopenhagen 1968.

ÜBERSETZUNGEN: *O. T.*, W. C. Christiani, Lpzg. 1837. – *O. Z.* (in *GW*, Bd. 6–8, Lpzg. 1847). – Dass., (in *SW*, Bd. 5, Lpzg. 1853). – Dass., H. Denhardt, Lpzg. o. J. (RUB).

LITERATUR: V Sørensen, *Hverken – eller*, Kopenhagen 1961, S. 23–26. – A. Jørgensen, *Studier i H. C. A.s roman »O. T.«* (in DS, 58, 1963, S. 26–54). – S. G. Hansen, *H. C. A. og Søren Kierkegaard i dannelseskulturen*, Kopenhagen 1976. – C. K. Hansen *Den kontrolerede Virkelighed*, Kopenhagen 1976, S. 78–84. – H. Søgaard, *H. C. A.s »O. T.« som kulturhistorisk kilde. Bytromme/Hovedvandsag/Diskestang* (in Fynske Minder, 29/30, 1979/80, S. 110–129). – W. von Rosen, *Venskabets mysterier* (in Anderseniana, 3. R., Bd. 3, 1982, S. 167–214).

DE TO BARONESSER

(dän.; *Die zwei Baronessen*). Roman von Hans Christian ANDERSEN, erschienen 1849. – Andersen zeichnet in diesem Werk ein Bild der dänischen Gesellschaft des frühen 19.Jh.s bis zum Tod Frederiks VI. (1839). Dieses bildet den quasi-realistischen Hintergrund für das durch göttliche Fügung vorbestimmte Schicksal der beiden Titelgestalten.
Der Roman beginnt in einer symbolträchtigen Szenerie mit deutlicher Anspielung auf die vielen wundersamen Geburten in Mythos und Literatur: In einer stürmischen Nacht wird auf der Insel Langeland in einem alten, halbverfallenen Herrenhaus ein Kind geboren, dessen südländischer Vater sich, wie der Leser später erfährt, als Spielmann herumtreibt. Eine Gruppe junger Edelleute, die sich vor

dem Sturm in das verfallene Gebäude geflüchtet haben, erleben diese Geburt und den Tod der Mutter. In einer Laune beschließen sie, das Kind gemeinsam zu adoptieren und es Elisabeth zu nennen. Der junge Baron Herman übergibt das Mädchen seiner Großmutter, der Baronin Dorothea, zur Erziehung, die, selbst von niederer Herkunft, hinter einem rauhen Wesen ihre Menschlichkeit zu verbergen sucht. Elisabeth wächst auf dem Gut der Baronin auf und lernt deren Skepsis gegenüber den traditionellen Standesunterschieden kennen: »*In jedem Stand gibt es Adel, aber der steckt im Gedanken und nicht im Blut.*« Wegen der harmlos-kindlichen Übertragung eines Verbots, die die alte Baronin an die Brutalität ihres verstorbenen Mannes erinnert und daher schwer trifft, muß das Mädchen jedoch das Gut verlassen und wird nun im Pfarrhaus einer friesischen Hallig ganz im Geist eines aufgeklärten Pietismus und im Glauben an die Vorsehung erzogen. Um einen Jugendfreund aus dem Gefängnis zu befreien, reist Elisabeth, inzwischen schon fast erwachsen, eines Tages in ihrer Naivität heimlich nach Kopenhagen und gelangt dort mit ihrem kindlichen Glauben auch an ihr Ziel: Sie trifft erneut die alte Baronin und nimmt schließlich den ihr vorbestimmten Platz als Braut des gereiften Barons Herman ein.

Die beiden Baroninnen repräsentieren als Individuen den sozialen Leitgedanken des Buchs, daß nämlich nicht Herkunft und Geburt, sondern Geist, Bildung und Gemüt den wahren Adel eines Menschen entscheiden. Damit hat auch dieser Roman, wie so viele andere Werke Andersens, einen autobiographischen Bezug: Die unklare Geburt Elisabeths und ihr späterer sozialer Aufstieg weisen deutlich auf Andersens lebenslange Rechtfertigungsbestrebungen im Hinblick auf seine niedere Herkunft hin (vgl. sein Märchen *Das häßliche junge Entlein*). Transzendiert wird dieser Gedanke durch das Zentralmotiv der Vorsehung, das dem Roman über seine poetisch-realistische Erzählweise hinaus seinen Sinn in der Nachfolge romantischer Mythos-Konzeptionen verleiht. Gleichzeitig zeichnet der Dichter in diesem dreiteiligen Roman mit überlegenem Humor ein Bild aller Gesellschaftsschichten des ständisch gegliederten Königreichs. So spiegelt sich etwa die Aufhebung der Leibeigenschaft durch Frederik VI. in der erstaunlich zukunftsweisenden sozial- und gesellschaftskritischen Haltung der alten Baronin, die aber trotz aller demokratischen Äußerungen das System selbst nie in Frage stellt, sondern mit ihrer Humanität das Unrecht eindämmen zu können glaubt.

Formal steht dieses vielleicht reifste Werk des häufig nur als Märchendichter bekannten Andersen in der Nachfolge SCOTTS und JEAN PAULS am Beginn eines neuen Realismus, dessen Herkunft aus der Romantik nicht zu übersehen ist und dessen gelegentlich kritisierte Formlosigkeit sicherlich mit zu seinen Stilmitteln gehört. So erklärt sich auch, daß die Hauptthemen – Menschlichkeit, soziale Gleichheit und göttliche Fügung – in vielen »zerfließenden« Gesprächen weniger analytisch dargelegt, als vielmehr in indirekter kompositorischer Verknüpfung und Vielfalt eingebracht werden. Eine Nebenfigur, der humane Kammerrat, der immer das »Charakteristische« im Leben sucht, fungiert deutlich als Sprachrohr des Autors.   F.Pa.

AUSGABEN: Kopenhagen 1849. – Kopenhagen 1853 (in *Samlede Skrifter*, 33 Bde., 1853–1879, 4). – Kopenhagen 1877 (in *Samlede Skrifter*, 15 Bde., ²1876–1880, 5). – Kopenhagen 1943 (in *Romaner og Rejseskildringer*, 7 Bde., 1943/44, 4, Hg. M. Borup; krit.). – Kopenhagen 1962 [Vorw. u. Anm. H. Fonsmark].

ÜBERSETZUNGEN: *Die zwei Baronessen* (in *GW*, Bd. 32–35, Lpzg. 1848). – Dass., (in *SW*, Bd. 6, Lpzg. 1853). – Stg. 1982 [Vorw. u. Komm. K. Hamburger].

LITERATUR: V. Sørensen, *Hverken-eller*, Kopenhagen 1961, S. 136–157. – H. M. Svendsen, *På rejse ind i romanen*, Kopenhagen 1962; ⁴1973, S. 56–67. – J. de Mylius, *Lykkedrøm og kunstnerkald* (in Anderseniana, 3. R., Bd. 1, 1970–1973, S. 31–59).

TRYGGVE ANDERSEN

* 27.9.1866 Ringerike
† 10.4.1920 Gran

LITERATUR ZUM AUTOR:
R. Øksnevad, *Norsk litteraturhistorisk bibliografi 1900–1945 u. 1946–1955*, Oslo 1951 u. 1958, 2 Bde. – H.S. Nœss, *Norwegian literary bibliography 1956–1970*, Oslo 1975. – C. Gierløff, *T.A.*, Oslo 1942. – K. Skjønsberg, *T.A.* (in Edda, 58, 1958, S. 22–37). – E. Beyer, *Norges litteraturhistorie*, 6 Bde., 4, Oslo 1975, S. 386–392. – O. Salumsmoen, *T. A. – en sanndru romantiker* (in Forfatternes litteraturhistorie, Hg. K. Heggelund u. a., 4 Bde., 2, Oslo 1980–1981, S. 16–26).

I CANCELLIRAADENS DAGE

(norw.; *Ü: Aus den Tagen des Kanzleirats*). Zehn »Interiors und Schilderungen« von Tryggve ANDERSEN, erschienen 1897. – Die Geschichten spielen zwischen 1780 und 1810 und gruppieren sich lose um die Gestalt des Kanzleirats Weydahl. Die erste Erzählung, *Die Frau Kanzleirat*, erzählt vom Ehebruch Catharinas, Weydahls Frau, deren Liebhaber, Leutnant Juell, bei einem nächtlichen Besuch von der Treppe stürzt und am nächsten Morgen tot aufgefunden wird; Catharina stirbt nach einiger Zeit an der Schwindsucht. – Eine andere Erzählung, *Meineid*, berichtet von den zwei Brüdern

Bernt und Mons, die in einem Prozeß als Zeugen auftreten sollen, in dem es um die Rechte an einem Stück Wald geht, an dem der Prokurator Høegh interessiert ist. Høegh besticht die beiden Brüder mit zwanzig Talern, damit sie für ihn unter Eid aussagen. Sie nehmen das Angebot an und schwören einen Meineid, der unentdeckt bleibt. Bald darauf werden die Brüder gelähmt und können sich fortan nur noch mit Krücken fortbewegen.

Eine gefällige Liebesgeschichte ist die Erzählung von der *Tochter des Kapitäns Tebetmann*, der seit einiger Zeit aus dem militärischen Dienst ausgeschieden ist und der nichts lieber möchte, als seine Tochter Henrikke mit dem Leutnant Wallace zu verheiraten. Henrikke ist aber in den einheimischen Bauernsohn Erik verliebt, mit dem sie sich auch – trotz väterlichen Verbots – heimlich trifft. Während ein längerer Aufenthalt Wallace in der Hauptstadt festhält, kommt die Geschichte auf; schließlich bleibt dem Vater nichts anderes übrig, als seinen Segen zu der Heirat seiner Tochter mit Erik zu geben. – Ebenfalls eine Liebesgeschichte ist *Anne Cathrine Bühring*. Die Titelheldin hat sich in den schmucken Korporal Iver Tollefsen verliebt, der ihr verspricht, sie nach dem Krieg zu heiraten. Als es aber soweit ist, wartet Anne vergeblich. Um endgültig zu erfahren, ob Iver gefallen ist oder ihr untreu wurde, fährt Anne zu seiner Mutter. Dort findet sie ihn, ärmlich und in geflickten Hosen. Aus Scham über seine Armut war er ausgeblieben. Das Erbe von Anne Cathrines verstorbenem Vater bringt den beiden schließlich die finanzielle Grundlage ihrer Ehe. – Erschütternd ist die Geschichte von der *Jungfrau Nannestad*. Das junge Mädchen tötet ihr unehelich geborenes Kind und begeht später Selbstmord. – *Die große Not*, die letzte Erzählung des Bandes, zeichnet das Bild der Hungerjahre in Norwegen zu Beginn des 19.Jh.s und verbindet damit den Bericht vom Tod des Kanzleirats Weydahl.

Tryggve Andersen hielt sich mit seinen Personen an Vorbilder aus der Geschichte seiner Heimat, mit der er sich Jahre hindurch beschäftigt hat. Dennoch handelt es sich nicht um historische Skizzen. Dem Verfasser war es mit seinem Rückgriff auf die jüngste Vergangenheit darum zu tun, das Traditionsbewußtsein zu heben, eine allgemeine Tendenz der auch in literarischer Hinsicht national ausgerichteten neunziger Jahre (Neuromantik) – im Gegensatz zu der vorangegangenen, sich radikal und intellektualistisch gebenden Bewegung der achtziger Jahre. Durch seine eindringliche, scharfsinnige und gelegentlich auch ironische Menschenschilderung und seinen originalen und sicheren Stil hat das Werk literarische Moden überdauert. H.Ue.

AUSGABEN: Kristiania 1897. – Kristiania 1916 (in *Samlede fortællinger*, 3 Bde., 1). – Oslo 1966 (in *Fortellinger i utvalg*, Hg. E. Beyer). – Oslo 1966.

ÜBERSETZUNG: *Aus den Tagen des Kanzleirats*, M. Sommer, Stg. 1904.

LITERATUR: A. Villum, *T. A. og »I Cancelliraadens dage«. En undersøkelse av psykologi og stil*, Oslo 1932. – F. Hougen, *T. A.s Opplandsfortellinger i historie og tradisjon fra kansellirådens dager*, Oslo 1953. – T. Schiff, *Moral Equivocality in the Works of T. A.* (in Scandinavian Studies, 50, 1978, S. 249–268). – Ders., *Social Value and the Etiology ›Forkommenhet‹. Towards an Understanding of T. A.s Concept of Human Nature* (ebd., 53, 1981, S. 257–288). – Ders., *In the Days of the Councillor* (in T. S., *Scenarios of Modernist Disintegration. T. A.'s Prose Fiction*, Westport/Ldn. 1985, S. 23–59).

MAXWELL ANDERSON

* 15.12.1888 Atlantic / Pa.
† 28.2.1959 Stamford / Conn.

LITERATUR ZUM AUTOR:
Bibliographien:
M. Cox, *M. A. A Bibliography*, Charlottesville 1958; ern. Norwood 1978. – V. M. Gilbert, *The Career of M. A.: A Checklist of Books and Articles* (in Modern Drama, 2, 1960, S. 386–394).
Biographie:
A. S. Shivers, *The Life of M. A.*, Briarcliff Manor/N.Y. 1982.
Gesamtdarstellungen und Studien:
H. G. Halline, *M. A.'s Dramatic Theory* (in AL, 16, Mai 1944, S. 63–81). – R. C. Foote, *The Verse Dramas of M. A. in the Modern Theatre*, Diss. Tulane Univ. 1956 (vgl. Diss. Abstracts, 16, 1956, S. 1452). – M. D. Bailey, *M. A. – The Playwright as Prophet*, NY/Ldn. 1957. – J. W. Krutch, *The American Drama since 1918*, NY 1957, S. 286–318. – North Dakota Quarterly, 25, 1957 [Sondernr. M. A.]. – R. J. Buchanan, *M. A.'s Rules of Playwriting and Their Application to His Plays*, Diss. Louisiana State Univ. 1964 (vgl. Diss. Abstracts, 25, 1964, S. 3163/3164). – A. S. Shivers, *M. A.*, NY 1976 (TUSAS).

ELIZABETH THE QUEEN

(amer.; *Elisabeth, die Königin*). Versdrama von Maxwell ANDERSON, Uraufführung: Philadelphia, 29. 9. 1930, Garrick Theatre. – Lord Essex, Sieger von Cadiz, Liebhaber der Königin von England, wird von widerstreitenden Gefühlen beherrscht: von seiner aufrichtigen Liebe zu Elisabeth I. – und von seinen eigenen Absichten auf den englischen Thron, denen sie im Wege steht. Die Königin befindet sich in einem gleichen inneren Zwiespalt. Sie liebt Essex, kennt aber auch seine Machtgelüste und ist gewillt, ihnen eisernen Widerstand entgegenzusetzen. Durch Hofintrigen wird die Situation noch komplizierter. Der Staatsrat beschließt,

Essex zu einem aussichtslosen Unternehmen nach Irland zu entsenden. Seine Feinde hoffen, daß die zu erwartende militärische Niederlage seinem Prestige und seiner großen Popularität schaden werde. Die Niederlage bleibt zwar nicht aus, aber als Essex mit der Armee nach England zurückkehrt, wird er vom Volk nach wie vor begeistert umjubelt und scheint seinem Ziel näher denn je. Doch da wird ihm seine Liebe zum Verhängnis: Er macht Elisabeth das Angebot, die Krone mit ihm zu teilen. Als sie zum Schein darauf eingeht, entläßt er, ihrem Wort vertrauend, seine Truppen. Die Königin stellt nun Pflicht und Ehrgeiz über ihre Neigung: Essex wird in den Tower geworfen und zum Tode verurteilt. Als er es ablehnt, bei Elisabeth um Gnade zu flehen, wird er hingerichtet.

Der uralte Widerstreit zwischen Liebe und Macht, zwischen persönlicher Neigung und Staatsräson ist das Grundthema dieses in Blankversen geschriebenen Dramas. Seinen zunächst beachtlichen Erfolg verdankte das Stück vor allem der Tatsache, daß zur Zeit seiner Uraufführung ernstzunehmende historische Dramen in den USA selten waren. – Anderson interpretierte die historischen Ereignisse und Charaktere auf sehr eigenwillige Art. Er unternahm den Versuch, vor der Kulisse höfischen Prunkes die historischen Fakten in engem Zusammenhang mit menschlichen Verhaltensweisen darzustellen und mit dem geschlossenen Handlungsaufbau, den scharf profilierten Charakteren und treffsicheren Dialogen seiner Verstragödie an die Traditionen der großen englischen Dramatiker anzuknüpfen. – Heute ist *Elizabeth the Queen*, ebenso wie Andersons *Mary of Scotland*, nur noch selten auf den Spielplänen zu finden. J.v.Ge.

AUSGABEN: Ldn./NY 1930. – NY 1940 (in *Eleven Verse Plays*) – NY 1959 (in *Four Verse Plays*; Harvest Book, 25).

LITERATUR: A. M. Sampley, *Theory and Practice in M. A.'s Poetic Tragedies* (in College English, 5, Mai 1944, S. 412–418). – Downer, *Fifty Years of American Drama, 1900–1950*, Chicago 1951, S. 106/107. – H. W. Knepler, *M. A.: A Historical Parallel, Problems for the Poetic Dramatist* (in Queen's Quarterly, 60, 1957, S. 250–263).

JOAN OF LORRAINE

(amer.; *Ü.: Johanna aus Lothringen*). Schauspiel in zwei Akten von Maxwell ANDERSON, Uraufführung: New York, 18. 11. 1946, Alvin Theatre; deutsche Erstaufführung: Hamburg, 8. 3. 1953. – Um den Zuschauer unmittelbar zu einer Auseinandersetzung mit dem Dargestellten zu zwingen, zerstört Anderson, Vergangenheit und Gegenwart verschränkend, die Illusion des historischen Sujets nach Art des epischen Theaters: Auf der Bühne wird ein neues Stück über die Jungfrau von Orleans geprobt. Dabei kommt es – in sogenannten Zwischenspielen – immer wieder zu Diskussionen zwischen Regisseur und Darstellern über den Sinngehalt des Schauspiels. Auf diese Weise werden die möglichen Interpretationen in den dramatischen Vorgang hereingenommen.

Vor allem Mary Grey, die Darstellerin der Titelfigur, hat eine grundsätzlich andere Auffassung von ihrer Rolle als der Regisseur Will Masters. Sie sieht in Johanna eine tragisch-entrückte Heldin, während Masters eine moderne, antiidealistische Konzeption verfolgt. Im eigentlichen Stück hat das Mädchen aus Lothringen bis zu seiner Einkerkerung noch durchaus den Nimbus einer idealisierten Dramenfigur. Die Problematik dieser Gestalt beginnt – im Stück und in der Rahmenhandlung –, als das schändliche Verhalten des Dauphins, der sie der Staatsräson opfert, und die Argumente eines ihr wohlgesinnten Inquisitors (diese Rolle hat der Regisseur selbst übernommen) Johanna zu einer Gewissenserforschung bewegen, als ihr Sendungsglaube durch die Erkenntnis erschüttert wird, daß der König, für den sie gekämpft hat, »*weder weise noch gerecht, noch redlich*« ist. Die Diskussionen der Schauspieler und der Zorn der Hauptdarstellerin entfachen sich nun vor allem an der Frage, ob der Autor des Stücks (der noch während der Proben Textänderungen vornimmt) die Jungfrau zu Recht zu der »vernünftigen« Einsicht gelangen läßt, daß Gott um der guten Sache willen seinen Werkzeugen Zugeständnisse an schlechte, selbstsüchtige Menschen, wie der Dauphin und seine Minister es sind, abfordert. Als die anderen diese Interpretation bejahen, erklärt Mary Grey, sich nicht mehr mit ihrer Rolle identifizieren zu können. Doch die Auseinandersetzungen mit ihren Kollegen, das Verhalten des Regisseurs, der sich, um seine Inszenierung zu retten, gezwungen sieht, die Haftentlassung des betrügerischen Theaterbesitzers zu erwirken, und vor allem die intensive Beschäftigung mit der Gestalt der Johanna bewegen die Schauspielerin schließlich, sich ebenfalls zu dieser Auslegung zu bekennen. Ihr ist klargeworden, daß Johanna bereit war, »*in kleinen Dingen Kompromisse zu schließen*«, nicht aber in Fragen »*ihres Glaubens – ihrer eigenen Seele*«.

In der Behandlung des Identitätsproblems und in dem antiillusionistischen Bühnenstil zeigt sich deutlich der Einfluß PIRANDELLOS und WILDERS. Der Wechsel zwischen dem argumentierenden Dialog der Rahmenhandlung und der oft poetisch überhöhten Sprache des eigentlichen Stücks macht den besonderen Reiz dieses sehr erfolgreichen Dramas aus. J.v.Ge.

AUSGABEN: Washington 1946. – Ldn. 1950.

ÜBERSETZUNG: *Johanna aus Lothringen*, W. Firner, Mchn. 1951.

VERFILMUNG: *Joan of Arc*, USA 1948 (Regie: V. Fleming).

LITERATUR: J. Gassner, *American Galaxy* (in J. G., *Masters of the Drama*, NY ³1954, S. 662–699). –

H. G. Lee, *M. A.'s Impact on the Theatre* (in North Dakota Quarterly, 25, 1957, S. 49–52; Sondernr. *M. A.*).

KEY LARGO

(amer.; *Key Largo*). Blankversdrama in einem Vorspiel und zwei Akten von Maxwell ANDERSON, Uraufführung: New York, 27. 11. 1939, Ethel Barrymore Theatre. – Spanien zur Zeit des Bürgerkriegs: Unter dem Kommando von King McCloud sollen vier junge amerikanische Freiwillige eine Stellung im Gebirge halten. McCloud erklärt ihnen, sie stünden auf verlorenem Posten und sollten mit ihm zusammen versuchen, vor den anrückenden Truppen Francos zu fliehen. Doch obwohl sich seine Kameraden der Mißstände im Lager der »Roten« bewußt sind, wollen sie der Sache der Freiheit treu bleiben und ausharren. »*Warum sollen wir hier für eine verlorene Sache sterben?*« fragt McCloud. »*Wenn ich sterbe, weiß ich wenigstens, daß die Menschheit nie aufgeben wird ... daß die menschliche Rasse dazu fähig ist, die Ungerechtigkeit mehr zu hassen, als sie das Leben liebt*«, antwortet sein Freund Victor. McCloud überläßt die Kameraden dem sicheren Tod, gibt sich den »Weißen« gegenüber als einer der Ihren aus und kämpft notgedrungen auf ihrer Seite weiter. – Gepeinigt von der Erinnerung an seinen Verrat ist der totgesagte McCloud nach Amerika zurückgekehrt. Wie von Furien gehetzt hat er die Familien seiner gefallenen Kameraden aufgesucht, in der Hoffnung, Verständnis und Vergebung zu finden. Die letzte Station seines Sühnegangs (hier setzt der erste Akt ein) ist die Florida vorgelagerte Insel Key Largo, wo Bruno und Alegre D'Alcala, Vater und Schwester seines toten Freundes Victor, ein kleines Gasthaus unterhalten. Die D'Alcalas sind spanische Emigranten, Bruno hat vor Jahren im Kampf gegen die Militärdiktatur Riveras das Augenlicht verloren. Die Begegnung mit ihnen und seine aufkeimende Liebe zu Alegre vertiefen McClouds Gewissenskonflikt, denn aus den Worten der beiden spricht der gleiche Glaube an den Sinn menschlicher Opferbereitschaft wie einst aus den Worten Victors. Bruno und Alegre verdammen ihn nicht, aber McCloud weiß, daß er seit jenem Tag in Spanien zu den Verdammten gehört. »*Ich war bereit, Dreck zu fressen und verdammt zu sein, wenn ich nur leben durfte. Ich habe Dreck gefressen, und ich bin verdammt.*« Nun wird er in Key Largo vor eine neue Bewährungsprobe gestellt. Die D'Alcalas werden von Gangstern in Schach gehalten, die in ihrem Haus eine Spielhölle eingerichtet haben. Als Murillo, der Boß der Bande, verlangt, der Fremde – McCloud – solle das Haus verlassen, gibt Bruno diesen als seinen Sohn Victor aus. Nach einem Gespräch mit Alegre, die ihm gesteht, daß sie ihn damals, als er nach Spanien fuhr und sie nur ein Bild von ihm kannte, geliebt und verehrt habe, daß der wahre King McCloud für sie aber im Krieg gestorben sei, entschließt er sich, das Leben zweier Indianer zu retten, die der Sheriff eines in Wirklichkeit von Murillo begangenen Mordes bezichtigt. Er nimmt die Schuld auf sich. Dann erschießt er Murillo, der ihn im selben Moment ebenfalls tödlich verwundet. Auf die Frage des Sheriffs, wer denn der Fremde nun wirklich sei, antwortet der alte D'Alcala: »*Er ist mein Sohn.*«

Dieses symbolische Stück ist der Kommentar Maxwell Andersons zu den Ideologien, die in den dreißiger Jahren immer stärker nach offener Auseinandersetzung drängten und in Spanien zum erstenmal blutig aufeinanderprallten. Wie die Faschisten beseitigt der Gangsterboß (sein Spitzname ist »Mussolini«) alle, die ihm im Weg stehen, wie die Westmächte scheut sich der laue Sheriff, etwas gegen die Macht des Terrors zu unternehmen, und wie so viele Anhänger der radikalen Linken läßt McCloud seinen einstigen Idealismus von der politischen Realität korrumpieren. Daß er im Augenblick seines Todes die Selbstachtung und den Respekt, ja die Liebe der tapferen, integren D'Alcalas zurückgewinnt, ist ein Lichtstrahl in diesem düsteren Gemälde einer aus den Fugen geratenen Zeit. – Während die Botschaft des Autors in den Gesprächen McClouds mit Bruno und Alegre bewegt und überzeugt, erscheint sie in anderen Szenen allzu symbolbefrachtet. Die Diskrepanz zwischen der meist poetisch überhöhten Sprache der Hauptfiguren und der realistischen Ausdrucksweise der anderen offenbart die Problematik des modernen Versdramas überhaupt. J.v.Ge.

AUSGABEN: Washington 1939. – NY 1940 (in *Eleven Verse Plays*).

VERFILMUNG: USA 1948 (Regie: J. Huston).

LITERATUR: E. Foster, *Core of Belief: An Interpretation of the Plays of M. A.* (in Sewanee Review, 50, 1942, S. 87–100). – A. M. Sampley, *Theory and Practice in M. A.'s Poetic Tragedies* (in CE, 5, 1944, S. 412–418). – J. D. Mason, *M. A.'s Dramatic Theory and »Key Largo«* (in North Dakota Quarterly, 48, 1980, Nr. 3, S. 38–52).

WINTERSET

(amer.; *Ü: Dezembertag*). Versdrama in drei Akten von Maxwell ANDERSON, Uraufführung: New York, 25. 9. 1935, Martin Beck Theatre; deutsche Erstaufführung: Essen, 22. 12. 1955. – Der umstrittene, mit Todesurteilen endende Prozeß gegen die italoamerikanischen Anarchisten Nicola Sacco und Bartolomeo Vanzetti (vgl. *Boston* von Upton SINCLAIR) regte Anderson zu zwei Theaterstücken an. Nachdem er sich in *Gods of the Lightning* (1928), das er unmittelbar unter dem Eindruck der Hinrichtung verfaßte, nach eigener Aussage in »*journalistischer Sozialkritik*« erschöpft hatte, wollte er in einer »*poetischen Tragödie*« das Problem von Schuld und Gerechtigkeit in gleichnishafter Form darstellen.

Der Fall des an Vanzetti erinnernden, des Raubmords angeklagten und zum elektrischen Stuhl verurteilten Bartolomeo Romagna ist in *Winterset* nur noch Vorgeschichte. Die eigentliche Handlung, die an einem einzigen Wintertag spielt und deren Schauplatz ein am Fluß gelegenes schäbiges New Yorker Mietshaus ist, setzt mehr als ein Jahrzehnt nach Romagnas Hinrichtung ein. Durch die Nachforschungen eines Collegeprofessors im Westen der USA ist bekanntgeworden, daß damals ein wichtiger Zeuge, Garth Esdras, nicht vernommen wurde. Von einem Zeitungsartikel aufgescheucht, sucht der wahre Mörder, der Gewohnheitsverbrecher Trock Estrella, Garth auf, der zusammen mit seiner Schwester Miriamne bei seinem Vater, einem alten Rabbiner, wohnt. Durch Drohungen sichert sich Trock die Verschwiegenheit Garths; seinem zweiten Mitwisser, Shadow, mißtraut er ebenfalls. Zu Garth führt jene Zeitungsmeldung, aber auch Mio Romagna, der nie an die Schuld seines Vaters geglaubt und den die feindselige Haltung seiner Umwelt zum Einzelgänger und Tramp gemacht hat. Vor dem Mietshaus beobachten er und die von Zweifeln gequälte Miriamne, die sofort eine tiefe Zuneigung zu Mio gefaßt hat, ihm aber ihren Familiennamen verschweigt, wie von Trock gedungene Killer Shadow niederknallen. In der Wohnung des Rabbiners trifft Mio zu seiner Überraschung auch Richter Gaunt, der beim Romagna-Prozeß den Vorsitz führte. Mit Mios Anschuldigungen konfrontiert, leugnet Garth, unterstützt von seinem zwischen Angst um den eigenen und Mitleid für Romagnas Sohn schwankenden Vater, seine Mitwisserschaft, während Gaunt zunächst selbstgerecht erklärt, er habe in seiner langen Praxis als Richter niemals ein Fehlurteil gefällt, und sich dann auf den Spruch der Geschworenen und die ehrwürdige Tradition der angelsächsischen Rechtsprechung beruft. Als Mio verzweifelt das Haus und Miriamne, die sich ihm als Schwester Garths zu erkennen gegeben hat, verlassen will, erscheint Trock und bedroht den Richter. Plötzlich aber sieht er sich Shadow gegenüber, der sich tödlich verletzt in die Wohnung geschleppt hat. Als Gaunt in einer seinen geistigen Verfall verratenden »Gerichtsszene« die beiden Gangster »verhört«, läßt sich Trock dazu hinreißen, den Raubmord Shadow in die Schuhe zu schieben. Für Mio ist jetzt klar, daß Trock der Mörder, Shadow der Mittäter und Garth der Tatzeuge war, doch der Richter weigert sich nach wie vor, sein Urteil zu revidieren. Zwei Polizisten, die auf der Suche nach Gaunt die Wohnung betreten, halten Mios Aufforderung, Trock als zweifachen Mörder zu verhaften, für ein Hirngespinst, zumal sie vergeblich nach der – inzwischen von Garth und Miriamne fortgeschafften – Leiche Shadows suchen. So kann Trock unbehelligt zusammen mit Gaunt und den Polizisten die Wohnung verlassen. Voller Lebensüberdruß weist Mio das Angebot des alten Esdras, ihm Polizeischutz vor Trocks Killern zu verschaffen, und seine Bitte, Garth zu schonen, zurück. Erst Miriamnes Worte, sein eigener Vater hätte sicher verziehen, befreien ihn aus seiner Erstarrung: Um der Geliebten willen möchte er weiterleben. Doch diese Entscheidung kommt zu spät. Als Miriamne ihm einen, wie sie glaubt, sicheren Fluchtweg zeigt, wird er erschossen. Um wenigstens im Tod mit ihm vereint zu sein, ruft sie den Mördern zu, sie werde alles verraten, und bricht tödlich getroffen über Mios Leiche zusammen. Das tote Paar wird vom alten Esdras geehrt, denn, wie er sagt, »*dies ist der Ruhm der Erdgeborenen... nicht zurückzuschrecken, nie nachzugeben, aber aufrecht, ohne sich zu beugen, unversöhnlich und trotzig die Niederlage hinzunehmen.*«

Indem er einen die Gemüter seiner Zeitgenossen bewegenden Kriminalfall als Vorlage für ein Versdrama wählte, wollte Anderson dem Theater neue Impulse geben. Er selbst bezeichnete *Winterset* als Experiment. Freilich ist dieses Experiment so kalkuliert, daß dem Publikum nicht mehr Neuerungen zugemutet werden, als es nach Meinung des Autors hinzunehmen bereit ist. So wird ihm letztlich nichts anderes präsentiert als ein dem üblichen Tragödienschema folgendes, in jambische Verse gekleidetes und poetisch-symbolisch verbrämtes Melodrama. Dennoch galt *Winterset*, das ein Publikumserfolg wurde, auch bei der Kritik lange als Maxwell Andersons bestes sozialkritisches Stück.

M.Kö.

AUSGABEN: Washington 1935. – Ldn. 1938. – NY 1940 (in *Eleven Verse Plays*, 1929–1939; ern. 1959). – NY 1959 (in *Four Verse Plays*).

ÜBERSETZUNG: *Dezembertag*, H. Sahl, Wiesbaden 1955.

VERFILMUNG: USA 1936 (Regie: A. Santell).

LITERATUR: S. Kliger, *Hebraic Lore in M.A.'s »Winterset«* (in AL, 18, 1946, S. 219–232). – W. H. Davenport, *A.'s »Winterset«* (in Explicator, 10, 1952, S. 41). – J. W. Krutch, *Modernism in Modern Drama*, Ithaca/N.Y. 1953, S. 120–122. – H. D. Pearce, *Job in A.'s »Winterset«* (in Modern Drama, 6, 1963, S. 32–41). – G. Rabkin, *Drama and Commitment*, Bloomington 1964, S. 268–270. – V. Wall, *M. A., the Last Anarchist* (in *American Drama and Its Critics*, Hg. A. S. Downer, Chicago 1965, S. 156–162). – J.Y. Miller, *M.A.: Gifted Technician* (in *The Thirties*, Hg. W. French, Deland 1967, S. 188–190). – J. B. Jones, *Shakespeare as Myth and the Structure of »Winterset«* (in Educational Theater Journal, 25, 1973, S. 34–45). – R. B. Pearsall, *M. A.'s »Winterset« and the Social Justice Dramas of the 1930s* (in *Amerikanisches Drama und Theater im 20.Jh.*, Hg. A. Weber u. S. Neuweiler, Göttingen 1975, S. 124–147). – C. W. Thomsen, *M. A.: »Winterset«* (in *Das amerikanische Drama*, Hg. P. Goetsch, Düsseldorf 1984, S. 127–148). C. Renner, *»Dezembertag«* (in Knaurs Grosser Schauspielführer, Mchn. 1985, S. 26–27).

SHERWOOD ANDERSON

* 13.9.1876 Camden / Oh.
† 8.3.1941 Colón / Panama

LITERATUR ZUM AUTOR:
Bibliographie:
E. P. Sheehy u. K. A. Lohf, *S. A.: A Bibliography*, Los Gatos/Calif. 1960.
Gesamtdarstellungen und Studien:
J. Schevill, *S. A.: His Life and Work*, Denver 1951. – I. Howe, *S. A.*, NY u. a. 1952; ern. Stanford 1967. – Revue des Lettres Modernes, 1963, Nr. 78–80 [Sondernr. S. A.; m. Bibliogr.]. – R. Burbank, *S. A.*, NY 1964 (TUSAS). – B. Weber, *S. A.*, Minneapolis 1964. – *The Achievement of S. A., Essays in Criticism*, Hg. R. L. White, Chapel Hill/N.C. 1966; ern. 1968. – D. D. Anderson, *S. A. An Introduction and Interpretation*, NY u. a. 1967 [m. Bibliogr.]. – A. Weber, *S. A.s Reflexionen über die Dichtung* (in *Amerikanische Literatur im 20. Jh.*, Hg. A. Weber u. D. Haack, Göttingen 1971, S. 29–55). – *S. A., A Collection of Critical Essays*, Hg. W. B. Rideout, Englewood Cliffs/N.J. 1974. – D. T. Welford, *S. A.*, NY 1977. – J. Dierking, *Ein verdrängtes Dilemma: S. A. – 1876–1941* (in Gulliver. Dt.-engl. Jbb., 9, 1981, S. 66–80). – W. Göbel, *S. A.: Ästhetizismus als Kulturphilosophie*, Heidelberg 1982.

DARK LAUGHTER

(amer.; *Ü: Dunkles Lachen*). Roman von Sherwood ANDERSON, erschienen 1925. – In dem Roman – wohl dem bedeutendsten aus der Periode, in der Anderson stark unter dem Einfluß von D. H. LAWRENCE stand – geht es um ein Thema, mit dem der Autor sich schon in *Many Marriages*, 1923 *(Viele Ehen)*, auseinandergesetzt hatte: um den Konflikt zwischen dem natürlichen Sinnenleben des Menschen und den Spielregeln der modernen Gesellschaft, die darauf abzielen, seine elementaren Instinkte verkümmern zu lassen. – Zentralfigur ist der Journalist John Stockton, der sich plötzlich entschließt, seine Frau zu verlassen und seine Routinearbeit in Chicago aufzugeben. Nach einer Flußfahrt in den Süden, die ihn zu Meditationen über das unwiederbringlich verlorene Amerika Mark TWAINS anregt, läßt er sich unter dem Namen Bruce Dudley in seinem Geburtsort, einer Kleinstadt in Indiana, nieder und wird Fabrikarbeiter. Er verstrickt sich in ein Verhältnis mit Aline Grey, der Frau seines Chefs, und verdingt sich bei ihr als Gärtner. Als die in kinderloser Ehe lebende Frau ein Kind von ihm erwartet, überredet er sie zur Flucht in eine gemeinsame, recht ungewisse Zukunft, deren einzig beständiges Element ihre Liebe sein soll.

In ausführlichen Rückblenden wird Stockton-Dudleys vergangenes Leben mit seiner Frau Bernice beschworen, deren Ehrgeiz als Verfasserin seichter Zeitungsromane und deren Weigerung, Kinder zu bekommen, ihre Ehe zu einer Farce machten und bewirkten, daß Stockton sich zu Hause gänzlich überflüssig fühlte. Streiflichter aus der Vergangenheit Aline Greys im Nachkriegseuropa der frühen zwanziger Jahre zeigen die Leere eines auf wahlloser sexueller Befriedigung basierenden Lebens, das unweigerlich in Einsamkeit, Furcht und Ekel mündet. Anderson kontrastiert die Verkrampftheit seiner Romangestalten (vor allem des betrogenen Ehemanns der Aline) mit der natürlichen, glücklichen Sinnlichkeit der Neger, deren »dunkles Lachen« sich über dem Zerrbild der grotesk-hysterischen Welt der Weißen erhebt. Wenn er den Neger als Symbol des gesunden Sexuallebens ausspielt gegen die verschiedenen, unter dem Einfluß der Verstädterung und des Maschinenzeitalters entstandenen Formen von Impotenz bei den Weißen, schleicht sich allerdings häufig ein sentimentaler, gönnerhafter Ton in seine Argumentation ein.

Unter den scharf gezeichneten Charakterbildern überzeugt vor allem das des Fred Grey, eines strebenhaften, kleinstädtischen Geschäftsmannes. Den Motiven für Dudleys Suche nach einem natürlichen, glücklichen Dasein vermochte Anderson nicht die Überzeugungskraft zu geben, die seiner ehrgeizigen Absicht entsprochen hätte, an dieser Figur ein allgemeinmenschliches Dilemma exemplarisch darzustellen. *Dark Laughter*, zu seiner Zeit einer der erfolgreichsten Romane des Autors, wurde inzwischen von der Literaturkritik zu Recht in den Schatten seines bedeutendsten Werkes *Winesburg, Ohio* (1919) gerückt. J.v.Ge.

AUSGABEN: NY 1925. – NY 1960 [Einl. H. M. Jones].

ÜBERSETZUNG: *Dunkles Lachen*, H. Henze (in *Werke*, Bd. 1, Freiburg i. B. 1963; m. Einl. v. H. Miller). – Dass., dies., Ffm. 1966 (BS). – Dass., dies., Köln 1987 [Hg. u. Nachw. J. Dierking].

LITERATUR: C. B. Chase, *S. A.*, NY 1927, S. 56–60. – M. Geismar, *The Last of the Provincials: The American Novel, 1915–1925*, Boston 1949, S. 255–257. – D. M. Lockwood, *S. A. and »Dark Laughter«: Discovery and Rebellion* (in Society For the Study of Midwestern Literature Newsletter, 11, 1981, Nr. 2, S. 23–32). – W. Holtz, *S. A. and Rose Wilder Lane: Source and Method in »Dark Laughter«* (in Journal of Modern Literature, 12, 1985, Nr. 1, S. 131–192).

POOR WHITE

(amer.; *Ü: Der arme Weiße*). Roman von Sherwood ANDERSON, erschienen 1920. – Wie in *Winesburg, Ohio* (1919) hat der Autor auch hier das

Leben in einem Gemeinwesen – diesmal Bidwell, Ohio – in den Mittelpunkt gestellt. Aber im Gegensatz zu dem früheren Buch, dessen zahlreiche Figuren ausschließlich in ihrer Eigenschaft als Einwohner ihres Heimatortes auftreten, spiegeln sich in der Entwicklung des Protagonisten von *Poor White* drei völlig verschiedene Lebensbereiche: der des »armen Weißen«, der jener verachteten Schicht im Süden der USA entstammt, die sich, von ihrer Armut und Ignoranz *»chronisch entmutigt«*, nur noch durch ihre Hautfarbe und ihr grotesk übersteigertes Rassebewußtsein von der untersten Klasse, den Negern, unterscheidet; der des mittelwestlichen Kleinstädters; und schließlich der des fortschrittsgläubigen Bürgers eines Industriestaates.

Die Schilderung der Jugendjahre Hugh McVeys (der gelungenste Teil des Romans) erinnert an Mark TWAINS *Huckleberry Finn*. Am Ufer des Mississippi lebt Hugh zusammen mit seinem ständig betrunkenen Vater in den Tag hinein, träg und gleichgültig wie der Strom selbst. Ein langer Aufenthalt bei dem puritanischen Ehepaar Shepard verwandelt den Jungen. Mit zäher Geduld macht die ehrgeizige Sarah Shepard einen halbwegs gebildeten, aufgeweckten, wenn auch noch immer unbeholfenen Menschen aus ihm, der eines Tages aus Abenteuerlust und Neugier die Heimat verläßt. Nach Jahren der Wanderschaft findet der inzwischen Dreiundzwanzigjährige im Telegraphenamt von Bidwell, Ohio, eine Stellung. Seine Kontaktarmut und die ständige Furcht, wieder in die Lebensweise des *»weißen Abschaums«* zu verfallen (wie Sarah ihn und die Seinen einst genannt hat), bewirken, daß er sich ganz auf die Arbeit konzentriert. Sein Interesse an Mathematik und Mechanik wächst, und schließlich widmet er sich der Erfindung landwirtschaftlicher Maschinen. In seiner Isolierung ist ihm nicht bewußt, daß seine eigene Entwicklung genau der des für den gesamten Mittelwesten typischen Ortes Bidwell entspricht. In dem verschlafenen Bauerndorf werden die Parolen des Industriezeitalters laut. Steve Hunter, der in Bidwell den neuen Unternehmertyp repräsentiert, tut sich mit Hugh zusammen, finanziert dessen Erfindungen und profitiert davon. Nach anfänglichen, zum Teil durch das Mißtrauen der Farmer gegenüber Neuerungen verursachten Schwierigkeiten, beherrscht die Maschinenfabrik Bild und Leben Bidwells. Hugh, zum lokalen »Helden« geworden, heiratet Clara Butterworth, die Tochter des einflußreichsten Farmers, deren Jugend auf dem väterlichen Besitz und Studienjahre in Columbus, Ohio, im dritten Teil des Romans geschildert werden. Hier wird ein Problem angeschnitten, das im weiteren Verlauf des Geschehens eine dominierende Rolle spielt: die von der Konvention geprägte Beziehung zwischen den Geschlechtern. Obwohl Hughs und Claras Verbindung starke sexuelle Motive zugrunde liegen, sind beide so gehemmt, daß sie erst nach Jahren zu ehelicher Harmonie finden. Anderson exemplifiziert hier seine auch aus anderen Werken bekannte These, daß *»alle Menschen ihr Leben hinter einer von ihnen selbst errichteten Mauer* *von Mißverständnissen verbringen«* und daß *»die meisten von ihnen stumm und unbemerkt hinter dieser Mauer sterben«*. Die größere Schuld an den Verständigungsschwierigkeiten trägt allerdings Hugh, der über seinen Maschinen die Menschen vernachlässigt. Auf die Problematik der menschlichen Solidarität – ein Hauptthema Andersons – verweisen auch die Szenen, in denen brotlos gewordene Handwerker Hugh für ihr Schicksal mitverantwortlich machen.

Die Skepsis, mit der Anderson den Aufstieg Hughs und damit den Siegeszug der Maschine im Amerika des ausgehenden 19.Jh.s darstellt, weicht zum Schluß, als Hugh der Schattenseiten der Industrialisierung gewahr wird, einem nicht recht überzeugenden, leicht nostalgischen Optimismus: Für den, der nicht mit Blindheit geschlagen ist, werden *»die Getreidefelder von Illinois, Indiana, Iowa und die endlosen Kohläcker von Ohio ihre Schönheit behalten«*.

G.Bj.

AUSGABEN: NY 1920. – NY 1926 [m. Vorw.]. – NY 1966 [Einl. W. B. Rideout].

ÜBERSETZUNGEN: *Der arme Weiße*, K. Lerbs, Lpzg. 1925. – Dass., ders. u. H. Henze (in *Werke*, Bd. 4, Olten/Freiburg i. B. 1963).

LITERATUR: D. R. Hoeber, *The ›Unkinging‹ of Man: Intellectual Background as Structural Device in S. A.'s »Poor White«* (in *South Dakota Review*, 15, 1977, S. 45–60).

WINESBURG, OHIO. A Group of Tales of Ohio Small Town Life

(amer.; Ü: *Winesburg, Ohio. Roman um eine kleine Stadt*). Kurzgeschichtenzyklus von Sherwood ANDERSON, teilweise in Zeitschriften erschienen 1916–1918, erste Buchausgabe (Einleitung und 23 Geschichten) 1919. – Der ursprünglich für den ganzen Band vorgesehene Titel der Einleitung, *The Book of the Grotesque*, weist auf einen Zug, den nahezu alle Charaktere des Buches gemeinsam haben. *»Es waren die Wahrheiten, die diese Menschen zu grotesken Figuren machten ... Sobald einer von ihnen sich eine dieser Wahrheiten zu eigen machte und sie seine Wahrheit nannte und sein Leben danach einzurichten suchte, wurde er eine groteske Figur, und aus der Wahrheit, die er umfangen hielt, wurde etwas Unwahres.«* Einsam, verwirrt, vom Schicksal besiegt und *»in verdrehten Abwehrhaltungen erstarrt«* (I. Howe) sind jene Einwohner der Kleinstadt Winesburg, Ohio, die sich, auf Verständnis hoffend, dem jungen George Willard, Reporter der örtlichen Zeitung, mitzuteilen suchen. Er jedoch ist mit seinen eigenen Problemen beschäftigt: mit dem Erwachen seiner schriftstellerischen Neigung *(An Awakening)*, mit seiner ersten sexuellen Erfahrung *(Nowbody Knows)*, seinem Reifeprozeß *(Sophistication)*, dem Tod seiner Mutter *(Death)*. Auf der Suche nach Freiheit und Bewährung macht er sich schließlich auf die Reise in die Großstadt – das Leben in Winesburg ist für ihn nur noch »*ein Hintergrund, auf den die Träume seines Mannesalters gemalt werden sollten*«.

George begegnet Winesburgern, die ein bestimmtes Erlebnis nicht bewältigt haben. Zu ihnen gehört der Beerenpflücker Wing Biddlebaum, der, seinen Mitbürgern ein Rätsel, seit zwanzig Jahren in der kleinen Stadt lebt und stets krampfhaft bemüht ist, seine Hände zu verbergen. Einst hat er in Pennsylvania erfolgreich als Lehrer gearbeitet – bis man seine Gewohnheit, den Schülern liebevoll übers Haar zu streichen, absichtlich falsch auslegte und ihn davonjagte *(Hands)*. Der alte Doktor Reefy wiederum, der seine sehr viel jüngere Frau kurz nach der Heirat verlor, notiert in seiner muffigen Praxis »*Einfälle, Endergebnisse von Einfällen und Anfänge von Einfällen*« auf Papierfetzen, die er in seine Taschen stopft und, wenn sie sich zu Kügelchen zusammengerollt haben, achtlos wegwirft *(Paper Pills)*. – Andere »groteske« Charaktere haben sich verstört in sich selbst zurückgezogen: Doktor Parcival, der George phantastische Geschichten aus seiner Vergangenheit erzählt, glaubt, man müsse die Menschen hassen und verachten, um ihnen überlegen zu sein, und will seine Idee, daß jeder in dieser Welt ein gekreuzigter Christus sei, in einem Buch erläutern *(The Philosopher)*. Der Telegraphist Wash Williams verabscheut das Leben und besonders die Frauen und haßt sich selbst, weil er seine eigene Frau, die ihn betrog und die er aus dem Haus jagte, noch immer liebt und weil er ihre Mutter, die damals einen für sie beide zutiefst beschämenden Versöhnungsversuch unternahm, nicht umgebracht hat *(Respectability)*. – Andere Winesburger sind »grotesk« geworden, weil sich ihre Sehnsucht nicht erfüllt hat: Alice Hindman, die elf Jahre lang vergeblich auf die Rückkehr ihres Jugendgeliebten gewartet hat, läuft eines Nachts, halb wahnsinnig vor Einsamkeit, nackt in den Regen hinaus, ruft einem Passanten zu, er solle auf sie warten, und sieht sich dann einem alten, tauben Mann gegenüber *(Adventure)*. – Die kühl und streng wirkende Lehrerin Kate Swift, »*in Wirklichkeit die ungeduldigste, leidenschaftlichste Seele unter ihnen*«, hilft ihrem einstigen Schüler George, an dessen Begabung sie glaubt, bei seiner Schriftstellerei, gibt bei einem nächtlichen Besuch in der Redaktion dem Verlangen nach, ihn zu umarmen, weckt den Mann in ihm, läuft aber plötzlich davon *(The Teacher)*. – Beispiele für die Kompensation einer seelischen Verwundung durch übersteigerte Religiosität sind der Pfarrer Hartmann, der glaubt, Gott sei ihm in der Gestalt Kate Swifts erschienen, um ihn von den Versuchungen des Fleisches zu befreien *(The Strength of God)*, und der Farmer Jesse Bentley, der sich für ein Instrument Gottes hält und sich dadurch um die Liebe des Menschen, der ihm am meisten bedeutet, seines Enkels David, bringt *(Godliness)*.

Fast alle Winesburg-Geschichten könnten wie die des Pseudobohemiens Enoch Robinson mit *Loneliness* überschrieben sein. Viese dieser Menschen sind einsam, weil sie weder ihre eigenen Beweggründe begreifen noch sich anderen verständlich machen können; so Seth Richmond, der darunter leidet, daß er im entscheidenden Augenblick nie die richtigen Worte findet *(The Thinker)*; so Tom Forster, der nicht erklären kann, warum er sich in einer Frühlingsnacht einen Rausch angetrunken hat *(Drink)*; so der Fremdling aus der Großstadt, der sich einen »*Liebenden*« nennt, »*der den Gegenstand seiner Liebe nicht gefunden hat*« und der für »*das, was Männer bei Frauen suchen und was sie nicht bekommen*«, nämlich die Eigenschaft »*stark genug zu sein, um geliebt zu werden*«, die Bezeichnung *tandy* erfunden hat *(Tandy)*; und so Elmer Cowley, der, anstatt George zu erklären, warum er Winesburg verlassen will, plötzlich auf ihn einschlägt, als wolle er sich aus der Umklammerung befreien *(Queer)*. – Um Kommunikationsunfähigkeit geht es auch in *The Untold Lie*: Der Landarbeiter Ray Pearson fühlt sich in seiner kinderreichen Ehe mit Minnie, die er damals nur geheiratet hat, weil sie schwanger war, wie ein Gefangener. »*Das Leben hat mir eine Falle gestellt, und ich habe mich überrumpeln lassen.*« Als sein junger Kollege Hal vor der gleichen Entscheidung steht, bringt Ray es nicht über sich, ihm zu einem Leben in Freiheit zu raten. »*Was ich ihm auch gesagt hätte, es wäre doch nur Lüge gewesen.*« In seinem autobiographischen Bericht *A Story-Teller's Story* (1924) schreibt Anderson, die eigentliche Geschichte unseres Lebens sei nur eine Geschichte von Augenblicken, und nur in seltenen Momenten lebe der Mensch wirklich. Augenblicke, in denen sich ein ganzes Schicksal erhellt, hat Anderson in *Winesburg, Ohio* festgehalten. Wenn er in *A Writer's Conception of Realism* schreibt: »*Oft verfalle ich in einen Halbtraum, und dann beginnen mir die Gesichter von Menschen zu erscheinen*«, so weist dies auf den impressionistischen Charakter der Winesburg-Skizzen. Die traditionelle Romanform, die zeitliche und inhaltliche Kontinuität verlangt, hat Anderson nie ganz gemeistert. Aber gerade weil die Winesburg-Geschichten nicht wie Kapitel eines Romans verzahnt sind, machen sie die unüberbrückbare Entfernung zwischen den Menschen, die Bürger derselben Stadt sind, sichtbar und werden so zu einer »*Fabel amerikanischer Entfremdung*« (I. Howe).

Von TURGENEVS *Aufzeichnungen eines Jägers*, die er bewunderte, mag Anderson zur Form der Skizze angeregt worden sein. Unter dem Eindruck von E. L. MASTERS *Spoon River Anthology* entschloß er sich, dem verschütteten Leben der Bewohner einer anderen fiktiven mittelwestlichen Kleinstadt nachzugehen und Eindrücke aus seinen Jugendjahren im nördlichen Ohio zu verarbeiten. Der Stil der Winesburg-Geschichten unterscheidet sich von dem der vorausgegangenen Romane *Windy McPherson's Son* and *Marching Men* durch die Annäherung an die Umgangssprache und ist vermutlich von Gertrude STEINS *Three Lives* beeinflußt, wobei Anderson eine Wiederholung des Stilexperiments der Dichterin, mit der er während seines Paris-Aufenthalts in engem Kontakt stand, fern lag.

Nicht zuletzt ist Anderson auch Mark TWAIN verpflichtet, und manche Kritiker haben in *Winesburg, Ohio* das gleiche Heimweh nach einem von der Zivilisation unzerstörten Idyll entdecken wollen wie in *Huckleberry Finn*. – Bei aller Wirklichkeitsbezogenheit ist Andersons Buch kein realistisches Kleinstadtporträt wie etwa LEWIS' *Main Street*. In seinem – wie er selbst es nannte – »*Hunger, unter die Oberfläche zu dringen*«, konzentriert sich Anderson auf den Moment der Enthüllung oder Selbstoffenbarung des seelisch verwundeten, das Leben verfehlenden einzelnen. Mit Lewis wie auch mit DREISER verbindet ihn jedoch die Absicht, dem amerikanischen Optimismus und Fortschrittsglauben die zunehmende Isolierung und Frustration der Menschen des industriellen Zeitalters, dem »amerikanischen Traum« die bittere Wirklichkeit entgegenzuhalten. Während frühere Kritiker *Winesburg, Ohio* als destruktiv, morbid und den Sexualtrieb überbetonend ablehnten, ist sich die neuere Kritik über die entscheidende Bedeutung dieses Buches für die Entwicklung der modernen amerikanischen Literatur einig.

C.Schw.

AUSGABEN: NY 1919. – Ldn. 1922; ern. 1967 [Einl. M. Cowley]. – NY 1960 [Einl. ders.]. – Harmondsworth 1976, Hg. u. Einl. M. Cowley (Penguin; rev.).

ÜBERSETZUNGEN: *Winesburg, Ohio. Roman um eine kleine Stadt*, H. E. Nossack, Bln. 1958; ern. 1983 (BS). – Dass., ders. (in *Werke*, Bd. 3, Olten/Freiburg i. B. 1963).

DRAMATISIERUNG: S. Anderson, *Winesburg, Ohio* (in S. A., *Plays. Winesburg and Others*, NY 1937).

LITERATUR: I. Howe, *The Book of the Grotesque* (in Partisan Review, 18, 1951, S. 32–40). – W. L. Philipps, *How S. A. Wrote »Winesburg, Ohio«* (in AL, 23, 1951, S. 7–30). – J. Thurston, *A. and Winesburg: Mysticism and Craft* (in Accent, 16, 1956, S. 107–128). – W. B. Rideout, *The Simplicity of »Winesburg, Ohio«* (in Shenandoah, 13, 1962, S. 20–31). – E. San Juan, *Vision and Reality. A Reconsideration of S. A.'s »Winesburg, Ohio«* (in AL, 35, 1963, S. 137–155). – G. D. Murphy, *The Theme of Sublimation in A.'s »Winesburg, Ohio«* (in MFS, 13, 1967, S. 237–246). – G. A. Love, »*Winesburg, Ohio« and the Rhetoric of Silence* (in AL, 40, 1968, S. 38–57). – J. M. Mellard, *Narrative Forms in »Winesburg, Ohio«* (in PMLA, 83, 1968, S. 1304–1312). – R. Ciancio, *The Sweetness of the Twisted Apples: Unity of Vision in »Winesburg/Ohio«* (in PMLA, 87, 1972, S. 994–1006). – S. Pickering, »*Winesburg/Ohio«: A Portrait of the Artist as a Young Man* (in Southern Quarterly, 16, 1977, S. 27–38). – D. Stouck, »*Winesburg/Ohio« as a Dance of Death* (in AL, 48, 1977, S. 525–542). – W. Göbel, *S. A. als Sozialrevolutionär?* (in Literatur in Wissenschaft und Unterricht, 1982, 15).

DANIEL ANDERSSON

* 6.4.1888 Skattlösberg / Finnmark
† 16.9.1920 Stockholm

LITERATUR ZUM AUTOR:
A. M. Odstedt, *D. A. En levnedsteckning*, Stockholm 1941. – R. Jändel, *Poesie och Prosa*, Stockholm 1944, S. 389–404. – E. Uhlin, *D. A. före »Svarta Ballader«. Liv och diktning fram till 1916*, Stockholm 1950. – E. R. Gummerus, *Livets bröd*, Stockholm 1952. – A. Runnquist, *Arbetarskildare från Hedavind till Fridele*, Stockholm 1952. – H. Olsson, *Tidega fanfarer*, Stockholm 1955. – G. Fredén, *Orestes och forsöningen*, Stockholm 1955. – A. M. Odstedt, *D. A. Liv och diktning*, Stockholm, 1965. – W. Bernhard, *En bok om D. A.*, Stockholm ³1966. – E. Gummerus, *En bilderbok om D. A.*, Stockholm 1970. – E. Hellerström, *D. A.* (in *Diktares arv*, Stockholm 1969). – G. Ågren, *D. A.s väg*, Stockholm 1970. – Ders., *Kärlek som i allting bor. D. A.s liv och diktning 1916–20*, Diss. Stockholm 1971. – J. A. Hellström, *Den allra högsta sången. Kring D. A.s tro och diktning och om annan religiös lyrik*, Uddevalla 1981.

DAS LYRISCHE WERK (schwed.) von Dan ANDERSSON.

Andersson, einer der Pioniere der schwedischen Arbeiterdichtung, beschrieb in seinem Werk vor allem das Leben der Köhler in der Finnmark. Obwohl er mit seinen Schilderungen vom Leben in der Wildnis romantische Vorstellungen weckte, unterscheiden sich seine Gedichte deutlich von der neuromantischen Naturlyrik der 1890er Jahre. Andersson war selbst in der Finnmark aufgewachsen und hatte einige Jahre als Köhler gearbeitet, er beschreibt authentisch die wirkliche Wildnis.
Unter dem Einfluß von Jack LONDON (1876–1916) stellte Andersson in den 29 Gedichten und sechs Novellen von *Kolvaktarens visor*, 1915 *(Lieder des Köhlers)* das Leben als rauhes und hartes biologisches Faktum dar. Alle Gedichte und Novellen haben das einsame und arme Köhlerleben zum Thema, das bis ins Detail geschildert wird. Vor allem in den Novellen greift Andersson Elemente einer naturalistischen Darstellung auf, während in den Gedichten eine stärker romantisch geprägte Erzählhaltung mit einer gelegentlich nahezu pathetischen Vermenschlichung der Natur vorherrscht. Das Köhlerleben wird nicht nur als harte körperliche Arbeit dargestellt, sondern als täglicher Kampf ums Überleben in einer Einsamkeit, die nur selten unterbrochen wird. – In den Gedichten wird immer wieder starkes soziales Pathos spürbar. Höhepunkt der Sammlung ist das Gedicht *Sista nattan i Paindalen (Die letzte Nacht im Tal der Schmerzen)*, in dem der Dichter ohne Sentimentalität vom Tod eines Köhlers erzählt, der im Augenblick des Ster-

bens noch einmal auf sein Leben zurückblickt. Stilistisch ist das Gedicht eine Mischung aus manieristischem Pathos, traditionellen romantischen und modernen realistischen Elementen, die in Rhythmus, Wortwahl und Bildsprache zum Ausdruck kommen. Es besteht aus vierfüßigen Anapästen und wechselnden Reimschemata und zeigt erstmals eine deutliche Beeinflussung des Dichters durch Rudyard KIPLING(1865–1936), dessen *The Seven Seas* (1896) Andersson 1918 ins Schwedische übertrug. In seinen ersten Gedichten hatte eine beinahe pathetische feierliche Stimmung vorgeherrscht, die Form war an das schlichte Volkslied angelehnt, aber mit *Sista nattan i Paindalen* gelang Andersson ein Durchbruch auf der Grundlage des englischen Balladenverses in Kiplings breiter, rhythmischer und umgangssprachlicher Ausprägung.

Diese Elemente dominieren auch in der wichtigsten Gedichtsammlung Anderssons, *Svarta Ballader (Schwarze Balladen)* aus dem Jahr 1917, in denen er Kiplings metrische und rhythmische Schemata, frei gebaute und der Umgangssprache angepaßte Anapäste und Daktylen, durchgehend angewandt hat. Viele Strophen enthalten Einschübe, zum Beispiel kursiv gedruckte Passagen und Sätze oder Verszeilen in Klammern. Inhaltlich vollzieht der Dichter hier eine Wendung zu metaphysischen Fragestellungen, denen der zunehmend symbolische Charakter seiner Bildsprache entspricht. Die elende Lebenswelt der Köhler, ihre Verbitterung und Einsamkeit und ihr tragischer Kampf um das Überleben in dieser grausamen Welt, wird nun, mit dem Erlösungsgedanken verbunden, zur religiös aufgefaßten Thematik seiner Dichtung. Andersson selbst hatte 1916 eine schwere moralische und religiöse Krise durchlebt, die auch in *Svarta Ballader* ihren Niederschlag fand. Hier versuchte er, sich vom harten Gottesverständnis der Gesellschaft, das nur Sünde und Gnade kannte, zu befreien. In seiner Religiosität hat er sich von indischer Religionsphilosophie (angeregt durch A. SCHOPENHAUER) einerseits und der christlichen Liebesbotschaft im Werk DOSTOEVSKIJS andererseits beeinflussen lassen. Für Andersson gibt es keinen Gegensatz zwischen christlicher und indischer Religion, er sieht die Welt im Spannungsfeld zwischen dem »Irdischen« und dem »Himmlischen«. Wenngleich er sich damit vom pietistischen und freikirchlichen Glauben seiner Kindheit lossagte, tauchen in den Gedichten immer wieder Bilder und Symbole aus der Glaubenswelt und den religiösen Liedern der Erweckungsbewegung auf. Auch inhaltlich gibt es hier gewisse Übereinstimmungen: das Motiv der Wanderung, die Sehnsucht des Menschen nach Erlösung, die Heimatlosigkeit des Menschen auf der Welt. Der Tod wird damit zu einem zentralen Thema im Werk des Dichters. Schon in *Kolvakarens visor* war der Tod als Gegensatz zu den harten Lebensbedingungen der Menschen gesehen worden (z. B. in *Sista nattan in Paindalen*); nun wird das Sterben, das der Dichter zuvor als etwas Endgültiges aufgefaßt hatte, zum Eingang in eine andere Wirklichkeit (z. B. in *Omkring tiggarn från Luossa – Über den Bettler von Luossa* und *Gillet på vinden – Das Fest auf dem Dachboden*) in ein Dasein, schöner und leichter als das irdische. Diese Auffassung kommt auch in der farbigen Bildwelt der lyrischen Sprache zum Ausdruck, die der Dichter für jene Welt findet, wie etwa »*der Glanz von roten Himmeln*«, »*Rosen*«, »*Sternenlicht*«, »*Geigenmusik und Gesänge der Seligen*«.

Anderssons Werk steht damit in einem Spannungsfeld von religiös geprägter Sehnsucht nach dem Himmlischen und einem Realismus, der alle Verlogenheit und alle falsche Identität durchschaut und bloßstellt. – Die zeitgenössische Kritik nahm beide Gedichtsammlungen mit großem Beifall auf, das Neue an Anderssons Lyrik fand allgemein Anerkennung. Er war einer der populärsten Dichter seiner Zeit und viele seiner Gedichte sind zu Klassikern der schwedischen Lyrik geworden.   C.S.L.

AUSGABEN: *Visor och ballader*, Stockholm 1921. – *Samlade skrifter*, 5 Bde., Stockholm 1930. – *En spelmans visor*, Stockholm 1954. – *Ballader och spelmans visor*, Stockholm 1970. – *Omkring tiggarn från Luossa och andra dikter*, Stockholm 1971. – *Samlade skrifter*, 10 Bde., Stockholm 1978.

LITERATUR: E. Uhlin, *D. A.s Lyrik och de frikyrkliga sångarna* (in Samlaren, 1949). – T. Hedlund, *Den svenska lyriken från Ekelund till Sonnevi*, Kristianstad 1978, S. 71–73.

ANDŌ HACHIZAEMON JISHŌ

* 1658
† 1745

YAKUSHA-HYŌBANKI

(jap.; *Kritische Notizen über Schauspieler*). Kritische Arbeiten zur Schauspielkunst, erschienen seit der Mitte des 17.Jh.s in verschiedenen Formaten und regelmäßiger Folge im Hachimonjiya-Verlag des ANDŌ HACHIZAEMON JISHŌ in Kyōto. Er zeichnete auch als Verfasser, aber hinter seinem Namen verbarg sich lange Zeit EJIMA ICHIRŌZAEMON KISEKI (1667–1736). Dieser hatte für den Verlag bereits – in Fortsetzung der Tradition der *Ukiyozōshi*-Werke des Ihara Saikaku – eine Reihe pikanter Erzählungen aus dem Milieu der Freudenviertel geschrieben, die allgemein Anklang gefunden hatten. Um diese Zeit erlebte das bürgerliche Schauspiel *(Kabuki)* seine erste Blüte. Die *Yakusha-hyōbanki* kamen also der Begeisterung des Publikums für die Welt des Theaters geradezu entgegen. Anregung für die Herausgabe jener Notizen gaben zweifelsohne die in einer Vielzahl umlaufenden »Führer« durch die Welt der Freudenviertel (*Yūjo-hyōbanki* oder -saikenki) wie das 1655 erschienene *Tōgenshū (Die Sammlung vom Pfirsischquell)*, ein Führer durch das Shimabara-Viertel von Kyōto. Das erste sich dem Theater zuwendende Heft war das *Yakusha no uwasa (Klatsch über Schauspieler,* 1656); auf dieses folgte das *Yarō-mushi* (um 1660) und das *Hakuyarō* (1662). Diese Hefte übten allerdings noch keine Kritik am Spiel. Sie beschränkten sich auf die Nennung des Namens, des Alters, der Truppenzugehörigkeit und eine Beschreibung der persönlichen Erscheinung. Allmählich rückte aber – gefördert durch die Entwicklung des Schauspiels selbst und durch das steigende Publikumsinteresse – die Kritik an der eigentlichen schauspielerischen Leistung in den Vordergrund. Und es war Kiseki, der durch Aufbau und Inhalt seiner *Kritischen Notizen* das Vorbild aller weiteren Werke dieser Art schuf. Im Jahr 1699 erschien, ebenfalls im Verlag Hachimonjiya, sein *Yakusha-kuchijamisen (Der Schauspieler glatte Worte)*.

Die *Hyōbanki* erschienen jeweils im ersten und dritten Monat eines Jahres. Eine Ausgabe umfaßte drei Hefte; je eins für die Bühnen in Kyōto, Osaka und Edo. In der Ausgabe vom ersten Monat wurden die Erstauftritte *(kaomise)*, in der vom dritten Monat die Aufführungen des Neujahrsmonats *(ni no kawari)* besprochen. Die Anordnung in den einzelnen Heften ist gleichbleibend. Sie beginnen mit einem Verzeichnis der Schauspieler. Diese werden unter ihrem Rollenfach, wie Heldendarsteller *(tachiyaku)*, Frauendarsteller *(onnagata)* usw., genannt und nach einem feststehenden Bewertungssystem angeordnet. Unter dem Namen des Schauspielers wird die Bühne notiert, der er angehört. Das Bewertungs- oder Rangsystem *(kuraizuke)*, das fünf Stufen aufwies, wird erstmals im Jahr 1686 verwendet. Dem Verzeichnis folgen eine kurze, vorwortartige Einführung und danach die kritischen Notizen zum Agieren des Spielers selbst. Einige der *Hyōbanki* geben neben der Kritik am Schauspieler auch Einblick in die Organisation des Theaters und seine Architektur wie zum Beispiel das *Yakushajishūkō (Repetitorium über Schauspieler)*. Die Sprache der Hefte ist Japanisch; einige wechseln zwischen japanisch und chinesisch *(Kanbun)* geschriebenen Passagen ab, so das *Yakusha-saikenki (Beschreibung der Schauspieler*, 1799). Rein chinesisch geschrieben ist das *Ri'engonwa (Komische Geschichten aus dem Birnengarten*, 1774). Die meisten der Hefte sind bebildert.

Die Zahl der von ihrem Ersterscheinen bis herauf in die erste Hälfte der Meiji-Zeit herausgebrachten *Yakusha-hyōbanki* war außerordentlich groß. Nach den Erfolgen des Hachimonjiya erschienen auch bei anderen Verlegern diese Hefte. Zu ihnen gehörten der Tsuruya-, der Kawachi- und der Izumi-Verlag. Die Monopolstellung des Hachimonjiya blieb aber bis zu dessen Zusammenbruch unangetastet. In der Meiji-Zeit wurden die *Hyōbanki* – sie erschienen allmählich in immer größeren Zwischenräumen – schließlich abgelöst durch kritische Monatshefte, die von Theaterliebhabern wie zum Beispiel der Rokuniren-Gruppe herausgegeben wurden. Die von dieser Gruppe besorgten *Schauspielerkritiken (Haiyū-hyōbanki)* erschienen von 1876 bis 1887 in 62 Folgen. Sehr bald jedoch wurde die Theaterkritik von der Tagespresse übernommen.

Die *Kritischen Notizen* bieten reiches Material zur Geschichte des japanischen Theaters und zur Kunst des Agierens. In ihrer Auswertung gaben sie bereits ihren Verlegern das Material für umfassende Sammelwerke. HACHIMONJIYA KISHŌ, der Sohn des Jishō, gab gemeinsam mit seinem Sohn ZUISHŌ († 1766) im Jahr 1750 das *Kokon-yakusha-taizen (Über Schauspieler der Vergangenheit und Gegenwart)* heraus, dem Jishō im Jahr 1771 als Fortsetzung das *Shinkoku Yakusha-kōmoku (Neue Ausgabe des Verzeichnisses der Schauspieler)* folgen ließ.

H.Ham.

LITERATUR: F. Mizutani, *Hachimonjiyamonokenkyū* (in Shinchōsha Nihon-bungaku-kōza, 1932). – T. Takano, *Yakusha-hyōbanki* (in Tōkyōteidai, Hg., Engekishi-kenkyū, Bd. 1, 1932/1933). – K. Shuzui, *Kokugeki-kenkyū*, Tokio 1942. – Ders., *Kabuki-josetsu*, Tokio 1943. – Ders., *Yakushahyōbanki no keishiki no antei* (in Kokugo to kokubungaku, 12, 1948). – T. Hasegawa, *Hyōbankibonshuppannenpyō* (ebd., 7, 1955). – Sh. Sekino, *Y. no shinpōsei ni tsuite* (in Gakushūin-daigaku, Kokugokokubungaku-kaishi, 9, 1963). – H. Suwa, *Y. Hōreki-igo genzai shomoku* (in Kinsei-bungei, 11, 1964). – Ders., *Y. Hōreki-izen genzai shomoku hotei* (ebd., 10, 1965). – M. Hirao, *Hyōbanki ni okeru jitsuaku no kōsai* (ebd., 10, 1965). – Dies., *Yakushakuchijamisen hyōbun no kōsai* (in Jissen-joshidaikau Bungaku-kiyō, 3, 1966). – Dies., *Yakusha-kuchijamisen no hyōbun ni arawareta hihyō-seishin* (ebd., 3, 1967).

YAKUSHA-RONGO

auch: *Yakushabanashi* (jap.; *Schauspieler-Analekten*). Sammlung von sieben Schriften zu Theorie und Praxis des Agierens im bürgerlichen Schauspiel *(Kabuki)* von ANDŌ HACHIZAEMON JISHŌ, dem Urenkel des Begründers des Hachimonjiya-Verlags, erschienen 1776. – In seinem Vorwort gibt er eine Übersicht des Inhalts und schreibt: »*Diese Bände sind eine Sammlung von Äußerungen der Schauspieler, die als berühmt galten, niedergeschrieben von längst dahingeschiedenen Leuten. Die ›Hundert Regeln für die Bühne‹ (Butai-hyakkajō) wurden von Sugi Kuhē vermerkt, dem Lehrer des ersten Sakata Tōjurō. Den ›Spiegel der Kunst‹ (Gei-kagami) schrieb Tominaga Heibei, ein Dramatiker vergangener Tage, nieder. Die ›Worte des Ayame‹ (Ayamegusa) bilden eine Schrift, in der die Äußerungen des ersten Yoshizawa Ayame von Fukuoka Yagoshirō festgehalten wurden. Die ›Sammlung Staub in den Ohren‹ (Nijinshū) gibt Aufzeichnungen des Kaneko Kichizaemon über Aussagen eines berühmten Schauspielers. Die ›Fortgesetzte Sammlung Staub in den Ohren‹ (Zoku Nijinshū) brachte Tamiya Kōon Shirō-*

gorō zu Papier. Die ›Kengai-Sammlung‹ (Kengaishū) hält, von Azuma Sanpachi – einem Dramatiker – aufgezeichnet, die Erinnerungen des Somekawa Jūrobē fest. Kengai ist der postume buddhistische Name des Jūrobē. Das ›Tagebuch des Sadoshima‹ (Sadoshimanikki) ist eine Niederschrift des Renchibō über das, was die Schauspieler der Vergangenheit und Gegenwart an Wissen erlangen sollten. Renchibō ist der postume buddhistische Name des Sadoshima Chōgorō. Die genannten sieben Schriften gelten als Geheimüberlieferungen von Schauspielerfamilien, dennoch wurden sie (für den Druck) in Holzblöcke geschnitten und ihnen als Anhang eine Rangliste der heutigen Schauspieler in den drei Städten (Kyōto, Ōsaka und Edo) beigegeben. Im Spätherbst des 5. An'ei-Jahres (1776). Von Jishō aus dem Hachimonsha niedergeschrieben.«

Dieses Werk, das in einem Verlag erschien, der sich in besonderem Maße dem *Kabuki* zuwandte – man denke hier nur an die Publikation des *Kokonyakusha-taizen*, 1750 *(Über Schauspieler aus Vergangenheit und Gegenwart),* oder des *Kabuki-jishi*, 1762 *(Die Anfänge des Kabuki),* oder die Herausgabe der *Yakusha-hyōbanki (Kritische Notizen über Schauspieler)* –, fand seinen Erfolg, der durch die Wahl des Titels mit dem Zusatz *rongo* (chin. *lun-yü)* – eine Anspielung auf das *Lun-yü (Erörterungen und Gespräche)* des Kʻung Fu-tzu – betonte, daß es sich hier um grundlegende Ausführungen zum *Kabuki* handelte. Hier wurden wesentliche Fragen des Agierens der Schauspieler abgehandelt, hier standen kunsttheoretische Fragen zur Diskussion, die anderswo nicht angeschnitten wurden. Sakata Tōjūrō (1647–1709) war berühmt als Darsteller der Liebhaberrollen, Yoshizawa Ayame (1673–1719) ein Verkörperer von Frauenrollen *par exellence,* und Sadoshima Chōgorō (1700–1757) war überragend in seiner Konzeption des Tanzes im *Kabuki*. Grundlegendes wird festgehalten. So, wenn Sakata Tōjūrō ausspricht: *»Geste und Haltung ist nicht etwas, das man erfinden kann. Sie entstehen aus dem Überfluß des Herzens; ist man erfreut oder zornig, dann spiegeln sich diese Regungen von selbst im Körper. Wie kann also jemandes Geste und Haltung anders sein!«* Oder aber: *»Welche Rolle ein Kabuki-Schauspieler auch spielt, allein die Bemühung bleibt ihm, das Unverfälschte darzustellen. Jedoch wenn er die Rolle eines Bettlers spielt, so sollte er sich im allgemeinen vom Schminken des Gesichts bis hin zur Kleidung daran halten, die Wirklichkeit nicht nachzugestalten. Allein in dieser Rolle ist das Grundprinzip falsch. Und der Grund: der Besuch eines Kabuki-Theaters fordert Unterhaltung, deshalb soll alles eine beachtliche Farbigkeit aufweisen. Die Unverfälschtheit eines Bettlers aber ist in der ganzen Erscheinung nicht erfreulich, wenn er einem unter die Augen kommt, so ist das unangenehm und bietet nicht die geringste Unterhaltung«.* Hier spiegelt sich der Einfluß von Chikamatsu Monzaemon, der zusammen mit Kaneko Kichizaemon eine Reihe von Stücken für Tōjūrō schrieb. Im *Naniwamiyage,* 1738 *(Mitbringsel aus Naniwa),* schreibt er: *»Was man Kunst nennt, liegt auf der Grenzlinie zwischen Wirklichkeit und Nicht-Wirklichkeit«* (L. Brüll). – Auch bei Yoshizawa Ayame, dem Frauendarsteller, finden wir in dem *Ayamegusa* folgende Ausführung: *»Für die Frauenrolle ist der Charme die Grundlage. Auch bei einem Frauendarsteller, dem Schönheit angeboren ist, geht der Charme verloren, wenn er versucht, effektvoll zu agieren. Auch wenn er seine Aufmerksamkeit darauf richtet, elegant zu sein, wirkt er unerfreulich. Es dürfte schwer für ihn sein, ein guter Frauendarsteller genannt zu werden, wenn er nicht sein Alltagsleben wie eine Frau verbringt ...«* Die im *Yakusha-rongo* veröffentlichten Werke sind älteren Datums und waren ohne Zweifel bereits vor der Publikation in dieser Sammlung weiten Kreisen bekannt. Aber es bleibt ein Verdienst des Hachimonjiya-Verlags, diese Schriften durch die Sammlung der Nachwelt erhalten zu haben und damit eine Quelle, die Aufschluß über das *Kabuki,* seine Schauspieler und die Ideale ihres Agierens gibt. H.Ham.

Ausgaben: Kioto 1776. – Tokio 1906–1908 (in *Shin Gunsho ruijū,* Bd. 3). – Tokio 1927 (in *Zuihitsubungaku-senshū,* Bd. 4). – Tokio 1963 (K. Shuzui, *Yakusha-rongo*). – Tokio 1965 (Nihon-kotenbungaku-taikei, 98; m. Essay v. M. Gunji).

Übersetzung: *The Actors' Analects,* C. J. Dunn u. Bunzō Torigoe, Tokio/NY 1969.

CARLOS DRUMMOND DE ANDRADE

* 31.10.1902 Itabira / Minas Gerais
† 17.8.1987 Rio de Janeiro

Literatur zum Autor:
Bibliographien:
Carpeaux, S. 397–401. – J. P. Netto, *Breve presentación bibliografica* (in Revista de crítica literária latinoamericana, 2, Lima 1976, Nr. 2, S. 145–149).
Gesamtdarstellungen und Studien:
H. Martins, *A rima na poesia de C. D. de A.*, Rio 1968. – M. P. O'Brien, *The Theme of Human Communication in the Poetry of C. D. de A.*, Diss. Tulane Univ. 1969 (vgl. Diss. Abstracts, 30, 1970, S. 4460 A). – P. E. da Silva Ramos, *C. D. de A.* (in Coutinho, 5, S. 120–128). – G. M. Teles, *D.: A estilística de repetição,* Rio 1970. – A. R. de Sant'Anna, *D., o gaúche no tempo,* Rio 1972 [²1977, ³1980 u. d. T. *C. D. de A.: Análise da obra*]. – J.-F. Coelho, *Terra e família na poesia de C. D. de A.,* Belém 1973 [m. Bibliogr.]. – J. G. Merquior, *Verso universo em D.,* Rio 1975, ²1976 [zugl. Diss. Paris 1972 u. d. T.: *La poésie de C. D. de A.*]. – D. A. Mota, *A metalinguagem na poesia de C. D. de A.,* Rio ²1976 [rev. u. erw.]. – S. Santiago, *C. D. de A.,* Petrópolis 1976. – *C. D. de A.,* Hg. S. Brayner, Rio

1977. – A. Cândido, *Inquietudes na poesia de D.* (in A. C., *Vários escritos*, São Paulo ²1977, S. 93–122); dt. *Themen der Unruhe in der Poesie von C. D. de A.* (in *Brasilianische Literatur*, Hg. M. Strausfeld, Ffm. 1984, S. 173–207; st). – *C. D. de A.*, Hg. A. Coutinho, Rio 1977. – J. A. Gledson, *Poesia e poetica em C. D. de A.*, São Paulo 1981 [zugl. Diss. Princeton Univ. 1979 u. d. T. *The Poetry and Poetics of C. D. de A.*; vgl. Diss. Abstracts, 40, 1979, S. 4617 A].

DAS LYRISCHE WERK (portug.) von Carlos Drummond de ANDRADE (Brasilien).
Ein großer Teil des lyrischen Werks von Drummond de Andrade, der weitab von jeder größeren Stadt in einer gebirgigen, mineralreichen Gegend von Minas Gerais geboren wurde, beschäftigt sich mit dem heimatlichen Gebirge, dem Erz und der Einsamkeit *(»Was tun, erschöpft, in einer abgeschlossenen Gegend / im Dunkel der Nacht / inmitten von Eisenerz?«)*, so als wäre es dem Autor nicht möglich, seine literarische und persönliche Entwicklung von den ersten Jahren in Itabira, seinem Geburtsort, loszulösen: *»In der Wüste von Itabira / existieren die Dinge wieder / unaufhaltsam und plötzlich.«* Aus der Welt seiner Kindheit entwickelt sich in seinem gesamten Werk eine Art poetische Autobiographie, in der Familie, Freunde, Lektüre und die persönlichen Wünsche und Vorstellungen des Dichters auftauchen, wobei ein Bild Brasiliens in seinen verschiedenen historischen Momenten und seiner kulturellen Vielfalt nachgezeichnet wird. Andrade schildert die Gebräuche und das monotone Leben Itabiras ebenso wie das harte Leben der Großstädte in seiner Mischung aus Schönheit und Brutalität: Zeit und Kunst, Leben und Tod, Zerstörung und Wiederaufbau stellen die durchgehenden Themen seiner Lyrik dar.
Mit sechzehn Jahren fand Andrades erste Berührung mit der literarischen Moderne Brasiliens statt, als er ein Gedicht von Manuel BANDEIRA las, mit dem er später einen regen und für das Verständnis seines Werks aufschlußreichen Briefwechsel führte. Diese Lektüre eröffnete ihm die Möglichkeiten einer freien und neuen Lyrik. Oswald de ANDRADE – mit seinem Namensvetter Mário Wortführer der Modernisten – lernte Drummond erst 1924, also zwei Jahre nach der *Semana de arte moderna* kennen. Diese »Woche der modernen Kunst«, die 1922 in São Paulo stattfand, sollte die Kunst in Brasilien revolutionieren, indem sie sich gegen die kulturelle Abhängigkeit Brasiliens von Europa wandte und den Begriff der brasilianischen Identität neu definierte, wobei die verschiedensten Komponenten der historischen und künstlerischen Entwicklung berücksichtigt und also auch die Kultur der Schwarzen, der Indios, ihre Rhythmen, Mythen und Legenden miteinbezogen wurden. Im gleichen Jahr begann Drummond auch seine Korrespondenz mit Mário de ANDRADE. Die Briefe Mários, die Drummond 1982 unter dem Titel *A lição do amigo (Die Lehre des Freundes)* veröffentlichte, zeigen, wie bedeutsam sie für die Entwicklung

des Lyrikers waren, wie dieser selbst bestätigte: »*Sofort hatte sich eine enge gefühlsmäßige Bindung hergestellt, die für mein intellektuelles und moralisches Leben von tiefster Bedeutung sein sollte; es war die beständigste, großzügigste und fruchtbarste Anregung zu meiner literarischen Tätigkeit, die ich in meinem ganzen Leben erhalten hatte«.*
Obwohl Drummond de Andrade bereits früh für Zeitungen und Zeitschriften schrieb (berühmt wurde beispielsweise das epochemachende Gedicht *No meio de caminho – Mitten im Weg*, 1928 in der ›Revista de Anthropofagia‹ erschienen), veröffentlichte er erst 1930 seinen ersten Gedichtband, *Alguma poesia (Einige Dichtungen)*. Außer den sprachlichen und technischen Errungenschaften des Modernismus von 1922 manifestieren sich hier bereits einige der wichtigsten literarischen Verfahrensweisen einer Gruppe, die später die »30er Generation« genannt wurde, und deren Lyrik mehr auf sprachliche Reinheit und bewußte Konstruktion als auf den Bruch mit der Vergangenheit bedacht war. In *Alguma poesia* findet sich bereits eines der bevorzugten Themen Drummonds: die kritische Auseinandersetzung mit dem »*sturen Leben*«, dem ewig Gleichen und der Entfremdung: »*Immer bricht die Nacht in meine Liebe / Immer wacht der Feind in meinem Innern / Und immer in meinem Innern der gleiche Mangel.*«
Drummonds Lyrik wird allgemein in mindestens drei Phasen eingeteilt. Die erste umfaßt die Gedichtbände *Alguma poesia* und *Brejo das almas*, 1934 *(Sumpf der Seelen)*, in denen der Blick vor allem auf die verschlossene Welt der Provinz gerichtet ist. Das Erstlingsbuch ist von dem Gedanken beherrscht, daß die Poesie sich als bloße Registrierung von Gemütsbewegungen oder Wahrnehmungen »ereigne«: »*Keinerlei Wunsch an diesem Sonntag / keinerlei Problem in diesem Leben / die Welt blieb plötzlich stehen / die Menschen verstummten / Sonntag ohne Ende und Anfang. / Die Hand, die dieses Gedicht schreibt / weiß nicht, daß sie schreibt / doch vielleicht, wüßte sie es / würde sie nicht einmal darauf achten.*« – War der Autor bis dahin dem Vorbild der Modernisten von 1922 gefolgt und hatte snobistische, spöttisch-ironische Gedichte geschrieben, so setzt sich nunmehr bei ihm die für die Menschen seiner engeren Heimat charakteristische Selbstversenkung und Gedankentiefe durch und führt zu einer sehr persönlichen Sicht des Alltäglichen, zu dem widersprüchlichen Bedürfnis, sich mit den Menschen zu solidarisieren und sich gleichzeitig von ihnen abzusondern.
Sentimento do mundo, 1940 *(Gefühl der Welt)*, eröffnet die eindeutig politische Phase des Autors, in der mit den beiden anderen Bänden *José* (1942) und *A rosa do povo*, 1945 *(Die Rose des Volkes)*, die Beschäftigung mit der Zeit, der Geschichte und der Gesellschaft und damit die Verbindung zwischen der Lyrik und den Realitäten des Landes vertieft wird (Die Zeile »*E agora, José?*« – »*Was nun, José?*« wurde in Brasilien gar zum geflügelten Wort). Inmitten einer durch den Krieg erschütterten Welt ist das Grundthema der Gedichte in *Sentimento do*

mundo das erbarmungslose Verrinnen von Zeit und die Unmöglichkeit einer Rechtfertigung für den Menschen in einem absurden, unmotivierten Dasein: »*Für diesmal besingen wir nicht die Liebe, / die sich hinab unter die Keller verzog. / Wir besingen die Angst, die die Umarmungen unfruchtbar macht, / nicht den Haß, weil der nicht existiert, / es existiert nur die Angst, unsere Mutter und unsere Gefährtin*« *(Congreso internacional do médo – Weltkongreß der Angst)*. Was bleibt ist dennoch die ausgestreckte Hand dessen, der sich solidarisch weiß: »*Ich will nicht Dichter sein einer baufälligen Welt. / Auch die Zukunft will ich nicht singen. / Ich bin dem Leben verhaftet und schaue auf die Gefährten. / Schweigsam sind sie, doch große Hoffnungen hegend. / Mit ihnen bedenk ich die gewaltige Wirklichkeit. / Die Gegenwart ist so groß, entfernen wir uns nicht voneinander. / Entfernen wir uns nicht zu sehr, geben wir einander die Hände.*« In diesen ausdrücklich engagierten Werken werden mit Ironie und Scharfsinn das Machtsystem, die Ungleichheit, die Mechanismen der Unterdrückung demaskiert: »*Wie eine Klinge / durchdringt dich, Volk mein Gedicht.*« Vor der Nichtigkeit des Dichters wird die Welt in ihrer Ausdehnung und Komplexität enthüllt *(»Ich habe nur zwei Hände / und das Gefühl der Welt«)*, die Gegenwart mit Bitterkeit betrachtet *(»Es wird eine Zeit kommen, in der man nicht mehr sagt: mein Gott«)*, doch hält er trotz allem an einer minimalen Hoffnung fest: »*Sie ist häßlich. Aber eine Blume. Sie durchbrach den Asphalt, die Langeweile, den Ekel und den Haß.*«

Die Sammlung *Novos poemas*, 1948 *(Neue Gedichte)*, markiert den Übergang zur dritten Phase, die die Bände von *Claro enigma*,1951 *(Helles Rätsel)*, bis zu *Menino Antigo*, 1973 *(Altes Kind)*, umfaßt, und in der das vorherrschende Interesse der Rätselhaftigkeit der menschlichen Existenz gilt, ohne daß die politischen und sozialen Probleme nunmehr vernachlässigt würden. Die folgenden Bände von *Amor, amores*, 1975 *(Liebe, Liebschaften)*, bis hin zu *Amar se aprende amando*, 1985 *(Liebe lernt man beim Lieben)*, intensivieren nicht nur frühere Themen, sondern verstärken auch eine bisher nur angedeutete Erotik.

Die klare, sparsame, exakte und gelegentlich fast mathematisch konstruierte Lyrik Drummond de Andrades vereint in sich die poetische Freiheit der Moderne mit klassischer Strenge. Umgangssprachliche Ausdrucksweise, Prosaismen, chaotische Aufzählungen, klangliche oder semantische Wortanalogien, schwerverständliche Verse, die die Mitarbeit des Lesers verlangen, all diese Ausdrucksmittel des *modernismo* kennzeichnen die Sprache Drummonds, dessen weitreichende literarische Produktion neben der Lyrik auch Erzählungen, Essays und Chroniken umfaßt. Drummond de Andrade, der mehrfach für den Nobelpreis vorgeschlagen wurde, gilt als bedeutendster zeitgenössischer Dichter Brasiliens. R.C.S. – KLL

AUSGABEN: *Alguma Poesia*, Belo Horizonte 1930. – *Brejo das almas*, Belo Horizonte 1934. – *Sentimento do mundo*, Rio 1940. – *José*, Rio 1942. – *A rosa do povo*, Rio 1945. – *Novos poemas*, Rio 1948. – *Claro enigma*, Rio 1951. – *Viola de bolso*, Rio 1952. – *Fazendeiro do ar*, Rio 1954. – *A vida passada a limpo*, Rio 1959. – *Lição de coisas*, Rio 1962. – *Boitempo e a falta que ama*, Rio 1968. – *Menino antigo*, Rio 1973. – *As impurezas do branco*, Rio 1973. – *Amor, amores*, Rio 1975. – *Discursos de primavera*, Rio 1977. – *Esquecer para lembrar*, Rio 1979. – *A paixão medida*, Rio 1980. – *Corpo*, Rio 1984. – *Amar se aprende amando*, Rio 1985.

ÜBERSETZUNGEN: *Poesie*, C. Meyer-Clason, Ffm. 1965. – *Gedichte*, ders., Ffm. 1982 (BS).

EUGÉNIO DE ANDRADE

d.i. José Fontinhas
* 19.1.1923 Fundão

DAS LYRISCHE WERK (portug.) von Eugénio de ANDRADE.

Mit seinem umfangreichen lyrischen Œuvre gehört Eugénio de Andrade zu den bedeutendsten portugiesischen Autoren der Gegenwart. Er gilt als Außenseiter, der sich keiner literarischen Schule oder Bewegung zuordnen läßt. Andrade versteht seine Poesie als Versuch, die ursprüngliche Einheit zwischen Mensch, Natur und Sprache wiederherzustellen. Die Suche nach einem Zustand der Unschuld jenseits von Scham und Sünde ist in dieser »*Dichtung des Seins und des Liebens, zwischen Fleisch und Geist, dort wo die Seelen nicht existieren, um sich zu quälen und wo die Körper nicht wissen, was Verrat bedeutet*« (Jorge de Sena) stets spürbar. Die vier Elemente – Wasser, Feuer, Luft und Erde – werden mit vorwiegend erotischen Assoziationen belegt: »*Die unschuldige Erde / öffnet sich dem goldenen / Glühen einer Flöte*«; der Mensch wiederum wird mit der umgebenden Landschaft identifiziert: »*Ein nackter Körper glänzte auf dem Sand / Körper, oder Stein, oder Blume?*« So entsteht ein dichtes System von Korrespondenzen zwischen beseelter und unbeseelter Natur. Das Besingen des Eros als göttliches Prinzip einerseits, das Wissen um die Vergänglichkeit alles Physischen andererseits bilden die zwei Pole, zwischen denen sich Andrades Liebeslyrik spannungsvoll entfaltet.

Die wenigen Jugendgedichte, die der Selbstzensur des Autors entgangen sind (eine erste, unter dem Titel *Adolescente – Jüngling* erschienene Sammlung wird von Andrade heute nicht mehr anerkannt), wurden in der Sammlung *Primeiros Poemas* 1977 wiederaufgelegt und stehen noch im Zeichen traditioneller lyrischer Ausdrucksformen. Es handelt sich um einfache, den mittelalterlichen *Cancioneiros* nachempfundene Liebeslieder. Zentrale Motive der späteren Lyrik findet man jedoch bereits in diesen frühen Versuchen: »*Der Herbst ist dies – / das Verfaulen einer Frucht / zwischen den Blättern vergessen*« oder »*die Liebe / ist ein zitternder Vogel / in den Händen eines Kindes*«.

In sprachlicher, wie auch in thematischer Hinsicht läßt sich das Werk Andrades in drei Schaffensphasen gliedern. Die erste umfaßt die Jahre 1948 bis 1961 mit Werken wie: *As mãos e os frutos*, 1948 *(Die Hände und die Früchte)*, *Os amantes sem dinheiro*, 1950 *(Die Liebhaber ohne Geld)*, *As palavras interditas*, 1951 *(Die verbotenen Wörter)*, *Até amanhã*, 1956 *(Bis morgen)*, *Coração do dia*, 1958 *(Herz des Tages)*, und *Mar de Setembro*, 1961 *(Septembermeer)*. Ein ständiger Wechsel der Stimmung zwischen Liebesrausch (»*Feucht von Küssen und Tränen, / Brennen der Erde mit Meeresgeschmack / versank dein Körper in meinem*«) und Trennungsschmerz (»*Welcher Tod, der Schatten dieses Bildes / wo ich dem Erklingen der Tage beiwohne?*«) kennzeichnen diese Lyrik. Nur den Liebenden und Begehrenden ist der Zugang zur Natur (»*Nur deine Hände bringen mir die Früchte*«) und die dichterische Schaffenskraft (»*Für dich erschuf ich die Rosen / für dich verlieh ich ihnen Duft*«) gegeben, und das Ende der Liebe gleicht einer Vertreibung aus dem Zustand des mystischen Naturerlebnisses – dem irdischen Paradies: »*Die Berge sind weit und verbergen / die Flüsse und die Wolken und die Rosen.*« Am drastischsten wird das Ende des Liebeszaubers in *Os Amantes sem dinheiro* thematisiert: »*Nichts mehr haben wir zu geben. / Nichts in dir / verlangt mehr nach Wasser ... / die Worte sind verbraucht.*« Vergänglichkeitsthematik: »*Somos folhas breves onde dormem / Aves de sombra e solidão*« (»*Wir sind schnell welkende Blätter / auf denen Vögel von Schatten und Einsamkeit schlummern*«), Bilder der Nacht und des Todes folgen dem Trennungserlebnis: »*Mas a minha morte é este vaguear contigo / na parte mais débil do meu corpo, / com uma espinha de silêncio / atravessada na garganta*« (»*Aber dies ist mein Tod, dieses Umherirren mit dir / im schwächsten Teil meines Körpers / im Hals eine Gräte von Einsamkeit*«). In *Até amanhã* beginnt die Überwindung des im Zeichen des Todes der Mutter stehenden Erlebnisses von Trennung und Vergänglichkeit. Die Liebe wird nun als eine den Tod überdauernde Kraft begriffen: »*Nichts könnt ihr gegen die Liebe ... / Den Tod könnt ihr uns geben.*« Jugend und Erotik werden als göttliche Kraft bejaht, die Freude neu entdeckt: »*Ich weiß jetzt, wie die Freude entstand.*« Dichtung ist eine die Vergänglichkeit überwindende Kraft: »*Das Wort ist geboren ... / Es gibt keinen Tod*«. Ihre Rolle ist es, »*Freude erfinden, / die Küsse, die Getreidefelder vermehren*«. *Mar de Setembro* ist Ausdruck einer nach der Erfahrung von Tod und Trennung zurückgewonnenen Unschuld: »*Ich trage mit mir ein Kind / welches das Meer nie erblickte.*« Viele Fragen: »*Warst du es? War es der anbrechende Tag?*« erinnern an den erstaunten Blick eines Kindes, das die Welt zum ersten Mal erblickt und in Worte zu fassen versucht. In Ansätzen wird bereits in dieser Sammlung die Vereinfachung des Ausdrucks, die Beschränkung auf eine Reihe von Metaphern erkennbar, welche für die mit *Ostinato rigore* 1964 einsetzende zweite Schaffensphase des Dichters kennzeichnend ist. Sie umfaßt außerdem die Gedichtsammlungen *Obscuro domínio*, 1971 *(Dunkle Macht)*, *Véspera da água*, 1973 *(Vorabend des Wassers)*, *Escrita da terra*, 1974 *(Schrift der Erde)*, und *Epitáfios*, 1974, *(Grabinschriften)*.

Die poetologische Reflexion rückt nun in den Vordergrund, das Gedicht wird als magisches Doppel der Welt thematisiert: »*So möchte ich das Gedicht: / von Licht erzitternd, von Erde rauh, / von Wind und Wasser brausend.*« Die metaphorische Verbindung von Erotik mit den Naturelementen erreicht in dieser Schaffensphase ihren stilistischen Höhepunkt: »*Um rumor de sementes, / de cabelos / ou ervas acabadas de cortar, / um irreal amanhecer de galos / cresce contigo, / na minha noite de quatro muros*« (»*Ein Rauschen von Samen / Haare oder frisch gemähtes Gras / eine unwirkliche Dämmerung der Hähne / wächst mit dir / in meiner Nacht aus vier Mauern*«).

In *Obscuro Domínio* weist die Liebesthematik eine fast gewalttätige und verzweifelte Intensität auf: »*Unausweichliche Verbrennung / Schwindel, Kuß um Kuß entfaltet / zerrissene Weiße.*« Der Autor selber bezeichnet diese Sammlung als »*Buch der Krise, nach mehreren Jahren ohne zu schreiben*«. Das Bewußtsein des Alterns wird zum Gegenstand lyrischer Reflexion und verleiht dem erotischen Erlebnis eine schmerzliche Intensität, ein Prozeß, der sich in der Sammlung *Véspera da água* (1973) weiter verdichtet. Dichtung wird zum Kampf zwischen »*dem zarten Blütenstaub / und dem Schimmel des Strohs*«, sie bewegt sich zwischen dem Wunder des Lebendigen und der Verwesung, also: »*Wie den Tod: dieses schlafwandlerische Tier, aus den Innenhöfen des Gedächtnisses verscheuchen?*«

Die dritte Schaffensphase des Autors umfaßt die Werke *Limiar dos pássaros*, 1976 *(Schwelle der Vögel)*, *Memória doutro rio*, 1978 *(Gedächtnis eines anderen Flusses)*, *Matéria solar*, 1980 *(Sonnenstoff)*, *O peso da sombra*, 1982 *(Das Gewicht des Schattens)*, *Branco no branco*, 1984 *(Weiß auf weiß)*, und *Vertentes do olhar*, 1987 *(Abhänge des Blicks)*. Eine Annäherung an die Prosa wird spürbar, der Vers ist länger, der Stil diskursiver, der Prozeß der Distanzierung verstärkt sich: Während in früheren Gedichten das lyrische Ich von den Bildern geradezu erstürmt wird: »*Ich weiß nicht wie du gekommen bist ... / Du sitzt im Garten / die Hände auf dem Schoß, voller Zärtlichkeit*«, werden nun bloße Bruchstücke einer entfernten Vergangenheit evoziert: »*Solche Dinge Rückstände Reste / Teilchen von Musik des Schweigens / Trümmer ... / So wächst das Getreide über das Gesicht meiner Mutter.*« Die poetologische Reflexion ist Gegenstand fast jedes Gedichtes. Das Erlöschen der Libido, die Besinnung auf die Sprache, als Ort, wo »*der Geschmack der Erde Silbe um Silbe*« hergestellt und verewigt werden kann, führt zu einer zuweilen elegischen Stimmung angesichts der Einsamkeit: »*Nun wohne ich näher an der Sonne, die Freunde kennen den Weg nicht: es ist gut / zu niemandem zu gehören / auf den hohen Ästen, Bruder.*«

Die Natur bewahrt zwar ihren magisch-mystischen Charakter, doch sie ist nicht mehr mit jener explodierenden Erotik der früheren Gedichte behaftet. »*Das Wirkliche*«, so das Motto der dritten Phase, »*ist das Wort*«. Denn »*Jetzt sind sie es [die Wörter], die dein Gesicht bewahren ... / Ohne Wörter sind wir nichts mehr*«. Die letzte Frage, die das lyrische Ich in dieser dritten Schaffensphase noch beschäftigt, ist: »*Was hast du mit den Wörtern gemacht? ... / Was wirst du sagen, wenn / man dich fragen wird nach den winzigen Samen, die dir anvertraut wurden?*«

A.C.K.

AUSGABEN: *As mãos e os frutos*, Lissabon 1948. – *Os amantes sem dinheiro*, Lissabon 1950. – *As palavras interditas*, Lissabon 1951. – *Até amanhã*, Lissabon 1956. – *Coração do dia*, Lissabon 1958. – *Mar de Setembro*, Lissabon 1961. – *Ostinato rigore*, Lissabon 1964. – *Obscuro domínio*, Porto 1972. – *Véspera da água*, Porto 1973. – *Escrita da terra*, Porto 1974. – *Epitáfios*, Porto 1974. – *Limiar dos pássaros*, Porto 1976. – *Memória doutro rio*, Porto 1978. – *Matéria solar*, Porto 1980. – *O peso da sombra*, Porto 1982. – *Branco no branco*, Porto 1984. – *Vertentes do olhar*, Porto 1987. – *Poesia e prosa, 1940–1986*, Lissabon 1987, 3 Bde.

LITERATUR: N. de Sampayo, *A poesia de E. de A.* (in Ocidente, 59, 1960, S. 159–170). – *21 ensaios sobre E. de A.*, Hg. M. A. Valente, Porto 1971. – V. Graça Moura, *E. de A. ou a memória de tebas* (in Loreto, 13, 1979, Nr. 4, S. 27–38). – Ó. Lopes, *Uma espécie de música. A poesia de E. de A.*, Lissabon 1981. – R. Sayers, *Portuguese Poetry of Today and E. de A.* (in Concerning Poetry, 17, 1984, Nr. 2, S. 137–154). – A. Ramos Rosa, *E. de A. ou a magia de uma linguagem* (in A. R. R., *Incisões oblíquas. Estudos sobre a poesia portuguesa contemporânea*, Lissabon 1987).

FRANCISCO DE ANDRADE

* 1540 (?) Lissabon
† 1614

O PRIMEIRO CERCO DE DIU

(portug.; *Die erste Belagerung Dius*). Epische Dichtung von Francisco de ANDRADE, erschienen 1589. – Seit der entscheidenden Seeschlacht in den Gewässern von Diu, durch die den Portugiesen für ein Jahrhundert die Herrschaft über den Indischen Ozean zufiel und in der Dom Francisco de Almeida (1450–1510), der erste portugiesische Vizekönig in Indien, einen weit überlegenen, durch türkische und venezianische Schiffe verstärkten Flottenverband der verbündeten Fürstentümer Calicut und Cambray besiegte (1509), erschien der Besitz dieser kleinen, der Südspitze der Halbinsel Kathiawar vorgelagerten Insel als Operationsbasis für die Beherrschung der Westküste Vorderindiens und des arabischen Meeres von ausschlaggebender Bedeutung. Nach wiederholten vergeblichen Versuchen, die Insel zu erobern, errichteten die Portugiesen 1535 aufgrund eines Abkommens des portugiesischen Vizekönigs Nuno da Cunha mit dem Sultan von Cambray, Badur, auf Diu eine Festung. Doch bereits 1537 versuchte der Sultan, sie wieder zu vertreiben, und wurde dabei von Suleiman II., dem Eroberer Ungarns und Belagerer Wiens, unterstützt. Im Jahre darauf kam es zu einer mehrmonatigen Belagerung Dius durch die vereinigten See- und Landstreitkräfte der Türkei und Cambrays, und nur dank der Tatkraft des portugiesischen Kommandanten António da Silveira blieb bei dieser »ersten Belagerung Dius« die Festung der portugiesischen Krone erhalten.

Den heldenmütigen Widerstand der Besatzung unter diesem Kommandanten schildert in zwanzig Gesängen mit mehr als zweitausend achtzeiligen Strophen (Stanzen) eingehend und in chronologischer Folge der Bruder des berühmten Kanzelredners Diogo de Paiva de ANDRADE (1528–1575) und des Mystikers Frei Tomé de JESUS (1529–1582; vgl. *Trabalhos de Jesus*). Es ist, als habe Francisco de Andrade ein Kapitel seiner *Crónica de D. João III*, 1613 *(Chronik König Johanns III.)* ausgespart, um es in Versform um so ausführlicher darzustellen. »*Schade, daß er das Thema nicht in Prosa behandelt hat*«, klagt der englische Literarhistoriker Aubrey F. G. BELL (1881–1950). »*[Er] schrieb eine ganz vorzügliche Prosa – auch in seinen Gedichten.*« Tatsächlich hat Andrade trotz der Versform keine epische Dichtung, sondern nur eine Reimchronik geschaffen, literarhistorisch interessant als einer der ersten Versuche, die Heldentaten der Portugiesen in Übersee zum Gegenstand eines Epos zu machen, wie sie, angeregt durch das große Gedicht des CAMÕES (vgl. *Os Lusíadas*, 1572), vom letzten Viertel des 16. Jh.s an das ganze 17. Jh. hindurch ohne viel Erfolg unternommen wurden. Andrade beginnt sein Gedicht mit einer Anrufung des »Ewigen Vaters«, daß sein Gesang des gewaltigen Gegenstandes würdig sein möge. Erst in der zweitausendsten Strophe beschleichen ihn leise Zweifel, ob sein »zerbrechlich Schiff« tatsächlich einer so langen Reise gewachsen sei. Doch die Gewißheit, daß sein »kunstloser Vers« der Größe der Taten, die er beschreibt, nicht unangemessen sein könne, gibt ihm alsbald seine Selbstsicherheit zurück. Mit unermüdlicher Akribie, fast ohne mythologisch-allegorische Verkleidung und nur selten von moralisierenden Betrachtungen unterbrochen, wird hier in einer endlosen Folge prosaischer Stanzen eine Einzelheit nach der andern berichtet, und das Ganze wird nicht genießbarer durch die Lobhudeleien, die der Autor dem Helden der »zweiten Belagerung Dius«, 1546, D. João de Castro (1500–1548), zuteil werden läßt (vgl. *Sucesso do segundo cerco de Diu*, 1547, von Jerónimo de CORTE-REAL).

F.I.

AUSGABEN: Coimbra 1589. – Lissabon 1852.

LITERATUR: T. Braga, *Historia de Camões*, Bd. 3, Porto 1875, S. 543–561. – F. de Figueiredo, *A épica portuguesa no século XVI*, São Paulo 1950. – J. M. Almarjão, *Notas bibliográficas sobre o Livro do cerco de Diu de Lope de Sousa Coutinho* (in Arquivo de Bibliografia Portuguesa, 6, 1960, S. 11–19). – *Dicionário de história de Portugal*, Hg. J. Serrão, Bd. 1, Lissabon 1961, S. 838/839. – H. Cidade, *A literatura portuguesa e a expansão ultramarina*. Bd. 1, Lissabon ²1963. – J. V. Serrão, *A historiografia portuguesa*, Bd. 1, Lissabon 1971, 2, S. 203–209.

FRANCISCO FERNANDO DA COSTA ANDRADE

* 12.4.1936 Lépe

DAS LYRISCHE WERK (portug.) von Francisco Fernando da Costa ANDRADE (Angola).
Für den angolanischen Lyriker wurde der Aufenthalt in Portugal, wo er sich erstmals mit den Begriffen der Négritude, der Afrikanität und der Realität seines Kontinents beschäftigte, zum entscheidenden Anstoß politischer Bewußtseinsbildung. Im Jahr 1961, nach dem Massaker in Luanda, begann er politische Lyrik zu schreiben, deren prägnantestes Dokument die zehn Gedichtzyklen umfassende Sammlung *Poesia com arma*, 1975 *(Poesie mit Waffen)* ist. Für Andrade sind Poesie und Revolution miteinander verbunden und wie Agostinho NETO oder dem mozambikanischen Dichter José CRAVEIRINHA widmet er ein Gedicht der Mutter Erde *(Mãe Terra)*, seiner Lépi-Region, die in Gefahr ist, zerstört zu werden. Es gilt sie zu bewahren, und sei es mit Waffengewalt, bis das Endziel, die Unabhängigkeit seines Landes, erreicht ist, und seine Bewohner endlich sagen können »*Ich bin Angolaner*« *(A flor da chuva – Blume des Regens)*. In *Canto de acusação (Anklagegesang)* kritisiert er die westliche Kultur, die Afrika asphaltiert und den Tod durch Napalm bringt, aber auch seine Landsleute, die noch nicht wissen: »*Sein / ist nicht genug zum leben!*« Gleichzeitig vereint er die Farben der Erde und der Menschen, Rot und Schwarz, zum Symbol der Revolution, solidarisiert sich mit den Schwarzen Amerikas und hofft auf den neuen Menschen: »*Stolz siegt Schwarz / Sonne aller Menschen.*« *Cela 1 (Zelle 1)* drückt die Überzeugung aus, daß nichts den Freiheitsdrang aufheben kann. Andrade verdammt die Amerikaner und rühmt die Russische Revolution, die er »*Poesie fürs Leben*« nennt *(Que fazer – Was tun)*. In *Flores armadas (Bewaffnete Blumen)* kehrt er sich von der Négritude ab (»*Dein Körper, Mulattin / ist der Körper des Neuen Lebens*«), fordert Harmonie, aber auch Unterstützung der Guerrilla: »*Die Waffe gab mir die Stimme*« *(Insónia – Schlaflosigkeit)*. *O guerrilheiro* kritisiert den fremden Soldaten, der Angola mitunterdrückt und beweint den zwölfjährigen Jungen Ngangula, der vom Kolonialherren ermordet wurde. Kompromißlos fordert Andrade die Weißen auf, das Land zu verlassen: »*Ich will euch nicht mehr sehen / Der Kompromiß ist unmöglich / das Land, das ihr mit Stiefeln getreten, erlaubt es nicht*« *(A distância – Entfernung)*. *Povo inteiro (Das ganze Volk)* beschreibt den Schmerz, der mit dem Wind entstand, fordert den Wind auf, umzukehren, ihm Einhalt zu gebieten, dem Feind mit neuer Kraft entgegenzutreten und ihn zu besiegen. *O Lundoji e o eco (Lundoji und das Echo)* und *O futuro nasceu da noite (Die Zukunft wurde nachts geboren)* drücken Dank an die Unabhängigkeitskämpfer und Hoffnung auf die Zukunft aus: »*Damit / über dem blutigen Boden Aprils ... immer ein Regenbogen stehe.*« In den beiden abschließenden Gedichten besingt Andrade nochmals die Nacht der Kolonialzeit, in der mit aufgehendem Mond, der das Licht hervorbrachte, der Widerstand gebrochen wurde: »*Angola im Kampf geboren.*«

Andrades dichterisches Werk, zu dem auch *O pais da Bissalanka*, 1980 *(Das Land Bissalanka)* und *Ontem e depois*, 1985 *(Gestern und danach)* gehören, wird mit dem »dramatischen Gedicht« *No velho ninguém toca*, 1979 *(Am Alten rührt niemand)*, seinem einzigen Theaterstück, abgerundet. In acht Bilder gegliedert, spielt es in einem Dorf des Lépi. Im Kreis diskutieren Jika, der Schmerz, die Liebe, die vier Elemente, die Zeit, das Leben, das Militär, junge Pioniere, neue Bürokraten, junge Leute mit Bart, einfache Afrikaner und der Dorfälteste über den Freiheitskampf und die Zukunft. Sie wollen »*nicht die Fehler von gestern begehen, sondern alles im Auge behalten*«, alles in Frage stellen, außer sagt Jika, den »Alten«, d. h. den angolanischen Nationaldichter Agostinho Neto, dessen Forderung »*Von den Menschen ausgehen, um zu ihnen zurückzufinden*« von allen beklatscht wird. Die Militärs wollen aber allein bestimmen, die Intellektuellen fordern zur Selbstkritik auf, und Jika unterstreicht, daß es an der Zeit ist, Demagogie und Taktieren, Intrige und Stammesfehden, Opportunismus und aufgeblasene Bürokratie aus der Welt zu schaffen und ruft allen ein »*Denkt ans Vaterland*« zu, womit Andrade einen Zyklus der »Angolanität«, die er wie kein zweiter beschwört (was ihm den Beinamen »Angolano« de Andrade einbrachte), abschließt.

K.De.

AUSGABEN: *Armas com poesia e uma certeza*, Lusaka 1974. – *Poesia com armas*, Lissabon 1974. – *No velho ninguém toca*, Lissabon 1979 (Vorw. B. Davidson).

LITERATUR: C. Bandeirante, *C. A. – Poesia com armas* (in Africa, 1, Lissabon 1978, Nr. 2, S. 220–222). – M. A. Santilli, *C. A. – No velho nunguém toca / teatro* (in Africa, 2, Lissabon 1980, Nr. 9, S. 508–510). – J. Ch. Haggstrom, *Négritude and Afro-Portuguese Poetry*, Diss. Univ. of Minnesota 1985 (vgl. Diss. Abstr., 46, 1986, 1940 A).

ESTÓRIAS DE CONTRATADOS

(portug.; *Geschichten Angeworbener*). Erzählsammlung von Francisco Fernando da Costa ANDRADE (Angola), entstanden 1958/59, erschienen 1980. – Im Zentrum dieser Erzählungen steht die Kolonisierung der angolanischen Regionen Longomjo, Cuna und Yava durch portugiesische Bauern, Soldaten, Priester und Händler in der Zeit zwischen 1945 und 1956, und das damit verknüpfte Schicksal der einheimischen Bevölkerung, die zur Landflucht, Zwangsarbeit, Verschleppung und Prostitution verdammt war.

In *Jonga* (1958) geht es um eine Frau namens Jonga, deren Mann Kanalela, wie viele seiner Landsleute, von den Portugiesen unter falschen Versprechungen zum Zwangsarbeiter im Fischereibereich rekrutiert wird und dort ganz der Willkür des Kolonialherrn ausgesetzt ist. Jonga wird vom Klempner vergewaltigt, aber sie widersetzt sich, als dieser sie heiraten will und wartet weiter auf ihren Mann, der eines Tages von der Küste fliehen kann, verfolgt wird und schließlich in ihren Armen von den Verfolgern ermordet wird. Nun irrt sie durch die Stadt der Weißen, Schulkinder geben ihr zu essen, die Erwachsenen zwingen sie, sich zu kleiden. Als Jonga schließlich stirbt, atmen die Weißen auf, weil endlich der Schandfleck aus dem Stadtbild verschwindet. – *Paulino Kambule – um conto igual a muitos*, 1958 *(Paulino Kambule – eine Geschichte wie viele andere)*, erzählt von der Heimkehr Paulino Kambules, der nach sechs Jahren Vertragsarbeit aus São Tomé mit einiger Habe, aber tief gezeichnet in die Lépi-Region zurückkommt. Hier berichtet er von seinen Erfahrungen, doch wenn er Wein getrunken hat, wird er wieder zum Portugiesen, ist stolz auf seine Uniform und seine Arbeit als Ausrufer für die Kolonialbehörden. Eines Tages kommen Anwerber ins Dorf und viele Männer folgen den Verlockungen der Portugiesen, so daß die Felder nur noch ungenügend bestellt werden. Als die Anwerber wiederkommen und Kambule Wein für die Vermittlung von Arbeitskräften anbieten, lehnt dieser ab und wird festgenommen, während viele Männer nach Bula-Matadi bzw. Monda fliehen. Beim dritten Mal wollen die Portugiesen Kambules Sohn mitnehmen; da schleudert er einen Stein gegen die Anheuerer, tötet einen von ihnen und wird zur Zwangsarbeit auf die Kakaoplantagen nach São Tomé verschifft. – *Os regressados das ilhas*, 1958 *(Die Heimkehrer von den Inseln)* handelt von der Rückkehr eines alten Mannes von den Kakaoinseln nach Angola. Im Hafen erfährt er, daß sein Dorf im Landesinneren von den Einwohnern verlassen wurde. Trotzdem kehrt er dorthin zurück, trifft aber nur leere Hütten an. Wie einst er, so wurden auch seine Söhne zur Vertragsarbeit gezwungen oder verließen das Dorf aus Angst vor den Anwerbern, die nicht davor zurückschreckten, die Frauen zu vergewaltigen und unentgeltlich im Straßenbau arbeiten zu lassen. Schließlich trifft er doch noch einen Verwandten, der ihm die Geschichte seiner Tochter erzählt und ihm von den Verdienstmöglichkeiten in der nahen Ferne berichtet. Aber der Alte folgt ihm nicht, sondern bleibt allein in seinem Dorf zurück. – In *A estrada*, 1959 *(Die Straße)* durchschneidet eine Straße die Lépi-Region. Auf ihr fahren die LKWs der Portugiesen und wandert der alte Chivela mit seinen Söhnen, in der Hoffnung, von einem Auto mitgenommen zu werden. Aber die Weißen wollen Geld und verspotten sie, während Chivela die Straße verdammt, deren »*Staub Ausdruck der eigenen Schuld*« sei. »*Über sie kommen die Gerüche des Meeres und rauben den Leuten alles.*« Der Alte erzählt den Kindern von der Zwangsarbeit der Dorfbewohner beim Bau der Straße, die den Tod vieler forderte. Plötzlich hält ein LKW. Die Fahrer laden die Söhne zur Mitfahrt ein, fordern sie auf, für die Weißen zu arbeiten, und werfen dem Alten eine Flasche Wein zu. Dann verschwindet der Wagen und mit ihm die Söhne. – *Vida de cão*, 1959 *(Hundeleben)* berichtet vom Leidensweg Nangeves, die zur Straßenausbesserung gezwungen wird und deshalb außerstande ist, ihren kranken Sohn zu pflegen. Als dieser nun zu Brückenbauarbeiten gezwungen werden soll, versucht sie zu fliehen, wird aber gefangen und zur Strafe kahlgeschoren, während ihr Sohn stirbt. Nun steht sie als Gezeichnete vor den anderen Frauen, die erkennen, daß sie für die Kolonialherren weniger wert sind als ein Hund.

Andrades Erzählwerk steht in der langen mündlichen Erzähltradition Afrikas, ist jedoch gleichzeitig ein historisches Dokument der miserablen Lebensumstände und systematischen Ausbeutung der schwarzen Bevölkerung Angolas in der Zeit portugiesischer Kolonialherrschaft. K.De.

AUSGABEN: Lissabon 1959 *(A estrada)*. – Lissabon 1959 *(Paulino Kambule – Um conto igual a muitos)*. – Luanda 1960 *(Jonga)*. – Algier 1968 *(Os regressados das ilhas)*. – Lissabon 1980 (Vorw. Pepetela).

LITERATUR: A. Margarido, *Estudos sobre literaturas das nações africanas de língua portuguesa*, Lissabon 1980. – A. F. Soares, *Literatura angolana de expressão portuguesa*, Porto Alegre 1983.

JORGE ANDRADE

eig. Aluísio Jorge Andrade Franco
* 21.5.1922 Barretos / São Paulo

A MORATÓRIA

(portug.; *Das Moratorium*). Schauspiel in drei Akten von Jorge ANDRADE (Brasilien), Uraufführung: São Paulo, 6. 5. 1955, Teatro Maria Della Costa. – *A moratória* ist das dritte Stück eines zehnteiligen Zyklus, den Andrade 1970 unter dem Titel *Marta, a árvore e o relógio (Marta, der Baum und die Uhr)* veröffentlichte. Die Stücke, entstanden zwischen 1951 und 1970, wurden teilweise umgearbeitet und entgegen der Entstehungschronologie angeordnet: als eine Art Prolog *As confrarias (Die religiösen Brüderschaften)*, dann *Pedreira das almas (Steinbruch der Seelen)*, *O telescópio (Das Teleskop)*, *Vereda da salvação (Pfad der Erlösung)*, *Senhora na boca do lixo (Dame im üblen Viertel)*, *A escada (Die Treppe)*, *Os ossos do Barão (Die Gebeine des Barons)*, *Rastro atrás (Spur rückwärts)* und als Epilog *O sumidouro (Der Schlund)*. Sie bilden den sogenannten *São Paulo-Zyklus*, eine Reihe von Dramen, deren Gegenstand die Sozialgeschichte der Staaten Minas Gerais und São Paulo vom 17.Jh. unter Fernão Dias Pais bis in die Gegenwart ist.

Andrade ist der erste Dramatiker, der soziale Themen in historischer Perspektive darstellt – eine Verfahrensweise, die Graciliano RAMOS (1892–1952) oder José Lins do RÊGO (1901–1957) für den Nordosten und Érico VERÍSSIMO (1905–1975) für den Süden Brasiliens in ihren Romanen angewendet haben. Die zentrale Thematik des Zyklus ist der Lebensstil der paulistischen Kaffeearistokratie und ihr Niedergang zur Zeit der Kaffeekrise 1929 und am Beginn des *Estado Novo* ab 1930 unter Getúlio Vargas. Andrade, selbst ältester Sohn eines Fazendeiro, beschreibt diese Vorgänge auf der Grundlage seiner Kindheitseindrücke, seiner eigenen Ablösung vom Elternhaus. Er thematisiert den Kampf der Söhne und Töchter um das Recht auf ein unabhängiges, selbstbestimmtes Leben und den Versuch der Eltern, die traditionelle Lebensweise aufrechtzuerhalten. Der Generationenkonflikt spiegelt sich in den Gegensatzpaaren Gegenwart versus Vergangenheit, Großstadt- versus Landleben, urbaner Demokratisierungsprozeß versus halb-feudale rurale Herrschaftsstruktur. Andrades großbürgerliche Herkunft führt zusammen mit dem Ruf nach einer gerechten Welt zu einem ambivalenten Ton, der seinen Stücken eine zusätzliche Dimension verleiht; die rein sozialkritische Darstellung der Ereignisse fügt sich so mit der einfühlenden Beschreibung des So-und-nicht-anders-handeln-könnens seiner Figuren zu einer beeindruckenden Gesamtschau der gesellschaftlichen Probleme in einer entscheidenden Phase des Übergangs in der Geschichte Brasiliens.

Das Zusammenbrechen der oligarchischen Strukturen innerhalb der brasilianischen Kaffeewirtschaft, den Übergang zu einem modernen, technokratischen Staat und die sozialen wie ökonomischen Folgen beschreibt Andrade in *A moratória* auf eine für die Theatergeschichte Brasiliens epochemachende Weise. Er zeigt das Leben einer dieser ehedem »allmächtigen« Familien in ihrer kleinen Stadtwohnung über den Zeitraum von einer Woche im Jahr 1932 und verdeutlicht in verstärkender und ironischer Absicht die Hintergründe durch eingeschobene Szenen aus dem Jahr 1929, als die Familie noch auf ihrer Fazenda lebte. Diese zwei Ebenen sind auf der Bühne parallel zueinander sichtbar gemacht und stehen gleichgewichtig und eng verknüpft nebeneinander. – Die Tochter Lucilia lebt in der Stadt. Mit ihren Näharbeiten ist sie zur Ernährerin der Familie geworden – sehr zum Mißfallen ihres Vaters Joaquim, der es kaum verkraftet, dieser traditionell ihm zustehenden Rolle entledigt zu sein und außerdem die Arbeit seiner Tochter für nicht standesgemäß hält. Darüber hinaus empfindet er die Herablassung, mit der seine Schwester Elvira die Familie unterstützt, als Kränkung seiner Mannesehre. Helena, die Frau Joaquims, redet teils ihrem Mann, teils ihrer Tochter das Wort, läßt sich von ihrem Sohn umschmeicheln, beschränkt sich auf mütterliche Trostworte und sucht im übrigen ihr geistiges und seelisches Heil in der Kirche. Der Sohn Marcelo, stets bemüht, nach Lust und Laune zu leben, versucht sich auf Drängen der Familie in mehreren Jobs, arbeitet schließlich in einem Kühlhaus und ist im übrigen den Zerstreuungsmöglichkeiten der Stadt und dem Alkohol zugetan. Er beruft sich auf seine Erziehung als Sohn eines Fazendeiros, der für ein reglementiertes Arbeitsleben nicht geschaffen sei.

Anders verhält sich seine realistisch denkende, verantwortungsvolle Schwester Lucília, die, um ihrer Familie in dieser Notsituation beizustehen, sogar auf eine Ehe mit dem Advokaten Olímpio verzichtet, der ohnehin als Schwiegersohn von Joaquim abgelehnt wird, da er der Sohn eines politischen Gegners ist. Wenn Lucília auch behauptet, dieser Verzicht stelle für sie kein Opfer dar, so kann sie ihrem Vater dieses Verbot doch nicht verzeihen. Inzwischen will er dem Glück seiner Tochter nicht mehr im Weg stehen und willigt in eine Heirat ein: aber Lucília will nun nicht mehr. Sie steht, typologisch gesehen, für die Übergangsphase zwischen alter und neuer Ordnung: einerseits hängt sie einem festen loyalen Familienverband an, andererseits paßt sie sich jedoch den veränderten Verhältnissen an, die individuelles Durchsetzungsvermögen erfordern. Sie ist die einzige, die, wenn auch gezwungenermaßen, bereit ist, die Realität zu akzeptieren. Das genaue Gegenteil stellt ihr Vater Joaquim dar, der seine Lebenskraft aus der Illusion bezieht, eines Tages auf die Fazenda zurückkehren zu können, die zur Begleichung seiner Schulden beschlagnahmt wurde. In seiner Hoffnung bestärkt wird er durch ein in Aussicht gestelltes Moratorium von zehn Jahren – vorausgesetzt, er gewinnt den Prozeß um die Nichtigkeitserklärung der Beschlagnahme, den Olímpio für ihn führt. Joaquim reagiert auf den tatsächlich gewährten Zahlungsaufschub mit sehnsüchtigen Erinnerungen an seine angestammte »Heimat« und kauft bereits Blumensamen, um den großen Garten neu anzulegen. Der an der Wand befestigte, inzwischen vertrocknete Zweig eines Jabuticabeira-Baumes wird für ihn und auch für Lucília zum Symbol eines möglichen Neuanfangs, zum Symbol der Hoffnung, ihre Wurzeln wiederzufinden. Diese, wie Andrade durch Parallelszenen auf der Vergangenheitsebene zeigt, ungerechtfer-

tigten Illusionen werden im zweiten Akt von der Realität eingeholt: der Prozeß ist verloren, die Fazenda muß endgültig aufgegeben werden.
Auf beiden Ebenen sieht sich Joaquim harscher Kritik seiner Kinder ausgesetzt, die ihn in seinem vorurteilsbeladenen, verbohrten Standesdünkel für das Ausmaß des Ruins verantwortlich machen. »*Wir leben in einer anderen Welt, in der der Name nichts mehr gilt ... und wir haben nur einen Namen*« und »*Du hast uns den falschen Weg gezeigt. Einen Weg, der für uns keinen Sinn mehr hat*« und »*Was zählt, ist, die Gegenwart anzunehmen – oder nicht anzunehmen; vergessen, lernen zu vergessen*«: So bricht es aus Marcelo heraus. Die Familie gleiche dem ausgetrockneten Jabuticabeirazweig – sie sei abgestorben, nicht fähig, in ihrer Lebensweise der neuen Zeit zu folgen. Auch Lucília, die dem Vater seine Illusionen gelassen hat, ist nun nicht mehr bereit zur Lüge: »*Wenigstens einmal müssen wir der Realität ins Auge sehen!*« Am Ende entscheidet sie sich für ein Leben an der Seite Olímpios. Und Joaquim bleibt völlig gebrochen zurück; nach dem Verlust seiner »Wurzeln« jeglicher Lebensenergie beraubt, ist er zu nichts mehr fähig.
A moratória ist an BRECHTS Theatertheorie von Bewußtseinsbildung durch Verfremdung angelehnt, hat auch formale Vorbilder in ČECHOV und Arthur MILLER, v. a. in dessen *Death of a Salesman (Tod eines Handlungsreisenden)*. Nach dem Erfolg von *A moratória* riet Miller, Andrade solle vergleichen, wie die Menschen seien und wie sie sein wollten, und dann über den Unterschied schreiben. 1970, in *O sumidouro*, differenziert Andrade diese Aufgabe des Schriftstellers: »*Ich vergleiche, wie die Menschen leben, und ihr Recht menschenwürdig zu leben. Über diesen Unterschied schreibe ich.*« Sein Verfahren, mittels zweier simultan bespielter Bühnenhälften diese Unterschiede deutlich zu machen, ist in der Kritik unterschiedlich beurteilt worden, schafft aber auf jeden Fall einen reizvollen dramatischen Rhythmus. – Heute gilt Andrade neben Ariano SUASSUNA (*1927), Alfredo Dias GOMES (*1922) und vor allem Nelson RODRIGUES (1912–1980) und Augusto BOAL (*1931) als Begründer des modernen brasilianischen Theaters der fünfziger und sechziger Jahre. E.Bn.

AUSGABEN: São Paulo 1956 (in Teatro Brasileiro, Aug.–Sept. 1956, Nr. 9). – Rio 1959; ⁶1980. – São Paulo 1970 (in J. A., *Marta, a árvore e o relógio*; Einl. D. Gonçalves; m. Studien).

LITERATUR: D. de Almeida Prado, »*A moratória*« (in D. de A. P., *Apresentação do teatro brasileiro*, São Paulo 1956, S. 143–151). – S. Santiago, »*A moratória*« em processo (in PMLA, 83, S. 332–339). – A. H. Rosenfeld, *J. A.; Die Dämonen der Vergangenheit* (in Staden-Jb., 19, 1971, S. 33–44). – P. J. Schoenbach, *Modern Brazilian Social Theatre: Art and Social Document*, Diss. Rutgers Univ. 1973 (vgl. Diss. Abstracts, 34, 1973, S. 337A). – R. A. Mazzara, *The Theatre of J. A.* (in *Dramatists in Revolt. The New Latin American Theatre*, Hg. L. F. Lyday u. G. W. Woodyard, Austin/Ldn. 1976, S. 205–220). – E. R. Suter, *The Dramatic Work of J. A.*, Diss. City Univ. of NY 1976 (vgl. Diss. Abstracts, 36, 1976, S. 8101/8102A). – P. A. M. Pinto, *The Motif of the Quest: The Metaphysical Structure of J. A.'s Cycle »Marta, a árvore e o relógio«*, Diss. Univ. of North Carolina 1979 (vgl. Diss. Abstracts, 40, 1979, S. 2712A).

MÁRIO DE ANDRADE

eig. Mário Raul de Morais Andrade
* 9.10.1893 São Paulo
† 25.2.1945 São Paulo

LITERATUR ZUM AUTOR:
Bibliographien:
T. P. Ancona Lopez, *Cronologia geral da obra de M. de A. publicada em volume. Cronologia da edição. Cronologia da composição* (in Revista de Estudos Brasileiros, 7, São Paulo 1969, S. 139–172). – *M. de A., bibliografia sobre a sua obra (1920–1960)*, Hg. A. Simões dos Reis (in Revista do Livro, Suppl. Nr. 3; Rio 1960). – Carpeaux, S. 361–366.
Biographien:
T. P. Ancona Lopez, *M. de A., ramais e caminho*, São Paulo 1972. – P. Duarte, *M. de A. por ele mesmo*, São Paulo ²1977 [korr. u. erw.; Vorw. A. Cândido].
Gesamtdarstellungen und Studien:
Homenagem a M. de A. (in Revista do Arquivo Municipal, 12, São Paulo 1946, S. 7–196). – J. Pacheco, *Poesia e prosa de M. de A.*, São Paulo 1970. – M. Cavalcanti Proença, *Estudos literários*, Rio 1970, S. 336–354. – SLESP 28. 2. 1970 [Sondernr.]. – P. E. da Silva Ramos, *M. de A.* (in Coutinho, 5, S. 48–60). – D. C. Riedel, *M. de A.* (ebd., S. 228–240). – J. A. Lopes, *Uma introdução a M. de A.* (in ITA-Humanidades, 7, São Paulo 1971, S. 87–122). – J. Dassin, *The Politics of Art: M. de A. and the Case of Brazilian Modernism, 1922–1945*, Diss. Stanford Univ. 1974 (vgl. Diss. Abstracts, 35, 1975, S. 6134 A). – Dies., *Política e poesia em M. de A.*, São Paulo 1978. – H. L. Alves, *M. de A.*, São Paulo ²1983 [rev. u. erw.; m. Biogr. u. Bibliogr.].

CONTOS NOVOS

(portug.; *Neue Erzählungen*). Erzählungen von Mário de ANDRADE (Brasilien), erschienen 1947. – Schauplatz der in Thematik und Form uneinheitlichen neun Erzählungen, die stellenweise den Charakter einer Chronik annehmen, ist fast ausschließlich São Paulo, die Heimatstadt Andrades. Die mehrfach überarbeiteten Erzählungen handeln von Kindheit und Jugend des Autors: er erinnert sich der zarten Liebe zu einer Spielgefährtin, eines Schulfreunds, eines bedeutungsvollen weihnachtlichen Puteressens oder der Ferienzeit, in der drei glückbringende Seesterne eine besondere Rolle spielen. Es sind jedoch auch Erzählungen aufgenommen, die sich nicht auf persönliche Erlebnisse des Autors zurückführen lassen, vielmehr in ihrer Darstellung aktuelle Probleme (z. B. soziale Fragen) miteinbeziehen: da ist der Protagonist enttäuscht über das Verhalten der Arbeiter São Paulos am Ersten Mai, da leistet ein Arbeiter bei einem gefährlichen Unternehmen (Brunnenbau) seinem Arbeitgeber entschlossenen Widerstand. Die Erzählung *Hinter der Kathedrale von Rouen*, die die Sexualkomplexe einer brasilianischen Hauslehrerin beschreibt, scheint ebenso wie der Roman *Amar, verbo intransitivo (Lieben – intransitives Verb)* von FREUD beeinflußt zu sein, während in der Erzählung *Nelson* die Liebe eines Brasilianers zu einer Ausländerin dessen Leben schicksalhaft bestimmt. Die Erzählungen vermitteln, über die eigentliche Handlung hinaus, ein Bild der verschiedenartigen Menschentypen São Paulos. Mário de Andrades Sprache ist stilisierte, regional nicht gebundene Umgangssprache, typisch brasilianisch in Wortwahl, Gebrauch von Redewendungen und Syntax. Die *Contos novos* heben sich dabei in ihrer sprachlichen Knappheit, Klarheit und Plastizität von den kompliziert erzählten und gekünstelt wirkenden Frühwerken ab. K.H.D.

AUSGABEN: São Paulo 1947; ⁷1976. – Belo Horizonte 1983, Hg. M. C. de Almeida Paulillo [rev.; m. Einl.].

LITERATUR: L. Coelho de Miranda, *Quelques aspects du conte chez M. de A.*, Diss. Paris 1972.

MACUNAÍMA – O HERÓI SEM NENHUM CARÁTER

(portug.; *Ü: Macunaíma. Der Held ohne jeden Charakter*). Roman von Mário de ANDRADE (Brasilien), erschienen 1928. – Das verwirrende, schwer einzuordnende Buch wurde vom Verfasser, der von Beruf Musikhistoriker war, als »Rhapsodie« bezeichnet. Tatsächlich trifft dieser Name das Wesen des Werks besser als die Bezeichnung »Roman«. Mário de Andrade, »Vater des Futurismus« genannt, der als Musiker Volksweisen (Lieder und Tänze) sammelte und darüber schrieb, führt in diesem Werk den Leser in die dunklen, verworrenen Tiefen des brasilianischen Volkstums, das seine eigene Sprache spricht, in eigenen mythisch-magischen Glaubensvorstellungen lebt und in Sprichwörtern, Rätselfragen und Liedern sich ausdrückt. Alle diese Elemente vereinen sich in der Gestalt Macunaímas, von der Andrade sagte, sie sei kein Symbol, die aber dennoch in ihrer Unbestimmtheit und Widersprüchlichkeit, ihrer unbekümmerten Lebenskraft, durch die sie wie der Vogel Phönix immer wieder sich selbst verbrennt und neu aus der Asche ersteht, das brasilianische Volk gleichnishaft darstellt. Von den Abenteuern und Taten Macunaímas handelt das Buch in durchaus rhapsodischer Weise, jedoch nicht in dem epischen Ton der alten Rhapsoden, sondern humorvoll, ironisch, scherzhaft, wenngleich vor dem Hintergrund einer magisch-tellurischen Stimmung: »*In der Tiefe des Urwalds wurde Macunaíma, unser Volksheld, geboren. Er war kohlrabenschwarz und ein Kind der Nachtangst.*« Im Urwald des Amazonasgebiets wächst er auf, dem Augenblick lebend, ohne einen Gedanken an die Zukunft, bald mutig im Kampf mit der allmächtigen Natur, bald ängstlich und feig, von unendlicher Faulheit, aber hellwach, wenn es ums Geldverdienen geht, und immer zu Abenteuern bereit.

Schließlich verschlägt es ihn nach São Paulo, wo er »*die brasilianische Sprache, die gesprochen wird, und die portugiesische, die man schreibt*« und all die Namen, Bezeichnungen und Wörter lernt, die die moderne Gesellschaft in Politik und Wirtschaft benötigt. Und er schreibt einen *Brief an die Icamiabas*, den Indianerstamm im nördlichsten Amazonas, dessen »König« er geworden ist. In diesem Brief, dem ironischsten Kapitel des Buches, versucht er den Stammesgenossen klarzumachen, was eine Stadt und wie das Leben in der Stadt ist. Da ist der schwarze Jaguar nicht schwarz, sondern heißt Ford, Chevrolet, Dodge und ist eine Maschine. Und überhaupt »*alles in der Stadt*« – die LKWs, Straßenbahnen, Leuchtreklamen, Scheinwerfer, Radios, Fernsprecher, Trinkgelder, Masten, Kamine – »*war nichts als Maschine*«. In der Erkenntnis: »*Zu wenig Gesundheit und zu viele Ameisen, das sind die Grundübel Brasiliens*«, kehrt er, selbst angesteckt von den Krankheiten der Zivilisation, in den Urwald zurück, wo er keine rechte Freude mehr am Leben auf der Erde findet und beschließt, in den Himmel umzuziehen. »*Ein schöner Glanz wollte er werden, doch brauchte es nicht ein neues Sternbild zu sein.*« In den Großen Bären verwandelt er sich kurzerhand – wie seine Geschwister, seine Mutter und die Geliebte.

»*Ein nicht resümierbares Buch*« (Ébion de Lima), in ganzen sechs Tagen im Dezember 1926 geschrieben, wurde *Macunaíma* bei seinem Erscheinen zu einem der meistdiskutierten Werke aus den Anfängen des Modernismus, nicht zuletzt aus sprachlichen Gründen. Denn kompromißlos demonstriert Mário de Andrade »brasilianische« Sprache, sowohl im Wortschatz, der von fremdsprachlichen Entlehnungen aller Art, vor allem von Indianismen und Afrikanismen, durchsetzt ist, als auch in der Syntax, die sich rücksichtslos aus dem Prokrustesbett der offiziellen portugiesischen Grammatik befreit. In ähnlicher Weise wie durch die *Memórias sentimentais de João Miramar* von Oswald de ANDRADE, die schon 1924 erschienen waren, wird durch *Macunaíma* eine Entwicklung eingeleitet, die in gerader Linie zu den großen Vertretern des brasilianischen Gegenwartsromans Jorge AMADO, José Lins do RÊGO und João Guimarães ROSA führt. F.I.

AUSGABEN: São Paulo 1928. – Rio de Janeiro 1937. – São Paulo 1944 (in *Obras completas*, 19 Bde., 4; [14]1977). – Rio 1976, Hg. T. P. Ancona Lopez [m. Bibliogr.; krit.]. – Belo Horizonte ²1985.

ÜBERSETZUNG: *Macunaíma. Der Held ohne jeden Charakter*, C. Meyer-Clason, Ffm. 1982.

VERFILMUNG: Brasilien 1969 (Regie: J. P. de Andrade).

DRAMATISIERUNG: A. Antunes Filho, *Macunaíma* (Urauff. São Paulo 1979; Grupo de Arte Pau-Brasil).

LITERATUR: J. de Lima, *Dois ensaios*, Maceió 1929, S. 87–90; 126–138. – H. de Campos, *Morfologia de »Macunaíma«*, São Paulo 1973. – A. L. de Almeida Prado, *No país dos Andrades: »Miramar« e »Macunaíma«: radicalidade na arte e na práxis* (in RLA, 17, 1975, S. 205–230). – S. Camargo, *»Macunaíma«: ruptura e tradição*, São Paulo 1977. – J. R. Johnson, *»Macunaíma«: from Modernism to ›Cinema Novo‹*, Diss. Univ. of Texas 1977 (vgl. Diss. Abstracts, 38, 1977, S. 4139 A). – H. Buarque de Holanda, *»Macunaíma« da literatura ao filme*, Rio 1978. – G. de Mello e Souza, *O tupí e o alaúdes; uma interpretação de »Macunaíma«*, São Paulo 1979. – M. Z. F. Cury, *Arte e criação em »Macunaíma«* (in Cadernos de lingüística e teoria da literatura, 1981, Nr. 6, S. 150–177). – R. P. Gonçalves, *»Macunaíma«: carnaval e malandragem*, o. O./o. J. [Santa Maria 1982]. – H.-J. Heis, *Held aus dem Urwald*, Rez. (in Die Zeit 11. 11. 1983). – R. R. M. Wasserman, *Pregüiça and Power: M. de A.'s »Macunaíma«* (in LBR, 21, 1984, Nr. 1, S. 99–116). – R. Schwaderer, *Ethnologie und Ideologiekritik. Zur Entwicklung des kulturellen Selbstverständnisses in der brasilianischen Literatur von José de Alencars »O Guarani« zu M. de A.s »Macunaíma«* (in RLZ, 6, 1985, S. 96–117).

PAULICÉIA DESVAIRADA

(portug.; *Verwirrte Paulyssee*). Gedichtsammlung von Mário de ANDRADE (Brasilien), entstanden 1920, aber erst nach der »Semana de Arte Moderna« (Woche der modernen Kunst) von São Paulo im Februar 1922 veröffentlicht. – Dieser Gedichtband wurde für die Autoren des »modernistischen Jahrzehnts« zu einem frühen Orientierungspunkt, obwohl der Autor selbst mehrfach betonte, er wolle nicht schulebildend wirken. Das Textcorpus gliedert sich in drei Abschnitte: Zunächst ein umfangreiches *»überaus interessantes«*, andererseits auch als *»unnötig«* bezeichnetes Vorwort *(Prefácio interessantíssimo)*, das zugleich das erste der zahlreichen theoretischen Manifeste des brasilianischen Modernismus darstellt. Mário de Andrade erweist sich darin einerseits als gelehriger Schüler der Futuristen und insbesondere MARINETTIS, indem auch er sich für die »Wörter in Freiheit« *(»parole in libertà«)* und damit gegen die Fesseln der Syntax ausspricht, gleichzeitig aber Marinetti vorwirft, daraus ein System gemacht zu haben, und Gruppenbildungen in Art der Futuristen mit dem beißenden Diktum charakterisiert: *»In der Kunst: Schule = Dummheit Vieler für die Eitelkeit eines Einzigen«*. Darüber hinaus finden sich aber auch Parallelen zu Dada, vor allem im Stil des Manifestes (viele kleine aphorismenartige Texteinheiten) und in dem selbstironischen Tonfall *(»Im übrigen ist es in diesem Text sehr schwierig zu erkennen, wo die ›blague‹ aufhört und der Ernst beginnt. Ich selbst weiß es nicht«)*, aber auch schon zum Surrealismus (in der ständigen Betonung des Unbewußten als Quelle der Poesie, die vor der Bevormundung durch die Vernunft geschützt werden muß). Schließlich entwickelt Mário de Andrade auch noch eine eigene, auf der Lektüre französischer Avantgardezeitschriften wie ›L'Esprit Nouveau‹ und seiner Ausbildung als Musikwissenschaftler beruhende Theorie der »harmonischen« anstelle der »melodischen« Lyrik, bei der nunmehr Worte und Wortgruppen nicht mehr syntaktisch-logisch getrennt sein und nacheinander erklingen, sondern polyphon ineinanderfließen sollen.

In der anschließenden Sammlung von Großstadtgedichten, mit denen Mário de Andrade das Erscheinungsbild seiner Heimatstadt in der wirtschaftlich prosperierenden Zeit der zwanziger Jahre zeichnet, wendet der Autor diese (doch entfernt an den Futurismus angelehnte) Technik dann doch sehr selektiv an; inhaltlich sind die Gedichte wiederum geprägt von einer durchgehend clownesken Haltung, die sich auch in dem Leitbegriff *»arlequinal«* ausdrückt, der den Autor, andere Menschen, aber auch die Stadt an sich bezeichnen kann. Der antibürgerlichen Stimmung der Avantgarde wird in der *Ode au Burgués (Ode an den Bürger)* Ausdruck verliehen, die in einem wahren Feuerwerk von Kombinationen des Wortes *»Odio«* (Haß) gipfelt. Besonders wichtig für die nachfolgende Entwicklung des *Modernismo* ist aber wohl das geworden, was der Autor schon im *Prefácio* als *»Primitivismo«* bezeichnet hat: ein Versuch, sich selbst inmitten einer mit futuristischen Methoden arbeitenden Großstadtdichtung als moderner Primitiver, als Tupi-Indianer zu präsentieren. Die Selbstdefinition Mário de Andrades (enthalten in dem Gedicht *O trovador – Der Troubadour*) als »lautespielender Tupi« *(»Sou um tupí tangendo um alaúde«)* sollte noch 1928 im »Menschenfresserei«-Manifest seines Namensvetters Oswald de ANDRADE nachklingen, wo dieser den berühmten Kalauer prägt: *»Tupy, or not Tupy that is the question.«*

Den Schluß des Bandes bildet ein »profanes Oratorium«, in dem der Autor wieder humoristisch die provozierende Attitüde des Bandes aktualisiert: Die *»Juventudes Auriverdes«* (die gold-grünen, d. h. in den Nationalfarben Brasiliens gehaltenen Jungen) singen dort gegen die *»Orientalismos Convencionais«* (die konventionellen Orientalismen, d. h. Europahörigen, womit einfach die traditionellen

Autoren gemeint sind) und die *»Senectudes Tremulinas«* (die tremolierenden Greise, im Personenverzeichnis als Millionäre und Bürger gekennzeichnet) an, als einzige Solistin tritt der Sopran *»minha loucura«* (mein Irrsinn) auf. Mit diesem den Dada-Provokationen sehr nahe kommenden pseudo-musikalischen Stück setzt Andrade einen humoristischen Schlußpunkt hinter seine *Paulyssee*, die sowohl der Dichtungstheorie als auch der Praxis der brasilianischen Dichtung neue Möglichkeiten, vor allem lexikalischer Natur, eröffnet hat. Die massive Verwendung von Neologismen, Dialektausdrükken und dem Kauderwelsch der Neueinwanderer, insbesondere der Italiener, bricht die traditionelle Literatursprache auf und bereitet den Weg für die späteren sprachlichen Experimente dieses Autors und seiner Generation, aber auch noch eines João Guimaraes Rosa in den fünfziger Jahren. M.R.

Ausgaben: São Paulo 1922. – São Paulo 1944 (in *Obras completas*, 19 Bde., 1944–1947, 2). – São Paulo 1966 (in *Poesias completas*); ⁶1980.

Übersetzung: *Hallucinated City. Pauliceia desvairada*, J. E. Tomlin, Nashville 1968 [portug.-engl.].

Literatur: A. Lins, *Jornal de crítica, 2.ª série*, Rio 1943, S. 22–32. – F. Góes, *História de »Pauliceia desvairada«* (in Revista do Arquivo Municipal, 12, São Paulo 1946). – A. Roig, *Essai d'interpretation de »Pauliceia desvairada«* (in *Publications du Centre de Recherches Latino-Américaines de l'Université de Poitiers*, 1975, S. 7–124). – J. Emorine, *Uma interpretação do tempo em »Pauliceia desvairada«* (in Cahiers du monde hispanique et luso-brésilien, Toulouse 1976, Nr. 27, S. 97–107). – M. A. de Oliveira Garia, *M. de A. e os contemporâneos no início da Década de Vinte* (in RLA, 23, 1983, S. 11–22). – A. Saraiva, *O modernismo brasileiro e o modernismo português*, Porto 1986.

OSWALD DE ANDRADE

eig. José Oswald de Sousa Andrade

* 11.1.1890 São Paulo
† 22.10.1954 São Paulo

Literatur zum Autor:
SLESP, 24. 10. 1964 [Sondernr. O. de A.]. – Carpeaux, S. 366–368. – A. Cândido, *Vários escritos*, São Paulo 1970, S. 51–92. – P. E. da Silva Ramos, *O. de A.* (in Coutinho, 5 S. 61–66). – M. da Silva Brito, *As metamorfoses de O. de A.*, São Paulo 1972. – L. C. Lima, *O. de A.* (in *Poetas do modernismo*, Hg. L. A. de Azevedo Filho, Bd. 1, Rio 1972, S. 21–97). – J. de Paiva Coda, *L'influence des mouvements de l'avantgarde française sur l'œuvre d' O. de A.*, 2 Bde., Diss. Montpellier 1975. – K. D. Jackson, *A prosa vanguardista na literatura brasileira: O. de A.*, São Paulo 1978. – I. Moriconi, *Intelectuais, poder, nacionalidade e discurso oswaldiano*, Diss. Rio 1980. – M. A. Fonseca, *O. de A.*, São Paulo ²1982. – J. Schwartz, *Vanguarda e cosmopolitismo na década de 20: Oliveiro Girondo e O. de A.*, São Paulo 1983 [m. Bibliogr.]. – L. Helena, *Totens e tabus na modernidade brasileira. Símbolo e alegoria na obra de O. de A.*, Rio 1985 [m. Bibliogr.].

O HOMEM E O CAVALO

(portug.; *Der Mensch und das Pferd*). Schauspiel in neun Bildern von Oswald de Andrade (Brasilien), erschienen 1934. – Neben *O rei da vela*, 1933 (*Der Kerzenkönig*) und *A morta*, 1937 (*Der Tod*) ist dies der dritte und ambitionierteste dramatische Text Oswalds, mit dem er das brasilianische Theater der naturalistisch-illusionistischen Salonstücke revolutionierte. Der in der Aussage für das wirtschaftlich und politisch zerrüttete Brasilien hochexplosive Stoff und der sich von der üblichen Dramenstruktur völlig abwendende Aufbau des Stücks bedurfte anderer szenischer Mittel. Die Revolutionierung der Bühne, wie sie in Europa seit der Jahrhundertwende betrieben wurde, war Oswald durch drei längere Aufenthalte dort in den Jahren 1912, 1923 und 1928 bekannt. *»Seine Stücke nähern sich den hauptsächlichen Erfahrungen der Zeit, dem Theater, wie es Mejerchol'd theoretisch vorgab und Majakovskij in der UdSSR verwirklichte, dem surrealistischen und dadaistischen Theater Europas und jeder Form politischen Theaters, wie es in jener Zeit aufkam, ja in manchen Momenten könnte man meinen, er habe Brecht gekannt«* (F. Peixoto). Auch von Piscator und dessen *Proletarischem Theater* (gegründet 1919), von Massenspektakel und Agitprop mag er gewußt haben. Direkte Einflüsse sind kaum nachzuweisen, zumal Oswald durch Anspielungen auf typisch brasilianische Zustände und Mythen, wie z. B. die Überbetonung sexueller Symbolik, die Szenerie nochmals verfremdet.

O homem e o cavalo zeigt den Fall des kapitalistischen Systems und den Aufstieg der sozialistischen Ideologie zur herrschenden Weltordnung. Die Figuren überwinden Raum und Zeit und vereinen sich in der sozialistischen Gegenwart. Oswald entnimmt seine Gestalten der Bibel (São Pedro, Jesus, Verónica), der Historie (Mister Byron, Lord Capone, Cleopatra), der Literatur (Fu-Man-Chu, D'Artagnan, John Reed), der Zeitgeschichte (Stalin, Eisenstein) oder personifiziert sie zur Allegorie (Trojanisches Pferd, Weißes Pferd Napoleons). Sie symbolisieren in stereotypisierender, zeichenhafter Weise die konkurrierenden Systeme. In den ersten vier Bildern parodiert Oswald das alte, reaktionäre Modell, in den letzten vier preist er den neuen Weltentwurf, das fünfte Bild, betitelt *S.O.S.*, thematisiert den Umsturz.

Das Schauspiel beginnt im Himmel, einem öden Paradies mit unbenutztem Aufzug, dessen Bewohner sich langweilen. São Pedro, vier wolkenbestickende Reiher und ein faschistische Parolen schwingender *Poeta-Soldado* (Dichter-Soldat; eine Parodie auf D'ANNUNZIO) bemächtigen sich des Aluminiumballons von Professor Icar und schweben auf die Erde hinab. Nach ihrer Landung im britischen Epsom organisiert der Poeta-Soldado ein Rennen zwischen dem Weißen Pferd Napoleons und dem Trojanischen Pferd, welches in seinem Innern Hitler verbirgt. Das Pferderennen wird zur Metapher der ausbeuterischen Wettbewerbsgesellschaft, ein Pferd mit Gasmaske, geritten von einer nackten Walküre, zum Sinnbild imperialistischer Kriegsgelüste. Der nächste Schauplatz ist das Boot des heiligen Petrus, traditionell Symbol des Vatikans. Darauf vergnügt sich in einem von Cleopatra geleiteten »dancing« die Besatzung. Umgeben von Altären diskutieren Mr. Byron und Lord Capone über die notwendige Verteidigung der Zivilisation, auch wenn dabei die Humanität auf der Strecke bleiben sollte. Aber die Maschinengewehre Capones und die Gebete Byrons können das alte Regime nicht retten. In den Werften sind Aufstände ausgebrochen, über den beleuchteten Wolkenkratzern einer Industriestadt wird ein Transparent aufgezogen mit dem Aufruf »*Proletarier dieser Welt, vereinigt Euch!*« Der Kapitän des Bootes ruft mit propagandistisch-agitatorischen Parolen zum Kampf gegen den Imperialismus auf, die vereinten Arbeiter, Soldaten und Matrosen stimmen die *Internationale* an, und das alte System bricht unter dem Ansturm der Massen zusammen. Die Revolution ist vollzogen.

Nun sitzen São Pedro, Professor Icar und Madame Icar zerlumpt vor der größten Fabrik der sozialistischen Welt und besitzen nur noch ihre Kruzifixe und ihre Erinnerungen. Aus einem Lautsprecher ertönen die Stimmen Stalins und Eisensteins, die die Kernpunkte der marxistisch-leninistischen Lehre verkünden. In einer Kinderkrippe macht Oswald drei sowjetische Kinder, schon gänzlich Produkte der Neuen Welt, zum Sprachrohr seiner Botschaft. »*Die Wahrheit aus Kindermund*« setzt das Pferd als Metapher ein für die Ausbeutung des Menschen durch die Bourgeoisie: wurden die Tiere im Kapitalismus auf dem Acker, auf der Rennbahn und auf dem Schlachtfeld im Interesse der Reichen und Mächtigen mißbraucht, so stehen im Sozialismus nur noch mechanische Pferde (*cavalos-vapor*), also Maschinen zur Verfügung, im Interesse der Arbeiter. Die ökonomische und ideologische Grundlage des ausbeuterischen Systems sei zerschlagen, und ebenso die Kirche, die dieses auf heuchlerische Weise unterstützt habe: das Dogma des Jenseitsglaubens und die Versklavung der Frau durch die monogame Ehedoktrin habe die Klassentrennung aufrecht erhalten. Die bürgerliche Familie sei abzuschaffen: »*Wir haben eine bessere Familie. Die sozialistische Familie.*« Vor einem Revolutionstribunal wird der Repräsentant der alten Ordnung zur Rechenschaft gezogen: in dem Saal, in dem sonst der Nobelpreis verliehen wird, steht Jesus unter Anklage, das kapitalistische System und den Antisemitismus unterstützt, ja initiiert zu haben. Jesus, karikiert als waffenklirrender und feiger Opportunist, wird in einer zirzensischen Szene mit grotesken Auftritten (Madame Jesus, Fu-Man-Chu, D'Artagnan u. a.) entmystifiziert und letztlich als Hitler demaskiert. Der alte Messias wird prompt durch einen neuen ersetzt: *a Camarada Verdade* (die »Genossin Wahrheit«), Symbol des dialektischen Geschichtsprozesses, predigt einen neuen Idealismus in einer klassenlosen Gesellschaft, der auf wissenschaftlicher Erkenntnis basiert. Nach ihrer Reise durch die sozialistische Welt sitzen São Pedro und die Icars im Wartesaal des Interplanetarischen Bahnhofs, dazu verurteilt, in den Himmel zurückzufliegen: die Vertreter des alten Regimes haben keine Lebenschance mehr auf der »roten« Erde. Der einzig Zurückbleibende ist der Esel Christi, dazu ausersehen, Unruhe zu stiften (»*promover, na terra socialista, a reação e a desordem*«).

Die im Schlußbild angedeutete Ambivalenz gegenüber dem Sozialismus, die Enttäuschung über den nicht eingelösten theoretischen Anspruch, durchzieht das gesamte Werk Oswalds, ist am deutlichsten im *Manifesto de Antropofagia*, 1928, formuliert. Nicht nur aus inhaltlichen, sondern auch aus technischen Gründen galten die Texte Oswalds in den Dreißiger Jahren als uninszenierbar. Eigentlich zur Aufführung in Stadien bestimmt, sprengen sie den Rahmen einer normalen Bühne und scheinen eher mit den Möglichkeiten cinematographischer Technik realisierbar. Aufgeführt wurde bis heute nur *O rei da vela*: 1967 im Teatro Oficina in São Paulo in einer umwälzenden Inszenierung von José Celso Martinez Correia, der dann in elfjähriger Arbeit (1971–1982) unter Mitarbeit von Noilton Nunes eine stark erweiterte, noch collagenhaftere Filmfassung besorgte. Durch diese Inszenierungen wurde Oswald auch in seiner dramaturgischen Arbeit erkannt als der wichtigste Avantgardist unter den brasilianischen Künstlern des 20. Jh.s. E.Bn.

AUSGABEN: São Paulo 1934. – Rio 1973 (in *Obras completas*, 11 Bde., 1971–1974, 8; ²1976).

LITERATUR: F. Peixoto, *Uma dramaturgia lúcida e radical* (in O. de A., *O rei da vela*, São Paulo 1967; Einl.). – F. M. Clark u. A. L. G. de García, *Twentieth-Century Brazilian Theatre: Essays*, Chapel Hill 1978, S. 15–35. – F. M. Clark, *O. e Mayakovsky:* »*O homem e o cavalo*« and »*Mystery-Bouffe*« (in REH, 16, 1982, Nr. 2, S. 241–256).

MANIFESTO DA POESIA PAU-BRASIL

(portug.; *Manifest der Brasilholz-Dichtung*). Poetisches Manifest von Oswald de ANDRADE (Brasilien), veröffentlicht 1924, in Buchform erschienen 1925. – Oswald de Andrade, mit seinem Namensvetter Mário Initiator des brasilianischen *Modernis-*

mo, reiste im Unterschied zu Mário schon seit frühester Jugend oft nach Paris, um mit den neuesten Strömungen der Avantgarde in Kontakt zu bleiben. Dabei lernte er jedoch paradoxerweise eher den Wert des Eigenen zu schätzen und beobachtete, daß die Europäer sich in einer Krise befinden und gerade nach anderen Denk- und Lebensformen Ausschau halten. Frucht dieser Erfahrung sind seine beiden Manifeste *Pau-Brasil* und *Manifesto de Antropofagia*, 1928 (*Anthropophagie- oder Menschenfresserei-Manifest*), in denen er die traditionelle Bewertung Lateinamerikas und insbesondere Brasiliens als kulturelle Kolonie der Alten Welt radikal umkehrte.

Zwar wird 1924 im *Brasilholz*-Manifest die brasilianische Kultur noch nicht auf die der Ureinwohner (der Tupi-Indianer) reduziert und auch noch nicht als Vorbild für Europa, sondern lediglich in ihrer Eigenständigkeit gepriesen, aber auch hier läßt sich schon beobachten, wie Oswald de Andrade die europafeindlichen, teilweise exotistischen Strömungen der europäischen Avantgardebewegungen im Kontext der lateinamerikanischen Identitätssuche für ein neues Selbstbewußtsein fruchtbar gemacht hat. Ob man der üblichen Zuordnung der beiden Manifeste zu europäischen Avantgardegruppen (*Pau-Brasil* sei eher futuristisch, *Antropofagia* eher dadaistisch) folgen kann, scheint freilich zweifelhaft: schon *Pau-Brasil* erinnert, zumindest im Stil, mehr an dadaistische als an futuristische Texte, es ist ähnlich wie Mário de Andrades *Préfacio interessantissimo* zu seiner *Pauliceia desvairada* oder dessen spätere Poetik *A escrava que não è Isaura* (*Die Sklavin, die nicht Isaura ist*) eine lose Abfolge von sloganartigen Sätzen oder Wortgruppen nicht ohne spielerische und humoristische Attitüde und ähnelt daher mehr den Dada-Manifesten, wenn auch die bewußte Sinnverweigerung und Sinndestruktion noch nicht so weit geht wie im *Manifesto de Antropofagia*. Zwar wird die »zyklopische« Arbeit der Futuristen gelobt, aber doch als vergangen dargestellt, da es jetzt um andere Dinge gehe: um das Erkennen des Eigenen. »*Bárbaro e nosso*« (barbarisch und unsrig) – in diesen positiv verstandenen Leitbegriffen klingt schon die spätere Stilisierung des »*ursprünglich-primitiven Menschenfressers*« zum Idol einer neuen Generation brasilianischer Autoren an. Im Augenblick steht freilich noch nicht der »ideale«, sondern der reale Brasilianer im Zentrum: »*Dichtung existiert in den Fakten*«, schreibt Oswald, und auf die unausgesprochene Frage, was die jungen Autoren sein wollen, antwortet er: »*Einfach Brasilianer unserer Zeit*«. Dazu gehört für ihn – wie für Mário de Andrade – auch der Kampf gegen die traditionellen europahörigen Literaten, die er als »*Versmachermaschinen*« bezeichnet, das Streben nach einer neuen Literatursprache, die »*natürlich und neologistisch*« sein soll, und vor allem die Aufhebung der wirtschaftlichen Kolonialstrukturen im kulturellen Bereich: niemand habe je in Brasilien »*Export-Dichtung*« betrieben, schreibt er, immer nur »*Import-Dichtung*«, das wolle *Pau-Brasil* jetzt umdrehen. Aber auch darin ist *Pau-Brasil* nur Wegbereiter der »Menschenfresser«-Bewegung, die sich als Erbe der europäischen Avantgarde (insbesondere des Surrealismus) sah und eine Führungsrolle in der Weltliteratur für Brasilien beanspruchte.

Zwar scheint sich das Interesse der jungen Autoren noch mehr auf die tatsächliche Gegenwartsrealität zu richten, aber diese darf nicht einfach naturalistisch betrachtet werden, sondern in einer vierfach verfremdeten Perspektive: »*sentimental, intellektuell, ironisch und naiv*«. Diese scheinbar paradoxe Koexistenz von Intellektualität, Ironie und Naivität, die für viele europäische Avantgardeströmungen bezeichnend ist, stellt aber den wesentlichsten Kern der späteren »Menschenfresser«-Ideologie dar. Durch ironisch intellektuelles »Auffressen und Verdauen« der europäischen Kultur-Tünche wieder zu jener ursprünglich-naiven Unschuld zu gelangen, von der die Europäer selbst im Surrealismus nur träumen können: dieser Weg scheint im *Brasilholz*-Manifest und seinem Lob der »Unschuld« als höchster kultureller Tugend schon vorgezeichnet, und nicht wenige der jungen Autoren, die Oswald de Andrade 1924 Beifall klatschten, waren 1928 bereit, in dieser Richtung weiterzugehen, wenngleich man sie damals wie heute nicht einmal in den umgebenden spanischsprachigen Ländern Lateinamerikas, noch weniger aber in Europa zur Kenntnis genommen hat.   M.R.

AUSGABEN: São Paulo 1924 (in Correio da Manhã, 18. 3.). – Paris 1925. – São Paulo 1945 (in *Poesias reunidas de O. de A.*; ²1966, Hg. u. Vorw. H. de Campos; erw.). – Rio 1973 (in *Obras completas*, 11 Bde., 1971–1974, 7; m. Studie v. H. de Campos).

LITERATUR: P. Prado, *Poesia Pau-Brasil* (in Revista do Brasil, 1.ª fase, Okt. 1924, Nr. 106, S. 108–111). – A. Arinos de Melo Franco, *O. de A., »Pau-Brasil«* (ebd., 2.ª fase, Sept. 1926, I/2, S. 37/38). – MGSL, 13. 4. 1968 [Sondernr. zu Antropofagia]. – L. Ferreira, *Manifesto da poesia pau-brasil: análise quanto á significação* (in RLA, 14, 1972, S. 153–175). – E. W. White, *O. de A. et la révolution des lettres au Brésil, 1922–1930*, Diss. Austin 1972 (vgl. Diss. Abstracts, 34, 1974, S. 6004A). – M. Mendes, *Tres poetas brasileños: M. de Andrade, O. de A., R. Bopp* (in Revista de Cultura Brasileña, 36, 1973, S. 5–19). – I. Rachum, *Antropofagia contra verdamarelo* (in LALR, 4, 1976, Nr. 8, S. 67–81). – *A poesia no Brasil*, Hg. S. Brayner, São Paulo 1982 [m. Einl. u. Bibliogr.]. – L. Helena, *Uma literatura antropofágica*, Rio 1982. – A. S. L. Mendonça u. A. de Sá, *Poesia de vanguarda no Brasil. De O. de A. ao Poema visual*, Rio 1983.

MEMÓRIAS SENTIMENTAIS DE JOÃO MIRAMAR

(portug.; *Empfindsame Erinnerungen des João Miramar*). Roman von Oswald de ANDRADE (Brasilien), erschienen 1924. – Eine der treibenden Kräf-

te der »Semana de Arte Moderna« (Woche der Modernen Kunst) 1922 in São Paulo und Begründer der literarischen Bewegung »Pau-Brasil« (Brasilholz), die die Befreiung der brasilianischen Lyrik *»von dem verhängnisvollen Einfluß der alten verfallenden Kulturen«* anstrebte, betrachtet Oswald de Andrade, *»der Vater des Modernismus«* in Brasilien, diesen Roman als einen Beitrag zur *»neuen Prosa von 1922«*.
Es ist ein avantgardistisches Buch, das bewußt mit den Konventionen des realistischen Gesellschafts- und Sittenromans bricht und zugleich das Ende des alten wie den Beginn des neuen, zeitgenössischen Prosastils verkörpert. Der Roman – inhaltlich eine Satire auf die kosmopolitische, innerlich hohle, unaufrichtige Geldbourgeoisie der Zeit und die dazugehörige Schicht von engstirnigen, phrasendreschenden Akademikern und Literaten – erreicht seine gesellschaftskritische Absicht in erster Linie durch formale Mittel. Die Tagebuchform erlaubt es dem Autor, sich des Telegrammstils zu bedienen, des bruchstückhaften, hastigen, am Alltäglichen haftenden Berichts, sowie einer seltsam synthetischen, deutlich von den Errungenschaften des italienischen Futurismus beeinflußten Sprache, in der sich die Grenzen zwischen Poesie und Prosa verwischen. Damit war eine Entwicklung eingeleitet, die in den fünfziger Jahren ihren Höhepunkt in den Romanen João GUIMARÃES ROSAS (1908–1967) erreichte. Die Glaubwürdigkeit der gesellschaftskritischen Absicht wird dadurch unterstrichen, daß der Autor in der Gestalt des Dichters João Miramar sich selbst darstellt, sich also hineinnimmt in die Welt, die er kritisiert. Verwunderlich, daß dieser zweifellos bahnbrechende Roman bei seinem Erscheinen nicht einen ähnlichen Widerhall fand wie vier Jahre später *Macunaíma* von Mário de ANDRADE. Erst nach vierzig Jahren ließ die literarische Kritik Oswald de Andrade Gerechtigkeit widerfahren. Die geplante Gesamtausgabe seines umfangreichen Werks wurde 1964 bezeichnenderweise mit einer Neuauflage der *Memórias sentimentais de João Miramar* eingeleitet.   N.N.C.

AUSGABEN: São Paulo 1924. – São Paulo 1964 [Einl. H. de Campos]. – Rio 1971 (in *Obras completas*, 11 Bde., 1971–1974, 2; Vorw. H. de Campos; ern. 1980).

LITERATUR: M. de Andrade, *O. de A.* (in Revista do Brasil, 105, 1924, fasc. 1, S. 26–33). – A. Cândido, *Brigada ligeira*, São Paulo 1945, S. 11–30. – D. Sales Cunha, *Autores contemporáneos brasileiros*, São Paulo 1951. – H. de Campos, *A estilística miramarina* (in H. de C., *Metalinguagem*, Petrópolis 1967, S. 87–97). – A. L. de Almeida Prado, *No país dos Andrades: »Miramar« e »Macunaíma«: radicalidade na arte e na práxis* (in RLA, 17, 1975, S. 205–230). – H. W. Wittschier, *O. de A.: »João Miramars sentimentale Erinnerungen«* (in H. W. W., *Brasilien und sein Roman im 20. Jh.*, Rheinfelden 1984, S. 100–108).

SERAFIM PONTE GRANDE

(portug.; *Serafim Ponte Grande*). Roman von Oswald de ANDRADE (Brasilien), abgeschlossen 1928, erschienen 1933. – Neben Oswalds *Memórias sentimentais de João Miramar* (1924) und *Macunaíma* (1928) von seinem Namensvetter Mario de ANDRADE ist dies der dritte Roman, der die ästhetischen Postulate der modernistischen Manifeste (bes. *Pau-Brasil*, 1924, und *Manifesto Antropófago*, 1928) zu erfüllen sucht. Die avantgardistischen Positionen des Oswald de Andrade der *Memórias sentimentais de João Miramar* sind in diesem Text (von der klassischen Form des Romans ist nichts als die Bezeichnung geblieben) nochmals radikalisiert. Ideologisch gesehen ist es die rückhaltlose Bejahung des Fortschritts und der modernen Technik, in stilistischer Hinsicht eine normale Schreibweise mit häufigen Neologismen und die Imitation der Verfahrensweise des Unbewußten (Verschiebungen und Verdichtungen, wie sie aus der Freudschen Psychoanalyse bekannt sind), die diese literarische Collage in kubistisch-dadaistischer Manier, nach Haroldo de CAMPOS, zu einem *»großen Nicht-Buch«* machen.
In elf voneinander weitgehend unabhängigen Kapiteln unterschiedlichster Länge, Unterteilung und Stilart (modernistische Gedichte, Dialoge, Bekenntnis, Reisebericht, Kriminalgeschichte, Theaterszene, Tagebuch, Enzyklopädie, Vermächtnis, Utopie) werden Stationen aus dem Leben des Protagonisten Serafim Ponte Grande vorgestellt: Spracherwerb, erste Liebe, Heirat, Ehebruch und Trennung, unglückliche Liebe, anarchistische Revolution, Ozeanreise, Europareise, Orientreise, Tod, Verehrung des Toten, Utopie. Von der bald ironischen, bald sarkastischen Kritik des Autors, seinem *»Nekrolog auf die Bourgeoisie«* (Vorwort) wird aus einer anarchistischen Bohème-Position die gesamte westliche Zivilisation, besonders aber die brasilianische Geld-Aristokratie São Paulos, getroffen. Der unbändige Freiheitswille Serafims unterwirft sich weder gesellschaftlichen Konventionen und Regeln noch einem logisch-rationalen Wirklichkeitsprinzip. Daraus resultiert eine mythische Allgegenwart, Zeitlosigkeit und Allmacht des (Anti-) Helden.
Die radikale modernistische Sprache des Buches, der unvermittelte Übergang von Prosa in Poesie, das referentielle Spiel des Textes mit sich selbst, geben ihm einen hermetischen Charakter, der sich dem Zugang durch ein traditionelles Lesepublikum entzieht. Dementsprechend war die Rezeption des Textes nach seinem Erscheinen sehr zurückhaltend, vor allem auch, da sich Oswald de Andrade selbst in seinem – allerdings wieder ironischen und doppeldeutigen – Vorwort von 1933 davon (wie auch von seinen anderen modernistischen Texten) distanzierte. Haroldo de CAMPOS teilt den Roman in zwei Bewegungen: In der ersten folgen auf die Eingangssituation (Initiation in die bürgerliche Gesellschaft) Überschreitung dieser Ordnung und Flucht, sowie Verfolgung und Bestrafung (der

Tod). In einer zweiten sich anschließenden Bewegung wird die erneute Überschreitung der Ordnung durch die diesmal straffreie Flucht in die Utopie der anthropophagen Gesellschaft (Anspielung auf das *Anthropophagistische Manifest*), die endlos sinnlich-erotische Reise auf dem Ozeandampfer El Durasno durch die Weltmeere, beendet. – »*Befreiung ist das herausragende Thema des Reiseromans Serafim Ponte Grande, in dem die Verkrustung der bürgerlichen und konformistischen Bildung durch die Utopie der permanenten und erlösenden Reise, durch die Suche nach der Fülle in der Mobilität, weggefegt wird*« (A. Cândido). Der Roman markiert gleichzeitig das Ende der radikalen avantgardistischen Bewegung des brasilianischen Modernismus. Vergleichbar radikale ästhetische Positionen finden sich erst wieder in der Bewegung des Konkretismus, um Haroldo und Augusto de CAMPOS, in den fünfziger Jahren. H.Ni.

AUSGABEN: Rio 1933. – Rio 1972 (in *Obras completas*, 11 Bde., 1971–1974, 2; m. Studie v. H. de Campos). – São Paulo 1984 [m. Studien v. H. de Campos u. A. Cândido].

LITERATUR: H. Martins, *A anatomia de »Serafim Ponte Grande«* (in SLESP, 15. 2. 1969, S. 1). – H. de Campos, *»Serafim«: Análise sintagmática* (ebd., 8. 3. 1969, S. 6). – H. Martins, *A pista inexistente de »Serafim Ponte Grande«* (ebd., 26. 4. 1969, S. 1). – H. de Campos, *»Serafim«: Um grande não livro* (ebd., 14. 12. 1969, S. 6). – A. Saraiva, *O encontro de Leviana de A. Ferro, com »Serafim Ponte Grande«, de O. de A.* (in A. S., *O modernismo brasileiro e o modernismo português*, Bd. 1, Porto 1986, S. 265–282).

ANDREA DA BARBERINO

auch Andrea de Mangiabotti oder Magiabotti

* um 1370 Barberino / Valdelsa oder Florenz
† um 1431/33 Florenz

I REALI DI FRANCIA

(ital.; *Das fränkische Königshaus*). Ritterroman in sechs Büchern von ANDREA DA BARBERINO, entstanden nach 1400. – Der bedeutendste italienische Bearbeiter von Stoffen aus dem Karlssagenkreis (vgl. *Cycle carolingien*) behandelt in seiner bekanntesten Prosakompilation die Geschichte des fränkischen Königsgeschlechts von Kaiser Konstantin, dessen Enkel Fiorello fränkischer König wird, bis hin zu Karl dem Großen, wobei Karl im Zuge der italienischen Aneignung der französischen *chanson de geste* hier nun auch genealogisch in eine römische und damit italienische Tradition gestellt wird. Dabei spannt sich der Bogen über Fioravante, den Enkel Fiorellos, über Gisberto, Ottaviano, Guidone hin zu Buovo, der von Galione di Maganzo getötet wird, einem Vorfahren von Gano, der wiederum den Verrat an Orlando (Roland) in der Schlacht von Roncesvaux begehen wird. Im letzten Buch tritt die Gestalt Karls selbst in den Vordergrund, der als Carlo Mainetto erst zahlreiche Abenteuer zu bestehen hat, ehe er den fränkischen Thron besteigen kann. Der Roman schließt mit einer ausführlichen Schilderung der umstrittenen Liebe von Karls Schwester Berta zu Milone, von dem sie Orlando empfängt, der von Karl adoptiert wird.

Die literarischen Vorlagen Andreas reichen von den *Storie di Fioravante* bis zur *Geste Francor* und zum *Buovo*, ausnahmslos zu ihrer Zeit sehr populäre *cantari*, eine Epenform, die eine eigene Gattung bildete und aus den älteren Karls- und Artusepen hervorgegangen war. Doch der Autor demonstriert seine Belesenheit auch mit zahlreichen Zitaten aus der klassischen Literatur sowie den Werken Dante ALIGHIERIS und zeigt sich sichtlich bemüht, mit präzisen Daten und pedantisch eingehaltener Chronologie den Eindruck historischer Authentizität zu erwecken, wobei er es nicht versäumt, den Ort der Handlung mit den geographischen Kenntnissen seiner Zeit in Einklang zu bringen – hierin spiegelt sich das starke Interesse der Zeit an geographischem Wissen, das sich schon zu Anfang des Jahrhunderts in den Werken CECCO D'ASCOLIS und Fazio degli UBERTIS äußert wie auch an dem Erfolg von Marco POLOS Reisebuch *Il Milione* 1298/99 abzulesen ist.

Die *Reali di Francia* sind dennoch kein Werk politischer Fiktion, sondern vielmehr eine Folge einzelner, episodisch dargestellter Begebenheiten aus dem Fundus der mündlich und schriftlich überlieferten Karlssagen. Sie bezeichnen einen wichtigen Schritt auf dem Wege der Verschmelzung von Artusroman und *chanson de geste*. Wenn beispielsweise der Ritter Fioravante als höfischer Artusritter vorgestellt wird, der im finsteren Wald auf Aventuresuche geht, oder die Geschichte Buovos und Drusianas und ihrer an abenteuerlichen Wechselfällen reichen Liebe erzählt wird, so löst die Heroik der *chanson de geste* sich auf ins Private verwandtschaftlicher Beziehungen, Liebesabenteuer oder subjektiver Abenteuerlust. Die Liebe wird zum beherrschenden Motiv; die Ritter unternehmen ihre Abenteuer um der Gunst ihrer Dame willen. Sie geht auch heimliche Wege, die zu Situationen führen, die in der gleichzeitigen Novellenliteratur zu schlupfrigen und heiteren Anekdoten ausgenutzt werden. Den heutigen Leser mutet die eher langatmige und schwerfällige Erzählweise reichlich monoton an, doch genoß Andrea auch mit seinen weiteren, nach gleichem Muster verfaßten Romanbearbeitungen wie *Guerrin Meschino* oder *Aspramonte* große Popularität, denn sie waren ja von vornehereien für ein ästhetisch anspruchsloses Publikum geschaffen – Unterhaltungsliteratur für das Volk, die Trivialliteratur jener Zeit. *I reali di Francia* und *Guerrin Meschino* gehörten zu den beliebtesten Volksbüchern der Italiener bis in unsere Tage hinein; eine Tatsache, die wohl in der Schilderung außergewöhnlicher Abenteuer ihre Erklärung findet, die den Leser durch die ganze Mittelmeerwelt führt, sowie in das bunte Asien und das geheimnisvolle Afrika, außerdem in eine Märchenwelt, wo es an verwunschenen Schlössern, Feen, Zauberern und Zauberinnen nicht mangelt. KLL

AUSGABEN: Modena 1491 (*Qui se commenza la hystoria e Real di Franza* ...). – Venedig 1821, Hg. B. Gamba. – Bologna 1892–1900, Hg. G Vandelli [krit.]. – Bari 1947, Hg. ders. u. G. Gambarin (Scrittori d'Italia). – Rom 1968 [Einl. A. Roncaglia; Anm. F. Beggiato].

LITERATUR: P. Rajna, *Ricerche intorno ai »Reali di Francia«* ..., Bologna 1872. – A. Werner, *L'Aspramonte di A. de M. ed i suoi rapporti co' »Reali di Francia«* (in GLI, 32, 1898, S. 123 ff.). – T. Elwert, *Die italienische Literatur des Mittelalters*, Mchn. 1978, S. 261 ff. – K. Stierle, *Die Verwilderung des Romans als Ursprung seiner Möglichkeiten* (in *Literatur in der Gesellschaft des Spätmittelalters*, Hg. H. U. Gumbrecht, Heidelberg 1980, S. 279 ff.).

JOHANN VALENTIN ANDREAE

* 17.8.1586 Herrenberg bei Tübingen
† 27.6.1654 Stuttgart

LITERATUR ZUM AUTOR:
W. Hoßbach, *J. V. A. und sein Zeitalter*, Bln. 1819. – W. E. Peuckert, *Die Rosenkreutzer. Zur Geschichte einer Reformation*, Jena 1928. – P. Arnold, *Histoire des Rosecroix et les origines de la franc-maçonnerie*, Paris 1955. – R. v. Dühnen, *Die Utopie einer christlichen Gemeinschaft. J. V. A.*, Bd. 1, Stg. 1978. – O. Borst, *Die heimlichen Rebellen. Schwabenköpfe aus 5 Jh.*, Stg. 1980. – R. Edighoffer, *Rose Croix et société idéale selon J. V. A. Préface de A. Paivre*, Bd. 1, Neuilly 1982. – M. Brecht, *J. V. A.* (in *Gestalten der Kirchengeschichte*, Hg. M. Greschat, Bd. 7, Stg. 1982, S. 121–135). – *J. V. A. Leben, Werk und Wirkung eines universalen Genies*, Bad Liebenzell 1986 [Ausstellungskatalog].

CHYMISCHE HOCHZEIT CHRISTIANI ROSENCREUTZ ANNO 1459

Allegorische Prosaerzählung von Johann Valentin ANDREAE, erschienen 1616. – Anfang des 17.Jh.s, kurz vor dem Ausbruch des Dreißigjährigen Krieges, kam rasch hintereinander eine Reihe von anonymen Schriften heraus, die eine der wunderlichsten, bis heute in Ablegern fortwirkenden Geistesströmungen auslösten: *Allgemeine und General Reformation, der gantzen weiten Welt. Beneben der Fama Fraternitatis, deß Löblichen Ordens des Rosencreutzes, an alle Gelehrte und Häupter Europae geschrieben* ... (Kassel 1614), *Confessio Fraternitatis R. C. ... Ad Eruditos Europae* (lat.; deutsche Ausgabe: *Confession oder Bekandnuß der Societet und Brüderschafft R. C. An die Gelehrten Europae*; beide Kassel 1615) und die *Chymische Hochzeit* (Straßburg 1616). Aufgrund neuerer Forschungen dürfte heute feststehen, daß diese Schriften sämtlich aus einem Tübinger Freundeskreis stammen, in dessen Mittelpunkt der württembergische Theologe Johann Valentin Andreae stand. Mit Sicherheit ist Andreae selber allein die *Chymische Hochzeit* zuzuschreiben, von der frühere Fassungen vielleicht schon seit 1604 handschriftlich Verbreitung gefunden haben.

In der *Fama* wird der legendäre Lebenslauf des Ritters Christianus Rosencreutz, des angeblich 1378 geborenen Stifters der Brüderschaft, erzählt. Mit den beiden Proklamationen der *Fama* und *Confessio* tritt diese Vereinigung zum erstenmal ans Licht und fordert alle Wohlgesinnten auf, ihr zur Beförderung der dringenden allgemeinen Weltverbesserung behilflich zu sein. Die *Chymische Hochzeit* hingegen ist eine allegorische Dichtung: ein Bericht von Prüfungen, Einweihungen, Gefährdungen und wunderbaren Errettungen.

Diese »echten« Rosenkreuzer-Schriften zeigen deutliche Einflüsse älterer Traditionen und zeitgenössischer Tendenzen: Neuplatonismus, Kabbala, Alchemie, Paracelsismus und ein aus dem Geist der Mystik sich erneuerndes protestantisches Christentum. Die halb satirische Utopie, die sich für eine Geheimüberlieferung ausgab, fand ein vielfaches und verwirrendes Echo, auch über Deutschlands Grenzen hinaus, und Andreae hatte bald zu tun, um den Verdacht häretischer Umtriebe von sich abzuwehren. Doch bleibt ihm das Verdienst, einen bis in die Moderne (bis zu GOETHE und dem irischen Dichter W. B. YEATS) lebendigen esoterischen Mythos geschaffen zu haben.

Die *Chymische Hochzeit* steht ihrer ganzen Anlage nach unverkennbar in der Nachfolge und Nachbarschaft allegorischer Traumerzählungen wie etwa der *Hypnerotomachia Poliphili* des Francesco COLONNA (1433–1527) oder auch gewisser apokrypher Viten der alchemistischen Literatur. Doch ist Andreae wohl zu glauben, wenn er das Büchlein samt seinen Vorläufern später als *ludibrium* (Spielwerk) charakterisiert. Der Bericht dessen, was dem Erzähler, dem Eremiten Christian Rosencreutz selber, der sich auf Weisung eines Traumes aufgemacht hat, in einem königlichen Schlosse widerfährt, erstreckt sich über sieben Tage. Zuletzt wird er, nachdem er mancherlei Prüfungen bestanden hat, samt einigen Gefährten *»mit gebräuchlicher Solennitet zu Rittern installirt, und under andern Privilegien über Unverstand, Armuth und Kranckheit gesetzet, mit denselben unsers gefallens zu handlen«*. Der Schluß des Berichtes fehlt, mitten im Satz bricht die Schrift ab, mit dem Vermerk, daß der Rest des Manuskripts abhanden gekommen sei.

Darüber, wie diese Allegorie auszulegen sei, gehen die Meinungen bis heute auseinander. Nicht zu übersehen ist eine starke Beimischung des Scherzhaften, ja Possenhaften; aber eben dahinter wittert der nach Geheimnissen lüsterne Sinn die tiefsten Aufschlüsse, ist doch gerade das Niedrige das rechte Gewand, um das Hohe vor den alles mißbrauchenden Weltkindern zu verbergen. Solche im Vexierspiegel bildlicher Uneigentlichkeit phantasmagorisch erscheinenden Offenbarungen sind jedoch so bedeutsam wie nichtssagend, je nach dem Verlangen des Suchenden. Nur dingfest sind sie nicht zu machen, da der Verfasser selber es sich angelegen sein ließ, sie in verdunkelter Scheinperspektive zu zeigen. F.Ke.

AUSGABEN: Straßburg 1616. – Regensburg 1781. – Bln. 1913, Hg. u. Einl. F. Maack; ²1922. – Basel ³1978, Hg., Bearb. u. Übers. W. Weber. – Schaffhausen 1980 (in *Rosenkreuzerische Manifeste*, Hg. G. Wehr).

LITERATUR: R. Kienast, *J. V. A. und die vier echten Rosenkreutzer-Schriften*, Lpzg. 1926 (Palaestra, 152). – B. Gorceix, *La Bible des Rose-croix, Traduction et commentaire des trois premiers écrits rosicruciens*, Paris 1970. – B. Steinbrück, *Die Hochzeit von Himmel und Erde. Die Rosenkreuzerschriften und die Sozialutopie J. V. A.s* (in *Literatur ist Utopie*, Hg. G. Ueding, Ffm. 1978, S. 131–158). – R. Edighoffer, *J. V. A., Vom Rosenkreuz zur Pantopie* (in Daphnis, 10, 1981, S. 211–239). – M. W. Fischer, *Die Aufklärung und ihr Gegenteil. Die Rolle der Geheimbünde in Wissenschaft und Politik*, Bln. 1982.

ANDREAS AUS KAISAREIA

Erzbischof in Kaisareia/Kappadokien
563-614

LITERATUR ZUM AUTOR:
F. Diekamp, *Das Zeitalter des A. v. Caesarea* (in HJbG, 18, 1897, S. 1–36). – Bardenhewer, Bd. 5, S. 102–105. – Beck, S. 418/419.

THERAPEUTIKĒ

(griech. Patr.; *Heilung*). Moraltheologischer Traktat in mindestens zwei Büchern von ANDREAS aus Kaisareia in Kappadokien. – Von dem mehrfach bezeugten Traktat des Erzbischofs sind vor allem durch ein um 1100 verfaßtes asketisches Florilegium des Patriarchen JOHANNES aus Antiochien Fragmente aus dem zweiten Buch bewahrt: fünf Fragen mit den zugehörigen Antworten, die sehr detailliert Probleme der Auferstehung behandeln.

Der Autor vertritt die Meinung, daß die Seelen nach dem Tod nicht sofort belohnt oder bestraft werden, sondern auf das Weltgericht warten müssen; aus der Beschaffenheit der Kammern, in denen sie die Wartezeit verbringen, können sie aber bereits ihr endgültiges Los erschließen. Wegen dieser Lehre wurde Andreas 1252 von einem unbekannten Lateiner getadelt; aber erst 1336 legte ein Dogma die Anschauung von der sofortigen Aufnahme der vollkommen reinen Seelen in die himmlische Seligkeit und vom sofortigen Beginn der Höllenstrafen für die Todsünder fest. – Im folgenden lehnt der Autor die von ORIGENES vertretene Ansicht ab, daß die Leiber der Auferstehenden in kugelförmige Leiber umgewandelt würden, und verficht gegen die Bedenken des Fragestellers die Ansicht, der Auferstehungsleib behalte alle Glieder, denn auch die nicht mehr notwendigen Organe hätten als Zierde des Leibes große Bedeutung. – Die letzten beiden Fragen betreffen Stellen aus den *Korintherbriefen*: Der Verfasser legt Wert darauf, daß bei der Ankunft des Richters alle Menschen gleichzeitig auferstehen werden; er hält das Feuer, das dabei die Werke eines jeden erproben wird, für ein reales Feuer.

Wie der Titel des Werkes gemeint ist, geht aus den Fragmenten nicht hervor. Im Vordergrund der Interessen des Erzbischofs stehen offensichtlich die origenistischen Streitigkeiten. Der antiorigenistische Standpunkt, den Andreas bei den eschatologischen Streitfragen einnimmt, ist auch der kirchliche: Er war auf den Synoden von Konstantinopel 543 und 553 (= 5. Ökum. Konzil) festgelegt worden. M.Ze.

AUSGABE: Rom 1938 (in *Analecta patristica*, Hg. F. Diekamp, S. 165–168; Frgm.).

LITERATUR: J. Schmid, *Die griechischen Apokalypsenkommentare* (in Biblische Zs., 19, 1931, S. 228–254). – Ders., *Studien zur Geschichte des griech. Apokalypse-Textes*, Bd. 1, Mchn. 1956.

ANDREAS CAPELLANUS

12./13. Jh.

DE AMORE

(mlat.; *Über die Liebe*). Lehrhafter Traktat von ANDREAS CAPELLANUS, der nach dem Zeugnis der Handschriften Kaplan des französischen Königs war und sein Werk – wie aus weiteren Anzeichen zu erschließen ist – um 1185/1186 in Paris verfaßte. – Der Autor zielt – zum ersten Mal in der christlich-europäischen Literatur – auf eine Art Enzyklopädie der Liebe und Sexualität, die lange Zeit von der Forschung für die »Theorie« der höfischen Liebe angesehen wurde. Tatsächlich aber handelt es sich um eine Kampfansage an das Liebesideal der ritterlich-höfischen Literatur aus der Sicht des orthodoxen Intellektuellen, des Klerikers der Zeit. Indem Andreas das ganze Panorama der Sinnwidrigkeiten entfaltet, das durch die erotische Liebe in der Gesellschaft und zwischen Mensch und Gott entsteht, glaubt er seinen Freund Walter, an welchen das Werk adressiert ist, vor solchen Verwirrungen zu bewahren.

Das Werk ist formal in drei Bücher eingeteilt. Zunächst gibt Andreas eine Definition dessen, was Liebe ist, nämlich ein Leiden (im Sinne von Krankheit), das durch Ansehen und übermäßiges Nachsinnen über die äußere Gestalt einer Person des anderen Geschlechts entsteht. Dann beschreibt er die (negativen) Wirkungen dieser Liebe, erläutert, welche Personengruppen von dieser Liebe befallen werden etc. Hauptteil des ersten Buches sind umfangreiche Dialoge zwischen bürgerlichen und adligen Gesprächspartnern, welche dem Autor Gelegenheit geben, eine Reihe von relevanten Themen abzuhandeln: Liebe und Sozialstatus, Liebe und Geld, Ehe, Eifersucht, Lüge, Verführung, Untreue, etc. Kritische Kapitel über die Liebe von Geistlichen, Nonnen, Huren und Bauern beschließen das erste Buch.

Im zweiten Buch erläutert der Autor, wie man Liebe gewinnt, erworbene Liebe erhält, vergrößert oder auch verliert. Er schildert Verhaltensmöglichkeiten bei Fällen von Untreue und führt 21 sogen. Liebesurteile auf, in welchen Damen des französischen Hochadels die richterliche Entscheidung bei Fehlverhalten in der Liebe ausüben. Eine Ritter-Erzählung von der Auffindung der Regeln der Liebe am Hofe des Königs Artus beschließt das zweite Buch. Im dritten Buch wendet sich der Autor eindeutig und unmißverständlich gegen die Liebe. Aus moraltheologischer Sicht erklärt er das Sprachspiel der ersten zwei Bücher für beendet und verdammt Sexualität und Frauen auf eine Weise, die zu den stärksten misogynen Passagen des gesamten Mittelalters gehört.

Dem Werk war im späteren Mittelalter eine lange Wirkung beschieden. Es wurde vom 13. bis ins 16.Jh. hinein gelesen, bearbeitet und in mehrere Sprachen übersetzt: zweimal ins Französische, einmal in Verse (1290 durch Drouart la VACHE) und noch einmal in Prosa um 1500 (anonym); zweimal ins Italienische im 14.Jh., einmal ins Katalanische und mehrfach ins Deutsche im 15.Jh. Erwähnung verdient die integrale deutsche Übertragung Johann HARTLIEBS von 1440. Im Verlauf dieser Wirkungsgeschichte kann man beobachten, wie sich das Verständnis der Leser allmählich wandelte: Aus einem Werk gegen die Liebe entstand durch das Verblassen der moraltheologischen Konnotationen ein Buch, dessen Lektüre als gefährlich angesehen wurde. 1277 verbot Bischof Tempier den Traktat, ohne allerdings seine immer breiter werdende Wirkung aufhalten zu können, die R. SCHNELL mit dem »witzig spielerischen Moment« von De amore zu erklären sucht. A.K.

AUSGABEN: Straßburg ca. 1473/1474. – Kopenhagen 1892, Hg. E. Trojel [krit.; Neudr. Mchn. 1964, Hg. W. Bulst; [2]1972]. – NY 1941, [4]1970 (The Art of Courtly Love, Hg. u. engl. Übers. J. J. Parry). – Rom 1947, Hg. S. Battaglia. – Ldn. 1982 (A. C. on Love, P. G. Walsh; lat.-engl.).

ÜBERSETZUNGEN: Das buch Ouidij von der liebe zu erwerben, auch die liebe zeverschmehen, J. Hartlieb, Augsburg 1482. – Des kgl. fränkischen Kaplans A. drei Bücher über die Liebe, H. M. Elster, Dresden 1924. – Der Tractatus des A. C. in der Übersetzung Johan Hartliebs, Hg. A. Karnein, Mchn. 1970. – Traité de l'amour courtois, C. Buridant, Paris 1974 [m. Einl. u. Anm.; frz.].

LITERATUR: A. Denomy, The »De amore« of A. C. and the Condemnation of 1277 (in Mediaeval Studies, 8, 1946, S. 107–149). – T. Silverstein, A., Plato and the Arabs (in MPh, 47, 1950, S. 117–126). – G. Vinay, Il »De amore« di A. C. nel quadro della letteratura amorosa e della rinascita del secolo XII (in Studi Medievali, 17, 1951, S. 203–276.). – J. F. Benton, The Court of Champagne as a Literary Center (in Speculum, 36, 1961, S. 551–591). – Ders., The Evidence for A. C. Re-Examined Again (in StPh, 59, 1962, S. 471–478). – F. Schlösser, A. C., seine Minnelehre und das christliche Weltbild des 12. Jahrhunderts, Bonn 1962. – D. W. Robertson, A Preface to Chaucer, Princeton 1963; [3]1973, S. 391–448. – P. Dronke, Mediaeval Latin and the Rise of European Love-Lyric, Bd. 1, Oxford, 1965, S. 83–85. – D. Kelly, Courtly Love in Perspective: the Hierarchy of Love in A. C. (in Traditio, 24, 1968, S. 119–147). – A. Karnein, Auf der Suche nach einem Autor: A., Verfasser von »De Amore« (in GRM, N.F., 28, 1978, S. 1–20). – R. Schnell, A. C. Zur Rezeption des römischen und kanonischen Rechts in »De Amore«, Mchn. 1982 [m. Bibliogr.]. – A. Karnein, De amore in volkssprachlicher Literatur. Untersuchungen zur A. C. Rezeption in MA und Renaissance, Heidelberg 1985 (GRM, Beiheft 4).

HANUS ANDREASSEN

* 25.6.1942 Saltangará

DÓTTIR AV PROTEUS. Stuttsøgur

(fär.; Tochter des Proteus). »Novellen« von Hanus ANDREASSEN, erschienen 1980. – Die Sammlung besteht aus sechs Novellen, die zeitlich und inhaltlich in drei Gruppen eingeteilt werden können. Im ersten Teil, mit den Erzählungen Hellan (Der Felsenstrand) und Undir tínum veingjabreiði (Unter deinen Fittichen), geht es um die Kindheit in einer kleinen färöischen Siedlung auf Skúvoy. »Der Felsenstrand« symbolisiert als bevorzugter Spielplatz die Sehnsucht eines Kindes nach der großen Welt, denn hier wird Treibgut an Land geschwemmt. Die zweite Novelle richtet sich gegen die Einflüsse religiösen Sektierertums auf die Seele eines Kindes. Hier bleiben bei einem Jungen, der als Kind sexuell mißbraucht wurde, traumatische Schuldgefühle zurück.

Der zweite Teil enthält *Tann bláa kannan (Die blaue Kanne)* und *Dóttir av Proteus*; beide Erzählungen haben das vergebliche Streben der Jugend nach Liebe und nach einem festen Halt in der Welt zum Thema. *Die blaue Kanne* handelt von einem jungen färöischen Studenten in Kopenhagen, der als Schichtarbeiter bei einer Zeitung beschäftigt ist. Er verliebt sich in die kunstinteressierte und naturverbundene Rúna, sie aber entscheidet sich für den – nach Ansicht des Erzählers – ungepflegten und trägen Gustav, der jedoch aus »fernen Ländern« kommt. Schauplatz von *Tochter des Proteus* ist ein Tanzclub in Tórshavn, aber John (der die Geschichte erzählt) tanzt nicht. Wie die meisten Erzähler Hanus Andreassens ist er der passive Zuschauer, der zwar fühlt und denkt, aber ohne Herausforderung nicht in das Geschehen eingreift. John liebt die aktive, im Mittelpunkt stehende Guðrun, aber sie bevorzugt einen eher aggressiven Konkurrenten, der über sie gesagt hat: »*Auf eine so hysterische Person hört doch keiner.*«

Die Geschichten des dritten Teils spielen im Tórshavn der siebziger Jahre. *Gerontiskt millumspæl (Greisen-Intermezzo)* handelt vom Verlangen nach Dingen, in diesem Fall Antiquitäten. Diese materialistische Gier wird nicht nur als selbstzerstörerisch dargestellt, sie erweist sich auch als zerstörerische Kraft für das gesamte Umfeld, für die färöische Gesellschaft. Die Novelle unterscheidet sich von den anderen Erzählungen der Sammlung dadurch, daß sie weniger individuell-psychologische als vielmehr sozialökonomische Verhältnisse – hier den Warenfetischismus – im Blickfeld hat, und wurde als Angriff auf eine lebende Person aufgefaßt – möglicherweise der Grund dafür, daß dieses kleine Meisterwerk nicht in die dänische Version der Sammlung aufgenommen wurde. *Tann nýggi maðurin (Der neue Mann)* schließt den Kreis zu den Kindheitserinnerungen des ersten Teils. Hier wird ein aktives und extrovertiertes Kind mit den Verdrängungen konfrontiert, die das Leben eines Erwachsenen zerstört haben. Der »neue« Mann versucht, die Freundschaft dieses vertrauensvollen Kindes mit einem Mädchen zu zerstören, er hat jedoch keinen Erfolg, da der Erzähler – endlich! – eingreift.

Der Leser erlebt in der Novellensammlung Erzähler, die unfähig sind zu handeln; sie sind in das Leben verliebt, aber nicht dazu in der Lage, diese Liebe zu verwirklichen. Ihre Passivität erklärt sich aus den psychosozialen Verhältnissen in ihrer Kindheit – möglicherweise soll das Kind in *Der neue Mann* die Hoffnung symbolisieren, daß die Kinder unserer Zeit nicht mehr so gehemmt sind, wie es die Generation von Hanus Andreassen war. Die psychologischen und reflektierenden Novellen sind weniger durch Handlung oder Dialog gekennzeichnet als durch inneren Monolog und Nachdenklichkeit. Man sucht in ihnen vergeblich nach den sozialen und politischen Erklärungsmustern, wie sie die umfassende essayistische Produktion von Hanus Andreassen, z. B. in der sozialdemokratischen Zeitung ›Sosialurin‹ (1986 erschienen als Essaysammlung mit dem Titel *Tiðatinnur*), kennzeichnen. Wo der politische Hanus Andreassen polemisch, sarkastisch und kompromißlos ist, da ist der Novellenschreiber verständnisvoll, einfühlsam und tolerant. Ein weiterer Band mit Erzählungen erschien 1982 unter dem Titel *Við tendraðium lyktum. Søgur*.

K.Al.

AUSGABE: Kopenhagen 1980.

LITERATUR: M. Johannesen und G. Hoydal, Zwei Rezensionen (in Varðin, 48, 1981, H. 1–2).

ANDREAS VON KRETA

* 660 Damaskus / Syrien
† wahrscheinlich 4.7.740 Gortyn / Kreta

LITERATUR ZUM AUTOR:
S. Vailhé, *André de Crète* (in Echos d'Orient, 5, 1902, S. 378–387). – C. Émereau, *Hymnographi Byzantini* (in Echos d'Orient, 21, 1922, S. 267–271).

HO MEGAS KANŌN

(griech.-byzant.; *Der Grosse Kanon*). Bußgesang der Ostkirche für die Fastenzeit, verfaßt von Erzbischof ANDREAS von Kreta, entstanden 713. – Gegen Ende des 7. Jh.s verdrängte der *Kanon*, der bis dahin nur während der Fastenzeit und in der Periode zwischen Ostern und Pfingsten in Gebrauch war, das *Kontakion* (Verspredigt in Strophen mit identischem metrischem und syntaktischem Aufbau, die voneinander durch einen Refrain getrennt sind) im Gesang der ostkirchlichen Liturgie. Der Kanon war ursprünglich zwischen den neun biblischen *Cantica (Oden)* vorgetragen worden, übernahm dann aber deren Funktion und Bezeichnung. Der Kanon besteht daher im allgemeinen aus neun Oden, die sich wiederum aus drei oder mehr Strophen zusammensetzen. Die Oden folgen einer jeweils eigenen Melodie, die im Vergleich zu der Musik des *Kontakions* komplizierter geworden ist, und sind voneinander durch kurze Anrufungen getrennt, ähnlich wie zuvor der Kanon zur Auflockerung der biblischen *Cantica* gedient hat.

Als Erfinder dieser Gattung der liturgischen Dichtung gilt Andreas von Kreta, der deswegen von der griechischen Kirche als Heiliger verehrt wird. Sein

Grosser Kanon trägt diese Bezeichnung wegen seiner außerordentlichen Länge von 250 Strophen, die jeweils eine Episode des Alten Testaments zum Inhalt haben. Die Kanonesdichtung erfreute sich großer Beliebtheit bei späteren Autoren wie IOANNES DAMASKENOS, THEODOROS STUDITES, THEOPHANES GRAPTOS und IOANNES MAUROPUS. C.Ra.

AUSGABEN: MG 97, Sp. 1329–1386. – Thessaloniki 1952 (*Ho megas kanōn Andreu tu Krētēs*, Hg. K. Christou).

ÜBERSETZUNG: St. Andrew of Crete, *The Great Canon – The Life of St. Mary of Egypt*, Sister Katherine u. Sister Thekla, New Port Pagnell (Greek Orthodox Monastery of the Assumption) 1974 [Text u. Übers.].

LITERATUR: E. Wellesz, *A History of Byzantine Music*, Oxford ²1961, S. 198 ff. – N. B. Tomadakes, *He byzantinē hymnographia kai poiēsis*, Athen 1965, S. 202–210.

ANDREAS VON REGENSBURG

* 2. Hälfte 14. Jh. Straubing (?)
† kurz nach 1438

CHRONIK VON DEN FÜRSTEN ZU BAIERN. Chronica de principibus Terrae Bavarorum

auch: *Chronica de principibus Terrae Bavarorum*, des ANDREAS VON REGENSBURG. – Andreas, der sich selbst als einfachen Priester und Bruder bezeichnet, war schon zu Lebzeiten bei seinen Zeitgenossen sehr bekannt. So erregte er auch die Aufmerksamkeit des Herzogs Ludwig von Bayern-Ingolstadt, der ihn beauftragte, eine Chronik der bayrischen Fürsten zu verfassen. Diese Chronik existiert in drei Fassungen (zwei lateinischen und einer deutschen). Die erste lateinische, wohl 1425 verfaßte Redaktion reicht bis 1180, also bis zum Sturz Heinrichs des Löwen; die zweite lateinische, wohl 1428 abgeschlossene Fassung stellt eine Bearbeitung der ersten Redaktion dar, der Andreas noch eine Geschichte der Wittelsbacher bis auf seine Zeit anfügte. Schon während der Arbeit an dieser zweiten Fassung begann Andreas eine deutsche Übersetzung, so daß beide Versionen etwa gleichzeitig im Jahr 1428 fertig waren.
Andreas hat für sein Werk mehrere Quellen benutzt, besonders die *Sächsische Weltchronik*, die *Scheyrer Chronik*, die *Kastler Reimchronik* und das *Rolandslied* des Pfaffen KONRAD, allerdings nicht immer zum Vorteil seines Werks (so folgt er z. B. in der Genealogie der *Scheyrer Fürstentafel*, die das Wittelsbacher Haus auf die Karolinger zurückführt). Doch hat er mit bewundernswertem Eifer und unermüdlicher Schaffenskraft ein immenses Material zusammengetragen. Seine Bedeutung beruht in der Tat hauptsächlich auf seinen Stoffsammlungen zur Zeitgeschichte, denen wir viele nur bei ihm überlieferte Aktenstücke verdanken. – Die *Chronik* fand rasch weite Verbreitung: die bayrischen Chronisten vom Ende des 15.Jh.s, Veit ARNSPECK, Ulrich FÜETRER und vor allem Hartmann SCHEDEL, fußen auf seinem Werk. In Andreas von Regensburg zeigt sich ein *»später Vertreter der geistlich universalen Chronistik des Mittelalters, der zugleich mit seinen Sammlungen von Urkunden und Akten ... zu moderneren Formen der Geschichtsschreibung hinüberleitete«* (Schmeidler).

H.B.

AUSGABE: Mchn. 1903 (in *SW*, Hg. G. Leidinger; Quellen und Erörterungen zur bairischen und deutschen Geschichte, N. F., Bd. 1; Nachdr. Aalen 1969).

LITERATUR: J. Wahl, *A. v. R.. Ein Geschichtsschreiber des 15.Jh.s*, Diss. Göttingen 1882. – H. Plechl (in NDB, 1, 1953, S. 283). – H. Brack, *Bayerisches Geschichtsverständnis im 15.Jh.* (in *Speculum Historiale*, Hg. C. Bauer u. a., 1965, S. 334–345). – K. Tarvainen, *Zur Wortgestalt in bairischen Chroniken des 15.Jh.s* (in Studia Philologica Jyväskyläensia, 5, 1968). – H. Glaser (in *Handbuch der bayerischen Gesch.*, Bd. 2, Hg. M. Spindler, Mchn. 1969, S. 756–759). – P. Johanek (in VL², 1, Sp. 341–348). – De Boor, 4/1, S. 146/147.

LEONID NIKOLAEVIČ ANDREEV

* 21.8.1871 Orël
† 12.9.1919 Nejvala / Finnland

LITERATUR ZUM AUTOR:
L. Hecker, *L. A. i ego proizvedenija*, Odessa 1903. – V. Brusjanin, *L. A. Zizn' i tvorčestvo*, Moskau 1912. – A. Kaun, *L. A. A critical study*, N. Y. 1924. – W. Jarosch, *Die Dramen L. A.s*, Diss. Prag 1926. – A. Linin, *Novelly i povesti A.*, Baku 1928. – A. Burghardt, *Die Leitmotive bei L. A.*, Lpzg. 1941. – L. Afonin, *L. A.*, Orël 1959. – A. V. Lunačarskij, *L. A. Social'naja charakteristika* (in A. V. L., Sobr. soč., Bd. 1, Moskau 1963, S. 416–424). – J. Woodward, *L. A. A. study*, Oxford 1969. – *Kniga o L. A., Vospominanija*, Letchworth/Herts 1970. – Ju. Babičeva, *Dramaturgija L. N. A. Epochi pervoj russkoj revoljucii*, Vologda 1971. – U. Nitsch, *Studien zu den Dramen L. N. A.s*, Phil. Diss. Wien 1971. – J. Newcombe, *L. A.*, Letchworth 1972. – H. King, *Dostoyevsky and A. Gazers upon the abyss*, N. Y. 1936 [Nachdr. Millwood 1972]. – A. Netick, *Expressionism in the plays of L. A.*, Ann Arbor 1974.

– L. Iezuitova, *Tvorčestvo L. A. (1892–1906)*, Leningrad 1976. – A. Martini, *Erzähltechniken L. N. A.*, Mchn. 1978. – H. Chałacińska-Wiertelak, *Dramaturgia L. A. 1906–1911. Interpretacja*, Posen 1980.

ANATĖMA. Tragičeskoe predstavlenie v semi kartinach

(russ.; *Ü: Anathema. Ein tragisches Spiel in sieben Bildern*) von Leonid N. ANDREEV, Uraufführung: Moskau, 20. 10. 1909, Künstlertheater (unter Nemirovič-Dančenko). – Anathema, der Geist *»der Zahl und des Maßes«*, der ewig Zweifelnde, innerlich Gespaltene, wird von Andreev als Gegenpol zur *»Großen Vernunft des Weltalls«* dargestellt. Ihr Reich zu erkennen, bleibt ihm versagt. Zurückund ausgestoßen, will er jetzt den Menschen die Grausamkeit und Absurdität des irdischen Lebens beweisen, bis jene empört die Offenbarung des Mysteriums erzwingen, das den Menschen in die Knechtschaft des allgegenwärtigen Todes zwingt. Anathemas unschuldiges Werkzeug wird der arme Jude David Leiser, den er reich beschenkt, gleichzeitig aber dazu veranlaßt, all sein Gut wieder an die Hilflosen und Gebrechlichen zu verteilen, die in Scharen herbeiströmen. Für jeden bleibt schließlich nicht mehr als eine Kopeke. Das Mitleid hat sich als nutzlos erwiesen, ja es schafft nur neue Ungerechtigkeit, da es nicht alle Menschen befriedigen kann. David flieht, verzweifelt ob seiner Ohnmacht, wird von den Enttäuschten verfolgt, eingeholt und gesteinigt. Aber den Undankbaren zu fluchen, wie es Anathema forderte, vermag er nicht. Wenn auch seine Liebe zu den Menschen nichts bewirkte – der Liebende selbst wird erlöst und geht in das grenzenlose Reich des Lichts ein. Die Masse versinkt im Chaos, doch vor den Toren des Ewigen ist nichts von den irdischen Geschehnissen zu spüren, und Anathema wird einsam seinen Weg weitergehen.

Die Idee, die diesem Stück zugrunde liegt, ist der Philosophie SCHOPENHAUERS entlehnt: Der Mensch befreit sich von seiner Selbstsucht, die ihn am Leben hält, und geht im Gefühl eines allgemeinen Mitleids auf. Da der Pessimismus des Stückes auch die Deutung zuließ, *Anathema* sei als eine Persiflage des Christentums aufzufassen, wurde seine Aufführung auf Betreiben des Klerus bald verboten. Die Sprache, die der Autor den Personen seines Stückes zudiktiert, ist steif und trocken, durchsetzt mit Hyperbeln und rhetorischen Phrasen. Sie gestattet den Handelnden keine Individualität und zerstört oft jede Konsequenz der Handlung. Nur Davids Frau wirkt lebendig, auch wenn sie sich manchmal in einer symbolischen Formelsprache verliert. David selbst erinnert an einen biblischen Patriarchen. Wie alle anderen Figuren des Stücks ist auch er auf einen bestimmten Zug festgelegt, den er in einer karikaturhaften Übertreibung ständig wiederholt. In derselben Weise agieren die Massen, die gleich dem Chor im klassischen Drama auftreten, geführt von antagonistischen Sprechern. Einer davon, der »Fremde«, verkehrt Davids Wirken ins Phantastische, verlangt Unerhörtes und ist am Schluß der erste, der sich gegen ihn wendet. Die Handlungsübergänge sind grell und heftig, wirken psychologisch unglaubwürdig. Mit besonderer Vorliebe bedient sich Andreev allegorischer Anspielungen, in denen das Häßliche, Unharmonische, die groteske Verunstaltung betont wird, um so das Gefühl des unerträglichen Ausgeliefertseins an Tod und Vernichtung noch zu verdichten. J.W.

AUSGABEN: Petersburg 1909 (in Šipovnik). – Petersburg 1913 (in *Poln. sobr. soč.*, Bd. 3). – Moskau 1959 (in *P'esy*, Hg. A. Dymšic). – Letchworth 1976.

ÜBERSETZUNG: *Anathema*, K. Ritter, Bln. 1911.

LITERATUR: H. Thomson, *A.'s »Anathema« and the Faust Legend* (in North American Review, Dez. 1911, S. 882–887). – A. Gornfel'd, *Glupyj čort: »Anatėma« L. N. A.* (in A. G., *Boevye otkliki na mirnye temy*, Leningrad 1924, S. 225–233).

BEZDNA

(russ.; *Ü: Der Abgrund*). Erzählung von Leonid N. ANDREEV, erschienen 1902. – Flugblätter mit der ironischen Aufforderung *»Den Abgrund nicht zu lesen wird höflich gebeten«* in der Stadt Nischnij-Nowgorod zu verteilen, war der ungestüme Wunsch des jungen ruhmsüchtigen Andreev nach Erscheinen der Erzählung, aus der die Rezensenten der Stadt, schockiert über diese »Liebesgeschichte«, einen anrüchigen Lebenswandel ihres Verfassers herauszulesen suchten (wie GOR'KIJ in seinen Erinnerungen an Andreev mitteilt). Tatsächlich empfiehlt sich diese höllenmaschinenähnlich konstruierte Geschichte nicht für naive Gemüter: Ein junges Paar – er Student, sie Gymnasiastin – erlebt an einem stillen Sommernachmittag, fernab von der Stadt in der Unberührtheit der Natur, die Beseligung einer Liebe, der eine unschuldige Berührung der Hände, die stumme Zwiesprache der Augen, das Gefühl inniger Gemeinsamkeit letzte Erfüllung ist. Der Zeit nicht mehr achtend, versäumen sie es, rechtzeitig vor Einbruch der Dämmerung in die Stadt zurückzukehren. Im dunkel drohenden Zwielicht eines *»schwerkranken, langsam dahinsiechenden Tages«* erst nähern sie sich der Stadt und einem um diese Stunde verrufenen Waldstück: Treffpunkt der Männer, die Liebe kaufen, der Dirnen, die sie feilbieten. Die Gefahr ahnend, beschleunigen die Liebenden ihre Schritte, allein, dem Unheil entkommen sie nicht mehr: drei Männer, *»betrunken und bösartig und nach Lust und Zerstörung lechzend«*, fallen über die beiden her, schlagen den Jungen zu Boden und hetzen das fliehende Mädchen in den Wald. Nachts aus seiner tiefen Ohnmacht erwacht und vom Grauen vor dem erst jetzt ganz begriffenen Geschehen gepackt, sucht und findet der junge Mann das geliebte Mädchen besinnungslos und nackt im Wald liegen. Unbegreifliches geschieht ihm: »*... plötzlich über die Grenzen des menschlichen, verständlichen, gewöhnlichen Lebens hinausgeworfen*«, atmet er die »*glühende Wollust ein, von der die Luft erfüllt*« ist, und mit dem »*verschmitzten Lächeln eines Wahnsinnigen*« Liebesschwüre stammelnd, küßt er den nackten Körper, bis ihn »*im Schmerz, in der Wollust des Kusses*« ein Abgrund verschlingt, den ein »*fließendes Entsetzen*« ihm für Sekunden deutlich sichtbar gemacht hatte. Mit dem Maßlosen in seinen Phantasien lebend, sucht Andreev in dieser Erzählung die Wahrheit über die menschliche Existenz in der Polarität von animalischem Instinkt und kulturgeformtem Geist zu finden. Nicht fähig, diese Gegensätze in einem dialektischen Wechselspiel fruchtbar zu machen, steigert Andreev sie an- und gegeneinander: ein Akt der Selbstzerstörung, der umso qualvoller sein muß, als er vom beobachtenden Intellekt verfolgt wird. Dies ist der Kampf am Rande des Abgrunds, den Andreevs Held nicht bestehen kann. »*Beschützender und Überfallender*« in einem, erkennt er im Sturz sein Ich: den Abgrund des Chaos.

Polarität bestimmt auch die formale Gestalt der Erzählung: In einen sehr breiten, ruhig gehaltenen, nahezu statischen Erzählteil schiebt sich – zunächst im Gegenspiel der Naturerscheinungen sichtbar – Dunkel-Bedrohliches ein, das wächst, sich ins Dämonisch-Böse steigert und in einer Katastrophe Entladung findet. Der Schlußteil – anfangs wieder statisch, doch vom gewußten Unheil überlagert – bringt, die Ereignisse überstürzend, die umgekehrte Wiederholung der ersten Katastrophe. Die Arbeitsweise Andreevs (er schrieb *Bezdna* in einer Nacht nieder und nahm auch später keine Korrekturen mehr vor) erklärt nur zum Teil manche sprachlichen Mängel: Ungenauigkeiten in der Wahl der Bilder und Vergleiche, Häufungen übertreibender Adjektive, emotionelle Wortballungen und -reihungen: Schönheitsfehler, die allerdings den – sich in späteren Werken Andreevs bestätigenden – Verdacht nahelegen, daß hier ein genialischer Schriftsteller am Werk ist, der seiner Visionen vom Wahnsinn und Schrecken des Lebens sprachlich nicht Herr zu werden vermochte. M.Gru.

AUSGABEN: Petersburg 1902. – Petersburg 1913 (in *Poln. sobr. soč.*, 8 Bde., 4).

ÜBERSETZUNGEN: *D. Abgrund u. andere Novellen*, T. Kroczek, Halle 1905. – *D. Abgrund*, A. Eliasberg, Mchn. 1919 (in *Russ. Liebesnovellen*).

VERTONUNG: V. I. Rebikov, *Bezdna*, Prag 1907 (Oper).

CAR' GOLOD

(russ.; *Ü: König Hunger*). Schauspiel in fünf Akten und einem Prolog von Leonid N. ANDREEV, dessen Aufführung von der Zensur verboten wurde; deutsche Erstaufführung: Düsseldorf 1908, Schauspielhaus. – In diesem allegorisch-symbolistischen Spiel muß sich König »Hunger« gegen den Vorwurf der »Zeit« verteidigen, er lasse die von ihm beherrschten Arbeiter und Armen zugrunde gehen, während er die Besitzenden schone. König Hunger führt dies darauf zurück, daß er von den listigen Menschen getäuscht worden sei. Doch er will das Versäumte wiedergutmachen und treibt die Fabrikarbeiter und den Pöbel zur Rebellion. Vor den Festsaalfenstern der Reichen lodern die Flammen des Aufruhrs; während jene in brutalem Egoismus allein an die Rettung ihres Lebens denken, schlägt ihr Knecht, der »Ingenieur«, dank seiner praktischen Vernunft den Aufstand nieder. Wiederum getäuscht, verhöhnt König Hunger in blinder Wut die Gefallenen und Toten; er fordert sie auf, sich wieder zu erheben. Ihre dumpfen Drohungen, wiederzukommen, bewirken, daß die Reichen entsetzt und in Panik fliehen, verfolgt vom Triumphgeheul König Hungers.

Car' golod, von dem bei Erscheinen an einem einzigen Tag 17 000 Exemplare verkauft wurden, läßt sich vom Inhalt her auf die gescheiterte Revolution von 1905 beziehen. Doch will das Stück nicht die organisierte Revolution verspotten, sondern den ziellosen, zerstörerischen Aufstand des Mobs treffen, der allein an seinen Bauch denkt und sich darin nicht von den Reichen unterscheidet. Wichtiger jedoch als der Inhalt des Spiels – eine der Figuren läßt Andreev pro domo formulieren: »*Das ist so etwas Schwankendes: Geschichte! Die wirkliche Geschichte kennen wir ja nicht.*« – erscheint uns heute seine formale Gestalt: der Versuch, mittels einer abstrakten allegorischen Darstellung neue dramatische Aussagemöglichkeiten zu gewinnen. Im ganzen mußte Andreevs Experiment zwar mißlingen, was hauptsächlich auf die schematisch-trockene Gedankenführung, die formelhaft tote Sprache und das künstlich überhitzte Pathos zurückzuführen ist. Doch künden sich hier – wie auch in *Černye maski (Die schwarzen Masken)*, *Okean (Ozean)*, *Žizn' čeloveka (Das Leben des Menschen)*, *Anatėma* – jene spezifischen dramatischen Stilmittel an, die später etwa im deutschen Expressionismus Schule machen sollten: Menschenmassen werden durch einen allen gemeinsamen Sprachduktus gleichsam zu einer einzigen Gestalt zusammengeballt; der rhythmisch-hymnische Sprechton und die sich steigernden syntaktischen Parallelen sollen den bestimmten kollektiven Grundzustand ausdrücken (vgl. etwa Georg KAISERS *Gas I* und *Gas II*, vor allem auch in bezug auf die Typik der Arbeiter oder die Entpersönlichung der Figuren). J.W.

AUSGABEN: Petersburg 1908. – Bln. 1908. – Moskau 1910–1916 (in *Poln. sobr. soč.*, 17 Bde.). – Petersburg 1913 (in *Poln. sobr. soč.*, 8 Bde., 5). – Moskau 1959 (in *P'esy*, Hg. A. Dymsic).

ÜBERSETZUNG: *König Hunger*, A. Scholz, Bln. 1924.

LITERATUR: E. Séménoff, *Le Roi-la-Faim en Lettres russes* (in MdF, 1. 5. 1908, S. 175–177). – E. Stark, *Car' golod*, L. A. (in Teatr i iskusstvo, 21, 1908).

ČËRNYE MASKI

(russ.; *Die schwarzen Masken*). Schauspiel in zwei Akten und fünf Bildern von Leonid N. ANDREEV, Uraufführung: Petersburg 1909, V. F. Komissarževskaja-Theater. – Die gedankliche Formel für dieses symbolistische Drama ist: der analysierende, sich selbst sondierende Verstand trifft auf das in ihm verborgene Böse, vor dem sich der Mensch nur durch die Selbstzerstörung retten kann. – Herzog Lorenzo di Spadaro feiert ein Maskenfest. Er hat angeordnet, das Schloß weithin zu erleuchten, um den Gästen den Weg zu weisen. Die ankommenden Masken jedoch sind ihm fremd. Glaubt er einen ihrer Träger zu erkennen, so ist dies ein Verstorbener. Die Gäste stellen sich ihm als seine bösen Eigenschaften vor. Alles Bekannte und Gewünschte verkehrt sich: Der Wein wird zu Blut, die Musik zu einer kreischenden Kakophonie, das Liebeslied des Herzogs im Munde des Sängers zu einer Hymne an Satan; seine vertrauten Diener und seine geliebte Gattin Francesca, zu der er sich in seiner Verwirrung flüchtet, verlieren ihre Identität, jeder spaltet sich in eine nicht zu fassende Anzahl von Gestalten auf. Der Herzog selbst steht plötzlich seinem Doppelgänger gegenüber, den er im Streit um das eigene Ich ersticht. In den Festsaal dringen, von der Helligkeit angelockt, schwarze Masken ein, groteske nächtliche Wesen, die selbst die maskierten gespenstischen Gäste erschrecken. Namenlose Mächte der Finsternis, stürzen sie sich gierig auf jedes Licht und ersticken es, bis das ganze Schloß im Dunkeln liegt. Am Sarg des Doppelgängers hört Lorenzo von seinen geheimen Verbrechen; es enthüllt sich ihm eine andere Welt als jene, die er kannte. Erst vor dem realistischen Hintergrund der Schlußszene wird klar, daß Lorenzo wahnsinnig geworden ist. Wieder läßt er das Schloß festlich erleuchten, doch es kommen keine Gäste. Statt ihrer umgeben ihn die von Francesca angeführten Hofleute, deren wirkliche Gesichter er jetzt unter dem Zwang, alles in sein Gegenteil zu verkehren, als Masken sieht. Lorenzo setzt das Schloß in Flammen. Alle fliehen, auch Francesca verläßt ihn um des Kindes willen, das sie von ihm erwartet und in dem sich vielleicht einmal ihre Liebe mit Lorenzos Drang, die Wahrheit zu erkennen, vereinen wird. Nur der von Lorenzo abhängige Narr bleibt zurück und folgt ihm in den Tod. Die schwarzen Masken kehren zurück und stürzen sich auf die Flammen; sie zu löschen gelingt ihnen jedoch nicht: durch sein Selbstopfer hat Lorenzo das Böse überwunden.

Čërnye maski ist eines der bühnenwirksamsten Stücke aus der Reihe der abstrakt-allegorischen Schauspiele Andreevs, die seine Suche nach neuen dramatischen Darstellungs- und Ausdrucksformen dokumentieren. An DOSTOEVSKIJS *Dvojnik (Der Doppelgänger)* erinnert der fließende Übergang von der realen Ebene in die Spiegelwelt des Doppelgängertums, das auch Andreev als psychopathologisches Phänomen faßt, aber dahingehend rationalisiert, daß es zum Symbol der doppelgesichtigen Wahrheit wird: Das Weltgericht findet im Menschen statt, Erlösung bietet nicht Gott, sondern die Zerstörung der Existenz, die dem Kampf zwischen Gut und Böse, Gott und Satan, ein Ende setzt. Weitergeführt und ins Kosmische gehoben wird das Thema in dem ein Jahr später erschienenen Schauspiel *Okëan (Ozean)*. J.W.

AUSGABEN: Bln. 1908. – Moskau 1910–1916 (in *Poln. sobr. soč.*, 17 Bde.). – Petersburg 1913 (in *Poln. sobr. soč.*, 8 Bde., 1). – Moskau 1959 (in *P'esy*, Hg. A. Dymšic).

LITERATUR: L. Galič, »*Čërnye maski*« L. A. (in Teatr i iskusstvo, 1908, Nr. 51). – J. Woodward, *The theme and structural significance of L. A.'s »The Black Masks«* (in Modern Drama, 1967, 10, S. 95–103). – L. Turkevič, *A. and the Mask* (in Russian Literary Triquarterly, 1973, 7, S. 267–284). – M. Cymborska-Leboda, *Z observacji nad poetyką, »Czarnych masek« L. A.* (in Slavia Orientalis, 1977, 26, S. 33–46).

GUBERNATOR

(russ.; Ü: *Der Gouverneur*). Erzählung von Leonid N. ANDREEV, erschienen 1906. – Die Revolution von 1905 sowie die Freundschaft mit GOR'KIJ führten in Andreevs Schaffen vorübergehend zu einem verstärkten Interesse an sozialen Fragen. Doch blieb die Darstellung seelischer Vorgänge auch weiterhin der Grundzug seines Werks, wie diese Erzählung sehr anschaulich zeigt. Der Gouverneur, ihr Titelheld, gibt seinen Kosaken den Befehl, rebellierende Arbeiter zu erschießen. In dem Augenblick jedoch, da er den Schießbefehl erteilt, setzt sich, wie von einem magischen Mechanismus ausgelöst, eine Lawine in Bewegung, die den Gouverneur selber vernichten wird. Zwar wird keine Verschwörung gegen ihn entdeckt, auch scheint niemand ein Attentat auf ihn zu planen, doch daß er untergehen muß, wird ihm selbst wie auch allen Menschen in seiner Umgebung zur unumstößlichen Gewißheit. Gleich einem düstern Rachechor versammeln sich die Arbeiterfrauen auf den Straßen: sie »*überlegten nichts und bewiesen nichts, sie warteten nur ab*«. Der Gouverneur unternimmt keinen Versuch, sich dem Kommenden zu entziehen, das sich in anonymen Droh- und Warnbriefen ankündigt. Ähnlich wie der sterbende Beamte in TOLSTOJS *Smert' Ivana Il'iča (Der Tod des Ivan Il'ič)* erkennt er an der Grenze zwischen Leben und Tod die Sinnlosigkeit seines bisherigen Lebens, das in Konventionen erstickt war. Er bemüht sich nicht mehr, seine Gleichgültigkeit gegenüber seiner Familie hinter der Maske wohlwollender Freundlichkeit zu verbergen, bemüht sich jedoch zum erstenmal, die Wünsche der Bittsteller aus dem Volk zu erfüllen, nicht weil er sich dadurch vor dem Tod retten will, sondern weil er die Leiden des Volkes begriffen hat. Seine Tragik liegt eben darin, daß dieser Läuterungsprozeß dem, was auf ihn zukommt, keinen Einhalt gebieten noch der Tod für ihn eine Erlösung im religiösen Sinne bedeuten kann: Das Attentat findet statt, doch wirkt es nicht als der Höhepunkt der Erzählung, sondern als ein nebensächliches Ereignis, das vorausgewußt war und einen Gleichgültigen zum Opfer hat.

Die Erzählung, die auch stilistisch stark Tolstojs *Smert' Ivana Il'iča* nachempfunden ist, gehört in ihrer realistischen Nüchternheit und Klarheit zu den besten Prosatexten des Autors. Die Verfilmung des an äußeren Aktionen armen Stoffs dagegen stellte mehr die sozialen Konflikte und den revolutionären Kampf der Arbeiter in den Vordergrund. J.W.

AUSGABEN: Moskau 1906 (in Pravda, 3, 1906). – Stg. 1906. – Petersburg 1913 (in *Poln. sobr. soč.*, 8 Bde., 2). – Moskau 1957 (in *Povesti i rasskazy*). – Moskau 1971 (in *Povesti i rasskazy*, 2 Bde., 1). – Letchworth 1976.

ÜBERSETZUNGEN: *Der Gouverneur*, A. Scholz, Bln. 1906. – *Der Gouverneur. Erzählungen*, H. Watte, Bln. 1977.

VERFILMUNGEN: *Belyj orel*, UdSSR 1928 (Regie: A. Protazanov). – *Der Gouverneur*, DDR/Ungarn 1975 (TV; Regie: S. Kocsis).

IUDA ISKARIOT I DRUGIE

(russ.; Ü: *Judas Ischariot und die anderen*). Erzählung von Leonid N. ANDREEV, erschienen 1907. – Die Judas-Figur dient Andreev zur Gestaltung des tragischen Konflikts, dem seiner Auffassung nach der einzelne Mensch in dieser Welt heillos ausgesetzt ist.

Der Judas Ischariot dieser Erzählung, der häßlich, böse, lüstern und ein Menschenverächter ist, brennt in Wirklichkeit darauf, von seiner Umwelt geliebt, bewundert und als überlegen anerkannt zu werden. Er selber liebt nur Jesus, der ihn unter seine Jünger aufgenommen hat, aber in diese Liebe mischen sich Bitterkeit und Haß auf die anderen, die gleich ihm erwählt wurden und die er ob ihrer Schwäche verachtet. Jedes Wort Jesu weckt in ihm einen Sturm widersprechender Gefühle. Ihn als einzigen belügt er nie, vor ihm sucht er sich auszuzeichnen: Er schafft, und wenn er stehlen muß, für ihn und die Jünger die Nahrung herbei, beschützt ihn vor einer wütenden Menschenmenge, erzählt, um aufzufallen, unglaubliche Lügengeschichten und tut sich mit seinen riesigen Körperkräften hervor, mit denen sich keiner der Jünger messen kann. Allein, Jesus schweigt zu allem, was Judas tut, nie richtet er das Wort an ihn, ja, es »*schien, daß ER immer gegen Judas sprach*«. Auch während des Streits der Jünger, wem von ihnen der erste Platz im Reich des Herrn gebühre, schweigt Jesus zu der Behauptung Ischariots, er, Judas, werde es sein. Unfähig, die Weigerung Jesu, sich zum Herrn der Welt zu machen, zu begreifen, versucht er, kraft eigener Machtvollkommenheit die Ereignisse auf den äußersten Punkt der Entscheidung zu treiben: Wenn Jesus gefangengenommen ist, werden die Jünger ihn verteidigen, wird das Volk ihm zujubeln. Um das zu erreichen, ist Judas jedes Mittel recht. Sein Verrat ist der letzte und höchste Beweis seiner Liebe. Er überantwortet Jesus den Häschern, weil er glaubt, daß sich jetzt die Göttlichkeit des Herrn vor aller Welt offenbaren und dieser über alle seine Widersacher triumphieren müsse. Jesus jedoch stirbt, von den Seinen verlassen, nicht anders als ein gewöhnlicher Mensch. Judas' erste Reaktion ist nicht Reue, sondern Empörung und Zorn. Nicht er – so heißt es in der Deutung Andreevs – war der Verräter, sondern die Jünger, die stets alles über Christus zu wissen vorgaben und die seinen Tod hätten verhindern müssen. »*Wie habt ihr denn das zugelassen?*« fragt Judas sie. »*Wo war denn eure Liebe? ... Wer liebt, der fragt nicht, was zu tun ist! Er geht hin und vollbringt. Er weint, beißt, er würgt den Feind und bricht ihm die Knochen im Leibe! ... Nein, ihr habt die ganze Sünde auf euch geladen. Lieblingsjünger! Beginnt denn nicht mit dir das Geschlecht der Verräter, der Kleinmütigen und Lügner? Warum lebt ihr, wenn ER tot ist?*« Vorübergehend mischt sich in des sich betrogen fühlenden Verräters Verzweiflung ein gräßlicher Triumph: Er, Judas, hat sich als der Stärkere erwiesen, er ist der eigentliche Sieger. Doch immer wieder dröhnt die Frage an sein Ohr, die wie ein Leitmotiv die ganze Erzählung begleitet: »*Wer betrügt den armen Judas? Wer hat recht?*« Ihm bleibt nichts als eine ungeheure Leere, ihm bleibt nichts als der Tod.

Die Erzählung, einer der interessantesten Deutungsversuche der Judas-Gestalt in der russischen Literatur, ist in einer unprätentiösen, dabei aber kraftvollen und expressiven Prosa geschrieben, wie sie Andreev nicht immer gelang. J.W.

AUSGABEN: Bln. 1907. – Petersburg 1913 (in *Poln. sobr. soč.*, 8 Bde., 3). – Moskau 1957 (in *Povesti i rasskazy*). – Moskau 1971 (in *Povesti i rasskazy*, 2 Bde., 2).

ÜBERSETZUNGEN: *Judas Ischariot u. die anderen*, O. Buek, Bln. 1908. – *Judas Ischariot*, I. Tinzmann u. S. Geier, Hbg. 1957 (RKl, 15).

LITERATUR: A. Red'ko, *Chorošie i plochie u. L. A.* (in *Russkoe bogatstvo*, 1909, 4, S. 173-183). – I. Annenskij, *Iuda, novyj simvol* (in I. A., *Vtoraja kniga otraženij*, Petersburg 1909, S. 43–54). – L. Burgov, *Povest' A. »Iuda Iskariot i drugie«. Opyt podrobnoj literaturnoj i Evangel'skoj kritiki*, Charkov 1911.

KRASNYJ SMECH. Otryvki iz najdënnoj rukopisi

(russ.; *Ü: Das rote Lachen. Fragmente aus einer aufgefundenen Handschrift*). Erzählung von Leonid N. ANDREEV, erschienen 1905. – Das sinnlose Verbluten der mangelhaft ausgerüsteten zaristischen Truppen im Russisch-Japanischen Krieg von 1904 hatte das russische Bürgertum aufgeschreckt. Mit Leidenschaft wendet sich auch Andreev den politischen Ereignissen seiner Tage zu: Seine thematisch etwa mit GARŠINS Novelle *Četyre dnja*, 1877 *(Vier Tage)*, zu vergleichenden *Fragmente* sind eine bittere Anklage gegen die Pervertierung des Menschen in der von »Wahnsinn und Schrecken« erfüllten Wirklichkeit des Kriegs.

Den ersten Teil der Novelle bildet das fiktive Tagebuch eines russischen Offiziers, der sich in einer fast völlig aufgeriebenen, erschöpften und vom Hunger ausgezehrten Abteilung beim Rückzug vor dem siegreichen Feind nur noch von Verwundeten, Sterbenden, gräßlich verstümmelten Leichen und Wahnsinnigen umgeben sieht. Schließlich als Krüppel nach Hause zurückgekehrt, versucht er – bei zunehmender geistiger Umnachtung –, seine Kriegseindrücke aufzuzeichnen. In unersättlicher Arbeitswut füllt er Bogen um Bogen mit sinnlosen Strichen, unfähig, den grauenhaften Erlebnissen eine rationale, faßliche Form zu geben. Sein von der Sinnlosigkeit des Kriegs zutiefst überzeugter Bruder, der fiktive Herausgeber der Notizen, beschreibt im zweiten Teil der Erzählung das Schicksal des Offiziers von dessen Heimkehr bis zum Tod. Dieser Bruder, der als einziger die Bedeutung der wirren Linien aus der Feder des Kranken begreift, verliert darüber schließlich selbst den Verstand. Seine Vision – die Erde gebiert Leichen, die alles Leben erdrücken und in »rotem Lachen« ersticken – beschließt die Novelle.

Die Erzählweise der berühmten Novelle ahmt die verworrenen Zeichnungen des Offiziers nach. In unzusammenhängenden, grotesken Bildern gestaltet Andreev eine apokalyptische Vision von Grauen und Wahnsinn, »*ein wüstes Traumbild der toll gewordenen Erde*«. Die geschichtlichen Ereignisse werden zu einem mythischen Weltgeschehen stilisiert. Sinnbild des allgemeinen Gemetzels ist das »rote Lachen«, das aus den zerstückelten Körpern der Gefallenen hervorbricht, das Lachen Satans, »*das vom Himmel und von der Sonne niedergrinst und bald die ganze Erde überfluten wird*«. Andreev, der seine Erzählung über die unmenschlichen Brutalitäten des Schlachtfeldes ohne eigene Kriegserfahrungen geschrieben hat, »*steigert das Grauen hier zu einem solchen Fortissimo, daß die Hyperbeln sich gegenseitig aufheben*« (J. Holthusen). J.W.

AUSGABEN: Bln. 1905. – Petersburg 1905. – Petersburg 1913 (in *Poln. sobr. soč.*, 8 Bde., 4). – Moskau 1957 (in *Povesti i rasskazy*, Hg. F. M. Levin). – Moskau 1971 (in *Povesti i rasskazy*, 2 Bde., 1). – Gor'kij 1979 (in *Izbrannoe*).

ÜBERSETZUNGEN: *Das rote Lachen*, A. Scholz, Bln. 1905. – Dass., A. Luther, Bln. 1922.

LITERATUR: A. Belyj, *Apokalipsis v russkoj poėzii (Krasnyj smech)* (in Vesy, 1905, Nr. 4, S. 14/15). – N. Nadeždin, »Krasnyj smech« L. A. (in Vestnik literatury, 8. 2. 1905, S. 49–51). – M. Capellmann, *Die Erzähltechnik in »Krasnyj Smech« von L. A.* (in Ost und West, 1977, 2. S. 263–285).

PROFESSOR STORICYN

(russ.; *Ü: Professor Storizyn*). Drama in vier Akten von Leonid N. ANDREEV, Uraufführung: Moskau 1912. – Zusammen mit *Žizn' čeloveka*, 1906 *(Das Leben des Menschen)*, und *Anatėma*, 1909 *(Anathema)*, eines der meistgespielten Dramen des Autors, entstand das Stück während der sog. »realistischen« Schaffensperiode Andreevs am Vorabend des Ersten Weltkriegs. Im eigenen Hause sieht sich der Titelheld einer zunehmend feindlichen Atmosphäre ausgesetzt. Der älteste Sohn Volodja hat das Haus verlassen. Der jüngere Sergej führt ein exzessives Gymnasiastenleben, das er mit dem heimlichen Verkauf aus der Bibliothek seines Vaters entwendeter Bücher bestreitet. Storicyns Frau Elena schließlich betrügt ihn mit dem verschlagenen Lehrer Gavriil Savvič, der mehr und mehr die Macht im Hause an sich zu reißen versteht. Schwer herzleidend und auf ein baldiges Ende vorbereitet, fühlt sich Storicyn lediglich zu zwei Menschen hingezogen: zu seinem Arzt und Freund Professor Telemachov und der Fürstin Ljudmila Pavlovna. Mit der Fürstin verbindet Storicyn eine tiefe, von ihm bislang jedoch nur unklar erkannte Zuneigung. Erst vor dem Hintergrund der häuslichen Auseinandersetzungen wird ihm bewußt, daß er in Ljudmila Pavlovna hätte finden können, wonach er in seinen platonischen Träumen vom »Schönen« vergeblich gesucht hat. Das Glück dieser Erkenntnis währt nur kurz. Telemachov unterrichtet Storicyn, daß seine Frau zweitausend Rubel einer Wohltätigkeitsgesellschaft unterschlagen hat. Storicyn macht seiner Frau eine Szene, die durch das provokante Auftreten ihres Liebhabers Savvič unterbrochen wird. Im Verlauf der anschließenden Auseinandersetzung mit Sergej, dem er den fortgesetzten Bücherdiebstahl vorhält, betrinkt sich Storicyn sinnlos. Er erkennt, daß er selbst seiner Familie gegenüber schuldig geworden ist, indem er sie jahrelang vernachlässigt und mit seinen abstrakten Moralauffassungen überfordert hat. Storicyn beschließt, sein Haus für immer zu verlassen. Er begibt sich zu Telemachov, der ihn jedoch mit bitteren Vorwürfen empfängt, da er annimmt, Storicyn habe seine Frau geschlagen. Seelisch und körperlich gebrochen will Storicyn den Freund verlassen, erleidet jedoch eine Herzattacke und bricht tot auf der Schwelle zusammen.

Wie die früheren Dramen des Autors beschreibt das Werk die Situation des gänzlich verlassenen, auf sich »geworfenen« Menschen, nunmehr jedoch im Bemühen um ihre psychologische Herleitung aus der Einsamkeit des überragenden Verstandes und aus dem Scheitern des abstrakt-humanistischen Lebensideals. Der Untergang Storicyns wird als Folge individueller Schuld motiviert. Tragisch an seinem Schicksal ist, daß er das eigene Versagen zu einem Zeitpunkt erkennt, an dem eine Korrektur seines Verhaltens bereits ausgeschlossen ist, ferner, daß sich ihm Telemachov in eben dem Moment entzieht, in dem er des klärenden Gesprächs mit dem Freund am nötigsten bedarf. Storicyn ist keineswegs allein der von seiner Zeit überholte ästhetisierende Schöngeist. Seine platonische Sehnsucht ist vielmehr Ausdruck eines paradoxen Machtanspruchs: Storicyn hat sein Leben damit zugebracht, das Dasein in den Griff zu bekommen, indem er sich seinen konkreten Forderungen durch die Abstraktion entzog. Im Moment seines Scheiterns erkennt er den Widersinn seines Bemühens. – Andreev hat sich nie völlig von der Tradition des Maeterlinckschen *drame statique* befreien können. In seinem *Pis'mo o teatre*, 1913 *(Brief über das Theater)*, lehnt er ausdrücklich eine Entscheidung zwischen symbolistischer und realistischer Dramaturgie ab. Gewisse Relikte seiner früheren Dramentechnik kehren auch in diesem Stück wieder, so die pathetischen Dialoge vor allem der ersten beiden Akte, die gegen die realistische Grundhaltung des Dramas verstoßen. A.Gu.

AUSGABEN: Moskau 1913. – Bln. 1913. – Moskau 1959 (in *P'esy*, Hg. A. Dymšič; m. Vorw.).

ÜBERSETZUNG: *Professor Storizyn*, A. Scholz, Bln. 1924.

LITERATUR: M. Nevedomov, *M. P. Arcybašev o »Professore Storicyne«* (in Rampa i žizn', 1912, Nr. 46, S. 5/6). – M. Nevedomskij, *O simvole i byte. Po povodu novoj dramy L. A. (»Professora Storicyna«)* (in Zapr. žizni, 1912, Nr. 56). – A. Derman, *Tlennoe i netlennoe (O »Professore Storicyne«)* (in Rus. bog., 1913, Nr. 2, S. 403–410).

RASSKAZ O SEMI POVEŠENNYCH

(russ.; *Ü: Die Geschichte von den sieben Gehenkten*). Erzählung von Leonid N. ANDREEV, erschienen 1908. – Mit Anteilnahme schildert die TOLSTOJ gewidmete, unter dem Eindruck der Revolution von 1905 entstandene Erzählung die letzten Stunden von sieben zum Tode verurteilten Sträflingen – zwei von ihnen Kriminelle, die übrigen politische Häftlinge. Der vitale, ein wenig naive Sergej Golovin, der verschlossene Werner, die stolze, strenge Musja, der übermütige, doch in der Haft zusammengebrochene Vasja und Tanja Koval'čuk, die älteste, um das Schicksal der Kameraden besorgte Terroristin, haben ein Attentat auf einen zaristischen Beamten vorbereitet, sind jedoch vor Ausführung der Tat verhaftet und abgeurteilt worden. Gemeinsam mit ihnen warten der tatarische Raubmörder Cyganok und der Este Janson, der eines bewaffneten Überfalls beschuldigt ist, auf den Tod, den sie *»aus verwaltungstechnischen Gründen«* am gleichen Tage erleiden werden. Jeder der Häftlinge harrt in einer Einzelzelle, sich selbst überlassen, der Vollstreckung des Urteils. Mit minuziöser Genauigkeit beobachtet die Erzählung die Veränderungen, welche in den Todeskandidaten in den Wochen vor der Hinrichtung vor sich gehen. Der Este versinkt in dumpfe Lethargie. Der Tatare wird von wachsender Unruhe ergriffen und gibt zuletzt nur noch ein tierisches Geheul von sich. Als man ihm das Amt des Henkers anbietet, das ihm die Freiheit bringen kann, lehnt er ab, da er nicht imstande ist, einen klaren Gedanken zu fassen und eine abgewogene Entscheidung zu treffen: *»Sein menschliches Gehirn zerfiel in seine Einzelteile.«* Vasja, der sich freiwillig erboten hatte, die Bombe der Terroristen zu werfen, ist im Gefängnis, erschrocken vor dem unerbittlichen Mechanismus des Geschehens, zu einem Bündel der Angst geworden. Sein Zusammentreffen mit seiner Familie am Tage vor der Hinrichtung zeigt die kühle Distanz zwischen dem Revolutionär und seiner Mutter, die selbst im Angesicht des Todes nicht zu überbrücken ist. Musja verbringt die letzten Tage vor der Exekution in wachsendem Glücksempfinden. Sergej hält sich durch konsequente Selbstdisziplin aufrecht, überzeugt, daß alles im Leben *»fröhlich und wichtig«* ist und *»gut«* getan werden muß. In dem Menschenverächter Werner, der sich vorgenommen hat, bis zum letzten Augenblick Schachprobleme zu lösen, erwacht die allumfassende Liebe zu seinen Mitmenschen. Tanja geht auf in der Sorge um die anderen, die ihr selbst Halt und Stütze ist. Zur Exekution geführt, werden die Verurteilten paarweise gehängt. Als letzte geht, allein gelassen, die mütterliche Tanja zum Galgen: Der Tod der Gefährten liefert auch sie – für wenige Sekunden – der grausamen Einsamkeit und wahnsinnigen Angst vor dem Tode aus.

Die sozialistische Kritik – insbesondere Maksim GOR'KIJ – hat Andreev vorgehalten, daß sein Interesse ausschließlich dem inneren Erleben seiner gleichsam einem unabänderlichen Fatum ausgelieferten Helden gilt, ohne daß er ein einziges Mal zum Nachdenken über die politischen Hintergründe ihrer Verurteilung anregt. Keiner der Häftlinge zeigt auch nur die Spur eines Interesses für den politischen Kampf, in dessen Namen er in den Tod gegangen ist; es fehlt jede Verbindung zwischen den Helden und ihrer revolutionären Tat. Nicht die gesellschaftspolitische Bedingtheit des geschilderten Vorwurfs, sondern die abstrakte Thematik »Mensch und Tod« bildet den Gegenstand des Autors. Die psychologische Motivierung seiner Helden bleibt mitunter unglaubwürdig, schematisch wirkt die Reihung der ineinandergreifenden, kaum in ihrer Diktion geschiedenen Einzelschicksale. Form und Inhalt der Erzählung zeigen den Autor in einem fortgeschrittenen Stadium seines Entwicklungsweges, der ihn literarisch vom Realismus ČECHOVS und Gor'kijs in die Nähe der dekadenten

Todesdichtung Fëdor SOLOGUBS, politisch von einer gemäßigt fortschrittlichen Position zur Gegnerschaft gegen die russische Revolution führte.
J.W.

AUSGABEN: Bln. 1908. – Petersburg 1913 (in *Poln. sobr. soč.*, 8 Bde., 4). – Moskau 1957 (in *Povesti i rasskazy*, Hg. A. I. Naumov). – Moskau 1980 (in *Rasskazy i povesti*).

ÜBERSETZUNGEN: *Die Geschichte von den sieben Gehenkten*, A. Scholz, Bln. 1908. – Dass., L. Wiebeck, Mchn. 1920; ern. 1927. – *Die sieben Gehenkten*, V. Tinzmann u. S. Geier, Hbg. 1957 (RKl, 15).

VERFILMUNG: Rußland 1920 (Regie: P. Čardynin).

LITERATUR: V. Kranichfeld, »*Rasskaz o semi povesennych*« (in Lit. zametki, 1908, 6, S. 93–108). – V. P. Val'činskij, *Pravda istorii, chudožestvennyj otbor i proizvol'nyj domysel* (»*Rasskaz o semi povesennych*« L. A.) (in Russkaja Literatura, 1970, 13, S. 157–162). – L. I. Šiškova, *O real'noj osnove* »*Rasskaza o semi povesennych*« *L. N. A.* (in *Russkaja Literatura XIX–XX vekov*, Hg. I. G. Jampol'skij, Leningrad 1971). – A. Martini, *Die sieben Gehenkten* (in *Die russische Novelle*, Hg. B. Zelinsky, Düsseldorf 1982, S. 161–172).

ŽILI-BYLI

(russ.; *Ü: Es waren einmal*). Erzählung von Leonid N. ANDREEV, erschienen 1901. – Ähnlich wie in Andreevs *Rasskaz o semi povesennych*, 1908 *(Die Geschichte von den sieben Gehenkten)*, wird in *Žili-byli* die kurze Zeitspanne zwischen Todesgewißheit und Tod zur Kristallisationsachse eines Lebens. Die Erzählung zeigt ihren Helden im Moment einer Einsicht, in der er sein aktuelles Scheitern als Zusammenbruch von Existenz und Person, von Traum und Traum-Ich erfährt. Ist das Schicksal der politischen Terroristen trotz aller Privatheit heroisch, so ist dasjenige des Lavrentij Petrovič, eines Kaufmanns aus Saratov, der sich zur Behandlung einer schweren Krankheit in die Moskauer Universitätsklinik begeben hat, überaus durchschnittlich. Lavrentij fühlt, daß er sein Leben gelebt hat. Er sehnt seinen Tod herbei, fürchtet ihn jedoch zugleich im selben Maße. Den ungebrochenen, naiven Optimismus seines Zimmergefährten, des Diakons Filipp Speranskij, bedenkt er mit beißendem Spott. Es widert ihn an, daß Speranskij sich mit allen Kräften an das Leben klammert, indem er immer von neuem sein dörflich-idyllisches Vorgartenglück beschwört. Eines Tages eröffnet er dem unglücklichen Diakon, daß die Ärzte diesem kaum mehr als eine Woche Frist geben. Schluchzend bricht Filipp zusammen. Unverhofft erwacht in diesem Augenblick auch in Lavrentij die Sehnsucht nach jener Sonne, die der alte Diakon für immer zu verlieren fürchtet. Das Symbol der nackten, gleißenden Sonne, die die Wände des Krankenhauses noch unwirklicher und steriler erscheinen läßt, wird zum Symbol der Wärme, des Lichts, des Lebens und der Auferstehung. »*Er erinnerte sich, wie die Sonne im Saratovschen Gouvernement auf die Wolga, den Wald und den staubigen Feldweg schien – schlug sich mit den Händen vor die Brust und fiel aufschluchzend mit dem Gesicht auf das Kissen neben dem Kopf des Diakons. So weinten sie beide. Sie weinten um die Sonne, die sie nicht mehr sehen würden* ...« In der folgenden Nacht stirbt Lavrentij. Die Erzählung endet mit dem lapidaren Satz: »*Die Sonne ging auf.*«

Auch von hier ergibt sich eine Parallele zum *Rasskaz o semi povesennych*, der nach der Beschreibung der Exekutionsprozedur mit den Worten schließt: »*So grüßten die Menschen die aufgehende Sonne.*« Sonnenaufgang und Lebensuntergang stehen für Andreev in symbolisch negativer Wechselbeziehung. Die Verflechtung des existentiellen Ruins mit dem ungerührten normalen Ablauf der Weltordnung verdeutlicht das Singuläre und zugleich Gesetzmäßige des Sterbens. Bis zu seinem durch das hilflos kindliche Weinen des Diakons ausgelösten Zusammenbruch befindet sich Lavrentij in seiner Apathie, seiner Indifferenz gegenüber der entwürdigenden Behandlung durch Ärzte und Krankenhauspersonal im Einklang mit jener nüchternen Vernunft, die das Leben gefühllos, aber sicher steuert und die in der kalten Krankenhaussonne ihren symbolischen Ausdruck findet. Im Augenblick des Todes wird ihm klar, daß es diese Vernunft nicht gibt, daß seine Rechnung nicht aufgehen konnte. So ist der Sonnenaufgang für Lavrentij, der ihn nicht mehr erlebt, von der gleichen vernünftig-gesetzmäßigen Sinnlosigkeit wie für die exekutierten Terroristen.
A.Gu.

AUSGABEN: Petersburg 1901 (in *Žizn'*, Nr. 3). – Petersburg 1913 (in *Poln. sobr. soč.*, 8 Bde., 1). – Moskau 1917 (in *Žili-byli, Bol'šoj šlem, Kusaka*). – Moskau 1929 (in *Žili-byli, Rasskaz o semi povesennych*). – Moskau 1957 (in *Povesti i rasskazy*, Hg. M. F. Levin). – Moskau 1980 (in *Rasskazy i povesti*).

ÜBERSETZUNGEN: *Es waren einmal*, E. Gagarin (in *Russische Erzähler des 20. Jahrhunderts*, Mchn. 1948). – *Der große Schlemm. Es waren einmal* ..., K. von Borowsky, Stg. 1981 (russ.-dt.).

ŽIZN' ČELOVEKA

(russ.; *Ü: Das Leben des Menschen*). Drama in fünf Bildern mit einem Prolog von Leonid N. ANDREEV, Uraufführung: Petersburg, 22. 2. 1907, Theater der Kommissarževskaja. – Das ganz in der Tradition des von MAETERLINCK inaugurierten *drame statique* stehende Stück gehört zu den wenigen Dramen Andreevs, denen zumindest zu Lebzeiten des Dichters ein durchschlagender Theatererfolg auch auf nichtrussischen Bühnen beschieden war. Der Titel bezeichnet die Art der beabsichtigten Präsentation: die Zurschaustellung eines Schicksals im biographischen Prozeß, eine an sich epische Konzeption (dramaturgisch vornehmlich durch die Mittel des dialogisierten Berichts und der Zeitraffung realisiert), darüber hinaus jedoch eine Art Menschheitsdrama, d. h. szenische Thematisierung nicht individuellen, sondern typischen Menschseins.

Die dramatische Biographie »des Menschen« – sämtliche Gestalten des Dramas bleiben anonym – realisiert sich in fünf verschiedenen Lebensstadien: Geburt; Liebe und Armut; Reichtum; Unglück und neuerliche Armut; Tod. Sie erzählt die Geschichte eines begabten Architekten, seine materielle Not als junger Ehemann, seine Kampfansage an das eigene Schicksal, seinen plötzlichen Reichtum und Ruhm, seine erneute Armut, den Verlust seiner Frau und seines einzigen Sohnes, schließlich sein Ende als vereinsamter Greis. Als Kommentator, Initiator und zugleich »*Publikum ersten Grades*« fungiert die »Gestalt in Grau« *(nekto v serom)*, die Rahmen und exemplarische Funktion des gezeigten Schicksals angibt, zugleich jedoch als Summe der Personalisierungen von Schicksal, Göttlichkeit, Zerstörung, Leben und Tod steht und der in letzter Konsequenz der Kampf des »Menschen« dient. Die Auflehnung gegen das eigene Schicksal bestimmt dramaturgisch die entscheidenden Peripetien: den Aufschwung zu Größe und Ruhm wie den Glückswechsel im vorletzten Bild des Dramas. Doch das Eingebettetsein des Lebens in einen so und nicht anders möglichen Vollzug beraubt den Helden letztlich seiner Heldenhaftigkeit. Sein Handeln ist das einer Marionette, deren Glück und Unglück fixiert und manipuliert sind. Dem entspricht die Reduktion aller individualisierenden Züge auf ein durch die Tendenz zum Typischen und Repräsentativen allein nicht motivierbares Mindestmaß. So agiert der »Mensch« bezeichnenderweise überhaupt nicht. Seine Handlungen werden von anonymen Personengruppen (Gäste, Nachbarn, Freund, Feinde, Erben, Betrunkene usf.) registriert, die das Schicksal des »Menschen« entindividualisieren, es als normiertes Wissen einer öffentlichen Meinung abstrahieren und beliebig wiederholbar machen. Die wichtigste Normierungsfunktion fällt dabei den »alten Weibern« *(staruchi)* zu, die, zu parzenähnlichen Halbgöttinnen stilisiert und jeweils in den Stadien »Geburt« und »Tod« auftretend, mit ihren zynischen Kommentaren die Sinn- und Wertlosigkeit des Lebens und damit des »Menschen« demonstrieren.

Analog zur Entindividualisierung und Entleerung des Handlungsgehalts verhält sich die Struktur der Dialoge, die kein kommunikatives Sprechen, sondern monologische Darlegungen von Standpunkten sind. Das Prinzip des »Standpunktes« erweist sich als übergeordnetes Strukturprinzip. Entwicklung, Handlung, Aktion werden ersetzt durch Situationen und statische Querschnitte des Lebens. Das Statische kommt auch dort zum Tragen, wo der »Mensch« dem gleichgültigen Schicksal seine ewigen Träume entgegensetzt. So materialisiert sich die Sehnsucht des jungen Paares nach der Überwindung seiner materiellen Notlage im zweiten Bild in den Wunschbildern marmorner Paläste und leerer Tempel, einem Imperium des Anorganisch-Schönen. Held und Schicksal entsprechen einander unmittelbar. Das Schicksal ist nur eine Objektivation des »handelnden« Subjekts, und gerade deshalb ist ein Ausbruch aus dem immer identischen Sinnkreis des Lebens unmöglich. A.Gu.

AUSGABEN: Petersburg 1907 (in Šipovnik, Nr. 1). – Bln. 1907. – Petersburg 1913 (in *Poln. sobr. soč.*, 8 Bde., 1). – Moskau 1959 (in *P'esy*).

ÜBERSETZUNGEN: *Das Leben des Menschen*, A. Scholz, Bln. 1908. – Dass., ders., Lpzg. 1979.

LITERATUR: A. V. Lunačarskij, *Dramy* (»*Žizn' čeloveka*«) (in Vestnik žizni, 1907, Nr. 3). – A. E. Red'ko, »*Vragi« M. Gor'kogo i »Žizn' čeloveka«* L. A. (in Russkoe bogatstvo, 1907, Nr. 6, S. 106–114). – A. Blok, *O drame »Žizn' čeloveka«* (in Zolotoe runo, 1907, S. 129–131). – J. I. Zunin, *Mysli po povodu p'esy A. »Žizn' čeloveka« (Kritič. obzor)*, Kiew 1907. – N. Valentinov, *My eščë pridem. O sovremennoj literature, »Žizni čeloveka« i »Care golode«* L. A., Moskau 1908. – T. Gric, *O kompozicii »Žizni čeloveka«* L. A. (in Izv. Azerdajdž. universiteta, 1927/8–10, priloŽ., S. 46–52). – A. Linin, *Teatr L. A. (»Žizn' čeloveka«)* (in A. V. Bagrij, Literaturnyj seminarij, vyp. 6, Baku 1928, S. 5–35). – H. Chałacińska-Wiertelak, *Struktura artystyczna »Życia człowieka«* L. A. (in Slavia Orientalis, 1971, 20, S. 409–418).

GIOVAN BATTISTA ANDREINI

* 9.2.1578 Florenz
† 7./8.6.1654 Reggio Emilia

LE DUE COMEDIE IN COMEDIA

(ital.; *Die zwei Schauspiele im Schauspiel*). Komödie in fünf Akten von Giovan Battista ANDREINI, erschienen 1623. – Das durch die Vielzahl der Personen und die Verschachtelung verwirrende Stück mit dem bezeichnenden Untertitel *suggetto stravagantissimo (eine höchst sonderbare Geschichte)* wird dadurch noch komplizierter, daß fast alle Figuren ein Vorleben hatten, in dem sie anders hießen, und totgeglaubt sind.

Rovenio, ein in Venedig ansässiger reicher Kaufmann, liebt Solinga, die auf der Suche nach ihrem Geliebten Partenio aus Rom geflohen ist. Um die Rückkehr seines Freundes Zelandro aus Konstantinopel zu feiern, bittet Rovenio eine Laienspieltruppe, ein Stück für seine Gäste zu spielen, und überträgt dem jungen Lelio, dem er Obdach gewährt, die Organisation des Spiels. Arminia, eine Gitarrenvirtuosin (deren wirklicher Name Florinda ist), will Lelio veranlassen, ihre Lebensgeschichte aufzuführen, und erzählt ihm, wie sie von einem gewissen Durante (dem jetzigen Rovenio) verführt wurde, woraufhin ihr Vater sie zu töten versuchte. Damit begreift Lelio, der früher Mirindo hieß, auch seine eigene Geschichte: Als Kind war er von diesem Durante fast zu Tode geprügelt worden, als der ihn mit seiner Tochter Lidia im Schlaf umarmt fand. Durante hatte dann den leblosen Körper weggeworfen und danach Mirindos herbeigeeilten Vater Alidoro erstochen. Bei der Aufführung im Hof von Rovenios Haus (3. Akt) spielt auch dessen Tochter Lidia mit, die aber plötzlich aus der Rolle fällt und erzählt, wie ihr Vater vor ihren Augen den geliebten Knaben Mirindo umbrachte. Verärgert läßt Rovenio Durante daraufhin die Vorstellung abbrechen: es entsteht ein Handgemenge, weil der Gast Zelandro in Wirklichkeit der totgeglaubte Alidoro ist und den Mord an seinem Sohn Mirindo rächen will. Da greift Lelio/Mirindo ein und enthüllt seine wahre Identität, worauf seine Hochzeit mit Lidia beschlossen wird. Anläßlich dieser Hochzeit lädt Rovenio/Durante nun eine Truppe von Berufsschauspielern ein, zu denen auch Fabio (der der von Solinga geliebte Partenio ist) gehört. Aufgeführt wird diesmal die anfangs berichtete Geschichte der Arminia/Florinda, die sich dabei selbst darstellt. Als die Szene kommt, in der Arminias Vater die entehrte Tochter ersticht, wird das Spiel abgebrochen; Rovenio erkennt sich in der Figur des Verführers wieder und bekennt sich schuldig. Nach weiteren Verwicklungen und Erkennungsszenen endet das Stück mit der Vereinigung der Paare. Der Autor, Gian Battista Andreini, ein Sohn des berühmten Schauspielerehepaars Isabella und Francesco Andreini, wurde nach seinem Studium in Bologna selbst Schauspieler und leitete zusammen mit seiner Frau Virginia die Truppe *I Fedeli*, die in Norditalien, aber auch in Frankreich auftrat. Andreini ist der bedeutendste italienische Bühnenautor des 16. Jh.s, auf den zahlreiche dramaturgische Neuerungen zurückgehen (wie z. B. die Einbeziehung des gesamten Bühnenraums – u. a. auch für Massenszenen – und die musikalisch-tänzerische Ausgestaltung der Stücke), die die Entwicklung zum Barocktheater einleiteten. Neben Pastoralen, musikalischen Intermezzi u. ä. hat Andreini Verteidigungsschriften auf seinen Berufsstand (z. B. *La saggia egiziana – Die weise Ägypterin*, 1604), religiöse Theaterstücke (wie das Mysterienspiel *L'Adamo – Adam*, 1613, das wohl MILTON als Vorlage für sein *Paradise Lost*, 1613, diente) und zahlreiche Komödien verfaßt, u. a. *Lo schiavetto*, 1612 *(Der kleine Sklave)*, *La centaura*, 1622 *(Die Zentaurin)*. *Le due comedie in comedia* greifen mit dem Theater im Theater ein Konstruktionsprinzip auf, das schon vor Andreini im Repertoire der Commedia-dell'Arte-Truppen vorhanden war, wie das Szenarium *La commedia in commedia (Das Spiel im Spiel)* der Locatelli-Sammlung, 1618–1622, zeigt. Andreinis Stück spielt die Möglichkeiten des

Typus, der hier gedoppelt verwendet wird, virtuos durch; illusionsverstärkend wirken dabei die Verflechtung der Handlung des »äußeren« Stückes mit der der beiden »inneren«, das Aus-der-Rolle-Fallen von Spielern auf allen Ebenen, sogar in Verweisen auf die wirklichen Mitglieder der *Fedeli*-Truppe im Stück, dessen Hauptfiguren im übrigen die Bühnennamen von Andreini selbst (Lelio), von seiner Frau (Florinda) und seiner Geliebten (Lidia) tragen. Ein besonderer Reiz ist die babylonische Sprachverwirrung des Stücks, in dem nicht nur verschiedene italienische Dialekte gesprochen werden, sondern auch ein französischer Koch und ein Latein sprechender »Pedant« vorkommen. Mit dieser extrem künstlichen Sprache, die vom Kalauer bis zum raffiniertesten Wortspiel reicht, gehört das Stück zu den »ausgeschriebenen Komödien«, die viele Mitglieder von Commedia-dell'Arte-Truppen neben den Szenarien, die den z. T. improvisierten Stücken zugrunde lagen, verfaßten. Letztlich ungeklärt ist, ob es sich bei diesen gedruckten Bühnentexten um das schriftlich fixierte Ergebnis langjähriger praktischer Bühnenarbeit handelt oder ob sich die Schauspieler damit nur das Flair von Literaten geben wollten, was hieße, daß diese Stücke wenig oder nichts mit ihrem sonstigen Bühnenschaffen gemein hätten. Andreinis Stück wurde wohl 1623 in Venedig aufgeführt; 1982 brachte der Regisseur Luca Ronconi, der schon 1972 Andreinis *Centaura* inszeniert hatte, dieses *»düstere ... moralistische Stück«* (Ronconi) wieder auf die Bühne.   K.Hr.

AUSGABEN: Venedig 1623. – Mailand 1985/86 (in *Commedie dell'Arte*, Hg. S. Ferrone, 2 Bde., 2, S. 9–105; m. Bibliogr.).

LITERATUR: E. Bevilacqua, *G. B. A. e la Compagnia dei Fedeli* (in GLI, 12, 1894, Bd. 23, S. 76–155; Bd. 24, S. 82–165). – F. Angelini, *A.* (in *Dizionario biografico degli Italiani*, Bd. 3, S. 133–136; m. Bibliogr.). – *Commedie dei Comici dell'Arte*, Hg. L. Falavolti, Turin 1982, S. 26–54; m. *Lo schiavetto*, S. 55–213.

STEFAN ANDRES

* 26.6.1906 Breitweis / Trier
† 29.6.1970 Rom

LITERATUR ZUM AUTOR:
O. Mann, *S. A.* (in O. M., *Christliche Dichter der Gegenwart*, Heidelberg 1955, S. 391–402; ²1968). – K. G. Werber, *Das Verhältnis von Persönlichkeitsentfaltung und Zeiterlebnis im Werk von S. A.*, Diss. Bonn 1959. – E. Baum, *Sprach- und Stilstudien zum dichterischen Werk von S. A.*, Diss. Bonn 1960. – *S. A. Eine Einführung in sein Werk*,

Hg. H. Hennecke, Mchn. 1962 [m. Bibliogr.]. – *Utopia und Welterfahrung. S. A. und sein Werk im Gedächtnis seiner Freunde*, Mchn. 1972. – K. Lorenzen, *S. A.* (in *Dt. Dichtg. d. Gegenwart*, Hg. B. v. Wiese, Bln. 1973, S. 183–194). – H. Wagener, *S. A.*, Bln. 1974. – *S. A. Ein Reader zu Person und Werk*, Hg. W. Grosse, Trier 1980.

EL GRECO MALT DEN GROSSINQUISITOR

Novelle von Stefan ANDRES, erschienen 1936. – Die nicht sehr umfangreiche Erzählung behandelt das Problem von Kunst und Wahrheit angesichts einer Wirklichkeit, deren Greuel keine verklärende, falsche Harmonisierung mehr zulassen. – Ein Bote des Großinquisitors Guevara sucht den berühmten Maler El Greco in Toledo auf und überbringt ihm den Befehl, er möge sich zu Beginn der Adventszeit mit seinem Malgerät in Sevilla einfinden, um Guevara zu malen. El Greco trifft zur vorgesehenen Zeit in Sevilla ein und begibt sich zum Großinquisitor, der ihm im feierlichen Violett seiner Robe Modell sitzt. Aber schon die ersten Skizzen und Pinselstriche des Malers verraten dem erstaunten Guevara, daß El Greco nicht gewillt ist, ihn in der traditionellen Pose des Kirchenfürsten, in *»frommer Bestürzung und heiligem Schrecken«*, zu malen, sondern *»so wie Gott es ... befiehlt durch die Wahrhaftigkeit«* – in Schwarz und Rot, als *»Feuer in der Nacht«*; denn die Kirche der Liebe ist zum *»blutigen Feuer«* der überall lodernden Scheiterhaufen der Inquisition geworden. Noch am selben Tag erkrankt der Großinquisitor. El Greco wird beauftragt, seinen Freund, den berühmtem Cazalla aus Toledo, zu Hilfe zu rufen. Der leidenschaftliche Arzt will zunächst seinen Bruder rächen, der vor Jahren ein Opfer der Inquisition geworden ist, wird aber von El Greco bewogen, Guevara zu helfen. *»Wißt, es ist umsonst, die Inquisitoren zu töten. Was wir können, ist – das Antlitz dieser Ächter Christi festzuhalten.«* Cazalla verspricht, den Kardinal zu heilen, wie er als Arzt verpflichtet ist. Aus Grecos Bild soll Guevara erfahren, *»wie der Generalinquisitor inwendig aussieht«*. Der Kardinal wird gesund, seine Krankheit hat ihn jedoch spürbar verwandelt. Obwohl sein Amt ihm auferlegt, auch weiterhin der Inquisition zu dienen, wird er doch versuchen, künftig auf *»edle Feinde«* bedacht zu sein. Die nach Toledo zurückkehrenden Freunde werden von der Inquisition verschont. El Greco reiht das vollendete Werk später unter seine Heiligenbilder ein, mit der Bemerkung: *»Ich habe sein Gesicht erkannt, und dafür ist er dankbar! ... Ein Heiliger um seiner Schwermut willen, ein trauriger Heiliger, ein heiliger Henker!«*

Die sprachlich disziplinierte und streng komponierte Erzählung lebt von einer sparsamen, unaufdringlichen Symbolik, die gleich zu Beginn des Werkes angedeutet wird, als El Greco sein berühmtes Bild *Toledo im Gewitter* beendet, auch hier die »Furcht« malend, *»um furchtlos zu werden«*. Die Wahrheit und Furchtlosigkeit seiner Kunst schützen ihn vor dem Zugriff einer Wirklichkeit, die sich in seinen Bildern erst erkennt. H.H.H.

AUSGABEN: Lpzg. 1936. – Mchn. 1947. – Mchn. 1951. – Mchn. 1958 [mit einer Einf. in das Schaffen des Dichters von H. Hennecke]. – Mchn. 1982 (in *Die schönsten Novellen und Erzählungen*, 3 Bde., 2). – Rom 1984.

LITERATUR: W. Grenzmann, *S. A. Gesetz und Freiheit* (in W. G., *Dichtung und Glaube*, Ffm. ²1960, S. 267–291). – K. Wolff, *»El Greco malt den Großinquisitor« von S. A. Bericht über eine Besprechung* (in WW, 4, 1962, S. 303–311). – C. O. Nordstrand, *S. A. und die innere Emigration* (in Moderne Språk, 63, 1969, S. 247–264).

DER KNABE IM BRUNNEN

Roman von Stefan ANDRES, erschienen 1953. – In dieser romanhaften Autobiographie berichtet der Autor in leicht verschlüsselter Form von seiner Kindheit bis zu seinem elften Lebensjahr 1917. Als jüngstes von sechs Kindern des Müllers Stefan Ainert verbringt der kleine Steff seine ersten Jahre in einer Mühle an einem kleinen Nebenflüßchen der Mosel, dem Dhron. Dann zieht die Familie nach Schwechen an der Mosel, wo der Vater nun eine Landwirtschaft betreibt. Steff macht sich allmählich mit der Welt vertraut; bestimmende Erlebnisse seiner Kindheit sind: eine fast tödlich verlaufende Krankheit, der erste Schulgang und die erste Beichte, die Enttäuschung, die ihm eine Durchfahrt des Kaisers bereitet, der Kriegsausbruch, eine erste verwirrende und schockierende Konfrontation mit der Sexualität und die kindliche Zuneigung, die er zu dem evakuierten Mädchen Kätta empfindet. Steff erlebt schließlich den Tod seines Vaters und bald darauf die erste Kommunion. Mit der Abreise ins Collegium Josephinum, wo er auf den Priesterberuf vorbereitet werden soll, endet diese Kindheit. Schon in einem der ersten Kapitel wird das Leitmotiv genannt, das dem »Roman« den Titel gab: der Knabe im Brunnen. Der kleine Steff hält sein Spiegelbild im Brunnen für einen wirklichen Jungen, mit dem er spielen will. Als Steff sich von ihm genarrt glaubt, zerstört er mit einem Steinwurf das Bild. Sein Wahn, den Jungen verletzt zu haben, verursacht ihm schreckliche Gewissensbisse. Darin wird die kindliche Vermischung von Realität und Imagination sichtbar, die nicht nur die Erfahrung der Alltagswelt bestimmt, sondern auch die allgegenwärtige Schuld und Sündenproblematik: Die eingebildete Verletzung des imaginären Brunnenknaben ruft einen höchst realen seelischen Konflikt hervor. Dieses Spannungsverhältnis zwischen neugieriger Lust auf die Welt und ständiger Hemmung durch die engen religiösen und konventionellen Grenzen macht die Grundstimmung dieser katholischen Kindheit aus. Schon die frühesten Bewußtseinsprozesse sind von quälender Gewissensforschung bestimmt, und nie kommt Steff vom Bewußtsein tiefer Sündhaftigkeit los: ».. .*ganz gewiß war die Menge des Bösen, für das ich keine Strafe erhielt, größer als das bißchen, was herauskam und abgegolten wurde.«* Die besonnen-lebensbejahende Gestalt des Vaters ragt durch tätige Leistungsethik aus der passiven Lebenshaltung der meisten Mitmenschen heraus; als Vermächtnis zeigt er dem elfjährigen Steff die entscheidende Bedeutung des Gleichnisses von den Pfunden, mit denen der Christ wuchern müsse. Die Einheit der kindlichen Welt wird durch den linearen Aufbau des »Romans« betont; der durchgehend schlichte Stil entspricht der kindlichen Perspektive des Ich-Erzählers. Die Naturszenerie wird oft mit in das Geschehen einbezogen, auch durch Lautmalerei hervorgehoben *(»es gluckerte, schwatzte: es strudelte...«)*; landschaftliche und Dialektausdrücke, aber auch mundartliches Schimpfen zeigen, wie eng das Werk und die dargestellte Kindheit der mosselländischen Heimat verbunden sind. C.Cob.

AUSGABEN: Mchn. 1953. – Mchn. 1961 (dtv). – Mchn. 1986.

WIR SIND UTOPIA

Novelle von Stefan ANDRES, erschienen als Vorabdruck in der ›Frankfurter Zeitung‹ im Februar 1942, in Buchform veröffentlicht 1943. – Der Novelle war besonders in den fünfziger Jahren ein populärer Erfolg beschieden, nachdem die Auslieferung der Erstausgabe, die der U. Riemerschmidt Verlag gewagt hatte, erheblich gestört war. Die neugefaßte Nachkriegsausgabe (1951) wurde ein Longseller, nicht zuletzt, weil man die Erzählung als Lektüre im Deutschunterricht an den höheren Schulen bevorzugt benutzte. Andres, dessen Christentum *»offensichtlich einen rebellischen und anarchischen Einschlag«* hat (Hennecke), machte die konfliktanfällige Position des nicht anpassungsbereiten Christen zum Thema seiner meisten Werke. Diese Konfliktsituation erlitt der Autor selbst frühzeitig, als er sich von seiner geistlichen Berufung abkehrte. Als Zwiespalt zwischen Welt und Ordensleben stellte er sie in seiner ersten Veröffentlichung *Bruder Luzifer* (1932) dar; abgewandelt als *»Zwietracht... zwischen dem frei waltenden Geist und dem starren Willen der Kirche«* (Braem), erscheint sie wieder in der Erzählung *El Greco malt den Großinquisitor* (1936), als Gewissenskonflikt (wiederum eines Priesters) zwischen Pflicht und Neigung in *Wir sind Utopia.*

Die Novelle spielt in einem Mittelmeerland, das sich, wenn auch verschleiert, als das vom Faschismus überrumpelte Spanien der Jahre 1936/37 zu erkennen gibt. Der einstige Mönch Padre Consalves muß nach zwanzigjähriger Abwesenheit, während der er sich schließlich auch als Franco-Söldling verdingt hatte, als der Häftling Paco Hernandes in sein altes, von den Republikanern inzwischen in ein Gefängnis verwandeltes Kloster zurückkehren. Im Trupp der zweihundert Gefangenen fällt er dem jugendlichen Leutnant der Bewachungsmannschaft auf, er offenbart sich ihm und erhält seine alte Zelle. Paco ist an diesem Raum besonders interessiert, weil die schon früher von ihm zur Flucht präparierten Gitterstäbe nun ihm und allen anderen Gefangenen zum Entkommen verhelfen könnten. Er kann sich auch noch ein feststehendes Messer verschaffen. Je länger er jedoch in seiner Zelle weilt, desto stärker verdrängt die Erinnerung an sein früheres Klosterdasein den Gedanken an die Gegenwart. Die Erscheinungen ehemaliger, von den »Roten« bei der Besetzung des Klosters ermordeter Konfratres dialogisieren mit Paco. Ein fleckiges Gebilde an der Decke über seiner Pritsche erleichtert ihm assoziativ, wie einst die Überfahrt ins Traumland »Utopia«, so jetzt den visionären Dialog. Jene Vision von einem Utopia der konfessionellen Toleranz und gerechten Gesellschaftsordnung war die Ursache seines Ordensaustritts, den er nun, ernüchtert von seiner Weltenfahrt, als hinfällig anzusehen lernt. Er gewinnt seine religiöse Festigkeit zurück. Die Entscheidung naht, als der Leutnant, der unermeßliche Greueltaten an Nonnen und Mönchen verübt hat und in Höllenangst verfallen ist, unter allen Umständen vor ihm die Beichte ablegen will. Pacos Unschlüssigkeit wandelt sich immer deutlicher zur Gnadenbereitschaft. Als der um sein Seelenheil bangende, gleichwohl aber wegen des nahenden Gegners zur befehlsgemäßen Exekution der Gefangenen entschlossene »rote« Leutnant jenes Messer entdeckt, das Paco an sich genommen hatte, tauschen beide den Bruderkuß und bereiten jeder auf seine Weise die Exekution vor: Paco erteilt seinen Mitgefangenen die Absolution und fällt mit ihnen unter den MG-Garben; dem Leutnant steht dasselbe Los, von der Gegenseite ausgeführt, noch bevor.

Zentrum der Fabel ist Pacos innere Wandlung; die Handlung ist das Aggregat, das seine Wendung von einer weltlich-sozialen zur transzendenten Utopia-Vorstellung bewerkstelligt. *»Das eigentliche Geschehen ist hier Innenvorgang, statt der Aktion nach außen die Reaktion im Innern«* (O. Mann). Die Entwicklung führt über die entscheidenden Stationen, das visionäre Utopia-Gespräch mit Padre Damiano und die Beichtszene (mit dem novellistischen »Wendepunkt«), zur Entrückung Pacos in *»Gottes Utopia«.*

Der Autor schrieb die Novelle 1941 in seinem Refugium Positano, das er, Ehemann einer als »nicht arisch« diskriminierten Frau, für sich und seine Familie seit 1937 gewählt hatte. Seither wird Andres sowohl als »Emigrant« bezeichnet wie der »Inneren Emigration« zugerechnet. Nach dem autobiographisch akzentuierten Roman *Der Taubenturm* und der Selbstdarstellung (beide 1966) hat er selbst sich als Emigrant verstanden. Er lebte im Italien der »Achse«, jedoch nicht im politischen Exil, er hatte sich nur zurückgezogen, um der Anpassung entgegenzuwirken und seine Frau und Kinder dem unmittelbaren nationalsozialistischen Druck zu entziehen. Andres publizierte immerhin bis 1943 eine

Reihe von Werken und wurde noch 1941 von FECHTER beifällig in dessen Literaturgeschichte bedacht. Für die »Innere Emigration« wird Andres von HAUSENSTEIN und STORZ reklamiert. Die Niederschrift und Veröffentlichung der Novelle ist wohl ein Akt passiver Resistenz gewesen, zumindest war er als solcher vom Autor beabsichtigt und von einem Teil der Leser damals verstanden worden. Neuere Forschungen zur Publikationsgeschichte des Textes (M. Hadley) haben ergeben, daß diese Einschätzung auch von W. DIRKS, dem damaligen Literaturredakteur der ›Frankfurter Zeitung‹ geteilt wurde und daß die Erzählung nur erscheinen konnte, weil die Zensurbehörde des Reichspropagandaministeriums darin einen tendenziellen »Antikommunismus« erkannte und damals noch dem Ausland gegenüber der großzügige Umgang mit abweichenden Stimmen in der Presse des eigenen Landes bewiesen werden sollte.

Die Abstinenz der Novelle gegen präzise politische Kritik spricht jedenfalls für die Absicht des Autors, unter Ausschaltung einer Diskussion der äußeren Verhältnisse eine Festigung und Harmonisierung der Innenwelt herbeizuführen. Merkwürdigerweise aber stellt Andres die Innenaktion in einen Realzusammenhang mit dem Spanischen Bürgerkrieg. Er hätte sein Thema, die Gnadenfindung, novellistisch auch in einem anderen, weniger konkreten Zeitraum abhandeln können. Gegen Storz, der in der Wahl des aktuelleren Zeitrahmens gerade die mutige politische Tat sieht, ist einzuwenden, daß Andres' Version mit einer offiziellen Geschichtslüge – der vom Verlauf des Spanischen Bürgerkriegs – übereinstimmt. Er unterstützte so das faschistische Zerrbild des blutrünstigen »Rotspanien« mit einer »Realitätsschilderung«, die nichts weniger als realitätsgetreu ist. Diese scheinbar historische Vergegenwärtigung führte noch anläßlich der vergrößerten »Tragödie«-Fassung *Gottes Utopia* (1950) B. v. WIESE zu dem Fehlurteil, der unbedarfte Franco-Söldling Paco sei *»Vorkämpfer eines politischen Freiheitsgedankens«* gewesen. Aber nicht nur der äußere Realitätsbezug der Erzählung ist fragwürdig: anfechtbar ist auch – vom Standpunkt einer Pragmatik, die die soziale Utopie im Diesseits verwirklichen will – der Rückzug auf das Innengeschehen; damit wird jenes paulinische Christentum nachvollzogen, das in seiner Verinnerlichungstendenz und Jenseitsorientierung diesseitige Unterdrückung und Gewalt zuläßt – eine Haltung, die E. BLOCH als »Sozialkompromiß« angreift (in *Das Prinzip Hoffnung*). Entsprechend gilt für Andres: nicht *homo homini homo*, sondern: wir sind *»Knechte des Lebens, oh, dann ist ›unsere Freude vollkommen‹, denn wir fühlen unseren Wert, und zwar eben darin, weil wir eingefangen und unters Joch gebracht wurden«*. P.Gl.

AUSGABEN: Bln. 1943. – Mchn. 1962 (in *Novellen und Erzählungen*, 1). – Mchn. 1974; 26 1985. – Mchn. 1982 (in *Die schönsten Novellen und Erzählungen*, 3 Bde., 2).

DRAMATISIERUNG: S. Andres, *Gottes Utopia* (Urauff.: Düsseldorf, 16. 9. 1950, Schauspielhaus).

LITERATUR: W. Hausenstein, *Bücher frei von Blut und Schande* (in SZ, 24. 12. 1945; ern. in J. F. G. Grosser, *Die große Kontroverse. Ein Briefwechsel um Deutschland*, Hbg. 1963). – A. Stich, Rez. (in Echo der Woche, 3. 7. 1948). – W. Franke, *S. A.*, *»Wir sind Utopia«* (in Der Deutschunterricht, 6, 1952). – G. Guder, *»Wir sind Utopia«* (in MLJ, 1, 1954). – J. Pfeiffer, *Wege zur Erzählkunst*, Hbg. ²1954. – J. Bengeser, *Schuld und Schicksal, Interpretationen zeitgenössischer Dichtung*, Bamberg ²1963. – A. Weber, *S. A., »Wir sind Utopia«*, Mchn. ²1963. – K. Brinkmann, *Erläuterungen zu S. A. »Wir sind Utopia«*, Hollfeld 1965. – B. v. Wiese, *»Gottes Utopia«* (in *S. A., eine Einführung in sein Werk*, Hg. H. Hennecke, Mchn. ²1965). – O. Schober, *S. A.: »Wir sind Utopia«* (in *Deutsche Novellen von Goethe bis Walser*, Königstein ²1980, S. 201–236). – M. Hadley, *Resistance in Exile. Publication, Context and Reception of S. A.'s »Wir sind Utopia«* (in Seminar, 19, Toronto 1983, Nr. 3, S. 157–176). – G. Gillessen, *Auf verlorenem Posten. Die Frankfurter Zeitung im Dritten Reich*, Bln. 1986.

SOPHIA DE MELLO BREYNER ANDRESEN

* 6.9.1919 Porto

LIVRO SEXTO

(portug.; *Sechstes Buch*). Lyriksammlung von Sophia de Mello Breyner ANDRESEN, erschienen 1962. – Der – wie im Titel angekündigt – sechste und zugleich einer der bedeutendsten Lyrikbände der Autorin ist Kristallisationspunkt eines stilistischen und thematischen Entwicklungsprozesses. Nach der dem Paganismus und der griechischen Antike verhafteten frühen Poesie, reich an Beschwörungen der Götter und mythologischer Figuren (*Dia do mar – Tag des Meeres*, 1947), verfiel die Autorin in eine Dichtung der Klage ob der Zerbrechlichkeit der Welt und der alles trennenden und aufhebenden Wirkung der Zeit (*No tempo divino – In göttlicher Zeit*, 1954). In ihrem sechsten Band fand sie zu einem neuen Verständnis der Zeit und damit auch der Dinge und Menschen. Ausgangspunkt ist der Gedanke der Überwindung von Vergänglichkeit durch die Dichtung, die als Möglichkeit betrachtet wird, den Augenblick zu verewigen.

Die Sammlung ist in drei Teile gegliedert, welche die angedeutete persönliche Entwicklung der Dichterin schrittweise dokumentieren. Der erste

Teil, *Die Dinge*, stellt den Versuch dar, Gegenstände und Landschaften zu »umkreisen«. Gemäß ihrer Auffassung von Dichtung als einer *»Verfolgung des Realen«* werden Steine, Gebirge, Lichteffekte, aber vor allem und immer wieder das Meer betrachtet und zum Gegenstand einer feierlichen Aufmerksamkeit und eines begeisterten Erstaunens gemacht. Der Dichter wird dabei zum bloßen Medium, dessen Blick *»durchsichtig wie Glas«* dazu dient, *»daß sich die Dinge sehen«. – Der Stern*, so die Überschrift des zweiten Teils, führt die Dichterin in Anlehnung an die christliche Mythologie zur heiligen Stätte, zu den Menschen: »*Wieviele Wüsten / Mußte ich durchqueren, um jenes zu finden / Was so nah unter den Menschen weilte.*« Hier wird ebenfalls der Abschied von den Göttern gefeiert (*»Da bin ich / Aller Gewänder entkleidet / Aller Wahrsager, Zauberer und Götter entledigt«*) und die Absicht bekundet, durch das Gedicht *»Den wirklichen Augenblick der Erscheinung und des Erstaunens / Vor dem Verfall, Tod und Zusammenbruch zu bewahren«*. Die Hinwendung zum Menschlich-Vergänglichen wird als eine notwendige Folge jener im ersten Teil artikulierten prinzipiellen Aufmerksamkeit des Dichters den Dingen gegenüber verstanden: »*Wer ein richtiges Verhältnis zum Stein, zum Baum, zum Fluß sucht, wird notwendigerweise durch den Geist der Wahrheit dazu geführt, ein richtiges Verhältnis zum Menschen zu suchen.*« – Der dritte Teil, *Die Gitter*, enthält ausschließlich politische Texte, die sich ausdrücklich auf die negative portugiesische Realität beziehen. Hier werden Vaterland, Exil und politische Unterdrückung thematisiert.

Die Klarheit der Sprache ist Ausdruck jener *»bejahenden Exaltiertheit des Realen«*, welche die Lyrik der Autorin kennzeichnet. Ihre Sprache ist in der entrüsteten Anklage politischer Unterdrückung, in der Revolte gegen menschlichen Schmerz und in der begeisterten Beschreibung einer Seelenlandschaft durch dieselbe nüchterne und knappe Dichte des Ausdrucks geprägt. *»Der poetische Diskurs als plötzliche und feierliche Ekstase gegenüber dem von der Ratio Unkontrollierbaren und im Bereich des Imaginären Flüchtigen«* wird als eine der herausragendsten Eigenschaften der Dichtung Sophia de Mello Breyner Andresen betrachtet, die für ihr *Livro Sexto* mit dem begehrten Großen Poesiepreis der Sociedade Portuguesa de Escritores ausgezeichnet wurde. A.C.K.

AUSGABEN: Lissabon 1962. – Lissabon 1985.

LITERATUR: O. Lopes, Rez. (in O Cómercio do Porto, 25. 11. 1962; ern. in ders., *Os sinais e os sentidos*, Lissabon 1986, S. 107–112). – C. Crabbé Rocha, *A poesia de S. de M. B. A., ou o culto do canto mágico de Orpheu* (in Biblos, 55, 1979, S. 121–135). – J. Prado Coelho, *S.: A lírica e a lógica* (in Colóquio/Letras, 1980, Nr. 57, S. 20–35). – M. de Lourdes Belchior, *Itinerário de S.* (ebd., 1986, Nr. 89, S. 36–42).

VICENT ANDRÉS I ESTELLÉS

* 4.9.1924 Burjassot / Valencia

DAS LYRISCHE WERK (kat.) von Vicent ANDRÉS I ESTELLÉS.

Das umfangreiche Werk dieses Autors, der vom Kulturhistoriker Joan FUSTER als der größte valenzianische Dichter seit Ausiàs MARCH (1397–1459) bezeichnet wurde, konnte, obwohl zum großen Teil bereits in den fünfziger Jahren geschrieben, weitgehend erst in einer 1972 begonnenen und 1988 mit dem 10. Band abgeschlossenen Gesamtausgabe veröffentlicht werden. Als erster Lyriker, der im Land València katalanisch schreibend die Zensur passierte und auf Anhieb populär wurde, erregte Estellés vor allem durch eine erotische Freimütigkeit Aufsehen, wie sie in der spanischen Lyrik unter der Diktatur Francos nicht gewagt worden war.

In der Zeitschrift ›Garcilaso‹ veröffentlichte Estellés seine ersten Gedichte in spanischen Übersetzungen. Die von wirtschaftlicher und kultureller Verarmung geprägte Nachkriegszeit erlebte er *»schlimmer und dunkler als den Bürgerkrieg selbst«*, was in den meisten seiner Gedichte der fünfziger Jahre eine poetische Umsetzung erfährt. So ist der Tod als allegorische Figur, erwartet und frei von jeder Transzendenz, ständig präsent in dem Band *La nit*, 1956 (*Die Nacht*; entstanden 1953–1956), in dem der Dichter überdies unter dem Eindruck des Todes seiner kleinen Tochter steht. In *Llibre de meravelles*, 1971 (*Buch der Wunder*; entstanden 1956–1958), dessen Titel dem großen katalanischen Gelehrten des Mittelalters Ramon LLULL (1232/34–1316) entliehen ist, nimmt der Autor entschieden Stellung für das einfache Volk, dessen Sorgen und Leidenschaften abseits der offiziellen Parolen er aus der Haltung eines Zeugen, aber als *»einer unter vielen«* beschreibt. Was bei Salvador ESPRIU (1913–1985) immer wieder beschworen wird, die Rettung der katalanischen Sprache stellvertretend für die gesamte Kultur, und ihre Bewahrung für nachfolgende Generationen, äußert sich bei Estellés in einem fast lexikographischen, aufzählenden Stil, der selbst die einfachsten Begriffe des traditionellen und regionalen Sprachgebrauchs inventarisieren und in die zeitgenössische Lyrik aufnehmen will. Seine Hauptthemen – Tod, Liebe und Heimat – werden in einer von Fuster als *»Erbrechen von Sprache«* (*»vòmit de llengua«*) bezeichneten Schreibweise stets auch in ihren konkreten Äquivalenten – Leichnam, Sexualität und Dorfbewohner – vermittelt. Abgeschnitten sowohl von seiner katalanischen Vorgängergeneration als auch von maßgebenden literarischen Ereignissen in Barcelona, gelingt Estellés in der Kombination literarischer Quellen mit surrealistischen Bildern und vulgärsprachlichen Ausdrücken eine Erneuerung der poetischen Sprache. So entlarven in *El primer llibre de les églogues*, 1972 (*Erstes Buch der Eklogen*; entstanden 1953–1958) offene Stil- und Registerbrüche, wie die in Stenotypistinnen verwandelten Hirten des VERGIL und GARCILASO DE LA VEGA (1503–1536) als Symbole der beklemmenden Nachkriegszeit, den archaisierenden und eskapistischen Charakter der vorherrschenden Lyrik. Aus den nostalgischen und monologartigen Worten der Figuren spricht ein Pessimismus, der entfremdete gesellschaftliche Strukturen für die Unfähigkeit zu Kommunikation und leidenschaftlicher Liebe verantwortlich macht.

In *La clau que obri tots els panys*, 1971 (*Der Schlüssel, der alle Schlösser öffnet*; entstanden 1954–1957), und hier besonders in der Gedichtreihe *Coral romput (Zerbrochener Choral)*, läßt Estellés, Realität und Phantasie wie auch verschiedene Zeitebenen vermischend, das Bewußtsein des historischen Moments hinter dem Versuch einer assoziativen Schreibweise mit einer intimen Darstellung persönlicher Themen zurücktreten. Diese Entwicklung wird sich später in *Hamburg* (1974) bestätigt finden, wo der im Mittelpunkt stehende Tod nicht mehr als Ausdruck einer kollektiven Tragödie, sondern in seiner existentiellen Tragweite für das Individuum behandelt wird. Trotz ihres meditativen Charakters erscheint auch diese Lyrik noch als sehr stark an die Biographie und Phantasiewelt des Autors gebunden; ein aphoristischer und häufig selbstironischer Ton erinnert in Verbindung mit dem von Estellés bevorzugten Alexandriner, mit Betonung auf der vierten Silbe, an Ausiàs March. – Estellés' Beschäftigung mit der klassischen Dichtung geht in *Horacianes* (1974; entstanden 1963–1970) weit über die beliebte Imitation der sprachlichen Schönheit hinaus (vgl. Miguel COSTA I LLOBERAS', *A Horaci*): Er identifiziert sich mit dem römischen Dichter und dessen Werk und Lebensweise so sehr, daß die Welten Estellés' und des Horaz verschwimmen. SUETON, der in seinen Biographien *De vita caesarum* (*Über das Leben der Cäsaren*), auf denen die *Horacianes* beruhen, die erotischen Vorlieben des Horaz detailreich schildert, wird in klarer Anspielung auf eine im Jahre 1963 gegen Estellés entfachte antikatalanistische Hetzkampagne des Sensationalismus und der Verletzung der Intimsphäre angeklagt. Dagegen setzt Estellés eine raffinierte Darstellung des Banalen:»*Nichts liebe ich so / wie die gebratene Paprika, in Streifen geschnitten / mit rohem Öl zu beträufeln /.../ Ich schaue sie mir in der Luft an, / manchmal komme ich zur Ekstase, zum Orgasmus. / Ich schließe die Augen und schling' sie 'rein*«.

Aus 103 Sonetten mit grotesken Gestalten und Anekdoten setzt Estellés in *El gran foc dels garbons*, 1972 (*Das große Feuer der Reisigbündel*; entstanden 1958–1967) ein Sittenbild des ländlichen València zusammen, das mit einer souveränen Verarbeitung der volkstümlichen Thematik durch eine klassische Form die Originalität seines Stils bestätigt. Das in einer späteren Ausgabe (1975) noch erheblich erweiterte Werk findet seine Fortsetzung in *Pedres de foc*, 1975 (*Steine aus Feuer*), wo die Figur der Prostituierten *La Cordovesa* wieder aufgenommen wird. Die große formale und sprachliche Strenge dieser Gedichte verhindert, daß die sehr direkten erotischen Szenen ins Vulgäre abgleiten; leidenschaftlich erlebte Sexualität steht metonymisch für die menschliche Existenz und wird, wie etwa in *Les acaballes de Catul*, 1977 (*Die letzten Tage des Catull*; entstanden 1968), als neuralgischer Punkt der Estellés'schen Weltanschauung begreifbar.– Mit *Antibes*, 1976 (entstanden 1960–1971), entdeckt man einen neoimpressionistischen Estellés, der sich bereits in *Primera audició*, 1971 (*Erste Anhörung*; entstanden 1955–1970) von der Kindersprache zu einfachen und verspielten Versen hatte inspirieren lassen. Aus einer Natur mit menschlichen und erotischen Eigenschaften bezieht er wie in *Elegia*, 1980 (*Elegie*; entstanden 1977), Bilder von primitivem Zauber. – Das epische *Mural del País València (Wandbild des Landes València)*, das Estellés am Todestag Francos 1975 zu schreiben begann und das bisher nur in Teilen veröffentlicht worden ist, zeugt vom politischen Engagement und von der Verwurzelung des Widerstands gegen Franco (*Lletra al pintor valencià Josep Renau – Brief an den valenzianischen Maler Josep Renau*, 1978; entstanden 1973–1976; *Document de Morella – Dokument über Morella*, 1979; entstanden 1975).

Durch konsequent angewandte formale Vielfalt, die vom Haiku bis zum Prosagedicht reicht, hat Estellés einen wesentlichen Einfluß auf die katalanische Dichtergeneration der siebziger Jahre ausgeübt. Möglicherweise ist dies auch darauf zurückzuführen, daß er sich nicht dem ausgegebenen programmatischen Konzept des »*historischen Realismus*« (»*realisme històric*«) unterordnete, sondern als »*poeta de realitats*« (Fuster) seine Beobachtungen aus einer öffentlich gemachten Intimität mitzuteilen verstand. F.F.M.

AUSGABEN: *La nit*, València 1956. – *Llibre de meravelles*, Valencia 1971. – *Primera audició*, València 1971. – *La clau que obri tots els panys*, València 1971. – *Hamburg*, Barcelona 1974. – *El gran foc dels garbons*, València 1975. – *Antibes*, Barcelona 1976. – *Lletra al pintor valencià Josep Renau*, València 1978. – *Document de Morella*, Tarragona 1979. – *Obra completa*, 10 Bde., València 1972–1988 (Vorw. J. Fuster).

ÜBERSETZUNGEN: *Katalanische Lyrik*, Hg. J. Hösle u. A. Pous, Mainz 1970 [kat.–dt.; Ausw.]. – *Ein Spiel aus Spiegeln. Katalanische Lyrik des 20. Jh.s*, Hg. T. D. Stegmann, Lpzg./Mchn. 1987 (kat.–dt., Ausw., Nachw. D. Oller).

VERTONUNGEN: O. Montllor, *Crònaca d'un temps*, 1973, *A Alcoy*, 1974, *De manars i garrotades*, 1977, *Bon vent i barca nova*, 1978; *Coral romput*, 1979; *04. 02. 42*, 1980. – M. del Mar Bonet, *Alenar*, 1977. – P. Muñoz, *P. M. canta V. A. E.*, 1986.

LITERATUR: F. Parcerisas, *Funcions i figures de V. A. E.* (in Els Marges, 5, 1975, S. 118–130). – V. Escrivà u. J. Pérez Montaner, *Una aproximació a V. A. E.*,

València 1981. – E. Bou, *V. A. E.* (in *Història de la literatura catalana*, Hg. M. Riquer u. a., Bd. 10, Barcelona 1987, S. 376–381).

LEOPOLD FERDINAND FREIHERR VON ANDRIAN-WERBURG

* 9.5.1875 Berlin
† 19.11.1951 Fribourg / Schweiz

LITERATUR ZUM AUTOR:
H. Schumacher, *L. A. Werk u. Weltbild eines österr. Dichters*, Wien 1967. – H. R. Klieneberger, *Hofmannsthal und L. A.* (in MLR, 80, 1985, S. 619–635).

DER GARTEN DER ERKENNTNIS

Lyrische Prosadichtung von Leopold Ferdinand Freiherr von ANDRIAN-WERBURG, erschienen 1895. Der Autor hatte zunächst einen anderen Titel gewählt, der aber aufgegeben und erst bei der vierten Auflage (1919) wieder berücksichtigt wurde. *Das Fest der Jugend. Des Gartens der Erkenntnis erster Teil, und die Jugendgedichte.* – Der junge Andrian, dessen frühe Gedichte durch Vermittlung des mit ihm befreundeten Hugo von HOFMANNSTHAL 1893/94 in Stefan GEORGES ›Blättern für die Kunst‹ veröffentlicht wurden, versucht in dieser kurzen, Elemente einer stilisierten Kunstprosa und des Märchens verbindenden Novelle die Aura der zerbrechlichen, »*rührenden Schönheit der späten Zeiten*« einzufangen, in der ein Adliger namens Erwin, auf der Schwelle »*vom Ephebenalter zur Mannesjugend*«, das »*Geheimnis des Lebens*« zu finden hofft. Einige Verse aus den später mit dem *Garten der Erkenntnis* vereinigten Jugendgedichten kennzeichnen am deutlichsten Stil und Atmosphäre des Werks: »*Nach Reizen bebend, die wir morgen nicht verstehn, / Erkennen wir, daß wir sie selbst gegeben, / Und reich und königlich und wunderschön / Blickt uns die eigne Seele an, die Inhalt lieh dem Leben.*«
Die äußere Handlung hat ausschließlich die Funktion, innere Zustände und Vorgänge auszudrücken. »*Der Erwin*«, Sohn eines österreichischen »*Fürsten, dessen Güter an Deutschland grenzten*«, wächst bis zu seinem zwölften Lebensjahr in der Obhut der Mutter auf. Er wird dann in einem Konvikt erzogen, besucht das Gymnasium in Bozen und beginnt das Studium in Wien. Seine narzißhafte Ich-Befangenheit (eines der Mottos des Buches lautet »*Ego Narcissus*«) entfremdet ihm Dinge und Menschen in solchem Maße, daß er jeder Verbindung mit dem Leben aus dem Weg geht und sich in erwartungsvoller »*Sehnsucht nach den Erlebnissen*« verzehrt, »*deren Möglichkeit in ihm war*«. Er sucht Erkenntnis im Leben, ohne doch das Leben zu erfahren – nichts vermag ihn wirklich zu ergreifen. »*Sein Körper und seine Seele lebten ein fast zweifaches Leben geheimnisvoll in einander; die Dinge der äußeren Welt hatten ihm den Wert, den sie im Traume haben.*« An der unbestimmten, geheimnisvollen Verschlungenheit aller Dinge fesselt ihn vor allem die äußere Beschaffenheit: Farben und Linien. Der Welt seines träumerischen, unberührbar distanzierten Daseins entspricht die scheinhafte Welt des Theaters und der großen Feste, deren erlesene Vornehmheit darin besteht, daß sie keine Zuschauer haben – jenen Festen des 17. Jh.s gleich, »*auf denen man einander nur einmal begegnete und mit maneriert verflochtenen Fingerspitzen langsam umeinander drehte und lächelnd einander in die Augen schaute und dann mit einer tiefen bewundernden Verbeugung weiter glitt*«. Zwar glaubt er immer wieder, den Schlüssel zur Erkenntnis gefunden zu haben, sei es in der Wirklichkeit des Lebens, in der sinnlichen Liebe oder der Liebe zur Mutter, sei es im Glauben an die Leben schaffende Kraft der Seele oder an die Schönheit. Ständig jedoch entgleitet ihm die Sicherheit der Erkenntnis in demselben Augenblick, in dem er vermeint, ihrer endgültig habhaft geworden zu sein. »*So starb der Fürst, ohne erkannt zu haben.*«

Der Garten der Erkenntnis, von George und dem um die »Blätter für die Kunst« versammelten Kreis geliebt und bewundert, erinnert an manche der frühen Prosaarbeiten (vgl. *Das Märchen der 672. Nacht*) und Bühnenversuche Hofmannsthals, besonders an *Der Tor und der Tod* und *Der weiße Fächer* zwei Dramen, in denen Vergänglichkeit und Vergeblichkeit thematisiert werden. Die über mehr als drei Jahrzehnte bestehende freundschaftliche Beziehung zu Hofmannsthal ist dokumentiert in dessen *Briefwechsel* mit Andrian (ersch. 1968, hg. von W. H. Perl).

Dem Werk eignet dieselbe fremdartige Einheit aus gläserner Künstlichkeit und Naivität, die die verfeinerte Kultur Österreichs um die Jahrhundertwende dem Autor, dessen literarische Produktivität bald versiegen sollte, als Erbteil mitgegeben hat.

H.H.H.

AUSGABEN: Bln. 1895. – Haarlem 1913 [bibliophile Ausg.]. – Bln. 1919 *(Das Fest der Jugend)*. – Graz 1948. – Ffm. 1970, Hg. W. H. Perl [m. Dokumenten u. zeitgenössischen Stimmen].

LITERATUR: G. Baumann, *L. v. A.-W. »Das Fest der Jugend«* (in GRM, 37, 1956, S. 145–163; ern. in G. B., *Vereinigungen*, Mchn. 1972). – W. H. Perl, *L. A.-W., ein vergessener Dichter des Symbolismus, Freund Georges und Hofmannsthals* (in Philobiblon, 2, 1958, S. 303–309). – U. Renner, *L. A.s »Garten der Erkenntnis«. Literarisches Paradigma einer Identitätskrise in Wien um 1900*, Ffm./Bern 1981. – J. Rieckmann, *Narziß und Dionysos: L. v. A.s »Der Garten der Erkenntnis«* (in Modern Austrian Literature, 16, 1983, Nr. 2, S. 65–81).

IVO ANDRIĆ

* 9.10.1892 Dolac bei Travnik / Bosnien
† 13.3.1975 Belgrad

LITERATUR ZUM AUTOR:
Bibliographien
Bibliographie zum 75. Geburtstag des jugoslawischen Schriftstellers I.A., Bibliographisches Kalenderblatt, 1967. – R. Lukić, *I.A., Bibliografija dela, prevoda i literature*, Belgrad 1974. – V. Lise, I.A. Bio-bibliografska kronologija (1892–1966), Život XXIII, 1975. – A. Isaković, *Zbornik radova o I. A.*, Belgrad 1979.
Gesamtdarstellungen und Studien:
R. Mayer, *I. A., Gehalt und Gestalt seines dichterischen Werkes*, Diss. Graz 1951. – P. Džadžić, *I. A.*, Belgrad 1957. – *Kritičari o A.*, Hg. P. Džadžić, Belgrad 1962. – *I. A.*, Belgrad 1962. – R. Minde, *I. A. Studien über seine Erzählkunst*, Mchn. 1962 (Slavistische Beiträge, 8). R. Lauer, *Zum 75. Geburtstag des jugoslawischen Dichters*, Mchn. 1967 (Mitteilungen der Südosteuropa-Gesellschaft) – R. Hamadin, *Motive und Motivationen im literarischen Werk von I. A.*, Diss. Graz 1970. – M. Selimović, *Četiri perioda u A. stvaralaštvu* (in Književnost i jezik, 1972). – B. Milanović, *Kritičari o I. A.*, Sarajewo 1981. – D. Nedeljković, *Delo I. A. u kontekstu evropske književnosti i kulture*, Belgrad 1981. – S. Grŭbačić, I. A. (in KLFG, 10. Nlg., 1986).

GOSPOĐICA

(serb.; Ü: *Das Fräulein*). Roman von Ivo ANDRIĆ (Bosnien), erschienen 1945. – Die Handlung des Romans, der mit den im gleichen Jahr erschienenen Erzählwerken *Travnička kronika (Die Travniker Chronik)* und *Na Drini ćuprija (Die Brücke über die Drina)* eine vierhundert Jahre bosnischer Geschichte umfassende Trilogie bildet, setzt gegen Ende des 19.Jh.s ein und endet im Februar des Jahres 1935 mit dem einsamen Tod des »Fräuleins« Rajka Radaković, dessen Biographie Andrić vor dem Hintergrund der umwälzenden gesellschaftlichen Veränderungen in Bosnien aufzeichnet.
Rajka, Tochter eines vermögenden, in ganz Sarajewo hochangesehenen Kaufmanns, verliert als Fünfzehnjährige den angebeteten Vater, der den – unverschuldeten – Bankrott seines Geschäfts und den infamen Triumph der neureichen Kapitalisten nicht verwinden kann und tödlich erkrankt. Seine letzten Worte werden ihr zum Wegweiser in ihrem zukünftigen Leben: »*Du mußt gegen dich und andere unbarmherzig sein. Denn es genügt nicht, an deinen Wünschen und Bedürfnissen zu sparen ... vielmehr muß man ... für immer in sich all jene sogenannten höheren Rücksichten töten, die noblen Gewohnheiten der inneren Vornehmheit, der Großmut und des Mitleids*«. Mit dem Schwur, diesem Vermächtnis stets die Treue zu halten, legt Rajka ihre Kindlichkeit ab. Sie übernimmt den Haushalt, den sie strengsten Sparmaßnahmen unterwirft, ordnet den Nachlaß des Vaters, treibt Forderungen ein, an die niemand mehr gedacht hat, und macht selbst solche Wertpapiere zu Geld, »*die bei anderen tot in der Kasse liegen*«.
Mit achtzehn Jahren für volljährig erklärt und nun schon im Besitz eines kleinen Vermögens, beginnt sie, eigene Geschäfte zu betreiben: sie verleiht Geld gegen wucherisch hohe Zinsen, wobei sie erstmals die dämonische Macht des Goldes über die Menschen erlebt und schaudernd genießt. Daneben spekuliert sie mit Währungskäufen, die sich dicht an der Grenze des Betrugs bewegen. »*In der Stadt, unter den Leuten, hatte das Fräulein bereits den festen, höchst unschönen und ungewöhnlichen Ruf ... eines Geschöpfs ohne Seele und Stolz, das ein Sonderfall in der Frauenwelt war, so etwas wie eine moderne Hexe.*« Unberührt von solchen Urteilen der ihr völlig gleichgültigen Menschen, lebt Rajka nur noch der Verwirklichung des Traumes, »*durch ihre Arbeit den Vater zu rächen und für ihn zu büßen*«, allein: »*Dieser Traum war mit der Zeit gewachsen ... Er hatte jetzt auch einen Namen, er hieß: die Million.*« Stets dieses Ziel vor Augen, interessiert sie sich für Vorgänge wie die Ermordung des Thronfolgers Franz Ferdinand in Sarajewo, die Verhaftungswellen in Bosnien, den Ausbruch des Krieges wie auch die innenpolitischen Veränderungen im Lande nach dem Ersten Weltkrieg allein unter dem Aspekt, ob Geldverluste zu befürchten, Gewinne zu erwarten sind.
Nach der Befreiung Bosniens von der österreichischen Oberherrschaft in den Zeitungen als Kriegsgewinnlerin und Volksverräterin gebrandmarkt, um ihr Leben, mehr noch um ihr Geld bangend, verläßt sie verstört Sarajewo und übersiedelt nach Belgrad. In der quirlenden, von hektischem Nachkriegsleben durchpulsten Großstadt wird sie von einem wundersamen Gefühl der Zuneigung zu einem leichtsinnigen jungen Mann erfaßt. Ihm gelingt, was dem Fräulein selbst ein unlösbares Rätsel bleibt: ohne irgendwelche nachprüfbaren Sicherheiten vorweisen zu können, bringt er das verblühte Mädchen dazu, ihm mehrmals größere Geldsummen zu leihen, und dies auf eine Weise, daß Rajka darüber glückselige Befriedigung verspürt. Um so furchtbarer aber ist der Schlag, als sie erfährt, daß ihr bezaubernd-verzaubernder Freund ein nichtsnutziger Hochstapler ist, der – wovon sie sich mit eigenen Augen überzeugt – in sündteuren, anrüchigen Kabaretts ihr Geld mit Halbweltdamen verpraßt. Zwar erholt sie sich von diesem Schock, doch ist sie von nun an für immer von den Menschen geschieden. Nach dem Tod der Mutter verbarrikadiert sie sich in ihrem Haus und gibt sich ganz ihrer Leidenschaft hin, die nach »*Einsamkeit und Anonymität*« verlangt: dem Horten, Verbergen und heimlichen Betrachten ihrer klingenden goldenen Schätze und erregend knisternden Banknotenbündel, bis der Tod sie vorzeitig auslöscht,

weil ihr Arzneien und Ärzte stets zu teuer gewesen sind.

Wenn BALZAC im Hinblick auf seinen Roman *Eugénie Grandet* bemerkt, MOLIÈRE habe den Geizhals, er aber den Geiz geschaffen, so läßt sich hinzufügen, daß Andrić die tragische Groteske über den Geiz *und* den (weiblichen) Geizigen geschrieben hat. Doch ist damit sein Roman noch nicht erschlossen. Andrić beschränkt sich nicht – wie etwa Molière – auf die Darstellung des ins Monströse wuchernden menschlichen Egoismus, dem – wie es Balzac zeigt – eine aus den Fugen geratene, korrupte Gesellschaft alle Voraussetzungen für seine Entartung bietet. Das eigentliche Thema des serbischen Erzählers ist auch hier die totale Abhängigkeit des einzelnen Menschen von dem Lauf der Geschichte, den Rajka Radaković, das ewige »Fräulein«, in ihrem Privatkrieg erbittert zu ignorieren sucht, denn *»sie konnte sich nicht damit aussöhnen, daß es etwas in der Welt gab, was ohne ihre Schuld ihr Vermögen bedrohen und ihre Pläne stören durfte und konnte«*. Aber gerade dieses unbegreifliche, Angst einflößende »Etwas«, das Krieg bedeuten kann oder Wirtschaftskrise, politischen Aufruhr oder Inflation, bestimmt ihr Schicksal, verfolgt sie Tag und Nacht und zwingt sie schließlich zur Aufgabe ihrer Geschäfte und damit des Gelderwerbs. Der Traum von der goldenen Million, der die Millionen folgen sollten, bleibt unerfüllt wie ihr Leben, das in einer *»großen, herrlichen, todbringenden Wüste des Sparens«* endet, *»in der sich der Mensch wie ein Sandkorn verlor und in der nichts anderes bestand und bestehen konnte«* als: sparen. KLL

AUSGABEN: Sarajewo 1945. – Sarajewo 1952. – Sarajewo/Belgrad 1958 (in *Izabrana dela*, 4 Bde., 3). – Belgrad u. a. 1963 (in *Sabrana dela*, 10 Bde., 3) – Belgrad u. a. 1976 (in *Sabrana dela*, 16 Bde.)

ÜBERSETZUNGEN: *Das Fräulein*, E. Schneeweis, Bln. 1958. – Dass., ders., Mchn. 1962. – Dass., ders., Bln./Weimar 1969. – Dass., ders., Ffm. 1976.

LITERATUR: M. Bogdanović, *I. A.* (in Savremenik, 2, 1955, S. 183–191). – M. Begić, *Raskršća*, Sarajewo 1957. – V. Gligorić, *Ogledi i studije*, Belgrad 1959. – B. Novaković, *Susreti*, Sarajewo 1959. – P. Zorić, *Razvojni put I. A.* (in Stvaranje, 2, 1963, S. 192–205). S. Korać, *A. »Gospodica« kao moderan roman* (in Umjetnost riječi, 2/3, 1965). – R. Grierson, *Money was her God* (in Evening Argus, 29. 7. 1966). – V. Lise, *O A. romanu »Gospodica«* (in Zadarska revija, 1975). – P. Protić, *Veliki pisac i njegov promašaj* (in Književne novine, 1976).

NA DRINI ĆUPRIJA. Višegradska hronika (serb.; *Ü: Die Brücke über die Drina. Eine Wischegrader Chronik*). Roman von Ivo ANDRIĆ (Bosnien), erschienen 1945. – Mittelpunkt und »Hauptperson« dieser Roman-Chronik ist die Drina-Brücke von Višegrad, die *»unentbehrliche Spange auf dem Wege, der Bosnien mit Serbien und darüber hinaus mit den übrigen Teilen des Türkischen Reiches bis nach Stambul verbindet«*. Bauherr der Brücke, die zwischen Stadtkern und Vorstadt von Višegrad im 16. Jh. die *»alte, schwarze Fähre«* ersetzte, ist der als Knabe aus Bosnien entführte und türkisierte Großwesir Sokolović. Anfangs widersetzt sich die zu hartem Frondienst gepreßte Bevölkerung dem Bauvorhaben. Auch das Schreckensregiment eines türkischen Aufsehers – ein bei der Zerstörung des halbfertigen Brückenbaus ertappter Bauer wird auf der unfertigen Brücke öffentlich gepfählt – vermag den Bau nicht voranzutreiben. Erst die gerechte Entlohnung der Fronarbeiter bringt den Widerstand langsam zum Erliegen. Als am Brückenaufgang eine vom Großwesir gestiftete gemeinnützige Herberge, ein Karawan-Serail, errichtet wird, weicht der Unmut allgemeinem Lob für Bau und Bauherrn. Gekrönt wird die weiße, weitbogige Brücke von einer breiten Terrasse *(kapija)*, die sich über dem mittleren von elf Brückenjochen zu beiden Seiten über das *»brausende, grüne Wasser«* hinausschwingt. Hier sehen sich die Einwohner der Stadt mit einer einzigartigen öffentlichen Versammlungsstätte beschenkt. Tun und Treiben, Freuden und Heimsuchungen der Stadt verbinden sich von Generation zu Generation fester mit dem Bauwerk. In Volksliedern (Bauopfermotiv), Märchen und Sagen geht die Erinnerung an die dramatischen Tage des Brückenbaus von Mund zu Mund. Um Brücke und Stadt schlingt sich das Band gemeinsamer Überlieferung und gemeinsamen Schicksals. Über die *»zu guter Stunde erdachte und an rechter Stelle errichtete«* Brücke kommen Sendboten, Handlanger und Vollstrecker der Weltgeschichte, richten sich auf dem strategisch und politisch wichtigen Bauwerk ein, nehmen es zeitweilig in Besitz – bis die Brücke im Herbstfeldzug 1914 von serbischer Artillerie und österreichischem Militär beschossen und schließlich gesprengt wird.

Den kühnen Brückenbaumeistern am bosnisch-serbischen Grenzfluß vergleichbar, schlägt der Erzähler der Romanchronik eine Brücke über vier Jahrhunderte. Er vergegenwärtigt die Zeit der Türkenherrschaft, die Zurückdrängung der Osmanen aus Ungarn und großen Teilen des Balkans, das Vorrücken der Österreicher, den Anbruch des Ersten Weltkriegs und den Zerfall der Donaumonarchie. In immer neuen Gestalten entfächert sich ein breites Spektrum der Völkerschaften und Volkscharaktere. Das Prinzip des Statischen, der Zeitlosigkeit verkörpernd, gleicht die Brücke in ihrer klaren Ebenmäßigkeit einem ruhenden Pol inmitten des unruhigen Völkergemischs und der bunten Mannigfaltigkeit der Begebenheiten. Die unterschiedlichsten Lebensläufe – des Aufrührers Radisav, der auf der Kapija gepfählt wird; der schönen, unglücklichen Fatima, die beim Hochzeitszug von der Brücke springt; des schwärmerischen Trinkers Ćorkan; des frommen Alihodža, der Inkarnation des bosnisch-orientalischen Mediums; der jungen revolutionären Intellektuellen, zu denen sich auch der Erzähler selbst zählt – nehmen ihre entscheidende Wende im Weichbild der Stadt am Grenzfluß oder vollenden sich – in Kampf, Marter und Tod – direkt auf der Brücke.

Ein spezielles Leitthema der *Chronik* ergibt sich aus dem Zusammenleben von Mohammedanern, Christen und Juden in einem städtischen Gemeinwesen, dessen Fortbestand stets von der Toleranz der Konfessionen abhängig war. Die Brücke, Orient und Okzident miteinander verbindend, zieht die Stadt fortwährend in den Tageskampf zwischen den politischen Fronten. Das gibt dem Erzähler Anlaß, die Geschichte des Balkans aus bosnisch-serbischer Sicht zu deuten, mag es sich um Einzelnes handeln, wie um den symptomatischen Verfall des Karawan-Serails, oder um Übergreifendes, wie die Änderung der Machtverhältnisse im türkischen Reich, die sich im jähen Aufflammen der serbischen Aufstände und des Heiduckentums kundtut. Als Österreich nach der Liquidation des Russisch-Türkischen Kriegs (auf dem Berliner Kongreß von 1878) die Annexion der ehemals türkischen Provinzen Bosnien und Herzegowina betreibt, scheint die Drina-Brücke *»von Ost und West zugleich«* abgeschnitten. Ihre 36 Jahre später (am Kulminationspunkt der Romanchronik) erfolgende Zerstörung beraubt die Bewohner von Višegrad ihrer traditionellen Agora: Auf der Brückenterrasse hatten sie ihre Gedanken über das unabwendbare Schicksal ausgetauscht, wieder und wieder ihren Religionsfrieden besiegelt und über gemeinsame Erfahrungen nachgesonnen.

Die Vertrautheit mit der reichen folkloristischen und volkssprachlichen Tradition verdankt der Autor den Jahren, die er in seiner Jugend in Višegrad verbrachte. Dieses traditionelle Element, verbunden mit einer objektivierten Betrachtung der Zeit, sichert seinem Werk nicht allein die Fülle und distanzierte Gelassenheit einer Chronik, sondern bedingt auch den konservativen, deduktiv-auktorialen Stil des Romans, dessen suggestiver, eher elementarer denn bewußter Duktus nur selten durch Dialogpartien dramatisiert bzw. durch Reflexionen retardiert wird. – In *Na Drini ćuprija* dominiert das horizontale Kompositionsschema nach dem Prinzip der Episodenreihung und -verkettung; ausgesprochen dominante Romanpersonen, die eine vertikale Strukturierung bestimmen würden, gibt es nicht. Den gemeinsamen Bezugspunkt aller Episoden bildet die Brücke, Gleichnis des Humanen im weiteren Sinn und, als türkisches Bauwerk, in engerer Bedeutung als Sinnbild des osmanischen Imperiums zu verstehen, nach dessen Zerfall die aus türkischer Herrschaft entlassenen Völker eine neue Existenzgrundlage, eine *»bessere, vernünftigere und menschlichere Formel«* – so Andrić in seiner *Travnička hronika*, 1945 (*Wesire und Konsuln*) – finden müssen. – 1961 wurde der Roman mit dem Nobelpreis ausgezeichnet. In der Begründung wurde Andrićs *»epische Kraft, mit der er Szenen und Schicksale aus der Geschichte seines Landes darstellt«* hervorgehoben. KLL

AUSGABEN: Belgrad 1945; ⁹1953. – Belgrad/Sarajewo 1958 (in *Izabrana dela*, 4 Bde., 4). – Belgrad 1963 (in *Sabrana dela*, 10 Bde., 1). – Novi Sad/Belgrad 1965. – Belgrad u. a. 1976 (in *Sabrana dela*, 16 Bde.) – Sarajewo 1985.

ÜBERSETZUNGEN: *Die Brücke über die Drina. Eine Wischegrader Chronik*, E.E. Jonas, Zürich 1953. – Dass., ders., Mchn. 1959. – Dass., ders., Bln. 1961. – Dass., ders., Ffm. 1974.

LITERATUR: D. Jovanović, *Studije i kritike (Prividni realizam I. A.)*, Belgrad 1949. – M. Draziz, *I. A. The Bard of Bosnia* (in Books Abroad, 36, 1962, S. 25–62). – Ž. Stanojčić, *Jezik i stil I. A. Funkcije sinonimskih odnosa*, Belgrad 1967, S. 55–99.– U. Roisch, *Möglichkeiten und Grenzen des Symbols - Dargestellt am Roman »Die Brücke über die Drina«* (in Wiss. Zs. d. Technischen Hochschule Dresden, 5, 1968). – M. Bandić, *»Na Drini ćuprija« I. A. Pokušaj definisanja forme* (in Književnost i jezik, 1969, 3). – N. R. Pribić, *I. A. and his Historical Novel »The Bridge on the Drina«* (in Florida State Univ. Papers, 3, 1969). – D. Stojadinović, *Romani I. A.*, Pristina 1970. – V. Novaković, *Most i čovekova sudbina*, Novi Sad 1970. – K. Novak, *Funkcija jedne narodne pjesme u A. romanu »Na Drini ćuprija«* (in Književnost i jezik, 1975). – P. Matvejević, *A. cuprije i naše Drine* (in Književna reć, 1976, 65).

PROKLETA AVLIJA

(serb.; *Ü: Der verdammte Hof*). Erzählung von Ivo ANDRIĆ (Bosnien), erschienen 1954. – Auch diese Erzählung Andrićs, eine seiner umfangreichsten, spielt in der bosnischen Vergangenheit, ist aber, das Motiv menschlicher Verlorenheit und Tragik umkreisend, letztlich ort- und zeitlos. – In der Zelle des am Vortag verstorbenen Franziskanerbruders Petar sitzend, erinnert sich der Erzähler Petars endloser, im Grunde aber fragmentarischer Schilderungen der düsteren Zeit, die er – von den türkischen Behörden als Spion verdächtigt und verhaftet – in Istanbul in »Untersuchungshaft« verbrachte. Das Gefängnis, wo der Mönch zwei Monate lang unschuldig festgehalten wurde, *»war eine ganze kleine Stadt, bevölkert von Häftlingen und Wächtern«*. In diesem *»verdammten Hof«*, wie das Volk es nannte, lebten Kriminelle neben politischen Häftlingen, *»Schuldige und fälschlich Beschuldigte, Schwachsinnige und Verlorene oder ganz einfach irrtümlich Verhaftete, Menschen aus Istanbul und aus dem ganzen Land«*. Die Anlage des Hofes war so berechnet, daß man weder die Stadt noch den Hafen, sondern nur den *»unbarmherzigen Himmel«* sehen konnte, was den Insassen das Gefühl vermittelte, *»sich auf irgendeiner Teufelsinsel zu befinden«*, jenseits von allem, was für sie *»bisher Leben bedeutet hatte, ohne Hoffnung«*. Unerträglich war das Leben in dem Gefängnis vor allem dann, wenn der *»laue, ungesunde Südwind«* wehte. Dann *«ging der Wahnsinn um wie eine Seuche«* und ließ die Menschen ge-

geneinander und gegen die Wände schlagen: Der Hof wurde zu einem »*riesigen Brummkreisel in einer Riesenfaust*«.
In dieser Atmosphäre kommt Petar mit den unterschiedlichsten Leuten in Berührung: mit dem buckligen Falschmünzer Zaim, der sich, im ständigen Fabulieren seine Identität außerhalb der gegenwärtigen hoffnungslosen Existenz sichernd, der unwahrscheinlichsten Liebesabenteuer rühmt und stets begeisterte Zuhörer findet; mit dem pathologisch mißtrauischen Juden Chaim, der von phantastischen Ängsten verfolgt wird und ihnen nur dadurch entgehen kann, daß er redet, Geschichten erfindet und so sein bedrohtes Ich auf fremde Schicksale verteilt; mit zwei schweigsamen, ständig aufbruchbereiten Bulgaren, als Geiseln festgehaltenen Opfern einer antitürkischen Revolte; mit dem allmächtigen Gefängnisdirektor Latif Aga, genannt Karadjoz (nach dem grotesken Helden des türkischen Schattenspiels), der, früher selbst ein Drahtzieher der Istanbuler Unterwelt und dann zum fanatischen Rechtshüter bekehrt, den Hof zum großen Theater seines Lebens macht und die Häftlinge durch sein immer wieder neues »Spiel« mit launenhaft geführten Verhören, grausamen Bestrafungen oder überraschenden Freilassungen verängstigt; schließlich – durch Chaims weitschweifige Erzählungen bereits vorbereitet – mit dem reichen, vornehmen Djamil Efendi, dem Sohn einer Griechin und eines türkischen Pascha, der sich nach einer unglücklichen Liebe zu einem griechischen Mädchen mehr und mehr in historische Studien vertiefte und, da sein besonderes Interesse dem unglücklichen, rebellischen Sultanssohn Dschem galt, unter dem Verdacht der Konspiration gegen den legitimen Sultan verhaftet worden war.
Nachdem sich zwischen dem wortkargen jungen Türken aus Smyrna und dem redseligen Christen aus Bosnien eine »*seltsame Freundschaft*« angebahnt hat, finden sich die beiden täglich zu schleppenden Erzählungen von dem, was sie einst gesehen oder gelesen hatten, zusammen. Schließlich beginnt Djamil von Dschem zu berichten, der seinem Bruder Bajezid im Kampf um die Erbfolge unterlegen war und als politischer Gefangener in Westeuropa »*für die Interessen der gesamten Christenheit*« ausgenutzt wurde. Tagelang erzählt Djamil besessen, wie nach einem festgelegten Zeremoniell, die unerschöpfliche Geschichte der Taten und Leiden des Sultanssohns, bis unvermittelt das Wort »Ich« fällt und Petar, zwischen Entsetzen und Mitleid schwankend, erlebt, daß Djamil in schizophrenem Identitätsverlust Dschems Leben als sein eigenes weitererzählt. Eines Tages erscheint Djamil nicht im Hof und bleibt von da an verschwunden, nachdem man ihn in einem qualvollen Verhör zu phantastischen Geständnissen gezwungen hat. Petar, zunehmend vereinsamt und in Panikstimmung verfallend, erhält endlich die erlösende Nachricht von seiner bevorstehenden Freilassung, die aber erst nach Ablauf einer achtmonatigen Verbannung nach Akra realisiert wird.

Auf verschiedenen Stilebenen, in thematisch und nach dem jeweiligen *point of view* differenzierten Tonarten ist die durch den Wechsel von Er- und Ich-Erzähler bestimmte Struktur des Werks – den Kunstgriff mehrfacher Distanzierung durch Rahmenerzählungen ausspielend – in drei konzentrischen Kreisen um die zentrale Dschem-Geschichte angelegt. Psychoanalytisch fundiert und humanistisch engagiert, zeigt Andrićs in ihrem ganzen Gestus traditionelle, suggestive Prosa Züge eines philosophischen Realismus: Das scheinbar realistische Bild des verdammten Hofes, wo jeder nach einem kafkaesken Schuldbegriff als Verbrecher gilt, gewinnt als Sinnbild der universalen Gefährdung des Menschen, als Symbol der Unterdrückung des Menschen durch den Menschen, metaphorische Bedeutung. D.Bu.

AUSGABEN: Novi Sad 1954. – Belgrad 1962. – Zagreb 1963 (in *Sabrana dela*, 10 Bde., 4). – Belgrad u. a. 1976 (in *Sabrana dela*, 16 Bde.). – Novi Sad 1986.

ÜBERSETZUNGEN: *Der verdammte Hof*, M. Dor u. R. Federmann, Bln./Ffm. 1957 (BS; ern. 1962). – Dass., ders., Bln./Weimar 1975.

LITERATUR: D. Živković, *Nekoliko stilskih odlika proze I. A. Povodom »Proklete avlije«* (in Godišnjak Filozofskog fak. Novi Sad, 1956 S. 251–270). – B. Novaković, *Susreti*, Sarajewo 1959, S. 170 ff. – V. Minić, *A. Kardjioz ili lice i naličje vlasti* (in Savremenik 12, 1970). – T. Eekman, *The Later Stories of I. A.* (in SEER, 1970, 112). – P. Djadjić, *Kad i kako dva pitanja u Prokletoj avliji* (in Književne novine, 1971, 384). – ders., *O Prokletoj avliji I. A.* (in Kritika vrednosti i usvajanja vrednosti, Beograd 1973). – ders., *O Prokletoj avliji* (in Savremena proza, 2, 1973). – V. Minić, *Misao Proklete avlije* (in Odjek 3, 1973). – . D. Stojadinović, *Mudrosti Proklete avlije* (in Koraci 7/8, 1972). – M. Petrović, *Personalitet ili P. A.* (in Književna Kritika, 3, 1975). – Z. Babić, *Tumačenje P. A.* (in Književnost i jezik, 1975, 3). – M. Mirković, *A. i naša P. A.* (in Delo, 1976, 7). – R. Vojvodić, *O umjetniku u P. A.* (in Književna rec 48, 1976). – I. Tartalja *Simbolika imana u A. Prokletoj avliji* (in Prilozi za književnost, jezik, istoriju i folklor, 1976, 1–4).

PUT ALIJE DJERZELEZA

(serb.; *Ü: Der Weg des Alija Djerzelez*). Erzählung von IVO ANDRIĆ (Bosnien), erschienen 1920. – Diese erste bedeutende Erzählung des Autors ist eine aus einer Vielzahl zusammengehöriger Erzählungen über die bosnische Vergangenheit unter türkischem Joch und markiert gleichzeitig den Anfang von Andrićs erzählerischem Werk. In der Gestalt des Alija Djerzelez werden verschiedene Legenden vereinigt, die sich um die historischen Figuren zweier türkischer Herrscher in Serbien und eines Helden aus dem Umland Sarajewos ranken.

Der Held der Erzählung wird vor dem historischen Hintergrund des frühen 16. Jh.s in Bosnien dargestellt, als es bei Višegrad noch nicht die berühmte »Brücke über die Drina« gab.

Die Erzählung gliedert sich in drei Teile, die drei zeitlich aufeinanderfolgende und thematisch verbundene Episoden schildern. Im ersten Teil wird zunächst das Treiben einer bunt zusammengewürfelten Gesellschaft beschrieben, die infolge eines Hochwassers gezwungen ist, sich im türkischen Gasthaus bei Višegrad aufzuhalten. Als letzter trifft Alija Djerzelez ein, dessen Ruhm und Taten bereits vom Volk besungen werden. Aber in dem Moment, als er von seinem legendären weißen Pferd absteigt, wird er nicht als Held, sondern als Mensch gesehen. Seine körperlichen Eigenheiten, seine sprachliche Unbeholfenheit und Unsicherheit im Umgang mit anderen werden enthüllt. In diesem Moment der Entmythisierung erblickt er die Gestalt der ebenfalls anwesenden Venezianerin. Vom Anblick ihrer Schönheit läßt er sich so hinreißen, daß er zum Opfer eines Streiches der Müßiggänger und Nichtsnutze wird, die nur auf diese Gelegenheit gewartet haben. Djerzelez begreift die Situation erst, nachdem der Streich vor zahlreichen Zeugen vollzogen ist, und erlebt ihn als eine persönliche Erniedrigung, als eine Bestätigung seiner Ohnmacht, die begehrte Frau zu erobern. Das tiefe und traumatische Erkennen der eigenen Unzulänglichkeit resultiert aus seiner außergewöhnlichen, erhabenen Position. Seine Wut richtet sich jedoch nicht gegen diejenigen, die ihm den Streich gespielt haben, sondern gegen die Frau, wodurch er am Ende seinen Stolz und seine Macht bewahrt.

Im zweiten Teil wiederholt sich die Grundsituation: Djerzelez' leidenschaftliches Verlangen nach einer Frau vor einem sich amüsierenden Publikum. Doch diesmal sind es keine bösartigen Fremden, sondern die ihm wohlgesonnenen, im Ruhm ebenbürtigen, ebenfalls historisch belegbaren Gebrüder Morić. Betrunken hinter der Zigeunerin Zenka herlaufend, fällt Djerzelez in einen Bach, in dem er von den anderen liegengelassen wird. Nach der Begegnung mit der Venezianerin ließ er das Gasthaus in Ehrfurcht und Schweigen erstarren, nun zeugt die Stille davon, daß man ihn vergessen und verlassen hat. - Zu Beginn des dritten Teils werden die zwischenzeitlich vergangenen Monate nur kurz erwähnt; man erfährt von Djerzelez' Irrwegen durch das Kaiserreich und von seinen tollkühnen Taten, die er begeht, um die Aufmerksamkeit von Frauen auf sich zu ziehen. In Sarajewo erblickt er dann im Frühherbst die junge Katinka, eine Christin, deren Schönheit in ganz Bosnien besungen wird. Auch diesmal wird Djerzelez von leidenschaftlichem Verlangen ergriffen; im Unterschied zu früheren Episoden verspürt er jedoch einen inneren Drang, sein Leid anderen mitzuteilen. Dabei muß er feststellen, daß das wahre Ausmaß seiner Passion in Worten gar nicht adäquat darstellbar ist und daher auch nicht von anderen geteilt werden kann. Nachdem er diese letzte Desillusionierung erleben mußte, geht er zur Prostituierten Jekaterina. Dieser Schritt bedeutet sowohl die Erfüllung seines körperlichen Verlangens, als auch die endgültige Aufgabe seines Traums von einer ihm angemessenen Frau.

Djerzelez ist sowohl ein tragischer als auch ein komischer Held, da er immer dann kämpfen will, wenn es keinen faßbaren Gegner zu bekämpfen gibt, und in diesem vergeblichen Kräftemessen mehr verliert als gewinnt. Diese Erzählung, die den historischen Helden in seinem individuellen Schicksal darstellt, enthüllt gleichsam die Hauptmerkmale der Kurzprosa Andrićs. Ein allwissender und distanzierter Erzähler beschreibt die Natur, die Figuren und die Ereignisse. Der chronologische lineare Plot einerseits, und die rekurrenten Erzählmuster sowie ausgeprägte Bildhaftigkeit andererseits betonen den individuellen Aspekt und gleichzeitig die Zugehörigkeit der disparaten Teile zu einem übergreifenden Ganzen. Der Rückgriff auf historische Themen ist nicht im Sinne einer Wahrheitsdokumentation zu verstehen, sondern stellt in der Umformung und Stilisierung eine neue Auslegung bestimmter überlieferter Ereignisse dar. Der Ton der späteren Erzählungen, die Bosnien in der k. k. Monarchie beschreiben, wird gemäßigter und »zivilisierter«, auch werden weniger Greueltaten und derbe Scherze dargestellt. Gemeinsam ist den Erzählungen, die sowohl allegorischen als auch parabel- oder märchenhaften Charakter haben, die Frage nach dem Sinn der menschlichen Existenz.

S.P.H.

AUSGABEN: Teilabdruck in ›Književni Jug‹, Zagreb 1918 u. 1919. - Belgrad 1920. - Belgrad u. a. 1963 (in *Sabrana dela*, 10 Bde.). - Belgrad u. a. 1976 (in *Sabrana dela*, 16 Bde.). - Sarajewo 1981 (in *Prokleta avlija. Izabrane pripovetke.*)

ÜBERSETZUNGEN: *Die Reise des Ali Djerseles*, T. Baitsch, Dornbirn 1947. - *Der Weg des Ajija Djerzelez*, W. Creutziger, W. Grycz u. M. Zöller (in *Die Männer von Veletovo*, Bln. 1961). - Dass. W. Creutzer, Mchn. 1962 (in *Sämtliche Erzählungen*, Mchn. 1962, 3 Bde., 1). - Dass., ders., Lpzg. 1965. - Dass., ders., Bln./Weimar 1968.

LITERATUR: F. Scherer, *Das Balkanische in der neueren serbokroatischen Literatur*, Diss. Graz 1950. - A. B. Moscon, *Ein Dichter der Geschichte* (in FRs, 10. 10. 1962). - V. Janković, *Zameci romana u nekim ranim pripovetkama Tomasa Mana i I. A.* (in Letopis matice srpske, 1968, 401/1). - J. F. Loud, *Zanos in the Early Stories of I. A.*, Diss. Cambridge/Mass. 1971. - H. Krnjević, *Djerzelez Alija - Izmedju epskog trijumfa i ljudskog poraza* (in Izraz, 1972, 6). - H. Krnjević, *Djerzelez Alija u usmenoj tradiciji i u pripovedci I. A.* (in Naučni sastanak slavista u Vukove dane, 1976). - B. Milanović, *I. A. u svijetlu kritike*, Sarajewo 1977. - S. Leovac, *Pripovedač I. A.*, Novi Sad 1979. - S. Djordjić, *O pripovedačkoj umetnosti I. A.* (in Izraz, 1983, 6).

TRAVNIČKA HRONIKA. Konsulska vremena

(serb.; *Ü: Wesire und Konsuln*). Historischer Roman von Ivo ANDRIĆ (Bosnien), erschienen 1945. – Das Werk – die wörtliche Übersetzung des Titels lautet: *Travniker Chronik. Die Konsulszeiten* – gehört neben *Na Drini ćuprija*, 1945 *(Die Brücke über die Drina)*, und *Gospođica*, 1945 *(Das Fräulein)*, zu den drei großen Romanen, die Andrić kurz nach dem Zweiten Weltkrieg vorlegte. Sie bezeichnen eine neue Schaffensphase im Werk des Erzählers und bilden zugleich einen Höhepunkt in der serbischen Romanliteratur.

Travnička hronika behandelt die »Konsulszeiten«, die Jahre 1807 bis 1814, als die damaligen Großmächte Frankreich und Österreich in der bosnischen Wesirsresidenz Travnik konsularische Vertretungen unterhielten. Die Handlung setzt ein mit der Kunde von der Einrichtung der Konsulate *(Prolog)*; sie endet mit einem Rückblick auf die Konsulatszeiten nach der Abreise der beiden Konsuln *(Epilog)*. Im Mittelpunkt des Romans steht – nicht zuletzt auch als kompositioneller Nexus – die Person des französischen Generalkonsuls Davil (Daville), eines nachdenklichen, besorgten Mannes, der seine diplomatischen Aufgaben, die Stärkung der französischen Interessen im Osmanischen Reich und die Förderung des Levantehandels auf dem Landweg über Bosnien, in der rückständigen Welt des Gastlandes mit Mühe und Anstand wahrzunehmen versucht. Seine Mitarbeiter sind der Vizekonsul Defose (Des Fossés) und der »levantinische« Dragoman und Arzt Davna (D'Avenat); seine Gegenspieler die österreichischen Konsuln fon Miterer (von Mitterer), später fon Paulić (von Paulich). Andrić schildert das »gesellschaftliche« Leben der Diplomaten und ihrer Familien, politische Aktionen und private Ereignisse, ihren Kampf mit den Unbilden Bosniens und dem Fremdenhaß seiner Bewohner. Mit wechselnder großpolitischer Lage verändern sich auch die gegenseitigen Beziehungen der Diplomaten, die sich trotz entgegengesetzter Interessen als Europäer solidarisch und verbunden wissen gegen die barbarische Umwelt, in der sie zu leben und agieren gezwungen sind. Sie werden Zeugen grausiger Ereignisse in der Kasaba, eines Aufstands des Mobs, entsetzlicher Folterungen und Hinrichtungen. Eine wichtige Aufgabe der Konsuln besteht in der Herstellung guter Beziehungen zu den Travniker Wesiren, zuerst zu dem »aufgeklärten« Georgier Mehmed-Paša, dann zu dem stoisch-pessimistischen Ibrahim-Paša, zuletzt zu dem grausamen Emporkömmling Ali-Paša. All dies bildet vor dem historischen Hintergrund der Napoleonischen Kriege, des serbischen Aufstands und der Thronwirren an der türkischen Pforte das Handlungsgerüst des Romans, der, von Prolog und Epilog eingerahmt, aus 28 symmetrisch angeordneten Kapiteln besteht.

Travnička hronika ist keine Chronik, weder im eigentlichen noch im fiktiven Sinn, sondern ein großangelegtes Panorama der Welt Bosniens, das seine prägnanten Konturen in der Konfrontation und Apperzeption durch die westlichen Diplomaten erhält. Der verfremdende Blick auf diese Welt, in der Türken (so heißen auch die bosnischen mohammedanischen Südslawen), katholische und orthodoxe Christen und jüdische Händler (spanische Sephardim) zusammengeworfen sind, durch Außenstehende (Reisende, Diplomaten, Abenteurer) gehört zu den aus Andrićs Erzählungen geläufigen Verfahren. Hier wird es in breiterem Maßstab auf den Roman angewandt. Der Zusammenstoß zweier einander fremden Welten, Okzident und Orient, der auf emotionaler, psychischer, geistiger, kultureller und politischer Ebene evoziert und gestaltet wird, bildet die Grundspannung des Romans. Das Geschehen darüber fungiert gleichsam nur als Demonstrationsmaterial, weniger als entwickelte Fabel. So haben einige Kapitel ausgesprochen enzyklopädischen Charakter (Kap. 12 über die Travniker Ärzte; Kap. 20 über den Levantehandel). Andere bringen eine Anzahl von Einzelporträts und Beschreibungen von Gruppen, oder sie fassen gleichartige Episoden zusammen (Kap. 10: Liebesaffären; Kap. 23: durchziehende Abenteurer).

Andrić hält sich in der *Travnička hronika* eng an die geschichtlichen Tatsachen, die er aus verschiedenen Quellen, vor allem aus den diplomatischen Korrespondenzen und Aufzeichnungen des französischen Konsuls Pierre David und seiner österreichischen Kollegen von Mitterer und von Paulich sowie aus anderen historischen Dokumenten rekonstruierte. Viele landeskundliche Fakten schöpfte er aus dem Werk des seinerzeitigen Vizekonsuls J. B. Chaumette Des Fossés, *Voyage en Bosnie dans les années 1807–1808* (Paris 1822). So besitzt der Roman, bei aller dichterischen Freiheit und Farbigkeit, zugleich hohen historisch-dokumentarischen Wert. Der Weltausschnitt Bosnien in einer außergewöhnlichen Periode seiner Geschichte, peripher mitbetroffen von den umwälzenden Ereignissen der Napoleonischen Kriege, wird von einem scheinbar gesicherten, objektiven Erzählerstandpunkt aus eingefangen. Stellenweise vermindert sich freilich die erzählerische Distanz, drängt sich die historische Parallele zwischen dem behandelten Geschehen und der Gegenwart des Zweiten Weltkriegs auf, kommen die Sympathien des Autors, der selbst lange Jahre im diplomatischen Dienst Jugoslawiens stand, für seinen Helden zum Ausdruck, der in einer aufgewühlten Zeit unter widrigen Umständen nach vernünftigen, »mittleren« Lösungen strebt.

Erzählsprache des Romans ist der ekavische »serbische« Dialekt, in dem der Bosnier Andrić seit den zwanziger Jahren schreibt. Klarheit und Reinheit seiner Sprache gelten in der serbischen Literatur als vorbildlich. Auffälliges semantisches Kolorit erhält der Roman durch zahlreiche Turzismen – türkische Lehn- oder Fremdwörter, die sich bis heute in Bosnien erhalten haben. Eine weitere Nuancierung besteht darin, daß die Bosnier sprachlich durch den ijekavischen Dialekt charakterisiert werden.

Andrić *Travnička hronika* ist, wie zuvor *Na Drini ćuprija*, der Versuch einer historischen und geistigen Ortsbestimmung Bosniens – und im weiteren Sinne der südslawischen Völker. Das »deduktive« Vorgehen in beiden *»Roman-Chroniken«* (Gajo Peleš) bezeichnet einen Markstein in der neueren jugoslawischen Romanliteratur. In der Folgezeit steht der Roman mehr und mehr im Zeichen induktiver Verfahren. R.La.

AUSGABEN: Belgrad 1945 (in *Sabrana dela*, 10 Bde., 2). – Zagreb/Belgrad 1963. – Belgrad u. a. 1976 (in *Sabrana dela*, 16 Bde.). – Sarajewo 1985.

ÜBERSETZUNGEN: *Wesire und Konsuln*, H. Thurn, Mchn. 1961. – *Audienz beim Wesir*, ders., Bln. 1967. – Dass., ders., Mchn. 1970.

LITERATUR: M. Šamić, *Istorijski izvori »Travničke hronike« I. A. i njihova umjetnička transpozicija*, Sarajewo 1962. – G. Peleš, *Poetika suvremenog jugoslavenskog romana 1945–1961*, Zagreb 1966, S. 57–99. – J. Korać, *Andrićevi romani ili svijet bez boga*, Zagreb 1970, S. 141 ff. – I. Damjanov, *Četiri Ljekara iz romana »Travnička hronika«* (in Saopčenja 11/3 1968). – K. Šamić, *O zidu, o »Travničkoj hronici«* (in Odjek, 9 1975). – P. Ilić, *Značenje XII. Glave »Travničke hronike«*, Sombor 1976. – M. Šamić, *Travnik i djelo I. A. zavičajno i univerzalno*, Sarajewo 1980.

JERZY ANDRZEJEWSKI

* 19.8.1909 Warschau
† 20.4.1983 Warschau

LITERATUR ZUM AUTOR:
H. Bereza, *J. A. dramat postaw moralnych* (in Twórczość, 1956, Nr. 3). – J. Hen, *Rozmowa z J. A.: Nie umiem pisać do szuflady* (in Nowiny literackie i wydawnicze, 1957, 6). –
R. Matuszewski, *Portraits d'écrivains polonais contemporains*, Warschau 1959, S. 219–230. –
A. Kijowski, *J. A. – szkic do portretu* (in Twórczość 1959, Nr. 6). – W. Maciąg, *J. A.* (in H.M., *16 pytań*, Krakau 1961). – M. J. Kryński, *The Metamorphoses of J. A.: A Road from Belief to Skepticism* (in Polish Review, 6, 1961, Nr. 1–2, S. 119–124). – *J. A.* (in *Słownik polskich pisarzy współczesnych*, Bd. 1, Warschau 1963). – J. Wegner, *O twórczości J. A.* (in Współczesność, 1969, Nr. 26; 1970, Nr. 1). – K. Wyka, *Pogranicze powieści*, Warschau ²1974. – A. Sandauer, *Szkoła nierzeczywistości i jej uczeń* (in A. S., *Bez taryfy ulgowej*, 3. verb. Aufl., Krakau 1974). – T. Walas, *Zwierciadła J. A.* (in *Prozaicy dwudziestolecia miedzywojennego*, Warschau ²1974). – W. Sadowski, *J. A.*, Warschau 1975 [engl. Ausg.]. – M.

Dernes, *Trzy etapy stosunku J. A. do religii* (in Euhemer, 3, 1975, S. 67–73). – J. Błoński. *Portret artysty w latach wielkiej zmiany* (in J. B., *Odmarsz*, Krakau 1978). – T. Burek, *Przeciwieństwa istnienia. Pisarski świat J. A.* (in Zapis 1979, Nr. 12, S. 6–25; 1980, Nr. 13, S. 114–125). – M. Broński, *J. A.* (in Kultura, Paris, 1983, Nr. 430/431, S. 9-18). – J. Trznadel, *Hańba domowa. Rozmowy z pisarzami*, Paris 1986. – W. Roth, *Finsternis bedeckt die Erde. Der Schriftsteller J. A.* (in L80, 1986, H. 40, S. 121–128). – A. Wilkoń, *J. A.* (in *Autorzy naszych lektur*, Hg. W. Maciąg, Breslau ⁴1987, S. 212–228).

APELACJA

(poln.; *Ü: Appellation*). Roman von Jerzy ANDRZEJEWSKI, erschienen 1968. – Chronologisch folgt *Apelacja* nach *Bramy raju*, 1960 *(Die Pforten des Paradieses)* und *Idzie skacząc po górach*, 1963 *(Siehe, er kommt hüpfend über die Berge)*. Den polnischen Leser erreichte es aber, abgesehen von der Pariser Erstausgabe, erst im Todesjahr des Autors (1983). Auf den ersten Blick könnte man sich dazu verleiten lassen, *Apelacja* lediglich als metaphorisches Aufgreifen der Beziehung Bürger – Staat, Petent – Behörde, Mensch – Obrigkeit zu betrachten und Andrzejewski in eine Reihe mit GOGOL', KAFKA und Bruno SCHULZ zu stellen. Ein aufmerksamer Leser erkennt jedoch, daß hinter der scheinbar abstrakt zu deutenden Beschreibung eines einzelnen klinischen Falles durchaus die Absicht steckt, ein Stück polnischer Wirklichkeit der sechziger Jahre festzuhalten. Daher ist es sehr zu bedauern, daß das Buch erst in den achtziger Jahren einen weiten Leserkreis erreichen konnte.

Im Mittelpunkt von *Apelacja* steht Marian Konieczny, ein vorzeitig pensionierter Angestellter, der, an Schizophrenie erkrankt, in einer psychiatrischen Klinik behandelt wird. Er leidet unter der Wahnvorstellung, einer staatsfeindlichen Tätigkeit bezichtigt zu werden und infolgedessen von den Agenten des Geheimdienstes, die Beweismaterial gegen ihn sammeln und seine Komplizen entlarven sollen, umgeben zu sein. Da er selbst zugibt, niemals bemerkt zu haben, *»daß ein und derselbe Mann oder ein und dieselbe Frau jemals zweimal in der Eigenschaft eines beauftragten Agenten in meinem Blickfeld erschienen wäre«*, schätzt er die Zahl der Agenten auf *»30 000 beiderlei Geschlechts«*. Er läßt zwar die ärztliche Behandlung geduldig über sich ergehen, aber nicht etwa, weil er an deren positives Ergebnis glaubt, sondern weil er jener Gesellschaftsschicht entstammt, die es als selbstverständlich empfindet, jeder Obrigkeit mit Respekt und Gehorsam zu begegnen. In Wirklichkeit – man muß es als logische Konsequenz dieser unterwürfigen Haltung betrachten – sieht er aber nur eine Möglichkeit, seinen Verfolgern zu entkommen: indem er seine Unschuld und Loyalität in einem Brief an den Ersten Sekretär unter Beweis stellt. Es ist kein Bittgesuch, wie ursprünglich geplant, sondern eine Appellation, denn »*wenn ich unschuldig bin*«, meint er, »*dann bin ich doch vor dem Bürger Erster Sekretär kein Bittsteller und bitte nicht um Gerechtigkeit, sondern appelliere an ihn als das höchste Organ Volkspolens, damit die Rechtsstaatlichkeit meiner Person gegenüber wiederhergestellt ist*«. Übereinstimmend mit den Symptomen klinischer Schizophrenie sind in seinem Verhalten die Unruhe, die Angst, das Gefühl, verfolgt zu werden; abweichend jedoch sind die Wurzeln seiner, Koniecznys, Phantasmagorien: Es ist keine traumatische, sondern eine wirkliche, vor den Mauern der Anstalt sehr konkret existierende Welt. Diese Welt eben, mit ihrer Angst einflößenden Machthierarchie, bildet eine künstliche und unverständliche Wirklichkeit, während die Klinik der eigentliche, vertraute Zufluchtsort ist.

Wie Andrzejewski in seinen Notizen bemerkt, wurzelt die Krankheit Koniecznys »*ebenso stark in der polnischen Natur wie seinerzeit der Wahnsinn von Orestes in der griechischen Natur*«. Er deutet mehrmals an, daß es sich hier um eine Krankheit von gesellschaftlichem Ausmaß handle, mit steigender Erkrankungsrate und mit oft zwiespältigen und komplexen Symptomen, um eine fortschreitende Krankheit der polnischen Gesellschaft in der poststalinistischen Ära: die in die Privatsphäre eingreifende, krankhafte Beziehung zur Staatsmacht, die einen durchschnittlichen Bürger zwischen Ehrfurcht, Sympathie und Ablehnung, zwischen Hoffnung auf Akzeptanz seitens der Macht und Enttäuschung wegen ihrer anonymen Strenge schwanken läßt. Inwieweit die Intellektuellenkreise – Andrzejewskis eigene Welt also – von dieser Krankheit befallen sind – auf diese Frage findet der Leser in *Apelacja* kaum eine Antwort. Erst als der Autor in der Schlußszene eine neue, metaphysische Dimension einführt, indem er Konieczny spüren läßt, »*daß das All in seine Leere eingedrungen war, der unermeßliche und unbegreifliche Kosmos, um seine ewigen Umdrehungen und seine Flucht ins Unbekannte in ihm fortzusetzen*«, gerät man in Zweifel, ob man wirklich mit einem Buch zu tun hat, das so wenig persönlich ist, wie ursprünglich angenommen. M.Ki.

AUSGABEN: Paris 1968. – Warschau 1983.

ÜBERSETZUNG: *Appellation*, P. Lachmann, Ffm. 1972.

LITERATUR: K. Mętrak, *Rozdarta sosna duszy i diabeł konwersji* (in Miesięcznik Literacki, 1969, Nr. 4, S. 46–51). M. Wyka, Rez. (in Twórczość, 1984, Nr. 9, S. 106–109).

BRAMY RAJU

(poln.; *Ü: Die Pforten des Paradieses*). Kurzroman von Jerzy ANDRZEJEWSKI, erschienen 1960. – Wie in *Ciemności kryją ziemię (Finsternis bedeckt die Erde)* behandelt der Autor auch hier ein polnisches Gegenwartsproblem in historischer Verkleidung.

An die Stelle der Inquisition ist der tragische französische Kinderkreuzzug des Jahres 1212 getreten, die Frage nach den Grundlagen der totalitären Macht wird von dem Bekenntnis zum revoltierenden Menschen abgelöst.

Der Hirte Jakub aus Cloyes will das Heilige Grab mit Hilfe von Kindern und Halbwüchsigen den Händen der ungläubigen Türken entreißen. Er fühlt sich dazu durch göttlichen Auftrag berufen. Tatsächlich kann er über tausend jugendliche Pilger und Pilgerinnen aus den umliegenden Dörfern seiner Heimat versammeln. Immer neue strömen herbei. Während des Marsches findet eine allgemeine Generalbeichte statt. Schon hierbei erkennt der alte Mönch, der sich als geistlicher Führer dem Kreuzzug angeschlossen hat, daß mitunter weltliche und sündhafte Motive für die Teilnehmer bestimmend waren: so für die minderjährigen Liebenden Aleksy und Blanka, Robert und Maud, die allein ihren Leidenschaften leben wollen. Aleksy, die lüsterne Blanka und die keusche Maud sind außerdem in Jakub verliebt und wollen aus diesem Grund seinen Traum von der Befreiung Jerusalems in die Tat umsetzen. Als schließlich Jakub – als letzter des Zuges – selber beichtet, stellt sich heraus, daß ihn keineswegs Gottes Stimme zum Kreuzzug aufgerufen hatte. Ein alter Kreuzfahrer, Graf Ludwik von Vendôme, hatte Jakub den Plan eingeflüstert. Dieser Graf Ludwik hatte vor vierzehn Jahren während des letzten Kreuzzugs das Böse um sich überhaupt nicht gesehen, war aber durch den sündhaften Überfall des Kreuzfahrerheers auf die christliche Stadt Byzanz selber ein Opfer des Bösen geworden, das er in seinem Gewissen durch inbrünstigen Glauben hatte einschläfern wollen. Da nach Jerusalem jedoch nur ein Mensch von reinem Herzen gelangen kann, sollte Jakub in seiner Unschuld nun diese Tat für Ludwik vollbringen. Der alte Mönch, der jetzt in diesem Kreuzzug nur einen von vielen erkennt, revoltiert, versagt Jakub die Lossprechung und fordert die Pilger zur Umkehr auf. Nur wenige scheinen zu gehorchen; die anderen ziehen ins Verderben.

Dieser Schluß des Romans läßt die Deutung zu, daß sich das Individuum aus dem Konflikt zwischen ideologischen Grundsätzen und moralischer Überzeugung vor allem dann handelnd befreien darf, wenn der Anlaß zum Konflikt im Mißbrauch der Ideologie durch die Ideologen liegt, wobei es gleichgültig ist, ob diese im guten Glauben oder aus persönlichen Motiven handeln. In beiden Fällen wird das wachsame Gewissen des Einsichtigen oder Überlegenen zur höchsten Instanz. Er darf sich einer ins Verderben geführten Masse warnend entgegenstellen, zumal diese rein gefühlsmäßig oder vorteilbedacht ihrer Führung nachläuft. »*Wir glaubten, weil wir die Mäntel der Kreuzfahrer tragen und das Gelübde abgelegt haben, würde auch alles, was wir tun, richtig sein und dem einzigen und höchsten Ziel dienen.*« In diesem »*unschuldigen Wahnsinn*« des Handelns oder im »*blinden Glauben*« bei Ideologen und Masse scheint die Grundtendenz des Romans zu liegen. Sie ist ebenso verschlüsselt, wie die Handlung im Sinn des *nouveau roman* verfremdet. Vieles läßt sich wegen der allzu symbolischen oder im Vagen gelassenen Formulierungen nicht immer in die beabsichtigte Relation zum Ganzen bringen. Auch die Fabel bewegt sich in einem absichtlich wirren, düsteren Zwischenbereich von Gedanken, Selbstgesprächen und Träumen. Die Motorik steter Bewegung – die Handlung des Romans spielt ausschließlich während des Pilgerzugs – versucht Andrzejewski mit vielen syntaktisch modifizierten Wiederholungen wiederzugeben und vor allem dadurch, daß er den Roman in einen einzigen Satz faßt (der allerdings nur eine syntaktische Fiktion ist). J.H.

AUSGABEN: Warschau 1960 – Warschau 1973 (in *Trzy opowiadania*; ²1980).

ÜBERSETZUNGEN: *Die Pforten des Paradieses*, R. Lachmann, Mchn. 1963. – Mchn. 1967 (dtv). – Dass., H. Bereska, Bln. 1982.

LITERATUR: J. Wegner, Rez. (in Kultura, 1973, Nr. 18). – S. Wysłouch, »*Bramy raju*« *J.A.* (in *Nowela, opowiadanie, gawęda. Interpretacje małych form narracyjnych*, Hg. K. Bartoszyński u. a., Warschau ²1979). – M. Płachecki, Rez. (in Twórczość, 1981, Nr. 4). – M. Janion, *Krucjata niewiniątek* (in Twórczość, 1987, Nr. 4, S. 96–104).

CIEMNOŚCI KRYJĄ ZIEMIĘ

(poln.; *Ü: Finsternis bedeckt die Erde*). Historischer Roman von Jerzy ANDRZEJEWSKI, erschienen 1957. – Der Kurzroman wurde während der sogenannten »Tauwetterperiode« geschrieben und ist als Historie getarnt, wobei allerdings bewußt politische und ideologische Anachronismen gesetzt wurden. Er ist Andrzejewskis Abrechnung mit der totalen Gewalt des Stalinismus und setzt so seine Erzählung *Złoty lis*, 1955 *(Der Goldfuchs)*, fort. Bezeichnenderweise wird eine Episode aus der Zeit der spanischen Inquisition gegen Ende des 15.Jh.s zur Handlung ausgebaut, doch sind es nicht die bekannten Greueltaten dieser geheiligten Institution, die geschildert werden, da der Autor ausschließlich die Analyse der für sie verantwortlichen Ideologie im Auge hat. Der Großinquisitor Thomas Torquemada verfolgt das Ziel, ein totalitäres Gottesreich auf Erden zu gründen: »*Eine Herde, ein Hirte, ein Glaube, ein König, ein Schwert... Der Bau des Königreiches Gottes auf Erden wird sich festigen – dieses große Werk der allgemeinen Unfreiheit für die künftige Freiheit, dieses Werk der Gewalt und des Terrors, damit dereinst Gerechtigkeit herrschen kann. Freilich, von Zeit zu Zeit werden hier und dort irgendwelche Menschlein auftauchen und von einer nebelhaften Freiheit faseln, die nicht von dieser Welt ist. Doch was werden sie gegen das System ausrichten, das du geschaffen hast?*«
Dieses überaus zweckmäßige System, auch »neue Ordnung« genannt, ist das Resultat von Gesetz und Gewalt: »*Worte haben nur dann Bedeutung, wenn hinter ihnen, nicht weiter als einen Schritt entfernt, das Schwert der Tat steht... Wir müssen viele Rechte und viele Schreckmittel haben ... Sollte es eines Tages an Schuldigen mangeln, müßten wir sie schaffen, weil wir sie brauchen, um das Verbrechen unaufhörlich, zu jeder Stunde öffentlich anzuprangern und zu bestrafen. Solange die Wahrheit nicht endgültig den Sieg davongetragen hat und triumphiert, kann sie ohne ihr Gegenteil, die Lüge, nicht existieren. Die Notwendigkeit unserer Macht liegt vor allem darin, daß die Angst jeden ergreifen und zu einem Zustand werden soll, der alle Lebensgebiete erfüllt, in die geheimsten Fugen des Daseins eindringt, so daß sich kein Mensch mehr ein Leben ohne Angst vorzustellen vermag ... Allerdings wird noch viel Zeit vergehen, ehe die Menschheit ... freiwillig und bewußt in den gleichen Grundsätzen denkend und nach dem einen trachtend, allgemein das Licht der ewigen Wahrheit annehmen wird, um auf diese Weise selbst zur Ewigkeit zu werden.*«
Aber Torquemada ist nicht nur ein kalter Theoretiker, sondern auch ein skrupelloser Praktiker: wo seine Dialektik nichts mehr vermag, helfen Giftmorde und Haftbefehle nach. Sorge bereitet ihm jedoch das Fehlen der Nachwuchskräfte, der leitenden Köpfe: »*In unseren Reihen müssen Menschen das Heft in den Händen halten, die hart sind wie Stahl, glutvoll und wachsam, mutig und schrankenlos ergeben.*« Einen solchen Jünger findet Torquemada endlich in dem Dominikanermönch Diego Manente, der sich zwar anfänglich den Ideen des Großinquisitors widersetzt, weil er in der Liebe und Barmherzigkeit die Grundlagen des Reiches Christi sieht, dann aber doch der Verführung erliegt und Sekretär Torquemadas wird. Beide arbeiten jahrelang – zum Schaden Spaniens – zusammen, und als der Großinquisitor im Sterben liegt, hofft Diego, sein Nachfolger zu werden. Da tritt eine unerwartete Wendung ein: Torquemada gelangt nach einem mystischen Gespräch mit seinem Gewissen (hier sind gewisse Ähnlichkeiten mit der *Legende vom Großinquisitor* in DOSTOEVSKIJS *Brat'ja Karamazovy* – *Die Brüder Karamazov* festzustellen) zur Einsicht seines Unrechts. »*Unsere Macht ist illusorisch, unsere Kräfte sind Scheinkräfte. Die Fundamente beben, und Risse zeichnen sich an den Mauern des Gebäudes ab, das wir errichtet haben. Ein furchterregendes Gebäude! Zum Gefängnis und zur Leidensstätte haben wir die Welt gemacht ... Wir sind verhaßt und verachtet. Nichts von diesem trüben Wahnsinn läßt sich retten ... Wir haben leider über die Welt Finsternis gebracht. Man wird viel Licht brauchen ... Die Heilige Inquisition wird aufgelöst ... Wir widerrufen alle unsere Ungerechtigkeiten und Verbrechen, die wir in ihrem Namen begangen haben. Den Opfern unseres Handelns geben wir alle Rechte und Würde zurück, die Ermordeten rehabilitieren wir. Unsere Prozesse und Urteile verlieren ihre Rechtskraft, weil sie falsch sind ... Die Gefängnisse sollen geöffnet werden.*«
Die Rache des aus seinen Träumen gerissenen Diego, der jetzt sein eigenes Unrecht erkennt und seine blutige Vergangenheit überblickt, ist grausam und

makaber: Er erwürgt den Großinquisitor und schlägt noch dem Toten wütend ins Gesicht. J.H.

AUSGABEN: Warschau 1957. – Warschau 1973 (in *Trzy opowiadania*); ²1980.

ÜBERSETZUNG: *Finsternis bedeckt die Erde*, W. Henke u. O. J. Tauschinski, Mchn. 1961. – Dass., dies., Reinbek 1965 (rororo).

BÜHNENFASSUNG: *Finsternis bedeckt die Erde* (Bühnenfassung v. Kazimierz Dejmek), O. J. Tauschinski, Wien 1967.

LITERATUR: S. Spender, *From a Diary* (in Encounter, 11, 1958, S. 75–77). – J. Wegner, Rez. (in Kultura, 1973, Nr. 18). – M. Płachecki, Rez. (in Twórczość, 1981, Nr. 4). – J. Schreiber, *J. A.s Roman »Ciemności kryją ziemię« und die Darstellung der spanischen Inquisition in Werken der fiktionalen Literatur*, Mchn. 1981 (Slavistische Beiträge, 146).

IDZIE SKACZĄC PO GÓRACH

(poln.; *Ü: Siehe, er kommt hüpfend über die Berge*). Roman von Jerzy ANDRZEJEWSKI, erschienen 1963. – Der Maler Antonio Ortiz, der seit Beginn des 20. Jh.s das kunstliebende Publikum Europas und Amerikas mit ungezählten Werken begeistert hat, zieht sich auf dem Höhepunkt seines Erfolges nach Schloß Volliours zurück und bricht jeden Kontakt mit der Außenwelt ab. Über sein Verhalten werden von Anhängern wie Gegnern die unterschiedlichsten Vermutungen angestellt. Die einen glauben, der »Gigant« werde nun ein neues, noch größeres Schöpfertum entfalten, während die anderen behaupten, die Schaffenskraft des Meisters sei erschöpft. Nach dreijähriger Zurückgezogenheit eröffnet Ortiz eine Ausstellung in Paris, bei der er der Öffentlichkeit den künstlerischen Ertrag der letzten sechs Monate seiner selbstgewählten Klausur präsentiert. Es handelt sich um zweiundzwanzig Bildnisse der Françoise Pilier, eines zerbrechlichen Mädchens, das die Gefährtin des Künstlers während der letzten Phase seiner Einsamkeit gewesen ist. Die Zahl der Bildnisse entspricht dem Alter der Dargestellten. Die Vernissage, die die handelnden Personen des Romans zusammenführt, endet mit einem Ausflug des Paares in ein kleines Restaurant in einem Pariser Vorort, dessen Besitzer ein Kriegskamerad des Malers ist. Als sich Françoise, von den Ereignissen des Tages ermüdet, ins Hotel zurückziehen will, wird sie von einem vorbeifahrenden Auto erfaßt und getötet. Ihr physisches Ende verdeutlicht, was sich in der psychischen Beziehung zwischen Maler und Modell bereits vollzogen hat: Die Gefühle, die der große und bewunderte Künstler seinem Modell in sechs gemeinsam verbrachten schöpferischen Monaten entgegenbrachte, sind bereits erkaltet.
Der im Aufbau vielschichtige und anspruchsvolle, sprachlich an die Erzähltechnik PROUSTS, CAUS und Martin WALSERS erinnernde Roman ist in erster Linie eine Verherrlichung der unerschöpflichen, von der Liebe, dem Urphänomen menschlicher Existenz, immer wieder neu inspirierten und befruchteten Kraft des menschlichen Geistes. In der Kunst setzt der Geist der Liebe ein Denkmal, das länger Bestand hat als die Zuneigung der beiden Menschen, aus der es entstanden ist. Zitate aus dem *Hohenlied* – darunter der Romantitel – verdeutlichen den unauflöslichen Zusammenhang zwischen Liebe und Kunst. Mag die Liebe des Malers zu seinem Modell erlöschen, seine Porträts, »*Variationen ein und desselben Themas*«, gehen als Zeugnisse der Kraft der Liebe in die Schatzkammer menschlichen Geistes und Schöpfertums ein.
Andrzejewski übt in seinem Roman heftige Kritik an der Art der Wechselbeziehung zwischen Künstler und Publikum, wie sie das technische Zeitalter hervorgebracht hat. Alle Gestalten des Romans – sei es nun der Mann auf der Straße, die Pariser High-Society oder die durch den Maler Alain Piot verkörperte junge Künstlergeneration – stehen im Bann der überragenden Künstlerpersönlichkeit. Ortiz aber weiß seinen Einfluß zu nutzen. Er ist kein ätherischer, übersensibler, weltfremder Intellektueller, sondern ein echter Partner seines Publikums, der die Komödie um das eigene Genie aktiv mitgestaltet. Mit Gelassenheit und Virtuosität spielt er die von ihm erwarteten Rollen – titanisch, einfältig, kapriziös, zynisch, gelegentlich auch verloren – im Spannungsfeld zwischen Geist und Macht. Aufgrund biographischer Parallelen, direkter Anspielungen auf Zeitgenossen (z. B. Marc Chagall) und der Wahl des Handlungsorts haben die polnischen Kritiker in Antonio Ortiz das verschlüsselte Abbild Pablo Picassos erkennen wollen. Trotz der unverhohlenen Kritik am westlichen Kulturkonsum und am Kunstsnobismus der gehobenen französischen Gesellschaft ist auch in diesem Roman die aus den Napoleonischen Kriegen herrührende Faszination der polnischen Intelligenz durch Frankreich spürbar, die Kunst und Liebe in der französischen Kultur stets als untrennbare Größen erkannt und verwirklicht sah. J.M.T.

AUSGABEN: Warschau 1963. – Warschau 1973 (in *Trzy opowiadania*); ²1980.

ÜBERSETZUNGEN: *Siehe, er kommt hüpfend über die Berge*, P. Lachmann, Mchn./Wien 1966. – Dass., ders., Mchn. 1969 (dtv). – *Siehe, er kommt und hüpft über die Berge*, H. Bereska, Bln. 1984.

LITERATUR: B. Czeszko, Rez. (in Kultura, 1963, Nr. 23). – A. Klimowicz, Rez. (in Nowe Książki, 1963, Nr. 23). – A. Lam, Rez. (in Współczesność, 1963, Nr. 22, S. 6/7). – W. Maciąg, Rez. (in Życie Literackie, 1963, Nr. 47). – W. Matuszewski, Rez. (in Życie Warszawy, 1963, Nr. 269). – J. Szpotański, Rez. (in Kultura, 1963, Nr. 23). – A. Wojciechowski, Rez. (in Współczesność, 1963, Nr. 23). – J. Wegner, Rez. (in Kultura 1973, Nr. 18). – M. Płachecki, Rez. (in Twórczość, 1981, Nr. 4).

MIAZGA

(poln.; *Brei, Zerquetschtes*). Roman von Jerzy ANDRZEJEWSKI, erschienen 1979. – Der Titel des letzten Romans von Andrzejewski, der sich sowohl auf die im Roman porträtierte polnische Gesellschaft als auch auf die Form des Werkes bezieht, suggeriert etwas Formlos-Weiches, aber auch Zerstört-Durcheinandergeworfenes. Der Autor selbst stellte mehrmals fest, das Wort *miazga* lasse sich »*in keine Fremdsprache übersetzen*«; auf bildhafte Umschreibungen angesprochen, erklärte er halb scherzhaft, es sei »*zum Beispiel das, was von einem Menschen übrigbleibt, wenn er vom zwanzigsten Stockwerk hinuntergefallen oder von einem LKW überfahren worden ist*«.

Miazga ist noch vor dem Entstehen zur Legende geworden. Die Grundidee – eine Hochzeit in den Warschauer Prominentenkreisen – kam dem Autor im Jahre 1963. Hochzeiten haben in der neueren polnischen Literatur immer einen symbolisch-metaphorischen Charakter. Zu den vielen Beispielen, die sich nennen ließen, würde auch *Die Trauung* von Witold GOMBROWICZ gehören; in erster Linie assoziiert man aber *Die Hochzeit* von Stanisław WYSPIAŃSKI (1901), ein Drama, in dem – in symbolreicher Szenerie – die Versöhnung aller Gesellschaftsschichten und die Abrechnung mit den nationalen Mythen zugleich stattfinden.

Die ersten Fragmente von *Miazga* erschienen 1966 in der Zeitschrift ›Twórczość‹ und sorgten durch die ungewöhnliche Komposition, durch ironische Anspielungen auf das romantische Drama und schließlich durch die Ankündigung, die geplante Hochzeit werde nicht stattfinden, für zahlreiche Spekulationen. Die einen erwarteten einen politischen Roman, die anderen versprachen sich verschlüsselte Informationen über das Warschauer Milieu, Künstlerkreise und Parteiprominenz eingeschlossen, die dritten – einen großen philosophischen Roman vom Rang des MANNschen *Doktor Faustus*. Ursprünglich wählte Andrzejewski als Zeit der Handlung den Mai 1964. Zu den Faktoren, die diese Wahl beeinflußten, gehörten zweifelsohne das politische Klima Anfang der sechziger Jahre, jener seltsamen Zeitspanne, in der die Liberalisierungstendenzen nach 1956 einige Jahre zurücklagen und die neue Entwicklung, die in den Ereignissen von 1968 ihren Höhepunkt finden sollte, bereits anklang, sowie ein Boom der Massenkultur, die Andrzejewski, ein Schriftsteller mit Hang zum Elitären, schon 1963 in *Idzie skacząc po górach (Siehe, er kommt hüpfend über die Berge)* ironisch porträtiert hatte und nun auf dem polnischen Boden heimisch werden sah. 1966/67 ging ein Teil des Manuskriptes verloren, was die weitere Arbeit erheblich behinderte. Als Andrzejewski sie wiederaufnahm (1970), hatte die politische und gesellschaftliche Entwicklung, die er beschreiben, vor der er warnen wollte, seine Idee bereits überholt. Andrzejewski beschloß, diese Dissonanz zwischen der desaktualisierten Fiktion und der neuen Wirklichkeit zu zeigen und baute die ursprünglich geplante Handlung in ein Tagebuch ein. Auf diese Weise entstand eine einzigartige Mischung aus Fiktion und Dokument, die mit den 1966 abgedruckten Fragmenten nicht viel gemein hatte.

Auf die Vielfalt der Stile deuten schon die Titel der einzelnen Teile hin: *Tagebuch – 1. Teil: Vorbereitung – 2. Teil: Prolog – Intermedium oder die polnischen Lebensläufe – 3. Teil: Non consummatum – Tagebuch*. Es ist eine Kompilation verschiedener Gattungen, durch die Andrzejewski versucht, die Relativität unseres Wissens über uns selbst und über die Welt literarisch zum Ausdruck zu bringen. Ebenfalls zweideutig ist die Stimmung: halb ernst, halb ironisch. Die geplante Hochzeit ist eine Parodie aller literarischen Hochzeiten, die eine metaphorische Dimension hatten, ein Mikrobildnis des nationalen Schicksals waren – und wenn sie nicht stattfindet, dann ist dies eben ein Zeichen dafür, daß die gegenwärtige polnische Gesellschaft mit ihrer Ziel- und Orientierungslosigkeit kaum zu porträtieren ist. Als einziges »Dokument« der Hochzeit, die in der Tat nicht zustande kommt, bleiben die Lebensläufe der potentiellen Teilnehmer, die trotz ihres fiktiven Charakters einen beinahe dokumentarischen Wert haben, weil sie die typischen Schicksale der polnischen Intelligenz der Nachkriegszeit widerspiegeln.

Im Mittelpunkt dieser Menschengalerie steht Adam Nagórski, das literarische *alter ego* des Autors, ein erfolgreicher Schriftsteller, der sich allgemeiner Sympathie und Anerkennung erfreut, gleichzeitig aber auf eine kaum sichtbare Weise in Isolation gerät, zum Teil weil er politisch in Ungnade gefallen ist, zum Teil weil sich der Kreis alter Bewunderer zunehmend lichtet. Nagórski zieht sich immer mehr zurück, führt immer öfter Selbstgespräche, wird zunehmend zu seinem eigenen Leser, weil er einsieht, daß das ästhetische Bewußtsein seiner Landsleute dem politischen, dem gesellschaftlichen, dem nationalen entspricht: daß es also zerrüttet ist.

Miazga ist Andrzejewskis umfangreichstes Werk. Um die hier enthaltene Summe politischer, menschlicher und künstlerischer Erfahrungen gänzlich zu verstehen, müßte man beide Seitenstrecken – die gesellschaftskritische und die kunstorientierte – des langen Weges zurückverfolgen, den Andrzejewski seit *Asche und Diamant* gegangen ist. Ob auch *Miazga* jemals als Meisterwerk betrachtet wird – darüber sind sich die Kritiker noch nicht schlüssig. Die einen heben die ungewöhnliche Schärfe hervor, mit der sich Andrzejewski mit den nationalen Mythen und megalomanen Neigungen der Polen auseinandersetzt (H. Zaworska); die anderen sprechen dem Schriftsteller die Courage ab, sich der eigenen, seinerzeit heftige Kontroversen auslösenden politisch-literarischen Vergangenheit zu stellen, und warnen in bezug auf die strukturelle Vereinigung von Inhalt und Form vor der »*Gefahr der literarischen Tautologie*« (T. Łubieński). Alle sind sich allerdings einig, daß es »*ein Meilenstein auf dem Weg zur ehrlichen Literatur*« (T. Burek) ist.

M.Ki.

AUSGABEN: Warschau 1979. – Ldn. 1981. – Warschau 1982.

LITERATUR: J. Wegner, *W labiryncie zaprzeczeń* (in Współczesność, 1969, Nr. 26 u. 1970, Nr. 1). – T. Burek, Rez. (in Zapis, 1980, Nr. 15, S. 134–148). – T. Łubieński, *»Miazga« po dziesięciu latach* (in Res Publica, 1980, Nr. 5; Nachdr. in T. Ł., *Bohaterowie naszych czasów*, Ldn. 1986, S. 43–49). – H. Zaworska, Rez. (in Twórczość, 1982, Nr. 5, S. 113–121). – M. Tomaszewski, Rez. (in Zeszyty Literackie, 1983, Nr. 3, S. 134–143).

POPIÓŁ I DIAMENT

(poln.; *Ü: Asche und Diamant*). Roman von Jerzy ANDRZEJEWSKI, erschienen 1947 in der Zeitschrift ›Odrodzenie‹ unter dem Titel *Zaraz po wojnie (Gleich nach dem Krieg)*. – Die Handlung des Romans spielt in der polnischen Kreisstadt Ostrowiec in den letzten vier Tagen vor der deutschen Kapitulation im Zweiten Weltkrieg. Eine kleine Gruppe der 1942 von der Londoner Exilregierung gegründeten illegalen »Armia Krajowa« (Heimatarmee) unter Führung von Hauptmann Waga hat den Befehl erhalten, den hohen kommunistischen Funktionär Szczuka zu ermorden. Der erste Anschlag mißlingt: Die Gruppe erschießt an Szczukas Stelle zwei unbeteiligte Arbeiter. Daraufhin übernimmt der zweiundzwanzigjährige frühere Student Maciej Chełmicki den Auftrag in eigener Verantwortung. Er erschießt Szczuka am Tag des deutschen Zusammenbruchs. Wenig später wird er aus Zufall von einer Milizstreife auf der Straße angehalten und, da er zu fliehen versucht, erschossen. Man findet bei dem Toten nichts, was ihn belasten könnte.

Um diesen Handlungskern, der die komplizierten innenpolitischen Verhältnisse Nachkriegspolens, die bürgerkriegsähnlichen Auseinandersetzungen zwischen den Kommunisten und den Vertretern der antikommunistischen Bourgeoisie veranschaulicht, legt sich ein vielschichtiges, dramatisches Geschehen. Im Vordergrund steht der Vertreter der polnischen Arbeiterpartei, der Ingenieur und Kommunist Stefan Szczuka. Andrzejewski zeichnet ihn als idealen Arbeiterführer. Ein Hüne von Gestalt, vereinigt er ungebrochenen Kampfgeist und väterlich-ruhige Abgeklärtheit, Intelligenz und Sensibilität, bärbeißige Verschlossenheit und offene Herzlichkeit. Ihm steht das Lager seiner Feinde gegenüber, die Szczuka von Angesicht nicht kennt: Hauptmann Waga, Leutnant Andrzej Kossecki und Maciej Chełmicki. Als Angehörige der »Armia Krajowa« haben sie im Krieg gegen die deutschen Faschisten gekämpft, doch nicht für den Sieg der Kommunisten, sondern für ein – wie sie teils glauben, teils vorgeben – freies, unabhängiges und demokratisches Polen. Nach dem Einmarsch der Roten Armee wurde die »Armia Krajowa« aufgelöst. Ihre Mitglieder gingen großenteils in die Illegalität und nahmen im Auftrag der Exilregierung den mit aller Grausamkeit geführten Kampf gegen das Polnische Komitee der Nationalen Befreiung auf, aus dem 1945 die provisorische polnische Regierung hervorging.

Andrzejewski stellt die Vertreter der »Armia Krajowa«, deren Ziel die Liquidierung der führenden Funktionäre der Arbeiterpartei ist, keineswegs als blindwütige Verbrecher dar. Vor allem Maciej steht für eine irregeleitete Generation, die im Glauben, für das Ideal der polnischen Unabhängigkeit zu kämpfen, von einer reaktionären Machtgruppe mißbraucht wurde. Scharf hebt der Autor die Kämpfer gegen die korrupten bourgeoisen und adligen Gesellschaftskreise ab, denen ihr Kampf objektiv zugute kommt. Obwohl Waga und Kossecki erkennen, daß sie auf verlorenem Posten stehen und ihren Auftrag nicht mit ihrem Gewissen vereinbaren können, fühlen sie sich an ihren Eid gebunden. Anders Maciej: Durch Krieg, Partisanenkampf und die fortwährende Konfrontation mit dem Tode entwurzelt, ist ihm der Kampf Selbstzweck geworden. Der Befehl bestimmt sein Handeln und Denken. Von den Anforderungen des Augenblicks beansprucht, denkt er in kurzen Zeiträumen. So sucht er auch bei Krystyna, der Bardame in Szczukas Hotel, die ihre Eltern durch die deutsche Besetzung verlor, nicht mehr als ein flüchtiges Abenteuer. Unerwartet jedoch entdecken beide ihre Liebe zueinander, die beide so sich selbst zurückfinden und die Frage nach der Zukunft stellen läßt. Maciej erkennt, daß sein Kampf hoffnungslos ist. Um seiner Liebe zu Krystyna willen sagt er sich von seinen Gefährten los, bleibt jedoch an sein Wort gebunden, den letzten Auftrag auszuführen. Die Vergangenheit, deren Sinnlosigkeit sich symbolisch in den Umständen seines Todes manifestiert, ist stärker als er.

Das Thema des über die Grenzen Polens hinaus berühmt gewordenen Romans ist die Fragwürdigkeit des Widerstands gegen die gesetzmäßige Entwicklung von Geschichte und Gesellschaft, die für Polen den Sieg des Sozialismus bedeutete. Daß das Werk die Problematik der antisozialistischen Kräfte Polens in den ersten Nachkriegsjahren differenziert, vorurteilsfrei und mit dem Bemühen um Verständnis behandelt, brachte ihm während der Stalinzeit den Vorwurf des Objektivismus ein. Andrzejewski läßt jedoch keinen Zweifel, daß die Zukunft seines Landes der polnischen Arbeiterklasse gehört. Die bürgerlichen Ideale sind zu Asche geworden, geblieben ist der Diamant des Kommunismus, *»der Morgen des ewigen Sieges«* – eine Symbolik, die der Autor dem Motto des Romans, einem Zitat aus Cyprian Kamil NORWIDs Gedicht *Za kulisami (Hinter den Kulissen)* entnimmt.

M.Gru.

AUSGABEN: Warschau 1947 (in Odrodzenie, Nr. 3–22, u. d. T *Zaraz po wojnie*). – Warschau 1948,[29]1983.

ÜBERSETZUNG: *Asche und Diamant*, H. Bereska, Mchn. 1960. – Dass., ders., Reinbek 1963 (rororo). – Dass., ders., Mchn. [2]1985 (dtv).

VERFILMUNG: Polen 1958 (Regie: A. Wajda).

LITERATUR: M. Kierczyńska, *Dyskusja o powieści A. »Popiół i diament«* (in Kuźnica, 1948, Nr. 23). – Z. Lichniak (in Przegląd Powsz., 1948, Nr. 6, S. 447–452). – H. Markiewicz, *Powieść o kresie nocy* (in Twórczość, 1948, H. 3, S. 95–100). – Z. Starowieyska-Morstinowa, *Miłość, maj i czerwone sztandary* (in Tygodnik Powszechny, 1948, Nr. 25). – M. Kierczyńska (in *Spór o realizm*, Warschau 1951, S. 52–73). – R. Szydłowski, *Dramat A.* (in Życie Literackie, 1957, Nr. 25). – A. Kijowski (in Różowe i czarne, 1957, S. 209–225). – J. Mrosik, *Zum Problem der Zeit in »Asche und Diamant«* (in *Slavistische Studien*, Göttingen 1963, S. 457–489). – J. Detko, *»Popiół i diament« J. A.*, Warschau 1964; [2]1967. – H. Kneip, *Die korrigierende Funktion der Literaturkritik. Zur Genese von J. A.s Roman »Asche und Diamant«* (in *Symposium Slavicum*, Hg. J. Galabov u. a., Mchn. 1976, S. 95–151). – B. Tepa-Lupack, *Ashes and Diamonds* (in The Polish Review, 28, 1983, 2, S. 108–110).

WIELKI TYDZIEŃ

(poln.; *Ü: Warschauer Karwoche*). Roman von Jerzy ANDRZEJEWSKI, erschienen 1945. – In räumlicher Begrenzung auf die polnische Hauptstadt und zeitlicher Beschränkung auf die Passionswoche schildert der Roman in der traditionellen Erzählweise eines nahezu dokumentarischen Berichts vor dem Hintergrund der Liquidierung des Warschauer Ghettos das Schicksal des Ehepaars Malecki, mit dem das Los der jungen Jüdin Irena Lilien tragisch verbunden ist. Die Vorgeschichte skizziert die Bekanntschaft des Architekten Jan Malecki mit Irena, der Tochter einer alten und reichen jüdischen Professorenfamilie, bis zu dem Augenblick, da Jan die Verwaiste in der Stadt auffindet und zu sich nach Hause nimmt. Irenas vorläufige Rettung wird allen Beteiligten zum Verhängnis. Von der Nachbarsfamilie Piotrowski als Jüdin erkannt und verraten – *»Soll ich mit gefalteten Händen warten, bis sie uns alle den Hals umdrehen wegen einer Jüdin?«* –, muß Irena das Haus verlassen, nachdem Piotrowski sie brutal zu vergewaltigen versucht hat. Auf der Suche nach einem Unterschlupf für Irena wird der *»Liberale«* und *»angekränkelte Intellektuelle«* Malecki von seinen eigenen Landsleuten getötet. Seine schwangere Frau Anna kehrt von einem Kirchgang nicht mehr heim. Ebenso ungewiß bleibt das Schicksal von Jans Bruder Julek, der mit einem Todeskommando der Untergrundbewegung zur Unterstützung der Aufständischen ins Ghetto geht. Über dem Roman steht der Fluch einer von ihren polnischen Landsleuten tödlich enttäuschten Jüdin: *»Und ihr alle sollt verrecken wie die Hunde! Man soll euch verbrennen wie uns. Man soll euch ausrotten und morden!«* Warum dieser bittere Fluch Wirklichkeit wurde, enthüllt der Roman am erschütterndsten Beispiel der Selbstzerfleischung von Warschaus polnischer und jüdischer Bevölkerung. E.J.K.

AUSGABEN: Warschau 1945 (in *Noc*). – Warschau 1956.

ÜBERSETZUNGEN: *Karwoche*, O. J. Tauschinski, Wien 1948. – Dass., ders., Dresden 1950. – *Warschauer Karwoche*, R. Lachmann [Vorw. St. Hermlin], Mchn. 1964. – Dass., dies., Mchn. 1966 (dtv).

LITERATUR: J. Andrzejewski, *O obronę człowieka* (in Odrodzenie, 1945, Nr. 38). – J. Kott, *Po prostu*, Warschau 1946, S. 69–73; 138–144. – J. Dobraczyński, *Nadzieje wśród nocy* (in Dziś i Jutro, 1946, Nr. 11). – Z. Starowieyska-Morstinowa, *Książka o nieładzie serca* (in Tygodnik Powszechny, 1946, Nr. 8). – K. Wyka, *Pogranicze powieści* (in Twórczość, 1946, Nr. 2, S. 150–160). – K. W. Zawodziński, *Rzut oka na literaturę polską r. 1945*, Posen 1946, S. 48–53. – W. Maciąg, *Pisarz i moralista* (in Życie Literackie, 1954, Nr. 45).

ZŁOTY LIS

(poln; *Ü: Der goldene Fuchs*). Erzählung von Jerzy ANDRZEJEWSKI, erschienen 1955. – An einem regnerischen Herbstabend erscheint dem sensiblen fünfjährigen Łukasz, der allein in der elterlichen Wohnung ist, beim Einschlafen ein prächtiger goldener Fuchs. Łukasz zweifelt keinen Moment an der Realität der Erscheinung. Er schließt Freundschaft mit dem Fuchs und versteckt ihn im Kleiderschrank des Kinderzimmers. Tagelang schwankt er zwischen dem Wunsch, sein Geheimnis für sich zu behalten, und der Versuchung, seine Umgebung daran teilhaben zu lassen. Als er endlich beschließt, die Eltern und den älteren Bruder einzuweihen, stößt er auf Unverständnis und Spott. Die Eltern machen sich sogar Sorgen um seinen Gesundheitszustand. Auch Emilka, die liebste Spielgefährtin aus dem Kindergarten, glaubt ihm nicht. Łukasz' Versuch, ihr in der Dunkelheit des Kleiderschranks den Fuchs zu zeigen, verschärft den Konflikt mit den Eltern. Ein letzter Versuch, die Mutter für sich zu gewinnen, mißlingt. Sie heuchelt Entgegenkommen, wird aber vom Sohn durchschaut. Łukasz bleibt mit seinem Erlebnis allein. Je mehr jedoch die nächtlichen Gespräche mit dem Fuchs für ihn an Realität gewinnen und die Kluft zwischen ihm und seinen Mitmenschen vertiefen, desto mehr belasten sie ihn. An seinem sechsten Geburtstag vergißt Łukasz aus Freude über die bevorstehende Feier zum ersten Mal, den Freund zu begrüßen. Als er das Versäumte nachholen will, ist der Fuchs verschwunden. Łukasz' Trauer weicht bald einem Gefühl der Erleichterung. Mit dem Ausruf: *»Ich habe nie einen goldenen Fuchs gesehen!«* trennt er sich endgültig von seiner Phantasiewelt und schließt sich wieder seinen Altersgenossen an. In gleichnishafter Form beschreibt der Autor in der kurz nach Stalins Tod entstandenen Erzählung die Situation des Künstlers und im weiteren Sinne des

Individuums in Polen während der fünfziger Jahre: Am Ende des Versuchs, die eigene, als Realität empfundene Phantasiewelt gegen die Welt der anderen zu behaupten, steht die Kapitulation des Außenseiters, die nicht etwa auf einer selbstvollzogenen Umwertung der Erlebnisse, sondern auf der schlichten Unfähigkeit beruht, die Isolierung länger zu ertragen. Diese Preisgabe der eigenen Daseinsmitte erscheint in der Erzählung als Existenzzwang, als einzig möglicher Ausweg. Als Protest gegen die Vermassung menschlichen Denkens und Erlebens, die zum Identitätsverlust des einzelnen führt, gewinnt Andrzejewskis Erzählung auch jenseits der Grenzen des sozialistischen Polens Aktualität. J.M.T.

AUSGABEN: Warschau 1955. – Warschau 1956. – Krakau 1980.

ÜBERSETZUNGEN: *Der Goldfuchs*, A. Hermann (in *16 polnische Erzähler*, Hg. M. Reich-Ranicki, Reinbek 1962). – *Der goldene Fuchs*, R. Lachmann (in *Die großen Erzählungen*, Mchn. 1968). Dass., dies., Mchn. 1979.

LITERATUR: T. Drewnowski, *Powieść i opowiadanie* (in Rocznik literacki, 1955, S. 119/120). – Z. Pędziński, *A. Opowiadania przewrotne* (in Kamena, 1955, Nr. 10/12, S. 97–98). – J. Preger, *O satyrze i marzeniu* (in Słowo Tygodnia, 1955, Nr. 24). – J. Kwiatkowski, *Dwie satyry A.* (in Życie Literackie, 1955, Nr. 33). – J. Kott, *Humoreski A.* (in Nowe sygnały, 1956, Nr. 5). – A. Wasilewski, *Kłopoty z historią* (in Nowa Kultura, 1956, Nr. 40). – A. Kijowski, *Różowe i czarne*, Krakau 1957, S. 185–192.

MAYA ANGELOU

* 4.4.1928 Saint Louis / Mo.

I KNOW WHY THE CAGED BIRD SINGS

(amer.; *Ü: Ich weiß, daß der gefangene Vogel singt*). Autobiographie von Maya ANGELOU, erschienen 1970. – Wie »*Tausende von verängstigten schwarzen Kindern*« vor und nach ihnen, werden Marguerite (Maya) und ihr Bruder Bailey, drei und vier Jahre alt, von ihren Eltern in Kalifornien der Großmutter Henderson in Stamps, Arkansas, per Bahn zugeschickt und zur Versorgung überlassen. Im Bannkreis des Gemischtwarenladens, den die bald nur noch »Mamma« genannte Großmutter und ein invalider Onkel betreiben, wachsen die Kinder streng, aber liebevoll behütet in dieser typischen südlichen Kleinstadt auf, lernen schwarze Baumwollpflücker und Holzarbeiter, arme weiße und schwarze Nachbarn und die kommentarlos weitergegebenen Normen einer auf Ungleichheit der Rassen basierenden Gesellschaft kennen und sich ihr anzupassen. Die Binnengemeinschaft der Familie, des Ladens und der schwarzen Kirche stehen dabei in lehrreichem Kontrast zu den Kontakten mit den »*whitefolks*«, der mehr oder weniger feindlichen weißen Umwelt in der Schule und anderen öffentlichen Räumen, und auch die willensstarke Großmutter kann ihre innere Würde manchmal nur um den Preis drastischer äußerer Maskierung wahren (so wenn sie in einer exemplarisch erschütternden Szene die boshaften Schmähungen noch der armseligsten Kinder aus der Schicht der »*poor white*« stoisch-unbewegt über sich ergehen lassen muß). Emotional lehnen sich die Geschwister eng aneinander an, stützen sich und finden ihre Wünsche und Ängste im anderen gespiegelt. Nicht zufällig schärft ihre besondere Lage aber auch die soziale Beobachtungsgabe und das selbständige Urteil der Autobiographin, die mit einer ihr eigenen Mischung aus unbekümmert spontanem erzählerischem Temperament und nuanciert persönlicher Gefühlswahrnehmung die Geschichte ihres Lebens ausbreitet.

Unangemeldet holt der Vater, als die Erzählerin sieben Jahre alt ist, die Kinder eines Tages mit dem Auto nach St. Louis, Missouri, wo sie in ihrer Mutter eine gutaussehende, lebenslustige Frau kennenlernen, die als Unterhalterin und Bardame (statt mit dem erlernten Krankenschwesterberuf) ihr Geld verdient und auch über engere Anverwandte mit Spieler- und »Hustler«-Kreisen verbunden ist. Ihr »Hausfreund« (der Vater geht seiner Arbeit in Kalifornien nach), ein eher biederer Normalbürger und Trabant der Mutter, gewinnt Mayas Zuneigung durch erotische Verführung und vergewaltigt die Achtjährige. Seit dem Moment ihres Aufwachens im Krankenhaus verschiebt sich für die Erzählerin das Gewicht ihres Lebens einschneidend: Von ihren Angehörigen und dem allgemeinen Meinungsdruck während des Prozesses gegen ihren Verführer manipuliert, sieht sie sich über die traumatische Erfahrung hinaus in Notlügen verstrickt, die den wahren Vorgang und ihre eigenen Gefühle immer mehr verdrängen, und flüchtet schließlich in defensives Schweigen. Als Trotz mißverstanden, ist diese innere Erstarrung Grund genug, die Kinder nach Stamps zurückzuschicken. Es dauert Jahre, bis der innere Rückzug allmählich überwunden wird. Die vertraute Enge der Welt von Stamps und die freundliche Zuwendung zuerst einer feinnervigen älteren Frau, später einer Freundin wirken therapeutisch; erwachende intellektuelle Neugierde und ein mit Schulabschluß und Pubertät sich einstellendes Gemeinschaftsgefühl beleben allmählich das Empfinden und die Weltwahrnehmung der heranwachsenden Maya. Dies rückt Bereiche wie Volksfeste, Familienfeiern, mündliche Erzähltradition und unterschwellige soziale Konflikte deutlicher in ihr Blickfeld. Kurz vor Beginn des Zweiten Weltkriegs läßt die Mutter beide Kinder zu sich nach Los Angeles kommen und übersiedelt bald nach San Francisco, wo sie zum zweitenmal heiratet. Für Maya werden Schulbesuch und beginnendes Interesse für Tanz und Theater noch einmal von einem längeren Ferienbesuch beim Vater in Südkalifornien unterbrochen – akzentuiert von heftigen Auseinandersetzungen mit dessen Lebensgefährtin, einer alptraumhaft-abenteuerlichen Autofahrt nach Mexiko, dem ersten Ausbruch aus der Familie und einem Monat Straßenexistenz. Ins Haus der Mutter zurückgekehrt, erlebt Maya die abrupte, konfliktreiche Loslösung des Bruders von der Familie und erfährt bei schwierigen eigenen Entscheidungen einfühlsame Unterstützung von seiten ihrer Mutter: Sie gibt die Schule auf und setzt, gegen erbitterten Widerstand der Behörden, ihre Anstellung als Straßenbahnschaffnerin bei der Stadt durch.

Emotional desorientiert und durch ihr rasches körperliches Wachstum verunsichert, beschließt die fünfzehnjährige Maya in einem symptomatisch eigenwilligen Akt, sich davon zu überzeugen, daß sie auch sexuell ganz normal und nicht etwa lesbisch veranlagt ist: Sie bietet sich einem so gut wie fremden Nachbarsjungen an, schläft einmal (und nie wieder) mit ihm und muß einen Monat später feststellen, daß sie schwanger ist. Erst kurz vor der Niederkunft gesteht sie der Mutter ihren Zustand und beharrt darauf, die Konsequenzen allein zu tragen. Das Buch schließt damit, daß sie im Haus ihrer Mutter mit erwachender Bewunderung ihren neugeborenen Sohn in die Arme nimmt.

So beschließt Maya Angelou den ersten Teil einer geographischen wie bewußtseinsmäßigen Odyssee, die noch lange nicht vollendet sein sollte und lediglich ihre Jugend jäh beendet. Der Reichtum an konkreten Situationen und Gestalten wird durch die lebendige Unmittelbarkeit ihrer Schilderung (die auch vor tabuisierten Vorgängen keine Scheu zeigt und diese mit kristallklarer Aufrichtigkeit darstellt) und durch eine besondere Beweglichkeit des Ich-Gefühls einer noch im Entstehen begriffenen Person in hohem Maße anschaulich und nachvollziehbar gemacht. Ähnlich wie MALCOLM X zu didaktischen Einsichten und Schlüssen neigend, da ihre Chancen zu sinnvoller Lebensgestaltung entscheidend von ihrer Lernfähigkeit abhängen, ist die Erzählerin anders als dieser nicht auf ein festes Rollenverständnis mit übergreifender ideologischer Basis eingeschworen, sondern tastet nach einem privat verankerten Selbstverständnis, das auch Momente von Selbstverliebtheit einschließt, denen allerdings ein gleichbleibender Sinn für Humor und Selbstironie immer die Waage hält.

Die Autorin begreift ihr Leben weniger als vollendete Sinnfigur denn als kontinuierlichen Prozeß, dem sie bisher in vier weiteren Bänden auf den Spuren geblieben ist: *Gather Together in My Name*, 1974 *(Kommt zusammen in meinem Namen); Singin' and Swingin' and Gettin' Merry Like Christmas*, 1976 *(Singen und Tanzen und Fröhlichsein wie zu Weihnachten); The Heart of a Woman*, 1981 *(Das Herz einer Frau); All God's Children Need Traveling Shoes*, 1986 *(Alle Kinder Gottes brauchen Reiseschuhe)*. Nicht weniger reich an äußeren und inneren Stationen, umfassen diese Bücher ihre Erfahrungen mit Arbeitsmarkt und Prostitution in San Francisco, ihre Ausbildung als Tänzerin und Schauspielerin, die Umsiedlung nach New York, Freundschaften mit Musikern und Künstlern, Showbusiness, Journalismus und politische Arbeit, Lehrtätigkeit, Erziehung des Sohnes, mehrere Partnerschaften und Ehen (von denen die eine mit einem Griechen ihr den Namen eintrug, unter dem sie bekannt wurde, während eine andere, höchst problematische, sie mit einem afrikanischen Politiker und Freiheitskämpfer zusammenführte), Aufenthalte in zahlreichen europäischen Städten und zum Schluß auch Reisen nach Afrika (Liberia und Ghana).

Bei häufig sich veränderndem kulturellen und gesellschaftlichen Horizont tragen alle Bände ihrer Autobiographie die Merkmale einer intensiven Auseinandersetzung mit sich selbst, mit Amerika als Gesellschaft und Kultur, später auch mit Afrika als Leitbild und Realität. Unbeschadet einer wachsenden erzähltechnischen und thematischen Diffusion in den späteren Bänden, gehören sie alle in eine Literatur, die auf Abklärung des Selbst- und Rollenverständnisses von Frauen abzielt. In diesem Zusammenhang gilt der erste Band (dessen Titel sich von der Anfangszeile eines Unfreiheit und Kunst thematisierenden Gedichts von Paul L. DUNBAR herleitet) zu Recht als eines der fesselndsten Beispiele innerhalb der jüngeren amerikanischen Literatur zur weiblichen Selbstdarstellung – eine Bewertung, die das Buch bald auch zu einem Bestseller werden ließ. K.E.

AUSGABEN: NY 1970. – Ldn. 1984.

ÜBERSETZUNGEN: *Ich weiß, daß der gefangene Vogel singt*, H. Oberländer, Basel/Ffm. 1980. – Dass., ders., Ffm. 1983 (FiTb).

LITERATUR: S. A. Smith, »*The Song of the Caged Bird*«: *M.A.'s Quest after Self-Acceptance* (in Southern Humanities Review, 7, 1973, S. 365–375). – G. E. Kent, *M. A.'s «I Know Why the Caged Bird Sings» and Black Autobiographical Tradition* (in Kansas Quarterly, 7, 1975, S. 72–78). – L. K. Arensberg, *Death as Metaphor of Self in »I Know Why the Caged Bird Sings«* (in College Language Association Journal, 20, 1976, S. 273–291). – *Black Women Writers at Work*, Hg. C. Tate, NY 1983, S. 1–12. – S. R. Cudjoe, *M. A. and the Autobiographical Statement* (in Black Women Writers 1950–1980, Hg. M. Evans, NY 1984, S. 6–24). – S. O'Neale, *Reconstruction of the Composite Self: New Images of Black Women in M.A.'s Continuing Autobiography* (ebd., S. 25–36). – Chr. Foula, *The Daughter's Seduction: Sexual Violence and Literary History* (in Signs, 11, 4, 1986, S. 621–644).

Angelus Silesius

d.i. Johannes Scheffler
* 25.12.1624 Breslau
† 9.7.1677 Breslau

LITERATUR ZUM AUTOR:
E. Susini, *A. S., le pèlerin chérubique*, 2 Bde., Paris 1964. – J. L. Sammons, *A. S.*, NY 1967. – G. Wehr, *A. S. – Der Cherubinische Wandersmann*, Schaffhausen 1977. – L. Gnädinger, *A. S.* (in *Deutsche Dichter des 17. Jh.s*, Hg. H. Steinhagen u. B. v. Wiese, Bln. 1984, S. 553–575). – H. J. Pagel, *A. S. Dichter der christlichen Gemeinde*, Stg. 1984.

CHERUBINISCHER WANDERSMANN. Geistreiche Sinn- und Schlußreime zur Göttlichen beschauligkeit anleitende

Sinnsprüche von ANGELUS SILESIUS, erschienen 1674. Die endgültige Ausgabe enthält sechs Bücher. Buch 1–5 wurden schon 1657 unter dem Titel *Geistreiche Sinn- und Schlußreime* veröffentlicht. – Die Sammlung umfaßt 1665 brillant formulierte Aphorismen, die nach dem Vorbild von Daniel CZEPKOS *Sexcenta monodisticha sapientium* in meist zweizeiligen, aber auch vierzeiligen, antithetisch gebauten Alexandrinern abgefaßt sind. Silesius verarbeitet mystisches Gedankengut der Überlieferung von PSEUDO-DIONYSIOS AREOPAGITES über ECKHART bis zu Valentin WEIGEL und Jakob BÖHME, das bei ihm zum Teil eine pantheistische Prägung erhält. Er entwickelt kein geschlossenes philosophisches System, sondern formuliert seine Gedanken über das Verhältnis des Menschen zu Gott und zur Ewigkeit als »Erkenntnissplitter« (W. Fleming). Dabei stehen einzelne Sinnsprüche mitunter in paradoxem Widerspruch zueinander. Manchmal erlebt Silesius seine Abhängigkeit von Gott fast wie ein Mensch des Mittelalters: »*Mein Gott, wie kalt ich bin! Ach laß mich doch erwarmen / In deiner Menschheit Schoß und deiner Gottheit Armen.*« Dann taucht plötzlich die kühne Vorstellung einer Abhängigkeit Gottes vom Menschen auf: »*Ich weiß, daß ohne mich Gott nicht ein Nu kann leben; / Werd' ich zunicht, er muß vor Not den Geist aufgeben.*« Zumindest aber sind Gott und Mensch eng aufeinander angewiesen: »*Gott ist in mir das Feuer und ich in ihm der Schein: / Sind wir einander nicht ganz inniglich gemein?*«
H. L. HELD (der Herausgeber der Gesammelten Werke) bezeichnete als Silesius' wichtigste Gedanken die folgenden: Raum und Zeit sind nur Anschauungsformen des Verstandes, die Welt ist nur ein Produkt unserer Vorstellung; Gott ist frei von Raum und Zeit, er ist die Ewigkeit. Die Welt, die keinen uns erkennbaren Zweck hat, wird von ihm immer neu geschaffen; sie ist ewig, die vergänglichen Erscheinungen sind Zufall. Gott lebt in allen Kreaturen, er ist überall, und in ihm sind alle Unterschiede aufgehoben. Dem Menschen ist die Möglichkeit der Erkenntnis sowohl des Zeitlichen wie des Ewigen gegeben. Das zeitliche Auge sieht nur die irdischen Dinge, das ewige leistet ein »*Kennen ohm' Erkennen*«. Der Mensch vermag das Gute und Böse aus eigener Kraft, und Gott braucht ihn, um zu existieren. Des Menschen Ziel ist die Rückkehr zu Gott, in dem er Ruhe erlangt. Um dahin zu kommen, muß er das Wollen aufgeben, denn die Verneinung des Willens ist die Voraussetzung der Ruhe und damit der Gottwerdung des Menschen. – Der *Cherubinische Wandersmann* wirkte im Pietismus in den Dichtungen Gottfried ARNOLDS und Gerhard TERSTIEGENS weiter; von den Romantikern wurde er hoch geschätzt. P.W.W.

AUSGABEN: Wien 1657 (*Geistreiche Sinn- u. Schlußreime*, 5 Bücher u. 10 Sonette). – Glatz 1674 (*Cherubinischer Wandersmann. Geistreiche Sinn- u. Schlußreime zur Göttlichen beschauligkeit anleitende*; 6 Bücher). – Mchn. ³1952 (in *Sämtl. poetische Werke*, Hg. u. Einl. H. L. Held, 3 Bde., 3). – Bremen 1956, Hg. W. E. Peuckert (Slg. Dieterich, 64). – St. Ottilien ³1975 [Überarb., Ausw. u. Einl. W. Dürig]. – Zürich 1979, Hg. u. Ausw. E. Brock (detebe). – Einsiedeln ²1980 [Ausw. u. Nachw. H. U. v. Balthasar]. – Stg. 1984, Hg. L. Gnädinger (RUB; krit.). – Zürich 1986, Hg. dies.

LITERATUR: J. Kern, *J. Sch.s »Cherubinischer Wandersmann«*, Lpzg. 1866. – R. Neuwinger, *Die dt. Mystik unter bes. Berücksichtigung des »Cherubinischer Wandersmann« Sch.s*, Diss. Lpzg. 1937. – E. Spoerri, *Der »Cherubinische Wandersmann« als Kunstwerk*, Diss. Zürich 1947. – F. Fuchs, *Die Ideenwelt des »Cherubinischen Wandersmann«*, Diss. Wien 1955. – H. Althaus, *Sch.s »Cherubinischer Wandersmann«. Mystik und Dichtung*, Diss. Gießen 1956. – J. Tarracó, *A. S. u. d. span. Mystik. Die Wirkung der span. Mystik auf d. »Cherubinischen Wandersmann«* (in *Ges. Aufsätze z. Kulturgesch. Spaniens*, Bd. 15, Münster 1960, S. 1–150). – J. Bruckner, *A. S. und Nikolaus v. Kues. Kusanisches im »Cherubinischen Wandersmann«* (in Euph, 64, 1970, S. 143–166). – E. T. Schwartz, *The Mystical Tradition of the »Cherubinischen Wandersmann«*, Diss. Univ. of Maryland 1972. – A. M. Haas, *Christus alles. Die Christenmystik des A. S.* (in Zeitwende, 54, 1983, S. 65–87).

UND SCHEFFLER REDET NOCH! Dass ist J. Schefflers Schutz-Rede für sich und seine Christen-Schrifft wieder seine schmähende Feinde Lic. Schertzern und D. Chemnitium, etc.

Streitschrift von ANGELUS SILESIUS, erschienen 1664. – Die *Schutz-Rede* des am 12. 6. 1653 zur römisch-katholischen Kirche übergetretenen und am 29. 5. 1661 zum Priester geweihten Autors ist nur eine seiner 55 konfessions-polemischen Streitschriften. Veranlaßt wurde dieser Traktat durch die Angriffe der lutherischen Theologen J. A. SCHERZER, Ch. CHEMNITZ und A. BEKKER gegen Scheffler und dessen *Christen-Schrifft* (1664), in der er »*von dem herrlichen Kennzeichen deß Volkes Gottes*« gehandelt hatte. Der *Schutz-Rede* ist also bereits eine heftige literarische Auseinandersetzung vorangegangen; sie löst nun ihrerseits einen unerfreulichen Federkrieg aus, der sich bis 1666 verfolgen läßt.

Seine Gegner hatten in ihrem »*Schmirament*« behauptet, Scheffler sei bei einer Prozession von »*mehr als ein Paar tausend Personen*« dem Zug mit dem Kreuz vorangegangen und habe die konsekrierte Hostie in den Kot fallen lassen. Das weist Scheffler als unwahr zurück, berichtet aber, daß in Breslau, »*einer gantz Catholischen Stadt*«, Wallfahrten stattgefunden und von seiten der Bevölkerung großen Zulauf gehabt haben. Daß er schon bei seinem zweijährigen Aufenthalt in Leiden mit den sogenannten »*Wiedertaufferischen / Schwenkfeldischen und Schwärmgeistischen winkeln*« Berührung gehabt habe, wird von ihm verneint. Er halte Jakob BÖHME ebensowenig für einen Propheten wie LUTHER. Dennoch schulde er Böhme großen Dank; denn durch ihn sei er mittelbar zur Erkenntnis der Wahrheit gelangt, und er habe sich »*zur Catholischen Kirchen begeben*«. Energisch weist er es zurück, als Jesuit bezeichnet zu werden, wie er sich auch gegen Beschimpfungen wie »*Artz-Pfaffe*«, »*Artz-Priester*«, »*Schneffler*« usw. zur Wehr setzen muß. Die persönlichen Angriffe stehen – wie man sieht – gegenüber der sachlichen Auseinandersetzung im Vordergrund (ein Vorwurf, der allerdings ebenso den Lutheranern zu machen ist), wenn sich Scheffler auch mit dem »*Eyfer und der erforderung der sache*« zu entschuldigen sucht und versichert, bei seinem Kampf der Unterstützung Gottes gewiß sein zu können. – Seine These lautet: Wem Gott beisteht, der muß zum auserwählten Volk Gottes gehören. Nun hat Gott immer der römisch-katholischen Kirche geholfen, also kann nur sie die unverfälschte Kirche Christi sein. Das sucht Scheffler aus der *Schrift* zu beweisen, wobei die Bibelauslegung Luthers nebenher als gottlos verurteilt wird. Die Kirchenväter werden herangezogen, durch deren Studium er zur endgültigen Klarheit in Glaubensdingen und schließlich zur Konversion geführt worden sei. Wundergeschichten werden berichtet: Da steht die Sonne still, damit eine Schlacht zugunsten der Katholischen entschieden werden kann, usw. Mit derartigen Argumenten schließt Scheffler seine *Schutz-Rede* in dem Bewußtsein, seine Gegner überwunden zu haben. Er ist jedenfalls – das betont er ausdrücklich – nicht gewillt, auf weitere Anfeindungen auch nur mit einer Silbe zu antworten. Es lohne sich nicht, denn die Lehre der Kirche sei vom Konzil zu Trient endgültig festgelegt worden, also sei sie wahr. Demnach verteidigen die Lutheraner eine »*verlohrne sache*«.

Scheffler verfolgt mit seiner Schrift nicht nur einen apologetischen, sondern auch einen missionarischen Zweck. Wiederholt mahnt er: »*Thut doch nun hier eure Augen auf jhr armen Lutheraner / deren Zeitliches und Ewiges Heil ich mit meinen Schrifften gesucht habe ... kommet zu unß: auf daß jhr ewig seelig werdt.*« – In Aufbau und Stil unterscheidet sich das Werk nicht wesentlich von anderen kontroverstheologischen Traktaten Schefflers und seiner Zeitgenossen. Der nachtridentinische Katholizismus tritt uns hier in unverhüllt polemischer Ausprägung entgegen. E.O.R.

AUSGABE: Neiße 1664.

LITERATUR: R. v. Kralik, *Johannes Scheffler als katholischer Apologet u. Polemiker*, Trier 1913. – H. L. Held, *A. S. Sämtl. poet. Werke ... mit einer Geschichte seines Lebens u. seiner Werke*, Mchn. ³1952. – E. Meier-Lefhalm, *Das Verhältnis von mystischer Innerlichkeit u. rhetorischer Darstellung bei A. S.*, Diss. Heidelberg 1958. – E. O. Reichert, *J. S. als Streittheologe. Dargestellt an den konfessionspolemischen Traktaten der »Ecclesiologia«*, Gütersloh 1967 [m. Bibliogr.]

GIOVAN BATTISTA ANGIOLETTI

* 27.11.1896 Mailand
† 2.8.1961 Neapel

LITERATUR ZUM AUTOR:
F. Virida, *G. B. A.* (in *Letteratura italiana. I contemporanei*, II, Mailand 1963). – *G. B. A. ricordato dagli amici* (in L'Approdo letterario, 17, 1971, Nr. 54). – R. Macchioni Jodi, *Rilettura di G. B. A.* (in Il belpaese, 3, 1985). – S. Briosi, *G. B. A.* (in *Dizionario critico della letteratura italiana*, Hg. V. Branca, Turin 1986, Bd. 1, S. 76–78).

GIOBBE UOMO SOLO

(ital.; *Der einsame Mann Hiob*). Dramatische Erzählung von Giovan Battista ANGIOLETTI, erschienen 1955. – Der Erzähler und Essayist Angioletti debütierte 1927 mit der Erzählsammlung *Il giorno del giudizio (Der Tag des Gerichts)*, die schon die wesentlichen Merkmale seines späteren Œuvres aufweist. Die Erzählungen kreisen um die als Bedrohung der geistigen Werte empfundene seelenlose, materialistische Technik der modernen Zivilisation und beschwören eine apokalyptische Welt herauf. Angioletti, der sich auch als Literaturkritiker einen Namen machen konnte – er gab z. B. die Zeitschriften ›La terza Italia‹, ›L'Italia letteraria‹ und ›La fiera letteraria‹ heraus – führte in die Stilgeschichte den Begriff der *aura poetica* ein, der eine lyrisch gesteigerte, freilich nicht unrealistische Erzählweise meint und verschiedenen jüngeren Autoren als Vorbild diente. Seine erklärte Absicht, die Literatur aus jedem Solipsismus herauszulösen, sie also von Denkvorgängen frei zu machen, die nur um das persönliche Ich des Autors kreisen (»*Schreiben ist für gewisse europäische und amerikanische Romanciers nur noch eine pedantische Chronistenarbeit, die Aufzeichnung von Sensationen oder inneren Monologen*«), zeitigte verschieden gelagerte literarische Versuche, die Realität durch die Phantasie zu transfigurieren. Unerbittlich in der strengen Handhabung des Worts und im Versuch, zu gültigen Formprinzipien vorzustoßen, gestaltet Angioletti in *Giobbe uomo solo* die Fabel des *Hiob-Buches* neu. Dabei hält er sich eng an den biblischen Bericht und übernimmt ihn als Leitfaden für die Verlagerung des patriarchalischen Geschehens in einen zeitlosen Raum. Die beste Charakteristik des Werks hat der Autor selbst abgegeben: »*Alles ist dialogisiert, aber nicht für die Darstellung auf der Bühne geeignet; es ist weder Poesie noch Roman, weder Essay noch Drama.*«

So wird die Handlung des in drei Teile gegliederten Werks allein vom Dialog vorangetrieben. Hiob zur Seite stehen zahlreiche, häufig anderen Texten der *Bibel* entnommene Personen von vorwiegend symbolischer Bedeutung: etwa sein Weib, der Aufseher über den Weinberg, die Ehebrecherin, der Aussätzige, die Chöre der Sklaven, die Frauen aus Ur, der Priester. In geradezu apokalyptischen Visionen werden die Plagen geschaut, die die Leidensfähigkeit des Menschen Hiob erproben. Sein gequältes Fragen nach dem Warum, sein aufrichtiges Bemühen um eine Erkenntnis der Schuld führen ihn hin zur Sehnsucht, Gottes Güte und erbarmendes Verstehen erfahren zu dürfen. Allein auf sich gestellt inmitten einer zerstörten Welt, weiß er sich heimgesucht zu Gott: »*Werde die Hoffnung wiedergeboren! Bleibt doch auf der Erde keine andere Wahl als die zwischen der Hoffnung und dem Tod. Ich hoffe. Im Licht des Tages, das mich umgibt mit seinem ewigen Glanz, erflehe ich vom wahren Gott die letzte Gnade: daß ich ihn nicht länger suche, wie man ein Lebewesen sucht, damit ich das ewige, unergründliche Geheimnis seines Seins ertrage.*«

Damit hat Angioletti die Hiob-Frage in einer ganz persönlichen, zutiefst religiösen und doch undogmatischen Weise gedeutet. M.S.

AUSGABE: Mailand 1955.

LITERATUR: G. De Robertis, Rez. (in Il Nuovo Corriere, 13. 10. 1955). – A. Bocelli, Rez. (in Momento Sera, 25. 10. 1955). – A. Seroni, Rez. (in Paragone, Okt. 1955). – G. Bonfanti, Rez. (in Il Ponte, Dez. 1955).

LA MEMORIA

(ital.; *Die Erinnerung*). Roman von Giovan Battista ANGIOLETTI, erschienen 1949. – »*Wenn Erzählen heißt, die Brutalität des Stoffes und die Oberflächlichkeit der von ihren tieferen Ursachen gelösten Ereignisse zu überwinden, dann sind die Italiener noch heute zu den besten Erzählern der Welt zu rechnen.*« Diese kühne Feststellung Angiolettis, der sich vor allem als Literaturhistoriker und Herausgeber von ›La Fiera Letteraria‹ verdient gemacht hat, weist hin auf die in Italien fast unmittelbare Verbindung des Schriftstellers zum Klassizismus, die gleichbedeutend ist mit der Suche nach einem verbindlich Wahren in der Dichtung. Damit werden einmal die Varianten des italienischen Realismus, zum anderen der betonte Autobiographismus erklärlich, wie ihn etwa die Triestiner, SVEVO an ihrer Spitze, und zahlreiche andere Autoren – von COMISSO über GADDA bis hin zu PASQUALINO – im 20. Jh. handhaben. Für Angioletti bedeutet Erinnerung Heimkehr zu sich selbst, und der Mann, der ausgezogen war, um die provinzielle Enge seiner Herkunft überwinden, Europäer werden zu können, merkt, daß Europa nur dann zum Mythos, zur Synthese alles dessen werden kann, das es »zu verteidigen« gilt, wenn vorher die Kindheit zurückerobert wurde: »*Es wird mich trösten, wenn ich mir eine kleine Legende einfallen lasse, die ich nach Belieben erweitern und abwandeln kann.*« Selbsterlebtes wird in einer äußerst disziplinierten Sprache mosaikartig zusammengefügt und zum größeren Lebensbild, zu einem System des Tatsächlichen. Doch da Angioletti sich hütet, eine ihm stets verächtlich erscheinende »*pedantische Chronistentätigkeit*« auszuüben (vgl. *Giobbe uomo solo*), erscheinen Orte und Ereignisse, die unauslöschlich eingegangen sind in die Erinnerung des Zurückblickenden, als bedeutsame Stationen: eine Allee, die sich in der lombardischen Ebene am Horizont verliert, das Elternhaus, des Großvaters Werkstatt, die kleinen – zufälligen und später als entscheidend erkannten – Entdeckungen des Kindes, das Klavierspiel der Mutter, der Garten im Wechsel der Jahreszeiten, Krankheiten und Alpträume, die Turbulenz der Festtage nach herzklopfender Erwartung. All das ist weit mehr als ein Aneinanderreihen von Bildern aus dem Mailand zu Beginn des 20. Jh.s; denn stets ist Vergangenes mit Späterem verknüpft, und was geschah, wird erst aus der Sicht des Alternden scharf gesehen. Die nostalgische Reflexion läßt die Angst um unwiederbringlich Verlorenes erkennen; die brutale Wirklichkeit zweier Kriege trübt das Bild der Kindheit, das Heranwachsen stellt sich als existentielle Zerreißprobe dar. – Angiolettis Lebens-»Roman« erhielt mit dem »Premio Strega« die dem Werk zukommende Würdigung, denn hier werden in intensiven persönlichen Bildern Daseinsfragen bewältigt und verbindliche Regeln gefunden, die Allgemeingültigkeit beanspruchen dürfen. M.S.

AUSGABE: Mailand 1949.

LITERATUR: G. Petroni, Rez. (in FiL, 12. 6. 1949). – G. Bellonci, Rez. (ebd., 22. 6. 1949). – A. Bocelli, Rez. (in Il Mondo, 2. 7. 1949). – E. Cecchi, Rez. (in L'Europeo, 10. 7. 1949). – G. De Robertis, Rez. (in Corriere di Milano, 16. 7. 1949).

CECCO ANGIOLIERI

* 1260 (?) Siena
† 1312 (?) Siena (?)

RIME

(ital.; *Gedichte*) von Cecco ANGIOLIERI. – Der Toskaner Cecco Angiolieri, aus einer der bedeutendsten Familien Sienas stammend, ist ein erster Hauptvertreter der burlesken Dichtung in Italien, deren Tradition sich in der zweiten Hälfte des 13. Jh.s neben den Strömungen der religiösen, der höfischen und der stilnovistischen Lyrik herausgebildet hat und bis ins 16. Jh. äußerst fruchtbar bleiben wird. Die Entstehungszeit der mehr als hundert ihm von der heutigen Forschung zweifelsfrei zugesprochenen Gedichte kann nicht genau bestimmt werden. Seine wechselvollen und vielfach im Dunkeln bleibenden Lebensumstände haben häufig dazu verleitet, das durch Polemik und Sprachrealismus gekennzeichnete dichterische Werk als Ausdruck einer individuellen Situation zu lesen. Diese romantisierende Interpretation verstellt aber – ähnlich wie im Fall des spätmittelalterlichen französischen Dichters François VILLON – den Blick für die Bindung dichterischer Gestaltung an die Regeln und Traditionen des damals noch gültigen Gattungssystems. Aus diesem Blickwinkel erscheint die burleske oder – wie sie auch bezeichnet wird – komisch-realistische Lyrik Ceccos vor allem als Gegenpol zu der an den hohen Stil gebundenen Auffassung des *dolce stil nuovo*. Während die Stilnovisten neben dem Sonett vor allem die Canzone, also die höchste lyrische Gattung, pflegten und sich auf eine in Wortwahl und persönlichem Ausdruck reglementierte Lobdichtung an eine idealisierte Frauengestalt konzentrierten, verfaßte Cecco ausschließlich Sonette und gestaltete sie stilistisch und inhaltlich weitgehend nach den Vorgaben des mittleren oder niedrigen Stils.

Ein großer Teil seiner Gedichte ist der Liebe gewidmet, doch die begehrte, aber abweisende Becchina gerät zur genauen Gegenfigur von DANTES Beatrice. Ihre abweisende Haltung führt nämlich nicht zur Läuterung und zum anschließende Lobpreis des Liebenden, sondern bildet den Anlaß für polemische Klagen und insbesondere für das *vituperium*, das tadelnde Gedicht. Aufschlußreich ist der Vergleich mit entsprechenden Liebesgedichten, z. B. PETRARCA, *Canzoniere*, Nr. 61: »*Benedetto sia 'l giorno e 'l mese e l'anno / ...*« (»Gelobt sei der Tag und der Monat und das Jahr«); Cecco: »*Maladetta sia l'or'e 'l punt'e 'l giorno / e la semana e 'l mese e tutto l'anno / che la mia donna mi fece uno 'nganno / il qual m'ha tolt'al cuor ogni soggiorno, / ...*« (»Verflucht sei die Stunde, der Zeitpunkt und der Tag / und die Woche und der Monat und das ganze Jahr, / wo meine Geliebte mir eine Falle stellte, / durch die mein Herz jede Ruhe verlor, / ...«). Texte wie diese wirken weit stärker durch die negative Bezugnahme auf andere Textmuster als durch das Eigengewicht ihres Inhalts. Die Öffnung des Dichtens für realistische Sprechweisen läßt sich am besten an den zahlreichen Dialoggedichten in Ceccos Canzoniere ablesen: »*Becchin'amor! – Che vuo', falso tradito? / – Che mi perdoni. – Tu non se' degno. / – Merzé, per Deo! – Tu vien 'molto gecchito. / E verò sempre. – Che sarammi pegno? / ...*« (»Becchina, Liebste! – Was willst du, falscher Verräter? / – Daß du mir vergibst. – Du verdienst es nicht. / – Gnade, bei Gott! – Du kommst mir sehr unterwürfig. / – Und ich werde es immer sein. – Was habe ich dafür zum Pfand?«). Bezeichnend für dieses Gedicht ist das Ironisieren des hohen Stils, der hier durch Wendungen wie *Merzé* und *gecchito* vertreten ist und zusätzlich von Becchina benutzt wird. Ceccos literarische Auseinandersetzung mit den Stilnovisten erhält noch eine persönlichere Note in drei Streitgedichten (sog. *tenzoni*) gegen Dante ALIGHIERI, von denen das letzte *(»Dante Alighier, s'i' so bon begolardo, / ...« – »D. A., wenn ich ein guter Schwätzer bin...«)* offensichtlich einen Bruch in der sich anbahnenden Dichterfreundschaft markiert. Als deutlichster Ausdruck für Ceccos Selbststilisierung und für seinen ausgeprägten Personalstil ist das Sonett *S'i' fosse foco, arderei el mondo...* (Wäre ich Feuer, würde ich die Welt verbrennen...) anzusehen, das Aufnahme in alle Lyrik-Anthologien gefunden hat. Der hypothetische Charakter seiner Vergleiche ist für seine Texte ebenso typisch wie ihre hyperbolische Ausweitung, die in diesem Fall weder geistliche und weltliche Autoritäten, noch Vater und Mutter verschont. Pragmatisches Ziel des Textes ist es jedoch nicht, bestehende Autoritäten in Frage zu stellen, sondern im spielerischen Umgang mit diesen eine schmerzhafte Wirkung hervorzubringen. Der eigentliche Begründer des »komisch-realistischen« Dichtens war der Florentiner Rustico FILIPPO, genannt Il Barbuto, dessen Leben weitgehend im dunkeln bleibt. Er schrieb sowohl im hohen als auch mittleren Stil und beweist damit, daß der Nährboden der Burleskdichtung nicht im Volkstümlichen liegt. Von besonderem Rang sind seine politischen Gedichte, die sich nicht an den »großen« Gestalten des Kaisers und der Fürsten orientieren, sondern Themen der Stadtpolitik abhandeln, der ja zur Blütezeit der italienischen Stadtrepubliken ein eigenes Gewicht zukommt. Von ähnlichem Bemühen um Realismus sind viele Texte von FOLGORE DA SAN GIMIGNANO geprägt, der soziale Themen aufgreift, polemisch abwandelt und so zur antiklerikalen, misogynen und gegen die Armut und den Geiz gerichteten Satire gelangt. Als Grundzug seines Dichtens ist jedoch, wie bei Cecco Angiolieri, der virtuose Umgang mit den sprachlich-stilistischen Möglichkeiten anzusehen. Insgesamt muß die Burleskdichtung des 13. Jh.s vor allem wegen ihrer sich bis ins 16. Jh. fortsetzenden Tradition (vgl. Francesco BERNI) als ein bedeutender Gegenpol und als systematische Ergänzung zur Lyrik der Stilnovisten des jungen Dante und in der Folge zu Petrarcas *Canzoniere* bewertet werden.   U. P.

AUSGABEN: *Sonetti burlescchi e realistici dei primi due secoli*, Hg. A. F. Massèra, neu Hg. L. Russo, Bari 1940. – *Rimatori comico realistici del Due e Trecento*, Hg. M. Vitale, Turin 1956. – *Poeti giocosi del tempo di Dante*, Hg. M. Marti, Mailand 1956. – *Cecco Angolieri, Rime*, Hg. P. Cudini, Mailand 1959; ²1979.

ÜBERSETZUNG: *Sonette*, anon., Verona 1944 (ital.-dt.; Bibliophile Ausgabe).

LITERATUR: A. Momigliano, *L'anima e l'arte de C. A.* (in L'Italia moderna, 4, 1906). – E. Nannetti, *C. A., la sua patria, i suoi tempi e la sua poesia*, Siena 1929. – E Li Gotti, *Cecco e Folgore* (in E. Li G., *Saggi*, Florenz 1941). – B. Maier, *La personalità e la poesia di C. A.*, Bologna 1947. – M. Marti, *Cultura e stile nei poeti giocosi del tempo di Dante*, Pisa 1953. – Ders., *Discussioni, conferme, correzioni sui poeti giocosi* (in *Realismo dantesco e altri studi*, Mailand/Neapel 1961). – G. Contini, *Paralipomeni angioliereschi* (in *Studi e ricerche in memoria di E. Li Gotti*, Palermo 1961). – P. E. Bondanella, *C. A. and the Vocabulary of Courtly Love* (in StPh, 69, 1972). – L. Peirone, *La coscienza dello »stilo comico« in Cecco*, Savona 1979. – F. Suitner, *La poesia satirica e giocosa nell'età dei Comuni*, Padua 1983. – M. Marti, *C. A.* (in *Dizionario critico della letteratura italiana*, Hg. V. Branca, Turin ²1986, Bd. 1, S. 78–83; m. Bibliogr.).

CYRO VERSIANI DOS ANJOS

* 5.10.1906 Montes Claros / Minas Gerais

O AMANUENSE BELMIRO

(portug.; *Der kleine Beamte Belmiro*). Roman von Cyro Versiani dos ANJOS (Brasilien), erschienen 1937. – Es ist dies der erste und bedeutendste Roman Cyro dos Anjos', dessen literarischer Erfolg von den späteren Romanen *Abdias*, 1945 *(Abdias)*, und *Montanha*, 1956 *(Montanha)*, sowie von seinen Memoiren *Explorações no tempo*, 1963 *(Untersuchungen in der Zeit)*, nicht mehr erreicht wurde. *O Amanuense Belmiro* ist die in Tagebuchform niedergeschriebene Selbstreflexion des Intellektuellen Belmiro, der in Belo Horizonte als kleiner Regierungsbeamter sein Auskommen finden muß. Seine Familie gehörte der traditionellen Großgrundbesitzerschicht des Landesinneren an. Diese vergangene Welt mit ihren Werten und Normen ist für Belmiro in der Erinnerung an seinen vitalen Großvater und in der Gestalt seiner unverheirateten älteren Schwestern, die bei ihm wohnen und für die er sorgt, präsent. Die Sinnlosigkeit und Monotonie der Büroarbeit versucht Belmiro im Kreis seiner Freunde und ihren Gesprächen über Politik und Kunst zu vergessen. Aber auch dort findet er nicht die soziale Einbindung, die die frühere Geborgenheit in der ländlichen Welt ersetzen könnte; so versucht Belmiro, seine Identität durch das Niederschreiben seiner Erinnerungen an die Vergangenheit zu finden. Beim Schreiben allerdings wird er gewahr, daß Vergangenheit und Gegenwart nicht klar voneinander zu trennen sind, sondern sich in einem komplexen Verhältnis gegenseitiger Abhängigkeit verschränken. Am deutlichsten wird er sich dessen bei seiner unglücklichen Verliebtheit in Carmélia, einer Karnevalsbekanntschaft, bewußt. In ihr überlagern sich die mythische Arabela der Kindheitserzählungen auf der Fazenda und seine erste Jugendliebe, Camila. Durch diese doppelte Mythifizierung macht Belmiro Carmélia für sich unerreichbar und muß erleben, wie sie sich mit einem entfernten Vetter, einem dynamischen Tatmenschen aus Rio de Janeiro, verheiratet. In einer symbolischen Szene, die signifikant für die literarische Komposition des gesamten Textes ist, begegnet Belmiro am Ende nochmals Carmélia: Sie sitzt neben ihrem frisch angetrauten Ehemann in einem großen Wagen und überfährt ihn beinahe, den hastigen, unkonzentrierten Fußgänger. Belmiro bleibt unerkannt, nur Dreckspritzer einer Wasserpfütze beschmutzen seinen Anzug. Damit ist schlaglichtartig die schockartige Konfrontation zwischen Tradition und Moderne beschrieben, von der Belmiro überwältigt wird. Hatte das Schreiben, die literarische Umsetzung seiner »Recherche« und seine Introspektion wenigstens zu Beginn für ihn eine Befriedigung bedeutet (*»Rede, wer will, schlecht von der Literatur. Was mich betrifft, ich verdanke ihr meine Rettung. Ich komme niedergedrückt aus der Stadt, schreibe zehn Zeilen und ein olympisches Gefühl überkommt mich«*), so verzichtet er am Schluß auf die Niederschrift seiner Erinnerungen und wartet, mit 40 Jahren, resigniert auf das Altwerden: *»... ich brauche kein Papier, keine Federn und keine Tinte mehr. Ich vergaß Ihnen zu sagen, das Leben ist für mich stehengeblieben, und es gibt nichts mehr zu schreiben«*, sagt der vereinsamte Belmiro am Ende zu dem Bürodiener, dem einzig ihm verbliebenen Freund.

Der Roman thematisiert symptomatisch die Situation des brasilianischen Intellektuellen in einer gesellschaftlichen Phase des Umbruchs (die dreißiger Jahre in Brasilien, Epoche des *Estado Novo* Getulio Vargas'), in der er sich sowohl von der mächtigen Vergangenheit (der Großvater) wie auch von der Zukunft (Großstadt, Masse, Technik) bedroht fühlt und ihm die Gegenwart keine Handlungsperspektive bieten kann. Die inneren Widersprüche Brasiliens, Widersprüche zwischen Vergangenheit und Zukunft, zwischen Hinterland und Großstadt, zwischen Armut und Reichtum, zwischen Volkstradition und europäischer Kultur, werden hier nicht in ihrer Unmittelbarkeit dargestellt, wie in dem zur gleichen Zeit einflußreichen »Roman der dreißiger Jahre« (besonders bei Graciliamo RAMOS und José Lins do RÊGO), sondern als individueller psychologischer Konflikt Belmiros. Gleichzeitig ist der Roman als resignative Antwort auf den Optimismus des Modernismus der zwanziger Jahre (bes. in *Macunaíma*, 1928, von Mário de Andrade und *Serafim Ponte Grande*, 1933, von Oswald de Andrade) zu lesen, der dem Intellektuellen in der Vermittlung dieser Widersprüche eine wegweisende Funktion zugestand. In der Infragestellung der literarischen Intelligenz und der Möglichkeit des Schreibens als Form der Realitätsbewältigung geht *O Amanuense Belmiro* Werken wie *O Encontro Marcado* (1961) von Fernando Sabino und *A Hora da Estréla* (1977) von Clarice Lispector voraus.

H.Ni.

Ausgaben: Belo Horizonte 1936. – Rio 1938; ⁶1966 [Vorw. A. Cândido]. – São Paulo 1949. – São Paulo 1983.

Literatur: A Casais Monteiro, *O romance e os seus problemas*, Lissabon 1950, S. 177–180. – E. Frieiro, *Páginas de crítica*, Belo Horizonte 1955, S. 31–41. – Carpeaux, S. 404/405. – Y. David-Peyre, *Marcel Proust e »O amanuense Belmiro« de C. dos A.* (in Cahiers des Amériques Latines, Série Arts et Littératures, Paris 1969, Nr. 2, S. 84–93). – R. A. Lawton, *L'Espace temporal dans »O amanuense Belmiro«* (in Sillages, Poitiers 1972, Nr. 1, S. 97–118).

NINI ROLL ANKER

* 3.5.1873 Molde
† 19.5.1942 Asker

Literatur zur Autorin:
E. Kielland, *N. R. A. i. liv og arbeid*, Oslo 1948. – W. Hammerø u. T. Guettler, *Bibliografi over bøker og artikeler av og om N. R. A.*, Oslo 1966. – E. Beyer, *Norges litteraturhistorie*, 6 Bde., 4, Oslo 1975, S. 386–392. – H. S. Nœss, *Norwegian Literary Bibliography 1956–1970*, Oslo 1975.– E. Breen, *Om N. R. A.* (in *Forfatternes litteraturhistorie*, Hg. K. Heggelund u. a., 4 Bde., 2, Oslo 1980, S. 169–181).

KVINNEN OG DEN SVARTE FUGLEN

(norw.; *Ü: Die Frau und der schwarze Vogel*). Roman von Nini Roll Anker, erschienen 1945. – Die aus einer tiefreligiösen und interessierten Beamtenfamilie stammende Autorin schildert in diesem, ihrem bekanntesten Roman, den sie kurz vor ihrem Tode vollendete, am Beispiel des grausamen Schicksals einer jungen Familie die Sinnlosigkeit des Krieges. Ihr Plädoyer für den Pazifismus, dieser angstvolle Protest gegen die vorherrschende Mentalität der Gewalt, konnte erst postum nach dem Ende des Zweiten Weltkriegs erscheinen. Anhand von Erinnerungen und Reflexionen der Ich-Erzählerin Beate versucht die Autorin, die Ursachen für die Unabwendbarkeit sowohl der individuellen als auch der ganze Nationen betreffenden Katastrophe aufzudecken.

Die des Landesverrats überführte Beate, Tochter eines renommierten Bakteriologen und einer prestigesüchtigen, gefühlskalten Frau, erinnert sich im Gefängnis an ihre Heirat mit dem strebsamen Justus Helle. Liebe hat sie für den aus strengpietistischem Elternhaus stammenden Mann nie empfinden können; eher sprachen Vernunftsgründe und der Wunsch, sich von den familiären Fesseln zu befreien, für eine Bindung von dem ängstlich auf seine Karriere bedachten Justus, der später zum Direktor eines großen Stahlwerkes avanciert. Nach der Geburt ihrer Kinder, der Zwillingen Hans und Otto und der drei Jahre jüngeren Grete, wird sich Beate zum erstenmal ihres mangelnden Durchsetzungsvermögens Helle gegenüber bewußt, als sie sich zaghaft gegen seine autoritären Erziehungsvorstellungen auflehnt. Zu einer ernsthaften Auseinandersetzung kommt es, als sie sich von ihrer Schwester Gabrielle, die im Gegensatz zu Beate ihre privaten und politischen Standpunkte entschlossen verficht, zur Teilnahme an einer sozialistischen Kundgebung überreden läßt. Gabrielle öffnet ihr die Augen für die heimlich betriebene Waffenproduktion der Firma ihres Mannes und tritt gleichzeitig emphatisch für die Solidarität mit der internationalen Arbeiterschaft ein, die allein den drohenden Vernichtungskrieg verhindern könne. Als sich Beates düstere Vorahnungen bestätigen und der Krieg ausbricht, werden Hans und Otto an die Front kommandiert: Dort erhalten sie zur Freude ihres Vaters Anerkennung und Auszeichnungen für ihre aufopfernde Verteidigung des Vaterlandes. Selbst als Justus Helle dem nach einem Flugzeugabsturz verkrüppelten und erblindeten Sohn Hans gegenübertritt, läßt er nicht von seinem unreflektierten Patriotismus ab. Beate, verzweifelt über die Grausamkeiten des Krieges, flüchtet schließlich mit Otto, der wegen des sinnlosen Mordens desertiert ist, in das abgelegene Sommerhaus. Doch schon am nächsten Morgen werden sie von zwei Polizisten und Justus gestellt. Otto wird zum Tode verurteilt; Beates endgültiges Schicksal bleibt ungewiß.

Um deutlich zu machen, daß die Menschheit in ständiger Kriegsgefahr lebt, abstrahiert Nini Roll Anker in ihren Roman bewußt von Zeit und Ort. Im Zentrum ihrer Kritik steht aber nicht die Machtgier grausamer Diktatoren, sondern vor allem die Unfähigkeit des Einzelnen, zu einem friedlichen Miteinander beizutragen. Als Ausdruck des Fatalismus, der zusätzlich eine menschenwürdige Existenz gefährdet, und des alles bedrohenden, zerstörenden Krieges, hat die Autorin in mehreren ihrer Werke das Symbol des *Schwarzen Vogels* der norwegischen Märchendichtung entlehnt. – Im Roman werden drei verschiedene Möglichkeiten der Reaktion auf die oben beschriebenen Mißstände personifiziert: Während Gabrielle dem Sozialismus verschworen ist, vertritt Grete die Ansicht, daß nur die bedingungslose Solidarität aller Frauen die Gesellschaft ändern könne. Zum dritten kritisiert Nini Roll Anker, selbst christlich engagiert, jedoch gegen jegliche organisierte Religiosität eingestellt, auch Justus Helles Bestreben, eine bessere Gesellschaft auf christliche Weltanschauung und übersteigerten Nationalismus zu gründen. Die Autorin möchte mit dem eindringlichen Appell an die Frauen, sich nicht länger der Verantwortung für Gesellschaft und Politik zu entziehen, ihrer Hoffnung auf den positiven Einfluß weiblicher Ethik auf die von männlichen Wertvorstellungen geprägte Gesellschaft Ausdruck verleihen. Beate, die sich in ihre Kleinfamilie zurückzieht und ihrem unrealistischen, handlungshemmenden Traum von erfüllter Liebe nachhängt, wird jedoch mit ihrem bloßen Wunsch nach der Solidarität aller Mütter nicht einmal annähernd den Idealvorstellungen der Autorin gerecht. B.Woe.

Ausgaben: Oslo 1945. – Oslo 1982.

Übersetzung: *Die Frau und der schwarze Vogel*, I. Stosch, Hamburg 1984.

Verfilmung: Norwegen 1982 (Regie: E. Ryg).

Literatur: B. Wahlgren, *Att tjäna livet. En studie i N. R. A.s romaner*, Stockholm 1975, S. 134–153. – L. Ekelund, *Kring, N. R. A.-bilden* (in Nordisk tidskrift för vetenskap, konst och industri, 52, 1976, S. 173–187). – P. Jølting, *N. R. A. trodde på sosialismens idé* (in Ders., *Inne i fjordene*, Oslo 1976, S. 7–16). – M. Koch Knudsen, *Utilfredse skal vi være for å kunne kjæmpe. Kvinneskikkelser i. N. R. A.s forfatterskap* (in M. B. Bonnevie u. a., *Et annet språk, Analyser av norsk kvinnelitteratur*, Oslo 1977, S. 116–135). – E. Haslund, *Mer og mer aktuell* (Nachw. zu N. R. A., *Kvinnen og den svarte fuglen*, Oslo 1982).

Anna Komnene

* 2.12.1083 Konstantinopel
† 1153/54

ALEXIAS

(griech.-byzant.; *Geschichte des Alexios*). Geschichtswerk in 15 Büchern von Anna Komnene, der Tochter des oströmischen Kaisers Alexios I. Komnenos, abgeschlossen im Jahr 1148. – Die in attizistischer Prosa verfaßte Schrift behandelt die Ereignisse der Jahre 1069–1118 und setzt das Geschichtswerk des Cäsars Nikephoros Bryennios (1062–1138; sein Werk berichtet über die Zeit von 1070–1079) fort. Wie schon der Titel erkennen läßt, würdigt die Prinzessin vor allem die Verdienste ihres Vaters, der das Byzantinische Reich in eine neue Blütezeit führte. So ist die *Alexias* mehr ein subjektiv gefärbtes apotheosenhaftes Memoirenwerk als eine objektive Schilderung der Ereignisse. Sie gerät daher nicht selten in Widerspruch mit der geschichtlichen Wahrheit. Darüber hinaus bereitet die chronologische Ungenauigkeit einige Schwierigkeiten. Dennoch ist das literarische Vermächtnis der Anna Komnene wegen der von ihr herangezogenen historischen Dokumente – insbesondere Urkunden aus der Kaiserkanzlei – in seiner Bedeutung nicht zu unterschätzen. Das Werk ist eine einzigartige Kulturgeschichte des Oströmischen Reiches um die Wende des 11./12.Jh.s. Es schildert auf anschauliche Weise die religiöse Welt von Byzanz und befaßt sich besonders mit der Haltung des Byzantinischen Reiches gegenüber der abendländischen Kreuzzugsbewegung. Die Prinzessin betont die kulturelle Überlegenheit Ostroms gegenüber den westlichen »Barbaren«. Sie ist erfüllt von Stolz auf das große Erbe der Antike, das ihrer Meinung nach allein vom Byzantinischen Reich übernommen und geschützt wurde. Diesen kulturellen Ansprüchen entsprechen der klassizistische, an Thukydides geschulte Stil und die zahlreichen Zitate aus den Werken großer antiker Schriftsteller. Am häufigsten werden Homer und Aristoteles zitiert. Anspielungen auf zeitgenössische Persönlichkeiten erfolgen vielfach in einer – dem damaligen Leser vertrauten – antikisierenden Umschreibung. P.W.

Ausgaben: Augsburg 1610 [Ausw.]. – Bonn 1839–1878, 2 Bde., Hg. J. Schopen u. A. Reifferscheid. – Lpzg. 1884, Hg. A. Reifferscheid. – Paris 1937–1976, Hg. B. Leib u. P. Gautier, 4 Bde. [m. Index u. frz. Übers.].

Übersetzungen: F. Schiller (in *Allgemeine Sammlung historischer Memoires vom 12.Jh. bis auf die neuesten Zeiten*, I. R., Bd. 1/2, Jena 1790; Ausw.). – *The Alexiad of the Princess A. C.*, E. A. S. Dawes, Ldn. 1928. – *The Alexiad of A. C.*, E. R. A. Sewter, Harmondsworth 1969.

Literatur: C. Neumann, *Studien zu A. C.* (in C. N., *Griech. Gesch.schreiber u. Gesch.quellen im 12.Jh.*, Lpzg. 1888, S. 17–30). – P. Wirth, *Fluoreszenzphotostudien zum 15. Buche A. K.s »Alexias«* (in Byzantinische Forschungen, 2, 1967, S. 377–379). – A. Kambylis, *Textkritisches zum 15. Buch der »Alexias« der A. K.* (in Jb. der Österr. Byzantinistik, 19, 1970, S. 121–134). – R. Dalven, *A. C.*, NY 1972. – A. Kambylis, *Zum › Programm‹ der byzantinischen Historikerin A. K.* (in *Dorema. Hans Diller zum 70. Geburtstag*, Athen 1975, S. 127–146). – H. Hunger, *Stilstufen in der byzantinischen Geschichtsschreibung d. 12.Jh.s: A. K. und Michael Glykas* (in Byzantine Studies/Études Byzantines, 5, 1978, S. 139–170). – Hunger, Bd. 1, S. 400–409. – B. Skoulatos, *Les personnages byzantins de l'»Alexiade«*, Löwen 1980. – H. Hunger, *Anonyme Paraphrase zu A. K., »Alexias« XI–XIII*, Wien 1981.

PAVEL VASIL'EVIČ ANNENKOV

* 30.6.1812 oder 1.7.1813
Moskau
20.3.1887 Dresden

ZAMEČATEL'NOE DESJATILETIE. 1838-1848

(russ.; *Ein denkwürdiges Jahrzehnt. 1838–1848*). Memoiren von Pavel V. ANNENKOV, erschienen 1880. – Die Erinnerungen des gemäßigt liberalen Publizisten sind eine der Hauptquellen für das geistige Leben Rußlands in den vierziger Jahren des 19.Jh.s. Im Mittelpunkt des Buches steht die alles beherrschende Gestalt des Literaturkritikers Vissarion G. BELINSKIJ (1811–1848). Mit großer Liebe zum Detail weitet Annenkov seine Erinnerungen an Belinskij zu einem umfassenden Panorama der literarischen, politischen und gesellschaftlichen Strömungen des zeitgenössischen Rußland. Annenkov lernt Belinskij 1839 kennen. Belinskij hat mit dem Literatenkreis um ŠEVYRËVS ›Moskovskij nabljudatel'‹ gebrochen, um von der Redaktion von KRAEVSKIJS ›Otečestvennye zapiski‹ aus den Kampf gegen das Triumvirat der slavophilen Literaturkritiker und Schriftsteller BULGARIN, GREČ und SENKOVSKIJ zu führen. Er hat sich von SCHELLING gelöst und sich unter dem Einfluß des frühen, radikal idealistischen BAKUNIN mit der ihm eigenen Ausschließlichkeit HEGEL verschrieben. In der Durchdringung des Hegelschen Systems erreicht er in kurzer Zeit jene Vollkommenheit, die GERCEN zu dem Ausspruch bewegt, die einzigen, welche in Europa Hegel verstanden hätten, seien PROUDHON und Belinskij. Anläßlich der Denkmalsenthüllung auf dem Schlachtfeld von Borodino kommt es im Sommer 1839 zu Auseinandersetzungen mit den Moskauer Freunden über die Hegelsche These der Identität von Vernunft und Wirklichkeit. Belinskijs radikaler Versuch, alles Bestehende als Verwirklichung der Vernunft zu erklären, trug angesichts der russischen Verhältnisse den Keim des Scheiterns in sich. Zur Aufgabe des »Hegelschen Optimismus« trägt seine Bekanntschaft mit dem frühen Schaffen GOGOL's und vor allem mit dem Werk LERMONTOVS bei. An Lermontov, dem er sich nur widerstrebend nähert, lernt Belinskij die Unhaltbarkeit einer an der Grenze des *l'art pour l'art* stehenden »reinen« Poesie und die Notwendigkeit einer Literatur, die die tatsächliche Disharmonie der gesellschaftlichen Wirklichkeit widerspiegelt. Ehe die russische Reaktion begreift, welchen Dienst ihr der Hegelianismus Belinskijs zu leisten vermöchte, wendet sich der Kritiker dem sozialistischen Schrifttum zu, wie er es in Westeuropa findet.

Annenkov verbringt einige Zeit im Ausland, wo er Europa, dessen in der Französischen Revolution erschienenes Ideal die russische Partei der »Westler« verehrt, in der Praxis erlebt. Als er 1843 nach Rußland zurückkehrt, findet er die Freunde mit der Lektüre PROUDHONS, FOURIERS, CABETS etc. beschäftigt. Belinskij steht vor allem unter dem Einfluß von BLANCS *Histoire de dix ans*. 1843 beginnt sich die Partei der Westler zu spalten. Annenkov tritt in Kontakt zu ihrem Moskauer Flügel unter Gercen und GRANOVSKIJ. Von SAINT-SIMON zu Hegel gestoßen, hat Gercen die Verwirklichung der Hegelschen Idee nicht in der Realität existenter sozialer Verhältnisse, sondern in den grundlegenden gesellschaftlichen Umwälzungen der Geschichte gesucht. Die Entfremdung zwischen den »Moskauern« und Belinskij nimmt ihren Ursprung in der Auseinandersetzung mit den Slavophilen unter AKSAKOV, den Brüdern KIREEVSKIJ und CHOMJAKOV. Unfähig, in Slavophilen- und Westlertum zwei notwendige Seiten des Ringens um das nationale Selbstverständnis zu erkennen, kämpft Belinskij kompromißlos um ein auf der Basis einer einheitlichen Kultur geeintes Europa unter Einschluß Rußlands. Als gegen 1845 Chomjakov und die Brüder Kireevskij das Bemühen um die europäische Kultur als notwendige Hilfe für die Herausbildung eines nationalen Geisteslebens anerkennen und das extreme Slavophilen- und Westlertum gleichermaßen ablehnen, schwenken Gercen und Granovskij auf das Vermittlungsangebot ein, während Belinskij auf seiner unversöhnlichen Haltung beharrt. Die Differenzen zwischen beiden Standpunkten enden mit dem Zerfall auch der Moskauer Gruppe. Gercen entscheidet sich mit Belinskij für das sozialistische Gedankengut Westeuropas. Das Erscheinen von Gercens *Kto vinovat? (Wer ist schuld?)* macht die Unterschiede zwischen Gercen und Belinskij hinfällig. 1847 formuliert Belinskij sein Verhältnis zur Situation des unterdrückten russischen Volkes, auf die letzten Endes die Slavophilen aufmerksam gemacht hatten. 1845 aus der Redaktion der ›Otečestvennye zapiski‹ ausgeschieden, wird Belinskij zum Mitherausgeber von NEKRASOVS ›Sovremennik‹, der zum führenden Organ der fortschrittlichen Literaturkritik wird.

1846 hat Annenkov Rußland erneut verlassen. Bedeutsamstes Ereignis seines Auslandsaufenthalts ist seine Begegnung mit MARX und ENGELS in Brüssel, wo er dem Gespräch der Begründer des wissenschaftlichen Sozialismus mit dem anarchischen Sozialrevolutionär WEITLING beiwohnt. 1947 betreut Annenkov den lungenkranken Belinskij während einer Kur im Ausland. Unter dem Einfluß STIRNERS formuliert Belinskij seine Forderung an die Literatur am bedingungslosesten: Die Literatur muß dem gesellschaftlichen Fortschritt dienen, worunter in Rußland vor allem die Vorbereitung der Landreform zu verstehen ist. Aus dieser Sicht schreibt Belinskij seine vernichtende Kritik von Gogols *Vybrannye mesta iz perepiski s druz'jami (Ausgewählte Stellen aus dem Briefwechsel mit Freunden)*, die Gercen das Vermächtnis des Kritikers nannte.

Annenkov schrieb seine Memoiren, als er längst von der Haltung des in allen Geistesrichtungen gastierenden »*ästhetischen Touristen*« (Lavrov) zur »abgeklärten« Haltung des maßvoll konservativen Kritikerlagers gefunden hatte, welches seinen Hauptgegner in der revolutionären Publizistik eines ČERNYŠEVSKIJ, DOBROLJUBOV oder PISAREV erblickte. Er gehörte zu jenen Zeitgenossen, deren geistige Haltung Marx als »*reine Gastronomie*« bezeichnete (1868) und von denen LAVROV schrieb: »*Sie ziehen durch die ganze Welt und schauen in alle Klassen der Gesellschaft ... aus allen diesen Bekanntschaften aber kommen sie zufrieden, frohgemut und rosig heraus, ohne die kleinste Falte auf der Stirn, ohne die leiseste Sorge im Herzen, ohne eine einzige Frage im Kopf.*« Ließ die beschränkte Einsicht des Autors in Ursache und Notwendigkeit der gesellschaftlichen Veränderungen seiner Zeit ihn auch die Gestalt Belinskijs nicht in ihrer vollen Bedeutung für die russische Geistesgeschichte erkennen, so beweist sein Werk doch seine von TOLSTOJ und TURGENEV hervorgehobene Begabung, die wesentlichen Auseinandersetzungen der Zeit, wenngleich parteilich, in ihrer objektiven Bedeutung zu erfassen. C.K.

AUSGABEN: Petersburg 1880 (in Vestnik Evropy, Nr. 1–5). – Petersburg 1881 (in *Vospominanija i kritičeskie očerki*, Bd. 3). – Leningrad 1928 (in *Literaturnye vospominanija*, Hg. u. Einl. M. M. Ejchenbaum). – Moskau 1983 (in *Literaturnye vospominanija*).

LITERATUR: Ivanov-Razumnik, *Istorija russkoj obščestvennoj mysli*, Bd. 2, Petersburg 1908. – *Očerki po istorii russkoj kritiki*, Hg. A. Lunačarskij u. V. Poljanskij, 3 Bde., Moskau 1929–1931. – J. M. Mohan, *The Literary Criticism of P. V. A.*, Diss. Cornell Univ. 1981 [enth. Bibliogr.].

INNOKENTIJ FËDOROVIČ ANNENSKIJ

* 1.9.1856 Omsk
† 13.12.1909 St. Petersburg

LITERATUR ZUM AUTOR:
V. Ivanov, *O poèzii I. F. A.* (in Apollon, 1910, 4). –
V. Sechkarev, *Studies in the Life and Work of I. A.*, Den Haag 1963. – L. A. Shapovaloff, *Aesthetics and Poetics of I. A.*, Phil. Diss. Univ. of Washington 1968. – F. Ingold, *I. A. Sein Beitrag zur Poetik des russischen Symbolismus*, Diss. Basel 1970. –
B. Conrad, *Grundlagen einer Deutung des poetischen Werks von I. F. A.*, Phil. Diss. Heidelberg 1972. –
J. G. Tucker, *I. A. and the Acmeist Doctrine*, Phil. Diss. Indiana Univ. 1973 [enth. Bibliogr.]. – D. Borker, *Studies in the Lyric Poetry on I. A. The Poet and the Object*, Diss. Yale Univ. 1975 [enth. Bibliogr.]. – B. Conrad, *I. F. A.'s poetische Reflexionen*, Mchn. 1976. – N. J. Tittler, *The Lyric Poetry of I. A. and Russian Literary Tradition*, Diss. Yale Univ. 1981.

KIPARISOVYJ LAREC

(russ.; *Das Kästchen aus Zypressenholz*). Gedichtzyklus von Innokentij F. ANNENSKIJ, erschienen 1910. – Grundthema aller Dichtungen Annenskijs ist der Dualismus von Diesseits und Jenseits, der Begrenztheit der menschlichen Existenz und der Freiheit einer überirdischen Welt. Dieses Thema durchzieht auch den auf Annenskijs erste Sammlung *Tichie pesni*, 1904 (*Stille Lieder*: teils eigene Gedichte, teils Übersetzungen), folgenden zweiten und wohl bedeutendsten Gedichtband *Kiparisovyj larec*. Wie das dichterische Schaffen der russischen Symbolisten, deren Kunstauffassung Annenskij zuneigt, wird auch sein Werk durch die Frage nach der Möglichkeit einer Überwindung der empirischen Welt bestimmt. Das Irdische, das menschliche Leben erscheint ihm grausam und inhaltslos, und nicht umsonst stehen die Gedichte, die diese Welt beschreiben, unter dem Symbol der Zypresse, die für den klassischen Philologen und Euripides-Übersetzer Annenskij das Sinnbild des Todes darstellt.
Ein Teil der Gedichte dieser Sammlung ist zu Dreiergruppen zusammengefaßt, die vom Autor – in Anspielung auf die Gestalt des Zypressenlaubs – »Dreiblätter« *(Trilistniki)* genannt werden. In rein impressionistischer Manier folgen aufeinander das *Dreiblatt der Dämmerung*, das *Dreiblatt der Versuchung*, das *Dreiblatt der Sehnsucht* usw. – jedes von ihnen als Ausdruck einer charakteristischen Stimmung. Die Gesamtheit dieser »Dreiblätter« vermittelt ein beklemmendes Gefühl der Bedrückung, ja Ausweglosigkeit. Der Gedichtzyklus kreist um ein einziges Thema, das bereits in den ersten Gedichten – dem *Dreiblatt der Dämmerung* – zum Ausdruck kommt: In der Abenddämmerung ahnt der Mensch (das »Ich« der Gedichte), daß es jenseits der Geschehnisse des Tages eine andere Welt gibt, und wünscht, sie möge sich ihm offenbaren. Er muß jedoch erfahren, daß ihre Erschließung allein ihm selber aufgegeben ist. Ebenso unvermittelt, wie ihm diese Erkenntnis gekommen ist, vergeht sie auch wieder, und der Dämmerung folgt nicht der neue Tag in einer neuen Welt, sondern das Dunkel der Nacht, die Verzweiflung. Das irdische Los ist allein Sehnsucht und gespannte Erwartung. Immer wieder glaubt der Mensch, eine überirdische Stimme zu vernehmen, doch jedesmal bleibt ihm, dem Sterblichen, die Möglichkeit einer Antwort versagt. Ein Entrinnen aus dem furchtbaren Kreis der »*Anrufe ohne Entgegnung*« gibt es nicht. – In dem Gedicht *Oktjabr'skij mif (Oktobermythos)* heißt es: »*Ich bin traurig, kraftlos, schwach –, / Höre eines Blinden Schritte – / Über mir die ganze Nacht / Auf dem Dach die harten Tritte.*« Eindringlicher noch ist das Bild des Gedichts *Ja na dne (Ich bin am*

Boden): »Ich bin am Boden, ein trauriges Bruchstück,/ Grünes Wasser sich über mir türmt. / Aus dem gläsernen, bleischweren Dunkel / Niemanden nirgends ein Weg hinausführt.«

Trotz des Bewußtseins einer anderen Wirklichkeit und bei aller thematischen und stilistischen Verwandtschaft mit der Dichtung der Symbolisten bleiben Annenskijs pessimistische Gedichte vorwiegend der bedrückenden Welt des Irdischen verhaftet, während jene ihre Aufgabe gerade in der Erfassung der transzendenten Wirklichkeit sahen. So läßt sich wahrscheinlich erklären, daß Annenskij auf die russischen Akmeisten mit ihrer dem Irdisch-Dinglichen verschworenen Dichtung einen gewissen Einfluß ausgeübt hat. Mit seiner an ČECHOV erinnernden subtilen Art, die Widrigkeiten des Lebens meist nur in lakonischen Andeutungen, mit gewisser Selbstironie und ohne jeden Mystizismus zu behandeln, vermochte Annenskij die Existenz des modernen Menschen treffend wie kaum ein zweiter Dichter seiner Generation zu erfassen. Sein an den französischen Parnassiens und Vertretern der Dekadenz geschulter Stil lebt von Gegensätzen – erlesene Metaphorik neben gewollt prosaischem Wortschatz – und einem Geflecht von Entsprechungen *(correspondances)*: Jedes Gedicht ist adäquate Wiedergabe einer Stimmung. C.K.

AUSGABEN: Moskau 1910. – Petersburg ²1913, Hg. V. Krivič. – Leningrad 1939 (in *Izbrannye stichotvorenija*; Biblioteka poèta, malaja serija). – Leningrad 1959 (in *Stichotvorenija i tragedii*; Biblioteka poèta, bol'šaja serija). – Ann Arbor 1982 [zweisprach. Ausg.; Übers. R. H. Morrison].

LITERATUR: V. Brjusov, *Review of »Kiparisovyj larec«* (in Russkaja mysl', 6, 1910, S. 162 f.). – V. Larin, *O »Kiparisovyj larec«* (in Literaturnaja mysl', 2, 1923, S. 149).

JEAN ANOUILH

* 23.6.1910 Bordeaux
† 3.10.1987 Lausanne

LITERATUR ZUM AUTOR:
Bibliographie:
K. W. Kelly, *J. A. An Annotated Bibliography*, Metuchen/N. J. 1973.
Gesamtdarstellungen und Studien:
P. Jolivet, *Le théâtre d'A.*, Paris 1963. – P. Vandromme, *Un auteur et ses personnages*, Paris 1965. – V. Canaris, *J. A.*, Velber bei Hannover 1968; ern. Mchn. 1976 (dtv). – P. Ginestier, *J. A.*, Paris 1969. – H. Siepmann, *J. A.* (in *Französische Literatur der Gegenwart in Einzeldarstellungen*, Hg. W. D. Lange, Stg. 1971, S. 532–559). – D. Kahl, *Die Funktionen des Rollenspiels in den Dramen A. s*,

Diss. Hbg. 1974. – J. Vier, *Le théâtre d'A.*, Paris 1976. – *Les critiques de notre temps et A.*, Hg. B. Beugnot, Paris 1977. – R. Gasparo, *Il gioco como ambizione formale*, Florenz 1977. – H. G. Mc Intyre, *The Theatre of A.*, Ldn. 1981. – A. Arens, *J. A.* (in KLRG, 3. Lfg., 1986).

L'ALOUETTE

(frz.; *Ü: Jeanne oder Die Lerche*). Drama in einem Aufzug von Jean ANOUILH, Uraufführung: Paris, 14. 10. 1953, Théâtre Montparnasse – Gaston Baty; deutsche Erstaufführung: Frankfurt/Main, Dezember 1953, Städtische Bühnen. – Schon der Titel, hinter dem niemand die Geschichte der Jungfrau von Orleans vermuten kann, macht Anouilhs Absicht deutlich: Wie die mythologischen und antiken Gestalten, die er auf die Bühne gebracht hat, entheroisiert er auch die französische Nationalheldin. Seine Johanna ist ein Mädchen aus dem Volk, ein Mädchen, für das »*seine Geschichte ein wenig zu groß ist*«, das aber schließlich doch die Kraft findet, einer übermächtigen Welt gegenüber sich selbst und seiner Tat treu zu bleiben bis in den Tod.

Anouilhs Johanna gehört zur Familie seiner kindlichen Neinsagerinnen, die sich gegen den Lauf der Welt auflehnen. Gegenspieler Johannas ist nicht nur die Staatsräson in der Person des Königs, der sein Königtum auf das Recht und nicht auf eine besondere Botin des Himmels stützen will, sondern vor allem die Kirche, die hier das allgemeingültige Gesetz vertritt. Ihr subtilster Vertreter, der Inquisitor, der ein wenig an DOSTOEVSKIJS Großinquisitor erinnert, verfolgt in Johanna den gefährlichsten Feind der Kirche: den Menschen, der im Vertrauen auf Gott sich selbst vertraut und auf diese Weise die Vermittlung der Kirche umgeht; den Menschen, der in Demut, Freundlichkeit und christlicher Nächstenliebe seinen Mitmenschen liebt – »*wer den Menschen liebt, liebt Gott nicht*«, sagt dagegen der Inquisitor – und der seinem Tun als einem gottgewollten nicht absagen will. Solange einer da ist, der, wie Johanna, in des Menschen mutigster Tat das größte Wunder Gottes sieht, solange ist die Idee der Kirche bedroht, solange bedarf auch die Kirche der Folter und des Henkers.

Wie seine Antigone läßt Anouilh auch seine Johanna zuerst der Übermacht der gegnerischen Argumente weichen. Auf ihr »*Nein*« kommt sie erst zurück, als sie das Leben vor sich sieht, zu dem ihr »*Ja*« sie gerettet hat: Johanna, die alles hinnimmt, Johanna vielleicht mit einer kleinen Pension am Hof, Johanna geschminkt und naschhaft, vielleicht verheiratet? Diese Vorstellung ist ihr unerträglich, und so besteigt sie den Scheiterhaufen. Aber durch einen Theatercoup biegt Anouilh dieses Ende um in die Szene der Königskrönung, über die der Vorhang fällt. Denn »*das wahre Ende der Geschichte Johannas... ist nicht das gehetzte Tier in Rouen, sondern Johanna in ihrem ganzen Ruhm*« – Johanna, »*die kleine Lerche, die in Frankreichs Himmel ihr fröhliches und absurdes Lied singt, während schon die Flinten auf sie gerichtet sind«.*

Anouilh zeigt sein ganzes handwerkliches Können, ja seine Virtuosität in Anordnung und Aufgliederung dieses umfangreichen Stoffs innerhalb eines einzigen fortlaufenden Akts. Das ganze Stück ist als der Prozeß Johannas aufgezogen; aber von Anfang bis Ende sind alle im Leben Johannas wichtigen Personen auf der Bühne zugegen, um im gegebenen Augenblick vorzutreten und mit Johanna die verschiedenen Episoden aus ihrem Leben vor den Richtern zu improvisieren. Diese Technik des Spiels im Spiel, die Anouilh in mehreren Stücken angewandt hat, erlaubt ihm, die ganze Lebensgeschichte Johannas in ihren Prozeß einzublenden und so ein einheitliches und in sich bewegtes Ganzes zu schaffen. A.B.

AUSGABEN: Paris 1953. – Paris 1960 (in *Pièces costumées*). – Paris 1973 (Folio).

ÜBERSETZUNGEN: *Jeanne oder Die Lerche*, F. Geiger (in *Dramen*, Bd. 3, Mchn. 1957). – Dass., ders., Stg. 1965 (RUB).

VERFILMUNGEN: *Jeanne oder Die Lerche*, BRD 1956 (TV; Regie: F. P. Wirth). – Dass., BRD 1966 (TV; Regie: I. Moszkowicz).

LITERATUR: J. Lemarchand, »*L'alouette*« *de J. A., au théâtre Montparnasse* (in FL, 24. 10. 53, S. 12). – H. W. Knepler, »*The Lark*«, *Translation Versus Adaptation: A Case History* (in MD 1, Mai 1958, S. 15–28). – H. Linke, *Dramaturgie d. Wunders in J. A. s Schauspiel* »*L'alouette*« (in ZfrzSp, 9, 1959, S. 46–88 u. 129–149). – F. H. Crumbach, »*Pauvre Bitos*«, »*L'alouette*« (in F. H. C., *Die Struktur des epischen Theaters*, Braunschweig 1960, S. 185–194). – H. A. Korff, *D. hl. Johanna b. Schiller, Shaw u. A.* (in H. A. K., *Lessing-Kleist-Schiller*, 3 Vortr., Lpzg. 1961, S. 59–88). – R. Klesczewski, »*L'alouette*« (in *Das frz. Theater vom Barock bis zur Gegenwart*, Hg. J. von Stackelberg, Bd. 2, Düsseldorf 1968, S. 301–321, 415–418). – I. Langemann, *Die Darstellung der Jeanne d'Arc in A.s* »*L'alouette*« (in NSp, 18, 1969, S. 57–65). – E. Rattunde, *Die Bedeutung des Titelsymbols in A.s Drama* »*L'alouette*« (in ZfrzSp, 81, 1971, S. 243–266). – D. M. Jameson, *A.'s* »*Lark*« (in Modern Language, 57, 1976, S. 105–116). – U. Fischer, »*Jeanne oder die Lerche*« (in U. F., *Der Fortschritt im Jeanne d'Arc-Drama des 20. Jh. s*, Ffm/Bern 1982, S. 352–402). – S. B. John, *A.* »*L'alouette*« *and* »*Pauvre Bitos*«, Ldn. 1984. – P. Hernadi, *Re-presenting the Past. *Saint-Joan« and »L'alouette*« (in P. H., *Interpreting Events*, Ithaca/Ldn. 1985).

ANTIGONE

(frz.; Ü: *Antigone*). Drama von Jean ANOUILH, entstanden 1942, erschienen 1946, Uraufführung: Paris, 4. 2. 1944, Théâtre de l'Atelier; deutsche Erstaufführung: Darmstadt, 30. 3. 1946, Landestheater. – Wie ein Jahr zuvor in seiner *Eurydice* und später in seiner *Médée (Medea)* unternimmt es Anouilh auch in diesem Stück, einen antiken Stoff für die moderne Dramatik fruchtbar zu machen, GIRAUDOUX war mit seiner *Électre* auf diesem Weg vorangegangen, SARTRE folgte ihm mit dem Orest-Drama *Les mouches (Die Fliegen)*.

Strickend, plaudernd, kartenspielend sitzen die Personen des Stückes auf der Bühne, während der Prologsprecher sie den Zuschauern vorstellt. Sie sind Menschen der heutigen Zeit: Sie sprechen die Alltagssprache des 20. Jh.s, sie tragen moderne Kleider; Begriffe wie »Zigaretten, Autos, Bar« tauchen im Gespräch auf, Kreon philosophiert in Hemdsärmeln über das Leben. Trotz dieser äußeren Modernismen lehnt sich das Drama formal an die antike Tragödie an. Wie dort wird die Einheit der Zeit und des Ortes gewahrt; die szenische Gestaltung ist auf Andeutungen beschränkt, die Einteilung in Akte entfällt, und nur der Sprecher, dem Anouilh die Rolle des Chors überträgt, unterstreicht die Zäsuren des Handlungsverlaufs.

Anouilh will sein Stück als Tragödie verstanden wissen, deren Geschehen als unerbittliches Schicksal »*wie von selbst abläuft*«. In Anouilhs Auffassung des Schicksals aber zeigt sich die Distanz zur Tragödie des SOPHOKLES. Stehen in dessen *Antigone* göttliches und menschliches Gesetz im Widerstreit, so begegnen sich bei Anouilh, in einer götterlosen Welt, zwei Menschen, die das alleinige Gesetz ihres Handelns aus ihrer persönlichen Haltung zum Leben beziehen: ein Kreon, der die Bejahung, eine Antigone, die die Verneinung des Lebens bis zu letzter Konsequenz treibt.

Das Leben, das Kreon trotz allem liebt, bedeutet für ihn nicht mehr als eine bloße menschliche Vereinbarung, die der notwendigen Ordnung, der Verringerung der Absurdität, dem »*kleinen Glück*« zu dienen hat. Aber mit seiner letzten Weisheit, daß das Leben »*vielleicht trotz allem nur das Glück*« sei, gibt Kreon Antigone gerade das entscheidende Argument für ihre Absage an dieses Leben in die Hand. In dem großartigen Dialog, der den ganzen Mittelteil des Dramas einnimmt, treten beide Haltungen als unversöhnlicher Gegensatz hervor. Wenn Antigone, nachdem sie ihren Bruder Polyneikes beerdigt hat, von Kreon nun den Tod verlangt, so erhebt sie damit zugleich Anspruch auf die Anerkennung ihrer Freiheit, das Leben zu verneinen. Wenn Kreon ihren Tod nicht will, so nicht deshalb, weil Antigone seine Nichte und die Verlobte seines Sohnes Hämon ist, sondern weil ihr Neinsagen sowohl die Staatsräson als auch seine persönliche Bejahung dieses Lebens in Frage stellt. Antigone aber lehnt den Kompromiß ab, der zur Lüge, zum Verrat, ja vielleicht sogar zum Mord verpflichtet, sie lehnt vor allem das »*kleine Glück*« ab, das den Kompromiß belohnt: »*Ihr ekelt mich an mit eurem Glück; mit eurem Leben, das man lieben soll um jeden Preis; wie Hunde seid ihr, die alles, was sie finden, belecken. Und dieses kleine Alltagsglück, wenn man nicht zu anspruchsvoll ist. Ich will alles, sofort –*

und ganz – oder ich lehne ab.« Im Gegensatz zu Sartres Orest, dessen Freiheit zum Leben befreit, auch wenn es absurd ist, verlangt Antigone ihre Freiheit als eine Freiheit zum Tod, als einzigen Ausweg aus einer absurden Welt, der ihre Tat lediglich als Vorwand erscheinen läßt. In der Antigone steht, anders als in den meisten Stücken Anouilhs, der Heldin ein fast ebenbürtiger Antagonist gegenüber. Nur weil sein Stück, wenn auch irrtümlicherweise, als ein Sieg der Staatsräson über die Freiheit ausgelegt werden konnte, durfte es noch während des Krieges aufgeführt werden. Man hat dann umgekehrt ein »Résistance«-Drama in ihm sehen wollen, ebenfalls zu Unrecht: denn Antigone lehnt sich nicht gegen die Staatsräson als Machtinstanz auf, sondern gegen das Leben selbst, und ihr Tod ist Flucht. A.B.

AUSGABEN: Paris 1946. – Paris 1958. – Paris 1967. – Paris 1973 (Folio).

ÜBERSETZUNGEN: *Antigone*, F. Geiger, Freudenstadt/Freiburg i. B. [m. Orig. Lithograph. v. M. Cadoret]. – Dass., ders. (in *Dramen*, 1, Mchn. 1956). – Dass., ders., Mchn./Wien 1964. – Dass., ders., Mchn. 1983 (Goldm. Tb).

VERFILMUNGEN: BRD 1958 (TV; Regie: F. J. Wild). – BRD 1965 (TV; Regie: F. P. Wirth).

LITERATUR: J. P. Bonnes, *L'»Antigone« de J. A.* (in *La Revue Nouvelle*, 3, 1946, S. 662–670). – G. Marcel, *L'heure théâtrale*, Paris 1959, S. 99–104. – H. R. Jauß, *Racines »Andromaque« und A.s »Antigone«. Klassische u. moderne Form der frz. Tragödie* (in NSp, 9, 1960, S. 428–444). – F. H. Crumbach *»Antigone«* (in F. H. C., *Die Struktur des epischen Theaters*, Braunschweig 1960, S. 129–135). – B. Coenen-Mennemeier, *Die Revolte der Jugend. A.s »Antigone«* (in B. C.-M., *Einsamkeit und Revolte*, Düsseldorf 1966, S. 80–108). – M. Krüger, *Private Existenz und öffentliche Meinung* (in ZfrzSp, 77, 1967, S. 64–89). – M. Fuhrmann, *Mythos als Wiederholung in der griechischen Tragödie und im Drama des 20. Jh.s* (in *Terror und Spiel*, Hg. ders., Mchn. 1971, S. 121–143). – E. Frois, *»Antigone« de A.*, Paris 1971. – G. Goebel, *A. »Antigone«* (in *Das moderne frz. Drama*, Hg. W. Pabst, Bln. 1971, S. 174–185). – W. Schrank, *A. »Antigone«*, Ffm./Mchn. 1972; ern. 1986. – J. Firges, *A.s »Antigone«, ein Exempel der Pathologie oder der Metaphysik?* (in NSp, 22, 1973, S. 595–607). – M. Krüger, *A. »Antigone«* (in M. K., *Wandlungen des Tragischen – Drama und Initiation*, Stg. 1973, S. 114–128). –P. Vandromme, *»Antigone« de A.*, Paris 1975. – M. Flügge, *Verweigerung oder neue Ordnung*, Rheinfelden 1982. – W. D. Howarth, *»Antigone«*, Ldn. 1983. – O. Eberhard, *»Antigone« von A. als Darstellung eines Machtkampfes* (in NSp, 89, 1984, S. 171–194). – D. Rieger, *A. oder die Ambiguität des Erfolgs* (in ZfrzSp, 95, 1985, S. 41–51).

ARDÈLE OU LA MARGUERITE

(frz.; *Ü: Ardèle oder Das Gänseblümchen*). Schauspiel von Jean ANOUILH, Uraufführung: Paris, 4. 11. 1949, Comédie des Champs-Elysées; deutsche Erstaufführung: Mannheim, 11. 11. 1949, Nationaltheater; das erste der sogenannten *pièces grinçantes*, der »knirschenden« Stücke. – *Ardèle* ist ein Salonstück, in dem die gute Gesellschaft über die Liebe zu Gericht sitzt, aus diesem Prozeß aber als gerichtete Richterin hervorgeht. Die Handlung ist auf ein Minimum beschränkt: Im Schloß braut sich ein Skandal zusammen. Die bucklige und keineswegs junge Schwester des Generals hat sich in den ebenfalls mißgestalteten Hauslehrer verliebt und besteht nun auf dem Recht dieser späten, aber vollkommenen Liebe. Sie hat sich in ihr Zimmer eingeschlossen und will heiraten – oder sterben. Das ganze Stück hindurch bleibt sie unsichtbar und doch Mittelpunkt. Sie wird zum Symbol der Liebe, zu der verborgenen Sonne, um die die große Familie des Generals – Konstellationen der mißratenen Liebe – kreist: der General selbst, der von der vor Eifersucht wahnsinnigen Generalin zu einem drallen Zimmermädchen flieht; die andere Schwester des Generals, eifersüchtig auf die Mätresse ihres Mannes, aber selbst einen anderen liebend, der wiederum auf ihren Mann eifersüchtig ist; die Schwiegertochter des Generals, die dessen ältesten Sohn geheiratet hat, aber seinen jüngeren Sohn seit je liebt, und schließlich zwei Kinder, die das verlogene Spiel auch schon begriffen haben und als Mann und Frau verkleidet Liebesszenen mimen, die in einer wüsten Balgerei enden. Alle diese Menschen, die nun über Ardèle zu Gericht sitzen, haben selber den Schein und die Konventionen gewahrt. Sie haben auf den »Skandal« verzichtet und die Liebe an die Lüge verraten und müssen nun diese mißratene Liebe austragen bis zum Ende. Wenn am Schluß des Stückes zwei Schüsse anzeigen, daß die beiden Buckligen ihrem Leben ein Ende gesetzt haben, so bewahrt dieser Tod zwar die Familie vor dem Skandal, aber er besiegelt auch ihren Verzicht auf die echte Liebe und damit auf die Freiheit.
In Form und Aufbau ähnelt *Ardèle* den traditionellen Gesellschaftsstücken. Anouilh benutzt also den konventionellen Rahmen, um seine bissigen und bitteren Wahrheiten um so überraschender und – vielleicht – wirksamer aussprechen zu können. Eine gegebene Situation – Ardèles Liebe – dient zum Anlaß, bestimmte Menschentypen durch ihre Reaktion auf ein echtes unkonventionelles Gefühl und ihre eigenen fragwürdigen Lösungen des Problems Liebe zu charakterisieren. *Ardèle* ist eine Charakterkomödie, in der sich allerdings tragische Züge in die satirischen und grotesken mischen.
A.B.

AUSGABEN: Paris 1949. – Paris 1956 (in *Pièces grinçantes*). – Paris 1978 (Folio).

ÜBERSETZUNG: *Ardèle oder Das Gänseblümchen*, F. Geiger (in *Dramen*, Bd. 2, Mchn. 1957; ern. 1967).

LITERATUR: H. Brunot, »*Ardèle, ou la marguerite*« de *J.A.* (in Psyché, 2, 1948, S. 1410–1414). – G. Marcel, *L'heure théâtrale*, Paris 1959, S. 118–123 u. 125/126. – J. L. Styan, *Breaking the Continuity* (in J. L. S., *The Elements of Drama*, Cambridge 1960, S. 188–204). – Ders., *Analysis: Tragicomic Counterpoint in* »*Ardèle*« *and* »*Colombe*« (in J. L. S., *The Dark Comedy*, Cambridge 1968, S. 187–192). – P. Sénart, »*Ardèle ou la marguerite*« (in RDM, Jan.–März 1980, S. 689–693).

LE BAL DES VOLEURS

(frz.; *Ü: Ball der Diebe*). Ballett für Schauspieler in vier Bildern von Jean ANOUILH. Uraufführung: Paris, 17. 9. 1938, Théâtre des Arts; deutsche Erstaufführung: Berlin, 19. 5. 1948, Theater am Kurfürstendamm. – Zur gleichen Zeit, als Lady Hurf mit Lord Edgard, ihrem ergrauten Liebhaber, und ihren reichen Nichten Eva und Juliette in Vichy weilt, machen drei berüchtigte Taschendiebe den Badeort unsicher. Das Trio hat es auf den Schmuck der beiden Mädchen abgesehen. Um sich den Damen nähern zu können, ohne Verdacht zu erregen, flanieren die drei als spanische Adlige verkleidet auf der Promenade. Lady Hurf durchschaut die Maskerade, geht aber, der Langeweile überdrüssig, bereitwillig darauf ein, begrüßt den Meisterdieb Peterbono als Herzog von Miraflor, die beiden Adepten Hector und Gustave als seine Söhne und lädt sie in ihre Villa ein. Lord Edgard ist darüber entsetzt, denn er hat unter seinen Papieren die Todesanzeige des vor Jahren verstorbenen Herzogs gefunden. Doch die Lady besteht darauf, daß die von ihr inszenierte Komödie weitergespielt wird, und läßt die Gauner im Glauben, man halte sie für spanische Granden. Nun aber nimmt das Spiel eine unvermutete Wendung: Zwei der Mitwirkenden weigern sich, Schein und Wahrheit zu trennen. Juliette gesteht Gustave ihre Liebe und will ihn heiraten. Am gleichen Abend, als die übrigen einen Maskenball besuchen, zu dem sie infolge eines Mißverständnisses als Diebe kostümiert erscheinen – das Motto des Festes lautet in Wirklichkeit nicht »*Bal des voleurs*«, sondern natürlich »*Bal des fleurs*« (Ball der Blumen) –, hilft Juliette ihrem geliebten Ganoven, den Salon der Villa zu plündern. Als die kleine Gesellschaft heimkehrt, entdeckt sie den Diebstahl und zugleich Gustave, der in einer Anwandlung von Reue seine Beute und Juliette wieder abliefern wollte. Während Lady Hurf zur Vernunft kommt und sich der bevorstehenden Mesalliance ihrer Nichte energisch widersetzt, ist Lord Edgard plötzlich entzückt von dem Abenteuer, und er beschließt kurzerhand Gustave als seinen verlorengeglaubten Sohn auszugeben.

In dieser *comédie-ballet*, die Anouilhs Ruhm als Bühnendichter begründete, verbinden sich mit graziöser Leichtigkeit Scherz und Ernst, das gesprochene Wort mit Musik – eine Klarinette untermalt parodistisch die einzelnen Auftritte – und die Musik mit Pantomime und Tanz. Anouilh verwendet Stilmittel der Farce und der *commedia dell'arte*: Die Handlung läßt der Phantasie des Regisseurs wie dem Improvisationstalent und der artistischen Geschicklichkeit der Schauspieler weiten Spielraum. Andererseits sind die Figuren in diesem ersten Stück der sogenannten *Pièces roses* noch nicht so profiliert angelegt wie in den späteren. Lady Hurf flieht aus Einsamkeit und Langeweile in die Zerstörung, die etwas frigide Eva spielt ihre Rolle ohne innere Beteiligung, und nur die naiv-romantische Juliette und Gustave haben ihr Leben in die eigene Hand genommen, oder, wie die alte Dame am Schluß sagt, »*ihre ganze Jugend eingesetzt*« und damit ihr Glück gemacht. M.Bo.

AUSGABEN: Paris 1942 (in *Pièces roses*; ern. Paris 1945). – Paris 1963 (in *Deux pièces roses*). – Paris 1976 (Folio).

ÜBERSETZUNGEN: *Lumpenball. Ein Ballett für Schauspieler*, B. v. Borresholm, Bln. 1946 [Bühnenms.]. – *Ball der Diebe*, ders. (in *Dramen*, Bd. 4, Mchn. 1958; revid. Mchn. 1960). – Dass., ders., Mchn. 1965 (dtv).

LITERATUR: H. Perruchot, »*Le théâtre rose et noir*« de *J.A.* (in Synthèses, 5, 1950, Nr. 49, S. 49–63). – J. P. Lassalle, *A. ou la vaine révolte*, Rodez 1958. – G. Marcel, »*Le bal des voleurs*« (in G. M., *L'heure théâtrale*, Paris 1959, S. 95 ff.). – M. Cassan, »*Le bal des voleurs*« de *J.A.* (in L'Avant-Scène, 15. 2. 70, S. 43). – B. Poirot-Delpech, »*Le bal des voleurs*« de *J.A.* (in Le Monde, 13. 4. 70, S. 21).

BECKET OU L'HONNEUR DE DIEU

(frz.; *Ü: Becket oder Die Ehre Gottes*). Schauspiel in vier Akten von Jean ANOUILH, Uraufführung: Paris, 1. 10. 1959, Théâtre Montparnasse; deutschsprachige Erstaufführung: Wien, 15. 10. 1960, Burgtheater. – In diesem Stück greift der Autor das Thema seines bisher bedeutendsten Dramas, der Tragödie *Antigone*, noch einmal auf: den Zusammenstoß fest geglaubter, unerschütterlicher, kompromißlos vertretener Grundsätze, ohne die die Aufrechterhaltung der menschlichen Würde unmöglich ist, mit einer realpolitischen Weltklugheit, die im Namen der Vernunft alle Vorteile gewissenhaft abwägt und dabei bewußt Abweichungen von ihren eigentlichen Überzeugungen in Kauf nimmt. Anouilh demonstriert diesen Konflikt an der Unvereinbarkeit der Ehre Gottes, deren Diener Erzbischof Thomas Becket ist, mit der Ehre des Königs, die von Heinrich II. von England repräsentiert wird.

Thomas Becket ist der geistreich-unbekümmerte, leichtsinnig-weltmännische Freund und Ratgeber des Königs. Als der König ihn, den Sachsen und Angehörigen des von den Normannen unterdrückten und verachteten Volkes, zum Kanzler macht, murren Adel und Geistlichkeit. Doch dank seiner spielerisch eingesetzten, immer überlegenen Klug-

heit bricht Becket alle Widerstände. Er, der genau wie der ihn bewundernde König nichts wirklich ernst zu nehmen scheint, weiß seinen Herrn geschickt für eine antikirchliche, die Macht des Staates mehrende Politik zu gewinnen. Da ernennt Heinrich den widerstrebenden Kanzler eines Tages zum Erzbischof-Primas von Canterbury, in der Annahme, damit den Klerus noch fester in die Hand zu bekommen. Aber nun erweist es sich, daß in Becket etwas verborgen ist, was vorher nur dunkel zu ahnen war: ein Mensch, der kein Genügen an der Macht gefunden hat, der vielmehr seit jeher verzweifelt auf der Suche nach einer Aufgabe, nach einer Last gewesen ist, die ihn ganz ausgefüllt hätte. Er glaubt sie jetzt in der Verteidigung der Ehre Gottes gefunden zu haben, einer unantastbaren Ehre, die er von nun an über die Ehre des Königs zu stellen gewillt ist. Für alle unerwartet, nimmt er mit unerbittlicher Strenge die Pflichten seines neuen Amtes wahr und pocht auf die Rechte der Kirche, auch wenn die Macht des Königs dabei Einbußen erleidet. Heinrich, in einer schmerzhaften Haß-Liebe zu Becket befangen, verbannt den Erzbischof. Der Primas geht in ein Kloster nach Frankreich. Ein Versuch der Versöhnung nimmt ein böses Ende: Becket kehrt zwar nach England zurück, aber er wird vor dem Altar der Kathedrale von Canterbury von vier normannischen Baronen erschlagen. Der König, der seinen Tod gewünscht hatte, ist nun von dem Zwang befreit, ihn hassen zu müssen. Er stellt die Barone vor Gericht: »*Denn jedermann soll wissen, daß es unser königlicher Wille ist, zu allen Zeiten die Ehre Gottes und das Andenken unseres Freundes zu verteidigen.*«
Zu Beginn des Stückes sagt Becket zu seinem Vorgänger auf dem erzbischöflichen Thron einmal über sich selbst: »*Ein sehr unwürdiger Sohn, mein Vater... Aber wann ist man schon würdig? Und würdig wofür?*« Die szenische Anmerkung, die Anouilh dieser Stelle gibt, lautet: »*Er macht eine pirouettenhafte Wendung und geht hinaus, mit jugendlicher Grazie und Unbekümmertheit.*« Aber gerade in dieser spielerischen Leichtfertigkeit der Gebärde verrät sich der *ennui* Beckets, die tiefe Verzweiflung eines Mannes, dem alles, was gemeinhin den Ehrgeiz eines Politikers ausmacht, nicht genügt, weil es niemals den letzten und bedingungslosen Einsatz fordert, ja ihn wohl auch nicht lohnt. Beckets Leichtfertigkeit und Zynismus sind nur Zeichen einer großen geistigen Überlegenheit. Der König vermutet: »*Alles, was bei dir nach Moral aussieht, ist im Grunde nichts anderes als Ästhetik*«, und Becket bestätigt es ihm. Als Becket seine Ehre gefunden hat, weiß er denn auch zunächst nicht, ob sie vielleicht nur ein neues Spielzeug sei, und Anouilh gibt dem Zuschauer bis zum Schluß keine Deutung der tieferen Beweggründe dieser rätselhaften Wandlung. Auf die Frage des Königs: »*Und jetzt liebst du Gott?*« weicht Becket aus: »*Jetzt liebe ich die Ehre Gottes.*« Und zu sich selber sagt er nachdenklich: »*Auch das wäre eine Möglichkeit gewesen, mein Gott, die Menschen lieben.*« Er wird mißtrauisch, als er bemerkt, daß er Vergnügen daran findet, sich vor Gott zu demütigen. Ist vielleicht gerade das Büßerhemd die Versuchung? Er spricht zu Gott: »*Die Armen und die Mißgestalteten haben so viele Vorteile erhalten, von Anfang an. Sie besitzen Dich im Übermaß. Sie haben Dich ganz für sich allein, wie eine große Versicherung, deren Gebühr ihr Elend ist.*« Und so geht Becket aus der Sicherheit seines Klosters zurück nach England, in vollem Ornat, wohl wissend, daß er sterben wird.

Auch in diesem Stück versprüht der Autor seinen Witz gleichmäßig über alle, über den König und die Barone, über den Papst und die Bischöfe, treibt präzise Psychologie, enthüllt verlogene Haltungen. Aber all das wird hier nicht zum Selbstzweck, sondern fügt sich zu reinem, bannendem Theater zusammen. Auch die Verbindung von Pathos und Sentimentalität, die bei Anouilh so häufig stört, fehlt in diesem Stück völlig. Man gleitet kaum einmal an der allzu glatten Konstruktion ab, die Routine wird nur selten als störend empfunden, da das Stück von der Sprache, von den Gestalten und ihrer gelungenen Differenzierung her deutlich als Einheit wirkt. Die Versöhnungsszene zwischen dem König und Becket auf dem eisigen Blachfeld in Frankreich gehört in ihrer tragischen Ausweglosigkeit zweifellos zu den Höhepunkten im Schaffen Anouilhs. N.v.H.

AUSGABEN: Paris 1959. – Paris 1960. – Ldn. 1962, Hg. W. D. Howarth. – Paris 1972 (Folio).

ÜBERSETZUNGEN: *Becket oder Die Ehre Gottes*, F. Geiger, Mchn. 1961. – Dass., ders. (in *Französisches Theater des XX. Jh.s*, Bd. 2, Mchn. 1962). –Dass., ders., Mchn. 1963 (dtv). – Dass., ders., Mchn. 1983 (Goldm. Tb).

VERFILMUNGEN: *Becket oder Die Ehre Gottes*, BRD 1962 (TV; Regie: R. Wolffhardt). – England 1964 (Regie: P. Glenville). – USA 1964 (Regie: P. Brook).

LITERATUR: G. Marcel, *Becket fait honneur à A.* (in NL, 15. 10. 1959, S. 10). – L. Barjon, »*Becket ou l'honneur de Dieu*« (in Études, 303, 1959, S. 329–340). – K. Kahl, *Der neue A. »Becket oder d. Ehre Gottes« im Burgtheater* (in Theater heute, 1, 1960, H. 3, S. 20/21). – G. Portal, *L'honneur de Dieu et les bonheurs de A.* (in Écrits de Paris, Jan. 1960, S. 88–94). – H. Thurn, *Thomas Becket o. d. Ehre Gottes* (in Geist u. Leben, 34, 1961, S. 171–181). – B. Coenen-Mennenmeier, *Untersuchungen zu A.s Schauspiel »Becket...«*, Mchn. 1964. – M. Groh, *J. A., »Becket...«* (in NSp, 1964, H. 4, S. 187–192). – G. Brenning, *Erläuterungen zu T. S. Eliot »Mord im Dom« und J. A. »Becket oder die Ehre Gottes«*, Hollfeld/Obfr. 1966. – P. Vernois, *Histoire, scénographie et thématique dans »Becket« d'A.* (in TLL, 16, 1978, S. 87–97). – H. Arnold, *Heiliger oder Spieler?* (in Der fremdsprachl. Unterricht, 16, 1982, S. 132–141).

COLOMBE

(frz.; Ü: *Colombe*). Schauspiel in vier Akten von Jean ANOUILH, zu den *Pièces brillantes* gehörend, erschienen 1952; Uraufführung: Paris, 10.2.1951, Théâtre de l'Atelier; deutsche Erstaufführung: Frankfurt/Main, 13. 10. 1951, Städtische Bühnen. – Markieren die sogenannten »brillanten Stücke« im allgemeinen gegenüber den früheren »schwarzen Stücken« eine neue Position des Autors, so erscheint im besonderen *Colombe* wie die Replik auf die »schwarze« *Eurydice*: Sie gibt eine neue Antwort auf die alte Frage nach der Möglichkeit der Liebe unter den Menschen. Die liederliche Welt der Schauspieler, die Orphée und Eurydice hinter sich gelassen haben, tritt in *Colombe* gleichsam zur Rache an gegen den reinen Liebenden, Julien, der in ihren Augen nur ein langweiliger Starrkopf ist, ein Pedant der Liebe, dem eine Lehre erteilt werden muß. – Bevor er in den Militärdienst zieht, vertraut Julien, ein armer Musiker, seine reizende und über alles geliebte Frau Colombe seiner Mutter, der alternden Primadonna Alexandra, und seinem Bruder, dem sympathischen Luftikus Armand, an. Schnell, nur allzu schnell findet sich Colombe, das frühere Blumenmädchen, in der Welt der Schauspieler zurecht. Sie spielt mit – nicht nur auf der Bühne, wo man sie einige Verse sprechen läßt, sondern vor allem hinter den Kulissen, wo der Direktor, der erste Schauspieler, der Dichter und Armand sich um sie bemühen. Julien, den ein »Freund« alarmiert hat, platzt eines Tages mitten hinein in dieses Spiel – und erfährt die ganze Wahrheit. Colombe, die erst leugnet, dann gesteht, zerstört ihm auch noch die Illusion ihrer reinen Vergangenheit und die Hoffnung auf die Zukunft: Das unberührte Blumenmädchen war nur ein Traum Juliens gewesen; die wahre Colombe hat erst im Theater das ihr gemäße Lebenselement gefunden. Endlich ist sie erlöst von der unbequemen Last einer reinen Liebe: »*Wenn du wüßtest, wie leicht es ist, zu leben – ohne dich.*«

Das ganze Stück spielt im Theater, teils hinter den Kulissen, auf den Gängen und in den Schauspielerlogen, teils auf der Bühne selbst. Dabei ist – dies die (hier ironisch gefärbte) Grundanschauung Anouilhs – allein das Reich der Illusion, die Bühne, der Ort, wo der Held der idealen Liebe zu Hause ist. Im realen Leben, hinter der Bühne, hat er keinen Platz; das zeigen die Schauspieler, die aus den Kulissen – der von Glanz und Elend schnell wechselnder Liebschaften gezeichneten Welt – nur für ihre kurzen, »idealen« Rollen hervortreten und bald wieder in die Sphäre der Intrigen zurückkehren. Steht aber einer unter ihnen auf, der es mit der idealen Rolle ernst meint und sie nicht spielen, sondern leben will, so ist er für sie der unbequeme Störenfried und Spielverderber: Er ist, wie der Weise im *Lob der Narrheit* des ERASMUS VON ROTTERDAM, der größte Narr von allen. – Helles und Dunkles ist in diesem Stück hart nebeneinandergestellt, so daß der Zuschauer nie recht weiß, ob er nun lachen oder weinen soll. Gelungen sind zweifellos die brillanten Passagen, in denen Anouilh mit einer Reihe stark karikierter Typen eine glänzende Satire auf das Theater geschaffen hat, vor allem mit dem ältlichen Modedichter Poète-Chéri und seiner tyrannischen Muse, der rheumatischen Primadonna Alexandra, einem grotesken Paar, das an Sarah Bernhardt und ROSTAND denken läßt. A.B.

AUSGABEN: Paris 1952 (in *Pièces brillantes*). – Lausanne 1963 (in *Théâtre complet*, 2 Bde.; Vorw. P. Vandromme). – Paris 1973 (Folio).

ÜBERSETZUNGEN: *Colombe*, F. Geiger (in *Dramen*, Bd. 2, Mchn. 1957; ern. 1965). – Dass., ders., Mchn. 1961. – Dass., ders., Reinbek 1965. – Dass., ders., Bln. 1980.

VERFILMUNGEN: BRD 1958 (TV; Regie: U. Erfurth). – DDR 1974 (TV; Regie: G. Keil).

LITERATUR: F. Ambrière, *La pièce du jour:* »*Colombe*« *de J. A.* (in Les Annales-Conférencia, 58, N. S. 5, März 1951, S. 41–44). – G. Marcel, »*Colombe*« (in G. M., L'heure théâtrale, Paris 1959, S. 131–136). – J. L. Styan, *Analysis: Tragicomic Counterpoint in* »*Ardèle*« *and* »*Colombe*« (in J. L. S., The Dark Comedy, Cambridge 1968, S. 187–192). – M. Galey, *Franc-jeu* (in NL, 2452, 23. 9. 74, S. 14). – P. Sénart, «*Colombe*» (in RDM, Okt.–Dez. 1974, S. 440–442).

EURYDICE

(frz.; Ü: *Eurydike*). Drama – *nouvelle pièce noire* – von Jean ANOUILH, Uraufführung: Paris, 8.12. 1942, Théâtre de l'Atelier; deutsche Erstaufführung: Frankfurt/Main, 2. 6. 1946, Städtische Bühnen. – Anouilh modernisiert in diesem Stück den antiken Orpheus-Mythos. Sein Orpheus ist ein armer Caféhaus-Geiger, der mit seinem unbegabten Vater durch die Provinzstädte zieht. Eurydike und ihre Mutter sind Mitglieder einer Schauspieltruppe ähnlichen Niveaus. Auf einem Bahnhof bei Marseille, wo beide Aufenthalt haben, hört Eurydike Orpheus' Geigenspiel. Sie sucht den Musiker und entscheidet sich in kürzester Frist, bei ihm zu bleiben. Orpheus, der schon resigniert seinem Vater versprochen hatte, ihn nie zu verlassen, entschließt sich ebenso schnell, gemeinsam mit ihr ein neues Leben zu beginnen. Die beiden Liebenden fahren nach Marseille. Doch stellt sich bald heraus, daß sie die Grenzen ihres Ichs nicht zu überschreiten vermögen. Eurydike entdeckt mit Schrecken, wie sehr Orpheus sie idealisiert und wie überzeugt er davon ist, daß kein Mensch seiner Vergangenheit entkommen könne. Sie, die nicht mehr unberührte kleine Provinzschauspielerin, fühlt sich, gerade weil sie Orpheus über alles liebt, seinem Bild von ihr nicht gewachsen und flieht, als ihre Vergangenheit in Gestalt des Direktors ihrer früheren Schauspieltruppe in ihr neues Leben einzubrechen droht. Doch auf dieser Flucht kommt sie in einem plötzlich bremsenden Autobus ums Leben. In Gestalt eines liebenswürdigen und höflichen jungen Mannes greift nun der Tod selbst in die Handlung ein – hier verläßt Anouilh den Bereich der Wahrscheinlichkeit, die er sonst auch in den künstlichsten Szenarien seiner anderen Stücke zu wahren pflegt. Wie im antiken Mythos darf Eurydike ins Leben und zu Orpheus zurückkehren, unter der einen Bedingung, daß dieser ihr eine Nacht lang nicht ins Gesicht schaut. Auf dem Bahnhof ihres ersten Zusammentreffens erhält Orpheus Eurydike zurück. Aber er ist durch verschiedene Vorgänge nach ihrem Tod mißtrauisch geworden und will jetzt um jeden Preis die Wahrheit über ihre Vergangenheit erfahren: Er hält die Bedingung nicht ein. In einer surrealistischen Szene wird ihm darauf die wirkliche Eurydike gezeigt: Er sieht ihre guten und schlechten Seiten, ihre Kleinheit und ihre Größe. Doch diese Erkenntnis der Wirklichkeit kommt zu spät. Durch sein Mißtrauen ist Eurydike ihm endgültig verlorengegangen. Ein letztes Mal greift der Tod ein. Er versucht Orpheus, der nach dem zweiten Hinscheiden Eurydikes zufrieden mit ihrem Schatten neben sich weiterleben will, zu überzeugen, daß vollkommene Liebe nur im Tode möglich sei. Nur er bewahre Leben und Liebe vor Banalität.

Die romantische Todessehnsucht, die die meisten der jugendlichen Heldenfiguren Anouilhs charakterisiert, findet in diesem Stück ihren reinsten Ausdruck. Hier scheitert die Liebe zweier Menschen nicht an sozialen Widerständen oder der Unvereinbarkeit der Charaktere, sondern an dem Gegensatz von Ideal und Leben, einem Widerstreit, der zwar in allen Stücken Anouilhs zum Ausdruck kommt, doch nirgends in ähnlich abstrakter Konzentration wie in diesem. Nicht mehr die Gesellschaft oder die individuelle Eigenart der Betroffenen, sondern das Leben selbst in seinem zeitlichen Fortgang ist es, was die menschlichen Beziehungen verändert und banalisiert: Der Tod allein vermag Orpheus das »wahre Gesicht« Eurydikes zu enthüllen, das ihr das Leben niemals zu zeigen erlaubt hätte. M.H.

AUSGABEN: Paris 1942 (in *Pièces noires*). – Paris 1958 (in *Pièces noires*). – Lausanne 1963 (in *Théâtre complet*, 2 Bde.; Vorw. P. Vandromme). – Paris 1980 (Folio).

ÜBERSETZUNG: *Eurydike*, J. Salvard u. H. Flessa (in *Dramen*, Bd. 1, Mchn. 1956).

VERFILMUNGEN: BRD 1957 (TV; Regie: H. Braun). – Schweden 1961 (TV). – BRD 1964 (Regie: L. Cremer).

LITERATUR: P. Gaillard, *Pièces noires* (in Pensées, 1, 1944, S. 108–117). – E. Kushner, *L'»Eurydice« d'A*. (in E. K., *Le mythe d'Orphée dans la littérature française contemporaine*, Paris 1961, S. 224–263). – E. Glénisson, *Vision du monde du héros d'A. dans »Eurydice«, »Antigone« et »La sauvage«* (in Culture, 22, 1961, S. 263–275). – M. Fuhrmann, *Mythos als Wiederholung in der griechischen Tragödie und im Drama des 20. Jh.s* (in *Terror und Spiel*, Hg. ders., Mchn. 1971, S. 121–143). – J. S. Lasso de la Vega, *Una interpretación psicológica del mito de Orfeo, »Eurydice« d'A*. (in CHA, 95, 1974, S. 267–312). – V. Mellinghoff-Bourgerie, *A propos de l'»Orphée« de Cocteau et de l'»Eurydice« d'A*. (in RLC, 49, 1975, S. 438–469). – A. de Wit, *A.s »Eurydice«* (in FR, 50, 1976/77, S. 454–459). – C. Sacks, *En revoyant »Eurydice« d'A*. (in Chimères, 14, 1980, S. 60–71).

L'HURLUBERLU OU LE RÉACTIONNAIRE AMOUREUX

(frz.; Ü: *General Quixotte oder Der verliebte Reaktionär*). Komödie in vier Akten von Jean ANOUILH, Uraufführung: Paris, 5. 2. 1959, Comédie des Champs-Élysées; deutschsprachige Erstaufführung: Wien, 6. 5. 1959, Theater in der Josefstadt. – Einen alternden General hat das Schicksal in die Provinz verschlagen, wo er in zweiter Ehe eine hübsche, wesentlich jüngere Frau, Aglaé, geheiratet hat. Aber das Familienglück vermag den alten Haudegen nicht darüber hinwegzutrösten, daß Frankreich seit der Revolution unaufhaltsam dem Verfall entgegentreibt. Während er mit unbekümmerter Naivität gegen den Lauf der Welt anzugehen versucht und sogar mit einigen Gleichgesinnten, den Honoratioren des Dörfchens, eine Verschwörergruppe bildet, um die Nation vor dem drohenden Untergang zu retten, entfernt er sich immer mehr von der Wirklichkeit. Darunter leidet vor allem seine Frau Aglaé, die sich bei ihm tödlich langweilt. Mit wachsender Unruhe beobachtet der General, wie sie sich im Kreise der jungen Leute, die seine älteste (uneheliche) Tochter Sophie um sich versammelt, völlig verändert. Sophies Freund David Edward Mendigalès bringt Bewegung in das stille Provinznest. Er inszeniert ein Schauspiel, eine boshafte Parodie auf das absurde Theater, in dem auch der General eine Rolle übernehmen soll, nämlich die des Tölpels, der ständig Stockschläge einstecken muß. Nach einer Aussprache mit Aglaé, die ihm erklärt, er kämpfe gegen Windmühlen an (*»aber die Mühlen drehen sich weiter, und wir verändern uns, Frankreich und ich«*), versteift er sich erst recht in seiner aufrührerischen Haltung, bis sich schließlich alles gegen ihn wendet. Sophie bekennt sich offen zur freien Liebe, seine jüngste Tochter wird mit dem Sohn des Milchmanns im Gebüsch entdeckt, und der betont selbstsichere Mendigalès klärt den General schonungslos über die Lebenseinstellung der modernen Jugend auf. Die Verschwörung, die zum Gespött der ganzen Gegend geworden ist, löst sich auf, und der General vertreibt mit seinem Starrsinn die letzten Freunde. Der Boxhieb, mit dem Mendigalès ihn zu Boden streckt, ist sinnbildlich für die tragikomische Niederlage dieses Quixotte, der schließlich den Rat seines treuen Gefährten, eines weltoffenen Priesters, befolgt (»*Seien Sie fröhlich, seien Sie komisch, und vergessen Sie ein wenig die Zukunft Frankreichs«*) und beschließt, seine Rolle im Theaterstück der jungen Leute mit Humor zu spielen. In dem Augenblick, als der Hauptvorhang sich senkt, hebt sich der Vorhang einer kleinen Bühne im Hintergrund, und man sieht Aglaé in den Armen eines Maskierten.

Anouilh läßt in diesem Schauspiel Motive aus MOLIÈRES *Misanthrope* anklingen, vor allem in der Figur des Generals und in dessen Verhältnis zu Aglaé. Der General ist den Idealen einer vergangenen Zeit allzu fest verbunden, um der Gegenwart gerecht werden zu können, und muß, da er sich nicht anzupassen vermag, ständig den kürzeren ziehen. Er bleibt aber trotz seines pedantischen Moralisierens eine rührende, ja sogar liebenswerte Gestalt, die die Konsequenzen ihres Verhaltens am Ende mit – freilich etwas bitterem – Humor zu tragen weiß. Inmitten einer Umwelt von Gesinnungslosen und Opportunisten ist es gerade dieser altmodische politische Phantast (*hurluberlu* bedeutet Faselhans), der die Treue zu sich selbst bewahrt. Der Ton des Stücks, in das eine geplante Theateraufführung geschickt eingebaut ist, wechselt zwischen Ernst, derber, farcenhafter Komik und feiner Ironie.   M.Bo.

AUSGABE: Paris 1959 (in *Nouvelles pièces grinçantes*; ern. 1970).

ÜBERSETZUNG: *General Quixotte oder Der verliebte Reaktionär*, F. Geiger (in *Dramen*, Bd. 5, Mchn. 1959).

VERFILMUNG: *General Quixotte*, BRD 1961 (TV; Regie: P. Beauvais).

LITERATUR: G. Marcel, *Avec »L'hurluberlu« A. nous présente un nouveau »Misanthrope«* (in NL, 12. 2. 1959, S. 10). – Ders., *L'heure théâtrale*, Paris 1959, S. 154–158. – K. S. White, *»L'hurluberlu ou Le réactionnaire amoureux«* (in FR, 33, 1959, S. 96/97). – R. Frenzl, *J. A.s Molièrebild* (in NSp, N. F. 9, 1960, S. 242–247).

L'INVITATION AU CHÂTEAU

(frz.; *Ü: Einladung ins Schloß*). Komödie von Jean ANOUILH, Uraufführung: Paris, 5. 11. 1947, Théâtre de l'Atelier; deutsche Erstaufführung: Osnabrück, 6. 1. 1948, Stadttheater. – Im Mittelpunkt der Komödie stehen die Zwillinge Frédéric und Horace. Der stille verträumte Frédéric liebt die kokette Diana Messerschmann, die seine schwärmerische Ergebenheit annimmt, weil ihre Neigung zu dem kälteren, zynischen Horace unerwidert bleibt. Um Frédéric von seiner hoffnungslosen Liebe zu heilen, engagiert Horace die herzensgute kleine Tänzerin Isabelle; sie soll während einer kurzen Ballnacht auf dem Schloß Frédéric bezaubern und seine Zuneigung gewinnen, um dann wieder im Dunkel ihres ärmlichen Lebens zu verschwinden. Doch der Plan droht zu scheitern, da Isabelle sich in Horace verliebt. Die verwickelten Intrigen werden von der Schloßherrin und Tante der Zwillinge, Madame Desmermortes, zum guten Ende geführt: Frédéric bekommt Isabelle, die Horaces eitle Selbstgefälligkeit durchschaut und den melancholischen, unscheinbaren Frédéric liebgewinnt, während Horace die reiche Diana heiratet.

Anouilh ist es gelungen, aus dem seit PLAUTUS, SHAKESPEARE und GOLDONI geläufigen Schwankmotiv der verwechselten Zwillinge eine bitterböse Gesellschaftssatire zu gestalten. Die feenhafte Schloßszenerie bildet den Rahmen für eine korrupte Millionärsgesellschaft, die mit Menschen und Gefühlen ihr Spiel treibt, um der Langeweile ihres Daseins zu entrinnen; sie lebt auf Kosten der Armen, die gezwungen sind, in ihrem Dienst eine kümmerliche Existenz zu fristen. Doch auch die Vertreter der sozial niederen Klasse, wie Isabelles Mutter, eine Klavierlehrerin, die sich für all die enttäuschten Hoffnungen ihres Lebens mit nervenaufreibender Geschwätzigkeit entschädigt, zeigen einen Egoismus und eine Oberflächlichkeit, die bei den Reichen durch den sogenannten guten Geschmack modifiziert sind. Den sozialen Antagonismus zwischen Reich und Arm kennzeichnet Anouilh am schärfsten in der Figur des Börsenmaklers Messerschmann. Durch Kraft und Geschick ist der ehemalige kleine jüdische Schneider aus Krakau zum begüterten Mann geworden. Aber all sein Geld hat ihn nicht wirklich zum Mitglied der gehobenen Gesellschaft machen können; es gestattet ihm nur, sich für die erlittenen Demütigungen an ihr zu rächen. Denn auch Geld überbrückt nicht diese Kluft, die sich im Denken und in der Lebenshaltung, nicht nur in den äußeren Lebensgewohnheiten, manifestiert. Wie in den meisten Dramen Anouilhs ist es ein unverdorbenes junges Mädchen, Isabelle, das es mit ihren Sehnsüchten und Unerfülltheiten gegen eine entartete Welt anrennt und am Ende das »Spiel« gewinnt. *L'invitation au château* gehört zu den sog. *pièces brillantes*, in denen der Autor seinen weltanschaulichen Pessimismus mit virtuoser Phantasie poetisch-komödiantisch überspielt.   KLL

AUSGABEN: Paris 1948. – Paris 1952 (in *Pièces brillantes*). – Paris 1962.

ÜBERSETZUNGEN: *Einladung ins Schloß oder Die Kunst, das Spiel zu spielen*, H. Käutner, Wien/Mchn./Basel 1955; ern. 1964. – *Einladung ins Schloß*, ders. (in *Dramen*, Bd. 4, Mchn. 1958; 1965).

VERFILMUNG: *Einladung ins Schloß*, BRD 1961 (TV; Regie: K. Wagner).

LITERATUR: G. Marcel, *»L'invitation au château«* (in G. M., *L'heure théâtrale*, Paris 1959, S. 113–117).

LÉOCADIA

(frz.; Ü: Leocadia). Komödie in fünf Bildern von Jean ANOUILH, Uraufführung: Paris, 20. 11. 1941, Théâtre de la Michodière; deutschsprachige Erstaufführung: Wien, 9. 6. 1950, Theater in der Josefstadt. – Drei Tage hat Prinz Albert Troubiscoi mit der geliebten Sängerin Léocadia verbracht, einem ätherischen Geschöpf, das sich von Orchideenblättern und Champagner ernährte und sich am dritten Tag durch eine Ungeschicklichkeit mit dem eigenen, extravaganten Schal erdrosselt hat. Seither wandelt der Prinz melancholisch im Schloßpark seiner Tante, der Herzogin, umher, die für ihn die Kultstätten seiner Erinnerung originalgetreu wiederaufbauen ließ. Während aber um die historische Eisbude und das von der Unvergessenen einmal benutzte Taxi bereits Sträucher wachsen und die Bilder jener drei Tage, der einzigen, die die Eintönigkeit seines wohlbehüteten Daseins für kurze Zeit unterbrachen, im Gedächtnis des Prinzen zu verblassen beginnen, entwirft die Herzogin einen phantastischen Plan zu seiner Rettung. Das Lustspiel beginnt damit, daß sie die junge Pariser Putzmacherin Amanda, an der sie eine starke Ähnlichkeit mit Léocadia entdeckt hat, ins Schloß holt und nach mancherlei Komplikationen zu dem Versuch überredet, in der Rolle der Doppelgängerin das Bild der Toten aus dem Herzen des Schwermütigen zu vertreiben. Das Unternehmen glückt, doch nicht dank der Ähnlichkeit Amandas mit Léocadia, die – wie jene nur zu bald herausfindet – einer echten Gefühlsregung gar nicht fähig war, sondern dank Amandas Natürlichkeit, Lebensklugheit und spontaner Liebesfähigkeit. Eigenschaften, die Albert rasch zu der Erkenntnis verhelfen, daß seine »großen Gefühle« Täuschung waren und nur dem Wunsch entsprangen, die Leere und Sinnlosigkeit seines Daseins zu vergessen.

Phantastisch und verträumt wie ein Märchen und zugleich komisch und bühnenwirksam wie ein Vaudeville, ist *Léocadia* wohl die optimistischste der *pièces roses*. Eine nüchterne, sich mit dem kleinen Alltagsglück bescheidende Lebensbejahung, der die Helden der *pièces noires (Eurydice; Antigone)* gerade um dieser Bescheidung und Beschränkung willen eine radikale Absage erteilen, siegt hier über die erträumte, aber nicht wirklich sinnerfüllte Vorstellung einer von aller Banalität freien und eben darum lebensfeindlichen »absoluten« Liebe.   A.B.

AUSGABEN: Paris 1942 (in *Pièces roses*). – Paris 1958 (in *Pièces roses*). – Paris 1961 (in *Pièces roses*). – Paris 1973 (Folio). – Paris 1984.

ÜBERSETZUNGEN: Leocadia, H. Flessa, Wien/Mchn. u. a. 1957. – Dass., B. v. Borresholm (in *Dramen*, Bd. 4, Mchn. 1958; ern. 1964). – Dass., F. Geiger, Mchn./Wien 1963.

VERFILMUNGEN: BRD 1954 (TV; Regie: F. Lothar). – BRD 1958 (TV; Regie: R. Wolffhardt). – Schweden 1962 (TV).

LITERATUR: R. Purnal, *Vues sur le théâtre:* »*Léocadia*« *de J. A.* (in NRF, 54, 1941, S. 224–227). – P. Sénart, »*Léocadia*« (in RDM, Okt.–Dez. 1984, S. 445–447).

MÉDÉE

(frz.; Ü: Medea). Drama von Jean ANOUILH, Uraufführung: Brüssel 1948; französische Erstaufführung: Paris, 25. 3. 1953, Théâtre de l'Atelier; deutsche Erstaufführung: Hamburg, 2. 11. 1948, Kammerspiele. – Die Fabel übernimmt Anouilh unverändert aus der gleichnamigen Tragödie des EURIPIDES, begründet aber den tragischen Konflikt der Medea wie den seiner Antigone mit dem unerfüllbaren Anspruch auf Selbstverwirklichung, mit der Verweigerung jeglicher Kompromißbereitschaft dem Leben gegenüber. Dem Stoff entsprechend führt Anouilh Medea in dunklere Bereiche des Menschlichen als Antigone, die der Welt ihr kompromißloses Nein entgegenschleudert, ohne wirklich die schmerzliche Erfahrung des Lebens gemacht zu haben. Medea dagegen sucht die schon erfahrene Schmach in der Vollendung des Bösen zu rächen.

Das Drama setzt ein, als Medea, von Jason verstoßen, allein mit ihrer Amme ist, aber noch nicht alle Hoffnung aufgegeben hat. Schrittweise wird sie dieser Hoffnung beraubt, steigert sich ihre Verzweiflung zur Rachsucht. In Dialogen wird rückblickend ihr gemeinsames Schicksal mit Jason berichtet. Auch Anouilhs Medea war einst ein zärtliches Mädchen, das sich danach gesehnt hatte, »*daß alles Licht und Güte sei*«. In ihrer Liebe zu Jason war sie dem Ideal nahegekommen, dem absoluten Einssein, das die Liebenden wie »*zwei kleine Brüder*«, wie »*Spießgesellen*« aneinanderband. Beide aber erfuhren den Zufall ihrer Liebe in der Geschlechtlichkeit, in der sie wieder bzw. jetzt erst zwei wurden: Mann und Frau. Diese Entzweiung – sie bedeutet für Anouilh an sich schon Untreue – trifft Medea schwerer, weil sie ihre Hingabe nicht zurücknehmen kann, weil ihr Begehren sie an den Mann fesselt, der ihr schon entglitten ist, dessen Besitz sie aber um so stärker fordert; denn um Medea zu sein, braucht sie Jason. Auch für Jason brachte das Leben an der Seite Medeas den Verlust der Freiheit. Seine Verbindung mit Kreusa, der Tochter Kreons, bedeutet die Bescheidung des reifen Mannes, seinen Versuch »*ein Mensch zu sein*«, d. h. durch Ordnung und Gesetz einen, wenn auch illusorischen, Schutz vor dem Chaos, vor dem absurden Nichts herzustellen. Durch die Abtrünnigkeit Jasons erhält Medea die Freiheit zurück, durch sich selbst sie selbst zu sein, doch die Freiheit läßt ihr nun keine Wahl mehr. Sie überläßt sich dem Haß und bereitet sich vor auf die »*Hochzeit mit dem Verbrechen*«, in der die Verschmelzung vollzogen wird, die zwischen Menschen in der Liebe nicht möglich ist: Ihre Rache besteht darin, sich ihrerseits den Mann zu unterwerfen, dem sie unterworfen gewesen war. In der Erinnerung an die von ihr

Gemordeten – Kreusa und seine Kinder – soll die Welt für ihn ewig das Antlitz Medeas tragen. Aber diese Rache erreicht Jason nicht mehr; seine Umkehr ist schon vollzogen. Von der Brandstätte, auf der Medea mit ihren Kindern zugrunde geht, kehrt er zurück in die Stadt, um ohne Illusionen eine erträgliche Welt aufzubauen, in der die Bewohner Korinths ihr alltägliches, genügsames Leben führen können. A.B.

AUSGABEN: Paris 1946 (in *Nouvelles pièces noires*). – Paris 1947. – Paris 1958 (in *Nouvelles pièces noires*). – Oxford 1984, Hg. E. Freeman.

ÜBERSETZUNGEN: *Medea, Das Weib Jesabel, Romeo und Jeanette*, J. Salvard, Freiburg i. B./Mchn./Innsbruck 1949. – *Medea*, ders. (in *Dramen*, Bd. 1, Mchn. 1956; ern. 1965).

LITERATUR: G. Marcel, *Le tragique chez J. A. de »Jézabel« à »Médée«* (in Revue Parisienne, 56, 1949, S. 96–110). – J. C. Lapp, *A.'s »Médée«. A Debt to Seneca* (in MLN, 69, 1954, S. 183–1987). – C. R. Lyons, *The Ambiguity of the A.»Medea«* (in FR, 37, 1964, S. 312–319). – M. Fuhrmann, *Mythos als Wiederholung in der griechischen Tragödie und im Drama des 20. Jh.s* (in *Terror und Spiel*, Hg. ders., Mchn. 1971, S. 121–143). – K. Kenkel, *Medea-Dramen*, Bonn 1979.

NE RÉVEILLEZ PAS MADAME

(frz.; Ü: *Wecken Sie Madame nicht auf*). Schauspiel in drei Akten von Jean ANOUILH, erschienen 1970; Uraufführung: Paris, 21. 10. 1970, Comédie des Champs-Élysées; deutsche Erstaufführung: Hamburg, 11. 11. 1971, Schauspielhaus. – Das Stück behandelt die in Anouilhs Werk stets wiederkehrenden Konflikte eines Menschen, der in einer gesinnungslosen Welt seine moralische Integrität zu wahren sucht. Anders als in den mythologisch oder historisch inspirierten Dramen Anouilhs, deren Protagonisten sich dem Staat bzw. der Kirche entgegenstellen, entwickelt sich der Konflikt hier zwischen dem nach Absolutem strebenden Helden und seiner alltäglichen Umwelt, nämlich dem von freizügigen Sitten und oberflächlichen Gefühlen geprägten Theatermilieu. Es bildet den gleichen Handlungsrahmen wie in *Colombe*, mit dem dieses Stück auch thematisch verwandt ist.

»Im Theater weicht zu einem bestimmten Zeitpunkt die schönste Intimität der Leere« – so faßt der Held zu Beginn des Stücks seine Lebenserfahrung zusammen. Julien Paluche, ein anerkannter Theaterregisseur, ist Sohn eines ehrenhaften Artillerieoffiziers, dessen moralische Prinzipien er übernahm, und der leichtlebigen, selbstsüchtigen Schauspielerin Rita, die ihre Familie dem Vergnügen opferte. In zwei Ehen hofft der Protagonist, die als Kind vermißte Liebe und Geborgenheit zu finden. Doch wie seine Mutter sind die Schauspielerinnen Rosa und Aglaée, erste und zweite Frau Juliens, nicht imstande, die moralischen Ansprüche ihres Mannes zu erfüllen; sie wenden sich beide von ihm ab und begehen Ehebruch. Obwohl Juliens Inszenierungen Erfolg haben, gelingt es ihm weder, sein Streben nach reiner Kunst, noch nach reiner Liebe zu verwirklichen. Am Ende der Handlung steht das mehrfache Scheitern des Helden: Er wird sein Theater den kommerziellen Erwartungen angleichen, sich den Konventionen seiner Umwelt anpassen und moralische Kompromisse eingehen.

Das Interesse an *Ne réveillez pas Madame* ist weniger in der verhältnismäßig banalen Thematik begründet als vielmehr in deren theatralischer Umsetzung, in der Anouilhs dramaturgische Technik glänzt. Zwei Verfahren bestimmen die Handlungsstruktur: das »Theater im Theater« und die Rückblende, in der Gegenwart und Vergangenheit nebeneinander sichtbar werden. Die fast obsessiv wiederkehrenden Motive – betrogene Liebe, mütterliche Unmoral, Ehebruch – werden nicht nur auf unterschiedlichen Zeit- und Fiktionsebenen szenisch dargestellt, sondern kommen zusätzlich im berichtenden Monolog des Souffleurs zur Sprache. So erscheinen die verschiedenen Figuren als vervielfältigte Träger weniger Funktionen und ihre einander entsprechenden Schicksale als Variationen ein und desselben Beziehungsmusters. Diese Rekurrenz verleiht der pessimistischen Aussage einen besonderen Nachdruck: Die stets enttäuschte Hoffnung des Helden auf die Erfüllung seiner Glücksvorstellung impliziert das Scheitern echter Liebe als eine Gesetzmäßigkeit. Daß die Handlung des Stücks im Theatermilieu angesiedelt ist, dient nicht dazu, eine solche Erkenntnis auf diesen Bereich zu beschränken, sondern ermöglicht ein durchgängiges Wechselspiel zwischen Fiktion und Wirklichkeit. Damit wird die Analogie von theatralischer Scheinwelt und Lebensrealität betont: Die Institutionen bürgerlichen Lebensglücks sind nicht stabiler als Bühnendekorationen, die nach der Aufführung im Schnürboden verschwinden.

Die Wirkung von Anouilhs Stücken, deren Erfolg während der Jahre der deutschen Okkupation in Paris und in der Nachkriegszeit seinen Höhepunkt erreichte, liegt in der Verbindung von Unterhaltung mit existentialistisch geprägtem Nachsinnen über Glücksverlangen, lebensnotwendigen Opportunismus und Reinheitssehnsucht. Das Festhalten des Autors an einer Thematik, an der das heutige Theater wenig Interesse zeigt, erklärt, daß in der letzten Zeit seine Werke immer seltener und beinah nur noch im Boulevard-Theater gespielt werden. O.Sz.

AUSGABEN: Paris 1970. – Paris 1981.

ÜBERSETZUNG: *Wecken Sie Madame nicht auf*, F. Geiger, Bln. 1971.

LITERATUR: W. Bökenkamp, Rez. (in FAZ, 1970, Nr. 264).

ORNIFLE OU LE COURANT D'AIR

(frz.; *Ü: Der Herr Ornifle oder Der erzürnte Himmel*). Schauspiel in fünf Akten von Jean ANOUILH, Uraufführung: Paris, 3. 11. 1955, Comédie des Champs-Élysées; deutsche Erstaufführung: Berlin, 20. 12. 1955, Schloßparktheater. – Im Zentrum des Stücks steht der Graf Georges Ornifle de Saint-Oignon, Hedonist und Don Juan par excellence. Ornifle – einst ein lyrisches Talent – verfertigt jetzt Schlagertexte, vor allem für die Revuetheater seines Freundes Machetu, eines zu Reichtum und Geltung gekommenen ehemaligen Schrotthändlers. Der erste Akt führt den Lebemann in voller Aktion vor. Er gibt Journalisten ein Interview, verfaßt für Machetu anzügliche Chansons und für den Pater Dubaton ein schmalziges Weihnachtslied, verteidigt sich vor seiner altjüngferlichen Sekretärin, Mademoiselle Supo, die ihm wegen seines Lebenswandels Vorwürfe macht, und hat ein Techtelmechtel mit einem jungen Mädchen, einer angeblichen Schülerin. Ornifle genießt, ist geistsprühend, beherrscht die anderen. Der nächste Akt zeigt Ornifle in Schwierigkeiten. Er will auf einen Maskenball gehen, wird aber von einer Unpäßlichkeit überrascht. Zwei Ärzte – wie er in Molièreschen Kostümen – untersuchen ihn, finden ihn aber gesund. Ornifle bleibt im Haus. Er überredet Machetu, Chlorinde zu heiraten, eine seiner Geliebten, die ein Kind von ihm erwartet und sich das Leben nehmen wollte. Schließlich tritt ein junger Mann auf und bedroht Ornifle mit dem Revolver. Er gibt sich als Ornifles illegitimer Sohn Fabrice zu erkennen, der – nach fünfundzwanzig Jahren – die Verführung seiner Mutter rächen will. Zwar ist Marguerite, Fabrices Verlobte, die Waffe entschärft, doch Ornifle, von einem Herzanfall getroffen, sinkt zu Boden. Fabrice, Medizinstudent, stellt ein gefährliches Herzleiden fest, die befreundeten Ärzte dagegen halten diese Diagnose für ein Fehlurteil. Jetzt entdeckt der Epikureer Ornifle das sublimste aller Vergnügen: anderen Gutes zu tun. Er bemüht sich um die Aussöhnung des Sohnes mit Marguerite und hält vor ihnen ein hinreißendes Plädoyer für die wahre Liebe. Freilich spielt er mit dem Gedanken, Marguerite zu verführen, die ihn zusammen mit Fabrice zu einer Kur ins Ausland begleiten soll. Auf dem Wege zu einem Rendezvous, während eines heftigen Dezembergewitters erliegt Ornifle indessen einem weiteren Schlaganfall.

Obwohl das Stück nicht ohne metaphysische Bezüge ist, liegt in dem Schluß eher eine effektvolle Ironie als der wirkliche Ausdruck eines »himmlischen« Zorns. Die Hauptfigur dieser »*modernen Paraphrase des Molièreschen ›Don Juan‹*« (K. H. Ruppel) ist doppelbödig angelegt. Nicht ausschließlich der Wüstling und religiöse Zyniker, sondern auch der Lebenskünstler und der vitale wie brillante Charmeur sind in diesem Ornifle enthalten. Fabrice und Mademoiselle Supo, seine Antipoden, die er nicht zu Unrecht einer versteckteren, unaufrichtigeren Form des Epikureertums (»*Genuß an der eigenen Tugend*«) zeiht, stehen moralisch keineswegs über ihm. Sowohl in ihm, dem Genußmenschen, wie in den beiden, die verbissen um eine innere Anständigkeit ringen, manifestieren sich extreme Welt- und Werthaltungen: übersteigerter Materialismus und übersteigerter Idealismus. Auch Supo und Fabrice scheitern bei dem Versuch, Glück und Ehre, die »*leider immer unvereinbar*« sind, miteinander in Einklang zu bringen. Der humane Ausgleich gelingt, wie so oft bei Anouilh, nur bestimmten Mädchen und Frauen: der Gattin in sanfter Resignation, der Hausangestellten Nanette (einer früheren Geliebten Ornifles) in humorvoller Selbstbescheidung, Marguerite mit dem begeisterten Elan der Jugend. Im Innersten weiß auch der Exzentriker Ornifle von diesem Glück der Seele, das ihm selbst verwehrt ist. Er weiß außerdem, daß die reinen Materialisten »*nichts vom wahren Vergnügen verstehen*«, und kennt den Wert jener, die mit ihrem Humor und ihrer Lustigkeit der Menschheit einen Dienst erweisen: »*Propheten und Reformatoren werden [bei der ›Schlußabrechnung‹] nicht hoch im Kurs stehen. Aber ein paar dieser Männer der leichten Hand wird man nie vergessen. Sie allein konnten die Gedanken an den Tod verscheuchen.*« R.M.

AUSGABEN: Paris 1955. – Paris 1957 (in *Pièces grinçantes*; ³1961). – Paris 1974 (Folio).

ÜBERSETZUNG: *Der Herr Ornifle oder Der erzürnte Himmel*, F. Geiger (in *Dramen*, Bd. 2, Mchn. 1957; ²1965; Vorw. K. H. Ruppel).

VERFILMUNG: *Der Herr Ornifle*, BRD 1959 (TV; Regie: R. W. Schnell).

LITERATUR: R. Lalou, »*Ornifle ou Le courant d'air*« (in L'Éducation Nationale, 11, 1955, Nr. 30, S. 16/17). – R. Abirached, »*Ornifle*« (in Études, 288, 1956, S. 134–238). – Dussane, »*Ornifle ou Le courant d'air*« (in MdF, 326, 1956, S. 167–170). – J. Bertrand, »*Ornifle*« *de J. A.* (in Revue Générale Belge, 93, 1957, S. 154–156). – G. Marcel, »*Ornifle*« (in G. M., *L'heure théâtrale*, Paris 1959, S. 142–145; zuerst in NL, 10. 11. 1955). – Ders., *La querelle d'*»*Ornifle*« (ebd., S. 146–148; zuerst in NL, 12. 1. 1956).

PAUVRE BITOS OU LE DÎNER DE TÊTES

(frz.; *Ü: Der arme Bitos oder Das Diner der Köpfe*). Komödie in drei Akten von Jean ANOUILH, Uraufführung: Paris, 10. 10. 1956, Théâtre Montparnasse; deutsche Erstaufführung: Berlin, 21. 12. 1961, Schloßparktheater. – Zentralfigur des Stücks ist der »arme« Staatsanwalt Bitos, der emporgekommene Sohn einer Wäscherin; er hat in der französischen Widerstandsbewegung des Zweiten Weltkriegs mitgekämpft und führt jetzt, in den fünfziger Jahren, in seiner Provinzstadt mit allen ihm zu Gebote stehenden juristischen Mitteln die Verfolgung früherer Kollaborateure weiter. Auf einem Diner, zu dem der reiche, spleenige Landjunker Maxime de Jaucourt seine dem Adel und dem Großkapital angehörigen Freunde geladen hat, soll der ehemalige Schulkamerad und eifernde Linksdemokrat persönlich gedemütigt und gesellschaftlich diskreditiert werden. Der Gastgeber hat sich einfallen lassen, seine Gäste im Kopfputz der Revolutionsführer von 1793 zu bitten. Bei der historischen Tafelrunde, im Kellergewölbe einer ehemaligen Karmeliterpriorei, erscheint der kleinbürgerliche Parvenu Bitos als puritanischer und unbestechlicher Robespierre, der Lebemann Julien als genußfreudiger Danton, der Fabrikantensohn Brassac als schwerreicher Tallien, Vulturne, Comte de Verdreuil, als aristokratisch-philantropischer Mirabeau, der dicke Philippe als dümmlicher Louis XVI., Maxime selbst als diabolisch-hintergründiger Saint-Just.

Der erste Akt endet nach Eröffnung der Hetzjagd auf den pedantischen und verklemmten Bitos, der sich für seine demütigende Ankunft an den verhaßten Reichen rächen will, mit einem Überraschungseffekt: Der entlassene Häftling Delanoue erscheint und gibt auf den Staatsanwalt, der ihn ins Gefängnis gebracht hat, einen Schuß ab, der diesen in eine Ohnmacht versetzt. – Der zweite Akt macht das »Spiel im Spiel« zu szenischer Wirklichkeit. Nach einer Rückblende in die Schulzeit des Strebers Robespierre-Bitos folgen kursorisch die wichtigsten Stationen von Robespierres Aufstieg bis zu Dantons und Camilles Hinrichtung und der Diktatur des entfesselten Moralisten, dessen hochfahrendes Ziel es nun ist, »euch noch alle rein und sauber« zu machen. Vor dem letzten Akt wendet sich die Handlung in die Gegenwart zurück. Bitos, der tropfnaß und mit geplatzter Hose aus dem Regen noch einmal zurückkommt, wird jetzt schonungslos in seiner Spießigkeit und bigotten Selbstgerechtigkeit demaskiert. Als er sich seiner lächerlichen Lage bewußt wird, gilt sein neu aufgeflammter Menschenhaß zuerst Victoire, die seinen Heiratsantrag abgewiesen hat.

Die Premiere der Komödie entfachte eine derart heftige Entrüstung bei Publikum und Kritik, daß der Autor alle Aufführungen im Ausland zunächst untersagen mußte: Die Art und Weise, wie Anouilh hier die Figur eines Resistancekämpfers und Beamten zum jämmerlichen Vertreter staatlich sanktionierter »Mittelmäßigkeit« stempelt, kam einer Verhöhnung der *grande nation* und ihres Mythos gleich. Nicht weniger kritisch zeichnet der Autor die andere Seite, das Lager der Privilegierten und Opportunisten, die scheinheilig soziales Verantwortungsgefühl heucheln, in Wahrheit aber nur auf schnelle Beruhigung der Unzufriedenheit abzielen. Das Stück, ein »*radikales Scherbengericht*« (J. Kaiser), dessen Dialoge manchmal an die Form der *Totengespräche* des LUKIAN erinnern, suggeriert somit eine doppelte Bedrohung der Gesellschaft: von der Macht der Großen hier und dem Haß des kleinen Mannes dort. Armut und Reichtum stellen sich als gegebene und unversöhnliche entscheidende gesellschaftliche Faktoren dar. Zwischen den kultivierten, aber letztlich inhumanen Vertretern der Restauration und dem eifernden Revolutionär – er trägt unverkennbar Wesensmerkmale des Molièreschen »Misanthropen« – läßt Anouilh wenig Raum für menschlichere Figuren. Nur dem Aristokraten Vulturne, der eine vom alten Landesvater-Ideal abgeleitete Position des langsamen, aber stetigen Fortschritts vertritt, verleiht er neben dem Mädchen Victoire humanere Züge. R.M.

AUSGABEN: Paris 1956 (in *Pièces grinçantes*). – Paris 1958. – Paris 1967. – Paris 1973 (Folio).

ÜBERSETZUNGEN: *Der arme Bitos oder Das Diner der Köpfe*, F. Geiger, Mchn. 1962. – Dass., ders. (in *Werke*, Bd. 5, Mchn. 1959; ern. 1964).

VERFILMUNG: *Der arme Bitos*, BRD 1963 (TV; Regie: P. Beauvais).

LITERATUR: R. Bourget-Pailleron, Rez. (in RDM, Nov./Dez. 1956, S. 152–153). – L. Barjon, *A. et les règlements de comptes* (in Études, 292, 1957, S. 29–41). – G. Truc, *A., dramaturge et moraliste* (in Écrits de Paris, Sept. 1958, S. 144–150). – G. Marcel, *L'heure théâtrale*, Paris 1959, S. 149–153. – H. Rischbieter, »*Der arme Bitos*« *in Wien und Berlin* (in Theater heute, Febr. 1962, S. 5–11). – S. B. John, *A. »L'alouette« and »Pauvre Bitos«*, Ldn. 1984.

LE VOYAGEUR SANS BAGAGE

(frz.; Ü: *Der Reisende ohne Gepäck*). Schauspiel in fünf Bildern von Jean ANOUILH, Uraufführung: Paris, 16. 2. 1937, Théâtre des Mathurins (unter Georges Pitoëff mit der Bühnenmusik von Darius Milhaud); deutschsprachige Erstaufführung: Wien, 21. 12. 1937, Volkstheater. – Das Stück, mit dem Anouilh sein erster großer künstlerischer und finanzieller Erfolg gelang, beruht auf einer Grundidee, die schon GIRAUDOUX in seinem *Siegfried* genutzt hatte: Gaston, der Held des Stücks, hat im Ersten Weltkrieg sein Gedächtnis verloren und soll nach achtzehn Jahren Sanatoriumsaufenthalt endlich seiner Familie zugeführt werden. Da bei der Gegenüberstellung mit den mutmaßlichen Verwandten, seiner »Mutter« Mme. Renaud, dem »Bruder« Georges und dessen Frau Valentine, die in ihm sogleich Jacques, den vermißten zweiten Sohn des Hauses, wiederzuerkennen vermeinen, Gastons Gedächtnis nach wie vor stumm bleibt, versuchen diese, ihm durch Hinweise und Berichte aus seiner Jugend Anhaltspunkte für eine Identifikation zu liefern. Die Reise in die Vergangenheit erweist sich für alle Beteiligten als sehr schmerzlich, da Gaston erfahren muß, daß jener Jacques ein unsympathischer, ja abstoßender Mensch war: Schon als Kind waren Vogelfang und Tierquälerei sein größter Spaß. Später verführte er das Dienstmädchen, stieß seinen besten Freund bei einem Streit brutal die Treppe hinab, so daß dieser für immer verkrüppelt blieb. Er betrog seinen eigenen Bruder mit dessen junger Frau und schied schließlich, nachdem er sich auch mit seiner Mutter überworfen hatte, gruß- und grußlos aus dem Haus, um in den Krieg zu ziehen. Dennoch wollen sie alle den vermeintlichen Bruder und Sohn in Freundschaft wiederaufnehmen. Gaston indes, der nach dem Hinweis Valentines auf eine winzige Narbe ihres einstigen Geliebten einsehen muß, daß er tatsächlich Jacques Renaud ist, benützt die Gelegenheit, daß auch ein junger Engländer, letztes Glied einer bei einem Schiffsunglück ums Leben gekommenen Familie, ihn als Verwandten beansprucht, um sich als dessen Angehöriger auszugeben und – ohne den Ballast seiner Vergangenheit – eine unbeschwerte Zukunft anzutreten.

Das in der Gegenwart von 1937 angesiedelte Stück weist jene Mischung dramaturgischer Züge auf, die Anouilh zwar das Kompliment eintrugen, das »*wahrscheinlich vollendetste Theater unserer Zeit*« geschaffen zu haben, ihn aber dennoch nur zum »*Sardou unserer Zeit*« werden ließen (W. Heist). *Le voyageur sans bagage*, vom Autor in die Gruppe seiner *pièces noires* eingereiht, zeigt Anouilhs große Geschicklichkeit, über einen raffiniert konstruierten Handlungsverlauf das Publikum in seinen Erwartungen und Reaktionen zu manipulieren und in dramatischer Gespanntheit zu versetzen. Nachdem das erste Bild nicht nur amüsante Gesellschaftskritik geboten und ein sehr positives Bild der Hauptfigur gezeichnet hat, schlägt die Stimmung im zweiten Bild schroff um: Die Domestiken des Hauses entwerfen eine äußerst negative Vorstellung von dem Vermißten. Nach dem zentralen dritten Bild mit der Schilderung von Jacques' Jugend treten die Domestiken noch einmal auf, um in einer Art moderner Teichoskopie die Hauptfrage des Stücks, ob Gaston tatsächlich Jacques ist oder nicht, aufzulösen: Sie beobachten verständnislos durchs Schlüsselloch, wie Gaston seinen Körper absucht und plötzlich zu weinen beginnt. Nach diesem Tiefpunkt folgt alsbald das unwirklich-elegante Happy-End im fünften Bild, in dem Gaston mit Hilfe eines *deus ex machina* in Gestalt des englischen Jungen doch noch seiner traurigen Vergangenheit entrinnt.

Dieser fast heitere Abschluß »*sur un plan de vaudeville*« (G. Marcel) stieß sogleich auf Kritik: Durch ihn werde die vorher so zielstrebig entwickelte Problematik, der Widerstreit des Helden zwischen seinem früheren und jetzigen Ich, wieder aufgehoben. Solche Kritik, obgleich nicht ganz unberechtigt, übersieht die von Anfang an das Stück beherrschende Irrealität; dieses findet nur durch einen ebenso lebensfernen dramaturgischen Trick sein angemessenes Ende. Damit wird deutlich, daß die These von Anouilh als dem »*Dramatiker der Empörung*« (E. Merian-Genast) nur bedingt Gültigkeit hat. *Le voyageur sans bagage* ist wie fast alle dramatischen Werke Anouilhs – gleichviel ob er sie als *pièce rose* oder *pièce noire* etikettiert hat – nicht mehr, doch auch nicht weniger als eine *pièce bien faite*.

H.Li.

AUSGABEN: Paris 1937. – Paris 1942 (in *Pièces noires*). – Paris 1958 (in *Pièces noires*). – Paris 1966 (in *Pièces noires*). – Paris 1976 (Folio).

ÜBERSETZUNGEN: *Der Reisende ohne Gepäck*, H. Flessa (in Die Quelle, 1, 1947). – *Der Passagier ohne Gepäck*, dies. (in *Werke*, Bd. 6, Mchn. 1960; ern. 1964).

VERFILMUNG: Frankreich 1943 (Regie: J. Anouilh).

LITERATUR: G. Marcel, »*Le voyageur sans bagage*« (in NL, 23. 4. 1950; auch G. M., *L'heure théâtrale*, Paris 1959, S. 90–91). – E. Merian-Genast, *J. A., der Dramatiker der Empörung* (in ZfrzSp, 1957, S. 95–111). – P. Sénart, »*Le voyageur sans bagage*« (in RDM, Okt.–Dez. 1973, S. 426–427). – D. B. Parelly, »*Le voyageur sans bagage*« *and the Case against Tragedy* (in FR, 50, 1976/77, S. 616–619). – G. W. Fetzer, *Les trois visages de la réalité dans* »*Le voyageur sans bagage*« (in Chimères, 16, 1983, S. 56–64). – H. Lindner, *Das verlorene Gedächtnis* (in ZfrzSp, 96, 1986, S. 155–173).

ANRAKUAN SAKUDEN

* 1554
† 1642

SEISUISHŌ

(jap.; *Durch Lachen vom Schlaf erwecken*). Sammlung humoristischer Kurzgeschichten von ANRAKUAN SAKUDEN, abgeschlossen 1623, erschienen 1628. – Der Autor, Mönch des Seigan-Tempels in Kioto, hatte von Jugend auf solche Geschichten gesammelt und bei passenden Gelegenheiten vorgetragen. Den Angaben im Vorwort zufolge schrieb er sie dann auf Wunsch des Itakura Shigemune, eines Shōgunatsbeamten, nieder. Alten Sammlungen der Erzählliteratur entnommenes Material ergänzte er durch im Volk umlaufende und selbsterfundene Geschichten. Manche seiner bedeutenden Zeitgenossen, wie die Staatsmänner und Feldherrn Oda Nobunaga, Toyotomi Hideyoshi, die *Renga*-Meister SŌGI, SŌCHŌ u. a., kommen so zu Wort. Die acht Bände seiner Sammlung teilt er in 42 Untergruppen auf, welche Überschriften wie *Kijin no gyōseki* (*Bedeutender Männer Wandel*), *Donbūsu* (*Törichte Novizen*), *Muchi no sō* (*Vernagelte Mönche*), *Rintarō* (*Geizkragen*) u. ä. tragen. Form und Einteilung des Werks könnten durch das *Hsiao-fu* (*Schatzhaus des Lachens*), eine um das Ende der Ming-Zeit (1368–1628) entstandene chinesische Sammlung gleichen Charakters, beeinflußt worden sein. Das *Seisuishō* ist eine ausgezeichnete Quelle für Sprache, Sitten und Weltbild seiner Zeit. Besonders nachhaltig war sein Einfluß auf die Volkskunst des *rakugo*, jene Darbietung humoristischer oder satirischer Geschichten durch berufsmäßige Vortragsmeister, als deren ersten Vertreter man Sakuden selbst bezeichnen darf. Das *rakugo* gewann im 18.Jh. die Liebe der breiten Masse und hat sich diese bis heute bewahrt.

Ein Beispiel aus dem *Seisuishō:* »*Da war einmal ein Novize. In der Nacht ergriff er eine lange Stange und fuchtelte damit hier und dort im Hof herum. Sein Lehrmeister sah es und fragte ihn:* ›*Was machst du denn da?*‹ *Er gab zur Antwort:* ›*Vom Himmel die Sterne möcht' ich herunterschlagen, sie fallen aber nicht herab!*‹ ›*Oh, du Trottel*‹*, sprach da der Meister,* ›*wie soll es mit einer Stange dieser Länge klappen! Von hier reicht sie doch nicht aus. Aufs Dach mußt du klettern!*‹«   H.Ham.

AUSGABEN: Kioto 1628. – Tokio 1912 (Yūhōdōbunko, Bd. 85). – Tokio 1926 (Kindai Nihonbungaku-taikai, Bd. 22). – Tokio 1926 (Kokubun Tōhō-bukkyō-sōsho, Bd. 9). – Tokio 1927 (Nihonzuihitsu-taisei III, Bd. 2).

LITERATUR: Y. Nakamura, *A. S. to sono shūi* (in Kokugo-kokubun 1951, Nr. 9).

ŠAIḤ O'L-ESLĀM 'ABDO'L-LĀH ANṢĀRI

* 4.5.1006 Herat
† 8.5.1089 Herat

LITERATUR ZUM AUTOR:
The Persian Mystics. The Invocations of Sheikh Abdullāh Anṣāri of Herat A. D. 1005–1090, Hg. Sardar Sir Jogendra Singh, Ldn. 1939. – S. de Laugier de Beaurecueil, *Khwādja 'Abdullāh Anṣārī (396–481 H. / 1006–1089), mystique hanbalite,* Beirut 1965 [m. frz. Übers. in Auszügen]. – J. Rypka, *History of Iranian Literature,* Dordrecht 1968, S. 234/235. – 'A. G. Rawān Farhādī, *Sargodašt-e pīr-e Herāt,* Kabul 1976. – S. de Laugier de Beaurecueil, Art. *'Abdallāh al-Anṣārī* (in EIr, 1, S. 187–190).

MONĀǦĀT

(iran.-npers.; *Zwiesprache*). Prosawerk mystischer Prägung von Šaiḥ o'l-eslām 'Abdo'l-lāh ANṢĀRI. – Innige Anrufungen Gottes sind der Widerschein einer Frömmigkeit, die Anṣāri seinem schlichten, aus dem Volk stammenden sufischen Lehrmeister verdanken dürfte: »*O Gott, schütze 'Abdo'l-lāh [den Verfasser] vor drei Mißgeschicken: Vor teuflischen Versuchungen, vor sinnlicher Begierde und vor dem Hochmut der Unwissenheit.*« Betrachtungen mit kurzen beispielhaften Gleichnissen, Merksprüche und Ermahnungen an die Zuhörer vermitteln ein eindrucksvolles Bild sufischer Predigt, denn auch Anṣāri wurde Sufimeister mit dem Ruf eines Heiligen. Im Kreis seiner Jünger hat er seine Gedanken und Überlegungen in künstlerischer Form so kurz wie möglich formuliert, damit seine Schüler sie sich leicht einprägen konnten: »*Fliegst Du in der Luft, bist Du [nur] eine Fliege, schwimmst Du im Wasser, bist Du [nur] ein Strohhalm, gewinne ein Menschenherz, um ein Mensch zu sein.*« H. RITTER nennt das Werk eines »*der innigsten und schönsten der persischen religiösen Literatur*«, das nicht nur seines Gedankengehalts, sondern auch seiner Form wegen von hervorragender literarhistorischer Bedeutung ist: Die Reimprosa *(naṭr-e mosaǧǧa')* – hin und wieder sind auch Verse eingeschoben – bildet ein Bindeglied zwischen der schlichten Prosa im Anfangsstadium der Entwicklung der neupersischen Literatur und der Kunstprosa der späteren Jahrhunderte. Die kurzen Sätze ähneln den achtsilbigen metrischen Gebilden, wie sie aus der Zeit der Herausbildung des Neupersischen bekannt sind. – Anṣāri gelang es, die Reimprosa zu solcher Vollkommenheit auszugestalten, daß auch SA'DI sie in sein Werk *Golestān* übernahm.   B.A.

AUSGABEN: Teheran 1853. – Bombay 1877. – Istanbul 1882. – Bln. 1924. – Teheran 1950.

LITERATUR: E. Berthels, *Grundlinien der Entwicklungsgeschichte des sufischen Lehrgedichts in Persien* (in Islamica, 3, 1927, S. 7 ff.; m. Bibliogr.). – H. Ritter, *Philologika VIII* (in Der Islam, 22, 1935, S. 89–105). – GAL, 1, S. 433. – Ḍ. Ṣafā, *Tārīḥ-e adabiyāt dar Irān,* Bd. 2, Teheran 1958, S. 886 u. 911.

ṬABAQĀT O'Ṣ-ṢUFIYA

(iran.-npers.; *Klassen sufischer Heiliger*). Werk des persischen Mystikers Šaiḥ o'l-eslām 'Abdo'l-lāh ANṢĀRI. – Die Schrift ist eine Lebensbeschreibung bekannter Sufis, die sich durch Frömmigkeit und Weisheit einen Namen gemacht haben. Der Autor benutzt ein älteres Werk gleichen Titels in arabischer Sprache von 'Abdu'r-Raḥmān Muḥammad SULAMĪ († 1021) sowie andere Quellen als Vorlagen für seine Predigten, durch die er nicht nur seine Jünger, sondern auch das gemeine Volk für die religiösen Ideale seiner Zeit begeistern wollte. Bemerkenswert ist die volkstümliche Mundart (die auch verschiedene Ausdrücke aus dem Mittelpersischen und der *Awesta*-Sprache aufweist), in der Anṣāri seine Ansprachen abgefaßt hat. Ein Schüler Anṣāris zeichnete diese Reden auf und schrieb sie während der Lebenszeit seines Meisters und teilweise nach dessen Tod nieder. Diese Fassung ist erhalten geblieben, jedoch hat sie infolge der Eingriffe späterer Schreiber, die die mundartlichen Wendungen nicht mehr verstanden, vielfach ihre ursprüngliche Form eingebüßt.

Ein Vergleich mit den arabischen Texten von Sulamī zeigt, daß die Predigten Anṣāris häufig Kürzungen und Erweiterungen aufweisen, da er den Inhalt entsprechend seinen Intentionen variierte. Nach einer kurzen Darlegung von Einzelheiten aus dem Leben und Wirken berühmter Sufis berichtet der Autor von ihrer übernatürlichen seelischen Kraft, durch die sie Wunder zu vollbringen vermochten; er beschreibt ihre Haltung in kritischen Momenten ihres Daseins und erwähnt einige Weisheitsschlüsse, die sie aus ihren Erlebnissen und Erfahrungen gezogen haben. Die Erzählungen über das Wirken der Sufi-Meister sollten den Jüngern dazu dienen, sich an ihnen zu schulen, aus ihnen Kraft zu schöpfen, ihren Willen zu stählen und den Hochmut aus ihrer Seele zu verbannen. Hin und wieder eingeschobene Bemerkungen über die Wissenschaften der damaligen Zeit geben auch Einblick in die kulturellen Verhältnisse jener Epoche. – Von der Beliebtheit des Werks zeugt die Tatsache, daß fast vier Jahrhunderte später ĞĀMĪ (1414–1492) in seinem Werk *Nafaḥāt o'l-ons (Hauche der Vertrautheit)* den Text, der nach seiner Meinung im altheratischen Dialekt abgefaßt und deswegen den Heratern selbst nicht mehr verständlich war, modernisierte und inhaltlich bis zu seiner Zeit ergänzte.   B.A.

AUSGABE: Kabul 1962, Hg. Hai Habibi [m. Einl., Anm. u. Glossar].

LITERATUR: W. Ivanow, *»Tabaqat« of A. in the Old Language of Herat* (in JRAS, Jan. 1923, S. 1).

ANSELM VON CANTERBURY

* 1033/34 Aosta
† 21.4.1109 Canterbury

LITERATUR ZUM AUTOR:
F. R. Hasse, *A. v. C.*, 2 Bde., Lpzg. 1843 [Nachdr. Ffm. 1965]. – Ch. de Remusat, *St. A. de C.*, Paris 1853 [Nachdr. Ffm. 1989]. – R. W. Southern, *St. A. and His Biographer. A Study of Monastic Life and Thought, 1059–1130*, Cambridge 1963. – *Analecta Anselmiana. Untersuchungen über Person und Werk A.s v. C.*, Hg. F. S. Schmitt, Ffm. 1970 ff. – J. Hopkins, *A Companion to the Study of St. Anselm*, Minneapolis 1972 [Bibliogr.]. – W. Mohr, *A. v. C. als Reformer und seine Auswirkung auf die Entwicklung der Gewaltenfrage in England* (in *Analecta Anselmiana*, IV, 1975, 2, S. 223–312). – G. Steer, Art. *A. v. C.* (in VL², 1, Sp. 375–381). – L. Hödl, Art. *A. v. C.* (in LM, 1, Sp. 680–687).

CUR DEUS HOMO

(mlat.; *Warum Gott Mensch geworden*). Theologischer Traktat von ANSELM VON CANTERBURY. – Das in seiner Konzeption geschlossene, theologiegeschichtlich zentrale Werk Anselms von Canterbury, das die Christologie aus Vernunftgründen abzuleiten versucht, wurde wohl in den Jahren 1094–1097 begonnen und im Jahr 1098 in Sclavia bei Capua während Anselms erster Verbannung beendet. Die Entstehungsgeschichte dürfte wie die der *Epistola de incarnatione verbi* durch voreiliges Abschreiben der noch nicht vollendeten Abhandlung beeinflußt worden sein.

Das Werk ist als Dialog Anselms mit seinem Schüler Boso, seinem zweiten Nachfolger im Amt des Abtes von Bec, verfaßt; diesem fällt die Rolle zu, für die Gläubigen und Ungläubigen zu sprechen (I, 1). Das Ziel ist, die Gläubigen zu erbauen und sie zur Argumentation mit den Ungläubigen zu befähigen. Der Dialogcharakter ist in diesem Werk inneres Prinzip einer Argumentation, die sich nicht auf Autorität, sondern kommunikable Vernunftgründe stützt.

Anselm teilt seine Schrift in zwei Bücher. Buch I behandelt nach einer Einleitung die traditionelle Argumentation in der Erlösungslehre, die von einem Recht des Teufels auf den gefallenen Menschen ausgeht. Nach der Darlegung der Notwendigkeit der Satisfaktion für die Schuld des Menschen (die Verweigerung der Gott geschuldeten Ehre) zeigt Anselm die grundsätzliche Unfähigkeit des Menschen zur Satisfaktion auf. Jedes Handeln, das Gottes Willen entspricht, ist ein geschuldetes und kann daher Schuld nicht ausgleichen. Buch II geht von der Bestimmung des Menschen aus, die Seligkeit in der Einheit mit Gott zu erlangen. Da der Plan Gottes mit dem Menschen durch die Schuld des Menschen gefährdet ist, kann er nur durch Gottes konsequentes, seiner Schöpfung zugewandtes Handeln durchgeführt werden: Dem zur Genugtuung verpflichteten, ihrer aber nicht fähigen Menschen kommt der zu handeln befähigte, aber nicht verpflichtete Gott im Gott-Menschen entgegen. Die Überlegungen zum Erlösungswerk Jesu Christi, die Unterscheidungen zum Begriff der Notwendigkeit und zum Modus der Zuwendung des Verdienstes Christi an die gefallene Menschheit werden mit der Versicherung, das im *Alten* und *Neuen Testament* Gesagte habe sich vor dem Forum der Vernunft bewährt, abgeschlossen.

Anselms Ansatz bedeutet einen entscheidenden Bruch mit der Tradition: Jede Motivierung des Erlösungsgeschehens, die nicht der Beziehung Gottes zum Menschen entspringt, wird abgelehnt. Alle Vermittlungsträger (Engel, Teufel) werden eliminiert. Dieser Konzentration entspricht die Ausdrücklichkeit der Entscheidung für die juristische Sicht der Beziehung Gottes zu den Menschen, die den Primat der Gerechtigkeit vor der Barmherzigkeit impliziert, dem wiederum die rationale Methode und der Ausschluß der *Heiligen Schrift* als Beweismittel entspricht. Die *rationes necessariae* sind die Darstellung des im Telos der Schöpfung erkennbaren Willens Gottes, der nie unvernünftig ist (I, 8). Anselm und Boso kommen daher überein, »daß von uns keine noch so geringe Unziemlichkeit in Gott angenommen und kein noch so geringfügiger Vernunftgrund zurückgewiesen werde, wenn nicht ein höherer dagegensteht« (»ut nullum vel minimum inconveniens in deo a nobis accipiatur, et nulla vel minima ratio, si maior non repugnat, reiciatur«, I, 10). Die Gründe der Notwendigkeit und die Gründe der Konvenienz sind nicht identisch, aber streng aufeinander bezogen: Der Konvenienzgrund ist der logisch nicht vollständig dargestellte Nezessitätsgrund, auf dessen äußere Darstellungsform allein es ankommt. Daher verdeutlicht Anselm die Darstellungsform auch durch Bilder (I, 4). Als Argumentationsmittel dient ihm vielfach die sprachliche Analyse zentraler Begriffe, die er auch in den anderen Werken souverän einsetzt.

In den Grundzügen hat Anselms Lehre die offizielle theologische Lehre, besonders seit dem Tridentinum, bestimmt. Bereits im Mittelalter wurde sein juristischer und rationaler Denkansatz vielfach der Kritik unterworfen und abgemildert. Diese Kritik hängt im wesentlichen mit der Abgrenzung der Bereiche von Philosophie und Theologie zusammen. Die aktuelle Diskussion der Erlösungslehre geht von der Betonung des Heilsangebotes Gottes an den Menschen, das seiner überreichen Güte entströmt, aus. Von daher ist Anselms Denken, das – besonders in seiner Betonung des Gehorsams – auch von der feudalen Gesellschaftsordnung und von dem Status des Mönches her gesehen werden muß, heute schwer verständlich. Dennoch bietet es eine kritische Alternative zu den oft unpräzisen gängigen Meinungen, die die Relevanz einer vorgegebenen, dem Menschen entzogenen Ordnung bestreiten. KLL

AUSGABEN: Nürnberg 1491. – Paris 1544. – Lyon 1630. – Paris 1675. – Bln. 1857, Hg. H. Laemmer. – Bonn 1929, Hg. F. S. Schmitt (*Florilegium patristicum*, fasc. 18). – ML, 159. – Edinburgh 1940 (in *Opera omnia*, Hg. F. S. Schmitt, 6 Bde., 1938-1961, 2; Nachdr. 1968). – Mchn. 1956; ⁴1986, Hg. ders. (m. dt. Übers.). – Paris 1963, Hg. R. Roques (m. frz. Übers.; Ch, 91).

LITERATUR: B. Funke, *Grundlagen und Voraussetzungen der Satisfaktionstheorie des hl. Anselm*, Münster 1903. – L. Heinrichs, *Die Genugtuungstheorie des hl. Anselm von Canterbury*, Paderborn 1909. – J. Rivière, *Le dogme de la rédemption au début du moyen-âge*, Paris 1934. – B. Geyer, *Zur Deutung von Anselms »Cur Deus homo«* (in Theologie und Glaube, 34, 1942, S. 203–210). – J. McIntyre, *St. Anselm and His Critics. A Reinterpretation of the »Cur Deus homo«*, Edinburgh/Ldn. 1954. – K. Strijd, *Structuur en inhoud van Anselmus' »Cur Deus homo«*, Assen 1958. – F. S. Schmitt, *Die wissenschaftliche Methode in Anselms »Cur Deus homo«* (in Spicilegium Beccense, 1, 1959, S. 349–370). – H. U. von Balthasar, *Herrlichkeit II: Fächer der Stile*, Einsiedeln 1962, S. 219–263. – R. W. Southern, *St. Anselm and His Biographer. A Study of Monastic Life and Thought, 1059–1130*, Cambridge 1963, S. 77–121. – F. Hammer, *Genugtuung und Heil. Absicht, Sinn und Grenzen der Erlösungslehre Anselms von Canterbury*, Wien 1967. – Th.-A. Audet, *Problématique et structure du »Cur Deus homo«. Études d'histoire littéraire et doctrinale* (in Univ. de Montreal, Publications de l'Institut d'Études Médiévales, 19, 1968, S. 7–115). – R. Haubst, *Vom Sinn der Menschwerdung »Cur Deus homo«*, Mchn. 1969. – H. Kessler, *Die theologische Bedeutung des Todes Jesu. Eine traditionsgeschichtliche Untersuchung*, Düsseldorf 1970. – H. K. Kohlenberger, *Sola ratione-Teleologie-Rechtsmetaphorik* (in *Sola ratione. Anselm-Studien für Pater Dr. h. c. F. S. Schmitt*, Hg. H. K. K. u. a., Stg. 1970, S. 35–55). – R. Haubst, *Anselms Satisfaktionslehre einst und heute* (in Trierer Theologische Zeitschrift, 80, 1971, S. 88–109).

MONOLOGION

(mlat.; *Selbstgespräch*). Philosophisch-theologisches Werk von ANSELM VON CANTERBURY, abgefaßt 1076. – Jahrhundertelang hatte sich die abendländische Theologie damit begnügt, Autoritäten, besonders AUGUSTINUS, zu interpretieren. Demgegenüber ist das *Monologion* – Anselms erstes systematisches Werk – ein neues, kühnes Unternehmen: Ohne Berufung auf Schrift oder Tradition versucht er eine rein rationale Begründung der Gottes- und Trinitätslehre zu geben. Dieses Vorgehen beruht auf der Überzeugung, daß der menschliche Geist befähigt ist, die Gegebenheiten des Glaubens auf spekulativem Weg zu eruieren und bis zu einem gewissen Punkt auch zu durchdringen. Dieses Programm des *Monologion* erklärt sich aus seiner apologetischen Zielsetzung: Es will den Gläubigen durch Aufzeigen der Vernünftigkeit seines Glaubens erfreuen und dem Ungläubigen einen Weg zeigen, wie er mit bloßer Vernunft alles, was der Glaube sagt, finden kann. Die einzige Voraussetzung dazu ist ein gesunder Menschenverstand. Mit den einfachsten logischen Mitteln werden die höchsten metaphysischen Wahrheiten nachgewiesen, ohne daß Anselm ein bestimmtes philosophisches System zu Hilfe nähme, auch nicht den Neuplatonismus augustinischer Prägung, wie vielfach angenommen wird.

Als Ausgangspunkt dient die Erfahrung der Existenz von verschieden guten und großen Dingen der Welt, vom Sein überhaupt und dessen verschiedenen Graden der Vollkommenheit, durch die auf ein höchstes und größtes und vollkommenstes Wesen – mit anderen Worten auf eine höchste Wesenheit oder Substanz oder Natur – zu schließen ist. Diese Wesenheit existiert durch sich selbst, wie das Licht aus sich leuchtet, während alles von ihr als Wirkursache aus dem Nichts geschaffen wird. (Eine neuplatonische Teilhabe der Dinge am höchsten Sein, wie sie Augustin vertrat, hat Anselm stillschweigend eliminiert, da sie in seinem System keinen Platz hat.) Die Dinge haben ein vorexistentielles Sein im Denken der höchsten Natur, so wie der schaffende Künstler in seinem Geist zuerst ein Modell des zu schaffenden Werks haben muß. Diese Form im Denken Gottes ist eine Art von Sprechen. Damit wird bereits zum innertrinitarischen Leben der höchsten Wesenheit übergeleitet. Nach einer Einschaltung über die wichtigsten Eigentümlichkeiten der höchsten Natur geht Anselm im Hauptteil des Werks ausführlich auf die Trinitätslehre ein, die hier im einzelnen nicht dargestellt werden kann. Er folgt darin der psychologischen Erklärungsweise Augustins: Die menschlichen Seelenkräfte – Bewußtsein *(memoria)*, Erkennen und Wollen (oder Lieben) – sind ein Abbild und Gleichnis der Dreieinigkeit. Wegen seiner Ähnlichkeit mit dem dreifaltigen Wesen ist der vernünftige Geist auch imstande, durch Selbstbetrachtung zur Erkenntnis der höchsten Wesenheit zu gelangen. Seine Aufgabe ist es, das Bild, das in ihm eingeprägt ist, willentlich zur alleinigen Liebe der höchsten Wesenheit auszuprägen. Die Liebe, das Endziel der menschlichen Seele, muß ewig sein. Dazu muß diese ewig leben und ewig glücklich sein. Das Ende der die höchste Wesenheit verachtenden Seele kann nicht bloße Vernichtung, sondern muß ewige Unseligkeit sein. Um nach dem höchsten Gut streben zu können, muß die Seele die Hoffnung haben, es zu erreichen. Liebe und Hoffnung setzen den Glauben voraus, dessen Objekt die göttliche Drei-Einheit ist und der lebendig, d. h. mit der Liebe verbunden, sein muß. Der Schluß identifiziert die höchste Wesenheit, von der im ganzen *Monologion* die Rede ist, mit dem, was wir »Gott« nennen. Dieser ist selbst Herr und Lenker des Alls, da es nicht angebracht wäre, wenn der Schöpfer des Alls dieses einem weniger Mächtigen und Weisen oder gar dem Zufall überantwortete.

Das *Monologion* Anselms dürfte, was Geschlossenheit und Folgerichtigkeit der Darlegung und Schönheit der Sprache angeht, in der theologischen Literatur kaum seinesgleichen finden. Da Anselm keine eigentliche Schule hatte, blieb die Wirkung des Werks zuerst auf monastische Kreise beschränkt. Erst zur Zeit der Scholastik, die seine Bedeutung erkannte, erlangte es eine weite Verbreitung. F.S.S.

AUSGABEN: ML, 158. – Bonn 1929, Hg. F. S. Schmitt (Florilegium patristicum, Hg. B. Geyer u. J. Zellinger, fasc. 20). – Wien 1936, Hg. R. Allers (m. dt. Übers., Einl. u. Erl.; ern. Köln 1966). – Edinburgh 1946 (in *Opera omnia*, Hg. F. S. Schmitt, 6 Bde., 1938–1961, 1; Nachdr. 1968). – Stg. 1964; ²1984, Hg. ders. [m. dt. Übers.].

ÜBERSETZUNG: *Monologion*, B. Barth (in *A. v. C.*, Hg. A. Stolz, Mchn. 1937; m. Einl.).

LITERATUR: J. Draeseke, *Zum A. »Monologion« u. »Proslogion«* (in NKZ, 11, 1900, S. 243–257). – A. Koyré, *L'idée de Dieu dans la philosophie de s. Anselme*, Paris 1923. – A. Antweiler, *Anselmus v. C. »Monologion« u. »Proslogion«* (in Scholastik, 8, 1933, S. 551–560). – A. Lantruna, *Anselmo d'Aosta e il suo »Monologio«*, Florenz 1934. – F. S. Schmitt, *Les corrections de s. Anselme à son »Monologion«* (in Revue Bénédictine, 50, 1938, S. 194–205). – P. Vignaux, *Structure et sens du »Monologion«* (in RSPhTh, 31, 1947, S. 192–212). – *Spicilegium Beccense 1, Congrès international du 9e centenaire de l'arrivée d'Anselme au Bec*, Paris/Le Bec-Hellouin 1959. – P. Mazzarella, *Il pensiero speculativo di s. Anselmo d'Aosta*, Padua 1962 [m. Bibliogr.] – H. Kohlenberger, *Similitudo und Ratio. Überlegungen zur Methode bei A. v. C.*, Bonn 1972 (Münchener Phil. Forsch.). – H.-J. Verweyen, *Nach Gott fragen. A.s Gottesbegriff als Anleitung*, Hg. W. Plöger, Essen 1978 (Christliche Strukturen in der modernen Welt). – K. Kienzler, *Glauben und Denken bei A. v. C.*, Freiburg i. Br. 1981.

PROSLOGION

(mlat.; *Anrede*). Philosophisch-theologisches Werk von ANSELM VON CANTERBURY, entstanden um 1077/78. – Mit dieser Schrift, in der der berühmte »ontologische Gottesbeweis« niedergelegt ist, wollte Anselm die vielen Beweisgänge des kurz zuvor entstandenen *Monologion* durch ein einziges Argument ersetzen, das er nach langer Suche in einer plötzlichen Erleuchtung gefunden hatte. Er kleidete den Beweis in eine »Ansprache« an Gott oder die Seele – das *Monologion* hatte noch die Form eines Selbstgesprächs – und gab ihm die rhythmische Form eines Gebets oder einer Betrachtung, die ihm von seinen vorher verfaßten Gebeten geläufig war. Der Beweis geht von dem Glaubensdogma aus: »*Gott ist etwas, über dem sich nichts Größeres denken läßt.*« In dem Prädikat dieses Satzes – »*etwas, über dem sich nichts Größeres denken läßt*« – liegt das *eine* Argument.

Anselm argumentiert nun folgendermaßen: Ein so definiertes Wesen kann nicht nur im Verstand sein, sondern muß auch in Wirklichkeit existieren. Denn wenn es nur im Verstand wäre, könnte man sich ein in Wirklichkeit existierendes Wesen denken, das größer ist als das bloß gedachte, und zwar deshalb, weil es gedacht werden kann und zugleich in Wirklichkeit existiert; dann also wäre das bloß Gedachte nicht das, über dem sich nichts Größeres denken ließe. Also muß es ein Wesen geben sowohl im Verstand als auch in Wirklichkeit, über das sich nichts Größeres denken läßt. Ja, es läßt sich nicht einmal denken, daß es nicht existierte. Denn sonst könnte man sich denken, daß etwas, das als nicht existierend nicht gedacht werden kann, größer ist, als was als nicht existierend gedacht werden kann; der Schluß lautet ähnlich wie oben: Gott muß auch aus diesem Grund etwas Größeres sein als gedacht werden kann. – Mit demselben *einen* Argument beweist Anselm alle anderen Eigentümlichkeiten Gottes, die er im *Monologion* behandelt hatte (die Trinität, die dort einen so großen Raum einnimmt, wird in einem kurzen Kapitel zusammengefaßt). Zugleich sucht er eine Reihe von Antinomien, z. B. die der Gerechtigkeit Gottes, der dem, der ewigen Tod verdient, ewiges Leben schenkt, auszugleichen. So ist z. B. der besser, der zu den Guten und Bösen gut ist, als der, der es allein zu den Guten ist; und der mächtiger, der auch aus Bösen Gute macht, als der, der solche nur aus Nicht-Guten macht. Die Schlüssigkeit des Anselmischen Gottesbeweises aus der Idee Gottes ohne Rekurs auf die Erfahrungswelt wurde schon von seinem Zeitgenossen, dem Mönch GAUNILO VON MARMOUTIER, mit der Begründung, aus der Idee eines Dinges lasse sich nicht seine extramentale Existenz beweisen, angegriffen. Anselm suchte den Einwand in einer Replik hauptsächlich mit dem Hinweis zu entkräften, daß es sich bei Gott als dem notwendigen Sein nicht wie bei den anderen Dingen verhalte. Ähnlich wie Gaunilo lehnten THOMAS VON AQUIN und KANT (von dem die Bezeichnung »ontologisch« herstammt) den Beweis ab, während BONAVENTURA mit der Franziskanerschule sowie DESCARTES, LEIBNIZ und HEGEL ihm positiv gegenüberstanden. Die Diskussion um dieses Argument setzt sich bis heute fort, so daß mehr als die Hälfte der Literatur über Anselm sich mit dessen Gottesbeweis befaßt. Im Gegensatz zu Karl BARTH, der den Anselmischen Gottesbeweis als theologischen verstehen will, gewinnt die traditionelle Auffassung, daß Anselm einen philosophischen Beweis intendierte, immer mehr die Oberhand. In neuester Zeit – besonders in den USA (MALCOLM, HARTSHONE) – unterschied man zwischen dem zweiten und dritten Kapitel des *Proslogion*. Während man dem »allgemeinen« Beweis für das Dasein Gottes die Gültigkeit absprach, erkannte man die der »zweiten« Form des Arguments an.

Das *Proslogion* hat nicht nur die Philosophie durch die Jahrhunderte befruchtet, es ist zugleich auch ein literarisches Kunstwerk hohen Ranges, das in Sprache, Form und Aufbau ein eigenes Gepräge hat. Während Anselm den philosophischen Hauptteil in gehobenem Prosastil schrieb, hat er die Gebetsteile in einer rhythmisierten, durch Parallelismen der Satzglieder, Antithesen und Anaphern gekennzeichneten Kunstprosa abgefaßt. Der Aufbau der Kapitel – meist gegliedert in Titel, Fragestellung, Auflösung der Frage, Begründung der These und Folgerung – bildet eine unmittelbare Vorstufe zu der Form der späteren scholastischen *Summen*.

F.S.S.

AUSGABEN: Nürnberg 1491 (in *Opera et tractatus*). – ML, 158. – Bonn 1931, Hg. F. S. Schmitt (Florilegium patristicum, Hg. B. Geyer u. J. Zellinger, fasc. 29). – Wien 1936, Hg. R. Allers [m. dt. Übers., Einl. u. Erl.]; ern. Köln 1966. – Edinburgh 1946 (in *Opera omnia*, Hg. F. S. Schmitt, 6 Bde., 1938–1961, 1; Nachdr. 1968). – Stg. 1964; ²1984, Hg. ders. [m. dt. Übers.].

ÜBERSETZUNGEN: *Selbstgespräch*, anon. (in *Christliche Alterthümer*, Hg. G. Passy, Wien 1836). – *Proslogion*, J. Brinktrine, Paderborn 1925 [m. Einl.]. – Dass., A. Stolz u. a. (in *A. v. C.*, Hg. A. Stolz, Mchn. 1937; m. Einl.).

LITERATUR: J. Draeseke, *Zum A. »Monologion« u. »Proslogion«* (in NKZ, 11, 1900, S. 243–257). – K. Barth, *Fides quaerens intellectum, A.s Beweis der Existenz Gottes im Zusammenhang seines theologischen Programms*, Mchn. 1931; ern. Zollikon 1958. – A. Stolz, *Zur Theologie A.s im »Proslogion«* (in Catholica, 2, 1933, S. 1–24; vgl. ders. in Revue Bénédictine, 47, 1935, S. 331–347). – A. Antweiler, *Anselmus v. C. »Monologion« u. »Proslogion«* (in Scholastik, 8, 1933, S. 551–560). – E. Gilson, *Sens et nature de l'argument de s. Anselme* (in AHDLM, 9, 1934, S. 5–51). – O. Samuel, *Über die Beweisbarkeit der Existenz Gottes. Konsequenzen des anselmischen Beweisverfahrens*, Mchn. 1936. – G. Söhngen, *Die Einheit der Theologie in A.s »Proslogion«*, Braunsberg 1938; ern. Mchn. 1952. – J. L. Springer, *Argumentum ontologicum*, Assen 1947. – *Spicilegium Beccense, Congrès international du 9e centenaire de l'arrivée d'Anselme au Bec*, Paris/Le Bec-Hellouin 1959. – Ch. Hartshone, *What Did Anselm Discover?* (in Union Seminary Quarterly Review, 17, 1960, S. 213–222). – N. Malcolm, *Anselm's Ontological Arguments* (in Philosophical Review, 69, 1960, S. 41–62). – P. Mazzarella, *Il pensiero speculativo di s. Anselmo d'Aosta*, Padua 1962 [m. Bibliogr.]. – *The Many-Faced Argument. Recent Studies on the Ontological Argument for the Existence of God*, Hg. J. Hick u. A. McGill, Ldn./Melbourne 1968. – *The Ontological Argument, from St. Anselm to Contemporary Philosophers*, Hg. A. Plantinga, Ldn./Melbourne 1968. – H. Kohlenberger, *Similitudo und Ratio. Überlegungen zur Methode bei A. v. C.*, Bonn 1972 (Münchener Phil. Forsch., 4). – H.-J. Verweyen, *Nach Gott fragen. A.s Gottesbegriff als Anleitung*, Hg. W. Plöger, Essen 1978 (Christliche Strukturen in der modernen Welt, 23). – K. Kienzler, *Glauben und Denken bei A. v. C.*, Freiburg i. Br. 1981.

S. AN-SKI

d.i. Salomon Seinwil Rappoport

* 1863 Witebsk
† 8.11.1920 Warschau

DER DIBBUK

(jidd.; *Ü: Zwischen zwei Welten*). Allegorisches Drama von S. AN-SKI, Uraufführung 1920. – Der Dibbuk-Legende, die der jüdisch-russische Autor zu einem eindrucksvollen Drama gestaltet hat, liegt die mystisch-kabbalistische Vorstellung des jüdischen Volksglaubens zugrunde, daß die Seele eines

Verstorbenen – wenn sie wegen der ihr noch anhaftenden irdischen Unvollkommenheit oder Sündhaftigkeit zu Ruhelosigkeit und ewiger Wanderschaft verurteilt ist – alsbald versucht, in einen anderen Menschen Eingang zu finden, um dort geläutert zu werden und zur endgültigen Ruhe zu gelangen. Eine solche in den Körper eines Lebenden eingedrungene Seele nennt man »Dibbuk«.

Im Mittelpunkt des Dramas, das durch eine Fülle von Gleichnissen, Symbolen und – teilweise sogar grotesken – Handlungszügen gekennzeichnet ist, steht die mystische Liebe des armen Talmudjüngers Chanan zu der schönen und tugendhaften Lea. Noch ehe die beiden geboren waren, hatten ihre Väter vereinbart, falls ihnen einen ein Sohn und dem anderen eine Tochter beschert würde, sie miteinander zu verheiraten. Doch der Vater Chanans war bald gestorben, und Leas Vater, der wohlhabende Ssender, hat sein Versprechen vergessen. – Einsam und von allen unbeachtet sitzt Chanan, von mystischer Sehnsucht nach dem Unendlichen ergriffen, im Lehrhaus. Ihren irdischen Ausdruck findet seine nach Gottesschau und Gottesnähe strebende Sehnsucht in der Liebe zu Lea, seiner ihm vom Himmel bestimmten Braut. Wie ein Blitzschlag trifft ihn nun die Nachricht, daß Leas Vater sich anschickt, sie mit einem anderen zu verheiraten: vergeblich war also sein hartes Ringen um Vervollkommnung, umsonst sein Fasten und seine Kasteiungen; sein kühner Aufschwung zu den Höhen der Gottesschau ist jäh unterbrochen. Solche Schicksalsschläge vermag der zarte Jüngling nicht zu ertragen: als Unerfüllter und Unvollendeter scheidet er voller Verzweiflung aus diesem Leben. Seine Seele aber irrt umher, bis sie schließlich als Dibbuk in den Körper Leas fährt.

Die seitdem von Besessenheit geplagte Lea wird zu dem wundertätigen Rabbi Asriel Miropoler gebracht, damit dieser den bösen Geist austreibe. Der fromme Rabbi ruft den Beistand Gottes an; dann beginnt er mit magischen Riten und mystisch-kabbalistischen Formeln die Geisterbannung: sieben Schofar (Widderhorn-Blasinstrumente), sieben schwarze Kerzen und sieben Thorarollen aus der heiligen Lade werden herbeigeholt. Anfangs weigert sich der Dibbuk zu weichen; als aber dann die Spruchformel ausgesprochen wird und in der qualvollen Stille des Raumes die schrillen Töne des Widderhorns erschallen, gibt er nach und verläßt den Körper der Jungfrau. Aber gleichzeitig haucht auch Lea ihr Leben aus: in der Stunde des Todes wird sie endlich mit dem ihr bestimmten Chanan vereinigt.

An-Skis *Dibbuk* ist ein Mysterienspiel, in dessen packende Szenen vieles aus dem Leben der einstigen Ostjuden eingegangen ist. Das Stück ist reich an volkstümlichen Typen und Charakteren, erfüllt von ekstatischer Gläubigkeit und tiefer Mystik. – In den Jahren zwischen den beiden Weltkriegen ist *Der Dibbuk* wiederholt mit sehr großem Erfolg aufgeführt worden, hauptsächlich von der »Wilnaer Truppe«, einem jiddischen Theater-Ensemble, und von dem hebräischen Theater »Habimah«. In Berlin wurde das Werk von Max Reinhardt inszeniert.
J.Ma.

AUSGABEN: Warschau/NY 1928 (in *Gesamelte sriften*, 15 Bde., 1921–1928, 2). – Warschau 1953.

ÜBERSETZUNGEN: *Der Dybuk*, A. Nadel, Bln. 1921. – *Zwischen zwei Welten*, R. Nossig, Bln./Wien 1922 [Einl. J. Heinsdorf]. – *Dybuk*, H. Wagner, Wien 1968 [Libretto]. – *Der Dibbuk. Dramatische Legende in vier Bildern*, S. Landmann u. H. Bienek, Mchn. 1976 [m. Materialien].

VERTONUNG: D. Temkin, NY 1951 (Oper).

VERFILMUNGEN: Polen 1937 (Regie: Sz. A. Kacys). – BRD/Israel 1968 (Regie: L. Lengyel). – Polen 1978/79 (Regie: M. Waszynsky).

LITERATUR: *Jüdisches Lexikon*, Bln. 1929, Bd. I. – *EJ*, 2, Sp. 870 ff.; 5, Sp. 1099. – A. A. Roback, *The Story of Yiddish Literature*, NY 1940, S. 183 ff. – M. Waxman, *A History of Jewish Literature*, Bd. 4, NY 1947, S. 614. – Y. Mark, *Yiddish Literature* (in *The Jews*, Hg. L. Finkelstein, NY 1949). – Y. Maor, Art. *S. A.* (in EJ², 3, Sp. 34/35).

ĀṆṬĀḶ

8. Jh.

TIRUPPĀVAI

(tamil; *Die Heilige Observanz*). Viṣṇuitische Dichtung von ĀṆṬĀḶ. – Neben den śivaitischen Heiligen *(nāyanār)*, deren devotionale Lieder in dem Corpus *Tirumurai* (vgl. dort) gesammelt sind, haben sich auch die viṣṇuitischen Heiligen *(ālvār)* mit leidenschaftlichem Eifer für die Wiederbelebung des Hinduismus in Südindien eingesetzt. Die Lieder dieser (nach der Tradition: zwölf) Heiligen sind in der großen Anthologie *Nālāyira-p-pirapantam (Das Buch der viertausend Dichtungen)* erhalten geblieben.

Die Dichterin ĀṆṬĀḶ, Pflegetochter des viṣṇuitischen Heiligen Periyālvār, hat zu dieser Sammlung neben anderen Dichtungen das *Tiruppāvai* beigetragen. Erzogen in einer tiefreligiösen Umwelt hatte sie sich schon früh dem Kult Kṛṣṇas, der als eine der Inkarnationen Viṣṇus verehrt wird, gewidmet und war dem Gott mit ganzem Herzen ergeben. Der Überlieferung nach weigerte sie sich, einen sterblichen Mann zu heiraten, weil sie sich selbst als nur Kṛṣṇa zugehörig betrachtete. So sind ihre Dichtungen erfüllt von leidenschaftlichem Sehnen nach der Vereinigung mit Kṛṣṇa.

Das *Tiruppāvai* umfaßt dreißig Strophen von je acht Verszeilen. Die Motive der Dichtung sind einem bei den Hirtenmädchen Südindiens geübten religiösen Brauch *(pāvai)* entlehnt. In jenen Tagen pflegten die Hirtenmädchen *(gopīs)* im Monat Mārkali (Dezember/Januar) in der Vollmondnacht zu fasten; früh am Morgen gingen sie dann baden, legten sich hierauf gewisse Observanzen auf, wobei sie zu Kṛṣṇa beteten, um für das Land reichlichen Regen, für die Menschen Wohlergehen und für sich selbst einen guten Ehemann zu erflehen. Dieses Motiv hat Āṇṭāl im *Tiruppāvai* benutzt, um ihre Liebe zu Kṛṣṇa zum Ausdruck zu bringen. Sie versetzt uns nach Ayarpati, dem Land Kṛṣṇas, ans Ufer der Jamuna (Nebenfluß des Ganges). Die jungen Mädchen loben die Jahreszeit, beschreiben ihre Observanzen, rufen den Regengott an und beten zu Gaṇeśa, dem Gott des Glücks. Darauf begeben sie sich zu ihren Freundinnen und fordern diese auf, aufzustehen, zu baden und ihre Observanzen zu vollbringen. Zusammen gehen sie zum Palast der Pflegeeltern Kṛṣṇas, Nantakōpan und Yacōtai, wenden sich sodann an Nappinnai, die Frau Kṛṣṇas, und schließlich an Kṛṣṇa selber. Sie eröffnen ihm ihren Wunsch: Nur in seiner Gesellschaft wollen sie leben und nur ihm dienen. Das Gedicht endet mit einer Aufzählung der Verdienste, die sich der Leser durch die Lektüre der Dichtung erwirbt. Die Dichterin hat hier ein einfaches Thema zu einer lyrischen Rhapsodie umgeformt. Die Beschreibung des erwarteten Regenfalls, die Schilderung der Morgenstunden, das liebliche Bild des Mädchens, das noch in süßem Schlummer liegt, die Bitte an Kṛṣṇa, zu ihr zu kommen, sind von echter dichterischer Schönheit. Für den frommen Viṣṇuiten ist das *Tiruppāvai* eine klassische religiöse Dichtung. K. de V.

AUSGABE: In *Tivyappirapantam*, Bd. 1, Madras 1956.

ÜBERSETZUNG: *Tiruppavai*, R. Dessigane, Pondichéry 1952 [frz.].

ROBERT ANTELME

* 5.1.1917 Sartène (Korsika)

L'ESPÈCE HUMAINE

(frz.; Ü: *Das Menschengeschlecht*). Autobiographischer Bericht von Robert ANTELME, erschienen 1947. – Die definitive, vom Autor überarbeitete Ausgabe der Niederschrift über seine Zeit in den Konzentrationslagern von Buchenwald und Dachau bis zu seiner Befreiung durch den späteren französischen Staatspräsidenten François Mitterand im Mai 1945 wurde erst 1957 publiziert. Antelme unternimmt in der wohl erschütterndsten französischen Schilderung deutscher KZ-Schrecken den Versuch, über Ereignisse zu sprechen, die jede menschliche Vorstellungskraft übersteigen: »*Kaum begannen wir zu erzählen, verschlug es uns schon die Sprache. Was wir zu sagen hatten, begann uns nun selber unvorstellbar zu werden.*« Dabei geht es Antelme vor allem um die Dokumentation der verzweifelten Versuche der Inhaftierten, gerade dort gegen die allgegenwärtige Leugnung ihrer Zugehörigkeit zur Gattung »Mensch« zu kämpfen, wo sie in einem fortschreitenden Enthumanisierungsprozeß so weit erniedrigt werden sollten, daß sich die These von ihrer Minderwertigkeit augenscheinlich bestätigen würde. Es gab für die Häftlinge in dieser Situation nur eine Form des Widerstands: zu überleben und die SS-Bewacher durch ihre bloße Existenz zu widerlegen. »*Wir bleiben Menschen, wir werden nur als Menschen enden ... es gibt nicht mehrere menschliche Gattungen, es gibt nur eine Gattung Mensch. Und weil wir Menschen sind wie sie, wird die SS letztlich nichts gegen uns ausrichten können. Und weil sie versucht haben, die Einheit dieser Gattung in Frage zu stellen, werden sie am Ende vernichtet werden.*«

Antelmes Bericht ist in drei Abschnitte gegliedert. Während der erste, bei weitem umfangreichste Teil die Verhältnisse im Außenkommando Gandersheim des Konzentrationslagers Buchenwald schildert, berichten die beiden anderen Kapitel von dem wahnwitzigen Transport der Häftlinge durch das zerstörte Deutschland der letzten Kriegstage und dem Aufenthalt in Dachau bis zur Befreiung durch die Alliierten. Ohne jegliches Pathos protokolliert Antelme den Alltag eines Konzentrationslagers, dessen Schrecken nicht in Gaskammer oder Krematorium lagen, sondern »*in der Ungewißheit, in dem völligen Mangel an Anhaltspunkten, in der Einsamkeit, der ständigen Unterdrückung, der langsamen Vernichtung*«: einer allmählichen, planvollen und ganz unspektakulär ablaufenden Vernichtung durch Arbeit, Kälte und langsamen Brotentzug, die den als Untermenschen angesehenen Häftling ganz im Sinne der SS auf ein reißendes Tier reduzieren wollte, dessen ganzes Denken nur noch der Sicherung des nackten Überlebens, der Selbstbehauptung galt: »*Der Wille, auf den Beinen zu bleiben ... In Wirklichkeit wird nach der Suppe der Hunger die Kälte ablösen, dann wird die Kälte wiederkommen und den Hunger einhüllen; später werden die Läuse die Kälte und den Hunger einhüllen, dann wird der Krieg, der einfach nicht zu Ende gehen will, Wut, Läuse, Kälte und Hunger einhüllen und der Tag wird kommen, an dem das Gesicht, im Spiegel, wieder brüllen wird: Ich bin noch da ...*« Der Glaube an die von der SS geleugnete Unteilbarkeit der menschlichen Gattung, das Einverständnis darüber, einander als Menschen zu erkennen, selbst wenn dieses sich nur auf kleine Gesten und Blicke zu stützen vermochte; so wenn ein vorgesetzter deutscher Zivilist den Häftlingen ein »*Langsam*« zuraunt, oder die Frau eines deutschen Häftlings still und ungebeten jemandem ein Brot zusteckt: dieser Glaube allein vermochte den totalen Triumph der SS zu verhindern, die ihre Opfer bereits mit ihrer Ideologie infi-

ziert zu haben glaubte wie den deutschen Blockältesten, der schon den von der SS so beschworenen Tod verinnerlicht hatte (*»Ihr müßt endlich begreifen, daß ihr hier seid, um zu sterben«*); all dies in einem Lager, in dem es unter den Opfern ebensolche Abstufungen und Rangunterschiede gab wie in den Reihen der Mörder und dessen Gefangene ein *»Volk von Unter-SS-Leuten, die vollkommene Imitatoren ihrer Herren waren und eine Sprache sprachen, die diese ihnen nach und nach eingetrichtert hatten«.* Es ist diese jeder menschlichen Sprache spottende Lagersprache, die Antelme sich nicht zu verwenden scheut, obwohl die eigene Sprache nicht nur *»das letzte Geheimnis«* geworden war, über das die Häftlinge verfügten, sondern auch die *»fortwährende und letzte Form der Unabhängigkeit«*; demaskiert er in ihrer gewaltsamen Pervertierung doch nur den Verrat derjenigen, die ihr Gewalt antaten. Dieser Sprache setzt Antelme jedoch das eigene und nunmehr viel bewußter gesprochene Französisch gegenüber: *»Ob leise, ob laut, selbst im Schweigen ist sie immer die gleiche, unverwundbar. Sie vermögen viel, aber sie können uns keine neue Sprache, etwa eine Häftlingssprache beibringen.«* Je mehr die SS glaubte, die Häftlinge zu einer unterschiedslosen Masse machen zu können, um so schärfer zeichneten sich die Unterschiede zwischen ihnen ab, je entschiedener sie dem Inhaftierten ein Menschsein schlechthin absprach, um so mehr leistete sie in paradoxer Umkehrung der beabsichtigten Wirkung seiner menschlichen Vervollkommnung Vorschub: *»Sie haben ihm erlaubt, zum vollendetsten Menschen zu werden, zum Menschen schlechthin, der sich seiner Macht und der Möglichkeiten seines Gewissens, der Tragweite seiner Handlungen voll bewußt ist, zu einem Menschen, der stärker ist als die anderen.«*
Antelmes Buch, dessen Rezeption in der Bundesrepublik erst seit seiner mit vierzigjähriger Verspätung erfolgten Übersetzung einzusetzen beginnt (eine frühe DDR-Ausgabe hatte im Westen keine Beachtung gefunden), gilt in Frankreich – ähnlich wie in Italien die Auschwitz-Romane *Se questo è un uomo,* 1947 *(Ist das ein Mensch),* und *La tregua,* 1963 *(Die Atempause),* von Primo LEVI – als einzigartiges literarisches Zeugnis über die deutschen Konzentrationslager. Anders als beispielsweise die nur ein Jahr zuvor erschienene systematische Analyse *Der SS-Staat* (1946) von Eugen KOGON, die zum erstenmal das ganze Ausmaß der ungeheuerlichen Greuel der SS ans Tageslicht brachte, oder die ebenfalls von größerer intellektueller und literarischer Distanz zeugenden KZ-Romane wie *Das siebte Kreuz* (1942) von Anna SEGHERS, deren bereits 1939 entstandene Schilderung von der grausigen Realität noch weit überboten werden sollte, oder *Le grand voyage,* 1963 *(Die große Reise),* von Jorge SEMPRUN, dem es nicht so sehr um die Aufzeichnung rein persönlicher Erlebnisse geht, sondern der aus bewußt weiter Distanz von fast zwei Jahrzehnten die Vergangenheit sichtet und die Bilanz einer ganzen Epoche zieht, lebt *L'espèce humaine* aus der unmittelbaren Darstellung der gerade erst überwundenen, um Haaresbreite überlebten Schrecken, die den Autor aber gerade nicht an der Menschheit verzweifeln ließen, sondern im Gegensatz dazu veranlaßten, das Ideal eines unteilbaren Menschengeschlechts mit Nachdruck einzufordern. Kaum ein anderer Bericht vermag das eigentlich Unsagbare der KZ-Schrecken in so einfache, eindringliche Worte zu fassen, die jenes bequeme Entschuldigungswort des »Unvorstellbaren«, mit dem ehrliche Vergangenheitsbewältigung nur allzu leicht umgangen wird, nicht mehr gelten lassen: *»Unvorstellbar, das ist ein Wort, das sich nicht teilen läßt, das nicht einschränkt. Es ist das bequemste Wort. Läuft man mit diesem Wort als Schutzschild umher, diesem Wort der Leere, wird der Schritt sicherer, fester, fängt sich das Gewissen wieder.«* – In ihrem Erzählband *La douleur,* 1985 *(Der Schmerz),* schildert Marguerite DURAS jedoch das schließliche Verstummen Antelmes, ihres ersten Mannes, den sie hier Robert L. nennt: *»Als das Buch dann geschrieben, gemacht, verlegt war, hat er nie wieder von den deutschen Konzentrationslagern gesprochen. Er spricht diese Worte nicht aus. Nie wieder. Auch nie wieder den Titel des Buches.«* W.R.

AUSGABEN: Paris 1947. – Paris 1957. – Paris 1979.

ÜBERSETZUNGEN: *Die Gattung Mensch,* R. Schacht, Bln./DDR 1949. – *Das Menschengeschlecht,* E. Helmlé, Mchn. 1987.

LITERATUR: M. Blanchot, *L'entretien infini,* Paris 1969. – M. Duras, *La douleur,* Paris 1985. – G.-A. Goldschmidt, *Literatur als Gedächtnis der Geschichte* (in FRs, 12. 7. 1986). – S. Brinkmann, Rez. (in Die Tageszeitung, 25. 9. 1987). – C. Kuhn, Rez. (in Tages-Anzeiger, Zürich, 19. 10. 1987). – J. Hieber, Rez. (in FAZ, 30. 1. 1988). – J. Klein, Rez. (in Die Zeit, 22. 4. 1988).

MICHAEL ANTHONY

* 10.12.1930 Mayaro / Trinidad

THE YEAR IN SAN FERNANDO

(engl.; *Das Jahr in San Fernando*). Roman von Michael ANTHONY (Trinidad), erschienen 1965. – Der Autor, der in dem kleinen Küstenort Mayaro in Trinidad aufwuchs und wie die Hauptfigur seines ersten Romans ein Jahr lang als »houseboy«, d. h. halb Sklave, halb Adoptivkind, in Trinidads zweitgrößter Stadt San Fernando verbrachte, hat sich mit seinen zahlreichen Kurzgeschichten zum Thema Jugend und Adoleszenz *(novels of childhood)* einen Namen gemacht. *The Year in San Fernando* ist bezeichnenderweise während Anthonys Jahren im englischen Exil um 1960 entstanden, also aus der zeitlichen und räumlichen Distanz von seinen Jugendjahren in Trinidad.

Der autobiographische Hintergrund der Erzählung ist offenkundig, drängt sich aber keineswegs in den Vordergrund. Die Subjektivität des erwachsenen Autors kollidiert zu keiner Zeit mit der in sich geschlossenen subjektiven Sicht des jugendlichen Erzählers Francis. Aus der zunächst kollektiven Erzählperspektive der Altersgruppe (Francis, seine Geschwister und Freunde) im ländlichen Mayaro tritt der Ich-Erzähler hervor, als er zur Erleichterung der wirtschaftlichen Situation der Familie in das städtische San Fernando geschickt wird. Francis begleitet Mr. Chandles, um dessen kränkelnde Mutter zu versorgen. Er schildert naiv seine Impressionen von der Reise in die Stadt, in eine für ihn neue Welt; er schildert, wie er seine soziale Umwelt erlebt und sich darin vorsichtig zurechtzufinden versucht.

Für das wachsende Bewußtsein des Jungen sind vor allem seine geteilten Loyalitäten von Bedeutung: Einerseits fühlt er sich seiner Mutter und seinen Geschwistern in Mayaro fest verbunden, andererseits erforscht er mit wachsendem Selbstbewußtsein sein neues »Territorium« in San Fernando und löst sich mit zunehmender Selbständigkeit und Reife aus der Mutter- und Familienbindung. Dieser Prozeß wird besonders deutlich, als ihn seine Mutter besucht und in ihm Erinnerungen an frühere Zeiten aber auch bewußte Zielsetzungen für die Zukunft weckt. Seine Loyalität gilt nun auch der Ziehfamilie der Chandles, bei der er lebt. Die tatsächlichen Vorgänge im Hause Chandles, die Reibereien zwischen Mutter und Sohn wegen des späteren Erbes und die Beziehungen Mr. Chandles' zu verschiedenen Frauen in Mayaro und San Fernando, sind dabei von zweitrangiger Bedeutung im Vergleich mit der Beobachtung dieser Vorgänge aus der »Schlüssellochperspektive« des Ich-Erzählers und seinen Bemühungen, Sinn und Hintersinn dieses Verhaltens zu ergründen und die Rückwirkungen von deren Lebensweise auf seine eigene Situation zu reflektieren, sie in seinen Verständnishorizont einzubauen und damit zu einem Teil seiner Lebenserfahrung werden zu lassen.

Das Jahr in San Fernando wird offensichtlich als Schwelle zwischen kindlichem und Erwachsenenbewußtsein, als eine Art Initiation, verstanden. Die Zeitdimension spielt daher eine entscheidende Rolle im Ablauf wie in der Atmosphäre der Erzählung – auch ihr Anfangs- und Endpunkt zu Weihnachten ist keineswegs zufällig. Zeitlichkeit wird einmal dargestellt als einmalig Vergängliches innerhalb der linear ablaufenden Zeit der persönlichen Biographie, zum anderen als statisches Element im zyklischen Ablauf der Jahres- und Lebenszeiten mit der Abfolge von Geburt, Wachstum, Reproduktion und Tod. Der Rhythmus der Jahreszeiten begründet eine Atmosphäre der Alltäglichkeit im Bereich der kindlichen und erwachsenen Erfahrungswelt, und erzeugt dank der präzisen Beobachtung die spezifische Individualität der einzelnen Figuren. Die Variationen des Empfindens zeitlicher Abläufe werden durch variierende Darstellungsmethoden vergegenwärtigt; die drückende Hitze der Erntezeit mit den Feuern in den Zuckerrohrfeldern korrespondiert mit der Wehleidigkeit der wetterfühligen Mrs. Chandles, es folgt die Regenzeit mit ihren Gewittern und deren Ende mit dem ersten Regenbogen, schließlich die Zeit des Drachenfliegens. Andererseits werden längere Zeitabschnitte mit Zeitraffer-Kapiteln überbrückt. Gezeigt wird, wie Francis diesen Zeitablauf durchlebt, ihn herbeisehnt, vorwegnimmt und andererseits erinnernd verarbeitet.

Während sich die Erzählung scheinbar lange an der Oberfläche der konkreten Beobachtung bewegt, gewinnt sie zum Ende hin an Tiefe und Dichte, als Mrs. Chandles im Sterben liegt. Der Umgang mit dem unausweichlichen Tod bringt in Francis die Zuneigung zutage, die er gegenüber Mrs. Chandles entwickelt hat, obwohl sie ihn keineswegs zuvorkommend behandelt hat. Zugleich ist Francis aber auch schon im Begriff, sich von dieser Erfahrung seines Aufenthaltes in San Fernando zu lösen, da er zu Weihnachten zu seiner Familie zurückkehren wird. Er orientiert sich also schon auf seine Zukunft hin. So schließt sich für Francis der Kreis, als er wieder im Bus sitzt und nach Mayaro zurückfährt. Die Situation ist die gleiche wie zu Beginn des Romans, aber Francis ist nun nicht mehr derselbe Mensch.

Michael Anthony ist in der Karibik zunächst als zu naiver und zu unpolitischer Erzähler kritisiert worden. Da er als Autor nie in die kindliche Perspektive seines Erzählers Francis eingreift, werden soziale Mißstände nie kritisiert, sondern als gegeben konstatiert, aber gerade wegen der naiven Erzählhaltung sind sie deutlich erkennbar. Heute wird *The Year in San Fernando* als einer der Klassiker zur westindischen Kindheit geschätzt – vergleichbar mit George LAMMINGS *In the Castle of My Skin* (1953).

E.Bre.

AUSGABEN: Ldn. 1965. – Ldn. 1970 [Einl. P. Edwards u. K. Ramchand]; ²1975.

LITERATUR: M. Anthony, *Growing up in Writing* (in Journal of Commonwealth Literature, 7, 1969). – P. Edwards u. K. Ramchand, *The Art of Memory: M. A.s »The Year in San Fernando«* (in ebd., S. 59–72). – Eric King, *»The Year in San Fernando«* (in Caribbean Quarterly, 16/4, Dez. 1970, S. 87–91). – K. Ramchand, *The West Indian Novel and its Background*, Ldn. 1970, S. 205–223. – I. Munro u. R. Sander, *The Return of a West Indian Writer* (in Bim, Barbados, 56, 1972, S. 212–218). – A. Luengo, *Growing up in San Fernando: Change and Growth in M. A.s »The Year in San Fernando«* (in Ariel, Calgary, 6/2, 1975, S. 81–95). – R. I. Smyer, *Enchantment and Violence in the Fiction of M. A.* (in WLWE, 21/1, 1982, S. 148–159).

Antimachos aus Kolophon

um 400 v.Chr.

LYDĒ

(griech.; *Lyde*). Hauptwerk des ANTIMACHOS aus Kolophon. – Das Buch des kleinasiatischen Philologen-Dichters war in der Antike teils hochbeliebt, teils bitter verachtet. Ein Epigramm des ASKLEPIADES preist den großangelegten Elegienzyklus als »*das gemeinsame Werk der Musen und des Antimachos*« (*Anthologia Palatina* 9, 63), und POSEIDIPP stellt ihn auf eine Stufe mit der *Nannō* des MIMNERMOS (*Anthologia Palatina* 12, 168), deren Genre und Form Antimachos wiederbeleben und erneuern will. KALLIMACHOS dagegen schilt die *Lydē* im Prolog seiner *Aitia* ein »*Riesenweib*«, anderwärts ein »*fettes, unfeines Machwerk*« und scheut sich nicht vor Parallelen wie »*Kranichgeschrei*« und »*Eselsgebrüll*«. Dem Stilideal gelockerter Variation und pointierter Kürze entsprach der Aufbau der *Lydē* – die wir leider fast nur aus fragmentarischen Kritiken und Imitationen, wie der *Leontion* des HERMESIANAX oder den *Erōtes* des PHANOKLES, rekonstruieren können – in der Tat nicht; über mehrere Bücher hin entfaltete der Dichter eine schier endlos lange Reihe mythologischer Parallelen und Präzedenzien, um sich so über den Tod seiner Geliebten »hinwegzutrösten«.

Obgleich die indirekte Verherrlichung der Geliebten dem Werk einen gewissen kompositorischen Zusammenhalt verlieh, konnte Antimachos offenbar auch hier, wie in seiner *Thēbais*, der Gefahr eines trockenen Katalogstils archaischer Schule nicht entgehen. Doch trotz ihrer reaktionär-restaurativen Tendenzen ist die *Lydē* von eminenter literarhistorischer Bedeutung; sie markiert den Übergang von der altgriechischen Elegie eines ARCHILOCHOS, Mimnermos, TYRTAIOS zu den Formen, aus denen sich die Gattung der römischen Liebeselegie entwickelt hat. Ob die Trauersituation persönliches Erleben des Autors war, ist dabei von sekundärer Bedeutung; sie kann ohne weiteres ein fiktiver Rahmen sein, in dem Antimachos seine profunde Kenntnis entlegener und intimer Mythologeme zur Geltung bringt. Wichtiger erscheint, daß hier zum ersten Mal – wenn auch wohl nur in gebrochener Spiegelung – die Person einer geliebten Frau zur Zentralfigur eines ganzen elegischen Poems wird: insofern sind die Lesbia des CATULL, die Delia und Nemesis des TIBULL, PROPERZENS Cynthia und OVIDS Corinna die geistigen Enkelinnen der griechischen Lyde. Entscheidend aber ist vor allem, daß diese Frau um ihrer selbst willen dargestellt wird, daß das mythologische Paradigma (der lieblose Katalog markiert die Säkularisierung) zur bloßen Illustration herabsinkt: Religion und Vergangenheit, ehemals verbindliche »Modellfälle«, sind zur erbaulichen literarischen Parallelsituation geworden. Hier zeitigt die sophistische Aufklärung ihre ersten poetischen Früchte, und man erkennt, wenngleich im Thema die Folie der frühgriechischen Weltgeborgenheit noch sichtbar bleibt, bereits den Ansatz zu jener »reinen Subjektivität«, die, über die hellenistische Poesie hinweg, in der Liebesdichtung der Römer Gestalt gewinnen sollte. E.Sch.

AUSGABEN: Halle 1786 (in *Reliquiae*, Hg. C. A. G. Schellenberg; Ldn. ²1838, Hg. I. A. Giles). – Bln. 1936 (in *Reliquiae*, Hg. B. Wyss). – Lpzg. ³1949 (in *Anthologia lyrica Graeca*, Bd. 1/1, Hg. E. Diehl). – Oxford 1972 (in *Iambi et Elegi graeci*, Hg. M. L. West, Bd. 2, S. 37–43). – Lpzg. 1985 (in *Poetae elegici, Testimonia et Fragmenta*, Hg. B. Gentili u. C. Prato, Tl. 2, S. 117–124).

LITERATUR: J. Trüb, *Kataloge in der griechischen Dichtung*, Oberwinterthur 1952, S. 74–78 [zugl. Diss. Zürich]. – M. Puelma, *Die Vorbilder der Elegiendichtung in Alexandrien und Rom* (in MH, 11, 1954, S. 101–116). – Ders., *Kallimachos-Interpretationen. I. Philetas u. A. im Aitienprolog* (in Phil, 101, 1957, S. 90–100). – Lesky, S. 686/687. – G. Giangrande, *Kallimachos u. A.* (in Herm, 102, 1974, S. 117–119). – N. J. Matthews, *A. Frg. 106 Wyss. A. Fragment of the »Lyde«?* (in Phil, 126, 1982, S. 144–149).

THĒBAIS

(griech.; *Thebais*). Epos des ANTIMACHOS aus Kolophon. – Das Thema des heute verlorenen Werks entstammte dem thebanischen Mythenkreis, der schon im *Epikos kyklos (Epischer Zyklus)* eine zentrale Rolle spielte. Die *Thēbais* schilderte den – beispielsweise auch von AISCHYLOS in seinen *Hepta epi Thēbas (Sieben gegen Theben)* – behandelten Zug der »Sieben gegen Theben«. Die Fragmente veranschaulichen noch exemplarisch die literarische Eigenart des Antimachos, der sich in Stil und Ausdruck mit der *Ilias* HOMERS zu messen sucht: Mehr Antiquar aus dem Geist des sophistischen Pragmatismus als ursprünglich genialer Dichter, zeigt er die für ein kleinmeisterliches Ziselieren typische Vorliebe am Detail sowie eine ausgesprochene Neigung zur preziösen Miniatur. Von einem großen Kunstwerk eigenen Ausgewogenheit der Komposition war in der *Thēbais*, wie es scheint, nichts zu spüren: Der Autor brauchte nicht weniger als 23 Gesänge, um die dem Hauptereignis – der Schlacht um die Stadt (24. Buch) – vorangehenden Fakten zu berichten und die Helden vor Theben ankommen zu lassen. Daß solche der alten Katalogdichtung – man denkt an HESIOD – verpflichteten Epen, die sich in ermüdenden Wiederholungen erschöpfen und, den Ambitionen des Verfassers entsprechend, weithin den Eindruck einer metrischen Glossensammlung machen mußten, nicht das Gefallen des auf spielerisch-unterhaltsame Eleganz bedachten KALLIMACHOS erregen konnten, ist nur zu verständlich. Dennoch fand das Werk im hellenistisch-römischen Sprachraum großen Anklang, und Kaiser HADRIAN (reg. 117–138), der die *Thēbais* zum Vorbild eigener poetischer Versuche nahm, stellte den Antimachos sogar über Homer. E.Sch.

AUSGABEN: Halle 1786 (in *Reliquiae*, Hg. C. A. G. Schellenberg; Ldn. ²1838, Hg. I. A. Giles). – Bln. 1936 (in *Reliquiae*, Hg. B. Wyss).

LITERATUR: E. Bethe, *Thebanische Heldenlieder. Untersuchungen über die Epen des thebanisch-argivischen Sagenkreises*, Lpzg. 1891. – W. v. Christ u. W.Schmid, *Gesch. d. griech. Lit.*, Bd. 1, Mchn. ⁶1912, S. 138 f. – U. v. Wilamowitz-Moellendorff, *Hellenistische Dichtung in der Zeit des Kallimachos*, Bln. 1924, Bd. 1, S. 101–103. – Lesky, S. 685 f.

ANTIM IVIREANUL

* um 1660 Ivirien / Georgien
† 1716 Thrazien

DIDAHIILE

(rum.; *Predigten*). Reihe von 35 Predigten von ANTIM IVIREANUL, entstanden zwischen 1709 und 1716, erschienen 1886. Es handelt sich dabei um Predigten des gelehrten Metropoliten der Walachei, die bei Sonntagsmessen, religiösen Festen und besonderen Anlässen gehalten wurden. Die in handschriftlicher Form erhaltenen Predigten fanden in der Zeit von Antim Ivireanul nur wenig Verbreitung, bedingt auch dadurch, daß sich der Metropolit als Gegner der führenden Schichten erwies.
Anstelle der zu seiner Zeit übersetzten, abstrakten und stereotypen Predigtformen, so z. B. der *Cazania* (1581), des Diakons CORESI und der *Cazania* (1637), von VARLAAM, schuf Antim ein originelles Werk von großer Gelehrsamkeit. Darin bezieht er sich häufig auf die politische Situation in der Walachei, wobei auch seine eigenen Gefühle spürbar werden. Gleichzeitig spricht er soziale Aspekte an, indem er – als einziger der Metropoliten der Walachei – die Bojaren und sogar die regierenden Fürsten direkt für die schlechten Zustände im Land verantwortlich macht. Seine Predigten richten sich an den Betrüger, der Gott mit von gestohlenem Geld bezahlten Gebeten versöhnen will, den heuchlerischen Bojar, der seinen Glauben vortäuscht, den Menschen, der seine kirchlichen Pflichten vernachlässigt und an jeden, der die Grundsätze der Kirche nicht respektiert. Auch einzelne Aspekte des Alltagslebens und individuelle Charakterfehler wie der mangelnde Respekt vor Eltern und alten Menschen, sowie Bruderhaß, Trunkenheit oder Klatsch über Priester und Mönche werden kritisiert.
In einer seiner Predigten (*Cuvînt de învătătură pentru Duminica Floriilor – Belehrendes Wort zum Palmsonntag*) erhebt Antim mit Vehemenz seine Stimme gegen die von den Bojaren verübten Ungerechtigkeiten bis hin zur rücksichtslosen Ausbeutung der Bauern. In einer anderen Predigt erwähnt er die abendlichen Versammlungen der Bojaren beim Fürsten, wo sie ihre verborgenen Gedanken und Absichten offenbaren. Seine Einstellung zur Oberschicht und dem einfachen Volk macht folgender Ausspruch deutlich: »*Verehrung und Lob gehören nicht allein den bedeutenden und reichen Menschen, da sie auch die kleinen und gottergebenen verdienen.*« In der Predigt *Învătătură la 8 noiembrie în ziua soborului sfinţilor îngeri (Lehre für den 8. November, dem Tag der Versammlung der Engel)*, die auf dem Prinzip der Antithese aufgebaut ist, schreibt Antim: »*Diese Welt ist wie ein Meer, das unruhig wird, in dem die Menschen nie Erholung oder Ruhe finden. Die Schiffe auf den Wellen sind die Kaiserreiche, die Königtümer, die Herrschaften und die Städte, die Menge des Volkes, die Regierungen, die Untertanen. Die Reichen und die Armen, die Großen und die Kleinen sind die, die reisen und sich in Not befinden; die starken Winde, die das Meer aufwühlen, sind die Sorgen, die sie immer kümmern. Die Wellen, mit denen das Schiff kämpft, sind die Unglücksfälle, die alle Tage geschehen.*«
Der Metropolit schöpfte für seine Predigten aus unterschiedlichen Quellen. In erster Linie handelt es sich dabei um die kanonischen Schriften des Alten und Neuen Testaments und ihre theologischen Kommentare wie die von DIONYSIOS AREOPAGITES, IOHANNES DAMASKENOS und IOHANNES CHRYSOSTOMOS sowie um zahlreiche apokryphe Schriften. Häufig werden auch Stellen aus den Werken der Philosophen, Historiker und Schriftsteller des griechischen Altertums erwähnt. So zitiert er z.B. Sokrates, erinnert an Motive aus der Dichtung von HESIOD und nennt den Namen des persischen Kaisers Artaxerxes. Antim spricht über die vier Elemente und über ARISTOTELES, DEMOKRIT und ANAXAGORAS – allerdings in der Absicht, ihre Auffassungen über die Ursachen von Erdbeben zu widerlegen, die seiner Meinung nach einzig in der Hand Gottes liegen. Argumentationshilfen findet Antim auch in der Volksliteratur. Parallelen zwischen der Welt der Menschen und dem Tierreich werden mit Beispielen aus dem rumänischen *Physiologus* belegt, außerdem lassen sich Sequenzen aus dem *Alexanderroman* nachweisen. Epische Elemente sind in Antims Predigten selten. Die wenigen narrativen Sequenzen wie z. B. *Die Wohltaten des Hl. Nikolaus, Die Wundertaten des Propheten Elias* oder *Die Leiden des Hl. Konstantin* beweisen keine besondere erzählerische Begabung des Verfassers, dessen Stärken eher auf lyrischem Gebiet liegen. Seine Gefühle und Meinungen drückt er direkt aus und liefert gelungene Naturbeschreibungen, z. B. die eines Sturms auf dem Meer, einer Wüste im Sonnenlicht oder einer ruhigen Nacht.

Der Metropolit sieht sich selbst als Glaubensverkünder, dessen Aufgabe darin besteht, die Menschen auf den rechten Weg zu bringen: »*In meine Sorge hat euch unser Herr gegeben, damit ich eure Seelen so wie sprechende Schafe schütze, und an meinem Hals hängen eure Seelen.*« Als guter Redner gebraucht er alle Mittel der Überzeugungskunst, darunter Interrogation, Ausruf und Dialog, Wiederholung, Parallele und Kontrast. Er schreibt in einem für seine Zuhörer verständlichen, natürlichen Stil, ohne die zu seiner Zeit verbreiteten Gräzismen. Kurze, paratakische, schnell aufeinanderfolgende Sätze wechseln häufig mit langen Perioden in langsamem Rythmus ab, die dem Inhalt angepaßt sind und in ihrem Wechsel seine kämpferische Persönlichkeit zeigen. Seine direkt an die Zuhörer gerichtete Rede, beginnend mit »*Meine geliebten Söhne*«, »*Meine geliebten Zuhörer*« oder »*Gesegnete Christen*«, besteht aus einer Einleitung, die sich zumeist auf Inhalte aus dem Alltag bezieht, Maximen kommentiert oder den jeweiligen Festtag erwähnt, aus der Behandlung des ausgewählten Themas und einem milden, verständnisvollen Schluß. Sowohl die Themen als auch die verwendeten rhetorischen Mittel zeigen Antim Ivireanul als einen der besten kirchlichen Redner seiner Zeit. Die Originalität seiner Predigten ergibt sich aus der Art und Weise, in der er die geschilderten Aspekte des gesellschaftlichen Lebens mit theologischen Ideen verflicht.

M.Mar.

AUSGABEN: *Predice făcute pe la praznice mari de Antim Ivireanu, mitropolitul Ungrovlahiei, 1709–1716*, Hg. I. Bianu, Bukarest 1886. – *Didahiile ținute la Mitropolia din București de Antim Ivireanu, mitropolitul Ungrovlahiei, 1709–1716*, Hg. C. Erbiceanu, Bukarest 1888. – *Din »Didahiile« ținute la Mitropolia din București*, Hg. I. Cornoi, Bukarest 1895. – *Predicile ținute la Mitropolia din București de Antim Ivireanu, 1709–1716*, Vorw. N. Iorga, Vălenii de Munte 1911. – *Predici*, Vorw. P. V. Haneș, Bukarest 1915. – *Predici*, Vorw. G. Ștrempel, Bukarest 1962. – Bukarest 1972 (in *Opere*, Hg. ders.; m. ausf. Einl.).

LITERATUR: P. u. Z. Mihail, *Un manuscris din 1814 al »Predilor« lui A. I.* (in Manuscriptum, 4, 1973). – D. Belu, *Aspecte sociale în »Didahiile« lui A.* (in Mitropolia Olteniei, 15, 1963, S. 761–767).

ANTIPATROS AUS SIDON

* 2. Hälfte 2. Jh.v.Chr. Tyros
† 1. Hälfte 1. Jh.v.Chr.

DIE EPIGRAMME (griech.) des ANTIPATROS.

Antipatros ist ein Spezialist des Epigramms; Nachfolger des Tarentiners LEONIDAS und Vorbild zahlreicher Imitatoren und Epigonen, war er nicht ohne Einfluß auf die römische Literatur der ausgehenden Republik. Sein jüngerer Zeitgenosse und Landsmann MELEAGROS, der große Bewunderung für ihn hegte, hat fast hundert seiner Gedichte in den *Stephanos (Kranz)* aufgenommen und damit, auf dem Weg über die *Anthologia Palatina*, für die Nachwelt gerettet.

Man hat Antipatros als den Wiedererwecker der in seinen Tagen schlaff gewordenen Gattung bezeichnet. Diese Wirkung seiner Poesie mutet seltsam an angesichts des Charakters seiner Gedichte: sind sie doch alles eher als frisch, leichtfüßig und anregend; Scherz und Spielerei, lockere Erotik und die Atmosphäre munterer Symposien wird man vergeblich suchen. Statt dessen liebt der Dichter das Rhetorisch-Prunkvolle, den pompösen Glanz – auch seine Sprache ist füllig, mitunter gar feierlich-prachtvoll, der Satzbau dabei immer präzise ausgewogen, mit breit schwingender Syntax –, und er verbindet mit der Vorliebe für den großen, erhabenen Stil einen auffallenden, aus religiösen Wurzeln kommenden Ernst, der sich gelegentlich, selbst innerhalb eines literarischen Topos, bis zu elegischer Melancholie steigern kann: »*Wenige Verse nur schrieb und wenige Lieder Erinna,/ aber dies kleine Gedicht haben die Musen geweiht./ Darum wird man auch nie ihren Namen vergessen, und niemals/ hüllen der dunklen Nacht schattende Flügel sie ein./ Wir aber heut', Myriaden von neuen Sängern, wir fallen,/ Scharen um Scharen, mein Freund, bald dem Vergessen anheim./ Süßer als Krächzen der Dohlen, von dem im Frühling die Wolken/ hallen, ertönt des Schwans kurzer, bezaubernder Sang.*« (Anthologia Palatina 7, 713)

Freilich: nicht selten dürfte der originäre dichterische Ausdruck nur schwer von poetischer Pose zu unterscheiden sein, die ihn überdeckt und verdrängt. Da artet das rhetorische Handwerk in leere Epideiktik aus. Der Hang zur Variation gegebener Motive, von Vorläufern erprobter Themen – ein der griechischen Literatur von Natur aus eigener Zug, der sich im hellenistischen Zeitalter bis zum Manierismus steigern konnte (und gerade das Epigramm, ursprünglich die »Aufschrift«, ist ein ideales Medium dieser Tendenz) –, dieser Zwang zur formalen Meisterschaft mindert das einzelne Werk unversehens zur Etüde herab: Die sechs Variationen über die Kuh des berühmten Bildhauers Myron, die der Dichter zu einem besonders überschwenglich gefeierten Thema beisteuert, sind ein anschauliches Beispiel: »*Hätte mir Myron die Füße nicht hier an den Felsen geschmiedet,/ weidend würde auch ich Kuh unter Kühen noch sein.// Kalb, was drängst du dich mir an die Weichen heran? Warum blökst du?/ Milch versetzte die Kunst nicht mir ins Euter hinein.// Laß doch, Hirte, die Kuh und lock sie mit Klängen der Syrinx/ nicht aus der Ferne! Sie hat eben am Euter ihr Kalb.// Blei und Marmor halten mich fest; sonst graste ich, Myron,/ dank deiner trefflichen Kunst Lotos und Binsen hier ab.// Gleich wird sie brüllen, die Kuh, so glaube ich. Nicht nur Prometheus/ war's, der Lebendiges schuf; Myron, das tatest auch du.// Gleich wird sie brüllen, die Kuh, so glaube ich. Wenn sie noch zögert,/*

trägt nicht Myron die Schuld, sondern das tote Metall.« (*Anthologia Palatina* 9, 720–724; 728).

E.Sch.

AUSGABEN: Mchn. 1957/58 (in *Anthologia Graeca*, Hg. H. Beckby, Bd. 1–4; griech.-dt.).

LITERATUR: Art. *A.* (in RE I/2). – P. Waltz, *De Antipatro Sidonio*, Bordeaux 1906. – W. Peek, *Delische Weihepigramme* (in Herm, 76, 1941, S. 408 ff.). – M. L. Chirico, *Topoi ed imitazione in alcuni epigrammi di Antipatro Sidonio* (in Annali. Facoltà di Lettere e Filosofia, 21, Neapel 1978, S. 11–21). – H. White, *New Essays in Hellenistic Poetry*, Amsterdam 1985, S. 53-86.

KATHOLIKOS ANTON I.

* 1720
† 1788

CQOBILSITQVAOBA

(georg.; *Gebundene Rede*). Historische Dichtung von Katholikos ANTON I., erschienen 1853. – Das monumentale Gedicht dogmatischen und geschichtlichen Inhalts in 4000 zwölfsilbigen jambischen Versen besteht aus sieben Teilen. Von rein dogmatischem und allgemeinem Charakter sind die ersten drei Teile, die restlichen vier sind Georgien gewidmet, davon einer den georgischen Heiligen, einer den Königen. Wichtig für das georgische Schrifttum ist der siebte Teil *(Über georgische weisheitsliebende Schriftsteller)*, der Denker und Dichter würdigt. Er kann der erste Versuch einer georgischen Literaturgeschichtsschreibung (vom 11. bis zum 18.Jh.) genannt werden. In sieben Kapiteln werden neun Katholikoi, acht Bischöfe und vierzig verschiedene Väter, Mönche und Geistliche behandelt, ein achtes Kapitel führt die weltlichen Vertreter der Literatur an: Könige, Prinzen und niederere Adelige. Anton I. beschränkt sich jedoch zumeist auf ein Verzeichnis der Autoren, das viele Namen nennt, die später vergessen und auch an anderer Stelle nicht wieder bezeugt wurden.

J.J.

AUSGABEN: Tiflis 1853, Hg. P. E. Ioseliani. – Tiflis 1980, Hg. I. Lolašvili.

LITERATUR: Karst, S. 93–98. – Kekelidze 1, S. 17; 382. – Tarchnišvili, S. 11; 285. – A. Sanidze, *Anton I-is gavlena saliteraturo K'art' velze* (in Jveli k'art.enis kat'edris šromebi, 9, 1964, S. 1–94).

BORYS ANTONENKO-DAVYDOVYČ

* 5.8.1899 Romny / Gebiet Poltava
† 8.5.1984 Kiew

LITERATUR ZUM AUTOR:
A. M. Lejtes u. F. M. Jašek, *Desjat' rokiv ukrajins'koji literatury, (1917–27)*, Bd. 1, Charkow 1928, S. 9 [Nachdr. Mchn. 1986]. – *Ukrajins'ki pys'mennyky. Bio-Bibliohrafičnyj slovnyk*, Bd. 4, Kiew 1965, S. 18–21. – L. Bojko, *Z dorih dalekych i blyz'kych* (in B. A.-D., *Na dovhij nyvi. Vybrani tvory*, Kiew 1967, S. 5–24). – B. Romanenčuk, *Azbykovnyk. Encyklopedija ukrajins'koji literatury*, Bd. 1, Philadelphia 1969, S. 114–118. – D. Čub, *B. A.-D.* (in *Slovo. Zbirnyk ukrajins'kych pys'mennykiv*, Bd. 2, NY 1964, S. 259–265).

SMERT'

(ukr.; *Der Tod*), Erzählung von Borys ANTONENKO-DAVYDOVYČ, erschienen 1928. – Die Handlung des Werks spielt in der Ukraine nach der Revolution, in den zwanziger Jahren. Mit protokollartiger Nüchternheit wird erzählt, wie Kommunisten aus dem Innern Rußlands oder Vertreter nationaler Minderheiten aktiv die neue Gesellschaftsordnung aufbauen, während sich die Bevölkerung teils passiv, teils feindselig verhält. Der Held des Buchs, Kost' Horobenko, ist ein junges Parteimitglied; er hatte als Student für die nationale und kulturelle Selbstbesinnung der Ukrainer gearbeitet. Nun leidet er darunter, daß seine Genossen, die Internationalisten sind und die Geschichte als eine Kette von Klassenkämpfen auffassen, ihm seine Zugehörigkeit zu national ausgerichteten ukrainischen Organisationen nicht vergessen können und ihm immer wieder ihr Mißtrauen kundtun. Um diese Kluft zu überwinden, entschließt sich Horobenko, an Tscheka-Exekutionen gegen regimefeindliche Bauern teilzunehmen. Der Mann jedoch, den er dabei tötet, ist kein antisowjetischer Partisan, sondern eine Geisel.

Antonenko-Davydovyč veröffentlichte seit 1923 vor allem Skizzen und Erzählungen, die den Bürgerkrieg aus einer heroischen Perspektive schildern. Thematisch fesselte ihn zunehmend die psychologische Auseinandersetzung mit der neuen Umwelt einerseits und den überlieferten Traditionen andererseits, die Herausbildung eines Menschen von neuem Typus, einer »bolschewistischen Rasse«. Das Parteimilieu wird daher für ihn zu einem wichtigen Gegenstand literarischer Beschreibung. Unbarmherzige Offenheit und scharfe Analyse machen *Smert'* zu einem der ausdrucksvollsten Werke der ukrainischen Literatur der zwanziger Jahre. Die in dem Buch geäußerten Gedanken wurden dem Verfasser zehn Jahre später angelastet, als man ihn des »bürgerlichen Nationalismus« bezichtigte und nach Sibirien verbannte. Er wurde rehabilitiert, doch seine Erzählung wie auch andere Werke aus seiner frühen Schaffensperiode sind bis jetzt nicht wieder herausgegeben worden. Eine positive Bewertung dieser Erzählung gab erst im Jahre 1967 Leonid BOJKO in seiner Einleitung zu dem Band der gesammelten Werke *Na dovhij nyvi (Auf dem langen Ackerfeld)*, wobei er dem Verfasser bescheinigte, er habe einen kleinbürgerlichen Intelligenzler mit zwiespältiger Seele darstellen wollen, der unfähig gewesen sei, ein wahrer Kommunist zu werden. Die Erzählung selbst wurde jedoch nicht in die Auswahl aufgenommen. A.H.H.

AUSGABEN: Charkow 1928 (in *Povisti i opovidannja*). – Ldn. 1954.

ZA ŠYRMOJU

(ukr.; *Hinter dem Wandschirm*). Roman von Borys ANTONENKO-DAVYDOVYČ, entstanden um 1955, erschienen 1963. – Geschrieben in der letzten Phase der Verbannung des Verfassers, gehört der Roman zu den bedeutendsten Werken der sowjetukrainischen Tauwetterliteratur. Antonenko-Davydovyč hat mit der Drucklegung dieses Romans in Kiew 1963 eine gewisse Rehabilitierung erfahren, die jedoch nur von kurzer Dauer war. Anfang der siebziger Jahre wurde er erneut mit Druckverbot belegt, weil er sich zu sehr für die Reinhaltung des Ukrainischen von Russizismen und gegen das ukrainisch-russische städtische Sprachgemisch, das sog. *suržyk*, eingesetzt hatte. Die Autoren der »Sechziger«-Gruppe (*Šestydesjatnyky*), die sich anschickten, die ukrainische Literatur mit neuen Themen und Ausdrucksformen zu beleben, haben diesen Roman begeistert aufgenommen, gleichzeitig aber löste das Werk heftige Diskussionen aus.

Antonenko-Davydovyč schildert darin das Leben einer Mutter »*hinter dem Wandschirm*«, in der Wohnung ihres Sohnes, wo sie ein Schattendasein führt und langsam an einer unheilbaren Krankheit erlischt. Der Sohn, Olexandr Postolovs'kyj, Arzt von Beruf, der nach seinem Studium die Ukraine verließ, um im fernen Usbekistan das rückständige Gesundheitswesen auszubauen, weil er sich zu großen Taten und humanistischem Einsatz berufen fühlte, hatte seine Mutter aus der vertrauten Umgebung mit ins fremde Land genommen, wo sie ihm und später seiner jungen Familie den Haushalt besorgte. Postolovs'kyj wird als ein gutmütiger Mensch geschildert, der in jeder Weise versucht, die Launen seiner prätentiösen Frau, die sich für eine Kunstmalerin hält, zu befriedigen. Als Arzt zu bewundernswerter Arbeit fähig, versagt er als Sohn und Ehemann, weil er unfähig ist, die leere Eitelkeit seiner Frau zu durchschauen, sie nicht ermahnt, wenn sie seine schlichte Mutter verhöhnt. Er ist blind in der Vernachlässigung der schwerkranken alten Frau, deren Lebensinhalt er war. Als er erkennt, daß sich hinter der Manieriertheit seiner Frau nichts als kleinbürgerliche Engstirnigkeit verbirgt und seine Ehe mit ihr nichts als Selbstbetrug ist, als ihm bewußt wird, daß in seiner nächsten Umgebung ein schwerkranker Mensch vergeblich auf ärztliche Hilfe und Zuwendung gewartet hat, stürzt er in einen Abgrund von Verzweiflung und Gewissensbissen. Er versucht, der Mutter noch zu helfen, ihr Leben zu retten, doch die Hilfe kommt zu spät. Er beschließt, den Sarg der Mutter in die Ukraine zu überführen, wo er ein neues Leben beginnen will.

Der mit exotischem Lokalkolorit der usbekischen Welt ausgestattete Roman ist gleichzeitig von subtiler psychologischer Tiefe. Der Verfasser hat die Tragödie des Arztes und Sohnes einfühlsam und überzeugend dargestellt. Spannende Dialoge und Monologe der Hauptgestalten beleben die Handlung. Der Verfasser wirkt niemals moralisierend, er überläßt es dem Leser, sich ein Urteil über den Mutter-Sohn-Konflikt und die Haltung des Arztes zu bilden, indem er als aufmerksamer Beobachter alle Regungen, Gedanken und Gefühle seiner Gestalten genau nachzeichnet.

Anfang der sechziger Jahre, als in einer relativ liberalen Kulturatmosphäre akute gesellschaftspolitische und nationale Probleme diskutiert wurden, entdeckten die sowjetukrainischen Leser in *Za šyrmoju* eine zweite Dimension, eine Aufforderung des Autors, im dargestellten Konflikt das Schicksal der russifizierten Ukraine zu sehen. Sie verstanden den Roman als einen Aufruf zur Umkehr, zur Rettung der ukrainischen kulturellen Eigenständigkeit. Die symbolische Kraft der vernachlässigten leidenden Muttergestalt, die Erschütterung des Sohnes bei seinem Erwachen, der Entschluß, einen Neubeginn zu wagen, haben dem Verfasser Freunde und Bewunderer gebracht – aber auch die Wachsamkeit der Literaturfunktionäre geschärft.

A.H.H.

AUSGABEN: Kiew 1963. – Kiew 1967 (in *Vybrani tvory*, S. 154–330). – Melbourne 1972.

JOÃO ANTÔNIO

eig. João Antônio Ferreira Filho
* 27.1.1937 São Paulo

MALAGUETA, PERUS E BACANAÇO

(portug.; *Malagueta, Perus und Bacanaço*). Erzählungen von João ANTÔNIO (Brasilien), erschienen 1963. – Schon dieser erste Erzählband Antônios – die Kritik urteilt, es sei sein bisher gelungenster – sichert dem Autor einen Platz in der brasilianischen Literaturgeschichte in der Nachfolge von Afonso Henriques de Lima BARRETO (1881–1922) und Antônio de Alcântara MACHADO (1901–1935).

Die Erzählungen beschreiben einerseits präzise und genau beobachtend, andererseits in der Sprache der Protagonisten selbst, die Großstadtwelt São Paulos und Rio de Janeiros aus der Perspektive gesellschaftlicher Randgruppen. In einer überzeugenden Weise gelingt es ihnen zu zeigen, daß trotz Entfremdung, Gewalt und Inhumanität einzelne Handlungen der Freundlichkeit und Solidarität möglich sind, die die Unmenschlichkeit des Ganzen aufsprengen. Immer wieder schaffen es die Protagonisten, durch List, Schlitzohrigkeit oder auch Ausdauer, die entfremdete Welt der modernen Großstadtgesellschaft wenigstens für Augenblicke aufzuheben und ihre eigene Geschichte zu leben.

Die neun Erzählungen der Sammlung sind in drei Gruppen gegliedert: Im ersten Teil finden sich mit *Busca (Suche), Afinação da arte de chutar tampinhas (Die Vervollkommnung in der Kunst, mit Kronkorken zu schießen)* und *Fujie (Fujie;* ein Frauenname) Geschichten von Anti-Helden der Großstadt, von ihren alltäglichen Niederlagen, ihren kleinen Hoffnungen und ihrem Geschick, sich trotzdem irgendwie im Leben einzurichten. Der Autor beschreibt die Welt der Unterschicht, der sozial Deklassierten ohne Mitleid, unsentimental und ohne ideologische Überhöhung. Er verwendet ihre Sprache, Diktion und ihr Vokabular, und ohne einem naiven Naturalismus zu verfallen, gelingt es ihm, diese Elemente zu ästhetisch dichten, genau durchkonstruierten Erzählungen zu verschmelzen. – Im zweiten Teil, *Caserna (Kaserne)*, mit *Retalhos de fome numa tarde de G.C. (Hunger an einem Nachmittag in einer Kampftruppe)* und *Natal na cafua (Weihnachten im Bau)*, wird ein für die späteren Erzählungen entscheidendes inhaltliches Motiv weiterentwickelt: Die stille und listige Revolte der Protagonisten gegen jegliche Ordnung und deren Zwänge (Familie, Arbeitswelt, Militär) und ihr Geschick, sich eigene Freiräume zu schaffen. – In *Sinuca (Billard)*, dem dritten Teil, mit *Frio (Kälte), Visita (Besuch), Meninão do caixote (Der große Kleine mit der kleinen Kiste)* und *Malagueta, Perus e Bacanaço* findet Antônio sein eigentliches Thema, die Welt der kleinen Gauner, Taschendiebe, Spieler und Zuhälter, die Welt, in der der größte Teil der Geschichten seiner späteren Erzählbände spielen wird. Als echte anarchistische Anti-Helden (oftmals sind es Jugendliche, die in diese Welt initiiert werden) nehmen sie aber auch die Gesetzmäßigkeiten der Gegenwelt, der Unterwelt, nicht wirklich ernst und gehören deshalb auch dort in der Regel nicht zu den Großen und Erfolgreichen.

Antônios Erzählungen mit ihrem menschenfreundlichen, aber an keiner Stelle romantisierenden Realismus sind heutzutage in der großstädtischen Erzählliteratur Brasiliens einzigartig, da dieser Autor die zynische Aggressivität eines Rubem FONSECA (*1925) ebenso vermeidet wie den völlig desillusionierenden Pessimismus eines Ignácio de Loyola BRANDÃO (*1936), bei denen die Subjekte den Perversionen der Gewalt völlig ausgeliefert scheinen. H.Ni.

AUSGABEN: Rio 1963. – Rio 1975; ⁸1983.

ÜBERSETZUNG: *Der große Kleine mit der kleine Kiste*, C. Meyer-Clason (in *Die Reiher und andere brasilianische Erzählungen*, Hg. ders., Herrenalb 1967, S. 359–376; Ausw.).

LITERATUR: W. Martins, Rez. (in SLESP, 17. 8. 1963). – J. Mandatto, »*Malagueta, Perus e Bacanaço*« (in MGSL, 7. 2. 1981, S. 5; 7. 3. 1981, S. 8; 18. 7. 1981, S. 4). – R. Ploegmakers, ›*Frescuras do coração‹. A melancolia nos contos do submundo de J. A.* (in MGSL, 11. 5. 1985, S. 8/9).

ANTONIOS

11./12.Jh.

HĒ MELISSA

(griech.-byzant.; *Die Biene*). Enzyklopädisches Sammelwerk – der Titel soll den für die Abfassung erforderlichen Fleiß hervorheben – von einem Asketen namens ANTONIOS. – Die sentenzenartige Sammlung besteht aus zwei Büchern mit insgesamt 176 Kapiteln und enthält Zitate aus der *Bibel*, aus den griechischen Kirchenvätern und sonstigen bedeutenderen Autoren der christlichen Gräzität des ersten Jahrtausends. Sie verfolgt das rein praktische Ziel, eine Art von Maximen für die rechte »Nachfolge Christi« zu bieten. Themen wie die christliche Armut, das Verhalten der Gläubigen in Glück und Unglück, Sanftmut und Zorn werden mit reichen Belegen aus den *Sprüchen Salomos*, den *Psalmen*, dem *Neuen Testament*, Kirchenlehrern wie BASILEIOS DEM GROSSEN, GREGORIOS aus Nazianz, IOANNES CHRYSOSTOMOS und vielen anderen Schriftstellern, insbesondere KLEMENS aus Alexandreia und THEODORETOS aus Kyrrhos erläutert. Als Hauptquellen der *Melissa* lassen sich das dritte Buch der sogenannten *Hiera (Heiligtümer)*, die angeblich JOHANNES DAMASCENUS verfaßt hat, sowie die *Eklogai (Exzerpte)* des MAXIMOS HOMOLOGETES (Maximos Confessor) ermitteln. P.W.

AUSGABEN: MG 136, Sp. 765–1244. – Athen 1885–1889 (I. Sakkelion, *Ten en tō gnōmologia Antōniu tu epiklēthentos »Melissa« elleipontōn anaplērōsis*, in Deltion tis istorikis ke ethnologikis eterias tis Ellados, 2; enth. Ergänzungen).

LITERATUR: F. Loofs, *Studien über die dem Johannes von Damaskus zugeschriebenen Parallelen*, Halle 1892. – K. Holl, *Die Sacra Parallela des Johannes Damascenus*, Lpzg. 1896. – Krumbacher, S. 600. – A. Ehrhard, *Zu den Sacra Parallela des Johannes Damascenus u. dem Florilegium des Maximos* (in ByZ,

10, 1901, S. 394–415). – Beck, S. 643. – Hunger, Bd. 1, S. 158–161; Bd. 2, S. 122.

HERZOG ANTON ULRICH VON BRAUNSCHWEIG-WOLFENBÜTTEL

* 4.10.1633 Hitzacker
† 27.3.1714 Salzdahlum

LITERATUR ZUM AUTOR:
F. Mahlerwein, *Die Romane des Herzogs U. v. B.-W.*, Diss. Ffm. 1925. – A. Haslinger, *Epische Formen im höfischen Barockroman. A. U.s Romane als Modell*, Mchn. 1970. – E. Mazingue, *A. U., Duc de B.-W. Un prince romancier au 17ᵉ siècle*, Bern/Ffm. 1978 [Hab.Schr. Lille 1974, 2 Bde.]. – B. L. Spahr, *Herzog A. U. v. B.-W.* (in *Deutsche Dichter des 17.Jh.s*, Hg. H. Steinhagen u. B. v. Wiese, Bln. 1984, S. 597–614). – H. Pleschinski, *Der Holzvulkan. Bericht einer Biographie*, Zürich 1986.

DIE DURCHLEUCHTIGE SYRERINN ARAMENA

Roman von Herzog ANTON ULRICH VON BRAUNSCHWEIG-WOLFENBÜTTEL, erschienen in fünf Bänden 1669–1673. – Nach der Absicht des Verfassers, die er mit anderen Autoren heroisch-galanter Romane wie BUCHHOLTZ, LOHENSTEIN, ZIEGLER und ZESEN teilte, sollten seine Werke wirken wie »rechte Hof- und Adelsschulen, die das Gemüt, den Verstand und die Sitten recht adlich ausformen und schöne Hofreden in den Mund legen«. Der Staatsroman war nicht für das gemeine Lesepublikum bestimmt – wie der nur wenig früher erschienene *Abentheurliche Simplicissimus Teutsch* (1669) von GRIMMELSHAUSEN, das extreme Gegenmodell innerhalb der beiden Gattungen, über die die epische Formenwelt des Barock verfügte –, er sollte sich vielmehr allein an den höfischen Adel richten und zur Verfeinerung seiner Sitten beitragen. Die Handlung des in stilisierter Kunstprosa geschriebenen Romans ist bis zur Unentwirrbarkeit verschlungen. Kaum eine der vierunddreißig Hauptpersonen tritt unter ihrem richtigen Namen auf oder als das, was sie in Wirklichkeit ist. Überall gibt es Verstellung und Verwechslung von Namen und Geschlecht. Die Titelheldin Aramena z. B. wächst als untergeschobenes Kind bei fremden Eltern auf, gilt später als »*Ritter Dison*« und als ihr eigener, verschollener Bruder. Viele Anachronismen und die Zusammenziehung mehrerer Jahrhunderte im Handlungsverlauf machen eine klare Inhaltsangabe unmöglich.

Hauptort der Handlung ist Syrien zur Zeit der Patriarchen des *Alten Testaments*. Die Tochter des assyrisch-babylonischen Tyrannen Beloch, Aramena, entpuppt sich nach in den ersten drei Büchern ausgiebig dargebotenen Verwechslungen aller Art als Nichte ihres vermeintlichen Vaters, der sie daraufhin zur Frau begehrt. Aramena sucht ihr Heil in der Flucht und schließt sich daraufhin einer neuen Religion an, dem Glauben an den einzigen Gott Jehova. Wieder eingefangen, entweiht sie das heidnische Isisbild und wird zum Tode auf dem Scheiterhaufen verurteilt. Der in Aramena verliebte Keltenfürst Marsius befreit sie jedoch und zerstört zugleich das Großreich Belochs. Nach dieser Staatsaktion setzt die Entwirrung der Liebesschicksale ein, die von einer exemplarischen moralischen Entscheidung Aramenas eingeleitet wird: Sie nimmt die Werbung des Keltenfürsten Marsius, den sie noch nicht liebt, an, jedoch nur, um damit den gefangenen und vom Tode bedrohten Abimelech zu retten, dem sie sich vorher hatte vermählen wollen. Die bösen Schicksalsschläge finden jetzt ihr Ende; zugleich aber erkennen handelnde Personen und Leser, daß eine gütige Vorsehung die bisher undurchsichtigen Geschicke leitete – so wird z. B. in Abimelech der leibliche Bruder Aramenas entdeckt. Heldentum und Edelmut haben die Bewährungsprobe bestanden und werden belohnt: Die vierunddreißig männlichen und weiblichen Hauptpersonen finden in siebzehn Ehen ein märchenhaftes Liebesglück (die sechsbändige *Römische Octavia* desselben Autors bringt es sogar auf vierundzwanzig Paare, während der zeitgenössische Schelmenroman seinen Helden mit Vorliebe als Einsiedler enden läßt). Aramena und Marsius, geprüft und für würdig befunden, ziehen in das keltische Stammland und übernehmen dort die Herrschaft. Dieses großangelegte Werk Herzog Anton Ulrichs ist kein bloßer Liebesroman, wie etwa John BARCLAYS *Argenis*, die 1626–1631 in einer Übersetzung von Martin OPITZ erschienen war. Die psychologische Entwicklung aller im Roman auftretenden Personen wird allein vom moralischen Wunschdenken des Verfassers diktiert. Überhaupt ist Liebe im barocken Staatsroman weniger ein erotisches als – abgesehen vom Moment gesellschaftlicher Repräsentation – vor allen Dingen ein ethisches Problem. Der adelige Leser sollte am Beispiel vieler Einzelschicksale erkennen, daß erst nach vielfacher Prüfung sich moralische Qualitäten, wie Würde, Standhaftigkeit, Gottesglauben, offenbaren, daß erst das heroische Erdulden aller von der unberechenbaren Fortuna auferlegten Leiden zur letzten edlen Reife und Vollkommenheit führt. Nur der so Geprüfte ist, nach dem Bilde, wie es die gewaltigen epischen Enzyklopädien des Barock errichteten, würdig, auf Erden Fürst und Herrscher zu sein.   B.B.

AUSGABEN: Nürnberg 1669–1673 (*Die Durchleuchtige Syrerinn Aramena. Der Erste (bis Fünfte Theil). Der Erwehlten Freundschaft gewidmet*). –

Nürnberg 1678/79. –Bern/Ffm. 1975–1983, Hg. u. Nachw. B. L. Spahr, 5 Bde. [Faks. der Ausg. v. 1673].

LITERATUR: C. Heselhaus, *A. U.s »Aramena«. Studien zur dichterischen Struktur des deutschbarocken ›Geschichtsgedicht‹*, Würzburg 1939 (zugl. Diss. Münster). – A. M. Schnelle, *Die Staatsauffassung in A. U.s »Aramena« im Hinblick auf La Calprenèdes »Cléopâtre«*, Diss. Bln. 1939. – C. Paulsen, *Die »Durchleuchtigste Syrerin Aramena« des Herzogs A. U. v. B. und »La Cléopâtre« des Gautier Coste de La Calprenède. Ein Vergleich*, Diss. Bonn 1956. – J. Wagner, *Barockraum und Barockroman. Studien zu Herzog A. U.s v. B. »Aramena«*, Diss. Zürich 1971.

OCTAVIA. ROEMISCHE GESCHICHTE

Roman von Herzog ANTON ULRICH VON BRAUNSCHWEIG-WOLFENBÜTTEL, erschienen in einer ersten sechsbändigen Fassung von 1677–1707 und in einer zweiten, siebenbändigen von 1712–1714 (Bd. 1–6) und 1762 (Bd. 7) unter dem Titel *Die Roemische Octavia*. – Neben dem Jugendroman des Herzogs, *Die Durchleuchtige Syrerinn Aramena* (1669–1673), steht die *Octavia*, vor allem die zweite Fassung, als reife *summa vitae* ihres Autors. Von handschriftlichen Skizzen bis zur letzten Umarbeitung hat dieses Werk den ereignisreichen Lebensweg des regierenden Fürsten fast vier Jahrzehnte hindurch begleitet. Neueste Forschungen zu Anton Ulrichs Romanen (B. L. SPAHR, F. MARTINI, A. HASLINGER, M. MUNDING) haben die Entstehungsgeschichte, die Details der Komposition und den Übergangscharakter der *Octavia* vom Barock zur Aufklärung deutlich gemacht. Die Analysen der *Aramena* (Spahr) und der *Octavia* (Munding) enthüllen die Genese der beiden Großromane. Die Entstehungsphasen der *Aramena* und der unvollendeten Urfassung der *Octavia* (Bd. 1–3 der ersten Fassung, der Rest wurde nach langer Unterbrechung erst nach 1700 umgearbeitet und fortgesetzt) ähneln einander.

Anton Ulrich entwarf die gewaltige Komposition und schrieb die erste Version, Sigmund von BIRKEN feilte sie stilistisch und rhetorisch nach den »Prinzipien der Wahrscheinlichkeit, der Natürlichkeit und Simplizität« und gab ihr eine Form »klassizistischer Prägung« (Martini). Nach Birkens Tod (1681) ruhte die Arbeit an diesem Roman bis nach der Jahrhundertwende. Der halb gedruckte, aber nie erschienene vierte Band wurde nun umgearbeitet, der fünfte und sechste entstanden neu. Doch mit dieser vollendeten ersten Fassung war der Autor offensichtlich nie recht zufrieden, denn bald nach ihrem Abschluß (1707) begann er, das ganze Werk zu erweitern und fortzusetzen. Dabei bezog er die Welt des Judentums, den Fernen Osten und Zeitgeschichtliches mit ein. Die verschlüsselte Einbeziehung des eigenen Herrscherhauses, der Welfen, läßt den Roman auch zu einer späten reichshistorischen Dichtung werden. Kurz vor Abschluß des siebten Bandes starb der Herzog, so daß der geplante achte und letzte Band ungeschrieben blieb. Die von den Zeitgenossen hoch gelobte *Octavia* bildet nicht nur den Höhepunkt des höfischen Barockromans in Deutschland, sondern überhaupt eines der Glanzstücke dieser Gattung in Europa. Der später erhobene Vorwurf wuchernder Formlosigkeit (Personenfülle und Handlungsreichtum) ist durch die genannten Forschungen der letzten Jahrzehnte widerlegt, die erst wieder die raffiniert ausgeklügelte Komposition sichtbar machten.

Die Vorbilder des höfischen Barockromans sind HELIODORS spätantike AITHIOPIKA (3. Jh. n. Chr.) und John BARCLAYS lateinische *Argenis* (1621), die Martin OPITZ schon früh ins Deutsche übertrug (1626–1631, 2 Bde.). Mit den Romanen *de la longue haleine* erlangten die französischen Autoren Madeleine de SCUDÉRY, Gautier de Costes de La CALPRENÈDE und Honoré d'URFÉ europäische Berühmtheit und Einfluß auf die deutsche Literatur. Anton Ulrichs *Octavia* übernimmt das traditionelle Schema der Gattung: Liebe, Trennung, Abenteuerreihe und schließlich – als Wiederherstellung der Ordnung – die Vermählung eines hochfürstlichen Liebespaares. Einige hundert Personen aus römischen, germanischen und orientalischen Herrscherhäusern bevölkern diese Romanwelt, der vor allem die *Annalen* und *Historien* des TACITUS sowie die Kaiserviten des SUETONIUS als Quelle dienten. Die *Octavia* ist über weite Strecken hin, vor allem in der zweiten Fassung, für die Zeitgenossen auch ein Schlüsselroman gewesen (z. B. erscheint Sophie Dorothea von Celle in der ersten Fassung als Solane, in der zweiten als Rhodogune).

Der Inhalt des Riesenwerkes (erste Fassung: 6922 Seiten, zweite Fassung: 7237 Seiten) kann in diesem Rahmen nur skizziert werden. Die Titelfigur Octavia ist die unglückliche Gattin Kaiser Neros. Ihre Liebe zum armenischen König Tyridates, beider Abenteuer und Leiden bis zum Finale der Vermählung leiten als Haupstrang durch den Roman. Die Erzählweise ist detailliert, die Perspektive wechselt zwischen mehreren, immer wieder abgebrochenen und neu aufgenommenen Erzähleben. Die »Gegenwartshandlung« umfaßt nur wenige Jahre um Kaiser Neros Tod (März 68 bis Frühling 70 n. Chr.) und schreitet fast lückenlos von Tag zu Tag fort. Die »Vorzeit« (Geschichte der Elterngeneration) als Voraussetzung der Gegenwartshandlung wird in ca. 40 Lebensgeschichten und »Novellen« nachgeholt, denn die Autoren seit Heliodor eigentümliche Medias-in-res-Technik – der Autor setzt an einem Handlungshöhepunkt ein und holt die Voraussetzungen später nach – verrätselt den Romananfang.

Die Handlung der *Octavia* spiegelt die Unsicherheit und Unbeständigkeit der menschlichen Existenz. Nur die barocke Kardinaltugend der »Constantia« ermöglicht dem Helden, Lebensgefahr und moralische Anfechtung siegreich zu bestehen. Gottvertrauen und unerschütterliche Treue zur Geliebten verleihen ihm aber auch die stereotype Unwandelbarkeit. In der zweiten Fassung beginnt dagegen bereits eine psychologische Nuancierung der Romanpersonen.

Die gesamte Komposition zielt auf den Leser wie die barocke Architektur auf den Betrachter. Der Autor enthüllt im Erzählablauf eine undurchschaubare Welt und gestaltet seinen Roman als Prozeß eines schrittweisen Informationszuwachses (für die Romanpersonen wie für den Leser), der sich aus einem Konglomerat von Wahrheit und Irrtümern bildet. Darauf beruhen die komplexen Spannungsstrukturen des Romans, die jene des modernen Kriminalromans an Intensität bei weitem übertreffen. Bedeutsam in dieser wechselvollen Welt ist das Wissen um die Zusammenhänge der erotischen und politischen Beziehungen. Jede Romanperson (und der Leser) kennt einen Teil der Romanwirklichkeit, einen sich stets wandelnden »Ausschnitt« der totalen Romanwelt. Der »Ausschnitt« ist das »*Wissen um fiktive Fakten und Zusammenhänge in jeder Phase des Erzählablaufes*«. Die »Ausschnitts«-Veränderung »*im Leser verläuft parallel zu ähnlichen Vorgängen in den Romanpersonen*« (Haslinger). Auch die jeweiligen »Ausschnitte« verschiedener Romanpersonen differieren im Erzählablauf stark. Prominente Personen sind weiterblickend, weil sie mehr Zusammenhänge kennen. Ihre Entscheidungen sind deshalb besonders bedeutsam im politisch-erotischen Beziehungsgewebe, in der wechselseitigen Abhängigkeit und Beeinflussung von Liebe und Politik.

Aber alle Personen (und auch der Leser) sind einem raffiniert konstruierten Gefüge von Täuschungen unterworfen. Dieses lebt zum Teil von Motiven, die später die Trivialliteratur aufnimmt: Schiffbruch, Überfall, Entführung, Kindsvertauschung, Intrige, Namensgleichheit mehrerer Personen (z. B. die Pseudo-Neronen), Totgeglaubte tauchen wieder auf u. a. m. Das sind die Ingredienzien einer unbegreiflichen Welt, deren Labyrinth scheinbar Fortuna regiert.

Die Handlung steht als Modell des Irdischen unter der vielfach verdeckten Vorsehung Gottes: Das scheinbar chaotische Durcheinander menschlicher Schicksale, wie sie die Komposition kunstvoll ineinanderflicht, erstrahlt vom harmonisierenden Schluß her als weiser göttlicher Plan. Die Zufälle der Oberflächenstruktur erweisen sich in der Tiefenstruktur als Sinnbild der unbegreiflichen, aber ordnungstiftenden göttlichen Providenz (prästabilisierte Harmonie). Demnach basieren Anton Ulrichs Romane auf den gleichen Prinzipien wie Gottfried Wilhelm LEIBNIZ' *Essais de théodicée* (1710) und seine *Lehrsätze über die Monadologie* (1714); Romane wie philosophische Essays entsprechen einander als poetische bzw. philosophische Gestaltungsformen eines Weltbilds. Der »Ausschnitt« macht Romanperson und Leser kunstvoll zur »Monade« im Beziehungsgefüge dieser Welt. Jahrelang verband ein anregender Briefwechsel den Philosophen und den Romancier. Am 26. April 1713 schrieb Leibniz an Anton Ulrich: »*Es ist ohne dem eine von der Roman-Macher besten künsten, alles in verwirrung fallen zu laßen, und dann unverhofft herauß zu wickeln. Und niemand ahmet unsern Herrn beßer nach als ein Erfinder von einem schöhnen Roman.*«

Während die *Octavia* lange Zeit als Inbegriff der höfischen Literatur, als Kristallisation barocker Geistigkeit und manierierter Künstlichkeit galt, erscheint sie heute auch als Wendepunkt der Romanentwicklung. Besonders in der zweiten Fassung der *Octavia* beginnt sich der Erzählstil durchzusetzen, der vom Barock zur Aufklärung des 18.Jh.s führt.

A.Has.

AUSGABEN: Nürnberg 1677–1679, 3 Bde. – Nürnberg 1685–1707, 6 Bde. [vollst.]; Nachdr. 1711. – Braunschweig 1712–1714, 6 Bde. – Wien 1762, Bd. 7 [Fragm.]. – Mchn. 1973/74, Hg. M. Munding [krit.].

LITERATUR: L. Cholevius, *Die bedeutendsten deutschen Romane des 17. Jh.s*, Lpzg. 1866; Nachdr. Darmstadt 1965. – *Leibnizens Briefwechsel mit Herzog A. U. v. B.-W.*, Hg. E. Bodemann (in Zeitschrift des hist. Vereins für Niedersachsen, 1888, S. 73–244). – H. Wippermann, *Herzog A. U.s »Octavia«*, Diss. Bonn 1949. – K. Hofter, *A. U.s »Octavia«*, Diss. Bonn 1954. – H. Singer, *Der galante Roman*, Stg. 1961 (Slg. Metzler). – W. Bender, *Verwirrung u. Entwirrung in der »Octavia. Römische Geschichte« Herzog A. U.s v. B.*, Köln 1964.– F. Martini, *Der Tod Neros. Suetonius, A. U. v. B., S. v. Birken oder: Hist. Bericht, erzählerische Fiktion u. Stil der frühen Aufklärung*, Stg. 1974. – G. R. Hoyt, *The Development of A. U.'s Narrative Prose on the Basis of Surviving »Octavia« Manuscripts and Prints*, Bonn 1977. –W. D. Otte, *Eine Nachricht von G. Alberti über das Schicksal der von Herzog A. U. hinterlassenen Manuskripte zur »Octavia«* (in Wolfenbütteler Beiträge, 6, 1983, S. 336–351).

BOHDAN IHOR ANTONYČ

* 5.10.1909 Novycja bei Gorlice
† 6.7.1937 Lemberg

LITERATUR ZUM AUTOR:
I. Ohijenko, *Mova B. I. A.* (in Ridna Mova, 3, 1935, Nr. 6, S. 256–262). – S. Hordyns'kyj, *Ljaboratorija B. I. A.* (in My, 1939, S. 29–36). – M. Neverly, *Poet zi sercem u rukach* (in B. I. A., Persteni molodosty, Preßburg 1966, s. 5–30). – S. Hordyns'kyj, *B. I. A., joho žyttja i tvorčist'* (in B. I. A., Zibrani tvory, NY(Winnipeg 1967, S. 7–28). – D. Pavlyčko, *Pisnja pro neznyščennist' materiji* (Einl. zu der gleichnamigen Werkausgabe, Kiew 1967, S. 1–46). – B. Romanenčuk, *B. I. A.*, (in Azbukovnyk. Encyklopedija ukrajins'koji literatury, Bd. 1, Philadelphia 1969, S. 8–122).

DAS LYRISCHE WERK (ukr.) von Bohdan Ihor ANTONYČ.

Der ukrainische Dichter wurde als Sohn eines griech.-kath. Pfarrers im Lemkenland in den Beskiden geboren, besuchte das Gymnasium in Sanok und studierte slawische Philologie an der Lemberger Universität (1928-1933). Das poetische Werk des früh verstorbenen Lyrikers umfaßt fünf Gedichtsammlungen und ein Opernlibretto. Nach Ivan FRANKÓ wird er als der zweitgrößte Dichter der Westukraine betrachtet. Schon sein erster Gedichtband *Pryvitannja žyttja*, 1931 *(Begrüßung des Lebens)*, der eine umfangreiche Themenskala umfaßt (Kosmos, Sport, Seefahrt, Natur), trägt die unverwechselbaren Züge seiner außergewöhnlichen lyrischen Begabung. Für seine dichterische Entfaltung war es wichtig, daß er sich in einem künstlerischen Milieu bewegte, westliche Kunstrichtungen verfolgte und von der konfliktreichen Atmosphäre Lembergs, in der politische Auseinandersetzungen zwischen Polen und Ukrainern an der Tagesordnung waren, nur wenig berührt wurde.

Im zweiten Gedichtband, *Try persteni*, 1934 *(Drei Ringe)*, kommt bereits seine ganze poetische Kraft zum Ausdruck. In sehr schlichten Versen von großer Musikalität zeichnet er Bilder seiner lemkischen Heimat und deren unberührter Natur, besingt seine Kindheit, die eingebettet war in eine von Überlieferungen und Mythen erfüllte Welt, wobei er auch den sozialen Aspekt des dürftigen Lebens der Lemken, des westlichsten Gebirgsstammes der Ukrainer, nicht außer acht läßt: »*Wie Moos hat die Trauer / dieses schwermütige Land umhüllt /, wo hungrige Melde / als Symbol der Armut wächst...*«. Die sozialen Motive sind bei Antonyč nicht deklarativ, sie entspringen seinen gefühlvollen Bildern des Volkslebens und der Landschaft. Höhepunkte dieses zweiten Gedichtbandes sind seine Elegien, in denen er in einer bilderreichen Sprache die Natur der Beskiden, die ihn umgebenden Dinge, kosmische Erscheinungen, Erinnerungen und Wirklichkeit verwebt *(Elegie von der singenden Tür, Elegie von den Schlüsseln der Liebe, Elegie von dem Ring der Jugend)*. Der Dichter stellt eine Verbindung zwischen der toten Materie und den lebendigen Dingen her; er fühlt sich in beiden Welten gleich heimisch.

Das nächste Werk *Knyha Leva*, 1936 *(Das Buch des Löwen)* und der postum erschienene Band *Zelena Jevanhelija*, 1938 *(Das grüne Evangelium)* zeigen Antonyč als einen intellektuellen Dichter mit surrealistischen Anklängen. Kennzeichnend für *Das Buch des Löwen* ist dessen bizarre Metaphorik. Es besteht aus drei Kapiteln, die sieben- bis neunsilbige Gedichte mit biblischen, meist apokryphen Motiven und Gedichte zur Erdgeschichte und zu kosmischen Erscheinungen enthalten. Die langzeiligen Gedichte werden durch eingeschobene lyrische Intermezzi mit leichtem Versfuß aufgelockert. Einen ähnlichen Aufbau weist auch *Das grüne Evangelium* auf, das vom Thema des biologischen Seins auf Erden beherrscht wird. Es ist ein Hohelied auf die Natur und ihre ewigen, unzerstörbaren Erscheinungsformen. Der Dichter bewegt sich hier zwischen religiöser Mystik und pantheistischer Weltanschauung. Er ist bald Tier, bald Strauch, fühlt sich vereint mit der ihn umgebenden Natur: »*Die Lieder schmücken jeden Tag wie Beeren, sie schmücken den Garten, in dem wir wachsen / in der engen Umarmung der Blätter/*« oder: »*Zu den Barschen, Karpfen und Delphinen / zu allen Brüdern aus süßen und salzigen Gewässern...*«.

Die ebenfalls postum erschienenen Gedichte *Rotaciji*, 1938 *(Rotationen)*, behandeln urbanistische Themen. Der Dichter versucht, in das Leben der »Steinwüste« einzudringen, in die ihn fremd anmutende Welt der nächtlichen Gassen mit ihren Kaschemmen, in denen das einfache Volk Trost im Alkohol sucht. Erst 1967 wurde der bis dahin unbekannte Gedichtzyklus *Die große Harmonie* in eine Werkausgabe aufgenommen, die ein Freund des Dichters, der bekannte Kunstmaler Svjatoslav HORDYNS'KYJ, besorgt hat. Es handelt sich dabei um ausschließlich religiöse Lyrik, die zu Antonyčs Lebzeiten nicht bekannt war.

In seinen das Leben und die Natur glorifizierenden Gedichten erinnert Antonyč zuweilen an den jungen, vom Pantheismus durchdrungenen Pavlo TyČYNA, einen führenden ostukrainischen Dichter der beginnenden zwanziger Jahre in denen die Literatur noch relativ frei entfalten konnte (vgl. *Sonjašni Kljarnety – Sonnenklarinetten*). Antonyčs dichterische Bilder erinnern an naive Volksmalerei. Das Wirkliche ist bei ihm mit dem Märchenhaften und Legendären verwoben, die Metamorphose nimmt in seinen Naturgedichten einen bedeutenden Platz ein. Seine Fragen kreisen um das Sein, um Leben und Tod. Vertraut mit der Denkart der schlichten Bergbauern, ihrer Beziehung zu Gott, der Natur und dem Kosmos, stellt er fest, daß die Gesetze des Lebens für Mensch, Pflanze und Tier die gleichen sind.

Während die polnische Literaturkritik bereits Mitte der dreißiger Jahre auf Antonyč aufmerksam wurde und polnische Übersetzungen seiner Gedichte in verschiedenen Zeitschriften erschienen, konnte der ostukrainische Leser erst 1967, dreißig Jahre nach Antonyčs Tod, das Werk des Dichters kennenlernen. Die Generation der »Sechziger«, die aufgeschlossen der bis dahin unzugänglichen Literatur und Kunst gegenüberstand, nahm Antonyčs Lyrik begeistert auf. Seine Bildersprache und animistische Grundhaltung kann man bis in die Lyrik der jüngsten Generation der Sowjetukraine verfolgen.

A.H.H.

AUSGABEN: *Pryvitannja žyttja*, Lemberg 1931. – *Try persteni*, Lemberg 1934. – *Knyha Leva*, Lemberg 1936. – *Zelena Jevanhelija*, Lemberg 1938. – *Rotaciji*, Lemberg 1938. – *Vybrani poeziji*, Krakau/Lemberg 1940 [Einl. B. Romanenčuk]. – *Persteni molodosty*, Preßburg 1966. – *Zibrani tvory*, NY/Winnipeg 1967. – *Pisnja pro neznyščennist' materiji. Poeziji*, Kiew 1967.

ANTÓNIO LOBO ANTUNES

* 1.9.1942 Lissabon

LITERATUR ZUM AUTOR:
L. A.: *Le point de vue de l'écrivain* (in Quadrant, Montpellier 1984, S. 147–156). – A.-M. Quint, *Entretien avec le romancier A. L. A.* (in LNL, 78, 1984, S. 93–100). – Baptista-Bastos, *Entrevista com A. L. A.* (in JL, 9. 11. 1985, Nr. 176). – I. Pedrosa, *Entrevista com A. L. A.* (in JL, 14. 4. 1986, Nr. 197). – L. Almeida Martins, *Entrevista com A. L. A.* (in JL, 5.–11. 4. 1988, Nr. 300).

AUTO DOS DANADOS

(portug.; *Spiel von den Verdammten*). Roman von António Lobo ANTUNES, erschienen 1985. – In seinem sechsten Roman, der mit dem großen Romanpreis des Portugiesischen Schriftstellerverbandes ausgezeichnet wurde, führt der Autor den Leser nach Monsaraz, in die Provinz Alentejo. Alljährlich im September findet in dem kleinen mittelalterlichen Ort das große Fest des Dorfes statt, das in einem Stierkampf gipfelt. Hier, unweit der spanischen Grenze, wird das Tier jedoch, entgegen der sonst in Portugal gepflogenen Tradition, getötet. Während das Fest naht und das ganze Dorf einnimmt, liegt der Patriarch einer alten Großgrundbesitzerfamilie, die den Ort seit jeher beherrschte, auf seinem heruntergekommenen Landsitz im Sterben; sein herannahender Tod ist ein Symbol für das Sterben einer ganzen Gesellschaftsschicht, für den mit der Revolution so erhofften Beginn einer neuen Zeit.

Der Alte, dessen Frau ihn vor langer Zeit verlassen hat, lebt auf dem Gut mit drei erwachsenen Kindern: Da ist der Sohn Gonçalo mit dem Eisenbahntick, der in Uniform mit der Kelle in der Hand vor Spielzeuggleisen ernsthaft um An- und Abfahrt seiner Züge besorgt ist, dann »die Mongolide«, die auch für den Erzähler keinen anderen Namen besitzt, und schließlich Leonor, verheiratet mit einem widerlich herrischen Mann. Aus Lissabon kommen die Enkelin Ana, ihr Mann Nuno, ein Zahnarzt und mit ihnen Anas verzogener Bruder, der zwölfjährige Bengel Francisco. Nuno erlebt die düstere Atmosphäre dieses Familienclans von außen, als einer, der aus engen, allerdings nicht weniger bedrückenden Verhältnissen stammt. Während die Schwachsinnigen, in andere Welten entrückt, die Vorgänge um den sterbenden Alten kaum wahrnehmen, versuchen Leonor und ihr Mann, der ohne Rücksicht auf Verwandtschaftsgrade brutal allen Frauen hinterhersteigt (die Mongolide hat von ihm eine Tochter, die ihrerseits wieder von ihm geschwängert wird und eine Tochter bekommt), sich das Erbe zu sichern. Der herbeigerufene Notar weiß nur zu gut, wie die Vermögenslage ist. Zu spät erkennen die beiden, daß sie ein nur aus Schulden bestehendes Erbe übernommen haben. Während das Fest mit dem Stierkampf seinen Höhepunkt erreicht, der Tod des Stieres und der Tod des Patriarchen parallel verlaufen, bis Mensch und Tier im Sterben eins werden, bereitet die Familie die Flucht nach Spanien vor. Damals sei man per Flugzeug nach Brasilien geflohen, bemerkt Nuno ironisch, während draußen bärtige Gestalten die Slogans der Revolution auf das Volk herabredeten und im Alentejo, dem traditionellen Gebiet der Latifundien, die Landarbeiter gerechtere, menschlichere Lebensbedingungen kennenlernten. Auf der Liste der herannahenden Revolutionäre ist der Name dieser Familie unterstrichen. Fast alle können sie sich rechtzeitig absetzen.

Der Roman ist in fünf große Abschnitte, die zwei Tage vor dem Fest und die drei Tage während des Festes, unterteilt. Im ersten Kapitel steht Nunos Tagesablauf in seiner Praxis in Lissabon im Mittelpunkt. Erst als er Francisco, den kleinen Bruder seiner Frau Ana, für die Reise nach Monsaraz in einem düsteren Appartement aus den Händen einer mumienhaften Angestellten auslöst, tritt mehr und mehr die bedrückende Atmosphäre der Familie, in die er hineingeheiratet hat, in den Vordergrund. Mit der Ankunft in Monsaraz wechselt die Erzählperspektive, wobei die Gestalten nicht durchgängig in der ersten Person sprechen, sondern, in größerer, oft auch ironischer Distanz des Autors zur Erlebniswelt seiner Figuren, in der dritten Person dargestellt werden. Anas Mutter, als einfaches Mädchen, Tochter des Gutsverwalters, nie ernstgenommen im Kreis dieser Familie, obendrein lächerlich gemacht, weil Gonçalo, der mit dem Eisenbahntick, sie sich zur Frau gewählt hat, erzählt rückblickend von ihrer Heirat, der zynischen Reaktion des Schwiegervaters, der höhnischen Ablehnung durch die Familienangehörigen. Sie bleibt die unterwürfige Kreatur, die Frau des Verrückten, eine ernstzunehmende Schwiegertochter wird sie nie.

Sieben Jahre später – und hier wird neben der erinnerten Vergangenheit der Figuren und der Gegenwart am Sterbebett des Alten die dritte zeitliche Ebene in den Roman eingeführt – kehrt Ana kurz aus Brasilien zurück, um für die finanzielle Absicherung ihrer Mutter zu sorgen. Sieben Jahre später kommt auch Francisco zu Wort, der inzwischen in einer ärmlichen, chaotischen, kleinen Wohnung in Lissabon mit einer zwanzig Jahre älteren Schauspielerin zusammenlebt, von der er mit großer Zärtlichkeit spricht. Es ist eine Liebesbeziehung, der er, das revoltierende Kind aus gutem Hause, viel verdankt.

»Am Vorabend meines Todes«, im vorletzten Kapitel, erinnert sich schließlich der Alte selbst an die ersten Ehejahre, an die gegenseitigen Verletzungen, die man sich zufügte; da ist der nie verwundene Verlust der Frau, die Bitterkeit über Leonor und den Schwiegersohn, die so hemmungslos habgierig auf das Erbe Jagd machen, während er im Sterben liegt. Waren die ersten vier Kapitel jeweils nur einer oder zwei Gestalten des Romans zugeordnet, so lösen sich im letzten Teil, am dritten Tag des Festes, als der Stier erlegt wird und der Alte stirbt, in kurzer Aufeinanderfolge die Stimmen verschiedener Familienangehöriger ab. Das düstere Porträt dieser degenerierten Familie wird unterstrichen durch den Modergeruch, der vom nahegelegenen Flußufer herüberzieht und sich mit dem Verwesungsgestank in dem alten Landsitz vermengt.

Der Roman ist streng durchkomponiert, unverkennbar auch hier die eindringliche, bilderreiche Sprache des Autors, die jedoch weniger metaphernbefrachtet ist als in den ersten Werken.

R.G.M.

AUSGABEN: Lissabon 1985; [10]1987.

LITERATUR: L. Cruz, Rez. (in Colóquio/Letras, 1987, Nr. 97, S. 118/119).

OS CUS DE JUDAS

(portug.; *Ü: Der Judaskuß*). Roman von António Lobo ANTUNES, erschienen 1979. – Der Kolonialkrieg in Angola, den der Autor als Arzt aus eigener Erfahrung kennt, und die Entwicklung Portugals von der Diktatur Salazars bis zu der Zeit restaurativer »Normalisierung« nach der »Nelkenrevolution« vom 25. April 1974 bilden die Grundthemen von Antunes' Werk. *Os cus de Judas* besteht aus dem obsessiven Monolog eines Arztes über die Schrecken des Angola-Kriegs, die ihn auch noch acht Jahre später traumatisch verfolgen.

Der Lebenslauf des Ich-Erzählers steht exemplarisch für die Generation junger Männer, die in der Spätphase der Regierung Salazars aufwuchsen, gefangen im Widerspruch zwischen einer von Repression und Katholizismus geprägten Gesellschaftsordnung und der durchsickernden westlich-libertären Konsumwelt. Ohne Vorbereitung werden sie 27 Monate »*im Namen stumpfsinniger Ideale*« nach Afrika an »*den Arsch der Welt*« geschickt – so die sinngemäße Übersetzung des Titels *Os cus de Judas*. Stellvertretend für sie, die zu Zehntausenden im »Vietnam Portugals« sinnlos kämpften und starben, redet das Ich des Romans in 25 Abschnitten über das private und zugleich nationale Trauma, das nach der Revolution aus dem öffentlichen Bewußtsein verdrängt wurde. Der Monolog des Veteranen in den Bars von Lissabon, begleitet von Alkohol und einer namenlosen Frau, bei der er Vergessen sucht, spiegelt die vergeblichen Versuche wider, den absurden Krieg zu bewältigen. Doch alle erinnerten Bilder von Hieronymus Bosch bis Pablo Picasso, alle Bücher und Filme zerbrechen als reliquienhafte Scherben einer entfremdeten Zivilisation am absoluten Grauen, das sie nicht ertragbar machen können. Sie erweisen sich als ebenso machtlos wie die Umwandlung erfahrener Realität in Zoo, Zirkus und Karneval, die die Welt zum – wenn auch sinnlosen – Theater entschärfen soll. Statt dessen bleibt nur die Wahl zwischen Selbstmord oder Selbstentfremdung, einzig die Lebenskraft der ausgehungerten Guerilleros, die sich nicht brechen ließen durch die »*unfreiwilligen Besatzer in einem fremden Land und Agenten eines provinziellen Faschismus, der sich selbst auffraß*«, vermag noch zu faszinieren. Die Heimkehr nach Portugal wird zu einem Weg in eine Fremde, für die Angola nur auf der Landkarte existiert. In dieser Fremde muß der Heimgekehrte wieder »normal« leben lernen angesichts der Zerstörung seiner vormals geordneten bürgerlichen Existenz (Frau, Familie, Beruf) nach zwei Jahren »*am Arsch der Welt*«. Die Erfahrung, daß das Trauma unbewältigt geblieben ist, führt zu einer zutiefst resignativen Einschätzung der gesellschaftlichen Entwicklung in Portugal. Dabei wiegt besonders schwer, daß die Befreiung aus der Diktatur gerade aus dem Widerstand gegen die Kolonialkriege entscheidende Impulse erhielt: »*Langsam glaube ich, daß die anderthalb Millionen Menschen, die durch Afrika gezogen sind, nie existiert haben.*« Die radikale Umwertung nationaler Ideologien und Mythen, die Konfrontation der repressiven Stimmen von Staat und Kirche mit dem brutalen Militärjargon markieren den entschieden tabubrechenden Charakter von *Os cus de Judas*, das neben *Fado Alexandrino* (1983) zum erfolgreichsten Buch Antunes' wurde.

O.Gr.

AUSGABEN: Lissabon 1979; [14]1986.

ÜBERSETZUNG: *Der Judaskuß*, R.-G. Mertin, Mchn. 1987.

LITERATUR: M. do Carmo Monteiro, *Éléments pour une lecture de »Os cus de Judas« de A. L. A.* (in Recherches et Études Comparatistes Ibéro-Francophone de la Sorbonne Nouvelle, 4, 1982, S. 110–119). – F. Uteza, *»Os cus de Judas«: Mirage au bout de la nuit* (in Quadrant, Montpellier 1984, S. 121–145). – J. Camilo, *Alguns aspectos da técnica narrativa em »Os cus de Judas« de A. L. A* (in Cahiers d'Études Romanes, 10, 1985, S. 231–249). – U. Timm, Rez. (in Der Spiegel, 27. 4. 1987). – J. Drews, Rez. (in SZ, 6. 5. 1987). – F. Rathjen, Rez. (in FRs, 20. 6. 1987). – P. Demetz, Rez. (in FAZ, 8. 8. 1987). – H. Thorau, Rez. u. Interview (in Die Zeit, 6. 11. 1987).

EXPLICAÇÃO DOS PASSAROS

(portug.; *Erklärung der Vögel*). Roman von António Lobo ANTUNES, erschienen 1981. – In diesem vierten Roman des Autors steht Rui S., Geschichtsprofessor und Schriftsteller, im Mittelpunkt, ein Mann, der gegen die Erwartungen seiner großbürgerlichen Familie rebelliert, sich ihren Ansprüchen und Anforderungen verweigert. »*Erklär mir die Vögel*« hatte der kleine Rui als Kind einmal den Vater gebeten, als ein Schwarm vor dem Landhaus in die bläuliche Abenddämmerung aufflatterte. Der Vater, ein einflußreicher Geschäftsmann, erklärt dem Sohn liebevoll die Vögel. Diese Szene wird als kostbare Erinnerung an eine glückliche Kindheit mehrfach zitiert. Rui S. aber ist später bitter enttäuscht von seinem Vater, der ihn ablehnt, als er gegen seinen Willen Geschichte studiert und sich politisch engagiert. Von ihm, dem einzigen Sohn unter vier Kindern, erwartet man die Mitarbeit im väterlichen Unternehmen. Rui S. heiratet zwar eine Schöne der Gesellschaft, läßt sich jedoch bald scheiden und sucht bei Marilia, einer überzeugten Kommunistin aus ärmlichen Verhältnissen, neuen Halt. Von ihren Parteigenossen wird er, der Großbürgerssohn, nicht akzeptiert, von der eigenen Familie höhnisch als ein Versager abgestempelt. So ist Rui S. in keiner der beiden Welten mehr zu Hause.

Der Roman beginnt mit seiner Vorahnung, »*eines Tages werde ich hier am Strand angeschwemmt wie ein von Fischen zerfressener, toter Wal*«. Rui besucht die krebskranke Mutter im Hospital und verabschiedet sich, da er am Wochenende zu einem Kongreß fahren möchte. In Wahrheit holt er Marilia ab, um einige Tage mit ihr am Strand zu verbringen, um ihr endlich zu sagen, daß er sich von ihr trennen möchte, obwohl er spürt, wie sehr er noch an ihr hängt. In vier große Kapitel unterteilt, Donnerstag, Freitag, Samstag, Sonntag, werden die Ereignisse dieses Wochenendes erzählt. Familienangehörige, Freunde und Kollegen, die Leute aus dem kleinen Strandort, die Genossen von der Partei, sie alle kommen in diesem mehrstimmig angelegten Text zu Wort, erzählen aus ihrer Sicht von Rui und damit von sich selbst. Spätestens mit der ersten Zeugenaussage im zweiten Kapitel wird deutlich, daß Rui sich das Leben genommen hat. Seine Leiche wird unter einem Schwarm kreischender Möwen am Strand gefunden.

Wie in all seinen Romanen erzählt Lobo Antunes nie linear, sondern läßt Vergangenheit, Gegenwart und Zukunft ständig ineinander übergehen, verstärkt dadurch, daß hier mehrere Stimmen zu Wort kommen. Ob es seine eigenen Erinnerungen an die Familie sind und die peinlichen Versuche, seine zweite, nicht akzeptierte Frau dort einzuführen, ob Parteisitzungen mit den Genossen wiedergegeben werden oder die erschreckend unberührt klingenden Vermutungen Marilias über die Ursachen seines Todes, ob die Kommentare der Zeugen des Selbstmords oder die meistens höchst selbstgefälligen, höhnischen Bemerkungen seiner Verwandten über dieses armselig gescheiterte Leben – sie alle werden in unterschiedlichem Rhythmus zusammengeführt, laufen parallel und ergänzen sich in einer vielstimmigen, sprachlich eindrucksvollen Komposition. Der Roman endet in einer Zirkusszene – schon zu Beginn werden immer wieder Gestalten in Zirkusaufmachung eingeführt, man fühlt sich häufig an Fellinis *8 1/2* erinnert, einen Film, den Lobo Antunes besonders schätzt –: in Anwesenheit aller bisher Befragten wird der Selbstmord zum laut inszenierten Spektakel, Rui S. hat seinen großen Auftritt, wie gelähmt sieht er sich selbst dabei zu. Die Erklärung der Vögel wird zur Erklärung seines gescheiterten Lebens, die Autopsie des Selbstmörders zur Autopsie der Lebenden. Hier wie in den vorangegangenen drei Romanen dieses Autors steht als Thema im Hintergrund die Angst vor Zuneigung und zugleich die geradezu besessene Sehnsucht nach Verständnis und Zärtlichkeit – und die verzweifelte Erfahrung, daß alle Versuche der Kommunikation scheitern. R.G.M.

AUSGABEN: Lissabon 1981; [8]1986.

FADO ALEXANDRINO

(portug.; *Fado Alexandrino*). Roman von António Lobo ANTUNES, erschienen 1983. – Mit seinem fünften und umfangreichsten Roman, der in der Presse begeistert als einer der größten Romane des postrevolutionären Portugal gefeiert wurde, greift Antunes noch einmal das Thema des Krieges auf. Zehn Jahre nach der Revolution treffen sich fünf Männer zu einem Abendessen in Lissabon. Sie waren gemeinsam im Kolonialkrieg in Moçambique. Der Autor zieht mit seinen Figuren – vier erzählen, der fünfte hört schweigend zu – kritische Bilanz des nachrevolutionären Portugal. Manches hat sich verändert, doch vor dem Hintergrund der zerfallenen Pracht Lissabons ist auch vieles unangetastet geblieben. Die Zeit vor, während und nach der Revolution überlagert sich in den ständig wechselnden Erzählperspektiven, immer wieder drängt sich der Krieg in die Erinnerungen der Männer, drängt sich dem Leser als nachhaltige Erfahrung auf; man erlebt, wie die Heimkehrer nach ihrer Rückkehr sich durchgeschlagen, sich angepaßt oder widerstanden haben.

Der Erzähler beginnt mit der Rückkehr eines einfachen Soldaten nach Lissabon, wo er zunächst im miesen, feuchten Haus seiner Schwester in einem der Elendsviertel Lissabons wohnt und später, von ihr vor die Tür gesetzt, in der schlecht geführten Schreinerei seines Onkels. Nach zehn Jahren trifft er sich für eine Nacht mit vier früheren Kriegskameraden, einem Funker, einem Fähnrich, einem Hauptmann und einem Oberstleutnant in einer Bar im Lissaboner Rotlichtbezirk zu einem großen Besäufnis mit Prostituierten, die sie später in die Wohnung eines der Kumpanen mitschleppen. Während der Hauptmann schweigend die Gespräche notiert, rufen die vier anderen Erinnerungen an ihre Zeit in Moçambique wach und unterhalten sich im Suff über ihre Erlebnisse während der vergangenen Jahre, ihre sexuellen Wünsche und Frustrationen, lassen ihre Verklemmtheit hinter sich und der Rede freien Lauf. Der Soldat erzählt von seinem Leben im Betrieb des Onkels, seinen Schäferstunden mit reichen Männern, mit denen der schüchterne Liebhaber die Einladungen an seine spätere Frau Odete, eine junge militante Maoistin, finanzierte, dem Scheitern der Ehe (Odete verläßt ihn wegen eines anderen Aktivisten, des Funkers, wie sich herausstellt), dem armseligen Leben seiner Schwester, die schließlich ermordet wird, und dem Niedergang der Schreinerei nach der Revolution. Der Fähnrich, verliebt in Ilda, mußte Inês, die

Tochter einer wohlhabenden Bankiersfamilie heiraten, die ihn wegen seiner kleinbürgerlichen Herkunft verachtet und schneidet; er erzählt von den Minderwertigkeitsgefühlen seiner Frau gegenüber, seinen heimlichen Treffen mit Ilda, dem Aufdecken einer lesbischen Beziehung seiner Frau, der überstürzten Übersiedlung nach Brasilien nach der ersten großen Verstaatlichungsaktion der »Nelkenrevolution«, seiner Scheidung, seinem verletzten Selbstgefühl und seiner zweiten unglücklichen Ehe mit einer Zwergin. Der Funker berichtet von seiner Arbeit im Ministerium, wie er Dalia kennenlernte (eben jene Ex-Frau des Soldaten), der er aber seine Leidenschaft nicht zu gestehen wagt, dem Scheitern einer Widerstandsmission, seiner Zeit im Gefängnis des Staatssicherheitsdienstes Pide und seinen Verstrickungen mit maoistischen Illusionisten. Der Oberstleutnant, ein Muttersöhnchen, dem alles Militärische und Politische im Grunde zuwider ist, heiratet nach dem Tod seiner Frau seine Putzhilfe, die sich in eine Gouvernante und Parfümwolke verwandelt. Angeekelt geht er eine Beziehung mit einer Minderjährigen ein, wird schließlich von deren Mutter erpreßt und muß nun für zwei Familien aufkommen, bis er, mittlerweile General, in den Ruhestand versetzt wird und bemerkt, daß er nicht der einzige Liebhaber des Mädchens war und auch seine Frau einen Geliebten hatte. Die Geschichten vermischen sich: Zeitabfolgen, Erzählerstimmen, innere Monologe, Erinnerungen an den Krieg und Visionen anderer Randfiguren – die Schicksale kreuzen sich. Die Orgie mündet in einem absurden Mord an dem Funker, mit dem die Männer ihre aufgestauten Rachegefühle abzureagieren versuchen, doch wird der Krieg sie weiter in ihrem elenden Dasein verfolgen.

Antunes führt den Leser in die vulgäre, von Traumata und Komplexen gezeichnete Welt dieser vier Kriegsheimkehrer, bewegt sich zwischen Ekel, Abschaum, an Federico Fellinis Filme erinnernden Bildern, stellt das paranoide Dasein in einer zumindest z. T. absurden Welt dar *(»In diesem idiotischen Absurden wuchern die Tage«)*, bedient sich dabei filmischer Schnitte, in denen er politische Satire, sarkastische Sozial-, Sexual- und Politanalyse gegeneinander aufhebt, wie auch die Erzähler, von denen der eine im Stil des Brasilianers António José Machado de Assis auch noch nach seinem Tod erzählt und der andere seinen ganzen Ekel ausbricht und der Botschaft des Autors: »*Portugal ist zum Kotzen*« Ausdruck verleiht. K.De.-KLL

AUSGABEN: Lissabon 1983; ⁴1984.

LITERATUR: D. Machado, *Doze notas para »Fado Alexandrino«* (in JL, 22. 11. 1983, Nr. 72). – C. F. Alves, *Entrevista com A. L. A.* (in ebd.). – P. Kéchichian, Rez. (in Le Monde des livres, 30. 10. 1982). – P. Kéchichian, Rez. (in Le Monde, 30. 10. 1987). – M. Giudicelli, Rez. (in QL, 496, 1.–15. 11. 1987).

ANURUDDHA

6. oder 7. Jh. Sri Lanka oder Südindien

ABHIDHAMMATTHASANGAHA

(pāli; *Zusammenfassung des Sinns der systematischen Lehrdarstellung*). Buddhistisches Werk von ANURUDDHA. – Der *Abhidhammatthasangaha* ist die berühmteste und wohl auch beste Zusammenfassung der systematisch-dogmatischen Lehren der Theravāda-Schule des Buddhismus. Grundlage der Abhidhamma-Überlieferung sind die Texte, die das *Abhidhammapiṭaka (Korb der systematischen Lehrdarstellung)*, die letzte der drei Textsammlungen bilden, aus denen der *Tipiṭaka* (skrt. *Tripiṭaka – Dreikorb*) genannte Kanon der heiligen Schriften der Theravāda-Buddhisten besteht. Das vorliegende Werk stellt allerdings keine wirklich schöpferische Fortentwicklung des Abhidhamma-Systems dar, sondern will eine Lehr- und Lernzwecken dienliche Darstellung der wesentlichen überlieferten Aussagen des Systems bieten.

Es umfaßt neun Kapitel, in denen folgende Gegenstände abgehandelt werden: Bewußtseinszustände, Bewußtseinsfaktoren, Vermischtes, Bewußtseinsprozeß, Prozeß der Wiederverkörperung, Analyse der Materie, Begriffe des Abhidhamma, Beziehungen zwischen Ursachen und bedingten Daseinsfaktoren sowie Meditationsmethoden. Darin werden, teils in Listenform, teils in Form von Merkversen, die einzelnen Gruppen von Begriffen angeführt, die zur Beschreibung und Analyse der Gegebenheiten der Welt sowie der Methoden und Stufen des Erlösungsweges im Pāli-Buddhismus benützt werden. Am Anfang des ersten Kapitels werden die Kategorien des Abhidhamma in vier Gruppen eingeteilt: Bewußtseinszustände, Bewußtseinsfaktoren, Materie und Nirvāṇa. Dann folgt die weitere Aufgliederung der Bewußtseinszustände in vier Gruppen, und zwar a) zur Sphäre der Sinneswelt (d. h. zu unserer sinnlich wahrnehmbaren Welt) gehörige, b) zur Sphäre der Formenwelt (einer in einer ersten Meditationsebene erreichbaren höheren Welt) gehörige, c) zur Sphäre der Nichtformenwelt (d. h. einer in höheren Meditationszuständen erreichbaren Welt) und d) zur Überweltlichkeit (d. h. zur Sphäre des Nirvāṇa und des Weges zum Nirvāṇa) gehörige Bewußtseinszustände. Diese einzelnen Gruppen werden sodann in Listen weiter untergliedert in solche, die von Begierde, von Abneigung, von Verblendung usw. begleitet sind, und diese wiederum danach, ob sie mit freudigen, neutralen oder leidvollen Empfindungen verbunden sind usw. Aufgrund der im ersten Kapitel angewandten Klassifikationen ergibt sich so eine Gesamtzahl von 121 Bewußtseinszuständen. – In ähnlicher Weise werden im zweiten Kapitel insgesamt 52 Bewußtseinsfaktoren, beginnend mit sieben allgemeinen (Berührung, Gefühl, Wahrnehmung,

Wille, Zielgerichtetheit usw.), aufgezählt und besprochen. Hierauf wird angegeben, welche Bewußtseinsfaktoren in welchen Bewußtseinszuständen auftreten bzw. nicht auftreten, wobei sich wiederum eine große Anzahl von Kombinationen ergibt. In ähnlicher Weise, wenn auch noch komplizierter, sind die übrigen Kapitel aufgebaut.

Der *Abhidhammatthasangaha* kann als ziemlich vollständige Darstellung der Welterklärung des systematisierten Pāli-Buddhismus bezeichnet werden. An die Stelle unmittelbarer Aussagen über religiöse Wahrheiten oder philosophische Erkenntnisse ist hier die Klassifikation als Methode des Denkens und der Wissensvermittlung getreten. Dabei werden nicht selten Synonyme aus den Synonymenreihen, die in den alten Texten anstelle von Definitionen verwendet wurden, als unterschiedliche Begriffe in die Klassifikationsschemata eingesetzt. Zuweilen werden auch qualitativ ungleichartige Begriffe zusammengeordnet, um zu einem durchgängigen Klassifizierungsschema zu gelangen. Der eigentliche Sinn des Ganzen, nämlich Erkenntnis zur Verwirklichung des religiösen Erlösungsweges des Buddhismus zu vermitteln, klingt dann aber doch in der das Werk durchziehenden Wertung der einzelnen Bewußtseinszustände, psychischen Faktoren usw. noch an; diese werden nämlich als unheilvoll (d. h. als negativ im Sinne der religiösen Zielsetzung des Buddhismus), als heilsam (d. h. im genannten Sinne positiv) oder als unbestimmt (d. h. keine Wirkung karmischer Art hervorbringend) bezeichnet. Die unbestimmten Bewußtseinszustände sind solche, die lediglich als Wirkungen unheilvoller oder heilsamer Bewußtseinszustände auftreten, sowie solche, die bei Erlösten (Buddhas und Arhats) auftreten, weil letztere kein Karma mehr produzieren.

Von besonderem Interesse ist Abschnitt 9, der die Begriffe aufzählt, die für die Meditationstheorie und -praxis eine Rolle spielen. Der europäische Leser wird sich freilich lieber an die entsprechenden Kapitel des *Visuddhimagga* von BUDDHAGHOSA (vgl. dort) halten, in denen diese Materie abgehandelt ist; der vorliegende Text spielt jedoch – hauptsächlich in der birmanischen Tradition – als Informationsquelle eine noch größere Rolle. Für die Kenntnis des systematischen Pali-Buddhismus ist der *Abhidhammatthasangaha* auch von Bedeutung, weil darin einige Bewußtseinsvorgänge, die nur in den klassischen Pali-Kommentaren, aber noch nicht in den kanonischen Texten selbst vorkommen, in das System einbezogen worden sind.

Zeit und Herkunft des Verfassers sind nicht genau bekannt; er kann nicht vor den Verfassern der klassischen Kommentare zum Pāli-Kanon, muß aber früher als die Verfasser der ältesten datierbaren Kommentare zu seinem Werk gelebt haben, also zwischen dem 6. und dem 12.Jh. Die birmanische Tradition hält ihn für einen ceylonesischen Ordensältesten; nach einer anderen anscheinend glaubwürdigeren Überlieferung lebte er in Kāñcipura in Südindien. Dies wiederum legt nahe, ihn zeitlich in die Nähe der Verfasser anderer Abhidhamma-Handbücher südindischen Ursprungs zu rücken, also ins 6. oder 7.Jh. Auch wird demselben Anuruddha die Verfasserschaft zweier ähnlicher systematischer Handbücher zugeschrieben.

Die Hochschätzung, deren sich das Werk erfreute, und seine relative Kürze haben eine große Anzahl berühmter buddhistischer Mönche in Ceylon und in Birma veranlaßt, Kommentare dazu zu verfassen. Der berühmteste dieser Kommentare ist die *Abhidhammatthavibhāvanī (Die Reflexion zum Sinn der systematischen Lehrdarlegung)*, die in Birma kurz *Ṭīkā-kyo*[2] *(Ṭīkā-kyaw – Der berühmte Kommentar)* genannt wird. Verfasser ist der ceylonesische Mönch SUMANGALA. Bemerkenswert unter den neueren Kommentaren ist die *Paramatthadīpanīṭīkā (Kommentar der Leuchte des höchsten Sinnes)* von LAYTĪ CHARĀTO[2] Arhaṅ Ñāṇa (auch Ledi Sayadaw genannt, 1846–1923), und zwar deshalb, weil diese Erklärungsschrift eine Anzahl neuer und von der Tradition abweichender Interpretationen enthält. Ihr Verfasser, der berühmteste buddhistische Gelehrte Birmas um die Jahrhundertwende, löste damit nach Jahrhunderten einer ziemlich konformistischen Kommentatorentradition eine rege Diskussion um Fragen der Systematik des Pāli-Buddhismus aus. H.Bt.

AUSGABEN: Ldn. 1884, Hg. T. W. Rhys Davids (in Journal of the Pali Text Society, S. 1–48). – Colombo 1888, Hg. H. Devamitta (zahlr. Neuaufl.). – Rangun 1970, Hg. Buddhasāsana Council.

ÜBERSETZUNG: *Compendium of Philosophy*, Shwe Zan Aung u. C. A. F. Rhys Davids, Ldn. 1910 [engl.]. – *Abhidhammattha-Sangaha, Compendium buddhist. Philos. u. Psych.*, Brahmacari Govinda [d. i. E. L. Hoffmann], Mchn. 1931. – *A Manual of Abhidhamma*, Narada Thera, 2 Bde., Colombo 1956/1957 [engl., m. Text].

LITERATUR: H. Saddhatissa, *The Abhidhammatthasangaha and its Ṭīkā* (in *Studies in Indian Philosophy*, Ahmedabad 1981, S. 315–323). – K. R. Norman, *Pāli Literature*, Wiesbaden 1983, S. 151–152.

CHAIRIL ANWAR

* 1922 Medan
† 1949 Djakarta

DERU TJAMPUR DEBU

(indon.; *Gedröhn im Staub*). Gedichtsammlung von Chairil ANWAR, die einzige, die dieser bedeutende indonesische Lyriker der Gegenwart selbst ausgewählt hat; die dreizehn Gedichte, die der Literaturkritiker und Essayist H. B. JASSIN auf Bitten

des Verlages Pembangunan in Djakarta um weitere vierzehn Stücke vermehrte, erschienen 1949. – Die Gedichte sind alle während des Zweiten Weltkriegs und der japanischen Besetzung Indonesiens entstanden. In einer Zeit des weltweiten Zusammenbruchs bestehender politischer und sozialer Ordnungen wollten sie ein Bekenntnis zur unantastbaren Menschenwürde und ein Appell zum Kampf um die nationale Selbständigkeit sein, jenem Kampf, in dem Chairil Anwar als geistiges Haupt der Schriftstellergruppe »Angkatan 45« (Generation von 1945) in vorderster Linie stand. So spricht in *Tjerita buat Dien Tamaela*, dem wohl schönsten Gedicht der Sammlung, Pattiradjawane, Heros einer ambonesischen Legende und Sinnbild Indonesiens: »*Weh dem, der mich erzürnt / Ich lasse die Muskatbäume verdorren / Lasse die Mädchenleiber erstarren / Ich rufe die Götter! / Bei Tag und Nacht / Bin ich das rhythmische Wogen des Seetangs / Bin das die Insel verzehrende Feuer / Ich bin Pattiradjawane / stehe unter dem Schutz der Götter / Ich allein.*«
Vielfältig-widersprüchlich wie die Persönlichkeit des – in Wesen und Wirken dem von ihm sehr bewunderten François VILLON verwandten – Dichters ist sein Œuvre. Faustischer Drang, das Leben in seinen Höhen und Tiefen, frei aller Bande bürgerlicher Konventionen und Moralbegriffe bis zur Neige zu kosten, wechselt mit schonungsloser Selbstkritik oder überschwenglicher Hingabe an Gott (etwa in den Gedichten *Doa – Gebet* und *Isa – Jesus*, von ihm später als zeitweilige Schwäche abgetan). Das Gefühl unüberbrückbarer Einsamkeit steigert sich zur schier überwältigenden Todesfurcht (so in *Orang berdua –Zwei Menschen*). Das Gedicht *Aku (Ich)*, bedeutungsvoll an den Anfang der Sammlung gestellt, ist die unmittelbar ergreifende Lebensbeichte des Bohemiens, Revolutionärs und ungebärdigen Individualisten, der, obschon »*waidwund wie ein wildes Tier des Dschungels*« und von Todeskrankheit gezeichnet, dennoch unbeirrbar seinen Weg verfolgt.
Hatte noch Amir HAMZAH, einer der Wortführer der »Pudjangga-Baru«-Bewegung, den Versuch unternommen, die alten Formen der klassischen malaiischen Dichtung zu neuem Leben zu erwecken, so bricht Chairil Anwar radikal mit der von ihm als veraltet abgelehnten poetischen Tradition: »*Wir wollen nicht länger Instrumente sein, wir sind die Spieler des Lebensgesanges, der uns zur Ehrlichkeit und Aufrichtigkeit inspiriert!*« (1943). Er wagt erstmals den Schritt zur freien, ungebundenen Poesie, zu der sich Rustam EFFENDI *(Bebasari)* noch nicht durchringen konnte. Die Stilmittel der malaiischen Dichtung, Reim, Rhythmus, Wortklang und Alliteration, erschienen ihm unwesentlich gegenüber der allein durch die »*Kraft des Wortes*« wirkenden dichterischen Aussage, die jene mehr verhüllen als offenbaren. Anwar sieht, wie er einmal an Jassin schreibt, seine Aufgabe darin, »*jedes Wort so tief und so lange umzugraben, bis er das Kernwort, das Kernbild findet*«. So hat er die indonesische Sprache um Wortkombinationen voll spannungsgeladener, assoziativer Dynamik bereichert: jedes Wort seiner

Verse ist inhaltsschwer, voll der feinsten Gefühlsnuancen, und steht unauswechselbar an seinem Platz. Der Dichter scheut sich nicht, um dieser Wortwirkung willen bewußt gegen die Regeln der indonesischen Syntax zu verstoßen.
Thematisch zeigt sich Anwar zuweilen beeinflußt von holländischen Dichtern, wie Hendrik MARSMAN (1899–1940) – man vergleiche etwa Anwars *Orang berdua (Zwei Menschen)* mit Marsmans *De Gescheidenen. Verzamelde Gedichten* (1946) – oder wie Willem ELSSCHOT (1882–1960) – man vergleiche *Kepada peminta-minta (Dem Bettler)* mit *Tot den Arme*. Aufs ganze gesehen hat aber Chairil Anwar eine von Grund aus eigenständige Lyrik von vollendeter »*Reinheit, Schönheit und Kraft*« geschaffen, »*die man in der modernen indonesischen Sprache für unmöglich gehalten hatte*« (Takdir Alisjahbana). O.K.

AUSGABE: Djakarta 1949; ⁴1957.

ÜBERSETZUNG: *An Anthology of Modern Indonesian Poetry*, Hg. B. Raffel, Berkeley 1964 [engl.; Ausw.].

LITERATUR: W. A. Braasem, *Moderne Indonesische Literatur*, Amsterdam 1954. – R. B. Slametmuljana, *Poëzie in Indonisia*, Löwen 1954. – H. B. Jassin, *Ch. A. Pelopor Angkatan 45*, Djakarta 1956. – S. Takdir Alisjahbana, *Indon. Language and Literature*, New Haven/Conn. 1962.

PÁL ÁNYOS

eig. István Ányos
* Dezember 1756 Esztergár
† 5.9.1784 Veszprém

ÉNEKEK KÖNYVE SZÜKSÉGES LITANIAKKAL ÉS IMADSAGOKKAL A' MAGYAR KERESZTÉNY KATOLIKA ANYASZENTEGYHÁZ ISTENI SZOLGÁLATJÁRA

(ung.; *Gesangbuch mit den notwendigen Litaneien und Gebeten für den Gottesdienst der ungarischen christlichen katholischen heiligen Mutterkirche*). Das erste nach dem Kirchenjahr geordnete offizielle Gesangbuch der katholischen Kirche in Ungarn, ohne Namensangabe redigiert von Pál ÁNYOS, erschienen 1785. – Verhältnismäßig spät erschien in Ungarn im Auftrag des Bischofs von Stuhlweißenburg, Ignác Nagy, dieses erste offizielle katholische Gesangbuch; allerdings waren schon mehrere halboffizielle, wenig systematische Gesangbücher unter den katholischen Gläubigen verbreitet, etwa die *Cantus Catholici*, 1651 *(Katholische Lieder)*, von B. KISDI, *Istenes Énekek*, 1672 *(Göttliche Lieder)*, von

G. Szelepcsényi und das *Cancionale Catholicum*, 1676 *(Katholisches Gesangbuch)*, von G. Kajoni. Das neue *Gesangbuch* unterscheidet sich sowohl in seinem Aufbau wie auch in der Form der Lieder stark von seinen Vorgängern. Die Ordnung der ungefähr hundert Lieder, acht Litaneien und dreißig Gebete folgt streng dem Kirchenjahr.
In ihrem modernen Stil, ihrem von Sentimentalität freien und ruhigen Ton, vor allem aber in ihrer Versform unterscheiden sie sich wohltuend von denen der älteren Sammlungen. Eigenartig mutet an, daß Sprache und Bilder dieser katholischen Lieder stark von dem kalvinistisch-reformierten Gesangbuch *Lelki hódolás*, 1710 *(Seelische Huldigung)*, von P. Raday beeinflußt sind. Die dichterische Bearbeitung älterer und wahrscheinlich auch die Abfassung vieler neuer Kirchenlieder sind wohl dem Zusammensteller Ányos, einem Mitglied des Paulanerordens, zuzuschreiben, der auch als weltlicher Dichter bekannt war (besonders durch seine politisch radikalen, gegen Joseph II. gerichteten Gedichte). Der zweite namentlich bekannte Mitarbeiter, Ferenc Verseghy (1757–1822), ebenfalls Paulaner, war übrigens der ungarische Übersetzer der *Marseillaise*. Als weitere Mitarbeiter wirkten wahrscheinlich Benedek Virag (1754–1830) und Imre Kreskay (1748–1811?) mit. Das *Gesangbuch* fand, obwohl es nur Texte ohne Noten enthielt, besonders in Westungarn große Verbreitung und nahm nicht nur auf alle späteren katholischen Gesangbücher, sondern auch auf die weltliche Dichtung Einfluß. T.P.I.

Ausgabe: Pest 1785 u. ö.

Literatur: V. Koltai, *Á. P. élete és költészete*, Budapest 1882. – K. Sulyok, *Á. P. élete* (in Katholikus Szemle, Budapest 1901). – D. Horváth, *Á. P.*, Budapest 1906. – B. Kelemen, *Á. P.*, Stuhlweißenburg 1906. – E. Császár, *Á. P.*, Budapest 1912. – L. Bóka, *A. P. emlékezete* (in L. B., *Válogatott tanulmányok*, Budapest 1966, S. 367–397). – E. Érdi, *A. P. szóképei*, Budapest 1972. – Gy. Rónay, *A boldogtalan költő A. P.* (in Vigilia, 39, 1974, S. 683–694, S. 753–756). – F. Biró, *A fiatal Bessenyei és íróbarátai*, Budapest 1976.

Anyte aus Tegea

um 300 v.Chr.

DAS LYRISCHE WERK (griech.) der Anyte. Die arkadische Zeitgenossin des Epigrammatikers Leonidas aus Tarent war eine im Altertum überaus bewunderte Lyrikerin. Der Thessaloniker Antipatros stellt sie, *»einen weiblichen Homer«*, in eine Reihe mit Sappho, Praxilla, Telesilla, Korinna und Erinna (*Anthologia Palatina* 9, 26). Zwar ist ihr spezifisch lyrisches Werk verloren, aber die *Anthologia Palatina* hat zwanzig Epigramme erhalten, die der Nachwelt die für die Dichterin typische feine Naturbeobachtung, starkes Einfühlungsvermögen, tiefe Empfindung, plastischen Ausdruck und präzise Phantasie verraten. Die Gedichte wahren noch den Charakter der Aufschrift, des »Epigramms«, doch selbst die reinen Grab- und Weihepigramme beginnen bereits den Rahmen zu sprengen und dramatisches oder lyrisches Eigenleben zu entfalten. Vollends befreien sich die Motive von der Tradition ihrer Herkunft: Die Klageepigramme auf tote Lieblingstiere zum Beispiel – ein Genre von großer Zukunft, das Anyte entdeckte – dürften schwerlich Grabsteine geschmückt haben. Die Form wird zur Fiktion, zum Vorwand für poetische Darstellungen *sui generis*: »*Setz dich hier unter die schönen, grünsprossenden Blätter des Lorbeers,/ und aus dem herrlichen Quell schöpfe dir köstlichen Trunk,/ daß du im Hauche des Zephyrs die lieben Glieder, die müde/ wurden von Sommers Beschwer, ruhend dir wieder erquickst*« (9,313; ähnlich 9,314 und 16,228). Wie hier die Statuenaufschrift der Schilderung des friedlichen Ortes und der Atmosphäre des Sommers dient, so wird anderwärts ein Weihbild zur Gelegenheit, ein Bocksgespann und die darauf spielenden und um die Wette fahrenden Kinder zu beschreiben (6,312), und das Weihepigramm einer Bocksstatue (9,745) ist in gleicher Weise Anlaß, eine kleine mythologische Naturszene auszumalen.

Anyte, die man gern als typische Vertreterin der Peloponnesischen Schule bezeichnet, zeigt ohne Zweifel ganz charakteristische Züge des Hellenismus: die Vorliebe für das Detail, den Hang zum Zarten, fast Niedlichen, das Bemühen um sprachliche Knappheit bei gleichzeitiger Häufung erlesener, stimmungsgeladener Epitheta, die Tendenz zum Ländlich-Bukolischen (was bei ihr genuine Lokalpoesie sein mag) und vor allem die Prävalenz des weiblich-weichen Sentiments. Das mag bisweilen, nicht zuletzt der Diskrepanz zwischen vordergründigem formalem Zweck und autonom poetischer Absicht wegen, zu Gedichten führen, die in ihrer Affektfülle nach unserem Gefühl schon hart an der Grenze des Erträglichen liegen: »*Dies sprach Erato noch, den geliebten Vater umarmend,/ als das Letzte, und hell strömten die Tränen hervor:/ ›Vater, nun bin ich nicht mehr. Schon dunkelt's, schon deckt mir das blaue/ Auge der düstere Tod, der mich dem Leben entführt*« (7,646). Doch solche sentimentgeladenen poetischen Fiktionen schienen dem antiken ästhetischen Empfinden keineswegs ein Grund zur kritischen Disqualifikation, wie das allgemeine Urteil der Nachwelt und die jahrhundertelange Tradition der Gedichte in den Anthologien, nicht zuletzt der noch uns überlieferten, beweist. E.Sch.

Ausgaben: Ldn. 1953–1958 [1917/18] (in *The Greek Anthology, I–V*; m. engl. Übers. v. W. R. Paton). – Mchn. 1957/58 (in *Anthologia Graeca*, Hg. H. Beckby, Bd. 1–4; griech.-dt.). – Rom 1979 (in *The Epigrams*, Hg. D. Geoghegan). – Venedig

1980 (in *Poetesse greche e romane*, Hg. E. Cavallini, S. 95–124; m. ital. Komm.).

LITERATUR: R. Reitzenstein, *Epigramm und Skolion*, Gießen 1893, S. 131 ff. – M. J. Baale, *Studia in A.s poetriae vitam et carminum reliquias*, Diss. Amsterdam 1903. – G. Herrlinger, *Totenklage um Tiere in der antiken Dichtung*, Stg. 1930 (Tübinger Beiträge, 8). – G. Luck, *Die Dichterinnen der griechischen Anthologie* (in MH, 11, 1954, S. 172 ff.). – A. Körte u. P. Händel, *Die hellenistische Dichtung*, Stg. ²1960, S. 324 ff. – S. Barnhard, *Hellenistic Women Poets* (in Classical Journal, 73, 1977/78, S. 204 –213).

LUDWIG ANZENGRUBER

* 29.11.1839 Wien
† 10.12.1889 Wien

LITERATUR ZUM AUTOR:
A. Büchner, *Zu A.s Dramentechnik*, Diss. Gießen 1911. – A. Kleinberg, *L. A.*, Stg./Bln. 1921. – I. Barth, *Der autobiographische Gehalt in A.s Dichtung*, Diss. Wien 1945. – A. Klocke, *Die religiöse und weltanschaulich-ethische Problematik bei L. A.*, Diss. Freiburg i. B. 1955. – G. M. O'Brien, *The Ethic Developed in the Works of L. A.*, Diss. Minnesota 1969. – M. Bärnthaler, *Der gegenwärtige Forschungsstand zum österr. Volksstück seit A.*, Diss. Graz 1976. – P. Howe, *End of a Line. A. and the Viennese Stage* (in *Viennese Popular Theatre/Wiener Volkstheater*, Hg. W. E. Yates u. J. McKenzie, Exeter 1985, S. 139 – 152).

DOPPELSELBSTMORD

Bauernposse mit Gesang in drei Akten von Ludwig ANZENGRUBER, Uraufführung: Wien, 1. 2. 1876, Theater an der Wien. – Empört bemerken zwei seit zwanzig Jahren verfeindete Jugendfreunde, der reiche Bauer Sentner und der Häusler Hauderer, daß ihre beiden Kinder Poldl und Agerl ineinander verliebt sind. Im Wirtshaus kommt es zu einer großen Aussprache über den alten Zwist (Ursache war der Tausch ihrer Bräute), die beiden Väter versöhnen sich schließlich und willigen in die Heirat ihrer Kinder ein. Aber beim »Einschreiben« am Standesamt entflammt wegen der angeblich mangelhaften Frömmigkeit des Hauderers erneut ein heftiger Streit. Die Feindschaft scheint nun besiegelt, das Aufgebot soll rückgängig gemacht werden. Jetzt aber protestieren die jungen Liebesleute und verlassen das Dorf, nicht ohne beim Krämer einen Brief zu deponieren, aus dem man auf ihre Absicht, Selbstmord zu begehen, schließen kann. Nach einer aufregenden Suchaktion, an der sich das ganze Dorf beteiligt, werden die beiden in einer abgelegenen Sennhütte entdeckt; sie taten nur das, was in ihrem Brief angekündigt war: »*... sind wir gegangen, uns selbst auf ewig zu vereinigen, dann könnt Ihr uns wohl nicht mehr trennen*«. Angesichts der vollendeten Tatsachen begraben die Alten ihren Hader, und dem Glück der Jungen steht nichts mehr im Weg.

Doppelselbstmord zeigt die dramaturgische Routine Anzengrubers besonders deutlich; die sichere und treffende Zeichnung der Charaktere verhindert ein Abgleiten ins allzu Schwankhafte, Gesangseinlagen dienen zur Auflockerung des Textes (diese musikalischen Intermezzi sind ein Charakteristikum des österreichischen Volksstücks). Wie in seinen politisch gefärbten Stücken *(Der Pfarrer von Kirchfeld; Die Kreuzelschreiber)* vertritt der österreichische Dramatiker auch in dieser ganz im bäuerlichen Leben verwurzelten Komödie seinen antikatholischen Liberalismus.

R.Rr.

AUSGABEN: Wien 1876. – Lpzg. ca. 1920 (RUB). – Wien 1921 (in *SW*, Hg. O. Rommel u. R. Latzke, 15 Bde., 1920/21, 4; hist.-krit.). – Lpzg. 1922 (in *Werke*, Hg. E. Castle, 20 Tle., 4). – Klagenfurt 1948 [m. Anm.].

VERFILMUNGEN: *Hochzeit im Heu*, BRD 1950 (Regie: A. M. Rabenalt). – BRD 1961 (TV; Regie: Th. Grädler).

LITERATUR: P. Schlenther, *A.s »Doppelselbstmord«* (in Freie Bühne, Bd. 2, 1891, S. 264–266). – F. Weber, *A.s Naturalismus*, Bln. 1929. – E. Spröhnle, *Die Psychologie d. Bauern bei A.*, Diss. Tübingen 1930. – W. Martin, *A. u. das Volksstück* (in Neue Deutsche Literatur, 9, 1961, H. 2, S. 110–121). – W. Schmidt-Dengler, *Die Unbedeutenden werden bedeutend* (in *Die andere Welt*, Hg. K. Bartsch, Bern/Mchn. 1979, S. 133–146).

DER G'WISSENSWURM

Bauernkomödie in drei Akten von Ludwig ANZENGRUBER, Uraufführung: Wien, 19. 9. 1874, Theater an der Wien. – Im Mittelpunkt dieser meistgespielten Komödie Anzengrubers steht der Bauer Grillhofer, der plötzlich fromm und weltfeindlich geworden ist, weil ihn »*vor eim halb'n Jahrl der Schlag g'streift hat*«, was er als einen »*Deuter vom lieben Gott*« auffaßt. Da er nun glaubt, dem Tode nahe zu sein, plagt ihn der *G'wissenswurm* wegen einer Sünde, die er vor etwa fünfundzwanzig Jahren begangen hat und von der der Zuschauer zunächst nur in Andeutungen etwas erfährt. Die Schwere dieser Schuld wird dem Grillhofer von seinem Schwager Dusterer, der – auf die Erbschaft spekulierend – plötzlich um des Bauern Seelenheil sehr besorgt ist, immer wieder vorgehalten und in den schwärzesten Farben gemalt. Er wirft Grillhofer ungenügende Bußfertigkeit vor und rät ihm, allem irdischen Besitz zu entsagen, den Hof einer armen Familie, zum Beispiel der seines Schwagers Dusterer, zu schenken und in die Stadt zu ziehen, um dort Messen für sich lesen zu lassen. Grillhofer ist bereit, den Vorschlag anzunehmen, denn er grämt sich allzusehr wegen der begangenen Sünde, die, wie sich allmählich herausstellt, darin bestand, daß er – obwohl verheiratet – mit der Magd Magdalen ein Kind zeugte. Zu alledem kommt noch, daß der Bauer nichts über den Verbleib von Mutter und Kind weiß und Dusterer behauptet, er habe im Traum die Magdalen bereits in der Hölle schmachten sehen, aus deren Pein sie nur durch die Buße ihres Verführers gerettet werden könne. Plötzlich jedoch erfährt Grillhofer durch einen Zufall, daß und wo Magdalen lebt. Er sucht sie sofort auf und fühlt sich zunächst erleichtert, als er sie gesund und ungebrochen antrifft. Als er aber erfährt, daß sie sein Kind sogleich nach der Geburt weggegeben hat und daß sie auch über dessen Schicksal nichts weiß, versinkt er erneut in Reue und Niedergeschlagenheit.

Am Ende des Stücks jedoch wendet sich alles zu einem glücklichen Ausgang. Bei dem um die Rettung seiner Seele betenden armen Sünder erscheint spätabends noch die Horlacherlies, ein elternloses Mädchen, das schon kurz vorher im Auftrag ihrer Ziehmutter beim Grillhofer vorgesprochen und verwandtschaftliche Erbansprüche angemeldet hat. Sie bringt dem Bauern einen Brief, der sie als die gesuchte Tochter ausweist. Grillhofer ist gerührt und erleichtert, zumal das »Sündenkind« zu seiner seltsamen Herkunft eine durchaus natürliche Einstellung zeigt: *»Also du, du hast mer's Leb'n geb'n, no vergelt dir's Gott, es g'fallt mer recht gut af der Welt.«* Die einst begangene Sünde stellt sich als halb so schlimm heraus, was die erbschleicherischen Absichten Dusterers zunichte macht. Am Schluß der Komödie bekommt der Knecht Wastl die Horlacherlies, und der Bauer freut sich wieder seines Lebens: *»Der Herrgott hat's Leb'n / Zum Freudigsein geb'n / Und was wir oft schlecht, / Er macht's do no recht. / Drum sorg' für das Deine, / Mach niemanden irr – / Und misch' dich net eini, / Du kriegst nix dafür!«*

In diesem Stück, für das Adolf Müller die eingefügten Couplets und Lieder vertonte, wird auf heitere und unverkennbar antiklerikale Weise der Konflikt zwischen der menschlichen Verfehlung und der Forderung des Christentums nach der Unterwerfung der Natur unter eine asketische Sittenlehre dargestellt. Der Autor löst diese Frage auf denkbar einfache Art, indem er durch die natürliche und unkomplizierte Lebenseinstellung der Bauern alles als Scheinproblem entlarvt. Er stellt dem übersteigerten Sündenbewußtsein Grillhofers, das durch die Scheinheiligkeit Dusterers noch verstärkt wird, die ländlichen Verhältnisse entgegen, die alles wieder ins richtige Maß bringen. Peter ROSEGGER, mit dem Anzengruber während der Niederschrift des Stücks korrespondierte, bewunderte vor allem die wirklichkeitsgetreue Personengestaltung: *»Ich bestaune, bejuble die Wahrheit der Ausdrucksweise Ihrer Personen. Ich hege Verdacht, Sie haben dreimal sieben Jahre bei einem oberbaierischen Bauern als Altknecht gedient.«* Von der Kritik wurde das Stück fast einhellig *»in die so schüttere Reihe der besten deutschen Lustspiele gestellt«* (E. Castle). KLL

AUSGABEN: Wien 1874. – Lpzg. 1921 (in *Werke*, Hg. E. Castle, 20 Tle., 4). – Wien 1921 (in *SW*, Hg. O. Rommel u. R. Latzke, 15 Bde., 1920 bis 1922, 4; hist.-krit.). – Wien 1966 (in *AW*, 2 Bde., 1). – Bln./Weimar 1971 (in *Werke in 2 Bdn.*). – Stg. 1979 (RUB).

VERFILMUNGEN: *Die Jugendsünde*, Deutschland 1936 (Regie: F. Seitz). – BRD/Österreich 1976 (TV; Regie: W. ten Haaf).

LITERATUR: F. Adler, »*Der G'wissenswurm«. Ein Beitrag zu den Motiven A.s* (in Österreichische Rs., Bd. 27, 1911, S. 69/70). – E. Spröhnle, *Die Psychologie d. Bauern bei L. A.*, Diss. Tübingen 1930. – W. Martin, *A. u. das Volksstück* (in Neue Deutsche Literatur, 9, 1961, H. 2, S. 110–121). – E. McInnes, *L. A. and the Popular Dramatic Tradition* (in Maske und Kothurn, 21, 1975, S. 135–152).

DIE KREUZELSCHREIBER

Bauernkomödie mit Gesang in drei Akten von Ludwig ANZENGRUBER, Uraufführung: Wien, 12. 10. 1872, Theater an der Wien (unter dem Pseudonym L. Gruber). – Nach *Der Pfarrer von Kirchfeld* (1870) und *Der Meineidbauer* (1871) hat Anzengruber mit diesem, seinem ersten heiteren Stück, dessen Grundmotiv er der *Lysistratē* des ARISTOPHANES entnahm, ein weiteres Mal in die aktuellen gesellschafts- und kirchenpolitischen Streitfragen seiner Zeit eingegriffen. Die satirische Kritik des Dichters richtet sich in den *Kreuzelschreibern* ausdrücklich gegen das Dogma von der Unfehlbarkeit des Papstes (vom Ersten Vatikanischen Konzil am 18. 7. 1870 beschlossen), mit dem Pius IX. die damals in Österreich und Deutschland herrschenden Spannungen zwischen Kirche und Staat beträchtlich verschärft hatte.

Anzengrubers Stück stellt diese religiösen und politischen Konflikte im bäuerlichen Milieu dar. Der Großbauer von Grundldorf kommt am Sonntag in den Nachbarort Zwentdorf, um den im dortigen Wirtshaus nach dem Kirchgang zum Umtrunk versammelten Bauern eine Resolution zur Unterzeichnung vorzulegen, mit der er die oppositionelle Haltung eines Gelehrten gegen das Dogma (gemeint ist der – ungenannt bleibende – Münchener Theologe und Historiker Ignaz von DÖLLINGER) unterstützen will. Mit Ausnahme des Steinklopferhans, eines von allen belächelten Tagelöhners, und der jungen Burschen von Zwentdorf unterschreiben alle, und sei es, indem sie ihre *»drei Kreuz«* aufs Papier malen. Aber die Bauern müssen ihr freimütiges Votum bald bereuen: Der Dorfpfarrer hat von den kirchenfeindlichen Umtrieben gehört und gebietet den Frauen, die zur Beichte kommen, sich ihren Männern fortan zu verweigern, ehe nicht die ketzerische Tat widerrufen und auf einer Wallfahrt der Männer nach Rom gesühnt ist. Die Bauern bleiben trotz dieses »Ehestreiks« zunächst standhaft, bis der Streit, der bald alle Familien entzweit, eine tragische Wendung nimmt, als man den alten Bauern Brenninger tot im Wildbach findet. Erst jetzt entschließt sich der Steinklopferhans, das Seine zur Wiederherstellung des Friedens zu tun. Listig verabredet er mit den Sündern eine feierliche Abschiedsszene. Als man sich dann zum frommen Bittgang nach Rom versammelt, bemerken die Frauen verblüfft, daß sich plötzlich auch die jungen Mädchen des Dorfs anscheinend dazu entschlossen haben, in die Heilige Stadt zu pilgern. – Die Rechnung des Steinklopfers geht natürlich glatt auf, denn nach einigen eifersüchtigen Drohungen entschließen sich alle Betroffenen, doch lieber beisammenzubleiben, und die Bußfahrt endet, ehe sie begann, in einer großen Umarmungsszene.

Mit der im Aufbau geradlinigen und durch Gesangseinlagen aufgelockerten, bewußt die Tradition des Altwiener Volkstheaters (vor allem der Stücke NESTROYS) wieder aufnehmenden Komödie gelang es Anzengruber, in einer phrasenlosen und gegenständlichen Dialektsprache, die den realistisch und differenziert charakterisierten Bauerngestalten genau entspricht, die weitreichenden Probleme einer umstrittenen religiösen Frage in ihren individuellen Konsequenzen darzustellen, ohne dabei je in die abstrakte Beweisführung eines Thesenstücks zu verfallen. Die von Lebenserfahrung, Bauernschläue und kritischer Vernunft bestimmte Atmosphäre verkörpert in den *Kreuzelschreibern* vor allem der Steinklopferhans, der im dritten Akt in den Mittelpunkt der Ereignisse tritt und dem es gelingt, die streitenden Parteien zu versöhnen. In seiner von einem unerschütterlichen Vertrauen in die Natur und die natürliche Ordnung aller Dinge in der Welt (*»Es kann dir nix gschehn!«*) getragenen Lebensanschauung kommt zweifellos Anzengrubers eigene Überzeugung zum Ausdruck, die sich hier ganz deutlich mit Ludwig FEUERBACHS Philosophie einer diesseitigen, individualistischen Sozialethik verbindet. KLL

AUSGABEN: Wien 1872. – Lpzg. 1920 (RUB). – Lpzg. 1921 (in *Werke*, Hg. E. Castle, 20 Tle., 1). – Wien 1921 (in *SW*, Hg. O. Rommel u. R. Latzke, 15 Bde., 1920–1922, 4; hist.-krit.). – Bln. 1924 [Einl. J. Bab]. – Bln./Weimar 1971 (in *Werke in 2 Bdn.*); ²1977. – Stg. u. a. 1981.

VERFILMUNGEN: *Der Weiberkrieg*, Deutschland 1928 (Regie: F. Seitz). – Deutschland 1945 (Regie: E. v. Borsody).

LITERATUR: O. Rommel, *Die Philosophie des Steinklopferhans* (in ZfdU, 33, 1920, H. 1). – E. Spröhnle, *Die Psychologie des Bauern bei A.*, Diss. Tübingen 1930. – W. Martin, *A. u. das Volksstück* (in Neue Deutsche Lit., 9, 1961, H. 2, S. 110–121). – E. McInnes, *L. A. and the Popular Dramatic Tradition* (in Maske u. Kothurn, 21, 1975, S. 135–152). – W. Schmidt-Dengler, *Die Unbedeutenden werden bedeutend* (in *Die andere Welt*, Hg. K. Bartsch, Bern/Mchn. 1979, S. 133–146).

DER MEINEIDBAUER

Volksstück mit Gesang in drei Akten von Ludwig ANZENGRUBER, Musik von Adolf Müller; Uraufführung: Wien, 9. 12. 1871, Theater an der Wien. – Anzengrubers Versuch, die Gattung des Wiener Volksstücks durch Hereinnahme sozialer Problematik zu erneuern, stand von Anfang an im Zeichen wachsender Konkurrenz von seiten der frisch aus Paris importierten Operette und des auf Unterhaltung abgestellten Boulevardstücks: »*Die Direktionen verlangen Kassastücke, und ein Volk, das sich um die ›Volksstücke‹ bekümmert, gibt es hierorts nicht.*« Die Majorität des Theaterpublikums entstammte der aufsteigenden Klasse des besitzenden Großbürgertums und forderte Amüsement, prikkelnde Weltstadtatmosphäre und Sensationen. Die didaktisch-sozialethische Tendenz von Anzengrubers Dramen wurde deshalb als unzeitgemäß empfunden; seine Kapitalismus- und Nationalismuskritik mißfiel. Auch die Gründung eines Anzengruber-Theaters (1889) verhalf seinen Stücken nur zu mäßiger Popularität.

Das Handlungsgerüst des *Meineidbauer* ist deutlich geprägt vom barocken, über das Jesuitendrama ins Wiener Volksstück gelangten Modell des »Welttheaters«, das die agierenden, nach »Guten« und »Bösen« geschiedenen Personen als Marionetten einer höheren Macht zeigt, die der gerechten Sache schließlich zum Sieg verhilft. – Mathias Ferner hat sich nach dem Tode seines Bruders durch Testamentsunterschlagung und Meineid in den Besitz des Kreuzweghofes gebracht, der von Rechts wegen jener Frau hätte zufallen sollen, die zwei uneheliche Kinder – Jakob und Vroni – von Ferners verstorbenem Bruder hatte. Es scheint unmöglich, Mathias Ferner des Meineids zu überführen, weil der einzige Gegenbeweis – ein Brief, worin Ferner sich bei seinem Bruder darüber beklagt, bei der Verteilung des Erbes übergangen worden zu sein – nicht mehr aufzufinden ist. Vroni, die der Meineidbauer zusammen mit ihrer inzwischen verstorbenen Mutter vom Kreuzweghof gejagt hat, muß nun als Magd auf dem Adamshof dienen. Toni, der Sohn des Adamshofbauern, macht ihr Heiratsversprechungen, obwohl er bereits mit Creszenz, der Tochter des Meineidbauern, verlobt ist. Als Vroni sein doppeltes Spiel durchschaut, verläßt sie den Hof und sucht Zuflucht bei ihrer Großmutter, die nahe der Landesgrenze ein Wirtshaus führt. Dort gelangt sie durch Zufall in den Besitz des Briefes, der den Meineid beweist. Mathias Ferner hört davon und macht sich unverzüglich, bei Nacht und Nebel, auf den Weg, um ihr das gefährliche Beweisstück abzunehmen. Vroni, von Ferners eigenem Sohn Franz gewarnt, erklärt dem Meineidbauern, Franz habe den Brief mitgenommen. Ferner eilt Franz nach und schießt auf ihn. Als Franz zu Boden stürzt, hält Ferner ihn für tot und flieht. Doch wird Franz von Schmugglern gerettet und zu Vroni gebracht. Der Meineidbauer sucht, von einem Gewitter überrascht, Zuflucht in der Hütte der »Baumahm«, die ihren Nichten gerade die Geschichte eines meineidigen Bauern erzählt, den schließlich der Leibhaftige geholt hat. Den Übeltäter packt das kalte Grausen: Die Geschichte, die ja seine eigene Geschichte ist, tötet ihn. Vroni und Franz aber haben sich mittlerweile gefunden. Vroni verbrennt den Brief, denn Franz gegenüber bedarf es dergleichen formalrechtlicher Absicherungen nicht. Am Schluß steht ein Gruppenbild: Vroni und Franz, Creszenz und Toni sind glücklich vereint und verkünden eine Welt ohne Haß, Verstellung und Trug.

Dialekt, Gesangseinlagen, der lehrhafte Ton, Melodramatisches, das Gruppenbild der letzten Szene und der – gleichsam als Deus ex machina fungierende – Brief sind typische Elemente des Volksstücks. Gerade diese konventionellen Formelemente aber verhindern die Entfaltung des modernen sozialkritischen Ansatzes und stehen der psychologischen Differenzierung der Charaktere, wie sie Anzengruber vorschwebte, im Wege. Er, der Verkünder eines *»ethischen Sozialismus«* (Martini) resignierte schließlich: *»So sehen Sie denn in mir einen Kleinproduzenten im Gebiete des Feuilletons und der Erzählung, was aber den Dramatiker anlangt, so finden Sie ihn ganz mutlos.«* E.Hö.

AUSGABEN: Wien 1871 [als Ms. gedruckt]. – Wien 1872. – Lpzg. 1921 (in *Werke*, Hg. u. Einl. E. Castle, 10 Tle., 2). – Wien/Lpzg. 1921 (in *SW*, Hg. R. Latzke u. O. Rommel, 15 Bde., 1920–1922, 3; hist.-krit.). – Stg. 1959; Hg. u. Einl. W. Zentner (RUB; ern. 1965; 1981). – Wien 1966 (in *Dramen*, Hg. E. Heinzel; in *AW*, 2 Bde., 1). – Mchn. 1979.

VERFILMUNGEN: Österreich 1915 (Regie: L. Kolm, J. Fleck). – Österreich 1926 (Regie: J. Fleck, L. Kolm). – Deutschland 1941 (Regie: L. Hainisch). – BRD 1956 (Regie: R. Jugert).

LITERATUR: W. Bolin, *Anläßlich A.s »Der Meineidbauer«* (in Euph, 20, 1913, S. 141–149). – P. Sommer, *Erläuterungen zu L. A.s »Der Meineidbauer«*, Lpzg. 1929. – E. Spröhnle, *Die Psychologie der Bauern bei A.*, Diss. Tübingen 1930. – K. Klement, *Beiträge zur Weltanschauung L. A.s*, Diss. Wien 1947. – W. Martin, *A. u. das Volksstück* (in Neue dt. Literatur, 9, 1961, H. 2, S. 110–121). – F. Mehring, *»Der Meineidbauer«* (in F. M., *Aufsätze zur dt. Literatur von Hebbel bis Schweichel*, Bln. 1961, S. 513–517). – W. Schmidt-Dengler, *Die Unbedeutenden werden bedeutend* (in *Die andere Welt*, Hg. K. Bartsch, Bern/Mchn. 1979, S. 133–146).

PAUL APEL

* 2.8.1872 Berlin
† 9.10.1946 Berlin

LITERATUR ZUM AUTOR:
E. G. Winkler, *P. A. »Solet esse gravis cantantibus umbra«* (in E. G. W., *Dichtungen, Gestalten u. Probleme*, Hg. W. Warnack, Pfullingen 1956, S. 365–370). – D. Lüders, *P. A.* (in HbdtG, 1969, Bd. 1, S. 70–72).

HANS SONNENSTÖSSERS HÖLLENFAHRT. Ein Traumspiel

Komödie in zwei Akten von Paul APEL, Uraufführung: Dresden, 16. 2. 1911, Kgl. Schauspielhaus. – Der Schriftsteller Hans Sonnenstößer, der als Untermieter bei einer Frau Dr. Schwalbe wohnt und von der Hand in den Mund leben muß, steht verzweifelt vor einer folgenschweren Entscheidung: Sein Herz neigt sich zwei Frauen zu, einmal Else, Frau Dr. Schwalbes Nichte, einem ernsten, anmutigen und einfühlsamen Mädchen, dann wieder Minchen Schmidt, die zwar bildschön, aber von unerträglicher Oberflächlichkeit ist und jeden Augenblick von Hans volle Aufmerksamkeit für ihre rührend-törichten Launen fordert. Nicht unbeeindruckt ist Hans allerdings vom Reichtum der Schmidts, von dem er sich die materielle Freiheit zu seinen poetischen Plänen erhofft. Als jedoch Hans mit sanfter Gewalt von den Schmidts zur Entscheidung gezwungen wird – er soll anläßlich einer kleinen Abendgesellschaft mit Minchen verlobt werden – flüchtet er, wie es sich für einen Dichter schickt, in die Welt der Träume.

Er schläft ein und sieht sich als rastlos tätigen Schriftsteller, verheiratet abwechselnd mit Else oder Minchen. Während Else zärtliches Verständnis für ihren künstlerischen Hans aufbringt, stört ihn Minchen ständig mit kindischem Geplauder bei der Arbeit und verlangt, daß er sich ihr allein widmet. Unerträglich erscheinen Hans auch Minchens Verwandte, allen voran Tante Pauline, *»das konzentrierte Symbol des bürgerlichen Philistertums«*. Hans' Leiden an der platten Spießbürgerlichkeit der Familie erreichen ihren Höhepunkt, als ein Grammophon mit Schnulzenmusik ins Haus gebracht wird. In seiner Erbitterung erdolcht der gequälte Dichter Minchen mit dem Papiermesser. Ein groteskes Familiengericht verurteilt ihn zu Tod und »Höllenfahrt«. Schreibend läßt der Mörder belustigt die Verhandlung über sich ergehen, da er sich von der Ehefessel befreit weiß. Seine Erleichterung weicht jedoch der Todesangst, als der Scharfrichter sich anschickt, das Urteil zu vollstrecken. Doch selbst die Todesfurcht wird noch übertroffen von der unvermutet sich eröffnenden Aussicht auf Begnadigung: Minchens Geist tritt nämlich auf und gewährt Hans Verzeihung, wenn er künftig ein braver Ehemann sein wolle. Verzweifelt besteht dieser nun auf seiner Hinrichtung. Im Augenblick höchster Gefahr wird der träumende Dichter von Else geweckt, die ihn an die bevorstehende Verlobung erinnert. Aber Hans, dem der Traum die Unerträglichkeit einer Ehe mit Minchen drastisch vor Augen geführt hat, »*zieht Else sanft an sich, drückt einen zarten Kuß auf ihre Stirn ... Erschauere, Weib! Ein gottbegnadeter Dichter hat Dich geküßt!*«

Das einst überaus erfolgreiche Lustspiel lebt von verschiedenen traditionellen Handlungselementen: dem Kontrast zwischen bohemehaftem Künstlertum und spießbürgerlicher Ordnung, zwischen Sensibilität und Robustheit – Gegensätze, die jedoch nur im Traum scheinbar unversöhnlich auf die Spitze getrieben werden. Die Traumtheorien der Entstehungszeit und märchenhafte Züge prägen das Stück stärker als die von CALDERÓN ausgehende Tradition des tiefsinnigen Traumspiels. Recht bühnenwirksam ist die – parodistisch behandelte – Gerichtsszene, deren Personen die Ahnungen und Ängste Hans Sonnenstößers verkörpern. Apels Verzicht auf billige Effekte zugunsten humorvoll-treffender Charakterzeichnungen erhebt seine Komödie über die Masse kurzlebiger Boulevardstücke. KLL

AUSGABEN: Bln. 1911. – Bln. 1924. – Wien 1944 (in *Zwei Spiele*).

LITERATUR: F. Avenarius, Rez. (in Der Kunstwart, 24, 1912, S. 399–405). – Ch. Gaehde, Rez. (in LE, 13, 1912, S. 906/907). – S. Jacobsohn, Rez. (in S. J., *Das Jahr der Bühne – 1911/12*, Bln. 1912).

WILLIAM APES

* 1798 Colrain / Mass.

EULOGY ON KING PHILIP

(amer.; *Lobrede auf »King Philip«*). Eine Anklageschrift von William APES, erschienen 1836. – Als die »Pilgerväter« im Zuge einer von der Plymouth-Kompanie durchgeführten Besiedlungsaktion im Sommer 1620 mit der »Mayflower« die Küste der Neuen Welt erreichten, trafen sie auf den mächtigen Algonkinstamm der Wampanoag. Dieser wurde damals von einem Erbhäuptling angeführt, der den Kolonisten freundlich entgegenkam. Doch sein Sohn Metacom, von den Engländern »King Philip« genannt, hatte allen Grund, einen Vernichtungskrieg gegen die eingewanderten Puritaner zu führen. Von den neunzig Städten, die diese bis 1675 in »Neu-England« errichtet hatten, griff er mit den Kriegern aller Stämme, die sich unter seiner Führung zur Verteidigung ihrer Heimat vereinigten, zweiundfünfzig an und zerstörte zwölf vollständig. Aber trotz seiner Ausdauer, List und unübertrefflichen Tapferkeit wurde er besiegt: Er fiel dem Verrat in den eigenen Reihen zum Opfer. Ein abtrünniger Indianer tötete ihn, und die Puritaner behandelten den Leichnam ihres Erzfeindes nach dem Brauch ihrer Zeit: Sie vierteilten ihn und stellten seinen Kopf angeblich zwanzig Jahre lang zur Schau. Seine Witwe und seinen kleinen Sohn verkauften sie als Sklaven nach Westindien.

All dies berichtet William Apes in seiner Schrift, doch ging es ihm keineswegs nur darum, sattsam bekannte Einzelheiten aus der Gründungszeit der Neuengland-Staaten darzustellen. Er verfaßte seine *Eulogy* nicht nur als Historiker, sondern auch als Ankläger: Er war ein Pequod-Indianer, und seinem Stamm hatten die Puritaner nicht minder übel mitgespielt als dem der Wampanoag. Und er war außerdem ein direkter Nachkomme von Metacom. Apes empfand die Landnahme an der Neuengland-Küste als eine Gewalttat und Ungerechtigkeit, als durch einen Scheinvertrag zwar realisiert, aber nicht legalisiert. Und waren, so schreibt er, die Puritaner letzten Endes nicht wilder als die »Wilden«? Vergalten sie doch die langjährige Freundlichkeit und Geduld der Indianer damit, daß sie es für eine religiöse Pflicht erachteten, die Ureinwohner des Kontinents auszurotten. Als Captain Standish zu einem Festmahl Indianer einlud und sie dann mit ihren eigenen Messern erstach, sah man darin eine gottgefällige Tat. Wann immer ihnen ein derartiger Sieg beschieden war, priesen die Puritaner Gott, und jedes dieser blutrünstigen Dankgebete war im Grund ein geistiger Völkermord. Hatte »King Philip« die Indianer mit flammenden Worten zum Widerstand gegen diese merkwürdigen Erdenbürger aufgerufen, so erklärt nun sein Nachkomme sinngemäß etwa folgendes: Groß und ansehnlich waren die Neuengland-Stämme, doch wo sind sie hingekommen? Und wie wurden sie vernichtet? Mit ehrlichen Mitteln? Nein, durch Hinterlist. Man sagte ihnen, daß der weiße Gott mit ihnen sprechen wolle, dann stellte man sie vor die Mündungen der Kanonenrohre und tötete sie zu Tausenden. Die Christen hätten bessere Götter und Waffen haben können als Kanonen, doch sie zivilisierten die Erde mit Hilfe von Rum, Seuchen und Schießpulver.

William Apes wurde 1829 zum Methodistenprediger geweiht. Als solcher hielt er 1836 (150 Jahre nach »King Philips« Tod) in Boston jene aufsehenerregende Gedenkrede, die seiner sechzig Seiten umfassenden Schrift *Eulogy on King Philip* zugrunde liegt. Kurze Zeit danach verschwand er spurlos; Art und Zeit seines Todes sind unbekannt. G.Haf.

AUSGABEN: Boston 1836. – NY 1985, Hg. A. L. Dexter.

ÜBERSETZUNG: *King Philipps Krieg*, A. Witthoefft (in *Ruf des Donnervogels*, Hg. Ch. Hamilton, Zürich 1960, S. 159–163; Ausz.).

LITERATUR: B. Church, *History of King Philip's War*, Boston 1825. – F. Freeman, *Civilization and Barbarism*, Cambridge 1878. – K. McQuaid, W. A., *Pequot: An Indian Reformer in the Jackson Era* (in New England Quarterly, 50, 1977, S. 605–625). – *Studies in American Indian Literature*, Hg. P. G. Allen, NY 1983. – A. Wiget, *Native American Literature*, Boston 1985 (TUSAS).

APHRAHAT

1. Hälfte 4. Jh.

TAḤWYĀṬĀ

(syr.; *Darlegungen*). Sammlung von Abhandlungen von APHRAHAT. – In syrischer Sprache sind 23 Abhandlungen *(taḥwyāṭā)* von Aphrahat überliefert, die in zwei Zyklen gegliedert sind, von denen der erste zehn und der zweite zwölf Abhandlungen sowie eine später verfaßte weitere Abhandlung enthält. Die ursprünglich 22 Abhandlungen der beiden Zyklen sind durch Akrosticha der 22 Buchstaben des syrischen Alphabets verbunden und in ihrer Reihenfolge festgelegt.
Die Abhandlungen des ersten Zyklus handeln 1. Vom Glauben; 2. Von der Liebe; 3. Vom Fasten; 4. Vom Gebet; 5. Von den Kriegen; 6. Von den Bundessöhnen; 7. Von den Büßern; 8. Von der Auferstehung der Toten; 9. Von der Demut; 10. Von den Hirten. Dieser Zyklus wurde 337 n. Chr. vollendet. – Der zweite Zyklus umfaßt folgende zwölf Kapitel: 11. Von der Beschneidung; 12. Vom Pascha; 13. Vom Sabbat; 14. Von der Ermahnung; 15. Von der Unterscheidung der Speisen; 16. Von den zwölf Stämmen unter den Völkern (der Heiden), die an die Stelle des Volkes (der Juden) getreten sind; 17. Über den Messias, daß er der Sohn Gottes ist; 18. Über die Jungfräulichkeit und Heiligkeit; 19. Gegen die Juden darüber, daß sie sagen, daß es ihnen bestimmt sei, versammelt zu werden; 20. Von der Unterstützung der Armen; 21. Von der Verfolgung; 22. Vom Tod und von den letzten Zeiten. Dieser zweite Zyklus wurde 344 n. Chr. vollendet.
Der Verfasser, der in alten Handschriften »der persische Weise« und »Mar Jakob« genannt wird, heißt Aphrahat, wie von späteren Schriftstellern, z. B. BAR BAHLŪL († 963) u. a., bezeugt wird. Er lebte im Perserreich und wurde dort Zeuge der Christenverfolgung unter dem Sasanidenkönig Schahpur II. (reg. 309–379), auf die er auch Bezug nimmt. Aphrahat gibt an, seine Schriften seien auf die Anfrage eines Freundes entstanden. Dieses an seinem Anfang fragmentarisch überlieferte Schreiben ist den Abhandlungen vorangestellt. Allerdings könnte es sich hier auch um eine literarische Fiktion handeln.

Die beiden Zyklen sind nicht nur durch einen zeitlichen Abstand von sieben Jahren getrennt, sondern unterscheiden sich auch inhaltlich. Der erste Zyklus befaßt sich vornehmlich mit der asketischen Vervollkommnung des einzelnen Christen. Abhandlung 5 behandelt in einer Art Geheimsprache die Kriegsvorbereitungen, die Schahpur 337 gegen die Römer traf, und prophezeit aufgrund der neutestamentlichen *Apokalypsis Johannes*, daß das Perserreich das Römerreich nicht vernichten könne. Besondere Aufmerksamkeit und wiederholte Untersuchungen sind der Abhandlung 6 zuteil geworden, da sie sich an die sogenannten »Standesangehörigen« wendet, eine besondere Art von Asketen, die inmitten der Welt zusammen mit ihren Familien leben. Dieser Gruppe gehörten offensichtlich auch Aphrahat und der Adressat seiner *Darlegungen* an. – Der zweite Zyklus ist hauptsächlich gegen die Juden gerichtet, die sich im Laufe der im Perserreich ausgebrochenen Christenverfolgungen offenbar gegen die persischen Christen gewandt hatten. Nach ihrer Thematik passen die Abhandlungen 20 und 22 eher in den ersten Zyklus. Dies trifft auch auf die Abhandlung 14 zu, bei der es sich vielleicht um ein Hirtenschreiben handelt, das Aphrahat als Wortführer einer Synode an die Christen von Seleukia-Ktesiphon und Umgebung richtet (anderer Auffassung ist J. M. FIEY). Im August 345 n. Chr. ließ Aphrahat, wieder auf Veranlassung des Adressaten, die Abhandlung 23 folgen, die von jener kleinen Schar der Gerechten handelt, derentwegen die gottlose Mehrheit verschont bleibt (*Jesaja* 65,8).
Die Texte sind in einem altertümlichen, von griechischen Einflüssen freien Syrisch geschrieben. Für die Syrologen ist dies ebenso interessant wie für die Theologen die noch recht ursprüngliche, hauptsächlich auf der *Bibel* beruhende, von westlichen Einflüssen freie Theologie und die altertümlichen Verhältnisse in der damaligen persischen Kirche. Die 23 Abhandlungen gehören zu den ältesten datierten Texten der syrischen Literatur und sind in mehreren alten Handschriften überliefert (Auszüge schon in Handschriften aus den Jahren 474 und 510; den ganzen Text enthält die aus dem 9. Jh. stammende Hs. Brit. Mus. Add. 14619). Von der ehemaligen weiten Verbreitung dieser Schriften und ihrem hohen Ansehen im christlichen Orient zeugen auch die alten Übersetzungen in die armenische, georgische und äthiopische Sprache. J.As.

AUSGABEN: Ldn. 1869 (W. Wright, *The Homilies of Aphraates*). – Paris 1894–1907 (J. Parisot, *Aphraatis Sapientis Persae demonstrationes*, 2 Bde.; m. lat. Übers.).

ÜBERSETZUNGEN: *Sancti Patris Nostri Jacobi Episcopi Nisibeni Sermones*, N. Antonellus, Rom 1756 (altarm.-lat.). – *Aphrahats, des persischen Weisen, Homilien*, G. Bert, Lpzg. 1888. – F. M. Esteves Pereira, *Jacobi, episcopi Nisibeni, homilia de adventu regis Persarum adversus urbem Nisibis* (in *Orientalische Studien Th. Nöldeke zum 70. Geburtstag*, Hg. C. Bezold, Bd. 2, Gießen 1906, S. 877–892; äth. Übers.). – G. Garitte, *La version géorgienne de l'entretien VIe d'Aphraate* (in Le Muséon, 77, 1964, S. 301–366; altgeorg.-lat.). – Kh. Samir u. P. Yousif, *La version arabe de la troisième démonstration d'Aphrahat (sur le jeûne)* (in Actes du IIe congrès international d'études arabes chrétiennes, Hg. Kh. Samir, Rom 1986).

LITERATUR: Baumstark, S. 30/31. – Bardenhewer, 4, S. 327–340. – A. Vööbus, *Aphrahat* (in Jb. für Antike u. Christentum, 3, 1960, S. 152–155). – Urbina, S. 46–51. – Altaner-Stuiber, S. 342/343. – J. M. Fiey, *La démonstration XIVe d'Aphraate* (in Le Muséon, 81, 1968, S. 449–454). – J. Neusner, *Aphrahat and Judaism*, Leiden 1971.

BRUNO APITZ

* 28.4.1900 Leipzig
† 7.4.1979 Berlin

LITERATUR ZUM AUTOR:
H. Herting, *Von der Größe u. Schönheit des Menschen* (in WB, 19, 1973, H. 1, S. 26–37). – H. Bartusch, *Zur lit. Gestaltung von Entschei-dungssituationen im Werk von B. A. u. a.*, Diss. Bln./DDR 1979.

NACKT UNTER WÖLFEN

Roman von Bruno APITZ, erschienen 1958. – Gegenstand des Werks sind die Ereignisse der letzten Wochen im Konzentrationslager Buchenwald, die der Autor selbst miterlebt hat. Das meist aus Kommunisten bestehende Internationale Lagerkomitee (ILK) hat seit langem einen Aufstand vorbereitet. Durch ein dreijähriges Kind, das von einem Juden aus Auschwitz eingeschmuggelt wird, entsteht nun eine dramatische Situation. Ausgerechnet der Waffenausbilder des ILK, Höfel, versteckt das Kind. Der Verbindungsmann des Komitees, Bochow, fordert strenge Parteidisziplin: Der Schutz des Knaben könnte die gesamte Organisation und damit die mögliche Selbstbefreiung der 50 000 Häftlinge gefährden. Dennoch gibt Höfel das Kind nicht preis. Als die SS von dem Knaben erfährt, beginnt eine Kettenreaktion von Verfolgungen und Verhören. Höfel und ein Pole werden fast zu Tode gefoltert, aber sie verraten nichts; ein anderer Häftling wird ermordet. Gleichzeitig kommt es zu einer Reihe von Hilfsaktionen; zuletzt sorgt das ILK selbst für den Schutz des Kindes. – Parallel zu diesen Ereignissen vollzieht sich das Vorrücken der gegnerischen Armeen, das die SS zunehmend in Panik versetzt. Der Lagerführer Kluttig glaubt, mit dem Kind die Spur der illegalen Organisation gefunden zu haben, und will rücksichtslos durchgreifen. Der Kommandant Schwahl dagegen möchte aus Angst vor einem Kriegsverbrecherprozeß ein Gemetzel vermeiden. So leben die Häftlinge zwischen Furcht und Hoffnung, bis sie schließlich nach der Flucht der Führer die SS-Wachen überwältigen können. Im Triumphzug tragen sie das Kind aus dem Lager, das zum Symbol des Widerstands um der Menschlichkeit willen geworden ist.

Der Titel des Buchs weist auf das Kind als Helden hin. Tatsächlich löst es die Handlung aus und wird zum Bezugspunkt der äußeren Ereignisse. Es scheint außerdem eine unlösbare Alternative aufzuwerfen: spontanes Engagement für einen Menschen oder politisch reflektierte Sicherung einer humanen Organisation. Diese Alternative löst sich aber, etwas unglaubwürdig, durch eine Reihe konstruierter Vorfälle, von selbst auf, und das Kind dient zuletzt der moralischen Stärkung der Häftlinge. Als – sentimental hochgespieltes – Objekt des Handelns wird es für den Autor gleichzeitig zum Anlaß, eine psychologisch akzentuierte Darstellung der Handelnden zu geben: der kommunistischen Kämpfer in ihrem Einsatz gegen die Faschisten. Die deutsche Vergangenheit tritt in ihrer häßlichsten Gestalt – im Konzentrationslager – ins Blickfeld, ohne daß je die Schuldfrage aufgeworfen und die Voraussetzungen des Faschismus aufgezeigt würden. Das führt zu einer Privatisierung der Probleme und zu einer fraglosen Reproduktion des Faktischen und der Oberfläche; der Roman eines Kommunisten begeht hier eine Sünde der »bürgerlichen« Ideologie und wird nebenbei zu einem verkappten Abenteuerroman. Selbst die krassesten Folterungsszenen werden dadurch neutralisiert, daß sie nur als Ausdruck der personengebundenen Bosheit von SS-Leuten und nur als Bewährungsprobe für die Helden erscheinen. Gerade aber die Verbindung von sentimentalem Konfliktstoff (das Kind), spannend, ja mitreißend erzähltem Abenteuer (das KZ) und Tatsachenbericht (auch das plötzliche Erscheinen des Knaben, der als Stepan Jerzy Zweig in Polen entdeckt wurde, ist historisch beglaubigt) sicherte dem Roman seinen internationalen Erfolg, der sich nicht zuletzt in mehr als zwanzig Übersetzungen dokumentiert.

Dem Autor – er war 1927 der KPD beigetreten und befand sich seit 1934 ununterbrochen in Haft, die letzten acht Jahre im KZ Buchenwald – gelang es, zahlreiche Stilbrüche (gehobener Ausdruck, übertriebene Derbheiten in der wörtlichen Rede und romantisierende Beschreibungen kontrastieren oft unvermittelt miteinander) durch den effektvollen Gang der Handlung immer wieder zu überspielen.

H.Es.

AUSGABEN: Halle 1958. – Bln. 1960. – Lpzg. 1960 (RUB). – Ffm. 1975. – Ffm. 1981.

VERFILMUNG: DDR 1962 (Regie: F. Beyer).

LITERATUR: K. Böttcher, *Der Mensch ist stärker als der Wolf. B. A.:»Nackt unter Wölfen« – Roman über das Konzentrationslager Buchenwald* (in Der

Deutschunterricht, 11, 1958, S. 592–596). – E. Kühne, *Charakterentscheidung u. sozialistisch-humanistische Weltanschauung in A.' Roman »Nackt unter Wölfen«* (in WZ Rostock, 9, 1959/60, Sonderh., S. 45–51). – D. Wuckel: *B. A.: »Nackt unter Wölfen«* (in Der Deutschunterricht, 16, 1963, S. 93–103).– D. Felden, *Das Verhältnis zwischen Handlungsablauf u. dem Einsatz spezifischer Grundgestaltungsarten der Rede im Roman »Nackt unter Wölfen«* von B. A., Diss. Greifswald 1978. – C. Günther, *Einige kritische Bemerkungen zu B. A.'Erfolgsroman »Nackt unter Wölfen«* (in *Hallesche Studien zur Wirkung von Sprache und Lit.*, 7, 1983, S. 57–73). – M. Gregor-Dellin, *Ich war Walter Ulbricht. Die Entstehung des Romans »Nackt unter Wölfen«* (in SZ, 21./22. 2.1987).

GUILLAUME APOLLINAIRE

d.i. Wilhelm Apollinaris de Kostrowitzky

* 26.8.1880 Rom
† 9.11.1918 Paris

LITERATUR ZUM AUTOR:
Zeitschriften:
Revue des Lettres Modernes [seit 1962 Sondernummern zu G. A.]. – Que vlo-ve? Bulletin International d'Études sur A., 1973 ff.
Biographien:
M. Adéma, *G. A., le mal-aimé*, Paris 1952 [m. Bibliogr.]. – G. Vergnes, *La vie passionée de G. A.*, Paris 1958. – P. Pia, *G. A. in Selbstzeugnissen und Bilddokumenten*, Reinbek 1961 (rm). – M. Adéma, *G. A.*, Paris 1968. – A. Billy, *G. A.*, Paris 1970 [m. Textausw.].
Gesamtdarstellungen und Studien:
C. Giedion-Welcker, *Die neue Realität bei G. A.*, Bern 1945. – C. Mackworth, *G. A. and the Cubist Life*, Ldn./Toronto 1961 (dt. *G. A. und die Kubisten*, Ffm./Bonn 1963). – P. Bergmann, *Modernolatria e simultaneità – Recherches sur deux tendances de l'avantgarde littéraire en Italie et en France à la veille de la première guerre mondiale*, Uppsala 1962. – Europe, 1966, Nr. 451/452 [Sondernr. *G. A.*]. – S. Bates, *G. A.*, NY 1967 (TWAS). – *Album A.*, Hg. M. Adéma u. M. Décaudin, Paris 1971 (Pléiade). – C. Tournadre, *Les critiques de notre temps et A.*, Paris 1971. – V. Neumann, *Die Zeit bei G. A.*, Mchn. 1972. – H. Meter, *A. und der Futurismus*, Saarbrücken 1977. – *A.*, Hg. E. Leube u. A. Noyer-Weidner, Wiesbaden 1980 (ZfrzSp, N. F. 7). – C. Debon, *G. A. après »Alcools«*, 2 Bde., Paris 1981. – *Lyrik und Malerei der Avantgarde*, Hg. R. Warning u. W. Wehle, Mchn. 1982. – D. Berry, *The Creative Vision of G. A.: A Study of Imagination*, Saratoga/Kalifornien 1982. – *A.: Actes de la journée A.*, Hg. P.-O. Walzer, Bern 1983. – D. Bordat u. B. Veck, *A.*, Paris 1983. – R. Stamelmann, *The ›Fatal Shadow‹ of Otherness: Desire and Identity in the Poetry of G. A.* (in FF, 8, 1983, Nr. 2, S. 147–161).
– M. Décaudin, *A.*, Paris 1986 [Einl. Ph. Soupault].

ALCOOLS. Poèmes 1898-1913

(frz.; *Ü: Alkohol*). Gedichtsammlung von Guillaume APOLLINAIRE, erschienen 1913. – Von den 71 Texten der *Alcools*, der zweiten und wohl bekanntesten Gedichtsammlung Apollinaires, erschienen die meisten schon vor ihrer Überarbeitung zur Aufnahme in diese Kollektion in Zeitschriften und Anthologien. Apollinaire entschied sich gegen eine chronologische Ordnung der Gedichte und stellte Texte unterschiedlichster Form und Thematik nebeneinander, was den Nachweis einer Systematik im Aufbau des auf den ersten Blick so heterogenen Werks, etwa eine Anordnung nach Themenkomplexen, sehr schwierig macht.
Ein großer Teil der Gedichte in den *Alcools* ist eindeutig autobiographisch angeregt. So entstanden die neun *Rhénanes (Rheinlieder)* im Jahr 1901/02, das Apollinaire als Hauslehrer der französischen Familie Milhau auf deren Gütern im Rheinland verbrachte; die Gedichte *La chanson du mal-aimé (Lied des Ungeliebten)* und *L'émigrant de Landor Road (Der Auswanderer von Landor Road)* charakterisierte der Dichter selbst als Beschreibung seiner unglücklichen Liebe zur englischen Gouvernante der Milhaus, Annie Playden. *Zone (Zone)*, *Le pont Mirabeau (Der Pont Mirabeau)*, *Marie (Marie)* und *Cors de Chasse (Jagdhörner)* sind durch seine Beziehung zur Malerin Marie Laurencin inspiriert (so der Autor in einem Brief an Madeleine Pagès vom 30. 7. 1915). Viele der Gedichte widmen sich also dem Thema der Liebe, in melancholischer Rückschau z. B. eines der bekanntesten Gedichte dieser Sammlung, *Le Pont Mirabeau*: »*L'amour s'en va comme cette eau courante / L'amour s'en va / Comme la vie est lente / Et comme l'Espérance est violente*« (»*Die Liebe vergeht wie der Strom der wogt / Die Liebe vergeht – / wie das Leben stockt / Wie heftig die Hoffnung uns hinreißt und lockt*«; Ü: J. Hübner). Die Bedeutung der *Alcools* erschließt sich jedoch erst, wenn man den Blick über eine mögliche Verarbeitung von Erfahrungen des Autors in den Gedichten hinauslenkt auf ihren kunst- und literarhistorischen Kontext. Die Vielzahl der anzitierten literarischen Quellen aus beinahe allen Epochen veranlaßten Georges DUHAMEL, der Spuren von VERLAINE, MORÉAS, HEINE und RIMBAUD entdeckte, zu einem Verriß der Sammlung, über die er in einer Rezension im ›Mercure de France‹ (15. 6. 1913) direkt nach ihrem Erscheinen urteilte: »*Elle revend, elle ne fabrique pas*« (»*Sie verkauft Altes und fabriziert nichts Neues*«). Die Verarbeitung von Elementen der literarischen Tradition ist jedoch ein nicht nur für seine Lyrik wichtiger Aspekt in Apollinaires Poetik, wie der Autor in einem Brief an

J.-Y. Blanc (18. 10. 1915) erläutert: »*La meilleure façon d'être classique et pondéré est d'être de son temps et ne sacrifiant rien de ce que les Anciens ont pu nous apprendre*« (»*Das Beste, um ein ausgewogener Klassiker zu sein, ist, sich am Puls seiner Zeit zu bewegen und dennoch nichts von dem aufzugeben, was unsere Vorgänger uns haben lehren können*«). Die Modernität Apollinaires manifestiert sich u. a. inhaltlich – und hiermit steht er in Kontrast zu den Symbolisten – in einer Perspektivierung des Alltäglich-Zufälligen als Ausgangspunkt der Dichtung: »*Je suis ivre d'avoir bu* TOUT *l'univers*« (»*Nun bin ich trunken ich trank ja die ganze Welt*«) heißt es in deutlichem Bezug zum Titel *Alcools* im letzten Gedicht, *Vendémiaire (Weinmond)*.

Die Forderung einer auf der Alltagssprache aufbauenden Poesie wird in Apollinaires *L'esprit nouveau et les poètes (Der neue Geist und die Dichter)* programmatisch formuliert. Deutlich tritt in den *Alcools* seine Auseinandersetzung mit den zeitgenössischen Avantgardebewegungen zutage. In dem berühmten Einleitungsgedicht *Zone* wird der Versuch erkennbar, durch das Aneinanderreihen unterschiedlicher, scheinbar zusammenhangsloser Impressionen das in der bildenden Kunst im Kubismus und Futurismus entwickelte Konzept der Simultaneität in die Dichtung zu übertragen. So werden die Orte Koblenz, Rom, Amsterdam und Paris direkt nacheinander als Ausgangspunkte unterschiedlicher Assoziationen aufgerufen. Und der Verzicht auf jedwede Interpunktion in der gesamten Sammlung ist im Zusammenhang mit der von MARINETTI und den italienischen Futuristen geprägten Formel der »*parole in libertà*« (»*befreite Wörter*«), der Forderung nach Befreiung der Wörter aus grammatikalischen und syntaktischen Eingrenzungen, zu sehen. Obgleich in den *Alcools* typisch moderne Gattungen zu finden sind, wie das auf BAUDELAIRE zurückgreifende Prosagedicht, sind diese avantgardistischen Tendenzen oft eingebettet in traditionelle Metrik- und Reimschemata. Als Kreuzungspunkt verschiedenster Einflüsse sind die *Alcools* eines der interessantesten Zeugnisse der von unterschiedlichsten Strömungen geprägten Zeit um den Ersten Weltkrieg.   T. T.

AUSGABEN: Paris 1913. – Paris 1953, Hg. u. Komm. T. Tzara. – Paris 1956 (in *Œuvres poétiques*, Hg. M. Adéma u. M. Décaudin). – Genf/Paris 1960 (in *Le dossier d'Alcools, Ed. d. préoriginales avec une introduction et des documents*, Hg. M. Décaudin). – Paris 1966 (in *Œuvres complètes*, Hg. M. Décaudin, 4 Bde., 1965/66, 3).

ÜBERSETZUNGEN: *Zone*, F. M. Cahen, Bln. 1914 [Ausw.]. – *Der Reisende*, W. Petry (in *Querschnitt*, 4, 1924, S. 306 f.; Ausw.). – *Alcools*, F. Usinger u. a. (in *Dichtungen*, Hg. F. Klee-Palyi, Wiesbaden 1953; Ausw.; frz.-dt.). – *Alkohol*, J. Hübner u. L. Klünner (in *Poetische Werke*, Hg. G. Henniger, Bln./Neuwied 1969; Ausw.; frz.-dt.). – In *Unterm Pont Mirabeau*, Hg. u. Nachw. T. Mayer, Bln./DDR 1971 [Ausw.; m. Holzschnitt v. R. Dufy]. – *Alkohol*, J. Hübner u. L. Klünner, Darmstadt/Neuwied 1976 (SLu; Vorw. G. Henniger).

LITERATUR: L. C. Breunig, *The Chronology of A.'s »Alcools«* (in PMLA, Dez. 1952, S. 907 ff.). – T. Tzara, *Nouvelles observations à propos d'»Alcools«*, Paris 1954. – M.-J. Durry, *G. A.: »Alcools«*, Paris 1956. – J.-C. Chevalier, *»Alcools« – Analyses des formes poétiques*, Paris 1970. – D. Grojnowski, *A. – Orphée. Sur la poétique d'»Alcools«* (in *Romantisme*, 33, 1981, S. 91–108). – K.-H. Stierle, *Babel und Pfingsten. Zur immanenten Poetik von A.s »Alcools«* (in *Lyrik und Malerei der Avantgarde*, Hg. R. Warning u. W. Wehle, Mchn. 1982). – *»Alcools« de G. A. Lecture à plusieurs voix*, Hg. P. Lamarre, Montreal 1983. – B. Lecherbonnier, *»Alcools« d'A.*, Paris 1983. – P. Renaud, *Les trajets du phénix de »La chanson du mal-aimé« à l'ensemble d'»Alcools«*, Paris 1983. – H. Schreckenberger, *L'unité du recueil »Alcools« de G. A.* (in *Chimères*, 17, 1984, Nr. 1, S. 41–61). – G. Jacaret, *La dialectique de l'ironie et du lyrisme dans »Alcools« et »Calligrammes«*, Paris 1984. – H. Charasson, *Le dossier de presse d'»Alcools«* (in *Que vlo-ve?*, 1986, Nr. 18, S. 5–15).

LE BESTIAIRE OU CORTÈGE D'ORPHÉE

(frz.; Ü: *Bestiarium oder Das Gefolge des Orpheus*). Gedichtband von Guillaume APOLLINAIRE, erschienen 1911. – Die erste Buchausgabe des *Bestiaire* – deutlich ist der Rückgriff auf die mittelalterliche Gattung des Bestiariums, darüber hinaus auch auf die emblematische Literatur der Renaissance und des Barock – entstand auf der Grundlage einer kleinen Sammlung epigrammatischer Tiergedichte, die Apollinaire bereits 1908 in der Pariser Symbolistenzeitschrift ›La Phalange‹ veröffentlicht hatte und deren Textkorpus er nun von 18 auf 30 Gedichte erweiterte.

Die Kurzgedichte des *Bestiaire* sind durch vier mit *Orpheus* überschriebene Gedichte in ebenso viele Abschnitte gegliedert, in deren Zentrum jeweils eine Tiergruppe steht: Der erste Abschnitt widmet sich verschiedenen Säugetieren, der zweite den *Rotifères, cirons, insectes et microbes* (Rädertieren, Maden, Insekten und Mikroben), der dritte den Wassertieren, der vierte den Vögeln. In jedem der Vier- bis Fünfzeiler wird ein Tier besungen bzw. kommt selbst zu Wort; die Fülle der dabei angedeuteten mythologischen Bezüge scheint zunächst im Kontrast zur einfachen Sprache des *Bestiaire* zu stehen. (Einige der mythologischen Verweise werden in einem kleinen, von Apollinaire selbst verfaßten Anhang der Sammlung erläutert.) Aber schon die Titelveränderung gegenüber der Zeitschriftenversion des *Bestiaire* legt nahe, daß es Apollinaire nicht um naturalistische Abbildung der Tierwelt geht, sondern daß die Tiermotivik hier im Kontext ganz anderer Absichten gesehen werden muß: Stand die Tierwelt der in ›La Phalange‹ veröffentlichten Sammlung schon durch ihren Titel *La marchande des quatre saisons ou le bestiaire mondain* (Die Händ-

lerin der vier Jahreszeiten oder Das weltliche Bestiarium) ganz im Zeichen ihrer Diesseitigkeit, so rückt der neue Titel sowie die Umbenennung der mit *La marchande (Die Händlerin)* betitelten Gedichte zu *Orphée* – eine direkte, bei Apollinaire durchweg eklektizistische Evokation verschiedener Aspekte des Orpheus-Mythos – die Sammlung in einen Rahmen, in dem das Dichten selbst zum Thema werden kann. Daher sind die Gedichte nicht nur als charmante, oft sehr humorvolle Tiercharakterisierungen zu lesen, sondern das jeweilige Tier ist als Träger einer Bedeutungsvielfalt oft erst über den Bezug zu Orpheus zu verstehen. Im Gedicht *La tortue (Die Schildkröte)* wird beispielsweise jener Bezug durch die Erwähnung des Panzers hergestellt, aus dem, so erläutert Apollinaire in seinem Anhang, dem Mythos zufolge die Leier des Orpheus hergestellt war. Die Sirenen, als mythische Wesen im Abschnitt der Lufttiere zuerst besungen, fungieren über ihre Lieder primär als Gleichnis für den Dichter selbst, dem hier schon wie im übrigen Werk, vor allem in dem nur zwei Jahre früher erschienenen Roman *L'enchanteur pourrissant (Der verwesende Zauberer)* übermenschliche, z. B. seherische Qualitäten, zugesprochen werden. Eine weitere für Apollinaire wichtige Funktion der Dichtung manifestiert sich in jenem Motto, das er seinem Verleger in einem Brief vom 29. August 1910 für die Erstausgabe des *Bestiaire* vorschlug: »*J'émerveille*« (»*Ich verzaubere*«). T.T.

AUSGABEN: Paris 1911 [Ill. R. Dufy]. – Paris 1956 (in *Œuvres poétiques*, Hg. M. Adéma u. M. Décaudin). – Paris 1966 (in *Œuvres complètes*, Hg. M. Décaudin, 4 Bde., 1965/66, 3). – Paris 1966 (in *Alcools, suivi de Le Bestiaire et de vitam impendere amori*; Ill. R. Dufy). – Paris 1967 [Ill. R. Dufy].

ÜBERSETZUNGEN: *Bestiarium oder Das Gefolge des Orpheus*, K. Krolow, Gießen 1959; ern. Ffm. 1978 (BS; Ill. R. Dufy). – *Bestiarium oder Orpheus' Gefolge*, L. Klünner (in *Poetische Werke*, Hg. G. Henniger, Bln./Neuwied 1969; Ausw.; frz.-dt.). – In *Unterm Pont Mirabeau*, Hg. u. Nachw. T. Mayer, Bln./DDR 1971 [Ausw.].

VERTONUNG: F. Poulenc (Lieder für Singstimme u. Klarinette; auch mit Orchester, 1919).

LITERATUR: M. Bonnet, *A propos de* »*Cortège*«*: A. et Picabia* (in RLMod, 1963, Nr. 85–89, S. 62–75). – M. Poupon, *Quelques énigmes du* »*Bestiaire*« (in ebd., 1966, Nr. 146–149, S. 85–96). – M.-L. Belleli, *Richezza di temi nel* »*Bestiario*« *di A.* (in M.-L. B., *Il sole nero dei poeti – saggi sulla letteratura francese del otto-novecento*, Rom 1975, S. 229–311). – A. Favre, *Bestiaire spirituel et bestiaire onirique dans la poésie moderne* (in CAIEF, 1979, Nr. 31, S. 45 ff.).

CALLIGRAMMES. Poèmes de la paix et de la guerre (1913-1916)

(frz.; Ü: *Kalligramme*). Gedichtsammlung von Guillaume APOLLINAIRE, entstanden 1913–1918, erschienen 1918. – Die dritte Gedichtsammlung Apollinaires setzt sich aus 82 Texten zusammen, die, beinahe durchgängig chronologisch geordnet, in die unterschiedlich umfangreichen Abschnitte *Ondes (Wellen), Étendards (Standarten), Case d'Armons (Protzkasten), Lueurs des Tirs (Mündungsfeuer), Obus Couleur de Lune (Mondfarbene Granate)* und *La tête étoilée (Das gestirnte Haupt)* gegliedert sind. Bereits die der Sammlung vorangestellten Daten 1913–1916 weisen wie der Untertitel *Poèmes de la paix et de la guerre (Gedichte vom Frieden und vom Krieg)* auf die Zeitgebundenheit der Gedichte und auf ihre autobiographische Grundierung hin. Apollinaire, der sich als polnischer Staatsbürger mit Beginn des Ersten Weltkriegs zum Eintritt in die französische Armee meldete und vom Soldaten zum Offizier avanciert war, als eine Kopfverletzung ihn 1916 zur Rückkehr nach Paris zwang, verarbeitet in einer Vielzahl der Texte seine Fronterfahrungen, die einerseits kriegsbegeisterten Optimismus ausstrahlen *(»Au moment où l'on affichait pour la mobilisation / Nous comprîmes mon camarade et moi / Que la petite auto nous avait conduits dans une époque / Nouvelle / Et bien qu'étant déjà tous deux des hommes mûrs / Nous venions cependant de naître«* – »*Im Augenblick als die Mobilmachung bekanntgegeben wurde / Da begriffen wir mein Kamerad und ich / Dies kleine Auto hatte uns in eine neue Zeit gebracht / Und obgleich wir beide schon reife Männer waren / Wurden wir jetzt erst geboren*«; Ü: G. Henniger), andererseits Melancholie und Einsamkeit nicht unterdrücken *(»De souvenirs mon âme est pleine le jet d'eau pleure sur ma peine«* – »*Mein Herz ist der Erinnerungen voll Der Wasserstrahl beweint mein Leid«).* Ein Großteil der Gedichte wurde direkt an der Front geschrieben, der Abschnitt *Case d'Armons* wurde dort sogar im Jahr 1915 zum erstenmal publiziert. Trotz der durchgängig vorherrschenden Kriegsthematik ist in den *Calligrammes* – genausowenig wie im übrigen Œuvre Apollinaires, selbst seinen journalistischen Beiträgen – keine politische Stellungnahme auszumachen.

Literarhistorisch sind die *Calligrammes* wegen der in ihnen unternommenen innovativen Formexperimente interessant. Das Gedicht *Les fenêtres (Die Fenster)*, nur kurze Zeit nach dem vergleichbaren Einleitungsgedicht *Zone* zur Sammlung *Alcools* geschrieben, hat Apollinaire selbst wiederholt hervorgehoben und als Beginn einer »*ésthétique toute neuve*« (einer »*völlig neuen Ästhetik*« – Brief an Madeleine Pagès vom 30. 7. 1913) charakterisiert. Ursprünglich dem Ausstellungskatalog der Berliner Delaunay-Ausstellung im Jahr 1913 vorangestellt, werden hier zentrale Programmpunkte der Kubisten in die Dichtung übernommen, so daß in Zusammenhang mit Apollinaire oft von »literarischem Kubismus« gesprochen wird. Das kubistische Konzept der Simultaneität, der Repräsentation von Gegenständen durch gleichzeitige Darstellung mehrerer auf sie mögliche Perspektiven, wird hier sprachlich durch die Montage einzelner im Prinzip austauschbarer Satz- und Sinnfragmente realisiert, die keinen logischen, sukzessiv erfaßbaren Textsinn ergeben. Mit derselben Zielsetzung werden in den Konversationsgedichten (*»poèmes-conversation«*) *Arbre (Baum)* und *Lundi Rue Christine (Montag Rue Christine)*, in denen nicht die Simultaneität visueller Eindrücke, sondern die Gleichzeitigkeit von aufgeschnappten Gesprächen im Vordergrund steht, Konversationsfetzen inkohärent aneinandergereiht.

Die Kalligramme schließlich, nach denen die Sammlung benannt ist, sind Textbilder oder Figurengedichte, in denen die typographische Anordnung der Wörter im Vordergrund steht. In den meisten Kalligrammen gibt die graphische Strukturierung Aufschluß über den Gegenstand der Texte. So sind im Gedicht *Il pleut (Es regnet)* die Zeilen in Form fallenden Regens angeordnet; eine dem jeweiligen Thema analoge Gestaltung gilt ebenso für *La cravate et la montre (Die Krawatte und die Uhr)* und *La mandoline, l'œillet et le bambou (Die Mandoline, das Knopfloch und der Bambus)*. Die Tradition derartiger Textbilder, welche von der Antike über RABELAIS' *Dive bouteille* zu MALLARMÉS *Un coup de dés* reicht, wird bei Apollinaire unter Einfluß der zeitgenössischen Avantgarde in einem spezifisch modernen Sinn fortgeführt. Die italienischen Futuristen um MARINETTI, mit denen Apollinaire sich im Austausch befand, propagierten mit ihrem zentralen Leitsatz der *»parole in libertà« (»Wörter in Freiheit«)* nicht nur eine Befreiung der Wörter aus traditionellen Grammatik- und Sinnvorstellungen, sondern gleichermaßen deren freie Anordnung auf dem Papier. Eine so verstandene »Befreiung« der Wörter gilt um so mehr für diejenigen Texte der *Calligrammes*, in denen selbst die in den Figurengedichten deutliche Verbindung von Form und Thematik aufgelöst ist, z. B. in *Loin du pigeonnier (Fern vom Taubenhaus)*.

Apollinaires bewußte Anlehnung an die Futuristen, eingeschlossen deren Begeisterung für neue Vervielfältigungs- und Kommunikationsmittel – schon sein Neologismus *Calligrammes* rückt die Texte in das Assoziationsfeld des um die Jahrhundertwende erfundenen Stenogramms und Phonogramms – formuliert er in einem Brief an André Billy: *»Quant aux ›Calligrammes‹, ils sont une idéalisation de la poésie vers-libriste et une précision typographique à l'époque où la typographie termine brillamment sa carrière, à l'aurore des moyens nouveaux de reproduction que sont le cinéma et le phonographe« (»Was die Kalligramme angeht: Sie sind in einer Zeit, in der die Typographie bei gleichzeitigem Aufkommen neuer Reproduktionsmittel, nämlich dem Kino und dem Phonograph, den Höhepunkt ihrer Karriere feiert, eine Idealisierung der Poesie der Verslibristen und eine Vervollkommnung der Typographie«)*. Die Zielsetzung einer Erweiterung der Dichtung durch derartige nichtsprachliche Verfahren konkretisiert sich auch in dem Titel, mit dem Apollinaire ursprünglich schon vor Ausbruch des Krieges den größten Teil der Figurengedichte, die später in die *Calligrammes*-Sammlung aufgenommen wurden, veröffentlichen wollte: *»Et moi aussi je suis peintre« (»Auch ich bin ein Maler«)*.

T.T.

AUSGABEN: Paris 1918. – Paris 1930 [Ill. G. de Chirico]. – Paris 1956 (in *Œuvres poétiques*, Hg. M. Adéma u. M. Décaudin). – Paris 1966 [Vorw. M. Butor]. – Paris 1966 (in *Œuvres complètes*, Hg. M. Décaudin, 4 Bde., 1965/66, 3).

ÜBERSETZUNGEN: *Kalligramme*, F. Klee-Palyi u. a. (in *Dichtungen*, Wiesbaden 1953; Ausw.; frz.-dt.). – Dass., G. Henniger u. L. Klünner (in *Poetische Werke*, Hg. G. Henniger, Bln./Neuwied 1969; Ausw; frz.-dt.). – In *Unterm Pont Mirabeau*, Hg. u. Nachw. T. Mayer, Bln./DDR 1971 [Ausw.].

LITERATUR: R. Taupin u. L. Zukofsky, *Le style apollinaire*, Paris 1934. – L. C. Breunig (in NNRF, 8, 1956, S. 1132–1142). – R. Warnier, *A propos de »Calligrammes«* (in RSH, 1956, S. 457–460). – S. Themerson, *A.'s Lyrical Ideograms*, Ldn. 1968. – P. Caizergues, *A. et la politique pendant la guerre* (in RLMod, 1976, Nr. 450–455, S. 140–143). – M.-L. Lentengre, *»Calligrammes« et écritures visuelles* (in *A. e l'avanguardia*, Hg. P. A. Jannini, Rom/Paris 1980). – M. Décaudin, *A. antimoderne* (in *Au bonheur des mots. Mélanges à l'honneur de Gérald Antoine*, Nancy 1984, S. 205–214). – A. Fongard, *De l'obscène à l'érotique voilé dans »Calligrammes«* (in SRLF, 23, 1984, S. 73–96). – G. Jacaret, *La dialectique de l'ironie et du lyrisme dans »Alcools« et »Calligrammes«*, Paris 1984. – G. H. F. Longrée, *L'expérience idéo-calligrammatique d'A.*, Liège/Paris 1984. – H.-R. Jauß, *Die Epochenschwelle von 1912. G. A.: »Zone« und »Lundi Rue Christine«*, Heidelberg 1986. – K. Roessler, *»Calligrammes rhénans«. Hommage à A. Catalogue de l'exposition*, Bourg-La-Reine, 4.–25. Jan. 1986.

L'ENCHANTEUR POURRISSANT

(frz.; *Der verwesende Zauberer*). Prosaerzählung mit eingefügten Gedichten von Guillaume APOLLINAIRE, erschienen 1909. – Apollinaires erstes Prosawerk basiert auf einer ersten, in der Zeitschrift ›Le Festin d'Ésope‹ veröffentlichten Fassung, der für die Buchausgabe das einleitende Kapitel sowie das ursprünglich unabhängige, von den jungen Surrealisten als Musterbeispiel des modernen Wunderbaren gefeierte Prosagedicht *Onirocritique* (zuerst 1908 in der Zeitschrift ›La Phalange‹ veröffentlicht) als abschließendes Kapitel hinzugefügt wurde. Im *Enchanteur pourrissant* werden die Themenbereiche des Dichtens und der Liebe unter Einbeziehung unterschiedlichster Leseerfahrungen Apollinaires als miteinander zusammenhängend dargestellt. Der Handlungsverlauf lehnt sich hauptsächlich an die mittelalterliche Literatur an, für die sich Apollinaire, der seine breite Bildung immer herunterzuspielen pflegte, seit seiner Jugend leidenschaftlich interessierte. Für den *Verwesenden Zauberer* dienten hauptsächlich der Merlin-Mythos sowie die Lancelot-Sagen als Folie.

Aus Leidenschaft zu Viviane verrät Merlin ihr seine Künste, obwohl er um sein späteres Schicksal weiß; und tatsächlich wird er von der Treulosen durch seine eigenen Zauberworte in ein vorbereitetes, mit einem Stein verschlossenes Grab gebannt, das Viviane bewacht. Während Merlins Körper verwest, ermöglicht die Unsterblichkeit seiner Seele, daß in einer Reihe von dialogischen Szenen – die dem kurzen Roman beinahe den Charakter eines Theaterstücks geben, da sie nur von kurzen erzählenden »Regieanweisungen« unterbrochen werden – herbeigepilgerte historische, mythologische, antike, biblische und erfundene Gestalten sich um Merlin versammeln, um mit ihm so unterschiedliche Themen wie das Essen oder die Philosophie des Selbstmords zu erörtern. Immer wieder jedoch ist die Unvereinbarkeit von männlicher und weiblicher Welt, den *»éternités différentes de l'homme et de la femme«*, eine leitmotivische Konstante des Werks. Die hier waltende Misogynie, die sich in der Bedrohlichkeit einer zerstörerischen, perfiden Weiblichkeit äußert (*»Le sang des femmes corrompait l'air de ma demeure« – »Das Blut der Frauen verdarb meine Behausung«*, formuliert z. B. die Nebenfigur des Druiden), hat die Forschung veranlaßt, auf ein gestörtes Verhältnis des Dichters zu den Frauen hinzuweisen. In der Tat litt Apollinaire, als er den *Enchanteur* schrieb, unter seiner unerwiderten Liebe zur Engländerin Annie Playden, der auch in der Gedichtsammlung *Alcools* mehrere Gedichte gewidmet sind. Ein weiteres autobiographisches Motiv ist die für Apollinaire immer wieder problematische Tatsache, als uneheliches Kind aufgewachsen zu sein: Merlin wird im Einleitungskapitel, dessen Inhalt dem Lancelot-Roman entnommen ist, als Sohn des Teufels und einer Jungfrau eingeführt.

Der *Enchanteur* ist nicht zuletzt in der Diskussion um die Simultaneität, die die Futuristen und Kubisten führten, von Bedeutung: Ein ganzes Kapitel seines Romans, so Apollinaire, sei der Simultandarstellung einer Nacht gewidmet und solle die Rezipienten der Literatur an eine moderne Art zu lesen gewöhnen: *»habituer l'esprit à concevoir un poème simultanément comme une scène de la vie«* (»den Geist daran zu gewöhnen, ein Gedicht simultan wahrzunehmen, wie man eine Szene des Lebens simultan wahrnimmt«). T.T.

AUSGABEN: Paris 1909 [Ill. A. Dérain]. – Paris 1921 [Ill. A. Dérain]. – Paris 1966 (in *Œuvres complètes*, Hg. M. Décaudin, 4 Bde., 1965/66, 1). – Paris 1972, Hg. u. Komm. J. Burgos. – Paris 1972, Hg. M. Décaudin. – Paris 1977 (in *Œuvres en prose* I, Hg. u. Komm. M. Décaudin; Pléiade).

ÜBERSETZUNG: *Onirocritique*, F. Klee-Palyi u. a.

(in *Dichtungen*, Wiesbaden 1953, S. 134–143; Ausw.; frz.-dt.).

LITERATUR: S. Bates, *A. et »L'enchanteur pourrissant«* (in RSH, 1956, S. 425–435). – D. Latin-Racelle, *Sur le rôle de la figure maternelle dans »L'enchanteur pourrissant«* (in Actes du Colloque de Stavelot 1973, Paris 1975, S. 67–81). – R. Baudry, *La tradition du merveilleux et »L'enchanteur pourrissant«* (in EFL, 17, 1980, S. 36–49). – P. Fröhlicher, *»Onirocritique«, du rêve à l'interprétation* (in *A.: Actes de la journée A.*, Bern 1983). – M. Boisson, *Quatre notes* (in Que vlo-ve?, 1985, Nr. 15/16, S. 6–19).

LA FEMME ASSISE

(frz.; *Das sitzende Weib*). Roman von Guillaume APOLLINAIRE, entstanden um 1917, postum erschienen 1920. Eine zweite, von der ersten stark abweichende Fassung unter dem Titel *Mœurs et merveilles du temps – LA FEMME ASSISE – Chronique de France et d'Amérique (Sitten und Wunder der Zeit – DAS SITZENDE WEIB – Chronik von Frankreich und Amerika)* wurde mit Zusätzen, Korrekturen und einer neuen Kapitelanordnung 1948 von der Gattin des Autors, Jacqueline Apollinaire, nach einem zweiten Nachlaßmanuskript veröffentlicht. – Das Werk ist aus einem älteren Romanentwurf hervorgegangen, der unter dem Titel *Les clowns d'Elvire ou Les caprices de Bellone (Die Narren Elvires oder Die Launen Bellones)* 1918 zwar in einem Verlagskatalog angekündigt war, jedoch nie gedruckt und später in die *Femme assise* eingearbeitet wurde. Darüber hinaus fügte der Autor als Füllsel zwei umfangreiche Kapitel über Leben und Sitten der amerikanischen Mormonen um die Mitte des 19. Jh.s hinzu und schließlich auch Teile unter dem Titel *La vie anecdotique (Anekdoten des Lebens)* von 1911 bis 1918 im ›Mercure de France‹ nach Art der *Salons* des 18. und 19. Jh.s geführten, chronikartigen Rubrik über Neuigkeiten in Malerei und Literatur.

Wenn auch Mittel wie das der Überraschung, der Verblüffung und des Stilbruchs bei Apollinaire häufig sind und, in Verbindung mit ungewöhnlichen, zum Teil überaus banalen Inhalten, jene spezifisch modernen Reize ermöglichen, die Apollinaire als Kriterium des *»esprit nouveau«* verstanden wissen wollte, so wirken die Anhäufung von Materialien und die willkürliche, sprunghafte Verknüpfung überstürzt zusammengeraffter Einfälle hier doch ziemlich disparat. Dafür mag ebensosehr Apollinaires von Verlegern und Freunden angespornter Ehrgeiz, sich auch als Romanautor bestätigt zu sehen, wie die vor dem Hintergrund des Ersten Weltkriegs verständliche, erzwungene Hast der Produktion verantwortlich sein: *»Freundliche Poesie! schönste der Künste! Die du in uns die Schöpferkraft weckst und uns der Göttlichkeit näherbringst ... ich bedaure, daß die Unsicherheit der Zeiten es mir nicht erlaubt, mich deinen Inspirationen zu überlassen*

– doch der Krieg geht weiter. Ich muß, bevor ich in ihn zurückgehe, diese Arbeit fertigstellen, und die Prosa entspricht am besten meiner Eile.«
Das Buch setzt mit einem dem pikarischen Roman verwandten Bericht über den Lebenslauf der jungen Elvire Goulot aus Maisons-Laffite ein, die, neben einer leidenschaftlichen Liebe zu Pferden, mit einer ungewöhnlichen erotischen Neugier behaftet ist: »Als kleines Mädchen träumte sie von Nadeln, Pfählen und Toren, was, einer gewissen Schule zufolge, sehr bezeichnend ist.« Als Fünfzehnjährige von einem erheblich älteren Arzt verführt, der sie bald darauf in Monte Carlo verläßt, wird sie von dem russischen Advokaten Replanoff überredet, ihm nach Petersburg zu folgen, wo er sie wie seine soeben verstorbene Tochter zu behandeln verspricht, sie statt dessen aber bald an eine Gesellschaft aristokratischer Wüstlinge »verkauft«. Sie wird die Mätresse eines Großherzogs und sieht sich bei verschiedenen Orgien zur Befriedigung perverser Lüste gezwungen, entwischt jedoch endlich und debütiert, wieder in Paris, in einem Varieté, verliebt sich in den jungen russischen Maler Nicolas Varinoff, der sie in die Boheme des Montparnasse einführt, und beginnt selbst zu malen. Sie macht die Bekanntschaft Pablo Canouris', des »*Malers mit den himmelblauen Händen*«, der – ein kaum verschlüsseltes Porträt von Picasso – wie dieser in Malaga geboren ist und in dessen Wesen sich Orient und Okzident, Albanien und Spanien auf seltsame Weise mischen. Das folgende Kapitel ist einer längeren, skurrilen Beschreibung des idyllischen Vorkriegs-Montparnasse – des »*Asyls der schönen und freien Einfachheit*« – gewidmet, das für einen großen Teil der Pariser Literaten und Maler nach der »Auswanderung« vom Montmartre zur turbulenten Oase geworden ist. Als Nicolas einberufen wird, vertraut er Elvire Canouris an, dessen Geliebte sie wenig später wird. Ein junger Fremdenlegionär mit dem »Kriegsnamen« Ovide du Pont-Euxin vermittelt ihr die Bekanntschaft mit seinem Großonkel, Otto Mahner, der in Salt Lake City aufgewachsen ist und sich deutlich an Elvires Großmutter, Paméla Monsenergues, erinnert. Elvire verliest den Brief eines Europa-Missionars der Mormonen, aus dem hervorgeht, daß sich ihre Großmutter als junges Mädchen hatte überreden lassen, sich 1851 einer Gruppe von Proselyten anzuschließen und nach Amerika zu übersiedeln, und Otto Mahner ergänzt diesen Brief durch einen Augenzeugenbericht über die bizarren Aufnahmeriten für Neophyten in Salt Lake City: Paméla erregte dort die Aufmerksamkeit des Propheten Lubel Perciman, dem sie als sechzehnte neben fünfzehn ihm bereits angetrauten Frauen zu ehelichen einwilligte, dem sie aber endlich doch auf dem Höhepunkt der Zeremonie – einem allegorischen Ballett der Vermählung Amerikas und Europas – sich durch schleunige Flucht entzog.
Elvire löst, in bewunderndem Andenken an ihre Großmutter, das Problem der Entscheidung zwischen Polygamie und Polyandrie nach wiederholten Zerwürfnissen und wechselnden Verhältnissen mit Canouris und dem aus dem Krieg zurückgekehrten Nicolas endlich auf befriedigende Weise: Sie hält sich, einen umgekehrten Mormonismus praktizierend, dank der Macht, die der Krieg den Frauen einräumt, einen männlichen Harem, der aus einem piemontesischen Clown, einem literaturbeflissenen Studenten, einem Verstümmelten ohne Arme, einem Flieger namens Pentelemon und einem nordfranzösischen Granatendreher besteht: »*Aber keiner ihrer Liebhaber besaß ihr Herz, das sie zwischen Mavise Bandàrelle und Corail, der schönen Rothaarigen mit den haselnußbraunen Augen, teilte, deren Anblick so genau den eines Bluttropfens auf einem Degen beschwor.*« Das letzte Kapitel des Buches ist der zeremoniösen Darlegung einer neuen Weltanschauung vorbehalten, die Anatole de Saintariste, ein Freund Ovides, in Gestalt einer »*religion de l'honneur*« einzuführen hofft – er fällt jedoch im Zweikampf mit einem vermeintlichen Spion, Moïse Deléchelle, der, mit Kriegssouvenirs handelnd, die er in Amerika verkauft, lediglich eine in Brot eingebackene, nicht entschärfte Granate aus der Stadt zu schaffen beabsichtigt.
Obwohl das kleine Werk, seiner inneren Logik entsprechend, keinen anderen als einen abrupten Schluß zuläßt, haftet ihm – wie zahlreichen Nachlaßpublikationen Apollinaires – der Charakter des Fragmentarischen so deutlich an, daß man es als »Roman im Rohzustand« zu bezeichnen versucht ist. Vor allem der gewichtige Mittelteil, der Mormonen-Brief und der auf vier Kapitel verteilte Bericht über mormonische Heiratsriten, steht allzu blockhaft inmitten eines krausen Rankenwerks von Anekdoten und Milieuschilderungen. Der Autor mag gespürt haben, daß die Verschmelzung derart heterogener »Versatzstücke« sich kaum verwirklichen ließ.
H.H.H.

AUSGABEN: Paris 1920 *(La femme assise)*. – Paris 1948 *(Mœurs et merveilles du temps – La femme assise – Chronique de France et d'Amérique)*. – Paris 1965 (in *Œuvres complètes*, Hg. M. Décaudin, 4 Bde., 1965/66, 1). – Paris 1977 (in *Œuvres en prose* I, Hg. u. Komm. M. Décaudin; Pléiade).

LITERATUR: A. Rouveyre, *A.*, Paris 1945. – L. Frick, *G.A.*, Paris 1946. – H. Fabureau, *G.A. Son œuvre*, Paris 1952. – G. Haug, *G.A. Leben und Werk* (in Das Buch, 4, 1952, 1/2, S. 11–32). – R. Guiette, *Notes sur »La femme assise«* (in RSH 1956, S. 457–460; ern. in Romanica Gaudensia, 13, 1972, S. 185–189).

LE FLANEUR DES DEUX RIVES

(frz.; *Der Bummler an beiden Ufern*). Pariser Erinnerungen von Guillaume APOLLINAIRE, erschienen 1918. – »*Baudelaire ist der erste gewesen, der in Europa den neuen Geist geatmet hat, aber er hat diesen modernen Geist nicht durchschaut, von dem er doch selbst durchdrungen war und dessen Keime er in einigen seiner Vorgänger entdeckte*«, bemerkt Apollinaire

1917 in seiner Einführung zu einer Baudelaire-Ausgabe der »Bibliothèque des curieux«. Und wie sich in seiner Ästhetik, die sein wenige Wochen nach seinem Tode erschienener Essay *L'esprit nouveau et les poètes (Der neue Geist und die Dichter)* zusammenfaßt, zahlreiche Entsprechungen zu der Baudelaires finden lassen – vor allem die beiden gemeinsame Hochschätzung des Überraschenden, Bizarren, Regellosen in aller Kunst –, so knüpft Apollinaire auch mit dem Begriff »Flaneur« an Baudelaire an, der, seinerseits unter dem Einfluß von E. A. POE, den Flaneur als den vom fieberhaften großstädtischen Zivilisationsgetriebe zwar faszinierten, ihm aber dennoch nicht verfallenden Müßiggänger mit dem Habitus der Gelassenheit beschrieben hatte, dem sein Dahinschlendern, die distanzierte Absichtslosigkeit die überraschendsten Einsichten ermöglichen. Diesem Typus des Flaneurs, und vor allem seiner zeitgemäßeren Ausprägung, dem exzentrischen Boulevardier, gewinnt Apollinaire neue Reize ab: seine *tableaux parisiens* beziehen sich auf eine Wirklichkeit, an der ihm vor allem die bizarre Verbindung von modernen und idyllischen Elementen ins Auge fällt.

Die kurzen Kapitel des schmalen Buches beschreiben melancholisch-stille Straßen des um die Jahrhundertwende noch außerhalb der Bannmeile von Paris gelegenen Vorortes Auteuil, eine von zahlreichen Literaten häufig besuchte Buchhandlung in der Rue Saint-André-des-Arts oder ein altes Haus der Rue Bourbon-le-Château, das ein mit dem Dichter befreundeter Schriftsteller, Maurice CREMNITZ, bewohnt, dem er während seiner Militärdienstzeit in Nizza und Nîmes erneut begegnet; Apollinaire sammelt außerdem Weihnachtslieder aller Provinzen Frankreichs, die er in der Christnacht in der Rue de Buci hört, beschreibt berühmte Pariser Literatencafés des linken Seine-Ufers, die großen Bibliotheken und die »*köstliche öffentliche Bibliothek*« der Bouquinisten an der Seine, einen stillen Klosterhof in der Nähe der Place Clichy, der jene Druckerei beherbergte, wo der Typograph und Drucker Paul Birault im Auftrag des jungen deutschen Verlegers und Kunsthändlers Henry Kahnweiler die einhundertvier mit Holzschnitten von André Derain illustrierten Exemplare der Luxusausgabe von Apollinaires Roman *L'enchanteur pourrissant*, 1909 *(Der verwesende Zauberer)*, fertigstellte, und erinnert schließlich an bekannte, von Literaten und Malern häufig besuchte Speiselokale, wie das des *restaurateur-poète* Michel Pons oder die Cave Vollard, wo Alfred JARRY, Claude Terrasse und Pierre Bonnard den *Almanach illustré du Père Ubu (XXe siècle)* entwarfen bzw. schrieben und Jarry Neuankömmlinge durch groteske, exzentrische Gesten zu erschrecken liebte – eine Erinnerung, die auch André GIDE in seinen *Faux-monnayeurs* (1925) festhält. Der ›Mercure de France‹ hatte Apollinaire seit 1911 unter der Überschrift *La vie anecdotique (Anekdoten des Lebens)* eine eigene Rubrik eingeräumt, die er bis zu seinem Tode fortführte und aus der er einige Stücke – z. B. das über den Schriftsteller Ernest LA JEUNESSE – umgearbei-tet in den *Flaneur des deux rives* übernommen hat. Apollinaires geistige Agilität, die ihn Anzeichen des Kommenden mit nahezu instinktiver Sicherheit erraten läßt – vor allem seine Schrift *Méditations esthétiques. Les peintres cubistes*, 1913 *(Ästhetische Meditationen. Die Maler des Kubismus)*, und seine frühe Hochschätzung des »Zöllners« Rousseau machen das hinreichend deutlich –, äußert sich auch in den Miniaturen des *Flaneur*. Der Autor findet ebenso wie wenig später die Dadaisten Vergnügen an jenen zufälligen, bizarren Banalitäten, die als Sgraffiti auf zerfallenden Hausmauern überleben: »*Lili d'Auteuil aime Toto du Point du Jour*« – »Sprach-Müll«, der, ähnlich wie Kurt SCHWITTERS' »*Anna Blume hat ein Vogel*«, bei ihm »poesiefähig«, Gedichtmaterial wird und z. B. in die *poèmes-conversations* der *Calligrammes* (1918) in erstaunlichem Maße eingegangen ist. Desgleichen ziehen ihn, wohl unter dem Einfluß der okkultistischen Neigungen seines Freundes Max JACOB, picardische Bilderrätsel, Praktiken wie die des Aus-der-Hand-Lesens, überhaupt alle ungewöhnlichen und mysteriösen Begebenheiten an, denen die Aura des Magisch-Mythischen anhaftet. So ist Apollinaire entzückt von einer kleinen hektographierten, zweiwöchentlich erscheinenden Zeitschrift des »Musée Napoléonien«, die vor dem Krieg mit einem Umfang von zwei Seiten zu drei Spalten von einem zehnjährigen Jungen herausgegeben wurde, oder von den Lebensgewohnheiten eines Bänkelsängers namens Alexandre Treutens, der, ursprünglich Schuhmacher von Beruf, sich von den Bürgermeistern der Vororte schriftlich die Berechtigung bestätigen ließ, während eines Tages die »*profession de poète ambulant*« auszuüben. »*Das Wunderbare ist immer schön, ganz gleich, welches Wunderbare; es ist sogar nur das Wunderbare schön*« (A. Breton, *Manifeste du surréalisme*) – diese ästhetische Hauptdoktrin des späteren Surrealismus hat gerade Apollinaire entscheidend vorbereitet. H.H.H.

AUSGABEN: Paris 1918. – Paris 1928. – Paris 1945 [m. Farbholzschnitten v. N. Noël]. – Paris 1966 (in *Œuvres complètes*, Hg. M. Décaudin, 4 Bde., 1965/66, 2). – Paris 1975.

LITERATUR: Ph. Soupault, *G. A. ou Les reflets de l'incendie*, Marseille 1927. – R. Taupin u. L. Zukovsky, *Le style apollinaire*, Paris 1934. – E. Aegerter u. P. Labracherie, *Au temps de G. A.*, Paris 1943. – L. Frick, *G. A.*, Paris 1946. – M. Roques, *G. A. et les vieilles chansons* (in La Revue, 15, 1948, S. 311–321). – R. Warnier, *A. journaliste* (in RHLF, 56, 1956, S. 107–122).

LES MAMELLES DE TIRÉSIAS. Drame surréaliste en deux actes et un prologue

(frz.; Ü: *Die Brüste des Tiresias*). Surrealistisches Drama in zwei Akten und einem Prolog von Guillaume APOLLINAIRE; Uraufführung: Paris, 24. 6.

1917, Théâtre Maubel; Apollinaires Vorwort zufolge, das mit sechs den Schauspielern gewidmeten Preisgedichten schon dem Erstdruck des Stücks (1917) voransteht, ein schon 1903 verfaßtes Jugendwerk; die endgültige Fertigstellung ist jedoch sicher auf 1916/1917 zu datieren.

Im Vorwort distanziert sich Apollinaire von der Poetik der *vraisemblance* (Wahrscheinlichkeit), wie er sie seit Victor Hugo und Nivelle de la Chaussée (1692–1754) als »*idéalisme vulgaire*« (banalen Idealismus) praktiziert sieht. Nach Apollinaire bleibt jedoch der Bezug zur Wirklichkeit auch in *Les mamelles de Tirésias* erhalten, wenngleich die Relation zwischen Werk und Welt hier keine mimetische ist; mit Hilfe der Phantasie soll Wirklichkeit nicht lediglich abgebildet, sondern interpretiert werden. In diesem Sinne ist auch der Neologismus »surrealistisch« zu verstehen, mit dem Apollinaire sein Stück besetzt: »*... j'ai pensé qu'il fallait revenir à la nature même, mais sans l'imiter à la manière des photographes. Quand l'homme a voulu imiter la marche, il a créé la roue qui ne ressemble pas à une jambe. Il a fait ainsi du surréalisme sans le savoir*« (»Ich dachte mir, daß man zur Wirklichkeit selbst zurückkehren muß, jedoch ohne sie nach Art der Photographen nachzubilden. Als der Mensch das Gehen künstlich nachahmen wollte, schuf er das Rad, das keine Ähnlichkeit mit einem Bein hat. So betrieb er, ohne es zu wissen, Surrealismus«). In erweiterter Bedeutung wurde der Begriff des Surrealismus später im Kreis um André Breton zentral für die Programmatik einer ganzen Kunstrichtung. Neben dem Vorsatz, mit *Les mamelles de Tirésias* das Publikum zu interessieren und zu amüsieren *(»d'intéresser et d'amuser«)*, betont Apollinaire auch die erzieherische Zielsetzung seines Stücks, deren Ernsthaftigkeit allerdings bis heute umstritten ist: Das vom Krieg geschwächte Frankreich soll durch Apollinaires Drama zur »*répopulation*«, zur Wiederbevölkerung angeregt werden. Der spielerische Charakter des Stücks wird indes schon über die Charakterisierung des Schauplatzes deutlich, an dem die Handlung mit Beginn des 1. Aktes einsetzt (die Voranstellung eines Prologs, in dem der Spielleiter dem Publikum poetologische Grundlagen des Stücks auseinanderlegt, antizipiert – wie z. B. auch die häufige Einbeziehung des Publikums ins Bühnengeschehen – Positionen des »epischen« Theaters von Claudel und Brecht sowie des Metatheaters Pirandellos): Ort des Geschehens im gesamten Stück ist Sansibar, und laut Bühnenanweisung soll die aus Würfeln bestehende Dekoration der Bühne beim Zuschauer die Assoziation des Würfelspiels »Sansibar« wecken.

Kaum hat Thérèse der Wut über ihr Hausfrauendasein und die Unterdrückung durch ihren Mann Ausdruck verliehen, lösen sich ihre Brüste: Luftballons, die sie ins Publikum fliegen läßt; gleichzeitig wächst ihr ein Bart. Sie verläßt als Tirésias ihren Ehemann und wird als General und Abgeordneter von den Männern, jedoch gleichermaßen von den Frauen umjubelt, die sie von ihrer Gebärpflicht befreit hat. Um Sansibar vor drohender Entvölkerung zu retten, hat der verlassene Ehemann zu Beginn des 2. Aktes, dem ein kurzes Zwischenspiel vorausgeht, allein 40 090 Kinder zur Welt gebracht. Das Problem der »*durch diesen Zuwachs an zu ernährenden Münder ausgehungerten Bevölkerung Sansibars*« (»*population Zanzibarienne affamée par ce surcroît de bouches à nourrir*«) soll eine Kartenlegerin lösen, die dezidiert zur weiteren Vermehrung rät, bevor sie sich als Tirésias/Thérèse entpuppt und zu ihrem Ehemann zurückkehrt. Erneut läßt sie ihre Brüste ins Publikum fliegen und ermöglicht damit die Ernährung der vielen Kinder Sansibars: »*Envolez-vous oiseaux de ma faiblesse / Allez nourrir tous les enfants / De la repopulation*« (»*Fliegt davon, Vögel meiner Schwäche / ernährt alle Kinder / Der Wiederbevölkerung*«).

Die Kohärenz dieser Haupthandlung ist zwar wie die Wahrung der Einheit des Ortes und der Zeit als Anlehnung an die Tradition der aristotelischen Dramentheorie anzusehen; dennoch soll das Stück gerade deren Überwindung zeigen, nicht zuletzt durch die Verwendung von Verfahren, wie sie größtenteils schon Alfred Jarry (1873–1907) programmatisch formuliert und eingesetzt hatte und die sich hier in einer Reihe von Nebenhandlungen manifestieren (Lacouf und Presto werden im Streit darüber, ob sie sich in Paris oder Sansibar befinden, zweimal erschossen, um dann wieder aufzutreten; ein amerikanischer Journalist soll über den Kinderreichtum des Ehemanns berichten etc.). Wesentlich sind darüber hinaus dramaturgische und sprachliche Elemente, die Apollinaire als Vorläufer des absurden Dramas erscheinen lassen: etwa der Auftritt eines lebendigen Zeitungskiosks und einer einzigen Figur, die, mehrere Instrumente spielend, das gesamte Volk Sansibars verkörpert, oder die Häufung sinnloser Textfragmente in den Dialogen. Neben zahlreichen Wortspielen, z. B. mit Homophonien *(»La scène se passe à Zanzibar autant que la Seine passe à Paris«* – »So wie die Seine in Paris vorüberfließt, fließt die Szene in Sansibar vorüber«) liegen hier die Ursachen für die komische Ausstrahlung des gesamten Stücks. T.T.

Ausgaben: Paris 1918 [Musik G. Albert-Birot; Ill. S. Ferrat]. – Paris 1947. – Paris 1966 (in *Œuvres complètes*, Hg. M. Décaudin, 4 Bde., 1965/66, 3). – Paris 1972 (in *L'enchanteur pourrissant suivi de Les mamelles de Tirésias et de Couleur du temps*, Hg. M. Décaudin).

Übersetzung: *Die Brüste des Tiresias*, R. Kroll, Stg. 1987 (frz.-dt.; RUB).

Vertonung: F. Poulenc, *Les mamelles de Tirésias* (Oper; Urauff.: Paris 3. 6. 1947, Opéra Comique).

Literatur: J. Cocteau u. L. Aragon, *L'anniversaire des »Mamelles de Tirésias«* (in Les Lettres Françaises, 27. 6. 1957, S. 1; 12). – D. I. Grossvogel, *A.* (in D. I. G., *Self-Conscious Stage in Modern French Drama*, NY 1958, S. 30–47). – F. H. Crumbach, *»Die Brüste des Tiresias«* (in F. H. C., *Die Struktur* *des epischen Theaters*, Braunschweig 1960, S. 55–63). – M. Kesting, A. (in M. K., *Panorama des zeitgenössischen Theaters*, Mchn. ²1969, S. 27–30). – P. Caizergues, A., *l'inventeur d'un nouveau langage théâtral?* (in *A. Actes du Colloque de Stavelot*, 1970, S. 181–196). – T. Heydenreich, A., *»Les mamelles de Tirésias«* (in *Das moderne frz. Drama*, Hg. W. Pabst, Bln. 1971, S. 81–89). – A. H. Melzer, *The Premiere of A.'s »The Breasts of Tirésias« in Paris* (in Theater Quarterly, 7, 1977, Nr. 27, S. 3–14). – M. Wijk, *»Les mamelles de Tirésias« de A.* (in Moderna Språk, 73, 1979, S. 52–62). – P.-P. Gossiaux, *Sur une source possible des »Mamelles de Tirésias«: Le »Tirésias« de Pirou* (in RLMod, 1980, Nr. 576–581, S. 172/173). – J. Grimm, *G. A.* (in J. G., *Das avantgardistische Theater Frankreichs 1895-1930*, Mchn. 1982, S. 76–104). – S. Bates, *Erotic Propaganda in A.'s »Les mamelles de Tirésias«* (in French Literature Series, 10, 1986, S. 32–41).

LES ONZE MILLE VERGES OU LES AMOURS D'UN HOSPODAR

(frz.; *Ü: Die elftausend Ruten*). Roman von Guillaume APOLLINAIRE, erschienen 1907. – Apollinaires erotisch-pornographischer Roman *Les onzes mille verges* ist genausowenig wie *Les exploits d'un jeune Don Juan (Die Taten eines jungen Don Juan)* von der Literaturwissenschaft wahrgenommen und sinnvoll in sein Gesamtœuvre eingeordnet worden. Dabei war der Themenkomplex der Erotik bzw. Pornographie ein wichtiger Interessenschwerpunkt des Dichters. Dies zeigt sich z. B. in seiner 1913 veröffentlichten *Icono-biobibliographie déscriptive, critique et raisonnée*, einem Katalog aller pornographischen Werke, die er 1908 im *Enfer* der Pariser Bibliothèque Nationale finden konnte. Außerdem ist Apollinaire als Herausgeber erotischer Literatur, z. B. der Werke des Marquis de SADE, hervorgetreten.

Der Roman erzählt die Geschichte eines rumänischen Erbhospodars (d. i. ein Fürst) mit dem anspielungsreichen Namen Mony Vibescu. Einerseits lebte in Rumänien des 19.Jh.s tatsächlich ein Hospodar, der den ähnlichen Namen Bibescu trug. Außerdem spielt Apollinaire hier jedoch – und ähnlich pikante Wortspiele durchziehen den gesamten Roman – mit der lautlichen Ähnlichkeit zu *»vit-baise-cul«* (deutsch etwa: *»Der Schwanz küßt den Hintern«*). Die Frauen seines Heimatlandes, mit denen er sich bereits ausführlich beschäftigt hat, sind Mony Vibescu langweilig geworden. Vom idealen Frauenbild der Pariserin aus Bukarest in die französische Hauptstadt gelockt *(»aber er spürte sehr wohl, er brauchte eine Pariserin«)* ruft er der ihm noch unbekannten Culculine (von E. LENK treffend mit *»Popoline«* ins Deutsche übertragen) auf dem Boulevard Malesherbes einen den Inhalt des Romans vorwegnehmenden Schwur zu: *»Si je vous tenais dans un lit, vingt fois de suite je vous prouverais ma passion. Que les onze mille vierges ou même onze mille verges me châtient si je mens«* (*»Hätte ich Sie in meinem Bett, würde ich Ihnen zwanzigmal hintereinander meine Liebe beweisen. Sollen die elftausend Jungfrauen oder auch elftausend Ruten mich strafen, wenn ich lüge«*). Hier wird nicht nur auf den Titel des Romans angespielt, sondern auch auf die ihm zugrundeliegende rheinische Legende, derzufolge elftausend Nonnen des Ursulinerinnenordens sich mit der heiligen Ursula das Leben nahmen, um so der drohenden Vergewaltigung durch die Hunnen zu entgehen.

Nachdem nun die ersten Orgien in Paris stattgefunden haben – in den Schlafzimmern Culculines und ihrer Freundin Alexine Mangetouts lernte Vibescu auch Cornabeux kennen, der ihn fortan als Kammerdiener begleitet – zwingt eine Erbschaft, die Vibescu in Bukarest antreten soll, ihn und seinen Kammerdiener dann dazu, sich auf Reisen zu verlustieren. Im Zug nach Bukarest kommt es zu einer exzessiven Szene zu viert, die mit dem brutalen Mord an zwei Begleiterinnen endet. – Für den zweiten Teil des Romans bildet der Russisch-Japanische Krieg von 1904/05 die historische Folie. Nach einer Nacht mit Cornabeux wird Vibescu mitgeteilt, daß er zum Leutnant in der Armee des Generals Kouropatkine ernannt worden ist. Im von Japanern belagerten Port Arthur besuchen Cornabeux und Vibescu unter anderem ein Bordell, wo Cornabeux sich mit einer Schwarzen zurückzieht, während Vibescu für einen Aufpreis von fünfzig Rubel – *»Sie verstehen ... sind unsere Feinde«*, erläutert der Besitzerin – in einer anderen Ecke des Raumes die Japanerin Kilyemu liebt. Für ein Bordell in Port Arthur sind inzwischen Culculine und Alexine geworben worden, die von ihren Pariser Verehrern wegen der Ausschweifungen mit Cornabeux und Vibescu verstoßen wurden: *»Unser Stern begann in Paris zu sinken«*, erklärt Culculine. Im Lazarett vergeht sich eine vampiristische Krankenschwester an den Verletzten und Toten, und Vibescu beteiligt sich daran. Die Japaner nehmen ihn daraufhin fest und verurteilen ihn zum Tode. Vibescu bereitet sich darauf vor, *»wie ein wahrer Erbhospodar Rumäniens zu sterben«*. Am Tag seiner Hinrichtung läßt er noch einmal sein Leben Revue passieren und erinnert sich auch der ersten Begegnung mit Culculine und des Versprechens, das er ihr gegeben hatte. Jetzt erst versteht er, warum er eigentlich sterben muß: *»Er hatte es nicht zwanzigmal hintereinander gemacht, und der Tag war gekommen, da elftausend Ruten ihn dafür bestrafen sollten.«* Schon kurz nach dieser Einsicht erschlagen elftausend Japaner ihn mit Ruten.

Die übergreifende Lebensgeschichte des »Helden« macht es einerseits möglich, den Roman als *»Morgenlandfahrt eines modernen Sonnenritters«*, die mit einem *»masochistischen, christusähnlichen Erlösertod endet«* (Lustig), zu lesen. Es ist jedoch andererseits typisches Merkmal der Gattung Pornographie bzw. des erotischen Romans – so man von einer solchen Gattung sprechen kann (ARAGON fragt in seinem Vorwort zu den *Onze mille verges* zu Recht: *»Aber wer erdreistet sich, die philosophischen Werke de Sades, die ausgesprochen erotischen Schriften Pierre*

Louÿs' und die zur Masturbation bestimmten Geschichten, die die französische Literatur ausmachen, in einen Topf zu werfen?«) –, daß jegliche Handlungszusammenhänge lediglich Alibi-Funktion für das Aneinanderreihen eigentlich voneinander losgelöster sexueller Szenen haben. In Deutschland führten die deutlich sado-masochistischen Tendenzen des Romans (Nekrophilie, Homosexualität und Skatomanie) dazu, daß Apollinaires Werk in Bayern jeweils nach Erscheinen der deutschen Ausgaben als »völlig verzerrtes Bild zwischenmenschlicher Beziehungen« bzw. als »gewaltpornographisch« kurzzeitig vom Markt gezogen wurde. In Frankreich hingegen erreichte der Roman eine große Anzahl von Auflagen (LUSTIG zufolge mehr als sechzehn in den Jahren 1907–1977), er wurde auch in viele Sprachen übersetzt. Ansätze zur literaturwissenschaftlichen Auseinandersetzung mit den *Onze mille verges* müssen sich freilich davor hüten, die eigentliche Natur der pornographischen Literatur durch Aufprägung vermeintlicher Sinnzusammenhänge zu verfälschen. Lustigs Theorie, die Struktur des Romans nehme Apollinaires in seiner kunsttheoretischen Schrift *L'esprit nouveau et les poètes (Der neue Geist und die Dichter)* formulierte Prinzipien moderner Kunst vorweg, ist vor diesem Hintergrund eine von vielen möglichen Lesarten. Andererseits ist nicht zu leugnen, daß in Apollinaires frühem Roman *Les onze mille verges* in späteren Werken weiterentwickelte Themen, z. B. das Thema des Krieges, bereits eine wichtige Rolle spielen.

T.T.

AUSGABEN: Paris 1907. – Paris 1973 [Vorw. L. Aragon].

ÜBERSETZUNGEN: *Die elftausend Ruten*, R. Wittkopf, Mchn. 1970. – Dass., ders., Mchn. 1985 (Vorw. E. Lenk).

VERFILMUNG: Frankreich/Italien 1975 (Regie: E. Lipmann).

LITERATUR: M. Pavlović, *»Les onze mille verges« et la flagellation* (in *11e Colloque G. A.*, Stavelot 1982). – W. Lustig, *»Les onze mille verges«: A. zwischen Pornographie und ›Esprit Nouveau‹* (in RZL, 10, 1986, S. 131–153).

LES PEINTRES CUBISTES. Méditations esthétiques

(frz.; *Ü: Die Maler des Kubismus*). Kunsttheoretischer Essay von Guillaume APOLLINAIRE, erschienen 1913. – Im Gegensatz zu vielen anderen Kunstströmungen des 20.Jh.s ist die Entstehung des Kubismus nicht von theoretischen Schriften und Manifesten begleitet worden. So nimmt Apollinaires für die »neue Kunst« entflammter Essay den Rang einer Programmschrift ein, die auch die Maler als solche akzeptierten. Der Essay besteht aus einem einleitenden Teil und aus Künstlerporträts von Pablo Picasso, Georges Braque, Jean Metzinger, Albert Gleizes, Marie Laurencin, Juan Gris, Fernand Léger, Francis Picabia, Marcel Duchamp und dem Bildhauer und Architekten Duchamp-Villon.

Drei »*Tugenden der bildenden Form: die Reinheit, die Einheit und die Wahrheit*« sieht Apollinaire im Kubismus vollkommen verwirklicht. Es handelt sich für ihn deshalb auch weniger um eine neue Stilrichtung als um eine neue Kunst. »*Der Kubismus unterscheidet sich dadurch von der früheren Malerei, daß er nicht eine Kunst der Nachahmung, sondern eine Kunst der Vorstellung ist, die sich bis zum Schöpferischen zu erheben sucht...*« »*Die moderne Malschule erscheint mir als die kühnste, die es jemals gegeben hat. Sie hat die Frage nach dem Schönen an sich aufgeworfen.*« Als einen anderen entscheidenden Gesichtspunkt für die Tragweite des Kubismus stellt Apollinaire die Einführung der vierten Dimension in die Malerei dar: »*Die Kunst der neuen Maler nimmt das unendliche Weltall zum Ideal, und diesem Ideal verdankt man ein neues Maß der Vollkommenheit, das dem Maler erlaubt, dem Gegenstand Proportionen zu verleihen, wie sie dem Grade an Plastizität, zu dem er ihn erheben möchte, gemäß sind.*«

Apollinaire unterscheidet vier Richtungen des Kubismus: die »*wissenschaftliche*« (Picasso, Braque, Gleizes, Laurencin), die »*naturhafte*« (Le Fauconnier), die »*orphische*« (Picasso, Delaunay, Léger, Picabia und Duchamp) sowie die »*instinktive*«. Im wissenschaftlichen und im orphischen Kubismus sieht Apollinaire parallel laufende, »reine«, d. h. in sich konsequente künstlerische Bemühungen, wobei er dem »Orphismus« (auch dieser Begriff ist wie Apollinaires Wortbildung »Surrealismus« in die Geisteswissenschaften eingegangen) offensichtlich den Vorrang gibt: »*Die Werke der orphischen Maler sollen ein ungetrübtes ästhetisches Wohlgefallen hervorrufen, zugleich aber eine sinnfällige Konstruktion und eine sublime Bedeutung, das heißt: das Sujet wiedergeben. Das ist reine Kunst.*« Diese Feststellung ist zugleich Proklamation: Das Orphische, Poesie und strenge Gesetzmäßigkeit vereinigend, gilt Apollinaire als die höchste künstlerische Vollendung.

Die Bedeutung der Schrift liegt nicht in ihrem zum Teil überholten, kargen faktischen und interpretativen Material, auch nicht darin, daß sie eine damals revolutionäre künstlerische Bewegung frühzeitig erkannte und unterstützte. Es lag Apollinaire völlig fern, eine modische Kunstströmung zu fördern: Er verteidigte mit dem Kubismus die Kunst als Ausdruck einer Geistigkeit. Ein solcher Kunstsinn hatte zu jener Zeit nur wenige Parallelen, z. B. in der Ende 1911 erschienenen Schrift *Über das Geistige in der Kunst* von Wassily KANDINSKY.

K.N.

AUSGABEN: Paris 1913. – Paris 1965, Hg., Anm. u. Einl. L. C. Breunig u. J. C. Chevalier [krit.]. – Paris 1966 (in *Œuvres complètes*, Hg. M. Décaudin, 4 Bde., 1965/66, 4).

ÜBERSETZUNG: *Die Maler des Kubismus*, O. v. Nostitz, Zürich 1956; ²1973 [Ill. P. Picasso, M. Vlaminck u. G. Apollinaire].

LITERATUR: L.-C. Breunig, *A. et le cubisme* (in RLMod, 9, 1962, S. 7–24). – M. Le Bot, *A., critique d'art* (in Europe, 1962, Nr. 394/395, S. 254–257). – R. M. Payen, *Marinetti's »Le futurisme« and A.'s »Les peintres cubistes«* (in Studies in Comparative Literature, Louisiana, 1962, S. 173–185). – Y. Villette, *A. et le cubisme* (in Le Flambeau, 45, 1962, S. 68–77). – G. de Torre, *A. y las teorías del cubismo* (in G. de T., *La aventura estética de nuestra edad*, Barcelona 1962, S. 106–148). – F. Steegmüller, *A., Poet among Painters*, Ldn. 1963; ern. Harmondsworth 1973. – J.-C. Chevalier u. L. C. Breunig, *A. et les peintres cubistes* (in RLMod, Nr. 104–107, 1964, S. 89–112). – *A et le cubisme. Cataloque d'exposition*, Hg. J.-C. Chevalier u. A. Châtelet, Lille 1965. – J.-C. Chevalier, *A. Rôle de la peinture et de la poésie dans l'élaboration du poétique* (in RLMod, 1969, Nr. 217–222, S. 97–197). – M. Guiney, *Cubisme et littérature*, Genf 1972. – L. Somville, *A. et le cubisme. Une adhésion raisonnée* (in *A. Actes du Colloque de Stavelot 1975*, Paris 1979). – *A. und seine Freunde* (in Du, März 1982). – C. Altieri, *Abstraction as an Art. Modernist Poetry in Relation to Painting* (in Dada/Surrealism, 10/11, 1982, S. 106–134). – C. Debon, *L'écriture cubiste d'A.* (in Europe, 1982, Nr. 638/639, S. 118–127). – F. Igly, *A., poète ami et défenseurs des peintres cubistes*, Sherbrooke 1982.

LE POÈTE ASSASSINÉ

(frz.; *Ü: Der gemordete Dichter*). Erzählungen von Guillaume APOLLINAIRE, entstanden 1901–1915, erschienen 1916. – Die Titelerzählung geht auf einen Romanentwurf zurück, eine Weltuntergangsvision, die Apollinaire 1910 unter dem Titel *Der gemordete und wieder auferstandene Dichter* verfaßt hatte; als er 1914 den Erzählungsband ankündigte, schrieb er die Skizze zum *Gemordeten Dichter* völlig um. In achtzehn äußerst knapp gefaßten Abschnitten wird über Geburt, Leben, Tod und Apotheose des Dichters Croniamantal berichtet. Von einem Vagabunden am Rand einer *»von knorrigkrummen Bäumen und von Sträuchern gesäumten Landstraße«* gezeugt, verliert Croniamantal die Mutter bei seiner Geburt. Sein Stiefvater, ein unechter Baron, der die schwangere Macarée geheiratet hatte und mit ihr nach Rom zum Papst gepilgert war, erschießt sich bald darauf, als er in Monte Carlo sein ganzes Vermögen verspielt hat. Croniamantal wird daraufhin von einem holländischen Gelehrten in Pflege genommen. Dort genießt der äußerst begabte Junge, der schon früh dichterische Fähigkeiten zeigt, eine Erziehung nach Art der Humanisten des 16. Jh.s. Reiten und Fechten gehören ebenso zu seiner Ausbildung wie Latein, Sternkunde, die Lektüre der antiken Klassiker, Rabelais', der Pléiade-Dichter, Cervantes' und der Ritterromane, Racines, La Fontaines und Goethes. Als sein Pflegevater stirbt, geht Croniamantal nach Paris. Dort befreundet er sich mit einem Bildhauer, »Oiseau du Bénin« (Vogel der Langmütigen) genannt, schreibt freie Verse und Theaterstücke und verliebt sich in Tristouse Ballerinetta. Nach einem romantischen, schmerzlich-seligen Vorspiel wird Tristouse die Geliebte Croniamantals, verläßt ihn aber bald um des dichtenden Gecken Paponat willen. Der unglückliche Croniamantal verfolgt das Paar nach Deutschland, dann weiter nach Böhmen und schließlich nach Marseille, in der Hoffnung, Tristouses Liebe wiedergewinnen zu können. Inzwischen werden, ausgelöst durch die Schmähschriften des deutschen, in Australien lebenden Agrarchemikers Horace Tograth, in aller Welt die Dichter verfolgt, ins Gefängnis geworfen und umgebracht. Croniamantal erreicht Marseille, als Tograth ebenfalls dort eintrifft. Vor dem von Tograth verführten Pöbel bekennt sich Croniamantal zur Dichtkunst und wird gelyncht, während sich Tristouse und Paponat an seinem Tod ergötzen. Die ehemalige Geliebte beerdigt Croniamantals Leichnam, kehrt nach Paris zurück, wo sie von Paponat wegen eines Mannequins verlassen wird, legt Trauer um Croniamantal an und veranlaßt den »Vogel der Langmütigen«, Croniamantal im Wald von Meudon, wo sich die Liebenden zum erstenmal trafen, ein Denkmal zu setzen. Der Bildhauer errichtet dem Dichter *»ein tiefsinniges Standbild aus Nichts, wie die Poesie und wie der Ruhm«*, er gräbt ein Loch in den Boden, das er sodann auszementieren läßt, *»so daß die Hohlform den Umriß von Croniamantal hatte, das Loch voll von seinem Geist war«*.

Der autobiographische Anteil an dem Werk ist umstritten. Zweifellos haben die Malerin Marie Laurencin und Pablo Picasso bei den Figuren der Tristouse und des »Vogels der Langmütigen« Pate gestanden. *»Die Tatsache aber, daß Apollinaire den einen oder anderen Zug von bestimmten ihm vertrauten Personen übernahm, berechtigt nicht zu eindeutigen Identifikationen ... man kann sogar sagen, daß er der Wirklichkeit nur wenig entlieh, daß der Anteil der Erfindung überwiegt bei weitem«* (Pascal Pia). So verwirrend die Lebensgeschichte Croniamantals ist, so vielfältig sind die Stilarten, in denen sie erzählt wird. *»Im ›Gemordeten Dichter‹ findet man die verschiedensten Elemente: das Romantische und das Groteske, das Obszöne und das Elegante, das Ernste, das Übermütige und das Humoristische«* (P. Noack). Dennoch handelt es sich nicht nur um eine Mischung heterogener Elemente. Ähnlich wie sein Freund Pablo Picasso in der Malerei, nimmt Apollinaire ganz bewußt Stilformen unterschiedlicher Provenienz auf und setzt sie für seine Zwecke ein. Motive der Ritterromane und Elemente der Diktion RABELAIS' taugen dazu ebenso wie der lyrische Ton deutscher Romantiker sowie Stilformen des Journalismus. Apollinaire macht sich in einem fingierten Gespräch über Theaterfachleute lustig und persifliert dramatische Formen. *»Mühe macht es ihm vor allem, das zeigen die längeren Stücke, seine Phantasie zu bändigen, nicht hinter jedem Einfall herzulaufen«* (P. Noack). Doch das Vordergründige ist bei Apollinaire stets die Maske des Tiefsinns, des Gefühls, der Aufklärung. Besonders deutlich wird das in den letzten Kapiteln, die die Verfolgung der Dichter (durch einen Deutschen) und die Ermordung Croniamantals behandeln. »*Die Landschaft, die [hier] blitzartig erhellt wurde – damals noch eine Ferne – haben wir inzwischen kennengelernt. Es ist die gesellschaftliche Verfassung des Imperialismus, in der die Position der Intellektuellen immer schwieriger geworden ist. Die Auslese, die unter ihnen von den Herrschenden vorgenommen wird, hat Formen angenommen, die an Unerbittlichkeit dem Vorgang, den Apollinaire beschreibt, kaum etwas nachgeben*« (W. Benjamin).

Die übrigen Erzählungen – sie haben zumeist erlebte oder fingierte Kuriosa zum Gegenstand und sind durchweg nur wenige Zeilen lang – waren in Zeitschriften vorabgedruckt worden, ehe sie in die Sammlung eingingen. Es sind Feuilletons in der Tradition Guy de MAUPASSANTS. An die Geschichten Edgar Allan POES erinnert die umfangreichere Erzählung *Le Roi-Lune (Der Mondkönig)*: Mit einer Mischung aus Furcht, Abscheu und Faszination wird berichtet von einer Begegnung mit dem bayrischen König Ludwig II., der der Sage nach nicht Selbstmord begangen hat, sondern in Alpengrotten weiter seinen irrsinnigen Lastern frönt. Die den Band abschließende Geschichte, *Cas du brigadier masqué, c'est-à-dire le poète ressuscité (Der Fall des verkleideten Korporals oder: Der auferstandene Dichter)*, hat Apollinaire 1916 hinzugefügt, um der Sammlung einen Rahmen zu geben. Sie faßt noch einmal alle Hauptfiguren zusammen. K.N.

AUSGABEN: Paris 1916. – Paris 1927. – Paris 1947. – Paris 1959, Hg. M. Décaudin [krit.] – Paris 1965 (in *Œuvres complètes*, Hg. ders., 4 Bde., 1965/66, 1). – Paris 1977 (in *Œuvres en prose* I, Hg. u. Komm. ders.; Pléiade). – Paris 1979, Hg. u. Komm. ders.

ÜBERSETZUNGEN: *Der gemordete Dichter*, W. Widmer u. P. Noack, Wiesbaden 1967 [Vorbem. P. Noack]; ²1980. – Dass., dies., Mchn. 1968 (dtv). – Dass., dies., Hofheim 1985 [Nachw. u. Zeichnungen K. Pfankuch].

LITERATUR: Rachilde, Rez. (in MdF, 1. 12. 1916). – M. Décaudin, *Sur la composition du »Poète assassiné«* (in RSH, 1956, S. 437–456). – M. Boisson, *Le poète assassiné«, conte solaire* (in *A. Actes du Colloque de Stavelot 1973*, Paris 1975, S. 47–100). – E. Leube, *»Le poète assassiné«. Zum dichterischen Selbstverständnis bei A.* (in *Sprachen der Lyrik*, Hg. E. Köhler, Ffm. 1975, S. 526–546). – K. Heitmann, *»Le poète assassiné«* (in *Die frz. Novelle*, Hg. W. Krömer, Düsseldorf 1976, S. 375/376). – M. Décaudin, *A. devant la critique.* »L'Hérésiarque et Cie«. »Le poète assassiné« (in OCrit, 2, 1977, H. 1, S. 37–49). – *Le dossier de la presse du »Poète assassiné«* (in Que vlove?, 11, Jan. 1977, S. 19–26; 12, April 1977, S. 13–26; Okt. 1977, S. 11–24). – D. Oster, *Statue et statut du poète dans »Le poète assassiné«* (in SFR, 3, 1979, S. 161–172). – R. R. Hubert, *La présence du théâtre dans »Le poète assassiné«* (in Bérénice, 3, 1981, S. 44–56).

APOLLINARIOS AUS LAODIKEIA

* um 310 Laodikeia / Syrien
† 390 Laodikeia

LITERATUR ZUM AUTOR:
H. Lietzmann, *A. v. L. und seine Schule*, Tübingen 1904; Nachdr. Hildesheim 1971. – C. E. Raven, *Apollinarism*, Cambridge 1923. – E. Mühlenberg, *A. v. L.*, Göttingen 1969.

HĒ KATA MEROS PISTIS

(griech. Patr.; *Glaubensbekenntnis nach Einzelstücken*). Dogmatischer Traktat von APOLLINARIOS aus Laodikeia. – Das Werk wurde schon frühzeitig dem GREGORIOS THAUMATURGOS (um 213–270) zugeschrieben. So blieb es erhalten, während zahlreiche andere Schriften des wahren Verfassers infolge seiner Verurteilung auf dem zweiten ökumenischen Konzil in Konstantinopel (381) untergegangen sind.

Der Traktat legt ein beredtes Zeugnis für den dogmatischen Scharfsinn und die sprachliche Gewandtheit des Verfassers ab. Wie der Titel ankündigt, geht Apollinarios der Reihe nach die Artikel des Symbolums durch und erläutert sie im Sinne seiner Lehre. Der Autor, bis zu seinem Tode Bischof seiner nizänischen (also homousianischen) Heimat, war anfangs mit ATHANASIOS (295–373) befreundet gewesen und bekämpfte wie dieser die trinitarischen Anschauungen der Arianer. In der Christologie trennte er sich allerdings von ihm. Die Lehre des Apollinarios muß aus seiner Gegnerschaft gegen den Ethizismus der Antiochener verstanden werden. Sein Ideal ist die mystische Gemeinschaft mit dem göttlichen Christus. Demgemäß ist der Erlöser für ihn seinem Wesen nach fast ausschließlich Gott und hat vom Menschen nur das Fleisch und allenfalls die Leibseele angenommen, um überhaupt sichtbar zu werden. (Die dem Autor folgenden Apollinaristen vertraten später sogar die Auffassung vom Scheinleib Christi.) Hätte Gott sich mit dem vollständigen Menschenwesen verbunden, so hätte Christus den Kosmos (im Sinne des ORIGENES als die Einheit der Geister verstanden) unmöglich erlösen können, da er dann – begabt mit dem menschlichen *nus* (Verstand) und der *psychē logikē* (Geistseele), d. h. mit freiem Willen – selber der Sünde unterworfen gewesen wäre. Der Logos vertritt nach Apollinarios das Selbstbewußtsein und die Selbstbestimmungsmacht auch noch im »Menschen« Christus. Die Erlösung sei nur dadurch garantiert, daß Gott selbst (der Logos) geboren worden und gestorben sei (im Fleische). In diesem Sinne spricht Apollinarios von der *»einen [göttlichen] Physis des fleischgewordenen Logos«* – eine Formel, die dann, freilich umgemünzt, bei KY-

RILLOS aus Alexandreia († 444) und SEVEROS aus Antiocheia († 538) wiederkehrt. A.Ku.

AUSGABE: MG, 10, Sp. 1103–1124.

LITERATUR: C. Kannengiesser, *Une nouvelle interprétation de la christologie d'A.* (in RSR, 59, 1971, S. 27–36). – R. Huebner, *Gotteserkenntnis durch die Inkarnation Gottes. Zu einer neuen Interpretation der Christologie des A. v. L.* (in Kleronomia, 4, 1972, S. 131–161).

APOLLONIOS RHODIOS

* um 295 v.Chr. Alexandria
† um 215 v.Chr.

ARGONAUTIKA

(griech.; *Argonautenepos*). Epos des APOLLONIOS RHODIOS, das uns nicht in der ersten, wohl während der fünfziger Jahre in Alexandria entstandenen Fassung, sondern in einer zweiten Ausgabe vorliegt, die der Dichter im Alter veranstaltete. Es ist das einzige erhaltene griechische Epos zwischen dem Werk HOMERS und dem des NONNOS und zugleich das einzige vollständig überlieferte große Werk der hellenistischen Zeit.
Als episches Opus ihrer Epoche sind die *Argonautika* literarhistorisch von ganz besonderem Interesse des poetischen Prinzipienstreites wegen, der sich darum rankt: hat doch die Auseinandersetzung zwischen KALLIMACHOS und Apollonios über dieses Werk schließlich dazu geführt, daß der Epiker sein Gelehrtenamt als Leiter der Bibliothek in Alexandria aufgab und in Rhodos eine eigene Schule gründete. Der Streit um die Doktrin der Poetik – hier die von Kallimachos gepriesene Kleinform, dort das vieltausendversige zusammenhängende Poem, das »*verhaßte kyklische Gedicht*« (*Anthologia Palatina* 12, 43; vgl. *Epikos kyklos*) – hat bis in die moderne Kritik fortgewirkt: zwar wurde Apollonios mit dieser ersten Gesamtbearbeitung des Argonautenstoffes das ganze Altertum hindurch hochgeschätzt, wie neben zahlreichen Kommentaren insbesondere die lateinischen Nachdichtungen des VARRO aus Atax und des VALERIUS FLACCUS sowie der tiefe Einfluß auf VERGIL (auch auf OVID) und NONNOS bekunden; aber ein allseitig behutsames ästhetisches Urteil muß selbst bei größtem Wohlwollen immer wieder zu der Überzeugung kommen, daß die *Argonautika* gerade als Ganzes, als Beispiel der kompositorischen Großform, mißglückt sind. Anderseits findet das Werk als Versuch einer Erneuerung HOMERS aus dem Geist der eigenen Zeit in unseren Tagen zunehmend aufrichtige Bewunderung: und achtet man nur auf die Fülle unverwechselbar typischer hellenistischer Züge, so wird man begreifen, daß der Dichter zunächst durchaus des Glaubens sein konnte, im Sinn des Kallimachos gewirkt zu haben.
Die reiche Handlung ist auf vier Bücher verteilt, die, neben der mythischen Kontinuität, durch mancherlei Motivklammern untereinander verbunden sind. Buch 1 und 2 berichten, nach ganz kurzer Einleitung, von den Vorbereitungen des Zuges und der an Fährnissen und Abenteuern nicht armen Fahrt nach Kolchis; Buch 3, das ein eigenes Prooimion besitzt, schildert die Gewinnung des Goldenen Vlieses; Buch 4, gleichfalls mit kurzem Musengebet, ist der fluchtartigen und odysseeisch verwickelten Heimfahrt gewidmet. Höhepunkt der Geschichten ist fraglos das dritte Buch, zum einen wegen der sorgfältig ausgearbeiteten mehrschichtigen Erzählweise (gegen die das etwas unglücklich disponierte vierte Buch abfällt), zum anderen der Medea-Gestalt wegen: ihre aufkeimende Liebe zu Iason, ihr schwerer innerer Konflikt zwischen Familienbindung und liebendem Verrat bis zur schließlichen Verschwörung mit dem Geliebten wird minuziös in den verschiedenen Stadien ihrer psychischen Affekte dargestellt. In diesem Buch tritt auch das Kompositionsprinzip des ganzen Werkes besonders deutlich hervor, das durch die Methode der Schwerpunktbildung gekennzeichnet ist: gerafter Bericht wechselt mit detaillierter Einzelszene, wobei – darin ist das Werk durchaus den *Aitia* oder der *Hekalē* des Kallimachos verwandt – die ausgemalte Episode keineswegs mit der dramatisch bedeutsamen identisch ist: dem Postulat des Stoffes wird der Maßstab des dichterisch Ergiebigen und Reizvollen übergeordnet. Auf diese Weise hebt sich dort, wo ein zentrales Motiv extensiv dargeboten wird – wie im Seelenkampf der Medea –, das Entscheidende doppelt markant heraus. Das führt aber auch dazu, daß Nebenepisoden, ja geringste Beiläufigkeiten des Geschehens sich dem Leser unauslöschlich ins Gedächtnis prägen: so der Abschied der Alkimede von ihrem Sohn (1, 276 ff.); so die Genreszene des würfelspielenden kleinen Erosknaben, der mit seiner Mutter um den versprochenen Ball feilscht (3, 111 ff.); so die unterbrochene Morgentoilette Aphrodites, die in Eile das lockig und lang auf die Schultern fallende Haar ungeflochten hochbindet (3, 44 ff.), und vieles andere.
Gerade in den Konturen der Einzelheiten, in denen Apollonius exakte Beobachtung genau und plastisch wiedergibt, zeigt sich seine große künstlerische Begabung: »*Wann vom Felde zurück der Ackermann oder der Pflanzer / Froh seine Hütte erstrebt und auf das Nachtmahl begierig, / Staubbedeckt, ihm wanken die müden Knie, sobald er / Seine Schwelle erreicht, auf seine verwitterten Hände / Schaut er, wie sie voll Schwielen, er flucht dem begehrlichen Magen: / Derzeit kamen sie ... zu der Mündung des Kios*« (Ü: Scheffer). – Ein beliebiges Zitat und doch repräsentativ, weil es mit wenigen charakteristischen Strichen das harte Leben und die Welt des mediterranen Kleinbauern genau umreißt. Aber es kann in noch viel weiterem Umfang aufschlußreich sein:

als Bekenntnis zur idyllischen »Kleinmeisterei« und zugleich zu kühnem Realismus, als Beispiel für das Eindringen des Alltäglichen in die hohe Poesie, vor allem jedoch als Zeugnis des Bemühens um indirekte Darstellung, um das mittelbare, gebrochene oder gespiegelte Bild; statt zu sagen »abends kamen sie hungrig und müde zur Mündung des Kios«, verlegt der Dichter Zeitangabe und Stimmung der Helden ganz in das – auf den ersten Blick völlig autonome – Bild, und innerhalb des Bildes wird das Psychische wiederum in den beschreibbaren äußeren Details ausgedrückt.

In all dem erweist sich Apollonios als echter Vertreter seines Jahrhunderts, nicht anders als Kallimachos; freilich konnte er der großen Gefahr, welche die neuen Kunsttendenzen bargen, im Gegensatz zu jenem nicht überall entgehen: hauptsächlich natürlich an den Nahtstellen von Tradition und »Moderne«. Das Spiel mit den überkommenen Formen, die überraschende Antithese von Alt und Neu, der Kult mit modischen Errungenschaften, kurz, das ganze hellenistische Kokettieren mit Gelehrsamkeit und leichthändiger Virtuosität führt dazu, daß die einzelnen Elemente oft hart aufeinanderstoßen: während das Erbe des »Psychologen« EURIPIDES ohne Bruch mit dem genuin Apollonischen verschmilzt, empfindet man die langweilig-trockene Reverenz vor der archaischen Katalogdichtung zu Beginn des Werkes als mißglückt. Ähnliches gilt für die nach der Laune des Jahrhunderts fast überschwenglich über die vier Bücher verstreuten *aitia*, die zahllosen Erklärungen zur Entstehung von Kulten und Namen, die ohne jede dichterische Funktion bleiben. Amüsant wird solches Verzieren und Aufpolieren des mythischen Stoffes dann, wenn sich dahinter der Impetus junger wissenschaftlicher Erkenntnisse verbirgt: so läßt sich genau verfolgen, bis zu welchem Punkt die aktuelle Geographie die alten mythischen Vorstellungen revolutioniert hat und von wo an Apollonios sich weiterhin mythisch-märchenhafter Spekulation anvertraut; und hinter der streckenweise – scheinbar unmotiviert – den Odysseus-Abenteuern folgenden Reiseroute des zweiten Teils steckt eine komplette Theorie der *Odyssee*-Geographie.

Versucht man am Ende Vorzüge und Nachteile gegeneinander abzuwägen, so stößt man auf den merkwürdigen, aber bezeichnenden Umstand, daß beides in einem wechselseitig bedingten Verhältnis steht: was an den *Argonautika* gefallen und begeistern kann, der sichere Griff nach dem Detail, die einprägsame Treffsicherheit der Miniatur, die souveräne literarische Distanz zum Gesamtstoff, all das wirkt sich, sieht man auf das Ganze des Epos, als großes Hemmnis aus: großräumiges Komponieren, das die Einzelteile zu einer im Ganzen sichtbaren Einheit in Beziehung setzt, die Durchführung funktional gebundener und verschlungener Handlungslinien, überhaupt eine übergeordnete thematische Idee, die sich in der erzählten Geschichte dichterisch verifizieren und die Ereignisse bedeutsam machen würde, sie erst wirklich zu einem »Geschehen« werden ließe – das war nicht

Apollonios' Sache. Hält man die *Argonauten* neben die *Ilias* und die *Aeneis*, so wird man schließlich doch sagen müssen: das bessere Gespür für das, was nach dem poetischen Geschmack der Zeit als Literatur erstrebenswert, ja generell noch möglich war, hat sicherlich der Rivale besessen – der Exponent des Hellenismus heißt für uns Kallimachos, nicht Apollonios.   E.Sch.

AUSGABEN: Florenz 1496, Hg. I. Laskaris. – Ldn. 1912, Hg. G. W. Mooney. – Cambridge 1928, Hg. M. G. Gillies [Buch 3, m. Komm.]. – Ldn./Cambridge (Mass.) 1912, Hg. R. C. Seaton [m. engl. Übers.; zuletzt 1955]. – Paris 1961, Hg. F. Vian [Buch 3]. – Oxford 1961, Hg. H. Fränkel. – *Scholien:* Bln. ^{2}1958, Hg. C. Wendel. – Paris 1974–1981 (*Argonautiques*, Hg. F. Vian u. E. Delage, 3 Bde.; mit franz. Übers. u. Komm.).

ÜBERSETZUNGEN: *Die Argonauten*, J. J. Bodmer, Zürich 1779. – Dass., T. v. Scheffer, Wiesbaden ^{2}1947.

LITERATUR: H. Faerber, *Z. dichterischen Kunst in A. R.' »Argonautica«*, Diss. Bln. 1932. – F. Mehmel, *Virgil u. A. R.*, Hbg. 1940. – P. Händel, *Beobachtungen zur epischen Technik des A. R.*, Mchn. 1954 (Zetemata, 7). – H. Herter, *A. v. R.* (in Bursians Jahresberichte, 285, 1944–1955, S. 213–410; Literaturbericht). – H. Fränkel, *Das »Argonautenepos« des A.* (in MH, 14, 1957, S. 1–19). – E. Eichgrün, *Kallimachos u. A. R.*, Diss. Bln. 1961. – L.-H. v. Weisau, *Argonautai* (in *Der Kleine Pauly*, 1, 1964, Sp. 537–540). – H. Fränkel, *Noten zu den »Argonautika« des A. R.*, Mchn. 1968. – M. Campell, *Studies in the Third Book of A. R.'s »Argonautica«*, Hildesheim 1983 (Altertumswiss. Texte und Studien, 9). – E. R. Schwinge, *Künstlichkeit von Kunst*, Mchn. 1986, S. 88–154.

AHARON APPELFELD

* 16.2.1932 Czernowitz / Rumänien

BADENHEIM IR NOFESH

(hebr.; *Ü: Badenheim*). Roman von Aharon APPELFELD, erschienen 1975. – Schauplatz der Handlung ist der österreichische Kurort Badenheim. Wenn der Frühling seinen Einzug hält, kommen auch die Stammgäste wieder. Darunter ist auch Dr. Pappenheim, der Impresario; seine Ankunft bedeutet den Auftakt der künstlerischen Saison, auf die Einheimische und Gäste schon mit großer Spannung warten. Man lebt gut in Badenheim. Die Hotels bieten Bequemlichkeit, die Mahlzeiten sind gut und reichlich, und es wird viel getrunken. Auch an kulturellen und sportlichen Aktivitäten ist kein

Mangel. Kaum einer der anwesenden Gäste bemerkt zunächst die wachsenden Kompetenzen der »Abteilung für Hygiene«, die damit beginnt, Fragebogen auszuteilen. Die jüdischen Kurgäste werden gebeten, sich dort zu melden. Einige reagieren mit Gleichgültigkeit, andere mit Wut und Widerwillen auf diese Maßnahme, doch kaum jemand widersetzt sich. Die Räume der Abteilung sind mit Plakaten geschmückt, welche die Vorzüge des Reiseziels Polen preisen oder zum Kennenlernen der slawischen Kultur einladen. Unter den Kurgästen sind einige polnische Juden, die angesichts dieser Werbung Heimweh verspüren. Auch der Impresario Dr. Pappenheim glaubt, daß er und seine Musiker eine Einladung zu einer Tournee nach Polen erhalten werden.

Während sich die Kurgäste noch der Urlaubsroutine hingeben und Pläne schmieden, wird inner- und außerhalb der Stadt eine Schreckensvision Wirklichkeit. Am Eingang der Stadt errichtet man eine Mauer gegen die jüdische »Pest«. Den jüdischen Kurgästen werden Ausflüge untersagt, man verwehrt ihnen den Zugang zur Post und zum Schwimmbad. Auch das Telefon sperrt man. Ihr Hotel wird von den anderen isoliert, so daß allmählich die Lebensmittelversorgung zusammenbricht. Die Juden, darunter viele assimilierte, fügen sich meist widerstandslos in ihr Schicksal und warten auf die Abreise nach Polen. Unter den Wartenden befinden sich auch der Mathematiker Dr. Schutz, der im Urlaub eine Liebesaffäre mit einer Gymnasiastin angefangen hat, sowie der Apotheker Martin mit Frau Trude und Tochter Helene. Ihr Schicksal teilen außerdem Mitzi und Professor Posholt. Letzterer ist bis zum letzten Moment mit der Korrektur der Druckfahnen seines neuesten Buches beschäftigt, in dem er sich gegen jüdische Kultur und jüdisches Mäzenatentum ausspricht. Zum Gruppenbild gehören schließlich Dr. Langmann, der Angestellte Salo, ein junger Künstler, der den Urlaubern jiddische Lieder vorsingt, die Zwillinge, welche die Kurgäste mit der Rezitation deutscher Gedichte erfreuen, der gelähmte Rabbiner, der von der christlichen Frau, die ihn gepflegt hat, verlassen wurde, sowie der Impresario Dr. Pappenheim, der seine Künstler mit den Worten tröstet: *»Am neuen Ort werden Sie Zeit haben, werden Sie üben können.«* Eines Morgens, in aller Frühe, wird der Befehl zur Abreise gegeben. Die Wartenden begeben sich zum Bahnhof. Am Kiosk erstehen einige noch Zeitungen, Zigaretten und Süßigkeiten. Dann naht der Zug mit vier schmutzigen Güterwagen. *»Wie Getreidekörner in einen Trichter«* werden die Menschen in die Waggons gepreßt. Dr. Pappenheim hat gerade noch Zeit, einem Kollegen zu sagen: *»Wenn die Waggons so schmutzig sind, bedeutet es, daß der Weg nicht weit ist.«*

Der Roman, der aus 35 kurzen Kapiteln besteht, beschreibt die europäische Judenheit am Vorabend der Katastrophe. Appelfeld zeichnet die Gedanken und Gefühle der Menschen nach, die durch äußere Ereignisse plötzlich gezwungen werden, ihre Identität neu zu entdecken. Hinter der glitzernden Fassade des Kurbetriebs scheint plötzlich die brutale Wirklichkeit durch. Appelfelds Roman ist eine Parabel, welche die Naivität und den blinden Glauben der assimilierten europäischen Juden noch angesichts höchster Bedrohung aufdeckt. A.F.

AUSGABE: Tel Aviv 1975.

ÜBERSETZUNGEN: *Badenheim 1939*, D. Bilu, Boston 1980 [engl.]. – *Badenheim*, M. Kluger, Ffm. u. a. 1982 [aus dem Engl.].

LITERATUR: L. I. Yudkin, *A.'s Vision of the Past* (in L. I. Y., *Escape into Siege. A Suvey of Israeli Literature*, Ldn./Boston 1974, S. 71–89). – I. Howe, *Novels of Other Times and Other Places* (in NY Times Book Review, 23. 11. 1980, S. 1). – G. Annar, *Before the Deluge* (in NY Review of Books, 28, 1981, S. 3). – D. Ross-Daniel, Rez. (in World Literature Today, 55, 1981, S. 721). – N. Aschkenazy, Rez. (in Tradition, 20, 1982, S. 170–173). – F. Ewen, Rez. (in Jewish Currents, 37, 1983, H. 7, S. 29–34). – C. Chertok, *A. and Affirmation* (in Ariel, 61, 1985, S. 76–87).

VASIL EVSTATIEV APRILOV

* 21.7.1789 Gabrovo
† 2.10.1847 Galati / Rumänien

LITERATUR ZUM AUTOR:
Sv. N. Milarov, *V. E. A., mostnijat podviznik na novoto obrazovanie v Bălgarija*, Odessa 1888. – Iv. D. Šišmanov, *Novi studii iz oblastta na Bălgarskoto văzraždane. 1. V. E. A.* (in *Sbornik na BAN*, 1926, H. 1, S. 5–61). – B. Penev, *V. E. A.* (in B. P., *Istorija na novata bălgarska literatura*, Bd. 3, Sofia 1933, S. 641–678). – M. Arnaudov, *V. E. A. Život, dejnost, săvremennici*, Sofia 1935; ²1971. – Cv. Minkov, *V. A.* (in *Istorija na bălgarskata literatura*, Hg. St. Božkov, Bd. 2, Sofia 1966, S. 145–160). – G. Karastojanov, *V. A. Certi ot edin život*, Sofia 1971. – I. Konev, *V. A. i bălgaro-ruskite kulturni vzaimootnošenija* (in Istoričeski pregled, 30, 1974, 2, S. 69–77).

DENNICA NOVOBOLGARSKAGO OBRAZOVANIJA

(russ.; *Morgenstern der neubulgarischen Bildung*). Programmatische Schrift von Vasil Evstatiev APRILOV (Bulgarien), erschienen 1841. – *»Das Ziel des Werkes, das ich dem geneigten Blick des Lesers vorlege, besteht darin, den Anfang und die Entwicklung der aufs neue entstehenden neubulgarischen Bildung bekanntzumachen und den Russen den slawischen Stamm vorzustellen, der ihnen seit ältesten Zeiten am* *nächsten verwandt und ihnen heute, allgemein gesagt, so wenig bekannt ist.«* Mit diesen Worten wendet sich Aprilov in der Vorrede zu seiner in russischer Sprache verfaßten Schrift an seine Landsleute, vor allem aber an die russische Intelligenz, um auf das durch ein Jahrtausend letztlich ungebrochene Bulgarentum aufmerksam zu machen und für die nationale Selbstbestimmung des bulgarischen Volkes, die sich in der Geschichte, im Volkstum, in der Schriftsprache, Literatur und einer unabhängigen Kirche manifestiert, zu werben, damit die zu Unrecht in Vergessenheit geratenen Bulgaren wieder unter die europäischen Völker eingereiht werden. Die eher populärwissenschaftliche Abhandlung gliedert sich in mehrere Teile. Im ersten Abschnitt wird der Leser im Geiste des Erwachens und Erstarkens des bulgarischen nationalen Bewußtseins mit patriotischem Pathos an die ruhmreiche Vergangenheit und kulturelle Bedeutung dieses slawischen Volkes erinnert, das nach der Eroberung durch die Osmanen in Rußland und Europa in Vergessenheit geraten ist. Dabei wird mit besonderem Stolz auf die Brüder bulgarischer Herkunft, Kyrill und Method, verwiesen, die die slawische Schrift geschaffen haben. Die nationale und kulturelle Identität und Entwicklung der zeitgenössischen Bulgaren ist jedoch durch die Griechen und deren unablässige Versuche einer geistigen und geistlichen Einflußnahme und Überfremdung bedroht. Aprilov setzt die Forderung nach dem Aufbau von öffentlichen weltlichen Schulen und einer eigenständigen Literatur als Voraussetzung für die nationale Wiedergeburt seines Volkes dagegen. Durch die Lektüre der Schrift *Drevnie i nynešnie Bolgare v političeskom, narodopisnom, istoričeskom i religioznom ich otnošenii k Rossijanam,* 1829 *(Die alten und heutigen Bulgaren in ihrer politischen, ethnographischen, historischen und religiösen Beziehung zu den Russen),* von Jurij Iv. VENELIN in seiner ursprünglichen progriechischen Haltung erschüttert, wird Aprilov neben PAISIJ CHILENDARSKI, Petăr BERON und NEOFIT RILSKI zu einem der eifrigsten Verfechter und aktivsten Aufklärer in der frühen Epoche der bulgarischen Wiedergeburt. Im zweiten Teil der Schrift berichtet Aprilov über die von ihm geförderte Eröffnung der ersten modernen bulgarischen Schule in seiner Vaterstadt Gabrovo am 2. 1. 1835 und über elf weitere Schulen im ganzen Land, die innerhalb von nur sechs Jahren gegründet werden konnten. Neben Hinweisen auf die Kosten und den Aufwand, die vorbildlichen Förderer, das Lehrpersonal und die Schülerzahl beklagt der Verfasser die geringe Zahl der bulgarischen Bücher im Hinblick auf die zahlreichen Schulgründungen. Aprilov beendet seine Ausführungen mit einer Ode von Georgi T. PEŠAKOV auf den von ihm verehrten Jurij Iv. Venelin. Erläuterungen, denen wiederum Anmerkungen folgen, enthalten zusätzliche Bemerkungen Aprilovs zu Personen, Orten und Ereignissen im Hauptteil seiner Arbeit. Schließlich läßt Aprilov 1842 in St. Petersburg eine »Ergänzung« *(Dopolnenie)* erscheinen, in der er in Erwiderung auf die Rezension in einer russischen Zeitschrift noch einmal einzelne aktuelle Fragen aufgreift und seine aufklärerischen Gedanken engagiert verdeutlicht.

Mit der Eröffnung der Schule in Gabrovo legte Aprilov nach seinen eigenen Worten die »*Wiege zur bulgarischen Literatur«.* Als »*Vater des bulgarischen Bildungswesens«* verband Aprilov Mäzenatentum mit weitblickender und wirkungsvoller volksbildnerischer Tätigkeit auf dem Gebiet der Sprache und Literatur. Er forderte in seinen Werken die bulgarischen Schriftsteller auf, in der Literatursprache und Rechtschreibung der lebendigen neubulgarischen Volkssprache den Vorrang zu geben. In der bewußten Hinwendung zu Rußland, das seiner Meinung nach die nationale und geistige Wiedergeburt der Bulgaren wesentlich unterstützen könnte, legte Aprilov den Grund für eine bleibende intensive Verbindung zwischen bulgarischer und russischer Literatur und Kultur. D.Ku.

AUSGABEN: Odessa 1841. – Sofia 1940 (in *Săbrani săčinenija,* Hg. M. P. Arnaudov). – Sofia 1968 (in *Săčinenija,* Hg. P. Totev).

JĒKABS APSĪŠU

d.i. Jānis Jaunzems

* 8.12.1858 Lizums
† 10.6.1929 Riga

LITERATUR ZUM AUTOR:
A. Dravnieks, *Latv. lit. vēsture,* Göppingen 1946. – L. G. Bljumfeld u. a., *Očerk ist. latyšskoj sov. lit.,* Riga 1957, S. 38/39. – E. Blese, *Storia della letteratura lettone* (in G. Devoto, *Storia delle letterature baltiche,* Mailand 1957). – *Latviešu literaturas vēsture,* Bd. 1, Riga 1958, S. 165–190. – M. Mauriņa, *Isais stāsts latviešu padomju literatūrā,* Riga 1975, S. 47-55.

BAGĀTI RADI

(lett.; *Die reichen Verwandten).* Erzählung von Jēkabs APSĪŠU, erschienen 1886. – Die Handlung spielt auf dem Land. Der alte Andris ist mit Ilse, einer nahen Verwandten, verheiratet, die ihm zwei Söhne geboren hat, von denen der eine ein Kretin, der andere ein Epileptiker ist. Aber Andris trägt das ihm von Gott auferlegte Kreuz in Demut und hofft, am Ende seiner Tage, wenn er seiner Arbeit nicht mehr nachgehen kann, bei seinen reichen Verwandten Aufnahme zu finden, vier Neffen, die Besitzer großer Höfe sind. So arbeitsam, so ehrenhaft und gläubig Väterchen Andris aber auch ist – Glück ist ihm keins beschieden: es kommt der Tag, an dem er den Pflug nicht mehr führen kann und an dem ihm kein anderer Ausweg bleibt, als ein Bettlerasyl aufzusuchen. Die reichen Verwandten kümmern sich zu seinen Lebzeiten nicht mehr um ihn, bereiten ihm jedoch nach seinem Tod ein Begräbnis, das ihm als Angehörigen eines reichen Bauerngeschlechts zu Ehren gereicht. – Apsīšu war ein typischer Vertreter des zeitgenössischen Realismus. Er hat mit »Väterchen Andris« eine der charakteristischsten Gestalten der lettischen Literatur geschaffen, die jene Einfalt des Herzens und jenen Seelenadel verkörpert, wie er später bei zwei unvergeßlichen Gestalten wiederzufinden sein wird: dem alten Salknis in der Erzählung *Sirdsšķīstie ļaudis (Die reinen Herzens sind)* von J. PORUKS und dem jungen Antiņš in dem Drama *Zelta zirgs (Das goldene Roß)* von J. RAINIS. M.R.

AUSGABEN: Riga 1886. – Riga 1924/25 (in *Kopoti raksti*, 4 Bde.). – Riga 1952 (in *Izlase*). – Waverly/Iowa 1955. – Riga 1958 (in *Iz tautas bilžu galerijas*).

LUCIUS APULEIUS

* um 125 Madaura / Numidien
† um 180

METAMORPHOSES

auch *Asinus aureus* (lat.; *Verwandlungen*, auch: *Der goldene Esel*). Komischer Roman in elf Büchern von LUCIUS APULEIUS, entstanden wohl um 170, nach einer Vorlage des LUKIOS aus Patrai (vgl. *Lukios ē onos – Lukios oder Der Esel* von LUKIAN). – In dem Werk schildert der junge Lucius, der durch ein Mißgeschick in einen Esel verwandelt wird, seine abenteuerlichen Irrfahrten. Das Verhängnis ereilt den Helden im obskuren Thessalien, wo er mit der ebenso reizenden wie erfahrenen Zofe Photis ein Liebesverhältnis unterhält. Kaum daß der für seine Wundersucht Bestrafte das Mittel für die Rückverwandlung vernommen hat, beginnt seine Odyssee. Räuber zerren ihn aus dem Stall und treiben ihn, Seite an Seite mit den anderen Tieren, in ihr Hauptquartier in den Bergen. Ein mit einem vornehmen Mädchen namens Charite zusammen unternommener Fluchtversuch mißlingt; doch der spätere Retter Charites befreit schließlich auch ihn. Als seine Wohltäter auf schreckliche Weise ums Leben kommen, fällt er nacheinander den schlimmsten Grobianen, Sadisten und Hungerleidern in die Hände. Etwas besser ergeht es ihm bei den Priestern der »Syrischen Göttin«, die sich – allesamt Homoeroten, Transvestiten, Flagellanten und Masochisten – unter dem frommen Deckmantel des Atargatis-Kultes ausschweifenden Orgien hingeben. Bei einem Koch und einem Konditor kann er sich ungestört an den übriggebliebenen Fasanen, Karpfen und Zuckerplätzchen gütlich tun. Auch bei einer vornehmen und leidenschaftlichen Sodomitin, die ihre ganze Liebe und Zärtlichkeit an ihn verschwendet, könnte er sich wohl fühlen, wenn man nicht aus den ungewöhnlichen Tête-à-têtes Kapital schlagen wollte: Um sich der »Schamlosigkeit« einer öffentlichen Kopulation mit einer Kapitalverbrecherin zu entziehen, muß er schließlich ausreißen. Zu Beginn des elften Buches schläft er mutterseelenallein am Strand von Korinth. Im Traum stellt ihm die Göttin Isis die Erlösung aus seiner Tiergestalt in Aussicht, und er entdeckt wirklich am nächsten Tag in der Hand eines Priesters den ersehnten Kranz von Rosen. An die Rückverwandlung schließt sich die stufenweise Initiierung des Helden in den Isis- und Osiris-Kult an.

Um dieses Geschehen gruppiert sich ein Ring von Novellen und Märchen über Untreue, Ehebruch und Eifersucht, über Zauberei, Mord und Verbrechen: teils Vor- oder Folgegeschichten der Haupthandlung, teils ohne Zusammenhang mit ihr. Die berühmteste und ausführlichste dieser Erzählungen – sie hat sogar einen bestimmten Typ von »Prüfungsgeschichten« begründet – ist das allegorische Märchen *Amor und Psyche*, mit dem eine alte Küchenmagd die verzweifelte Charite zu trösten versucht: Obwohl die wunderschöne Psyche weiß, daß sie ihren Gatten, den Liebesgott Amor, nur so lange besitzen kann, wie sie auf seinen Anblick verzichtet, entzündet sie am nächtlichen Lager das Licht; erst nach unzähligen Prüfungen und Leiden, die ihr »Schwiegermutter« Venus auferlegt, kann sie den Entschwundenen wieder in die Arme schließen.

Der Roman des Apuleius trägt deutlich parodistische Züge. Sie gelten aber nicht, wie im *Satyricon* PETRONS, dem griechischen Liebesroman, sondern dem Abenteuerschema der Homerischen *Odyssee* (vgl. 9,13). Doch bezieht sich die burleske Abwandlung nur auf das der Veränderung, die die Gattung inzwischen – vom Versepos zum Prosaroman – durchgemacht hat. Daher ist das Werk nicht im eigentlichen Sinn satirisch: Parodie und Burleske, Satire und Sentiment mischen sich vielmehr in einer neuen Art des freien, rein komischen Humors. Das bestätigt sich in der Komposition, die eher locker als streng ist und den für den Romantyp typischen Magazincharakter besitzt (wobei eine nicht geringe Dosis von *crime and sex* oder *erotica et curiosa* mit im Spiel ist). Ebenso bezeichnend ist der »Milesische« Stil des Werks (vgl. *Milēsiaka*); als ausgesprochener Mischstil verquickt er nach dem Prinzip der *variatio* mehrere Stilhöhen und Tonlagen aus verschiedenen Sonder- und Standessprachen zu einem sehr künstlichen, aber doch intellektuell-lebendigen Sprachgebilde, dessen »afrikanistische« Manieriertheit schon bei den antiken Attizisten und Ciceronianern auf Ablehnung gestoßen ist. Doch nicht dualistisch-»barocke« Kontrastierung, sondern humorvolle Urbanität und geistreiche Frische des sprachlichen Duktus sind die entscheidenden Momente dieses Stilwillens. In der Sprunghaftigkeit und Launenhaftigkeit des Erzählers spiegelt sich die Launenhaftigkeit der unerbittlichen Fortuna (»*Fortuna saevissima*«) selbst, die hinter dem wechselvollen Schicksal des Helden transparent wird.

Auch der Bruch vor dem letzten Buch ist nicht so zu deuten, als ob der Dichter nun eine »hohe Heilswelt«, die mit der »niederen« Profanwelt der übrigen Bücher kontrastierte, oder gar einen Idealzustand im Sinne des modernen, psychologischen Entwicklungsromans aufzurichten beabsichtigte. In diesem elften Buch soll der Held nach seinen vielfältigen Leiden und Abenteuern schlicht zur Ruhe kommen. Der Isisdienst, zu dem er hinfindet, erweist sich dabei als Pendant zu seinem Interesse für schwarze Magie im ersten Buch; beides sind entgegengesetzte, aufeinander bezogene Seiten der übernatürlichen Schwärmerei: hier die heilig-erlaubte, dort die sündhaft-verbotene. Das Zentrum des Romans bildet (mit den Formelementen des Liebesromans) das Märchen von Amor und Psyche: eine allegorische Überhöhung des Schicksals des Helden. Wie dieses selbst entzieht sich aber auch das Märchen einer Überbewertung seiner Bedeutung; die betrunkene Erzählerin spricht geringschätzig von einer »Altweibergeschichte«, das Kind der Liebenden heißt witzigerweise »Voluptas« (Lust).

Ungeachtet all dieser Schwierigkeiten, die dem Verständnis entgegenstehen, hat der Roman bis heute nichts von seiner Unterhaltsamkeit eingebüßt. Die einleitende Verheißung »*Leser, paß auf: du wirst dich amüsieren*« ist so aktuell wie eh und je, nicht zuletzt durch die Fülle komischer Figuren, Situationen und Bonmots: der Geizhals Milo, der, um keinen Neid zu erregen, auf Tisch und Stuhl verzichtet; die »Keuschheit« der falschen Priester; die Müllerin, die ihren Galan im Zuber versteckt hält, während der Gatte vom ehebrecherischen Treiben der Frau seines Freundes berichtet, der prahlerische *miles gloriosus*, der vor lauter Mordgerät einem unbewaffneten Gärtner unterliegt; der Esel, der verliebt an den Zehen Charites knabbert oder mit unsäglichem Vergnügen endlich einmal in einem weichen Bett schläft. Nicht zu vergessen schließlich das reizvolle Spiel mit der historiographischen Fiktion und die unnachahmlichen Genreszenen, die einen lebendigen Einblick in den Alltag des 2. Jahrhunderts vermitteln: so in der fröhlichen Frivolität der Schäferstündchen mit Photis, in dem der Isisprozession vorausgehenden »Faschingszug« oder in der Marktszene, in der der Geprellte die Polizei einschaltet und so alles verliert.

Die literarische Nachwirkung des *Goldenen Esels* ist kaum zu überschätzen. Eine Linie führt zum Schelmenroman (Cervantes' *Don Quijote*, Grimmelshausens *Simplicissimus*, Lesages *Gil Blas*), eine andere zum Schwank- und Novellenzyklus (Boccaccios *Decamerone*). Als Muster eines witzig-urbanen Mischstils ist der Roman völlig zeitlos. Auch besteht ein unmittelbarer Zusammenhang zwischen *Amor und Psyche* – das eine eigene Wirkungsgeschichte aufzuweisen hat – und dem höfischen Roman. Die Tatsache, daß das Werk vollständig überliefert ist, verdankt es allerdings nicht seiner literarischen, sondern seiner religionsgeschichtlichen Bedeutung. R.M.

AUSGABEN: Rom 1469 (*Metamophoseos sive de asimo aureo libri XI*, in *Opera*, Hg. Johannes Andreas, Bischof von Aleria). – Ldn./Cambridge (Mass.) 1915 (*The Golden Ass*, Hg. S. Gaselee; m. engl. Übers. v. W. Adlington; Loeb; Nachdr. 1958). – Paris 1925 (*Métamorphoses, Livre XI*, Hg. P. Médan; m. Komm.). – Paris 1940–1945 (*Les Métamorphoses*, Hg. D. S. Robertson, 3 Bde.; m. frz. Übers. v. P. Vallette; Bd. 1: ²1956). – Florenz 1948 (*Metamorphoseon libri IV–VI [La favola di Amore e Psiche]*, Hg. E. Paratore). – Florenz 1954 (*Gli XI libri delle Metamorfosi*, Hg. N. Terzaghi; m. ital. Übers. v. F. Carlesi). – Mchn. 1958 (*Der goldene Esel*, Hg. E. Brandt u. W. Ehlers; lat.-dt.; Nachdr. zul. 1981). – Turin ²1961 (*Metamorphoseon libri XI*, Hg. C. Giarratano u. P. Frassinetti; m. Bibliogr.). – Paris 1963 (*Metamorphoseis [IV, 28–VI, 24]*, Hg. P. Grimal; m. Einl. u. Komm.). – Lpzg. ⁷1968 (*Metamorphoseon libri XI*, in *Opera quae manserunt*, Bd. I, Hg. R. Helm). – Meisenheim a. G. 1975, Hg. A. Scobie [Buch 1 m. engl. Komm.]. – Bln. ⁷1978 (*Metamorphosen oder Der goldene Esel*, Hg. R. Helm; lat.-dt.; m. Einl.).

ÜBERSETZUNGEN: *Ain Schön Lieblich, auch kurtzweylig Gedichte Lutij Apuleij, von einem gulden Esel*, J. Sieder, Augsburg 1538. – *Der goldene Esel*, A. Rode, Dessau 1783 (zahlr. Nachdr., z. B. Hg. K. Waechter, Rudolstadt 1956; Hg. W. E. Süskind, Köln 1957; Hg. u. Komm. E. Burck, Hbg. 1961, RKI, 96/97; Hg. W. Haupt, Lpzg. 1963; Ffm. 1975). – *Sogenannter Goldener Esel*, A. Schaeffer, Lpzg. 1926. – *Der goldene Esel*, C. Fischer, Mchn. 1965 [Nachw. H. Cysarz]. – Dass., ders. (in *Im Reich des Eros. Die antiken Liebes- und Abenteuerromane*, Hg. B. Kytzler, Bd. 2, Mchn. 1983). – *Der goldene Esel*, Hg. A. Schaeffer, Ffm. 1975.

VERFILMUNG: *L'Asino d'Oro*, Italien 1970 (Regie: S. Spina).

LITERATUR: R. Reitzenstein, *Das Märchen von Amor u. Psyche bei A.*, Lpzg./Bln. 1912. – E. Norden, *Die antike Kunstprosa*, Bd. 2, Lpzg./Bln. ³1918, S. 600–605; Darmstadt ⁵1958. – L. Friedlaender u. O. Weinreich, *Das Märchen von Amor und Psyche u. andere Volksmärchen im Altertum* (in L. F., *Darstellungen aus der Sittengeschichte Roms*, Bd. 4, Lpzg. ⁹⁻¹⁰1921, S. 89–132). – M. Bernhard, *Der Stil des A. v. Madaura. Ein Beitrag zur Stilistik des Spätlateins*, Stg. 1927 (Tübinger Beiträge zur Altertumswissenschaft, 2). – P. Junghanns, *Die Erzählungstechnik von A.' »Metamorphosen« u. ihrer Vorlage*, Lpzg. 1932 (Phil. Suppl., 24/1). – A. Lesky, *A. von Madaura u. Lukios von Patrai* (in Herm. 76, 1941, S. 43–74). – M. Hicter, *L'autobiographie dans l'»Âne d'or« Apulée* (in L'Antiquité Classique, 13, 1944, S. 95–111; 14, 1945, S. 61–68). – H. Erbse, *Griechisches u. Apuleianisches bei A.* (in Eranos, 48, 1950, S. 107–126). – R. Helm, *Der antike*

Roman, Göttingen ²1956, S. 72–76. – J. H. Mette, *Curiositas* (in *Fs. B. Snell*, Mchn. 1956, S. 227–235). – V. Ciaffi, *Petronio in Apuleio*, Turin 1960. – R. Heine, *Untersuchungen zur Romanfigur des A. von Madaura*, Diss. Göttingen 1962. – R. Merkelbach, *Roman u. Mysterium in der Antike*, Mchn./Bln. 1962, S. 1–90. – G. Augello, *Studi Apuleiani*, Palermo 1977. – B. L. Hijmans jr. u. R. Th. v. d. Paardt, *Aspects of A.s Golden Ass*, Groningen 1978. – F. E. Hoevels, *Märchen und Magie in den Metamorphosen des A. von Madaura*, Amsterdam 1979. – J. Tatum, *A. and the Golden Ass*, Ithaka/Ldn. 1979. – N. Holzberg, *Der antike Roman*, Mchn./Zürich 1986, S. 92–99. – T. Hägg, *Eros und Tyche*, Mainz 1987, S. 219–231.

ʿABBĀS MAḤMŪD AL-ʿAQQĀD

* 1889 Assuan
† 1964 Kairo

Literatur zum Autor:
GAL S III, S. 139–156. – C. Vial, *Al-ʿAqqād (1889–1964)* (in Arabica, 2, 1964, S. 213 ff.).

MUṬĀLAʿĀT FĪ L-KUTUB WAL-ḤAYĀT

(arab.; *Betrachtungen über die Bücher und das Leben*). Essays von ʿAbbās Maḥmūd AL-ʿAQQĀD, nach Vorabdruck in verschiedenen Zeitschriften als Buch erschienen 1924. – Dieser Sammelband, in dem 43 Essays zusammengefaßt sind, zeigt die große Vielseitigkeit des Dichters und Schriftstellers al-ʿAqqād, der hier allerdings nur mit seiner Prosa vertreten ist. Hauptanliegen des Autors ist, sein Heimatland Ägypten möge auf kulturellem Gebiet den Stand Europas erreichen. So schreibt er u. a. über Kunstausstellungen in Kairo, ermuntert die jungen Künstler und fordert eine bessere Erziehung und Ausbildung der ägyptischen Jugend. – In dem Essay *Die Kunst, wie das Volk sie versteht* propagiert er »*eine mit dem Leben verbundene, aber zugleich über das Leben hinaushebende Kunst*«. – In drei weiteren Essays befaßt er sich mit dem Alten Ägypten, mit dem Isis-Tempel von Philä und mit dem 1922 von dem Engländer Carter wiederentdeckten Grab des Tut-ench-Amon. Der Besuch dieses Grabes veranlaßt ihn zu Betrachtungen über das Reisen im allgemeinen: »*Die Grundlage des Lebens ist das Reisen; das Leben selbst ist nichts anderes als eine Reise in diesem Dasein...*«
Al-ʿAqqād beschäftigte sich mit den Werken orientalischer wie auch europäischer Autoren aller Epochen, so enthält z. B. sein Essay *aṣ-Ṣaḥāʾif (Lose Blätter)* Gedanken zu einem von der ägyptischen Schriftstellerin MAIY (d. i. Mārī Ziyāda, geb. um 1895) verfaßten Sammelwerk gleichen Titels. In einer anderen Abhandlung würdigt er Muḥammad Kurdʿ ALI (geb. 1876) und dessen Werk *Ġarāʾib al-ġarb (Merkwürdigkeiten des Westens)*, in dem dieser Autor über seine in Europa gesammelten Eindrücke und Erfahrungen berichtet. Ferner bringt al-ʿAqqād einen Nachruf auf den 1922 verstorbenen sozialkritischen Schriftsteller Faraḥ ANṬŪN; seine Kenntnis europäischen Kulturguts zeigt er in seinen Aufsätzen über Immanuel KANT, Anatole FRANCE u. a. – Das Kernstück der *Muṭālaʿāt* aber bilden zwei große Untersuchungen zur klassischen arabischen Literatur, von denen die eine die *Risālat al-ġufrān (Traktat über die Vergebung)* von AL-MAʿARRĪ (973–1057) und die andere den *Dīwān* von AL-MUTANABBĪ (905–965) behandelt. Bei AL-MAʿARRĪ geht al-ʿAqqād sowohl auf die Rolle der Phantasie in dessen Werk als auch auf den Spott und Pessimismus dieses Autors und seine Meinung über die Frauen ein. Al-Mutanabbī wird als großer Dichter gewürdigt; übertrieben dürfte aber die Begeisterung sein, mit der al-ʿAqqād ihm als Denker huldigt, wobei er ihn mit DARWIN und NIETZSCHE vergleicht.

Trotz seiner Weltoffenheit und seiner Aufgeschlossenheit für Europa gehört al-ʿAqqād doch zu jenen Literaten, die es ablehnen, ja davor warnen, ausschließlich und unbedenklich europäische Autoren und ihre Werke nachzuahmen. Dies zeigt sich auch in seinem Stil und seiner Sprache, die er weitgehend von Europäismen freizuhalten versteht. S.Gr.

AUSGABE: Kairo 1924.

HUBERT AQUIN

* 24.10.1929 Montreal
† 15.3.1977 Montreal

Literatur zum Autor:
Bibliographien:
J. Martel, *Bibliographie analytique d'H. A. 1947–1982* (in RHLQ, 7, 1984, S. 79–234). – Ders., *Où en sont nos connaissances sur H. A.?* (in ebd., 10, S. 13–34).

Biographie:
G. Sheppard u. A. Yanacopoulo, *Signé A.: Enquête sur le suicide d'un écrivain*, Montreal 1985.

Gesamtdarstellungen und Studien:
P. Smart, *H. A. agent double*, Montreal 1973. – G. Lafontaine, *H. A. et le Québec*, Montreal 1977. – F. Maccabée Iqbal, *H. A. romancier*, Québec 1978. – R. Lapierre, *L'imaginaire captif: H. A.*, Montreal 1981. – P. Y. Mocquais, *A. ou la quête interrompue*, Montreal 1986.

L'ANTIPHONAIRE

(frz.; *Das Antiphonar*). Roman von Hubert AQUIN (Kanada), erschienen 1969. – Die Bezugnahme auf den Antagonismus von frankophoner Minderheit und anglophoner Mehrheit in Kanada ist in diesem Roman weniger explizit als in den früher publizierten Erzählwerken dieses Autors. Der Titel bezieht sich auf die alternierende Struktur der im Antiphonar gesammelten liturgischen Gesänge. Vermittels der vom modernen Roman Frankreichs übernommenen »*Mise en abyme*«-Technik (»Roman im Roman«) inszeniert Aquin ein Wechselspiel zwischen zwei Zeitebenen, das ihm einen kritischen Streifzug durch die abendländische Kulturgeschichte ermöglicht.

Hauptfigur ist Christine, eine nicht mehr praktizierende Ärztin aus Montréal, die mit ihrem Ehemann Jean-William die Urlaubszeit in Kalifornien verbringt. Während sich im Verhalten Williams Anzeichen eines bevorstehenden epileptischen Anfalls mehren, befaßt sich Christine mit ihrem Projekt einer Dissertation über den Arzt und Schriftsteller Jules-César Beausang, der in der Zeit nach Paracelsus eine gewisse Berühmtheit genossen hatte. Von dieser Arbeit läßt sie sich künstlerisch inspirieren und beginnt, einen Roman zu schreiben, der den Leser in das 16. Jahrhundert versetzt.

Renata Belmissieri, eine junge Schmugglerin verdächtiger Manuskripte, soll eine Schrift Beausangs zum Drucker nach Chivasso bringen. Unterwegs erleidet die Protagonistin einen epileptischen Anfall. In der Gegenwart hat der knapp vor seiner Krise stehende Jean-William die Kontrolle über sein Handeln verloren; er greift Christine an und mißhandelt sie schwer. Übersät mit Blutergüssen und Quetschwunden flüchtet sie und landet nach einigem Umherirren bei einem Apotheker, der sie medizinisch versorgt, sich aber alsbald ihre Erschöpfung zunutze macht und sie vergewaltigt. Ähnliches passiert Renata, als sie, von ihrem Anfall geschwächt, bei dem Drucker anlangt; Antonella, die Ehefrau des letzteren, überrascht ihren Mann beim Sündenfall und tötet ihn im Affekt. Nach seinem Anfall verdächtigt Jean-William seine Gattin Christine der Untreue, folgt ihren Spuren und erschießt den Apotheker. Von nun an tritt die Spiegelbildlichkeit der beiden Handlungsebenen weniger ausgeprägt in Erscheinung. Renata wird nach einer Flucht, welche die beiden Frauen nach Turin geführt hat, von Antonella beschuldigt, den Mord an dem Drucker begangen zu haben, und landet am Galgen. Antonella wird zur Partnerin des Abbé Chigi, der ebenso skrupellos ist wie sie selbst, hat er doch die arme Renata während eines epileptischen Anfalls mißbraucht. Das üble Paar flüchtet nach Genf, wo Chigi Antonella aus Eifersucht tötet, nach Frankreich zieht, nach seinem kalvinistischen Intermezzo wieder den katholischen Geistlichen hervorkehrt und ein beschaulich-vergnügtes Leben führt, bis ihn die Syphilis hinwegrafft. Christine ist nach Montréal zurückgekehrt und lebt nun mit ihrem ehemaligen Kollegen Robert zusammen (dieser hat um ihretwillen seine Frau Suzanne verlassen). Christine hat Jean-William nie angezeigt und ahnt, daß ihr von seiner Seite Gefahr droht. Plötzlich taucht der Verschollene auf und verwundet Robert durch zwei Schüsse. Christine bleibt bei dem Schwerverletzten im Krankenhaus, um weitere Attentate Jean-Williams zu verhindern. Hier wird sie nolens volens die Geliebte des Arztes Franconi, der mit Suzanne zusammenlebt. Schwere Depressionen drängen Christine in den Selbstmord. Auch Jean-William und Franconi fassen am Ende den Entschluß, freiwillig aus dem Leben zu scheiden.

Gebrechlichkeit und moralische Schwäche des Menschen sind die Prüfsteine, an denen der Romancier Aquin die ethische Stabilität von Wissenschaft, Kirche und Kunst mißt. Die Stützpfeiler der abendländischen Kultur werden von einem hochgebildeten und scharfsinnigen Betrachter aus der Perspektive des frankophonen Nordamerika getestet und als zu schwach befunden. Die Gestalt des Abbé Chigi illustriert zur Genüge den Antiklerikalismus eines Schriftstellers, der an der »*Révolution tranquille*« gegen die theokratische Tradition Québecs unmittelbar teilgenommen hatte. Aber auch die Wissenschaft vermag jene Verstrickungen, die bis auf den Grund der *Conditio humana* reichen, höchstens zu beschreiben, keinesfalls zu heilen. Alle von der Logik oder dem Glauben begründeten Ordnungen werden fragwürdig, wenn der – in der Epilepsie symbolisierte – Todestrieb über den Menschen kommt und eine Verkettung eigener und fremder Schuld hervorruft, die letzten Endes nur durch Vernichtung zu lösen ist. Auch künstlerische Produktivität führt nicht zu einer Befreiung. »*Die Wirklichkeit, die ich mir durch Worte anzueignen suche, entschlüpft mir, fehlt mir, läßt sich nicht fassen*«, gesteht Christine. Allerdings führt das Schreiben zu einer Erkenntnis, die auch in Religion und Wissenschaft verborgen ist: Der Mensch ist ein geschlechtliches Wesen, und seine Erlösung setzt eine echte erotische Befreiung voraus. Christine und die anderen Romanfiguren geraten in eine tödliche Sackgasse, weil die erotische Dimension ihres Daseins durch Gewalt und Sklaverei, Egoismus und Angst gestört ist. Christine findet die befreiende Botschaft im biblischen Hohelied Salomos, ohne die Schuld, welche eine von patriarchalisch-autoritären Vorstellungen geprägte Gesellschaft von jeher der »sündigen« Frau aufbürdet, von sich weisen zu können.

In seinem letzten Roman, *Neige noire*, 1974 *(Schwarzer Schnee)*, hat der kanadische Autor jenseits eines Handlungsverlaufes im Zeichen von erotischer Gewalt, Verirrung und Perversion einen erlösenden Ausweg anvisiert. Kennzeichnend für seinen tiefen Pessimismus ist, daß er diese Szene vollendeter Harmonie von Liebe und Sexualität als homoerotische Vereinigung zweier Frauen gestaltet.

F. Ki.

AUSGABE: Montreal 1969

PROCHAIN ÉPISODE

(frz.; *Nächste Episode*). Roman von Hubert AQUIN (Kanada), erschienen 1965. – Dieser erste Roman eines Autors, der an der *»Révolution tranquille«*, jenem großen Umbruch der sechziger Jahre im politischen und kulturellen Leben Québecs, als militanter Intellektueller teilgenommen hatte, stellt einen Wendepunkt in der Geschichte der frankokanadischen Erzähldichtung dar. Ausgehend von der Überzeugung, daß Québec zwar dem »Westen« angehört, sich gleichzeitig aber in einer Lage befindet, die der von Völkern unter einem Kolonialregime ähnlich ist, sucht Aquin nach Erzähltechniken, welche Geschichtstraumata und innere Widersprüche einer ethnischen Minderheit adäquat auszudrücken vermögen. Dabei löst er sich von den Konventionen einer Gattung, die sich in Québec bislang weitgehend an die Rezepte der naturalistisch-realistischen Tradition hielt, und läßt sich von den diversen Avantgardismen europäischer Romanciers (PROUST, JOYCE, *Nouveau roman*) anregen. Hauptthema des Romans ist seine eigene Entstehungsgeschichte: Während eines Aufenthaltes in einer Haftanstalt versucht der Erzähler, einen Agentenroman zu verfassen, um so seine Frustration – er betrachtet sich als gescheiterten Revolutionär – leichter zu bewältigen. Die Selbstreflexion des Erzählers wird von seinem Bemühen um die Konstruktion einer Romanhandlung keineswegs verdrängt, so daß sich sein Schreiben auf zwei miteinander interferierenden Ebenen vollzieht. Wenn der Erzähler in stark lyrisch gehaltenen Passagen seine Desorientiertheit auszuloten sucht und sie zugleich mit dem gestörten Kollektivbewußtsein seines Volkes identifiziert, so gibt er dieser Begegnung mit dem inneren Abgrund das Gepräge eines fiktionalen Versinkens in die Tiefen eines Sees, während »oben«, in der umliegenden Landschaft, der Verlauf des imaginierten Agententhrillers inszeniert wird. Daß gerade der Genfer See den geographischen Rahmen für dieses Schreiben in horizontaler und vertikaler Richtung wird, hängt mit einer Serie von kulturgeschichtlichen Referenzen zusammen, deren gemeinsamer Nenner durch den Antagonismus von Herrschenden und Unterlegenen bestimmt wird (Caesars Kampf gegen die Helvetier, Byron als Teilnehmer am griechischen Freiheitskampf, Autonomiebestrebungen der romanischen Schweiz, usw.). In diesem Milieu scheint ein Spannungsroman, der klar zwischen Freund und Feind unterscheidet, bzw. auf die Wiederherstellung einer gestörten Ordnung abzielt, problemlos ablaufen zu können.
Der Held des Romans im Roman, der ebenso namenlos bleibt wie der Erzähler, erhält über Vermittlung von K (Québec?), der geliebten Frau, den Auftrag, im Dienste seiner revolutionären Untergrundorganisation einen Drahtzieher der Gegenseite, de Heutz, zu töten. Zu einem bestimmten Zeitpunkt soll er nach dem Mord mit K zusammentreffen. Die Geschichte verläuft jedoch nicht programmgemäß, da die »Tiefenbewegung« des im See der Selbstzweifel versinkenden Ichs auf die Oberflächenhandlung einwirkt, sie verändert und zugleich von ihr modifiziert wird. Das »versinkende« Bewußtsein wird durch den Aktivismus des imaginierten Helden aus seiner Passivität gerissen, zugleich bekommt der aggressive Kämpfer, der Lausanne und Umgebung unsicher macht, die lähmende Macht des seelischen Abgrundes zu spüren. Als er in die Gewalt des Gegners gerät, verschafft ihm diese Macht noch gewisse Vorteile: Durch die mitleiderregende Schilderung einer leidvollen Vergangenheit, die nur zum Teil vorgetäuscht ist, da sie sich von den Depressionen der »vertikalen« Ich-Dimension nährt, kann er de Heutz lange genug verwirren, um die Lage zu seinen Gunsten zu ändern. Aber als der überrumpelte Gegner bald darauf dieselbe Verzweiflungskomödie spielt, ist der Held ebenfalls außerstande, die tödliche Kugel abzufeuern. In dem Maße, wie sich de Heutz als spiegelbildliches Gegenüber des Helden zu erkennen gibt, werden die Antagonismen unscharf, versandet die Zielsicherheit des Agentenromans im Relativen. Die vertikale Schreibrichtung kreuzt sich mit der horizontalen, sobald der Held auf der Suche nach de Heutz durch dessen labyrinthisches Schloß irrt, wo die Zeit stillsteht und eine Vielzahl von Kunstwerken alle Gewißheiten ad absurdum führt, alle Möglichkeiten offen läßt. Schließlich wird de Heutz durch einen Schuß verletzt, entkommt aber neuerlich. Der Held hat den Zeitpunkt, zu dem er K treffen sollte, verpaßt, kehrt nach Kanada zurück und wird dort verhaftet.
Seine Identität fällt nunmehr in jene des Erzählers zurück. Beiden bleibt die Hoffnung, daß es in dem Kampf gegen einen Gegner, dessen Positionen im entfremdeten Bewußtsein der Unterlegenen jeden revolutionären Aufbruch in Frage stellen, eine nächste Episode geben wird. Aber hier endet die Kompetenz des Romans, so wie ihn Aquin konzipiert: Seine Aufgabe ist es nicht, unmittelbaren Einfluß auf die Geschichte zu nehmen, sondern Verkrustungen des individuellen und kollektiven Bewußtseins aufzubrechen, Spielräume des Möglichen zu erforschen. Der große Publikumserfolg des Buches findet wohl nicht zuletzt im Gleichgewicht streng rationaler Komposition und starker persönlicher Betroffenheit eine plausible Erklärung: Aquin hat den Roman verfaßt, als er wegen illegalen Waffenbesitzes im Zusammenhang mit seinem Engagement für die Unabhängigkeit Québecs inhaftiert war. F.Ki.

AUSGABEN: Montreal 1965. – Paris 1966. – Ottawa 1969. – Montreal 1978.

LITERATUR: R. Lapierre, *Les masques du récit. Lecture de »Prochain épisode«*, Montreal 1980. – H. Harth, *H. A. und der »Nouveau roman«* (in *Zur Literatur und Kultur Kanadas*, Hg. D. Meindl, Erlangen 1984, S. 129–147). – F. Maccabée Iqbal, *»Prochain épisode« et policier* (in FR, 59, 1985/86, S. 875–884).

TROU DE MÉMOIRE

(frz.; *Gedächtnislücke*). Roman von Hubert AQUIN (Kanada), erschienen 1968. – Einen unmittelbaren Geschichtsbezug stellt Aquin in seinem zweiten Roman durch die Anspielung auf den Besuch von Charles de Gaulle her, durch den die autonomistischen Bestrebungen in Québec 1967 neuen Auftrieb gewannen. Das Verwirrspiel mit der Identität des Erzählers, das an das Nahverhältnis von Aquin zum *Nouveau roman* Frankreichs erinnert, wird hier auf die Spitze getrieben. Nacheinander und nebeneinander sind vier Personen am Wort, die als Verfasser von Texten in Erscheinung treten, einander ergänzen, korrigieren, und abwechselnd die Herausgeberverantwortung für das ganze Dossier beanspruchen. Die Möglichkeit einer Rekonstruktion des Geschehens zeichnet sich erst ganz am Ende ab, aber das Dunkel um Identitäten und Beziehungen wird im Grunde nicht restlos gelüftet.

Hauptfigur des Romans ist Pierre X. Magnant, ein Apotheker aus Montréal, der sich im Sinne der Unabhängigkeitsbestrebungen Québecs engagiert und nach einer Therapie für sein krankes Land sucht. Mit Hilfe von Drogen erforscht er die Unter- und Abgründe seines Bewußtseins, wobei das Projekt, einen autobiographischen Roman zu schreiben, mit den Funktionen eines psychoanalytischen Protokolls ausgestattet wird. Aus den Bekenntnissen des Protagonisten geht hervor, daß er seine anglokanadische Geliebte, die Mikrobiologin Joan Ruskin, in deren Labor ermordet hat. Magnants Text wird von Fußnoten begleitet, die auf zwei verschiedene Leser und Kommentatoren seines Textes verweisen: einen »Herausgeber«, dessen pedantische Kommentare zunächst deutlich vom exaltiert-manieristischen Stil Magnants abstechen, der aber diesem nach und nach immer ähnlicher zu werden scheint; und eine Person mit den Initialen RR, die sich schließlich in einem eigenen Text als Joans Schwester Rachel zu Wort meldet, von ihrer lesbischen Beziehung zu jener berichtet und vorgibt, selbst Magnants Text verfaßt zu haben. Gleich darauf wird dies alles vom Herausgeber energisch bestritten; allerdings kann auch dieser nicht umhin, einem Hinweis in Rachels Text größte Aufmerksamkeit zu schenken. Sie vergleicht das vorliegende Dossier nämlich mit einem Gemälde von Hans Holbein d. J., dem berühmten Bildnis der beiden Gesandten, dem ein perspektivisch verzerrter Totenschädel seine besondere Note verleiht. Offensichtlich muß der Roman aus einem bestimmten Blickwinkel betrachtet werden, damit verborgene Zusammenhänge offenbar werden.

Eine weitere Dimension erhält das Spiegelkabinett der Texte durch Schriftstücke, die von einem Afrikaner namens Olympe Ghezzo-Quenum stammen. Dieser ist wie Pierre X. Magnant ein Apotheker; er kämpft für die Revolution in seinem Heimatland und liebt Rachel, die er in Afrika kennengelernt hat und die ihn ins Exil nach Lausanne begleitet. Dort erweist sich die Ahnung des Paares, daß der Mörder Joans auch hinter Rachel her sein könnte, als nur zu berechtigt. Olympe verliert Rachel aus den Augen und muß nach einer qualvollen Nacht einsamer Irrfahrten durch eine unbekannte Stadt erfahren, daß seine Freundin Pierre X. Magnant begegnet ist und von ihm vergewaltigt wurde. Der verzweifelte, von den Europäern enttäuschte und gedemütigte Afrikaner beginnt nach und nach, die Abartigkeit Magnants zu begreifen: Wenn ein Mensch von der Geschichte den Stempel des Besiegten und Kolonisierten aufgedrückt bekommt, wird er zum Zwitterwesen aus Haß und Unterwürfigkeit. Seine Zerrissenheit äußert sich in blinder Gewalt, die er gegen andere und sich selber anwendet. Rachel und Olympe landen schließlich in Montréal, wo dieser mit dem Herausgeber zusammentrifft und ihn beschuldigt, sich hinter der Maske Pierre X. Magnants zu verbergen und selber der Mörder bzw. Vergewaltiger der beiden Frauen zu sein. In der Tat fühlt sich der Herausgeber dem »wahnsinnigen« Magnant näher, als es sein biederer Geschäftssinn verkraften kann.

So wie sich der Totenschädel in Holbeins Gemälde verbirgt und das Kollektivtrauma in Québecs Geschichte nistet, ebenso hat jeder der drei Männer einen dunklen Kern, nämlich die Gewalttätigkeit als Frucht der Liebesunfähigkeit, welche die erlösende Revolution immer aufs neue hinausschiebt. Letztlich richtet sich diese Gewalt gegen sich selbst: Magnant, Olympe und der Herausgeber enden durch Selbstmord. Rachel bringt das Dossier zu Ende, indem sie erklärt, daß ihr provokanter Einschub auf Täuschung beruhte und dazu bestimmt war, den Herausgeber zu schockieren und aus seiner Reserve zu locken. Der Umstand, daß sie von Pierre X. Magnant ein Kind erwartet, weist sie als Opfer des geschichtsbedingten Schreckens aus, den die Männer in Destruktivität umsetzen, statt ihn durch Liebe zu bezwingen; gleichzeitig wird sie auf diese Weise zur Trägerin jeder möglichen Zukunftshoffnung. Statt sich von den Selbstzweifeln des Hybridwesens zwischen herrschender und beherrschter Kultur verzehren zu lassen, faßt Rachel den Entschluß, sich von den Katastrophen ihrer Vergangenheit zu befreien, indem sie ihre Identität ändert, den Namen wechselt, nur noch Französisch spricht und auf ihr Kind wartet. F.Ki.

AUSGABE: Montreal 1968.

LITERATUR: J.-P. Martel, *»Trou de mémoire«: œuvre baroque (essai sur le dédoublement et le décor)* (in *Voix et Images du pays*, 8, 1974, S. 67–104). – L. Saint-Martin, *Mise à mort de la femme et ›libération‹ de l'homme. Godbout, A., Beaulieu* (in *Voix et Images*, 10, 1984, S. 107–117). – H. Rosmarin, *Aspects of Indeterminancy in H. A.'s »Trou de mémoire«* (in *Gaining Ground: European Critics on Canadian Literature*, Hg. R. Kroetsch u. R. M. Nischik, Edmonton 1985, S. 40–52). – M.-P. Malcuzynski, *Anamorphose, Perception carnavalisante et modalités polyphoniques dans »Trou de mémoire«* (in *Voix et Images*, 11, 1985/86, S. 475–494).

LOUIS ARAGON

d.i. Louis Andrieux
* 3.10.1897 Paris
† 24.12.1982 Paris

LITERATUR ZUM AUTOR:
Bibliographie:
C. Ceoghegan, *A. Essai de bibliographie*, 2 Bde., Ldn. 1979.
Gesamtdarstellungen und Studien:
C. Roy, *A.*, Paris 1945; ²1951. – A. Gavillet, *La littérature au défi. A. surréaliste*, Neuchâtel 1957. – P. Lescure, *A. romancier*, Paris 1960. – H. Juin, *A.*, Paris 1960. – R. Garaudy, *L'itinéraire d'A.*, Paris 1961. – J. Raillard, *A.*, Paris 1964. – J. Sur, *A. Le réalisme de l'amour*, Paris 1966. – Y. Gindine, *A. Prosateur surréaliste*, Genf 1966. – G. Sadoul, *A.*, Paris 1967. – Europe, 1967, Nr. 454/455 [Sondernr. A.]. – L. Aragon, *Je n'ai jamais appris à écrire ou les incipit*, Paris 1969. – A. Huraut, *L. A. prisonnier politique*, Paris 1970. – B. Lecherbonnier, *A.*, Paris 1971. – L. F. Becker, *A.*, NY 1971. – W. Babilas, *A.* (in *Frz. Literatur in Einzeldarstellungen*, Hg. W. D. Lange, Stg. 1971, S. 78–112). – S. Bibrowska, *Une mise à mort*, Paris 1972. – L'Arc, 1975, Nr. 53 [Sondernr. A]. – P. Daix, *A. une vie à changer*, Paris 1975. – *Les critiques de notre temps et A.*, Hg. B. Lecherbonnier, Paris 1976. – H. Melzer, *Das Frühwerk L. A.s, eine kritische Darstellung seiner Entstehung und Bedeutung*, Lpzg. 1978. – Lendemains, 3, 1978, Nr. 9 [Sondernr. A.]. – D. Schmidt, *A. Zur Konzeption des sozialistischen Realismus in seinem Werk*, Hbg. 1980. – J. Chenieux-Gendron, *Le surréalisme et le roman*, Lausanne 1983. – J. Bernard, *La permanence du surréalisme dans le cycle du »Monde réel«*, Paris 1984. – H. J. Neyer, *Kunst und Politik bei A.*, Ffm./Bern 1984.

AURÉLIEN

(frz.; *Ü: Aurélien*). Roman von Louis ARAGON, erschienen 1944 als viertes Buch innerhalb des gesellschaftskritischen Roman-Zyklus' *Le monde réel (Die wirkliche Welt)*. – Im Unterschied zu den vorangegangenen Büchern *Les cloches de Bâle* (1934), *Les beaux quartiers* (1936) und *Les voyageurs de l'Impériale* (1942), in denen eine Vielzahl von Personen und Ereignissen die Szene beherrschte, konzentriert Aragon das Geschehen hier auf zwei Personen, Aurélien und Bérénice, und ihre ganz private Liebesgeschichte. Die politisch-sozialen Verhältnisse, in deren Grenzen Aragons Helden sonst agieren, erscheinen hier beinahe nur als atmosphärischer Hintergrund und nicht als handlungsbestimmende Faktoren.

Die Handlung spielt in den Jahren nach dem Ersten Weltkrieg. Aurélien, der diesen Krieg als Offizier mitgemacht hat, lebt in Paris als Müßiggänger, ohne von neuem Anschluß an das aktive Leben zu suchen. Der Krieg hat ihn ernüchtert und desillusioniert. Gelangweilt bringt er seine Tage im Geschwätz mit ehemaligen Regimentskameraden hin. Unter ihnen befindet sich auch Edmond Barbentane, der erfolgreiche Karrieremacher aus den *Beaux quartiers*. In seinem mondänen Haus lernt Aurélien Bérénice kennen, die Frau eines Apothekers aus der Provinz. Zwischen beiden entsteht – fast gegen ihren Willen – eine unerklärliche Zuneigung, die zu einer Liebe von schicksalhafter Bedeutung wird. – Aurélien, von Frauen verwöhnt, hatte die nicht sehr anziehende Bérénice zunächst kaum beachtet. Erst nach längerer Zeit erkannte er den wahren Charakter seiner Zuneigung. Für ihn, der bis dahin ein versnobt-leidenschaftsloses Leben geführt hatte, ist diese Liebe etwas völlig Neues, das ihn zwingt, sein Leben zu ändern. Bérénice ist bereit, ihre Ehe aufs Spiel zu setzen. Sie verläßt ihren Mann, um zu Aurélien zu gehen; Aurélien aber versagt. Er ist es nicht gewöhnt, lange um eine Frau zu kämpfen, und gibt zu schnell die Hoffnung auf, Bérénice erobern zu können. Die Nacht, in der Bérénice zu ihm flieht, verbringt er bei einer anderen Frau. Enttäuscht geht sie mit dem Nächstbesten ihrer Bekannten für einige Monate in ein Dorf am Oberlauf der Seine und kehrt dann zu ihrem Mann in die Provinz zurück. Aurélien jedoch gibt, nachdem er vergeblich versucht hatte, Bérénice zurückzugewinnen, sein Leben des Müßigganges auf, verläßt Paris und nimmt in Lille, in der Fabrik eines Verwandten, Arbeit an.

Aragon hat dem Roman einen Epilog angefügt: zwanzig Jahre später, beim Rückzug der französischen Armee vor den Truppen Hitlers, begegnen sich Aurélien und Bérénice zum letzten Male. Aurélien glaubt noch einmal ein Aufflammen seiner alten Liebe zu verspüren, aber die Resignation Bérénices ist zu tief. Ihre einstige Zuneigung läßt sich nicht mehr erwecken. Bei einem nächtlichen Ausflug stirbt sie, von einer feindlichen Kugel getroffen, in seinen Armen.

Mit *Aurélien* wollte Aragon, der den Roman in den Jahren 1940–1943 schrieb, einen repräsentativen Vertreter seiner eigenen Generation zeigen – ein Gegenbild dazu ist der junge Jean de Moncey in dem sechsbändigen Romanzyklus *Les communistes* (1949–1951). Aurélien ist der Bourgeois, dessen Bildung und soziales Bewußtsein der Zeit vor dem Ersten Weltkrieg entstammen, der jedoch nach dem Kriege einer Welt gegenübersteht, die sich inzwischen ohne ihn verändert hat. Er bleibt teilnahmslos und wird zum Außenseiter, der die Normen der bürgerlichen Gesellschaft anerkennt und beibehält und so für Aragon der beispielhafte Typ des *décadent* ist. Obwohl die Einzelschicksale in diesem Roman den größten Raum einnehmen, gewinnen sie Profil erst vor dem Hintergrund der Epoche. Das Scheitern der Liebe Auréliens ist im Grunde nur die private Komponente seines gesellschaftlichen Scheiterns. Die Arbeitsaufnahme in der Fabrik seines Verwandten am Ende des Romans ist kein entschlossener Neubeginn aus klarer Erkenntnis seiner gesellschaftlich-ideologischen Position, sondern Resignation, Unterwerfung unter die Verhältnisse, die er meint, so wie sie sind, respektieren zu müssen. A.K.

AUSGABEN: Paris 1944. – Paris 1958. – Paris 1964 (Poche). – Paris 1978, 2 Bde. (Folio).

ÜBERSETZUNGEN: *Aurélien*, K. Heinrich, Bln. 1952. – Dass., ders., Mchn. 1961. – Dass., L. Babilas, Bln./DDR 1986. – Dass., dies., Düsseldorf 1987.

LITERATUR: G. Picon, *A.: Les romans: »Aurélien«* (in Confluences, 1945, 5, S. 208–216). – J. Spitz, *»Aurélien« par A.* (in Vie Intellectuelle, 1945, 13, S. 133–135). – E. Charles-Roux, *»Aurélien«, Bérénice ou la fatalité* (in *Elles. Héroines de roman, miroir de leur temps*, Paris 1975, S. 11–22). – S. Ravis-François, *Répétition et progression dans »Aurélien«* (in La Pensée, 1977, Nr. 193, S. 31–53). – D. Bougnoux, *Traduire »Aurélien«* (in Silex, 8/9, 1978, 10–24). – L. Follet, *A., le fantasme et l'histoire. Incipit et production textuelle dans »Aurélien«*, Paris 1980. – J. Bernard, *La permanence du surréalisme dans le cycle du »Monde réel«*, Paris 1984.

LES BEAUX QUARTIERS

(frz.; *Ü: Die Viertel der Reichen*). Roman von Louis ARAGON, erschienen 1936 als zweiter Band eines umfangreichen Romanzyklus', *Le monde réel (Die wirkliche Welt)*, in dem der Autor Glanz und Elend des französischen Bürgertums mit den langsam erstarkenden Kräften des Sozialismus konfrontiert. – Wie im ersten Band (vgl. *Les cloches de Bâle*, 1934) entfaltet Aragon auch hier eine vielschichtige Handlung mit einem auffallend großen Personenkreis, aus dem die Hauptakteure erst allmählich heraustreten. *Les beaux quartiers* ist jedoch formal wesentlich geschlossener; Schicksale und Ereignisse sind enger verflochten als im ersten Roman, dessen einzelne Teile im Grunde nur der gemeinsame politisch-soziale Hintergrund verbindet. Schauplatz ist diesmal eine südfranzösische Kleinstadt in der Zeit vor dem Ersten Weltkrieg. Die Machenschaften untergeordneter Lokalpolitiker, die Krämergesinnung kleiner Kaufleute, die moralische Entrüstung der Frömmler ebenso wie die Leiden der sozial Schwächeren prägen das Milieu und damit auch Edmond Barbentane, den Sohn des Bürgermeisters. Um Karriere zu machen, geht er nach Paris, studiert Medizin und überlegt, wie er damit schnell zu Geld und Ansehen gelangen könnte; doch zeichnet sich vorerst nur die entbehrungsreiche Laufbahn eines Krankenhausarztes ab. Aber er versteht es, die Geliebte eines alternden Industriellen – Quesnel aus den *Cloches de Bâle* – für sich zu gewinnen, um einen sprunghaften gesellschaftlichen Aufstieg geschickt in die Wege zu leiten. Bedenkenlos seine Chance wahrnehmend, erweist sich Edmond wie geschaffen für die finanzpolitischen Winkelzüge eines korrumpierten Industriekonzerns. – Anders verläuft der Weg seines Bruders Armand, der ebenfalls nach Paris geht. Für den früheren Frömmler, der von der bigotten Mutter zum Priester bestimmt war, bedeutet Paris zunächst einen Ort der Zuflucht und der inneren Befreiung. Mit der Ungeschicklichkeit und der Radikalität eines entlaufenen Bürgersöhnchens versucht er, sich ein eigenes, von niemandem abhängiges Leben aufzubauen. Das Schmarotzerdasein seines Bruders lehnt er ab. Nach monatelangem Umherirren und harten Entbehrungen fängt er ganz unten als Arbeiter in einer Fabrik an. Sein Weg, der als unklarer, richtungsloser Aufstand gegen die Welt seines Vaters begann, führt ihn endlich zur Ideologie des Sozialismus, für die er sich einsetzt.

Les beaux quartiers ist kein historischer Roman, auch keine in Romanform erzählte Sozialgeschichte Frankreichs, sondern der Versuch, mit den stilistischen Mitteln des Realismus die enge Verflochtenheit von sozialem Standort und moralischem Handeln aufzuzeigen. Aragon zeichnet die von seinem Blickpunkt aus negativ gesehene bürgerliche Welt ohne Haß; es fällt kein Wort der Verurteilung. Sein menschliches Interesse gehört ganz seinen bürgerlichen Gestalten, so dekadent und verlogen sie auch immer sein mögen. Um sie zu richten, genügt es schon, sie so darzustellen, wie sie sind. Die bürgerliche Welt ist dem Untergang geweiht, weil sie nicht gewillt ist, das soziale Unrecht, das sie geschaffen hat, zu beseitigen. Unter den Bürgersöhnen finden sich schon die Revolutionäre, die für eine Änderung der Verhältnisse sorgen werden. Noch ist ihre Existenz ohne Glanz und, wie die Armands, voller Entbehrungen und Niederlagen, aber ihnen gehört die Zukunft. A.K.

AUSGABEN: Paris 1936. – Paris 1959. – Paris 1970. – Paris 1972 (Folio). – Paris 1983.

ÜBERSETZUNG: *Die Viertel der Reichen*, S. Hermlin, Bln. 1952. – Dass., ders., Mchn. 1963. – Dass., ders., Ffm. 1986 (FiTb).

LITERATUR: H. Hertz, *Panorama des livres: A. »Les beaux quartiers«* (in Europe. Revue Mensuelle, 1937, Nr. 43, S. 240–247). – J. Bernard, *La permanence du surréalisme dans le cycle du »Monde réel«*, Paris 1984.

LES CLOCHES DE BÂLE

(frz.; *Ü: Die Glocken von Basel*). Roman von Louis ARAGON, erschienen 1934. – Erstes Buch des Romanzyklus *Le monde réel (Die wirkliche Welt)*, in dem der sterbenden Welt des Kapitalismus die neuen Lebenskräfte des Sozialismus gegenübergestellt werden. Der vierteilige Zyklus besteht außerdem aus den Romanen *Les beaux quartiers* (1936), *Les* voyageurs de l'impériale (1942) und *Aurélien* (1944).

In *Les cloches de Bâle* behandelt Aragon die Stellung der Frau in der bürgerlichen und in der sozialistischen Gesellschaft. Teil 1 *(Diane)* des aus vier lose miteinander verbundenen Teilen bestehenden Romans führt in die kapitalistische Gesellschaft um die Jahrhundertwende. Die verarmte Adelige Diane de Nettencourt, Frau eines Geschäftsmannes und Freundin zahlreicher Industrieller, erscheint als charakteristische Vertreterin der Frauen dieser Gesellschaftsschicht: sie sind »oben«, wollen oben bleiben und führen in kaum kaschierter Prostitution ein Parasitenleben. Des Geldes wegen lassen sie sich von den Männern beherrschen, während sie deren Manipulationen mit Hilfe ihrer intimen Beziehungen zu beeinflussen trachten.

In Teil 2 und 3 *(Cathérine* und *Victor)* wird Dianes Schmarotzerdasein der mühsame Weg des Mädchens Cathérine zum Sozialismus gegenübergestellt. Cathérine, die aus ähnlichen Verhältnissen stammt, hätte in Dianes Fußstapfen treten können, lehnt aber ein solches Leben ab. Ihre Beziehungen zu Männern entwickeln sich aus Zufallsbekanntschaften. Mit einem Offizier der französischen Armee unternimmt sie eine Wanderung durch Savoyen, doch dieses erste private Glück des Mädchens wird ein für allemal zerstört, als beide unversehens in einen Demonstrationszug streikender Arbeiter geraten, der von den Söhnen des Fabrikbesitzers beschossen wird. Während der Offizier sich denen zur Verfügung stellt, die den Unternehmer vor der Rache der Arbeiter schützen wollen, schlägt sich Cathérine ohne Zögern auf die Seite der Demonstranten. An dieser unterschiedlichen Einstellung scheitert die Liebe der beiden. – Cathérine weiß jetzt zwar, wie die Unterdrückung aussieht, aber sie kennt noch nicht die Kampfmittel der Unterdrückten. Unter Revolution versteht sie vor allem den Kampf um die Gleichberechtigung der Frau. Ihre Auflehnung gegen die Männer demonstriert sie jedoch lediglich dadurch, daß sie mit beliebig vielen schläft, aber bei keinem bleibt. Dieses Verhalten erweist sich für die Klärung ihres weltanschaulichen Standpunktes als ebenso wertlos, wie ihr Sympathisieren mit den Anarchisten, deren Versammlungen sie besucht. Als sie in dem Gefühl, jede Richtung verloren zu haben, einen Selbstmordversuch unternimmt, kann ein Taxifahrer sie gerade noch daran hindern, in die Seine zu springen. Durch diesen Mann, Victor, der am großen Streik der Pariser Taxichauffeure (1911) teilnimmt, bahnt sich eine Wendung in ihrem Leben an (Teil 3). Cathérine lernt nun den wirklichen Arbeitskampf kennen. Sie, die Bürgerliche, die bisher von einem monatlichen Scheck ihres Vaters gelebt hat, stellt sich den Streikenden als Sekretärin zur Verfügung. Doch auch diese Tätigkeit erscheint ihr bald sinnlos: da ihre Sympathie nach wie vor den Anarchisten gehört, verliert sie das Interesse an Victor und seinen zielbewußten Gesinnungsgenossen. Erst als sie, aus Frankreich ausgewiesen, sich in London intensiv mit der Geschichte der Arbeiterbewegung beschäftigt, gelingt ihr endgültig die Abkehr von den Anarchisten. Sie lernt verstehen, daß die Frauen sich nur durch ernsthafte Arbeit aus ihrer unwürdigen Abhängigkeit von den Männern befreien können. Mit dieser Einsicht läßt Aragon Cathérines Weg enden. Einen Epilog (Teil 4: *Clara*) widmet er der Gestalt, die die politische und soziale Mündigkeit der Frau beispielhaft vorgelebt hat: der deutschen Sozialistin Clara Zetkin.

Der Autor hat die Fäden, die die vier Teile des Romans verbinden, sehr locker geknüpft. Zuweilen tritt die Handlung ganz zurück hinter der Schilderung des Arbeitskampfes oder der sozialpolitischen Verhältnisse, der Verflechtung von Kapital und Politik in Frankreich vor dem Ersten Weltkrieg. Aragon war sich der Gefahr bewußt, die sich aus der Vielschichtigkeit des Sujets für die Geschlossenheit des Romans ergab, glaubte aber gerade durch die Projektion allgemeiner gesellschaftlicher Vorgänge auf die private Sphäre und das Schicksal seiner Akteure, die Abhängigkeit des Menschen von seinen äußeren Lebensbedingungen überzeugend darstellen und dem Roman dadurch auf höherer Ebene die Einheit zurückgeben zu können. Die eigentliche Heldin des Buches ist weder Diane mit ihrer Verantwortungslosigkeit noch Cathérine mit ihrem »bleichsüchtigen Sozialismus«, sondern die radikale Clara Zetkin, die die Welt, der Diane und Catherine noch verhaftet sind, längst hinter sich gelassen hat. Mit Clara Zetkin endet nicht nur der Roman, sondern auch das Klischee von der verhätschelten und umbuhlten, von den Männern zu sozialer Ohnmacht verurteilten Frau. Von nun an werden die Dichter einen neuen weiblichen Typ gestalten: den der gleichberechtigten, gesellschaftsbewußten Frau. Mit dieser Apotheose läßt Aragon sein Buch ausklingen. A.K.

AUSGABEN: Paris 1934. – Paris 1960. – Paris 1969. – Paris 1978 (Folio).

ÜBERSETZUNG: *Die Glocken von Basel*, A. Kurella, Paris 1936. – Dass., ders., Bln. 1957. – Dass., ders., Mchn. 1964. – Dass., ders., Mchn. 1979. – Dass., ders., Ffm. 1986 (FiTb).

LITERATUR: J. Sur, *A. et »Les cloches de Bâle«* (in La Table ronde, 1966, Nr. 218, S. 15–25). – H. Vellut, *La composition des »Cloches de Bâle« d'A.* (in Cahiers de littérature et de linguistique appliquée, 3/4, 1971, S. 5–18). – A. Münster, *»Les cloches de bâle«* in A. M., *Antifaschismus, Volksfront und Literatur*, Hbg./Bln. 1977, S. 162–167). – J. Bem, *Roman des origines, origine du roman chez A. »Les cloches de Bâle«* (in *Roman et société*, Valenciennes 1983, S. 133–139). – J. Bernard, *La permanence du surréalisme dans le cycle du »Monde réel«*, Paris 1984.

LA MISE À MORT

(frz.; *Ü: Spiegelbilder*). Roman von Louis ARAGON, erschienen 1965. – Mit diesem barocke Züge, aber auch Elemente modernistischer Ästhetik aufweisenden Spätwerk hat Aragon die Grenzen seiner bisherigen Romankonzeption gesprengt. Es ist dabei etwas entstanden, das man mit gleich gutem Recht eine Art von epischem Testament, ein Bekenntnisbuch oder auch eine camouflierte Autobiographie genannt hat. Vorstufen für das zentrale Motiv der *Mise à mort*, die Aufspaltung des Erzählers in mehrere Teilpersonen, finden sich in *Les Beaux quartiers* (1936), wo die Vorstellung vom »homme double« noch als »idée de personnage« und nicht »de l'auteur« erscheint, sowie in der autobiographischen Erzählung *Le Mentir-vrai*, 1964 *(Das Wahr-Lügen)*, zugleich Aragons »art romanesque«, deren Stoff »*die individual-psychologischen Voraussetzungen dafür, daß Aragon die Duplizität überhaupt akzeptieren kann*« (D. Schmidt), umschreibt. Im Roman wird als literarisches Vorbild R. L. STEVENSONS *The Strange Case of Dr. Jekyll and Mr. Hyde* (1886) eigens reflektiert, eine weitere, nicht minder wichtige Spur führt zurück in die deutsche Romantik, die das Motiv des Spiegelbildverlustes als Variante des Doppelgängermotivs schon kennt (vgl. E. T. A. HOFFMANNS *Die Abenteuer der Sylvesternacht*, 1815). Damit ist aber der Gegenstand benannt, der für eine so stark auf Sehen gegründete Auffassung von der Welt, wie es diejenige Aragons ist, gleichsam die Funktion eines Wandlers (»échangeur«) übernehmen kann. »*Seit der Romantik etwa taucht der Spiegel immer wieder als Metapher der Selbstreflexion und Persönlichkeitsspaltung auf. Vorher, in den Barockschlössern, diente er dazu, den Außenraum durch perspektivische Täuschung zu erweitern*« (F. Maierhöfer). Bei Aragon aber wird das »*Spiel mit Spiegeln*« zum Formprinzip seines Romans.

»*Eines Tages entdeckt man, um sich das Unerklärliche zu erklären, in der Erinnerung einen venezianischen Spiegel an der Wand eines kleinen Restaurants in der Nähe der Hallen ...* «. Der guillochierte Spiegel mit dem saphirblauen Rand, in die Sterne eingeschliffen sind – Gebrauchsgegenstand, Modell und Dingsymbol zugleich – signalisiert in der Eingangszone des Romans dem Schriftsteller Anthoine Célèbre (»berühmt« als Autor realistischer Romane) den Verlust seines Spiegelbildes, eine Anomalie, die er fortan auch vor seiner Lebensgefährtin, der Sängerin Ingeborg d'Usher alias Fougère zu verbergen sucht. Soweit dem zweidimensionalen Spiegel Modellcharakter im Sinne der Widerspiegelungstheorie zukommt (der autothematische Aspekt des Realismus), heißt es bei Aragon sehr knapp: »*Die Realität von 1936 war die rot und weiß karierte Tischdecke in jenem kleinen Restaurant in der Rue Montorgueil.*« Um sich die Veränderung, die mit ihm vorgegangen ist, zu erklären, gelangt Anthoine zu der Vorstellung, daß es geschah, »*während Fougère sang*« – eine naheliegende Annahme, wo es doch »*im Arbeitszimmer des Schriftstellers keinen Spiegel gibt, sondern überall im Raum nur Bilder von Fougère*« (der Aspekt der Liebesthematik). Mit dieser für *La mise à mort* konstitutiven Verknüpfung beider Themenbereiche (Metaroman und Liebesroman) – für Aragon ist die »*conversation par le roman ... le langage même de l'amour*« – kommt nun allerdings auch ein Konfliktpotential ins Spiel: Die magische Wirkung des Gesangs, die den Hörenden sich selbst entfremdet (Verlust des Spiegelbildes, das Gestalt annimmt als Doppelgänger und eifersuchtgeplagter Widersacher Alfred), wird zum nie versagenden Antriebsmoment für eine neue Selbstbegegnung im Zeichen der »*douleur*«, wozu als »*Schmerzvariante der Liebe*« (F. J. Raddatz) auch die Eifersucht gehört, literarisch gespiegelt im Othello-Motiv (dabei erscheint Jago als der eigentlich Eifersüchtige).

Äußerlich bloß an der Augenfarbe zu unterscheiden (Anthoine hat schwarze, Alfred blaue Augen), bleiben die beiden Kontrahenten als bedeutungstragende Figurationen mehrdeutig. Dies schon deshalb, weil der über längere Passagen in Form eines inneren Monologs gestaltete Roman für den Leser nicht immer erkennen läßt, wer spricht. Im Kapitel über den Brotschen Spiegel (mit seiner mehrdimensionalen Zerlegung der Person in »Neben-Ichs« – »*eine Reihe Engel, eine Reihe Teufel, eine Reihe Ladengehilfen*« – geeignetes Demonstrationsobjekt für die Pluralität des Menschen) wirft dessen Besitzer Christian Fustel-Schmidt, der Lebensretter Alfreds, dem »Jekyll-and-Hyde«-Konzept Stevensons das Fehlen der Vermittlungsinstanz zwischen den beiden Polen vor: ein Plädoyer in eigener Sache gewissermaßen, denn er selbst entspricht noch am ehesten der Objektivierung jener »*dritten inneren Verkörperung des Menschen*«, dem Gleichgültigen oder »*Indifferent*«. Alle genannten Figuren stehen miteinander, sei es direkt oder über Dritte, in Beziehungen. Doch nur das Positionsspiel erscheint klar: »*Die Welt ordnet sich um Fougère*«, die Ausgangspunkt des »*jeu d'Anthoine*« – nach der Spielregel »*sie liebt ein Bild von mir, das sie Anthoine nennt*« – ist, unbeteiligt-anteilnehmende Bezugsperson und gleichsam sirenenhafter Zielpunkt in einem.

In der schmerzlich-schönen Struensee-Geschichte, dieser dänischen »Weise von Liebe und Tod« (sie bildet die erste von drei eingeschobenen *Erzählungen aus der roten Mappe*), wird hinter den Masken, die der Erzähler sich und Fougère, die hier »Murmure« heißt, anprobiert und in einem Literaturgespräch mit wiederum verändertem Tonfall kommentiert, noch etwas anderes sichtbar: »*Du bist so, Murmure: Es gibt Tage, es gibt Nächte, da bist du wie ein Sturm, der sich plötzlich erhebt. Und der Staub wird hochgewirbelt, die Papiere ... Ein großer Sturm, der aus dem Zimmer, in dem neben dir zu schlafen ich ein bescheidenes Recht habe, den Wald der Phantasie selber macht.*« Die Überhöhung der geliebten Frau ist nicht als romantisches Motiv, sondern im Sinne R. GARAUDYS als Mythos – gemäß seiner Definition, die moderne Kunst sei »*das Bewußtsein von dem, was fehlt*« – zu verstehen (vgl. das Vorwort Aragons zu *D'un réalisme sans rivage*, 1966). Im »Drehspiegel« der Darstellung wechseln fortwährend Zeit- und Handlungsebenen: Es gibt die Einbeziehung entfernter Vergangenheit (»*Was Viet-*

nam betrifft, ist es ungewiß, ob die Zeit Karls VII. keine Metapher ist, um es zu verstehen«), die Erzählung selbsterlebter Episoden der Zeitgeschichte (Gorkijs Begräbnis, der Rückzug von Angoulême) sowie persönliche Reminiszenzen bis in die Dada-Zeit zurück, den »riesigen Schatz der Fiktionen, mit Hilfe derer die Menschen schon immer träumen«, widerspiegelnd. Die Veränderung der Beleuchtung bewirkt, daß alles, was das Subjekt »zu wissen glaubte, sich plötzlich als kümmerlicher Anfang, Aspekt, Teilstückchen der Realität erweist ... das Bild darin wechselt mit jeder Bewegung, die ihn ausfüllt; was nur ein Abbild war, wird ein Wesen, eine Welt, die Vielfalt des Erdendaseins, und ich verliere mich ... «. In der Schrift *Je n'ai jamais appris à écrire ou les incipit* (1969) erklärt der Autor, von allen seinen Büchern sei *La mise à mort* am meisten darauf angelegt, ein Schwindelgefühl zu erzeugen (bereits in Aragons surrealistischem Hauptwerk *Le Paysan de Paris*, 1926, ist »*vertige*« eines der Schlüsselwörter).

Ein thematischer Strang, der zumeist in der Weise »*heimlicher Echos*« (*sourds échos*), vereinzelt auch als explizite Äußerung oder im Tonfall pathetischer Klage (vgl. im *Murmure*-Kapitel die korrespondierenden Teile »*J'ai rêvé d'un pays*« und »*Je rêve d'une mort*«) das ganze Werk durchzieht, berührt die zumindest ideologische Verstrickung Aragons in den Stalinismus. Schon die Eingangsszene des Romans ist in das Licht »*tragischer Ironie*« (S. Bibrowska) getaucht, mißt man die sehende Blindheit Anthoines – er sieht im venezianischen Spiegel so wenig wie sein Spiegelbild jenen »*Totschlägertyp*«, auf den ihn sein russischer Freund, der Publizist Michel Kolzov, hinweist – an dem moralischen Anspruch, der in dem frühe Erlebnisse rekapitulierenden *Karneval*-Einschub anhand eines Nietzsche-Zitats formuliert wird: »*Wir haben eine ungeheure Kraft moralischer Gefühle in uns, und keinen Zweck für alle ... «*. In dem wohl hermetischsten Text, der Aragon je geschrieben hat, der Parabel *Œdipe* (sie bildet die dritte der *Erzählungen aus der roten Mappe*), wird in Umkehrung der klassischen Ödipus-Situation das Paradoxon eines schuldigen Bewußtseins ohne Motiv und Opfer gespiegelt. Zugleich handelt es sich um eine hochgradig komische Parodie auf die Verfahrensweisen des *nouveau roman*. Die Unbestimmtheit und Mehrdeutigkeit hat diese Erzählung-in-der-Erzählung mit dem Romanschluß gemeinsam: Alfred erhebt schließlich die Hand gegen sein alter ego Anthoine, und das Spiegelglas zersplittert, während er selbst als ein alter Mann mit weißen Haaren am Fuße des Spiegels liegen bleibt. Welcher Lesart für diesen Ausgang soll man nun den Vorzug geben: Symbolische Tötung des positiven Helden? Ausbruch des Wahnsinns? Oder ist es nur eine Retusche am Selbstbild? H.En.

Ausgabe: Paris 1965.

Übersetzungen: *Spiegelbilder*, E. u. G. Schewe, Bln./DDR 1968 [Nachw. R. Schober]. – *Leere Spiegel*, dies., Mchn. 1968.

Literatur: J. Piatier, Rez. (in Le Monde, 29. 5. 1969). – Y. Benot, *A propos de la »Mise à mort«. Vertige et réalité* (in La Pensée, 122, 1965, S. 104–111). – E. Fischer, *Das verlorene Spiegelbild* (in E. F., *Kunst und Koexistenz*, Reinbek 1966, S. 138–153). – A. Maurois, *»La mise à mort«* (in SuF, 18, 1966, S. 242–248). – F. Maierhöfer, *Vom Spiegelbild* (in Hochland, 63, 1971, S. 262–275). – S. Bibrowska, *Une mise à mort*, Paris 1972. – F. J. Raddatz, *Traum und Vernunft: L. A.* (in F. J. R., *Verwerfungen*, Ffm. 1972, S. 52–84; erw. in Ders., *Eros und Tod*, Hbg. 1980, S. 117–155). – C. Clément, *L'âme pupilline* (in *Les critiques de notre temps et A.*, Paris 1976, S. 136–138). – M. Chung, *La réaction romanesque et le problème de l'écriture dans la »Mise à mort«*, Diss. Univ. of British Columbia/Kanada 1976. – D. Schmidt, *A. Zur Konzeption des sozialistischen Realismus in seinem Werk*, Hbg. 1980, S. 160–239 [zuerst Diss. Bremen 1977, u. d. T. *Zur Konzeption des sozialistischen Realismus in A.s Spätwerk*]. – A. M. Delgado, *A.s »La mise à mort« und die Rezeption romantischer Motive*, Diss. Bln./DDR 1984.

LE PAYSAN DE PARIS

(frz.; *Ü: Pariser Landleben*). Surrealistische Schrift von Louis Aragon, erschienen 1926. – Neben dem *Traité du style* (1928) ist *Le paysan de Paris* Aragons Hauptwerk aus seiner surrealistischen Zeit. Das Werk besteht aus drei Teilen, die 1924/25 in ›La Revue Européene‹ und ›La Révolution Surréaliste‹ vorabgedruckt wurden: *Le Passage de l'Opéra. Le sentiment de la nature aux Buttes-Chaumont* und *Le songe du paysan* (fragmentarisch unter dem Titel *Idées*). Nicht nur stehen die drei Teile untereinander in lockerer Verbindung, sie bilden auch in sich keine strenge Abfolge. Aragon selbst charakterisiert das Ganze als eine Folge »*de simples promenades, mélées de réflexions*«, ein Kompositions- oder besser Schreibverfahren ganz im Sinne des surrealistischen Manifestes (vgl. André Breton, *Manifeste du surréalisme*, 1924). Auch Bretons berühmte Erzählung *Nadja* (1928), die als klassisches Werk surrealistischer Prosakunst gilt, hält sich an dieses – dem Zufall Raum gebende – Diktat von Spaziergängen und Betrachtungen.

Der erste – umfangreichste – Teil des Buches enthält Beobachtungen, die Aragon in der Umgebung seiner Wohnung am Passage de l'Opéra am Boulevard Haussmann gemacht hat. Mit einer oft an Alain Robbe-Grillet und den *nouveau roman* erinnernden objektiven, d. h. auf die Gegenstände bezogenen Präzision der Beschreibung schildert Aragon die Örtlichkeiten, Läden, Hotels, Cafés, Friseurgeschäfte, Massageunternehmen, Bordelle, deren Besitzer und Klienten, wobei er die Reihenfolge seiner Erzählung, immer wieder ausgehend vom Zentrum der Passage, auf die Topographie zurückführt. Objektive Beschreibung ist aber nicht Aragons Ziel, sondern nur Mittel. »*Es gibt in der Trübheit der Orte Schlösser, die zum Unendlichen nicht dicht halten.«* Je genauer man beschreibt, desto besser entdeckt man diese Löcher in der Realität und damit das Surreale: *»Die Menschen leben mit geschlossenen Augen inmitten magischer Abgründe.«* Die von Dämmerlicht erfüllten Passagen sind Orte, an denen sich solche Abgründe in besonderem Maße auftun. Sie sind allerdings gefährdet. Als Aragon den Passage de l'Opéra beschreibt, steht dessen Abbruch bevor. Er muß dem Ausbau des Boulevard Haussmann weichen. Ausführlich geht Aragon auf den Kampf der enteigneten Grundstücksbesitzer gegen die mächtigen Banken ein. Obwohl der Autor die Auseinandersetzungen als *drames bactériels* beschreibt, zeigt sich hierin doch schon der spätere sozialistische Realist Aragon. Die Entstehung des *Paysan* fällt in die Zeit jener Krise, aus der Aragon 1930 als parteitreuer Kommunist hervorgeht, der dem Surrealismus absagt.

Der zweite Teil, *Le sentiment de la nature aux Buttes-Chaumont*, beschreibt einen nächtlichen Spaziergang mit André Breton und Marcel Noll in die hügeligen Parkanlagen im Nordosten von Paris. Wie schon im ersten Teil fügt Aragon dem Text wieder collageartig Reklame-Schilder, Inschriften, Zeitungsausschnitte ein. Hier sind es vor allem die Inschriften einer Säule, auf der alle wichtigen Angaben über den Stadtteil um die Buttes-Chaumont verzeichnet sind. In diesem zweiten Teil erweist sich das Naturerlebnis als eine Hauptquelle surrealistischer Inspiration – ein Einfluß der deutschen Romantiker, die Aragon eingehend studiert hatte.

Die theoretischen und philosophischen Gedanken der *réflexions* faßt Aragon an einigen Stellen des Werkes zusammen, vor allem in der *Préface à une mythologie moderne*, in dem eingeschobenen kleinen *»Lustspiel« (saynète) L'homme converse avec ses facultés* und in dem dritten Teil, *Le songe du paysan*. Es handelt sich um – oft verschrobene – Überlegungen, Gedankensplitter, wie sie damals im Kreis um Breton üblich waren, Aragons persönlicher Anteil ist schwer auszumachen. Seine Stärke zeigt sich in den mehr erzählenden Passagen, in seinem deskriptiven Talent, seiner äußerst scharfen Beobachtungsgabe und seinem aggressiven Stil.

Der Titel des Buches bezieht sich offensichtlich auf Aragon selbst. Nach Yvette Gindine *»enthüllt der Titel eine bestimmte Haltung gegenüber der Realität: Aragon bezeichnet sich als ›Landmann‹ in dem Sinne, daß der Bauer sein Land von Grund auf kennt, weil er es geduldig betrachtet hat, in dem Sinne auch, daß der Bauer seiner Domäne ein Gefühl vertrauten Besitzes entgegenbringt«.* So gesehen würde sich schon im Titel des surrealistischen Werkes der Schriftsteller des Sozialistischen Realismus ankündigen. K.N.

Ausgaben: Paris 1924–1925 (in La Revue Européenne u. in La Révolution Surréaliste). – Paris 1926. – Paris 1945. – Paris 1966. – Paris 1978 (Folio).

Übersetzung: *Pariser Landleben*, R. Wittkopf, Mchn. 1969; ²1975.

Literatur: G. Limbour, *Du »Paysan de Paris« à »La semaine sainte«* (in Critique, 15, 1959, S. 483 bis 490). – W. Heist, *A., der seltsame Kommunist* (in FH, 1962, H. 2, S. 118–125). – G. Railtaret, *A.,* Paris 1964. – Y. Gindine, *A., prosateur surréaliste,* Genf 1966, S. 57–74. – C. J. Mertens, *La double ironie dans »Le paysan de Paris«* (in Neophilologus, 60, 1976, S. 207–219). – F. Prijkoningen, *La fonction du narrataire dans »Le paysan de Paris«* (in *Le livre surréaliste*, Hg. H. Béhar, Lausanne 1982, S. 267–276). – F. J. Albersmeier, *Collage und Montage im surrealistischen Roman* (in LiLi, 12, 1982, Nr. 46, S. 46–63). – J. Leenhardt, *Frontière et passage dans la mythologie du »Paysan de Paris«* (in Lendemains, 9, 1984, Nr. 35, S. 43–48). – R. Pfromm, *Revolution im Zeichen des Mythos*, Ffm. u. a. 1985.

LA SEMAINE SAINTE

(frz.; *Ü: Die Karwoche*). Roman von Louis Aragon, erschienen 1958. – *»Im Namen unveräußerlicher Rechte der Einbildungskraft«* lehnte Aragon die Bezeichnung »historischer Roman« für ein Werk ab, in dem er, so scheint es auf den ersten Blick, den epischen Vorwurf – die Flucht Ludwigs XVIII., seiner Anhänger und der königstreuen Truppen vor dem von Elba zurückkehrenden Napoleon – minuziös aus beglaubigtem Faktenmaterial zu rekonstruieren sucht. Angefangen von den *»Statisten dieser Tragikomödie«* des Jahres 1815, die ihrem gichtigen König in die Emigration folgen oder noch zur rechten Stunde den Kaiser ihrer Ergebenheit versichern, bis zu den Schauplätzen, den Dörfern und kleinen Städten, die sie während der regnerischen und stürmischen Karwoche durcheilen, ja bis hin zu der genauen Beschreibung der verschiedenen Uniformen, entstammt alles dem unbestechlichen Gedächtnis der Archive. Die »Drahtzieher« der Geschichte, Napoleon und die Teilnehmer am Wiener Kongreß, sind im Roman freilich nicht präsent, der Leser befindet sich immer auf der Seite der fliehenden Partei. Dafür treten neben die eigentlich historischen Gestalten gleichrangig zahlreiche von der Überlieferung nicht genannte Angehörige des Volks, das die Geschichte stets nur erlitt. Diese Verschiebung der Perspektive von den Handelnden zu den Betroffenen aller Stände ist aber die entscheidende Voraussetzung für die Darstellung der »geschichtlichen Dimension«, um die es Aragon eigentlich geht: *»Vielleicht nahm ich dies seltsame alte ... Stoffmuster wieder zur Hand ..., um im Staub die vielfältigen Samenkörner dessen zu suchen, was ich bin, was wir sind, und dessen vor allem, was durch uns zur Welt kommen wird, gegen uns, über uns, jenseits von uns, dieser Frühling der Friedhöfe, den man Zukunft heißt.«*

Dank seiner Einbildungskraft entdeckt Aragon erste Zeichen der Hoffnung auf einen Sieg der menschlichen Solidarität in den Herzen und Köpfen der Jugend von 1815. Er skizziert in einem der letzten Kapitel des Romans den Werdegang des Republikaners Frédéric Degeorge, der auf die Barrikaden ging »*zur gleichen Zeit, da sich zum ersten Mal in der Welt, in Lyon, in Frankreich, die Arbeiterfahne hob*«. Dies Ereignis, Vergangenheit für uns, wird im Roman geschildert als Traum, Wunschbild von Frédérics todkrankem Vater, der in der Nacht vor Ostern des Jahres 1815 stirbt. In das vielfältig gefächerte und kunstvoll verschränkte Verfahren, Ansätze des Zukünftigen im Vergangenen aufzuspüren, paßt die »Einmischung« des in der Manier STENDHALS durchaus ironisch kommentierenden Autors, in ihm erhält aber vor allem die Figur des Malers Théodore Géricault eine wichtige Funktion. Aragon hat auch im Hinblick auf diese Gestalt die Verantwortung für historische Genauigkeit abgelehnt, ja nach Erscheinen des Buchs erklärt, sein Modell sei in Wahrheit James Dean gewesen. Entscheidend ist jedoch nicht der Grad der Übereinstimmung mit dem historischen Géricault, entscheidend war die Möglichkeit, anhand dieser Figur die Wandlung sowohl politischer als auch künstlerischer Maßstäbe beispielhaft darzustellen. In einer Schlüsselszene des Romans wird der Königsmusketier Théodore im Wald von Poix Zeuge einer nächtlichen Zusammenkunft französischer Bürger verschiedener Herkunft, die noch ohne klar erkennbares Ziel die Unzufriedenheit mit ihrem Los artikulieren. »*Und zum erstenmal in seinem Leben fand sich Théodore vor dieser erbarmungslosen Nacktheit der Menschen, dieser Notdurft der Schicksale, vor Menschen, die ihm den Eindruck machten, in einem Schiff zu sein, in das Wasser dringt, wo nichts mehr zählt, als die unermüdliche Anstrengung, die lecken Stellen des Schiffes zu verstopfen, wo es weder Schönheit noch Größe, noch Tugend gibt, es sei denn in diesem Opfer des Herzens, des Geistes und des Körpers.*« (Es war dies in Wahrheit eine Erfahrung Aragons, die er, zweiundzwanzigjährig, im besetzten Saargebiet machte, als deutsche Bergleute sich wegen eines Defekts weigerten einzufahren.)

Géricaults noch tastendem Versuch, nach diesem Erlebnis eine neue künstlerische Sehweise, die Hinwendung zur engagierten Kunst, zu formulieren, liegt wohl Aragons eigene Kunsttheorie – kein platter Realismus, sondern ein Abbild der Wirklichkeit mit der Tiefenwirkung des Imaginären – zugrunde und vielleicht seine persönliche Antwort auf die Frage nach der Vergänglichkeit oder Ewigkeit des Kunstwerks: »*Ich möchte Geschichten erzählen. Mit Farben und Schatten. Geschichten, damit man nicht mehr den Kettenlärm unseres Bagnos hört. Geschichten nach unserem Maßstab, Geschichten vom Unglück einer neuen Art. Und ich weiß, was dann folgt: Man wird meine Bilder anschauen, wird sich darüber ereifern ... Dann ändert sich die Sehweise, auch die Malerei ... Man wird nicht mehr begreifen, was ich sagte, was ich sagen wollte ... Kann man den sich wandelnden Gedanken nachlaufen? Ein Maler wie David malt für die Ewigkeit. Ich hätte ein Maler dessen sein mögen, was sich ändert, des jäh erfaßten Augenblicks ... Eines Tages werden die Maler vorsichtig geworden sein, sie werden sich mit einer Obstschale und einigen Früchten zufrieden geben. Ich werde vorher gestorben sein.*« I.S.

AUSGABEN: Paris 1958. – Paris 1970 (Poche).

ÜBERSETZUNG: *Die Karwoche*, H. Mayer, Mchn. 1961 [Nachw. H. Mayer]. – Dass., ders., Lpzg. 1973 (RUB).

LITERATUR: C. Roy, *Servitude et grandeur d'A.* (in La Nef, 15. Dez. 1958, S. 59–63). – K. Bieber, *A Do-It-Yourself-Novel?* (in YFS, 24, 1959, S. 41–47). – R. Escholier, *Un très grand livre: »La semaine sainte« d'A.* (in Europe, 1959, Nr. 358/59, S. 240–249). – R. de Jouvenel, *»La semaine sainte«, émerveillante leçon* (in La Pensée, 84, 1959, S. 115–120). – G. Picon, *A. et »Semaine sainte«* (in MdF, 1959, Nr. 335, S. 113–117). – K. A. Horst, *Passionsweg der Geschichte* (in Merkur, 14, 1960, S. 896–900). – H. Mayer, *A.s Roman »Die Karwoche«* (in H. M., *Ansichten*, Hbg. 1962, S. 115–169). – O. Winkler-Sölm, *Die Andern. Antwort an Sartre* (in DRs, 88, 1962, S. 386–388). – M. Glatigny, *A propos du vocabulaire des couleurs dans la »Semaine sainte« d'A.* (in Le Français Moderne, 31, 1963, S. 31–49). – V. Heinrichs, *A.s Erzählkunst in »La semaine sainte«. Eine formale, erzähltechnische u. stilistische Analyse*, Diss. Düsseldorf 1968. – R. Schober, *A.s »Semaine sainte«* (in R. S., *Von der wirklichen Welt in der Dichtung*, Bln./Weimar 1970, S. 323–351, 449–456). – P. Barbéris, *A. et »La semaine sainte«*, Brüssel 1974. – S. Ravis-Françon, *Temps historique et temps romanesque dans »La semaine sainte«* (in RHLF, 75, 1975, S. 415–436). – M. Apel-Muller, *La problématique du peuple et de la nation dans »La semaine sainte«* (in Lendemains, 3, 1978, Nr. 9, S. 123–136). – R. Begon, *»La semaine sainte« d'A.*, Lüttich 1978. – J. Fontanille, *Le désespoir ou les malheurs du cœur et le salut d'esprit*, Paris 1980.

TRAITÉ DU STYLE

(frz.; *Ü: Abhandlung über den Stil*). Essay von Louis ARAGON, erschienen 1928. – Zweifellos hat Maurice NADEAU recht, wenn er in seiner *Geschichte des Surrealismus* den *Traité du style* von Aragon zusammen mit der im gleichen Jahr erschienenen *Nadja* von André BRETON als »Hauptwerk des Surrealismus« bezeichnet; an beiden sei am deutlichsten zu erkennen, »was der Surrealismus überhaupt zu leisten vermag«. Hinsichtlich der konkreten Beurteilung des *Traité du style* finden sich jedoch die widersprüchlichsten Meinungen. Roger GARAUDY greift in *L'itinéraire d'Aragon* (1961) gewiß zu hoch, wenn er meint, Aragon habe hier eine ähnliche »Entmystifizierung« der zeitgenössischen literarischen Strömungen unternommen, wie sie MARX dem Idealismus und Anarchismus, den Junghegelianern und STIRNER gegenüber in die Wege geleitet hat, und man müsse bis zur *Heiligen Familie* und zur *Deutschen Ideologie* zurückgehen, um den großen Atem des *Traité du style* wiederzufinden. Garaudy übersieht, daß es sich bei Aragons Büchlein um ein literarisches Werk im engsten Sinne handelt, um eine jener »paradoxen« (Nadeau) surrealistischen Demonstrationen, die mehr der Abgrenzung gegenüber den traditionsbestimmten Welt als der Klärung und Definition einer eigenen Position dienen. Gaëtan PICON schreibt in *Panorama de la nouvelle littérature française* über *Traité du style*: »Er (Aragon) beleidigt die bürgerliche Gesellschaft, beerdigt Europa, die Welt, die Literatur, deren Lieblingskind er ist.«

Der Zeitpunkt, zu dem sich Aragon mit seinem *Traité du style* an die literarische französische Öffentlichkeit wendet, läßt manche überspitzte Formulierung darin verständlich erscheinen. 1928 war die surrealistische Revolte bereits weitgehend in den literarischen Betrieb integriert worden, es gab auch schon – nach Aragons Urteil »unqualifizierte« – Nachahmer, und den Surrealisten der ersten Stunde fiel es bei soviel Entgegenkommen schwer, die Haltung der Revolte zu bewahren. Aragon tut dies im *Traité du style*, indem er sich über die Götter der eigenen Frühzeit lustig macht, über FREUD (und dessen Kommerzialisierung), über EINSTEIN, über die Rimbaud-Mode, auch über die Praktiken der Dada-Epoche. Um ja nicht in Gefahr zu kommen, irgendwie literarisch akzeptiert (und konsumiert) zu werden, ergeht er sich in rüden Schimpfereien.

Es gelingt Aragon aber nicht, den »reinen« Surrealismus gegenüber den vielen literarischen Modeerscheinungen abzugrenzen. Wenn er den – nicht definierten – Begriff »Stil« so hartnäckig betont, so deswegen, weil er glaubt, auf diese Weise am besten die Nichtdazugehörigen aus dem surrealistischen Kreis ausschließen zu können. Seine Methode wird am deutlichsten in der Passage über den »humour«, der ihm, wie allen Surrealisten, besonders wichtig erscheint. Er lehnt jede positive Definition ab und zählt statt dessen all das auf, was der »humour« *nicht* ist. Ähnlich verfährt Aragon, wenn er ständig verkündet, was ihm, dem Erzsurrealisten, verhaßt ist (*»Wir brauchen weder Gebete noch Fußball, noch Drogen«*), und dabei erwartet, daß das »Positive« sich dadurch von selbst einstellen werde. Wenn man das Buch in einem Zug durchliest, entsteht tatsächlich der gewünschte Eindruck: Auch ohne konkrete Definition glaubt man zu wissen, worum es dem Autor geht und was der Surrealismus ist. Insofern stellt *Traité du style* einen Gipfel surrealistischer Virtuosität dar.

Die politischen Bezüge des Buches (Ablehnung des Marokkokrieges der Franzosen, Sacco-und-Vanzetti-Demonstrationen) können nicht darüber hinwegtäuschen, daß der Autor hier noch merklich mit literarischer Betriebsblindheit geschlagen ist, obwohl er kurz zuvor zusammen mit Breton, ÉLUARD und PÉRET in die Kommunistische Partei eingetreten war. Die politische Wendung Aragons trat erst 1931 durch den Kongreß von Charkow ein. W.Ht.

AUSGABEN: Paris 1928. – Paris 1980.

ÜBERSETZUNGEN: *Abhandlung über den Stil*, J. Graf-Bicher, Bln. 1986 [Vorw. u. Bearb. H. Fock]. – Dass., H. Fock, Bln. 1987.

LITERATUR: M. Nadeau, *Histoire du surréalisme*, Paris 1945–1948 (dt. Reinbek 1965). – M. Tison-Braun, *Traité du style et style du traité* (in EsCr, 23, 1983, S. 51–61).

LES VOYAGEURS DE L'IMPÉRIALE

(frz.; *Ü: Die Reisenden der Oberklasse*). Roman von Louis ARAGON, erschienen 1942. – Aragon schrieb diesen Roman, den dritten in dem mit *Les cloches de Bâle*, 1934 *(Die Glocken von Basel)*, begonnenen Zyklus *Le monde réel (Die wirkliche Welt)* während der Monate vor dem Ausbruch des Zweiten Weltkrieges; mit dem Schluß kam er gerade noch zur Mobilmachung 1939 zurecht. Roger GARAUDY hat mit Recht darauf aufmerksam gemacht, daß *Les voyageurs de l'Impériale* die Phase von Aragons Meisterschaft in der Romankomposition einleiten. Zwar werden nicht die sechs Bände von *Les communistes*, 1949–1951 *(Die Kommunisten)*, wie Garaudy meint, der Nutznießer und der Gipfel dieser Neuentwicklung sein, wohl aber der Reihe jener Meisterromane, die 1958 mit *La semaine sainte (Die Karwoche)* beginnt.

Pierre Mercadier, durch Erbschaften so reich, daß er von den Zinsen seines Vermögens sorgenlos leben könnte, ist Gymnasialprofessor, einmal der wirtschaftlichen Verankerung wegen, zum andern, weil der Beruf ein gewisses bürgerliches Renommee verleiht. Er kommt als krankhafter Egozentriker – »Individualist«, wie er sagt – weder mit Frau und Familie noch mit seinen Kollegen, auch nicht den befreundeten, und seiner übrigen Umwelt zurecht. Schließlich verläßt er seine bisherige Welt, verlebt den Rest seines Vermögens sinnlos auf Reisen und in Spielsalons, um zu dem Ergebnis zu gelangen: »*Die Menschen sind überall die gleichen, ein ununterbrochener Grund zur Flucht...*« Er wird schließlich als Sechzigjähriger Hilfslehrer bei einem früheren Kollegen; dieser hat den Verarmten buchstäblich aus der Pariser Gosse aufgelesen, da er sich ihm wegen erwiesener (aber nur scheinbarer) »Güte« verpflichtet fühlt. Durch einen Schlaganfall gelähmt, endet Mercadier in der Obhut einer Bordellwirtin, die sich um seine Hilflosigkeit eine sentimentale »vornehme« Vergangenheit erträumt.

Der Roman ist reich an Episoden und Nebengestalten, die freilich nicht immer gleich glücklich mit der Haupthandlung verbunden sind. Besonders in diesen oft nur gewaltsam zum Hauptgeschehen hingeordneten Details ist erkennbar, daß nicht die Schule BALZACs Aragons »Gesellschaftsroman« bestimmt, sondern die Kolportagemanier Eugène SUEs – freilich ästhetisch außerordentlich verfeinert und mit einer Nuancierung in Psychologischen, die dem Autor von *Les mystères de Paris* fremd ist. Schilderungen wie die der Proletarierfamilie Méré im dritten Teil könnten, entsprechend modernisiert, ohne weiteres einem Sue-Roman entstammen. Auch das unorganisch Aufgesetzte der politisch-sozialen Doktrin – etwa in dem Bericht über Eugène Mérés Weg zur Gewerkschaft – ist nicht anders als bei Sue.

Es gibt dennoch gute Gründe, *Les voyageurs de l'Impériale* als einen der bedeutendsten Romane nicht nur Aragons, sondern seiner Entstehungsepoche überhaupt anzusehen, wenn man sich darüber klar ist, daß auch mit diesem Werk das, was sich Aragon mit seinem Zyklus zum Ziel gesetzt hat, nicht erreicht wird. Der Roman bringt nämlich nicht *»die große Balzac'sche Synthese einer durch die Herrschaft des Geldes geformten Psychologie und Moral«* (R. Garaudy), er hat keineswegs *»eine neue Etappe des Kapitals«* (des unproduktiven Rentenkapitals) zum Gegenstand, ja er führt überhaupt nicht einen über seinen individuellen Typus hinaus gültigen Vertreter der modernen Gesellschaft – der »wirklichen Welt«, nach der Formel Aragons – vor, sondern erzählt die Geschichte eines gesellschaftlichen Monstrums. An einer Stelle des Romans fragt sich der Held Pierre Mercadier, als er sich seines exzessiven Egoismus bewußt wird, ob er denn ein »Monstrum« sei. Er glaubt das zwar nicht, fügt aber hinzu: *»Und wenn ich ein Monstrum wäre?«* Damit ist nicht eine bestimmte, ins Monströse gesteigerte gesellschaftliche Rolle gemeint, wie sie etwa die Balzac-Gestalten Grandet, Gobseck u. a. verkörpern, sondern Mercadier ist als eine von ihrer gesellschaftlichen Position losgelöste Individualität ein Monstrum; und wenn er und sein Autor immer wieder auf die Bedeutung des Geldes in seinem Leben zurückkommen, so bestimmt dieses jedoch nur jeweils die Modalitäten seiner Ungeheuerlichkeit, bewirkt sie aber nicht.

In der absoluten Negativität des Werks drückt sich nach Garaudy die Zeitstimmung seiner Entstehung mit den verschiedenen die Katastrophe ankündigenden politischen Ereignissen (Zerfall der Volksfront, Niederlage der spanischen Republik, München usw.) aus. Gerade in Hinsicht auf seinen katastrophengeschwängerten Charakter stellt sich der Roman neben andere des gleichen Zeitraums wie *Rêveuse bourgeoisie*, 1937 *(Verträumtes Bürgertum)* von Pierre Drieu la Rochelle, *Les Célibataires*, 1934 *(Die Junggesellen)* von Henry de Montherlant; auch *Monsieur Ouine (Die tote Gemeinde)* von Georges Bernanos, in den gleichen Jahren geschrieben, aber erst später veröffentlicht, wäre heranzuziehen. Ihnen allen ist gemeinsam, daß sie den Untergang, den Zerfall episch besingen, und dies in einer so vollendeten Weise, daß man diese Romane jeweils zu den besten ihrer Autoren überhaupt rechnen muß. Auch sind diese jeweils einer politischen oder allgemein geistigen »Aktion« verschworen, sei es als dezidierter Kommunist (Aragon), als Faschist (Drieu la Rochelle), elitärer Aristokrat (Montherlant) oder radikaler Christ (Bernanos). Die Tatsache, daß ihnen gerade das »Lied vom Untergang« unter allen ihren sonstigen Werken am zwingendsten gelingt, verdient in diesem Zusammenhang eine besondere Beachtung.   W.Ht.

Ausgaben: Paris 1942. – Paris 1962. – Paris 1972 (Folio).

Übersetzung: *Die Reisenden der Oberklasse*, H. Mayer (in *Die wirkliche Welt*, Bln. 1952). – Dass., ders., Mchn. 1962.

Literatur: P. Lafue, *Deux romans sournois:* »*Les voyageurs de l'Impériale*« *et* »*Le cheval blanc*«, Paris 1943. – L. Parrot, *A.* »*Les voyageurs de l'Impériale*« (in Les Lettres Françaises, 1947, Nr. 186). – H. Mayer, *A.s Roman* »*Die Reisenden der Oberklasse*« (in H. M., Literatur u. Weltliteratur, Bln. 1957, S. 571–578). – M. Mariani, *A. romancier réaliste dans* »*Les voyageurs de l'Impériale*« (in QFLR, 3, 1981, S. 211–237). – J. Bernard, *A. La permanence du surréalisme dans le cycle du* »*Monde réel*«, Paris 1984.

LES YEUX D'ELSA

(frz.; *Ü: Elsas Augen*). Gedichtsammlung von Louis Aragon. Die Gedichte entstanden 1940–1942 im nichtbesetzten Frankreich und in der Schweiz und wurden einzeln veröffentlicht, vermehrt um vier Artikel in Vorwort und Anhang als Sammlung 1942. – Wie ein Jahr zuvor *Crèvecœur (Herzeleid), Les bons voisins (Die guten Nachbarn)* und *Les pénitents (Die Bußfertigen)* und weitere Gedichtbände in den folgenden Jahren (z. B. *Le musée Grévin*, 1943; *33 sonnets composés au secret*, 1944), ist die Sammlung *Les yeux d'Elsa* Dichtung der Résistance. Krieg, Niederlage und Okkupation sind stets gegenwärtig und werden in immer neuen Anspielungen berührt. In der Evokation der vertrauten Landschaften, der geschichtsträchtigen Orte *(Plus belle que les larmes)* und der nationalen Legenden *(Lancelot, Richard Cœur-de-Lion* etc.) beschwört Aragon ein Heimatgefühl, das doch von Trauer und ironischer Verzweiflung, vom Gefühl der Entfremdung und des Exils überschattet bleibt. Persönliches und nationales Schicksal verfließen, die Okkupation wird als Heimatverlust, als Verlust der eigenen Identität erlebt: *»Man ist nicht mehr zu Hause, selbst in seinem Herzen / o mein Land, ist es noch mein Land...«* (»On n'est plus chez soi même dans son cœur / O mon pays est-ce bien pays pays...«). Neben Trauer und ohnmächtiger Passivität stehen schließlich die versteckten Anspielungen auf die Résistance: verschlüsselte, indirekte Aufrufe zu Revolte und Widerstand *(»Paris qui n'est Paris qu'arrachant ses pavés... « – »Paris, das nur im Hagel der Pflastersteine Paris ist«)* und provozierende Vorwegnahme der zukünftigen Freiheit.

Auch in den begleitenden theoretisierenden Artikeln stellen Anspielungen und Doppelsinn eine zweite Sinnebene her, deren eigentliches Thema das Schicksal Frankreichs nach der Niederlage ist: Der Titel des Vorworts *(Arma virumque cano)* nimmt nicht nur auf Vergil Bezug, sondern auch auf die historische Situation; Überlegungen zur Verskunst und *»réinvention du langage poétique«*, zu

Metrik und Strophenform, zur Neudefinition der Reimgeschlechter und Erweiterung der Reimmöglichkeiten durch Ohrenreim und *rime enjambée (Arma virumque cano; La rime en 1940)* bezeugen nicht nur die Weiterentwicklung eines ehemaligen Surrealisten, seine Suche nach einer neuen, nachsurrealistischen Poetik, sondern auch seine Suche nach der Kontinuität der nationalen Kultur. Und der Exkurs über die Dichtung des französischen Hochmittelalters *(La leçon de Ribérac ou L'Europe française)* umspielt die Vorstellung der nationalen Einheit, suggeriert die überragende Rolle und den missionarischen Auftrag der französischen Kultur in der Vergangenheit (»*cet orgueil immense d'envahir poétiquement l'Europe...*« – »*dieser ungeheure Stolz einer dichterischen Eroberung Europas...*«) und macht sie zum Zeichen für die Gegenwart.

Daß der Gedichtband durch Titel und einzelne Gedichte *(Les yeux d'Elsa, Cantique à Elsa)* als Liebeslyrik gekennzeichnet ist, bedeutet keinen Bruch im Gesamtcharakter. Wie der Kommunist Aragon seine – legendäre – Liebe zu Elsa Triolet immer auch als Vorahnung menschlicher Beziehungen in einer zukünftigen, sozial befreiten Gesellschaft verstanden wissen will (*Elsa*, 1959; *Le fou d'Elsa*, 1963), so wird sie dem Patrioten Aragon zum Symbol einer Heimat, die sich Okkupation und Zerstörung entzieht und noch in der Demütigung die Vorahnung künftiger Freiheit enthält.

Für den ehemaligen Dadaisten und Surrealisten, der seit 1927 Mitglied der Kommunistischen Partei war und es darüber zum Bruch mit André Breton hatte kommen lassen (1931), boten die Kriegsjahre zum zweiten Mal die Möglichkeit eines konkreten, politischen Engagements. Indem in der Situation der Résistance die Literatur Worte fand für das Trauma der Niederlage und des Exodus, indem sie die Angst bewußtseinsfähig und die Trauer aussprechbar machte, verließ sie den »elfenbeinernen Turm« sozialer und ästhetischer Exklusivität und fand ein neues, breiteres Publikum. Erst in dieser Situation (in der General de Gaulle mit tränenerstickter Stimme Gedichte des Kommunisten Aragon über Radio Algier verlesen hat) wurden Dichter wie Aragon und Éluard im öffentlichen Bewußtsein zu den großen Gegenwartslyrikern Frankreichs, als die sie noch heute gelten. R.W.

Ausgaben: Neuchâtel 1942. – NY 1943. – Paris 1945. – Paris 1960 (in *Poésies. Anthologie 1917 à 1960*; Einf. J. Dutourd). – Paris 1959 *(Elsa)*. – Paris 1963 *(Le fou d'Elsa)*. – Paris 1964 *(Il me n'est Paris que d'Elsa)*. – Paris 1966. – Paris 1968 [zus. m. *La Diane française*].

Übersetzungen: *Richard Löwenherz*, C. Mor v. Weber (in Der Zwiebelfisch, 1946, Nr. 6). – *Elsas Augen*, ders. (in Die Besinnung, 2, 1947). – Dass., L. Kornell (in Lancelot, 6, 1951, H. 29). – *Preislied auf Elsa*, dies. (in ebd.).

Literatur: F. J. Carmody, *The Sources of A.'s War Poetry, 1939–1942* (in Books Abroad, 35, 1961,

S. 330–334). – B. Lecherbonnier, »*Le cycle d'Elsa« d'A.*, Paris 1974. – P. Gardel, *A., lecteur des troubadours. Emprunt et déplacement d'un mythe* (in *Mythes, images, représentation*, Hg. J. M. Grassin, Paris 1981, S. 269–277). – R. Lassalle, *La poésie médiévale dans l'œuvre critique et dans l'œuvre poétique d'A.* (in Licorne, 6, 1982, S. 195–209). – C. A. Tabart, »*Les yeux d'Elsa«, étude de texte* (in L'Ecole des Lettres, 15. 10. 1982, S. 23–28). – M. Adereth, *A. The Resistance Poems*, »*Le Crève-Cœur*«, »*Les Yeux d'Elsa*« and »*La Diane française*«, Ldn. 1985. – W. Calin, *The Poets's Poet. Intertextuality in L. A.* (in Symposium, 40, 1986, S. 3–15).

ŠIO ARAGVISPIRELI

d.i. Šio Dedabrišvili
* 1867
† 1926

GABZARULI GULI

(georg.; *Gebrochenes Herz*). Roman von Šio Aragvispireli, erschienen 1927. – Die junge Eťeri träumt von ihrem Bräutigam, dem Prinzen. Ihre Lieder bezaubern den jungen Schmied Maḥare, der im Schloß arbeitet. Um ihre Aufmerksamkeit zu erregen, schmiedet er eine Zauberglocke, die die Lieder der Prinzessin wiedergibt. Eťeri wünscht ihn daraufhin zu sehen, verliebt sich in ihn, ist aber nicht fähig, die sozialen Schranken zu überwinden, die sie von dem Geliebten trennen. Daran zerbricht ihr Herz.

Auffällig an diesem Roman, der sich in Georgien großer Beliebtheit erfreute, ist das Zusammentreffen eines romantischen Sujets mit nüchterner Sozialkritik. Allerdings ließ der Autor, gefesselt von dem Stoff, seiner Phantasie freien Lauf, so daß tatsächlich ein Märchen entstand, das letztlich die soziale Problematik eher umgehen als wirklich lösen will. J.J.

Ausgaben: Tiflis 1927. – Tiflis 1947 (in *Gruli krebuli*, 2 Bde., 2). – Tiflis 1959 (in *Gruli krebuli*).

Übersetzungen (russ.): *Razbitve serdce*, M. Kaḥidze, Tiflis 1937. – Dass., ders. (in *Izbrannoe*, Tiflis 1950).

Literatur: *Literaturnaja Enciklopedija*, Moskau 1930, S. 59/60. – Baramidze-Radiani, S. 214–216. – M. Zandukeli, *Očerki po istorii gruzinskoj literatury 19 veka*, Tiflis 1954, S. 254–267. – D. Benašvili (in Mnatobi, 1958, 9, S. 140–150). – M. Zandukeli, *Aḥali k'arťuli literatura*, Bd. 3, Tiflis 1962. – M. Zandukeli, *Sio Aragvispireli*, Tiflis 1966.

ARAI HAKUSEKI

* 10.2.1657 Edo
† 19.5.1725 Edo

HANKAMPU

(jap.; *Stammbäume der Lehnsfürsten*). Sammlung historisch-biographischer Aufzeichnungen von dem großen Historiker und Staatsmann ARAI HAKUSEKI, abgeschlossen 1702. – Das Werk entstand in Kōfu auf Anregung des späteren Shōguns Tokugawa Ienori, für den der Verfasser bereits als Gelehrter für chinesische Wissenschaft tätig war. Es ist im chinesisch-japanischen Mischstil geschrieben und gibt in dreizehn Bänden eingehend Auskunft über die Familien von 377 der maßgeblichsten Lehnsfürsten *(daimyō)* des Tokugawa-Shōgunats in der Zeit von 1600 bis 1680. Das trockene biographische Material wird aufgelockert durch anekdotische Berichte über Ereignisse aus dem Leben der einzelnen Fürsten. – Auf Befehl des Shōgunats wurde dem Werk im Jahre 1806 von KONDŌ KICHIZAEMON eine Ergänzung angefügt, das *Hankampuzokuhen (Fortgeführtes Hankampu)*, das es von 1680 bis 1786 weiterführt. H.Ham.

AUSGABEN: Tokio 1894. – Tokio 1905 (in *Arai Hakuseki zenshū*, Bd. 1 u. 2).

ÜBERSETZUNG: *Geschichten aus dem »Hankampu«*, H. Hammitzsch (in Nippon, 8, 1942, 1).

LITERATUR: Katsuta Katsutoshi, *A. H. no rekishigaku*, Tokio 1939. – Ikeda Yukio, *A. H.*, Tokio 1941. – V. Kemper, *A. H. u. seine Geschichtsauffassung* (in Studien zur Japanologie, 9, 1967).

ORITAKU SHIBA NO KI

(jap.; *Aufzeichnungen bei brennenden Scheiten*). Memoiren in drei Bänden von ARAI HAKUSEKI, entstanden in den Jahren der Ära Kyōho (1716–1735), durch zahlreiche Kopien rasch bekannt geworden. – Der Autor, ein bedeutender Sinologe, Gelehrter und Staatsmann, fühlte sich durch seine Stellung berechtigt und verpflichtet, über sein Leben und sein Wirken als politischer Berater des Shōgunats und über seine persönliche Einstellung zu den verschiedensten Fragen der Lebensführung Bericht zu erstatten. Er beginnt mit einer Darstellung seiner harten Jugend und seiner Studien der chinesischen Wissenschaften. Der Leser begegnet einem Menschen, der mit eisernem Willen seine Ziele verfolgt und der in seiner ganzen Haltung ein echter Samurai und Konfuzianist ist. Güte, Gerechtigkeit, Wahrheitsliebe und Loyalität – die konfuzianischen Grundtugenden – bleiben für ihn keine leeren Begriffe. Von besonderem Interesse sind die Abschnitte, in denen der Autor seine politische Tätigkeit rechtfertigt und neben seiner eigenen Politik auch die seiner Gegenspieler kritisch durchleuchtet: Auch hier, wo er hätte leicht in Überheblichkeit und Besserwisserei abgleiten können, bleibt er bescheiden und registriert nur das Lob, das andere ihm zollen; seine Persönlichkeit tritt ganz hinter der Beschreibung des Geschehens zurück.

Wenngleich der Autor betont, er habe diese Aufzeichnungen allein für seine Nachkommen verfaßt, so darf man doch annehmen, daß er sich an ein breiteres Publikum wenden wollte. Auffällig ist der betont didaktische Zug der Darstellung, dem ein sachlicher, aber glatt und ruhig fließender Stil entspricht. Das Werk ist ein eindrucksvolles Zeugnis für die schriftstellerische Begabung des gelehrten Politikers und braucht in Konzeption, Aufbau und sprachlichem Rang den Vergleich mit den literarischen Tagebüchern aus der klassischen Zeit dieser Gattung nicht zu scheuen. H.Ham.

AUSGABEN: Tokio 1905–1907 (in *Arai Hakuseki zenshū*, Bd. 3). – Tokio 1931 (in *Dainihon-shisōzenshū*, Bd. 6). – Tokio 1935 (Kinsei-shakai-keizaigakusetsu-taikei, Bd. 7). – Tokio 1958–1963 (Nihon-kotenbungaku-taikei, Bd. 95). – Tokio 1964 (M. Miyazaki, *Teihon Oritaku shiba no ki shaguki*).

ÜBERSETZUNGEN: *Autobiography of Arai Hakuseki*, G. W. Knox (in Transactions of the Asiatic Society of Japan, 30, 1902; engl.). – *Told Round a Brushwood Fire*, J. Ackrovd, 1979.

LITERATUR: M. Miyazaki, *A. H. no kenkyū*, Tokio 1958. – Ders., *A. H.*, Tokio 1959. – U. Kemper, *A. H. u. seine Geschichtsauffassung* (in Studien zur Japanologie, 9, 1967).

TOKUSHI-YORON

(jap.; *Erweiterter Diskurs zum Studium der Geschichte*). Historisches Werk in drei Bänden von ARAI HAKUSEKI, entstanden 1712, später überarbeitet und mit einem Nachwort versehen, erschienen 1724. – Hakuseki stellt nicht nur den Ablauf der japanischen Geschichte dar, sondern gibt in den mit »anzuru ni« (»meine Meinung«) eingeleiteten, breit ausgeführten Abhandlungen seine Deutung und kritische Auslegung der Ereignisse. Er schrieb seine Gedanken zunächst als Manuskript für Vorlesungen nieder, die er vor dem Shōgun Tokugawa Ienobu (1662–1712) hielt.

In mancher Hinsicht ist das Werk einem Fürstenspiegel gleichzusetzen. Der Autor begreift die historischen Fakten als »mahnende Beispiele« für spätere Generationen. Seine Grundausrichtung ist durch die Lehre des Konfuzianismus bestimmt, die auch die Kriterien für seine Auseinandersetzung mit der Abfolge der Herrschenden in Japan abgibt. Hier darf man Hakuseki in seiner Problemstellung entschieden als den Vorläufer der modernen Geschichtsforschung Japans ansehen. Die Frage des »legitimen Herrschers«, die »Periodisierung« (des Machtwandels) stehen im Mittelpunkt seiner ebenso geistreich wie eindringlich formulierten Betrachtungen. Das *Tokushi-yoron* läßt deutlich erkennen, daß Hakuseki Staatsmann war; als Staatsmann aber war er Konfuzianist, und damit war sein Wirken von vornherein vorgeschrieben: Regieren nach den Regeln und Vorbildern, welche die Tradition gibt. Sein Werk verfolgte nicht zuletzt den praktischen Zweck, seinem Fürsten Ienobu anhand historischer Geschehnisse zu verdeutlichen, daß die von ihm angeratene Politik rechtens war. Seine Geschichtsbetrachtung war immer und überall eine wertende; ihr Maßstab waren die konfuzianischen Moralkriterien. H.Ham.

AUSGABEN: Edo 1724. – Tokio 1905–1907 (in *Arai Hakuseki zensi*, Bd. 3). – Tokio 1912 (in *Yūhōdōbunko*, Bd. 21). – Tokio 1924 (in *Shinshaku Nihon-bungaku-sōsho* I, Bd. 10). – Tokio 1925 (in *Nihon-koten-zenshū* II, Bd. 41).

LITERATUR: K. Katsuda, *A. H. no rekishigaku*, Tokio 1939. – M. Kurita, *A. H. no bunchi-seiji*, Tokio 1952. – M. Miyazaki, *A. H. no kenkyū*, Tokio 1959. – Ders., *Rinke-shigaku to Hakuseki-shigaku* (in Nihon-rekishi, 148, 1960). – U. Kemper, *A. H. und seine Geschichtsauffassung* (in Studien zur Japanologie, Bd. 8, 1967).

AṘAKʿEL VON SIWNIKʿ

um 1400

ADAMGIRKʿ

(arm.; *Adambuch*). Epische Dichtung in achtsilbigen Vierzeilern von AṘAKʿEL VON Siwnikʿ, geschrieben 1401–1403; erschienen 1721 und 1799, vollständige Ausgabe 1907. – In 26 Kapiteln (3 Bücher) erzählt der armenische Bischof Aṙakʿel die biblische Geschichte vom Leben im Paradies, vom Sündenfall des Menschen und seiner Vertreibung aus dem unendlich schönen Land, dessen Schilderung das ganze erste Buch füllt. Buch 2 und 3, die die Verführung Adams, den Sündenfall und die Vertreibung zum Inhalt haben, zeigen neben der Handschrift des Dichters auch die des Scholastikers – den die Frage nach Herkunft und Elementen des Bösen beschäftigt und der sogar spitzfindige Erörterungen über das Geheimnis der Rippe anstellt – und des Predigers, der eine kühne Parallele zwischen Adam und Jesus zieht und die zwölf Wunder am Tage der Kreuzigung, das Grab des Herrn, die Auferstehung des Erlösers und die Heilige Jungfrau besingt. (Adams und Evas mystische Visionen der zukünftigen Plagen der Menschheit und des Jüngsten Gerichts sind offenbar spätere Einfügungen.) Manchmal siegt der Theoretiker über den Dichter – so z. B. wenn Adams schöne Klage vom scholastischen Kommentar überwuchert wird. Dennoch vermag die didaktische wuchert nicht, dieses orientalische »Verlorene Paradies«, das – nach den Elegien des GRIGOR NAREKACʿI«, und des NERSES ŠNORHALI – die dritte große altarmenische Dichtung ist, seiner Schönheit zu berauben. J.J.

AUSGABEN: Konstantinopel 1721. – Konstantinopel 1799. – Venedig 1907, Hg. M. Poturean.

ÜBERSETZUNG: A. Tchobanian, *La Roseraie d'Arménie*, Bd. 1: *Arakel de Sunik*. *Pages choisies*, Paris 1918, S. 73–113 [nicht vollständig].

LITERATUR: M. Abeġean, *Hayocʿ hin grakanutʿyan patmutʿyun II*, Eriwan 1946, S. 370–387. – H. Thorossian, *Histoire de la littérature arménienne*, Paris 1951, S. 217 f. – Inglisian, S. 211 f. – A. Ġazinyan, S. Arewšatyan, N. Tahmizyan (in ArmEnz, 1, 1974, S. 533 f.).

ARAKIDA MORITAKE

* 1473
† 1549

HAIKAI NO RENGA DOKUGINSENKU

auch: *Moritake senku* oder *Tobimume-senku* (jap.; *Tausend Strophen humorvoller Kettengedichte eines einzelnen*, auch: *Die tausend Strophen des Moritake* oder *Tausend Strophen ›Fallende Pflaumenblüten‹*). Sammlung von zehn hundertstrophigen Kettengedichten *(renga)* von ARAKIDA MORITAKE, entstanden um 1540, veröffentlicht 1652. – Dieses Werk des *Renga*-Meisters und Priesters am berühmten Schrein von Ise wurde grundlegend für die Entwicklung der *Haikai*-Dichtung, auch wenn es sich hier noch um Kettendichtung im *Waka*-Stil handelt. Moritake und sein großer Vorgänger YAMAZAKI SŌKAN (1465–1553) strebten danach, sich von der eng an das *waka* gebundenen Tradition des *renga* freizumachen und das Humorvolle, das eigentliche Element des *haikai*, in den Vordergrund zu rücken. Das tägliche Leben in seiner ganzen Vielfarbigkeit spiegelt sich in den einzelnen Strophen, die in Konzeption und Sprache erstaunlich lebensnah sind. Wenngleich Moritake in diesem Werk noch an mancher Überlieferung der *Renga*-Poetiken festhält, zeigt sich doch schon deutlich sein Streben nach dichterischer Freiheit, seine Freude am Alltagswortschatz und sein Sinn für komische Situationen; also all das, was wir später im *haikai* wiederfinden. Im Nachwort zu der Sammlung betont Moritake seine Absicht, aus dem *haikai-renga* eine eigenständige Dichtkunst zu entwikkeln. Es ist verständlich, daß sein Werk das Schaffen des eigentlichen Begründers der *Haikai*-Dichtung, des MATSUNAGA TEITOKU (1571–1653), nachhaltig beeinflußt hat. H.Ham.

AUSGABEN: Kioto 1652. – Tokio 1926–1928 (in *Nihon-haisho-taikei*, Bd. 6). – Tokio 1947 (in *Nihon-koten-zensho*, Bd. 57).

LITERATUR: Ikeda Shubin, *Nihon-haikai-shi*, Tokio 1927. – Shida Yoshihide, *Haibungaku no kōsatsu*, Tokio 1932. – Itō Masao, *A. M. no bungaku* (in Kokugo to Kokubungaku, 1933, 3). – Ders., *M.-senku no seiritsu ni tsuite* (in Bungaku, 1934, 3). – Ōtani Tokuzō, *M.-senku sōan-kōkan-ryakki* (in Kokugo-kokubun, 1953, 4).

IVAN ARALICA

* 10.9.1930 Promina

DUŠE ROBOVA

(kroat.; *Die Seelen der Sklaven*). Roman von Ivan ARALICA, erschienen 1984. – *Duše robova* bildet zusammen mit den Romanen *Put bez sna*, 1982 *(Weg ohne Schlaf)*, und *Graditeli svratišta*, 1986 *(Der Baumeister der Herberge)*, einen lose gefügten Romanzyklus, der in einer ausholenden Zeitvertikale, beginnend mit den wirtschaftlich bedingten Binnenwanderungen der kroatischen Bevölkerung im Rama- und Cetina-Tal im 17.Jh., über die Konfrontation dreier Kriegsmächte und Machtstrategien, des Osmanischen Reichs, der kontinentalen Großmacht Österreich und der Seemacht Venedig in diesem unruhigen Grenzgebiet im 18.Jh., bis zur Ablösung der venezianischen Herrschaft durch die Franzosen und der Errichtung der illyrischen Provinzen zu Beginn des 19.Jh.s reicht. Vor jeweils gewandeltem sozialem, ökonomischem und historischem Hintergrund und der Tragik der gesichtslosen Masse fragt Aralica in seinen Romanen am Schicksal einiger Mächtiger nach den Triebfedern menschlichen Herrschaftsstrebens und den Mechanismen von Machterwerb und Machtbesitz.
Im ersten Teil des Romans, der um das Jahr 1715 in Mitteldalmatien und im angrenzenden bosnischen Hinterland spielt, wird uns die Verkettung unglücklicher Ereignisse vorgeführt, die den jungen kroatischen Schmied Matija Grabovac, von marodierenden türkischen Truppen für tot liegengelassen, zum Söldner in einem venezianischen Entsatzheer werden läßt. Als nach der Befreiung der Stadt Sinj die Kriegsbeute verteilt wird, gelangt Matija in den »Teilbesitz« des Bosniers Mesud, der sich nach geltendem Kriegsbeuterecht entweder innerhalb einer gesetzten Frist freikaufen muß, wobei Militärkommandantur und Söldner das Lösegeld untereinander aufteilen, oder aber als Galeerensklave an den Staat zurückfällt. Zwischen Matija und seinem Sklaven Mesud entwickelt sich, unter den argwöhnischen Augen des alten Grabovac, eine tiefe menschliche Beziehung, die Matija, als das Lösegeld ausbleibt und er schließlich Mesud zur Sklavenrekrutierung nach Makarska bringen muß, in einen fast ausweglosen Gewissenskonflikt bringt: liefert er den Sklaven nicht ab, bringt er die eigene Familie um Haus und Hof und sich selbst auf die Galeere. In den Flußhöhlen unterhalb der Stadt stoßen die Freunde auf Šćepan, einen Angehörigen des griechischen Ritus, dem zusätzliche mosaische Glaubensgebote verbieten, seiner Frau bei ihrer unmittelbar bevorstehenden Niederkunft zu helfen. Die Rolle des Geburtshelfers übernimmt Mesud, denn »*was der Glaube dem einen verbietet, gebietet er dem anderen, und was er dem ersten und zweiten verbietet, erlaubt er dem dritten*«. Aralicas Botschaft praktizierter Menschlichkeit, unmittelbar vor dem Gewissensentscheid des jungen Matija, einem der zahlreichen Spannungs- und Aktionshöhepunkte des Romans, gesteht den Menschen zu, daß sie »*allseitiger sind, wenn sie verschiedenen Glauben und Völkern angehören*«. Mit Šćepans Hilfe kann Matija in letzter Minute das Eintreffen des Lösegelds vortäuschen und Mesud zur Freiheit verhelfen. Ihrer beider Blutsbrüderschaft gipfelt symbolisch in einem »Tausch der Seelen«.
Der zweite Teil des Romans spielt vor dem Hintergrund des Feldzugs Eugens von Savoyen gegen das Osmanische Reich und dem Interessenkonflikt zwischen dem Papst und der Republik Venedig, der auch das weitere Schicksal des Matija Grabovac bestimmt. In einer der zahlreichen fabulativen Digressionen, die den Erzählstil Aralicas kennzeichnen, wird die Geschichte des Franziskanermönchs Pavle Vučković (des Ordensmannes aus dem vorangehenden Roman *Put bez sna*) fortgeführt, der – in die »*Sklaverei von Bagdad*« geraten und scheinbar zum Islam übergetreten – als Vertrauensmann des Papstes die Gunst des Großwesirs gewinnt, bis er während eines Janitscharen-Aufstands fliehen kann. Vučković kann als alter Freund der Familie Grabovac und Beschützer Matijas bei den venezianischen Behörden durchsetzen, daß dieser seine durch den Verlust des Sklaven erwirkte Strafe der Galeere als Söldner in einem kroatischen Reiterregiment abdienen kann. Als Matija bei einer leichtsinnig durchgeführten militärischen Aktion den Türken in die Hände fällt, bewahrt ihn wiederum sein Blutsbruder Mesud vor der Sklaverei. Von seinen Vorgesetzten in Split des Verrats bezichtigt, auf der Flucht vom eigenen Vater angeschossen und vom Hof vertrieben, macht sich Matija auf, dem Freund die Seele zurückzugeben, um sie vor dem »*endgültigen Verderben*« zu bewahren. Im selben Dorf, das die Sippe Grabovac einst verlassen mußte, wird Matija schließlich als Nachbar Mesuds seßhaft.
Die Kritik bescheinigt dem Autor, der bereits mit seinem ersten Roman *Psi u trgovištu*, 1979 *(Hunde im Marktflecken)*, ins Zentrum der kroatischen Ge-

genwartsprosa gerückt war, großes innovatives erzählerisches Können, das bei aller kenntnisreichen und detailgetreuen Wiedergabe des historiographischen Materials (Sitten und Gebräuche, Handwerk, Wirtschaftsstruktur, Kriegskunst, soziale Schichtung) »*aus bestimmten geschichtlichen Prozessen universelle, auch für unsere Gegenwart geltende Lehren*« (Visković) zu ziehen vermag. K.D.O.

AUSGABE: Zagreb 1984

LITERATUR: C. Milanja, *Arabeska kodova* (in Forum, 23, 1984, 10–11, S. 793–841). – Ders. *Aralićin gnomski diskurs* (in Republika, 42, 1986, 9–10, S. 1163–1168). – V. Visković, *Lokalno i univerzalno u prozi I.A.* (in Republika, 43, 1987, 9–10, S. 19–35). – S. Primorac, *Montaža atrakcija* (ebd., S. 36–39). – *Razgovor s I.A.: Pisac i društveni kontekst* (ebd., S. 62–82).

ISAAK ARAMA

* um 1420 Spanien (?)
† 1494 Neapel

AKEDAT JIZCHAK

(hebr.; *Die Fesselung Isaaks*). Predigtsammlung des Philosophen Isaak ARAMA, erschienen 1522. – Das Werk wurde in den letzten Jahren vor der Vertreibung der Juden aus Spanien verfaßt und war handschriftlich bald weit verbreitet. *Akedat Jizchak* ist in 105 Spalten *(turim)* unterteilt, welche Auslegungen und Betrachtungen zu den Wochenabschnitten der *Fünf Bücher Moses* enthalten. Außer dem traditionellen Material der jüdischen Bibeldeutung aus *Talmud* und *Midrasch* benutzt Arama auch Fabeln und Volksmärchen; ferner weist er auf wichtige Zeitereignisse hin. Um die Bibelworte zeitgemäß zu interpretieren, verwendet er vorwiegend die allegorische Deutungsweise. Dem Zeitgeschmack entsprechend nehmen philosophische Betrachtungen einen breiten Raum ein; sie sind – da es sich um Erbauung und nicht um Belehrung handelt – jedoch nicht systematisch geordnet. Die Ansichten des MAIMONIDES sind dem Autor besonders nahe, aber er zitiert auch eine Reihe griechischer Denker, vor allem ARISTOTELES. In erster Linie ist es ihm darum zu tun, die Zersplitterung der jüdischen Gemeinden zu verhindern; daher bekämpft er die seichte Intellektualisierung von Religion und Ethik. Auf Philosophie und Naturwissenschaft gestützt, will er seine durch Inquisitionszwang an der christlichen Predigt geschulten Hörer in ihrem eigenen Glauben bestärken. In verschiedenen Zusammenhängen behandelt er folgende religiöse und philosophische Themen: das Verhältnis zwischen Vernunft und Religion; die jüdischen Glaubensartikel; die Erschaffung der Welt; das Naturgesetz; Wunder und Vorsehung; die Seele und ihr Fortleben nach dem Tod; Willensfreiheit und Erkenntnis. Diese Themen ergaben sich aus den damals üblichen Religionsdisputen, an denen er selbst teilnahm. Seiner objektiven Einstellung zum Christentum gibt er mehrfach Ausdruck.

Akedat Jizchak wurde für eine Reihe von ähnlichen Werken zum klassischen Vorbild. Don Isaak ABRABANEL hat die Schrift in seinen philosophischen Kommentaren zur Bibel ohne Nennung des Autors benützt, was zu einer scharfen Polemik mit Arama und dessen Sohn führte. Auch die Gründer des ostjüdischen Chassidismus (18.Jh.) haben Aramas Werk vermutlich als Quelle benutzt (mit Ausnahme der philosophischen Abhandlungen, die sie ablehnten). – Die zahlreichen Nachdrucke sind meist ohne Kommentare (obwohl es solche gibt), bis zur Preßburger Ausgabe von 1849, die mit einem Kommentar von Ch. J. POLLACK versehen ist. Die meisten Ausgaben enthalten zusätzlich auch die Predigten des Autors und seines Sohns zu den »Fünf Rollen« *(Das Hohe Lied, Ruth, Klagen, Prediger, Esther)*.

Auch christliche Theologen haben sich, trotz seines schwierigen Stils, viel mit dem Buch beschäftigt. Jedoch scheint nur ein einziges Kapitel in lateinischer Sprache gedruckt worden zu sein, nämlich das Kapitel 62 mit der Predigt *Über das Schweigen* (mit deutlichen Hinweisen auf Verleumder und Inquisition), übersetzt und mit einer Einleitung über die spanisch-jüdische Philosophie sowie einem Kommentar versehen von Anton Julius von der HARDT (Helmstedt 1729). P.N.

AUSGABEN: Saloniki 1522. – Preßburg 1849 [Komm. v. Ch. J. Pollack]. – Warschau 1885.

ÜBERSETZUNG: in Winter u. Wünsche, *Die jüd. Literatur*, Bd. 2, Trier 1895, S. 620–631 [Ausz.].

LITERATUR: M. Zobel, Art. *I.A.* (in EJ, 3, Sp. 123–127). – I. Bettan, *I.A., the Preacher's Preacher* (in *Studies in Jewish Preaching*, Cincinnati 1939, S. 130–191). – S. Heller Wilensky, *The Philosophy of I.A. in the Framework of Philonic Philosophy*, Jerusalem 1956. – Dies., Art. *I.A.* (in EJ[2], 3, Sp. 256–259).

JOSÉ PEREIRA DA GRAÇA ARANHA

* 21.6.1868 São Luís
† 26.1.1931 Rio de Janeiro

LITERATUR ZUM AUTOR:
Bibliographie:
Carpeaux, S. 339–343.

Biographien:
C. Dante de Morais, *Realidade e ficção*, Rio 1952. –
A. Correia Pacheco, *G. A., la obra y el hombre*, Washington D.C. 1951. – C. dos Anjos, *G. A., sua vida, sua obra* (in RLA, 1975, S. 147–163).
Gesamtdarstellungen und Studien:
A. Valério, *G. A.*, Rio 1932. – J. C. Dias, *A personalidade literária de G. A.* (in J. C. D., *Dois perfis maranhenses*, Maranhão 1941, S. 57–106). –
X. Placer, *G. A.* (in Coutinho, 4, S. 172–178). –
Moisés, 3, S. 171–182.

CHANAAN

(portug.; *Kanaan*). Roman von José Pereira da Graça ARANHA (Brasilien), erschienen 1902. – Das Erstlingswerk des Autors, der sich als Mitglied der Akademie rückhaltlos für die modernistische Bewegung einsetzte, ist einem brennenden sozialen Problem Brasiliens gewidmet: der Einwanderung der Europäer und ihrer Anpassung an eine fremde Umwelt. Der deutsche Auswanderer Milkau sucht sich, der von Traditionen übersättigten Kultur Europas überdrüssig, im Innern Brasiliens eine neue Heimat. In Pôrto do Cachoeiro, einer blühenden deutschen Siedlung im Staate Espírito Santo, trifft er Lentz, den Sohn eines deutschen Generals. Beide entfliehen kurz darauf dem merkantilen Geist dieser Kleinstadt, um am Rio Doce Neuland zu roden und zu bebauen. In Jequitibá begegnet Milkau der Deutschbrasilianerin Maria Perutz, die im Hause der Eltern ihres Verlobten Moritz Kraus lebt. Von diesem schmählich verlassen und von seinen Eltern mittellos aus dem Hause gejagt, muß die Schwangere ihr Kind auf freiem Felde zur Welt bringen, wo es kurz nach der Geburt von einer Schweineherde getötet wird. Maria wird für die Mörderin ihres Kindes gehalten und ins Gefängnis geworfen. Milkau entführt sie. In der Hoffnung, ein rettendes Land Kanaan zu finden, fliehen die Liebenden durch den Urwald.

Chanaan war bei seinem Erscheinen heftig umstritten: Die einen begrüßten es als revolutionäres Buch, die anderen verdammten es als Pamphlet deutscher Überheblichkeit und deutschen Nationalismus und sahen in ihm einen Angriff auf das brasilianische Nationalbewußtsein. Daß die Tüchtigkeit, die Arbeitsfreude und das Organisationstalent der deutschen Einwanderer besonders hervorgehoben, daß die blühenden deutschen Siedlungen in scharfem Kontrast zu den verfallenen *fincas* der Brasilianer gesetzt werden, erregte Ärgernis. Heftige Kritik galt auch der Struktur des Romans, weil langatmige philosophische Diskussionen zwischen Milkau und Lentz den Gang der Handlung erheblich aufhalten. Die Ausbreitung philosophischer Ideen war aber zweifellos das Hauptanliegen des Autors.

Chanaan ist mehr als ein sozialer Roman: Die Darstellung der sozialen Probleme ist durchwoben von pantheistischen Ideen und steigert sich zur mystischen Schau eines neuen Brasiliens. Vielfältig sind auch die Stilformen, die sich in diesem Werk vereinen: Realistisch ist die Beschreibung der brasilianischen Wirklichkeit, des unzureichenden Rechtswesens, des harten Lebens im Innern des Landes, des Leidensweges der jungen Frau; impressionistisch dagegen wirken die Bilder der übermächtigen tropischen Natur Brasiliens, seines üppigen Pflanzenwuchses und seiner aggressiven Tiere; impressionistisch ist auch das Schwelgen im Sinnenhaften, in Farbe und Licht, Geräuschen und Gerüchen (immer wiederkehrendes Motiv ist das schillernde Licht der Tropen mit seinen Reflexen und Schattierungen im Halbdunkel des Urwalds). Schließlich trägt *Chanaan* auch symbolische Züge: In den Gestalten von Lentz und Milkau steht das Prinzip der Gewalt gegen das der Liebe, werden Gedanken NIETZSCHES mit solchen TOLSTOJS konfrontiert; Maria ist Symbol der Mütterlichkeit und des Leidens. Der Glaube, daß am Ende die Liebe siegen wird, gibt Milkau die Kraft, die Geliebte aus dem Gefängnis zu befreien und sich mit ihr auf die Suche zu begeben nach dem Lande der Verheißung: Kanaan. K.St.

AUSGABEN: Rio 1902; ²1974. – Rio 1939 (in *Obras completas*, 8 Bde., 1939–1941, 1). – Rio 1959 (*Canaã*). – Rio 1969 (in *Obra completa*, Hg. A. Coutinho). – Rio 1976, Hg. A. de Guimarães Filho.

VERFILMUNG: *O vale do Canaã*, Brasilien 1970 (Regie: J. Valadão).

LITERATUR: M. A. Vaz de Carvalho, *Cérebros e corações*, Lissabon 1903, S. 143–152. – J. Veríssimo, *Estudos de literatura brasileira*, 5. série, Rio 1910, S. 15–35. – F. Pacheco, *A »Chanaan« de G. A.*, Rio 1931. – O. Soares, *O romance brasileiro*, Rio 1952, S. 203–222. – J. Roche, *Une source de »Canaã«* (in *V Colóquio Internacional de Estudos Luso-Brasileiros*, Actas, Bd. 4, 1966, S. 207–250). – A. E. E. Lins, *G. A. e o »Canaã«*, Rio 1967. – J. Roche, *»Canaã« von G. A.* (in J. R. u. a., *Die Deutschen im brasilianischen Schrifttum*, Bonn 1968, S. 8–24). – D. Woll, *Die Ideen Nietzsches und Schopenhauers in G. A. s »Canaã«* (in ebd., S. 57–77). – M. C. Eakin, *Race and Ideology in G. A.'s »Canaã«* (in Ideologies and Literature, 14, 1980, Nr. 3, S. 3–15). – A. E. E. Lins, *Variações estéticas do »Canaã«*, Vitória 1981.

A ESTHETICA DA VIDA

(portug.; *Die Ästhetik des Lebens*). Sammlung von Aufsätzen teils philosophischen, teils kulturkritischen und politischen Inhalts von José Pereira da Graça ARANHA (Brasilien), erschienen 1921. – Im ersten Hauptteil, *A unidade infinita do Todo*, dem Kernstück der Sammlung, legt der Verfasser die Grundgedanken seiner *Esthetica da vida* dar: Angeregt durch verschiedene Konzeptionen der europäischen Philosophie des 18. und 19. Jh. s., die ihm zuerst von seinem Lehrer Tobias BARRETO an der

Universität Recife nahegebracht wurden, vertritt er eine von Materialismus und Naturalismus beeinflußte Weltauffassung, derzufolge die einzelnen Phänomene (*fenómenos*) der Wirklichkeit das einzige objektiv Existente und wissenschaftlich Faßbare des Seins sind, während die »*unendliche Einheit des Ganzen*« (»*unidade infinita do Todo*«) ein Produkt des menschlichen Bewußtseins ist und also die subjektive Seinsweise der »*reinen Idealität*« (»*pura idealidade*«) hat. Lebt das Individuum vor Erwachen seines metaphysischen Bewußtseins in unbewußter ungebrochener Einheit mit diesem Ganzen – ein Widerspruch in Graça Aranhas Lehre, da hier dem Ganzen also doch eine objektive Existenz vor und damit unabhängig von dem metaphysischen Bewußtsein zugestanden wird –, so entsteht aus seiner beängstigenden Erfahrung, von seiner Umwelt bedroht und gefährdet zu sein, das Bewußtsein der tragischen Getrenntheit des einzelnen vom übrigen Sein.

Diese Trennung kann überwunden werden durch das »*Gefühl des Ganzen*« (»*sentimento do Todo*«), in einer »*transzendentalen Unbewußtheit*« (»*inconciência transcendental*«), die paradoxerweise Produkt eines metaphysischen Bewußtseinsakts ist. Die Wege dazu weisen die Religion, die Philosophie, die Liebe und die Kunst, und zwar eine Religion des mystischen Einswerdens mit dem Ganzen, eine Philosophie der Art, wie sie der Verfasser darlegt (er bezeichnet sie als monistisch), die Liebe als Einswerden mit einem Gegenüber (und als Gefühl der Solidarität mit der ganzen Menschheit und dem ganzen Sein), eine Kunst als Analogon zum ästhetischen »*Schauspiel*« (»*expectáculo*«) des Universums, das der Verfasser als große Illusion versteht, als »*sublimes Spiel der Naturkräfte, die sich in Bildern vervielfältigen*«, ein Spiel, dessen ephemere Erscheinungen die einzelnen Seienden einschließlich des Menschen sind. Der Akzent liegt dabei, wie der Titel des Werkes andeutet, auf der Funktion der Kunst, deren höchste Form dann erreicht ist, wenn das ästhetische Prinzip das Leben völlig durchdringt: alle unsere Empfindungen sollen ästhetische Empfindungen werden, »*unbestimmte Emotionen, die vom Ganzen nicht unterschieden sind*«. (Dieses ästhetische Erleben, bei dem die Kunst des Menschen und das Schauspiel des Seins eins werden, stellt, wenn es zum Erlebnis eines Kollektivs wird, für Graça Aranha ein Kriterium der höchsten Kultur dar, wie er im dritten Teil des Werkes näher ausführt.) Als Daseinsgefühl entspricht solcher ästhetischen Erfahrung des Seins die Freude anstelle der Empfindung existentieller Trauer, die den Menschen angesichts seiner Getrenntheit vom Sein erfaßt.

Diese Grundgedanken wendet der Verfasser in den anderen drei Teilen der Sammlung auf die Analyse der geistigen Lage Brasiliens und anderer Themen allgemeiner und spezieller Art an. Sie sind grundlegend für das Verständnis seiner übrigen Werke. Das Streben nach allumfassender Solidarität mit der Menschheit und dem ganzen Sein hatte er bereits in den freilich noch vom Erleben des Leids geprägten Ideen seiner Romanfigur Milkau in *Chanaan* (1902) vorgezeichnet. D.W.

AUSGABEN: Rio/Paris 1921. – Rio 1939–1941 (in *Obras completas*, 8 Bde.). – Rio/Paris 1937. – Rio 1969 (in *Obra completa*, Hg. A. Coutinho).

LITERATUR: C. Dante Moraes, *Viagens interiores*, Rio 1931, S. 35–101. – A. Amoroso Lima, *Estudos*, 5. Serie, Rio 1935, S. 24–33. – O. Carneiro Griffoni, *Estética e cultura*, São Paulo 1944, S. 100–113. – J. C. Garbuglio, *O universo estético-sensorial de G. A.*, Assis 1966.

MALAZARTE

(portug.; *Malazarte*). Schauspiel in drei Akten von José Pereira da Graça ARANHA (Brasilien), Uraufführung: Paris, 19. 2. 1911, Théâtre de l'Œuvre. – Die eigentliche Zentralgestalt dieses einzigen Dramas von Graça Aranha ist nicht die Titelfigur Malazarte, sondern der junge Eduardo. Der Tod des Vaters hat ihn zusammen mit seiner Mutter in ausgloser Verschuldung zurückgelassen, aber im Überschwang einer jungen Liebe verschließt er vor dieser Lage die Augen. Er möchte das ganze Dasein als »*göttliches, unteilbares*« Geschehen erleben, dem die Freude Schönheit verleiht und in dem neben der Liebe kein Raum für die Trauer verbleibt. In die drückende Atmosphäre des Elternhauses tritt die dämonische Gestalt Malazartes, der voll Freiheitsdrang die Welt durchschweift, das Leben genießt und gegen Angst und Trauer gefeit ist, da sich für ihn im Entstehen und Vergehen, Leben und Tod der natürliche Sinn des Daseins erfüllt. Eduardo begrüßt in Malazarte den »*wundervollen Ausdruck der Natur selbst in ihren unendlichen Verwandlungen*«. Die optimistische Weltsicht, die Malazarte in Eduardo bestärkt, wird jedoch durch traurige Ereignisse getrübt. In einem Brunnen wird Almira, seine Geliebte, das Opfer der *mãe-d'água*, der Wasserfrau, und im Schmerz über diesen Verlust sieht Eduardo jetzt in Malazarte den dämonischen Urheber all seines Leids. Der sirenenhaften Dionísia gelingt es jedoch, ihn davon zu überzeugen, daß nur das beengte Leben in der Stadt die Menschen deprimiere und in Trauer und Schrecken versetze. Sie überredet ihn, mit ihr in der Wunderwelt des Meeres, vom Fluch des Bewußtseins befreit, ein Leben der Freude und Schönheit im Einklang mit der unendlichen Natur zu suchen. Aber erneut greift, in Gestalt der nun völlig verarmten Mutter, die er nicht allein lassen kann, das Elend der menschlichen Existenz nach ihm. Er verzichtet darauf, mit Dionísia und Malazarte zu dem geheimnisvollen Korallenpalast im Meer hinauszufahren. Ein Symbol »*der Trennung und des Schmerzes*«, die das Los des Menschen sind, bleibt er allein am Strand zurück.

Bei der Wahl der Titelfigur seines Stücks, das eindeutig symbolisch-neuromantische Züge trägt, ließ sich der Autor von der Gestalt des Pedro Malasarte aus der iberoromanischen Märchenwelt inspirieren, aber auch von der dämonischen Figur des Mephisto, von Peer Gynt, Don Juan u. a. Das Werk, in dem die Selbstinterpretation der handelnden Personen den eigentlichen dramatischen Dialog überwuchert, hat heute nur noch historische Bedeutung als dichterische Vorwegnahme von Ideen, die den Kern der Essaysammlung Graça Aranhas, *A esthetica da vida*, 1921 (*Die Ästhetik des Lebens*), bildeten. Hier tritt dann an die Stelle des alles beherrschenden pessimistischen Daseinsgefühls der optimistische Glaube an die Möglichkeit einer Befreiung des Menschen von Trauer und Schmerz, wie sie bereits in den bedeutendsten Erzählwerk Graça Aranhas, dem Roman *Chanaan*, 1902 (*Kanaan*), in den Worten Milkaus postuliert war: »*Alles Übel kommt von der Gewalt, und nur die Liebe kann die Menschen leiten...*« D.W.

AUSGABEN: Rio 1911. – Rio 1969 (in *Obra completa*, Hg. A. Coutinho). – Rio 1973.

VERTONUNG: O. L. Fernândez (Oper; Urauff.: Rio, 30. 9. 1941, Teatro Municipal).

LITERATUR: C. Mauclair, Vorw. zur frz. Ausg., Paris 1911, S. V–XXII. – L. H. Corrêa de Azevedo, *Relação das óperas de autores brasileiros*, Rio 1938, S. 27; 78. – J. Ribeiro, *Crítica*, Bd. 9, Rio 1952, S. 11–22. – J. P. Galvão de Sousa, *O teatro no Brasil*, Rio 1960. – S. Magaldi, *Panorama do teatro brasileiro*, São Paulo 1962. – J. R. Gomes de Faria, *G. A. e o teatro* (in Estudos Brasileiros, 10, 1980, Nr. 5, S. 225–235).

JÁNOS ARANY

* 2.3.1817 Nagyszalonta
† 22.10.1882 Budapest

LITERATUR ZUM AUTOR:
F. Riedl, *A. J.*, Budapest ⁴1920. – G. Voinovich, *A. J. életrajza*, 3 Bde., Budapest 1929–1938. – D. Keresztury, »*Smivagyokén*...«*A. J. 1817–1856*, Budapest 1967. – I. Debreczeni, *A. J. hétköznapjai*, Budapest 1968. – M. Benedek, *A. J.*, Budapest 1970. – M. Veselinovic-Andjelić, *J. A. et la poésie épique des Sud-Slaves* (in Congrès International des Études du Sud-Est Européen, Athènes 1978, Bd. 5, S. 663–678). – I. Fried, *A délszláv népköltészet szerepe Erdélyi János és A. J. életművében* (in I. F., *A délszláv népköltészet recepciója a magyar irodalomban Kazinczytól Jókaiig*, Budapest 1979, S. 254–301). – M. Szegedy-Maszák, *A. életművének változó megítéléséről* (in Irodalomtörténeti közlemények, 85, 1981, S. 561–580). – Gy. Sáfrán, *A. J. gyűjtemény*, Budapest 1983. – *A-tól, A-ról*, Hg. T. Tóth, Budapest 1984. – D. Keresztury, »*Csak hangköre más*«. *A. J. 1857–1882*, Budapest 1987.

BUDA HALÁLA

(ung.; *Budas Tod*). Heldenepos in zwölf Gesängen von János ARANY (1817–1882), erschienen 1864. – Der einzige vollendete Teil der von Arany geplanten *Csaba-Trilogie* über die Sagen der hunnisch-ungarischen Frühgeschichte. Das in Alexandrinern mit Paarreim geschriebene Epos ist durchweg in archaischem Stil gehalten und will das – nach Aranys Annahme verlorengegangene – Volksepos der Ungarn gewissermaßen ersetzen.

Die Handlung spielt in der sagenhaften Zeit der hunnischen Herrschaft in Ungarn. Buda, König der Hunnen, ruft die Ältesten seines Volkes in Budaszállás zusammen und erklärt, er wolle die Macht mit seinem jüngeren Bruder Etele (Etzel) teilen: »*Sei du, Bruder, das Schwert, und ich bleibe das Szepter.*« Am nächsten Tag bekommt er Zweifel an der Richtigkeit seines Entschlusses, und dieser Zweifel wird von Detre, dem Fürsten der unterjochten Goten (Dietrich von Bern), zum Verdacht gegen Etele geschürt. Sodann sucht Detre Etele auf, um nun ihn gegen Buda aufzuwiegeln. Die Gattinnen von Buda und Etele sind von Neid aufeinander erfüllt, wodurch ein zusätzlicher Konflikt ins Spiel gebracht wird. – Die Handlung wird hier durch die schöne *Sage vom Wunderhirsch* unterbrochen, die ein Sänger bei einem Gelage vorsingt: Die Brüder Hunor und Magyar verfolgen den ihnen erschienenen weißen Hirsch über die Kur und den Don bis zum Meotischen Meer, wo sie ihn aus den Augen verlieren. Statt des Wunderhirschs erjagen sie die Töchter der Könige Dul und Belár. Aus Hunors und Magyars Nachkommen entstehen das hunnische und das ungarische Volk, die ganz Skythien in Besitz nehmen. (Zu dieser Sage vgl. die *Gesta Hungarorum* von KÉZAI.)

Im weiteren Verlauf der Handlung wird Buda auf der Jagd von einem Büffel bedroht, und der Gott Ármány (List) hindert Etele daran, ihm zu Hilfe zu kommen; er überwindet schließlich diese Macht und rettet Buda. Bei der Falkenjagd kommt es zwischen den beiden Frauen zum Streit, und wieder ist es Etele, der sie beschwichtigt. In der darauffolgenden Nacht träumt er, daß Gott Hadúr (Kriegsgott) ihm – von dem am Weltenbaum geschrieben steht, daß er der Welt Herr sein werde – sein Schwert bringt. Während der Traumdeutung am nächsten Tag wird ihm das aufgefundene Schwert des Gottes überbracht, und er gürtet sich damit. Nach einem neuerlichen Streit zwischen den Frauen, in den Buda sich zugunsten seines Weibes einmischt, zieht Etele wutentbrannt nach Etellak ab. Buda fordert den Bruder durch Boten zur Herausgabe des Schwertes auf, doch Etele verweigert sie und droht ihm. Während Etele siegreich gegen die Illyrer kämpft, läßt ihm Buda des Gottes Schwert stehlen und fühlt sich jetzt sicher. Zwischen den beiden Brüdern kommt es zum Zweikampf: in Budas

Hand verliert das Schwert seine Kraft, und Etele sticht ihn von hinten nieder. Budas Frau verflucht Etele und seine Familie; Gott Hadúr beweint die Hunnen, die für diese Missetat verderben müssen. Arany selbst gab über seine Quellen und die Absichten, die er mit diesem Epos verfolgte, in seiner Abhandlung *Naiv eposzunk (Unser naives Epos)* Aufschluß. Wie im Inhalt mischen sich auch in der Form archaische, volkstümliche und literarische Elemente. Besonders die häufigen Choriamben verleihen der Dichtung ein eigenartiges Gesicht. Trotz seiner Bedeutung hatte das Epos nur eine geringe literarische Wirkung; es vermochte sich gegen die zur Zeit seines Erscheinens in der ungarischen Dichtung schon verbreiteten modernistisch-symbolistischen Tendenzen nicht durchzusetzen.

T.P.I.

AUSGABEN: Pest 1864. – Pest 1867. – Budapest 1884/85 (in *Összes munkái*, 8 Bde., 2). – Budapest 1924 (in *Összes munkái*, Hg. G. Voinovich, 5 Bde.). – Budapest 1932 (in *Összes költői művei*, 10 Bde.). – Budapest 1951/52 (in *Összes művei*, Bd. 4, Hg. G. Voinovich; krit.). – Budapest 1966, ²1967, ³1969, ⁴1973 (in *Összes költeményei*, 2 Bde.). – Budapest 1981 (in *Költöi művei*, Bd. 3).

ÜBERSETZUNGEN: *König Budas Tod*, A. Sturm, Lpzg. 1879. – *Vom Wunderhirschen*, A. v. Sponer, Lpzg. 1880. – *Budas Tod*, C. Mauer, Újverbász 1913. – *The Death of King Buda*, W. Kirkconnell, Cleveland 1936.

LITERATUR: L. Tolnai, *A. Buda Halála* (in Képes Családi Lapok, Budapest 1896). – E. Ady, *Strófák Buda Haláláról* (in Nyugat, Budapest 1911). – E. Kiss, *A. J. Buda halála*, in Acta Juvenum, 1977, 2, S. 137–138. – Gy. László, *Szall az ének. Régész szemmel a Buda halálról* (in Új írás, 1980, 5, S. 93–100). – B. Németh G., *Kérdések a Buda halála körül* (in Új írás, 1982, 8, S. 89–105).

A NAGYIDAI CIGÁNYOK

(ung.; *Die Zigeuner von Nagy-Ida*). Komisches Epos in vier Gesängen von János ARANY (1817–1882), erschienen 1852. – Verbitterung über das Scheitern des ungarischen Freiheitskampfes, für das Arany nicht nur die Führer der Revolution, sondern das ganze Volk verantwortlich machte, gab den Anstoß zu diesem satirisch-komischen Epos. Auf eine historische Anekdote zurückgreifend schildert Arany die Belagerung der Burg Nagy-Ida durch die kaiserlichen Truppen im Jahre 1560. Als Lebensmittel und Munition auf der Burg knapp werden, beschließt die Besatzung, die Festung heimlich zu verlassen. Um die Flucht zu decken, überträgt der Kommandant die Verteidigung Ferenc Csóri, dem Wojwoden der in die Burg geflüchteten Zigeuner. Stolz übernimmt Csóri diese Aufgabe. Mit den siebzig Ältesten seines Volkes plant er, die Burg zu halten, den Feind in die Flucht zu schlagen und ein mächtiges Zigeunerland zu gründen. Seine Wahl zum ewigen Wojwoden wird mit einem wilden Gelage gefeiert, die restliche Munition als Ehrensalut verschossen. Keiner der Zigeuner denkt noch an den Feind, Csóri selbst sinkt in Schlaf und träumt von Heldentaten und der glorreichen Zukunft seines Volkes. Von den Kanonenschüssen auf die Burg erschreckt, bereiten die Kaiserlichen unter Michael Puk die Beschießung der Festung vor. Als ihre Kanonen jedoch im sumpfigen Gelände steckenbleiben, ja sogar versinken, beschließt der Kriegsrat den Rückzug. Die Zigeuner bemerken die Flucht des Feindes, erklettern – der inzwischen wieder erwachte Csóri an der Spitze – die Mauern und rufen den Fliehenden in wildem Siegestaumel nach. Puk läßt wenden, als er hört, daß die Zigeuner kein Schießpulver mehr haben, stürmt mit seinen letzten drei Kanonen das Tor der Festung und besetzt die Burg. Die Zigeuner werden verjagt, entkommen aber mit heiler Haut.

Die vierzeiligen Alexandriner-Strophen mit Paarreim vermitteln den Eindruck einer mittelalterlichen Chronik, bei der Sprache und Bilder ganz den jeweils handelnden Personen angepaßt sind. – Die Zeitgenossen begegneten dem Werk mit einhelliger Ablehnung; sie verziehen es Arany nicht, daß er sich sarkastisch gegen die übliche Glorifizierung der Revolutionsereignisse wandte und die Gründe für die nationale Katastrophe beim eigenen Volk suchte: im hitzigen, aber sich rasch verzehrenden politischen Temperament der Ungarn, in der Neigung, sich zu zukunftsfrohen Träumen hinzugeben, in der vertrauensseligen Haltung der Führer und ihrem ewigen Parteienzwist.

T.P.I.

AUSGABEN: Pest 1852. – Pest 1884 (in *Összes munkái*, 8 Bde., 1883–1885, 3). – Budapest 1924 (in *Összes munkái*, Hg. Voinovich G., 5 Bde., 3). – Budapest 1952 (in *Összes művei*, Hg. ders., 5 Bde., 3; krit.). – Budapest 1962 (in *Összes költeményei*, Hg. D. Keresztury). – Budapest 1966, ²1967, ³1969, ⁴1973 (in *Összes költeményei*, 2 Bde.). – Budapest 1978.

VERTONUNGEN: Rékai N., *Nagyidai cigányok* (Text: S. Váradi; Oper; Urauff.: Budapest, 24. 2. 1906, Operaház). – Ders., dass. (Text: E. Kulinyi; Oper; Urauff.: Budapest, 18. 2. 1939, Operaház).

LITERATUR: V. Dittrich, *A »Nagyidai cigányok«*, Budapest 1898. – E. Szabó, *A szent romon* (in Uj Hang, 1955). – J. Horváth, *A nemzeti klasszizimus irodalmi izlése* (in Tanulmányok, 1956). – J. L. Baránszky, *A lírai formanyelvének fejlöd éstörténeti helye*, Budapest 1957. – G. Képes, *Költő válaszúton – A Nagyidai cigányok* (in Irodalomtörténet, 1973, S. 356–373).

ŐSZIKÉK

(ung.; *Die Herbstzeitlosen*). Gedichtzyklus von János ARANY, erschienen 1888. - Die meisten Gedichte dieses Zyklus, der einen Höhepunkt im lyrischen Schaffen Aranys darstellt, entstanden im Sommer 1877 während eines Aufenthalts auf der Margareteninsel in Budapest. Bedeuteten Aranys Introversion, seine Abkehr von der Politik, die er nach dem Kompromiß von 1867 (Anerkennung Ungarns als selbständiger Reichsteil innerhalb Österreichs) vollzog, und seine gleichzeitige Abwendung von der klassizistischen Form einen Niedergang seines epischen Schaffens und damit eine Einbuße an epischer Plastizität, so führte der Prozeß der Hinwendung zum Subjekt, zu seinen individuellen Nöten und Qualen, auch zur Blüte seiner Alterslyrik.

Immer wieder sucht er nach Gleichnissen für sein unerfülltes Leben, das »*vom geheimen Gift des ewigen Zweifels*« verzehrt wird *(Epilógus)*, und vergleicht sein Schicksal mit dem ephemeren Dasein des Schmetterlings *(A lepke - Der Schmetterling)*, mit dem tragischen Niedergang eines alten Trommlers *(Tamburás öregúr - Der alte Herr Tambour)* oder mit dem Los des von seinen Kollegen verspotteten, ausgedienten Kellners *(Öreg pincér - Der alte Kellner)*. In dem philosophischen Gedicht *Honnan és hová? (Woher und wohin?)* bekennt er sich zur Relativität allen Seins, findet aber doch in dem leisen, für sein Alterswerk charakteristischen Humor und in lächelnder Selbstironie jenes Mittel, das aus elegischer Resignation zu einer abgeklärten, versöhnlichen Haltung und zur Bejahung des Seins führt. Im schönsten Gedicht des Zyklus, *Mindvégig (Bis zu allerletzt)*, legt Arany ein abschließendes Bekenntnis zum ethischen Wert und zur Unsterblichkeit der Poesie ab. - Der Zyklus enthält darüber hinaus noch einige Balladen, die sich von den früheren Balladen Aranys besonders durch das Vorherrschen des magischen Elements unterscheiden *(Tengerihántás; Vörös Rébék; Hídavatás; Ünneprontók - Beim Maisschälen; Rote Rébék; Brückenweihe; Die Festverderber)*. M.Sz.

AUSGABEN: Budapest 1888. - Pest 1894. - Budapest 1931. - Budapest 1964 (in *Összes költeményei*, 3 Bde.). - Budapest 1966, ²1967, ³1969, ⁴1973 (in *Összes költeményei*, 2 Bde., Hg. D. u. M. Keresztúry). - Budapest 1975.

ÜBERSETZUNG: In *Gedichte*, L. Dóczi, Budapest 1903.

LITERATUR: J. Péterfy, *A. J. »Őszikék«* (in Budapesti Szemle, 1888). - G. Tolnai, *Az »Őszikék« jubileumára* (in Tükör, 1937). - J. L. Baránszky, *A líra formanyelvének fejlődéstörténeti helye*, Budapest 1957. - L. Péczely, *A. J. verseléséről* (in Irodalomtörténeti közlemények, 71, 1967, S. 599-607). - E. Dombi, *Az Őszikék stilustörténeti helyéről* (in Nyelv-es irodalomtudományi közlemények, 11, 1967, S. 97-104). - J. Kovács, *Adatok A. J. Őszikéi-hez* (in Studia litteraria, 6, 1968, S. 105-108). - *Az el nem ért bizonyosság. Elemzések A. lirájának elsőszakaszából*, Hg. B. G. Németh, Budapest 1972. - L. Balogh, *Az ihlet perce. A lírikus A. J.*, Budapest 1980.

TOLDI

(ung.; *Toldi*). Epos in zwölf Gesängen von János ARANY, erschienen als erster Teil einer Trilogie 1847. Der zuletzt entstandene zweite Teil, *Toldi szerelme (Toldis Liebe)*, umfaßt ebenfalls zwölf Gesänge und erschien 1879, während der schon 1847/48 entstandene dritte Teil, *Toldi estéje (Toldis Abend)* - sechs Gesänge, bereits 1854 veröffentlicht wurde. - Hauptquelle der drei Epen, die als das klassische Werk des volkstümlichen Realismus in der ungarischen Literatur gelten, war die *Historie über die merkwürdigen Taten und Heldenstücke des berühmten und namhaften Miklós Tholdi (Az híres neves Tholdi Miklósnak jeles cselekedetiről és bajnokságáról való historia)*, ein beliebtes Volksbuch der Reformationszeit (1574) von Péter ILOSVAI SELYMES. Die Epen Aranys, die durch die sog. »Toldi-Strophe« (acht ungarische Alexandriner mit Paarreim) formal eine Einheit bilden, lassen deutlich erkennen, daß sie unter jeweils anderen Voraussetzungen geschrieben wurden, da sich während der langen Entstehungszeit die politische Situation in Ungarn grundlegend gewandelt hatte. Der erste Teil ist noch ganz von der optimistischen Stimmung des ungarischen Vormärz getragen.

Der junge Miklós Toldi, Sohn eines Adligen, wächst wie ein einfacher Bauernbursche auf dem Hof seiner verwitweten Mutter auf, da sein älterer Bruder György ihm das Erbe streitig macht. Als er seinen Anteil fordert, schlägt ihn sein Bruder ins Gesicht. Im Zorn tötet Toldi daraufhin einen von des Bruders Gefolgsleuten und muß fliehen. Einmal noch kehrt er zurück, um der Mutter Lebewohl zu sagen und dem Bruder als Zeichen der Rache zwei erlegte Wölfe vor das Schlafgemach zu legen. Schließlich wandert Toldi zum königlichen Hof nach Buda, wo er den Sieg über einen böhmischen Ritter erringt, der bis dahin alle ungarischen Gegner bezwungen hatte. Diese Heldentat erwirkt ihm die Gnade des Königs (Ludwig I., reg. 1342-1382). Toldi wird in die Schar der Ritter aufgenommen, während sein Bruder in Ungnade fällt.

Aranys Glaube an den Sieg des Volkes, das er in dem naiven, kraftvollen Helden Toldi verkörpern wollte, weicht in dem noch am Vorabend der Revolution von 1848 verfaßten dritten Teil *(Toldis Abend)* düster-melancholischen Vorahnungen. Von allen gemieden, lebt der alte Toldi auf seinem Hof in Nagyfalu. Als der Sohn des Waffenträgers Bence bereits ein Grab für den Helden aushebt, ruft ihn der König noch einmal zu Hilfe gegen einen italienischen Ritter, der alle in Angst und Schrekken versetzt. In der Kutte eines Mönchs besiegt Toldi den Fremden und rettet durch diese Tat Ungarn. Am Königshof aber erntet der ungeschlachte, naive Recke nur den Spott der Höflinge. In aufwallendem Zorn erschlägt er daraufhin drei Knappen und dringt ins Gemach des Königs ein mit den Worten: »*Wäre ich mir nicht meiner Ritterwürde bewußt, ich würde mit meinem Stock Dein Haupt zerbrechen.*« In seinem Stadthaus, wo man ihn wegen der Beleidigung verhaften will, bricht Toldi erschöpft zusammen. In Anwesenheit des erschütterten Königs stirbt der Held; er wird mit allen Ehren begraben. – Der tragische Ausklang dieses Heldenlebens mag Arany dazu bestimmt haben, das Werk erst nach dem Scheitern des Freiheitskampfs in Druck zu geben.

Das schon im alten Volksbuch vernachlässigte Mannesalter Toldis sollte auch nach Aranys ursprünglicher Konzeption nicht behandelt werden. Später beschäftigte sich der Autor jedoch intensiv mit diesem Lebensabschnitt. Es entstanden zunächst Bruchstücke zu einem unter dem Titel *Dalías idők (Heldenzeiten)* geplanten mittleren Teil, die 1851 bzw. 1861/62 in Zeitschriften erschienen. *Toldis Liebe*, das vollendete Mittelstück des Zyklus, führt in die Zeit der böhmischen und neapolitanischen Kriegszüge König Ludwigs. Im Mittelpunkt der verzweigten und oft verworrenen Handlung steht Toldis unglückliche Liebe zu Piroska Rozgonyi, um die er für einen Freund wirbt. Als er sich der leidenschaftlichen Zuneigung zu dem Mädchen bewußt wird, tötet er den Freund im Affekt. Tief erschüttert zieht sich Piroska daraufhin in ein Kloster zurück, während Toldi vom König für vogelfrei erklärt wird. Erst als er seinen Herrn in einer Schlacht aus Lebensgefahr rettet, verzeiht ihm dieser.

Verglichen mit der epischen Kraft und Geschlossenheit der beiden zuerst entstandenen Teile fällt der allzusehr ins Detail gehende Mittelteil ab. Aranys unbestrittenes Meisterwerk, für das er bei einem Wettbewerb der Kisfaludy-Gesellschaft den ersten Preis errang, ist *Toldi*. Mit sicherem Blick für das Wesentliche und die Möglichkeiten dramatischer Steigerung, rafft er die Ereignisse auf wenige Tage zusammen und vermag trotz der Knappheit ein scharf konturiertes Bild seines Helden zu geben. Unverkennbar ist der Einfluß des bis dahin bekanntesten Epos der ungarischen Literatur, des *János vitéz* von PETŐFI. Darüber hinaus hat man Anklänge an die *Tristan*- und die *Nibelungensage* festgestellt.

T.P.I.

AUSGABEN: *Toldi*: Pest 1847 (in *Költői pályaművek, melyeket 1847-ben koszorúzott és kitüntetett a' Kisfaludy-Társaság*). – Pest 1854. – Budapest 1882, Hg. A. Lehr.
Toldi szerelme: Budapest 1879. – Budapest 1882.
Toldi estéje: Pest 1848 (Teildrucke in *Hazánk* u. *Életképek*). – Pest 1854. – Budapest 1905, Hg. A. Lehr.
Gesamtausg.: Budapest 1883 (in *Összes munkái*, 8 Bde., 2). – Budapest 1951–1953 (in *Összes művei*, Hg. G. Voinovich, 5 Bde., Bd. 2 u. 5; krit.). – Budapest 1962 (in *Összes költeményei*, Hg. D. Keresztury; Magyar Parnasszus) – Budapest 1967 (in *Összes költeményei*, Bd. 2). – Budapest 1969 (in *Összes művei*, Hg. D. Keresztury, Bd. 11–12). – Kolozsvár-Napoca 1976 (Hg. E. Dánielisz). – Budapest 1981 (in *Költöi művei*, Bd. 3).

ÜBERSETZUNGEN: *Toldi*, K. M. Kertbeny (in *Erzählende Dichtungen*, Bd. 1, Lpzg. 1851). – *Toldi.–Toldis Liebe.–Toldis Abend*, M. Kolbenheyer, 3 Teile, Pest 1855; Budapest 1884; Pest 1857 [recte 1856]. – *Toldi, Toldi's eve*, W. N. Loew, New York 1914. – *Toldi*, G. Engel, Budapest 1935. – *To-er-ti*, Szun Jung, Peking 1960.

VERTONUNG: Ödön Mihalovics, *Toldi* (Text: G. Csiky u. E. Ábrányi; Oper; Urauff.: Budapest 18. 3. 1893). – Ders., *Toldi szerelme* (Text: G. Csiky; Oper in 3 Akten; Urauff.: Budapest 1895).

LITERATUR: P. Gyulai, *A »Toldi trilógiája«*, Budapest 1908. – S. Nagy, *A. Toldija*, Budapest 1935. – Gy. Lukács, *A százéves Toldi* (in *Új magyar kultúráért*, Budapest 1948). – D. Keresztury, *A Toldi néhány tanulsága* (in *Kortárs*, 9, 1965, S. 896–906).– J. Barta, *A. J. Toldijáról* (in *Irodalomtörténet*, 1977, S. 36–57). – Gy. Hellenbart, *A Toldiróltiszteletlen hangon* (in *Új Zatóhatár*, 1980, S. 191–200). – L. Pásztor, *Hogy is írta A. J.? Szövegeltérések a Toldi régi és újabb kiadásaiban s a kritikai kiadások helyesírási problémai* (in *Magyar nyelvör*, 104, 1980, S. 68–84). – M. Hoppal, *A Toldi mitológiai háttére* (in *Új írás*, 1981, 11, S. 68–101).

LÁSZLÓ ARANY

* 24.3.1844 Nagyszalonta
† 1.8.1898 Budapest

LITERATUR ZUM AUTOR:
S. Somogyi, *A. L.*, Budapest 1956. – D. Keresztúry, *A költő fia* (in *Irodalomtörténet*, 1969, S. 693–702). – G. B. Németh, *Fejezetek az irodalomkritika történetéből a kiegyezés után – A. L.* (in B. N. G., *Létharc és nemzetiség*, Budapest 1976, S. 309–320).

A DÉLIBÁBOK HŐSE

(ung.; *Der Held der Fata Morgana*). Versroman von László ARANY, anonym erschienen 1873. – Das Werk behandelt die Zeit zwischen 1850 und 1865 und hat den jungen Hübele Balázs zum Helden, dessen Verhaltensweise typisch für die nach dem unglücklichen ungarischen Freiheitskampf aufwachsende Jugend ist: Balázs begeistert sich für alle großen Ideen und versucht sie mit Elan zu realisieren, was ihm aber nie gelingt. Alles entgleitet diesem »Helden der Fata Morgana«: während er seinen Phantomen nachjagt, verliert er die Frau, die er liebt, an einen anderen; in England studiert er das Verhältnis der Gesellschaftsschichten zueinander, doch statt aus seinen Erkenntnissen reale Konsequenzen für sein notleidendes Volk zu ziehen, verliert er sich in neuen Phantastereien. In die Heimat zurückgekehrt, ernten seine Versuche als »Volksbeglücker« nur Hohn und Spott. Da gibt Balázs den »Kampf« auf: »*Wir kommen zur Welt: ohne Zähne, ohne Haar und ohne Illusionen; wir sterben und gehen: ohne Zähne, ohne Haar und ohne Illusionen.*« Resigniert taucht er in der Welt der jungen, reichen Taugenichtse unter, die geistig völlig desinteressiert in den Tag hinein leben. – Der Erfolg des Versromans bestätigte, daß Aranys Held Balázs keine nur erfundene Gestalt, sondern tatsächlich ein Prototyp jener jungen Generation war, die lieber Schlagworten folgte, als realistisch nach neuen Werten zu suchen. Der Roman ist das erste Werk in der ungarischen Literatur, das sich mit den sozialpolitischen Ideen des 19.Jh.s auseinandersetzt.

E.K.-KLL

AUSGABEN: Budapest 1873. – Budapest 1901 (in *Összes művei*, 5 Bde., Hg. P. Gyulai). – Budapest 1946. – Budapest 1960 (in *Válogatott művei*, Hg. G. B. Németh). – Budapest 1969, Hg. F. Juhász.

LITERATUR: A. Komlós, *»A délibábok hőse«* (in Magyarok, 1946). – P. Veres, *»Délibábok hőse«* (in Válasz, 1948). – A. Komlós, *A. L.* (in A. K., Tegnap és ma, Budapest 1956). – L. Imre, *Eszmények és kételyek jegyében. »A Délibábok hőse« értelmezéséhez* (in Irodalomtörténet, 1982, S. 477–502). – L. Imre, *Reminiszencia, idézet, paródia, »a Délibábok hőse« szövegrétegei* (in Irodalomtörténeti közlemények, 86, 1982, S. 150–165).

Arator

* etwa 480/490 Ligurien
† nach 544 vermutlich Rom

HISTORIA APOSTOLICA

(mlat.: *Apostelgeschichte*), heute meist als *De actibus apostolorum (Von den Taten der Apostel)* zitiert. Umdichtung der *Apostelgeschichte* in episches Versmaß von ARATOR, vollendet 544. – Der Autor, ein Aristokrat aus der Provinz Ligurien, hatte sich schon als Rechtsanwalt in Ravenna und als Offizial am Hofe des Ostgotenkönigs Athalarich (reg. 526–534) poetisch versucht; damals plante er, die *Psalmen* oder die Schöpfungsgeschichte zu versifizieren. Der Wechsel auf der politischen Bühne – 534 Zerstörung des Vandalenreiches durch Ostroms Feldherrn Belisar, 535 Verlust Siziliens und Fall Neapels, 536 Einfall Belisars in Rom, 537 Gotensturm auf die Engelsburg – veranlaßte ihn, den Staatsdienst mit einem römischen Subdiakonat zu vertauschen; fortan wandte er sich mehr und mehr der Religion und ihrer poetischen Verherrlichung zu.

Wohl während der Belagerung Roms dichtete er, wahrscheinlich angeregt durch das Werk des SEDULIUS, die zwei Bücher seiner *Apostelgeschichte*, *»eine Art von didaktischem Epos ... dessen Hauptpersonen Petrus und Paulus sind«* (C. L. Leimbach). Sie beginnt mit der Auferstehung Christi und schildert sodann teils umschreibend, teils erbaulich kommentierend, was das *Neue Testament* über Pfingsten, die Geschichte von Ananias und Sapphira, das Martyrium des Stephanus, die Bekehrung des Paulus und die Gefangenschaft des Petrus erzählt. Allerdings begnügt sich Arator nicht mit der vordergründigen Historie, sondern sucht zugleich die in ihr vorkommenden Namen und Zahlen allegorisch-mystisch zu vertiefen: die Zwölfzahl der Apostel zum Beispiel soll sich aus der Multiplikation der Drei – als dem Symbol der Trinität – mit der Vier – als der Repräsentation der vier Weltekken – ergeben. So gesucht heute Arators Zahlenspekulationen erscheinen: die Zeitgenossen schätzten ihn gerade wegen seiner Vorliebe für Allegorisches sehr hoch; die Eintönigkeit der hexametrischen Technik mochten sie über dem rhetorischen Pathos vergessen. Das gebildete Publikum Roms forderte von Papst Vigilius (537–555), dem das Epos gewidmet ist, sogar eine öffentliche Vorlesung. Von ständigen Dakapo-Rufen unterbrochen, las Arator im April 544 vier Tage lang in S. Pietro in Vincoli – ein literarisches Spectaculum mitten im Gotenkrieg. – Dem Epos sind zwei Distichen an Abt Florianus und an den Jugendfreund Parthenius beigefügt sowie ein Widmungsgedicht an Papst Vigilius, dem Arator sein Werk am 4. April 544 überreicht hat.

J.Sch.

AUSGABEN: Deventer o. J. [ca. 1500]. – Wien 1951, Hg. A. P. McKinlay (CSEL, 72).

LITERATUR: J. Schrödinger, *Das Epos des A. »De actibus apostolorum« in seinem Verhältnis zu Vergil*, Progr. Weiden 1911. – Manitius, 1, S. 162–167. – A. Ansorge, *De Aratore veterum poetarum Latinorum imitatore*, Diss. Breslau 1914. – Bardenhewer, 5, S. 246–248. – Schanz-Hosius, 4.2, S. 391–394. – A. P. McKinlay, *A. The Codices*, Cambridge/Mass. 1942. – Ders., *Studies in A., II* (in Harvard Studies in Classical Philology, 54, 1943, S. 93–115). – N. R. Ker, E. A. Lowe u. A. P. McKinlay, *A New Fragment of A. in the Bodleian* (in Speculum, 19, 1944, S. 351–359). – A. P. McKinlay, *Bibliography of the Latin Commentaries on A.* (in Scriptorium, 6, 1952, S. 151–156). – A. Hudson-Williams, *Notes on the Text and Interpretation of A.* (in VC, 7, 1953, S. 89–97). – J. H. Waszink *Notes on the Interpretation of A.* (in VC, 8, 1954, S. 87–92). – K. Thraede, *A.* (in Jb. für Antike und Christentum, 4, 1961, S. 187–196). – H. v. Gadow, *Die althochdeutschen A.-glossen der Hand-*

schrift Trier 1464, Mchn. 1974 (Münster, Mittelalter-Schriften, 17). – F. Brunhölzl, *Geschichte der lateinischen Literatur des Mittelalters*, Bd. 1, Mchn. 1975, S. 46 ff. – H. Tiefenbach, *Althochdeutsche A.-glossen. Par. lat. 8318. Gotha Menbr. II 115*, Göttingen 1977 (AGG, Phil.-Hist. Kl., 3.107).

ARATOS AUS SOLOI

* um 310 v.Chr. Soloi / Kilikien (Kleinasien)
† um 245 v.Chr. Antiochia (?)

PHAINOMENA

(griech.; *[Himmels-]Erscheinungen*). Ein in Antike und Mittelalter sehr populäres astronomisches Poem des ARATOS aus Soloi. – Das Werk ist das erste ausgesprochene Lehrgedicht der antiken Literatur. HESIOD, XENOPHANES und PARMENIDES, die man zuweilen die Vorläufer Arats nennt, unterscheiden sich alle in einem wesentlichen Punkt von dem Spätling: Was sie schufen, waren Dichtungen im strengen Sinn des Wortes – der mythische und philosophische Gegenstand trat bei ihnen in einer eigenen Sprach- und Bilderwelt ans Licht, das Didaktische war im Dichterischen aufgehoben. Nach dem Eleaten aber brach die Linie ab, Instrument der Belehrung wurde die Prosa. Erst Arat erweckte den alten epischen Hexameter wieder als Träger »wissenschaftlicher« Kunde, und er fand nicht wenige Nachahmer (man vergleiche nur die Werke NIKANDERS). Freilich: Das Produkt war nur ein blasser und künstlicher Abklatsch und verriet in seinem ganzen Wesen die Herkunft aus dem – typisch hellenistischen – Vergnügen am Besonderen und Gesuchten und aus mnemotechnischen Interessen. Auch wenn APOLLODOR hernach in seiner *Chronik* das Versmaß des Epos durch den der Prosa verwandteren iambischen Trimeter ersetzte, bedeutet dies nur eine quantitative, keine qualitative Korrektur; ins Reich der Dichtung war diese »Poesie« damit nicht zurückgeführt. Zur hohen Literatur und zur ebenbürtigen Nachfahrin jener frühgriechischen Werke wurde die Gattung des Lehrgedichts erst unter den Händen der Römer, bei LUKREZ und HORAZ, bei VERGIL und OVID.

Dieser historische Überblick zeigt, daß die *Phainomena* von ihrer literarischen Stellung eigentlich kaum dazu bestimmt scheinen konnten, anderthalb Jahrtausende zur oft kommentierten, obligatorischen Schul- und unterhaltenden Bildungslektüre zu werden. Daß es dennoch dazu kam, verdankt das Gedicht zwei Umständen, die vielfach Wärme und Lebendigkeit in den Bericht einströmen ließen. Das eine ist die stoisch-pantheistische Frömmigkeit des Autors: das Prooimion (V. 1–18), ein Zeus-Hymnos, ist ein schöner Beweis von der Freundschaft des Autors mit dem Zyprioten ZE-

NON und wirkte bis in die Areopagrede des Apostels PAULUS fort (»*Mit Zeus beginnen wir. Denn, Freunde, schweigen soll von Zeus nie unser Wort. Von Seiner Gottheit voll ist jeder Weg, der Markt, das Meer und sein Gestade – allgegenwärtig nährt uns alle Seine Gnade. Denn Sein Geschlecht sind wir*«). Das andere ist die unmittelbare Anschaulichkeit der dargestellten Sache: in jedem Augenblick des Gedichts, bei der Beschreibung der Sternbilder und Tierkreiszeichen (V. 19–453), der Planeten (V. 454–459) und der Himmelskreise (V. 460–558), bei der Schilderung der Auf- und Untergänge der Sternbilder (V. 559–732), und ebenso im zweiten Teil bei der Aufzählung der teils superstitiösen, teils klug beobachteten Wettervorzeichen (V. 733–1154) kann der Leser das Geschilderte an der Realität nachvollziehen. Natürlich trug auch der metrische Charakter – Arat verstehet den Hexameter gefällig zu modulieren – das Seine dazu bei, die *Phainomena* zu einem Volksbuch werden zu lassen.

Weder die Einteilung des Himmels in Stern- und Tierkreisbilder noch die Sternsagen selbst, die der Veranschaulichung und Deutung noch unbenannter oder bislang anders verstandener Konstellationen dienten, waren in Arats Zeit neu. Die Sternbilder sind zum Teil schon ägyptisch-babylonisch-assyrischen oder gar indogermanischen Ursprungs, der Milesier ANAXIMANDER hielt sie auf seinem epochemachenden Himmelsglobus fest, und ebenso ist sein Zeitgenosse KLEOSTRATOS aus Tenedos unter den geistigen Ahnen Arats, um von dessen unmittelbarer Vorlage, den *Phainomena* und dem *Enoptron* des EUDOXOS aus Knidos, zu schweigen. Und aus dem Kreis der eigentlichen Sagen sieht man einige bereits von HOMER, HESIOD, PINDAR, den halb legendären MUSAIOS und EPIMENIDES gestaltet. »*Aber der den Himmel mit Göttern und Halbgöttern förmlich bevölkerte, war doch erst Aratos*« (Schmid-Stählin). Als das gelungenste Stück der von Arat erfundenen astromythischen Geschichten seien die berühmten, ganz altgriechisch empfindenden Verse von der »Verstirnung« der Dike (der Göttin des Rechts) erwähnt, die einst unter den Menschen gelebt, aber aus Zorn über die Schlechtigkeit des »ehernen Zeitalters« die Erde verlassen habe und zum Himmel aufgestiegen sei, von wo sie jetzt als »Jungfrau« herabscheint. Angesichts solcher Partien versteht man das Lob des KALLIMACHOS, der Arat mit Hesiod vergleicht; man begreift auch, weshalb in immer neuem Anlauf CICERO, GERMANICUS und AVIENUS sich um eine Übertragung ins Lateinische bemühten, und ist trotz aller Einschränkungen den Jahrhunderten für die Bewahrung des Gedichts dankbar.   E.Sch.

AUSGABEN: Bologna 1474 (lat. Übers. des Germanicus, in der Ausg. der *Astronomica* des Manilius). – Venedig 1499 (in der Astronomenausgabe des Aldus Manutius; m. der lat. Übers. des Germanicus, Avienus und den Fragmenten der Übers. Ciceros u. a.). – Bln. 1893 (*Phaenomena*, Hg. E. Maass; Nachdr. 1955). – Bln. 1898 (*Commentario-*

rum in Aratum reliquiae, Hg. E. Maass; Nachdr. 1958). – Ldn./Cambridge (Mass.) ²1955 (*Aratus*, Hg. G. R. Mair; in *Callimachus. Hymns and Epigrams, Lycophron*, Hg. A. W. Mair; m. engl. Übers.; Loeb; Nachdr. 1977). – Florenz 1956 (*Phaenomena*, Hg. J. Martin; m. Komm.).

ÜBERSETZUNGEN: *Von den Sternbildern und von Witterungsanzeigen*, G. S. Falbe (in Neue Berliner Monatsschrift, 1806 u. 1807). – *Des Aratos Sternerscheinungen und Wetterzeichen*, J. H. Voß, Heidelberg 1824 [griech.-dt.]. – *Sternbilder und Wetterzeichen*, A. Schott, Mchn. 1958 [m. Anm. u. Bibliogr. v. R. Böker]. – Dass., Hg. M. Erren, Mchn. 1971 [griech.-dt.; m. Bibliogr.].

LITERATUR: H. Weinhold, *Die Astronomie in der griechischen Schule*, Diss. Mchn. 1912. – Schmid-Stählin, 2/1, S. 163–167. – K. Schütze, *Beiträge zum Verständnis der »Phainomena« Arats*, Dresden 1935 [Diss. Lpzg.]. – G. A. Keller, *Eratosthenes und die alexandrinische Sterndichtung*, Diss. Zürich 1946. – R. Böker, *Die Entstehung der Sternsphäre Arats* (Ber. d. Sächs. Akad. d. Wiss., 99, H. 5, 1952). – W. Schadewaldt, *Griechische Sternsagen*, Ffm./Hbg. 1956 (FiBü). – J. Martin, *Histoire du texte des »Phénomènes« d'A.*, Paris 1956 (Études et Commentaires, 22). – J. Fink, *Die Inspiration des Dichters im Bild. Kritische Bemerkungen zu »Arat und Muse«* (in Gymn, 66, 1959, S. 491–494; Taf. XXI–XXVI). – D. A. Kidd, *The Fame of Aratus* (in Journal of the Australasian Universities Language and Literature Association, 1961, Nr. 15, S. 5–18). – Lesky, S. 802–804. – W. Ludwig, *Die »Phainomena« Arats als hellenistische Dichtung* (in Herm, 91, 1963, S. 425–448). – F. Solmsen, *Aratus on the Maiden and the Golden Age* (ebd., 94, 1966, S. 124–128). – P. Steinmetz, *Germanicus, der römische Arat* (ebd., S. 450–482). – M. Erren, *Die »Phainomena« des A. v. S.*, Wiesbaden 1967. – H. Schwabl, *Zur Mimesis bei A.* (in *Antidosis Fs. W. Kraus*, Hg. R. Hanslik, Graz 1972, S. 336–356; WSt, Beih. 5).

ARAVINDA GHOSE

d.i. Sri Aurobindo

* 15.8.1872 Kalkutta

† 5.12.1950 Pondicherry

LITERATUR ZUM AUTOR:
The Integral Philosophy of Sri Aurobindo. A Commemorative Symposium, Hg. H. Chaudhuri u. F. Spiegelberg, Ldn. 1960. – *Hommage à Sri Aurobindo*, (in Synthèses, 1965, Nr. 235, S. 330–471). – O. Wolff, *Sri Aurobindo in Selbstzeugnissen u. Bilddokumenten*, Reinbek 1967 (rm, 121). – *Sri Aurobindo Bibliography*, Hg. V. M. Reddy, Pondicherry. – Rishabchand, *Sri Aurobindo: His Life Unique*, Pondicherry. – K. R. Srinivasa Iyengar, *Indian Writing in English*, New Delhi ³1983, S. 169–187. – Alphons van Dijk, *European Influences on Sri Arobindo's Thought* (in The Indian P. E. N., Vol. 46, 1 & 2, S. 8–18).

THE FOUNDATIONS OF INDIAN CULTURE

(engl.; *Die Grundlagen der indischen Kultur*). Kritische Kulturstudie von ARAVINDA GHOSE (Indien), erschienen als Artikelserie in der Zeitschrift ›Arya‹ 1918–1921; revidierte Fassung in Buchform 1953. – Der Autor versucht in dieser Schrift, die spezifische Form der Zivilisation Indiens zu erläutern. Er verweist auf den einzigartigen Charakter der indischen Kultur, die irdisches Glück als die Suche nach einer lebendigen Harmonie zwischen Seele und Geist und als die Bewahrung dieser Harmonie begreift. Der erzielte Grad dieser Harmonie, wie er sich in den Ideen und der Lebensweise des einzelnen offenbart, dient ihm als absoluter Wertmaßstab für den Stand der Kultur. Was die Kultur seines Landes von den geistig-intellektuellen Mittelmeerkulturen der Antike und von der materialistisch geprägten Zivilisation des modernen Europa unterscheidet – so schreibt der Verfasser –, ist ihre Spiritualität, die alle Inhalte des täglichen Lebens auf den zentralen Begriff des Ewigen bezieht. Das Streben nach dem Außerirdischen, Ewigen und nach der Verwirklichung sittlicher Ideale steht notwendig dem materiellen Fortschritt im Wege. Religion, Kunst und Literatur sind ebenso wie das Gesellschaftssystem von dieser Jenseits-Tendenz bestimmt. Auf dieser Ebene des ausschließlich spirituellen Fortschritts spielen die Konflikte der irdischen Existenz keine Rolle. Ein Vergleich mit dem christlichen Mittelalter Europas zeigt, daß auch dort das spirituelle Motiv, das Leitprinzip der Tugend vorherrschte, ehe es im zunehmenden Materialismus und der Aggressivität des Nationalismus unterging. So ist es Indien, das im Bereich der spirituellen Entwicklung der Menschheit die höchste Stufe erreicht hat: die Einheit von Seele und Geist. Das Eindringen des europäischen Materialismus bringt für Indien die Möglichkeit einer sozialen Umformung mit sich, deren gefährliche Folge möglicherweise der Untergang seiner kulturellen und spirituellen Werte sein kann. Um den negativen Einfluß des europäischen Rationalismus und Kommerzialismus, dessen Impulse andererseits im sozialen und wirtschaftlichen Leben Indiens fruchtbar gemacht werden sollen, auszugleichen, muß nach Ghoses Überzeugung die Hindureligion wieder erstarken, ja sie könnte sogar die Führungsrolle in einer neuen Phase der Vergeistigung der Menschheit übernehmen. Die mechanisierte Zivilisation Europas, Trägerin einer rational-zweckbestimmten Kultur, würde dann auf eine neu inspirierte indische Kultur treffen, die im Wandel ihrer gesellschaftlichen und wirtschaftlichen Struktur ihre alten Ideale bewahrt hat und unter deren Einfluß die spirituellen Grundlagen unserer Existenz sich erneuern könnten. Die Verschmelzung beider Tendenzen, indischer Innerlichkeit und europäischer technisch-pragmatischer Gesinnung, könnte eine neue harmonische Geisteshaltung bewirken. Religion und Philosophie, Wissenschaft, Kunst und Soziologie müßten gemeinsam nach neuen kulturellen Ausdrucksformen für diesen Geist suchen. Aurobindo Ghose, einer der bedeutendsten indoenglischen Autoren, schreibt einen Prosastil, in dessen Brillanz und Ausdruckskraft sich häufig seine lyrische Begabung verrät. Zusammen mit anderen englischschreibenden Indern derselben Generation, wie NEHRU, RADHAKRISHNAN und CHAUDHURI, hat er wesentlich dazu beigetragen, dem europäischen Leser modernes indisches Denken nahezubringen. J.Ke.

AUSGABEN: 1918–1921 (in Arya). – NY 1953. – Kalkutta 1959.

LITERATUR: K. R. Srinivasa Iyengar, *Indian Writing in English*, New Delhi ³1983, S. 144–168. – V. S. Naravane, *Modern Indian Thought*, Ldn. 1964, S. 203–229. – Prema Nandakumar, *Sri Aurobindo: The Prose Canon* (in *Perspectives on Indian Prose in English*, Hg. M. K. Naik, New Delhi 1982, S. 72–103).

THE LIFE DIVINE

(engl.; *Ü: Das göttliche Leben*). Hauptwerk des indischen Religionsphilosophen und Dichters ARAVINDA GHOSE, zuerst erschienen 1918–1921 als Folge von Essays in Aurobindos Monatszeitschrift ›Arya‹, überarbeitete und erweiterte Buchausgabe 1939/40. – Aurobindos Religionsphilosophie, die in *The Life Divine* ihren umfassendsten Ausdruck findet, gilt als *»die vollständigste Synthese, die bisher aus dem Genius Asiens und dem Genius Europas verwirklicht wurde«* (R. Rolland). Aurobindo selbst hat in *The Life Divine* allerdings keine Philosophie im herkömmlichen Sinn gesehen, sondern die systematische Niederschrift seiner Yoga-Erfahrung. Auch versteht er das Werk nicht als eine Synthese des indischen und europäischen Genius, also indischer Spiritualität und abendländischer Weltbejahung, sondern als die Versöhnung von Geist und Materie auf der Grundlage der autoritativen Hinduschriften. Dementsprechend stellt er jedem der 56 Kapitel des *Life Divine* ausführliche Zitate aus der ältesten Sanskritliteratur (vornehmlich aus den *Veden* und den *Upaniṣads*) voran und gibt damit zu erkennen, daß eine grundsätzliche Neubewertung und Aufwertung der Welt der Erscheinungen – jahrhundertelang in einer von der Philosophie des Vedanta-Philosophen ŚAṄKARA beherrschten Tradition als Illusion mißachtet – im Rahmen der heiligen Überlieferung geleistet werden könne. Der im *Life Divine* beschriebene Yoga wird im Unterschied zu allem bisherigen Yoga »integral« genannt, weil er beansprucht, alle Dimensionen des Lebens zu integrieren und dem erlösten, »supramentalen« Menschen eine fortdauernde tätige Existenz in der Welt anzuweisen. Das supramentale Wesen, höchste Verwirklichungsstufe, zu der der Mensch bestimmt ist, hat in seinem Selbst die Gegensätze von Individuum und Welt, Personalität und Impersonalität, Meditation und Aktion versöhnt und die Harmonie realisiert, auf die das Universum angelegt ist und die es unvermeidlich aus sich hervorbringen wird.

Der Geist, der sich in der »Involution« in die äußerste Selbstverhüllung der Materie und der Ignoranz begeben hat, bringt sich durch die »Evolution« in den aufeinanderfolgenden Stufen der Materie, des Lebens und des menschlichen Bewußtseins wieder an die Schwelle der Selbstmanifestation. *»Der niedere Begriff des Seins, in dem wir jetzt leben, enthält in sich das Prinzip und die Intention dessen, was ihn überschreitet«*, so daß nun die Entwicklung zur Verwirklichung der supramentalen Übernatur oder zur *»Transformation des Erdbewußtseins«* drängt. Daß die Geburt des Geistes in der Materie das Ziel alles Werdens ist, ist eine vom »Vedānta« (Philosophie der *Upaniṣads* am Ende des *Veda*) vermittelte und in der Yogapraxis erhärtete Einsicht. Die Logik der Dinge gestattet kein Abbrechen der Gottwerdung im Menschen, sondern drängt unaufhaltsam zur größeren Manifestation jenseits der gegenwärtigen Bedingungen der Existenz in der Selbstoffenbarung des trinitarischen *saccidānanda* (Sein-Bewußtsein-Wonne), denn die ganze Welt ist, wenn auch noch verborgen, göttliche Wonne.

Von der so verstandenen Evolution her wird deutlich, daß sich der »integrale Yoga« des *Life Divine* nicht mehr, wie in der indischen Tradition, auf die individuelle Selbstverwirklichung beschränken kann. Einzelne mögen darin vorangehen, aber in der Konsequenz der Entwicklung liegen das »gnostische Kollektiv« und schließlich die »Spiritualisierung« der ganzen Gesellschaft, aus der dann Nichtwissen, Schmerz, ethische Konflikte und niedere Bedürfnisse wie Ehe, Politik und Arbeit verschwunden sein werden.

Die Interpretation des *Life Divine* wird dadurch erschwert, daß Aurobindo bei der Revision des Werks 1939/40 Erfahrungen seines Yoga verarbeitet hat, die einen geradlinigen und unvermeidlichen Verlauf der Evolution fraglich erscheinen lassen. Aurobindo hatte zunächst das Böse als einen Aspekt im Komplex der Ignoranz erfahren. Demnach schließen die unendlichen Möglichkeiten des Göttlichen in der Involution die Manifestation von Schmerz und Übel ein; sie müssen aber im Verlauf der Evolution von selbst verschwinden, da das göttliche Universum ja nichts als Wonne ist. Bei dem Versuch nun, die individuelle in eine kollektive Selbstverwirklichung zu überführen, stößt Aurobindo aber auf das Böse *(asura)* als eine objektive, anti-evolutionäre Kraft, die in ihrem eigenen Prinzip als »Annex an die herabsteigende Weltordnung« existiert. Das Böse, ebenso unerklärlich wie unübersehbar, läßt sich damit nicht mehr integrieren, d. h. als Element im Evolutionsprozeß begreifen, und die Menschheit steht nun, anstatt unvermeidlich emporgehoben zu werden, vor der Wahl, durch Übernahme hoher mentaler und moralischer Ideale für die Transformation des Erdbewußtseins zu optieren oder sich selbst durch Stagnation und Rückfall als evolutionären Fehlschlag der Natur zu erweisen. K.Do.

AUSGABEN: Madras 1918–1921 (in Arya). – Pondicherry 1939/40, 2 Bde. – Pondicherry 1955; ²1960.

ÜBERSETZUNGEN: *Das göttliche Leben*, H. Kappes, 3 Bde., Gladenbach 1974/75.

LITERATUR: K. W. Bolle, *The Persistence of Religion. An Essay on Tantrism and Sri Aurobindo's Philosophy*, Leiden 1965 [Vorw. M. Eliade]. – K. R. Srinivasa Iyengar, *Sri Aurobindo's »The Divine Life«* (in *Perspectives on Indian Prose in English*, Hg. M. K. Naik, New Delhi 1982, S. 104–123).

ALBERTO ARBASINO

* 1930 Voghera

LITERATUR ZUM AUTOR:
A. Guglielmi, *Il romanzo di A.* (in A. G., *Vero e falso*, Mailand 1968). – W. Pedulla, *La rivoluzione della letteratura*, Rom 1970. – E. Bolla, *Invito alla lettura di A.*, Mailand 1979. – M. L. Vecchi, *A. A.*, Florenz 1980 [m. Bibliogr.]. – A. M. Mutterle, *A. A.* (in *Dizionario critico della letteratura italiana*, Hg. V. Branca, Bd. 1, Turin 1986, S. 93–94).

FRATELLI D'ITALIA

(ital.; *Brüder Italiens*). Roman von Alberto ARBASINO, erschienen 1963, umgearbeitete Fassungen 1967 und 1976. – Arbasino selbst hat 1976 seinem bisher umfangreichsten und bedeutendsten fiktionalen Werk den Untertitel *La gran commedia dei nostri Anni Sessanta (Große Komödie über die sechziger Jahre in Italien)* beigegeben und damit den kulturkritischen Anspruch unterstrichen, den dieser in formaler und inhaltlicher Hinsicht antitraditionelle Roman erhebt. Die im Präsens erzählte Geschichte spielt zu Beginn der sechziger Jahre und ist in einem Milieu junger Künstler und Intellektueller angesiedelt, die Zugang zu mondänen, vom wirtschaftlichen Aufschwung profitierenden Kreisen haben und daher, befreit von Existenzsorgen, am »Kulturbetrieb« in Rom, Mailand, Florenz und Venedig, am Festival von Spoleto und zahlreichen öffentlichen und privaten Diners, Partys etc. teilnehmen können. Durch Reisen nach München, zu den Königsschlössern Ludwigs II. und nach London sowie durch Erzählungen von einem früheren Aufenthalt an der amerikanischen Ostküste wird der Bogen von der nationalen zur europäischen und internationalen Kulturszenerie geschlagen.

Die Protagonisten des Romans sind indessen kaum als eigenständige Charaktere gezeichnet, vielmehr benutzt der Autor die Figuren statt dessen fast ausschließlich als Medien für kolloquiale und frivole Dialoge oder intellektuelle Diskussionen. Der namenlose Ich-Erzähler des Romans tritt als erlebendes Individuum kaum in Erscheinung, sondern fungiert mit seinen Berichten lediglich als eine Art Bindeglied zwischen den Äußerungen der anderen Personen aus seinem Freundeskreis. Die eigentlichen Wortführer sind Andrea, ein italienischer Jungakademiker mit schriftstellerischen Ambitionen (in der Erstfassung Antonio genannt), Klaus, ein deutscher Musiker, der gerade eine Oper komponiert hat, und Jean-Claude, ein typischer französischer Intellektueller. Mit Desideria kommt noch eine schillernde und kapriziöse Frauengestalt der mondänen Gesellschaft hinzu.

Menschliche Konflikte, wie sie der traditionelle Roman schildert, werden zwischen diesen Protagonisten nicht ausgetragen. Das Thema der – meist homoerotischen – Liebe und das des Todes sind zwar ständig präsent, sie werden jedoch nicht als existentiell bedeutsam angesehen, so daß sogar der Selbstmord Desiderias nur beiläufig erwähnt wird. Dagegen beanspruchen Fragen des gesellschaftlichen Auftretens, der Mode und der Bewertung künstlerischer Arbeiten ein weit größeres Gewicht. Sie nehmen auch quantitativ so viel Raum ein, daß die eigentliche Handlung – das Pendeln zwischen den verschiedenen Städten und Kulturzentren – zur Nebensache gerät. All diese Merkmale stellen den fiktionalen Charakter von Arbasinos Roman in Frage und rücken ihn in die Nähe einer kommentierenden, essayistischen Kulturreportage, wobei die Werturteile allerdings nicht Sache des Autors sind, sondern aus der Perspektive der – fiktiven – Protagonisten gefällt werden. Diese Darstellungsweise ermöglicht es dem Autor, deren teils banale, teils brillante Erörterungen in eine ironische Distanz zu stellen, um so ihre Zeitgebundenheit und eingeschränkte Gültigkeit zu verdeutlichen. Neben Themen der Musikkultur (hier besonders die Oper und Komponisten des 20. Jh.s) werden vor allem Fragen der Literatur erörtert, vor allem Probleme des modernen Romans. Die Beteiligten kennen die Erzählliteratur seit FLAUBERT bis ins Detail und verfügen auch souverän über des Instrumentarium der formalistischen und strukturalistischen Theorie. Autoren wie FLAUBERT, MUSIL, PROUST, Th. MANN, JOYCE, CONRAD und GADDA werden zum vorbildhaften Kanon einer »klassischen Moderne« zusammengestellt, während man den traditionellen Roman ablehnt. Ein an PROUSTS *Auf der Suche nach der verlorenen Zeit* erinnernder Kunstgriff ermöglicht es Arbasino, die moderne Problematisierung der Romanform auch in den Strukturen seines eigenen Werks zu spiegeln. So verfolgt Andrea ein Romanprojekt, das ebenfalls den Titel »*Fratelli d'Italia*« (mit diesen Worten beginnt die italienische Nationalhymne) trägt. Während Andreas Werk unvollendet bleibt, weil er es immer wieder als unmöglich erkennt, die moderne Realität mit den Mitteln des Romans wiederzugeben, kann Arbasino seinen Roman gerade durch die Vereinigung des Widersprüchlichen abschließen. Andreas bescheidene Vorarbeiten in Form von Notizen bilden den letzten Abschnitt des Romans, so daß der Leser in einer zyklischen Bewegung am Ende des Werks wieder auf dessen Anfang und Entstehung zurückverwiesen wird.

Arbasinos Werk ist trotz aller Anspielungen auf die gesellschaftliche Realität des »*boom economico*« kein »engagierter« Roman. Es fehlt eine eindeutige Wirklichkeitsmodellierung, wie sie etwa der Neorealismus kennt. So ist sein Bezug zur Wirklichkeit weniger inhaltlich als sprachlich begründet, indem der Roman ironisch und parodierend alle Schattierungen mündlichen Sprachgebrauchs im »Kulturbetrieb« nachahmt. In der vieldeutigen und pluralistischen Grundstruktur des Werks sieht der Autor ein Spiegelbild der Epoche, wenn er formuliert: »*Jedes neue und wirklich moderne Buch unserer Epoche wird zutiefst doppeldeutig sein (so doppeldeutig wie die Epoche selbst), weil es in Wirklichkeit eine Geschichte erzählt, die ständig so tut, als handle es sich um eine andere und ganz und gar anderslautende.*« Mit diesen Verfahren und Auffassungen stellt sich Arbasino in die Nachfolge C. E. GADDAS, dessen Werke er in seinem Roman in aller Deutlichkeit dem Kanon der klassischen Moderne zuordnet, um damit der italienischen Erzählliteratur einen Weg aus dem Provinzialismus zu weisen. *Fratelli d'Italia* wurde so zu einem der Vorbilder der nach Innovation strebenden avantgardistischen Schriftsteller des »Gruppo 63«, denen auch Arbasino zuzurechnen ist.

U.P.

AUSGABEN: Mailand 1963 u. 1967. – Turin 1976.

LITERATUR: A. Guglielmi, *Il romanzo di A.* (in Il Verri, 7, 1963, S. 17–25). – G. Gramigna, *A. A.* (in I Contemporanei, Bd. 6, Mailand 1974).

JOSEPH D'ARBAUD

* 1874 Meyrargue / Camargue
† 2.3.1950 Aix-en-Provence

LITERATUR ZUM AUTOR:
C. Maurras, *Un poète de la Camargue*, Paris 1926. – E. van Jan, *Neuprovenzalische Literaturgeschichte 1850–1950*, Heidelberg 1959. – R. Lafont u. C. Anatole, *Nouvelle histoire de la littérature occitane*,

Paris 1970. – F. Garavini, *La letteratura occitanica moderna*, Mailand 1970. – M. T. Jouveau, *J. d'A.*, Aix-en-Provence 1984.

LA BÈSTIO DÓU VACARÉS

(prov.; *Ü: Pan im Vaccarés*). Roman von Joseph D'ARBAUD, erschienen 1926. – In diesem Werk gewinnt die Kraft heidnischen Volksglaubens auf provenzalischem Boden (speziell in der Camargue, wo der Autor mehrere Jahre zurückgezogen lebte) symbolische Gestalt. *La bèstio dóu Vacarés* ist das epische Gegenstück des programmatischen Gedichts *Esperit de la terro (Geist der Erde)* aus *Li cant palustre*, 1919 (*Sumpflieder*), das mit dem Bekenntnis schließt: »*Amo de nòsti vièi... Esperit de la terro... Pèr te miés apara, pèr te presta d'ajudo, Me siéu gardo-bèstio e cante provençau.*« (»Seele unserer Ahnen... Geist der Erde... Um dich besser zu wahren, um dich besser zu schützen, bin ich ein Hirte geworden und singe provenzalisch.«) Das Werk soll, wie der Autor im Vorwort angibt, die dichterische Neufassung eines Tagebuchs sein, in dem Jacques Roubaud, *gardian* einer Rinderherde im sumpfigen Gebiet der Riège, südlich des Étang de Vaccarès, im Jahr 1417 seine Erlebnisse aufzeichnete. Gegenstand des Erzählens ist Jacques' mehrmalige Begegnung mit einem satyrähnlichen Halbgott, der, ein Abkömmling aus heidnischer Vorzeit, die Camargue als Asyl gewählt hat, um dort sein tiergöttliches Fabelleben zu Ende zu führen. Obwohl von jämmerlicher Gestalt, die kaum noch seine einstige Macht erraten läßt, gelingt es dem Tier, mit seiner magischen Kraft die Rinderherden der Camargue in einer Mondnacht zu einem *sabat de bestiau* zusammenzurufen, bei dem sie, dem Klang der Syrinx folgend, ihrem alternden Gott in einem Reigentanz huldigen. Die Frage, ob mit dem »*Rindersabbat*« das Tier und mit ihm die ursprüngliche Größe der »wahren« Provence ihr Ende gefunden habe, wird nur andeutungsweise beantwortet: »*Aquest cop, es morto, La bèstio, o bèn a parti. Me sente soul, aro, emai trop soul.*« (»Nun ist das Tier tot, oder es ist verschwunden; ich fühle mich allein, ganz allein.«) Wenn seine Rückkehr auch als nahezu unmöglich erscheint, gibt der Hirte doch die Hoffnung nicht auf: »*Vole cerca e cerca delongo.*« (»Ich will suchen, lange suchen.«) Diese Hoffnung ist im Grund nichts als Verzweiflung. Wie schon in dem Gedicht *Esperit de la terro* wird auch hier deutlich, daß die nüchterne Gegenwart den Dichter zur wehmütigen Orientierung an der Vergangenheit veranlaßte, die Liebe zum alten Volkstum der Provence jedoch nicht die Kraft der Wiederbelebung hat, sondern bloße Flucht aus der Gegenwart bleibt. U.M.

AUSGABEN: Paris 1926 [m. frz. Übers.]. – Lausanne 1962. – Paris 1985.

ÜBERSETZUNG: *Pan im Vaccarès*, C. J. Keller-Senn, Zürich 1954.

LITERATUR: M. Fouqué, *Étude de »La bête du Vaccarès« de J.d'A.*, Paris 1980 [m. Bibliogr.].

JAKUB ARBES

* 12.6.1840 Prag
† 8.4.1914 Prag

LITERATUR ZUM AUTOR:
V. Dresler, *J. A. Život a dílo*, Prag 1910. –
F. Dlouhán, *Zdroj aktivity v díle J. A.*, Prag 1940. –
J. Vozka, *Vítězná cesta na Parnas*, Prag 1940. –
K. Krejčí, *J. A. Život a dílo*, Mährisch-Ostrau 1946. – Ders., *Kapitoly o J. A.*, Prag 1955. – M. Laiske, J. Moravec u. A. Karasová, *J. A. 12. 6. 1840 bis 8. 4. 1944*, Prag 1958 [m. Bibliogr.]. – K. Krejčí, *J. A.* (in *Dějiny české literatury, Bd. 3*, Prag 1961, S. 341–355). – J. Moravec, *J. A.*, Prag 1966.

D'ÁBEL NA SKŘIPCI

(tschech.; *Der Teufel auf der Folter*). Erzählung von Jakub ARBES, erschienen 1866 (mit dem Untertitel *Episoda z románu*). – Der Ich-Erzähler ein Arzt und ein Polizeikommissar, alle drei Prager Stammtischbekannte, schließen eine Wette ab, wonach der Kommissar den beiden anderen den Teufel vorzuführen hat. In einer Sommernacht beschwört er Satanas und bannt ihn – analog den mittelalterlichen Zeremonien – *»auf die Folter des philosophischen Jahrhunderts«*: *»Diese Folter ist die Logik.«* Der Doktor, als der gediegenste Logiker, übernimmt den folternden Dialog, der von dem Erzähler mitgeschrieben wird und in dem sich der Arzt scheinbar dem Teufel gewachsen zeigt. Dieses phantastische Geschehen, von dem der Autor nur langsam, und dabei effektvoll, den Schleier des Geheimnisvollen nimmt, findet schließlich seine ganz natürliche, wenn auch bizarr kriminalistische Erklärung: Es handelte sich um einen wohlausgeklügelten Racheakt des Polizeikommissars und seines Neffen Edvin (er spielte den Teufel) an dem reichen Arzt, der Edvins Mutter vor Jahren ungerührt hatte verhungern lassen. Dies erfährt der Erzähler, der ebenso wie sein Leser bis zuletzt im dunkeln tappt, aus dem Geständnis des Arztes, das dieser endlich vor ihm ablegt. Jetzt wird auch der Sinn jenes letzten Teils der Dialogfolter klar, in dem der »Teufel« den Spieß umdreht und seinerseits den Doktor, den wirklichen Teufel in Menschengestalt, mit der Geschichte seiner Untat auf die Folter spannt. Ebenso werden nun durch die Aussagen des Arztes der geheimnisvolle Giftmordanschlag auf den Erzähler, der mysteriöse Brief des Polizeikommissars aus Hamburg und weitere rätselhafte Ereignisse geklärt. Die Erzählung endet höchst überraschend mit der selbstironischen Bemerkung des Autors, er veröffentliche dies alles nur, *»damit die Urenkel sehen, zu welch bizarren Stoffen ein Schriftsteller in unseren Zeiten Zuflucht nehmen mußte, damit er vielleicht von ferne originell zu sein schien«*.

Die Erzählung stellt Arbes' erstes Experiment mit jener zwischen Novelle und Roman stehenden epischen Kurzform dar, die Jan NERUDA später (1872) treffend als *Romanetto* bezeichnete, ein Genre, das Arbes in die tschechische Literatur einführte. In der Darstellung seines phantastischen Stoffs zeigt sich der Autor noch auffallend stark von seinem Lehrmeister E. A. POE beeinflußt (von dem er sich allerdings auch in späteren Werken nie ganz zu lösen vermochte): Auf Poe weist nicht nur die Technik des raffinierten Versteckspiels mit dem Leser, der in spannungsvoll nervenkitzelnder Ahnungslosigkeit gehalten wird, sondern vor allem auch die den Leser zur Identifikation mit dem Ich-Erzähler verlockende Eindringlichkeit der Schilderung. Typisch für Arbes ist die Paarung von »schwarzer Romantik« mit intellektueller Fortschrittsgläubigkeit, ein Kontrast, der sich auch stilistisch bemerkbar macht. W.Sch.

AUSGABEN: Prag 1866 (in Květy). – Prag 1904 (in *Sebrané spisy*, 40 Bde., 1902–1916, 10).– Prag 1969 (in *Dílo J. A.*, Hg. J. Moravec, Bd. 34).

LITERATUR: K. Krejčí, *A. romaneta*, Nachw. zu J. A., *Svatý Xaverius a jiná romaneta. Dílo J. A.*, Bd. 34, Prag 1969. – J. Janáčková, *A. romaneto*, Prag 1978.

KANDIDÁTI EXISTENCE

(tschech.; *Kandidaten der Existenz*). Roman von Jakub ARBES, erschienen 1878. – Dem Werk, das zwar noch zu den »Romanetti« *(romaneta)* zählt – vgl. *Dábel na skřipci*, 1866 *(Der Teufel auf der Folter)* –, seinem Umfang nach jedoch schon aus diesem Genre herausfällt und Arbes' künftige Romane ankündigt, ist ein widersprüchliches Mottopaar zum Begriff des Eigentums vorangestellt, eine Tatsache, die darauf hindeutet, daß damit ein Programmwerk eingeleitet wird, ein experimenteller Roman im Sinne ZOLAS, worin Ideen des utopischen Sozialismus erzählerisch diskutiert werden.

Im Mittelpunkt der Handlung steht ein Freundeskreis aus den Studentenjahren des Erzählers. Wie immer identifiziert sich Arbes um der Realitätsfiktion willen mit dem Autoren-Ich, wobei er auch autobiographische Details zu Hilfe nimmt. Über 25 Jahre hinweg verfolgt er die Geschicke seiner Freunde Smidarský, Kotovic und Nadasdi, beginnend mit einer romantischen Findlingsepisode und mit dem Tod aller drei Hauptfiguren schließend. Dazwischen werden die unterschiedlich verlaufenden Lebenswege der Freunde jeweils in enthüllenden Berichten der Helden nachgeholt; vor allem aber schildert Arbes jenes Experiment, das Smidarský vor Jahren im Kaffeehaus vorschlug und das er nach dem gescheiterten Arbeiteraufstand von Brünn, bei dem Kotovic umkommt, nun verwirklicht. Mit Nadasdis Geld gründet er eine Fabrik, die beide zunächst brüderlich verwalten und deren Gewinn sie im Sinne Proudhons unter die Arbeiter aufteilen. Doch der Kapitalist in Nadasdi obsiegt schließlich. Er drängt Smidarský aus der Firma hinaus und streicht die Gewinne selbst ein, muß aber wegen seiner Mißwirtschaft bald Konkurs anmelden. Am Ende erschießt sich Nadasdi, als sich nämlich herausstellt, daß sein Schicksal mit dem des sterbenden Smidarský auch in einem anderen Bereich verknüpft ist: Die »Eidechse« Adéla, nun als Erzieherin bei ihm lebend, ist sein eigenes uneheliches Kind und zugleich jener Findling, den Smidarský großgezogen hat. Pessimistisch fällt schließlich das Urteil des Autors über das niederschmetternde Ergebnis des Experiments aus: »*Ich weiß, daß uns alle, die wir Kandidaten der Existenz sind und bleiben, eine brutale Unmenschlichkeit noch oft vor die Brust stoßen wird, bis wir taumeln oder sinken.*«

Die komplizierte Verflechtung der einzelnen Handlungsstränge und die romantische Verknüpfung der Schicksale, die sich zuletzt in fast grotesker Zufälligkeit auflöst, ist dem sozialpolitischen Anliegen, das der Autor in zahlreichen abstrakten Exkursen darstellt, allerdings kaum angemessen. Es scheint, als sei Arbes seiner eigenen Romanetto-Manier zum Opfer gefallen, den organischen Zusammenhang weitgehend zu verhüllen, um dem Leser ein Höchstmaß an Spannung zu sichern. Der Roman spitzt sich auf einen melodramatischen Schluß zu, weil sich der Autor offensichtlich nicht bemühte, sein kompliziertes Handlungslabyrinth in adäquater Weise wieder zu entflechten. So bleibt der Kurzroman auch technisch ein zwar interessantes, aber doch unausgereiftes Experiment. W.Sch.

AUSGABEN: Prag 1878 (in Lumír). – Prag 1953, Hg. J. Kudrna (Národní knihovna, 43). - Prag 1959 (in *Dílo J. A.*, Hg. K. Polák u. a., 1954 ff., Bd. 15). – Prag ⁷1966.

LITERATUR: G. Winter, *Sociální motivy u A.* (in Právo lidu, 12. 4. 1914). – O. Moravec, *Český novinář a zakladatel sociálního románu*, Kolín 1940. – S. Popelka, *J. A., průkopník moderního sociálního románu českého*, Prag 1940. – B. Fronková, *Od romaneta k utopii* (in Sborník studentských prací z 3. celostátní studentské vědecké konference z oborů společenských věd, Ostrau 1962).

NEWTONŮV MOZEK

(tschech; *Newtons Gehirn*). Kurzroman von Jakub ARBES, erschienen 1877. – Diese moralistische Utopie gehört zu jenen Kurzromanen von J. Arbes, die Jan NERUDA »Romanetti« genannt hat. Sie kann sich gattungsgeschichtlich auf Werke von Jules VERNE, CYRANO DE BERGERAC und E. A. POE berufen, was auch aus dem Mund des Haupthelden Bedřich Wünscher bestätigt wird. Wie in jedem »Romanetto« ist der Protagonist ein fiktiver Freund des Erzählers. Wünscher, der schwarzer Magie und Eskamotage frönt, fällt als Offizier im Preußisch-Österreichischen Krieg von 1866 – oder auch nicht, das bleibt im dunkeln. Jedenfalls entschließt er sich dazu, da er eine Hirnverletzung davongetragen hat, sein eigenes Gehirn durch ein fremdes zu ergänzen. Dadurch wird nicht nur das weitere Geschehen motiviert, sondern auch ein bildungskritisches Symbol geschaffen: »*Es ist leichter, mit einem fremden Hirn zu denken, sich eines fremden Gedankens zu rühmen und sich und andere damit zu beglücken, als einen eigenen Gedanken aus seinem Hirn herauszuquetschen.*« – Wünscher wählt das Gehirn des englischen Physikers Newton und entwickelt im Palast des Fürsten Kinský vor der versammelten Elite Prags – sie gleicht einem imposanten Seminar und fungiert als Sinnbild des Denkens im 19.Jh. schlechthin – Arbes' poetisch-optimistische Ontologie. Zu diesem Zweck führt er ein Experiment vor: Wünscher-Newton hat eine Art Zeitmaschine konstruiert, die auf der Schnelligkeit der Gedanken basiert – d. h., sie übertrifft die Lichtgeschwindigkeit bei weitem – und mit der sich die Menschheitsgeschichte beliebig zurückverfolgen läßt (ein beliebtes Gedankenspiel der utopischen Literatur, das hier wohl erstmalig auftaucht). Als Zeuge reist der Erzähler mit in die Geschichte, die sich als ein Kontinuum von Kriegen, als eine genaue Bestätigung des Darwinismus erweist. Als die Maschine havariert, opfert sich der Freund, nicht ohne dem Erzähler das Geheimnis des Daseins enthüllt zu haben: »*Jetzt steht die Menschheit vor dem Thron des Darwinschen Gottes, des furchtbaren, gnadenlosen Gottes der Kraft und der Macht.*« Gegen ihn kämpfe die Religion, doch nur, um wieder »*den gestürzten finsteren Gott des frömmelnden Fanatismus*« an seine Stelle zu setzen. Doch »*der Thron dieses Gottes ist nur zu untergraben – durch die Grundsätze der Humanität*«.

Gedanklich zählt der »Romanetto« *Newtonův mozek* zu den eindringlichsten und tiefsten seines Autors, formal aber wohl zu den schwächsten. Die Auseinandersetzung mit dem Darwinismus ist hier in eine phantastische Form gekleidet, die in ihrer Motivation nur selten einleuchtet. Daß Arbes schließlich das ganze Sujet in einen Traum auflöst, ist ein etwas zu einfaches Mittel, um die fehlende Motivierung zu beschönigen. Dieser Kunstgriff widerspricht außerdem der ursprünglichen Realitätsfiktion, in der Arbes so weit geht, Schriftstellerkollegen wie Neruda und PFLEGER-MORAVSKÝ unter den im Hause Kinský Versammelten zu begrüßen. Bei der organischen Gestaltung des Stoffs läßt Arbes daher allzusehr das vermissen, was Wünscher als den »Motor« seiner Maschine bezeichnet: »*die ewig belebende, ewig schöpferische Vorstellungskraft*«.

W.Sch.

AUSGABEN: Prag 1877 (in Lumír). – Prag 1949. – Prag 1964. – Prag 1973.

LITERATUR: J. Karásek, *K jubileu A. romaneta. »Newtonův mozek«* (in Lumír 1927/28). – K. Polák, *Co je romaneto?* (in Listy filologické 1948). – K. Polák, Nachw. zu J. A., *»Svatý Xaverius« u. »Newtonův mozek«*, Prag 1949. – J. Janáčková, *A. romaneto*, Prag 1978.

JULIO ARBOLEDA

* 9.7.1817 Timbiqui
† 12.11.1862 Berruecos

GONZALO DE OYÓN

(span.; *Gonzalo de Oyón*). Epische Dichtung von Julio ARBOLEDA (Kolumbien), postum erschienen 1883. – Das Werk gilt als eines der bedeutendsten Beispiele hispanoamerikanischer Versepik. Eher eine romantische Legende als ein Epos im strengen Sinn, ist es ganz vom Geist des damaligen historischen Romans bestimmt. Das Gedicht ist unvollständig überliefert. Die Originalfassung ging noch zu Lebzeiten des Autors in den Wirren der häufigen Revolutionen verloren, und es läßt sich nicht mit Sicherheit feststellen, ob von den geplanten vierundzwanzig Gesängen wirklich nur einundzwanzig verfaßt wurden, wie angenommen wird. Erhalten ist nur eine sehr lückenhafte Fassung, die Miguel Antonio CARO aus dem Nachlaß Arboledas herausgegeben hat.

Den Kern des Werks bildet eine Überlieferung aus dem Caucatal in den Kordilleren, derzufolge ein gewisser Álvaro de Oyón nach dem Scheitern des Aufstands von Gonzalo Pizarro in Peru (1546) nach Nueva Granada, dem heutigen Kolumbien, floh, wo er mit einer Bande von fünfundsiebzig Unzufriedenen die Stadt Popayán angriff und dabei getötet wurde. Diesem Álvaro de Oyón stellt Arboleda einen frei erfundenen Bruder, Gonzalo, zur Seite, der bereits mit den ersten Eroberern nach Nueva Granada gekommen ist. Im Gegensatz zu seinen Waffengenossen milde gesinnt, achtet er die Indianer und rettet durch seine Fürsprache das Leben des Häuptlings Puden. Dessen Tochter Pubenza liebt Gonzalo, aber Fernando, der Sohn des (historischen) Eroberers Sebastián de Belalcázar (1495–1551), zwingt sie, seine Frau zu werden. Später greift Álvaro die Stadt Popayán an, die aber dank dem plötzlichen Eintreffen Gonzalos gerettet wird. Der eifersüchtige Fernando setzt eine Belohnung auf den Kopf des Gonzalo, doch dieser wird von Pubenza gewarnt und findet bei den Indianern Zuflucht. Noch einmal greift Álvaro die Stadt an, und wieder erscheint Gonzalo als Retter. In einem nächtlichen Kampf treffen beide aufeinander, und erst jetzt erkennen sie sich als Brüder. In dem darauffolgenden Gespräch verteidigt jeder seine Ansicht über Eroberung und Kolonisation.

Arboleda hat in den beiden Brüdern zwei Grundtypen des Konquistadors gezeichnet: Der ritterliche, aus christlicher Gesinnung handelnde Gonzalo ist der Idealist, der stets bereit ist, sich für andere zu opfern; Álvaro, selbstsüchtig und skrupellos, steht für die zahlreichen Tyrannen, die als Herrscher von eigenen Gnaden, halb Henker, halb Banditenführer, die Geschichte Hispanoamerikas prägten. Die allzu romantisch geschilderte Pubenza, die wie eine literarische Zwillingsschwester der Atala CHATEAUBRIANDS empfindet und wie die Heldinnen BYRONS handelt, soll das Schicksal der indianischen Rasse versinnbildlichen, die, nachdem sie der Gewalt unterlegen ist, stumm ihr Los trägt. An diese Gestalten, ihre Handlungen und Motive knüpft der Autor Betrachtungen über den geschichtsphilosophischen Sinn der Eroberung und über die Auseinandersetzung zweier so verschiedener Kulturen und Rassen.

Die Verse Arboledas sind von großer Musikalität, die Darstellung verrät die Begeisterung des Dichters für seinen Stoff und erreicht in einzelnen Szenen, etwa der Begegnung Álvaros mit dem Piraten Walter und der Schilderung ihrer Träume von Herrschaft über Amerika, epische Größe. Die Beschreibungen der Landschaft – des idyllischen Caucatals oder der Kordillerengipfel – sind zuweilen vollendete lyrische Miniaturen. A.F.R.

AUSGABEN: Bogotá 1858 [Frgm.]. – NY/Bogotá 1883 (in *Poesías*, Hg. M. A. Caro; m. Einl.). – Paris 1890. – Popayán 1942.

LITERATUR: J. Arango Ferrer, *La literatura colombiana*, Buenos Aires 1940. – C. García-Prada, *J. A. y su »Gonzalo de Oyón«* (in RI, 3, 1941, S. 39–74; m. Bibliogr.). – M. Menéndez y Pelayo, *Historia de la poesía hispanoamericana*, Bd. 2, Santander 1948. – S. Arboleda, *J. A.* (in Bolívar, 1952). – A. Gómez Restrepo, *Historia de la literatura colombiana*, Bd. 4, Bogotá 1957, S. 97–121. – *Diccionario de la literatura latinoamericana: Colombia*, Washington 1959 [m. Bibliogr.]. – L. A. Sánchez, *J. A.* (in L. A. S., *Escritores representativos de América*, 1. Ser., Bd. 2, Madrid 1963).

JOHN ARBUTHNOT

* 29.4.1667 Arbuthnot / Schottland
† 27.2.1735 London

LITERATUR ZUM AUTOR:
L. M. Beattie, *J. A. Mathematician and Satirist*, Cambridge/Mass. 1935 (Harvard Studies in English, 16; Nachdr. Ann Arbor/Mich. 1964). – R. C. Steensma, *Dr. J. A.*, Boston 1979 (TEAS).

THE HISTORY OF JOHN BULL

(engl.; *Die Geschichte John Bulls*). Pamphletsammlung von John ARBUTHNOT, zuerst 1712 unter Einzeltiteln veröffentlicht, in revidierter Form unter obigem Titel zusammengefaßt und 1727 in *Miscellanies* von Alexander POPE und Jonathan SWIFT aufgenommen. – Der aus Schottland stammende Arzt und Mathematiker Arbuthnot, Leibarzt der Königin Anna, war Mitgründer des »Scriblerus Club« (1713), dem auch Pope, Swift, GAY und CONGREVE angehörten (vgl. *Martinus Scriblerus*). Als überzeugter Tory richtete er satirische Angriffe gegen die Whigs und machte in seinen Pamphleten vor allem den Herzog von Marlborough und den Krieg mit Frankreich zur Zielscheibe seiner Attacken. Die vielfache gegenseitige Anregung, die er und sein Freund Swift einander verdankten, war bedeutsam für die fruchtbare Entwicklung der politischen Satire in England.

Am berühmtesten wurde das erste Pamphlet, in dem Arbuthnot zum erstenmal die Figur des John Bull als Verkörperung des englischen Nationalcharakters auftreten ließ und dem er folgenden Titel gab: *Law Is a Bottomless Pit, Exemplified in the Case of the Lord Strutt, John Bull, Nicholas Frog, and Lewis Baboon, Who Spent All They Had in a Law Suit* (Das Gesetz ist ein Brunnen ohne Grund; vorgeführt am Fall von Lord Strutt, John Bull, Nicholas Frog und Lewis Baboon, die alles, was sie besaßen, für einen Prozeß ausgaben). Der reiche Lord Strutt hinterläßt seinen riesigen Besitz einem entfernten Verwandten, Philip Baboon. Entrüstet behaupten andere Hinterbliebene, der Verstorbene sei nicht bei Verstand gewesen und habe sein Testament unter dem Einfluß eines listigen, skrupellosen Priesters gemacht. Strutts Hinterlassenschaft ist in schlechtem Zustand, denn seit vielen Jahren waren seine Angestellten und Lieferanten, zu denen auch die Tuchhändler John Bull und Nicholas Frog gehören, vor allem auf ihren eigenen Vorteil bedacht. Der »schlaue Schlawiner« Lewis Baboon, selbst ein gewiegter Händler, der nebenbei Tanzunterricht erteilt, rät seinem Enkel Philip, die Geschäftsverbindung mit Bull und Frog abzubrechen. Nun aber melden die beiden alte Forderungen an, engagieren den Advokaten Hocus und machen Philip den Prozeß. Zu spät erkennt John Bull, daß Hocus nur bestrebt ist, den Rechtsstreit in die Länge zu ziehen, um sich selbst zu bereichern. Der Prozeß frißt nicht nur Bulls ganzes Vermögen auf, er bringt ihn auch um seine geschwätzige, streitsüchtige Frau: Als Bull merkt, daß sie den Nachstellungen des gerissenen Advokaten erlegen ist, zertrümmert er wutentbrannt eine Flasche auf ihrem Kopf, eine Züchtigung, die sie nicht lange überlebt. Als es endlich zu einem Vergleich der prozessierenden Parteien kommt, hat außer den Vertretern des Gesetzes niemand von dem Streit profitiert.

Zu erraten, wer mit den Akteuren dieser Geschichte gemeint war, fiel den Zeitgenossen des Verfassers leicht: Lord Strutt stand für den willensschwachen, kinderlosen Karl II. von Spanien, der unter dem Einfluß des Kardinals Portocarero (im Pamphlet der listige Priester) Philipp von Anjou aus dem Hause Bourbon (im Pamphlet Philip Baboon, zu deutsch: Philipp Pavian) als Erben einsetzte und damit den Spanischen Erbfolgekrieg auslöste. Mit Lewis Baboon ist Ludwig XIV. gemeint, der kühl rechnende, frugale Nicholas Frog verkörpert Holland, und mittels der Figur des Advokaten Hocus attackiert Arbuthnot den von grenzenlosem Ehrgeiz und von Geldgier getriebenen Herzog von Marlborough. Die Satire ist überreich an weiteren Anspielungen, von denen nur noch die auf das Whig-Parlament (John Bulls Frau), auf die Kirche von England (seine ehrenwerte, aber phantasielose Mutter) und auf Volk und Kirche Schottlands (seine vernachlässigte, hungernde Schwester) erwähnt seien. – Auch in den anderen, mit dem gleichen Elan und dem gleichen Geschick für politische Satire geschriebenen Pamphleten ist John Bull immer derjenige, dem am übelsten mitgespielt wird. Arbuthnot beschreibt diese unsterblich gewordene Symbolfigur als einen *»im Grund anständigen Burschen, hitzig, wagemutig und sehr wechselhaften Stimmungen unterworfen ... immer geneigt, mit seinen besten Freunden in Streit zu geraten, besonders wenn sie versuchten, ihn zu gängeln ... Wenn man ihm schmeichelte, ließ er sich wie ein Kind führen ... John war regsam und verstand sein Geschäft sehr gut ... ein fröhlicher Kumpan, der seine Flasche und sein Vergnügen liebte.«* KLL

AUSGABEN: Edinburgh 1712 [anon.; Einzeldrucke]. – Glasgow 1727 (in *Miscellanies in Prose and Verse*, Hg. A. Pope u. J. Swift, 4 Bde., 1727–1732, 2). – Glasgow 1766. – Oxford 1892 (in *The Life and Works*, Hg. G. A. Aitken). – Amsterdam 1925, Hg. H. Teerink [krit.]. – Oxford 1976.

ÜBERSETZUNG: *Prozesse, ein bodenloser Abgrund, oder Geschichte John Bulls* (in *Swift u. A., Vorzügliche prosaische Schriften, satyrischen u. humoristischen Inhalts*, anon., Lpzg. 1799).

LITERATUR: A. A. Simpson, *The Originator of John Bull* (in Mercury, 19, 1928). – T. F. Mayo, *The Authorship of »The History of John Bull«* (in PMLA, 45, 1930, S. 247–282). – W. Michael, *Who Is John Bull?* (in Contemporary Review, 144, 1933, S. 314–319). – C. Brunetau, *J. A.: »The History of John Bull« (1712): Bibliographie sélective et commentée* (in Bull. de la Société d'Etudes Anglo-Américaines des XVIIe et XVIIIe Siècles, 15, Nov. 1982, S. 35–42).

MEMOIRS OF THE EXTRAORDINARY LIFE, WORKS AND DISCOVERIES OF MARTINUS SCRIBLERUS

(engl.; *Erinnerungen an das außergewöhnliche Leben, die Werke und Entdeckungen des Martinus Scriblerus*). Fragment eines satirischen Romans, verfaßt im wesentlichen, wenn nicht ganz, von

John ARBUTHNOT, erstmals veröffentlicht 1741 im zweiten Band von Alexander POPES Prosawerken. – Um 1713 formierte sich in London im Kreis um Pope der »Scriblerus Club«, eine lose Vereinigung von Literaten, die sich den Kampf gegen den schlechten Geschmack einer falsch verstandenen Gelehrsamkeit zum Ziel gesetzt hatten. Neben Pope zählten SWIFT, Arbuthnot, GAY, PARNELL, CONGREVE, Lord OXFORD und ATTERBURY zu den Mitgliedern. Als Gemeinschaftsproduktion plante man die Herausgabe der Pseudomemoiren des Martinus Scriblerus, eines Mannes, »*der an jeder Kunst und Wissenschaft genippt, in jeder aber den Kern der Sache verfehlt hatte*«. Diese Satire sollte nach Art von CERVANTES »*alle falschen Geschmacksrichtungen der Gelehrsamkeit*« lächerlich machen, u. a. durch eine Reihe pseudowissenschaftlicher Abhandlungen aus der Feder Martins, gedacht als Parodien auf die verbohrte Pedanterie gewisser zeitgenössischer Gelehrter. Der Zerfall des Clubs verhinderte die Vollendung des Projekts; ausgeführt wurde lediglich das erste Buch und, ebenfalls von Arbuthnot, eine der Pseudodissertationen. Der Titelheld ist der Sohn des deutschen Antiquars Cornelius Scriblerus zu Münster, eines Mannes, der sein ganzes Leben nach antiken Vorbildern ausrichtet. Schon bei der Taufe wird der junge Martin wie Herkules auf einem Schild in den Speisesaal getragen; eine Abhandlung des Vaters über die Patina dieses Schildes soll bei der Feier verlesen werden. Leider haben die Diener den Schild blank poliert, und so wünscht der enttäuschte Vater seinem Sohn, er möge diese Patina, Sinnbild der alten Kultur, ansetzen und sie nie durch moderne Einflüsse verlieren. Martins Erziehung orientiert sich in allen Einzelheiten an antiken Autoritäten; ein Beispiel dafür ist eine tiefschürfende »Dissertation über Spielsachen«. Nach sorgfältiger Ausbildung bei verschiedenen Lehrmeistern versucht sich das Wunderkind in verschiedenen Berufen. Martinus beginnt als Literaturkritiker, forscht später als Arzt nach dem Sitz der Seele und wird durch seine Korrespondenz mit den Freidenkern schließlich zum Philosophen. Dann schmiedet er Reisepläne und bricht 1699 von zu Hause auf. Vier Reisen sind geplant, die in ihrem Entwurf stark den Reisen Gullivers ähneln (Swifts Werk entstand erst 1721–1726), doch wurden die entsprechenden Reiseberichte nicht mehr ausgeführt. Buch 1 (und mit ihm das ganze Werk) endet nach Kapitel 14, in dem sich der Autor an den Leser wendet und Martinus als Urheber aller großen Erfindungen preist, als Universalgenie, dessen gelehrte Werke summarisch aufgezählt werden. Alle diese Leistungen sollen in weiteren Büchern ausführliche Würdigung finden, fertiggestellt wurde jedoch nur der erste dieser ironischen Aufsätze, *An Essay of the Learned Martinus Scriblerus, Concerning the Origin of Sciences*, in welchem – wahrscheinlich mit Zielrichtung auf Dr. Woodward – argumentiert wird, daß alle Gelehrsamkeit von den Affen Äthiopiens stamme. Das witzig und elegant geschriebene Romanfragment lebt in erster Linie aus seinen satirischen Diskursen und zeitgeschichtlichen Seitenhieben, die an einem dünnen Erzählfaden aufgehängt sind. Es ist ein interessantes Beispiel dafür, wie die im 18.Jh. weitverbreitete literarische Form der Pseudomemoiren, die sonst vorwiegend im Dienst der Wirklichkeitsillusion stand, zu satirischen Zwecken benutzt wird. Der Name Martinus Scriblerus wurde später gelegentlich von Pope als Pseudonym verwendet; auch George CRABBE brachte einige seiner frühen Gedichte unter diesem Namen heraus.

W.Fü.

AUSGABEN: Ldn. 1741 (in *The Works of Mr. A. Pope, in Prose*, Bd. 2). – Dublin 1741. – Ldn. 1742 (in *The Works of A. Pope*, Bd. 3, Tl. 2). – Oxford 1892 (in *The Life and Works*, Hg. G. A. Aitken). – Ldn./NY 1932 (in *J. Swift's Satires and Personal Writings*). – New Haven 1950, Hg. Kerby-Miller [krit.]. – NY 1966, Hg. ders.

LITERATUR: A. L. Cooke, *The Shadow of Martinus Scriblerus in Hawthorne's ›The Prophetic Pictures‹* (in New England Quarterly, 17, 1944, S. 597–604).

ALEKSEJ NIKOLAEVIČ ARBUZOV

* 26.5.1908 Moskau
† 20.4.1986 Moskau

LITERATUR ZUM AUTOR:
N. Rjabinjanc u. V. Sergeev, *Stanovlenie ličnosti. Zametki o dramaturgii A. A.* (in Zvezda, 1955, 8). – K. Rudnickij, *Portrety dramaturgov*, Moskau 1961. – N. Krymova, *Teatr A.* (in A. A., *Dramy*, Moskau 1969, S. 3–25). – I. Višnevskaja, *A. A. Očerk tvorčestva*, Moskau 1971. – *Handbuch der Sowjetliteratur*, Hg. N. Ludwig, Lpzg. 1975, S. 156 ff. – W. Kasack, *Lexikon der russischen Literatur ab 1917*, Stg. 1976. – S. Fenina, *A. N. A.* (in Russkij jazyk za rubežom, 1979, 5, S. 16–25). – H. Segel, *Twentieth-Century Russian Drama* (NY 1979, S. 367–373). – A. Smith, *The Dramatic Work of A. A.*, Diss. Indiana Univ. 1981. – E. Dangulova, *P'esy v dobroj bor'be. Beseda s A. A.* (in Sovremennaja dramaturgija, 1982, 1, S. 232–249). – I. Vasilinina, *Teatr A.* (in Teatr, 1983, 6, S. 126–135).

MOJ BEDNYJ MARAT

(russ.; Ü: *Mein armer Marat. Leningrader Romanze*). Dialoge in drei Teilen von Aleksej N. ARBUZOV, Uraufführung: Moskau, 2. 1. 1965, Komsomoltheater; deutsche Erstaufführung: Dresden, 29. 4. 1965. – Arbuzov, Schauspieler in den zwanziger Jahren, anschließend Theaterregisseur und Stückeschreiber, verfaßte 28 Dramen und zählt neben V. Rozov zu den bekanntesten und meistgespielten älteren sowjetischen Dramatikern mit weltweitem Ruhm. Zwischen 1965 und 1969 wurde *Moj bednyj Marat* 3253mal aufgeführt; in einer Statistik für 1981 bis 1983 liegt das Drama in der UdSSR mit 232 Aufführungen an dritter Stelle hinter zwei anderen Stücken Arbuzovs: *Žestokie igry (Grausame Spiele)* und *Vospominanija (Erinnerungen)*. Im Ausland fanden vor allem *Moj bednyj Marat* und *Staromodnaja komedija (Eine altmodische Komödie)* große Resonanz. Menschlichkeit, psychologische Feinfühligkeit, echter dramatischer Konflikt, Klarheit der Aussage, Konzentration aufs Wesentliche sind die tragenden Grundpfeiler für den Erfolg dieses Dramatikers.

In einer für den Autor charakteristischen Zeitstrekkung – das Drama umfaßt 17 Jahre, wobei die Jahre 1942, 1946 und 1959 herausgegriffen werden – beleuchtet Arbuzov in drei Etappen die zwischenmenschlichen Beziehungen und Persönlichkeitsentwicklungen der drei jungen Menschen Lika, Marat und Leonidik, die sich als vom Kriegsgeschehen betroffene Heranwachsende im belagerten Leningrad kennenlernen. Ihre unerfüllten beruflichen Pläne der Vorkriegszeit transponieren sie auf die kommende Zeit des Friedens. Sie wollen den Wünschen ihrer Eltern entsprechen: Lika will Ärztin, Leonidik Schriftsteller und Marat Bauingenieur werden. Nach den Wirren des Krieges treffen sich die drei reifer gewordenen Menschen vier Jahre später in derselben Wohnung wieder: die beiden jungen Männer haben Fronterfahrung hinter sich. Marat, »Held der Sowjetunion«, versteht, daß das Leben nicht stillsteht und es keine Wiederholungen gibt. Die Krankenschwester Lika heiratet aus Mitleid den lebensuntüchtigen Leonidik, der im Krieg einen Arm verloren hat. – Das nächste Treffen der Freunde findet 1959 in der nachstalinistischen Tauwetter-Ära statt. Während Marat seinem Ideal des pragmatischen Vorwärtsstrebens treu geblieben ist, droht das Leben von Lika und Leonidik in der Monotonie und Leere des Alltags zu verflachen und in Hilflosigkeit, Mittelmäßigkeit, Selbstzufriedenheit und Selbstaufopferung zu stagnieren. Leonidik, ein mittelmäßiger Dichter, kompensiert seine Frustration in erhöhtem Alkoholkonsum. Marat erkennt die Ausweglosigkeit und den Verlust der Lebensträume seiner Freunde, warnt und provoziert gleichermaßen: »*Laß uns überlegen – wann ist der Mensch am Ende? Wenn er plötzlich einsieht, daß in seinem Leben alles entschieden ist. (...) Nein, von nun an will ich glauben – selbst an Tagen vorm Sterben ist es nicht zu spät, das Leben von vorn zu beginnen.*« Die Erkenntnis, daß sein Leben im Alltag erstarrt ist, daß Lika ihn nur aus Mitleid geheiratet hat und seit jeher den tatkräftigen Marat liebt, veranlaßt den einsichtigen Leonidik, seine Frau freizugeben »*Ich muß loskommen von deiner Bemutterung, von deiner Vormundschaft*«, gesteht er ihr. Lika und Marat beginnen in gedämpftem Optimismus ein neues Leben.

Marats Worte »*Sogar am Tage vorm Sterben ist es nicht zu spät, das Leben von vorn zu beginnen*« enthalten die Kernaussage des Dramas. Stagnation im geistig-seelischen Bereich, Verflachung der menschlichen Beziehungen und selbstzufriedene Mittelmäßigkeit sind für Arbuzov die größten Hindernisse im geistigen Wachstumsprozeß des Menschen. In Übereinstimmung mit dem von HERAKLIT überlieferten Grundsatz »*panta rhei*« (»*alles ist in stetem Fluß*«) sieht Arbuzov das menschliche Sein als ewige Bewegung, konstantes Werden und stetiges Streben nach der Verwirklichung von Idealen. Echt empfundene Liebe, tiefe zwischenmenschliche Beziehungen sind nach Arbuzov ohne Selbsterkenntnis und -verwirklichung nicht erreichbar. Auch in seinen anderen Werken demonstriert Arbuzov seine Überzeugung, daß leidvolle Schicksalsschläge die Menschen zur Selbsterkenntnis führen können. Er beleuchtet, psychologisch überzeugend, die Schicksale verunsicherter Durchschnittsmenschen mit Fehlern, Irrtümern und dem Unvermögen zur echten Kommunikation sowie ihre geistig-menschliche Entwicklung zu reifen Persönlichkeiten, die ihre wahre Bestimmung erkennen. Eine religiös-metaphysische Ebene spart Arbuzov jedoch in allen Dramen aus.

Wie auch in seinen anderen Stücken gestaltet Arbuzov hier in locker, chronologisch verbundenen Szenen ein offen strukturiertes, chronikartiges psychologisches Drama mit epischem Charakter und optimistischem Ende. Episierend ist vor allem der für Arbuzov typische, mehrere Jahre umfassende Handlungszeitraum. Die für den Dramatiker kennzeichnende Dramaturgie der Kontraste spiegelt sich am deutlichsten in der unterschiedlichen Anlage und Entwicklung der drei Protagonisten. In dem kammerspielartigen, bühnenwirksamen Drama geht es Arbuzov nicht um politische Aussagen, die er eher meidet, sondern ausschließlich um die Darstellung individueller Konflikte. Seine apolitische Haltung, der Verzicht auf Kritik an den Zuständen in der Sowjetunion und die Hintansetzung politischer Aspekte trug dem Dramatiker Vorwürfe seitens der sowjetischen Kritik ein: »*Man hat Arbuzov vorgeworfen, seine Stücke seien manchmal etwas melodramatisch, etwas sentimental. Der Vorwurf einer Gefühlskälte wäre schlimmer. Der Mut, das Seelische auf die Bühne zu bringen, verdient eher Anerkennung*« (W. Kasack). – Nach erfolgreichen Aufführungen in London (1966) und New York (1967 und 1978) folgten weitere in Holland, Belgien, Frankreich und in der Bundesrepublik.   W.Schr.

AUSGABEN: Moskau 1965 (in *Teatr*, 1). – Moskau 1969 (in *Dramy*, S. 435–512).

ÜBERSETZUNG: *Mein armer Marat. Leningrader Romanze*, G. Jäniche, Bln. (Ost) 1972 (in *Dramen*, S. 279–341).

LITERATUR: Vl. Tolšin, *Dva russkich spektaklja v N'ju-Jorke* (in *Russkaja mysl'*, 10. 11. 1983, S. 11).

TANJA

(russ.; *Ü: Tanja*). Drama in zwei Teilen und acht Bildern von Aleksej N. ARBUZOV, Uraufführung: Novosibirsk, 9. 7. 1938, Theater »Rote Fackel«; deutsche Erstaufführung: 1967. – *Tanja* gilt als das bedeutendste Stück aus Arbuzovs Frühzeit, das bis 1956 etwa tausendmal aufgeführt wurde. Im Zentrum des psychologischen Dramas steht die junge Moskauerin Tat'jana Rjabinina, die ihre persönliche Entwicklung und berufliche Ausbildung zur Ärztin ihrer Liebe und scheinbar glücklichen Ehe mit dem Ingenieur German Rjabinin geopfert hat. Die träumerisch-verspielte 22jährige Frau erlebt aufgrund ihrer Selbstaufgabe den inneren Bruch ihrer Ehe. German, ein geradliniger und aufstrebender Geologe, verliebt sich in seine tatkräftige und selbstbewußte Kollegin Marija Šamanova. Tanja verläßt daraufhin ihren Mann, um im Alleinsein zu sich selbst zu finden. In der folgenden Zeit muß sie schwere Schicksalsschläge erleiden. Der Tod des Kindes, an dem sie sich schuldig fühlt, bringt sie an den Rand der Verzweiflung und ist das auslösende Moment für tiefgehende Reflexionen über den Sinn von Leben und Tod. Nach dem Abschluß ihres Medizinstudiums arbeitet Tanja als engagierte und verantwortungsbewußte Ärztin in Sibirien, wo sie German wiedertrifft und dessen krankes Kind heilt. Sie überwindet schließlich ihre Persönlichkeitskrise und sieht ihren Lebensinhalt im Dienst für andere. In einer neuen, tiefen Liebe findet sie ihr persönliches Glück – wie fast alle Dramen Arbuzovs endet auch dieses Stück mit einem optimistischen Schluß.

Arbuzov, der dieses Stück wegen unzureichender Überzeugungskraft 1947 überarbeitete, stellt die in seinen späteren Werken wiederkehrenden Themen der Liebe und des menschlichen Reifungsprozesses in den Mittelpunkt dieses konzentriert strukturierten und bühnenwirksamen Dramas. Es ist typisch für Arbuzov, daß er keine heroischen Figuren, sondern einfache Durchschnittsmenschen darstellt. Er konzentriert sich auf die wesentlichen Züge der Erlebnis- und Gefühlswelt sowie die psychologische Entwicklung der Protagonisten, die in der Regel Suchende, Träumer und unfertige Menschen sind und nach dem Durchleben leidvoller Erfahrungen zu reifen Persönlichkeiten werden. Geistig-seelischer Bereich – Arbuzov spart in seinen Dramen eine metaphysische Ebene aus – und echter dramatischer Konflikt, der lange Zeit im sowjetischen Drama unterdrückt wurde, haben in dem lyrisch anmutenden Stück den Vorrang vor politischer Aussage und aktueller Zeitkritik, deren Fehlen sowjetische Kritiker zum Vorwurf von Ideenlosigkeit, Sentimentalität und *»ungenügendem Heldentum«* veranlaßte. Das politische Ausweichen wird am deutlichsten in der Tatsache, daß das Stück zwischen 1934 und 1938 spielt, ohne daß auf den stalinistischen Terror in irgendeiner Weise angespielt wird.

Wie die meisten Dramen Arbuzovs hat auch *Tanja* eine offene Dramenstruktur, die mit epischen Elementen durchsetzt ist. Der für diesen Autor typische, mehrere Jahre umfassende Handlungszeitraum – die acht Bilder spielen in der Zeit von 1934 bis 1938 – untermauert als episierendes Gestaltungsmittel den Wandlungsprozeß der Hauptfigur zu sozialem Bewußtsein und Selbsterkenntnis und erhöht gleichzeitig den Spannungsbogen. Der Reichtum an Kontrasten gehört zu Arbuzovs charakteristischen Gestaltungsmitteln. *»Gegensätze, Divergenzen reizen Alexej Arbusow. Er spürt sie in Alltäglichem, Gewöhnlichem, Normalem auf und verarbeitet sie in seinen Stücken zu besonderen, die Figuren erhellenden, enthüllenden Situationen«* (J. Ziller). Die kindliche Tanja wird zu Beginn mit der reifen, verantwortungsbewußten Šamanova kontrastiert; der nach ihrem Lebenssinn bewußt suchenden Protagonistin steht die ewig auf ihren Geliebten wartende 85jährige alte Frau gegenüber, der erst im Alter der Sinnlosigkeit und vergeudeten Möglichkeiten ihres Lebens einsichtig werden: *»Ich habe ein Leben ohne Sinn gelebt. (...) Das ganze Leben scheint leer, als ob ich überhaupt nicht gelebt hätte.«* Und schließlich spiegelt sich in der wechselnden, kontrastiven Raumstruktur von der kleinen Wohnung im Arbatviertel Moskaus zur sibirischen Weite die Persönlichkeitsentfaltung der Hauptfigur vom passiv-naiven zum aktiv-verantwortungsvollen Handeln.

In vielen Dramen Arbuzovs symbolisiert die Wahl des Schauplatzes Sibirien den inneren Wandel der Figuren. Passivität – Aktivität, Enge – Weite, Verantwortungslosigkeit – Verantwortungsbewußtsein, Ziellosigkeit – Lebensziel, Unreife – Reife, Unruhe – Rast, Kälte – Wärme, Zeitwechsel (Herbst – Frühling; Morgen – Abend), Zeitstreckung (1934–1938) gehören zu Arbuzovs Kontrastrepertoire und sind Teil seiner philosophischen Grundkonzeption des Entweder – Oder, die nicht nur für dieses kammerspielhafte Gesellschaftsdrama kennzeichnend ist. W.Schr.

AUSGABE: Moskau 1969 (in *Dramy*, S. 27–108).

ÜBERSETZUNG: *Tanja*, R. Kühn, Bln./DDR 1972 (in *Dramen*, S. 5–68).

LITERATUR: W. Kasack, *Menschliches – allzu Menschliches in der Sowjetunion* (in NZZ, 27./28. 4. 1986).

ARCHILOCHOS

etwa 680-640 v.Chr.

DIE FRAGMENTE (griech.) des ARCHILOCHOS.

Archilochos, der frühgriechische Dichter von der Kykladeninsel Paros, ist die erste historisch greifbare Dichterpersönlichkeit der Antike. Seine Lebenszeit ist um 680–640 v. Chr. anzusetzen, denn er erwähnt das Erlebnis einer auf den 6. April 648 datierbaren Sonnenfinsternis. Er führte ein abenteuerliches Leben als Kriegsmann und ging mit Kolonisten von Paros nach der Insel Thasos, weit im Norden vor dem thrakischen Festland gelegen, wo er zum Schutz der Siedler zahlreiche Kämpfe zu bestehen hatte. Als Verteidiger seiner Heimatinsel Paros soll er im Krieg den Tod gefunden haben. Über sein Leben sind wir hauptsächlich informiert aus seinen eigenen Gedichten sowie durch Inschriftenfunde von einer dem Dichter geweihten Kult- und Musenstätte (Archilocheion) auf Paros. Das nur fragmentarisch erhaltene, großenteils auf indirekter Überlieferung beruhende Werk wurde in jüngster Zeit durch Papyrusfunde bereichert, die jedoch wegen ihres schlechten Erhaltungszustandes manche Rätsel aufgeben. Daß sich trotz dieser Schwierigkeiten ein Gesamteindruck des Werks ergibt, ist in der kraftvollen, lebendigen Ausdrucksweise des Archilochos begründet.

Mit ihm tritt zum ersten Mal ein Dichter auf, der das eigene Erleben beschreibend und reflektierend in den Mittelpunkt stellt. Archilochos hat damit dem lyrischen Gedicht den Charakter einer Selbstaussage aufgeprägt. In seiner Existenz als Krieger, mit Kolonisten weit übers Meer unterwegs, verkörpert er das neue Bewußtsein der archaischen Epoche Griechenlands im 7. Jh. v. Chr., einer Zeit großer politischer und gesellschaftlicher Veränderungen, neuer geistiger Ideen, die in der großen griechischen Kolonisationsbewegung ihren Ausdruck fanden.

Die Koloniegründungen standen unter der Leitung des Adels, dessen Position dadurch gestärkt wurde. Die Männer lebten als Kampfgefährten *(hetairoi)* in Hetairien, Wehr- und Kriegergemeinschaften, zusammen und sorgten für den Schutz der neugegründeten Siedlungen. Als Mitglied einer solchen Hetairie lebt und dichtet Archilochos. Selbstbewußt bekennt er sich zu seiner gegensätzlichen Existenz als Mann von Leier und Schwert: »*Diener des Ares bin ich, des Herrschers im Schlachtengetümmel,/ kenne auch gründlich zugleich lieblicher Musen Geschenk*« (Frg. 1 D = Diehl, Übers. Ebener). Seinem dichterischen Selbstgefühl entsprechend gibt er die homerische epische Formensprache auf. Statt des Hexameters verwendet er neben der Elegie vor allem jambische, trochäische und daktylische Versmaße, die er auch zu eigenen Formen zusammensetzt (*Archilocheus* und *Asynarteten*). Der *Iambos* (zu dem auch die *Epode* gehört), ein Sprechvers, der Realitätsnähe bietet und einen unmittelbaren Ausdruck gestattet, wurde von Archilochos in die Literatur eingeführt. Dieser Vers stammte aus dem Bereich volkstümlicher spottender Belustigung, die ursprünglich einen magisch-abwehrenden Charakter besaß. Bei Archilochos wird der Iambos zu einer scharfgeschliffenen Waffe der Invektive – des beißenden Spottes und der ätzenden Kritik: »*Viel weiß der Fuchs, doch eins der Igel, das genügt*« (103 D, Übers. Marg).

Der Bruch mit der epischen Formensprache bedeutet zugleich ein Infragestellen althergebrachter Wertvorstellungen. Der Krieg ist für Archilochos keine heroisch verklärte Bewährungsprobe, er ist ein Handwerk, zu dem man sich teils stolz, teils ironisch bekennt: »*Hier der Speer gibt mir Brot,/ und den Wein aus Ismaros gibt mir/ hier mein Speer, und ich trink', auf meinen Speer hier gelehnt*« (2 D, Übers. Treu). Gegen die glorifizierende Vorstellung vom Schild als dem Symbol der Kriegerehre wendet er sich in den berühmt gewordenen Versen: »*Mit dem Schild, den ich ungern bei einem Busche zurückließ,/ einem trefflichen Stück, prahlt nun ein saischer Mann;/ aber mein Leben trug ich davon. Was liegt mir an diesem/ Schild? Fahr er hin! Demnächst kauf ich den gleichen mir nach!*« (6 D, Übers. Fränkel). Freilich wertet Archilochos damit nicht die kriegerische Tüchtigkeit an sich ab; er setzt nur nüchterner den Symbolwert des Gegenstands gegen dessen Gebrauchswert. Ebenso sachlich konstatiert er, daß ein schöngelockter, hochgewachsener Feldherr nicht besser sei als ein kleiner, krummbeiniger – auf den Mut komme es an. Skeptisch äußert er sich auch gegenüber dem homerischen Ideal vom Nachruhm nach dem Heldentod und der Anerkennung durch die Zeitgenossen.

Für Archilochos, der sein Dasein auf dem Meer und im Kampf verbringt, ist der vorherrschende Eindruck des Lebens der stete Wechsel von Glück und Leid, dem es standzuhalten gilt. In einer Elegie beklagt er den Tod zahlreicher Gefährten bei einem Schiffbruch: »*Solche Männer verschlang der Schwall des brausenden Meeres!/ Wund, wie geschwollen vom Weh, zuckt uns das Herz in der Brust./ Doch die Unsterblichen gaben uns gegen untilgbares Übel/ nur ein Heilmittel, Freund: tapferen, standhaften Sinn./ Unglück ereilt bald diesen, bald jenen; es wählte sich diesmal uns zu Opfern, und wir jammern um schweren Verlust. Heimsuchen wird es dann wiederum andere. Auf denn, ermannt euch,/ weibische Trauer verbannt von der Seele sogleich!*« (7 D, Übers. Ebener). Es ist typisch für Archilochos wie für die frühgriechische Lyrik überhaupt, daß sich die Erkenntnis aus der Situation heraus ergibt und die knappe, prägnante Schilderung des Augenblicks mit der gedanklichen Folgerung zu einer Einheit verschmilzt. Zu beachten ist auch die Anrede an einen Freund und die Ermunterung der Gefährten: Archilochos spricht als Trauernder und Mahnender inmitten seiner Hetairie. Über die aktuelle Situation hinaus gewinnt der Gedanke Gültigkeit in den Versen, in denen Archilochos sein eigenes Herz, seinen *thymós*, anspricht und zu standhaftem Ausharren ermuntert: »*... über Frohes freue und im Unglück kränke dich/ nicht zu sehr. Versteh' den Rhythmus, der die Menschen hebt und senkt*« (67 D, Übers. Fränkel). Aus der Erkenntnis einer allgemeinen Gesetzmäßigkeit im Leben entwickelt Archilochos erste Ansätze zu dem später bekannten Grundsatz des »medén ágan« – »Nichts im Übermaß«.

Freilich war der dichterische Impetus des Archilochos im allgemeinen mehr von der Maxime seiner adligen Kriegergemeinschaft geprägt: süß den

Freunden, bitter den Feinden. So steht neben dem herzlichen Begrüßungsgedicht an einen aus Seenot erretteten Freund ein makabres »Geleitgedicht« an einen abtrünnigen Gefährten, dem Archilochos statt guter Wünsche eine Verwünschung mit auf den Weg gibt: Schiffbruch soll er erleiden, und an fernem Strand sollen ihn wilde Barbaren in die Sklaverei schleppen – »*könnt' ich ihn selber nur sehen, der mir so unrecht tat, mit Füßen trat den Eid/ und war doch früher mein Freund!*« (79 D).
Eid- und Wortbruch führen zu Unsicherheit und verstärken das Gefühl des Ausgeliefertseins, der Amechaníē, in einer Welt, die dem Menschen zwar neue Horizonte erschlossen, ihn jedoch zugleich aus alten Bindungen gelöst hat. Archilochos wehrt sich dagegen mit der Waffe seines Spottes; der Iambos erweist dabei seinen ursprünglich bannenden, abwehrenden Charakter. Mit Schärfe ging der Dichter auch gegen einen Mann vor, der ihm seine Tochter versprochen hatte, dann aber sein Wort brach und einem vornehmeren Bewerber den Vorzug gab. In seiner Liebe enttäuscht und wohl auch in seinen Zukunftsaussichten betrogen, verfolgte der Dichter den Vater Lykambes und seine Tochter Neobule mit Versen so voller Schimpf und Schande, daß sich späteren Erzählungen zufolge die ganze Familie das Leben genommen habe. Wenn dies auch sicher Übertreibung ist, so besteht doch kein Anlaß, die Sache selbst anzuzweifeln. Man denke an die Schmähgedichte des ALKAIOS gegen Pittakos sowie überhaupt an den Realitätsbezug der frühen Lyrik, die auf einem gemeinsamen Erlebenshorizont von Dichter und Publikum beruht. Ein 1974 veröffentlichtes Papyrusfragment zeigt den Dichter in einer Dialog- und Liebesszene mit einem jungen Mädchen: eine Loslösung von der einstmals geliebten, jetzt aber als treulos geschmähten Neobule, zugleich aber ein überraschendes Zeugnis für einen äußerst freien Umgang auch mit bürgerlichen Frauen in jener Zeit. In einem weiteren Neufund wirbt der Dichter um eine Frau und bietet sich ihr dar in dem kühnen Bild einer zu erobernden Stadt – ein neuer Beweis für die Bedeutung des Themas der Liebe bei Archilochos, das bisher bereits in eindrucksvollen Bruchstücken aufgetaucht war: »*Solch Verlangen nach Liebe hat plötzlich sich mir ins Herz geschlichen,/ in großes Dunkel hüllt es meine Augen,/ raubt der Brust die Besinnung, die schwächliche*« (112 D, Übers. Treu). Vom »*gliederlösenden Liebesverlangen*« spricht Archilochos wie nach ihm SAPPHO – er führt das Thema der Liebe als einer den Menschen überwältigenden Daseinsmacht in die Lyrik ein.
In seiner Verbindung von elementarem Gefühlsausdruck, reicher Formensprache und hohem Kunstwillen ist Archilochos schon in der Antike hochgeschätzt worden. Man stellte ihn neben HOMER: als Schöpfer und zugleich Vollender einer Dichtform, nämlich des Iambos. Auf die antike Lyrik hat er großen Einfluß ausgeübt, z. B. auf CATULL und HORAZ. In seiner Kritik an überkommenen Wertvorstellungen nimmt er eine Position moderner Lyriker vorweg. M.Gie.

AUSGABEN: Lpzg. 1935 (in *Anthologia Lyrica Graeca*, Hg. E. Diehl; ³1954; = D). – Mchn. 1959 (in *A.*, Hg. M. Treu; griech.-dt.; ²1979). – Oxford 1971 (in *Iambi et elegi Graeci*, Hg. M. L. West, Bd. 1; ²1978).

ÜBERSETZUNGEN: In *Das Erwachen*, M. Hausmann, Ffm. 1949; ern. Zürich 1976; Ausw. – In *Griechische Lyrik*, Hg. W. Marg, Stg. 1964 (RUB; Ausw.; zul. 1983). – In *Flöte und Harfe, göttlicher Widerhall*, D. Ebener, Hg. V. Jarcho, Lpzg. 1985.

LITERATUR: A. v. Blumenthal, *Die Schätzung des A. im Altertume*, Stg. 1922. – C. M. Bowra, *Greek Lyric Poetry*, Oxford 1936; ²1961. – B. Snell, *Das Erwachen der Persönlichkeit in der frühgriech. Lyrik* (in B. S., *Die Entdeckung des Geistes*, Hbg. ³1955, S. 83–117; rev. u. erw. Ausg.). – H. Fränkel, *Die alte Lyrik: A.* (in H. F., *Dichtung und Philosophie des frühen Griechentums*, Mchn. ³1969, S. 147–170; Nachdr. 1976). – *Archiloque. Entretiens sur l'antiquité classique*, Hg. Fondation Hardt, Bd. 10, Genf 1964. – M. L. West, *Studies in Greek Elegy and Iambus*, Bln./NY 1974. – W. Rösler, *Die Dichtung des A. und die neue Kölner Epode* (in RhMus, 119, 1976, S. 289–310). – V. Jarcho, *Noch einmal zur sozialen Position des A.* (in Klio, 64, 1982, S. 313–327). – A. Pippin Burnett, *Three Archaic Poets: A., Alcaeus, Sappho*, Cambridge/Mass. 1983.

ARCHIPOETA

* zwischen 1125 und 1140
† nach 1165

LIEDER (mlat.) des ARCHIPOETA.

Der Archipoeta (Erzpoet), der uns nur unter diesem Beinamen in den Handschriften seiner Gedichte bekannt ist, gilt als der bedeutendste unter den Vagantendichtern. Diese fahrenden Kleriker oder Studenten zogen von Hof zu Hof, um sich mit ihren Dichtungen den Lebensunterhalt zu verdienen. Gleichgültig, ob Kleriker oder Laien, sind ihnen Lebenslust, Genuß und jugendlicher Impetus ebenso wie profunde Kenntnis der antiken Literaturtradition (HORAZ, VERGIL, OVID, CICERO) gemeinsam.
Dies gilt auch für den Archipoeta, wenn er bei seiner *Ablehnung des Barbarossa-Epos* die Gedanken des Horaz über die Tätigkeit des Dichters (plötzliche oder fehlende Inspiration, das Feilen am Text) auf seine Person überträgt. Auch wenn der Dichter als »Archipoeta« am Hof seines väterlichen Gönners Rainald von Dassel, dem Erzbischof von Köln und Archicancellarius (Erzkanzler) Kaiser Friedrichs I., ein eher gesichertes Leben geführt zu haben scheint, ist doch die Bitte des armen Vaganten an

den großzügigen Herrn ein fast schon aufdringlicher Bestandteil seiner Gedichte: allgemein gehaltene Bitten wie »*Du sollst meiner gedenken*« *(Erste Bitte)*, dreister, selbstbewußter und zuversichtlich auf die Wirkung rechnender Anspruch wie das »*Ich gebe, du gibst*« aus der *Bitte nach der Rückkehr von Salerno*, konkretes Verlangen nach Wein, um sich ein genußreiches Leben ermöglichen zu können: »*Für reichen Aufwand! Amen*« *(Bittpredigt vor Geistlichen)*, aber auch ein Zeugnis ärgster materieller Not – die Bitte um ein Gewand und einen Mantel für den armen Bettler Archipoeta *(Bitte zu Allerheiligen)* – sind konstituierendes Element aller Gedichte (mit Ausnahme des *Kaiser-Hymnus*).

Doch welche Gegenleistung hat ein fahrender Bettler für diese Gaben seines Herrn zu bieten? Der Archipoeta sieht sich als Eigentum des Archicancellarius und nennt sich daher »*dein Diener und Dichter*« *(Ablehnung des Barbarossa-Epos)* oder als *Archicancellarius vates* (Dichter des Kanzlers) und offenbart damit ein deutliches Abhängigkeitsverhältnis. Daher müssen also zwingend panegyrische Verse über Rainald zu finden sein: feste Elemente sind unter anderem der Preis von Rainalds Weisheit, seiner Bedeutung als Theologen, natürlich seiner Freigebigkeit und nicht zuletzt die Verherrlichung des Wegbereiters der Erfolge Kaiser Friedrichs I. wie im *Kaiser-Hymnus*. Oft jedoch wirken diese Äußerungen traditionell-schematisch, wiewohl sie sprachliche Gestaltungskunst aufzeigen, die allen Gedichten des Archipoeta in hohem Maße zu eigen ist; verwendet der Dichter doch in seinen zehn überlieferten Gedichten neben der bekannten und dominierenden *Vagantenstrophe* nicht weniger als fünf verschiedene Vers- und Strophenformen. Der reiche Gebrauch von Stilmitteln ist durch die Lektüre römischer Dichter geschult. Der Archipoeta ist also ein fähigerer Dichter, als es die panegyrischen, oft devoten und bittenden Topoi vermuten lassen. So kam es, daß Rainald von Dassel ihn offensichtlich auch zu Höherem ausersehen hatte, einem Barbarossa-Epos. Diesen Auftrag lehnt der Archipoeta bittend, aber dennoch recht selbstbewußt ab. Seine materielle Not und die knappe Frist, vor allem aber die nicht zu jeder Zeit gleich präsente Muse hindern ihn, keineswegs jedoch mangelnde Fähigkeit, vergleicht er sich implizit doch mit LUKAN und Vergil.

Offensichtlich wollte der Archipoeta mit seinem *Kaiser-Hymnus* einen Ersatz dafür schaffen: Trotz aller panegyrischen Elemente spricht die Überzeugung von Kaiser Friedrich I. und dessen staufischem Reichsgedanken aus diesen Versen. Neben der *Vagantenbeichte* ist diesem Gedicht daher die größte Bedeutung zuzumessen. Anläßlich der Rückkehr des Kaisers nach Italien mit dem Einzug in Novara (1163) verkündet und bestätigt der Archipoeta überwiegend durch historische Beispiele, aber auch durch programmatische Aussagen dessen Erneuerung des Reichs *(»ut imperium revocet«)*. Seine Darstellung als Augustus-Reinkarnation und Herrscher von Gottes Gnaden beweisen die Dimensionen der Kenntnisse des Archipoeta. Der Ernst der Aussagen tritt um so stärker zutage, als der Dichter angesichts der Bedeutung des Inhalts hier auf die charakteristische Bitte für sich selbst verzichtet, sondern einzig Rainald von Dassel als den entscheidenden Wegbereiter des Erneuerungsprogramms neben dem Kaiser hervorhebt. Überzeugt von der politischen Linie Friedrichs I., bittet der Archipoeta den Kaiser um die Fortführung seiner Politik. Mit diesem Hymnus beweist der Archipoeta seine Fähigkeit, antike panegyrische Traditionen fortzuführen, ohne dabei in bloß imitierende, schöne, aber inhaltsarme Phrasen zu verfallen. Gleichzeitig schafft er eine auch dem einfacheren Publikum nachvollziehbare Aussage durch die Verbindung der zahlreichen anschaulichen Beispiele mit den programmatisch-abstrakten und ideologiekonformen Schlagwörtern.

Aber auch die übrigen Gedichte des Archipoeta zeigen eine außergewöhnliche Begabung für eindringliche Darstellung: so setzt er sich in der *Jonas-Beichte*, die er, um Gnade für seine von Rainald gerügten sexuellen Ausschweifungen zu erbitten, an diesen richtet, mit dem biblischen Jonas gleich, der vom Wal verschlungen wurde, und parallelisiert die Handlung zwischen Jonas und Gott mit seinem Verhältnis zu Rainald. Noch kunstvoller ist das Vorgehen in dem *Vision* betitelten Gedicht: um in einem gerichtlichen Streit Rainald zugunsten des bisher benachteiligten Klosters St. Martin zu beeinflussen, erzählt der Archipoeta von seiner in einem Traum erlebten Entrückung in den Himmel und der Begegnung mit dem heiligen Martin, den er nur mit Mühe von dessen Klagen gegen Rainald abbringen konnte. Also müsse dieser sich mit dem heiligen Martin versöhnen, was natürlich bedeuten soll, daß Rainald in dieser Angelegenheit für das Kloster St. Martin entscheiden möge. Doch auch den grellen Kontrast innerhalb eines Gedichts herzustellen, beherrscht der Archipoeta in verblüffender Weise: spricht er in der *Bittpredigt vor Geistlichen* auch im echten, appellativen Predigtstil mit zahllosen Bibelzitaten und -paraphrasen 36 Strophen lang unter anderem über die Erlösung der Menschheit durch Christus, so scheut er sich nicht, im Schluß unmittelbar nacheinander für seine geistlichen Zuhörer das ewige Leben zu wünschen, für sich aber fast schon blasphemisch »*multus nummos pro largis sumptibus! Amen*« (»*Viel Geld für ein verschwenderisches Leben*«) zu erbitten.

Das bekannteste Werk des Archipoeta ist seine – auch in den *Carmina burana* überlieferte – *Vagantenbeichte (Estuans intrinsecus – Glühend in der Brust)*, die das wohl anschaulichste Bild von den Vagantendichtern liefert. Wegen seiner allzu irdischen Lebenseinstellung war der Dichter bei Rainald von Dassel angeklagt worden und suchte sich mit diesem Gedicht zu rechtfertigen. Reuevoll zerknirscht klagt der Poet über seine Unbeständigkeit, bekennt ganz offen seine drei Hauptsünden – Freude an der Liebe, am Spiel und an der Schenke – und gelobt am Schluß seinem Gönner, den er um Verzeihung und um milde Buße bittet, Besserung. In Wirklichkeit hat er natürlich gar nicht vor, sein Leben zu ändern. Sein Gedicht ist eine Parodie auf die kirchliche Beichte, und selbstbewußt verteidigt er sein auf die Freuden des Diesseits gerichtetes Lebensideal: er könne sein Leben nicht anders führen. Seinen Anklägern ruft er siegesgewiß das Bibelwort entgegen: »*Wer von euch ohne Schuld ist, werfe den ersten Stein.*« In das streng symmetrisch aus neunzehn Vagantenstrophen aufgebaute Lied sind, wahrscheinlich vom Dichter selbst, sechs Strophen aus einem früheren Gedicht eingefügt, in denen der Dichter bekennt, daß er ohne ordentlichen Trunk und reichliche Speise keine Verse schreiben könne. – Das ganze Mittelalter hindurch erfreute sich das Werk großer Beliebtheit; es wurde vielfach umgedichtet und schließlich regelrecht zersungen. Der zweite Teil, mit dem Beginn »*Meum est propositum in taberna mori*« wurde früh als eigenes Lied herausgelöst; dank der kongenialen, aber ziemlich freien Nachdichtung von Gottfried August BÜRGER (*»Ich will einst bei Ja und Nein vor dem Zapfen sterben«*) ist dieser Abschnitt heute viel bekannter als das ganze Werk. Im 20. Jh. wurden die ersten fünf Strophen unter dem Titel *Estuans interius* in der Vertonung durch Carl Orff in den *Carmina burana* weltbekannt. Orff hat vor allem den Rhythmus der Vagantenstrophe durch das punktierte Sechzehntel-Motiv und den ganzen jugendlichen Impetus der Vaganten nahezu ideal in Noten gesetzt.

Entspricht der Archipoeta auch oberflächlich der Vagantentradition, so hebt er sich doch durch die Dimensionen seiner Inhalte, seinen darstellerischen Einfallsreichtum und den ihm eigenen Blick für die richtige Haltung zur richtigen Zeit aus der Masse seiner Standesgenossen hervor. Sofern es seine abhängige Situation zuläßt, nutzt er die Gelegenheit, seine unkonventionelle Einstellung als Kritiker ironisch und selbstbewußt offenzulegen, so wie er gewichtige politische Themen mit tiefem und überzeugtem Ernst behandelt. Seine wenigen überlieferten Gedichte umfassen so das ganze Spektrum vom Anzüglichen über das Ironische bis zum Überzeugt-Engagierten und sind daher wert, auch über die *Vagantenbeichte* hinaus gelesen zu werden. W.Eb.-M.L.

AUSGABEN: *Die Gedichte*, Hg. M. Manitius, Mchn. 1913. – *Gedichte*, Hg. W. Stapel; Hbg. 1927 [m. Einl. u. Komm.; lat.-dt.]. – *Gedichte*, Hg. H. Krefeld; Bearb. H. Watenphul, Heidelberg 1958. – *Hymnen und Vagantenlieder*, Hg. K. Langosch, Darmstadt/Bln. ³1961 [lat.-dt.]. – *Lieder des Archipoeta*, Hg. ders., Stg. 1979 (RUB; m. Anm. u. Nachw.; lat.-dt.).

VERTONUNG: In C. Orff, *Carmina Burana*, Lpzg. 1937.

LITERATUR: VL², 1, S. 107-119; 5, S. 55-60. – K. Langosch, *Profile des lateinischen Mittelalters*, Darmstadt 1965, S. 295-327. – Ders., *A.* (in Mittellateinisches Jb., 4, 1967, S. 155-160). – P. Klopsch, *Der A.* (in Der altsprachliche Unterricht, 12, 1969, S. 31-47). – H. Naumann, *War der A. ein Vagant?* (in ebd., S. 88-92). – K. Langosch, *A.* (in Miscellanea Mediaevalia, 7, Bln. 1970, S. 134-145 u. 149 f.). – F. Wagner, *A.* (Mittellateinisches Jb., 10, 1975, S. 100-105). – D. Schaller, *A.* (in LM, 1, Sp. 899 f.).

ARČʻIL II.

* 1647
† 1713

ARČʻILIANI

(georg.) ist der zusammenfassende Titel für das poetische Gesamtwerk des Königs ARČʻIL II.; da jedoch die zwei ersten Teile der Gedichtsammlung lobpreisend dem Leben und Dichten des Königs TʻEIMURAZ I. (1589–1663) gewidmet sind, sondert man diese als *Tʻeimuraziani* aus dem Gesamtwerk aus. – Die didaktisch-moralischen Gedichte im *Arčʻiliani* lassen sich in drei Gruppen scheiden: das *Gespräch zwischen den Menschen und der Welt (gabaaseba kacʻisa da sopʻlisa)*, zu dem König Arčʻil von einem Vierzeiler des Davitʻ Mamuka DŽAPʻARISDZE inspiriert wurde und das er 1684 in Astrachan schrieb; die *Sitten Georgiens (Sakʻartʻvelos zneobani)*: praktische Anweisungen, die sowohl das physische als auch das moralische Verhalten des Menschen betreffen (entstanden 1685); und das Gedicht *An die acht bedeutenden Körperglieder (rvatʻa sacʻinotʻa asotʻa gvamisatʻa)*, in dem Arčʻil die Organe und Gliedmaßen des Menschen (Auge, Nase, Ohr, Zunge, Mund, Hand, Bein, Herz) auf die ihnen gemäßen Funktionen untersucht und ihre natürlichen Aufgaben bestimmt. Neben diesen in sechzehnsilbigen Vierzeilern *(šairi)* geschriebenen didaktischen Gedichten finden sich im *Arčʻiliani* Lobgedichte im panegyrischen *čʻahruhauli*, im kirchlichen *iambiko* oder in Form eines Akrostichons, aber auch Liebesgedichte, der Form nach sog. *madžamen*. All diese kleineren Dichtungen, geschrieben in Astrachan, zeigen deutlich, daß Arčʻil der von seinem Lehrer Tʻeimuraz eingeschlagenen Richtung folgt: er bemüht sich um Reinheit der Sprache und entzieht sich den persischen Einflüssen; auch Rossismen tauchen selten auf. J.J.

AUSGABEN: Tiflis 1853, Hg. P. Ioseliani. – Kutais 1888, Hg. L. Mačʻitadze. – Tiflis 1936/37 (*Arčʻili, Arčʻiliani, tʻhzulebatʻa krebuli or tomad*, Hg. A. Baramidze u. N. Berdzenišvili, 2 Bde.).

ÜBERSETZUNGEN: *Nravy Gruzii*, K. Lipskerov (in *Antologija gruzinskoj patriotičeskoj poézii*, Tiflis 1945; russ.). – Arčil II, *Nravy Gruzii* (otryvok), ders. (in *Poézija Gruzii*, Moskau/Leningrad 1949, S. 152 f. russ.).

LITERATUR: A. Chachanov, *Očerki po istorii gruzinskoj slovesnosti III*, Moskau 1901. – Karst, S. 141 f. – A. Baramidze, Š. Radiani, V. Žgenti, *Istorija gruzinskoj literatury*, Moskau 1952, S. 51–54. – D. M. Lang, *The Last Years of the Georgian Monarchy 1658–1832*, NY 1957, S. 122 f. – Kekelidze, 2, S. 572–592. – R. Baramidze, *Arč'ilis literaturuli šehedulebebi* (in Literaturuli dziebani, 13, Tiflis 1961, S. 225–238).

ARCIPRESTE DE HITA

d.i. Juan Ruiz
* 1283 (?)
† um 1350 (?)

LIBRO DE BUEN AMOR

(span.; *Buch von rechter Liebe*). Versdichtung von ARCIPRESTE DE HITA, erhalten in drei voneinander abweichenden Handschriften, denen möglicherweise zwei verschiedene Fassungen zugrunde liegen, eine aus dem Jahr 1330 (Hss. von Toledo und Gayoso) und eine zweite aus dem Jahr 1343 (Hs. von Salamanca). In dieser umfaßt das Gedicht 1728 Strophen mit 7173 Versen. – Das Werk des »Erzpriesters von Hita«, in dem die Literaturgeschichte den genialsten Dichter des spanischen Mittelalters erblickt, erhielt seinen heutigen Titel erst in neuester Zeit (1898 durch MENÉNDEZ PIDAL), ist indes weit mehr und auch etwas völlig anderes als ein gelehrt-religiöses Erbauungs- und Unterweisungsbuch über die rechte Liebe, wie man es von einem Dichter geistlichen Standes erwarten dürfte. Weit über jede didaktische Absicht hinaus, wie sie im Prolog zwar ausdrücklich, aber auch recht widersprüchlich verkündet wird, ist es ein Buch persönlicher Lebenserfahrung und eine unerschöpfliche Quelle für die Kenntnis der verschiedenen Stände, der Mentalität und Lebensweise seines Jahrhunderts. Als »*menschliche Komödie*« des 14.Jh.s (Menéndez y Pelayo) stellt es literatur- und geistesgeschichtlich das spanische Gegenstück zu BOCCACCIOS *Decamerone* und zu CHAUCERS *Canterbury Tales* dar. Zum erstenmal bringt hier in spanischer Sprache ein literarisches Werk unmittelbare Lebenswirklichkeit zum Ausdruck und verschmilzt dabei Beobachtetes und Erlebtes mit dem literarischen Bildungsgut, den moralischen und religiösen Vorstellungen seiner Zeit.

Formal ist das *Buch von rechter Liebe* ein kaum zu klassifizierendes Gebilde, in dem sich Heterogenstes durch eine autobiographische Fiktion nur locker zusammenfügt. Zur Erläuterung seiner These, daß »*Nahrungssuche und der Wunsch nach Paarung mit einem liebeskundigen Weibe*« die Kräfte seien, die Welt und Leben bestimmen, erzählt Juan Ruiz eine Folge von dreizehn sehr verschiedenartigen Liebesabenteuern, unterbricht sie durch moralisierende Betrachtungen, durch Klagen und durch Schmähungen gegen Sünde, Sinnenlust und Tod, streut einen Strauß von 32 Exempeln und Fabeln ein, dazu mehrere allegorische Fragmente, wie die sehr amüsante Beschreibung der großen Schlacht zwischen den Heeren des »Don Carnal« und der »Doña Cuaresma« (des Herrn Fleisch und der Frau Fastenzeit), ferner Spottgedichte, *serranillas* (Hirtenlieder), Blinden- und Studentenlieder, eine Satire auf die Kleriker von Talavera de la Reina, dann wieder fromme Gebete und vor allem Marienlieder voll tiefer Gläubigkeit und starker lyrischer Kraft. – Dabei ist keineswegs alles, was sich autobiographisch gibt, selbsterlebt, und was wie unmittelbare Erfahrung wirkt, ist nicht immer wirklich beobachtet. An vielen Stellen sind literarische Vorbilder unverkennbar; bei der Konzeption des Ganzen hat zweifellos OVIDS *Ars amandi* Pate gestanden, die reizende Geschichte von Don Melón und Doña Endrina geht auf den *Pamphilus*, eine mittellateinische Liebesdichtung aus dem 12.Jh., zurück; das Spottgedicht auf die Kleriker von Talavera ist zum Teil aus der *Consultatio sacerdotum* des Engländers Walter Map (um 1140–1209) direkt übersetzt; Trotaconventos (»Die-von-Kloster-zu-Kloster-läuft«), eine der originellsten Figuren des Gedichts, hat ihre Ahnherrin in der *vetula*, der kupplerischen Alten der lateinischen Komödie; die allegorischen Episoden entstammen französischen, gewisse Anschauungen über die Allmacht der Liebe möglicherweise arabischen Quellen; die Fabeln und Exempel gehören zum Bildungsgut der Zeit.

Diese ganze Gelehrsamkeit wird jedoch nicht unverhüllt dargeboten, sondern gewinnt Wirklichkeitsgehalt durch die Lebenserfahrung und Menschenkenntnis, die Juan Ruiz in sie einströmen läßt, vor allem aber durch die farbige, ungestüme, im Wortschatz unerschöpfliche, in der Syntax flexible und rasche, alle Ausdrucksmöglichkeiten souverän beherrschende Sprache, in der er Erlebtes und Übernommenes gestaltet. Die Spontaneität und Unbekümmertheit seiner Ausdrucksweise, die nie abstrakt, sondern immer konkret, oft derb realistisch, oft humorvoll bis zur Selbstverspottung, aber auch zartester lyrischer Empfindung fähig ist, gibt dem *Libro de buen amor* jenen volkstümlichen Spielmannston, der das Werk des Erzpriesters von Hita vollends zu dem macht, was es ist: eine Synthese der beiden großen Stilrichtungen der spanischen Dichtung des Mittelalters, dem *mester de clerecia*, dem Juan Ruiz nach Stand und Bildung verpflichtet war, und dem *mester de juglaria*, wohin Temperament und Ursprünglichkeit ihn zogen. Der Unbeschwertheit, die den sprachlichen Ausdruck ebenso wie die Art der Darstellung und Aussage kennzeichnet und die sich in dem lockeren Aufbau des Werks ebenso zeigt wie in der oftmals fehlerhaften oder auf mancherlei Weise modifizierten Behandlung des Vers- und Strophenmaßes der *cuaderna via*, entspricht eine gewisse Sorglosigkeit der Welt- und Liebesanschauung. Zweck seines

Buches, so erklärt der Verfasser, sei es, den Menschen in der rechten Liebe zu unterweisen und ihn vor den Fallstricken der sündhaften zu bewahren. »Aber«, so fährt er im Prolog listig fort, »*sündigen ist ein menschlich Ding; wenn jemand (was ich ihm keineswegs rate) der sündhaften Liebe frönen will, hier wird er Anleitung dazu finden.*« Tatsächlich ist sein Buch ebensosehr Anleitung zum »*loco amor*«, wie er die sündhafte Liebe nennt, wie Darstellung des »*buen amor*«, ja, häufig mehr jene als diese. Solches Neben- und Ineinander von Weltflucht und Weltlust, von tiefer Gläubigkeit und Hingabe an die Freuden der Welt, von fragloser Anerkennung der religiösen Lehre und überschäumender Lebenslust, ist nicht nur für den Verfasser des *Libro de buen amor* bezeichnend, sondern Ausdruck des mittelalterlichen Lebensgefühls überhaupt. A.F.R.

AUSGABEN: Madrid 1790 (*Poesías*, Hg. T. A. Sánchez; Collección de poesias castellanas anteriores al siglo XV, 4). – Madrid 1864 (*Libro de Cantares*, Hg. F. Janer; BAE). – Toulouse 1901, Hg. J. Ducamin. – Madrid 1913, Hg. J. Cejador y Frauca (krit.; Clás. Cast.). – Mailand/Neapel 1964, Hg. G. Chiarini [krit.]. – Madrid 1965, Hg. M. Criado de Val u. E. W. Naylor [krit.] – Madrid 1967, Hg. J. Corominas, Madrid 1967 [krit.]. – Madrid 1977, Hg. M. Criado del Val [Faks.]. – Madrid 1981–1984, Hg. u. Einl. J. Josef, 2 Bde. (krit.; Clás. Cast.). – Madrid 1982 (Austral). – Barcelona 1984, Hg. u. Einl. A. Blecua. – Madrid 1985, Hg. u. Einl. L. Girón Alconchel.

ÜBERSETZUNGEN: *Aus dem Buch der guten Liebe*, W. Goldbaum, Mchn. 1960 (Ausz.; GGT). – *Libro de Buen Amor*, H. U. Gumbrecht, Mchn. 1972 [dt.-span.; m. Einl. u. Bibliogr.].

DRAMATISIERUNG: M. Criado del Val, *Doña Endrina*, Madrid 1960.

LITERATUR: J. M. Aguado, *Glosario sobre Juan Ruiz, poeta castellano del siglo XIV*, Madrid 1929. – L. Spitzer, *Zur Auffassung der Kunst des A. de H.* (in ZfrPh, 54, 1934, S. 237–270). – F. Lecoy, *Recherches sur le »Libro de buen amor« de Juan Ruiz*, Paris 1938. – A. Castro, *El »Libro de buen amor« del A. de H.* (in A. C., *España en su historia. Cristianos, moros y judíos*, Buenos Aires 1948, S. 371–469). – W. Kellermann, *Zur Charakteristik des »Libro« des A. de H.* (in ZfrPh, 67, 1951, S. 225–254). – F. Lázaro Carreter, *Los amores de Don Melón y Doña Endrina. Nota sobre el arte de Juan Ruiz* (in Arbor, 18, 1951, S. 1–27). – F. Capecchi, *Il »Libro de buen amor« di Juan Ruiz, A. de H.* (in Cultura Neolatina, 13, 1953, S. 135–164; 14, 1954, S. 59–90). – U. Leo, *Zur dichterischen Originalität des A. de H.*, Ffm. 1958. – T. R. Hart, *La alegoría en el »Libro de buen amor«*, Madrid 1959. – G. B. Gibbon-Monypenny, *Autobiography in the »Libro de buen amor« in the Light of Some Literary Comparisons* (in BHS, 34, 1957, S. 63–78). – M. R. Lida de Malkiel, *Nuevas notas para la interpretación, influencia, fuentes y texto del »Libro de buen amor«* (in NRFH, 13, 1959, S. 105–150; ern. in M. R. L. de M., *Estudios de literatura española y comparada*, Buenos Aires 1966, S. 14–91). – L. Spitzer, *Note on the Poetic and Empirical »I« in Medieval Authors* (in L. S., *Romanische Literaturstudien*, Tübingen 1959, S. 100–112). – M. Criado del Val, *Teoría de Castilla la Nueva*, Madrid 1960, S. 157–252. – M. R. Lida de Malkiel, *Two Spanish Masterpieces. The »Book of Good Love« and the »Celestina«*, Urbana 1961, S. 1–50. – G. B. Gibbon Monypenny, *The Two Versions of the »Libro de Buen Amor«: the Extent and Nature of the Author's Revision* (in BHS, 39, 1962, S. 205–221). – F. Torres Yagües, *El A. de H. Estudio y antología*, Madrid 1963. – R. Mignani, *Bibliografia compendaria sul »Libro de buen amor«* (in Cultura Neolatina, 25, 1965, S. 62–90). – A. N. Zahareas, *The Art of Juan Ruiz, Archpriest of Hita*, Madrid 1965. – H. H. Baumann, *Neue Ausgaben des »Libro de Buen Amor«* (in RJb, 17, 1966, S. 242–257). – W. Mettmann, *Drei neue Ausgaben des »Libro de Buen Amor«* (in ZfrPh, 84, 1969, S. 618–635). – D. Catalan u. S. Peterson, *Aunque omne non goste la pera del peral, sobre la sentencia de Juan Ruiz y la de su Buen amor* (in HR, 38, 1970, S. 56–96). – P. N. Dunn, *»Libro de Buen Amor«. Studies*, Ldn. 1970. – M. Criado del Val, *A. de H. El libro, el autor, la época*, Barcelona 1973. – Ders., *Historia de Hita y su A. Vida y muerte de una villa mozárabe*, Madrid 1976. – M. Bambeck, *Tod und Rabe im »Libro de Buen Amor« von Juan Ruiz* (in RJb, 27, 1976, S. 316–329). – R. Mignani, *A Concordance to Juan Ruiz, »Libro de Buen Amor«*, Valencia 1977. – C. Zardoya, *Tres aspectos metafóricos en el »Libro de buen amor«* (in *Homenaje a Don A. Rey*, Hg. J. Roca-Pons, Bloomington 1980, S. 185–216). – D. Seidenspinner-Nuñez, *The Allegory of Good Love: Parodic Perspectivism in the »Libro de Buen Amor«*, Berkeley 1981. – M. de Lope, *Traditions populaires et textualité dans le »Libro de Buen Amor«*, Montpellier 1984. – H. A. Kelly, *Canon Law and the A. of H.*, NY 1984. – M. Rössner, *Rezeptionsästhetische Lektüre im Werk des A. de H. Zu den Leerstellen im »Libro de Buen Amor«* (in ASSL, 1, 1984, S. 113–129). – L. O. Vasvari, *La digresion sobre los pecados mortales y la estructura del »Libro de buen amor«* (in NRFH, 34, 1985/86, Nr. 1, S. 156–180).

ARCIPRESTE DE TALAVERA

d.i. Alfonso Martínez de Toledo
* 1398 Toledo
† 1470 (?) Toledo

LITERATUR ZUM AUTOR:
R. A. Del Piero, *Dos escritores de la baja Edad Media castellana (Verague y el Arcipreste de Talavera)*,

Madrid 1971. – E. M. Gerli, *A. M. de Toledo*, Boston 1976. – D. Lomax, *Datos biográficos sobre el Arcipreste de Talavera* (in Filología, 17/18, 1976/77, S. 442–447). – H. Flasche, *Geschichte der spanischen Literatur*, Bd. 1, Bern/Mchn. 1977, S. 392–406. – M. Turon, *A Re-Evaluation of the Work of M. de Toledo*, Diss. Michigan State Univ. 1979 (vgl. Diss. Abstracts, 40, 1980, 6036A).

EL CORBACHO O REPROBACIÓN DEL AMOR MUNDANO

(span.; *Der Corbacho oder Die Verwerfung der weltlichen Liebe*). Traktat des ARCIPRESTE DE TALAVERA, erschienen 1498. – Von insgesamt fünf verschiedenen Titeln, die alle erst von den einzelnen Druckern gewählt wurden, setzte sich später *El corbacho* durch; die Anlehnung an BOCCACCIOS Satire *Il corbaccio* geht allerdings nicht so weit, daß man diese als eine direkte Vorlage ansehen könnte. Der erste der vier Teile des *Corbacho* behandelt die verheerenden Folgen der Liebe zu den Frauen (eingeschoben ist ein Sündenkatalog, der sich auf die Zehn Gebote bezieht), der zweite die Laster der Frauen, der dritte die vier Temperamente der Männer in ihrer Eigenschaft als Liebhaber, der vierte schließlich die Verteidigung der Willensfreiheit. – Die Beispiele von Frauen und Männern, die die Gebote übertreten, bieten dem Erzpriester – ähnlich wie seinem genialen Vorgänger, dem ARCIPRESTE DE HITA in seinem *Libro de buen amor* – Gelegenheit, jedes Gebot mit einer Fülle von Anekdoten aus dem Alltagsleben zu illustrieren. Folgt der erste Teil in seinem trocken-doktrinären Predigtton noch ganz den christlichen Moralisten, so gelingt es dem Erzpriester im zweiten Teil (der dritte und vierte sind eher von literarhistorischem Interesse), seiner sprühenden Phantasie und seinem derbhaften Übermut freien Lauf zu lassen. Bissig, witzig, wirklichkeitsnah und treffsicher verhöhnt er die Laster des schönen Geschlechts, seine Eitelkeit, seine Tücke und Geschwätzigkeit. Der Sinn des Verfassers für Szenen und Situationen, die direkt aus dem Leben genommen sind, lassen die beschriebenen Personen greifbar wie auf der Bühne erscheinen (etwa die Bauersfrau, die in einem derb-wortreichen Monolog den Verlust ihres Huhnes beklagt). Mit wohlgefälliger Ausführlichkeit verweilt der Erzpriester auch bei der Darstellung gewisser heikler Situationen, so daß man geneigt ist, in ihnen frühere sehr irdische Erlebnisse des Autors wiederzuerkennen (z. B. die genießerische Aufzählung von Delikatessen, die ihm dazu dient, die Sünden des Gaumens vorzuführen). Und manchmal fällt es schwer, diese pikareske, frauenfeindliche Zeitsatire nur als »*Sühnewerk, als die Geständnisse eines reumütigen Sünders*« zu betrachten (Miguel y Planes). Andererseits verhinderten gerade seine reichen Erfahrungen aus dem Leben, die ihm eine manchmal derb-realistische, doch stets genau beobachtende, costumbristische Darstellung erlaubten, daß das Werk in die übliche didaktische Öde der Traktatliteratur abglitt. Vielleicht erklärt sich daraus auch seine Vorliebe für die Volks- und Umgangssprache, »*die Sprache der Straße und der Marktplätze*«, die er in die gelehrte Prosa einführte. Er schaute dem Volk »aufs Maul«, und Sprichwörter, Ausrufe sowie die Gespräche des Alltags geben seiner Sprache eine Frische und spontane Ausdruckskraft, wie sie erst wieder bei der *Celestina* und dem *Lazarillo de Tormes* zu finden sind. KLL

AUSGABEN: Sevilla 1498. – Turin 1955, Hg. M. Pinna (Orifiamma, 2; m. Einf.). – Madrid 1970, Hg. J. González Muela.

LITERATUR: A. Farinelli, *Note sulla fortuna del »Corbaccio« nella Spagna medievale* (in Fs. *A. Mussafia*, Halle 1905). – A. Steiger, *Contribución al estudio del vocabulario del »Corbacho«*, Diss. Zürich 1923. – E. v. Richthofen, *A. M. de Toledo u. sein »Arcipreste de Talavera«, ein kastilisches Prosawerk des 15. Jh.s* (in ZfrPh, 61, 1941, S. 417–537). – D. Alonso, *El Arcipreste de Talavera a medio camino entre moralista y novelista* (in CHA, 33, 1957, S. 149–158). – Ders., *De los siglos oscuros al de oro*, Madrid 1958. – E. M. Gerli, *Boccaccio and Capellanus. Tradition and Innovation in A. de Toledo* (in REH, 12, 1978, S. 255–274). – C. I. Nepaulsingh, *Talavera's Imagery and the Structure of the »Corbacho«* (in RCEH, 4, 1980, S. 329–349). – R. Di Franco, *Rhetoric and Some Narrative Techniques in the »Corbacho« of A. M. de Toledo* (in KRQ, 2, 1982, S. 135–142). – M. Cieri, *A. de Toledo: Il linguaggio del corpo* (in Quaderni di lingue e letterature, 8, 1983, S. 121–136).

MICHAIL PETROVIČ ARCYBAŠEV

* 24.10.(5.11.)1878 Gouvernement Charkov
† 3.3.1927 Warschau

LITERATUR ZUM AUTOR:
V. V. Vorovskij, *Literaturno-kritičeskie stat'i*, Moskau 1956. – S. O'Dell, *M. P. A. (1878–1927). A centennial presentation and assessment*, Vancouver 1980.

SANIN

(russ.; *Ü: Ssanin*). Roman von Michail P. ARCYBAŠEV, erschienen 1907. – Nach Jahren der Abwesenheit kommt Sanin in seine Geburtsstadt zu Mutter und Schwester zurück. Ein Mann ohne Grundsätze, ist er weder Zyniker noch böse: Er kennt keine Verbissenheit, keine Überlegung und jedenfalls auch keine Hemmungen. Das einzige, was ihn interessiert, ist die Jagd nach reinem, ungezügeltem Sinnengenuß, die natürliche, von keinen moralischen oder gesellschaftlichen Bedenken gestörte Befriedigung des Geschlechtstriebs. Er verführt die Verlobte seines ergebenen Freundes Jurij, eines Revolutionärs und Idealisten, worauf dieser Selbstmord begeht. Als man Sanin bittet, einige Worte am Grab zu sprechen, antwortet er gleichgültig: »*Was soll man hier sagen? Es gibt nur einen Dummkopf weniger auf der Erde.*« Jurij gehöre zu den Menschen von gestern, die vor ihrem Untergang stehen, und es sei unnötig, ihn zu bedauern. Mitleid ist für Sanin überhaupt keine der Eigenschaften, die der neue Mensch mit sich schleppen soll. Das Ich allein ist übriggeblieben, das nunmehr versuchen muß, das richtige Verhältnis zu seinem Körper zu finden. Sanin verschwindet beschwingten Herzens aus der Stadt, ungerührt von all der Verzweiflung, die er zurückläßt.

Arcybašev wertet den Amoralismus seines Helden durchaus positiv. So wie er werden alle Menschen der »neuen Generation« sein. Alles, was nicht Geschlecht ist, erscheint nur als Ausrede und Verhüllung des Geschlechts. – Die Reaktion der Öffentlichkeit konnte als Symptom dafür gelten, daß die neue Generation bereits geboren war, daß die philosophischen Einsprengsel des Romans eine tiefere Wahrheit für die Jugend eröffneten, die ihre Ideale nach dem Fehlschlag der Revolution von 1905 verloren zu haben schien. – Die deutsche Übersetzung war zeitweise verboten. Das Buch ist im weitschweifigen, schlendrigen Stil der Boulevardliteratur geschrieben und verdient als Kunstwerk kaum Aufmerksamkeit. Aber als Spiegel einer Epoche ist es auch heute noch von Interesse. J.W.

AUSGABEN: Moskau 1907. – Bln. 1921. – Letchworth 1969.

ÜBERSETZUNGEN: *Ssanin*, A. Villard u. S. Bugow, Mchn./Lpzg. 1909; ern. 1919. – *Ssanin: Roman*, dies., Mchn. 1971.

LITERATUR: A. P. Omel'čenko, *Geroj nezdorovogo tvorčestva.* »*Sanin«, Roman A.*, Petersburg 1908. – M. Schneidewin, *Die angebliche Überwindung des revolutionären Geistes durch A.s Roman* »*Sanin*« (in PJb, 134, 1908). – P. Barchan, *Sanin u. die erotische Bewegung* (in NRs, 20, 1909, S. 123 ff.). – N. Luber, *A.'s. Sanin: A reappraisal* (in Renaissance & Modern Studies, 1980, 24, S. 58–78).

LARS ARDELIUS

* 1.11.1926 Falun

KRONPRINSARNA

(schwed.; *Die Kronprinzen*). Roman von Lars ARDELIUS, erschienen 1972. – Das Werk wurde mit dem großen Romanpreis ausgezeichnet, nachdem der Autor seit seinem Debüt 1958 wegen der ästhetischen Qualität seiner Arbeiten von der Kritik zwar mit Respekt, vom Publikum aber nur kühl aufgenommen worden war. Erst als er in Fernsehspielen brandaktuelle Themen aufgriff und 1970 seinen ersten Roman, *Gösta Berglunds saga*, veröffentlichte, wurde er zum anerkannten Autor. *Die Kronprinzen* ist sein zweiter Roman, in Form und Stil ein Musterbeispiel des schwedischen Realismus der siebziger Jahre, der mit seinem Interesse für die Wirklichkeit, für die Probleme des Alltags und mit seiner kritischen Sicht dem Dokumentarismus der sechziger Jahre nahesteht. Vor allem aber ist dieses Werk sprachlich eng mit den vorangegangenen experimentellen Arbeiten des Autors verwandt – voller überraschender Assoziationen, Fragen, Aufrufe, Ausschweifungen und Ausflüchte, häufig dialogisiert und fast durchweg im Präsens geschrieben.

Das Buch ist in vier Abschnitte gliedert, deren Stoff die einzelnen Lebensphasen der beiden Protagonisten, der eineiigen Zwillinge Arne und Bengt, sind, die 1926 geboren werden. Das Ei als Symbol des Lebens, das sich hier in zweifacher Gestalt entwickelt, hat den Verfasser (der ausgebildeter Psychologe ist) schon früher interessiert. Ein ganzer Novellenzyklus von 1965 ist darauf aufgebaut, weil, wie er selbst sagt, »*Symbole wie Kondensationskerne für fast alle beliebigen Assoziationen fungieren ... und das Ei eine der Grundformen des Lebens ist*«. Um dieses Grundsymbol baut er eine straffe Erzählung, die sich vor allem auf die zwei Figuren konzentriert. Die Zwillinge werden mit elf Jahren Waisenkinder und von zwei Adoptivfamilien aufgenommen: Arne von einer Arztfamilie im noblen Ostermalm von Stockholm, Bengt von einer Arbeiterfamilie in der Industriestadt Norrköping. Was folgt, ist eine Art sozialpsychologisches Experiment mit den Brüdern, ausgehend von der Prämisse, daß der Mensch ein Produkt der gesellschaftlichen Umstände ist (eine These, die Ardelius früher nie vertrat). Wie zu erwarten war, wird aus Arne ein gutsituierter Architekt mit einer schönen Frau und Villa im mondänen Bromma; Bengt, der Fabrikarbeiter und später Kleinbauer auf Gotland wird, bleibt Junggeselle. Die beiden entfernen sich immer weiter voneinander, haben intellektuell kaum etwas gemeinsam, und die Geschichte endet mit dem endgültigen Bruch.

Was an dem Text fasziniert, ist die wissenschaftliche, fast klinische Art, mit der die beiden in ihrer unterschiedlichen sozialen Umgebung beobachtet werden: scheinbar ganz unparteiisch, als Forschungsobjekte, kühl distanziert. Es geht dem Autor nicht darum, zu zeigen, wie der Mensch durch das Milieu geformt wird, sondern darum, das Ergebnis so überzeugend wie möglich an diesem Beispiel darzulegen. So sieht es indessen nur auf den ersten Blick aus. Die spannende, offene Frage nach dem eigenen »Ich« bleibt nämlich unbeantwortet, vielleicht auch unbeantwortbar. Darin offenbart sich die Skepsis des Psychologen gegenüber der vereinfachten Hypothese, die er angewandt hat. Trotz allem wurden die Zwillinge innerlich nicht umstrukturiert; sie besitzen weiterhin ein je eigenes Bewußtsein, eigene Identitäten, die durch unterschiedliche Milieueinflüsse und Erziehungsprinzipien nicht ausgelöscht werden konnten. In dieser Hinsicht ähneln die beiden Figuren jenen Menschen, denen man auch in anderen Werken von Ardelius begegnet, Menschen, die erfolglos um ihre eigene Identität ringen. Darüber hinaus bietet die Romanform dem Autor die Möglichkeit, die Zeit- und Milieuuntersuchung zu vertiefen, jenseits der engstirnigen Ideologien, die in den sechziger Jahren die Literatur dominierten. Ardelius war einer der wenigen, die sich klischeehafte Politisierungen nie zu eigen gemacht haben und immer abseits der herrschenden Dokumentarliteratur blieben. Mit seinen Romanen betrat er einen neuen Weg zum gesellschaftskritischen, aber nicht ideologisierten Realismus, zu einer erneuerten Epik. R.Ke.

AUSGABE: Stockholm 1972.

LITERATUR: Rezensionen: Svenska Dagbladet, 4. 10. 1972. – Aftonbladet, 9. 10. 1972. – Dagens Nyheter, 9. 10. 1972. – L. Larsson, *A. får 15 000 kronor. Är bröder tvungna att samsas?* (in Vi, 1973, Nr. 5).

JOHN ARDEN

* 26.10.1930 Barnsley

LITERATUR ZUM AUTOR:
W.-D. Weise, *Die ›Neuen englischen Dramatiker‹ in ihrem Verhältnis zu Brecht*, Bad Homburg 1969. – S. Trussler, *J. A.*, NY/Ldn. 1973. – A. Hunt, *J. A.: A Study of His Plays*, Ldn. 1974. – J. Arden, *To Present the Pretence*, Ldn. 1977. – F. Gray, *J. A.*, Ldn. u. a. 1982. – M. Page, *J. A.*, Boston 1984 (TEAS). – M. Esslin u. J. Kabierske, *J. A.* (in KLFG, 7. Nlg., 1985). – M. Page, *A. on File*, Ldn. 1985.

THE ISLAND OF THE MIGHTY

(engl.; *Die Insel der Mächtigen*). Stück in drei Teilen von John ARDEN, Uraufführung: London, 5. 12. 1972, Aldwych Theatre/Royal Shakespeare Company. – Mit *The Island of the Mighty* knüpft Arden an die lange Reihe seiner Dramen an, in denen er verbürgte oder fiktive Ereignisse der Vergangenheit zur Parabel auf zeitgenössische Konstellationen macht und dabei nicht vor der Demontage nationaler Mythen und Heldengestalten zurückschreckt. So wird hier der historisch nur bedingt gestützte Mythos des legendären Königs Arthur, der im 6.Jh. die keltisch-romanische Bevölkerung Britanniens gegen die hereinbrechenden Angeln, Sachsen und Jüten verteidigt haben soll, zur Folie für Ardens Interpretation der Situation in der Dritten Welt. Wie der Autor selbst in einem Interview betonte, ging es ihm primär um eine kritische Darstellung von Imperialismus und um das Schicksal des »kleinen Mannes« im Verlauf großer weltgeschichtlicher Ereignisse. Im Mittelpunkt der äußerst komplexen und figurenreichen (33 Rollen) Handlung stehen der gealterte König Arthur und sein Barde Merlin in einem England des 6.Jh.s, in dem die straffe Zentralverwaltung der ehemaligen Kolonialmacht Rom fast völlig abgelöst wurde durch die wiedererstandenen Stammesverfassungen.
Im ersten Teil wird die zunächst private Geschichte des Zwillingspaares Balin und Balan verwoben mit der politischen Ausgangssituation: Arthur sieht sich von drei Seiten bedroht – von außen durch die im Nordosten eindringenden Angeln, im Inneren durch den Aufstand des Gegenkönigs Pellam, der sich wie Arthur durch seine Abstammung von den Römern zu legitimieren versucht. Arthurs Kampf gegen die Angeln wird durch einen weiteren inneren Zwist zwischen Arthurs Neffen Strathclyde und den sogenannten »Wild Cat Picts« erschwert. Nachdem Balin und Balan (aus dem von den Angeln besetzten Land Gododdins) sich über der Frage des Verhältnisses zu den »Römern« zerstritten haben, landet Balin im Lager Arthurs, wo er im Affekt die zu Friedensverhandlungen mit Strathclyde angereiste Botschafterin der Pikten – eine Prinzessin – tötet, wodurch der Krieg unvermeidbar wird. Balan dagegen findet sich, nachdem er – von der Königin zum neuen König auserkoren – den alten König im Zweikampf getötet hat, als neuer König der Pikten wieder. Mit der gegenseitigen Ermordung der Brüder und Arthurs Aufruf zum Kampf endet der erste Teil.
Im zweiten Teil wird deutlich, daß die Angeln auf Aufforderung des (Kelten) Gododdin als Schutzmacht gegen die ständigen Übergriffe durch andere Stammesfürsten in das Land kamen. Um Gododdins Bindung an die (keltisch-romanischen) Briten zu verstärken, heiratet Arthur Gododdins Schwester Gwenhwyvar. Nachdem Arthurs Halbschwester Morgan den Mythos von den Töchtern des Heroen Bran und seiner Schwester Branwen erzählt hat, die eines Tages wiederkehren und den Herrscher ihrer Wahl bestimmen würden, womit ein neues Goldenes Zeitalter anbrechen würde, erklärt sie Gwenhwyvar zu einer dieser Töchter. Gwenhwyvar verbündet sich daraufhin mit Arthurs Neffen Medraut, der zum neuen König erhoben wird. Wenig später jedoch werden Arthur und Medraut von den hereinbrechenden Angeln getötet. Merlin dagegen ist von Strathclydes Barden Taliesin dazu verflucht worden, in Zukunft als Vogel zu leben, nachdem Merlin Taliesin mit Gewalt daran hindern wollte, Verhandlungen zwischen Arthur und Medraut zustande zu bringen.

Der dritte Teil zeigt die Reste der besiegten britischen Armeen, die sich unter Arthurs anderem Neffen Bedwyr in das Gebiet der Pikten zurückziehen, während Merlin, seines Verstandes beraubt, durch das Hochland zieht, bis er schließlich von einem Bauern, der die Freundlichkeit seiner Frau gegenüber Merlin mißversteht, getötet wird. Mit der Prophezeiung einer grausamen und blutigen Rückkehr der Briten endet das Stück.

Als Quellen dienten Arden neben GEOFFREYS OF MONMOUTH und Thomas MALORYS Bearbeitungen der Artussage auch die noch näher an der keltischen Tradition stehenden Mythen des *Mabinogian* und das irische Epos *Crazy Sweeney*, ebenso wie J. G. FRAZERS und Jessie WESTONS Untersuchungen zum Mythos. Diese unterschiedlichen Mythen und Legenden greift Arden hier auf und kontrastiert so zwei verschiedene Welten miteinander: die Kultur der Erben der römischen Kolonialherren und die ursprüngliche ritualistische vorrömische Stammeskultur, die ihre deutlichste Ausprägung bei den mutterrechtlich organisierten Pikten findet. Eine wichtige Aufgabe bei der Führung des Zuschauers durch das Handlungsgestrüpp kommt neben der stilistischen Variation zwischen Prosa, Vers, Song, Pantomime und optischen Spektakeln, bezeichnenderweise den – aus keltischer Tradition stammenden – Barden Merlin und Aneurin zu, die als Kommentatorfiguren immer wieder die wichtigsten Ereignisse zusammenfassen, und die Frage nach der Rolle des Barden, d. h. letztlich der Dichtung, in der Gesellschaft ist denn auch eines der zentralen Themen. In dieser Hinsicht werden verschiedene Positionen miteinander kontrastiert: Hat der Barde der Pikten noch primär religiös-ritualistische Hohepriester-Funktion, so erscheint Taliesin als fast ausschließlich politische Figur, die ihre poetischen Funktionen der Aufgabe der den Interessen der Herrschenden entsprechenden Darstellung politischer Ereignisse unterordnet.

Ein ähnlicher Gegensatz zwischen keltischer und römischer Tradition findet sich bei Merlin und Aneurin: während Merlin zwar im Gegensatz zu Taliesin noch an die künstlerische Dimension seiner Tätigkeit glaubt, sieht er doch seine zentrale Aufgabe in der Verkündigung der »Taten« Arthurs, die mit Arthur auch ihm selbst ewigen Ruhm eintragen sollen. Aneurin dagegen verkörpert das alte und das neue Element des mündlich tradierten Barden, dessen Texte weniger der Glorifizierung der Herrschenden als der Unterhaltung und Information der Beherrschten dienen. Damit steht Aneurin näher am »niedrigen« Volk, dessen Leiden unter den kriegerischen Machenschaften der Herrschenden – Raub, Plünderung, Mord, Vergewaltigung – ein weiteres zentrales Motiv ausmacht.

The Island stellt damit den Versuch dar, u. a. mit den Mitteln des Epos die von dieser Textsorte häufig tradierten Inhalte von einem ideologiekritischen Standpunkt aus in Frage und in Beziehung zu aktuellen Vorgängen zu stellen, ohne daß es Arden freilich gelingt, die in der Einleitung und in Interviews postulierten anti-imperialistischen Bezüge zur Dritten Welt besonders deutlich zu machen. Mit diesem ambitionierten Unterfangen gerät er aber auch leicht in Gefahr, die Aufnahmefähigkeit des Zuschauers im Hinblick auf Aufführungslänge, Zahl der Figuren und Komplexität der Handlung zu überfordern, was denn auch durch die langwierige Produktionsgeschichte (das Stück wurde in verschiedenen Fassungen vom Royal Court Theatre 1955/56 und von der BBC 1969 abgelehnt) dokumentiert wird. Die jetzt vorliegende Fassung entstand in Zusammenarbeit mit Margaretta D'ARCY nach Ardens Indienreise (wo er sich besonders von den ritualistischen Aspekten der indischen Religionen beeindruckt zeigte). Bei der Uraufführung durch die Royal Shakespeare Company wurde die Vorlage um ein Drittel auf eine Aufführungszeit von vier Stunden gekürzt; dies führte zum Protest des Autors und M. d'Arcys, die die anti-imperialistischen Implikationen ihres Stücks zugunsten der eher konventionellen Darstellung des tragischen Machtverlustes eines alten Königs vernachlässigt sahen. Bis heute hat *The Island* kaum mehr eine Neuinszenierung erfahren, denn – »*the Ardens' ambition (...) is colossal; but the execution is confusing*« (M. Page). H.Qu.

AUSGABEN: Ldn. 1973 (in *Plays and Players*, Febr. u. März; Vorabdruck). – Ldn. 1974 (Methuen).

SERJEANT MUSGRAVE'S DANCE. An Un-Historical Parable

(engl.; Ü: *Der Tanz des Sergeanten Musgrave*). Schauspiel in drei Akten (mit Song-Einlagen) von John ARDEN, Uraufführung: London, 22. 10. 1959, Royal Court Theatre; deutsche Erstaufführung: Bamberg, Sept. 1962, Junges Theater. – Obwohl das Stück in der zweiten Hälfte des 19.Jh.s spielt und laut Regieanweisung in zeitgetreuen Kostümen aufzuführen ist, hat ihm der Autor den Untertitel *Eine unhistorische Parabel* gegeben. Treffender wäre vielleicht »negative Parabel«, denn »Black« Jack Musgrave, Sergeant der britischen Kolonialarmee, demonstriert, welcher Logik man nicht folgen darf, will man »*das Rad ganz herumdrehen*« und »*die Schuld heimbringen, dorthin, wo sie angefangen hat*«. Im tiefsten Winter quartiert er sich mit seinen Soldaten Attercliff, Hurst und Sparkey in einem von der Außenwelt abgeschnittenen Städtchen des nordenglischen Kohlenreviers ein, angeblich, um Freiwillige zu rekrutieren. Angesichts eines Bergarbeiterstreiks, der sich, wie man befürchtet, zu einem Aufstand ausweiten könnte, sind die Honoratioren des Orts über Musgraves Erscheinen hocherfreut – allen voran der Bürgermeister, dem die Grube gehört. In der Hoffnung, einige Aufrührer loszuwerden, erklärt er sich sofort bereit, dem Sergeanten für jeden ausbezahlten Werbeschilling zwei Pfund zu geben.

Die Bergleute dagegen stehen den Soldaten zunächst feindselig gegenüber und lassen sich erst nach einigen Runden Freibier davon überzeugen, daß die vier nicht als Streikbrecher gekommen sind. Unterdessen verliebt sich Sparkey in Annie, das Schankmädchen; in der Nacht will er mit ihr fliehen, wird dabei aber in eine Rauferei mit seinen Kameraden verwickelt und durch einen unglücklichen Zufall erstochen. Zur selben Zeit versuchen einige Bergleute den Schuppen, in dem die Soldaten ihre Waffen unter Verschluß halten, aufzubrechen. Das Unternehmen wird vereitelt, der Bürgermeister aber vermutet darin das Zeichen zum Aufstand. Er drängt den Sergeanten, sofort mit seiner großen Werbeaktion auf dem Marktplatz zu beginnen, um die Zeit bis zum Eintreffen der angeforderten Dragoner (inzwischen hat Tauwetter eingesetzt) zu überbrücken.

Im Verlauf dieser Veranstaltung enthüllt Musgrave seine eigentliche – »göttliche« – Mission: Er hat den Kolonialkrieg als »*Krieg der Sünde und des ungerecht vergossenen Bluts*« durchschaut und ist mit seinen Leuten desertiert, um auf seine Weise den Gewalttaten ein Ende zu bereiten. Zu diesem Zweck hat er das Skelett des Soldaten Billy Hicks mitgebracht, der das Städtchen verließ, als Annie ein Kind von ihm erwartete. In den Kolonien war Billy von Partisanen ermordet worden, woraufhin die britischen Truppen bei einem Vergeltungsschlag fünf unschuldige Zivilisten töteten. Deshalb, so errechnet Musgrave mit der *»widerspruchsvollen Logik«* soldatischer Arithmetik, müssen nun fünfundzwanzig Bürger des Orts zur neuerlichen Vergeltung sterben, damit das abschreckende Exempel statuiert werde, das in Zukunft jegliches Blutvergießen verhindern soll. Die Bergleute jedoch halten den Sergeanten für verrückt und verweigern ihm die Bundesgenossenschaft, da ihnen nicht einleuchtet, daß sein Krieg und ihr Streik die Folgen ein und derselben Korruption sein sollen. Auch der überzeugte Pazifist Attercliff, der es bei der Zurschaustellung des Skeletts bewenden lassen wollte, kann seinem Vorgesetzten nicht mehr folgen und quittiert den »Dienst«. Es kommt zu einem Handgemenge, das von den plötzlich eintreffenden Dragonern rasch beendet wird. Musgrave und Attercliff ergeben sich ohne Gegenwehr, Hurst wird auf der Flucht erschossen. Während die Bergleute wohl oder übel in den allgemeinen Jubel über die Wiederherstellung von Ruhe und Ordnung einstimmen, sinnt der Sergeant im Gefängnis über den Ausgang seiner Mission nach, die scheitern mußte, weil man, wie ihn sein Untergebener belehrt, *»die Lues nicht durch Weiterhuren kurieren kann«*.

Arden ist einer jener »zornigen jungen Männer«, die Ende der fünfziger Jahre das englische Theater neu belebten. Im Gegensatz zu bekannteren – aber nicht begabteren – Autoren wie OSBORNE und PINTER geht es ihm weniger um das Verhalten von Individuen untereinander als um das von Klassen; er behandelt öffentliche, nicht private Probleme. Im vorliegenden Fall etwa ließ er sich durch einen Zwischenfall aus der englischen Besatzungszeit Zyperns anregen. Aus seinem politischen und soziologischen Interesse erklären sich die Stärken und Schwächen seiner Stücke. So tritt in *Serjeant Musgrave's Dance* der Klassen- und Interessenkonflikt zwischen Soldaten, Arbeitern und Besitzbürgern deutlich hervor, während die handelnden Personen selbst im Bereich des Standestypischen verbleiben. Daß der Autor bei der Motivierung der Hauptgestalten manche Frage offenläßt und daß er den Zuschauer, ohne selbst Stellung zu nehmen, mit einem auf verschiedene Weise interpretierbaren Geschehen konfrontiert, mag zur kühlen Aufnahme des Stückes beigetragen haben, das erst nach mehreren Aufführungen an Universitäten die ihm gebührende Anerkennung fand. Der von der Kritik aufgeworfenen Frage, ob es ein pazifistisches Lehrstück sei oder ob es zeigen solle, daß moralischer Protest durch religiösen Fanatismus ad absurdum geführt wird, begegnete Arden mit der Erklärung, er könne nicht einsehen, warum ein soziales Drama nicht so konstruiert sein dürfe, daß man die Probleme der Personen verstehen könne, ohne gleichzeitig ihre Reaktionen darauf unbedingt gutheißen zu müssen.

M.Kö.

AUSGABEN: Ldn. 1960. – Ldn. 1968. – Ldn. 1977 (in *Plays One*; Methuen). – Ldn. 1982 (Methuen).

ÜBERSETZUNGEN: *Der Tanz des Serjeanten Musgrave*, E. Fried u. E. Gilbert (in *Englisches Theater unserer Zeit*, Reinbek 1961; Einl. F. Luft). – Dass., E. Fried u. K. Fruchtmann, Reinbek 1967 (zus. m. *Armstrong sagt der Welt Lebwohl*).

LITERATUR: J. R. Taylor, *Anger and After*, Ldn. 1962, S. 72–78. – *Experimental Drama*, Hg. W. A. Armstrong, Ldn. 1963, S. 206–214. – R. Fricker, *Das moderne englische Drama*, Göttingen 1964, S. 156–160. – G. E. Wellwarth, *The New English Dramatists. The Traditionalists: J. A.* (in G. E. W., *The Theatre of Protest and Paradox. Developments in the Avantgarde Drama*, NY 1964, S. 267–273). – R. J. Jordan, *Serjeant Musgrave's Problem* (in Modern Drama, 13, 1970, S. 54–62). – M. W. Steinberg, *Violence in »Serjeant Musgrave's Dance«: A Study in Tragic Antitheses* (in Dalhousie Review, 57, 1977, S. 437–452). – F. Lagarde, *Shakespearian Reminiscences in »Serjeant Musgrave's Dance«* (in Cahiers Elisabethains, 17, 1980, S. 77–81). – H. Forsås-Scott, *Life and Love and Serjeant Musgrave: An Approach to A.'s Play* (in Modern Drama, 26, 1983, S. 1–11).

THE WORKHOUSE DONKEY. A Vulgar Melodrama

(engl.; Ü: *Der Packesel*). Stück in drei Akten von John ARDEN, Uraufführung: Chichester, 8. 7. 1963, Festival Theatre; deutsche Erstaufführung: Berlin, 16. 4. 1964, Freie Volksbühne. – Arden, einer der prominentesten Vertreter des Mitte der fünfziger Jahre neu belebten englischen Dramas, knüpft mit diesem Stück an die Tradition der englischen Typenkomödie an und verbindet Elemente der Satire, der Farce, der Groteske, der Music Hall und der Pantomime zu einer Feier des Dionysischen und des Anarchischen.

Im Mittelpunkt steht hier eine beliebige Industriestadt im Yorkshire der frühen sechziger Jahre. Dorthin kommt mit Colonel Feng ein neuer Polizeichef, der sich seiner absoluten Unbestechlichkeit und Unparteilichkeit rühmt. Anläßlich der Begrüßung Fengs und der Einweihung des neuen Polizeihauptquartiers präsentieren sich die Honoratioren der Stadt – von der regierenden Labour Party mit Bürgermeister Boocock über die Konservativen bis hin zur korrupten Polizei – in trauter Harmonie. Störendes Element ist lediglich der stets lautstark und arrogant auftretende Butterthwaite, ehemaliger Bürgermeister und jetziger Vorsitzender der Labour Party, der seine politische Machtposition ganz unverhohlen zur persönlichen Bereicherung nutzt. Butterthwaite wird besonders vom Fußvolk der Partei geschätzt, während der lokalen Parteispitze seine häufigen nostalgischen Reminiszenzen an die gute alte Zeit der zwanziger und dreißiger Jahre mit ihren harten politischen Auseinandersetzungen eher peinlich sind. – Ausgangspunkt für die sich entwickelnde Serie von Mißverständnissen, Enthüllungen und Intrigen sind Fengs Bemühungen, ohne Ansehen der Person Ordnung und Moral in der Stadt aufrechtzuerhalten. Dies führt zunächst zu einer Aktion gegen einige Labour-Politiker wegen Überschreitung der Sperrstunde, worin Butterthwaite fälschlicherweise den Beweis für Fengs Kooperation mit den Konservativen wittert. Im Gegenzug will er den Konservativen Sweetman der Förderung der Unmoral in dessen Nachtclub überführen. Doch all diese Aktivitäten und die mit ihnen verbundenen Verwirrspiele enden letztlich nur mit der Vertreibung der beiden Außenseiter Feng und Butterthwaite, während das politisch-gesellschaftliche Establishment beider Seiten gestärkt aus der Affäre hervorgeht: In einer von Lady Sweetman inszenierten Aktion wird Butterthwaites vermeintlicher Freund, der dubiose Arzt Dr. Blomax, bei dem Butterthwaite hoch verschuldet ist, dazu überredet, von Butterthwaite die Rückzahlung seiner Schulden zu fordern. Dies läßt Butterthwaite ohne Zögern in die Stadtkasse greifen, was schließlich der Polizei das Mittel zur Beseitigung des nicht mehr salonfähigen Politikers in die Hand gibt. Blomax darf zur Belohnung seine uneheliche Tochter mit Sweetmans Sohn und sich selbst mit der ehemaligen Geschäftsführerin von Sweetmans Nachtclub verheiraten. Feng erkennt schließlich, daß er nur als Handlanger für politische Intrigen benutzt wurde und verläßt resigniert die Stadt, deren Honoratioren sich am Ende in wiederhergestellter Harmonie bei der Einweihung des zur »Sweetman Memorial Art Gallery« umfunktionierten Nachtclubs präsentieren.

Schon im Untertitel verweist der Autor auf eine der Traditionen, in der dieses Stück steht – »*a vulgar melodrama*« – wobei Arden unter Melodrama, wie schon in der Antike, zunächst nur die Mischung von dramatischen mit musikalischen Elementen versteht. Schon daraus ergibt sich die Struktur der Handlung, in der die einzelnen Szenen inhaltlich zwar durchaus miteinander verbunden sind, durch die häufige Einfügung von Songs, ständigen Apostrophen an das Publikum und durch Tanzimprovisationen jedoch eher wie die einzelnen Nummern in einer Music Hall Show wirken. Dies bleiben nicht die einzigen Momente der Episierung, die Arden das Etikett eines »British Brecht« eintrugen – so fungiert z. B. Dr. Blomax nicht nur als Drahtzieher der Intrigen, sondern er präsentiert sich auch als eine Art Spielleiter, der einleitend oder abschließend Handlungsentwicklungen zusammenfaßt oder kommentiert. Auch der Wechsel zwischen Prosa und Vers (in dem den einzelnen Figuren Gelegenheit zur Darlegung ihres Bewußtseins- oder Gefühlszustandes gegeben wird), wirkt ebenso anti-illusionistisch wie die geraffte Darstellung von Butterthwaites Griff in die Stadtkasse und der sich anschließenden Polizeiaktion, die in acht wie von Reporterkameras blitzlichtartig beleuchteten Bildern die einzelnen Stadien dieser Aktion zeigt.

Damit verbindet Arden Strukturelemente des modernen Dramas mit Elementen der Typenkomödie, wie sie zu elisabethanischen Zeiten z. B. von Ben JONSON gepflegt wurde (auf den im Stück explizit hingewiesen wird – wenn auch in Gestalt eines Rennpferdes gleichen Namens). Dazu gehört u. a. die eher eindimensionale Figurenkonzeption, die hier mit Sweetman und Boocock Politiker aller Couleurs zur satirischen Karikatur der Mittelmäßigkeit sowohl auf der Ebene der Politik als auch im Bereich korrupter Manipulation werden läßt. Noch deutlicher überzeichnet sind die beiden Gegenspieler Feng und Butterthwaite, die ob ihrer Extremität – der eine als Inkarnation absoluter Korrektheit, der andere als Ausbund unverblümter Korruptheit – dem gesellschaftlich etablierten Mittelmaß zur Bedrohung werden. Gerade Butterthwaite, der »Napoleon of the North« (der bereits in *Waters of Babylon* aufgetreten war), verweist durch seine Identifikation mit einem »workhouse donkey« nicht nur auf ein gängiges Verfahren der Satire; mit ihm als einer Art moderner »Lord of Misrule« knüpft Arden auch an die Ursprünge des Dramas und der Komödie als einer Feier der karnevalesken *mundus inversus* an, und wenn Butterthwaite als Anführer des »Mob« am Ende des Stücks die bürgerliche Zeremonie der Ausstellungseröffnung sprengt, so gehören ihm die Sympathien des Autors. H.Qu.

AUSGABEN: Ldn. 1963 (in Plays and Players, Aug. u. Sept.; Vorabdruck). – Ldn. 1964 (Methuen). – Ldn. 1977 (in *Plays One*; Methuen).

ÜBERSETZUNG: *Der Packesel*, K. Fruchtmann, Reinbek 1965 [Bühnenms.].

LITERATUR: F. Bonfond, *Falstaffian Characters in Two Plays by J. A.* (in Revue des Langues Vivantes, 1972, H. 2, S. 164–174).

CLEMENTINA ARDERIU

* 6.7.1889 Barcelona
† 17.2.1976 Barcelona

DAS LYRISCHE WERK (kat.) von Clementina ARDERIU.
In ihren Gedichten identifiziert sich Clementina Arderiu mit den Menschen Kataloniens, insbesondere mit den Frauen, deren kollektive Anliegen sie durch den Filter ihrer persönlichen, dichterisch verarbeiteten Lebenserfahrung thematisieren möchte. Kleine Beobachtungen, Anekdotenhaftes oder konkrete Erinnerungselemente (Bäume, Wind, Reisen) gehen ebenso in ihr Werk ein wie Reflexionen über wichtige Ereignisse des zeitgenössischen Lebens (z. B. der Spanische Bürgerkrieg und seine Folgen, die Veränderungen in der katholischen Kirche unter Johannes XXIII). 1916 heiratete sie den berühmten katalanischen Altphilologen und Schriftsteller Carles RIBA (1893–1959), auf den sie in ihren Gedichten häufig Bezug nimmt. Nach dem Sieg der Frankisten im Spanischen Bürgerkrieg (1936–1939) lebte sie einige Jahre im französischen Exil, bis sie 1943 nach Katalonien zurückkehrte. Ihr reiches Gefühlsspektrum reicht von der Angst und dem Heimweh der Jahre im Exil bis zu einer heiteren inneren Gelöstheit, die Freude und Schmerz in einem ausgewogenen Gleichgewicht zu halten und miteinander zu verbinden weiß.
1916 veröffentlichte sie *Cançons i elegies (Lieder und Elegien)*, 1920 *L'alta llibertat (Die hohe Freiheit)* und 1936 *Cant i paraules (Gesang und Worte)*. 1938 gewann sie mit *Sempre i ara (Immer und jetzt)* den Joaquim-Folguera-Preis, der Band wurde aber infolge des Bürgerkrieges erst acht Jahre später veröffentlicht. 1958 erhielt sie den Óssa-Menor-Preis für *És a dir (Das heißt)*. Im Alter von achtzig Jahren verfaßte sie *L'Esperança, encara,* 1969 *(Immer noch Hoffnung)*.
Die ersten Gedichtbände weisen starke Anklänge an den katalanischen *Noucentisme* (zum Klassizismus tendierende literarische Strömung zu Beginn des 20. Jh.s), besonders an Josep CARNER (1884–1970), auf: Leicht idealisierter Realismus, kosmopolitischer Intellektualismus, maßvolle Harmonie, gefühlsbetonte Schilderungen, literarische Anspielungen, ein zurückhaltender elegischer Ton sowie der Aufbau von Gegensätzen ohne absolute Oppositionen sind kennzeichnende Stilmittel. Auch die von ihr verwendete Strophenform ist typisch für den *Noucentisme*. Ihre spezifischen Erweiterungen des noucentistischen dichterischen Instrumentariums bestehen vor allem in der Verwendung symbolistischer Beunruhigungen, trobadoresken Erzählens, einheimischer und volkstümlicher Liedstrophen und einiger avantgardistischer Experimente. Sowohl kurze, elliptische als auch den klassischen katalanischen Normen entsprechende, immer assonant oder konsonant gereimte Verse finden sich in ihrem Werk. Neben der formal zwischen traditioneller katalanischer Dichtung und der gelehrten Poesie des *Noucentisme* bzw. der Avantgarde stehenden Strophenform (Lied; *cançó*) gibt es Gedichte mit größtenteils elegischem Ton und verkürzte Strophenkompositionen.
L'Esperança, encara nimmt den Titel eines Gedichtes aus *És a dir* auf; der Band ist eine eher lose, dreigeteilte Sammlung von verschiedenen, zwischen 1920 und 1968 erschienenen Gedichten. Bewußte Schlichtheit als Möglichkeit dichterischer Kommunikation, oft im Gebrauch von Diminutivformen reflektiert, und eine ausgeprägt lyrische Grundstimmung charakterisieren diese Zeugnisse einer verdichteten Lebenserfahrung. Auffällig ist die religiöse Bindung der Dichterin und ihre ständig wiederkehrende Besinnung auf Freude, Angst, Treue, Trauer, Leid und das Prinzip Hoffnung aus einer moralisierenden Perspektive. *Després (Danach)*, der Schlußteil des Bandes, beschreibt in verschiedenen Gedichten die innere Leere, die Ribas Tod in seiner vereinsamten und trauernden Lebensgefährtin hinterließ. In epikureischer Weise vermochte sie jedoch durch die Erinnerung an gelebtes Glück ihr Leid mit Gleichmut zu ertragen und weiterhin das Leben zu besingen.

M.P.J.

AUSGABEN: *Cançons i elegies*, Barcelona 1916. – *L'alta llibertat*, Barcelona 1920. – *Cant i paraules*, Barcelona 1936. – *Sempre i ara*, Barcelona 1946. – *És a dir*, Barcelona 1958. – *L'esperança encara*, Barcelona 1969 [Vorw. J. Molas]. – *Obra poètica*, Barcelona 1973.

ÜBERSETZUNG: In *Ein Spiel von Spiegeln: Katalanische Lyrik des 20. Jh.s*, Hg. T. D. Stegmann, Lpzg./Mchn. 1987, S. 32–35 [Nachdichtungen zweier Gedichte von R. Erb].

LITERATUR: J. Folguera, *Les noves valors de la poesia catalana*, Barcelona 1919, S. 99–103. – V. Alexandre, *C. A. de cerca* (in V. A., *Los encuentros*, Madrid 1959, S. 99–105). – M. Roig, *C. A. o l'aventura de la dona* (in Serra d'Or, 14. 1. 1972, S. 27–30). – E. Bou, *C. A.* (in *Història de la literatura catalana*, Hg. M. de Riquer, A. Comas u. J. Molas, Bd. 9, Barcelona 1987, S. 240–247).

ROBERT ARDREY

* 16.10.1908 Chicago / Ill.

THUNDER ROCK

(amer.; *Ü: Leuchtfeuer*). Schauspiel in drei Akten von Robert ARDREY, Uraufführung: New York, 14. 11. 1939, Mansfield Theatre; deutsche Erstaufführung: Düsseldorf, 30. 5. 1946, Schauspielhaus. – Der erfolgreiche Journalist David Charleston, Hauptfigur des kurz vor Ausbruch des Zweiten Weltkriegs spielenden Stücks, hat sich, offenbar aus Verzweiflung über die Hilflosigkeit der westlichen Demokratien gegenüber den totalitären Staaten, als Wärter in den Leuchtturm von Thunder Rock (im nördlichen Michigansee) zurückgezogen. Sein Freund Streeter dagegen hat sich aus dem gleichen Grund dafür entschieden, als Pilot den Kampf Chinas gegen Japan zu unterstützen. Bei einem Gespräch im Leuchtturm erzählt ihm Charleston von seinem Versuch, sich in die Lebensvorstellung von Menschen einer vergangenen, stabileren Epoche – der ertrunkenen Passagiere des 1849 bei Thunder Rock gekenterten Dampfers »The Land o'Lakes« – einzufühlen, um größere Distanz zu seinen eigenen Problemen zu gewinnen. – Im zweiten Akt sieht sich Charleston dem Kapitän jenes Schiffes, Joshua, und einigen seiner Passagiere gegenüber, von denen er erfährt, daß sie ihre ganze Hoffnung auf eine bessere Zukunft in Amerika gesetzt hatten. Unter den Auswanderern sind Dr. Kurtz, ein österreichischer Arzt, dessen zukunftsweisende Behandlungsmethoden bei den Zeitgenossen Anstoß erregten, die Engländerin Miss Kirby, eine gescheiterte Vorkämpferin für die Frauenrechte, und der Arbeiter Briggs, der der skrupellosen Ausbeutung im mittelenglischen Industriegebiet entrinnen wollte. – Im dritten Akt gelingt es Charleston, seine »Besucher« davon zu überzeugen, daß alles, wofür sie gekämpft haben, inzwischen Wirklichkeit geworden ist. Nun bedienen sie sich seiner eigenen Argumente, um ihn zu jenem Glauben an die Menschheit zu bekehren, zu dem er ihnen verholfen hat. Zur Rückkehr ins tätige Leben entschlossen, läßt sich Charleston schließlich von dem neuen Leuchtturmwärter Cassidy, dem Spiegelbild seines früheren Ich, ablösen.

Das von der Kritik zunächst vorwiegend negativ aufgenommene Drama (»ein Stück für verzweifelte Menschen« nannte es der Autor) wurde in den Kriegs- und Nachkriegsjahren zum internationalen Publikumserfolg. Das Wechselspiel von Bühnenrealität und Phantasiewelt verweist auf das Vorbild des italienischen Dramatikers Luigi PIRANDELLO, das Hauptthema, Überwindung der inneren Emigration durch den Glauben an die Menschheit und das Bekenntnis zur Tat, verrät Ardreys Geisteswandtschaft mit seinem langjährigen Freund Thornton WILDER. Aber allein schon die mangelnde Übereinstimmung von Handlungs- und Argumentationskontext (das Motiv für Charlestons Weltflucht bleibt im wesentlichen ebenso vage wie das für seine Rückkehr in die Welt) zeigt, daß es Ardrey weniger um die Herausarbeitung der dem Thema innewohnenden Problematik (Demokratie – Diktatur; politischer Einsatz – apolitische Wendung nach innen; Tatphilosophie – Weltflucht) geht als um die Propagierung eines naiven Fortschrittsglaubens. So wirkt sein Stück letztlich wie eine Predigt zum Zweck der moralischen Aufrüstung. H.Wi.

AUSGABEN: NY 1939. – Ldn. 1940. – NY 1941. – NY 1950. – Ldn. 1966 [Einl. E. R. Wood]. – NY 1968 (in *Plays of Three Decades*).

ÜBERSETZUNGEN: *Leuchtfeuer*, F. C. Ruddy, Zürich 1942. – Dass., ders., Mchn. 1946. – Dass., ders., Bad Nauheim 1948.

VERFILMUNG: England 1944 (Regie: R. Boulting).

LITERATUR: *Twentieth Century Authors. A Biographical Dictionary of Modern Literature*, Hg. S. J. Kunitz u. H. Haycraft, NY 1942, ern. 1955, S. 26/27. – E. M. Gagey, *Revolution in American Drama*, NY 1947.

REINALDO ARENAS

* 16.7.1943 bei Holguin

LITERATUR ZUM AUTOR:
E. Rodríguez-Monegal, *The Labyrinthine World of R. A.* (in LALR, 8, 1980, Nr. 16, S. 126–131). – O. Rodríguez Ortiz, *Sobre narradores y héroes: A propósito de A., Scorza y Adoum*, Caracas 1980. – R. Rozencvaig, *R. A. Entrevista* (in Hispamérica, 10, 1981, Nr. 28, S. 41–48). – E. M. Santi, *The Life and Times of R. A.* (in Michigan Quarterly Review, 23, 1984, Nr. 2, S. 227–236). – E. C. Béjar, *La textualidad de R. A.*, Diss. Univ. of Massachusetts 1985 (vgl. Diss. Abstracts., 46, 1985, 1641A). – A. Pagni, *Literatur und Revolution in der kubanischen Narrativik seit 1960: Alejo Carpentier und R. A.* (in *Entwicklungen im karibischen Raum 1960–1985*, Hg. W. Binder, Erlangen 1986, S. 25–41). – O. Ette, *R. A.* (in KLFG, 11. Nlg.).

EL MUNDO ALUCINANTE

(span.; Ü: *Wahnwitzige Welt*). Roman von Reinaldo Arenas (Kuba), erschienen 1969. – In den 35 Kapiteln seines Abenteuerromans zeichnet Arenas die wichtigsten Stationen im Leben des mexikanischen Mönchs Fray Servando Teresa de MIER (1765–1827) nach, der sich einerseits als aufrechter und oft unerschütterlich naiver geistlicher Bruder, andererseits als aufschneiderisch-listiger Picaro durchschlägt. Seine Abenteuer – er befindet sich die meiste Zeit in Gefangenschaft oder, gerade entkommen, schon wieder auf der Flucht – führen ihn von Mexiko über Spanien, durch halb Europa, die USA und Kuba zurück nach Mexiko. Arenas, der auf die autobiographischen *Memorias* des Mönchs sowie geschichtliche Abhandlungen zurückgriff, benutzte bei der freien Rekonstruktion dieser ungewöhnlichen Mönchsvita unterschiedliche stilistische und formale Gestaltungsmittel. Seine Absicht, nicht einfach eine weitere historische Biographie zu verfassen, sondern eine der wichtigsten Figuren in dem zur Befreiung von den Kolonialmächten aufbrechenden Lateinamerika neu zu erschaffen, ja selbst mit ihr zu einer Person zu verschmelzen, erläutert der Autor in einem als Anrede an seinen Helden gestalteten Vorwort. Dieser Kunstgriff ermöglicht es zugleich, in den Roman zwei Zeitebenen – die Wende vom 18. zum 19. Jh. und die Mitte des 20. Jh.s – und zwei Bedeutungsebenen – die der Memoiren des illustren Vorgängers und das Leben des jungen Kubaners selbst – einzuführen.

Fray Servando hatte aufgrund seiner freiheitlichen Gedanken, die er allerorts unverblümt äußerte, ein Leben lang gegen weltliche und geistliche Obrigkeit zu kämpfen. Seine Unglückssträhne beginnt, als er nach Verlassen seiner Heimat Monterrey in der Hauptstadt Mexiko eine Predigt hält, in der er den von der Kolonialmacht festgelegten Zeitpunkt des Erscheinens der heiligen Jungfrau von Guadelupe in Frage stellt und durch die Verknüpfung der kanonisierten christlichen Legende mit aztekischen Mythen der spanischen Eroberung jede heilsgeschichtliche Legitimation entzieht. Er wird in den Kerker geworfen, gelangt unter größten Strapazen als Gefangener auf einem Schiff nach Spanien, wo es ihm, wieder in Freiheit, kaum besser ergeht. Die herrschende Sittenlosigkeit und den verwahrlosten Zustand Spaniens empfindet Servando als so unerträglich, daß er ins nachrevolutionäre Frankreich flieht. Dort begegnen ihm, neben Kirchendienern auf der Flucht vor der Revolution, auch ehemalige Revolutionäre, die sich nach Spanien absetzen. Er dient einem verwirrten Grafen als Lázaro, lernt das verarmte und gleichzeitig völlig korrupte Italien kennen und gerät, zurück in Spanien, aufgrund seiner ungezügelten Reden wieder in die Hände der Inquisition. Von dort aus kann er über Portugal nach England entkommen, in seinen Augen die Keimzelle aller revolutionären Bewegungen. Einer solchen schließt er sich in den Vereinigten Staaten an und gelangt so – ein Umweg über Kuba beschert ihm einen weiteren Gefängnisaufenthalt – schließlich in seine Heimat Mexiko. Doch selbst nachdem dort die politische Unabhängigkeit errungen ist, wird er noch einmal Zeuge einer öffentlichen Verbrennung und findet sich selbst – seiner ungebrochenen Kritikfreudigkeit wegen – kurz vor seinem Tod noch ein letztes Mal im Gefängnis. Eine wirkliche Revolution hat eben nicht stattgefunden.

Bei der Wahl der Erzählform bedient sich der Autor eines zweifachen Perspektivenwechsels, der zu einer mehrfachen Brechung des erzählten Geschehens führt: Die Ich-Perspektive des Mönchs wird von einem Erzähler abgelöst, der die Ereignisse im vertraulichen Du-Ton sowohl parodiert als auch korrigierend ergänzt, oder objektivierend, wie ein Chronist berichtet.

Während Arenas' Roman *Celestino antes del alba*, 1967 *(Celestino vor Tagesanbruch)* in Kuba noch in einer allerdings geringen Auflage erscheinen durfte, führte die von kubanischer Seite nicht genehmigte Veröffentlichung von *El mundo alucinante* in Mexiko zur Inhaftierung des Autors in Havanna. Das spätere Schicksal Arenas' – er verbrachte einige Zeit in demselben Gefängnis in Havanna, in dem man schon Fray Servando eingesperrt hatte – legitimierte noch nachträglich die Identifikation mit dem Dominikanermönch. Auch die späteren Werke Arenas' (bekannt wurde vor allem *El palacio de las blanquísimas mofetas*, 1980 – *Der Palast der blütenweißen Stinktiere*, ein Roman, dessen deutsche Übersetzung bereits drei Jahre vor seiner spanischen Erstveröffentlichung greifbar war) sind bisher in Kuba nicht erschienen. S.Sch.

AUSGABEN: Mexiko 1969. – Barcelona 1981. – Caracas 1982.

ÜBERSETZUNG: *Wahnwitzige Welt*, M. Lopez, Ffm. 1982.

LITERATUR: C. J. Waller, *R. A. »El mundo alucinante«: Aesthetic and Thematic Focal Points* (in KRQ, 1972, Nr. 19, S. 41–50). – E. G. Gonzales, *A razón de santo: últimas lances de Fray Servando* (in RI, 1975, Nr. 92/93, S. 593–603). – J. Ortega, Rez. (in El Universal, 2. 10. 1980). – D. Ploetz, Rez. (in FAZ, 7. 12. 1982). – J. Drews, Rez. (in SZ, 25. 9. 1982). – E. Volek, *La carnavalización y la alegoría en »El mundo alucinante« de R. A.* (in RI, 1985, Nr. 130/31, S. 125–148).

ERICH ARENDT

* 15.4.1903 Neuruppin
† 25.9.1984 Berlin / DDR

DAS LYRISCHE WERK VON ERICH ARENDT. Die Lyrik Arendts, der von 1933 bis 1950 überwiegend im spanischen und kolumbianischen Exil lebte, wurde erst Mitte der sechziger Jahre in der Bundesrepublik bekannt, obwohl er zu diesem Zeitpunkt in der DDR bereits sechs eigene Gedichtbände und zahlreiche Übersetzungen überwiegend lateinamerikanischer Autoren veröffentlicht hatte. In sensiblen, metaphernreichen Versen verband Arendt sinnliches Erleben mit konkreten politischen Inhalten und entwickelte ein von antikem Mythos und Mittelmeerlandschaft geprägtes Gesellschafts- und Geschichtsbild.

Seine ersten Gedichte veröffentlichte Arendt 1926 in Herwarth WALDENS expressionistischer Zeitschrift ›Der Sturm‹, wobei er sich deutlich an der expressiven Lyrik von August STRAMM (1874–1915) orientierte und dessen ganz auf das Einzelwort konzentrierte Sprache übernahm *(Dirnengang: »Dämmerung / Zerkeimt die Helle / Lüsteln / Trippt und lungert«)*. Die Mitgliedschaft im »Bund proletarisch-revolutionärer Schriftsteller«

führte aber bald zu Divergenzen zwischen seinen eigenen ästhetischen Vorstellungen und der von Johannes R. BECHER geforderten politischen Agitationslyrik; Arendt veröffentlichte nicht mehr.

Unter dem Einfluß von RIMBAUD entstanden in den ersten Jahren der Emigration (1933–1936) Gedichte, die sich durch die Hinwendung zur klassischen Sonett- und Balladenform auszeichnen. Sie thematisieren Reiseeindrücke aus Italien, Marokko und Frankreich *(Nacht auf Ibiza; Venedig; San Gimignano; Markt in Tetuan)*, Exilerfahrungen *(Ulysses' weite Fahrt; Der Albatros; Ankunft in Paris)* und den Freiheitstraum unterdrückter Völker *(Fez; Arthur Rimbaud; Der Dorfteich)*.

Soziale Konkretisierung erfuhren Arendts Gedichte durch die Erlebnisse während des Spanischen Bürgerkriegs. Traditionelle Versformen stehen dabei in Kontrast zum anklagenden, gesellschaftlich-politischen Inhalt; Porträtgedichte beschwören in Verbindung mit Landschaftseindrücken und der Beschreibung des Befreiungskampfes eine soziale Utopie *(García Lorca: »Durch Andalusiens Gärten tobt der feige Mord. / Mit stummen Fäusten kämpft dein Volk. – / Doch wenn es wieder / froh deine Strophen singt im großen Schlußakkord, // dann, Männer, stimmt die langvergessenen Gitarren«)*.

Zur prägenden Erfahrung wurde Arendts Exilaufenthalt in Kolumbien (1942–1950); der Gedichtzyklus *Tolú* schildert den Überlebenskampf der von den weißen Eroberern unterdrückten Indios und Neger *(Seit man denken kann; Staub und Hunger; Neger)*. Freie Rhythmen und inverse Fügungen zerstören die Naturidylle im Ansatz und verweisen auf die Spannung zwischen Mensch und feindlicher Umwelt *(Gesang vom Kanu; Nacht in Tolú; Verlorene Bucht)*. Ausgelöst durch den Eindruck einer exotischen, surrealistisch anmutenden Landschaft, entstehen die ausdrucksstarken Metaphern dieser Gedichte *(Dürre: »Glutwind küßt die Steppe lippenlos«)*.

Nach seiner Rückkehr nach Deutschland konzentrierte Arendt sich auf Übersetzungen spanischer und lateinamerikanischer Autoren (Rafael ALBERTI, Nicolás GUILLÉN, Pablo NERUDA) und blieb so der Erlebniswelt seiner Exilzeit verbunden. Eigene Lyrik, die auch seine Erfahrungen in der DDR widerspiegelt, erschien erst nach einigen Jahren (*Gesang der sieben Inseln*, 1957; *Flug-Oden*, 1959). Düstere Naturgedichte wurden als Zeichen der Enttäuschung über die gesellschaftliche Entwicklung in der DDR gedeutet, obwohl sie auch Elemente der Hoffnung enthalten *(Hiddensee: »Doch dreht den Rücken zum Meer / und knüpft die zähen Netze der Fischer, / wartend auf bessere Stunde / der uralten Flut«)*. Die zur gleichen Zeit entstandenen, aber erst später veröffentlichten Elegien und an die Dichtungen HÖLDERLINS und KLOPSTOCKS orientierten Oden geben sich optimistischer. Sie thematisieren am Beispiel der Naturwissenschaften die Ambivalenz von Erkenntnis und Zerstörung, schildern *»den Menschen sinnend / noch im Verheerenden, / träumend ...// Ikarischen Flug!« (Ode III)*.

Entscheidenden Einfluß auf Arendts Altersdichtung hatten Aufenthalte in Griechenland Anfang der sechziger Jahre, die zeitlich zusammenfielen mit einer verstärkten Antike-Rezeption in der DDR-Literatur. Die Begegnung mit der archaischen Kulturlandschaft, die Arendt für Bildbände beschreiben sollte, ließen ihn den Mythos als Chiffre der Menschheitsgeschichte in seine Lyrik aufnehmen (*Ägäis*, 1967). HOMER wird dabei zur zentralen Figur, er erscheint als Archetyp des Dichters. Arendt schloß hier wieder stärker an seine frühe Lyrik an, die *»Konzentration auf Klang, Rhythmus, Dichte und Spannkraft des Wortes«* nahm wieder deutlich zu, *»vielleicht auch mitbeschworen von der absoluten Nacktheit der griechischen Inselwelt von Fels und Wasser und Himmel, die im variablen Zusammenhang selbst Poesie ist, die sich den Nervenenden der Haut, nicht nur dem Gehirn mitteilt (...), jedes Wort in Bezug setzt zum nächsten als dynamische Potenz (...)«*

In den folgenden Gedichtsammlungen (*Feuerhalm*, 1973; *Memento und Bild*, 1977; *Zeitsaum*, 1978) deutete Arendt das Erlebnis karger, abweisender Landschaften als Symbol für eine bis in die Gegenwart reichende Leidensgeschichte des Menschen und drückte dies aus in einer konsequenten Verdinglichung des lyrischen Ichs in der Metapher (*Steingitterzeichen; Gedenken; Meerfern*). Thematisiert wird auch die Auflehnung des Individuums gegen Vergessen und Verstummen *(Der Vulkan; Durchs Tor; Im Museum)*, Erinnerung soll jetzt utopisch die Vollendung des Geschichtsprozesses vorwegnehmen *(Erkanntest: »im Verstummen, – so lange / ein Worthauch, lebst du – / lös ein Letztmal / die Zunge, Alter, // was sagt / scharfäugigen Dunkels / das treulose / Meer / von der Fahrt ...«)*. Der letzte Band *entgrenzen* (1981) greift die Themen Natur und Mythos, Geschichte und Zeit noch einmal auf und ist gekennzeichnet von Todesahnungen und Abschiedsgedanken.

Konkrete Inhalte wie in Arendts Lyrik der Exiljahre lassen sich in den zunehmend visionären Gedichten der sechziger Jahre kaum mehr identifizieren; die objektive und subjektive Ebene der Gedichte wechselt ständig und trägt bei zu einer charakteristischen Verschmelzung von Landschaftsbild und menschheitsgeschichtlicher Erinnerung. Arendt selbst bezeichnete seine Gedichte als *»Geschichtsschreibung von der Leidseite, der Erleidensseite her«*; Mittelmeerlandschaft und antike Gestalten werden dabei zu Symbolen einer zukünftigen Menschheitsbefreiung.

Während in der DDR immer wieder dieser utopische Gehalt seiner Lyrik betont wird, sehen bundesrepublikanische Kritiker vor allem das Spätwerk geprägt von einem Hang zur Versteinerung und Resignation; die *»Stein«*-Metaphorik, die Urzustand und Dauerhaftigkeit symbolisiert, wird dabei als *»entwicklungsabwehrend«* gedeutet (Raddatz). Das Statische in Arendts Dichtung ist aber gleichzeitig als das immerwährend Hoffnungstragende zu sehen; die Trennung von Individuum und Geschichte wird schließlich im Mythos aufgehoben, und der Trauer über die Unerlösbarkeit des Menschen (*Blütenköpfig:* »*des Erlösers / Kreuholz / zerfällt // seit alters seit immer*«) setzt Arendt ein »*tödliches / Heilkraut: / Liebe*« (*Venentief*) entgegen. Arendts souveräner Umgang mit humanistischem Bildungsgut hat seiner Dichtung den Vorwurf des Hermetischen eingetragen. Er selbst sah in der Metaphorik seiner Gedichte eine »*sinnliche, bildinnerste Gleichsetzung mit dem Gegenstand*«. Vor allem durch diese exotisch anmutende Bildsprache und durch sein Geschichtsverständnis beeinflußte Arendt schließlich eine ganze Generation von DDR-Lyrikern (Sarah KIRSCH, Heinz CZECHOWSKI, Adolf ENDLER, Karl MICKEL).   C.Kn.

AUSGABEN: *Trug doch die Nacht den Albatros, Gedichte*, Bln./DDR 1951. – *Bergwindballade. Gedichte des spanischen Freiheitskampfes*, Bln./DDR 1952. – *Tolú. Gedichte aus Kolumbien*, Lpzg. 1956; ebd. 1973 [veränd. Aufl.]. – *Gesang der sieben Inseln*, Bln./DDR 1957. – *Flug-Oden*, Lpzg. 1959; Wiesbaden 1959. – *Unter den Hufen des Winds. Ausgew. Gedichte 1926–1965*, Reinbek 1966. – *Ägäis*, Lpzg. 1967. – *Aus fünf Jahrzehnten. Gedichte*, Rostock 1968 [enth. *Sturm*-Gedichte sowie, leicht umgearb., die bis 1967 ersch. Sammlungen und Vorabdrucke aus *Feuerhalm*]. – *Feuerhalm*, Lpzg. 1973. – *Gedichte* (Ausw.), Lpzg. 1973; ebd. 1976 [erw.]. – *Poesiealbum 76* (Ausw.), Bln./DDR 1974. – *Memento und Bild*, Lpzg. 1976; Darmstadt 1977. – *Zeitsaum*, Lpzg. 1978; Bln. 1978 [erw.]. – *Starrend von Zeit und Helle. Gedichte der Ägäis*, Lpzg. 1980; Mchn. 1980 [Ausw. aus *Ägäis, Feuerhalm, Memento und Bild, Zeitsaum*]. – *Das zweifingrige Lachen. Ausgew. Gedichte 1921–1980*, Düsseldorf 1981. – *entgrenzen. Gedichte*, Lpzg. 1981; ebd. 1983 [erw.]; Bln. 1981.

LITERATUR: G. Laschen, *Poetik des Total-Worts. Zu den Gedichten E. A.s* (in G. L., *Lyrik in der DDR*, Ffm. 1971). – A. Endler, *Über E. A.* (in SuF, 1973, H. 2, S. 432–447). – H. Czechowski, *Neue Gedichte von E. A.* (in Neue Deutsche Literatur, 1973, H. 11, S. 126–131). – F. J. Raddatz, *An alle Scheiben blutig klopfen* (in Die Zeit, 7. 4. 1978). – *Der zerstückte Traum. Für E. A. zum 75. Geburtstag*, Hg. G. Laschen u. M. Schlösser, Darmstadt/Bln. 1978. – R. Bernhardt, *E. A.* (in *Literatur der DDR. Einzeldarstellungen*, Hg. H. J. Geerdts, Bd. 2, Bln./DDR 1979). – D. Gelbrich, *Epochenerlebnis und Geschichtlichkeit antiker Landschaft. Besonderheiten der Antikerezeption E. A.s* (in I. Hähnel, *Lyriker im Zwiegespräch*, Bln./Weimar 1981). – W. Emmerich u. J. Gielkens, *E. A.* (in KLG, 11. Nlg., 1982). – *E. A.*, Hg. H. L. Arnold, Mchn. 1984. – S. S. Toliver, *Exile and the Elemental in the Poetry of E. A.*, Bern/Ffm. 1984. – L. Lamberechts, *E. A.: »Mein Stab, der aus dem Stein das Wort schlägt ...« Nachruf auf den Dichter – Aspekte der Lyrik* (in Germanistische Mitt., 1985, H. 21, S. 3–19). – G. Wolf, *Skizzen für ein Portrait E. A.s* (in G. W., *Im deutschen Dichtergarten*, Darmstadt/Neuwied 1985).

HANNAH ARENDT

* 14.10.1906 Hannover
† 4.12.1975 New York

LITERATUR ZUM AUTOR:
H. A. Materialien zu ihrem Werk, Hg. A. Reif, Wien 1979. – J. Habermas, *Philosophisch-politische Profile*, Ffm. 1984. – G. Kateb, *H. A.: Politics, Conscience, Evil*, Totowa/N.J. 1984. – F. G. Friedmann, *H. A.*, Mchn. 1985. – E. Young-Bruehl, *H. A. Leben und Werk*, Ffm. 1986.

BRIEFWECHSEL 1926-1969

zwischen Hannah ARENDT und Karl JASPERS (1883-1969), erschienen 1985. – Beginnend mit einem Brief aus dem Jahre 1926, als Hannah Arendt bei Karl Jaspers Philosophie studierte und ihre Doktorarbeit über den Liebesbegriff bei Augustinus vorbereitete, und endend mit Arendts Gedenkrede zum Tode des Philosophen im Jahre 1969 umfaßt der als »*Grundbuch der Epoche*« (L. Lütkehaus) apostrophierte Band 433 Briefe, die allerdings zum größten Teil aus der Zeit nach 1945 datieren. Arendt war 1933 aus Deutschland geflüchtet; im selben Jahr hält sie Jaspers' lobender Bestimmung des »*deutschen Wesens*« entgegen, sie als Jüdin könne sich mit einem »*trotz seiner wesentlichen Unbestimmtheit*« absoluten deutschen Wesen »*nicht identifizieren*«. Nach sieben Jahren des Schweigens fanden sie sich im Jahre 1945 brieflich wieder, »*beide in der Stimmung, soeben die Sintflut überstanden zu haben*« (L. Köhler, H. Saner). Als Grundthema des Briefwechsels bezeichnen die Herausgeber die Frage, »*worauf in der Zeit der überstandenen, aber immer neu drohenden Sintflut noch Verlaß sei: auf welche Nationen, welche Gedanken und welche Menschen. Es sind die Fragen nach der Politik, der Philosophie und der Tragkraft des Menschlichen*« (L. Köhler, H. Saner). Das Denken und Schreiben beider Autoren ist geprägt von der Erfahrung des tiefgreifenden Weltverlusts, den der nationalsozialistische Terror beinhaltete und an welchem auch die Philosophie Anteil hatte. Daher war es beiden nicht mehr möglich, Philosophie »*im Sinne eines übergeschichtlichen Seinsdenkens*« (A. von Schirnding) zu betreiben. Der die Lebens-, Denk- und Schreibgeschichte Arendts wie Jaspers' spiegelnde Briefwechsel zeigt so auch die Erprobung und Besprechung eines konkreten, praktischen und weltzugewandten philosophischen Denkens, das seine Form im von Beifall unabhängigen und Magie abwehrenden, kritischen und selbstkritischen Dialog findet. Vor allem die Haltung Arendts drückt die Notwendigkeit aus, »*ganz gegenwärtig*« zu sein, »*die Trauer durch- und festzuhalten und doch lebendig zu bleiben*« und die Perspektive »*vielfacher Emigration und Ausgesetztheit*« beizubehalten. Zu der Verbindung von Weltzugewandtheit und »*Bodenlosigkeit*«, die auf das für sie lebenslang bedeutsame Paria-Thema hinweist, bemerkt Arendt in einem Brief des Jahres 1958: »*Fremdheit und Bodenlosigkeit, wenn man sie nur recht versteht, erleichtern es, in unserer Zeit zu leben (...) Es kommt doch nichts so nahe an einen heran; es ist wie eine Haut, die einem von außen zuwächst. Da kann man es sich dann wieder leisten, ganz sensibel und treffbar zu bleiben.*«

Der briefliche Austausch betrifft nicht nur die Publikationen beider Autoren, sondern auch fast sämtliche politisch-sozialen Begebenheiten der fünziger und sechziger Jahre. So ist etwa die erhoffte politische Neuorientierung und die tatsächliche Restauration Nachkriegs-Deutschlands ein wiederkehrendes Thema. Daneben stehen die Politik der Vereinigten Staaten und Israels sowie der Ost-West-Konflikt im Vordergrund des Gesprächs, das auch immer wieder um das Problem des Nationalismus, der Schuld und des weltentfremdeten Denkens kreist. Auf eindrucksvolle Weise spiegelt der Briefwechsel, in den auch die beiden Lebenspartner, Heinrich Blücher und Gertrud Mayer-Jaspers, einbezogen werden, den Versuch wider, die »*Verbindung von Freiheit, Vernunft und Kommunikation*« zu leben. B.R.E.

AUSGABE: Mchn. 1985, Hg. L. Köhler u. H. Saner.

LITERATUR: R. Hochhuth, *Zwiegespräch im Schatten der Weltgeschichte* (in Die Weltwoche, 28.11.1985). – R. Ringguth, *Mythen der Schrecklichkeit* (in Der Spiegel 51, 1985, S. 165–167). – D. Sternberger, *Vernünftige Erkenntnisse und übermütige* (in FAZ, 3.12.1985). – L. Lütkehaus, *Ein Grundbuch der Epoche* (in Badische Zeitung, 6.3.1986). – K. Meier-Rust, *Die Verbindung von Freiheit, Vernunft und Kommunikation* (in NZZ, 25.1.1986). – A. von Schirnding, *Von der Unabhängigkeit des Denkens* (in SZ, 8./9.2.1986).

EICHMANN IN JERUSALEM: A Report on the Banality of Evil

(engl.; Ü: *Eichmann in Jerusalem. Ein Bericht von der Banalität des Bösen*). Bericht von Hannah ARENDT, erschienen 1963. – Im Auftrag der amerikanischen Wochenzeitschrift *The New Yorker* berichtete Hannah Arendt über den 1961 in Jerusalem stattfindenden Prozeß gegen Adolf Eichmann, den Organisator der Deportation der europäischen Juden in die deutschen Vernichtungslager, einen Massenmörder, dem kein eigenhändig begangener Mord nachzuweisen war. Hauptquelle des um nüchterne Schilderung und Vernunft-Erkenntnis bemühten Berichts sind die Transkriptionen der fast neun Monate lang dauernden Gerichtsverhandlungen. Arendts Bericht ist nicht nur geprägt von dem verzweifelten Versuch zu verstehen, sondern auch von der Absicht, der Symbolisierung,

Mythisierung und Dämonisierung des Angeklagten entgegenzuwirken. Bereits in einem an Karl JASPERS gerichteten Brief aus dem Jahre 1946 spricht Arendt von der Notwendigkeit, um des Verstehens willen auf »*Mythen der Schrecklichkeit*« zu verzichten, und äußert die Vermutung, die Massenvernichtung der Juden bedeute den organisierten Versuch, »*den Begriff des Menschen auszurotten*«. In der einleitenden Vorrede zu ihrem Bericht betont Arendt, die Kategorien, mit denen die beispiellosen Verbrechen »*politisch und juristisch erfaßbar*« wären, seien »*immer noch gänzlich ungeklärt*«. »*Diese Schuld, im Gegensatz zu aller kriminellen Schuld*«, so hatte sie schon 1946 festgestellt, »*übersteigt und zerbricht alle Rechtsordnungen.*«

Der Verlauf von Arendts Bericht folgt der Argumentation der Urteilsbegründung, welche – die Anklageschrift korrigierend – die Beurteilung der Rolle Eichmanns bei der sogenannten »Endlösung der Judenfrage« nicht zum Ausgangspunkt nahm, sondern an ihr Ende setzte. Damit verdeutlichten die Richter nach Auffassung Arendts, »*daß sie von den Taten des Angeklagten ausgingen, und nicht von dem Unmaß jüdischen Leidens überhaupt*«. Entsprechend vertritt Arendt die Ansicht, nicht das Naziregime oder die Leidensgeschichte des jüdischen Volkes sei Gegenstand des Jerusalemer Prozesses, sondern die Verantwortlichkeit eines einzelnen Täters. Das Beunruhigende der Person Eichmanns sieht Arendt darin, »*daß er war wie viele und daß diese vielen weder pervers noch sadistisch, sondern schrecklich und erschreckend normal waren und sind*«. Diesem erschreckenden Paradox versucht Arendts umstrittener Begriff der »Banalität des Bösen« Rechnung zu tragen. Das Böse Eichmanns resultiert wesentlich aus Realitätsferne und Gedankenlosigkeit, aus eklatantem Mangel an Vorstellungskraft und einer völligen Unfähigkeit zu selbständigem Urteilen. Diese ihn »*gegen die Worte und gegen die Gegenwart anderer, und daher gegen die Wirklichkeit selbst*« nahezu vollständig abdichtenden Eigenschaften – Bestandteil auch seiner klischeehaften, wirklichkeitsverleugnenden Sprache – waren eine Voraussetzung jener »*Totalität des moralischen Zusammenbruchs im Herzen Europas in ihrer ganzen furchtbaren Tatsächlichkeit*«, die der Prozeß sichtbar machte. Unterstützt wurde die Gedankenlosigkeit Eichmanns nicht nur von dem der nationalsozialistischen Deck-Sprache immanenten Vergessen, sondern von der schlichten Tatsache, daß er, wie er selbst sagte, »*weit und breit niemanden, absolut niemanden entdecken konnte, der wirklich gegen die ›Endlösung‹ gewesen wäre*«.

Weist die Gedankenlosigkeit Eichmanns auf jenen grundlegenden Wirklichkeits- und Erfahrungsverlust hin, welchen Arendt in *Elemente und Ursprünge totaler Herrschaft* (1955) als Charakteristikum der ein fiktives, stimmiges Ganzes als künstliche endgültige Wirklichkeit etablierenden totalitären Gesellschaftssysteme bezeichnet hatte, so lenkt Eichmanns Unvermögen, eigenständig zu urteilen, das Augenmerk Arendts erneut auf die politische Bedeutung der menschlichen Urteilskraft.

Entgegen der Auffassung von Anklage und Richtern, Auschwitz bezeichne nur den furchtbarsten Pogrom in der jüdischen Geschichte, vertritt Arendt die Überzeugung, die Wahl der Opfer, nicht aber die Natur des Verbrechens könne aus der langen Geschichte von Antisemitismus und Judenverfolgung abgeleitet werden. Daher bezeichnet Arendt den Massenmord an den Juden als ein »*Verbrechen gegen die Menschheit (...), verübt am jüdischen Volk*«.

Nach seinem Erscheinen in Buchform (1963) löste der Bericht vor allem im amerikanischen und israelischen Judentum eine äußerst heftige, drei Jahre lang währende Kontroverse aus. Sie bezog sich in erster Linie auf Arendts Bewertung des Verhaltens der »Judenräte«, die u. a. mit den Nazibehörden über ›Privilegien‹ verhandelten und die Deportationslisten zusammenstellen mußten. Arendts Feststellungen bezüglich der Kooperation von jüdischen Behörden und Nazibehörden, die eine Erschütterung der scharfen Trennung zwischen Opfern und Tätern bedeuteten, wurden als Antizionismus ausgelegt und mit dem Vorwurf beantwortet, Arendt habe das Leiden der Opfer, das »*keine juristische Kategorie*« (F. G. Friedmann) darstellt, ausgeklammert und damit die Opfer beschämt und herabgewürdigt. Auch wurde ihr der Vorwurf gemacht, das Böse zu relativieren und die Möglichkeit jüdischen Widerstands völlig zu überschätzen. Zudem wurden Zweifel an ihrer Urteilsbefähigung geäußert, da sie bereits im Jahre 1933 emigriert war. So bemerkt der nicht direkt in die Debatte involvierte Essayist Jean AMÉRY, der zwei Jahre in deutschen Konzentrationslagern zubrachte: »*Es gibt nämlich keine ›Banalität des Bösen‹, und Hannah Arendt (...) kannte den Menschenfeind nur vom Hörensagen und sah ihn nur durch den gläsernen Käfig.*«

B.R.E.

AUSGABEN: New York 1963, überarb. u. erw. Aufl. New York 1965.

ÜBERSETZUNG: *Eichmann in Jerusalem. Ein Bericht von der Banalität des Bösen,* B. Granzow, Mchn. 1964; ern. 1986 (Serie Piper, Vorbem. von H. Mommsen).

LITERATUR: *Die Kontroverse. H. A., Eichmann und die Juden,* Red. F. A. Krummacher, Mchn. 1964. – J. Améry, *Jenseits von Schuld und Sühne,* Mchn. 1966. – *Der ›Fall Eichmann‹ und die Deutschen.* (in *Gespräche mit H. A.,* Hg. A. Reif, Mchn., 1976, S. 35–40).

ELEMENTE UND URSPRÜNGE TOTALER HERRSCHAFT

Politisch-soziologische Untersuchung von Hannah ARENDT, mit einem Vorwort von Karl JASPERS erschienen 1955. – Das Buch geht auf eine Arbeit zurück, die 1951 in Amerika unter dem Titel *The Origins of Totalitarism* erschien. Die deutsche Ausgabe wurde von der Autorin selbst übersetzt und neu bearbeitet. Ziel des Werkes ist es zu zeigen, wodurch der Nationalsozialismus und der Bolschewismus sich von den seit der Antike bekannten Formen autoritärer Machtausübung – Despotie und Tyrannei – unterscheiden. Voraussetzungen, Bedingungen und gesellschaftliche Prozesse, die zu Erscheinungen wie denen der Diktatur, des Totalitarismus und des bürokratisch-terroristischen Systems der Konzentrationslager führten, werden auf der Grundlage eines reichen dokumentarischen Materials analysiert.

Hannah Arendt gliedert die Untersuchung in drei Teile: I. *Antisemitismus,* II. *Imperialismus* und III. *Totalitäre Bewegung und totale Herrschaft.* Die Ursprünge des Totalitarismus sieht sie »*in dem Niedergang und Zerfall des Nationalstaates und dem anarchischen Aufstieg der modernen Massengesellschaft*«. Die verschiedenen, in diesem Zerfallsprozeß freigesetzten Elemente werden in den ersten beiden Teilen des Buches bis zu ihren historischen Ursprüngen zurückverfolgt und im dritten Teil in ihrer »*totalitären Kristallisationsform*« dargestellt. Es wird gezeigt, daß der Antisemitismus – als politische Weltanschauung ein Produkt der letzten Jahrzehnte des 19. Jh.s – mit dem Schlagwort vom »Judenhaß« allein nicht erklärt werden kann, und wie aus der antisemitischen Phrase der bürgerlichen politischen Ideologie später, als der bürgerliche Nationalstaat mit seinen Kontrollen zerfiel, manipulierte Herrschafts- und Verfolgungsideen entstanden. Die Entwicklung der politischen Emanzipation des Bürgertums zum »*Bündnis zwischen Kapital und Mob*« und die von pseudowissenschaftlichen Kassenbegriffen ideologisch beherrschte Gesellschaft mit ihrer Vernichtungsbürokratie werden von der Autorin als ein Ergebnis »*totalitärer Propaganda und totaler Organisation*« erkannt. Der Staatsapparat verselbständigt sich, seine Geheimpolizei übernimmt die Rolle von Gesetz und Rechtsprechung und das Konzentrationslager dient »*dem totalen Herrschaftsanspruch als Laboratorium, in dem experimentiert wird, ob der fundamentale Anspruch der totalitären Systeme, daß Menschen total beherrschbar sind, zutreffend ist*«. Der Nationalsozialismus und die Sowjetdiktatur waren nach Ansicht Hannah Arendts nur möglich, weil es diesen Systemen gelang, »*jeden Menschen auf eine sich immer gleich bleibende Identität von Reaktionen zu reduzieren, so daß jedes dieser Reaktionsbündel mit jedem anderen vertauschbar*« wurde. Ein Grund warum der moderne Mensch so leicht zum Opfer totalitärer Bewegungen wird und für die totale Herrschaft »*so gut vorbereitet*« ist, sei seine »*allenthalben zunehmende Verlassenheit*«.

Hannah Arendts politisch-soziologisches Denken ist an der Philosophie des deutschen Idealismus und historischen Materialismus, an KANT, HEGEL und MARX, ebenso aber an MONTESQUIEU und Alexis de TOCQUEVILLE geschult. 1954 erhielt sie den Preis der American Academy of Arts and Letters, 1959 den Lessingpreis der Stadt Hamburg. KLL

AUSGABE: Ffm. 1955; ²1958. – Mchn. 1986.

LITERATUR: D. Riesman, *Review of the Origins of Totalitarianism* (in Commentary, 1951, H. 4, S. 392–397). – E. Voegelin, *The Origins of Totalitarianism* (in Review of Politics 1953, H. 15, S. 68–85). – W. Höpker, *Hitler oder Stalin – Kehrseiten der gleichen Medaille* (in Die Welt, 11. 11. 1955). – F. N. Mennemeier, *Totale Herrschaft und Ideologie* (in FAZ, 21. 1. 1956). – R. Reich, *Vom Wesen totaler Herrschaft* (in NZZ, 1. 10. 1957). – W. Scheffler, *H. A. und der Mensch im totalitären Zeitalter* (in Beilage zu Politik und Zeitgeschichte, 1964, H. 14/15, S. 19–38). – R. Aron, *L'essence du totalitarisme* (in Critique, 1964, H. 241, S. 262–274). – R. Burrows, *Totalitarianism. The Revised Standard Version* (in World Politics, 1969, H. 2, S. 272–294). – M. Canovan, *The Political Thought of H. A.*, Ldn. 1974. – S. J. Withfield, *Into the Dark, H. A. and Totalitarianism*, Philadelphia 1980. – G. J. Tolle, *Human Nature under Fire. The Political Philosophy of H. A.*, Washington 1982. – G. Ezorsky, *H. A.'s View of Totalitarianism and the Holocaust* (in Philosophical Forum, 1984/85, H. 1–2, S. 43–81).

THE HUMAN CONDITION

(engl.; Ü: *Vita activa oder Vom tätigen Leben*). Historisch-philosophische Studie von Hannah ARENDT, erschienen 1958. – In der neben *The Life of the Mind* als ihr philosophisches Hauptwerk geltenden historischen Studie unternimmt Hannah Arendt eine systematische »*Erneuerung des Aristotelischen Begriffs von Praxis*« (J. Habermas). Indem Arendt das Verhältnis der drei elementaren Dimensionen menschlichen Tätigseins – »*labor*«, »*work*«, »*action*« (Arbeiten, Herstellen, Handeln) – phänomenologisch beschreibt und die Geschichte dieses Verhältnisses analysiert, versucht sie, »*dem nachzudenken, was wir eigentlich tun, wenn wir tätig sind*«. Ziel dieses Nachdenkens ist es, »*die neuzeitliche Weltentfremdung in ihrem doppelten Aspekt: der Flucht von der Erde in das Universum und der Flucht aus der Welt in das Selbstbewußtsein, in ihre Ursprünge zu verfolgen*«.

Die Tätigkeit des Arbeitens, deren auf John LOCKE zurückgehende Unterscheidung von der Tätigkeit des Herstellens Hannah Arendt in Auseinandersetzung mit der klassischen Antike, Adam SMITH und Karl MARX verdeutlicht, wird als eine in den Kreislauf der Natur eingebundene, der Erhaltung des Körpers und der Welt dienende und von Wiederholung geprägte Aktivität beschrieben. Arendt bestimmt sie im Widerspruch zu Marx als natürlichste und am wenigsten weltliche Tätigkeit des Menschen. Die Aktivität des Herstellens dagegen, zu welcher Arendt auch »*Die Kunst des Bildens und die des Erzählens*« zählt, ist vergegenständlichend und weltbildend. Im Gegensatz zum Arbeiten und Handeln besitzt sie einen definitiven Anfang und ein definitives, voraussagbares Ende. Die hergestellte Dingwelt kann ihre Aufgabe, sterbliches menschliches Leben zu stabilisieren, indessen »*nur in dem Maße erfüllen, als ihre Beständigkeit der ewigwechselnden Bewegtheit menschlicher Existenz standhält und sie jeweils überdauert, d. h. insofern sie nicht nur die reine Funktionalität der für den Konsum produzierten Güter, sondern auch die bloße Nützlichkeit von Gebrauchsgegenständen transzendiert*«. In Unterscheidung zum weltlosen arbeitenden Menschen ist Homo faber, der herstellende Mensch, fähig, »*einen ihm angemessenen öffentlichen Bereich*«, den Tauschmarkt nämlich, »*zu erstellen, obzwar dies nicht ein politischer Bereich im eigentlichen Sinne des Wortes ist*«. Als eigentlichen Ort des Politischen beschreibt Arendt im Rekurs auf die antike polis ein in der Tätigkeit des Handelns und Sprechens etabliertes »*räumliches Zwischen (...), das an keinen heimatlichen Boden gebunden ist und sich überall in der bewohnten Welt neu ansiedeln kann*«. Handeln und Sprechen, von Arendt als die »*höchsten und menschlichsten*«, doch zugleich »*in sich flüchtigsten und vergeblichsten*« Tätigkeiten der Vita activa bezeichnet, konstituieren einen Ort des Teilnehmens, Mitteilens und der Vergegenwärtigung von Taten und Worten, in welchen »*jeder zugleich Zuschauer und Mithandelnder ist*«. Dieser politische Bereich öffentlicher Freiheit, der nach Selbstbehauptung durch Verhandeln und Überzeugen – nicht durch Befehlen und Herrschen – verlangt, der also die Erfahrung herrschaftsfreien, sprachvermittelten Handelns ermöglicht, fungiert als Erscheinungsraum für weltliche Pluralität: »*Der öffentliche Raum wie die uns gemeinsame Welt versammelt Menschen und verhindert gleichzeitig, daß sie gleichsam über- und ineinanderfallen.*«

Bestrebungen, das Handeln und seine Grundbedingung: Pluralität, durch Herrschaft zu ersetzen, tauchen seit PLATON in der Geschichte des politischen Denkens auf. Die aristotelische Unterscheidung zwischen Haus und Staat aufgreifend kennzeichnet Arendt die Herrschaft als »*unpolitisch*«, da sie dem Haus, nicht aber der polis zugehört. Nicht nur Herrschaft jedoch zerstört den Ort politischen Handelns. Das Zerbröckeln des Erscheinungsraums weltlicher Pluralität in der modernen Warengesellschaft führt zu jener »*Weltentfremdung*«, die Arendt als Kennzeichen der Neuzeit betrachtet und Marx' Selbstentfremdungsbegriff entgegenhält. Die zu einem Verschwinden der gemeinsamen Welt führende Privatisierung des öffentlichen Raums stellt sich als eine Geschichte der Degradierung der Vita activa dar: Nicht nur das Verhältnis von Vita contemplativa und Vita activa kehrt sich um, sondern auch die Hierarchien innerhalb der Vita activa verändern sich, und zwar so, daß Herstellen und Arbeit die Stelle des Handelns einnehmen, was mit einem dauernd wachsenden Erfahrungsschwund einhergeht. Die letzte Phase dieses Prozesses sieht Arendt in der Verwandlung der Arbeitsgesellschaft in eine Gesellschaft reibungslos funktionierender »*jobholders*«. Daran knüpft sie die Befürchtung, die Neuzeit könne ihr Ende finden

»in der tödlichsten, sterilsten Passivität (...), die die Geschichte je gekannt hat«.
Der Prozeß der »*Privatisierung aller menschlichen Tätigkeiten*« geht in den Augen Arendts einher mit der Ablösung des Handelns durch ein Sich-verhalten. Die Schriften J.-J. ROUSSEAUS, des ersten »*Theoretikers des Intimen*«, zeigen jene »*Rebellion des Herzens gegen die eigene gesellschaftliche Existenz*«, welche die Geburt des modernen Ich markiert. Der systematische, humanwissenschaftlich legitimierte Ausschluß der Kategorie des Handelns und der Verlust der in einer gemeinsamen Welt sichtbaren Positionalität und Perspektivenvielfalt charakterisieren die moderne Massengesellschaft. Da in ihr nach Arendts Ansicht die Welt »*die Kraft verloren hat, zu versammeln, das heißt zu trennen und zu verbinden*«, kommt es zur Entstehung einer spezifischen Form der »*Weltlosigkeit*«. B.R.E.

AUSGABEN: Chicago 1958. – NY 1977; 1978.

ÜBERSETZUNG: *Vita activa oder Vom tätigen Leben*, Stg. 1960; Mchn. 1967; ern. 1981.

LITERATUR: P. Fuss, *H. A.s Conception of Political Community* (in Idealistic Studies. An International Philosophical Journal, 1973, S. 252–263). – G. J. Tolle, *Human Nature under Fire: The Political Philosophy of H. A.*, Washington/D. C. 1982. – A. Enegrén, *La pensée politique de H. A.*, Paris 1984. – L. J. Penta, *Macht und Kommunikation: eine Studie zum Machtbegriff H. A.s*, Bln. 1985.

THE LIFE OF THE MIND

(amer.; *Ü: Vom Leben des Geistes*). Unvollendete historisch-philosophische Studie von Hannah ARENDT, bestehend aus drei Teilen: *Thinking (Das Denken)*, erschienen 1977; *Willing (Das Wollen)*, erschienen 1978; der dritte Teil wurde 1982, herausgegeben von Ronald BEINER, unter dem Titel *Lectures on Kant's Political Philosophy* (dt. *Das Urteilen. Texte zu Kants politischer Philosophie*) veröffentlicht.
Anknüpfend an ihre Studie über die »*Vita activa*« (vgl. The Human Condition, 1958) wendet sich Arendt in ihrer an den drei *Kritiken* KANTS orientierten unvollendeten Triologie, welche die Summe ihres Denkens enthält, der »*Vita contemplativa*« zu. Dem Aufbau von *The Human Condition* analog gliedert sich *The Life of the Mind* in die drei Teile *Thinking* (Denken), *Willing* (Wollen) und *Judging* (Urteilen). Arendts Darstellung dieser als die grundlegenden und unreduzierbaren geistigen Tätigkeiten des Menschen bestimmten Vermögen verbindet phänomenologische Beschreibung mit einer Diskursanalyse, die neben philosophischen Texten auch literarische Quellen heranzieht. Auf Kant rekurrierend, jedoch die gesamte abendländische Philosophiegeschichte befragend und auch den Kontext individueller Sinneserfahrung berücksichtigend, entwickelt die metaphysikkritische Untersuchung eine Konzeption geistigen Leben, in der die kontemplative Funktion des nach metaphysischer Wahrheit strebenden Philosophen ersetzt wird durch die kontemplative Funktion des urteilenden Zuschauers.
Der erste Band der Untersuchung, welcher den Ort des denkenden Ich zu bestimmen versucht und der philosophiegeschichtlichen Reflexion des Verhältnisses von denkendem Ich und Wirklichkeit nachgeht, beginnt mit einer Verteidigung der »*Erscheinung*« und ihrer Pluralität gegenüber einem (wahren) Sein. Arendt plädiert für eine Umkehrung jener der Zwei-Welten-Theorie inhärenten Hierarchie, in welcher die Oberfläche der Erscheinung zugunsten eines »wahren« Inneren abgewertet wird. Im Rekurs auf Kants Unterscheidung zwischen Vernunft und Verstand unterstreicht Arendt die Notwendigkeit, Sinn und Wahrheit, Denken und Erkennen auseinanderzuhalten. Wie das Wollen und das Urteilen beruht auch das Denken auf dem Vermögen, Abwesendes (auch Vergangenes und Zukünftiges) zu vergegenwärtigen: Das Denken, befaßt mit »*Dingen, die den Sinnen nicht gegenwärtig sind*«, ist eng verwandt mit dem Erinnern (»*Alles Denken ist ein Nach-Denken*«). Platons Trennung von Verstehen und Handeln, von Zuschauer/Erzähler und Akteur, findet sich auch bei Kant und Hegel. Doch im Gegensatz zu Hegel existiert der Zuschauer bei Kant in der »*Mehrzahl*«. Aus diesem Grunde konnte Kant für Arendt zu einer politischen Philosophie gelangen: Kant war »*die Pluralität der Menschheit mehr als jedem anderen Philosophen bewußt*«. Arendt charakterisiert das Denken als einen abgesonderten, von der Erscheinungswelt zurückgezogenen, nutzlosen Prozeß, der in einer Welt der Erscheinungen unsichtbar sei, aufgrund seiner Reflexivität »*niemals völlig selbstvergessen*«, doch selbstzerstörerisch, da das Denken die von ihm aufgestellten Gewißheiten immer wieder auflösen muß, um sich selbst als prozessuale Tätigkeit zu erhalten. Das als stummes Zwiegespräch des Ich mit sich selbst aufgefaßte Denken aktualisiert die ursprüngliche »*Dualität oder Spaltung zwischen mir und mir, die allem Bewußtsein innewohnt*«. Mit Heidegger stellt Hannah Arendt fest, das Denken sei »*außer der Ordnung*«, da es alle anderen Vorgänge unterbricht und gewohnte Beziehungen (so etwa zeitliche und räumliche Entfernungen) verkehrt. Als Ort des denkenden Ich bezeichnet Arendt die Lücke der Heimatlosigkeit (räumlich) und des Vergangenheit und Zukunft trennenden Zwischenraums (zeitlich). Sie unterstreicht die zirkuläre Bewegung des Denkens: »*Das Denken ist außer der Ordnung, weil die Sinnsucht zu keinem Endergebnis führt, das die Tätigkeit überdauert, das sinnvoll wäre, nachdem die Tätigkeit zu Ende gekommen ist.*« Während sich die Tätigkeit des Denkens bei den Griechen im bewundernden Staunen, in der Betrachtung des Unsichtbaren erfüllt, bei den Römern dagegen der Versöhnung, der Überwindung von Entzweiung dient (»*Abkehr von der Welt und Einkehr in das Selbst*«), betont Sokrates, der Doktri-

nen und Definitionen verweigernde Philosoph, dessen Position Arendt bevorzugt, das Auflösungsvermögen des Denkens. Der einzelne Mensch existiert, wie sich in seinem einsamen, erinnernden und befragenden Zwiegespräch mit sich selbst erweist, »wesentlich« in der Mehrzahl: Sein Ich »existiert ja nur in der Dualität«. Menschen, die nicht denken, die sich weigern, die ihrer Identität inhärente Differenz zu aktualisieren, »sind wie Schlafwandler«, stellt Arendt in Anspielung auf H. Broch fest.

Das Wollen, dessen theoriegeschichtliche Entwicklung der zweite Band untersucht, bezieht sich auf Abwesendes, das noch nicht ist. Im Gegensatz zum Denken richtet es sich auf Tätigkeit und stellt »das genaue Gegenteil der Erinnerung« dar. Die Tätigkeiten des Wollens und des Urteilens befassen sich, im Unterschied zum Denken, mit Einzelnem, Partikularem. Dies impliziert eine sehr viel größere Nähe zur Erscheinungswelt. Arendt beschreibt zwei unterschiedliche Auffassungen des Willens: einmal als »Wahlvermögen«, zum anderen als Triebfeder des Handelns, als Vermögen, eine neue Ordnung zu begründen, »eine Reihe in der Zeit ganz von selbst anzufangen« (Kant). Angelegt und bewahrt sieht sie dieses Vermögen im grundlegenden Datum der menschlichen Natalität, welches sie jenem der Sterblichkeit an die Seite stellt. Sie geht der Frage nach, »wie dieses Vermögen, etwas Neues zuwege zu bringen und damit die ›Welt zu verändern‹, in der Erscheinungswelt zur Geltung kommen kann«. Die historische Entwicklung des Begriffs des Wollens ist, wie Arendt zeigt, gekoppelt an die Geschichte der Zeit-Vorstellung. Mit der Entwicklung eines linearen Zeit-Begriffs im Kontext der christlichen Philosophie, welcher die zyklische Zeit-Vorstellung der Griechen ablöste, setzt sich allmählich die Bereitschaft durch, den Willen als selbständiges geistiges Vermögen anzuerkennen. Nach Arendts Auffassung ist die Komplexität des Willens und seiner notwendigen Freiheit zuerst von Paulus beschrieben worden, während Augustinus der erste Philosoph des Willens sei: Er bestimmt den Willen als »einigende Kraft, die den menschlichen Sinnesapparat auf die Außenwelt bezieht und dann die verschiedenen geistigen Vermögen des Menschen zusammenführt«. Bei Augustinus, von dessen Verständnis des Menschen als zeitliches Wesen Arendts Denken deutlich geprägt ist, und auch bei Duns Scotus besitzt der Wille eine starke Affinität zur Liebe. In der Neuzeit, die das Konzept des Fortschritts als Movens der Geschichte entwickelt, erhält das Vermögen des Wollens größeres Gewicht (etwa bei Schiller, Schelling und Schopenhauer). Die dialektische Konzeption geschichtlichen Fortschritts bei Hegel versöhnt zyklischen und linearen Zeit-Begriff. Den Wendepunkt in dieser Bewertung markiert in Arendts Augen die Philosophie Nietzsches. Nietzsche, der den Willen verwirft, und Heidegger, der den Willen zum Nicht-Wollen fordert, setzen nach Arendts Auffassung in ihren späteren Jahren ihr vom Zerbrechen der Metaphysik enttäuschtes Vertrauen in eine »geisterhafte Heimstätte personifizierter Begriffe« – getrieben vom »Heimweh nach einer anderen Welt, in der des Menschen Geist sich daheim fühlen konnte«. Diese mit dem deutschen Idealismus einsetzende philosophische Tradition spart Arendt in ihren Überlegungen aus, da sie die Brücke des »Regenbogens der Begriffe« (Nietzsche) nicht überschreiten will: »Vielleicht, weil ich dazu nicht genug Heimweh habe, jedenfalls aber, weil ich nicht an eine Welt glaube, sei es eine vergangene oder eine zukünftige, in der der menschliche Geist, ausgerüstet zum Rückzug von der Welt der Erscheinungen, jemals eine bequeme Heimstatt finden könnte oder sollte.«

Arendts Überlegungen zum Verhältnis von Willensvermögen und menschlicher Freiheit leiten über zum dritten unreduzierbaren geistigen Vermögen des Menschen, der Urteilskraft. Bei dem notwendigen subjektiven Versuch, das Faktum der menschlichen Freiheit anzunehmen, spielt dieses sich »in der Spannung zwischen der vita activa und der vita contemplativa« (R. Beiner) verfangende »politischste der geistigen Vermögen des Menschen« für Arendt eine bedeutsame Rolle. Das Urteilen, dem sie eine ontologische Funktion zumißt, verbindet das Allgemeine und das Besondere, verhindert aber zugleich, »daß das Besondere auf Universalien oder allgemeine Prinzipien reduziert, von diesen aufgesogen wird« (R. Beiner). In der Urteilskraft, die die Fähigkeit impliziert, über die eigene Perspektive hinaus andere Standpunkte in der Welt einzunehmen, und die daher eng mit der Einbildungskraft verbunden ist, entdeckt Arendt »dasjenige Vermögen, welches der Weltlosigkeit des authentischen Denkens und der Gedankenlosigkeit des zum Spießer gewordenen Alltagsmenschen entgegengesetzt werden könnte, um die bedrohte Welt wahren zu können« (E. Vollrath). Als »Gestalt der weltlichen Vernunft« (E. Vollrath) ermöglicht das Urteilsvermögen das Bejahen der weltlichen Bedingtheit des Menschen und widersetzt sich der Flüchtigkeit der Zeit, indem es das Vergangene nachträglich unsterblich macht. Deutlich zeigt sich hier der Einfluß von W. Benjamins geschichtsphilosophischen Thesen.

Diesen dritten Teil von The Life of the Mind, der die Absicht erkennen läßt, über Kants Ästhetik zu einer politischen Philosophie zu gelangen, konnte Hannah Arendt nicht mehr ausführen. Der postum zusammengestellte Band enthält neben den als Vorstudien geltenden Niederschriften Arendts – ihrer 1970 gehaltenen Vorlesung Über Kants politische Philosophie und ihren Aufzeichnungen zur Einbildungskraft – einen Essay des Herausgebers Ronald Beiner, der Genese und Entwicklung der Konzeption des Urteilsvermögens in Arendts Gesamtwerk darstellt, die sich abzeichnenden Argumentationslinien weiterführt und kritisch reflektiert. Für Arendt, so stellt Beiner fest, erfüllt sich die dreigeteilte Tätigkeit des Geistes nicht »in der umfassenden Vision einer Metaphysik, sondern im uninteressierten Wohlgefallen des urteilenden Historikers, Dichters oder Geschichtenerzählers«.

B.R.E.

AUSGABEN: New York 1977/78. – Chicago 1982.

ÜBERSETZUNG: *Vom Leben des Geistes.* Bd. 1: *Das Denken*; Bd. 2: *Das Wollen.* Mchn. 1979. – *Das Urteilen. Texte zu Kants politischer Philosophie*, U. Ludz, Herausgegeben und mit einem Essay von Ronald Beiner, Mchn. 1985.

LITERATUR: M. A. Hill (ed.), *H. A.: The Recovery of the Public World*, NY 1979. – B. Clarke, *Beyond ›The Banality of Evil‹* (in British Journal of Political Science 10, 1980, 417–439). – G. J. Tolle, *Human Nature under Fire: The Political Philosophy of H. A.*, Washington/D. C. 1982. – G. Kateb, *H. A.: Politics, Conscience, Evil*, Totowa/ N.J. 1984. – E. Vollrath, *Paria und Parvenu* (in FAZ, 11. 6. 1985).

PIETRO ARETINO

* 19./20.4.1492 Arezzo
† 21.10.1556 Venedig

LITERATUR ZUM AUTOR:
A. Graf, *Attraverso il Cinquecento*, Turin 1888. – A. Semerau, *P. A.*, Wien 1925. – P. G. Dublin, *La vie de P.A., son œuvre*, Paris 1938. – A. del Vita, *L'A., le cause della sua potenza e della sua fortuna*, Arezzo 1939. – G. Petrocchi, *P. A. tra rinascimento e controriforma*, Mailand 1948 [m. Bibliogr.]. – A. del Vita, *L'A., uomo libero per grazia di Dio*, Arezzo 1954. – G. Laini, *Il vero A.*, Florenz 1955. – G. Innamorati, *Tradizione e invenzione in P. A.*, Florenz, Messina 1957. – G. Innamorati, *Letteratura italiana. I minori*, Bd. 2, Mailand 1961, S. 1019–1047 [m. Bibliogr.]. – J. Cleugh, *The divine A.*, NY 1966. – J. Hösle, *P. A.s Werk*, Bln. 1969. – P. Larivaille, *L'A. entre Renaissance et Maniérisme*, 2 Bde., Lille 1972. – G. Falaschi, *Progetto corporativo e autonomia dell'arte in P. A.*, Messina, Florenz 1977. – C. Marchi, *L'A.*, Mailand 1979. – C. Marangoni, *Il Virgilio dell'A.* (in GLI 160, 1983, S. 524–546). – C. Cairns, *P. A. and the Republic of Venice; Researches on A. and His Circle in Venice, 1527–1556*, Florenz 1985.

LA CORTIGIANA

(ital.; *Die höfische Komödie*). Komödie in fünf Akten von Pietro ARETINO, entstanden 1525 (erste Fassung), erschienen 1534 (zweite Fassung); Uraufführung: Bologna 1537. – Der mehrdeutige Titel von Aretinos erster Komödie verweist nicht etwa auf eine Kurtisane als Hauptfigur des Werks, sondern ist auf das klerikale und adelige Hofleben im zeitgenössischen Rom bezogen. Im Zentrum der satirischen Kritik des Autors stehen allerdings nicht die Höflinge *(cortigiani)* selbst, sondern das römische Alltagsleben in seiner Prägung durch die als leichtlebig und aufgeblasen dargestellte Hofkultur.

Die Haupthandlung zerfällt in zwei lose verknüpfte und parallel entwickelte Handlungsstränge: Messer Maco, ein Sienese, verkörpert die naive, aber gleichzeitig pedantisch-gelehrte Figur des Provinzlers, der nach Rom gekommen ist, um gemäß dem Willen seines Vaters Hofmann und später Kardinal zu werden. Seine Leichtgläubigkeit macht ihn zum Opfer von Meister Andrea, einem Maler, der vorgibt, ihm das höfische Benehmen vermitteln zu wollen. Dieser läßt Maco nach allerlei Irreführungen schließlich in einen Ofen kriechen, indem er ihn glauben macht, er werde auf diese Weise zum Hofmann »gebacken«. Als Maco anschließend, von seinem höfischen Charme überzeugt, einer Dame nachstellt, prügeln ihn Andrea und seine Freunde, die sich als Spanier verkleidet haben, mit Schimpf und Schande aus dem Haus. Auch die andere Hauptfigur, Parabolano, wird in ein Liebesabenteuer verstrickt. Er verkörpert den übersteigert selbstbewußten Neapolitaner, der in seiner affektierten Leidenschaftlichkeit Opfer der Späße und Intrigen seines Dieners Rosso wird. Dieser verspricht seinem Herrn, durch Vermittlung der Kupplerin Aluigia, die er als Amme ausgibt, ein Treffen mit der angebeteten Livia zu arrangieren. Obwohl die Dame ihn noch gar nicht kennt, ist der stolze Parabolano von ihrer Gegenliebe derart überzeugt, daß er den Streich des Dieners geradezu herausfordert. So findet er beim Stelldichein statt der Geliebten eine einfache Bäckersfrau vor, die, von der Kupplerin bestellt, sich auf diese Weise an ihrem trunksüchtigen Ehemann rächen will. Der geprellte Neapolitaner verzeiht jedoch, von dem Erlebnis ernüchtert, seinem Diener und schwingt sich auch zum wortreichen Schlichter zwischen Maco und Andrea auf. Das letzte Wort hat allerdings der Diener Rosso, der diesen Sinneswandel seines Herrn wiederum satirisch kommentiert.

An die Haupthandlung schließen sich noch verschiedene Nebenhandlungen an, die, von den Dienerfiguren getragen, vor allem der Erzeugung von Situations- und Sprachkomik dienen. Daneben gibt es jedoch mehrere Szenen, die fast ausschließlich der Bezugnahme auf die zeitgenössische Wirklichkeit dienen. So sind z. B. der Prolog als »Dichterschau« der italienischen Renaissanceliteratur und die Szene III,7 als Kommentierung der politischen und kulturellen Situation Italiens lesbar. Der gewollt deutliche Verweis auf die Realität wird auch dadurch bestätigt, daß die Figuren des Andrea und des Rosso als historisch nachgewiesen sind. Aretinos Nichtbeachtung der als kanonisiertes Vorbild geltenden römischen Komödie ermöglicht somit eine Gesellschaftssatire, die über die typische Charakterkomik hinaus auf eine spezifische historische Situation verweist und durchaus mit MOLIÈRE (z. B. *Le bourgeois gentilhomme*) verglichen werden kann. Die rasche Folge der komödiantischen Einfälle und die Aufteilung der Akte in viele kurze Szenen lassen das Werk auch technisch als gelungen erscheinen. Im Rahmen der italienischen Literatur muß die Komödie vor allem in Kontrast zu CASTIGLIONES *Libro del Cortegiano* gesehen werden, der wohl berühmtesten Selbstbespiegelung des Hoflebens in der Renaissance, worauf Aretino selbst deutlich anspielt. U.P.

AUSGABEN: Venedig 1534. – Lanciano 1914 (in *Teatro*, Hg. N. Maccarone; krit.). – Turin 1970, Hg. G. Innamorati [1. Fassg.]. – Mailand 1971 (in *Tutte le opere; Teatro*, Hg. G. Petrocchi). – Rom 1974 (in *Tutto il teatro*, Hg. A. Pinchera).

LITERATUR: D. Grasso, *L'A. e le sue commedie*, Palermo 1900. – U. Fresco, *Le commedie di P. A.*, Camerino 1901. – C. Levi, *Saggi bibliografici delle commedie e dell'»Orazia« di P. A. e della critica su di esse* (in Rivista delle Biblioteche e degli Archivi, 20, 1909, Nr. 5–7). – M. J. Wolff, *P. A., Komödien* (in GRM, 3, 1911, S. 257–272). – T. Parodi, *Le commedie di P. A.* (in T. P., *Poesia e letteratura*, Bari 1916). – M. Baratto, *Commedie di P. A.* (in Belfagor, 12, 1957, S. 361–402; S. 506–579). – G. Innamorati, *Tradizione e invenzione in P. A.*, Messina 1959. – M. T. Herrick, *Italian Comedy in the Renaissance*, Urbana 1960. – G. Innamorati, *Lo stile comico di P. A.* (in Paragone, 14, 1963, Nr. 162, S. 6–28). – M. Baratto, *Tre studi sul teatro (Ruzzante, A., Goldoni)*, Venedig 1964. – M. Tonello, *Lingua e polemica teatrale nella »Cortigiana« di P. A.* (in *Lingua e strutture del teatro italiano del Rinascimento*..., Hg. ders. u. a., Padua 1970). – G. De Maria, *P. A. commediografo. La visione tautologica del mondo come impotenza a mutarlo e l'autocoscienza ironica* (in Sigma, 31, 1971, S. 3–51). – G. Ferroni, *Le voci dell'istrione. P. A. e la dissoluzione del teatro*, Neapel 1977.

IL FILOSOFO

(ital.; *Der Philosoph*). Komödie in fünf Akten von Pietro ARETINO, erschienen 1546. – Aretinos letzte Komödie nimmt schon im Prolog Bezug auf die für die italienische Renaissancekomödie wichtige Tradition der toskanischen Novellistik. Im Gegensatz zur *Talanta* und zum *Hipocrito* liegen der Handlung keine Stücke von Plautus oder Terenz, sondern zwei Novellen aus BOCCACCIOS *Decamerone* zugrunde (VII,8; II,5).

Der Protagonist des einen Handlungsstranges, Plataristotele, ist, wie der Name versinnbildlicht, ein umfassend gebildeter, aber pedantischer und umständlicher Philosoph, der über seinen gelehrten Interessen die ehelichen Verpflichtungen gegenüber seiner jungen Frau Tessa vernachlässigt. Als alle Ermahnungen der Schwiegermutter Monna Pafa nicht anschlagen, wendet sich Tessa schließlich Polidoro, einem flammenden Liebhaber, zu. Plataristotele gelingt es aber, den unerwünschten Besuch bei seiner Frau zu verhindern, indem er Polidoro abfängt und in das Studierzimmer sperrt, wo er ihn der Schwiegermutter als Beweis für die Untreue seiner Ehefrau vorführen will. Tessa befreit jedoch den Liebhaber und sperrt an seiner Stelle einen Esel in das Zimmer. Der geprellte Ehemann zieht seine Lehren aus dem Streich und stellt Tessa mit dem wortreich formulierten Versprechen zufrieden, künftig die Pflichten des Ehevertrages gewissenhaft zu erledigen.

Im Mittelpunkt der Parallelhandlung, die stärker der Illustrierung des städtischen Umfeldes dient, steht ein Juwelier namens Boccaccio (im *Decamerone* Andreuccio genannt), der von der Hetäre Tullia (ein polemischer Hieb auf Aretinos Zeitgenossin TULLIA D'ARAGONA) als Verwandter ins Haus gelockt und, um sein Geld erleichtert, in den Abort geworfen wird. Völlig verwirrt schließt sich Boccaccio darauf zwei Dieben an, die das Grab des toten Patriarchen plündern wollen. Nach einigen komischen Verwicklungen öffnet der Juwelier gemeinsam mit den Dieben das Grab, steigt hinab, doch in diesem Moment fliehen die beiden Schurken vor drei anderen Dieben, die in gleicher Absicht gekommen sind. Boccaccio kann diese aber als scheinbar zu neuem Leben erweckter Patriarch verjagen. Durch den kostbaren Ring des Kirchenfürsten für das verlorene Geld entschädigt, zieht er sich, immer noch in schmutzigen Kleidern, mit seinen Dienern von der Szene zurück.

Während dieser zweite Strang eine Fülle von komödiantischer Handlung und Sprachkomik bietet, legt Aretino in der Geschichte um Plataristotele das größere Gewicht auf den satirischen Angriff gegen die humanistische Gelehrsamkeit und ihre Sprech- und Denkweisen. Die nur locker verbundenen Parallelhandlungen machen deutlich, daß Aretino ganz auf die Komik und den theatralischen Schwung seiner Einfälle vertraut, weshalb die Komödie auch mit einer inhaltlich unbedeutenden, jedoch sprachlich pointierten Szene, dem Streit zwischen zwei Dienerfiguren, schließt. U.P.

AUSGABEN: Venedig 1546. – Mailand 1876 (in *Commedie*, Hg. E. Camerini). – Lanciano 1914 (in *Teatro*, Hg. N. Maccarone, 2 Bde.). – Mailand 1971 (in *Tutte le opere; Teatro*, Hg. G. Petrocchi). – Rom 1974 (in *Tutto il teatro*, Hg. A. Pinchera).

LO HIPOCRITO

(ital.; *Der Heuchler*). Komödie von Pietro ARETINO, entstanden 1541/42, aufgeführt 1545 von einer Studententruppe in Arezzo. – Wie in den meisten anderen Stücken (z. B. *La cortigiana*) hält Aretino sich auch hier nicht an lateinische Vorbilder, was wohl nicht nur auf seine unzureichende klassische Bildung zurückzuführen ist. Einer der *»gesuchtesten und gefürchtetsten Komödiendichter der italienischen Hochrenaissance«* (H. Kindermann), macht er vielmehr, nicht anders als sein Zeitgenosse MACHIAVELLI, das Theater *»zum Warnspiegel für die eigene Zeit«*. Und da seinem Publikum die auf der Bühne vorgestellten, teilweise allerdings etwas

farblosen Figuren aus dem Alltagsleben vertraut waren, konnte er mit schallendem – und vor allem schadenfrohem – Gelächter der Zuschauer rechnen.
Ipocrito ist ein scheinheiliger Tropf, ein durchtriebener Frömmler, der keinem offen ins Auge sehen kann und, das Gebetbuch unter dem Arm geklemmt, MOLIÈRES unsterblich gewordenen – und ungleich stärker profilierten – Tartuffe vorwegnimmt: bei Aretino ist er ein hagerer, hochaufgeschossener Hungerleider im flatternden Talar, der genau weiß, wo man Bauch und Säckel füllen kann. Ein gefundenes Fressen ist für ihn die Familie Liseos, in der es drunter und drüber geht, weil der Vater, mit fünf heiratsfähigen Töchtern »gesegnet«, diese nur mit Schwierigkeiten unter die Haube bringen kann. Zwei der Mädchen, Porfiria und Tansilla, sind zwar schon verlobt, doch haben sich ihre Freier, Prelio und Artico, seit längerer Zeit nicht mehr blicken lassen. Liseo will verständlicherweise Ordnung im Haus und bestimmt, daß die beiden Mädchen unverzüglich zu heiraten haben, und wenn sich die Verlobten nicht noch am selben Abend einfänden, werde er selbst ihnen die künftigen Gatten auswählen und zuführen. In Annetta, eine andere Tochter Liseos, ist Zefiro vernarrt, ein zwar recht wohlgestalter, aber wenig gewitzter Junge, der nicht recht weiß, wie er die Sache beim Schopf oder besser: die Jungfer beim Rockzipfel packen soll. Während Ipocrito verspricht, ihm zu helfen, hat Liseo zwei andere Burschen herbeigeschafft, Corebo und Tranquillo, die seit langem hinter den beiden verlobten Schwestern her sind und händereibend diese schon im Ehebett liegen sehen. Doch ausgerechnet jetzt stellen sich, wie verabredet, Prelio und Artico ein, die ihre Rechte als Verlobte geltend machen. Schließlich taucht auch noch Brizio auf, Liseos verschollener Zwillingsbruder, der sich jedoch nicht zu erkennen gibt und durch sein Eingreifen die ohnehin reichlich durcheinandergeratenen Fäden hoffnungslos verwirrt. Porfiria will sich das Leben nehmen, doch Prelio, ihr Verlobter, durch seine lange Abwesenheit nicht ganz unschuldig an der fatalen Situation, gibt sie frei für Corebo und hält um die Hand Svevas an, der vierten Tochter Liseos. Daraufhin will auch Tranquillo seiner Tansilla das Herz nicht allzu schwermachen, überläßt sie ihrem Verlobten Artico und entscheidet sich für Agnizia. Auch das letzte der fünf Mädchen ist damit glücklich an den Mann gebracht. Brizio gibt sich zu erkennen, und Ipocrito, der natürlich in Verlegenheit gerät, tut so, als habe er ganz allein – und ganz selbstlos, versteht sich – alles ins reine gebracht.
Diese Gesellschaftssatire (Satire vor allem auf den sich in die Privatangelegenheiten anderer Leute einmischenden, im Stück allerdings Randfigur bleibenden Betbruder) darf zu den brillantesten Renaissancekomödien gerechnet werden. Als Aretinos Gesamtwerk bald nach seinem Tod indiziert wurde, geriet auch der *Ipocrito* weitgehend in Vergessenheit. Es blieb der neuerdings immer häufiger aus der reichen Fundgrube des 16. Jh.s schöpfen-den Gegenwart vorbehalten, dieses äußerst bühnenwirksame Stück neu zu entdecken. M.S.

AUSGABEN: Venedig 1542. – Venedig 1588 (in *Quattro commedie*). – Lanciano 1914 (in *Commedie*, Hg. N. Maccarone, 2 Bde.). – Mailand 1971 (in *Tutte le opere; Teatro*, Hg. G. Petrocchi). – Rom 1974 (in *Tutto il teatro*, Hg. A. Pinchera).

L'HORATIA

(ital.; *Die Horatier*). Verstragödie von Pietro ARETINO, erschienen 1546. – Der »göttliche« Dichter aus Arezzo, »*der Fürsten Geißel*« (Ariost), schrieb nur eine einzige, doch »*die schönste Tragödie des Cinquecento*« (Croce). Er, für den »*die Welt wahrhaftiglich heroisch und sakrosankt*« war und der »*über eine künstlerische Einfalt verfügte, durch die er der Kritik stark provozierend erschien*« (Apollonio), entnahm seinen Stoff – wie CORNEILLE (vgl. *Horace*), der jedoch Aretinos Werk wahrscheinlich nicht kannte – den Geschichtsbüchern des LIVIUS (*Ab urbe condita libri*, 1, 23–27). Einerseits machte sich Aretino in der Bearbeitung der Vorlage völlig frei von der Tradition der Renaissance, die in der Tragödie durch dramatische Konzentration zu einem unmittelbaren Verständnis des Wesens der Antike führen wollte, andererseits aber näherte sich den Humanisten, indem er, auf die freie Gedankenexkursion verzichtend, sich peinlich an eben diese Vorlage hielt und das in ihr enthaltene tragische Moment für sich sprechen lassen wollte.
Um den seit längerer Zeit schwelenden Machtkampf zwischen dem emporstrebenden Rom und dem benachbarten Alba Longa, der alten Hauptstadt des Latinerbundes, zu beenden, sollen Vertreter der Horatier für Rom und der Curiatier für Alba Longa gegeneinander antreten. Nach der Expositionsszene, einem Gespräch des Publio, des Sippenältesten der Horatier, mit seinem Freund Spurio, tritt Publios Tochter Clelia auf »*dem Monde gleich und Ruhm der Sterne*«. Ihrer Amme gesteht die Jungfrau ihre Angst vor dem bevorstehenden Kampf, bei dem sie entweder die Brüder oder, sollte Rom siegen, den Geliebten verlieren muß. Ein langer Bericht von dem Treffen, das inzwischen stattgefunden hat, folgt im zweiten Akt. Auf beiden Seiten gibt es Tote: Publio beweint seine Söhne Tito und Tazio, Clelia hingegen den gefallenen Feind der Römer. Unter den schmähenden Vorwürfen des Vaters bricht sie zusammen. Ihr Bruder Orazio, der überlebende Held, dem Rom den Sieg dankt, triumphiert (Akt 3) auf dem Kampfplatz. Doch Clelia wirft sich über den blutgetränkten Leinenrock, den sie ihrem künftigen Gemahl wob. In seiner Ehre gekränkt und maßlos erzürnt über die Verräterin an der Sache Roms, schleift Orazio die Schwester an ihren blonden Zöpfen zu dem getöteten Feind und durchbohrt sie neben dessen Leiche mit dem Schwert. Das Volk ist entsetzt über den Geschwistermord, doch Publio heißt gut, was sein Sohn tat. Im vierten Akt stehen sich er und Spurio

als Verteidiger des Mörders und das Dezemvirat als seine Ankläger gegenüber. Die Vertreter des Volks fordern die Enthauptung des Übeltäters, doch das Volk selbst (Akt 5), das das Urteil zu fällen hat, verlangt nur, daß er in das Joch gespannt werde. Orazio verwirft, seine Tat rühmend, diesen Spruch: Höher als alles habe die Freiheit Roms zu stehen. Aber eine himmlische Stimme gebietet ihm, sich dem Urteil zu beugen, denn des Volkes Stimme sei die Stimme der Gerechtigkeit.

Aretinos eigenwilliger und gerade deshalb heute so genial erscheinender Beitrag zur weitgehend schablonenhaft gebliebenen Renaissancetragödie zeugt, kritisch betrachtet, zwar von Dilettantismus und literarischer Disziplinlosigkeit (beides schlechthin symptomatisch für den »*figliolo della natura*«, den »Naturburschen«, wie der Aretiner sich selbst bezeichnete), doch gerade alle Unbekümmertheit, mit der er sich über alle pedantischen Regeln hinwegsetzte, ist jene Spontaneität zu danken, die »*Disharmonie im ganzen und zugleich Genialität im einzelnen*« (Croce) zeitigte. Der spröde Vers, eingeengt in den zähen Sprachfluß unelegant behandelter Elfsilber, sowie die grob aufgebauschte Glorifizierung der *virtus*, der männlichen Standhaftigkeit im Augenblick höchster Gefahr, erscheinen tatsächlich als nicht zu übersehende Schwächen. Doch sowohl die äußerst schlichte, in ihrer Unmaneriertheit ansprechende Konzeption des Ganzen wie die Zurückhaltung in der Behandlung der verschiedenen Konfliktsituationen sind geeignet, den Betrachter zu fesseln, zu erschüttern und ihn zu zwingen, daß er sich, wie in der antiken Tragödie, mit dem Chor identifiziere, der die einzelnen Akte verbindet und an den dramatischen Höhepunkten als geballte Volksmasse szenisch in Erscheinung tritt. Neben seinen skandalumwitterten Briefen (vgl. *Lettere*) ist Aretinos *Orazia* das einzige Werk, das auch dann noch Beachtung fand, als eine rigorose kirchliche Zensur den ihr höchst unbequemen Dichter indizierte. M.S.

AUSGABEN: Venedig 1546. – Lanciano 1914 (*L'Orazia*, in *Commedie*, Hg. N. Maccarone, 2 Bde.). – Mailand 1950 (*L'Orazia*). – Mailand 1971 (in *Tutte le opere; Teatro*, Hg. G. Petrocchi). – Rom 1974 (in *Tutto il teatro*, Hg. A. Pinchera).

LITERATUR: E. Stacchiotti, »*L'Orazia*«, Camerino 1907. – B. Stocchi, »*L'Orazia dell'A. e l'*»Horace« *del Corneille*, Neapel 1911. – B. Croce, *La tragedia* (in B. C., *Poesia popolare e poesia d'arte*, Bari 1933, S. 251–263; 319–324). – M. T. Herrick, *Italian tragedy in the Renaissance*, Urbana 1965.

LETTERE

(ital.; *Briefe*) des Pietro ARETINO, vom Autor selbst in sechs Bänden 1537–1557 veröffentlicht. – Die verwirrende Masse dieser offenbar wahllos gesammelten dreitausend Geschäfts- und Empfehlungs-, Bitt-, Droh- und Versöhnungsbriefe und Billetts vermischten Inhalts ergibt ein anschauliches Bild der Tätigkeit und des Charakters eines Mannes, der sich, ein bedenkenloser Propagandist seiner selbst, als »*das Orakel der Wahrheit*« pries und sich den Titel eines »*Sekretärs der Welt*« zulegte und der es sich immerhin leisten konnte, eigene Münzen mit dem Titel, den ARIOST ihm gegeben hatte: »*Der Fürsten Geißel*«, prägen zu lassen. Diese Briefe zeugen sowohl von dem nur schwer nachzuahmenden kommerziellen Organisationstalent, mit dem Aretino alles aufgriff, was nur irgendwo nach Geld roch, als auch von seiner intuitiven Begabung, sich rechtzeitig nach dem Wind zu drehen. Aretino kennt keinerlei Hemmungen, sich bloßzustellen durch Extravaganzen und Kapricen: Ist er denn schlechter als seine Zeitgenossen, als seine fürstlichen und päpstlichen Freunde und Feinde? Deshalb gesteht der Aretiner freimütig, mit welchen Mitteln er seine feudale Lebenshaltung sichert, und ganz unverfroren weist er auf seine Feder hin als die Waffe, mit der er denjenigen beleidigt, der ihm seinen Beutel nicht öffnete, und jenen hochleben läßt, der seinen Tribut entrichtet hat. Darin zeigt er sich seinem erpresserischen Zeitgenossen GIOVIO wesensverwandt (vgl. *Historiarum sui temporis libri*), der klingende Münze aus der Historiographie zu schlagen versteht (und dem Aretino ein für sein Schandmaul charakteristisches Epigramm widmet: »*Hier ruht der Hermaphrodit Paolo Giovio, der, ganz deutlich gesagt, Ehemann und Eheweib zugleich gewesen*«). So erkaufen sich der Kaiser (Karl V.), der König von England, die Königin von Polen, Fürsten, Kardinäle, Condottieri und Kaufleute entweder Aretinos Schweigen oder lassen ihn gewinnbringende Schleichwerbung für sich treiben. Gewissensbisse scheinen dem Verfasser der Briefe fremd zu sein, denn ganz lässig gibt er zu, es störe ihn durchaus nicht, »*zu lügen, wenn jene verherrlicht werden, die doch des Tadels würdig sind*«. Alles Kleinliche, Unnütze, Pathetische oder Pedantische hassend, läßt er erkennen, wie man das Leben zweckmäßig meistert, und selbstgefällig blickt er zurück auf eine Karriere, die ihn, einen Schusterssohn von so fragwürdiger Herkunft, daß er sich mangels eines eigenen Namens »der aus Arezzo« nennen mußte, aufsteigen ließ zum Komplicen gekrönter Häupter. Manchmal blitzt aus dieser bissigen Gesellschaftschronik, in der sich Drama und Farce kaum unterscheiden, ein Funke echten Gefühls auf, der beweist, daß dieser skrupellose Opportunist ein zärtlicher Vater, ein großherziger Freund, ja sogar ein von Eifersucht gequälter Liebhaber sein konnte. Großzügigkeit und Adel der Gesinnung finden immer seine Bewunderung, und in manchen Briefen überwiegt ein melancholischer Ernst die im allgemeinen vorherrschende Extravaganz.

Keinesfalls spricht aus Aretinos Briefen der »*widerwärtigste Schwindler*« (Baumgartner), der ein verzerrtes Bild der Hochrenaissance überlieferte. Immer wieder sind Ansätze zu einer stupenden – doch zugegeben rücksichtslosen – Aufrichtigkeit und Wahrheitsliebe zu erkennen. Aretino wird darin zum Vorbild des modernen Journalisten, der es nicht scheut, sich um der Information der Öffentlichkeit willen an noch so brisante Themen zu wagen. Mag er, der sich selbstbewußt als »*freien Mann von Gottes Gnaden*« bezeichnet, 1651 auch mit beispielloser Unverfrorenheit *Lettere scritte a Pietro Aretino* veröffentlichen, also Briefe, die ihn, oftmals unter dem Siegel strenger Vertraulichkeit, erreichten – er befreit andererseits den Literaten aus der Abhängigkeit von weltlichen wie geistlichen Mäzenen. Erhaben über jeden Servilismus, macht er sich zum unerschrockenen Verteidiger des Rechts und in nicht wenigen Fällen zum Rächer derer, die durch die Ungerechtigkeit der Mächtigen zu leiden haben. Nichts sei ihm fremd, so betont er, und deshalb schreibt er mit – allerdings zu Oberflächlichkeit verführender – fliegender Feder. Die kleinlich nach antiken Mustern arbeitenden Schriftsteller verachtend, gegen die im Petrarkismus erstarrte Poesie wetternd und die Bedeutung der Philosophie und der Akademien sorglos verkennend, wird er, der Hans-Dampf-in-allen-Gassen seines Jahrhunderts, zum »*bedeutendsten Journalisten der Epoche*« (Sapegno). Seine vielseitige Bildung bewundernd, die ihm die Wertschätzung eines Tizian, einer Vittoria Colonna und eines Michelangelo eintrug, sieht man hinweg über die bombastischen Metaphern seiner Diktion (»*die goldenen Wolken der Ehre*«; »*die Brust des Geistes*«; »*der Schweiß meiner Tinte*«). Dabei ist er ein erklärter Feind allen Ästhetisierens in der Kunst; sein literarisches Credo ist von seinem moralischen, der Natürlichkeit und rücksichtslosen Offenheit, nicht zu trennen, weshalb vor allem die Literaturkritik der liberalen italienischen Romantik den zu ihrer Zeit indizierten Aretino, seine Grenzen allerdings nicht verkennend, als die Verkörperung des Antiliterarischen schlechthin feierte – und das heißt ja wohl, an italienischen Wertskalen gemessen, als den Meister der Spontaneität und der bravourösen Invention.

M.S.

AUSGABEN: Venedig 1537–1557, 6 Bde. – Paris 1609, 6 Bde. – Bari 1913 (*Il primo libro delle Lettere*, Hg. F. Nicolini; krit.). – Bari 1916 (*Il secondo libro delle Lettere*, Hg. ders.; krit.). – Turin 1945, Hg. S. Ortolani [Ausw.]. – Mailand 1960 (in *Tutte le opere*, Hg. F. Flora, Bd. 1: *Lettere*; enth. Buch 1 u. 2; Anm. A. del Vita).

LITERATUR: A. del Vita, *L'A., le cause della sua potenza e della sua fortuna*, Arezzo 1939. – G. Petrocchi, *P. A. tra rinascimento e controriforma*, Mailand 1948. – G. Laini, *Il vero A., saggio critico*, Florenz 1955. – G. Falaschi, *Erasmo (Apoftemmi) e l'A.* (in Paragone, 27, 1976, Nr. 314, S. 3–23).

IL MARESCALCO

(ital.; *Der Stallmeister*). Komödie in fünf Akten von Pietro ARETINO, erschienen 1533. – Das 1527 angeblich in nur zehn Tagen für ein Karnevalsfest geschriebene Stück ist eine Renaissancekomödie von seltenem Einfallsreichtum. In ihr läßt der Aretiner Personen der Hofgesellschaft von Mantua – also seines Publikums – auf der Bühne auftreten. Zielscheibe seines beißenden Spottes ist der herzogliche Stallmeister, ein Weiberfeind, von dem man nicht recht weiß, ob er nur überzeugter Junggeselle oder erotisch anders gepolt ist. Der Herzog, der jedoch nicht selbst auftritt, legt ihm mit den wärmsten Empfehlungen ein Fräulein ans Herz, das nicht nur über körperliche und geistige Vorzüge, sondern auch über eine recht ansehnliche Mitgift verfügt. Von allen Seiten beglückwünscht man den Stallmeister, doch der unfreiwillige Heiratskandidat, der »*noch nie ein Weiberhemd gesehen hat*«, fühlt sich überrumpelt und bricht in ein Lamento aus.

Seine alte Amme versucht ihn zu trösten, indem sie die Ehe als Paradies auf Erden schildert. Sein Freund Ambrogio hingegen, der aus eigener Erfahrung sprechen kann, warnt ihn vor der Ehe und malt sie, die Worte der Amme raffiniert abwandelnd, in den schwärzesten Farben. Da ihm keine Wahl bleibt, gibt der Stallmeister endlich nach. Als er, etwas unsicher, nach der Trauung seine Frau in die Arme schließt und sie den Schleier zum Kuß hebt, sieht sich der frischgebackene Ehemann dem hübschesten Pagen des Herzogs, Carlo de Fano, gegenüber.

Die beiden Szenen, in denen man dem Stallmeister Freuden wie Leiden des Ehestands ausmalt, sind die Höhepunkte der Komödie. Aretino verwendet dabei funkelnde Wortspiele und vor allem Vergleiche, die durch einfache Umformulierung ins Gegenteil verkehrt werden. Dort, wo er über die Ehe herzieht und die Gattin als wahren Hausdrachen schildert, greift er auf BOCCACCIOS *Corbaccio* zurück. (»*Ein Eheweib im Haus ist wie die Französische Krankheit im Leib.*«) Da der Dichter die klassischen Sprachen kaum beherrschte und deshalb die antike Komödie nur oberflächlich kannte, darf sein *Marescalco* als eigenständig gelten, obgleich er dem klassizistischen Regelkanon in jeder Weise entspricht. Als »*Geißel der Fürsten*«, wie ARIOST ihn nannte, versäumt Aretino es nicht, das Treiben am Hof der Gonzagas anzuprangern. (»*Selig sind die Verrückten, die an den Hof kommen, denn sie werden beladen von dannen ziehen.*«) Seine oft reichlich gewagte Komik bezieht Aretino vor allem aus dem atemberaubenden Jonglieren mit Umgangs-, Gelehrten- und Kirchensprache. Ein rhetorisches Kabinettstück ist der Prolog; in ihm werden, nachdem der Dichter nach allen Seiten seine Reverenzen gemacht hat, die einzelnen Figuren marktschreierisch vorgestellt.

M.S.

AUSGABEN: Venedig 1533. – Ldn. 1588 (in *Quattro commedie*). – Mailand 1809 (Collezione de' Classici Italiani, 245). – Lanciano 1914 (in *Commedie*, Hg. H. Maccarone, 2 Bde.; krit.). – Mailand 1960. – Mailand 1971 (in *Tutte le opere; Teatro*, Hg. G. Petrocchi). – Rom 1974 (in *Tutto il teatro*, Hg. A. Pinchera).

LITERATUR: V. Lombardini, »*Il marescalco*« *di P. A.* (in Hesperia, 1899, 11/12). – O. J. Campbell, *The Relation of* »*Epicœne*« *to A.'s* »*Il marescalco*« (in PMLA, 46, 1931, S. 752–762).

RAGIONAMENTI

(ital.; *Gespräche*). Dialogsammlung in zwei Teilen von PIETRO ARETINO, erschienen 1533–1536. – Der Aretiner, eine der schillerndsten Gestalten des *cinquecento*, geriet durch seine berühmt-berüchtigten *Ragionamenti* in den ungerechtfertigten Ruf, Pornographie produziert zu haben. Damit war das literarisch wie sprachlich bedeutsame Werk lange Zeit der Diskussion entzogen. Daß jedoch in ihm »*ein geniales, wenn auch an manchen Stellen geradezu groteskes Gegenbild der humanistischen Welt*« (J. Hösle) gezeichnet wird, hat, von früheren Ausnahmen abgesehen, erst die neuere Forschung festgestellt. Der Grund dafür liegt sicher in der ungewöhnlichen Art der Darstellung: Das Zeitbild fügt sich aus den geschwätzigen Erzählungen der lebenskundigen Kurtisanen zusammen, von denen allein in Venedig, wo sich der Dichter 1527 niedergelassen hatte, 11 654 ihrem florierenden Gewerbe nachgingen. Nanna ist in den *Ragionamenti* eine dieser Gunstgewerblerinnen, und sie erzählt im ersten Teil in Rom ihrer Gevatterin Antonia, welches Leben die Nonnen führen (Nanna war zuerst Nonne gewesen), wie sich die verheirateten Frauen durch den Alltag schlagen (Nanna hatte später geheiratet) und wie es die Kurtisanen treiben (Nanna verfügt über reiche Erfahrung). Dabei gibt es einen speziellen Anlaß, diese Themen zu behandeln: Pippa, ihre Tochter, wächst heran, und es ist also an der Zeit zu überlegen, welcher dieser drei weiblichen »Stände« dem Mädchen, damit es im Leben vorankomme, zu empfehlen sei. Die Entscheidung liegt auf der Hand, immerhin ist Nanna das Kind eines materialistischen Zeitalters: Auch Pippa soll dem ältesten Gewerbe nachgehen.
Im zweiten Teil unterrichtet die Mutter ihre Tochter in den Künsten, die eine hochdotierte Kurtisane beherrschen muß. Sie warnt Pippa davor, sich in Ausübung ihres Berufs in einen Mann zu verlieben, denn solche sentimentalen Entgleisungen brächten oft nur Leid, bittere Enttäuschungen, Tränen (Nanna weiß davon zu berichten). Was später, wenn sie nicht mehr attraktiv genug ist, aus Pippa werden kann, erfährt sie gleichfalls; denn sie und die Mutter belauschen zwei alte Vetteln, die sich über das diffizile Gewerbe der Kuppelei unterhalten. – Ein dritter Teil, in dem »*vom Leben aller Kurtisanen Roms*« die Rede ist, kann nicht mit Sicherheit dem Autor zugeschrieben werden.
Es besteht kein Zweifel, daß sich Aretino mit diesen Kurtisanengesprächen nicht als Pornograph anbiedern wollte. Vielmehr verwandelt er die weitgehend artifizielle und darum sterile Dialogkunst seiner Zeitgenossen in ein Medium realistischer Darstellungskunst. Dabei erschöpft er sich keineswegs im pikanten Detail, sondern ordnet den erotischen Komplex ein in die größeren Probleme einer im geistigen Aufbruch befindlichen Welt: der mit dem wirtschaftlichen Aufschwung einhergehende soziale Aufstieg der Frau, die mit dem Wandel des Weltbildes zusammenhängende allgemeine Genußfreude, die aus dem Selbstbewußtsein des Zeitalters resultierende sexuelle Zügellosigkeit des Mannes. So sind auch – und gerade – die *Ragionamenti*, die von LUKIANS *Hetairikoi dialogoi* (*Hetärengespräche*) und der auf BOCCACCIOS *Decamerone* zurückgehenden Novellistik des *quattrocento* deutlich beeinflußt sind, geeignet, das jahrhundertelang verzerrte Bild eines Dichters zu korrigieren, der als Renaissance-Mensch (vgl. *Lettere*) zu einer realistischen Weltsicht fand und sich in freimütigem Stolz zu ihr bekannte.

M.S.

AUSGABEN: Paris 1533 (*Ragionamento* ... Tl. 1). – Turin 1536 (*Dialogo* ...; Tl. 2). – Carabba 1914, Hg. D. Carraroli. – Mailand 1943 (*Piacevoli e capricciosi ragionamenti*, Hg. A. Piccone Stella). – Mailand 1951, Hg. A. Foschini [krit.]. – Bari 1969, Hg. G. Aquilecchia. – Mailand 1984.

ÜBERSETZUNGEN: *Dichtungen und Gespräche*, H. Conrad, Brixen 1904. – *Kurtisanengespräche*, ders., Mchn. 1924, 3 Bde. – *Die Gespräche*, H. v. d. Molen, Hbg. 1962, 2 Bde. – *Kurtisanengespräche*, E. O. Kayser, Mchn. 1965; ern. Mchn. 1969 u. 1978. – Dass., H. Conrad, Bln. 1966. – Dass., E. O. Kayser, Mchn. 1968, Hg. J. Wilkat [Ausw.]. – *Die frivolen Gespräche des P. A.*, H. Conrad, Mchn. 1968/69 [Bearb.]. – *Kurtisanengespräche*, E. O. Kayser, Ffm. 1986 (Insel Tb).

VERFILMUNG: *I racconti romani di una ex-novizia*, Italien/Frankreich 1972 (Regie: P. Tosini).

LITERATUR: C. Marangoni, *Il Virgilio dell'A.* (in GLI, 160, 1983, S. 524–546).

LA TALANTA

(ital.; *Talanta*). Komödie in fünf Akten von Pietro ARETINO, entstanden 1534, erschienen 1542. – Die als Auftragswerk für die römische Compagnia de la Calza entstandene *Talanta* ist die erste von Aretinos späten Komödien. Sie lehnt sich deutlich an altrömische Vorbilder (TERENZ' *Eunuchen* und PLAUTUS' *Menaechmi*) an und vereinigt deren Handlungsschemata zu einem äußerst verwickelten Geschehen, das sich im Umkreis der römischen Kurtisane Talanta abspielt.
Die schöne Hetäre wird von Orfinio, einem jugendlichen Liebhaber, leidenschaftlich umworben. Diesem erwachsen jedoch in dem alten Venezianer Vergolo, dem angeberischen Soldaten Tinca (einer Nachahmung des *miles gloriosus*) und dem affektierten Römer Armileo drei scheinbar übermächtige Konkurrenten. Vergolo und Tinca wollen beide Talantas Gunst dadurch erwerben, daß sie ihr einen Sklaven bzw. eine Sklavin schenken, die jedoch,

was die Freier nicht ahnen, ihr wahres Geschlecht durch Männer- bzw. Frauenkleider zu verbergen suchen. Die Geschenke rufen daher auch den Unmut von Vergolos Sohn Marchetto und Tincas Tochter Marmilla hervor, die sich beide ihrer heimlichen Liebe beraubt sehen. Aufgelöst wird das Versteckspiel durch Blando, der im Orient von seinen drei Kindern Antino und Lucilla verloren und nur die als Knabe verkleidete Oretta behalten hat. Hocherfreut erkennt er in den beiden Sklaven die Verlorengeglaubten wieder und enthüllt ihre Identität. Er gibt nicht nur seine Zustimmung zur Verheiratung seiner Kinder mit denen Vergolos bzw. Tincas, sondern tröstet auch Armileo – er hat nur scheinbar Talanta den Hof gemacht, weil er in den als Mädchen verkleideten Antino verliebt war – mit der Hand seiner zweiten Tochter. Während die Väter Vergolo und Tinca Talanta für den Verlust der Sklaven finanziell entschädigen, hat schließlich der leidenschaftliche Orfinio seine Geliebte ganz für sich.

Zu dieser Haupthandlung treten noch ebenso verwickelte, von den Dienerfiguren getragene Nebenhandlungen, und auch die sprachliche Gestaltung der Figurenrede spart nicht mit rhetorischem Aufwand, so daß das Werk in vielen Passagen manieristisch wirkt. Durch dieses Übergewicht der inhaltlichen und sprachlichen Strukturen verlieren die Figuren an Glaubwürdigkeit und erscheinen nur mehr als Marionetten eines Spiels, das sie selbst in Szene setzen. Dieser Eindruck wird noch verstärkt dadurch, daß der Autor in diesem Fall darauf verzichtet, die Situationskomik für satirische Zwecke zu nutzen. U.P.

AUSGABEN: Venedig 1542. – Mailand 1956, Hg. C. Cremonesi. – Turin 1962 (in *Scritti scelti*, Hg. G. G. Ferrero). – Mailand 1971 (in *Tutte le opere; Teatro*, Hg. G. Petrocchi). – Rom 1974 (in *Tutto il teatro*, Hg. A. Pinchera).

LITERATUR: E. Gennarini, *Imitazione e originalità nella »Talanta« di P. A.* (in Giornale Italiano di Filologia, 11, 1958, S. 236–245).

VITA DI SANTA CATERINA VERGINE E MARTIRE

(ital.; *Das Leben der hl. Katharina, Jungfrau und Märtyrerin*). Erbauungsschrift von Pietro ARETINO, erschienen 1540. – Das Werk zählt zu den bis ins 17.Jh. hinein sehr beliebten, dann aber völliger Vergessenheit anheimgefallenen religiösen Schriften des Autors und steht in einer Reihe mit dem *Leben Jesu* (1535/38), dem *Leben der Jungfrau Maria* (1539) und dem *Leben des hl. Thomas von Aquin* (1543). – Aretino erzählt nicht die Lebensgeschichte der hl. Katharina von Siena, sondern greift auf eine frühchristliche Legende aus dem 4.Jh. zurück, in der die Bekehrung und das Martyrium einer heidnischen Prinzessin aus Alexandria in Ägypten erzählt wird. Diese im späten Mittelalter häufig künstlerisch dargestellte Figur war auch von Iacopo Sansovino, einem Freund Aretinos, als Statue modelliert worden, und der Autor verfaßte seine Heiligenvita zu deren Enthüllung.

König Costo, der Vater Caterinas, versucht die durch einen Einsiedler bekehrte Tochter vom christlichen Glauben abzubringen, wird aber im Verlauf des Gesprächs selbst bekehrt. Nachdem Kaiser Maxentius den König zusammen mit anderen Christen auf grausame Art hat hinrichten lassen, fordert er seine Priester auf, mit Caterina zu disputieren. Die Jungfrau bekehrt auch diese und wird, als sie einen Heiratsantrag des Kaisers abgewiesen hat, ebenfalls hingerichtet.

Das Werk beeindruckt vor allem durch seine stilistische Brillanz und den zum Selbstzweck gesteigerten Umgang mit den schon in den früheren Erbauungsschriften entwickelten rhetorischen Formeln: »*Die Sprecherin wird zum hemmungslos funktionierenden Wortautomaten*« (Hösle). Inhalt und Stil finden, vor allem, wenn es um die mystischen Erlebnisse geht, zu keinem ausgewogenen Verhältnis. Sprachliche Umsetzungen christlicher Zahlensymbolik, petrarkisierende Wendungen und rhythmische Raffinessen im Satzbau wirken wie von außen herangetragen. Angesichts dieser deutlichen Diskrepanz bleibt fraglich, ob das Werk als mißlungen zu betrachten oder ob darin nicht ein bedeutender Vorläufer manieristischer Literatur zu sehen ist. U.P.

AUSGABEN: Venedig 1540. – Rom 1978 (in *Le vite dei santi*, Hg. F. Santin).

LITERATUR: G. Weise, *Manieristische und frühbarocke Elemente in den religiösen Schriften des P. A.* (in BdHumR, 19, 1957).

RAFAEL ARÉVALO MARTÍNEZ

* 25.7.1884 Quezaltenango
† 13.6.1975 Guatemala

LITERATUR ZUM AUTOR:
M. A. Salgado, *R. A. M.*, Boston 1979. – Ders., *A. M. novelista: el despertar de una conciencia social* (in Explicación de Textos Literarios, 8, 1979–1980, S. 159–166).

EL HOMBRE QUE PARECÍA UN CABALLO

(span.; *Der Mann, der einem Pferd glich*). Erzählung von Rafael ARÉVALO MARTÍNEZ (Guatemala), erschienen 1915. – Die bemerkenswerteste Schöpfung des Lyrikers und Romanciers Arévalo Martínez ist die »psycho-zoologische Erzählung«, in der er von der Theorie ausgeht, jeder Mensch trage gewisse Züge, die ihre beste Entsprechung in einem bestimmten Tier finden, und man könne danach die Menschheit in Schlangen-Menschen, Fuchs-Menschen, Tiger-Menschen und so fort einteilen. *El hombre que parecía un caballo* gilt als sein Meisterwerk in diesem Genre; einige Kritiker bezeichnen die Geschichte als die originellste Erzählung, die in seiner Generation geschrieben wurde. Als Vorbild für den Helden, den Herrn Aretal, diente dem Autor der unter dem Pseudonym Porfirio Barba Jacob bekannte kolumbianische Dichter Miguel Ángel Osorio (1883–1942), ein romantischer Bohemien und haltloser Vagabund, der sich mit Alkohol, Rauschgift und sexuellen Exzessen zugrunde richtete. Er beschreibt, wie er Herrn Aretal kennenlernt; seine Bewegungen, seine Reaktionen erinnern ihn auf bestürzende Weise an ein edles Rennpferd: »*Der Herr Aretal reckte den Hals wie ein Pferd ... Der Herr Aretal näherte sich den Frauen wie ein Pferd. In den prunkvollen Sälen konnte er nicht ruhig bleiben. Er näherte sich der schönen Frau ... mit leichten, elastischen Bewegungen, den Kopf geneigt, ein wenig seitwärts gedreht, umkreiste sie einmal und machte dann eine Runde durch den Raum.*« Dieser kraftvolle, stolze, blasphemische Egoist ähnelt nicht nur äußerlich, sondern auch im Charakter einem Pferd, er hat das feurige Temperament eines rassigen Hengstes und wie dieser keine Spur von moralischem Empfinden. Kurz: er ist so sehr Pferd, wie er es in Menschengestalt nur sein kann.

Arévalo Martínez bedient sich dieser eigenwilligen Methode nicht nur um des besonderen Effekts willen. Karikatur und Satire sind lediglich Nebenwirkungen. Im Grunde geht es ihm darum, das Wesen des Menschen tiefer zu erfassen, indem er dessen psychisch-physische Wurzeln im Tierreich aufzuspüren sucht. Sein Verfahren zeigt manche Analogien zur Psychoanalyse Sigmund Freuds, mit dem Unterschied allerdings, daß er nicht dunkle Triebe und verdrängte Gefühle bewußt macht, sondern eine als »*Signatur*« oder »*Hieroglyphe*« bezeichnete Wesensaffinität zwischen Tier und Mensch enthüllt, ähnlich der noch heute bei den Indianern Guatemalas lebendigen Vorstellung, daß jeder Mensch ein »*Nahual*«, ein tierisches Doppel-Ich, besitzt, dem er physisch und seelisch verwandt ist. – Die gleiche Betrachtungsweise, die gleiche Verbindung von Realismus, Phantasie und Anthropologie zeigen auch die weiteren »psycho-zoologischen Erzählungen« des Autors, etwa die im gleichen Band veröffentlichte *El trovador colombiano (Der kolumbische Troubadour)*, in der er den Dichter León Franco zum Vorbild nimmt, einen sanften, anhänglichen Menschen »*mit der Seele eines herrenlosen Straßenköters*«. In ihnen allen manifestieren sich das tiefe, fast franziskanische Mitgefühl des Autors mit allen Geschöpfen und sein außerordentliches intuitives Verständnis für sie. Zugleich aber entwickelt sich seine Geschichten in einer Atmosphäre des Geheimnisvollen, Alptraumhaften, die an thematisch verwandte Arbeiten des ein Jahr älteren Franz Kafka erinnert. A.F.R.

Ausgaben: Quezaltenango 1915. – San Salvador 1958. – Lima 1959 (in *El hombre que parecía un caballo y otros cuentos*). – Guatemala 1963.

Literatur: A. Torres-Ríoseco, *Novelistas contemporáneos de América*, Santiago de Chile 1939, S. 411–422. – A. R. Lopes, *R. A. M. y su ciclo de animales* (in RI, 4, 1942, Nr. 7, S. 323–331). – L. A. Sánchez, *La tierra del Quetzal*, Santiago de Chile 1950, S. 165–181. – A. Orantes, *A. M. y »El hombre que parecía un caballo«* (in Guión Literario, Febr. 1958, S. 1–4). – G. Palau de Nemes, *Literature of the Absurd* (in Américas, 17, 1965, S. 6–10). – D. R. Reesy, *La dualidad del »yo« en »El hombre que parecía un caballo«* (in *Memorias del Congreso de Catedráticos de Literatura Iberoamericana 14*, Pittsburgh 1969, S. 167–174). – H. L. Rosser, *Retrato del narrador como caballo: auto-análisis psico-zoológico de E. A.* (in JSpS, 8, 1980, Nr. 1/2, S. 117–128).

TUDOR ARGHEZI

* 21.5.1880 Bukarest
† 14.7.1967 Bukarest

Literatur zum Autor:
O. S. Crohmălniceanu, *T. A.*, Bukarest 1960. – M. Petroveanu, *T. A.*, Bukarest 1961. – T. Vianu, *A., poet al omului*, Bukarest 1964. – O. Micu, *Opera lui T. A.*, Bukarest 1965. – Ders., *T. A.*, Bukarest 1965 (engl.). – Ders., *T. A.*, Bukarest 1972. – E. Manu, *T. A.*, Bukarest 1977. – N. Balotă, *Opera lui T. A.*, Bukarest 1979 – I. Gutan, *T. A.*, Bukarest 1980. – *T. A. Centenary 1880–1980*, Bukarest 1980. – F. K. Vidrașku, *T. A.*, Moskau 1980. – F. Firan, *Pe urmele T. A.*, Bukarest 1981. – E. Manu, *T. A.* (in *Literatur Rumäniens 1944–1980. Einzeldarstellungen*, Bln./DDR 1983, S. 56–73, 459–464). – *T. A. Autoportet prin corespondență*, Bukarest 1982. – D. Grăsoiu, *»Bătălia« A.: Procesul istoric al receptării operei lui T. A.*, Cluj/Napoca 1984. – S. Cioculescu, *Argheziana*, Bukarest 1985.

DAS LYRISCHE WERK (rum.) von Tudor Arghezi.
Vor allem wegen seines lyrischen Werkes wird Arghezi in der rumänischen Literaturgeschichte des 20.Jh.s eine ähnlich dominierende Bedeutung beigemessen wie sie der Nationaldichter Mihail Eminescu (1850–1889) für das 19.Jh. besitzt. Schon zu Lebzeiten wurde er als Klassiker gewertet, wobei die relativ große innere Homogenität seines Werks geradezu symbolhaft für die – trotz der tiefen historischen Brüche dieser Epoche weiterbestehende – nationale Kontinuität des Rumänentums steht.
Arghezi veröffentlichte bereits im Alter von 16 Jahren ein Gedicht in der symbolistischen Zeitschrift ›Liga ortodoxă‹; nach einigen Jahren des Mönchs-

lebens im Kloster Cernica bei Bukarest trat er 1904 mit einem symbolistischen, von BAUDELAIRE beeinflußten Gedichtzyklus *Achate Negre (Schwarze Achate)* hervor und gab verschiedene Zeitschriften heraus. Seinen Durchbruch zur Anerkennung als Lyriker erlebte er 1927 mit dem lebhaft aufgenommenen Gedichtband *Cuvinte potrivite (Passende Worte)*, der bereits wesentliche Züge der arghezianischen Dichtung zeigt. Arghezi scheut sich nicht, thematische Anleihen in der Literaturgeschichte zu machen, besonders, wie damals in Rumänien üblich, in der französischen: so ist das Gedicht *Testament* dem mittelalterlichen Dichter François VILLON nachempfunden, zu dem Arghezi eine tiefe Affinität empfand. Als Hauptquellen seiner Inspiration treten jedoch ein griechisch-orthodox geprägter Mystizismus und das ländliche Volk hervor, die Natur, das Leben im Einklang mit dem Lande. Der Dichter, der sich gern als »meșteșugar«, als »Handwerker« bezeichnet, sieht sein Dichten als Arbeit, gleichgestellt dem Pflügen und Schnitzen seiner Ahnen, deren aus Arbeit und Leid gewobenes Leben sich in seinem Werk verewigt *(Testament)*. Wie ein mittelalterlicher Schreiber setzt er unter das letzte Gedicht der Sammlung sein »Kolophon«, wie ein Handwerkermonogramm: »*Ich schreibe hier, vergeßlich und gebeugt, die Stimmen des Sumpfes und des Obstgartens im Gehör, und unterzeichne: Tudor Arghezi*« *(Incertitudine – Unsicherheit)*. Und wie die Natur ist auch Gott (»*Dumnezeu*«) gegenwärtig, dessen »*Wimpern ins Tintenfaß (des Dichters) fallen*«. Das vielleicht bemerkenswerteste Gedicht der Sammlung ist jedoch *Heruvim bolnav (Der kranke Cherub)*; dessen Thema der Verlust an »Himmlischkeit« ist, den der Schutzengel des Dichters beim Abstieg zur Erde erleidet, und damit verbunden dessen Menschwerdung. Eine Hinwendung zum Diesseitig-Menschlichen deutet sich hier an, die für den weiteren Weg Arghezis typisch werden sollte. Gleichzeitig bleibt jedoch eine tiefe Verwurzelung in traditionell religiöser Denkweise und biblischer Sprach- und Bilderwelt für *Cuvinte potrivite* bezeichnend. Gern sieht sich der Dichter als Psalmist – ungezählte Gedichte tragen den Titel *Psalm* – und als solcher tritt er in liebenden, aber auch zornig-anklagenden Dialog mit seinem Gott. Einen neuen Höhepunkt erreichte die Dichtung Arghezis mit dem Band *Flori de mucigai*, 1931 *(Schimmelblumen)*, in dem eine krasse, sich in kühnen Bildern ausdrückende Ästhetik des Häßlichen und Krankhaften vorgestellt wird, die – schon der BAUDELAIRES *Fleurs du mal (Blumen des Bösen)* nachempfundene Titel weist darauf hin – eine organische und persönliche Weiterentwicklung des Baudelairianismus des jungen Arghezi ist. Typisch hieraus das von Gewalt und schwüler Erotik geprägte Gedicht *Tinca*; die groteske, Schrecken, Mitleid und abergläubische Furcht vereinende Beschreibung eines völlig verwachsenen, von einer Alten in einer Karre geschobenen taubstummen Krüppels *(Sfîntul – Der Heilige)*; besonders aber das Gedicht *Fătălău (Hermaphrodit)*, das schon im Klang auf die Dialektik von Charme und Ekel, von Schmutz und Süße aufbaut. Die intensive Sinnlichkeit, mit der Arghezi das physische Leben empfindet, läßt ihn zu einem besonders begabten Maler des leidenden, des kranken Menschen werden. Das Krankenhaus als Ort der Begegnung mit Tod und Qual, aber auch mit Gott und den Heiligen *(Cîntec mut – Stummer Gesang)* inspirierte ihn zu dem 1939 nach einer langen Krankheit entstandenen Zyklus *Spital*, in der die fieberhafte Verzerrung der Wahrnehmung Bilder von archetypischer Kraft zutage fördert, wie den »*Glutbüffel*« *(Bivolul de jar)* oder das »*Wildtier*« *(S-a culcat o fiara – Ein wildes Tier hat sich niedergelegt)*, denen die Heilungshoffnung – symbolisiert in Heiligenfiguren – entgegengesetzt wird.

Am anderen Ende dieses in lodernden Farben prangenden dichterischen Universums stehen die Gedichte, deren Themen Fruchtbarkeit, Fortpflanzung, Hochzeit, Zeugung, Bauerntum und Vegetation sind. So besingt Arghezi im Zyklus *Logodnă (Verlobung)* die Freude an der Liebe und am Geschlechtlichen, das in steter Analogie und in Wechselbeziehung zum heiligen Mysterium der sich erneuernden Vegetation gesehen wird, wie auch zu einem anderen Mysterium, demjenigen des transzendenten, bislang allein der Religion vorbehaltenen Heils *(Har – Heil)*. »Willst Du meine Erde sein?«: so wird die Braut eingeladen, die Tiere des Hofes huldigen ihr, sogar dem Igel wird sie präsentiert *(Căsnicie – Ehestand)*. Wie im volkstümlichen Brautlied ruft er ihr ein »*Haide*« (»*Komm*«) zu, um ihr seine Welt – Äcker und Tiere, Bilder und Gedanken, Mythen und Märchen – zu zeigen. In der sich im Geschlechtlichen offenbarenden Liebe liegt die letzte Weisheit des Universums, Venus Genetrix regiert über die Schöpfung und hält den Schlüssel zur Auferstehung *(Înviere – Auferstehung)*.

Arghezis Verbundenheit mit Land und Volk ließen ihn stets auch zum Anwalt der Kleinbauern werden. Während der Antonescu-Diktatur und der deutschen Besatzung im Zweiten Weltkrieg geriet er in Opposition zum Regime und wurde interniert. Damals beschrieb er in den elegischen Tönen einer traditionellen *Doina* (Klagelied) ein totes Land, wo kein Brot, kein Maisbrei mehr zu finden ist, wo die Herde erkaltet sind und wimmernde Kinder die trockenen Brüste der Mütter vergeblich suchen. Nur geisterhafte Alte schleppen sich durch die Ruinen, und der Dichter fragt verzweifelt: »*Ist dies das Land, das einst Rumänien war?*« *(Drumu-i lung – Lang ist der Weg)*. Aber wie ein Aufschrei des Landes selbst, des zeitlosen Rumänien der Märchen und Mythen erklingt der Ruf nach *Făt-Frumos*, dem »schönen Jüngling« der alten Legenden, dem Helden aus den Urtiefen thrakisch-altbalkanischer Göttermythen, Personifizierung der Hoffnung, Erneuerung und Rettung.

Mit dem Ende des Zweiten Weltkriegs beginnt für Arghezi die Epoche der größten schriftstellerischen Wirkung; für Literatur und Schule Rumäniens wird er zum lebenden Klassiker. Seine tief empfundene und ehrliche Stellungnahme gegen Krieg und

Faschismus, die Vielzahl seiner sozialkritischen und satirischen Schriften gegen die regierenden Schichten des alten Königreichs (zuletzt in der 1939 erschienenen folkloristisch geprägten Sammlung *Hore – Reigen*) und seine Volkstümlichkeit ließen ihn im öffentlichen Bewußtsein zu einer Art neuen Eminescu, zum Klassiker des jungen sozialistischen Rumäniens werden. Doch in den Gedichten dieser zweiten, unendlich fruchtbaren Schaffensperiode ist eine gewisse innere Spannung gewichen, das Element der sozialen Anklage, des Aufschreiens und Leidens mit den Getretenen und Gedemütigten, das ihn in den Augen seines Publikums vor 1944 adelte, weicht nun dem Lobpreis einer in jeder Hinsicht als Erfüllung und Harmonie bewerteten Gegenwart: Kampf und Konflikt werden in die Historie verlagert. Das Gedicht *1907-Peizaje (1907-Landschaften)*, das eine Bauernrevolte im alten Königreich beschreibt, gibt davon Zeugnis. Der Dichter, früher ein Meister des Spotts und der feinen Satire, zeichnet nun vergangene Gegensätze mit einem schrillen Dualismus, der alle bisherige Polemik in den Schatten stellt: das Feuer der Revolte ist »*Lebensfeuer*«, »*Rache*« der Mutter Erde, die Bauern sind die einzigen wirklichen Menschen, Bourgeois und Bojar »*Geschwüre*«, »*Beulen*«, »*Schlangen in Menschengestalt*«, die wie Ungeziefer ausgerottet gehören. Auf der anderen Seite finden sich Danksagungen, Glückwunsch- und Gelegenheitsgedichte, hymnische Preisreden auf die Herrlichkeit der Gegenwart wie *Mama ţara (Mutterland)* in *Silabe*, 1965 *(Silben)*, in dem die Heimat von heute als Bauernschlaraffenland mit kürbisgroßen Pfirsichen, hahnengroßen Weizenkörnern usw. vorgeführt wird, oder aber den umfangreichen und etwas pompösen *Cîntare omului*, 1956 *(Gesang auf den Menschen)*, in dem eine optimistische, vom historischen Materialismus geprägte Menschheitsgeschichte präsentiert wird. Doch ist Arghezi beileibe nicht als reiner Staatspoet und Beifallsdichter zu werten; es bleiben auch Divergenzen. Von seinem Gott, seinem persönlichen, lebendigen, viel gescholtenen »*Dumnezeu*« läßt der alternde Poet nicht, mit ihm steht er weiter in innerer Zwiesprache. Dabei ist seine Religion weniger rein theologisch, griechisch-orthodox (er kritisierte die Amtskirche und ihre Träger stets leidenschaftlich), als eine ethisch-philosophische Mystik, eine von Themen des volkstümlichen Mythos (im Sinne seines Landsmannes Mircea ELIADE) geprägten Suche nach Antworten auf die letzten moralischen Sinnfragen des diesseitigen Lebens.

In diesem Sinne ist Arghezis Sprache betont volkstümlich. Sie ist prägnant, reich an Kontrasten, überraschenden Bildern und Metaphern aus verschiedenen und widersprüchlichen Bereichen. Viele Reimpaare werden wiederholt und mehrfach benutzt. Die dichterische Form orientiert sich zunehmend am Volkslied, das entweder als scheinbar spielerischer Deckmantel für sozialkritische Aussagen benutzt wird oder durch seine bewußte Einfachheit, Direktheit und Assoziationskraft den Leser unmittelbar auf einer elementar-menschlichen Ebene ansprechen will. So gehört vielleicht zum Schönsten und Echtesten, was von Arghezi ab 1939 entstanden ist, seine Dichtung für Kinder (z. B. im Zyklus *Copilăreşti – Kindliches*): das eierstehende Hündchen Zdreanţa (Lump) aus *Prisaca*, 1954 *(Im Bienengrund)* mit seinen »*Faienceaugen*«, das 1965 bei seinem Tod in der Sammlung *Ritmuri*, 1967 *(Rhythmen)* sogar einen Nachruf erhält, ist nun schon für Generationen von rumänischen Schulkindern ein Begriff.

Der Weg des Dichters Tudor Arghezi begann mit einer symbolistischen Inspiration aus Frankreich, dem Vorbild des bürgerlichen Rumänien. Früh befreit er sich von dieser Abhängigkeit, ohne ihre Spuren je ganz zu verlieren, um sich der Orthodoxie zuzuwenden mit dem Ziel, »*von Grund auf*« (»*pe dedesupt*«) zu schreiben (*Icoane de lemn – Holzikonen*, 1929). Dieses Streben nach absteigender Menschwerdung führt ihn in die Welt der Volkslieder und Märchen, schließlich zu derjenigen der unmittelbaren Erfahrung, der konkreten Dinglichkeit, die er mit den liebevollen Zügen eines naiven Malers zeichnet – und endlich zur Welt der Kinder. In allen Ebenen bleibt die Gegenwart einer starken und unverwechselbaren Dichterpersönlichkeit spürbar.   M.G.D.

AUSGABEN: *Cuvinte potrivite*, Bukarest 1927. – *Flori de mucigai*, Bukarest 1931. – *Cărticica de seară*, Bukarest 1935. – *Hore*, Bukarest 1939. – *Una suta una poeme*, Bukarest 1947. – *Prisaca*, Bukarest 1954. – *1907–Peizaje*, Bukarest 1955. – *Cîntare omului*, Bukarest 1956. – *Stihuri pestriţe*, Bukarest 1957. – *Cartea mea frumoasă*, Bukarest 1958. – *Frunze*, Bukarest 1961. – *Poeme noi*, Bukarest 1963. – *Cadenţe*, Bukarest 1964. – *Silabe*, Bukarest 1965. – *Ritmuri*, Bukarest 1966. – *Noaptea*, Bukarest 1967. – *Litanii*, Bukarest 1968. – *Frunzele tale*, Bukarest 1968. – *Crengi*, Bukarest 1970. – *XC*, Bukarest 1970. – *Călătorie în vis*, Bukarest 1973. – *Scrieri*, 31 Bde., Bukarest 1962–1980.

ÜBERSETZUNGEN: *Im Bienengrund*, O. Pastior, Bukarest 1963. – *Ausgewählte Gedichte*, A. Margul-Sperber, Bukarest 1964. – *Gedichte*, W. Aichelburg u. a., Bln./DDR 1980.

LITERATUR: Ş. Cioculescu, *Introducere în poezia lui T. A.*, Bukarest 1946; ern. 1971. – D. Cesereanu, *A. şi folclorul*, Bukarest 1966. – V. Cristea, *Alianţe literare*, Bukarest 1979. – I. Guţan, *T. A. Imagiarul erotic*, Bukarest 1980. – S. Cioculescu, *Introduction à la poésie de T. A.*, Bukarest 1983. – E. Parpală, *Poetica lui T. A. Modele semiotice şi tipuri de text*, Bukarest 1984.

OCHII MAICII DOMNULUI

(rum.; *Die Augen der Muttergottes*). Roman von Tudor ARGHEZI, erschienen 1934. – Tudor Arghezi ist nicht nur einer der bedeutendsten rumänischen Lyriker des 20.Jh.s – auch seine Romane nehmen innerhalb der rumänischen Prosa eine Sonderstellung ein. Die Besonderheit des Romans *Ochii maicii domnului* liegt in der Verbindung einer romantischen Fabel mit einem symbolisch-mystischen Gehalt. Sabina Voinea, die Hauptheldin des Romans, verläßt ihre wohlhabende Familie, weil sie die Streitigkeiten zwischen ihren Eltern nicht mehr erträgt und ein unabhängiges Leben führen will. In der Schweiz lernt sie den englischen Marineoffizier Lord William Hurst kennen. Aus dieser Verbindung, die durch den unerwarteten Tod Hursts ein jähes Ende findet, geht ein Sohn, Vintilă, hervor. Sabina kehrt mit dem Kind nach Rumänien zurück, wo sie jedoch die Unterstützung ihrer Familie verschmäht und sich ihren Lebensunterhalt allein verdient. Durch die enge Bindung an seine Mutter entwickelt sich der junge Vintilă in einer Weise, die es ihm nach ihrem Tod unmöglich macht, das Leben zu meistern. Er weist nicht nur die Hilfe seiner Freunde zurück, sondern auch das Mädchen Ana, da seine Liebe zu ihr das Andenken seiner Mutter mindern würde. Bei dem Besuch eines Klosters hat Vintilă ein für seinen weiteren Lebensweg entscheidendes mystisches Erlebnis: In einem Muttergottesbild glaubt er die Züge seiner Mutter zu erkennen und entschließt sich spontan, dem Kloster beizutreten.

Diese religiöse Wendung eines Mutterkultes bildet den Höhepunkt der symbolischen Ausdeutung des in Vintilăs Mutter Sabina verkörperten Prinzips des »Ewig-Weiblichen«. Schon ihre Vereinigung mit Hurst trug den Charakter einer ritualhaften geistigen Kommunion; durch die Parallele zu der Francesca-da-Rimini-Episode im 5. Gesang von Dante ALIGHIERIS *Göttlicher Komödie* erhält diese Szene eine zusätzliche ins Allgemein-Menschliche weisende Dimension.

Die Modernität dieses Romans besteht vor allem in der Analyse extremer Bewußtseinslagen (mystische Elevation, Wahnsinn) sowie der Kategorien des Unterbewußten und des Traums. Diesen inhaltlichen Aspekten entspricht eine formale Tendenz zum lyrisch-assoziativen Stil. – Die Tatsache, daß Arghezi als Neunzehnjähriger den – nach vier im Kloster verbrachten Jahren rückgängig gemachten – Entschluß gefaßt hatte, einem religiösen Orden beizutreten, wurde bisweilen als Argument für den autobiographischen Charakter des Romans angeführt. Wenn der Autor auch auf persönliche spirituelle Erlebnisse zurückgreift, so geht der Roman in seiner Komplexität doch weit darüber hinaus.

N.Ma.

AUSGABEN: Bukarest 1934. – Bukarest 1966. – Bukarest 1970.

LITERATUR: S. P. Dan, *Proza fantastică românească*, Bukarest 1975, S. 252–257. – M. Ionescu, *Ochiul ciclopului. T. A., prozatorul*, Bukarest 1981.

POARTA NEAGRĂ

(rum.; *Das schwarze Tor*). Roman von Tudor ARGHEZI, erschienen 1930. – Der Roman trägt unzweifelhaft autobiographischen Charakter: Das »schwarze Tor« ist das Gefängnis Văcărești in Bukarest, wo Arghezi im Jahre 1919 inhaftiert war, weil er beschuldigt worden war, an einer Zeitschrift mitgearbeitet zu haben, die zur Zeit der Besetzung Bukarests durch deutsche Truppen während des Ersten Weltkriegs erschien. Zusammen mit Arghezi wurden auch andere Schriftsteller und Journalisten in Văcărești gefangengehalten, u. a. auch der damals siebzigjährige Ion SLAVICI (1848–1925). Slavici schilderte seine Eindrücke aus Văcărești in einem Abschnitt eines Memorials, dessen Titel *(Inchisorile mele – Meine Gefängnisse)* einen Hinweis auf das Werk des Italieners Silvio PELLICO (1789–1854), *Le mie prigioni*, enthält.

Die Struktur des Romans ist von den teils erzählerischen, teils beschreibenden Darstellungsformen bestimmt. Im ersten Abschnitt *(Preludiu – Präludium)* entwirft Arghezi den über die Gefängnismauern hinausreichenden Rahmen des Geschehens – die Stadt Bukarest – und schlägt den Grundton des Werks an – eine Mischung von Ironie, Sarkasmus und beißender Satire. Das Inferno von Văcărești beherbergt eine überaus heterogene Schar von »Sündern«: Betrüger, Diebe, Mörder, aber auch naive Sozialisten, Journalisten, Schriftsteller, sogar Unschuldige. Zu den letzteren gehört auch Maria Nichifor, die Hauptgestalt des gleichnamigen Romanabschnitts. Sie war von ihrem Arbeitgeber wegen eines angeblichen Diebstahls angezeigt worden; man hatte sie verhaftet, obwohl sie ein Kind erwartet, das sie im Gefängnis zur Welt bringt – ein Ereignis, von dem auch die brutalsten Häftlinge nicht unbeeindruckt bleiben. Nach eineinhalb Jahren Haft erst wird Maria, deren Unschuld inzwischen erwiesen wurde, formell abgeurteilt. Während sie auf ihren Entlassungsschein wartet, stirbt ihr Kind. In ähnlicher Weise wie hier erhebt Arghezi auch in den anderen Episoden des Romans Anklage gegen die Verkommenheit der Großstadtmenschen, gegen die Übergriffe der Justiz als Instrument der Mächtigen und nicht zuletzt gegen die Gewalttätigkeit und den Sadismus des Gefängnispersonals. Unter diesen erniedrigenden Bedingungen erscheint der körperliche und moralische Verfall der Inhaftierten unausweichlich.

In der naturalistischen Darstellung dieser Phänomene zeigt Arghezi wenig menschliche Anteilnahme; sein Gefühl des Abscheus führt gelegentlich zu karikaturhaften Verzerrungen. Aus der gleichen Bewußtseinslage entstand auch Arghezis Gedichtzyklus *Flori de mucegai*, 1931 *(Schimmelblumen)*. Die Sprache dieses Zyklus ist ebenso wie diejenige des Romans durch eine Mischung von gewagten und synthetischen Bildern mit Elementen des Argots gekennzeichnet.

G.Sc.

AUSGABEN: Bukarest 1930. – Bukarest 1955. – Bukarest 1967 (in *Scrieri*, Bd. 13).

LITERATUR: T. Vianu, *Arta prozatorilor români*, Bukarest 1966, S. 96–112. – Perpessicius (d. i. D. Şt. Panaitescu), *Opere*, Bd. 4, Bukarest 1971, S. 314–318.

LITERATUR: G. Călinescu, *T. A., Ţara de Kuty* (in *Ulisse*, Bukarest 1967). – M. Ionescu, *Ochiul ciclopului. T. A., prozatorul*, Bukarest 1981.

TABLETE DIN ŢARA DE KUTY

(rum.; *Aufzeichnungen aus dem Lande Kuty*). Philosophisch-satirische Erzählung von Tudor ARGHEZI, erschienen 1933. – In dem dieser Erzählung vorangestellten »Früheren Vorwort zur ersten Ausgabe« weist Arghezi darauf hin, daß er die »Tablete« bereits zu einem früheren Zeitpunkt veröffentlicht hätte, wenn dies nicht von der Zensur verhindert worden wäre. Arghezis Erzählung steht in der Tradition der französischen Prosa der Renaissance (einen zusätzlichen Hinweis darauf bildet die Widmung an RABELAIS) und der Aufklärung (MONTESQUIEU und VOLTAIRE). Der Kritiker G. CĂLINESCU wies in seiner 1933 veröffentlichten Rezension darauf hin, daß *Tablete* der Gattung des *conte* zuzuordnen sei. Die Bezugnahme auf SWIFTS utopisch-satirischen Roman *Gullivers Reisen* wird durch Anspielungen und Zitate unterstrichen.

Die Struktur der Erzählung weist – gemäß der im Vorwort geäußerten Absicht des Autors – weder einen chronologischen Aufbau noch eine strenge logische Konsequenz auf. Im Mittelpunkt der Erzählung steht Pitak, der Erzähler, und seine Begleiter Kuik und Mnir, die durch eine phantastische Flugreise in das Land Kuty, ein groteskes Utopia, gelangen. Die Darstellung der Institutionen sowie der privaten und öffentlichen Sitten dieses Landes weist ausgeprägt satirische Züge auf. Die Anspielung auf die rumänischen Verhältnisse der Zeit sind nicht zu übersehen. Die Kritik des Autors gilt vor allem den Mißständen und Abnormitäten des politischen, wissenschaftlichen und künstlerischen Lebens. Die Autorität der Regierung ist eine bloße Fiktion, die Macht der Bürokratie hingegen erdrückend. Um die Dummheit der Politiker anschaulich zu machen, schildert Arghezi die Bestrebungen eines reformbesessenen Politikers um die Neugestaltung der Städte. Dieses schildbürgerhafte Modell sieht die Zusammenlegung aller gleichartigen städtebaulichen Elemente – Kirchen, Straßen, Gärten, Statuen, Wasserleitungen usw. – vor, um der »Anarchie« im Gefüge der Stadt ein Ende zu bereiten.

Arghezis Kritizismus tritt um so deutlicher zutage, als er weniger der Haltung eines Moralisten und Weltverbesserers als vielmehr derjenigen eines Misanthropen entspringt. Der kunstvolle Satzbau in dieser Erzählung kontrastiert mit dem naturalistischen, als schockierend empfundenen Vokabular. In dem Kontext der rumänischen Prosa nehmen Arghezis *Tablete* in mehr als einer Hinsicht eine Sonderstellung ein. G.Sc.

AUSGABEN: Bukarest 1933. – Bukarest 1967 (in *Scrieri*, Bd. 14).

ALCIDES ARGUEDAS

eig. Alcides Arguedas Díaz

* 16.7.1879 La Paz
† 15.5.1946 Chulumani / Bolivien

LITERATUR ZUM AUTOR:
G. A. Otero, *Temperamento, cultura y obra de A. A.* (in Revista de la Casa de la Cultura Ecuatoriana, 2, 1947, S. 164–193). – F. Reinage, *A. A..*, La Paz 1960. – T. Fernández, *El pensamiento de A. A. y la problemática del indio: para una revisión de la novela indigenista* (in Anales de Literatura Hispanoamericana, 8, 1980, S. 49–64).

RAZA DE BRONCE

(span.; *Menschen aus Erz*). Roman von Alcides ARGUEDAS (Bolivien), erschienen 1919. – Thema dieses Romans ist der Kampf zwischen Eingeborenen und Weißen in einer Gemeinde des bolivianischen Hochlands. In diesem Kampf, wie Arguedas ihn beschreibt, sind nicht einzelne Ereignisse und Gestalten wichtig, sondern allein »*das indianische Volk, der Zustand der Ausbeutung, in dem es lebt, seine Sitten und Glaubensvorstellungen, seine Laster und Leiden, sein Kampf gegen die Natur und vor allem gegen den weißen Mann*«. Der weiße Mann ist Pantoja, ein Großgrundbesitzer, der durch Verachtung, Hohn und Gewalttätigkeit sich und den Freunden seine Überlegenheit über die Indios beweisen will. Den Gipfel verbrecherischer Roheit erreicht er, als er zusammen mit seinen Kumpanen die schwangere Wata-Wara vergewaltigt, die kurz zuvor den jungen Agiali geheiratet hat. Auf der Weide am großen See findet ihr Mann die gräßlich Zugerichtete, verblutet. Bei der nächtlichen Totenwache verbreitet der Stammesälteste auf der Trommel die Schreckensnachricht. Von allen Seiten steigen die Indios mit Fackeln zum See hinauf, halten bei dem Alten an und ziehen weiter vor Pantojas Haus. Sie haben ohne Worte verstanden, daß die Stunde der Rache gekommen ist. Sie mauern Pantoja und seine Freunde in ihrem Haus ein; dann werfen sie Feuer hinein und brennen es nieder.

Arguedas, der nicht nur als Romanschriftsteller, sondern auch als Soziologe und Historiker hervorgetreten ist, veröffentlichte 1903 eine soziologische Studie, *Pueblo enfermo (Krankes Volk)*, in der er unter dem Einfluß der Rassentheorien des Grafen GOBINEAU (1816–1882) das Elend des bolivianischen Volkes auf die Blutmischung der Indianer mit den Spaniern und mit anderen Weißen zurückführt. Absicht dieses Romans ist nach des Autors eigenen Worten die Ehrenrettung der Indios, deren Fehler und Laster durch die sozialen Ungerechtigkeiten verursacht sind, die die Weißen eingeführt haben. Diese sozialkritische Absicht beeinträchtigt die künstlerische Einheit des Romans. Szenen von großartigem, fast theatralischem Pathos und Bilder von überaus plastischer Eindringlichkeit verlieren an Glanz durch eine aus der aggressiven Haltung des Autors resultierende hämisch-ironische Ausdrucksweise. Trotzdem gilt *Raza de bronce* als »*einer der besten Romane, den Amerika in jenen Jahren hervorgebracht hat*« (Anderson Imbert). E.Ba.

AUSGABEN: La Paz 1919. – Valencia 1923 [Vorw. R. Altamira.]. – Buenos Aires 1957. – Madrid 1959 (in *Obras completas*, 2 Bde., 1). – México 1959–1960 (in *Obras completas*, Hg. L. A. Sánchez, Bd. 1). – La Paz 1967. – Buenos Aires 1968.

LITERATUR: A. Guzmán, *Historia de la novela boliviana*, La Paz 1938. – A. Guzmán, *La novela en Bolivia, proceso 1847–1954*, La Paz 1955. – F. Díez de Medina, *Literatura boliviana*, Madrid 1959. – C. Meléndez, *La novela indianista en Hispanoamérica*, San Juan de Puerto Rico 1961. – G. Brotherston, *A. A. as a* »*Defender of Indians*« *in the First and Later Editions of* »*Raza de bronce*« (in RoNo, 13, 1971, S. 41–47). – A. Lorente Medina, *Algunas reflexiones en torno a* »*Raza de bronce*« (in Castilla, 2–3, 1981, S. 121–133). – R. A. Borello, *A.:* »*Raza de bronce*« (in Ottawa Hispánica, 5, 1983, S. 59–88).

JOSÉ MARÍA ARGUEDAS

* 18.1.1911 Andahuaylas
† 2.12.1969 Lima

LITERATUR ZUM AUTOR:
A. Dorfmann, *J. M. A. y Mario Vargas Llosa: dos visiones de una sola América* (in A. D., *Imaginación y violencia en América*, Santiago de Chile 1970, S. 193–223). – E. Gerhards, *Das Bild des Indio in der peruanischen Literatur. Mythos und Mystifikation der indianischen Welt bei J. M. A.*, Bln. 1972. – S. Castro Klarén, *El mundo mágico de J. M. A.*, Lima 1973. – A. Cornejo Polar, *Los universos narrativos de J. M. A.*, Buenos Aires 1973. – R. Klöpfer, *J. M. A.* (in Eitel, S. 452–468). – *Recopilación de textos sobre J. M. A.*, Hg. J. Larco, Havanna 1976. – W. Rowe, *Mito e ideología en la obra de J. M. A.*, Lima 1979. – E. J. Pantigoso, *La rebelión contra el indigenismo y la afirmación del pueblo en el mundo de J. M. A.*, Lima 1981. – G. F. Gonzalez, *J. M. A.: El cielo y el infierno. Amor y erotismo en su narrativa*, Diss. Berkeley 1985 (vgl.

Diss. Abstracts, 46, 1986, S. 2706A). – I. Díaz Ruiz, *A., un aporte a la identidad peruana* (in CA, N. F., 2, 1987, S. 9–16).

LOS RÍOS PROFUNDOS

(span.; Ü: *Die tiefen Flüsse*). Roman von José María ARGUEDAS (Peru), erschienen 1958. – In diesem aus autobiographischen Quellen schöpfenden Roman begleitet Ernesto, der Ich-Erzähler, seinen Vater, einen indianischen Rechtsanwalt, der seine Mandanten unter den Mestizen und Indios der Provinz suchen muß, auf langen Wanderungen durch Dörfer und Städte des peruanischen Hochlandes. Er erlebt dabei die grandiose Landschaft der Kordilleren, die verfallenen Reste der alten Inka-Kultur und die Lieder, Sagen und Mythen der Ketschua, die ihm eine magische, kultisch-religiös bestimmte Vorstellungswelt offenbaren.

Während eines Aufenthalts in Cuzco, mit dessen Schilderung der Roman beginnt, wird Ernesto bewußt, daß in Peru zwei Bevölkerungsschichten mit antagonistischer Welt- und Lebensauffassung unversöhnt nebeneinander leben – einerseits die herrschende Schicht der weißen Grundbesitzer, andererseits die einst gewaltsam unterworfenen Indios –, beide in einem Gesellschafts- und Wirtschaftssystem, das nur Herren und Sklaven kennt. In Abancay, einer Stadt, »*die sich nicht ausdehnen konnte, weil sie ringsum von der Hacienda Patibamba umgeben war, deren Eigentümer weder Reichen noch Armen Land verkaufte*«, geht die langjährige Wanderschaft Ernestos vorerst zu Ende. Hier besucht er ein von Mönchen geleitetes Internat, wo die Erziehungsmethoden ebenso wie die Bildung und Mentalität der Erzieher äußerst reaktionär sind. Die brutale Ausbeutung der Indios durch die ländliche Oligarchie erscheint ihnen als gottgegebene Ordnung. »*Das Fundament des Vaterlandes, die Säulen seines Reichtums*« nennt der Pater Rektor die Großgrundbesitzer in seinen Reden und Predigten: »*Er pries die Frömmigkeit der großen Herren ... und lobte sie, weil sie die Indios zu Beichte und Abendmahl anhielten, sie zu Ruhe, Frieden und Arbeit in Demut zwangen.*«

Für Ernesto sind die Jahre im Internat eine qualvolle Zeit, doch durch die Auseinandersetzung mit den übrigen Jungen und mit den sozialen und geistigen Zuständen des Landes gelangt er zu früher Reife. In den Indianervierteln von Abancay und den Hütten der Hacienda Patibamba, wo die Eingeborenen in Dunkelheit und Schmutz wie die Tiere hausen, lernt er Vorstellungswelt und Brauchtum der Ketschua kennen. Als es infolge spekulativer Aufkäufe durch die Stadtverwaltung kein Salz mehr zu kaufen gibt, das die Bauern dringend für ihr Vieh benötigen, bricht in Abancay ein Aufstand aus. Doch bald nachdem die Frauen die Salzlager geplündert und das Salz unter die Indios verteilt haben, wird die Rebellion von Regierungstruppen niedergeschlagen. Der Pater Rektor feiert in einer

Predigt die Wiederherstellung der *»gestörten sozialen Ordnung«*.

Wie die Werke des zeitlich vorausgehenden Indigenismo hat auch *Los ríos profundos* dokumentarische Bedeutung im Sinne ethnologischer Beschreibungen und kann als Roman der sozialen Anklage gelesen werden. Im Unterschied zu den indigenistischen Romanen etwa Ciro ALEGRÍAS, gelingt es Arguedas hier jedoch, Vorstellungswelt und Mentalität der peruanischen Ketschua-Indianer sprachlich und perspektivisch adäquater umzusetzen. Unter Preisgabe einer distanzierten und damit häufig verfälschenden traditionellen literarischen Ausdrucksweise schafft der Autor in *Los ríos profundos* eine Kunstsprache, die den Versuch darstellt, die Struktur des Ketschua ins Spanische zu übertragen. Auf diese Weise gelingt es dem Roman, das von magisch-animistischen Glaubensvorstellungen geprägte Denken der Indios dem Leser dichterisch nahezubringen. In diese Vorstellungswelt, in der sich der Mensch als Teil der belebten und unbelebten Natur empfindet, schwinden die Grenzen zwischen Außen- und Innenwelt, zwischen Subjekt und Objekt. So folgt auch die Sprache nicht vorwiegend den Gesetzen von Logik und Kausalität, sondern sie bezieht ihre Ordnung und Sinnhaftigkeit aus Bereichen bildlicher und klanglicher Assoziationen. A.F.R.

AUSGABEN: Buenos Aires 1958. – Lima 1964 (Vorw. M. Vargas Llosa). – Santiago de Chile 1967. – Caracas 1978.

ÜBERSETZUNGEN: *Die tiefen Flüsse*, S. Heintz, Köln 1965. – Dass., ders., Mchn. 1966. – Dass., ders., Ffm. 1980.

LITERATUR: S. Castro Klarén, *Las fuentes del narrador en »Los ríos profundos«* (in CA, 30, 1971, Nr. 175, S. 230–238). – J. Vera Morales, *Die Überwindung des literarischen Indigenismo in »Los ríos profundos« von J. M. A.*, Diss. Hbg. (vgl. Diss. Abstracts, 38, 1978, S. 4643C). – A. Rama, *»Los ríos profundos« del mito y de la historia* (in Revista de Crítica Literaria Latinoamericana, 6, Lima 1980, Nr. 12, S. 69–90). – L. Harss, *»Los ríos profundos« como retrato del artista* (in RI, 49, 1983, Nr. 122, S. 133–141). – A. Rama, *»Los ríos profundos« ópera de pobres* (in ebd., S. 11–41). – J. F. Day, *Adolescencia: Doble imagen de la comunicación en »Los ríos profundos« de J. M. A.* (in CA, N. F., 4, 1987, S. 154–162).

TODAS LAS SANGRES

(span.; *Ü: Trink mein Blut, trink meine Tränen*). Roman von José María ARGUEDAS (Peru), erschienen 1964. – Der zum Indigenismo zählende Roman zeichnet das kämpferische Bild eines Landes im sozialen Umbruch. Die in den zwanziger Jahren mit der Verbreitung sozialistischer Ansätze (J. C. MARIÁTEGUI) theoretisch eingeleitete Veränderung der Situation der peruanischen Indios (ca. 60 Prozent der Bevölkerung) findet Mitte der sechziger Jahre ihren Niederschlag in der Gesetzgebung des Landes. Gleichzeitig kommt es seit dem Zweiten Weltkrieg zu dem intensiven Ausbau einer nationalen Industrie, der eine traditionelle koloniale Haziendawirtschaft gegenübersteht. Auf diesem Hintergrund entwirft Arguedas einen Handlungsverlauf, in dem er versucht, die Totalität Perus *»mit allen positiven Zukunftsaussichten und all ihren Lastern aufzuzeigen«*.

In einer Kleinstadt in den peruanischen Anden versöhnen sich zwei bis dahin verfeindete, von ihrem Vater, dem Großgrundbesitzer Andrés de Aragón y Peralta, kurz vor dessen Selbstmord verfluchte Brüder, um das ihnen angedrohte Unheil abzuwenden. Auf Grund ihrer diametral entgegengesetzten Charaktereigenschaften versucht jeder auf seine Art, Reformen für ein gerechteres Leben in seinem Bereich durchzusetzen. Don Bruno, ein Großgrundbesitzer traditioneller feudaler Ausrichtung, gleichzeitig dem mythischen Weltbild seiner Indios verschrieben, gewalttätig und träumerisch, untergräbt die geltende Feudalstruktur, indem er seinen Abhängigen Arbeitsentlohnung, Land und Vieh gibt. Don Fermín, der rational denkende Unternehmer, möchte mit einem Bergwerk auf dem geerbten Grund primär die Bodenschätze ausbeuten und nicht die Indios, denen er angemessene Löhne bezahlt und um deren soziales Wohl er sich sorgt. Beide rufen den Widerstand der Vertreter ihrer Klasse hervor. Andere Großgrundbesitzer lehnen sich gegen Brunos »reformistischen Führungsstil« auf, denunzieren ihn als Sozialisten und erreichen mit Hilfe des repressiven Staatsapparates seine Liquidierung. Ein von ausländischem Kapital getragenes Konsortium ruiniert die Bergwerkspläne Don Fermins und schiebt ihn selbst in eine Fischkonservenfabrik an der Küste ab. Leidtragende der Machenschaften von Oligarchie, korrupter Staatsmacht und Auslandsinteressen ist die indianische Bevölkerung der Region, deren Wortführer Rendón Wilka ist, Vorarbeiter und schließlich Gutsverwalter auf Brunos Hazienda, ein mit klassenkämpferischen Ideen aus Lima zurückgekehrter Indio, der dort all die Widrigkeiten der Großstadt und die Problematik der Landflucht am eigenen Leib verspüren mußte. Der in einer gewaltsamen Auseinandersetzung endende aktive Widerstand der Indios wird brutal niedergeschlagen und gipfelt in der Erschießung ihrer Anführer. Doch bleibt die Angst der Herrschenden und die Zuversicht der Unterdrückten auf den Anbruch eines neuen Klassenbewußtseins in Peru.

Um diese drei Hauptfiguren kreisen die zentralen Themen des Romans, die die Grundproblematik der peruanischen Wirklichkeit darstellen: Rassenvielfalt in einem Konglomerat aus moderner kapitalistischer Welt, traditionellem Feudalismus und der Jahrhunderte alten Organisationsform der indianischen Landkommunen. Das Schicksal der Protagonisten ist eng verbunden mit zahlreichen Nebenfiguren aller sozialen Schichten, die in disparaten Episoden vorgestellt werden. Der Mensch in seinem Milieu – hier vor allem in der Andenlandschaft – tritt in den Vordergrund. Das Naturerlebnis und Sequenzen indianischer magischer Wirklichkeitsauffassung dominieren die erzählerisch-dramatische Verknüpfung und den klar differenzierten Aufbau antagonistisch agierender Figuren. Dialogpassagen in der Indianersprache Ketschua und profunde Kenntnisse des Liedgutes, der Sitten und Gebräuche der indianischen Andenbewohner lassen den Anthropologen Arguedas erkennen und unterstreichen seine emotionale Parteinahme für die Sache der Unterdrückten. Der Indioführer Rendón Wilka, dessen persönliches Schicksal stellvertretend für die Leidensgeschichte seines Volkes steht, erweist sich im Laufe des Romans als Sprachrohr des Autors. Eine sich wiederholende Polarisierung in Gut – Indio, Andenbewohner, Tradition – und Böse – Weißer, Küstenbewohner, Moderne – lassen eine dialektisch postulierte Aufarbeitung der historisch-sozialen Situation Perus stellenweise in die Beschreibung einer recht konservativen »bukolischen Utopie« abgleiten.

Todas las sangres wird allgemein als die Synthese des Weltbildes Arguedas' und als eine der umfassendsten Darstellungen der peruanischen Wirklichkeit anerkannt, wobei allerdings Kritik an den erzählerischen Qualitäten des Romans geübt wird. Unbestritten ist seine Bedeutung gegenüber früheren Werken anderer indigenistischer Autoren wegen des hier vollzogenen Wechsels von der Außen- zu einer Innenperspektive des Indios.   G.E.F.

Ausgaben: Buenos Aires 1964. – Buenos Aires 1975. – Lima 1986.

Übersetzung: *Trink mein Blut, trink meine Tränen*, S. Heintz, Köln 1983.

Literatur: A. Escobar, *La guerra silenciosa en »Todas las sangres«* (in Revista peruana de cultura, 5, 1965, S. 37–49). – A. Dorfman, *A. y la epopeya americana* (in Amaru, 11, 1969, S. 18–26). – M. Gutierrez, *Estructura e ideología de »Todas las sangres«* (in Revista de cultura y literatura latinoamericana, 12, 1980, S. 139–176).

BERNARDO ARIAS TRUJILLO

* 19.11.1903 Manzanares / Caldas
† 4.3.1938 Manizales

RISARALDA. Película de negredumbre y vaquería, filmada en dos rollos y en lengua castellana

(span.; *Der Risaralda. Ein Film von Negern und Viehtreibern, aufgenommen in zwei Rollen und in spanischer Sprache*). Roman von Bernardo Arias Trujillo (Kolumbien), erschienen 1935. – Dieser Roman gehört zu einer von José Eustacio Rivera (1889–1928) mit *La vorágine*, 1924 *(Der Strudel)*, eröffneten Reihe von Werken, die das Leben der Menschen im kolumbianischen Urwald zum Gegenstand haben. Hier ist es der Wald im Tal des Risaralda, das sich zwischen zwei Andenketten über eine Fläche von 1300 qkm erstreckt. Von ihm heißt es: »*Im Anfang war der Wald, der unermeßliche Urwald, der schweigende, geheimnisvolle allmächtige Wald. Die Jahrhunderte rollten im Rhythmus des fließenden Wassers über die Flanken des Flusses dahin; urwüchsige, von Orchideen gekrönte Bäume, die Götter der Landschaft, schauten versonnen hinab auf das Verrinnen der Zeit.*« In dieses Tal ergießt sich, auf der Flucht vor der Tyrannei des weißen Mannes – dieser »*fluchbeladenen Rasse, die alles zerstört, verwandelt, verdirbt, demoralisiert und erniedrigt*« –, ein Strom von Menschen: Neger, Mulatten und Zambos, heimatlose Abenteurer und rechtlose Gesellen, und es entsteht eine neue Gesellschaft nach keinem anderen Gesetz als dem der Antriebe und Neigungen, die sich seit Jahrhunderten in den Seelen der Neger angesammelt haben. Die Eigentumsrechte regelt das *ius primi possidentis* (Recht des ersten Besitzers), der durch keinerlei Konventionen beschränkte Geschlechtstrieb sorgt für Vermehrung, das Bedürfnis nach Nahrung zwingt zur Arbeit. »*In wenigen Jahren erblühte das Tal in seiner ganzen Pracht, ein Wunderland, üppig und von berückender Schönheit. Auf der dankbaren Haut Erde entstanden Weiden, Viehzüchtereien, schöne Haciendas und freundliche Ortschaften, bewohnt von Menschen, die glücklich waren, auf diesem paradiesischen Boden zu leben.*« Der zweite Teil des Romans stellt dar, wie das glückliche Land allmählich verödet, nachdem die Kirche, um das Seelenheil der Waldbewohner besorgt, im Bunde mit der Regierung das Joch der Ehe einführt und den heidnischen Namen »Sopinga« (Die Schöne) durch den auf die Jungfrau Maria bezogenen »La Virginia« (Die Jungfräuliche) ersetzt. So wird das Tal nach und nach einbezogen in die »Zivilisation« und den »Staat«, der Urwald fällt der Gewinnsucht der Weißen zum Opfer. Am Ende kulminiert die breitangelegte Handlung in einem Zweikampf zwischen Vanejo, dem Geliebten der schönen, sinnbetörenden Carmelita, und dem Banditen Victor; Vanejo besiegt den Widersacher, wird jedoch wenig später selbst während eines Sturms von einem Baum erschlagen. Wahnsinnig vor Schmerz umarmt Carmelita den Toten, aber zugleich empfindet sie es als Glück, daß sie nun seines Besitzes für immer sicher sein kann. Das Endymion-Motiv, der Mythos vom schönen Geliebten der Diana, den Zeus in ewigen Schlaf versenkte, damit seine Schönheit erhalten bliebe, findet hier eine modern-realistische Abwandlung.

Der Untertitel dieses Romans gibt einen Hinweis auf seine formale Struktur: Die umfassende Darstellung des Lebens im Risaraldatal fügt sich aus detailliert gesehenen Einzelszenen und weitgespannten Panoramabildern zusammen; so beschreibt der Autor mit derselben Genauigkeit die Werkzeuge und Geräte bei der Arbeit, die Musikinstrumente, die Arbeit selbst, das Brauchtum bei Festen und besonderen Anlässen. Scharfe Charakterzeichnungen sind nach Absicht und Anlage des Romans nicht zu erwarten. Dennoch treten die Gestalten der Pancha Durán und ihrer Tochter Carmelita, genannt »La Canchelo«, die im zweiten Teil des Romans zur Hauptfigur heranwächst, in plastischer Deutlichkeit in Erscheinung. Neben grausigen, kaum glaubhaften, mit großer Kaltblütigkeit erzählten Szenen enthält der Roman freilich auch klischeehafte, ganz und gar unoriginelle Bilder. Doch erhebt er sich zuweilen zum Epos des Negertums in Amerika und gewährt aufschlußreiche Einblicke in die Seele dieser durch die Weißen entwurzelten Rasse. A.F.R.

AUSGABEN: Manizales 1935. – Bogotá 1942. – Medellín 1963.

LITERATUR: A. Curcio Altamar, *Evolución de la novela en Colombia*, Bogotá 1957. – C. Meléndez, *La novela indianista en Hispanoamérica*, San Juan de Puerto Rico 1961. – D. McGrady, *La novela histórica en Colombia, 1844–1959*, Austin 1962.

BONAVENTURA CARLES ARIBAU

* 4.11.1798 Sant Gervasi de Cassoles / Barcelona
† 27.9.1862 Barcelona

LITERATUR ZUM AUTOR:
J. Amade, *Origines et premières manifestations de la renaissance littéraire en Catalogne au 19e siècle*, Toulouse 1924. – M. de Montoliu, *A. i la Catalunya del seu temps*, Barcelona 1936 (Neuausg. u. d. T. *A. i el seu temps*, Barcelona 1962). – J. Fontana, J. Molas u. S. Beser, *B. C. A.* (in Serra d'Or, Aug.–Sept. 1962, S. 50–59). – J. Hösle, *Die katalanische Literatur von der Renaixença bis zur Gegenwart*, Tübingen 1982.

LA PÀTRIA

(kat.; *Das Vaterland*). Oft unter dem nicht originalen Titel *Oda a la pàtria (Ode an das Vaterland)* zitiertes Gedicht von Bonaventura Carles ARIBAU, entstanden 1832, erschienen am 24. 8. 1833 in der Zeitung ›El Vapor‹ (Der Dampfer). – Es handelt sich um ein in Alexandrinern abgefaßtes Gedicht, das aus sogenannten *actaves d'art major* besteht, das sind Stanzen mit der Reimfolge *abba acca*. Es ist dem »Patron« des Dichters, dem Bankier Gaspar de Remisa, als Geburtstabsgabe zugeeignet und trägt im Autograph die Überschrift: *La pàtria. Trobes (Das Vaterland. Verse)*.

In Madrid, wo er seit 1826 aus beruflichen Gründen lebte, singt der Dichter darin das Lob seiner fernen katalanischen Heimat und preist die Vorzüge der katalanischen Sprache. Die *Oda* ist in ihrer formal perfekt geschlossenen Form und in den mit aller Sorgfalt vorbereiteten Klangeffekten ein außergewöhnliches Gedicht. In edlem, erhabenem Stil und in Bildern, die zum Teil dem 8. Kapitel der *Promessi sposi*, 1827 *(Die Verlobten)*, von Alessandro MANZONI entlehnt sind, evoziert es die Schönheiten Kataloniens, seine Berge, Flüsse und Täler, das Meer und die Landschaft, wo der Dichter seine Kindheit und Jugend verbrachte. Außer auf Manzoni geht Aribau auf dessen Quelle, nämlich SCHILLERS Prolog zur *Jungfrau von Orléans* (1801), in der Form zurück, in der Mme. de STAËL in ihrem Buch *De l'Allemagne*, 1810 *(Über Deutschland)*, Schillers Worte wiedergab. So wie Johanna ihre Heimat verläßt, so hat Aribau sein katalanisches Vaterland verlassen müssen. Die Ode beschwört die große Vergangenheit der Katalanen, die katalanischen Weisen, »*die mit der Satzung einst die Welt erfüllten*«, und Helden, die mit dem Schwert das Unrecht rächten. Dazwischen erklingt wieder und wieder das Lob der katalanischen Sprache, die der Dichter preist als die Sprache seiner Kindheit, seines Umgangs mit Gott und seiner Zwiesprache mit sich selbst, als »*eine Sprache, süßer als Honig meinem Sinn*« und geeignet, »*das heiligste Gefühl, das Himmelshand in Menschenherz geprägt hat*«, zu besingen. Aribau zeigt damit eine eindeutig romantisch beeinflußte Hinneigung zur Muttersprache, die er, wie er sagt, mit »*der süßen Milch der Mutterbrust*« eingesogen hat, – ein markanter Gegensatz zur Prädominanz der Universalsprachen im Zeitalter des Rationalismus.

Seit Ausiàs MARCH (1397?–1459, vgl. *Cants*) war in katalanischer Sprache kein Gedicht von ähnlicher Vollkommenheit wie die *Ode* Aribaus mehr entstanden. So erklärt sich der unvergleichliche ruhm, den dieses einzige bedeutende unter den katalanisch geschriebenen Werken Aribaus erlangte: *La pàtria* wurde zum »literarischen Mythos« insofern, als das Erscheinungsjahr des Gedichts (1833) den Beginn der *Renaixença* bezeichnet; es war jener Zeitpunkt, an dem sich die Katalanen auf ihre eigene Alltagssprache als einer Kultursprache wiederbesannen, die zum Zentrum eines neuen nationalen Selbstbewußtseins werden sollte. Aribau war als Mitherausgeber der Zeitschrift ›El Europeo‹ von 1823/24 ein großer Vermittler der deutschen Romantik nach Katalonien und Spanien gewesen; einer Romantik, die den Wert der nationalen Vergangenheit verkündete und mit HERDER in den Sprachen den Ausdruck der Volksseele sah. Seine *Ode* gab der literarischen Erneuerungsbewegung entscheidende und wirksame Impulse für ihre Bemühungen, der katalanischen Sprache wieder den zentralen kulturellen (und später sogar politischen) Status in ihrem angestammten Sprachgebiet zu verschaffen. A.F.R.-T.D.S.

AUSGABEN: Barcelona 1833 (in El Vapor, 24. 8.). – Barcelona 1974 (in Poesia catalana romàntica, Hg. J. Molas, S. 19–20). – Barcelona 1986 (Faks. der Erstausg.; Vorw. J. Molas).

ÜBERSETZUNG: An's Vaterland, J. Fastenrath (in Catalanische Troubadoure der Gegenwart, Hg. ders., Lpzg. 1890, S. 6–8).

LITERATUR: C. Riba, Entorn de les trobes d'A. (in C. R., Obres completes, Bd. 2, Barcelona 1967, S. 433–454). – H. Hina, Dialecto o lengua? Sobre el estatuto literario del catalan en el romanticismo (in Estudis Universitaris Catalans, 23, 1979, S. 285–295). – Ders., A.s vaterländische Ode und der Beginn der neueren katalanischen Literatur (in IR, 10, 1979, S. 30–46). – S. Mariner i Bigorra, »De amicitia« VI, 20 als vv. 41/42 de »La pàtria« de B. C. A. (in Estudis de Llengua i Literatura Catalanes, 1, 1980, S. 233–247). – J. Molas, Notes per a un comentari de »La pàtria« de B. C. A. (in Anàlisis i comentaris de textos literaris catalans, Hg. N. Garolera, Bd. 1., Barcelona 1982, S. 209–225). – Commemoració de la Renaixença en ocasió del 150è aniversari de l'»Oda a la pàtria« d'A., Barcelona 1983. – A. Ll. Ferrer, La patrie imaginaire – La projection de »La pàtria« de B. C. A. (1832) dans la mentalité catalane contemporaine, 2 Bde., Aix-en-Provence 1987.

JOSEPH ARICHA

* 1907 Olevsk / Ukraine
† 1972

SANHERIB BI-JEHUDA

(hebr.; Sanherib in Juda). Historischer Roman von Josef ARICHA, erschienen 1958. – Die Romane und Kurzgeschichten des in der Ukraine geborenen Autors, der seit 1925 in Palästina bzw. Israel lebte, wo er sowohl als Schriftsteller wie auch als Maler bekannt ist, sind meist die Frucht ausgedehnter Studien eines bestimmten Milieus, so z. B. des der Araber in Palästina.
Aufgrund des biblischen und talmudischen Quellenmaterials entstand 1958 das vorliegende Werk, das den mißglückten Versuch des assyrischen Königs Sanherib (reg. 705–681 v. Chr.), Jerusalem zu erobern, in romanhafter Weise darstellt. Der Roman umfaßt drei Teile mit insgesamt 22 Abschnitten. Teil 1 beschreibt das judäische Milieu um König Hiskia, Teil 2 das assyrische um König Sanherib, Teil 3 den eigentlichen Feldzug. Als Erzähler versteht es der Verfasser, den Leser durch stets fortschreitende, nie von Reflexionen unterbrochene Schilderungen der Ereignisse in Spannung zu halten. Vom literaturhistorischen Standpunkt ist der Roman bemerkenswert als Zeichen

dafür, daß die von M. SCHAMIR (vgl. Melech basar wa dam, 1954; Ein König von Fleisch und Blut) zur Blüte gebrachte literarische Gattung des historischen Romans in Israel weiterhin gepflegt wird. – Aricha hat diesem historischen Roman 1966 einen weiteren folgen lassen: Sofer ha-melech (Der Schreiber des Königs), der zur Zeit Alexanders des Großen spielt. L.Pr.

AUSGABE: Tel Aviv 1985.

ÜBERSETZUNG (Auszüge): B. Rabin (in Israel Pen-Centre Bulletin, 6, Jerusalem 1963, S. 11–36).

LITERATUR: E. Bin Gorion, Der Mandelstab. Jüdische Geschichten aus drei Jahrtausenden, Olten/Freiburg i. B. 1963, S. 411. – G. Kressel, Cyclopedia of Hebrew Literature, Bd. 2, Merchavia 1965, S. 148/149 [hebr.]. – Hebrew Short Stories, Hg. S. Y. Penueli u. A. Ukhmani, Bd. 2, Tel Aviv 1965, S. 233.

PHILIPPE ARIÈS

* 21.7.1914 Blois
† 8.2.1986 Paris

L'HOMME DEVANT LA MORT

(frz.; Ü: Geschichte des Todes). Sozialhistorisches Werk von Philippe ARIÈS, erschienen 1977. – Mit der von der Kritik umgehend als Standardwerk gefeierten monumentalen Studie über den Wandel der menschlichen Einstellung zu Leben und Tod gelang dem französischen »Sonntagshistoriker« (Ariès über Ariès) der endgültige Durchbruch zu internationaler Anerkennung. Schon die Arbeiten Les traditions sociales dans les pays de France, 1943 (Die sozialen Traditionen in den französischen Ländern), Histoire des populations françaises et de leurs attitudes devant la vie depuis le XVIIIe siècle, 1948 (Geschichte der französischen Bevölkerungen und ihrer Lebenseinstellungen seit dem 18. Jahrhundert), sowie Le temps de l'histoire, 1954 (Die Zeit der Geschichte), besonders aber die auch in Deutschland viel beachtete Studie L'enfant et la vie familiale sous l'Ancien Régime, 1960 (Geschichte der Kindheit), waren von großer Bedeutung für die neue sozialhistorische Betrachtungsweise der nouvelle histoire, deren Methodik Ariès im Vorwort der Vorstudien Essais sur l'histoire de la mort en Occident du moyen-âge à nos jours, 1975 (Studien zur Geschichte des Todes im Abendland), folgendermaßen skizzierte: »Der Beobachter durchmustert eine heteroklite (und nicht mehr homogene) Masse von Dokumenten und versucht, jenseits der erklärten Intention der Schriftsteller oder Künstler, den unbewußten Ausdruck einer kollektiven Sensibilität zu entziffern.« Ariès steht der französischen Historikergruppe um die Zeitschrift ›Annales‹ nahe, die Methoden der Soziologie und der Geschichtswissenschaft zu verbinden trachtet, und deren herausragende Mitglieder wie Lucien FEBVRE (1878–1956), Marc BLOCH (1886–1944), Fernand BRAUDEL (1902–1985), George DUBY (* 1919), Jacques LE GOFF (* 1924) oder Emmanuel LE ROY LADURIE (* 1929) sich von der Erforschung der Ereignisgeschichte abgewandt haben, statt dessen die Phänomene der langen Dauer wie Wirtschaft, Sozialstruktur, Bevölkerungszahl und besonders die »Mentalität« der Menschen erforschen wollen und dabei kulturelle und psychologische Wandlungen und Entwicklungen aufspüren. Wenngleich die Methode der Auswertung literarischer, liturgischer, epigraphischer oder ikonographischer Quellen wissenschaftlich durchaus umstritten bleibt, gelingt Ariès damit jedoch eine fundierte Darstellung der unterschiedlichen Auffassungen über den Tod vom frühen Mittelalter an bis zur Gegenwart, deren Bebilderung erst 1983 nachfolgte *(Images de l'homme devant la mort – Bilder zur Geschichte des Todes).*

L'homme devant la mort (wörtl. *Der Mensch angesichts des Todes*) besteht aus zwei Büchern *(Die Zeit der Ruhenden* und *Der verwilderte Tod)* und behandelt in fünf Teilen *(Wir sterben alle, Der eigene Tod, Der lange und der nahe Tod, Der Tod des Anderen, Der ins Gegenteil verkehrte Tod)* nicht die Geschichte des Todes selbst, wie der deutsche Übersetzungstitel behauptet, sondern vielmehr den historischen Prozeß seiner allmählichen Verdrängung. Einst war der Tod kein individuelles Geschick, sondern ein Problem der Gemeinschaft, das mittels Riten »gezähmt« und zum öffentlichen Ereignis gemacht werden mußte: eine Form des Sterbens, die *»von Homer bis Tolstoi«* weitgehend unverändert blieb und so eine Balance zwischen Natur und Gesellschaft wahrte, die den Tod nie zur wirklichen Bedrohung werden ließ. Immerhin hatte sich schon im Hochmittelalter eine neue Einstellung zum Tod abgezeichnet: aus dem *»Wir sterben alle«* wurde der *»eigene Tod«*. Kennt die Ikonographie des Jüngsten Gerichts ursprünglich nur ein einziges Buch des Lebens, in dem alle Menschen verzeichnet sind, so erscheint später jeder Mensch mit einem eigenen kleinen Buch; es wird präsentiert als Identitätsnachweis, als Vorstrafenregister, als die ganz persönliche Bilanz. Wenn der individuelle Tod auch dramatischer wird, bleibt er dennoch ohne Schrecken; er bietet sogar die einmalige Chance, den Wert des eigenen Lebens triumphierend hervorzukehren, wie unzählige Testamente der Zeit dokumentieren, die Ariès mit Akribie durchforstet. Bis zur Französischen Revolution – so Ariès' Behauptung – haben die Menschen vom Tod zwar Aufheben gemacht, ihn gefeiert mit einem Riesenaufwand von Zeremonien und Bräuchen, Prozessionen und Gebeten, Klagen und Sakramenten, aber ohne sich wirklich vor ihm zu fürchten: *»Sie empfanden etwas Angst vor ihm und sagten es auch ruhig, aber diese Angst überschritt niemals die Schwelle des Unsagbaren, Unausdrückbaren. Sie wurde in befriedigende Worte übersetzt und in vertraute Riten kanalisiert.«* Diese selbstverständliche Vertrautheit offenbart sich in der heute mißbräuchlich erscheinenden Benutzung des Friedhofs als Marktort, Asyl, ja sogar als Stätte der Prostitution. Immerhin hält die ewig wiederkehrende Pest das Bild des schrecklichen, des ungezähmten Todes wach; wird der schlafende Tod von der makabren Kunst der Skelette und Darstellungen der Verwesung abgelöst. Doch meinen diese Bilder *»weder die Angst vor dem Tode noch die vor dem Jenseits – selbst wenn sie zu diesem Zwecke benutzt worden sind. Sie sind Zeichen einer leidenschaftlichen Liebe zur hiesigen Welt und eines schmerzlichen Bewußtseins des Scheiterns, zu dem jedes Menschenleben verurteilt ist«.*

Immerhin sieht Ariès schon im späten Mittelalter eine erste Veränderung im christlichen Abendland. Das neue Modell, das des eigenen Todes, brach die Kontinuität der Tradion. Das Überleben der Seele, das bereits im Augenblick des Todes wirksam war, verdrängte das Zwischenstadium des Schlafs. Seiner Seele beraubt, war der Körper nur noch Staub, der der Natur zurückerstattet wurde. Allerdings konnte diese Vorstellung solange keine großen Folgen haben, als man der Natur nicht eine demiurgische Funktion zuerkannte, durch die sie erst zur Rivalin Gottes wurde. Das Modell des *»gezähmten Todes«* konnte weiterbestehen; das Verhältnis zwischen der Ordnung des Menschlichen und der Unordnung der Natur war vor dem 17. Jh. nicht wirklich gestört. Dann jedoch bricht die natürliche Wildheit wieder in die geordnete Welt der Menschen ein: *»Man möchte meinen, daß die Gesellschaft der Menschen in ihrer Anstrengung, die Natur und die Umwelt zu erobern, ihre alten Verteidigungswerke um Sexualität und Tod aufgegeben hat, und die Natur, die man für besiegt halten konnte, ist in den Menschen zurückgeströmt, durch die verborgenen Tore eingedrungen und hat ihm wieder zum Wilden gemacht.«* Der sich nunmehr ausbreitende Horror vor dem Sterben verdeutlicht eine in der Frühromantik in besseren Kreisen grassierende Massenpsychose: die Angst vor dem Scheintod. Der tote Körper rückt in den Blick, die Anatomie befaßt sich mit ihm – es entsteht eine makabre Erotik. Tod und Sexualität, deren Bedrohlichkeit bis dahin ausbalanciert worden waren, vermischen sich in der nekrophilen Kunst des 18. Jh.s und den Phantasmen des Marquis de SADE. Der Tod wird zum nicht mehr geduldeten obszönen Ereignis – zur unerhörten Erscheinungsform in der sonst so vernünftigen Ordnung des Menschen: aus dem *»gezähmten«* ist der *»wilde«* Tod geworden, den Ariès auch den *»verbotenen«*, *»verschwiegenen«*, den *»verdrängten«* Tod nennt. Die weitere Geschichte dieses Mentalitätenwandels ist die einer Ausgrenzung, einer Verbannung des Todes aus dem öffentlichen Leben. Die Friedhöfe werden vor die Stadt verlegt, hunderttausende von Skeletten ausgegraben und aus der Stadt geschafft oder in Katakomben gelagert; und es beginnt die Zeit, in der die Romantiker den Tod mit *»betäubender Süße«* umgeben und verbergen. Die Fähigkeit zu trauern verschwindet rapide, mündet in eine Art Indifferenz gegenüber dem Tode und den Toten ein, bis in der modernen Industriegesellschaft der Tod aus dem Alltagsleben völlig verbannt scheint, und die Menschen in Abwesenheit ihrer Angehörigen auf der Intensivstation eines Krankenhauses sterben. Der Tod ist in aller Regel nicht länger ein dramatischer Akt, dem der Sterbende mit vollem Bewußtsein entgegensieht, sondern er zieht sich über viele Stationen ein in medizinisch verlängertes, betäubtes oder bewußtloses Siechtum hin. Der Sterbende wird um den eigenen Tod betrogen. So wird für Ariès die grundlegend gewandelte Einstellung des Menschen gegenüber dem Tod zum Symbol eines allgemeinen Niedergangs gesellschaftlicher Solidarität. Den Hauptgrund dafür, »*daß die Gemeinschaft sich am Tod eines ihrer Mitglieder immer weniger beteiligt fühlte*«, sieht er darin, daß »*sie kein hinreichendes Solidaritätsgefühl mehr empfand: sie hatte längst auf ihre Verantwortung und ihre Initiative bei der Organisation des kollektiven Lebens verzichtet. Im alten Sinne des Wortes existierte sie gar nicht mehr als ›Gemeinschaft‹, sie war ersetzt worden durch eine ungeheure Agglomeration von atomisierten Individuen*«.

Der Vorwurf einer letztlich unhistorischen Beschränkung auf eine kunterbunte Materialsammlung (die am Schluß des Buches nachgereichte, mit vier »Parametern« arbeitende Theorie der *Konklusion* wirkt reichlich aufgesetzt), die nicht nach Zusammenhängen mit anderen Bereichen der Geschichte fragt, ist Ariès des öfteren gemacht worden. So bleiben historiographische Berichte, die die Wirklichkeit des Todes darstellen, fast völlig ausgespart. Tatsächlich scheint Ariès der Methode Michel FOUCAULTS (1926–1984) näher zu stehen, der beispielsweise seine Geschichten über die Behandlung der Geisteskranken (*Folie et déraison*, 1961) oder der Entstehung der Klinik (*La naissance de la clinique*, 1963) als »*archéologie*« bezeichnet hat, also einer Beschäftigung mit Gegenständen, deren historischer Kontext unbekannt ist und die daher aus sich heraus interpretiert werden müssen. Gerade die Tatsache aber, daß es Ariès nicht um »Kulturgeschichte« geht, sondern um Vermittlung einer *histoire des mentalités*, die mit der positivistischen Methode der Geschichtswissenschaft nicht zu leisten war, macht sein Werk zu einem Klassiker moderner französischer Geschichtsschreibung. W.R.

AUSGABEN: Paris 1977. – Paris 1985, 2 Bde.

ÜBERSETZUNG: *Geschichte des Todes*, H.-H. Henschen u. U. Pfau, Mchn. 1980. – Dass., dies., Mchn. 1982 (dtv).

LITERATUR: A. Mitchell, *P. A. and the French Way of Death* (in French Historical Studies, 1978, Nr. 4, S. 684–695). – P. Ariès, *Un historien du dimanche*, Paris 1980. – F. Leger, *P. A. l'histoire d'un historien* (in Revue universelle. 1980, Nr. 65, S. 63–73). – W. Brede, Rez. (in FAZ, 7. 10. 1980). – K. Fischer, Rez. (in Stuttgarter Zeitung, 31. 10. 1980). – H. Meier, Rez. (in Nürnberger Zeitung, 22. 11. 1980). – M. Janz, Rez. (in Der Spiegel, 16. 3. 1981, S. 237–245). – W. Hartmann, Rez. (in Evang. Kommentare, 14. Juli 1981. Nr. 7, S. 369). – P. Chaunu, *Sur le chemin de P. A., historien de la mort* (in Histoire, Économie et Societé, 1984, Nr. 4).

AHMED ARİF

* 1925 Diyarbakır

DAS LYRISCHE WERK (ntürk.) von Ahmed ARİF.

Die Literatur der jungen Türkischen Republik ist »zuerst und vor allem von Nâzım Hikmet geprägt« worden (V. Türkali). Daneben steht jedoch gleichbedeutend der Lyriker Ahmed Arif, dessen Werk in zahlreichen verstreuten Einzelpublikationen und einer Sammlung von 19 Gedichten *(Hasretinden Prangalar Eskittim,* 1968; *Aus Sehnsucht nach dir habe ich meine Sträflingsketten abgetragen)* vorliegt. Er gehörte zu den Autoren (u. a. Vedat TÜRKALI, Attilâ ILHAN), die sich gegen die *Garip*-Bewegung der vierziger Jahre wandten und als »Vierziger Generation« oder auch »Verbitterte Generation« bekannt wurden.

In seinem ersten veröffentlichten Gedicht *Dağlar Paşası Rüstemo (Rüstemo, der Pascha der Berge)*, entstanden 1947 während seiner Militärdienstzeit und auf Betreiben Attilâ Ilhans 1948 publiziert, verarbeitet Arif Eindrücke und Erlebnisse aus seiner Kindheit, die er im vorwiegend kurdisch besiedelten Teil Südanatoliens verbrachte. 1950 wurde der Dichter während seines Philosophiestudiums in Ankara wegen seiner kritischen politischen Überzeugung verhaftet und verurteilt. Ähnlich wie die Gefängnisgedichte N. HIKMETS, E. GÖKCES und V. TÜRKALIS wurden auch die Verse Arifs nach außen getragen und in kürzester Zeit weit verbreitet. Mit dem Ende der reaktionären Ära Menderes (27. 7. 1960) eröffneten sich im Rahmen einer gewissen Liberalisierung auch für Arif, den bis dahin verbotenen Dichter, neue Publikationsmöglichkeiten.

Mit seinen die Vorurteile gegenüber den Kurden, Aleviten und Kommunisten anprangernden Gedichten hatte er nicht nur bei den kritischen Intellektuellen und Gewerkschaftern Erfolg, sondern er erreichte auch einen großen Teil des Volkes. Auf das Drängen von Lesern, Zeitschriftenherausgebern und Dichterkollegen hin entschloß sich Ahmed Arif schließlich, eine Auswahl seiner inzwischen verstreut in verschiedenen Literaturzeitschriften erschienenen Gedichte in einem Sammelband herauszugeben: 1968 erschien die Sammlung *Hasretinden Prangalar Eskittim (Aus Sehnsucht nach dir habe ich meine Sträflingsketten abgetragen)*. Weiterhin sind Teile eines längeren Gedichts mit dem Titel *Kalbim Dinamit Kuyusu (Mein Herz ist ein Dynamitbrunnen)* 1969 publiziert worden. Der

Sammelband mit 19 Gedichten verzeichnete einen unmittelbaren und anhaltenden Erfolg. Die enthusiastische Aufnahme, die Arifs erstes und einziges Buch beim Publikum fand, ist nur mit der unmittelbaren Wirkung der vollkommen mit dem Inhalt verwobenen poetischen Sprache zu erklären. Der Stoßseufzer Metin Eloğlus »*Ach gäbe es doch ein Gedicht, daß wir es auswendig lernen*« (Gedicht in *Yazko Edebiyat*, 1983) kennzeichnet die Jahrhunderte alte Tradition, die es dem unter Armut und Unterdrückung leidenden Volk erlaubte, Furcht, Zorn, Kummer und Sehnsüchte in Gedichten und Liedern auszusprechen und dadurch sein Schicksal ertragbar zu machen. Aus Arifs Versen spricht die Stimme des unverfälschten Volkshelden *(Yiğit)*, einer zentralen Figur in der anatolischen Volksliteratur. Mit dieser kraftvollen Gestalt, halb Feudalherr, halb Proletarier, diesem anatolischen Bauern, der um seines Stolzes und seiner Ehre willen den Kampf nicht aufgibt, kann der Leser seine Hoffnungen identifizieren. Kurze Gedichtzeilen von Arif schlossen all das in sich ein, was Arbeiter bei Streiks, Studenten bei Vorlesungsboykotts und Kurden bei politischen Kundgebungen empfanden. »*Wehr dich mit dem Buch,/ wehr dich mit der Arbeit./ Mit Zähnen und Klauen,/ mit Hoffnung, Liebe und Traum./ Wehr dich, bring mich nicht in Verruf*« (*Anadolu; Anatolien*; Übers. Y. Pazarkaya) stand an den Wänden von Gefängnissen und Folterkammern. Auf Schallplatten und Kassetten wanderten die Gedichte mit den Arbeitsemigranten in die Fremde.

Ein zweiter Sammelband, der bis dahin ungedruckte alte und neue Gedichte sowie vereinzelt publizierte, aber nicht im ersten Sammelband vertretene Gedichte enthalten sollte, wurde von Arif schon in den siebziger Jahren angekündigt, ist aber nie erschienen. Der Grund dafür dürfte vor allem in den hohen Ansprüchen, die der Dichter an sich selbst stellt, und in den Repressalien der türkischen Regierungen zu suchen sein. Die neuen Maßstäbe, die Nâzım Hikmet mit seinen Epen zur anatolischen Vergangenheit gesetzt hat, erweitert Ahmed Arif auf seine Weise mit neuen Bildern und noch knapperer, musikalischerer Rhythmik. Bei Nâzım Hikmet heißt es: »*Die Anteper sind gute Schützen./ Den fliegenden Kranichen im Auge/ Den fliehenden Hasen in den Hinterfuß können sie treffen/ Und sie sitzen auf der arabischen Stute,/ Dünn und lang wie eine junge, grüne Zypresse*« (*Menschenlandschaften*). Arif findet hier einen noch kämpferisch-poetischeren Ton: »*Ihre Burschen sind unbeugsam, sind schneidige Kämpfer/ in den berühmten Gefängnissen Anatoliens/ sind zumeist die Çukurova-Leute gefangen/ ... wie er dem Freund seine Wunden zeigt/ wie er einer Trauerweide Wasser gibt/ so von Herzen/ so tief/ ein Lied singen, fluchen/ das ist der Bursche aus der Çukurova*« (*Yalnız Değiliz; Wir sind nicht allein*).

Struktur, Versbau, Erzählweise der Lyrik Arifs tragen sehr eigenständige Züge. Die kurzen Verszeilen, die oft nur aus einem oder zwei Wörtern bestehen, die Unmittelbarkeit, die Plötzlichkeit, die Direktheit der Bilder kennzeichnen das gesamte Werk. Der Rhythmus entsteht oftmals allein durch die Wortwahl: Die Zeilen »*Yakışıklı/ Hafif / İyi süvari.../ Ve karaca sürüsü/ Keklik takımı*« verlieren in der deutschen Übersetzung »*Gutaussehend/ leichtbewehrt/ ein geschickter Reiter/ und ein Sprung Rehe/ ein Schwarm Rebhühner*« (*Otuz Üç Kurşun; 33 Patronen*) viel von der inneren Spannung und Flüchtigkeit, die im Türkischen die *i-*, *ü-* und *k*-Laute schaffen. Tod und Leben, Furcht und Freude, Freiheit und Unterdrückung, die Kälte des Gefängnisses und die belebende Wärme der Natur sind die immer wiederkehrenden kontrastiven Bilder: »*Hast du eine Ahnung, Steinmauer?/ Eisentür, blindes Fenster,/ Mein Kissen, meine Koje, meine Kette,/ Trauriges Bild in meinem Versteck,/ Dem zuliebe ich mich Todesgefahren ausliefere,/ Hast du eine Ahnung?/ Mein Besucher schickte grüne Zwiebeln,/ Nach Nelken duftet meine Zigarette,/ In die Berge meines Landes zog Frühling ein...*« (*İçerde; Im Gefängnis*; Übers. Y. Pazaskaya). Unvermittelt werden Begriffe aus der Militärsprache (Mauser-Gewehr, Dolch, Patrone, Patrouille, Handschelle, Razzia/ Hausdurchsuchung, Hinterhalt, Entlassungsschein, Werkzeug/Waffe) Begriffen aus Religion und Brauchtum (Muhammed, Amulett, Leichentuch, Schicksal, Hölle; treu, schändlich, Ehre, Gnade) gegenübergestellt. Die so evozierten Assoziationen machen die von Unterdrückung und Gewalt bedrohte Lebenswirklichkeit des Volkes, insbesondere der Kurden, spürbar. Ausweglosigkeit und Hoffnungslosigkeit werden jedoch aufgehoben durch den Glauben, daß durch solidarischen Zusammenhalt der Unterdrückung und Willkür ein Ende gemacht werden könne. Gemäß seiner Auffassung »*Und ich der Dichter / bin ein Arbeiter der Ehre, ja / ein Arbeiter des Herzens*« (*Uy Havar: O Havar*) greift Arif in seinen Gedichten thematisch auch über die Probleme des Volkes in Anatolien (insbesondere des kurdischen Volkes) hinaus und reflektiert allgemein menschliche Anliegen (z. B. *Karanfil Sokağı; Nelkengasse* und *Yalnız Değiliz; Wir sind nicht allein*).

Arifs Gedichte sind als ganz und gar konkrete, realitätsnahe Lyrik zu verstehen. Sie bietet sich nicht als Fluchtweg aus einer bedrückenden Gegenwart oder utopischer Tagtraum von einer besseren Zukunft an. So liegt z. B. seinem Gedicht *33 Patronen* eine wahre Begebenheit zugrunde: »*Dieser Berg ist der Mengene-Berg/ in aller Frühe, bei Van/ ... auf einer Seite von ihm, sie ist voll Tau, ist sein Horizont der Kaukasus/ auf der anderen Seite ist wie ein Gebetsteppich die iranische Erde/ ... Wir sind Verwandte, aus einer Familie, durch das Blut verbunden/ mit den Karşıyaka Dörfern und ihren Sippen/ haben wir Bräute genommen und gegeben, seit Jahrhunderten/ Wir sind Nachbarn, Seite an Seite/ ... Unser Inneres hat sich nicht für den Paß erwärmt/ Das ist unsere Schuld, das ist der Grund für den Mord an uns/ Jetzt werden wir als Banditen in Verruf sein/ als Schmuggler/ Räuber/ Verräter.../ ... Sie haben den Todesbefehl vollstreckt, uns mit Kugeln durchsiebt/ ... Blut verspritzt/ Sie haben alles durchsucht/ Jeden Fetzen umgedreht/ Meinen roten Gürtel aus Kirmanah/ mei-*

ne Gebetskette, meine Tabakdose haben sie genommen und sind gegangen/ Alles waren Geschenke aus Iran/ ... Ihr Brüder, schreibt das wörtlich so auf, was mir widerfahren ist/ Vielleicht wird es für ein Gerücht gehalten/ keine Rosenbrüste sind das/ Dumdum-Geschosse/ sind das in meinem zerfetzten Mund...«.
Während des Zweiten Weltkrieges hatte ein General im türkischen Grenzgebiet zur Sowjetunion und nach Iran 1943 eine Gruppe Kurden wegen angeblicher Kriegsverbrechen, unerlaubter Grenzüberschreitung und Schmuggels füsilieren lassen. Einer der 33 Kurden hatte sich schwerverletzt über die iranische Grenze retten können; Jahre später war er in die Türkei zurückgekehrt und hatte schließlich (1950) eine parlamentarische Untersuchung des Vorfalls und die Verurteilung des Generals herbeiführen können.
Das Werk Ahmed Arifs, der zu den bedeutendsten Dichtern der zeitgenössischen neutürkischen Lyrik gehört, hat großen Einfluß auf die jüngeren Autoren seines Landes ausgeübt. A.T.

AUSGABEN: *Dağlar Paşası Rüstemo* (in *Varlik Yillik Şiir Antolojisi*, Istanbul 1948). – *Hasretinden Prangalar Eskittim*, Istanbul 1968; ern. 1971; [18]1981. – *Kalbim Dinamit Kuyusu* (in Soyut, 1969).

VERTONUNGEN: Liedkompositionen von Fikret Kızılok, Zülfü Livaneli, Rahmi Saltuk.

ÜBERSETZUNGEN: Tübingen/Basel 1971 (in *Moderne türkische Lyrik. Eine Anthologie*, Hg. Y. Pazarkaya, S. 139–142; dt.). – Harmondsworth u. a. 1978 (in *The Penguin Book of Turkish Verse*, Hg. N. Menemencioğlu u. F. İz, S. 26, 55 ff.; engl.). – Ankara 1976–1978 (in *Özgürlük Yolu*, S. Güle u. K. Diyarbekré; kurd.). – Moskau 1979 (in *Iz tureckoj poeżii XX veka*, Hg. T. Melikov, S. 286–296; russ.). – Mchn. 1980, Ü. Güney (in Akzente, 6, S. 526–529; dt.). – Mchn. 1987 (in *Die Wasser sind weiser als wir. Türkische Lyrik der Gegenwart*, Hg. Y. Pazarkaya; dt.).

LITERATUR: V. Türkali, *Nâzım Hikmet ve Sanatı* (in Baris, 6, 1950). – C. Süerya, *Ezberimededir Dağlar* (in Soyut, 23, 1967; ern. 1978 (in Türk Edebiyatı, Istanbul 1978, S. 145–147). – A. Bezirci, *Söyleşi* (in Yelken, 4, 1969). – T. Gönen, *Duvarları Katı Sabır Taşından A. Arif'in* (in Yordam, 4, 2/22, 1969, S. 73–79). – A. Kabaklı, *Türk Edebiyatı*, Bd. 3, Istanbul 1969, S. 460. – C. Süreya, *A. A.* (in Papyrüs, 31, 1969, S. 66–72). – Ders., dass. (in C. S., *Şapkam Dolu Çiçekle*, Istanbul 1985, S. 150–157). – M. Öneş, Rez. (in Yeni Dergi, 54, 1969, S. 315 f.). – Y. Pazarkaya, *Einleitung* (in *Moderne türkische Lyrik. Eine Anthologie*, Hg. Y. P., Tübingen 1971). – G. Akın, *A. A.* (in Sinan Yıllığı, 1973). – A. Bezirci, *Enver Gökçe'yi Tanır Mısınız?* (in Yeni A, 9, 1973). – R. Mutluay, *100 Soruda Çağdaş Türk Edebiyatı (1908–1972)*, Istanbul 1973, S. 386. – A. Bezirci, *Ikini Yeni Olayı*, Istanbul 1974. – N. Behram, Interv. m. A. A. (in Militan, 2, 1975). – Ders., dass. (in Edebiyatımızda Isimler Sözlüğü, Istanbul [8]1975; [12]1985). – R. Mutluay, *50 Yılın Türk Edebiyatı*, Istanbul [3]1976. – Art. *A. A.* (in *Türk Dili ve Edebiyatı Ansiklopedisi*, Bd. 1, Istanbul 1977, S. 81). – H. Altınkaynak, *Edebiyatımızda 1940 Kuşağı*, Istanbul 1977. – M. Erdost, *Mavzerine Şiir Doldurur* (in Türkiye Yazıları, 7, 1977). – M. Kemal, *Acılı Kuşak (Anılar)*, Istanbul 1977. – M. H. Doğan, *1977'de Şiir* (in Nesin Vakfı Edebiyat Yıllığı, 1978, S. 36–40). – A. Saraçoğlu, *Sen Hiç Oğul Emzirdin Mi Kör Kurşun*, Ankara 1978; [2]1979. – A. Ada, *A. A.* (in Hâkimiyet Sanat, 3, Kayseri 1979). – T. D. Melikov, *A. A. i ego sbornik stichov »V toske po tebe ja iznosil kandaly«* (in *Tureckoja poëzija 60-ch načala 70-ch godov*, Moskau 1980, S. 80–88). – Y. Kemal, *Yaşar Kemal Anlatıyor* (in A. A., *Hasretinden Prangalar Eskittim*, Istanbul [18]1981, S. 12–15). – K. Ertop, *Trends and Characteristics of Turkish Literature* (in *The Transformation of Turkish Culture. The Atatürk Legacy*, Hg. G. Renda u. C. M. Kortepeter, Princeton 1986, S. 145–164.).

AFONSO ARINOS

eig. Afonso Arinos de Melo Franco

* 1.5.1868 Paracatú
† 19.2.1916 Barcelona

LITERATUR ZUM AUTOR:
T. de Ataíde, *A. A. de M. F.*, Rio 1922. – L. Miguel-Pereira, *Prosa de ficção*, Rio 1950, S. 183–195. – W. Dutra u. F. Cunha, *Biografia crítica das letras mineiras*, Rio 1956, S. 69–73. – P. Dantas, *O nacionalismo de A. A.* (in Revista Brasiliense, 11, São Paulo 1957, S. 99–109). – Carpeaux, S. 331–333. – H. Lima, *A. A.*, Rio 1977. – O. Mello, *De volta ao sertão: A. A. e o regionalismo brasileiro*, Rio [2]1981 [rev. u. erw.].

PELO SERTÃO

(port.; *Im Sertão*). Erzählungen von Afonso ARINOS (Brasilien), erschienen 1898. – Mit den beiden im gleichen Jahr veröffentlichten Büchern *Os jagunços (Die Jagunços)* und *Pelo Sertão*, die seine einzigen, zu Lebzeiten publizierten Werke blieben, wandte sich Melo Franco zwei Themenkreisen zu, die in dem großen Roman von GUIMARÃES ROSA (vgl. *Grande Sertão: Veredas*, 1956) mehr als fünfzig Jahre später mit unvergleichlicher dichterischer Kraft und Sprachgewalt gestaltet werden sollten: Es ist zum einen das Thema des *jagunço*, des bewaffneten Vagabunden, der, vielfach im Dienst skrupelloser Politiker oder machtgieriger Großgrundbesitzer, außerhalb der Gesellschaft und des Gesetzes lebt; zum anderen das Thema des *sertão*, der weiten, steppenartigen Hochflächen im Innern Brasiliens, wo der Mensch im Kampf mit einer unbarmherzigen Natur ein hartes, glückloses Leben führt. Dabei beschreibt Melo Franco in dem ersten der beiden Bücher Ereignisse, die bald darauf in dem berühmten Werk von Euclides da CUNHA (vgl. *Os sertões*, 1902) eine bewundernswürdige Darstellung finden sollten: Aufstieg und Untergang des »Sendboten der Vorsehung« Antônio Conselheiro (1828–1897), eines fanatischen Bandenführers, der sich mit seinen *jagunços* in Canudos, einem Ort im Staat Bahia, festsetzte und nach drei blutig zurückgeschlagenen Militärexpeditionen schließlich mit Hilfe einer riesigen Streitmacht von siebentausend Mann besiegt werden konnte.

In *Pelo sertão* ist der *sertão* Zentralbrasiliens, die öden, menschenleeren, windigen Hochflächen des Staates Minas Gerais, entweder unmittelbar Gegenstand der Darstellung oder Hintergrund des Geschehens. Die zwölf Erzählungen, die das Buch enthält und von denen *Assombramento (Spuk), Joaquim Mironga (Joaquim Mironga), A esteireira (Die Mattenflechterin)* und *Pedro Barqueiro (Pedro Barqueiro)* die bedeutendsten sind, schildern das Leben des *sertanejo*, der als Viehtreiber, Rinderhirt, Knecht oder Maultiertreiber sein rauhes, gefährliches, von roher Triebhaftigkeit und dumpfen magisch-mythischen Glaubensvorstellungen beherrschtes Dasein fristet. Als Erstlingswerk einer bis dahin unbekannten Thematik fehlen dem Buch noch Tiefe und Genauigkeit des Blicks und Kraft der Darstellung – Eigenschaften, die der brasilianische literarische Regionalismus erst viel später, etwa seit 1930, gewinnen sollte. Auch sprachlich hat Arinos seinen Gegenstand nicht recht gemeistert. Zwar weisen seine Erzählungen im Dialog regionale Spracheigentümlichkeiten auf, doch überschreitet er im ganzen nie die Grenzen der konventionellen Diktion des gebildeten Brasilianers der Jahrhundertwende. Immerhin geht die Anpassung des Dialogs an die Sprechweise des *sertanejo* so weit, daß Viehtreiber aus Minas Gerais, denen Arinos aus seinen Erzählungen vorlas, verwundert meinten: *»Das ist ja, als ob wir da selber reden.«*

N.N.C.

AUSGABEN: Rio 1898. – Rio 1947. – Rio 1967, Hg. I. Cavalcanti Proença [m. Einl. u. Anm.; ²1972]. – Rio 1969, Hg. A. Coutinho [Einl. A. A. de Melo Franco]. – Belo Horizonte 1981 [Faks.].

LITERATUR: T. de Ataíde, *A. de M. F.,* Rio 1922. – G. Macchi, *Il sertão nel romanzo del nordest brasiliano*, Rom 1961. – P. Dantas, *A. A., uma paixão sertaneja* (in P. D., *Os sertões de Euclides e outros sertões*, São Paulo 1969, S. 37–46.) – A. E. Severino, *O homem sertanejo nos contos de A. A.* (in Revista do Livro, 40, Rio 1970, Nr. 13, S. 45–52).

FRANK MARTINUS ARION

eig. Frank Efraim Martinus
* 17.12.1936 Curaçao

LITERATUR ZUM AUTOR:
J. de Roo, *Antilliaans literair logboek*, Zutphen 1980. – A. van der Wal u. F. van Wel, *Met eigen stem; Herkenningspunten in de letterkunde van de Nederlandse Antillen*, Den Haag 1980.

DUBBELSPEL

(ndl.; *Ü: Doppeltes Spiel*). Roman von Frank Martinus ARION, erschienen 1973. – Arions nach drei Lyrikbänden erschienener und – im Gegensatz zu den beiden folgenden Romanen *Afscheid van de koningin* (1975) und *Nobele Wilden* (1979) – erfolgreicher erster Roman folgt in seiner Gliederung dem Tagesverlauf eines vom Nationalspiel Domino beherrschten Sonntags auf Curaçao: Vorgeschichte, Spiel und Folgen. In den *Naspelen* wird ein formaler Rahmen – der Roman als Untersuchungsbericht eines Mordprozesses – nachgetragen. Der mehrdeutige Titel *Dubbelspel* verweist auf eine besondere Siegvariante des Dominos, bei der der Sieger den letzten Stein an beide Enden der Kette anlegen kann, aber auch auf das »doppelte Spiel«, das die an der Dominorunde beteiligten vier Männer miteinander treiben.

Im ersten Teil, *De morgen en de ochtend (Der Morgen und der Vormittag)*, werden zunächst die Personen und ihre Beziehungen zueinander in kurzen Szenen vorgestellt: der kleinbürgerliche Manchi Sanantonio, ein unbedeutender Gerichtsbeamter, und dessen – mit einem alten Seitensprung begründetes – sadistisches Verhalten gegenüber seiner Frau Solema, einer Lehrerin; deren Verhältnis zu Janchi Pau, einem Zimmermann, der davon träumt, endlich – nach Jahren – sein halbfertiges Haus bewohnbar zu machen, damit Solema zu ihm zieht; der unzuverlässige und eitle Taxifahrer Boeboe Fiel, der in der vorangegangenen Nacht seine gesamten Einnahmen im »Hurenkamp« der Insel durchgebracht hat, obwohl seine Frau Nora das Geld dringend gebraucht hätte, um ihrem Sohn Schuhe für den Schulbesuch zu kaufen; Nora, die sich deshalb – wie schon häufiger – prostituiert und hofft, am Nachmittag den noch fehlenden Betrag für den Kauf der Schuhe auf die gleiche Weise von dem vierten Dominospieler, Chamon Nicolas, zu bekommen.

Im Zentrum des zweiten Teils, *De middag en de schemering (Der Nachmittag und die Dämmerung)*, steht das eigentliche Dominospiel. Janchi beschließt als Rache für Manchis Verhalten gegenüber Solema, ihn und seinen noch von der letzten Nacht erschöpften Partner Boeboe vernichtend zu schlagen. Durch den ungewöhnlichen Verlauf des Spiels steigern sich alle Spieler in ihre Träume hinein. Chamon erwägt, die Kontakte zu Nora aufzugeben, um eine wirkliche Liebesbeziehung zu finden; Janchi beginnt – auf Anregung Solemas – eine genossenschaftliche Möbelfabrik zu planen; Manchi sieht sich bereits als ersten farbigen Richter auf Curaçao – er würde dann sofort die anderen drei hinter Gitter bringen.

Immer mehr Menschen, schließlich auch Radio und Fernsehen beobachten das spektakuläre Spiel. Ihre Träume erscheinen den spielenden Männern zunehmend stärker als Realität: Manchi gibt sich gegenüber den Reportern als Richter aus und äußert unverhohlen seine Aggressionen gegenüber den anderen. Der Roman scheint einen Höhepunkt zu erreichen, als Janchi auch noch über das Fernsehen verkündet. er werde in Kürze die genossenschaftliche Möbelfabrik »Solema« (!) gründen. Doch Manchi ist so sehr in seinem Wahn aufgegangen, daß er die Anspielung gar nicht bemerkt. Als Manchi und Boeboe auch noch die letzte Runde verloren haben, gehen – völlig überraschend – Janchi und Manchi einfach nach Hause. Dort wird Janchi – im dritten Teil, *De schemering (Die Dämmerung)* – bereits von Solema erwartet, die inzwischen beschlossen hat, zu ihm zu ziehen. Nora gelingt es nun auch, mit Chamon zu sprechen, der aber ihr Angebot eines Schäferstündchens ablehnt. Beide werden jedoch von Boeboe belauscht; er greift Chamon an und wird von diesem in Notwehr erstochen. Manchi – durch die Niederlage wie durch den Weggang seiner Frau gedemütigt – erschießt sich. – In den *Naspelen* wird schließlich vom Erfolg der Genossenschaft und Solemas politischer Karriere sowie dem Prozeß gegen Chamon berichtet.

Arion wirbt einerseits um Verständnis für das doppelte nachkoloniale Dilemma seiner Landsleute: Ökonomisch gesehen besteht die Abhängigkeit vom Mineralölkonzern, und nach Plünderung der natürlichen Ressourcen existieren keinerlei wirtschaftliche Alternativen; psychisch gesehen gibt es die Diskrepanz zwischen einem von Träumen beherrschten »mañanismo« und europäisch-kleinbürgerlichen Idealen, deren Verwirklichung aber durch die soziale Realität verstellt wird. Andererseits entwickelt der Autor eine der Situation entsprechende didaktische Perspektive: Alternativen müssen – wie die Möbelkooperative, die erst durch Solemas Emanzipation denkbar wird – ökonomisch möglich sein, und gleichzeitig setzen sie auch eine bestimmte psychische Verfassung voraus. Selbst der Humor wird didaktisch, als Mittel der Kritik nach oben, verwendet; Objekt ist ausschließlich die jeweils gerade positiv aufgebaute Figur. Hoffnungsträger sind die im Buch noch weitgehend widersprüchlich gezeichneten, aber als einzige mit klarem Realitätsbezug, im Hintergrund der Männergesellschaft eher reagierenden als agierenden Frauen, ihnen hat der Autor seinen Roman gewidmet: »*Aan vrouwen met moed*« (»*Den mutigen Frauen*«). W.F.

AUSGABE: Amsterdam 1973.

ÜBERSETZUNG: *Doppeltes Spiel, Roman aus Curaçao*, T. Meurer, Wuppertal 1982.

LITERATUR: H. Pos, Rez. (in Het Parool, 11. 8. 1973). – G. Komrij, Rez. (in Vrij Nederland, 25. 8. 1973). – K. Soudijn, Rez. (in N.R.C. Handelsblad). – A. Walrecht, Rez. (in Ons Erfdeel, 1973, Nr. 5, S. 100–103). – K. Beekman, *Nederlandse prozadebutanten uit de periode 1972–1976* (in Raster, 1978, S. 54–61).

ARION AUS METHYMNA AUF LESBOS

um 600 v.Chr.

DAS LYRISCHE WERK (griech.) des ARION. Der sagenumwobene frühgriechische Lyriker wirkte, dem Zeugnis HERODOTS zufolge (1,23 f.), nach ausgedehnten Bildungs- und Vortragsreisen in Sizilien und Unteritalien um 600 am Hof des kunstfreundlichen Tyrannen Periander in Korinth. Der unter seinem Namen überlieferte *Hymnos auf Poseidon* freilich ist ein Werk des späten 5.Jh.s, vermutlich attischer Herkunft, und ganz dem Geist jener auch von Herodot liebevoll erzählten, bis in die heutige Zeit lebendigen Legende entsprungen: Einst hätten Delphine, die Boten des Meerherrschers Poseidon und des Kitharagottes Apollon, den gefeierten Kitharoeden (Sänger zur Kithara) Arion auf ihrem Rücken ans Land getragen, als er, in höchster Lebensnot, von einem Räuberschiff ins Meer gesprungen war.

Die geschichtliche Bedeutung Arions liegt wohl nicht so sehr in seiner uns gänzlich verlorenen dichterischen Produktion, sondern vielmehr in seinen literar-technischen Leistungen. »*Arion, der hervorragendste unter den Kitharasängern seiner Zeit, der erste ..., der den Dithyrambos dichtete, benannte* (d. h. mit einem charakteristischen Titel versah) *und einstudierte*«, nennt ihn Herodot, und die *Suda* spezifiziert diese Angaben: »*Er soll auch der Erfinder der ›tragischen Bocksweise‹* (des *tragikós trópos*) *gewesen sein, als erster einen Chor aufgestellt und den Dithyrambos gesungen ... und metrisch singende Satyrn eingeführt haben.*« Das ist so zu verstehen, daß auf seine Regie die Vereinigung der beiden Quellen des tragischen Dramas, Dithyrambos und Satyrtanz, zurückgeht: Er übertrug den dionysischen Dithyrambos, bislang kultisches Trinklied eines einzelnen Zechers (vgl. ARCHILOCGOS, Frg. 77 D.), in die Tanzgattung, indem er ihn von dem maskierten Bockschor aufführen ließ. »*Arion darf auf dem Wege zur tragischen Kunstform als eine der schöpferischen Persönlichkeiten gelten.*« (Lesky) E.Sch.

AUSGABEN: Lpzg. 1925 (*Poseidonhymnos*, in *Anthologia Lyrica Graeca*, Hg. E. Diehl, Bd. 2, T 1.1). – NY 1963 (in *Greek Melic Poets*, Hg. H. W. Smyth, S. 15/16 u. S. 205–209).

ÜBERSETZUNG: In *Frühgriechische Lyriker*, Z. Franyó; Bearb. B. Snell, T 1.4, Bln. 1976, S. 14/15.

LITERATUR: Schmid-Stählin, 1/1. – Lesky[3], S. 157. – C. M. Bowra, *Arion and the Dolphin* (in MH 20, 1963, S. 121 ff.).

LUDOVICO ARIOSTO

* 8.9.1474 Reggio Emilia
† 6.7.1533 Ferrara

LITERATUR ZUM AUTOR:
Bibliographien:
G. Agnelli u. G. Ravegnani, *Annali delle edizioni ariostee*, Bologna 1933/34. – F. Fatini, *Bibliografia della critica ariostesca 1510–1956*, Florenz 1958. – A. Tortoreto, *A. e Tasso, saggio bibliografico (1957–1974)* (in Studi Tassiani, 24, 1974, S. 71–97). – G. Baldassari, *Tendenze e prospettive della critica ariostesca nell'ultimo trentennio (1946–1973)* (in RLI, 79, 1975, S. 183–201). – H. Rüdiger u. W. Hirdt, *Studien über Petrarca, Boccaccio und A. in der deutschen Literatur*, Heidelberg 1976.
Gesamtdarstellungen und Studien:
M. Catalano, *Vita di L. A.*, 2 Bde., Genf 1930/31. – W. Binni, *Metodo e poesia di L. A.*, Messina 1947. – H. Frenzel, *A. und die romantische Dichtung*, Köln/Graz 1962. – U. Leo, *Petrarca, A. und die Unsterblichkeit. Ein Beitrag zur Motiv-Geschichte* (in *Romanistische Aufsätze aus drei Jahrzehnten*, Hg. F. Schalk, Köln/Graz 1966, S. 194–230). – C. Segre, *Esperienze ariostesche*, Pisa 1966. – G. Natali, *L. A.*, Florenz 1967. – W. Binni, *L. A.*, Turin 1968. – M. Turchi, *A. o della liberazione fantastica*, Ravenna 1969. – E. Zanette, *Personaggi e momenti della vita di L. A.*, Mailand 1970. – R. Griffin, *L. A.*, NY 1974 (TWAS). – *L. A.: Lingua, stile e tradizione. Atti del Congresso organizzato dai comuni di Reggio Emilia e Ferrara 1974*, Hg. C. Segre, Mailand 1976. – K. O. Murtaugh, *A. and the Classical Simile*, Cambridge/Mass. 1980. – M. Santoro, *L'anello di Angelica. Nuovi saggi ariosteschi*, Neapel 1983.

LA CASSARIA

(ital.; *Die Kastenkomödie*). Komödie in fünf Akten von Ludovico ARIOSTO; Uraufführung: Ferrara, 5. 3. 1508, Teatro Ducale (in Prosa), und Ferrara, 19. 2. 1531 (in Versen). – Diese erste der vier Komödien, die Ariost in Ferrara auf die Bühne gebracht hat (das Stück *I Studenti* blieb unvollendet), steht zugleich auch am Beginn der volkssprachlichen italienischen Renaissancekomödie. Ariosts Entscheidung für die italienische Sprache ist zwar eine Absage an die lateinische Theaterdichtung der Humanisten, doch er bleibt damit an das Prinzip der Imitation vorbildhafter lateinischer Autoren wie PLAUTUS und TERENZ gebunden, die sich ihrerseits schon an dem Beispiel der griechischen Neuen Komödie orientiert hatten.

Der Konflikt des Stückes erwächst aus einer der antiken Tradition entlehnten Alterstypologie, dergemäß die Jugend mit allen Mitteln nach Liebe strebt, während die Alten in lasterhafter Weise am Besitz kleben. Zwischen beiden Gruppen vermitteln intrigierend die Diener- und Sklavenfiguren. Ariost stellt den beiden befreundeten Liebhabern Erofilo und Caridoro zwei Väter, Crisobolo und Critone, gegenüber. Die Söhne haben sich in zwei Mädchen, Eulalia und Corisca, verliebt, die der Kuppler Lucrano feilbietet. Erofilo nutzt auf Anraten des Dieners Volpino die Abwesenheit des Vaters, um aus dessen Besitz eine Truhe mit kostbaren Stoffen zu entwenden und den Kuppler damit zu bezahlen. Als Crisobolo unerwartet zurückkehrt, weiß sich Volpino nur mit der Lüge zu helfen, der Kuppler habe die Truhe gestohlen. Als jedoch der Vater auf den Kuppler Lucrano, die moralisch verwerflichste und am stärksten karikierte Figur des Stücks, eindringt, erfährt er, daß sein eigener Sohn die verwerfliche Tat begangen hat. Zum Retter der Situation wird der überlegene Fulcio, ein Diener aus der Familie Caridoros, der sich selbstbewußt als »*maestro de'maestri*« (IV,8) bezeichnet. Er jagt sowohl dem Kuppler als auch Erofilos Vater Angst ein und bewirkt, daß der geizige Crisobolo aus Furcht vor einem Prozeß mit einem reichlichen Lösegeld die Mädchen freikauft und so selbst zum Sieg der Jugend über die Alten beiträgt.

Das Stück weist sich durch Titelgebung, durch die Handlungsführung, das Voranstellen eines Prologs, die Wahl einer griechischen Insel zum Schauplatz (allerdings zur nachantiken Zeit der Türkenherrschaft) und durch zum Teil aus dem Griechischen abgeleitete sprechende Namen als gelehrte Nachahmung antiker Komödien, d. h. als *commedia erudita* aus. Gleichzeitig ist der Autor jedoch, wie er im Prolog betont, darum bemüht, in diesem vorgegebenen Rahmen Originalität zu beweisen und eine »*nova comedia*« zu schaffen. Dies gelingt ihm in diesem Stück nur bedingt durch eine variantenreiche Gestaltung der Dienerfiguren und zahlreiche Wortwitze, die die Bedeutung des Italienischen als neuer Theatersprache zu untermauern suchen. Der satirische Bezug zur zeitgenössischen Gegenwart ist noch weit schwächer ausgeprägt als in den späteren Komödien. U.P.

AUSGABEN: Venedig o. J. [Prosafassg.]. – Venedig 1546 [Versfassg.]. – Bologna 1929 (in *Le Commedie*, Hg. M. Catalano, 2 Bde.; krit.; ²1940). – Mailand 1954 (in *Opere minori*, Hg. C. Segre). – Mailand 1964 (in *Opere minori*, Hg. A. Vallone). – Mailand 1974 (in *Commedie*, Hg. A. Casella).

ÜBERSETZUNGEN: *Die Kastenkomödie*, A. Kissner (in *Kleinere Werke*, Mchn. 1909). – *Die Cassaria*, P. Heyse (in *Drei italienische Lustspiele*, Jena 1914). – *Die Kastenkomödie*, A. Kissner (in *Sämtl. poetische Werke*, Bln. 1922).

LITERATUR: M. Campanelli, *Saggio sulle commedie di L. A.*, Rimini 1903. – E. Santini, *La duplice redazione della »Cassaria« e dei »Suppositi« di L. A.* (in Italia, 3, 1912). – L. Nicastro, *Il teatro dell'A.* (in L. N., *Ritorno all'umano*, Mailand 1945, S. 275–279). – C. Grabher, *Sul teatro dell'A.*, Rom 1946. – E. Botasso, *Le commedie di L. A. nel teatro francese del cinquecento* (in GLI, 128, 1951, S. 41–80). – M. T. Herrick, *Italian Comedy in the Renaissance*, Urbana 1960. – Ders., *Comic Theory in the Sixteenth Century*, Urbana 1964. – A. De Luca, *La prima redazione della »Cassaria«* (in RLI, 79, 1975, S. 215–231). – S. Ferrone, *Le commedie in prosa dell'A. tra cronaca cittadina e ideologia di corte* (in Ponte, 32, 1976, S. 209–242).

LA LENA

(ital.; *Lena*). Verskomödie in fünf Akten von Ludovico ARIOSTO; Uraufführung: Ferrara 1528, Teatro Ducale; erweiterte Fassung ebd. 1529. – Mit dieser dritten Komödie erreicht Ariost den Höhepunkt seiner dramatischen Kunst. Er entwirft das Stück von Anfang an im *verso sdrucciolo*, einem reimlosen Elfsilbler mit Endbetonung auf der drittletzten Silbe, der sich im weiteren Verlauf des Jahrhunderts als Versmaß der Komödie durchsetzen wird.

Der erweiterten Fassung des Werks sind zwei Prologe vorgeschaltet, deren anzügliche Wortwitze schon auf die Freizügigkeit der Handlung vorbereiten. Flavio, ein junger Herr, liebt Licina, die Tochter des reichen und geizigen Fazio. Im Hause der Kupplerin Lena, die das Mädchen im Nähen unterweist, hofft Flavio sich ungestört mit der Angebeteten treffen zu können. Lena ist mit dem tölpelhaften Pacifico verheiratet, hat aber auch ein Verhältnis mit Fazio und nutzt ihre weibliche Verstellungskunst jederzeit, um dem verschuldeten Haushalt Einnahmen zufließen zu lassen. Nach zähen Verhandlungen mit der Kupplerin gelingt es Flavio mit Unterstützung seines Dieners Carbolo, Lena zu entlohnen und sich dafür in einem Faß ins Haus schmuggeln zu lassen. Doch just in diesem Moment fordert der Besitzer das Faß, von dessen Inhalt er nichts ahnt, zurück, und es kommt zum Streit. Fazio greift schließlich ein und läßt das Faß in sein eigenes Haus rollen, wo die beiden Liebenden die Gunst der Stunde weidlich ausnutzen. Als das Mißgeschick auffliegt, bleibt den Eltern nichts anderes übrig, als zähneknirschend in die Heirat der Kinder einzuwilligen. In der erweiterten Fassung endet die Komödie mit einem Abgesang auf die Titelheldin, deren moralisch zweifelhafte Praktiken nur von ihren positiven Auswirkungen her beurteilt werden, und so die Kupplerin zu guter Letzt alle Sympathien des Publikums genießen darf.

Trotz mancher Anklänge an lateinische Vorbilder ist in diesem Stück die Nähe zu BOCCACCIO (in *Decamerone* VII,2 ist die Faßepisode vorgebildet) und der erotischen Freizügigkeit der Novellistik wesentlich stärker zu spüren. Einige Figuren, so der geizige und liebestolle Fazio oder Lena als mutige, unabhängige Frau, sind keine abstrakten Idealtypen mehr, sondern zeigen eine deutliche Prägung durch ihre Umwelt und ihre gesellschaftliche Rolle. Ariost ist damit der Schritt von autoritätsgläubiger Imitation zu eigener Originalität gelungen. U.P.

AUSGABEN: Venedig 1537. – Venedig 1562 (in *Commedie*, Hg. Th. Porcacchi). – Bologna 1929 (in *Le Commedie*, Hg. M. Catalano, 2 Bde., 2; krit.; ²1940). – Mailand/Neapel 1954 (in *Opere minori*, Hg. C. Segre). – Mailand 1962 (in *Commedie*, Hg. A. Borlenghi, 2 Bde.). – Mailand 1964 (in *Opere minori*, Hg. A. Vallone). – Mailand 1974 (in *Commedie*, Hg. A. Casella).

ÜBERSETZUNG: *Lena, die Kupplerin*, A. Kissner (in *Kleinere Werke*, Mchn. 1909). – Dass., ders. (in *Sämtliche poetischen Werke*, Bd. 4, Bln. 1922).

LITERATUR: A. De Luca, *»La Lena« dell'A.* (in RLI, 85, 1981, S. 16–36).

IL NEGROMANTE

(ital.; *Der Schwarzkünstler*). Verskomödie in fünf Akten von Ludovico ARIOSTO, entstanden 1520; Uraufführung: Ferrara, 1528. – Der Schauplatz dieser letzten vollendeten Komödie, die ursprünglich in Rom vor Papst Leo X. uraufgeführt werden sollte, ist Cremona. Dort wurde nach dem Willen der Eltern der junge Cintio mit Emilia, einer Bürgerstochter, verheiratet, doch er hat mehrere Wochen nach der Hochzeit die Ehe noch immer nicht vollzogen. Dafür gibt es allerdings ideellere Gründe, als sein besorgter Adoptivvater Massimo vermutet. Cintio gesteht nämlich hilfesuchend einem gerade in der Stadt weilenden Schwarzkünstler, daß er vor seiner Heirat bereits mit Lavinia, der Adoptivtochter eines gewissen Fazio, heimlich vermählt war und mit ihr noch immer verkehrt. Auch Camillo, ein glühender Verehrer Emilias, setzt seine letzte Hoffnung auf die Macht des Zauberers. Dieser rät dazu, den liebeshungrigen Camillo in einer Kiste versteckt in Emilias Zimmer zu bringen, wo er ans Ziel seiner Wünsche kommen und gleichzeitig Cintio einen Scheidungsgrund liefern könne. Der Plan scheitert jedoch kläglich, da die Kiste versehentlich im Hause Lavinias landet und somit Cintios Absichten und seine heimliche Liebesbeziehung offenbar werden. Die allgemeine Aufregung löst sich aber in Wohlgefallen auf, als Massimo in Lavinia seine leibliche Tochter erkennt, die er seit vielen Jahren nicht mehr gesehen hatte. Hocherfreut über die glückliche Fügung willigt er nachträglich in die heimlich geschlossene Ehe ein, und auch Camillo steht nun die Tür zu Emilia offen. Am Ende bleibt für den Schwarzkünstler nur noch satirischer Spott, und er muß, sogar von seinem Diener betrogen, die Stadt verlassen.

Die Figurenzeichnung ist in dieser Komödie, mit Ausnahme der satirischen Charakterisierung des Titelhelden, weniger individuell als in *La Lena* und weist stärker auf antike Vorbilder zurück. Die Person des Zauberers und das Motiv des Verstecks in der Kiste finden sich schon in BIBBIENAS wenige Jahre zuvor entstandener Komödie *La Calandra*, mit der Ariosts Stück auch das Aufgreifen delikater erotischer Themen verbindet. Insgesamt gelingt es dem Autor recht bühnenwirksam, die volkstümliche Komik der Dichterfiguren mit der feineren Ironie der Sittensatire harmonisch zu kombinieren.

U.P.

AUSGABEN: o. O. [Venedig?] u. J. [1530–1536?]. – Venedig 1535. – Venedig 1535. – Venedig 1562 (in *Commedie*, Hg. Th. Porcacchi). – Florenz 1857 (in *Opere minori*, Hg. F.-L. Polidori, 2 Bde., 2). – Bologna 1933 (in *Le commedie*, Hg. M. Catalano, 2 Bde., 2; krit.; ²1940). – Mailand/Neapel 1954 (in *Opere minori*, Hg. C. Segre). – Mailand 1962 (in *Commedie*, Hg. A. Borlenghi). – Mailand 1964 (in *Opere minori*, Hg. A. Vallone). – Mailand 1974 (in *Commedie*, Hg. A. Casella).

ÜBERSETZUNG: *Der Nekromant*, A. Kissner (in *Kleinere Werke*, Mchn. 1909). – Dass., ders. (in *Sämtliche poetische Werke*, Bd. 4, Bln. 1922).

LITERATUR: I. A. Portner, *A Non-performance of »Il negromante«* (in Italica, 59, 1982, S. 316–329).

ORLANDO FURIOSO

(ital.; *Der rasende Roland*). Epische Dichtung von Ludovico ARIOSTO, größtenteils entstanden 1505–1515, in der ersten Fassung (40 Gesänge) 1516 und, sprachlich überarbeitet, 1521 gedruckt; in der endgültigen Form, um sechs Gesänge erweitert, 1532 (mit einem Porträt Ariosts von Tizian) veröffentlicht. – Konzipiert als Fortsetzung des von den Zeitgenossen für unübertrefflich gehaltenen *Orlando Innamorato* von BOIARDO, rundete sich das dem Kardinal Ippolito d'Este gewidmete Gedicht zu einem Kunstwerk, das sein Vorbild an harmonischer Schönheit weit überstrahlte. »*Zur Belustigung und Erholung der Herrschaften und edelgesinnter Leute und Damen*« verfaßt, wurde der *Furioso* (bereits eine venezianische Ausgabe von 1533 verwendet den populären Kurztitel) zu einem der bedeutendsten Werke der abendländischen Literatur, u. a. Quelle oder zumindest Anregung für SPENSERS *Faerie Queene*, VOLTAIRES *La pucelle d'Orléans*, WIELANDS *Oberon* und BYRONS *Don Juan*. In Italien selbst kam es zu einer wahren Flut von Parodien, darunter z. B. die persiflierenden Titel *Rinaldo appassionato* (*Der sterblich verliebte Rinaldo*), *Astolfo borioso* (*Der prahlerische Astolfo*) und *Le lagrime d'Angelica* (*Die Tränen der Angelika*). Auch TASSO wurde von Ariosts *Orlando furioso* angeregt, wie seine Werke *Rinaldo* und *La Gerusalemme liberata* erkennen lassen.

In Ariosts Epos verschmilzt, wie schon bei Boiardo, die dem dargestellten Glaubenskampf zugrundeliegende Motivwelt der Karolinger-Epik mit dem phantastisch-märchenhaften, von Feen, Magiern und Monstren bevölkerten Handlungsbereich des höfischen Romans. Eingeflochten wurde ein etwas langatmiges genealogisches Gedicht zum Ruhm des Ferrareser Fürstengeschlechts der Este: Kaiser Karls Paladinen und ihren heidnischen Widersachern gesellt sich das erlauchte Gründerpaar Ruggiero und Bradamante (einer der in der italienischen Epik der Renaissance traditionellen weiblichen Ritter) zu. Obwohl der humanistisch gebildete Dichter zahlreiche antike Motive und Themen einfügte – der Titel selbst ist SENECAS Tragödie *Hercules furens* nachgebildet –, schuf er eine geschlossene Ritterwelt, deren ursprüngliche Ideale freilich jede normgebende Verbindlichkeit eingebüßt haben: Die Glaubensstreiter wurden zu liebessehnsüchtigen und abenteuerlustigen Rittern, deren ichbezogener Individualismus zugleich die Ursache ihrer völligen Vereinsamung ist. Ariost widmet der Schilderung ihrer Abenteuer so viel Raum, daß die Handlung in Einzelepisoden auseinanderfällt und von dem gewaltigen Rahmen des für die Christen schließlich siegreich ausgehenden Glaubenskriegs nur notdürftig zusammengehalten wird.

Mit einem gewaltigen afro-asiatischen Aufgebot, aus dem die Helden Mandricardo, Agricane, Gradasso und der düster-furchtbare Algerier Rodomonte herausragen, fällt der Heidenkönig Agramante in Frankreich ein und treibt die Christen zweimal hinter die Mauern von Paris zurück, wobei es Rodomonte gelingt, in die Stadt einzudringen und ein fürchterliches Blutbad anzurichten. Dennoch werden sie von Kaiser Karl und seinen Paladinen Orlando, Rinaldo, Oliviero u. a. in ein Feldlager bei Arli (Arles) zurückgeschlagen. Ein Duell zweier Ritter der gegnerischen Lager artet aus zur Schlacht, in der die Heiden vernichtend besiegt und ins Meer geworfen werden. Inzwischen hat, von Nubien her, der englische Herzog Astolfo die heidnische Hauptstadt Bizerta eingenommen und zerstört; eine von ihm ausgesandte Flotte vernichtet in nächtlicher Seeschlacht die Schiffe, mit denen die Reste der Heiden zu entkommen suchen. In einem dreifachen Duell auf der Insel Lipadusa (Lampedusa) bleiben die Christen hauptsächlich dank Orlandos Heldenmut Sieger und werden darauf in Paris jubelnd empfangen. Das Gedicht endet in wörtlicher Anlehnung an VERGILS *Aeneis*: Ruggiero, während seiner Vermählung mit Bradamante von Rodomonte als Abtrünniger beschimpft und herausgefordert, tötet diesen in einem dramatischen Zweikampf.

Über die Schilderung des großen Glaubenskampfes legt sich jedoch das wirre Geflecht der einzelnen Taten und Abenteuer. Fast ohne Unterlaß ziehen die Recken beider Lager kreuz und quer durch die Lande; auf der Suche oder gar sich streitend um Gegenstände, deren Nichtigkeit häufig allein schon verrät, daß sie keinen standesethischen, überpersönlichen Wert mehr repräsentieren, sondern nur das Ziel rein privater, ichbezogener Wünsche und Begierden sind. Meist erreichen die Ritter zudem nie das begehrte Ziel; die stets aufs neue um den Lohn ihrer Taten Geprellten reagieren mit Zorn, Empörung und Scham. Das aus einem anarchischen Individualismus entspringende Chaos der Ritterwelt Ariosts verdichtet sich gewissermaßen zu einem gleichnishaften Bild im Zauberschloß des Magiers Atlante, der Ruggieros heroische Mission zu vereiteln sucht, um ihn vor einem frühen Tod zu bewahren. In verschiedenartiger Gestalt raubt er scheinbar das von jedem Ritter am heißesten ersehnte Gut, hält es ihm dann in einem Blendwerk vor Augen, lockt den blindlings Nachstürmenden tage- und wochenlang treppauf treppab durch Flure und Gemächer hinter dem Trugbild her – in der stets offenen und doch unentrinnbaren Falle. Wenn auch die Ritter meist schöne Frauen zu erringen suchen, so geht doch die Liebe, dieses Hauptmotiv der höfischen Epik, ihres standesethischen Wertes und damit ihrer Vergeistigung verlustig. Häufig gibt Ariost Formeln und Bildern der überkommenen und zeitgenössischen Liebesdichtung eine pointiert materialisierende Wendung. An die Stelle der sublimierten Minne tritt weithin die den Menschen unterjochende, ihn auf sein einsames Ich zurückwerfende Leidenschaft, die ebenso wie die Abenteuersuche meist unerfüllt bleibt.

Darum kann der Dichter statt der seraphischen, fast körperlosen Frauen nunmehr in heidnischer Unschuld den ganzen nackten, vollendet schönen Frauenleib etwa einer Alcina, Angelica, Olimpia beschreiben. Auch die aufopfernde, bis über den Tod dauernde Liebe einer Isabella zu dem Prinzen Zerbino ist nichts anderes als die individuelle Herzensneigung einer irdischrealen Frauengestalt. Freilich spielen Frauen dieser Art nur eine sekundäre Rolle. Im Vordergrund des Geschehens stehen flatterhafte, launische Geschöpfe, allen voran die schöne fernöstliche Prinzessin Angelica, die mit zahlreichen edlen Rittern ihr Spiel treibt, schließlich aber selbst zur Beute des allmächtigen Amor wird. Sie verliebt sich in den verwundeten einfachen Fußsoldaten Medoro, heilt den jungen Mauren mit magischen Kräutern, genießt an seiner Seite die süßeste Sinnenlust und zieht mit ihm in ihre Heimat zurück. Als sie in seinen Armen liegt, ruft der Dichter noch einmal all ihre fürstlichen Bewerber empor, die trotz unerhörter Taten sie nicht zu erringen vermocht hatten.

Am tiefsten getroffen ist der Held Orlando durch die Erkenntnis, daß ritterliche Bewährung nicht mehr den ihr gebührenden Minnelohn findet. In einem Gedicht, in dem kein überpersönliches Gesetz mehr gilt, in dem folglich neben den Taten eines einzelnen exemplarischen und idealisierten Helden diejenigen vieler anderer Ritter geschildert werden, bleibt Orlando doch gerade deshalb noch Protagonist, weil sein Geschick das allgemeine Schicksal des Ritterstandes repräsentiert: Dem hervorragendsten Helden der Welt entgeht mit der heißgeliebten Angelica der Welt schönste Frau. Unter all den Geprellten ist Orlando der am schlimmsten Genarrte. Als er sich den Beweisen für Angelicas Untreue nicht länger zu verschließen vermag, umnachten sich seine Sinne; er bricht in Wahnsinn aus, schleudert Waffen und Kleider von sich und rast, alles niederhauend wie ein tollwütiges Tier, durch die Welt. Nur Astolfo vermag ihm vom Mond den dort in einem Krug aufbewahrten, verlorenen Verstand zurückzuholen, ihn damit von seinem Wahnsinn und seinem Liebesschmerz zu heilen und mit dieser positiven Wendung zum Endsieg der christlichen Waffen entscheidend beizutragen.

Auf seiner an die *Göttliche Komödie* erinnernden Jenseitsreise gelangt der englische Herzog Astolfo in die Randzonen des Höllentrichters; das geflügelte Roß, der Hippogryph, trägt ihn auf den Berg des irdischen Paradieses; unter dem Geleit des Evangelisten Johannes und im feurigen Wagen des Elias erfolgt die Weiterreise zum Mond, wo ihm der menschliche Wahn, die Eitelkeit alles irdischen Strebens und aller irdischen Größe, in allegorischen Bildern vor Augen tritt. Die sich in der Handlung des Gedichts, namentlich in seinem schrankenlos anarchischen Individualismus manifestierende menschliche Gebrechlichkeit wird – unter Verzicht auf jede asketische Weltabkehr – mit heiterer Gelassenheit zur Darstellung gebracht. Nur die Dichter, so erfährt Astolfo, können zeitüberdauernden Ruhm verleihen; aber um der Herren Gunst und klingenden Lohnes willen pflegen sie die historische Wahrheit leichtfertig zu verdrehen.

Die Reise des Ritters erweist sich als Symbol für das Schaffen des Dichters selbst, der sein Werk immer wieder als illusionär kenntlich macht, aber – ganz im Sinne der von den Romantikern sogenannten »höheren Ironie« – die alte Ritterwelt im schönen Schein der Kunst neu erstehen läßt. Die historische Entfernung, die den Dichter der Renaissance von den alten Ritteridealen trennt und die sich unter anderem in familiären Wendungen sowie in den dem Alltagsleben entnommenen Bildern und Vergleichen bekundet, setzt sich um in eine ästhetische, universal-symbolische Distanz. In leuchtenden, wohl nie übertroffenen Oktaven schuf der Dichter diesen ungemein bewegten, bei aller bunten Phantastik linienklar strukturierten Kosmos einer versunkenen und doch stets aktuellen Welt, dessen Faszination fast hundert Jahre später der spanische Dichter CERVANTES in seinem unvergänglichen Roman über den fahrenden Ritter Don Quijote noch einmal beschwören sollte, der zahllose Details der Struktur, der Handlung und vor allem der verbalen Gestaltung aus dem *Orlando furioso* verarbeitet.

D. K.

AUSGABEN: Ferrara 1516 [enth. 40 Gesänge]. – Ferrara 1521 [verb.]. – Ferrara 1532 [erw.]. – Mailand 1954, Hg. L. Caretti. – Bologna 1960, Hg. S. Debenedetti u. C. Segre [krit.]. – Florenz 1962, Hg. W. Binni. – Mailand 1964 (in *Tutte le opere*, Hg. C. Segre, Bd. 1). – Bologna 1964, Hg. G. Baldini u. a. – Brescia 1965, Hg. M. Apollonio u. P. Fontana. – Mailand 1982, Hg. E. Bigi.

ÜBERSETZUNGEN: *Die Historie vom rasenden Roland*, D. v. d. Werder, Lpzg. 1631–1636. – *Rasender Roland*, F. A. C. Werthes, Bern 1778. – *Roland der Wüthende*, W. Heinse, 4 Bde., Hannover 1782/83. – *Rasender Roland*, J. D. Gries, 2 Bde., Jena 1804–1809; ern. Mchn. 1980 (*Der rasende Roland*; ern. 1987; dtv). – Dass., K. Streckfuß, Halle 1818–1825. – Dass., H. Kurz, Breslau 1880/81 [Einl. u. Anm. P. Heyse; Ill. G. Doré]. – *Der rasende Roland*, A. Kissner (in *Sämtliche poetische Werke*, Bd. 1–3, Bln. 1922).

VERFILMUNGEN: Italien 1918 (Regie: G. de Liguoro). – *Orlando e i Paladini di Francia*, Italien ca. 1955 (Regie: P. Francisci). – Italien/BRD 1973 (Regie: L. Ronconi). – *I Paladini*, Italien 1983 (Regie: G. Battiato).

LITERATUR: P. Rajna, *Le fonti dell'»Orlando furioso«*, Florenz 1876; ²1900. – M. Diaz, *Le correzioni dell'»Orlando furioso«*, Neapel 1900. – G. Carducci, *Su l'»Orlando furioso«. Saggio*, Bologna 1911. – G. Bertoni, *L'»Orlando furioso« e la rinascenza a Ferrara*, Modena 1919. – E. W. Edwards, *The »Orlando furioso« and Its Predecessors*, Cambridge 1924. – H. Hauvette, *L'Arioste et la poésie chevaleresque à Ferrare au début du 16e siècle*, Paris 1927. – B. Croce, *A., Shakespeare, Corneille*, Bari ²1929. – G. Raniolo *Lo spirito e l'arte dell'»Orlando furioso«*, Mailand 1929. – M. Catalano, *La publicazzione delle tre edizioni originali dell'»Orlando furioso«*, Rom 1931. – A. Momigliano, *Saggio sull'»Orlando furioso«*, Bari 1932. – G. Fumigalli, *L'unitá fantastica del »Furioso«*, Messina 1933. – *L'ottava d'oro. La vita e l'opera di L. A.*, Mailand 1933. – O. Ruhm, *A.s »Rasender Roland«. Form und Aufbau*, Diss. Bonn 1938. – D. Bonomo, *L'»Orlando furioso« nelle sue fonti*, Bologna 1953. – F. De Sanctis, *La poesia cavalleresca e scritti vari*, Hg. M. Petrini, Bari 1954. – E. Santini, *La poesia del »Furioso«*, Palermo 1957. – E. Zanette, *Conversazioni sull'»Orlando furioso«*, Pisa 1958. – A. Momigliano, *Saggio sull'»Orlando furioso«*, Bari 1967. – F. Pool, *Interpretazione dell'»Orlando furioso«*, Florenz 1968. – D. Delcorno Branca, *L'»Orlando furioso« e il romanzo cavalleresco medievale*, Florenz 1973. – D. Kremers, *Der »Rasende Roland« des L. A. Aufbau und Weltbild*, Stg. u. a. 1973. – K. Hempfer, *Textkonstitution und Rezeption: Zum dominant komisch-parodistischen Charakter von Pulcis »Morgante«, Boiardos »Orlando Innamorato« und A.s »Orlando Furioso«* (in RJb, 27, 1976, S. 77–79). – H. Rüdiger, *Eine Episode aus dem »Orlando Furioso«: Rinaldos Rede für Ginevra und ihr moralischer Gehalt* (in Italienische Studien, 3, 1980, S. 35–44). – K. Hempfer, *Allegorie als interpretatives Verfahren in der Renaissance: Dichterallegorese im 16.Jh. und die allegorische Rezeption von A.s »Orlando Furioso«* (in *Italien und die Romania*. Fs. E. Loos, Hg. ders. u. E. Straub, Wiesbaden 1983, S. 51–75). – G. Savarese, *Il »Furioso« e la cultura del rinascimento*, Rom 1984.

RIME

(ital.; *Gedichte*). Sammlung von Gedichten in italienischer Sprache von Ludovico ARIOSTO, entstanden nach 1494, eine genaue Datierung ist meist nicht möglich. – Am Beginn von Ariosts dichterischem Schaffen (1494) stehen Gedichte in lateinischer Sprache, doch schon bald nach diesem humanistisch geprägten Auftakt verfaßte der Autor auch Lyrik in der Volkssprache, die er allerdings zu seinen Lebzeiten weder ordnete noch gesammelt veröffentlichte. In modernen Ausgaben verzichtet man daher auf eine chronologische oder inhaltliche Zusammenstellung und präsentiert die fünf Kanzonen, 41 Sonette, 12 Madrigale, 27 Capitoli und zwei Eklogen nach Gattungen getrennt. Vorherrschendes Thema dieser Lyrik ist die Liebesbeziehung zu einer namenlosen Frau, deren Gestaltung durch BEMBOS platonisierenden Petrarkismus, aber auch durch Einflüsse der römischen Erotiker (u. a. CATULL) geprägt wird. Ein realer biographischer Hintergrund für diese Texte liegt mit der seit 1513 bestehenden Liebe des Autors zu Alessandra Benucci vor, der Frau und (ab 1515) Witwe des Florentiners Tito Strozzi, mit der Ariost zeitlebens in Verbindung stand.

Die erste Kanzone berichtet in stilisierter Form vom *innamoramento* des lyrischen Ich mit dieser Dame und schlägt dabei gleichzeitig das für alle Liebesgedichte zentrale Motiv an: den Verlust der Freiheit, der beklagt und gleichzeitig ausgekostet wird (vgl. Sonett 13: *Aventuroso carcere soave*). In kunstvoller Jagdmetaphorik variiert Ariost ausführlich dieses Thema und verknüpft es immer wieder mit dem Motiv der Haarpracht der Geliebten, das ebenfalls vom petrarkistischen Schönheitskatalog abgeleitet ist (vgl. Sonett 21: *Qui fu dove il bel crin già con si stretti / nodi legommi...*). Vor diesem Hintergrund wird eine an sich unbedeutende Episode der Liebesgeschichte – die Dame läßt sich auf ärztliche Anordnung ihr Haar schneiden – künstlich aufgewertet (vgl. Sonett 27, Madrigal 1). – Während der Petrarkismus als stilisiertes Vorbild voll wirksam bleibt (vgl. Capitolo 27, das in jedem dritten Vers aus Petrarca-Zitaten besteht), rückt Ariost zuweilen von der strengen neuplatonischen Liebeskonzeption ab. So preist Capitolo 8, das auf eine Vorlage von PROPERZ anspielt, die Liebeserfüllung in durchaus drastischer Form. Der Liebende bleibt jedoch sonst immer ein Leidender, allerdings weniger aus platonischer Überzeugung, sondern weil Fortuna ihm die Erfüllung der Leidenschaft verweigert, die er von Amor empfangen hat (vgl. Sonett 1). Eine weitere Dimension gewinnen die Gedichte unter dem Aspekt des höfischen Umfelds. Viele Texte verweisen auf reale Begebenheiten wie Todesfälle in den Fürstenfamilien, diplomatische Missionen des Autors, kriegerische Ereignisse oder eine Verschwörung (vgl. Ekloge 1) und legen damit von der gegenüber PETRARCA gewandelten sozialen Stellung des Dichters Zeugnis ab. Ariosts Lyrik steht zwar im Schatten seines Epos vom *Rasenden Roland*, doch sie zeigt, daß der Autor auch in anderen Gattungen (vgl. auch die Satiren) zu virtuosen und durchaus eigenständigen Leistungen fähig war. U.P.

AUSGABEN: Venedig 1546 [Ausw.]. – Venedig 1547. – Ldn. 1716. – Florenz 1822. – Bari 1924 (in *Lirica*, Hg. G. Fatini). – Mailand/Neapel 1954 (in *Opere minori*, Hg. C. Segre). – Mailand 1964 (in *Opere minori*, Hg. A. Vallone). – Mailand 1976 (in *Opere*, Hg. A. Seroni).

LITERATUR: E. Bigi, *Petrarchismo ariostesco* (in GLI, 1953). – L. Baldacci, *Lirici del Cinquecento*, Florenz 1957. – G. Güntert, *Per una rivalutazione dell'A. minore: Le »Rime«* (in LI, 23, 1971, S. 29–42). – E. Bigi, *Aspetti stilistici e metrici delle »Rime« dell'A.* (in RLI, 79, 1975, S. 46–52).

I SUPPOSITI

(ital.; *Die Untergeschobenen*). Komödie in fünf Akten von Ludovico ARIOSTO; Uraufführung: Ferrara, 1509 (in Prosa), später in Versform umgearbeitet. – Mit seiner zweiten Komödie gelingt Ariost trotz der Übernahme von Handlungselementen aus PLAUTUS' *Captivi* und den *Eunuchen* des TERENZ ein relativ eigenständiges Stück, in dessen Mittelpunkt das Thema der Standesmesalliance steht.
Erostrato, ein junger Sizilianer, der in Ferrara studiert, vertauscht mit seinem Diener Dulippo Namen und Rolle, damit er von Polimnestra, in die er sich heftig verliebt hat, als Bediensteter ins Haus aufgenommen wird. Der Plan gelingt, doch die Familie des Mädchens billigt dessen Neigungen für einen Untergebenen keineswegs. Außerdem wirbt Cleandro, ein pedantischer alter Doktor der Rechte, um die Hand Polimnestras und lockt den Vater mit dem Verzicht auf eine Mitgift. Doch Erostratos Diener gewinnt – in der Rolle seines Herrn – einen Fremden aus Siena zum Freund, indem er – ein satirischer Seitenhieb Ariosts – die Gepflogenheiten der Ferrareser in den schwärzesten Farben malt. Dieser eingeschüchterte Reisende ist bereit, sich als Vater Erostratos auszugeben und für die gute Herkunft des Sohns zu bürgen. Doch die zufällige Ankunft von Filogeno, Erostratos wirklichem Vater, macht alles zunichte. Dieser erkennt sofort den Betrug und ersucht zufällig bei dem Anwalt Cleandro um Hilfe. Am Ende kommt es jedoch zu einer überraschenden Wendung der Dinge, als sich herausstellt, daß der Diener Dulippo Cleandros verlorengeglaubter Sohn ist. Von Vaterglück überwältigt verzichtet der Rechtsgelehrte auf seine Heiratspläne, und Erostrato kann mit Einwilligung seines Vaters die. befleckte Ehre Polimnestras wiederherstellen.
Auch in dieser Komödie erzielt Ariost die komische Wirkung weitgehend durch die Gestaltung der Dienerrollen. Hinzu kommt jedoch ein deutlich satirischer Bezug auf das zeitgenössische Ferrara. Mit der Figur des Cleandro erscheint erstmals jene typische Figur des *dottore* auf der Bühne, die bis ins 18.Jh. fester Bestandteil der italienischen Komödie und insbesondere der *Commedia dell'Arte* sein wird. Die englische Übersetzung des Stücks durch George GASCOIGNE (1566) beeinflußte SHAKESPEARE bei der Konzeption von *The Taming of the Shrew (Der Widerspenstigen Zähmung)*. U.P.

AUSGABEN: o. O. u. J. [Prosafassg.]. – Venedig 1551. – Bologna 1929 (in *Le commedie*, Hg. M. Catalano, 2 Bde., 1; krit.; ²1940). – Mailand 1962 (in *Commedie*, Hg. A. Borlenghi). – Mailand 1964 (in *Opera minori*, Hg. A. Vallone). – Mailand 1974 (in *Commedie*, Hg. A. Casella).

ÜBERSETZUNG: *Die Untergeschobenen*, A. Kissner (in *Kleinere Werke*, Mchn. 1909). – Dass., ders. (in *Sämtliche poetischen Werke*, Bd. 4, Bln. 1922).

LITERATUR: G. Pace *»I suppositi« e la »Taming of the Shrew«* (in Malta Lettere, 5, 1908, S. 45/46). – E. Santini, *La duplice redazione della »Cassaria« e dei »Suppositi« di L. A.* (in Italia, 3, 1912). – M. Mignon, *Les comédies de l'Arioste. Les »Suppositi«* (in Revue des Cours et des Conférences, 21, 1913). – K. F. Thompson, *A Note on A.'s »I suppositi«* (in CL, 12, 1960, S. 42–46).

ARISHIMA TAKEO

* 4.3.1878 Tokio
† 9.6.1923 Karuizawa

ARU ONNA

(jap.; *Eine Frau*). Roman von ARISHIMA TAKEO, 1911 begonnen, aber erst nach einer längeren Schaffenspause 1919 vollendet. Sein ursprünglicher Titel lautete *Aru onna no gurimpusu (Flüchtige Blicke auf eine Frau)*. – Die aus vornehmer Familie stammende Heldin Satsuki Yōko verfällt dem übersteigerten Individualismus der ausgehenden Meiji-Zeit und lehnt sich gegen die herrschenden Konventionen auf. Sie führt nach kurzer und unglücklicher Ehe ein ausschweifendes Leben, bis sie auf der Fahrt nach Amerika zu dem ihr von der Mutter aufgedrängten Verlobten in dem Schiffszahlmeister Kurachi den idealen Liebhaber findet. Sie vermag jedoch Kurachi, der ihr durch seine männlich-kraftvolle Erscheinung imponiert, nur unter Aufbietung aller körperlichen und seelischen Energien an sich zu binden. Da überdies häusliche Sorgen immer drückender werden, gerät sie allmählich in einen Zustand der Hysterie. Als Kurachi kurz vor der Aufdeckung seiner landesverräterischen Tätigkeit flüchtet, bricht sie zusammen. Sie stirbt in einem Krankenhaus, ohne ihren Seelenfrieden gefunden zu haben.

Der Autor betrachtet die Tragödie der Heldin unter einem doppelten Aspekt, und zwar einmal als Tragödie der Frau, der innerhalb der Gesellschaft keine Möglichkeit gegeben ist, ihrer Individualität gemäß zu leben, und einmal als Tragödie der Frau, die in ihrem Verhältnis zum Mann vor die Wahl gestellt ist, ihn entweder als Feind und Unterdrücker anzusehen oder, ihrem weiblichen Instinkt folgend, ihn bis zur Aufgabe ihres Ichs zu lieben. Yōko geht an dieser Widersprüchlichkeit und daran zugrunde, daß sie einen Mann lediglich durch erotische Reize zu fesseln versucht. Es war zweifellos die Absicht des Autors, für seine mit enthusiastischer Hingabe liebende Heldin Sympathien zu wecken. Es fällt jedoch schwer, die Voraussetzung anzuerkennen, daß Yōko ihren Lebenszweck als Frau allein in sexuellen Bindungen sehen und daher keinen ernsthaften, der Wirklichkeit adäquaten Versuch unternehmen kann, ihre Probleme zu bewältigen. So erhält das in kraftvoller und glänzender Sprache geschriebene Werk einen hoffnungslos nihilistischen Grundton. Es zeigt zwar die brennende Leidenschaft des idealistischen Kämpfers für die Sache der Frau, befremdet aber zuweilen durch seine Wirklichkeitsferne. N.N.

AUSGABEN: 1911–1919. – 1924 (Arishima Takeo zenshū, 12 Bde.).

ÜBERSETZUNGEN: *Cette femme-là*, M. Yoshitomi u. A. Maybon, Paris 1926 [frz.]. – *A Certain Woman*, S. G. Brickley (in *The Writing of Idiomatic English*, Tokio 1951; engl.). – Dass., K. Strong, Tokio 1978 [engl.].

LITERATUR: *Introduction to Contemporary Japanese Literature*, Hg. Kokusai Bunka Shinkokai, Tokio 1939, S. 130–136.

ARISTEIDES AUS MILET

um 100 v.Chr.

MILĒSIAKA

(griech.; *Milesische Geschichten*). Sammlung erotischer Geschichten in mindestens sechs Büchern, um 100 v. Chr. von einem sonst unbekannten ARISTEIDES aus Milet verfaßt. – Abgesehen von kärglichen Bruchstücken, die aus der von Lucius CORNELIUS SISENNA (119–67 v. Chr.) besorgten lateinischen Übersetzung der *Milesischen Geschichten* erhalten sind, hat sich von diesem berühmten Buch nichts als sein großer Ruf in die Nachwelt gerettet. Weder Inhalt und Aufbau noch Stil des Werkes, dessen Titel zum geflügelten Wort geworden ist, sind näher bekannt; lediglich aus seinen literarischen Enkeln (vor allem PETRONIUS' *Satyricon*, APULEIUS' *Metamorphosen* und LUKIANS *Lukios*) kann man seine Eigenart noch ungefähr erraten. Vor allem das von Petronius (Kapitel 111) in seine Abenteuererzählung eingebaute Histörchen von der ehrbaren Matrone aus Ephesos, die sich trotz ihrer untröstlichen Trauer über den Tod des Ehemannes schnell von einem Wachsoldaten zu Mahl und Liebe überreden läßt und den Leichnam ihres Gatten ans Kreuz liefert, dürfte ein treffendes Beispiel jener offenherzigen und unbedenklichen Frivolität abgeben, welche die *Milesischen Geschichten* ebenso gekennzeichnet haben wird wie das stehende Arsenal von Typen, die sie ohne Zweifel belebten: dreiste Matronen und freche Jungen, vergewaltigte Mädchen, in der Liebesmagie erfahrene Vetteln, Piraten, Sklaven, Kuppler, entartete Väter und Brüder, unglückliche Jungfrauen, Zauberer und Megären, nicht zu vergessen die Jünger des Inzests. Doch in welcher Form Aristeides seine ungenierten Erzählungen darbot (als Rahmenerzählung wie sein großer Nachfahr BOCCACCIO im *Decamerone* und wie die Geschichten aus *Tausendundeiner Nacht* – als fiktiven Bericht eigener Erlebnisse – als karikierendes Sittenbild einer Stadt – als bunt gemischte Sammlung einzelner zusammenhangloser Szenen?), das bleibt völlig im dunkeln; nicht einmal Herkunft und Absicht des Titels werden klar. Daß das Werk in die gleiche Zeit wie die ersten Versuche des griechischen Liebesromans fällt, ist nicht von ungefähr; im Hellenismus, der den Bürger der griechischen Welt aus jeglicher individuellen politischen Verantwortung entließ, zugleich aber die Bildung der Massen in bisher ungeahntem Maße begünstigte, begann mehr und mehr ein breites Publikum, dem die hohe Dichtung der Gegenwart wie der Vergangenheit kaum verständlich war, »seinen« Stoff zu verlangen – dies waren die Themen »Abenteuer« und »Erotik«. Dabei kann kein größerer Gegensatz zu den Liebesromanen eines CHARITON, ACHILLEUS TATIOS, IAMBLICHOS, XENOPHON aus Ephesos oder HELIDOR gedacht werden als etwa solche *Milesischen Geschichten*; hier das tändelnde Spiel, die Fixierung des aufregend-anregenden burlesken Augenblicks, dort langatmigspannungsreiche Szenenkomplexe, Verwicklungen, Peripetien; hier die zügellose Keckheit, das leichtsinnige Capriccio, dort das Pathos der Keuschheit, das Sentiment der großen Liebe, die sich den Helden erst nach mancherlei Fährnissen erfüllt. Indes, beides wurde mit Eifer gelesen, und von den *Milesischen Geschichten* will PLUTARCH sogar erfahren haben (*Crassus*, 32), daß sie im Gepäcksack des römischen Legionärs zu finden waren. Als »obszön«, wie manche späteren Kritiker die Histörchen bezeichnet haben (nicht ahnend, daß dies in der Regel ein Argument ist, das der Art zu lesen, nicht zu schreiben entspringt), hat sie der Legionär gewiß nicht empfunden; allenfalls als pikantes Amüsement. E.Sch.

AUSGABEN: Bln. 1922 (*Sisennae reliquiae Milesiarum*, in *Petronii Saturae*, Hg. F. Buecheler u. W. Heraeus, Bln. 1922, S. 264/265). – Leiden 1950–1955 (in *Die Fragmente der griechischen Historiker*, Hg. F. Jacoby, Bd.3B u. 3b, Nr. 495; m. Komm.).

LITERATUR: W. Schmid, Art. *A. (23)* (in RE, 2, 1896, Sp. 886). – E. Rohde, *Der griechische Roman u. seine Vorläufer*, Lpzg. ³1914, S. 584–587 (Anhang v. W. Schmid, S. 605–608; Nachdr. Darmstadt 1960). – Schmid-Stählin, 2/1, S. 481/482. – B. E. Perry, *An Interpretation of Apuleius' »Metamorphoses«* (in TPAPA, 57, 1926, S. 253–256). – W. Aly, Art. *»Milesia« (1)* (in RE, 15/2, 1932, Sp. 1580 f.). – Ders., Art. *Novelle* (ebd., 17/1, 1936, Sp. 1171–1179). – Q. Cataudella, *La novella greca. Prolegomeni e testi*, Neapel 1957, S. 126–164. – S. Trenkner, *The Greek Novella in the Classical Period*, Cambridge 1958, S. 172–177. – C.W. Mueller, *Die Witwe von Ephesus. Petrons Novelle und die »Milesiaka« des A.* (in Antike und Abendland, 26, 1980, S. 103–121).

ARISTOPHANES

* um 445 v.Chr. Athen
† um 385 v.Chr. Athen

LITERATUR ZUM AUTOR:
Bibliographien:
K. J. Dover (in Lustrum, 2, 1957, S. 52–112). – Ders., *Fifty Years (and Twelve) of Classical Scholarship*, Oxford 1968, S. 123–158. – W. Kraus (in Anzeiger für die Altertumswissenschaft, 24, 1971, S. 123–158). – C. T. Murphy (in Classical World, 65, 1972, S. 261–273). – H.-J. Newiger, *A. und die alte Komödie*, Darmstadt 1975, S. 487–510.
Index:
H. Dunbar, *A Complete Concordance to the Comedies and Fragments of A.*, Hg. B. Marzullo, Hildesheim/NY 1973.
Gesamtdarstellungen und Aufsatzsammlungen:
G. Murray, *A. A Study*, Oxford 1933. – O. Seel, *A. oder Versuch über die Komödie*, Stg. 1960. – V. Ehrenberg, *A. und das Volk von Athen*, Zürich 1968. – J. Werner, *A.* (in *Die Großen der Weltgeschichte*, Bd. 1, Zürich 1970, S. 590–602). – K. J. Dover, *Aristophanic Comedy*, Ldn. 1972. – *A. und die alte Komödie*, Hg. H.-J. Newiger, Darmstadt 1975. – M. Landfester, *Handlungsverlauf und Komik in den frühen Komödien des A.*, Bln./NY 1977. – T. Gelzer, *A.* (in *Das griechische Drama*, Hg. G. A. Seeck, Darmstadt 1979, S. 258–306). – R. G. Ussher, *A.*, Oxford 1979. – *A.: Essays in Interpretation*, Hg. J. Henderson, Cambridge 1980. – K. McLeish, *The Theatre of A.*, Colchester 1980. – C. Moulton, *Aristophanic Poetry*, Göttingen 1981. – E. David, *A. and Athenian Society of the Early Fourth Century*, Leiden 1984. – R. M. Harriott, *A. Poet and Dramatist*, Ldn./Sydney 1986. – B. Zimmermann, *Untersuchungen zur Form und dramatischen Technik der aristophaneischen Komödien*, Bd. 1 u. 2 Königstein 1984/1985, Bd. 3 Ffm. 1987.

ACHARNĒS

(griech.; *Die Acharner*). Das früheste erhaltene Stück des ARISTOPHANES, im Frühjahr 425 in der Inszenierung des Kallistratos an den Lenäen mit großem Erfolg aufgeführt: es errang den ersten Platz vor einem Werk des KRATINOS und des EUPOLIS. Aufführungszeit und Thema waren geschickt gewählt: während an den Dionysien im Frühsommer alle Welt in Athen und im Theater zusammenströmte, rekrutierte sich an den Lenäen das Publikum in erster Linie aus den Städtern und dem Landvolk Attikas. Was war da angebrachter, als in den Mittelpunkt einer Komödie einen dieser armen attischen Bauern zu stellen, die – seit Jahren aus ihrem Besitz evakuiert und in städtischen Elendsquartieren hausend – nichts sehnlicher wünschten als einen langdauernden Frieden, in dem sie wieder ihrer bäuerlichen Arbeit und dem Handel nachgehen könnten?
Die Klage des scharfen Demagogen und Volksführers Kleon auf die *Babylōnioi* hin, mit denen Aristophanes knapp ein Jahr zuvor debütiert hatte, schreckte den Dichter also keineswegs ab, den begonnenen Weg fortzusetzen: die athenische Kriegspolitik anzuprangern, wo es irgend ging, und für die Beendigung des unseligen Kampfes mit Sparta zu plädieren, der der Stadt bislang nur Unheil gebracht hatte. Doch sind die *Acharner* kein Thesenstück: keine Spur von dramatisiertem Traktat, statt dessen vitaler Witz, frische Aktion, kräftige Späße, dargeboten in lockerer, aber kompositorisch ausgewogener Szenenfolge. Der Bauer Dikaiopolis (wörtlich: »der gerechte Bürger«) wartet auf den Beginn der Volksversammlung (1–42), muß aber dann erleben, daß man dort weder auf die Stimme der Friedenswilligen hören will, noch im mindesten geneigt ist, den Realitäten ins Auge zu sehen, die der radebrechende persische Gesandte Pseudartabas eröffnet (43–125). So beschließt Dikaiopolis, sich durch einen Privatgesandten in Sparta für acht Drachmen einen Separatfrieden besorgen zu lassen. Während eine weitere Gesandtschaft nur recht zweifelhafte Hoffnungen bei den Athenern wecken kann, bringt sein Privatbote einen ganz wunderbaren dreißigjährigen Friedenswein für ihn und seine Familie (125–203). Doch schon stürmt der Chor kriegswütiger acharnischer

Köhler, alter Marathonveteranen, auf die Bühne, um den vaterlandsverräterischen Gauner zu schnappen (204–236). In einer zweiten Episodenfolge muß der glückliche Bauer sein Gut gegen die Widersacher verteidigen: eine rituelle Kultbegehung der Dikaiopolisfamilie auf dem Lande wird von dem racheheischenden Köhlerchor gestört; nur durch eine List (er erhascht einen Kohlenkorb als Geisel) kann Dikaiopolis sich Gehör verschaffen – mit dem Kopf auf dem Hackblock muß er seine Gegner zu überzeugen versuchen (237–392). Damit es ihm besser gelinge, geht er zuvor zu Euripides, um sich von ihm eines der Lumpengewänder auszuleihen, mit denen die Euripideischen Helden auf der Bühne so große Jammerwirkung erzielen (393–489): eine köstliche Szene voll parodistischer Zitate und Anspielungen, die auch im folgenden weiterwirken. Obwohl ein Teil des Chors den berühmten Kriegsmann Lamachos (er wurde kurz nach Aufführung des Stücks zum Strategen gewählt) zu Hilfe holt, kann Dikaiopolis mit seinen guten Argumenten – die Verteidigung Spartas ist eine ungeheure Kühnheit des Dichters – und dank seiner wirkungsvollen Requisiten den Chor allmählich überzeugen.

Nach der Parabase, in der der Dichter ausführlich von sich, seinem Werk und seinen politischen Absichten spricht, und den aus Lied und politischer Kritik gemischten epirrhematischen Partien des Chores (626–718) beginnt der zweite Teil des Stücks, dem ersten in mancherlei Hinsicht entgegengesetzt. War jener dynamisch angelegt, mit Spannung und Retardierung eine Klimax bildend, bis der Friede des Bauern schließlich unter Dach und Fach war, so ist dieser ganz statisch geformt: eine lose Folge burlesker Szenen, die den beneidenswerten Zustand des Friedens und der Marktfreiheit des Dikaiopolis ausmalen. Herrschte dort vornehmlich die Kritik, so hier groteske Ausgelassenheit, Phantasterei und Possenspiel: da kommt der Megarer, der um etwas Salz und einen Kranz Knoblauch seine Töchter als Schweine verkauft, kommt der Böotier mit einem Karren langentbehrter köstlicher Delikatessen – von beiden muß Dikaiopolis mit kräftigem Griff das Denunziantengeschmeiß fernhalten –, ein Schwarm von Schnorrern findet sich ein, die alle gern ein Tröpfchen von dem Friedenswein hätten, und als Höhepunkt tritt nochmals Lamachos auf, der sich zum Abmarsch ins Feldlager rüstet, während Dikaiopolis – in einer Kanonade witzig sprühender Repliken – jeweils mit denselben Wendungen den Festschmaus des Kannenfestes vorbereiten läßt: »*Pack auf den Schild! ... Es schneit! ... Das wird ein frostiger Zug!*« »*Den Korb! Den Wein! Das wird ein mostiger Zug!*« (Ü: Seeger). – Und das Schlußbild: Lamachos ist im Schlachtgetümmel beim Sprung über einen Graben ins Wasser gefallen und kehrt, ob seiner schweren Verwundung ächzend, nach Hause zurück; Dikaiopolis kommt, weinselig und mit zwei leichten Mädchen im Arm, vom Festgelage zurück, in draller Freude ob der Genüsse, die ihn noch erwarten.

Die Fülle der komischen Möglichkeiten, aus der Aristophanes schöpft, kann in einer Paraphrase nur zum Teil wiedergegeben werden: die Diskrepanz zwischen der historischen Wirklichkeit und der fabulosen Realität des dramatischen Geschehens, die Tragödienpersiflage, das brisante Streitgespräch oder die lächerlich-antithetische Parallelstichomythie, die derbe Rüpelszene, die Mischung aus ländlicher Einfalt (Kultbegehung), schlauer Gerissenheit und Bildung (Euripides-Reminiszenzen) in der Person des Helden, auch beiläufige dramatische Requisiten wie der bedrohte Köhlerkorb – solches und ähnliches tritt unmittelbar zutage. Anderes liegt mehr im einzelnen und kann oft genug in einer Übersetzung gar nicht mehr zum Ausdruck kommen: das erdhaft deftige Vokabular, die – wohl kultisch bedingten – erotischen Derbheiten, das furchterregende Aussehen der thrakischen Hilfstruppen, der für athenische Ohren von Natur aus erheiternde Dialekt des Megarers und des Böotiers, das Kauderwelsch des persischen Gesandten, das ganze Arsenal skurriler Wortungeheuer und effektvoller Sprachspielereien. Dem Einfallsreichtum im Poetischen und Dramaturgischen entspricht die Vielschichtigkeit in der Äußerung der politischen Tendenz: von der Karikatur des Lamachos über die märchenhafte Ausmalung der schlaraffenlandähnlichen Friedenszeit reicht die Skala bis zur direkten politischen Anklage aus dem Mund der Köhler und des Dikaiopolis (den der Dichter vielleicht selbst gespielt hat) und zur offenen Apologie der Meinung des Autors. Gerade diese turbulente Vielfalt, die aus genialer Phantasie quellende Plastizität, die Mannigfaltigkeit der poetischen Mittel, die sich zugleich mit überlegener äußerer Ökonomie verbindet – das ist es, was man bereits an dieser frühen Komödie als unverkennbares Zeichen der Aristophanischen Kunst bewundert.

E.Sch.

AUSGABEN: Venedig 1498 (in *Kōmōdiai ennea*, Hg. M. Musuros). – Oxford ²1906 (in *Comoediae*, Hg. F. W. Hall u. W.M. Geldart, Bd. 1; Neudr. 1960). – Ldn./Cambridge (Mass.) ²1926 (in *Aristophanes*, Hg. u. Übers. B. B. Rogers, Bd. 1; Neudr. 1950). – Paris ⁶1958 (in *Aristophane*, Hg. V. Coulon, Übers. H. Van Daele, Bd. 1; maßgebend). – Mailand 1953 (in *Le Commedie*, Hg. R. Cantarella, Bd. 2). – Warminster 1980 (*Acharnians*, Hg. A. H. Sommerstein; mit engl. Übers. u. Komm.). – Bln./NY 1984 (in *Poetae Comici Graeci*, Hg. R. Kassel u. C. Austin, Bd. 3,2).

ÜBERSETZUNGEN: *Die Acharner*, C. M. Wieland (in Neuer Teutscher Merkur, 1794; ern. Wien 1813). – Dass., J. G. Droysen, Lpzg. 1926. – Dass., L. Seeger (in *Sämtliche Komödien*, Zürich ²1968). – Dass., ders. (in *Antike Komödien. A.*, Hg. H.-J. Newiger, Mchn. 1974; Neubearb.).

LITERATUR: Schmid-Stählin, 1/4, S. 223–231. – C. F. Russo, *A.*, »*Gli Acarnesi*«, Bari 1953. – H. Erbse, *Zu A.* (in Eranos, 52, 1954, S. 76–104). –

M. Sordi, *La data degli »Acarnesi« di A.* (in Athenaeum, 33, 1955, S. 47–54). – Lesky, S. 467–470. – K. J. Dover, *Notes on A.'s »Acharnians«* (in Maia, 15, 1963, S. 6–25). – W. Kraus, *A.s politische Komödien*, Wien 1985.

BATRACHOI

(griech.; *Die Frösche*). Komödie des ARISTOPHANES. – Die *Frösche* – das reife Meisterwerk des Dichters, im Altertum wie im byzantinischen Mittelalter eines seiner beliebtesten Stücke – wurden am Lenäenfest des Jahres 405 von Philonides auf die Bühne gebracht, der auch die *Sphēkes (Wespen)* und zwei verlorene Stücke inszeniert hat. Vor den thematisch verwandten *Musai* des PHRYNICHOS und dem *Kleophōn* PLATONS errangen die *Frösche* einen furiosen Sieg: sie mußten – was in der Geschichte des griechischen Theaters ohne Beispiel dasteht – ein zweites Mal aufgeführt werden (sei es an denselben Lenäen, sei es am folgenden Dionysienfest), und DIKAIARCH, der diese Nachricht überliefert, nennt als Grund dafür den mächtigen Eindruck, den die Parabase (die direkte Ansprache des Chors an das Publikum) hinterlassen habe.

In der Tat ist die Chorparabase (675–737) das Zentrum des Dramas. Das gilt zunächst in dem ganz äußerlichen Sinn, daß die beiden um diesen Kern gelagerten Teile der Komödie in ihrer Ausdehnung sich ungefähr die Waage halten (674 Verse hier, 796 Verse dort); es gilt aber noch mehr in dem Sinn, als hier der Grundton angeschlagen wird, unter dem das ganze Geschehen steht. Hier spricht Aristophanes offen aus, was er im ersten Teil zum Motor der Bühnenereignisse macht und was sich im zweiten als letzte Norm enthüllt: die Sorge um das Wohl der Stadt. Als der Dichter sein Stück schrieb, hatte Athen zwar vor nicht allzu langer Zeit, im Herbst 406, bei den Arginusen einen Seesieg erringen können (den siegreichen Feldherrn machte man allerdings den Prozeß), aber die endgültige Niederlage in dem unglückseligen Ringen mit Sparta zeichnete sich deutlich ab. Um so dringlicher klang daher das Verlangen nach innenpolitischer Ruhe, nach Besonnenheit und Verzicht auf blindwütige Demagogie. Vor diesem Hintergrund muß man die Worte der Parabase – der letzten, die wir in des Dichters Stücken finden – aus dem Munde der heiligen Mysten hören:

»*Wohl geziemt's dem heil'gen Chore, was dem Staate frommen mag, Anzuraten und zu lehren. Und vor allem, meinen wir, Sollten gleich die Bürger werden und verbannt die Schreckenszeit.*«

Der schönste Erfolg, der Aristophanes und seinen eindringlichen Mahnungen zuteil werden konnte, war die Beherzigung seines politischen Rates, wie sie sich in der nicht lange danach beschlossenen Amnestie äußerte.

Freilich: Aristophanes schreibt Komödien, nicht politische Traktate. Wennschon die *Frösche* ganz aus diesem letzten Ernst leben – sie leben nicht durch ihn. Das Medium, in dem der Dichter seine Paränese entfaltet, ist ein zutiefst komödiantischer Stoff: Hadesfahrt und Tragikerparodie, vermischt mit deftig dargebotener Dichterkritik. Dionysos, der Theatergott, ist höchstpersönlich ausgezogen, um aus der Unterwelt »*einen guten Dichter*« heraufzuholen: denn die tragische Bühne war nach dem Tod des EURIPIDES und des SOPHOKLES (406) verwaist. »*Tot sind die Besten, die da leben schlecht*«, klagt der Gott mit einem Euripides-Zitat. Der erste Teil, der in lockerer Episodenfolge den turbulenten Weg des Gottes und seines Dieners Xanthias hinab zum Hades schildert, ist ganz im Stil ausgelassenster Posse gehalten: das Spiel mit den halb zurückgedrängten und dann doch ausgesprochenen derben Witzen zwischen Herr und Knecht am Beginn, die Verkleidung des Gottes als Herakles, seine Angst vor den Schrecken des unbekannten Reiches – »aus Leibeskräften« versucht er dem dröhnenden Chor der Unterweltsfrösche entgegenzudonnern, und als ein besonders greuliches Ungeheuer auftaucht, flüchtet er gar von der Bühne und versteckt sich hinter der Proszeniumsloge des Dionysospriesters –, der mehrfache, aber immer eine Phase hinter den Erfordernissen nachhinkende Kleiderwechsel von Herr und Diener (es zeigt sich, daß das Gewand des Kerberosbezwingers und notorischen Fressers in der Unterwelt nicht nur eitel Begeisterung erregt), der handfeste Prügelwettstreit, dem sich die beiden Abenteurer aussetzen müssen: all das sind typische Elemente volkstümlicher Burleske. Aber die derbvitale Clownerie darf nicht allein das Feld behaupten; sie wird in ihre Schranken verwiesen und poetisch gebändigt durch einen echt Aristophanischen Kontrast: den gegen Ende immer stärker in den Vordergrund geschobenen Chor der Mysten, dessen Iakchos-Hymnos zu den schönsten Zeugnissen der hohen Kunst des Lyrikers Aristophanes zählt.

Den zweiten Teil bildet ein einziger monumentaler Wettkampf zwischen AISCHYLOS und Euripides um die Krone des besten Dichters. Mit immer neuen, von Aristophanes oft witzig verdrehten Zitaten aus ihren Tragödien versuchen sie sich wechselseitig ihren Sprachstil – dunkel und gewaltig bei jenem, sophistisch-elegant bei diesem –, ihre Themen und Gestalten, ihre dramatische Technik in Prolog, Chorlied und Monodie madig zu machen. Dabei ist kompositorisch höchst bedeutsam, daß Aristophanes dieser ausgedehnten Streitszene eine zweite Handlungslegitimation gibt. Die Hadesfahrt des Dionysos mit ihrer Suche nach dem besten Dichter verflicht sich in einer zweiten Exposition, nach der Parabase, mit der Suche des Hadesgottes nach einem Schiedsrichter in dem Zank, der zwischen den beiden Tragikern um den Ehrensitz in der Unterwelt ausgebrochen ist. Indes: Dionysos vermag den Streit nicht zu entscheiden – sein Herz spricht für den Jüngeren, sein Verstand für den Älteren. Auch die herbeigeholte Waage, in welche die Dichter ihre bedeutungsschwersten Worte werfen, bringt keine dezidierte Klarheit. Daß die Entscheidung schließlich doch fällt, und zwar eindeutig zugunsten des Aischylos, den Dionysos am Ende mit zur Oberwelt nimmt, wird allein möglich durch die Fragestellung, welcher der beiden Tragiker für das Wohl der Stadt von größerem Nutzen sei (Rückgriff auf den Beginn!). In diesem Scheidewasser aber kann das Euripideische Sophistentalmi – das ist allgemein der tiefere Grund für die unablässigen Attacken des Aristophanes – nicht bestehen.

Überblickt man das Stück als Ganzes, so fällt als eigentümlichstes Merkmal seine ungewöhnliche kompositorische Geschlossenheit ins Auge: Doppelexposition, possenhafte Episodenreihe im ersten Teil, Großeinheit eines Gerichtsagons im zweiten Teil, thematisch verklammert durch die Parabase, die ausschließlich dem politischen Anruf – nicht, wie so oft, der persönlichen Dichterapologie – dient. Ein anderes Hauptcharakteristikum ergibt sich hieraus: jener Grundton, den man als »gedämpfte Komik« bezeichnen könnte. Das Drama ist so sehr auf das eine Thema vom Wohl der Stadt konzentriert, daß das ganze Arsenal komödiantisch-burschikoser, überschäumender Späße in seltsamer Weise als Beiwerk erscheint. Das Vorziehen der ausgelassenen Szenenfolge in den ersten Teil, das harte Oxymoron von Herr-Diener-Paar und Mystenchor, die offenkundig nur der Auflockerung dienenden Zwischenglossen des Gottes im zweiten Teil – das alles legt über die Komödie einen deutlichen Schleier bangen Ernstes. Daß das athenische Volk – und an den Lenäen vornehmlich das einfachere Publikum – dies goutierte, zeugt ebenso für seine Hellhörigkeit wie für die allgemeine politische Stimmung.

Man hat sich in neuerer Zeit immer wieder gefragt, weshalb der Dichter gerade AISCHYLOS und EURIPIDES zu den antipodischen Trägern des Dramas macht und Sophokles, der den Zuschauern noch viel vertrauter war, aus dem Spiel läßt. Die Antwort mag in verschiedener Richtung zu suchen sein: zum einen scheint Sophokles zu einem Zeitpunkt gestorben zu sein, als Plan und Konzept der Komödie schon ziemlich weit gediehen waren; zum andern dürfte Sophokles kaum einen so starken komisch verwertbaren Kontrast zu Euripides gebildet haben wie der weit archaischer anmutende Aischylos. Schließlich waren wohl auch für Aristophanes Eigenart und Größe des Sophokles in einer Weise unantastbar, die es ihm verwehrte, ihn zu verspotten. So ist es zu erklären, daß Sophokles als einzige der auftretenden und genannten Gestalten nur Lob erfährt (76ff.; 786ff.; 1515ff.).

Was für die Nachwelt immer rätselhaft bleiben wird, ist der Umstand, daß man der Masse des Publikums eine derart profunde Kenntnis und Präsenz literarischer Werke zumuten – und zutrauen – konnte, wie sie der zweite Teil mit seinen zahllosen persiflierenden Zitaten und Anspielungen voraussetzt. Nicht weniger fremd muß der heutige Leser das Verhältnis empfinden, in dem der Komiker zu seinen Göttern steht: mit der Gottheit so wild zu scherzen, ohne das Gefühl der Blasphemie haben zu müssen, ist eine nur mehr schwer nachvollzieh-

bare Form der Religiosität; und doch steckt darin derselbe Kern wie in der Zeus-Gläubigkeit eines Aischylos oder Sophokles. Will man heute die Aristophanische Komödie richtig würdigen und in ihrer Vielschichtigkeit begreifen, so ist es unbedingt notwendig, sich gerade diese Realitäten vorab zu eigen zu machen. E.Sch.

AUSGABEN: Venedig 1498. – Oxford ²1907 (in *Comoediae*, 2 Bde., 1906/1907, Bd. 2, Hg. F. W. Hall u. W. M. Geldart; Nachdr. zuletzt 1982). – Ldn./Cambridge (Mass.) ²1926 (in *A.*, Hg. B. B. Rogers, Bd. 2; m. engl. Übers.; Loeb; Nachdr. 1950). – Paris 1928 (in *A.*, Hg. V. Coulon, 5 Bde., 1923–1930, Bd. 4; frz. Übers. H. van Daele; ern. 1946). – Wien ²1954 (*Die Frösche*, Hg., Einl., Komm. L. Radermacher; Nachw. W. Kraus; SWAW, phil.-hist. Kl. 198, 4). – Ldn./NY 1958 (*The Frogs*, Hg. W. B. Stanford; m. Komm.). – Bln./NY 1984 (in *Poetae Comici Graeci*, Hg. R. Kassel u. C. Austin, Bd. 3,2).

ÜBERSETZUNGEN: *Die Frösche*, J. G. Schlosser, Basel 1783. – Dass., L. Seeger (in *Aristophanes*, Bd. 1, Ffm. 1845). – Dass., J. G. Droysen (in *Werke*, Bd. 2, Lpzg. ³1881). – Dass., L. Seeger (in *Sämtliche Komödien*, Hg., Einl. O. Weinreich, Zürich, ²1968). – Dass., W. Schadewaldt, Ffm. 1971 (IB). – Dass., L. Seeger (in *Antike Komödien A.*, Hg. H.-J. Newiger, Mchn. 1974; Neubearbeitung).

LITERATUR: H. Drexler, *Die Komposition d. »Frösche« d. A.*, Breslau 1928. – J. Coman, *Le concept de l'art dans les »Grenouilles« d'A.*, Bukarest 1941. – Schmid-Stählin, 1/4, S. 210ff.; 332–360. – C. P. Segal, *The Character and Cults of Dionysus and the Unity of the »Frogs«* (in Harvard Stud. in Class.Philol., 65, 1961, S. 207–242). – E. Fraenkel, *Der Aufbau der »Frösche«* (in *Beobachtungen zu Aristophanes*, Rom 1962). – Lesky, S. 483–486. – J. Werner, *Aristophanische Sprachkunst in den »Fröschen«* (in Phil., 113, 1969, S. 10–23). – A. Hurst, *Aeschylus or Euripides? A.'s »Frogs« 1413 and 1434* (in Herm, 99, 1971, S. 227–240).

EIRĒNĒ

(griech.; *Der Frieden*). Komödie des ARISTOPHANES, vom Dichter selbst an den Großen Dionysien des Jahres 421 auf die Bühne gebracht. – Man weiß noch von einem zweiten Stück gleichen Titels, das allerdings den Alexandrinern (ERATOSTHENES) nicht vorlag; KRATES aus Mallos scheint es dagegen gekannt zu haben. Die vier daraus überlieferten Fragmente lassen nicht erkennen, ob es sich um eine erste Fassung oder eine Bearbeitung des erhaltenen Werks oder um einen eigenen Entwurf handelte. Wenn in diesem »zweiten« *Frieden* die Schutzgöttin der Landwirtschaft, Georgia, auftritt, so läßt das immerhin erkennen, daß auch dort ein tragendes Motiv das Los der durch den Krieg zwischen

Sparta und Athen besonders hart getroffenen attischen Bauern war. Aristophanes hat ja immer wieder gerade den Bauernstand als den Hauptvertreter und -verkünder des Friedensgedankens dargestellt: in den *Acharnern* von 425 wie in den verlorenen *Geōrgoi (Die Bauern)* von 424, und noch in den *Ekklēsiazusai (Die Weibervolksversammlung)* von 392 werden die Bauern unter den natürlichen Gegnern jeder Kriegspropaganda genannt (V. 197f.).

Die *Eirēnē* beginnt recht geheimnisvoll – und deftig: zwei Sklaven (vgl. *Hippēs – Die Ritter* und *Sphēkes – Die Wespen*) sind unter Stöhnen und Fluchen damit beschäftigt, für einen fabulosen Riesenmistkäfer ungeheure Kotfladen und Kotklöße zuzubereiten. Der Sinn ihres Treibens ist ihnen selbst noch ziemlich unklar: ihr Herr, der Weingärtner Trygaios, hat, anscheinend in einem Anfall von Irrsinn, beschlossen, mit diesem »Pegasus« einen Ritt zu Zeus in den Himmel zu unternehmen. Alsbald kommt Trygaios auf dem Rücken des Wundertieres herangeritten und enthüllt ihnen seine Absicht: als Vertreter des griechischen Volkes will er bei dem Göttervater vorsprechen, um endlich einmal festzustellen, was dieser mit den kriegsgeplagten Hellenen im Sinn hat. Weder die beschwörenden Bitten der Sklaven noch das Flehen seiner Kinder können ihn davon abhalten: selbst, wenn es ihm gehen sollte wie dem Titelhelden des Euripideischen *Bellerophontes*, der bei seinem wahnwitzigen Unterfangen ins Meer stürzte (die ganze Eingangsszene steckt voll parodistisch zitierender Anspielungen auf jene Tragödie), hat er ja immer noch einen kräftigen Phallos, der ihm als Steuerruder dienen kann. Schon erhebt sich der Reiter – mittels der Theaterflugmaschine – in die Lüfte. Doch der Empfang im Olymp (30 Verse später) erscheint nicht eben vielversprechend: Portier Hermes ist recht unfreundlich, und auch ein Schinken kann ihm nur die traurige Nachricht entlocken, daß sich die Götter des irdischen Kriegslärms wegen in die höheren Ätherregionen zurückgezogen haben. Statt ihrer waltet jetzt Gott Polemos (Krieg), der eben dabei ist, Prasiai, Megara, Sizilien und Athen in seinem voluminösen Mörser zu zerstampfen. Zum Glück ist im Augenblick nirgendwo ein Stößel aufzutreiben: sowohl der athenische (der Gerber-General Kleon) als auch der spartanische (Feldherr Brasidas) sind abhanden gekommen (beide Strategen waren im Herbst 422 gefallen). Das ist die Rettung: während Polemos im Innern sich selber einen Stößel schnitzt, können sich Trygaios und der eilig herbeigerufene Chor griechischer Bauern, Händler, Handwerker und Metöken – nach einer nochmaligen Bestechung des Hermes – daranmachen, mit Seilen und Winden die Friedensgöttin Eirene aus dem tiefen, mit Steinen zugeschütteten Loch heraufzuziehen, in das sie Polemos verbannt hat. Mit ihr erscheinen, von Begeisterungsrufen begrüßt, Opora, die Göttin des herbstlichen Erntesegens, und Theoria, die Göttin der Festesfeier – alle drei als Dirnen kostümiert. Unter den Segenswünschen des Hermes steigt Trygaios in Begleitung der Göttinnen eilends zur Erde hinab.

Wie so oft in den Aristophanischen Stücken folgt diesem relativ straff durchgeführten ersten Teil (V. 1–729) – nach der vom Bühnengeschehen losgelösten Chor-Parabase, in der der Dichter mit überaus selbstbewußten Worten vor dem Publikum sein Wirken als Komiker ins rechte Licht setzt (V. 730–816) – eine mehr statisch gehaltene Szenenreihe, die den Zustand des neuerlangten Friedens ausmalt. Trygaios trifft Vorbereitungen für seine Hochzeit mit Opora und übergibt – alles natürlich unter gebührender Ausnutzung der in der Komödie üblichen erotischen Freiheiten – die Göttin Theoria (nackt) den dankbaren Ratsherren (V. 819–921). Man richtet ein großes Kultfest für die wiedergewonnene Göttin Eirene ein: der martialisch gesinnte Wahrsager Hierokles, der beim Opfermahl schmarotzen will, wird kurzerhand davongejagt (V. 922–1126). Das Schlußbild zeigt den Hochzeitsschmaus: ein ob des Friedens überglücklicher Sensenschmied wird zum Schmaus geladen, Waffenhändler und Helmfabrikant, beide von Trygaios ruiniert, müssen mürrisch abziehen; mit dem feierlich-fröhlichen Hochzeitshymnos des Chores werden die Neuvermählten ins Brautgemach geleitet (V. 1191–1357). Zwischen die Episoden hat der Dichter nochmals einen Parabasenteil – eines der schönsten Stücke Aristophanischer Poesie – eingefügt (V. 1127–1190), worin der Chor die Freuden des Landlebens preist.

Diese Schilderung des friedlichen bäuerlichen Lebens gibt, im Verein mit der realistisch-detaillierten Vorführung des Opferfestes, dem zweiten Teil seine besondere Note: es sind Genrebilder im besten Sinne – wofern man von dem Begriff nur allen bukolisch-niedlichen Nebenklang fernhält –, in denen griechischer Alltag sich unmittelbar in Wort und Szenerie niederschlägt. Auch, ja gerade das Neben- und Ineinander von sexueller Laszivität und kultisch-ernster Begehung gehört dazu, wie überhaupt die in fast jeder Szene hervorbrechende erdhafte Derbheit ständig daran erinnert, daß der Held des Stücks ein Vertreter des einfachsten Volkes ist, derselben Leute, die den größten Teil der Zuschauerränge bevölkern.

Dieser äußere Realismus verleiht der Komödie Witz und Würze und bannt, trotz ihrer aktuellen Nähe zur Tageswirklichkeit (V. 601–692 lange Abrechnung mit der Kriegstreiberpartei und ihren Anführern), die Gefahr plakathafter politischer Phrasendrescherei. Zugleich bildet er natürlich einen soliden Kontrast zu den mannigfachen phantastisch-irrealen, spielerischen Einfällen des Dichters: dem monströsen Riesenkäfer; dem vor den Augen des Publikums sich vollziehenden Himmelsflug (bei dem Trygaios den Theatermaschinenmeister um äußerste Vorsicht bittet und die Zuschauer anfleht, sie möchten doch für drei Tage ihre Notdurft zurückhalten, damit das gefräßige Tier nicht unterwegs unversehens kehrtmacht); dem städtezermörsernden Polemos und den leichtgeschürzten, scheinbar irdisch-vertrauten Segensgöttinnen; dem unvermuteten Erscheinen des Chors im Himmel usw. Eine besondere Bedeutung hat dieser lebensnahe, realistische Grundzug zweifelsohne im Hinblick auf die beabsichtigte politische Wirkung des Stücks: Trygaios, der Winzer aus dem Gau Athomon, ist der Repräsentant der Masse, nicht nur des Volks von Athen, sondern aller Griechen – das unterscheidet ihn von Dikaiopolis, der sich, in den *Acharnern*, nur einen Privatfrieden einhandelt –, und wenn er nach seiner Rückkehr als der Retter des Vaterlandes, ja, der ganzen Menschheit gefeiert wird, so unterstreicht selbst diese ironische Übertreibung des Bauernchors noch die Meinung des Dichters, daß die überwältigende Mehrheit der Bürger den Krieg nach zehnjähriger Dauer ehrlich satt hat. Nun – Aristophanes wußte bei der Abfassung des Stücks sicher schon ebensogut wie die Zuschauer hernach bei der Aufführung, daß das ersehnte Ziel greifbar nahe war: schon wenige Tage nach den Dionysien wurde der sogenannte Nikias-Frieden geschlossen (April 421). Ob man dem Autor deswegen im Dichterwettstreit für die *Eirēnē* nur einen zweiten Platz hinter den völlig unpolitischen *Kolakes (Die Schmeichler)* des EUPOLIS, einer saftigen Sophistenpersiflage, zubilligte? Daß man das Stück für mißlungen hielt, kann man sich kaum vorstellen. E.Sch.

AUSGABEN: Venedig 1498 (in *Komōdiai ennea*, Hg. M. Musuros). – Paris 1904 (*La paix*, Hg. P. Mazon; m. Komm.). – Oxford ²1906 (in *Comoediae*, Hg. F. W. Hall u. W. M. Geldart, Bd. 1; Nachdr. zuletzt 1980). – Ldn./Cambridge (Mass.) ²1926 (in *Aristophanes*, Hg. B. B. Rogers, Bd. 2; m. engl. Übers.; Loeb; Nachdr. zuletzt 1950). – Paris 1948 (in *Aristophane*, Hg. V. Coulon, Bd. 2; m. frz. Übers. v. H. van Daele). – Mailand 1954 (in *Le commedie*, Hg. R. Cantarella, Bd. 3; m. ital. Übers.). – Oxford 1964 (*Peace*, Hg. M. Platnauer; m. Komm.). – Bln./NY 1984 (in *Poetae Comici Graeci*, Hg. R. Kassel u. C. Austin, Bd. 3,2).

ÜBERSETZUNGEN: *Das Lustspiel Irene*, J. E. Goldhagen (in *Griech. u. röm. Anthologie*, Bd. 2, Brandenburg 1767; Prosa-Übers.; unvollst.). – *Der Friede*, A. C. Borheck, Köln 1807. – Dass., J. H. Voß (in *Aristofanes*, Bd. 2, Braunschweig 1821). – *Der Frieden*. J. G. Droysen (in *Werke*, Bd. 1, Bln. 1835; Lpzg. ³1881). – Dass., L. Seeger (in *Sämtl. Komödien*, Hg. O. Weinreich, Zürich ²1968 m. Einl.). – Dass., ders. (in *Komödien*, Bd. 2, Mchn. o. J.; GGT). – Dass., C. Woyte, Lpzg. ²1961 (RUB). – Dass., L. Seeger (in *Antike Komödien. A.*, Hg. H.-J. Newiger, Mchn. 1974; Neubearb.).

BEARBEITUNG: P. Hacks, *Der Friede* (in P. H., *Zwei Bearbeitungen*, Ffm. 1963; es).

VERFILMUNG: *Der Frieden*, BRD 1965 (TV; Regie: G. Fleckenstein).

LITERATUR: L. Radermacher, *Zum Prolog der »Eirene«* (in WSt, 43, 1922/1923, S. 105–115). – Schmid-Stählin, I/4, S. 191–193; 280–289. – C. F. Russo, *A.*, Florenz o. J. [1962], S. 209–230. – Lesky, S. 476f. – R. Schottlaender, *Friedenshoffnung in Tragödie und Komödie* (in Altertum, 8, 1962, S. 195–204). – P. Händel, *Formen und Darstellungsweisen in der aristophanischen Komödie*, Heidelberg 1963, S. 144–148; 185–189; 245–247. – C. H. Whitman, *A. and the Comic Hero*, Cambridge/Mass. 1964, S. 104–118. – H.-J. Newiger, *Retraktionen zu A.s »Frieden«* (in *A. und die alte Komödie*, Hg. ders., Darmstadt 1975, S. 225–255).

EKKLĒSIAZUSAI

(griech.; *Die Weibervolksversammlung*). Komödie des ARISTOPHANES. – Die *Ekklesiazusen*, die für uns mit dem *Plutos* zusammen das Spätwerk des Dichters repräsentieren, kamen sehr wahrscheinlich an einem Festagon des Jahres 392 v. Chr. zur Aufführung, und zwar als erstes von fünf eingereichten Stücken: mit welchem Erfolg, ist unbekannt. Aristophanes selbst scheint sich der Wirkung nicht ganz sicher gewesen zu sein, wie die in den tänzerischen Kehraus eingeschaltete Schlußansprache an die Festrichter zeigt: er fürchtet, sie könnten sein Werk bereits vergessen haben, wenn es nach der Aufführung des letzten Stücks an die Abstimmung geht. Wie ganz anders hat da einst die Parabase etwa der *Eirēnē (Der Frieden)* geklungen!

Man charakterisiert *Plutos* und *Ekklesiazusen* gern als die »sozialen Stücke« des Aristophanes. In der Tat ist hier im Spätwerk das große Thema des Dichters, das direkt oder indirekt so vielen Komödien, von den *Acharnern* bis hin zur *Lysistrate*, ihren Impuls gegeben hat – die Sehnsucht nach Frieden und Beendigung des griechischen Bürgerkriegs –, gänzlich eliminiert. Geblieben ist allerdings der politische Bezug; nur bilden statt der außenpolitischen Probleme jetzt die wirtschaftlichen und sozialen Sorgen der Stadt den Hintergrund. Zwei Motive tragen das Stück: die Errichtung einer Weiberherrschaft an Stelle des korrupten und unfähigen Athener Männerregiments und die Einführung einer kommunistischen Güter- und Lebensgemeinschaft, die mit einem Schlag alle Finanz-, Rechts-, Ehe- und Wohnungsprobleme der Bürger lösen wird. Anführerin des kühnen Unternehmens ist Praxagora, die Frau des Blepyros. Sie weiß nicht nur in der ersten (in Anlehnung an die *Lysistrate* strukturierten) Szene ihre Geschlechtsgenossinnen durch eine täuschende maskuline Kostümierung und eine flammende Proberede auf ihren Auftritt in der Volksversammlung vorzubereiten (V. 1–310), sie versteht es auch, nachdem ihr das höchste Amt des Strategen übertragen worden ist, ihren widerstrebenden Gatten in einem großen Agon (V. 478–725) von den Vorzügen des neuen Status der Stadt zu überzeugen: »*Hört: Alles wird künftig Gemeingut sein, und allen wird alles gehören, / Sich ernähren wird einer wie alle fortan, nicht Reiche mehr gibt es noch Arme, / Nicht besitzen wird der viel Jucharte Lands und jener kein Plätzchen zum Grabe; / Nicht Sklaven in Meng' wird halten der ein' und der andre nicht* einen *Bedienten, / Nein, allen und jedem*

gemeinsam sei gleichmäßig in allem das Leben!.../ Nun seht, zuvörderst erklär' ich die Äcker / Für Gemeingut aller, auch Silber und Gold und was alles der einzelne sein nennt! / Wenn also die Güter vereinigt, sind wir *es, die Frau'n, die euch nähren und pflegen. / Wir verwalten und sparen und rechnen, besorgt, nur das Beste von allen zu fördern*« (Ü: Seeger).
Vor allem zwei Aspekte dieses neuen Zustands finden das Interesse des Blepyros: Die Freizügigkeit in der Liebe (einziger Wermutstropfen: wer eine Schöne will, muß immer erst einer Häßlichen zu Willen sein) und das arbeitslos-geruhsame, nur von großen Festschmausereien unterbrochene Leben der Männer.
Den zweiten Teil des Stücks bildet – ähnlich wie in den *Acharnern*, den *Sphēkes (Wespen)*, der *Eirēnē (Frieden)* und den *Ornithes (Vögel)* – eine Episodenreihe, in der sich die Konsequenzen der neuen Ordnung, ihre Auswirkungen auf das Leben und Verhalten der einzelnen Bürger offenbaren. Zwei Männer diskutieren über die rechte Einstellung zu den jüngst erlassenen Gesetzen: während der eine seine ganze Habe in einer Art feierlichem Festzug zum Marktplatz tragen läßt, will der andere, selbst auf die Gefahr, vom großen Mahl ausgeschlossen zu werden, mit der Ablieferung erst einmal abwarten, um zu sehen, wie die Dinge sich weiterentwickeln (V. 730–876). In der folgenden Szene – unbestritten der turbulente Höhepunkt des Stücks – streiten ein junges Mädchen und eine alte Vettel, teils in lyrischem Wettgesang, teils mit handfester Gewalt, um den schönen Liebhaber der jungen: die lachenden Dritten sind zwei noch fürchterlicher anzusehende greise Chimärengestalten, die den Armen unter gierigem Keifen mit sich zerren (V. 877–1111). Der – etwas unklar geratene – Schluß zeigt nochmals Blepyros, begleitet von ein paar leichten Mädchen: er hat offenbar das allgemeine Festmahl versäumt und wird nun von einer Magd zum üppigen Nachtisch gerufen; auch die Zuschauer sind eingeladen – freilich bei sich zu Hause, wo es statt des in einem siebenundsiebzigsilbigen Wortungeheuer angekündigten Superschmauses in Wirklichkeit Bohnenbrei geben wird (V. 1112–1183).
Daß dieser ganze zweite Teil, im Gegensatz zu der in der Grundstruktur so verwandten *Lysistrate*, das im ersten Teil von der weiblichen Hauptfigur mit eloquenter Begeisterung inszenierte Programm am Einzelbeispiel in ironisch-grotesker Übersteigerung zeigt – und das heißt zugleich: ad absurdum führt –, ist nicht zu übersehen. Man muß sich also davor hüten, die Parallelen und Beziehungen zu dem wenige Jahre später in PLATONS *Politeia* erörterten kommunistischen Gesellschaftsbild überzubetonen: ob nun der eine vom andern »gelernt« hat oder ob dergleichen Themen zu jener Zeit »in der Luft lagen« – in den *Ekklesiazusen* jedenfalls ist das Motiv zu einem ganz aus sich selbst lebenden komödiantischen Vorwurf geworden, losgelöst von aller praktischen oder theoretischen politischen Spekulation, ein utopisches »Wolkenkuckucksheim«, anhand dessen sich, bei aller hintergründig- ernsten Sorge um das Wohl der Stadt, ein fröhliches, derbes ausgelassenes, burleskes, kurz: echt Aristophanisches Spiel entfalten läßt. Überhaupt könnte man, aufs Ganze gesehen, von einer Distanz des Dichters zur aktuellen Tagespolitik sprechen: persönliche Attacken auf politische Tagesgrößen wird man ebenso vergeblich suchen wie die Parabase, in welcher der Dichter traditionsgemäß in eigener Sache zu den Fragen Stellung zu nehmen pflegte, die ihm und seinen Mitbürgern auf den Nägeln brannten. Dies ist, denkt man an den *Plutos*, ein Merkmal des Aristophanischen Altersstils, der hierin, wie in manchem anderen – etwa in der Ersetzung integrierter Chorlieder durch den Regievermerk »Chor«–, schon merklich auf die Mittlere und Neue Komödie verweist.   E.Sch.

AUSGABEN: Venedig 1498 (in *Komōdiai ennea*, Hg. M. Musuros). – Leiden 1905 (*Ecclesiazusae*, Hg. J. van Leeuwen; m. Komm.). – Oxford ²1907 (in *Comoediae*, Hg. F. W. Hall u. W. M. Geldart, Bd. 2; Nachdr. zuletzt 1982). – Ldn./Cambridge (Mass.) 1924 (in *Aristophanes*, Hg. B. B. Rogers, Bd. 3; m. engl. Übers.; Loeb; Nachdr. zuletzt 1955).– Paris 1930 (in *Aristophane*, Hg. V. Coulon, Bd. 5; m. frz. Übers. v. H. van Daele; Nachdr. 1954). – Mailand 1964 (in *Le commedie*, Hg. R. Cantarella, Bd. 5; m. ital. Übers.). – Oxford 1973, Hg. R. G. Ussher [mit engl. Komm.]. – Bln./NY 1984 (in *Poetae Comici Graeci*, Hg. R. Kassel u. C. Austin, Bd. 3,2).

ÜBERSETZUNGEN: *Die Weiberherrschaft*, J. H. Voß (in *Aristofanes*, Bd. 3, Braunschweig 1821). – *Die Ekklesiazusen*, J. G. Droysen (in *Werke*, Bd. 3, Bln. 1838; Lpzg. ³1881). – *Die Weibervolksversammlung*, L. Seeger (in *Sämtl. Komödien*, Hg. O. Weinreich, Zürich ²1968; m. Einl.). – Dass., ders. (in *Komödien*, Bd. 3, Mchn. o. J.; GGT). – *Die Ekklesiazusen*, ders. (in *Antike Komödien*. A., Hg. H.-J. Newiger, Mchn. 1974; Neubearb.).

VERFILMUNG: *Frauenvolksversammlung*, BRD 1972 (TV; Regie: M. Schilb).

LITERATUR: U. v. Wilamowitz-Moellendorff, *Der Schluß der »Ekklesiazusai«* (in SPAW, 1903, S. 450–455). – R. v. Pöhlmann, *Geschichte der sozialen Frage und des Sozialismus in der antiken Welt*, Hg. F. Oertel, Bd. 1, Mchn. ³1925, S. 313–322. – E. Fraenkel, *Dramaturgical Problems in the »Ecclesiazusae«* (in *Greek Poetry and Life. Fs.f.G. Murray*, Oxford 1936, S. 257–276; ern. in E. F., *Kleine Beiträge zur Klass. Philologie*, Bd. 1, Rom 1964, S. 469–486). – Schmid-Stählin, 1/4, S. 216–219; 360–373. – V. Ehrenberg, *The People of A.*, Oxford ²1951, S. 67ff. – W. Süss, *Scheinbare und wirkliche Inkongruenzen in den Dramen des A.* (in RhM, 97, 1954, S. 289–297). – C. M. Bowra, *A Love-Duet* (in AJPh, 79, 1958, S. 377–391). – Lesky, S. 486–488. – T. M. de Wit-Tak, *The Function of Obscenity in A.'s »Thesmophoriazusae« and »Ecclesiazusae«* (in Mnemosyne, 21, 1968, S. 357–365).

HIPPĒS

(griech.; *Die Ritter*). Komödie des ARISTOPHANES, als erstes vom Dichter selbst inszeniertes Stück an den Lenäen des Jahres 424 aufgeführt; bei der Abfassung wirkte EUPOLIS (um 446–411 v. Chr.) mit, ohne daß sich indes der Anteil der beiden Autoren heute noch scheiden ließe. – Von allen Aristophanischen Stücken sind die *Ritter* dasjenige, in dem die politisch-pamphletistischen Möglichkeiten der Gattung ihren intensivsten Niederschlag gefunden haben. Zielscheibe der ungewohnt heftigen Angriffe ist Kleon: ein reicher Gerberssohn, skrupelloser Demagoge, Gegner des Perikles und nach dessen Tod sein Nachfolger als tonangebender Staatsmann, ein Vertreter der radikalen Demokratie, der durch geschickte Manipulationen wie Erhöhung des Geschworenensoldes die Massen für sich zu gewinnen wußte, *last, not least* unermüdlicher Agitator für die kompromißlose Fortsetzung des Kampfes mit Sparta. Bereits in seinem erfolgreichen Erstling von 426, den *Babylōnioi (Die Babylonier)*, hatte sich Aristophanes mit Kleon angelegt, der daraufhin eine Klage wegen Beleidigung der Bürgerschaft und Verhöhnung von Volk und Rat gegen den Dichter einbrachte. Doch dieser ließ sich nicht beirren, im Gegenteil – wenig später, im Frühjahr 425, kündigte er in den pazifistischen *Acharnēs (Die Acharner)* durch den Mund des Chores ein Stück an, das sich eigens und ausgiebig mit dem unliebsamen Volksführer, beschäftigen solle (ein interessanter Hinweis darauf, von wie langer Hand Aristophanes trotz der unabdingbaren Tagesaktualität seine Werke vorzubereiten pflegte): »*Du bist mir verhaßter als Kleon, aus dessen Fell ich derbe Sohlen nächstens für die Ritter zu schneiden gedenke*« (V. 300f.). Dieser Plan, mit Hilfe des von Natur aus konservativen Ritterstandes gegen den kriegstreiberischen Demagogen vorzugehen, dürfte im Herbst desselben Jahres neue Nahrung gewonnen haben, als die Spartaner nach dem Debakel von Pylos und Sphakteria sich um Friedensverhandlungen bemühten, die Kleon – der den militärischen Erfolg auf sein eigenes Konto buchen wollte – zu hintertreiben begann. Der Sieg von Pylos und die Erhöhung der Richterdiäten werden im Verlauf der Komödie immer wieder erwähnt: sie sind geradezu ein Leitmotiv, wie um dem Publikum ständig im Gedächtnis zu halten, von wem die Rede ist. Denn das ganze Stück wird – nur so konnten die bösen Attacken halbwegs erträglich bleiben – als Schlüsselkomödie inszeniert: Hauptperson ist ein Gerber, der als namenloser »Paphlagonier« eingeführt wird; seinen Rivalen verkörpert ein Wurstmacher mit dem sprechenden Namen Agorakritos (»Pöbelwahl«). Beide werden in einen erbitterten Kampf um die Gunst ihres Herrn verwickelt, des personifizierten Volkes von Athen – das gleichfalls alles andere als gut wegkommt: »*Heißblütig, toll, auf Bohnen sehr erpicht, ein brummig alter Kauz, ein bißchen taub, Herr Demos von der Pnyx* [Volksversammlungsplatz]«. Hinzu kommen noch der Chor der Ritter sowie zwei anonyme Sklaven – die attischen Feldherrn Demosthenes und Nikias –, die zu Beginn die Expositionsszene bestreiten (eine nicht nur von Aristophanes in den *Wespen* und im *Frieden* wiederholte, sondern in der gesamten europäischen Komödientradition beliebt gewordene Form des Eingangs).

Die beiden Sklaven klagen einander ihr Leid über den neuen Kollegen, einen paphlagonischen Gerberburschen, der sich durch Liebedienerei, Betrügen, Stehlen, durch Intrigieren, Denunzieren und Erpressung seiner Mitsklaven binnen kurzem bei Demos unentbehrlich gemacht hat. Es gelingt ihnen, der Orakelsammlung habhaft zu werden, mit deren Hilfe der Paphlagonier bei ihrem Herrn seine diversen Manipulationen zu begründen und zu rechtfertigen pflegt, und zu ihrer großen Freude entnehmen sie dem Büchlein, daß die Tage des verhaßten Gerbers gezählt sind – ein Wurstverkäufer wird ihn stürzen. Wie von einem Gott gesandt, ist der ersehnte »*Heiland und Retter der Stadt*« auch schon zur Stelle und erfährt voll Staunen, wozu er ausersehen ist: »*Just eben drum wirst du der Mann des Tags/Weil du gemein bist, frech und pöbelhaft./... Regieren ist kein Ding für Leute von/Charakter und Erziehung! Niederträchtig,/Unwissend muß man sein! Drum folge du/Dem Ruf, den dir der Götter Spruch verkündet;/... du hast ja, was/Ein Demagog nur immer braucht: die schönste/Brüllstimme, bist ein Lump von Haus aus, Krämer,/Kurzum, ein ganzer Staatsmann!*« (V. 180ff.; Ü: Seeger). Grad im rechten Moment kommt der Paphlagonier des Weges und versucht in einer turbulenten Streitszene, in der beide Seiten einander an giftigen, unflätigen Beschimpfungen und Handgreiflichkeiten nichts nachgeben, sich gegen die Verschwörung zur Wehr zu setzen. Doch der Chor der Ritter steht zu dem neuen Mann, und dem Paphlagonier bleibt nur die Möglichkeit, die Sache vor den Rat zu bringen. Nach der Parabase (V. 503–610), in der der Dichter durch den Mund des Chores von seinem eigenen, die Tradition eines MAGNES, KRATINOS und KRATES fortsetzenden Schaffen spricht und in einem hymnischen Lied Athen, seine Götter und den ruhmreichen Ritterstand feiert, knüpft die übliche Episodenreihe (V. 611–1408) an den Schluß des ersten Teils (V. 1–502) an: zunächst ein paratragischer Botenbericht – der Wursthändler berichtet von seinem Triumph über den Gegner in der Ratsversammlung –, sodann eine ganze Serie von Zankszenen, in denen sich die Rivalen in Anwürfen gegeneinander und im Umwerben des Demos zu überbieten suchen. Als sie am Ende Herrn Demos um die Wette bewirten sollen, trägt schließlich der Neuling den Sieg davon: Eine Inspektion der Freßkörbe bringt an den Tag, daß der Wurstler alles, was er zu bieten hatte, serviert hat, während des Paphlagoniers Korb noch voll der besten Dinge ist. Diesem helfen nicht einmal mehr seine Orakel, im Gegenteil, er muß ihnen selbst entnehmen, daß er tatsächlich dem von den Göttern bestimmten Nachfolger unterlegen ist. – Eine zweite, verkürzte Parabase (V. 1264–1315) leitet über zum – fragmentarisch überlieferten – Schlußteil, einem märchenhaften, heiteren Kehraus. In der Art einer kultischen Begehung kommen der Wursthändler und Demos, mit Blumen bekränzt und in festlich-goldenen Gewändern, noch einmal auf die Bühne, stürmisch gefeiert vom Chor: Dem Demagogen und Wunderkoch ist es gelungen, den alten Demos wieder jung zu kochen; strahlend wie in den Tagen von Marathon und Salamis tritt er auf, der »*König von Hellas*«, reumütig seiner alten, von den bösen Ratgebern eingeblasenen Sünden gedenkend. Aber nun soll und wird alles anders werden, Recht und Ordnung und vor allem Frieden werden wieder einkehren: Die dreißig Friedensnymphchen, die der Paphlagonier bisher versteckt gehalten hat und die nun über die Bühne tanzen (bei der Aufführung angeblich von hübschen Athener Straßenmädchen gespielt), garantieren dreißigjährige Friedenszeit.

Aristophanes hatte sicher seine Gründe für diese von den Kritikern nicht selten getadelte unvorbereitete Schlußwendung: Zum einen nahm er dadurch den nicht eben sanften Attacken auf das athenische Volk manches von ihrer für den Dichter möglicherweise gefährlichen Schärfe (auch das Lied zwischen Chor und Demos, V. 1111–1150, dient einer solchen behutsamen Abwehr juristischer Folgen); zum andern war es wohl auch nötig, die – mitten im Krieg zumal – erschreckend, ja fast gespenstisch wirkende Karikatur der politischen Verhältnisse in der Stadt durch ein bei aller Phantastik tröstlich-ausgelassenes Gegenbild zu neutralisieren. Nun, das Publikum jedenfalls hat dem Dichter den dramaturgisch scheinbar unmotivierten Schluß nicht übelgenommen, im Gegenteil: die *Ritter* errangen den ersten Preis. Die erhoffte politische Wirkung dagegen blieb (anders als etwa im *Frieden*) aus: Kleon wurde sogar zum Strategen gewählt, und Aristophanes sah sich noch oft gedrängt, diesen von ihm meistgehaßten Mann aufs Korn zu nehmen – zuletzt in den *Fröschen* von 405, siebzehn Jahre, nachdem Kleon vor Amphipolis gefallen war. Auch die Nachwelt schätzte die *Ritter* sehr hoch ein: Die alexandrinische Zeit rechnete sie unter die besonders geglückten Stücke des Aristophanes, und als der Humanismus des 15. und 16. Jh.s den Dichter wiederentdeckte, gehörte das Stück ebenfalls zu den beliebtesten; WIELAND, der es zum erstenmal ins Deutsche übersetzte, rühmte, unter dem unmittelbaren Eindruck der Französischen Revolution, die Aktualität seiner politischen Aspekte. Nachahmer scheint das Werk jedoch nicht gefunden zu haben. E.Sch.

AUSGABEN: Venedig 1498 (in *Komōdiai ennea*, Hg. M. Musuros). – Leiden 1900 (*Equites*, Hg. J. van Leeuwen; m. Komm.). – Cambridge 1901 (*The Knights*, Hg. R. A. Neil; m. Komm.; Nachdr. Hildesheim 1966). – Oxford ²1906 (in *Comoediae*, Hg. F. W. Hall u. W. M. Geldart, Bd. 1; Nachdr. zul. 1960). – Ldn./Cambridge (Mass.) ²1926 (in *A.*, Hg. B. B. Rogers, Bd. 1; m. engl. Übers.; Loeb; Nachdr. zul. 1980). – Mailand 1953 (in *Le commedie*, Hg. R. Cantarella, Bd. 2; m. ital. Übers.). – Paris ⁶1958 (in *Aristophane*, Hg. V. Coulon, Bd. 1; m. frz. Übers. v. H. van Daele). – Warminster 1980 (*Knights*, Hg. A. H. Sommerstein; mit engl. Übers. u. Komm.). – Bln./NY 1984 (in *Poetae Comici Graeci*, Hg. R. Kassel u. C. Austin, Bd. 3,2).

ÜBERSETZUNGEN: *Die Ritter oder die Demagogen des Aristofanes*, Ch. M. Wieland (in *Attisches Museum*, Bd. 2, Zürich/Lpzg. 1798; ern. in *Vier Komödien*, Bd. 2, Wien 1813). – *Ritter*, J. H. Voß (in *Werke*, Bd. 1, Braunschweig 1821). – *Die Ritter*, L. Seeger (in *Sämtl. Komödien*, Hg. O. Weinreich, Zürich ²1968; m. Einl.). – Dass., ders. (in *Antike Komödien*, Hg. H.-J. Newiger, Mchn. 1974; Neubearb.).

LITERATUR: M. Croiset, *Aristophane et les partis à Athènes*, Paris 1906. – B. Keil, *Über Eupolis' »Demen« u. A.' »Ritter«* (in NGG, 1912, S. 237–272). – Schmid-Stählin, 1/4, S. 186–188; 231–247. – V. Ehrenberg, *The People of A.*, Oxford 1951, S. 47–50 u. ö. – M. Pohlenz, *A. »Ritter«* (in NGG, 1952/1955, S. 95–128). – W. Süss, *Scheinbare u. wirkliche Inkongruenzen in den Dramen des A.* (in RhMus, 97, 1954, S. 127–129). – H. Erbse, *Zu A.* (in Eranos, 52, 1954, S. 76–104). – O. Navarre, *Les »Cavaliers« d' Aristophane*, Paris 1956. – C. H. Whitman, *A. and the Comic Hero*, Cambridge/Mass. 1964, S. 80–103. – M. Landfester, *»Die Ritter« des A. Beobachtungen zur dramatischen Handlung und zum komischen Stil des A.*, Amsterdam 1967. – H. Kleinknecht, *Die Epiphanie des Demos in A.s »Rittern«* (in *A. und die alte Komödie*, Hg. H.-J. Newiger, Darmstadt 1975, S. 144–154). – W. Kraus, *A.s politische Komödien*, Wien 1985.

LYSISTRATĒ

(griech.; *Lysistrate*). Komödie des ARISTOPHANES; von Kallistratos, der u. a. auch die *Acharnēs (Die Acharner)* und die *Ornithes (Die Vögel)* inszeniert hat, im Jahr 411 v. Chr. auf die Bühne gebracht, vermutlich an den Großen Dionysien. – Wie in den *Acharnern*, den verlorenen *Geōrgoi (Die Bauern)* und der *Eirēnē (Der Friede)* nimmt der Dichter in der *Lysistrate* noch einmal das zentrale Thema seiner Zeit auf: die Sehnsucht des athenischen Volkes nach Frieden und Beendigung des seit zwei Jahrzehnten fast ununterbrochen tobenden Krieges mit Sparta. Freilich, die Situation hat sich gewandelt und mit ihr die Intentionen und Möglichkeiten des Komikers. Dem Bauern Dikaiopolis war es im Jahr 425 genug, sich in einem handfesten Handel einen dreißigjährigen Privatfrieden zu verschaffen; der Winzer Trygaios tritt vier Jahre später bereits als Repräsentant des griechischen Volkes auf und holt in seiner burlesken Märchenreise die Friedensgöttin wieder auf die Erde (nach Athen) herunter. Weitere zehn Jahre später genügt dem Dichter weder mehr ein Privatfriede noch ein – im Bewußtsein des bevorstehenden Waffenstillstands konzipierter

– Märchenfriede. Was Lysistrate, die »Heerauflöserin«, erstrebt, ist nicht mehr und nicht weniger als die von allen griechischen Städten gemeinsam bewirkte und für alle gültige, unverzügliche Durchsetzung des Friedensschlusses. Das Verhältnis von Dichtung und historischer Wirklichkeit hat sich inzwischen diametral verkehrt: 421, als Aristophanes das phantasievoll-irreale Stück vom *Frieden* schrieb, war der reale Friede (der »Nikiasfrieden« von 421) beschlossene Sache; im Jahr 411 dagegen ist das Ende des Krieges in unwirklicher Ferne – der reale Friede muß auf der Bühne geschlossen werden.

So ist die *Lysistrate*, trotz der unbeschwerten Frivolität, die ihr eigen ist, zu einem der ernstesten Stücke des Autors geworden, nicht zuletzt durch die Titelheldin, der fast alles Komisch-Heitere, Burlesk-Übersteigerte oder gar Lustig-Derbe fehlt, ganz im Gegensatz zu ihren Schwestergestalten in den anderen Weiberkomödien (*Thesmophoriazusen* und *Ekklesiazusen*). Auch die Komposition unterstreicht diesen Ernst: keine Parabase, in der der Dichter von sich und seinem Wirken spricht (V. 614–705 dürfte kaum ein Ersatz zu nennen sein); keine hitzig-unverschämten Attacken gegen verhaßte Politiker (die Innenpolitik bleibt überhaupt aus dem Spiel); kein Episodenreigen im zweiten Teil wie beispielsweise in *Acharnern* und *Frieden*; statt dessen eine geschlossene, auf ein einziges Thema ausgerichtete und fast in »Akten« durchkomponierte Handlung. In der Expositionsszene (V. 1–253) wartet Lysistrate in der Nähe der Akropolis auf ihre Geschlechtsgenossinnen aus Athen und Sparta, aus Böotien, Korinth und den anderen griechischen Gauen, um ihnen einen absolut wirksamen Plan zur Beendigung des Krieges vorzutragen: Alle Frauen Griechenlands sollen so lange in den Liebesstreik treten, bis ihre Männer sich dazu bereit finden, endlich Frieden zu machen. Die Frauen sind über eine solche Enthaltsamkeit alles andere als begeistert, doch Lysistrates überzeugende Argumente und das verpflichtende Beispiel der strammen Lampito aus Sparta überzeugen sie, und bei einem prallen Weinschlauch wird der Pakt beschworen (die Athenerinnen jener Zeit standen im Ruf großer Trinkfestigkeit). Der folgende Abschnitt (V. 254–705), ringförmig strukturiert, bringt die ersten Zusammenstöße mit den aufgebrachten Herren der Schöpfung. Der Chor der Männer – bramarbasierende Greise, Veteranen von Marathon (490 v. Chr.) und aus noch früheren Kriegen(!) – versucht mit Brandfackeln die von den Frauen besetzte Akropolis zu stürmen, wird aber vom Frauenchor mit einer kalten Dusche empfangen. Nicht besser ergeht es dem unter Polizeischutz anrückenden Ratsherrn, der nach heftigen Diskussionen von Lysistrate und ihren Genossinnen in Weiberkleider gesteckt wird; dem Greisenchor bleibt schließlich nur ein keifendes Rückzugsgefecht übrig. Dann aber droht dem Unternehmen aus den eigenen Reihen Gefahr (V. 706–780): Die Frauen halten es in ihrer selbstgewählten Isolation auf der Burg ohne Männer nicht mehr aus und wollen unter allerlei fadenscheinigen Vorwänden weglaufen; nur mit Hilfe eines Orakelspruchs kann Lysistrate sie noch zum Durchhalten bewegen. Daß der Erfolg greifbar nahe ist, zeigt (nach einem abermaligen Streitgesang der Chöre, V. 781–828) die vom Dichter mit Genuß und Raffinement vorgeführte Szene zwischen dem liebestollen Kinesias und der standhaft-listigen Myrrhine, die ihren Gatten mit immer keckeren Versprechungen und immer frecheren Verzögerungen bis zum Äußersten aufreizt, um ihn schließlich unverrichteter Dinge auf dem kunstvoll improvisierten Lager sitzen zu lassen (V. 829–979). Damit scheint der Bann gebrochen. Schon kommt ein erster Unterhändler aus Sparta, wo Lampitos Boykottaufruf spürbare Wirkung gezeitigt hat (V. 980–1013); in einem ersten Akt der Aussöhnung vereinen sich die streitsüchtigen Chöre der Männer und Frauen zu einem gemeinsamen Chor (V. 1014–1071), und alsbald trifft aus Sparta die offizielle Gesandtschaft ein, so daß Lysistrate, unterstützt von der Göttin der Versöhnung, endlich den ersehnten Frieden stiften kann (V. 1072–1188). Ein üppiger Schmaus und ein fröhlicher Tanzreigen bilden den versöhnlichen Beschluß (V. 1189–1321).

Aristophanes hat diese straff durchlaufende Handlung durch sorgfältig abgewogene Kontraste geschickt aufgelockert. Die nicht selten von unverhüllten politischen Vernunftmaximen und politischen Mahnungen geprägten Lysistrate-Szenen, in denen sich der Dichter ohne jede poetische Distanzierung durch den Mund seiner Heldin äußert, sind jeweils »aufgefangen« durch Szenen von besonderer Ausgelassenheit. So folgen auf den Disput mit dem Ratsherrn die Ausreißer-Episode und die Myrrhine-Szene, und so mündet der feierliche Friedensschluß in den heiteren Fest- und Tanzkehraus (dessen Ende allerdings nicht überliefert ist). Überhaußt bedeutet »Ernst« für Aristophanes auch hier keineswegs szenische Propagierung politischer Traktate. Daß die *Lysistrate* nicht in diesem Sinn mißverstanden wurde, dafür sorgte schon das für den athenischen Zuschauer unübersehbare Hauptrequisit des Stückes: riesige Lederphallen, die, von den Gewändern mehr gezeigt als verhüllt, den Darstellern der Männer vor den Bäuchen baumelten und allgegenwärtig von der Not der geplagten Ehehälften Zeugnis gaben. Eine weitere Quelle der Erheiterung dürfte für das Athener Publikum auch der breite dorische Dialekt gewesen sein, mit dem die Vertreter der spartanischen Seite auftreten (die deutschen Übersetzer pflegen mit Vorliebe ins Bayerische oder Schweizerische auszuweichen).

Erfolg war dem panhellenischen Versöhnungsappell freilich trotz alledem nicht beschieden – in der Stadt, die an der Schwelle einer oligarchischen Revolution stand, mag man andere Sorgen gehabt haben, und der Gedanke der griechischen Einheit dürfte, so richtig er war, als bare Utopie erschienen sein, als ein Komikereinfall wie Hadesfahrt und Wolkenkuckucksheim. Auch auf die Nachwelt hat die *Lysistratē* wenig Eindruck gemacht. Von geringen Ausnahmen abgesehen, fand man erst seit dem 19. Jahrhundert an dem Stoff Gefallen. Doch von den zahlreichen Bühnen- und Filmbearbeitungen, die den Singspielen von Castelli (1815) und Schubert (1825) folgten, konnte keine die Eigenart des Originals adäquat nachformen – wohl nicht zuletzt deswegen, weil man der Titelheldin und ihrem Plan aus Schicklichkeitsgründen stets das unabdingbare Pendant nehmen mußte: das frische und ungenierte Ausspielen der erotisch-lasziven Momente. In jüngerer Zeit hat das Stück aufgrund der Kriegs- und Friedensproblematik wieder stärkere Beachtung gefunden – man denke etwa an die Nachdichtungen von Fritz KORTNER (*Die Sendung der Lysistrata*, 1961), Rolf HOCHHUTH (*Lysistrate und die Nato*, 1973) und Walter JENS (*Die Friedensfrau*, 1986). E.Sch.

AUSGABEN: Florenz 1515 (*Thesmophoriazusai. Lysistratē*, Hg. B. Iunta). – Oxford ²1907 (in *Comoediae*, Hg. F. W. Hall u. W. M. Geldart, Bd. 2; Nachdr. zul. 1982). – Ldn./Cambridge (Mass.) 1924 (in *Aristophanes*, Hg. B. B. Rogers, Bd. 3; m. engl. Übers.; Loeb; Nachdr. zul. 1955). – Bln. 1927, Hg. U. v. Wilamowitz-Moellendorff (m. Einl. u. Komm.; Nachdr. zul. 1964). – Paris 1950 (in *Aristophane*, Hg. V. Coulon, Bd. 3; m. frz. Übers. v. H. van Daele). – Mailand 1956 (in *Le commedie*, Hg. R. Cantarella, Bd. 4; m. ital. Übers.). – Bln./NY 1984 (in *Poetae Comici Graeci* Hg. R. Kassel u. C. Austin, Bd. 3,2). – Oxford 1987, Hg. J. Henderson [mit engl. Komm.].

ÜBERSETZUNGEN: *Lysistrata*, A. Ch. Borheck, Köln 1806. – Dass., J. H. Voß (in *Werke*, Bd. 2, Braunschweig 1821). – *Lysistrate*, L. Seeger (in *Sämtl. Komödien*, Hg. O. Weinreich, Zürich ²1968; m. Einl.). – Dass., ders. (in *Komödien*, Bd. 2, Mchn. o. J.; GGT, 926). – *Lysistrata*, W. Schadewaldt (in *Griechisches Theater*, Ffm. 1964). – Dass., L. Seeger, Stg. 1969; (RUB; Anm. O. Seel). – Dass., ders. (in *Antike Komödien. A.*, Hg. H.-J. Newiger, Mchn. 1974 Neubearb.). – Dass., E. Fried, Bln. 1985.

VERFILMUNGEN: *Heiratsfieber*, Österreich 1928 (Regie: R. Walther-Fein). – *Triumph der Liebe*, Österreich 1947 (Regie: A. Stöger). – *Die Sendung der Lysistrata*, BRD 1961 (TV; Regie: F. Kortner). – *Flickorna*, Schweden 1968 (Regie: M. Zetterling). – Griechenland 1972 (Regie: G. Zervoulacos).

LITERATUR: W. M. Hugill, *Panhellenism in Aristophanes*, Chicago 1936. – Schmid-Stählin, 1/4, S. 206–208; 317–322. – W. Süss, *Scheinbare und wirkliche Inkongruenzen in den Dramen des Aristophanes* (in RhMus, 97, 1954, S. 115–159; 229–254; 289–313). – C. F. Russo, *Aristofane. Autore di teatro*, Florenz o.J. [1962], S. 257–285. – E. Frenzel, *Stoffe der Weltliteratur*, Stg. ²1963, S. 396–398 (KTA). – C. H. Whitman, *Aristophanes and the Comic Hero*, Cambridge/Mass. 1964, S. 200–216. – Th. Gelzer, *Tradition und Neuschöpfung in der Dramaturgie des A.* (in *A. und die alte Komödie*, Hg. H.-J. Newiger, Darmstadt 1975, S. 283–316). – S. Srebrny, *Der Schluß der »Lysistrate«* (ebd., S. 317–323).

NEPHELAI

(griech.; *Die Wolken*). Komödie des ARISTOPHANES, aufgeführt an den Städtischen Dionysien des Jahres 423 v. Chr, vermutlich in einer Inszenierung des Philonides, der auch *Sphēkes (Die Wespen), Batrachoi (Die Frösche)* und zwei verlorene Stücke des Aristophanes einstudierte. – Die *Wolken* konnten beim Komödienagon hinter der *Pytinē (Die Flasche)* des KRATINOS und dem *Konnos (Konnos)* des AMEIPSIAS nur den dritten Platz belegen, eine Niederlage, die Aristophanes als sehr schmerzlich empfand, da er sich nach seinem eigenen Zeugnis mit den *Wolken* sehr viel Mühe gemacht hatte und sie für sein gelungenstes Werk hielt. Die Enttäuschung des Dichters führte zu einer Umarbeitung des Stücks (etwa zwischen 421 und 417), die aber nicht zur Aufführung kam, jedoch den alexandrinischen Gelehrten neben der Urversion vorlag. Der überlieferte Text enthält Materialien beider Versionen; aus der Neufassung stammen vor allem die Gerechtigkeitsagon, Teile der Parabase und die Brandstiftungsszene am Schluß.

Den aktuellen Hintergrund der *Nephelai* bildet ein Motiv, mit dessen Darstellung Aristophanes schon in seinem Erstling, den *Daitalēs (Die Schmausbrüder)* an den Lenäen des Jahres 427 einen zweiten Platz erringen konnte: der Kampf gegen die nach Meinung des Dichters verderblichen neumodischen Erziehungsideale, die durch das Wirken der sophistischen Aufklärung und der im Verein mit ihr aufblühenden Rhetorik in Athen immer größere Resonanz fanden. Als formaler »Aufhänger« diente dem Autor ein in der Volksliteratur beheimatetes Schwankmotiv: der betrogene Betrüger oder der geprellte Bauer, dessen vermeintliche Schläue sich am Ende gegen ihn selbst kehrt. Strepsiades, ein Mann vom Lande, hat einst über seine Verhältnisse geheiratet und sieht sich jetzt, da sein Sohn ganz nach der Art der vornehmen Mutter geraten ist und nichts als Pferde und Wagenrennen im Kopf hat, am Rande des finanziellen Ruins. Um seine zahlreichen Gläubiger loszuwerden, sieht er nur noch einen Ausweg: Der junge Pheidippides soll nebenan im Phrontisterion, der Denkerbude, bei den beiden Weisen Sokrates und Chairephon die Kunst erlernen, vor Gericht »*die schlechtere Sache zur besseren zu machen*«. Doch der verwöhnte Sproß zeigt wenig Lust zum Studium, so daß Strepsiades sich wohl oder übel zu dem Entschluß durchringen muß, auf seine alten Tage selbst noch einmal die Schulbank zu drücken. Der Empfang in der Denkerhöhle ist recht frostig, da man allseits von der Gelehrsamkeit in Beschlag genommen ist. Der Meister Sokrates schwebt hoch oben in den

Lüften – in einer Hängematte –, um die Sonne zu beobachten, die Schüler kriechen am Boden und treiben mit Augen und Nase Erdkunde, während ihr Hintern, emporgereckt, sich auf eigene Faust der Astronomie widmet. Dennoch läßt man sich herbei, den Bittsteller anzuhören. Sokrates liefert einige Proben seines neumodischen Wissens und stellt die Götter der neuen Zeit vor: den Chor der Wolken (»*Die himmlischen Wolken sind's, der Müßigen göttliche Mächte, / die Gedanken, Ideen, Begriffe, die uns Dialektik verleihen und Logik / und den Zauber des Worts und den blauen Dunst, Übertölpelung, Floskeln und Blendwerk*«, V. 316ff.; Ü: Seeger). Nach einer kurzen Aufnahmeprüfung wird auch der neue Schüler aufgenommen, obwohl er durch seine tolpatschige Art, alle höheren Probleme nur im Hinblick auf ihre praktischen Konsequenzen für den Umgang mit Gläubigern zu sehen, mehr Ärger als Bewunderung erregt. – Nach der Parabase (V. 510–626), in der sich der Dichter über die schlechte Aufnahme der ersten Fassung des Stücks beklagt, zeigt sich das von Anfang an zu erwartende Ergebnis des Unterrichts: Strepsiades ist zu dumm und zu vergeßlich fürs Studium, er vermag nicht einmal die einfachsten grammatikalischen Grundlagen der höheren Bildung zu begreifen. Da Sokrates den Alten daraufhin zum Teufel wünscht, muß nun doch der Sohn sich zum Unterricht bequemen. Damit er sich den rechten Lehrer selbst wählen kann, werden die »gute« und die »schlechte Sache« (*logos dikaios* und *logos adikos*) höchstpersönlich herbeizitiert, um in einem großangelegten Redewettkampf ihr Können und ihre Ideale unter Beweis zu stellen. Die Rabulistik der rechtsverdreherischen »schlechten Sache« bleibt strahlender Sieger, und so wird Pheidippides zu ihr in die Lehre gegeben – mit durchschlagendem Erfolg, wie sich alsbald zeigt: denn mit Hilfe der von dem Sohn neu erlernten Künste gelingt es dem Vater ohne Schwierigkeit, zwei besonders aufdringliche Gläubiger abblitzen zu lassen. Doch das dicke Ende läßt nicht auf sich warten: Beim Essen kommt es wegen der Euripides-Begeisterung des Sohnes zum Streit, Strepsiades wird von Pheidippides verprügelt – und muß sich zudem noch von seinem Sohn als durchtriebenem Anwalt der »schlechten Sache« davon überzeugen lassen, daß er damit gerechterweise genau die handfest-liebevolle Behandlung erwidert bekommt, die er vor Jahren seinem Kind angedeihen ließ. Das scheint dem Alten denn doch zuviel an neuer Bildung, und so zieht er mit seinen Sklaven zur Denkerbude und – der einzige düstere Schluß in einem Aristophanes-Stück – steckt sie kurzerhand in Brand.

Daß diese Komödie zu einem der bekanntesten Werke der europäischen Literatur werden konnte, beruht nicht zuletzt auf der geistesgeschichtlichen Aktualität, die sie mehr als zwei Jahrzehnte nach ihrer Entstehung erlangte: Im Jahr 399 wurde der in den *Wolken* der Lächerlichkeit preisgegebene Philosoph SOKRATES wegen Gottlosigkeit und Verderbung der Jugend zum Tod verurteilt und hingerichtet. In der *Apologie*, die ihm sein Schüler PLATON wenige Jahre später in den Mund gelegt hat, wird als ein erster Anlaß dieses Prozesses eben diese Aristophanische Karikatur bezeichnet: Sie habe den Philosophen im Volk der Lächerlichkeit und gehässigen Verachtung preisgegeben und so schließlich die Anklage hervorgerufen. Dieser Vorwurf mag zwar aus der Sicht der Situation von 399 berechtigt sein: doch im Jahr 423 lag nichts weniger als das in der Absicht des Dichters. Für den konservativen Aristophanes, dem Politiker wie der junge Sophisten- und Sokratesschüler Alkibiades ein Greuel sein mußten, ist Sokrates vielmehr als erster Philosoph, den Athen selbst hervorgebracht, und als ein Mann aus dem Volk (im Gegensatz zu den vor allem in den vornehmen Kreisen wirkenden ausländischen »Sophisten«) nur der Kristallisationskern, in dem er die ganze Philosophie und Aufklärung der Zeit attackieren kann. So nimmt es nicht wunder, daß dieser Sokrates nur wenig historisch Sokratisches an sich hat und statt dessen alle möglichen Gedanken von Männern wie ANAXAGORAS, PROTAGORAS, PRODIKOS und DIOGENES aus Apollonia vertritt. (Platon hat seine Vorwürfe aus der *Apologie* später indirekt wieder relativiert und Aristophanes im *Symposion* zusammen mit Sokrates in freundschaftlicher Geselligkeit an einem Tisch sitzen lassen).

Im Gegensatz zur zurückhaltenden Einschätzung durch die unmittelbaren Zeitgenossen des Dichters haben die *Wolken* bei der Nachwelt ungeheure Resonanz gefunden. Von der Alexandrinerzeit bis in die Spätantike gehörten sie zu den beliebtesten Aristophanes-Stücken, in der byzantinischen Epoche avancierten sie sogar zur Schullektüre. Auch die Renaissance rechnete sie nach der Wiederentdeckung durch MELANCHTHON zu ihren Lieblingswerken: FRISCHLIN übersetzte sie ins Lateinische, Isaak FRÖREISEN ins Deutsche. Und in der sei es adaptierenden, sei es kritischen Auseinandersetzung mit der Sokrateskomödie begegnen so erlauchte Namen wie RABELAIS, VOLTAIRE, Moses MENDELSSOHN, WIELAND, LESSING, HAMANN, GOETHE, LENZ, VOSS, August Wilhelm von SCHLEGEL, HEGEL, TIECK und PLATEN.   E.Sch.

AUSGABEN: Venedig 1498 (in *Komōdiai ennea*, Hg. M. Musuros). – Leiden 1898 (*Nubes*, Hg. J. van Leeuwen; m. Komm.; Nachdr. 1968). – Oxford ²1906 (in *Comoediae*, Hg. F. W. Hall und W. M. Geldart, Bd. 1; Nachdr. zul. 1980). – Ldn. 1911 (*The Clouds*, Hg. W. J. M. Starkie; m. Komm. u. engl. Übers.; Nachdr. Amsterdam 1966). – Ldn./Cambridge (Mass.) ²1926 (in *Aristophanes*, Hg. B. B. Rogers, Bd. 1; m. engl. Übers.; Loeb; Nachdr. zul. 1950). – Mailand 1954 (in *Le commedie*, Hg. R. Cantarella, Bd. 3; m. ital. Übers.) – Paris ⁶1958 (in *Aristophane*, Hg. V. Coulon, Bd. 1; m. frz. Übers. von H. van Daele). – Oxford 1968 (*Clouds*, Hg. K. J. Dover; m. Komm.). – Warminster 1982 (*Clouds*, Hg. A. H. Sommerstein; m. engl. Übers. u. Komm.). – Bln./NY 1984 (in *Poetae Comici Graeci*, Hg. R. Kassel u. C. Austin, Bd. 3,2).

ÜBERSETZUNGEN: *Nubes. Ein Schön und Kunstreich Spiel, darin klärlich zusehen, was betrug und hinderlist offtmahlen für ein End nimmet*, I. Fröreisen, Straßburg 1613 (ern. in *Griechische Dramen in deutschen Bearbeitungen*, Hg. O. Dähnhardt, Stg. 1897; BLV, 212). – *Die Wolken*, Ch. M. Wieland (in *Attisches Museum*, Bd. 2, Zürich/Lpzg. 1798; ern. in *Vier Komödien*, Bd. 1, Wien 1813). – *Die Wolken*, J. H. Voß (in *Werke*, Bd. 1, Braunschweig 1821). – *Die Wolken*, L. Seeger (in *Sämtl. Komödien*, Hg. O. Weinreich, Zürich ²1968). – Dass., ders. (in *Komödien*, Bd. 1, Mchn. o. J.; GGT). – Dass., O. Seel, Stg. 1963 (RUB; ern. 1985). – Dass., L. Seeger (in *Antike Komödien. A.*, Hg. H.-J. Newiger, Mchn. 1974; Neubearb.). – Dass., M. Fuhrmann, Zürich 1977.

LITERATUR: W. Süß, *Aristophanes und die Nachwelt*, Lpzg. 1911. – Schmid-Stählin, Bd. I/4, S. 188f.; 247–270. – W. Schmid, *Das Sokratesbild der »Wolken«* (in Phil, 97, 1948, S. 209–228). – H. Erbse, *Sokrates im Schatten der aristophanischen »Wolken«* (in Herm, 82, 1954, S. 385–420). – Th. Gelzer, *A. und sein Sokrates* (in MH, 13, 1956, S. 65–93). – H.-J. Newiger, *Metapher und Allegorie*, Mchn. 1957, S. 50–74 (Zetemata). – Th. Gelzer, *Der epirrhematische Agon bei A.*, Mchn. 1960 (Zetemata) [s. Index]. – P. Händel, *Formen und Darstellungsweisen der aristophanischen Komödie*, Heidelberg 1963, bes. S. 256–276. – C. H. Whitman, *A. and the Comic Hero*, Cambridge/Mass. 1964, S. 119–145. – V. Ehrenberg, *A. und das Volk von Athen*, Zürich/Stg. 1968, bes. S. 58–60; 275–282. – H. Neumann, *Socrates in Plato and A.* (in AJPh, 90, 1969, S. 201–214). – E. A. Havelock, *The Socratic Self as it is Parodied in A.'s »Clouds«* (in Yale Classical Studies, 22, 1972, S. 1–18).

ORNITHES

(griech.; *Die Vögel*). Komödie des ARISTOPHANES, aufgeführt an den Städtischen Dionysien des Jahres 414, in der Einstudierung des Schauspielers Kallistratos, der von den erhaltenen Stücken auch die *Acharnēs (Die Acharner)* und die *Lysistratē (Lysistrata)* auf die Bühne gebracht hat. – Die *Vögel* wurden von den Kritikern der Neuzeit als das gelungenste Stück des altattischen Komikers gepriesen – sicher nicht zu Unrecht, wenn man die für die Gattung erstaunliche Geschlossenheit in der Szenenführung betrachtet, die vor allem auf einer ziemlich straffen Beschränkung auf ein einziges Grundthema beruht: das märchenhafte Motiv der Suche nach einer besseren Welt außerhalb dieser Welt. Die zahlreichen anderen für die Aristophanische Komödie so typischen Grundelemente – erotisch-phantastische Burleskerie, scharfe politische Attacken, parodistische Bosheiten auf poetische Genossen und Rivalen, kecke Mythentravestie, beißende Kritik an Zeiterscheinungen usw. –, sonst nicht selten in buntem Kaleidoskop durcheinandergewirbelt, sind hier entweder beiseite gerückt oder thematisch wie kompositorisch diesem einen Grundmotiv untergeordnet.

Zwei alte Athener, Pisthetairos (oder Peisetairos, auch Peithetairos) und Euelpides, die ihre Heimatstadt wegen der dort grassierenden Prozeßsucht leidlich satt haben, sind, von einer Krähe und einer Dohle geführt, auf dem Weg zur Behausung des Wiedehopfs, um von ihm einen ruhigen Ort zu erfragen, wohin man emigrieren könne: Der Wiedehopf – einst, vor seiner Verwandlung, als König Tereus Schwiegersohn des attischen Königs Pandion und daher gewiß mit Athener Sitten und Sorgen vertraut – hat auf seinen Flügen über Erde und Meer manchen schönen Platz gesehen. Allein keiner der Vorschläge von Wiedehopf-Tereus kann bei den Auswanderern Gefallen finden. So entwickelt Pisthetairos schließlich den Einfall, im Luftreich einen weltabgeschiedenen Vogelstaat zu gründen. Vor allem dessen strategisch günstige Lage mitten zwischen Menschenwelt und Götterreich – man kann die Götter nach Belieben unter Druck setzen, indem man die Opferdüfte und andere Gaben der Menschen nicht mehr passieren läßt – überzeugt den Wiedehopf von der Großartigkeit des Planes, und er ruft in der berühmten Zwitscherarie den Vogelchor herbei. Bei Eintreffen des Chors kommt es zunächst zu einem kleinen Scharmützel (Rest des alten Agon-Teiles), weil die Vögel die beiden Männer für Feinde und den Wiedehopf für einen Verräter halten, doch dann darf Pisthetairos mit breit ausgeführten Argumenten seine umwälzende Idee entfalten; besonders sein Nachweis, daß die Vögel ursprünglichere Rechte auf die Weltherrschaft haben als die jetzigen Götter und daß die Absetzung des Zeus lediglich Wiederherstellung des alten Vogelkönigtums bedeutet, wirken überzeugend: Pisthetairos wird vom Anführer des Vogelchors sogleich zum geistigen Führer des zu gründenden Reiches ernannt. Damit die beiden Menschen in dem Vogelstaat leben können, müssen sie freilich erst noch beflügelt werden – eine Prozedur, die sich hinter der Bühne vollzieht, während der Chor die Parabase vorträgt (V. 1-675). Die Parabase (V. 676-800), in anderen Stücken der Ort der direkten persönlichen Ansprache des Dichters an sein Publikum, ist in den *Vögeln* ganz in das Geschehen integriert: Zunächst entwirft sie aus der Vogelsicht eine launig-parodistische Theogonie und fordert sodann die Zuschauer auf, sich gleichfalls Flügel anzuschaffen, um in die Vogelwelt zu emigrieren. Inzwischen ist die Gründung des Vogelstaates ein gutes Stück vorangekommen – die Helden sind beflügelt, und das neue Reich erhält seinen Namen: Wolkenkuckucksheim (Nephelokokkygia). Die Vollendung des genialischen Planes ist abzusehen, und so können denn in der auch aus anderen Komödien (z.B. *Acharner; Eirēnē – Der Frieden*) bekannten Manier in einer durch kurze Choreinlagen zäsurierten Szenenfolge von episodischen Abfertigungsreihen die Auswirkungen des neuen Zustands vorgeführt werden (V. 801-1765). Die ersten Schmarotzer, Neider und Flügelanwärter stellen sich ein – ein Priester, ein Dichter, ein Wahrsager, der Astronom Meton, ein athenischer Abgesandter, ein Gesetzeshändler, ein mißratener Sohn, der Dithyrambendichter Kinesias und ein Berufsdenunziant –, sie werden aber ebenso rasch, wie sie kamen, wieder hinausexpediert; nicht viel besser ergeht es der Götterbotin Iris, die auf ihrem Weg zu den Menschen, wo sie wegen der ausbleibenden Opfer recherchieren sollte, abgefangen und mit der Kunde von den neuen Verhältnissen zu Zeus zurückgeschickt wird. Alsbald naht auch schon eine Göttergesandtschaft – Herakles, Poseidon und ein grobschlächtiger Barbarengott. Doch die Vögel sind zuvor von Zeus' altem Widersacher Prometheus auf die richtige Verhandlungstaktik präpariert worden, und zudem erweist der notorische Komödiengourmand Herakles angesichts der köstlichen Düfte, die die Köche durch Wolkenkuckucksheim ziehen lassen, sich als sehr konzessionsbereiter Verhandlungspartner. Es wird ein friedlicher Kompromiß ausgehandelt: Zeus soll Pisthetairos die Basileia, die personifizierte Königsherrschaft, aus dem Himmel als Frau zuführen lassen. Und so zieht denn der Held am Ende in feierlichem kultischem Umzug zur »heiligen Hochzeit« in das Brautgemach, geleitet von den Segensliedern des Vogelchores.

Gerade der Schluß unterstreicht, im Vergleich etwa zu den motivgleichen Szenen in den *Acharnern* und im *Frieden*, noch einmal den besonderen Charakter des ganzen Werkes; es ist ein heiteres und gelöstes, aber kein überschäumend komödiantisches Stück – der Autor läßt das vom Motiv nahegelegte Ausspielen derb-lasziver Elemente bewußt beiseite (lediglich die Iris-Episode ist damit »gewürzt«). Auf derselben Linie liegt es, wenn Aristophanes auf persönliche politische Angriffe weitgehend verzichtet und sich statt dessen mit leisen Anspielungen begnügt: Das großangelegte sizilische Unternehmen, seit dem Vorjahr Hauptsorge der Stadt, wird nur ganz beiläufig und indirekt erwähnt, und der Mammutprozeß im Anschluß an den sogenannten Hermokopidenfrevel des Jahres 415 ist gerade gut genug als (ungenannter) »Aufhänger« für die Emigration der beiden prozeßmüden Athener. Nur eines der gewohnten Momente Aristophanischer Komödien scheint das ganze Stück hindurch mit dem Geschehen verwoben – die literarische Parodie: Anspielungen und Zitate aus Aischylos, Sophokles und Euripides, Homer und den Theogoniendichtern, Sokrates, dem Sophisten Prodikos und dem Rhetor Gorgias, den Lyrikern Simonides und Pindar sowie, nicht zuletzt, den neumodischen Dithyrambikern dienen immer wieder dazu, die Bühnen- wie die Märchenillusion zu durchbrechen und die Zuschauer in interessierter Distanz zu halten. Doch auch hierbei wahrt der Dichter – denkt man an die exzessive Euripides-Persiflage etwa der *Batrachoi (Die Frösche)* oder der *Acharner* – dasselbe wohldosierte Maß, das sich auch in der Zurückdrängung des Agons und in der Knappheit der Bitte an die Preisrichter um freundliche Beurteilung des Stückes (V. 1102–1117) äußert.

Die Zeitgenossen scheinen diese sanfte Form der Komik nicht uneingeschränkt goutiert zu haben. Nur so ist es zu erklären, daß dieses dramaturgisch ausgefeilte Stück beim Komödienwettbewerb nur den zweiten Platz erreichte: Sieger wurde Ameipsias mit seinen heute verlorengegangenen *Kōmastai (Die Schwärmer)*, auf den dritten Rang kam der *Monotropos (Der Einsiedler)* des Phrynichos, wie die *Ornithes* ein Stück über die Weltflucht, wenngleich ganz anderer Art. Die Wirkung der *Vögel* auf die antike Nachwelt blieb gering, obwohl die alexandrinische Literaturkritik sie zu den besten Werken des Dichters zählte. Aus der Neuzeit verdienen Goethes Prosabearbeitung von 1780 sowie die in der Romantik aufblühende allegorische Betrachtungsweise des Stücks Erwähnung.   E.Sch.

Ausgaben: Venedig 1498 (in *Kōmōdiai ennea*, Hg. M. Musuros). – Leiden 1902 (*Aves*, Hg. J. van Leeuwen; m. Komm.; Nachdr. 1968). – Oxford ²1906 (in *Comoediae*, Hg. F. W. Hall u. W. M. Geldart, Bd. 1; Nachdr. zul. 1980). – Ldn. 1906, Hg. B. B. Rogers [m. engl. Übers. u. Komm.]. – Ldn./Cambridge (Mass.) ²1926 (in *Aristophanes*, Hg. ders., Bd 2; m. engl. Übers.; Loeb; mehrere Nachdr.). – Bln. ⁴1927 (*Die Vögel*, Hg. Th. Kock u. O. Schroeder; m. Komm.). – Mailand 1956 (in *Le commedie*, Hg. R. Canterella, Bd. 4; m. ital. Übers.). – Paris ⁶1963 (*Les oiseaux*, in *Aristophane*, Hg. V. Coulon; m. frz. Übers. v. H. van Daele). – Bln./NY 1984 (in *Poetae Comici Graeci*, Hg. R. Kassel u. C. Austin, Bd. 3,2).

Übersetzungen: *Die Vögel*, anon. (in Journal für Freunde der Religion und Litteratur, Augsburg 1779; nach der frz. Übers. v. Boivin). – Dass., J. W. v. Goethe, Lpzg. 1787; ern. Lpzg. 1886, Hg. W. Arndt. – Dass., Ch. M. Wieland (in Neues Attisches Museum, 1, 1805; 2, 1806; ern. in *Vier Komödien*, Bd. 2, Wien 1813). – *Vögel*, J. H. Voß (in *Werke*, Bd. 2, Braunschweig 1821). – *Die Vögel*, F. Rückert (in *Aus Friedrich Rückert's Nachlaß*, Hg. M. Rückert, Lpzg. 1867). – Dass., C. Robert, Bln. 1920. – Dass., L. Seeger (in *Sämtliche Komödien*, Hg. O. Weinreich, Zürich ²1968). – Dass., ders. (in *Komödien*, Bd. 2, Mchn. o. J.; GGT). – Dass., W. Schadewaldt, Ffm. 1970. – Dass. Chr. Voigt, Stg. 1971. – Dass., L. Seeger (in *Antike Komödien. A.*, Hg. H.-J. Newiger, Mchn. 1974; Neubearb.).

Literatur: W. Behaghel, *Geschichte der Auffassung der aristophanischen »Vögel«*, 2 Tle., Progr. Heidelberg 1878/1879. – Schmid-Stählin, 1/4, S. 202–204; 289–306. – H.-J. Newiger, *Metapher und Allegorie. Studien zu A.*, Mchn. 1957, S. 80–103 (Zetemata). – E. Fraenkel, *Zum Text der »Vögel« des A.* (in *Studien zur Textgeschichte und Textkritik*, Hg. H. Dahlmann u. R. Merkelbach, Köln/Opladen 1959, S. 9–30). – V. Ehrenberg, *The People of A.*, NY ³1962, S. 57–60 u. ö. (dt.: *A. und das Volk von Athen*, Zürich/Stg. 1968, S. 65–68 u. ö.). – C. H. Whitman, *A. and the Comic Hero*, Cambridge/Mass. 1964, S. 167–199. – J. Th. Kakridis, *Phrynicheisches in den »Vögeln« des A.* (in WSt, 4, 1970, S. 39–51). – Th. G. Rosenmeyer, *Notes on A.'s »Birds«* (in AJPh, 93, 1972, S. 223–238). – H.-J. Newiger, *»Die Vögel« und ihre Stellung im Gesamtwerk des A.* (in *A. und die alte Komödie*, HG. ders., Darmstadt 1975, S. 266–282). – H. Hofmann, *Mythos und Komödie. Untersuchungen zu den »Vögeln« des A.*, Hildesheim 1975.

PLUTOS

(griech.; *Der Reichtum*). Komödie des ARISTOPHANES, aufgeführt 388 v. Chr. – Genau zwanzig Jahre zuvor (408 v. Chr.) hatte der Dichter schon einmal ein Stück mit dem Titel *Plutos* auf die Bühne gebracht, von dem aber so gut wie nichts erhalten ist. Es gibt jedoch Gründe für die Annahme, daß das überlieferte Werk eine Neubearbeitung des verlorenen ist: Auch dem ersten *Plutos* lag also das sozialkritische Märchenmotiv von der Neuverteilung der bislang ungerecht verteilten Besitztümer zugrunde. In denselben Themenkreis gehörten die weitere Jahre früher von KRATINOS aufgeführten *Plutoi (Die Reichtümer)*; ob ARCHIPPS *Plutos* Nachahmung oder Vorbild einer der Aristophanischen Versionen war, läßt sich nicht mehr feststellen.

Der Aufbau des *Plutos* folgt einem von Aristophanes in vielen Komödien – etwa *Acharnēs (Die Archarner), Hippēs (Die Ritter), Eirēnē (Der Frieden), Ornithes (Die Vögel)* – durchgespielten Schema: Einem zielstrebig inszenierten Handlungsteil (V. 1–801) folgt ein locker gefügter Episodenreigen (V. 802–1209), in dem diverse Schmarotzer abgefertigt werden, die an dem im ersten Teil errungenen Erfolg teilhaben wollen. Zu Beginn sieht man den zerlumpten attischen Bauern Chremylos mit seinem Sklaven Karion auf dem Heimweg vom Orakel in Delphi. Der arme Chremylos hat bei Apollon angefragt, ob er seinen Sohn nicht doch lieber bei einem Gauner in die Lehre geben solle, um endlich aus seinem Elend herauszukommen (vgl. *Nephelai – Die Wolken*). Der Gott gab ihm den Rat, den ersten Menschen, dem er nach Verlassen des Tempels begegne, nach Hause mitzunehmen. Tatsächlich treffen sie vor dem Heiligtum einen alten Blinden, der sich alsbald als Plutos, der Gott des Reichtums, erweist. Ihn zu überreden, in das Haus des Chremylos mitzukommen, kostet freilich einige Mühe: Zu oft schon ist er von angeblich rechtschaffenen Leuten eingeladen worden, die sich bei und nach seinem Besuch als schlimme Schurken entpuppten. Doch Chremylos weiß einen Rat, der sowohl ihm selbst als auch dem oft enttäuschten Plutos helfen wird: Da die einzige Ursache dafür, daß der Reichtum so häufig den Falschen, nämlich den Ungerechten und Habsüchtigen, zuteil wird, in der Blindheit des Gottes liegt, braucht man nur für die Heilung dieses Leidens zu sorgen, um den unerträglichen Zustand der Welt mit einem Schlag zu beheben. Das geeignete Mittel scheint eine Inkubationskur im Tempel des Asklepios, was allerdings auf den Widerstand der Penia, der Göttin der Armut, stößt: In einem breit ausgeführten Agon (V. 615–818) schildert sie die Gefahren eines allgemeinen Reichtums, denn nur sie – die keinesfalls als Bettelarmut mißverstanden werden dürfe – sei es, die den Menschen dazu bewege, mit geduldigem Fleiß und unermüdlicher Arbeit für das tägliche Brot zu sorgen.

Doch ihre Einwände bleiben nutzlos, und schon in der nächsten Szene kann der Sklave von der nächtlichen Wunderheilung berichten, unter kräftigen Seitenhieben auf die betrügerische Scharlatanerie der Tempelpriester. Damit ist endgültig der Reichtum ins Haus des Chremylos und aller übrigen rechtschaffenen Armen eingekehrt. Die schurkischen Reichen und Neureichen dagegen sehen sich plötzlich verarmt. Klagend kommen sie zur neuen Residenz des Plutos, werden aber erbarmungslos abgewiesen; der Sykophant (politischer Denunziant), der seinen bisher unerschöpflichen Geldquellen nachtrauert, eine alte Vettel (vgl. *Ekklēsiazusai – Die Weibervolksversammlung*), die den von ihr ausgehaltenen schönen Jüngling verloren hat, Hermes als Abgesandter der Götter, bei denen plötzlich der Weihrauch ausbleibt (vgl. *Ornithes – Die Vögel*), schließlich ein nunmehr arbeits- und unterhaltsloser Zeuspriester, der ebenso wie der Götterbote beim »neuen Zeus« eine bescheidene Anstellung findet. Am Ende wird der sehend gewordene Gott in lustig-feierlichem Umzug (vgl. *Acharner, Wespen, Frieden, Vögel, Lysistrate, Ekklesiazusen*) – voran der ehemalige Zeuspriester als Fackelträger und die bunt aufgetakelte Vettel mit den heiligen Töpfen auf dem Kopf – zu seinem angestammten Wohnsitz geleitet: der Schatzkammer der Athene auf dem Parthenon.

Ekklesiazusen und *Plutos* sind die beiden letzten Stücke des Dichters, die uns überliefert sind, und beide zeigen gewisse Eigentümlichkeiten, die man als Altersstil des Aristophanes bezeichnet hat: Abwendung von der Tages-, sprich: Außenpolitik und utopisch verfremdete Hinwendung zu sozialpolitischen Themen, Verzicht auf die Parabase – das traditionelle Instrument der persönlichen Ansprache des Dichters an sein Publikum –, häufiges Fehlen integrierter Chorlieder (sie werden ersetzt durch den Hinweis »Chorgesang«, wie später bei den Dichtern der Neuen Komödie, etwa MENANDER). Doch auch die erotisch-derben Elemente, die beißende Attacke auf die politischen Tagesgrößen und die Parodie poetischer Zeitgenossen – Momente, die so vielen früheren Werken des Autors ihre unnachahmliche Würze verliehen – erscheinen im *Plutos* in den Hintergrund gedrängt. All das hat dem Stück bei manchen Kritikern den Vorwurf einer gewissen Mattheit eingetragen, die durch einzelne Inkonsequenzen in der Durchführung des Grundthemas noch verstärkt wird (in den Plutos-Szenen ist durchweg von der gerechteren Aufteilung des Reichtums die Rede, während der Penia-Agon plötzlich von der gleichmäßigen Verteilung des Besitzes an alle redet – vielleicht als Nachklang zu den *Ekklesiazusen*?).

Doch haben diese Mängel der späteren Beliebtheit des *Plutos* keinen Abbruch tun können; ja, sieht man auf sein Fortleben im Mittelalter und der beginnenden Neuzeit, so muß man ihn ohne Einschränkung als das erfolgreichste Werk des Aristophanes bezeichnen: Zu keinem Stück gibt es reichere Scholiastenkommentare, von keinem sind mehr mittelalterliche Abschriften erhalten, keines hat vom 15.Jh. an in Übersetzung, Nachbildung (z. B. Hans SACHS, Ben JONSON) und Aufführung breitere Resonanz gefunden. Die Gründe hierfür liegen zweifellos nicht in etwaigen dramatischen Vorzügen gegenüber den übrigen Stücken, sondern allein in der thematischen Konzeption: der ethisch-paränetischen Grundtendenz sowie den in späteren Jahrhunderten so beliebten allegorischen Personifikationen. E.Sch.

AUSGABEN: Venedig 1498 (in *Komōdiai ennea*, Hg. M. Musuros). – Leiden 1904 (*Plutus*, Hg. J. van Leeuwen; m. Komm., Nachdr. 1968). – Oxford ²1907 (in *Comoediae*, Hg. F. W. Hall und W. M. Geldart, Bd. 2; Nachdr. zul. 1982). – Ldn./Cambridge (Mass.) 1924 (*The Plutus*, in *Aristophanes*, Hg. B. B. Rogers; m. engl. Übers.; Loeb; mehrere Nachdr.). – Paris ³1963 (*Ploutos*, in *Aristophane*, Hg. V. Coulon; m. frz. Übers. v. H. van Daele). – Mailand 1964 (in *Le commedie*, Hg. R. Cantarella, Bd. 5; m. ital. Übers.). – Bln./NY 1984 (in *Poetae Comici Graeci*, Hg. R. Kassel u. C. Austin, Bd. 3,2).

ÜBERSETZUNGEN: *Ein comedi mit 11 person zu recidirn, der Pluto, ein gott aller reichthumb, unnd hat fünff actus*, H. Sachs, 1531 [Bearb.]. – *Plutos*, J. H. Voß (in *Werke*, Bd. 3, Braunschweig 1821). – Dass., L. Seeger (in *Sämtliche Komödien*, Hg. und Einl. O. Weinreich, Zürich ²1968). – Dass., ders. (in *Komödien*, Bd. 2, Mchn. o.J.; GGT). – *Plutos oder Der Reichtum*, J.G. Droysen (in *Komödien*, Hg. E. R. Lehmann, Wiesbaden/Bln. o.J., ca. 1960). – *Plutos*, L. Seeger (in *Antike Komödien A.*, Hg. H.-J. Newiger, Mchn. 1974; Neubearb.).

LITERATUR: W. Süß, *A. und die Nachwelt*, Lpzg. 1911. – F. Hübner, *De Pluto* (in Dissertationes philologicae Halenses, 23/3, Halle 1914, S. 239–291). – W. Meyer, *Laudes inopiae*, Diss. Göttingen 1915. – D. J. Hemelrijk, *Penia en Plutos*, Diss. Utrecht 1925. – Y. Urbain, *Les idées économiques d'Aristophane* (in L'Antiquité Classique, 8, 1939, S. 183–200). – K. Holzinger, *Kritisch-exegetischer Kommentar zu A.' »Plutos«*, Wien/Lpzg. 1940 (SWAW, 218/3). – Schmid-Stählin, 1/4, S. 219f.; 373–387. – W. Süß, *Scheinbare und wirkliche Inkongruenzen in den Dramen des A.* (in RhMus, 97, 1954, bes. S. 298–313). – H.-J. Newiger, *Metapher und Allegorie. Studien zu A.*, Mchn. 1957, S. 155–178 (Zetemata). – E. Roos, *De incubationis ritu per ludibrium apud Aristophanem detorto* (in Acta Instituti Atheniensis regni Sueciae, 3, 1960, S. 55–97). – U. Albini, *La struttura del »Pluto« di Aristofane* (in La Parola del Passato, 20, 1965,

S. 427–442). – G. Hertel, *Die Allegorie von Reichtum und Armut. Ein aristophanisches Motiv und seine Abwandlungen in der abendländischen Literatur*, Nürnberg 1969 (m. Bibliogr.; Diss. Erlangen 1968). – H.-J. Newiger, *Zur Eigenart des Aristophanischen Spätwerks* (in *A. und die alte Komödie*, Hg. ders., Darmstadt 1975, S. 405–434).

SPHĒKES

(griech.; *Die Wespen*). Komödie des ARISTOPHANES, an den Lenäen des Jahres 422 von PHILONIDES aufgeführt, der auch die *Batrachoi (Die Frösche)* und zwei nicht erhaltene Stücke des Aristophanes auf die Bühne gebracht hat. – Eine der von Philonides inszenierten verlorenen Aristophanes-Komödien war der *Proagōn (Der Vorwettkampf)*, den Philonides an denselben Lenäen wie die *Sphēkes* gab, allerdings offenbar unter eigenem Namen. So konnte das einmalige Kuriosum eintreten, daß ein Autor an einem Dichter-Agon gleich zweimal siegreich war: denn der *Proagōn* gewann den ersten Preis vor den *Wespen*; dritter wurde LEUKON mit seinen *Presbeis (Die Gesandten)*.

Wie in den *Nephelai (Die Wolken)* aus dem Jahr zuvor steht im Mittelpunkt der *Wespen* ein Generationskonflikt zwischen Vater und Sohn, und wie in den *Wolken* gipfelt dieser Konflikt in dem – von Aristophanes natürlich antisophistisch kolorierten – sophistischen Grundproblem der Erziehung. Allerdings sind die Positionen hier umgekehrt: Nicht der Vater sucht Bildung für seinen Sohn, sondern der Sohn versucht, seinen Vater umzuerziehen und zur Vernunft zu bringen. Der Streitfall zwischen den beiden ist politischer Natur, und wie schon ihre sprechenden Namen Philokleon (»Kleonfreund«) und Bdelykleon (»Kleonhasser«) zeigen, richtet sich die Attacke des Dichters einmal mehr – man denke an die *Babylōnioi (Die Babylonier)* von 426 und vor allem an die *Hippēs (Die Ritter)* von 424 – gegen den Demagogen Kleon. Dieser hatte im Jahr 425, als infolge des Krieges die Einkünfte der attischen Handwerker und Bauern stark zurückgingen, den Sold für die jährlich ausgelosten 6000 Richter um 50 Prozent auf 3 Obolen täglich erhöht und sich dadurch eine stattliche und gefügige Gefolgschaft verschafft, die sich im Verein mit dem üppig ins Kraut geschossenen Denunziantentum bei der Durchführung der zahllosen politischen Prozesse als williges Instrument gebrauchen ließ (als Allerweltsvorwurf fungierten bei solchen Prozessen die Schlagwörter »Tyrannis«, d. h. Streben nach Alleinherrschaft, »Verschwörung«, »Spartafreundlichkeit«, vgl. in den *Wespen* besonders V. 474 ff.). In Athen scheint damals die Prozessierlust geradezu epidemisch grassiert zu haben – ähnliches beschreiben die *Ornithes (Die Vögel)* –, und einer dieser krankhaft prozeßwütigen Kleon-Anhänger ist auch der alte Philokleon in den *Wespen*. Da alle Kuren gegen die Krankheit bei Philokleon nicht angeschlagen haben, hat Bdelykleon seinen Vater jetzt – so erfahren wir aus der exponierenden

Sklavenszene (vgl. *Hippēs – Die Ritter* und *Eirēnē – Der Frieden*) – im Haus eingesperrt, um ihn an der weiteren Ausübung seiner gefährlichen Leidenschaft zu hindern. Doch der Alte findet immer wieder Mittel, der Gefangenschaft beinahe zu entkommen: durch den Rauchfang, oder unter dem Bauch eines Esels gebunden, oder durch eine Ritze im Dach. Nachdem der Chor einmarschiert ist – als stachelbewehrte Wespen maskierte alte Marathon-Kämpfer, jetzt von derselben Passion infiziert wie Philokleon, den sie in aller Herrgottsfrühe zum großen Dreitageprozeß gegen den Feldherrn Laches abholen wollen –, versucht man mit vereinten Kräften eine Abseilung des Gefangenen. In letzter Sekunde kann Bdelykleon dazwischentreten; er erbietet sich, seinem Vater in Gegenwart des Chors zu beweisen, daß er als Richter in Wirklichkeit nicht, wie er glaubt, einer der Herren der Stadt, sondern ein von den wahren Herren nach Belieben ausgenützter Knecht ist. So kommt es zum großen Agon (V. 513–728), und dabei gelingt es Bdelykleon mit seinen handfesten sozialkritischen Argumenten tatsächlich, sowohl seinen Widerpart als auch den Chor zu überzeugen. Allein – der Alte kann nun mal auf das Richten nicht verzichten, und so bleibt dem Sohn nichts übrig, als für ihn zu Hause ein Privatgericht einzurichten, vor dem dann alsbald ein skurriler Hundeprozeß verhandelt wird (V. 729–1008): Ein Hund namens Labes aus Aixonai hat ein Stück Käse gemopst und wird von einem Hund aus Kydathen verklagt, weil er es allein aufgefressen hat, wofür allerhand Küchengeräte als Zeugen aufmarschieren – eine köstliche Parodie auf den schon zuvor erwähnten Unterschlagungsprozeß, den der aus Kydathen stammende Kleon dem Strategen Laches aus Aixonai 425 angehängt, aber verloren hatte; auch der Hund Labes wird freigesprochen, freilich nur durch ein Versehen des rabiaten Philokleon.

Nach der Parabase (V. 1009–1121), in der der Dichter sich unter anderem über das Unverständnis des Athener Publikums für sein Schaffen beklagt (die *Wolken* waren im Vorjahr durchgefallen), wechselt das Grundthema: Bdelykleon konnte Philokleon nach dessen Fehlurteil dazu überreden, das Prozessieren sein zu lassen und sich in Zukunft einem vom Sohn garantierten genußvoll-sorgenfreien Alter hinzugeben. Dazu gehört freilich auch, daß Philokleon lernt, wie man sich in feiner Gesellschaft benimmt: eine Lernprozedur, die sowohl theoretisch als auch – wie die anschließenden Auftritte demonstrieren – praktisch gründlich mißlingt (V. 1122–1535). In einer Szenenfolge, die an die episodischen Abfertigungsreihen in anderen Stücken erinnert, hören wir zunächst im Botenbericht von Philokleons unflätigem Benehmen beim Symposion des Philoktemon und sehen ihn anschließend, mit einer beim Gelage entführten hübschen Flötenspielerin im Arm, torkelnd auf die Bühne tanzen. Eine Bäckerin und ein Mann, die er unterwegs angepöbelt hat und die sich beschweren wollen, speist er mit seltsamen äsopischen Fabeln ab. Der Sohn zerrt ihn ins Haus, doch der Alte ist nicht mehr zu halten: Statt der Prozessierwut hat ihn jetzt die Tanzwut gepackt, und in einem grotesken Kehraus tanzt er mit drei Profitänzern – den zwergenhaften Söhnen des Tragikers Karkinos – wie wild um die Wette, und falls er gewinnt, will er sich die drei »*Krebse...in Salzlauge*« zubereiten.

Man hat diesem recht turbulenten Stück in neuerer Zeit öfter vorgeworfen, es zerfalle seiner Doppelthematik wegen in zwei disharmonische Teile. Doch der – nicht bloß in kompositorischer, sondern weit mehr noch in motivischer Hinsicht – lockere Zusammenhalt des Ganzen ist für die Alte Komödie durchaus typisch, in der politische Parabel und persönliche Attacke, Fabel und Moritat, Märchenzüge und derbste Realismen ungeniert zueinander finden und eben in dieser Vereinigung das unverwechselbare Signum der Gattung abgeben. Daß man Aristophanes nicht mit modernen Vorstellungen dramaturgischer Stringenz messen darf, zeigt auch die Reaktion des zeitgenössischen Publikums, das die *Sphēkes* offensichtlich goutierte – sonst hätten sie nicht den zweiten Platz errungen. Auf die Nachwelt haben die *Wespen* offensichtlich weniger Eindruck gemacht: Zumindest kennen wir vor RACINES berühmter einziger Komödie, den *Plaideurs (Die Prozeßsüchtigen)* von 1668, keine Bearbeitungen des Aristophanischen Werkes.

E.Sch.

AUSGABEN: Venedig 1498 (in *Komōdiai ennea*, Hg. M. Musuros). – Ldn. 1897 (*The Wasps*, Hg. W. J. M. Starkie; m. Komm.; Nachdr. Amsterdam 1968). – Oxford ²1906 (in *Comoediae*, Hg. F. W. Hall u. W. M. Geldart, Bd. 1; Nachdr. zul. 1980). – Leiden ²1909 (*Vespae*, Hg. J. van Leeuwen; m. Komm.; Nachdr. 1968). – Ldn./Cambridge (Mass.) ²1926 (in *Aristophanes*, Hg. B. B. Rogers, Bd. 1; m. engl. Übers.; Loeb, mehrere Nachdr.). – Mailand 1954 (in *Le commedie*, Hg. R. Cantarella, Bd. 3; m. ital. Übers.). – Paris ⁵1964 (in *Aristophane*, Hg. V. Coulon, Bd. 2; frz. Übers. H. v. Daele). – Oxford 1971, Hg. D. M. MacDowell [m. engl. Komm.]. – Warminster 1983 (*Wasps*, Hg. A. H. Sommerstein; m. engl. Übers. u. Komm.). – Bln./NY 1984 (in *Poetae Comici Graeci*, Hg. R. Kassel u. C. Austin, Bd. 3,2).

ÜBERSETZUNGEN: *Wespen*, J. H. Voss (in *Werke*, Bd. 1, Braunschweig 1821). – *Die Wespen*, J. G. Droysen (in *Werke*, 2 Bde., Lpzg. ³1881; ern. in *Komödien*, Bd. 2, Hg. E. R. Lehmann, Wiesbaden/Bln. o. J. [1958]). – Dass., L. Seeger (in *Sämtliche Komödien*, Hg. O. Weinreich, Zürich ²1968; ern. in *Komödien*, Bd. 2, Mchn. o. J., GGT. – Dass., ders. (in *Antike Komödien. A.*, Hg. H.-J. Newiger, Mchn. 1974; Neubearb.).

LITERATUR: U. v. Wilamowitz-Moellendorff, *Über die »Wespen« des A.* (in SPAW, 1911, S. 460–491; 504–535; ern. in U. v. W.-M., *Kleine Schriften*, Bd. 1, Bln. 1935, S. 284–346). – Schmid-Stählin, Bd. 1/4, S. 189/190; 270–280. – W. Süss, *Scheinbare und wirkliche Inkongruenzen in den Dramen des*

A. (in RhMus, 97, 1954, S. 135–138). – H.-J. Newiger, *Metapher und Allegorie*, Mchn. 1957, S. 74–80; 127–130 (Zetemata). – A. M. Dale, *An Interpretation of A.'s »Vespae« 136–210 and its Consequences for the Stage of A.* (in Journal of Hellenic Studies, 77, 1957, S. 205–211). – Th. Gelzer, *Der epirrhematische Agon bei A.*, Mchn. 1960 (Zetemata, 23) [s. Index]. – C. F. Russo, *Il »Proagone« e le »Vespe«* (in Rivista di Filologia e d'Istruzione Classica, 40, 1962, S. 130–134). – P. Händel, *Formen und Darstellungsweisen in der aristophanischen Komödie*, Heidelberg 1963 [s. Index]. – C. H. Whitman, *A. and the Comic Hero*, Cambridge/Mass. 1964, S. 143–166. – N. Gross, *Racine's Debt to A.* (in CL, 17, 1965, S. 209–224). – A. L. Boegehold, *Philokleon's Court* (in Hesperia, 36, 1967, S. 111–120). – V. Ehrenberg, *A. u. das Volk von Athen*, Zürich/Stg. 1968, S. 60–63 u. ö. – T. Long, *Two Questions of Attribution in A.'s »Vespae«* (in AJPh, 93, 1972, S. 462–467).

THESMOPHORIAZUSAI

(griech.; *Die Frauen am Thesmophorienfest*). Komödie des ARISTOPHANES, 411 aufgeführt, vermutlich am Lenäenfest. – Wer das ungefähr zur gleichen Zeit wie die *Lysistratē* entstandene Stück inszeniert hat und welchen Erfolg der Autor damit beim Komödienagon erzielen konnte, ist nicht überliefert. Unbekannt bleibt auch das Verhältnis der erhaltenen *Thesmophoriazusen* zu einem zweiten gleichnamigen Werk des Dichters, obwohl wir von diesem noch einige kleine fragmentarische Reste besitzen; aus einzelnen Übereinstimmungen im Personenbestand und in den Motiven sowie aus der Tatsache, daß das zweite Stück nicht (wie das erhaltene) am mittleren, sondern am letzten Tag des Thesmophorienfestes spielt, hat man geschlossen, es könne sich dabei um eine Fortsetzung der uns überlieferten Komödie gehandelt haben – was zumal in Anbetracht der unvermutet-plötzlichen positiven Wendung an deren Schluß einige Wahrscheinlichkeit für sich hätte.

Im Gegensatz zu der im selben Jahr auf die Bühne gekommenen *Lysistratē* ist in den *Thesmophoriazusen* so gut wie nichts von Politik zu spüren – ein erstaunliches Phänomen angesichts des damals schon ins zwanzigste Jahr gehenden entbehrungsreichen Krieges mit Sparta und angesichts der innenpolitischen Spannungen, die noch im gleichen Jahr zur Revolution der Oligarchen führten. Statt dessen bringt der Dichter hier eine heitere literarkritische Posse, kräftig gewürzt mit allerhand zotigen Derbheiten. Tragödienparodie und erotische Ausgelassenheit gehörten von Anfang an zu den wesensbestimmenden Ingredienzien der alten attischen Komödie, und so sehen wir denn Aristophanes auch bereits in seinem ersten erhaltenen Stück, den *Acharnēs (Die Acharner)*, kräftig mit erheiternden EURIPIDES-Reminiszenzen operieren; auch daß er mit den sophistisch-aufklärerischen thematischen Neuerungen dieses Tragikers, besonders seinen am Rande des Psychopathischen angesiedelten Frauengestalten, den schändlichen Phaidren und Melanippen und Stheneboien (*Thesmophoriazusen*, V. 547; *Frösche*, V. 1043), nicht einverstanden war, kommt in den Komödien immer wieder zum Vorschein. Hier aber wird nun zum erstenmal der tragische Antipode des Komikers zur Zentralgestalt eines ganzen Stücks gemacht, und in kühn zupackendem Griff übernimmt Aristophanes gleich auch noch das thematische Zentralmotiv mit: die Rolle der Frau in dieser von einer reinen Männergesellschaft geprägten und gelenkten Welt Athens (jenes sollte in den *Batrachoi – Die Frösche*, dieses in der *Lysistratē* und in den *Ekklēsiazusai – Die Weibervollversammlung* seine Fortsetzung finden).

Die Thesmophorien sind ein altes Fruchtbarkeitsfest der attischen Frauen zu Ehren der Erdgöttin Demeter und ihrer Tochter Persephone, ein Fest, an dem – unter Ausschluß der Männer, der Sklaven und der Jungfrauen – allerlei geheime kultische Zauberriten ausgeführt wurden. Zu Beginn des Stücks sehen wir Euripides zusammen mit seinem Schwager auf dem Weg zu dem Tragödiendichter Agathon (wir kennen ihn aus dem in PLATONS *Symposion* ihm zu Ehren veranstalteten Gelage): Euripides ist zu Ohren gekommen, daß die Frauen anläßlich ihres Festes ein großes Gericht über ihn abhalten wollen wegen der schmählichen Behandlung, die ihnen in den Euripideischen Dramen immer wieder zuteil wird: »*Verlästert er uns nicht, sooft zusammen / Sich finden Chor, Schauspieler und Zuschauer? / Nennt läufig uns, mannstoll, eh'brecherisch, / Schwatzhaft, versoffen, falsch, wortbrüchig, treulos, / Verdorben durch und durch, die Pein der Männer?*« (V. 390–394, Ü: Seeger). Nur Agathon kann da helfen: Er ist der einzige Athener, der zugleich weibisch und beredt genug ist, um ohne Gefahr sich in die Fest- und Gerichtsversammlung der Frauen einschleichen und dort für Euripides sprechen zu können. Allein der Poet hat soeben die Musen zu Gast und brütet über einem neuen Stück, zudem hat er offensichtlich Angst vor dem ihm zugemuteten kostümierten Auftritt. So bleibt nur eines: Der Schwager (die Scholien nennen ihn Mnesilochos) muß einspringen. Agathon ist bereit, ihn mit Teilen aus seiner reichhaltigen Toilette – Büstenhalter, safrangelbem Kleid, Stirnband, Nachthaube usw. – auszustaffieren, und nach einer entsprechenden kosmetischen Kur – oben wird er rasiert, unten abgesengt – kann Mnesilochos sich auf den Weg machen. Er kommt gerade recht zu der feierlichen Gerichtsversammlung, bei der zwei Vertreterinnen des schwachen Geschlechts in feurigen Anklagereden die Todesstrafe für Euripides fordern, weil er das schamlose Treiben der Frauen ans Licht der Öffentlichkeit zerre und alle Männer in Eifersucht und Mißtrauen versetze. Sofort erhebt sich Mnesilochos als nicht weniger wortgewandte »Verteidigerin« des Euripides; aber er macht nicht eben die beste Figur, denn das einzige, was ihm in der Not einfällt, ist das Argument, so schlimm sei das alles ja gar nicht: Der Tragiker habe doch noch nicht einmal den zehntausendsten Teil all der tollen

Streiche ausgeplaudert, die die Frauen ihren Ehemännern schon gespielt hätten. Zum Beweis führt er gleich ein ganzes Cento Boccaccioscher Burleskerien vor – Kernstücke jonischen Novellengutes, wie es damals auch in Athen verbreitet gewesen sein dürfte und wie es später der Milesier ARISTEIDES in seinen *Milēsiaka* gesammelt hat. Das kommt den Frauen dann doch gar zu bunt vor, und da zudem ein Bote berichtet, daß sich ein Mann in den heiligen Zirkel eingeschlichen haben soll, wird Mnesilochos schließlich entlarvt. Zwar sucht er sich durch eine List zu retten: Er packt den Säugling der Hauptrednerin und flüchtet damit zum Altar, wie ähnlich Dikaiopolis mit dem Köhlerkorb in den *Acharnēs* (beides eine Parodie des Euripideischen *Telephos*). Aber es nützt ihm nichts: Obwohl sich der Säugling im Wickelkissen in Wirklichkeit als ein prall gefüllter Weinschlauch entpuppt, muß Mnesilochos unter Bewachung am Altar verharren, bis die Frauen die Staatsbehörde im Prytaneion (Rathaus) von der Freveltat in Kenntnis gesetzt haben: In seiner Not nimmt er die heiligen Tafeln, schreibt einen Hilferuf darauf und wirft sie aus – wie es der Titelheld des Euripideischen *Palamēdēs* (415 v. Chr.) mit den Ruderblättern getan hat. Nach der wie üblich *a parte* ans Publikum gerichteten Parabase (V. 785–845), einem Lobpreis auf die Frauen im Gewand eines spöttisch-scheltenden Vergleichs der beiden Geschlechter, folgt wie so oft eine Episodenreihe, die diesmal allerdings streng auf die Handlung bezogen ist: Euripides hat den Hilferuf seines Anwalts vernommen und versucht, ihn auf listige Weise – er ist ja der Dichter der Intrigendramen – zu befreien, was wiederum Gelegenheit zu köstlich-grotesker Parodie gibt: Euripides tritt als Menelaos auf, um seine »Helena« heimzuholen, aber im Gegensatz zu der (ein Jahr zuvor aufgeführten) *Helenē* mißlingt der Plan, und Mnesilochos wird statt dessen der Aufsicht eines skythischen Polizeischergen unterstellt; auch der zweite Versuch schlägt fehl – diesmal wird als Stück im Stück die ebenfalls im Vorjahr aufgeführte *Andromeda* mit Euripides in einer Doppelrolle als Perseus und Echo »wiederholt«. Erst beim dritten Anlauf stellt sich der Erfolg ein: Euripides schließt mit den erbosten Frauen Frieden, indem er ihnen für die Zukunft sein Wohlverhalten zusichert, und überlistet dann schließlich mit ihrem Einverständnis den plumpen und radebrechenden Skythen mittels eines lockeren und leckeren Tanzmädchens.

In der antiken und neueren Nachwelt haben die »Thesmophoriazusen« wenig Widerhall gefunden, was wohl nicht zuletzt auf ihre Zeitbedingtheit zurückzuführen sein dürfte, d. h. auf den engen Bezug zu den parodierten Euripideischen Stücken, der seine Wirkung im Grunde nur solange entfalten konnte, solange diese noch in aller Ohr klangen. Doch auch wie das athenische Publikum das in seiner motivischen und kompositorischen Konzentration sehr stringente Stück goutiert hat, wissen wir nicht. Daß die zugleich subtile und ausgelassene Verspottung zahlreicher berühmter Euripidesszenen, zumal der beiden Tragödien von 412, die literarischen Feinschmecker unter den Athenern entzückt hat, dürfte sicher sein, auch wenn uns heute vermutlich viele Anspielungen entgehen. Fast könnte man geneigt sein anzunehmen, der Dichter habe aus Gründen poetischer Gerechtigkeit – um den illiteraten Teil der Zuschauer zu versöhnen – dies auf der anderen Seite durch eine besonders starke Prise fröhlichen Klamauks wettmachen wollen: so durch das nicht eben geistreiche, aber doch zu allen Zeiten publikumswirksame ulkige Sprachgestammel des skythischen »Gastarbeiters« oder durch die deftig-eindeutigen Grobheiten des Possenreißers Mnesilochos gegenüber Agathon. Auffallend ist, daß Aristophanes in diesem Zusammenhang bewußt vermied, Euripides, wie es nahegelegen hätte, persönlich zu verunglimpfen: Das zeugt von einem Respekt vor dem großen Kollegen, wie er ihn beispielsweise bei Agathon keineswegs an den Tag legt. E.Sch.

AUSGABEN: Venedig 1516 (in *Thesmophoriazusai. Lysistratē*, Hg. B. Iunta). – Leiden 1904 (*Thesmophoriazusae*, Hg. J. van Leeuwen; m. Komm.). – Oxford ²1907 (in *Comoediae*, Hg. F. W. Hall u. W. M. Geldart, Bd. 2; Nachdr. zul. 1982). – Ldn./Cambridge (Mass.) 1924 (in *Aristophanes*, Hg. B. B. Rogers, Bd. 3; m. engl. Übers.; Loeb; mehrere Nachdr.). – Mailand 1956 (in *Le commedie*, Hg. R. Cantarella, Bd. 4; m. ital. Übers.). – Paris ⁶1967 (in *Aristophane*, Hg. V. Coulon, Bd. 4; m. frz. Übers. v. H. van Daele). – Bln./NY 1984 (in *Poetae Comici Graeci*, Hg. R. Kassel u. C. Austin, Bd. 3,2).

ÜBERSETZUNGEN: *Thesmoforiazusen*, J. H. Voß (in *Aristofanes*, Bd. 3, Braunschweig 1821). – *Die Weiber am Thesmophorenfest*, L. Seeger (in *Sämtl. Komödien*, Hg. u. Einl. O. Weinreich, Zürich ²1968). – Dass., ders. (in *Komödien*, Bd. 3, Mchn. o. J.; GGT). – *Die Thesmophoriazusen*, J. G. Droysen (in *Komödien*, Hg. E. R. Lehmann, Wiesbaden/Bln. o. J. [ca. 1960]). – *Thesmophoriazusen*, L. Seeger (in *Antike Komödien*. A., Hg. H.-J. Newiger, Mchn. 1974; Neubearb.).

LITERATUR: J. Friedrich, *Das Attische im Munde von Ausländern bei A.* (in Phil, 75, 1918, S. 274–303). – J. Schmidt, *Aristophanes und Euripides. Ein Beitrag zur Frage der Tendenz des Aristophanes*, Diss. Greifswald 1940. – Schmid-Stählin, 1/4, S. 204–206; 306–317. – W. Mitsdörffer, *Das Mnesilochoslied in Aristophanes' »Thesmophoriazusen«* (in Phil, 98, 1954, S. 59–93). – K. Deichgräber, *Parabasenverse aus »Thesmophoriazusen II« bei Galen* (SPAW, 1956/2). – P. Händel, *Formen und Darstellungsweisen in der aristophanischen Komödie*, Heidelberg 1963, bes. S. 277–288. – C. H. Whitman, *Aristophanes and the Comic Hero*, Cambridge/Mass. 1964, S. 216–227. – J. A. Haldane, *A Scene in the »Thesmophoriazusae«* (in Phil, 109, 1965, S. 39–46). – M. Okál, *L'attitude d'Aristophane envers Euripide* (in Sborník Prací Filosofické Fak. Brneneské Univ. Rada archeol. klas. Brno, 14,

1965, S. 71–91). – R. Cantarella, *Agatone e il prologo delle »Tesmoforiazuse«* (in *Komōdotragēmata. Studia Aristophanea, Fs. f. W. J. W. Koster*, Hg. R. E. H. Westendorp Boerma, Amsterdam 1967, S. 7–15). – P. Rau, *Paratragodia. Untersuchungen einer komischen Form des Aristophanes*, Mchn. 1967 [Diss. Kiel 1966] (m. Bibliogr.; Zetemata). – T. M. de Wit-Tak, *The Function of Obscenity in A.'s »Thesmophoriazusae« and »Ecclesiazusae«* (in Mnemosyne, 21, 1968, S. 357–365).

Aristoteles

* 384 v.Chr. Stageira / Chalkidike
† 322 v.Chr. Chalkis / Euboa

Literatur zum Autor:
Bibliographien:

Articles on A., Hg. J. Barnes u. a., 4 Bde., Ldn. 1975–1979. – *A. A Bibliography*, Hg. R. Sorabji, Oxford 1981.

Indices:

H. Bonitz, *Index Aristotelicus*, Bln. 1870 [Nachdr. Darmstadt 1955]. – *A. Metaphysica. Index Verborum*, Hg. L. Delatte u. a., Hildesheim u. a. 1984.

Biographien:

J.-M. Zemb, *A.*, Reinbek 1961 (rm; Nachdr. 1986; m. Bibliogr.). – A.-H. Chroust, *A. New Light on His Life and Some of His Lost Works*, 2 Bde., Ldn. 1973.

Gesamtdarstellungen und Aufsatzsammlungen:

I. Düring, *A. Darstellung und Interpretation seines Denkens*, Heidelberg 1966. – *A. in der neueren Forschung*, Hg. P. Moraux, Darmstadt 1968. – G. E. R. Lloyd, *A.: The Growth and Structure of His Thought*, Cambridge 1968. – *Metaphysik und Theologie des A.*, Hg. F.-P. Hager, Darmstadt 1969. – O. Gigon, *A.* (in *Die Großen der Weltgeschichte*, Hg. K. Fassmann, Bd. 1, Mchn. 1971, S. 625–647). – *Logik und Erkenntnislehre des A.*, Hg. F.-P. Hager, Darmstadt 1972. – *Ethik und Politik des A.*, Hg. F.-P. Hager, Darmstadt 1972. – *Frühschriften des A.*, Hg. P. Moraux, Darmstadt 1975. – *Die Naturphilosophie des A.*, Hg. G. A. Seeck, Darmstadt 1975. – W. K. C. Guthrie, *A., an Encounter*, Cambridge 1981 (A History of Greek Philosophy VI). – H. Flashar, *A.* (in *Grundriß der Geschichte der Philosophie*, Hg. ders., Bd. 3: *Philosophie der Antike*, Basel/Stg. 1983, S. 175–457; m. Bibliogr.). – K. v. Fritz, *Beiträge zu A.*, Bln./NY 1984. – J. L. Ackrill, *A. Eine Einführung in sein Philosophieren*, Bln./NY 1985. – *A. Werk und Wirkung*, Hg. J. Wiesner, 2 Bde., Bln./NY 1985–1987.

ANALYTIKA

(griech.; *Die Analytik*). Werk des Aristoteles in vier Büchern, später (vielleicht von Alexander aus Aphrodisias) je paarweise vereint als *Analytika protera (Erste Analytik)* und *Analytika hystera (Zweite Analytik)*. Sie bilden zusammen mit den acht Büchern *Topika* das Kernstück dessen, was man nach altem (peripatetischem?) Usus als das *Organon* des Aristoteles zusammenfaßt. Die *Analytik* und die *Topik* – wozu als Anhang sich die *Sophistikoi elenchoi (Sophistische Widerlegungen*, 1 Buch) gesellen – enthalten die Syllogistik des Philosophen, die Lehre von den logischen Schlüssen. Sie dürfen als eine der genialsten Schöpfungen des griechischen und europäischen Geistes gelten: der souveräne Entwurf des Aristoteles hat die formale Logik als Wissenschaftsobjekt nicht nur erst eigentlich geschaffen, sondern zugleich auch zu einem System ausgebaut, das Grundlage und Thema der scholastischen Logik des Mittelalters wurde und, mit geringen Zusätzen, noch heute als das klassische Gebäude der Formallogik gilt.

So eindeutig Bedeutung wie Inhalt des Werks im ganzen sind, so diffus stellt es sich in den Einzelheiten dar. Daß es – in seiner Gesamtheit ein systematisches Gebäude – in der Entfaltung nicht durchgängig systematisch ist, liegt an der Art seiner Entstehung: das vollendete Opus vereinigt Stücke in sich, die zu verschiedenen Zeiten entstanden sind und offenbar verschiedene Entwicklungsstadien des Aristotelischen Denkens repräsentieren. So scheinen – das einzelne ist immer noch umstritten – Buch 2 der *Zweiten Analytik* etwas früher und Kapitel 8–22 von Buch 1 der *Ersten Analytik* sowie Buch 2 der *Ersten Analytik* um einiges später entstanden zu sein als der Rest von Buch 1 der *Ersten Analytik* und Buch 1 der *Zweiten Analytik* (nach Bocheński; anders Solmsen und Ross). Das bedeutet: Die Entwicklung der Modalsyllogistik und die intensiven und extensiven Ansätze dessen, was man als »Philosophie der Syllogistik« bezeichnen könnte, folgen erst auf die Entfaltung des Systems der assertorischen Schlüsse. Niederschrift des einzelnen und Schlußredaktion des Ganzen (der Verfasser verweist in späteren Werken gelegentlich auf die *Analytika*) sind zeitlich nicht mehr genau zu fixieren; das Konvolut dürfte ungefähr in die vierziger Jahre gehören.

Angesichts dieser besonderen Umstände der Entstehung darf eine kompositorische Einheit des Gesamtwerks nicht erwartet werden. Das gilt nicht nur für den literarischen Aspekt (den man, im Gegensatz zu Platon, an die fachwissenschaftlichen Schriften des Aristoteles ohnehin nur bedingt anlegen kann), sondern schon ganz äußerlich für die Disposition des Aufbaus. Die *Erste Analytik* gilt der Form des Syllogismus, die *Zweite Analytik* seinem Inhalt, dort geht es um die technische Richtigkeit des Schlusses als Schluß, hier um die sachliche Gültigkeit des Schlusses als eines wissenschaftlichen Beweises. Diese grobe Gliederung in zwei Teile zu je zwei Büchern ist zwar thematisch klar, doch im Detail herrscht weniger exakte Stringenz als stofflich vielfältige Fülle: lediglich in Buch I der *Ersten Analytik* läßt sich ein methodisch strenger Aufbau erkennen (Kap. 1–26; die drei Formen und die Funktionsweise der Syllogismen; 27–30: die Wahl der richtigen Prämissen; 32–45: die Reduktion beliebiger Schlüsse auf die drei Grundformen; 31 und 46 sind wohl spätere Zusätze; s. Ross). Allerdings ist der nur lose geordnete Gedankengang der übrigen Teile wohl eher Zeugnis für einen vorläufigen Grad der Ausarbeitung als eine Folge der sukzessiven Entstehung: der Autor scheint bei der Schlußredaktion die Manuskripte im wesentlichen in der Gestalt aufgenommen zu haben, in der sie ihm vorlagen.　　　　　　　　　　　　E.Sch.

AUSGABEN: Venedig 1481. – Oxford ²1957 (*Prior and Posterior Analytics*, Hg. W. D. Ross; m. Komm.; Nachdr. 1965). – Bln. ²1960 (in *Aristotelis Opera*, Bd. 1, Hg. I. Bekker u. O. Gigon). – Oxford 1964 (*Analytica priora et posteriora*, Hg. W. D. Ross. u. L. Minio-Paluello).

ÜBERSETZUNGEN: *Die 1. u. 2. Analytica*, K. Zell, Stg. 1836–1840 (in *Werke*, Bd. 2/2–5). – *1. u. 2. Analytik*, E. Rolfes, 2 Bde., Lpzg. 1922. – *Erste / Zweite Analytiken*, P. Gohlke (in *Die Lehrschriften*, Bd. 2, Paderborn 1953). – *Posterior Analytics*, J. Barnes, Oxford 1975 [engl.; m. Komm.]. – *Zweite Analytiken*, H. Seidl, Würzburg 1984 [griech.-dt.; m. Komm.].

LITERATUR: F. Solmsen, *Die Entwicklg. d. aristotel. Logik u. Rhetorik*, Bln. 1929 (Neue Philol. Untersuchungen, 4). – J. Lohmann, *Vom ursprüngl. Sinn d. aristotel. Syllogistik* (in Lexis, 2, 2, 1950/1951, S. 205 bis 236). – J. M. Bocheński, *Formale Logik*, Freiburg i. B./Mchn. 1956 [m. Bibliogr.]. – J. Lukasiewicz, *A.'s Syllogistic from the Standpoint of Modern Formal Logic*, Oxford ²1957; Nachdr. 1963. – G. Patzig, *Die aristotelische Syllogistik*, Göttingen ²1963. – W. Wieland, *Die aristotelische Theorie der Notwendigkeitsschlüsse* (in Phronesis, 11, 1966, S. 35–60). – Ders., *Probleme der aristotelischen Theorie über die Schlüsse aus falschen Praemissen* (in AGPh, 58, 1976, S. 1–9). – *A. on Science. The »Posterior Analytics«. Proceedings of the 8th Symposium Aristotelicum*, Hg. E. Berti, Padua 1981.

ATHĒNAIŌN POLITEIA

(griech.; *Die Staatsverfassung der Athener*). Verfassungsgeschichtliche Schrift des ARISTOTELES, entstanden zwischen 329/328 und 327/326 v. Chr.; 1891 in einem ägyptischen Papyrus wiederentdeckt, abgesehen von einigen wenigen Kapiteln zu Beginn und einigen Lücken im Innern fast vollständig erhalten. – Die Abhandlung legt Zeugnis ab von der umfassenden wissenschaftlichen Tätigkeit, die Aristoteles während seiner zweiten Athener Lehrperiode (seit 335/334) im Kreis (und mit Hilfe) der Schüler nach systematischer Planung auszuüben begann: auf dem Sektor der Historie diente diesem Ziel – als Supplement neben der Arbeit an den *Politika* herlaufend – das Sammelwerk der *Politeiai (Politien)*, eine umfassende geschichtliche und methodische Aufarbeitung der Verfassungen von 158 griechischen Stadtstaaten. Die *Athēnaiōn politeia*, aus des Meisters eigener Feder, eröffnete das Kompendium.

Da das Gesamtwerk verloren ist (ca. 100 Verfassungen lassen sich aus Fragmenten eben noch erkennen), sind wir für die Anlage des Einzelnen und für die Methode des Ganzen auf das Buch über Athen angewiesen. Es zeigt eine zweiteilige Disposition: die sukzessive historische Entfaltung der zwölf verschiedenen Verfassungen (11 Umwälzungen – *metastaseis*) von der Urgeschichte der Stadt bis zur Gegenwart des Autors (bis Kap. 41); Aufbau der gegenwärtigen Staatsform (*hē katastasis tēs poleōs*) nach ihren Organen (Kap. 42–63). Als Quellen benützten Aristoteles und seine Mitarbeiter – auch dies dürfte ebenso für die Parallelschriften gelten – neben Standardhistorikern wie HERODOT und THUKYDIDES Spezialhistoriographen, für Athen also die Atthidographen; hinzu kamen autoptisch erarbeitete Inschriftenbefunde, gelegentlich poetische Zeugnisse (u. a. hat uns das Büchlein zahlreiche Fragmente SOLONS wiedergeschenkt). Ein schwer zu lösendes Problem ist die Frage, in welchem Maß der sprachliche und – vor allem – der wissenschaftliche Stil als repräsentativ für die Sammlung gelten kann: das im allgemeinen glatt geschriebene Buch besitzt gelegentliche Unebenheiten und, was wichtiger ist, sachliche Irrtümer, Widersprüche zu anderen Werken des Aristoteles oder schiefe Perspektiven (am bekanntesten die oligarchisch einseitige Beurteilung der Revolution von 411). Beides muß man – wohl auch für die übrigen Stücke – aus der Arbeitsweise des Verfassers erklären, auf die gerade solche Disproportionen den Blick lenken: ein derartiges Riesenunternehmen zwang, das Detail in Eile zu konzipieren, und so blieben notgedrungen oft die Quellen sichtbar – am auffälligsten dann, wenn diese parteiisch berichten; für die historisch-kritische Sichtung des Materials fehlte Aristoteles offenbar die Zeit.
　　　　　　　　　　　　　　　　　　E.Sch.

AUSGABEN: Oxford 1891 (*Athēnaiōn politeia*, Hg. F. G. Kenyon). – Oxford 1920 (*Atheniensium respublica*, Hg. ders.; zuletzt 1958). – Paris ⁴1952 (*Constitution d'Athènes*, Hg. G. Mathieu u. B. Haussoullier; m. frz. Übers.). – Stg. ²1961 (*Athēnaiōn politeia*, Hg. H. Oppermann; m. Bibliogr.). – Lpzg. 1986, Hg. M. Chambers.

ÜBERSETZUNGEN: *Schrift vom Staatswesen der Athener*, G. Kaibel u. A. Kießling, Straßburg 1891. – *Staat der Athener*, F. Poland, Bln. 1891. – Dass., O. Gigon (in *Politik u. Staat d. Athener*, Zürich 1955; m. Einl.). – *Der Staat der Athener*, P. Dams, Stg. 1970.

LITERATUR: U. v. Wilamowitz-Moellendorff, *A. und Athen*, 2 Bde., Bln. 1893. – K. v. Fritz u. E. Kapp, *Aristotle's »Constitution of Athens« and Related Texts*, NY 1950 [Einführg., Komm., engl. Übers.]. – F. Sartori, *La crisi del 411 A. C. nell' Athenaion Politeia di A.*, Padua 1951. – K. v. Fritz, *The Composition of A.'s »Constitution of Athens« and the so-called Dracontian Constitution* (in Classical Philology, 49, 1954, S. 73–93). – W. Jaeger, *Aristoteles*, Bln. ²1955, S. 349 ff. – J. Day u. M. Chambers, *A History of Athenian Democracy*, Los Angeles 1962. – J. J. Keaney, *The Structure of A.' »Athēnaiōn politeia«* (in Harvard Studies in Classical Philology, 67, 1963, S. 115–146). – G. Maddoli, *Cronologia e storia. Studi comparati sull' »Athenaion Politeia«*, Perugia 1975. – P. J. Rhodes, *A Commentary on the Aristotelian »Athenaion Politeia«*, Oxford 1981.

ĒTHIKA EUDĒMEIA

(griech.; *Eudemische Ethik*). Philosophische Lehrschrift in sieben Büchern, im Corpus des ARISTOTELES überliefert. – Die Frage, wie der Titel dieses Werkes zu erklären und wer der Autor sei, führt mitten hinein in die schwierigsten Probleme der Peripatos-Forschung. Eudemos als Adressaten anzusprechen geht bei einer schulinternen Lehrschrift nicht an. Daß der Wissenschaftshistoriker und Aristoteles-Freund EUDEMOS aus Rhodos (nicht zu verwechseln mit der Titelgestalt des verlorenen Aristotelischen Frühdialogs) der Autor der Schrift ist, wie man seit etwa hundertzwanzig Jahren immer wieder nachzuweisen versucht hat, bleibt ebenfalls eine kaum glaubhafte Hypothese. Am einleuchtendsten ist daher – wie ähnlich bei den *Ēthika Nikomacheia* – immer noch die Annahme, im Titel spiegle sich der postume Herausgeber (oder der Stenograph) eines von Aristoteles selbst verfaßten Opus.

Mit der Frage nach Titel und Autor eng verknüpft ist die Klärung des Verhältnisses der *Eudemischen Ethik* zu den beiden Parallelwerken *Nikomachische Ethik* und *Große Ethik (Ēthika megala)*, eine Entscheidung, die dadurch besonders erschwert wird, daß Buch 4–6 der *Eudemischen Ethik* buchstäblich identisch sind mit Buch 5–7 der *Nikomachischen Ethik*; der Disput, wo diese sogenannten »Kontroversenbücher« ihren ursprünglichen Platz hatten, ist noch nicht beendet, doch sprechen gewichtige Stimmen für das unbezweifelt echte Spätwerk des Meisters. Die behandelten Themen entsprechen weithin denen der *Großen* und der *Nikomachischen Ethik*; lediglich die drei letzten Kapitel, verschiedentlich auch als Buch 8 abgesondert, sind Motiven gewidmet – Einsicht *(phronēsis)*, Gunst des Glücks *(eutychia)*, Schön- und Gutsein *(kalokagathia)* –, die in der *Nikomachischen Ethik* fehlen (dagegen mit einer Ausnahme in der *Großen Ethik* vertreten sind). Diese Gleichheit der besprochenen Kernthemen weist darauf hin, daß (die Echtheit vorausgesetzt) Aristoteles seine Ethik im Alter vor allem deswegen noch einmal neu zu konzipieren begann, weil er in den wesentlichen Einzelheiten wie in seiner Grundanschauung – nicht nur in der der *Eudemischen Ethik* eigenen »theologischen Begründung der Moral« (W. Jaeger) – über seine frühere Position hinausgewachsen war.

Daß sich der Stil der *Eudemischen Ethik* deutlich von dem der Schwesterschriften abhebt, hat man lange erkannt. Ist der Grundcharakter der *Ēthika megala* handbuchartig, durch und durch von der Form des Definierens, des Abwägens der Begriffe geprägt (die Aristotelischen *Dihaireseis – Zergliederungen* – haben hier Pate gestanden), so tritt in den *Ēthika Nikomacheia* allenthalben jene eigentümliche »Welthaftigkeit«, ein unvoreingenommenes, aufgeschlossenes Berücksichtigen der empirisch gegebenen und faßbaren Tatsachen des realen Lebens hervor, das offenbar für den späten Aristoteles charakteristisch ist.

Die *Ēthika Eudēmeia* nun halten, wie es scheint, gerade die Mitte: Zum einen findet sich noch viel von dem für die Akademie des alten PLATON typischen dihäretischen Verfahren der trocken-systematischen Begriffszergliederung (beliebiges Beispiel: *»Von der Tugend aber gibt es zwei Arten: die des Charakters (die ›ethischen‹) und die des Verstandes (die dianoëtische) ... Danach ist zuerst das Thema der ethischen Tugend zu behandeln, was sie ist und welche Teile von ihr es gibt ... sowie, wodurch sie zustande kommt.«* 2, 1, 19, 1220a 5 ff.); auf der anderen Seite drängt sich immer wieder der Eindruck auf, daß der ganzen Argumentationsweise – nicht nur etwa in den Vergleichen – eine naturwissenschaftliche, empirisch orientierte Haltung zugrunde liegt, wie das folgende Textbeispiel zeigt: *»Übrigens ist auch Lust und Unlust in beiden* [dem Beherrschten und dem Unbeherrschten] *anwesend, denn wer beherrscht ist, empfindet Unlust, da er ja soeben gegen die Begierde handelt; und (andererseits) freut er sich erwartungsvoll, daß er später Nutzen haben werde oder daß er ihn soeben schon hat, da ihm seine Gesundheit weiterhin erhalten bleibt. Und der Unbeherrschte freut sich, da ihm durch das unbeherrschte Verhalten seine Begierde erfüllt wird; Unlust dagegen empfindet er wegen der Unlusterwartung; er ahnt ja, daß er unrichtig handelt.«* (2, 8, 11 ff., 1224b 15 ff.; beide Ü: Dirlmeier).

Ähnliche Beobachtungen ließen sich am Sprachstil der *Eudemischen Ethik* machen; sieht man von den Einleitungskapiteln (1, 1–7) ab, so zeigt das Werk noch keineswegs den für große Passagen der *Nikomachischen Ethik* oder der *Politik* des Aristoteles – und ähnlich für THEOPHRAST – kennzeichnenden eleganten, an ISOKRATES geschulten Satzduktus, für dessen Gepflegtheit insbesondere die Hiatvermeidung ein untrügliches Merkmal darstellt. Sehr treffend umschreibt DIRLMEIER diese Form als »Entwurfs-« oder »Vorlesungsstil *(aber nicht für den Anfänger)« – »Brachylogie, Ellipsen, Überwiegen des pronominalen Ausdrucks, notizenhafte Unverbundenheit und damit Schwerverständlichkeit, die sich nur geduldigem Mitdenken allmählich erschließt«.*

E.Sch.

AUSGABEN: Venedig 1498 (*Moralium ad Eudemum libri VIII*, in der GA des Aldus Manutius, Bd. 5). – Bln. 1831 (in *Aristoteles Graece*, Hg. I. Bekker, Bd. 2; Nachdr. Bln. 1960, Hg. O. Gigon). – Lpzg. 1884 (*Eudemi Rhodii Ethica*, Hg. F. Susemihl). – Ldn./Cambridge (Mass.) ²1952, (*The Athenian Constitution. The Eudemian Ethics. On Virtues and Vices*, Hg. H. Rackham; m. engl. Übers.; Loeb).

ÜBERSETZUNGEN: *Eudemische Ethik*, J. Rieckher (in *Werke*, Tl. 6, Bd. 7, Stg. 1858). – *Die Eudemische Ethik*, H. Bender (in *Werke*, Lfg. 54–65; Stg. 1873). – *Aristotle's »Eudemian Ethics«*, M. Woods, Oxford 1982 [Buch 1, 2 u. 8.; engl. m. Komm.]. – *Eudemische Ethik*, F. Dirlmeier (in *Werke*, Bd. 7, Bln. ⁴1984; m. Einl., Komm. u. Bibliogr.).

LITERATUR: P. von der Mühll, *De Aristotelis »Ethicorum Eudemiorum« auctoritate*, Diss. Göttingen 1909. – E. Kapp, *Das Verhältnis der eudemischen zur nikomachischen Ethik*, Diss. Freiburg i. B. 1912. – W. Jaeger, *A.*, Bln. 1923, S. 237–270; ²1955. – G. Lieberg, *Die Lehre von der Lust in den Ethiken des A.*, Mchn. 1958 (Zetemata, 19). – R. Hall, *The Special Vocabulary of the »Eudemian Ethics«* (in Classical Quarterly, 9, 1959, S. 197–206). – W. F. R. Hardie, *A.'s Ethical Theory*, Oxford 1968. – *Untersuchungen zur »Ethica Eudemica«, Akten des 5. Symposiums Aristotelicum*, Hg. P. Moraux u. D. Harlfinger, Bln. 1971. – A. Kenny, *The Aristotelian Ethics*, Oxford 1978. – *Essays on A.'s Ethics*, Hg. A. O. Rorty, Berkeley 1980.

ĒTHIKA MEGALA

(griech.; *Große Ethik*). Philosophische Lehrschrift in zwei Büchern, unter den Werken des ARISTOTELES überliefert. – Die Verfasserschaft und, was damit zusammenhängt, das Verhältnis der *Ēthika megala* zu den beiden anderen überlieferten Aristotelischen Ethiken, den *Ēthika Eudēmeia* und den *Ēthika Nikomacheia*, sind eines der schwierigsten und immer noch umstrittenen Probleme der Aristoteles-Forschung. Die zeitlichen Ansätze schwanken zwischen der Lebenszeit des Aristoteles und dem Ende des 2.Jh.s v. Chr. Sprache und Terminologie der Schrift weisen – wie vor allem Franz DIRLMEIER gezeigt hat – in diese späthellenistische Periode. Doch kann das Sprachgewand unter Umständen auf das Konto eines späten Redaktors gehen, der älteres peripatetisches (Aristotelisches?) Gut durcharbeitete und herausgab. Daß es sich bei diesem Gut um einen frühen Ethik-Entwurf des Schulgründers selbst gehandelt habe, ist eine ebenfalls von Dirlmeier vertretene Anschauung, mit der sich auch der Hinweis des Verfassers der *Großen Ethik* auf »seine« *Analytika* ohne weitere Komplikationen verstehen ließe.

Auf jeden Fall stellt die *Große Ethik* eine in sich gerundete, in dogmatisch-trockenem Stil gehaltene Abhandlung über das Gesamtgebiet der Aristotelischen (oder peripatetischen) Ethik dar, durchaus vom Charakter eines kleinen, abrißhaften Kompendiums. Die Motivparallelen zu den beiden Schwesterwerken fallen ins Auge, wobei die Übereinstimmung mit den *Ēthika Eudēmeia* größer ist, ohne daß indes daraus bisher definitiv Abhängigkeit in irgendeiner Richtung festgestellt werden konnte. Ob es der Themenreichtum der recht umfassenden Tugend- und Güterlehre war, der diesem im Vergleich zu den zehn Büchern der *Nikomachischen* und den sieben Büchern der *Eudemischen Ethik* schmalen Opus seinen »großen« Namen gab (wie ALBERTUS MAGNUS meinte), oder ob dieser auf den relativ großen Umfang der zwei Bücher der *Ēthika megala* zurückzuführen ist, bleibt unklar.

E.Sch.

AUSGABEN: Venedig 1498 (*Magnorum moralium libri II*, in der GA des Aldus Manutius, Bd. 5). – Bln. 1831 (in *Aristoteles Graece*, Hg. I. Bekker, Bd. 2; Nachdr. Bln. 1960, Hg. O. Gigon). – Lpzg. 1883 (*Aristotelis quae feruntur Magna Moralia*, Hg. F. Susemihl). – Ldn./Cambridge (Mass.) ²1936 (in *Metaphysics, Books X–XIV*, Hg. H. Tredennick; *Oeconomica and Magna Moralia*, Hg. G. C. Armstrong; m. engl. Übers.; Loeb; Nachdr. zuletzt 1958).

ÜBERSETZUNGEN: *Große Ethik*, J. Rieckher (in *Werke*, Tl. 6, Bd. 8, Stg. 1859). – Dass., H. Bender (in *Werke*, Lfg. 65/66, Stg. 1873). – *Magna Moralia*, F. Dirlmeier (in *Werke*, Bd. 8, Bln. ⁵1983; m. Einl., Komm. u. Bibliogr.).

LITERATUR: R. Walzer, *»Magna Moralia« und aristotelische Ethik*, Bln. 1929 (Neue philol. Untersuchungen, 7). – K. O. Brink, *Stil u. Form der pseudoaristotelischen »Magna Moralia«*, Ohlau 1933 [Diss. Bln. 1931]. – F. Dirlmeier, *Die Zeit der »Großen Ethik«* (in RhMus, 88, 1939, S. 214–243). – D. J. Allan, *»Magna Moralia« und »Nicomachean Ethics«* (in Journal of Hellenic Studies, 77, 1957, S. 7–11). – O. Gigon, *Die Sokratesdoxographie bei A.* (in MH, 16, 1959, S. 174–212). – W. F. R. Hardie, *A.'s Ethical Theory*, Oxford 1968. – A. Kenny, *The Aristotelian Ethics*, Oxford 1978. – *Essays on Aristotelian Ethics*, Hg. A. O. Rorty, Berkeley 1980.

ĒTHIKA NIKOMACHEIA

(griech.; *Nikomachische Ethik*). Ethisches Hauptwerk des ARISTOTELES, allem Anschein nach seinem letzten Lebensabschnitt zugehörig; wohl bekannt nach Nikomachos, dem Sohn des Philosophen und mutmaßlichen Herausgeber der Ethikvorlesung. – Die Bücher 5–7 dieser *Ethik* sind in der Überlieferung identisch mit Buch 4–6 der *Eudemischen Ethik* (*Ēthika Eudēmeia*); die Gründe hierfür sind ebensowenig geklärt wie die Frage nach dem ursprünglichen Standort des »kontroversen« Komplexes: man neigt allgemein dazu, ihn dem Spätwerk zuzurechnen, doch ein stilistischer

Vergleich beider *Ethiken*, der die Entscheidung bringen könnte, steht noch aus.

Große Ethik (Ethika megala), Eudemische Ethik und *Nikomachische Ethik* stellen drei Entwürfe der Aristotelischen Ethik dar, wobei diese Reihenfolge – selbst wenn es sich bei den *Ethika megala* nur um die hellenistische Retraktion eines Opus des Aristoteles handelt – durchaus als eine Sequenz verstanden werden darf, die in der letzten und umfangreichsten Fassung gipfelt. Das läßt zweierlei erwarten: ein gewisses einheitliches thematisches Substrat bei jeweils verschiedener Darstellungsweise. Tatsächlich ist die Konstanz der behandelten Motive und Philosopheme größer, als man zunächst vermuten würde: in den Grundzügen wie in der Abfolge der Zentralpunkte laufen die drei *Ethiken* geradezu parallel. Buch 1 der *Nikomachischen Ethik* bringt die Einführung in die Aristotelische Sittlichkeitslehre. Das höchste Gut, das der Mensch durch sein Handeln erreichen kann – und demzufolge auch erstrebt –, ist das Glück, die *eudaimonia*; sie wird definiert als »*ein Tätigsein der Seele* [des Menschen] *im Sinne vollkommener Tüchtigkeit*«. Worin diese dem Menschen eigentümliche »seelische« (nicht körperliche) Tüchtigkeit, die *aretē*, besteht, ist Gegenstand der Untersuchung, die, dem doppelten Aspekt der *aretē* entsprechend, in zwei Richtungen ausgreifen muß: denn es gibt reine Verstandestugenden, wie etwa Weisheit, Intelligenz, Vernunft, und daneben »ethische« Vorzüge, wie Großzügigkeit, Besonnenheit usw. Diesem einleitenden Programm entsprechend (Parallelen: *Große Ethik* 1,1–5; *Eudemische Ethik* 1,1–2,1), werden im folgenden zunächst die »ethischen Vorzüge« (Buch 2–5; Parallelen: *Große Ethik* 1,6–33; *Eudemische Ethik* 2,1–3,7, sowie Buch 4 = *Nikomachische Ethik* Buch 5), sodann die »dianoetischen Vorzüge« (Buch 6 = *Eudemische Ethik* Buch 5; Parallele: *Große Ethik* 1,34–2,3) dargestellt.

Der zweite Teil der *Nikodemischen Ethik* erscheint auf den ersten Blick methodisch nicht so zwingend aufgebaut wie der vorangehende; dennoch stehen die Einzelfragen, die Aristoteles hier bespricht, in enger und begründeter Verbindung zum bisher Vorgetragenen: Unbeherrschtheit und Mäßigung, Lust und Unlust sind Probleme, deren Zusammenhang mit der ethischen Tüchtigkeit evident ist (*Nikodemische Ethik* Buch 7 = *Eudemische Ethik* Buch 6; Parallele: *Große Ethik* 2, 4–7). Ähnliches gilt für die Freundschaft, der, als ausführlichstem Komplex, die Bücher 8 und 9 gewidmet sind (Parallelen: *Eudemische Ethik* 7, 1–12; *Große Ethik* 2, 11–17): Sie ist ein Weg der Selbsterfüllung des dem Menschen eigenen Wesens, ein »Tätigsein« nach Maßgabe jener anfänglichen Definition, das ebenso Lust wie Eudämonie verschafft. Eine nochmalige Behandlung des Problems der Lust (woran sich in der Aristoteles-Forschung verschiedentlich Redaktorhypothesen und Vermutungen über diverse »Fassungen« anschlossen) bereitet auf den Höhepunkt der *Nikomachischen Ethik* vor (Buch 10), auf die abschließende Erörterung über das Wesen der menschlichen Eudämonie und auf den Preis des geistigen Lebens als höchster erfüllter Form menschlichen Daseins: »*Was dem einzelnen wesenseigen ist, das stellt für den einzelnen von Natur das Höchste und das Lustvollste dar. Für den Menschen dies das Leben des Geistes, nachdem dieser vor allem das wahre Selbst des Menschen darstellt, und dieses Leben ist denn also auch das Glücklichste.*« (1178a 5–8) »*Ist, mit dem Menschen verglichen, der Geist etwas Göttliches, so ist auch ein Leben im Geistigen, verglichen mit dem menschlichen Leben, etwas Göttliches.*« (1177b 30 f.; Ü: Dirlmeier)

Der Unterschied zwischen der *Nikomachischen* und den beiden anderen *Ethiken* liegt zunächst im Quantitativen: der Umfang von zehn Büchern erlaubt, gegenüber den sieben der *Eudemischen* und den zwei der *Großen Ethik*, eine erheblich stärkere stoffliche Differenzierung. Das hängt natürlich damit zusammen, daß der Stoff selbst »gewachsen« ist – gewachsen vor allem aufgrund jener gerade an den drei Ethik-Versionen gut abzulesenden allmählichen Wandlung der Darstellungsmethode: das an den späten PLATON gemahnende schematische, dihairetische Zergliedern in logisch-abstrakter Weise gesetzter Begriffe, wie es etwa für die *Ethika megala* charakteristisch ist, weicht einem ausgesprochen naturwissenschaftlich anmutenden Durchforschen der in der Realität des menschlichen Lebens gegebenen Verhältnisse, einem immer feiner sondierenden Beobachten und Beschreiben, als dessen Grundvoraussetzung ein vorbehaltloses Akzeptieren dieser gegebenen Wirklichkeit erscheint (vielzitiertes Glanzstück: die Schilderung des Hochsinnigen in 4, 7–9, die immer wieder zum Vergleich mit den *Charaktēres* des Aristoteles-Schülers THEOPHRAST reizt). In dieser Hinsicht zeigen die *Ethika Nikomacheia* für den Bereich des individuellen Lebens genau dieselbe Haltung wie die *Politika* – zu denen unser Werk am Schluß ausdrücklich überleitet – für den Bereich des sozialen und politischen Lebens. (Mit der *Politik* verbindet die *Nikomachische Ethik* auch der Stil mancher Textpassagen, die deutlich den Einfluß des Isokrateischen Stilideals verraten – ein Hinweis unter anderen, daß Aristoteles mit der *Nikomachischen Ethik* mehr schaffen wollte als nur eine rein esoterische, schulinterne Vorlesungsschrift.)

Die Kluft, die diese Bereitschaft des Philosophen, sich durch die Gegebenheiten »belehren« zu lassen, von allem Platonischen Philosophieren scheidet, könnte kaum größer sein. Sind bei Platon die verschiedenen philosophischen Disziplinen untrennbar ineinander verflochten – Ontologie und Ethik, Kosmologie und Politik, Ästhetik und Metaphysik erwachsen aus denselben Grundvorstellungen –, so ist bei seinem »Schüler« Aristoteles das einzelne Gebiet, soweit das möglich ist, endgültig »autonom« geworden (die für die Folgezeit entscheidende Aufspaltung der Philosophie in Logik, Ethik und Physik soll auf Aristoteles' Mitschüler XENOKRATES zurückgehen). Ist bei Platon alle Philosophie an die »Transzendenz« geknüpft, so gewinnt bei Aristoteles das Diesseitig-Reale als solches seine Bedeutung; das zeigt sich bis hinein in Formulierung und Vokabular – die zur jenseitigen Schau der »Ideen« bestimmte *phronēsis* (Einsicht) wird zur praktischen Vernunft (W. Jaeger). Die durch wechselseitige Beziehungen und modellhafte Analogien verfestigte Vierheit der Tugenden aus Platons *Politeia* – Weisheit, Tapferkeit, Besonnenheit, Gerechtigkeit – weicht einer durch keinen »Systemzwang« gebundenen, reich facettierten Reihe (»ethische« Tugenden: Tapferkeit, Besonnenheit, Großzügigkeit, Großgeartetheit, Hochsinnigkeit, Ehrliebe, ruhiges Wesen, Aufrichtigkeit, Freundschaft, Gewandtheit, Schamgefühl, Gerechtigkeit). Mit dem Wegfall der »transzendenten« Verankerung und Begründung der Ethik hängt auch der Verzicht auf die Platon Dialoge bis weit ins Spätwerk hinein so charakteristische ethische Paränese zusammen: pädagogischen Eros, erzieherischen Impetus darf man in den Aristotelischen *Ethika* nicht suchen.

Daß die Ethik des Aristoteles dennoch erstrebenswerte Idealvorstellungen entwirft, also normativ wirken kann, ergibt sich gleichsam implizit: Definition, Umschreibung und Illustration der einzelnen Tugenden lassen keinen Zweifel an der Verbindlichkeit der geschilderten *aretai*. Diese Verbindlichkeit resultiert für Aristoteles aus der Angemessenheit der *aretai* an das Wesen des Menschen. Es ist dem Menschen gemäß, im Normalfall in seinem äußeren und inneren Verhalten stets die Mitte zu halten zwischen Extremen; jedes Verlassen dieses ihm gemäßen Maßes ist »unmenschlich«, in der Wirkung auf die Mitmenschen ebenso wie in der Rückwirkung auf das Individuum. Und es ist dem Menschen ferner gemäß, sich in seinen Handlungen und Emotionen von Verstand und Einsicht leiten zu lassen, die ihn immer wieder auf die ausgleichende Norm jenes »Mittleren« zwischen möglichen Extremen weisen. Daß diese beiden Grundcharakteristika der Aristotelischen Ethik sich bei aller Verschiedenheit im einzelnen und in der Akzentuierung eng mit Gedanken berühren, die das Platonische Werk tragen, ist in jüngster Zeit mehrfach betont worden, wobei nicht mehr exakt zu klären ist, wieviel Aristoteles daneben etwa den Harmonie- und Maßvorstellungen der griechischen Medizin verdankt. Beides, »Maß« und »Tugendwissen«, sind letztlich Ideale, die man als allzeit gegenwärtige gemeingriechische Wertvorstellungen ansprechen muß: von Homers *Ilias* bis hin zur Tragödie begegnen sie immer wieder als natürliche Richtschnur und Inbegriff menschlichen Handelns. Unter diesem Gesichtspunkt ist es keine Übertreibung, die Ethik des Aristoteles geradezu als Quintessenz eines halben Jahrtausends – der »klassischen« Jahrhunderte – griechischer Daseinshaltung und Verhaltensreflexion zu bezeichnen.   E.Sch.

Ausgaben: Straßburg o. J. [vor 10. 4. 1469] (*Aristotelis ethicorum libri*; lat. Übers. v. Leonardus Brunus Aretinus). – Venedig 1498 (*Ethicorum ad Nicomachum libri X*, in der GA des Aldus Manutius, Bd. 5). – Bln. 1831 (in *Aristoteles Graece*, Hg. I. Bekker, Bd. 2; Nachdr. Bln. 1960, Hg. O. Gigon). – Oxford 1894 (*Ethica Nicomachea*, Hg. I. Bywater; Nachdr. zuletzt 1962). – Lpzg. ³1912, Hg. F. Susemihl u. O. Apelt [m. Bibliogr.]. – Ldn./Cambridge (Mass.) ²1934 (*The Nicomachean Ethics*, Hg. H. Rackham; m. engl. Übers.; Loeb; Nachdr. zuletzt 1950). – Bari 1957 (*Etica Nicomachea*, Hg. A. Plebe).

Übersetzungen: *Les ethiques en francoys*, Nicolaus Oresme, Paris 1488 [frz.]. – *Versuch einer deutschen Übersetzung des achten Buchs der Ethik des Aristoteles*, J. F. G. Delbrück (in *Philos. Magazin*, Hg. J. A. Eberhard, Bd. 2, Halle 1790). – *Die Ethik des Aristoteles in zehn Büchern*, D. Jenisch, Danzig 1791. – *Die Ethik des Aristoteles*, 2 Bde., C. Garve, Breslau 1799–1801. – *Nikomachische Ethik*, E. Rolfes, Lpzg. ²1921 (Philosoph. Bibl., N.F., 5; Nachdr. 1972, Hg. G. Bien). – *Die Nikomachische Ethik*, O. Gigon, Zürich ²1967 [m. Einl.]. – *The Nicomachean Ethics*, H. G. Apostle, Dordrecht 1975 [engl.; m. Komm.]. – *Nikomachische Ethik*, F. Dirlmeier (in *Werke*, Bd. 6, Bln. ⁸1983; m. Komm. u. Bibliogr.; Tb Stg. 1969).

Literatur: W. Jaeger, *A.*, Bln. 1923, S. 237–270; ²1955. – E. Kapp, *Theorie u. Praxis bei A. u. Platon* (in Mnemosyne, 6, 1938, S. 179–194). – W. D. Ross, *A.*, Ldn. ⁵1949, S. 187–234. – H. H. Joachim, *A. »The Nicomachean Ethics«*, Hg. D. A. Rees, Oxford 1951 [Komm.; frühere Komm. s. Dirlmeier]. – W. Jaeger, *A.'s Use of Medicine as Model of Method in His Ethics* (in The Journal of Hellenic Studies, 77, 1957, S. 54–61; ern. in W. J., *Scripta minora*, Bd. 2, Rom 1960, S. 491–509; dt.: *Medizin als methodisches Vorbild in der Ethik des Aristoteles*, in Zeitschr. f. philos. Forschg., 13, 1959, S. 513–530). – H. J. Krämer, *Arete bei Platon u. A.*, Heidelberg 1959 (Abhandlungen d. Heidelberger Akad. d. Wiss., phil.-hist. Kl., 1959, 6). – G. Müller, *Probleme der aristotelischen Eudaimonielehre* (in MH, 17, 1960, S. 121–143). – H. Flashar, *Die Kritik der platonischen Ideenlehre in der Ethik des A.* (in *Synusia Fs. Schadewaldt*, Hg. H. F. u. K. Gaiser, Pfullingen 1965, S. 223–246). – H. Seidl, *Zum Verhältnis von Wissenschaft und Praxis in A.s »Nikomachischer Ethik«* (in Zs. für philosophische Forschung, 19, 1965, S. 553–562). – W. F. R. Hardie, *A.'s Ethical Theory*, Oxford 1968. – A. Kenney, *The Aristotelian Ethics*, Oxford 1978. – K. Ph. Seif, *Das Problem der Willensfreiheit in der »Nikomachischen Ethik« des A.* (in Theologie und Philosophie, 54, 1979, S. 542–581). – *Essays on A.'s Ethics*, Hg. A. O. Rorty, Berkeley 1980. – K. v. Fritz, *Zur Interpretation des fünften Buchs von A.'s »Nikomachischer Ethik«* (in AGPh, 62, 1980, S. 241–275).

TA META TA PHYSIKA

(griech.; *Die Metaphysik*). Philosophisches Werk in dreizehn Büchern von Aristoteles; die Entstehung der einzelnen Teile spannt sich von den Jahren in Assos (348–345) bis in die Zeit des zweiten

Athener Aufenthalts (335–322). – Was man heute »Metaphysik« nennt, verdankt seine Bezeichnung einem Mißverständnis, das vermutlich auf ANDRONIKOS aus Rhodos zurückgeht, den zehnten Leiter der peripatetischen Schule nach Aristoteles. Dieser veranstaltete um 70 n. Chr. eine Ausgabe der Lehrschriften des Meisters und ließ darin auf die *Physik* das folgen, was jetzt *Metaphysik* heißt: wörtlich: »die Bücher nach der Physik« *(ta meta ta physika)*. Die »Metaphysik« selbst hat Aristoteles als »erste Philosophie« *(prōtē philosophia)* bezeichnet, d. h. als ersten, höchsten und wichtigsten Teil der Philosophie.

Wie alle Lehrschriften des Aristoteles ist auch die *Metaphysik* ein »akroamatischer« (zum Hören bestimmter) Text, d. h. ein Vorlesungsmanuskript. Genauer gesagt, handelt es sich um ein ganzes Corpus von Vorlesungsmanuskripten, in dessen verwickelte Entstehungsgeschichte erst in unserem Jahrhundert Werner JAEGER Licht zu bringen begann. Die Hauptmasse ist ein Konvolut von zehn Büchern, das von Aristoteles für eine in seiner Spätzeit gehaltene »Metaphysik«-Vorlesung (vielleicht auch erst von Andronikos für seine Edition) zusammengestellt wurde. In diesem kleineren Corpus fehlten das Ende des ersten Buches (das sogenannte Buch α, die Nachschrift einer Aristotelischen Einleitung in die Physik, angefertigt von PASIKLES aus Rhodos, einem Neffen des EUDEMOS aus Rhodos), das vierte Buch (Δ, ein philosophisches »Wörterbuch« des Aristoteles, das in alexandrinischer Zeit gesondert veröffentlicht wurde), das Ende des zehnten Buches (K, Kap. 9–12, ein vermutlich nicht authentisches Exzerpt aus verschiedenen Teilen der *Physik*) sowie des elfte Buch (Λ, ein in sich geschlossener Vortrag über die »Metaphysik« aus den jüngeren Jahren des Aristoteles); diese vier Teile dürften erst seit der Zeit des großen Aristoteles-Kommentators ALEXANDER aus Aphrodisias (Scholarch etwa ab 205 n. Chr.) zum Gesamtcorpus der *Metaphysik* gehören. Doch auch das Konvolut von zehn Büchern ist keineswegs ein abgerundeter Komplex. Es enthält nicht wenig Material aus älterer Zeit, zeigt Dubletten, Brüche, Einschübe, und ob es insgesamt in der späten »Metaphysik«-Vorlesung vorgetragen wurde, ist ebensowenig geklärt wie die Frage, ob in dem Überlieferten tatsächlich die gesamte – möglicherweise unvollendete – Vorlesung enthalten ist. Die Bücher 1-3 *(A, B, Γ)*, 5-8 *(E, Z, Θ, I)* und 12 *(M)* dürften auf alle Fälle zum Umkreis der Vorlesung gehört haben, wobei Buch A–B, K (Kap. 1–8), M (Kap. 9 f.) und N nach der *communis opinio* eine sogenannte »Urmetaphysik« (Assos) repräsentieren, während Z, H und Θ wohl eine Zwischenschicht darstellen. Im einzelnen ist die relative Chronologie der verschiedenen Teile nach wie vor sehr umstritten.

Unter diesen Umständen kann natürlich von einer überlegten Disposition nicht die Rede sein. Doch läßt das überlieferte Arrangement – ohne die vier genannten späteren Zusätze – immerhin einen organischen Plan erkennen. Buch A legt das terminologische und philosophiehistorische Fundament; es bringt die Definition des Gegenstands der Untersuchung als »*Wissenschaft von den ersten Prinzipien (archai) und Ursachen (aitiai)*« und erörtert die vier »*Ursachen*« alles Seienden (Form oder Wesen: causa formalis; Stoff oder Substrat: causa materialis; Ursache der Bewegung: causa efficiens; Zweck: causa finalis), als deren wichtigste sich schließlich die beiden ersten herauskristallisieren; der Hauptteil des Buches gilt der Kritik an den Vorgängern des Aristoteles. Auch Buch B ist den Prinzipien und Ursachen gewidmet; in einer Reihe von »Aporien« werden die Hauptprobleme der »*ersten Philosophie*« vorgeführt. Die fünf ersten dieser »Aporien« werden dann in Buch Γ auf der Grundlage einer Diskussion des Satzes vom Widerspruch gelöst. Im Zentrum von Buch E steht, wie in Γ, die Erörterung des »*Seienden, insofern es ist*«, d. h. des Begriffs »Sein« oder »Existenz«. Die Bücher Z–Θ, die als die sogenannten »Substanzbücher« eine Einheit bilden, behandeln – in Erweiterung dieses Seinsbegriffs – das »*Sein*« der »*Dinge*«, d. h. das Problem, inwiefern man von »*Sinnlichem*« ebenso wie von »*Übersinnlichem*«, von »*Vergänglichem*« ebenso wie von »*Ewigem*« sagen kann, es »*sei*«. Buch I, das wie eine in sich geschlossene Abhandlung anmutet, greift wieder auf eine der Aporien von B zurück (auch Verweise auf Buch Δ finden sich) und erörtert die aus der Prinzipienlehre PLATONS bekannten Fragen des »*Seienden*«, des »*Einen*«, des »*Vielen*« und des »*Entgegengesetzten*«. Auch die Bücher M (Thema: »*Zahl*« und »*Gestalt*«) und N (Thema: das »*Eins*«, die »*Zweiheit*«, die »*Ideenzahlen*«) sind von der Auseinandersetzung mit der Alten Akademie geprägt; man kann geradezu von einer – teils sachlichen (M, 1–9), teils ausgesprochen polemischen (M, 9 ff.–N) – Abrechnung mit Platon und seinen Anhängern (zumal SPEUSIPPOS und XENOKRATES) sprechen.

Es ist fast selbstverständlich, daß eine aufgrund ihrer Entstehung so disparate Schrift stilistisch uneinheitlich ist. In logisch-strenger Argumentation durchgefeilte Stücke stehen ohne Übergang neben überaus schwer verständlichen, fast änigmatischen Partien. Doch beruht die Schwierigkeit des Verständnisses kaum weniger als auf der Sprache auf dem Aristotelischen Denken selbst, das dort, wo es mit Mitteln der Abstraktion Gegenstände der Konkretion zu erklären versucht, zwangsläufig ins Dunkel der Spekulation gerät. Das zeigt sich besonders deutlich in dem schwierigen Buch Λ, quasi dem »Höhepunkt« der Aristotelischen Transzendenzphilosophie: Hier wird in subtilsten Gedankenprozessen das »Sein« der »*ewigen, unbewegten Seiendheiten*«, d. h. vor allem des göttlichen »*unbewegten ersten Bewegers*« erörtert – und zugleich geraten kosmologische Probleme aus der Astronomie und der Astrophysik in die Diskussion, die den Rahmen dieser »Theologie« nach heutigem Empfinden zu sprengen drohen. Freilich ist gerade diese Diffusität der Aristotelischen »Metaphysik« ein Ausfluß der komplexen Einheit seines – ständig neu bedachten und neu formulierten – Gesamtsystems, das »Physik« und Astronomie genauso umfaßt wie Ontologie und Theologie. Die Erklärung der Planeten- und Sternbewegungen durch göttliches Wirken liegt auf derselben Ebene wie die Interpretation alles Werdens als einer entelechetischen Verwirklichung der durch Stoff und Form gegebenen Möglichkeiten – beidem liegt als ursächliches Prinzip die verändernde Bewegung zugrunde. So kann es auch nicht verwundern, daß in der *Metaphysik* immer wieder Dinge zur Sprache kommen, von denen auch in der *Physik* oder in Schriften wie *Über den Himmel* und *Über Werden und Vergehen* die Rede ist (als besonders eklatantes Beispiel kann etwa das später eingefügte achte Kapitel des Buches Λ dienen).

Große Wirkung auf die antike Philosophie war der *Metaphysik* des Aristoteles nicht beschieden. Die Schüler und auch der spätere Peripatos neigten, von THEOPHRAST zum Teil abgesehen, wissenschaftlichen, speziell naturwissenschaftlichen Studien zu; fundierte Ausgaben und Kommentare entstanden, wie erwähnt, erst hoch in der römischen Kaiserzeit, in einer Periode, als Neuplatonismus und Neupythagoreismus das Feld beherrschten. Auch das Mittelalter war Aristoteles zunächst nicht hold, was gewiß wesentlich an dessen »deistischer« Gottesvorstellung lag. Das änderte sich vom 12.Jh. an, zunächst aufgrund arabischer Übertragungen, dann durch eine rege Tätigkeit lateinischer Übersetzer. Binnen kurzem war Aristoteles nicht nur mit seiner Logik, sondern auch mit seiner »Physik« und seiner »Metaphysik« der kanonische Klassiker der Scholastik – ALBERTUS MAGNUS und THOMAS VON AQUIN wurden seine Meisterschüler und machten in ihren umfassenden Systemen seine Vorstellungen für das Abendland verbindlich.

E.Sch.

AUSGABEN: Venedig 1498 (in Bd. 4 der GA des Aldus Manutius). – Tübingen 1847/1848 (*Die Metaphysik*, Hg. A. Schwegler; 4 Bde.; m. Übers. u. Komm.; Nachdr. Ffm. 1960). – Bonn 1848/1849 *Metaphysica*, Hg. H. Bonitz, 2 Bde. [m. Komm.]; Nachdr. Hildesheim 1960. – Oxford 1924 (*Metaphysics*, Hg. W.D. Ross, 2 Bde.; m. Komm.). – Ldn./Cambridge (Mass.) 1933–1935 (*The Metaphysics*, Hg. H. Tredennick, 2 Bde.; m. engl. Übers.; Loeb; Bd. 2; ²1936; Nachdr. zul. 1961/1962). – Oxford 1957 (*Metaphysica*, Hg. W. Jaeger; Nachdr. zul. 1973).

ÜBERSETZUNGEN: *Erstes Buch der Aristotelischen Metaphysik*, G. G. Fülleborn (in G. G. F., *Beiträge zur Geschichte der Philosophie*, 2. Stück, Züllichau 1792). – *14 Bücher Metaphysik*, J. Rieckher (in *Werke*, Abt. 5, 4 Bde., Stg. 1860). – *Metaphysik*, H. v. Bonitz, Hg. E. Wellmann, Bln. 1890. – Dass., E. Rolfes, 2 Bde., Lpzg. ²1921. – Dass., A. Lasson, Jena ²1924. – Dass., W. Nestle (in *Hauptwerke*, Stg. 1953; Ausw. zul. 1963; KTA, 129). – *La métaphysique*, J. Tricot, 2 Bde., Paris ²1953 [frz.; m. Komm.]. – *Metaphysik*, F. Bassenge, Bln. 1960. – *Metaphysics*, H.G. Apostle, Bloomington/Ldn. 1966 [engl.; m. Komm.] – *Metaphysik*, F. F. Schwarz, Stg. 1970, 1978 (RUB). – *Metaphysics*, C. Kirwan, Oxford 1971 [engl.; m. Komm.]. – *Metaphysik*, H. v. Bonitz, Hg. H. v. Seidl, 2 Bde., Hbg. 1978 bis 1980; 2. verb. Aufl. 1982–1984.

LITERATUR: W. Jaeger, *Studien zur Entstehungsgeschichte der »Metaphysik« des A.*, Bln. 1917. – H. E. Cherniss, *Aristotle's Criticism of Presocratic Philosophy*, Baltimore 1935. – Ders., *Aristotle's Criticism of Plato and the Academy*, Bd. 1, Baltimore ²1946. – I. Düring, *Von A. bis Leibniz* (in Antike und Abendland, 4, 1954, S. 118–154). – F. van Steenbergen, *Aristotle in the West*, Löwen 1955. – W. Jaeger, *A. Grundlegung einer Geschichte seiner Entwicklung*, Bln. ²1955. – Ph. Merlan, *Metaphysik. Name und Gegenstand* (in Journal of Hellenic Studies, 77, 1957, S. 87–92). – W. Theiler, *Die Entstehung der »Metaphysik« des A. mit einem Anhang über Theophrasts »Metaphysik«* (in MH, 15, 1958, S. 85–105). – W. J. Verdenius, *Traditional and Personal Elements in Aristotle's Religion* (in Phronesis, 5, 1960, S. 56–70). – P. Wilpert, *Zur Interpretation von »Metaphysik« Z15* (in AGPh, 42, 1960, S. 130 bis 158). – L. Elders, *Aristotle's Theory of the One. A Commentary on Book X of the »Metaphysics«*, Assen 1961. – G. Reale, *Il concetto di filosofia prima*, Mailand ²1965. – I. Düring, *A. Darstellung u. Interpretation seines Denkens*, Heidelberg 1966, S. 183–290; 586–622. – Ph. Merlan, *On the Term ›Metaphysics‹ and ›Being-Qua-Being‹* (in The Monist, 52, 1968, S. 174–194). – K. Oehler, *Die systematische Integration der aristotelischen Metaphysik* (in *Naturphilosophie bei A. und Theophrast*, Hg. I. Düring, Heidelberg 1969, S. 168–192). – E. König, *A.s erste Philosophie als universale Wissenschaft von den archai* (in AGPh, 52, 1970, S. 225–246). – H. Happ, *Hyle. Studien zum aristotelischen Materie-Begriff*, Bln. 1971. – *Études sur la »Métaphysique« d'A.*, Hg. P. Aubenque, Paris 1972 (Symposium Aristotelicum, 6). – L. Elders, *A.'s Theology. A Commentary on the Book of the Metaphysics*, Assen 1972. – F. L. Beeretz, *Die Aufgabe der Metaphysik des A.* (in Philosophia, 4, 1974, S. 247–258).

METEŌROLOGIKA

auch: *Peri meteōrōn* (griech.; *Meteorologie*). Naturwissenschaftliches Werk in vier Büchern von ARISTOTELES, Abfassungszeit unsicher (nach 341 v. Chr.). – Die Bedingungen und Grenzen, innerhalb deren die Aristotelische Meteorologie zu betrachten ist, gibt der Autor selbst im Vorwort an (1, 1): Sie ist ein integrierter Bestandteil seiner gesamten Naturphilosophie und Naturkunde. Ihr voraus liegen seine »Physik«, deren Gegenstand die ersten Ursachen der *physis* (Natur) und die Grundprobleme der Bewegung sind (vgl. die *Physica*) sowie die Astronomie und die Lehre von den Elementen und ihrer Veränderung (vgl. *Peri uranu – Über den Himmel* und *Peri geneseōs kai phthoras – Über Werden und Vergehen*). Fortgesetzt werden soll sie durch eine Darstellung der Zoologie und Botanik

(*Peri ta zōa historiai, Peri zōōn moriōn, Peri zōōn geneseōs, Peri zōōn poreias*; daran anschließend *Peri psychēs* und die sogenannten *Parva naturalia – Kleine naturwissenschaftliche Schriften*, verloren ist die Schrift *Peri phytōn – Über die Pflanzen*).

Diesem Programm entsprechend bedeutet »Meteorologie« weit mehr als die heutige Wissenschaft dieses Namens, mehr auch, als der griechische Begriff strenggenommen besagt (*meteōra*: »das, was über der Erde ist«); sie umfaßt ebenso Teile der Astronomie wie die Meteorologie im engeren Sinn, dazu das Gebiet der Geophysik und wesentliche Aspekte der Geographie. Diese Eingebundenheit in einen größeren Zusammenhang beruht nicht auf thematischen, sondern auf inhaltlichen Voraussetzungen. Denn der Meteorologie des Aristoteles liegt selbstverständlich das dualistische Weltbild seiner – nach dem Vorbild des EUDOXOS geozentrischen – Kosmologie zugrunde, die das All in zwei streng getrennte Bezirke sondert: einerseits in Gestirnsphären oberhalb des Mondes, die aus der »Äther«-Materie bestehen, andererseits der sublunare Bereich, der von der Mondsphäre bis zum Erdmittelpunkt reicht und aus den niederen Elementen Erde, Wasser, Luft und Feuer gebildet wird (da Aristoteles Milchstraße, Kometen, Meteore usw. für sublunare Phänomene hält, fallen sie also zwangsläufig in seine Disziplin der »Meteorologie«). Auf die Disposition der *Meteōrologika* scheinen diese Voraussetzungen jedoch keinen Einfluß gehabt zu haben; sie ist, nach heutigem Maßstab, nicht eben systematisch zu nennen, wurde freilich trotzdem für alle antiken Nachfolgewerke verbindlich. Buch 1 handelt, nach einer Erklärung der Begriffe und der kosmologischen Grundvorstellungen (Kap. 1–3), von den Vorgängen in der höheren und niederen Atmosphäre (Meteore, Sternschnuppen, Farberscheinungen am Himmel, Kometen, Milchstraße, Kap. 4–8; Wolken, Nebel, Regen, Schnee, Hagel, Kap. 9–12), sodann vom Ursprung der Winde, des Meeres, der Flüsse und schließlich von geographischen Problemen (Kap. 13–14). In Buch 2 ist wieder vom Meer (Kap. 1–3) und den Winden (Kap. 4–6) die Rede; dann wendet sich der Autor den geophysikalischen Erscheinungen zu (Erdbeben, Kap. 7–8). Gewitterphänomene wie Donner, Blitz usw. (Buch 2, Kap. 9 – Buch 3, Kap. 1), die verschiedenen Lichterscheinungen des Himmels (Halos, Regenbogen usw., Kap. 2–6), schließlich die Stoffe und Vorgänge im Innern der Erde sind die weiteren Themen (Kap. 6 Ende). Dann bricht der Vortrag unvermittelt ab, und es folgt in dem oft der Unechtheit verdächtigten Buch 4 eine in sich geschlossene Sonderabhandlung über die Aristotelische Chemie, d. h. über die Wechselwirkung der vier Elemente und der vier gegensätzlichen physikalisch-chemischen Grundqualitäten (Warm, Kalt, Trokken, Naß).

Der Eindruck des Werkes auf den neuzeitlichen Leser ist zwiespältig. Auf der einen Seite bringt Aristoteles eine für antike Verhältnisse geradezu unglaubliche Fülle von Beobachtungsmaterial, das sich – über die Jahrhunderte hinweg – eigentlich nur mit Maßstäben moderner »Großforschung« vergleichen läßt. Dieses genau registrierende Beobachten (*theōria*) mit dem Ziel, aus der Masse der Einzeldaten das Gesamtphänomen zu erklären, hat Aristoteles zum Begründer der Meteorologie als einer Fachwissenschaft gemacht (da er mit Eudoxos die Erde für eine Kugel hielt, war er übrigens der Meinung, man könnte die Erde umsegeln, wenn nicht die Weite des Meeres es hindern würde). Auf der anderen Seite wird der Wert dieses riesigen Materials so gut wie annulliert durch das Bestreben, die Ergebnisse der *theōria* jeweils sogleich in einer – heute oft absonderlich anmutenden – Theorie aufzufangen, die mit den sonstigen philosophischen Anschauungen des Autors harmoniert. So kommt es, daß aus der Fülle von Kenntnissen doch keine Erkenntnis wird – es bleibt bei mehr oder weniger unbefriedigenden Erklärungsversuchen. Der Grund hierfür liegt in der für die ganze Antike charakteristischen Scheu vor dem Experiment, verbunden mit der technischen Unfähigkeit zu exakter Messung. Immer wieder beteuert der Autor, »*das habe ich selbst gesehen*«, »*das kann man mit eigenen Augen sehen*«; nicht ein einziges Mal dagegen gebraucht Aristoteles eine Formulierung wie »das läßt sich leicht nachprüfen« oder »das kann man durch einen Versuch beweisen«. Und diese antike Grundeinstellung ist – nicht zuletzt aufgrund der Aristotelischen Autorität – bis in die Zeit der Hochrenaissance maßgebend geblieben. E.Sch.

AUSGABEN: Padua 1474 (*Meteororum libri*; lat.; m. Komm. v. Averroes). – Venedig 1497 (in Bd. 2 der GA des Aldus Manutius). – Cambridge/Mass. 1919 (*Meteorologicorum Libri Quattuor*, Hg. F. H. Fobes; Nachdr. 1967). – Göteborg 1944 (*Aristotle's Chemical Treatise. Meteorologica, Book IV*, Hg. I. Düring; m. Komm.; Göteborgs Högskolas Årsskrift, 50, 1944/2). – Ldn./Cambridge (Mass.) 1952 (*Meteorologica*, Hg. H. D. P. Lee; m. engl. Übers.; Loeb; Nachdr. 1962). – Paris 1982, Hg. P. Louis, 2 Bde.

ÜBERSETZUNGEN: *Les météorologiques*, J. Tricot, Paris 1955 [frz.; m. Komm.]. – *Meteorologie*, H. Strohm, Bln. ²1979; Darmstadt ³1984. – *Meteorologica*, C. Baffioni, Neapel 1981 [Buch 4; ital.; m. Komm.].

LITERATUR: W. Capelle, *Das Proömium der »Meteorologie«* (in Herm, 47, 1912, S. 514–535). – I. Hammer-Jensen, *Das sogenannte IV. Buch der »Meteorologie« des Aristoteles* (in Herm, 50, 1915, S. 113–136). – W. Capelle, Art. *Meteorologie* (in RE Suppl. 6, 1935, Sp. 315–325; 339–344). – R. Böker, Art. *Winde* (in RE, 8A/2, 1958, bes. Sp. 2215–2265; 2344–2350). – H. Happ, *Der chemische Traktat des A.* (in Synusia. Fs. Schadewaldt, Hg. H. Flashar u. K. Gaiser, Pfullingen 1965, S. 289–322). – I. Düring, *A. Darstellung und Interpretation seines Denkens*, Heidelberg 1966, S. 385–399.

ORGANON

(griech.; *Werkzeug*). Die aus verschiedenen Einzelschriften zusammengesetzte »Logik« des ARISTOTELES. – Titel und Zusammenstellung sind gleichermaßen nicht dem Autor zuzuschreiben, sondern der peripatetischen Schultradition (vielleicht dem Herausgeber ANDRONIKOS aus Rhodos, 1.Jh. v. Chr.). Doch bekundet der Name zweifelsohne die bescheidene Einschätzung, die Aristoteles, bei allem Stolz auf seine Leistung, der von ihm geschaffenen (Formal-)Logik beigemessen hat: Sie ist nur Hilfsmittel propädeutischen Charakters zur eigentlich philosophischen und wissenschaftlichen Erkenntnis.

Das gesamte, systematisch geordnete Corpus enthält fünf Werke: 1. die *Katēgoriai (Kategorien)*, von den zehn grundlegenden Aussageweisen; 2. die Schrift *Peri hermēneias (Vom Satz)*, von den Gliedern und Aussageformen des Satzes; 3. die → *Analytika (Analytik)*, aufgeteilt in zwei Bücher *Erste Analytik* und zwei Bücher *Zweite Analytik*, jene der Lehre vom Schluß (Syllogismus) im allgemeinen gewidmet, diese dem wissenschaftlichen Beweis, d. h. dem apodiktischen Schluß; 4. die → *Topika (Topik)* in acht Büchern, über den dialektischen, d. h. zwar in sich schlüssigen, aber auf nicht erwiesenermaßen wahren Voraussetzungen basierenden Syllogismus; 5. die *Sophistikoi elenchoi (Sophistische Widerlegungen)*, von den Trugschlüssen. Die scheinbare systematische Einheit, die diese Abfolge repräsentiert, ist in dreifacher Weise trügerisch: zum einen, weil sie vom Autor weder als Gesamtheit geplant noch als systematischer Aufbau konstruiert wurde; zum zweiten, weil bei einigen Einzelschriften sogar die Autorschaft des Aristoteles entschieden in Frage zu stellen ist (wenngleich das verwertete Material authentisch sein dürfte), so bei den *Kategorien* und unter Umständen bei *Peri hermēneias*, zum dritten schließlich, weil das Ganze alles andere als einen einheitlichen, aus einem Guß geformten Entwurf zu einem Gebäude der Logik darstellt, vielmehr aus zu verschiedenen Zeiten entstandenen – und dementsprechend verschiedene Phasen, Formen und Ergebnisse der Aristotelischen Logalphilosophie enthaltenden – Einzelstücken besteht, die zudem im Grad der Ausarbeitung Unterschiede aufweisen.

Eine der wichtigsten Aufgaben der philologischen Forschung besteht daher in der Ausarbeitung einer relativen Chronologie (für die absolute Chronologie fehlen vielfach Indizien, die ausdrücklichen Hinweise spielen auf Daten während der Akademiejahre, 367/347, und des Wirkens in Assos, 347/344, an). Die großen Umrisse dieser relativen Chronologie dürfen heute als fixiert gelten. Demnach stehen am Beginn die *Topika* und die *Sophistischen Widerlegungen*; zur selben Schicht gehören die *Kategorien*; in *Peri hermēneias* und in Buch 2 der *Zweiten Analytik* glaubt man eine neue Stufe erkennen zu können, die unmittelbare Vorstufe des ausgefeilten syllogistischen Systems, das den Hauptteil von Buch 1 der *Ersten Analytik* ausmacht; derselben Zeit wie Buch 1 der *Ersten Analytik* scheint Buch 1 der *Zweiten Analytik* anzugehören; eine letzte Schicht bilden die Kapitel 8–22 von Buch 1 sowie Buch 2 der *Ersten Analytik*. In dieser Genese verkörpert sich ein Fortschritt von versierter Analyse der logischen Erscheinungen zur Ausbildung eines festen Systems der – assertorischen – Syllogistik, begleitet von der bahnbrechenden Erfindung der variablen Größen (A, B usw.), und endlich zur Entwicklung der Modallogik, die mit einer philosophischen Reflexion auf die gesamte formale Syllogistik parallel geht.

Die Leistung, die Aristoteles mit der Summe dieser Schriften vollbracht hat – Schaffung der formalen Logik als Disziplin, Entwicklung des ersten formallogischen Systems, Errichtung eines fehlerlosen Gebäudes der Syllogistik, umfassender Entwurf einer Modallogik, Ansätze zu einer Aussagenlogik (nach Bocheński) –, steht in der abendländischen Geistesgeschichte einzigartig da: denn dieses Werk ist nicht nur bahnbrechend und ohne Vorläufer, sondern zugleich in einem Maße vollkommen, daß eine mehr als zweitausendjährige Nachwelt auf dem Feld der hier behandelten Disziplinen nur Beiläufig-Ergänzendes hinzuzufügen hatte.

E.Sch.

AUSGABEN: Neapel o. J. [ca. 1473–1478], Hg. Sixtus Riessinger [lat.; fehlen *Erste Analytik*; *Topika*; *Sophistikoi elenchoi*]. – Venedig 1481, Hg. Philippus Petri [lat.]. – Venedig 1495 (*Organon*, in Bd. 1 der GA des Aldus Manutius). – Bln. 1831 (in *Opera*, Hg. I. Bekker, Bd. 1; ²1960, Hg. O. Gigon). – Ldn./Cambridge (Mass.) 1938 (*The Categories. On Interpretation*, Hg. H. P. Cooke; *Prior Analytics*, Hg. H. Tredennick; m. engl. Übers.; Loeb; mehrere Nachdr.). – Ebd. 1960 (*Posterior Analytics*, Hg. H. Tredennick; *Topica*, Hg. E. S. Forster; m. engl. Übers.; Loeb; Nachdr. 1966). – Ebd. 1955 (*On Sophistical Refutations*, Hg. E. S. Forster; m. engl. Übers.; Nachdr. 1965). – Oxford 1949 (*Categoriae et liber de interpretatione*, Hg. L. Minio-Paluello; Nachdr. zul. 1966). – Oxford 1964 (*Analytica priora et posteriora*, Hg. W. D. Ross u. L. Minio-Paluello). – Oxford 1958 (*Topica et Sophistici elenchi*, Hg. W. D. Ross; Nachdr. 1970). – Oxford ²1957 (*Prior and Posterior Analytics*, Hg. W. D. Ross; m. Komm.). – Paris 1967 (*Topiques*, Bd. 1, Hg. J. Brunschwig; m. frz. Übers.; enth. Buch 1–4).

ÜBERSETZUNGEN: in *Althochdeutsche, dem Anfang des 11. Jahrhunderts angehörige Übersetzung und Erläuterung der Aristotelischen Abhandlungen: Katēgoriai und Peri hermēneias*, Hg. E. G. Graff, Bln. 1837. – *Die Kathegorien*, Salomon Maimon, Bln. 1794. – *Organon, oder Schriften zur Logik*, K. Zell (in *Werke*, Tl. II, Bd. 1–8, Stg. 1836–1862). – *Topik (Disputirkunst) / Das Organon*, H. Bender (in *Werke*, Lfg. 40–45 u. 46–53, Stg. 1872/1873 u. ö.). – *Organon*, H. v. Kirchmann, Heidelberg 1883. – Dass., E. Rolfes, 2 Bde., Lpzg. 1925; ¹/²1918 bis 1925; Nachdr. 1948 (Philosophische

Bibliothek; 8–13). – Dass., G. Colli, Turin 1955 [ital.; m. Komm.]. – *Categories and De interpretatione*, J. L. Ackrill, Oxford 1963 [engl.; m. Komm.]. – *Kategorien*, K. Oehler, Darmstadt ²1986 [m. Komm.].

LITERATUR: A. Bonitz, *Über die »Kategorien« des A.* (in SPAW, phil.-hist. Kl., 10, 1853 S. 591–645; ern. Darmstadt 1967). – P. Petersen, *Geschichte der Aristotelischen Philosophie im protestantischen Deutschland*, Lpzg. 1921; Nachdr. Stg.-Bad Cannstatt 1964. – H. v. Arnim, *Das Ethische in A.' »Topik«*, Wien/Lpzg. 1927 (SWAW, phil.-hist. Kl., 205/10). – A. Bekker, *Die Aristotelische Theorie der Möglichkeitsschlüsse*, Bln. 1933 [Diss. Münster 1932]; ern. Darmstadt 1968. – J. L. Stocks, *The Composition of Aristotle's Logical Works* (in Classical Quarterly, 27, 1933, S. 115–124). – J. M. Bocheński, *Ancient Formal Logic*, Amsterdam 1951. – J. Lohmann, *Vom ursprünglichen Sinn der aristotelischen Syllogistik* (in Lexis, 2, 1950/1951, S. 205–236). – C. A. Viano, *La logica di Aristotele*, Turin 1955. – J. M. Bocheński, *Formale Logik*, Freiburg i. B./Mchn. 1956, S. 47–114. – G. Patzig, *Die aristotelische Syllogistik*, Göttingen 1959 (Abh. d. Ak. d. Wiss. Göttingen, phil.-hist. Kl., III/42). – J. Lukasiewicz, *Aristotle's Syllogistic*, Oxford ²1963. – S. McCall, *Aristotle's Modal Syllogisms*, Amsterdam 1963. – W. A. de Prater, *Les »Topiques« d'Aristote et la dialectique platonicienne*, Fribourg 1965. – I. Düring, *A. Darstellung und Interpretation seines Denkens*, Heidelberg 1966, S. 53–109. – C. Negro, *La sillogistica di Aristotele*, Bologna 1967. – G. Calogero, *I fondamenti della logica aristotelica*, Florenz ²1968. – *Aristotle on Dialectics – The »Topics«. Proceedings of the Third Symposium Aristotelicum*, Hg. G. E. L. Owen, Oxford 1968. – E. Vollrath, *Studien zur Kategorienlehre des A.*, Ratingen b. Düsseldorf 1969. – A. Schütze, *Die Categoriae des A. und der Logos*, Stg. 1972. – G. Patzig, *Bemerkungen zu den Kategorien des A.* (in *Einheit und Vielheit. Fs. Weizsäcker*, Hg. E. Scheibe u. G. Süssmann, Göttingen 1973, S. 60–76). – A. Graeser, *Probleme der Kategorienlehre des A.* (in Studia philos., 37, 1977/1978, S. 59–81). – W. Wieland, *Die aristotelische Logik in der gegenwärtigen Diskussion* (in Freiburger Universitätsblätter, 20/73, 1981, S. 45–56). – *Zur modernen Deutung der aristotelischen Logik, Bd. 1, Über den Folgerungsbegriff*, Hg. A. Menne u. N. Öffenberger, Hildesheim 1982.

PEPLOS

(griech.; *Das Gewand*). Ein mythographisch-historisches Handbuch vermischten Inhalts, als Werk des ARISTOTELES überliefert, was aber höchstens so verstanden werden darf, daß ihm eine Exzerpt- und Notizensammlung des Philosophen zugrunde liegt, die von einem seiner Schüler herausgegeben und von späteren Autoren erweitert wurde. – Das Werk handelte von trojanischen Helden, von Götterbeinamen und Genealogien, von den Ursprüngen der griechischen Festspiele – der Kult- und Sportagone – und anderem mehr. Der Titel leitet sich von jenem *peplos* genannten, mit verschiedenen Sagen-Motiven bunt durchwobenen Frauengewand ab, das alle vier Jahre an den großen Panathenäen in feierlicher Prozession zur Burg von Athen hinaufgetragen und der Stadtgöttin geweiht wurde. Was uns – neben einigen minimalen Prosafragmenten – aus dem *Peplos* überliefert ist, sind rund 60 Epigramme, meist auf Heroen des Trojanischen Krieges (»*Wo jeder der Hellenen begraben ist, und was auf seinem Grab steht«*), Gedichte, deren Entstehung durchwegs im 3. und 2. Jh. v. Chr. anzusetzen sein dürfte: Eines davon, auf Aias Telamonios, findet sich in der *Anthologia Palatina* sogar ausdrücklich mit dem Verfassernamen des ASKLEPIADES aus Samos, THEOKRITS Lehrer, zitiert. In Rom scheint die Sammlung nicht unbekannt gewesen zu sein: AUSONIUS hat 26 der Gedichte ins Lateinische übertragen. »*An literarischem Wert*« ist jedoch – so betont C. A. FORBES zu Recht – »*nicht zu denken*«.

E. Sch.

AUSGABEN: Venedig 1536 (in *Aristotelis Poetica*, Hg. Alexander Paccius; m. lat. Übers.). – O. O. 1566 (in *Anthologia diaphoron epigrammaton ...*, Hg. H. Stephanus). – Lpzg. 1886 (in *Aristotelis qui ferebantur librorum fragmenta*, Hg. V. Rose; Fragm. 637–644; Nachdr. Stg. 1967).

ÜBERSETZUNGEN: *Gewand* (in *Aristoteles Fragmente*, P. Gohlke, Paderborn 1960, S. 226/227). – S. auch *Epitaphia Heroum qui bello Troico interfuerunt* (in *Ausonius*, Hg. H. G. E. White, Ldn./Cambridge [Mass.] ²1951; Loeb; m. engl. Übers.; mehrere Nachdr.).

LITERATUR: W. Christ u. W. Schmidt, *Geschichte der griechischen Literatur*, Bd. 1, Mchn. ⁶1912, S. 762. – C. A. Forbes, Art. *Peplos (2)* (in RE, 19/1, 1937, Sp. 561/562).

PERI GENESEŌS KAI PHTHORAS

(griech.; *Über das Werden und Vergehen*). Physikalische Schrift in zwei Büchern von ARISTOTELES, durch ihren ersten Satz als unmittelbare Fortsetzung des vierten Buchs von *Peri uranu (Über den Himmel)* gekennzeichnet. – Das Werden und Vergehen, das in *Peri uranu* als charakteristisch für die sublunare Welt der vier Elemente herausgearbeitet wurde, wird hier im ersten Buch zunächst unter theoretischen, im zweiten unter physikalischen Gesichtspunkten untersucht.

Im Zentrum steht der von Aristoteles geschaffene Begriff der *hylē*, der Materie: Sie erklärt das ununterbrochene Entstehen und Vergehen der Dinge, sie liegt allem Werden zugrunde. Bleibt sie wahrnehmbar und bestehen, nimmt jedoch andere Eigenschaften an, so vollzieht sich eine Veränderung; ändert sich das Ganze, ohne daß etwas Wahrnehmbares als identisch bestehenbleibt, so spricht man von Entstehung. Ermöglicht wird beides durch den Doppelcharakter der *hylē*, die einerseits als konkret Existierendes, andererseits als der Mangel sämtlicher Eigenschaften, d. h. nicht existierend erscheint (Zentralstelle: Buch 1, 3; 318a 9–319a 17). Physikalisch vollziehen sich die Vorgänge durch Berührung und wechselseitige Aktion und Reaktion *(haphē; poiein kai paschein)*. Allen wahrnehmbaren Körpern liegt eine *hylē* zugrunde, die nicht getrennt, sondern nur mit einem Gegensatz verbunden existiert, aus dem die vier Elemente (Erde, Wasser, Luft, Feuer) entstehen. Unter diesen findet ein beständiger Kreislauf statt, wobei das warm-feste Feuer in warm-fließende Luft, diese in kalt-fließendes Wasser, das Wasser in kalt-feste Erde, diese wiederum in warm-festes Feuer übergehen, unter jeweiliger Wandlung von einer der beiden Eigenschaften. Ursache alles Entstehens und Vergehens ist die Rotation der Fixsternsphäre und die Bewegung der Sonne in der Ekliptik. Der ewige Wechsel von Leben und Tod im Lauf der Jahreszeiten bildet den Umschwung des Himmels und letztlich den »*Ersten Beweger*« nach – die ununterbrochene Kontinuität des Werdens ist die größte Annäherung an das ewige Sein.

Die ganze Schrift, die gewissermaßen eine Chemie und Biochemie *a priori* konstruiert, nimmt nur selten Bezug auf wahrnehmbare Fakten. So konnte SCHOPENHAUER in seinen *Parerga und Paralipomena* mit Recht von einem extremen Beispiel der rein spekulativen Naturbetrachtung sprechen, gegen die sich die neuere Naturwissenschaft seit Francis BACON so heftig gewandt hat. D.Ma.

AUSGABEN: Padua 1474 (*De generatione et corruptione*; lat. Übers. m. Komm. v. Averroes). – Venedig 1497 (in der GA des Aldus Manutius, Bd. 2). – Bln. 1831 (in *Opera*, Hg. I. Bekker, Bd. 1; ²1960, Hg. O. Gigon). – Ldn. 1922 (*On Coming-to-Be and Passing-Away*, Hg. H.-H. Joachim; m. Komm.). – Ldn./Cambridge (Mass.) 1955 (*On Sophistical Refutations. On Coming-to-Be and Passing-Away*, Hg. E. S. Forster; m. engl. Übers.; Loeb; Nachdr. 1965). – Paris 1966 (*De la génération et de la corruption*, Hg. Ch. Mugler; m. frz. Übers.).

ÜBERSETZUNGEN: *Zwei Bücher über Entstehen und Vergehen*, C. Prantl (in *Werke*, Bd. 2, Lpzg. 1857; griech.-dt.). – *La generazione e la corruzione*, M. Migliori, Neapel 1976 [ital.; m. Komm.].

LITERATUR: F. Solmsen, *Aristotle's System of the Physical World*, Ithaca/N.Y. 1962, S. 321–389 (Cornell Studies in Classical Philology, 33). – G. A. Seeck, *Über die Elemente in der Kosmologie des A.*, Mchn. 1964. – I. Düring, *A. Darstellung u. Interpretation seines Denkens*, Heidelberg 1966, S. 346–385; 633 f. [m. Bibliogr.]. – W. J. Verdenius u. J. H. Waszink, *Aristotle on Coming-to-Be and Passing-Away. Some Comments*, Leiden ²1966. – I. Düring, Art. *A.*, (in RE, Suppl. 11, 1968, Sp. 243; 245–247). – M. Migliori, *Elementi metafisici e teologici nelle riflessione fisica del »De generatione et corruptione« di A.* (in Pensiamento, 35, 1979, S. 223–235). – I. Craemer-Ruegenberg, *Die Naturphilosophie des A.*, Freiburg i. B. 1980.

PERI KOSMU

(griech.; *Von der Welt*). Ein auf den Namen des ARISTOTELES gefälschtes und in seinem Schriftencorpus überliefertes Werk, von früheren Gelehrten meist der stoischen Schule, besonders der Nachfolge des POSEIDONIOS (um 135–51 v. Chr.) zugeschrieben; neuere Untersuchungen haben jedoch gezeigt, daß der anonyme Autor, in der Zeit PLUTARCHS (um 46–nach 120) lebend, durchaus auf dem Boden des Peripatos steht, freilich in versöhnlicher Nähe zum Platonismus (was schon die aufkommende Neuplatonik ahnen läßt). – Der Grundtenor des kleinen, in ansprechendem und manchmal sogar enthusiastisch gehaltenem Stil geschriebenen Werkes ist protreptisch, wie bereits der erste Satz der einleitenden Widmung an Alexander den Großen kundtut. Diese Öffnung nach außen, der mit Wärme werbende Charakter, tritt auch in der klaren Gliederung zutage, mit der in kurzen Zügen nacheinander eine Kosmologie und Kosmophysik sowie eine Theologie entworfen wird, wobei der Nachdruck – hier spürt man die innere Beteiligung des Autors am stärksten – sichtlich auf der emphatischen Schilderung der allmächtigen und allwaltenden Gottheit liegt, die über allem kosmischen Geschehen thront: eine kompositorische Klimax, die durch das Zitat der orphischen Preisverse auf den Höchsten Zeus am Ende äußerlich sinnfällig wird. Auch die fein stilisierte Sprache deutet darauf, daß der Verfasser an ein größeres Publikum denkt. So sind etwa die Klauseln, die Satzschlüsse, ganz nach der Mode der Zeit strukturiert und durchrhythmisiert. Das Büchlein hat offenbar die intendierte und verdiente Resonanz gefunden: APULEIUS (2.Jh.) übertrug es ins Lateinische, im 6.Jh. fertigte SERGIUS RESAINENSIS eine syrische Übersetzung an, und noch im 11.Jh. läßt sich der Einfluß von *Peri kosmu* nachweisen. E.Sch.

AUSGABEN: Venedig 1496 (*De mundo*, in *Opera*, Hg. Johannes u. Gregorius de Gregoriis; lat.). – Venedig 1497 (in der GA des Aldus Manutius, Bd. 2). – Bln. 1831 (in *Opera*, Hg. I. Bekker, Bd. 1; Nachdr. Bln. 1960, Hg. O. Gigon). – Paris 1933 (*Aristotelis qui fertur libellus de mundo*, Hg. W. L. Lorimer; m. dt. Übers. d. Kap. 5–7 der syrischen Version v. E. König). – Ldn./Cambridge (Mass.) 1955 (*On the Cosmos*, Hg. D. J. Furley; in *Aristotle. On Sophistical Refutations* ..., Hg. E. S. Forster; m. engl. Übers.; Loeb). – Brügge/Paris ²1965 (*De mundo*, in *Aristoteles Latinus*, Bd. XI, 1–2, Hg. W. L. Lorimer u. L. Minio-Paluello; mehrere lat. Übersetzungen). – Neapel 1974, Hg. G. Reale [m. ital. Übers. u. Komm.].

ÜBERSETZUNGEN: *Brief an Alexander den Großen, über die Welt*, J. G. Schulthess, Zürich 1782. – *Von der Welt* (in *Von der Seele und von der Welt*, C. H. Weise, Lpzg. 1829). – *An König Alexander. Über die Welt*, P. Gohlke, Paderborn 1949 [griech.-dt.]. – *Über die Welt*, H. Strohm, Darmstadt ³1984.

LITERATUR: W. Capelle, *Die »Schrift von der Welt«. Ein Beitrag zur Geschichte der griechischen Popularphilosophie* (in NJb, 15, 1905, S. 529–568). – W. L. Lorimer, *The Text Tradition of Pseudo-Aristotle »De mundo«*, Oxford 1924. – Ders., *Some Notes on the Text of Pseudo-Aristotle »De mundo«*, Ldn. 1925. – K. Praechter, *Die Philosophie des Altertums*, Darmstadt 1967 [Tübingen ¹²1926]. S. 561/562. – J. P. Maguire, *The Sources of Pseudo-Aristotle »De mundo«* (in Yale Classical Studies, 6, 1939, S. 109–167). – A.-J. Festugière, *La révélation d'Hermès Trismégiste*, Bd. 2, Paris 1949, S. 460 bis 518 [m. frz. Übers.]. – H. Strohm, *Studien zur »Schrift von der Welt«* (in MH, 9, 1952, S. 137–175).

PERI POIĒTIKĒS

(griech.; *Von der Dichtkunst*). Die »Poetik« des ARISTOTELES, zum Spätwerk des Philosophen gehörend (wahrscheinlich in die Nähe der *Technē rhētorikē – Rhetorik*). – Aus verschiedenen Vorverweisen und aus der Form des Schlusses der *Poetik* geht hervor, daß ursprünglich eine Fortsetzung des Werks – wohl in Gestalt eines zweiten Buches – existierte oder doch wenigstens vorgesehen war; auch ging der *Poetik* einst ein heute verlorener Dialog *Peri poiētōn (Über die Dichter)* voraus, auf den in der *Poetik* direkt verwiesen wird und der inhaltlich eng mit ihr verbunden gewesen sein dürfte. In der überlieferten Fassung machen manche Stellen den Eindruck späterer Einschübe – meist ergänzender Notizen –, doch ist eine saubere Scheidung aller verdächtigen Partien vom originalen Kontext nicht möglich. Im ganzen legt der heutige Zustand der Schrift nahe, in ihr etwas literarisch Unfertiges, etwa ein Rohkonzept oder eine Gedächtnishilfe (beispielsweise für eine akademische Vorlesung) zu erblicken, in die dann aufgrund neuer Auseinandersetzung mit dem Thema laufend weiteres Material eingearbeitet wurde.

Die Schrift *Von der Dichtkunst* will, wie es wörtlich heißt, »*von der Dichtkunst als solcher ..., ihren Gattungen und deren verschiedenen Wirkungen, ferner davon, wie man die Erzählungen aufbauen muß, wenn die Dichtung schön werden soll, außerdem, aus wie vielen und welchen Teilen eine Dichtung besteht und was schließlich noch zu diesem Gegenstand gehört*« handeln. Gemeinsamer Nenner aller Dichtungsgattungen wie auch der Musik ist nach Aristoteles, daß sie – in je verschiedener Weise und mit unterschiedlichen Mitteln – auf Nachahmung beruhen: Damit wird die Nachahmung *(mimēsis)* zum obersten Prinzip der Dichtung, das über allen differenzierenden Kriterien wie Prosa oder gebundener Rede, Art des Versmaßes, Vorhandensein oder Fehlen des musikalischen Elements, ja selbst über dem grundlegenden Unterschied zwischen epischer Berichterstattung und dramatischer Repräsentation eines Geschehens steht. Der Nachahmungstrieb, der dem Menschen von Geburt an innewohnt und in ihm mehr als in allen anderen Lebewesen entwickelt ist, hat überhaupt erst das Phänomen »Dichtung« ermöglicht. Ein weiterer Faktor beim Entstehen von Dichtung ist die Freude des Menschen an den Produkten dieser Nachahmung, ein Vergnügen, das sich etwa darin zeigt, daß wir Abbildungen von Leichnamen oder häßlichen Tieren, die uns in der Realität abstoßen, als Kunstwerke ohne Scheu, ja sogar gern betrachten. Nach diesen Präliminarien kommt Aristoteles zu seinem eigentlichen Thema: Ausgehend von HOMER, in dem er den Ahnherrn der Tragödie (durch *Ilias* und *Odyssee*) wie der Komödie (aufgrund des ihm zugeschriebenen *Margitēs*) erblickt, gibt er zunächst eine kurze Entwicklungsgeschichte der Tragödie. Seine Ausführungen über deren Anfänge aus der Improvisation, speziell von den »Vorsängern« – oder nach anderer Auffassung »Anstimmern« – des Dithyrambos, sind von der modernen Forschung sehr verschieden eingeschätzt worden. Die Komödie, deren Anfänge Aristoteles mit phallischen Feiern zusammenbringt, wird als »*Nachahmung von Gemeinerem ..., des Lächerlichen, das ein Teil des Häßlichen ist*«, charakterisiert; die vom Autor in diesem Zusammenhang angekündigte ausführlichere Behandlung der Komödie fehlt allerdings im erhaltenen Text. Von größter Bedeutung geworden ist die anschließende Wesensbestimmung der Tragödie: »*Die Tragödie ist die Nachahmung einer edlen und abgeschlossenen Handlung von einer bestimmten Größe in gewählter Rede, derart, daß jede Form solcher Rede in gesonderten Teilen erscheint und daß gehandelt und nicht berichtet wird und daß mit Hilfe von Mitleid und Furcht eine Reinigung von eben derartigen Affekten bewerkstelligt wird.*« (Neuerdings übersetzt man die griechischen Begriffe *eleos* und *phobos* statt mit »Mitleid« und »Furcht« mit den wohl adäquateren Ausdrücken »Jammer« und »Schauder«.) Die Forschung der letzten Jahrzehnte hat den Sinn dieser »kathartischen« Wirkung der Tragödie zunehmend konkreter erschlossen: Es handelt sich dabei um eine Entlehnung aus der Medizin, wo *katharsis* eine purgierende Ausscheidung des Körpers bezeichnet. Die »reinigende« Wirkung der Tragödie stellt demnach »*eine mit Lust verbundene Erleichterung von den in ihr erregten Affekten*« dar (Lesky).

Unter den sechs Teilen der Tragödie – »*Mythos, Charakter, Rede, Absicht, Szenerie und Musik*« – erkennt Aristoteles im Mythos, d. h. der »Nachahmung der Handlung«, den wichtigsten, weil charakteristischen Bestandteil. Daneben gebührt aber auch dem Charakter und den »Absichten« der Agierenden ein vorderer Platz bei der Beurteilung. Im Bereich der Handlung sind die Peripetie (entscheidender Umschwung) und die Anagnorisis (Wiedererkennung) herausragende Komponenten. Für die Tragödie wird »*die Nachahmung einer vollständigen und ganzen Handlung ... und zwar von einer bestimmten Länge«* gefordert. Die Einheit des Mythos einer Dichtung kann jedoch nicht durch Beschränkung auf einen einzigen Helden gewährleistet werden; als positives Gegenbild nennt Aristoteles das selektive Verfahren HOMERS in der *Odyssee*. Der fundamentale Unterschied aller Dichtung gegenüber der Geschichtsschreibung liegt nicht in Unterschieden der Form (wie etwa der gebundenen Rede der Dichtung), sondern darin, daß diese berichtet, was geschehen *ist*, der Dichter dagegen, »*was geschehen könnte und was möglich wäre nach Angemessenheit und Notwendigkeit*«. Darauf gründet Aristoteles sein Werturteil, daß Dichtung bedeutender, da »philosophischer« sei als Historie und mehr vom »Allgemeinen« handle, während diese vorwiegend dem besonderen Einzelereignis verhaftet bleibe (das wird später, in Kap. 25, wieder aufgenommen, wenn Aristoteles der Dichtung eine eigene Gesetzlichkeit zubilligt, innerhalb deren man »*das Unmögliche, aber Wahrscheinlichere vorzüglicher als das Mögliche, das unglaubhaft ist*«, bewerten müsse). In der weiteren Folge setzt der Autor einfache gegen verschlungene Handlungen ab, markiert den Unterschied zwischen der Verknüpfung des dramatischen Anlasses und seiner Lösung, erörtert die schon erwähnten dramaturgischen Konstituentien Peripetie und Anagnorisis und zählt schließlich die einzelnen formalen Bestandteile der Tragödie auf.

An der Besprechung der spezifisch dramatischen Gestaltung des Mythos ist von besonderem Interesse, daß die ideale tragische Gestalt nach Aristoteles nicht »*durch Schlechtigkeit und Gemeinheit ins Unglück gerät, sondern dies erleidet durch irgendeinen Fehler*«. Der Untergang des Verbrechers ist nicht zur Erregung von »Schauder« und »Jammer« geeignet, da hierbei dem Zuschauer die Basis des Vergleichs mit dem eigenen Geschick entzogen würde. Hinsichtlich der Gestaltung der Charaktere fordert Aristoteles, die Figuren müßten »*edel, angemessen, der Überlieferung ähnlich*« und »*in sich gleichmäßig*« sein: Die Iphigenie, die im Feldlager um ihr Leben fleht, ist unvereinbar mit der opfermütigen Heldenjungfrau in einer späteren Partie des gleichen Stückes (der *Iphigeneia hē en Aulidi – Iphigenie in Aulis* des EURIPIDES).

Die Behandlung der Sprachform der Tragödie (Kap. 19 ff.) gibt dem Autor Anlaß zu einem sprachwissenschaftlichen Exkurs über die verschiedenen Redeteile vom Buchstaben bis zum Satz. Im Hauptteil interessieren dann besonders die Feststellungen über den stilistischen Wert von »Glossen« (hier: obsolete oder fremdartige, zum Teil mundartliche Wörter), Metaphern und Nominalkompositionen: Werden diese Worttypen außerhalb bestimmter Dichtungsgattungen oder im Übermaß verwendet, so verleihen sie einer Dichtung eine barbarische oder rätselhafte Note.

Den Schluß der Abhandlung bilden vier Kapitel (23–26) über das Epos. Wiederum wird zunächst die Dichtung gegenüber der Geschichtsschreibung abgegrenzt: Wo im Epos die Einheit der Handlung steht, habe sich der Historiker an diejenige einer Zeit zu halten. Mit hohem Kunstverstand kontrastiert Aristoteles die weise Beschränkung Homers in der *Ilias* auf einen schmalen, aber einheitlichen Ausschnitt aus dem Krieg um Troia mit dem Vorgehen der Dichter des *Epikos kyklos (Epischer Zyklus)*; allein aus den *Kypria* könnte man mehrere Tragödienhandlungen gewinnen. Bei dem abschließenden kritischen Vergleich zwischen erzählender und dramatischer Dichtkunst fällt die Palme der Dramatik zu; denn sie »*erreicht das Ziel der Nachahmung bei einem geringeren Umfang*«, sie ist vielseitiger im Versmaß und verfügt auch über Musik und Szenerie als zusätzliche Mittel, den Menschen zu erfreuen, ohne doch bei bloßem Lesen an Klarheit einzubüßen.

Aus heutiger Sicht betrachtet, hinterläßt die Aristotelische *Poetik* einen recht zwiespältigen Eindruck. Neben vielen Anliegen, die immer noch aktuell sind, und vielen Wertungen, die man heute noch gutheißen würde, gibt es auch eine ganze Reihe von Äußerungen, denen man mit Befremden gegenübersteht. Die Unterscheidung der literarischen Gattungen erfolgt nach Kriterien von ganz unterschiedlicher Relevanz: Recht Äußerliches steht hier neben, manchmal sogar vor Entscheidendem. Für eine in der griechischen und europäischen Literatur so zentrale Figur wie Oidipus erscheint die Feststellung, er stehe zwischen einem hervorragenden und einem schlechten Charakter und habe einst »*großen Ruhm und Glück*« gehabt, unwesentlich und ausgesprochen dürftig. Ähnlich unzureichend ist das Phänomen Komödie – denkt man an ARISTOPHANES – mit den wenigen Kennzeichnungen dieser Gattung erfaßt. Durch die normative Konsequenz aus der Feststellung, der Chor sei zu behandeln wie ein Schauspieler, verschließt sich Aristoteles jede Möglichkeit, der späteren Entwicklung der Chorlieder zu weitgehend handlungsunabhängigen Teilen, bei AGATHON schließlich zu reinen »Intermezzi«, mit Verständnis zu begegnen. Derartigen schiefen Urteilen steht andererseits eine Fülle treffender Beobachtungen gegenüber: so etwa, wenn innerhalb der Anagnorisis Entwicklungen, die sich aus dem Handlungsverlauf ergeben, bei weitem über ein Erkennen aufgrund von äußeren Zeichen, ja selbst von Erinnerungen oder Schlußfolgerungen gestellt werden (Kap. 16). Wo Aristoteles konstatiert, daß der selbst Erregte Menschen in Erregung am getreuesten darstellen könne, folgert er treffend, daß »*die Dichtkunst Sache entweder großer Begabung oder Leidenschaft*« (alle Ü: Gigon) sei (Kap. 17). Auch die Unterscheidung der Fehler, die einem Dichter aus poetischer Unzulänglichkeit erwachsen, von solchen, die aus mangelnder Sachkenntnis in einem bestimmten Wissensgebiet resultieren, empfindet man heute noch als richtig und methodisch bedeutsam (Kap. 25). Daß aber das Ganze trotz der Zahl solcher bleibender Einsichten unausgeglichen wirkt, mag unter anderem daran liegen, daß Aristoteles, als er in dieser Schrift »*auch die Dichtung in den Kreis der Dinge einbezog, denen er die Gesetze ihres Seins und Werdens abzufragen unternahm*« (Lesky), dafür nur Ansätze in der Sophistik vorfand und andererseits immer die dichtungsfeindliche Haltung seines Lehrers PLATON vor Augen haben mußte. So hat er zwangsläufig die Fragestellung nach den Phänomenen des sprachlichen Kunstwerkes an der Analogie zu anderen Wissenschaften, die sein enzyklopädischer Geist umspannte, ausgerichtet; obwohl er dadurch zum Pionier der Poetik wurde, ist er nur zum Teil zur Erfassung der der Dichtung immanenten Prinzipien und ästhetischen Gesetze vorgedrungen.

Einer starken und unmittelbaren Wirkung der kleinen Schrift innerhalb der antiken Literatur standen vermutlich ihr »unausgeführter« Charakter und ihr »privater« Verwendungszweck im Weg. So lassen sich kaum mit Sicherheit direkte Übernahmen von Gedanken oder Formulierungen konstatieren; der nicht erhaltene Teil des Werks scheint früh verlorengegangen zu sein. Indirekt allerdings hat die Poetik über die Schule des Aristoteles eine mächtige Wirkung entfaltet, so etwa noch Jahrhunderte später in der *Ars poetica* des HORAZ. In der Neuzeit beschäftigt man sich seit dem Humanismus intensiver mit der Schrift, was sich etwa in der enzyklopädischen *Poetik* von SCALIGER (1561) oder in dem umfangreichen Kommentar von HEINSIUS (1611) niedergeschlagen hat. Ferner spiegelt sich die Lehre des Aristoteles in den theoretischen Schriften wie in den Tragödien der französischen Klassik. Zum Teil lebt sie mittelbar auch in den deutschen Poetiken eines OPITZ (1624) oder GOTTSCHED (1727) weiter. Eine starke Reaktion gegen Aristoteles und seine französischen Fortsetzer und Interpreten – in Ansätzen bereits in den Veröffentlichungen der beiden Schweizer BODMER und BREITINGER während der ersten Hälfte des 18.Jh.s sichtbar – entfaltete sich in England (vor allem durch E. YOUNGS *Conjectures on Original Composition*, 1759). Diese antiaristotelische Bewegung kulminiert in der deutschen »Sturm-und-Drang«-Bewegung, etwa bei LENZ oder dem jungen SCHILLER, die allesamt dem Ideal des »ungelernten« Genies huldigten und in SHAKESPEARE den gefeierten Antipoden des Aristoteles und seiner Nachfahren erblickten. Zwischen den Fronten stand LESSING. Die Versöhnung und Synthese dieser Gegensätze haben in Deutschland schließlich HERDER und GOETHE erreicht, Goethe zumal in seinem Alterssessay *Nachlese zu Aristoteles* (1827), in dem er sich aus der Fülle seiner Erfahrungen nochmals interpretierend mit den Gedanken des griechischen Philosophen zur Poetik auseinandersetzt. O.P.

AUSGABEN: Venedig 1481 (*Excerptum ex Aristotelis Poetica*, in *Rhetorica ex Arabico Latine reddita*; lat. Übers. v. Hermannus Alemannus, nach der Version des Averroes, Hg. Lancelottus de Zerlis). – Venedig 1498 (*Poetica*, in *De coelo* ...; lat. Übers. v. G. Valla). – Venedig 1508 (*Ars poetica*; in Bd. 1 der Rednerausgabe des Aldus Manutius). – Oxford ²1911 (*De arte poetica liber*, Hg. I. Bywater). – Ldn./Cambridge (Mass.) ²1932 (*The Poetics*, Hg. W. Hamilton Fyfe; m. engl. Übers.; Loeb; Nachdr. zul. 1965). – Bln. 1934, Hg. A. Gudeman [m. Komm.]. – Turin ²1945 (*Poetica*, Hg. A. Rostagni; m. Komm.). – Neuchâtel 1951 (*La poétique*, Hg. D. de Montmollin; Komm.; m. Bibliogr.). – Paris ⁴1965 (*Poétique*, Hg. J. Hardy; m. frz. Übers.). – Oxford ²1966 (*De arte poetica liber*, Hg. R. Kassel). – Oxford 1968 (*Poetics*, Hg. D. W. Lucas; m. Komm.). – Mailand 1974, Hg. C. Gallavoti [m. ital. Übers. u. Komm.]. – Paris 1980; Hg. R. Dupont-Roc u. J. Lattot [m. franz. Übers. u. Komm.].

ÜBERSETZUNGEN: *Dichtkunst*, M. C. Curtius, Hannover 1753. – *Über die Dichtkunst*, F. Überweg, Lpzg. ²1875. – *Die Poetik*, H. Stich, Lpzg. 1887 (RUB). – *Poetik*, Th. Gomperz, Lpzg. 1897. – *Über die Dichtkunst*, A. Gudeman, Lpzg. 1920. – *Von der Dichtkunst*, O. Gigon (in *Vom Himmel* ..., Zürich 1950). – *Poetik*, W. Nestle (in *Hauptwerke*, Stg. 1953; KTA). – *Poetik*, O. Gigon, Stg. 1961 u. ö. (RUB). – Dass., M. Fuhrmann, Mchn. 1976.

LITERATUR: G. Finsler, *Platon und die Aristotelische »Poetik«*, Lpzg. 1900. – M. Pohlenz, *Die Anfänge der griechischen Poetik* (in NGG, 1920, S. 142–178; ern. in M. P., *Kleine Schriften*, Bd. 2, Hildesheim 1965, S. 436–472). – L. Cooper u. A. Gudeman, *A Bibliography of the »Poetics« of Aristotle*, New Haven/Ldn./Oxford 1928 (Cornell Studies, 11). – F. L. Lucas, *Tragedy in Relation to Aristotle's »Poetics«*, NY 1928. – F. Solmsen, *The Origins and Methods of Aristotle's »Poetics«* (in Classical Quarterly, 29, 1935, S. 192–201). – F. Dirlmeier, *Katharsis pathēmatōn* (in Herm, 75, 1940, S. 81 bis 92). – S. H. Butcher, *Aristotle's Theory of Poetry and Fine Art*, New York ⁴1951 [m. Einl. v. J. Gassner]. – W. Schadewaldt, *Furcht und Mitleid?* (in Herm, 83, 1955, S. 129–171; ern. in W. S. *Hellas und Hesperien*, Zürich/Stg. 1960, S. 346 bis 388). – W. J. Verdenius, *Katharsis tōn pathēmatōn* (in *Autour d'Aristote*, Fs. für A. Mansion, Löwen 1955, S. 367–373). – L. Cooper, *The »Poetics« of Aristotle, Its Meaning and Influence*, Cornell University Press 1956. – H. Flashar, *Die medizinischen Grundlagen der Lehre von der Wirkung der Dichtung in der griechischen Poetik* (in Herm, 84, 1956, S. 12–48). – H. House, *Aristotle's »Poetics«. A Course of Eight Lectures*, Ldn. 1956. – G. F. Else, *Aristotle's »Poetics«. The Argument*, Cambridge/Mass. 1957. – M. Kommerell, *Lessing und A.*, Ffm. ²1957. – K. v. Fritz, *Tragische Schuld und poetische Gerechtigkeit in der griechischen Tragödie* (in Studium Generale, 8, 1955, Sp. 195–227; 229–232; ern. in K. v. F., *Antike und moderne Tragödie*, Bln. 1962, S. 1–112). – Lesky, S. 615 bis 618. – R. Sauer, *Charakter und tragische Schuld. Untersuchungen zur aristotelischen Poetik unter Berücksichtigung der philologischen Tragödien-Interpretation* (in AGPh, 46, 1964, S. 17–59). – C. W. van Boekel, *Katharsis*, Utrecht 1967. – I. Düring, Art. *A.*, (in RE, Suppl. 11. 1968, Sp. 227–231). – S. L. Radt, *A. und die Tragödie* (in Mnemosyne, 24, 1971, S. 189–205). – B. R. Rees, *Pathos in the »Poetic« of A.* (in Greece and Rome, 19, 1972, S. 1–11). – M. Fuhrmann,

Einführung in die antike Dichtungstheorie, Darmstadt 1973, S. 1–94, 185–308. – *Dramentheorie – Handlungstheorie*, Hg. H. Flashar u. K. Mauren (in Poetica, 8, 1976, S. 321–460). – A. B. Neschke-Hentschke, *Die »Poetik« des A. Textstruktur und Textbedeutung*, Ffm. 1980. – S. Halliwell, *A.'s »Poetics«*, Ldn. 1986.

PERI PSYCHĒS

(griech.; *Über die Seele*). Psychologische Lehrschrift in drei Büchern von ARISTOTELES. – Der überlieferte Zustand der Schrift läßt zwei verschiedene Fassungen erkennen: In einem früheren Ansatz legt der Philosoph das Schwergewicht auf die physiologischen Erscheinungen des Seelischen, für die der Naturforscher zuständig ist, eine allgemeine Definition der Seele wird abgelehnt: *»Lächerlich ist es, die allgemeine Definition zu suchen«* (2, 3; 414 b 25). Neue Einleitungen und Zusätze bringen dann auch die philosophischen Fragestellungen zu ihrem Recht, vor allem im Zusammenhang mit dem Denkvermögen (*noein*; 3, 4–8), und bemühen sich gerade um die Allgemeindefinition: *»Die Seele ist die erste Aktualität eines natürlichen Körpers, der potentiell Leben hat und mit Organen ausgestattet ist«* (2, 1; 412 a 28 ff.).

In dieser Schwerpunktverlagerung drückt sich kein grundsätzlicher Wandel der Aristotelischen Anschauungen aus; auch hier steht am Anfang die Betonung des eigenen Ansatzes, nämlich die Bevorzugung des physischen Aspekts gegenüber Platonischen Positionen, wie sie etwa auch in den frühen Abschnitten der *Physikē akroasis (Physik)* und von *Peri uranu (Über den Himmel)* zum Ausdruck kommt. Die wohl erst um Jahre später vorgenommene Bearbeitung dieente dann dazu, die vorwiegend biologische Seelenlehre in die Aristotelische Gesamtphilosophie einzuordnen.

Insgesamt läßt das Werk etwa folgende Gliederung erkennen: Buch 1 erörtert Bedeutung und Schwierigkeit des Gegenstandes sowie die früheren Theorien darüber. Buch 2 gibt erst Definitionen der Seele, die anschließend als ein biologisches Phänomen in ihren vegetativen Funktionen untersucht wird, Buch 3 geht dann zur Behandlung des Denkvermögens in seinem Verhältnis zu Willen und Wahrnehmung über. Aristoteles findet in der Tradition Übereinstimmung darüber, die Seele als Organ der Bewegung und Wahrnehmung, als unkörperliche oder doch am wenigsten körperliche aller Substanzen aufzufassen. Abzulehnen sind nach ihm: die Annahme einer räumlichen Bewegung der Seele, die sich mechanisch dem Körper mitteilt; die Annahme eines Erkenntnisvermögens, das aus der Zusammensetzung der Seele aus den gleichen Elementen wie die Wirklichkeit entspringt; die Annahme der völligen Unkörperlichkeit einer Seele, die doch das ganze physische Universum durchdringt. Neben diesen vor allem von PLATON vertretenen Anschauungen weist Aristoteles auch die Pythagoreische Lehre von der Seele als Harmonie der physischen Bestandteile zurück, die schon Platon im *Phaidōn* kritisiert hatte.

Das entscheidende Neue der Aristotelischen Seelenlehre besteht in der methodischen Analyse der Äußerungen des Seelischen, von denen aus auf die unsichtbare Ursache zurückgeschlossen wird. Anders als bei Platon, der die Seelenteile – Verstand, Wille, Begierde – in den Vordergrund stellt, sind für Aristoteles die Vermögen (*dynameis*) der Seele wichtig, das vegetative Lebensprinzip (*psychē threptikē*), das Wahrnehmungsvermögen (*psychē aisthētikē*) und die »Vernunftseele« (*psychē noētikē*), die nacheinander bei Pflanze, Tier und Mensch auftreten, wobei die jeweils vorhergehenden Stufen in der folgenden mit inbegriffen sind. Allein das letzte Vermögen, der Geist (*nus*), der in einen schaffenden und einen erleidenden *nus* (*nus poiētikos, nus pathētikos*) differenziert wird, ist abtrennbar vom Körper und somit unsterblich. Seine Tätigkeit kann sowohl theoretischer wie praktischer Natur sein (*nus theōrētikos, nus praktikos*); die sinnliche Wahrnehmung liefert mit ihren Vorstellungsbildern (*phantasiai*), die das Gedächtnis aufbewahrt, hierfür die Voraussetzungen.

Während Aristoteles in *Peri psychēs* vorwiegend als Naturforscher Psychologie betreibt, scheint er in dem nur in wenigen Fragmenten überlieferten Dialog *Eudemos oder Von der Seele* die rein menschlichen Seelenprobleme, vor allem auch die volkstümlichen Vorstellungen darüber, ausführlich behandelt zu haben. Aus der historischen Rückschau betrachtet, sind es aber gerade die empirischen Teile seiner Lehre, die als erste Schritte auf dem Weg zur modernen Psychologie aufzufassen sind.   D.Ma.

AUSGABEN: Padua 1472 [lat. Übers.; m. Komm. v. Averroes]. – Venedig 1497 (in der GA des Aldus Manutius, Bd. 3). – Bln. 1831 (in *Opera*, Hg. I. Bekker, Bd. 1; ²1960, Hg. O. Gigon). – Bln. 1877 (*De anima libri tres*, Hg. F. A. Trendelenburg; m. Komm.; Nachdr. Graz 1957). – Cambridge 1907 (*De anima*, Hg. R. D. Hicks; m. Komm. u. engl. Übers.; Nachdr. NY 1976). – Oxford 1956 (*De anima*, Hg. W. D. Ross; Nachdr. zul. 1963). – Ebd. 1961 (Dass., Hg. ders.; m. Komm.). – Rom 1965 (*Tractatus de anima*, Hg. P. Siwek S. J.; m. Komm., lat. Übers. u. Bibliogr.). – Paris 1966 (*De l'âme*, Hg. A. Jannone; m. frz. Übers. v. E. Barbotin; Nachdr. 1969).

ÜBERSETZUNGEN: *Über die menschliche Seele*, M. W. Voigt, Ffm./Lpzg. 1794. – *Von der Seele und von der Welt*, Ch. H. Weise, Lpzg. 1829. – *Drei Bücher von der Seele*, F. A. Kreuz (in *Werke*, Abt. III, Bd. 1, Stg. 1847). – *Drei Bücher über die Seele*, J. H. v. Kirchmann, Bln. 1871. – *Das erste/zweite/dritte Buch der aristotelischen Schrift über die Seele*, E. Essen, 3 Bde., Jena 1892–1896. – *Über die Seele*, E. Rolfes, Bonn 1901 [m. Komm.]. – Dass., A. Busse, Lpzg. ²1922; Nachdr. 1937. – Dass., A. Lasson, Jena 1924. – *Von der Seele*, O. Gigon (in *Vom Himmel ...*, Zürich 1950). – *Über die Seele*, W. Theiler, Darmstadt 1959; ⁷1986 [m. Komm. u. Bibliogr.;

ern. Hbg. 1968, RKI 226/227]. – *De anima*, D. W. Hamlyn, Oxford 1968 [Buch 2 u. 3; engl.; m. Komm.].

LITERATUR: J. I. Beare, *Greek Theories of Elementary Cognition*, Oxford 1906; Nachdr. Dubuque/Iowa 1964. – F. Nuyens, *L'évolution de la psychologie d'Aristote*, Löwen 1948. – G. Soleri, *L'immortalità dell'anima in Aristotele*, Turin 1952. – A. Mansion, *L'immortalité de l'âme et de l'intellect d'après Aristote* (in Revue Philosophique de Louvain, 51, 1953, S. 445–472). – F. Solmsen, *Antecedents of Aristotle's Psychology and Scale of Beings* (in AJPh, 76, 1955, S. 148–164). – D. A. Rees, *Bipartition of the Soul in the Early Academy* (in Journal of Hellenic Studies, 47, 1957, S. 112–118). – Ders., *Theories of the Soul in the Early Aristotle* (in *Aristotle and Plato in the Mid-fourth Century*, Hg. I. Düring u. G. E. L. Owen, Göteborg 1960, S. 191–200). – W. Theiler, *Vermutungen zu A. »Über die Seele«* (in *Studi in onore di Luigi Castiglioni*, Bd. 2, Florenz 1960, S. 1003–1009). – K. Oehler, *Die Lehre vom noetischen und dianoetischen Denken bei Platon und A.*, Mchn. 1962 (Zetemata, 29; m. Bibliogr.). – C. Shute, *The Psychology of Aristotle*, NY ²1964. – I. Düring, *A. Darstellung und Interpretation seines Denkens*, Heidelberg 1966, S. 554–585; 635 [m. Bibliogr.]. – Ders., Art. *A.* (in RE, Suppl. 11, 1968, Sp. 252–254). – *A. on Mind and the Senses. Proceedings of the 7th Symposium Aristotelicum*, Hg. G. E. R. Lloyd u. G. E. L. Owen, Cambridge 1978. – W. Charlton, *A.'s Definition of Soul* (in Phronesis, 25, 1980, S. 170–186).

PERI URANU

(griech.; *Über den Himmel*). Kosmologische Lehrschrift in vier Büchern von ARISTOTELES, zusammengesetzt aus drei Einzelvorträgen über die eigentliche Kosmologie (Bücher 1 und 2), über Bewegung und Eigenschaften der irdischen Körper (Buch 3) sowie über die Begriffe *»Leicht und schwer«* (Buch 4). – Die Vereinigung der Einzelteile zu einem Ganzen geht möglicherweise auf den Autor selbst zurück. Für die Datierung des Hauptteils liefert das zwölfte Kapitel des zweiten Buches einen Anhaltspunkt, wo eine von Aristoteles beobachtete Bedeckung des Planeten Mars durch die Mondscheibe erwähnt wird, ein Phänomen, das erstmals KEPLER auf das Jahr 357 v. Chr. datierte. Vielleicht nicht allzulange nach diesem 28. Lebensjahr des Philosophen dürfte der erste Entwurf einer eigenen Kosmologie anzusetzen sein, der in Konkurrenz zum Platonischen *Timaios* steht und höchstwahrscheinlich in dem verlorenen Dialog *Peri philosophias (Über die Philosophie)* einem größeren Publikum vorgestellt wurde.

Die Schrift *Über den Himmel* weist allenthalben auf die *Physikē akroasis (Physik)* zurück; dort ist auch die Lehre von den *»natürlichen Bewegungen«* schon vorbereitet, auf die Aristoteles seine eigene Kosmologie aufbaut. Dieser Lehre zufolge hat jeder Körper seine ihm eigentümliche, naturgemäße Bewegung. Drei Arten von Ortsbewegung gibt es: kreisförmige, geradlinige, aus beiden gemischte. Zusammengesetzte Körper haben gemischte, einfache Körper haben auch einfache Bewegungen: so etwa die vier Elemente eine solche nach oben oder unten. Von der kreisförmigen als einer ebenfalls einfachen Bewegung wird zurückgeschlossen auf einen ihr entsprechenden einfachen Körper, dem sie naturgemäß zugehört. Die Kreisbewegung hat keinen Gegensatz; also hat auch der kreisbewegte Körper keinen Gegensatz und ist folglich ungeworden, da alles Werdende aus dem Gegensatz entsteht. Dieser *»erste Körper«* ist also ewig, alterlos, keinerlei Einwirkungen ausgesetzt; er ist göttlicher Natur und tritt an die Stelle von PLATONS Weltseele. Mit diesen Grundanschauungen werden nun die astronomischen Beobachtungen zu einem Weltmodell kombiniert: Der göttliche Körper verwirklicht seine Unsterblichkeit in ewiger Kreisbewegung; ihr entspricht mit Notwendigkeit ein ruhender Mittelpunkt, die Erde, der sich die drei übrigen Elemente (Wasser, Luft, Feuer) mit ihren naturgemäßen Bewegungen, ihren gegenseitigen Wirkungen, mit Werden und Vergehen im Gefolge, anschließen und so die *»Welt unter dem Mond«* konstituieren. Die umliegenden Sphären der Planeten und Fixsterne suchen der vollkommenen Bewegung auf ihre Art gleichzukommen; den Planeten gelingt dies nur durch mehrere zusammengesetzte und daher ungleichförmige Bewegungen, den Fixsternen dagegen in einem gleichbleibenden Umschwung.

Diese Kerngedanken sind begleitet von einer Fülle teils richtiger, teils irriger Einzelbeobachtungen und Überlegungen zu astronomischen und physikalischen Problemen. Alles in allem brachte es Aristoteles fertig, *»mit einer Theorie, in der fast alle Ergebnisse falsch sind, die Tatsachen der alltäglichen Erfahrungen so intelligent zu erklären, daß seine Konzeption eine gewaltige, überzeugende Kraft erhielt«* (Ingemar Düring). D.Ma.

AUSGABEN: Padua 1473 (zus. mit *Peri kosmu*; lat. Übers., m. Komm. v. Averroes). – Venedig 1497 (in der GA des Aldus Manutius, Bd. 2). – Bln. 1831 (in *Opera*, Hg. I. Bekker, Bd. 1; ²1960, Hg. O. Gigon). – Oxford 1936 (*De caelo libri quattuor*, Hg. D. J. Allan; Nachdr. zul. 1965). – Ldn./Cambridge (Mass.) 1939 (*On the Heavens*, Hg. W. K. C. Guthrie; m. engl. Übers.; Loeb; mehrere Nachdr.). – Florenz 1962 (*De caelo*, Hg. O. Longo; m. Komm., Bibliogr. u. ital. Übers.). – Paris 1965 (*Du ciel*, Hg. P. Moraux; m. frz. Übers.).

ÜBERSETZUNGEN: *Vier Bücher über das Himmelsgebäude*, C. Prantl (in *Werke*, Bd. 2, Lpzg. 1857; griech.-dt.). – *Vom Himmel*, O. Gigon, Zürich 1950.

LITERATUR: P. Moraux, *Einige Bemerkungen über den Aufbau von A.' Schrift »De caelo«* (in MH, 6, 1949, S. 157–165). – O. Gigon, *Aristoteles-Studien*

I (ebd., 9, 1952, S. 113–136). – F. Solmsen, *Aristotle's System of the Physical World*, Ithaca/N.Y. 1962, S. 253–318 (Cornell Studies in Classical Philology, 33). – G. A. Seeck, *Über die Elemente in der Kosmologie des A.*, Mchn. 1964 (Zetemata, 34). – L. Elders, *Aristotle's Cosmology. A Commentary on »De caelo«*, Assen 1966. – I. Düring, *A. Darstellung u. Interpretation seines Denkens*, Heidelberg 1966, S. 346–385; 633 f. [m. Bibliogr.]. – Ders., Art. *A.* (in RE, Suppl. 11, 1968, Sp. 243–245).

PHYSIKĒ AKROASIS

(griech.; *Vorlesung über die Natur*, kurz: *Physik*). Naturphilosophische Lehrschrift in acht Büchern von ARISTOTELES. – Der Eingang dieser zusammenfassenden Darstellung der Aristotelischen Naturphilosophie verheißt ein Fortschreiten vom für uns Deutlichen zu dem von Natur Deutlichen, das heißt vom Allgemeinen zum Besonderen, vom Prinzipiellen zum Individuellen: *»Nennen doch auch die Kinder zunächst alle Männer Vater und alle Frauen Mutter und lernen erst später zu unterscheiden«* (1,1 = 184 b 13). Dies dürfte als Vorwort für die Gesamtheit der »naturwissenschaftlichen Schriften« des Autors bis hin zur *Zoologie* und den sogenannten *Parva naturalia (Kleine naturwissenschaftliche Abhandlungen)* aufzufassen sein, für die also die *Physik* die prinzipielle Grundlegung liefern soll. So diskutiert nun Buch 1 Zahl und Art der Prinzipien, Buch 2 grenzt Bereich und Wesen der *physis* ab, Buch 3 rückt die »Bewegung« als wesentliches Merkmal der *physis* in den Blick, Buch 4 behandelt die Begriffe Ort, Leere und Zeit, Buch 5 untersucht Arten und Wesen der Bewegung, Buch 6 die Kontinuität der Bewegung, Buch 7 das Verhältnis von Bewegung und Beweger, Buch 8 schließlich gilt der Ewigkeit der Bewegung und dem Wesen des *»Ersten Bewegers«*.

Aristoteles beginnt mit einer Kritik der Lehre des PARMENIDES vom »Einen« (vgl. *Peri physeōs – Über die Natur*). An den Theorien der Naturphilosophen wie des EMPEDOKLES (vgl. *Peri physeōs – Über die Natur*) und ANAXAGORAS (vgl. *Peri physeōs – Über die Natur*), aber auch PLATONS läßt sich zeigen, daß sie übereinstimmend Gegensätze als die Prinzipien annehmen, also eine Mehrzahl. Aristoteles entscheidet sich für eine Dreizahl, wobei Stoff *(hylē)* und Form *(eidos)* essentiellen, Defizienz, d. h. Formmangel *(sterēsis)*, akzidentellen Charakter haben. Die alte Aporie des Werdens löst sich dadurch, daß es ein solches nur aus akzidentellem Sein oder Nichtsein gibt. Die *hylē* ist im Gegensatz zur *sterēsis* nur akzidentell nichtseiend, sie ist vergehend als Defizienz *(sterēsis)*, werdend als Potentialität *(dynamis)*.

Der Bereich der *»von Natur seienden Dinge«* – wie Tiere, Pflanzen, die vier Elemente – wird von dem durch andere Ursachen Seienden geschieden: Sie allein tragen das Prinzip der Bewegung in sich, die sowohl Ortsbewegung wie auch Zu- und Abnahme und Veränderung sein kann. Durch Analyse des Sprachgebrauchs, *»auf wieviele Arten man von physis spricht«*, wird die *(physis)* definiert sowohl als Prinzip der Bewegung wie als Materie wie auch als Form. Der Naturforscher muß sich um vier Ursachen *(aitiai)* kümmern: Stoff, Form, Bewegungs- und Zweckursache. Zufall und Schicksal haben nur einen beschränkten Wirkungsbereich, im ganzen ist die Natur durch Zwecke bestimmt, wie durch Rückschlüsse aus dem analog gesehenen technischen Hervorbringen *(technē)* des Menschen bewiesen wird. Die Wirkung der Notwendigkeit *(anankē)*, der Kausalität, bezieht sich nur auf die Materie, nicht auf den Zweck. Soweit führt der Gedankengang der Bücher 1 und 2.

Der Bewegung als dem wichtigsten Charakteristikum des Naturbereichs gelten die sechs weiteren Bücher. Diese Bewegung wird definiert als die Wirksamkeit *(entelecheia)* des potentiell *(dynamei)* Seienden; ältere Definitionen werden danebengestellt, die Frage nach ihrem Subjekt, nach ihrer Begrenztheit und Unbegrenztheit *(peras kai apeiron)* aufgeworfen. Auch das *apeiron*, die Unbegrenztheit, ist nicht schlechthin auszuschließen, es erscheint aber nur als Potentialität in der Materie, nicht als eigenständiges Sein. In der Auseinandersetzung mit Früheren, so Platons Theorie des Raumes *(chōra)* im *Timaios*, kommt Aristoteles zu seiner Definition des Ortes *(topos)*, der weder als Form noch als Materie ein vom Volumen des Gegenstandes unabhängiger Hohlraum, sondern als die unbewegte Begrenzung des Umschließenden aufzufassen ist (4, 4 = 212 a 20). Dem seit DEMOKRIT so wichtigen *»Leeren«* wird eigenständiges Sein abgesprochen, die *»Zeit«* definiert als die kontinuierliche Zahl der Bewegung *»gemäß dem Früher und Später«* (4, 11 = 219 b 24). Die traditionellen Schwierigkeiten des Begriffs der Bewegung führen zu einer Auseinandersetzung mit dem Eleaten ZENON. Nur der Kreisbewegung wird Unbegrenztheit zuerkannt, sonst finden sich immer nur Einzelvorgänge zwischen Ausgangs- und Endpunkt. Die Bewegung als solche freilich muß ohne Anfang, also ungeworden und unendlich sein.

Alle Bewegungen erfolgen nun entweder spontan von Natur aus *(physei)*, so wie Schweres nach unten, Leichtes nach oben tendiert, oder durch gewaltsamen Eingriff *(bia)*. In beiden Fällen aber ist ein Schöpfer oder Eingreifender als Ursache der Bewegung anzunehmen (8, 4). Über die Vorstellung von Bewegern, die selbst durch anderes bewegt sind – wie etwa auch die Sterne –, kommt man zu der Vorstellung von einem obersten, selbst unbewegten Beweger ohne Größe und Ausdehnung, dem die gleichförmige Kreisbewegung als die höchste Bewegungsform zugesprochen wird.

Hier am Schluß, wie auch an anderen Stellen der *Physik*, werden Themen berührt, die Aristoteles dann in den *Büchern nach der Physik*, den *Metaphysika* (der *Metaphysik*, besser: der *Ersten Philosophie*) wieder aufgreift. Daß die *Physik* auch in der Chronologie der Schriften einen früheren Platz einnimmt (wohl zum größten Teil noch vor dem Weggang des Aristoteles aus Athen und der Akademie in Platons Todesjahr 347 v. Chr. entstanden), ist unbestritten und vielfach klar erkennbar, so etwa am Begriff der *hylē*, der zunächst dem Wortsinn nach nur »Bauholz«, als metaphorisches Beispiel für das Gemeinte, bedeutet, um dann Buch 1, 9 = 192 a 5 als das allgemein Zugrundeliegende terminologisch so fixiert zu werden, wie er es in der *Metaphysik* von Anfang ist. Erhält die *Physik* damit ihren Überbau in der *Metaphysik*, so steht sie ihrerseits an der Spitze der naturwissenschaftlichen Schriften *Peri uranu (Über den Himmel), Peri geneseōs kai phthoras (Über Werden und Vergehen), Meteōrologika (Meteorologie), Peri ta zōa historiai (Zoologie), Peri zōōn moriōn (Über die Teile der Tiere), Peri zōōn geneseōs (Über die Erzeugung der Tiere), Peri zōōn poreias (Über die Fortbewegung der Tiere)*. Die physikalische Vorlesung des Aristoteles hat mit ihren scharfen Abgrenzungen und Definitionen des Naturbereichs und seiner Phänomene entscheidend zu der die Folgezeit bestimmenden Entgegensetzung von Natur und Geist als zweier wesensverschiedener Bezirke beigetragen. Aristoteles führte hierbei eine Entwicklung zum Abschluß, die von der vorsokratischen Naturphilosophie herkam, wo man nach einer einheitlichen *physis* aller Dinge gefragt hatte. Die Sophistik fixierte dann einen materialistischen Naturbegriff, den sie als Normbereich in die Antithese *physis-nomos* (Natur-Menschensatzung) einspannte. Platon hatte sich dieser Polarisierung noch einmal widersetzt; für ihn war *physis* der lebendige Zusammenhang der ganzen – und gerade auch der geistigen – Wirklichkeit, der dem Menschen zur Erforschung aufgegeben ist. Aristoteles verrät zwar im Wortgebrauch allenthalben dieses Platonische Erbe; doch diente sein Entwurf einer »Physik« als der Wissenschaft von den vielfach bewegten natürlichen Dingen gerade der Selbstabgrenzung dieses jungen Philosophen gegen Platons »Ideenlehre«, und seine dem gesunden Menschenverstand so einleuchtenden Definitionen haben sich schließlich auch durchgesetzt. So hat man betonen können, daß letztlich erst die verwandelte Physik des 20.Jh.s die Aristotelische Grundlage verlassen hat – was eine Rückkehr zu Platon und Demokrit bedeutet –, während die klassische Physik des 19.Jh.s bis HELMHOLTZ und HERTZ an der Aristotelischen Annahme der Kontinuität und der prinzipiellen Anschaulichkeit allen Naturgeschehens festgehalten hatte D.Ma.

AUSGABEN: Löwen ca. 1475 [lat. Übers.]. – Venedig 1497 (in der GA des Aldus Manutius, Bd. 2). – Bln 1831 (in *Opera*, Hg. I. Bekker, Bd. 1; [2]1960, Hg. O Gigon). – Paris 1926–1932 (*Physique*, Hg. H. Carteron, 2 Bde.; m. frz. Übers.). – Ldn./Cambridge (Mass.) 1929–1934 (*The Physics*, Hg. Ph. H. Wicksteed u. F. M. Cornford, 2 Bde.; m. engl. Übers.; Loeb; Bd. 1: [2]1957, Nachdr. 1970; Bd. 2: Nachdr. 1970). – Oxford 1936 (*Physics*, Hg. W. D. Ross; m. Komm.; Nachdr. 1966). – Oxford 1950 (*Physica*, Hg. W. D. Ross; Nachdr. zul. 1966).

ÜBERSETZUNGEN: *Physik*, Ch. H. Weise, 2 Bde., Lpzg. 1829. – *Acht Bücher Physik*, C. Prantl (in *Werke*, Bd. 1, Lpzg. 1854; griech.-dt.). – *Physikvorlesung*, H. Wagner, Darmstadt 1967; [4]1983 [m. Komm. u. Bibliogr.]. – *Physics*, W. Charlton, Oxford 1970 [Buch 1 u. 2; engl.; m. Komm.]. – Dass., E. Hussey, Oxford 1983 [Buch 3 u. 4; engl.; m. Komm.].

LITERATUR: K. Riezler, *Physics and Reality*, Yale Univ. Press 1940. – A. Mansion, *Introduction à la »Physique« aristotélienne*, Löwen/Paris [2]1946. – F. Solmsen, *Platonic Influences in the Formation of Aristotle's Physical System* (in *Aristotle and Plato in the Mid-Fourth Century*, Hg. I. Düring u. G. E. L. Owen, Göteborg 1960, S. 213–235). – Ders., *Aristotle's System of the Physical World*, Ithaca/N.Y. 1962, S. 69–249 (Cornell Studies in Classical Philology, 33). – W. Wieland, *Die aristotelische »Physik«*, Göttingen 1962 [m. Bibliogr.]. – J. Moreau, *L'espace et le temps selon Aristote*, Padua 1965. – I. Düring, *A. Darstellung u. Interpretation seines Denkens*, Heidelberg 1966, S. 201–244; 291–346; 633 [m. Bibliogr.]. – O. Gigon, *Die Struktur des ersten Buches der aristotelischen »Physik«* (in MH, 23, 1966, S. 129–154). – I. Düring, Art. *A.* (in RE, Suppl. 11, 1968, Sp. 231–243). – *Naturphilosophie bei A. und Theophrast. Verhandl. des 4. Symposium Aristotelicum (Göteborg 1966)*, Hg. I. Düring, Heidelberg 1969. – A. P. Bos, *On the Elements. A.'s Early Cosmology*, Assen 1973. – I. Craemer-Ruegenberg, *Die Naturphilosophie des A.*, Freiburg i. Br. 1980. – J. Fritsche, *Methode und Beweisziel im ersten Buch der »Physikvorlesung« des A.*, Ffm. 1986.

POLITIKA

(griech.; *Politik*). Zusammenstellung der staatstheoretischen Schriften des ARISTOTELES in acht Büchern, von denen das letzte unvollendet ist. – Eine genaue Chronologie der Entstehung der einzelnen Bestandteile des Werks läßt sich nicht mehr herstellen; der Gesamteindruck weist auf eine grundlegende Revision in der Zeit von Aristoteles' zweitem authentischem Aufenthalt (335–323 v. Chr.), eine Revision, die der Schrift insgesamt den Charakter eines Aristotelischen Spätwerks verliehen hat. Eine Stelle in Buch 5 (5, 10 : 1311 b 1) setzt die Ermordung Philipps II. von Makedonien (336 v. Chr.) voraus. Während das erste Buch eine große Nähe zu den *Ēthika Nikomachia (Nikomachische Ethik)* verrät, zeigt der Schlußteil von Buch 7 und 8 starke Beziehungen zu PLATON, die eine Konzeption noch in spätakademischer Zeit nahelegen (vor 347 v. Chr.). Die heutige Gesamtdisposition, die noch auf Aristoteles selbst oder aber auf einen späteren Redaktor zurückgehen mag, schreitet von der Darstellung der Familie und des Haushalts (Buch 1) über eine Diskussion früherer Verfassungsentwürfe (Buch 2) zur allgemeinen Staatstheorie (Buch 3) und einer Morphologie der vorhandenen Verfassungen (Buch 4–6) fort; die Frage nach der vollkommenen Staatsverfassung bildet den Abschluß (Buch 7/8).

Schon ein solcher Überblick über den Inhalt zeigt die Vielfalt der Aspekte, unter denen der Gegenstand in den Blick gefaßt wird. So wie sein Lehrer Platon in der *Politeia* und den *Nomoi* in Gedanken einen Idealstaat formt, so entwirft auch Aristoteles in den stilistisch und gedanklich ausgefeilten und einheitlichen letzten beiden Büchern den vollkommenen Staat. Daneben steht beispielsweise im sechsten Buch eine Erörterung praktischer politischer Maßnahmen für die Garantie der Stabilität einer Verfassung oder der Funktion einzelner Ämter. Es wäre jedoch falsch, hieraus im Sinne Werner JAEGERS allzu tiefgreifende Rückschlüsse auf eine von Platon wegführende Entwicklung des Aristoteles zu ziehen. Als Realist bleibt er sich selber treu, wenn er in seinen Staatstheorien sich immer wieder zur Zurückhaltung aufruft: »*Nicht schwierig ist es, derartiges auszudenken, auszuführen aber sehr viel mehr: Reden ist Sache des Wünschens, Verwirklichung Sache des Glücks*« (7, 12 : 1331 b 19).

Der beste Staat ist auf der vollkommenen Art zu leben *(eu zēn)* aufgebaut. Die Glückseligkeit *(eudaimonia)* des einzelnen ist mit der des Staats identisch. Die Zahl der Bürger und der Umfang des Territoriums eines Staats sollen so begrenzt sein, daß der Staat wirtschaftlich und militärisch autark, aber für die Verwaltung noch überschaubar ist. Im sozialen Aufbau unterscheidet Aristoteles die Bauern, Handwerker und Arbeiter als bloße notwendige Voraussetzung eines Staats und die eigentlich staatstragenden Teile der waffentragenden und beratenden Bürger. Tüchtig und ernsthaft bemüht *(agathos kai spoudaios)* werden die Bürger durch Natur, Gewöhnung und Einsicht *(logos)*, welch letztere dem Menschen allein eigentümlich ist. Einsicht läßt den Menschen auch gegen Natur und Gewöhnung handeln – hier beginnt die Aufgabe der Erziehung *(paideia)*, die im Schlußteil des Werks im Vordergrund steht.

Alles in allem bleibt der betont auf die Realität hin und um seiner selbst willen gestaltete Staatsentwurf des Aristoteles stärker und peinlicher den zeitbedingten Vorurteilen verhaftet, als es bei Platons von vornherein als utopisches Modell für die Gerechtigkeit gedachtem Staatsbild der Fall ist. Die reine politische Empirie etwa des sechsten Buches, das man ein »Handbuch der praktischen Politik« genannt hat, wird man heutzutage mit mehr Anteilnahme lesen. Wenn dort dem demokratischen Politiker geraten wird, das Volk nicht allzu arm werden zu lassen, sondern für dauerhaften Wohlstand zu sorgen und den Ertrag der Staatseinkünfte als Anfangskapital für ein Geschäft oder einen Landwirtschaftsbetrieb an die Armen zu verteilen, denn das nütze auch den Reichen (6, 5 : 1320 a 32), so fühlt man sich geradezu an ein Programm unserer Zeit, den »Wohlstand für alle«, erinnert.

Will man nach der eigentlichen Absicht und Grundtendenz der Aristotelischen *Politik* fragen, so wird man von dem vielzitierten Satz ausgehen müssen, der Mensch sei »*von Natur aus ein in der Polis lebendes Wesen*« (*zōōn politikon*, 1, 2 : 1253 a 2). Man hat diesen Satz immer wieder mißverstanden in dem Sinn, der Mensch sei nach Aristoteles »*ein von Natur aus politisches Wesen*«; doch mit *zōōn politikon* ist nicht gemeint, jeder Mensch müsse in all seinem Denken und Handeln subjektiv politisch ausgerichtet sein, sondern Aristoteles insistiert auf einem objektiven Faktum: Die Polis ist ein Zusammenschluß von Einzelsiedlungen zur Erlangung der Autarkie, diese aber ist das vollkommenste Ziel, und Ziel aller Vollendung ist auch das Erreichen der *physis*, der vollkommenen Natur – also ist die Polis von Natur, und der Mensch ist von Natur ein Polis-Wesen. Die Natur tut nichts vergebens; dem Menschen hat sie als einzigem Lebewesen die Sprache gegeben, das heißt die Fähigkeit zur Mitteilung dessen, was gerecht und ungerecht ist; die Gemeinsamkeit dieser Fähigkeit aber bewirkt die Haus- und Polisgemeinschaft. Die Polis existiert zugleich von Natur vor allen Einzelmenschen, so wie das Ganze vor seinen Teilen, der Organismus vor seinen Gliedern. Wer nicht in Gemeinschaft leben kann oder aus Autarkie ihrer nicht bedarf, ist kein Teil der Polis, so wie ein Tier oder ein Gott.

Diese für unsere Begriffe massive Betonung des Staats gegenüber dem Individuum ist zu verstehen als Reaktion auf eine im 5. und 4.Jh. v. Chr. immer mehr um sich greifende Entfremdung des einzelnen gegenüber der Gemeinschaft: der einflußreiche Sokratiker ARISTIPPOS vertrat schließlich sogar die Lehre, geistige Unabhängigkeit gewinne der Philosoph nur durch Lösung aus allen staatlichen Bindungen. Aristoteles sucht nun der Tatsache wieder zur Anerkennung zu verhelfen, daß mit dem Menschen zugleich eben auch immer schon »Staat« in irgendeiner Form gegeben ist, wobei es allerdings die Nahsicht des Empirikers mit sich bringt, daß ihm Staatliches immer und ausschließlich in der Form der Polis erscheint – obgleich gerade damals mit Alexander neue Gestaltungen heraufkamen.

D.Ma.

AUSGABEN: Straßburg o. J. [vor 10. 4. 1469] (zus. mit der *Nikomachischen Ethik*; lat. Übers. v. Leonardus Brunus Aretinus). – Venedig 1498 (in der GA des Aldus Manutius, Bd. 5). – Bln. 1831 (in *Opera*, Hg. I.Bekker, Bd. 2; ²1960, Hg. O. Gigon). – Oxford 1887–1902 (*The Politics*, Hg. W. L. Newman, 4 Bde.; m. Komm.). – Ldn. 1894 (*Politics*, Hg. F. Susemihl u. R. D. Hicks; m. Komm.; nur Buch 1–5). – Ldn./Cambridge (Mass.) ²1944 (*Politics*, Hg. H. Rackham; m. engl. Übers.; Loeb; Nachdr. 1972). – Oxford 1957 (*Politica*, Hg. W. D. Ross; Nachdr. zul. 1964). – Paris 1960–1986 (*Politique*, Hg. J. Aubonnet; bisher Buch 1–7; 3 Bde. in 5 Teilbdn.; m. frz. Übers.). – Mchn. 1970, Hg. A. Dreizehnter.

ÜBERSETZUNGEN: *Das siebente und achte Buch der Politik*, F. Gedickel (in F. G., *Aristoteles und Basedow*, Bln. 1779). – *Politik und Fragment der Oekonomik*, J. G. Schlosser, 3 Bde., Lübeck/Lpzg. 1797/98. – *Die Politik*, Ch. Garve, 2 Bde., Breslau

1799–1802; ern. Lpzg. 1893; bearb. v. M. Brasch. – *Acht Bücher vom Staate und Oekonomik*, C. F. Schnitzer (in *Werke*, Abt. VI, Bd. 4–6, Stg. 1856). – *Politik*, C. u. A. Stahr (in *Werke*, Lfg. 9/18, Stg. 1861 u. ö.). – Dass., J. Bernays, Bln. 1872 [nur Buch 1–3]. – Dass., F. Susemihl (in *Werke*, Bd. 6/7; Lpzg. 1879; griech.-dt.) – Dass., E. Rolfes, Lpzg. ²1922; Nachdr. zul. 1965. – *The Politics*, E. Barker, Oxford ²1952 [engl.; m. Komm.; Nachdr. 1968]. – *Politik und Staat der Athener*, O. Gigon, Zürich 1955; ²1971. – *Politics, Books III and IV*, R. Robinson, Oxford 1962 [engl.; m. Komm.]. – *Politik*, nach F. Susemihl, bearb. v. N. Tsoyopoulos u. E. Grassi, Reinbek 1965 (RKl, 171–173). – *Aufzeichnungen zur Staatstheorie*, W. Siegfried, Köln 1967. – *The Politics*, C. Lord, Chicago/Ldn. 1984 [engl.; m. Komm.].

LITERATUR: H. v. Arnim, *Zur Entstehungsgeschichte der aristotelischen »Politik«*, Wien 1924 (SWAW, phil.-hist. Kl., 100/1). – E. Barker, *The Political Thought of Plato and Aristotle*, Ldn. 1906; Nachdr. NY 1959. – J. L. Stocks, *The Composition of Aristotle's »Politics«* (in Classical Quarterly, 21, 1927, S. 177–187). – W. Siegfried, *Untersuchungen zur Staatslehre des A.*, Zürich 1942. – T. A. Sinclair, *A History of Greek Political Thought*, Ldn. 1951, S. 209–238. – W. Theiler, *Bau und Zeit der aristotelischen »Politik«* (in MH, 9, 1952, S. 65–78). – B. Trude, *Der Begriff der Gerechtigkeit in der aristotelischen Rechts- und Staatsphilosophie*, Bln. 1955 (Neue Kölner rechtswissenschaftliche Abhandlungen, 3). – R. Weil, *Aristote et l'histoire. Essay sur la »Politique«*, Paris 1960 [m. Bibliogr.]. – *La »Politique« d'Aristote*, Genf 1965 (Fondation Hardt. Entretiens sur l'Antiquité Classique, Bd. 11). – E. Braun, *Das dritte Buch der aristotelischen »Politik«*, Wien 1965 (SWAW, phil.-hist. Kl., 247/4). – I. Düring, *A. Darstellung u. Interpretation seines Denkens*, Heidelberg 1966, S. 474-505; 637 f. [m. Bibliogr.]. – Ders., Art. *A.* (in RE, Suppl. 11, 1968, Sp. 289–294). – *Schriften zu den »Politika« des A.*, Hg. P. Steinmetz, Hildesheim 1973. – G. Bien, *Die Grundlegung der politischen Philosophie bei A.*, Freiburg i. Br. 1973; ²1980. – R. Brandt, *Untersuchungen zur politischen Philosophie des A.* (in Herm, 102, 1974, S. 191–206). – P. Weber-Schäfer, *Einführung in die antike politische Theorie*, Darmstadt 1976 [bes. Bd. 1: S. 1–15, Bd. 2: S. 37–62]. – C. Lord, *Politics and Philosophy in A.'s »Politica«* (in Herm, 106, 1978, S. 336–357). – R. G. Mulgan, *A.'s Political Theory*, Leiden 1978. – O. Höffe, *Ethik und Politik*, Ffm. 1979. – A. Kamp, *Die politische Philosophie des A. und ihre metaphysischen Grundlagen*, Freiburg/Mchn. 1985.

TECHNĒ RHĒTORIKĒ

(griech.; *Rhetorik*). »Lehrbuch« der Rhetorik in drei Büchern von ARISTOTELES, Entstehungszeit nicht genau bekannt. – Wie alle erhaltenen Werke des Aristoteles stellt auch die *Rhetorik* ein im Rahmen des mündlichen Lehrbetriebs entstandenes Vorlesungsskriptum dar, und wie die meisten übrigen Schriften ist sie aus ebendiesem Grund ein mehrschichtiges Gebilde, dessen Teile zu verschiedenen Zeiten verfaßt und vom Autor Zug um Zug erweitert und ineinandergearbeitet worden sind. Am deutlichsten ist die Diskrepanz zwischen Buch 1 und 2 einerseits, die einen in sich abgeschlossenen Traktat bilden, und Buch 3, einer Abhandlung *Peri lexeōs (Über den Stil)*; diese Hauptteile hat wohl erst der Aristotelesherausgeber ANDRONIKOS aus Rhodos im 1.Jh. v. Chr. mit Hilfe einer redaktionellen Überleitung zu einem Ganzen vereint.

Doch auch innerhalb der Hauptblöcke finden sich Anzeichen sukzessiver Arbeit am Text, so daß die Frage der Entstehungszeit heute wieder sehr umstritten ist. Buch 1 und 2 sind wohl in ihrem Grundbestand in jenen Jahren konzipiert worden, als Aristoteles in der Akademie PLATONS wiederholt einen Rhetorikkurs abhielt; da diese zweibändige *Technē* – im Gegensatz zu dem 362 zu Ehren eines bei Mantineia gefallenen Sohnes von XENOPHON entstandenen Dialog *Gryl(l)os*, der offenbar in der Art des Platonischen *Phaidros* gehalten war – ein ganz selbständiges und neu durchdachtes Lehrgebäude darstellt, datiert man sie mit einiger Wahrscheinlichkeit ans Ende dieser Lebensepoche des Philosophen (also in die Jahre unmittelbar vor 347 v. Chr.). Ob auch das dritte Buch in diese Periode gehörte oder ob es – wie man vielfach meint – zusammen mit Erweiterungen von Buch 1 und 2 erst in den dreißiger Jahren entstanden ist, als Aristoteles in seiner eigenen Schule (335–323 v. Chr.) ebenfalls über Rhetorik las, ist noch offen. Die umfassende *Synagōgē technōn (Lehrbuchsammlung)* jedenfalls, eine heute ebenso wie der *Gryl(l)os* verlorene Zusammenstellung aller vor seiner Zeit entstandenen Rhetoriklehrbücher, die die eigenen Studien in ähnlicher Weise begleitete wie die *Politien* (vgl. *Athēnaiōn politeia – Die Staatsverfassung der Athener*) die *Politika (Politik)*, ist nur als Teil der enzyklopädischen Bemühungen des Aristotelischen Schulbetriebs im Lykeion richtig zu verstehen.

Nimmt man die dreibändige *Rhetorik* in ihrem historisch-gewordenen Zustand, so bildet sie »*das bedeutendste aller existierenden Lehrbücher über den Gegenstand*«, dessen System die folgenden »*Jahrhunderte, trotz beachtlicher Zufügungen im einzelnen, mehr tradiert, verfeinert und ausgebaut als schöpferisch weitergebildet*« haben (Hommel). Diesen besonderen Rang gewinnt die *Rhetorik* des Aristoteles vor allem durch ihre Einbettung in das Aristotelische Wissenschaftssystem, die bereits der erste Satz – eine über die mittelalterliche *Artes*-Struktur bis in die Neuzeit (z. B. PETRUS RAMUS) fortwirkende Spannung fixierend – bekundet: »*Die Rhetorik ist das Gegenstück zur Dialektik.*« Im einzelnen sind es vor allem Logik, Politik und Ethik, in deren Nähe die Rhetorik steht, und hierbei wiederum gewinnt die Rhetorik ihren ganz spezifischen Rang durch die Bemühungen des Aristoteles um die Erkenntnisse der praktischen Psychologie (die europäischen Wurzeln dessen, was man heute »Psychologie« nennt, liegen in der Rhetorik, nicht in der Theorie von *Peri psychēs – Über die Seele*). So kommt Aristoteles zu der Definition »*Rhetorik ist die Fähigkeit, (dynamis), in jedem Einzelfall ins Auge zu fassen (theōrēsai), was Glaubhaftigkeit bewirkt (to endechomenon pithanon)*« (1, 2 = 1355 b 26 f.); damit setzt er sich nicht nur von der unwissenschaftlich-vagen Bestimmung ab, die Gorgias in Platons gleichnamigem Dialog vorträgt (»*Rhetorik ist die Meisterin der Überredung*«, *peithus demiurgos*, *Gorgias* 453 b), sondern zugleich auch von den zahlreichen geistlos-formalistischen Handbüchern seiner Vorgänger, die schon Platon im *Phaidros* verspottet hat. Dieser halb von wissenschaftstheoretischen Grundprinzipien, halb von ethisch-pädagogisch geprägten Idealvorstellungen psychologischer Praktikabilität getragene Ansatz führt dazu, daß Aristoteles – im Gegensatz zum Gros der späteren Lehrbücher – das Schwergewicht seiner Ausführungen auf das Gebiet der *heurēsis (inventio)* verlegt, also auf die Erarbeitung der inhaltlichen Gesichtspunkte des rednerischen Argumentierens: Ihr sind Buch 1 und 2 gewidmet, während die Sonderabhandlung Buch 3 die sprachliche Ausarbeitung der Reden, also den Stil *(lexis, elocutio)*, und die Anordnung des Stoffes *(taxis, dispositio)* behandelt. (Die beiden übrigen der fünf später kanonischen Hauptaufgaben des Redners – *memoria* und *actio*, also Memoiren des Textes und Vortrag – wurden ebenfalls zu Aristoteles' Zeiten entwickelt, jene vermutlich von THEODEKTES aus Phaselis, diese von dem Aristotelesschüler THEOPHRAST).

Die Tatsache, daß Aristoteles die voraristotelische Theorie der Redekunst überwinden will, hindert ihn nicht daran, vieles daraus zu übernehmen und neu zu fundieren. So findet sich auch bei ihm als Grundgerüst die Dreiteilung der Redegattungen in Gerichtsreden, politische Reden und Festreden, freilich sogleich mit für ihn typischen systematischen Erweiterungen: Er ordnet diese Gattungen drei Zeitstufen zu – die Gerichtsrede der Vergangenheit, die politische Rede der Zukunft, die Festrede der Gegenwart –, teilt sie in positive und negative Komponenten (Anklage – Verteidigung, Mahnung – Warnung, Lobpreis – Tadel) und koordiniert sie mit Zentralbegriffen der Ethik – mit der Gerechtigkeit, dem Nutzen und der Ehre. Auch in seiner *heurēsis*-Lehre konnte er auf Vorarbeiten zurückgreifen, beispielsweise auf den athenischen Redner ANTIPHON, der erstmals die Wahrscheinlichkeitsargumentation (das *eikos*) als das Kernstück aller Rhetorik herausgestellt hatte: Wenn Aristoteles die rhetorische Beweisführung auf die »untechnischen« und die »technischen« Beweismittel *(atechnoi* und *entechnoi pisteis)* gründet und dabei das eigentliche Aufgabenfeld der Rhetorik in der Bereitstellung der »technischen« Beweise durch logische Schlußfolgerungen und Überlegungen *(syllogismos* und *enthymēma)*, durch schlagende Beispiele *(paradeigmata)* und einleuchtende Indizien *(sēmeia)* sieht, so führt er damit jene Entwicklung zu einem ersten Höhepunkt, die Antiphon ein knappes Jahrhundert zuvor durch die Überwindung der alten Prozeßmethodik – die ausschließlich mit »untechnischen« Beweisen wie Zeugenaussagen, Eiden, Anwendung von Gesetzes- und Vertragsklauseln usw. gearbeitet hatte – anbahnte. Entscheidend ist auch hierbei wiederum nicht so sehr die systematische Aufarbeitung der Arbeitsanweisungen in Gestalt eines schubladenartigen Arsenals von *topoi*, sondern die Fundierung des gesamten technisch erlernbaren Wissens in ethisch-psychologischen Grundsätzen: Glaubhaft und überzeugend kann nur der Redner wirken, der ebenso das *ēthos* wie das *pathos* beherrscht, d. h. der sich einerseits genau auf Individualität und Stimmung des Hörers einzustellen weiß, dem aber andererseits zu gegebener Zeit (vor allem am Ende einer Rede) auch Mittel zur Erregung des Affekts und der mitreißenden Leidenschaft zu Gebot stehen. Eine unmittelbare Wirkung war diesem Aristotelischen Entwurf einer philosophisch verankerten Rhetorik nicht beschieden, was durch den Vorlesungscharakter des Lehrgebäudes und durch die jahrhundertelange »private« Überlieferung des Corpus der Aristotelischen Schriften hinreichend zu erklären ist. Erst im Rom der ausgehenden Republik und der beginnenden Kaiserzeit begann sich seine große Wirkung zu entfalten. Ob CICERO das Werk schon gelesen hat, bleibt umstritten (das hängt davon ab, wann Andronikos den 83 v. Chr. durch Sulla nach Rom verbrachten Nachlaß des Philosophen editorisch aufgearbeitet hat); QUINTILIAN jedoch hat es seinem monumentalen Werk, den *Institutiones oratoriae (Schule der Beredsamkeit)*, einverleibt – freilich mit der für den Römer typischen Akzentuierung auf die Erfordernisse der Praxis: Das zeigt zum Beispiel seine Definition der Rhetorik, die er bezeichnenderweise als die Fähigkeit umschreibt, »*in jedem Einzelfall reden zu können*« (Aristoteles: theoretisch »*ins Auge zu fassen*«), wie es die angestrebte Überzeugung und Glaubwürdigkeit erfordern (2, 15, 16). E.Sch.

AUSGABEN: Paris um 1475 (*Libri rhetoricorum*, lat. Übers. von Georgius Trapezuntius). – Venedig 1481 (*Libri rhetoricum*, lat. Übers. von Wilhelm von Moerbeke). – Venedig 1508 (in der Rhetorikausg. des Aldus Manutius, Bd. 1). – Cambridge 1877 (*The Rhetoric of Aristotle*, 3 Bde., Hg. E. M. Cope u. J. E. Sandys; m. Komm.; Nachdr. Hildesheim/NY 1970). – Lpzg. ²1898 (*Ars rhetorica*, Hg. A. Roemer). – Ldn./Cambridge (Mass.) 1926 (*The »Art« of Rhetoric*, Hg. J. H. Freese; m. engl. Übers.; Loeb; mehrere Nachdr.). – Paris 1932–1938 (*Rhétorique*, Hg. M. Dufour, 2 Bde.; Buch 1–2; m. frz. Übers.; Bd. 1: ²1960). – Madrid 1953 (*Retorica*, Hg. A. Tovar; m. Komm. u. span. Übers.). – Oxford 1959 (*Ars rhetorica*, Hg. W. D. Ross; Nachdr. 1969). – Bln. 1976, Hg. R. Kassel.

ÜBERSETZUNGEN: *Proben einer deutschen Übersetzung der Rhetorik d. A.*, G. G. Bredow (in Berliner Monatsschrift, April 1796, S. 363–385). – *Rheto-*

rik, M. W. Voigt, Prag 1803 [nur Buch 1]. – Dass., K. L. Roth (in *Werke*, Bd. I/1–2, Stg. 1833). – Dass., H. Knebel (in *Werke*, Bd. 1, Stg. 1838). – *Drei Bücher der Redekunst (Rhetorik)*, A. Stahr (in *Werke*, Bd. 19–25, Stg. 1862–1864 u. ö.). – *Rhetorica*, W. Rhys Roberts (in *The Works of Aristotle*, Hg. W. D. Ross, Bd. 11, Oxford 1946; Nachdr. zul. 1966; engl.). – *Rhetorik*, F. G. Sieveke, Mchn. 1980.

LITERATUR: E. M. Cope, *An Introduction to Aristotle's »Rhetorik«*, Ldn. 1867 (Nachdr. Hildesheim/ NY 1970 [Komm.]). – W. Kroll, Art. *Rhetorik* (in RE, Suppl. 7, 1940, Sp. 1057–1065). – F. Solmsen, *Die Entwicklung der aristotelischen Logik und Rhetorik*, Bln. 1929 (Neue Philologische Untersuchungen, 4). – W. S. Hinman, *Literary Quotation and Allusion in the »Rhetoric«, »Poetics« and »Nicomachean Ethics« of Aristotle*, Staten Island 1935 (Diss. Columbia University). – G. Kennedy, *The Art of Persuasion in Greece*, Princeton ²1964, S. 82–114. – W. Wieland, *Aristoteles als Rhetoriker und die exoterischen Schriften* (in Herm, 86, 1958, S. 323–346). – H. Hommel, Art. *Rhetorik* (in Lexikon der Alten Welt, Zürich-Stg. 1965, Sp. 2611 bis 2615). – I.Düring, *Aristoteles. Darstellung und Interpretation seines Denkens*, Heidelberg 1966, S. 118 bis 159. – Ders., Art. *A.* (in RE, Suppl. 11, 1968, Sp. 222–227; m. Bibliogr.). – *Rhetorika. Schriften zur Aristotelischen u. hellenistischen Rhetorik*, Hg. R. Stark, Hildesheim 1968 [m. Beitr. von H. Diels, F. Marx u. a.]. – E. Schütrumpf, *Die Bedeutung des Wortes ēthos in der Poetik des Aristoteles*, Mchn. 1970 (Zetemata, 49). – W. M. A. Grimaldi, *Studies in the Philosophy of A.'s »Rhetoric«*, Wiesbaden 1972. – A. Hellwig, *Untersuchungen zur Theorie der Rhetorik bei Platon und A.*, Göttingen 1973. – W. Eisenhut, *Einführung in die antike Rhetorik*, Darmstadt 1974. – J. Martin, *Antike Rhetorik* (in Handbuch der Altertumswiss., Abt. II/3, Mchn. 1974). – W. M. A. Grimaldi, *A., »Rhetoric« I. A Commentary*, NY 1980. – J. Sprute, *Die Enthymemtheorie der aristotelischen Rhetorik*, Göttingen 1982.

TOPIKA

(griech., *Topik*). Abhandlung zur Logik in acht Büchern von ARISTOTELES. – Die *Topika* bilden zusammen mit ihrem Anhang, den *Sophistikoi elenchoi (Sophistische Widerlegungen)*, den sachlichen Abschluß des *Organon*, der Sammlung der Aristotelischen Schriften zur Logik: Behandeln die beiden Teile der *Analytika* den Syllogismus als formale Erscheinung sowie das Gebiet der unbedingt wahren, apodiktischen Schlüsse, d. h. des wissenschaftlichen Beweises, und sind die *Sophistischen Widerlegungen* den nur scheinbar richtigen, in Wirklichkeit falschen Syllogismen, d. h. den Fang- und Fehlschlüssen gewidmet, so gelten die Untersuchungen der *Topika* den wahrscheinlichen Schlüssen, die zwar in sich richtig sind, doch als Ganzes nicht den Anspruch apodiktischer Beweisgültigkeit erheben können. Ihr genuiner Lebensraum ist die rhetorische Disputation (vgl. *Technē rhētorikē – Rhetorik*), weshalb sie auch »didaktische Schlüsse« heißen.

Indes: die präzis funktionale Stellung im Gefüge dessen, was man später im *Organon* als Einheit zusammenfaßte, trügt über den wahren Charakter der *Topika* hinweg. Denn diese stellen keineswegs den Schlußstein in einem Aristotelischen »System der Logik« dar, sondern verkörpern – genetisch wie formal – eine ausgesprochene Vorstufe der in den *Analytika* mit strenger methodischer Konsequenz und Vollkommenheit entwickelten Lehre vom Syllogismus. Das äußert sich nicht nur darin, daß die *Analytik* mehrfach ausdrücklich auf die *Topik* Bezug nimmt, sondern vor allem darin, daß den *Topika* ebenso wie den im Anschluß daran entstandenen *Sophistischen Widerlegungen* die entscheidenden Entdeckungen, die sich in den *Analytika* niedergeschlagen haben – das exakte analytische System des Syllogismus, die modallogischen Differenzierungen und die Technik der variablen Größen –, unbekannt sind.

Eine exakte Angabe über die Entstehungszeit des Werkes ist nicht möglich. Man wird nicht fehlgehen, wenn man es in die Jahre rückt, als Aristoteles noch an der Akademie war, also etwa in das halbe Dezennium vor PLATONS Tod (347 v. Chr.). Anlaß und Ursprung, das wird allenthalben spürbar, ist die Praxis der rhetorisch-dialektischen Diskussion, nicht nur das Interesse an formallogischen Gesetzen als porpädeutischen Fundamenten der wissenschaftlichen Erkenntnis. Im resümierenden Schlußkapitel der *Sophistischen Widerlegungen* findet sich diese Grundtendenz offen ausgesprochen, und das Ziel technischer Anweisung ist es auch, was im Grunde den prägnanten Begriff des »Topos« (wörtlich »der Ort«, gemeint sind Allgemeinsätze der Argumentation) erst geprägt hat. Dem Gedanken an die Erfordernisse der Praxis ist auch die Anlage des Buches verpflichtet, die sich bemüht, in durchsichtiger Disposition – die Schwierigkeiten des Textes liegen im Detail, nicht in der Struktur des Ganzen – einen kompendienhaft umfassenden Abriß aller denkbaren Fälle zu bieten: Das einleitende Buch 1 definiert die grundlegenden Begriffe, insbesondere die vier möglichen Prädikationsprobleme einer Disputation, Definition *(horos)*, Individualcharakteristikum *(idion)*, Gattung *(genos)* und Akzidens *(symbebēkos)*, die anschließend auf die möglichen Disputationstopoi hin untersucht werden, in Buch 2 und 3 das Akzidens, in 4 das *genos*, in 5 das *idion*, in 6 und 7 die Definition; Buch 8 schließlich handelt allgemein von der Technik der dialektischen Diskussion.

E.Sch.

AUSGABEN: Augsburg 1479 (in der lat. *Organon*-Ausg. des Ambrosius Keller, Bd. 3). – Florenz 1521 (in der *Organon*-Ausg. des Philippus Iunta). – Lpzg. 1923 (*Topica. Cum libro de sophisticis elenchis*, Hg. H. Stracke u. M. Wallies). – Oxford 1958 (*Topica et Sophistici elenchi*, Hg. W. D. Ross;

Nachdr. 1970). – Paris 1967 (*Topiques, Livres I–IV*, Hg. J. Brunschwig; m. frz. Übers. u.Bibliogr.).

ÜBERSETZUNGEN: *Topika*, K. Zell (in *Werke*, Bd. II/6–8, Stg. 1841–1862). – *Topik (Disputirkunst)*, H. Bender (in *Werke*, Bd. 3, Stg. 1872 u.ö.). – *Die Topik*, J. H. von Kirchmann, 2 Bde., Heidelberg 1882/1883. – *Topik*, E. Rolfes, Lpzg. ²1922; Nachdr. zul. 1968. – *Les topiques*, J. Tricot (in *Organon*, Bd. 5, Paris 1950; frz.; m. Komm.). – *Topik*, P. Gohlke (in *Die Lehrschriften*, Bd. 2/4, Paderborn 1952). – In *Organon*, G. Golli, Turin 1955 [ital.; m. Komm.]. – *I Topici*, A. Zadro, Neapel 1974 [ital.; m. Komm.].

LITERATUR: E. Hambruch, *Logische Regeln der Platonischen Schule in der Aristotelischen »Topik«*, Progr. Bln. 1904. – F. Solmsen, *Die Entwicklung der aristotelischen Logik und Rhetorik*, Bln. 1929 (Neue Philologische Untersuchungen, 4). – H. von Arnim, *Das Ethische in Aristoteles' »Topik«* (in SWAW, 205/4, 1927). – E. Weil, *La place de la logique dans la pensée aristotélicienne* (in Révue de Métaphysique et de Morale, 56, 1951, S. 283–315). – E. Braun, *Zur Einheit der aristotelischen »Topik«*, Diss. Köln 1959. – O. Bird, *The Tradition of the Logical Topics: Aristotle to Ockham* (in Journal of the History of Ideas, 23, 1962, S. 307–323). – P. M. Huby, *The Date of Aristotle's »Topics«* ... (in The Classical Quarterly, 12, 1962, S. 72–80). – W. u. M. Kneale, *The Development of Logic*, Oxford 1962. – W. A. de Pater, *Les »Topiques« d'Aristote et la dialectique platonicienne*, Fribourg 1965 (Études Thomistes, 10; m. Bibliogr.). – I. Düring, *Aristoteles. Darstellung und Interpretation seines Denkens*, Heidelberg 1966, S. 69–87 [m. Bibliogr.]. – Ders., Art. *A.* (in RE, Suppl. 11, 1968, Sp. 208–215). – *Aristotle on Dialectic. The »Topics«. Proceedings of the Third Symposium Aristotelicum*, Hg. G. E. L. Owen, Oxford 1968. – J. Barnes, *Property in A.'s »Topics«* (in AGPh, 52, 1970, S. 136–155). – D. J. Hadgopoulos, *›Protasis‹ and ›Problema‹ in the »Topics«* (in Phronesis, 21, 1976, S. 266–276).

ARI ÞORGILSSON

* 1067 oder 1068
† 1148

LITERATUR ZUM AUTOR:
B. M. Olsen, *Om Are frode* (in Aarbøger for nordisk Oldkyndighed og Historie, 9, 1894, S. 207–352). – E. Árnorsson, *Ari fróði*, Reykjavik 1942. – H. Hermannsson, *A. Ø. fróði* (in Skírnir, 122, 1948, S. 5–29). – A. Salvesen, *A. Th.* (in NCE, 1, 1967, S. 790 f.). – A. Janzén, *A. Þ., Fróði* (in *European Authors 1000–1900. A Bibliographical Dictionary of European Literature*, Hg. S. Kunitz u.

V. Colby, NY 1967, S. 36 f.). – H. Kuhn, *A. Th.* (in RGA, Bd. 1, 1973, S. 408 f.). – R. Volz, *Ari enn fróði* (in *Lexikon des Mittelalters*, Bd. 1, Mchn./Zürich 1980, S. 925 f.).

ÍSLENDINGABÓK

(anord.; *Isländerbuch*). Allgemein gebräuchlicher Name für ein Geschichtswerk des Isländers ARI ÞORGILSSON mit dem Beinamen inn fróði (»der Gelehrte«). – Ari selbst nannte das Werk auch *Libellus Islandorum*; dieser Titel findet sich als Überschrift im Anschluß an Aris Vorwort. Die beiden wichtigsten Handschriften (in der Arnamagnæanischen Sammlung) stammen zwar erst aus dem 17. Jh., sind aber sorgfältige Kopien eines jetzt verlorenen Manuskripts aus der Zeit um 1200. In ihrer jetzt vorliegenden Gestalt ist die *Íslendingabók* eine knappe Zusammenfassung der isländischen Geschichte von der Entdeckung Islands (um 870) bis zum Jahr 1120. Die ersten sechs Kapitel behandeln die Entdeckung und Besiedlung des Landes, nennen einige der bedeutendsten Ansiedler, geben Auskunft über die Errichtung des Allthings und die spätere Einteilung des Landes in vier Gerichtsbezirke, erörtern Fragen der Zeitrechnung und berichten von der Entdeckung und Besiedlung Grönlands. Das umfangreiche siebte Kapitel (etwa ein Fünftel des ganzen Buchs) hat die Einführung des Christentums auf Island zum Gegenstand. In den Kapiteln 8–10 schreibt Ari über die Errichtung der beiden isländischen Bistümer, ihre ersten Bischöfe, über die Gesetzessprecher jener Zeit und bestimmte Rechtsvorgänge, wie die Einführung des Zehnten. Er schließt seine Darstellung mit Hinweisen auf gleichzeitige Ereignisse außerhalb Islands und fügt in einem Anhang vier Stammtafeln der ältesten Bischöfe Islands sowie seine eigene Genealogie bei.

Nach den Angaben des Vorworts hatte Ari bereits früher eine *Íslendigabók* geschrieben, die er zwei Bischöfen und dem Priester SÆMUNDR Sigfússon (ebenfalls mit dem Beinamen inn fróði) gezeigt hatte; demnach muß das Buch zwischen 1122 und 1133 entstanden sein; möglicherweise kommt der Name *Íslendingabók* nur dem älteren, verlorenen Werk zu Recht zu, und die erhaltene Fassung müßte nach Ari *Libellus Islandorum* genannt werden. Wie diese verlorene Arbeit im einzelnen aussah, ist sehr umstritten, da die Angaben im Vorwort des erhaltenen Buchs nur schwer zu interpretieren sind. Sicher ist jedoch, daß die erste Version – nach Aris eigenen Worten – *œttartolur* (Stammtafeln, Genealogien) und *konunga œvi* (Viten von Königen; wahrscheinlich mit Angaben über die Lebens- und Regierungszeit und Hinweisen auf besondere Taten und Ereignisse) enthielt. Was in diesen ausgeschiedenen Teilen stand, läßt sich nur erschließen; die Genealogien kann man sich wohl ähnlich denen in der *Landnámabók* vorstellen, und auch die wahrscheinlich von Ari herstammende, im Zusammenhang mit der *Eyrbyggja saga* bewahrte *Ævi Snorra goða* vermag einen Eindruck davon zu vermitteln. Die Bedeutung der *konunga ævi* läßt sich mittelbar belegen, da die späteren isländischen Historiker, insbesondere SNORRI Sturluson, sich immer wieder auf Ari stützen. Ari selbst benutzte weitgehend mündliche Quellen und verweist nachdrücklich auf seine Gewährsleute. Darüber hinaus kannte er auch ausländische Geschichtswerke, wahrscheinlich die *Historia ecclesiastica* des BEDA, möglicherweise auch die *Hamburgische Kirchengeschichte (Gesta Hammaburgensis ecclesiae pontificum)* des ADAM VON BREMEN (nach Ellehøj).

Auffallenderweise nennt Ari unter den ersten Ansiedlern Islands nur die vier, die in den im Anhang mitgeteilten Bischofsgenealogien ebenfalls an der Spitze stehen; demgegenüber führt die *Landnámabók* ca. 1500 Namen an. Da außerdem wahrscheinlich eine verlorene erste *Landnámabók* um oder vor 1130 geschrieben wurde, hat man angenommen (B. M. Ólsen, J. Jóhannesson), daß sie unter der Leitung oder doch wenigstens der Mitarbeit Aris von mehreren Verfassern aufgezeichnet wurde. Das wird zwar nicht allgemein akzeptiert (Ellehøj), ist im ganzen aber doch recht wahrscheinlich. - Die erstaunliche, in Europa fast einzigartige Höhe der isländischen Geschichtsschreibung im 12. und 13.Jh. ist vor allem den Arbeiten Aris zu verdanken; sie haben auch auf die norwegische Historiographie eingewirkt, so insbesondere auf die *Historia Norvegiæ* und vermutlich (nach Ellehøj) auf das *Ágrip af Nóregs konunga sogum*. K.S.

AUSGABEN: Skálholt 1688 (*Schedæ Ara prestz froda Vm Island*, Hg. H. Kruse). - Kopenhagen 1887 (*Islendingabóc*, Hg. F. Jónsson). - Halle 1892 (*Ares Isländerbuch*, Hg. W. Golther; ²1923; Altnordische Saga-bibl., 1). - Kopenhagen 1930, Hg. F. Jónsson. - Ithaca/NY 1930, Hg. H. Hermannsson (Islandica, 20). - Oslo/Stockholm/Kopenhagen 1952, Hg. A. Holtsmark (Nordisk Filologi, Ser. A, 5). - Reykjavik 1956, Hg. J. Jóhannesson (Islenzk handrit. Icelandic Manuscripts, 1). - Reykjavik 1968, Hg. J. Benediktsson (*Íslendingabók, Landnámabók I-II*, Íslenzk Fornrit, I, 1-2).

ÜBERSETZUNGEN: *Das Isländerbuch des Priesters Are, des Weisen*, F. Ch. Dahlmann (in F. Ch. D., *Forschungen aus dem Gebiete der Geschichte*, Altona 1822). - *Ares Isländerbuch*, Hg. Th. Möbius, Lpzg. 1869 [isl.-dt.]. - *Aris Isländerbuch*, W. Baetke (in *Islands Besiedlung u. älteste Geschichte*, Jena 1928; Slg. Thule, 23). - Dass., ders., Düsseldorf 1967 [Nachw. R. Heller].

LITERATUR: A. Heusler, *Are's »Íslendingabók« und »Libellus Islandorum«* (in AFNF, 23, 1907, S. 319-337). - H. Schneider, *Are und seine Bücher über Isländer und Island* (in ZfdA, 66, 1929, S. 69-92). - E. Hagnell, *Are frode og hans författarskap*, Lund 1938. - J. Jóhannesson, *Gerðir Landnámabókar*, Reykjavik 1941. - B. Sigfússon, *Um »Íslendingabók«*, Reykjavik 1944. - E. O. Sveinsson, *Á ártíð Ara fróða* (in Skírnir, 122, 1948, S. 30-49). - G. Turville-Petre, *Origins of Icelandic Literature*, Oxford 1953, S. 88-108. - B. Guðmundsson, *Uppruni Islendinga*, Reykjavik 1960. - O. Einarsdóttir, *Studier i kronologisk metode i tidlig historieskrivning*, Lund 1964. - S. Ellehøj, *Studier over den aeldste norrøne historieskrivning*, Kopenhagen 1965. - J. Steffensen, *Tímatal Ara fróða og upphaf víkingaferða* (in Saga, 9, 1970, S. 5-20). - H. Bekker-Nielsen, *The Use of ›Rex‹ in »Íslendingabók«* (in *Studies for Einar Haugens*, Hg. E. Scherabon Firchow u. a., Den Haag/Paris 1972, S. 53-57). - S. Tómasson, *»Taekileg vitni«* (in *Afmaelisrit Björns Sigfússonar*, Hg. B. Teitsson u. a., Reykjavik 1975, S. 251-287). - A. Christensen, *Om kronologien i Aris »Íslendingabók« og dens laan fra Adam af Bremen* (in *Nordiske Studier, FS til Chr. Westergard-Nielsen på 65-årsdagen den 24. nov. 1975*, Kopenhagen 1975, S. 23-34). - J. Louis-Jensen, *Ari og Gregor* (in *Nordiska Studier i filologi och linguistik. FS tillägnad Gösta Holm på 60årsdagen den 8. juli 1976*, Lund 1976, S. 273-279).

ARIYOSHI SAWAKO

* 20 1.1931 Wakayama
† 30.8.1984 Tokio

LITERATUR ZUR AUTORIN:
M. Tahara, *The Early Works of Ariyoshi Sawako* (in *Studies on Japanese Culture*, Bd. 1, Hg. The Japan P. E. N. Club, Tokio 1973, S. 426-432). - Y. McClain, *Ariyoshi Sawako - Creative Social Critic* (in Journal of the Association of Teachers of Japanese, Bd. 12, 1977, 2-3, S. 211-228). - I. Hijiya-Kirschnereit, *Ariyoshi Sawako, 1931-1984* (in Hefte für ostasiatische Literatur, Nr. 3, 1985, S. 92-97). - Dies., Art. *A. S.* (in KLFG, 9. Nlg., 1986).

HANAOKA SEISHŪ NO TSUMA

(jap.; *Die Frau des Hanaoka Seishū*). Roman von ARIYOSHI SAWAKO, erschienen 1967. - Dieses auch in dramatisierter Form und durch eine Verfilmung bekannt gewordene Werk der populären Autorin nimmt die historische Figur des Arztes Hanaoka Seishū (1760-1835) aus ihrer Heimatprovinz Wakayama zum Stoff, der 1805 erstmals in der Medizingeschichte eine Brustkrebsoperation unter Vollnarkose durchführte. Das erzählerische Interesse der Autorin gilt dabei, wie bereits der Titel zu erkennen gibt, der Frau in seinem Schatten. In fünfzehn Kapiteln schildert sie die wichtigsten Stationen im Leben dieser Figur namens Kae bis zu ihrem Tode im Jahre 1829. Erstmals begegnen wir ihr als achtjähriges Mädchen, das die überaus schöne Otsugi, ihre zukünftige Schwiegermutter, zum erstenmal sieht und von ihr begeistert ist. Schon hier zeigt sich die Bedeutung dieser anderen Frau für Kaes gesamtes späteres Leben, die ihr Vorbild und Rivalin zugleich sein wird. Im dritten Kapitel erscheint Otsugi im Hause von Kaes Familie, um sie als Braut für ihren Sohn zu erbitten, und dank ihrer geschickten Verhandlungsführung hat sie trotz der Standesunterschiede zwischen den Familien Erfolg. So findet im Herbst des Jahres 1782 in Abwesenheit des Bräutigams, der zum Studium in Kyōto weilt, die Hochzeit im Hause Hanaoka statt. Glücklich schläft die Braut neben ihrer Schwiegermutter ein, die sie in der Folgezeit in ihre vielfältigen Pflichten als Ehefrau einweist.

Mit der Heimkehr des Mannes verändert sich schlagartig die zuvor fröhlich-entspannte Atmosphäre im Hause. Die Frauen treten in einen Wettbewerb um seine Aufmerksamkeit, und nur sehr langsam vermag sich Kae neben ihrer dominierenden Schwiegermutter einen Platz zu erobern. Seishū, den ehrgeizigen Arzt, beschäftigen nur seine medizinischen Experimente, und alle Personen im Haushalt bringen angesichts der Armut der Familie große Opfer. Zur Geburt des ersten Kindes, eines Mädchens, wird Kae in ihr Elternhaus zurückgeschickt. Sie fühlt sich ausgestoßen, zumal die Tochter ihre Position im Hause nicht verbessern kann. Im zehnten Kapitel – Kae ist bereits seit fast fünfzehn Jahren im Hause Hanaoka – gelingt ihr dies, indem sie sich wie ihre Schwiegermutter ihrem Mann als Objekt für seine Anästhesieexperimente zur Verfügung stellt. Nur Kae ist eingeweiht und weiß, daß Otsugi ungefährliche Mittel verabreicht bekommt, während an ihrem Körper die gefährliche Droge erprobt wird. Die Rivalität zwischen beiden Frauen steigert sich, da Seishū seine ärztlichen Bemühungen stärker auf Kae, die drei Tage und Nächte bewußtlos bleibt, als auf seine Mutter konzentriert, deren Stolz es verletzt zu erfahren, daß sie nach allen Experimenten viel früher wieder zu sich kam. Kae hingegen gewinnt an Selbstbewußtsein. Bei einem weiteren Experiment erblindet sie; ihre Tochter stirbt.

Mit dem Tod der Schwiegermutter und einer erneuten Schwangerschaft festigt sich die Beziehung zwischen den Eheleuten. Eine von Familienglück und Erfolg geprägte Zeit bricht an. Kae schenkt in fortgeschrittenem Alter einem Sohn und einer Tochter das Leben, und Seishū wird immer größere Anerkennung zuteil. Doch seiner eigenen unverheiratet gebliebenen Schwester Koriku, die mit ihrer Heimarbeit sein Studium mitfinanziert hatte, kann er nicht helfen. Sie stirbt 42jährig, einen Monat vor seiner epochemachenden Operation vom 13. 10. 1805, nachdem sie zuvor in einer Aussprache mit ihrer Schwägerin zu erkennen gegeben hat, sie sei glücklich darüber, nicht verheiratet worden und so dem destruktiven Konflikt mit der Schwiegermutter entgangen zu sein, den sie überall beobachten konnte. Seishūs Ruf wächst, er wird mit Ehrungen überhäuft. Mit seiner zurückgezogen lebenden Frau verbindet ihn nun eine tiefe Zuneigung. Sie stirbt im Alter von 68 Jahren. Als er ihr sechs Jahre später in den Tod folgt, verdeckt sein monumentaler Grabstein völlig den der beiden Frauen Otsugi und Kae.

Ariyoshi gestaltet in diesem Roman vor historischem Hintergrund ein exemplarisches Frauenschicksal im feudalistischen Familien- und Gesellschaftssystem der Tokugawa-Zeit. Ihre kritische Absicht ist unverkennbar. Sie äußert sich etwa in der Aussage Korikus oder in der Schlußwendung des Werks. Dennoch verzichtet sie nicht auf eine idealisierende Überhöhung des »schönen Leidens« der Frauen, so daß darin auch das konventionell-traditionalistische Idealbild der aufopferungsvollen, dabei aber würdevoll-anmutigen Frau bestätigt wird. Der Roman, eines ihrer erfolgreichsten Werke, fand auch in der französischsprachigen Übersetzung ein großes Echo und steht in einer Reihe von Erzählwerken, die Lebensgeschichten von Frauen aus ihrer Heimatprovinz zum Gegenstand nehmen, um daran den gesellschaftlichen Wandel aufzuzeigen wie etwa *Kinokawa*, 1959 (*Ü: Eine Braut zieht flußabwärts*, 1987), ein Roman, der am Beispiel dreier aufeinanderfolgender Generationen einen Prozeß wachsender Emanzipation von Frauen aus einer angesehenen alten Familie beschreibt. Doch auch hier vermeidet es die Autorin, Tradition und Moderne, konventionelles und fortschrittliches Frauenbild gegeneinander auszuspielen. I. H. K.

AUSGABEN: Tokio (Shinchōsha) 1967 ff.

ÜBERSETZUNG: *The Doctor's Wife*, W. Hironaka, A. Siller Konstant, Tokio/NY/San Francisco 1978, 1981 ff. [engl.].

DRAMATISIERUNG: *Hanaoka Seishū no tsuma* (Urauff.: Tokio, Kokuritsu gekijo, Sept. 1967; Regie: Ariyoshi Sawako).

VERFILMUNG: Japan 1967 (Regie: Masumura Yasuzō).

LITERATUR: G. L. Bernstein, *The Model Japanese Woman* (in The Journal of Japanese Studies, 6, 2, 1980, S. 105–108).

KŌKOTSU NO HITO

(jap.; *Die Entrückten*). Roman von ARIYOSHI SAWAKO, erschienen 1972. – Dieses Werk, das schon bald nach Erscheinen Millionenauflage erreichte und für den bis zu diesem Zeitpunkt größten literarischen Verkaufserfolg in der japanischen Nachkriegsgeschichte steht, behandelt das Problem der Versorgung alter Menschen, das in der hochindustrialisierten Gesellschaft mit dem Trend zur Kleinfamilie in den sechziger Jahren zunehmend ins Blickfeld rückte, zumal der Staat, auf konfuzianische Tradition bauend, die Fürsorge für die ältere Generation weitgehend den Familien überließ. Ariyoshi stellt diese Thematik aus der Perspektive einer berufstätigen Mutter und Hausfrau dar.

Tachibana Akiko hat neben ihrer Ganztagsbeschäftigung in einem Rechtsanwaltsbüro auch noch eine durchschnittliche Familie zu versorgen – den schulpflichtigen Sohn Satoshi, den ganz in seinem Beruf aufgehenden Ehemann Nobutoshi und den immer schwieriger werdenden 84jährigen Schwiegervater Shigezō, der von geistiger Verwirrung heimgesucht wird und ständige Aufsicht und Zuwendung benötigt. Für Akiko war es selbstverständlich, alle in Haus und Familie anfallenden Aufgaben allein zu bewältigen, und ihr hilfloser Ehemann überläßt es ihr auch angesichts der kaum noch zu bewältigenden Schwierigkeiten, eine Lösung zu finden. Sie zieht Erkundigungen ein und erfährt dabei von zahlreichen ähnlichen Fällen in ihrer Umgebung. Auch lernt sie dabei viel über die medizinischen Aspekte des Alterns. Als sie versucht, soziale Einrichtungen ausfindig zu machen, die Shigezō aufnehmen könnten, muß sie nicht nur erfahren, daß Alters- und Pflegeheime äußerst rar und kostspielig sind, sondern sie muß sich auch von einer Sozialarbeiterin ins Gewissen reden lassen: »*Ich verstehe Sie ja, aber sehen Sie es doch einmal aus der Sicht eines alten Menschen. Für ihn ist es das größte Glück, seine letzten Jahre im Kreise der Familie zu verbringen. Ich weiß, daß Ihre Arbeit Ihnen viel bedeutet, aber da ist nichts zu machen. Wenn ein alter Mensch versorgt werden muß, hat jemand ein Opfer zu bringen. Wir selber werden ja schließlich auch einmal alt.*«

Eine Zeitlang sträubt sich Akiko gegen die ihr aufgezwungene Rolle und grollt ihrem Mann, der wie selbstverständlich von ihr erwartet, daß sie ihren Beruf zurückstellt, um den Vater zu pflegen. Selbst nachts erfordert der alte Mann ihre ständige Fürsorge. Doch mit der Zeit erkennt sie, daß dieser Mensch, um in Würde sterben zu können, nicht nur physische Versorgung, sondern auch seelische Zuwendung braucht, die er nur von ihr bekommen kann. Seinen Sohn erkennt er längst nicht mehr, und nur mit knapper Not übersteht er eine Grippe, deretwegen sich Akiko Schuldvorwürfe macht, da sie ihn zuvor wegen eines Telefonanrufs kurz unbeaufsichtigt im Bad zurückgelassen hatte. Durch die Krankheit regrediert er noch weiter in das Stadium eines hilflosen Säuglings, doch das entzückte Lächeln auf seinem Gesicht ist Akiko nun Lohn genug für ihre Selbstaufopferung: »*Bis jetzt hatte Shigezō ihr nichts als unerträgliche Mühe bedeutet, aber von heute an wollte sie alles tun, um ihn so lang wie möglich leben zu lassen. Nur sie, niemand sonst, vermochte dies.*« Als der alte Mann einige Zeit später ruhig und unauffällig stirbt, ist es Akiko, die voller Souveränität alle praktischen Vorbereitungen für die Bestattung trifft.

Die außerordentliche Beachtung, die das Werk in der japanischen Öffentlichkeit fand, zeigt, daß die Autorin mit diesem geschickt erzählten Problemroman das selbstgesetzte Ziel erreichte – eine allgemeine Diskussion dieser in der japanischen Gesellschaft lange Zeit tabuisierten und selbst in den achtziger Jahren noch als besonders drängend empfundenen Problematik anzuregen. Sechs Jahre lang hatte die Autorin zuvor in Japan wie im Ausland die Thematik studiert, und viele Informationen flossen in das Werk ein, das überaus anschaulich auch die praktischen Seiten des Alltagslebens mit senilen Menschen beleuchtet. Die pragmatische, rein individuell aufgefaßte und so gar nicht revolutionäre Darstellungsperspektive mag aus europäischer Sicht inkonsequent erscheinen, doch ermöglichte sie dem japanischen Publikum eine unmittelbare Identifikation. Die Figur der Akiko schließlich gilt im japanischen Sinne als reife Persönlichkeit, die durch ihre Auseinandersetzung mit Rollenerwartung und äußeren Notwendigkeiten Kompetenz, Souveränität und emotionale Ausgeglichenheit erlangt.

»Kōkotsu no hito« ist das berühmteste Beispiel der für diese Autorin charakteristischen Problemromane, in denen sie, nicht selten als allererste, tabuisierte Themen literarisch verarbeitet und zur Diskussion stellt. Ihre Erzählung *Kitō*, 1959 (Gebet) etwa gilt als erstes literarisches Dokument einer nicht unmittelbar Betroffenen, das die Leiden der Atombombenopfer zum Gegenstand nimmt. Öffentliche Initiativen löste ihr mit viel Zahlenmaterial und aktuellen Statistiken durchsetzter Umweltroman *Fukugō osen*, 1975 *(Multiple Verseuchung)* aus. Ihr sicheres Gespür für gesellschaftliche Themen und ihr Engagement für soziale Belange trugen zu ihrer großen Popularität bei, so daß sie, die Schriftstellerin, als eine Art kritischen öffentlichen Gewissens fungierte. I.H.K.

AUSGABE: Tokio (Shinchōsha) 1972 ff.

ÜBERSETZUNG: *The Twilight Years*, Mildred Tahara, Tokio/NY/San Francisco 1984 [engl.].

LITERATUR: D. Plath, *Cares of Career, and Careers of Caretaking* (in The Journal of Nervous and Mental Disease, 157, 1973, S. 346–357). – D. Plath, *An Honor Student* (in ders., *Long Engagements. Maturity in Modern Japan*, Stanford 1980, S. 173–184). – G. Lee Bernstein, Rez. (in The Journal of the Association of Teachers of Japanese, 19, 2, 1984/85, S. 287 f.).

MARCEL ARLAND

* 5.7.1899 Varennes
† 12.1.1986 Saint Sauveur-sur-École

LITERATUR ZUM AUTOR:
J. Duvignaud, *A.*, Paris 1962. – W. Widmer, *M. A. ou de l'ombre à la lumière*, Diss. Zürich 1971. – M. Bosquet, *En compagnie de M. A.*, Paris 1973. – *Hommage à M. A.* (in NRF, 399, April 1986, S. 1–34).

ANTARÈS

(frz.; *Antares*). Erzählung von Marcel ARLAND, erschienen 1931. – Die Erzählung behandelt das Thema der verlorenen Kindheit, die in der alles verändernden Erinnerung nur stückweise wiedergefunden werden kann. Marcel kehrt alljährlich für eine Woche in sein Heimatdorf zurück. Die bei seinem letzten Besuch vorgefundenen Veränderungen wecken Erinnerungen, aus denen sich langsam ein Bild der Vergangenheit zusammensetzt. Immer schon hatte ihn diese Umgebung fasziniert, und von jeher hatte ihn vor allem das einsame Fräulein Aimée angezogen, deren Jahre man nach den Opfern, die sie brachte, hätte zählen können.

Die präzise Erinnerung an ein Beispiel »höherer Unordnung« rückt die Vergangenheit noch näher. Ein Zug mit Vergnügungsreisenden hatte ein Liebespaar im Dorf zurückgelassen. Bei einem aus übergroßer Liebe unternommenen Selbstmordversuch der beiden kommt der Liebhaber um, während das Mädchen Angèle bei Fräulein Aimée Aufnahme und Heilung findet. Den Kindern war damals das einem vom Menschen selbst geschaffenen Gott – der Liebe – dargebrachte Opfer des Lebens nicht ohne Größe erschienen. Fräulein Aimée liebte in Angèle fortan das Bild ihres eigenen geheimen Traumes. Mit den beiden Frauen verbrachte der junge Marcel seine Feriennachmittage auf dem Friedhof, die Gräber sah er als die eigentlichen Heimstätten an. Aus abgefallenen Buchstaben setzten die drei das Wort *Unsterblichkeit* zusammen und sprachen über das Glück, das Angèle und ihr Geliebter als zu groß empfunden hatten. In Marcels Erinnerung gehört zu diesem Erlebnis das Schweigen des Abends und dem Stern Antares verbunden – »*eine wahre Romanze!*«. Der Traum ist jedoch mit dem letzten Ferientag beendet. Fräulein Aimée wird von ihrem Bruder bedroht und muß ihr Haus verlassen. Die Frauen ziehen in eine alte Hütte im Wald, »La Folie«, können dort jedoch nicht das geträumte »neue Leben« verwirklichen. Angèle wird im Gegenteil von Zweifeln an der Wirklichkeit ihres vergangenen Glückes befallen: Vielleicht wollte sich ihr Geliebter nur aus Furcht töten. Sie lebt und ist wach, daher kann sie nicht von einer Erinnerung zehren, mit der man nur schlafen, träumen oder sterben könnte. Auch Marcel lebt und verliert darum das Bild der Vergangenheit.

In der Unterhaltung mit einem Jugendfreund wird dieses Bild nun aus der Perspektive der Gegenwart betrachtet. Angèle war bald darauf ertrunken aufgefunden worden. Fräulein Aimée war im Wahnsinn gestorben. Auch der Glaube des Knaben Marcel war erschüttert worden, denn es hatte sich herausgestellt, daß der Stern, den er gesehen hatte, nicht Antares gewesen war, und daß Angèle sich anderen Männern gegenüber recht zweideutig verhielt. Die Liebenden hatten sich damals also geirrt, so daß sich die beiden Freunde in der Gegenwart nur noch fragen können: »*Was war wirklich?*« – Die Faszination durch das Ungewöhnliche muß dem Zweifel weichen. H.Hu.

AUSGABEN: 1931 (in NRF, H. 1). – Paris 1932. – Paris 1943. – Lausanne 1955. – Paris 1967 (Poche).

LITERATUR: E. Thomas, *Le couple d'»Antarès« va jusqu'au bout* (in Bulletin Mensuel du Guilde du Livre, 19, Nr. 10, 1954, S. 275/276).

MICHAEL ARLEN

d.i. Dikran Koujoundijan

* 16.11.1895 Rustschuk / Bulgarien
† 23.6.1956 New York

THE GREEN HAT. A Romance for a Few People

(engl.; Ü: *Der grüne Hut. Roman für Wenige*). Roman von Michael ARLEN, erschienen 1924. – Der Roman des gebürtigen Armeniers war einer der größten Bestseller im England der zwanziger Jahre. Aus der Sicht dreier Männer wird das hektische Leben der Iris Storm geschildert – einer Spielart der *femme fatale* mit dem goldenen Herzen –, die, bildschön, knabenhaft schlank, mit rauchiger Stimme und lohfarbenem Haar, vor dem luxuriösen Hintergrund der reichen, snobistischen Nachkriegsgesellschaft in London und Paris ihr Wesen treibt, bis sie, die es liebt, mit einem grünen Hut auf dem Kopf rasende Autofahrten zu unternehmen, einem Unfall zum Opfer fällt. Im Lauf der Handlung stellt sich heraus, daß die oft schamlos nymphomanisch, oft melancholisch einsam wirkende Iris im Grund eine unverstandene Frau ist, die eine unglückliche Jugendliebe und die Erinnerung an ihren ersten Ehemann nicht überwunden hat, der, wie sich später zeigt, ein Taugenichts ist.

Der Stil dieses Erfolgsromans, dessen Handlung und Personen die Patenschaft BULWER-LYTTONS und DISRAELIS nicht verleugnen können, wirkt nur dann nicht parfümiert, wenn Arlen einigermaßen witzige epigrammatische Bemerkungen (die letzten Endes aber doch nur verwässerter WILDE sind) von sich gibt und wenn er realistische Beobachtungen aus dem Nachtleben der Großstädte einstreut. Daß eine ganze Generation die Hauptfigur (die in der von Arlen vorgenommenen Dramatisierung von der berühmten amerikanischen Schauspielerin Katharine Cornell und im Film von Greta Garbo verkörpert wurde) zu ihrer Heldin machte, spricht zwar nicht für ihren literarischen Geschmack, mag sich aber zum Teil daraus erklären, daß Arlen, wenn auch oberflächlich, in seinem Roman etwas von der allgemeinen Stimmung der Nachkriegszeit mitschwingen läßt. J.v.Ge.

AUSGABEN: Ldn. 1924. – Woodbridge 1983.

ÜBERSETZUNG: *Der grüne Hut. Roman für Wenige*, W. Seidel, Bln. o. J. [1926].
DRAMATISIERUNG: M. A., *The Green hat* (in *Best Plays of 1925/26*, Hg. B. Mantle, NY 1926; dt.: *Der grüne Hut. Ein Stück in fünf Bildern*, H. Müller, Bln. 1926).

VERFILMUNG: *A Woman of Affairs*, USA 1928 (Regie: C. Brown).

LITERATUR: H. C. Guggenbuehl, *M. A., Kritiker der englischen Gesellschaft*, Affoltern 1937. – H. Keyishian, *M. A.*, Boston 1975.

ROBERTO ARLT

eig. Roberto Godofredo Christophersen Arlt Iobstraibitzer

* 2.4.1900 Buenos Aires
† 26.6.1942 Buenos Aires

LITERATUR ZUM AUTOR:
N. Etchenique, *R. A.*, Buenos Aires 1962. –
E. González Lanuza, *R. A.*, Buenos Aires 1971. –
A. W. Hayes, *R. A., la estrategia de su ficción*, London 1981. – J. M. Flint, *Desintegration Techniques in the Prose Writings of R. A.* (in Ibero-Amerikanisches Archiv, 10, 1984, S. 103–113).

LOS SIETE LOCOS

(span.; *Ü: Die sieben Irren*). Roman von Roberto ARLT (Argentinien), erschienen 1929. – Das erzählerische und dramatische Werk Arlts ist repräsentativ für die ästhetischen Vorstellungen einer literarischen Gruppe, die sich nach einer Straße in der Proletariervorstadt von Buenos Aires die »Boedo-Gruppe« nannte. Im Gegensatz zu den mehr formalästhetischen Tendenzen der »Florida-Gruppe«, in der Ricardo GÜIRALDES (1886–1927) und nach ihm Jorge Luis BORGES (1899–1986) die führenden Rollen spielten, vertrat die »Boedo-Gruppe« eine engagierte, gesellschaftskritisch orientierte Literatur. Entscheidend für ihre Kunstauffassung ist der Einfluß DOSTOEVSKIJS (1821–1881) sowohl in Thematik und Weltanschauung als auch in Sprache und Stil. So gehen in *Los siete locos* zahlreiche Motive auf *Die Dämonen* zurück; vor allem das Lebensgefühl Erdosains, der Hauptfigur des Romans, erinnert an die Grunderkenntnis Maxime Kirilovs in Dostoevskijs Roman: »*Das Leben ist Schmerz und Angst.*« Die Ursache für den Schmerz Erdosains, »*eines Verstoßenen und Gedemütigten*«, ist die Ungerechtigkeit der Welt. Um sie zu bekämpfen, entwirft er zusammen mit einigen Freunden, wirklichkeitsfremden Reformern, den phantastischen Plan einer revolutionären Verschwörung und Errichtung einer gesellschaftlichen Utopie. Mit kriminellen Methoden soll ein gewaltsamer Umsturz möglich werden.
Geplant ist eine Entführung mit dem Ziel der Erpressung und die Errichtung einer Bordellkette, aus der die Mittel für eine industrielle Herstellung von Giftgaswaffen fließen sollen. Zur Ausführung dieser verworrenen Projekte kommt es nicht. Erdosain, einer der Köpfe des Unternehmens, von seinen Ängsten und seiner Verzweiflung zum Mord an seiner Geliebten getrieben, begeht Selbstmord. Die Darstellung des Verbrechensplanes entfaltet sich in vielfältigen, perspektivischen Brechungen: Die »sieben Irren«, die mit verzweifeltem Ernst und viel Idealismus ihre Sozialreformen betreiben, erscheinen dem Leser in pathologisch verzerrter Dimension, ihr Vorhaben stellt sich bald als Projektion einer utopischen Vernunft, bald als Vorwand für illusionistisches, hochstaplerisches Gerede dar, bisweilen auch als Allegorie der Stadt Buenos Aires, die dem Erzähler letzten Endes als ein riesiges Bordell erscheint.
In der Geschichte des hispanoamerikanischen Romans stellt *Los siete locos*, ebenso wie seine Fortsetzung, *Los lanzallamas*, 1931 *(Die Flammenwerfer)*, insofern eine Neuerung dar, als die gesellschaftliche und individuelle Wirklichkeit, die das Werk abbildet, nicht in deskriptiv-gegenständlicher Form dargeboten wird, sondern als Spiegelung eines differenzierten, ironisch, kritisch oder auch apokalyptisch gestimmten Bewußtseins. Neuartig ist vor allem die Art, wie die Großstadt in den Handlungsablauf einbezogen wird. Was in Ansätzen schon bei Manuel GÁLVEZ (vgl. *Nacha Regules*) zu beobachten war, ist bei Arlt zum erstenmal bewußtes Gestaltungsprinzip. Bei ihm ist Buenos Aires nicht zufälliger Schauplatz und äußerer Rahmen des Geschehens, sondern gleichsam mythisches, lebensbestimmendes Schicksal. In der trüben, vulgären, chaotisch brodelnden Atmosphäre dieser von anonymen Mächten beherrschten Stadt, in der die Menschen »*wie Gespenster durch die Finsternis waten*«, lösen sich alle ursprünglichen Bindungen und Gemeinsamkeiten auf, gerät der entfremdete Mensch in die totale Isolierung. Diese für Arlt lebensbestimmende Erfahrung verkörpert in *Los siete locos* in erster Linie Erdosain, der von der Literaturkritik häufig als früher »existentialistischer« Charakter bezeichnet wird. In dem Bestreben, die Sprache mit der dargestellten Wirklichkeit in Einklang zu bringen, durchbricht Arlt den Bannkreis des konventionellen Wortschatzes und grammatischer Zwänge, verzichtet auf rein rhetorischen Sprachschmuck und benutzt neben dem großstädtischen Straßenjargon vor allem die spezifische Idiomatik Argentiniens.
Zu seinen Lebzeiten wurde das literarische Werk Roberto Arlts vollkommen verkannt. Erst etwa seit Beginn der sechziger Jahre ist Arlt rehabilitiert und

von jüngeren Autoren-Generationen in Argentinien sogar zum Vorbild erhoben worden. In den Schicksalen, ja Tragödien von Arlts kleinbürgerlichen Gestalten kommt das wirtschaftliche wie moralische Scheitern und die politische Ohnmacht einer ganzen Gesellschaftsklasse zum Ausdruck. Mit seinen Existenzängsten, Frustrationen, seinem Zynismus und seinen phantastischen Utopien ist Erdosain, der Protagonist von *Los siete locos*, ein exemplarischer Vertreter dieser Gattung, deren einsame Gestalten in einer Welt, in der das Böse regiert, keine Hoffnung und keine Erlösung finden.   A.F.R.

AUSGABEN: Buenos Aires 1929 (in *Novelas completas y cuentos*, Bd. 1; ern. 1963). – Buenos Aires 1931 *(Los lanzallamas)*. – Buenos Aires 1968. – Caracas 1978 *(Los siete locos. Los lanzallamas*, Hg. A. Prieto).

ÜBERSETZUNG: *Die sieben Irren*, B. Keller, Ffm. 1971.

DRAMATISIERUNG: L. Barletta, *El humillado*, Buenos Aires 1930.

VERFILMUNG: Argentinien 1973 (Regie: L. Torre Nilsson).

LITERATUR: J. C. Ghiano, *Testimonio de la novela argentina*, Buenos Aires 1956. – *Historia de la literatura argentina*, Hg. R. A. Arrieta, Bd. 4, Buenos Aires 1959. – J. Giordano, *R. A. o La metafísica del siervo* (in Atenea, 45, 1968, S. 73–104). – G. de la Torre, *Apunte sobre »Los siete locos«* (in Vida Universitaria, 10, Monterrey 1969). – M. Piccini, *»Los siete locos« de R. A., un momento de la realidad argentina* (in Hispanófila XIV, Nr. 40, 1970, S. 29–43). – B. Pastor, *De la rebelión al fascismo: »Los siete locos« y »Los lanzallamas«* (in Hispamérica 9 [27], 1980, S. 19–32). – E. Sánchez-Grey Alba, *»Los siete locos« de R. A.* (in Círculo, 12, 1983, S. 31–41).

AYI KWEI ARMAH

* 1939 Takoradi / Ghana

LITERATUR ZUM AUTOR:
B. J. Barthold, *Three West African Novelists: Chinua Achebe, Wole Soyinka and A. K. A.*, Diss. Univ. of Arizona 1975 (vgl. Diss. Abstracts, 36, 1975, S. 4473A–4474A). – W. A. Walker Jr., *Major Ghanaian Fiction in English: A Study of the Novels of A. K. A. and Kofi Awoonor*, Diss. Texas Univ., Austin 1975 (vgl. Diss. Abstracts, 36, 1975, S. 2816A). – R. Fraser, *The Novels of A. K. A.: A Study in Polemical Fiction*, Ldn. 1980.

THE BEAUTYFUL ONES ARE NOT YET BORN

(engl.; Ü: *Die Schönen sind noch nicht geboren*). Roman von Ayi Kwei ARMAH (Ghana), erschienen 1968. – Wie in einigen Romanen anderer afrikanischer Autoren (vgl. Wole SOYINKA in *The Interpreters*, 1965 und Chinua ACHEBE in *A Man of the People*, 1966) ist auch in Armahs Erstlingswerk die politische Korruption in post-kolonialen Staaten Afrikas das zentrale Thema. Den Romantitel formulierte der im Senegal lebende Autor als resignierende Antwort auf den bekannten amerikanischen Slogan »Black is beautiful« (Schwarz ist schön): »Die Schönen sind [eben] noch nicht geboren.« Die staatliche und gesellschaftliche Wirklichkeit Ghanas sieht im Jahre 1966, kurz vor dem Sturz von Nkrumahs Einheitspartei, fürwahr anders als »schön« aus, wie die Dreck- und Fäkalienmetaphorik des Romans verdeutlicht.

Als Protagonist, »der Mann« genannt, fungiert ein kleiner Eisenbahnbeamter, der sich angesichts der Verlogenheit der herrschenden Klasse nach Sauberkeit und moralischer Integrität sehnt und den an überquellenden Abfallkübeln prangenden Appell »Keep Your Country Clean/By Keeping Your City Clean« (»Halte deine Stadt rein/und du hältst dein Land rein«) nur als ironische Diskrepanz von Ideal und Wirklichkeit begreifen kann. »Der Mann« avanciert allerdings nicht zur zentralen Handlungsfigur, denn nicht er, sondern die Gesellschaft ist Gegenstand des Romans; der namenlose »Held« bleibt vielmehr als Beobachter und Berichterstatter gewissermaßen außerhalb der Gesellschaft. Nach der Fahrt mit dem Bus, der nur noch durch Rost zusammengehalten wird, schlurft er am frühen Morgen durch eine Welt voller Unrat, Dreck und Exkremente, bis er schließlich am Eisenbahn-Verwaltungsblock ankommt, wo er als Kontrolleur beschäftigt ist. Der Zerfall des Treppengeländers korrespondiert mit dem moralischen Niedergang, exemplifiziert durch den Versuch eines Kunden, ihn wegen einer Holzladung zu bestechen. Auf dem Heimweg trifft er seinen alten Schulkameraden Koomson, der inzwischen zum großen Politiker aufgestiegen ist. Beeindruckt von dessen teurem Wagen und der Perücke, die Koomsons Frau mit dem europäischen Namen Estella sich leisten kann, erzählt »der Mann« seiner Frau Oyo von der Begegnung, wird von dieser allerdings beschimpft, weil er sich nicht auf Bestechung, den Nationalsport schlechthin, verstehe.

Seinem einzigen Freund, »dem Lehrer«, berichtet er über seine Depressionen und das Gefühl, ein Verbrecher zu sein, obwohl er sich keines Unrechts bewußt sei. »Du hast nicht getan, was jedermann macht, ... und das ist ein Verbrechen«, antwortet der Freund. In der Rückschau erkennt er den Materialismus und die Orientierung zum Westen hin als die verhängnisvolle neue Religion und das Geld als den neuen Gott. Der Eintritt in die politische Unabhängigkeit habe kaum etwas Neues gebracht und die politische Korruption keineswegs beendet, im

Gegenteil: »*Es gibt also keinen Unterschied. Keinen Unterschied zwischen den Weißen und den Affen, den Juristen und den Händlern, und jetzt den Affen der Affen, unsern Partei-Bonzen.*«
Zu Beginn des siebten Kapitels wird diese resignative Einschätzung verallgemeinert: »*Der Mann erinnerte sich an Momente, als Lehrer mit Ungeduld von hoffnungsvollen Dingen gesprochen hatte, aber dann kam er immer zum gleichen Schluß: Ob die Fäulnis und die Schwachheit trotz allem der ewige Fluch Afrikas wären, gegen den das Volk letzten Endes nichts vermochte, was von Dauer war. Einmal würde sich dieser Tod aller Hoffnungen über die ganze Welt ausbreiten.*« Voller Verzweiflung setzt sich »der Mann« dann mit dem Präsidenten (Nkrumah) auseinander, dessen Sehnen nur darauf gerichtet gewesen sei, »*so zu sein wie der weiße Gouverneur selbst, über aller Schwarzheit thronend im alten Sklavenkastell*«. Alles Schreien gegen die Weißen könne man deshalb nicht als Haß, sondern nur als perverse Liebe bezeichnen.
Nach dem Szenenwechsel zu Koomson tritt Oyo in den Blick, die Frau des »Helden«, die bereit ist, anstelle von Koomson die Papiere für ein Boot zu unterzeichnen, da es der sozialistische Staat Politikern verbietet, Eigentum zu besitzen. »Der Mann« will mit dem Bootskauf nichts zu tun haben, und auch Oyo muß erkennen, daß sie auf diesem Wege nicht zu Reichtum gelangen kann. Monate später erfolgt ein Coup durch die Polizei und das Militär: »*Aber für die Nation selber wechselten nur die Veruntreuer und die Jäger und die Gejagten.*« Koomson gehört nun nicht mehr zu den Großen und muß um sein Leben fürchten. Die Polizei fährt vor, und dem feisten Ex-Minister bleibt kein anderer Ausweg, als hinter »dem Mann« durch die enge Brille der verkrusteten Gemeinschaftslatrine auf die Gassen hinter dem Wohnblock zu flüchten. Dann »*wanderten sie das Reich des Latrinenmannes entlang durchs Leben*« in Richtung auf das Boot am Meer; sobald »der Mann« von Koomsons Rettung überzeugt ist, springt er über Bord und schwimmt ans Ufer zurück. Auf symbolische Weise fühlt er sich gereinigt, wenn auch von nichts anderem als der Verbindung mit Koomson. Das hier anklingende Thema Wiedergeburt könnte einen optimistischen Romanschluß erwarten lassen, doch nach der am Strand verbrachten Nacht stößt »der Mann« auf eine Straßensperre und beobachtet, wie ein Polizist dem Fahrer eines kleinen grünen Busses erst nach Erhalt eines Bestechungsgeldes freie Fahrt gewährt: Auch unter dem neuen Regime hat sich nichts geändert. Auf der Rückseite des Busses steht der Satz: »*The Beautyful Ones/Are Not Yet Born*«. Schmiergelder und Korruption sind immer noch der Nationalsport. Die Schönen müssen erst noch geboren werden. »Dem Mann« bleiben einstweilen: »*Oyo, die Augen der Kinder nach Feierabend, das Büro und der Alltag und über allem die Gewißheit, daß ihm für den Rest des Lebens eine schmerzende Leere bleiben wird.*«
Armah hat sich mit diesem Roman einen Platz unter der neuen Generation afrikanischer Schriftsteller erobert. In erstaunlich souveräner Manier entwirft er ein beunruhigendes Bild von den Gebrechen eines dekadenten politischen Systems, das alle moralischen Werte über Bord geworfen hat. Trotz dieses dunklen Gemäldes spürt der Leser sowohl Armahs brennendes Interesse an der Nationwerdung seiner Heimat Ghana wie auch die Verantwortung für den Prozeß einer nationalen Identitätsfindung.
In der Kritik hat nicht nur dieser Roman von Armah v. a. von afrikanischer Seite Widerspruch erfahren; zum einen, weil eine ausgesprochen pessimistische Auffassung über die gegenwärtige afrikanische Gesellschaft vorherrsche (Kibera), zum andern, weil Armah eine nicht-afrozentrische, (besonders von Europäern gepriesene) universelle Perspektive verfolge (Awoonor). Die allegorischer Darstellung entlehnte typisierende Namensgebung, das Motiv der Reise, die Verwendung von PLATOS Höhlengleichnis sowie das Thema der Desillusionierung und Entfremdung des Protagonisten stützen zweifellos diese letztere Deutung, doch dient die sozio-historische Verankerung des Romangeschehens genau so dem Besonderen, wie seine allegorische Anlage für Allgemeingültigkeit spricht. Wenn auch der Romantitel Enttäuschung oder gar Resignation über den Zustand Ghanas ein Jahrzehnt nach der Unabhängigkeitserklärung (1957) ausdrückt, so versteht es der Autor doch auch gleichzeitig, das Lebensgefühl, die Hoffnungen und Ängste, vor allem aber die sozialen, politischen und moralischen Ansprüche des namenlosen Mannes aus dem Volke gegenüber den Regierenden zu artikulieren. Die damit einhergehende didaktische Tendenz des Romans ist nicht zu übersehen.
Die überwiegend positive Rezeption des Romans in Europa und den USA erklärt sich aus der durch geschickte Überblendung von Partikulärem und Universalem gewonnenen künstlerischen Geschlossenheit, die der Darstellung des Themas Korruption ebenso zugute kommt, wie die konsequente Metaphorik von Fäulnis und Verfall als symbolisches Pendent zu eben diesem dominierenden Sujet verstanden werden muß. W.Ar.

AUSGABEN: Boston 1968. – Ldn. 1969; [4]1973. – Ldn. 1975.

ÜBERSETZUNG: *Die Schönen sind noch nicht geboren*, H. Loetscher u. F. Z. Küttel, Olten/Freiburg i. B. 1971; ern. 1979.

LITERATUR: C. Griffiths, *Structure and Image in A. K. A.'s »The Beautyful Ones Are Not Yet Born«* (in Studies in Black Literature, 2, 1971, Nr. 2, S. 1–9). – E. Palmer, *An Introduction to the African Novel*, Ldn. 1972, Kap. 5. – K. Awoonor, *Voyager and the Earth* (in News Letters, 40, 1973, S. 85–93). – K. Ogungbesan, *Symbol and Meaning in »The Beautyful Ones Are Not Yet Born«* (in WLWE, 12, 1973, Nr. 1, S. 4–25). – D. Stewart, *L'être et le monde dans les premiers romans d'A. K. A.* (in Présence africaine, 1973, Nr. 85). – J. Solomon, *A*

Commentary on A. K. A.'s »The Beautyful Ones Are Not Yet Born« (in English in Africa, 1, 1974, Nr. 2, S. 25–31). – L. Kibera, *Pessimism and the African Novelist: A. K. A.'s »The Beautyful Ones Are Not Yet Born«* (in Journal of Commonwealth Literature, 14, 1979, Nr. 1, S. 64–72). – D. Wright, *Method and Metaphor: A Note on A.'s First Novel* (in New Literature Review, 14, 1985, S. 42–46). – Ders., *Motivation and Motif: The Carrier Rite in A. K. A.'s »The Beautyful Ones Are Not Yet Born«* (in English Studies in Africa, 28, 1985, Nr. 2, S. 119–133).

TWO THOUSAND SEASONS

(engl.; *Zweitausend Jahreszeiten*). Roman von Ayi Kwei ARMAH (Ghana), erschienen 1973. – Mit seinem vierten Roman geht Armah erstmals stilistisch völlig neue Wege. Die kollektive Stimme eines Wir-Erzählers läßt in den sieben Kapiteln und dem Prolog des Romans eine visionäre Rekonstruktion der Vergangenheit der schwarzen, ausgebeuteten Völker Afrikas entstehen, die zugleich als soziale Zukunftsperspektive dienen soll. Die im Laufe der Geschichte durch fremde Über- und Eingriffe zerstörten Werte und Qualitäten werden in prophetischer Rückerinnerung als Modell der Zukunft wiederbelebt. *»Die alte Idee, auf alles von außen Kommende zu verzichten, wird vertieft, und die tansanische Philosophie von Self-Reliance, auf den eigenen Füßen stehen und gehen, gemeinschaftlich und vereint, ohne »weiße« Entwicklungshilfe, wird geradezu als Notwendigkeit einer Erlösung aus der Abhängigkeit von allem »Weißen« postuliert«* (Imfeld).

Der Prolog macht deutlich, daß die vom Autor angesprochenen Leser (*»hearers, seers, imaginers, thinkers, rememberers, you prophets«*) selbst die Gruppe bilden, deren Geschichte erzählt, deren Vergangenheit aufgearbeitet und deren Zukunft beschworen wird. Die *»Menschen des Weges«* (the people of the way) sind die Unterdrückten, die Unterjochten, die den *»Weg«* (the way) einst besaßen, immer weiter von ihm abgekommen sind, ihn aber zurückgewinnen könnten. Der Roman selbst sollte wohl eher als fiktive Chronik bezeichnet werden, denn er zeichnet die Geschichte Afrikas während der letzten tausend Jahre – mehr eine mythische als eine konkrete Zahl – so auf, als würde sie von einem traditionellen Hofchronisten vorgetragen. Schon im Anfang der Geschichte liegt der Keim zur Abkehr vom Weg, ist aber auch die Möglichkeit zur Rettung schon vorgezeichnet, und diese Rettung heißt: Trennung von denen, die vom »Weg« abweichen. War diese Trennung in der frühen Zeit der kleinen wandernden Horden leicht, so wurde sie mit dem Einfall der Räuber *(the predators)*, der arabisch-islamischen Eroberer – gemeint, aber nicht explizit genannt sind hier die Begründer der ersten afrikanischen Königreiche Ghana und Mali –, immer schwieriger, denn die ›Menschen des Weges‹ waren den Räubern nicht nur waffentechnisch unterlegen, sie begingen auch den Fehler, sich geistig zu unterwerfen, die fremde Religion, Ideologie und Lebensführung anzunehmen. Die wenigen, die den Weg bewahrten, warteten auf ihre Chance, nahmen exzessive Rache an den Räubern – und fielen im weiteren Verlauf der Geschichte den christlich-europäischen Zerstörern *(the destroyers)*, Sklavenhändlern, Missionaren und Kolonisatoren in die Hände.

Die Form der Aufarbeitung der Vergangenheit macht deutlich, daß keine sentimental-nostalgische Rückwendung zur vorkolonialen Zeit angestrebt wird; schon das angeblich autochthone Königtum wird als Abweichung vom Weg, als Materialisierung von außen durch Räuber und Zerstörer herangetragener Ideen dargestellt. Mit äußerstem Nachdruck weist der Erzähler, der sich gelegentlich der Stimmen von Propheten der Menschen des Weges bedient, immer wieder darauf hin, daß der schlimmste Feind des Weges in den Mittelmännern aus den eigenen Reihen zu suchen ist. Wiedererlangung des Weges kann nur einhergehen mit der kompromißlosen Absage an alle gegnerischen, feindlichen Einflüsse, ja ihrer Zerstörung – auch und vor allen Dingen in den eigenen Reihen. Dabei bleibt der von den Weisen und Sehern, von den Lehrern und Propheten immer wieder beschworene Weg eine vage, unbestimmte Ideologie. Er definiert sich hauptsächlich aus der Gegenüberstellung von der unfruchtbaren Unersättlichkeit der Wüste, die als Metapher für die Räuber und Zerstörer das ganze Buch durchzieht, und dem Bild des Fruchtbarkeit und Regeneration bringenden Quellwassers. Die Begriffe ›*Reziprozität*‹ (reciprocity) und ›*Verbundenheit*‹ (connectedness), die als Synonyme für den ›Weg‹ immer wieder auftauchen, sollen deutlich machen, daß es sich um den Weg des ungehinderten, sich frei entfaltenden Lebens handelt, der dem Pfad des Todes der Gegenseite gegenübersteht. Die wiederzuentdeckende früheste Vergangenheit, die Modell der Zukunft ist, entpuppt sich so allmählich als ein ursprünglicher Egalitarismus, den es um den Preis der Ausmerzung aller nichtegalitären Tendenzen wiederzubeleben und zu erhalten gilt.

Kritiker haben immer wieder auf die Parallele zwischen *Two Thousand Seasons* und Yambo OUOLOGUEMS *Le devoir de violence (Das Gebot der Gewalt)* hingewiesen; der größte Unterschied zwischen beiden Werken scheint vor allem darin zu liegen, daß Armah großen Wert darauf legt, dem Leser diejenigen Werte nahezubringen, die im Prozeß der Überlagerung durch das Fremde vernichtet wurden, während Ouologuem die Existenz solcher Werte überhaupt in Abrede stellt.   I.U.

AUSGABEN: Nairobi 1973. – Ldn. 1979.

LITERATUR: Wole Soyinka, *Myth, Literature and the African World*, Cambridge 1976, S. 97–140. – J. Fiebach, *Literatur der Befreiung in Afrika*, Mchn. 1979, S. 178–201. – A. Imfeld, *Vision und Waffe*, Zürich 1981, S. 235–258.

JOHN ARMSTRONG

* um 1709 Castletown / Roxburghshire
† 7.9.1779 London

THE ART OF PRESERVING HEALTH

(engl.; *Die Kunst, die Gesundheit zu erhalten*). Didaktisches Werk von John ARMSTRONG, erschienen 1744. – Dieses in Blankversen abgefaßte Hauptwerk des schottischen Arztes verhalf seinem Autor bis ins 19.Jh. hinein in England, Amerika, Italien und Deutschland zu großem literarischem Ansehen. Es erlebte in London bis 1808 zahlreiche Auflagen, wurde von Benjamin FRANKLIN 1745 in Philadelphia, 1757 und später in Boston gedruckt und von Thomas J. MATHIAS ins Italienische (Neapel 1825) und von F. NÖLDECKEN (Bremen 1799) ins Deutsche übersetzt. Das Gedicht gliedert sich in vier Bücher, ähnlich den *Seasons (Jahreszeiten)* des mit dem Autor befreundeten James THOMSON und dem aus vier Episteln bestehenden *Essay on Man (Versuch über den Menschen)* POPES, wurde aber wohl vor allem von den didaktischen Versschöpfungen des von Armstrong verehrten und bewunderten John DRYDEN angeregt. Es behandelt, oft auf erstaunlich witzige und pointierte Weise und in einer gelungenen Kombination von schriftstellerischem Können und zeitgenössischem medizinischem Fachwissen, die Bedingungen einer gesunden Lebensweise, zu denen ein geeignetes Klima (Buch 1), vernünftige Ernährung (Buch 2), eine rechte physische Verfassung, deren Erhaltung oder auch Wiederherstellung mit Hilfe der verschiedenen Sportarten (Buch 3) und eine richtige psychische Stimmung und Einstimmung (Buch 4) gehören. Beispielsweise rät der Verfasser dem Leser, schwere Abendessen zu meiden: »*But would you sweetly waste the blank of night / In deep oblivion; or on fancy's wings / Visit the paradise of happy dreams / And waken cheerful as the lively morn; / Oppress not nature sinking down to rest / With feasts too late, too solid, or too full*«. (2) Oder er empfiehlt dem angehenden Säufer, nur in langsam-stetiger Steigerung mit dem ausgepichten Zecher in Konkurrenz zu treten: »*By slow degress the liberal arts are won*«, wobei er die Trinkkunst als achte den *septem artes liberales* mittelalterlicher Gelehrsamkeit angliedert (2). Einsichtiger und tiefer empfunden als manches in Popes berühmtem *Essay on Man* ist das, was Armstrong in Buch 4 über den dem Menschen innewohnenden göttlichen Funken schreibt: »*And, in its secret conclave, as it feels / The body's woes and joys, this ruling power / Wields at its will the dull material world, / And is the body's health or malady*«.

Wie seine Zeitgenossen Thomson und GOLDSMITH ist Armstrong bestrebt, die überkommene feierliche Diktion der SPENSER, MILTON und Pope aufzulockern und zu vereinfachen, wobei er sich einer in ihrer syntaktischen Fügung genauen, kräftigen und zupackenden Sprache bedient. Der schon sehr frühen intensiven, imitativen Beschäftigung mit SHAKESPEARE und Edmund Spenser verdankt er eine virtuose Beherrschung des jambischen Verses und einen ungewöhnlichen Instinkt für dessen Kadenzmöglichkeiten. Aufgrund solcher Qualitäten vermag das Werk auf weite Strecken auch einen modernen Leser zu amüsieren. M.W.

AUSGABEN: Ldn./Dublin 1744. – Ldn. 1795. – Göttingen 1801, Hg. J. H. Emmert. – Ldn. 1830 (in *The Cabinet of British Poetry*). – Salem 1979 [Nachdr. der Ausg. von 1744].

ÜBERSETZUNGEN: *Kunst, die Gesundheit zu erhalten*, anon., Zürich 1788. – *Die Kunst, immer gesund zu sein*, F. Nöldecken, Bremen 1799.

LITERATUR: S. Johnson, *The Life of the Poets*, Ldn. 1779–1781. – I. A. Williams, *Seven 18th Century Bibliographies*, Ldn. 1924. – L. M. Knapp, *A., Littérateur and Associate of Smollett, Thomson, Wilkes and Other Celebrities* (in PMLA, 59, 1944). – H. R. Smith, *Medicine and Poetry* (in Notes and Queries, 27. 9. 1953).

GEORGES ARNAUD

d.i. Henri Girard
* 16.7.1917 Montpellier

LE SALAIRE DE LA PEUR

(frz.; *Ü: Lohn der Angst*). Roman von Georges ARNAUD, erschienen 1950. – Auf Petroleumfeldern in Guatemala ist ein Bohrturm in Brand geraten und explodiert. Das entzündete Gas schießt als ungeheure Stichflamme gegen den Himmel. Um den Riesenbrand zu löschen, müssen mehrere Tonnen des hochexplosiven Nitroglyzerins in die unmittelbare Nähe des Brandherds und dort zur Explosion gebracht werden. O'Brien, der »Boss«, entschließt sich, den gefährlichen Sprengstoff auf Sattelschleppern herbeitransportieren zu lassen. Eine Reihe abenteuerlicher Existenzen meldet sich hierzu als Fahrer: Landstreicher, Arbeitslose, Schiffbrüchige aus aller Herren Ländern sind bereit, für die als Belohnung in Aussicht gestellte hohe Prämie ihr Leben aufs Spiel zu setzen. Schließlich werden vier Fahrer und ein Ersatzmann für die beiden Sattelschlepper engagiert: neben einem Spanier, einem Italiener, einem Rumänen auch der deutschblütige, aus Frankreich kommende Abenteurer Gérard Stürmer, der mit Johnny, dem Rumänen, den zweiten Wagen steuert. Bereits bei der Fahrt durch die Tore der Ölgesellschaft sieht Gérard, daß seinem Beifahrer der Angstschweiß ausbricht. Vor jedem Schlagloch, jeder Pfütze, jeder schroffen Biegung in den Schluchten des Gebirges wird angehalten. Nach einer nervenzerreißenden Bravourfahrt durch eine spiegelglatte Salzwüste detoniert bereits der erste der beiden Wagen. Johnny wird bei dem Versuch, den eigenen Sattelschlepper aus einem Petroleummorast herauszumanövrieren, schwer verletzt und stirbt auf dem Weg zum Ziel, das Gérard gegen jede Erwartung pünktlich erreicht. Doch auf der Rückfahrt bricht die Kardanwelle des überforderten Fahrzeugs, die Bremsen versagen, und Gérard stürzt mit dem leeren Tanker in die Tiefe: »*Festgeklammert ist der Betrogene am Steuer geblieben.*«

Arnaud lebte jahrelang als Taxifahrer, Goldwäscher und Zeitungsreporter in Mittelamerika. Dennoch will die geographische Exaktheit dieses Romans nichts als »Köder« sein: »*Das Guatemala ... existiert nicht. Ich weiß es, denn ich habe dort gelebt*« (Motto). Auch sonst kommt es dem Autor weniger auf einen Realismus im strengen Sinn, als auf die grelle Beleuchtung, die effektvolle Überzeichnung und extensive Verwendung von Spannungsmomenten an. Dazu gehört, daß das frivole Spiel mit dem Tod und der Angst teils mit fatalistischen Untertönen (vgl. *Avertissement*), teils mit antikapitalistischen Akzenten versehen wird. Eindringlich tritt die nackte Herrschaft der Materie und der Maschine hervor, von deren Funktionieren Leben und Tod der an sie ketteten Menschen abhängen. Die Erzählsprache, die sich in einem milieugerechten Lakonismus übt, läßt bewußt niedere Stilelemente in den Vordergrund treten. So gelang Arnaud mit seinem Erstling ein packender literarischer Abenteuerroman; der schlagartig einsetzende internationale Erfolg fand seinen Höhepunkt in H.-G. Clouzots kongenialer Verfilmung. KLL

AUSGABEN: Paris 1950. – Paris 1964 [Ill. J. Reschofsky]. – Paris 1973. – Paris 1984.

ÜBERSETZUNGEN: *Ladung Nitroglyzerin*, H. Foerster, Mchn. 1951. – *Lohn der Angst*, ders., Darmstadt 1954. – Dass., ders., Mchn. 1983 (Goldm. Tb).

VERFILMUNGEN: Frankreich 1952 (Regie: H.-G. Clouzot). – *Wages of Fear*, USA 1977 (Regie: W. Friedkin).

ANTOINE ARNAULD

* 5.2.1612 Paris
† 8.8.1694 Brüssel

LITERATUR ZUM AUTOR:
L. Verga, *Il pensiero filosofico e scientifico di A.*, Mailand 1972. – E. Jaques, *Les années d'exil d'A.*,
Löwen 1976. – L. Marin, *La critique du discours*, Paris 1975.

LA LOGIQUE OU L'ART DE PENSER

(frz.; *Die Logik oder Die Kunst des Denkens*). Lehrbuch der Logik von Antoine ARNAULD und Pierre NICOLE (1625–1695), anonym erschienen 1662. – Die Verfasser des als *Logik von Port-Royal* bekanntgewordenen Werks gehören, wie PASCAL, jenem Kreis der Jansenisten von Port-Royal an, der aus augustinischem Geiste eine praktisch-religiöse Lebensgestaltung den theoretisch-theologischen Spekulationen namentlich der Jesuiten vorzog. Demzufolge sind in diesem Werk geflissentlich alle nicht praktisch verwertbaren theoretischen Streitfragen wie auch die Diskussion scholastischer Lehrmeinungen gemieden. Es heißt, das Werk sei anläßlich einer Debatte darüber entstanden, ob der nützliche Grundstock der Logik in wenigen Tagen erlernbar sei. So sind hier die theoretischen Lehren der Logik dem Zweck praktischer Vernünftigkeit, der Orientierung des Wissens in allen Lebenslagen, untergeordnet, um dem Menschen zu ermöglichen, durch Vermeidung von Irrtümern allen Fehlentscheidungen vorzubeugen. Deshalb ist die Logik als die Kunst der angemessenen Leitung des Verstandes zur Sacherkenntnis definiert. Sie soll aber nicht das faktische Zustandekommen der Verstandesoperationen als solche bewirken, sondern die diesen zugrundeliegende Regelhaftigkeit zu bedenken und zu befolgen helfen. Indem sie also die Regeln aller Vernünftigkeit einschließt, handelt sie von allem rationalen Denken schlechthin, nicht nur von dem durch die Tradition überbewerteten syllogistischen Schluß. Sie umfaßt somit die Lehren 1. vom Begriff als dem einfachen, urteilsfreien Erfassen oder Begreifen der Sache, 2. vom Urteil als der Vergleichung der Übereinstimmung bzw. Verschiedenartigkeit mehrerer Begriffe, 3. vom Schluß als dem Urteil über mehrere Urteile und 4. von der Methode als der ordnungsgemäßen Handhabung verschiedener über einen Sachverhalt aufgestellter Urteile und Schlüsse.

Die *Logik von Port-Royal* stellt sowohl in historischer wie in systematischer Hinsicht einen Höhepunkt der Logik dar. Sie ist eines ihrer klassischen Werke und wurde nach der maßgebenden 5. Auflage (1683) immer wieder neu gedruckt und mehrfach übersetzt. Namentlich in Frankreich und England hat das Lehrbuch den Schulbetrieb der Logik bis ins 19. Jh. hinein nachhaltig bestimmt. Auch in Deutschland wurde es, wenngleich keine Übersetzung vorlag, viel benutzt. Sachlich gibt sich das Werk zu Recht als *nouvelle logique*, weil hier versucht wird, aus dem Geist einer neuen Problemstellung die traditionelle Logik zu reformieren. Die Elemente dieses Reformdenkens sind freilich nicht alle neu. Denn außer Gedanken der Kartesischen Methodenlehre, deren Rationalismus allerdings im Anschluß an BACONs Lehre von der Erfahrung modifiziert wird, ist hier das von Pascal inaugurierte

Thema, die Logik zu mathematischer Präzision zu erheben, aufgegriffen. Dementsprechend werden Beispiele der Mathematik zur Erläuterung logischer Lehrstücke empfohlen, ohne daß jedoch die Logik als solche grundsätzlich oder insgesamt mathematisiert wird. Durch dieses Werk sind zahlreiche Anregungen DESCARTES' in der von ihm ursprünglich bekämpften Logik positiv wirksam geworden. KLL

AUSGABEN: Paris 1662 [anon.; Faks. Stg. 1965-67; Faks. Hildesheim/NY 1970; Faks. Genf 1972]. – Paris⁵ 1683. – Lausanne 1783 (in Œuvres, Hg. G. Du Pac de Bellegarde u. J. Hautefage, 43 Bde., 1775–1783, 41). – Paris 1846 (*Logique de Port-Royal*; Anm. Ch. Jourdain; ern. 1865). – Paris 1869, Hg. E. Charles. – Paris 1877 (*La logique de Port-Royal*; Einl u. Anm. A. Fouillée). – Paris 1965, Hg. P. Clair u. F. Girbal. – Paris 1978. – Paris 1981.

ÜBERSETZUNG: *Die Logik oder Die Kunst des Denkens*, C. Axelos, Darmstadt 1972.

LITERATUR: J. Laporte, *La doctrine de Port-Royal. La morale d'après A. A.*, Bd. 2, Paris 1923 [Nachdr. 1951/52]. – E. Walther, *Die Rolle der »Logik von Port-Royal« in der Frühgeschichte der exakten Wissenschaft*, Diss. Stg. 1951. – D. De Gregorio, *»La logica di Porto Reale«*, Agrigent 1957. – M.-R. Carré, *Pensée rationelle et responsabilité morale* (in PMLA, 89, 1974, S. 1075–1083). – F. Hallyn, *Port Royal versus Tesauro* (in Baroque, 9/10, 1980, S. 76–90). – D. Schulthess, *A. et Thomas Reid, défenseurs des certitudes perceptives communes et critiques des entités représentatives* (in Revue Internationale de Philosophie, 40, Brüssel 1986, S. 276–291).

JOHANN ARND

auch Johann Arndt

* 27.12.1555 Edderitz / Anhalt
† 11.5.1621 Celle

LITERATUR ZUM AUTOR:
F. J. Winter, *J. A., der Verfasser des »Wahren Christenthums«*, Lpzg. 1911. – W. Koepp, *J. A. Eine Untersuchung über die Mystik im Luthertum*, Bln. 1912. – J. v. Rijckenborgh (d. i. J. Leene), *Die Geheimnisse der Rosenkreuzer-Bruderschaft*, Haarlem 1967, 1976, 2 Bde. – F. E. Stoffler, *J. A.* (in *Gestalten der Kirchengeschichte*, Hg. M. Gerschat, Bd. 7, Stg. 1982, S. 37–49).

VIER BÜCHER VOM WAHREN CHRISTENTUM

Religiöse Erbauungsschrift von Johann ARND. Das erste Buch erschien 1605; erst danach faßte Arnd den Plan zu einer Ausgabe von vier Büchern, die dann im Jahre 1609 vorlagen. Später wurden – als Anhang – auch die kleineren Veröffentlichungen des Verfassers als fünftes und sechstes Buch sowie das 1612 veröffentlichte *Paradiesgärtlein* aller christlichen Tugenden hinzugefügt. – Arnds Hauptwerk ist ein Erbauungsbuch, das die Erneuerung des religiösen Lebens mehr durch die Betonung der Praxis, Frömmigkeit, Innerlichkeit und Askese zu erreichen sucht als durch die Hervorhebung der Richtigkeit der Lehre, ohne sie freilich preiszugeben. So unterstreicht er die Bedeutung der asketischen Buße für den Beginn eines echten Christentums und empfiehlt zur Erreichung des neuen, wirklich frommen Lebens, dem armen, verachteten Leben Christi nachzufolgen. Er spricht eingehend vom Gewissen als dem Reich Gottes in der Menschenseele und stellt dem Makrokosmos den Mikrokosmos, den Menschen, gegenüber.

Nach einem damals durchaus üblichen Literaturbrauch hat Arnd von fremden Autoren alles übernommen, was ihm für seine Konzeption dienlich schien. Neben ausführlicher Benutzung der *Bibel*, der Kirchenväter und anderer antiker Autoren finden sich vor allem mystische und naturtheologische Entlehnungen aus der mittelalterlichen Literatur, ja selbst aus dem Schrifttum seiner Zeit. Insbesondere hat der Verfasser die von ihm nie selbst genannte *Via della croce (Weg [Theologie] des Kreuzes Christi)* der Nonne ANGELA DA FOLIGNO (um 1249 bis 1309) zum Teil fast wörtlich abgeschrieben, noch ausführlicher die *Theologia naturalis sive Liber creaturarum* des RAIMUNDUS SABUNDUS (gest. um 1436). Auch aus dem ihm noch vor seiner Drucklegung (1612) anscheinend in einer umlaufenden Handschrift bekannt gewordenen kleinen Traktat Valentin WEIGELS *Ein schön Gebetbüchlein, welches die Einfältigen unterrichtet* und nicht zuletzt aus den Schriften von TAULER und PARACELSUS hat er viel übernommen.

Vom Erscheinen des ersten Buches an wurde Arnd von den mehr die reine Lehre betonenden orthodoxen lutherischen Theologen so heftig bekämpft, daß er an die Niederlegung seines geistlichen Amtes dachte. Doch mehrten sich allmählich in der ungemein reichen Streitliteratur die Stimmen für ihn, und schließlich bildete sich geradezu eine Arndschule, die zahlreiche ähnliche Erbauungsbücher publizierte. 1625 erschien die erste lateinische Ausgabe des Werkes, das von nun an oft aufgelegt und in viele Sprachen übersetzt wurde. Bereits zu Beginn des Pietismus fand sein Verfasser als der eigentliche Vater des neuen Frömmigkeitsideals allgemeine Anerkennung. Erst die Aufklärung hat den Siegeszug des Arndschen Werkes beendet. Zwar kam es in der ersten Hälfte des 19. Jh.s noch einmal auf breiter Basis zur Geltung, fiel aber seitdem immer mehr der Vergessenheit anheim. KLL

AUSGABEN: Ffm. 1605. – Braunschweig 1610. – Magdeburg 1610 [vollst.]. – Lpzg. 1612 (6 Bücher; zus. m. *Paradiesgärtlein*). – Lüneburg 1625 *(De vero Christianismo libri 4)*. – Ffm. ³1845 *(Sechs Bücher vom wahren Christenthum*, Hg. J. F. Meyer). – Bln. 1888 *(Vier Bücher vom wahren Christenthum)*. – Neuffen 1951 *(Hausbuch vom wahren Christentum*, Hg. K. Kelber; gek.). – Bln. 1955 *(Lebenswerte aus dem Wahren Christentum u. dem Paradiesgärtlein*, Hg. W. R. Wagner; gek.).

LITERATUR: H. Leuben, *Die Reformideen in der lutherischen Kirche zur Zeit der Orthodoxie*, Lpzg. 1924. – W. Koepp, *J. A. und sein »Wahres Christentum«. Lutherisches Bekenntnis und Ökumene*, Bln. 1959. – E. Weber, *J. A.s »Vier Bücher vom wahren Christentum« als Beitrag zur protestantischen Irenik des 17. Jh.s. Eine quellenkritische Untersuchung*, Marburg 1969; Hildesheim ³1978 [verb.]. – D. Peil, *Zur Illustrationsgeschichte von J. A.s »Vom wahren Christentum«* (in Archiv für die Geschichte des Buchwesens, 18, 1977, Sp. 963–1066). – H. Wimmel, *Sprachliche Verständigung als Voraussetzung des »Wahren Christentums«. Untersuchung zur Funktion der Sprache im Erbauungsbuch J. A.s*, Ffm./Bern 1981. – J. Wallmann, *J. A. u. die protestant. Frömmigkeit* (in *Frömmigkeit in der frühen Neuzeit*, Hg. D. Breuer, Amsterdam 1984, S. 50–74). – B. Hamm, *J. A.s Wortverständnis* (in Pietismus und Neuzeit, 8, 1982, S. 43–73). – Ch. Braw, *Bücher im Staube. Die Theologie J. A.s in ihrem Verhältnis zur Mystik*, Leiden 1986.

ERNST MORITZ ARNDT

* 26.12.1769 Groß Schoritz / Rügen
† 29.1.1860 Bonn

LITERATUR ZUM AUTOR:
G. Loh, *A.-Bibliographie*, Greifswald 1969. – J. Paul, *E. M. A.*, Göttingen u. a. 1971. – K. H. Schäfer u. J. Schawe, *E. M. A. Ein bibliographisches Handbuch 1769–1969*, Bonn 1971. – G. Sichelschmid, *E. M. A.*, Bln. 1981.

GEIST DER ZEIT

Historisch-politische Aufsätze und zeitkritische Polemiken von Ernst Moritz ARNDT, erschienen in vier Teilen 1805–1818. – Als Zeugnis des nach der Französischen Revolution und im Gefolge der Napoleonischen Kriege erwachenden deutschen Nationalbewußtseins kann dieses ganz von der urwüchsigen Kraft einer eigenwilligen Persönlichkeit geprägte historisch-publizistische Werk besonderes Interesse beanspruchen. Arndt, der als Sohn eines Leibeigenen und als schwedischer Untertan auf Rügen geboren wurde und dort in einer festgegründeten bäuerlichen und patriarchalischen Lebensordnung aufwuchs, betrieb später in Greifswald und Jena theologische und philologisch-historische Studien, wandte sich aber bald von den damals herrschenden Tendenzen eines universalistischen Rationalismus ab. Als Hauslehrer in der Familie des Dichters Ludwig Theobul KOSEGARTEN lernte er die Schriften des deutschen Mystikers Jakob BÖHME kennen, und in den Dichtungen seines Zeitgenossen Matthias CLAUDIUS fand er eine einfache, tief gläubige Religiosität; in den auf Erfahrung und realistische Anschauung sich gründenden Theorien MONTESQIEUS und HUMES sah er Erkenntnisse bestätigt, die ihm schon bei Reisen nach Südosteuropa, Frankreich und Schweden zugewachsen waren.

Diese Voraussetzungen trugen dazu bei, daß Arndt, der sich immer stärker seiner deutschen Herkunft bewußt wurde, als einer der ersten das Bekenntnis zur nationalen Eigenart als Voraussetzung der Stärke eines Volkes erkannte. Er hatte gesehen, daß die französischen Revolutionsideen ihre Expansionskraft aus der Verbindung mit einem kraftvollen patriotischen Selbstbewußtsein gewonnen hatten. Angesichts der siegreichen Napoleonischen Heere will er an den Verteidigungswillen des Volkes appellieren, indem er im *Geist der Zeit* (1. Teil) aus einer über weite Zeiträume zurückreichenden Geschichtsbetrachtung das Bild seiner Gegenwart zu entwickeln, verlorene völkische Traditionen wieder ins Leben zu rufen und in Deutschland einen aus Gemeinsinn und Nationalbewußtsein kraftvoll gespeisten Patriotismus neu zu erwecken sucht. In der Völkergeschichte findet er Parallelen zur politischen Lage seiner eigenen Zeit. »Ich will ... versuchen zu zeigen, durch welche Begebenheiten und Künste Völker, deren Bildung mit der unsrigen Ähnlichkeit hatte, stiegen oder sanken, durch welche List und Tapferkeit auf der einen, durch welche Trägheit und Zwietracht auf der andern Seite Herrschaft und Knechtschaft verdient ward.« In dieser Absicht erörtert er *(Die alten Völker* und *Die neuen Völker)* die persische, griechische und römische Geschichte; in der italienischen Renaissance entdeckt er einen dem deutschen Mittelalter vergleichbaren städtischen Freiheitsgeist, er hebt den ursprünglichen und unzerstörbaren spanischen Volkssinn hervor, bewundert die aufrechte und treue monarchische Gesinnung der Skandinavier und geißelt die *»künstliche Staatsmaschine«* Friedrichs des Großen, dessen Ruhm, wie er sagt, oft vergessen ließ, »daß man in einem angespannten, knechtischen und atemlosen Zustande war«. In dieser geistigen Mechanik, der »Künstlichkeit« eines als *»närrisch klug«* verurteilten Zeitalters, mehr noch im absoluten Fehlen einer nationalen deutschen Politik sah Arndt die Quellen für das Fehlen des Widerstands in Deutschland, als später die Napoleonische Herrschaft sich zu entfalten begann.

Gegen die Franzosen aber richtet er seine ganze haßerfüllte Beredsamkeit. »*Ihr also seid das würdige*

Volk, ihr, die ihr Europa um seine schönsten Hoffnungen betrogen habt, ihr wollt die Beglücker und die Herren anderer sein, ihr, die ihr wieder die kriechendsten und elendesten Sklaven eines einzigen geworden seid ...?« In einem Napoleon gewidmeten Kapitel (*Der Emporgekommene*) schildert Arndt den dämonisch genialen Eroberer, den Zerstörer Europas, ein »*erhabenes Ungeheuer*«; ein Bild, aus Abscheu und Bewunderung gemischt, das die tiefe Verbitterung dieses Patrioten erkennen läßt, aber auch seinen Willen, der historischen Bedeutung des Feindes gerecht zu werden: »*Geh nach Italien, schlage Livius auf, frage die Römergeschichten und versetze das Alte mit neuer Geistigkeit, mit größerem Prunk der Worte, mit etwas politischer Empfindsamkeit, so findest du, was der Mann ist, und wohin du ihn stellen sollst.*« Dieser despotischen Naturgewalt, die ihre Kraft mit dem Kriegsgeist eines Volkes verbindet, hat das Deutschland seiner Zeit in Arndts Augen nur Schwäche und Eigennutz der Fürsten, Zerrissenheit des Staates und den Verlust der sittlichen Kraft des Volkes entgegenzusetzen. »*O gebt mir die treuen, biedern Völker und laßt einen kräftigen, herrlichen Mann auftreten und Leben in sie bringen, einen kühnen Gebieter, der das Gute und Gerechte darstellen und dafür begeistern kann.*«

Das Aufsehen, das Arndts noch vor der Schlacht bei Austerlitz (3. 12. 1805) erschienenes Buch erregte, zwang den Autor, im Dezember 1806, nachdem Napoleon bei Jena und Auerstedt (14. 10. 1806) Preußen besiegt hatte, nach Schweden zu fliehen. Er vereinigte dort weitere Aufrufe zum nationalen Widerstand, die schon 1806 und 1807 entstanden waren, zum zweiten Teil des Werks (1809) und kam bald danach in Berlin auch mit den Führern der preußischen Erhebung in Berührung, bis ihn 1812 der Freiherr vom Stein, zu dieser Zeit als Emigrant am Zarenhof, nach Petersburg rief. Er hatte das große polemische Talent Arndts erkannt und beauftragte ihn, antifranzösische Flugschriften zur Vorbereitung einer deutschen Erhebung abzufassen. Daneben entstand der dritte Teil (1813), der vor allem die umfangreiche Darstellung des russischen Feldzugs enthält (*Was wollte und was tat Bonaparte? Wie kam er nach Rußland? Wie kam er aus Rußland heraus?*).

Arndt wurde 1818 als Professor für neuere Geschichte nach Bonn berufen. In demselben Jahr erschien *Geist der Zeit*, vierter Teil, eine weitere Sammlung von Aufsätzen, die sich nun vorwiegend mit der inneren Verfassung Deutschlands beschäftigten. Arndt entwickelt hier auch in breiter Darstellung seine Vorstellung von einem liberalen, auf ständischer Verfassung und gesicherten Freiheitsrechten aufbauenden monarchischen Staatswesen (*Verfassung und Preßfreiheit*), die ihm trotz seiner großen Verdienste in der Zeit der Befreiungskriege Verfolgung wegen demagogischer Umtriebe und Lehrverbot bis 1840 eintrug. Mit dem Erlaß der »Karlsbader Beschlüsse« (1819) hatte der reaktionäre »Geist der Zeit« über die altständische Gesinnung eines Patrioten der ersten Stunde gesiegt. R.Rr.

AUSGABEN: Tl. 1: o. O. [Bln.] 1806 [recte 1805]; Altona ⁶1877. – Tl. 2: o. O. [Stockholm] 1809; Ldn. [d. i. Bln.] ²1813. – Tl. 3: o. O. [Bln.] 1813. – Tl. 4: Bln. 1818. – Magdeburg 1908/09 (in *SW*, Hg. H. Rösch, H. Meisner u. E. Schirmer, 14 Bde., 1892–1909, 8–11). – Lpzg. 1908 (in *AW*, Hg. H. Meisner u. R. Geerds, 16 Bde., 9–12). – Bln. o. J. [1912] (in *Werke*, Hg. A. Leffson u. W. Steffens, 12 Bde., 6–9).

LITERATUR: F. Gundolf, *Hutten, Klopstock, A.*, Heidelberg 1924, S. 45–70. – E. Cremer, *E. M. A. als Geschichtsschreiber*, Diss. Kiel 1926. – F. Hertz, *Das Problem des Nationalcharakters bei E. M. A.*, Lpzg. 1927. – P. H. Ruth, *A. und die Geschichte. Ein Beitrag zur Arndtforschung und zur Problemgeschichte des Historismus vornehmlich bis zum Ende der Befreiungskriege*, Mchn./Bln. 1930 (HZ, Beih. 18). – W. v. Eichborn, *E. M. A. und das deutsche Nationalbewußtsein*, Diss. Heidelberg 1933. – A. G. Pundt, *A. and the Nationalist Awakening in Germany*, NY 1935 (Studies in History, Economics and Public Law, 413). – L. Ruetz, *A. und Börne als politische Publizisten*, Diss. Heidelberg 1936. – E. N. Anderson, *Nationalism and the Cultural Crisis in Prussia 1806–1815*, NY 1939, S. 64–103. – A. Windemuth, *E. M. A.s Napoleonbild im Vergleich mit der Auffassung Fichtes*, Diss. Bln. 1946. – E. Zunker, *E. M. A. und sein »Geist der Zeit«* (in Baltische Studien, 55, 1969, S. 44–48). – R. Müller-Sternberg, *Zur Gleichheit des Erbärmlichen. E. M. A. und sein »Geist der Zeit«* (in Deutsche Studien, 13, 1975, S. 425–432). – K.-H. Schäfer, *Kollektivbewußtsein am Beginn des 19.Jh.s, dargestellt am Beispiel der Verbreitung der Schriften E. M. A.s* (in Presse und Geschichte, 1977, S. 137–148).

MEINE WANDERUNGEN UND WANDELUNGEN MIT DEM REICHSFREIHERRN HEINRICH KARL FRIEDRICH VOM STEIN

Erlebnisbericht von Ernst Moritz ARNDT, erschienen 1858. – Arndts Schilderung umfaßt die beiden Jahrzehnte von 1812 bis zu Steins Tod (1831). Den Hauptteil nimmt der Zeitraum zwischen 1812 und 1815 ein, der mit Steins Bemühungen um die Unterwerfung Napoleons einsetzt und mit dem Wiener Kongreß endet. Arndt hatte in Petersburg als Privatsekretär fast täglich vertrauten Umgang mit Stein, der sehr schnell erster Berater des Zaren geworden war und die Bindung Rußlands an Napoleon auflösen half. Anfang 1813 reisen Stein und Arndt wochenlang auf der »*großen Straße*«, auf der Napoleon seinen Rückzug antrat, nach Ostpreußen. Hier wird mit dem Präsidenten von Schön der von Stein geforderte preußische Landtag vorbereitet und die Rüstung Preußens in der »*Morgenröte deutscher Freiheit*« eingeleitet. Frühjahr und Sommer 1813 verbringen Stein und Arndt zunächst in Breslau, dann in Dresden, wo Stein die Organisation des deutschen Zentralausschusses weiter vorantreibt. Nach Erkundungsreisen in Pommern erlebt Arndt den schlesischen Waffenstillstand in Berlin und trifft im Juli 1813 in Reichenbach, wo die Spitzen der europäischen Diplomatie versammelt sind, wieder mit Stein zusammen. Einem gemeinsamen Aufenthalt in Leipzig folgt eine Reise nach Frankfurt in das Hauptquartier der alliierten Monarchen, mit denen Stein sich etappenweise nach Paris begibt, während Arndt in Frankfurt »mit der Feder ... durch eine freieste Presse« wirkt. Bis zum Mai 1815 hält sich Stein auf dem Wiener Kongreß auf. Enttäuscht darüber, daß das alte Deutschland mit den Grenzen von 1600 nicht wiederhergestellt worden ist, daß die Wiener Bundesakte seinen Vorstellungen so wenig entspricht und der Zar sich vom Geist der Proklamation von Kalisch weit entfernt hat, bekleidet er keine repräsentativen öffentlichen Ämter mehr. Er lehnt Metternichs Plan ab, ihn zum Präsidenten des Bundestages zu machen, und schlägt auch das Angebot aus, Sprecher Preußens beim Bundestag zu werden. Er ist fortan aktives Mitglied der westfälischen Landtage, beschäftigt sich unter Mitwirkung von G. H. Pertz mit der Sammlung und Herausgabe der Urkunden und Schriftdenkmäler der deutschen Geschichte des Mittelalters und kommt seinen Pflichten als Gutsherr und Kirchenpatron nach.

Erst im 88. Lebensjahr, auf Drängen von Chr. K. J. Bunsen, hat Arndt seine *Wanderungen* verfaßt; er tat dies in einer lebhaften und anschaulichen Sprache, die ein feines politisches und psychologisches Gespür verrät. Neben skizzenhaften Porträts bedeutender Zeitgenossen, denen er und Stein begegneten, neben völkerpsychologischen Exkursen und physiognomischen Charakteristiken kehrt er immer wieder zu Stein als der Hauptperson zurück; in ihm sieht er die politische Lage personifiziert. Seiner reichsritterlichen Herkunft voll bewußt, tritt Stein, von Arndt oft als der *»Löwe«* bezeichnet, mit klarer politischer Zielvorstellung und moralischer Energie den Großen seiner Zeit gegenüber. Arndt rühmt an ihm immer wieder Mut und Verstand, Redlichkeit und Wahrheitsliebe, an denen er – oft grob und heftig – Egoismus, Feigheit und Verantwortungslosigkeit der deutschen Fürsten mißt. Umgekehrt findet er lobende Anerkennung für jeden, der sich für das große Ziel der Befreiung und Neuordnung Deutschlands tatkräftig einsetzt. Weitschweifigen politischen Gesprächen abgeneigt, ist er um die praktische Lösung der Probleme bemüht und legt, der *»Unüberwindlichmutige«*, alles andere *»still geduldig auf die Kniee Gottes«*. In seinem heimatlichen Bezirk lebt der Schloßherr als Freund und Nachbar in vertrautem Umgang mit den freien Bauern als *»der stille, verschwiegene Wohltäter der Armen«*, der nichts anderes als der ritterliche Verteidiger und Führer der Geringeren sein will. – Breiten Raum in Arndts Schilderung nimmt Steins Religiosität ein, die auf Arndts eigenes Glaubensleben zurückwirkte. Als stolzer Lutheraner hegt Stein eine tiefe Skepsis gegenüber allen *»Mundchristen«*; den Katechismus, Paulus und Johannes schätzt er weit höher als alle heidnische Philosophie. Abschließend wird Stein charakterisiert als *»Deutschlands politischer Martin Luther (...) an Leib und Geist, auch mit denselben Tugenden und Fehlern«*. – Arndt hat mit seinen *Wanderungen* das Bild des Freiherrn vom Stein nachhaltig geprägt. Er wollte Stein vor allem aufgrund eigener Erlebnisse schildern, was ihn zu einer zeitlichen und sachlichen Begrenzung zwang und ihn daran hinderte, sozialpolitische Faktoren, die auf Stein eingewirkt haben, sowie dessen staatswirtschaftliche Anschauungen darzustellen. C.v.M.

Ausgaben: Bln. 1858. – Lpzg. 1910, Hg. Th. Rehtwisch. – Bln. 1912 (in Werke, Hg. A. Leffson u. W. Steffens, 4 Bde., 2). – Münster 1957, Hg., Einl. u. Anm. W. Steffens. – Bln./DDR 1985 (in *Erinnerungen 1769–1815*, Hg. W. Weber; m. Einl. u. Anm.).

Literatur: *Freiherr vom Stein, Briefwechsel, Denkschriften u. Aufzeichnungen*, Hg. E. Botzenhardt, 7 Bde., Bln. 1931–1937. – G. H. Pertz, *Das Leben des Ministers Freiherrn vom Stein*, 6 Bde., Bln. 1849–1855. – G. Ritter, *Stein. Eine politische Biographie*, 2 Bde., Stg./Bln. 1931. – W. v. Eichborn, *E. M. A. u. das deutsche Nationalbewußtsein*, Diss. Heidelberg 1932. – U. Noack, *Christentum u. Volksstaat in der politischen Ethik des Freiherrn vom Stein* (in HZ, 147, 1932). – G. Ritter, *Die nationale Geschichtsschreibung u. das Stein-Porträt* (in Vergangenheit u. Gegenwart, 22, 1932). – G. Winter, *Das Bild des Freiherrn vom Stein im Jahre 1931* (in Forschungen zur brandenburg. u. preuß. Geschichte, 44, 1932). – F. Wiedemann, *Zur Geschichte des Aufrufs von Kalisch* (ebd., 45, 1933). – K. Wolff, *Die deutsche Publizistik in der Zeit der Freiheitskämpfe u. des Wiener Kongresses 1813–1815*, Diss. Lpzg. 1934. – K. v. Raumer, *Die Autobiographie des Freiherrn vom Stein* (in Aus westfälischer Forschung, 7, 1954). – F. Meinecke, *Das Zeitalter der deutschen Erhebung (1795–1815)*, Göttingen [6]1957. – A. G. Pundt, *A. and the Nationalist Awakening in Germany*, NY 1968. – H. Diwald, *E. M. A.* (in Criticón, 13, 1983, S. 153–156).

Carlos Arniches y Barrera

* 11.10.1866 Alicante
† 16.4.1943 Madrid

Literatur zum Autor:
M. Lentzen, *C. A. Vom »género chico« zur »tragedia grotesco«*, Genf/Paris 1966. – V. Ramos, *Vida y teatro de C. A.*, Madrid 1966. – J. E. Aragones u. ders., *Conferencias pronunciadas con motivo del primer centenario de su nacimiento*, Alicante 1967. –

C. A. Teatro, Hg. J. Monléon, Madrid 1967. – D. R. McKay, C. A., NY 1967.

ES MI HOMBRE. Tragedia grotesca

(span.; *Das ist mein Mann. Groteske Tragödie*). Schauspiel in drei Akten von Carlos ARNICHES Y BARRERA, Uraufführung 1921. – Im Gegensatz zu seinen *sainetes*, kurzen, meist einaktigen Stücken aus dem Madrider Volksleben, hat der Autor seine »grotesken Tragödien« breit angelegt. Don Antonio, die Hauptfigur, wendet sich am Schluß an das Publikum und behauptet, der Autor habe »*die Wahrheit über den Mut der Männer*« darstellen wollen: Wahrhaftig mutig sei ein Mann, der acht Kinder durchzubringen habe, ohne zu wissen, wie er auf redliche Art das tägliche Brot herbeischaffen solle. Don Antonio ist einer dieser mutigen Männer. Zwar hat er nur eine Tochter, aber er ist arbeitslos. Da bietet sich ihm eine Chance: Er erhält eine gut bezahlte Stellung als Aufseher in einem Spielsalon. Der schmächtige, schüchterne Don Antonio hat nun plötzlich mit Raufbolden zu tun. Das bare Entsetzen, das gelegentliche Zusammenstöße bei ihm hervorrufen, wird ihm als Gelassenheit und Kaltblütigkeit ausgelegt. Er bewährt sich so vorzüglich, daß der Besitzer des Spielsalons einmal erstaunt ausruft: »*Das ist mein Mann!*« Eines Tages aber verliebt sich Don Antonio in eine Frau, die mit recht zweifelhaften Absichten in den Spielsalon kam. Mit ihr bringt Antonio sein ganzes Geld durch und ergibt sich schließlich dem Trunk.

Das Stück und seine oft groteske Tragikomik leben von dem Kontrast zwischen den jämmerlichen Bemühungen des Helden, seiner erbärmlichen Lage Herr zu werden, und der Art und Weise, wie er schließlich den »Lebenskampf« besteht. Die einzelnen Typen – auch sie stammen alle aus den unteren Madrider Volksschichten – sind treffend charakterisiert (wofür nicht zuletzt der große Erfolg aller Stücke von Arniches beim Madrider Publikum ein Beweis ist). Dem Autor gelang es, die Sprache der kleinen Leute, angereichert mit vielen Wortspielen und witzigen Pointen, literaturfähig zu machen. Umgekehrt sind aber auch viele seiner Wendungen und Ausdrücke in die Volkssprache eingedrungen, so daß einmal treffend gesagt wurde, man wisse nicht, wer eigentlich den größeren Einfluß ausgeübt habe: das Madrider Volk auf Arniches oder dieser auf die Sprache des Volks von Madrid.

Diese groteske Tragödie (wie auch andere: »*Los caciques*«, »*La señorita de Trevélez*« usw.) stellt das Ende einer Entwicklung dar, die von dem flachen und ausschließlich komischen Charakter seiner ersten Werke (fast nur Einakter) bis zu langen, komplizierten und strengen Werken reicht, in denen einige Aspekte der politischen und sozialen Problematik Spaniens erscheinen, freilich ohne die Tiefsinnigkeit anderer zeitgenössischer Schriftsteller (BAROJA, BENAVENTE, VALLE-INCLÁN etc.) zu erreichen.

A.A.A.

AUSGABEN: Madrid 1921. – Madrid 1948/49 (in *Teatro completo*, Bd. 2). – Barcelona 1983.

LITERATUR: Cuadernos de literatura contemporánea, Nr. 9–10, 1943 [Sondernr.; m. Bibliogr.]. – F. Ros, *Notas parciales sobre A.* (in CHA, 1953, Nr. 45, S. 297–314).

LA SEÑORITA DE TREVÉLEZ

(span.; *Fräulein Trevélez*). Komische Farce in drei Akten von Carlos ARNICHES Y BARRERA, Uraufführung: Madrid, 14. 4. 1916, Teatro de Lara. – Aufgrund der Intention dieses Werkes glaubte der Kritiker G. TORRENTE BALLESTER, bei Arniches eine Übereinstimmung mit den Absichten der berühmten »Generation von 1898« festzustellen. In der Tat trifft dies zu, vor allem, insofern es sich auf Unbehagen an den nationalen Zuständen bezieht, und auch der Sinn des Autors für die grotesken Situationen in seinen Stücken kündigt das an, was VALLE-INCLÁN später tiefsinniger und kunstvoller in seinen »*esperpentos*« schuf. Die Handlung des Stücks spielt in einer kleinen Provinzhauptstadt. Einige junge Männer versuchen, auf ihre Weise Abwechslung in das monotone, reizlose Leben zu bringen, indem sie derbe Späße treiben, die dann einige Tage lang Gesprächsthema im Ort sind. Haben sich die Gemüter beruhigt, so planen sie den nächsten Streich. Eines ihrer Opfer ist das ältliche Fräulein Flora Trevélez, dem sie einen gefälschten Liebesbrief des jungen Numeriano Galán schicken. Die unansehnliche, spießbürgerliche Flora, die schon glaubte, endgültig allein bleiben zu müssen, sieht nun mit einemmal einen Hoffnungsschimmer am Horizont und klammert sich daran mit der Verzweiflung einer Schiffbrüchigen, die die Rettung nahe fühlt. Numeriano, der das Projekt entschieden von sich weist, sieht keine Möglichkeit, sich zu rechtfertigen. In seinem Kleinmut spielt er die Farce weiter. Mit Flora freut sich ihr Bruder Don Gonzalo, der sehr an seiner Schwester hängt und der ungewollt zur weiteren Zuspitzung der Situation beiträgt, denn auf die bloße Andeutung, daß es sich vielleicht um einen Scherz handeln könnte, reagiert er mit großer Heftigkeit und mit Androhung exemplarischer Strafen. Er wird von allen gefürchtet wegen seiner körperlichen Überlegenheit und seinem geschickten Umgang mit den Waffen. Nach einer vorgetäuschten Rivalität zwischen Galán und Picavea um die Gunst Floras, nach dem unausbleiblichen Duell zwischen beiden und anderen Ereignissen gelingt es schließlich Don Marcelino – er verkörpert die ausgleichende Vernunft in dem Stück –, den Bruder von der traurigen Wahrheit zu überzeugen. Er versucht, ihn zu besänftigen, indem er ihm zu verstehen gibt, daß die jungen Leute nicht allein schuldig sind. Es ist das Milieu, in dem sie leben, die falsche Erziehung, die sie genossen haben, kurz, die Verlogenheit und der verderbliche Einfluß des spanischen Provinzlebens, der sie zu solch herzlosem Zeitvertreib veranlaßt. Die einzige

Möglichkeit, diesen so häufigen Typ des aufdringlichen Witzboldes auszurotten, sieht er in der Verbreitung der Kultur. »*Die Kultur entwickelt die Feinfühligkeit, und wenn die jungen Männer erst einmal gebildet sind, werden sie nichts Böses mehr tun können, dann werden sie nicht mehr wagen, ein Herz mit einem Witz zu zerstören oder ein Leben mit einem schlechten Scherz zu verbittern*« (3. Akt).

Obwohl sie dem Werk den Titel gibt, ist Flora nicht die Zentralgestalt. In der Absicht, die Abneigung Galáns – der hier für all seine Kameraden steht – gegen eine Ehe mit Flora zu rechtfertigen, ist sie als außerordentlich reizlos und verschroben dargestellt. Sie ist die Lächerlichkeit in Person. Die glaubwürdigste Figur ist ihr Bruder Gonzalo, der in seiner Opferbereitschaft zu einer tragikomischen Gestalt wird. So resultiert z. B. sein krampfhaftes Bemühen, jugendlich zu wirken, allein aus dem Drang, seiner Schwester, die nur wenig jünger ist als er, die Illusion zu ermöglichen, sie sei noch eine begehrenswerte Frau. – Das Stück bewegt sich auf zwei Ebenen: Die Welt des Kasinos, der gewissenlosen Spaßvögel, der Dienstboten und Hauswirte besitzt die für Arniches – der einen sicheren Instinkt für alles Populäre hatte – bezeichnende Unmittelbarkeit und Echtheit; die andere Ebene, die der Kritik, die nicht auf das hinzielt, was ist, sondern auf das, was sein sollte, wirkt nicht überzeugend. Die Ideen sind in eine allzu literarische Sprache gehüllt, so daß es ihnen an Glaubwürdigkeit mangelt. A.A.A.

AUSGABEN: Madrid 1910. – Madrid 1948 (in *Teatro completo*, 4 Bde., 1). – Buenos Aires 1954. – Barcelona 1983.

LITERATUR: R. Pérez de Ayala, *Las máscaras*, Madrid 1917. – Cuadernos de Literatura Contemporánea, 9/10, 1943 (Sondernr.; m. Bibliogr.). – G. Torrente Ballester, *Teatro español contemporáneo*, Madrid 1957, S. 128–140.

BETTINE VON ARNIM

d.i. Anna Elisabeth von Arnim, geb. Brentano

* 4.4.1785 Frankfurt/Main
† 20.1.1859 Berlin

LITERATUR ZUR AUTORIN:
A. Hopfe, *Formen und Bereiche schöpferischen Verstehens bei B. v. A.*, Diss. Mchn. 1953. – M. J. Zimmermann, *B. v. A. als Dichterin*, Diss. Basel 1958. – I. Drewitz, *B. v. A. Romantik, Revolution, Utopie*, Düsseldorf/Köln 1969. – G. Dischner, *B. v. A. Eine weibliche Sozialbiographie aus dem 19. Jh.*, Bln. 1977. – G. Mander, *B. v. A.*, Bln. 1982.

– *Herzhaft in die Dornen der Zeit greifen ... B. v. A. 1785–1859*, Hg. C. Perels, Ffm. 1985. –
G. Mattenklott, *Romantische Frauenkultur, B. v. A. zum Beispiel* (in *Frauen, Literatur, Geschichte*, Hg. H. Gnüg u. R. Möhrmann, Stg. 1985, S. 123 bis 143). – F. Böttger, *B. v. A.*, Bln./DDR 1987. – H. Hirsch, *B. v. A.*, Reinbek 1987 (rm).

CLEMENS BRENTANOS FRÜHLINGSKRANZ. Aus Jugendbriefen ihm geflochten, wie er selbst schriftlich verlangte

Briefsammlung von Bettine von ARNIM, erschienen 1844. – Nach dem Tod Clemens BRENTANOS (1778–1842) stellte Bettine diesen Band aus ihrem Briefwechsel mit dem geliebten Bruder zusammen. Da es jedoch seit den zwanziger Jahren wegen Brentanos in wachsendem Maß intolerantem Katholizismus zu einer gewissen Entfremdung zwischen den Geschwistern gekommen war, ist dieser Band ganz dem feurigen jungen Dichter des *Godwi* gewidmet. Den Gedanken, auch ihre spätere Korrespondenz mit dem Bruder herauszugeben, hat Bettine nicht verwirklicht. Die im *Frühlingskranz* vereinigten rund 80 Briefe aus den Jahren 1800–1803 stammen zu etwa gleichen Teilen von Clemens und von Bettine; davon ist knapp ein Drittel stark erweitert oder aus verschiedenen Briefen zusammengesetzt, die übrigen sind allenfalls gekürzt und stilistisch überarbeitet. Im Unterschied zu anderen von Bettine veröffentlichten Korrespondenzen *(Die Günderode; Goethes Briefwechsel mit einem Kinde)* fehlen jedoch frei erdichtete Briefe.

Geistreich und von Ideen und Einfällen sprühend berichten die Geschwister einander von ihrer Umgebung: Bettine vorwiegend von Frankfurt und der Familie, Clemens von seinen verschiedenen Aufenthaltsorten, Marburg, Weimar, Jena u. a., von seinen Freunden, seinen Liebschaften und besonders von Sophie Mereau, seiner späteren Frau. Darüber hinaus aber fühlt er sich als Mentor seiner um sieben Jahre jüngeren Schwester; seine Briefe sind voll von Ermahnungen und Ratschlägen, teilweise etwas problematischen Charakters. Er betrachtet die Schwester ganz als sein Geschöpf; »*Ich will, daß Du so vernünftig werdest, daß alle Welt einst ... Dich hochstelle, und dann will ich Dir's wieder ablernen*«; und Bettine geht darauf ein: »*Sieh, ich hab Dich so lieb ... Ich möchte Dir alles sagen, um daß Du mir lehrest, was mich gut und Dir lieb machen kann.*« Wenn Brentano sich als Lehrer gibt, so erwartet er dafür von der Schwester, daß sie seine »*Lebensfreude anfachen*« möge: »*Ich öffne wie eine Pflanze mein Herz ... wenn Du herüberscheinst.*« – Welch tiefe Problematik aber unter der funkelnden Oberfläche des *Frühlingskranz* verborgen ist, zeigte schon EICHENDORFF in seiner *Geschichte der poetischen Literatur Deutschlands* (1857): »*Sein* [Brentanos] *Briefwechsel ... ist ein merkwürdiges Denkmal der in ihm arbeitenden Gegensätze ... Überall ist die heimliche Angst vor sich selber fühlbar, vor dem eigenen Dä-

mon, den er in der gleichbegabten Schwester wiedererkennt und ... bekämpft; das Ganze ist wie ein Monolog eines Besessenen, dessen innere Geister hier, nur mit verschiedenen Stimmen, miteinander streiten.«
Kurz nach seinem Erscheinen wurde der *Frühlingskranz* von der preußischen Zensur beschlagnahmt; auf Veranlassung Friedrich Wilhelms IV. wieder freigegeben, fand er viel Bewunderung und Anerkennung.   V.H.

AUSGABEN: Charlottenburg 1844. - Lpzg. ³1921, Hg. P. Ernst. - Frechen/Köln 1959 (in *Werke und Briefe*, Hg. G. Konrad, 5 Bde., 1959–1963, 1). - Lpzg. 1974 (RUB). - Ffm. 1985 (Insel Tb; Nachw. H. Schultz). - Ffm. 1986 ff. (in *Werke und Briefe*, Hg. W. Schmitz u. S. v. Steinsdorff, 3 Bde., 1).

LITERATUR: W. Oehlke, *B. v. A.s Briefromane*, Bln. 1905 (Palaestra, 41). - H. Levin-Derwein, *Die Geschwister Brentano*, Bln. 1927. - L. Vincenti, *B. e C. Brentano*, Turin 1928. - A. Wagner, *B. v. A. und die preußische Zensur* (in Jb. für Brandenburg, 21, 1970, S. 100–128). - A. Watanabe, *Über »Clemens Brentanos Frühlingskranz« von B. v. A.* (in Doitsubungaku-Ronkô, 23, 1981, S. 61–80).

DIES BUCH GEHÖRT DEM KÖNIG

Erfundenes Gespräch von Bettine von ARNIM, erschienen 1843. - In Form eines Gesprächs mit der Mutter Goethes, das angeblich 1807 stattgefunden hat, schildert die Autorin zwei Besuche der »Frau Rat« bei der Königin Luise im Darmstädter Schloß in den Jahren 1799 und 1803, die sie zu einer Begegnung zusammenfaßt, um die Erzählung zu verlebendigen. In die Schilderungen kleinbürgerlichen und höfischen Lebens – etwa die Beschreibung eines Hofballs – läßt sie ihre politischen, sozialen und philosophischen Vorstellungen und Ideen einfließen. Ihre Theorien über den Begriff der Freiheit, die sich gegen eine verhärtete Moral, gegen Pädagogen und Pietisten sowie gegen das konfessionell gebundene – und ausgeartete – Christentum wenden, ähneln denen der Aufklärung. Bettine wehrt sich jedoch dagegen, als Anhängerin des Atheismus zu gelten, und bekennt sich zu einem etwas unbestimmten Deismus. Wahre Unsterblichkeit billigt sie nur den Hervorbringungen der menschlichen Intelligenz zu, die an nichts Irdisches gebunden ist. – Das Buch, das politische Freiheit und Abschaffung von Privilegien aller Art fordert und die Höflinge angreift, denen ihre Pflichten dem Volk gegenüber gleichgültig geworden sind, wendet sich an König Friedrich Wilhelm IV. von Preußen, der ihrer (darin noch immer kindlichen) Meinung nach imstande sein mußte, doch einen Federstrich dem »Massenelend« Einhalt zu gebieten und ein neues Zeitalter allgemeinen Glücks einzuleiten. Die mehr poetischen als politisch-philosophischen Reflexionen verraten den Einfluß SCHLEIERMACHERS und sind recht geschickt in die Erzählung eingefügt.

Zunächst fand das Buch in den Kreisen, denen es zugedacht war, wenig Beachtung, da man sich kaum die Mühe machte, den romantischen, komplizierten Gedankengängen der Autorin zu folgen. Erst als der Publizist Adolf STAHR das Buch emphatisch die *»Geisterbibel der Zukunft«* nannte und Bettines revolutionäre Erkenntnisse und Forderungen in einer eigenen Schrift zusammenfaßte und interpretierte, wurde man auf die Gefährlichkeit des »Königsbuchs« aufmerksam und beschlagnahmte Stahrs Broschüre.   KLL

AUSGABEN: Berlin 1843, 2 Bde. - Berlin 1852 *(Des Königsbuchs 1. Band. - Gespräche mit Dämonen, Des Königsbuchs 2. Band)*. - Stg. 1891 (DNL, 146, 1, 2, Hg. M. Koch). - Bln. 1921 (in *SW*, Hg. W. Oehlke, 7 Bde., 1920–1922, 6). - Frechen-Köln 1963 (in *Werke u. Briefe*, 5 Bde., Hg. G. Konrad, 3, 4; m. Anm.). - Ffm. 1982 (Insel-TB, Hg. I. Staff).

LITERATUR: A. Stahr, *B. und ihr Königsbuch*, Hbg. 1844. - L. Fromm, *Die Ruchlosigkeit der Schrift »Dies Buch gehört dem König«*, Bern 1844 [Neudr. Zwickau 1926]. - L. Geiger, *B. v. A. u. Friedrich Wilhelm IV.*, Ffm. 1902. - W. Frels, *B. v. A.s »Königsbuch«*, Schwerin 1912 [zugl. Diss. Rostock 1912]. - H. H. Houben, *Verbotene Literatur v. d. klass. Zeit bis zur Gegenwart*, Bln. 1924. - A. Müller, *Die Auseinandersetzung der Romantik mit den Ideen der Revolution*, Halle 1929. - K. H. Hahn, *B. v. A. in ihrem Verhältnis zu Staat und Politik*, Weimar 1959. - M. Langewiesche, *B. B., die erste Sozialistin* (in Jb. d. Evangelischen Akademie Tutzing, 15, 1965/66, S. 236–249). - L. Secci, *Per un nuovo »Gesamtbild« di B. v. A.-Brentano* (in Studi germanici, 6, 1968, Nr. 3, S. 139–176). - F. M. Reuschle, *An der Grenze einer neuen Welt*, Stg. 1977.

GOETHES BRIEFWECHSEL MIT EINEM KINDE. Seinem Denkmal

Briefroman von Bettine von ARNIM, erschienen 1835. - Kurz nach dem Tode GOETHES begann Bettine von Arnim dieses Werk, ein literarisches Monument ihrer Verehrung für Goethe, aus ihrer Korrespondenz mit dem Dichter und seiner Mutter zusammenzustellen. Der Untertitel bedeutet, daß der Erlös dieses Buches für die Finanzierung eines von der Dichterin selbst entworfenen Goethe-Denkmals in Weimar bestimmt war.

Den Anfang des Fürst PÜCKLER gewidmeten Werks bildet der Briefwechsel Bettines mit Goethes Mutter, mit der sie während der Jahre 1806–1808 eng befreundet war. Hierin erzählt die Autorin auch von ihrer ersten Begegnung mit Goethe, die 1807 in Weimar stattfand: *»... nun flog ich ihm an den Hals ... ich schlief an seiner Brust ein; und da ich aufgewacht war, begann ein neues Leben.«* (April 1807) Diese Worte charakterisieren vorzüglich die schwärmerische, impulsive und später fast zudringliche Art Bettines, die ihre Briefe gern mit »*Dein Kind*« unterzeichnete. – Die Briefe an Goethe, die zusammen mit den wenigen, meist kurzen Antworten des Dichters die zweite Hälfte des ersten und den ganzen zweiten Band füllen, gehen rasch zum vertraulichen Du über, das Goethe auch oft erwidert. Die Verehrung, die aus ihnen spricht, steigert sich bald zu schwärmerischer Liebe, wobei Bettine sich als Geliebte und Muse Goethes fühlte, zwei Rollen, die ihr kaum zustanden. Doch hat sie mit ihrer Aufzeichnung der Erzählungen der Frau Rat Goethe über die Kindheit ihres Sohnes gewiß Wesentliches zum ersten Buch von *Dichtung und Wahrheit*, das Goethe 1811 niederzuschreiben begann, beigetragen und manche Anregung zu den in den Jahren 1807/08 entstandenen *Sonetten* gegeben, die allerdings hauptsächlich Goethes Verhältnis zu Minna Herzlieb spiegeln. Die freundliche, aber sehr vorsichtige Reaktion Goethes auf das stürmische Werben des Mädchens zeigt sich deutlich in Sätzen wie diesem: »*Mehr sage ich nicht, denn eigentlich kann man Dir nichts geben, weil Du Dir alles entweder schaffst oder nimmst.*« (10. Mai 1810; der Satz stimmt mit Goethes Originalbrief überein.) Im dritten Band geht der Briefroman über in ein »Tagebuch«, das den »Freund«, weit über die Schwärmerei der Briefe hinausgehend, hymnisch verklärt: »*O wahrlich, Du bist Deines Glückes Schmied, der es mit kühnem, kräftigem Schlag eines Helden zurechtschmiedet; was Dir auch begegne, es muß sich fügen, die Form auszufüllen, die Dein Glück bedarf, der Schmerz, der andre zum Mißmut und zur Klage bewegen würde, der wird ein Stachel für deine Begeisterung.*« Die Form des »Tagebuchs«, das im Grunde ein an Goethe gerichteter Monolog ist und »*die Wahrheit ... suchen und von ihr die Gegenwart des Geliebten*« fordern will, erklärt sich auch daraus, daß die Beziehungen zwischen den Arnims und Goethe durch Bettines skandalöses Benehmen gegenüber Christiane im Herbst 1811 unterbrochen worden waren, ohne daß Bettine deshalb von ihrer Verehrung abgelassen hätte; allerdings antwortete Goethe von diesem Zeitpunkt an nicht mehr auf ihre Briefe.

Beim Zusammenstellen und der Herausgabe des *Briefwechsels* war Bettine nicht im Besitz der Originale (nur ihre eigenen Briefe an Goethe hatte ihr Kanzler von MÜLLER auf ihre Bitte aus Goethes Nachlaß hervorgesucht), wodurch sich wohl die freie Umgestaltung und Stilisierung der Briefe zum Teil erklärt. Ungefähr ein Drittel der Korrespondenz ist ganz oder in wesentlichen Teilen erdichtet, der Rest wurde einer mehr oder weniger starken Umformung unterzogen. Hat der Bettine häufig gemachte Vorwurf, das Bild Goethes verfälscht zu haben, so auch zum Teil seine Berechtigung, so ist der *Briefwechsel* doch auch als die poetische und damit legitim freie Gestaltung eines von vornherein subjektiven Goethe-Bildes zu verstehen: Bettine sieht in dem alternden Dichter der *Wahlverwandtschaften* und der *Wanderjahre* das jugendliche Idealbild eines titanischen und zugleich zärtlichen Geliebten. Davon zeugt auch ihr in dem *Briefwechsel*

veröffentlichter Denkmalsentwurf, auf dem Goethe unter der Legende »*Dieses Fleisch ist Geist geworden*« in olympisch-antiker Monumentalität thront, während Bettine als Mischung aus Nymphe und Engel sich zu seinen Füßen als Nackedei tummelt. Bettine versuchte ihre Darstellung Goethes als ein Bild »*höherer Wahrheit*« (Brief an Olshausen, 1835) zu rechtfertigen, während ihr Bruder Clemens BRENTANO ihr Verhältnis zu Goethe umschrieb als das »*Leiden, sich einen Götzen schaffen zu müssen und mit allen Kräften der Seele liebend ihn zu beleben und anzubeten, trotz selbst der innersten Mahnung, es sei Wahnsinn*« (Brief an Bettine, Herbst 1834).

Der *Briefwechsel* erntete bei den Zeitgenossen damals fast durchweg begeisterte Zustimmung, obwohl gerade um 1835 durch die Attacken des Jungen Deutschland die Goethe-Verehrung auf einen Tiefpunkt gesunken war. Der sonst eher zurückhaltende Jacob GRIMM urteilte 1835: »*Es gibt kein anderes Buch, das diesen Briefen in Gewalt der Sprache wie der Gedanken an die Seite zu setzen wäre*«, und auch Richard FRIEDENTHAL hält in seiner Goethe-Biographie (1963) den *Briefwechsel* für ein »*Buch, das Echtes, Geträumtes, Gefälschtes zu wirkungsvoller Einheit mischt ... und noch heute faszinieren kann*«.

V.H.

AUSGABEN: Bln. 1835, 3 Bde.; ³1881, Hg. H. Grimm; ⁴1890. – Jena 1906, Hg. J. Fränkel, 3 Bde. [m. d. orig. Briefwechsel zwischen Bettine, Goethe u. dessen Mutter]. – Bln. 1920 (in *SW*, Hg. W. Oehlke, 7 Bde., 1920–1922, 3/4; m. d. Anh. nach Fränkels Ausg.). – Frechen 1959 (in *Werke u. Briefe*, Hg. G. Konrad, 5 Bde., 1959–1963, 2; vgl. in Bd. 5: *Der originale Briefwechsel mit Goethes Mutter u. G.*, Hg. J. Müller). – Ffm. 1984 (Insel-TB [m. d. orig. Briefwechsel]). – Ffm. 1985, Hg. W. Oehlke. – Vgl. auch: *Bettinas Leben u. Briefwechsel mit Goethe*, Hg. R. Steig u. F. Bergemann, Lpzg. 1927.

LITERATUR: W. Oehlke, *B. v. A.s Briefromane*, Bln. 1905 (Palaestra, 41). – P. Beyer, *Bettines Arbeit an »Goethes Briefwechsel mit einem Kinde«* (in *Von deutscher Sprache u. Art*, Hg. M. Preitz, Ffm. 1925, S. 65–82). – A. Germain, *Goethe et Bettina. Le vieillard et la jeune fille*, Paris 1939. – C. J. Walde, *»Goethes Briefwechsel mit einem Kinde« u. seine Beurteilung in der Literaturgeschichte*, Diss. Fribourg 1942. – H. Platzer-Collins u. Ph. A. Shelley, *The Reception in England and America of B. v. A.'s »Goethes Correspondence with a Child«* (in *Anglo-German and American-German Crosscurrents*, Hg. Ph. A. Shelley u. A. O. Lewis, Bd. 2, Chapel Hill 1962, S. 97–174). – L. Secci, *Per un nuovo »Gesamtbild« di B. v. A.-Brentano* (in *Studi Germanici*, 6, 1968, Nr. 3, S. 139–176). – K. C. Baumer, *»Goethes Briefwechsel mit einem Kinde«. Ein weiblicher Bildungsroman des 19. Jh.s*, Diss. Davis/Calif. 1983 (vgl. Diss. Abstracts, 44, 1984, S. 3075 A). – W. Bunzel, *B. v. A.s poetisches Verfahren in »Goethes Briefwechsel mit einem Kinde«* (in Jb. der B.-v.-A.-Gesellschaft,

Bln. 1985 ff.). – K. Bäumer, *Bettine, Psyche, Mignon. B. v. A. und Goethe*, Stg. 1986.

LUDWIG ACHIM VON ARNIM

* 26.1.1781 Berlin
† 21.1.1831 Wiepersdorf

LITERATUR ZUM AUTOR:
W. Vordtriede, *A. v. A.* (in *Deutsche Dichter der Romantik*, Hg. B. v. Wiese, Bln. 1971, S. 253 bis 279). – G. Möllers, *Wirklichkeit und Phantastik in der Erzählweise A. v. A.s*, Diss. Münster 1972. – V. Hoffmann, *Die A.-Forschung 1945–1972* (in DVLG, 47, 1973; Sonderheft). – B. Haustein, *Romantischer Mythos und Romankritik in Prosadichtungen A. v. A.s*, Göppingen 1974 [zugl. Diss. Mchn.]. – H. M. Kastinger-Riley, *L. A. v. A.s Jugend- und Reisejahre. Ein Beitrag zur Biographie mit unbekannten Briefzeugnissen*, Bonn 1978. – Dies., *A. v. A. in Selbstzeugnissen und Bilddokumenten*, Reinbek 1979 (rm). – *A. v. A. 1781–1831*, Bearb. R. Moering u. H. Schultz, Ffm. 1981 [Ausst.kat.]. – R. Hoermann, *L. A. v. A.*, Boston 1984 (TWAS). – Aurora. Jb. der Eichendorff-Gesellschaft, 46, 1986 [Beiträge zum Werk A. v. A.s].

DAS LYRISCHE WERK von Ludwig Achim von ARNIM.
Trotz einer sehr umfänglichen Lyrikproduktion sind die Gedichte Arnims bisher kaum entdeckt und gewürdigt worden. Durch die Freundschaft mit Clemens BRENTANO in Göttingen zu ersten Dichtungen angeregt, verfaßte Arnim zunächst sogar vorwiegend, von 1800 bis zu seinem Tode, Lyrik. Obwohl Arnim selbst häufig behauptete, die Gedichte seien spontan entstanden, läßt sich Arbeit an den metrischen Formen nachweisen. Nach seinem poetologischen Selbstverständnis sollte Dichtung ein »*bewußtloses Fortrollen in mancherley Gedanken*« sein, das der emphatischen Eingebung sprachlichen Ausdruck gibt. Zum Ideal wurde nicht die »*falsche Verehrung der Goetheschen Formen*«, wie noch in den Distichen der Jahre um 1803, sondern eine Assoziations- und Klangstruktur, die weit eher an den gemeinsam mit Brentano herausgegebenen Liedern in *Des Knaben Wunderhorn* orientiert war. (»*... wie nach mancher poetischen Kunstbemühung ganz unerwartet eine Vorliebe für die einfachsten ersten Liederklänge, an denen die bewußte Kunst fast gering gegen die Masse des unbewußten Stoffs, zum Schrecken aller Kunstrichter ausbricht.*« – *Von Volksliedern*) Die Liedstruktur der Texte, von denen einige schon früh von Joh.-Fr. und Luise REICHARDT und Bettine BRENTANO vertont wurden, wird nicht nur durch Kontexte der Verseinlagen behauptet, sondern wie in *Armuth,* *Reichthum, Schuld und Buße der Gräfin Dolores* durch Notenbeilagen verdeutlicht. Paarreim, Knittelvers, Addition von Kurzstrophen, Refrain und rhythmische Organisation finden sich entsprechend häufig. Ein synästhetisches Kunstwerk wird jedoch nicht nur damit, sondern auch durch Gattungsmischung angestrebt, so daß sich Lyrik von Schauspiel, aber auch epischer Dichtung und gar, wie im Falle des Frühwerks *Ariel's Offenbarungen*, von einem als »Roman« bezeichneten Werk nicht trennen lassen. Daß jedoch in reicher Zahl Verseinlagen in erzählende Texte eingefügt, Gedichte zu oft sehr losen Zyklen verbunden (z. B. *Der Freye Dichtergarten*, in *Zeitung für Einsiedler*) oder manchmal als Scheinprosa fortlaufend geschrieben wurden, hat seinen Grund nicht nur in dem Ideal, sondern auch in dem Wunsch Arnims, eine überreiche Lyrikproduktion zu veröffentlichen.

Ein Register des lyrischen Werks von 1980 nennt 1872 Titel unterschiedlichster Texte. Das Spektrum reicht von Gelegenheitsgedichten über polemische Zeitkritik bis zu oft aus sehr privaten Anlässen entstandenen reizvollen Miniaturen und Liedern; von frühen Distichen bis zu Balladen, Szenen und eindringlichen Gebeten. In zwei Bänden der Ausgabe *Sämtliche Werke*, die Bettine v. A. nach dem Tode ihres Mannes besorgte, sind in bunter Folge qualitativ divergierende Texte aufgenommen. Zunächst als ein Band geplant, wurde der erste Teil der Sammlung auf Drängen Bettines von A. VARNHAGEN VON ENSE 1856 als Band 22 der im Selbstverlag erscheinenden Werke Arnims ediert. Der Herausgeber mochte die Gedichte nicht, obwohl auch er »*soviel Aechtes und Schönes*« in dem unsortierten Konglomerat aus »*Nachlässigkeiten*« und »*Unreifem*« fand. Der zweite Teil, aus drucktechnischen Gründen abgetrennt, gelangte erst 1976 zum Druck. Obwohl damit nunmehr 142 neue Gedichte bekannt sind, konnte diese Ausgabe das Interesse an Arnims Lyrik kaum fördern, da Varnhagens Edition allzu willkürlich und zusammenhanglos zufälliges Material des Nachlasses teils doppelt und ungenau wiedergibt und von der mangelnden Fähigkeit Arnims zur verbessernden Korrektur und Überarbeitung zeugt.

Dennoch lassen sich bei kritischer Sichtung dieser, der in Prosa eingestreuten und der übrigen Texte eine Reihe von Gedichten erkennen, die einen bleibenden Platz in der Literaturgeschichte verdienen. Arnim verwendet eine durchaus traditionell-romantische Bildlichkeit, die jedoch in eigener Weise reflektiert wird; private und gesellschaftliche Realität wird mit ihr allegorisiert; andererseits wird sie im Text konkretisiert, im Erstsinn verwandt und zu symbolischen Komplexen ausgeweitet. Dies gilt für eine Reihe von Bildfeldern, die immer wiederkehren. Die Relevanz solcher Bildmotive für die eigene Lebenssituation zeigt etwa das Einsiedlermotiv, das sich von der *Zeitung für Einsiedler*, die als *Trösteinsamkeit* erschien, bis zu spätem resignativen Gedichten durchzieht (»*Ferne Lieder / Ihr spottet mein, / Fühle wieder / Wie ich allein*«). Auffallend ist die Verbindung von Aussagen in knappster Form, teils in eigentümlichen Wortprägungen (»*Sternenhauch*«; »*Lebensduft*«; »*Zeitengefieder*«; »*vorgenossen-nachempfunden*«). Auch in scheinbar spielerischen Verwendungen wird jedoch nie die Semantik der Worte zugunsten von Klangketten verwischt, sondern die Aussagemöglichkeiten eines Motivs werden bis an ihre Grenzen erprobt. Die Kunst soll dabei nicht von der Realität ablenken, sondern sie bleibt zeitgebunden (»*Ei Fluch aller Kunst, wenn sie nichts weiter kann, als dem armen Menschen den würdigsten Gedanken, das herrlichste Bild in die Wolken hineinzuschaukeln, bis es sich im Kopfe dreht und im Magen dehnt.*«) Arnim nutzt die literarischen Topoi und Formen zur Formulierung des Zeitgefühls in der »Schwellensituation« des beginnenden Jahrhunderts und versucht noch einmal die Erfahrung von Antagonismen in der Geschlossenheit des Kunstwerkes zu harmonisieren – auch wenn dies zu Komplikationen und Fragmenten ohne eindeutige Aussage und thematische Klarheit führt. In der Poesie soll der Blick auf die »höhere Wahrheit« über Welt und Geschichte eröffnet werden, die für den gläubigen, toleranten Protestanten Arnim eine religiöse Größe im christlichen Sinne ist, wie seine Gebete (z.B. *Gieb Liebe mir und einen frohen Mund*) belegen.

Die »intellektuelle Sinnlichkeit« seiner Gedichte ist von spätromantischer Idyllik wie von den Chiffren moderner Lyrik weit entfernt und erinnert gelegentlich an emblematische Verfahren. Weil sie sich den gängigen Kategorien klassischer wie romantischer Lyrik entziehen – auch Brentanos Gedichte sind von ihnen verschieden –, hat man sie nie genügend gewürdigt. »*Überraschende Fülle*« und die »*Strömung unzähliger melodischer Gefühle*« konzedierte Bettine ihrem Mann. Cl. Brentano erkannte früh eine Grundproblematik, indem er auf die Überfülle von Reimen, Gedanken und Bildern hinwies, die nicht immer gerundet und oft willkürlich verbunden würden. Während die Freunde J. und W. GRIMM öfters die »*schönen Lieder*« erwähnen, lobt H. v. KLEIST im Blick auf *Halle und Jerusalem* auch befremdende Wendungen eines »*wunderbaren Gedichtes*«, denn: »*alles Vortreffliche führt etwas Befremdendes mit sich*«.

Von der älteren Literaturwissenschaft wurde die Lyrik Arnims entweder nicht beachtet oder pauschal abgelehnt. Erst in neuerer Zeit finden sich positive Wertungen, die auf impressionistische, surreale und sprachspielerische Elemente dieser reichen Lyrik hinweisen. Arnim litt selbst an der geringen Rezeption seiner Werke: »*Ich werde wohl noch einige Zeit für einen verwirrten Poeten gehalten, bis die Zeit merkt wie nahe ich ihr zwischen die Federn auf die Haut gesehen habe.*« T.S.

AUSGABEN: *Gedichte – Erster Band*, Weimar 1856; Nachdr. Bern 1970 (in *SW*, Hg. W. Grimm, 22 Bde., Bln./Weimar 1839–1856, 22: Nachlaß, 6. Bd.). – *Gedichte – Zweiter Teil*, Hg. H. R. Liedke u. A. Anger, Tübingen 1976 (Schriften des Freien Dt. Hochstifts). – *Ariel's Offenbarungen*, Hg. J. Minor, Weimar 1912. – *Zeitung für Einsiedler*, Hg. H. Jessen, Darmstadt 1962 [Neuausg.]. – *Mir ist zu licht zum Schlafen. Gedichte, Prosa, Stücke, Briefe*, Hg. G. Wolf, Ffm. 1984 (FiTb).

VERTONUNGEN: Liedkompositionen u.a. von Johannes Brahms, Karl-Friedrich Zelter, Johann-Friedrich u. Luise Reichardt, Bettine Brentano *(Beans Beor)*, Richard Strauß.

LITERATUR: U. Ricklefs, *A.s lyrisches Werk. Register der Handschriften und Drucke*, Tübingen 1980 (Schriften des Freien Dt. Hochstifts). – Th. Sternberg, *Die Lyrik A. v. A.s. Bilder der Wirklichkeit – Wirklichkeit der Bilder*, Bonn 1983. – Aurora, 46, 1986 [Beiträge v. J. Kiermeier-Debre, H. Schultz, Th. Sternberg u. E. Stopp].

ARMUT, REICHTUM, SCHULD UND BUSSE DER GRÄFIN DOLORES. Eine wahre Geschichte zur lehrreichen Unterhaltung armer Fräulein

Zeitroman von Ludwig Achim von ARNIM, erschienen 1810. – Ein Jahr zuvor hatte GOETHE den Roman *Die Wahlverwandtschaften* veröffentlicht, und der Kerngeschichte von Arnims Buch, die von den Überkreuzbeziehungen der beiden Paare Gräfin Dolores/Graf Karl und Gräfin Klelie/Markese D. handelt, merkt man die Auseinandersetzung mit dem Goetheschen Roman an. Arnim ging es darum, die Ablösung und Überwindung der Rokoko-Libertinage durch eine christliche Eheführung romanhaft zu gestalten.

Der Titel des Werks bezeichnet die Stationen der Wandlung der Protagonistin: Die extravertierte, leichtlebige und oberflächliche, aber außerordentlich schöne Gräfin Dolores heiratet nach ihrer Verarmung (der Vater ist vor den Gläubigern nach Indien geflohen und die Mutter vor Kummer gestorben) den Grafen Karl. Graf Karl gehört der jungen, nachrevolutionären Adelsgeneration an, die bürgerliches Leistungsdenken akzeptiert (er absolviert ein Universitätsstudium) und Gesellschaftsreformen gegenüber aufgeschlossen ist. Den Grund für die von ihm abgelehnte Revolution sieht er in der verantwortungslosen Lebensführung des französischen Rokoko-Adels, der die alten christlich-patriarchalischen Werte preisgegeben habe. Der Markese D. repräsentiert den Typus eines gewissenlosen Aristokraten aus dem Ancien régime. Als Dolores den Verführungskünsten des Markese erliegt, begeht Graf Karl einen Selbstmordversuch. Danach setzt bei Dolores ein Umdenkungsprozeß ein, und sie wandelt sich von der vergnügungssüchtigen, kapriziös-koketten Weltdame zur christlich-fürsorglichen Mutter, die dem wieder genesenen Grafen Karl eine treue Gattin ist. Ihr Tod trägt die Kennzeichen selbstlos-christlicher Aufopferung.

In der Auseinandersetzung mit Goethes *Wahlverwandtschaften* ging es Arnim aber nicht nur um eine thematisch andere Behandlung des Ehethemas, sondern auch darum, der neuen romantischen Poetik gegen die klassische Ästhetik der Weimaraner zum Durchbruch zu verhelfen. Wilhelm GRIMM erkannte, daß hier ein »romantisches Buch« vorlag, ein Roman, wie er zwar in der «Universalpoesie« Friedrich SCHLEGELS theoretisch konzipiert, bisher aber höchst selten (in Ansätzen in SCHLEGELS *Lucinde* und in BRENTANOS *Godwi*) realisiert worden war. Womit der Leser konfrontiert wird, ist ein auf den ersten Blick chaotisch anmutendes Gemisch von Roman, Novelle, Sage, Mythos, Legende, Fabel, Anekdote, Predigt, Drama, Singspiel, Essay, Gespräch, Brief, Elegie, Ballade, Romanze, Gedicht, Lied, Reflexion und Aphorismus mit Anleihen bei und Vorbildern aus den verschiedensten Jahrhunderten der deutschen und europäischen Literaturgeschichte. Wäre das Buch zehn Jahre früher erschienen, hätte Friedrich Schlegel es wohl als Verwirklichung seiner Idee vom romantischen Roman als »Arabeske« gefeiert. Goethes Ablehnung des Buches war schroff. Weder behagte ihm der christkatholische Ehemoralismus, noch war ihm die Form des Buches geheuer: In Erzählhaltung, Stil, allegorischer Struktur und (scheinbar) chaotischem Aufbau konnte er – zu Recht – nichts als romantische Opposition ausmachen. Bei der romantischen Allegorie, wie Arnim sie hier praktiziert, handelt es sich nicht um die bloße Umsetzung eines Begriffs in ein Bild, sondern um die permanente Anreicherung und sukzessive Aufladung von Bildern mit immer neuen und erweiterten Bedeutungen. Diese Allegorieauffassung leitet sich ab aus der romantischen Geschichtsphilosophie, der zufolge Poesie unter den Verhältnissen einer prosaischen Gegenwart nur mittels chiffrierter Verweise zugänglich ist. Die Allegorisierung führt in der *Gräfin Dolores* zu dem ständigen, geradezu explosivartigen Weiterdichten im Sinne konzentrischer Aneinanderreihungen mit dem Einverweben episodischer Sequenzen sowie den Einflechtungen, Reprisen und Exkursen mit ihren Spiegel- und Reflexbildern. Der Aufbau des Ganzen ist dabei klar durchdacht, denn auch noch die scheinbar unbekümmertste Abschweifung erweist sich als Variation des Hauptmotivs: Die Kerngeschichte mit ihrem zentralen Liebes- und Ehethema ist von Dutzenden zusätzlichen Dichtungen flankiert, die Arnim bei der Komposition des Romans Ende 1809/Anfang 1810 zum Teil schon veröffentlicht oder zumindest vorliegen hatte.

Die Botschaft der Ehetugend ist für Arnim kein Zweck in sich selbst. Der Autor argumentiert in den Jahren nach der Schlacht von Jena vor allem als Patriot. Voraussetzung einer Regenerierung Deutschlands ist seiner Meinung nach die Orientierung an einer Ethik, wie er sie im einfachen Volk glaubt praktiziert zu finden. Als Romantiker strebt Arnim nach einer Synthese von autonomer und heteronomer, von subjektiver und objektiver, von individueller und allgemeinverbindlicher Ethik, und wie seinen Freunden scheint ihm diese Synthese im Begriff des Volkes und dessen Moralität gegeben zu sein. Das ist der Grund dafür, daß in der *Gräfin Dolores* die volkstümliche Religiosität mit ihren Gebräuchen (wie Wallfahrt oder Kirchmeß) eine wichtige Rolle spielt.

Das Charakteristische an Arnims *Gräfin Dolores* ist die ungewöhnliche Mischung aus konservativer Botschaft und revolutionärer Form. Sie hat das Werk seit seinem Erscheinen so schwer rezipierbar gemacht. Nicht wegen, sondern trotz der moralischen Wirkungsabsicht, nicht trotz, sondern wegen seiner komplizierten Struktur ist der Roman nach wie vor ein faszinierendes romantisches Buch.

P.M.L.

AUSGABEN: Bln. 1810, 2 Bde. – Bln. 1840 (in *SW*, Hg. W. Grimm, 22 Bde., 1839–1856, 7/8). – Bln. o. J. [1908]. – Lpzg. o. J. [1911] (in *Werke*, Hg. R. Steig, 3 Bde.). – Lpzg. 1935. – Mchn. 1962 (in *Sämtl. Romane und Erzählungen*, Hg. W. Migge, 3 Bde., 1962–1965, 1). – Lpzg. 1981 (in *Die Erzählungen und Romane*, 3 Bde.). – Ffm. 1988.

LITERATUR: W. Grimm, Rez. (in Heidelbergische Jbb. der Literatur, 3. Jg., Bd. 2, 1810, S. 374–383). – F. Schule, *»Die Gräfin Dolores«*, Diss. Lpzg. 1904. – H. Fuhrmann, *A. v. A.s »Gräfin Dolores«*, Diss. Köln 1958. – E. L. Offermanns, *Der universale Gegenwartsroman A. v. A.s*, Diss. Köln 1959. – H. R. Liedke, *Vorstudien A. v. A.s zur »Gräfin Dolores«* (in FDH, 1964, S. 236 bis 242; 1965, S. 235–313; 1966, S. 229–308). – H. Meixner, *Romantischer Figuralismus*, Ffm. 1971. – R. Moering, *Die offene Romanform von A. v. A.s »Gräfin Dolores«*, Heidelberg 1978. – K. Peter, *A. v. A.: »Gräfin Dolores« 1810* (in *Romane und Erzählungen der dt. Romantik*, Hg. P. M. Lützeler, Stg. 1981, S. 240–263). – E. L. Offermanns, *A. v. A.s Beitrag zum romantischen Roman* (in Aurora, 46, 1986, S. 120–128).

HALLE UND JERUSALEM. Studentenspiel und Pilgerabenteuer

Zweiteiliges Schauspiel von Ludwig Achim von ARNIM, erschienen 1811. – Das Werk war ursprünglich als Bearbeitung von GRYPHIUS' *Cardenio und Celinde* (1657) für die moderne Bühne geplant, und diesem barocken Trauerspiel hat Arnim dann auch den auf CERVANTES und Pérez de MONTALBÁN zurückgehenden Stoff entnommen und ihn zu einer eigenen Schöpfung verwertet. Er verband – ohne innere Notwendigkeit – die überlieferte Liebesgeschichte mit der hier zum erstenmal in ein Drama eingegangenen Ahasver-Legende, die in Deutschland durch das Volksbuch von 1602 verbreitet worden war. Das in der Widmung an BRENTANO und GÖRRES als *»Trauerspiel in zwei Lustspielen«* bezeichnete Stück, das nie eine Aufführung erlebte, besteht aus dem umfangreicheren Studentenspiel *Halle*, in dem Arnim die Cardenio-und-Celinde-Handlung um Erinnerungen an seine eigene Studentenzeit erweiterte, und dem an dramatischer Lebendigkeit ärmeren Pilgerabenteuer *Jerusalem*, einem an CALDERÓN orientierten Läuterungsdrama.

Lysander liebt Olympie, die jedoch seiner langen Werbung noch immer nicht nachgegeben hat. Als sie durch einen Zufall Cardenio begegnet, der seine Hallenser Studienfreunde an Mut und Verwegenheit überragte, zögert sie um so mehr, Lysander ihr Jawort zu geben, was diesen veranlaßt, mit Hilfe einer List nachts heimlich in das Gemach der Geliebten einzudringen und sie zu küssen. Der Anschlag mißlingt jedoch, da Olympie Cardenio für den Eindringling hält. Dieser wiederum ist nun zu stolz, ihre Ehre durch Heirat wiederherzustellen, worauf die doppelt Gedemütigte, dem Geliebten zum Trotz, sich mit dem treuen Lysander verbindet. Aus Verzweiflung wendet sich Cardenio der ihn liebenden Celinde zu, verfällt der Raserei sinnlicher Liebe, ersticht Celindes Liebhaber und plant einen Mordanschlag auf Lysander. Die als Geist erscheinende tote Mutter Olympiens und Ahasver bestärken das *»jenen finstern Mächten«* der Liebe ausgelieferte Paar in dem Entschluß, am Grabe Christi Buße zu tun. – Im zweiten Teil löst sich die dramatische Form in eine lockere Bilderfolge auf. Ahasver, Cardenio und Celinde begeben sich zu Schiff ins Heilige Land und werden während eines Sturms ins Meer gestürzt, weil die Schiffsbesatzung glaubt, sie hätten das Wetter behext. Lysander und Olympie taufen auf einem Kriegsschiff ihren ersten Sohn. Als betende Pilger begegnen sich die Hallenser auf dem Weg nach Jerusalem. Ahasver trifft Cardenio und Celinde, die sich auf eine Insel retten konnten, und enthüllt dem Jüngling, daß er sein Sohn und Olympie seine Tochter sei, da er, Ahasver, einst ihre Mutter Anthea als Pilger in Jerusalem vergewaltigt habe, wofür er nun in Ewigkeit büßen müsse. Am Schluß des Stückes stirbt der im Kampf um Akra verwundete Lysander, den Blick auf die Heilige Stadt gerichtet, und Olympie beschließt ihr Leben im Kloster. Cardenio und seine Gefährtin, die beide ihre Schuld gebüßt haben, kommen schließlich bei einem Volksaufstand am Grabe Christi um. Und der reuige Jude darf mit einem seligen Tod seinen ruhelosen Erdenwandel beenden.

So eng sich Arnim, vor allem im ersten Teil, inhaltlich und in der Zeichnung der Charaktere an das Trauerspiel von Gryphius anlehnt, so radikal befreit er sich in der dramatischen Technik von der strenggefügten Struktur des Barockdramas. Der Romantiker schwelgt – unter dem Einfluß SHAKESPEARES – in einer bunten Fülle sinnbildhafter Gestalten und Geschehnisse. Gegensätzliche Episoden werden aneinandergereiht, Phantastisches paart sich mit Wirklichem, die Gegenwart, in die die Handlung verlegt ist, wird zum Tummelplatz für Geister, Hexen und Gespenster. Typisch für die uneinheitliche dramatische Form des Stückes sind auch der ständige Wechsel von Ort und Zeit und die in die Handlung eingeschalteten Traum- und Maskenspiele, Lieder und Chöre. Der hohen dichterischen Intensität einzelner Szenen und der großzügigen Konzeption des Stückes stehen die Mißachtung aller dramaturgischen Grundregeln und der völlige Verzicht auf konzentrierende Gestaltung des Stoffes gegenüber. Richard BENZ spricht von *»Ausweitung ins Große Welttheater«*, wogegen KORFF den infolge *»innerer Mittelpunktlosigkeit ... bandwurmartigen Charakter«* verurteilt. Beide Urteile scheinen – ihrer Perspektive gemäß – berechtigt. Gerecht wird man dem Werk jedoch erst durch eine weniger von bestimmten Gattungsvorstellungen geprägte als die Eigengesetzlichkeit des romantischen Dramas stärker beachtende Sehweise. KLL

AUSGABEN: Heidelberg 1811. – Bln. 1846 (in *SW*, Hg. W. Grimm, 22 Bde., 1839–1856, 16). – Lpzg. o. J. 1925 (in *Werke*, Hg. A. Schier, 3 Bde., 3). – Lpzg. 1938 (in C. Brentano u. L. A. v. A., *Dramen*, Hg. P. Kluckhohn; DL. R. Romantik, 21; vgl. auch Einl. in Bd. 20).

LITERATUR: F. Schönemann, *A.s geistige Entwicklung erläutert an seinem Drama »Halle und Jerusalem«*, Lpzg. 1912; Neudr. Hildesheim 1976. – J. Schreyer, *Die psychologische Motivierung in A.s Dramen*, Halle 1929. – H. Wolff, *Die Dramen »Halle und Jerusalem« u. »Die Gleichen« im Zusammenhang der religiösen Entwicklung A.s.*, Diss. Göttingen 1936. – J.Ricci, *L'histoire de Cardenio et Celinde dans le théâtre allemand*, Paris 1948. – D. Streller, *A. u. das Drama*, Göttingen 1957. – G. Falkner, *Die Dramen A. v. A.s. Ein Beitrag zur Dramaturgie der Romantik*, Zürich 1962 (ZBLG, 20). – R. Paulin, *Gryphius' »Cardenio und Celinde« und A.s »Halle und Jerusalem«. Eine vergleichende Untersuchung*, Tübingen 1968. – L. Ehrlich, *A. v. A. als Dramatiker*, Diss. Halle 1970. – R. W. Burwick, *A. v. A.s Verhältnis zur Bühne und seine Dramen*, Diss. Univ. of California at Los Angeles 1972 (vgl. Diss. Abstracts, 32, 1972/73, S. 6965 A).

ISABELLA VON ÄGYPTEN. Kaiser Karl des Fünften erste Jugendliebe

Erzählung von Ludwig Achim von ARNIM, erschienen 1812. – Die Erzählung ist die erste und bedeutendste in einer Sammlung von Geschichten und Novellen, die durch eine lockere Rahmenhandlung (eine Kahnfahrt des Dichters auf dem Rhein) miteinander verbunden sind. Angeregt durch die Lektüre von CERVANTES, GRIMMELSHAUSEN, Heinrich GRELLMANNS *Die Zigeuner* (1787) und Antoine VARILLAS Werk über die Erziehung des jungen Karl (1686), hat der Dichter Gestalten der Zigeunerromantik, Sagen- und Märchenfiguren und historische Personen in eine Geschichte von hohem poetischem Reiz verwoben.

Isabella, die schöne, kindlich-reine Tochter des unschuldig gehenkten Zigeunerherzogs Michael, lebt einsam in einem Gartenhaus an der Schelde, nur besucht von ihrer zwielichtigen Beschützerin, der alten Zigeunerin Braka. Der junge Erzherzog Karl (der spätere Kaiser Karl V.), der ihr dort zum ersten Mal begegnet, verliebt sich in das Mädchen, das er für eine Erscheinung hält. Nachdem Isabella den Alraun Cornelius Nepos aus der Erde unter dem Galgen ihres Vaters gehoben hat, rät Braka, den unter seinem magischen Einfluß im Hause gefundenen Schatz für die Anschaffung einer neuen und reichen Ausstattung zu verwenden und sich nach Gent, dem Sitz des Erzherzogs, aufzumachen. Dort werde man ein vornehmes Leben führen und den Thronfolger für sich gewinnen. Zu dem neuen Hausstand gehört neben dem koboldhaften, eitlen Alraun auch der Bärenhäuter, der aus dem Grab auferstandene ursprüngliche Besitzer des Schatzes, der nun den Diener spielt, um sich einen Teil seines Geldes zurückzuverdienen. In Gent ist die Schönheit und Tugend Isabellas bald in aller Munde. Karl hofft auf ein Zusammentreffen, und Braka, die sich mancherlei Vorteile von der Verbindung der beiden Liebenden verspricht, führt ein Wiedersehen auf der Kirmes in Buik herbei. Doch die bald offenbar werdende Absicht Karls, Isabella zu heiraten, sucht der Alraun, der die Prinzessin eifersüchtig liebt, zu durchkreuzen. Da läßt der Erzherzog, um den Kobold von sich abzulenken, durch einen alten Juden eine zweite Isabella erschaffen, einen weiblichen Golem voll Hochmut, Wollust und Geiz. Der Alraun begnügt sich verliebt mit der seelenlosen Nachbildung. Karl jedoch erliegt schließlich auch selbst dieser verführerischen Truggestalt voll kalter Schönheit. Indessen irrt Isabella allein und verstoßen durch die Straßen der Stadt. Ihr toter Vater erscheint ihr, und seine Worte erfüllen sie mit neuer Hoffnung: sie werde einem von Karl empfangenen Sohn das Leben schenken und werde das zerstreute Volk der Zigeuner, das, seit es der Mutter Gottes auf ihrer Flucht gastliche Aufnahme verweigerte, heimatlos sei, nach Ägypten zurückführen. Die Prophezeiung erfüllt sich: Der von dem Golem befreite Karl, der inzwischen zum Kaiser gekrönt worden ist, gibt den Zigeunern ihre Freiheit zurück. Sie ziehen mit Isabella, ihrer geliebten Königin, und deren Sohn nach Ägypten. Dort stirbt sie hochgeehrt am gleichen Tag wie Karl, dem eine Vision der Geliebten in der Todesstunde die Gewißheit gibt, daß ihm sein ehrgeiziges Leben voller Verfehlungen verziehen ist.

Arnim ist in dieser Erzählung nicht nur romantischer Fabulierer, sondern zugleich Moralist. Wie das Volk der Zigeuner hat auch Karl mit seiner Wendung gegen die Reformation nach Arnims Meinung in der Stunde des Heils versagt. Daß er dem Golem verfällt und schließlich sogar den Alraun zu Staatsgeschäften (er macht ihn zu seinem Finanzminister) heranzieht, soll seine Schwäche als Herrscher verdeutlichen: er ist gierig und habsüchtig. Doch Isabella, die ihr Volk von dem Fluch der Heimatlosigkeit befreit hat, erlöst am Ende auch den Kaiser von seiner Schuld.

Heinrich HEINE pries das Werk in seiner *Romantischen Schule* als Inbegriff romantischer Poesie. Auch die Brüder GRIMM, denen die Novellensammlung gewidmet ist, äußerten Beifall und tadelten lediglich, daß Arnim gesellschaftliche Tatsachen und frei Erdichtetes miteinander verbunden habe. Doch schafft gerade das Ineinander von Historie und Märchen, von Traum und Wirklichkeit die beziehungsreiche Vieldeutigkeit dieser Erzählung, die noch heute weithin als die schönste Arnims angesehen wird. D.Ba.

AUSGABEN: Bln. 1812. – Bln. 1839 (in *SW*, Hg. W. Grimm, 22 Bde., 1839–1856, 1). – Mchn. 1963 (in *Sämtl. Romane u. Erzählungen*, Hg. W. Migge, 3 Bde., 1962–1965, 2). – Frechen 1964 (*Isabella von Egypten*; ill.). – Stg. 1964 (Nachw. W. Vordtriede; RUB; ern. 1979). – Lpzg. 1981 (in *Die Erzählungen und Romane*, 3 Bde.). – Ffm. 1987 (in *Erzählungen*; Insel-Tb.)

LITERATUR: A. Schwarz, *A. v. A.s Menschentum u. seine Stellung zur Geschichte*, Diss. Bonn 1923. – G. v. Selle, *Bemerkungen zu A. v. A.s künstlerischer Persönlichkeit, aus einer Analyse seiner Novelle »Isabella von Ägypten«* (in Eichendorff-Kalender, 17, 1926, S. 39–48). – A. Hirsch, *Der Gattungsbegriff ›Novelle‹*, Bln. 1928, S. 129–135. – P. Noack, *Phantastik u. Realismus in den Novellen A. v. A.s*, Diss. Freiburg i. B. 1952. – J. Göres, *Das Verhältnis von Historie u. Poesie in der Erzählkunst L. A. v. A.s*, Diss. Heidelberg 1957. – G. Rudolph, *Studien zur dichterischen Welt A. v. A.s*, Bln. 1958. – C. David, *A. v. A. »Isabella von Ägypten«. Essai sur le sens de la littérature fantastique* (in Fs. für R. Alewyn, Hg. H. Singer u. B. v. Wiese, Köln/Graz 1967). – P. H. Neumann, *Legende, Sage und Geschichte in A. v. A.s »Isabella von Ägypten«* (in Jb. der dt. Schillergesellschaft, 12, 1968, S. 296–317). – E. Schürer, *Quellen und Fluß der Geschichte. Zur Interpretation von A.s »Isabella von Ägypten«* (in Lebendige Form, Fs. für H. Henel, Hg. J. L. Sammons u. E. Schürer, Mchn. 1970, S. 189–210). – A. Faure, *»Isabella von Ägypten« d'A. v. A. L'allégorie fantastique et le mythe historique au service de la profession de foi politique* (in Recherches Germaniques, 9, 1979, S. 160–173). – L. Völker, *Naturpoesie, Phantasie und Phantastik* (in *Romantik*, Hg. E. Ribbat, Königstein/Ts. 1979, S. 114–137).

DES KNABEN WUNDERHORN. Alte deutsche Lieder

Gesammelt von Ludwig Achim von ARNIM und Clemens BRENTANO (1778–1842). – Der erste Band des Werks, mit einer *Zueignung* an GOETHE und einem Anhang, der Arnims Abhandlung *Von Volksliedern* und eine *Nachschrift an den Leser* enthält, erschien 1805 (vordatiert auf 1806); die Bände 2 und 3 erschienen mit einem von Brentano allein bearbeiteten Anhang von *Kinderliedern*, einem *Dank an Goethe* und einer *Übersicht des Inhalts einiger Lieder* (1808). Die von Arnim besorgte zweite Auflage des ersten Bandes wurde, vermehrt um eine *Zweite Nachschrift an den Leser*, 1819 ausgegeben; eine vierbändige *Neue Ausgabe* des ganzen Werks, überarbeitet nach dem in Arnims Nachlaß enthaltenen Material, wurde 1845 (Bd. 1), 1846 (Bd. 2 und 3) und 1854 (Bd. 4) im Rahmen von Arnims *Sämmtlichen Werken* von Rudolf BAIER und Ludwig ERK ediert. Ein bibliophil komplettes Exemplar des *Wunderhorns* müßte darüber hinaus noch Wilhelm GRIMMS *Altdänische Heldenlieder* (1811) berücksichtigen, die von Grimm gesammelt und übersetzt, von Brentano überarbeitet und zeitweilig als vierter Band des *Wunderhorns* erwogen wurden. Erst Heinz RÖLLEKE ist es im Rahmen der Frankfurter Brentano-Ausgabe (Bde. 6–9, 1975–1978) gelungen, eine historisch-kritische Ausgabe des *Wunderhorns* vorzulegen, da er davon abgesehen hat, die »Urgestalt« der zugrundeliegenden Lieder zu rekonstruieren und das Werk als jenes Kunstwerk behandelte, das Arnim und Brentano geplant und gestaltet haben.

Der erste formulierte Vorschlag eines *»wohlfeilen Volksliederbuches ... welches das platte, oft unendlich gemeine Mildheimische Liederbuch«* (1799) ablösen sollte, stammt von Brentano (Brief an Arnim v. 15. 2. 1805). Der gemeinsame Plan einer Sammlung altdeutscher Lieder freilich reicht zurück in das Jahr 1802, als die »Liederbrüder« Arnim und Brentano, *»von tausend neuen Anklängen der Poesie berauscht, ohne Tag und Nacht zu sondern, frei von Sturm und Ungewitter, denn unser Gesang führte sie uns wie Bilder unsres Gemüths«*, den Rhein hinabzogen, und Lieder, Romanzen, Sagen und Märchen sammelten. Zu den schriftlichen Quellen, durch die sie angeregt wurden, gehörten HERDERS *Volkslieder* (1778/1779), Friedrich GRÄTERS Zeitschrift ›Bragur‹ und Anselm ELWERTS *Ungedruckte Reste alten Gesangs* (1784). In Heidelberg arbeiteten die beiden Freunde im Sommer 1805 gemeinsam den ersten Band aus, dessen Titel Elwerts einleitendes Gedicht (nach Johann Just Winkelmanns *Oldenburgischer Friedens- und benachbarter Oerter Kriegs-Handlungen*, 1671) erklärt. Goethes *»herzliche, herrliche, junge Rezension«* (1806) ermutigte sie, gegen alle Schicksalsschläge, gegen die Ungunst der Zeit und allen gehässigen Anfeindungen des rationalistischen Lagers zum Trotz die Fortsetzung des Werks zu betreiben. Hatte schon der Anhang des ersten Bandes zur Mitarbeit aufgefordert, so begründete Arnim nun die neue Aufforderung zur Sammeltätigkeit in ›Beckers Reichsanzeiger‹ (Dezember 1805) mit patriotischen Motiven. Die Besinnung auf das gemeinsame Erbe der Vorzeit sollte den deutschen Stämmen ihre kulturelle Einheit bewußt machen und in einer Zeit, da *»der Rhein einen schönen Theil unsres alten Landes los löst vom alten Stamme, andre Gegenden in kurzsichtiger Klugheit sich vereinzeln«*, die nationale Opposition gegen Napoleon stärken. Arnims Aufrufe und Brentanos gedruckte Zirkulare hatten einen gewaltigen Erfolg, die Herausgeber sammelten *»Lieder in die Tausende«*, von denen nur ein Bruchteil in die Bände aufgenommen werden konnte; nach Rölleke würde eine Publikation des gesamten erhaltenen, handschriftlichen Materials zum *Wunderhorn* einen Folioband von mehr als 6000 Druckseiten füllen. Bettine BRENTANO und die Brüder Jacob und Wilhelm GRIMM gehörten zu den Sammlern. Insgesamt hatten – nach Röllekes Feststellung – Arnim und Brentano etwa 50 zeitgenössische Mitarbeiter und verwendeten Vorlagen von etwa 140 älteren (bekannten und anonymen) Dichtern. In enger Zusammenarbeit mit den Brüdern Grimm wurde das Werk in Kassel und Heidelberg vollendet. Für den gestochenen Haupttitel des zweiten Bandes hat Brentano ein altdeutsches Trinkhorn mit einer Heidelberger Landschaft im Hintergrund entworfen. Das unzerstörte Schloß Heidelberg auf diesem Stich verweist – auch wenn es so schon in Brentanos Vorlage enthalten war – eindringlich auf die von Arnim und Brentano verfolgte Methode der *»Restauration und Ipsefacten«* bei der Bearbeitung der Vorlagen. Während die Brüder Grimm von einer Wiederherstellung des verlorenen Paradieses der Vorzeit auf dem Wege strenger historischer Forschung träumten, waren Arnim und Brentano im Vertrauen auf die *»Wahrheit der Phantasie«* zur Rekonstruktion der verlorenen Seinseinheit durch die Kunst entschlossen. Für die Brüder Grimm bedeutete die Arbeitsweise der beiden Dichter Lüge und Befleckung, da sie die naturpoetischen Reste der Vorzeit verfälschten, den Freunden Arnim und Brentano aber war *»alte und neue Poesie ... dieselbe, das Wunderbare darin durch die Phantasie der täuschenden und zugleich getäuschten Dichter entsprungen«*. Von hier aus wird es verständlich, daß sie in ihre Sammlung nicht nur die Lieder bekannter Autoren des 16. und 17.Jh.s und Lieder zeitgenössischer Dichter aufnahmen, sondern auch, daß sie einen Großteil der Vorlagen für eigene Dichtung adaptierten und eine kleine Anzahl von *»Ipsefacten«*, d. h. eigenen, nur dem Ton der Vorlagen folgenden Liedern, mit einfügten. Goethes Rezension, wonach *»das hie und da seltsam Restaurierte, aus fremdartigen Teilen Verbundene, ja das Untergeschobene ... mit Dank anzunehmen«* sei, aber auch GÖRRES' Besprechung (1809), die das Werk mit dem Weiterbau des aus dem Mittelalter unvollendeten Kölner Doms vergleicht, haben die Bearbeiter in ihrer Methode bestätigt.

Vergeblich hat man früher nach einem Ordnungsprinzip des als romantisches Kunstwerk und nicht als Volksliedersammlung zu verstehenden Werkes gesucht. Man hat Themenreihen und Motivketten herausgehoben, ohne zu bemerken, daß sich gerade in dem bunten Gewimmel alter und neuer, restaurierter und unveränderter, überlieferter und neu geschaffener Lieder die gedankliche Einheit des Werkes manifestiert; die Überzeugung vom Primat der variierenden einzelmenschlichen Phantasie, die Teil einer über die Dichter aller Jahrhunderte gleichermaßen verfügenden Grundkraft der Poesie ist.

Die Wirkungsgeschichte der Sammlung ist – trotz der zahlreichen Hinweise in Röllekes Kommentar – noch wenig erforscht. Zahlreiche Komponisten, wie Schumann, Brahms und Mahler, ließen sich von ihr zu neuen Melodien anregen; zahllose Texte der etwa 700 Liebes-, Wander-, Soldatenlieder, Abschiedsklagen, Balladen, geistlichen Lieder, Trinklieder, Gassenhauer, Abzählreime und Kinderverse drangen ins Volk, wurden von der Jugendbewegung in ihre Liederbücher aufgenommen und sind – durch die Lesebücher der Schulen – noch heute lebendig (z. B. *Guten Abend, gute Nacht; Schlaf, Kindlein, schlaf; Wenn ich ein Vöglein wär; Es ist ein Schnitter, der heißt Tod*). Im Schaffen Arnims, Brentanos, EICHENDORFFS, HEINES, BÜCHNERS, der schwäbischen Romantik und der gesamten Lyrik des 19.Jh.s spiegelt sich tausendfältig der Klang- und Motivschatz des *Wunderhorns*. Heinrich Heine erkannte 1833 in den Liedern des Werks ein anderes Deutschland als jenes, das ihn ins Pariser Exil gezwungen hatte und rühmte die darin enthaltenen Lieder als *»die holdseligsten Blüten des deutschen Geistes«*.

Brentano aber hat sich 1839, als er seine Schwester Bettine bei einer Neubearbeitung des *Wunderhorns* beriet, vorsichtig von der patriotischen Sammlungstendenz der Erstausgabe distanziert: *»Vor allzuvielen historisch politischen Liedern ist sich zu hüten, sie sind auch damals wie heute zu Tage außer wenigen, kaum gelesen und nicht gesungen worden, nur was so kurz dauert wie die Liebe, wird gesungen, weil es ewig wiederkömmt.«* W.Fr.

AUSGABEN: Heidelberg 1806 [recte 1805; Bd. 1]; Heidelberg 1808 [Bd. 2 u. 3]. – Bln. 1845–1854 (in L. A. v. Arnim, *SW*, Hg. W. Grimm, 22 Bde., 1839–1856; Bd. 13, 14, 17, 21, Hg. R. Baier u. L. Erk). – Bln. 1883, Hg. R. Boxberger, 2 Bde. – Bln. u. a. 1916, Hg. K. Bode, 2 Bde. – Mchn. 1957, Hg. W. A. Koch; ern. 1964. – Bln 1958, Hg. E. Stockmann; [Ausw. mit Noten]. – Stg. u. a. 1979, Hg. H. Rölleke, 9 Bde. [Studienausg.; hist.-krit.; folgt der Frankfurter Brentano-Ausg., Bd. 6–9, Ffm. 1975–1978]. – Mchn. 1980; ²1984 [Nachw. W. A. Koch]. – Mchn. 1984; ²1986, 3 Bde. (Nachw. A. Henkel; dtv-Gesamtausg.).

LITERATUR: F. Rieser, *»Des Knaben Wunderhorn« und seine Quellen*, Dortmund 1908. – K. Bode, *Die Bearbeitung der Vorlagen in »Des Knaben Wunderhorn«*, Bln. 1909 (Palaestra, 76). – O. Mallon, *B.-Bibliographie*, Bln. 1926; Nachdr. Hildesheim 1965 [enth. die gesamte ältere Lit.]. – H. Schewe, *Neue Wege zu den Quellen des »Wunderhorns«* (in Jb. für Volksliedforschung, 3, 1932, S. 120–147). – O. Mallon, *Goethe und »Des Knaben Wunderhorn«* (in Philobiblon, 7, 1934, S. 315–323). – I. M. Boberg, *»Des Knaben Wunderhorn – Oldenburgerhornet* (in *Festskrift til L. L. Hammerich*, Kopenhagen 1952, S. 53–61). – A. Schmidt, *Stand und Bearbeitung des Wunderhornmaterials im Nachlaß von R. Baier, Stralsund* (in ZfdPh, 73, 1954, S. 237–239). – H. Schewe, *Vorauswort zu einer hist.-krit. und an Hand der Originalquellen kommentierten Wunderhorn-Ausgabe* (in Deutsches Jb. f. Volkskunde, 2, 1956, S. 51–72). – H. v. Müller, *»Des Knaben Wunderhorn. Zur Entstehungsgeschichte des Werkes«* (in Philobiblon, 2, 1958, S. 82–104). – W. Naumann, *Das Rautensträuchelein aus »Des Knaben Wunderhorn«* (in WW, 12, 1962, S. 288–292; ern. in W. N., *Traum und Tradition in der deutschen Lyrik*, Stg. u. a. 1966, S. 37–44). – H. Schewe, *Jacob Grimms Wunderhornbriefe nebst drei Briefen Erich Schmidts* (in Deutsches Jb. f. Volkskunde, 9, 1963, S. 124–130). – H. Rölleke, *Die Titelkupfer zu »Des Knaben Wunderhorn«* (in FDH, 1971, S. 123–131). – S. E. Brown, *»Des Knaben Wunderhorn« 1806–1808. Its Reception and Assessment of Its Impact*, Diss. Durham 1980.

DIE KRONENWÄCHTER. Bertholds erstes und zweites Leben

Unvollendeter Roman von Ludwig Achim von ARNIM, erster – und einzig vollendeter – Teil, erschienen 1817. – In seinem großen, zu Unrecht vergessenen Roman unternahm Arnim es, den Kosmos der Geschichte darzustellen, die *»Heimlichkeit der Welt«* aus *»ahndungsreichen Bildern«* abzulesen und so durch *»innere Anschauung«* die Lücken der Geschichte auszufüllen, wie er in der *Einleitung* schreibt. Im Anschluß an die Erkenntnisse der Frühromantik erscheint die Geschichte als Hieroglyphe, deren sichtbar gebliebene Hinweise der Dichter aus dem Unbewußten ins Bewußtsein hebt und entziffert, indem er Dichtung und Geschichte für uns *»Abkömmlinge großer Begebenheiten«* ineinanderspielen läßt, Märchen, Mythos, Schnurre und Historie in einem phantastischen Realismus verknüpft und auf diese Weise die für die Gegenwart notwendigen Kräfte freisetzt. Arnim, noch nicht im Historismus des 19.Jh.s befangen, schreibt unmuseal und frisch, gewissermaßen unversehrt von traditionellen romantischen Erzählfloskeln, erfinderisch in kecken Märchen- und Mythenverbindungen und in jedem Fall frei von den Erzählkonventionen, die in der Nachfolge SCOTTS für historische Romane verbindlich waren.

Das überreich quellende Buch – schon Arnims besonderer Lust am Grotesken wegen ist es weit von der *Liechtenstein-* und *Ekkehard*-Gemütlichkeit eines HAUFF und SCHEFFEL entfernt – spielt an der Stil- und Zeitenwende um 1500, und immer wieder meint man, mit den Menschen und in den Landschaften zu wandeln, die aus den Bildern der Donauschule dem Beschauer entgegenblicken. Der Roman war, mit geheimen Winken für die eigene Zeitenwende (der Verfall der Baukunst, die süßlich werdende Malerei der »Nazarener« u. a.), zugleich ein Zeitroman. Sein Hauptthema betraf die politische Situation der Spätromantiker unmittelbar: Die große Gefahr, die ein hochstrebender Mensch heraufbeschwört, der, in restaurativen Träumen befangen, die Zeit zurückschrauben will, deren eigentliche politische Kräfte er nicht mehr erkennt. Im nachnapoleonischen Europa schickte sich ja Metternich eben an, die alten Verhältnisse mit Gewalt zu restaurieren und den Grund zu allen folgenden Tragödien des 19.Jh.s zu legen. Mit dieser Thematik entfernte sich Arnim auch vom eigentlich romantischen Roman und dessen unverbindlich gewordenen Formeln. Sein Held, Berthold, ist nicht mehr der obligate Künstler, der, wie noch bei

Tieck, Novalis, Brentano, Eichendorff, kunsttrunken die Welt und durch Kunstübung sich selber sucht.

Ein schwächliches Bürgerkind, angeblich von den Hohenstaufen abstammend, wächst Berthold bei etwas wunderlichen Pflegeeltern in Waiblingen auf. Er scheint die Auserwähltheit des romantischen Kindes zu besitzen, denn, halb märchenhaft von einem hilfreichen Tier geleitet, entdeckt er die Ruinen des alten Barbarossa-Palastes. Immer verhängnisvoller, grotesker und schuldhafter aber wird sein Leben, da die unsichtbar agierenden »Kronenwächter«, die durch ihn wieder zur Herrschaft gelangen wollen, dank geheimnisvoller Vorspiegelungen anachronistische Träume von Rittertum und Herrschergewalt in ihm wecken. Zwar entwürdigt Berthold den ehrwürdigen Barbarossa-Palast utilitaristisch zur Tuchfabrik und wird, ein erfolgreicher Tuchfabrikant, schließlich Bürgermeister, aber er kränkelt zugleich und siecht dreißig Jahre lang dahin, symbolisch die Selbstentfremdung des Bürgers damit bekundend. Durch eigene Anstrengung und innere Klarheit müßte er zu einem verantwortungsbewußten Bürger genesen; statt dessen läßt er sich, zur Selbsterkenntnis und einer zeitbewußten Haltung nicht fähig, von Faust eine Bluttransfusion geben, wodurch er zwar Kraft für sein »zweites Leben« gewinnt, aber auch in eine ihm ungemäße heroische Richtung gerät. Auf einem hölzernen Theaterpferd will er reiten lernen, aber das ausgedörrte Requisit bricht unter ihm zusammen.

In dieser grotesken Episode nimmt Arnim schon manches von der Figur des ähnlich verblendeten Nikolaus Marggraf in Jean Pauls Spätroman *Der Komet* vorweg. Aber die *Kronenwächter* sind trotz der vielen spaßhaften Erfindungen kein komischer Roman, und Berthold ist kein Don Quijote. Er ist viel eher der erste Antiheld der deutschen Literatur. Arnims ganze innere Freiheit den Zeitthemen und dem literarischen Erbe gegenüber zeigt sich besonders deutlich an seiner herrlichen Faustgestalt, die weder dem Volksbuch noch der Goethenachfolge entnommen ist. Dieser Faust ist ein vorzüglicher Arzt, dabei aber ein großer Säufer und Tausendsassa, Kind einer abenteuerlichen Zeit. Er ist es auch, der Berthold rät, sich mit Hilfe von Amtsanmaßung einen Brunnen zu bauen, um sein Ansehen zu erhöhen. Berthold aber gelangt nicht in die Tiefe; ein von Luther gesandter frommer Bergmann muß den Schacht für ihn graben, kommt aber dabei um, und Berthold hat Schweigegelder zu bezahlen, um sein Ansehen als Bürgermeister zu wahren. Der tiefe Brunnen, Symbol des Zugangs zu den verborgenen Schichten der Seele, wird durch Frevel erkauft. So entfremdet sich Berthold stetig den Bürgern seiner Stadt. Schließlich glaubt er, in ihrem Sinn zu handeln, wenn er sich mit der Stadt dem Schwäbischen Bund anschließt. Herrliche ritterliche Abenteuer will er an der Seite Georgs von Frundsberg bestehen. Da muß er erkennen, daß er seine Stadt verkannt hat. Die Bürger sehen ihn als eidbrüchigen Verräter an. Die von Faust einst geöffnete Vene bricht wieder auf, und Berthold stirbt neben seinem Brunnen in Unehre.

Die romantischen Bilder, die Arnim übernimmt (das wissende Kind, der tiefe Brunnen, der Bergmann, die ganze reiche Welt des eingefügten *Hausmärchens*), gestaltet er auf souveräne Weise um. Der Höhepunkt von Arnims ungewöhnlicher Auseinandersetzung mit der Romantik, deren große Entdeckungen eben zu veralten drohten, zugleich der genialste Einfall des ganzen Romans, der die eigentliche innere Ordnung in dem reichen Phantasiewerk schafft, ist die Gegenüberstellung von Kronenburg und Burg Hohenstock. Von der Kronenburg läßt Arnim, wie von allem Wunderbaren, nur die handelnden Personen berichten. Nie sieht sie der Leser selbst. Die hoch über der Welt, irgendwo am Bodensee erbaute gläserne Burg mit den engen schwindelerregenden Treppen, dem wachsamen Löwen und der unendlichen Aussicht aus einem gezeitenlosen Garten ist das Behältnis für die alte deutsche Kaiserkrone, ein schimmerndes, ungemein großartiges, wirklichkeitsentrücktes Ideal. Wie ein Märchen dringt die Erzählung zu uns. Die wirkliche Hohenstaufenburg ist nicht der siebentürmige Wunderbau aus Kristall, sondern Burg Hohenstock, wohin Berthold von den Kronenwächtern beordert wird und die man folglich zu Gesicht bekommt: ein regelloser Bau, in dessen verwahrlosten, stickigen Zimmern ein schwachsinniger Graf, letzter Hohenstaufenerbe, in wilder Ehe mit seiner gemeinen Haushälterin lebt. Jaulende Hunde verunreinigen die Gänge, die einzige Aussicht geht auf einen Sumpf, auf dem die Burg gebaut ist. Nie hatte ein Romantiker eine mittelalterliche Burg so beschrieben. Gerade so aber sieht die Wirklichkeit aus, wenn überalterte Vorstellungen von einer politisch nicht mehr aufrechtzuerhaltenden Idealwelt weiterwirken wollen. Die wunderbare, glitzernde Kronenburg ist eine der größten Erfindungen der deutschen Romantik. Ein schwächlicher Epigone, ein Fouqué etwa, hätte eben sie zum Schauplatz gewählt. Arnim aber zeigt in ihr ein Seelenbild, das nicht durch Machthunger (Kronenwächter) oder schöne Träume (Berthold) in eine äußere Wirklichkeit umgesetzt werden kann. Man muß diese Burg in sich selbst aufbauen können, immer wieder. Wer glaubt, sie einfach erben zu können, findet sich in Burg Hohenstock. Statt dynastische Zwietracht auszulösen, müßte die Krone wieder verbindend wirken und alles Getrennte und in sich Zerfallene wieder zusammenführen. Das hätte wohl im zweiten Teil des unvollendeten Romans beschrieben werden sollen.

Erst lange nach Arnims Tod gab seine Gattin Bettine einen sogenannten zweiten Teil aus dem Nachlaß heraus, den sie aber mühsam und z. T. wohl auch willkürlich aus noch nicht überarbeiteten früheren Fragmenten zusammenstellen mußte. Der Roman beginnt mit der Neujahrsnacht 1474/1475. Das erste Buch schließt mit dem Sommer 1488. Bertholds zweites Leben setzt im Jahr 1518 ein. In vier Bänden wollte Arnim das gesamte Leben, alle historischen Ereignisse, alle Gebräuche jener Zeit darstellen; Bilderstürmer, Bauernkriege, Wiedertäufer, Dürer und Cranach und vieles andere sollte mit dem heimlichen Treiben der Kronenwächter verwoben werden. Diese Intention, nicht auszuschöpfende Bezüge, den Kosmos der Geschichte, darzustellen, verlangte, ähnlich wie der Versuch des NOVALIS, im *Heinrich von Ofterdingen* den Kosmos der Dichtung auszumessen, als Form das unvollendbare Fragment. W.V.

AUSGABEN: Bln. 1817. – Bln./Weimar 1840–1854 (in *SW*, Hg. W. Grimm, 22 Bde., 1839–1856, Bd. 3 u. 4 [Nachlaßbd.]). – Stg. o. J. [1881] Einl. J. Scherr; Collection Spemann, 9. – Lpzg. o. J. [1925] (in *Werke*, Hg. A. Schier, 3 Bde., 1). – Mchn. 1962 (in *Sämtliche Romane und Erzählungen*, Hg. W. Migge, 3 Bde., 1962–1965, 1). – Lpzg. 1980 [Nachw. H. Härtl]. – Stg. 1983 (Nachw. P. M. Lützeler; RUB).

LITERATUR: W. Grimm, Rez. (in W. G., *Kleinere Schriften*, Bd. 1, Bln. 1881, S. 266–314). – A. v. Hatzfeld, *A. v. A.s »Kronenwächter« u. der romantische Roman*, Diss. Freiburg i. B. 1920. – A. Best, *A.s »Kronenwächter«* (in Jb. der Kleist-Ges., 13, 1932, S. 122–197). – P. Esser, *Über die Sprache in A. v. A.s Roman »Die Kronenwächter«*, Diss. Köln 1937. – R. Guignard, *L'histoire dans »Les gardiens de la couronne« d'A.* (in EG, 3, 1948, S. 251–259). – E. Schmidt, *A. v. A.s Hinwendung zum Mittelalter u. dessen Bild in seinem Roman »Die Kronenwächter«*, Diss. Bln. 1951. – H. Riebe, *Erzählte Welt. Interpretation zur dichterischen Prosa A. v. A.s*, Diss. Göttingen 1952, S. 80–181. – A. Wilhelm, *Studien zur den Quellen u. Motiven von A. v. A.s »Kronenwächter«* Winterthur 1955 [zugl. Diss. Zürich]. – R. Zimmermann, *L. A. v. A. u. sein Roman »Die Kronenwächter«*, Diss. Wien 1955. – W. Vordtriede, *A. v. A.s »Kronenwächter«* (in NRs, 73, 1962, S. 136–145; auch in *Interpretationen*, Bd. 3: *Deutsche Romane von Grimmelshausen bis Musil*, Hg. J. Schillemeit, Ffm. 1966, S. 155–163; FiBü). – K. Sauerland, *»Die Kronenwächter«. Auflösung eines Mythos* (in WB, 14, 1968, S. 868–883). – H. V. Geppert, *A. v. A.s Romanfragment »Die Kronenwächter«* Tübingen 1979. – L. Zagari, *Revolution und Restauration in A.s erzählerischem Werk* (in Aurora, 39, 1979, S. 28–50). – R. Burwick, *Kunst und Geschichte in A. v. A.s »Die Kronenwächter«* (ebd., 46, 1986, S. 129–146). – P. M. Lützeler, *Die Geburt der Kunstsage aus dem Geist der Mittelalter-Romantik: Zur Gattungsbestimmung von A. v. A.s »Kronenwächter«* (ebd., S. 147–157). – E. L. Offermanns, *A. v. A.s Beitrag zum romantischen Roman* (ebd., S. 120–128).

DIE MAJORATSHERREN

Erzählung von Ludwig Achim von ARNIM, erschienen 1819. – Diese dunkle, grotesk-phantastische Erzählung Arnims, der gewöhnlich als zwischen Früh- und Spätromantik im zeitlichen wie im geistesgeschichtlichen Sinne vermittelnder Autor charakterisiert wird, nimmt im Rahmen seiner dichterischen Produktion eine Sonderstellung ein: Nie wieder – und nie vorher – gelang ihm eine derartig dichte und bruchlose »Nachtgeschichte«, die, im 20. Jh. u. a. von Alfred Kubin illustriert, bezeichnenderweise ihren Nachhall auch in der außerordentlichen Wertschätzung durch die Surrealisten um André BRETON gefunden hat. – Die Erzählung ist in den Jahren unmittelbar vor der Französischen Revolution angesiedelt.

Das Majoratslehen einer größeren Stadt fällt – im Zuge einer Erbfolgeordnung, die unter mehreren Erbfolgeberechtigten immer den Ältesten begünstigt – an einen noch jungen Erben, der jedoch mit seiner Mutter im Ausland lebt, während die verarmten Verwandten der jüngeren Linien leer ausgehen – darunter ein älterer, pedantisch-biederer Vetter, der nach dem Duell mit einem Nebenbuhler um die Gunst einer Hofdame den Militärdienst quittieren mußte und seither durch den Verkauf von Wappensammlungen sein Leben gefristet hat. Der neue Majoratsherr kehrt nach dem Tode seiner Mutter, eben von einem heftigen Nervenfieber genesen, auf Anraten einer *»prophetischen Kranken«* in seine Vaterstadt zurück und nimmt – ein exzentrisch sensibler, mit der Gabe des *»zweiten Augenpaares«* und der Einsicht in die *»innere Welt«* ausgestatteter Jüngling, der die *»Physik der Geister«* als sein Lieblingsstudium bezeichnet – vorerst, ohne sein Erbe anzutreten, im schäbigen Hause seines Vetters Wohnung, das mit seiner Hinterseite an die Judengasse der Stadt grenzt. Die Enge der Gasse ermöglicht ihm Einblick in das gegenüberliegende Haus, das von der schönen Jüdin Esther und ihrer dämonisch-bösartigen Stiefmutter Vasthi bewohnt wird. Allabendlich wird nun der Majoratsherr von einem – für andere unhörbaren – Schuß erschreckt, mit dem – wie sich herausstellt – ein früherer Bewerber um Esther sich das Leben nahm; weiter wird er Zeuge von phantastischen Abendgesellschaften, deren Teilnehmer, obwohl von Esther, die wie er mit jener Eigenschaft des »inneren Gesichts« begabt ist, nur imaginiert, dennoch leibhaftig figurieren und von ihr in Gespräche verwikkelt werden, darunter eines Abends auch er, der Zuschauende, der sich dabei fühlt, *»als ob er wie ein Handschuh im Herabziehen von sich selbst umgekehrt würde«*: Er bzw. sein phantasmagorischer, ihm selbst unsichtbarer Doppelgänger, dessen Stimme Esther täuschend nachahmt, offenbart ihr ihre Herkunft – sie ist ein geraubtes Christenkind –, während sie ihm das Geheimnis seiner Geburt lüftet. Sein Vater hat, um das Aussterben seiner Erblinie zu verhindern, den ihm von seiner damaligen Geliebten, der alten Hofdame, geborenen Sohn seiner rechtmäßigen Gattin unterschieben lassen und deren etwa gleichzeitig geborene Tochter – eben Esther – einem verstorbenen jüdischen Roßtäuscher übergeben, dessen zweite Gattin – Vasthi – ihre Stieftochter deshalb mit unauslöschlichem Haß verfolgt. Da also der Vater des jetzigen Majoratsherren niemand anderer als der im Duell besiegte Nebenbuhler des kauzig-biederen Vetters war, wohnt der Erbe im Hause des Mörders seines Vaters. Seine Mutter, die alte Hofdame, empfängt ihn und erbietet sich, das väterliche Erbe, das bei Offenbarwerden des Kindertausches an den Vetter fallen muß, ihm durch eine Ehe mit dem Vetter zu bewahren, dessen unterwürfige Liebe sie sich trotz dreißig Jahren erfolglosen Werbens zu erhalten gewußt hat. Der Majoratsherr, von unbestimmten quälenden Todesahnungen für die geliebte Esther und sich selbst gepeinigt, muß erfahren, daß Esthers Verlobter nach Einbüßung seines gesamten Vermögens von einer Reise heimgekehrt ist. Um den Nachstellungen der bösartigen Vasthi zu entgehen, will das Mädchen sein Heiratsversprechen halten. Esther stirbt jedoch noch am selben Abend, wobei der Majoratsherr von seinem Fenster aus die alte Vasthi in Gestalt des Würgeengels die Geliebte erdrosseln sieht. Entsetzt eilt er herbei, trinkt aus dem Becher, in den der Todesengel sein Schwert zur Säuberung tauchte, und stirbt wenig später. Sein Vetter tritt alsbald seine Erbschaft an und ehelicht die Hofdame, die ihn in der Folge mit ihren tyrannischen Launen drangsaliert, ihn zum Sklaven ihrer Hundezucht macht und seine pedantische Tageseinteilung außer Kraft setzt. Das nach den Revolutionskriegen verfallende Majoratslehen wird von Vasthi erworben, in eine Salmiakfabrik umgewandelt, »*und es trat der Kredit an die Stelle des Lehnrechts*.«

Arnims lebhaftes Interesse an Phänomenen wie Magnetismus, Somnambulismus, Hellseherei usw. und an spekulativen psychologisch-naturphilosophischen Zeitströmungen, wie sie etwa G. H. SCHUBERTS *Ansichten von der Nachtseite der Naturwissenschaft* (1808) oder C. A. F. KLUGES *Versuch einer Darstellung des animalischen Magnetismus als Heilmittel* (1811) zum Ausdruck brachten, ist erwiesen und hat auch diese Erzählung nachhaltig beeinflußt. Die rätselhafte Übereinstimmung der unglücklichen Liebenden, in deren Visionen sich vorahnende, halluzinatorische und symbolische Chiffren eines »*höheren Traumes*« spukhaft mischen, Innen und Außen, Bewußtes und Unbewußtes sich durchdringen, verweist darüber hinaus auf einen metaphysischen, vor allem bei Romantikern wie NOVALIS und E. T. A. HOFFMANN wiederkehrenden Zusammenhang, den ein – vom Autor selbst kursivierter – Satz der Erzählung folgendermaßen ausspricht: »*... und es erschien überall durch den Bau dieser Welt eine höhere, welche den Sinnen nur in der Phantasie erkenntlich wird: in der Phantasie, die zwischen beiden Welten als Vermittlerin steht, und immer neu den toten Stoff der Umhüllung zu lebender Gestaltung vergeistigt, indem sie das Höhere verkörpert.*«
KLL

AUSGABEN: Lpzg. 1819 (in Taschenbuch zum geselligen Vergnügen auf das Jahr 1820). – Bln. 1839 (in *SW*, Hg. W. Grimm, 22 Bde., 1839–1856, 2). – Lpzg. o. J. [1911] (in *Werke*, Hg. R. Steig, 3 Bde., 1). – Wien/Lpzg. 1922 [Ill. A. Kubin]. – Lpzg. o. J. [1925] (in *Werke*, Hg. A. Schier, 3 Bde., 2; krit.). – Mchn. 1965 (in *Sämtl. Romane u. Erzählungen*, Hg. W. Migge, 3 Bde., 1962–1965, 3). – Stg. 1980 (Nachw. G. Beckers; RUB). – Bln./Weimar 1985 [Ausw. V. Liebrenz]. – Ffm. 1987 (in *Erzählungen*; Insel-Tb).

LITERATUR: P. Noack, *Phantastik und Realismus in den Novellen A. v. A.s*, Diss. Freiburg i. Br. 1952. – H. Henel, *A.s »Majoratsherren«* (in *Weltbewohner und Weimaraner. Fs. für E. Beutler*, Zürich/Stg. 1960, S. 73–104; ern. in *Interpretationen, Bd. 4: Deutsche Erzählungen von Wieland bis Kafka*, Hg. J. Schillemeit, Ffm. 1966, S. 151–178; FiBü). – H. G. Nerjes, *Symbolik und Groteske in A. v. A.s »Majoratsherren«* (in Seminar, 3, 1967, S. 127–137). – H. M. Kastinger-Riley, *Idee und Gestaltung: Das konfigurative Strukturprinzip bei L. A. v. A.*, Bern/Ffm. 1977. – H. Henel, *A.s »Majoratsherren«* (in *Romantikforschung seit 1945*, Hg. K. Peter, Königstein/Ts. 1980, S. 145–167). – G. Beckers, *Phänomene des ›tierischen Magnetismus‹ in A. v. A.s Novelle »Die Majoratsherren«* (in *Akten des 6. Internat. Germanistenkongresses, Basel 1980*, T. 4, Hg. H. Rupp u. H.-G. Roloff, Bern/Ffm. 1980, S. 453–459). – G. Kluge, *G. H. Schuberts Auffassung vom ›tierischen Magnetismus‹ und A. v. A.s Erzählung »Die Majoratsherren«* (in Aurora, 46, 1986, S. 168–173).

DER TOLLE INVALIDE AUF DEM FORT RATONNEAU

Erzählung von Ludwig Achim von ARNIM, erschienen 1818. – Diese heute bekannteste Erzählung Arnims ist in der kunstvollen Fügung ihrer Motive und in der Überschaubarkeit der novellistischen Handlungsentwicklung eher untypisch innerhalb des Arnimschen Gesamtwerks, dessen Reichtum an phantastischer Motivik und ideeller Komplexität noch kaum gesichtet ist. Einer bestimmten Epoche oder einer normativen Erzähltradition läßt sich *Der tolle Invalide* weder stilistisch noch gehaltlich mit Eindeutigkeit zuordnen. Zugrunde liegt dem Geschehen ein anekdotischer Fall, den Arnim aus der Stadtgeschichte Marseilles kannte: Ein wahnsinniger Kriegsinvalide hatte sich auf dem Fort Ratonneau gegenüber dem Hafen eingeschlossen und drohte, von dort aus die Stadt zu beschießen; Soldaten hatten ihn überwältigt und ins Irrenhaus gebracht. Die sensationell-schauerliche Situation ist von Arnim entscheidend verändert worden; indem er sie in einen weitausgreifenden, einerseits groteske und komische Elemente hinzufügenden, andererseits den Konflikt religiös überhöhenden Zusammenhang hineinstellte, hat er ihr einen phantastisch-legendären Charakter verliehen, sie der historischen Faktizität weitgehend entfremdet. Die unter den Schluß der Erzählung gesetzten Zeilen »*Gnade löst den Fluch der Sünde / Liebe treibt den Teufel aus*« akzentuieren einen allegorischen Deutungsaspekt: Francoeur, der Held der Geschichte, ist vom Teufel besessen, und zwar seit jenem Tage,

als sich ihm seine deutsche Frau wie ein rettender Engel am Krankenlager zeigte, ihn mit »*einer seltenen Liebe*« pflegte und dafür von ihrer Mutter, einer diabolischen Figur, verflucht wurde. Francoeur verfiel in eine Tollheit, die seine militärische Laufbahn ruinierte, und aus dem Versuch der Frau, ihm durch einen Gönner, den »*guten alten Kommandant von Marseille*«, helfen zu lassen, folgt dann die eigentliche Geschichte. Das Auftreten eines dreist-törichten Teufelsaustreibers drängt Francoeur in eine Identifikation mit »Satanas«, und nur der fromme Opfergang der liebenden Frau kann die Stadt retten und bei dem Mann eine erlösende Krise bewirken. Francoeur wird zu einem »*unendlichen Gefühl seines Daseins*« befreit, während Friedenstauben das unschuldige Kind des Paares trösten. Später wird bekannt, daß auch die Mutter in diesem Moment »*durch einen Strahl aus ihrem Innern beruhigt*« worden sei, so daß sie habe »*selig entschlafen*« können.
Eine solche erbauliche Polarisierung zwischen teuflischen und himmlischen Mächten prägt aber keineswegs die Erzählung im ganzen. Dies zeigt sich schon an den witzig-auflockernden Sprachspielen mit dem Wort »Teufel«, das wird auch deutlich an dem behaglich-komischen Erzähleingang, vor allem an der Bedeutung, die die Kunst des Feuerwerks als Leitmotiv der Erzählung hat: Wovon der alte Kommandant am Kamin träumt, das erfüllt ihm Francoeur, indem er Raketen und Leuchtkugeln aus Haubitzen und Mörsern über die Stadt schießt. Das Elementare zugleich zu entfesseln und mit ihm zu spielen bleibt eine triumphale Leistung, und schon darum wird dem Invaliden Gnade zugesichert. Schließlich wird für das gute Ende noch ein sehr realer, physiologischer Grund angeführt: »... *Die gewaltige Natur Francoeurs*« hat durch Eiterung einen Knochensplitter aus dem Gehirn getrieben, sich derart zu einem ruhigen Glück befreit. – Der Erzähler Arnim vermeidet es, die heterogenen Weltsichten miteinander auszugleichen, nutzt vielmehr zwanglos alle Möglichkeiten, den detailfreudig entworfenen Situationen sinnliche Evidenz zu verleihen. Die komische Drastik eines brennenden Holzbeins oder eines bei Feuersnot schnarchenden Dieners oder der aus der unterschiedlichen Größe von Eierkuchen abgeleiteten Eifersucht verträgt sich mit dem volkstümlichen Ernst religiöser Symbolsprache, weil der erzählerischen Phantasie prinzipiell alle Phänomene als Facetten eines vielfarbigen Geheimnisses gelten können, als Zeichen des sich in Natur und Geschichte verborgen offenbarenden kosmischen Gesetzes. E.Ri.

AUSGABEN: Bln. 1818 (in *Gaben der Milde und Aprillaunen*, Hg. F. W. Gubitz, Bd. 4). – Bln. 1839 (in *SW*, Hg. W. Grimm, 22 Bde., 1839–1856, 2). – Lpzg. o. J. [1911] (in *Werke*, Hg. R. Steig, 3 Bde., 1). – Lpzg. o. J. [1925] (in *Werke*, Hg. A. Schier, 3 Bde., 2). – Lpzg. 1939 (Ill. F. Kredel; IB). – Stg. 1955 (zus. m. *Owen Tudor*; Nachw. K. Weigand; RUB; zuletzt 1986). – Zürich 1959 (in *Isabella von Aegypten und andere Erzählungen*, Hg. W. Migge;

Ill. F. Fischer). – Mchn. 1963 (in *Sämtliche Romane und Erzählungen*, Hg. ders., 3 Bde., 1962–1965, 2). – Lpzg. 1981 (in *Die Erzählungen und Romane*, 3 Bde.). – Ffm. 1987 (in *Erzählungen*; Insel-Tb.).

VERFILMUNG: *Lebenszeichen*, BRD 1967 (Regie: W. Herzog).

LITERATUR: J. Lesowsky, »*Der tolle Invalide*« (in ASSL, 65, 1911, S. 302–307). – H. R. Liedke, *Literary Criticism and Romantic Theory in the Work of A. v. A.*, NY 1937; ern. 1966. – E. Feise, »*Der tolle Invalide*« *v. V. v. A.* (in JEGPh, 3, 1954, S. 403 bis 409). – G. Rudolph, *Studien zur dichterischen Welt A. v. A.s*, Bln. 1958 (QFGV, N. F. 1). – B. v. Wiese, *A. v. A.: »Der tolle Invalide auf dem Fort Ratonneau«* (in B. v. W., *Die deutsche Novelle von Goethe bis Kafka*, Bd. 2, Düsseldorf 1962, S. 71–86; Nachdr. 1986). – M. Lawrence u. I. H. Washington, *The Several Aspects of Fire in A. v. A.s »Der tolle Invalide«* (in GQ, 37, 1964, S. 498–505). – H. Himmel, *A. v. A.s »Toller Invalide« u. die Gestalt der deutschen Novelle. Versuch einer literaturwissenschaftlichen Grundlegung*, Linz 1967. – F. Lösch, *Psychology, Religion and Myth in A.s »Der tolle Invalide auf dem Fort Ratonneau«* (in New German Studies, 5, 1977, S. 75–90).

DER WINTERGARTEN

Novellensammlung von Ludwig Achim von ARNIM, erschienen 1809. – Die Beschäftigung Arnims und BRENTANOS mit altdeutscher Literatur trug ihre Früchte nicht nur in der Liedersammlung *Des Knaben Wunderhorn* (1805–1808), die sie gemeinsam herausgegeben haben, sondern auch in ihren eigenen literarischen Werken wie etwa in Arnims Novellensammlung *Der Wintergarten*.

Klassische Vorbilder für diese Novellensammlung sind BOCCACCIOS *Decamerone* (entstanden 1349 bis 1353) und GOETHES *Unterhaltungen deutscher Ausgewanderten* (1795). In beiden Werken sind Novellen in die fiktive Situation einer schicksalhaft zusammengeführten Gruppe eingebettet, die sich isoliert, um einer Gefahr – bei Boccaccio ist es die Pest, bei Goethe die Französische Revolution – zu entkommen. Auch bei Arnim sind politische Gründe für die Isolation von Menschen verschiedener Herkunft und Anschauungen verantwortlich: die französische Besetzung Berlins in den Jahren 1806–1808. Sinnbild dafür ist der überaus strenge Winter, der die Gruppe in einem Landhaus gefangenhält. Mit dem allegorischen Einzug des Winters beginnt die Rahmenhandlung. Die im Landhaus versammelten Gestalten – der Invalide, die Frau vom Hause, der Gesandte, der Kranke, die Gesunde, die Geniale – werden nicht näher bestimmt, aber Anspielungen auf Zeitgenossen sind zu vermuten. »Die Geniale« ist höchstwahrscheinlich Arnims spätere Frau Bettine, der die Novellensammlung auch gewidmet ist.

Formal besteht der *Wintergarten* aus Arnims Widmungsgedicht *(Zueignung)*, einer *Einführung der Leser* und neun *Winterabenden*, in denen erzählt wird. Wie bei Goethe und Boccaccio, hat sich auch Arnims Gruppe verpflichtet, nicht über die Gegenwart zu sprechen. Aber gerade für Arnim ist diese Verpflichtung schwer einzuhalten; sind Literatur und Geschichte die Hauptmomente der Erzählsituation, so schleicht sich die Gegenwart doch auch in der Form von versteckten Hinweisen und Anspielungen ein.

Die Konvention, die Gegenwart zu verschweigen, liefert gleichsam die Legitimation, sich der Vergangenheit zu widmen. Deshalb der Rekurs auf die literarische Tradition, wobei Arnim die Überlieferung mit eigener Erfindung zu vereinen versucht. Dabei spannt er einen großen Bogen von italienischen Erzählungen der Renaissance und deutscher Barockliteratur zu Geschichtswerken und Dokumenten wie FROISSARTS (1338–1405) *Chroniques*, Thomas LIRERS (15. Jh.) *Schwäbische Chronik* (1486) und den Erzählungen vom Schicksal des Schottenprinzen Karl (1802 erschien *Ascanius, or the Young Adventurer, Containing an Impartial History of the Rebellion in Scotland in the Years 1745, 1746*). In der Wahl seiner Quellen und in der Form seiner Bearbeitung kommt Arnims Verhältnis zur Geschichte klar zum Ausdruck. Ihm geht es um ein lebendiges Bild der Zeit, das eine Wahrheit vermittelt, die durch Faktenaufzählung allein nicht erreicht wird. Weil er Geschichte als Dichtung versteht, hegt er eine Vorliebe für Memoiren.

Den breitesten Raum nehmen Bearbeitungen der deutschen Barockliteratur ein. Arnim greift auf GRIMMELSHAUSENS *Springinsfeld* (1670) zurück, auf Johann Michael MOSCHEROSCHS *Wunderliche und wahrhafftige Geschichte Philanders von Sittewald* (1643), Christian WEISES *Die drey ärgsten Ertz-Narren in der gantzen Welt durch Chaterinum Civilem* (1672) und Christian REUTERS *Schelmuffsky* (1696). Die Tradition stellt sich für ihn als ein Material dar, das er auf höchst originelle (und willkürliche) Art kombiniert. Die verschiedenen Quellen werden zu selbständigen Einheiten zusammengeflochten, in die Zitate aus der Gegenwartspolitik eingehen können. Ein Beispiel ist der »vierte Winterabend«, wo eine Kriegsrede Blüchers den Auftakt zu einer Kombination von Episoden Moscheroschs und Grimmelshausens aus der Welt des Dreißigjährigen Kriegs gibt. Literatur wird als etwas Lebendiges betrachtet, das von jedem Rezipienten selbständig fortgeführt werden darf, ohne daß der Vorwurf des Plagiats erhoben wird. Eben das war der zentrale Aspekt der Differenzen zwischen Arnim und dem auf eine streng philologische Haltung eingeschworenen Jacob GRIMM. Das demonstrative Verständnis der Geschichte aus der Perspektive der Gegenwart gelangt etwa darin zum Ausdruck, daß im ganzen Werk Hauptthemen der Romantik wie ursprüngliche Naivität und Paradiesesverlust angeschlagen werden; die Verehrung, die Jakob BÖHME von der Romantik entgegengebracht wurde, bezeugt besonders der »achte Winterabend«. Aus einer eigenen Erfindung hat Arnim die Erzählung vom fünften Abend, *Mistris Lee*, entwickelt: die Geschichte einer grotesk-mißglückten Entführung, in der eine Frau, die entführt werden wollte, schließlich die Entführer an ihren Ehemann verrät.

Mit der Belebung der Vergangenheit erfüllte Arnim eine wichtige literaturgeschichtliche Funktion: die Wiederentdeckung und Förderung der Barockliteratur. Durch seine Bearbeitung hoffte er, daß Interesse an einem Druck insbesondere des *Schelmuffsky* entstehen würde. Dieses literarische Engagement war für Arnim auch politisch motiviert: Den mangelnden Sinn für die politischen Aufgaben des Tages betrachtete er als einen Ausdruck des »Zeitgeists«, dessen negative Wirkungen auch in der literarischen Produktion der literarischen Gegner zu spüren waren. Eine Veränderung erwartete Arnim durch die Wiederbelebung des »Volksgeistes«, dessen Spuren in der literarischen Tradition zu finden waren. Es galt also nicht nur, halbvergessene Literatur zu retten, *»sondern auch der verfeinerten Gegenwart das gesunde Brot einer vom Volksgeist erfüllten Literatur wieder schmackhaft zu machen«* (W. Migge). Die Verpflichtung der Gruppe, über die Gegenwart zu schweigen, ihre Isolation waren als Kritik bestehender Zustände intendiert; weil Arnim zufolge nur über Positives sich reden ließ, wurde der Rückgriff auf die nationale Vergangenheit zu einer indirekten politischen Stellungnahme gegen die französischen Okkupanten.

Das Werk fand ein zwiespältiges Echo. Goethe soll die Novelle *Mistris Lee* gelobt haben. Aber Arnims willkürliche Behandlung der Vorlagen hat selbst unter den Freunden Ratlosigkeit gestiftet. Man tadelte insbesondere die Behandlung des *Schelmuffsky*, den Arnim um seiner Erzählsituation willen (die »Geniale« trägt die Geschichte vor) von den derberen Ausdrücken reinigte. Trotzdem hoffte Arnim, daß sein Auszug *»die Neugierde der Menschheit auf das Original elektrisiert«*. Im allgemeinen wurde sein Versuch, durch die Literatur politische Wirkung zu erzielen, kaum verstanden. A.Bh.

AUSGABEN: Bln. 1809. – Bln. 1842 (in *Werke*, Hg. W. Grimm, 22 Bde., 1839–1856, 11/12). – Mchn. 1963 (in *Sämtliche Romane u. Erzählungen*, Hg. W. Migge, 3 Bde., 1962–1965, 2). – Mchn. 1971 (in *Erzählungen*, Hg. ders.; enth. nur *Mistris Lee*). – Lpzg. 1981 (in *Die Erzählungen u. Romane*, 3 Bde.)

LITERATUR: G. Hausner, *A. v. A. und die Literatur des 17. Jh.s*, Diss. Wien 1934. – H. R. Liedke, *Literary Criticism and Romantic Theory in the Work of A. v. A.*, NY 1937; ern. 1966. – K. Kratzsch, *Die Vorlagen zu A. v. A.s »Wintergarten« aus den Beständen der A.-Bibliothek in der Zentralbibliothek der dt. Klassik* (in Marginalien, 29, 1968, S. 29–44). – H. F. Weiss, *The Use of the Leitmotiv in the A. v. A.s Stories* (in GQ, 42, 1969, S. 343–351). – Ders., *A. v. A., Writer of Transition. Themes and Techniques in His Short Prose Narratives*, Diss. Princeton Univ. 1968 (vgl. Diss. Abstracts, 29, 1968/69, S. 2728 A).

ARNOBIUS AUS SICCA

eig. Arnobius Afer
um 300

ADVERSUS GENTES

(lat. Patr.; *Gegen die Heiden*). Streitschrift in sieben Büchern von ARNOBIUS aus Sicca (Numidien), verfaßt kurz nach 303. – Nach HIERONYMUS kandidierte er mit diesem Opus für die Zulassung zur Taufe. Die Schrift (auch *Adversus nationes* genannt) zeigt, daß Arnobius sich den positiven Inhalt der Offenbarung nur unvollkommen angeeignet und ihn nicht durchdrungen hat. Dies gestattet ihm jedoch ein Entgegenkommen gegenüber der mythologisch-heidnischen Mentalität, das in der Zeit der Diokletianischen Christenverfolgung taktisch nicht ungeschickt war. Mit aufwendiger Rhetorik lädt Arnobius die Heiden ein, Christen zu werden, indem er auf die Errungenschaften des Christentums verweist. Dabei ist er weitgehend bereit, Steine des Anstoßes für das heidnische Verständnis aus dem Weg zu räumen. »*Ihr verehrt einen Menschen ... Wenn das auch wahr wäre, so müßte er doch wegen der vielen und großzügigen Gaben, die er uns gebracht hat, Gott genannt werden.*« (1, 42) Es folgt der Hinweis auf die Wunder Christi, um derentwillen ihm mehr zu glauben ist als den Philosophen, da man kein einmal auf Glauben überall angewiesen ist. »*Könnt ihr uns irgendwen nennen oder zeigen von all denen, die je gewesen sind in all den Jahrhunderten, der irgend etwas getan hat, was Christus ähnlich, das auch nur ein Tausendstel von dem betrüge?*« (1, 43) »*Und kann euch nicht wenigstens das zum Glauben bewegen ... daß keine Nation von so barbarischer Sitte und so wenig zivilisiert ist, daß sie nicht, durch seine Liebe gewandelt, ihre Rauheit gemildert und sich einem friedlicheren Sinnen zugewandt hat?*« (2, 5)

Bei aller Abhängigkeit in der Apologetik, bei aller möglichen philosophischen Unselbständigkeit ist ein bestimmter philosophischer Habitus nicht zu verkennen. Arnobius vertritt eine »negative Theologie« (in der Gott als unerkennbar und namenlos gilt), die geeignet ist, den Heiden den Christengott als den »unbekannten Gott« des PAULUS in Erinnerung zu bringen (3, 19). Anders als bei TERTULLIAN, der eine *substantia* nur körperlich denken konnte, ist Gott für Arnobius immateriell und körperlos. Als unendlich und ewig umfaßt Gott alles Räumliche und Zeitliche. Wohl aber ist die Seele (2, 14–62) ihrem Wesen nach körperlich, da in ihrer Entwicklung an den Körper gebunden. Die Unsterblichkeit, nach der die Seele nichtsdestoweniger aus ihrem innersten Wesen verlangt, ist daher von einem Gnadenakt Gottes abhängig. Arnobius richtet sich in seiner Polemik gegen die Platonische Präexistenzlehre. Einzig angeboren ist der Glaube an *einen* Gott; es gibt keine *ideae innatae* (eingeborenen Ideen), die eine Autarkie der Seele begründen könnten. Die Erlösungsbedürftigkeit ist deshalb das eigentliche Wesen der Seele. Die Unsterblichkeit erscheint so als ein Postulat, garantiert durch Gottes Güte und Allmacht. Arnobius versteht die Erlösungsbedürftigkeit der Seele nicht wie Tertullian traduzianistisch-historisch (aus der Sünde Adams, die mit der Erzeugung der Seele des Kindes aus der des Vaters weitergegeben wird), sondern kreatianistisch-ontologisch (aus der Konstitution der unmittelbar geschaffenen Seele). Ähnlich wie die Gnostiker vertritt er die Ansicht, daß die Seele von einem Mittelwesen geschaffen sei, woraus sich ihre ambivalente Natur, ihr Schweben zwischen Leben und Tod erklärt.

Die »Existenztheologie« des Arnobius geht einher mit einer skeptizistischen Erkenntnislehre und empiristischen Psychologie: Die Seele ist a priori leer, ohne vorgängige Erfahrungen oder geistige Inhalte. Die schwankende Wahrnehmung ist die einzige Erkenntnisquelle. Die Zweifelhaftigkeit jedes positiven Urteils läßt den Glauben an die göttliche Gnade als die einzige Quelle der Gewißheit erscheinen. – Die sensualistische Psychologie des Arnobius hat auf die Anschauungen von LA METTRIE (1709–1751) und CONDILLAC (1715–1780) eingewirkt. – Als nicht ganz vertraut mit der christlichen Gedankenwelt erweist er sich in seiner Lehre von Christus, der ihm zwar Gott, aber nicht von der gleichen Dignität wie der Vater ist, beinahe analog den Heidengöttern, die er als bestimmte Potenzen und Untergötter noch gelten läßt. Sie verdanken ihre Existenz – sofern ihnen eine solche zukommt – allerdings dem *einen* Gott der Christen (*Deus princeps*). Die Götterverehrung durch Opfer wird aber verworfen. H.L.H.

AUSGABEN: Rom 1543, Hg. Faustus Sabaeus. – Paris 1844 (ML, 5). – Wien 1875 (CSEL, 4). – Turin 1934, Hg. G. Marchesi. – Paris 1982 (in *Contre les gentils: Arnobe*, Hg. H. LeBonniec; mit franz. Übers. u. Komm.).

ÜBERSETZUNGEN: *Des Afrikaners Arnobius sieben Bücher wider die Heiden*, F. A. v. Besnard, Landshut 1842 [m. Erl.]. – *Arnobius' sieben Bücher gegen die Heiden*, J. Alleker, Trier 1858. – *Arnobius of Sicca, The Case Against the Pagans*, McCracken, Westminster/Maryland 1949 (ACW, 7–8).

LITERATUR: E. F. Micka, *The Problem of Divine Anger in A. and Lactantius*, Diss. Washington 1943. – E. Rapisarda, *Arnobio*, Catania 1946. – G. E. McCracken, *Critical Notes to Arnobius' »Adversus Nationes«* (in VC, 3, 1949, S. 37–47). – Altaner S. 183 ff. – P. Krafft, *Beiträge zur Wirkungsge-*

schichte des älteren A., Bonn 1966 (Klass.-Phil. Stud.). – L. Berkowitz, *Index Arnobianus (Alpha-Omega A 6)*, Hildesheim 1967. – B. Amata, *Problemi di antropologia arnobiana*, Rom 1984.

GOTTFRIED ARNOLD

* 5.9.1666 Annaberg
† 30.5.1714 Perleberg

UNPARTEYISCHE KIRCHEN- UND KETZERHISTORIE VON ANFANG DES NEUEN TESTAMENTS BIS AUFF DAS JAHR CHRISTI 1688

Kirchenhistorisches Hauptwerk von Gottfried ARNOLD, verfaßt 1696–1699, erschienen in vier Teilen 1699/1700; ein Ergänzungsband folgte 1703. Arnold stand während der Abfassungszeit der radikalspiritualistischen Richtung des Pietismus nahe. Zu den Vorstudien des Werkes zählen *Die Erste Liebe Der Gemeinen JESU Christi* (1696) und Editionen (u. a. der für Arnold bedeutsamen, unter dem Namen des ägyptischen Mönchsvaters MAKARIUS bekannten *Geistlichen Homilien*).

Unter dem Einfluß der Mystik (und im Gegensatz zur lutherischen Orthodoxie) radikalisiert Arnold die spiritualistische Geschichtskonzeption: Normativer Idealtypus ist für ihn die pneumatische Innerlichkeit des Urchristentums, der gegenüber eine institutionell-objektivierende Gestaltung als Depravation gilt. Die antirömisch akzentuierte Verfallsidee der reformatorischen Kirchengeschichtsschreibung *(Magdeburger Zenturien)* wird bei Arnold auf die Kirche überhaupt – als weltlich-geschichtlicher Institution – erweitert; der Verfall der Kirche begann unmittelbar nach dem Tod der Apostel, gewann unter dem Einfluß der Staatsmacht (Kaiser Konstantin der Große) an Schärfe und erfaßte auch die reformatorische und nachreformatorische Periode. In der Abkehr vom Geist-Wort zum Buchstaben, von der Kreuzesnachfolge zur äußeren selbstherrlichen Machtausübung wird der Abfall besonders offenkundig. Kontrapunkte des Verfalls sind die *»Zeugen der Wahrheit«*, d. h. die wahren Frommen: Märtyrer, Mystiker und Heilige.

Da für Arnold nicht die Verteidigung der Lehrbekenntnisse, sondern die Christusnachfolge, das rechte geistliche Leben, das Kriterium evangeliumsgemäßen Christentums ist, vollzieht er in seiner *Kirchen- und Ketzer-Historie* eine grundsätzliche Rehabilitierung der Außenseiter der institutionellen Kirche. Durch seinen Enthusiasmus für die wegen dogmatischer Irrlehren verfolgten Häretiker, die Arnold als wahre Christen und Heilige erweist, werden Offenheit und Toleranz bestimmende Prinzipien der Historiographie, die sich auch auf die Erschließung neuen Quellenmaterials (Biographien, Autobiographien, Predigten) auswirken. Besonders ausführlich sind die Spiritualisten des 16. und 17.Jh.s dargestellt. Die neue, den historischen Stoff gestaltende universale Gesamtidee, die den konfessionellen Partikularismus in der Kirchengeschichtsschreibung ebenso überwand wie einen äußerlichen Pragmatismus, haben bereits Zeitgenossen wie Ch. THOMASIUS und Ch. M. PFAFF anerkannt. In der Beschreibung des inneren Standes der Kirche und der – im Zeitalter der Romantik (J. A. W. NEANDER) vertieften – psychologischen Betrachtungsweise und individuellen Charakterisierung wie in ihrer ökumenischen Weite ist Arnolds *Kirchen- und Ketzer-Historie* bis heute wegweisend.

Da Arnold von seinem spiritualistischen Ansatz her im Grunde jede geschichtliche Gestaltung als Abkehr vom Geist werten muß, ist seiner Konzeption eine kritische Distanz zur äußeren Geschichte immanent. Infolgedessen konnte GOETHE, der im achten Buch von *Dichtung und Wahrheit* den *»großen Einfluß«* hervorhebt, den er von diesem *»wichtigen Buch«* erfahren habe, unter der Nachwirkung Arnolds die Kirchengeschichte als *»Mischmasch von Irrtum und Gewalt«* bezeichnen. Auch an der Wirkungsgeschichte von Arnolds *Kirchen- und Ketzer-Historie* wird der Umschlag vom Spiritualismus in Rationalismus bzw. Indifferentismus erkennbar: Der Arnolds Werk immanente Relativismus nähert die spiritualistische Geschichtsbetrachtung der deistischen der Aufklärung, deren undogmatische, kirchen- und traditionskritische Haltung Arnold bestätigt bzw. vorbereitet hat.

Trotz seines Strebens nach einer von konfessioneller Voreingenommenheit freien Geschichtsbetrachtung ist Arnolds »Unparteilichkeit« nicht als Objektivität im Sinne der modernen Geschichtswissenschaft zu verstehen. Doch hat der Arnolds Werk eigene anthropologische Perspektivismus (demzufolge das weltlich-selbstische Verhalten des Menschen jeweils als der Hauptfaktor der Depravation erscheint) nicht nur für die Ausbildung des geschichtlichen Bewußtseins Bedeutung gewonnen, sondern auch – im Ansatz – eine modern-existentielle Historik antizipiert. Bereits Goethe rühmte an Arnold, daß dieser *»nicht nur ein bloß reflectierender Historiker, sondern zugleich fromm und fühlend«* sei, und E. SEEBERG resümierte: *»Das menschliche Herz und sein Leben, das ist im tiefsten sein Thema.«*

E.H.P.

AUSGABEN: Ffm. 1699/1700, 4 Tle.; *Supplementa, illustrationes et emendationes zur Verbesserung der Kirchen-Historie*, Ffm. 1703. – Ffm. ²1729 [Tl. 1–4]. – Schaffhausen ³1740–1742, 3 Bde. – Mchn. 1934 (in *Gottfried Arnold*, Hg. E. Seeberg; Ausw.). – Stg. 1969 ff. [Hauptschriften in Einzelausgaben].

LITERATUR: F. Ch. Baur, *Die Epochen der kirchlichen Geschichtsschreibung*, Tübingen 1852; Nachdr. Hildesheim 1962. – F. Dibelius, *G. A. Sein*

Leben u. seine Bedeutung für Kirche u. Theologie. Eine kirchenhistorische Monographie, Bln. 1873. – E. Seeberg, *G. A., die Wissenschaft u. die Mystik seiner Zeit. Studien zur Historiographie u. zur Mystik*, Meerane i. S. 1923; Nachdr. Darmstadt 1964. – H. Dörries, *Geist u. Geschichte bei G. A.*, Göttingen 1963 (AGG, phil.-hist. Kl., 3. Folge, Nr. 51). – E. Benz, *Die protestantische Thebais. Zur Nachwirkung Makarios des Ägypters im Protestantismus des 17. u. 18.Jh.s in Europa u. Amerika*, Mainz/Wiesbaden 1963 (Abh. der Akad. der Wiss. u. der Lit. Geistes- u. sozialwiss. Kl., 1). – J. Büchsel, *G. A. Sein Verständnis von Kirche u. Wiedergeburt*, Witten 1970. – F. C. Roberts, *G. A. as a Historian of Christianity. A Reappraisal of the »Unparteiische Kirchen u. Ketzerhistorie«*, Ann Arbor/Mich. 1974. – R. Breymayer, *Die Bibl. G. A.s, des Verf. der »Unparteyischen Kirchen- u. Ketzerhistorie«* (in Linguistica Biblica, 6, 1976, H. 39, S. 86–132). – R. Brinkmann, *Goethes »Werther« u. G. A.s »Kirchen- u. Ketzerhistorie«. Zur Aporie des modernen Individualitätsbegriffs* (in Fs. für E. Heller, 1976, S. 167–189). – De Boor, 5, S. 437–439. – F. W. Kantzenbach, *G. A.* (in Gestalten der Kirchengeschichte, Hg. M. Gerschat, Bd. 7, Stg. 1982, S. 261–275).

JOHANN GEORG DANIEL ARNOLD

* 18.2.1780 Straßburg
† 18.2.1829 Straßburg

DER PFINGSTMONTAG

Lustspiel in fünf Akten von Johann Georg Daniel ARNOLD, anonym erschienen 1816; Uraufführung: Straßburg 1835. – Das Dialekt-Lustspiel des Straßburger Rechtsgelehrten und Professors ist ganz auf das Lokalkolorit Straßburgs zugeschnitten. *»Die Handlung ist in das Jahr 1789 gesetzt, wo das althergebrachte Straßburger Bürgerwesen sich gegen neuernden Einfluß noch einigermaßen derb und zäh bewahren konnte: und so wird uns das Werk doppelt wichtig, weil es das Andenken eines Zustandes erhält, welcher später, wo nicht zerrüttet, doch gewaltsam durcheinander gerüttelt worden«* (Goethe). Im Mittelpunkt steht die Familie des Schiffsbauers und großen Ratsherrn Starkhans. Nach einigen gattungsüblichen Verwicklungen und Mißverständnissen bekommt Lissel, die Tochter des Ratsherrn, ihren geliebten Reinhold, einen angehenden Doktor der Medizin, dessen Freund Wolfgang sich unter ähnlichen Mühen Klärl erobert. Auch ein drittes glückliches Paar findet sich zum Schluß zusammen: Der Kaufmann Gläsler aus Kolmar, von GOETHE als das *»Meisterstück eines wackern, in einer Stadt zweiter Ordnung ausgebildeten Charakters«* bezeichnet, findet sein Glück bei Lissels Gespielin Christinel. Nur der Lizenziat Mehlbrüej, eine mit kräftigen Strichen gezeichnete Karikatur des alten, halbgebildeten Hagestolzes, geht leer aus. Er sorgt auch für die komischen Akzente im Sängerwettstreit des Schlußaktes, indem er ein Gedicht mit falsch betonten Endreimen vorträgt. Dieser Wettbewerb, der Ausdruck bürgerlicher Geselligkeit ist und die eben zustande gekommenen Liebesverbindungen feiert, bezieht sich auf die Tradition des Meistersangs, die in Straßburg bis in jene Jahre bewahrt und ausgeübt worden ist. Der meisterliche Wettgesang sowie Handlung und spezifische Figurenkonstellation haben Karl HOLL zu der Vermutung veranlaßt, Richard WAGNER *»habe das elsässische Stück gekannt«* und als Vorlage für die *Meistersinger von Nürnberg* benutzt.

Goethe rühmt *»das große Verdienst dieses Kunstwerks um die deutsche Sprache, jenen bedeutenden Straßburger Dialekt«*. Freilich liegt darin auch zugleich eine Beschränkung, denn über die Grenzen des genannten Sprachraums hinaus mußte zwangsläufig die Wirkung gering bleiben. Dabei bescheinigt Goethe dem Verfasser durchaus eine *»löbliche Kunstfertigkeit«*. Die in strengem Alexandriner-Versmaß dargebotene Handlung enttäuscht auch die Apologeten der Einheit der Zeit nicht: Am Nachmittag des Pfingstsonntags beginnend, vollzieht sich innerhalb von vierundzwanzig Stunden. Das Bürgermilieu wird mit satirischer Charakterisierungskunst geschildert. Reizvoll kontrastiert die *»hochdeutsche Büchersprache«* (Goethe) der beiden Liebhaber mit den verschiedenen Abstufungen des Dialekts der übrigen Figuren. Ein jeweils individueller Sprachton zeichnet die z. T. schrulligen Gestalten aus und spiegelt die bunte Vielfalt des bürgerlichen Alltags. G.R.

AUSGABEN: Straßburg 1816 [anon.]. – Straßburg 1874 [Einl. L. Spach]. – Lpzg. 1886 (RUB; Biogr. R. Hales). – Straßburg 1890, Hg. E. Martin (Elsässische Volksschr., 18). – Straßburg 1914, Hg. J. Lefftz u. E. Marckwald (Jahresgabe d. Ges. f. elsässische Lit., 2). – Straßburg 1941, Hg. J. Lefftz.

LITERATUR: J. W. v. Goethe, *»Der Pfingstmontag«*; (in Über Kunst u. Altertum, 2, 1820, H. 2; vgl. AA, Bd. 14, Zürich 1950, S. 473–488). – Ders., *Nachtrag zum »Pfingstmontag«* (in Über Kunst u. Altertum, 3, 1821; H. 1; vgl. AA, Bd. 14, Zürich 1950, S. 489–490). – A. Schricker, *»Pfingstsonntag u. Pfingstmontag«. Eine altstraßburger Erzählung nach dem alemannischen Lustspiel des D. A. »Pfingstmontag«*, Nördlingen 1880. – F.Schultheß, *A.s »Pfingstmontag«* (in PJb, 60, 1887, S. 484–500). – G. Köhler, *Das Elsaß u. sein Theater*, Straßburg 1907. – K. Holl, *Geschichte des dt. Lustspiels*, Lpzg. 1923, S. 238–241. – F. Engel, *J. G. D. A.* (in Elsaß Lothringische Heimatstimmen, 7, 1929, S. 177–179). – J. Lefftz, *Der Dichter des »Pfingstmontag«. Ein Gedenkblatt zur Wiederkehr seines 100. Todestages* (in Elsaßland, 9, 1929, S. 33–37). – *G. D. A., 1780–1980. Exposition du bicentenaire. Catalogue*, Hg. G. Littler, Straßburg 1980 [m. Bibliogr.]. – *Strasbourg, l'Alsace et la liberté. Actes du Colloque de Straßbourg*, Straßburg 1981.

MATTHEW ARNOLD

* 24.12.1822 Laleham / Middlesex
† 15.4.1888 Liverpool

LITERATUR ZUM AUTOR:
Bibliographien:
T. B. Smart, *The Bibliography of M. A.*, Ldn. 1892; ²1904 (in *The Works*, Hg. ders., 15 Bde., 15; rev. u. erw.). – *A Bibliography of M. A. 1932–1970*, Hg. V. L. Tollers, University Park/Pa. 1974.
Biographie:
P. Honan, *M. A.: A Life*, NY 1981.
Gesamtdarstellungen und Studien:
L. Trilling, *M. A.*, NY 1958. – *A Concordance of the Poems of M. A.*, Hg. S. M. Parrish, Ithaca/N.Y. 1959. – F. Neiman, *M. A.*, N.Y. 1968 (TEAS). – A. Roper, *A.'s Poetic Landscape*, Baltimore 1969. – D. Bush, *M. A. A Survey of His Poetry and Prose*, N.Y./Ldn. 1971. – *M. A.: A Collection of Critical Essays*, Hg. D. J. DeLaura, Englewood Cliffs/N.J. 1973. – W. E. Buckler, *M. A.'s Prose*, NY 1983. – *M. A.*, Hg. H. Bloom, NY u. a. 1987.

DAS LYRISCHE WERK (engl.) von Matthew ARNOLD.
Das – relativ schmale – lyrische Schaffen Arnolds beschränkt sich vorwiegend auf die erste Hälfte seines Lebens. Lyrik gilt ihm als »Lebensdeutung und Hilfe«, die in einer Zeit des sozialen und geistigen Umbruchs im Dilemma von Fortschrittsglauben und Skepsis, Ausdruck des »Zeitgeistes« ist und ästhetisch überformt dem Leser ethische Normen vermitteln soll – ein Anspruch, den Arnold dann seit Mitte der fünfziger Jahre zunehmend auf seine literarisch orientierten kulturkritischen Schriften überträgt. Bei den viktorianischen Zeitgenossen genoß er beträchtliches, wenngleich nicht ungeteiltes Ansehen – und zählt bis heute zu den repräsentativen Dichtern des 19. Jh.s; seine Lyrik gehört zum Bildungsgut der englischen Literatur. Die nostalgisch erfahrene ausgehende Romantik, der Kontakt zum alternden WORDSWORTH sowie die Pflege der antiken Klassiker in der von seinem Vater Dr. Thomas Arnold geleiteten Rugby-School prägen den jungen Dichter. Dazu treten in seiner Oxforder Studienzeit bestimmte, aus der Lektüre kontinentaler Dichter erwachsene pantheistische Vorstellungen, die Erkenntnis einer relativistischen Geschichtswissenschaft und die Erfahrung einer als ungeistig empfundenen modernen Lebenswirklichkeit.
In einer Zeit des postromantischen Subjektivismus soll nach Arnolds Überzeugung eine an klassischer Allgemeingültigkeit ausgerichtete Dichtung eine sinnstiftende Synthese aus heterogenen Tendenzen schaffen. Dabei ist die antike Diktion bewußt eingesetzt zur überhöhenden Darstellung »moderner« seelischer Vorgänge. Dieser poetische Duktus trug ihm schon bei seinem Dichterfreund Arthur Hugh CLOUGH den seither ständig wiederholten Vorwurf gedanklich überladener »akademischer« Dichtung ein. In verbundenen Antithesen kreist Arnolds Gedankenlyrik um die polaren Bezüge von trivialem Alltagsleben und künstlerischer Tiefenexistenz, von apollinisch-rationaler und dionysisch-emotionaler Welthaltung, um Universalität und Individualität. Bereits in seinem ersten Gedichtband, *The Strayed Reveller*, 1849 *(Der verirrte Zecher)*, sind diese Themen vorgegeben. Im gleichnamigen Titelgedicht werden in einer homerischen Vision ein jugendlicher Anhänger des Dionysos-Kults und Odysseus, der Archetypus menschlicher Erfahrenheit, vor dem Hintergrund des Palastes der magischen Circe gegenübergestellt. Eine sinnoffene elegische Stimmung durchzieht *The Forsaken Merman (Der verlassene Wassermann)*, ein lyrisches Drama mit märchen- und parabelartigen Zügen. Die Klage des in seiner mythischen Seewelt beheimateten Wassermanns um seine Frau, die in die Zivilisation zurückgekehrt ist, beleuchtet die Unmöglichkeit einer romantischen Rückwende zur Natur. In *Utrumque Paratus* ist die neoplatonisch-plotinische Vorstellung von der Welt als einer göttlichen Emanation überblendet von der Sehweise eines skeptischen Sprecherbewußtseins. Nur formal sind die Anklänge des an Arnolds Schwester – im Gedicht sein *alter ego* Fausta – gerichteten, monologischen Gedichts *Resignation (Verzicht)* an Wordsworths *Tintern Abbey* (1798). Der erneute Besuch der Stätte bringt hier nicht Sinnlösung, sondern nur ein stoisches Sich-Abfinden mit der unabänderlichen Zeitlichkeit.
Die zweite Gedichtsammlung *Empedocles on Etna, and Other Poems* erscheint 1852 und enthält auch das dramatische Gedicht *Tristram and Iseult*, die erste moderne englische Bearbeitung dieser Artussage. In der Sequenz der »Schweizer«-Gedichte *Meeting; Parting; Isolation; To Marguerite; To Marguerite – Continued; Absence; The Terrace at Berne (Begegnung; Abschied; Verlassenheit; An Marguerite; An Marguerite – Fortsetzung; In der Ferne; Auf der Anhöhe bei Bern)* ist in dramatischen Monologen, die an TENNYSON und BROWNING erinnern, die sich über einen Zeitraum von zehn Jahren hinziehende, in tragischer Isolation endende Liebesromanze eines individualisierten lyrischen Ichs evoziert. *The Buried Life (Verschüttetes Sein)* thematisiert das menschliche Streben, jenseits des flachen Alltagslebens existentielle Tiefen auszuloten. Um Sinnsuche zentrieren auch die *Stanzas in Memory of the Author of »Obermann« (Stanzen zur Erinnerung an den Autor von »Obermann«)*. Die Sprecherfigur, die Arnold mit dem Protagonisten des empfindsamen Romans *Oberman* (1804) von E. P. de SENANCOUR identifiziert und der ihm ebenso wie GOETHE und WORDSWORTH Prototypus des Dichters an sich ist, sucht vor der hekti-

schen *vita activa* Zuflucht in der kontemplativen Naturszenerie der Alpen. Dennoch bleibt das Denouement der klar strukturierten, die klassizistische Einheit von Ort, Zeit und Handlung wahrenden elegischen Ballade in der Schwebe. Die lyrischen Vorbilder leisten keine eindeutige Erkenntnishilfe.

Eine entscheidende Krise und Wende in Arnolds Schaffen markiert das Vorwort von *Poems. A New Edition* (1853). Der Autor spricht Teilen der eigenen Dichtung ihre verbindliche Aussagekraft ab. Das Gedicht *Empedocles*, das nun nicht mehr aufgeführt wird, erschöpfe sich in Subjektivismen, die für die zeitgenössische Dichtung symptomatisch seien. Der Dichter kritisiert, daß das Poem in prolongierter Wiedergabe untätig zaudernder Seelenzustände verharre, Selbstzweifel kultiviere und konstatiert eine depressive Wirkung auf den Leser. Dem hält er jedoch keine stringente Dichtungstheorie entgegen, sondern fordert mit dem Rekurs auf die Poetik des ARISTOTELES eine verstärkte Orientierung an klassizistischen Positionen. Verpflichtend seien Aufrichtigkeit der Gefühlsschilderung und das Streben nach sprachlicher Schönheit; dies allein könne dem Leser Freude vermitteln. Hand in Hand mit dieser Rückbesinnung geht Arnolds Entschluß, eine verantwortliche Rolle im gesellschaftlich-politischen Leben der Zeit zu übernehmen (er versieht die Aufgaben eines Schulinspektors, in späteren Jahren lehrt er als Professor in Oxford) und damit eine Einschränkung seiner lyrischen Tätigkeit zu akzeptieren. Von den neun neuen Gedichten in der Ausgabe von 1853 sind vor allem die längeren Erzählgedichte *The Scholar Gipsy* (vgl.) und *Sohrab and Rustum* bekannt. Letzeres ist Arnolds dichterische Umsetzung der Thesen seines Vorworts. Das Sprecher-Ich tritt im Drama des im alten Persien angesiedelten Kampfes zwischen Vater und Sohn zurück. Wiedererkennung im Gefecht und Handlungsumschwung zur Versöhnung erfolgen gleichzeitig. Über den pathetischen Zufall hinaus gewinnt das Geschehen als metaphorische Variation des Gott-Vater und Gott-Sohn-Themas noch eine christlich-mythische Dimension und soll so dem Anspruch überindividueller Allgemeingültigkeit gerecht werden.

Im Jahre 1858 veröffentlichte Arnold *Merope*, ein weiteres an antiken Vorbildern (v. a. an SOPHOKLES' *Elektra*) inspiriertes Gedicht, das von der Literaturkritik wenig beachtet wurde. Als ungleich bedeutender gilt das in den *New Poems* (1867) enthaltene Gedicht *Dover Beach (Das Gestade in Dover)*. In der Art eines dramatischen Monologs läßt der Sprecher die nächtliche See vor der Küste Frankreichs erstehen. Eine weitere Figur ist als Adressat einbezogen. Im Bild des unaufhörlichen Verebbens der Gezeitenflut, die für das Verrinnen der Zeit steht, vollzieht sich der Einbruch des Melancholischen in die anfänglich dynamische Gestimmtheit des Sprechers. Jäh wird die Meereslandschaft aufgelöst in kahle Zeitlosigkeit. Es bleibt dem Ich nur die Abkehr von der als gottlos erkannten, chaotischen und feindlichen Welt im nostalgischen Rückblick auf ein romantisch verklärtes Mittelalter und schließlich im Rückzug in die private häusliche Sphäre. Die Wirklichkeit jenseits des Selbst entzieht sich dem Zugriff.

Die von Arnold 1869 selbst besorgte Herausgabe seiner Gedichte und die 1877 erschienene Gesamtausgabe schuf mit den Einteilungskategorien »erzählend«, »elegisch«, »dramatisch« und »lyrisch« den Eindruck ganzheitlicher Abgeschlossenheit – ein Ordnungsprinzip, das noch in der Standardausgabe von Tinker und Lowry (1950) erhalten blieb, bis mit der Ausgabe von Allott (1965) eine nahezu vollständige chronologische Rekonstruierung des Œuvres unternommen wurde. Den Eindruck eines stimmigen imaginativen Sinnmusters vermittelt auch die alle Bände durchziehende Bildwelt, in der Bewußtseinszustände und Sichtweisen der Natur verknüpft sind. Der pastoralen (See)-Landschaft entspricht die Harmonie von Mensch und Natur. Dagegen ist die plane Landebene und Meeresfläche mit ihrer Unendlichkeitsassoziation das Äquivalent des *Waste Land* im 20. Jh., ist Ausdruck isolierter menschlicher Seinsweise und traumatischen Erleidens: »*And we are here as on a darkling plain / Swept with confused alarms of struggle and flight, / Where ignorant armies clash by night.*« (»Und da sind wir wie auf düst'rer Flur / hinweggetrieben in banger Ahnung vor Kampf und Flucht, / da wo unkund'ge Heerescharen tosen in der Nacht.«) Nur vereinzelt ist der Übergang zu einer Ich und Welt vereinenden Synthese im Bild einer heiteren Landschaft gegeben. So erscheint Arnold entgegen seinem klassizistischen Selbstverständnis aus heutiger Sicht eher als später Vollender der Romantik, der aus der Krise seines künstlerischen Bewußtseins wichtige Impulse für die Moderne vorwegnahm. E.S.R.

AUSGABEN: *Selected poems*, Hg. F. Macmillan, NY/Ldn. 1878 (Nachdr. 1881 u. 1885). – *Poetical Works*, NY 1890. – *The Poetical Works*, Hg. C. B. Trinker u. H. F. Lowry, Ldn. 1950; ern. 1957. – *Poems*, Hg. K. Allott, Ldn./NY 1965; ern., Hg. M. Allott 1979. – *M. A.*, Hg. M. Allott u. R. H. Super, Oxford/NY 1986.

LITERATUR: D. J. James, *M. A. and the Decline of English Romanticism*, Oxford 1961. – D. D. Culler, *Imaginative Reason. The Poetry of M. A.*, New Haven u. a. 1966. – W. A. Madden, *M. A.: A Study of the Aesthetic Temperament in Victorian England*, Bloomington, 1967. – G. R. Stange, *M. A. The Poet as Humanist*, Princeton, 1967. – H. W. Fulweiler, *Letters from the Darkling Plain. Language and the Grounds of Knowledge in the Poetry of A. and Hopkins*, Columbia 1972. – C. Dawson, *M. A. The Poetry. The Critical Heritage*, Ldn. u. a. 1973. – F. Neimann, *A Reader's Guide to A.* (in *Writers and Their Background*. M. A., Hg. K. Allott, Ldn. 1975). – W. E. Buckler, *On the Poetry of M. A. Essays in Critical Reconstruction*, NY u. a. 1982. – R. ap Roberts, *A. and God*, Berkeley/Calif. 1983.

CULTURE AND ANARCHY: an Essay in Political and Social Criticism

(engl.; *Kultur und Anarchie, ein Versuch über politisch-soziale Kritik*). Streitschrift von Matthew ARNOLD, erschienen 1867/69; in der zweiten Buchausgabe (1875) wurden allzu enge aktuelle und persönliche Zeitbezüge eliminiert. – Die Schrift gehört zu den großen politisch-sozialen Grundsatzerklärungen des 19. Jh.s in England; sie ist in der aufgewühlten Zeit nach der Niederlage der zweiten Reform Bill (1866) entstanden. Arnold sieht darin die Entwicklung Englands so eindeutig vom wirtschaftlichen Prozeß bestimmt, daß ihm ein allgemeiner kultureller Niedergang bis zur Barbarei ebenso sicher unmittelbar bevorzustehen scheint wie der Zustand der politischen Anarchie.
Hauptabsicht der Schrift ist es, eine Zeitanalyse zu geben, die sich freilich an sehr energisch vorgetragenen Prinzipien orientiert. Diese stellt der Autor der sechsteiligen Schrift voran, deren einzelne Abschnitte Schlagworte von SWIFT zum Motto haben. *Sweetness and Light – Harmonie und Licht* (1) bezeichnen für Arnold einen sozialen und politischen Idealzustand, in dem die harmonische und vom Verstand durchleuchtete Ausbildung der Einzelperson zu einem humanen und aufgeklärten Staatsgebilde führt. Gegenüber dem Idealbild dieses neuen »Hellenismus« richtet sich die Zeit selbst. Ihr liberalistisches Prinzip *Doing As One Likes – Handeln nach eigenem Belieben* (2) ist ohne diese Aufklärung verhängnisvoll, weil es in puritanische Enge und zu sozialer Unterdrückung führen muß. Von dem verhärteten englischen Klassensystem ist keine Erneuerung zu erwarten – weder von der banausenhaften und reaktionären Aristokratie noch vom engstirnigen, falschen Maximen bedenkenlos folgenden Bürgertum noch von der verrohten und instinktgeleiteten Arbeiterklasse: innerhalb dieses Systems bliebe lediglich die Wahl zwischen *Barbarians, Philistines, Populace – Barbaren, Philister, Plebs* (3), die alle eine der Arnoldschen konträre Grundhaltung eingenommen haben. *Hebraism and Hellenism – Hebräertum und Hellenismus* (4) stehen einander gegenüber, d. h., feste Verhaltensweisen wie die Unterwerfung unter einen als unabänderlich verstandenen Gotteswillen, die jede Abweichung und Veränderung unbesehen als »Sünde« deklariert, stehen im Gegensatz zu Arnolds harmonischer Aufklärung. Die zwei abschließenden Teile, *Porro unum est necessarium – Ferner ist eines notwendig* (5) und *Our Liberal Practitioners – Unsere liberalen Praktiker* (6), stellen noch einmal die Forderungen eines christlich-hellenischen Kulturideals der liberalistischen Tagespraxis entgegen.
Die Autorität für eine solche Zeitkritik bezieht Arnold nicht nur aus seinem überragenden literarischen Rang; auch seine Erfahrungen aus Rugby, Oxford und aus seiner langjährigen Tätigkeit als Königlicher Schulinspektor sprechen überall deutlich aus dieser Schrift. Dem Oxford von Kardinal NEWMAN steht er dabei wohl am nächsten, doch verrät sich nirgendwo die Sorge, er könne sich dadurch Feinde machen. Er wagt es, mit dem *establishment* und der Arbeiterklasse gleich scharf ins Gericht zu gehen, und vertritt die Meinung, daß alle Interessen der Partei- und Tagespolitik vor dem zurücktreten müssen, was als wahr erkannt wird. Dies ist eine politische, jedoch keine taktische Schrift. Da sich Arnolds Leidenschaft und Ironie immer am ganz aktuellen Beispiel entzünden, gleicht das Werk einer exakten Momentaufnahme des politischen Englands der ausgehenden sechziger Jahre. Ohne Kommentar bleibt es dem heutigen Leser an vielen Stellen unverständlich; damit stellte sich dem modernen Herausgeber eine Aufgabe, die J. Dover WILSON (Cambridge 1932) glänzend gelöst hat. C.E.

AUSGABEN: Ldn. 1867/68 (in Cornhill, Juli 1867 bis Sept. 1868). – Ldn. 1869. – Ldn. 1875. – Ldn. 1903/04 (in *The Works*, Hg. T. B. Smart, 15 Bde., 6). – Cambridge 1932, Hg. J. D. Wilson [ern. 1948 u. 1960]. – Ann Arbor 1965 (in *Complete Prose Works*, Hg. R. H. Super, Bd. 5). – Indianapolis/NY 1971. – Ann Arbor 1972 (in *The Complete Prose Works of M. A.*, 11 Bde., 8).

LITERATUR: Sidney M. B. Coulling, *The Evolution of Culture and Anarchy* (in StPh, 60, 1963, S. 637–668). – D. J. DeLaura, *A. and Carlyle* (in PMLA, 79, 1964, S. 104–129). – P. J. McCarthy, *M. A. and the Three Classes*, NY/Ldn. 1964. – D. D. Moews, *Humanism and Ideology. A Study of M. A.'s Ideas on Man and Society*, Diss. Univ. of Wisconsin (vgl. Diss. Abstracts, 24, 1963/64, S. 3753/54). – F. G. Walcott, *The Origins of Culture and Anarchy: M. A. and Popular Education in England*, Toronto 1970. – P. Marx, *M. A. and Culture* (in Essays in Arts and Science, 4, 1975, S. 45–63). – R. P. Burnham, *»Culture and Anarchy« as a Platonic Solution to a Victorian Dilemma* (in Arnoldian, 8, 1981, Nr. 2, S. 6–19). – J. Carroll, *The Cultural Theory of M. A.*, Berkeley/Calif. 1982.

EMPEDOCLES ON ETNA

(engl.; *Empedokles auf dem Ätna*). Etwa tausendzeiliges »dramatisches Gedicht« in zwei Akten von Matthew ARNOLD, anonym erschienen 1852. – Ein Jahr nach der Veröffentlichung zog der Autor das Werk mit der Begründung zurück, es stelle nur einen »fortdauernden seelischen Leidenszustand ohne äußere Vorfälle, ohne Hoffnung auf Widerstand« dar und sei insofern nur »krankhaft« und »quälend«. An dramatischen Zügen fehlt es dem Stück in der Tat. Eine Art von Exposition wird in dem einleitenden Gespräch zwischen Kallikles und Pausanias gegeben, das indes nur die Szenerie des Ätna und die innere Verfassung von Empedokles schildert, seine *»unerschütterliche Verdüsterung«*. – Empedokles tritt auf und belehrt Pausanias, während Kallikles zurückgeblieben ist und ihm aus der Ferne antiphonartig mit Liedern zur Leier antwortet, in einem großen Gedicht über das menschliche Schicksal. Dieses in siebzig Strophen mit abschließender Langzeile vorgetragene Gedicht spricht vom Geist des Menschen als einem durchs All wirbelnden Spiegel; von der schlimmen Glücksbegierde des Menschen in einer Welt, die nicht seinen, sondern ihren eigenen Gesetzen folgt, in der die »*Erfahrung, wie ein Meer, alles auflösend, einströmt*« und ihn zunichte macht. Wo nur eine gleichgültige Kraft am Werk ist, erfindet deshalb der Mensch böse Götter, um ein Ziel für seine Klagen zu haben; allwissende Götter, um die »*anschwellende Masse*« des Gewußten irgendwo noch sinnvoll zu vereinen; und freundliche Götter, um die Hoffnung nicht zu verlieren. Doch dies ist alles Täuschung: der Mensch muß sich mit dem Leben begnügen, das er hier findet; die Wahrheit liegt im Diesseits. »*Du brauchst nicht zu verzweifeln, weil du nicht träumen darfst.*«

Im zweiten Akt ist Empedokles allein; seine Überlegenheit ist dahin: er, als der außergewöhnliche Mensch, kann sich mit der eigenen Lehre nicht zufriedengeben. Er, der sich mit den alltäglichen Freuden des Dieseits nicht wie die anderen Menschen begnügen kann, ist einsam. Aber auch mit sich kann er nicht leben, mit einem kranken Selbstbewußtsein, das weltlos nur immer sich selbst umkreist und sich so, den Niedergang der Welt stets vor Augen, selber fremd wird. Am Rande des Kraters überkommt ihn die Empfindung, es werde ihm im Tod gegeben sein, die »*betäubende Wolke*«, die während des Erdenlebens auf der Seele liegt, zu verjagen, und in dieser (vielleicht trügerischen) Zuversicht stürzt er sich hinab.

Das Gedicht nimmt also auf die antike Legende von Empedokles kaum Bezug. Es schildert vielmehr die düstere Seelenlage des modernen Dichterphilosophen mit all ihren Bedrängnissen. Daher auch die vielen Widersprüche: ist es nun die Sinnlosigkeit des als mechanisch erkannten Weltablaufs, an der er verzweifelt, oder ist es seine Vereinsamung? Der Niedergang aus einstmals hoher Zeit, der Zweifel am Dichtertum in einer Epoche der Naturwissenschaft oder die Bodenlosigkeit der Selbstreflexion? Die philosophische Weltansicht Arnolds ist darin nicht weniger eingegangen als seine persönlichen Dichterängste und Bedrückungen, und der Weltschmerz von Sénancours *Oberman* (1804) findet sich darin neben den düsteren Zukunftsaussichten einer industrialisierten Welt. Arnold wollte in diesem Stück offenbar eine Art von Bestandsaufnahme dieser Bedrängnisse geben. Er führt sie zu keiner Lösung – daher sein späteres Abrücken von dem Werk –, aber er vermag ihnen doch Form zu geben und ihnen in der Figur des Kallikles, dem glücklicheren Menschen, der die Freude am Diesseits mit einem ungebrochenen Vertrauen in eine rechte Weltordnung verbindet, einen Widerpart entgegenzusetzen. Es ist ihm damit nicht nur eine bemerkenswerte Analyse des damaligen Zeitgefühls gelungen, sondern auch ein bedeutender Schritt in Richtung auf jene »Lebensdichtung«, in der die viktorianische Literatur schließlich ihre Aufgabe und Rettung sah. C.E.

Ausgaben: Ldn. 1852. – Ldn. 1903/04 (in *The Works*, Hg. T. B. Smart, 15 Bde., 1/2: *Poems*). – Kansas City 1923. – Oxford 1950 (in *The Poetical Works*, Hg. C. B. Tinker u. H. F. Lowry). – NY 1971 (in *Selected Poems and Prose*). – Ldn. 1979 (in *The Poems of M. A.*). – Harmondsworth 1985 (Penguin).

Literatur: R. Goldmark, *The Hellenism of M. A.* (in *Studies in the Influence of the Classics on English Literature*, Port Washington/NY 1918; ern. 1965). – W. E. Houghton, *A.'s »Empedocles on Etna«* (in Victorian Studies, 1, 1958, S. 311–336). – R. K. Barksdale, *A. and Tennyson on Etna* (in College Language Assoc. Journal, 2, 1958, S. 87–103). – S. Nagarajan, *A. and the Bhagavad Gita* (in CL, 12, 1960, S. 335–347). – L. L. Ray, *Callicles on Etna: The Other Mask* (in Victorian Poetry, 7, 1969, S. 309–320). – L. D. Farrington, *»Empedocles on Etna«: A. Jungian Perspective* (in Gypsy Scholar, 1, 1973, S. 22–47). – M. Dietrich, *A.'s »Empedocles on Etna« and the 1853 Preface* (in Victorian Poetry, 14, 1976, S. 311–324). – P. Zietlow, *Heard but Unheeded: The Songs of Callicles of M. A.'s »Empedocles on Etna«* (in Victorian Poetry, 21, 1983, S. 241–256). – R. P. Burnham, *»Empedocles on Etna« and M. A.'s Argument with History* (in Arnoldian, 12, 1984, S. 1–21).

THE SCHOLAR GIPSY

(engl.; *Der gelehrte Zigeuner*). Gedicht von Matthew Arnold, erschienen 1853. – Obwohl der Autor später selbstkritisch von der »*gefälligen Melancholie*« dieses Werkes sprach, wird es heute zu den Höhepunkten seiner Gedankenlyrik gezählt, die T. S. Eliot als »*akademische Dichtung im besten Sinn des Wortes*« bezeichnet hat. Darüber hinaus kommt dem Gedicht als geistesgeschichtlichem Dokument der Viktorianischen Zeit eine ähnliche Bedeutung zu wie Tennysons *In Memoriam A. H. H.* (1850). Die stoffliche Grundlage lieferte der in Joseph Glanvills *The Vanity of Dogmatizing* (1661) enthaltene Bericht über einen Oxforder Studenten, den die Armut zwang, sein Studium abzubrechen, und der sich Zigeunern anschloß, um sich ihr magisches Wissen anzueignen und ihr naturhaft-schweifendes Leben zu teilen. Arnold stellt dieser Gestalt als einem Symbol intuitiven Erkenntnisstrebens den von intellektuellen Zweifeln gepeinigten Menschen seiner eigenen Epoche gegenüber. Der bekenntnishafte Charakter dieser Auseinandersetzung mit einem unerreichbaren Ideal erinnert an Wordsworth und Keats. Die enge Beziehung zu dessen großen Oden ist bis in Einzelheiten der Strophenform spürbar, vor allem aber in der sinnlichen Fülle der Naturschilderungen, in denen Arnold Eindrücke aus seiner Studentenzeit in Oxford aufleben läßt. »*And round green roots and yellowing stalks I see / Pale pink convolvulus in tendrils creep; And air-swept lindens yield / Their scent, and rustle down their perfumed showers / Of* bloom on the bent grass I am laid/ And bower me from the August Sun with shade;/ And the eye travels down to Oxford's towers.« – solche Bilder lassen es gerechtfertigt erscheinen, daß F. R. LEAVIS den Dichter als »viktorianischen Romantiker« bezeichnete. Unerbittlicher als bei den Romantikern vollzieht sich in Arnolds Dichtung jedoch die Zerstörung der Illusion durch die Wirklichkeit. Die Hoffnung, auf den einsamen Cumnerhügeln und stillen Themseauen ein neues Arkadien zu entdecken und dort zum Lebensgefühl jenes vagierenden Gelehrten zurückzufinden, ist zum Scheitern verurteilt in einer Epoche, die unter dem Einfluß der positivistischen Evolutionstheorien von Zweifeln am Offenbarungsglauben bedrängt wird (man vergleiche hierzu Arnolds kulturpessimistische Prosaschriften). In einer Sprache, deren kühle Begrifflichkeit in bewußtem Gegensatz zu der vorher evozierten arkadischen Stimmung steht, konstatiert der Dichter die unfruchtbare Betriebsamkeit und Ziellosigkeit dieser Epoche, deren Verlust an seelischer Substanz und Lebensharmonie er in einer an KIERKEGAARD erinnernden Argumentation auf das gestörte Verhältnis von Glauben und Wissen zurückführt. Vor dieser »seltsamen Krankheit des modernen Lebens« resignierend, beschwört er zum Schluß ein Bild aus der Antike: Ein tyrischer Kauffahrer sichtet ein mit Früchten beladenes Küstenschiff der Griechen und flieht vor der leichtherzigen Geschäftigkeit der »Eindringlinge in sein altes Heimatland« in die wilde Einsamkeit des Atlantischen Ozeans. W.Hü.

AUSGABEN: Ldn. 1853 (in *Poems*). – Ldn. 1903/04 (in *The Works*, Hg. T. B. Smart, 15 Bde., 1/2). – Ldn. 1920 (in *The Poems*; Einl. A. Quiller-Couch; Oxford Ed.). – Ldn. 1926. – Ldn./NY 1950 (in *The Poetical Works*, Hg. C. B. Tinker u. H. F. Lowry; ern. 1957). – Ldn./NY 1965 (in *Poems*, Hg. K. Allott; Everyman's Library). – NY 1971 (in *Selected Poems and Prose*). – Ldn. 1979 (in *The Poems of M. A.*). – Oxford 1984.

LITERATUR: E. K. Brown, »*The Scholar Gipsy*«. *An Interpretation* (in Revue Anglo-Américaine, 12, 1934/35, S. 219–225). – A. E. Dyson, *The Last Enchantments* (in RESt, 8, 1957, S. 257–265). – L. Perrine, *A.'s »The Scholar Gipsy« and »Thyrsis«* (in Explicator, 15, 1957, Nr. 33). – V. S. Seturaman, *»The Scholar Gipsy« and Oriental Wisdom* (in RESt, 9, 1958, S. 411–413). – P. Andrews, *»The Scholar Gipsy«* (in Manchester Review, 9, 1962, S. 233–241). – R. B. Wilkenfeld, *The Argument of »The Scholar Gipsy«* (in Victorian Poetry, 7, 1969, S. 117–128). – D. Douglas, *M. A.'s Historic Sense: The Conflict of Greek and Tyrian in »The Scholar Gipsy«* (in Review of English Studies, 25, 1974, S. 422–436). – W. A. Ulmer, *The Human Seasons: A., Keats, and »The Scholar-Gipsy«* (in Victorian Poetry, 22, 1984, Nr. 3, S. 247–261). – W. Johnson, *The Three Voices of Poetry in »The Scholar-Gipsy«* (in ebd. 23, 1985, Nr. 4, S. 379–390).

ARNÓRR ÞORÐARSON JARLASKÁLD

11. Jh.

MAGNÚSDRÁPA

(anord.; *Preislied auf Magnús*). Fürstenpreislied des isländischen Skalden ARNÓRR ÞORÐARSON jarlaskáld auf den Norwegerkönig Magnús den Guten († 1047), entstanden zwischen 1046 und 1047. – Die zwanzig Strophen des Gedichts sind im *Hrynhent*-Versmaß verfaßt, das dem in der lateinischen kirchlichen Hymnik verwendeten trochäischen Tetrameter nachgebildet ist und dessen vierhebiger alternierender Rhythmus sich deutlich von dem traditionellen dreihebigen Vers des skaldischen *dróttkvætt* und dessen wechselnder Rhythmik absetzt. Zwar tragen auch im *hrynhent* die Verse sowohl Stabreim wie Binnenreim, aber dank ihrer größeren Silbenzahl ist die Reimstellung weniger kompliziert und ermöglicht damit die Beibehaltung des normalen Satzbaus, während das sechssilbige *dróttkvætt* oft zu überaus verschachtelten Wortstellungen zwingt (vgl. *Glymdrápa*). Diese Erleichterung kommt dem lehrhaften Gepräge der Geistlichendichtung entgegen; der damit zusammenhängende Verzicht auf formale Künstlichkeit war allerdings die Ursache dafür, daß dieses Versmaß erst spät zu größerer Beliebtheit gelangte, die z. T. auch auf dem Erfolg von EYSTEINN Ásgrímssons großem Marienpreislied *Lilja* (um 1350) beruht; seither bezeichnet man das *hrynhent* auch als *liljulag* (»Lilien-Versmaß«).

Das Aufsehen, das Arnórs *Magnúsdrápa hrynhenda* erregte (so genannt, weil der Dichter nach Magnús' Tod noch eine zweite *Magnúsdrápa* verfaßte), erklärt sich somit eher aus dem neuartigen Versmaß als aus der eigentlichen dichterischen Qualität des Lieds, das sich kaum durch besonders kunstvolle Kenningar (Umschreibungen) auszeichnet. Arnórr liebte die Übertreibung: Vom Ruhm des Magnús sagt er, dieser werde so lange Bestand haben, als die Erde bewohnt ist (Str. 15), und um des Königs Schlachtenruhm zu verdeutlichen, behauptet er, auf der Walstatt habe Magnús einen Leichenhaufen von Feinden zurückgelassen, so hoch, daß die zum Leichenfraß umherstreunenden Wölfe ihn nicht zu erklimmen vermochten (Str. 13). Auch Arnórrs übrige Gedichte bezeugen diese Neigung für die effektvolle Metapher. G.W.W.

AUSGABEN: Kopenhagen 1912 (in *Den norsk-islandske skjaldedigtning*, Hg. F. Jónsson, Bd. A/1). – Lund 1946 (in *Den norsk-isländska skaldedigtningen*, Hg. E. A. Kock, Bd. 1).

LITERATUR: L. M. Hollander, *Arnórr Thordarson jarlaskáld and His Poem »Hrynhent«* (in Scandinavian Studies, 17, 1942, S. 99–109). – H. Lie, *Skaldestil-Studier* (in Maal og Minne, 1952, S. 1–92). – J.

de Vries, *Über Arnórr jarlaskáld* (in AFNF, 67, 1953, S. 156–175). – G. Turville-Petre, *Haraldr the Hard-Ruler and His Poets*, Ldn. 1968 (Dorothea Coke Memorial Lecture 1966, University College).

RAYMOND ARON

* 14.3.1905 Paris
† 17.10.1983 Paris

LITERATUR ZUM AUTOR:
G. Fessard, *La philosophie historique de R. A.*, Paris 1980. – S. Mesure, *A. et la raison historique*, Paris 1984. – *R. A. 1905–1983. Histoire et politique*, Hg. J. C. Casanova (in Commentaire, 8, Febr. 1985, Nr. 28/29; Sondernr.). – N. Bavarez, *R. A. – »qui suis-je?«*, Paris 1986. – J. Altwegg, *Ein Intellektueller mit sauberen Händen* (in J. A., *Die Republik des Geistes*, Mchn. 1986, S. 228–239). – R. Colquhoun, *A.*, Ldn. 1986, 2 Bde.

MÉMOIRES. 50 ans de réflexions politiques

(frz.; *Ü: Erkenntnis und Verantwortung. Lebenserinnerungen*). Autobiographisches Werk von Raymond ARON, erschienen 1983. – Der sofort sichtbar werdende Erfolg dieser autobiographischen Reflexionen erklärt sich vermutlich aus der Tatsache, daß sie gerade in jenem Moment erschienen, da die Geschichte dem von der linken Intelligenz während eines Vierteljahrhunderts verschmähten Aron plötzlich Recht zu geben schien. Der Autor zeichnet darin seinen exemplarischen Lebensweg nach und zieht eine – mehr politische, intellektuelle denn menschliche – Bilanz seiner Existenz.
Aron schildert seine Herkunft (er entstammte einer bürgerlichen jüdischen Familie) und seine Jugendjahre; Jean-Paul SARTRE, als dessen Gegenfigur er nach dem Zweiten Weltkrieg wirkte, war sein Mitschüler. In seinen *Memoiren* bekennt er sich ausdrücklich zu dessen literarischem Talent und philosophisch-politischem Temperament: Wesenszüge, die ihm fremd – und versagt – blieben. Aron war durch und durch der Vernunft verpflichtet, schon in seinen frühen Jahren. Seine biographischen Reminiszenzen bleiben noch in den persönlichsten Bereichen, so er sie überhaupt einbezieht, äußerst diskret. Was Aron verletzte, ihn beseelte, wie er fühlte und empfand, wird aus der Lektüre dieses monumentalen Werks kaum ersichtlich. Der Verfasser zeichnet die Porträts seiner Mitschüler (neben Sartre auch Paul NIZAN und Simone de BEAUVOIR). Zum »Schicksal« wurde ihm die frühe Begegnung mit den zeitgenössischen deutschen Philosophen und Soziologen, wobei es ihm gelingen sollte, in Sartre eine »*fieberhafte Neugier*« für HUSSERL und HEIDEGGER zu wecken. Besonders verbunden fühlte sich Aron aber mit Max WEBER: »*Was mich an ihm fesselte, war seine Vision der Weltgeschichte, seine Hervorhebung der Originalität der modernen Wissenschaft und seine Reflexion über die historische und politische Situation des Menschen.*« Arons Studie über die deutsche Soziologie der Gegenwart (*La sociologie allemande contemporaine*, 1935) verarbeitete die bei Weber gewonnenen Erkenntnisse, wobei der Autor für eine Philosophie der Geschichte plädierte, die sowohl die Sinnvielfalt der Verhaltensweisen verstehen als auch die Kausalzusammenhänge erklären sollte. Seine Habilitationsschrift *Introduction à la philosophie de l'histoire. Essai sur la théorie de l'objectivité historique*, 1983 (*Einführung in die Geschichtsphilosophie. Versuch über die Grenzen der historischen Objektivität*), sollte dann den endgültigen Bruch mit der noch völlig positivistisch geprägten Soziologie und Geschichtswissenschaft Frankreichs markieren.
In den frühen dreißiger Jahren wirkte Aron in Köln und Berlin, wo er Zeuge der Agonie der Weimarer Republik wurde und die Gefahr des aufkommenden Nazismus sehr viel deutlicher erkannte als Sartre. »*Vielleicht machten wir damals alle einen anderen Fehler, nämlich, daß wir Hitler unterschätzten. Natürlich verachtete ich diesen Mann von ganzem Herzen: vielleicht deshalb, weil er Antisemit und ich Jude war. Mein Judentum hat etwas damit zu tun, aber weniger, als man meinen könnte. Der Redner Hitler machte mich schaudern; seine Stimme, die für manche hypnotisch war, war mir fast unerträglich, seine Vulgarität und seine Grobheit widerten mich an und machten mir die Begeisterung von Millionen von Deutschen unverständlich. Hitler atmete den Haß. Er verkörperte das Böse, er bedeutete für mich den Krieg.*« Es war somit keineswegs nur die jüdische Herkunft, die Arons politischen Scharfsinn gegenüber dem Nationalsozialismus prägte; im Gegenteil war sein Judentum, das er zeit seines Lebens verdrängte, und über das er sich erst in den letzten Jahren äußerte, ein Faktum, das seine Kritik hemmte: sie sollte bei ihm nie eine subjektive sein, geschrieben aus der Sicht eines Betroffenen: »*Als Jude stellte ich den französischen Lesern, die sowohl Juden wie Nichtjuden waren, den Hitlerschen Antisemitismus dar. Von Anfang bis Ende gab ich mich als Beobachter, und selbst wo ich mich innerlich engagierte, geschah es auf fast kühle Weise... Selbst Hitler und der Antisemitismus hatten meine Deutschfreundlichkeit nicht völlig ersticken können: unbewußt wollte ich nicht als Jude, sondern als Franzose schreiben.*« Im Londoner Exil, wo er die Zeitschrift ›La France libre‹ redigierte, war Aron keineswegs ein militanter Antifaschist. Vielmehr anerkannte er durchaus »*gewisse positive Seiten*« Pétains und die Frage, ob de Gaulles Entscheidung, das Land nach der deutschen Okkupation zu verlassen, richtig gewesen war, wußte er nicht schlüssig zu beantworten. Bereits in London kam es zu ersten Konflikten mit dem General, dessen Politik – vor allem später im Nachkriegsfrankreich – Aron mit kritischer Sympathie verfolgte.

In der bürgerlich-parlamentarischen Demokratie sah Aron die höchste und einzig wünschenswerte Form gesellschaftlicher Organisation und stellte diese in mehreren polemischen Schriften dem Faschismus und Sozialismus bzw. Kommunismus gegenüber, wobei er beispielsweise in *L'opium des intellectuels*, 1955 *(Das Opium der Intellektuellen)*, die ideologische Blindheit von Sartre und M. MERLEAU-PONTY angriff. Während der Vierten und dem ersten Vierteljahrhundert der Fünften Republik wurde Aron damit der angesehenste konservative Kommentator und Publizist Frankreichs – vor allem innerhalb der politischen Klasse. In seinen *Mémoires* diskutiert er eingehend die Funktion der Kritik, die für ihn eine möglichst objektive, stets konstruktive zu sein hatte: Kritik an der Politik verstand er immer als Anleitung, es besser zu machen. Aron setzte sich an die Stelle der Regierenden und schrieb aus ihrer »verantwortlichen« Sicht; das mag seinen Einfluß, seine Beliebtheit bei den Mächtigen dieser Welt erklären.

Dem linken und intellektuellen Lager war Aron vor allem wegen seiner Ablehnung des Marxismus verhaßt, zu dessen besten Kennern in Frankreich er, der mit der deutschen Soziologie bestens vertraut war, gehörte – genau so lange, bis der Einfluß des Kommunismus zurückging und in sein Gegenteil umschlug. Damals – gegen Ende der siebziger Jahre – kam Arons große Stunde; er wurde fast so verehrt wie Sartre in der unmittelbaren Nachkriegszeit. Besonders Vertreter der sog. *nouvelles philosophes* wie A. GLUCKSMANN und B.-H. LÉVY griffen nunmehr wieder Themen auf, die Aron schon vor Jahren abgehandelt hatte, z. B. »die *Verführung der Intellektuellen durch den Marxismus und die totalitäre Struktur der kommunistischen Regime; die dem nuklearen Abschreckungssystem immanente Logik, in der Frieden und Krieg ineinander aufgehoben sind; den Wert der individuellen bürgerlichen Freiheiten*« (G. Nonnenmacher). In dieser völlig veränderten Konjunktur erschienen Arons Memoiren, die nicht sein philosophisch bedeutendstes, aber das intellektuell wichtigste, für die Wirkungsgeschichte dieses konservativen Intellektuellen symptomatischste Werk darstellen. Der Autor resümiert darin nicht zuletzt auch seine großen Werke, von denen der Leser einen mehr als nur fragmentarischen Eindruck gewinnt. Arons Existenz bekommt eine gewisse Einheit, jedenfalls einen exemplarischen Charakter; der Wert des Buches ist trotz seiner stilistischen Qualitäten ein zeitgeschichtlicher. Es gehört zu den großen politischen Memoirenwerken des 20. Jh.s, als dessen (französische) Chronik es gelesen werden kann. Dabei vervollständigt eine 1981 veröffentlichte Diskussion mit zwei Journalisten *(Le spectateur engagé)* noch das Bild des »engagierten Beobachters«. J.Al.-KLL

AUSGABE: Paris 1983.

ÜBERSETZUNG: *Erkenntnis und Verantwortung, Lebenserinnerungen*, K. Sontheimer, Mchn. 1983.

LITERATUR: F. Bondy, Rez. (in Schweizer Monatshefte, 63, 1983, S. 893–897). – J. Fourastié, Rez. (in RDM, Okt.–Dez. 1983, S. 271–278). – F. George, Rez. (in Critique, 39, 1983, S. 837–855). – M. Peltier, Rez. (in Écrits de Paris, 435, Okt. 1983, S. 15–19). – M. Nadeau, Rez. (in QL, 402, 1. 10. 1983, S. 516). – G. Anquetil, Rez. (in NL, 2895, 7. 9. 1983, S. 32/33). – T. von Münchhausen, Rez. (in FAZ, 27. 9. 1983). – P. Thibaud, Rez. (in Esprit, 89, Mai 1984, S. 59–74). – L. Delisse, Rez. (in La Revue Nouvelle, 80, Juli–Dez. 1984, S. 207–213). – I. Fetscher, Rez. (in Die Zeit, 24, 7. 6. 1985, S. 51). – G. Nonnenmacher, Rez. (in FAZ, 6. 8. 1985).

PENSER LA GUERRE. CLAUSEWITZ

(frz.; Ü: *Clausewitz. Den Krieg denken*). Politische Studie von Raymond ARON, erschienen 1976. – Zu den zentralen Kapiteln der 1983 erschienenen *Mémoires* gehören die Jahre zwischen 1940 und 1944, die Aron von der Notwendigkeit überzeugten, die internationalen Beziehungen, generell den Krieg zum Gegenstand des Denkens zu machen. Für ihn war das die einzige Möglichkeit, weitere Katastrophen zu verhindern. Der Außenpolitik widmete er nicht nur zahlreiche Leitartikel – nach dem Krieg schrieb er zunächst für das aus der Résistance hervorgegangene Blatt ›Combat‹, dann jahrzehntelang (bis zu dessen Kauf durch den ehemaligen Kollaborateur Robert Hersant) für den ›Figaro‹, in den letzten Jahren vor seinem Tod für ›L'Express‹ –, sondern eigentliche Standardwerke. Zu ihnen gehört seine Studie über den preußischen Denker Carl von CLAUSEWITZ (1780–1831), in der er sich mit den zwei Möglichkeiten der Kriegführung, um die es in dessen Werk *Vom Kriege* geht, befaßt. Die Leitidee für alle Theorien der zwischenstaatlichen Beziehungen hatte Aron schon in seiner 1962 erschienenen monumentalen Studie *Paix et guerre entre les nations (Krieg und Frieden)* aus dem Studium des Clausewitzschen Werkes abgeleitet, nämlich »*die Kontinuität dieser Beziehungen durch den Wechsel von Krieg und Frieden hindurch, die gegenseitige Ergänzung von Diplomatie und Strategie sowie der gewaltsamen und gewaltlosen Mittel, welche die Staaten benutzen, um ihre Ziele zu erreichen oder ihre Interessen zu verteidigen*«. Botschafter und Soldat leben und symbolisieren dabei für Aron die internationalen Beziehungen: »*Sie vollziehen sich im Schatten des Krieges, oder, härter gesagt, den Kern der Beziehungen zwischen Staaten bildet die Alternative Krieg oder Frieden.*« Dabei wird in unserer Epoche nicht mehr ein einzelner Staat, sondern die Menschheit schlechthin von einem, wie Aron meint, »hyperbolischen« Krieg bedroht. Einen solchen Krieg zu verhüten wird für alle Akteure der Außenpolitik zu einem ebenso notwendigen Ziel wie die Verteidigung der rein nationalen Interessen.

Nach der Auseinandersetzung mit Clausewitz' Methode wendet sich Aron dem Problem seiner Einordnung zu: War Clausewitz ein Theoretiker des absoluten, absurden Vernichtungskriegs (mit der *Steigerung bis zum Äußersten*) oder des begrenzten, in Begriffen der Offensive und der Defensive faßbaren, des politisch gedachten Kriegs? Aron unterstreicht die Komplementarität der beiden Aspekte von Clausewitz' Argumentation und geht dann auf die Frage der Beziehungen zwischen Staat und Krieg ein: Ist der Krieg eine unausweichliche Folge der politischen Konflikte? – Im zweiten Band untersucht der Autor die postume Wirkung des Theoretikers am Beispiel der Kriege, die nach Clausewitz' Tod ausbrachen. Er gelangt zur Einsicht, daß mit dem Aufkommen demokratischer wie auch revolutionärer Regimes die Unterscheidung zwischen inneren und äußeren Konflikten unschärfer geworden sei, zudem die Bedeutung technologischer Aspekte zugenommen habe. Im 20. Jh. ist der Krieg für Aron zu einem *»Chamäleon«* geworden; er tritt in den verschiedensten Formen auf. Am nächsten, meint Aron, kommt die sowjetische Doktrin, die Politik und Krieg als Einheit denkt und der Staatsraison unterstellt, den Thesen von Clausewitz (die LENIN allerdings pervertiert habe, indem er die Armee der Partei unterstellte und die nationalen Interessen dem Klassenkampf unterordnete). Der Westen hingegen versuche, durch die Beherrschung der technologischen Möglichkeiten mit einer Taktik der Abschreckung den Krieg von vornherein zu vermeiden. Dieser Einstellung neigte Aron selber zu – als Philosoph des Kriegs wie als Leitartikler.

In Deutschland löste sein *Clausewitz* eine Kontroverse aus. Gewisse Kreise warfen Aron vor, den preußischen Strategen als defensiven Denker zu präsentieren und ihn geradezu zu einem liberalen Theoretiker des begrenzten Kriegs zu machen. In seinen *Mémoires* ging Aron nochmals auf diese Polemik ein.   J.Al.-KLL

AUSGABE: Paris 1976, 2 Bde.

ÜBERSETZUNG: *Clausewitz. Den Krieg denken*, I. Arnsperger, Ffm. 1980.

LITERATUR: R. Hepp, Rez. (in Zeitschrift für Politologie, 1980). – D. Schwankopf, Rez. (in Die Zeit, 2. 1. 1981). – G. Maschke, Rez. (in FAZ, 3. 2. 1981). – J. Fischer, Rez. (in FRs, 14. 4. 1981).

HANS ARP

* 16.9.1886 Straßburg
† 7.6.1966 Basel

DAS LYRISCHE WERK von Hans ARP.
Der Bildhauer, Maler und Dichter Hans Arp war Teilnehmer an wichtigen Avantgarde-Gruppierungen des frühen 20. Jh.s (»Sturm-Kreis«; »Der Blaue Reiter«; »Dada-Zürich«; »Pariser Surrealisten«). Sein lyrisches Werk, belegt ab 1903, steht dabei im gesamten künstlerischen Œuvre gleichberechtigt neben den malerischen und skulpturalen Arbeiten.

Die Editionsproblematik, die in der mittlerweile dreibändigen Sammelausgabe der Gedichte (1963 ff.) zutage tritt, entsteht allerdings aufgrund poetologischer Qualitäten. Arp begriff einen Großteil seiner verstreut veröffentlichten Gedichte als momentane Konstellationen; darüber hinaus wurde in der Zeit »Dadas« bewußt mit Datierungen gespielt und durch beabsichtigt undeutliche Manuskripte auch das Druckereipersonal zur Teilnahme am lyrischen Produktionsprozeß gezwungen. Die lyrischen Anfänge Arps in der Straßburger Zeit – 1904 veröffentlicht René SCHICKELE drei Arp-Gedichte in ›Das Neue Magazin‹ (Berlin) – sind stark von der Lektüre Clemens BRENTANOS, NOVALIS' und der modernen französischen Symbolisten geprägt. Vokabular und Poetologie der deutschen Romantik bleiben übrigens für Arps gesamtes späteres lyrisches Schaffen verpflichtend. Nach akademischen und autodidaktischen Mal-Studien (u. a. »Académie Julian«, Paris) wird literarischer Ausdruck für Arp erst 1913 wieder relevant *(Von Zeichnungen aus der Kokoschka-Mappe)*. Die Bemühungen um Überwindung anerzogener mimetischer Kunstübungen lassen ihn besonders die Bekanntschaft Wassily KANDINSKYS suchen, dessen neue bildnerische *(Kompositionen)* und lyrische Arbeiten *(Klänge)* maßgebend werden.

Der literarische Durchbruch gelingt Arp erst 1916 in Zürich, wo er auf Einladung von Hugo BALL am Entstehen ›Dadas‹ im »Cabaret Voltaire« teilhat. Die Elegie *Kaspar ist tot* – veröffentlicht 1920 in *Der Vogel selbdritt* – wird neben Kurt SCHWITTERS' *Anna Blume* zum bekanntesten Gedicht jener Epoche. Das Gedicht, das in mehreren inhaltlichen und typographischen Varianten mit bewußt verunklarter Datierung der Erstfassung (ab 1912) vorliegt, zeigt in der Mischung von hohem romantischem und alltäglich-banalem Vokabular den spezifischen Arpschen Tonfall der frühen zwanziger Jahre: *»weh unser guter kaspar ist tot./ wer trägt nun die brennende fahne im zopf. wer dreht die kaffeemühle. wer lockt das idyllische reh«*. Der Totenklage, die so ihre Parodie in sich trägt, wird zumeist jene, in der bisherigen Arp-Hermeneutik schon tradierte Undeutbarkeit apostrophiert. Dabei erfährt die unsinnige Gesamthaltung des Textes als produktiv-antikünstlerische zumeist eine positive Wertung: *»Unsinn der Kunst gegen Wahnsinn der Zeit«* (Döhl). Jedoch verstellt diese Nachfolge im Mythos »Dadas« als Anti-Kunst den Blick auf das metaphysische Interesse Arps, das in der 1953 publizierten Fassung vollends zutage tritt. Die ernstzunehmenden Klagen um den Tod der Kunstfigur »*Kaspar*« nämlich münden in die Frage: *»warum bist du ein stern geworden oder eine kette aus wasser an einem heißen wirbelwind oder ein euter aus schwarzem licht oder ein durchsichtiger ziegel an der stöhnenden trommel des* *felsigen wesens«*. Diesem durchaus konstitutiv sich gebenden Vorstoß ins umfassend Elementare – die poetische Transformation Kaspars und der Dinge im kosmischen Bestand rekurriert unmittelbar auf Novalis' Poetologie *(Die Lehrlinge zu Sais)* – wird die belanglose weitere materielle Existenz der Kunstfigur gegenübergestellt: »*seine büste wird die kamine aller wahrhaft edlen menschen zieren doch das ist kein trost und schnupftabak für einen totenkopf«.* Den ästhetischen Innovationsschub »Dadas« nutzt Arp weiter zur Entwicklung eines Produktionsschemas von Lyrik, welches dem Collage-Prinzip folgt und alltägliches Sprachmaterial verarbeitet. In der partiellen Nutzung des Zufalls – »*öfters bestimmte ich auch mit geschlossenen Augen Wörter und Sätze in den Zeitungen«* – konstituiert Arp ein neuartiges Entstehungsverfahren von Text. In der »*Arpade« Weltwunder* (2. erweiterte Fassung 1945) ist es ihm möglich, unter der Signifikanz des Titels verschiedenste Sprachspiele und Wortkombinationen zu subsumieren: »*die töchter aus elysium und radium binden die rheinstrudel zu sträußen*«. Im Gedichtband *Die Wolkenpumpe* (1920) ist das im Zufall begründete »*automatische Schreiben*« (vgl. Gertrude STEIN und die »*Écriture automatique*« der französischen Surrealisten) dahingehend modifiziert, daß die intuitive auktoriale Formung gegenüber dem direkten Zugriff auf alltägliches Sprachmaterial bevorzugt wird. War Arps dichterisches Ideal bisweilen die Entpersönlichung des Dichters im automatischen Zufall – der metaphysische Kontext jener Schreibhaltung ist oft diskutiert –, so bleibt das Vokabular der dichterischen Sozialisation doch konstant. Zudem unterliegen die »*automatischen Gedichte*« im Gefolge der Entwicklung moderner Lyrik einer durchgehenden lautlichen Strukturierung. Arps anagrammatische Kerne vereinen so erst im Sprechen der Texte die in einfachen Wort- bzw. Satzfolgen fugenlos aneinandergereihten Bilder: »*die langen nasen haben als futterale fischreusen übergezogen*«. Sprache wird dabei oft auch kalauernd semantisch und lautlich überlagert – »Futter-aale« und »Fisch-reusen«.

Der Pyramidenrock (1924) versammelt 13 kleine Gedichtzyklen, die in ihrer gemeinsamen Textstruktur als gereimte Vierzeiler das »*automatische Schreiben*« in vierhebigen Jamben rhythmisch forcieren. Erscheint die Sprachspielkunst jener Gedichte, die stets die Sprache intakt läßt und in verstärktem Maße auf Sprachklischees abhebt, zunächst als burlesk-unsinnig, so weisen doch die Zyklen auch eine thematische Gliederung auf. Die artistisch anti-künstlerische Haltung, die jene Verse in der Form der Nonsens-Poesie des 19. Jh.s (vgl. Wilhelm BUSCH) provozieren, bildet allerdings den Grundakkord: »*Ein Volksmund und ein Virtuos/ erhängen die dressierte Laus*«. Neben *Schneethlehem*, das mit dem Tod von Religion und Märchen Weltthemen anspricht, beschäftigt sich der Zyklus *das bezungte brett* in der Manier Christian MORGENSTERNS reflexiv mit Sprachkonstrukten: »*er kommt abhanden mit der hand*«. Eine poetologische Reflexionsebene prägt auch das *Opus Null*, das in seinen vier Stücken als Gesang über den automatischen Künstler (»*halb Zauberer, halb Dirigent*«) und seine Kunst gelesen werden kann. Im dritten Stück des Zyklus wird das Dichten selbst als hermetisch ablaufende, organische Selbstzeugung des Dichters paraphrasiert. Der Automatismus einer »Junggesellenmaschine«, die im abgeschlossenen Kreis des Dichters alle Zeugungsinstrumente zur Verfügung hat (»Sack« und »Weib«) erzeugt in rhythmisch generativem Verfahren den automatischen Text: »*Und tick und tack und tipp und topp/ der eigne Leib fällt aus der Braut*«.

Das für das Spätwerk Arps grundlegende Verfahren der organischen Schöpfung und des beständigen natürlichen Fortschreitens, im *Pyramidenrock* noch mit maschineller Ästhetik durchmischt, zeigt sich hier in den häufig gebrauchten Ding-Symbolen Ei, Hut, Knopf und Nabel bereits voll präsent. 1917 schon hatte Arp in »*bewegten Ovalen Sinnbilder der ewigen Verwandlung*« erkannt; im Nachlassen dadaistischen Weltgefühls (z.B. *weisst du schwarzt du*, 1924/30) wird ihm nun vor allem der Nabel, als Mittelpunkt des Ichs und Verbindung in den Kosmos, zum zentralen biomorphen Symbol in Gedicht und Skulptur: »*Um einen kleinen gelben Nabel am Himmel legt sich ein größerer gelber Nabel...«*. Mit der Reflektion über organische Schöpfungsmechanismen und deren Einbindung in einen metaphysischen Kontext entwickelte Arp, der sich 1926 mit der Künstlerin Sophie Taeuber-Arp in Meudon bei Paris niederließ, für seine Kunst die programmatische Erkenntnis, daß die Natur ihre Elemente in Konstellationen ordnet, die einem organischen Prozeß qualitativer Weiterentwicklung unterliegen. Die um 1930 entstehenden *Konfigurationen* vereinigen so verschiedene häretische Schöpfungsphilosophien (»*Vorsokratiker*«, »*I Ging*«). Unter Einbezug der metaphysischen Größe des Zufalls wird z.B. in der *Davos II Konfiguration* mit elementaren Größen (»*Wasser*«, »*Feuer*«, »*Mann*«, »*Frau*« etc.) in der sprachstrukturellen Abfolge von Konstellation, Chaos und Re-Konstellation eine qualitativ höhere Entwicklungsstufe erreicht, welche inhaltlich der GOETHEschen »Urpflanzenidee« nahekommt: »*der stiel des feuers. der stiel der luft./ die blätter des mannes. die blätter der frau*«. Die konsequente Anwendung jenes lyrischen Produktionsprozesses zeigt Arp in der *Straßburg-Konfiguration* (1932), in welcher alle Titel der »dadaistischen« Lyrikbände Arps de-konstruktiv verwertet sind.

Jene poetisch verwaltete Kosmogonie Arps erfährt eine eindeutige Ausrichtung nach dem Unfalltod seiner Frau Sophie Taeuber-Arp 1943. Die Künstlergefährtin seit der Züricher Zeit, die ihr eigenes Arbeiten bescheiden hinter das Werk ihres Mannes zurückstellte, wird nun zum zentralen Gegenstand von Arps Lyrik. In der Konstitution einer »unio mystica« im Bild der *Sophie* wird sie Arp zu einem geistigen Projektionsraum, in dem alles künstlerische Denken aufgehoben scheint. Arp überhöht seine Trauer um den Menschen und *Sophie* wird zum Zentrum seiner romantisch-kosmologischen

Poetik: »*Sophie ist ein Himmel./ Sophie ist ein Stern./ Sophie ist eine Blume*«. Das *Sophie*-Bild, das auch im »Sophia«-Begriff Jakob BÖHMES wurzelt – Arp trug schon im »Cabaret Voltaire« aus den Schriften des christlichen Mystikers vor –, verschwimmt im breiten Spätwerk immer mehr. In der Überzeugung, daß der vorgefundene natürliche Entwicklungsprozeß in sich moralische Kraft trage, wird für Arp zunehmend auch der Fortschritt der menschlichen Vernunft, der Maschinen und Kriege zeitigte, zum Gegenstand fundamentaler Kritik. Der Ort der künstlerischen Utopie (»*die überträumer werden nicht nur kreise wie noch nie, sondern überkreise, sogenannte ›sophiekreise‹ träumen*«) wird in einfachen Bildern der erkannten gesellschaftlichen Realität gegenübergestellt (»*Die alten finsteren Siebensachen/ sind ein Kinderspiel/ im Vergleich mit den Übermaschinen*«). Gegen die Menschen, »*die Gott verloren haben*«, versucht Arp das Personal einer Wunder- und Traumpoetik (»*Engel*« und »*archaische Traummatrosen*«) zu mobilisieren, jedoch bleiben auch ihm, der stets innovative künstlerische Produktionsformen entwickeln konnte, solche Rettungsversuche zweifelhaft. Arps Suche nach einer elementaren heilsamen und heilsstiftenden Kunst scheint nach kurzer intensiver Berührung vor der Moderne kapitulieren zu müssen.   E. Er.

AUSGABEN: *Der Vogel selbdritt*, Bln. 1920. – *Die Wolkenpumpe*, Hannover 1920 (Neudr. Mchn. 1980). – *Der Pyramidenrock*, Zürich/Mchn. 1924 (Neudr. Köln 1971). – *weisst du schwarzt du*, Zürich 1930. – *Konfiguration*, Paris 1930. – *Muscheln und Schirme*, Meudon 1939. – *Mondsand*, Pfullingen 1960. – *Sinnende Flammen*, Zürich 1961. – *Logbuch des Traumkapitäns*, Zürich 1965. – *Gesammelte Gedichte*, Bd. 1 (1903–1939), Hg. H. A., M. Arp-Hagenbach u. P. Schifferli, Wiesbaden 1963; Bd. 2 (1939–1957), ebd. 1974; Bd. 3 (1957–1966), Hg. A. Bleikasten, Wiesbaden/ Mchn. 1984.

VERTONUNGEN: A. Reimann, *Auf verschleierten Schaukeln* (Chor), Mainz 1984. – K.-H. Stahmer, *5 Lieder* (Stimme u. Begl.), Bad Schwalbach 1984. Versch. weitere Liedvertonungen.

LITERATUR: F. Usinger, *Die dichterische Welt H. A.s*, Wiesbaden 1965. – R. Döhl, *Das literarische Werk H. A.s (1903–1930)*, Stg. 1967. – R. W. Last, *H. A. The Poet of Dadaism*, Ldn. 1969. – E. Philipp, *Dadaismus*, Mchn. 1980, S. 197–220. – H. A. Watts, *Chance. A Perspective of Dada*, Michigan 1980, S. 51–135. – A. Bleikasten, *Arp Bibliographie*. Bd. 1: *Écrits*, Ldn. 1981; Bd. 2: *Critique*, ebd. 1983. – *H./Jean A.*, Mchn. 1986 (Text + Kritik). – *A. 1886–1896*, Hg. J. Hancock u. S. Poley, Baden-Baden 1986 [Kat.]. – *H. A. zum 100. Geburtstag*, Hg. H. Bollinger u. a., Zürich 1986 [Kat.].

GIOVANNI ARPINO

* 1927 Pola

LITERATUR ZUM AUTOR:
F. Grisi, *G. A.* (in F. G., *Incontri e occasioni*, Mailand 1965, 213–217). – J. u. R. Meunier, *Le couple et ses problemes dans les romans de G. A.* (in Revue d'Études Italiennes, 14, 1968, 246–273). – R. Scrivano, *G. A.*, Florenz 1979. – P. Leoncini, *G. A.* (in *Dizionario critico della letteratura italiana*, Hg. V. Branca, Bd. 1, Turin 1986, S. 139–141).

L'OMBRA DELLE COLLINE

(ital.; Ü: *Im Schatten der Hügel*). Roman von Giovanni ARPINO, erschienen 1964. – Stefano Illuminato unternimmt mit Lu, seiner langjährigen Geliebten (die zu heiraten er sich nicht entschließen kann), eine längst geplante Fahrt ins heimatliche Piemont. Die Reise wird zur Rückkehr in eine unbewältigte Vergangenheit, und je weiter sich Stefano von Rom entfernt, desto lebhafter werden die Erinnerungen an Kindheit und Jugend – »*Stücke einer Existenz, die darauf warten, zusammengefügt zu werden*«. Stefano hat einen Teil seiner Kindheit auf dem großväterlichen Gut in der Nähe von Turin verbracht, einen anderen in Piacenza, wo das Regiment des Vaters in Garnison lag. Ihm, dem geradezu preußischen Offizierstyp – bei Arpino heißt er durchweg »der Oberst« –, begegnet Stefano als Kind mit Furcht und Abneigung; später, als sich der Vater nach der Niederlage der Faschisten erbittert auf dem Gutshof verschanzt, schlägt die Angst in Haß, die Antipathie in Verachtung um. Noch mehr aber wurde Stefanos Entwicklung von dem Jugendfreund Francesco bestimmt, dem Sohn eines Gutsarbeiters. Bei allem ist er der Anführer, der stets Überlegene. Um ihm und zugleich sich selbst seinen Mut zu beweisen, erschießt Stefano mit der entwendeten väterlichen Pistole einen deutschen Soldaten aus dem Hinterhalt und verscharrt den Toten im Garten. Seltsamerweise wird das »Heldenstück« nicht entdeckt, ist jedoch der Anlaß zu Stefanos Flucht, die über Mailand nach La Spezia zu einer freiwilligen Marineeinheit führt. Zum ersehnten »Einsatz« kommt es freilich erst in der Partisanengruppe, zu der er, von Francesco beeinflußt, als Fahnenflüchtiger stößt. Nach dem Krieg erscheint Stefano die Rückkehr in ein normales, bürgerliches Dasein unmöglich. Und wieder erweist sich Francesco als der Stärkere, der als erster begreift, daß es an der Zeit sei, »Polizistenstiefel« und Siegerallüren abzulegen. Stefano hingegen bleibt trotz seiner beruflichen Karriere ein Gescheiterter: »*Manchmal scheint mir, ich könnte sagen: Ich habe zuviel erlebt. Doch öfters merke ich, wie dieses ›Zuviel‹ in einen Brunnen ohne Boden gestürzt ist; aus ihm steigt jetzt nur noch Schweigen auf oder bisweilen eine herbe, geflüsterte Klage.*« Die Vergangenheit, die er nun, in den sechziger Jahren, einerseits abschütteln, andererseits aber hartnäckig wiederfinden will, quält ihn bis in die Träume hinein und türmt sich als scheinbar unüberwindliche Mauer vor der Gegenwart auf. »*Jede Erinnerung ist wieder ein Ruf, eine Wahrheit, die tief in uns arbeitet, eine fieberhafte Herausforderung an das Dunkel des Morgens.*« Arpinos sechster Roman, ausgezeichnet mit dem »Premio Strega«, knüpft nur scheinbar bei seinem Landsmann PAVESE an, dessen *La casa in collina* (vgl. *Prima che il gallo canti*) überwiegend in derselben Landschaft und vor dem gleichen geschichtlichen Hintergrund spielt. Denn wo bei Pavese die Landschaft mythologisiert, den Konflikten schicksalhaft verbunden wird, bleibt sie bei Arpino bukolisches Accessoire. Seinen Roman beherrschen die Bilder aus Stefanos Kindheit, deren Zauber nichts verliert durch die politischen Umstände jener Jahre. Vor dieser eindrucksvollen Szenerie verblaßt der »Rahmen«, also Stefanos Reise mit Lu; hier wird in papieren klingenden Dialogen die Problematik der seit langem stagnierenden und nur mehr förmlichen Beziehung angedeutet.   R.M.G.

AUSGABE: Mailand 1964.

ÜBERSETZUNG: *Im Schatten der Hügel*, Ch. Birnbaum, Reinbek 1966.

LITERATUR: A. Monti, *G. A., Premio Strega 1964* (in Belfagor, 19, 1964, S. 585–593). – G. Costanzo, *L'ultimo A.* (in Il ponte, 1964). – W. Wien, Rez. (in Generalanzeiger für Bonn u. Umgebung, 1. 4. 1966). – H. Piontek, Rez. (in SZ, 14./15. 5. 1966). – M. Josephson, Rez. (in Tagesanzeiger, Zürich, 30. 7. 1966). – G. Nascimbeni, *Introduzione a »L'ombra delle colline«*, Mailand 1970.

FERNANDO ARRABAL

* 11.8.1932 Melilla / Spanisch-Marokko

LITERATUR ZUM AUTOR:
M. Esslin, *Das Theater des Absurden*, Reinbek 1965 (rde; erw. 1985). – A. Schifres, *Entretiens avec A.*, Paris 1969. – B. Gille, *A.*, Paris 1970. – U. Bennholdt-Thomsen, *A.* (in *Französische Literatur der Gegenwart in Einzeldarstellungen*, Hg. W. D. Lange, Stg. 1971, S. 728–748). – F. Raymond-Mundschau, *A.*, Paris 1972. – J. J. Daetwyler, *A.*, Lausanne 1975. – B. Premer-Kayser, *Das dramatische Werk des Spaniers F. A.*, Rüsselsheim 1977. – A. Berenguer, *L'éxil et la cérémonie*, Paris 1977. – Ders. u. J. Berenguer, *F. A.*, Madrid 1977 [mit Bibliogr.]. – P. L. Podol, *F. A.*, Boston 1978 (TWAS). – T. J. Donahue, *The Theater of A.*, NY/Ldn. 1980. – F. M. Torres, *Introducción al teatro de A.*, Murcia 1981. – L. O. Arata, *The Festive Play of A.*, Lexington 1982. – A. Chesnau, *Décors et décorum: enquête sur les objets dans le théâtre d'A.*, Montreal 1984. – D. de Ruyter-Tognotti, *De la prison à l'éxil. Structures relationelles et structures spatiales dans trois pièces d'A.*, Paris 1986.

L'ARCHITECTE ET L'EMPEREUR D'ASSYRIE

(frz.; Ü: *Der Architekt und der Kaiser von Assyrien*). Szenische Collage in zwei Akten von Fernando ARRABAL (Spanien/Frankreich), zuerst in französischer Sprache erschienen 1967; Uraufführung: Paris, 22. 1. 1967, Théâtre de Montparnasse; deutsche Erstaufführung: Bochum, 12. 2. 1968, Schauspielhaus. – Daß der Spanier Arrabal, der seit 1955 in Paris lebt und seitdem in spanischer und französischer Sprache publiziert, an spanische und zugleich europäische Traditionen der Literatur anknüpft, ist kein Widerspruch, sondern typisch für eine ganze Generation spanischer Exilschriftsteller und -künstler, die – vom Franco-Staat verfolgt, frustriert, verschwiegen – einerseits die internationale Atmosphäre der französischen Metropole bevorzugen und dort eine Fülle von Anregungen aufnehmen, andererseits aber doch immer wieder auf die bedrückenden, alptraumhaften Kindheitserfahrungen des Spanischen Bürgerkriegs zurückgreifen.

Um die Darstellung und Analyse dieser, wie Arrabal es nennt, »*realistischen Alpträume*« geht es – wenngleich verhüllter, weniger direkt als in anderen Werken des Autors – in diesem meistgespielten, bislang erfolgreichsten Stück Arrabals, dessen spanische Fassung *El Architecto y el Emperador de Asiria* erst 1975 erschien. Es zeigt, wie die beiden Protagonisten – der ironischerweise sogenannte »Kaiser von Assyrien«, der nach einer Flugzeugkatastrophe auf eine Insel verschlagen wird, und der »Architekt«, der hier als »Primitiver« haust – ihre Träume inszenieren, wie sie alle möglichen Rollen bis ins Groteske und Absurde spielen, und zwar so, daß in jeder Phase dieser Rollenspiele die Analogien zwischen der Traumphantasie und verschiedener Traditionen des Theaters deutlich werden. – Schon die ersten Szenen enthalten genügend Indizien, die das Stück als »Psychodrama« im Sinne der Freudschen Deutung des Ödipus-Dramas erscheinen lassen und geeignet sind, den Zuschauer zur entsprechenden Analyse zu verführen. Der Kaiser bringt mit der Sprache den Größenwahn der Moderne und die Macht der Zivilisation auf die Insel: Seine Versuche, den Architekten, der zunächst nur Tierlaute hervorbringt, zu belehren, ihm die Vorzüge der Zivilisation und Modernität zu verdeutlichen, geraten zur Farce, entlarven ihn als Hochstapler und Lügner: Der Kaiser glaubt durch sein Wissen zu imponieren und scheitert immer wieder kläglich, wohingegen der Architekt – der Tiermensch – in seiner unmittelbaren Beziehung zur Natur die eigentliche Macht besitzt und nach Lust und Laune demonstriert, z. B. durch die Fähigkeit, nach seinem Willen Tag und Nacht werden zu lassen, Berge zu versetzen, Tieren Befehle zu erteilen.

Während der Archi-tecte in diesem elementaren Sinne seine Namen gleichsam rechtfertigt, wird der Titel des »*Empereur*« als bloße Maske durchschaubar: Der »*Kaiser von Assyrien*«, der wie Alexander zu herrschen vorgibt, ist, wie sich herausstellt, nur auf der Flucht »*vor seiner Existenz als Muttermörder*« (Premer-Kayser). Er ist ein kleiner Angestellter, dem die Inselsituation Gelegenheit bietet, seine Schwäche, Erbärmlichkeit, seine immer gleichen megalomanen, erotischen und perversen Träume zu erzählen, zum szenischen Spiel auszugestalten und sogar auszuspielen. Allein im ersten Akt spielen die beiden Protagonisten z. B. Pferd und Reiter, Geliebter und Geliebte, Sohn und Mutter, Beichtvater und Beichtender, Elefant und Elefantenführer, Präsident und Sekretär, Shakespeare-Schauspieler, Kranker, Sterbender, Schriftsteller, Nonne, Wöchnerin, Mutter, Arzt, Affe, Kamel. So quält, liebt und haßt man einander, denn trotz aller Demütigungen ist die Furcht vor Einsamkeit stärker.

Im Gerichtsverfahren des zweiten Aktes, das die beiden Protagonisten mit großer Spielfreude, mit allen Mitteln der grotesken Ironie und allen Varianten der Theaterkunst – vom Bluff bis zur Katharsis – inszenieren, gesteht der Kaiser widerstrebend, seine Frau gequält, den Bruder mißbraucht, seine Mutter ermordet und den Hunden zum Fraß vorgeworfen zu haben. Er verlangt seine Aburteilung: Der Architekt soll ihn töten und anschließend verspeisen. In einem mystisch-kannibalischen Akt verzehrt der Architekt den Kaiser und nimmt dabei immer mehr dessen Aussehen und Gewohnheiten an. Die Metamorphose vom Architekten zum Kaiser ist kaum vollzogen, als man eine Explosion hört. Einziger Überlebender eines Flugzeugunglücks ist – der Architekt; mit umgekehrten Vorzeichen ist am Ende wieder die Ausgangslage erreicht: das Spiel kann von neuem beginnen.

Fasziniert von dieser »*großartigen Lösung des Odipus-Komplexes*« (Premer-Kayser), die am Ende tatsächlich auf der Bühne gezeigt wird, werden die an Freud und Jung geschulten Interpreten genau in dem Maße, in dem sie den Prozeß mit den Mitteln der Psychoanalyse »definieren«, Opfer einer äußerst raffinierten Ironie des Autors, die den gesamten Prozeß des zweiten Aktes als Simulation, als Parodie des Ödipus-Dramas inszeniert und dabei die Frage der Grenze von Spiel und Ernst, von Traum und Wirklichkeit für den Zuschauer doch bis zuletzt offenhält. Auf diese Weise wird die Konfusion, die die Protagonisten auf der Ebene des Prozeßspiels selbst in allen Varianten vorführen, zu einem Prinzip des theatralischen Diskurses selbst. Die kannibalistische Mahlzeit, die die beiden Spieler am Ende vereinigt und das Paar auf groteske Weise durch Rollentausch zu neuem Leben erweckt, erscheint nicht nur als Parodie der aristotelischen Katharsis und des Freudschen Psychodramas, sondern darüber hinaus als ein karnevaleskes Spiel, das von dem Ernst der psychoanalytischen Hermeneutik selbst zu befreien sucht. In dem Stück verwirklicht Arrabal nach einer Reihe früherer, schon tendenziell ähnlicher Versuche, in einer überzeugenden Weise die Konzeption eines »*théâtre de simulations*«, das die Künstlichkeit des traditionellen japanischen Kabuki-Theaters und bestimmte Formen surrealistischer Traumspiele zum Vorbild nimmt, die bereits in den zwanziger und dreißiger Jahren Motive der Freudschen Traumanalyse verwenden, aber in einer spielerischen, dem eigentlichen Sinn dieser Analyse völlig entgegengesetzten Weise.

Die bei Arrabal dominierende Rolle der Traumästhetik, die karnevaleske Verspottung der aristotelischen Traditionen des Theaters und die gleichen intertextuellen Bezüge – von der mittelalterlichen Farcenkomik über Rabelais, Quevedo und Goya bis hin zu Lewis Carroll, Lautréamont und nicht zuletzt Jarry – bestätigen diesen Befund, wobei es zur Strategie der literarischen Spiele Arrabals gehört, daß der literaturkundige Zuschauer und Leser überall textuelle und intertextuelle Zusammenhänge und Bezugspunkte entdecken kann, die der Autor mehr oder weniger raffiniert versteckt. Die besondere spanische Note, die Arrabal mit Picasso, Buñuel, Aub und Autoren der eigenen, jüngeren Emigrantengeneration wie Juan Goytisolo verbindet, liegt nicht zuletzt in der Auswahl und Behandlung der Themen. Es sind die Erfahrungen der spanischen Kindheit, die Erinnerungen an die Grausamkeiten des Bürgerkriegs, an die Zwänge und Tabus der katholischen Erziehung, an die faschistische Propaganda und Verfolgung, die die gesellschaftskritische Tendenz und kompensatorische Funktion der Werke begründen. Allen gemein ist das Engagement gegen den Faschismus. Nur vor diesem Hintergrund kann man die Obsessionen des Autors, zugleich aber auch die karnevaleske Freude an den Tabuüberschreitungen, die ungeheure, spanisch-anarchistische Lust an den Provokationen und Blasphemien, die alle Werke Arrabals kennzeichnen, in ihrer ganzen Tragweite verstehen.
V.R.

Ausgaben: Paris 1967 (in *Théâtre*, Bd. 5; *Théâtre panique*). – Paris 1970 (10/18). – Madrid 1975 (*El Arquitecto y el emperador de Asiria*, Hg. D. Taylor; Cátedra).

Übersetzung: *Der Architekt und der Kaiser von Assyrien*, K. Klinger (in *Vier Stücke*, Köln/Bln. 1971).

Literatur: M. Aub, Rez. (in México, Mai 1967). – W. Bökenkamp, Rez. (in FAZ, 13. 4. 1967). – B. Strauss, Rez. (in Theater heute, 9, 1968, S. 26–29). – W. Drews, Rez. (in FAZ, 22. 11. 1971). – C. R. Lyons, *The Psychological Base of A.'s »L'architecte et l'empereur d'Assyrie«* (in FR, 45, 1972, S. 123–136). – V. Roloff, *F. A. »El arquitecto y el* emperador de Asiria« (in *Das spanische Theater von den Anfängen bis zur Gegenwart*, Hg. ders. u. H. Wentzlaff-Eggebert, Düsseldorf 1988).

LE CIMETIÈRE DES VOITURES

(frz.; *Ü: Der Autofriedhof*). Schauspiel in zwei Akten von Fernando ARRABAL (Spanien/Frankreich), zuerst auf französisch erschienen 1958; Uraufführung: Paris 1961, Théâtre Michel; deutsche Erstaufführung: München, 21. 10. 1968, Kelle Riedl. – Schauplatz dieser Groteske ist ein verrotteter Autofriedhof. In den dort abgestellten Autowracks, die wie Hotelzimmer vermietet werden, wohnen verschiedene Gäste. Sie werden von Milos, einem Kellner mit untadeligen Manieren, bedient. Die Männer unter ihnen erhalten allabendlich einen Gutenachtkuß von der Dirne Dila, und auf Wunsch auch mehr. Im Mittelpunkt der zumeist pantomimischen Vorgänge steht Emanou, der Trompeter eines Terzetts, zu dem noch ein Klarinettist und ein Saxophonist gehören. Emanou wird von der Polizei gesucht, *»weil es verboten ist, Musik zu machen«*. Zunächst rettet Dila ihn vor seinen Verfolgern, dann wird er von Topé für Geld an Lasca und Tiossido verraten, die zu Beginn des Stücks stumm als Leistungssportler über die Bühne traben, sich im zweiten Akt aber als Polizisten entpuppen. Nach anfangs erfolgloser Suche treffen Verfolgter und Verfolger schließlich zusammen. Topé identifiziert Emanou mit einem Kuß. Der stumme Fodère, befragt, ob er Emanou kenne, verleugnet ihn aus Angst. Emanou wird von den Polizisten in Kreuzform auf ein Fahrrad gebunden und im Wegführen grausam mißhandelt. Milos muß das Fahrrad schieben helfen.

Der Dialogtext ist häufig von Szenenanweisungen für die pantomimischen Vorgänge unterbrochen. Eine eigentliche Handlung fehlt. Statt dessen reiht Arrabal Situationen aneinander, die äußerlich nur durch die Suche nach Emanou zusammengehalten werden. Diese Gestalt zeigt über den Namensbezug hinaus (hebr. Emanuel: Gott mit uns; Beiname Jesu) deutliche Parallelen zu Christus. So erinnert z. B. Topé an das Wunder der Brotvermehrung, wenn er sagt: *»Seit damals, als du unser ganzes Publikum mit einem einzigen Laib Brot und einer einzigen Sardinenbüchse verköstigt hast, haben die was gegen dich.«*

Arrabals Stück gibt ein groteskes Modell der Welt, deren Bewohner als dumm, grausam, ohne Kenntnis oder Empfinden für Ethik und Moral gezeigt werden. Milos ist je nach Lage und Stimmung Dila gegenüber sadistisch, zärtlich oder kriecherisch, sie wiederum kommandiert oder liebkost ihn, wie es ihr gerade paßt. Einer will den anderen beherrschen. Selbst der so sanftmütige Emanou, der jedem, der zuhören will, eine mechanisch auswendig gelernte Predigt über die Freuden des Gutseins hält, überlegt mit seinen beiden »Jüngern«, ob man nicht den Job wechseln und lieber rauben und morden solle, anstatt zu musizieren. Nur weil es ihm

schwierig erscheint, dieses Geschäft unauffällig zu betreiben, gibt er den Gedanken daran auf.
Martin ESSLIN bezeichnete *Le cimetière des voitures* als das bisher ambitiöseste Stück des Autors. Arrabal versuche darin nichts Geringeres, als die Passion Christi in einer kindlichen Sicht vor dem Zuschauer wiedererstehen zu lassen. Den Höhepunkt seines dramatischen Schaffens erreichte Arrabal jedoch erst mit *L'architecte et l'empereur d'Assyrie*, 1967 *(Der Architekt und der Kaiser von Assyrien)*.

M.H.

AUSGABEN: Paris 1958 (in *Théâtre*, Bd. 1; ern. 1968). – Madrid 1984 (*El cementerio de automóviles*, Hg. D. Taylor; span. Fassg.; Cátedra).

ÜBERSETZUNG: *Der Autofriedhof*, K. Fischer (in F. A., *Schwarzes Theater*, Neuwied/Bln. 1963).

LITERATUR: G. Serreau, *Un nouveau style comique* (in Les Lettres Nouvelles, 6, 1958, Nr. 2, S. 573–582). – J. Guicharnaud, *Forbidden Games: A.* (in YFS, 29, 1962, S. 116–120). – M. Esslin, *Das Theater des Absurden*, Reinbek 1965; ern. 1985, S. 208 ff. (rde). – O. Aslan, »*Le cimetière des voitures*« (in *Les voies de la création théâtrale*, Hg. J. Jaquot, Paris 1970, Bd. 1, S. 309–340).

ET ILS PASSÈRENT DES MENOTTES AUX FLEURS

(frz.; *Ü: Und sie legten den Blumen Handschellen an*). Stück ohne Akteinteilung mit einem Epilog von Fernando ARRABAL (Spanien/Frankreich), erschienen 1969; Uraufführung: Paris, Juni 1969, Théâtre de l'Épée du bois, unter der Regie des Autors; deutsche Erstaufführung: Berlin, 5. 12. 1970, Forum-Theater. – Nach einem Gefängnisaufenthalt unter der Franco-Diktatur – er wurde der Blasphemie beschuldigt – schlug Arrabals Politisierung sich in seinen Stücken des »*Guerilla-Theaters*« nieder. Das bekannteste unter ihnen, *Et ils passèrent des menottes aux fleurs*, das die traumatischen Erlebnisse des Autors in der spanischen Haft verarbeitet, löste wegen seiner unverhüllten Darstellung von Sexualität und Gewalt Theaterskandale aus. Der Titel des Dramas, das *»anhand von Büchern, Berichten und authentischen Dokumenten«* sowie *»heimlichen Mitteilungen«* von Häftlingen entstand, versteht sich als Hommage an den spanischen Dichter Federico GARCÍA LORCA, der 1936 von der faschistischen Guardia Civil ermordet worden war. Arrabal fordert für sein Stück einen unkonventionellen Beginn: Die Zuschauer werden von den Darstellern einzeln und im Dunkeln an ihre Plätze geführt und sollen sich so auf das Kommende einstellen. Das Stück spielt in einer spanischen Gefängniszelle während des Franco-Regimes, etwa 25 Jahre nach Ende des Bürgerkriegs. Amiel, Katar und der stumme Pronos, die bereits seit ihrer Jugend inhaftiert sind, vertreiben sich die Zeit mit Erinnerungen, Träumen und deren Erzählung. Meist werden sie unter Beteiligung aller Protagonisten szenisch dargestellt. So erfährt der Zuschauer nach und nach die Vorgeschichte und seelische Verfassung der Gefangenen, die ausnahmslos Opfer von Folter und Willkür sind: Katar wurde – wie wahrscheinlich Arrabals Vater – von seiner Frau denunziert und kann ihre psychische Quälerei nicht vergessen. Pronos verliert in der Gefängniszelle die Sprache, als man ihm zum Sterben einen Maulkorb anlegt – sein Todesurteil stellt sich jedoch als Irrtum heraus und wird nicht vollstreckt. Besonders Amiel, der unschuldig bereits zum Tod durch Erfrieren verurteilt worden war, aber überlebte, erträgt sein Dasein nur durch die Flucht in Tagträume. In ihnen vermischen sich Erinnerungsfetzen mit Freiheitsvisionen, brutalen Rachegedanken und sexuellen Phantasien, welche in lyrischer Sprache und poetischen Bildern dargestellt werden. Wie auch in den Träumen seiner Kameraden treten hier die Frauen Falidia, Imis und Lelia auf und spielen die Rollen von Hure, Traumfrau oder Gattin. Die Dialoge der Gefangenen werden unterbrochen von der Stimme des Lautsprechers, der bald als brutaler Aufseher, bald als Kommentator fungiert und Daten und Zusatzinformationen liefert.

Eine Handlung entwickelt sich erst, als Tosan in die Zelle verlegt wird, dessen Prozeß nach 25 Jahren jetzt beginnen soll. Die weiteren Stationen seines Leidenswegs, unterbrochen von Erinnerungen seiner Frau an glückliche Zeiten, werden nun szenisch dargestellt: Im Sprechzimmer des Gefängnisses tröstet ihn Falidia, seine Frau und Mutter; der vom Militär bestellte »Anwalt« quält ihn und teilt ihm schließlich mit, daß sein Tod beschlossene Sache sei. Bei der Nachricht von Tosans Verurteilung findet Pronos in äußerster Verzweiflung seine Sprache wieder. Das Tempo des Stücks steigert sich weiter, als Falidia versucht, telefonisch bei Autoritäten des Regimes Gnade für ihren Mann zu erwirken: Der Beichtvater des Staatschefs steht, wie die anderen im Stück vorgeführten Vertreter der Kirche, auf der Seite der Unterdrücker und hat wie der General Teran de Rey und ein Bankier nur Hohn für die Bittende übrig – alle waschen ihre Hände in Unschuld. Während Falidia telefoniert und der Hinrichtungstermin, fünf Uhr morgens, immer näher rückt, befiehlt die Stimme des Staatschefs die Ermordung bereits für vier Uhr. Tosan wird auf offener Bühne mit der Garotte stranguliert. Eine Prozession der übrigen Figuren hebt ihn auf, sie umringen »*den wieder lebendigen und glücklichen Tosan*« und singen »*vom Ende der Unterdrückung und dem Beginn eines neuen Zeitalters*«.

Der eigentlichen Handlung folgt eine häufig nicht aufgeführtes Happening, von Arrabal als »*Ritual*« bezeichnet: Freiwillige Zuschauer sollen mit Hilfe von Masken und Peitschen die Rollen von Peinigern und Opfern ausprobieren. So erfahren sie das Anliegen des Autors – eine vehemente Anklage gegen Folter und politische Willkür – am eigenen Leib. Das Avantgardestück oszilliert zwischen den Polen Dokumentation – unter Verwendung von Elementen des epischen Theaters – und Psychodrama, welches die Traumata der Figuren nachzeichnet. Zwar wurden »*Et ils passèrent ...*« wie die meisten Dramen Arrabals von der Kritik verrissen, Regisseure unter anderem wegen Pornographie angezeigt. Beim engagierten Publikum der späten sechziger und frühen siebziger Jahre war das Stück jedoch ein Erfolg und machte den Autor über Frankreich hinaus bekannt. D.St.

AUSGABEN: Paris 1969 (in *Théâtre*, Bd. 7; *Théâtre de Guérilla*). – Paris 1971 (in *L'architecte et l'empereur d'Assyrie*; 10/18).

ÜBERSETZUNG: *Und sie legten den Blumen Handschellen an*, K. Klinger (in *Vier Stücke*, Köln/Bln. 1971).

LITERATUR: M. Galey, Rez. (in NL, 2355, 13. 10. 1972, S. 19). – D. de Ruyter-Tognotti, *De la prison à l'éxil. Structures relationelles et structures spatiales dans trois pièces d'A.* [u. a. »*Et ils passèrent ...*«], Paris 1986.

GUERNICA

(frz.; *Ü: Guernica*). Einakter von Fernando ARRABAL, Uraufführung: Paris, Juni 1961, Théâtre du Vieux-Colombier; erschienen 1959. – Den Hintergrund des Stücks bildet eine Episode aus dem Spanischen Bürgerkrieg, die Zerstörung der baskischen Stadt Guernica durch deutsche Flugzeuge (1936). Zwei infantile Alte, Fanchou und Lira, werden von der Bombardierung in ihrem Haus überrascht. Lira wird von den einstürzenden Trümmern in der Toilette eingeschlossen, Fanchou befindet sich im Wohnraum, unfähig, ihr beizustehen oder zu ihr zu gelangen. Weitere Bombengeschwader setzen das Werk der Zerstörung fort. Ähnlich wie Winnie in BECKETTS *Oh les beaux jours* wird Lira in ihrer Bewegungsfreiheit mehr und mehr eingeschränkt. Die sinnlose Grausamkeit des Geschehens wird unterstrichen durch die betont alltägliche Sprache des Dialogs, der die Vorgänge in keiner Weise analysiert. Liras hilflose Lamentationen wechseln ab mit den kindischen Ratschlägen Fanchous; gleichzeitig spinnt sich in Ionescoscher Manier der lebenslange Austausch von Banalitäten zwischen den beiden Alten fort. Die politische und menschliche Bedrohung symbolisiert die Figur eines wiederholt auftauchenden Polizeioffiziers. Einen weiteren Hinweis auf die allgegenwärtige Grausamkeit des Bürgerkriegs stellen die Frau und das Kind dar, die, einmal mit Dynamit, einmal mit Gewehren beladen, die Bühne überqueren (in der Szenenanweisung verweist Arrabal selbst auf ihr Vorbild in Picassos Gemälde »Guernica«). Den Schluß bezeichnete Arrabal als »optimistisch«: Hinter dem Trümmerfeld, das von dem Haus »*übriggeblieben ist, erhebt sich der Baum der Freiheit*«, von dessen Unversehrtheit sich Fanchou und Lira nach jedem Bombenangriff erneut überzeugt hatten, und aus den Ruinen, unter denen die beiden Alten wahrscheinlich begraben liegen, schweben zwei farbige Luftballons »in den Himmel«, ohne daß das Gewehrfeuer des Offiziers sie daran hindern kann. Arrabal betonte, daß es sich bei *Guernica* nicht um engagierte Literatur handle. Diese wird ganz im Gegenteil satirisch beleuchtet, indem der Autor gleich zu Beginn des Stücks einen Schriftsteller auftreten läßt, der angesichts der Zerstörung abstrakte Überlegungen über die heroische Seele des spanischen Volkes anstellt. Demgegenüber versucht Arrabal, mit einer poetischen Metapher eine spannungs- und kontrastreiche Synthese zwischen dem gewaltsamen Konflikt zweier abstrakter Prinzipien und dem schließlich triumphierenden Lebenswillen der beiden verständnislosen Alten herzustellen: »*Dieses Stück verkündet den Gesang des Morgens.*« K.En.

AUSGABEN: Paris 1959. – Paris 1968 (in *Théâtre*, Bd. 2).

ÜBERSETZUNG: *Guernica*, L. Kornell (in *Schwarzes Theater*, Neuwied 1963).

VERFILMUNGEN: *Jede Stunde verletzt und die letzte tötet*, BRD 1966 (TV; Regie: P. Lilienthal). – *L'arbre de Guernica*, Frankreich/Italien 1975 (Regie: F. Arrabal).

LITERATUR: M. Kesting, *A.* (in M. K., *Panorama des zeitgenössischen Theaters*, Mchn. 1962, S. 150–155).

PIQUE-NIQUE EN CAMPAGNE

(frz.; *Ü: Picknick im Felde*). Einakter von Fernando ARRABAL (Spanien/Frankreich), entstanden 1952, Uraufführung: Paris, 23. 4. 1959, Théâtre de la Lutèce. – Der Frontsoldat Zapo wird eines Sonntags *en campagne*, d. h. auf dem Schlachtfeld, von Herrn und Frau Tepan, seinen Eltern, besucht und auf der Stelle zu einem frugalen Frühstück *en campagne*, d. h. im Grünen, eingeladen. Sofort stellt sich die trügerisch »menschliche« Atmosphäre eines kleinbürgerlichen Familienidylls ein: Die stolze Mutter erkundigt sich besorgt, ob unter dem Krieg nicht etwa die Reinlichkeit des Sohnes gelitten habe, der nicht weniger dumme Vater fragt nach seinen Fortschritten im Scheibenschießen; ein flotter Pasodoble wird auf den Plattenspieler gelegt, man schießt Erinnerungsfotos. Da tritt der feindliche Soldat Zepo auf, das vollkommene Spiegelbild Zapos – bis auf die Farbe der Uniform. Den erklärt man sogleich zum Gefangenen; Zepo wird gefesselt, dann aber wieder losgelassen und ebenfalls zum Picknick gebeten, was er aus übertriebener Höflichkeit zuerst ablehnt. Die beiden Soldaten kommen sich schnell näher, indem sie immer mehr Gemeinsamkeiten in ihren militärischen und kriegerischen Verhaltensweisen entdecken: Der eine betet ein Paternoster, der andere ein Ave Maria, bevor er abdrückt, um einen »Feind« zu erschießen.

Endlich beschließen sie, diesen offenbar sinnlosen Krieg, hinter dem sie einen heimlichen Drahtzieher vermuten, aus eigener Initiative zu beenden. Auch Herr und Frau Tepan finden diesen Gedanken vernünftig und legen »zur Feier des Tages« von neuem die Schallplatte auf. Man tanzt: Doch mitten in diese friedliche Ausgelassenheit fegt plötzlich eine Maschinengewehrsalve und tötet alle vier.

Die böse Allegorie – sie setzt das französische Wortspiel gewissermaßen surrealistisch in Szene – konfrontiert den Irrsinn des modernen (wie jeden) Kriegs mit dem Geist kleinbürgerlicher Lebensgewohnheiten und Wertvorstellungen. Sie zeigt, wie beides – gleich einfältig und unreflektiert – nebeneinander existiert und, statt sich gegenseitig auszuschließen, vielmehr notwendig komplementär aufeinander bezogen ist: das Grammophon im Grünen und das Gewehr im Felde; die Betulichkeit als Kehrseite der Brutalität, die Sentimentalität als Kehrseite der Aggressivität. – Die gefährliche Ambivalenz solch kleinbürgerlicher Naivität zeigt treffend eine Bemerkung Frau Tepans: »*Das ist das Angenehme an so einem Sonntagsausflug: man trifft immer sympathische Leute. – Aber warum seid ihr eigentlich Feinde? ... Seid ihr's von Geburt an, oder seid ihr erst später Feinde geworden?*« – Das erste Stück des Autors, entstanden unter dem Eindruck des Koreakrieges, »*enthält bereits jene beunruhigende Mischung von Unschuld und Grausamkeit, die für Arrabal so charakteristisch ist*« (M. Esslin). Der bewußt knapp gehaltene Dialog und die um so ausgiebigere – chapelineske – Verwendung der Pantomime verweisen nicht nur auf das 1953 in Paris uraufgeführte Stück *En attendant Godot* von BECKETT, sondern auch auf ältere Wiederbelebungsversuche der Posse, wie etwa BRECHTS Antikriegskomödie *Mann ist Mann* (1926). R.M.

AUSGABEN: Paris 1958 (in Les Lettres Nouvelles, 6, 1958, Nr. 56). – Paris 1961 (in *Théâtre*, Bd. 2; ern. 1968). – Madrid 1979 (*Pic-Nic*; span. Urfassg.; Cátedra).

ÜBERSETZUNG: *Picknick im Felde*, L. Kornell (in *Schwarzes Theater*, Neuwied/Bln. 1963).

VERFILMUNG: *Picknick im Felde*, BRD 1962 (TV; Regie: P. Lilienthal).

LITERATUR: M. Esslin, *Das Theater des Absurden*, Reinbek 1965; ern. Reinbek 1985, S. 206 ff. – I. E. Anderson, *From Tweedledum and Tweedledee to Zapo and Zepo* (in RoNo, 15, 1973/74, S. 217–220).

LA TORRE HERIDA POR EL RAYO

(span.; *Ü: Hohe Türme trifft der Blitz*). Roman von Fernando ARRABAL (Spanien/Frankreich), erschienen 1983. – Als Grundlage seines 1984 mit dem »Premio Nadal« ausgezeichneten Romans, dessen »*Stoff, Thema und Struktur*« (P. Podol) das Schachspiel ist, nimmt der leidenschaftliche Schachspieler

Arrabal eine echte Turnier-Partie zwischen Capablanca und Tartakower in London 1922.
Bei der Schachweltmeisterschaft in Paris stehen sich der Spanier Elias Tarsis und der Schweizer Marc Amary, die sich zu kennen scheinen, im Finale gegenüber. Amary kommt auf recht eigentümliche Art und Weise in Neu-Delhi zur Welt. Seine Mutter leidet plötzlich unter heftigen Bauchschmerzen, geht zur Toilette ... und Amary fällt direkt in die »bis zum Rand mit Exkrementen gefüllte Abortgrube«. Als er später davon erfährt, beschließt er, sich zu Tode zu fressen; er will an »Verdauungsstörung jämmerlich auf einem Klo verrecken«. Doch dann tötet er seine wahnsinnig gewordene Mutter mit Hilfe von Tetanusbakterien. Er studiert Physik und entwickelt sich zu einem Wissenschaftler »im Quadrat«. Dabei entdeckt er den Marxismus und wird zum Revolutionär. Durch seinen Sieg bei der Schachbegegnung will er »die intellektuelle Überlegenheit des Kommunismus«, die durch einen Nordamerikaner namens Bobby Fischer ins Wanken gekommen ist, erneut unter Beweis stellen. Für Amary ist der Marxismus »die Wissenschaft an sich« und das Schachspiel »das wissenschaftliche Spiel par excellence«. – Tarsis, sein Kontrahent, in Andorra geboren, wächst, nachdem er früh seinen über alles geliebten Vater verloren hat, bei einer Tante in Madrid auf. Er gewinnt den Hochbegabten-Wettbewerb und bekommt ein Stipendium für das Colegio de San Antón. Dort hält er sich einen »Sklaven«, einen äußerst dicken, kleinen Franzosen, den er in den Pausen in die dreckigste, stinkendste Latrine der Klosterschule zu sperren pflegt. Tarsis führt in Barcelona ein recht ausschweifendes Sexualleben, bis er Nuria kennenlernt. Die beiden verlieben sich. Als kein Geld mehr übrig ist, geht Nuria auf den Strich; Tarsis wird ihr Zuhälter und ist von diesem Moment an von seiner krankhaften Eifersucht geheilt. Tarsis möchte gewinnen, um den Tod seiner beiden Geliebten zu rächen.
Außer den Lebensläufen der beiden Kontrahenten wird eine dritte Handlungsebene in die Schachpartie eingearbeitet: die Entführung des sowjetischen Außenministers von linken Terroristen. So entwickelt sich das Schachduell zwischen dem logisch denkenden, objektiv analysierenden, systematischen Amary und dem von Instinkt und Intuition geleiteten Tarsis zu einem »philosophischen Lehrstück«. »Es kämpft der Wissenschaftler gegen den Künstler, der Bürokrat gegen den Anarchisten« (W. Runkel).
Als das Schachspiel und »das Spiel« um die Entführung beim 22. Zug aufeinandertreffen, fällt die Entscheidung. Arrabal setzt am Kulminationspunkt des Romans, an dem alle ineinander verwobenen Handlungsfäden sich entwirren, Zusammenhänge sichtbar werden, das oft im Film verwendete Stilmittel der Parallelmontage ein. Der Schiedsrichter überreicht Amary einen Zettel, der die verschlüsselte Nachricht enthält, das Versteck des entführten Ministers – im Kühlschrank – sei entdeckt worden. Amary und seine revolutionäre Gruppe haben den Sowjetminister gekidnappt und getötet. Völlig verwirrt, macht er sein Scheitern durch einen törichten Zug auch auf dem Schachbrett manifest. Der Schlüssel für Tarsis' Rachegelüste wird geliefert: Sein Schachgegner hat das Attentat, bei dem seine beiden Geliebten den Tod fanden, verübt. Es zeigt sich, wie sehr der Rhythmus des Romans vom Rhythmus der Schachpartie bestimmt wird. Amary überschreitet die vorgegebene Zeit, verliert und wird verhaftet. Jetzt endlich erinnert sich Tarsis, woher er ihn kennt: Amary ist der Franzose, sein »Sklave« aus dem Internat.
La torre herida por el rayo ist nicht das erste literarische Werk, in dem Schach gespielt wird (vgl. Stefan ZWEIGS Schachnovelle oder V. NABOKOVS Lushins Verteidigung); aber es ist wohl der einzige Roman, dessen ganze Struktur durch eine Schachpartie vorgegeben ist. Was ihn am Schachspiel so fasziniert, verdeutlicht Arrabal mit einem Zitat von Bobby Fischer: »Schach ist das Leben.« Selbst fügt er hinzu: »Ebenso wie es das Theater ist.« Arrabals Roman steckt voller Verschränkungen von Schach und dem »gran teatro del mundo«: Die Schachmeisterschaft wird im »Theater des Centre Beaubourg« ausgetragen; die Entführung des Sowjetministers ist eine »Premiere, die das Große Welttheater nicht gleichgültig lassen kann«; als das Stück seinen Höhepunkt erreicht hat, geht Tarsis zum »desenlace« (Auflösung) über: »Vorhang – sagt er zu sich – jetzt können die Kulissenschieber kommen und Amary hinausschleifen.« Selbst Tarsis und Amary sind somit nur Schachfiguren im Spiel des Fernando Arrabal.

K.Wa.

AUSGABE: Barcelona 1983.

ÜBERSETZUNG: Hohe Türme trifft der Blitz, W. Böhringer u. A. Schmitt, Köln 1986.

LITERATUR: J. Champion, ›Prends garde‹ aux œuvres d'un dénommé A. (in NL, 2891, 16. 6. 1983, S. 30). – R. Acín, La herida de A. (in Quimera, 31, Sept. 1983, S. 67). – P. Podol, Chess as Plot, Theme and Structure (in Hispania, 69, 1986, S. 262–266). – W. Runkel, Schachnovelle, spanisch (in Die Zeit, 5. 12. 1986).

FREI AMADOR ARRAIS

* um 1530 Beja
† 1.8.1600 Coimbra

DIÁLOGOS

(portug.; Dialoge). Gespräche von Frei Amador ARRAIS, erschienen 1589. – Die Dialoge sind in die Form von Gesprächen eines Kranken, Antíoco, mit seinen Besuchern gekleidet: Er empfängt u. a. einen Arzt, einen Geistlichen, einen Hidalgo, einen

Juristen und diskutiert mit ihnen kultur- und religionshistorische Themen. Aufschlußreich ist die Schilderung der Zeitumstände. So richtet sich der dritte Dialog gegen den Wucher der Juden; der vierte verherrlicht die Entdeckertaten der Portugiesen, weil sie den Glauben durch das Schwert verbreiten. Außer der Habsucht der Juden, die sogar an der Niederlage König Sebastians bei Kasr el-Kebir (1578) schuld sein sollen, macht der Autor noch den Sklavenüberfluß in Lissabon für den allmählichen Verfall des Reiches verantwortlich. Wieder andere Dialoge setzen sich mit dem Wesen des Schmerzes, besonders dem der Agonie, und mit der Bedeutung der Träume auseinander.

Frei Amador Arrais, der dem Karmeliterorden angehörte und wichtige kirchliche Ämter bekleidete, stellt seine moralisierend-didaktische Kritik an der Sittenverderbnis seiner Zeit und die vielfachen Hinweise auf apokalyptische Folgen ganz in den Dienst der Gegenreformation. Formal setzt der Autor mit diesem Werk die Reihe der Humanistentraktate fort; er beweist seine Gelehrsamkeit, indem er seine Ansichten mit vielen Belegen, Beispielen und Anekdoten aus der Antike stützt. Arrais legte höchsten Wert auf eine allgemeinverständliche, schlichte Prosa, weil er ein möglichst großes Lesepublikum ansprechen wollte. Die Schwierigkeit bestand darin, den am Lateinischen und an der Rhetorik geschulten Stil mit den Erfordernissen der Umgangssprache in Einklang zu bringen. Die gelungene Synthese macht Arrais zum bedeutendsten religiösen Schriftsteller des 16. Jh.s in Portugal. M.Fr.

AUSGABEN: Coimbra 1589. – Coimbra 1604 [erweitert]. – Lissabon 1846. – Lissabon 1944, Hg. F. de Figueiredo [Ausw. m. Einf.]; ²1981. – Porto 1974 [Vorw. M. L. de Almeida].

LITERATUR: A. Soares u. F. Campos, *Prosadores religiosos do século XVI*, Coimbra 1950 [Ausw. m. Einf.]. – J. S. da Silva Dias, *Correntes de sentimento religioso em Portugal nos séculos XVI a XVIII*, Bd. 1, Coimbra 1960 [m. Bibliogr.]. – P. Maciel, *Estudos universitários sobre os »Diálogos de Dom F. A. A.«*, Recife 1977. – G. de Paiva Domingues, *Hino de A. A. em louvor de Coimbra* (in Humanitas, Coimbra 1979/80, Nr. 31/32, S. 229–234).

ANTONIO ARRÁIZ

* 27.3.1903 Barquisimeto
† 16.9.1962 New York

DÁMASO VELÁZQUEZ

(span.; *Dámaso Velázquez*). Roman von Antonio ARRÁIZ (Venezuela), erschienen 1943; spätere Ausgaben unter dem Titel *El mar es como un potro (Das Meer ist wie ein junger Hengst)*. – Die Handlung spielt auf der Insel Margarita (Venezuela) und im Karibischen Meer, das in der Entdeckungszeit der Treffpunkt aller spanischen Abenteurer und Glücksritter war und wo später jahrhundertelang Piraten aus aller Welt ihrer Beute auflauerten. »*Von diesem trüben Mischmasch stammen wir ab*«, sagt Dámaso Velázquez bei dem Bankett, das er kurz vor seinem Untergang für seine Freunde veranstaltet und bei dem er auf das Wohl von Joan Terrier, Jacques Serc, Morgan, Hawkins und der anderen zwielichtigen Gestalten des Karibischen Meeres trinkt. Er ist deren geistiger Nachkomme, von unbekannter Herkunft, ein unermeßlich reicher Schiffseigentümer, Perlenhändler und Schmuggler. Hunderte von Menschen arbeiten für ihn, auf dem Land und auf den zahlreichen Schiffen, die er entlang der venezolanischen Küste und im ganzen Karibischen Meer für seine dunklen Geschäfte einsetzt. Wie die alten Korsaren ist er ein treuer Freund seiner Freunde, unerbittlich grausam gegen Verräter, zugleich habgierig und verschwenderisch freigebig. Obwohl Velázquez erst am Schluß persönlich auftritt, ist er im ganzen Roman gegenwärtig, als Schatten, als legendäre, bewunderte und gefürchtete Gestalt, um die das Volk einen Kranz von Mythen und phantastischen Geschichten gewunden hat. Seine Frau Charito, die er mit primitiver Sinnlichkeit und Eifersucht liebt, lebt wie eine orientalische Prinzessin in einem Palast, umgeben von raffiniertestem Luxus. Am Tag der Schutzpatronin, Unserer Lieben Frau vom Tale, die die Bevölkerung mehr als heidnische Liebesgöttin denn als Mutter Gottes verehrt – »*eine Venus, die dem Meer entsteigt*« –, läßt sich Charito von der wilden Ausgelassenheit und elementaren Lebenslust der anderen mitreißen und gibt sich Fernando Robles hin, einem Verwalter ihres Mannes. Velázquez, der jetzt zum erstenmal erscheint, rächt den Ehebruch auf grausige Weise: Er wirft giftige Schlangen in die Höhle, in der die Liebenden eingeschlossen sind. Dann stellt er sich, des Lebenskampfes müde, freiwillig dem Gericht. Er geht mit dem Schiff unter, das ihn zur Aburteilung auf das Festland bringen soll: »*Die ›Cauca‹ ging unter, und sie nahm Dámaso Velázquez mit sich auf den Grund des Karibischen Meeres, das die starken Männer und schönen Frauen erzeugt.*«

Arráiz schafft in lebendigen Szenenschilderungen vor dem Hintergrund einer üppig-fruchtbaren Natur eine buntschillernde Welt von Sinnlichkeit, Lebensgier und urtümlichen Leidenschaften. Das Werk enthält viele kunstsinnig entwickelte Motive, die seine Betrachtung als Liebesdichtung, als Landschafts- und Meeresdichtung, als Metapher inniger Verschmelzung von Natur und Menschenwelt oder als naturalistische, lyrisch getönte Sittenschilderung rechtfertigen. Doch ist all dies nur Rahmen für die Gestalt des Dámaso Velázquez. Das Buch ist ein Heldenepos, obwohl sein Heros weder eine Idealfigur ist noch Idealen nachstrebt. Da Heroen im ursprünglichen Sinn des Wortes in der modernen, von Gesetzen regierten Gesellschaft nicht denkbar sind, hat Arráiz seinen Velázquez in eine Umwelt außerhalb dieser Grenzen gestellt, wo er aus eigener Kraft ein – freilich vergängliches – Königreich bauen kann. A.F.R.

AUSGABEN: Buenos Aires 1943. – Buenos Aires 1950 *(El mar es como un potro)*. – Buenos Aires 1956 *(El mar es como un potro)*.

LITERATUR: E. Crema, *Interpretaciones críticas de literatura venezolana*, Caracas 1954, S. 291–335.

ANDERS CHRISTENSEN ARREBO

* 2.1.1587 Æreskøbing
† 12.3.1637 Vordingborg

LITERATUR ZUM AUTOR:
F. J. Billeskov Jansen, *Danmarks Digtekunst*, Bd. 1, Kopenhagen 1944, S. 110–122. – V. Lundgaard Simonsen, *A. A.s forfatterskab*, Kopenhagen 1955. – Ders., *Kildehistoriske studier i. A. A.s forfatterskab*, Kopenhagen 1955. – *Dansk litteraturhistorie*, Hg. F. J. Billeskov Jansen, Kopenhagen 1976/77, Bd. 1, S. 335–358. – *Dansk Biografisk Leksikon*, 16 Bde., Kopenhagen 1979–1984, 1, S. 299–302.

HEXAEMERON RHYTHMICO-DANICUM. Det er: Verdens Første Uges Sex Dages prægtige oc mægtige Gierninger med den allerhøjeste Skaberes alting-formuende Finger paa det allermesterligste skabte oc beredde; Hans ubegribelige Viisdom oc u-beskrifvelige Godhed til højforskyldte Hæder oc Ære oc hans ædeligste Creature Mennisket til et ret Sursum corda, Siel- oc Ansict-opløftelse oc Skaberens hellige oc herlige Beskuelse

(dän.; *Rhythmisch-dänisches Sechstagewerk. Das ist: Prächtige und gewaltige Werke von sechs Tagen der ersten Woche der Welt mit des allerhöchsten Schöpfers allesvermögendem Finger aufs allermeisterlichste geschaffen und bereitet; Seiner unbegreiflichen Weisheit und unbeschreiblichen Güte zu hochverdientem Ruhm und Ehre und seiner edelsten Kreatur, dem Menschen, zu einem rechten Sursum corda, Seelen- und Angesichtserhebung und des Schöpfers heiligen und herrlichen Beschauung*). Lehrgedicht in sechs Gesängen von Anders Christensen ARREBO, geschrieben ab etwa 1630, erschienen 1661. – Nach einer glanzvollen Vorrede, der im wesentlichen der 104. Psalm zugrunde liegt, besingt Arrebo mit inhaltlich wie auch formal typisch barockem Überschwang das Schöpfungswerk der ersten sechs Tage. Wo die Schilderung des siebenten Tages hätte beginnen sollen, bricht das Werk ab: Der Tod nahm dem Verfasser die Feder aus der Hand. Als Vorlage diente ihm DU BARTAS' *La sepmaine* (1578), ein Werk, das im Laufe weniger Jahre dreißig Auflagen erlebt hatte. Außerdem verwendete Arrebo zwei der zahlreichen Übersetzungen und Bearbeitungen des französischen Werks, die *Erste Woche* des Tobias HÜBNER von 1631 und die holländische Fassung von Zacharias HEINS (1628). Die freie Übertragung ins Dänische geschah auf Veranlassung des Kanzlers Christian Friis zu Kragerup, der den seit 1626 in Vordingborg amtierenden dichtenden Pfarrer für diese Aufgabe aussersah. Da der Kanzler jedoch zwei Jahre nach Arrebo starb, sollten über zwanzig Jahre vergehen, ehe das unvollendete und dennoch so bedeutende Werk zum erstenmal gedruckt wurde.

Weder inhaltlich noch formal hält Arrebo sich immer an seine Vorlage. Du Bartas glaubte an die Prädestination, an einen gnadenlosen Zorn Gottes und an die Nichtigkeit aller Erscheinungen dieser Welt. Arrebo dagegen liegt – worin er mit der dänischen Theologie seiner Zeit übereinstimmt – dieser Pessimismus fern; er sieht vor allem Gottes Güte, und die Schönheit der Schöpfung reißt ihn wiederholt zu enthusiastischem Jubel hin. Gedanklich ist deshalb nicht *La sepmaine* Arrebos wichtigste Quelle, sondern LUTHERS *In primum librum Mose enarrationes* von 1544. In Zusätzen zu dem ursprünglichen Text verrät sich eine ungewöhnlich gute Kenntnis von Land- und Sternkarten der Zeit, und in die Schilderung der Erschaffung von Flora und Fauna flicht Arrebo detaillierte und sehr poetische Beschreibungen der norwegischen Natur ein, die er während seiner Bischofszeit in Trondheim (1618–1622) kennengelernt hat.

Sprachlich unterscheidet sich das *Hexaemeron* von seiner Vorlage dadurch, daß ausgesprochene Tropen (Oxymoron, Hyperbel, Paradox, die in *La sepmaine* fast auf jeder Seite anzutreffen sind) kaum vorkommen, nur die Figur der Anapher mochte Arrebo offenbar sehr. An kunstvollen Wortbildungen, kühnen Vergleichen und Adjektivreichtum steht das *Hexaemeron* deutschen Werken der Zeit nicht nach. – Die französischen Alexandriner der Vorlage behagten Arrebo nicht. Er schuf daher ein eigenes Versmaß für seine Dichtung: Hexameter mit Zäsur und Mittel- und Endreim. Schon bei der Beschreibung des zweiten Schöpfungstags ging er jedoch zu dem weniger anspruchsvollen Alexandriner über, behielt sich aber vor, zur Verherrlichung der vollendeten Schöpfung am siebten Tag das kompliziertere Versmaß wiederaufzunehmen. Die schwächsten Partien des Werks sind diejenigen, in denen Arrebo sich am engsten an die Vorlage gehalten hat, und zwar deshalb, weil sich hier die Divergenz zwischen seiner und Du Bartas' theologischen und ästhetischen Anschauungen am störendsten bemerkbar macht. Trotz seiner fragmentarischen Gestalt ist und bleibt das *Hexaemeron* ein Meilenstein in der Entwicklung der dänischen Literatur: der erste großangelegte und ernstzunehmende Versuch, der volkstümlichen Literatur eine Kunstdichtung an die Seite zu stellen. M.M.M.

AUSGABEN: Kopenhagen 1661. – Kopenhagen 1857 (in *Mester A. Ch. A.s Levnet og Skrifter*, Hg. H. F. Rørdam, 2 Bde., 2). – Kopenhagen 1965 (in *Samlede Skrifter*, 5 Bde., 1965 ff., 1, Hg. V. Lundgaard Simonsen u. J. Glahder).

LITERATUR: K. Mortensen, *A.s Versbygning til og med Salmeparafrasen* (in K. M., *Studier over ældre dansk Versbygning*, Bd. 1: *Stavrim og episke Rimvers*, Kopenhagen 1901, S. 195–202). – H. Brix, *Analyser og Problemer*, Bd. 4, Kopenhagen 1938. – V. Lundgaard Simonsen, *A. A.s »Hexaëmeron« og dansk Barok* (in OL, 1, 1943, S. 24 ff.). – S. Schmidt Nielsen, *Kompositionen i A.s »Hexaëmeron«* (ebd., S. 52 ff.). – E. Thomsen, *Barokken i dansk digtning*, Kopenhagen 1971.

JUAN JOSÉ ARREOLA

* 21.9.1918 Ciudad Guzmán

LITERATUR ZUM AUTOR:
S. Menton, *J. J. A. and the 20th Century Short Story* (in Hispania, 42, 1959, S. 295–308). – B. Espejo, *J. J. A. y la ingenuidad perdida* (in La Gaceta, 10, 1963, Nr. 102). – S. Menton, *J. J. A.*, Havanna 1963. – R. Larson, *La visión realista de J. J. A.* (in CA, 29, 1970, Nr. 171, S. 226–232). – R. G. Gilgen, *Absurdist Techniques in the Short Stories of J. J. A.* (in JSpS, 8, 1980, Nr.1/2, S. 67–77). – D. C. Pulsipher, *The Use of the Fantastic, Neo-Fantastic, Animals and Humour as Vehicles of J. J. A. and M. Rubião*, Diss. Univ. of Illinois 1985 (vgl. Diss. Abstracts, 46, 1986, S. 1959 A). – D. M. Koch, *El micro-retrato en Mexico: J. Torri, J. J. A. y A. Monterroso*, Diss. NY 1986 (vgl. Diss. Abstracts, 47, 1987, S. 926 A).

CONFABULARIO TOTAL

(span.; *Ü: Confabularium*). Erzählungen und ein Theaterstück von Juan José ARREOLA (Mexiko), erschienen 1961. – *Confabulario total* stellt eine Neuausgabe und Erweiterung der 1955 erschienenen Sammlung *Confabulario* dar, die ihrerseits *Varia invención (Verschiedene Erfindungen)*, 1949, und *Confabulario*, 1952, in einen Band zusammenfaßte. Der Umstand, daß der Autor seine früheren Erzählwerke jeweils mit seinen jüngsten Erzeugnissen neu herausbringt, ist als Hinweis auf die innere Zusammengehörigkeit aller seiner Schöpfungen zu verstehen. *Confabulario total* enthält (in dieser Reihenfolge): *Prosodia* (1951–1961), 29 auffallend kurze, sehr dichte Skizzen verschiedenen Inhalts; *Bestiario* (1958–1960), 23 Tiergeschichten mit einem Prolog; *Confabulario*, 34 Erzählungen, die zum größten Teil einen Neudruck der Ausgaben von 1952 und 1955 darstellen; ein »komisches Theaterstück in einem Akt«, *La hora de todos (Die Stunde aller)*, 1954; schließlich *Varia invención*, 11 Erzählungen, überwiegend aus den vierziger Jahren, der frühesten Schaffensperiode des mexikanischen Autors. Die Sammlung beginnt also mit den neuesten Erzählungen und bringt zum Schluß die frühesten Schriften.

Confabulario total präsentiert sich dem Leser als das Erzählwerk eines Eklektikers, eines ungeheuer belesenen, kultivierten Mexikaners, der sich wie viele Lateinamerikaner seiner Generation der schwierigen Aufgabe gegenübersieht, die europäische Kultur einer Welt zu assimilieren, die dieser Kultur feindlich ist. Hauptthema der Kurzerzählungen, namentlich in *Confabulario* und *Bestiario*, ist die existentielle Not des modernen Menschen, das Leben am Rande des Abgrunds, das Scheitern der menschlichen Beziehungen, die katastrophalen Folgen des wissenschaftlichen Fortschritts; der Autor zeigt die Lächerlichkeit einer wissenschaftlichen Haltung, für die die Frage nach der Wahrheit irrelevant geworden ist, die sich in der Suche nach Stoff für Vorträge und Veröffentlichungen erschöpft, und er ironisiert sehr scharf das amerikanische Unternehmertum. In den frühen Erzählungen werden des öfteren religiöse Fragen behandelt. Neben diesen mehr universellen Themen erscheinen auch solche, die in kritischer Weise auf die spezifisch mexikanische Wirklichkeit Bezug nehmen. Aus der Hölle der Gegenwart, die zwar stoisch akzeptiert wird, da kein Grund zur Verzweiflung vorliegt, solange dem Menschen noch die Möglichkeit verbleibt, sich allen Lebenslagen anzupassen, flieht der Autor häufig in die Vergangenheit (besonders in den *Prosodia*), greift Bibelgeschichten, Themen des klassischen Altertums, der Renaissance und des Barock auf.

Auch formal ist der Band außerordentlich vielfältig: Neben der traditionellen Erzählung stehen Essays, Skizzen, Briefe, Dialoge, Tagebuchblätter, Reklametexte, Nachrichten. Der Stil ist den jeweiligen Begebenheiten und Situationen aus verschiedenen Perioden glänzend angepaßt. Die Erzählungen sind nicht leicht zugänglich, da in ihnen mehr angedeutet als ausgesprochen wird. Die Wirklichkeit wird phantastisch, sie erscheint magisch – häufig auch humoristisch – verfremdet. Arreola verlangt den aktiven Leser, der sich am schöpferischen Akt beteiligt. Der literarischen Beziehungen zu alten und neuen, zu europäischen, nord- und lateinamerikanischen Autoren sind viele: DANTE, SHAKESPEARE, SWIFT, CERVANTES, SARTRE, KAFKA, BENÉT, der mexikanische Revolutionsautor AZUELA (*Los de abajo – Die von unten*), der Argentinier BORGES, ARÉVALO MARTÍNEZ aus Guatemala (*El hombre que parecía caballo – Der Mensch, der einem Pferd glich*) sind nur einige der zu nennenden Namen. B.G.

AUSGABEN: Mexiko 1952 *(Confabulario)*. – Mexiko 1955 *(Confabulario y varia invención)*. – Mexiko 1961. – Havanna 1969 (in *Cuentos*).

ÜBERSETZUNG: *Confabularium*, K. Niggestich, Ffm. 1980.

LITERATUR: E. Carballo, *A. y Rulfo, cuentistas* (in Universidad de México, 8, 7. 3. 1954). – L. Leal, *Breve historia del cuento mexicano*, Mexiko 1956. – A. González-Araúzo, *Ida y vuelta al »Confabulario«* (in RI, 34, 1968, S. 103–107). – P. R. Heusinkveld, *Allegory in J. J. A.'s »Confabulario«*, Diss. Univ. of Wisconsin (vgl. Diss. Abstracts, 40, 1979, S. 3333/34 A). – T. M. Herz, *Las fuentes cultas de la sátira del »Confabulario«* (in Hispanófila, 72, 1981, S. 31–49). – J. Ortega, *Etica y estética en algunos cuentos de »Confabulario«* (in Sin Nombre, 13, 1983, Nr. 3, S. 52–59).

EDUARDO ARROYO

* 26.2.1937 Madrid

AL BROWN

(frz.; Ü: ›Panama‹ *Das Leben des Boxers Al Brown*). Biographie von Eduardo ARROYO (Spanien/Frankreich), erschienen 1982. – In diesem Buch rekonstruiert der spanische, in Paris lebende Maler und Bühnenbildner Arroyo die Lebensgeschichte des legendären, aus Panama stammenden schwarzen Bantam-Gewichtlers Al Brown (d. i. Alfonso Teofilo Brown, 1902–1951), der von 1923 bis 1938 in amerikanischen, europäischen und nordafrikanischen Großstädten das Publikum faszinierte, weit über 200 Boxkämpfe gewann und 23mal den Weltmeistertitel verteidigte.

Arroyos literarisches »Boxer-Porträt«, das auf einer präzisen Auswertung zeitgenössischer Dokumente beruht, vermittelt die Bedingungen der Faszination, die der schwarze Boxer in einer Zeit, als der Boxsport seinen Höhepunkt erreichte, auf ein proletarisches und mondänes Publikum vor allem in Paris ausübte. Der aus dem sozialen Elend in das Licht der Sportpaläste und in die exklusiven Gesellschaftskreise aufgestiegene Boxer wurde aufgrund seiner Hautfarbe von einem chauvinistischen und rassistischen Publikum, das seine Siege nicht akzeptieren wollte, immer wieder ausgepfiffen, von der Presse und den Verbänden disqualifiziert und erlangte dank seiner Intelligenz und Persönlichkeit dennoch eine unvergleichliche Popularität. Die von ihm ausgehende Faszination war Anziehung und Ablehnung zugleich; Arroyo schreibt ihm die Rolle des Auserwählten und des Ausgestoßenen zu. Sein Lebensstil, gezeichnet von sportlichem Ehrgeiz und mondäner Ausschweifung, Abhängigkeit von korrupten Managern und einem ständigen Wechsel von Glück und Unglück, war seinen Zeitgenossen eine Provokation. In Paris lebte er in einer Gemeinschaft von Außenseitern und Emigranten – schwarze Boxer, Tänzer und Musiker –, die für die Europäer eine exotische Welt, in der Phantasie und Lebensfreude triumphierten, verkörperten und deren Stars Al Brown und Josephine Baker waren. In den letzten Jahren seiner glanzvollen Boxerkarriere verband ihn eine enge Freundschaft mit Jean COCTEAU, der den Boxer verehrte. Arroyo schildert, nicht ohne Kritik, die Liaison zwischen Poesie und Boxen, diesem *»schmerzhaften und mörderischen Tanz«*, die Liaison zwischen Weiß und Schwarz, Bourgeoisie und Proletariat, die nur so lange Bestand hatte, als der schwarze Boxer im Rampenlicht siegte. Nachdem Al Brown aus gesundheitlichen Gründen seine Karriere beenden mußte, kehrte er dorthin zurück, wo er hergekommen war: ins soziale Elend, ins gesellschaftliche Nichts. Vergessen von seinen einstigen Verehrern und Freunden, starb er völlig verarmt und einsam in Harlem. Allein seine panamaische Heimatstadt Colón ließ ihm offizielle Ehrungen und Huldigungen zuteil werden. Dort beeindruckte sein Ruhm vor allem jene, die der sozialen Unterschicht angehörten. Sie identifizierten sich mit Al Brown, dem ersten Lateinamerikaner, der einen Weltmeistertitel erobert hatte.

Für Arroyo ist Al Brown ein populärer Held par excellence, der sowohl an der traurigen Einsamkeit eines Königs als auch am stolzen Wahn des Clochards partizipiert; er sei ein *»Dichter des Bestehenden und des Unvorhersehbaren. Sein Name steht für unabänderliche Einsamkeit«*. Der Autor lenkt die Aufmerksamkeit immer wieder auf eine Obsession der Boxer: auf den Verlust des Augenlichts und die Verletzung der Hände. Die ständige Angst vor der gebrochenen Hand und vor dem Erblinden verfolgt nicht nur den Boxer, sondern auch denjenigen, der ihn porträtiert: den Maler. B.We.

AUSGABE: Paris 1982.

ÜBERSETZUNG: ›Panama‹ *Das Leben des Boxers Al Brown*, A. Kamp, Düsseldorf 1984, Ffm./Bln. 1987.

DRAMATISIERUNG: E. Arroyo, *Bantam*, 1985 (Urauff. in dt. Sprache: München, Febr. 1986, Residenztheater).

ARSEN VAČ'ESDZE IQALT'OELI

11./12. Jh.

DOGMATIKON

(georg.; *Dogmatikon*). Aus dem Griechischen ins Georgische übersetzte polemische und theologisch-philosophische Schriften, in der ersten Hälfte des 12.Jh.s gesammelt von ARSEN VAČ'ESDZE IQALT'OELI. – In dieser in zahlreichen Handschriften überlieferten Sammlung trugen die Georgier all das zusammen, was ihnen zur eigenen Belehrung und zur Verteidigung der kirchlichen Lehre notwendig erschien (K. Kekelidze). Die Übersetzung wurde in Konstantinopel begonnen und in Georgien abgeschlossen. Die ursprüngliche Fassung, die ein Werk Arsens ist, enthält neun Schriften von bekannten und elf Beiträge von unbekannten Autoren. Arsen dürfte einige Mitarbeiter gehabt haben; später wurden in seine Sammlung noch andere Texte eingefügt. Sie umfaßte schließlich 32 polemische, sechzehn theologisch-philosophische und fünf moralische Schriften.

Arsens Redaktion beschränkte sich auf 1. ANASTASIUS SINAITAS *Hodēgos (Cinamdzġ'vari)*, eine gegen die Monophysiten gerichtete Schrift; 2. *Pēgē gnōseōs (Quelle der Erkenntnis)* und andere Schriften von JOHANNES VON DAMASKUS; 3. Anathematismen und Bruchstücke des *Thesaurus* von CYRILL VON ALEXANDRIEN; 4. Traktate und Briefe von Theodor ABŪ QURRA; 5. verschiedene Sendschreiben an Petrus FULLO; 6. Reden und Traktate von NIKETAS STETHATOS; 7. *Epistola dogmatica* von Papst LEO DEM GROSSEN und 8. zehn anonyme Schriften. Einige Teile des *Dogmatikon* wurden im 12./13. Jh. ins Armenische übersetzt. J. J.

AUSGABEN: I. Lolasvili, *Mik'ael Psellosis p'ilosop'i-regzegetikuri traktati »Pirmsoisat'vis«* (in Joeli k'art'uli mcerlobis sakithebi, 2, 1964 S. 74–91). – M. Rapava, *Joane Damaskeli. Dialetika*, Tiflis 1976 [krit.]. – E. Gabidzasvili, *Ruis-Urbnisis krebis jegliscera*, Tiflis 1978. – L. Datiasvili, *Traktatebi da dialogebit' argmnili berjnulidan A.I. mier*, Tiflis 1980.

LITERATUR: Karst, S. 33–35. – Kekelidze I, S. 278–280; 477–479; 483–486; 494–496. – Tarchnišvili, S. 205–210; 370–372; 375; 378; 380. – I. Lolasvili, *Arsen Iqaltoeli*, Tiflis 1978. – M. van Esbroeck, *Le »De Sectis« attribué à Leonce de Byzance dans la version géorgienne d'Arsène Iqaltoeli* (in Bedi Kartlisa, 42, 1984, S. 35–52).

ANTONIN ARTAUD

* 4.9.1896 Marseille
† 4.3.1948 Ivry-sur-Seine

LITERATUR ZUM AUTOR:
G. Charbonnier, *A.*, Paris 1959. – J. Derrida, *La parole soufflée* (in J. D., *L'écriture et la différence*, Paris 1967, S. 253–292). – D. Joski, *A.A.*, Paris 1970. – A. Virmaux, *A. et le théâtre*, Paris 1970. – J. L. Brau, *A.A.*, Paris 1971. – G. Durozoi, *L'aliénation et la folie*, Paris 1972. – *A.A.*, Hg. P. Sollers, Paris 1973. – J. Prével, *En compagnie d'A.*, Paris 1974. – H. Gouhier, *A. A. et l'essence du théâtre*, Paris 1974. – Obliques, 10/11, 1975 [Sondernr. *A. A.*]. – S. Sontag, *A la rencontre d'A. A.*, Paris 1976. – M. Esslin, *A.*, Ldn. 1976. – R. Hayman, *A. and after*, Oxford 1977. – E. Kapralik, *A. A.*, Mchn. 1977. – T. Maeder, *A. A.*, Paris 1978. – T. Hocke, *A. und Weiss*, Ffm. u. a. 1978. – J. F. Costich, *A. A.*, Boston 1978 (TWAS). – A. u. O. Virmaux, *A.*, Paris 1979. – G. Kaschel, *Text/Körper und Choreographie*, Ffm. 1981. – J. Garelli, *A. et la question du lieu*, Paris 1982. – J. Grimm, *A.* (in J. G., *Das avantgardistische Theater Frankreichs 1895–1930*, Mchn. 1982, S. 269–300). – K. A. Blüher, *A. A. und das Nouveau Théâtre in Frankreich*, Tübingen 1983. – Europe, 1984, Nr. 667/668 [Sondernr. *A. A.*]. – J.-J. Levêque, *A.*, Paris 1985. – A. u. O. Virmaux, *A.*, Lyon 1986.

L'OMBILIC DES LIMBES

(frz.; Ü: *Der Nabel des Niemandslands*). Sammlung von Texten, Gedichten und Theaterstücken von Antonin ARTAUD, erschienen 1925. – Das Buch steht in engem Zusammenhang mit der Textfolge *Le pèse-nerfs*, 1925 (*Die Nervenwaage*), und den *Fragments d'un journal d'enfer*, 1926 (*Fragmente eines Höllentagebuchs*).

Der vor allem durch seine Schriften zum Theater (vgl. *Le théâtre et son double*) bekanntgewordene Dichter und Regisseur behandelt in diesen frühen Werken das für seine Person und seine künstlerische Entwicklung entscheidende, schon in dem Briefwechsel mit Jacques RIVIÈRE (1923/24) vital erfahrene Problem des Verhältnisses von Denken, Sprache und Materie. Der sprachliche Ausdruck und die begrifflich strukturierte Wirklichkeit, die durch ihn vermittelt wird, schaffen eine tiefe Kluft zum Leben und zur Realität im Artaudschen Sinn. Es handelt sich dabei nicht um das subjektive Unvermögen *(impuissance)*, eine als klar empfundene Bedeutung sprachlich auszudrücken, sondern um die grundsätzliche Machtlosigkeit *(impouvoir)* der diskursiven Sprache gegenüber dem Denken, das eigenen Gesetzmäßigkeiten gehorcht. Jeder Begriff *(terme)* ist Festlegung, Begrenzung *(terminaison)*. Er segmentiert, teilt auf und ist daher nicht geeignet, Realität erfahrbar zu machen. Artaud hingegen will alle Antinomien (Geist–Körper, abstrakt–konkret u. a.) in der Einheit des Seins und der Totalität des »Fleisches« *(chair)* auflösen, wie sie für ihn »vor« der Dissoziation durch Sprache und Schreiben existieren (im Unterschied zum Surrealismus, der die Aufhebung der Gegensätze im *point suprême* erstrebt). Diese Auffassungen führen Artaud zur Ablehnung des auf dem Rationalismus basierenden abendländischen (v. a. lateinischen und kartesianischen) Denkens und zur Leugnung der dualistischen Metaphysik. Sprache soll nicht mehr Darstellung, Abbild sein, sondern Verkörperung: »Ich möchte ein Buch machen ... das wie eine offene Tür sein soll ... eine Tür, die ganz einfach in die Realität mündet.« Konsequent lehnt Artaud daher das »Werk« *(œuvre)* ab: »*Toute l'écriture est de la cochonnerie*«; es

impliziert bereits eine Trennung von Produzent und Produkt, ist eine vom Leben losgelöste Schöpfung.
Artaud gelangt zu einer ungewöhnlichen Ausdrucksintensität, weil er diese Widersprüche als ein seine eigene Person betreffendes, existentielles Problem körperlich erfährt und erleidet (vgl. z. B. den Text *Description d'un état physique* und den Zentralbegriff der *souffrance* in Artauds Werk). Diese Authentizität stellt Artauds besonderen Beitrag zum Surrealismus dar (er ist Mitglied der Gruppe von 1924–1926), setzt ihn aber zugleich von diesem ab, da es sich bei ihm nicht um eine Geisteshaltung und um eine Unangepaßtheit an Objekte, sondern um eine »Unangepaßtheit an das Leben« handelt. Dennoch kann v. a. *L'ombilic des limbes* in vielerlei Hinsicht als surrealistisch gelten: durch die Revolte gegen die westliche Zivilisation, die Antirationalität, die Neigung zum Esoterischen, die Auffassung der Poesie als Erkenntnismittel. Das kurze, erstmals 1964 von Peter Brook in London aufgeführte Theaterstück *Le jet de sang (Der Blutstrahl)* enthält Anklänge an APOLLINAIRE und JARRY.
Bei dem Bemühen, das Denken aus der Enge des Begrifflichen zu befreien, bedient sich Artaud zunächst, ehe er sein Theaterkonzept entwickelt, immer noch der Sprache. Die Auseinandersetzung zwischen Denken und Form wird jedoch zur Substanz der künstlerischen Inspiration der Texte selbst: Schlüsselwörter sind *séparation* (Trennung), *grille* (Gitter), *rupture* (Bruch), *dépossession* (Enteignung), *absence* (Abwesenheit), *néant* (Nichts), *trou* (Loch). Artaud bricht die sprachliche Konvention auf durch die Verwendung der Begriffe »*ohne die Unterstützung durch ihren vertrauten Sinn, ihr persönliches Substrat*«. Er löst sie aus ihrer statischen Festlegung, indem er sie als lebendig denkt, sie verkörperlicht, ohne sie deshalb durch konkrete Bilder zu ersetzen. Damit will Artaud die Begriffe auf ein Niveau holen, das er »*unterhalb von Sprache und Denken*« ansetzt, zugleich abstrakte und konkrete Sprachwirkungen erzielen und in seinen Assoziationsketten jeden, dem Surrealismus oft anhaftenden Eindruck des Zufälligen vermeiden. Sein bevorzugtes Ausdrucksmittel ist der Prosatext bzw. der Dialog als Theaterstück oder Brief, da das Gegenüber ihm ermöglicht, am ehesten das Gefühl des »Getrenntseins« zu überwinden. Besondere Bedeutung kommt dem Brief an den Gesetzgeber des Rauschgiftgesetzes von 1917 zu (die starke Drogenabhängigkeit Artauds war mit durch seine seit 1916 aufgetretene neurologische Erkrankung verursacht). Er steht in Zusammenhang mit den zahlreichen provokativen – in der Zeitschrift ›La Révolution Surréaliste‹ veröffentlichten – Briefen, die zum großen Teil von Artaud verfaßt wurden.
Artauds in den dreißiger Jahren entwickelte, auf einer materiellen Zeichensprache basierende Theaterkonzeption ist als eine Weiterführung der in den frühen Werken ausgedrückten Erfahrungen anzusehen. Diese führten ihn zur Verwendung der Sprache in einem magischen, affektiven Sinn, zum Schrei, zur Lautfolge und zur Suche nach anderen, nicht verbalen Ausdrucksformen. B.Mo.

AUSGABEN: Paris 1925. – Paris 1956 (in *Œuvres complètes*, 1956 ff., Bd. 1; ern. 1970). – Paris 1968.

ÜBERSETZUNGEN: *Der Nabel des Zwischenreichs*, D. Hülsmanns u. F. Reske (in A. A., *Die Nervenwaage und andere Texte*, Hg. D. Hülsmanns, Ffm. 1956). – *Der Nabel des Niemandslands*, B. Mattheus (in A. A., *Frühe Schriften*, Hg. B. Mattheus, Mchn. 1983; enth. *Vogelpaul oder Der Sitz der Liebe* u. *Der Blutstrahl*).

LITERATUR: C. Mauriac, *A. A.* (in C. M., *L'allittération contemporaine*, Paris 1958). – M. Blanchot, *A. A.* (in M. B., *Le livre à venir*, Paris 1959). – Ph. Sollers, *La pensée émet des signes* (in Tel Quel, 20, 1965, S. 12–24). – T. Todorov, *L'art selon A. A.* (in T. T., *Poétique de la prose*, Paris 1971, S. 212–225). – J. Garelli, *A. et la question du lieu*, Paris 1982. – D. T. Wight, *Illuminations of Woman in Stein's »Tender Buttons«, Vallejo's »Trilce«, and A.'s »L'ombilic des limbes«*, Diss. Univ. of Wisconsin 1985 (vgl. Diss. Abstracts 46, 1986, S. 2687 A).

LE THÉÂTRE ET SON DOUBLE

(frz.; Ü: *Das Theater und sein Double*). Sammlung von Vorlesungen, Aufsätzen, Manifesten und Briefen von Antonin ARTAUD, entstanden ab 1931, erschienen 1938. – Der Regisseur, Schauspieler, Theatertheoretiker, Dichter und Zeichner Artaud entwirft in diesem Werk ein provokatives, revolutionäres Theaterkonzept, das, zu seinen Lebzeiten unverstanden, erst heute in seiner Tragweite erkannt wird. Es ist »*unbestreitbar das Bedeutendste, was über das Theater des 20. Jahrhunderts geschrieben worden ist*« (J.-L. Barrault).
Grundsätzlicher Ausgangspunkt von Artauds Überlegungen ist die Überzeugung, daß sich die europäische Kultur seit Jahrhunderten in eine Richtung von Denksystemen entwickelt hat, die sie immer weiter von aller spontanen Lebensäußerung entfernte. Kompromißlos lehnt er deshalb das westliche, psychologisierende, mimetische Theater ab, das ausschließlich von der literarischen Sprache dominiert werde und zu bloßer Unterhaltung ohne wesentliche Funktion verflacht sei. Stark beeindruckt von der Entdeckung des ostasiatischen Theaters (Auftritt einer balinesischen Theatergruppe in Paris, 1931), verlangt Artaud eine grundsätzliche Revision aller abendländischen Vorstellungen bezüglich des Sinngehalts menschlicher Existenz und das Aufbrechen aller geistigen Konventionen, um »*das Leben zu ergreifen*« (»*briser le langage pour toucher la vie*«). Das Theater übernimmt bei dieser grundlegenden Veränderung eine religiöse, magische Funktion. Unter Verzicht auf jegliche vordergründige, anekdotische Aktualität im gesellschaftlichen, im psychologischen und moralischen Bereich, soll es »*Mythen des modernen*

Menschen und des modernen Lebens« von größter Intensität schaffen, d. h., es soll alle wesentlichen metaphysischen Konfliktsituationen, denen sich der Mensch im Kosmos ausgesetzt sieht, und Bilder, die in der Seele des einzelnen wie des Kollektivs latent vorhanden sind, in extremer, organisch angreifender Form auf die Bühne projizieren. Die Wirkung dieses Theaters vergleicht Artaud mit der eines schrecklichen Traums, einer grausamen, aber heilenden Epidemie, dem Aufschneiden eines Abszesses: »*Wie die Pest, ist das Theater eine ungeheure Beschwörung von Kräften, die den Geist durch das Beispiel zur Quelle seiner Konflikte zurückführen.*« Artauds zentraler Begriff ist die oft im Sinne eines blutrünstigen Spektakels mißverstandene Grausamkeit *(le théâtre de la cruauté)*. Es handelt sich vor allem um die »anarchische Vitalität« (M. Kesting) des Bösen, um die Unterwerfung des Menschen unter eine außerhalb seiner selbst stehende Notwendigkeit: »*Vom Standpunkt des Geistes aus bedeutet Grausamkeit Unerbittlichkeit, erbarmungslose Konsequenz, unumkehrbare, absolute Determination.*« Artauds Theater ist also von der Substanz her »*terriblement, absolument intellectuel*« (»schrecklich, absolut intellektuell«), es ist »tätige Metaphysik«. Diese abstrakten Inhalte offenbaren sich aber erst in ihrer konkreten Materialisierung auf der Bühne; Artaud setzt somit abstrakt und konkret gleich. Die Inszenierung wird verabsolutiert, es wird die Identität von Autor und Regisseur als einem »*magischen Ordner, Meister heiliger Zeremonien*« gefordert. An die Stelle der literarisch gebundenen Sprache tritt eine Sprache aus Bild und Bewegung ohne jede naturalistische Realitätsbezogenheit. Aus einer Kombination von rituellen Gesten, Masken, Tanz, »*Riesenmannequins*«, gegenständlichen Elementen, magischen Zeichen, neuartigem, »*unerträglichem*« Tonmaterial, einer speziellen, lichtbündelartigen Beleuchtung u. a. werden präzise, direkt lesbare Symbole, »*Hieroglyphen*«, zu einer neuen Theatersprache zusammengefügt, die Artaud »*poésie dans l'espace*« (Raumpoesie) nennt und die den Zuschauer organisch beunruhigen und zur magischen Identifikation mit dem Bühnengeschehen zwingen soll. Die Trennung von Bühne und Zuschauerraum wird aufgehoben, das Publikum sitzt auf beweglichen Stühlen und wird von der Aktion unmittelbar umschlossen und »*durchkreuzt*«.

Artaud selbst ist es nicht gelungen, seine Vorstellungen vom »*integralen Theater*« überzeugend zu verwirklichen (Mißerfolg des Théâtre Alfred Jarry, 1928, und von Artauds Bühnenfassung der *Cenci* nach STENDHAL und SHELLEY, 1935). Die nachfolgende Dramatikergeneration, vor allem IONESCO, ARRABAL, BECKETT, GENET, AUDIBERTI, TARDIEU, SCHÉHADÉ, Dramaturgen wie Barrault, Blin, Grotowski, Kantor, Brook u. a. und Avantgardisten aus Malerei, Tanz, Musik und Film, haben wesentliche Gedankengänge und Anregungen Artauds aufgenommen (Entliterarisierung des Theaters, Rückverweisung auf seine spezifischen Möglichkeiten, Raumbehandlung, Totaltheater, radikale Entfesselung aller Theatermittel im Dienst einer absoluten, unter dem Zeichen der Grausamkeit stehenden Phantasie usw.). Darüber hinaus ist *Le théâtre et son double* Manifest einer revolutionären, antizivilisatorischen Protesthaltung. Seine große Resonanz bei der jungen Generation beruht mit auf der Persönlichkeit Artauds, der die Trennung von Leben und Werk in radikaler und authentischer Form selbst aufgehoben hat. B.Mo.

AUSGABEN: Paris 1938. – Paris 1964 (in *Œuvres complètes*, 1956 ff., Bd. 4; ern. 1978). – Paris 1966. – Paris 1971.

ÜBERSETZUNG: *Das Theater und sein Double*, G. Henniger, Ffm. 1969; 41986 (FiTb).

LITERATUR: K. A. Blüher, *A.s »Theater der Grausamkeit«* (in RF, 80, 1968, S. 318–342). – F. Tonelli, *L'esthétique de la cruauté*, Paris 1972. – H. Plocher, *Der lebendige Schatten. Untersuchungen zu A.s »Théâtre de la cruauté«*, Bern/Ffm. 1974. – O. Virmaux, *»Le théâtre et son double« de A.*, Paris 1975. – A. Bermel, *A.s »Theatre of Cruelty«*, NY 1977. – H. Finter, *Vom kollektiven zum singulären Prozeß* (in *Avantgardetheater und Volkstheater*, Hg. K. Schoell, Ffm./Bern 1982, S. 109–131). – S.-K. Lee, *A. und das balinesische Theater* (in DVLG, 58, 1984, S. 351–368). – I. Smith, *The Semiotics of the »Theater of Cruelty«* (in Semiotica, 56, 1985, S. 291–307).

HANS CARL ARTMANN

* 12.6.1921 Wien

LITERATUR ZUM AUTOR:
Über H. C. A., Hg. G. Bisinger, Ffm. 1972 (es; m. Bibliogr.). – K. Riha, *H. C. A.* (in *Deutsche Dichter der Gegenwart*, Hg. B. v. Wiese, Bln. 1973, S. 452–468). – P. Pabisch, *H. C. A. Ein Versuch über literarische Alogik*, Wien 1978. – J. Drews, *Über H. C. A.* (in Protokolle, 1979, Bd. 1, S. 49–57). – K. Riha u. M. Koetzle, *H. C. A.* (in KLG, 9. Nlg., 1980). – *Pose, Possen und Poesie. Zum Werk H. C. A.s*, Hg. J. Donnenberg, Stg. 1981. – *Artmann, H. C., Dichter. Ein Album mit alten Bildern und neuen Texten*, Hg. J. Jung, Salzburg/Wien 1986. – N. Puszkar, *Tradition und Moderne: H. C. A.s Sprachspiele* (in Modern Austrian Literature, 20, 1987, Nr. 1, S. 91–108).

DIE FAHRT ZUR INSEL NANTUCKET.
theater

von Hans Carl ARTMANN, erschienen 1969. – Die Sammlung umfaßt mit wenigen Ausnahmen die bis zum Erscheinungszeitpunkt bekannten Stücke des Autors in chronologischer Ordnung; das Inhaltsverzeichnis nennt 29 Texte, die gattungstypologisch überwiegend als Dramoletts einzustufen sind, wobei die Bandbreite vom »Ein-Minuten-Stück« über Pantomimen und Libretti zur abendfüllenden Kasperliade reicht. In ihrem dichterischen Rang kommen die dramatischen Arbeiten Artmanns nicht an seine Lyrik und auch nicht an seine Prosa heran, legen aber doch Zeugnis ab von seinem sich auch im Szenischen bewährenden Talent zu artistischer Sprachbehandlung und zum virtuosen Umgang mit Versatzstücken aus verschiedensten literarischen Traditionen.

In seinem ironisch verfremdenden, Imitation in Originalität verwandelnden Verfahren begegnen Elemente der Altwiener Volkskomödie und Zauberposse wie auch der englischen Stegreifkomödie und der *Commedia dell' arte*; hinzu tritt die Adaption trivialliterarischer Vorlagen, so daß die Szene von Feen und Kalifen, Punch und Kasperl, Kolombinen und Pulcinellen ebenso bevölkert wird wie von Sherlock Holmes oder Donald Duck. Handlung, dramatische Fabel, Charaktere, Dialog, ja auch Stoff oder Thema im traditionellen Verständnis spielen bei Artmann eine vollkommen untergeordnete Rolle; die Textorganisation folgt mehr sinnlich-assoziativen Gesichtspunkten, der Lust an Bild und Sprache. Die Ausdrucksmittel Artmanns überschreiten immer wieder das im engeren Sinn Dramatische und Inszenierbare: »*hier sehen sie, was sie noch nie gesehen haben und auch nie sehen werden*«. Die meisten Texte müssen als Lesedramen aufgefaßt werden; eine Realisierung auf dem Theater bietet sich nur für einige wenige Stücke an.

Am häufigsten inszeniert wurde *Kein Pfeffer für Czermak*, ein bereits 1954 entstandenes makabres »Votivsäulchen für das goldene Wiener Gemüt«, das sich konventionellem, einfühlungstheatralischem Verständnis am leichtesten erschließt. Von seiner poetischen Substanz her ungleich höher einzuschätzen ist die in ähnlichem Lokalkolorit, einer Wiener Kaffeehausszenerie angesiedelte einaktige Groteske *Erlaubnet, Schas, sehr heiß bitte!*, die Affinitäten zum absurden Theater der klassischen Moderne zeigt. Eine eindeutige Zuordnung der einzelnen Texte zu Stilrichtungen des modernen Dramas erscheint indessen kaum möglich; die Stücke als »*dadaistisch, surrealistisch, popartistisch*« (P. O. Chotjewitz) zu bezeichnen, trifft ihre Eigenart nur bedingt. Im Ganzen überwiegt der Eindruck vollkommener Autochthonie: Die kunstvollen Arrangements von Artmanns szenisch-theatralischen Arbeiten stiften eine auf sich selbst bezogene »artmanneske Welt«; sie illustrieren nicht Sachverhalte, die außerhalb ihrer selbst bestehen. Selbst dort, wo die »*Figuren, Mythen, Legenden und Plätze der Geschichte replizieren*«, führen sie diese nicht als interpretierbare Inhalte, sondern als »*Kulissen einer Sprachbühne*«, (R. Prießnitz, in: *Über H. C. A.*; s. Lit. zum Autor) vor, ganz im Sinne jener »*fiktiven Stellungnahme zur Wirklichkeit*«, die Artmanns poetische Existenzform insgesamt kennzeichnet.

E.Fi.

AUSGABE: Neuwied/Bln. 1969 [Vorw. P. O. Chotjewitz, redakt. Anm. M. Hindermann].

LITERATUR: H. Schneider, *Schwemmholz am Strand von Nantucket* (in Protokolle, 1971, Bd. 1, S. 20–25; das Heft enthält auch fünf bis dahin unveröff. szenische Arbeiten A.s; S. 26–38). – G.-D. Stein, ›*daß doch alle weisheiten trivial sein müssen!*‹ *Gedanken und Anmerkungen zu A.s. Theaterspielen* (in Literatur und Kritik, 1983, S. 270–282).

GRAMMATIK DER ROSEN. Gesammelte Prosa

von Hans Carl ARTMANN, herausgegeben von Klaus REICHERT, erschienen in drei Bänden 1979. – Die Ausgabe umfaßt sämtliche zuvor in Teilsammlungen, Einzelbänden und Literaturzeitschriften im Druck erschienenen Prosadichtungen Artmanns, ergänzt durch einige wenige bis dahin unveröffentlicht gebliebene Texte. Nach entstehungschronologischen Gesichtspunkten geordnet, gibt die Zusammenstellung den Blick frei auf ein Prosawerk, das sich konventionellen Kategorisierungsversuchen weitgehend entzieht: In der Tat begegnen hier nicht traditionelle epische Gattungsformen im Sinne komplexer, auf Handlungs- und Spannungsbögen, auf die Entwicklung von Charakteren und Schicksalen angelegter Erzählstrukturen, sondern teils dem Lyrischen angenäherten Kleinformen (wie die 1970 in dem Band *das im walde verlorene totem* publizierten Arbeiten der Jahre 1949–1953, unter ihnen vor allem die an R. GÓMEZ DE LA SERNA anknüpfenden surrealistischen »Greguerias« und »Fantasmagorien«), teils auch komplexere Formen, deren Kompositionsprinzip von einer Aneinanderreihung von untereinander nur locker verknüpften Textelementen bestimmt ist, etwa in den 90 Träumen der *Grünverschlossenen Botschaft* (zu Zeichnungen von Ernst Fuchs; zuerst erschienen 1967), in *Die Anfangsbuchstaben der Flagge. Geschichten für Kajüten, Kamine und Kinositze* (1969) und den »Überlieferungen der Mythen aus Lappland« *Mein Erbteil von Vater und Mutter* (1969), aber auch in den »Kurzromanen« *dracula dracula. ein transsylvanisches abenteuer* (1966), *tōk ph'rong süleng* (1967) und *Frankenstein in Sussex* (1967).

Aufzählung und Montage sind bevorzugte Mittel einer Textkonstitution, die mit Hilfe eines vorgegebenen Rasters die Integration der aus einer sich gleichsam verselbständigenden Fabulierlust hervorgebrachten episodischen Erzähleinheiten in einen Bezugsrahmen ermöglicht; Artmann selbst spricht gelegentlich von »Lesematerial« oder auch von »*literarisierten Inhaltsverzeichnissen*«, die er »*als anhaltspunkte und als ideen für* noch *nicht existierende, erst in der vorstellung sich vollziehende gegebenheiten*« bezeichnet (*unter der Bedeckung eines hutes. montagen und sequenzen*, 1974).

Abgesehen von den als Auftragsarbeit für eine Wiener Tageszeitung entstandenen Milieustudien *Von* der *Wiener Seite* (1972) behaupten drei Texte von Umfang und Bedeutung her eine gewisse Sonderstellung: das als »*erster deutscher Poproman*« (K. Riha) bezeichnete schwedische Tagebuch *das suchen nach dem gestrigen tag oder schnee auf einem heißen brotwecken, eintragungen eines bizarren liebhabers* (1964), der traditionellen narrativen Formen am nächsten kommende Roman *Die Jagd nach Dr. U. oder ein einsamer Spiegel, in dem sich der Tag reflektiert* (1977) und schließlich die den Beschluß der Sammlung bildenden, gliederungs- und interpunktionslosen, auf scheinbar automatisch-assoziativem Verfahren beruhenden *Nachrichten aus Nord und Süd* (1978). Gemeinsam ist diesen Texten die Weise, in der sich das prosaische Ich in Szene setzt: die »*Suche nach der eigenen Identität*« (J. Donnenberg) tritt hier als strukturbildendes Moment der Artmannschen Prosa hervor.

Die Sammlung dokumentiert ein im Zeitraum von rund 30 Jahren entstandenes, gleichwohl keinen erkennbaren Entwicklungsbrüchen unterworfenes Prosawerk, dessen durchgängiges Kennzeichen in einer bemerkenswerten Variabilität der Themen und Motive, Stoffe und Formen besteht, in einem Produktionsprinzip, das überzeugend als »*Poetik des Einfalls*« (Reichert) gefaßt wurde. Wie in der Lyrik bewährt sich auch hier Artmanns Vermögen einer vielfach sprachassimilatorischen, stets jedoch ironisch-parodistischen Anverwandlung europäischer Literaturtraditionen – etwa mit der einer Vorlage aus der *Edda* folgenden *Heimholung des Hammers* (1977) oder den perfekt barockisierenden Texten *Der aeronautische Sindtbart oder Seltsame Luftreise von Niedercalifornien nach Crain* (1972) und *Von denen Husaren und anderen Seil-Tänzern* (1959) – sowie verschiedenster Genres im Bereich literarischer Trivialmythen, Comics, Detektiv- und Kriminalromane, Geister- und Spukgeschichten oder auch Lesebuchformen (die Berufs- und Ständebilder von *Fleiß und Industrie*, 1967). Im Aufsuchen des Entlegenen, Nachtseitigen, Bizarren und »Unmodernen«, in einer auf Vermischung des Hehren mit dem Trivialen beruhenden Technik des Stilbruches, in der schrill-karikierenden Übertreibung (*How much, schatzi?*, 1971), in einer bisweilen üppig wuchernden Metaphorik, in der gedoppelten Brechung von Klischees und nicht zuletzt im Hang zu Selbstmystifikation macht sich eine häufig als Manierismus qualifizierte antirealistische Schreibhaltung geltend, die gleichwohl nicht gänzlich des Bezugs zur empirischen Wirklichkeit entbehrt: alogische Kombinatorik, Phantastik, ästhetische Exzentrizität, der nichtmethodische Inventionismus Artmanns lassen sich als poetische Negation einer auf Zweckrationalität ausgerichteten Zivilisationswelt interpretieren. E.Fi.

AUSGABE: Salzburg/Wien 1979, Hg. Klaus Reichert [mit einem Nachw. des Hg.s: *Poetik des Einfalls. Zur Prosa A.s*]. – Nachfolgend erschienen: *Die Sonne war ein grünes Ei. Von der Erschaffung der Welt und ihren Dingen*, Salzburg/Wien 1982.

LITERATUR: E. Schwarz, *Scharff und mächtig. H. C. A.s gesammelte Prosa* (in FAZ, 19. 1. 1980). – K. Riha, *Auf dem Weg zum ›Klassikaner‹. Die gesammelte Prosa H. C. A.s* (in FR, 7. 6. 1980). – J. Drews, *Der churfürstliche Sylbenstecher. Sechs Annäherungen an H. C. A.s Prosa* (in SZ, 21./22. 6. 1980). – C. W. Thomsen u. G. Brandstetter, *Die holden Jungfrauen, urigen Monster und reitenden Gentlemen des H. C. A.* (in *Phantastik in Literatur und Kunst*, Hg. C. W. Thomsen u. J.M. Fischer, Darmstadt 1980, S. 333–353). – P. Pabisch, *Sensitivität und Kalkül in der jüngsten Prosa H. C. A.s* (in Modern Austrian Literature, 13, 1980, Nr. 1, S. 129–147). – E. Beutner, ›*Als die Sonne noch ein grünes Ei war‹. Mythen, Märchen und Sagen in der Prosa H. C. A.s* (in Literatur und Kritik, 1983, S. 262–269).

EIN LILIENWEISSER BRIEF AUS LINCOLNSHIRE. gedichte aus 21 jahren

von Hans Carl ARTMANN, erschienen 1969. – Die von G. BISINGER herausgegebene, vom Autor durchgesehene Ausgabe vereinigt die seit 1945 entstandenen lyrischen Texte Artmanns; sie beruht zum einen auf zuvor erschienenen Gedichtbänden wie *verbarium* (1966), *persische quatrainen* (1966) und *allerleirausch* (1967), zum anderen auf der Sammeltätigkeit des Herausgebers zusammen mit Peter O. CHOTJEWITZ, G. RÜHM, A. OKOPENKO u. a., und enthält damit eine Reihe von unveröffentlichten bzw. verschollenen Texte des niemals auf Ordnung und Bewahrung seiner Produktion bedachten Dichters. Nicht aufgenommen sind u. a. Artmanns Dialektgedichte aus → *med ana schwoazzn dintn* (1958) und *hosn rosn baa* (zus. m. F. ACHLEITNER u. G. RÜHM, 1959) sowie seine in dem von G. Rühm herausgegebenen Band *Die Wiener Gruppe* (1967) abgedruckten Gemeinschaftsproduktionen mit K. BAYER und G. Rühm. Die Anordnung der Texte bzw. Textzyklen folgt im wesentlichen chronologischen Gesichtspunkten; gleichwohl sind es nicht so sehr Entwicklungsaspekte, die das Interesse des Lesers gefangennehmen, als vielmehr die Vielfalt und scheinbare Unerschöpflichkeit jener Welt aus Phantasie und Sprache, die sich auf nahezu 500 Seiten ausbreitet. Denn schon in den frühen Texten, noch in der vordergründigen Anlehnung an die Tradition des Surrealismus, wird deutlich, daß hier ein autochthones dichterisches Talent am Werk war, das sich in weiterer Folge – sei es auf der Grundlage von Vielsprachigkeit und darauf fußender Übersetzungstätigkeit, sei es durch spielerisch-produktive Aneignung literarischer Epochen und ihrer charakteristischen Stilmerkmale, sei es auch durch die lebendige Berührung mit Trivial- und Volkskultur – in unverwechselbarer Weise »*Poesie als Weltanschauung*« (K. Bayer, in seinem der Ausgabe als Einleitung vorangestellten Bericht, *hans carl artmann und die wiener dichtergruppe*), ja als eine Lebensform zu eigen machte.

Ausgangspunkt des poetischen Verfahrens ist ein artistischer Umgang mit Sprache: sie transportiert bei Artmann nicht Inhalte, ist nicht »Ausdruck« von etwas außerhalb ihrer selbst, sie ist aber auch nicht bloßes Material, über das der Dichter beliebig verfügen könnte; Worte sind, nach Artmanns eigenem Bekunden, »... *gleichsam ›sexuell‹, sie zeugen miteinander, sie treiben Unzucht miteinander, sie üben Magie, die über mich hinweggeht* ...«. Die überbordende Sprachlust und der sich damit verbindende Hang zum Gesuchten und Exzentrischen im stofflichen Bereich scheinen Artmann als Manieristen auszuweisen; indessen läßt sich gegen eine solche Etikettierung zu Recht vorbringen, daß hier »*Stil zur Substanz gemacht wird*«, und daß die Sprach- und Bilderwelt dieser Dichtungen geadelt ist »*von einer Sinnlichkeit, die eben den Reichtum von Welt noch einmal heraufruft, der vielleicht bald unwiederbringlich dahin ist*« (J. Drews, 1979). Hinzu kommt eine ironische Brechung des Artifiziellen, die klarerweise in den parodistischen Abschnitten der Sammlung am deutlichsten hervortritt, etwa in den 25 pseudobarocken Alexandriner-Epigrammen von *Vergänglichkeit und Auferstehung der Schäfferei* oder den makabren Kindervers-Adaptionen von *allerleirausch*. Sprachexperimentellen Charakter im engeren Sinne weist nur ein relativ kleiner Teil der Texte auf, die *invenciones/inventionen* und *sieben lyrische Verbarien*, vor allem aber *erweiterte poesie* und *flaschenposten*, wie denn Artmann in der Tat an den konstruktivistischen Ansätzen der »Wiener Gruppe«, etwa den von ihr 1954 entwickelten »Methodischen Inventionismus«, nur am Rande teilhat (so in *epitafe*, oder *verbaristische Szenen*). Er zieht es vor, sich im intuitiven Verfahren der Eigenbewegung und Assoziationskraft der Sprache zu überlassen; in den wichtigsten Zyklen des Sammelbandes – *persische quatrainen; auf meine klinge geschrieben; hirschgehege & leuchtturm* – in erster Linie aber in den von C. v. Linnés *Lappländischer Reise* inspirierten *landschaften* wird diese »Sprachalchimie«, bis hin zum »automatischen Schreiben« im Sinne des klassischen Surrealismus, spürbar: das virtuose Arrangement von preziösem Vokabular und Metaphorik, von (bewußt falschem) Pathos und Melodramatik, Mythen und Legenden, von Figuren und Schauplatzkulissen steht nicht im Dienst eines konventionellen subjektivistischen Ausdruckwillens, nicht im Dienst der Vermittlung von Gefühlen, Stimmungen oder Einsichten; allenfalls ließe sich von einer »*fiktiven Stellungsnahme zur Wirklichkeit*« sprechen (R. Prießnitz). In diesem Sinne handelt es sich bei den lyrischen Dichtungen Artmanns um mehr als um amüsantes Kunstgewerbe: mit ihnen entsteht ein autonom Ästhetisches, eine nur sich selbst verpflichtete poetische Welt, die in der gegenwärtigen Gesellschaft als »*Korrektiv des allgemeinen Bewußtseins*« fungieren kann, als »Oppositionsgeste« gegenüber »*einer Welt, die uns zunehmend zwanghafter auf eine verläßliche Identität einschwört, einer Welt zudem, die zunehmend abstrakter, unsinnlicher und uniformer wird*« (J. Drews, 1979). E.Fi.

Ausgaben: Ffm. 1969, Hg. u. Nachw. G. Bisinger. – Ffm. 1979 (um unveröff. Gedichte erw. Ausg.; st).

Literatur: H. Mader, *H. C. A.*, »*ein lilienweißer brief aus lincolnshire*« (in NRs, 1969, H.3, S. 549–552). – C. Hohoff, *Poeta doctus oder poetischer Filou? Zu H. C. A.s gesammelter Poesie* (in Merkur, 1969, H. 257, S. 875–877). – Ders., *oder aber: kleidung fantasiehistorisch* (ebd., 1970, H. 266, S. 590–592). – R. Engerth, *Bald kommt A. auch zu Dir* (in Literatur und Kritik, 1970, H. 43, S. 180–183). – P. Pabisch, *Zur Poetik H. C. A.s* (in Modern Austrian Literature, 12, 1979, Nr. 2, S. 151–159). – J. Drews, *Über H. C. A.* (in Protokolle, 1979, Bd. 1, S. 49–57). – K. Reichert, *In Polen poetisch. Vorläufiges zu einer Charakteristik H. C. A.s* (ebd., S. 58–66). – *Pose, Possen und Poesie. Zum Werk H. C. A.s*, Hg. J. Donnenberg, Stg. 1981.

MED ANA SCHWOAZZN DINTN. gedichta r aus bradnsee

(Mit schwarzer Tinte. Gedichte aus Breitensee). Sammlung von Gedichten in Wiener Mundart von Hans Carl Artmann, erschienen 1958. – Schon vor der Publikation in dem Sammelband hatte der Autor, zum Teil zusammen mit anderen Mitgliedern der »Wiener Gruppe«, mit Gerhard Rühm und Friedrich Achleitner, 1956 eine Anzahl der Gedichte in der Zeitschrift ›alpha‹ veröffentlicht und sie in einer Lesung in Salzburg 1957 vorgestellt. Sie fanden großen Widerhall beim Publikum, was allerdings, ebenso wie der Erfolg von *med ana schwoazzn dintn*, in gewissem Sinn auf einem Mißverständnis beruhte: Man nahm an, Artmann setze damit einfach die Tradition Wiener Heimatdichtung fort und sei in Nachfolge etwa von Josef Weinhebers *Wien wörtlich* (1935) zu sehen.

Doch Artmann kam über Umwege zum Dialekt; bei den sprachlichen Experimenten der Wiener Gruppe entdeckte er mit anderen eben auch den Reiz und die Möglichkeiten der Verwendung von Mundart. Jede Innigkeit, Besinnlichkeit und biedere Provinzialität fehlen diesen Mundartgedichten; programmatisch fordert Artmann im ersten Gedicht des Bandes: »*nua ka schmoez how e xogt! / nua ka schmoez ned ... / reis s ausse dei heazz dei bluadex / und hau s owe iwa r a bruknglanda!*« (»Nur kein Schmalz, hab ich gesagt! Nur kein Schmalz ... Reiß es aus, dein Herz, dein blutiges, und wirf es über ein Brückengeländer!«). Geschult an den Texten der Surrealisten, mit Anklängen an Motive der »schwarzen Romantik«, versehen mit einem kräftigen Schuß schwarzen Humors und genährt von der Sinnlichkeit und Konkretion der Mundartsprache, geben die Gedichte ein unsentimentales, mit »schwarzer Tinte« gezeichnetes, eher das Makabre und Dämonische hervorhebendes Bild Wiens und seiner Einwohner. Da taucht ein »*ringlgschbüübsizza*« (ein Karussellbesitzer) als »*blauboad*«, als unersättlicher Frauenmörder auf, ein böser »*kindafaza-ra*« (Kinderfresser), ein »*besa geadna*« (böser Gärtner), der seinen Sadismus an Blumen austobt, die er in Mengen köpft, Gestalten also, die alle in »*finztara unschuid*«, in finsterer Unschuld, doch in artistisch raffinierter Naivität, in meist reimlosen, im *vers libre* gehaltenen Rollengedichten sich aussprechen oder angesprochen werden. Andere Gedichte lehnen sich an die Tradition der Küchen- und Dienstmädchenlieder an oder sind Liebespoeme voll poesiereicher und zärtlicher Komplimente, die in hochdeutscher Literatursprache gesucht oder abgegriffen wirken würden: »*i mechad me diaregt fia dii / en a blumanschdandal fazauwan / alanech und grod nua fia dii /... / en a schdandal foi duipm und rosn / foi draureche astan und nökn ...*« (»Ich möchte mich speziell für dich / in ein Blumenständchen verwandeln / allein und gerade nur für dich /... / in ein Ständchen voller Tulpen und Rosen / voll trauriger Astern und Nelken...«) Ohne daß je der gefühligen Erinnerungsseligkeit nachgegeben wird, werden Kindheitsszenen beschworen, die Atmosphäre der Wiener Vorstädte eingefangen (der Autor selbst stammt aus dem im Untertitel genannten Bezirk »*bradnsee*«: Breitensee) und die alten Wiener Themen Tod und Vergänglichkeit mit kühner Bildlichkeit und hintergründigen Einfällen variiert: Da soll einer zu seinem eigenen Begräbnis »*med a ana-sibzkawong / en an schwoazzn quand / med dein batazel / en da linkn haund*« (»mit der 71er Tram / mit einem schwarzen Anzug / mit deiner Todesanzeige / in der linken Hand«) zum Krematorium fahren, und an anderer Stelle wird mit der Feststellung aufgewartet: »*noch ana sindflud / san alawäu / de fenztabreln fafäud*« (»Nach einer Sintflut / sind immer / die Fensterbretter verfault«).

Die Mundart ist in den Gedichten annähernd phonetisch, allerdings unter Verwendung des normalen Alphabets wiedergegeben; dem Buch ist ein Glossar für alle Nicht-Wiener beigefügt. Die anfängliche Mühe der Lektüre lohnt, wenn die Gedichte laut, »über das Ohr« gelesen werden (wofür einem Teil der Auflage des Buches eine Schallplatte beigegeben ist), bis einem »*die Zunge zu schmelzen beginnt*« (A. Schmeller). In einer zweiten Publikation, *rosn hosn baa*, 1959 *(Rosen Hosen Beine)* hat Artmann weitere Gedichte im Wiener Dialekt veröffentlicht; die beiden anderen Autoren dieses Bandes folgen in ihren Mundartgedichten noch anderen Tendenzen: Achleitners Poeme zeigen die Verwendung der Reihungs- und Wiederholungsprinzipien der »konkreten Poesie«, während Gerhard Rühms Gedichte zum Teil in der Tradition der dadaistischen Lautgedichte stehen. Mit der Publikation dieser beiden Bände war für die Mitglieder der Wiener Gruppe die poetische Arbeit mit dem Dialekt als einem für die avantgardistisch-experimentelle Lyrik »*noch unentdeckten Sprachbereich*« (G. Rühm) erledigt, auch wenn viele von Gerhard Rühms Gedichten in Mundart erst in den späten sechziger und frühen siebziger Jahren erschienen. Das Echo bei der Kritik und z. T. auch beim Publikum war stark; schon 1956, als Artmann und Rühm einige Dialektgedichte in der Zeitschrift ›alpha‹ veröffentlichten, schrieb der Kritiker Alfred SCHMELLER begeistert im ›Wiener Kurier‹: *»Von früheren ›Mundart‹-Dichtungen unterscheiden sich diese Gedichte nicht unerheblich. Sie sind nicht mehr Impression, nicht mehr abgebildetes Wortgeläute; sie sind schärfer, makabrer, abgründiger, sie sind Selbstironie an der Peripherie, eine geraunzte Variante des schwarzen Humors, von aktiver Resignation durchtränkt und in ihren besten Stücken von unglaublicher Ausdruckskraft ...«.*

Inzwischen ist zu erkennen, daß Artmanns *med ana schwoazzn dintn* ihn nicht nur mit einem Schlag in Wien berühmt machte, sondern von unabsehbarer und weitverzweigter Wirkung war. Angeregt und ermutigt durch Artmanns Gedichte wagte eine wachsende Zahl von Autoren in den späten sechziger und dann vor allem in den siebziger Jahren wieder, ihren Dialekt mit seinem spezifischen Ausdruckspotential poetisch neu zu erproben; Artmann hatte bewiesen, daß Mundart nicht automatisch dichterische Rückständigkeit und Provinzialität bedeuten mußte. Kurt MARTI veröffentlichte 1968 *Rosa Loui*, moderne Gedichte in Berner Umgangssprache; der Franke Fitzgerald KUSZ schrieb Gedichte im landnürnbergischen Dialekt der fränkischen Mundart (unter anderem *morng sixtäs su-wisu nimmä*; Morgen siehst du es sowieso nicht mehr, 1973; *kehrichhaffn*; Kehrichthaufen, 1974), und auch im Drama und vor allem im Hörspiel – in diesem Fall in Zusammenhang mit der Tendenz zum sogenannten »Originalton-Hörspiel« – wurden die Möglichkeiten der Sprache von der Straße, aus der Kneipe, aus dem Alltag, ihr Potential an unverbrauchter Poesiefähigkeit, an Zärtlichkeit, Aufsässigkeit und Komik von den Autoren exploriert, die damit ein authentischeres, »aufgerauhteres« Material der Abgeschliffenheit und Glätte der üblichen Literatursprache und vor allem der Sprache der Medien entgegensetzen wollten. Noch ein Großteil der Lieder, die André HELLER in den siebziger Jahren im Wiener Dialekt sang, verdanken sich der Möglichkeit, die Artmann als Pionier dem Dialekt wieder eröffnete; allerdings zeigen Hellers Lieder und die anderer österreichischer Schlagertexter in Mundart vor allem in den achtziger Jahren dann schon wieder den Abstieg ins Schlecht-Populäre und Sentimentale und führen damit wieder ein, was Artmann schneidend verbannt oder bodenlos ironisiert hatte: »Schmalz«. J.Dr.

AUSGABEN: Salzburg 1958 [Vorw. H. Sedlmayr, Einl. F. Polakovics]; 7. Aufl. o. J. [ca. 1985].

LITERATUR: G. Rühm, *zur »wiener gruppe« in den fünfziger Jahren – mit bemerkungen zu einigen frühen gemeinschaftsarbeiten* (in *Vom »Kahlschlag« zum »movens«*, Hg. J. Drews, Mchn. 1980). – Vgl. auch die Literaturang. zum Beitr. *Ein lilienweißer Brief aus Lincolnshire.*

BORIS IGNAT'EVIČ ARVATOV

* 3.6.1896 Wilkowyszki / Polen
† 14.6.1940 Moskau

ISKUSSTVO I PROIZVODSTVO

(russ.; *Ü: Kunst und Produktion*). Sammelband kunstsoziologischer Schriften von Boris I. ARVATOV, erschienen 1926. – Der Sammelband, der utopische Konzepte der Verschmelzung von Kunst und Leben enthält, ist, neben *Iskusstvo i klassy*, 1923 *(Die Kunst und die Klassen)*, *Sociologičeskaja poètika*, 1928 *(Soziologische Poetik)*, und *Ob agit-i proz-iskusstve*, 1930 *(Über Agitations- und Produktionskunst)*, die zentrale theoretische Schrift des Autors, eines der profiliertesten marxistischen Theoretikers der linken avantgardistischen Ästhetik im nachrevolutionären Rußland.

Von der in einem historischen Abriß skizzierten Kritik der bürgerlichen Kunst ausgehend, entwickelt das Buch die Ästhetik einer kommenden proletarischen Produktionskunst, deren Keime Arvatov in der Geschichte der Arbeiterbewegung aufzufinden bemüht ist. Die bürgerliche Kunst ist nach Arvatov gekennzeichnet durch ihre individuell handwerkliche Produktionsweise mit ihren isolierten Warenformen für einen anonymen Markt, den »Staffeleiformen«. Ihre Funktion ist die *»Ergänzung«* einer schlechten, unorganisierten gesellschaftlichen Wirklichkeit, die eine bewußte Organisation nur in der Phantasie erlaubt. Deshalb herrscht in der bürgerlichen Kunst das illusionistische, nachahmende, abbildende Schaffen vor. Die Folge ist eine fast vollständige Trennung von Kunst und Produktion, von Kunst und Leben. Bürgerliche Künstler schmücken, dekorieren, »ergänzen« die Realität. Die Gestaltung der Umwelt bleibt dem wenig geachteten Kunstgewerbe vorbehalten. Der Prozeß künstlerischer Produktion wird mystifiziert und als irrationaler schöpferischer Akt verstanden.

Die proletarische Kunst der Klasse der Produzenten, für die es den Unterschied zwischen Arbeit und schöpferischer Tätigkeit nicht mehr geben soll, wird demgegenüber *»die reale, bewußte, wissenschaftliche und nichtsdestoweniger freie Umgestaltung der Formen der Wirklichkeit selbst«* sein. In der freien Gesellschaft der Zukunft werden Kunst und Produktion, Kunst und Leben eins sein. Auf den höchsten Errungenschaften der Technik einer vergesellschafteten Produktion aufbauend, wird die proletarische Kunst zum planmäßig eingesetzten Werkzeug der Lebensgestaltung. Jeder utilitäre Produktionszweig wird in Form seiner höchsten Qualifikation und Meisterschaft die künstlerische Arbeit, das Finden neuer Formen einschließen. Das ist nicht im engen Sinne des modernen industriellen Designs zu verstehen, sondern betrifft im weitesten Sinne die Organisation und Umgestaltung des Alltags, der als starre, verfestigte Lebensschablone verschwinden wird. Produktionskunst erfaßt auch die menschlichen Verhaltensweisen und Interaktionen, das Verhalten zu den Dingen, das Wohnen, Sich-Bewegen, das Reden und das Festefeiern. So wird das Theater als *»Laboratorium menschlichen Handelns«* verstanden, so bekommt die Dichtung die Aufgabe der Gestaltung der Umgangssprache usf. Der Produktionskünstler, der Künstler-Ingenieur wird die Wirklichkeit nicht abbilden, nicht widerspiegeln – Arvatov ist sich allerdings der Bedeutung der abbildenden Kunst für die Übergangszeit bewußt –, sondern wird die Formen der Wirklichkeit selbstgestaltend verändern. Ansätze zu einer solchen Kunst sieht Arvatov in den Werken der Futuristen, in den Materialbearbeitungen der Konstruktivisten (TATLINS u. a.), in Mejerchol'ds Biomechanik, in den Inszenierungen und Filmen Ėjzenštejns.

Arvatovs Ideen sind eine Weiterentwicklung von Theoremen des Proletkults, zu dessen führenden Mitgliedern er in Moskau zählte, der Organisationslehre des Proletkult-Theoretikers BOGDANOV und der avantgardistischen Kunstrichtung des Futurismus sowie der mit diesen verbundenen Formalen Schule der Literaturwissenschaft. In vielem erinnern sie an den Funktionalismus des Bauhauses. In den ersten Jahren nach der Revolution waren die Ideen der Produktionskunst – durch die Gruppe LEF, die Linke Front der Künste verbreitet – von großem Einfluß auf die russischen Künstler und befruchteten ihre Leistungen in Architektur, Photographie, Film und Plakatkunst sowie den *»Theateroktober«* Mejerchol'ds. Plattform der Diskussion war die von MAJAKOVSKIJ geleitete Zeitschrift ›LEF‹ (Abk. von *Levyj Front Iskusstva* – Linke Front der Kunst), zu deren Redaktionsstab Arvatov neben den ihm nahestehenden Theoretikern O. BRIK, S. TRET'JAKOV, N. ČUŽAK, B. PASTERNAK (in der Anfangsphase) u. a. gehörte. Ihr Kampf richtete sich vor allem gegen die restaurativen Tendenzen in der Kunst, die, auf dem realistischen bürgerlichen Roman des 19. Jh.s und der naturalistischen Genremalerei der Peredvižniki-Maler fußend, schon in den zwanziger Jahren die linken Strömungen verdrängten und später unter dem Begriff des Sozialistischen Realismus die Kunstpraxis in der Sowjetunion beherrschen sollten. K.H.

AUSGABE: Moskau 1926.

ÜBERSETZUNG: *Kunst und Produktion*, H. Günther u. K. Hielscher, Mchn. 1972. – Dass., dies., Mchn. 1987 (Reihe Hanser).

LITERATUR: Ju. Surma, *Slovo v boju. Ėstetika Majakovskogo i literaturnaja bor'ba 20-ch godov*, Leningrad 1963, S. 125–152. – L. K. Švecova, ›LEF‹ i ›Novyj LEF‹ (in *Očerki istorii russkoj žurnalistiki 1917–1932*, Moskau 1966, S. 311–344). – *Iz istorii sovetskoj ėstetičeskoj mysli. Sbornik statej*, Moskau 1967. – K. M. Kantor, *Krasotai pol'za. Sociologičeskie voprosy material'no-chudožestvennoj kul'tury*,

Moskau 1967. – L. I. Novožilova, *Sociologija iskusstva*, Moskau 1968. – M. Drozda u. M. Hrala, *Dvacátá léta sovětské literární kritiky*, Prag 1968. – H. Günther u. K. Hielscher, *Zur proletarischen Produktionskunst B. I. A.* (in B. Arvatov, *Kunst und Produktion*, Mchn. 1972). – *Kunstform und Gesellschaftsform. Materialien zu einer soziologischen Ästhetik*, Hg. J. Werner, Stg. 1979.

ADOLPH IVAR ARWIDSSON

eig. Johan Arwidsson
* 7.8.1791 Padasjoki / Finnland
† 21.6.1858 Viborg

SVENSKA FORNSÅNGER

(schwed.; *Altschwedische Lieder*). Volkslieder, herausgegeben von Adolph I. ARWIDSSON, erschienen in drei Bänden 1834–1842. – Die Bände I und II der Ausgabe enthalten 175 epische Lieder, vor allem mittelalterliche Balladen, während in Band III lyrische Lieder und Schwankballaden sowie eine beträchtliche Anzahl kurzer Lieder (Kinderlieder und Reime, Spiele und Hirtenlieder) aufgenommen wurden. Ein Teil davon kommt aus Finnland, einige wurden vom Herausgeber selbst, der in Finnland geboren worden war und dort auch seine Kindheit verlebt hatte, aus dem Gedächtnis aufgezeichnet. Die Mehrheit der aufgenommenen Texte und Melodien stammt jedoch aus reichsschwedischen Sammlungen.
Wie viele andere finnlandschwedische Gelehrte wurde Adolf Ivar Arwidsson durch die Herausgabe der *Svenska Folkvisor* (1814–1818) von AFZELIUS/GEIJER in hohem Maße angeregt. Nachdem er wegen seines nationalen Engagements aus dem russischen Großfürstentum Finnland und damit aus seinem geistigen Umfeld verbannt worden war, nahm Arwidsson in den Jahren nach 1820 in Schweden Verbindung mit dem bedeutenden Volksliedsammler L. F. RÄÄF auf, der Mitglied im nationalromantisch gesinnten »Götiska Forbundet« war. Von Rääf bekam Arwidsson den Auftrag, seine eigenen Aufzeichnungen sowie die Sammlung der Brüder Johan und D. S. WALLMAN aus Östergötaland und Småland, die Afzelius nur zu einem geringen Teil für die *Svenska Folkvisor* benutzt hatte, zu veröffentlichen. Er konnte sogar die späten Aufzeichnungen von Afzelius selbst verwerten. Seit 1824 war er an der Königlichen Bibliothek in Stockholm tätig und hatte damit Zugang zu wichtigen älteren Quellen, zu Liederhandschriften und Manuskripten aus dem 16., 17. und 18. Jh. mit den ältesten Aufzeichnungen schwedischer Balladen.

Die authentischen Quellen, die ihm damit zur Verfügung standen, die älteren Handschriften (hierzu kamen noch einige ältere Drucke, u. a. Liederflugblätter) und die Aufzeichnungen aus den Jahren nach 1810 bewirkten, daß die Sammlung *Svenska Fornsånger* texthistorisch einen größeren Wert besitzt als *Svenska Folkvisor*.
Der Herausgeber war ebenso wie Geijer und Afzelius von der nationalen Bedeutung der Volkslieder überzeugt. Er verfolgte mit der Herausgabe kein streng wissenschaftliches Ziel, denn nicht nur die Gelehrten sollten Zugang zu den Liedern erhalten, sondern auch das Bildungsbürgertum. Dennoch war Arwidsson in gewisser Weise den Prinzipien der Textkritik mehr verpflichtet als Afzelius, vor allem bei der Wiedergabe älterer Handschriften. Bei der Bearbeitung zeitgenössischer Aufzeichnungen wandte er allerdings die gleiche Methode an wie seine Vorgänger. Ohne entsprechende Hinweise wurden die aufgezeichneten Texte verändert, um den Erzählzusammenhang deutlicher werden zu lassen oder um den erwünschten »Volksliedton« zu erreichen. Auch Dialektausdrücke u. ä. wurden ausgemerzt. Zu verschiedenen Liedern verfaßte er eine kurze Einleitung, die bei älteren Texten Auskunft über die Handschrift gibt, aus der das Lied stammt, bzw. bei neueren den Aufzeichnungsort nennt. Angaben zu den Überlieferungsträgern fehlen jedoch völlig, obwohl die Sänger in den noch erhaltenen Handschriften nicht selten genannt werden. – Die Melodien wurden von Erik Drake bearbeitet.
Svenska Fornsånger gilt bis heute als eine der Hauptquellen für unsere Kenntnis der schwedischen Volkslieder. Genau wie in der älteren Sammlung *Svenska Folkvisor* wurde den Balladen der meiste Raum gewidmet, da diese Liedgattung seit der Romantik als die wertvollste galt. Im Gegensatz dazu wurde allerdings im dritten Band Pionierarbeit geleistet, denn hier erschien in Skandinavien erstmals eine umfangreichere Sammlung von Schwank-, Spiel- und Kinderliedern – Gattungen, die zur damaligen Zeit in der Regel nicht beachtet wurden. Svend GRUNDTVIG, der Herausgeber des bahnbrechenden Werkes *Danmarks gamle Folkeviser* (1853 ff.), schätzte diese Liedersammlung hoch ein, aus heutiger wissenschaftlicher Sicht weist sie jedoch, da sie auf ein breiteres Publikum abzielte, größere Mängel auf, als man damals erkennen konnte. S.B.J.

AUSGABE: Stockholm 1834 (I), 1837 (II), 1842 (III).

LITERATUR: O. Andersson, *A. I. A. och Svenska Fornsånger* (in Saga och sed, 1936, S. 39–61). – Erik Dal, *Nordisk folkeviseforskning siden 1800*, Kopenhagen 1956, S. 152 f. – B. R. Jonsson, *Svensk balladtradition I*, Stockholm 1967, S. 11, 110–113, 834–854. – *Sveriges Medeltida Ballader 1*, Stockholm 1983 (1), 1986 (2).

Āryaśūra

vermutl. 4. Jh. Nordindien

LITERATUR ZUM AUTOR:
F. W. Thomas, *The Works of A.* (in *Album Kern*, Leiden 1903, S. 405 ff.). – C. Meadows, *A.'s Compendium of the Perfections*, Bonn 1986, S. 1–21. – M. Hahn, *Vorläufige Überlegungen zur Schulzugehörigkeit einiger buddhist. Dichter* (in *Zur Schulzugehörigkeit von Werken der Hīnayāna-Lit.*, Hg. H. Bechert, Göttingen 1985, S. 253 ff.).

JĀTAKAMĀLĀ

(skrt.; *Kranz von Vorgeburtsgeschichten*). Sammlung von 34 *Jātaka*-Erzählungen, bearbeitet von dem Dichter ĀRYAŚŪRA, der zur noch lange nach dem Tod ihres Begründers weiterbestehenden Schule des Aśvaghoṣa gehört. – Der chinesische Pilger I-TSING, der 671–695 Indien besuchte, erzählt in seinem Reisebericht, daß die *Jātakamālā* bei den Bewohnern dieses Landes außerordentlich verbreitet und beliebt sei. Auch finden sich unter den Fresken von Ajaṇṭā solche, die die *Jātakamālā* illustrieren und aufgrund des Duktus der Bildunterschriften dem 6.Jh. zuzuweisen sind. Und da überdies schon 434 n. Chr. ein anderes Werk des Āryaśūra ins Chinesische übertragen wurde, dürfte der Verfasser dem 4.Jh. angehören.
Āryaśūra erzählt in edlem, kunstvollem, aber nicht übertriebenem »Kāvya«-Stil (skrt. *kāvya*: Kunstdichtung) bekannte Vorgeburtsgeschichten des Buddha, wie sie sich in den *Jātakas* und auch im *Cariyāpiṭaka (Korb des Lebenswandels)* des Pāli-Kanons der südlichen Buddhisten finden, und zwar in der in Indien so beliebten Mischung aus Prosa und Versen. Wie im *Cariyāpiṭaka* werden die einzelnen Erzählungen den sechs *pāramitās* (Vollkommenheiten) zugeordnet: Freigebigkeit, ethisches Verhalten, Geduld, Energie, Kontemplation und Weisheit. Besonders wird das Mitleid *(karuṇā)* gepriesen, so in einer Erzählung, in welcher der künftige Buddha seinen Leib einer hungrigen, entkräfteten Tigermutter, die gerade geworfen hat, zum Opfer bringt. Die gleiche Geschichte kehrt auch in Kapitel 2 der tibetischen Sammlung *mDzangs-blun (Der Weise und der Tor)* sowie in Kapitel 8 des *Suvarṇaprabhāsa-Sūtra (Goldglanz-Sūtra)*, einem Lehrtext der buddhistischen Glaubensrichtung des Mahāyāna (»Großes Fahrzeug«), wieder. In einer anderen Erzählung wird ein eindringliches Beispiel für die Tugend der Geduld *(kṣānti)* dargeboten. Held dieser Geschichte ist Kṣāntivādin (der »geduldig Redende«), der sich von einem zornmütigen König selbst dann nicht erschüttern läßt, als dieser ihm voller Wut mit dem Schwert ein Glied nach dem andern abschlägt; sterbend segnet er noch seinen Mörder. Derart extreme Motive waren in der Zeit des frühen Mahāyāna-Buddhismus sehr beliebt. Offensichtlich wendet sich aber die *Jātakamālā* nicht an das gewöhnliche Volk, sondern an Mönche und solche Laien, die imstande waren, die Köstlichkeiten des hohen Stils der Kunstdichtung zu würdigen. H.H.

AUSGABEN: Boston 1891, Hg. H. Kern. – Bln. 1955 (*Die Fragmente der Jātakamālā in der Turfansammlung der Berliner Akademie*, Hg. F. Weller; m. Übers. u. Komm.). – Darbhanga 1959, Hg. P. L. Vaidya (Buddhist Sanskrit Texts, 21).

ÜBERSETZUNGEN: *The Jātakamālā or Garland of Birth-Stories*, J. S. Speyer, Ldn. 1895 (Sacred Books of the Buddhists, 1; engl.). – *Jātakamālā; or, A Garland of Birth Stories*, M. M. Higgins, Colombo 1914; ²1939 [engl.]. – *Storia della tigre e altre storie delle vite anteriori del Buddha*, Hg. R. Guoli, Bari 1964 [ital.].

LITERATUR: J. Charpentier, *Studien über die indische Erzählungsliteratur* (in ZDMG, 64, 1910, S. 65–83). – J. Brough, *The Chinese Pseudo-Translation of A.'s Jātaka-Mālā* (in AM, N. S. 11, 1964, S. 27–53).

ABU NAṢR ʿALI EBN-E AḤMAD ASADI ṬUSI

* 999 Tus
† 1072/73 Ānī (?)

LITERATUR ZUM AUTOR:
D. Ṣafā, *Hamāsasarāʾi dar Irān*, Teheran ³1972. – D. Khaleghi-Motlagh, Art. *Asadi Ṭusi* (in EIr, 2, S. 699/700).

GARŠĀSP-NĀME

(iran.-npers.; *Buch über Garšāsp*). Heldenepos von Abu Naṣr ʿAli ebn-e Aḥmad ASADI ṬUSI, verfaßt 1064–1066. – Das Werk des aus Tus, einer Stadt in dem ostiranischen Landesteil Chorasan, gebürtigen Autors (daher sein Beiname Ṭusi) ist das bedeutendste der unter dem Einfluß von FERDOUSIS nationalem Epos *Šāh-nāme (Königsbuch)* entstandenen heroischen Epen. Es besteht aus etwa 9000 Versen und behandelt hauptsächlich Stoffe aus dem uralten Sagenkreis um die Fürsten von Sistan, deren Gebiet das Grenzland von Iran und Afghanistan umfaßte. Hauptfigur ist der heldenhafte Garšāsp, der als Vorfahr des im *Šāh-nāme* verherrlichten Nationalhelden Rostam dargestellt wird. Asadis Epos beginnt mit der legendären Geschichte von dem iranischen Schah Ǧamšid, der, von einem fremdländischen Tyrannen aus seinem Reich vertrieben, nach langen Irrfahrten schließlich nach Sistan, dem Land der Saken, verschlagen wird. Dort verliebt er sich in die Tochter des Königs von Kabol und heiratet sie. Der Urenkel dieses königlichen Paares ist der Held Garšāsp. Auf den weiten Reisen, die er nach Turan, dem Land nördlich des Oxus (heute Amu-Darja), nach Indien und sogar bis nach Afrika unternimmt, hat Garšāsp eine Fülle wundersamer Erlebnisse, er besteht ein Abenteuer nach dem andern und vollbringt zahllose Heldentaten. Bemerkenswert ist u. a. sein Kampf mit einem riesigen Drachen, der einen so langen Schwanz besitzt, daß er das ganze Flußbett des Oxus damit ausfüllen könnte, und dessen Gefräßigkeit so enorm ist, daß ein Elefant nur ein kleiner Bissen für ihn wäre. Auch über die weiteren Taten und Abenteuer des Helden, so etwa die Tötung von vier wilden Tigern und seine siegreichen Kämpfe mit Geistern und Riesen, wird ausführlich berichtet. – Zuweilen wird der Fluß der Erzählung durch moralisierende Betrachtungen über die Rätsel der Welt und des Lebens unterbrochen. Gott und die Religion, die Vergänglichkeit alles Irdischen, der Mensch und seine Wesenszüge, Körper und Seele sind die Hauptthemen dieser Erörterungen, die der Neigung der Iraner für philosophische und ethische Probleme Rechnung tragen.

Einen Bericht über die Entstehung seines *Garšāspnāme* gibt der Verfasser in der Einleitung. Er erzählt dort, daß Moḥammad, der Minister des Herrschers von Nachdschawan, und sein Bruder ihm bei einem Glas Wein vorschlugen, gleich seinem Landsmann Ferdousi eine Geschichte in Versen zu verfassen. Er berichtet auch von einem »*Werk über die Heldentaten des Garšāsp*«, das voll von Wissen und lehrreichen Ratschlägen sei, die Geheimnisse des Weltalls und des Schicksals entschleiere und Abhandlungen über Weisheit und Zauberei, Gerechtigkeit und Tyrannei, Schönheit und Häßlichkeit, Freude und Leid, Kampf und Krieg, Liebe und Haß, Sieg und Niederlage, Jagd und Festgelage enthalte. Bei diesem Werk, das Asadi – wohl neben mündlicher Tradition – als Quelle gedient hat, handelt es sich vermutlich um das *Ketāb-e Garšāsp (Buch über Garšāsp)* von Abo'l-Mo'ayyad Balḥi oder um ein größeres Teilstück aus einem verlorengegangenen *Šāh-nāme* desselben Autors.

Zweifellos ist Asadi bei seinem Vorhaben, ein Heldenepos zu schaffen, wie auch in der Behandlung seines Stoffes stark von Ferdousi beeinflußt worden, doch weist seine Dichtung auch durchaus eigene Züge auf. Er selbst sagt, er habe sich die Aufgabe gestellt, das Werk des großen Dichters durch Erzählung jener Begebenheiten, die dieser ausgelassen habe, zu ergänzen. – Ob und inwieweit die künstlerische Gestaltung des *Garšāsp-nāme* einen Vergleich mit Ferdousis *Šāh-nāme* zuläßt, mag dahingestellt bleiben. Bedeutsam ist jedenfalls die Tatsache, daß die späteren Kopisten das *Garšāspnāme* in die alten Handschriften des *Šāh-nāme* aufgenommen und dem Werk Ferdousis damit eine Episode einverleibt haben, die dieser aus irgendeinem Grund unberücksichtigt gelassen hat.   B.A.

Ausgaben: Teheran 1938, Hg. Ḥabib Yaḡmā'ti. – Paris 1926–1950 (*Le livre de Gerchāsp*, Hg. C. Huart u. H. Massé, 2 Bde.; m. frz. Übers. u. Einf.).

Literatur: M. Molé, *Garshāsp et les Sagsār* (in Clio, 3, 1951). – Ders., *L'épopée iranienne après Firdōsī* (ebd., 5, 1953, S. 377–393). – Ḏ. Ṣafā, *Tārih-e adabiyāt dar Irān*, Bd. 2, Teheran 1958.

LOḠAT-E FORS

(iran.-npers.; *Persisches Lexikon*). Sammlung von Versen aus der Frühzeit der persischen klassischen Dichtung von Abu Naṣr ʿAli ebn-e Aḥmad Asadi Ṭusi. – Der Dichter des *Buchs über Garšāsp* (vgl. *Garšāsp-nāme*) hat offenbar auch sprachliche Studien getrieben und nennt seine Sammlung ein »*Wörterbuch nach der Sprache der Leute von Balḥ [Baktrien], Māwarā o'n-Nahr [Transoxanien], Ḥorāsān usw.*«. Auch Wörter aus anderen Dialekten iranischer Provinzen, so aus dem Schirazi, fanden Aufnahme. Insgesamt sind in dem Werk 1060 Vokabeln persischen Ursprungs verzeichnet, die schon damals veraltet schienen und einer Erläuterung bedurften.

Asadi, der ältere, heute verschollene Lexika zu Hilfe nahm, belegt jedes Wort durch einen oder bisweilen auch durch mehrere Verse; 76 Dichter der Frühperiode der persischen Dichtung bis zum Jahr 1060, in dem das Lexikon entstanden zu sein scheint, sind vertreten. Zwar zeigt sich heute, daß nicht alle Wortdeutungen wissenschaftlich haltbar sind, doch der Quellenwert des Werks für die persische Literaturgeschichte ist unbestreitbar. Nur dank dieser Sammlung ist mancher persische Dichter aus den ersten Jahrhunderten nach der Eroberung Irans durch die Araber (632) heute noch bekannt, und nur hier sind Proben verschollener Dichtungen erhalten geblieben. Aber das Werk ermöglicht auch allgemeine Feststellungen; so z. B. weisen einige Zitate aus später verlorengegangenen Maṭnawis (Dichtungen in Doppelversen) auf die Existenz und Beliebtheit dieser Kunstgattung schon vor dem 11.Jh. hin. Als Belege enthält die Sammlung u. a. auch 16 Doppelverse einer metrischen Fassung von *Kalile o Demne*.

Da Asadis Wörterbuch zu einer Zeit entstand, als die arabische Sprache und die islamische Kultur in Persien immer mehr die Vorherrschaft gewannen und das Persische in der naturwissenschaftlichen und philosophischen Literatur schon beinahe völlig verdrängt war, ist das Werk auch Zeugnis der damals weitverbreiteten Bestrebungen, das Bewußtsein iranischer Eigenart lebendig zu erhalten und die iranische Sprache zu bewahren.   B.A.

Ausgaben: Bln. 1897 (*Asadi's neupersisches Wörterbuch, Lughat-i Furs*, Hg. P. Horn; AGG, N. F. 1, Nr. 8). – Teheran 1957, Hg. Moḥ. Dabir Siyāqi.

Literatur: Ḏ. Ṣafā, *Tārih-e adabiyāt dar Irān*, Bd. 2, Teheran 1958, S. 902/903.

ASAI RYŌI

* 1612 Edo
† 1.1.1691 Kioto

OTOGIBŌKO

(jap.; *Kurzweilige Geschichten für Frauen und Kinder*). Sammlung von Geister- und Gespenstergeschichten von ASAI RYŌI, entstanden 1666, erschienen im selben Jahr in Kioto. – Obgleich diese Sammlung von mehr als sechzig Erzählungen ganz japanisch anmutet, handelt es sich um eine Übertragung aus dem Chinesischen. Der Übersetzer hat die Schauplätze der Handlung nach Japan verlegt, mit Ereignissen der japanischen Geschichte verknüpft und die Personen zu Japanern werden lassen. In der Zeit Asai Ryōis erfreuten sich neben anderen chinesischen Werken vor allem zwei Novellensammlungen in Japan besonderer Beliebtheit: das *Chien-teng hsin-hua (Neue Gespräche beim Putzen der Lampe)* des CHʻÜ YU (1341?–1427), das bereits in der Tembun-Ära (1532–1555) bekannt geworden war, und das *Chien-teng yü-hua (Weitere Gespräche beim Putzen der Lampe)* des LI CHʻANG-CHʻI (1376–1452), von dem Drucke aus der Ära Genna (1615–1624) nachweisbar sind. Diese beiden Werke waren die Hauptvorlage des japanischen Autors: Von den 21 Novellen des ersteren hat er nicht weniger als 17 in sein Werk übernommen; die übrigen stammen dann teils aus dem *Yü-hua*, teils aus anderen Quellen, wie dem *Ku-chin shuo-hai (Meer von Erzählungen aus Vergangenheit und Gegenwart)* des LU TSIEH, dem *Tu-yang tsa-pʻien (Miszellen von Tu-yang)* des SU O u. a. Erstaunlich ist, wie nahe die gedrängte, dabei in flüssigem Stil geschriebene japanische Darstellung trotz aller Umsetzungen und Einfügungen am originalen Text bleibt. – Mit dem *Otogibōko* setzt ein immer breiter werdender Strom von Bearbeitungen chinesischer Quellen ein, deren Einfluß sich in der Unterhaltungsliteratur Japans bis herauf in das 19. Jh. vielfach nachweisen läßt. H. Ham.

AUSGABEN: Kioto 1666. – Tokio 1901/02 (in *Kinseibungei-sōsho*, Bd. 3). – Tokio 1925 (Kindai-Nihon-bungaku-taikei, Bd. 13). – Tokio 1925 (in *Nihon-meicho-zenshū*, Bd. 10).

LITERATUR: H. Hōjō, *Asai Ryōi*, Tokio 1942. – I. Asō, *Edo-bungaku to Shina-bungaku*, Tokio 1946.

TŌKAIDŌ-MEISHOKI

(jap.; *Bericht über Sehenswürdigkeiten der Ostmeerstraße*). Reisebeschreibung in sechs Bänden von ASAI RYŌI, entstanden und wohl auch erstmals erschienen zwischen 1658 und 1660; Drucke liegen vor aus den Jahren 1688 und 1708. – Das Werk gehört zur Gattung der *meishoki* (Bericht über Sehenswürdigkeiten), die in der Zeit des zunehmenden Reiseverkehrs zwischen der Shōgunatshauptstadt Edo und den westlichen Hauptstädten Kioto und Osaka ihre Blüte erlebte. Sie setzt die alte japanische Tradition der Reiseberichte und -tagebücher in veränderter Form fort. Ihrem Sprachgebrauch nach gehören die *meishoki* eigentlich der in leicht lesbarer Silbenschrift allgemeinverständlich geschriebenen Unterhaltungsliteratur *(kanazōshi)* an. In amüsantem, verbindlichem Plauderton, aufgelockert durch eingestreute Gedichte verschiedener Formen, berichten sie über bedeutende Sehenswürdigkeiten wie Shintō-Schreine, buddhistische Tempel, über Brauchtum, Theater, Freudenviertel, geben Wegmaße an, beschreiben das Leben auf den Poststationen, schildern aber daneben auch eigene oder fremde Reiseerlebnisse. Sie sind also keineswegs trockene Berichte, sondern man kann sie mit ihren praktischen Hinweisen und Ratschlägen geradezu als »Reiseführer« bezeichnen.

Ryōis Bericht führt den Leser über die Ostmeerstraße von Edo nach Kioto. Ein Mönch namens Rakuami kehrt, nach einer Pilgerfahrt zu den heiligen Stätten Shikokus noch Ise und Kumano besuchend, mit dem Schiff nach Edo zurück. Auch dort stattet er den Sehenswürdigkeiten seinen Besuch ab, den Theatern, den Freudenvierteln, der Tokugawa-Burg und was es sonst noch an Attraktionen gibt. Danach beschließt er, über die Ostmeerstraße in seine Heimatstadt Kioto zurückzukehren, findet unverhofft in dem Geschäftsführer eines Osaka-Handelshauses einen jungen, im Reisen wenig erfahrenen Weggefährten und bricht mit diesem zusammen auf. Soweit die erklärende Einführung, und nun beginnt die eigentliche Reise. Im Dialogstil werden Orte, Sitten und Erlebnisse beschrieben, wird auf Vergangenes hingewiesen, werden aber auch gute Ratschläge erteilt: *»Wenn ihr euch mit einem Freudenmädchen amüsiert, so laßt euch nicht Gold und Silber stehlen. Mögt ihr euch auch eine bestellen, schenkt ihr euch doch nicht euer Vertrauen.«*

Neben diesem wohl besten Reisebuch des Ryōi steht ein zweites, sein *Edo-meishoki*, 1662 *(Bericht über Sehenswürdigkeiten in Edo)*. Diese Reiseberichte hatten sehr starken Einfluß auf spätere Werke wie etwa das *Tōkaidōchū-hizakurige* von JIPPENSHA IKKU. In gewisser Hinsicht waren sie bereits Vorläufer sowohl der *kokkeibon* (Ulk-Hefte) als auch der *ukiyozōshi* (Geschichten aus der vergänglichen Welt), die ihren Höhepunkt in den Romanen IHARA SAIKAKUS (vgl. *Kōshoku-ichidaiotoko* u. a.) erlebten. H. Ham.

AUSGABEN: Edo 1688 und 1708. – Tokio 1891 (in *Kinko-bungei Onchi-sōsho*, Bd. 1). – Tokio 1917 (in *Kokkei-bungaku-zenshū*, Bd. 1). – Tokio 1925 (in *Nihon-koten-zenshū* IV, Bd. 21). – Tokio 1936.

LITERATUR: H. Hōjō, *A. R.*, Tokio 1942; rev. u. erw. Tokio 1972. – E. May, *Das »Tōkaidō-Meishoki« von A. R.*, Wiesbaden 1972.

ASARJA BEN MOSES DE' ROSSI

* um 1511 Mantua
† 1578

MEOR ENAJIM

(hebr.; *Augenleuchte*). Historisches Werk von ASARJA ben MOSES DE' ROSSI, erschienen 1574. – Mit dieser Darstellung hat der jüdische Arzt und Schriftsteller erstmalig den Versuch unternommen, die Geschichte und Literatur des Judentums wissenschaftlich-kritisch zu erforschen und in den Rahmen der allgemeinen Geschichte und Literatur hineinzustellen. Der Autor, der neben Hebräisch und Italienisch auch Lateinisch und Griechisch beherrschte, besaß außer der jüdisch-theologischen Bildung eine große, vom italienischen Humanismus geprägte Allgemeinbildung. Von den Begründern der Wissenschaft vom Judentum wurde er im 19. Jh. als Wegbereiter dieser Wissenschaft gefeiert. Im 16. Jh. war freilich die Zeit für diese Wissenschaft noch nicht gekommen, weshalb das Werk lange Zeit nicht die ihm gebührende Beachtung fand und z. T. sogar Widerspruch hervorrief.

Meor enajim besteht aus drei Teilen und beginnt im ersten, der *Kol Elohim (Stimme Gottes)* überschrieben ist, mit der Schilderung des Erdbebens in Ferrara (1570), bei dem große Teile der Stadt und auch Asarjas Heim zerstört wurden. – Den zweiten Teil, *Hadrat sekenim (Ruhm der Alten)*, bildet die Übersetzung des den *Apokryphen (Pseudoepigraphen)* des *Alten Testaments* zugehörigen *Aristeas-Briefs* (Legende von der Entstehung der *Septuaginta*) ins Hebräische. – Der dritte Abschnitt, *Imre bina (Worte der Vernunft)*, stellt den eigentlichen Hauptteil des Werks dar. Hier unterzieht der Autor viele historische Angaben des *Talmud* einer kritischen Würdigung, indem er sie mit der Überlieferung griechischer und lateinischer Schriftsteller vergleicht. Bei der Besprechung der talmudischen Angaben über die jüdischen Sekten zur Zeit des zweiten Tempels zieht er z. B. PHILON und IOSEPHUS ausführlich zu Rate. Irrtümer Philons bei der Darstellung der jüdischen Religion führt Asarja de' Rossi richtig darauf zurück, daß Philon die *Bibel* nicht im Original, sondern nur auf dem Umweg über die *Septuaginta* gekannt hat. Anschließend kommt er auf die Abweichungen der *Septuaginta* von dem überlieferten Originaltext der hebräischen *Bibel* zu sprechen. Die Abweichungen erklärt er damit, daß neben der überlieferten offiziellen Version verschiedene inoffizielle Versionen des Bibeltextes existieren. Die im *Talmud* enthaltene *Alexandersage* vergleicht er mit den Berichten von PLUTARCH. Ferner beschäftigt er sich mit Fragen der biblischen Chronologie. Freilich handelt es sich dabei nicht um eine Analyse biblischer Verse im Sinn der modernen Textkritik; und auch die kritische Beleuchtung talmudischer Angaben hält sich durchaus in den Grenzen traditioneller Anschauung, derzufolge die talmudischen Angaben nur insoweit als verbindlich gelten, als sie die Praxis des Gesetzes betreffen.

L.Pr.

AUSGABEN: Mantua 1574. – Bln. 1794. – Wien 1829. – Warschau 1899.

LITERATUR: G. Karpeles, *Geschichte der jüdischen Literatur*, Bd. 2, Bln. 1921, S. 217/218; Nachdr. Graz 1963. – S. W. Baron, *La méthode historique d'A. de' R.*, Paris 1929. – M. Waxman, *A History of Jewish Literature*, Bd. 2, NY 1933, S. 516–522. – Y. Dan, Art. *A. ben M. de' R.* (in EJ², 14, Sp. 315–318).

PETER CHRISTEN ASBJØRNSEN
JØRGEN ENGEBRETSEN MOE

Peter Christen Asbjørnsen

* 15.1.1812 Kristiania
† 5.1.1885 Kristiania

Jørgen Engebretsen Moe

* 22.4.1813 Mo i Hole
† 27.3.1882 Kristiansand

NORSKE FOLKEEVENTYR. - NORSKE HULDREEVENTYR OG FOLKESAGN

(norw.; *Norwegische Volksmärchen. – Norwegische Elfenmärchen und Volkserzählungen*). Zwei Märchen- und Sagensammlungen, zusammengetragen und herausgegeben von Peter Christen ASBJØRNSEN und Jørgen Engebretsen MOE, erschienen 1843/44 bzw. 1845–1848 in jeweils zwei Bänden. – Bereits in jungen Jahren faßten Asbjørnsen und Moe den Plan, Märchen nach dem Vorbild A. E. OEHLENSCHLÄGERS und L. TIECKS herauszugeben. Bei der Durchführung dieses Vorhabens gewann dann die Märchensammlung der Brüder GRIMM entscheidenden Einfluß auf die beiden Herausgeber: Sahen sie bis dahin die Volksmärchen eher als Rohstoff für die dichterische Gestaltung, so erhielten die Märchen jetzt einen eigenständigen ästhetischen und kulturellen Wert. Die Märchen sollten möglichst unverfälscht in der Form wiedergegeben werden, in der sie erzählt wurden. Um den Stoff direkt bei den Erzählern zusammenzutragen, unternahmen Asbjørnsen und Moe, zum Teil mit staatlichen Stipendien, weite und teilweise mehrjährige Reisen in Norwegen. Während sie mit der ersten Ausgabe der *Norske Folkeeventyr* weitgehend diesem Anspruch auf Originaltreue folgten, modifizierten Asbjørnsen und Moe in der zweiten Ausgabe von 1852 dieses Prinzip. Sie verstanden sich als Herausgeber von Volksdichtung, die über dem Volk stehen, aber zugleich eine enge Verbindung mit dem Volk haben müßten. In diesem Sinne sahen sie sich als letztes Glied einer natürlichen Erzählerkette und fühlten sich verpflichtet, die Märchen so gut und vollständig wie möglich wiederzugeben, was jedoch auch die redaktionelle Bearbeitung mit einschloß.

Ausgehend von einer Haupterzählung werden Motive verschiedener Varianten verwendet, Sprichwörter und Redensarten eingeflochten, Personenschilderungen eingefügt. Dennoch vollzog diese Sammlung, verglichen mit früheren Editionsprinzipien, einen entscheidenden Schritt in Richtung Traditionstreue. Es war wohl nicht zuletzt diese vorsichtige Literarisierung, die der Ausgabe auch bei der kulturellen Elite Norwegens Anerkennung brachte, und damit trug das Werk im Rahmen der nationalen Romantik entscheidend zur Entwicklung einer kulturellen Identität in Norwegen bei. Die erste Ausgabe von 1843/44 wurde nicht abgeschlossen; daher gilt die zweite aus dem Jahre 1852 als Hauptausgabe. Nur sie enthält Moes ausführliche Einleitung (die erste norwegische volkskundliche Abhandlung), in der er von den Grundgedanken der Brüder GRIMM beeinflußt erscheint. Die Ausgabe enthält darüber hinaus ausführliche Anmerkungen zu den Märchen und ihren jeweiligen Varianten sowie eine vergleichende Analyse auf der Grundlage des bekannten internationalen Variantenapparates. Die Mitteilungen über die Erzähler sind hingegen spärlich.

Die Sammlung enthält 58 Märchentypen. Mit der Sammlung *Norske Folkeeventyr*, die Asbjørnsen im Jahre 1871 allein herausgab, ergibt sich ein Bestand von ca. 100 Typen, die etwa die Hälfte der in Norwegen bekannten Märchentypen darstellen. In den Anmerkungen wird zusätzlich auf ca. 100 Varianten hingewiesen. Alle Landschaften Norwegens sind vertreten, wobei das Schwergewicht auf der ostnorwegischen Märchentradition liegt.

In den Jahren 1845–1848 gab Asbjørnsen die Sammlung *Norske huldreeventyr og folkesagn (Norwegische Elfenmärchen und Volkserzählungen)* heraus, eine der beliebtesten Sagensammlungen in Norwegen. Die lebendig und volkstümlich erzählten Sagen sind in Rahmenerzählungen eingebunden, die realistische Situationen, das Volksleben oder auch die Natur darstellen. In der norwegischen Literatur hat vor Asbjørnsen niemand den Wald und das Hochgebirge so anschaulich geschildert.

Die Rahmenerzählungen gehen häufig auf Asbjørnsens eigene Erlebnisse zurück; viele der Personen, denen er die Sagen in den Mund legt, hat er selbst gekannt und hier oftmals karikiert. Situation und Erzähler können zwar authentisch sein, aber Asbjørnsen läßt seine Erzähler auch des öfteren Sagen anderer Informanten berichten. Die Rahmenerzählungen sind zwar noch von der Romantik geprägt, stehen jedoch zugleich auch am Anfang des norwegischen Realismus.

Asbjørnsen hatte in Th. Crofton CROOKERS *Fairy Legends and Traditions of the South of Ireland* (1825–1828) ein literarisches Vorbild; er kannte diese Sammlung in der GRIMMschen Übersetzung (*Irische Elfenmärchen*, 1826). Hier liegt wahrscheinlich auch die Ursache für den widersprüchlichen Begriff *huldre-eventyr (Elfenmärchen)* im Titel seiner Sammlung. Es gibt kein Märchen über die *Huldra* (Elf, Waldgeist).

Asbjørnsen hat erkannt, daß innerhalb des Erzählstoffs von übernatürlichen Wesen unterschieden werden muß zwischen Erzählungen persönlicher Erlebnisse und den eigentlichen Sagen. Daß jemand die *Huldra* gesehen hat, macht diese Aussage noch keineswegs zu einer Sage. Dies ist oft als der Unterschied zwischen mythischen und historischen Sagen mißverstanden worden.

1879 stellte Asbjørnsen eine Auswahl aus Märchen- und Sagensammlungen zusammen *(Norske Folke- og Huldreeventyr i Udvalg)* und legte damit den Grundstein für die Standardausgabe mit dem nicht ganz zutreffenden Titel *Samlede Eventyr (Gesammelte Märchen)*. Auf dieser und einer dreibändigen Ausgabe für Kinder beruht die enorme Popularität des Werks. Norwegische Künstler begannen die Märchen zu illustrieren. Vor allem Erik WERENSKIOLD und später auch Theodor KITTELSEN sind mit ihren Bildern von Märchenfiguren und -landschaften in Norwegen sehr bekannt geworden. Später haben auch Künstler wie Per Krogh, Alf Rolfsen und Henrik Sørensen die Märchen illustriert.

Im Gefolge der Ausgaben von Asbjørnsen und Moe erschienen viele regionale und nationale Märchen- und Sagensammlungen, die in ihrem literarischen und wissenschaftlichen Wert sehr unterschiedlich sind. R.Kv.

AUSGABEN: *Norske Folkeeventyr*, Christiania 1843/44 [unvollst.]. – Christiania 1852 [2., erw. Ausg.; m. Einl. v. J. Moe]. – Christiania 1866 [3. Ausg.]. – *Norske Huldreeventyr og Folkesagn*, Christiania 1845–1848; 2., erw. Ausg. 1859. – Oslo 1949 [Komm. K. Liestøl; ill.]. – *Norske Folke- og Huldreeventyr i Udvalg ved P. Chr. Asbjørnsen*, 1871. – Dass., Kopenhagen 1879 [Ill.]. *Gesamtausgaben: Norske kunstneres billedutg. Hundreaarsutg. 1-2*, Christiania/Kopenhagen 1914. – *Samlede eventyr*, 3 Bde., Oslo 1936. – Oslo 1940 [Jubiläumsausg.; zahlr. Nachdr.]. – *Norske eventyrbibliotek*, Hg. B. Alver u. a., 12 Bde., Oslo 1969–1981 [m. unveröff. Material].

ÜBERSETZUNG: *Norwegische Märchen*, F. Bresemann, Nördlingen 1985.

LITERATUR:
Bibliographien: H. Haffner, *A.s og M.s Norske Folkeeventyr*, Oslo 1942. – G. A. Raabe, *A.s og M.s eventyr og sagn*, Oslo 1942.
Briefwechsel der Brüder Grimm mit nordischen Gelehrten, Hg. E. Schmidt, Bln. 1885; Neudr. Walluf 1974. – M. Moe, *Det nationale Gjennembrud og dets Mænd* (in *Nordmænd i det 19de Aarhundrede*, Hg. G. Gran, Bd. 2, Kristiania 1914, S. 144–326

[Nachdr. in J. Moe, *Samlede skrifter*, Bd. 3, Oslo 1927, S. 1–196]) – *Fra det nationale Gjennembruds Tid. Breve fra J. M. til P. Chr. A.*, Hg. A. Krogvig, Kristiania 1915. – *Jacob og Wilhelm Grimm's brev til P. Chr. A. og J. M.* (in *Festskrift til Gerhard Gran*, Hg. A. Krogvig, Kristiania 1916, S. 175–188). – T. Foss, *Ordforrådet i A.s og M.s første eventyrutgaver* (in *Maal og minne*, 1923, S. 209–227). – H. P. Hansen, *P. Chr. A.*, Oslo 1932. – K. Liestøl, *J. M. som eventyrforteljar* (in *Syn og segn*, 1932, S. 145–156). – Ders., *P. Chr. A.*, Oslo 1947; ern. 1985. – A. Bolcmans, *Halvrepplikene i folkeeventyrene* (in *Maal og minne*, 1960, S. 129–157). – *Tradisjonsinnsamling på 1800-tallet*, Oslo 1964. – O. Øyslebø, *Stilviljen bak A.s endringer i huldeeventyrene* (in *Stilstudier*, Oslo 1971, S. 64–79). – I. Engelstad, *Fortellingens mønstre. En strukturell analyse av norske folkeeventyr*, Oslo 1976. – R. Grambo, *P. Chr. A.* (in *Enzyklopädie des Märchens*, Bd. 1, Bln. 1977, Sp. 853–855). O. Hodne, *J. M. og folkeeventyrene*, Oslo 1979. – Ders., *J. M.*, Oslo 1982. – Ders., *Types of Norwegian Folktales*, Oslo 1984.

HILARIO ASCASUBI

* 14.1.1807 Fraile Muerto
† 16.9.1875 Buenos Aires

SANTOS VEGA O LOS MELLIZOS DE LA FLOR

(span.; *Santos Vega oder die Zwillinge von La Flor*). Epische Dichtung von Hilario ASCASUBI (Argentinien), erschienen 1872. – Die bis zu dieser Zeit nur mündlich überlieferte Volksdichtung der Gauchos erlebte durch die Nachdichtungen des Uruguayers B. HIDALGO eine erste Aufwertung. Von ihr nahm eine Entwicklung ihren Ausgang, die über Ascasubi und E. del CAMPO (*Fausto*, 1866) zu einem der bedeutendsten Werke ganz Lateinamerikas im 19. Jh. führte, dem Versepos *El gaucho Martin Fierro* (1872–1879) von J. R. HERNANDEZ PUEYRREDON.
Ascasubis Gedicht, dessen erste zehn Gesänge der Autor schon 1851 veröffentlicht hatte, besteht aus 64 Gesängen oder Bildern mit mehr als 13 000 Versen. Inhalt, Ort und Zeit des Gedichts werden im Untertitel bezeichnet: *Rasgos dramáticos de la vida del gaucho en las campañas y praderas de la República Argentina, 1778–1808*. Die eigentlichen Hauptgestalten der Dichtung sind die Zwillingsbrüder Jacinto und Luis, deren Lebensgeschichte Santos Vega, der legendäre Sänger der argentinischen Pampa, dem Gaucho Rufo Tolosa und seiner Ehefrau, Juana Petrona, erzählt. Damit verläuft die Erzählung in zwei verschiedenen Handlungskomplexen, deren einer das Zusammenleben von Santos Vega mit seinen Gastgebern, die zugleich Gesprächspartner und Publikum sind, umfaßt. In der zweiten, ausgedehnteren Handlungsschicht, ist das Leben der Brüder auf den Estancias und in den Städten der Pampa dargestellt. Geboren auf der Estancia La Flor und früh verwaist, aufgewachsen als Söhne des Farmers Faustino, entwickeln sich beide in diametral entgegengesetzten Richtungen: Jacinto zu einem guten, tüchtigen, arbeitsamen Menschen, Luis indessen zu einem Banditen, der die Pampa in der Gegend von Chascomús und an den Ufern des Salado mit Angst und Schrecken erfüllt. Die Auseinandersetzung zwischen ihm und dem gegen die Indianer eingesetzten Sergeanten Genaro Berdún bildet einen Hauptteil der Erzählung.
Ascasubi mag beabsichtigt haben, um die volkstümliche Gestalt dieses fahrenden Sängers ein Nationalepos zu schaffen, konnte seinem Vorsatz allerdings nur unvollkommen gerecht werden. Santos Vega tritt lediglich als Erzähler auf, die Gestalt des Jacinto bleibt farblos, sein Zwillingsbruder Luis, der eigentliche Held des Gedichts, erreicht nicht das Format einer großen epischen Figur. Die Handlung ist uneinheitlich, moritatenhaft, nicht der Epik, sondern eher dem europäischen Kolportage- und Schauerroman der damaligen Zeit verwandt. Der literarische Wert der Dichtung liegt in den rein deskriptiven Gesängen lyrischen oder auch dramatischen Charakters, die die Landschaft, die Dämmerung, Morgen und Abend, die Nacht, den Sturm, den Orkan usw. beschreiben oder über das Dasein der Gauchos auf den Estancias und in den Ranchos berichten. Einige der besten Gesänge handeln von der exotischen Welt des Indianers, die in Ascasubis Gedicht als Drohung und Gefahr für den Gaucho stets gegenwärtig ist. »*Als Kunstwerk gibt* ›*Santos Vega*‹ *Anlaß zu ernster Kritik, in einzelnen Teilen steht es auf der Höhe der besten Erzeugnisse unserer Gaucho-Dichtung; und für das Studium des Gauchos und seiner Welt ... am Ende des 18. Jh.s ist es eine unerschöpfliche Fundgrube für Geschichte und Sprachwissenschaft, Soziologie und Folklore*« (Cortázar).

A.F.R.

AUSGABEN: Paris 1872. – Buenos Aires 1952 [Einl. J. Caillet-Bois]. – Mexiko/Buenos Aires 1955 (in *Poesía gauchesca*, Hg. J. L. Borges u. a. Bioy Casares; m. Einl. u. Anm.). – Buenos Aires 1967 (in *Santos Vega y otros poemas*, Hg. H. J. Becco).

LITERATUR: E. F. Tiscornia, *Poetas gauchescos*, Buenos Aires 1940. – M. W. Nichols, *The Gaucho*, Durham 1942. – C. A. Leumann, *La literatura gauchesca y la poesía gaucha*, Buenos Aires 1953. – A. R. Cortázar, *Indios y gauchos en la literatura argentina*, Buenos Aires 1956. – M. M. Román, *Itinerario del payador*, Buenos Aires 1957. – F. Meregalli, *Il gaucho nella letteratura*, Venedig 1960. – R. Grossmann, *Geschichte und Probleme der lateinamerikanischen Literatur*, Mchn. 1969. – R. A. Borello, *Hernández y A.* (in RI, 40, 1974, Nr. 86–89, S. 393–401).

(SCHALOM) SHOLEM ASCH

* 1.11.1880 Kutno / Polen
† 10.7.1957 London

LITERATUR ZUM AUTOR:
Ch. Lieberman, *The Christianity of S. A. An Appraisal from the Jewish Viewpoint*, NY 1953 [a. d. Jidd. v. A. Burstein]. – L. O. Cohen, *S. A. in English Translation* (in Bull. of Bibliography, 22, 1958, S. 109–111). – S. Rosenberg, *S. A. fun der noent*, Miami 1958. – S. Niger, *S. A. Sein Leben, sein Werk*, NY 1960. – C. S. Kazdan, *S. A.*, NY 1966. – Ch. Madison, *Yiddish Literature*, NY 1971. – H. Dinse u. S. Liptzin, *Einführung in die jiddische Literatur*, Stg. 1978.

THE APOSTLE

(jidd./amer.; *Ü: Der Apostel*). Roman von Sholem ASCH, geschrieben in Jiddisch 1943; Erstveröffentlichung 1943 in englischer Sprache. – Die Romanhandlung setzt einige Wochen nach der Kreuzigung Christi ein und verfolgt mit großer Ausführlichkeit den Lebensweg des Apostels Paulus von seiner Bekehrung bis zu seinem Märtyrertod. In die Handlung eingeflochten sind Streitgespräche des Apostels mit Seneca, seine Predigten und die Erörterung religiöser Probleme.
Der jüdische Autor wollte kein »biblisches Spektakel« schaffen, sondern versuchte mit dem *Apostel* (wie auch mit seinen anderen Romanen aus dem Beginn der christlichen Ära) durch die sorgfältig dokumentierte und farbige Beschreibung des historischen jüdischen Hintergrunds die Kluft zwischen zwei Glaubenswelten zu überbrücken. In diesem von schlichter Frömmigkeit getragenen Roman schildert er die Ereignisse, ohne die Gestalt des Paulus oder dessen Umwelt psychologisch, soziologisch oder religionsgeschichtlich deuten zu wollen. J.v.Ge.-KLL

AUSGABEN: NY 1943 [a. d. Jiddischen übers. v. M. Samuel]. – NY o. J. (Pocket Books, GC 38).

ÜBERSETZUNG: *Der Apostel*, J. Frisch, Stockholm 1946.

LITERATUR: R. W. George, *S. A., Man of Letters and Prophet* (in Religion in Life, 20, 1950, S. 106 bis 113). – C. A. Madison, *Notes on S. A., Novelist* (in Chicago Jewish Forum, 16, S. 174–179).

EAST RIVER

(jidd./amer.; *Ü: East River*). Roman von Sholem ASCH, geschrieben in Jiddisch, Erstveröffentlichung 1946 in englischer Sprache. – Dieses Werk des Erzählers und Dramatikers polnisch-jüdischer Abstammung ist eines seiner erfolgreichsten. Es zählt zu den auf eigenem Erleben basierenden Romanen, in denen der seit 1910 in den Vereinigten Staaten ansässige Autor Anpassungs- und Umweltprobleme geschildert hat.
Ort der Handlung sind die Slums der New Yorker East Side, etwa zur Zeit der Jahrhundertwende. Die Personen entstammen zwei Generationen von Einwanderern polnischer, italienischer, irischer, deutscher Nationalität, vorwiegend katholischen und jüdischen Glaubens. Vor diesen Hintergrund stellt Asch, liebevoll ins Detail gehend, seine Hauptgestalten. Zu ihnen gehört Harry Greenstock, der Lokalpolitiker mit dem schillernden Charakter, der seine einflußreiche Position für gute und schlechte Zwecke nutzt, dem es aber erstaunlicherweise immer wieder gelingt, zwischen den verschiedenen Bevölkerungsgruppen zu vermitteln. Und da ist, neben vielen anderen, der Kolonialwarenhändler Moshe Wolf Davidowsky mit seinen beiden Söhnen, dem in Weltverbesserungsideen aufgehenden, gelähmten Nathan und dem energischen, lebenstüchtigen Irving.
Der Roman setzt sich aus mehreren Episoden zusammen, die sich allerdings vielfältig überschneiden und häufig ein gemeinsames Grundmotiv haben: die Spannung zwischen Menschen verschiedener Glaubensbekenntnisse. So wird der Jude Greenstock von den Nachbarn nahezu geächtet, als er sich nach dem Tod seiner Frau eine nichtjüdische Geliebte ins Haus nimmt. Irving Davidowsky, der nicht, wie jeder erwartet, Greenstocks Tochter Rebecca heiratet, sondern das irische Mädchen Mary McCarthy, Tochter eines Trunkenbolds und einer Antisemitin, hat nach der Geburt eines Kindes Meinungsverschiedenheiten mit seiner katholischen Frau. Dies führt zu ernsthaften Spannungen zwischen ihm und seinem Vater, der, obwohl orthodoxer Jude, dieser familiären Auseinandersetzungen wegen wiederum mit seinen eigenen Glaubensgenossen in Streit gerät. Weitere Konflikte ergeben sich aus Irvings Karriere als Geschäftsmann: sein rascher Aufstieg in der Textilbranche bringt ihn unweigerlich in scharfen Gegensatz zu seinem Bruder Nathan, dem überzeugten Sozialisten. Menschliche Probleme am Rande des Geschehens sind Nathans Heilung von den Folgen der Kinderlähmung und Marys Berufserfahrungen.
In diesem Roman, dessen Gestalten selbst im Unglück die Weisheit des Allmächtigen preisen, kommt Aschs Glaubenskraft besonders intensiv zum Ausdruck. Freilich tritt nicht weniger deutlich ein gewisser Hang zur Sentimentalität hervor, der den Verfasser dazu verleitet, seine Protagonisten – mitunter auf Kosten der Glaubwürdigkeit – fast durchweg eine mehr oder minder glückliche Lösung ihrer Konflikte zu gestatten. Daß er dabei keineswegs ihre Schwächen und Fehler beschönigt, verträgt sich durchaus mit Aschs ausgeprägter Menschenliebe und seiner festen Überzeugung, daß kaum einer unter ihnen sein schweres Los wirklich verdient hat. Eine Erklärung für diese schein-

bare Ungerechtigkeit findet der Autor in der christlichen Vorstellung von einem liebenden Gott, der dem Menschen in seinem irdischen Dasein schwere Prüfungen auferlegt, um ihn dann um so gnädiger in die ewige Glückseligkeit aufzunehmen. J.v.Ge.

AUSGABE: NY [1946]; a. d. Jiddischen übers. v. A. H. Gross.

ÜBERSETZUNG: *East River*, N. O. Scarpi, Zürich 1947. – Dass., ders., Ffm. 1955.

LITERATUR: O. Cargill, *S. A.: Still Immigrant and Alien* (in CE, 12, 1950, S. 67–74).

GOT FUN NEKOME

(jidd.; *Ü: Der Gott der Rache*). Schauspiel in drei Akten von Sholem ASCH, Uraufführung: Petersburg 1907, Theater Vera Komissarevskaja. – In einer größeren polnischen Stadt unterhält Jankel Schepskowitsch zusammen mit seiner Frau Sarah ein Bordell, an dem sie gut verdienen. Aber unter allen Umständen wollen sie ihre einzige Tochter, Riwkele, von den Bordellmädchen fernhalten; ist es doch Jankels sehnlichster Wunsch, seine Tochter dereinst mit einem ehrbaren Mann glücklich zu verheiraten. Er selbst ist sich seines schlechten Rufs und der Verwerflichkeit seines Tuns durchaus bewußt, denn nach dem Gesetz der Juden ist Unzucht streng verboten. Er gibt der Synagoge reichlich Geldspenden und wendet überdies eine größere Summe auf, um eine Thorarolle schreiben zu lassen, weil er hofft, seine Verfehlungen auf diese Weise wiedergutzumachen und Gott versöhnen zu können. Insgeheim hegt er dabei aber auch den Gedanken, Gott werde wegen dieser guten Tat verhüten, daß sein über alles geliebtes Riwkele auf Abwege gerät.
Am gleichen Tag, als ihm die Thorarolle ins Haus gebracht wird, die er zum besonderen Schutz seiner Tochter in deren Schlafzimmer unterbringen läßt, entzweit sich Jankel mit seinem Gehilfen Schlojme, so daß dieser beschließt, sich selbständig zu machen. Kurz zuvor hat Riwkele, ohne Wissen des Vaters, die in Jankels Unternehmen beschäftigte Manjka kennengelernt und mit ihr – zwar mit Wissen der Mutter, aber gegen deren Willen – Freundschaft geschlossen. Schlojme, der Mädchen aus Jankels Bordell kennt, überredet Manjka, sich mit ihm zusammenzutun. Er hat eine Wohnung gemietet, und Manjka, die noch in der gleichen Nacht zu Schlojme ziehen will, veranlaßt Riwkele, mit ihr zu gehen, indem sie ihr ein herrliches Leben verspricht. So verläßt Riwkele heimlich ihr Vaterhaus. Durch diesen Schicksalsschlag, der ihn so plötzlich und unerwartet trifft, ist Jankel wie gelähmt. Stundenlang sitzt er in Riwkeles Zimmer vor der Thorarolle. Auf die tröstenden Worte seiner Frau antwortet er stereotyp: »*Gott will nicht.*« Denn ihn beherrscht nur noch der Gedanke: »*Gott nimmt Rache an mir. Ich bin ein sündiger Mensch, und Gott will nicht, daß ich umkehre; denn auch mein reines Kind läßt er in den Schmutz sinken, damit ich noch tiefer sinke.*« Während Sarah zu Schlojme eilt, um Riwkele nach Hause zu holen, rafft Jankel sich auf und bittet Gott, ein Wunder zu tun und seine Tochter unversehrt ins Vaterhaus heimkehren zu lassen. – Riwkele kommt zurück, und ihr Vater empfängt sie mit den Worten: »*Gott hat uns gestraft. Für dich hab ich die Thorarolle schreiben lassen. Tag und Nacht hab ich gebetet: Behüt mein Kind vor Bösem; mich straf, die Mutter straf, aber mein Kind behüt! – Und nun sag mir die Wahrheit: Bist du noch ein reines jüdisches Kind?*« Riwkeles verneinende Antwort ist vernichtend für Jankel. Er hört nicht mehr die Trostworte der Mutter. Auch von einer Heiratspartie für seine Tochter will er nichts mehr wissen. Man spürt, wie der Wahnsinn sich seiner bemächtigt. Er drängt die Anwesenden aus der Wohnung hinaus; dem letzten übergibt er die Thorarolle, indem er spricht: »*Tragt sie ins Bethaus; ich brauche sie nicht mehr.*«
Dieses Drama gehört zu den Werken, mit denen Sholem Asch seinen Ruhm begründete. Maksim GOR'KIJ und Leonid N. ANDREEV, die es sehr lobten, wurden Freunde des Autors. In deutscher Übertragung brachte Max Reinhardt das Werk 1908 in Berlin zur Aufführung. Zalman REISEN bezeichnete es als »*eines unserer schönsten* [jiddischen] *Theaterstücke*«. Isaac Leib PEREZ gefiel das Stück jedoch weniger, weil es ein falsches Bild vom Judentum entwerfe. Später hat Asch deshalb weitere Ausführungen verboten. J.Kl.

AUSGABEN: Warschau 1907. – Warschau 1922–1934 (in *Gezamlte śriftn*, 27 Bde., 23). – Warschau 1928.

ÜBERSETZUNG: *Der Gott der Rache*, anon., Bln. 1907. – Dass., ders., Bln. 1929.

LITERATUR: H. S. Gorman, *Yiddish Literature and the Case of S. A.* (in Bookman, Juni 1923). – A. A. Roback, *The Story of Yiddish Literature*, NY 1940. – R. W. George, *S. A. Man of Letters and Prophet* (in Religion in Life, 20, 1950, S. 106–113).

MOTKE GANEW

(jidd.; *Ü: Mottke der Dieb*). Roman von Sholem ASCH, erschienen 1916. – Anknüpfend an die Tradition des europäischen Schelmenromans, dessen Modell einst in Spanien geschaffen wurde, erzählt Sholem Asch, der begabteste unter MENDELE MOCHER SFORIMS Schülern, in diesem Entwicklungs- und Wanderroman das wechselvolle Schicksal eines in elenden Verhältnissen aufgewachsenen jüdischen Jungen. Vom Vater, einem arbeitsunfähigen, halbblinden Schuster, geprügelt, von der Mutter geliebt, aber sich selbst überlassen, da sie als Händlerin und Amme für die vielköpfige Familie das Brot beschaffen muß, lernt Motke früh Hunger und Schmerz kennen. Not treibt ihn zum Dieb-

stahl, fehlende spürbare Liebe zu den ihm blind anhängenden Hunden. Er entwickelt sich zum freiheitsdurstigen, asozialen Außenseiter, der, auf kreatürliche Existenz reduziert, von dunklen Gefühlen getrieben, aber innerlich ungebrochen, seinen Weg sucht. Bei einem Einbruch erwischt, vom Vater halbtot geprügelt und verstoßen, wird er zum Landstreicher.
Nach Jahren des Umherschweifens, der Arbeit in einer Glashütte, die er aus Zuneigung zu einem halbgelähmten Mädchen erträgt, schließt sich Motke – *»ausgeglüht für sein Leben«* – einer Schaustellertruppe an und zieht mit ihr, die ihn allerlei Kunststücke gelehrt hat, von neuem durch die Lande. Seiner Verschlagenheit und Kraft wegen zwar geflürchtet, aber – da er weder Paß noch Geld hat – völlig abhängig von der Truppe, ist er ständigen Demütigungen ausgesetzt. Im Anschluß an eine Schlägerei um eine Seiltänzerin tötet er aus Rache den Rivalen. Mit dessen Paß und Namen flieht er mit der Geliebten nach Warschau, wo er nach Proben seiner Fertigkeit im Messerstechen in die Bruderschaft der Zuhälter aufgenommen wird. War sein Leben, trotz aller Wechselfälle, bis dahin eher geradlinig verlaufen, weil Motke stets nur seinem in der Not der frühen Jahre geformten Charakter entsprechend handelte, so lernt er durch die Liebe zu einem Mädchen aus ehrbarer Bürgersfamilie plötzlich den in Fragen der Moral handfesten Widerstand der Gesellschaft kennen. In seinem Stolz – an seiner verwundbarsten Stelle – getroffen, stößt er hart an die eigenen, durch schlechten Ruf und Lebenswandel bedingten Grenzen. Er sieht ein, daß es Werte gibt, die nur erreichbar sind, wenn man mit ähnlichen Werten aufwarten kann. Doch diese Erkenntnis und die auf ihr beruhende Umkehr kommen auf tragische Weise zu spät: In dem Bemühen, mit der Vergangenheit endgültig Schluß zu machen, hat er sich dem geliebten Mädchen anvertraut. Ihre Eltern liefern ihn, den Mörder, der Polizei aus. Blindes Vertrauen hatte ihn die Warnungen seiner einstigen Geliebten und Mitwisserin als Eifersuchtsregung abtun lassen. Motke sieht seine Träume in dem Bewußtsein zerrinnen, daß nicht er schlecht ist, sondern die Welt. Er empfindet sich als Opfer der Gesellschaft, glaubt sich übervorteilt wie einst in der Kindheit, als man ihm statt der reichen Kindern vorbehaltenen vollen Brust seiner Mutter einen nassen Lappen in den Mund schob.
Der Autor verzichtet, bei konsequentem psychologischen Aufbau seiner Hauptfigur und realitätsnaher Beschreibung des Milieus, dessen Frucht und Opfer sie ist, auf Einbeziehung einer moralbezogenen sozialkritischen Gebärde, die der Stoff eigentlich fordern würde, und läßt, im Gegensatz zur Tradition, an die er anknüpft, die Schelmengeschichte Selbstzweck sein. So entsteht der Eindruck des Idyllischen, einer poetischen Verklärung des Gaunertums, wozu die zart pastellfarbene, romantisierend liebliche Ausmalung des mit realistischen Strichen gezeichneten Untergrundes das ihre beiträgt.

O.F.B.

Ausgaben: NY 1916. – Warschau 1926 (in *Gezamlte Šriftn*, 27 Bde., 1922–1934, 11). – NY 1953.

Übersetzung: *Mottke der Dieb*, G. Richter, Bln. o. J. [1925]. – Dass., ders., Wien 1929. – Dass., ders., Bearb. V. Hacken, Mchn. 1987 (Goldm. Tb).

A SCHTETL

(jidd.; *Ü: Das Städtchen*). Erzählwerk von Sholem Asch, erschienen 1904, als Vorabdruck in der jiddischen Zeitschrift ›Der frajnt‹. – *»Des Wanderers Weg führt in das Dorf«*, redet der in Kutno (Polen) geborene, in London verstorbene und als erster jiddischer Dichter weltweit beachtete Autor den Leser an. *»Gehn wir mit ihm und was immer wir sehen und was immer wir hören, soll in diesem Buch aufgezeichnet werden.«* Diese beschaulich-gemüthafte Aufforderung ist beispielhaft für Erzählgebärde und Tonlage des ganzen, aus elf Kapiteln bestehenden und an ein langes Prosagedicht erinnernden Werks. Die 1904 entstandene Erzählung, Aschs erste längere Arbeit, beschreibt – erfüllt von kindlich-fragloser Frömmigkeit – ein Stück mittelalterlich-chassidischer Wirklichkeit, eine Welt, in der jeder und jedes einen unverrückbaren Platz haben, Leben wie Handel dem Rhythmus der Jahrhunderte und dem der Jahreszeiten folgen.
Die Gezeiten von Natur und jüdischem Festkalender liegen auch der Geschichte von dem hochgeachteten Holzkaufmann Reb Gumbiner und seinem Wunsch nach einem gelehrten und in der Thora versierten Schwiegersohn, die den Kern der Erzählung bildet, als Muster und Einteilungsprinzip zugrunde. Reb Hesekiel Gumbiner, ein Patriarch, der sich auf Geschäft und ausgleichende Wohltat versteht, verkörpert als großherziger, gottesfürchtiger Philanthrop das Beste an (idealisiertem) Mensch- und Judesein. Obwohl sein geräumiges Haus, das als der »Kornspeicher« des Städtchens gilt, jedermann offensteht, wird er erst dann wirklich Glück über seinen Wohlstand und seine Fähigkeit zu gottgefälliger Wohltat empfinden können, wenn der Klang einer frohen, die Thora rezitierenden Stimme die Räume erfüllt. Das Werk gipfelt denn auch in der teilnehmenden Beschreibung der ersehnten Hochzeit zwischen Gabriel, dem Sohn des Wunderrabbis, und der jungen Leahel, Reb Gumbiners Tochter. Während das Städtchen das große Fest – man feiert gleich drei Hochzeiten – gebührend begeht, zieht der Wanderer, mit dem der Leser den Schauplatz betrat, weiter und verliert sich *»irgendwo weit in der Ferne weißer Unendlichkeit«*.
Es steht außer Frage: Neigung zu Eskapismus, Flucht in empfindsam-fromme Innerlichkeit, in eine die historischen und sozialen Probleme sorgsam umgehende Romantik beherrschen das Buch. Während in Rußland die Revolution von 1905 die gesellschaftlichen Verhältnisse zu ändern sucht, ein

Aufbruch sich andeutet, auf den so viele jüdische Intellektuelle ihre Hoffnung setzten, der Zar sein »Manifest über die Freiheit« zu erlassen im Begriffe ist, malt der junge Autor eine Idylle, beschreibt er liebevoll das jüdische (Kirchen-)Jahr, singt er das Lied von kraftvoller Tradition und nährendem Boden, zeichnet er Gestalten, die eher Kindern mit Bärten und Schläfenlocken gleichen als mündigen, vor der Geschichte verantwortlichen Zeitgenossen. Aber man täte Asch unrecht, wenn man ihn nur auf ein das Herz der unterdrückten Massen erwärmendes lyrisches Romantisieren festlegen wollte. Seine impressionistische Pastelltechnik, weich, melodiös und niemanden verletzend, erschloß der jiddischen Literatur zugleich eine neue Welt: das Reich der Natur. Er beschwört ihre Schönheit, ihre Farben, versteht auch den Menschen als Teil von ihr, sieht das Leben eingebettet in ihren ewigen Rhythmus. Mit dieser harmonisierenden Zuordnung von Natur und Mensch erreicht Asch eine – trotz idealisierender Problemlosigkeit – für die jiddische Literatur seiner Zeit nicht zu überschätzende neue Art von zweckfreier und damit künstlerischer Totalität.

O.F.B.

AUSGABEN: Petersburg 1904 (in Der frajnt). – Warschau 1911–1913 (in *Alle werk*, 4 Bde.) – Warschau 1926 (in *Gezamlte Sriftn*, 27 Bde., 1922–1934, 1). – NY 1947 (in *Geklibene Werk*, Bd. 1).

ÜBERSETZUNG: *Das Städtchen*, anon., Bln. ²1909.

ROGER ASCHAM

* um 1516 Kirby Wiske / York
† 30.12.1568 London

LITERATUR ZUM AUTOR:
A. Katterfeld, *R. A. Sein Leben u. seine Werke, mit besonderer Berücksichtigung seiner Berichte über Deutschland aus den Jahren 1550–1553*, Straßburg 1879. – F. A. Arnstädt, *R. A., ein englischer Pädagoge des 16. Jh.s u. seine Geistesverwandtschaft mit Johannes Sturm*, Plauen 1881. – H. Patterson, *The Humanism of R. A.* (in Pedagogical Seminary, 22, 1915, S. 546–551). – L. V. Ryan, *R. A.*, Stanford (Calif.)/Ldn. 1963, S. 250–286. – L. B. Salamon, *The Imagery of R. A.* (in Texas Studies in Literature and Language, 15, 1973, S. 5–24). – A. Vos, *Form and Function in R. A.'s Prose* (in PQ, 55, 1976, S. 305–322). – J. S. Dees, *Recent Studies in A.* (in English Literary Renaissance, 10, 1980, S. 300–310).

THE SCHOLEMASTER, or plaine and perfite way of teachyng children, to understand, write and speake, the Latine tong, but specially purposed for the private brynging up of youth in Ientlemen and Noble mens houses...

(engl.; *Der Schulmeister, oder Einfacher und vollkommener Weg, Kinder die Beherrschung der lateinischen Sprache in Wort und Schrift zu lehren; vor allem für die Privaterziehung der Jugend in vornehmen und adligen Häusern gedacht*). Unvollendete pädagogische Abhandlung in zwei Büchern von ROGER ASCHAM, erschienen 1570. – Ascham, der dem humanistischen Kreis um John CHEKE in Cambridge angehörte, einen regen Briefwechsel mit dem Straßburger Gymnasiallehrer Johannes STURM führte und Königin Elisabeth I. als Privatlehrer unterwies, schuf mit diesem Werk eine der bedeutendsten pädagogischen Abhandlungen der Renaissance. Ihr Einfluß in England läßt sich mit dem von ELYOTS *Boke Named the Governour* (1531) und CASTIGLIONES *Libro del cortegiano* (1528) vergleichen. Noch Samuel JOHNSON erklärte, es enthalte »vielleicht die besten Ratschläge, die jemals für das Studium fremder Sprachen gegeben wurden«.

Das erste Buch (*The Bringing-Up of Youth*) befaßt sich mit allgemeinen Erziehungsfragen, das zweite (*The Ready Way to the Latin Tongue*) mit didaktischen Problemen des Sprachunterrichts. In Aschams pädagogischen Bestrebungen überschneiden sich – wie oft in der Renaissance – Wertvorstellungen des Humanismus mit einem national gefärbten Protestantismus: Rhetorische Bildung könne, wenn sie nicht durch christliche Moral und patriotische Gesinnung ergänzt werde, zum »*scharfen Gerät in der Hand eines Narren...werden*«. Sein Erziehungsideal sei nicht durch strenge Zucht, sondern durch »*gentle education*« zu verwirklichen: Der Lehrer müsse auf die individuellen Anlagen seiner Schüler eingehen und durch möglichst anregenden Unterricht deren Liebe zur Gelehrsamkeit wecken. Nicht Tadel, sondern Lob sei das beste Erziehungsmittel, und die eigene Erfahrung des Jugendlichen sei nur dann eine gute Lehrmeisterin, wenn sie vom Erzieher behutsam überwacht und gelenkt werde. So spricht sich Ascham gegen die modischen Bildungsreisen nach Italien aus, von denen der Jugendliche, infiziert mit den Lastern einer amoralischen Gesellschaft und den verderblichen Ideen intrigierender Pfaffen und atheistischer Freigeister, meist als »*italienisierter Engländer*« zurückkehre. – Als erfolgreichste Methoden des Sprachunterrichts empfiehlt Ascham für den Anfänger Übersetzung und Rückübersetzung, für den Fortgeschrittenen die »Imitation« der klassischen Autoren, vor allem CICEROS. Seine von Sturm beeinflußte Theorie der Nachahmung weitet sich zu einer allgemeinen Stilistik: Das Ideal maßvoller und angemessener Verwendung rhetorischer Stilmittel bestimmt seine literarische Kritik und kennzeichnet auch seine eigene, von Zeitgenossen wie HARVEY und SIDNEY als vorbildlich empfundene Prosa.

Für den Literarhistoriker liegt die Bedeutung des

Scholemaster jedoch nicht nur in diesem Beitrag zur Entwicklung der englischen Kunstprosa, sondern auch in den kritischen Äußerungen zur englischen Nationalliteratur. Ascham wendet sich gegen die mittelalterlichen Romanzen und die Flut von Übersetzungen italienischer Novellen, polemisiert gegen den Reim und die akzentuierende Metrik volkssprachlicher Dichtungen und empfiehlt SOPHOKLES, im Gegensatz zum populären SENECA, als Vorbild für englische Tragödiendichter. M.Pf.

AUSGABEN: Ldn. 1570. – Ldn. 1711 [Rev. u. Anm. J. Upton]; ern. 1743. – Ldn. 1761 (in *The English Works*; Anm. J. Bennet). – Ldn. 1864 (in *The Whole Works*, Hg., Anm. u. rev. D. Giles, 3 Bde., 1864/65, 3; ern. NY 1965). – Cambridge 1904 in *English Works*, Hg. W. A. Wright; Cambridge English Classics). – Ithaca/N.Y. 1967, Hg. L. V. Ryan. – Amsterdam/NY 1968.

ÜBERSETZUNG: *Roger Ascham's Schulmeister*, J. Holzamer, Wien 1881 [m. Einl. u. Komm.].

LITERATUR: J. Wille, *Die Orthographie in R. A.s »Toxophilus« und »Scholemaster«*, Marburg 1889. – R. M. Strozier, *Theory and Structure in R. A.'s »The Schoolmaster«* (in NM, 74, 1973, S. 144–162).

JAKOB BEN ISAAK ASCHKENASI

* 1550 Janów / Polen
† 1628

ZENO URENO

(jidd.; *Gehet hinaus und schauet an* ...). Religiöses Unterweisungs- und Erbauungsbuch von Jakob ben Isaak ASCHKENASI, erschienen 1600 bzw. 1620. – Dieser *»tajtsch chumesch«* (»deutsche Pentateuch«), der bis zum Ende des 19. Jh.s zu den einflußreichsten und weitestverbreiteten Büchern in jiddischer Sprache zählte, gilt als sehr freie Bearbeitung der *Fünf Bücher Mosis* und anderer biblischer Erzählungen. Das Werk besteht aus agadischen Passagen (vgl. *Agada*), midraschischen Chroniken (vgl. *Midrasch*), exegetischen Kommentaren aller Art, schließt Elemente aus Mystik und *»Kabbala«* (vgl. *Kabbalistisches Schrifttum*) mit ein und kann, da es den biblischen Text überwiegend als Grundlage für Paraphrasen benutzt, als »judendeutscher Midrasch« zum *Pentateuch* betrachtet werden. Der Titel stammt aus dem *Hohenlied* (3, 11): *»Gehet hinaus und schauet an, ihr Töchter Zions, den König Salomo* ... «, und wendet sich an die (jiddisch sprechenden) »Töchter Zions« in Mittel- und Osteuropa, zu deren Lieblingsbuch das – entsprechend den Wochenabschnitten – am Sabbat zu lesende bzw. zu singende Werk wurde. Die erste bekannte Ausgabe wurde 1620 in Krakau gedruckt, doch spricht vieles dafür, daß das Werk bereits 1600 in Lublin erschien.

Mit bewundernswerter Geschicklichkeit hat der Autor die aus der ganzen jüdischen Literatur entlehnten Stoffe zu einem überzeugenden Ganzen verarbeitet, wobei auch mündliche Kommentare, Äußerungen zeitgenössischer Gelehrter, Parabeln, Allegorien, Legenden und Volksweisheiten Berücksichtigung fanden. Der Stoff ist nach keinem erkennbaren System geordnet, und der Aufbau der einzelnen Abschnitte folgt keiner strengen Methode. Auf die Übersetzung eines Bibelverses ins Jiddische folgt meist dessen Auslegung mit vielen Zitaten, wobei häufig die Morallehre den Anfang bildet und der Text mit einem Vers schließt. – Eröffnet wird die Sammlung mit dem Abschnitt *B'reschit* (*Genesis*, wörtlich: »Im Anfang ... «), und dieser beginnt mit Überlegungen, weshalb die *Thora* mit dem Buchstaben *b* anfängt: *»Do wert derzejlt worum di tojre hejßt sich on mit der ›b‹ un mit dem wort ›b'reschit‹.«* Der Abschnitt *Noah* wird eingeleitet mit einer Betrachtung über die drei Arten von *zadikim* (Plural von *zadik*, Gerechter, frommer Mann) und abgeschlossen mit einer Interpretation der im Bibelvers (Genesis 6, 9) auf Noah angewandten drei Epitheta: *» ... Noah war ein frommer Mann und ohne Tadel und führte ein göttliches Leben ... «* – Zielsetzung ist stets Erbauung und Unterweisung, die – Tugenden wie Güte, Erbarmen, Frömmigkeit u. a. illustrierend – sich auf das Vorbild jüdischer Heiliger, frommer jüdischer Männer und Frauen beruft.

Als eine Art Enzyklopädie des jüdischen Wissens jener Zeit ebenso wie als Geschichts- und Unterhaltungsbuch vermochte das Werk im religiösen und kulturellen Leben der jüdischen Frau, die im Vergleich zum Mann bildungsmäßig und bei der Glaubensausübung benachteiligt und überdies des Hebräischen nicht mächtig war, eine Lücke zu füllen. Sein einfacher, flüssiger Stil, seine poetische, bilderreiche Sprache und sein überaus vielseitiger Inhalt machten *Zeno ureno* für fast 300 Jahre zu einem Lieblingsbuch im jüdischen Haus und zu einem der wirksamsten Erzieher jüdischer Menschen. Schon in den ersten hundert Jahren nach seinem Erscheinen erreichte das Werk 20 Neuausgaben, die in weniger als dreieinhalb Jahrhunderten auf 300 Ausgaben anstiegen. O.F.B.

AUSGABEN: Lublin 1600. – Krakau 1620. – Prag 1663. – Sulzbach 1836 u. ö.

ÜBERSETZUNG: (Ausz.): *Die Zerstörung Jerusalems*, A. Eliasberg, Bln. 1921.

LITERATUR: M. Grünbaum, *Jüdischdeutsche Chrestomathie*, Lpzg. 1882, S. 192 f. – W. Staerk u. A. Leitzmann, *Die jüdisch-dt. Bibelübersetzungen von den Anfängen bis zum Ausgang des 18. Jh.s*, Ffm. 1923, S. 296–307. – K. Habersaat, *Die jüdisch-dt. Hohelied-Paraphrasen. Beitrag zu einer Canticum-Canticorem Bibliographie*, Bln. 1933, S. 7/8. – N. C.

Gore, *»Tzena U-Reenah« of J. ben I. A. A Jewish Commentary on the Book of Exodus*, NY 1965.

NIKOLAJ NIKOLAEVIČ ASEEV

* 9.7.1889 L'gov
† 16.7.1963 Moskau

LITERATUR ZUM AUTOR:
A. Selivanovskij, *N. A.* (in A. S., *Očerki po istorii russk. sov. lit.*, Moskau 1936). – A. Margolina, *o stichotvornoj sud'be N. A.* (in Oktjabr', 1940, H. 11). – B. M. Sarnov, *N. N. A.* (in *Ist. russk. sov. lit.*, Hg. Akad. Nauk, Bd. 2, Moskau 1960, S. 340–361). – A. S. Karpov, *N. A. Očerk tvorčestva*, Moskau 1969. – B. M. Cimerinov, *N. A. na Ukraine* (in Filolog. nauki, 1972, 6, S. 88–98). – V. I. Mil'kov, *N. A. Literturnyi portret*, Moskau 1973. – M. A. Bakina, *Slovotvorčestvo N. A.* (in Russkaja Reč', 1977, S. 40–45). – I. Shajtanov, *»Ja choču govorit' o rifme s čitatelem«: O technike sticha rannego A.* (in Voprosy Literatury, 1984, 1, S. 62–95).

LIRIČESKOE OTSTUPLENIE

(russ.; *Lyrische Abschweifung*). Poem in neun Teilen von Nikolaj ASEEV, erschienen 1924. – Aseevs in schwungvollen Versen (vierfüßigen Jamben bzw. dreifüßigen Anapästen) verfaßte *Lyrische Abschweifung* entstand in der NEP-Periode, d. h. zu einer Zeit, als sich nach dem Umbruch der Oktoberrevolution und den chaotischen Jahren des Bürgerkriegs die Verhältnisse in Rußland weitgehend normalisiert und die Fundamente der neuen Gesellschaftsordnung gefestigt hatten. Die in der Kampfzeit herrschende romantische Begeisterung für die sozialistische Revolution ist vorüber, und man beginnt, die Ideale aus den Jahren zuvor mit der gesellschaftlichen Wirklichkeit nach dem Umsturz zu vergleichen. *»Wo ist das Leben, wo der Wind des Jahrhunderts, der mein Auge versengt hat?«* fragt Aseev. – Die Hingabe an den Revolutionsgedanken ist der Enttäuschung über seine konkreten Ausdrucksformen gewichen. Nunmehr sind die Ziele des Sozialismus nicht mehr ideell geplante, sondern politische Faktoren der praktischen Wirklichkeit, und auch im nachrevolutionären Rußland muß die Ideologie zugunsten der Politik Zugeständnisse machen: *»Man muß schließlich irgendwie leben!«* Aseev vergleicht dieses Nachgeben mit dem Verhältnis zweier Liebender: So wie Liebe nur durch die Aufgabe der Selbständigkeit der Frau verwirklicht werden könne, könne gesellschaftliches Leben nur durch das Aufgehen der Idee im Handeln geschaffen werden. Ebenso wie die Geliebte dem Mann gerade durch ihre Hingabe fremd werden könne, könne auch das Ideal in seiner Realisation derart verwandelt werden, daß es schwerfällt, seinen früheren Inhalt wiederzuerkennen: *»Du siehst mich an, ohne mich zu verstehen. Du hörst mir zu und glaubst meinen Worten nicht«*, wirft der Dichter der Revolution vor. Die Beeinträchtigung und Verfälschung der Idee durch die politische Realität bleibt nun aber nicht ein bedauerlicher Widerspruch zweier außerhalb der menschlichen Sphäre stehender Tatsachen, sondern wird zu einem ganz persönlichen Problem, verlangt sie doch vom einzelnen die ständig wechselnde Entscheidung für eine der beiden Seiten, was in jedem nicht rein pragmatischen Denken zu einer fortwährenden Bewußtseinsspaltung führen muß, da die Ehrlichkeit des Gedankens mit der Zweckmäßigkeit des Handelns in Konflikt gerät. *»Wenn Du doch alles nur zur Hälfte tust, reiß Dich doch selbst entzwei«*, ruft Aseev seiner *»sogenannten Seele«* zu. Hier begegnet der gleiche Widerspruch zwischen der »gemachten Geschichte« und der gelebten Wirklichkeit, wie auch in Boris PASTERNAKs Roman *Doktor Živago*, einem Buch des Lebens gegen die Geschichte, in dem ebenfalls der Revolution Unehrlichkeit vorgeworfen wird. Bezeichnenderweise kommt diese Kritik jedoch in *Liričeskoe otstuplenie* nicht aus dem Munde eines erklärten Gegners der sozialistischen Gesellschaftsordnung, sondern aus den eigenen Reihen, weshalb man das Urteil des Autors keineswegs als Verdammung der sozialistischen Revolution mißverstehen darf. Aseev läßt keinen Zweifel daran, daß er seine Vorbehalte als Kritik nach innen – gewissermaßen *en famille* – verstanden wissen will: Nicht die Tatsache und das Ideal der Revolution werden angegriffen, sondern die gegenwärtigen Formen ihrer Verwirklichung. Die Revolution ist nicht falsch, sondern schal geworden. Kritik an den Fehlern aber bedeutet zugleich Vertrauen zur Sache. Nur jenseits des Vertrauens wird Kritik zur Feindschaft, der Kritiker zum Feind. Zwischen beiden Arten von Kritik gibt es keine Gemeinschaft. Deshalb hat sich auch der Leser des Gedichts zunächst wie vor einem mißtrauischen Wachposten als Freund der gemeinsamen Sache auszuweisen, ehe er in den inneren Bereich der Gleichgesinnten eingelassen wird, wo man erkennt, daß der Sieg nicht das Ende, sondern einen neuen Anfang bedeutet.

C.K.

AUSGABEN: Moskau/Leningrad 1924 (in Lef, Nr. 2). – Moskau 1963 (in *Sobr. soč.*, 5 Bde., 1963/64, 1). – Leningrad 1981 (in *Stichotvorenija i poèmy*).

POÈMA O BUDËNNYM

auch: *Budënnyj* (russ.; *Poem über Budënnyj*, auch: *Budënnyj*). Revolutionspoem von Nikolaj N. ASEEV, erschienen 1923. – Das kämpferisch-romantische Poem ist ein Hymnus auf den sowjetischen Reitergeneral Semën Michajlovič Budënnyj, einen der erfolgreichsten Feldherrn der Roten Armee in den Jahren des russischen Bürgerkriegs. Es beschreibt in fünf nach der Biographie des Helden geordneten Kapiteln die soziale Lage der russischen Bauernschaft in der halbfeudalen zaristischen Gesellschaft; die schwere Jugend Budënnyjs, der als Kind von seinem Vater, einem *kulak* (Großbauer), verdungen wird; das politische Heranreifen des Helden in der Wirklichkeit des Ersten Weltkriegs; die Anfänge der russischen Revolution unter der Bauernschaft; den Terror der Weißen; die erste militärische Operation des Generals, der mit einer kleinen, schlecht bewaffneten Schar die Exekution von Genossen durch die weiße Übermacht verhindert; die Entstehung der berühmten Reiterarmee Budënnyjs; das wechselnde Kriegsglück der Bürgerkriegsjahre, das oftmals nur durch das Eingreifen des Helden zugunsten der Roten Entschieden wird; schließlich die Auszeichnung des siegreichen Feldherrn mit dem Orden der Roten Fahne. Mit dem markanten, einprägsamen *Marš Budënnogo (Marsch Budënnyjs)* schließt das Poem.

Die fünf Kapitel des Werks gliedern sich ihrerseits in eine Reihe einzelner, fast ausschließlich strophischer Gedichte. Das Poem erinnert in dieser Gestalt an einen Zyklus epischer Gesänge, ein Vorbild, dem auch die Diktion des Werks zuweilen verpflichtet ist. Die Gedichte sind vorwiegend in regelmäßigen Vierzeilern gehalten. Ihr Versmaß variiert, bald mit Strenge durchgehalten, bald in ein bewegt akzentuiertes Sprechen übergehend. Reim wechselt mit unreinem Reim und Assonanz. Binnenreime stehen im Dienst der ausgeprägten rhythmischen Gliederung, deren Eigenwilligkeit das auffallendste formale Merkmal des Poems ist. Entstanden im Gründungsjahr der LEF-Gruppe (»Linke Front der Künste«), der Aseev angehörte, zeugt das Poem von der endgültigen Hinwendung des Autors zur bewußt politischen, klassenkämpferisch-revolutionären Agitationslyrik. C.K.

AUSGABEN: Moskau 1923 (in Krasnaja nov'). – Moskau 1963 (in *Sobr. soč.*, 5 Bde., 1963/64, 1).

POÈMA O DVADCATI ŠESTI BAKINSKICH KOMMISSARACH

auch: *Dvadcat' šest'* (russ.; *Poem von den sechsundzwanzig Kommissaren von Baku*, auch: *Die Sechsundzwanzig*). Poem von Nikolaj N. ASEEV, erschienen 1925. – In sechs in sich geschlossenen Sinnabschnitten behandelt das Poem, authentischer Ausdruck der revolutionären Romantik der beginnenden Sowjetliteratur, die Exekution von 26 sowjetischen Kommissaren im Zuge der Besetzung Bakus durch britische Interventionstruppen (1918), deren Ziel die Eroberung der südrussischen Erdölgebiete und die Vernichtung der jungen Sowjetmacht war. Der Haß der Verteidiger Bakus auf die imperialistischen Eindringlinge, ihre Verzweiflung über das Schicksal ihrer Führer bestimmen den gedrückten Ton des Poembeginns. In einer umfassenden Rückblende trägt der Hauptteil den Ablauf der historischen Ereignisse nach: den Verrat der Menschewiken und der Sozialrevolutionäre, die vergebliche Flucht der Kommissare, ihre unglückliche Landung in der von den Weißen besetzten Stadt Krasnovodsk, die Zusammenarbeit der russischen Konterrevolutionäre mit der ausländischen Intervention und die Erschießung der Kommissare auf britischen Befehl. Es folgt die emphatische Verurteilung der russischen Klassenfeinde und Kollaborateure und die drohende Verwarnung des britischen Mörders, daß die Revolution der britischen Arbeiterklasse seine Tat einst rächen werde. Mit einer hymnischen Apostrophe an die Ermordeten schließt das Poem.

Das Druckbild des Poems allein belegt die Verwandtschaft des Gedichts mit dem lyrischen Schaffen Vladimir MAJAKOVSKIJS. Es zeigt die gleiche, mitunter durch Binnenreime gestützte Brechung der Verszeile nach der logischen oder syntaktischen Gliederung der Aussage. Wechselnde Zeilenlänge, unreiner Reim und Assonanz, Ersatz des Versmaßes durch eine ausgeprägte, einfallsreiche Rhythmik und die konkrete, willensstarke Sprache des Poems sind weitere Zeugen des Einflusses. Das Poem ist der reife Ausdruck einer klassenbewußten Agitationslyrik, der sich Aseev als Kampfgefährte Majakovskijs vor allem seit seiner Mitgliedschaft (1923) in der LEF-Gruppe, der »Linken Front der Künste«, zugewandt hatte. C.K.

AUSGABEN: Moskau 1925 (in *Poėmy*). – Moskau 1959 (in *Stichotvorenija i poėmy*, 2 Bde., 2). – Moskau 1963 (in *Sobr. soč.*, 5 Bde., 1963/64, 1). – Leningrad 1967 (in *Stichotvorenija i poėmy*, Hg. A. Urban u. a.).

DRAGOMIR ASENOV

eig. Žak Nisim Melamed
* 15.5.1926 Ferdinand
† 19.6.1981 Sofia

LITERATUR ZUM AUTOR:
L. Tenev, *D. A.* (in Septemvri, 28, 1975, 9, S. 209–222). – Ju. Vučkov, *Dramaturgijata na D. A.* (in Teatår, 29, 1976, 5, S. 22–41). – Iv. Balabanov, *Vjarnost kåm såvremennata tema* (in Septemvri, 31, 1978, 2, S. 212–220). – V. Bojadžieva, *Neumoren biograf na dnite ni* (in V. B., *Letopis na bålgarskata drama*, Sofia 1980, S. 176–182). – K. Blisnakowa, *D. A.* (in *Literatur Bulgariens 1944–1980*, Hg. D. Witschew u. a., Berlin 1981, S. 456–468 u. 586–588). – Ju. Vučkov, *D. A.* (in Ju. V., *Bålgarska dramaturgija 1944–1979*, Sofia 1981, S. 346–396).

ROZI ZU D-R ŠOMOV

(bulg.; *Rosen für Dr. Šomov*). Schauspiel in drei Akten mit Prolog und Epilog von Dragomir Asenov, Uraufführung: Sofia, Dezember 1966, Theater der Jugend. – Asenov hat nicht nur mit einem umfangreichen Romanzyklus über die Zeit vor und nach dem Aufstand am 9. September 1944 die bulgarische Literatur der sechziger und siebziger Jahre bereichert, sondern auch mit zehn Bühnenwerken die Entwicklung des zeitgenössischen bulgarischen Dramas wesentlich beeinflußt. Seine Stücke, darunter *Rožden den*, 1964 *(Geburtstag)*, *Zlatnoto pokritie*, 1974 *(Golddeckung)* oder *Cenata*, 1980 *(Der Preis)*, ernteten viel Beifall, doch wurde *Rozi za d-r Šomov* zum größten und anhaltendsten Erfolg. Die Verarbeitung von Fragen der menschlichen Pflicht und Moral, die Darstellung von Personen im Alltag mit ihren Ansichten, ihren persönlichen und gesellschaftlichen Konflikten und ihren Lebensprinzipien interessierten den Zuschauer, regten zum Nachdenken an und verhalfen den Stücken zu beträchtlicher Popularität. »*Seine Stücke spiegeln nicht nur genau den Fluß des Lebens wider, in ihnen äußert sich zugleich das Bestreben, aufkommende sozial-psychologische Typen, die durch die neuen gesellschaftlichen Verhältnisse und Umstände entstanden sind, in ihrer Entwicklung zu sehen*« (K. Blisnakowa).

Genosse Momčilov, Chefredakteur einer Zeitung, möchte sich wie in früheren Jahren im Sanatorium einquartieren. Sein gewohntes hübsches Südzimmer ist jedoch von einer schwerkranken alten Frau belegt. Der opportunistische Chefarzt des Sanatoriums, Dr. Vezenkov, läßt das Zimmer kurzerhand für den herrischen, launischen Momčilov räumen. Dies empört den jungen, seinem Beruf hingegebenen Ordinationsarzt Dr. Šomov; zwischen beiden kommt es zu einer heftigen Auseinandersetzung, die Dr. Šomov mit seiner Kündigung beendet. Damit verliert er den aussichtsreichen Posten des Leiters der städtischen Poliklinik. Eine Änderung der Konfliktsituation bringt erst der unerwartete Besuch der Leiterin der Gesundheitsabteilung, Dr. Zenginova, und von General Černokožev. Der General möchte die alte kranke Frau besuchen, die ihm als tapfere Mutter zweier im Krieg gefallener Partisanen bekannt ist. Momčilov erklärt sich nun bereit, der alten Frau das Zimmer zu überlassen. In diese Handlung, die im Sanatorium und in der Wohnung von Dr. Šomov spielt und zeitlich nur einen Tag umfaßt, sind mehrere weitere Personen einbezogen, so die junge hübsche Krankenschwester Jankova, die Dr. Šomov verehrt und für diesen heimlich Rosen in die Vase stellt, Liljana, die eifersüchtige Ehefrau Dr. Šomovs, die jedoch den Schritt ihres Mannes voll unterstützt, oder der charakterlich weiche Dr. Marinov, der zwischen dem Chefarzt und Dr. Šomov steht.

Die unversöhnliche Haltung zweier verschiedener Menschen als das Hauptthema und die Konfliktlösung durch eine überraschende Wendung weisen Asenov als Dramatiker aus, der sich altbekannter Regeln bedient und traditionellen Formen beibehält. Die moralisch-didaktische Absicht des Stücks ist unverkennbar, doch wird diese durch die im Hintergrund erkennbare Ironie des Autors relativiert. Asenov erzielt die Wirkung seines Stücks mittels spritziger Handlungsführung und geschickter Dialoge, in die immer wieder Sprichwörter oder Wortspiele einfließen. D.Ku.

Ausgaben: Sofia 1967. – Sofia 1976 (in *Piesi*, S. 73–144).

Literatur: I. Drumeva, *Rozi za d-r Šomov* (in Literaturen front, 1, 29. 12. 1966).

JOHN L. ASHBERY

* 28.7.1927 Rochester / NY

DAS LYRISCHE WERK (amer.) von John Ashbery.

Mit seinen zwischen 1956 und 1987 erschienenen Gedichtbänden hat sich Ashbery einen Platz als führender Vertreter der amerikanischen Postmoderne im Bereich der Lyrik errungen. Zwar dominiert die Lyrik bereits durch schieres Volumen sein Werk, doch kann sie nicht von seinen sonstigen Veröffentlichungen getrennt betrachtet werden: Prosazitate im Gedicht, Gedichte in Prosa, dramatische Dialogizität sowie poetische Seh- und Darstellungsweisen, die von der Kenntnis zeitgenössischer bildender Kunst profitieren, formen seine Gedichte mit und stehen in engem Zusammenhang mit Ashberys zahlreichen kunstkritischen Essays, seinen Theaterstücken und seinen Versuchen in erzählender Prosa. In dieser Übergänglichkeit zwischen den literarischen Gattungen sowie zwischen der Literatur und der bildenden Kunst liegt ein wesentliches Kennzeichen der Lyrik John Ashberys. Querbeziehungen zur zeitgenössischen Musik treten hinzu und sind durch z. T. enge Kollaboration mit Musikern dokumentiert.

In den späten 1940er und frühen 1950er Jahren war Ashbery in New York Mitglied eines lockeren Zusammenschlusses junger akademisch vorgebildeter Lyriker – unter ihnen Frank O'Hara und Kenneth Koch –, die rückblickend als »New York School« bezeichnet werden. Obwohl mit dieser Etikettierung eine größere Nähe zur ebenfalls als »New York School« bekannten Gruppe von Malern des »abstrakten Expressionismus« um Jackson Pollock nahegelegt wird, handelte es sich bei den Lyrikern um eine eigenständige Formation von Künstlern einer jüngeren Generation. Allerdings lassen sich in der künstlerischen Methode rückblickend Gemeinsamkeiten entdecken, die sich zunächst in radikaler Experimentierfreude äußerten und Ashberys frühen Veröffentlichungen den Ruf gewollter Unverständlichkeit einbrachten. Ashberys erste Gedichtbände *Some Trees*, 1956 *(Einige*

Bäume), The Tennis Court Oath, 1957 *(Der Schwur im Ballhaus)* und *Rivers and Mountains*, 1966 *(Flüsse und Berge)* zeigen im Eklektizismus bei der Wahl des kollierten Sprachmaterials unterschiedlichster Provenienz – Fetzen der Sprache des Alltags, des Films, populärer *Comics* – die Neigung zur Verhinderung leserischer Sinnsuche. Wichtig an diesen ersten Versuchen bleibt jedoch die Tendenz, die Aufmerksamkeit des Lesers auf das verwendete Sprachmaterial selbst zu lenken. Es ist – wie die von Pollock verwendeten kommerziell verfertigten und überall erhältlichen Farbmischungen – Allgemeingut. Das Sprachmaterial zeigt die Spuren alltäglichen Ge- und Mißbrauchs und ist allgemein verfügbar. Es kann ungrammatisch, syntaktisch ungerichtet, ja in leerer Deixis lediglich gestisch sein. Ashberys Anspruch auf Originalität liegt nicht im Material begründet, sondern in seiner Verwendung in Neukombination und Rekombination. Er geht von der Prämisse aus, daß alles in Überfülle in der Welt vorhanden sei, so daß der Sprachkünstler sich nicht dem Problem gegenüber sieht, als Erfinder originell zu sein, sondern der Masse des Vorhandenen ihre Möglichkeiten abzulauschen und sie sprechend zu machen.

Das ist auch sein Weg, um die übermächtige Präsenz seiner poetischen Vorgänger zu bewältigen, zu denen bei ihm in den USA Walt WHITMAN (rhapsodische All-Inklusivität), Gertrude STEIN (syntaktische Experimente) und Wallace STEVENS (die Tendenz zum meditativen langen Gedicht, zur Multiperspektivität, zu Malerei und Musik), in Frankreich Raymond ROUSSEL (assoziative Semantik) zu zählen sind. Es geht Ashbery allerdings nicht darum, etwa als Dichter-Prophet in der romantischen Tradition, Aussagen in schwerwiegend-endgültiger und vollendet zitabler Form zu ziselieren. Er arbeitet mit Wörtern und zielt nicht auf die Prägung von Worten ab. Ashbery verzichtet daher in seinen Gedichtsammlungen auch auf formale Geschlossenheit des Gedichts. Der Leser wird mit einem Ausschnitt aus der alltäglichen und unüberhörbaren Kakophonie sprachlicher Äußerung konfrontiert. Ihm bleibt es überlassen, in diesem Sprachangebot Sinn selbst zu konstruieren. Der Autor bedient sich einer Strategie des gesteuerten Zufalls im Arrangement heterogenen Sprachmaterials im Gedicht. Hier zeigen sich – neben Parallelen zur zeitgenössischen Malerei – Affinitäten zur aleatorischen Kompositionsmethode des Dichter-Musikers John Cage. Beide wählen aus einem oder mehreren fremden Texten mit Hilfe eines dem chinesischen Weisheitsbuch *I Ging* oder der spielerischen Methode der »Sortes Virgilianae« entlehnten Verfahrens »vorgefertigte« Sprache aus. Wie der Titel des Bandes *The Tennis Court Oath* verrät – der auf den Pariser Ballhausschwur am Vorabend der Französischen Revolution anspielt –, ging es Ashbery zunächst um nichts weniger als eine Revolution in der amerikanischen Lyrik. Allerdings setzte er sich unvermeidlich Vorwürfen der Inkohärenz und Beliebigkeit aus (C. Molesworth), die ihn in den folgenden Bänden veranlaßten, die Radikalität seines frühen Vorgehens zugunsten der Hervorhebung anderer Verfahrensweisen abzumildern.

Beginnend mit dem 1970 erschienenen Band *The Double Dream of Spring (Der zweifache Traum vom Frühling)*, dessen Titel einem Gemälde von Giorgio De Chirico entlehnt ist, zeigt sich eine zunehmende Tendenz zum dominierenden Langgedicht, dem – nach dem Vorbild Wallace STEVENS' – eine Konstellation kürzerer Gedichte zugeordnet ist. Die Form des nicht-epischen und nicht-sequentiellen Langgedichts, die Ashbery für sich entwickelt, ist, was das verwendete Sprachmaterial betrifft, weiterhin so offen wie möglich; andererseits erlaubt der größere Umfang eine Polyphonie, die über Rekurrenzen bereits eingeführter Tonlagen und die Wiederaufnahme thematischer Aspekte im selben Gedicht zu verstärkter Sinnbildung führt. Erhalten bleibt jedoch die für Ashberys Texte typische Multiperspektivität: Wenngleich besonders in den langen Gedichten häufig mehrere Sprecher herauszuhören sind, so geht es nicht um Personae oder Protagonisten des Autors. Auffällig ist vielmehr eine Strategie der personalen Unbestimmtheit und der semantischen Indirektion, bei der verschiedene Stimmen hinter verwechselbaren Personalpronomina anonym bleiben. Es spricht nur die von den anonymen Sprechern *verwendete* (im Gegensatz zu einer kontinuierlich identifizierbaren *eigenen*) Sprache. Ashbery erzeugt sprachliche Texturen – er spricht von *tapestries* –, die sich in ihrer schillernd-schimmernden Multivalenz jedem Anspruch auf Funktionalität von Sprache verweigern. Es ist Sprache, die nicht repräsentiert und nicht differenziert, sondern spielerisch ein In-, Über- und Miteinander von multipler Personalität, Räumlichkeit und Zeitlichkeit erzeugt. »Orlando Furioso«, Ingres' »Angelica« und ein zeitgenössischer »Happy Hooligan« (glücklicher Rabauke) in seinem verrosteten Automobil erscheinen z. B. 1970 in *Soonest Mended (Um so leichter wird alles wieder gut)* gleichwertig nebeneinander.

In der Verweigerung jeglicher sprachlicher Privilegierung scheint Ashbery sich einer Poesie als »*republikanische Rede*« zu nähern, »*die ihr eigner Zweck ist, wo alle Teile freie Bürger sind und mitstimmen dürfen*« (Friedrich SCHLEGEL). Das lange programmatische Gedicht *A Wave (Eine Welle)* aus dem gleichnamigen Band (1984) gibt bereits im Titel die Eigenschaft eines Gedichtes von Ashbery zu erkennen, Sprache in Bewegung zu fassen, die Teil eines umfassenden Wiederholungsprozesses gleichwertiger Materialien ist. Zugleich vermag das Bild der Welle die zeitgenössische Situation des Dichters in der Kommunikationsgesellschaft zu kennzeichnen, in der jede Äußerung jederzeit und überall präsent und verfügbar ist. In diesem Umspültsein von vorgefertigten Schlagwörtern, von Slang, Phrasen, Wort- und Begriffshülsen bleibt dem Dichter (und uns), so Ashbery in *A Wave*, eine Strategie der »*de-definition*«. Per De-Definition entzieht Ashbery die Sprache ihren Prägungen und zielbestimmenden Kontexten und Kategorien und verschafft ihr fruchtbare Unordnung als neue imaginative Ordnung (Wallace STEVENS' Begriff von »order« wird hier wirksam) in unerwarteten neuen Fügungen disparater Elemente, die der zunehmend systemischen Welt und der allseits verbreiteten Anpassung an die in ihren Bedeutungsmöglichkeiten arm dimensionierte Computersprache ironisch entgegenwirken. In seinem 118seitigen Prosagedicht *Three Poems*, 1972 *(Drei Gedichte)* – namentlich in dem Canto *The System (Das System)* – setzt sich Ashbery mit diesem zeitgenössischen Problem auseinander. Lange parataktische Satzgliederungen erlauben es ihm in Lyrik und poetischer Prosa, durch immer neue Einschübe und durch Diffusion der Bezüge syntaktische Freiräume zu erzeugen, in denen Satzteile leicht neue Verbindungen miteinander eingehen und auch den Leser zu spielerisch-absichtslosen Verlesungen (und Verhörungen) zu bringen, da er die gewohnte Suche nach einer verbindlichen Aussage bald aufgeben wird. »*Alle Dinge scheinen sich selbst zu erwähnen*«, heißt es einmal in dem Gedicht *Grand Galop*, 1975 *(Großer Galopp)*, »*und die Namen, die von ihnen stammen, verzweigen sich zu anderen Hinweisen*«.

John Ashberys Lyrik hat deutlichen Spätzeitcharakter. Sie sucht nach Wegen der sprachlichen Entgrenzung, um damit der Überfülle des reglementierten immer Gleichen zu begegnen, in dem wir »*steif herumstehen und hilflos und mechanisch auf Weisungen warten, die nie eintreffen*« *(A Wave)*. Es ist daher kein Zufall, daß Ashberys Gedichte dem so diagnostizierten »*Seinsverlust*« (HEIDEGGER) in ihren Anlässen, Themen und Gegenständen mehrfach mit intertextuellem Rekurs auf die historische Parallelsituation zu Beginn des 16.Jh.s begegnen, die in der bildenden Kunst den Manierismus hervorbrachte. Titel und Titelgedicht des Bandes *Self-Portrait in a Convex Mirror*, 1975 *(Selbstporträt im konvexen Spiegel)* etwa sind dem Bild gleichen Namens des manieristischen Malers (Francesco Mazzola) Parmigianino (1503–1540) gewidmet. Die Beschreibung von Parmigianinos Methode (zitiert nach Giorgio VASARIS *Lebensgeschichten*) wird programmatisch Teil des langen Gedichts und der Ausgangspunkt für Ashberys eigene, manieristisch zu nennende, Perspektivveränderungen als Variationen und Entwicklungen dieses Themas. Wie dem italienischen Maler die Elemente seines Bildes, so gerät Ashberys Gedicht durch mehrfache Brechungen seines Sprachmaterials in Fluß. Es löst sich aus der festen Formererwartung, die an ein Genre gerichtet ist (dort Selbstbildnis, hier vermutete konfessionelle Lyrik), und erzwingt verfremdend und befremdend die Schärfung der am Gewohnten stumpf gewordenen Wahrnehmung. In diesem Sinne könnte auch Ashbery, mit einer Formulierung Gottfried BENNS, als »*Hersteller von Zerrbildern*« bezeichnet werden.

Mit dem 64seitigen Gedicht *Litany (Litanei)* aus dem Band *As We Know* (*Wie wir wissen*, 1979) rekurriert Ashbery in zwei parallel gedruckten Textkolumnen unbenannter Sprecher, die, wie es heißt, »*als simultane, aber voneinander unabhängige Monologe*« (vor-)gelesen werden sollen, auf die Entstehungszeit der musikalischen Polyphonie im 16. und 17.Jh. (Joachim Burmeister), die sich in Anlehnung an die semantische Mehrschichtigkeit in der Dichtungssprache entwickelte. Mithin geht es Ashbery, wie eine Leseanweisung aussagt, in seiner »Litanei« nicht um Responsorien, sondern um Gleichzeitigkeit, ganz als ob er an den Anfang einer Entwicklung zurückgehen möchte, um – hier zugunsten einer polyphonen sprachlichen Weiterentwicklung – in der Simultaneität des Sprechens phonetische Dimensionen zu entdecken, die die Lyrik ehemals der Musik preisgab und nun wiederentdeckt. In diesem Sinne bedeuten Ashberys spätzeitliche Sprachexperimente auf mehreren Versuchsfeldern die Suche nach einem Neuanfang der Lyrik durch ein Hinterfragen ihrer Stellung und ihrer Ausgangspunkte aus ihrem Verhältnis zu anderen Künsten. So gesehen mag sich John Ashbery, wie die Intertexte, diesmal aus dem Zeitalter der Entdeckungsreisen des 15. und 16.Jh.s, auch in dem 1987 erschienenen Band *April Galleons (Aprilgaleonen)* ausweisen, in der postmodernen Phase der Erschöpfung als Lyriker einer Epoche an der Schwelle neuer Entdeckung auch in der Lyrik verstanden wissen wollen. K.Ma.

AUSGABEN: *Some Trees*, New Haven 1956. – *The Tennis-Court Oath*, Middletown 1962. – *Rivers and Mountains*, NY 1966. – *The Double Dream of Spring*, NY 1970. – *Three Poems*, NY 1972. – *Self-Portrait in a Convex Mirror*, NY 1975. – *Houseboat Days*, NY 1977. – *As We Know*, NY 1979. – *Shadow Train*, NY 1981. – *A Wave*, NY 1984. – *Selected Poems*, Ldn. 1986. – *April Galleons*, NY 1987.

ÜBERSETZUNGEN: *Selbstporträt im konvexen Spiegel. Gedichte 1956–1977*, C. Cooper, J. Sartorius; Nachw. J. Sartorius, Mchn. 1980. – *Eine Welle. Gedichte 1979–1987*, J. Sartorius; Nachw. K. Martens, Mchn. 1988.

VERTONUNGEN: E. Salzmann, *Foxes and Hedgehogs; Verses and Cantos* (Aufführung 30. 11. 1967). – N. Rorem, *Some Trees; Three Poems for Three Voices*, NY 1970. – P. Reif, *White Roses*, ebd. 1971. – J. Dashow, *Ashbery Setting*, ebd. 1972. – E. Carter, *Syringa*, ebd. 1979.

LITERATUR: H. Bloom, *J. A.: The Charity of the Hard Moments* (in H. B., *Figures of Capable Imagination*, NY 1976). – C. Molesworth, »*This Leaving-Out Business*«: *The Poetry of J. A.* (in *Salmagundi*, 38/39, 1971). – D. Shapiro, *J. A.: An Introduction to the Poetry*, NY 1979. – *Beyond Amazement. New Essays on J. A.*, Hg. D. Lehman, Ithaca/N.Y. 1980. – K. Martens, *Language as Heuristic Process: The Ulysses Motif in Stevens and A.* (in *Poetic Knowledge. Circumference and Centre*, Hg. J. Hagenbüchle u. T. J. Swann, Bonn 1980). – A. Poulin Jr., *The Experience of Experience: A Conversation with John*

Ashbery (in Michigan Quarterly Review, 20, 1981). – R. Stamelman, *Critical Reflections: Poetry and Art Criticism in A.'s ›Self-Portrait in a Convex Mirror‹* (in New Literary History, 3, 1984). – K. Martens, *»Does it emerge? Or do we enter in?« Aspekte des Verhältnisses von Musik und neuester amerikanischer Lyrik im »HörSpiel«* (in Tagungsberichte des Anglistentages, Bd. 7, Hg. B. Carstensen, H. Grabes, Gießen 1985). – *J. A.*, Hg. H. Bloom, NY 1985.

SYLVIA ASHTON-WARNER

* 1908 Stratford / Neuseeland
† 28.4.1984

LITERATUR ZUR AUTORIN:
Autobiographie:
S. A.-W., *I Passed This Way*, NY 1979.
Gesamtdarstellungen und Studien:
J. Stevens, *The New Zealand Novel, 1860–1965*, Wellington ³1966, S. 103 f., S. 142 f. – G. Wilkkes u. J. C. Reid, *The Literature of Australia and New Zealand*, University Park, Pa. ²1972. – Ch. Hankin, *New Zealand Women Novelists: Their Attitudes toward Life in a Developing Society* (in World Literature Written in English, 14, 1975, S. 144–167). – C. Durix, *Portrait of an Artist as a Woman* (in WLWE, 19, 1980, H. 1, S. 104). – S. Edgar, *S. A.-W.* (in Quadrant, 26, 1982, 6/178, S. 58–61). – J. u. Joh. Jones, *New Zealand Fiction*, Boston 1983 (TWAS 643). – J. Shallcrass, *In Memoriam S. A.-W.* (in Landfall 151, Sept. 1984, S. 342–344). – C. Durix, *Literary Autobiographical Literature: The Work of S. A.-W.* (in Ariel, 18, 1987, H. 2, S. 3).

SPINSTER

(engl.: Ü: *Quelle meiner Einsamkeit*). Roman von Sylvia ASHTON-WARNER (Neuseeland), erschienen 1958. – Von der englischen und amerikanischen Kritik beifällig aufgenommen und Leistungen Katherine MANSFIELDS an die Seite gestellt, ist *Spinster* das markanteste Erzählwerk der ehemaligen Lehrerin Ashton-Warner, deren reiche berufliche Erfahrung und fortschrittliches pädagogisches Denken (in dem Buch *Teacher*, 1963, beschreibt sie ihr »Creative Teaching Scheme«, das die süßlichen ABC-Fibeln durch ein System individuell erlebter »Schlüsselwörter« ersetzt) im Verein mit ihrer kraftvollen Phantasie diesem Erstlingsroman dokumentarische Echtheit und literarische Originalität verleihen. Das Buch lebt von der bei aller Skurrilität glaubhaften Gestalt Anna Vorontosovs, der »alten Jungfer« des Titels, einer methodisch denkbar unorthodoxen, aber schöpferischen und hingebungsvollen Lehrerin in einer abgelegenen neuseeländischen Grundschule. Gequält von der Furcht, menschlich und fachlich zu versagen, investiert sie ihre brachliegende Leidenschaftlichkeit in eine ebenso aufreibende wie beglückende »Liebesgeschichte mit siebzig Kindern« – vorwiegend vier- bis sechsjährigen Maoris. Wo der in der Ichform erzählte Roman mehr sein will als der Spiegel von Annas intuitivem Verständnis für den schmerzhaften Prozeß jugendlichen Erwachsens, als die bewegte Chronik ihres inneren Erlebens, sinkt er unweigerlich ab – ins Konventionelle (Annas kollegiale Beziehung zum väterlichen Rektor der Schule; ihre geheime Übereinstimmung mit dem Schulinspektor, der für ihren künstlerisch inspirierten Kampf gegen schulmeisterliche Mittelmäßigkeit Verständnis aufbringt, ihrer der Klassendisziplin nicht erträglichen Fortschrittlichkeit aber die erhoffte offizielle Anerkennung versagen muß), ja ins Künstliche und Melodramatische (Anna begegnet der eigenartigen Werbung des auffallend schönen Lehramtskandidaten Paul, der ein Maorimädchen verführt, mit mehr Mütterlichkeit als Erotik und kann den Unsteten nicht aus seiner Isolation befreien, die ihn schließlich zum Selbstmord treibt). Neben der vitalen, mit poetischem Realismus gezeichneten Titelheldin und ihren unbändigen, nicht zuletzt durch phonetische Wiedergabe ihrer Ausdrucksweise lebensecht charakterisierten Schützlingen wirken die anderen Figuren blaß.

Spinster – der Titel, wörtl. »Alte Jungfer«, ist mit polemischer Ironie geladen – ist ein illusionsloses, aber begeistertes Loblied auf die menschliche Liebes- und Kontaktfähigkeit; Annas erfolgreiche Suche nach dem Schlüssel zur Seele ihrer Schüler wird zum Sinnbild erfüllter, Schranken niederreißender Kommunikation. Dieser thematische Beziehungsreichtum erleidet durch den banalen Schluß (Anna reist der Schattengestalt des fernen Geliebten entgegen) einen ernsthaften Bruch. Sprachlich und kompositorisch von der hypersensitiven Persönlichkeit der Ich-Erzählerin bestimmt, vermag der Roman als impressionistisch bildreiches Seelentagebuch zu fesseln (auch wenn der rhapsodisch überhitzte Bewußtseinsstrom-Stil etwas ermüdend wirkt). Als weniger geglückt erweist sich Ashton-Warners Versuch, leitmotivische Querverbindungen und strukturelle Symmetrien zu schaffen; dem Roman fehlt die seiner gehaltlichen Intensität angemessene Straffung. Die dichterische Belebung der schulischen Realsphäre und der Reiz der impulsiven Hauptgestalt lassen den Leser diese Schwächen jedoch vergessen. J.H.T.

AUSGABEN: Ldn. 1958. – NY 1958; ern. 1959. – NY 1961. – Auckland 1970; ern. 1980. – Touchstone 1985.

ÜBERSETZUNG: *Quelle meiner Einsamkeit*, I. Krämer, Hbg. 1961.

VERFILMUNG: *Two Loves*, USA 1960 (Regie: Ch. Walters).

LITERATUR: Anon., Rez. (in Times Literary Supplement, 14. 3. 1958, S. 137). – D. H. Monroe, »*Spinster*« (in Landfall, 47, 1958, S. 280–282). – Anon., Rez. (in Saturday Review, 14. 3. 1959, S. 24). – Anon., Rez. (in The New York Times, 29. 3. 1959, S. 5). – L. S. Mitchell, *In the Beginning There Is a Key Word* (in Saturday Review, 5. 10. 1963). – B. Pearson, *The Maori and Literature 1938-1965* (in *The Maori People in the Nineteen Sixties: a Symposion*, Hg. E. Schwimmer, Ldn./NY 1968, S. 217–256). – D. McEldowney, *S. A. W.: A Problem of Grounding* (in Landfall, 23, 1969, S. 230–245). – J. Reid, *The Woman Problem in Some Australian and New Zealand Novels* (in Southern Review. An Australian journal of Literary Studies, 7, 1974, S. 187–204). – C. Durix, *The Maori in S. A.-W.s Fiction* (in Literary Half-Yearly, 20, 1979, S. 13). – C. K. Stead, *S. A.-W.: Living on the Grand* (in C. K. S., *In the Glass Case: Essays on New Zealand Literature*, Auckland 1981, S. 51-66). – H. C. White, *Autobiography and Art in the Writings of Katherine Mansfield, Robin Hyde, S. A.-W. and Janet Frame* (in *Women's Studies Conference Papers*, Hg. H. Haines, Auckland 1981, S. 81–86). – G. Wilce, *Impressions of Impenetrability* (in TLS 27. 2. 1981, S. 234). – L. Jones, *The One Story, Two Ways of Telling, Three Perspectives* (in Ariel, 16, 1985, H. 4, S. 127–150).

ʿĀŠİQ PAŠA

d.i. ʿAlī ben Muḫlis
* 1272
† 1332/33

LITERATUR ZUM AUTOR:
A. Gölpınarlı, *A. P. 'nın şiirleri* (in Türkiyat Mecmuası, 5, 1936, S. 87–101). – A. S. Levend, *A. P. 'nın bilinmeyen iki mesnevisi* (in Türk Dili Araştırmaları Yıllığı Belleten, 1953, S. 205–253). – Ders., *A. P. 'nın bilinmeyen iki mesnevisi daha: Hikâye ve Kimya risalesi*, ebd., 1954, S. 265–276. – E. Jemma, *Il Faqrnāme 'Libro della Povertà' di ʾA. P.* (in Rivista degli studi orientali, 29, 1954, S. 219–245). – S. Buluç, *Elvan Çelebi'nin Menāqıb-nāmesi* (in Türkiyat Mecmuası, 19, 1980, S. 1–6). – A. Y. Ocak, *Babailer isyanı*, Istanbul 1980, pass. – Elvan Çelebi, *Menakıbu 'l-Kudsiyye-i Menāsıbi 'l-Ünsiyye*, Hg. I. E. Erünsal u. A. Y. Ocak, Istanbul 1984, pass. – *Büyük Türk Klâsikleri*, 1, Istanbul 1985, S. 299–301.

ĠARĪBNĀME

(osm.-türk.; *Buch des Seltsamen* oder *Buch der Raritäten*). Mystisch-didaktische Dichtung von ʿĀšiq Paša, 1329 vollendet, noch nicht im Druck erschienen. – Der Autor (der Urgroßvater des Historikers ʿĀŠİQPAŠAZĀDE) entstammte einer bekannten Familie Anatoliens; er beherrschte nicht nur die dort üblichen Bildungssprachen Arabisch und Persisch, sondern auch Armenisch und Hebräisch. Das *Ġarībnāme*, der Form nach ein *mesnevi* mit nahezu 12 000 Versen, ist in verhältnismäßig reinem Türkisch geschrieben. Voran geht eine persische Prosaeinleitung. Sie beginnt mit der Erschaffung der Welt, darauf folgen das Bekenntnis zum Monotheismus und ein Gebet, anschließend wird von den wichtigsten Propheten und Kalifen berichtet. Das Werk selbst ist in zehn Kapitel (*bāb*) gegliedert, von denen jedes wiederum in zehn kleinere Abschnitte *(destān)* von unterschiedlicher Länge unterteilt ist. Ihre Themen richten sich nach der Ordnungszahl des betreffenden Kapitels: so handelt etwa Kapitel 1 vom Begriff der Einheit bzw. Einzigkeit (Gott), Kapitel 2 von Begriffspaaren wie Diesseits–Jenseits, Engel–Teufel, Himmel–Erde, Kapitel 4 von den Elementen, Kapitel 7 von den sieben Planeten usw.

Das umfangreiche Werk weist nur geringe Spuren von spezifisch türkischer Überlieferung und Volksdichtung auf. So findet man z. B. in Kapitel 1 ein Motiv aus dem *Oġuz dāstāni* wieder: auf dem Sterbebett gibt ein Vater jedem seiner dreißig Söhne einen Pfeil in die Hand und zeigt ihnen, wie zerbrechlich diese Pfeile einzeln, wie stark sie dagegen als Bündel, also vereint, sind. In seiner Gesamtkonzeption ist das *Ġarībnāme* jedoch ganz vom Islam bzw. dessen mystischer Richtung bestimmt. Obgleich im Text der Name *Ġarībnāme* wiederholt vorkommt, spricht der osmanische Gelehrte KĀTIB ČELEBI im 17. Jh. nur beiläufig von einem *Maʿārifnāme (Buch der Gelehrsamkeit)*, ein Zeichen dafür, daß der Ruhm des Werkes damals schon verblaßt war. Mit Sicherheit steht das *Ġarībnāme* unter dem Einfluß des *Maṯnawī-ye maʿnawī* von Ġalāl oʾd-Dīn RUMI, wirkt aber im Vergleich zu dieser großen persischen Dichtung trocken und allzu lehrhaft. Während andererseits das *Maṯnawī* chaotisch und ungeordnet erscheint, zeigt das *Ġarībnāme* eine geradezu geometrische Konstruktion.

Das Anatolien des 14. Jh.s war erfüllt von der großen politisch-religiösen Auseinandersetzung zwischen Sunniten und Schiiten. Sie veranlaßte den sunnitischen Mystiker ʿĀšiq Paša, sein Werk in türkischer Sprache zu schreiben, um damit weitere Kreise der Bevölkerung zu erreichen und für seinen Standpunkt einzunehmen. Das *Ġarībnāme* wurde bald über die Grenzen Anatoliens hinaus bekannt, so z. B. in Ägypten, wo im Auftrag der Mamelukenherrscher schöne Abschriften entstanden. Einzelne Verse sind in den *Mevlid* des SÜLEYMĀN ČELEBI übernommen worden.

Das *Ġarībnāme* spielt eine wichtige Rolle in der türkischen Literaturgeschichte. Den neueren Vertretern einer eigenständigen, rein türkischen Dichtung gelang es, das Türkische aus der verachteten Stellung einer Umgangssprache in den Rang einer dem Arabischen und Persischen gleichwertigen Litera-

tursprache erhoben, gilt 'Āšiq Paša als ehrwürdiger Vorläufer.
B.At.

LITERATUR: J. v. Hammer-Purgstall, *Geschichte der osmanischen Dichtkunst bis auf unsere Zeit*, Bd. 1, Pest 1836, S. 54 –62. – E. J. W. Gibb, *A History of Ottoman Poetry*, Bd. 1, Ldn. 1900, S. 176 ff. – Bursalı Mehmed Tāhir, *Osmanlı mü'ellifleri*, Bd. 1, Istanbul 1333 [1914], S. 109–111. – C. Brockelmann, *Altosmanische Studien*, I. *Die Sprache 'Ā. P.s und Ahmedis* (in ZDMG, 73, 1919, S. 1–29). – Hıfzı Tevfık (Gönensay), Hamâmizade İhsan und Hasan Alî (Yücel), *Türk edebiyatı nümuneleri*, Bd. 2, Istanbul 1926, S. 171–180. – O. Rescher, *Taşköprüzádes »Eš-Šaqá'iq en-No'mánijje«*, Istanbul 1927. – F. Babinger, *'Ā. P.s »Gharîb-náme«* (in MSOS, Westasiatische Abt., 31, 1928, S. 91–97). – S. N. Ergun, *Türk Şairleri*, Bd. 1, Istanbul 1936, S. 129–144. – Ḥāǧǧī Ḥalīfa [d. i. Kātib Čelebi], *Kešf-el-zunun*, Hg. Şerefeddin Yaltkaya und Kilisli Rif'at Bilge, Istanbul 1941 bis 1947. – İ A. Gövsa, *Türk Meşhurları Ansiklopedisi*, Istanbul o. J. [um 1947]. – E. Rossi, *Studi su manoscritti del »Garîbnāme« di 'Ā. P. nelle biblioteche d'Italia* (in Rivista degli Studi Orientali, 24, 1949, S. 108–119). – M. F. Köprülü, Art. *'Āşık Paşa* (in *İslâm Ansiklopedisi*, Bd. 1, Istanbul 1950, S. 701–706). – F. Taeschner, *Die osmanische Literatur* (in HO, 5/1, S. 250–335). – Fahir İz, Art. *'Āshik Pasha* (in EoI, 1, S. 698/699). – W. Björkman, *Die altosmanische Literatur* (in PhTF, 2, S. 403–426). – A. Alparslan, *'Ā. P. 'da tasavvuf* (in Türk Dili ve Edebiyatı Dergisi, 12, 1962, S. 143–156). – M. Kaplan, *'Ā. P. ve birlik fikri* (in M. K., *Türk edebiyatı üzerinde araştırmalar*, 1, Istanbul 1976, S. 177–189; ern. in Türkiyat Mecmuası, 18, 1973–75 [1976], S. 149–160). – V. S. Garbuzova, *Ašyk-paša i stanovlenie tureckogo literaturnogo jazyka* (in Srednevekovy Vostok: Istorija, kul'tura, istočnikovedenie, Moskau 1980, S. 73–80). – M. Mengi, *Garîb-náme'de alplık geleneğiyle ilgili bilgiler* (in Belleten, 48, 1984 [1985], S. 191 f. u. 481–496).

UPENDRANĀTH AŚK

anglisiert Ashk

* 14.12.1910 Jallandhar (anglisiert Jullundur) / Indien

LITERATUR ZUM AUTOR:
Kauśalyā Aśk, *Aśk: ek rangīn vyaktitva*, Ilāhābād 1961. – Upendranāth Aśk, *Cehare anek*, vols. 1–4, Ilāhābād 1977 ff.

GIRTĪ DĪVĀRE̦

(hindi; *Fallende Wände*). Entwicklungsroman von Upendranāth AŚK, erschienen 1947. – Der Titel des Romans, erster Teil der *Cetan Tetralogy*, soll den Zusammenbruch der Hoffnungen symbolisieren, die ein junger Inder aus dem Panjab in seine Zukunft setzte. Das Buch ist zugleich ein Ausdruck der Reaktion auf die optimistischen Lehren GĀNDHĪs und die von diesem beeinflußte Literatur.

Der Held der Handlung, Cetan, stammt aus einer kleinbürgerlichen Familie und absolviert ein schlechtes Provinz-College. Seine Hoffnung, als Journalist ein erfolgreiches Leben führen zu können, scheitert in der muffigen Enge der Redaktionsstuben einer Urdu-Tageszeitung. Seine schriftstellerische Begabung beutet ein Arzt aus, für den Cetan Bücher schreibt, die nicht unter seinem eigenen Namen erscheinen dürfen. Desillusionierend sind Cetans Erfahrungen mit den Führern der Kongreß-Partei, und seine Träume von der beglückenden Kraft der Musik und der Dichtkunst erweisen sich ebenfalls als falsch und leer. Anfangs glaubt er noch, daß die Liebe zu seiner Schwägerin sein Leben in ein Meer des Glücks verwandelt hätte. Aber die niederdrückenden Erfahrungen mit seiner Frau und die Ehen seiner Verwandten und Freunde lassen ihn erkennen, daß auch das Glück der Liebe nur eine Illusion ist. Seine große Lebensenergie hindert den Helden zwar daran, wie sein Vater oder Bruder in Trunk und Spiel der freudlosen Realität zu entfliehen. Dafür enthüllt sich seine Jagd nach dem Lebensglück als ein immer rastloseres, verzweifelteres Bemühen mit immer ungeeigneteren Mitteln. Seine Anstrengungen enden in vollkommener Hoffnungslosigkeit: die beschränkten Verhältnisse unter den kleinbürgerlichen, größtenteils analphabetischen Hindus, ihre zum Aberglauben abgesunkene Religion und ihre starren Sitten, die erbarmungswürdige Armut und die erpresserischen Praktiken des Frühkapitalismus ersticken das Lebensglück des einzelnen.

Die Handlung fügt sich aus siebzig Einzelszenen zusammen; einige von ihnen stellen mit großer Ausdruckskraft das Leben der Hindus im Panjab (vor der Teilung Indiens) dar. Schon aus diesem Grunde ist das Buch als Dokument einer nicht mehr bestehenden Kulturlandschaft bemerkenswert. Trotz seiner pessimistischen Grundtendenz entbehrt der Roman nicht des Humors und der Ironie, vor allem in der Zeichnung des Helden.

Für den indischen Leser erhält das Werk durch seine zahlreichen eingestreuten Lieder und Gedichte in Hindi und Panjābī einen besonderen Reiz: der Stimmungsgehalt vieler typischer Situationen kulminiert in beliebten lyrischen Ausdrucksformen.

P.G.

AUSGABEN: Allahabad 1947. – Allahabad 1951. – Allahabad 1957. – Allahabad 1967. – Allahabad 1983.

ÜBERSETZUNG: (russ.) *Padajuščie steny*, R. Barannikova u. P. Barannikov, Moskau 1961.

LITERATUR: P. Gaeffke, *Hindi-Romane in der ersten Hälfte des 20.Jh.s*, Leiden 1967, S. 112 ff. – K. C. Gupta, *Upanyāskār Upendranāth Ask*, Jaypur 1978. – P. Gaeffke, *Hindi literature in the twentieth century*, Wiesbaden 1978, p. 56 ff. – Ahibaran Singh, *Ask kā kathā sāhitya*, Dillī 1973.

LUDVÍK AŠKENAZY

* 24.2.1921 Český Těšín

LITERATUR ZUM AUTOR:
J. Vohryzek, *Reportér a povídkář L. A.* (in Květen, 1, 1955, Nr. 3, S. 92-93). – J. Kunc, *Slovník českých spisovatelů beletristů 1945–1956*, Prag 1957, S. 12–16. – *Slovník českých spisovatelů*, Prag 1964, S. 10–11. – V. Smitka, *L. A.* (in Studie a úvahy, 3, 1965). – J. Dvořák, *Princip tvorby L. A.* (in Impuls, 2, 1967). – *Slovník českých spisovatelů*, Toronto 1982, S. 15–17.

DĚTSKÉ ETUDY

(tschech.; *Ü: Der Spatz auf der Schallplatte. Kinderetüden*). Erzählungssammlung von Ludvík AŠKENAZY, erschienen 1955. – Die berühmt gewordenen Kinderetüden Aškenázys sind als Gespräche des Vaters mit seinem Sohn, dem etwa fünfjährigen »Menschlein« angelegt, von denen ein jedes behutsam mit einer moralischen Nutzanwendung pointiert ist. Das Kind stellt Fragen, der Vater antwortet, oder er nimmt seinen Sohn an der Hand und macht ihn – wie etwa in der Erzählung *Wie wir das Glück suchen gingen* – selbst mit den für ihn immer wieder staunenswerten Dingen des Lebens bekannt. Hierbei kommt es zu vielen lustigen, komischen, aber auch nachdenklich stimmenden Begebenheiten, so wenn das Kind aus Angst vor dem gehaßten Hund der Milchfrau ihn schmeichelnd den »schönsten Hund in der ganzen Straße« nennt und auf die Frage seines Vaters, warum es denn heuchle, antwortet: »*Aber Papa ... er hätte mich doch sonst nicht in den Laden gelassen.*« Mit schalkhaftem Witz überrascht das Phantasiestück »*Der Spatz auf der Schallplatte*«: das »Menschlein« versucht, einem hilflosen Spatzen den gebrochenen Flügel zu heilen, doch will nichts helfen. Erst als der Junge den Rat des Doktors von der Poliklinik, dem Vogel Musik vorzuspielen, befolgt, erholt sich der Spatz, und bald findet er es äußerst lustig, auf der Rachmaninov-Schallplatte Karussell zu fahren. So wird er gesund und schweigt »*eines schönen Frühlingstages*« wieder in die Welt.

Mit seinen originellen Miniaturen poetischer Erzählkunst – insgesamt enthält der Band fünf kleine »Präludien« und achtundzwanzig »Etüden« – erweckt Aškenázy ein Genre zu neuem Leben, das in der tschechischen Literatur schon seit Karel ČAPEK und Jaroslav HAŠEK Tradition hat, von der Nachkriegsliteratur bis zu Aškenázys *Dětské etudy* aber nicht übernommen wurde: die »Causerie« in Form zierlicher, sprachlich ausgefeilter und diskret moralisierender Erzählungen über scheinbar belanglose Alltagserlebnisse, in denen jedoch unvermutet jenes Körnchen Wahrheit aufglänzt, das in den monumentalen Erzählwerken des Sozialistischen Realismus nur allzuoft verschüttet wird: daß der Mensch, obwohl Teil eines gesellschaftlichen Kollektivs, ein Individuum mit einem ganz eigenen, unaustauschbaren Lebensschicksal ist. H.Ga.

AUSGABEN: Prag 1955. – Prag 1960.

ÜBERSETZUNGEN: *Wie wir das Glück suchen gingen*, E. Glaserová, Bln. 1957. – *Der Spatz auf der Schallplatte. Kinderetüden*, dies., Bln. 1961 [m. Nachw.].

VERFILMUNGEN: *Hry a sny*, ČSSR 1958 (Regie: M. Vošmik) – *Host*, ČSSR 1961 (Regie: O. Vávra).

LITERATUR: J. Hájek, *Za velikostí ›malých‹ věcí života* (in Nový život, 1955, 9, S. 987/988). – M. Jungmann, *Člověček mezi námi* (in Literární noviny, 4, 1955, 20, S. 6). – J. Vohryzek, *Reportér a povídkář L. A.* (in Květen, 1, 1955, 3, S. 92/93). – Z. Vyhlídalová, »*Dětské etudy*« (in Host do domu, 2, 1955, 6, S. 269). – J. Hrbas, *Hry a sny* (in Kino, 14, 1959, Nr. 10, S. 156–157).

HOST

(tschech.; *Ü: Der Gast*). Schauspiel in drei Akten von Ludvík AŠKENAZY, Uraufführung: Ostrau, 29. 2. 1960. – Aškenazy hatte sich bereits als Hörspiel- und Drehbuchautor einen Namen gemacht, als er mit seinem ursprünglich *Noční host* oder *Host v noci (Nächtlicher Gast)* genannten dramatischen Erstlingswerk hervortrat, das er nach der Premiere erneut umarbeitete, wobei auch Titel und Personennamen geändert wurden.

An einem Aprilabend des Jahres 1960 betritt ein behäbiger Herr – der Glasfabrikant Walther Huppert aus Westdeutschland – ein Dorfwirtshaus in der Nähe Prags, wo bei dem nervösen, jungen Wirt Kalous der »Opa« Palivec sitzt. Huppert, der wegen einer Motorpanne an seinem Mercedes einen Mechaniker sucht, kommt mit den beiden ins Gespräch; er erzählt, daß sein »*seliger Vater*« in Gablonz (jetzt Jablonec) eine Fabrik besessen und er selbst sich nach dem Krieg in Deutschland eine neue Fabrik aufgebaut habe. Kalous ist als Junge zwei Jahre im KZ gewesen und von dort körperlich und seelisch gebrochen heimgekehrt. Palivec, ein alter Bolschewik, hat am Spanischen Bürgerkrieg

als »Interbrigadist« teilgenommen. Er verschmäht es, aus seinen Verdiensten Kapital zu schlagen, ist einfacher Arbeiter in einem Steinbruch und hat für Bourgeois aus der sozialistischen Welt so wenig übrig wie für solche aus der kapitalistischen: *»Wo du hinschaust, lauter Spießbürger, Genosse hin, Genosse her, aber wehe, wenn du ihnen 'nen Fünfer vom Gehalt abziehst – gleich ist's aus mit dem Klassenkampf.«* Huppert strotzt vor Überheblichkeit und Arroganz gegenüber den »Volksdemokraten«. Als ihm schließlich Kalous, den er an einen brutalen SS-Offizier aus dem Lager erinnert, vom KZ erzählt, erwidert Huppert: *»Ein KZ hat noch keinen die Nerven gekostet. Ja, ich sage noch mehr: Für ein fähiges Individuum war das Lager ein Sanatorium. Starke Charaktere ... wurden dort gestählt ... und so mancher Schwächling ist stark geworden.«* In aufwallendem Zorn gibt Kalous einen Schuß aus seinem Revolver auf Huppert ab. – Im nächsten Akt tritt die siebzehnjährige Jana auf, die mit Huppert durchgebrannt ist, weil sie mit seinem Auto prahlen will, während dieser sich eine genußreiche Nacht mit ihr versprochen hat. Sie gibt allerlei altkluge Ansichten zum besten, kommt aber schließlich zu der Einsicht, töricht und leichtsinnig gehandelt zu haben, und zeigt Sympathie für den des Mordes verdächtigen Kalous. Der unverletzt gebliebene Huppert tritt herablassend dafür ein, daß Kalous ungestraft davonkommen soll. Trotzdem, und obwohl er seine Tat bereut, wird dieser verhaftet, denn, wie der Volkspolizist sagt: *»Bei uns darf man nicht so mir nichts, dir nichts auf Menschen schießen.«*
Das Stück zeichnet sich durch witzige Dialoge und packende Gegenüberstellung zweier Weltanschauungen und dreier Generationen aus. Aškenazy gelingt es, durch das Tragische das Groteske, durch das Komische Unheimlich-Hintergründiges durchscheinen zu lassen. Wenngleich er der Gefahr der Schwarzweißmalerei nicht entgangen ist, hat er mit *Host* eines der besten modernen tschechischen Dramen geschrieben. H.Ga.

AUSGABEN: Prag 1960. – Prag ²1960 [rev. Fassg.; Nachw. Z. Hedvábný].

ÜBERSETZUNG: *Der Gast*, J. Koplowitz, Bln. 1962 [Nachw. Z. Hedvábný].

VERFILMUNG: *Noční host*, ČSSR 1961.

LITERATUR: V. Běhounek, Rez. (in Práce, 18. 10. 1960, S. 4). – V. Gabriel, Rez. (in Kultura, 1960, 9, S. 4). – V. Kudelka, Rez. (in Host do domu, 1960, 4, S. 179/180). – S. Machonio, Rez. (in Literární noviny, 9, 1960, Nr. 50, S. 6). – M. Lukeš, *Jeden problém tří »Hostů«* (in Divadlo, 12, 1961, Nr. 1, S. 15–22). – L. Grossová, *Tvář Nočního hosta* (in Kino, 16, 1961, Nr. 8, S. 120–121). – V. Vondra, *A. »Host« na plátně* (in Práce, 28. 9. 1961, S. 5). – M. Knebelová, Rez. (in Moskva–Praha, 1962, 8, S. 503–505).

ASKLEPIADES AUS SAMOS

um 330-260 v.Chr.

DAS LYRISCHE WERK (griech.) des ASKLEPIADES aus Samos.
Asklepiades, den THEOKRIT in seinen *Eidyllia* (7,40) neben PHILETAS als ein kaum zu übertreffendes Vorbild rühmt, ist unter allen hellenistischen Poeten wohl die stärkste und individuellste Begabung: Obwohl von ihm nur etwa vierzig Epigramme überliefert sind, muß man ihn als einen reinblütigen Lyriker von hochempfindsamer Natur betrachten (das Altertum benannte ein ausgesprochen lyrisches Versmaß nach ihm). Der gebürtige Samier, der enge Beziehung zu Alexandria und zum koischen Dichterzyklus pflegte, zeichnet sich nicht nur wegen der eigenwilligen Kraft seiner Gedichte als geniale Persönlichkeit aus, sondern nimmt gleichzeitig auch einen bedeutenden Platz in der geschichtlichen Entwicklung der poetischen Formen und Stoffe ein: Die Loslösung des Epigramms von seinem ursprünglichen, an die Inschrift gebundenen Zweck – von seinem Zeitgenossen LEONIDAS aus Tarent erst angebahnt – ist bei ihm schon voll ausgeprägt. Daneben gewinnt er dem Epigramm motivisch eine Sphäre hinzu, die in altgriechischer Zeit entweder der Lyrik eigen war – der Bereich der Liebe – oder der späteren, mit dem Epigramm metrisch identischen Elegie zugehörte: das Symposion (SAPPHO, ALKAIOS, THEOGNIS leben in neuer Umgebung wieder auf). Sein hoher Rang aber liegt letztlich darin, daß er als einziger Dichter zwischen der archaischen Lyrik der Griechen und dem Römer CATULL das poetische Wort als Ausdrucksinstrument seiner persönlichen Emotionen erklingen zu lassen versucht: *»Zweiundzwanzig kaum zähl ich, und müde schon bin ich des Lebens. / Sagt, Eroten, was soll's? Warum versengt ihr mich so?«* (*Anthologia Palatina* 12,46). *»Asklepiades, trink! Wozu deine Tränen? Was fehlt dir? / Meinst du, dich hätte allein Kypris so grausam gepackt? / Meinst du, es wetzte für dich alleine der bittere Eros / seine Pfeile? Warum liegst du – noch lebend – im Staub? / Komm, wir greifen zum Becher! Wir trinken! Kurz ist der Abend ...«* (12,50).
Ganz anders als etwa Leonidas hat Asklepiades der lyrischen Darstellung seiner empfindsamen Themen – ob er nun von sich selbst spricht oder sich in seinen Gedichten in andere versetzt, die er reden läßt – den Reiz harmonischer Übereinstimmung von Gedanken und Gestaltung mitgegeben. Inhalt und Sprachebene leben stets in der gleichen Dimension; der einfachen Gefühlssituation entspricht die einfach-lebendige, spontan-natürliche Formulierung, die das Vulgäre ebenso zu meiden weiß wie das Barock-Überzeichnete. Die Stärke dieser kleinen Kunstwerke beruht vor allem auf einer disziplinierten Verhaltenheit, die zeigt, nicht nennt, was der Dichter meint: Andeutung, mittelbare, umschreibende Schilderung, Ausdruck statt

Aussage – das ist des Meisters Metier. Könnte man die fiebrige Erwartung, das forsche Drängen und die heimlichen Zweifel, die Scheu und die bange Siegesgewißheit, das Schwanken zwischen Skepsis und Hoffnung vollkommener und sparsamer zugleich wiedergeben, als es in dem hastigen Auftrag an den Diener geschieht? *»Geh zum Markt mal hinüber! Demetrios! Kauf bei Amyntas / drei Glaukisken und zehn schimmernde Meeräschen ein. / Nimm auch Heuschreckenkrebse, die krummen, zwei Dutzend – gib Obacht, / daß er sie vorzählt! – und komm gleich dann mit allem zurück. / Laß bei Thauborios noch sechs Rosenkränze dir geben, / ja – und – so im vorbei – lad auch die Tryphera ein.«* (Anthologia Palatina 5,185).
E.Sch.

AUSGABEN: Oxford 1941 (in *A. of Samos*, Hg. W. M. Wallace; griech.-engl.). – Mchn. 1957/1958 (in *Anthologia Graeca*, Hg. H. Beckby, Bd. 1–4, griech.-dt.).

LITERATUR: O. Knauer, *Die Epigramme des A. von Samos*, Diss. Tübingen 1935. – *Anthologia Graeca*, Hg. H. Beckby, Bd. 1, Mchn. 1957, S. 31 ff. – B. Lavagnini, *Profili alessandrini* (in Cultura e Scuola, 74, 1980, S. 51–56). – H. White, *New Essays in Hellenistic Poetry*, Amsterdam 1985, S. 127–129.

ADAM ASNYK

* 11.9.1838 Kalisz
† 2.8.1897 Krakau

DAS LYRISCHE WERK (poln.) von Adam Asnyk.
Der Autor galt als der bedeutendste polnische Lyriker seiner Zeit, sein Werk als das »europäischste«, am wenigsten in der politischen Problematik seines dreigeteilten Landes befangene. Tatsächlich behaupten sich seine Gedichte bis heute in Anthologien der polnischen Literatur, indes seine Dramen in Vergessenheit gerieten. Die zumeist in Zeitschriften veröffentlichten Gedichte wurden vom Dichter in vier Sammelbänden mit dem gleichlautenden Titel *Poezje (Dichtungen)* in den Jahren 1869, 1872, 1880 und 1894 unter dem Pseudonym »El...y« herausgegeben. Die Bände sind nicht als zyklische Werke konzipiert, sondern gruppieren die Gedichte nach Themen oder Genres unter teilweise sich wiederholenden Titeln. Zugleich entsprechen sie – entwicklungsgeschichtlich gesehen – der Abfolge einzelner Schaffensperioden des Dichters, wobei die Zäsur zwischen dem zweiten und dritten Band besonders prägnant ist.

Asnyk debütierte als Dichter, als das Scheitern des Aufstandes von 1863 einen Schlußstrich unter die polnische Romantik und ihre politischen Aspirationen gesetzt hatte. Als Mitglied einer kurzlebigen Revolutionsregierung mußte er seine Heimat, das russisch beherrschte Kongreßpolen, für immer verlassen. Erste, in Italien geschriebene Gedichte stehen noch ganz im Zeichen der Romantik und des Aufstands, selbst wenn sie die Begegnung mit Italien und der Antike widerspiegeln. Die weltanschauliche Krise dieser Zeit, die Aporie der historischen Theodizee, oszilliert noch ganz romantisch zwischen Bekenntnissen zur geschichtlichen Vorsehung und blasphemischem Hadern mit dieser. Die Haltung des Dichters gegenüber der Romantik ist ambivalent: in der Höllenvision *Sen grobów*, 1865 *(Traum der Gräber)* wird das große Vorbild Juliusz SŁOWACKI zugleich verdammt, verherrlicht und nachgeahmt.

Als sich Asnyk jedoch in Galizien, dem polnischen Teilgebiet mit der relativ größten Autonomie, niedergelassen hatte, wurde er zum feurigen Verteidiger der Romantik und ihrer revolutionären Ideale gegen deren einhellige Verdammung von rechts wie links, durch die Krakauer Historische Schule wie durch den Warschauer Positivismus (Epilog zu *Sen grobów*, 1867). Obwohl er die realpolitischen Konzepte der beiden vorherrschenden Geistesströmungen in flammenden Pamphleten angriff, fand der erste Band der *Poezje* (1869) breite Zustimmung. Neben der Auseinandersetzung mit dem polnischen Problem enthält er auch leichtere Lyrik, volksliedhafte Strophen im Stil der zweiten polnischen Romantikergeneration und Liebesgedichte im HEINE-Ton.

In dem kurz darauf folgenden zweiten Band der *Poezje* (1872) entschieden sich Asnyks Zweifel um die historische Theodizee durch die Rückkehr »zu Füßen des Kreuzes« *(Pod stopy krzyża*, 1869), zum mit-leidenden und Auferstehung verheißenden Gott des Christentums. In programmatischen Gedichten setzt er sich mit dem Verhältnis zwischen Dichter und Publikum auseinander. Satirische Klagen über das oberflächliche Massenpublikum wechseln mit ernsten Abrechnungen mit seinem Jahrhundert *(XIX wiekowi*, 1872 – *Dem 19. Jahrhundert)*, das die metaphysische Sehnsucht des Menschen ungestillt läßt. Huldigungsgedichte an Künstler wie die Schauspielerin Helena Modrzejewska (1871) oder den Schriftsteller Józef Ignacy KRASZEWSKI (1871) postulieren ein geradezu priesterliches Künstlertum, das Selbstopfer in der Mittlerfunktion zwischen Ideal und Wirklichkeit. Mit seinem Bekenntnis zum »Ideal« trat Asnyk dem Positivismus entgegen, strebte aber ähnlich wie dessen Anhänger den Aufbau eines eigenständigen polnischen Kulturbewußtseins als Ersatz für die verlorene nationale Existenz an. Das bedeutete aber Streben nach Massenwirkung, Eingehen auf den Publikumsgeschmack trotz aller Abneigung gegen diesen. So publizierte er viele Gedichte in den auflagestarken Familien- und Frauenzeitschriften Kongreßpolens, die aus Zensurgründen im damaligen Kulturleben eine wichtige Rolle spielten. Hier konnte er in den volkstümlich-idyllischen Blumen-Gedichten des Zyklus *Kwiaty (Blumen)* seine Apologie des Aufstands von 1863 ebenso zensurgerecht verschlüsseln wie in den liedhaften Gedichten »nach volkstümlichen Motiven« (*Z motywów ludowych*). Ein Tribut an den im Heine- und MUSSET-Kult verharrenden Zeitgeschmack sind die Liebesgedichte der ersten beiden Bände, bittersüße Früchte eines jahrelangen Werbens um ein viel jüngeres Mädchen. Gerade die einfachen Liedstrophen dieser Zeit wurden zu Vorlagen für Vertonungen und Übersetzungen und später in zahlreiche Anthologien aufgenommen, z. B. *Między nami nic nie było*, 1870 (*Zwischen uns ist nichts gewesen*), *Siwy konik*, 1870 (*Graues Pferdchen*), *Bez granic*, 1871 (*Ohne Grenzen*). Mit der begeisterten Aufnahme auch des zweiten Bandes der *Poezje* durch Kritik und Öffentlichkeit endet die Zeit der Breitenwirkung von Asnyks Dichtung. Um die Mitte der siebziger Jahre verstummte er als Lyriker nahezu. Schwere persönliche Erlebnisse dieser Zeit – der Tod der Gattin nach einem Ehejahr, die Trennung von seinem Kind – gingen kaum in die Dichtungen ein. Sie förderten vielmehr eine Tendenz zur Abstrahierung. Im dritten Band der *Poezje* (1880) zeichnet sich dann eine Wende ab, am deutlichsten im Zyklus der Gebirgsgedichte *W Tatrach (In der Tatra)*. Ein Dankgedicht des passionierten Bergsteigers Asnyk an seinen Bergführer Maciej Sieczka, 1879 (*Maciejowi Sieczce*) ist zugleich ein literarisches und philosophisches Programmgedicht: der Blick des Bergbewohners auf die Natur, distanziert und vertraut zugleich, ist von romantischer Phantastik wie von klassizistischer Künstlichkeit gleich weit entfernt; gleichzeitig bedeutet die Lebensgeste des Bergsteigers eine Absage an den zeitgenössischen Realismus, ein Streben nach oben, nach einem über und hinter der Wirklichkeit stehenden Ideal. Asnyk schildert die Gebirgslandschaft zwar durchaus realistisch, aber zugleich erscheint sie bewegt, belebt, fast anthropomorph überhöht, als Erscheinungsform der Weltseele. Ein synkretistischer Pantheismus spricht auch aus mythologischen Gedichten, etwa aus *Chór Oceanid*, 1876 (*Chor der Ozeaniden*). Neben diesen neuen Tönen enthält auch der dritte Band Beispiele jener Lieddichtung, in der Asnyk es zu hoher Meisterschaft gebracht hat, sowie Satiren auf Krakauer Konservatismus und Warschauer Positivismus.

In den achtziger Jahren, einer Zeit reger politischer und publizistischer Tätigkeit als Abgeordneter der demokratischen Mitte, schrieb Asnyk das Hauptstück des letzten, 1894 erschienenen Bandes der *Poezje*, eine Art Summe seines Denkens; den Zyklus von dreißig Sonetten, *Nad głębiami (Über den Tiefen)*. Zwar bleibt der Ausgangspunkt einer durchaus nachkantischen erkenntnistheoretischen Grenzziehung spürbar, doch ruft der Dichter, entgegen dem Zeitgeist, zum »*Wachen über den Tiefen*« auf, zum Innehalten vor dem Geheimnis des Seins. Der Wahlspruch »*vorwärts und aufwärts*« verbindet Positivismus und Romantik, Realismus und Idealismus. Aus der Verflochtenheit alles Seienden und der unauflöslichen Verbindung mit dem Quell des Seins leitet sich das ethische und politische Postulat der Solidarität her, aus dem Gesetz des ewigen Wandels – die politische Hoffnung auf eine Auferstehung Polens. Asnyk nähert sich mit dieser Gedankenlyrik der indischen Philosophie, steht damit aber eher in der Nachfolge SCHELLINGS und RÜCKERTS (den er übersetzt hat) als SCHOPENHAUERS und NIETZSCHES. Die Veröffentlichung des vierten Gedichtbandes fiel bereits in die Zeit des aufsteigenden Krakauer Modernismus und des Kults dieser beiden Denker. So knüpfte Kazimierz TETMAJER mit seiner Tatra-Dichtung zwar thematisch und formal an Asnyk an, wandte sich aber programmatisch gegen dessen Objektivismus und Optimismus. Näher als der naturalistisch-dekadente Krakauer Modernismus stand Asnyk der von Parnassismus und Symbolismus ausgehende Warschauer Modernismus: dort sollte seine formstrenge Lyrik weiterwirken. Der Katastrophismus des Fin-de-siècle war Asnyk im übrigen nicht fremd: Untergangsvisionen der letzten Lebensjahre sagen Umsturz und Weltkrieg, den »*Gott des blinden Willens, Chaos-Gott, Atom-Gott*« voraus (*Wśród przełomu*, 1894 – *Im Umbruch*).

Asnyks Verdienst ist es, in einer programmatisch poesiefeindlichen Zeit die Tradition hoher Verskunst und den Anspruch auf den Eigenwert der Kunst aufrechterhalten zu haben. Sein Werk ist nicht nur als Zeitdokument, als Spiegel des polnischen Geisteslebens vom Scheitern des romantischen Messianismus über den positivistischen Fortschrittsglauben bis zur Apokalyptik der Jahrhundertwende von Bedeutung. Mit seiner Spannung zwischen Formpflege und unpoetischer Sprache beeindruckt insbesondere das Spätwerk auch den heutigen Leser. Trotzdem wird Asnyk in unserer Zeit von der Literaturwissenschaft kaum beachtet. J.Ł.W.

AUSGABEN: *Poezje*, Lemberg 1869. – Dass., 4 Bde., Krakau/Lemberg 1872–1894. – *Wybór poezji*, Hg. u. Vorw. E. Kucharski, Krakau 1924. – *Pisma po raz pierwszy razem zebrane*, Hg. H. Schipper, 2 Bde., Warschau 1938/39. – *Poezje wybrane*, Krakau 1957, ²1960 [Nachw. I. Chrzanowski]. – *Wybór poezji*, Warschau 1961, ³1966. – *Wiersze wybrane*, Hg. u. Vorw. J. Z. Jakubowski, Warschau 1973. – *Poezje*, Hg. u. Vorw. S. Lichański, Warschau 1975. – *Poezje wybrane*, Hg. u. Vorw. P. Hertz, Warschau 1978.

ÜBERSETZUNG: Ausgewählte Gedichte, W. Gumplowicz, Wien 1887.

LITERATUR: A. Nofer, *A. A.* (in *Obraz literatury polskiej. Literatura polska w okresie realizmu i naturalizmu*, Bd. 1, Warschau 1965, S. 165–187). – J. Krzyżanowski, *A. A. poeta czasów niepoetyckich* (in *W Kręgu wielkich realistów*, Krakau 1962). – M. Szypowska, *A. znany i nieznany*, Warschau 1971. – M. Kabata, *Myśl filozoficzna XIX w. w poezji A. A.* (in Poezja, 1975, H. 7/8, S. 140–148).

ASPAZIJA

d.i. Elza Rozenberga-Pliekšāne
* 16.3.1855 Zaļenieki
† 5.6.1943 Riga

LITERATUR ZUR AUTORIN:
K. Kundziņš (in *Latviešu teatra repertuars*, 1955). – F. Cielēns, *Rainis un Aspazija*, Västerås 1955. – *Latviešu literaturas vēsture*, Bd. 3. Riga 1956, S. 291–323. – *Raiņa un Aspazijas gadagrāmata. 1967–80*, Västerås 1966–79. – E. Blesse, *Dichterin der Tat, des freien menschlichen Geistes und der Vaterlandsliebe* (in Commentationes Balticae X/XI, 2, Bonn 1964, S. 75–124). – S. Viese, *Aspazija*, Riga 1975. – A. B. Stahnke, *Aspazija: Her Life and Her Drama*, Lanham/New York/London 1984. – J. Rudzītis, *Raksti*, Västerås 1977, S. 63–81, S. 251–253.

ASPAZIJA

(lett.; *Aspasia*). Schauspiel von ASPAZIJA, erschienen 1923, Uraufführung: Riga, 1. 9. 1923, Nationaltheater. – Der Titel des Schauspiels wie auch das Pseudonym der Autorin lassen erkennen, welche Aufgabe sich die mit dem lettischen Lyriker, Dramatiker und späteren Minister für das Bildungswesen, Janis RAINIS, verheiratete Frau in ihrer Zeit gestellt hat: die Emanzipation der Frau. Ihr historisches Schauspiel, Bekenntnis, Aufruf und Protest, soll der Spiegel sein, in dem sich die Gegenwart abbildet: das Leben der Frauen, deren Wirkungsbereich auf das Haus beschränkt ist, denen eine intellektuelle Tätigkeit, sei es eine wissenschaftliche, eine kulturelle, eine politische, verwehrt bleibt und die selbst bei den Gesprächen der Männer zu schweigen haben. Ihnen gegenübergestellt ist die gebildete, von jeglicher geistigen Bevormundung freie Aspazija, die die gleiche Bildung, die gleiche Freiheit für alle Frauen erstrebt. Und doch sind es gerade die Frauen selbst, die sich ihr entgegenstellen und am alten Zustand festhalten – während aufgeklärte Männer sich zu Aspazija bekennen. So endet denn auch das Stück mit dem Aufruf der Autorin Aspazija, den sie den Philosophen Sokrates sprechen läßt: der Mann muß »*den Gedanken in Frauengestalt kleiden und der Frau die Kraft verleihen – zu denken*«.
Die historische Vorlage – Aspasias Ankunft in Athen, ihre Vorrangstellung in den gebildeten Kreisen der Stadt, ihre Heirat mit Perikles, der Prozeß gegen sie wegen Gottlosigkeit und Verkupplung freier Frauen, der Freispruch dank der Verteidigungsrede des Perikles – bot so viel dramatischen Stoff, daß das Stück nicht zu einem bloßen Thesenschauspiel mißraten konnte. Und wenn die Autorin auch als Politikerin spricht, so ist doch ihre Sprache immer die einer formstrengen Dichterin. A.Schm.

AUSGABEN: Riga 1923. – Riga 1931–1940 (in *Mana dzīve un darbi*, 6 Bde.). – Riga 1959 (in *Izlase*).

SIDRABA ŠĶIDRAUTS

(lett.; *Der silberne Schleier*). Schauspiel von ASPAZIJA, Uraufführung: Riga, 27. 1. 1905, Neues Theater. – Dem Drama liegt (wie bereits der Tragödie *Vaidelote*, 1892) ein mythologischer Stoff zugrunde. Der Heldin Guna, einer Schöpfung der Dichterin, haben die Götter einen silbernen Schleier verliehen, der ihr die Kraft gibt, alles zu sehen, »*was vergangen ist und was in der Zukunft geschehen wird*«, und »*das auszusprechen, was unausgesprochen in jeder Brust schlummert*«. Von weit her kommen unglückliche und bedrängte Menschen zu ihrer Waldhütte, denn Guna ist »*eine Schwester aller Erniedrigten*«; jeder erhält von ihr Trost und Rat. Guna ist eine Verkünderin der Wahrheit. Als solche ist sie jedoch dem despotischen König Targals nicht genehm, und er lädt sie, um sie sich dienstbar zu machen, auf sein Schloß, damit sie vor dem versammelten Volk die Ursache für das im Land herrschende Verderben nenne. Targals verlangt von ihr, sie solle, als Vertreterin der Götter, seine Untertanen wegen ihres Ungehorsams zurechtweisen; Guna indessen eröffnet ihnen, daß die blutige Herrschaft Targals' die Ursache allen Unglücks sei. Zur Strafe will sie der König verbrennen lassen, aber die Liebe des Prinzen Normunds rettet sie vor dem Tod. Durch diese irdische Liebe wird jedoch dem Schleier, von dem bereits ein Stück abgerissen ist, seine wunderbare Kraft genommen. Als der Prinz Guna verläßt, um die gegnerische Königin, die »Eisenjungfrau«, zu heiraten, erhält Guna anstelle ihres silbernen Schleiers den roten, der die Rache symbolisiert, und mit diesem vernichtet sie den ganzen Hofstaat, den Prinzen und sich selbst: Auf der Hochzeit des Prinzen mit der »Eisenjungfrau« ist ihre Stunde gekommen: sie verschließt das Tor des Schlosses, ihr Schleier setzt alles in Flammen, und niemand kann entfliehen. Doch ist für die Menschen nicht alle Hoffnung begraben, denn vor ihrem Ende hat Guna das kleine abgerissene Stück des silbernen Schleiers ihrer Gespielin Dzirkstīte (»Fünkchen«) übergeben, die das Erbe Gunas antritt.
Das Schauspiel steht in der Tradition der pseudomythologischen und pseudohistorischen literarischen Texte (vgl. PUMPURS; RAINIS), in denen die Vergangenheit Lettlands in heroischer Verklärung dargestellt wird. Durch die literarische Technik des Symbolismus gewinnen solche Texte bei Aspazija und RAINIS zusätzliche Dimensionen, so daß sie auch auf verschiedenen anderen Ebenen interpretiert werden können. Am Vorabend der Revolution von 1905 uraufgeführt, lag eine zeitgeschichtlich politische Interpretation nahe. Man sah in der Rache Gunas ein Symbol für die herbeigesehnte ei-

gene Befreiung von der russischen Herrschaft und faßte das Schauspiel als eine Aufforderung zur Revolution auf. Das Stück ist fast durchgängig in fünffüßigen Jamben geschrieben. So ist es noch weitgehend der europäischen Klassik (SCHILLER, BYRON, LERMONTOV) sowie dem russischen Symbolismus verpflichtet. M.Ka.

AUSGABEN: Riga 1904. – Riga 1910. – Riga 1920–1923 (in *Kopoti raksti*, 10 Bde.). – Waverly/Iowa 1963 (in *Aspazijas drāma*). – Riga 1968 (in *Lugas*, 2 Bde.). – Riga 1986 (in *Kopoti raksti*, 6 Bde.).

ÜBERSETZUNG: *The Silver Veil*, A. B. Stahnke (in A. B. St., *Aspazija: Her Life and Her Drama*. Lanham/New York/London 1984).

ŠAMS O'D-DIN MOḤAMMAD 'AṢṢĀR

* in Täbris
† 1383 Täbris

MEHR O MOŠTARI

(iran.-npers.; *Sonne und Jupiter*). Maṯnawi (Dichtung in Doppelversen aus paarweise reimenden Halbversen) von Šams o'd-Din Moḥammad 'Aṣṣār, entstanden 1377. – Das aus 5120 Doppelversen bestehende Werk, eine episch-mystische Dichtung allegorischen Charakters, berichtet über die platonische Liebe zweier Jünglinge, die erst im gemeinsamen Tod das Glück finden, für immer vereint zu sein. Zu Beginn beteuert der Autor, daß seine Geschichte frei von jeder Begierde sei; denn er schildere »*eine Liebe, frei von jedem Makel, / Eine Liebe, bar jeglicher Sinneslust*«.
Die Jugendfreundschaft zwischen dem Prinzen Mehr, Sohn des Šāpuršāh, und dem Ministersohn Moštari wird durch die Eifersucht Bahrāms (Mars) gestört, der die beiden Knaben bei ihrem Lehrer verleumdet und den König veranlaßt, sie voneinander zu trennen. Ein heimlicher Briefwechsel zwischen den beiden Freunden, in dem sie sich gegenseitig ihr Leid klagen, gibt Anlaß zu weiterem Ärgernis: Der König verurteilt Moštari zum Tod, ordnet dann aber seine Verbannung an. Auf der Suche nach dem verschollenen Geliebten besteht Prinz Mehr zahlreiche Abenteuer. Als er ihn endlich findet, tritt wiederum der Widersacher Bahrām zwischen sie und stürzt beide ins Meer; aber es gelingt ihnen, sich zu retten. Auf der weiteren Flucht vor dem gemeinsamen Feind gelangen sie nach dem Land Ḫwārazm, in dessen Prinzessin, Nāhid (Venus) genannt, sich Mehr verliebt. Aber auch der Kaiser von China wirbt um die Prinzessin, die ihn jedoch verschmäht. Als zwischen den beiden Ländern ein Krieg ausbricht, beteiligen sich auch Mehr und Moštari. Der gemeinsame Tod der beiden Freunde und der Braut besiegelt das tragische Schicksal der jungen Menschen, die – treu dem mystischen Prinzip – keine Opfer gescheut haben, um des Glücks der Vereinigung teilhaftig zu werden, das von den Sufis als Symbol der Liebe zu Gott gewertet wird.
Packende Schilderungen von Jagd- und Kampfszenen sowie prachtvolle Naturbeschreibungen, in die Lieder auf den Frühling und Herbst eingeflochten sind, beleben die Darstellung. Diese Lieder ebenso wie Hymnen an die Sonne, an das Bild des Geliebten und an den Ostwind unterstreichen den lyrischen Charakter der Dichtung. B.A.

AUSGABE: Bln. 1939 (C. B. S. Peiper, *Commentationis de libro persico Mihr o Mushtari*).

ÜBERSETZUNG: [Ausz.]: in J. v. Hammer, *Geschichte der schönen Redekünste Persiens*, Wien 1818, S. 254.

LITERATUR: H. L. Fleischer, *Vermischtes* (in ZDMG, 15, 1861, S. 389 ff.). – Z. Safa, Art. *'Assār Tabrīzī* (in EIr, 2, S. 803).

THOMAS ASSELIJN

* um 1620 Dieppe
† Juli 1701 Amsterdam

LITERATUR ZUM AUTOR:
J. A. Worp, *Th. A.* (in Tijdschrift voor Nederlandsche Taal- en Letterkunde, 4, 1884, S. 45–100; 5, 1885, S. 62–65). – W. Zuidema, *Th. A.* (ebd., 22, 1903, S. 124 ff.). – A. Bredius, *Th. A.* (in Oud Holland, 8, 1910). – H. W. Meihuisen, *Th. A.* (in Algemeen Doopsgezind Weekblad v. 29. 1., 5. 2. u. 26. 2. 1956). – G. Brom, *Schilderkunst en litteratuur in de 16e en 17e eeuw*, Antwerpen 1957.

JAN KLAAZ OF GEWAANDE DIENSTMAAGT

(ndl.; *Jan Klaaz oder Das vermeintliche Dienstmädchen*). Lustspiel in fünf Akten von Thōmas ASSELIJN, erschienen 1682. – Asselijns vielgespieltes, aber auch umstrittenes Erstlingswerk im komischen Fach – dem gingen etliche konflikt- und sensationsreiche historische Trauerspiele voran, die allerdings ohne Wirkung blieben – ist eine Typenkomödie auf satirisch-gesellschaftskritischer Grundlage. Die Fabel ist recht unkompliziert und entspricht durchaus dem etwas derben Komödiengeschmack spätbarocker »Kluchten«. Der Titelheld, ein nicht sehr moralischer Mennonit, wirbt um

Saartje, die einzige Tochter des Amsterdamer Maklers Jan Jaspersen. Die biederen Eltern durchschauen den Freier, verweigern ihre Zustimmung und wollen Saartje, die Jan Klaaz ebenfalls zugetan ist, mit dem Quäker Reynier Adriaensz verheiraten, den das Mädchen jedoch abweist. Um die Eltern zu übertölpeln, spinnen Jan Klaaz und Saartje im Einvernehmen mit der Dienstbotenvermittlerin Martijntje ihre Intrige. Er verdingt sich bei Saartjes Familie als Dienstmädchen und bekommt auch prompt den Auftrag, Saartjes Jungfräulichkeit zu beschützen. Daß man den Bock zum Gärtner gemacht hat, merken die betrogenen Eltern erst, als sie vor vollendeten Tatsachen stehen und nur noch ihre Einwilligung zur Hochzeit der beiden geben können.

Diese harmlose Possenfabel hat insofern eine sehr aggressive Tendenz, als sie ausschließlich im Milieu der Collegianten (Anhänger pietistischer Freikirchen) spielt und diese samt und sonders der Lächerlichkeit preisgibt. Daneben ist den Quäkern, Mennoniten und Baptisten (die der Autor alle über einen Kamm schert) generell Hinterhältigkeit und Scheinheiligkeit unterstellt: Jan Klaaz stellt für Asselijn keine Ausnahme dar, sondern einen Typ. So nimmt es nicht wunder, daß die Amsterdamer Stadtväter »*die pasquillantische Klucht*« – übrigens als erstes Lustspiel in der niederländischen Geschichte – zeitweise verboten. Die Charaktere sind allzu unmittelbar und lebensecht geformt, als daß sie ohne reale Pendants hätten geschaffen werden können. Vor allem die weiblichen Personen – die betriebsam-einfältige Mutter Dieuwertje, die treudumme Magd Lijntje, die klatschsüchtigen Nachbarinnen und nicht zuletzt die Dienstbotenvermittlerin mit ihrer »*so gottlosen Sprache, wie sie noch nie auf einer Bühne gehört wurde*« – sind markante Repräsentanten des Kleinbürgertums im 17.Jh. Dennoch war es wohl in erster Linie die aktionsreiche Komik, die das Publikum, nicht nur in den Niederlanden, ein Jahrhundert lang begeisterte. Eine derart gelungene Kombination der Komödientechniken von MOLIÈRE und BREDERO mit aktuellem Stoff ist Asselijn trotz vieler Versuche, die z. T. als weitere Fortführungen der Komödie anzusehen sind (*Kraambedt of Kandeelmaal van Zaartje Jans, vrouw van Jan Klaazen*, 1684; *Echtscheiding van Jan Klaaz en Zaartje Jans*, 1685), nicht wieder gelungen. 1737/1738 fertigte der berühmteste niederländische Maler des 18. Jh.s, C. Troost, drei Pastelle nach der Komödie an. W.Sch.

AUSGABEN: Amsterdam 1682 (in *Verse*). – Groningen 1878 (in *Werken*, Hg. A. de Jager). – Amsterdam 1907. – Gorinchem 1968 [Einl. G. Stellinga].

LITERATUR: M. B. Smits-Veldt, *Verwikkelingen om het sluiten van een huwelijk. Twee Hollandse blijspelen uit het einde van de zeyentiende eeuw* (in Haghespel, 4, 1980, Nr. 11).

JOAQUIM MARIA MACHADO DE ASSIS

* 21.6.1839 Rio de Janeiro
† 29.9.1908 Rio de Janeiro

LITERATUR ZUM AUTOR:
Bibliographien:
Exposição M. de A., Rio 1939. – J. G. de Sousa, *Bibliografia de M. de A.*, Rio 1955. – Ders., *Fontes para o estudo de M. de A.*, Rio 1958; ²1969 [erw.]. – J.-M. Massa, *Bibliographie descriptive, analytique et critique de M. de A., Bd. 4: 1957–1958*, Rio 1965. – Carpeaux, S. 190 bis 217. – A. I. Bagby, *Eighteen Years of M. de A.: Critical Annoted Bibliography for 1956–1974* (in Hispania, 58, Amherst 1977, Nr. 4, S. 648–683).
Zeitschriften:
Revista da Sociedade dos amigos de Machado de Assis, 8 números, Rio 1958–1968 [Nr. 1 u. d. T. Boletim da Sociedade dos amigos de Machado de Assis].
Forschungsberichte:
Federação das Academias de Letras, *M. de A., conferéncias*, Rio 1939. – Revista do Brasil, 3.ª fase, Juni 1939. – Federação das Academias de Letras, *M. de A., estudos e ensaios*, Rio 1940.
Biographien:
A. Pujol, *M. de A.*, São Paulo 1917; Rio ²1934. – W. Giese, *Über die Persönlichkeit M. de A.* (in Iberica, Nr. 6, Hbg. 1927, S. 138–147). – M. Matos, *M. de A.*, São Paulo 1939. – Barreto Filho, *Introdução a M. de A.*, Rio 1947; ²1980. – L. Miguel-Pereira, *M. de A.*, São Paulo ⁵1955 [rev.]. – J. G. de Sousa, *Cronologia de M. de A.* (in Revista do Livro, 3, Rio 1958, Nr. 11, S. 141–181). – G. da Fonseca, *M. de A. e o hipopótamo*, Rio ⁵1961; ern. 1974 [rev. u. erw.]. – L. Viana Filho, *A vida de M. de A.*, São Paulo 1965. – J.-M. Massa, *La jeunesse de M. de A. (1839–1870). Essai de biographie intellectuelle*, 2 Bde., Diss. Poitiers 1969 (vgl. J.-M. M., *A juventude de M. de A.*, Rio 1971). – P. P. da Silva Costa, *M. de A.*, Rio 1974. – R. Magalhães Jr., *Vida e obra de M. de A.*, 4 Bde., Rio 1981.
Gesamtdarstellungen und Studien:
R. Magalhães Jr., *M. de A. desconhecido*, Rio ³1957; ern. 1971. – W. Cardoso, *Tempo e memória em M. de A.*, Belo Horizonte 1958. – A. Meyer, *M. de A.*, Rio 1958; ern. 1975. – F. Pati, *Dicionário de M. de A.*, São Paulo 1958. – Revista do Livro, Rio 11. 9. 1958 [Sondernr. *M. de A.*]. – A. Coutinho, *A filosofia de M. de A. e outros ensaios*, Rio ²1959 [überarb.]. – A. Grieco, *M. de A.*, Rio ²1960 [rev.]. – M. Tati, *O mundo de M. de A.*, Rio 1961. – M. N. L. Soares, *M. de A. e a análise de expressão*, Rio 1968. – Barreto Filho, *M. de A.* (in Coutinho, 3, S. 135–157). – J. A. Castelo, *Realidade e ilusão em M. de A.*, São Paulo 1969. – H. Caldwell, *M. de A. The Brazilian Master and His Novels*, Berkeley

1970. – D. Woll, *M. de A. Die Entwicklung seines erzählerischen Werkes*, Braunschweig 1972. – R. Faoro, *M. de A., a pirâmide e o trapézio*, São Paulo 1974. – D. C. Riedel, *Metáfora: o espelho de M. de A.*, Rio 1974. – W. de Castro, *Metáforas machadianas: estruturas e funções*, Rio 1977. – M. G. MacNicoll, *The Brazilian Critics of M. de A. 1857–1970*, Diss. Univ. of Wisconsin 1977 (vgl. Diss. Abstracts, 38, 1977, S. 3534A). – R. Schwarz, *Ao vencedor às batatas*, São Paulo 1977. – A. Bosi u. a., *M. de A.*, São Paulo 1982. – I. Stein, *Figuras femininas em M. de A.*, Diss. Bonn 1982; Rio 1984. – B. Broca, *M. de A. e a política mais outros estudos*, São Paulo 1983. – M. L. Nunes, *The Craft of an Absolute Winner, Characterization and Narratology in the Novels of M. de A.*, Westport 1983. – Machadiana (in Letterature d'America, 4, Rom 1983, Nr. 18). – R. Schwarz, *Wer sagt mir, M. de A. sei nicht Brasilien?* (in *Brasilianische Literatur*, Hg. M. Strausfeld, Ffm. 1984, S. 47–75; st). – E. J. de Sá Rego, *M. de A., a sátira menippeia e a tradição lucianica*, Diss. Univ. of Texas 1984 (vgl. Diss. Abstracts, 45, 1985, S. 2121A).

CONTOS FLUMINENSES

(portug.; Ü: *Geschichten aus Rio de Janeiro*). Erzählungen von Joaquim Maria Machado de Assis (Brasilien), erschienen 1864–1869. – Diese sieben Erzählungen sind Machados erste Versuche in erzählender Prosa. Dem Stoffe nach gehören sie noch zur brasilianischen Romantik. Es sind hauptsächlich Liebesgeschichten, und in ihrem Mittelpunkt stehen meist Frauen, deren sonderbares Verhalten mit einem Geheimnis zusammenhängt, das der Erzähler allmählich enthüllt. Sein psychologischer Spürsinn aber und seine Technik des pointierten Erzählens (der unmittelbare Einsatz, die Häufigkeit des Dialogs im Konversationsstil, die spielerische Distanzierung des Autors von seinem Gegenstand, wenn er – mit Vorliebe in direkter oder indirekter Wendung zum Leser – über die Erzählung reflektiert) kündigen bereits den reifen Novellisten und Romancier Machado an; besonders etwa in *Miss Dollar* und *Linha reta e linha curva (Der gerade und der krumme Weg)*. Die letzte Geschichte – *Frei Simão (Bruder Simon)* – unterscheidet sich von der heiteren Skepsis der anderen Erzählungen durch einen Anflug jenes Pessimismus, der für das spätere Werk Machados charakteristisch ist. A.E.B.

AUSGABEN: 1864–1869 (in Jornal das Famílias). – Rio 1870. – Rio 1944 (in *Obras completas*, 31 Bde., 10/11). – Rio 1963 (in *Contos*). – Rio ³1974 (in *Obra completa*, Bd. 2, Hg. A. Coutinho; m. Einl.). – Rio 1975 [krit.].

ÜBERSETZUNGEN: *Geschichten aus Rio de Janeiro*, W. Schönfelder, Heidelberg 1924 [Ausw.; m. Anm.]. – *Meistererzählungen*, C. Meyer-Clason, Hbg. 1964 [Ausw.].

LITERATUR: E. Gomes, *A arte do conto em M. de A.* (in Cadernos Brasileiros, 6, 1964, Nr. 3, S. 27–36). – C. Virgillo, *Some Themes in M. de A.' Short Stories*, Diss. Univ. of Indiana (vgl. Diss. Abstracts, 25, 1964/65, S. 488). – D. M. Decker, *M. de A. Short Story Craftsman* (in Hispania, 48, 1965, S. 76–81). – J. H. Schmitt, *M. de A. and the Modern Brazilian Short Story*, Diss. Univ. of Wicsonsin 1973 (vgl. Diss. Abstracts, 34, 1974, S. 6659/60A). – S. Brayner, *O conto de M. de A.*, Rio 1980. – R. E. Cravzow, *Four Collections of Short Stories by M. de A.: Romantic Narratives and Few Directions*, Diss. NY 1984 (vgl. Diss. Abstracts, 45, 1985, S. 3356A).

DOM CASMURRO

(portug.; *Dom Casmurro*). Roman von Joaquim Maria Machado de Assis (Brasilien), erschienen 1900. – Das Werk wird zu den besten Romanen in portugiesischer Sprache gezählt. Es entstand in der zweiten Schaffensperiode des Autors, die um 1880 begann, und stellt – zusammen mit *Memorias póstumas de Brás Cubas*, 1881 (*Postume Erinnerungen des Brás Cubas*), und *Quincas Borba* (1891) – den Höhepunkt seiner Erzählkunst dar. Die Romane, die Machado nach dieser Periode schrieb, zeigen nicht mehr die gleiche schöpferische Kraft, die gleiche Harmonie zwischen Form und Gehalt. Sein *Dom Casmurro* unterscheidet sich von den beiden erwähnten Werken hauptsächlich dadurch, daß er ein Roman im Sinn der allgemein üblichen Definition der Gattung ist. Denn daß es sich hier um eine Geschichte handelt, die nacherzählt werden kann, ist bei Machado ungewöhnlich, geht es ihm doch meist weit mehr um die psychologischen Motive einer Handlung als um die Handlung selbst. Wie die Romane der ersten Periode kann auch dieser als Intrigenroman bezeichnet werden, wenngleich er von höherem Rang ist als jene. In *Helena*, *Iaiá Garcia* und *A mão e a luva (Hand und Handschuh)* suchte der Autor noch nach dem richtigen Weg, machte Konzessionen an den Zeitgeschmack und ließ sich auf halbe Lösungen ein. Mit *Dom Casmurro* überwand er die Schwierigkeiten, vor denen er in seinen ersten Werken kapituliert hatte. Überraschend wirken die trotz hoher stilistischer Verfeinerung sparsame Verwendung formaler Mittel und die sehr zurückhaltende Erzählweise. Der Stoff selbst ist banal: das übliche Dreiecksverhältnis, die Geschichte vom betrogenen Ehemann, hier aus dessen Perspektive in der Ichform berichtet. Daß der Erzählgang häufig unterbrochen wird von Abschweifungen, von der Einbeziehung des Lesers und von Rückgriffen auf vorhergehende Kapitel, tut weder der Geschlossenheit des Werks noch der Spannung der Handlung Abbruch.

Der Erzähler Bento de Santiago – den Spitznamen Dom Casmurro (Herr Brummbär) hat man dem Alten seiner Schweigsamkeit wegen gegeben – ist »auf der Suche nach der verlorenen Zeit« und versucht, »*die beiden Enden des Lebens zusammenzuknüpfen und im Alter die Jugend wieder erstehen zu lassen«*. Er schildert seine Jünglingsjahre und die Geschichte seiner Liebe zu Capitu (Capitolina), die auch die Geschichte seines Lebens und seiner Einsamkeit ist. In den ersten beiden Dritteln des Romans werden in chronologischer Folge die Ereignisse bis zur Heirat der beiden erzählt. Immer wieder wird die naive Zuneigung Bentos der Unaufrichtigkeit Capitus gegenübergestellt, und gerade die Zeichnung dieses schillernden, rätselvollen Frauencharakters gehört neben der hervorragenden Studie der jugendlichen Psyche zu den Höhepunkten des Werks. – Nach dieser eindrucksvollen Exposition rollt das eigentliche Drama des hintergangenen Ehemanns ab. Die Zeit wird hier stärker gerafft, die Handlung seltener unterbrochen. Am Ende des Berichts ist von allen Beteiligten allein Bento noch am Leben und zieht die Bilanz. Ohne Bitterkeit über das Vergangene stellt er sich angesichts des heranwachsenden Sohnes, der das getreue Ebenbild des »Hausfreundes« ist, nur noch die Frage, wie es möglich war, daß er die Untreue Capitus nicht voraussehen konnte, nachdem sich das Wesen der Frau schon in der Verstellungskunst und Selbstsicherheit des Mädchens angedeutet hatte. Diese verspätete Frage läßt aber auch tieferem Zweifel Raum: hat Capitu wirklich gefehlt, oder wurde sie das Opfer von Zufällen, für die ihre Charakteranlage allein keine Erklärung bietet? Bento findet keine Antwort. Er hat die Vergänglichkeit des Glücks und die Schwäche der menschlichen Natur erkannt. Aber er hat auch gelernt, daß alle Wirklichkeit relativ ist. E.P.P.

AUSGABEN: Rio 1900. – Rio 1944 (in *Obras completas*, Hg. W. M. Jackson, Bd. 7). – Rio 1959 (in *Obra completa*, Hg. Barreto Filho, Bd. 1). – São Paulo 1965, Hg. M. de Carvalho e Silva. – Rio 1975 (in *Edições críticas de obras de M. de A.*, Bd. 1). – Rio 1982 [m. Einl. u. Biogr.].

ÜBERSETZUNGEN: *Dom Casmurro*, E. G. Meyenburg, Zürich 1951. – Dass., H. Kaufmann, Bln. 1966 [³1980; Nachw. S. Schmidt]. – Dass., ders., Ffm. 1980 (BS).

VERTONUNG: J. Gomes Jr., *Dom Casmurro* (Text: A. Piccarolo; Oper; Urauff.: 12. 10. 1922).

LITERATUR: J. Osório de Oliveira, *Explicação de M. de A. e do »Dom Casmurro«*, Lissabon 1950. – H. Caldwell, *The Brazilian Othello of M. de A., a Study of »Dom Casmurro«*, Berkeley/Los Angeles 1960. – K. Ellis, *Technique and Ambiguity in »Dom Casmurro«* (in Hispania, 45, 1962, S. 436–440). – E. Gomes, *O enigma de Capitu*, Rio 1967. – L. Ferreira, *»Dom Casmurro«: esboço de uma análise morfológica* (in RLA, 15, 1973, S. 113–128). – D. J. Turner, *A Clarification of Some ›Strange‹ Chapters in M.'s »Dom Casmurro«* (in LBR, 13, 1976, Nr. 1, S. 55–66). – Linhares Filho, *A metáfora do mar no »Dom Casmurro«*, Rio 1978. – D. Schüler, *Plenitude perdida: uma análise das sequéncias narrativas no romance »Dom Casmurro« de M. de A.*, Porto Alegre 1978. – P. B. Dixon, *Matriarchy and Patriarchy in M. de A.' »Dom Casmurro«* (in Discurso literário, revista de temas hispánicos, 31, 1984, Nr. 1, S. 97–104). – J. Gledson, *The Deceptive Realism of M. de A.: A Dissenting Interpretation of »Dom Casmurro«*, Liverpool 1984. – E. Llilo Moro, *»Dom Casmurro«: apodo, vacio y espejo roto* (in RI, 50, 1984, S. 9–29).

ESAÚ E JACOB

(portug.; *Esau und Jakob*). Roman von Joaquim Maria Machado de Assis (Brasilien), erschienen 1904. – Machado de Assis gibt dieses Werk, das sein letzter eigentlicher Roman ist, als Veröffentlichung aus dem literarischen Nachlaß eines kaiserlichen Rates Aires aus, der auch der fiktive Verfasser des *Memorial de Aires* (1908) ist. Den dem siebenten und letzten Heft dieses Nachlasses beigegebenen Titel *Último* habe er, an eine Bemerkung von Aires anknüpfend, durch *Esaú e Jacob* ersetzt. Aires, der im Gegensatz zum *Memorial* hier nicht in der Ichform berichtet, vielmehr sich selbst als Romanfigur auftreten läßt, erzählt in *Esaú e Jacob* vor dem Hintergrund der politischen Ereignisse in Brasilien am Ende der Kaiserzeit und zu Beginn der Republik die Geschichte der Zwillinge Pedro und Paulo, die im Jahre 1870 in Rio zur Welt kommen. Eine orakelkundige Mulattin schließt an die Feststellung, daß die Schwangerschaft sehr unruhig verlaufen sei, die Brüder also bereits im Mutterleib miteinander gestritten hätten, die Weissagung an, den Zwillingen werde eine ruhmreiche Karriere beschieden sein. Der Vater befragt daraufhin beiläufig, und ohne seine beiden Söhne zu erwähnen, den kaiserlichen Rat Aires über eine Auslegung solcher Voraussagung. Aires erinnert an die Geschichte von Esau und Jakob (*1. Mose*, 25), was ahnen läßt, daß die »ruhmreiche Karriere« der Kinder einen Kampf zwischen beiden bedeuten könne. Im weiteren Verlauf der Geschichte erweisen sich Pedro und Paulo tatsächlich als Kampfhähne. So verlieben sie sich in dasselbe Mädchen namens Flora, das sich jedoch für keinen der beiden Liebhaber entscheiden kann. Ihr erbitterter Streit wird weder gemildert durch die verzweifelten Schlichtungsversuche der Mutter, noch kommt er durch den frühen Tod Floras zur Ruhe. Am Ende des Romans ziehen die Zwillinge als Abgeordnete in das Parlament ein; ob sich die Weissagung damit schon ganz erfüllt hat, bleibt im dunkeln. Als wahr erwiesen hat sich die mit ihr verbundene Andeutung eines »angeborenen« Zwistes.

Machado de Assis' fatalistisch-pessimistische Weltsicht ist übertragen in die Figur des skeptischen Beobachters Aires und seine zweifelnde Skepsis (nach Ansicht mancher Interpreten in die von Unentschlossenheit bestimmte Flora). Sie wird zudem deutlich in der Ironie des Schicksals, die sich in der launischen »Erfüllung« einer im Grunde gar nicht ernstgenommenen »Weissagung für das niedere Volk« offenbart. Wie die *Memórias póstumas de*

Brás Cubas (1881) gestaltet der Autor den vorliegenden Roman, freilich jetzt in schwereloserer Art, mit vielfacher ironischer Brechung durch zahlreiche Abschweifungen in Details und kapriziöse Exkurse über das Schreiben des Werks selbst, womit er nicht nur an englische Vorbilder, wie STERNE, erinnert, sondern ebenso an Xavier de MAISTRE und Almeida GARRETTS *Viagens na minha terra*. D.W.

AUSGABEN: Rio/Paris 1904. – Rio u. a. 1961 (in *Obras completas*, Bd. 8, Hg. A. Coutinho; m. einl. Studien v. A. Coutinho u. R. Pérez). – São Paulo ³1964 (in *Obras escolhidas*, Bd. 6, Hg. M. Moisés; m. Einl. u. Anm.). – Rio 1962 (*Esaú e Jacó, in Obra completa*, Bd. 1). – Rio 1973. – Rio 1975 (in *Edições críticas de obras de M. de A.*, Bd. 15).

LITERATUR: M. T. A. Duffy, *Symbolism in »Esaú e Jacob«* (in Revista de Letras, 5, 1964, S. 98–116). – A. Jacques, *M. de A.*, Porto Alegre 1974, S. 77–89. – A. R. de Sant'Anna, *Análise estrutural de romances brasileiros*, Petrópolis ²1974, S. 116–152. – F. L. Chaves, *Notas, commentários e bibliografia da edição de »Esaú e Jacó« de M. de A.*, Rio 1976. – M. Peixoto, *Aires as Narrator and Aires as Character in »Esaú e Jacó«* (in LBR, 17, 1980, Nr. 1, S. 79–92). – M. L. Nunes, *Time and Allegory in M. de A.'s ›Esau and Jacob‹* (in LALR, 21, 1982, Nr. 11, S. 27–38).

MEMÓRIAS PÓSTUMAS DE BRÁS CUBAS

(portug.; *Ü: Postume Erinnerungen des Bras Cubas*). Roman von Joaquim Maria Machado de ASSIS (Brasilien), erschienen 1880. – Mit diesem Roman, der seine zweite Schaffensphase einleitet, hat Machado »*den letzten Ballast romantischer Einflüsse über Bord geworfen*« (C. Meyer-Clason) und ist zum ironischen, schonungslosen Analytiker des Seelenlebens geworden, der, wie er einem Freunde gestand, »*alle Illusionen über den Menschen verloren*« hat. Die *Memórias póstumas* »*sind das Epos der unverbesserlichen menschlichen Dummheit, die satirische Darstellung unserer unheilbaren Selbsttäuschung durch einen ganz und gar illusionslosen Toten*« (J. Veríssimo). Von jenseits des Grabes schildert Brás Cubas sein Leben von der Geburt bis zum Tod, seine Familie, seine Erziehung, die Umwelt, in der er aufwuchs, seine erste Liebe und sein Studium in Coimbra, den Verlust der Mutter, der ihn zum erstenmal mit dem »*Problem des Lebens und des Todes*« konfrontierte, Heiratsabsichten und berufliche Pläne, die fehlschlugen, Erbstreitigkeiten mit der Schwester, schließlich ein Liebesidyll mit der einstigen, inzwischen mit einem andern verheirateten Braut, das durch die Versetzung des Ehemannes in eine andere Stadt ein mit »*Erleichterung und Wehmut*« aufgenommenes Ende fand; danach neuer Ehrgeiz und neue Pläne. Aber die zweite Braut stirbt vor der Trauung, die Aussicht auf eine politische Karriere zerschlägt sich, die neugegründete Zeitung geht ein. Als eine Kette von »Verneinungen« hat Brás Cubas das Leben erlebt, und aus der letzten Verneinung sprechen gleichzeitig Resignation und Beruhigung: »*Ich hatte keine Kinder, ich hinterließ keinem lebenden Wesen die Erbschaft unseres Elends.*«

Der ersten Fassung hatte Machado die Worte Orlandos aus SHAKESPEARES *Wie es euch gefällt* (III, 2) vorangestellt: »*Ich will kein lebendig Wesen in der Welt schelten, als mich selber, an dem ich die meisten Fehler kenne.*« Dementsprechend ist die negative Lebensauffassung seines Brás Cubas frei von Anklage und Bitterkeit anderen gegenüber. Den Menschen nehmen, wie er ist, sich nicht von Verstellung und Berechnung »düpieren« (*empulhar*) lassen, das Leben nicht allzu ernst nehmen – das ist in etwa die Philosophie dieses memoirenschreibenden Toten. Seine schonungslos realistische Betrachtungsweise steht in grotesker Spannung zu der oft humorvollen Art seiner Darstellung. Die ironische Distanz des Toten zur Welt der Lebenden, die sich in spielerischen Abschweifungen und in launigen Reflexionen über das Schreiben dieser Memoiren äußert (beides in Anlehnung an englische Vorbilder wie STERNE, an Xavier de MAISTRE und an GARRETTS *Viagens na minha terra*), außerdem die Exkurse über den *humanitismo* und über die skurrile Philosophie des mit Machado befreundeten Joaquim BORBA DOS SANTOS (vgl. *Quincas Borba*) sind charakteristisch für dieses Werk. – Die *Memórias póstumas* bezeichnen nicht nur den endgültigen Durchbruch der Welt- und Lebensauffassung, sondern auch den Beginn einer neuen Schreibweise Machados. »*Von nun an stimmen Machads Denken und Ausdruck völlig überein, seine Sprache strebt Objektivität und Einfachheit an, sein Grundton ist der Zweifel*« (Meyer-Clason). KLL

AUSGABEN: Rio 1880 (in Revista Brasileira). – Rio 1881 [rev.]. – Rio de Janeiro/Paris 1896 [rev.]. – Rio 1960 (in *Obras*, Bd. 6, Hg. A. Houaiss; m. Bibliogr. u. Einl.; krit.). – Rio 1961 (in *Obras completas*, 31 Bde., 5). – Rio 1962 (in *Obra completa*, 3 Bde., 1, Hg. A. Coutinho; m. Einl.). – São Paulo 1965 (in *Obras escolhidas*, 9 Bde., 3, Hg. M. Moisés; m. Einl. u. Anm.). – Rio 1975 (in *Edições críticas de obras de M. de A.*, Bd. 13). – São Paulo 1982.

ÜBERSETZUNGEN: *Die nachträglichen Memoiren des Brás Cubas*, W. Kayser, Zürich 1950 [m. Nachw.]. – *Brás Cubas. Nachträge zu einem verfehlten Leben*, E. Engler, Bln./DDR 1967. – *Postume Erinnerungen des Brás Cubas*, ders., Ffm. 1979 (st).

VERFILMUNG: *Brás Cubas*, Brasilien 1985 (Regie J. Bressane).

LITERATUR: H. de Alencar, *Aspectos de uma interpretação das »Memórias«* (in Estudos Universitários, Pernambuco, Nr. 2, 1962, S. 97 bis 105). – R. J. Callan, *Notes on »Brás Cubas«* (in Hispania, 47, 1964, S. 530–533). – J. G. Merquior, *Género e estilo das »Memórias póstumas de Brás Cubas«* (in Colóquio/ Letras, 8, 1972, S. 12–20). – A. G. Hill, *A crise da diferênça: leitura de »Memórias póstumas de*

Brás Cubas«, Rio 1976. – S. M. Cypess, *M. de A. Versus Brás Cubas: The Narrative Situation of* »*Memórias póstumas de Brás Cubas«* (in KRQ, 25, 1978, S. 355–370). – C. Eustis, *Time and Narrative Structure in* »*Memórias de Brás Cubas«* (in LBR, 16, 1979, Nr. 1, S. 18–28). – P. K. Speck, *Narrative Time and the* ›*defunto autor*‹ *in* »*Memórias póstumas de Brás Cubas«* (in LALR, 18, 1981, Nr. 9, S. 7–15). – G. M. Vessels, *As idéias otimistas em* »*Memórias póstumas de Brás Cubas«* (in Tinta, 1, 1983, Nr. 3, S. 39–45).

QUINCAS BORBA

(portug.; *Ü: Quincas Borba*). Roman von Joaquim Maria Machado de Assis (Brasilien), erschienen 1891. – Dieser Roman, eine Art Fortsetzung der *Nachträglichen Memoiren des Brás Cubas*, denen er sowohl formal wie inhaltlich ähnelt (vgl. *Memórias póstumas de Brás Cubas*, 1880), unterscheidet sich in einem Punkt grundlegend von dem früheren Werk: Er ist nicht in der Ichform geschrieben. Dieser Verzicht auf eine Erzählweise, die Machado am gemäßesten war, ist vielleicht der Grund dafür, daß das Buch weder als ein Werk aus einem Guß entstand noch so wirkt. 1886 begonnen und nach mehrmaligen Unterbrechungen Ende 1891 endlich fertiggestellt, besitzt es nicht die innere Spannung und Kohärenz anderer Werke dieses großen Erzählers. Der Titel ist eine jener ironischen Spielereien mit tieferer Bedeutung, wie Machado sie liebte. Quincas Borba ist eine Nebenfigur aus den *Memórias póstumas*, »jene gescheiterte Existenz, die dort auftritt, jener Bettler, der unverhofft eine Erbschaft macht, und Erfinder einer eigenen Philosophie«. In dem neuen Roman lebt er, närrisch geworden und zu Tode erkrankt in Barbacena, im Staate Minas Gerais, umsorgt von seinem einzigen Freund, dem gutmütigen, geduldigen, freundlichen und nicht eben intelligenten Dorflehrer Rubião, in dessen jetzt verstorbene Schwester er einst verliebt gewesen war. Den hilfreichen Freund setzt der Philosoph kurz vor seinem Ende zum Alleinerben seines bedeutenden Vermögens ein unter der Bedingung, daß er sich seines Hundes, dem er den eigenen Namen, Quincas Borba, gegeben hat, in treuer Sorge annimmt. Im weiteren Verlauf des Romans kommt dann Quincas Borba, der Hund, als Begleiter Rubiãos mehrmals vor und stirbt drei Tage nach dem Tod seines zweiten Herrn. Aber es ist pure Ironie, wenn Machado am Schluß des Romans sich mit der Vermutung an den Leser wendet: »*Wahrscheinlich fragst du mich jetzt, ob [der Hund] oder sein verstorbener Namensvetter dem Buch den Titel gegeben hat und warum eher der eine als der andere – eine von Fragen, die uns allzu weit führen würden, trächtige Frage!*«

Natürlich ist weder der eine noch der andere mit dem Titel gemeint, sondern dieser ist eine Anspielung auf die ironisch-pessimistische Lebensanschauung des *humanitismo*, die der verstorbene Philosoph vertrat. Sie gipfelt in dem Begriff der »Humanitas«, die als letzte »*Substanz oder Wahrheit*«, als »*unzerstörbares Prinzip*« »*das Universum zusammenhält; und das Universum ist der Mensch*«. Diese »Humanitas« ist der eigentliche Held des Romans. In ihrem Licht enthüllt sich der Krieg als Erhalter des Lebens nach der Devise: »*Dem Besiegten Haß oder Mitleid, dem Sieger die Kartoffeln!*« Im Roman ist der Sieger zuerst Rubião: Ihm fallen dank treuer Fürsorge und Pflege »die Kartoffeln« in Form des Vermögens von Quincas Borba zu. Doch dann wird Palha zum Sieger, der falsche Freund, der auf Kosten Rubiãos zu Reichtum gelangt und ihn schließlich verarmt und dem Wahnsinn verfallen im Stich läßt. In der Schilderung dieser Entwicklung verdient neben der Gestalt Rubiãos vor allem die der Gattin Palhas, Sofia, höchste Bewunderung. In Rubião zeichnet Machado mit der ihm eigenen Kunst der sparsamen Andeutung, kühlen Feststellung und ironischen Verzerrung den Krankheitsprozeß einer paranoiden Schizophrenie von den ersten, kaum merklichen Anzeichen bis zum plötzlichen, allen sichtbaren Ausbruch und von da bis zum unheilbaren Wahnsinn, in den der Kranke nach mehreren von scheinbarer Besserung unterbrochenen Schüben schließlich verfällt. Sofia aber, mit ihren »*lockenden, nur lockenden Augen ... gehörte zu jener Sorte von Frauen, welche die Zeit, wie ein langsam arbeitender Bildhauer, nicht sogleich fertigstellt, sondern gemächlich im Verlauf langer Tage vollendet ... Mit ihrer Kunst, immer wieder an der Schwelle des Ehebruchs stehenzubleiben ... der Leidenschaft Rubiãos Nahrung zu geben, ohne sich zu kompromittieren ... verleiht sie dem Buch, ohne wirklich zu sündigen, eine Atmosphäre der Sündhaftigkeit ... Zusammen mit der Capitu der* ›*Memórias póstumas*‹ *ist sie die weiblichste aller Frauengestalten Machados*« (L. M. Pereira). F.I.

AUSGABEN: Rio 1891. – Rio 1944 (in *Obras completas*, 31 Bde., 6, Hg. W. M. Jackson). – Rio 1959 (in *Obra completa*, 3 Bde., 1). – São Paulo 1960, Hg. Massaud Moisés [m. Einl.]. – Rio 1969 (in *Obras*, Bd. 7). – Rio 1975 (in *Edições críticas de obras de M. de A.*, Bd. 14, 14A).

ÜBERSETZUNG: *Quincas Borba*, R. G. Lind, Ffm. 1982 (BS).

LITERATUR: A. J. Chediak, *Introdução ao texto crítico do »Quincas Borba« de M. de A.*, Rio 1960. – H. O. Post, *M. de A. et le mythe de Sisyphe* (in AION, 2, 1961, Nr. 2, S. 1–15). – A. Pereira, »*Quincas Borba« e a crítica* (in *Segundo Congresso brasileiro de crítica e história literária 1961*, Assis/São Paulo 1963, S. 525–535). – Thiers Martins Moreira, »*Quincas Borba« ou O pessimismo irónico. Diálogo entre o filósofo e o Brás Cubas*, Rio 1964. – C. E. Param, »*Quincas Borba« in Relation to the Other Eight Novels of M. de A.*, Diss. Arizona 1968 (vgl. Diss. Abstracts, 29, 1968/69, S. 1231A). – F. L. Chaves, *O mundo social de »Quincas Borba«*, Porto Alegre 1974. – J. C. Kinnear, *The Role of Dona Fernanda in M. de A.' Novel »Quincas Borba«* (in

APK, 14, 1976/77, S. 118–130). – T. P. Vara, *A mascarada sublime: o estudo de »Quincas Borba«*, São Paulo 1976. – M. E. Pitombeira de Freitas, *O grotesco na criação de M. de A. e Gregório de Matos*, Rio 1981.

VIKTOR PETROVIČ ASTAF'EV

* 1.5.1924 Ovsjanka / Gebiet Krasnojarsk

CAR'-RYBA. Povestvovanie v rasskazach

(russ.; *Zar-Fisch*). »Erzählung in Episoden« von Viktor P. ASTAF'EV, erschienen 1976. – Für sein zu diesem Zeitpunkt umfangreichstes Werk, das der ethisch und ökologisch engagierten russischen Dorfprosa zuzuordnen ist, erhielt der Autor 1978 den Staatspreis der UdSSR. Das Buch weist keine einheitliche Handlungslinie auf. Es ist in zwei Hauptteile mit sieben bzw. fünf Erzählungen gegliedert, die durch den Ich-Erzähler (Akim), den einheitlichen Ort (Sibirien) und eine gemeinsame Problematik zu einem Ganzen verbunden sind. Ein weiteres, mehreren Erzählungen gemeinsames Element ist deren parabelhafter Charakter. Am Beispiel der ihm vertrauten Gegend um den sibirischen Fluß Enisej will Astaf'ev auf die verheerenden Folgen der fortschreitenden Zivilisation aufmerksam machen, die nicht nur zur Zerstörung des ökologischen Gleichgewichts führen, sondern auch Schaden an der menschlichen Seele verursachen. Gleichzeitig zeichnet er ein anschauliches und malerisches Bild der sibirischen Landschaft mit dem riesigen Enisej, der Taiga und ihrer reichen Tier- und Pflanzenwelt. Daneben enthält das Buch eingehende Beschreibungen sibirischer Bräuche und Alltagsszenen.

Bereits im ersten Teil des Werks wird das Thema Mensch–Natur in seiner Vielschichtigkeit dargestellt. Eine Schlüsselrolle für das Verständnis der dargebotenen Problematik kommt dabei der Erzählung *Zar-Fisch* zu, die als Titelerzählung aus dem Gesamtwerk herausgehoben ist. Sie schildert den dramatischen Zweikampf zwischen dem Wilddieb Ignat'ič und einem riesigen Stör, der im Volksmund Zar-Fisch genannt wird. Aus Habgier, Ehrgeiz und Jagdleidenschaft mißachtet Ignat'ič den guten Rat seines gläubigen Großvaters, der lautet: Habe man das Glück gehabt, einen Zar-Fisch zu fangen, solle man sich bekreuzigen und den Fisch freilassen. Insbesondere gelte dies für Menschen, die gesündigt hätten. Ignat'ičs Versuch, den gefangenen Stör ins Boot zu ziehen, mißlingt, er stürzt ins Wasser und muß einige Stunden Seite an Seite mit dem Fisch um sein Leben kämpfen. In dieser Krisensituation erinnert er sich an seine größte Sünde: Vor vielen Jahren hat er eine Frau, die ihn liebte (Glaška), auf brutale Weise gekränkt. »*Nun hat für ihn die Stunde der Sünde geschlagen.*«

Er büßt seine Tat und rettet sein Leben. Diese Erfahrung führt zur inneren Umkehr Ignat'ičs. Er gibt den Fischfang für immer auf, zieht in die südliche Stadt Frunse und führt das Leben eines gläubigen Menschen. – In dieser Erzählung wird das verantwortungslose Verhältnis des Menschen zur Natur mit dem Sündenfall in Zusammenhang gebracht. Daneben zieht Astaf'ev auch eine Parallele zwischen der Sünde, die man einer Frau gegenüber begeht und der Sünde wider die Natur. Der Erzähler erinnert sich, daß die Frau ein »Geschöpf Gottes« ist und das gleiche Geschlecht hat wie die Natur. Daher wird die Sünde im einen wie im anderen Fall von Gott bestraft. Astaf'ev selbst faßt die zentrale Aussage der Erzählung wie des gesamten Werks so zusammen: »*Der Mensch verkrüppelt in seiner Unvernunft die Natur, und ihm selbst wird eine Lehre der Sittlichkeit erteilt.*«

Eine ähnliche Haltung wie Ignat'ič zeigen auch Grochotalo, Damka und Komandor, die zentralen Personen der Erzählungen *Damka*, *Am goldenen Riff* und *Der Fischer Grochotalo*. Auch sie sind Wilderer; ihr Verhältnis zur Natur ist ausschließlich vom Streben nach persönlichem Profit bestimmt. Astaf'ev ist bemüht, dem Leser das Ausmaß des der Natur zugefügten Schadens anschaulich vor Augen zu führen. So berichtet die Erzählung *Die schwarzen Federn fliegen* von Hunderten abgeschossener Auerhähne, die – weil es an Kühlschränken für die Lagerung fehlte – verwesen mußten. Daneben verweist der Erzähler auf die schonungslosen Rodungen, die industrielle Zerstörung von Flüssen und Seen in der Taiga sowie auf die Ausrottung seltener Fische und anderer Tiere. Eine weitere Erzählung aus dem ersten Teil, *Der Tropfen*, hat einen gleichnishaften Charakter. Sie berichtet von den Erlebnissen des Ich-Erzählers während eines nächtlichen Aufenthalts im Wald. In den frühen Morgenstunden veranlaßt ihn ein Tautropfen zur philosophischen Reflexion über die Bedeutung der Natur für den Menschen. Er empfindet die Natur als beseelt, als einen Raum, in dem die Nähe zum Transzendenten deutlich erkennbar ist.

Der zweite Teil des Werks ist handlungsreicher als der erste. Hier wird die Entwicklungsgeschichte zweier gegensätzlicher Menschen, Akim und Goga Gercev, in Rückwendungen nachgeholt. Aus dem Werdegang beider läßt sich ihre unterschiedliche Einstellung zur Natur und zum Mitmenschen ableiten. Akim wuchs zusammen mit seinen vielen Geschwistern in einem Fischer-Artel auf, wo die Versorgungsnöte der Familie durch die Unterstützung der Gemeinde gelöst wurden. Die Nähe zur Natur, die Erfahrung des Gemeinschaftslebens und die von der Mutter geerbte Liebe zum Leben sind ausschlaggebend für seine menschliche Veranlagung. Sein Gegentyp Goga Gercev ist ein ausgesprochener Pragmatiker. Er distanziert sich von den Eltern, von Frau und Kindern. Er ist unfähig zu lieben; er nutzt seine Mitmenschen nur aus. Die ethische Verrohung wird an diesem Beispiel auf das Problem der Entwurzelung und Bindungslosigkeit des Menschen der Gegenwart zurückgeführt. Das

Werk endet schwermütig-resigniert mit einem – allerdings nicht als Bibelzitat kenntlich gemachten – Auszug aus dem Alten Testament (Prediger 3, 1–9) und einer nachgestellten Frage des Erzählers: *»Was aber suche ich dann? Warum quäle ich mich? Warum, weshalb wird mir keine Antwort zuteil?«* Eine Lösung der aufgeworfenen Problematik sieht Astaf'ev in der Rückbesinnung auf das Althergebrachte, auf die Tradition und auf den Glauben, die den Menschen so formen, daß er sich auf eine sinnvolle Nutzung der Natur einzurichten vermag.

I.Ad.

AUSGABEN: Moskau 1976 (in Naš sovremennik, 4–6). – Moskau 1980.

LITERATUR: S. Čuprinin, *...Byt' človekom na zemle!* (in Literaturnaja gazeta, 21.7. 1976). – I. Dedkov, *List na drevle žizni* (in Družba narodov, 1976, 12, S. 255–262). – A. Marčenko, *Stal on klikat' zolotoju rybku...*, (in Novyj mir, 1977, 1, S. 253–257). – Ž. Niva, *K voprosu o »novom počvenničestve«: moral'nye i religioznye podteksty »Car'ja-Ryby«* V. A. (in Ž. N., *Odna ili dve russkich literatury?*, Genf 1978, S. 136–144). – R. Kuzmenko, *Osobennosti sootnošenija obraza povestvovatelja i geroev v »Car'-rybe«* V. A., (in Voprosy russkoj literatury, 1984, 2 (44), S. 40–47). – A. Ovčarenko, *Geroj i avtor v tvorčestve V. A.* (in Moskva, 1986, 4, S. 187–195).

PASTUCH I PASTUŠKA. Sovremennaja pastoral'

(russ.; Ü: *Schäfer und Schäferin. Eine Pastorale aus unserer Zeit*). Kurzroman von Viktor P. ASTAF'EV, erschienen 1971. – Der als Dorfschriftsteller bekannte Astaf'ev verlegt die Handlung von *Pastuch i pastuška* in die Zeit des Zweiten Weltkriegs, dessen Grausamkeit in Konfrontation mit Liebe und Menschlichkeit gezeigt wird.

Eingebettet in ein kurzes Rahmengeschehen – eine Frau sucht in der Steppe ein einsames Grab auf und trauert um den Toten – sind die vier Kapitel – *Die Schlacht, Die Begegnung, Der Abschied* und *Das Hinscheiden* – des Hauptteils, dessen Zentralfigur der kaum zwanzigjährige Leutnant Boris Kostjaev mit seiner tragischen Liebe zu der etwas älteren Ljusja ist, die er schon wenige Tage nach dem Kennenlernen für immer verlassen muß. Daneben schildert Astaf'ev die Schrecken des Krieges – z. B. in drastischen Verwundungsszenen –, aber auch dessen Alltag und vor allem seine Wirkung auf die Menschen, ihre Angst und ihre Sehnsucht, auch ihre Verrohung. Eine Sonderstellung in bezug auf Titel und Thematik des Werks hat die Schlußepisode des ersten Kapitels, die vom Tod eines alten Schafhirten und seiner Frau berichtet. Man findet die beiden nach der Schlacht erschossen auf dem Weg zu einem Versteck; im Augenblick des Todes umarmen sie sich. Den Soldaten, die sie beerdigen, gelingt es nicht, sie zu trennen; so legen sie sie gemeinsam in ihr Grab, *»zusammen für immer und ewig«* – eine Reminiszenz an die antike Sage von Philemon und Baukis.

In *Die Begegnung* wird die zweite Hauptfigur, Ljusja, eingeführt. In ihrem Hause finden einige Soldaten, die unter Kostjaevs Kommando stehen, für kurze Zeit Unterkunft. Aus den Dialogen der Soldaten erfährt der Leser Näheres zu deren Vorgeschichte, z. B. von einem sechzehnjährigen Jungen, der sein Geburtsdatum gefälscht hat, um studieren zu können und statt dessen in den Krieg geschickt wurde. Im Vordergrund aber steht die Liebesgeschichte zwischen Boris und Ljusja. Während einer kurzen Phase des Glücks kann Boris, der die Liebe als etwas Einmaliges und Ewiges begreift, die Umstände des Krieges verdrängen. Im dritten Kapitel jedoch gewinnt die Realität über das seelische Befinden der beiden immer mehr die Oberhand. Stärker als Ljusja leidet Kostjaev unter der Last der äußeren Zwänge, ein Zustand, den der Autor durch dessen thematisch kontrastierende Kindheitserinnerungen zum Ausdruck bringt. Eine davon betrifft eine Theateraufführung mit Szenen aus dem idyllischen Hirtenleben. Die sich wiederholende Erinnerung an das tote Schäferehepaar hingegen steht für die Gegenwart des Krieges, für die zerstörte Idylle.

Im letzten Kapitel des Hauptteils *(Das Hinscheiden)* – ihm geht der Abschied von Ljusja voraus – führt die Vereinsamung von Boris, seine Entfremdung von der Außenwelt zum tragischen Ende: Nach der Trennung nimmt Boris die Realität nicht mehr voll wahr. Er lebt in Erinnerungen und Visionen eines Wiedersehens mit der Geliebten. Nach einer leichten Verwundung ins Lazarett eingeliefert, tritt die von den Ärzten erwartete Besserung jedoch nicht ein. Boris kann nicht genesen, weil er den Lebenswillen verloren hat. Er stirbt in dem Lazarettzug, der ihn nach Hause bringen soll. Zuletzt erscheint ihm nochmals Ljusja, die er an der eigenartigen Form ihrer Augen – es sind die Augen der Mutter-Gottes-Ikone – erkennt. Er wird in der Steppe begraben.

Die Tonlage der Trauer und des Leidens durchzieht den gesamten Roman. Sein Grundthema, die Bewahrung des Menschlichen angesichts der Grauen des Krieges, wird am Ende, wenn sich die Rahmenhandlung schließt, noch einmal vertieft. Die Liebe erhebt sich nicht nur über die Nöte und Zwänge einer grausamen Wirklichkeit, sie geht auch über den Tod hinaus. Ehe die anonym bleibende Frau (Ljusja?) vom Grab weggeht, sagt sie zu dem Toten: *»Schlafe. Ich werde jetzt gehen. Aber ich komme zu dir zurück. Bald. Sehr bald werden wir zusammen sein... Dort wird niemand mehr die Macht haben, uns zu trennen.«*

I.Ad.

AUSGABEN: Moskau 1971 (in Naš sovremennik, 8). – Moskau 1972 (in *Povesti o moem sovremennike*). – Moskau 1979–1981 (in *Sobr. soč.* v četyrech tomach, 1).

ÜBERSETZUNG: *Schäfer und Schäferin. Eine Pastorale aus unserer Zeit*, I. Tschörtner, Bln. (Ost) ²1976.

LITERATUR: A. Lanščikov, *Teper', mnogo let spustja* (in Literaturnaja gazeta, 8. 9. 1971, S. 5). – V. Kamjanov, *Mera obščenija* (in Novyj mir, 1972, 1, S. 225–260). – N. Maksimova, *Problema avtorskogo gumanizma v povesti V. A. »Pastuch i pastuška«* (in Voprosy russkoj literatury, 1975, 1 (25), S. 50–60). – V. Kurbatov, *V.A.*, Novosibirsk 1977, S. 42–49. – V. Astaf'ev, *Pro to, o čem ne pišut v knigach* (in Literaturnaja gazeta, 10. 10. 1979, S. 6). – G. Belaja, *Nadežnaja, zemnaja, pročnaja cennost'...*, (in G. B., *Chudožestvennyj mir sovremennoj prozy*, Moskau 1983, S. 38–40).

PEČAL'NYJ DETEKTIV

(russ.; *Ü: Der traurige Detektiv*). Roman von Viktor P. ASTAF'EV, erschienen 1986. – In seinem Kurzroman hat der sibirische Schriftsteller Astaf'ev erstmals das dörfliche Milieu verlassen und als Handlungsort die Provinzstadt Vejsk gewählt. Zentrale Figur ist der Milizbeamte Sošnin, der, mit 42 Jahren invalidisiert, über seine Situation reflektiert und in der Arbeit als Schriftsteller eine neue Lebensaufgabe sucht. Die relativ handlungsarme Gegenwartsebene der Er-Erzählung zeigt Sošnins Konfrontation mit der unfähigen Verlagsleiterin, eine von drei betrunkenen Halbstarken provozierte Schlägerei mit Sošnin und schließlich dessen Begegnung mit seiner Frau, die von ihm getrennt lebt. In diese Schicht sind episodenartig Rückwendungen über Lebensgeschichten verschiedener Stadtbewohner sowie Erlebnisse aus dem Polizeialltag eingebettet, die nur teilweise als Erinnerung der Hauptfigur motiviert sind und häufig primär die Funktion haben, die moralischen Probleme der Gesellschaft mit ihren Ursachen und Erscheinungsformen zu dokumentieren. In für sowjetische Literatur erstaunlicher Offenheit und von Umgangssprache und Verbrecherjargon durchsetzter Sprache werden die grausamsten und unmenschlichsten Verbrechen geschildert, wird moralische Gleichgültigkeit und Haltlosigkeit angeprangert und zur Umkehr gemahnt.

Die auf Sošnin selbst bezogenen Rückwendungen erzählen in anachronischer, assoziativer Folge dessen Lebensgeschichte und die ihn prägenden Ereignisse. Im ersten der insgesamt neun Kapitel wird vom frühen Tod der Eltern berichtet, vom Unrecht der Stalinzeit, das auch den jungen Sošnin betrifft. Nach Abschluß der Polizeischule beginnt Sošnin in einer fremden Stadt seine berufliche Laufbahn, lernt seine spätere Frau kennen. Mittelpunkt des zweiten Kapitels ist die Vergewaltigung einer alten Frau durch mehrere Betrunkene. Die Eindringlichkeit der Schilderung – erreicht durch die detaillierte äußerliche Beschreibung des Opfers nach der Tat – ist typisch für die Erzählweise des Romans. Am Beispiel dieser Frau entwickelt Astaf'ev auch das Thema des Mitleids mit den Verurteilten, das für Sošnin eine »Schwäche« des russischen Volkes ist, die es zu überwinden gilt, der er jedoch auch selbst nach der Prügelei mit den jugendlichen Alkoholikern erliegt (Kap. 3). – Weniger differenziert wird die Frage nach dem Recht zu töten behandelt. Ein Amokfahrer, der bereits Menschen getötet und Sošnin schwer verletzt hat, wird von dessen Kollegen erschossen, eine für Sošnin völlig gerechtfertigte Handlungsweise (Kap. 4). – Parallel zu den beruflichen Erlebnissen wird von Sošnins Ehe, der Geburt seiner Tochter, von Ehekrise und Trennung berichtet und darüber reflektiert sowie von Sošnins Weg zum Schreiben. Der letzte Abschnitt seiner Vorgeschichte (Kap. 6/7) umfaßt das Ereignis, das zur Pensionierung Sošnins geführt hat: Beim Versuch, einen ehemaligen Sträfling festzunehmen, der alte, hilflose Frauen terrorisiert, wird er lebensgefährlich verletzt.

Neben solchen ausführlich geschilderten Verbrechen konfrontiert Astaf'ev den Leser mit einer an DOSTOEVSKIJ erinnernden Materialsammlung menschlicher Grausamkeiten: Mord aus blinder Wut, aus Lust am Töten, Mißhandlung und Ermordung der eigenen Kinder als äußerste Stufe moralischer Verkommenheit. Das Schlußkapitel enthält eine in der Art eines ironisierten Märchens erzählte Lebensgeschichte einer eigenwilligen Frau, deren Tod in die Gegenwartsebene zurückführt. Aus Anlaß der Beerdigung kommt Sošnin mit Frau und Tochter zusammen und stellt sich die Frage nach dem Sinn der Familie. Er findet die Antwort in einer Sprichwortsammlung russischer Volksweisheit, die ihm die Unauflöslichkeit der Ehe und die Bedeutung der Familie als Grundlage menschlicher Gemeinschaft vor Augen führt. Der Roman endet mit dem Bild des über einen Bogen Papier gebeugten Sošnin, der nun seine neue Aufgabe in Angriff nimmt.

In der lebhaften Diskussion, die das Werk in der sowjetischen Öffentlichkeit auslöste (auch im Zusammenhang mit dem Vorwurf russisch-nationaler und antisemitischer Tendenzen innerhalb der russischen Dorfprosa), begrüßten die Befürworter die rückhaltlose Einbeziehung der Schattenseiten der sowjetischen Gesellschaft in die Literatur, wie es sie vor Gorbačevs Politik der Umgestaltung nicht gegeben hatte. Die Kritiker hingegen machten künstlerische Bedenken geltend: Es handle sich weniger um einen Roman als um publizistische Prosa, die, anstatt Fragen aufzuwerfen, fertige Antworten gebe; das gezeichnete Bild der Gesellschaft sei zu negativ. Ob Astaf'ev seinen Stoff überzeugend bewältigt hat, dürfte nicht ganz zu Unrecht umstritten sein. Doch geht es nicht allein um die Darstellung von Amoral und menschlichem Bösen; es geht auch um die Ergründung der sozialen und psychologischen Ursachen und die Wege zur Überwindung. Und es geht um den von den Härten des Lebens Gezeichneten, den *»traurigen Detektiv«*, der durch seine leidvollen Erfahrungen zum verantwortungsvollen Schriftsteller reift. F.G.

AUSGABEN: Moskau 1986 (in Oktjabr', 1). – Moskau 1986 (in Žizn' prožit').

ÜBERSETZUNG: *Der traurige Detektiv*, Th. Reschke, Köln 1988.

DRAMATISIERUNG: Moskau 1987 (Bearb. u. Regie: G. Trostjaneckij).

LITERATUR: A. Adamovič, Rez. (in Literaturnaja gazeta, 19. 3. 1986). – *Chudožnik ili publicist – kto prav?* (in Literaturnaja gazeta, 27. 8. 1986). – A. Kučerskij, *Pečal'nyj negativ* (in Voprosy literatury, 1986, 11). – E. Starikova, *Kolokol trevogi* (ebd.). – V. Sokolov, *Moj drug Sośnin* (ebd.). – G. Birjukov, *Obeśćanie novych vstreć* (in Teatral'noe obozrenie, 10. 4. 1987). – G. Ziegler, Rez. (in FAZ, 19. 5. 1988).

MIGUEL ÁNGEL ASTURIAS

* 19.10.1899 Guatemala City
† 9.6.1974 Madrid

LITERATUR ZUM AUTOR:
G. W. Lorenz, *M. A. A. – Porträt und Poesie*, Neuwied/Bln. 1968. – G. Bellini, *La narrativa de M. A. A.*, Buenos Aires 1969. – P. Spruth, *Die beiden Nobelpreisträger für Literatur M. A. A. und Y. Kawabata in ihrer Bildersprache*, Dortmund 1970. – *Homenaje a M. A. A. Variaciones interpretativas en torno a su obra*, Hg. H. F. Giacoman, NY 1971. – H.-O. Dill, *Mythos und Magie bei M. A. A.* (in H.-O. D., *Sieben Aufsätze zur lateinamerikanischen Literatur*, Bln./Weimar 1975). – R. Daus, *M. A. A.* (in Eitel, S. 297–329). – H. Rogmann, *Narrative Strukturen und »magischer Realismus« in den ersten Romanen von M. A. A.*, Ffm. 1978. – G. Bellini, *Tres momentos quevedescos en la obra de M. A. A.* (in RI, 16, 1983, S. 3–19). – M. A. Salgado, *America and Guatemala in the Anti-Yankee Novels of M. A. A.* (in Hispanófila, 27, 1984, S. 79–85).

HOMBRES DE MAÍZ

(span.; *Ü: Maismenschen*). Roman von Miguel Ángel ASTURIAS (Guatemala), erschienen 1949. – Nach eigenen Aussagen des Autors ist *Hombres de maíz* jenes Werk, in dem er seinen Lesern die wenigsten Konzessionen gemacht hat. Und in der Tat ist das Handlungsgefüge der sechs zunächst völlig zusammenhangslos scheinenden Teile des Werks zunächst kaum zu durchschauen. Ein Sinnzusammenhang erschließt sich nicht über logische, kausale Verknüpfungen von Handlungen, Schauplätzen und Figuren, sondern allenfalls über eine Reihe von übergreifenden, gemeinsamen Motiven, die ihren Ursprung in den Mythen und Legenden der Maya-Indianer und ihrer in den ländlichen Gebieten Guatemalas lebenden Nachfahren haben.
Gemäß der Überlieferung haben die Götter die ersten Menschen aus Maismehl geformt, deshalb ist der Mais den Mayas heilig. Zivilisation und Denken der Europäer haben sich in dieser Welt nicht durchsetzen können. In den Indios sind die Mythen der Mayakultur lebendig, es herrschen die alten Naturgottheiten, die Regen, Wachstum und Fruchtbarkeit bringen und mit magischen Beschwörungen günstig gestimmt werden müssen. Daraus erklärt sich der Kampf des Häuptlings Gaspar Ilóm gegen die *ladinos* (Mestizen), die den Wald niederbrennen, um Mais für den Handel anzubauen: Der heilige Mais darf nur der Nahrung dienen; wer damit Geschäfte macht, beleidigt die Götter. Ilóm tötet die Männer, die den Mais schänden, er wird gejagt und kommt schließlich auf der Flucht um. Doch die Natur selbst rächt ihn und vernichtet alle, die sich an seinem Tod schuldig gemacht haben.
Auch in der Odyssee des indianischen Briefträgers Nicho Aquino wird das konkrete Geschehen – er sucht seine Frau, die ihm davongelaufen ist – von magischen Vorstellungen überlagert. Seine Gebirgswanderung wird zu einer traumhaft-phantastischen Jenseitsfahrt, während der er sich in sein *nahual* (Totemtier), den Kojoten, verwandelt und sich mit Zauberern messen muß, die ihm endlich das Schicksal seiner Frau offenbaren. Sein weiterer Weg führt ihn auf recht prosaische Weise aus der mythengetränkten Welt seiner Vorfahren in die rationale Wirklichkeit: Da die Zauberer ihm die Posttasche verbrannt haben, will er nicht mehr in sein Heimatdorf zurückkehren. Er geht an die Küste, findet dort in einem Hotel Arbeit, avanciert zur »rechten Hand« und zum Liebhaber der Besitzerin und erbt schließlich das Hotel.
Hombres de maíz ist in mancher Hinsicht eine Fortsetzung der *Leyendas de Guatemala* (1930). Beide Werke schildern eine magisch bestimmte und wahrgenommene Welt, in der zwischen Legenden, Mythen, Träumen und Wirklichkeit keine wesenhafte Trennung besteht. Auch die Sprache erhält bei Asturias eine besondere Bedeutung: Sprunghaft, assoziativ, ist sie weit häufiger durch klangliche oder rhythmische Aspekte bestimmt als durch Sinnzusammenhänge.
Die Normen der Grammatik und der Syntax werden gesprengt, Bilder und Metaphern, die bevorzugten Ausdrucksmittel, entstammen einem vorlogischen Denken, in dem Dinge und Wesen magisch miteinander verbunden sind. Auch in *Hombres de maíz* versucht Asturias, die Vorstellungswelt der Maya-Quiché-Kultur zu vergegenwärtigen; wohl nicht, um sie durch literarische Aktualisierung zum normativen Leitbild zu machen, sondern um sie als Gefühls- und zum Teil als Denkmuster für den Aufbau einer Synthese aus zeitgenössischen Bewußtseinsinhalten und indigenistisch-amerikanischer Weltsicht darzustellen.
A.F.R.

AUSGABEN: Buenos Aires 1949. – Madrid 1955 (in *Obras escogidas*, Bd. 1; ern. Madrid 1964). – Buenos Aires 1957. – Madrid 1968 (in *Obras Completas*, Hg. J. M. Souviron, Bd. 1). – Mexiko 1968 (in *Antología de M. A. A.*, Hg. P. Palomino). – Mexiko/Barcelona 1974 (in *Lo mejor de mi obra. Autoantología*).

ÜBERSETZUNGEN: *Die Maismänner*, R. Selke, Hbg. 1956. – *Maismenschen*, ders., überarb. W. Zurbrüggen, Bornheim-Merten 1983.

LITERATUR: A. Dorfman, *»Hombres de maíz«: el mito como tiempo y palabra* (in A. D., *Imaginación y violencia en América*, Santiago 1970, S. 233–259). – E. F. García, *La mitología Maya-Quiché y los símbolos de creación y destrucción en »Hombres de maíz« de M. A. A.*, Diss. Louisiana State Univ. 1973 (vgl. Diss. Abstracts, 34, 1974, S. 5967A). – O. Corvalán, *»Hombres de maíz«: una novela-mito* (in JSpS, 7, 1979, Nr. 1, S. 33–40). – E. Karp-Toledo, *Transposición del Surrealismo francés al »Real-Maravilloso« latinoamericano: el caso de M. A. A. con »Hombres de maíz«* (in Lexis, 6, 1982, Nr. 1, S. 99–116). – G. D. Carillo, *Del surrealismo al realismo mágico en »Hombres de maíz« de M. A. A.* (in Sin Nombre, 14, 1983, Nr. 1, S. 53–60).

LEYENDAS DE GUATEMALA

(span.; Ü: *Legenden aus Guatemala*). Guatemaltekische Märchen und Sagen von Miguel Ángel ASTURIAS (Guatemala), erschienen 1930. – Diese erste längere Text-Sammlung des Autors machte ihn in Europa und Lateinamerika als Schriftsteller und (literarischen) Entdecker der Mythenwelt der Maya-Indianer berühmt. Vor allem die französische Avantgarde feierte Asturias' »magischen Realismus«, die phantastisch anmutende Traum-Atmosphäre seiner *Leyendas*, als surrealistisches Meisterwerk. P. VALÉRY pries im Vorwort zur französischen Ausgabe die Erzählungen als berauschend-fremdartige, delirische *»histoires-rêves-poemes«*. Die *Leyendas de Guatemala* sind das Ergebnis einer – auch wissenschaftlichen – Auseinandersetzung des Autors mit der indianischen Mythologie. Dabei werden die Sagen und Volkserzählungen nicht einfach nacherzählt, sondern in einer eigenwilligen Mischung aus vorgegebenem Material und erfundenen, rein fiktionalen Elementen in der Art einer Collage ästhetisierend aufbereitet.

Den Reigen dieser Traumgeschichten eröffnet ein Gedicht in Prosa, *Guatemala*. Es ist eine Vision der Hauptstadt, Santiago de Guatemala, einer Stadt, *»die aus begrabenen Städten besteht, welche übereinander liegen wie die Stockwerke eines hohen Hauses«*. Über die Treppen der Jahrhunderte führt uns der *»Kobold der Träume«* von einem Stockwerk ins andere, und jedesmal ersteht in einer mit wenigen Strichen lebendig gezeichneten Szene das Bild einer versunkenen Stadt. Die Hochburgen der alten Mayakultur werden beschworen, Palenque, Quiriguá und Tikal, dann Guatemala selbst, die Stadt der Konquistadoren, die aus drei Stockwerken besteht: »Santiago«, »Antigua« und »Guatemala de la Asunción«. Leitmotivisch erklingt wie ein Vers von Stockwerk zu Stockwerk der Satz: *»Der Kobold der Träume spinnt das Garn der Geschichten.«* Die erste der eigentlichen Märchenerzählungen, *Legende vom Vulkan*, führt in mythische Vorzeit zurück. Es ist die Sage von der ersten Gründung der Stadt am Ende des Tages, *»der viele Jahrhunderte dauerte«*, durch Nido, den Windmenschen, den einzigen Überlebenden der Urkatastrophe, da der Berg, *»den sie Cabrakán nannten ... Feuerspeichel ausspie«*. In der *Legende vom Schlafmohnmann* sind ebenso wie in der *Legende vom Teufelshut* christliche und indianisch-heidnische Vorstellungen eine unauflösliche Verbindung eingegangen. In der ersten zeigt sich die indianische Abwandlung des Werwolf-Motivs – *»Und in den Fluren geht der Cadejo um, der Mädchen mit langen Zöpfen raubt und Knoten in die Mähnen der Pferde macht«* – ganz durch christliche Vorstellungen bestimmt. Es ist das Märchen von der Novizin, *»die im Convento de la Concepción die Hostien zuschnitt«* und die der Hostienträger des Klosters, *»der Herr mit den langen Wimpern«*, durch ihren Zopf in Versuchung bringt. Als sie ihn abschneidet, fährt der Teufel hinein und verwandelt ihn in ein Reptil ohne Kopf, das die Lebenskerze zum Erlöschen bringt. Seitdem geht, *»zum Cadejo verwandelt, einem langen Tier ... mit Bockshufen, Hasenohren und einem Fledermausgesicht«*, der Schlafmohnmann um. In der *Legende vom Teufelshut* springt dem einzigen Mönch, der in einer Zeit, da die Geistlichen sich *»der Pflege der Schönen Künste und dem Studium der Wissenschaften und der Philosophie hingaben«*, in heiliger Gottesfurcht verharrt, ein Bällchen zu, so wundersam, daß er es nicht mehr hergeben will, bis er erkennt: *»Es war der Hut des Teufels.«* In der *Legende von der Tatuana* tritt die heidnische mit der christlichen Welt in Konflikt. Es ist das Märchen von Meister Mandelbaum, einem heidnischen Priester, der *»das Geheimnis der Pflanzen, die alles heilen«* und *»den Wortschatz des Obsidians – des sprechenden Steines«* kennt und der seine Seele auf die vier Wege verteilt, die zu den vier Enden des Himmels führen. Dieser Priester wird zum Schluß zusammen mit der Sklavin des Händlers der unbezahlbaren Juwelen *»im Namen Gottes und des Königs«* verhaftet, *»weil er ein Zauberer sei«* und zum Tod auf dem Scheiterhaufen verurteilt. Aber natürlich zaubert er sich und das Mädchen frei. Das letzte Märchen schließlich, die *Legende von dem Schatz am Blütenort*, hat wieder den Charakter der Sage. Es ist die Vision von der Eroberung der Stadt zwischen den Vulkanen durch die Männer Pedro de Alvarados und von ihrer Vernichtung durch einen Vulkanausbruch.

Sowohl in der Darstellungstechnik wie in der sprachlichen Gestaltung sind die Einflüsse der dargestellten, vorrationalen, magischen Maya-Welt deutlich erkennbar. So versucht Asturias etwa, Besonderheiten der Maya-Sprache ins Spanische zu übertragen. Er bevorzugt Lautmalereien, klangliche Effekte, Metaphern, Wortspiele und Volksetymologien; Stilmittel, die allesamt auf eine der Sprache beigemessene magische Dimension verweisen und sich dem Verständnis des Lesers zunächst schwer erschließen. F.I.

AUSGABEN: Madrid 1930. – Buenos Aires 1957. – Madrid 1964 (in *Obras completas*, Bd. 1). – Madrid 1968 (in *Obras completas*, Hg. J. M. Souviron, Bd. 1). – Mexiko 1968 (in *Antología*, Hg. P. Palomino). – Mexiko/Barcelona 1974 (in *Lo mejor de mi obra. Autoantología*). – Caracas 1977 (in *Tres Obras*, Hg. A. Uslar Pietri).

ÜBERSETZUNG: *Legenden aus Guatemala*, F. Vogelgsang, Wiesbaden 1960 [Vorw. P. Valéry]. – Dass., ders., Ffm. 1973 [erw. Aufl. m. Ill.; BS].

LITERATUR: R. A. Verzasconi, *Magical Realism and the Literary World of M. A. A.*, Diss. Univ. of Washington 1965 (vgl. Diss. Abstracts, 26, 1965/66, S. 2763). – G. W. Lorenz, *Interview mit M. A. A.* (in WdL, 4, 1967, Nr. 15, S. 6/7). – P.-M. Hottenroth, *Die Ortsbestimmungen in den »Leyendas de Guatemala« von M. A. A.*, Ffm./Bern 1982.

MULATA DE TAL

(span.; *Ü: Eine gewisse Mulattin*). Roman von Miguel Ángel ASTURIAS (Guatemala), erschienen 1963. – Nach den militanten Protest-Romanen der sogenannten »Bananen-Trilogie« (bestehend aus *Viento fuerte*, 1949; *El papa verde*, 1950; *Los ojos de los enterrados*, 1960) greift Asturias in *Mulata de tal* erneut den unerschöpflichen Fundus der Maya-Mythologie auf. Hintergrund für die Handlung, die sich immer wieder in einer Fülle von einzelnen Episoden zu verlieren droht, ist eine verbreitete Legende von einem Mann, der seine Frau dem Teufel verkauft und dafür reich wird, aber nicht glücklich. Hauptfigur in *Mulata de tal* ist nicht die Titelgestalt, sondern der Indio Celestino Yumi. Er durchzieht mit seiner Frau Catalina eine unheimliche, von Magiern, Zwergen, Riesen und giftigen Tieren bevölkerte, von Erdbeben heimgesuchte Welt, in welcher der Dämon Tazol sein Unwesen treibt. Diesem verkauft er seine Frau, wird dadurch zum reichsten Mann seines Dorfes und heiratet eine Mulattin, die dem Rauschgift verfallen ist und Celestino bis aufs Blut peinigt. Durch ihre und seine eigene Schuld wird Yumi wieder arm, erhält seine in eine Zwergin verwandelte erste Frau zurück und entledigt sich mit ihrer Hilfe der Mulattin. Nach einiger Zeit empfängt Catalina, die inzwischen wieder zur normalen Frau geworden ist, von dem Dämon Tazol einen Sohn, Tazito, und verzaubert nun ihren Mann, zuerst in einen Zwerg, dann in einen Riesen. Nun folgt eine Metamorphose der andern, so daß die verschiedenen Personen kaum mehr zu identifizieren sind. Zum Schluß finden sich alle in der verwunschenen Ortschaft Tierrapaulita wieder. Hier führt die Kirche einen aussichtslosen Kampf gegen Götzendienerei und Magie, denen sogar der Pfarrer erliegt. Mit der Vernichtung des Ortes durch ein Erdbeben endet das Buch.

Wie der apokalyptische Schluß die verschiedenen Deutungen erlaubt, so läßt auch die Handlung unterschiedlichste Interpretationsansätze zu. Ein thematischer Aspekt sind etwa die kontrastierenden Vorstellungen des Satans, des Bösen, aus indianischer und christlicher Sicht. Aber Asturias geht es nicht darum, eine rationale Erschließung der dargestellten magischen Wirklichkeit zu vermitteln. Durch die Befreiung von herkömmlichen Erzähltechniken, den Verzicht auf logische Verknüpfung und zeitliche Ordnung, die scheinbar willkürliche Vermischung surrealistischer Bilder, idiomatischer und hochsprachlicher Ausdrucksweise soll der Leser vielmehr zum Mit-Fühlen bewogen werden und das Buch gleichsam als tropischen Traum erleben. M.S.R.

AUSGABEN: Buenos Aires 1963. – Madrid 1966 (in *Obras escogidas*, Bd. 3). – Madrid 1968 (in *Obras Completas*, Bd. 3, Hg. J. M. Souviron). – Mexiko 1968 (in *Antología*, Hg. P. Palomino). – Mexiko/Barcelona 1974 (in *Lo mejor de mi obra. Autoantología*).

ÜBERSETZUNG: *Eine gewisse Mulattin*, W. Kabus, Genf/Hbg. 1964.

LITERATUR: C. V. Aubrun, *Aperçu sur la structure et la signification de »Mulata de tal«* (in Europe, 1968, Nr. 473, S. 15–20). – V. Cabrera, *Ambiguedad temática de »Mulata de tal«* (in CA, 31, 1972, Nr. 180, S. 219–224). – R. Silva Cáceres, *El discurso obsesivo y la adición como estructura en »Mulata de tal« de M. A. A.* (in RI, 46, 1980, S. 459–470). – G. Bellini, *Brujos y demonios en »Mulata de tal«* (in G. B., *De tiranos, héroes y brujos. Estudios sobre la obra de M. A. A.*, Rom 1982, S. 61 bis 108). – M. M. M. Shaul, *Myth and Folklore in »Mulata de tal«*, Diss. Univ. of North Carolina 1982 (vgl. Diss. Abstracts, 43, 1983, S. 3613A).

EL SEÑOR PRESIDENTE

(span.; *Ü: Der Herr Präsident*). Roman von Miguel Ángel ASTURIAS (Guatemala), erschienen 1946. – Verfaßt hat der Autor diesen wohl bekanntesten lateinamerikanischen Diktatorenroman bereits 1932. Aus politischen Gründen konnte er jedoch erst 14 Jahre später – in Mexiko – erscheinen. Reales Vorbild für den Roman ist der guatemaltekische Diktator Manuel Estrada Cabrera (reg. 1898–1920), er könnte aber auch das Regime des Obersten Ubico in den dreißiger Jahren oder jede andere Gewaltherrschaft, auch in anderen Ländern, darstellen. Ebenso wie der Präsident selbst, sind das Land und die Hauptstadt seiner Machtausübung namenlos; Asturias entwirft hier ein allgemeingültiges Bild der Unterdrückung, des Terrors, der ständigen Bedrohung und der Angst, auch der »Banalität des Bösen«.

Allmacht und Willkür ohne Herrschergröße, Bedenkenlosigkeit und dämonische Tücke kennzeichnen diesen »Herrn Präsidenten«, der das Land im Dienst seiner eigenen, rein persönlichen Zwecke einer despotisch-patriarchalischen Form der Machtausübung und einem allgegenwärtigen, grausamen Polizeiregime unterwirft. Dieser Mann, die Verkörperung des lateinamerikanischen Caudillo, vertritt ausschließlich sich selbst, nicht den Staat, die Gesellschaft oder das Volk, er schafft keine Ordnung, sondern friedhofähnliche Ruhe, gestaltet nichts, sondern zerstört und versklavt. Unter seiner Hand gedeiht nur das Bordell »Dulce Encanto« (Süßer Zauber) und das Heer seiner Prätorianer: Parasiten, Schmeichler, Feiglinge, Betrüger, Hochstapler, Zuhälter, Denunzianten, Marionetten der Macht. Asturias zeigt seinen Präsidenten nicht in der beliebten Operettenpose in Phantasieuniform mit ordengeschmückter Brust. Dieser Präsident ist zeitlos, abstrakt, ganz und gar unpersönlich und verrät keinerlei ideologischen Anstrich: *»Der Präsident trug immer strenge Trauerkleidung, schwarze Schuhe, schwarzen Anzug, schwarze Krawatte, einen schwarzen Hut, den er niemals abnahm. Der grauweiße Schnurrbart fiel über die festgeschlossenen Lippen seines zahnlosen Mundes, und die Haut der eingefallenen Wangen war faltig, ebenso wie die Augenlider.«* Es ist das Bild eines Henkers. Die düstere, grausam-sadistische Gestalt dieses Menschen wirft einen unheimlichen Schatten, der das Land geistig verdorren läßt. Im Mittelpunkt des Romans steht ein Schauprozeß, der durch die Ermordung des Majors Parrales, eines der Lieblingsschergen des Präsidenten, ausgelöst wird. Die sinnlose Tat eines Wahnsinnigen wird zum Vorwand für eine »Säuberungsaktion«, der zwei Gegner des Präsidenten, der General Canales und der Akademiker Carvajal, zum Opfer fallen. Miguel Cara de Ángel (»Engelsgesicht«), Stabschef des Heeres und rechte Hand des Präsidenten, der die Tochter des Generals geheiratet hat, wird des Einverständnisses mit diesem angeklagt. Im letzten Kapitel des Buches wird er unter Anwendung der gleichen teuflischen Torturen, die er für andere erdacht hat, zu Tode gequält. Die Darstellung der Ereignisse und Figuren in *El Señor Presidente* erinnert an die von VALLE-INCLÁN in die spanische Literatur eingeführte Technik des *esperpento* (vgl. *Luces de bohemia; Martes de carnaval*). In dieser die Wirklichkeit durch phantastische Verdichtung und grotesk-satirische Übertreibung verzerrenden Technik erhält das Erzählte eine atemberaubende, lähmende Unmittelbarkeit. Dieser Eindruck wird durch die aggressive und wie von heimlichem Ekel erfüllte Sprache des Romans verstärkt, die doch zugleich sehr literarisch durchgestaltet, von Metaphern und eindrucksvollen Vergleichen erfüllt ist und den Leser in eine Stimmung des Alptraums und der Halluzination versetzt. So wird der Leser in ähnlicher Weise wie die Gestalten des Romans von der zerstörerischen Allmacht des Bösen überwältigt. A.F.R.

AUSGABEN: Mexiko 1946. – Madrid 1955 (in *Obras escogidas*, Bd. 1). – Buenos Aires ⁴1964. – Madrid 1968 (in *Obras Completas*, Bd. 1, Hg. J. M. Souviron). – Caracas 1977 (in *Tres obras*, Hg. A. Uslar Pietri). – Paris/Madrid 1977–1978 (in *Edición crítica de las obras completas*, Bd. 3).

ÜBERSETZUNGEN: *Der Herr Präsident*, J. Bachmann, Genf/Ffm. 1957. – Dass., ders. u. a., Zürich 1984 [m. mehreren Zeichnungen].

LITERATUR: W. M. Davis, *Maya-Quiché Myth in A.'s »El Señor Presidente«* (in Philologica Pragensis, 13, 1970, Nr. 2, S. 95–104). – H. E. Robles, *Perspectivismo, yuxtaposición y contraste en »El Señor Presidente«* (in RI, 79, 1972, S. 215–236). – J. Himelblau, *»El Señor Presidente«: Antecedents, Sources and Reality* (in HR, 41, 1973, S. 43–78). – D. Reichardt, *»El Señor Presidente«: die negierte Revolution* (in Iberoamericana, 4, 1980, Nr. 1, S. 23–33). – D. Campion, *Eye of Glass, Eye of Truth: Surrealism in »El Señor Presidente«* (in Hispanic Journal, 3, 1981, Nr. 1, S. 123–135). – G. Bellini, *De tiranos, héroes y brujos. Estudios sobre la obra de M. A. A.*, Rom 1982.

AŚVAGHOṢA

um 100 n.Chr. Nordindien

LITERATUR ZUM AUTOR:
J. Nobel, *Um A.* (in NGG, 1931, S. 330–336). – B. C. Law, *A.* (in *Encyclopedia of Buddhism*, Bd. 2, Colombo 1967, S. 292–298). – B. Bhattacharya, *A.: A Critical Study*, Santiniketan 1976.

BUDDHACARITA

(skrt.; *Buddhas Leben*). Epos von AŚVAGHOṢA. – In diesem Werk werden das Leben und die Taten Buddhas poetisch verklärt. Wegen seines heterodoxen, buddhistischen Inhalts hat die brahmanische Tradition das Werk trotz seines dichterischen Wertes vernachlässigt. Das *Buddhacarita* muß als echtes *mahākāvya* oder höfisches Kunstepos angesprochen werden. Wie dieses verwendet es alle Schmuckmittel *(alaṃkāra)* der Kunstdichtung, sowohl Wortspiele wie Stilfiguren, und zwar in kunstvoller, aber ungekünstelter Weise. Auch bestimmte Kenntnisse, die man vom Kunstdichter verlangt, werden demonstriert: etwa der Erotik *(kāmaśāstra)* in der berühmten Nachtszene im Harem, wo die Odalisken dem werdenden Buddha Ekel einflößen und ihn zur Flucht bestimmen (5. Gesang); ferner die Kenntnis der politischen Wissenschaft *(nītiśāstra)* in den Belehrungen, die der Hauspriester *(purohita)* dem Prinzen (4. Gesang) erteilt. Überdies wird die für ein Kunstepos obligatorische Schlachtenschilderung im 13. Gesang durch den Kampf mit dem Versucher Māra und seinen Heerscharen repräsentiert. Literarisch enge Beziehungen verbinden das *Buddhacarita* mit dem *Rāmāyaṇa*, dem *Ādikāvya (Ur-Kunstgedicht)*, wie es die Inder nennen, das Aśvaghoṣa gekannt haben muß. Andererseits wird die erwähnte Szene im Harem in einer späten Stelle des *Rāmāyaṇa*, nämlich in der Schilderung von Rāvaṇas Frauengemach (5, 9–11), nachgeahmt.

Das *Buddhacarita*, eines der ältesten buddhistischen Werke auf Sanskrit, stellt eine vollständige Biographie des Buddha von seiner Geburt bis zu seinem *nirvāṇa* unter den zwei Sāl-Bäumen in Kuśinagara dar. Leider ist das Sanskritoriginal nicht vollständig überliefert: die in den existierenden Handschriften vorliegenden 17 Gesänge (von denen bloß 13 echt sind) umfassen nur die Ereignisse von der Geburt des Erleuchteten bis zu den Bekehrungen anschließend an die berühmte Predigt von Benares. Nach den Angaben des chinesischen Pilgers I-TSING, der 671–695 Indien bereiste, und nach der im chinesischen buddhistischen Kanon vorliegenden, allerdings sehr freien Übersetzung von DHARMARAKṢA (Anfang des 5.Jh.s) hatte das ursprüngliche Werk 28 Gesänge und schilderte Buddhas Weg bis zum *nirvāṇa*. Bestätigt wird diese Feststellung durch die viel wörtlichere tibetische Übersetzung aus dem 8.Jh. Obwohl das *Buddhacarita* im Original nur als Torso erhalten ist, genügen diese Reste doch, den hohen dichterischen Wert des Werkes zu erweisen. Man fühlt die innere Anteilnahme des Dichters an seinem Stoff und besonders seine glühende Verehrung für die Person des Erleuchteten. Die volle Beherrschung der Stilmittel hat Aśvaghoṣa in seiner Darstellung nie zu übertriebenen Wortspielereien verführt, wie sie späteren Kunstdichtern unterlaufen. Als Beispiele der lebendigen und suggestiven Darstellung des Dichters seien genannt: die Ausfahrten des jungen Prinzen, die zur Begegnung mit einem Greis, einem Kranken und einem Toten führen (3. Gesang), ferner die Szene im Harem und der Kampf mit Māra, dem Dämonenkönig (13. Gesang). H.H.

AUSGABE: Oxford 1893 (Anecdota Oxoniensia, Aryan Ser., 1, Hg. E. B. Cowell). – Lahore 1936, Hg. E. H. Johnston (m. engl. Übers.; Nachdr. Delhi 1972).

ÜBERSETZUNGEN: *Buddhacarita*, C. Cappeller, Jena 1922 (in *Relig. Stimmen d. Völker*). – *Buddhas Leben, Aśvaghoṣas Buddhacaritam*, R. Schmidt, Hannover 1923. – *Das Leben des Buddha von Aśvaghoṣa*, F. Weller, Lpzg. 1926 [tibet. Version m. dt. Übers.]. – *Fo-sho-hing-tsan-king*, S. Beal, Oxford 1883 (in *The Sacred Books of the East*, 19; chines. Version m. engl. Übers.).

LITERATUR: E. Leumann, *Some Notes on Aśvaghoṣas Buddhacharita* (in WZKM, 7, 1893, S. 193). – O. Böhtlingk (in Ber. ü. d. Verhandlungen d. kgl. sächs. Ges. d. Wiss. zu Lpzg., phil.-hist. Kl., 1894, S. 160). – F. Kielhorn (in NGG, phil.-hist. Kl., 1894, S. 364). – H. Lüders, (ebd., 1896, S. 1). – J. S. Speyer (in JRAS, 1914, S. 105). – E. H. Johnston (ebd., 1927, S. 209). – F. Weller (in ZDMG, 93, 1939, S. 306–338). – Ders., *Zwei zentralasiatische Fragmente des Buddhacarita*, Bln. 1953 (ASAW, 46,4). – C. Vogel, *On the First Canto of A.'s Buddhacarita* (in Indo-Iranian Journal, 9, 1966, S. 266 ff.). – F. Weller, *Untersuchung über die textgeschichtl. Entwicklung des tibetischen Buddhacarita*, Bln. 1980 (ASAW, 69, 3).

ŚĀRIPUTRAPRAKARAṆA

(skrt.; *Das Schauspiel von Śāriputra*). Fragmentarisch in zwei zentralasiatischen Palmblatt-Handschriften überliefertes Drama von AŚVAGHOṢA. – Diesem einzigen Drama des Aśvaghoṣa kommt seines hohen Alters wegen eine eminente literarhistorische Bedeutung zu. Selbst aus den bescheidenen Resten dieses ursprünglich neun Akte umfassenden Schauspiels, das zusammen mit zwei anderen, ebenfalls nur fragmentarisch erhaltenen buddhistischen Dramen das älteste Zeugnis dramatischer Dichtkunst in indischer Sprache darstellt, ist zu entnehmen, daß Aśvaghoṣa, der Verfasser des Epos *Buddhacarita (Buddhas Leben)*, als Dramatiker fast ebenso bedeutend war wie als Epiker. Zwar läßt sich der Ablauf der Handlung auch nicht annähernd rekonstruieren, da die vorhandenen Fragmente nur Reste der letzten beiden Akte enthalten, doch sind daraus wichtige Erkenntnisse über die literarhistorischen Gegebenheiten des vorklassischen indischen Dramas aus der Zeit vor BHĀSA (Ende des 2.Jh.s) zu gewinnen.

Das vorliegende Drama, das zur Gattung des sog. *prakaraṇa* (bürgerliches Schauspiel, dessen Handlung meist frei erfunden und dessen Hauptperson gewöhnlich ein Brahmane, ein Minister oder ein Kaufmann ist) gehört, unterscheidet sich deutlich von der Gattung des sog. *nāṭaka* (Drama, das hauptsächlich Stoffe aus den großen Epen *Mahābhārata* und *Rāmāyaṇa* behandelt und dessen Held ein Gott, ein Heiliger oder ein König ist). Wenn die Fabel des *Śāriputraprakaraṇa* auch nicht frei erfunden ist, so hat sie der Autor immerhin dem vom brahmanischen Standpunkt als volkstümlich geltenden mittelindischen Kanon buddhistischer Texte entnommen. Die von Aśvaghoṣa in seinem Drama gestaltete Geschichte von der Bekehrung der beiden Jünger Śāriputra und Maudgalyāyana, des sog. »glücklichen Paars« *(bhadrayuga)*, findet sich bereits im »Korb der klösterlichen Ordenszucht« *(Vinayapiṭaka)* des als »Dreikorb« (pāli: *Tipiṭaka*; skrt.: *Tripiṭaka*) bekannten Kanons der buddhistischen Schriften. – Wie später im klassischen Drama wird schon hier im *Śāriputraprakaraṇa* sowohl Sanskrit (von Buddha, Kauṇḍinya, Śāriputra und Maudgalyāyana) als auch das volkstümliche Prakrit (vom Vidūṣaka, »Schimpfer«) gesprochen. Der Vidūṣaka (die lustige Person des Dramas) tritt hier, obwohl es sachlich wenig gerechtfertigt erscheint, als Begleiter und Gefährte des Helden Śāriputra auf; er war also schon in dieser frühen Zeit ein fester Bestandteil des Schauspiels. Auch die Verwendung des »Schlußspruchs« *(bhārata-vākya)* läßt sich schon nachweisen. In einem Gespräch zwischen Buddha und Śāriputra über Fragen der buddhistischen Lehre erweist sich der Autor zugleich als bedeutender Theologe. KLL

LITERATUR: H. Lüders, *Das »Śāriputraprakaraṇa«, ein Drama des A.* (in SBAW, 1911, S. 388 ff.; auch in H. L., *Philologica Indica*, Göttingen 1949, S. 190 ff.). – Ders., *Bruchstücke buddhistischer Dramen*, Bln. 1911.

SAUNDARANANDA-KĀVYA

(skrt.; *Epos vom schönen Nanda*). Dichtung in 18 Gesängen von AŚVAGHOṢA. – Das Werk, das ebenso wie das von demselben Autor stammende *Buddhacarita* im Stil der höfischen Kunstdichtung *(kāvya)* verfaßt ist, berührt sich stofflich zwar mit diesem Epos, behandelt aber hauptsächlich Episoden, die im *Buddhacarita* nur gestreift oder gar nicht dargestellt werden. Während z. B. das *Buddhacarita* die Gründung von Buddhas Heimatstadt Kapilavastu nur kurz erwähnt, wird dieses Ereignis im ersten Gesang des *Saundarananda-kāvya* ausführlich geschildert. Die Darstellung beginnt damit, daß der Seher (ṛṣi) Kapila an den Abhängen des Himalaja eine Einsiedelei gründet. Einige Prinzen aus dem Geschlecht des Königs Ikṣvāku werden seine geistlichen Schüler. Eines Tages erhebt sich Kapila mit seinem heiligen Wasserkrug in die Lüfte; mittels des herabtropfenden Wassers markiert er ein großes Stück Grund und Boden, auf dem er die Prinzen eine Stadt, Kapilavastu, erbauen heißt. Nach einigen Generationen herrscht hier König Suddhodana, der Vater des Buddha. Den eigentlichen Inhalt des *Saundarananda-kāvya* bildet die Geschichte des der Frauenliebe verfallenen Nanda, mit dem Beinamen Sundara, »der Schöne«. Nanda, der Halbbruder Buddhas, hat sich ganz der Liebe zu seiner Frau Sundarī hingegeben. Zunächst wird er vergebens von Buddha ermahnt, Mönch zu werden; und als er schließlich doch seine Einwilligung gibt, tut er es nur widerwillig. Gesang 6 und 7 sind fast ganz mit den Klagen des Nanda und der Sundarī angefüllt. Da sucht Buddha den Liebeskranken zu heilen, indem er sich mit ihm in die Lüfte erhebt. Auf dem Weg zu den Götterhimmeln sieht Nanda im Himalaja ein häßliches, einäugiges Affenweibchen und sagt zu Buddha, daß seine Frau Sundarī viel schöner sei. Im Himmel aber erblickt er dann herrliche Nymphen (Apsaras), die er um so viel schöner als seine Frau findet, wie Sundarī schöner als die Äffin ist. Von nun an steht sein Sinn nur noch nach den Apsaras und, auf die Erde zurückgekehrt, weiht er sich den Anstrengungen der Askese, um in den Himmel der schönen Nymphen zu gelangen. Erst der Buddhajünger Ananda belehrt ihn darüber, daß auch die erstrebten himmlischen Freuden vergänglich sind. Daraufhin wendet sich Nanda echter Meditation zu; unter dem Eindruck der sich über fünf Gesänge erstreckenden Predigten Buddhas wird er schließlich ein Heiliger *(arhat)*. H.H.

AUSGABEN: Ldn. 1928, Hg. E. H. Johnston; Nachdr. Delhi 1975. – Calcutta 1939, Hg. H. Shastri (Bibl. India, 192).

ÜBERSETZUNG: (engl.) *The Saundarananda, or Nanda the Fair*, E. H. Johnston, Ldn. 1932; Nachdr. Delhi 1975 [mit d. Ausg.].

LITERATUR: A. Gawroński, *Notes on the »Sāundarananda«*, Krakau 1922.

FALIH RIFKI ATAY

* 1894 Istanbul
† 20.3.1971 Istanbul

LITERATUR ZUM AUTOR:
Hikmet Feridun (Es), *Bugün de diyorlar ki...*, Istanbul 1932. – B. S. Ediboğlu, *F. R. A. konuşuyor*, Istanbul 1945. – S. N. Özerdim, *F. R. A. 'in Atatürk'le, devrimle ilgili yapıtları* (in Türk Dili, 30, 42, 351, 1981, S. 567–569). – H. Dizdaroğlu, *F. R. A.* (in ebd., S. 548–558). – M. Deligönül, *F. R. A. 'in dili, biçimi üzerine notlar* (in ebd. S. 559–566).

ROMAN

(ntürk.; *Roman*). Prosawerk von Falih RIFKI ATAY, erschienen 1931. – Der vor allem durch seine Zeitungsglossen, aber auch durch lebendige Reiseschilderungen und Romane bekannt gewordene Autor versucht in diesem Buch, das sich ungeachtet seines Titels in keine bestimmte literarische Gattung einordnen läßt, den sozialen Voraussetzungen, Begleiterscheinungen und Folgen des politischen Umsturzes in der Türkei auf den Grund zu gehen, in der Absicht, die Oberflächlichkeit und die Künstlichkeit einer »Revolution« zu entlarven, für die seiner Meinung nach der Boden noch nicht bereitet war. Der gleichwohl betonten Offenheit seiner kritischen Position entspricht die Form des Werks: Sie gibt Einblick in dessen (allerdings fiktiven) Entstehungsprozeß.
Ein Schriftsteller, der nach einem »Thema« für sein geplantes Buch sucht, verbringt einige Tage in der Sommerfrische. Die Anregungen, die ihm seine unmittelbare Umgebung bietet, weisen in dieselbe Richtung wie die Zuschriften, die er auf ein Zeitungsinserat erhält und die Leserbriefe aus der Zei-

tung, die in Form von Erlebnisberichten immer wieder das Bild einer allgemeinen gesellschaftlichen Unsicherheit und Desorientierung beschwören. Verwirrung stiftet z. B. das Auftreten von Frauen, die ihre vergitterten alttürkischen Häuser verlassen und sich unverschleiert auf der Straße oder am Badestrand zeigen. Die zu revolutionären Entwicklungen ansetzende Türkei steht immer noch, wie zur Zeit der »Tanzimat«, der politischen Reformen von 1839 und der dadurch eingeleiteten Epoche, unter starkem französischem Einfluß, wobei vor allem die negativen Seiten des Vorbilds Anklang finden und etwa in der Ehe Untreue und Flatterhaftigkeit als Ausweis der Europäisierung gelten. Wenn auch diese Erscheinungen zunächst nur eine dünne Oberschicht betreffen, stören sie doch empfindlich das gesellschaftliche Gleichgewicht, da nun innerhalb des sozialen Gefüges an der Stelle der traditionell herrschenden Klasse ein Vakuum entsteht.

Auf der anderen Seite lebt in der türkischen Republik, die sich als laizistischer Staat versteht, nach wie vor eine breite Schicht von der Medrese (Koranschule) geprägter Menschen, deren Denkgewohnheiten und deren Weltverständnis sich nicht wie ihre Kleidung durch ein Gesetz ändern lassen. Falih Rıfkı Atay illustriert dies geistreich am Beispiel eines alten Derwischklosters an seinem Ferienort, das nun Parteilokal ist, wozu der Vorsteher kurzerhand seinen Bart gestutzt und den Turban angelegt hat: Die Verwandlung kam nicht von innen, sondern erscheint künstlich aufgepfropft, eine Maskerade. Und wenn der Autor zwanzig Jahre später beim Erscheinen der zweiten Auflage (1951) feststellt, keine Zeile in seinem Buch habe ihre Aktualität verloren, so dürfte es unter seinen Lesern kaum einen geben, der ihm nicht, mit mehr oder weniger großem Bedauern, zustimmen müßte.

B.At.

AUSGABEN: Istanbul 1931. - Istanbul 1951. - Istanbul 1964.

ÜBERSETZUNG: *Roman*, E. Saussey (in E. S., *Prosateurs turcs contemporains*, Paris 1933, S. 303–317; Ausz.; m. Einf.; frz.).

LITERATUR: Kâzım Nâmi (Duru), »*Roman*« (in Ülkü, 1, 1933, Nr. 2). - Hüseyin Cahit (Yalçın), *Bay F. R. A.: »Roman«* (in Fikir Hereketleri, 3, 1935, Nr. 78).

ZEYTİNDAĞI

(ntürk.; *Ölberg*). Erinnerungen von Falih Rıfkı ATAY, erschienen 1932. – In dem Werk, das nicht nur ein Dokument der Zeitgeschichte ist, sondern auch als ein musterhaftes Stück türkischer Prosa gelten kann, schildert der Autor die Zeit nach der Ausrufung der »Zweiten Konstitution« (İkinci Meşrutiyet, 1908), die Herrschaft des »Komitees für Einheit und Fortschritt«, im besonderen aber die Verhältnisse an der Palästinafront des Ersten Weltkriegs während der Jahre 1915–1918.

Falih Rıfkı, der als junger Reserveoffizier dem Kommandeur der vierten Armee, Cemal Paşa, zugeteilt wurde – das Hauptquartier befand sich in einem deutschen Sanatorium auf dem Ölberg – versucht, die Männer des »Komitees«, ihre Persönlichkeit und die Rolle, die sie spielten, zu würdigen. Breiten Raum nimmt die Schilderung der Verdienste Cemal Paşas ein, der im Mittelpunkt des Geschehens steht, bis er seinen Posten an die Deutschen abtritt. Der Autor zeichnet aber auch das Bild der namenlosen, stumm gehorchenden Söhne Anatoliens, die an acht Fronten kämpfen, um das zerfallene Reich vor dem Untergang zu bewahren. »*Zu allen Zeiten und überall haben die Kolonien das Mutterland ernährt und wurden ausgesaugt. Das ist die Kunst des Imperialismus. Das Osmanische Reich hingegen lag von Thrakien bis Erzerum hingestreckt und ließ sich von seinen Kolonien und allen möglichen Völkerschaften bis aufs Blut aussaugen.*« Mit dem Osmanischen Reich sind hier die türkischen Kernlande gemeint, die infolge des auf vorindustrieller Stufe verharrenden osmanischen Territorialexpansionismus zu einem politischen, wirtschaftlichen und kulturellen Vakuum geworden waren. Voller Entrüstung schildert Falih Rıfkı die Verhältnisse bei den arabischen Scheichen und Beduinen: Weder der Handel noch die Industrie noch die Kultur der umkämpften Gebiete sind türkisch, höchstens der örtliche Ordnungshüter, und selbst der oft nur der Uniform nach. In den Abschnitten *Das Grab Mohammeds* und *Der Pilger* beschreibt der Autor das Geschäft mit der Frömmigkeit in Medina und Jerusalem, um dann auf die aktuelle Lage in den vom Krieg heimgesuchten Gegenden und auf das Verhalten der Wüstenaraber, die zwischen den Fronten lavierten, einzugehen.

Zu den Vorzügen Cemal Paşas – die auch in den Erinnerungen Halide Edib ADIVARS (vgl. *Memoirs of Halide Edib*) gerühmt werden – gehörte, daß er ein guter Organisator war und sich noch während des Krieges um den Wiederaufbau bemühte, wobei er den deutschen Städtebauspezialisten Weigand und den Schweizer Gelehrten Zürcher hinzuzog. Nach dem Zusammenbruch, auf der Rückfahrt durch das verwüstete Anatolien, äußerte er Falih Rıfkı gegenüber sein Bedauern, soviel Geld und Energie auf fremde Länder statt auf Anatolien verwendet zu haben. Die Machthaber seiner Partei hatten ihn jedoch absichtlich an die ferne, nicht zu haltende Palästinafront abgeschoben. In diesem Zusammenhang kommt Falih Rıfkı auch kritisch auf die Suezkanaltragödie zu sprechen. Bei der Schilderung der Kämpfe um den Kanal und Gaza sowie des Falls von Jerusalem, den er nicht mehr aus der Nähe miterlebt hat, greift er auf fremde Tagebücher zurück.

Neben der deutschen Politik an dieser Front – der Autor schildert einige der Beteiligten, die ihm persönlich bekannt waren, wie von der Goltz, Falkenhayn, Kress, Liman von Sanders u. a. – werden arabische Sitten und Gebräuche beschrieben, so daß das Buch teilweise die Züge einer Reisebeschreibung annimmt, eines Genres, das in Atays umfangreichstem Gesamtwerk besonders stark vertreten ist und in dem er – nach Ansicht von Behçet NECATİGİL – den ersten Rang unter den Schriftstellern der republikanischen Ära in der Türkei beanspruchen kann. B.At.

AUSGABEN: Istanbul 1932. – Istanbul 1957. – Istanbul 1964. – Istanbul 1970 [m. Rez. von Y. K. Karaosmanoğlu u. H. C. Yalçın].

OĞUZ ATAY

* 1934 İnebolu
† 13.12.1977 Istanbul

TUTUNAMAYANLAR

(ntürk.; *Die sich nicht halten können*). Roman von Oğuz ATAY, erschienen 1972. – Der erste der beiden Romane dieses recht jung verstorbenen Autors ist nicht nur vom Umfang her ein *opus magnum* der neuen türkischen Literatur. Atay ist mit seiner Neigung zu experimentellen, Gattungsbegriffe sprengenden Schreibweisen, aber auch mit seinem schwarzen, abgründigen Humor ein Einzelgänger innerhalb der türkischen Gegenwartsliteratur, der weder einer Schule noch einer politischen Richtung zuzurechnen ist und auch keinen Nachfolger fand. Nach seinem Tod blieb er einige Jahre fast vergessen, bis eine 1984 begonnene Gesamtausgabe ihn mit Erfolg wieder in das Bewußtsein der türkischen Leser zurückbrachte.

Der Roman ist eine Montage von Textpassagen mit ausgearbeiteter Herausgeberfiktion, eine Collage, anhand derer der Leser die Geschichte zweier Intellektueller rekonstruieren kann. Da ist einmal die nur noch aus fragmentarischen Erinnerungen, Gesprächen und hinterlassenen Schriftstücken erschließbare Lebensgeschichte Selim Işıks (»ışık« = türk. »Licht«). Sein Selbstmord veranlaßt Turgut Özben (dieser Nachname bedeutet »genau ich«), die Gründe für den Tod des lange aus den Augen verlorenen Freundes zu ermitteln. Bei diesen Nachforschungen entfernt sich Turgut immer mehr von seiner bisher bürgerlichen Lebensweise und tritt gleichsam an die Stelle des *»sich nicht in der Welt halten könnenden«* Selim: Er wird einer der »Tutunamayanlar«. Turguts Ende ist allerdings nicht wie bei Selim der Selbstmord, sondern eine Art ruheloser Flucht, eine nicht endende, ziellose Bahnreise, bei der er nur von einem eingebildeten Gesprächspartner namens Olric begleitet wird, um schließlich dem Wahnsinn zu verfallen.

Mit »*Tutunamayanlar*« bezeichnen die Protagonisten des Romans jene Menschen, die wegen ihrer außergewöhnlichen Sensibilität unfähig sind, mit ihrem Leben und ihrer Umwelt zurechtzukommen, wobei sie die Aporien ihres Daseins wohl erkennen. So sind die »*Tutunamayanlar*« zur Lächerlichkeit und zum Scheitern verurteilt, zeigen sich aber auch bereit, ihr Schicksal anzunehmen. So wie für Turgut sein Freund Selim der Prototyp dieser »Menschenklasse« ist, war es für Selim Jesus Christus, der in einer halb säkularisierten Form ihm zum Maßstab wird. Den »Gegenentwurf«, den die Tutunamayanlar durch ihre Lebensweise verkörpern, lokalisiert Atay also in einer literarisch-religiösen Tradition, die in der türkischen Literatur keinen Platz hat. Entwicklung wird hier vor allem als Entfernung von eigenen Traditionen begriffen und ist als Negation aller Überlieferung und Produkt eines tiefen Unterlegenheitsgefühls gegenüber dem voraussetzungslosen, zweckrationalen Denken des Westens zu verstehen.

Atays Buch wurde zumeist als Kritik an den türkischen Intellektuellen gedeutet, wobei interessant ist, daß seine Protagonisten nicht Lehrer oder Literaten, sondern Techniker sind, anders als sonst in der türkischen zeitgenössischen Literatur üblich. In der Tat sind Selim und Turgut als mutlose Existentialisten nicht fähig, auf ihre Umwelt einzuwirken; eine Umwelt, die der Autor mit beißendem Sarkasmus zeichnet. Die parodistischen Elemente des Textes, in den auch fiktive Ausschnitte aus wissenschaftlichen Werken, Schulbüchern, Enzyklopädien und historischen Abhandlungen integriert sind, steigern und überzeichnen den Widersinn konventionellen Denkens, gegen das Selim und Turgut vergeblich revoltieren, um letztlich an ihrer selbstgewählten Einsamkeit zu verzweifeln.

Ausweglos wird auch die Situation des Lesers gegenüber dieser Literatur: Er hat nur die Wahl, sich zum Scheitern der Figuren Atays zu bekennen, oder sich als Teil der sie zerstörenden Strukturen zu erkennen. C.K.N.

AUSGABEN: Istanbul 1972. – Istanbul 1984.

LITERATUR: Mehmed Seyda, Rez. (in Yeni Dergi, 8, 1972, Nr. 92, S. 248–253). – Murat Belge, Rez. (in Yeni Dergi, 9, 1972, Nr. 99, S. 278–285). – Abdullah Uçman, Rez. (in Fikir ve Sanatta Hareket, 8, 1973, Nr. 91, S. 56–63). – Görsel Aytaç, Rez. (in YAZKO Edebiyat, 8, 1984, Nr. 43/44, S. 110–116).

MANUČEHR ĀTEŠĪ

* 1931 Daschestan / Südiran

DAS LYRISCHE WERK (iran.-npers.) von Manučehr ĀTEŠĪ.
Der Autor veröffentlichte 1960 seinen ersten Gedichtband *Āhang-e digar (Eine andere Melodie)*,

dem *Āwāz-e hāk (Gesang der Erde)* und *Didār dar falaq (Wiedersehen in der Morgendämmerung)* folgten. Er übersiedelte nach Teheran, studierte dort Anglistik und wurde Lehrer. Schon nach dem Erscheinen seiner ersten Gedichtsammlung galt er als einer der wichtigen Dichter Irans. Zu seinem Ruhm trug auch die Übersetzung des Romans *Fontamare* von Ignazio SILONE bei. Die Kindheit verbrachte Atesi in einem Gebiet im Süden Irans, in dem sengende Sonne, Sandwüsten und Sehnsucht nach Regen das Leben der Menschen prägen. Diese Empfindungen verarbeitet der Dichter in seinen Gesängen, in denen Klänge der Hoffnungslosigkeit unverkennbar sind. – Anfangs dienten ihm die Klassiker als Vorbilder, bis er mit der Dichtung von NIMĀ YUŠIǦ (1897–1960) bekannt wurde und der von diesem entwickelten Poetik folgte. Seine ersten Verse trugen einen lyrisch-empfindsamen Charakter, erst später machte er die sozialen Probleme zu Themen seiner Gedichte. In der Beschreibung der Natur spürt der Leser die Betrübnis über die Last, die den Menschen im Existenzkampf aufgebürdet ist. Formal wie inhaltlich ist diese Art von Naturschilderung in der persischen Poesie selten. Meer und Wogen, Quelle und Brunnen, Wirbelwind und Oasen sind die Gegenstände dichterischer Beobachtung. Denn, wie der Autor im Vorwort seines Gedichtbandes sagt, der Dichter soll mit scharfem Blick aufs Leben schauen und es darstellen. So sind es eigene Erfahrungen, Erlebnisse und Wahrnehmungen, die seiner Lyrik zugrunde liegen und in neuen sprachlichen Ausdrucksformen gestaltet werden. Es gelingt ihm, klassische Bilder in neue Formen zu gießen. – In seinen sozialkritischen Versen liegt das Augenmerk auf dem Los der Bauern seiner Umwelt. In *Eǧbāri (Zwangsrekrutierung)* beschreibt er das ruhige und heitere Leben der Dörfler, ihre Freude an der Ernte, den trächtigen Schafen – eine Idylle, die durch die Ankunft der Gendarmen gestört wird: Die bösen Gelbhemden sind wieder da. Ihr Erscheinen jagt den Bauern Schrecken ein und raubt ihnen den Schlaf. Die Tauben flattern nicht über die Kornhaufen. Das Brunnenrad steht still, denn die Gelbhemden sind wieder da, wieder droht die Zwangsarbeit.

Neben Kindheitserinnerungen greift Ātešī in manchen epischen Gedichten alte Mären von Tatkraft und Mannesmut legendärer Gestalten wieder auf. In diesen Dichtungen wird ein melancholischer Unterton spürbar, das Bedauern darüber, daß die Erfordernisse der Neuzeit die romantische Welt der Vergangenheit in den Schatten gestellt haben. Eines dieser erzählenden Gedichte, *Dolche, Bündnisse und Küsse*, ist fast in allen Anthologien nachgedruckt worden: Das wilde weiße Pferd träumt von früheren wagemutigen Ritten durch Tal und Fels; seinem Herrn gehorchend hat es in verwegener Jagd Gazellen verfolgt, Leoparden vertrieben, aus Festungen Mädchen geraubt. Nun ist es ergrimmt und erzürnt über die Unbeholfenheit und Mutlosigkeit seines Reiters und stachelt ihn zu neuen Abenteuern an. Aber dem einstigen Draufgänger ist das Herz gebrochen, er besitzt keine Waffe mehr, seine Mannen haben ihn verlassen, und ihm ist der Mut erstarrt. Er klagt sein Leid: »*Du wildes weißes Pferd! / Der Feind hat den grimmig lachenden, giftigen Dolch gezogen, / Der Feind verbarg Haß im Versöhnungsbunde, / Gift reicht er mir in Liebesküssen mit süßem Munde, / Der Feind verbirgt Arg / Im Geld – Ein Pfeil auf dem Bogen*« (Übers. K. Scharf). Entmutigt tröstet er das wilde Pferd, sich am frischen Futter zu laben, in Erinnerung an die blonden Stuten mit flatternden Mähnen. – In diesen Gedichten Ātešīs, ihren Themen und Bildern, spiegeln sich die Geschichte und die Natur Südirans. B.A.

AUSGABE: *Āhang-e digar*, Teheran 1960.

ÜBERSETZUNG: [Ausz.]: In *Noch immer denke ich an jenen Raben. Lyrik aus Iran*, K. Scharf, Stg. 1981 [m. Vorw.].

LITERATUR: *Az Nimā ta ba'd*, Teheran 1948, S. 169–198. – *Še'r-e mo'āser-e irān*, Teheran 1969, S. 9–19 [Anthologie]. – E. 'Ala, *Sowar o asbāb dar še'r-e emruz-e irān*, Teheran 1969, S. 218–228. – 'A. Dasteǧeib, *Sāye roušan-e še'r-e nou-e pārsie*, Teheran 1969, S. 138 ff.

TASOS ATHANASIADIS

* 1.11.1913 Salichli / Kleinasien

I PANTHÈI

(ngriech.; *Die Panthèi*). Roman von Tasos ATHANASIADIS, erschienen 1948–1961 in drei Teilen mit den Untertiteln *I charisameni epochì (Die gesegnete Zeit)*, *Marmo Panthèu (Marmo Panthèu)* und *I Kerkoporta (Die Kerkoporta)*. – Obgleich jünger als die sogenannte »Generation von 1930«, läßt sich der Autor doch noch ganz dieser Schule zuordnen, deren Tradition sein Werk ohne nennenswerte Akzentverschiebungen fortsetzt.

Die *Panthèi* sind eine Art *roman fleuve*, der großangelegte Versuch, das Leben einer griechischen Bürgerfamilie in den Jahren des Zweiten Weltkriegs zu beschreiben. Aber während formal der Dauer der Erzählhandlung auf eine kurze Periode (Herbst 1939 – Frühjahr 1941) eingegrenzt ist, umfaßt der Roman in Wirklichkeit fast ein halbes Jahrhundert: In häufigen Rückblenden wird das Leben und Wirken dreier Generationen einbezogen. Der »Stammvater« des Hauses, General Vlasis Panthèos, hat offenbar eine bedeutende Rolle im Kampf um Mazedonien (1904) und auch bei der Berufung Eleutherios Venizelos' nach dem Militärputsch von 1909 gespielt. (Die beiden Ereignisse sind recht glaubwürdig in der Form von Tagebuchaufzeichnungen des Generals wiedergegeben, im gelehrten Stil der

damaligen *katharevusa*). Als er 1939 stirbt, hinterläßt Vlasis Panthèos sechs Kinder und acht Enkel: Seine drei Söhne (ein Universitätsprofessor, ein Notar und ein Arzneimittelfabrikant) sind schon Bürger in mittleren Jahren; seine Enkel gehören der Generation an, die in Albanien gegen die Italiener kämpfen wird. – Als figurenreiches Zeitgemälde will der Roman nicht nur Biographie einer Familie, sondern Gesamtbild einer Epoche sein. Dabei stellt sich die Begegnung mit der Geschichte keineswegs dar als passive Hinnahme der welthistorischen Ereignisse in den Jahren 1939–1941; die Mehrzahl der Helden sind aktive Träger des Geschehens. Sowohl der alte General als auch Andreas Panthèos (Universitätsprofessor und Minister unter dem Diktator Metaxàs) oder dessen Neffen, die in Albanien kämpfen, nehmen handelnd Einfluß auf die historischen Entwicklungen. Daneben fehlt es allerdings auch nicht an Mitgliedern der Familie, die, der Vergangenheit zugewandt, diese Entwicklungen über sich ergehen lassen (Isidoros Panthèos u. a.), oder an solchen, die sie ausnützen, um sich zu bereichern (Stathis Panthèos). Auch das zentrale Motiv des Romans, die erotische Liaison zwischen Marmo Panthèu und ihrem Neffen Kitsos, partizipiert am Zeitgeschehen: Kitsos' Tod an der Front erscheint gleichsam als die Lösung für eine von Anfang an aussichtslose Leidenschaft.
Bei der über viele Jahre (Juni 1945–Februar 1961) sich hinziehenden Arbeit an seinem Roman hat Athanasiadis hinlänglich Kompositionstalent bewiesen – wenngleich sich die Erzählung oft schleppend und ermüdend in bedeutungslosen Episoden verliert. Zu den Aktiva des Werks gehören die psychologische Differenzierung der Charaktere, die Sorgfalt und Klarheit des Stils, die reine, nie überspitzt volkstümelnde *dimotikì* (Volkssprache). Trotzdem stellt sich die Frage, ob eine Familie wie die Panthèi, sei es auch nur *en miniature*, die griechische Gesellschaft des 20. Jh.s oder auch nur eine ihrer Klassen objektiv-historisch zu repräsentieren vermag. Der Autor, fasziniert von seinen Helden, scheint in ihnen das Musterbeispiel einer griechischen Bürgerfamilie zu sehen. Wenn aber etwa das Jahr 1939 für die Panthèi eine »gesegnete Zeit« ist, so darf mit gutem Grund bezweifelt werden, daß es ebenso gesegnet für alle Griechen war, wie es auch u. a. fragwürdig erscheint, den vom ganzen Volk getragenen Abwehrkampf in Albanien durch die Taten einiger Panthèi wiedergeben zu wollen, die offenbar ein Monopol auf Heldentum an allen Fronten bekommen sollen. Der Kardinalfehler des Werks ist tatsächlich der, daß bei aller historischen Verflechtung und erschöpfenden biographischen Analyse die *Panthèi*, Produkt eines ekstatischen Bewußtseins, mehr mit den mythischen Idealvorstellungen des Autors zu tun haben als mit der neugriechischen Wirklichkeit. P.M.

AUSGABEN: Athen 1948 (*I Panthèi*, Bd. 1: *I charisameni epochì*). – Athen 1954 (Bd. 2: *Marmo Panthèu*). – Athen 1961 (Bd. 3: *I Kerkoporta*). – Athen ²1967/1968, 4 Bde. [überarbeitete Ausg.; *I Kerkoporta* in 2 Halbbdn.]. – Athen 1978/1979, 4 Bde. [5. Aufl. der überarbeiteten Ausg.].

LITERATUR: A. Thrilos, Rez. (in Angloellinikì Epitheorisi, 4, 1950, S. 359/360). G. Chatzinis, *Protimisis*, Athen 1963, S. 113–128. – A. Sachinis, *Pezografi tu kerú mas*, Athen 1967, S. 175–188.

ATHANASIOS AUS ALEXANDREIA

* 295 Alexandrien
† 2.5.373 Alexandrien

LITERATUR ZUM AUTOR:
Ch. Kannengiesser, *A. of Alexandria and the Foundation of Traditional Christology* (in Theol. Studies, 34, 1973, S. 103–113). – *Politique et théologie chez Athanase d'Alexandrie. Act du Colloque de Chantilly, 23–25. Sept. 1973*, Hg. Ch. Kannengiesser, Paris 1974. – P. Meinhold, *Die gesamtkirchliche Bedeutung des hl. A.* (in Kyrios, 14, 1974, S. 97–114).

BIOS KAI POLITEIA TU HAGIU PATROS HĒMON ANTŌNIU

(griech. Patr.; *Leben und Wirken unseres heiligen Vaters Antonius*). – Die Mönchsbiographie des Eremiten Antonius wurde bald nach dessen Tod im Jahr 356 von ATHANASIOS aus Alexandreia während seines Exils bei den Mönchen in der ägyptischen Wüste abgefaßt. Wie aus Kap. 71 hervorgeht, war Athanasios dem Antonius persönlich begegnet, als dieser sich 337 oder 338 in Alexandrien aufhielt, doch wird er einen Großteil seines Materials von den ägyptischen Mönchen bezogen haben. Die Vita schildert, wie Antonius, ein Ägypter aus wohlhabendem christlichen Elternhaus, dem Ruf Gottes folgt, die Welt zu verlassen, und sich als Eremit in die Wüste zurückzieht. Dort ist er zahlreichen Anfechtungen des Teufels und seiner Diener, der Dämonen, ausgesetzt, die er jedoch mit Gottes Hilfe heldenhaft besteht. Seine *Anachorese* (wörtl.: Hinaufgehen, d. h. vom Niltal in die höher gelegenen Wüstengebiete) und sein asketischer Lebenswandel werden für viele zum Vorbild, die sich in seiner Nähe ansiedeln (Kap. 1–15). An diese Gemeinschaft der Anachoreten richtet Antonius in den folgenden Kapiteln (16–43) eine lange Rede, in der er anhand der eigenen Erfahrung eine Anleitung zur christlichen Askese gibt. Besonderen Stellenwert räumt er dabei dem rechten Umgang mit den Dämonen ein.
Antonius vollbringt zahlreiche Wunder, die ebenso wie sein Eremitentum einen Strom von Schaulustigen und Heilungsuchenden anziehen, dessen er sich auch durch seinen Rückzug in noch entlegene-

res Gebiet nicht erwehren kann (Kap. 44–88). Unter den Besuchern befinden sich auch Vertreter der griechischen Philosophie, denen Antonius die Überlegenheit des christlichen Glaubens demonstriert. Zu einigen Gelegenheiten verläßt er seine Klausur, so z. B. um die in der Nähe lebenden Eremiten zu besuchen, um in Alexandria dem Märtyrertod des Bischofs Peter beizuwohnen oder um öffentlich gegen die Arianer Stellung zu nehmen. Die Kunde von Antonius' Ruhm erreicht sogar Kaiser Konstantin, der einen Brief an ihn richtet. Der letzte Teil der Vita handelt vom Tod des Antonius (Kap. 88–94) und beschreibt, wie er sein Ende nahen sieht, wie er die Gemeinschaft der Anachoreten ein letztes Mal unterweist, und welche Vorkehrungen er für seine Beisetzung trifft.

Athanasius hat mit seiner Vita des Antonius, der als Vater des Mönchtums gilt, ein neues literarisches Genre, nämlich das der *Hagiographie* (d. i. Lebensbeschreibungen von Heiligen), geschaffen, welches Elemente der klassischen Literatur, insbesondere der Biographie und der Panegyrik, mit christlichen Inhalten verbindet. Er will damit den Leser zur erbaulichen Betrachtung einladen und zur Nachahmung auffordern. Der Heilige bewährt sich nach der konstantinischen Wende nicht mehr durch den Märtyrertod, sondern wie Antonius durch die beständige Abtötung des Fleisches mit dem Ziel, die eigene Seele wieder in ihren ursprünglichen reinen Zustand zurückzuführen. Dies geschieht durch die vollkommene Beherrschung des Körpers und der Leidenschaften, symbolisiert durch die Anfechtungen der Dämonen, und mit Hilfe der täglichen Gewissenserforschung.

Ebenso wie Antonius zum Vorbild für das Mönchtum eremitischer Ausprägung wurde, war seine Vita der Prototyp des Heiligenlebens, an dem sich spätere Autoren orientierten. Schon bald nach ihrem Erscheinen wurde sie wortgetreu ins Lateinische übersetzt und wenig später nochmals von EUAGRIOS von Antiochia in elegantem Latein wiedergegeben (wohl vor 375). GREGOR von Nazianz nannte die Antonius-Vita »*eine Mönchsregel in Erzählform*«, und AUGUSTINUS schildert in seinen *Confessiones*, wie er sich unter ihrem Eindruck zum Christentum bekehrte. Die Vita war von großem Einfluß auf die Entwicklung des Mönchtums im lateinischen Westen. Erhalten sind uns auch eine griechische Paraphrase des SYMEON METAPHRASTES aus dem 10. Jahrhundert sowie Übersetzungen ins Koptische, Syrische, Georgische, Armenische, Arabische und Äthiopische.　　　　C.Ra.

AUSGABEN: Augsburg 1611, Hg. D. Hoeschel. – Paris 1698 (in *Opera omnia*, Hg. J. Loppin u. B. de Montfaucon). – MG, 26, Sp. 835–976.

ÜBERSETZUNGEN: *Kurtz-verfaster wunderbarlicher Lebens-Lauff dess großen Alt-Vatters und weltberühmbten heiligen Einsiedlers Antonii Abbatis*, P. Roswied, Köln 1707. – *Leben und Versuchungen des heiligen Antonius*, N. Hoverka, Wien/Bln. 1925. –

Vita di Antonio, Hg. Ch. Mohrmann, Mailand 1974 [lat. Text, ital. Übers., Einl. u. Komm.]. – Saint Athanase, *Vie ... Saint Antoine*, B. Lavaud, Bellefontaine 1979 [frz.]. – Athanasius, *The Life of Antony* ..., R. C. Gregg, NY 1980 [engl.].

LITERATUR: R. Reitzenstein, *Des A. Werk über das Leben des Antonius* (in SAWH, phil.-hist. Kl., 1914). – J. List, *Das Antoniusleben des hl. A. d. Gr.*, Athen 1930 (Texte und Forschungen zur byz.-neugr. Philologie, 11). – K. Heussi, *Der Ursprung des Mönchtums*, Tübingen 1936, S. 78–108. – H. Dörries, *Die Vita Antonii als Geschichtsquelle* (in NAG, 1949, S. 359–410). – A. C. Baynes, *St. Antony and the Demons* (in Journal of Egypt. Arch., 40, 1954, S. 7–10). – *Antonius Magnus Eremita*, Hg. B. Steidle, Rom 1956 (Studia Anselmiana). – G. J. M. Bartelink, *Die literarische Gattung der Vita Antonii. Struktur und Motive* (in VC, 36, 1982, S. 38–62). – M. Tetz, *A. und die Vita Antonii. Literarische und theologische Relationen* (in ZntW, 73, 1982, S. 1–30).

LOGOI KATA AREIANŌN

(griech. Patr.; *Reden gegen die Arianer*). Polemische Schrift in vier Büchern von ATHANASIOS aus Alexandreia, entstanden während dessen dritter Verbannung (zwischen 356 u. 361); das vierte Buch ist offensichtlich Zutat von späterer Hand. – Für unentschiedene Geister, welche die Arianer nicht als förmliche Häretiker betrachteten, wollte Athanasios in diesem Werk die katholische Lehre vom Verhältnis des Sohns zum Vater gegen die Ansichten verteidigen, die AREIOS in seiner Schrift *Thaleia (Gastmahl)* vorgetragen hatte. Nur die katholische Auffassung des Verhältnisses von Vater und Sohn, sagt Athanasios, ist für Gott geziemend; die arianische Auffassung ist ungereimt, da sie die angebetete Gottheit für ein Geschöpf erklärt. Auf die Behauptung der Arianer, der Sohn sei nur dem Namen, nicht der Substanz nach Sohn, erwidert Athanasios, Sohnschaft bedeute Teilnahme an der Substanz des Vaters. Da der Sohn eine schöpferische Kraft des Vaters sei, könne der Vater niemals ohne den Sohn gewesen sein. Die verfänglichen Fragen, die die Arianer an Kinder und Frauen stellen (beispielsweise: »*Hattest du einen Sohn, bevor du gebarst?*«), weist Athanasios scharf zurück, da sie samt und sonders auf einer anthropomorphen Vorstellung des göttlichen Vater-Sohn-Verhältnisses beruhten. Da die Zeugung des Sohnes nicht in der Zeit geschehe, sei der Vater immer Vater des Sohns und dieser als Abglanz des Vaters gleich ewig mit ihm.

Dem Bestreben der Arianer, aus der *Heiligen Schrift* die Veränderlichkeit des Sohns (der demnach nur Adoptivsohn wäre) zu beweisen, stellt Athanasios an Hand derselben Schriftstellen die Unveränderlichkeit des Sohns gegenüber, indem er alle Ausdrücke und Aussprüche, die eine Veränderung nahelegen, als auf die Menschwerdung des

Worts und die menschliche Natur Christi (nicht, wie die Arianer, auf die Zeugung des Sohns durch den Vater) bezüglich interpretiert. Die Einheit von Vater und Sohn, von den Arianern im Sinne einer Identität des Willens gedeutet, muß nach Athanasios im Sinn der Identität der göttlichen Substanz verstanden werden. Alle Sophistereien der Arianer angesichts bestimmter Schriftstellen (wie »*Mir ist alle Gewalt gegeben*«) ließen sich auf die eine Frage zurückführen: »*Wie hat das Wort überhaupt Mensch werden können, da es Gott war?*« Wer aber so spreche, dürfe sich nicht mehr einen Christen nennen, da er an Christus (als Gottmenschen) Ärgernis nehme. – Das vierte Buch stellt in positiver Form die Lehre über das Verhältnis von Vater und Sohn dar; es fehlt ihm daher der polemische Schwung der ersten drei Bücher. Auch ist es allgemein gegen die häretischen Trinitätslehren (etwa gegen die Sabellianer und die Anhänger des PAULUS aus Samosata), nicht nur gegen die Arianer, gerichtet.

Als Athanasios seine Schrift verfaßte, war er wieder einmal von den Arianern als Bischof von Alexandreia abgesetzt worden und mußte sich in der Wüste vor den Häschern des Kaisers Constantius verborgen halten. Wie seine ganze schriftstellerische Tätigkeit, so ist auch dieses Werk ausschließlich dazu bestimmt, seiner theologischen Überzeugung Ausdruck zu verschaffen. Daraus resultiert eine streng sachbezogene Argumentation; auf rhetorischen Prunk kann der Autor – bei aller dialektischen Gewandtheit – verzichten. Zwar stellen die Schriften des Athanasios nur eine Seite seiner schier unglaublichen Aktivität dar; dennoch dürfte nicht zuletzt gerade ihnen zu einem Gutteil der Sieg der katholischen Lehre über den Arianismus zu danken sein. H.L.H.

AUSGABEN: Heidelberg 1600/01 (in *Opera omnia*, 2 Bde.). – MG, 26, Sp. 12–526. – Bln. 1934/35 (in Werke, Hg. H.-G. Opitz, 3 Bde., 2/3; enth. *Die Apologien* u. *Urkunden zur Geschichte des arianischen Streites*).

ÜBERSETZUNGEN: *Vier Reden gegen die Arianer*, anon. (in *SW der Kirchenväter*, Bd. 13–18, Kempten 1835–1837). – *Gegen die Arianer*, J. Fisch (in AS, Bd. 1, Kempten 1872; BKV). – *Vier Reden gegen die Arianer*, A. Stegmann (in AS, Bd. 1, Mchn. 1913, BKV², 13).

LITERATUR: M. Richard, *Saint Athanase et la psychologie du Christ selon les Ariens* (in Mélanges de Science Réligieuse, 4, 1947, S. 5–54). – P. C. Dimitropulos, *I anthropologia tu megalu Athanasiu*, Athen 1954. – T. E. Pollard, *Logos and Son in Origen, Arius, and A.*, Bln. 1957, S. 282–287. – T. Orlandi, *Sull'Apologia secunda (Contra Arianos) di Atanasio di Alexandria* (in Augustinianum, 15, 1975, S. 43–79). – G. C. Stead, *The Thalia of Arius and the Testimony of A.* (in JThSt, N. F. 29, 1978, S. 20–52). – R. Lorenz, *Arius judaizans? Untersuchungen zur dogmengeschichtlichen Einordnung des Arius*, Göttingen 1980. – Ch. Kannengiesser, *Athanase d'Alexandrie. Evéque et écrivain. Une lecture des traités »Contre les Ariens«*, Paris 1983.

LOGOS KATA TŌN HELLĒNŌN

(griech. Patr.; *Rede gegen die Heiden*). Apologetische Schrift von ATHANASIOS aus Alexandreia; nach der Annahme des Mauriners MONTFAUCON um 319 entstanden, einer anderen Hypothese zufolge erst nach der Synode zu Tyros (335) während der Verbannung des Autors in Trier. – Die Schrift dient der Bekämpfung des heidnischen Götzendienstes. Das Böse und damit die Unkenntnis des wahren Gottes, sagt Athanasios, ist nicht ursprünglich, und es kommt ihm kein wahres Sein zu; vielmehr haben erst die Menschen das Böse ersonnen: »*Vom Guten sage ich, daß es ist, weil es in Gott, welcher ist, sich nachweisen läßt; vom Bösen dagegen behaupte ich, daß es nicht ist, weil es die Gedanken der Menschen, obgleich es nicht ist, ausgeheckt haben.*« Die Menschen sind dem Götzendienst verfallen, weil sie ihre Freiheit mißbraucht haben. Sie wandten sich von Gott ab und wurden damit Sklaven ihrer leiblichen Begierden, indem sie sich einbildeten, daß sie, was sie tun könnten, auch tun dürften. Da sie nur noch Sinnliches fassen konnten, vergotteten sie das Sinnenfällige. So entspringt die Götzenanbetung letzten Endes der Verkehrtheit des menschlichen Herzens. – Die heidnischen Götter sind nicht nur überhaupt nicht Götter, sondern darüber hinaus auch noch schlecht im menschlichen Sinne. Dem Einwand, daß die den Göttern zugeschriebenen schlechten Handlungen nur Erfindungen der Dichter seien, wäre mit der Frage zu begegnen, ob dann diese vielleicht auch deren Namen erfunden haben sollten. In Wirklichkeit ist es so, daß die Dichter gegen ihren Willen die Wahrheit über die Leidenschaften der Götter sagten, damit offenbar werde, daß sie keine wahren Götter seien. Kein Teil der Welt – und sei er noch so erhaben – kann Gott genannt werden, denn die Teile der Welt sind voneinander abhängig; aber auch die Welt als Ganzes kann nicht Gott sein, weil sich ihre Teile untereinander ständig bekämpfen.

Der Weg der Wahrheit, so führt Athanasios positiv aus, ist nur in uns zu finden *(»Das Reich Gottes ist in euch«)*, er liegt in der Seele und ihrem Geist *(nus)*. Die menschliche Seele ist vernünftig und unsterblich, wie der Autor mit Platonischen Argumenten darzulegen versucht. Daher kann die Seele, sofern sie nur ihre Begierdenhaftigkeit ablegt, wieder zur Erkenntnis Gottes gelangen. Bei diesem Versuch, Gott zu erkennen, kann aus der einen Welt auf den einen Gott geschlossen werden. Dieser eine wahre Gott aber ist der Vater Jesu Christi, der das Wort ist, durch das die Welt geschaffen wurde. Das Wort erkennen wir aus der Schöpfung; es hat sich aber auch selbst offenbart, wie Athanasios in seinem *Logos peri tēs enanthrōpēseōs tu logu (Abhandlung von der Menschwerdung des Wortes)* ausführt, einer Schrift, die mit dem *Logos kata tōn Hellēnōn* inhaltlich eng zusammenhängt.

Mit seiner *Abhandlung gegen die Heiden* hat Athanasios die wissenschaftliche Apologetik des Christentums begründet. Bemerkenswert sind vor allem der Scharfsinn, der Witz und die umfassende Gelehrsamkeit des Autors, die sich etwa in der Vertrautheit mit dem Werk HOMERS und PLATONS dokumentiert. H.L.H.

AUSGABEN: Vicenza 1482 (in *Contra haereticos et gentiles*; lat.). – Paris 1519 (in *Opera*; lat.). – Heidelberg 1600/01 (in *Opera omnia*, 2 Bde.). – MG, 25, Sp. 3–96. – Innsbruck 1882 (in *Libri duo contra gentes*, Hg. H. Hurter). – Paris 1947, Hg. Th. Camelot [m. frz. Übers.]; ³1983. – Neapel 1965, Hg. L. Leone [m. ital. Übers.]. – Oxford 1971, Hg. R. W. Thomson [m. engl. Übers.].

ÜBERSETZUNGEN: *Schrift gegen die Griechen*, anon. (in *SW der Kirchenväter*, Bd. 13, Kempten 1835). – *Gegen die Heiden*, J. Fisch (in *AS*, Bd. 1, Kempten 1872; BKV). – *Abhandlung wider die Heyden*, C. F. Roessler (in *Bibl. der Kirchen-Väter*, Tl. 2, Lpzg. 1776). – *Gegen die Heiden*, A. Stegmann (in *AS*, Bd. 2, Mchn. 1917; BKV²).

LITERATUR: A. Louth, *The Concept of the Soul in A.' »Contra Gentes – De incarnatione«* (in TU, 116, 1975, S. 227–231). – J. C. M. van Winden, *On the Date of A.' Apologetical Treatises* (in VC, 29, 1975, S. 291–295).

LOGOS PERI TĒS ENANTHRŌPĒSEŌS TU LOGU

(griech. Patr.; *Abhandlung von der Menschwerdung des Wortes*). Apologetische Schrift von ATHANASIOS aus Alexandreia, entstanden entweder um 319 oder nach 335 (in der Verbannung zu Trier). – Der Mensch, der zusammen mit der Welt durch das Wort hervorgebracht wurde, hat die Gnade der Vereinigung mit dem Wort und damit das eigentliche Leben verloren. Zum Leben zurückführen konnte ihn wiederum nur das Wort Gottes. Durch den Tod des Leibes Christi, in dem das Wort Wohnung nahm, wurde die Schuld des Sündenfalls getilgt und der Mensch vom Tod errettet. Der Sieg des Kreuzes über den Tod dokumentiert sich nach Athanasios ebenso in der Todesverachtung der Märtyrer wie in der Vertreibung der falschen Götter. – Die Apologie richtet sich gleichermaßen gegen Juden und Heiden. Dem Unglauben der Juden hält der Autor die Prophezeiungen des *Alten Testaments* entgegen, die sich in Christus genau erfüllt hätten; die Prophezeiung bei *Daniel* 9, 24 weise eindeutig auf die Zeit der Erscheinung des Messias, auf die man also nicht länger warten müsse. Dem Spott der Heiden, denen es als Torheit gilt, daß das Wort in einem Leib erschienen sei, begegnet Athanasios mit dem Hinweis darauf, sie nähmen ja selbst an, daß das Wort (der Logos) sich in der Welt und damit in einem Leib befinde. Das Wort Gottes könne sich aber in jedem Teil der Schöpfung, also auch in einem menschlichen Leib, offenbaren. Hier habe es sich niedergelassen, weil es sich mit dem verbinden mußte, was der Erlösung bedurfte. Wen diese Gründe nicht überzeugen, den verweist Athanasios auf die Taten und die Wirksamkeit des Wortes; durch sie habe es seine Göttlichkeit bewiesen. – Die Abhandlung steht in engem Zusammenhang mit dem *Logos kata tōn Hellēnōn (Rede gegen die Heiden)*, deren Fortsetzung sie bildet. H.L.H.

AUSGABEN: Heidelberg 1600/01 (in *Opera omnia*, 2 Bde.). – MG, 25, Sp. 95–198. – Ldn. 1939 (*De incarnatione*, Hg. F. L. Cross; ern. 1957). – Paris 1947, Hg. Th. Camelot [m. frz. Übers.]; ³1983. – Oxford 1971, Hg. R. W. Thomson [m. engl. Übers.]. – Paris 1973, Hg. Ch. Kannengiesser [m. frz. Übers.].

ÜBERSETZUNGEN: *Abhandlung über die Menschwerdung des Wortes, und über die Anwesenheit desselben bei uns in dem Körper*, anon. (in *SW der Kirchenväter*, Bd. 13, Kempten 1835). – *Von der Menschwerdung*, J. Fisch (in *AS*, Bd. 1, Kempten 1872; BKV). – *Über die Menschwerdung*, A. Stegmann (in *AS*, Bd. 2, Mchn. 1917; BKV²).

LITERATUR: E. Mersch, *Le Corps mystique du Christ*, Brüssel/Paris ²1936, S. 374–409. – L. Bouyer, *L'incarnation et l'Église – Corps du Christ dans la théologie de s. Athanase*, Paris 1943. – M. Richard, *Saint Athanase et la psychologie du Christ selon les Ariens* (in Mélanges de Science Réligieuse, 4, 1947, S. 5–54). – T. E. Pollard, *Logos and Son in Origen, Arius, and A.*, Bln. 1957, S. 282–287. – E. P. Meijering, *A. on the Father as the Origin of the Son* (in Nederl. Archief v. Kerkgesch., 55, 1974, S. 1–14). – Ch. Kannengiesser, *Le mystère paschal du Christ selon Athanase d'Alexandrie* (in RSR, 63, 1975, S. 407–442). – C. N. Tsirpanlis, *Aspects of Athanasian Soteriology* (in Klēronomia, 8, 1976, S. 61–76).

ATHENAGORAS AUS ATHEN

Ende 2. Jh.

LITERATUR ZUM AUTOR:
L. W. Barnard, *A. A Study in Second Century Christian Apologetic*, Paris 1972. – Ders., *The Father of Christian Anthropology* (in ZntW, 63, 1972, S. 254–270).

PERI ANASTASEŌS NEKRŌN

(griech. Patr.; *Über die Auferstehung der Toten*). Philosophische Abhandlung des ATHENAGORAS aus Athen. – Die Schrift ist wahrscheinlich gegen gewisse Epikureer gerichtet, denn in der Einleitung setzt sich der Autor mit dem Subjektivismus, dem Zweifel und Unglauben als dem Feind der objektiven Wahrheit auseinander. Er will zunächst eine Rede für die Wahrheit und erst dann eine solche über die Wahrheit halten, da bei vielen die Zweifelsucht so eingewurzelt sei, daß sie gar nicht mehr die Möglichkeit einer objektiven Wahrheit zu sehen vermöchten: »*Diese Seelen- und Geistesverfassung gehört zu den Unbegreiflichkeiten; denn einerseits ergibt sich aus den Gegenständen des Glaubens nicht die geringste Veranlassung zum Unglauben, andererseits können die Menschen für ihre Ungläubigkeit oder ihre Zweifelsucht keinerlei vernünftigen Grund angeben.*« Die Frage der Auferstehung der Toten, die in Athen seit PAULUS nicht mehr zur Ruhe gekommen ist, sucht Athenagoras mit dem gesamten Arsenal christlich-philosophischer Spekulation zu beantworten, das sich seit einem Jahrhundert angehäuft hat. In einem polemisch-apologetischen Teil weist er zunächst die Ansicht, das Dasein des Menschen beruhe auf einem Zufall, als unsinnig, weil dem Kausalitätsprinzip widersprechend, zurück. Diese These vorausgesetzt – folgert der Autor weiter –, gibt es keinen Beweis für die Behauptung, Gott könne oder wolle die Auferstehung der Toten nicht bewirken. Gottes Können, seine Allwissenheit und Allmacht, ist ja durch die Tatsache der Schöpfung des Menschen bewiesen. Da Gottes Wille auf das Gerechte und seiner Würdige gerichtet ist, will Gott auch die Auferstehung. – Im anschließenden spekulativ-exegetischen Teil wird die Auferstehung aus drei Gründen als vernünftig und wahr erwiesen: 1. aus dem Zweck der Erschaffung des Menschen, der im Leben, und zwar im ewigen Leben, besteht; 2. aus der aus Leib und Seele zusammengesetzten Natur des Menschen; 3. aus der Verantwortlichkeit des ganzen Menschen, der als ganzer bestraft oder belohnt werden müsse, was nur möglich ist, wenn die Seele wieder mit dem Leib vereint wird, denn der Mensch kann seine Endbestimmung nur als ganzer erreichen. H.L.H.

AUSGABEN: Löwen 1541, Hg. P. Nannius. –Lpzg. 1891, Hg. E. Schwartz. – Oxford 1972, Hg. W. R. Schroedel [mit engl. Übers.]. – Siena 1974, Hg. S. Di Meglio [mit ital. Übers.].

ÜBERSETZUNG: *Über die Auferstehung der Toten*, A. Eberhard, Kempten 1913 (BKV²).

LITERATUR: J. Lehmann, *Die Auferstehungslehre des A.*, Diss. Lpzg. 1890. – J. A. Fischer, *Studien zum Todesgedanken in der alten Kirche*, Bd. 1, Mchn. 1954. – F. Weiss, *Ein Zeuge der Frühkirche über die Auferstehung der Toten* (in Schweizer Kirchenztg., 128, 1960, S. 200–202). – L. W. Barnard, *A., »De resurrectione«. The Background and Theology of a Second Century Treatise on the Resurrection* (in StTh, 30, 1976, S. 1–42). – J. C. M. van Winden, *The Origin of Falsehood. Some Comments on the Introductory Passage of the Treatise »On the Resurrection of the Dead« Attributed to A.* (in VC, 30, 1976, S. 303–306).

PRESBEIA PERI CHRISTIANŌN

(griech. Patr.; *Bittschrift für die Christen*). In Form einer Apologie gehaltene Bittschrift von ATHENAGORAS aus Athen »*an die Sieger über Armenien und Sarmatien und – was der höchste Titel ist – die Philosophen Kaiser Marcus Aurelius Antoninus und Kaiser Lucius Aurelius Commodus*«; entstanden wahrscheinlich in Rom im Jahr 177. – Athenagoras appelliert an die beiden Kaiser, gegen die ungesetzliche Verfolgung der Christen einzuschreiten; denn auch sonst werde niemand an der Ausübung seines Kultes gehindert, möge dieser noch so lächerlich sein. In der Einleitung fordert der Autor formelle Rechtsbehandlung für die Christen, d. h. gerichtliche Untersuchung der gegen sie erhobenen Anklagen wegen Atheismus, Blutschande und Menschenopfer. Die bloße Denunziation dürfe nicht genügen, um ein Todesurteil gegen einen Christen zu rechtfertigen. Als nächstes weist Athenagoras die erwähnten Anklagen zurück und belastet seinerseits die, die sich zum Heidentum bekennen, mit diesen Verbrechen. Was den Vorwurf des Atheismus betreffe, so werde er den Dichtern und Philosophen doch auch nicht gemacht, wenn sie einen vom gewöhnlichen Verständnis abweichenden Gottesbegriff verträten. Der Vorwurf, die Christen verehrten nicht die Staatsgottheiten, treffe schon deshalb ins Leere, weil es solche allgemein anerkannten Staatsgötter gar nicht gebe.

Im weiteren Verlauf der Schrift legt Athenagoras den Kaisern die christliche Lehre dar, insbesondere führt er eine Art topologischen Gottesbeweis (*eine* Welt, daher auch *ein* Gott als ihr Schöpfer). Eine solch spekulative Erkenntnis Gottes reiche aber nicht aus; daneben sei der Glaube an die Propheten als die Werkzeuge des heiligen Geistes notwendig (damit appelliert Athenagoras an die Schriftkenntnis der Kaiser). Der Autor gibt außerdem eine tiefsinnige Erläuterung der Trinität: »*Es existiert der Sohn Gottes als Wort des Vaters in der Idee und Wirklichkeit, denn nach ihm und durch ihm ward alles*«, d. h., der Sohn ist das ideale und reale Prinzip der Welt, Urbild aller Dinge und Prinzip ihrer Wirklichkeit. – Die Anklagen auf Blutschande und Menschenmord werden als Verleumdung von seiten derjenigen zurückgewiesen, denen das sittenstrenge Leben der Christen ein Dorn im Auge ist. Von solchen Schandtaten halte die Christen schon ihr Glaube an das Gericht und die Auferstehung zurück. In diesem Zusammenhang kündigt Athenagoras ein besonderes Werk über die Auferstehung an, *Peri anastaseōs nekrōn (Über die Auferstehung der Toten)*. Den Schluß bildet eine nochmalige Versicherung der loyalen Gesinnung der Christen. Athenagoras ist Zeitgenosse des TATIAN (* um 130), steht aber als Athener im Unterschied zu diesem der griechischen Kultur aufgeschlossen gegenüber. In der Sprache bemüht er sich, den Forderungen des Attizismus gerecht zu werden. Als Vorlage für seine Bittschrift dienten ihm die *Apologien* des IUSTINUS († um 165); er selbst wiederum wurde zum Vorbild für spätere Apologeten wie MINUCIus Felix (2.Jh.) und Tertullian (160? – nach 220). H.L.H.

Ausgaben: Paris 1557, Hg. K. Gesner. – Lpzg. 1684, Hg. L. A. Rechenberg. – MG, 6, Sp. 889–972. – Lpzg. 1891, Hg. E. Schwartz. – Lpzg. 1907 (in J. Geffcken, *Zwei griechische Apologeten*; m. Komm.; Nachdr. Darmstadt 1970). – Turin 1947, Hg. P. Ubaldi u. M. Pellegrino [m. ital. Übers., Einl. u. Anm.]. – Oxford 1972, Hg. W. R. Schroedel [mit engl. Übers.]. – Siena 1974, Hg. S. Di Meglio [mit ital. Übers.].

Übersetzungen: *Bittschrift für die Christen*, A. Eberhard, Kempten 1913 (BKV²). – B. Widmer (in *Griechische Apologeten des zweiten Jh.s*, Einsiedeln 1958; Einl. H. U. v. Balthasar; Sigillum).

Literatur: H. A. Lucks, *The Philosophy of A.*, Diss. Washington 1936. – M. Pellegrino, *Studi sull'antica apologetica*, Rom 1947, S. 65–79. – L. Alfonsi, *L'accusa di ateismo ai cristiani in Atenagora e Giustino* (in *Sodalitas. Scritti in onore di F. Guarino*, Bd. 3, Neapel 1984).

Athenaios aus Naukratis

2.Jh.

DEIPNOSOPHISTAI

(griech.; *Sophistenmahl*). Hauptwerk des Athenaios aus Naukratis, entstanden um 195 n. Chr. in Alexandria. – Ursprünglich umfaßte das Werk 30 Bücher, die aber in der Überlieferung (sie stützt sich in erster Linie auf einen 1423 aus Konstantinopel nach Italien gebrachten Codex) auf 15 verkürzt sind; von diesen wiederum sind Buch 1–3, Teile des elften Buches sowie der Schluß nur verstümmelt erhalten.

Das Werk ist der Bericht von einem Gastmahl, das zahlreiche gelehrte und angesehene Männer – Ärzte, Grammatiker, Juristen und Philosophen – im Haus des reichen Römers Larensios vereint habe (Publius Livius Larensis war unter Marcus Aurelius, reg. 161–180 n. Chr., und Commodus, reg. 180–192, ein wohlrenommierter hoher Staatsbeamter). In einem Dialog mit seinem Freund Timokrates erzählt Athenaios von den Begebenheiten und Gesprächen des Festes, an dem er teilgenommen hat: das zur Zeit des Verfassers bereits hundertfach imitierte Vorbild wird überdeutlich, auch wenn es zu Beginn nicht hieße, der Autor »arrangiere seinen Dialog im Wettstreit mit Platon«. Dem Inhalt nach gehören die *Deipnosophistai* zum Abstrusesten und Ungenießbarsten, was je geschrieben wurde: ohne Sinn für Komposition und lebendige Darstellung wird alles, was sich im Zusammenhang mit einem Festgelage und seinen stupidegeistreichen Unterhaltungen zu Athenaios' Zeit in alten Büchern aufstöbern ließ, in einen einzigen Sack zusammengepreßt. Von minuziösen Käse- und Kuchenverzeichnissen, Hetärenkatalogen quer durch die Antike, bekannten Saufpoeten und diffizilen etymologischen Disputen bis zu den üppigen Freßgewohnheiten fremder Völker und zur kompletten Aufzählung der antiken Weinsorten, vom Fischhandel über die zoologischen Schriften des Aristoteles bis zu den Vorzügen der Knabenliebe, von den witzigen Typen der alten, mittleren und neueren Komödie, von Tischgebeten, Parfüms und der Geschichte der griechischen Tanzkunst bis zum Spott auf die alten Philosophen, von Pflanzen- und Waschschüsselkatalogen bis zu Dichterbiographien, zur Musikästhetik und Instrumentenkunde, vom größten Gauner bis zum obskursten Gewürz reicht die Skala, und selbst durch kühnste Ideenassoziationen vor einer schwelgerisch gedeckten Tafel wird nichts ersonnen werden können, was nicht Athenaios gleichfalls berührt hätte.

Doch trotz alldem ist dieses schlimmste Werk, das wir von einem antiken Schriftsteller besitzen, zugleich eines der wertvollsten: Wo könnte man eine ähnliche Fülle altgriechischer Lebensgewohnheiten kennenlernen? Und wer könnte in ähnlicher Weise die riesigen Lücken verlorener Literatur (besonders etwa der Komödie) mit Zitaten und Notizen ergänzen helfen, wenn nicht des Athenaios *Deipnosophisten*? Seine Kritiker müssen sich glücklich preisen, daß sie sich noch über ihn ärgern dürfen. E.Sch.

Ausgaben: Venedig 1514. – Lpzg. 1887–1890 (*Athenaei Naucraticae Dipnosophistarum libri XV*, Hg. G. Kaibel, 3 Bde; Nachdr. Stg. 1965/1966). – Leiden 1936/1937 (*Athenaei Deipnosophistae*, Hg. S. P., Peppink, 2 Bde.; nur Buch 3–8). – Ldn./Cambridge (Mass.) 1927–1941 (*The Deipnosophists*, Hg. Ch. B. Gulick, 7 Bde.; m. engl. Übers.; Loeb; zuletzt 1950–1957). – Paris 1956 (*Les Deipnosophistes*, Hg. A. M. Desrousseaux u. Ch. Astruc; m. frz. Übers.; nur Buch 1 u. 2).

Übersetzung: *Die gelehrte Tischgesellschaft des Athenaeus. 5. Buch, Cap. 1–45*, T. Kramer (in *Programm d. Stephanusgymnasiums z. 400jährigen Jubelfeier d. Universität München*, Augsburg 1872). – *Das Gelehrtenmahl*, U. u. K. Treu, Lpzg. 1985.

Literatur: G. Wentzel, Art. *A. (22)* (in RE, 2, 1896, Sp. 2026–2033). – K. Mengis, *Die schriftstellerische Technik im Sophistenmahl d. A.*, Paderborn 1920. – Schmid-Stählin, 2/2, S. 791–795. – L. Nyikos, *Athenaeus quo consilio quibusque usus subsidiis Dipnosophistarum libros composuerit*, Diss. Basel 1941. – B. Baldwin, *Athenaeus and His Work* (in Acta Classica, 19, 1976, S. 21–42). – A. Lukinovich, *Tradition platonicienne et polémique antiphilosophique dans les Deipnosophistes d'Athénée* (in *Concilium Eirene*, Bd. 16, Prag 1983, S. 228–233).

ATIŚA

d.i. Dīpaṃkaraśrījñāna
* 982 Vikramapura / Bangla Desh
† 1054 sÑe-thaṅ / Tibet

LITERATUR ZUM AUTOR:
A. Chattopadhyaya, *A. und Tibet*, Calcutta 1967. – H. Eimer, *Berichte über das Leben des A. (D.)*, Wiesbaden 1977. – Ders., *Rnam thar rgyas pa. Materialien zu einer Biographie des A. (D.)*, 2 Bde., Wiesbaden 1979. – H. Eimer, *The Development of the Biographical Tradition Concerning A. (D.)* (in Journal of the Tibet Society, 2, 1982, S. 41–51). – *Atish Dipankar Millenium Birth Commemoration Volume*, Calcutta 1983.

BODHIPATHAPRADĪPA

(skrt.; *Lampe für den Weg zur Erleuchtung*). Ein nicht umfangreiches, aber bedeutendes Werk des späteren Buddhismus (*Mahāyāna*, d. h. Großes Fahrzeug), verfaßt ca. 1043 von DĪPAMKARAŚ-RĪJÑĀNA, der meist ATIŚA genannt wird. Atiśa schuf das Werk während eines Missionsaufenthalts in der westtibetischen Hauptstadt mTho-liṅ, um den Tibetern einen kurzen, aber das Wesentliche umfassenden Überblick über die buddhistische Lehre zu vermitteln. Er schrieb sein Werk auf Sanskrit, übertrug es aber seinem Zweck entsprechend gemeinsam mit dem Tibeter DGE-BA'I-BLO-GROS sofort in die tibetische Sprache. Nur diese Version ist bisher bekannt geworden, während das Sanskrit-Original noch nicht wieder aufgefunden wurde. Das Werk umfaßt 78 Doppelverse.

Der Inhalt der Schrift ist dem Geist eines edlen *Mahāyāna*-Buddhismus verpflichtet. Gleich der Anfang mit seiner Klassifizierung der Menschen in drei Gruppen ist bezeichnend: die Angehörigen der ersten, niedersten Gruppe hängen nur am Glück der Sinnenwelt (*saṃsāra*) und an ihrer Selbstsucht; die der zweiten, mittleren, wenden sich tugendhaftem Lebenswandel im Interesse ihrer eigenen Läuterung und Erlösung zu; die der dritten, höchsten, wünschen das Heil für alle Wesen zu gewinnen. Der Weg der Läuterung, der dann gezeigt wird, beginnt mit bescheidenen und äußerlichen Dingen, wie der Verehrung von Buddha-Bildern und buddhistischen Heiligtümern (*stūpas*) mit Blumen, Wohlgerüchen usw., und führt zur Zufluchtnahme bei den »*Drei Kostbarkeiten*« (Buddha, seine Lehre, seine Gemeinde). Das Ziel des Weges aber ist der zentrale Gedanke des *Mahāyāna*: das Gelübde, ein Buddha zu werden um des Leides der anderen Wesen willen und nicht ins *nirvāṇa* einzugehen, bis alle Wesen erlöst sind. Als Hilfen auf dem Wege werden einige buddhistische Lehrtexte (*Sūtras*) genannt (Vers 12–14). Auch spätbuddhistische Lehren, wie jene vom aktiven und passiven Prinzip (*upāya* und *prajñā*), haben Eingang in das Werk gefunden. Es wird betont, daß diese Prinzipien gemeinsam realisiert werden müssen (Vers 52). Die meditative Erkenntnis muß dazu führen, daß man Leere und Wesenlosigkeit aller Daseinselemente (*dharma*) innewird.

Die größte Nachwirkung hatte Atiśas Werk in seinem Entstehungsland Tibet, wo TSOṄ-KHA-PA, der Reformator des Lamaismus und Begründer der Gelben Kirche, sein Hauptwerk *Byaṅ-chub lam-gyi rim-pa (Stufenweg zur Erleuchtung)* besonders am *Bodhipathapradīpa* orientierte, wie das Geistesgut Atiśas überhaupt für die neue Schule richtungweisend wurde. H.H.

AUSGABEN: Kyoto 1953 (in S. Yoshimura, *Tibetan Buddhistology*). – Brüssel 1976, Hg. J. van den Broek [m. Übers.]. – Wiesbaden 1978, Hg. H. Eimer [krit. m. Übers.]. – Sarnath 1984, Hg. L. N. Shastri.

ÜBERSETZUNG: *A Lamp for the Path*, R. Sherburne, Ldn. 1983 [engl.].

LITERATUR: H. Eimer, *On A.'s »Bodhipathapradīpa«* (in Bulletin of Tibetology, N. S., 1, 1985, S. 15–18; 2, 1986, S. 5–15).

FARID O'D-DIN MOḤAMMAD EBN-E EBRĀHIM ʿAṬṬĀR

* 1142/43 Nischapur
† 1220 Nischapur

LITERATUR ZUM AUTOR:
H. Ritter, *Das Meer der Seele. Mensch, Welt und Gott in den Geschichten des Farīduddīn Aṭṭār*, Leiden 1955; Nachdr. 1978 [korr. u. erw.]. – Badīʿoʾz-Zamān Furuzānfar, *Šarh-e ahwāl wa naqd wa tahlīl-e ātār-e Šeyh Farid oʾd-Din Moḥammad ʿAṭṭar-e Nišāburi*, Teheran 1960/61. – A. Muchammedchodžaėv, *Miro-vozzrenie Farididina Attora*, Dušanbe 1974. – *Colloquio italo-iranico sul poeta mistico Fariduddin Attar [Roma 1977]*, Rom 1978.

ASRĀR-NĀME

(iran.-npers.; *Buch der Geheimnisse*). Philosophisch-religiöse Dichtung des persischen Mystikers Farid oʾd-Din Moḥammad ebn-e Ebrāhim ʿAṬṬĀR. – Wegen seines Gedankenreichtums und der tiefschürfenden Erörterung mystischer Probleme gehört das Buch zu den bedeutendsten Werken der islamischen Mystiker (Sufis). Es umfaßt über

3300 Doppelverse und ist in 22 Abschnitte eingeteilt, von denen jeder einem Lebensgrundsatz der Mystiker, die den Weg zu Gott und das Einssein mit ihm suchen, gewidmet ist. Der Autor selbst hat einmal sein Werk »*die Welt der Erkenntnisse*« genannt, und tatsächlich macht er den Leser mit einem wohldurchdachten und einigermaßen gründlich entwickelten System sufischer Lehren bekannt. In den ersten drei Abschnitten preist der Dichter Gott, den Propheten und dessen Nachfolger; danach erläutert er die Etappen, die ein Sufi zurücklegen muß, um zum Einssein mit Gott zu gelangen. Mit dichterischer Phantasie und klarem Denkvermögen gelingt es ʿAṭṭār, auch dem einfachen Menschen die kompliziertesten Fragen verständlich zu machen. Um sein Verfahren zu verdeutlichen, sei hier ein kurzes Beispiel angeführt. Ein Grundpfeiler der mystischen Lehre ist die Liebe, die dem Menschen die Kraft zur Entsagung und damit die höchste Glückseligkeit zu gewähren vermag. Ihr ist der fünfte Abschnitt gewidmet, in dem es unter anderem heißt: »*Der Intellekt ist ein Kind, und die Liebe ist der Werkmeister, zwischen diesen beiden ist ein unermeßlicher Abstand; dagegen sind die Liebe und das Herz zwei gegenüberstehende Spiegel, beide trennt nur ein Vorhang, ohne Vorhang sind sie eins.*« Durch Gleichnisse und kurze, beispielhafte Erzählungen bemüht ʿAṭṭār sich, zur Lockerung und zum Verständnis des strengen Stoffes beizutragen. Manche verwickelte, fast unübersetzbare Fachausdrücke finden so eine endgültige Deutung. Die einzelnen Abschnitte sind lose aneinandergereiht, doch fehlt eine Rahmenerzählung, die den Aufbau straffer gestaltet hätte. Die Thematik ist die gleiche wie auch in den anderen Dichtungen ʿAṭṭārs. Belehrungen und ethische Schlußfolgerungen sind in größerer Breite eingeflochten. Verschiedene im Werk verstreute autobiographische Bemerkungen werfen einiges Licht auf den sonst in Dunkel gehüllten Lebenslauf des Autors. B.A.

Ausgabe: Teheran 1959 [m. Vorw.].

ELĀHI-NĀME

(iran.-npers.; *Gottesbuch*). Mystische Dichtung von Farid o'd-Din Moḥammad ebn-e Ebrāhim ʿAṬṬĀR. – Das in Doppelversen abgefaßte Werk preist die islamische Frömmigkeit sowie den Verzicht auf weltliche Wünsche und irdische Zielsetzungen; es verkündet, daß der Mensch nach höheren Idealen streben solle. In Form einer Rahmenerzählung, in die kleine Geschichten eingeflochten sind, äußert der Dichter seine Gedanken über die Ehe im Unterschied zur Sinnlichkeit, über Wahnvorstellungen und Wunschträume, Hochmut und Ruhmsucht, Hoffnung auf langes Leben, Macht und Herrschaft über Menschen und Tiere und schließlich über Reichtum und Habsucht. – Die Dichtung schildert, wie ein König seine sechs Söhne sich ruft und sie auffordert, ihm ihre größten Wünsche vorzutragen. Der älteste Sohn möchte die Tochter des Feenkönigs zur Frau nehmen, da sie schön und klug sei. Der Vater wirft ihm Sinnlichkeit vor und preist die zur Aufopferung bereite Liebe, die den Tod für den geliebten Menschen als höchstes Ziel erachtet. – Der zweite Prinz wünscht die Zauberkunst zu beherrschen, weil es ihm dadurch möglich sei, die ganze Welt zu durchwandern und alle Sehenswürdigkeiten kennenzulernen. Ihm entgegnet der König, der Satan habe ihn überwältigt; denn die Zauberei sei Teufelswerk. – Der dritte Sohn trachtet nach dem Zauberbecher des sagenhaften persischen Königs Ǧamšid, da sich dem Besitzer dieses Bechers alle Geheimnisse der Welt enträtseln. Der Vater bezichtigt den Prinzen des Hochmuts und der Ruhmsucht und beweist ihm, daß allein der Gottesgehorsam den Menschen zu erhöhen vermag. – Im Verlangen des vierten Sohnes, der sich das Wasser des Lebens wünscht, um ewig leben zu können, erblickt der König den Ausdruck jener schrankenlosen Gier, die dem Menschen nur Verderben bringe. – Den Ring Salomons zu besitzen, ist der höchste Wunsch des fünften Prinzen, der von der Herrschaft über Menschen und vom Verstehen der Tiersprache träumt. Der Vater predigt ihm über die Vergänglichkeit aller irdischen Macht und belehrt ihn, daß nur die Herrschaft im Jenseits wahren Wert habe. – Die Goldmacherkunst zu erlernen, um den Menschen Wohlstand und Sicherheit zu verschaffen, ist das höchste Streben des sechsten Prinzen, dem gegenüber der König den Verzicht auf alle irdischen Güter lobt. Die Dialoge, in denen der König seine Gedanken und Überzeugungen zu beweisen sucht, werden von 282 kleinen Geschichten und Anekdoten begleitet; darunter sind drei Berichte, von denen jeder das Leben und Wirken eines persischen Dichters schildert, besonders wertvoll. – Durch das ganze Werk hindurch macht sich neben der islamischen Frömmigkeit vor allem die Tendenz des Dichters bemerkbar, die verschiedenen Arten von Aberglauben und Wahnvorstellungen zu bekämpfen, die sowohl im Volke als auch in den höheren Kreisen verbreitet waren. B.A.

Ausgabe: Teheran 1960, Hg. F. Ruḥānī.

Übersetzungen: *Le livre divin (Elahi-nameh)*, F. Rouḥānī, Paris 1961 [frz.; Vorw. L. Massignon]. – *The Ilahi-nāma or Book of God*, J. A. Boyle, Manchester 1976 [m. Bibliogr.; engl.].

Literatur: M. B. Lubis, *Qaṣīdahs in Honour of the Prophet: A Comparative Study between al-Bushīrī's al-Burdah and ʿAṭṭār's Naʿt in his Illāhī-Nāmah*, Bangi 1983 [Vorw. A. Schimmel; teilw. zugl. Diss. Chicago].

MANṬEQ OṬ-ṬAIR

(iran.-npers.; *Die Sprache der Vögel*). Mystische Maṭnawi-Dichtung (aus paarweise reimenden Halbversen) von Farid o'd-Din Moḥammad ebn-e

Ebrāhim 'AṬṬĀR. – Das Werk besteht aus 45 größeren Abschnitten, sogenannten *maqālāt* (»Gesprächen«), sowie einer *ḫātima* (»Beschluß«) und umfaßt 4485 Doppelverse. Von der üblichen Form der Einleitung mit Lobpreis Gottes und der Propheten sticht die Hinzufügung der vier Kalifen ab, auf die sich das Sufitum sonst kaum zu berufen pflegt. Nach Ermahnung der Fanatiker zur Toleranz folgt die Beschreibung einer Versammlung der Vögel. Vom Wunsch nach einem König bewegt, haben sie sich zusammengefunden. Dreizehn Vogelarten, von denen jede eine menschliche Eigenschaft versinnbildlicht, werden einzeln aufgeführt. Der Wiedehopf, der als einstiger Bote Salomos Ruhm und Ehre genießt, ermuntert sie, gemeinsam eine Reise zum Wundervogel Simorġ (Phönix, wörtlich: »Dreißig Vögel«) zu unternehmen, dessen Behausung er kennt. Der Weg zu ihm sei allerdings weit und beschwerlich und mit vielen Gefahren verbunden. – Die Vögel haben alsbald Ausflüchte: Die Nachtigall ist in die Rose verliebt; dem grüngekleideten Papagei genügt ein Trunk vom Wasser des Lebens, er könne die Gegenwart des Königs sicherlich nicht ertragen; der Pfau wünscht, allein ins Paradies zurückzukehren; die Ente glaubt, sich nicht vom Wasser trennen zu können; das Steinhuhn träumt von Edelsteinen und fühlt sich an die Berge gebunden. Auf diese Ausflüchte und Entschuldigungen hält der Wiedehopf den Vögeln entgegen, daß sie nur im Schatten des Simorġ lebensfähig seien, und überredet sie, ungeachtet der Gefahren zum Berg Qāf aufzubrechen, wo der Wundervogel residiert.

Sieben Täler müssen die Vögel durchfliegen: das Tal des Suchens, das Tal der Liebe, das der Erkenntnis, das des Nichtbedürfens, das der Einheit, der Verwirrung und schließlich das Tal der Enttäuschung und des Entwerdens. Viele Jahre dauert die Reise; die meisten Vögel kommen um, und nur dreißig Vögel (*si morġ*) gelangen an ihr Ziel. Bei ihrer Ankunft am Hofe des Simorġ erfahren sie aber durch den Mund des Kämmerers, daß der König ihres Beistandes nicht bedürfe; er sei ohnehin der absolute Herrscher. Dies hält die Vögel jedoch nicht davon ab, weiterhin die Vereinigung mit Simorġ zu suchen. Darauf erweist er ihnen seine Güte und läßt ihnen durch seinen Kämmerer ein Schriftstück überreichen, in dem alle ihre Taten aufgezeichnet sind. In Scham und Verwirrung erreichen sie die höchste Stufe der Vollkommenheit, die der »Entwerdung« (*fanā*). »*Die Sonne der Nähe leuchtete und belebte sie mit neuem Leben ... Wenn sie auf den Simorġ blickten, dann sahen sie ›si morġ‹*«, d. h., sie erkannten sich selbst.

Fragen, Rede und Gegenrede der Vögel in Dialogen und Diskussionen werden durch zahlreiche kleine Geschichten illustriert, unter denen die vom Šaiḫ-e Ṣan'ān ein Meisterwerk der persischen Dichtung darstellt. Dieser fromme Sufi-Meister muß auf Ruhm und Ehre, auf Glauben und Lehre verzichten, er muß die Aufforderung eines Christenmädchens befolgend, Wein trinken, den Christengürtel umbinden, den *Koran* verbrennen und Schweine hüten, um der Liebe Gottes teilhaftig zu werden. – Die Handlung von *Manṭeq o'ṭ-ṭair* lehnt sich eng an *Risālat o'ṭ-ṭair (Traktat von den Vögeln* oder *Vogelbuch)* an, ein Werk, dessen arabische Fassung von Muḥammad AL-ĠAZZĀLĪ (1058–1111), dem Reformator der islamischen Religion, stammen soll und dessen persische Übersetzung seinem Bruder Aḥmad AL-ĠAZZĀLĪ (†1123/24) zugeschrieben wird. B.A.

AUSGABEN: Paris 1857 (*Mantic Uttaïr ou Le langage des oiseaux*, Hg. J. H. Garcin de Tassy). – Täbris 1958 [Vorw. M. J. Mashkur]. – Teheran 1962, Hg. ders. [m. Einf., Anm. u. Anh.]. – Teheran 1963, Hg. Sadeq Gowharin [m. Anm. u. Komm.].

ÜBERSETZUNGEN: *Mantic Uttaïr, ou le Langage des oiseaux*, J. H. Garcin de Tassy, Paris 1863 [frz.]. – *The Conference of the Birds. A Sufi Allegory*, R. P. Masani, Ldn./Mangalore 1927 [gek.; engl.]. – *The Conference of the Birds*, S. C. Nott, Ldn. 1954 [engl.]. – Dass., A. Darbandi u. D. Davis, NY u. a. 1984 [engl.].

LITERATUR: J. H. Garcin de Tassy, *La poésie philosophique et religieuse chez les Persans d'après le »Mantic Uttaïr«*, Paris ⁴1864.

MOṢIBAT-NĀME

(iran.-npers.; *Das Buch des Leids*). Mystisches Maṭnawi (Dichtung in Doppelversen aus paarweise reimenden Halbversen) von Farid o'd-Din Moḥammad ebn-e Ebrāhim 'AṬṬĀR. – Ein Ratsuchender wendet sich an einen *pir*, einen Sufi-Meister, der ihn zu einer Reise in die höheren Welten bewegt. Durch ununterbrochenes Wiederholen des Bekenntnisses (*dikr*) wird erreicht, daß der Gedanke (*fekr*) diese Reise antritt. Wie hier gute sufische Übung dargelegt wird, so wird auch unterschieden zwischen dem Verstandesdenken (*fekrat-e 'aqli*) und dem vom Herzen kommenden, inneren Erkennen (*fekrat-e qalbi*), das den Mystiker auszeichnet. Auf seiner Gedankenreise durch das All gelangt der Wanderer (*sālek-e fekrat*) zunächst zu den vier Erzengeln Ġabra'il (Gabriel), Asrāfil, dem Posaunenengel, Michael, der den Schlüssel zu den Schatzkammern Gottes bewahrt, und 'Azrā'il, dem Todesengel. Aber auch sie weisen ihn nur Ratsuchende auf einem Leidensweg. Enttäuscht wendet sich der Wanderer nun an andere Engel, an die Schicksalstafeln, an das Schreibrohr, an Paradies und Hölle, an Himmel, Sonne und Mond, an Feuer, Wind, Wasser, Erde, an den Berg und andere physische Wesen und schließlich an den Menschen, ohne daß ihre Antworten ihn weiterbrächten. Deshalb begibt er sich zu den früheren Propheten des Islam: Adam, Noah, Abraham, Moses, David und Jesus. Sie alle verweisen ihn auf Moḥammad, und dieser hat nun Mitleid mit dem von Sehnsucht verzehrten Jüngling. Moḥammad lehrt ihn die Geheimnisse der Entwerdung (*fenā*), damit er durch den Verzicht auf sein Selbst im Sein Gottes aufgehe. Dazu sei notwendig, die fünf Täler der Sinneswahrnehmung, der Vorstellungskraft, des Verstandes, des Herzens und schließlich der Seele zu durchwandern. Im Reich der Seele erfährt der Wanderer dann, daß das, was er im All gesucht hat, allein in ihm selbst verborgen ist. Der Wanderer taucht ein in das Meer der Seele und erkennt seinen eigenen Wert.

Insgesamt 347 in die Beschreibung der 40 Reisestationen eingeflochtene Gedichte und Parabeln lockern die Darstellung auf und machen den Inhalt des Werks unterhaltend. Die dichterische Bearbeitung leugnet nicht die zahlreichen Vorlagen, welche lehrbuchhaft und meist in nüchterner Prosa in den mystischen Pfad einzuweihen vorgeben. Mit der Ausrichtung auf Moḥammad versucht ʿAṭṭār den Strenggläubigen in bemerkenswertem Maße zu versöhnen. Dies hält ihn nicht vor kritischen Bemerkungen über den Buchstabenglauben zurück, wie er auch die Herrscher und ihre Lebensweise gelegentlich nicht schont. Das Werk hat – auch spekulativ – einen starken Einfluß auf die spätere Entwicklung des mystischen Gedankengutes im Iran ausgeübt. B.A.

AUSGABE: Teheran 1959, Hg. Nurāni Weṣāl.

ÜBERSETZUNGEN: in *Eine persische Erzählung*, F. Rückert (in ZDMG, 14, 1860, S. 280; Ausz.). – *Le livre de l'épreuve*, I. de Gastines, Paris 1981 [frz.].

TAḎKERAT O'L-AULIYĀ

(iran.-npers.; *Lebensbeschreibungen der Heiligen*). Prosawerk des persischen Mystikers Farid o'd-Din Moḥammad ebn-e Ebrāhim ʿAṬṬĀR. – Das Werk enthält 97 Lebensbeschreibungen von islamischen Heiligen und Sufi-Meistern (25 dieser Biographien werden jedoch von einigen Forschern einem oder zwei anderen Autoren zugeschrieben). In jeder Biographie werden Verdienste, Charakterzüge, Reden und Aussprüche sowie die Ratschläge des Heiligen oder Meisters beschrieben. Obwohl das Buch manche Mängel bei der Angabe von Daten und biographischen Einzelheiten aufweist, enthält es doch sehr viel Material, das man in solcher Reichhaltigkeit kaum in einem anderen Werk dieser Art findet. Für die Geschichte des Sufismus und die Darstellung der Lehren der einzelnen Sufi-Meister hat ʿAṭṭārs Schrift daher eine nicht zu überschätzende Bedeutung.

Im Anschluß an kleinere Berichte über einzelne Begebenheiten im Wirken der Heiligen und der Sufi-Meister zitiert der Autor ihre Aussagen, ohne sie jedoch näher zu erläutern. Außer dem *Koran* und den Überlieferungen gibt es nach seiner Auffassung nichts Erhabeneres als die Worte der Wanderer des (mystischen) Weges. ʿAṭṭār glaubt, daß ihre Ratschläge auch für jene nützlich seien, die sie nicht in die Tat umzusetzen vermögen. Ihm selbst habe die Beschäftigung damit die Hoffnung gegeben, einmal den Heiligen gleichen zu können. Seit seiner Kindheit habe er eine Vorliebe für die Sufi-Lehren gehabt, und da wahre Sufis zu seiner Zeit nur selten auftraten, habe er den Entschluß gefaßt, deren Lehren zu popularisieren. Er weist darauf hin, daß der *Koran* und die Überlieferungen ebenso wie die Äußerungen der Auserwählten, die zur Erläuterung der heiligen Schriften dienen sollen, arabisch abgefaßt und daher der Allgemeinheit nicht zugänglich sind. Diese Erwägung habe ihn veranlaßt, die Gedanken der Meister ins Persische zu übertragen. Bei der Niederschrift seines Werkes hat ʿAṭṭār viele arabische Quellen benutzt und ihren Inhalt seinen Zwecken entsprechend verarbeitet. Verglichen mit *Nafaḥat o'l-ons (Hauche der Vertrautheit)* von GĀMI (1414–1492) enthält sein Werk zwar eine geringere Anzahl von Lebensbeschreibungen, ist dafür aber viel ausführlicher: Gerade durch die Breite der Darstellung gewinnt der Leser Einblick in die Lebensverhältnisse der Sufis, die den verschiedensten gesellschaftlichen Schichten entstammten. – Aufgrund seiner meisterhaften Sprache, die sich ganz von Schwulst und überflüssigen Verschnörkelungen frei hält, zählt das Werk zu den bedeutendsten Prosadenkmälern der persischen Literatur. B.A.

AUSGABE: Ldn./Leiden 1905–1907, Hg. R. A. Nicholson, 2 Bde., [krit. Einl. 'Abdu'l-Wahhab-i Qazqini].

ÜBERSETZUNGEN: *Le mémorial des saints*, A. Pavet de Courteille, Paris 1976 [frz.]. – *Muslim Saints and Mystics*, A. J. Arberry, Boston 1983 [m. Bibliogr.; engl.].

LITERATUR: Ḏ. Ṣafā, *Tārīh-e adabiyāt dar Irān*, Bd. 2, Teheran 1958, S. 858 u. 1022.

PER DANIEL AMADEUS ATTERBOM

* 19.1.1790 Åsbo
† 21.7.1855 Uppsala

LITERATUR ZUM AUTOR:
G. Axberger, *Den unge A.*, Uppsala 1936. – E. A. Tykesson, *A. En levnadsteckning*, Stockholm 1954. – H. Frykenstedt, *A. och nyromantiken* (in *Ny illustrerad svensk litteraturhistoria*, Bd. 3, Stockholm 1956, S. 59 ff.).

FÅGEL BLÅ

(schwed.; *Blauer Vogel*). Fragment eines Versdramas von Per Daniel Amadeus ATTERBOM; erste Szenen des auf zehn »Abenteuer« angelegten Spiels erschienen 1814 in *Poetisk kalender*, der Gesamtplan in Prosa wurde postum veröffentlicht im dritten Band der *Samlade dikter (Gesammelte Dichtungen)*, 1858. – Die Handlung des in Versen geschriebenen romantischen Spiels basiert auf einem typischen Stiefmuttermärchen. An der Seite des gutmütigen Königs von Zypern herrscht die machtgierige, intrigante Königin, die ihre schöne und edle Stieftochter Florinna um Thron, Erbe und Glück bringen und ihre leibliche Tochter, die häßliche und bösartige Forella, zur Gattin des um Florinna werbenden Prinzen Amundus machen will. Die Hexe Sysis unterstützt ihr schlimmes Vorhaben, während der gute Zauberer Deolaetus dem Prinzen beisteht. Amundus wird von der Hexe in einen blauen Vogel verwandelt, und Florinna ist unzähligen Verfolgungen der Königin ausgesetzt. Aber als es Deolaetus gelingt, Sysis zu überlisten und dem Prinzen seine Menschengestalt zurückzugeben, triumphiert die standhafte Liebe des jungen Paares.

Atterbom beschäftigte sich seit 1813 mit den Plänen zu *Fågel blå*, brachte das Versdrama aber nie zu Ende. Die Eingangsszenen wurden später erneut in den Kalendern *Bragde och Idun* (1839) und *Nordenstjärna* (1843) veröffentlicht, diesmal in umgearbeiteter Fassung und unter Beifügung einiger weiterer Szenen. Der in den *Gesammelten Dichtungen* publizierte Prosaplan ermöglicht einen Überblick über die Vorarbeiten. Das Werk sollte offensichtlich – ähnlich wie das Versdrama *Lycksalighetens ö (Die Insel der Glückseligkeit)* – Atterboms Kenntnisse in der Philosophie, Religions- und Kulturgeschichte, in antiker und christlicher Mythologie sowie seine Vertrautheit mit der Fabel- und Märchenwelt und mit der zeitgenössischen Literatur dokumentieren. Man hätte also ein durch und durch philosophisch-metaphysisches Bühnenstück erwarten dürfen, mit allen Mitteln romantischer Dramenkunst gestaltet. Bei der Konzeption standen, wie Frykenstedt zeigt, die verschiedensten Werke Pate: Luthersche Choräle, Goethes *Torquato Tasso*, die Schellingsche Naturphilosophie, die Schriften der Madame de Staël, Novalis' *Hymnen an die Nacht*, überhaupt das Schaffen der deutschen Romantiker. Den Stoff selbst scheint Atterbom Philanders *En mycket eftertänksam historia om Blå Fågel*, 1812 *(Eine sehr nachdenkliche Geschichte um Vogel Blau)*, entnommen zu haben, dem wiederum das *Cabinet des fées* der Mme. d'Aulnoy (17.Jh.) und das anglonormannische Gedicht *Lai d'Ywenec* der Marie de France (Ende des 12. Jh.s) zugrunde liegen dürften. R.P.

Ausgaben: Stockholm 1814 (in *Poetisk kalender*; unvollst.). – Örebro 1858 (in *Samlade dikter*, 6 Bde., 1856–1863, 3). – Stockholm 1927 (in *Valda skrifter*, Hg. F. Böök, 6 Bde., 3).

Literatur: F. Vetterlund, *A.s sagospel »Fågel blå«*, 2 Bde., Lund 1900–1902 (Lunds universitets årsskrift, 37/38). – C. Santesson, *Italien och »Fågel blå«* (in *Atterbomstudier*, Stockholm 1932, S. 132 bis 171). – Ders., *A.s sagospel »Fågel blå«* (in C. S., *Bortom de blå bergen*, Stockholm 1942, S. 11–70).

LYCKSALIGHETENS Ö. Sagospel i fem äfventyr

(schwed.; *Die Insel der Glückseligkeit. Märchenspiel in fünf Abenteuern*). Dramatisches Gedicht in zwei Teilen von Per Daniel Amadeus Atterbom, erschienen 1824–1827, in umgearbeiteter Fassung 1854. – Den Stoff zu dieser »*dramatisch dialogisierten Erzählung*«, wie er selbst seine Dichtung im Vorwort zum ersten Teil nennt, entnahm Atterbom hauptsächlich einem schwedischen Volksbuch; die fast melodramatische Ausformung dieses Ideendramas verrät deutlich den Einfluß der deutschen Romantiker, insbesondere Tiecks.

Der Hyperboreerkönig Astolf verirrt sich auf der Jagd und gelangt zur »Grotte der Winde«, wo jeder Wind von seinen Reisen erzählt. Zephyrs Schilderung seines Besuchs auf der im Süden gelegenen »Insel der Glückseligkeit« erweckt in dem bisher nur ziellos schwärmenden Nordländer die Sehnsucht nach diesem Reich der ewigen Schönheit, und er begibt sich dorthin. Er heiratet Felicia, die Beherrscherin der Insel, und in ihren Armen vergißt er seine Pflichten als Mensch und als König. Dreihundert Jahre vergehen, als seien es nur wenige Tage. Da erkennt Astolf, daß in einem Schauspiel sein eigenes Leben dargestellt wird, und jetzt erwacht in ihm der Wunsch, in die Heimat zurückzukehren. In seinem alten Reich hat sich jedoch vieles verändert: Es ist zur Republik geworden. Astolf ist von deren Auswüchsen enttäuscht und vermag nicht länger in dem jetzigen Zeitalter zu leben, doch auf dem Weg zurück zur Insel der Glückseligkeit wird er von der Zeit eingeholt und stirbt.

Die didaktische Absicht Atterboms ist unverkennbar: Die irdische Liebe ist nicht das Höchste, und der Anspruch auf Glück ist selbstsüchtig, denn wahre Liebe verlangt Entsagung. – Atterbom verknüpft Nordisches mit Antikem; märchenhaft bleibt der zeitliche Hintergrund, antik und voller romantischer Erotik ist die Nymphenwelt auf der Insel ewiger Jugend und Freude, nordisch-herb und sagahaft das Hofleben um Astolf. Es fehlen weder Ruinen, in denen Tote umgehen, noch Flügelroß und Zaubertrank, Tarnkappe und sprechende Nachtigall. Eingeflochten in das Gedicht sind Balladen und Volkssagen, Chöre und Lieder. Allegorik und Symbolik überwuchern die eigentliche Handlung. Hinzu kommt (im zweiten Teil) die unmißverständliche Polemik gegen Republik und liberale Presse, die nicht zuletzt den Grund für die heftigen Attacken bildete, denen Atterbom in den dreißiger und vierziger Jahren ausgesetzt war. In den zahlreichen Anmerkungen schließlich brilliert der Dichter mit seinem enzyklopädischen Wissen in Philosophie, Mythologie und Staatswissenschaft. – Atterbom, wohl der sensibelste Dichter der schwedischen Romantik, hat mit *Lycksalighetens ö* sein Hauptwerk geschaffen und gleichzeitig eine der bedeutendsten Dichtungen der schwedischen Literatur, aber wie mit den meisten seiner Werke auch mit diesem nie ein breiteres Lesepublikum gewonnen. R.P.

AUSGABEN: Stockholm 1824–1827, 2 Bde. – Stockholm 1854 (in *Samlede Dikter*, Bd. 1/2). – Stockholm 1903, Hg. A. Bendixson. – Stockholm 1927 (in *Valda skrifter*, Hg. F. Böök, 6 Bde., 1/2). – Stockholm 1934, Hg. E. Wallén. – Stockholm 1944, Hg. H. Rosenberg. – Stockholm 1957 (Ausw., Hg. u. Einl. H. Frykenstedt; Skönlitteratur i skolan).

ÜBERSETZUNG: *Die Insel der Glückseligkeit*, H. Neus, 2 Bde., Lpzg. 1831–1833.

LITERATUR: C. Santesson, *Mot »Lycksalighetens ö«* (in Samlaren, 38, 1917, S. 1–69). – F. Vetterlund, *A.s sagospel »Lycksalighetens ö«. En estetisk och litteraturhistorisk undersökning*, Stockholm 1924. – H. Frykenstedt, *A.s sagospel »Lycksalighetens ö«*, Lund 1951. – C. Santesson, *Mot L. ö, Atterbomstudier*, Malmö 1956. – Ders., *Det femte äventyret i »Lycksalighetens ö«* (in Samlaren, N. F. 39, 1958, S. 5–51).

MARGARET ELEANOR ATWOOD

* 18.11.1939 Ottawa

LITERATUR ZUR AUTORIN:
S. Grace, *Violent Dualities. A Study of M. A.*, Montreal 1980. – *The Art of M. A.*, Hg. A. u. C. Davidson, Toronto 1981 [m. Bibliogr.]. – *M. A. Language, Text and System*, Hg. S. Grace, Vancouver 1983. – J. H. Rosenberg, *M. A.*, Boston 1984 (TWAS).

THE EDIBLE WOMAN

(engl.; Ü: *Die eßbare Frau*). Roman von Margaret ATWOOD (Kanada), erschienen 1969. – Atwoods erster Roman gestaltet in Form einer satirischen Gesellschaftskomödie das Bemühen einer Frau, den selbstentfremdenden Rollenzwängen zu entkommen, welche ihr von einer patriarchalischen und materialistischen gesellschaftlichen Realität aufgezwungen werden. Die kanadische Schriftstellerin thematisiert hier erstmals die Kulturphänomene *victimization* und *survival*, die sie drei Jahre später in ihrem Handbuch *Survival: A Thematic Guide to Canadian Literature* (1972) als symptomatisch für die kanadische Literaturtradition beschrieben hat. Die Auseinandersetzung mit einer übermächtigen, die Individualität des Einzelmenschen bedrohenden gesellschaftlichen und geographischen Lebenswirklichkeit erscheint in *The Edible Woman*, wie in vielen ihrer späteren Werke, als subtiler psychischer und zwischenmenschlicher Prozeß. Indem sich die Protagonistin, Marian MacAlpin, gegen alle »predatorischen«, d. h. nach Besitzergreifung und Vereinnahmung strebenden Einflüsse auflehnt, erringt sie am Ende eine neue, authentische Identität.

Der Roman gliedert sich in drei Großabschnitte, von denen der erste und der dritte aus der subjektiven Perspektive der Ich-Erzählerin und der mittlere in der objektivierenden dritten Person erzählt werden. Die Orientierungslosigkeit des Expositionsteiles und die distanzierte Analyse des Mittelteiles münden im Schlußteil in den allmählichen Selbstfindungsprozeß der Protagonistin. Der Konsumcharakter und die Inauthentizität modernen urbanen Lebens finden in Marians Berufswelt ihre metaphorische Verkörperung: Als Interviewerin einer Marktforschungsfirma erfährt sie hautnah die immer aggressiver und subtiler werdende Vermarktung und Manipulation des Menschen. Ihre Arbeitskolleginnen und Freundinnen, etwa die Nur-Mutter und Hausfrau Clara oder die männerjagende Wohngenossin Ainsley, sind längst zu außengesteuerten Opfern gesellschaftlicher »Normalität« geworden. Auch Marian selbst ist auf dem besten Weg, dieses Schicksal zu erleiden. Ihre Verlobung mit Peter, einem angepaßten, nach bürgerlicher Saturiertheit strebenden Aufsteiger, wird in ihrer vorprogrammierten Stereotypie zur buchstäblich lebensbedrohenden Gefahr. Die ständige Verdrängung ihrer tiefsten Selbstverwirklichungswünsche führt alsbald zu einer psychosomatischen Reaktion: das Verspeisen von Fleisch und in der Folge von weiteren Nahrungsmitteln verursacht ihr einen immer unkontrollierbareren physischen Ekel. Erst angesichts der Vorliebe ihres Verlobten für die Jagd und für das Fotografieren – als Metaphern der Viktimisierung bzw. Inbesitznahme anderer – beginnt Marian ihre eigene Opferrolle in diesem psycho-kannibalistischen Spiel zu erkennen. Ihre gleichzeitige heimliche Beziehung zu dem intellektuell-introvertierten, aber auch narzißtisch-schrulenhaften Literaturstudenten Duncan – dem absoluten Gegenpol zu Peter – wird zu einer Art Fluchtreaktion aus der sie erstickenden Normalität. Marians schrittweiser Selbstfindungsprozeß findet seinen Höhepunkt auf der von Peter veranstalteten Verlobungsparty, wo sie in ihrem modisch-attraktiven Aufputz plötzlich den Warencharakter ihrer Existenz schockhaft erkennt und in panischer Flucht davonstürzt. Der Roman endet damit, daß sich Marian vom Einfluß beider Männer befreit und damit den ersten Schritt in ein neues, selbstbestimmtes Leben vollzieht.

Die künstlerische Qualität von *The Edible Woman* liegt weniger in der relativ flachen Zeichnung der Charaktere – wobei die Nebenfiguren hauptsächlich als Spiegelung der inneren Befindlichkeit der Protagonistin fungieren – als in der subtilen Verknüpfung wiederkehrender Motive und Bilder. Vor allem die den Roman durchziehenden Bildreihen des Essens und Gegessenwerdens, des Fotografierens sowie von gejagten und in die Enge getriebenen Tieren verdichten sich zu einer überscharfen Metapher weiblicher und darüber hinaus allgemein menschlicher Viktimisierung. Wenn sich Marian am Ende des Romans ihrem Verlobten in

Form eines selbstgebackenen Kuchens zum Verzehr anbietet und diesen in der Folge selbst verspeist, verkörpert sich in diesem Akt ihr zum Abschluß gekommener Erkenntnis- und Selbstbefreiungsprozeß. A.Hel.

AUSGABEN: Toronto 1969. – Ldn. 1969. – Boston 1969. – NY 1969; ²1983. – Toronto 1978. – Ldn. 1980.

ÜBERSETZUNG: *Die eßbare Frau*, W. Waldhoff, Düsseldorf 1985. – Dass., ders, Ffm. 1986; ²1987 (FiTb).

LITERATUR: P. Nodelman, *Trusting the Untrustworthy* (in Journal of Canadian Fiction, 1977, S. 73–82). – F. Mansbridge, *Search for Self in the Novels of M. A.* (ebd., 1978, S. 106–117). – J. Rule, *Life, Liberty and the Pursuit of Normalcy: The Novels of M. A.* (in Malahat Review, 14, 1977, S. 42–49). – E. Cameron, *Famininity or Parody of Autonomy: Anorexia Nervosa and »The Edible woman«* (in Journal of Canadian Studies, 20, 1985, Nr. 2, S. 45–69).

LIFE BEFORE MAN

(engl.; *Ü: Die Unmöglichkeit der Nähe*). Roman von Margaret ATWOOD (Kanada), erschienen 1979. – Atwoods vierter Roman ist experimenteller angelegt als die vorangegangenen: Chronologischer Handlungsablauf und kontinuierliche Charakterentwicklung weichen hier einer polyphonen Aneinanderreihung von fragmentarischen Lebensausschnitten aus der alternierenden Sicht dreier zentraler Charaktere. Wie in FAULKNERS *As I Lay Dying* (1930) wird die realistische Illusionsbildung in ein subjektiv-perspektivisches Beziehungsgeflecht aufgelöst, dem eine übergreifende Sinngebung fehlt. Menschen leben miteinander, gehen auseinander, knüpfen neue Beziehungen an, ohne je Klarheit über sich selbst und ihre Partner zu erlangen. Auf dem Hintergrund der Großstadt Toronto in den späten siebziger Jahren entsteht kumulativ ein komplexes Bild modernen gesellschaftlichen Lebens, das von keiner moralischen, religiösen oder weltanschaulichen Leitidee mehr zusammengehalten wird. Auch die feministisch-emanzipatorischen Tendenzen von Atwoods früheren Romanen treten hier gegenüber einer neutraleren, ausgewogeneren, aber auch merkwürdig unterkühlten Perspektivik zurück. Diese dient gleichzeitig dem Zweck, die in die Breite drängenden lebensgeschichtlichen Stoffmassen zu gliedern und auf wesentliche Aspekte zu komprimieren.

Nate Schoenhof, seine Frau Elizabeth und seine neue Lebensgefährtin Lesje sind die drei Protagonisten, durch deren abwechselnde innere Monologe alle Ereignisse, Beziehungen und Vorgeschichten gefiltert werden. Trotz der dritten Person als Erzählform kommt es zu keinerlei auktorialen Präferenzen und Interpretationen. Der Roman gleicht einem sich langsam drehenden dreiseitigen Prisma, in dessen Brechungen sich die Figuren gegenseitig konturieren. Die Handlung erstreckt sich über einen Zeitraum von nicht ganz zwei Jahren und gliedert sich in fünf Teile, von denen jeder in 11 bis 14 genau datierte Tage zerfällt. Als räumlicher Koordinationspunkt dient das städtische Museum, an dem die meisten der handelnden Personen beschäftigt sind und wo viele der Aktivitäten stattfinden. – Im Mittelpunkt der Geschehnisse steht die Dreiecksgeschichte zwischen Nate, Elizabeth und Lesje, zu denen jeweils ein weiterer Charakter hinzutritt: Martha und William als die beiden im Stich gelassenen vormaligen Partner von Nate und Lesje sowie Elizabeths ehemaliger Liebhaber Chris. Dieser hat schon vor Beginn der Erzählzeit Selbstmord begangen, bleibt jedoch den ganzen Roman hindurch unterschwellig präsent. Im Hintergrund stehen die beiden Schoenhof-Kinder und Auntie Muriel, Elizabeths ehemalige Ziehmutter, die als Relikt einer puritanisch-bürgerlichen Vergangenheit ihre allgegenwärtigen Schatten wirft, sowie Nates sozial und politisch engagierte Mutter. Nate und Elizabeth, das liberale »haute WASP«-Ehepaar, tolerieren gegenseitig ihre Affären mit anderen Partnern und setzen aus Rücksicht auf die Kinder ihre langweilig gewordene Konvenienzehe fort. Elizabeth, der insgesamt stärkste und stoischste Charakter des Romans, manipuliert mit ihrem pragmatischen Rationalismus alle Menschen ihrer Umgebung. Nur Chris's Selbstmord wirkt als ein Stachel im Fleisch ihrer wohltemperierten und materiell orientierten Bürgerlichkeit. Im Gegensatz zu ihr mußte Chris, der »natural man« halb französischer halb indianischer Abstammung, durch seine Absolutheitsansprüche zum Outsider und Selbstmörder werden. Ganz anders als er neigt der von Schuldgefühlen geplagte, stets zaudernde und entscheidungsscheue Intellektuelle Nate zu schalen Kompromissen. Ähnlich wie Harry Armstrong in UPDIKES Roman *Rabbit Run* (1960) bleibt er am Ende trotz seiner Ausweichmanöver und Fluchtbewegungen in der Mediokrität seiner Existenz gefangen. Lesje, die Paläontologin osteuropäischer Herkunft, errichtet sich mit ihren Dinosauriern, mesozoischen Urlandschaften und ausgestorbenen Lebensformen eine imaginative Gegenwelt, in die sie sich nach Belieben zurückzieht. Wie Chris ist sie dem zivilisierten Ränkespiel von Nate und Elizabeth nicht gewachsen und gibt sich Selbstmordgedanken hin. Auch der Umstand, daß sie am Ende von Nate ein Kind erwartet, kann sie nicht von ihren Selbstzweifeln und Zukunftsängsten befreien. Bezeichnenderweise spielt der Titel des Romans auf Lesjes Fantasien von einer primordialen, vorzivilisatorischen Existenz an.

Der Roman endet, ohne daß es zu irgendeinem Abschluß oder entscheidenden Neubeginn kommt. Trotz ihrer liberalen Urbanität bleiben die Charaktere letztlich in einem infantil-narzißtischen *circulus vitiosus* gefangen. Dem Leser bleibt es überlassen, das Puzzlespiel zu einer Kohärenz zusammenzufügen, die über die Summe der Einzelteile hinausgeht. Die Kritik an einer müde und inhaltsleer, weil wurzellos gewordenen (kanadischen) Zivilisationswelt, die unheilbar an existentiellem *ennui* leidet, scheint die pessimistische Aussagetendenz dieses ungemein intelligent und einfühlsam geschriebenen Romans zu sein. A.Hel.

AUSGABEN: Toronto 1979. – NY 1979. – Ldn. 1980. – Toronto 1980.

ÜBERSETZUNG: *Die Unmöglichkeit der Nähe*, W. Waldhoff, Düsseldorf 1980. – Dass., ders., Ffm. u.a. 1982 (Ullst.Tb).

LITERATUR: M. French, Rez. (in N. Y. Times Book Review, 3. Febr. 1980, S. 1 u. 26). – K. Pollitt, Rez. (in Ms., 8. März 1980, S. 27–29).

SURFACING

(engl.; *Ü: Der lange Traum*). Roman von Margaret ATWOOD (Kanada), erschienen 1972. – *Surfacing* ist Atwoods bislang erfolgreichster, von der Kritik am meisten beachteter Roman. Seine künstlerische Qualität zeigt sich vor allem in der komplexen Verknüpfung und metaphorischen Vertiefung verschiedener Themenkreise, welche dem Leser eine Vielfalt möglicher Konkretisationen und Interpretationen erlauben. Wie in *The Edible Woman*, aber psychologisch ungemein vertieft, steht auch hier der schmerzliche Selbstfindungsprozeß einer Frau im Mittelpunkt, die ihre psycho-physische Gespaltenheit durch eine neue lebensbejahende und natürlichere Existenzform zu überwinden sucht. Der Roman folgt dem Strukturmuster des psychologisch-mythischen oder archetypischen Reiseromans im Sinne von Joseph CAMPBELLS *The Hero With a Thousand Faces*. In seinem Verlauf erfährt die namenlose Ich-Erzählerin einen inneren *rite de passage*, der sie am Ende zu einer neuen Identität führt. Rückkehr, Exploration, Katharsis und Neubeginn sind die strukturstiftenden Phasen dieser *interior journey*.

Nach neunjährigem, als Prozeß der Selbstentfremdung erlebtem Aufenthalt im zivilisatorischen *wasteland* der Großstadt kehrt die Protagonistin vorübergehend zurück in die abgeschiedene *bush*-Wildnis des nördlichen Québec, in das Inselhäuschen ihrer Eltern, wo sie während des Zweiten Weltkriegs ihre Kindheit verbracht hatte. Es ist ein schrittweises Hinabsteigen in die eigene Vergangenheit, in die Welt ihrer längst verstorbenen Mutter und ihres spurlos verschollenen Vaters, den sie zu finden sucht. Sie wird begleitet von ihrem primitiv-schweigsamen Lebensgefährten Joe und von David und Anna, einem jungen Intellektuellen-Ehepaar. Die Rückkehr in den Bereich der Kindheit hat zunächst nichts Vertrautes oder Nostalgisches an sich. Es ist ein Eindringen in längst Vergessenes, Unverstandenes, chaotisch Ungeordnetes. Aber die Kindheitserinnerungen lassen die Erzählerin sich ihrer inneren Gespaltenheit und emotionalen Lähmung bewußt werden. Das Auseinanderfallen von Geist und Körper, Denken und Fühlen haben sie in einen Zustand psychischer Sterilität und Sprachverarmung geführt. Diese individualpsychologische Thematik weitet sich alsbald in eine – im weitesten Sinne – ökologische aus, wobei die Ausbeutung der Frau durch eine patriarchalische Realität zur Metapher der Unterwerfung der Natur durch Technik und Kommerzialisierung wird. Die in den Wäldern verborgenen amerikanischen Raketenbasen und das zerstörerische Vordringen des Tourismus in die vormals unberührte Naturlandschaft versinnbildlichen die alles durchdringende Aggression gegen das Kreatürliche. Immer mehr erkennt die Ich-Erzählerin, daß auch David und Anna sowie sie selbst vom »amerikanischen« Virus infiziert worden sind. Die Szene, in der David seine Frau dazu zwingt, nackt vor der laufenden Kamera zu posieren, bringt die das gesellschaftliche Leben insgesamt beherrschende Gesinnung von Gewalt symbolisch zum Ausdruck. In der Folge konzentriert sich die Exploration der Erzählerin auf jenen Augenblick ihres Lebens, in dem ihre ursprüngliche psychische Ganzheit zerbrach. Alte Traumata steigen aus der Erinnerung auf, etwa die gescheiterte Beziehung zu einem Collegelehrer und die bislang ins Unbewußte verdrängte Abtreibung eines dieser Beziehung entstammenden Kindes. In einer symbolisch überfrachteten Tauchszene verschmilzt die Vision des toten Fötus mit der Entdeckung der im Wasser treibenden Leiche des Vaters. Schockhaft erkennt die Erzählerin, wie sehr sie zum Opfer destruktiver, lebensverneinender Kräfte geworden ist. Erst die Konfrontation mit dem nun als innerpsychische Realität erkannten Todestrieb ermöglicht »*surfacing*«, psychische Wiedergeburt. Die kindlichen Darstellungen, die sie in ihren alten Zeichenheften findet und die vom Vater aufgezeichneten oder fotografierten indianischen Götterbilder verschmelzen zu einer mythisch-mystischen Dimension. Der Individuationsprozeß der Protagonistin findet seinen Höhepunkt in der an Wahnsinn grenzenden Regression in einen animalischen und primordialen Bewußtseinszustand, in dem ihr Vater und Mutter als einander ergänzende Antipoden kosmischer Ganzheit erscheinen. Als »natural woman« kehrt sie geheilt zu Joe und in die reale Welt zurück. Mit ihrer Absicht, hinfort den zivilisatorischen Viktimisierungs- und Fragmentierungstendenzen zu widerstehen, endet der Roman.

Die in das Geschehen fugenlos eingebetteten Bildreihen untermauern die zentrale Thematik: Die wiederkehrenden Zerstückelungs- und Verstümmelungsmetaphern vermitteln die Erfahrung psychischer Fragmentierung, während der Kadaver eines von »Amerikanern« – in diesem Fall Kanadiern – getöteten und mit ausgebreiteten Flügeln »gekreuzigten« Reihers zum Symbol lebensverneinender Destruktivität wird. *Surfacing* ist weit mehr als ein feministisches oder spezifisch kanadisches Werk. Die verschiedenen Bedeutungsebenen des Romans vereinigen sich insgesamt zu einer Art öko-feministischem Manifest, das für die Abkehr von männlich-technologischer Naturfeindlichkeit zugunsten einer sanfteren, ganzheitlich-femininen Weltsicht plädiert. A.Hel.

AUSGABEN: Toronto 1972. – Ldn. 1973. – NY 1973. – Ldn. 1979.

ÜBERSETZUNG: *Der lange Traum*, R. Böhnke, Düsseldorf 1979. – Dass., ders., Ffm. u. a. 1981 (Ullst.Tb).

LITERATUR: C. McLay, ›*The Divided Self*‹: *Theme and Pattern in M. A.s »Surfacing«* (in Journal of Canadian Fiction, 10, 1975, S. 82–95). – A. Heller, *Literarischer Öko-Feminismus: M. A.s »Surfacing«* (in Arbeiten aus Anglistik u. Amerikanistik, 9, 1984, S. 39–50). – R. Rubinstein, *»Surfacing«: M. A.s Journey to the Interior* (in MFS, 22, 1976, S. 387–399). – B. King, *M. A.s »Surfacing«* (in Journal of Commonwealth Literature, 12, 1977, S. 23–32). – W. C. James, *M. A.s »Surfacing«* (in Canadian Literature, 1981, Nr. 91, S. 174–181). – M. T. Clark, *M. A.s »Surfacing«: Language, Logic, and the Art of Fiction* (in Modern Language Studies, 13, 1983, Nr. 3, S. 3–15).

MAX AUB

* 2.6.1903 Paris
† 24.7.1972 Mexiko

LITERATUR ZUM AUTOR:
I. Soldevila Durante, *El español M. A.* (in La Torre, 8, 1961, S. 103–120). – La obra narrativa de M. A., 1929–1969, Madrid 1973. – F. A. Longoria, *El arte narrativo de M. A.*, Madrid 1977. – R. Prats Rivelles, *M. A.*, Madrid 1979.

LABERINTO MÁGICO

(span.; *Magisches Labyrinth*). Romanzyklus über den Spanischen Bürgerkrieg in sechs Bänden von Max AUB: *Campo cerrado*, 1943 *(Geschlossenes Feld)*, *Campo de sangre*, 1945 *(Blutiges Feld)*, *Campo abierto*, 1951 *(Offenes Feld)*, *Campo del Moro*, 1963 *(Mohrenfeld)*, *Campo francés*, 1965 *(Französisches Feld)*, und *Campo de los almendros*, 1968 *(Mandelbaumfeld)*. – Aub selbst bezeichnet als Teile dieser Serie zwanzig weitere Erzählungen, Novellen, Novellensammlungen, Skizzen und als Epilog ein dichterisches Tagebuch mit dem Titel *Diario de Djelfa*, 1944 *(Djelfaer Tagebuch)*, in dem er seine Haft im Konzentrationslager von Djelfa in Algerien schildert. Die Grundthematik des Spanischen Bürgerkriegs (1936–1939) wiederholt sich auch in anderen Werken Aubs, so etwa in *Las buenas intenciones*, 1954 *(Die guten Vorsätze)*, *La calle de Valverde*, 1961 *(Die Valverdestraße)*, *No son cuentos*, 1944 *(Es sind keine Märchen)*, *Cuentos ciertos*, 1954 *(Wahrhaftige Erzählungen)*, *La verdadera historia de la muerte de Franco y otros cuentos*, 1960 *(Die wahrhafte Geschichte vom Tode Francos und andere Erzählungen)*, *Ultimos cuentos de la guerra de España*, 1960 *(Letzte Erzählungen über den spanischen Bürgerkrieg)*.

Das Titelsymbol des Labyrinths kennzeichnet die Ausrichtung der ganzen Serie, denn schon G. BRENAN hatte in seinem dem Bürgerkrieg gewidmeten Werk *Spanish Labyrinth*, 1942 *(Spanisches Labyrinth)*, diesen Ausdruck benutzt. Aub selbst weist oft darauf hin: »*Wir leben in einem magischen Labyrinth, das von den fünf Sinnen begrenzt ist*« *(Campo abierto)*. In einem historisch-geographisch-labyrinthischen Raum handelt und kämpft das spanische Volk, der eigentliche Handlungsträger in diesem Romanzyklus ohne handelnde Hauptpersonen. Eine Szene grausiger Unmenschlichkeit in *Campo cerrado* verdeutlicht Aubs Leitidee. In Viver de las Aguas, einer Ortschaft der Provinz Alicante, wird zu Ehren des Schutzpatrons ein Stier aus seinem Verlies gelassen und mit einem Sack über Stirn und Augen und brennenden Pechkugeln an den Hörnern über verbarrikadierte Plätze und Straßen gehetzt. Einen ganzen Tag und eine lange Nacht sucht das in Panik geratene Tier nach einem Ausgang und bricht schließlich unter dem Gejohle von Männern, Frauen und Kindern tot zusammen, erschöpft von der vergeblichen Suche nach Befreiung aus dem teuflischen Labyrinth. So steht der Stier, gleichsam Totemtier Spaniens, Opfer und kultische Opfergottheit zugleich, für das spanische Volk, das durch den Krieg in ein ausweglosesLabyrinth getrieben wurde. Der Krieg als solcher wird zwar nur selten direkt beschrieben, ist aber ständig gegenwärtig als düstere Atmosphäre, die alles in ihren Bann zieht und das Verhalten der Menschen prägt.

In *Campo cerrado* kommt Rafael Serrador, ein Mensch aus einfachem Milieu, von dem Dorf Viver de las Aguas über verschiedene Orte der Levante nach Barcelona, wo sich ihm in zahllosen Kneipengesprächen ein Land offenbart, das sich nach langen Jahren der Diktatur im Aufruhr befindet und in dem sich Parteien, Gruppierungen und Ideologien aller Art bekämpfen. Lange Zeit bleibt Serrador unentschlossen, beobachtet die Menschen, hört ihre Propaganda, schwankt zwischen anarchistischem Kommunismus und Faschismus, schließt sich aber am Ende den revolutionären Massen an, die am 19. Juli 1936 den Sieg durch die blutige Niederwerfung des Aufstands der Generäle erringen. Aub entwirft hier das bunte, verwirrende Schauspiel eines Landes, das unaufhaltsam seinem Untergang entgegentaumelt.

Im folgenden Roman, *Campo de sangre*, ist aus diesem Land schon ein blutiges Schlachtfeld geworden. Die Handlung spielt in Valencia, kurz auch in Burgos und schließlich wieder in Barcelona, in der Zeit vom 24. Juli bis 7. November 1936. Es ist die

Stunde der Rache und allgemeinen Abrechnung, des Kampfes aller gegen alle. – *Campo abierto* umfaßt die Zeit vom 14. Dezember 1937 bis 19. März 1938. Der erste Teil spielt in Barcelona, im zweiten Teil folgt die Beschreibung der blutigen Schlacht um Teruel, und er schließt mit der packenden Darstellung des Lebens in der katalanischen Hauptstadt. Von der Front kommen täglich neue, alarmierende Nachrichten, und die Zustände in der Stadt werden ständig kritischer und chaotischer: Denunziationen, Spionage, willkürliche Verhaftungen, Verhöre, Hunger und Verbrechen. – In *Campo del Moro* schildert der Autor die Kriegsereignisse in der Zeit vom 15. bis 30. März 1939 in Madrid. Es ist die Zeit, da Oberst Casado sich gegen die kommunistisch beeinflußte Regierung Negríns auflehnt und die Übergabe der Hauptstadt vorbereitet. Mit der Schilderung einiger sich kreuzender Lebensschicksale von historischen Persönlichkeiten und fiktiven Figuren vergegenwärtigt Aub die Tragödie der hungrigen, erschöpften, durch die Bombardements in panische Angst versetzten Stadt, die sich in eine kollektive Stimmung von Verzweiflung und Hoffnungslosigkeit ergeben muß. Aub beendet die Schilderung vom Untergang Madrids mit einer alles umfassenden Verdammnis: »*Alle Verräter: die Republikaner, die Anarchisten, die Sozialisten, und selbstverständlich die Faschisten, die Konservativen, die Liberalen – alle Verräter, die ganze Welt: voll von Verrätern*«.

Campo francés hat als Thema die endlose Odyssee der geschlagenen und nach Frankreich flüchtenden Republikaner, das erniedrigende Leben in verschiedenen Lagern, in einem Kornfeld, an einem Strand, in einem Stadion: eine Flucht, die für viele am Ende den Tod in deutschen Konzentrationslagern bedeutete. – *Campo de los almendros* schließlich ist in Stil und Aufbau das vollendetste Werk der Serie. Der Titel birgt eine bittere Ironie in sich, denn das »Mandelbaumfeld« wird zur letzten Etappe und zum Konzentrationslager der geschlagenen Republikaner. Über dreißigtausend von ihnen strömen von überall her in die kleine Stadt Alicante. Es ist das Gerücht entstanden, daß sie von hier aus evakuiert und in die westlichen, demokratischen Länder verteilt werden sollen. Tatsächlich übernimmt ein französisches Schiff einige Dutzend von ihnen, für alle anderen aber wird Alicante das, was Viver de las Aguas für den »Feuerstier« war: ein ausgangsloses Labyrinth. »*Die Panik war furchtbar, Tausende glaubten, ihre letzte Stunde wäre gekommen. Die Verwünschungen und Flüche der Männer vermischten sich mit dem Schreien der Frauen und dem hilflosen Wimmern der Kinder. Alle, denen der mögliche Selbstmord als letzter Ausweg vorgeschwebt hatte, begingen ihn, tausend andere fingen an, alles zu zerstören, was sie bei sich hatten.*«

Aubs Werk wurde mit Tolstojs *Krieg und Frieden* verglichen. Er selbst fühlte sich literarisch mit Ernest Hemingway, André Malraux, Il'ja Erenburg, William Faulkner und Eugene O'Neill verbunden. Als seine Leitbilder bezeichnete er die Chronisten des Mittelalters, doch fehlen ihm der Gleichmut und die Gelassenheit dieser alles *sub specie eternitatis* betrachtenden Menschen; vielmehr reagierte er mit Bestürzung, Betroffenheit und Verzweiflung beim Anblick des unfaßbaren Kriegsgeschehens, das für ihn den Untergang seiner (literarischen) Generation, eines ganzen Landes bedeutete, dessen Bürger er – Sohn eines Deutschen jüdischer Abstammung und einer Französin – im Alter von 21 Jahren geworden war. *Laberinto mágico* läßt sich nur schwer unter die Gattung »Roman« subsumieren. Es gibt kaum eine erzählerische Methode, die Aub nicht anwendet: Bericht, journalistische Reportage, Dokumente, Briefe, Dialoge, Porträts, lyrisch beschreibende Prosa, dramatisierte Szenen, innere Monologe, Wechsel der Perspektive und der sprachlichen und zeitlichen Ebene. Aubs Romane kennen keine geschlossene Struktur, keine im Mittelpunkt stehenden Hauptpersonen, keine zusammenhängende Handlung. Allenfalls wäre der Bürgerkrieg selbst als zentrale Handlung zu bezeichnen und dementsprechend das spanische Volk, das sich in einer Unzahl einzelner Figuren widerspiegelt (in *Campo abierto* hat man 370 Personen gezählt), als Protagonist des Ganzen zu betrachten.

Aub schildert die Ereignisse mit leidenschaftlicher Anteilnahme aus liberal-republikanischer Sicht, trotzdem gipfelt seine Schilderung nicht in der absoluten Rechtfertigung einer der beiden kämpfenden Parteien. Mehr als der militärischen und politischen Seite der Auseinandersetzung gilt seine Aufmerksamkeit dem Verhalten der Menschen, ihrer Bewährung und ihrem Versagen in extremen Situationen des kollektiven Geschehens, das für Aub letzten Endes die Dimension einer Naturkatastrophe annimmt. In diesem Totentanz werden alle aufgerufen und geprüft, und alle kommen zu Wort: Gläubige und Ungläubige, Revolutionäre, Konservative, Republikaner und Faschisten, Katholiken, Atheisten, Politiker, Intellektuelle und Literaten. – *Laberinto mágico* ist ein »großes Welttheater« calderonianischer Prägung und apokalyptischer Art, entworfen mit den Mitteln neuerer und neuester Erzähltechnik, unter Verwendung der ganzen Bandbreite sprachlicher Ausdrucksmittel. Wenn Aub auch erst mit elf Jahren die spanische Sprache zu lernen begann, brachte er es in ihrer Beherrschung zu solcher Perfektion, daß er wegen der unerschöpflichen Fülle des Wortschatzes und der Differenziertheit der stilistischen Möglichkeiten mit Quevedo, dem größten Sprachkünstler des »Goldenen Zeitalters« Spaniens verglichen worden ist. A.F.R.

Ausgaben: Mexiko 1943 *(Campo cerrado)*. – Mexiko 1945 *(Campo de sangre)*. – Mexiko 1951 *(Campo abierto)*. – Mexiko 1963 *(Campo del moro)*. – Paris 1965 *(Campo francés)*. – Mexiko 1968 *(Campo de los almendros)*. – Madrid 1984 (in *Obra completa*, 6 Bde.).

Übersetzung: *Die bitteren Träume*, H. Frielinghaus, Mchn. 1962 [d. i. *Campo abierto*].

LITERATUR: F. Carenas, *Análisis de los grupos sociales en »Campo cerrado«* (in CA, 1971, Nr. 174, S. 197-213). – M. Tuñon de Lara, *El »Laberinto mágico«* (in ebd., 1973, Nr. 1987, S. 85-90). – M. Duran, M. A., *El »Laberinto mágico« y la novela de la guerra civil española* (in *Actas del simposio internacional de estudios hispánicos*, Budapest 1978, S. 339-349). – J. W. Diaz, *Spanish Civil War in the Novels of A., Ayala and Sender* (in *Latin America and the Literature of Exile*, Hg. H. Moeller, Heidelberg 1983, S. 207-231). – I. Gonzales Pozuelo, *El »Laberinto mágico«, M. A. entre la novela y la historia* (in Insula, 1984, Nr. 449, S. 3).

THÉODORE AUBANEL

* 26.3.1829 Avignon
† 31.10.1886 Avignon

LITERATUR ZUM AUTOR:
L. Legré, *T. A. par un témoin de sa vie*, Avignon/Paris 1899. – N. Welter. *T. A., ein provenzalischer Sänger der Schönheit*, Marburg 1902. – J. Vincent, *T. A.*, Avignon 1924. – C. Maurras, *A.*, Paris 1927. – L. Larguier, *T. A.*, Avignon 1946. – J. Véran, *La femme dans l'œuvre d'A.*, Montpellier 1950. – *Hommage à T. A.*, Avignon 1954. – E. van Jan, *Neuprovenzalische Literaturgeschichte 1850-1950*, Heidelberg 1959, S. 32-41. – R. Lafont u. C. Anatole, *Nouvelle histoire de la littérature occitane*, Paris 1970. – R. Jouveau, *Histoire du Félibrige: 1854-1876*, Aix-en-Provence 1984.

DAS LYRISCHE WERK (okzit.) von Théodore AUBANEL.
Der bedeutendste okzitanische Lyriker des 19.Jh.s hat als Mitbegründer des Felibrebundes (1854) für seine Werke die von Joseph ROUMANILLE und Frédéric MISTRAL auf der Grundlage des provenzalischen Dialektes erstellte schriftsprachliche Norm gebraucht. Aubanels Gedichte liegen in drei Sammlungen vor: *La Mióugrano entreduberto*, 1860 *(Der halbgeöffnete Granatapfel)*, *Li Fiho d'Avignoun*, 1885 *(Die Mädchen von Avignon)*, und *Lou Rèire-Soulèu*, postum 1899 *(Die Sonne der alten Zeit)*. Beherrschendes Thema des ersten Recueils ist die Liebe zu Jenny Manivet (Zani), der kein glückliches Ende beschieden war, da sowohl soziale Schranken (der junge Dichter stammte aus einer wohlhabenden Verlegerfamilie, Jenny hingegen aus bescheidenen Verhältnissen) als auch die von beiden verinnerlichten Normen des katholisch-konservativen Milieus der provenzalischen Kleinstadt Avignon trennend wirkten. Zani zog sich schließlich ins Kloster zurück; Aubanel hat sie nie vergessen, aber durch andere Beziehungen, vor allem durch die Ehe mit Josephine Mazen (1861) Zugang zu einer Dimension festlicher Lebensbejahung, die in seinen späteren Gedichten zum Ausdruck kommt, gefunden. Ein Grundzug in Aubanels Dichten ist die Sehnsucht nach körperlicher Nähe und Berührung. Die tiefe Verbundenheit mit dem Katholizismus der Heimat bewirkt, daß das unerfüllte Begehren nie in die abgründige Verzweiflung oder den Satanismus, wie sie Aubanel bei den französischen Dichtern des *»mal du siècle«* finden konnte, umschlägt; aber auch die Neigung zu Entsagung und Sublimierung ist dem Provenzalen fremd. Angesichts der Objekte, die der abwesenden Geliebten zugehört haben, dem leeren Zimmer, dem Spiegel, sucht das Erinnern Zanis körperliche Präsenz heraufzubeschwören *(Lo Libre de l'amor – Das Buch der Liebe)*. Das berühmte, der *Vida* des mittelalterlichen Trobadors Jaufre RUDEL nachempfundene Fernliebe-Gedicht *De la man d'ailà de la mar (Dort jenseits des Meeres)* deutet die Umarmung durch die Geliebte als Sieg über den Tod. Das Entzücken über den Anblick des weiblichen Körpers, die realen oder erträumten Begegnungen und Berührungen rufen ein Hochgefühl hervor, dessen Antagonismus zu strenger christlicher Moral dem Dichter durchaus bewußt ist. So wie die schönen Mädchen von Avignon antiken Göttinnen gleich unbändiges Begehren erwachen lassen *(La Venus d'Avignoun – Die Venus von Avignon)*, so feiert der Dichter auch die schöne Marmorstatue aus heidnischer Vorzeit als verehrungswürdiges Symbol von Leben und Freude *(La Venus d'Arle – Die Venus von Arles)*. Begehren wird erst dann zur Sünde, wenn es durch Anwendung von Gewalt oder durch das Ausnützen fremden Leides nach Befriedigung strebt. Denn Schmerz, Krankheit, soziales Elend und Tod stimulieren Aubanels Dichterphantasie nicht minder als die Vision der nackten oder verhüllten Schönheit. Aubanel liefert keine Analysen gesellschaftlicher Zusammenhänge, sondern »Momentaufnahmen« von hungernden Kindern, minderjährigen Prostituierten, ruinierten Bauern.
Wegen der »unmoralischen« Aspekte seines Werkes ist Aubanel zeitlebens von bigotten Kreisen in Avignon und Umgebung angefeindet worden. Seine Mitstreiter vom Felibrebund haben ihm darüber hinaus mangelnde Volksnähe und zu weit gehende Annäherung an Pariser Vorbilder vorgeworfen. Aus heutiger Sicht muß Aubanel zu jenen Kräften gezählt werden, die dem ständig drohenden Abgleiten der Felibreliteratur in provinzielle Belanglosigkeit besonders energisch entgegenwirkten. Statt mit Mistral ein faszinierendes, aber letztlich geschichtsfremdes Idealbild der ethnischen Minderheit zu entwerfen, statt mit Roumanille das okzitanische Bewußtsein auf einen in jeder Hinsicht beschränkten Konservatismus gründen zu wollen, entwickelt Aubanel einen lyrischen Impressionismus, der die Erfahrungen französisch schreibender Zeitgenossen von GAUTIER bis VERLAINE zu nutzen weiß, sich aber gleichzeitig auf das kulturelle Substrat und die Lebensmächte der meridionalen Umwelt stützt. Von den großen Franzosen unter-

scheidet sich Aubanel insofern, als seine Grundhaltung nicht die des »Vates« oder »Alchimisten« ist; seiner Sprache und dem von ihr getragenen Weltbild nähert er sich nicht als ein Eroberer und Bändiger, der *»bis auf den Grund des Unbekannten«* vordringen will, *»um das Neue zu suchen«* (Baudelaire), sondern als ein Geführter, der geduldig und behutsam an seiner zu Unrecht abgedrängten Kultur arbeitet, um sie aus dem regionalistischen Winterschlaf zu wecken. F.Ki.

AUSGABEN: *La mióugrano entre-duberto*, Avignon 1860; Avignon 1877; Avignon 1947. – *Li fiho d'Avignoun*, Avignon 1866; Avignon 1891; Avignon 1947. – *Lou rèire-soulèu*, Avignon 1899; Avignon 1935. – *Œuvres choisies*, Hg. C. Liprandi u. A.-P. Lafont, Avignon 1961. – *Œuvres complètes*, 2 Bde., Avignon 1960–1962.

ÜBERSETZUNG: *Der halbgeöffnete Granatapfel. Das Buch der Liebe*, F. Steinitz, Lpzg. 1910.

LITERATUR: J. Bourciez, *Psychologie amoureuse d'A.* (in *Le génie d'oc et l'homme méditerranéen*, Cahiers du Sud, 1943, S. 252–258). – J. Salvat, *»La grenade entr'ouverte« d'A.*, Avignon 1960. – R. Lafont, *A propos de »La grenade entrouverte« de T. A. (1860). Origines et destin d'une école d'Avignon* (in Europe, 1960, Nr. 378, S. 46–61). – F. Suguy, *Amour et nature dans la poésie de T. A., poète provençal*, Yokohama 1960. – R. Dumas, *Etudes sur T. A. Le poète ligoté et Avignon ou XIXe siècle*, Avignon 1987.

LOU PAN DÓU PECAT

(okzit.; *Das Brot der Sünde*). Versdrama (Alexandriner) in fünf Akten von Théodore AUBANEL, entstanden 1863; Uraufführung: Montpellier 28. 5. 1878, Erstdruck 1882. – Trotz der offenen oder verdeckten Angriffe seitens klerikaler Kreise, die Aubanel ins schiefe Licht der Unmoral zu rücken suchten, waren die ersten Aufführungen dieses Stückes sehr erfolgreich, das auch heute noch als einer der besten Theatertexte der okzitanischen Literatur gelten kann. Die Handlung spielt ausschließlich im bäuerlich-ländlichen Milieu, zur Zeit der sommerlichen Getreideernte. Auf indirekte Weise ist aber auch die Stadt als konfliktschaffender Gegenpol präsent. Die dramatische Spannung erwächst aus dem Gegensatz zwischen dem reichen Bauern Malandran, der fast ausschließlich seinen Hof und seine Arbeit im Sinn hat, und Faneto, der attraktiven Ehefrau Malandrans, die aus Arles stammt und das abwechslungsreiche Stadtleben nicht vergessen kann, um so mehr, als sie sich von ihrem Mann vernachlässigt fühlt.

Schon im ersten Akt zeichnet sich ab, daß Faneto zum Ausbruch aus den allzu geordneten Lebensverhältnissen bereit ist. Da erscheint der Hirt Veranet mit seinen Pferden, die für die Erntearbeit gebraucht werden. Faneto, die den Jüngling schon als Kind gekannt hat, verliebt sich alsbald in ihn und gesteht ihm ihre Leidenschaft, während die Schar der Knechte bald aufmerksam wird und gleich dem Chor der antiken Tragödie kritische Stimmen laut werden läßt. Im zweiten Akt macht das Gerede der Leute dem Paar die Sündhaftigkeit einer ehebrecherischen Beziehung voll bewußt. Aber letzten Endes fallen alle Hemmungen, und Veranet trägt Faneto in ein nahegelegenes Pinienwäldchen, während Malandran immer noch nicht ahnt, was auf seinem Grund und Boden vorgeht. Faneto und Veranet versuchen zunächst, ihr Verhältnis geheimzuhalten, aber Angst und Begehren drängen sie zur Flucht. Die herrenlos auf der Tenne umherirrenden Pferde künden dem Bauern sein Unglück. Damit ist der Höhepunkt des Stückes erreicht (Ende des 3. Aktes), und das Verhängnis nimmt seinen Lauf. Faneto und Veranet werden von Malandran verfolgt und in einer Herberge bei der Mahlzeit überrascht. Statt sich dem Rivalen zum Messerkampf zu stellen, nimmt der Bauer an sich, was von Speise und Trank übrig ist, um diese Reste daheim den von der Mutter verlassenen Kindern vorzusetzen: Der Fluch, der auf dem Brot der Ehebrecher liegt, soll die drei Kleinen treffen. Von Schuldgefühlen überwältigt, verläßt Faneto Veranet, um die Kinder vor der Mißhandlung durch den tobenden Malandran zu schützen. Schauplatz des letzten Aktes ist wieder der Bauernhof. In ausweglose Situation tötet sich Faneto vor den Augen ihrer Familie. Malandran aber öffnet die Haustüre, damit ihr Sterben ebenso publik wird, wie es ihre Schande bereits ist.

Die langen Monologe in diesem Stück, die von manchen Kritikern bemängelt wurden, dienen nicht rationalen Erörterungen, sondern zeichnen seelische Bewegungen nach. Die lyrische Komponente ist in Aubanels übrigen Stücken (*Lou raubàtori – Die Entführung*, 1872 und *Lou pastre – Der Hirt*, 1866) noch weit ausgeprägter; in *Lou pan dóu pecat* ist es Aubanel sicher am besten gelungen, Spannung und Tempo der Handlung aufrechtzuerhalten. Die Thematik erinnert an Grundzüge seiner Lyrik: Das Begehren ist im Menschenleben eine unbezwingliche Macht, aber ebenso schicksalhaft sind Schuld und Tod. Bei dem gläubigen Katholiken Aubanel kann es keinen moralischen Sieg der Liebenden geben. Bemerkenswert ist aber, wie Malandran den inneren Zwiespalt der liebenden Frau ausnutzt und ihre Kinder zu Geiseln macht. Durch die Brutalität seines Rachedursts wird offenbar, in welch hohem Maße auch er schuldig ist. Nicht nur die mangelnde Zuwendung zu einer Frau, die er zu lieben vorgibt, geht zu seinen Lasten, sondern auch die blindwütige Raserei, mit der der getäuschte Patriarch den psychologischen Terror starrer Sozialkonventionen gegen die sündige Ehefrau einsetzt. F.Ki.

AUSGABEN: Montpellier 1882. – Avignon 1958. – Avignon 1962 (in *Œuvres complètes*, 2 Bde., 1960–1962, 2; m. frz. Übers.).

LITERATUR: J. Lemaître, *Impressions de théâtre*, Bd. 3, Paris 1888. – J. Bourciez, *Psychologie amoureuse d'A.* (in Cahiers du Sud, 1942, Nr. 249, S. 252–258). – E. Fusillier, *Histoire du théâtre de langue d'Oc* (in Annales de l'Institut d'Études Occitanes, 1, 1948/1949, S. 121–135; 1949/1950, S. 94–98).

PHILIPPE-JOSEPH AUBERT DE GASPÉ

* 30.10.1786 Québec
† 29.1.1871 Québec

LES ANCIENS CANADIENS

(frz.; *Die Kanadier von einst*). Historischer Roman von Philippe-Joseph AUBERT DE GASPÉ (Kanada), erschienen 1863. – Als frankokanadischer Aristokrat bemühte sich Aubert zeitlebens, am eleganten Treiben der englischen Oberschicht von Québec teilzunehmen. Eine Unterschlagungsaffäre, bzw. chronische Verschuldung zwangen ihn zeitweise, sich aus dem gesellschaftlichen Leben zurückzuziehen und sich der Pflege seiner schöngeistigen Interessen zu widmen. Während eines solchen nicht ganz freiwilligen Landaufenthalts unterstützte Aubert seinen Sohn Philippe-Ignace-François bei der Abfassung von *Le Chercheur de trésors ou L'Influence d'un livre (Die Schatzsucher oder der Einfluß eines Buches)*. Dieser grobgezimmerte, von der Tradition des Schauerromans beeinflußte Erzähltext ist als erster Roman der frankokanadischen Literatur in die Geschichte eingegangen (erschienen 1837). Künstlerisch weitaus gelungener erscheint allerdings Auberts eigenes Hauptwerk, der Roman *Les Anciens Canadiens*. Den geschichtlichen Hintergrund des Romans bilden die Kriege zwischen Engländern und Franzosen in Nordamerika, sowie die Folgen der französichen Niederlage von 1759. In Anlehnung an Walter SCOTT stellt Aubert den historischen Konflikt am Schicksal fiktiver Helden dar.
Der schottische Edelmann Archibald de Locheill ist als Exilierter nach Québec gekommen, da er sich in einem dynastischen Konflikt, der Schotten und Engländer zu Kriegsgegnern gemacht hatte, auf der Seite der Unterlegenen befunden hatte. Bei der Seigneurfamilie der d'Habervilles hat er eine zweite Heimat gefunden und mit dem jungen Jules enge Freundschaft geschlossen. Als Jules und »Arché« nach Beendigung ihrer Studien die europäischen Mutterländer besuchen, bricht der Krieg zwischen denselben aus. Archibald hat nun die Chance, sich als Soldat im Dienst der englischen Krone zu bewähren und damit sein Familienerbe zurückzugewinnen. Da Jules nicht umhin kann, sich der französischen Armee anzuschließen, werden die beiden Freunde gegen ihren Willen zu Gegnern. Trotz seiner schweren Gewissensbisse muß Archibald an militärischen Aktionen teilnehmen, die sich gegen seine alten Freunde richten. – Nach Kriegsende sind die gesellschaftlichen Rollen vertauscht: Archibald ist nun einflußreich und vermögend, während das behaglich-stilvolle Herrendasein der d'Habervilles ein jähes Ende gefunden hat. Archibald, der Jules' Schwester Blanche liebt, bemüht sich nach Kräften, die Familie vor materieller Not und Siegerwillkür zu schützen. Obgleich ihm dies weitgehend gelingt, muß der Schotte erkennen, daß die Herzlichkeit von einst kaum mehr im vollen Ausmaß wiederhergestellt werden kann. Die Freundschaft mit Jules hat nicht gelitten: Dieser wird sich sogar mit einer Engländerin verheiraten. Aber die Versöhnung mit dem alten Seigneur gelingt nur durch eine Politik der kleinen Schritte. Was Blanche anlangt, so ist Archibalds geduldigem Minnedienst kein Erfolg beschieden. Sie verweigert ihm ihre Hand, da es ihr unmöglich ist, das Geschehene zu vergessen. Die Ehe mit einem Mann von der anderen Seite wäre für sie Verrat an ihrem besiegten, gedemütigten und verarmten Volk.
Dieses Buch hat nicht zuletzt auf Grund seines beträchtlichen Publikumserfolges einen Ehrenplatz inmitten der relativ reichen Produktion von historischen Romanen, die im Gefolge der monumentalen *Histoire du Canada* (1845–1848) von François-Xavier GARNEAU das Kollektivtrauma der Niederlage und ihrer Folgen für die frankophone Volksgruppe aufzuarbeiten suchten. Indem Aubert die moralische Überlegenheit der d'Habervilles betont und ihre von nationalem Stolz getragene Treue zu sich selbst mit den massiven Schuldgefühlen des britischen »Gegners« Archibald konfrontiert, fördert er die Entwicklung einer defensiven, durch Vergangenheitskult und kompensierende Selbstidealisierung gekennzeichnete Mentalität, die das Kulturleben Québecs bis tief ins 20.Jh. hinein prägen wird. Einen Sonderfall stellt Aubert allerdings insofern dar, als er Québecs Geschichte aus dem Blickwinkel einer Feudalelite zeichnet, die nach der Mitte des 19.Jh.s endgültig der Bedeutungslosigkeit anheimgefallen ist. Prägend für diesen Romancier ist die Trauer darüber, daß die vornehmgebildeten Oberschichten der beiden gegnerischen Völker nicht jenen Weg der Gemeinsamkeit zu gehen vermochten, der seiner Überzeugung nach ihrem Wesen angemessen war.
Was die Erzähltechnik und den Stil dieses Autors anlangt, so wäre es im Hinblick auf die besonderen Schwierigkeiten, mit denen die Literatur Québecs im 19.Jh. zu kämpfen hatte, sicherlich ungerecht, Aubert an Zeitgenossen wie FLAUBERT oder den Brüdern GONCOURT zu messen. So wie in seinen *Mémoires* (1866) kultiviert dieser Romancier nach dem Vorbild der europäischen Romantik die malerische Sittenschilderung aus dem Volksleben, wobei Magie und Aberglaube (vgl. die Episode der Hexe Corriveau), aber auch Begegnungen mit den Gefahren der Wildnis eine herausragende Rolle spielen. Aubert weiß seinen Leser durch urwüchsi-

ge Freude am Erzählen zu bezaubern, Humor und Schlagfertigkeit »*stellen ihn in die Tradition eines Rabelais oder eines Montaigne*« (M. Lemire).   F.Ki.

AUSGABEN: Québec 1863. - Québec 1864 [vom Verf. korr.]. - Montreal/Paris 1961.

LITERATUR: N. Deschamps, »*Les Anciens Canadiens« de 1860, une société de seigneurs et va-nu-pieds* (in Études françaises, Okt. 1965, S. 3-15). - M. Lemire, *Les grands thèmes nationalistes du roman historique canadien-français*, Québec 1970. - Ders., »*Les Anciens Canadiens*«, roman de P. A. de G. (in *Dictionnaire des œuvres littéraires du Québec*, Bd. 1, Montreal 1978, S. 16-24). - M. Ducrocq-Poirier, »*Les Anciens Canadiens*« (in M. D.-P., *Le roman canadien de langue française de 1860 à 1958*, Paris 1978, S. 65-70). - D. Bouchard, ›*Notes et éclaircissements‹. Deux livres sous la meme couverture.* »*Les Anciens Canadiens*« *par A. de G.* (in *Solitude rompue*, Hg. C. Cloutier-Wojciechowska u. R. Robidoux, Ottawa 1986, S. 28-37).

FRANÇOIS HÉDELIN, ABBÉ D'AUBIGNAC

* 4.8.1604 Paris
† 1676 Nemours

LITERATUR ZUM AUTOR:
C. Arnaud, *Les théories dramatiques au 17e siècle. Etude sur la vie et les œuvres de l'abbé d'A.*, Paris 1888. - L. Lacour, *Richelieu dramaturge et ses collaborateurs*, Paris 1926. - R. Bray, *La formation de la doctrine classique en France*, Paris 1927; ²1957.

LA PRATIQUE DU THÉÂTRE

(frz.; *Theaterpraxis*). Kritisches Werk von François Hédelin, Abbé D'AUBIGNAC, erschienen 1657. - Die theoretischen Äußerungen d'Aubignacs waren grundlegend für die Herausbildung der klassischen französischen Dramatik und besiegelten die Abkehr vom Geschmack der vorangegangenen Epoche. In seiner Bedeutung für das Theater des 17. Jh.s wird er nur von CHAPELAIN (1595-1674) überragt. Er ist der große Praktiker, der das Handwerkliche, das intensive Studium der antiken und besonders der modernen italienischen Ästhetiker (ARISTOTELES, HORAZ und SCALIGER, VIDA, CASTELVETRO), über das Künstlerische stellt. Seine Kodifizierung der Regeln beruht auf der Überzeugung, daß die Gesetze der Kunst auf Vernunft *(raison)* gegründet seien und einem Bedürfnis des französischen Geistes entsprächen. Neben den Theoretikern, die die klassische Doktrin und die Autorität der klassischen Autoren für unantastbar halten (CHAPELAIN, *Sentiments de l'Académie sur le Cid*, 1638; SCUDÉRY, *Observations sur le Cid*, 1637), nimmt d'Aubignac - wie auch CORNEILLE - eine Sonderstellung ein, indem er den Aristoteles-Kult zwar grundsätzlich bejaht (er hält es »*für eine unumstößliche Maxime, daß nur durch die Mithilfe der Alten und durch die Trefflichkeit ihrer Werke Gelehrsamkeit in der dramatischen Poesie erlangt werden kann*«), aber auf die Unterschiede der Zeitalter und die Wandlungen des Theaters seit der Antike hinweist, die ein blindes Befolgen der Regeln der Alten nicht zulassen. Wie Corneille erklärt er in der *Pratique du théâtre* die nutzbringenden Zwecke der Bühne für sekundär gegenüber den unterhaltenden, schwenkt aber später in den Dissertationen über *Sophonisbé, Sertorius* und *Oedipe* (1663) infolge einer persönlichen Auseinandersetzung mit dem Dichter auf eine Position um, die im Anschluß an Horaz den Sinn des Theaters im Moralischen begründet. Mit fast allen Theoretikern des 17. Jh.s stimmt er in der Frage der Naturnachahmung darin überein, daß der Dichter die Natur kunstvoll zu ordnen habe; die Nachahmung der klassischen Autoren müsse unter der Kontrolle der Vernunft geschehen: »*Wir haben an anderer Stelle gesehen, daß die Vernunft das Übergewicht über die Autorität des Aristoteles hat; sie ist es auch, die hier eine Wahl unter den Modellen trifft*...«.
Der Grundsatz der drei Einheiten, der Einheit der Zeit, des Ortes und der Handhabung, findet allerdings in d'Aubignac ihren strengsten Verfechter. Seine orthodoxe Haltung in diesem Punkt ist am sinnfälligsten in der pedantischen Auslegung der Aristotelischen Zeiteinheit als eine Zeitspanne vom Aufgang der Sonne bis zum Untergang, nicht als Zeiteinheit von 24 Stunden. Er steht damit im Gegensatz zu Corneilles gelockerter, der geschichtlichen Thematik seiner Stücke entgegenkommenden Zeitauffassung und bereitet das Theater RACINES vor. - Die *Pratique du théâtre*, die die Doktrin einer ganzen Generation festhält, veranlaßte Corneille, der mit seinem Werk vielfach von den allgemein anerkannten Auffassungen abwich, zu einer theoretischen Stellungnahme in den drei *Discours* (1660) und in den *Examens* zu seinen Stücken (1660).   R.L.

AUSGABEN: Paris 1657. - Paris 1715 [Faks. Genf 1971]. - Paris 1927, Hg. P. Martino. - Mchn. 1971 [Einl. H. J. Neuschäfer].

LITERATUR: B. B. Goldsmith, *Hedelin's* »*Pratique du théâtre*«. *An Analysis*. Diss. Colorado Univ. 1972 (vgl. Diss. Abstracts, 33, 1972/73, S. 1723 A). - H. M. Davidson, *Pratique et rhétorique du théâtre* (in *Critique et création littéraires en France au 17e siècle*, Hg. M. Fumaroli, Paris 1977, S. 169-175). - T. Murray, *Non-Representation in »La pratique du théâtre«* (in PFSCL, 9, 1982, S. 57-74). - R. Morissey, »*La pratique du théâtre« et le langage de l'illusion* (in DSS, 37, 1985, S. 17-27).

THÉODORE AGRIPPA D'AUBIGNÉ

* 8.2.1552 St.-Maury bei Pons-en-Saintonge
† 9.5.1630 Genf

LITERATUR ZUM AUTOR:
A. Garnier, *A. d'A. et le parti protestant; contribution à l'histoire de la réforme en France*, 3 Bde., Paris 1928. – J. Plattard, *Une figure de premier plan dans nos lettres de la Renaissance: A. d'A.*, Paris 1931. – H. Weber, *La création poétique au 16e siècle en France*, Bd. 2, Paris 1956. – J. Galzy, *A. d'A.*, Paris 1965. – J. Rousselot, *A. d'A.*, Paris 1966. – A. M. Schmidt, *Études sur le 16e siècle*, Paris 1967. – Europe, 1976, Nr. 563 (Sondernr. *A. d'A.*). – B. Romani, *Impegno e retorica in A. d'A.*, Lecce 1976. – M. Soulié, *L'inspiration biblique dans la poésie réligieuse d'A. d'A.*, Paris 1977. – K. Cameron, *A. d'A.*, Boston 1977 (TWAS). – *A. d'A. en son temps. Catalogue d'exposition*, Saintes 1985. – M.-M. Fragonard, *La pensée réligieuse de d'A. et son expression*, 2 Bde., Paris/Lille 1986.

LES AVENTURES DU BARON DE FAENESTE

(frz.; *Die Abenteuer des Baron Faeneste*). Gesellschaftssatire von Théodore Agrippa d'AUBIGNÉ, erschienen 1617–1630. – Der Hugenotte d'Aubigné schrieb dieses Werk, eine Karikatur der Pariser Hofgesellschaft unter Maria de' Medici, im Exil in Genf.
Die mit d'Aubigné in Revolutionen und Bürgerkriegen im Dienst Heinrichs III. ergrauten Kämpfer haben unter der eitlen, intriganten Königin das Feld geräumt zugunsten einer traurigen Nachfolgerschaft von Schmeichlern, Schwätzern und Boudoirschwärmern. Ihr Prototyp ist der Baron de Faeneste: ein eitler, schwatzhafter und aufdringlicher Gascogner. Mit rollenden Augen, gezwirbeltem Schnurrbart, klirrenden Goldsporen und wehendem Federbusch gefällt er sich je nach Bedarf in der Rolle des Kriegers, des Theologen oder des Staatsmannes und folgt in jeder Hinsicht der Devise seines sinnreichen Namens (griech.: *phainesthai* – scheinen). Als Kontrastfigur steht ihm der protestantische Edelmann Enay (griech.: *einai* – sein) gegenüber, der, bescheiden in Ausdruck und Erscheinung, den rechtschaffenen *prud'homme* der alten Zeiten verkörpert. Dieser tugendsame, den Idealen der Vergangenheit treue Hugenotte lockt den in Lügen und Prahlereien sich ergehenden Faeneste in die Falle einer Diskussion, die ihm Gelegenheit gibt, seinem bitteren Groll gegen die neue Zeit Gehör zu verschaffen. Das Leben in der Hauptstadt, die Sitten am Hof, die Herrschenden, die Katholiken, Konvertiten und Priester, die Messe, das Wunder- und Reliquienwesen: nichts bleibt verschont. In kaum verhüllter Form werden verhaßte Zeitgenossen verspottet und verleumdet; vor allem Faeneste wird – indessen ohne es in seiner »tumben« Eitelkeit zu merken – der vollkommenen Lächerlichkeit preisgegeben. Doch der Hieb des ewigen Streiters d'Aubigné, der statt des Schwertes nun die Feder führt, geht ins Leere. Er trifft weder jene *gentilshommes* bei Hofe, die damit beschäftigt sind, die Epoche der *raison* und der *préciosité* vorzubereiten, noch jene Geistlichkeit, die sich anschickt, gallikanisch zu werden. Im Rahmen seiner Epoche – des beginnenden 17. Jh.s – ist dieses Werk eine anachronistische Kuriosität.
Die dem 16. Jh. in Reichtum, Lebhaftigkeit und Derbheit verpflichtete Sprache d'Aubignés kann dennoch den Einfluß der strengen Stilreformen seiner Zeit nicht verleugnen und verrät neben der Kenntnis der Sprache des Volkes zugleich das intensive Studium der antiken Klassiker. Es bereitet auch heute noch Vergnügen, den Moralisten in der Sprache der von ihm verdammten Gesellschaft gegen deren Laster predigen zu hören und zu beobachten, wie er immer wieder mitten im eloquentesten Sermon in einen an RABELAIS erinnernden heiter-derben Erzählton ausbricht, »als ein Geist, der der ernsten und tragischen Reden müde ist« und der sich »bei der Beschreibung dieses Jahrhunderts erholen wollte«. I.P.

AUSGABEN: Maillé 1617 [1. u. 2. T.]. – Maillé 1619 [3. T.]. – o. O. 1630 [4. T.]. – Köln 1729. – Paris 1855, Hg. P. Mérimée. – Paris 1877 (in *Œuvres complètes*. Hg. E. Réaume, u. F. de Caussade, 6 Bde., 1873–1892, 2; Nachdr. Genf 1967). – Paris 1969 (in *Œuvres*, Hg. H. Weber; Pléiade).

ÜBERSETZUNG: *Pautrot u. d. Dame von Nuaillé*, E. Lebus (in *Altfrz. Schwänke*, Lpzg. 1907, S. 230 bis 232; Ausz.).

LITERATUR: P. Paris, *Un roman satirique au 17e siècle* (in Revue Contemporaine, 21, 1855, S. 724). – S. Rocheblave, *Un héros de l'époque huguenote*, Paris 1931. – C. Cordié, *L'ugonotto innamorato* (in C. C., *Saggi e studi*, Padua 1957, S. 24–32). – A. Jans, *D'A. ou la poésie à la pointe de l'épée*, Brüssel 1959. – J. Bailbé, *Rabelais et d'A*. (in Bibl. d'Humanisme et Renaissance, 21, 1959, S. 380–419). – E. Balmas, *d'A. poeta barocco* (in Lingue Straniere, 9, 1960, Nr. 4, S. 320 bis 337). – J. Bailbé, *Quelques aspects du burlesque dans »Les aventures du baron de Faeneste«* (in *Mélanges R. Lebègue*, Paris 1969, S. 135–145). – H. Weber, *Structure et langages dans »Les aventures...«* (in *Mélanges P. Jourda*, Paris 1970, S. 111–130). – M. P. Sommers, *»Les aventures...«*, Diss. Stanford 1971 (vgl. Diss. Abstracts, 32, 1971/72, 1531/1532A). – Dies., *A.s »Baron de Faeneste«, Courtier, Matamore, Picaro* (in FR, 50, 1976/77, S. 6–11). – D. Celce-Murcia, *Faeneste ou La réalisation à l'envers du héros* (in PFSCL, 9, 1978, S. 84–98). – A. Jouanna, *Une analyse de la maladie sociale du paraître* (in Réforme, Humanisme, Renaissance, S. 34–39). – C. Almeida-Ribeiro, *»Les* aventures...« *ou L'univers baroque sous un regard critique* (in Ariane, 2, 1983, S. 29–41).

HISTOIRE UNIVERSELLE

(frz.; *Weltgeschichte*). Historisches Werk von Théodore Agrippa d'AUBIGNÉ, erschienen 1616–1620. – Es ist ein besonderer Glücksumstand für die Erforschung der Religionskriege in Frankreich, daß sowohl Katholiken als auch Hugenotten durch einen der Ihren zur Nachwelt sprechen – und daß diese beiden Zeitgenossen, wenngleich von ihrer Glaubensrichtung geprägt, einander in Stand und Charakter so ähnlich waren, nämlich beide Diplomaten und Berater ihres Königs, redliche Männer und um Objektivität bemühte, ernst zu nehmende Geschichtsschreiber: der Katholik Jacques-Auguste de THOU mit seinen *Historiae sui temporis* in lateinischer Sprache und d'Aubigné, der Hugenotte, mit seiner französisch abgefaßten *Weltgeschichte*.

Erzogen im neuen Glauben, dem er sein Leben lang die Treue hielt, schloß sich d'Aubigné noch fast im Kindesalter den hugenottischen Truppen an und wurde bald an den Hof Heinrichs von Navarra berufen. Er diente seinem König als Soldat, als aufrichtiger Ratgeber und Diplomat, ja, er blieb seinem Herrn selbst nach dessen Übertritt zum katholischen Glauben ergeben. Zwischen Feldzügen und Hofdienst fand er Zeit für schriftstellerische Arbeit und begann im Jahr 1600 mit der Geschichtsschreibung, die ihm, wie er berichtet, Heinrich schon 1577 nahegelegt hatte. Die ersten beiden Bände der *Histoire* erschienen 1616 und 1618 mit königlichem Privileg – für den dritten Band wurde es jedoch nicht mehr erteilt, da Ludwig XIII. die Erinnerung an die Bürgerkriege nicht neu beleben wollte. Als das Buch 1620 trotzdem erschien, wurde es vom Parlament von Paris verdammt. Einige Exemplare wurden öffentlich verbrannt; d'Aubigné ging ins Exil nach Genf. (Dort erschien 1626 eine vollständige Ausgabe.) Bei einem erneuten Aufflammen des Bürgerkriegs wurde der Autor gebeten, seinen Bericht bis zum Frieden von Montpellier (1622) weiterzuführen. Er nahm ihn beim Jahre 1602 wieder auf, starb aber, ehe das Werk abgeschlossen war.

D'Aubigné verließ sich bei der Abfassung seiner *Weltgeschichte* nicht allein auf sein Gedächtnis, sondern zog seine Zeitgenossen in ausgedehnter Korrespondenz und nicht zuletzt sorgsam studierte Urkunden zu Rate; Verträge, Edikte, Sitzungsprotokolle, Reden, politische Manifeste führt er oft im vollen Wortlaut an. Von der Kriegsgeschichte versteht der erfahrene Soldat am meisten, und seine *Histoire universelle* ist in erster Linie eine Chronik der Hugenottenkämpfe zur Verteidigung des protestantischen Glaubens und der freien Religionsausübung. Doch bei aller fast starrsinnigen Verteidigung seiner Glaubensgrundsätze läßt er dank der »*Noblesse seines Charakters*« (F. Puaux) stets auch seinen politischen Gegnern Gerechtigkeit widerfahren. Ferner ist er, soweit es ihm seine Quellen gestatten, bemüht, die französische Geschichte mit den Ereignissen in anderen Ländern zu verknüpfen und dadurch in das internationale Geschehen hineinzustellen. Aus dem Werk sprechen aufrichtige religiöse Überzeugung und Auflehnung gegen die absolute Monarchie. Dabei trennt d'Aubigné sehr wohl zwischen der bisweilen recht pedantischen Objektivität eines großen Geschichtswerks, in dem die eigene Rolle weitgehend außer Betracht zu bleiben hat, und der *chronique personnelle* seiner erst postum unter dem Titel *Sa vie, à ses enfants* veröffentlichten privaten Aufzeichnungen, in denen er mit der lebhaften Schilderung seiner eigenen Abenteuer neben dem trockenen Faktengerüst der *Histoire universelle* dem Bild der Religionswirren erst die nötige Farbe verleiht. KLL

AUSGABEN: Maillée 1616–1620, Hg. J. Moussat, 3 Bde. – o. O. [Genf] 1626, 3 Bde. – Paris 1886 bis 1925, Hg. A. de Ruble, 10 Bde.; Suppl.-Bd., Hg. J. Plattard. – Genf 1981–1985, Hg. a. Thierry, 3 Bde. (TLF).

LITERATUR: J. Plattard, *Une figure de premier plan dans les lettres de la renaissance: A. d'A.*, Paris 1931, S. 93–113. – B. W. Bates, *Literary Portraiture in the Historical Narrative of the French Renaissance*, NY 1945 – M. Greenberg, *A. d'A.s »Histoire universelle«* (in KRQ, 24, 1977, S. 473–484). – A. Thierry, *A. d'A. auteur de l'»Histoire universelle«*, Lille 1982.

LE PRINTEMS DU SIEUR D'AUBIGNÉ

(frz.; *Der Frühling des Herrn von Aubigné*). Gedichtzyklus von Théodore Agrippa d'AUBIGNÉ, entstanden zwischen 1570 und 1573, postum erschienen 1873. – Unter den französischen Dichtern der zweiten Hälfte des 16. Jh.s nimmt d'Aubigné einen hervorragenden Platz ein. Das war indessen kaum die Meinung seiner Zeitgenossen, deren Bewunderung eher einem DESPORTES oder dem noch von GOETHE geschätzten DU BARTAS galt. Man muß dabei in Rechnung stellen, daß d'Aubigné sich zu Lebzeiten als Lyriker kaum eine größere Leserschaft erwerben konnte. Sämtliche Ausgaben seiner Schriften – mit Ausnahme einer Jugendarbeit, der *Vers funèbres* auf den Tod des Dichters Étienne JODELLE – sind erst zu Beginn des 17. Jh.s erschienen, meist ohne Nennung des Druckorts, mit dem Vermerk: *Au Désert (In der Wüste)*. Die gesamte Liebeslyrik seiner Jugendzeit blieb bis ins 19. Jh. unveröffentlicht. Sie gehört, wie etwa die *Sonnets sur la mort (Sonette auf den Tod)* des Jean de SPONDE oder die *Geistlichen Sonnette* der Catharina Regina von GREIFFENBERG zu den bedeutendsten Neuentdeckungen, die wir dem durch Expressionismus und Surrealismus geweckten Sinn für das Barock und andere Epochen des europäischen Manierismus verdanken.

Nach dem Frieden von Saint-Germain (1570) zog d'Aubigné sich auf seine Besitzung in der Nähe von

Blois zurück. Dort begegnete ihm Diane Salviati, die Tochter des Schloßherrn von Talcy, die eine tiefe Leidenschaft in ihm weckte und der zu Ehren er seine ersten französischen Verse schrieb. Diane, eine Nichte jener einst von RONSARD besungenen Cassandra Salviati, erwidert anfangs seine Neigung, er erhält eine bindende Zusage des Vaters, muß ihr jedoch zuletzt entsagen, als ihre einflußreichen Verwandten ihm mit Verhaftung drohen und das Verlöbnis auflösen, »*sur le differend de la religion*« (des Bekenntnisunterschieds wegen). Diese Trennung wirft den Verzweifelten in eine gefährliche Krankheit. Diane, wie er in seiner Lebensbeschreibung berichtet, wird einem anderen versprochen, verfällt jedoch, als sie den ersten Geliebten bei einem Turnier wiedersieht, einer unheilbaren Schwermut, die ihren Tod verursacht.

Mit seiner Liebeslyrik liefert d'Aubigné ein aufschlußreiches Dokument jener Epoche, in welcher auch der christliche Dichter, statt die Geliebte engelhaft zu verklären, ihr ein mythologisches Gewand überstreifen durfte, darin sie zur Göttin verwandelt vor ihn hintrat; sie verlor ihre Funktion als platonische Mittlerin, wurde selber zum Idol, dem ein eigener Kult gebührte. Mehr noch als der gefälligen Venus, die nach Giambattista MARINO das 17. und 18. Jh. regieren sollte, huldigten die französische Kunst und Dichtung damals der Diana als einem Inbild erotischer Faszination: Jagen und Gejagtwerden, jeder kannte das und genoß es. Schon Maurice SCÈVE, in den Zehnzeilern seiner *Délie* (1544), hatte die Geliebte als die Mondgöttin unter ihren verschiedenen Aspekten gefeiert: als himmlische Luna, irdische Diana und infernalische Hekate. D'Aubignés unmittelbares Vorbild jedoch mag JODELLE gewesen sein, dessen *Amours* allerdings erst 1574 postum erschienen. Aber da der Autor ein naher Vertrauter der Maréchale de Retz war, die hier als schimmernde Diana mit ihren Strahlen, ihrem Jägergarn (»*ses rais, ses rets*«) umworben wird, so sind ihm Jodelles Sonette gewiß schon früher bekannt geworden. Indem d'Aubigné, dem das Grauen des Tötens und Sterbens ein gewohnter Anblick, dem eigene Wunden eine häufige Erfahrung waren, diesen mythischen Idolen weiblicher Unantastbarkeit noch die taurische Artemis mit ihren Menschenopfern hinzufügte, brach er eine letzte Schranke nieder, über die ein Schwall von Blut sich in seine Verse ergoß. Die ganze verbrauchte Metaphorik der Augenfackeln, deren Blicke das Herz des Liebenden wie Flammenpfeile verwunden und versengen, die ständigen Erwähnungen seines Ächzens und Seufzens, seines von Tränenbächen zerfurchten Gesichts, seines nahen und unausbleiblichen Endes, die Drohungen, er werde ihr als rächendes Gespenst nach seinem Tode erscheinen – all dies gewinnt bei d'Aubigné in zergliedernder Drastik eine neue *terribilità*, welche nun freilich, aufs äußerste gesteigert, eine besondere Art von barbarischer Preziosität hervortreibt. Hier ist eine für den gesamten abendländischen und vielleicht jeden Manierismus kennzeichnende Technik bereits voll ausgebildet: Die Metapher wird intellektuell immer mehr überspannt, wobei zwischen Gegenstand und Bild oft nur noch ein schwacher, weitgehend entsinnlichter Zusammenhang bestehen bleibt: gleichzeitig aber wird das nur im Geist vollziehbare Gleichnis vergegenständlicht und verstofflicht. Das »Herz« etwa als »Sitz« der Liebe wird in den zuckenden, bluttriefenden Fleischklumpen zurückübersetzt, den man aus der Brust graben und der grausamen Geliebten (mit allen Wunden ihrer Augenpfeile) präsentieren kann, daß sie sich seiner hinfort als Nadelkissen bediene. Dianes Boudoir erscheint hier halb als Folterkammer, halb als Gruselkabinett. Die barocken Allegorien tragen ihren Sinn außen, sozusagen aufgemalt; aber wie schon in den Götterbildern der Antike, nach der Überzeugung der Kirchenväter, Teufel hausten und aus ihrem Munde sprachen, so finden auch in diesen mythologischen Puppen dämonische Mächte ihren Unterschlupf. Das Kultbild der Geliebten wird doppeldeutig, sein Glanz zwielichtig, licht und finster, beseligend und quälend zugleich; die Finsternis aber wird zum Bereich der Einweihung und Erleuchtung (»*La nuit de Diane est un jour*« – »Dianens Nacht ist eine Helle«) wie später bei NERVAL (»*La sainte de l'abîme est plus sainte à mes yeux*« – »Die Heilige des Abgrunds ist die größere Heilige in meinen Augen«). Die Gehobenheit dieser Dichtung entspringt nicht, wie in jedem Klassizismus, schon der Wahl des Stoffes, der dort ausschließlich einem idealistischen Bereich angehören muß, sondern einzig der Intensität des poetischen Furors, der das triviale, das modische, das widrige Detail mitreißt oder geradezu als Wetzstein benutzt, um die Pointen seiner *concetti* daran zu schärfen. Wir haben uns daran gewöhnt, das Pathos als dumm zu empfinden; damals jedenfalls, bei d'Aubigné wie bei MICHELANGELO oder SHAKESPEARE, fand es, wo das Elementare und das Konventionelle sich durchkreuzen, eine hohe Möglichkeit, »geistreich«, witzig und, nicht ohne ein Gran Ironie, auf eine makabre Weise elegant zu sein.

D'Aubignés *Printemps* gliedert sich in drei Teile, deren erster, die *Hécatombe à Diane*, das Hundertopfer von genau hundert Sonetten umfaßt. Hier schon herrscht, neben lichteren anmutigen Stücken, im ganzen ein düsterer Ton vor, der sich im zweiten Teil, den *Stances* (Gedichte in vier- bis zehnzeiligen Strophen), noch verstärkt. Die Greuel des religiösen Bürgerkriegs dringen in die Verse ein, dämonisches Gelichter umlagert den Liebenden, der Herbst ist seine Jahreszeit, dessen »*couleur orangée*« seinem Herzen mehr behagt als das heitere Grün des Frühlings: »*J'aime à voir de beautés la branche déchargée. / A fouler le feuillage étendu par l'effort / D'automne, sans espoir leur couleur orangée / Me donne pour plaisir l'image de la mort.*« (»Mich dünkt es lieblich, wenn des Laubes bunten Schauer / Der Sturm zerfetzt und seine Streu im späten Jahr / Mein Fuß durchwühlt; mich freut die rötlich gelbe Trauer, / Ein Bild des Todes, ja, und aller Hoffnung bar«.) In diesen beiden ersten Teilen bedient der Dichter sich vorwiegend des zwölfsilbigen Alexandriners, den er mit fast rücksichtsloser Kühnheit handhabt. Der dritte Teil der *Odes* bietet dann Gemischtes, vieles in hurtigen Achtzeilern. Hier finden sich auch scherzhafte oder satirische Gelegenheitsgedichte ohne jeden Bezug auf die Liebe zu Diane Salviati.

Ein Gegenstück zu diesem Jugendwerk bieten 1630 die *Petites Œuvres meslées* mit einer Auswahl von Psalmenparaphrasen und dem *Hyver du Sieur d'Aubigné (Winter des Herrn von Aubigné)*: Psalmen, Gebete, Reuetränen, Danksagungen und Lobgesänge; ein nicht sehr umfangreiches, doch bedeutendes Alterswerk. D'Aubignés Psalmenparaphrasen sind in gereimten und ungereimten *vers mesurés* abgefaßt. In solchen metrischen Versen nach antiken Vorbildern hatte sich, übrigens ebenfalls an den Psalmen, als erster Antoine de BAÏF versucht. Von bedeutenden Komponisten der Zeit in Musik gesetzt, haben diese Gebilde hie und da Beifall gefunden, ohne der französischen Metrik jedoch neue Bahnen zu eröffnen. Sie zu beurteilen ist schwer, da man die Musik und den Vortragsstil kennen müßte. – Neben diesen Altersgedichten enthalten die *Petites Œuvres meslées* noch längere Prosa-Meditationen über einzelne Psalmen, in denen es wiederum um Zeitereignisse und sehr persönliche Widerfahrnisse geht. Das schönste Stück, ein wahres *poème en prose*, sind die Betrachtungen über den 88. Psalm, von dem der gleiche Band eine Paraphrase in gereimten Strophen enthält; in beiden beklagt d'Aubigné »*unter der Last eines maßlosen Schmerzes*« den Tod seiner ersten Frau, Suzanne de Lezay, die 1595 gestorben war. F.Ke.

AUSGABEN: Paris 1874 (in *Œuvres complètes*, Hg. E. Réaume u. F. de Caussade, 6 Bde., 1873–1892, 3; Nachdr. Genf 1967). – Lille/Genf 1948, Hg. B. Gagnebin *(Le Printemps: I, L'Hécatombe à Diane)*. – Lille/Genf 1952, Hg. F. Desonay *(Le Printemps: II, Stances et Odes)*. – Paris 1960, Hg. H. Weber (*L'Hécatombe et les Stances*; PUF). – Paris 1969 (in *Œuvres*, Hg. ders.; Pléiade).

ÜBERSETZUNG: *Gedichte für Diane*, F. Kemp (in Akzente, 1984, H. 6, S. 493–500; gek.).

LITERATUR: M. Raymond, *A. d'A.* (in *Génies de France*, Neuchâtel 1942, S. 68–87).

SA VIE. À SES ENFANTS

(frz.; *Sein Leben. Aufgeschrieben für seine Kinder*). Private Aufzeichnungen von Théodore Agrippa d'AUBIGNÉ, postum erschienen 1729. – Diese Denkwürdigkeiten über die wichtigsten Ereignisse seines bewegten und abenteuerlichen Lebens schrieb d'Aubigné im Alter für seine Kinder aus erster Ehe, »*en la privauté paternelle*« (»in väterlicher Vertraulichkeit«), als ein nur für sie und keineswegs zum Druck bestimmtes privates Memorandum. Er schrieb diese Erinnerungen überdies in Ergänzung seiner *Histoire universelle*, um gewisse Begebenheiten nicht in Vergessenheit geraten zu lassen, deren Bericht dort fehl am Platz gewesen wäre. D'Aubigné erzählt sein Leben in knappen, anschaulichen Szenen, Bildern, Anekdoten, an die er gelegentlich Betrachtungen und Ermahnungen knüpft. An manchen Stellen verweist er selber auf die *Histoire universelle*. Viele Einzelheiten bedürfen für den heutigen Leser der näheren Erläuterung, wie sie RÉAUME und CAUSSADE, Henri WEBER und vor allem Armand GARNIER in seinem monumentalen Werk *Agrippa d'Aubigné et le Parti Protestant* 1928 bieten.

Théodore Agrippa d'Aubigné wurde am 8. Februar 1552 im Hôtel Saint Maury bei Pons in der Saintonge als Sohn kalvinistischer Eltern geboren. Die Mutter starb bei der Geburt, weshalb er den Namen Agrippa (von *aegre partus – der mit knapper Not Geborene*) empfing. Der Vater ließ den Knaben von seinem vierten Lebensjahr an außer in der Muttersprache im Lateinischen, Griechischen und Hebräischen unterrichten und verpflichtete ihn früh auf eine unverbrüchliche Glaubenstreue (beim Anblick der aufgespießten Köpfe kalvinistischer Märtyrer in Amboise). Mit zehn Jahren studierte d'Aubigné in Paris bei einem namhaften Humanisten, später in Genf und Lyon; mit elf verlor er seinen Vater, mit sechzehn entfloh er seinem Vormund: bei Nacht, aus dem Fenster, barfuß, im Hemd. Der Anführer eines reisigen Haufens hieß den Burschen auf dessen Bitten hin hinter sich aufsitzen, und in der gleichen Nacht noch bot sich bei einem Scharmützel Gelegenheit, von den »Papisten« wenn auch nicht Hose und Schuhe, so doch eine Büchse und ein Pulverhorn zu erobern. Mit diesem ersten Abenteuer begann d'Aubignés glorreiche Laufbahn als Haudegen und Glaubensstreiter, als langjähriger Waffengefährte und Berater des damaligen Heinrich von Navarra und dessen Kämpfe gegen die katholische Liga: dreißig Jahre der Schlachten, Gemetzel, Belagerungen, kühnen Handstreiche und geheimen Missionen, Jahre auch der Feste, Ballette und Reiterspiele, der Duelle und Liebschaften. Nach dem Fehlschlag seiner Hoffnung, die in den Gedichten seines *Printemps* gefeierte Diane Salviati als seine Frau heimzuführen, vermählte der Dichter sich 1583 mit Suzanne de Lezay, die ihm zwei Töchter und einen Sohn mit Namen Constant gebar. Suzanne starb 1595; Agrippa trauerte drei ganze Jahre um sie, »*ne passant guère nuit sans pleurer*« (»Kaum daß eine Nacht ohne Tränen verging«).

Als Heinrich IV., um der Königswürde willen, im Juli 1593 zum Katholizismus übertritt, fühlt d'Aubigné sich von nun an als das Haupt der verrratenen Hugenottenpartei. Er zieht sich mehr und mehr aus dem politischen Leben zurück, vollendet sein 1577 nach der Schlacht von Casteljaloux begonnenes Meisterwerk *Les Tragiques*, beginnt mit der Niederschrift seiner *Histoire universelle* und begibt sich, als deren erste Ausgabe 1620 durch den Henker öffentlich verbrannt wird, nach Genf in die Verbannung. Als den Siebzigjährigen dort 1623 die Nachricht erreicht, daß er – zum viertenmal in seinem Leben – *in contumaciam* zum Tode verurteilt sei, vermählt er sich im April des gleichen Jahres mit der verwitweten Renée Burlamachi aus einem lucchesischen Geschlecht. D'Aubigné vollendet seine *Histoire universelle*, läßt eine erweiterte Fassung seines satirischen Romans *Les Aventures du Baron de Faeneste* drucken (die alsbald von dem Genfer Magistrat verboten und konfisziert wird), leistet den Städten Bern, Basel und Genf bedeutende Dienste als Festungsbaumeister und stirbt den 9. Mai 1630, am Tage von Christi Himmelfahrt, auf seinem Landschloß Crest bei Genf.

Der Schluß der Lebenserinnerungen enthält die bittersten Klagen über seinen ungeratenen Sohn Constant und dessen liederlichen Lebenswandel. Constant hatte 1619 seine Frau mit ihrem Geliebten *in flagranti* ertappt und beide umgebracht. Durch eine zweite Heirat übrigens wurde er 1635 der Vater der späteren Madame de Maintenon, der Mätresse und vermutlichen morganatischen Gemahlin Ludwigs XIV. D'Aubigné hat Constant in seinem Testament als Verleumder und Apostaten enterbt. F.Ke.

AUSGABEN: Paris 1729, Hg. J. Le Duchat *(Histoire secrète*; mit *Aventures du Baron de Faeneste)*. – Paris 1731, Hg. ders., [*Mémoires*; mit *Aventures du Baron de Faeneste*]. – Paris 1854, ²1889, Hg. L. Lalanne. – Paris 1873 (in *Œuvres complètes*, Hg. E. Réaume u. F. de Caussade, 6 Bde., 1873–1892; Nachdr. Genf 1967). – Paris 1969 (in *Œuvres*, Hg. H. Weber; Pléiade). – Paris 1986, Hg. G. Schrenck (STFM).

ÜBERSETZUNGEN: *Denkwürdigkeiten aus dem Leben des Théodore Agrippa d'Aubigné, von ihm selbst an seine Kinder geschrieben*, L. F. Huber, Tübingen 1780. – *Lebensbeschreibung von ihm selbst an seine Kinder geschrieben*, ders., Tübingen 1798.

LES TRAGIQUES

(frz.; *Die tragischen Reden*). Historisch-religiöses Epos in sieben Gesängen von Théodore Agrippa d'AUBIGNÉ, begonnen 1575, anonym erschienen 1616. Das aus der Perspektive des militanten Hugenotten verfaßte Werk umfaßt ca. 9000 Alexandriner und gilt als eines der eindrucksvollsten Dokumente aus der Zeit der französischen Religionskriege, an denen der Verfasser an hervorragender Stelle teilnahm. Es ist darüber hinaus ein religiöses Epos, das bei aller Parteilichkeit die Zeitgeschichte in den Rang mythischen Geschehens erhebt.

Das erste Buch *(Misères)* hat die Schrecken des Krieges zum Thema, jähen Tod, Hungersnot und Seuchen. Das geschundene Frankreich befindet sich in einem beklagenswerten Zustand: die Höfe gebrandschatzt, die Felder verwüstet, das Landvolk geflüchtet oder erschlagen. Eine verrohte Soldateska zieht sengend und plündernd durch das Land. Ähnlich wie RONSARD im *Discours des misères de ce temps* (1562) schildert d'Aubigné das Verhängnis in grellen Farben; sein Groll richtet sich gegen die Unfähigkeit der Herrscher, dem Elend zu steuern. Stolz und Habsucht, Luxus und feige Überheblichkeit haben die Katastrophe verschuldet. Mit der Bitte, Gott möge Milde walten lassen, klingt der Gesang aus.– Im zweiten Buch *(Princes)* prangert der Autor die Mißstände am Fürstenhof an. Die Satire des Hoflebens, seit Antonio de GUEVARAS *Menosprecio de corte y alabança de aldea* (1539) ein beliebtes Thema der Zeitkritik, steigert sich zur persönlichen Invektive gegen die Herrscher aus dem Haus Valois, Karl IX., Heinrich III. und deren Bruder, den Herzog von Anjou. Kühne satirische Porträts enthüllen ihre Verworfenheit; insbesondere die Perversionen des letzten Valois, sein modisches Gehabe und seine *mignons* fordern die höhnischen Attacken des soldatischen d'Aubigné heraus. Als Gegenbild entwirft er eine Art Regelkodex für das exemplarische Verhalten eines jungen Fürsten. – Im dritten Buch *(Chambre dorée)* brandmarkt d'Aubigné die Parteilichkeit des obersten Gerichtshofs. Richter und Beamte sind korrumpiert; die Verordnungen werden einseitig ausgelegt, zuungunsten der Reformierten. Die allgemeine Rechtsunsicherheit wird in den Zügen allegorischer Personen wie »Ambition«, »Injustice«, »Faveur«, »Envie« und »Formalité«, Tochter der »Pédanterie«, dargestellt. Ein Triumph der Themis als Pendant beschließt den Gesang. – Das vierte Buch *(Les feux* – in der Sprache der Reform die Scheiterhaufen für die Häretiker*)* evoziert den Heldenmut der religiös Verfolgten, die zu Märtyrern des Glaubens wurden. Es beginnt mit einem visionär geschauten Einzug der Erwählten in das Himmlische Jerusalem. Dann ziehen in langem Aufmarsch die bekanntesten Märtyrer der reformierten Kirche vorüber. – Das fünfte Buch *(Les fers)* enthält Bilder aus den französischen Religionskriegen. Die Ereignisse sind in kunstvoller Spiegelung von Engeln ans Himmelsgewölbe gemalt: Eine Menschengarbe aus den Führern der Hugenotten wird von den Bewohnern des Himmlischen Jerusalem bewundert; neben den Schrecken der Feldschlachten von Jarnac und Montcontour entsteht ein detailliertes Gemälde vom Massaker der Bartholomäusnacht. Der Gesang schließt mit einer großangelegten Allegorie. Der greise Ozean findet Blut im Wasser der Flüsse und will es zurückstauen. Doch als er Engel bemerkt, die es in Schalen auffangen und vor das Angesicht Gottes emportragen, wird er umgestimmt und gewährt den Leichen der Erschlagenen die letzte Ruhe. In einer Art ekstatischer Vision darf der Erzähler dies alles schauen. – Im sechsten Buch, den *Vengeances*, erinnert er an die göttlichen Strafgerichte seit Anbeginn der Welt, beginnend mit dem Schicksal Kains bis hinauf zum grausigen Ende der Urheber der Batholomäusnacht. Das Werk mündet im siebten Buch, dem *Jugement*, in eine apokalyptische Schau der Auferstehung und des Weltgerichts.

Charakteristisch für *Les tragiques* ist d'Aubignés engagierte Haltung. Er will den Leser beeindrucken, ihn unter den gegensätzlichen Aspekten von

Haß und Verherrlichung mit starken, emotionalen Argumenten überzeugen. Dieser Absicht kommt die Gliederung in größere, umfassende Themenkomplexe entgegen, die, einer starken inneren Bewegung folgend, von der Erde zum Himmel und bis zum Jüngsten Gericht fortschreiten. Auffällig ist die barocke Vorliebe für menschliche Grenzsituationen. Szenen von blutrünstiger Gewaltsamkeit, qualvolle Folterungen und Agonien werden ausführlich geschildert, das grausige Detail wird dabei keineswegs ausgespart. Als Ganzes erweist sich die menschliche Natur als komplex und widersprüchlich, bildsam und doch voll kalter, vorbedachter Grausamkeit, fähig zu Handlungen von brutaler Wildheit und Akten exemplarischer Selbstverleugnung. Grausamkeit, Heimtücke und Korruption seitens der Staatsgewalt kontrastieren mit der Glaubensgewißheit, dem Kampfgeist, dem Opfermut ihrer Kontrahenten. Zeitkritische Satire, überlange haßerfüllte Invektiven und pathetische Überhöhung der Helden kennzeichnen die Erzählhaltung des Autors und mit ihr die stilistische Grundtendenz des Werks. Eine additive Struktur, ohnehin beliebt im literarischen Manierismus, soll die Erschütterung des Lesers bewirken. D'Aubignés Sprache vermeidet weder Kraßheiten noch rhetorische Längen; ihr stilistisches Instrumentar – eingestreute Pathosformeln, hyberbolische Ausdrucksweise oder affektsteigernde Satzfiguren wie Anapher, Reduplikation, chaotisches Asyndeton u. a. – steht gleichwohl im Dienst außerordentlicher verbaler, bildhafter und rhythmischer Kraft. D'Aubignés Bürgerkriegsepos, dessen Erstveröffentlichung in die Zeit der von MALHERBE ausgehenden Reformbestrebungen fiel, blieb unbeachtet, bis es im 19. Jh. durch SAINTE-BEUVE wiederentdeckt wurde. K.Rei.

AUSGABEN: Maillé 1616. – Paris 1857, Hg. L. Lalanne. – Paris 1896, Hg. Ch. Read. – Paris 1911 [Einl. R. Schuhmann]. – Paris/Edinburgh 1912 [Einl. É. Faguet]. – Paris 1931 [m. Komm. u. Vorw. G. Mongrédien]. – Paris 1932/33; ern. 1965, 4 Bde., Hg. A. Garnier u. J. Plattard u. J. Plattard [krit.]. – Paris 1967 (in Œuvres, Hg. H. Weber; Pléiade). – Paris 1969 (GF).

LITERATUR: J. Plattard, *La poésie et l'éloquence de A. d'A.* (in *A Miscellany of Studies presented to L. E. Kastner*, Cambridge 1932, S. 385–395). – J. Buffum, *A. d'A.'s »Les Tragiques«. A Study of the Baroque Style in Poetry*, New Haven 1951. – H. A. Sauerwein, *A. d'A.'s »Les Tragiques«*, Baltimore 1953. – A. Lebois, *La fortune littéraire des »Tragiques«*, Paris 1957. – J. White, *D'A. and French Epic Poetry*, Cambridge 1957. – A. Jans, *D'A. ou la poésie à la pointe de l'épée*, Brüssel 1959. – A.-M. Schmidt, *A. d'A., lyrique baroque*, Paris 1963. – G. Fasano, *Per una interpretazione dei »Tragiques«* (in SRLF, 5, 1965, S. 65–100). – J. Galzy, *A.*, Paris 1965. – A. Lebois, *Destin des »Tragiques«* (in A. L., *17e siècle*, Paris 1966, S. 101–137). – K.-H. Mottausch, *Der Wortschatz der »Tragiques« des A. d'A.*, Diss. Mainz 1967. – J. Bailbé, *A., poète des »Tragiques«*, Caen 1968. – H. Weber, *Un fragment ms. des »Tragiques« antérieur à la 1ère édition* (in RHLF, 68, 1968, S. 185–203). – G. Fasano, *»Les Tragiques«. Un epopea della morte*, Bari 1970–1971, 2 Bde. – R. L. Regosin, *The Poetry of Inspiration. A. d'A.s »Les Tragiques«*, Chapel Hill 1970. – H. Weber, *»Les Tragiques«* (in Europe, 1976, Nr. 563, S. 7–20). – M. Soulié, *L'inspiration biblique dans »Les Tragiques« de A. d'A.* (in ebd., S. 68–78). – U. Langer, *Rhétorique et intersubjectivité. »Les Tragiques« de d'A.*, Paris u. a. 1983. – M. Braun Häberlin, *A. d'A.s »Les Tragiques«*, Diss. Zürich 1982. – G. Mathieu-Castellani, *Structures rhétoriques des »Tragiques«* (in *Mélanges H. Weber*, Genf 1984, S. 303–320). – J. Bailbé, *Les mythes de la révolte dans »Les Tragiques«* (in *L'imaginaire du changement en France au 16e siècle*, Hg. C. B. Dubois, Bordeaux 1984, S. 303–330). – E. Forsyth, *Concordance des »Tragiques« de d'A.*, Melbourne 1984. – F. Lestringant, *D'A. »Les tragiques«*, Paris 1986.

WYSTAN HUGH AUDEN

* 21.2.1907 York
† 19.9.1973 Wien

LITERATUR ZUM AUTOR:
Bibliographien:
E. Callan, *An Annotated Checklist of the Works of W. H. A.* (in TCL, 4, 1958, S. 30–50). – Ders., *W. H. A.: Annotated Checklist II – 1958–1969* (in ebd., 16, 1970, S. 27–56). – *W. H. A. A Bibliography 1924–1969*, Hg. B. C. Bloomfield u. E. Mendelson, Charlottesville/Va. 1972. – M. Gingerich, *W. H. A. A Reference Guide*, Boston/Ldn. 1977.
Biographien:
C. Osborne, *W. H. A.: The Life of a Poet*, Ldn. 1979. – H. Carpenter, *W. H. A.*, Ldn. 1981.
Gesamtdarstellungen und Studien:
R. Hoggart, *A.*, Ldn. 1951. – G. Kalow, *Zwischen Christentum und Ideologie*, Heidelberg 1956. – J. W. Beach, *The Making of the A. Canon*, Minneapolis 1957. – M. K. Spears, *The Poetry of W. H. A.: The Disenchanted Island*, NY 1963; ²1968. – *A.: A Collection of Critical Essays*, Hg. ders., Englewood/Cliffs/N.J. 1964. – J. G. Blair, *The Poetic Art of W. H. A.*, Princeton/N.J. 1965. – H. Greenberg, *Quest for the Necessary: W. H. A. and the Dilemma of Divided Consciousness*, Cambridge/Mass. 1968. – J. Replogle, *A.'s Poetry*, Ldn. 1969. – G. T. Wright, *W. H. A.*, NY 1969; Boston ²1981 (rev.; TUSAS). – G. W. Bahlke, *The Later Auden*, New Brunswick/N. J. 1970. – J. Fuller, *A Reader's Guide to W. H. A.*, Ldn. 1970. – R. Johnson, *Man's Place: An Essay on A.*, Ithaca/NY 1973. – *W. H. A.: A Tribute*, Hg. S.

Spender, Ldn. 1975. – E. Mendelson, *Early A.*, NY 1981. – *W. H. A.: The Critical Heritage*, Hg. J. Haffenden, Ldn. 1983. – A. Rodway, *A Preface to A.*, Ldn. 1984. – *W. H. A.: The Far Interior*, Hg. A. Bold, Ldn. 1985. – G. Jarfe, *Der junge A.: Dichterische Verfahrensweisen und ihre Bedeutung in W. H. A.s Frühwerk*, Heidelberg 1985. – W. Krull, *W. H. A.* (in KLFG, 10. Nlg., 1986). – A. L. Rowse, *The Poet A.: A Personal Memoir*, Ldn. 1987.

DAS LYRISCHE WERK (engl.) von Wystan Hugh AUDEN.
Von den großen englischsprachigen Dichtern des 20. Jh.s ist W. H. Auden mit Abstand der vielseitigste. Das betrifft nicht nur seine Qualitäten als Stückeschreiber, Reiseschriftsteller, Librettist, Kritiker, Herausgeber, Übersetzer und akademischer Lehrer. Auch für sich genommen, imponiert das lyrische Werk durch seine Fülle gegensätzlichster Formtraditionen, Stilebenen und Themen. Da steht ein *popular song* neben der stilisierten Elegie, das sentenzhafte Haiku neben der Aubade (Tagelied), die bissige Satire neben dem Liebesgedicht, Sonett oder Sestina neben freien Rhythmen, Epithalamion neben polemischer Ballade, das metrische Gedicht neben *syllabic verse*. Diese Vielfalt ist nicht bloß Ausfluß einer proteischen Natur, eines Mangels an poetischer Identität, wie man tadelnd gemeint hat, sondern Konsequenz einer Kreativität, die sich nicht auf wenige Ausdrucksmuster einengen und festlegen lassen will und der es gelingt, auch gegensätzlichste und entlegenste Formtraditionen sich anzuverwandeln. Audens eigene Definition von Dichtung als »*game of knowledge*« verweist auf zwei Wurzeln seines Schaffens. Da ist einmal ein unbändiger Spieltrieb, da ist zum andern die stimulierende Kraft verschiedenster Wissensbestände. Tatsächlich besitzt er schon früh ausgedehnte Kenntnisse nicht nur der literarischen, philosophischen und theologischen Traditionen, sondern auch zeitgenössischer Wissenschaftszweige. So ist Auden der erste große Dichter, der Grundannahmen FREUDS rezipiert. Hinzu kommt noch ein theatralisches Element, das sich als Variante des Spieltriebs begreifen läßt. Ein wichtiges Diktum Audens, das wie kein anderes seine eigene Praxis erhellt, besagt: »*A naive rhetoric, one that is not confessedly ›theatrical‹, is now impossible in poetry.*« (»*Eine naive Rhetorik, die nicht bewußt ›theatralisch‹ wirkt, ist heutzutage in der Poesie nicht möglich.*«).
Ursächlich für dieses Insistieren auf einem primär theatralischen Gedichtbegriff war die umstürzende Erfahrung, daß Sprache zur Scheidemünze geworden ist und das Gedicht als »*honest self-revelation*« (»ehrliche Selbstoffenbarung«) nicht mehr möglich erscheint. Indem der Autor seine Sprecher übertrieben, gekünstelt, stilisiert reden oder zum Beispiel den Standpunkt des Bürokraten vertreten läßt, hofft er, dem Lügencharakter der Sprache beizukommen und in seinen Lesern das Mißtrauen gegen jede Art von Ideologie zu wecken. Sowohl die Entwicklung des von M. K. SPEARS in seiner Auden-Studie »*clipped lyric*« genannten enigmatischen Telegrammstils als auch das gleichfalls früh erkennbar werdende Interesse an der Tradition der *light poetry*, die auffälligen ideologischen Kehrtwenden der dreißiger Jahre ebenso wie die lebenslange Bereitschaft zum Experiment sind als Audens Reaktionen auf das sprachliche Dilemma des modernen Dichters zu werten.

Das Experimentieren mit wechselnden Sprechweisen und Stilformen, gepaart mit früh erwachter Sozialkritik, bildeten das explosive Gemisch in *Poems* (1930), besonders in der veränderten 2. Auflage von 1933. Dieser Band zeichnete sich durch einen unverwechselbaren und bis dahin unerhörten Tonfall aus, der als »Audenesque« in die Literaturgeschichte eingegangen ist und schon bald Autoren wie W. EMPSON (1906–1984) zu Parodien gereizt hat. Es ist eine elliptische Sprache, deren Faszination durch eingestreute, allegorisch anmutende Versatzstücke aus der Welt aufgegebener Industrieanlagen noch verstärkt wird, und deren Sprecher durch drohende Untertöne Unheil anzukündigen scheint. Der Band machte Auden berühmt und ließ ihn bald als Sprecher einer neuen, aufsässigen Dichtergeneration erscheinen. Aus dem Zusammenhang gerissene Fragmente wie »*The game is up for you*« (»*Das Spiel ist aus für dich*«) oder »*it is later than you think*« (»*Consider this*«) – »*es ist später als du denkst*« (»*Betrachte dies*«) nährten den Verdacht, hier habe ein Marxist der Gesellschaft den Kampf angesagt. Nach allem, was wir heute wissen, war dies jedoch ein Mißverständnis. Auden fühlte sich weder zum Anführer einer Gruppe noch zum Umstürzler berufen. Es war eine seiner zahlreichen Masken. Und obwohl die damalige Aufregung der Intelligentsia auch heute noch nachvollziehbar erscheint, war weder der Band einem einzigen Formideal verpflichtet, noch blieb Auden lange bei dem Geleisteten stehen. Das Nebeneinander sehr unterschiedlicher Stile und Sprechweisen ist charakteristisch für Audens gesamte Produktion.

Schon der nächste Gedichtband *Look, Stranger!*, 1936 *(Schau, Fremder!)* zeigte einen wesentlich veränderten Stil: vorwiegend reflektierend oder liedhaft. Er enthielt so unvergleichliche Stücke wie *Our hunting fathers (Unsere jagenden Vorfahren); Look, stranger! (Schau, Fremder!); Now the leaves are falling fast (Jetzt fallen die Blätter schnell); Underneath an abject willow (Unter einer trauernden Weide)*. Audens großes Thema, das sein gesamtes Schaffen wie ein roter Faden durchzieht, die Frage nach dem Zustand und den Überlebenschancen des Individuums in der Massengesellschaft, tritt hier schon deutlicher in Erscheinung (»*O what is that sound*«). Auch die beiden für Audens Schaffen wichtigsten bildlichen Verfahrensweisen, die Metonymie und was man in Anlehnung an einen seiner Gedichttitel *paysage moralisé* genannt hat (psychische Zustände und Vorgänge werden durch landschaftliche Gegebenheiten suggeriert und repräsentiert), werden hier nachhaltig faßbar.

Der Band *Another Time*, 1940 *(Eine andere Zeit)* enthielt eine eigene Abteilung »*Lighter Poems*«

(»Leichtere Gedichte«) und räumte diesem für Auden so wichtigen Genre gebührenden Platz ein. Früh schon entdeckte Auden seine Vorliebe für *light verse*. Er edierte *The Oxford Book of Light Verse* (1938) und bereicherte selber die Gattung um viele Beispiele. Am bekanntesten sind seine Balladen (z. B. *Miss Gee; Victor*), welche die Tradition der Gattung umfunktionieren, indem sie – auf burleske Weise, versteht sich – die Auflösung der Person als autonomes Individuum thematisieren. Die gelungensten Beispiele von *light poetry* sind meist satirische Attacken gegen bürokratische und autoritäre Tendenzen der Massendemokratien *(The Unknown Citizen – Der unbekannte Bürger; Under Which Lyre – Im Zeichen welcher Lyra)*.

Die vierziger Jahre waren die Zeit der großen Bestandsaufnahme in den sogenannten *Longer Poems* (Langgedichte), in denen Auden die Katastrophe des Faschismus verarbeitete und das Verhältnis von Kunst und Leben nach der eigenen Rückkehr zum anglikanischen Glauben neu zu bestimmen versuchte. Auch in späteren Gedichtbänden blieb Audens Wandlungsfähigkeit das Grundmuster seines Dichtens, wurden immer wieder neue Facetten seines Künstlertums sichtbar. In den fünfziger Jahren erwies sich, daß Auden nicht nur zu Ironie, Satire und Sarkasmus fähig war, sondern auch genuin komische Gedichte schreiben konnte *(The Willow-Wren And The Stare – Der Weidenlaubsänger und der Star)*. Daneben entstanden Gebilde höchster künstlerischer Verdichtung wie *The Shield of Achilles*, 1955 *(Der Schild des Achill)*. Wieder später bewies der Dichter, daß er auch bukolische Themen brillant meisterte *(Bucolics)*, ja selbst über alltägliche Verrichtungen und Räumlichkeiten geistreich und bewegend dichten konnte *(Thanksgiving for a Habitat – Danksagung für eine Behausung)*. Das Gedicht über die Toilette, *The Geography of the House*, ist ein komisches Meisterstück. Hier lauert freilich auch ein Mißverständnis, gegen das Auden entschieden in Schutz zu nehmen ist. Seine Entwicklung verlief nicht einfach linear, schon gar nicht im Sinne eines Abstiegs zu den Wonnen der Alltäglichkeit. Was Auden früher einmal erreicht hat, bleibt als Potential im Späteren immer anwesend (Gedichte wie *City Without Walls*, 1969 – *Stadt ohne Mauern*, mit seinen Anklängen an den frühesten Auden wie auch an den mittleren des *Age of Anxiety*, 1947 und mit seiner satirischen Invektive gegen die Barbarei der Zivilisation beweisen das). Vor allem aber: Die Aufgabe der freien Rhythmen, die Rückkehr zur strophischen Form und Reimbildung wird begleitet durch zahlreiche lexikalische, metrische und bildbezogene Experimente.

Seit den späten dreißiger Jahren versuchte sich Auden am *syllabic verse*, dem »silbenzählenden Vers« *(In Memory of Sigmund Freud)*. Diese spröde und strenge Form, die nur wenige Dichter, darunter die amerikanische Lyrikerin Marianne MOORE (1887–1972), überzeugend gemeistert haben, kam offenbar wegen ihres Mangels an metrisch-rhythmischen Zwängen Audens Neigung zur geistreichen Plauderei entgegen, die sie doch zugleich mit der selbstauferlegten Silbenzahl auch wieder streng unter Kontrolle hielt.

Viele der großen reflektierenden Gedichte aus den fünfziger und sechziger Jahren – etwa aus den Zyklen *Horae Canonicae* (z. B. *Prime*) und *Thanksgiving for a Habitat*, aber auch Einzelgedichte wie *The Horatians* – sind in silbenzählenden Strophenformen abgefaßt. Es spricht für Audens Meisterschaft, daß man dies selten auf Anhieb merkt, ja daß es ihm gelegentlich sogar gelingt, silbenzählenden und metrischen Normen zugleich zu genügen *(In Due Season – Die Zeit ist reif)*. Was aber den Vorwurf der Trivialität betrifft, so unterschlägt dieser die Dialektik von Audens Verfahren, das oft genug in einer überraschenden Schlußpointe die angenommene Position der Trivialität ironisch unterläuft. Auch der ältere Auden ist keineswegs weniger kritisch hinsichtlich der Tendenzen der modernen Massengesellschaft. Nur: Wo er früher anprangerte und diagnostizierte, da ist es ihm nunmehr darum zu tun, etwa noch vorhandene Reservate der Freiheit aufzuzeigen.

Die Kritik reagierte enthusiastisch und verstört. Begeisterte Zustimmung und heftige Ablehnung kamen oft von demselben Kritiker, der das Nebeneinander scheinbar sich ausschließender Stimmen als Beweis für mangelnde Reife nahm (F. R. LEAVIS etwa moniert *»undergraduate adolescence«* – *»studentenhafte Unreife«)*, besonders da, wo ein und dasselbe Gedicht von ganz verschiedenen Sprechern gesprochen zu sein scheint – keineswegs eine Seltenheit bei Auden. Es ist eine der von Auden entwickelten identifikationshemmenden Verfahrensweisen und kann im übrigen als formaler Reflex der auch von ADORNO registrierten Liquidation des Individuums verstanden werden, ein besonderes Zeichen seiner Modernität. Hier wie anderswo war Auden seinen Kritikern weit voraus. Die implizit erhobene Forderung nach einem einheitlichen Stil galt ihm als obsolet, zumal die nach einem spezifisch poetischen Stil. Wenn er, bei aller Bewunderung für YEATS, in seiner berühmten Elegie *In Memory of W. B. Yeats* den Sprecher sagen läßt *»You were silly...«* (*»Du warst albern...«)*, so bezieht sich das nicht nur auf dessen merkwürdiges Interesse für obskure Mythologeme und einen unzeitgemäßen Aristokratismus, sondern auch auf den damit einhergehenden poetischen Faltenwurf, der Audens Naturell denkbar fremd war: *»to stink of poetry/is unbecoming (...)«* – *»Nach Poesie zu stinken/ist ungehörig (...)«* (*The Cave of Making*, 1965 – *Die Höhle des Schaffens)*.

Aus heutiger Sicht erscheint Audens Beherrschung zahlreicher Stillagen, Gedichtformen, rhetorischer Möglichkeiten und seine Weigerung, sich auf eine Stimme festlegen zu lassen, beinahe als post-modern. Allerdings nur beinahe, denn wenn man nur genau genug hinhört, gibt es unter seinen vielen Sprechern und gebrochenen Stimmen doch so etwas wie einen dominierenden Ton: den des leisen, subtilen, sich selbst rücksichtslos in Frage stellenden Sprechers. G.Ja.

AUSGABEN: *Collected Shorter Poems 1927–1957*, Ldn. 1966. – *Collected Longer Poems*, Ldn. 1968. – *Collected Poems*, Hg. E. Mendelson, Ldn. 1976. – *The English Auden: Poems, Essays and Dramatic Writings 1927–1939*, Hg. E. Mendelson, Ldn. 1977. – *Selected Poems*, Hg. ders., Ldn. 1979.

ÜBERSETZUNGEN: *Gedichte/Poems*, Wien 1973. – *Anrufung Ariels: Ausgewählte Gedichte Englisch/Deutsch*, Mchn. 1987.

THE AGE OF ANXIETY. A Baroque Eclogue

(engl.; *Ü: Das Zeitalter der Angst*). Barocke Ekloge von Wystan Hugh AUDEN, erschienen 1947, mit dem Pulitzer-Preis ausgezeichnet. – Auden stellt sein Werk unter das Motto »*Lacrimosa dies illa / Qua resurget ex favilla / Indicandus homo reus*« aus dem THOMAS VON CELANO zugeschriebenen Hymnus auf das Weltgericht (13.Jh.). Das äußere Geschehen erscheint gegenüber dem inneren fast als zufällig: vier Personen (Quant, ein verwitweter, älterer Büroangestellter; Malin, ein kanadischer Militärarzt in mittleren Jahren; Rosetta, eine attraktive jüdische Warenhauseinkäuferin; und Emble, ein junger Marinesoldat) befinden sich am Abend eines Allerseelentages während des Zweiten Weltkrieges in einer New Yorker Bar. Alle vier sind allein in der Weltstadt und suchen die Nähe anderer Menschen. Man hört der Nachrichtensendung zu, die von Tod und Vernichtung berichtet, man trinkt, um zu vergessen. Die Zungen lösen sich, und die vier Fremden beginnen eine Unterhaltung. Keiner gibt, jeder will nur nehmen. Man redet, achtet kaum auf das, was die anderen sagen, und wartet nur auf sein eigenes Stichwort, um sich selbst sprechen zu hören. Der Freudschen Methode des freien Assoziierens folgend, schält Auden aus den dahingesagten Worten dieser Monologe die geheimen Gedanken der Sprechenden heraus. – Als das Lokal schließt, fahren die vier in Rosettas Wohnung, um dort ihre »Gespräche« fortzusetzen. Rosetta, *»die nicht so jung war, wie sie aussah«*, und der Soldat Emble kommen sich dabei näher, woraufhin sich die beiden anderen Besucher verabschieden und von Rosetta zum Fahrstuhl gebracht werden. In ihre Wohnung zurückgekehrt, findet Rosetta den kurz vorher noch so leidenschaftlichen Emble eingeschlafen vor; halb enttäuscht, halb erleichtert steht sie vor ihm. – Inzwischen haben Quant und Malin ihre Adressen ausgetauscht und sich versprochen, einander zu schreiben, obwohl sie genau wissen, daß sie es doch nicht tun werden. Jeder macht sich, allein und innerlich unbereichert, auf den Heimweg. Quant erreicht singend und trunken stolpernd seine Wohnung, während Malin an der Manhattanbrücke innehält. Er sieht den Tag über der Stadt heraufdämmern und begreift trotz der hemmenden Wirkung des Alkohols, daß er eine halbe Nacht sinnlos zerredet hat. Eine Art Schuldgefühl übermannt ihn, wenn er an die Pflichten des kommenden Tages denkt. »*Er kehrte zur Pflicht zurück und wurde von der wirklichen Welt zurückverlangt, wo ein Zeitmaß herrscht, an dem Poesie kein Interesse haben kann.*«

Diese Dichtung Audens ist eine Anklage gegen unsere Zeit der Gewalttätigkeiten. Auden benutzt für die Aufzeichnung des Handlungsablaufs eine knappe, präzise Prosa, mit der er eine Art Gerüst errichtet, das die vielschichtige und heterogene Struktur der sich im Gedanklichen und Visionären abspielenden inneren Handlung aufzunehmen und zu tragen vermag. Diese innere Handlung fächert Auden im langzeiligen, durch Zäsur gegliederten, reimlosen altenglischen Alliterationsvers auf. – Den sechs Teilen der »Ekloge« sind jeweils Titel vorangestellt, die das innere Geschehen zusammenfassen *(Prolog; Die sieben Lebensalter; Die sieben Stationen; Der Grabgesang; Das Maskenspiel; Epilog)*. *Anxiety* ist für Auden etwas vom Menschen Unablösliches, eine Folgeerscheinung des Bewußtseins seiner Schuld, nicht das zu sein und nicht das leisten zu können, was dem Menschen von jeher aufgetragen und bestimmt war. Aus dieser Schuld und der daraus resultierenden Angst sind letztlich die Brüchigkeit und Heillosigkeit einer Welt zu erklären, deren Aspekte Auden in den Versen seines Werks zu gestalten sucht. Die Detailfülle und Verschiedenheit der Blickpunkte, die Spannung zwischen Sinnen- und Weltbejahung einerseits und der *anxiety* andererseits, das Nebeneinander von Friedhof (die fünfte der »sieben Stationen«) und Lustgarten (sechste Station), die Genauigkeit und die unsentimental zupackende Objektivität, mit der Schwäche und Gebrechlichkeit aufgedeckt werden, wie auch Audens Wahl des Barmilieus als eines Refugiums für Einsame, eines geradezu »idyllischen« Ortes inmitten der *»universal disorder of the world outside«*, rechtfertigen den Untertitel »Barokke Ekloge« selbst dann noch, wenn dem Autor bei dem Begriff »Ekloge« das »ausgewählte Einzelgedicht« im Sinn der Antike vorgeschwebt haben sollte. Der Ausklang des Werkes in der mystischen Annahme und Anerkennung der Liebe und des Erbarmens Gottes durch den einzelnen ist charakteristisch für Audens späteres Werk und beweist den Einfluß, den KIERKEGAARD und Reinhold NIEBUHR seit den vierziger Jahren auf den Autor ausübten. KLL

AUSGABEN: NY 1947. – Ldn. 1948. – Ldn. 1958 (in *Poems*).

ÜBERSETZUNGEN: *Das Zeitalter der Angst*, K. H. Hansen, Wiesbaden 1949 [gekürzt; Einl. G. Benn]. – Dass., ders., Mchn. 1958. – Dass., ders., Mchn. 1979.

LITERATUR: J. Randall, *From Freud to St. Paul: The Stages of A.'s Ideology* (in Partisan Review, 1945). – J. Storm, *The Writer's Situation and Other Essays*, Ldn. 1950. – M. K. Spears, *The Dominant Symbols of A.'s Poetry* (in Sewanee Review, 1951, S. 392–425). – J. R. Boly, *The Glass of Vision: A Study of W. H. A.'s »New Year Letter«*, »*For the*

Time Being« and »The Age of Anxiety«, Diss. Yale 1976 (vgl. Diss. Abstracts, 38, 1977, S. 274A). – Ders., *A. and the Romantic Tradition in »The Age of Anxiety«* (in Daedalus, 111, 1982, Nr. 2, S. 149–177).

THE RAKE'S PROGRESS

(engl.; *Ü: Der Wüstling*). Opernlibretto von Wystan Hugh AUDEN und Chester KALLMAN (* 1921), auf eine Anregung Igor STRAVINSKIJS zurückgehend, 1947 bis 1951 in enger Zusammenarbeit mit dem Komponisten entstanden; Uraufführung der Oper: Venedig, 8. 9. 1951, Teatro La Fenice; deutsche Erstaufführung: Stuttgart, 4. 11. 1951, Württembergische Staatsoper. – Als Vorwurf diente William HOGARTHS (1697–1764) satirisch-didaktische Kupferstichserie gleichen Titels, die schon Georg Christoph LICHTENBERG zur literarischen Nachgestaltung und Ausdeutung angeregt hatte (vgl. *Ausführliche Erklärung der Hogarthischen Kupferstiche*). Auden, der das Handlungsgerüst entwarf und etwa die Hälfte des Texts verfaßte, hat nur wenige Einzelzüge der Vorlage (Bordell- und Irrenhausszenen, Versteigerung) direkt übernommen und das Geschehen, für das er Milieu und Atmosphäre des frühen 18.Jh.s beibehielt, durch moderne existentialistische und psychologische Mythen überhöht.

Die Handlung, deren drei Akte einen vollen Jahreskreis beschreiben, entfaltet sich in einer Reihe schaubildhafter Einzelszenen. Diesem mehr statischen Aufbau entspricht in der musikalischen Gestaltung ein (persiflierender) Rückgriff auf den Stil der Nummernoper, wie er sich bei HÄNDEL, MOZART und in der italienischen und französischen *opera buffa* findet: Arien, Duette, kleine Ensembles und Rezitative, im Libretto bereits durch strenge Strophenformen, locker gefügte Reimpaarverse und Prosapassagen differenziert, wechseln in zwangloser Reihung. – Tom Rakewell und Ann Trulove sind einander verlobt und besingen in idyllisch-pastoralen Versen das goldene Zeitalter des Frühlings und des unschuldigen Glücks. Tom jedoch, der sich in bester Komödienmanier dem Publikum als sympathischer Luftikus vorstellt und sich allen Versuchen von Anns Vater, ihm eine gesicherte bürgerliche Stellung zu verschaffen, widersetzt, wird kurz darauf von Nick Shadow, einer mephistophelischen Gestalt, in die Großstadt London entführt. Als Nick mittels einer unerwarteten Erbschaft Toms Wunsch nach Reichtum erfüllt, liefert sich ihm der Verblendete für *»ein Jahr und einen Tag«* aus. Diener und Mentor zugleich, führt Nick ihn im Bordell der Mutter Goose in die Riten von Venus und Mars ein, und nun verfällt Tom immer mehr dieser Welt des raffinierten Genusses. Ausgehöhlt von der Jagd nach sinnlosen Vergnügungen und geplagt von Schuldgefühlen gegenüber Ann, läßt er sich von Nick überreden, die Türkenbab, ein bärtiges Jahrmarktswunder, zu heiraten. Dieser absurde *act gratuit* (wie Auden es in einem Brief an Stravinskij bezeichnet) soll ihm bestätigen, daß er sich Vernunft und Leidenschaft untertan gemacht hat, und ihm seinen zweiten Wunsch erfüllen, den nach Glück. Toms extravagantes Leben führt jedoch bald zum finanziellen Ruin; seine letzte Hoffnung, eine wunderbare Maschine, die Steine in Brot verwandeln und ihn zum Erlöser der Menschheit machen soll, erweist sich als weiteres Blendwerk seines teuflischen Begleiters. Als Ann, die Tom trotz seines wüsten Lebens noch immer liebt, ihn zu retten versucht, findet sie sein Haus von einer sensationslüsternen Menge überflutet, die sich zur öffentlichen Versteigerung seines Besitzes eingefunden hat. Toms Frist ist abgelaufen, und Nick fordert auf dem Kirchhof seine Seele. Von seinem Sieg überzeugt, erklärt er sich bereit, Tom im Kartenspiel eine letzte Chance zu geben. Entgegen aller Logik und Erfahrung wählt dieser in verzweifeltem Vertrauen auf Anns Liebe zweimal Herzdame, durchkreuzt damit die betrügerischen Pläne des Partners und rettet seine Seele. Dieser Kierkegaardsche »Sprung« in den Glauben, der mit der Absurdität des *act gratuit* kontrastiert wird, erfüllt Toms dritten und letzten Wunsch, den nach Liebe. Zwar verflucht der um sein Opfer geprellte Nick, bevor er mit einem Schrei zur Hölle fährt, Tom zum Wahnsinn, doch dessen wiedergewonnene Unschuld ist unzerstörbar, und so erfüllt sich schließlich bei Anns Besuch im Irrenhaus in ihrem Gelöbnis ewiger Treue der Mythos von Venus und Adonis.

Das Libretto, in dem sich lyrische, parodistische, märchenhaft groteske und tragische Elemente mischen, hat durch Stravinskijs intelligentes Spiel mit konventionellen Formen und harmonischen und rhythmischen Neuerungen eine ideale Vertonung erfahren. Im Gegensatz zu Audens Libretto der von Benjamin BRITTEN komponierten Choral-Operette *Paul Bunyan* (1941) hat in *Rake's Progress* der Text gegenüber der Musik eine dienende Funktion, erhebt er nicht den Anspruch, als autonomes poetisches Kunstwerk zu gelten. Diese Einsicht, die Auden durch das Studium eines gegenteiligen Beispiels, des *Rosenkavalier*-Textes von HOFMANNSTHAL, gewann, kennzeichnet auch seine und Kallmans Neuübersetzung (1957) der *Zauberflöte* und das Libretto zu Hans Werner HENZES *Élegie für junge Liebende* (1961). M.Pf.

AUSGABEN: Ldn. 1951. – Ldn. 1951. – Ldn./NY 1952.

ÜBERSETZUNG: *Der Wüstling*, F. Schröder, Bonn/Ldn./NY 1951.

LITERATUR: W. H. Auden, *Selected Essays*, Ldn. 1964. – F. E. Hazard, *The A. Group and the Group Theatre. The Dramatic Theories and Practices of Rupert Doone, W. H. A., Christopher Isherwood, Louis MacNeice, Stephen Spender, and Cecil Day Lewis*, Diss. Univ. of Wisconsin 1964 (vgl. Diss. Abstracts, 25, 1964/65, S. 1913/1914). – E. Callan, *A.'s Ironic Masquerade. Criticism as Morality Play* (in University of Toronto Quarterly, 35, 1966, S. 133–143). – W. Spiegelman, »*The Rake's Progress*«: *An Operatic Version of Pastoral* (in Southwest Review, 63, 1978, S. 28–40). – Ders., *The Rake, the Don, the Flute: W. H. A. as Librettist* (in Parnassus, 10, 1982, Nr. 2, S. 171–187).

JACQUES SÉRAPHIN MARIE AUDIBERTI

* 25.3.1899 Antibes
† 10.7.1965 Paris

LITERATUR ZUM AUTOR:
A. Deslandes, *A.*, Paris 1964. – *Hommage à J. A.*, Hg. R. Abirached u. a., Paris 1965. – M. Giroud, *J. A.*, Paris 1967. – S. Kienzle, *A.* (in *Französische Literatur der Gegenwart in Einzeldarstellungen*, Hg. W. D. Lange, Stg. 1971, S. 566–584). – J. Y. Guérin, *Le théâtre d'A. et le baroque*, Paris 1976. – *A., le trouble fête. Colloque de Cérisy-la-Salle, Août 1976*, Paris 1979. – C. Touloudis, *A.*, Boston 1980 (TWAS). – *J. A.*, Marseille 1980. – R. Koren, *L'Anti-récit. Les procédés de style dans l'œuvre d'A.*, Genf 1983. – *A., Joppolo*, Hg. M. Giroud, Rom/Paris 1984. – *A. Une autre façon d'être moderne*, Hg. J. Guérin (in Europe, 1986, Nr. 684; Sondernr.)

L'AMPELOUR

(frz.; *Ü: Der Kaiser*). Schauspiel von Jacques AUDIBERTI, erschienen 1948, deutsche Erstaufführung: Oberhausen, 22. 2. 1963, Städtische Bühnen. – Das Stück spielt in einem entlegenen Dorf Südfrankreichs zu Beginn des 19.Jh.s. In einer Wirtsstube sitzt der »Ahnherr« am Fenster, der Wirt beschäftigt sich mit einer Flinte, seine Frau reicht die Suppenschüssel herum, der »Gelehrte« murmelt lateinische Sprüche, der »Haudegen« aus der Napoleonischen Armee spricht wie ein Befehlshaber und schneidet sich von Zeit zu Zeit einen Zahnstocher aus seinem Holzbein, ein »Stotterer« verkündet Volksweisheiten, Dorfleute treten ein. Der Gelehrte hält ihnen eine Exkurs über »*die Vögel des Unheils*«, die angeblich im »*vierten Königreich der Natur*« zuerst in Erscheinung getreten sind, in jenem Reich der heraldischen Symbole und mystischen Offenbarungen, welches auf das »*Zeitalter der Gase und Dünste*« folgte und das dann von der Epoche der »*Scheiterhaufen*« abgelöst wurde. Man lacht den Gelehrten aus, erzählt lieber von den Bourbonen, von Napoleon, dem großen »*ampelour*« (Patoisform von *empereur*). Da verkündet der Chor das Nahen eines Reiters, dessen Pferd von Adlern angefallen worden ist. Ein lachender Fremder im Priestergewand tritt herein und stellt sich als der neue Vikar von Villedieu vor. Wirt und Wirtin fallen mit Beschimpfungen über den Spaßvogel her. Der Haudegen phantasiert von der Insel Elba, wo sein Abgott, der große Kaiser Napoleon, gefangen sitzt und von dort die geschlagene Nation zu farbenprächtigen Zukunftsträumen inspiriert. Schließlich erklärt sich der Priester selber zum Kaiser. Ein Handgemenge bricht aus. Das biedere Volk wird von Halluzinationen ergriffen. Der trockene Gelehrte ruft zum »*Gebet über das Heil des Reiches*«, ein martialischer Fleischer dringt in die Wirtsstube und verkündet, daß neue Armeen marschieren werden. Zuletzt mischt sich ein Blinder ein, dem der Irrwitz in den Augen flackert, und schreit: »*Die Pestratte geht um!*« Ein großer Gesang auf den Kaiser, der alles unflätige und angstvolle Gerede des Volkes übertönen soll, wird angestimmt. »*Auf! Ins Blutbad*«, kommandiert der Fleischer, und der Blinde schlägt den Takt. Ein Priester, ein Fleischer, ein Blinder ... »*Der Kaiser ist komplett*«, konstatiert der Stotterer, während ein Telegrammbote die Meldung durchgibt, daß der Kaiser Napoleon auf St. Helena soeben gestorben ist, und Lapessègue, der Sohn des Wirtspaares, mit langem dumpfem Gähnen erwacht und sich über den Lärm beklagt, der ihn aus einem schönen Traum gerissen habe.

Jacques Audiberti, dieser vielseitige, vehemente Autor, zu dessen geistigen Ahnen KLEIST und STRINDBERG, BÜCHNER, LORCA und die Surrealisten gehören, einer der ersten Repräsentanten des »autonomen Theaters« in Frankreich, liefert mit dieser barocken und doppelbödigen Satire auf die Ergebenheit und Liebe Frankreichs zum legendären Kaiser ein wirkungsvolles Stück Gegenwartstheater mit aggressivem Witz und komödiantischer Vitalität. Wo Audiberti in vielen anderen Stücken die Tiefenpsychologie, Sagen und Mythen, klassische Vorwürfe (im Schauspiel *La hobereaute*, 1956, *Das Falkenmädchen*, beispielsweise die Zähmung der Widerspenstigen) oder romantische Fabeln in eine Phantasmagorie verwandelt, um neues unentdecktes Terrain zwischen parabolischem und poetischem Theaterrealismus zu erobern, läßt er in diesem Schauspiel seiner Einbildungskraft mit naiv anmutender Freude die Zügel schießen. In seinen Dialogen erweist sich Audiberti auch hier als Nachkomme der großen französischen Rhetoriker. Im Pathos des Blinden, der die Pestratte ankündigt, in der ordinären Hymnik des Fleischers, welcher die Herbeikunft Napoleons beschwört, ertönt sowohl der weithallende Revolutionschorus des Pöbels als die Stimme der klassischen französischen Dichtung. E.He.

AUSGABE: Paris 1948 (in *Théâtre*, 5 Bde. 1948–1962, 1; ern. 1970).

ÜBERSETZUNG: *Der Kaiser*, J. Kerschner (in *Theaterstücke I*, Neuwied 1961).

LITERATUR: G. Dumur, *A. ou le théâtre en liberté* (in Théâtre Populaire, 31. 9. 1958, S. 153–166).

L'EFFET GLAPION

(frz.; *Ü: Der Glapion-Effekt*). Schauspiel in zwei Akten von Jacques AUDIBERTI, Uraufführung: Paris, 9. 9. 1959, Théâtre La Bruyère (Regie: Georges Vitaly); deutsche Erstaufführung: Frankfurt/Main, 7. 2. 1961, Kleines Theater am Zoo. – Ausgehend von einer ganz banalen Situation führt Audiberti vor, was er unter dem Glapion-Effekt versteht. Dieser bedeutet nämlich, auf eine kurze Formel gebracht, nichts anderes als das von einem beliebigen Anlaß in Gang gesetzte Spiel der menschlichen Phantasie: »*Angenommen es läutet. Sie öffnen. Sie stehen einer Person gegenüber, die für Sie etwas Unerwartetes, etwas irgendwie Merkwürdiges hat. Ausgehend von dieser Erscheinung spinnen Sie einen ganzen langen, phantastischen, blitzartig entstandenen Roman: Glapion-Effekt!*«

Audiberti beginnt mit einer Sonntagnachmittagsunterhaltung zwischen seinen drei Hauptfiguren, dem Gendarmeriehauptmann, dem Arzt Dr. Blaise Agrichant und dessen Frau Monique, die in der Folge mehrere Rollen spielen. Man »glapioniert«, d. h. träumt sich in imaginäre Situationen hinein und wechselt dabei unaufhörlich die Identität. Die Bemerkung, daß dieser Sonntag der Jahrestag der Hochzeit von Monique und Dr. Agrichant ist, gibt den Anstoß zu den folgenden Szenen, in denen die Beteiligten die damaligen Ereignisse so vorführen, wie sie sie in Erinnerung haben. Dabei wird das wenige, was wirklich geschah, fast ganz von den phantastischen Einfällen der Spielenden überwuchert, dem Motto Blaises entsprechend: »*Das Leben besteht aus Illusionen. Manche nehmen Gestalt an. Diese bilden die Realität.*« Tatsache ist nämlich lediglich, daß Monique erreichte, was sie wollte: ihren damaligen Arbeitgeber heiraten. Darum ist der größte Teil der szenischen Rückblenden ihrer Version der Vorgänge gewidmet. Sie tritt darin als eine Art menschliches Chamäleon auf, skrupellos gegenüber ihrer Umwelt, einzig und allein darauf bedacht, sich Blaise unentbehrlich zu machen und ihm zu gefallen. Sie ist ihm Sekretärin und medizinische Assistentin, Köchin und Putzfrau, Geliebte und – als eines Tages ein Gangster ihn berauben will – furchtlos listige Beschützerin. Blaise erscheint als der vernünftige, aber völlig geschäftsuntüchtige Arzt – er ist Spezialist für Rheumaleiden –, der sich von ihrer sprühenden Phantasie betören läßt. Der Hauptmann spielt verschiedene Rollen: Patient, Gangster, Baron Frombellbed (Kammerherr der Prinzessin Augusta von Lamerlingue, deren Besuch die Stadt damals erwartete). In Gestalt des Barons führt er die entscheidende Wendung herbei: als er die Sekretärin Monique bzw. das Küchenmädchen Augusta als Prinzessin identifiziert und sie als solche Blaise entführen will, entschließt sich dieser endlich, Monique als seine rechtmäßige Frau an sich zu binden.

Die Versionen des Arztes und des Hauptmanns sind weit weniger phantastisch und kommen den wirklichen Geschehnissen näher. Dennoch lassen sich auch mit ihrer Hilfe die Fakten nicht mehr vollständig rekonstruieren. Blaise gibt dafür am Schluß eine Erklärung: »*Sie wollen nach vollen zwölf Monaten die Ereignisse sondern. In einen Sack diejenigen tun, die wirklich stattgefunden haben, in einen anderen diejenigen, die stattgefunden haben könnten. Sie lassen sich da in ein verteufeltes Unternehmen ein ... Wie soll man sich zurechtfinden, wenn die allgemeine Komödie, die wir alle miteinander spielen, ohne Titel und Verfasser zu kennen, von jedem Kopf anders interpretiert und modifiziert wird? Diese Komödie brauchen Sie nicht unbedingt im Wunderlichen, im Abseitigen zu suchen. Ihre Substanz ist die Existenz.*«

Die rationale, psychologische Komposition der Komödie verschwindet hinter den pausenlos einander ablösenden grotesken Einfällen, den Wortkaskaden und Dialogen, in denen die Faszination des Rollenwechsels, die Freude, einmal aus dem festgelegten Sosein ausbrechen zu können, triumphiert. Die nachtwandlerische Sicherheit, mit der die Partner einander die Bälle zuspielen, gibt dem Ganzen den Charakter einer artistisch perfekten Improvisation. M.H.

AUSGABEN: Paris 1959. – Paris 1962 (in *Le mal court, suivi de L'effet Glapion*).

ÜBERSETZUNG: *Der Glapion-Effekt*, L. Kornell (in *Französisches Theater d. Avantgarde*, Mchn. o. J. [1961]).

LITERATUR: J. Autrusseau, *A Glapions rompus avec A. Interview à propos de »L'effet Glapion«* (in Les Lettres Françaises, 10. 9. 1959, S. 1–5). – J. Lemarchand, *Le rêve A. produit »L'effet Glapion«* (in Figaro Littéraire, 19. 9. 1959, S. 12). – G. Dumur, *»L'effet Glapion« au Théâtre La Bruyère* (in Théâtre Populaire, 35, 3. Trim. 1959, S. 92–95). – H. Rischbieter, *Der Avantgardist als Boulevardier, »Der Glapion-Effekt« von A. in Frankfurt und Düsseldorf* (in Theater heute, März 1961, S.10/11).

LE MAL COURT

(frz.; *Ü: Der Lauf des Bösen*). Spiel in drei Akten von Jacques AUDIBERTI, Uraufführung: Paris, 25. 6. 1947, Théâtre de Poche; deutsche Erstaufführung: Essen, 5. 4. 1957, Ruhrkammerspiele. – Das politische Märchenstück von den Intrigen um eine imaginäre Fürstenhochzeit im Jahr 1762 beginnt als anmutige Farce, mit den Formen der Rokoko-Komödie spielend, und endet mit einer zornigen Kriegserklärung an die Welt. Alarica, Tochter König Himmelricks von Duodezien, ist von König Perfekt XVII. von Okzidentalien zur Frau erwählt worden, obwohl Duodezien ein unentwickelter – sächsischer – Kleinstaat von Gemüsehändlern ist, Okzidentalien hingegen eine reiche und hochzivilisierte Großmacht. Das Stück spielt in einem Schlößchen an der Grenze, wo die junge, welt-unerfahrene Prinzessin dem Tag ihrer Eheschließung entgegenschläft. Gegen Morgen dringt ein fremder Mann ins Zimmer, der sich für König Perfekt ausgibt. Alarica glaubt dem jungen, gutaussehenden Fremden ohne weiteres, doch ihre Gouvernante ist mißtrauisch und ruft die Garde herbei. Der Fremde entflieht durchs Fenster, wird aber angeschossen und bricht zusammen. Eben hat man den Ohnmächtigen im Bett der Gouvernante versteckt, da trifft der echte Bräutigam ein: ein Schwächling, der den Machenschaften seiner Grauen Eminenz, Kardinal de la Rosette, willenlos ausgeliefert ist. Er erklärt, daß er aus Gründen der Staatsräson die Verlobung leider rückgängig machen müsse. Das naive Mädchen fühlt sich grausam verletzt. Als der Kardinal, um der Erklärung des Königs Nachdruck zu verleihen, die Prinzessin zuletzt verdächtigt, mißgestaltet zu sein, bricht der Zorn hemmungslos aus ihr hervor: Sie reißt sich die Kleider vom Leib und tanzt wie wild umher, um ihre Schönheit unter Beweis zu stellen. Der König ist von diesem Temperamentsausbruch so hingerissen, daß er Alarica auch gegen den Willen seines Kardinals heiraten will. Um ihn davon abzubringen, gibt sie den Fremdling im Bett der Gouvernante als ihren Liebhaber aus und verlangt, daß er auch künftig mit ihr und dem König das Bett teilen solle. Der König bricht daraufhin zusammen, Alarica aber wird nun, in dem Bestreben, die Lüge aus der Welt zu schaffen, wirklich die Geliebte des Unbekannten. Als sie jedoch feststellen muß, daß er ebenso wie die Gouvernante im Solde König Perfekts gestanden hat, der sie vor seinen Augen kompromittiert sehen wollte, sagt sie sich zornig von allen los und bekennt sich zum absolut Bösen: »*Bis hierher war mein Leben, mein reiner, aufrichtiger Lebenswandel nichts als Tarnung vor dem nahenden Donnerwetter meines Jähzorns ... Alles Böse, das ich nicht tat, jetzt richt' ich's mit einem Schlag an.*« Sie gewinnt die Garde, läßt den Vater absetzen und reißt die Macht an sich. Sie will der Bosheit der Welt mit noch größerer Bosheit zu Leibe rücken.

Das Stück, in seiner die klassischen Einheiten wahrenden Form und mit seinen effektvoll-abstrusen Intrigen, verdankt sehr viel dem französischen Vaudeville; dennoch schließt es nicht mit einer überraschenden, eleganten Wendung, sondern – wie die meisten Stücke Audibertis – mit einem Aufbruch ins Chaos. Alaricas Absolutheitsanspruch an die Welt, ihre Weigerung, sich mit Halbheiten zufriedenzugeben, erfahren, indem die Gebote der Moral einfach auf den Kopf gestellt werden, eine – grotesk-komische – Pervertierung. Der Kontrast zwischen der poetischen Melancholie der Hauptfiguren und der bitter karikierten Unmenschlichkeit der Hofschranzen erinnert an BÜCHNERS *Leonce und Lena*. Der Dialog ist sprühend, mit Bildern gesättigt und wird mit stupendem Elan vorwärtsgetrieben. U.J.

AUSGABEN: Paris 1947. – Paris 1948 (in *Théâtre*, 5 Bde., 1948–1962, 1; ern. 1970). – Paris 1956. – Paris 1962 (zus. m. *L'effet Glapion*).

ÜBERSETZUNG: *Der Lauf des Bösen*, W. Mehring (in *Theaterstücke*, Hg. u. Nachw. M. Hölzer, Bd. 1, Neuwied/Bln. 1961).

LITERATUR: H. Brunot, Rez. (in Psyché, 2, 1947, 11, S. 1138–1140). – G. Marcel, Rez. (in NL, 1034, 1947). – R. Abirached, »*Le mal court*« d'A. (in Études, 291, 1956, S. 114–116). – G. Dumur, »*Le mal court*« (in Théâtre Populaire, 17, März 1956, S. 63–71). – R. Kemp, »*Le mal court*« (in R. K., *Vie du théâtre*, Paris 1956, S. 295–307). – A. u. J. Lemarchand, »*Le mal court*« (in NRF, 7, 1956, S. 315–319). – P. Vernois, *De la nécessité des lectures multiples d'un texte dramatique.* »*Le mal court*« d'A. (in *Lectures et lecteurs de l'écrit moderne*, Hg. S. Sarkany, Ottawa 1981, S. 80–102). – J. Guérin, »*Le mal court*« (in NRF, 1982, Nr. 359, S. 120–122). – P. Vernois, »*Le mal court*« (in Europe, 1986, Nr. 684, S. 63–74).

PUCELLE

(frz.; *Jungfrau*). Stück in drei Bildern von Jacques AUDIBERTI, Uraufführung: Paris, 1. 6. 1950, Théâtre de la Huchette; deutsche Erstaufführung: Braunschweig, 21. 10. 1966, Staatstheater. – Audiberti entwirft in diesem dramaturgisch und gedanklich eigenwilligen Werk ein Bild der Jeanne d'Arc, das grundverschieden ist von den Gestaltungen SCHILLERS, PÉGUYS, CLAUDELS, SHAWS oder ANOUILHS. Das erste Bild zeigt einen Marktplatz, auf dem, zehn Jahre nach der Verbrennung Jeannes, ein Mysterienspiel über ihr Leben und Sterben vorbereitet wird. Zwei Zuschauerpaare sind gegeneinandergesetzt: ein junges bäuerliches Paar, Jeannette und Mathieu, die über Schweinezucht sprechen, sowie Gilbert de Nugy (der Verfasser des Spiels) und die Herzogin; beide haben Jeanne gekannt und können sich an ihren Aufbruch aus dem Elternhaus erinnern. – Das zweite Bild macht jenen Tag zu szenischer Gegenwart. Jeannes Eltern sitzen in ihrer ärmlichen Stube, der Vater mit der Erfindung einer Sämaschine beschäftigt, und schimpfen gemeinsam über ihre Tochter Joennine, das *»dreckige Biest«*, das, faul, gefräßig und schwatzhaft, sich mit den Soldaten herumtreibt, nächtelang allein auf die Jagd geht, mondsüchtig ist, mit den Vögeln spricht und in der Nachbarschaft mit Beschwörungen und Kräutern die Kranken heilt. Gilbert erscheint und hält um Jeannines Hand an. Er hat ihr insgeheim Lesen, Rechnen und Latein beigebracht. Die Eltern weisen den Antrag ab, denn der Nachbarssohn Mathieu hat ältere Rechte. Da tritt Jeannine, groß, strahlend und schön, mit dem greisen Herzog und der jungen Herzogin auf, die von ihrer Klugheit und ihrem Geist fasziniert sind. Als sie den Herzog von Lähmungen heilt, verspricht er ihr zum Dank Pferd und Waffen, damit sie in den Krieg ziehen kann.

Sie bleibt allein zurück, allein mit ihrem *alter ego* Jeannette, einem bläßlichen, schüchternen Mädchen, das man erst jetzt auf der Bühne entdeckt. Jeannette ist das Bild einer Jeanne, die nie etwas von den Geheimnissen der Natur und der Sprache erfahren hat. Sie wird im Haus fortan Jeannines Rolle spielen und Mathieu heiraten, während Jeannine auszieht, um das zu werden, was sie in Gilberts und des Herzogs Augen längst ist: die »Jungfrau«, die Heldin und Retterin. – Das dritte Bild schließt an das erste an. Das Mysterienspiel soll beginnen, aber die Hauptdarstellerin ist verschwunden. Gilbert bemerkt die Ähnlichkeit der Bäuerin Jeannette mit der Jeannine seiner Träume und überredet sie, die Rolle zu übernehmen. Beim Autodafé bricht ein Sturm los, die Flammen schlagen hoch, und Jeannette verbrennt. Doch aus der Asche des Scheiterhaufens steigt strahlend Jeannine herab, das Traumbild, die Legendengestalt. Als sie die Eltern zu ihrem Spiel beglückwünschen, verwandelt sie sich in eine Statue und entschwindet.

Audibertis Jeanne ist Heidin, ohne supranaturale Beziehungen zum Himmel, aber magisch begabt, eine Art Druidenpriesterin, die im vollen Einklang mit der Natur lebt; darin – jenseits der christlichen Antithese von Geist und Fleisch – liegt ihre »Über-Natürlichkeit«. Audiberti bemächtigt sich – unter fast völliger Ausschaltung witziger und grotesker Elemente – des säkularisierten, ins Naturmythische transponierten Mysteriums, um die lyrisch-visionären Sprachbewegungen seines »poetischen« Theaters in Gang zu setzen. Jeanne, in zwei konträre Personen gespalten und dialogisch und sprachlich (Jeannette spricht bäurisch, Jeannine preziös-höfisch bzw. hymnisch) mit sich selbst gespiegelt, verdichtet sich dabei nicht zur überragenden großen Erscheinung. In der vor allem durch die facettenreiche Spiel-im-Spiel-Technik erzeugten Traumwirklichkeit, die keinen Unterschied zwischen der irrationalen Phantasiewelt und der realen Welt macht, erblickt Audiberti das Grundmoment seines Schaffens: »*Die Aufgabe der Welt ist nicht, uns Antworten zu geben, sondern Rätsel.*« U.J.

AUSGABE: Paris 1952 (in *Théâtre*, 5 Bde., 1948–1962, 2; ern. 1970).

LITERATUR: E. Martin, *Après »Pucelle« de A.* (in Écrits de Paris, 1972, Nr. 312, S. 83–85).

QUOAT-QUOAT

(frz.; *Ü: Quoat-Quoat*). Stück in zwei Bildern von Jacques AUDIBERTI, Uraufführung: Paris, 28. 1. 1946, Théâtre de la Gaîté Montparnasse; deutsche Erstaufführung: Köln, 18. 1. 1957, Städtische Bühnen. – Das Stück spielt um 1865 auf einem Postschiff zwischen Frankreich und Südamerika in der Kabine eines jungen Archäologen namens Amadeus, der in Mexiko ein Heiligtum des alten Indianergottes Quoat-Quoat erforschen und gleichzeitig als französischer Geheimagent nach dem verschwundenen Schatz des Kaisers Maximilian von Mexiko suchen will. Zu Beginn der Überfahrt macht der Kapitän, der davon unterrichtet ist, Amadeus auf einen bestimmten Paragraphen des Seerechts aufmerksam, demzufolge jeder Kapitän verpflichtet ist, einen Agenten, der seinen Geheimauftrag an eine Dame verrät, unverzüglich auf seinem Schiff zu erschießen. Er teilt Amadeus mit, daß er eigens für diesen Fall ein Exekutionskommando an Bord genommen habe. Amadeus nimmt sich vor, wie ein Einsiedler zu leben. Aber da trifft er Clarisse, die Tochter des Kapitäns, und entdeckt in ihr eine lange verlorene Kindheitsgespielin. Sie tauchen hinab in die gemeinsame Erinnerung und verlieren sich in einem Kinderspiel, einer imaginären Reise ins Innere Mexikos, wobei sie den Maximilians-Schatz entdecken. Diese Traumreise, in deren lyrischen Wortrausch Clarisse und Amadeus sich gegenseitig hineinsteigern, erreicht ihren Höhepunkt in der glühenden Vision eines mexikanischen Götzenopfers. In diesem Augenblick tritt der Kapitän, der versteckt alles mitangehört hat, hervor und verhaftet Amadeus. Er hat seinen Geheimauftrag verraten und soll am nächsten Morgen hingerichtet werden. Die Nacht verbringt er in Auflehnung und Verzweiflung, aber schließlich erkennt er sein Urteil als gerecht an. Da erscheint eine verwegene Mexikanerin, Agentin einer revolutionären Organisation, die ihrerseits hinter dem Maximilians-Schatz her ist. Unter der Bedingung, daß er ihr seine Informationen verrät, will sie Amadeus befreien, indem sie das Schiff durch die Sprengkraft eines Quoat-Quoat geweihten magischen Steines zu versenken droht. Aber Amadeus lehnt die angebotene Rettung ab und liefert die Mexikanerin und ihren Stein dem Kapitän aus. Im gleichen Augenblick offenbart dem Kapitän eine dicke Dame namens Madame Batrilant, die man bisher für eine Absinth-Reisende gehalten hat, daß sie die wirkliche Geheimagentin ist, Amadeus hingegen nur ein zur Ablenkung eingesetzter Strohmann. Amadeus wird freigelassen, doch als er erfaßt, daß nur die eigene Unwesentlichkeit ihm das Leben rettet, stellt er sich selbst vor die Gewehre des Exekutionskommandos. Der Kapitän, durch diese reglementwidrige Erschießung völlig aus der Bahn geworfen, erhebt den Stein Quoat-Quoats, um das Schiff und sich selbst zu vernichten.

Das Stück wird getragen von einer klaren, geradlinigen Konstruktion, die die Einheit von Zeit, Ort und Handlung wahrt. Die Stilmittel des Dialogs reichen vom knappen, ironisch überzogenen Wortwechsel bis zum großen, arienhaften Metaphernstrom. Die Personen sind so stark typisiert, daß sie nie die Kontur verlieren, auch wenn sie sich in ihrem Wortrausch fast auflösen. In der mädchenhaft-verträumten Clarissa, der verführerisch-raffinierten Mexikanerin und der fetten, widerwärtigen Absinth-Reisenden stehen Amadeus drei Grunderscheinungen des Weiblichen gegenüber. Amadeus, der arglose, tatendurstige Träumer, vermag nicht einmal vor der Schwächsten, Clarissa, zu bestehen. Die Rettung durch das Verbrechen und die Rettung durch die Wahrheit schlägt er aus. Er hat sich schuldig erkannt, und da das Gesetz ihn freispricht, richtet er sich selbst. Durch seine absurde Konsequenz hebt er das »Reglement«, die Weltordnung, auf. Der Kapitän, durch diese Tat dem Chaos preisgegeben, stürzt sich selbst und seine Welt in den Abgrund. Audiberti sagt: »*Die Fatalität drängt sich dem Individuum mit solcher Hartnäckigkeit auf, daß es ihr um so sicherer verfällt, je mehr es meint, ihr zu entgehen.*« Die Parabel von *Quoat-Quoat* kreist um das Grundthema von Audibertis Werk: Der Mensch, der vergeblich versucht, »*dem Käfig seiner Natur zu entkommen*«, und der durch seine Weigerung, mit der Ordnung der Dinge Kompromisse einzugehen, diese Ordnung zerstört und das Chaos entfesselt. In seiner Aussage dem Existentialismus nahestehend, zeigt das Stück den Selbstmord als einzig möglichen Akt der Freiheit. U.J.

AUSGABE: Paris 1948 (in *Théâtre*, 5 Bde., 1948–1962, 1; ern. 1970).

ÜBERSETZUNGEN: *Quoat-Quoat*, H. M. Enzensberger (in *Theaterstücke*, Hg. u. Nachw. M. Hölzer, Bd. 1, Neuwied/Bln. 1961). – Dass., ders., Ffm. 1982 (in Spectaculum, 15 Bde., 3).

LITERATUR: G. Marcel, Rez. (in NL, 1946, 968). – K. Cornell, *A. and Obscurity* (in YFS, 2, 1949, 4, S. 100–104). – A. Schulze-Vellinghausen, *Theaterkritik*, Hannover 1961, S. 212–217. – G. E. Wellwarth, *A. The Drama of the Savage God* (in Texas Studies in Literature and Language, 4, 1962, S. 330–340). – G. Portal, »*Quoat-Quoat*« (in Écrits de Paris, 1968, Nr. 271, S. 126–128). – J. Mambrino, »*Quoat-Quoat*« *d'A. au Théâtre la Bruyère* (in Études, 1968, Nr. 329, S. 739–741). – W. Pabst, *A. »Quoat-Quoat«* (in *Das moderne frz. Drama*, Hg. ders., Bln. 1971, S. 186–204).

LES TOMBEAUX FERMENT MAL

(frz.; Ü: *Die Gräber schließen schlecht*). Roman von Jacques AUDIBERTI, erschienen 1963. – Lambert Bosely, ein bekannter avantgardistischer Architekt aus Nizza, hat für eine dort ansässige Gesellschaft die Pläne zu einer künstlichen Insel entworfen. Eines Tages fährt Bosely mit seiner Jacht »Pességuier« aus und kehrt nicht mehr zurück. Sein verstümmelter Leichnam wird an der griechischen Küste aufgefunden und von seiner Frau Armide identifiziert. Diese glaubt dennoch nicht an den Tod ihres Mannes. Gleich Penelope verteidigt sie sich und sein Werk und damit seine Gegenwärtigkeit gegen alle, die ihn für tot erklären wollen.
Der Roman schildert das erste Jahr im Leben Armides nach Lamberts Tod. Reale Fakten tauchen nur bruchstückhaft auf und spielen eine nebensächliche Rolle. Wesentlich sind die Gedankenströme Armides, traumhafte Visionen von Lamberts Odyssee nach Griechenland, die sich im Lauf des Romans verdichten, detaillierter und realistischer werden.

Eng damit verbunden ist Armides Kampf gegen die Liga, jene mächtige Gesellschaft, in deren Auftrag ihr Mann arbeitete und die jetzt die Pläne zurückfordert. Armide kämpft aber auch um ihre eigene Identität, die ihr die Liga durch angestellte Hypnotiseure zu rauben versucht. Für sie, die ihrer Umwelt als eine Schlafwandlerin, ja als Geistesgestörte erscheint, verdichtet sich immer mehr die Gewißheit, daß Lambert lebt. Genau ein Jahr nach dem Verschwinden ihres Mannes beschließt Armide, den letzten Tag ihres Zusammenseins zu rekonstruieren. Die Spannung zwischen Realität und Traum wird aufgehoben. Die Erinnerung wird Gegenwart. Lambert taucht aus dem Meer auf. Der Zirkel ist geschlossen. Armide springt ins Meer, um Lambert zu begegnen, sie schwimmen gemeinsam an Land.
Sprache und Struktur dieses vielschichtigen Romans leben aus der Spannung zwischen Realität und mystischer Gegenwärtigkeit der Toten. (Immer wieder taucht das Motiv des lebenden Toten auf, den man nicht begraben kann, so z. B. in der Gestalt Paganinis, dessen Skelett ein Freund Lamberts angeblich gefunden hat.) Audiberti verarbeitet strukturell und stilistisch die vielfältigsten Elemente. Die Erzählweise wechselt zwischen den fast kartographisch exakten Beobachtungen eines unpersönlichen Betrachters, oft sehr humorvollen Dialogen und den inneren Monologen, in denen die Ströme von Armides Unterbewußtsein dargestellt werden. Audiberti formuliert plastisch, vor allem die Farbe spielt eine wesentliche Rolle. Mit diesen künstlerischen Mitteln gelingt es ihm auch, den magischen Zauber der mediterranen Landschaft, die Träumen und Visionen ihren Platz zuordnet und den Roman zu einer plastischen Komposition vereinheitlicht, in Sprache umzusetzen.
KLL

AUSGABE: Paris 1963.

ÜBERSETZUNG: *Die Gräber schließen schlecht*, W. Bökenkamp, Karlsruhe 1964.

LITERATUR: R. Kanters, *A., Orphée niçois* (in FL, 21. 9. 1963, S. 2).

MARGUERITE AUDOUX

* 7.7.1863 Saint-Coins
† 1.2.1937 Saint-Raphael

LITERATUR ZUR AUTORIN:
B. Seybold, *Leben und Werk von M. A.*, Diss. Würzburg 1935. – J. Ithurbide, *Celle qui fut Marie-Claire*, Paris 1937. – G. Reyer, *M. A.*, Paris 1942. – L. Lanoizelée, *M. A.*, Paris 1954. – E. Lerch, *A.* (in SchwRs, 71, 1972, S. 340–346).

MARIE-CLAIRE

(frz.; Ü: *Marie-Claire*). Roman von Marguerite AUDOUX, erschienen 1910. – Die Autorin ging mit 18 Jahren allein nach Paris und gewann dort Zugang zu literarischen Gönnern wie L.-P. FARGUE und C. F. PHILIPPE. Ihr Roman, in dem sie sozialkritisch und emotional wirksam ihre Lebenserinnerungen verarbeitet, wurde mit dem »Prix Fémina« ausgezeichnet, die Fortsetzung *L'atélier de Marie-Claire* (1920) von der Kritik allerdings nicht mehr so positiv aufgenommen. – Marie-Claire, die Titelheldin, verliert früh ihre lungenkranke Mutter. Der Vater, ein Trinker, kümmert sich nicht um seine beiden Töchter und ist eines Tages verschwunden. Marie-Claire wird in ein von Schwestern geleitetes Waisenhaus gesteckt. Dort findet das schwächliche, häufig kranke Mädchen das Vertrauen der Schwester Marie-Aimée, die ihr in mütterlicher Zuneigung das harte Leben im Waisenhaus einigermaßen erträglich macht. Als sich Schwester Marie-Aimée bemüht, für die inzwischen dreizehnjährige Marie-Claire eine Stelle in einem Bekleidungsgeschäft zu finden, verweigert die Oberin des Waisenhauses diesem Plan ihre Zustimmung, da Marie-Claire in ihren Augen ein hochmütiges und eigensinniges Ding ist. Statt dessen schickt man sie als Schäferin auf einen Hof in der Sologne.

Im zweiten Teil erzählt Marie-Claire von ihrem Leben als Schäferin bei der Familie des Pächters Sylvain und dessen Frau Pauline. Eugène, der Bruder des Bauern, weist das Mädchen in seine Arbeit ein und vermittelt ihm, ähnlich wie Schwester Marie-Aimée, das Gefühl von Geborgenheit und Sicherheit. Das beschauliche, glückliche Leben findet durch den Tod des Bauern ein jähes Ende. M. Tirande, der Eigentümer des Hofes, kündigt den Pachtvertrag. Die Pächtersfamilie verläßt den Hof, während Marie-Claire der neuen Herrin zugeteilt wird.

Marie-Claire versucht nun – im dritten Teil des Romans – mit den neuen Verhältnissen fertig zu werden. Völlig allein steht sie einer gefühlskalten, egoistischen Herrin gegenüber, deren siebzehnjähriger Sohn jedoch nach einiger Zeit einen grundlegenden Wandel im Leben Marie-Claires herbeiführt. Er verliebt sich in das schüchterne, verträumte Mädchen, und beide verleben einige Monate verstohlenen Glücks. Ein leerstehendes Haus mit einem großen verwilderten Garten dient ihnen als Zuflucht, wenn sie sich sonntags treffen. Plötzlich wird das Haus verkauft, und die Mutter Henris beendet rücksichtslos die unstandesgemäße Freundschaft ihres Sohnes mit der mittellosen Waise. Marie-Claire flieht zurück ins Waisenhaus. Ihre Hoffnung, Schwester Marie-Aimée dort wiederzufinden, wird jedoch enttäuscht. Marie-Claire wird wieder in das Waisenhaus aufgenommen und findet Arbeit in der Küche, dem Reich der Schwester Désirée-des-Anges. Zwischen ihr und Marie-Claire wächst mit der Zeit eine tiefe Zuneigung, die aber durch den Tod der Schwester bald ein Ende findet. Der Roman klingt aus in einer Atmosphäre der Verzweiflung: Marie-Claire besteigt den Zug, der sie, ohne daß sie es selbst recht will oder weiß, nach Paris bringt: »*Le train siffla un premier coup, comme s'il me donnait un avertissement; et quand il m'emporta, son deuxième coup se prolongea comme un grand cri.*« (»Der Zug pfiff ein erstes Mal, als ob er mich warnen wollte; und als er mit mir abfuhr, zog sich der zweite Pfiff in die Länge wie ein lauter Schrei.«)

Der Roman läßt sich der literarischen Strömung des *naturalisme de pitié* vom Anfang des 20. Jh.s zuordnen. Charles Louis PHILIPPE, einer der bedeutendsten Vertreter des romantisch-gefühlvollen Naturalismus, schätzte diesen Roman Marguerite Audoux' ganz besonders. Wie die Romane Philippes trägt auch *Marie-Claire* autobiographische Züge: Marguerite Audoux ist selbst in einem Waisenhaus aufgewachsen, hütete in der Sologne die Schafe und verdiente sich später in Paris als Näherin ihren Lebensunterhalt.

Der zu Unrecht weithin in Vergessenheit geratene Roman verdankt einen großen Teil seiner Wirkung einer konsequent eingehaltenen Erzählperspektive: Marie-Claire, Hauptperson und Erzählerin berichtet aus dem unmittelbaren Erleben heraus, in einer vom Wortschatz wie von der Syntax her sehr einfachen, doch gefühlsstarken Sprache. Auch die lineare Handlungsführung, die unreflektierte Erzählhaltung und das Fehlen jeder diskursiven Gedanklichkeit vermitteln den Eindruck einer ursprünglichen, noch gänzlich naiven Frische: »*Sa simplicité, sa vérité, son élégance d'esprit, sa profondeur, sa nouveauté sont impressionnantes. Tout y est à sa place, les choses, les paysages, les gens. Ils sont marqués, dessinés d'un trait, du trait qu'il faut pour les rendre vivantes et inoubliables.*« (»*Ihre Schlichtheit, ihre Wahrhaftigkeit, ihr brillanter Geist, ihre Tiefe, ihre Neuheit sind eindrucksvoll. Alles ist an seinem richtigen Platz, die Dinge, die Landschaft, die Leute. Sie sind mit einem einzigen Strich gezeichnet, getroffen – mit jenem Strich, der es bringt, sie lebendig und unvergeßlich zu machen.*«) – So urteilte Octave MIRBEAU in seinem begeisterten Vorwort zur Erstausgabe.

Das Schlimme, unter dem das Mädchen zu leiden hat, wird nicht in marktschreierischer Form an den Pranger gestellt, sondern aus der Perspektive des unwissenden, gutgläubigen Kindes als rätselhaftes Ereignis erlebt, dessen Bedeutung der Leser selbst aufzudecken hat; »*Mon père nous emmenait souvent dans un endroit où il y avait des hommes qui buvaient du vin ... Il faisait toujours nuit quand nous revenions chez nous. Mon père faisait de grands pas en se balançant: il manquait souvent de tomber.*« (»*Mein Vater führte uns oft an einen Ort, an dem Männer waren, die Wein tranken ... Es war immer Nacht, wenn wir wieder heimkamen. Mein Vater machte große Schritte und schwankte; oft wäre er beinahe gefallen.*«) A.Fu.

AUSGABEN: Paris 1910 [Einl. O. Mirbeau]. – Paris 1950, Hg. J. Loize. – Paris 1972 (Poche).

ÜBERSETZUNG: *Marie-Claire*, O. Wohlbrück, Bln. 1911. – Dass., dies., Bln. 1963.

BERTHOLD AUERBACH

d.i. Moses Baruch Auerbacher
* 28.2.1812 Nordstetten / Horb
† 8.2.1882 Cannes

LITERATUR ZUM AUTOR:
A. Bettelheim, *B. A. Der Mann, sein Werk – sein Nachlaß*, Stg. 1907. – M. T. Kill, *B. A. als Schriftsteller*, Diss. Bonn 1924. – W. Dietz, *Weltanschauung und Reflexion bei B. A.*, Diss. Würzburg 1925. – M. L. Zwick, *B. A.s sozialpolitischer und ethischer Liberalismus*, Stg. 1933 [zugl. Diss. NY]. – H. Kinder, *Poesie und Synthese*, Ffm. 1973, S. 116–135. – P. Mettenleiter, *Destruktion der Heimatdichtung. Typologische Untersuchung zu Gotthelf, A., Ganghofer*, Tübingen 1974. – P. Zimmermann, *Der Bauernroman*, Stg. 1975 [zugl. Diss.]. – M. Pazi, *B. A. – dem jüdischen Autor der dt. Dorfgeschichte zum 100. Todestag* (in NDH, 29, 1982, H. 1, S. 95–109). – H. D. Horch, *Judenbilder in der realistischen Erzählliteratur ...* (in *Juden und Judentum in der Literatur*, Hg. H. Strauss u. Ch. Hoffmann, Mchn. 1985, S. 140–171).

BARFÜSSELE

Roman von Berthold AUERBACH, erschienen 1856. – In einem Schwarzwalddorf lebt ein armer Holzfäller mit seiner Frau und zwei Kindern, Amrei und Dami. Schon zu Anfang der Schulzeit verlieren die Geschwister ihre Eltern. Beide kommen in fremde Häuser. Amrei findet sich schnell in die neue Lage. Sie hütet für das ganze Dorf die Gänse. Jeden Mittag nach der Schule treibt sie sie auf den »Holderwasen«, eine über dem Dorf gelegene Weide, wo sie die Natur betrachten und ihren Träumen nachhängen kann. Auch als sie später Magd auf dem Hof des »Rodelbauern« wird, bewahrt sie sich ihren stillen, fröhlichen Gleichmut. Willig bedient sie die gleichaltrige Tochter des Bauern. Anders als seine tatkräftige, fleißige Schwester neigt Dami dazu, sich zu bemitleiden und sich treiben zu lassen. Er baut in allem auf Amrei, von der er weiß, daß sie sich für ihn verantwortlich fühlt. Nach der Schulzeit wird er zunächst Steinmetz, dann Knecht, später Holzfäller; am Ende wandert er nach Amerika aus. Amrei, die in ihrem Heimatdorf bleibt, wird auf einer Bauernhochzeit von einem Reiter zum Tanzen aufgefordert. Der junge Mann, Sohn des reichen »Landfriedbauern« im Allgäu, befindet sich auf Brautschau. Amrei gefällt ihm. Da sie aber Magd ist und früher Gänse gehütet hat, bringt er es nicht fertig, um sie zu werben. Erst ein Jahr später hat er alle Bedenken überwunden. Er führt Amrei als seine Frau ins Allgäu heim. Die Eltern sind von dem armen Mädchen entzückt. Amreis Glück aber ist erst vollkommen, als sie ihren enttäuscht aus Amerika zurückgekehrten Bruder auf dem »Landfried-Hof« als Hirten untergebracht hat.

Die arme barfüßige Gänsehüterin und Magd Amrei ist ein aus dem Nirgendwo des Märchens in den Schwarzwald verpflanztes Aschenbrödel. Mit dem *Barfüßele* legte Auerbach eine innige Heimatidylle vor, die bis zum Beginn dieses Jahrhunderts gern und viel gelesen wurde. Der Roman erlebte über vierzig Auflagen. A.Ge.

AUSGABEN: Stg. 1856. – Lpzg. 1913 (in *Werke*, 10 Bde., 7). – Konstanz 1956 (Konstanzer Volksbücher, 4). – Mchn. 1976.

VERFILMUNG: Deutschland 1924 (Regie: H. Lisson).

LITERATUR: M. Pazi, *B. A. and M. Hartmann. Two Jewish Writers of the 19th Century* (in Year Book Leo Baeck Inst., 18, 1973, S. 201–218). – J. Hein, *B. A.: »Barfüßele« (1856). Dorfgeschichte als Rettung der »Schönheit des Heimlichen und Beschränkten«* (in *Romane und Erzählungen des bürgerlichen Realismus*, Hg. H. Denkler, Stg. 1980, S. 173–187).

SCHWARZWÄLDER DORFGESCHICHTEN

Erzählzyklus von Berthold AUERBACH, erschienen 1843–1854. – Nach dem überaus erfolgreichen ersten Band der *Schwarzwälder Dorfgeschichten* (1843), die alle in Auerbachs Heimatdorf Nordstetten spielen (die bekanntesten Geschichten daraus sind *Der Tolpatsch, Des Schloßbauers Vefele* und *Befehlerles*), gab Auerbach 1848 den zweiten *(Sträflinge, Frau Professorin* und *Lucifer)*, 1852/1853 den dritten *(Diethelm von Buchenberg* und *Brosi und Moni)* und 1854 den vierten Band heraus. Die Einzelveröffentlichungen *Barfüßele* (1856), *Joseph im Schnee* (1860) und *Edelweiß* (1861) gehören ebenfalls zur Gattung der »Dorfgeschichten«. 1876 kehrt Auerbach zu seinem Erfolgsgenre zurück und veröffentlicht unter dem Titel *Nach dreißig Jahren. Neue Dorfgeschichten* (Bd. 1: *Des Lorels Reinhardt*; Bd. 2: *Der Tolpatsch aus Amerika* und Bd. 3: *Das Nest an der Bahn*) Fortsetzungen zu den Geschichten aus den ersten beiden Bänden der *Schwarzwälder Dorfgeschichten*. Die Thematik des einfachen, märchenhaft harmonischen Lebens auf dem Lande, die Friedrich MÜLLER (Maler Müller) in seinen empfindsamen Idyllen aufgriff und Johann Heinrich Voss an der Wende des 18.Jh.s zum Gegenstand seiner klassizistischen Idyllik machte, ist in der Erzählkunst der Romantik und des Realismus ein wesentliches Element im epochentypischen Wechselspiel zwischen der poetischen Verklärung des »gemeinen« Alltagslebens und der Desillusionierung des Verklärten. In einem Huldigungsgedicht an den Autor der *Schwarzwälder Dorfgeschichten* nennt Ferdinand

FREILIGRATH neben Auerbach JUNG-STILLING und PESTALOZZI, »*die treu geschildert einfach kräft'ge Sitten*«; Jeremias GOTTHELFS weitaus bedeutenderer Erstling *Der Bauernspiegel oder Lebensgeschichte des Jeremias Gotthelf* (1837) hingegen wurde von der zeitgenössischen Kritik kaum beachtet.

»*Alle Seiten des jetzigen Bauernlebens sollten hier möglichst Gestalt gewinnen*«, bemerkt Auerbach in *Vorreden spart Nachreden*, der Einleitung zum ersten Band der *Schwarzwälder Dorfgeschichten*, in denen er denn auch den ganzen Umkreis der Dorfwelt mit ihrer pastosen Fülle und ihrem Reichtum an individuellen Gestalten in entsprechend wechselnden Stilformen darzustellen versucht. Gleichbleibend sind die Zuspitzung der Geschehnisse auf einfache und anschauliche Grundkonstellationen (Vater-Sohn-Konflikt, Bruderkampf, Schuld und Sühne, Auswanderung und Heimkehr, Gegensatz von Stadt und Land), die wirklichkeitsbezogene Sprache und vor allem die moralisch-ethischen, pädagogischen Kommentare des Autors, welche die »höhere Sittlichkeit« gegenüber der Bauernsitte vertreten wollen und zugleich daran erinnern, daß hier alles andere als naiv von der Dorfwelt erzählt wird. Auerbach fordert in seiner Theorie der Volksliteratur *Schrift und Volk* (1846) von der Kunst eine »*Versöhnung von Idealismus und Realismus*«. Seine *theoretischen Grundzüge der volkstümlichen Literatur*, wie es im Untertitel von *Schrift und Volk* heißt, hatten Mitte des 19. Jh.s großen Einfluß auf das gesamte Volksschriftenwesen der Zeit. Die direkte Umsetzung seiner Literaturtheorie erfolgte in den Kalendern *Der Gevattersmann* (1845–1848) und *Der deutsche Volkskalender* (1858–1869). Aus der »*Sicht des bürgerlichen Kulturmenschen*« (F. Martini) stehen die *Schwarzwälder Dorfgeschichten* in Gegensatz zur parfümierten Salonliteratur der Zeit. Auerbachs *Dorfgeschichten* fanden viele Nachahmer. Nach seinem Tod aber verblaßte sein Ruhm, sein Werk geriet allmählich in Vergessenheit. Erst neuere Forschungen zum Realismus, zur Romantheorie und zum Volksschriftenwesen haben Auerbach wiederentdeckt. Er gehört neben ANZENGRUBER, ROSEGGER und GANGHOFER – trotz mancher zeitgenössischer und auch späterer Vorbehalte – ebenso zu den Vertretern der gesamteuropäischen Gattung der »Heimatliteratur« wie GOTTHELF, HEBEL, KELLER, Annette von DROSTE-HÜLSHOFF, George SAND, BJÖRNSON und Lev TOLSTOJ, der Auerbach verehrte und ihn 1860 auch besuchte.

KLL

AUSGABEN: Mannheim 1843–1854, 4 Bde. – Stg./Augsburg 1857/1858 (in *GS*, 20 Bde., 1857/1858, 1–8). – Stg. 1871 (*Sämtliche Schwarzwälder Dorfgeschichten*, 8 Bde.). – Stg. 1876 (*Nach dreißig Jahren. Neue Dorfgeschichten*, 3 Bde.); ern. Tübingen 1979. – Bln. 1969 [Nachw. G. Rostin]. – Stg. 1984 (Ausw. u. Nachw. J. Hein; RUB).

LITERATUR: E. Rüd, *Die deutsche Dorfgeschichte bis auf A.*, Diss. Tübingen 1909. – E. Roggen, *Die Motive in A.s »Dorfgeschichten«*, Diss. Rostock 1913. – M. T. Kill, *B. A. als Schriftsteller*, Diss. Bonn 1924. – F. Altvater, *Wesen u. Form der deutschen Dorfgeschichten im 19. Jh.* (in Germanische Studien, 88, 1930; Neudr. Nendeln 1967). – M. Greiner, *Dorfgeschichte* (in RL², S. 274–279). – J. L. McHale, *Die Form der Novellen »Die Leute von Seldwyla« von G. Keller u. der »Schwarzwälder Dorfgeschichten« von B. A.*, Bern 1957 (Sprache u. Dichtung, N. F. 2). – E. H. Spitz, *Studien zu den »Schwarzwälder Dorfgeschichten«*, Diss. Wien 1957. – F. Martini, *Deutsche Literatur im bürgerlichen Realismus 1848–1898*, Stg. 1962; ³1974. – W. Hahl, *Gesellschaftlicher Konservatismus und literarischer Realismus. Das Modell einer dt. Sozialverfassung in den »Dorfgeschichten«* (in *Realismus und Gründerzeit*, Hg. M. Bucher u. a., Bd. 1, Stg. 1976, S. 48–93). – J. Hein, *Dorfgeschichte*, Stg. 1976 (Slg. Metzler). – U. Bauer, *Dorfgeschichte. Zur Entstehung und gesellschaftlichen Funktion einer literarischen Gattung im Vormärz*, Mchn. 1978 [zugl. Hab.schr.]. – M. Pazi, *Revolution und Demokratie im Leben und Werk von B. A.* (in *Revolution und Demokratie in Geschichte und Literatur*, Hg. J. H. Schoeps u. I. Geiss, Duisburg 1979, S. 355–374).

MUCHTAR OMARCHANOVIČ AUĖZOV

kasach.-türk. Äuezov

* 28.9.1897 Tschingistau
† 27.6.1961 Moskau

LITERATUR ZUM AUTOR:
Bibliographien:
M. A. Rekomendatel'nyj ukazatel' literatury, Alma-Ata 1968. – *Bibliografičeskij ukazatel' po tvorčestvo M. O. Auėzova*, Bd. 1, Alma-Ata 1972.
Biographien:
Z. S. Kedrina, *M. A.*, Moskau 1951. – A. Nurkatov, *Muchtar Auezov*, Alma-Ata 1957. – E. Lizunova u. I. Djusenbaev, *M. A.*, Alma-Ata 1957. – A. Nurkatov, *M. A.*, Moskau 1960. – Ch. Süjinšäliev, *Muchtar Omarchan üly Äuezov*, Alma-Ata 1968.
Gesamtdarstellungen und Studien:
M. S. Sil'čenko u. N. S. Smirnova, *Tvorčeskij put' Auėzova*, Alma-Ata 1957. – E. Lizunova, *Masterstvo Muchtara Auėzova*, Alma-Ata 1968. – *M. A. v vospominanijach sovremennikov*, Hg. L. M. Auėzov, Alma-Ata 1972. – K. Syzdykov, *Mŭchtar Äuezov, ädebiet synšysy*, Alma-Ata 1973. – Y. Düjsenbaev, *Mŭchtar Äuezov. Makalalar, estelikter*, Alma-Ata 1974. – *Pevec naroda. K 80-letiju Muchtara Auėzova*, Hg. L. M. Auėzov, Alma-Ata 1977. – *Mŭchtar Äuezovtiŋ tuğanyna 80 žyl* (in *Žŭldyz*, 9, 1977; Sondernr. M. A.). – S.

Muchašova, *M. O. A. - perevodčik russkoj sovetskoj dramaturgičeskoj klassiki*, Alma-Ata 1977. – *M. A. - klassik sovetskoj literatury*, Alma-Ata 1980. – Š. Eleukenov, *Müchtar Äuezov roman žanry chakynda* (in Žŭldyz, 9, 1987, S. 172–179). – B. Kŭndakbaev, *Müchtar Äuezov zäne teatr öneri* (in ebd., 12, 1987, S. 163–169).

ABAJ

(kasach.-türk.; *Ü: Vor Tau und Tag*). Aus einem Libretto entstandener Roman von Muchtar Omarchanovič AUĖZOV, erschienen 1942 (1. Band) und 1947 (2. Band). – Abaj ist der Sohn des Oberhaupts eines Nomadenstamms und »*genau wie der Vater – ein Wolf, von der Wölfin geboren*«. Er wird mit traditioneller Strenge und nach dem Grundsatz »*Die Ehre gilt mehr als das Leben*« erzogen. Als Kind beobachtet er, wie sein Vater einen Stammesangehörigen wegen sittlicher Verfehlungen zum Tod verurteilen und hinrichten läßt. Dieses Erlebnis verstört ihn tief, zumal er nicht weiß, weshalb der Schuldige bestraft wird. – Die muslimischen Schulen seiner Heimat vermitteln ihm eine gewisse Bildungsgrundlage; seiner Phantasie aber bieten die zahlreichen Märchen, die seine Großmutter zu erzählen weiß, Nahrung und Anreiz. Im Sommer wandert Abaj mit seiner Familie und dem Stamm zu den Weideplätzen. Dort lernt er den Dichter und Sänger Dulat kennen. Von ihm hört er den Vers »*Des Sängers Lied, es gleicht dem Himmelstau, des Hörers Herz ist Sand, es aufzusaugen*« und ist so beeindruckt, daß Dulat von da an sein bewundertes Vorbild wird. Der Junge erlebt aber auch die Härte des Steppendaseins: Hungersnöte im Winter und harte Existenzkämpfe der Stammesführer untereinander. – Abaj, dessen literarische Neigungen immer stärker werden, siedelt in die Stadt über und studiert bei dem passionierten Bücherfreund Gabitchan die Klassiker des Orients, besonders die Werke der Perser, Araber und Türken. Dann kehrt er zu seinem Nomadenstamm zurück; doch nach dem Tod seiner geliebten Großmutter begibt er sich zu seinen Jugendfreunden bei einem anderen Stamm, wo ihn der Sänger Saribaj mit den alten Meistern der Dichtkunst und mit der Dombra (Saiteninstrument) vertraut macht und sich einmal sogar in einem Dichterwettstreit mit ihm mißt. Oft diskutieren sie auch über die schwierige Lage ihres Volks in der Winterzeit, wenn die Tiere sterben und der Hunger droht. Abaj und die liebreizende und kluge Tochter Saribajs verlieben sich ineinander, doch da Abaj bereits verheiratet ist, können sie nicht heiraten. Gegen den Willen seines Vaters verläßt er wiederum die Nomadensiedlung, um in der Stadt weiterzustudieren. Er lernt Russisch und beginnt, russische Literatur zu lesen. Er schließt Freundschaft mit Michailov, der ihn mit den Ideen der russischen Revolutionäre bekannt macht. Die russischen Behörden mißtrauen ihm, und er wird sogar wegen angeblicher Unruhestiftung verhaftet, aber es gelingt ihm die gegen ihn erhobenen Anschuldigungen zu entkräften. – Nach seiner Rückkehr zu den Nomaden setzt er sich für die Verbesserung ihrer Lage ein und wird bald durch seine Dichtungen berühmt. Seine Stammesgenossen verehren ihn, doch sein eigentliches Ziel – die Freiheit für sein Volk – kann er nicht erreichen.

Der Roman, der die Lebensgeschichte des kasachisch-türkischen Dichtes Abaj Ibrahim Kunanbaev (1845–1904) beschreibt, hat trotz vieler Schwächen (zahlreiche Wiederholungen, eine übermäßige Fülle von Namen und eine manchmal recht schematische Art der Darstellung) starkes Interesse gefunden. Den gleichen Stoff hat der Autor 1947 in einem Drehbuch, betitelt *Abaj žylary (Abajs Lieder)* behandelt. Einen Roman, der ebenfalls das Leben Abajs zum Gegenstand hat, veröffentlichte er 1952 unter dem Titel *Abaj žoly (Abajs Weg)*. B.Ha.

AUSGABEN: Alma-Ata 1942–1947, 2 Bde. – Alma-Ata 1955 (in *Tańdamaly šygarmalar*, Bd. 1, 2).

ÜBERSETZUNGEN: *Abaj*, Moskau 1950 [russ.]. – *Abai*, 2 Bde., H. Angarowa, Moskau 1953 [dt.]. – Dass., Moskau 1957 [engl.]. – *Abaj*, 2 Bde., Moskau 1958 [russ.]. – *Vor Tau und Tag*, H. Angarowa, Bln. 1958; ern. 1961. – *La jeunesse d'Abai*, Bd. 1, Paris 1958 [frz.]. – *Abaï*, Bd. 2, Paris 1960 [frz.]. – *Abaj* (in M. O. Auėzov, *Sobranie sočinenij*, Bd. 2, Moskau 1974; russ.). – *Abai*, Moskau 1975 [engl.]. – *Put' Abaja*, Bd. 1, Alma-Ata 1978 [russ.]. – Dass., Bd. 1, Alma-Ata 1982 [russ.].

MOḤAMMAD ʿAUFI

* wahrscheinlich in Buchara
† um 1232 Delhi

ĠAWĀMEʿ OʾL-ḤEKĀYĀT WA LAWĀMEʿ OʾR-REWĀYĀT

(iran.-npers.; *Sammlungen von Erzählungen und Schimmer von Überlieferungen*). Anekdotensammlung von Moḥammad ʿAUFI, vollendet 1228. – Das am Hofe des Sultans Iltatmiš von Delhī entstandene Werk ist in vier Teile von je 25 Kapiteln gegliedert und enthält 2113 Geschichten und Erzählungen, die zwar nicht durch eine Rahmenhandlung miteinander verknüpft, jedoch nach bestimmten Leitgedanken geordnet und aneinandergereiht sind.

Der erste Teil des sowohl in historischer als auch in kultureller und literarischer Hinsicht interessanten Buchs handelt von der Erkenntnis Gottes und bietet eine Fülle von Anekdoten aus dem Leben legendärer und historischer Persönlichkeiten, außerdem Berichte über die Wundertaten der Propheten und

Heiligen. – Der zweite und dritte Teil beschäftigen sich mit den verschiedenen Wesenszügen des Menschen, seinen guten und schlechten Eigenschaften. Der vierte Abschnitt behandelt Themen verschiedenster Art: die Vorteile, die sich dem bieten, der im Dienste eines Fürsten steht; Angst und Hoffnung; Wirkung des Gebets; seltsame Prophezeiungen und ihre Auswirkungen; Gefahren, die das menschliche Leben bedrohen; die unterschiedliche Lebensdauer der Tiere; geographische und kosmographische Merkwürdigkeiten. Ferner enthält die Sammlung eine Prosafassung der Erzählung von der Liebesromanze der Prinzessin Turandot, eine Geschichte, die der persische Dichter Neẓāmī fast dreißig Jahre vorher in der vierten Episode seines romantischen Epos *Haft paikar (Sieben Bilder* oder *Sieben Schönheiten)* erzählt hat und die später SCHILLER durch Vermittlung des Grafen Carlo GOZZI den Stoff zu seinem Schauspiel lieferte; auch die Geschichte von den Kranichen, die den Mördern des Ibykus das Geständnis ihrer Tat entlockten, hat ʿAufi in seine Sammlung aufgenommen.

Die Bedeutung von ʿAufis *Ǧawāme oʾl-ḥekāyāt* liegt vor allem darin, daß es historisch und literarisch wichtige Informationen liefert, die sonst in keinem anderen Werk zu finden sind. Der Autor, der noch vor der mongolischen Invasion nach Indien übersiedelte, hat viele handschriftliche Texte, deren Originale kurz danach abhanden gekommen sind, sowie mündliche Überlieferungen, die er während seiner häufigen Reisen sammeln konnte, in sein Buch aufgenommen und so vor der Vernichtung bewahrt. Es gibt in persischer Sprache kaum ein anderes Werk, das Aufzeichnungen über fast alle Zweige der persisch-islamischen Kultur in solcher Vielfalt und Fülle zu bieten vermag. Durch eine Systematisierung des Inhalts ließe sich wohl auch feststellen, welche Quellen ʿAufi im einzelnen benutzt hat. – Aus der großen Zahl der in den Bibliotheken überall in der Welt vorhandenen Handschriften ist die Popularität ersichtlich, deren sich das Werk im ganzen Orient erfreute. Es wurde dreimal ins Türkische übertragen. B.A.

AUSGABEN: Teheran 1935/36, Hg. Moḥ. T. Bahār [Ausw.]. – Teheran 1956, Hg. Moḥ. Moʿin [enth. Tl. 1].

LITERATUR: Moḥ. Niẓāmuʾddin, *Introduction to the »Jawamiʿ uʾl-Hikayāt wa Lawamiʿ uʾr-Riwāyāt«, a Critical Study of Its Scope, Sources and Value*, Ldn. 1929.

LOBĀB OʾL-ALBĀB

(iran.-npers.; *Die Quintessenz der Herzen*). Dichterbiographie von Moḥammad ʿAUFI, verfaßt 1221/22. – Die älteste persische Dichterbiographie *(taḏkere)*, die aus der Zeit vor der Invasion Irans durch die Mongolen erhalten geblieben ist. Wenn auch einige wenige Werke, wie z. B. *Čahār maqāle (Vier Abhandlungen)* von NEẒĀMI ʿARUḌI, kurze Berichte über kleine Begebenheiten im Leben der Dichter aus dieser Periode übermitteln, so ist doch ʿAufis *Lobāb oʾl-albāb* als einziges Werk einigermaßen systematisch angelegt und bietet überdies größere Proben aus den Dichtungen der berücksichtigten Autoren. Die Lebensgeschichte des Verfassers läßt sich aus einigen beiläufigen Anspielungen auf Begebenheiten und Persönlichkeiten seiner Zeit sowie aus manchen verstreuten Daten rekonstruieren: Er wurde als Sohn einer gebildeten Familie in Buchara geboren, reiste viel, besuchte u. a. die Städte Samarkand, Herat, Lahore und Delhi, lernte zahlreiche Gelehrte und Literaten kennen und stand im Dienst des Fürsten Nāṣer oʾd-Din Qubāča, der von 1205–1228 über Sind und Multan (am Indus) herrschte. Der Fürst gewährte vielen Emigranten Gastfreundschaft, und sein Hof war ein Sammelplatz zahlreicher Vornehmer und Notabeln, die dort Schutz gesucht und gefunden hatten. *Lobāb oʾl-albāb* ist ʿAin oʾl-Molk Faḫr oʾd-Din, dem Minister des Fürsten, gewidmet.

Das Buch besteht aus zwei Teilen und ist in zwölf Kapitel gegliedert, von denen einige sich hauptsächlich mit solchen Fürsten, Ministern und Honoratioren beschäftigen, die zum Zeitvertreib auch Gedichte verfaßt haben. Die ersten vier Kapitel handeln von den Vorzügen der Dichtung und der Dichter, von der Bedeutung des Wortes *šeʿr* (Dichtung), vom ersten Dichter in der Welt und vom ersten persischen Dichter. Die Ausführungen entsprechen den Vorstellungen der damaligen Zeit und können einer wissenschaftlichen Kritik nicht standhalten. Der zweite Teil befaßt sich mit der nachislamischen Dichtung von der Zeit der Dynastie der Taheriden (821–845) bis zur Gegenwart des Autors und schildert Leben und Schaffen von 169 Dichtern, die vor SAʿDI gelebt haben.

Das Werk ist – nicht ganz zu Unrecht – häufig kritisiert worden; denn es ist tatsächlich eher eine Anthologie der Dichtung als eine Sammlung von Dichterbiographien. Die Mitteilungen über die Autoren selbst sind oft sehr karg und füllen zuweilen kaum mehr als einige Zeilen; nicht selten fehlen Daten, die dem Verfasser bekannt gewesen sein dürften, die zu vermerken er aber wohl aus Nachlässigkeit versäumt hat. Der Stil ist geschraubt und bis zum Überdruß mit ausgeklügelten Wortspielen, Parallelismen und Reimen belastet, so daß es oft nicht einfach ist, dem Text einen Sinn zu entnehmen. Dennoch hat das Werk eine enorme historische Bedeutung, ist es doch die einzige Quelle, die Kenntnisse über die früheren Dichter vermittelt. Durch seine Reisen war es ʿAufi nämlich möglich, viele Dichter, die sich während des Mongoleneinfalls aus Angst vor den Untaten der fremden Krieger nach Indien und anderen Ländern begeben hatten, kennenzulernen und ihre Schöpfungen, die sonst der Nachwelt verlorengegangen wären, in seine Sammlung aufzunehmen. – Auf diese Weise gibt ʿAufi immerhin ein einigermaßen anschauliches Bild von der Poesie Irans vor und während der mongolischen Invasion. Es gehört darum auch heute noch zu den wichtigsten Nachschlagewerken jedes Forschers, der sich mit der persischen Literatur und Kultur beschäftigt. B.A.

AUSGABE: Ldn./Leiden 1903–1906, Hg. E. G. Browne u. Muhammad Qazwini, 2 Tle. [m. Vorw.].

LITERATUR: C. A. Storey, *Persian Literature*, Bd. 1, 2, Ldn. 1953, S. 781–784. – Manzūr ol-Ḥaqq, *Moḥammad ʿAufī* (in Helāl, 4, Karachi 1953, S. 23–26). – Ḏ. Ṣafā, *Tārīḫ-e adabiyāt dar Irān*, Bd. 2, Teheran 1958, S. 1029. – M. Nizamuddin, Art. ʿ*Awfī* (in EI², 1, S. 764).

GUILLAUME VICTOR ÉMILE AUGIER

* 17.9.1820 Valence
† 25.10.1889 Croissy

LITERATUR ZUM AUTOR:
E. Montégut, *É. A.* (in E. M., *Dramaturges et romanciers*, Paris 1890, S. 309–370). – P. Morillot, *É. A. (1820–1889), Étude biographique et critique*, Grenoble 1901. – H. Gaillard de Champris, *É. A. et la comédie sociale*, Paris 1910. – W. Friedrich, *Die Entwicklung É. A.s bis zu seinem Sittendrama*, Diss. Lpzg. 1931.

L'AVENTURIÈRE

(frz.; *Die Abenteurerin*). Versdrama in fünf Akten von Émile AUGIER, Uraufführung: Paris, 23. 3. 1848, Comédie Française. – Das Stück spielt in Padua im 16. Jh. Im Hause des reichen Bürgers Mucarade hat sich die junge, adrette Clorinde als angeblich politisch verfolgte spanische Emigrantin aus adligem Geschlecht eingenistet. Sie befindet sich in Begleitung des Hochstaplers Don Annibal, der sich als ihr Bruder ausgibt. Es gelingt Clorinde, den alten Mucarade mit ihren Reizen zu bezaubern und ihm ein Eheversprechen abzulisten. Dann aber kehrt Mucarades Sohn Fabrice nach jahrelanger Abwesenheit nach Padua zurück und durchschaut sogleich das Spiel der Abenteurerin. Selbst unerkannt bleibend, unternimmt er, im geheimen Einvernehmen mit seiner Schwester Célie und deren Bräutigam Horace, den Versuch, seinen Vater aus diesem widersinnigen Verlöbnis zu befreien. Er läßt sich als Persönlichkeit von Rang und Namen in die Familie einführen und macht Clorinde unverzüglich und ohne Umschweife den Hof. Es gelingt ihm, sich mit ihr von Mucarade in einem kompromittierenden Tête-à-tête überraschen zu lassen. Mucarade erkennt zwar seinen Sohn endlich wieder, nimmt aber gleichzeitig Clorinde gegen alle Anschuldigungen in Schutz und will nun um so mehr die Hochzeit beschleunigen. Fabrice versucht nun ein letztes Mal, seinen Vater vor dieser unwürdigen Heirat zu bewahren, indem er Clorinde ins Gewissen redet. Begriffe wie Anstand, Reinheit und Würde waren der Abenteurerin bis dahin fremd. Jetzt erst erfaßt sie in den Worten Fabrices ihren Sinn – und verliebt sich in den jungen Mann, der sie so schwer beleidigt. Aus Verehrung für ihren moralischen Lehrmeister erklärt sie sich bereit, auf die Ehe zu verzichten. Don Annibal aber, der mit einem erheblichen Anteil an der Beute gerechnet hat, gibt sich mit diesem Gang der Dinge nicht zufrieden. Er protestiert und fordert Fabrice zum Duell, um »*die Ehre seiner Schwester zu verteidigen*«. Als er jedoch erkennt, daß er einen höchst gewandten Gegner vor sich hat, ist er bereit, sich mit einer Geldentschädigung abfinden zu lassen, und verschwindet mit Clorinde. Damit ist die Ehre der Familie gerettet und die Ordnung wieder hergestellt. Das Stück hatte erst 1860 in einer überarbeiteten und gekürzten Fassung auf den Pariser Bühnen Erfolg. Äußerlich in beinahe konventioneller Form dem Geschmack der Zeit entsprechend, zeigt es den Weg, den Augier in der Thematik seiner späteren Werke einschlagen wird. In seiner Parteinahme gegen die Abenteurerin Clorinde zugunsten des bürgerlichen Anstandes und des Familienlebens manifestiert sich die Überwindung der Romantik durch den »gesunden Menschenverstand«, durch die sozialkritischen Tendenzen des Realismus. E.S.

AUSGABEN: Paris 1848 [in 5 Akten]. – Paris 1860 [verkürzte Fassg. in 4 Akten]. – Paris 1901–1912 (in *Théâtre complet*, Bd. 1).

ÜBERSETZUNGEN: *Die Abenteurerin*, C. v. Zelau, Lpzg. um 1877 (RUB). – Dass., A. Graf Wickenburg, Wien 1880 (Neues Wiener Theater, 109).

LITERATUR: A. de Portmartin, *É. A.* (in RDM, 22, 1848, S. 150–158). – P. R. Grover, *Henry James and the Theme of the Adventuress* [Dumas, A.] (in RLC, 47, 1973, S. 586–596).

LE FILS DE GIBOYER

(frz.; *Der Sohn Giboyers*). Prosakomödie in fünf Akten von Émile AUGIER, Uraufführung: Paris, 1. 12. 1862, Comédie Française. – Diese Komödie, kurze Zeit vor den allgemeinen Wahlen aufgeführt, entfachte heftige politische Streitereien, da man sie als eine Art Manifest der liberalen Partei ansah und nicht zu Unrecht eine Satire auf den katholischen Journalismus und die hinter ihm stehende Partei in ihr erkennen zu können glaubte.
Im Mittelpunkt der intrigenreichen Handlung steht Maximilien Gérard, der uneheliche Sohn des opportunistischen Journalisten Giboyer. Die Figur dieses Giboyer hat der Autor ebenso wie die des Marquis d'Auberive, des Führers der klerikalen

Partei, aus seiner im Jahr zuvor aufgeführten Komödie *Les effrontés (Die Unverschämten)* übernommen, in der Augier die obskuren und zum Teil kriminellen Finanzspekulationen des ehrbaren Bürgertums aufs Korn genommen hatte. Maximilien ist der Sekretär Monsieur Maréchals, eines bürgerlichen Emporkömmlings, der sich in der Politik versucht und für die klerikale Partei kandidieren will. Die Reden, die er halten soll, verfaßt, im Auftrag des Marquis, Giboyer. Doch die Intrigen einer Baronin Pfeffers aus d'Auberives Komitee verhindern Maréchals Kandidatur, woraufhin dieser sich aus Rache – denn schließlich hatte er die Rede schon auswendig gelernt – der Gegenpartei zuwendet. Mit einer von seinem Sekretär geschriebenen antiklerikalen Rede trägt er den Sieg davon und wird zum Abgeordneten gewählt. Giboyer erkennt mit Schrecken, daß sein Sohn die ererbte journalistische Begabung wahllos in den Dienst korrupter Politiker stellt und in Gefahr ist, zu einem ebenso rückgratlosen Schreiberling wie sein Vater zu werden. Um dies zu verhindern und um selbst in seinem Beruf noch einmal neu zu beginnen, möchte Giboyer mit Maximilien nach Amerika auswandern. Diesen Absichten widersetzt sich jedoch Maréchal, der seinen »ghostwriter« behalten möchte und sich deshalb schweren Herzens damit einverstanden erklärt, daß seine Tochter Fernande seinen Sekretär heiratet. Da das junge Paar in Paris bleiben will, geht Giboyer, nachdem er die verfeindeten Parteien, den Marquis, Maréchal und die Baronin, miteinander ausgesöhnt hat, allein nach Amerika. Unter den im Bereich der Politik spielenden Stükken Augiers (z. B. *Le gendre de Monsieur Poirier*, 1854, und *Les effrontés*, 1861), gilt *Le fils de Giboyer* als das formal überzeugendste Drama. Der besondere Effekt dieser robusten Gesellschaftskomödie liegt darin, daß der gewissenlose »Lohnschreiber« Giboyer nicht etwa den kürzeren zieht, d. h. nicht der Lächerlichkeit ausgeliefert wird, sondern sich läutert und – als Sprachrohr Augiers – mit guten Vorsätzen und programmatisch formulierten Ansichten die Ehre seines ganzen Metiers, das zu dieser Zeit reichlich diskreditiert ist, retten will. Es genügt dem Autor also nicht, zu kritisieren und zu karikieren; er will auch einen Weg weisen. Nicht zuletzt diese Ambition hatte ihn dazu veranlaßt, von der Vers- zur Prosakomödie überzugehen, gegenwartsnahe realistische Stoffe zu wählen und seine Personen Alltagssprache, ja sogar Argot reden zu lassen. KLL

AUSGABEN: Paris 1863. – Paris 1890 (in *Théâtre complet*, 7 Bde., 1890–1893, 5; ern. 1929). – Paris 1931.

ÜBERSETZUNGEN: *Der Sohn des Giboyer*, M. Saphir, Wien 1865 (Wiener Theater-Repertoir, 151). – *Der Pelikan*, H. Laube, Lpzg. o. J. [ca. 1875] (bearb.; RUB).

LITERATUR: H. de Vanssay, »*Le fils de Giboyer*« et *l'Académie Française*, Paris 1863. – E. Thévenin, *Le tour de France du* »*Fils de Giboyer*«, Paris 1864. – G. Jollivet, *Au temps du* »*Fils de Giboyer*« (in Le Gaulois, 18. 9. 1920).

ERNST AUGUSTIN

* 31.10.1927 Hirschberg / Schlesien

DER KOPF

Roman von Ernst AUGUSTIN, erschienen 1962. – Angelpunkt von Augustins Roman, dem Erstlingswerk dieses Autors, ist FICHTES Axiom, daß das Bewußtsein dinglicher Welt außer uns bloßes Produkt unseres eigenen Vorstellungsvermögens sei: Die Welt ist, weil wir sie denken. »*Sicherlich werden Sie mir beipflichten*«, heißt es in dem Buch, »*wenn ich ... behaupte, daß alles Erleben ... im Kopf stattfindet, und zwar ... in meinem Kopf*«. Oder, anders gesagt: »*Wenn ich dich nicht denke, bist du nicht da.*« Ein Familienbildnis, Schöpfungsakt und Erinnerungsvollzug fassend, konkretisiert diese Abhängigkeit, eine »*liegende Acht*« versinnbildlicht sie. Katastrophenphantasie paart sich mit Befreiungssehnsucht: Wer denkt wen, denkt ihn *nicht*? Angstgefühle werden phantasiert als die »im Kopf« Türmanns sich ereignende Geschichte von Asam, der eine »Katastrophe« der Zivilisation überlebt, einer Kellerexistenz ins Freie entkommt und im »Turm« gegen die Verkörperung des Bösen kämpft. Denn, wie »die Fabel« zusammenfaßt: »*Türmann lebte wirklich ... zu Hause aber in seiner Kommode hielt er sich einen Sandkasten ... und in diesem Sandkasten lebte ein Mann namens Asam ... der aber zu Hause ... gleichfalls einen Sandkasten hatte ...*« So finden die Katastrophen, die der auf Archetypen Jungscher Prägung zurückgreifende Roman beschwört, dem axiomatischen Postulat entsprechend »*keineswegs statt*«, sondern sie »*ereignen sich nur ... im Kopf*«. Sie sind »ausgedacht« vom Protagonisten wie die Erlebnisse Asams oder Popows, Ausdruck von dessen ständiger Angst, selbst nur »etwas Ausgedachtes« zu sein. Aus Elementen von Gedachtem und Erfahrenem, Gewünschtem und Verdrängtem entsteht eine Welt am Rand des Wahnsinns, in deren unausweichlicher »Überrealität« Grundfiguren menschlicher Existenz sich spiegeln.

Zielte die eigenwillige Erzählintention des Psychiaters Augustin in *Der Kopf* und *Das Badehaus* (1963) – in letzterem läßt die gegenseitige Korrektur von Vorstellung, Traum und Trieb einen seltsamen Schwebezustand entstehen, der die Suche nach dem (verlorenen) Vater zur Frage nach der Identität schlechthin werden läßt –, darauf, den Begriff der Realität als Hypothese zu entlarven: als Konvention oder »Kruste«, durch die man jederzeit hindurchbrechen kann, so stellt *Mamma.* Ro-

man in drei Teilen (1970) den Versuch dar, auf dem Untergrund eines »mammalen« (auf C. G. JUNG verweisenden) Kräftefelds Realität als Identität zu begründen. Als Karriere eines dreifachen Jedermann (Drillinge: General, Tuchhändler, Chirurg) werden drei Lebensläufe entworfen, aus Bildern des kollektiven Unbewußten gespeiste Ur-Karrieren. Sie entfalten sich als Moritaten, die den Persönlichkeitsbegriff durch Herausstülpung der Unterseite des menschlichen Bewußtseins als Klischee enthüllen und in einer von marionettenhafter Grausamkeit geprägten Welt zugleich neu, sozusagen »von unten« her, fixieren.

In Augustins bisher letztem Buch *Raumlicht* (1976) hingegen überlagert sich die Schilderung einer ungewöhnlichen Behandlungsmethode der Schizophrenie mit Rückblenden aus dem Leben des behandelnden Nervenarztes. Je intensiver der Icherzähler sich mit der Krankheit beschäftigt, desto verdeckter erscheint ihm *»der eigentliche Kern der Sache«*. Das nahe Beieinander von Wahn und Phantasie bleibt ihm faszinierendes Rätsel, bis er nach Jahren ärztlichen Praktizierens in Afghanistan, nach Reisen in Indien den Sprung durch die »Eierschale« der Wirklichkeit zu machen lernt. Augustin bleibt in allen diesen Werken seinem gemessenen, auf Mitteilung gerichteten, doch intellektueller Grazie verpflichteten Erzählgestus treu; Formales tritt zurück hinter den Anspruch des Thematischen: die Frage nach dem Verhältnis von innerer und äußerer Welt. O.F.B.

AUSGABE: Mchn. 1962.

LITERATUR: H. Eggebrecht, *E. A.* (in KLG, 16. Nlg., 1984).

GAIUS IULIUS OCTAVIANUS IMPERATOR CAESAR AUGUSTUS

* 23.9.63 v.Chr. Rom
† 19.8.14 n.Chr. Nola

MONUMENTUM ANCYRANUM

(lat.; *Denkmal aus Ankara*). Lebensbericht des Kaisers AUGUSTUS. – Der heutige Titel wurde nach dem Fundort des besterhaltenen Exemplars gewählt; der ursprüngliche Titel mag *Index rerum gestarum* oder ähnlich gelautet haben. In der erhaltenen Version heißt er, von zweiter Hand hinzugefügt, *Rerum gestarum divi Augusti, quibus orbem terrarum imperio populi Romani subiecit, et impensarum, quas in rem publicam populumque Romanum fecit, incisarum in duabus aheneis pilis, quae sunt Romae positae, exemplar subiectum* (*Abschrift der Taten des göttlichen Augustus, durch die er den Erdkreis der Herrschaft des römischen Volkes unterworfen, und der *Aufwendungen, die er für das römische Gemeinwesen und Volk gemacht hat, wie sie auf den zwei ehernen Säulen verzeichnet wurden, die in Rom aufgestellt sind)*. Dieser Bericht, in lateinischer Originalfassung und griechischer Übersetzung mehrfach inschriftlich überliefert – neben Ankara (ehemaliger Tempel der Roma und des Augustus) auch im galatischen Apollonia und in Antiocheia in Pisidien (hier nur lateinisch) –, gehört formal in die Nähe der altorientalischen Königsinschriften, genetisch zur Gattung der Autobiographie. Die Schlußredaktion, der ohne Frage mehrere frühere Fassungen vorausgingen, stammt aus den letzten Lebenstagen des Princeps. Sechsundsiebzigjährig, als er bereis zum 37. Male das Tribunat angetreten hatte – das war am 27. Juni des Jahres 14 –, schrieb er, nach seinen eigenen Worten, dieses »Testament« nieder, das Rechenschaft und Apologie, Bekenntnis und Vermächtnis zugleich sein sollte; am 19. August ist er gestorben. Er selbst hatte, wie SUETON in seinen *Kaiserbiographien (De vita Caesarum)* erzählt, den Bericht dazu bestimmt, auf zwei ehernen Säulen vor seinem Grabmal aufgestellt zu werden (*Augustus*, 101).

In Stil und Sprache sind die *Res gestae* ein beredtes Zeugnis für das nüchtern-kühle Selbstbewußtsein ihres Autors. Ihre besondere Wirkung erreichen sie durch knappste Sachlichkeit, die dem Inhalt der Worte um so stärkeres Gewicht verleiht. Auf das Wesentliche reduziert zeigt sich auch die Gliederung. Den Ämtern und Ehren, die ihm zuteil wurden (1–14), folgen die Schenkungen, Spenden und Wohltaten, die er Staat und Bürgern zuteil werden ließ (15–24); erst an dritter Stelle stehen die eigentlichen militärisch-politischen Taten (25–33); der Schluß (34–35) führt zum ersten Teil zurück, umreißt nochmals die Summe seines öffentlichen Wirkens und setzt den Akzent, unter dem Augustus sein Leben sieht: *»Nach dieser Zeit war ich an Ansehen (auctoritas) allen überlegen, an Macht (potestas) aber besaß ich nicht mehr als die anderen, die meine Amtskollegen waren: Als ich zum dreizehnten Male das Konsulat bekleidete, verliehen mir der Senat und der Ritterstand und das ganze römische Volk den Titel ›Vater des Vaterlandes‹ (pater patriae)«*. Als Gleicher unter Gleichen, als erster *(princeps)* unter freien Bürgern will er sich gewürdigt sehen – und dieser Tenor macht die Inschrift, neben ihrer historischen und politischen Bedeutung, zugleich auch zu einem Beispiel menschlicher Größe: zu einem seltenen Dokument der Einheit von Stolz und Bescheidenheit. E.Sch.

AUSGABEN: Paris 1862 (in *Exploration archéologique de la Galatie et de Bithynie*, Hg. G. Perrot u. E. Guillaume). – Bln. ²1883 (*Res gestae divi Augusti*, Hg. Th. Mommsen; m. Komm.). – Lpzg. 1927 (*Monumentum Antiochenum*, Hg. W. M. Ramsay u. A. v. Premerstein; m. Komm.; Klio, Beih. 19). – Lpzg. 1928, Hg. M. Gottschald. – Rom 1937 (*Res gestae divi Augusti*, Hg. C. Barini). – Bln. ³1969 (*Res gestae divi Augusti. Das Monumentum Ancyranum*, Hg. H. Volkmann; m. Komm.). – Turin

⁵1969 (*Index rerum gestarum*, in *Operum fragmenta*, Hg. H. Malcovati; m. Bibliogr.). – Paris ³1977 (*Res gestae divi Augusti*, Hg. J. Gagé; m. Komm.).

ÜBERSETZUNGEN: *Die Thaten des Kaisers Augustus von ihm selbst erzählt*, K. Willing, Halle 1897; Bln ²1924. – *Der Tatenbericht des Kaisers Augustus*, M. Schuster, Wien 1940 – *Augustus. Meine Taten*, F. Gottanka, Mchn. 1943. – Dass., Hg. E. Weber, Mchn. 1970; ⁴1985 [lat.–gr.–dt.]. – *Augustus. Tatenbericht*, Hg. M. Giebel, Stg. 1975; ²1980 [lat.–gr.–dt.].

LITERATUR: F. Gottanka, *Suetons Verhältnis zu der Denkschrift des A.*, Diss. Mchn. 1904. – M. Gelzer, *Meister der Politik*, Stg. 1922, S. 119ff. – U. Wilcken, *Zu den Impensae der »Res gestae divi Augusti«* (in SBAW 1931, S. 772–785). – Schanz-Hosius, 2, S. 14–17. – E. Staedler, *Über Rechtsnatur u. Rechtsinhalt der Augusteischen Regesten* (in Zs. d. Savigny-Stiftung f. Rechtsgeschichte, 61, 1941, S. 77–122; 64, 1944, S. 368–370). – M. A. Levi, *La composizione delle »Res Gestae Divi Augusti«* (in Rivista die Filologia Classica, 25, 1947, S. 189–210). – A. M. Lauton, *Zur Sprache des A. im »Monumentum Ancyranum«* (in WSt, 64, 1949, S. 107–123). – G. Misch, *Geschichte der Autobiographie*, Bd. 1/1, Ffm. ³1949, S. 282–298. – H. Steinmeyer, *Entwicklungslinien u. Tendenzen in »Monumentum Ancyranum«* (in Der altsprachliche Unterricht, 5/5, 1962, S. 84–93). – D. N. Wigtil, *The Ideology of the Greek »Res Gestae«* (in ANRW II, 30, 1, S. 624–638). – H. Berve, *Zum Monumentum Ancyranum* (in *Augustus*, Hg. W. Schmitthenner, Darmstadt 1969, S. 100–117; WdF). – H. Bengtson, *Kaiser Augustus*, Mchn. 1981, S. 269–274. – J. Gagé, *Auguste écrivain* (in ANRW, Bd. 30/1, 1982, S. 611–623). – D. N. Wigtil, *The Ideology of the Greek »Res gestae«* (ebd., S. 624–638). – D. Kienast, *Augustus. Prinzeps und Monarch*, Darmstadt 1982. – M. Giebel, *Augustus*, Reinbek 1984 (rm).

AUḤAD O'D-DIN AUḤADI

* um 1271/72 Marage
† um 1338 Marage

ĞĀM-E ĞAM

(iran.-npers.; *Ğams Becher*). Belehrende Dichtung von Auḥad o'd-Din AUḤADI, veröffentlicht 1928. – Im Jahr 1332/33 vollendete Auḥadi das 5000 Doppelverse umfassende Werk, dessen Titel auf den die ganze Welt widerspiegelnden Wunderbecher des legendären Königs Ğam (oder Ğamšid) anspielt. Als Vorbild für seine Dichtung, die dem letzten Herrscher aus der Il-Ḫān-Dynastie Sultan Abu Saʿid (reg. 1316–1335) und dessen Minister Giyāṯ o'd-Din Moḥammad ebn-e Rašid, dem Sohn des Autors von *Ğāmeʿ oʾt-tawārih (Sammler der Geschichten)*, gewidmet ist, diente ihm das von dem Mystiker SANĀI verfaßte Epos *Ḥadiqat oʾl-ḥaqiqa wa šariʿat oʾt-tariqa (Der Garten der Wahrheit und das Gesetz des Weges)*.

Auḥadis Werk ist in drei Kapitel gegliedert: das erste »*spendet Freude und Licht*«, dann wird dem Leser »*eine andere Welt sich zeigen*«, das zweite Kapitel »*gewährt Tiefblick in alle Künste*«, und nach der Lesung des dritten Kapitels »*wird der Seele nichts verborgen bleiben*«. Im ersten Hauptteil befaßt sich der Autor zunächst mit den Anfängen der Schöpfung, der Entwicklungsgeschichte des Weltalls und der Entstehung des Menschen, dessen Schicksal – nach Auḥadis Meinung – vom Lauf der Gestirne abhängt, und erörtert dann die Existenz höherer, überirdischer Wesen und andere auf den wissenschaftlichen und religiösen Vorstellungen seiner Zeit basierende Fragen. Von noch größerer Bedeutung ist das zweite Kapitel, das sich mit der Lebensführung der Menschen jener Zeit beschäftigt. Selten hat ein persischer Dichter des Mittelalters Themen wie den hier behandelten so viel Platz eingeräumt. Soziale und pädagogische Probleme: Kindererziehung, Ehefragen und Frauenmoral, das Verhalten der Richter, die Grundsätze einer Predigt, Handwerk und Städtebau stehen im Mittelpunkt seiner Betrachtungen und werden in Abschnitten von je 25 bis 40 Doppelversen eingehend erörtert. Der Verfasser beklagt auch die traurige Lage der Dichter und bedauert, daß deren Schöpfungen viel zuwenig gewürdigt werden. Alle diese Darlegungen gewähren dem Leser einen tiefen Einblick in die sozialen Verhältnisse des Iran unter der Herrschaft der Il-Ḫāne im 14.Jh. Im letzten Kapitel beschreibt Auḥadi den Weg, den ein Sufi (islamischer Mystiker) gehen muß, um zur Gotteserkenntnis zu gelangen. Er erläutert die Eigenschaften eines Meisters der Mystik, erklärt die Bedeutung mystischer Begriffe, wie »Herz«, »Seele«, »Liebe« und schildert die zur Gottesnähe führende mystische Ekstase. – Die Bedeutung von Auḥadis *Ğām-e Ğam* liegt ebenso in der künstlerischen Darstellung der Lebensweisheit der Mystiker wie vor allem darin, daß es dem Autor gelungen ist, diese Weisheit für das praktische Leben auszuwerten und nutzbar zu machen. B.A.

AUSGABE: Teheran 1928, Hg. Wahid Dastgerdi (Armağān, 9).

LITERATUR: Dawlatšāh, *Tadhkirat al-Shuʿarāʾ*, Hg. E. G. Browne, Ldn./Leiden 1901. – Hosain Masrur, *Šarḥ-e ḥāl-e Auḥadi Marāğeʾi* (in *Aḥwāl o āṯār-e Auḥadi*, Hg. Maḥmud Faroh, Maschhad 1916/17). – E. G. Browne, *A History of Persian Literature under Tartar Dominion*, Cambridge 1920, S. 141–146. – J. Rypka, *Iranische Literaturgeschichte*, Lpzg. 1959, S. 246/247. – M. Aḥwān Tālet, *Ey nāmḥudud, ey insān...!* (in M. A. T., *Maqālāt*, Mashhad, Teheran 1970, S. 149–162).

OLAV AUKRUST

* 21.1.1883 Lom / Gudbrandsdalen
† 3.11.1929 Lom / Gudbrandsdalen

DAS LYRISCHE WERK (norw.) von Olav AUKRUST.
Nur zwei Gedichtbände, *Himmelvarden*, 1916 *(Himmelswegweiser)* und *Hamar i Hellom*, 1926 *(Fels in Steinen)* hat Aukrust zu Lebzeiten herausgegeben; postum erschienen 1931 das Fragment gebliebene *Solrenning (Sonnenaufgang)* und der Band *Norske terningar (Norwegische Würfel)*, eine Sammlung nachgelassener bzw. zuvor in Periodika veröffentlichter Lyrik. Eine Auswahl früher Gedichte findet sich zusammen mit Artikeln, Reden und Briefen in *Skaldespor*, 1965 *(Skaldenspuren)*. Tatsächlich hat sich Aukrust selbst als *»Skalde«* bezeichnet, sowohl in dem traditionellen Verständnis eines Gestalters überlieferter, mythologischer und genealogischer Stoffe, als auch in der von ihm lancierten ethymologischen Herleitung des mystischen *»Sehers«*. Bereits in seinem Erstlingswerk *Himmelvarden* (1916, *Himmelswegweiser*) findet sich die für Aukrust typische Verschmelzung dieser beiden Pole zu einer *»neuen, nationalen Dichtung«*, die entscheidend von der christlich geprägten Volkshochschulbewegung (Grundtvig) beeinflußt ist, in der auch Julius LANGBEHNS Konzeption einer nationalen Rückbesinnung und die Anthroposophie Rudolf STEINERS Eingang gefunden haben. Thematischer Kern der 80, in vier Abteilungen gegliederten Gedichte dieser Sammlung ist eine religiöse Grundhaltung, von der zahlreiche Bibelallusionen zeugen. In einer stark dialektal geprägten und archaisierenden Sprache werden sie mit Anleihen aus der *Edda*, der spätmittelalterlichen Visionsdichtung *Draumkvede (Traumlied)* und mit Elementen aus der Volksdichtung verwoben. Zentrales Thema ist der ewige Kampf zwischen Gut und Böse, der z. T. konkret als Streit zwischen Satan und Christus dargestellt, hauptsächlich aber durch (an die ekstatischen Schilderungen Henrik WERGELANDS erinnernde) Naturbilder veranschaulicht wird, die einerseits diese beiden widerstreitenden Mächte symbolisieren und andererseits auf die Wahlmöglichkeit des Menschen zwischen einem harmonischen (gottgefälligen) oder disharmonischen Verhältnis zur Natur verweisen. Einige der Texte sind durch die Fülle der aneinandergereihten Naturbilder überfrachtet, doch finden sich auch Wendungen von so suggestiver Wirkung, daß sie zum Volksgut geworden sind. Zur Popularität beigetragen hat auch die rhythmische Anlehnung an Volksweisen (vorherrschend ist ein viertaktigtrochäisches Metrum) und der klangliche Reichtum der durchweg, jedoch nach unterschiedlichen Schemata gereimten Strophen, deren Zeilen dazu oft noch intern durch mehrfache Assonanzen gegliedert sind. Die gleichen Gestaltungsprinzipien kennzeichnen auch die spätere Produktion.

Der zweite Gedichtband, *Hamar i Hellom*, (1926, *Fels in Steinen*) konzentriert sich thematisch auf die Darstellung ländlicher Lebensweise und Kultur. Vor allem in dem durch strenge Erbfolge heimatverwurzelten Großbauerntum (dem er selbst entstammt) sah Aukrust die traditionellen Werte bewahrt, die die Grundlage eines zu pflegenden, selbstbewußten Norwegertums bilden. Dem steht als negatives Zerrbild der aller Ursprünglichkeit entfremdete Städter gegenüber. In Texten wie *Die Auktion auf Tande*, in denen der degenerierende Einfluß der zerstörerischen Technifizierung und Urbanisierung angeprangert wird, greift Aukrust auch zu derb-ironischen und satirischen Mitteln. Wichtiger jedoch als die in diesem *»norwegischen Buch«* geforderte Bewahrung der Volkskultur, war für Aukrusts Humanitätsideal das Festhalten an den christlichen Grundwerten, denen das als mehrbändiges Werk konzipierte *»große Buch«* gewidmet sein sollte, an dem er seit 1917 gearbeitet hatte, es aber nicht mehr vollenden konnte. Nach seinem Tod sind 103 Texte, die teilweise erst im Entwurfstadium vorlagen, doch überwiegend fertig ausgearbeitet waren, unter dem Titel *Solrenning* (1931; *Sonnenaufgang*) veröffentlicht worden. In dieser Sammlung werden vor allem die bereits im Debütband angelegten religiösen Aspekte vertieft und zu einer mystisch-visionären Welterfahrung ausgeweitet. Stärker als dort machen sich Einflüsse von KIERKEGAARD und SWEDENBORG geltend. Die Verarbeitung persönlicher visionärer Erlebnisse gibt manchen Gedichten einen hermetischen Anstrich und erschwert dem Leser den Zugang.
Seit den späten sechziger Jahren hat es im Zuge einer stärker gesellschaftskritisch interessierten Literaturbetrachtung Einwände gegen die ideologischen Implikationen der im Geiste skaldischer Berufung anvisierten, national orientierten Heilsverkündung gegeben, die es u. a. ermöglicht hat, daß Aukrusts Werk während der Besatzungszeit von den norwegischen Nationalsozialisten vereinnahmt wurde. Trotz solcher Vorbehalte wird Aukrusts Lyrik jedoch nach wie vor von vielen wegen ihrer klanglichen Fülle und der Anschaulichkeit ihrer Bilder gerühmt.

S.We.

AUSGABEN: *Himmelvarden*, Kristiania 1916 – *Hamar i Hellom*, Oslo 1926 – *Solrenning*, Oslo 1930 – *Norske terningar*, Oslo 1931 – *Dikt i samling I–II*, Oslo 1942 – *Skaldespor. Artiklar, talar, brev, dikt.* Hr. v. Leif Mæhle, Oslo 1965.

LITERATUR: I. Krokann, *O. A.*, Oslo 1933. – H. Groth, *O. A. Problematikk og utvikling*, Oslo 1948. – L. Mæhle, *Vegen til varden*, Diss. Oslo 1969. – T. Obrestad, *O. A. og litteraturforskaren* (in Syn og Segn, 1969, S. 110–118). – S. Skard, *Kor stort er det store? A. og Obrestad* (in ebd., S. 208–214). – E. Eggen, *O. A.s ideologi* (in Samtiden, 1971, S. 120–126). – ders., *Ilt mun øydast. O. A. og litteraturforskningen* (ebd., S. 45–57).

ANTON AULKE

* 14.7.1887 Senden / Westfalen
† 1975

NIES. En plasseerlick Bok van Buren, Swien, Spök, hauge Härens un en unwiesen Kerl

(nd.; *Nies. Ein vergnügliches Buch von Bauern, Schweinen, Spuk, hohen Herren und einem verrückten Kerl*) von Anton AULKE, erschienen 1936. – In diesem Buch werden Geschichten aus dem Leben eines armen Maurers und Tagelöhners erzählt, der zu Anfang des 19.Jh.s lebte und im Ruf eines westfälischen Eulenspiegels steht. Dementsprechend folgt Aulke in seiner Darstellung der Tradition des Schelmenbuchs und bietet eine Folge von Schwänken, die der Biographie der Titelfigur entsprechend aneinandergereiht sind. Ungewöhnlich ist allerdings, daß der Held zu Beginn der Erzählung bereits ein mehr als vierzig Jahre alter Familienvater ist; seine Streiche sind deshalb nicht immer von jugendlichem Übermut gekennzeichnet. So wird z. B. erzählt, wie Nies in schwerer Zeit zu Nahrung für sich und seine Familie kommt, indem er sich einem reichen Bauern gegenüber schwerhörig stellt, und wie er seine Tochter vor Kosaken schützt, indem er die wilden Kerle durch Gesichterschneiden zum Lachen bringt. Eine für den teils komischen, teils eher lehrhaften Charakter des Werks besonders bezeichnende Episode erzählt, daß Nies, nun schon in hohem Alter stehend, im »*aufgeregten Jahr*« 1848 die Dorfbewohner durch einen ernsten Streich davon abhält, einen reichen Bauern zu plündern: Er selbst nämlich sichert sich als seinen Beuteanteil – Stoff für sein Leichenhemd.
Das Buch ist kein Roman im strengen Sinn. Die Einheit der Darstellung wird nicht so sehr durch die Einheit der Komposition gewährleistet als durch die Gestalt des Nies. Dieser wird – der pädagogische Zeigefinger ist oft deutlich sichtbar – als ein Mensch gezeichnet, der zeitweise einem unwiderstehlichen Drang folgt, seine Mitmenschen zu foppen, dabei aber stets seine Gutherzigkeit erkennen läßt und dessen »verrückte« Unternehmungen nicht selten dazu dienen, seinen Mitmenschen eine gute Lehre zu erteilen. Neben der Hauptgestalt sorgen Landschaft und Zeitkolorit für die Einheitlichkeit in dieser Folge von Erzählungen: Im Rahmen der einzelnen Schwänke gewinnen Genrebilder aus dem Volksleben Westfalens vom Anfang des 19.Jh.s eine gelegentlich sogar entscheidende Bedeutung (z. B. das Speckschneiden bei der Hausschlachterei oder eine Hochzeitsfeier). – Aulkes *Nies* wirkt weniger durch die Intensität der Aussage als vielmehr durch die in abgewogener mundartlicher Sprachform vorgetragene Schilderung typischer Personen und ihrer westfälischen Umwelt.

U.B.

AUSGABEN: Münster 1936. – Münster 1957.

LITERATUR: H. Kleibauer, »*Nies. En plasseerlik Bok van Buren, Swien, Spök, hauge Härens un en unwiesen Kärl*« von A. A. (in Mitt. aus dem Quickborn, 31, 1937/38, S. 21). – W. Niekerken, *Westfälische Dichter der Gegenwart*, Münster 1953. – U. Bichel u. W. Lindow, »*Nies*«. *Ein Werkgespräch über A. A.s Schelmenroman* (in *Plattdeutsche Erzähler und plattdeutsche Erzählungen der Gegenwart*, Hg. J. D. Bellmann u. W. Lindow, Neumünster 1968, S. 53–63).

NOBISKROG. En Spiël tüsken Liëben un Daud

(nd.; *Nobiskrug. Ein Spiel zwischen Leben und Tod*). Bühnenspiel von Anton AULKE, Uraufführung: 25. 3. 1962, Heimatbühne Ochtrup. – Dem in einer Mundart des westfälischen Münsterlandes abgefaßten Stück liegt eine alte Volkssage zugrunde, derzufolge die Seelen der Verstorbenen, bevor sie durch das Tor der Seligen bzw. der Verdammten gehen, im Nobiskrug, einer vom Teufel betriebenen Schenke, Station machen. Im ersten Akt taucht das Motiv des Nobiskrug nur im Selbstgespräch der Ankemoder, der Urgroßmutter, auf, die ihre Gedanken bereits völlig auf das Jenseits gerichtet hat. Ein Eifersuchtsstreit um ihre Urenkelin Lisbeth ist handlungsbestimmend: Da das Werben des Zimmermeisters Willem um Lisbeth erfolglos bleibt, versucht er das Mädchen mit Gewalt zu erringen. Sie wird jedoch von dem Gesellen Franz, Lisbeths heimlichem Verlobten, befreit. Aus Rache will Willem seinen Nebenbuhler am folgenden Morgen auf einem Weg durchs Moor ermorden. Der zweite und dritte Akt spielen in einer Traumwelt. Willem findet sich auf einem langen Weg im Nebel wieder; allein St. Gertrud begegnet ihm und reicht ihm einen stärkenden Trunk. Schließlich sieht er sich in den Nobiskrug versetzt, wo er miterlebt, wie jede Seele mit dem Teufel um die Seligkeit würfeln muß. Die Würfel fallen dabei stets so, wie es die Menschen ihrem Erdenleben gemäß verdient haben. In einem Gast erkennt Willem seinen Gesellen Franz, von dem er im Traum glaubt, er habe ihn schon ermordet. Franz gewinnt im Würfelspiel, während ein anderer Gast, der durch Mord zu Reichtum und Genuß gekommen war, dem Teufel unterliegt. Im Unterschied zu den übrigen Gästen soll Willem zur Erde zurückkehren. Bußfertig macht er sich auf den Weg. Im vierten Akt erwacht er aus dem Traum und ist seinem Heiland dankbar, daß seine Sünde eine Gedankensünde geblieben ist. Er büßt sie, indem er Lisbeth und Franz sein Haus und seine Werkstatt überläßt und aus dem Dorf fortzieht.
Alltagswirklichkeit und Vision sind in diesem von volkstümlich-katholischem Geist getragenen Spiel zu einer angemessen schlichten Einheit verschmolzen. Die besondere Eignung niederdeutscher Mundarten zu realistischer Darstellung, zu kräfti-

gem Humor und zur Hintergründigkeit sind von Aulke überzeugend für sein Bühnenspiel genutzt worden. U.B.

AUSGABE: Münster 1961.

LITERATUR: H. Luhmann, *Westfälischer Literaturpreis 1961 für A. A.* (in Westfalenspiegel, 1961, H. 11, S. 24–26). – F. Wippermann, *Ein Meister des Plattdeutschen. Zu A. A.s 75. Geburtstag* (in Heimatblätter Lippstadt, 43, 1962, S. 43). – H. Kleibauer, *A. A.: »Nobiskrog«* (in Mitt. aus dem Quickborn, 52, 1962, S. 24).

AURELIUS AUGUSTINUS

* 13.11.354 Tagaste / Numidien
† 28.8.430 Hippo Regius

LITERATUR ZUM AUTOR:
Bibliographien:
Bibliographia Augustiniana, Hg. C. Andresen, Darmstadt ²1973. – T. L. Miethe, *Augustinian Bibliography, 1970–1980*, Ldn. 1982.
Zeitschriften:
Analecta Augustiniana, Rom 1905 ff. – Revue des Études Augustiniennes, Paris 1955 ff.
Wörterbücher, Lexika:
Concordantiae Augustinianae, Hg. D. Lenfant, 2 Bde., Paris 1656–1665; Nachdr. Brüssel 1982. – *Thesaurus Linguae Augustinianae*, 8 Bde., Eindhoven 1976–1985 [Konkordanz]. – W. Hensellek u. P. Schilling, *Vorarbeiten zu einem A.-Lexikon. Werksindex*, Wien 1973–1980 [umfaßt A1, A3, A13, A14]. – *A.-Lexikon*, Hg. C. Mayer, Bd. 1, Fasc. 1/2, Basel 1986.
Gesamtdarstellungen und Studien:
Th. Gangauf, *Metaphysische Psychologie des hl. A.*, Augsburg 1852 [Nachdr. Ffm. 1968]. – A. Becker, *A. Studien zu seiner geistigen Entwicklung*, Lpzg. 1908. – E. Gilson, *Introduction à l'étude de Saint A.*, Paris 1929 (dt. *Der hl. A.*, Hellerau 1930). – *A. Magister: Congrès international augustinien*, 3 Bde., Paris 1954. – H. I. Marrou, *A.*, Reinbek 1958; ern. 1986 (rm). – G. Papini, *Der hl. A.*, Hbg./Wien 1960. – F. van der Meer, *A. the Bishop. The Life and Work of a Father of the Church*, Ldn. 1961; ern. 1983. – A. Zumkeller, *Die Regel des hl. A.*, Würzburg 1962. – G. Bonner, *St. A. of Hippo: Life and Controversies*, Ldn. 1963. – A. Zumkeller, *Das Mönchtum des hl. A.*, ²1968 (Cassiciacum). – F. P. Pickering, *A. oder Boethius. Geschichtsschreibung u. epische Dichtung im Mittelalter u. in der Neuzeit*, 2 Bde., Bln. 1968 u. 1976. – K. A. Wohlfahrt, *Der metaphysische Ansatz bei A.*, Meisenheim/Glan 1969 (Monographien zur phil. Forschung). – E. König, *A. philosophus*, Mchn. 1970 (Studia et testimonia antiqua). – A. Schöpf, *A. Einf. in sein Philosophieren*, Freiburg i. B. 1970. – J. Brechtken, *A. Doctor Caritatis*, Meisenheim/Glan 1975 (Monographien zur phil. Forschung). – D. Bumiller, *A. Skizze eines neuen Christentums aus Elementen seiner Philosophie*, Stg. 1977. – K. Flasch, *A. Einf. in sein Denken*, Stg. 1980 (RUB). – J. Opelt, *Die Polemik in der christl. latein. Literatur von Tertullian bis A.*, Heidelberg 1980. – H. Ruef, *A. über Semiotik u. Sprache*, Bern 1981. – P. Brown, *A. von Hippo*, Ffm. ²1982 [Bibliogr.]. – H. I. Marrou, *A. und das Ende der antiken Bildung*, Paderborn 1982. – H. U. Delius, *A. als Quelle Luthers*, Bielefeld 1984. – Chr. Richter, *Das Leben des hl. A.*, Graz 1984. – *Der Hl. A., Vater der europäisch-afrikanischen Zivilisation. V. Internationale Konferenz des Schiller-Inst.*, 1.–3. Nov. 1985 in Rom, Hg. Schiller-Inst. (Hannover), Wiesbaden 1985. – K. Jaspers, *A.*, Mchn. ²1985. – H. Chadwick, *A.*, Oxford 1986.

CONFESSIONES

(lat. Patr.; *Bekenntnisse*). Autobiographie in dreizehn Büchern von AURELIUS AUGUSTINUS, verfaßt um 400. – Das Werk ist ein literarisches Dokument *sui generis* im genauen Sinn des Wortes: es ordnet sich in keine literarische Gattung der Antike ein; es läßt sich weder mit den philosophischen Selbstbetrachtungen etwa eines MARK AUREL vergleichen noch mit der ihm immerhin thematisch verwandten Schrift *Ad Donatum* des CYPRIANUS aus Karthago. Und obwohl seit Augustin kein Mangel ist an Selbstdarstellungen, die, von PETRARCA über ROUSSEAU bis in die Gegenwart, bewußt oder unbewußt in seiner Nachfolge stehen, hat es nichts Ähnliches mehr gegeben. Sein »Subjektivismus«, dem erst das Christentum mit seiner hohen Bewertung der menschlichen Seele den Boden bereitete, scheidet es vom antiken Denken und Fühlen, sein dialogischer Bezug auf ein transzendentes Gegenüber von den späteren autobiographischen Erzeugnissen. Es ist in zweifachem Sinn Bekenntnis: Lebensbeichte vor Gott und preisendes Bekenntnis zu Gott.

Die ungeminderte Aktualität der *Confessiones* beruht darauf, daß hier in der Begegnung einer außerordentlichen Persönlichkeit mit sich selbst ein Grundphänomen der menschlichen Existenz anschaubar wird: die unaufhebbare Spannung zwischen der natürlichen, biologisch-seelischen Beschaffenheit des Menschen und dem Anspruch einer als objektiv erlebten überindividuellen Wirklichkeit. – Aber auch im einzelnen ist die Autobiographie Augustins alles andere als nur historisch interessant. Sie stellt Vorgänge ins Licht, deren Problematik dem allgemeinen Bewußtsein erst in neuerer Zeit durch Tiefenpsychologie und Verhaltensforschung wieder nahegebracht wurden. In knappen Umrissen beschreibt sie die triebbestimmten, dennoch schon spezifisch »humanen« Reaktionen des Säuglings, das Hineinwachsen des Kleinkindes – im Erlernen der Muttersprache – in die »*stürmische Gemeinschaft des menschlichen Lebens*« (»*vitae humanae procellosam societatem*« I, 8), das ziellose Aufbegehren des Jugendlichen, die Nöte der reifenden Geschlechtlichkeit. Dabei gibt es kein genüßliches oder wehmütiges Schwelgen in Kindheitserinnerungen; eher ist ein Unterton von Empörung über die in der Schulzeit erlittenen Demütigungen hörbar. Geltungsbedürfnis als Movens jugendlichen Fehlverhaltens ist hier schon ebenso erkannt wie etwa der literarische Genuß als Fluchtmöglichkeit vor existentiellen Problemen oder die Beziehung zwischen Sinnlichkeit und Müßiggang. Was im Verlauf der Darstellung an pädagogischen Hinweisen implicite vermittelt wird, ist z. T. noch heute nicht allgemeine erzieherische Praxis geworden.

Der Augustinus der *Bekenntnisse* ist nicht der große Dogmatiker der christlichen Kirche, dessen Denken den Geist des Mittelalters für Jahrhunderte bestimmen sollte. Er ist ein Mensch auf der Scheitelhöhe zwischen heidnischer Antike und christlicher Neuzeit, ein Mensch der Sinne und der Sinnlichkeit, zum Jähzorn neigend, selbstbewußt und nicht frei von Eitelkeiten, ein Mensch vielseitiger Begabung: er ist nicht nur als Lehrer der Rhetorik (an den Universitäten von Karthago, Rom und Mailand) hoch geschätzt, er trägt, beispielsweise, mit einem Drama den Preis in einem Wettbewerb davon und schreibt eine (wie jenes verlorengegangene) Studie *De pulchro et apto* (*Über das Schöne und das Angemessene*), die mit ihrer sensualistischen Beweisführung zwar im Bannkreis des dualistischen Materialismus der Manichäer steht, aber, indem sie dem Irdischen seine eigene Schönheit und Würde zubilligt, die spätere Wendung des Autors zum Neuplatonismus im Ansatz vorbereitet.

Der bestimmende Zug im Persönlichkeitsbild Augustins ist Erkenntnisleidenschaft. Die Suche nach einer allumfassenden, alles begründenden Wahrheit führt ihn über die Philosophie – an die ihn CICEROS (nicht erhaltener) Dialog *Hortensius* verweist – und den Manichäismus, dem er mehr als zehn Jahre anhängt, zum Christentum, einem neuplatonisch gestimmten Christentum, wie es ihm durch den Mailänder Bischof AMBROSIUS vermittelt wurde. Die berühmte Bekehrungsszene im Garten seiner Mailänder Wohnung ist – sowenig auch heute noch Zweifel an der biographischen Zuverlässigkeit der *Bekenntnisse* bestehen – offensichtlich auf dramatische Wirkung hin stilisiert. Sie bildet den Höhepunkt der eigentlichen Lebensbeschreibung, die mit Augustins Geburt beginnt und mit einem Nekrolog auf die verstorbene Mutter, Monika, ausklingt. Das zehnte Buch nimmt eine Zwischenstellung ein: es gehört insofern zum biographischen Teil, als es die innere Situation Augustins im Zeitpunkt der Niederschrift der Bekenntnisse, also mehr als zehn Jahre nach der Bekehrung, beleuchtet, eine unerbittliche Analyse seiner noch immer ungesänftigten Natur; mit einem Exkurs über das Gedächtnis (*memoria*) leitet es jedoch zu den religionsphilosophischen Spekulationen der letzten drei Bücher über.

Die Einzigartigkeit der *Confessiones* liegt nicht allein in der Subtilität des Erfassens psychischer Vorgänge, in ihrem rücksichtslosen Freimut, ihrer religiösen Intensität und dem Scharfsinn der philosophischen Reflexionen; ohne Vergleich ist, wie dies alles zu einem Ganzen verschmolzen ist, das jeder Einordnung in ein literarisches Schema widersteht. Das Werk ist Tatsachenbericht, psychologische und philosophische Abhandlung, Hymnus und seelsorgerische Predigt in einem. Der Verdacht, Augustin habe die letzten drei der dreizehn Bücher nachträglich seiner Autobiographie angefügt, scheint ungerechtfertigt (H. WANGNERECK SJ sah sich schon 1631 veranlaßt, sie nicht in seine Textausgabe aufzunehmen, ein Beispiel, dem heute noch Populärausgaben folgen, die dem Verlangen des Lesers nach psychologisch »Interessantem« entgegenkommen). Die einheitliche Gestimmtheit der dreizehn Bücher ist jedoch unverkennbar; auch objektive innere Bezüge zeigen an, daß der Aufbau des Ganzen, so lässig er ist, geplant war. Hinweise auf das in Buch XI breit ausgeführte Zeitproblem z. B., das wiederum mit der in Buch X entwickelten Theorie des Gedächtnisses eng verknüpft ist, finden sich schon im ersten Teil; und auch der biographische Teil schließt philosophische Betrachtungen ein, wie etwa die Frage nach Ursprung und Wesen des Bösen oder die ans Logistisch-Spitzfindige grenzenden Fragenketten innerhalb der Lobpreisung Gottes, die die *Bekenntnisse* eröffnet. Alle drei Teile sind gleichermaßen zu Gott hin gesprochen, als Beichte, Reuebekenntnis und Dank. Augustin erzählt sein Leben nicht nur, er beurteilt es *sub specie aeternitatis* mit der asketischen Strenge des Konvertiten (wobei auch den Vater, selbst die fromme christliche Mutter Tadel trifft), und er deutet es; die jugendlichen Exzesse werden daher nicht selbstgefällig und nicht selbstquälerisch geschildert, sie lassen die Gnade Gottes, die den so tief Verstrickten rettete, nur um so leuchtender hervortreten.

Die letzten drei Bücher sind das Dankopfer für diese Errettung (»*Sacrificem tibi famulatum cogitationis et linguae meae*« – »*Laß mich den Dienst meines Denkens und meiner Zunge dir opfern*« XI, 2); daß es in Form einer philosophischen Betrachtung dargebracht wird, darf bei einem so leidenschaftlichen Denker nicht wundernehmen. Vom Schöpfungsbericht der *Genesis* ausgehend, gelangt Augustin über den Vergleich der zeitlosen Ewigkeit Gottes mit der Vergänglichkeit des irdischen Gestern, Heute und Morgen zu einer sehr »modernen« Definition der Zeit als eines menschlichen Bewußtseinsphänomens; denn, so legt er dar, Vergangenheit, Gegenwart und Zukunft existieren nur als jeweils in der Gegenwart sich vollziehendes inneres Erlebnis, und zwar unter den Formen der Erinnerung (in der Vergangenes gegenwärtig wird), der Anschauung (des Gegenwärtigen) und der Erwartung (des Zukünftigen). Damit wird zugleich die These der Stoa, Zeit sei identisch mit Bewegung (des Weltalls, der Körper), zurückgewiesen; wohl aber ist die Zeit, der Augustin eine gewisse Ausdehnung *(distentio)* zuschreibt, das Maß der Bewegungen, die sich in ihr vollziehen.

So weit auch diese Betrachtungen ins Abstrakte vorstoßen, verbindet sie doch nicht nur ihr personaler Bezug auf Gott mit dem Vorausgegangenen, sondern auch ihre Sprache. Es ist die Sprache des geschulten Rhetorikers, die aber immer wieder aufgesprengt wird im Feuer seelischer Ergriffenheit. In ihr finden sich weitgespannte kunstvolle Satzperioden, aber auch Häufungen von affektgeladenen Ausrufen und rhetorischen Fragen, klare Gedanklichkeit und die Glut alttestamentarischer Psalmen. Diese Sprache kann bis zur Grobheit sarkastisch sein, wie etwa in der Polemik gegen die Manichäer (III, 10), und hymnisch bis zu barocker Üppigkeit. Sie versinnlicht auch das Übersinnliche in Bildern von hintergründiger Einfachheit: »*Du aber, Herr, du wandest mich ... zu mir selbst herum, du holtest mich hinter meinem eigenen Rücken hervor*« (»*Tu autem, domine, ... retorquebas me ad me, auferens me a dorso meo*«; VIII, 7).

Aus der Frühzeit des christlichen Abendlandes dringt keine andere Stimme mit so verwandtem Ton in die Gegenwart wie die Augustins; in Worten wie denen, die er als Formel seines Lebens an den Anfang der *Bekenntnisse* stellt, spricht nicht mehr die Antike, sondern die Neuzeit: »*Fecisti nos ad te, et inquietum est cor nostrum, donec requiescat in te.*« (»*Du hast uns zu dir hin erschaffen, und ruhelos in unser Herz, bis daß es ruht in dir.*«) G.He.

AUSGABEN: o. O. u. J. [Straßburg vor 1470]. – Paris 1679 (in *Mauriner Ausg.*, 10 Bde., 1679–1700, 1). – ML, 32 [Abdr. d. *Mauriner Ausg.*]. – Stg. 1856, Hg. K. v. Raumer; ern. Gütersloh 1876. – Wien 1896, Hg. P. Knöll (CSEL, 33; ern. NY/Ldn. 1962). – Paris 1925/26 (*Confessions*, Hg. u. Übers. P. de Labriolle; lat.-frz.; ern. 1950 ff.). – Lpzg. 1934, Hg. M. Skutella. – Zwolle 1960 ff., Hg. M. Verheijen, K. Woldring u. L. Hoogfeld (Scriptores Graeci et Romani, 45). – Stg. 1981 (*S. Aurelii Augustini Confessionum libri XIII*, Hg. M. Skutella u. a.; Bibliotheca Scriptorum Gr. et Rom. Teubneriana).

ÜBERSETZUNGEN: *Die dreyzehen Bücher der Bekantnussen*, S. J. Vältl, Wien 1672. – *Die Bekenntnisse*, G. Rapp, Stg. 1838; Bremen [8]1889. – *Bekenntnisse*, J. Molzberger, Kempten 1871 (BKV, 10). – *Die Bekenntnisse*, G. Frh. v. Hertling, Freiburg i. B. 1905; [24]1928 (Buch 1–10). – *Bekenntnisse*, A. Hoffmann, Mchn. 1914 (BKV[2], 18). – Dass., H. Hefele, Jena 1921; Düsseldorf [13]1958 (Diederichs Taschenausg., 14). – Dass., H. Schiel, Freiburg i. B. 1950; [7]1964 (lat.-dt.). – Dass., W. Thimme (in *Werke*, Bd. 1, Zürich 1950; ern. Zürich/Mchn. 1982; ern. Mchn. 1985). – *Die Bekenntnisse*, O. Bachmann, Köln 1956. – *Bekenntnisse*, J. Bernhart, Mchn. [2]1960 [lat.-dt.]; [4]1980. – *Die Bekenntnisse*, H. Endrös, Mchn. 1963. – *Dreizehn Bücher Bekenntnisse*, C. J. Perl, Paderborn [2]1964. – *Die Bekenntnisse*, H. U. von Balthasar, Einsiedeln 1985 [mit Einl.].

LITERATUR: A. v. Harnack, *A.s »Confessionen«*, Gießen 1895 (ern. in A. v. H., *Reden und Aufsätze*, Bd. 1, Gießen 1904, S. 49–79). – Ders., *Die Höhepunkte in A.s »Konfessionen«* (in A. v. H., *Reden und Aufsätze*, Bd. 4, Gießen 1916, S. 67–99). – M. Grabmann, *Die Grundgedanken des hl. A. über Seele und Gott in ihrer Gegenwartsbedeutung dargestellt*, Köln 1916. – P. Alferic, *L'évolution intellectuelle de St.-Augustin*, Paris 1918. – R. L. Ottley, *Studies in the »Confessions« of St. Augustin*, Ldn. 1919. – J. Nörregard, *A.s Bekehrung*, Tübingen 1923. – M. Wundt, *A.s »Konfessionen«* (in ZntW, 22, 1923). – M. Zepf, *A.s »Confessiones«*, Tübingen 1926. – K. Adam, *Die geistige Entwicklung des hl. A.*, Augsburg 1931; ern. Darmstadt 1957. – E. Przywara, Einleitung (in *A. Die Gestalt als Gefüge*, Lpzg. 1934, S. 17–112). – E. Hendrikx, *A.s Verhältnis zur Mystik*, Würzburg 1936. – P. Henry, *La vision d'Ostie*, Paris 1938. – P. Courcelle, *Recherches sur les »Confessions« de St. Augustin*, Paris 1950. – G. N. Knauer, *Psalmenzitate in A.s »Konfessionen«*, Göttingen 1955 (Diss. Hbg. 1952). – H. Kusch, *Studien über A.* (in *Fs. für F. Dornseiff*, Lpzg. 1953, S. 124–200). – J. J. O'Meara, *The Young Augustine. The Growth of St. A.'s Mind up to His Conversion*, Ldn. 1954. – R. Guardini, *Anfang. Eine Auslegung der ersten fünf Kapitel von A.s »Bekenntnissen«*, Mchn. [3]1953. – L. Boros, *Das Problem der Zeitlichkeit bei A.*, Diss. Mchn. 1954 (vgl. auch Archives de Philosophie, 21, 1958, S. 323–385). – P. Courcelle, *Les »Confessions« de St. Augustin dans la tradition autobiographique* (in Annales du Collège de France, 1956, S. 316 ff.). – Daniel-Rops, *Les »Confessions« de saint Augustin*, Paris 1956. – P. Courcelle, *Antécédents autobiographiques des »Confessions« de S. Augustin* (in Revue de Philologie, 31, 1957, S. 23–51). – J.-G. Préaux, *Du »Phédon« aux »Confessions« de Saint Augustin* (in Latomus, 16, 1957, S. 314–325). – J. Ratzinger, *Originalität und Überlieferung in A.s Begriff der confessio* (in REA, 3, 1957, S. 375–392). – F. Weiss, *Die Gartenszene in den »Bekenntnissen« des heiligen A.* (in Schweizerische Kirchenzeitung, 126, 1958, S. 88 – 90). – R. Guardini, *Die Bekehrung des A. A. Der innere Vorgang in seinen »Bekenntnissen«*, Mchn. [3]1959. – J. Stelzenberger, *Conscientia bei A. Studien zur Geschichte der Moraltheologie*, Paderborn 1959. – E. Lampey, *Das Zeitproblem nach den »Bekenntnissen« A.s*, Regensburg 1960. – R. Berlinger, *A.s dialogische Metaphysik*, Ffm. 1962. – P. Courcelle, *Les »Confessions« de St. Augustin dans la tradition littéraire*, Paris 1963. – A. Holl, *Die Welt der Zeichen bei Augustinus Religionsphänomenologische Analyse des 13. Buches der »Confessiones«*, Wien 1963. – M. Testard, *Antécédants et postérité des »Confessions« de St. Augustin* (in Revue des Études Augustiniennes, 10, 1964, S. 21–34). – H. J. Kaiser, *Augustinus. Zeit und »Memoria«*, Bonn 1969. – E. Luciani, *Les »Confessions« de saint Augustin dans les lettres de Pétrarque*, Paris 1982. – J. Weis, *Die Zeitontologie des Kirchenlehrers Augustinus nach seinen »Bekenntnissen«*, Ffm. 1984.

CONTRA ACADEMICOS

(lat. Patr.; *Gegen die Akademiker*). Philosophische Abhandlung in Dialogform von AURELIUS AUGUSTINUS, entstanden 386. – Wie bei den beiden anderen Frühschriften, *De beata vita* und *De ordine*, handelt es sich bei *Contra academicos* um Aufzeichnungen von Gesprächen, die Augustinus wenige Wochen nach seiner Bekehrung mit seinen Freunden auf dem *rus Cassiciacum*, dem am Comer See gelegenen Landgut seines Freundes Verecundus, geführt hat. Gewidmet ist die Schrift dem Gönner Romanianus aus Thagaste, der einst Augustins Studium in Karthago finanziert hatte und ihm auch weiterhin wohlwollend verbunden blieb.

Das Werk richtet sich gegen den akademischen Skeptizismus, dessen Unvermögen, das menschliche Glückseligkeitsstreben zu befriedigen, der Autor darstellen und begründen will. Das erste Buch handelt vom Begriff der Weisheit; es geht um die Frage, was das Erkenntnisstreben leisten muß, damit das Verlangen des Menschen nach Glückseligkeit gestillt werde. Augustin argumentiert: Wir wollen glücklich sein. Könnten wir dies ohne die Wahrheit verwirklichen, so bedürften wir der Wahrheit nicht. Doch nur der Weise ist glücklich. Da aber nur derjenige weise genannt werden kann, der Wissen besitzt und sich nicht bescheiden mit Nichtwissen begnügt, muß es offensichtlich eine erkennbare Wahrheit geben – andernfalls könnten die Menschen nicht weise und glücklich zugleich sein. Da es sogar sichere Erkenntnis gibt, scheint Augustin die akademische Skepsis gänzlich überflüssig zu sein, insbesondere in der Form, in der sie von CICERO vertreten wurde, der sich selbst nur als *magnus opinator*, als »großer Meiner«, bezeichnet hat. – Im zweiten Buch werden dann die Lehren der Akademiker in ihrer historischen Entwicklung vorgeführt und im dritten Buch im einzelnen widerlegt.

Augustinus selbst hat mit dieser Schrift den Skeptizismus, dem er nach seiner manichäischen Phase kurz gehuldigt hatte, überwunden und sich endgültig dem Christentum zugewandt. Am darauffolgenden Osterfest (Karsamstag 387) empfing er zusammen mit seinem Sohn Adeodatus und seinem Freund Alypius die Taufe. A.Ku.

AUSGABEN: Paris 1515, Hg. J. Amerbach; ern. Basel 1906. – Paris 1679 (in *Mauriner Ausgabe*, 10 Bde., 1679–1700, 1). – ML, 32 [Abdruck d. *Mauriner Ausg.*]. – Wien 1922, Hg. P. Knöll (CSEL, 63; ern. NY/Ldn. 1962). – Utrecht/Antwerpen 1956, Hg. W. M. Green (Stromata patristica et mediaevalia, 2).

ÜBERSETZUNGEN: *Drei Bücher gegen die Akademiker*, R. Emmel, Paderborn 1927. – *Against the Academicians*, M. P. Garvay, Milwaukee 1942 [m. Einl.; engl.]. – Dass., dies., Marguette 1957 (Medieval Philosophical Texts in Translation, 2).

LITERATUR: A. D. Ohlmann, *De S. Augustini dialogis in Cassiciaco scriptis*, Diss. Straßburg 1897. – W. Thimme, *A.s geistige Entwicklung in den ersten Jahren nach seiner »Bekehrung«, 386–391*, Bln. 1908. – P. Drewnick, *De Augustini »Contra Academicos« libris tribus*, Diss. Breslau 1913. – P. Alfaric, *L'évolution intellectuelle de S. Augustin*, Bd. 1: *Du Manichéisme au Néoplatonisme*, Paris 1918. – F. M. Meijer, *De sapientia in de eerste Geschriften van Sint A.*, Kampen 1940. – B. J. Bourke, *Augustine's Quest of Wisdom*, Milwaukee 1945. – V. J. Doggs, *s. Augustine »Against the Academians«* (in Traditio, 7, 1949/51, S. 77–93). – K. Schön, *Skepsis, Wahrheit und Gewißheit bei A.*, Heidelberg 1954. – A. Guzzo, *Agostino dal »Contra Academicos« al »De vera religione«*, Turin ²1957. – M. Testard, *S. Augustin et Cicéron*, 2 Bde., Paris 1958. – R. Holte, *Béatitude et sagesse. S. Augustin et la fin de l'homme dans la philosophie ancienne*, Paris 1962.

DE BEATA VITA

(lat. Patr.; *Über das glückselige Leben*). Philosophischer Dialog von AURELIUS AUGUSTINUS. – Das Werk gibt ein philosophisches Gespräch wieder, das Augustin im Jahre 386 an seinem Geburtstag (12. November) auf dem *rus Cassiciacum*, dem Landgut seines Freundes Verecundus am Comer See, mit Freunden führte. Aufgezeichnet hat es Augustin während der Ausarbeitung des Dialogs *Contra academicos*, in welchem der Skeptizismus der Akademiker widerlegt werden soll. Der Gedanke der *»vita beata«* spielt in beiden Schriften eine wichtige Rolle: das *»glückliche Leben«* stellt das eigentliche Ziel des menschlichen Strebens dar. Das Glück ist aber an den Besitz von Erkenntnis gebunden; es hieße daher auf das eigentliche Ziel des Menschen verzichten, wenn man die Möglichkeit der Erkenntnis der Wahrheit leugnete.

Auch mit dieser Schrift wendet sich Augustinus von seinem Lehrmeister im akademischen Skeptizismus, dem *»magnus opinator«* CICERO (dem *»großen Meiner«*, wie dieser sich selbst nannte), ab und bekennt sich dazu, daß es eine unerschütterliche Wahrheit gibt, deren Erkenntnis den Menschen glücklich und weise macht: die Wahrheit Gottes. Nur in der Vereinigung mit Gott kann das wahre Glück gefunden werden. A.Ku.

AUSGABEN: Köln ca. 1470. – Paris 1679 (in *Mauriner Ausgabe*, 10 Bde., 1679–1700, 1). – ML, 32 [Abdr. d. *Mauriner Ausg.*]. – Wien 1922, Hg. P. Knöll (CSEL, 63; Neudr. NY/Ldn. 1962). – Bonn 1931, Hg. M. Schmaus. – Washington 1944, Hg. R. A. Brown [m. engl. Übers., Einl. u. Komm.]. – Antwerpen/Utrecht 1956, Hg. W. M. Green.

ÜBERSETZUNGEN: *Vom seligen Leben*, J. Hessen, Lpzg. 1923 (m. Einl. u. Erl.; Philos. Bibl., 183). – *Über das Glück*, I. Schwarz-Kirchenbauer, Stg. 1982 (Nachw. W. Schwarz; lat.-dt.; RUB).

LITERATUR: H. Leder, *Untersuchungen über A.s Erkenntnistheorie in ihren Beziehungen zur antiken Skepsis, zu Plotin und Descartes*, Diss. Marburg 1901. – R. Dienel, *»Hortensius« u. St. A.s »De beata vita«*, Progr. Wien 1914. – B. Kälin, *Die Erkenntnislehre des hl. A.*, Diss. Fribourg 1920. – E. B. J. Postma, *A.' »De beata vita«*, Diss. Amsterdam 1946. – P. J. Couvée, *Vita beata en vita aeterna*, Diss. Utrecht 1947. – N. J. J. Balthasar, *La vie intérieure de S. A. à Cassiciacum* (in Giornale di Metafisica, 9, 1954, S. 407–430). – F. Cayré, *La contemplation augustinienne*, Brügge/Paris ²1954. – K. Schön, *Skepsis, Wahrheit und Gewißheit bei A.*, Diss. Heidelberg 1954. – A. Guzzo, *Agostino dal »Contra Academicos« al »De vera religione«*, Turin ²1957. – L. Alfonsi, *S. A. »De beata vita«, c. 4* (in Rivista di Filologia e d'Istruzione Classica, 36, 1958, S. 249–254). – M. Testard, *Saint A. et Cicéron*, Paris 1958. – N. Balca, *La conception du bienheureux. A. sur la vie heureuse (selon le traité »De vita beata«)* (in Mitropolia Olteniei, 14, 1962, S. 185–190). – R. Arnau, *La doctrina augustiniana de la ordenación del hombre a la visión beatifica*, Valencia 1962 [zugl. Diss. Mchn]. – A. Schöpf, *Wahrheit und Wissen. Die Begründung der Erkenntnis bei A.*, Mchn. 1965.

DE CATECHIZANDIS RUDIBUS

(lat. Patr.; *Über den ersten Religionsunterricht für angehende Katechumenen*). Abhandlung von AURELIUS AUGUSTINUS, entstanden um 400. – Die Schrift gibt eine Anleitung, wie der katechetische Unterricht für Kandidaten, die sich um Aufnahme ins Katechumenat (Glaubensunterricht) bewerben, am zweckmäßigsten abzuhalten sei. Zunächst hat sich der Katechet zu vergewissern, daß der Kandidat bei seiner Bewerbung allein von seinem Heilsinteresse geleitet wird. Letztes Ziel der Katechese ist die Erweckung der Gottesliebe. Der erste Hauptteil der Unterweisung, die *narratio* (Erzählung), soll deshalb vor allem jene Offenbarungstatsachen vor Augen stellen, in denen sich die unendliche Liebe Gottes zu den Menschen dokumentiert. Die Furcht spielt eine untergeordnete Rolle: der Katechizand soll ja zu der beglückenden Gewißheit geführt werden, von dem geliebt zu werden, den er eigentlich fürchten müßte. Seine Liebe zu Gott soll mächtiger sein als seine Furcht vor der Hölle, so daß er, selbst wenn nicht die Hölle drohte, unter keiner Bedingung sündigen würde, *»nicht, um dem nicht zu verfallen, was er fürchtet, sondern um jenen nicht zu beleidigen, den er liebt«*. – Den zweiten Hauptteil der Katechese soll nach Augustin die Aufforderung zu einem christlichen Lebenswandel und zur allgemeinen Menschenliebe bilden. Augustin verlangt vom Katecheten umfassendes theologisches Wissen und rhetorische Fähigkeiten; für entscheidend hält er jedoch, daß dieser mit dem Herzen bei der Sache ist.

Die Schrift galt wegen ihrer Kerngedanken und wegen der beiden angefügten Musterkatechesen lange Zeit als vorbildlich für die Einführung in die katholische Lehre.   H.L.H.

AUSGABEN: Basel o. J. (in *Libri divi A. A.*, Hg. A. Dodon, 11 Bde., 1505–1517, 4). – Paris 1685 (in *Mauriner Ausgabe*, 10 Bde., 1679–1700, 6). – ML, 40 [Abdr. d. *Mauriner Ausg.*]. – Washington 1926, Hg. J. P. Christopher (m. engl. Übers. u. Komm.; The Catholic Univers. of America Patristic Studies, 8). – Tübingen ³1934, Hg. G. Krüger [Einl. P. Drews; Nachdr. Ffm. 1968]. – Paris 1949, Hg. G. Combès u. M. Farges (m. frz. Übers.; Bibliothèque Augustinienne). – Heidelberg 1965, Hg. H. Rhode (mit Einl.; Grundlagen u. Grundfragen der Erziehung).

ÜBERSETZUNGEN: Ch. G. Glauber (in Gregorius v. Nissa u. A., *Über den ersten christlichen Religionsunterricht*, Lpzg. 1781). – *Buch über die Unterweisung der Unwissenden*, K. Ernesti, Paderborn ²1902. – *Büchlein vom ersten katechetischen Unterricht* (in *Des Aurelius ausgewählte praktische Schriften homiletischen u. katechetischen Inhalts*, S. Mitterer, Kempten/Mchn. 1925 (BKV², 49)). – *Der erste Religionsunterricht*, F. Auer, Innsbruck 1927. – *Vom ersten katechetischen Unterricht*, W. Steinmann, Mchn. 1985 (Schriften der Kirchenväter).

LITERATUR: P. L. Huillier, *Le rôle du catéchiste dans la première initiation chrétienne d'après s. A.*, Lyon 1947. – B. Capelle, *Prédication et catéchèse selon s. A.* (in La Maison-Dieu, 30, 1952, S. 19–35). – J. A. Ross, *S. A. on the Teaching of Theology to Laymen*, Diss. Rom 1956/57. – Altaner, S. 395. – J. Lécuyer, *Aspects missionaires de l'initiation chrétienne selon les Pères de l'Église* (in Neue Zs. f. Missionswissenschaft, 15, 1959, S. 1–13). – Ders., *Théologie de l'initiation chrétienne d'après les Pères* (in La Maison-Dieu, 58, 1959, S. 5–26).

DE CIVITATE DEI

(lat. Patr.; *Über den Gottesstaat*). Apologetisches Werk in 22 Büchern von AURELIUS AUGUSTINUS, entstanden zwischen 413 und 426/27(?). – Augustin schrieb *De civitate Dei*, um den von der heidnischen Partei nach der Einnahme Roms durch die Westgoten (410) erneuerten Vorwurf zu entkräften, das Christentum trage – wegen der Verdrängung der alten Götter – die Schuld am Verfall des römischen Staates.

Die ersten zehn Bücher beschäftigen sich ausführlich mit dieser Anklage und setzen sich polemisch mit der heidnischen Theologie überhaupt auseinander. Augustin zeigt, daß sich die gesamte Geschichte Roms als eine Kette von Unglücksfällen darstellen läßt. Dem Ideal eines Staates, wie es CICERO in *De re publica* definiert hat, entspricht das Römische Imperium nicht, weil ihm die Gerechtigkeit fehlt: Rom ist begründet auf dem Brudermord des Romulus – es ist der letzte Repräsentant des Weltstaates, dessen erster menschlicher Vertreter der Brudermörder und Städtegründer Kain war. Die Greuel bei der Einnahme Roms führt Augustin auf den Krieg als charakteristisch für den Weltstaat zurück. Im übrigen hebt er das im Vergleich zu dem Vorgehen der heidnischen Römer eher maßvolle Verhalten der christlichen Germanen hervor und begründet es mit der veredelnden Kraft des Christentums. – So wenig der Niedergang des Römischen Imperiums die Schuld des Christentums ist, ebenso wenig – hier beginnt die zweite Linie von Augustins Argumentation – ist die Größe Roms das Werk der heidnischen Götter oder des Fatums gewesen. Die heidnischen Götter nämlich sind nichts. Das ergibt sich nicht nur aus ihrer geschichtlich erwiesenen Ohnmacht, sondern schon aus der willkürlichen Verteilung ihrer Kompetenzen, die oft genug auf geradezu groteske Weise in Konflikt miteinander geraten. Bei der Darlegung der Götterlehren folgt Augustin VARROS Unterscheidung einer poetischen *(religio fabulosa)*, einer politischen *(religio civilis)* und einer natürlichen Religion *(religio naturalis)*. Von den alten Philosophen hat PLATON am reinsten den Theismus verkündet; doch halten die (Neu-)Platoniker aus dem Bedürfnis der menschlichen Seele nach einem Vermittler am Dämonenglauben fest. Der einzige wahre Mittler zwischen Gott und den Menschen ist aber der Gottmensch Jesus Christus, dessen höchstes Werk die Stiftung des Gottesreiches auf Erden ist.

Dieses Gottesreich ist Thema der letzten zwölf Bücher. Durch den Abfall der Engel ist in die Gottesbürgerschaft eine Lücke gerissen worden. Dadurch kam es zur Scheidung der zwei Reiche: des Teufels- und des Gottesstaates. Durch Adam und Eva und ihre Nachkommen sollte die Lücke geschlossen und die Vollzahl der Gottesbürger wiederhergestellt werden, indem die Welt der seligen Geister durch den irdisch-himmlischen, den sogenannten »natürlichen Staat« ergänzt worden wäre. Nach dem Sündenfall bildet die Gemeinschaft der durch die Gnade erwählten Heiligen zusammen mit den Engeln den Gottesstaat. Das organisierende Prinzip des Gottesstaates ist die Liebe zu Gott, das des Weltstaates die Eigenliebe. Bis zu ihrer endgültigen und ewigen Scheidung am Ende der Zeit bestehen die beiden unsichtbaren Reiche nebeneinander, und der Riß geht durch die sichtbaren Gemeinschaften von Kirche und Staat hindurch.

Augustin teilt die Weltzeit in sechs Perioden, deren sechste, die Endzeit, von der Geburt Christi bis zum Jüngsten Gericht reicht. Das Erscheinen Christi ist der Höhe- und Mittelpunkt der Geschichte; mit Christus ist das »tausendjährige Reich der Apokalypse« bereits angebrochen: in Gestalt der Kirche selbst. Beweis hierfür ist der Niedergang des nach dem *Buch Daniel* letzten großen Weltstaates, den Augustin im römischen Weltreich verkörpert sieht. Obwohl Augustin Rom fast für so etwas wie eine Manifestation des Teufelsstaates hält – es gilt ihm als das Babylon der *Apokalypse* –, hat es als empirischer Weltstaat doch das Verdienst, den Frieden zu sichern, der ebenso dem Gottesstaat zugute kommt. Unter solchen Aspekten erscheint Augustin der irdische Staat als ein nützlicher Zusammenschluß unter Gesetzen.

Die Uneinheitlichkeit seiner Bewertung des irdischen Staates ist nur damit zu erklären, daß Augustin hinter dem Weltstaat immer auch den »*natürlichen Staat*« sieht: der Weltstaat muß, um in Erscheinung treten zu können, das Gerüst jenes Staates annehmen, für den Adams Nachkommen ursprünglich bestimmt waren. Die Kirche ist ihrerseits nur die empirische Erscheinung des Gottesstaates; in ihr ist deshalb auch stets als Tendenz der Weltstaat wirksam, d. h. die Gottesfeindschaft. So ist einerseits der irdische Staat besser als der Weltstaat und andererseits die (empirische) Kirche schlechter als der Gottesstaat. Der Konstantinische, d. h. christlich-römische Staat aber stellt – trotz gewisser Vorbehalte – die empirische größtmögliche Annäherung an den natürlichen Staat dar.

Mit *De civitate Dei* gelangt die Apologetik des christlichen Altertums zu ihrem Abschluß. Das Werk als rein apologetisch einzustufen verbietet freilich die besonders im zweiten Teil hervortretende umfassende Interpretation der Geschichte als Heils- oder Unheilsgeschichte. Diese Deutung, die das Geschichtsbild des ganzen Mittelalters prägte und bis in die Neuzeit hinein immer wieder die Geschichtsspekulation beeinflußte, hebt *De civitate Dei* weit über das situationsbedingte, apologetische Motiv der Abfassung hinaus. Die Einheit von natürlichem Staat und Gottesstaat war das Ideal, an dem sich die politischen Vorstellungen des frühen Mittelalters orientierten. Die großen Symbole dieses Werkes haben das Denken und die Phantasie von Jahrhunderten stark beeinflußt. Es enthält die erste konsequent durchgeführte Geschichtsphilosophie: eine Philosophie der Weltgeschichte vom Standpunkt der Offenbarung aus. H.L.H.

AUSGABEN: Subiaco 1467. – Venedig 1470, Hg. Wendelin von Speyer. – Paris 1685 (in *Mauriner Ausg.*, 10 Bde., 1679–1700, 7). – ML, 41 [Abdr. der *Mauriner Ausg.*]. – Wien 1899/1900, Hg. E. Hoffmann, 2 Bde. (CSEL, 40; Neudr. NY/Ldn. 1962). – Lpzg. 1928/29, Hg. B. Dombart u. A. Kalb, 2 Bde.; [5]1938/39; [6]1981. – Turnholt 1955, 2 Bde. (CCL, 47/48). – Madrid 1957, Hg. J. Morán [m. span. Übers.]. – Cambridge/Mass. 1957, Hg. G. E. McCracken [m. engl. Übers.]. – Freiburg 1978, Hg. M. Zepf (Heidelberger Texte. Lat. Reihe). – Paderborn 1982, Hg. H. Kloesel (Schöninghs Lat. Klassiker; Erläuterungen dazu, ebd. 1983).

ÜBERSETZUNGEN: *Von der Stadt Gottes*, H. N. S. v. Schlüsselberg, Regensburg 1666 [Ausw.]. – *Zwey und zwanzig Bücher von der Stadt Gottes*, J. P. Silbert, Wien 1826. – *Zweiundzwanzig Bücher über den Gottesstaat*, U. Uhl, 3 Bde., Kempten 1873 (BKV, 1–3). – Dass., A. Schröder, 3 Bde., Mchn. 1911–1916 (BKV[2], 1, 16, 28). – *Der Gottesstaat*, C. J. Perl, 3 Bde., Salzburg 1951–1953; [2]1966. –

Vom Gottesstaat, W. Thimme (in *Werke*, Bd. 3/4, Zürich 1955). – Dass., ders., Einsiedeln ²1982 (Sammlung christl. Meister; Vorw. H. U. v. Balthasar).

LITERATUR: O. Schilling, *Die Staats- und Soziallehre des hl. A.*, Freiburg i. B. 1910. – H. Scholz, *Glaube und Unglaube in der Weltgeschichte. Ein Kommentar zu A.s »De civitate Dei«*, Lpzg. 1911. – E. Troeltsch, *A., die christliche Antike und das Mittelalter. Im Anschluß an die Schrift »De civitate Dei«*, Mchn. 1915; Neudr. Aalen 1963. – E. Salin, *»Civitas Dei«*, Tübingen 1926. – V. Stegemann, *A.s »Gottesstaat«*, Tübingen 1928. – J. Guitton, *Le temps et l'éternité chez Plotin et S. Augustin*, Paris 1933. – J. Spörl, *Grundformen hochmittelalterlicher Geschichtsanschauungen*, Mchn. 1935. – N. H. Baynes, *The Political Ideas of St. Augustine's »De civitate Dei«*, Ldn. 1936. – H. Frh. v. Campenhausen, *Weltgeschichte und Gottesgericht. Zwei Vorträge über A. und Luther*, Stg. 1947. – W. v. Loewenich, *A. und das christliche Geschichtsdenken*, Mchn. 1947. – W. Ziegenfuß, *A. Christliche Transzendenz in Gesellschaft und Geschichte*, Bln. 1948. – R. Schneider, *Welt und Kirche bei A.*, Mchn. 1949. – G. Cataldo, *La filosofia della storia nel »De civitate Dei«*, Bari 1950. – G. Amari, *Il concetto di storia in Sant'Agostino*, Rom 1951. – H. Eibl, *Vom Götterreich zum Gottesstaat*, Freiburg i. B. 1951. – W. Kamlah, *Christentum und Geschichtlichkeit*, Stg. ²1951. – É. Gilson, *Les métamorphoses de la »Cité de Dieu«*, Löwen 1952. – J. Ratzinger, *Herkunft und Sinn der Civitas-Lehre A.s* (in *Augustinus Magister*, Bd. 2, Paris 1954, S. 965–981). – *Estudios sobre de la »Ciudad de Dios«*, 2 Bde. (in La Ciudad de Dios, 167, 1954–1956; Sondernr.). – H.-J. Diesner, *Studien zur Gesellschaftslehre und sozialen Haltung A.s*, Halle 1954. – F. G. Maier, *A. und das antike Rom*, Stg. 1955 (Tübinger Beitr. zur Altertumswissenschaft, 39). – E. Stakemeier, *»Civitas Dei«. Die Geschichtstheologie des hl. A. als Apologie der Kirche*, Paderborn 1955. – H.-X. Arquillière, *L'augustinisme politique. Essai sur la formation des théories politiques au moyen âge*, Bd. 2: *L'église et l'état au moyen âge*, Paris 1956. – H. J. Marrou, *Civitas Dei, civitas terrena: num tertium quid?* (in *Studia Patristica*, Bd. 2, Bln. 1957; TU, 64). – E. Meuthen, *Der ethische Charakter der ›civitates‹ bei A. und ihre platonische Fehldeutung* (in *Aus Mittelalter und Neuzeit, Fs. G. Kallen*, Bonn 1957, S. 43–62). – M. Versfeld, *A Guide to the »City of God«*, Ldn. 1958. – A. Wachtel, *Beiträge zur Geschichtstheologie des A. A.*, Bonn 1960 (Bonner hist. Forschungen, 17). – J. C. Guy, *Unité et structure logique de la »Cité de Dieu«*, Paris 1962. – H. Fuchs, *A. und der antike Friedensgedanke*, Zürich ²1965 (Neue Phil. Untersuchungen). – K. H. Lütcke, *›Auctoritas‹ bei A. mit einer Einl. zur römischen Vorgeschichte des Begriffs*, Stg. 1968. – A. A. Ehrhardt, *Politische Metaphysik von Solon bis A.*, Bd. 3: *»Civitas Dei«*, Tübingen 1969. – R. A. Markus, *Saeculum: History and Society in the Theology of St. A.*, Cambridge 1970 [Bibliogr.]. – E. A. Schmidt, *Zeit u. Geschichte bei A.*, Heidelberg 1985 (SAWH, Phil.-Hist. Kl., 1985/3).

DE DOCTRINA CHRISTIANA

(lat. Patr.; *Über die christliche Lehre*). Traktat in vier Büchern von AURELIUS AUGUSTINUS; Buch 1–3 wurde um 397 verfaßt, Buch 4 im Jahre 426. – Die ersten drei Bücher stellen eine biblische Hermeneutik dar; Buch 1 und 2 behandeln die theologische und profanwissenschaftliche Vorbildung unter dem Gesichtspunkt ihres Nutzens für das Bibelstudium; Buch 3 befaßt sich mit der Schreib- und Lehrweise der *Bibel* und bringt Regeln für die Deutung von Schriftstellen. Buch 4 ist der Versuch einer systematischen Homiletik. Dieser Teil ist durch HRABANUS MAURUS von großer Bedeutung für die Predigtlehre des Mittelalters geworden; er ist nach Erfindung der Buchdruckerkunst unter dem Titel *De arte praedicandi (Über die Kunst des Predigens)* als erstes Werk Augustins gedruckt worden (1465). Von dem berühmten lutherischen Reformprediger Kaspar HEDIO erstmals ins Deutsche übersetzt, erschien der ganze Traktat 1532 zu Straßburg unter dem Titel *Augustini des heyligen Bischofs IV Bücher von Christlicher leer.*

Das Kernproblem der Abhandlung ist die Frage, welche Rolle der *eloquentia* (Beredsamkeit) bei der Auslegung der *Heiligen Schrift* zukomme. Ein guter Stil ist nach Augustins Meinung angebracht bei allen Formen des literarischen Ausdrucks, beim Schreiben, Diktieren und Sprechen. Dieser darf aber nicht – wie bei den spätantiken Rhetoren – um seiner selbst willen geübt werden, vielmehr muß die Übermittlung des Inhalts das Hauptanliegen des christlichen Predigers sein. Sein Ideal sei die Vereinigung von Weisheit und Beredsamkeit! In Anlehnung an das klassische Programm CICEROS entwirft Augustin eine Theorie christlicher Rhetorik. Neben der Aufgabe zu lehren übernimmt der christliche Prediger auch die zu gefallen und zu rühren – und zwar aus Gründen der psychologischen Beeinflussung. Eine Predigt muß z. B. Wohlgefallen erregen, damit das Publikum nicht ermüdet. Noch wichtiger aber ist, daß sie die Zuhörer anrührt; denn das schafft Überzeugung, wo der Intellekt noch zweifelt! Die literarische Schönheit als solche, um die sich der »gebildete Stil« jener Zeit bemühte, verdammt Augustin als Narrheit. Allerdings: er selbst beherrscht diesen Stil meisterhaft und verwendet ihn häufig und nicht ohne Eitelkeit in seinen Briefen. Ein Beispiel solch literarischer »Schaumschlägerei« ist etwa sein Brief an den heidnischen Grammatiker MAXIMUS aus Madaura (ep. 16; ML, 33, 81), wo er viele Zeilen füllt, um den schlichten Sachverhalt auszudrücken: *»Ich antworte dir sofort!« (»Avens crebro tuis affatibus laetificari et instinctu tui sermonis, quo me paulo ante iucundissime salva charitate pulsasti, paria redhibere non destiti, ne silentium meum poenitudinem appellares ...« – »Begierig, des öfteren durch deine Anreden und den Stachel deiner Rede, mit der du mir neulich – bei aller Liebe –*

ganz schön zugesetzt hast, ergötzt zu werden, habe ich es mir nicht verkneifen können, ein Gleiches zurückzugeben, damit du mein Schweigen nicht als Beleidigtsein auslegtest...«) A.Ku.

AUSGABEN: Straßburg 1465 (*De arte praedicandi*, Hg. J. Mentelinus; nur Buch 4). – Paris 1680 (in *Mauriner Ausg.*, 10 Bde., 1679–1700, 3/1). – ML, 34 [Abdr. der *Mauriner Ausg.*]. – Washington 1930, Hg. T. Sullivan [nur Buch 4; m. Komm. u. engl. Übers.]. – Turnholt 1962 (in *Opera*, Hg. J. Martin, Bd. 4/1; CCL, 32).

ÜBERSETZUNGEN: *Vier Bücher von Christlicher leer*, K. Hedio, Straßburg 1532. – *Christliche Unterweisung*, P. Lichter, Koblenz 1829. – *Vier Bücher über die christliche Lehre*, R. Storf (in *AS*, Bd. 4, Kempten 1877; BKV, 37). – Dass., S. Mitterer (in *AS*, Bd. 8, Mchn. 1925; BKV², 49).

LITERATUR: J. Pschmadt, *Des hl. A. Gedanken zur Theorie der Predigt im 4. Buch der »Doctrina«* (in Theologie und Glaube, 8, 1916, S. 830–841). – C. Boyer, *Essais sur la doctrine de saint Augustin*, Paris 1932. – A. Sizoo, *A.' werk over de christelijke wetenschap*, Delft 1933. – J. Francke, *»De doctrina christiana«* (in J. Geelhoed, *A.*, Goes 1952). – P. Brunner, *Charismatische und methodische Schriftauslegung nach A.s Prolog zu »De doctrina christiana«* (in Kerygma und Dogma, 1, 1955, S. 55–69; 85–103). – B. Prete, *I principi esegetici di S. Agostino* (in Sapienza, 8, 1955, S. 557–594). – H.-J. Marrou, *Saint Augustin et la fin de la culture antique*, Paris ³1959. – G. Strauß, *Schriftgebrauch, Schriftauslegung und Schriftbeweis bei A.*, Tübingen 1959. – *Zum Augustinus-Gespräch der Gegenwart*, Hg. C. Andresen, Darmstadt 1962 (WdF, 5). – J. Del Ton, *De loquendi genere grandi sancti Augustino* (in Latinitas, 11, 1963, S. 245–254). – U. Duchrow, *Zum Prolog von A.s »De doctrina christiana«* (in VC, 17, 1963, S. 165–172). – Ders., *Sprachverständnis u. biblisches Hören bei A.*, Tübingen 1965. – W. Wieland, *Offenbarung bei A.*, Mainz 1978.

DE GENESI AD LITTERAM

(lat. Patr.; *Über die Genesis nach dem Wortsinn*). Kommentar in zwölf Büchern zu den ersten drei Kapiteln der *Genesis*, von AURELIUS AUGUSTINUS, entstanden zwischen 401 und 415. – Das an sich exegetische Werk ist wegen der in ihm entwickelten Lehre von den *»Keimgründen«* (*»rationes seminales«*) in erster Linie philosophisch bedeutsam. Gott hat in einem einzigen Akt Himmel und Erde, d. h. die Ideen oder Formen und die Materie, aus dem Nichts hervorgerufen. Denn ebensowenig wie im Wort der Laut (als Wortmaterie) und die Form zu trennen sind, konnte die Materie ungeformt erschaffen werden. Dadurch, daß Augustin die Platonischen Ideen in Gott verlegt und sie als Urgedanken Gottes betrachtet, überwindet er die logomorphe (PLATON) und technomorphe (ARISTOTELES) Vorstellung von der Erzeugung des Lebens durch eine eigene Entwicklungsaitiologie der Lebewesen und des Menschen.

Neben den Geschöpfen, die Gott gleich am Anfang vollendet in ihrer Form erschaffen hat (Engel, Gestirne, Elemente und die menschliche Seele), gibt es andere – den Leib Adams und die Lebewesen –, die nur im Keim angelegt wurden. Diese Urkeime nennt Augustin *»rationes seminales«* (*»Keimgründe«* oder *»Samenideen«*). Die Samenidee ist ein dem Samenstoff mitgegebener Urgedanke Gottes, der im Samen selbst als Idee des künftigen Samenprodukts präexistiert. Als die treibende Kraft der Entwicklung heißt sie auch *»Samenkraft«* (*»vis seminalis«*).

Gemäß dem Schriftwort (*Buch der Weisheit*) hat Gott alles nach Maß, Zahl und Gewicht geordnet. Gottes Urgedanken sind also die Urbilder der Zahlenstruktur aller Dinge, worunter Augustin nicht nur die zahlenmäßige Struktur des räumlichen Seins (die *»numeri spatiales«*), sondern ebenso die des zeitlichen Werdens und Tätigseins (*»numeri temporales«*) versteht. Die Urgedanken enthalten daher die ganze Partitur des Werdens, Seins und Tätigseins der Lebewesen. Damit spricht Augustin das Grundprinzip der Evolutionstheorie aus, wenngleich ihm die wesentliche Identität von Werden, Sein und Tätigsein des Organismus noch unbekannt bleibt, da er neben der Samenidee als dem Prinzip der Entwicklung noch ein eigenes Prinzip für das Tätigsein (die Animation) annimmt: die Seele. Ihre Entstehung kann nicht aus der körperlichen Entwicklung des Leibes erklärt werden. Augustin nimmt statt dessen eine Art Seelensamen an, aus dem bei der Zeugung die Seele des Gezeugten entsteht und sich entsprechend der Entwicklung des körperlichen Samens bis zur Geburt mitentwickelt.

In der Frage der Geistseele hat sich Augustin niemals endgültig zwischen der hier vorgetragenen Lehre von der Entstehung der Seele aus der Seele des leiblichen Vaters (Traduzianismus) und der Vorstellung einer jeweils unmittelbaren Erschaffung der Seele durch Gott bei der Zeugung (Kreatianismus) entscheiden können: im ersten Fall wird die Persönlichkeit des Menschen, im zweiten die Existenz der Erbsünde in Frage gestellt. Dieser Unstimmigkeiten wegen setzte sich im Mittelalter dann doch der Aristotelismus mit seiner technomorphen Auffassung der Lebenserzeugung durch (bei THOMAS VON AQUIN). Dadurch gingen die hoffnungsvollen Ansätze Augustins zu einer Entwicklungsbiologie wieder verloren.

Augustins Auffassung von der raum-zeitlichen Struktur der Entwicklung der Lebewesen wird durch die heutige Chromosomenlehre auf erstaunliche Weise bestätigt. Der Gedanke einer »Abstammung der Arten« lag dem Kirchenvater jedoch fern, ging es ihm bei seiner Entwicklungslehre doch gerade darum, menschliche und sonstige »Erzeuger« weitgehend auszuschalten und die Allwirksamkeit Gottes hervorzuheben. H.L.H.

AUSGABEN: Basel o. J. (in *Libri divi A. A.*, Hg. A. Dodon, 11 Bde., 1505–1517, 5). – Paris 1680 (in *Mauriner Ausgabe*, 10 Bde., 1679–1700, 3/1). – ML, 34 [Abdr. d. *Mauriner Ausg.*]. – Wien 1894, Hg. J. Zycha (CSEL, 28/2). – Madrid 1957, Hg. B. Martín.

ÜBERSETZUNGEN: *Psychologie und Mystik*, M. E. Korger u. H. U. v. Baltasar, Einsiedeln 1960 [nur Buch 12; m. Einl.]. – *Über den Wortlaut der Genesis. Der große Genesiskommentar in 12 Büchern*, C. J. Perl, 2 Bde., Paderborn 1961–1964.

LITERATUR: H. Woods, *A. and Evolution. A Study in the Saint's »De genesi ad litteram« and »De trinitate«*, Santa Clara/Calif. 1924. – M. J. McKeogh, *The Meaning of the Rationes Seminales in St. A.*, Diss. Univ. of Washington 1926. – L. Pera, *La creazione simultanea e virtuale secondo san Agostino*, 2 Bde., Florenz 1928/29. – B. Jansen, *Zur Lehre des hl. A. von dem Erkennen der rationes aeternae* (in *A. A. Fs.*, Hg. M. Grabmann u. J. Mausbach, Köln 1930, S. 111–136). – K. Staritz, *A.s Schöpfungsglaube, dargestellt nach seinen Genesisauslegungen*, Diss. Breslau 1931. – J. de Blic, *Platonisme et christianisme dans la conception augustinienne du Dieu créateur* (in Recherches de Science Religieuse, 30, 1940, S. 172–190). – Ders., *Le processus creationis d'après s. A.* (in *Mélanges Cavallera*, Toulouse 1948, S. 178–189). – A. Coccia, *La creazione simultanea secondo san Agostino*, Diss. Rom 1948. – A. Mitterer, *Die Entwicklungslehre A.s im Vergleich mit dem Weltbild des hl. Thomas u. dem der Gegenwart*, Wien/Freiburg i. B. 1956. – A. P. F. Müller, *Ars divina. Eine Interpretation der Artifex-Deus-Lehre des hl. A.*, Diss. Mchn. 1956. – M. E. Korger, *Grundprobleme der august. Erkenntnislehre erläutert am Beispiel von »De genesi ad litteram« XII* (in Recherches Augustiniennes, 2, 1962, S. 33–57). – U. Duchrow, *Sprachverständnis u. biblisches Hören bei A.*, Tübingen 1965. – K. H. Schwarte, *Die Vorgeschichte der augustinischen Weltalterlehre*, Bonn 1966 (Antiquitas, 1. 12).

DE GESTIS PELAGII

(lat. Patr.; *Über die Taten des Pelagius*). Eine der zahlreichen Schriften, mit denen AURELIUS AUGUSTINUS während der letzten zwanzig Jahre seines Lebens gegen die pelagianische Freiheitslehre kämpfte; entstanden 417. – Die Titel der übrigen antipelagianischen Streitschriften Augustins lauten im einzelnen: *De peccatorum meritis et remissione et de baptismo parvulorum*, 412 *(Über die Verdienste der Sünden und die Vergebung und die Taufe der Kinder)*; *De spiritu et littera*, 412 *(Über Geist und Buchstabe)*; *De gratia novi testamenti*, 412 *(Über die Gnade des Neuen Testaments, Epistula 140)*; *De natura et gratia*, 413–415 *(Über Natur und Gnade)*; *De perfectione iustitiae hominis*, 415/416 *(Über die Vollendung der Gerechtigkeit des Menschen)*; *De gratia Christi et de peccato originali*, 418 *(Über die Gnade Christi und die Ursünde)*; *De nuptiis et concupiscentia*, 419–421 *(Über Ehe und Begierde)*; *De anima et eius origine*, 420/421 *(Über die Seele und ihren Ursprung)*; *Contra duas epistulas Pelagianorum*, 421 *(Gegen zwei Briefe der Pelagianer)*; *Contra Iulianum*, 422 *(Gegen Iulianus)*; *Contra secundam Iuliani responsionem imperfectum opus*, 429/430 *(Unvollendete Schrift gegen die zweite Antwort des Iulianus)*.

Die pelagianische Lehre, von dem irischen (?) Mönch PELAGIUS (4./5.Jh.) in Rom begründet, fand in Afrika und im Orient rasch Verbreitung; ihren wohl bedeutendsten Vertreter hatte sie in Bischof IULIANUS von Aeclanum († um 454). Da die meisten Schriften des Pelagius verlorengegangen sind, stellen die zahlreichen Gegenschriften Augustins die wertvollste Quelle für die Ansichten der Pelagianer dar. Im Gegensatz zu den orientalischen Häresien, denen das Natürliche, das Materielle als das Böse gilt, von dem der Mensch sich befreien muß, steht die Lehre des Pelagianismus auf »naturalistischem« Boden. Sie bestreitet die gnostische und manichäische Verketzerung des Natürlichen und verkündet die Lehre von der Freiheit und Autonomie des Menschen kraft seines freien Willens. Die Sterblichkeit gehört nach Pelagius zum uranfänglichen Wesen des Menschen. Adam, der erste Mensch, wäre gestorben, auch wenn er nicht gesündigt hätte. Daß er gesündigt hat, hat nur ihm, nicht aber seinen Nachkommen geschadet; denn die Sünde ist eine freie Tat des Willens und kann nicht vererbt werden. Nicht durch Fortpflanzung, sondern durch Nachahmung lebt die Sünde im Menschengeschlecht fort. Wir treten im selben Zustand in die Welt ein, in dem Adam vor dem Sündenfall war. Die *concupiscentia*, die Begierde, angeblich der Erbsünde entstammend und böse, hat, nach Iulian, etwas an sich Gutes und zu Bejahendes, weil sie zu unserer Natur gehört. Das Gegenteil zu behaupten wäre manichäisch. Der Mensch ist also frei, ohne Sünde geboren, mit dem Vermögen, aus eigener Kraft vollkommen zu werden. Gottes Hilfe besteht dabei in der Gnade, die er der Natur des Menschen und seinem freien Willen erwiesen hat, d. h. darin, daß der Mensch zum Guten angelegt ist und eine natürliche Heiligkeit in sich trägt: er hat von Gott den Willen erhalten, das Böse zu meiden und das Gute zu tun, wobei ihm Gesetz und Lehre den rechten Weg weisen.

Der sterblich geschaffene Mensch ist durch Christus nicht erlöst, sondern geheilt worden. Die strikte Gesetzeserfüllung ließ ihn ja schon vor der Erlösungstat Christi des Himmelreichs teilhaftig werden. Christus ist nicht Erlöser, sondern Arzt und neuer Gesetzgeber. Wie später bei KANT, so wird auch bei Pelagius die Vollkommenheit durch strikte formalistische Gesetzeserfüllung erlangt: der Wille ist nur frei in der Bindung an das Gesetz. Mit seiner Leugnung der übernatürlichen Gnadeneinwirkung Gottes auf den einzelnen Menschen wird Pelagius, der nur die objektive Gnade gelten läßt, zum radikalen Antisupranaturalisten, zum aufge-

klärten Häretiker in der Epoche der altchristlichen Philosophie.
Der Kampf gegen den Pelagianismus begann 411 in Karthago, wo Pelagius, der selbst nach Jerusalem weiterreiste, seinen Schüler CAELESTIUS zur Verbreitung seiner Lehren zurückgelassen hatte. Dieser wurde bald als Häretiker gebrandmarkt und exkommuniziert; zur selben Zeit erschienen auch die ersten antipelagianischen Schriften Augustins. Nachdem die Lehre auf mehreren afrikanischen Synoden sowie von Papst Innozenz I. und seinem Nachfolger Zosimus verworfen worden war, versuchte Augustinus auf dem Weg über OROSIUS vergeblich, den Osten ebenfalls von dem häretischen Charakter der Lehre zu überzeugen. Auch HIERONYMUS' Bemühungen scheiterten zunächst. Erst das Ephesinum von 431 bekannte sich zum Urteil des Abendlandes. Damit war die Lehre in Ost und West als Häresie verurteilt. Dennoch lebte sie in Gestalt des Semipelagianismus fort. Diese Richtung vereinte in der Folgezeit die Gegner der Augustinischen Prädestinationslehre, deren Radikalität durchaus als Reaktion auf die pelagianische Freiheitslehre anzusehen ist. A.Ku.

AUSGABEN: Basel 1506, Hg. J. Amerbach. – Paris 1690 (in *Mauriner Ausg.*, 10 Bde., 1679–1700, 10/1). – ML, 44 [Abdr. d. *Mauriner Ausg.*]. – Wien 1902, Hg. J. Zycha (CSEL, 42).

ÜBERSETZUNG: *Die Verhandlungen mit Pelagius*, B. Altaner (in *Sankt A., der Lehrer der Gnade*, lat.-dt. GA seiner antipelagianischen Schriften, Hg. A. Kunzelmann u. A. Zumkeller, Würzburg 1955 ff., Bd. 2).

LITERATUR: E. Jauncey, *The Doctrine of Grace of St. A. up to the End of the Pelagian Controversy*, Ldn. 1925. – A. Slomkowski, *L'état primitif de l'homme dans la tradition de l'église avant s. A.*, Paris 1928. – E. Nevent, *Rôle de s. A. dans les controverses pélagiennes* (in Divus Thomas, 33, 1930; 34, 1931; 35, 1932; 36, 1933; 38, 1935). – N. Merlin, *S. A. et les dogmes du péché originel et de la grâce*, Paris 1931. – A. Guzzo, *Agostino contra Pelagio*, Turin 1935; ²1958. – G. de Plinval, *Pélage, ses écrits, sa vie et sa réforme*, Lausanne 1943. – A. Niebergall, *A.s Anschauung von der Gnade, ihre Entstehung und Entwicklung vor dem pelagianischen Streit bis zum Abschluß der »Confessiones«*, Diss. Marburg 1944. – S. de Simone, *Il problema del peccato originale e Giuliano di Eclano*, Neapel 1950. – J. Chéné, *Les origines de la controverse sémipélagienne* (in Année Théologique Augustinienne, 13, 1953, S. 56–109). – C. Boyer, *La concupiscence est-elle impossible dans un état d'innocence?* (in *Augustinus Magister*, Bd. 2, Paris 1954, S. 737–744; vgl. ebd., Bd. 3, 1955, S. 309–316). – Y. de Montchenil, *La polémique de s. A. contre Julien d'Eclane d'après l'»Opus imperfectum«* (in Recherches de Science Religieuse, 44, 1956, S. 191–218). – J.-C. Didier, *St. Augustin et le baptême des enfants* (in REA, 2, 1956, S. 109–131). – H. Ulbrich, *Augustins Briefe zum pelagianischen Streit*, Diss. Göttingen 1958 [vergl. auch REA, 9, 1963, S. 51–75; 235–258]. – J. Chéné, *S. A. enseigne-t-il dans le »De spiritu et littera« l'universalité de la volonté salvifique de Dieu?* (in Recherches de Science Religieuse, 47, 1959, S. 215–224). – J.-N. Basançon, *Le problème du mal et la genèse de la pensée augustinienne*, Paris 1961. – M. Seybold, *Sozialtheologische Aspekte der Sünde bei A.*, Regensburg 1964 (Stud. zur Geschichte der katholischen Moraltheologie, Hg. J. Gründel, Bd. 11). – H. Jonas, *A. u. das paulinische Freiheitsproblem*, Göttingen ²1965. – H. de Lubac, *Die Freiheit der Gnade*, 2 Bde., Einsiedeln 1972. – J. Patout Burns, *The Development of A.'s Doctrine of Operative Grace*, Paris 1980 (Études Augustiniennes).

DE IMMORTALITATE ANIMAE

(lat. Patr.; *Über die Unsterblichkeit der Seele*). Philosophische Abhandlung von AURELIUS AUGUSTINUS, entstanden 387 in Cassiciacum; nur fragmentarisch erhalten. – Das Werk war als eine Fortsetzung der *Soliloquia* für Augustins persönlichen Gebrauch gedacht. In den *Soliloquia* hatte der Autor den Beweis der Unsterblichkeit der Seele im platonischen Sinne auf die Wahrheit und diese wiederum auf die unbezweifelbare Existenz des seienden, lebenden und erkennenden Subjekts gegründet. Da die Seele Trägerin der Wahrheit ist, kann sie wie diese nicht zugrunde gehen. Diesen Gedanken führt Augustin hier weiter, indem er dem naheliegenden Einwand begegnet, daß dann die Seele, die den Irrtum denke, sich selbst vernichten müsse. Dieser Einwand ist, nach Augustin, in sich widersprüchlich; denn um sich täuschen zu können, muß die Seele leben. Die Wahrheit (und mit ihr die Seele) ist ihrem Wesen nach so unzerstörbar, daß selbst ihr Gegenteil, der Irrtum, die Seele nicht zerstören kann.
Hinter diesem Beweis steht Augustins Erkenntnislehre, nach der die Seele unmittelbar mit der Wahrheit, d. h. Gott, verbunden ist, indem sie aktiv an der Wahrheit teilnimmt. Die Seele, die vermöge ihrer Teilhabe an der Wahrheit eine unvergängliche Substanz ist, belebt zugleich den Leib, verleiht ihm seine innere und äußere Schönheit und seine ganze Organisation: sie ist in jedem seiner Teile ungeteilt zugegen kraft ihrer Spannung und Aufmerksamkeit *(intentio vitalis)*, die selbst der immateriellen Ordnung angehört. Infolge ihrer Geistigkeit den göttlichen Ideen unmittelbar geöffnet, empfängt die Seele von diesen Gestalt und Ordnung und verleiht sie dann dem Körper. So ist sie ein notwendiges Bindeglied zwischen den Ideen und dem Leibe. – Dadurch, daß Augustin der Seele das Beseelungsvermögen zuschreibt, hat er die traditionelle Zweiseelenlehre überwunden. H.L.H.

AUSGABEN: Parma 1491, Hg. E. Conradus u. T. Ugoletus. – Paris 1679 (in *Mauriner Ausgabe*, 10 Bde., 1679–1700, 1). – ML, 32 [Abdr. d. *Mauriner Ausg.*]. – Paris 1948, Hg. P. de Labriolle

(Bibl. augustinenne, 5). – Zürich 1954, Hg. H. Fuchs.

ÜBERSETZUNG: *Selbstgespräche über Gott und die Unsterblichkeit der Seele*, H. Müller (in *Werke*, Bd. 2, Zürich 1954; lat.-dt.).

LITERATUR: F. Wörter, *Die Unsterblichkeitslehre in den philosophischen Schriften des A. A. mit besonderer Rücksicht auf den Platonismus*, Progr. Freiburg i. B. 1880. – W. Götzmann, *Die Unsterblichkeitsbeweise in der Väterzeit und Scholastik*, Karlsruhe 1927. – D. Burgieski, *De doctrina supra immortalitatem animae apud Augustinum* (in *Collectanea theologica*, Lemberg 1939, S. 121–190). – G. Verbeke, *Spiritualité et immortalité de l'âme chez s. A.* (in *Augustinus Magister*, Bd. 1, Paris 1954, S. 329–334). – R. Schneider, *Seele u. Sein. Ontologie bei A. u. Aristoteles*, Stg. 1957. – R. Flórez, *Muerte e immortalidad en el pensamiento de s. Agustín* (in Ciudad de Dios, 174, 1961, S. 449–482).

DE LIBERO ARBITRIO

(lat. Patr.; *Über den freien Willen*). Philosophisch-theologische Frühschrift in drei Büchern von AURELIUS AUGUSTINUS. – Nach Angabe der *Retractationes* wurde das Werk während Augustins zweitem Romaufenthalt (387) begonnen; Buch 2 und 3 wurden erst nach seiner Priesterweihe (391) in Thagaste vollendet. Die ersten beiden Bücher sind großenteils in Dialogform gehalten. Das Gespräch – zwischen Augustin und seinem (im Dialog nur wenig profilierten) Freund Euodius – bricht jedoch zu Anfang des dritten Buches ab. Die Schrift erregte ziemliches Aufsehen; Augustin selbst schreibt an HIERONYMUS (*Brief* 166, 7), sie sei in viele Hände gelangt. Das nimmt kein wunder, hatte der Autor doch den Leser seines Dialogs *De ordine* ohne Antwort auf die Frage nach der Herkunft des Bösen entlassen. Zwar hielt er, von PLOTIN belehrt, das Böse für wesenlos und suchte seinen Ursprung in einer freien Willensentscheidung; »*aber klar einsehen konnte ich es nicht*«, bekennt er in den *Confessiones*.
Buch 1 will die Willensfreiheit beweisen. Zunächst postuliert Augustin, daß die Vernunft als das Beste im Menschen auch das Stärkste sein müsse, stärker als die Begierde, so daß der Mensch nur aufgrund seines eigenen Willens sündige. Ein zweiter Beweisgang geht vom Willen aus, der sich selbst in der Gewalt habe und, sofern er auf das Gute ausgerichtet sei, dieses auch zu verwirklichen vermöge. Das erste Buch betont besonders stark die sittliche Freiheit des Menschen zum Guten, zum rechtschaffenen und anständigen Leben; sie läßt sich freilich nur verwirklichen, wenn der Mensch sich von der Liebe zu den irdischen Gütern freihält und sich nicht bloß dem irdischen Gesetz bürgerlicher Rechtlichkeit, sondern auch dem ewigen Gesetz unterwirft, welches die irdischen Güter geringzuschätzen befiehlt.

In Buch 2 will Augustin zeigen, daß der freie Wille, obwohl auch Ursache der Sünde, dennoch etwas Gutes ist und sich der Weltordnung harmonisch einfügt. Voraussetzung dafür ist allerdings die Existenz des Schöpfergottes und Gebers aller guten Gaben; daher wird zuerst die Existenz Gottes bewiesen. Der Gottesbeweis resultiert für Augustin aus dem stufenweisen Aufstieg vom toten Stoff bis zur geistigen Wahrheit, welche mit Gott in eins gesetzt wird.
Buch 3 untersucht, wie sich das Problem der Verantwortung Gottes für die Ordnung der Welt (das Theodizeeproblem) unter der Voraussetzung der Willensfreiheit und der Wesenlosigkeit des Bösen lösen läßt. Im großen und ganzen handelt es sich dabei um eine abschließende Ergänzung der in *De ordine* vorgetragenen Gedanken von der Kontrastharmonie des Weltganzen.
In der Uneinheitlichkeit der Thematik und der Gedankenführung spiegelt sich der Entwicklungsprozeß, der Augustin vom Neuplatonismus zum kirchlichen Christentum führte. Viele Abschnitte sind als spätere Einschübe und Überarbeitungen zu erkennen, welche die ursprüngliche Anlage der Schrift oft durchkreuzen. So heißt es etwa einmal: »*Wer sündigt, wenn er sich auf keine Weise hüten kann? Gesündigt wird aber. Also kann man sich auch hüten*« (3, 171) – ein mit antimanichäischer, platonischer Begeisterung verkündeter Satz, auf den sich dann PELAGIUS berufen sollte. Nicht erst in den *Retraktationen*, schon im dritten Buch dieser Schrift (3, 172) wird dieser Enthusiasmus wieder gedämpft, ja, die Freiheitslehre fast widerrufen durch die Erklärung, daß es in Unwissenheit und mit Notwendigkeit begangene Sünden gebe, die, da sie nicht der »*natürlichen, anerschaffenen Wesensart des Menschen*« entstammen könnten, nur als wegen der Sünde Adams verhängte Strafen zu verstehen seien. Je mehr sich Augustin in das Studium der *Heiligen Schrift*, insbesondere des *Römer*- und *Galaterbriefes*, vertiefte, desto öfter mußte er später, um nicht in Widerspruch zu seiner Gnadenlehre zu geraten, an seiner ursprünglich konzipierten Freiheitslehre Retuschen anbringen. H.L.H.

AUSGABEN: Parma 1491, Hg. E. Conradus u. T. Ugoletus. – Paris 1679 (in *Mauriner Ausgabe*, 10 Bde., 1679–1700, 1). – ML, 32 [Abdr. d. *Mauriner Ausg.*]. – Paris 1954, Hg. J. Thonnard (Bibl. augustinenne, 6). – Wien 1956, Hg. W. M. Green (CSEL, 74). – Rom 1960, Hg. G. Baravelle.

ÜBERSETZUNGEN: *Freiheit des menschlichen Willens u. Göttliche Gnade*, J. Widmer, Luzern 1824/25. – *Der freie Wille*, C. J. Perl, Paderborn ³1962. – *Vom freien Willen*, W. Thimme (in *Werke*, Bd. 5: *Theol. Frühschriften*, Zürich/Stg. 1962). – *Saint Augustine, On Free Choice of the Will*, A. S. Benjamin u. L. H. Hackstaff, Indianapolis 1964 [engl.].

LITERATUR: H. Jonas, *A. u. das paulinische Freiheitsproblem. Ein philosophischer Beitrag zur Genesis der christlich-abendländischen Freiheitsidee*, Göttingen 1930; ²1965. – G. Capone-Braga, *La concezione agostiniana della libertà*, Padua 1931. – H. Barth, *Die Freiheit der Entscheidung im Denken A.s*, Basel 1935. – S. Pedone, *Il problema della volontà in s. Agostino*, Lanciano 1940. – D. Amand, *Fatalisme et liberté dans l'antiquité grecque*, Löwen 1945. – Y. de Montchenil, *L'hypothèse de l'état original d'ignorance et de difficulté d'après le »De libero arbitrio« de s. Augustin* (in Y. de M., *Mélanges théologiques*, Paris 1946, S. 93–111). – M. T. Clark, *Augustine, Philosopher of Freedom*, Paris 1958. – R. Berlinger, *A.s dialogische Metaphysik*, Ffm. 1962.

DE MAGISTRO

(lat. Patr.; *Über den Lehrer*). Dialog von AURELIUS AUGUSTINUS, entstanden 389. – Das Werk zeichnet ein Gespräch auf, das der Autor mit dem damals sechzehnjährigen Adeodatus führte, seinem wenig später verstorbenen, über alles geliebten Sohn, dessen außerordentliche Begabung ihm, wie er in den *Confessiones* erzählt, bisweilen geradezu Schrecken eingejagt hat.

Der Dialog dreht sich um die Frage der Ursache des menschlichen Denkens und der Gedanken. Augustin kommt dabei zu dem Schluß, daß ähnlich wie der Körper nicht die Ursache der Empfindungen, so die Seele nicht die Ursache ihrer Ideen sei. Zwar scheint es zunächst, als ob die Ideen von außen stammen und durch die Sprache vermittelt werden. Und doch gibt es im Grunde keinen Lehrer. Immer sind es die Sinneserfahrungen selbst, die uns über die Dinge unterrichten, niemals die Wörter; diese rufen nur Erinnerungen an unsere eigenen Erfahrungen wach. Auch Erkenntnisse, etwa der Sinn eines Satzes, werden nicht eigentlich durch Lehren vermittelt. Um nämlich den Satz zu verstehen, muß der Schüler den Sinn der Worte bereits kennen; nur dann wird ihm der Sinn des Satzes zugänglich. Die Wahrheit ist also in der Seele des Schülers selbst und wird durch den Lehrer nur zum Aufleuchten gebracht. Die Gegenwart der Wahrheit ermöglicht es dem Schüler, auf die ihm gestellte Frage zu antworten. Wir lernen also nie: Das Denken kann so wenig wie die Sprache Ideen übertragen. Erkennen ist ein spontaner Akt der Seele; wenn dieser ausbleibt, gibt es kein Erkennen. Aus ihrem Innern zieht die Seele die Substanz des scheinbar von außen Empfangenen.

Obgleich also die Seele nichts von außen empfängt, sondern durch das Äußere nur angeregt wird, ist sie doch nicht in sich eingesperrt. Vielmehr hat sie einen Ausgang nach oben: zu Gott. Das entspricht genau dem in den *Soliloquia* verkündeten Programm: »*Was begehrst du zu wissen? – Gott und die Seele ... Weiter gar nichts*«. Wenn die Seele in dieser Weise einsam ist, so erhebt sich das Problem, wie in den mathematischen und moralischen Ideen die Übereinstimmung mit den anderen einsamen Geistern zustande kommt. Dies kann nur so erklärt werden, daß es unwandelbare, ewige Wahrheiten gibt, die uns belehren; da sie von unserem Verstand unabhängig sind, müssen sie transzendent sein. Alle diese Wahrheiten oder Ideen gründen aber in der einen Wahrheit, die Augustin aufgrund der *Heiligen Schrift* mit Christus identifiziert, der sich selbst als die Wahrheit bezeichnet hat: er ist, als Logos, der innere Lehrer.

Augustin hat mit diesem Werk, bei dem PLATONS Dialog *Menōn* Pate gestanden hat, der Platonischen Ideenlehre eine christliche Wendung gegeben.
H.L.H.

AUSGABEN: Parma 1491, Hg. E. Conradus u. T. Ugoletus. – Paris 1679 (in *Mauriner Ausgabe*, 10 Bde., 1679–1700, 1). – ML, 32 [Abdr. d. *Mauriner Ausg.*]. – Florenz 1930, Hg. D. Bassi. – Paris 1954, Hg. J. Thonnard (Bibl. augustinienne, 6). – Brescia 1958, Hg. M. Casotti. – Wien 1961, Hg. G. Weigel (CSEL, 77).

ÜBERSETZUNGEN: *Vom Lehrmeister*, H. Hornstein, Düsseldorf 1957. – *Der Lehrer*, C. J. Perl, Paderborn 1959.

LITERATUR: W. Ott, *Des hl. A. Lehre über die Sinnenerkenntnis* (in PhJb, 13, 1900, S. 45–59; 138 bis 148). – M. Haesele, *Beiträge zur augustinischen Psychologie*, Glarus 1929. – H. I. Marrou, *S. A. et la fin de la culture antique*, Paris 1938. – W. L. Wade, *»De magistro«*, NY 1940. – H. Mühle, *Die wesentliche Wahrheit. Versuch einer Erhellung des Weges der Einsichtserkenntnis bei A.*, Diss. Freiburg i. B. 1951. – F. Körner, *Das Prinzip der Innerlichkeit in A.s Erkenntnislehre*, Würzburg 1952. – G. Söhngen, *Die Einheit der Theologie*, Mchn. 1952, S. 63–100. – G. Rovella, *Memoria e ricordo in Platone e S. Agostino* (in Sophia, 21, 1953, S. 107–111). – J. A. M. Gannon, *The Active Theory of Sensation in St. Augustine* (in The New Scholasticism, 30, 1956, S. 154–180). – A. Ricci, *Notas sobre o »De magistro« de S. A.* (in Veritas, 1, 1956, S. 320–347). – J. Hessen, *A.s Metaphysik der Erkenntnis*, Leiden ²1960. – O. Lechner, *Idee und Zeit in der Metaphysik A.s*, Mchn. 1964. – A. Schöpf, *Wahrheit und Wissen. Die Begründung der Erkenntnis bei A.*, Mchn. 1965.

DE MUSICA

(lat. Patr.; *Über die Musik*). Philosophische Abhandlung von AURELIUS AUGUSTINUS, entstanden vor 391 in Thagaste. – Das Werk war als Teil einer Enzyklopädie der freien Künste (*Disciplinarum libri*) gedacht. Den Auftakt sollte das 387 in Mailand geschriebene Buch *De grammatica* bilden, das aber bereits 426 verschollen war und heute nur noch in einigen Fragmenten greifbar ist. Zu einer weiteren Ausführung des großen Vorhabens fehlte dem späteren Bischof von Hippo die Muße.

Die ersten fünf Bücher von *De musica* behandeln die Technik von Rhythmus und Vers. Das sechste – von Augustinus auch im Alter noch anerkannte – Buch soll aufzeigen, wie Rhythmus und Zahl uns zum Ewigen leiten (Gilson-Böhner). Es ist vor allem für die Augustinische Erkenntnis- und Empfindungslehre bedeutsam. Die Frage, wie ein körperlicher Gegenstand in der Seele eine Empfindung auslösen kann, so daß wir ihn wahrnehmen, wird in vielen Werken Augustins angeschnitten, in keinem aber so elegant gelöst wie hier im sechsten Buch. Der Rhythmus weist etwa die Zeile »*Deus creator omnium*« (»*Gott ist Schöpfer aller Dinge*«) als Vers aus. Der Vers besteht aus »Zahlen«, genauer: Zahlenbeziehungen zwischen langen und kurzen Silben (vier Jamben oder viermal eine von einer langen Silbe abgelöste kurze Silbe). Die Rhythmen werden, wie in den ersten Büchern dargelegt, unterschieden in solche, die sich in der Luft und in den materiellen Tönen finden (1. Zahlengattung), und solche, die in dem Sinne dessen sind, der sie hört (2. Zahlengattung); d. h., man unterscheidet das materielle Substrat und die geistige Empfindung. Der den Vers Vortragende stützt sich bei seinem Vortrag auf sein Zahlengedächtnis (seine Stimme ist rhythmisiert und gibt ihren Rhythmus an die Luft weiter). Der Zuhörer beurteilt, ob ein Vers richtig oder zu schnell oder zu langsam gesprochen ist, und zwar dank des Zahlenurteils – des Maßstabs, über den unser Gedächtnis verfügt. Es gilt nun, eine Rangordnung unter diesen »Zahlen« aufzustellen. Augustinus entscheidet sich für die urteilenden Zahlen als die ranghöchsten. Die im Gedächtnis aufbewahrten Zahlen werden von ihnen erst erzeugt und stehen daher auf niedrigerer Stufe. In der Frage, ob den materiellen Zahlen (den *numeri sonantes* in diesem Fall) oder den empfundenen Zahlen die Priorität zukommt, entscheidet Augustinus zugunsten der letzteren, indem er nachweist, daß die Sinnesempfindung von der Seele erzeugt ist: vollziehen sich im Leib materielle Veränderungen, so nimmt die Seele diese in einer aktiven Form wahr, d. h., sie erzeugt Sinnesempfindungen. Ein Vers wird demnach folgendermaßen wahrgenommen: eine Luftschwingung trifft das Ohr; die Seele wendet sich der Veränderung am Körperteil Ohr zu und erzeugt die Sinnesempfindung, den gehörten Ton. Allerdings hören wir nicht einzelne Töne, sondern Silben, die in unserem Gedächtnis infolge eines Denkaktes als Vers wahrgenommen werden. Die einzelnen Töne werden mit Hilfe der im Gedächtnis aufbewahrten »inneren Rhythmen« gesammelt und durch den Denkakt zu einem musikalischen Satz verknüpft. Das tätige Subjekt unserer Wahrnehmung ist also letztlich immer unser Geist. A.Ku.

AUSGABEN: Venedig 1491 (in *Opuscula plurima*). – Paris 1679 (in *Mauriner Ausgabe*, 10 Bde., 1679–1700, 1). – ML, 32 [Abdr. d. *Mauriner Ausg.*]. – Paris 1947, Hg. Finaert u. J. Thonnard (Bibl. augustienne, 7). – Bologna 1951, Hg. J. Vecchi.

ÜBERSETZUNGEN: *Musik*, C. J. Perl, Straßburg 1937. – Dass., ders., Paderborn ³1963.

LITERATUR: J. Huré, *S. A. musicien d'après le »De musica« et différentes pages de ses œuvres consacrées à la musique*, Paris 1924. – H. Edelstein, *Die Musikanschauung A.s nach seiner Schrift »De musica«*, Ohlau 1929 [zugl. Diss. Freiburg i. B.]. – M. Haesele, *Ein Beitrag zur augustinischen Psychologie*, Glarus 1929. – W. Hoffmann, *Philosophische Interpretation der A.-Schrift »De arte musica«*, Diss. Freiburg i. B. 1932. – H. Davenson u. H. I. Marrou, *Traité de la musique selon l'esprit de s. A.*, Neuchâtel/Paris 1942. – E. de Bruyne, *Études d'esthétique médiévale*, Bd. 1, Brügge 1946. – MGG, 1, Sp. 848–857. – W. F. J. Knight, *St. A.'s »De musica«*, Ldn. 1950. – E. Gilson u. P. Böhner, *Geschichte der christlichen Philosophie*, Paderborn ²1952, S. 181 ff.

DE ORDINE

(lat. Patr.; *Über die Weltordnung*). Philosophischer Dialog in zwei Büchern von AURELIUS AUGUSTINUS, entstanden im Spätherbst 386 während der Arbeit an *Contra academicos*. – Die Schrift, die von der Herkunft des Übels und von der göttlichen Vorsehung handelt, gibt ein Gespräch mit Freunden wieder, an dem auch Augustins Mutter Monica lebhaft Anteil genommen hat, und des öfteren unterbrechen heitere Szenen aus dem Familienleben die Diskussion.

Alles, was ist, ist gut. Das Böse stellt also einen Zustand der Beraubung dar: da es demnach eine Form des »Nichts« ist, hat es keinen Urheber. Gott ist als der Schöpfer alles Seienden nur der Schöpfer von Gutem. Zwar sind die Dinge ungleich geschaffen, aber eben dadurch verbürgen sie den Einklang der Weltordnung. Das Übel und die Sünde sind nichts Wesenhaftes, sondern ein Mangel an Sein, sind Unordnung. Aber sie können dem Menschen nichts anhaben, sofern seine Seele Gott und sein Leib der Seele gehorcht. Ja, so wie die dunklen Stellen die Farbenpracht eines Gemäldes erhöhen, trägt das Böse sogar zur Harmonie des Universums bei. Die Ordnung ist im Universum immer vorhanden, sie sucht nur die Augen, welche sie sehen. Wer Anstoß nimmt an den dunklen Seiten der Welt, ist, so meint Augustin, wie ein Wurm, der sich auf einem Mosaik bewegt und daher niemals das Ganze, sondern immer nur einzelne Steine in den Blick bekommt.

Zum erstenmal greift Augustinus hier das Theodizeeproblem auf und versucht ihm mit logischen Operationen, vor allem mittels des Widerspruchsprinzips, beizukommen: die Logik erscheint ihm als die »*Disziplin der Disziplinen*« (2, 13, 38). Der Antwort auf die Frage nach der Ursache des Bösen weicht Augustin jedoch aus, indem er erklärt, seine Gesprächspartner verfügten noch nicht über das nötige philosophische Rüstzeug. Augustin kannte wohl schon die Richtung, in der die Lösung zu suchen sein würde, nämlich im freien Willen (vgl. *De libero arbitrio*), vermochte seine Überzeugung aber noch nicht schlüssig zu beweisen: Für die Gesprächspartner und den Leser bleibt so die Schwierigkeit, wie die Existenz des Bösen mit der Allursächlichkeit Gottes, die Augustin hier sogar als (einziges) Axiom der Physik nennt, zu vereinbaren sei. H.L.H.

AUSGABEN: Parma 1491, Hg. E. Conradus u. T. Ugoletus. – Paris 1679 (in *Mauriner Ausgabe*, 10 Bde., 1679–1700, 1). – ML, 32 [Abdr. d. *Mauriner Ausg.*]. – Antwerpen 1956, Hg. H. W. Green. – Wien 1962, Hg. P. Knöll (CSEL, 63).

ÜBERSETZUNG: *Die Ordnung*, C. J. Perl, Paderborn 1940; ²1952.

LITERATUR: M. P. Borgese, *Il problema del male in s. Agostino*, Palermo 1921. – G. Philips, *La raison d'être du mal après s. Augustin*, Löwen 1927. – R. Jolivet, *Le problème du mal d'après s. Augustin*, Paris 1936. – F. Billicsich, *Das Problem der Theodizee im philosophischen Denken des Abendlandes*, Bd. 1, Innsbruck 1936. – J. J. O.'Meara, *The Young A. The Growth of St. A.'s Mind up to His Conversion*, Ldn. 1954. – A. Solignac, *Réminiscences plotiniennes et porphyriennes dans le début du »De ordine« de s. A.* (in Archives de Philosophie, 20, 1957, S. 446–465). – F. Körner, *Das Sein u. der Mensch. Die existentielle Seinsentdeckung des jungen A. Grundlagen zur Erhellg. seiner Ontologie*, Mchn. 1959. – J. Rief, *Der Ordobegriff des jungen A.*, Paderborn 1962 [Diss. Tübingen 1960]. – S. U. Zuidema, *De ordoidee in A.' dialoog »De ordine«* (in Philosophia Reformata, 28, 1963, S. 1–18). – M. Seybold, *Sozialtheologische Aspekte der Sünde bei A.*, Regensburg 1964. – H. de Lubac, *Die Freiheit der Gnade*, 2 Bde., Einsiedeln 1972. – M. P. Steppat, *Die Schola von Cassiacum. A.s »De Ordine«*, Bad Honnef 1980. – G. R. Evans, *A. on Evil*, Cambridge 1982.

DE QUANTITATE ANIMAE

(lat. Patr.; *Über die Quantität der Seele*). Philosophisch-theologischer Dialog von AURELIUS AUGUSTINUS, entstanden 387, bald nach der Bekehrung des Autors. – In *De immortalitate animae* hatte Augustin die Unsterblichkeit der vernünftigen Seele in deren Teilhabe an der ewigen Wahrheit verbürgt gesehen. Hier geht er einen Schritt weiter: er versucht, die Immaterialität der Seele aus der Tatsache zu beweisen, daß die Seele imstande ist, Immaterielles, d. h. Geistiges, zu erfassen. Zu diesem Zweck gibt er zunächst eine Übersicht über die Stufen, welche die einzelne Seele auf ihrem Weg zu Gott zu durchlaufen hat: auf die drei Stufen der natürlichen Entwicklung, nämlich das vegetative Leben (Nahrung, Wachstum, Zeugung), das animalische Leben (Sinneswahrnehmung, Phantasie, Traum) und das kulturelle Leben (Künste, Wissenschaften) folgt ein Übergangsstadium, in welchem die Seele zwischen Gewißheit und Bangigkeit schwankt, weil in ihm die Befreiung von Sinnlichem beginnt und als Ideal die Reinheit erkannt wird. Mit dem Streben nach Reinheit setzt eine innere Umwandlung der Seele ein, die mehr und mehr zur Ruhe kommt (fünfte Stufe). Wurde auf der vierten Stufe das Auge der Seele gereinigt, auf der fünften seine Gesundheit gesichert, so will es auf der sechsten das wahrhaft Seiende selbst erkennen. Auf der siebenten Stufe erreicht die Seele dann ihre Vollendung: in der beseligenden Schau im Jenseits. Die ganze Stufenfolge ist hierarchisch angelegt: »*Gott hat den Leib der Seele, die Seele sich und so sich alles unterworfen.*« Augustins Entwurf einer Lehre vom mystischen Aufstieg scheint insofern nicht geglückt, als er den drei Aristotelischen Seelenfunktionen einfach vier der neuplatonischen Lehre von den höheren Tugenden nachgebildete Bereiche aufgestockt hat, ohne diese Konstruktion tiefer zu begründen. H.L.H.

AUSGABEN: Augsburg ca. 1470. – Paris 1679 (in *Mauriner Ausgabe*, 10 Bde., 1679–1700, Bd. 1). – ML, 32 [Abdr. d. *Mauriner Ausg.*]. – Philadelphia 1933, Hg. F. E. Tourscher. – Paris 1948, Hg. P. de Labriolle (Bibl. augustienne, 5).

ÜBERSETZUNG: *Die Größe der Seele*, C. J. Perl, Paderborn 1960.

LITERATUR: W. Thimme, *A.s erster Entwurf einer metaphysischen Seelenlehre*, Bln. 1908. – T. Parry, *A.'s Psychology during the First Period of Literary Activity with Special Reference to His Relation to Platonism*, Diss. Lpzg. 1913. – J. Goldbrunner, *Das Leib-Seele Problem bei A.*, Diss. Mchn. 1934. – P. Künzle, *Das Verhältnis der Seele zu ihren Potenzen*, Fribourg 1956. – R. Schneider, *Seele u. Sein. Ontologie bei A. und Aristoteles*, Stg. 1957.

DE SYMBOLO AD CATECHUMENOS

(lat. Patr.; *Über das Symbolum an die Katechumenen*). Vier Homilien, unter dem Namen des AURELIUS AUGUSTINUS überliefert. Wahrscheinlich stammt nur der erste dieser Traktate von dem Kirchenvater; die drei anderen wurden von Schriftstellern verfaßt, die in ihrem Denken Augustin nahestanden und bald nach ihm in der afrikanischen Kirche hervortraten.
Die Homilien wurden bei der feierlichen Übergabe des Symbolums gehalten oder sind zumindest in diesem Sinne stilisiert. Buch 1 ist ganz in dem populären Konversationston abgefaßt, den Augustin dem Homileten immer wieder empfohlen hat. Ausführlich wird darin die ewige Geburt des Sohnes geschildert, während die Auferstehung Christi und die Lehre von der Kirche nur angedeutet sind. Die Bücher 2–4 enthalten heftige Angriffe gegen die Arianer – als solche kommen hier nur die Vandalen in Afrika in Frage –, die sich den Katholiken gegenüber ziemlich intolerant zeigten, indem sie sie noch einmal tauften und (so die Vorwürfe) mit Drohungen und Verlockungen zum Abfall zu bewegen suchten. Der arianischen Lehre gegenüber wird besonders betont, daß Schöpfung, Erlösung und Heiligung das Werk aller drei göttlichen Personen zusammen sind und daß die Verschiedenheit

der Theophanien nicht auf einer Wesensverschiedenheit beruht.

Die Chronologie der Bücher eröffnet interessante historische Perspektiven. Deutlich spiegelt sich in den Traktaten die jeweilige Lage der Kirche unter der vandalischen Fremdherrschaft. Kann der Autor von Buch 2 (entstanden 435–439) noch zu offenem Widerstand gegen die Vandalen aufrufen, so ist die Opposition nach der Eroberung der ganzen afrikanischen Provinz (439) zu einem Versteckspiel gezwungen (anschauliche Schilderung der Grausamkeit des Herodes und der für sie selbst verderblichen Wut der Juden bei der Kreuzigung Christi in Buch 3). Der Autor von Buch 4 (entstanden zwischen 520 und 530) wiederum darf schon hoffen, daß die »*häretische Magd*« hinausgeworfen wird; er prägt auch das Wort, daß niemand Gott zum Vater haben könne, der nicht die Kirche zur Mutter habe. H.L.H.

AUSGABEN: Köln ca. 1467 (in *Sermo super orationem Dominicam*). – Paris 1685 (in *Mauriner Ausgabe*, 10 Bde., 1679–1700, 6). – ML, 40 [Abdr. d. *Mauriner Ausg.*].

ÜBERSETZUNG: *Vier Bücher über das Symbolum an die Katechumenen*, R. Storf (in *AS*, Bd. 4, Kempten 1877; BKV, 37).

LITERATUR: P. Bertocchi, *Il simbolo ecclesiol. della Eucaristia in s. A.*, Bergamo 1937. – G. Spannedda, *Il mistico della chiesa nel pensiero di s. A.*, Sassari 1945. – A. Bannwarth, *Le baptême chez s. A.*, Diss. Straßburg 1950. – E. F. Durkin, *The Theological Distinction of Sins in the Writings of St. A.*, Diss. Mundelein/Ill. 1952. – P. v. Kornyljak, *S. Augustini de efficacitate sacramentorum doctrina contra Donatistas*, Diss. Rom 1953. – C. Eichenseer, *Das Symbolum Apostolicum beim hl. A.*, St. Ottilien 1960.

DE TRINITATE

(lat. Patr.; *Über die Dreieinigkeit*). Dogmatische Lehrschrift in fünfzehn Büchern von AURELIUS AUGUSTINUS, entstanden zwischen 400 und 416 (417). – Auf den positiven Schriftbeweis (Buch 1–4) und die Formulierung des Dogmas (Buch 5–7) folgt im zweiten Teil (Buch 8–15) die gedankliche Durchdringung des Mysteriums der Trinität. Hier will Augustin die göttliche Trinität veranschaulichen, indem er die trinitarische Struktur aller Stufen des Seins, insbesondere der des menschlichen Geistes, aufzeigt.

In seinen früheren Schriften hat Augustin die von MARIUS VICTORINUS gelehrte Dreiheit von Sein, Leben und Erkennen vertreten, die er auch in *De trinitate* anfangs noch beibehält. Da er die Wahrnehmung, die auf der animalischen Stufe dem gesamten Erkennen entspricht, nicht in dieses Schema einordnen kann, weil sie sich auf außerhalb Liegendes bezieht, ersetzt er sie durch den als Vorstellung anzusprechenden Teil der Empfindung. Die Gesichtswahrnehmung zum Beispiel wird beschrieben als die durch die Anspannung des Willens *(intentio voluntatis)* bewirkte Vereinigung der Form des Dinges mit einer inneren Form. Freilich ist die Trinität auf der animalischen Stufe nicht so vollkommen ausgeprägt wie auf den höheren Stufen. Für das bewußte Leben wiederholt Augustin zunächst die alte Dreiheit *mens* (Geist), *notitia* (Erkenntnis) und *amor* (Liebe), die sich auf die Reflexion des Geistes auf sich selbst bezieht. Zur Liebe zu einem Gegenstand gehören das Ich, der Gegenstand der Liebe und die Liebe selbst. Wenn der Geist sich selbst liebt, so fällt das Subjekt der Liebe mit ihrem Gegenstand zusammen. Die Liebe ist, wenn sie den ganzen Geist umspannt, mit dem Geliebten gleich, beide sind eins, sie sind »zwei« nur in der Beziehung der Liebe. Ebenso sind auch der Geist und seine Selbsterkenntnis »zwei« nur in der Beziehung des Erkennens, aber eins in sich selbst. *»So sind der Geist selbst, seine Selbstliebe und seine Selbsterkenntnis dreierlei, und diese drei sind eins.«* Noch deutlicher prägt sich das Bild der Dreieinigkeit in dem Ternar der Seelenvermögen aus, durch den Augustin sehr bald den Viktorinischen Ansatz verdrängt: *memoria* (Sich-Erinnern als Seins- und Lebensgrund), *intelligentia* (Selbstbewußtsein und Erkennen im allgemeinen) und *voluntas* (Selbstliebe und Wollen und Fühlen im allgemeinen). In dieser Dreiheit kommt nicht nur die Einheit der Natur in drei »Personen«, sondern auch das Ineinander der »Personen« deutlich zum Ausdruck: *»Denn ich erinnere mich, daß ich Erinnerung, Einsicht und Willen habe; und ich sehe ein, daß ich Einsicht und Willen und Erinnerung habe, und ich will, daß ich will und einsehe und erinnere ... Wenn darum jedes alle erfaßt und alle jedes, dann ist jedes einander gleich und jedes allen gleich. Und diese drei sind ein Leben, ein Geist, eine Wesenheit.«* Doch obwohl sie das vollkommenste Bild der göttlichen Trinität darstellt, steht auch diese Dreiheit ihrem Urbild weit nach. Sie ist eine Analogie, die ihr Fundament in der Offenbarungswahrheit hat, daß der Geist des Menschen *imago Dei* (Ebenbild Gottes) ist: in diesem Analogieverhältnis überwiegt aber die Unähnlichkeit die Ähnlichkeit bei weitem.

Das erste Gegebene und Gewisse für den Menschen ist, nach Augustin, nicht die Erkenntnis des göttlichen Seins, sondern des eigenen Seins und Denkens. Von diesem Fund – der unmittelbaren Gewißheit der inneren Erfahrung – ist die ganze neuere Geistphilosophie seit DESCARTES abhängig. Allem Erkennen aber, bis hin zur Gottesschau, liegt bei Augustin die *voluntas* zugrunde: Sie wirkt als das Streben nach Glückseligkeit, welches durch das Erkennen und Schauen befriedigt wird; Gottes Wesen jedoch ist es, ewig selig zu sein. Der Weg der Gnade ist deshalb die notwendige Ergänzung des intellektuellen Weges zu Gott. So schließt die Schrift auch mit einem Gebet zum dreieinigen Gott. – *De trinitate* stellt Augustins dogmatisches Hauptwerk dar. Doch obwohl sein Interesse hier durchaus theologischer Natur ist, enthält die

Schrift zugleich die meisten seiner systematischen Lehren über die Seele: sie kann ohne weiteres auch als ein philosophischer Traktat über die Seele gelesen werden. H.L.H.

AUSGABEN: Straßburg ca. 1474. – Paris 1688 (in *Mauriner Ausgabe*, 10 Bde., 1679–1700, 8). – ML, 42 [Abdr. d. *Mauriner Ausg.*]. – Innsbruck 1881 (Sanctorum patrum opuscula selecta, 42/43).

ÜBERSETZUNGEN: *Fünfzehn Bücher über die Dreieinigkeit*, M. Schmaus, 2 Bde., Mchn. 1935/36 (BKV², 11/12). – *Über den dreieinigen Gott*, ders., Mchn. ²1951.

LITERATUR: M. Schmaus, *Die psychologische Trinitätslehre des hl. A.*, Münster 1927; Mchn. ²1951. – L. Legrand, *La notion philosophique de la trinité chez s. A.*, Paris 1931. – I. Chevalier, *S. A. et la pensée grecque. Les relations trinitaires*, Fribourg 1940. – A. Dahl, *A. u. Plotin. Philosophische Untersuchungen zum Trinitätsproblem und zur Nuslehre*, Lund 1945. – C. Boyer, *L'image de la trinité chez S. A.* (in Greg, 25, 1946, S. 173–179; 333 – 352). – F. Leotta, *La persona dello Spirito Santo nella dottrina di santo' Agostino*, Diss. Rom 1948. – Th. Camelot, *A l'éternel par le temporel. »De trinitate«,* 4, 18, 24 REA, 2, 1956, S. 163–173. – E. González, *El concepto y método de la teología en »De trinitate« de s. A.* (in Augustinus, 1, 1956, S. 378–398). – J. Racette, *Le livre neuvième du »De trinitate« de s. A.* (in Sciences Ecclésiastiques, 8, 1956, S. 39–57). – M. Schmaus, *Das Fortwirken der augustinischen Trinitätspsychologie bis zur karolingischen Zeit* (in Vitae et veritati. Festgabe für K. Adam, Düsseldorf 1956). – P. Hadot, *L'image de la trinité dans l'âme chez Victorinus et chez s. A.* (in Studia Patristica, 6, 1962, S. 409–442). – M. Schmaus, *Die Spannung von Metaphysik und Heilsgeschichte in der Trinitätslehre A.s* (ebd., S. 503 – 518). – Ders., *Die Denkform A.s in seinem Werk »De trinitate«*, Mchn. 1962. – A. Schindler, *Wort und Analogie in A.s Trinitätslehre*, Tübingen 1965.

DE VERA RELIGIONE

(lat. Patr.; *Über die wahre Religion*). Philosophisch-theologische Abhandlung von AURELIUS AUGUSTINUS, entstanden 390. – Augustin unternahm mit diesem Werk, das er vor Antritt seines kirchlichen Amtes in seiner Heimatstadt Thagaste verfaßte, den ersten Versuch, ein Gesamtsystem der christlichen Lehre vorzulegen. Er löste damit ein seinem Gönner Romanian Jahre zuvor gegebenes Versprechen ein. Da Romanian zur Zeit der Niederschrift noch dem Manichäismus anhing, für den ihn Augustin einst selbst gewonnen hatte, hat die Schrift neben dem systematischen auch den polemischen Zweck einer Auseinandersetzung mit den Manichäern.
In der Einleitung führt Augustin aus, daß die wahre Religion nicht bei den heidnischen Philosophen zu suchen sei, die, wie SOKRATES und PLATON, trotz besserer Einsicht dem Götzendienst nicht entgegentraten, sondern allein bei Christus und der von ihm gegründeten Kirche. Als Thema der Schrift wird die Darstellung der christlichen Religion, als ihre polemische Absicht die Widerlegung des manichäischen Dualismus bezeichnet.
Der erste Teil handelt von dem Heilsplan Gottes zur Erlösung des gefallenen Menschen. Um die Notwendigkeit der Menschwerdung des Erlösers aufzuzeigen, spricht Augustin zunächst über den Sündenfall und geht dabei auf die Frage nach dem Bösen ein, das in der freiwilligen Abwendung von Gott bestehe: »*Das Verderben der Seele also ist, was sie tat, und die daraus erwachsende Erschwernis die Strafe, die sie nun erleidet. Tun aber und Leiden ist kein Wesen, und darum gibt es auch kein wesenhaftes Übel.*« Durch diese Behauptung der Wesenlosigkeit des Bösen und die Betonung des freien Willens wird zugleich der Manichäismus zurückgewiesen: Sünde und Strafe, auf die das Böse in christlicher Sicht zurückzuführen ist, tun der Schönheit und Harmonie des Weltganzen keinen Abbruch. Ja, die Strafe erweist sich als ein ausgesprocener Segen für uns: »*Denn dadurch werden wir gemahnt, unsere Liebe von den Lüsten des Leibes abzukehren und sie dem ewigen Sein der Wahrheit zuzuwenden.*« Im folgenden werden Autorität und Vernunft als doppelte Arznei der Seele bezeichnet und – wie später in *De civitate Dei* – die Altersstufen des natürlichen und des geistlichen Menschen einander gegenübergestellt, hier zu dem Zweck, das Verhältnis von Autorität und Vernunft sichtbar zu machen. Nur auf der ersten Stufe, auf der sich der Mensch von den Vorbildern der Geschichte nährt, gilt für ihn die Autorität. Schon auf der zweiten Stufe erhebt er sich »*mit den Schritten der Vernunft... zum höchsten und unwandelbaren Gesetz*«. Die dritte Stufe, die Vermählung der Seele mit dem Geist und erst recht die weiteren vier Stufen führen noch über die Vernunft hinaus.
An die Darstellung dieser Reifestufen schließt der zweite Teil an, der, ganz im Sinne PLOTINS, den Aufstieg der Vernunft zur ewigen Wahrheit, zum Einen schildert. Dabei entwickelt Augustin, wie ähnlich schon in *De ordine*, seine idealistische Ästhetik. Über der vernünftigen Seele steht das unwandelbare Gesetz der Gleichheit, Einheit und Wahrheit; die Wahrheit wiederum ist, als der Logos, Gott selbst. Die Spuren und Ausprägungen der Schönheit finden sich auf der ganzen Stufenleiter des Seienden. Augustin singt das Lob des Wurms und meint, mit Recht habe CICERO auch das des Mistes gesungen. Sogar die Schwächen und Laster sind noch Schattenbilder des Wahren: der Hochmut ein Zerrbild der wahren Freiheit und Herrschaft, Täuschung und Irrtum ein Zerrbild der Wahrheit, die Neugier ein solches der Erkenntnis, die leibliche Begierde ein solches der ewigen Ruhe. Es gibt also kein letzthin Böses, wohl aber die Möglichkeit, das Ziel, auf das selbst die Laster noch hinweisen, zu verfehlen und sich selbst zu ewiger Finsternis zu verurteilen.

Die Schrift enthält nur erste Ansätze des eigentlichen Augustinismus, d. h. der Kirchen-, Erbsünden-, Gnaden- und Prädestinationslehre, offenbart aber bereits die Einzigartigkeit Augustins, der Christ und Platoniker zugleich ist. Das Werk scheint seinen Eindruck auf Romanian nicht verfehlt zu haben, denn im Jahre 395 begegnen wir diesem als überzeugtem Christen wieder. H.L.H.

AUSGABEN: Basel o. J. (in *Libri divi A. A.*, Hg. A. Dodon, 11 Bde., 1505–1517, 2). – Paris 1680 (in *Mauriner Ausgabe*, 10 Bde., 1679–1700, 3/1). – ML, 34 [Abdr. d. *Mauriner Ausg.*]. – Florenz 1930, Hg. D. Bassi. – Wien 1961, Hg. W. M. Green (CSEL, 77). – Turnholt 1962 (CCL, 32).

ÜBERSETZUNGEN: *Von warem gottsdienst*, C. Hedion (in *Augustini Bücher*, Straßburg 1533). – *Die wahre Religion*, C. J. Perl, Paderborn 1957. – *Von der wahren Religion*, W. Thimme (in *Werke*, Bd. 5: *Theologische Frühschriften*, Zürich/Stg. 1962). – *Über die wahre Religion*, ders., Stg. 1983 (Nachw. K. Flasch; lat.-dt.; RUB).

LITERATUR: A. Guzzo, *Agostino. Dal »Contra Academicos« al »De vera religione«*, Florenz 1925. – F. G. Meier, *A. u. das antike Rom*, Stg. 1956. – A. Ehrhardt, *Politische Metaphysik von Solon bis A.*, Bd. 2, Tübingen 1959. – A. Escher di Stefano, *Il manicheismo in s. Agostino*, Padua 1960. – R. Berlinger, *A.s dialogische Metaphysik*, Ffm. 1962. – E. Hoffmann, *Die Anfänge der augustinischen Geschichtstheologie in »De vera religione«*, Diss. Heidelberg 1962. – W. Hensellek, *Sprachstudien an A.s »De vera religione«*, Wien 1981 (SWAW, Phil.-Hist. Kl., 376).

ENCHIRIDION AD LAURENTIUM SIVE DE FIDE, SPE ET CARITATE

(lat. Patr.; *Handbüchlein für Laurentius oder Über Glaube, Hoffnung und Liebe*). Dogmatische Schrift von AURELIUS AUGUSTINUS, nach 420 verfaßt. – Augustinus nennt sie ein *»Büchlein, das man mit der Hand umspannen, nicht ein Buch, womit man einen Schrank belasten könnte«*; dennoch ist sie ein Werk, das in straffer Form das Wesentliche der christlichen Lehre bietet. Gewidmet ist die Schrift einem sonst nicht weiter bekannten Laurentius, der, späteren Codices zufolge, in Rom ein höheres weltliches oder geistliches Amt bekleidet haben soll (einmal wird er als Diaconus bezeichnet).

Zu Beginn weist Augustin auf das apostolische Glaubensbekenntnis, das Symbolum, und auf das Gebet des Herrn hin, die beide die drei christlichen Tugenden Glaube, Hoffnung und Liebe voraussetzen: Das eine ist die kürzeste und einprägsamste Zusammenfassung dessen, was geglaubt werden muß, das andere stellt eine beispielhafte Art der Anrufung Gottes dar. Sodann werden die Unterschiede und zugleich die innere Verwandtschaft der drei Tugenden erörtert. Der Glaube bezieht sich auf Gutes und auf Böses, auf Vergangenes, Gegenwärtiges und Zukünftiges, auf eigene und auf fremde Dinge. Die Hoffnung gilt nur Gutem, nur Zukünftigem und nur solchen Gütern, die ausschließlich den auf sie Hoffenden angehen. Gemeinsam ist dem Glauben und der Hoffnung, daß man ihr jeweiliges Objekt nicht sieht. Manchmal scheinen die beiden Tugenden identisch: so ist der Glaube an künftige Güter, die uns zuteil werden sollen, nichts anderes als unsere Hoffnung auf sie. Ohne die Liebe aber nützt der Glaube nichts, und die Hoffnung kann ohne sie nicht einmal bestehen. *»Somit besteht weder die Liebe ohne Hoffnung noch die Hoffnung ohne Liebe, noch beides ohne Glauben.«* Die Liebe ist eine Gabe des Heiligen Geistes und steht über Glaube und Hoffnung. Sie ist der Endzweck aller Gebote, ja, sie ist Gott selbst.

Angesichts der zahlreichen Häresien seiner Zeit nimmt Augustinus in dem Werk deutlich zu den strittigen Fragen Stellung, etwa zum Problem des Ursprungs des Bösen (gegen die Manichäer), der Erbsünde (gegen die Pelagianer) oder der Geburt Christi aus der Jungfrau Maria (gegen die Apollinaristen). Dem theologisch interessierten, dogmatisch aber weniger bewanderten gebildeten Laien sollte dieses handliche Kompendium eine rasche und dennoch zuverlässige Orientierung ermöglichen. A.Ku.

AUSGABEN: Köln ca. 1467. – Paris 1685 (in *Mauriner Ausg.*, 10 Bde., 1679–1700, 6). – ML, 40 [Abdr. d. *Mauriner Ausg.*]. – Tübingen ²1930, Hg. O. Scheel (Slg. ausgew. kirchen- u. dogmengeschichtlicher Quellenschriften, II, 4; Nachdr. Ffm. 1968). – Darmstadt 1960, Hg. J. Barbel [m. Übers., Einl. u. Komm.]. – Madrid 1961, Hg. F. Moriones.

ÜBERSETZUNGEN: *Von ... Dem handbüchlin*, L. Moser (in *Eyn schon, nutzlich büchlin dryen stetten der heiligen Christenheit*, o. O. 1507). – *Enchiridion, d. i. Handbüchlein für den Laurentius oder Buch über Glauben, Hoffnung u. Liebe*, J. Molzberger (in *AS*, Bd. 4, Kempten 1877; BKV, 37). – *Enchiridion*, S. Mitterer (in *AS*, Bd. 8, Kempten/Mchn. 1925; BKV², 49). – *Das Handbüchlein*, P. Simon (in *Werke in deutscher Sprache*, Abt. 3: *Werke des Bischofs*, Paderborn ²1963).

LITERATUR: J. Rivière, *Comment diviser l'»Enchiridion« de s. A.* (in Bulletin de Littérature Ecclésiastique, 43, 1942, S. 99–115). – M. Löhrer, *Der Glaubensbegriff des hl. A. in seinen ersten Schriften bis zu den »Confessiones«*, Einsiedeln u. a. 1955. – A. Guzzo, *Agostino contra Pelagio*, Turin 1958. – F. Cayré, *La vie théologale. Les montées intérieures d'après s. Augustin*, Tournai 1959. – C. Eichenseer, *Das Symbolum Apostolicum beim hl. A. mit Berücksichtigung des dogmengeschichtlichen Zusammenhangs*, St. Ottilien 1960. – L. Ballay, *Der Hoffnungsbegriff bei A. Untersucht in seinen Werken: »De doctrina christiana«, »Enchiridion sive de fide, spe et caritate ad*

Laurentium« u. »Enarrationes in psalmos«, 1–91, Diss. Mchn. 1964.

RETRACTATIONES

(lat. Patr.; *Rechenschaftsbericht*). Kritischer Rückblick auf die eigene schriftstellerische Tätigkeit in zwei Büchern von AURELIUS AUGUSTINUS, entstanden 427/28. – Gegen Ende seines Lebens konnte Augustin endlich den schon lange gehegten Plan in Angriff nehmen, seine sämtlichen Schriften durchzusehen und kritisch zu ihnen Stellung zu nehmen. Auf Wunsch seiner Mitbrüder veröffentlichte er diese Bemerkungen zu seinen literarischen Werken, noch bevor er, wie er eigentlich vorhatte, auch seine Predigten und Briefe einer Kritik unterzogen hatte; dazu ist er dann nicht mehr gekommen.
Augustinus geht in streng chronologischer Reihenfolge vor und bespricht auch die vor seiner Taufe (387) entstandenen Schriften. Da ihm sein Erstlingswerk *De bono et apto (Über das Gute und Angemessene)* verlorengegangen ist, beginnt er mit dem in Cassiciacum entstandenen Büchern *Contra academicos (Gegen die Akademiker)*. Das ganze erste Buch ist den vor Augustins Bischofsweihe geschriebenen Werken gewidmet, das zweite den Abhandlungen aus der Bischofszeit bis zum Jahr 427. Insgesamt kann Augustin 93 Schriften in 232 Büchern aufzählen, von denen zehn heute verloren sind. Bei jedem Werk gibt er zunächst Aufschluß über Veranlassung, Entstehungszeit, Inhalt, Komposition usw. und führt zum Schluß die Anfangsworte an. Dann korrigiert er, was sich ihm inzwischen als falsch oder angreifbar erwiesen hat, verteidigt seiner Meinung nach richtige Behauptungen und erklärt unklare Stellen. Besonderen Wert legt er darauf, einige dogmatische Unkorrektheiten auszumerzen. Außerdem will er, wie er in der Vorrede betont, mit dieser Schrift erreichen, daß der Leser seine, Augustins, Entwicklung kennenlernen kann und seine Lehre nicht nach den früheren, sondern den später verfaßten Abhandlungen beurteilt. Die *Retractationes* nehmen in der Geschichte der antiken Literatur als literarhistorisches und autobiographisches Dokument einen einzigartigen Platz ein. Nur durch sie läßt sich das literarische Eigentum des Kirchenvaters genau identifizieren; um so mehr ist zu bedauern, daß Augustin nicht mehr zur Besprechung der Briefe und Predigten gekommen ist. M.Ze.

AUSGABEN: Mailand 1486. – Paris 1679 (in Mauriner Ausg., 10 Bde., 1679–1700, 1). – ML, 32 [Abdr. der Mauriner Ausg.]. – Wien 1902, Hg. P. Knöll (CSEL, 36). – Paris 1950 (in *Œuvres*, Hg. G. Bardy, 24 Bde., 1947 ff., 12).

LITERATUR: Schanz-Hosius, 4/2, S. 405/406. – A. Harnack, *Die »Retractationes« A.s* (in SPAW, 1905, S. 1096–1131). – M. F. Eller, *The »Retractationes« of St. A.*, Diss. Boston 1946. – G. Misch, *Geschichte der Autobiographie*, Bd. I/2, Ffm. 1950, S. 693–701. – J. Burnaby, *The »Retractationes« of St. A. Self-Criticism or Apologia?* (in *Augustinus Magister. Congrès International Augustinien, Paris 21. – 24. 9. 1954*, Bd. 1, Paris 1954, S. 85–92).

SOLILOQUIORUM LIBRI DUO

(lat. Patr.; *Zwei Bücher Selbstgespräche*). Philosophischer Traktat in Dialogform von AURELIUS AUGUSTINUS, entstanden um die Jahreswende 386/387. – In der besinnlichen Zeit zwischen seiner Bekehrung und der Taufe setzte sich Augustin mit der philosophischen Gedankenwelt CICEROS und des Neuplatonismus auseinander, um sich über seinen neuen, schwer errungenen Glauben klarzuwerden. Die Frucht davon sind mehrere philosophische Dialoge, darunter die *Soliloquien*. Während die anderen Traktate – *Contra Academicos (Gegen die Akademiker)*, *De beata vita (Vom glücklichen Leben)*, *De ordine (Über die Weltordnung)* – auf philosophische Gespräche mit seinen Freunden in Cassiciacum zurückgehen, sind die *Selbstgespräche* das Ergebnis gedankenreicher Nächte.
Einzigartig und neu ist die literarische Form des Werks: Es ist als ein »innerer« Dialog zwischen Augustins menschlich-sinnlichen Eigenschaften und seiner *ratio*, seiner Vernunft, gestaltet. Ein inniges Gebet an Gott, vorwiegend von neuplatonischen Vorstellungen geprägt, eröffnet die Schrift. Dieses Gebet schlägt bereits die Grundgedanken des folgenden Dialogs an: es sind die Begriffe »Gott« und »Seele«, die er erkennen will (*deum et animam scire cupio*, 1, 2, 7). Zwar ist Augustin in seinen Anschauungen über Gott, die Wahrheit und vor allem über die Unsterblichkeit der Seele stark von früheren Denkern abhängig, doch läßt seine ciceronisch-meisterhafte, bilderreiche Sprache die Abhängigkeit vergessen und erweckt den Eindruck eines von der Leidenschaft des Herzens getriebenen originalen Denkprozesses. – Die Beweisführung über die Unsterblichkeit der Wahrheit und damit Gottes und der Seele als Antwort auf die Frage nach der Gottes- und Selbsterkenntnis, in der bereits DESCARTES' *Cogito ergo sum* vorweggenommen wird, bricht unvollendet ab. Die Fortsetzung ist nur in skizzenhafter Form erhalten: ein schmuckloses, dürres Gerüst, das starke Anlehnung an Plotin zeigt und als Grundlage für ein geplantes drittes Buch dienen sollte. Noch vor der Taufe 387 zusammengestellt, ist es gegen den Willen des Verfassers unter dem Titel *De immortalitate animae (Über die Unsterblichkeit der Seele)* an die Öffentlichkeit gelangt.
Neben den echten *Soliloquien* gibt es noch ein Buch *Pseudosoliloquien*, meistens betitelt *Soliloquiorum animae ad Deum liber unus (Ein Buch Selbstgespräche der Seele, gerichtet an Gott)*: Es handelt sich dabei um ein unter dem Namen Augustins verbreitetes Werk eines mittelalterlichen Mönchs, das einfache kontemplative Betrachtungen mit viel augustinischem Gedankengut enthält; auch die Aus-

drucksweise ist dem Kirchenvater verpflichtet. Diese *Pseudosoliloquien* fanden sogar größere Verbreitung als die echten *Selbstgespräche*.

M.Ze.

AUSGABEN: Basel 1506. – Paris 1515. – Basel 1528/29, Hg. D. Erasmus. – Paris 1679 (in *Mauriner Ausg.*, 10 Bde., 1679–1700, 1). – ML, 32 [Abdr. d. *Mauriner Ausg.*]. – Paris 1954, Hg. P. de Labriolle (Bibl. aug., 5). – Wien 1986, Hg. W. Hörmenn (CSEL).

ÜBERSETZUNGEN: *Selbstgespräche. Die echten Soliloquien*, L. Schopp, Mchn. 1938. – *Selbstgespräche über Gott und die Unsterblichkeit der Seele*, H. Müller, Zürich 1954.

LITERATUR: M. I. Bogan, *The Vocabulary and Style of the »Soliloquies« and »Dialogues« of St. A.*, Washington 1935. – J. Gercken, *Inhalt und Aufgabe der philosophischen Jugendschriften Augustins*, Diss. Münster 1939. – H. Müller, *Augustins »Soliloquien«*, Diss. Basel 1954.

ROSE AUSLÄNDER

eig. Rosalie Ruth Scherzer

* 11.5.1901 Czernowitz
† 3.1.1988 Düsseldorf

DAS LYRISCHE WERK von ROSE AUSLÄNDER. Kindheit und Jugend verbrachte Rose Ausländer im damals österreichischen Czernowitz/Bukowina. Sie entstammt einer jüdischen Familie; der Vater war Kaufmann, die Mutter kam aus Berlin. 1916, während des Ersten Weltkriegs, mußte die Familie fliehen. Nach zweijährigem Aufenthalt in Wien kehrte sie 1919 in die zwischenzeitlich rumänisch gewordene Bukowina zurück. Rose Ausländer begann ein Studium (Literatur, Philosophie) an der Universität in Czernowitz. 1920 starb der Vater; die Mutter sah sich außerstande, die ganze Familie zu ernähren. Daher mußte die Tochter in die USA auswandern. Verwandte nahmen sie im Mittelwesten der USA auf. Sie arbeitete als Hilfsredakteurin bei der deutschsprachigen Zeitung ›Westlicher Herold‹. Ende 1922 übersiedelte sie nach New York. Ihre ersten Gedichte erschienen in den von ihr als Redakteurin betreuten Jahresanthologien ›Amerika-Herold-Kalender‹. Sie heiratete ihren Studienfreund Ignaz Ausländer, trennte sich nach drei Jahren von ihm, ließ sich scheiden und kehrte Ende 1930 nach Czernowitz zurück. Sie lebte dort als Sekretärin, Übersetzerin, Englischlehrerin, als Arbeiterin in einer chemischen Fabrik. Ihr erstes Buch, die Gedichtsammlung *Der Regenbogen*, erschien 1939.

1941 besetzten Truppen der SS die Stadt Czernowitz. Das Leid der Juden der Bukowina begann. Rose Ausländer selbst war Ghetto und Todesnot ausgesetzt. 55 000 Czernowitzer Juden wurden ermordet. Zu den fünftausend Überlebenden zählt Rose Ausländer. Sie verließ die nunmehr russische Bukowina und ging nach Bukarest. 1946 wanderte sie zum zweitenmal in die USA aus und lebte in der Folgezeit in New York. 1948 erhielt sie die amerikanische Staatsbürgerschaft.

1957 trat sie eine Europareise an, begegnete in Paris dem Lyriker Paul CELAN, den sie aus Czernowitz kannte, und wurde von ihm zu einer radikalen Änderung ihres Schreibstils angeregt. 1963 kehrte sie zurück nach Europa – zuerst nach Wien. Ab 1965 hielt sie sich in Deutschland auf. In Etappen hat sich die Heimkehr in die deutsche Sprache, ins Mutterland vollzogen. Seit 1972 lebte Rose Ausländer im Nelly-Sachs-Haus der jüdischen Gemeinde in Düsseldorf. Seit 1978 war sie bettlägerig. Sie lebte in zunehmender selbstgewählter Isolation unter unendlicher Anstrengung, unterbrochen von langen, nichtschöpferischen Pausen, Gedichte schreibend.

Ihr Werk umfaßt rund 2500 Gedichte, etwa 80 Kurzprosastücke, mehrere Erzählungen sowie essayistische und journalistische Arbeiten, daneben sind 1500 Entwürfe in verschiedenen Arbeitsstadien vorhanden. Diese Flut ist das Ergebnis eines lebenslangen Schreibtriebes als Reaktion auf erzwungene Veränderung. Beginnend mit der Flucht 1916 nach Wien schrieb sie, setzte dies fort nach der unfreiwilligen Auswanderung in die USA, später in der rumänischen Bukowina, in Elend, Hunger und Tod des Ghettos, als Fremde in New York und schließlich krank und isoliert im Altenheim. Sie schrieb, denn »*Schreiben war Leben, war Überleben*«. Immer baute sie eine Gegenwelt in ihrem Schreiben auf. Dabei leugnete sie in ihren Gedichten nicht materielle Not, Verfolgung, Todesdrohung – aber dagegen setzte sie eine Welt der Hoffnung, der Geborgenheit, des Glücks. Dieser Mechanismus, wahrscheinlich nur dieser Mechanismus, machte das Weiterleben möglich, verhinderte den psychischen Tod Rose Ausländers, gab ihr die Kraft, auch da noch auszuharren und zu hoffen, wo der Mensch sonst in Fatalismus verfällt, sich aufgibt und verliert.

Von 1916 bis 1957 hat Rose Ausländer mit Reim und gebundener Form gearbeitet. Sie orientierte sich an anderen zeitgenössischen deutschen Dichtern der Bukowina, nennt als Anreger aber auch HÖLDERLIN und TRAKL. Durch Elternhaus und Schule war ihr die Klassik wohlvertraut. *Der Regenbogen*, 1939 in Czernowitz erschienen, sammelte die Gedichte aus den Jahren 1928 bis 1933. In Band 1 der *Gesammelten Werke* (*Die Erde war ein atlasweißes Feld. Gedichte 1927–1956*, 1985) werden rund 280 Gedichte der frühen Periode vorgestellt. Herausragend aus dem Konventionellen – bekannte, allzubekannte Themen, Motive, Worte – sind besonders die Gedichte aus dem Zyklus *New York* (1927, nur bruchstückhaft erhalten), in dem die Erfahrungen in dieser Stadt ihren Niederschlag gefunden haben, die packend und stilistisch meisterhaft geschrieben sind, und die unter dem Begriff *Ghettomotive* zusammengefaßten Gedichte aus den Jahren 1941 bis 1943, Reflexionen über das Leben und Leiden in Elend und Todesnot. Zwei Besuche bei Paul Celan in Paris, seine Anregungen und Hinweise, wurden für die Dichterin zum Anlaß, in Form und Stil ihrer Lyrik neue Möglichkeiten zu erproben; sie fand erstaunlich schnell und erstaunlich vollkommen Anschluß an das moderne Gedicht.

Bis 1976 blieb das Schreiben Rose Ausländers weitgehend ohne öffentliche Resonanz. Erst seither standen ihr ausreichend Publikationsmöglichkeiten zur Verfügung. Da sie ihre Gedichte nicht datiert hat und der Arbeitsprozeß am einzelnen Gedicht sich manchmal bis zu zwanzig Jahre hinzog, ist eine genaue chronologische Einordnung der Texte sehr schwierig. Auch Veröffentlichungen aus späteren Jahren (u. a. *Einen Drachen reiten*, 1981; *Südlich wartet ein wärmeres Land*, 1982) greifen oft auf Gedichte zurück, die vor 1970 entstanden. Drei große Arbeitsperioden lassen sich klar bestimmen: Das Frühwerk bis 1956, die mittlere Schaffensperiode mit reimlosen und ungebundenen lyrischen Texten (bis etwa 1976) und das Alterswerk, dem große Meisterschaft zugesprochen wird und das sich deutlich durch Reduktion auszeichnet und unterscheidet.

Während der beiden letzten Perioden war Rose Ausländers dichterischer Weg klar, geradeaus, ohne Umwege. Unbeeinflußt von literarischen Tendenzen und Moden hat sie ihre Gedichte geschrieben. Über die Jahre wurden ihre Verse schmuckloser, Zusätze und Schnörkel entfielen, die Texte wurden reduziert bis zum bloßen, offenliegenden Kern.

Vier thematische Schwerpunkte kennzeichnen das Werk Rose Ausländers. Zum ersten die in Kindheit und Jugend zurückreichenden Anklänge an das Judentum, insbesondere an das Ostjudentum und den Chassidismus (*Blinder Sommer*, 1965) und die als Angehörige des jüdischen Volkes erlittenen Nazigreuel. Staunend und verwundert hat sie das Überleben beschrieben (*36 Gerechte*, 1967). Wie sehr sie diese Erlebnisse auch noch im Alter bedrängten, zeigen viele Gedichte noch in den Bänden des Spätwerkes, die in den Jahren 1981 bis 1987 erschienen.

Zum zweiten findet die lebenslange Beschäftigung mit der Philosophie (SPINOZA, Constantin BRUNNER) ihren Niederschlag. Besonders Brunner (1862–1937) mit seiner Weiterentwicklung des spinozistischen Pantheismus beeinflußte ihre Gedichte nachhaltig. Hunderte Gedichte sind durch die Brunnersche Lehre geprägt, bis hin zum direkten Zitat.

Zum dritten hatte Rose Ausländer eine feste Beziehung zur Landschaft und zur Stadt. Ihre Aufenthalte und ihre Reisen sind Themen vieler Gedichte. Alle geographischen Lebensstationen lassen sich in ihren Texten finden. Es wäre möglich, einen chronologischen, geographischen Ablauf ihres Lebens aus ihren Gedichten zusammenzustellen.

Zum vierten schildert sie ihre Beziehung zu Menschen, zum Geliebten, zur Mutter, zum Du. Liebe und Hoffnung prägen diese Texte; sie sind das Angebot, dem realen Leben die dichterische Erlebenskraft entgegenzuhalten und das Leben zu bestehen. (»*Zum Menschen / bekenne ich mich / mit allen Worten / die mich erschaffen*«.) Es ist Rose Ausländer gelungen, zu den Urthemen und Urworten der Poesie zurückzukehren. Sie spricht vom Atem, von der Erde, Trauer und Tod, Mond, Sternen, Glück und Traum, von Zauberworten und der Hoffnung, von Vogel und Blume, und es gelingt ihr, diesen Urbegriffen neue Facetten abzugewinnen. Ihre Gedichte sind Strophen eines endlosen Liedes von ungetrübter Klarheit, bezaubernder Musikalität und bejahter Schwermut. Sie sagt Ich mit der Liebe zum Du.
H.Bn.

AUSGABEN: *Der Regenbogen. Gedichte*, Czernowitz 1939. – *Blinder Sommer. Gedichte*, Wien 1965. – *36 Gerechte. Gedichte*, Hbg. 1967. – *Inventar. Gedichte*, Duisburg 1972. – *Ohne Visum. Gedichte und Kurzprosa*, Krefeld 1974. – *Andere Zeichen. Gedichte*, Düsseldorf 1975. – *Gesammelte Gedichte*, Leverkusen, 1976. – *Noch ist Raum. Gedichte*, Duisburg 1976. – *Doppelspiel. Gedichte*, Köln 1977. – *Mutterland. Gedichte*, Köln 1978. – *Ein Stück weiter. Gedichte*, Köln 1979. – *Einverständnis. Gedichte*, Pfaffenweiler 1980. – *Mein Atem heißt jetzt. Gedichte*, Ffm. 1981. – *Einen Drachen reiten. Gedichte*, Pfaffenweiler 1981. – *Mein Venedig versinkt nicht. Gedichte*, Ffm. 1982. – *Südlich wartet ein wärmeres Land. Gedichte*, Pfaffenweiler 1982. – *So sicher atmet nur Tod. Gedichte*, Pfaffenweiler 1983. – *Ich zähl die Sterne meiner Worte. Gedichte*, Ffm. 1985. – *Ich spiele noch. Gedichte*, Ffm. 1987. – *Der Traum hat offene Augen. Gedichte*, Ffm. 1987. – *Gesammelte Werke*, Hg. H. Braun, 7 Bde., Ffm. 1985–1988: Bd. 1: *Die Erde war ein atlasweißes Feld, 1927–1956* (1985); Bd. 2: *Die Sichel mäht die Zeit zu Heu, 1957–1965* (1985); Bd. 3: *Hügel aus Äther unwiderruflich, 1966–1975* (1984); Bd. 4: *Im Aschenregen die Spur deines Namens, 1976* (1984); Bd. 5: *Ich höre das Herz des Oleanders, 1977–1979* (1984); Bd. 6: *Wieder ein Tag aus Glut und Wind, 1980–1982* (1986); Bd. 7: *Und preise die kühlende Liebe der Luft, 1983–1987* (1988).

LITERATUR: *R. A. Eine Ausstellung im Heinrich-Heine-Institut Düsseldorf 4. Mai–5. Juni 1977*, Hg. J. A. Kruse, Düsseldorf 1977. – J. Glenn, *Blumenworte / Kriegsgestammel*, The Poetry of R.A. (in Modern Australian Literature, 1979, H. 3/4, S. 127–146). – J. P. Wallmann, »*Ich will wohnen im Menschenwort*«. *Die Lyrik von R. A.* (in Literatur und Kritik, 1980, H. 15, S. 73–78). – G. Lindemann, *Verse aus der Galgenzeit* (in Die Zeit, 17. 10. 1980). – J. Serke, *R. A.* (in J. S., *Frauen schreiben*, Ffm. 1982, S. 207–216). – B. Witte, *R. A.* (in KLG, 18. Nlg., 1984). – *R. A., Materialien zu Leben und Werk*, Ffm. 1988.

DECIMUS MAGNUS AUSONIUS

* um 310 Burdigala
† 393/394 bei Burdigala

MOSELLA

(lat.; *Die Mosel*). Panegyrisches Poem in 483 Hexametern von Decimus Magnus AUSONIUS (um 310–393/394); entstanden in Trier im Jahr 371. – Das Werk, das zu dem wenigen gehört, was an römischer Literatur auf deutschem Boden entstanden ist, ist ein anmutig-idyllisches Preisgedicht auf die Vorzüge des Moseltals: den Fischreichtum des Flusses, den Reiz der Landschaft und die Pracht der Villen. Daß der eigentlich in Bordeaux beheimatete Dichter gerade diesen Fluß besingt, hängt mit der damaligen Bedeutung der Moselmetropole Trier (Augusta Treverorum) zusammen, die seit 368 – zumindest zeitweise – Kaiserresidenz des Westreichs war. Ausonius selbst hat im Dienst der Kaiser Valentinianus I. (reg. 364–375) und Gratianus (reg. 375–383) als Professor der Rhetorik und hoher Staatsbeamter einen großen Teil seines Lebens in dieser Stadt verbracht.

Der immer wieder gerühmte, beinahe »rousseauistisch« anmutende Natursinn, der in dem Gedicht zum Durchbruch kommt (vgl. V. 50ff.), verleitet leicht zu einer Überschätzung seiner Ausdrucksqualitäten. Diese zweifellos vorhandene Komponente ist hier freilich einer durchaus anderen – nämlich politischen – Aufgabe untergeordnet: Zum einen dient das Werk – wohl mit Einverständnis, wenn nicht gar im Auftrag des Kaisers – der Absicht, die im Grenzland gelegene neue Residenz literarisch aufzuwerten; zum andern ist es als eine Einladung an die erlauchte Gesellschaft Roms gedacht, die seit den Frankenüberfällen verwaisten Landhäuser, Gutshöfe, Parks von neuem zu bevölkern. Der Militär- und Handelsstützpunkt und seine nähere Umgebung sollen jenes Flair von *high life* und behaglicher Sicherheit erhalten, mit dem bislang immer noch die alte Hauptstadt die Creme der römischen Gesellschaft festhalten kann. Daraus erklären sich sowohl der seltsame Aufbau wie das ständige Vergleichen mit den angestammten berühmten römischen Villen- und Badeorten. Nach den Regeln der rhetorischen Handbücher – Schema: Ekphrasis (Bildbeschreibung) – konzipiert und ausgearbeitet, erfüllt die *Mosella* also vor allem einen ganz konkreten Zweck. Ethnologisch und historisch ist sie recht wenig ergiebig (dem ausgedehnten Rückgriff auf die heidnische Mythologie entspricht ein völliges Totschweigen des Christentums). Dafür entschädigt sie durch einen mitunter bezaubernden Einblick in den gehobenen Alltag und die bevorzugten Amüsements jener Zeit und das Naturverhältnis der Menschen in der Spätphase des römischen Imperiums.   R.M.

AUSGABEN: Parma 1499 (in *Opera Ausonij Nuper Reperta*, Hg. Th. Ugoletus). – Bln. 1883 (in *Opuscula*, Hg. C. Schenkl; MGH, auct. ant., 5/2). – Lpzg. 1886 (in *Opuscula*, Hg. R. Peiper). – Paris 1889, Hg. H. de la Ville de Mirmont [m. Komm. u. frz. Übers.]. – Marburg ³1926 (in *Die Moselgedichte des Decimus Magnus Ausonius u. des Venantius Fortunatus*, Hg. C. Hosius; m. Komm.; Nachdr. Hildesheim 1967). – Ldn./Cambridge (Mass.) ²1951 (in *Ausonius*, Hg. H. G. Evelyn White, Bd. 1; m. engl. Übers.; Loeb). – Turin 1957 (*La Mosella*, Hg. A. Marsili; m. Komm. u. ital. Übers.). – Turin 1971, Hg. A. Pastorino. – Paris 1972, Hg. Ch.-M. Ternes [m. frz. Komm.]. – Lpzg. 1978 (in *Opuscula*, Hg. S. Prete).

ÜBERSETZUNGEN: *Gedicht von der Mosel*, F. Lassaulx, Koblenz 1802 [lat.-dt.]. – *Mosella*, E. Bökking, Bln. 1828 [lat.-dt.]. – Dass., K. Hessel (in *Die ältesten Mosellieder*, Bonn ²1904). – *Das Mosellied*, M. W. Besser, Marburg 1908. – *Mosella*, W. John, Trier 1932 [m. Komm.; Nachdr. 1980]. – *Die Mosel* (in *Antike Lyrik*, Hg. C. Fischer, Mchn. 1964, S. 848–861).

LITERATUR: A. Biese, *Die Entwicklung des Naturgefühls bei den Römern*, Kiel 1882, S. 183–187. – C. Jullian, *Ausone et son temps* (in Revue Historique, 47, 1891, S. 241–266; 48, 1892, S. 1–38). – H. de la Ville de Mirmont, *De Ausonii »Mosella«*, Diss. Paris 1892 – F. Marx, *A. u. die »Mosella«* (in Jb. des Vereins v. Altertumsfreunden im Rheinlande, 120, 1911, S. 1–18). – M. R. Posani, *Reminiscenze die poeti latini nella »Mosella« di Ausonio* (in SIFC, 34, 1962, S. 31–69). – D. Korzeniewski, *Aufbau u. Struktur der »Mosella« des A.* (in RhMus, 106, 1963, S. 80–95). – W. Görler, *Vergilzitate in A.s »Mosella«* (in Herm, 97, 1968, S. 94–114). – H. Traenkle, *Zur Textkritik und Erklärung von A.s »Mosella«* (in MH, 31, 1974, S. 155–168). – M. Roberts, *The »Mosella« of A. An Interpretation* (in TPAPA, 114, 1984, S. 343–353). – E. J. Kenney, *The »Mosella« of A.* (in Greece and Rome, 31, 1984, S. 190–202).

JANE AUSTEN

* 16.12.1775 Steventon / Hampshire
† 18.7.1817 Winchester

LITERATUR ZUR AUTORIN:

Bibliographien:
D. J. Gilson, *J. A. Bibliography* (in TLS, 17, April 1969, S. 415). – J. Weinsheimer, *A Survey of Major A. Studies 1970–1975* (in Papers on Language and Literature, 12, 1976, S. 209–223). – *Bibliography of J. A.*, Hg. D. Gilson, Oxford 1982.

Biographien:
M. Laski, *J. A. and Her World*, NY/Ldn. 1969. –
F. Bussby, *J. A. in Winchester*, Winchester 1973. –
J. Rees, *J. A., Woman and Writer*, NY 1976. –
C. Hill, *J. A.: Her Homes and Her Friends*, Folcroft 1977. – D. Cecil, *A Portrait of J. A.*, NY 1979. –
J. Halperin, *The Life of J. A.*, Baltimore 1984.

Gesamtdarstellungen und Studien:
H. A. Wright, *J. A.'s Novels: A Study in Structure*, Ldn. 1953. – *J. A. A Collection of Critical Essays*, Hg. I. Watt, Englewood Cliffs/N. J. 1963. – *J. A.: The Critical Heritage*, Hg. B. C. Southam, Ldn./NY 1968. – *Critics on J. A.*, Hg. J. O'Neill, Ldn. 1970. – K. Amis, *What Became of J. A.? and Other Questions*, NY 1971. – D. Mansell, *The Novels of J. A.: An Interpretation*, NY/Ldn. 1973. –
F. B. Pinion, *A J. A. Companion: A Critical Survey and Reference Book*, Ldn./NY 1973. – D. Bush, *J. A.*, NY 1975. – L. Trilling, *Why We Read J. A.* (in Times Literary Suppl., 5, März 1976, S. 250–252). – J. P. Brown, *J. A.'s Novels: Social Change and Literary Form*, Cambridge/Mass. 1979. – *J. A. in a Social Context*, Hg. D. Monaghan, Totowa/N. J. 1981. – *J. A.: New Perspectives*, Hg. J. Todd (in Women & Literature, 3, 1983; Sondernr.).

EMMA

(engl.; *Emma*). Roman von Jane AUSTEN, erschienen 1816. – Wie die meisten Romane der Autorin führt auch dieser in die Welt des Bürgertums und der *landed gentry* zu Beginn des 19.Jh.s. Hauptthema des Buches, das fast noch eindeutiger als Jane Austens andere Werke als »Charakterroman« bezeichnet werden kann, ist der Reifeprozeß eines jungen Mädchens. Die Titelheldin Emma Woodhouse steht mit einundzwanzig Jahren dem Haushalt ihres kränklichen Vaters vor. Sie ist ein selbstsicherer, egozentrischer Mensch, immer – und immer fälschlicherweise – davon überzeugt, daß sie am besten weiß, was anderen nottut. Diese Lebenseinstellung Emmas löst die Hauptereignisse des Romans aus. Sie mischt sich bedenkenlos und töricht in das Leben anderer ein. Ihr besonderer Schützling (und ihr spezielles »Opfer«) ist die siebzehnjährige Harriet Smith, ein hübsches, liebenswürdiges, aber recht naives Mädchen illegitimer Herkunft, das sie nicht nur »erziehen«, sondern dem sie auch einen Ehemann aussuchen will. Der junge Farmer Robert Martin, der Harriet liebt, wird von Emma kurzerhand als unstandesgemäß abgelehnt – sehr zum Mißfallen George Knightleys, eines langjährigen Freundes der Familie Woodhouse. Emma hat sich in den Kopf gesetzt, Harriet mit dem jungen Pfarrer Elton zu verheiraten, und beweist damit wieder einmal ihren Snobismus und ihre Taktlosigkeit: Elton nämlich betrachtet Harriet als unter ihm stehend und hat Absichten auf Emma selbst, die ihn wiederum als ihrer unwert ansieht. Als dann der gutaussehende, aber oberflächliche Frank Churchill, Stiefsohn der früheren Erzieherin Emmas, erscheint, fühlt sie selbst sich anfangs von ihm angezogen, bestimmt ihn dann aber zum Zukünftigen Harriets, wobei ihr völlig entgangen ist, daß das junge Mädchen sich inzwischen in Knightley verliebt hat. Emma selbst hat diese Entwicklung unbewußt gefördert, da sie, ohne einen Namen zu nennen, Harriet erzählt hat, der Mann, den sie liebe, erwidere ihre Gefühle. Ähnliche durch Emmas Schuld entstandene Mißverständnisse führen dazu, daß auch ihre Freundin Jane Fairfax allerlei Liebeskummer erlebt. Aber schließlich kommen alle Verwicklungen zu einem guten Ende, denn Emma begreift endlich, wie unglücklich sie andere gemacht hat, und entdeckt außerdem, daß sie im Grund immer Knightley geliebt hat, der nun auch bereit ist, die reuige Sünderin zu heiraten.

Die Moralistin Jane Austen kommt vor allem in der Darstellung der Hauptfigur zu Wort, deren konsequente Charakterzeichnung die größte Leistung dieses Romans ist und seinen anhaltenden Erfolg garantierte. Emmas allzu große Selbstsicherheit und ihre Neigung, Schicksal zu spielen, werden aufgewogen von ihrer Fähigkeit, über sich selbst zu lachen, und vor allem von ihrer im Grund gütigen, großzügigen Veranlagung. Aus dieser Gestalt spricht die Überzeugung der Autorin, daß man durch eigene Fehler und durch die schmerzhafte Erkenntnis der Leiden anderer zu größerer Reife gelangen kann. Prüfstein der Entwicklung ist hier vor allem auch Miss Bates als Repräsentantin einer bestimmten Schicht (unverheiratet und gleichzeitig arm). Während ihre Nichte Jane Fairfax schließlich lernt, sich zu ihrer Tante zu bekennen, auch wenn sie dadurch ihren sozialen Aufstieg (durch eine Heirat) gefährden könnte, stellt Miss Bates für Emma zunächst vor allem eine komische Figur dar, auf deren Kosten sie sich lustig macht. Ihr von George Knightley, dem moralischen Protagonisten des Romans, beeinflußter Lernprozeß führt sie jedoch zu der Erkenntnis, daß eine solche Haltung nicht »standesgemäß« ist.

In der schwierigen Rolle des männlichen Helden, der unantastbare moralische Grundsätze zu vertreten hat und die Fehler der anderen erkennt, erscheint George Knightley als der wahrscheinlich überzeugendste »gute Charakter«, den Jane Austen je geschaffen hat. Die ironisch-realistische Handlung und der beherrschte Stil verhindern, daß diese komplizierte Geschichte melodramatisch wirkt. Brillant-humorvolle Dialoge, wie sie etwa *Pride and Prejudice*, 1813 *(Stolz und Vorurteil)*, auszeichnen, und groteske Charakterskizzen, wie die des Mr. Collins aus demselben Buch oder die des John Dashwood aus *Sense and Sensibility*, 1811 *(Verstand und Empfindsamkeit)*, sind in *Emma* kaum zu finden. Daß Jane Austen aber nach dem ernsteren *Mansfield Park* (1814) mit diesem Roman in eine heitere Welt zurückkehrte, beweist vor allem ihr boshaftes Porträt der vulgär-snobistischen Mrs. Elton, das manchmal wie eine Persiflage der Titelheldin wirkt.

Emma erinnert immer wieder daran, daß Jane Austens literarischer »Vorfahr« Henry FIELDING war. Fabel und Charaktere werden kommentarlos aus Dialog und Handlung entwickelt, und wenn auch die Einstellung der Autorin aus dem Verhalten ihrer Gestalten spricht, so ist dem persönlichen Urteil des Lesers immer noch genügend Spielraum gelassen. Auch die Treffsicherheit der Satire und die völlig unsentimentale Bewältigung eines gefühlsträchtigen Stoffes erinnern deutlich an Fielding. J.v.Ge.

AUSGABEN: Ldn. 1816, 3 Bde. – Ldn. 1907, Hg. E. V. Lucas (World's Classics). – Ldn. 1952 (in *The Novels*, Hg. R. W. Chapman, 6 Bde., 1923–1954, 4). – Ldn. u. a. 1969 (Bantam). – Ldn. 1972. – Oxford 1975; ern. 1980 (OUP). – Ldn. 1979 (Pan).

ÜBERSETZUNGEN: *Emma*, H. Henze, Ffm. 1961 (Nachw. v. R. Sühnel; EC). – Dass., U. u. Ch. Grawe, Stg. 1980 (RUB). – Dass., I. Leisi, Zürich 1981. – Dass., Ch. v. Klinckowstroem, Ffm. 1981; ern. 1985 (Insel Tb). – Dass., H. Henze, Ffm. ⁵1985 (FiTB).

LITERATUR: H. S. Canby, *Emma and Mrs. Knightley. A Critical Essay*, NY 1931. – E. Boll, »*Emma« as J. A.'s Satire on Herself* (in NQ, 22. 7. 1939). – M. Bradbury, *J. A.'s »Emma«* (in Critical Quarterly, 4, 1962, S. 335–346). – R. Liddell, *The Novels of J. A.*, Ldn. 1963. – A. Kettle, »*Emma*« (in *J. A. A Collection of Critical Essays*, Hg. I. Watt, Englewood Cliffs/N. J. 1963). – *J. A.: »Emma«: A Casebook*, Hg. D. Lodge, Ldn. 1968. – S. J. Morgan, *Emma Woodhouse and the Charms of Imagination* (in Studies in the Novel, 7, 1975, S. 33–48). – J. Weinsheimer, *Theory of Character: »Emma«* (in Poetics Today, 1, 1979, Nr.1/2, S. 185–211). – W. C. Booth, *Emma, »Emma« and the Question of Feminism* (in Persuasions, 5, Dez. 1983, S. 29–40). – P. Pickrel, *L. Trilling and »Emma«: A Reconsideration* (in NCF, 40, 1985, Nr. 3, S. 297–311).

MANSFIELD PARK

(engl.; *Mansfield Park*). Roman von Jane AUSTEN, erschienen 1814. – Mit *Mansfield Park* beginnt eine neue Phase in Jane Austens Werk. Der Roman unterscheidet sich in Thematik und Erzählhaltung deutlich von den drei vorher entstandenen, vorwiegend heiter-ironischen und oft auch parodistischen Werken *(Sense and Sensibility, Pride and Prejudice, Northanger Abbey)*.
Im Zentrum des Geschehens steht zwar auch hier das Schicksal eines jungen Mädchens, doch wird die Heldin nicht einem echten Erziehungsprozeß unterworfen, sondern verkörpert von Anfang an die ethischen Werte, an denen die anderen Romanfiguren gemessen werden müssen. Die aus dürftigen Verhältnissen stammende Fanny Price, Tochter zweier charakterlich konträrer Menschen, deren Liebesheirat sich als unklug erwiesen hat, wächst in der Familie ihres Onkels, Sir Thomas Bertram, des Besitzers von Mansfield Park, auf. Die Welt dieses Herrenhauses und die Lebensauffassung seiner Bewohner sind Gegenstand des Romans, Fanny selbst ist eher passiver Mittelpunkt als aktiv in die Ereignisse eingreifende Heldin. Mrs. Norris, die Schwester von Fannys Mutter und von Lady Bertram, sowie die Töchter der letzteren, Maria und Julia, machen der armen Verwandten das Leben schwer. Immer wieder lassen sie Fanny spüren, daß sie in ihren Augen der »feinen Bildung« ermangelt. Der Kontrast zwischen der Arroganz der »gebildeten« höheren Töchter und der Charakterfestigkeit und menschlichen Qualität ihrer Kusine ist Leitthema der Handlung. Im Gegensatz zu seinen Schwestern besitzt Edmund Bertram, der jüngere Sohn Sir Thomas', wahre Herzensgüte. Er steht Fanny bei, und hier liegt der Keim ihrer gegenseitigen Liebe, die sich zunächst nicht entfalten kann, weil Edmund in den Bann der geistreichen, eleganten Mary Crawford gerät. Sie und ihr ebenso brillanter wie egoistischer Bruder Henry verkörpern eine mit Mansfield Park kontrastierende Welt, der Edmund beinahe erliegt und der seine beiden Schwestern am Ende ganz verfallen. Während Sir Thomas sich auf einer Geschäftsreise nach Antigua befindet, flirtet Henry mit beiden Töchtern. Dann planen die jungen Leute eine Theateraufführung. An dieser Stelle tritt die didaktische Tendenz des Romans deutlich zutage: Die Rollen, die sich die jungen Damen ausgesucht haben (man spielt KOTZEBUES *Kind der Liebe* in Elizabeth INCHBALDS Bearbeitung unter dem Titel *Lovers' Vows*) werden als ebenso unschicklich verurteilt wie die Tatsache, daß die Töchter ihrem frivolen Vergnügen nachgehen, während sie den Vater auf einer gefährlichen Seereise wissen. Die Heimkehr Sir Thomas' scheint zunächst alles wieder ins Lot zu bringen: Maria heiratet den braven Mr. Rushworth, Henry Crawford bemüht sich ernsthaft um Fanny. Sie jedoch beweist, ähnlich wie die Heldinnen der anderen Romane Jane Austens, ihre Unbestechlichkeit und Menschenkenntnis, indem sie dem falschen Bewerber einen Korb gibt. Edmund, der Fanny zur Annahme des Antrags geraten hat, ist noch immer in Mary verliebt, die ihm ihr Jawort noch nicht gegeben hat, weil sie seinen Plan, Geistlicher zu werden, aus persönlicher Eitelkeit nicht billigt. (Der Beruf des Pfarrers wird von Jane Austen hier zum erstenmal als Berufung und nicht mehr als bequeme Versorgungsmöglichkeit für jüngere Söhne adliger Familien dargestellt oder durch komische Typen wie etwa Mr. Collins in *Pride and Prejudice* repräsentiert.) Zur Strafe für die Zurückweisung Henrys wird Fanny in ihr ärmliches Elternhaus nach Portsmouth zurückgeschickt; die gespannte Atmosphäre, die dort herrscht, bedrückt sie zutiefst. Unterdessen läuft Julia Bertram mit einem unerwünschten Verehrer davon, und Maria, die jetzige Mrs. Rushworth, läßt sich erneut mit Henry Crawford ein und flieht mit ihm. Als Henrys Schwester Verständnis für diese Affäre zeigt, erkennt Edmund

Bertram Marys wahren Charakter und entdeckt seine Liebe zu Fanny, eine Entscheidung, auf die der Leser zwar längst gewartet hat, die er aber – ein von Jane Austen immer wieder souverän ausgespieltes Retardierungsmoment – stets von neuem ernstlich gefährdet sah.

Der gegenüber dem Frühwerk veränderten Thematik entsprechend, herrscht in diesem Buch ein ernsthafter, vielfach unverhüllt moralisierender Ton vor. Die Darstellung aus der Perspektive der Heldin tritt in den Hintergrund, die Perspektive des Erzählers, der offen über seine Romanfiguren urteilt, wird bestimmend. Gerade dieses auf die viktorianischen Romanciers vorausweisende Charakteristikum hat jedoch bewirkt, daß im 20.Jh., in dem eine Jane-Austen-Renaissance stattgefunden hat, *Mansfield Park* gegenüber anderen Werken der Autorin abgewertet wurde. KLL

AUSGABEN: Ldn. 1814, 3 Bde. – Ldn. 1916, 3 Bde. [verb.]. – Oxford/Ldn. 1923 (in *The Novels*, Hg. R. W. Chapman, 6 Bde., 1923–1954, 3; ern. 1953). – Ldn. 1928 (in *The Complete Novels*, Einl. J. C. Squire). – Ldn./NY 1955 [Einl. R. Brimley Johnson]. – NY 1965, Hg. u. Einl. R. A. Brower. – Harmondsworth 1966 (Penguin). – Ldn. 1971. – Ldn. 1972 (Pan). – Salem 1978. Oxford 1981 (OUP). – Ldn. u. a. 1983 (Bantam).

ÜBERSETZUNGEN: *Mansfield Park*, T. Fein, Zürich 1968; ern. 1984 [Nachw. M. Wildi]. – Dass., U. u. Ch. Grawe, Stg. 1984 (RUB). – Dass., M. Rauchenberger, Ffm. 1986 (Insel Tb). – Dass., M. Meyer, Ffm. 1989 (FiTb).

LITERATUR: E. M. Butler, *»Mansfield Park« and Kotzebue's »Lovers' Vows«* (in MLR, 28, 1933, S. 326–337). – W. Reitzel, *»Mansfield Park« and »Lover's Vows«* (in RESt, 9, 1933, S. 451–456). – J. B. E. Turner, *J. A. »Mansfield Park«*, Ldn. 1952. – L. Trilling, *»Mansfield Park«* (in Partisan Review, 21, 1954, S. 492–511). – D. Lodge, *A Question of Judgement, the Theatricals at »Mansfield Park«* (in NCF, 17, 1962, S. 275–282). – D. Ellis, *The Irony of »Mansfield Park«* (in The Critical Review, 12, 1969, S. 107–119). – A. Fleishman, *A Reading of »Mansfield Park«: An Essay in Critical Synthesis*, Baltimore 1970. – W. E. Anderson, *The Plot of »Mansfield Park«* (in MPh, 11, 1973, S. 16–27). – J. Weissman, *Evil and Blunders: Human Nature in »Mansfield Park« and »Emma«* (in Women and Literature, 4, 1976, Nr. 1, S. 5–17). – S. Moore, *The Heroine of »Mansfield Park«* (in English Studies, 63, 1982, Nr. 2, S. 139–144).

NORTHANGER ABBEY

(engl.; *Die Abtei von Northanger*). Roman von Jane AUSTEN, erschienen 1818. – Der postum veröffentlichte Roman gehört zusammen mit *Sense and Sensibility (Verstand und Empfindsamkeit)* zu den frühesten Werken der Autorin. Sie verfaßte ihn 1797/98 und überarbeitete ihn in den folgenden Jahren. 1803 nahm ein Verlag das Werk an, publizierte es jedoch nicht, so daß Jane Austen schließlich sechs Jahre später die Rechte zurückkaufte.

Wie in allen ihren Romanen schildert sie auch in *Northanger Abbey* den Entwicklungs- und Reifeprozeß eines jungen Mädchens. Catherine Morland, eine Pfarrerstochter, ist von Anfang an als »Antiheldin« charakterisiert. (*»Keiner, der Catherine Morland irgendwann in ihrer Kindheit kennengelernt hatte, wäre auf den Gedanken gekommen, sie sei zur Heldin geboren«*, heißt es mit der für den ganzen Roman charakteristischen ironischen Pointierung gleich im ersten Satz.) Die Siebzehnjährige ist weder schön noch sonderlich intelligent, kennt Liebeskummer und romantisch veranlagte Jünglinge nur aus Romanen, führt kein Tagebuch und schreibt, als sie eines Tages unter der Obhut der reichen Mrs. Allen aus ihrem Heimatdorf in Wiltshire nach Bath reisen darf, keine langen Episteln nach Hause. Beginnend mit dieser Handlungsphase läßt die Autorin neben die Parodie der empfindsamen Romane im Stil Samuel RICHARDSONS und Frances (Fanny) BURNEYS die Satire auf die modischen Schauerromane treten. Mit ihnen wird Catherine durch ihre neue Freundin, Isabella Thorpe, bekanntgemacht. Vor allem von Ann RADCLIFFES *The Mysteries of Udolpho* ist sie tief beeindruckt, und von nun an interessiert sie sich brennend für alte Schlösser und denkt sich in die Rolle einer romantischen Heldin hinein.

In Bath lernt sie auch Henry Tilney, einen intelligenten jungen Geistlichen kennen, der sich, entzückt von ihrer Naivität und Natürlichkeit, in sie verliebt und sie mit seinen humorvollen Kommentaren auf den Boden der Tatsachen zurückzuholen sucht. Ein Rivale erwächst ihm in John Thorpe, Isabellas Bruder, der sich als Gentleman zu erweisen sucht, indem er mit Prahlereien über sein Studentenleben aufwartet und viel über Pferde und Hunde spricht. Catherine jedoch besitzt genug gesunden Menschenverstand, um sich nicht lange von John beeindrucken zu lassen. Zum Bruch mit den Thorpes kommt es, als Isabella, deren affektiertes und berechnendes Wesen Catherine trotz ihrer Unerfahrenheit bald durchschaut, ihre Verlobung mit James Morland, Catherines Bruder und Johns Freund, löst, um sich auf einen Flirt mit Captain Tilney, dem ungleichen Bruder Henrys, einzulassen. Vom Vater der beiden, General Tilney, wird Catherine auf den Landsitz »Northanger Abbey« eingeladen. Ihre Erwartung, einen halbverfallenen, schauereinflößenden Familiensitz kennenzulernen, wird zwar enttäuscht, aber Catherine gibt die Hoffnung, in dem einstigen Kloster doch noch ein düsteres Geheimnis zu entdecken, nicht so schnell auf. Ihr Interesse konzentriert sich auf den verwitweten Hausherrn, dessen Schweigen über den Tod seiner Frau sie zu den phantastischsten Vermutungen anregt. Schließlich sieht sie in ihm einen zweiten Montoni (der schurkische Ehemann aus *The Mysteries of Udolpho*). Erst als Henry sie bei ihren Nachforschungen in den Zimmern der verstorbenen

Mrs. Tilney ertappt und ihr gehörig die Leviten liest, ist sie endgültig von ihrer Torheit geheilt. Einer Ehe mit Henry scheint nun nichts mehr im Weg zu stehen, doch plötzlich wird Catherine vom General aus dem Haus gewiesen: Er hat erst jetzt erfahren, daß sie nicht die reiche Erbin ist, als die der großsprecherische John Thorpe sie hingestellt hatte. Mit seiner Heuchelei und Herzenskälte bestätigt der General, wenn auch ganz anders, als Catherine es erwartet hatte, ihr negatives Urteil über seinen Charakter. Im Gegensatz zu den Heldinnen der zeitgenössischen sentimentalen Romane gerät die »verstoßene« Catherine nicht ins Elend, sondern muß lediglich mit geborgtem Geld eine Heimfahrt in der Postkutsche überstehen. Dann aber gesteht ihr die Autorin, gleichsam zum Trost für die verlorenen Illusionen, das Happy-End aller romantischen Liebesromane zu: Henry folgt Catherine bald nach, und die beiden werden ein Paar.

Im ersten Teil des Buches arbeitet Jane Austen vorwiegend mit den Mitteln der Burleske, besonders im Hinblick auf damals populäre Themen wie »Empfindsamkeit« oder »Briefroman«. Im zweiten Teil dominiert die Gesellschaftssatire. Dementsprechend verringert sich ihre erzählerische Distanz zur Hauptfigur: Je weiter Catherines Desillusionierung vom Bereich der angelesenen Vorstellungen auf den des wirklichen Lebens übergreift, desto mehr identifiziert sich die Autorin mit ihr. Am Schluß hat Catherine, deren Hineinwachsen in die nüchterne Wirklichkeit psychologisch äußerst feinfühlig nachgezeichnet ist, das erworben, was sie zur echten Austen-Heldin macht: Selbsterkenntnis. Die Satire auf den Schauerroman, die *Northanger Abbey* in erster Linie berühmt gemacht hat, ist nur ein besonders augenfälliger und reizvoller Aspekt dieses großen Themas. KLL

AUSGABEN: Ldn. 1818, 4 Bde. (u. d. T. *Northanger Abbey: and Persuasion*. With a Biographical Notice of H. Austen). – Oxford/Ldn. 1923 (in *The Novels*, Hg. R. W. Chapman, 6 Bde., 1923–1954, 5; ern. 1953). – Oxford 1930, Hg. M. Sadleir (Worlds Classics). – Ldn. 1960, Hg., Einl. u. Anm. A. C. Ward. – Ldn. 1961, Hg. u. Einl. M. Elwin [Ill. Ph. Gough]. – Harmondsworth 1972 (Penguin). – Oxford 1975 (OUP; *Northanger Abbey and Persuasion*). – Ldn. 1979 (Pan). – Oxford 1981 (OUP; *Northanger Abbey, Lady Susan, The Watsons and Sanditon*). – Ldn. u. a. 1985 (Bantam).

ÜBERSETZUNGEN: *Die Abtei von Northanger*, M. Rauchenberger, Köln 1948; ern. Ffm. 1986 (Insel Tb). – Dass., Ch. Agricola, Lpzg. 1980. – Dass., dies., Wiesbaden 1980. – *Kloster Northanger*, U. u. Ch. Grawe, Stg. 1981 (RUB).

BEARBEITUNG: Th. Holme, *Northanger Abbey*, Schauspiel in 3 Akten, Ldn. o. J. [1950].

LITERATUR: M. Sadleir, *The Northanger Novels: A Footnote to J. A.*, Ldn. 1927. – C. S. Emden, *The Composition of »Northanger Abbey«* (in Review of English Studies, 19, 1968, S. 279–287). – E. Rothstein, *The Lessons of »Northanger Abbey«* (in Uni of Toronto Quarterly, 44, 1974, S. 14–30). – W. S. Glock, *Catherine Morland's Gothic Delusions: A Defense of »Northanger Abbey«* (in Rocky Mountain Review of Language and Literature, 32, 1978, S. 33–46). – M. Fowler, *»Substance and Shadow«: Conventions of the Marriage Market in »Northanger Abbey«* (in English Studies in Canada, 6, 1980, S. 277–291). – N. Stéphane, *Une Parodie de roman noir: »Northanger Abbey« de J. A.* (in Europe, 1984, Nr. 659, S. 19–28).

PERSUASION

(engl.; *Überredungskunst*). Roman von Jane AUSTEN, erschienen 1818. – Das letzte Werk der Autorin, 1815 begonnen, wurde wie ihr vermutlich erster Roman, *Northanger Abbey*, erst ein Jahr nach ihrem Tod veröffentlicht. Am Text des Buches, dessen Titel von fremder Hand ist, wäre im Zug einer von Jane Austen bereits 1816 begonnenen Revision wahrscheinlich noch einiges geändert worden. Der ernste, beinahe völlig unironische Ton der Darstellung sowie manche empfindsame Züge im Bild der Heldin, Anne Elliot, scheinen auf eine mit zunehmendem Alter sich verändernde Erzählweise der Autorin hinzuweisen (wenngleich bereits an *Mansfield Park*, 1814, ähnliche Merkmale auffallen), thematisch bleibt Jane Austen in dem durch ihre früheren Romane gesteckten Rahmen, wobei im Hinblick auf die Figurenkonzeption jedoch durchaus innovative Momente erkennbar werden. Trotz zweifacher Ortsveränderung spielt die Handlung in der begrenzten und in sich abgeschlossenen gesellschaftlichen Welt, die auch für Jane Austens andere Werke typisch ist. Die Erzählung setzt ein mit der Schilderung des Herrensitzes Kellynch Hall in Somersetshire und der Familie des Besitzers, Sir Walter Elliot, eines Witwers mit drei Töchtern, von denen die jüngste, Mary, im benachbarten Uppercross mit einem Mr. Musgrove verheiratet ist. Sir Walters von persönlicher Eitelkeit und leerem Adelsstolz bestimmte Lebensart hat die Familie an den Rand des finanziellen Ruins gebracht. Vor dem Bankrott rettet ihn lediglich der Rat Lady Russells, der mütterlichen Freundin seiner zweiten und intelligentesten Tochter Anne. Sie kann Sir Walter dazu bewegen, Kellynch Hall an Admiral Croft zu vermieten und im Kurort Bath ein weniger aufwendiges Leben zu führen. Während er mit seiner ältesten Tochter Elizabeth, charakterlich sein getreues Ebenbild, dorthin reist, bleibt Anne bei Lady Russell zurück und trifft nach langer Trennung Captain Frederick Wentworth, einen Verwandten der Crofts, wieder, dessen Heiratsantrag sie vor fast acht Jahren abgelehnt hatte. Trotz ihrer Liebe zu ihm hatte sie sich damals von den anscheinend berechtigten Bedenken ihres Vaters und der weltklugen Lady Russell überzeugen lassen und sich gegen den jungen, mittellosen Marineoffizier entschieden.

Aus dem Hitzkopf von einst ist inzwischen ein erfahrener und wohlhabender Mann geworden, neben den Crofts ein weiterer Vertreter des Offiziersstands, der in *Persuasion* in vieler Hinsicht den positiven bürgerlichen Gegenpol zur überalterten und weitgehend sinnentleerten Adelswelt darstellt. Wentworth wendet sich zunächst aber nicht der – anders als die meist mädchenhaft wirkenden Protagonistinnen Jane Austens – mit neunundzwanzig Jahren schon etwas verblühten Anne zu, sondern schenkt Louisa, der jungen, fröhlichen Schwägerin Mary Musgroves, seine Aufmerksamkeit. Der Flirt der beiden nimmt eine jähe Wendung, als Louisa während eines Ferienaufenthalts der ganzen Gruppe in dem Seestädtchen Lyme Regis schwer verunglückt. Wentworth wird klar, daß er sich durch sein unbedachtes Benehmen gegenüber dem jungen Mädchen praktisch zur Heirat verpflichtet hat, gleichzeitig aber entdeckt er seine neuerwachte Liebe zu Anne. Zu diesem Gefühl gesellt sich die Eifersucht auf deren entfernten Verwandten William Elliot, den künftigen Erben von Kellynch Hall, der der in kongenialer Gesellschaft neu erblühten Anne den Hof macht. Sein geistreiches Wesen erregt zunächst ihr Interesse, doch bald kann sie sich des Gefühls nicht erwehren, daß er herzlos und gefallsüchtig ist – eine Entdeckung, die sie durch einen Bericht ihrer Jugendfreundin Mrs. Smith, der sie in Bath wiederbegegnet, bestätigt sieht. So untermauert – wie stets bei Jane Austens Heldinnen – auch bei Anne Elliot der Verstand den Gefühlseindruck. Überraschend wird Wentworth von seiner Verpflichtung gegenüber Louisa befreit: Sie entscheidet sich für einen anderen Marineoffizier, Captain Benwick, dessen poetisch-melancholische Trauer um seine jäh verstorbene Braut sie tief beeindruckt hat.

So finden am Ende des scheinbar ganz von Resignation geprägten Romans, für den die immer von neuem evozierte Herbststimmung kennzeichnend ist, Anne und Frederick doch noch zueinander – ein Schluß, der kein billiges Happy-End ist, sondern die Lebenserfüllung zweier gereifter Menschen, die durch Besinnung auf die ausgehöhlte Traditionen überdauernden Werte ihre Entfremdung überwunden haben.

Der Klärungsprozeß wird hinter dem vordergründigen Geschehen, das wie immer bei Jane Austen vorwiegend aus Ausflügen, Gesellschaften und gegenseitigen Besuchen besteht, durch die Spiegelung in Anne Elliots sensitivem Bewußtsein deutlich gemacht. Innovativ gegenüber den früheren Protagonistinnen der Autorin ist dabei auch die Rolle, die Anne beim Zustandekommen dieses Happy-Ends spielt: Wenn sie auch Wentworth keine direkte Liebeserklärung macht, so signalisiert sie ihm doch am Ende deutlich, daß sie ihn immer noch liebt und erscheint so aktiver als die Heldinnen in den ersten Romanen von Jane Austen. KLL

AUSGABEN: Ldn. 1818, 4 Bde. (*Northanger Abbey and Persuasion*; biogr. Notiz H. Austen). – Oxford 1926 (in *The Novels of J. A.*, Hg. R. W. Chapman, 5 Bde., 5; ern. Ldn. 1954). – Ldn. 1928 (in *The Complete Novels*; Einl. J. C. Squire). – Ldn. 1930, Hg. u. Einl. F. Reid (The World's Classics, 356). – Harmondsworth 1943; ern. 1965 (Penguin Books). – Boston 1965, Hg. A. H. Wright. – Ldn. 1971. – Oxford 1981 (OUP). – Ldn. u. a. 1984 (Bantam).

ÜBERSETZUNGEN: *Anna*, W. A. Lindau, Lpzg. 1822 [2 Tle.]. – *Anne Elliot*, M. Rauchenberger, Köln 1948. – Dass., I. Leisi, Zürich 1966; ern. 1981 [Nachw. M. Wildi]. – *Die Liebe der Anne Elliot*, G. Reichel, Weimar 1971.

LITERATUR: J. M. Duffy, Structure and Idea in J. A.'s »Persuasion« (in NCF, 9, 1954, S. 272–289). – M. Bradbury, »Persuasion« Again (in Essays in Criticism, 18, 1968, S. 383–396). – T. P. Wolfe, The Achievement of »Persuasion« (in Studies in English Literature 1500–1900, 11, 1971, S. 687–700). – D. M. Monaghan, The Decline of the Gentry: A Study of J. A.'s Attitude to Formality in »Persuasion« (in Studies in the Novel, 7, 1975, S. 73–87). – T. Lockwood, Divided Attention in »Persuasion« (in NCF, 33, 1978, S. 309–323). – A. Molan, Persuasion in »Persuasion« (in Critical Review, 24, 1982, S. 16–29).

PRIDE AND PREJUDICE

(engl.; *Stolz und Vorurteil*). Roman von Jane AUSTEN, erschienen 1813. – Das Werk, von dem vermutlich bereits 1796/97 eine erste Fassung in Briefform unter dem Titel *First Impressions* entstand, bildet die Krönung der ersten Schaffensphase der Autorin. Wie in den meisten ihrer Romane erzählt Jane Austen auch hier das Schicksal eines jungen Mädchens bis zur Heirat, wobei diese nicht lediglich das konventionelle glückliche Ende der Handlung darstellt, sondern zu einem Thema ausgeformt wird, das sich in vielfältigen Spiegelungen im Roman wiederholt und die Heldin vor ernste Entscheidungen stellt, an denen der Grad ihrer inneren Reife abzulesen ist.

Für Elizabeth Bennets ersten Bewerber, ihren pompös-hohlköpfigen Verwandten Mr. Collins (eine der vielen komischen Pfarrergestalten Jane Austens), sprechen finanzielle Erwägungen. Geld spielt in *Pride and Prejudice* wie in den anderen Romanen Jane Austens eine wichtige Rolle, darf von den Figuren bei aller realistischer Einschätzung seiner Notwendigkeit aber nicht absolut gesetzt werden, ein Aspekt, der sich etwa an der unglücklichen Versorgungsehe von Elizabeths Freundin Charlotte Lucas zeigt. Elizabeth lehnt Collins' Angebot aber ebenso ab wie den ersten, gänzlich unerwarteten Antrag Mr. Darcys, eines reichen, standesbewußten Gutsbesitzers, den sie bei ihrem neuen Nachbarn, Mr. Bingley, kennengelernt hat. Darcy ist von Elizabeths intelligentem, aber selbstsüchtigen und zynischen Vater, ihrer törichten, nur auf die vorteilhafte Verheiratung der fünf unbegüterten Töchter bedachten Mutter und ihren oberflächlichen jüngeren Schwestern Lydia und Kitty unangenehm berührt und gibt diese Abneigung zunächst trotz seines Interesses an Elizabeth gereizt zu erkennen. Diese wiederum deutet, zum Teil durch den Stolz auf die eigene Intelligenz und Einsicht fehlgeleitet, zu diesem Zeitpunkt sein Verhalten als aristokratischen Hochmut.

Stolz und Vorurteil als menschliche Schwächen, die das gegenseitige Verständnis erschweren, durchziehen als Leitthemen das ganze Werk. Sie treten nicht nur bei den Hauptpersonen, sondern in vergröberter Form auch bei Nebenfiguren wie Lady Catherine de Bourgh oder den Schwestern Bingley auf. Elizabeth glaubt ihre voreilige Ablehnung Darcys gerechtfertigt durch die Verleumdungen Wickhams, eines flotten Leutnants, der als Pflegesohn in der Familie Darcys aufwuchs und dem man deshalb unbedenklich Glauben schenkt. Außerdem sieht sie Darcys Arroganz darin bestätigt, daß er die aufkeimende Liebe zwischen Bingley und ihrer schönen älteren Schwester Jane (der einzigen Frauengestalt des Romans, die der Heldin einigermaßen ebenbürtig ist) zu unterbinden sucht. In einem Brief an Elizabeth, deren Abweisung und Vorwürfe er schweigend hingenommen hat, gibt Darcy zu, daß er den Freund aus Standesgründen vor einer Verbindung mit Jane bewahren wollte, erklärt aber auch, er habe hinter deren Zurückhaltung kein echtes Gefühl für Bingley entdecken können. Wickhams Anfeindungen dagegen kann er mit dem Hinweis auf dessen groben Vertrauensbruch – er hatte versucht, Darcys Schwester Georgiana zu verführen – einleuchtend erklären. Scheint in der Mitte des Romans die Entfremdung zwischen den Protagonisten der Haupt- und Nebenhandlung vollkommen, so erweist sie sich bei einer zufälligen Begegnung Elizabeths, Darcys und Bingleys auf Pemberley, dem Herrensitz der Darcys, als überwindbar. Das Schloß führt der Heldin in seiner Kultiviertheit Darcys Bildung und Geschmack überzeugend vor Augen, aber auch seine Fürsorge für das zahlreiche Personal und die Pächter seines Grundbesitzes beeindrucken sie. Seine herzliche Wärme gegenüber Elizabeths bürgerlichen Verwandten, dem Kaufmannsehepaar der Gardiners, entlastet ihn vom Verdacht des borniertem Adelsdünkels. Doch die allgemeine Harmonie wird durch die Nachricht gestört, daß Lydia Bennet sich von Wickham entführen ließ. Damit ist Darcys Urteil glänzend bestätigt, die Bennets aber sind kompromittiert. Während Elizabeth voller Reue über ihre falsche Einschätzung Darcys ihr Lebensglück verloren glaubt, beweist er, daß er seine Vorurteile überwunden und sich zum uneingeschränkt liebenden Mann gewandelt hat: Heimlich gewährt er Wickham und Lydia großzügige finanzielle Hilfe und ermöglicht damit ihre Heirat. Elizabeths zufällige Entdeckung seiner Wohltäterrolle bereitet ihre und Darcys Verbindung vor. Auch Bingley und Jane finden in der Erkenntnis zueinander, daß es besser gewesen wäre, von Anfang an dem eigenen Gefühl und nicht dem Rat noch so wohlmeinender Freunde bzw. den Konventionen der Gesellschaft zu folgen.

Obwohl das Geschehen weitgehend aus der sich ständig wandelnden Perspektive Elizabeths geschildert wird, hat Jane Austen den Roman in der dritten Person geschrieben. Damit ist der Heldin ein Erzähler übergeordnet, der immer wieder, oft in ironischer Form, hinter den Täuschungen und Irrtümern der Figuren den wahren Sachverhalt und die richtigen Bewertungsnormen durchschimmern läßt und dem Leser die nötige Distanz zu den Romanfiguren suggeriert. Diese Technik hat die Autorin später in *Emma* wiederaufgenommen und ebenso wie ihre Dialogkunst, die sich in *Pride and Prejudice* vor allem in den geistreichen Rededuellen Elizabeths und Darcys bewährt, vervollkommnet.

W.Kl.

AUSGABEN: Ldn. 1813, 3 Bde. – Ldn. 1817, 2 Bde. – Ldn./Philadelphia 1832 (*Elizabeth Bennet; or Pride and Prejudice*). – Ldn. 1898 (in *The Novels*, Hg. R. B. Johnson, 10 Bde., 3/4). – Oxford 1926 (in *The Novels*, Hg. R. W. Chapman, 5 Bde., 1925/26, 2; ern. Ldn. 1952). – NY 1962 [Einl. E. Stevenson]. – Ldn. 1967 [Einl. B. Brophy]. – NY 1967, Hg. A. W. Litz. – Ldn. 1967, Hg. u. Einl. G. C. Rosser. – Ldn. 1968. – Ldn. 1971. – Oxford 1980 (OUP). – Ldn. u. a. 1981 (Bantam).

ÜBERSETZUNGEN: *Elizabeth und Darcy*, K. v. Schab, Bln. 1939. – *Stolz und Vorurteil*, I. Krämer, Zürich 1948; 5 1985. – Dass., M. Rauchenberger, Köln 1948; ern. 1985 (Insel Tb). – Dass., H. Holscher, Wilhelmshaven 1951. – Dass., W. Beyer, Lpzg. 1967; Ffm. 5 1984 (FiTb; Nachw. H. Findeisen). – Dass., U. u. Ch. Grawe, Stg. 1984 (RUB).

DRAMATISIERUNGEN: H. Jerome, *Pride and Prejudice*, Garden City/NY 1935. – A. A. Milne, *Miss Elizabeth Bennet*, Ldn. 1936 (Urauff.: NY, 3. 2. 1938, Peoples Palace Theatre). – J. Kennett, *Pride and Prejudice*, Ldn. 1955.

VERFILMUNG: USA 1940 (Regie: R. Z. Leonhard).

LITERATUR: R. A. Brower, *The Controlling Hand: J. A. and »Pride and Prejudice«* (in Scrutiny, 13, 1945, S. 99–111). – S. Kliger, *J. A.'s »Pride and Prejudice« in the Eighteenth-Century Mode* (in Univ. of Toronto Quarterly, 16, 1947, S. 357–370). – W. S. Maugham, *»Pride and Prejudice«* (in Atlantic Monthly, 181, 1948, S. 99–104). – E. M. Halliday, *Narrative Perspective in »Pride and Prejudice«* (in NCF, 15, 1960, S. 65–71). – M. Marcus, *A Major Thematic Pattern in »Pride and Prejudice«* (ebd., 16, 1961, S. 274–279). – B. A. Booth, *»Pride and Prejudice«. Text, Backgrounds, Criticism*, NY 1963. – J. Weinsheimer, *Chance and the Hierarchy of Marriages in »Pride and Prejudice«* (in Journal of English Literary History, 39, 1972, S. 404–419). – S. Morgan, *Intelligence in »Pride and Prejudice«* (in MPh, 73, 1975, S. 54–68). – R.

McKeon, *»Pride and Prejudice«: Thought, Character, Argument, and Plot* (in Critical Inquiry, 5, 1979, S. 511–527). – M. Satz, *An Epistemological Understanding of »Pride and Prejudice«: Humility and Objectivity* (in Women & Literature, 3, 1983, S. 171–186).

SENSE AND SENSIBILITY

(engl.; *Vernunft und Gefühl*). Roman von Jane AUSTEN, erschienen 1811. – Das erste veröffentlichte Werk der Autorin geht auf eine bereits vor 1797 entstandene, in Briefform geschriebene Fassung *(Elinor and Marianne)* zurück, die Jane Austen zweimal umarbeitete, bevor sie den nun in der dritten Person erzählten Roman auf eigene Kosten drucken ließ.

Die Antithese »Vernunft und Gefühl« bestimmt durchweg die Handlung, in deren Mittelpunkt zwei aus dem Landjunkermilieu stammende Schwestern, Verkörperungen jener kontrastierenden Haltungen, stehen. Der Beginn des Romans (wie stets bei Austen eine kurze Exposition) zeigt Elinor und Marianne Dashwood in einer fremden Umgebung. In dem kleinen Haus in Devonshire, wohin sie mit ihrer verwitweten, finanziell von ihrem egoistischen Stiefsohn John abhängigen Mutter und einer jüngeren Schwester gezogen sind, leidet Elinor unter der Trennung von Edward Ferrars, einem angehenden Geistlichen, versucht aber in ihrer stillen, besonnenen Art mit dieser Enttäuschung fertig zu werden. Abwechslung in das ruhige Leben der Dashwoods bringt der junge, gutaussehende Willoughby, dem das Herz der schwärmerischen Marianne zufliegt. Er scheint empfindsam wie sie selbst zu sein und teilt ihre Begeisterung für romantische Naturbilder und die Dichtungen Cowpers, Thomsons und Scotts. Ohne Rücksicht auf gesellschaftliche Konventionen zeigen beide ihre Zuneigung füreinander, ein Verhalten, das Elinor (mit der sich die Erzählerin weitgehend identifiziert) für ebenso unüberlegt und wirklichkeitsfremd hält wie Mariannes Einstellung zu dem beherrschten, nüchternen Colonel Brandon, den die Siebzehnjährige allein schon, weil er doppelt so alt ist, als Bewerber ablehnt.

Mit der plötzlichen Abreise Willoughbys beginnt für Marianne eine Krise, die ihren Höhepunkt während eines Aufenthalts in London erreicht, wohin die Schwestern in Begleitung der etwas vulgären, aber herzensguten Mrs. Jennings gereist sind und wo sie erfahren, daß sich der mittellose Willoughby für eine Frau entschieden hat, die 50 000 Pfund Mitgift erhält. Zur völligen Desillusionierung Mariannes trägt auch Brandons Enthüllung bei, daß seine Jugendgeliebte einst von Willoughby entehrt wurde. (In der Charakterisierung Willoughbys finden sich deutliche Parallelen zu RICHARDSONS Lovelace aus *Clarissa*, dem Modell fast aller im empfindsamen Gesellschaftsroman bis 1800 auftretenden Verführer, und mit der entsprechenden Figur in Fanny BURNEYS *Evelina* hat Willoughby sogar den Namen gemeinsam.) Der verzweifelten Schwester versucht Elinor inneren Halt zu geben, obwohl ihre eigene Situation sich zugespitzt hat; denn die kleinbürgerliche, gesellschaftlich ambitionierte Lucy Steele, der Ferrars einst in jugendlichem Überschwang die Heirat versprochen hat, versucht mit unlauteren Mitteln, Elinors Liebe zu zerstören. Angesichts der stillen Tapferkeit ihrer Schwester gelangt Marianne zu der Erkenntnis, daß ihre angelesenen romantischen Ideale sie selbstsüchtig gemacht haben. Nachdem Elinor und Ferrars, auf den Lucy zugunsten seines reicheren Bruders verzichtet, ein Paar geworden sind, nimmt Marianne die Werbung Brandons an.

Die strikt durchgehaltene Kontrastierung von »Vernunft« und »Gefühl« wirkt als Strukturprinzip bisweilen schablonenhaft, und die Schlußwendung mit dem romantischen Happy-End für die vernünftige und der vernünftigen Heirat für die romantische Schwester erscheint forciert. Dagegen bewähren sich Jane Austens Charakterisierungskunst und Sinn für Humor und Ironie bereits in diesem Roman, und zwar vor allem in der Zeichnung von Nebenfiguren wie Mr. und Mrs. John Dashwood, Mrs. Jennings und Mrs. Ferrars. Die für das Gesamtwerk der Autorin kennzeichnenden Themen – z. B. die Auswirkungen des materiellen, gesellschaftlichen und Bildungsehrgeizes auf den Charakter, Selbsterkenntnis als Voraussetzung für das Verständnis der Mitmenschen und damit für sittliches Handeln, Entfremdung von der Wirklichkeit unter dem Einfluß literarischer Idole – sind in *Sense and Sensibility* bereits ebenso zu finden wie der virtuos charakterenthüllende Dialog und der auf Dekor verzichtende, äußerst disziplinierte Erzählstil. KLL

AUSGABEN: Ldn. 1811, 3 Bde. – Ldn. 1906 (Einl. R. B. Johnson; ern. Ldn./NY 1957). – Oxford/Ldn. 1923 (in *The Novels*, Hg. R. W. Chapman, 6 Bde., 1923–1954, 1; ern. 1960). – Ldn. 1928 (in *The Complete Novels*; Einl. J. C. Squire). – NY 1957 [Einl. S. Gibbons u. Ill. H. Sewell]. – NY 1961 [Anm. u. Komm. I. Watt]. – NY/Washington 1966 [Einl. D. Schirmer]. – Ldn./NY 1967 [Einl. L. D. Cecil]. – Ldn. 1971. – Ldn. 1972. – Oxford 1980 (OUP). – Harmondsworth 1981 (Penguin). – Ldn. u. a. 1983 (Bantam).

ÜBERSETZUNGEN: *Gefühl und Verstand*, E. Gröger, Bln./Weimar 1982. – *Vernunft und Gefühl*, R. Schirmer, Zürich 1984. – *Verstand und Gefühl*, U. u. Ch. Grawe, Stg. 1984 (RUB). – *Gefühl und Verstand*, E. Gröger, Ffm. 1986 (FiTb).

LITERATUR: A. McKillop, *The Context of »Sense and Sensibility«* (in Rice Institute Pamphlet, 44, 1958, S. 65–78). – Ch. Gillie, *»Sense and Sensibility«: An Assessment* (in EIC, 9, 1959, S. 1–9). – R. apRoberts, *»Sense and Sensibility«, or Growing Up Dichotomous* (in NCF, 10, 1975, S. 351–365). – P. Craddock, *The Almanac of »Sense and Sensibility«* (in Renascence, 35, 1983, Nr. 4, S. 269–283).

MARY HUNTER AUSTIN

* 9.9.1868 Carlinville / Ill.
† 13.8.1934 Santa Fe / N.Mex.

LITERATUR ZUR AUTORIN:
J. Gear, *M. A., Bibliography and Bibliographical Data*, o. O. 1934. – H. McK. Doyle, *M. A., Woman of Genius*, NY 1939. – D. T. Wynn, *A Critical Study of the Writings of M. H. A.*, Diss. NY 1940. – T. M. Pearce, *M. H. A.*, NY 1965 (TUSAS). – D. J. Altman, *M. H. A. and the Roles of Women*, Diss. State Univ. of NY at Albany 1979 (vgl. Diss. Abstracts, 40, 1980, S. 5052 A). – J. Ruppert, *Discovering America: M. A. and Imagism* (in *Studies in American Indian Literature*, Hg. P. G. Allen, NY 1983, S. 243–258).

THE ARROW MAKER

(amer.; *Der Pfeilschnitzer*). Schauspiel in drei Akten von Mary Hunter AUSTIN, Uraufführung: New York, 27. 2. 1911, New Theatre. – Schauplatz des Stücks ist Kalifornien, und zwar zu einer Zeit, als das Leben der indianischen Einwohner noch unberührt war von fremden Einflüssen. Im Mittelpunkt der Handlung stehen die schöne junge Chisera, die von ihrem Stamm als Weissagerin und Heilkundige verehrt wird, und ihr Liebhaber, ein kunstfertiger Pfeilschnitzer *(arrow maker)*. Dank Chiseras Einfluß wird er zum Führer seines Stammes im Kampf gegen einen feindlichen Nachbarstamm ernannt. Doch nach seiner siegreichen Rückkehr verläßt er Chisera, um die Tochter des Stammeshäuptlings zu heiraten und damit seine Stellung als Kriegsführer zu festigen. Chisera rächt sich fürchterlich: sie verweigert nicht nur dem jungen Paar ihren Glücksspruch, sondern widerruft auch ihren Kampfessegen für den Pfeilschnitzer. Der Folge ist eine Niederlage des Stammes, die Not, Hunger und bitterste Verzweiflung nach sich zieht. Schließlich jedoch läßt sich Chisera von der Opferbereitschaft der Frauen und von deren teilnehmendem Verständnis für ihr persönliches Leid erweichen. Sie stellt ihre Sehnsucht nach eigener Erfüllung zurück und besinnt sich auf ihre Verantwortung gegenüber dem Stamm, der nun mit Hilfe ihrer magischen Kräfte wieder seine Feinde besiegen kann.

Dank ihrem jahrelangen Studium der indianischen Volkskunde und ihrem Interesse an Frauenrechtsfragen sind der Autorin sowohl die Schilderung des Milieus als auch das menschliche Dilemma der weiblichen Hauptfigur überzeugend gelungen. Dieses Schauspiel über Leben und Bräuche der Ureinwohner des Kontinents konnte sich daher in Amerika rasch durchsetzen. G.Ha.

AUSGABEN: NY 1911. – Boston/NY 1915. – NY 1969, Nachdr. der Ausg. 1915.

LITERATUR: J. W. Berry, *Characterization in M. A.'s Southwest Works* (in Southwestern American Literature, 2, 1972, S. 119–124).

THE FORD

(amer.; *Die Furt*). Roman von Mary Hunter AUSTIN, erschienen 1917. – Der Titel bezieht sich einerseits auf einen Wasserlauf, an dem die Hauptpersonen des Romans in ihrer Kindheit spielen, andererseits auf die biblische Furt Jabbok, an der Jakob mit dem Engel rang, also auf die Furt als ein Symbol des Gewissenskonfliktes. – Schauplatz des Romans ist Kalifornien zu der Zeit, als sich die Ranchers gegen die Industrialisierung des Landes zur Wehr setzten. Die treibende Kraft auf seiten der reichen Spekulanten ist Rickart, der »alte Herr«, wie alle ihn nennen, gleichviel ob sie für oder gegen ihn arbeiten, ihn lieben oder hassen, von ihm gefördert oder geschädigt werden. Er ist dank seiner Kenntnis der Nutzungsmöglichkeiten des Landes und seiner Beschlagenheit in juristischen Fragen den anderen überlegen. Vor allem aber kennt er die Menschen und weiß sie zu behandeln. Ihn plagen keine Gewissensskrupel, der Zweck rechtfertigt in seinen Augen jedes Mittel. Fehlgeschlagene Ölspekulationen haben die schlecht beratene ältere Generation der Farmer, repräsentiert durch Steve Brent, ins Unglück gestürzt. Brents Kinder, Kenneth und Anne, lehnen die Methoden der Alten ab, sie wollen »dabei« sein, sich an der Erschließung des jungen Landes beteiligen. Anne, die Tüchtigere, mit Geschäftssinn Begabte, veranlaßt ihren Bruder, für Rickart zu arbeiten, und nachdem Kenneth einige juristische Kenntnisse erworben hat, wird er der Sekretär des Unternehmers. Er ist kein Schwächling; da es ihm aber an echtem Pioniergeist und Initiative fehlt, bleibt er an dem Projekt innerlich unbeteiligt. Als Rickart plant, die Wasserrechte im Heimatgebiet der Geschwister zu erwerben (wodurch auch die Furt betroffen wird), um ein Reservoir in San Francisco zu bauen, gerät Kenneth in einen schweren Konflikt. Er entscheidet sich gegen die Industrialisierung und für die rein landwirtschaftliche Nutzung des Landes. Im Auftrag der Interessengemeinschaft der Farmer gelingt es ihm schließlich, Rickarts Pläne zu durchkreuzen.

Die Einstellung der Frauenrechtlerin Austin ist vor allem aus der Schilderung der weiblichen Romanfiguren abzulesen. Der Frau Steve Brents, die sich nach dem Leben in der Großstadt sehnt und ihrem Mann in schweren Stunden keine gute Gefährtin ist, steht ihre Tochter Anne gegenüber, unsentimental, selbstsicher, organisatorisch begabt und bereit, für ihre Überzeugung auf persönliches Glück zu verzichten. Virginia, eine Kindheitsfreundin der Geschwister Brent, tritt als radikale Kämpferin für politische und soziale Reformen auf, die sie mit emotionellen Schlagworten über recht unausgegorene Ideen zu propagieren sucht, während sie mit ihren persönlichen Problemen nicht fertig wird. Die engagierte Haltung der Autorin, die Zeit ihres Lebens für die Befreiung des Individuums aus den Fesseln der Konvention eintrat, hat ihren Roman ebenso geprägt wie ihre Vertrautheit und Verbundenheit mit dem Milieu der kalifornischen Farmer.

M.St.

AUSGABE: Boston/NY 1917.

LITERATUR: D. Gerstenberger u. G. Hendrick, *The American Novel 1789–1959*, Denver 1961, S. 15/16 [Bibliogr.].

WILLIAM AUSTIN

* 2.3.1778 Lunenburg / Mass.
† 27.6.1841 Charlestown / Mass.

PETER RUGG, THE MISSING MAN

(amer.; *Peter Rugg, der Verschollene*). Kurzgeschichte von William AUSTIN, erschienen 1824. – Der Erzähler hat im Jahr 1820 in Neuengland ein merkwürdiges Erlebnis: In einem Wagen, der von einem schwarzen Pferd gezogen wird, jagt ein Mann mit einem Kind vorbei, und in seinem Gefolge zieht ein Unwetter auf. Der Erzähler geht dieser hierzulande offenbar bekannten Erscheinung – der Mann fragt stets nach dem schnellsten Weg nach Boston, das er noch am selben Abend erreichen müsse – nach, und aus verschiedenen Augenzeugenberichten ergibt sich der folgende Tatbestand: Im Jahr 1770 machte der ehrbare, aber jähzornige Peter Rugg mit seiner Tochter eine Ausfahrt, bei der er in ein Unwetter geriet. Den Rat eines Freundes, nicht nach Boston zurückzukehren, schlug er in den Wind: »*Ich werde heute abend zu Hause sein ... oder ich will niemals wieder ein Zuhause sehen!*« Dieser Fluch traf prompt ein, und – amerikanische Variation des alten Motivs vom Ewigen Juden – seitdem irrt Rugg ruhelos umher, ohne sein Ziel je zu erreichen bzw. ohne es wiederzuerkennen, als er eines Tages doch vor dem Haus steht, in dem er vor einem halben Jahrhundert seine inzwischen längst verstorbene Frau zurückgelassen hat – letzteres ein an Washington IRVINGS *Rip Van Winkle* (1819/20) erinnerndes Motiv. So wird der verfluchte Peter Rugg zu einem folkloristischen Mythos, und seine ruhelose Existenz bleibt »*ein Geheimnis bis auf den heutigen Tag*«.
Die sehr kurze, knapp und nüchtern erzählte Geschichte, deren Atmosphäre den späteren HAWTHORNE ahnen läßt und die durch ihre Rückblenden und Augenzeugenberichte erfolgreich ein reales Geschehen vorspiegelt, ist ein gutes Beispiel für die amerikanische *tall story*, sowohl vom Thema her als auch im Detail (etwa, wenn dem Jähzorn Ruggs die »Erfindung« des Purzelbaums zugeschrieben wird). Sie zeichnet sich ferner durch ihren trockenen »Yankee«-Humor aus. Sie ist jedoch vor allem bedeutsam, weil sie – wie die besten Geschichten Irvings, denen sie in Ton und Genre ähnelt, deren literarischen Rang sie aber nicht erreicht – versucht, den noch jungen amerikanischen Staat durch ihren Beitrag zur Mythenbildung historisch und literarisch konkurrenzfähig mit dem alten, legendenträchtigen Europa zu machen, ein Unterfangen, in dem sich ein Großteil der amerikanischen Literatur in der ersten Hälfte des 19. Jh.s erschöpfte.

K.J.P.

AUSGABEN: In New England Galaxy, 10. 9. 1824. – Boston 1841 (in The Boston Book for 1841). – Boston 1890 (in *Literary Papers of W. A.*, Hg. J.W. Austin). – Boston 1910 [Vorw. T. W. Higginson]. – Philadelphia 1942 (in *Thirteen Ghostly Yarns*, Hg. E. H. Sechrist). – Ldn. 1943. – Upper Saddle River/N. J. 1970.

LITERATUR: F. L. Patee, *The Development of the American Short Story. A Historical Survey*, NY 1923, S. 37–39. – W. A. The Creator of »*Peter Rugg*«, Hg. W. Austin, Boston 1925. – S. J. Kunitz u. H. Haycraft, *American Authors, 1600–1900*, NY 1938, S. 42/43. – B. F. Fisher, *W. A.* (in *Supernatural Fiction Writers: Fantasy and Horror II*, Hg. E. Bleiler, NY 1985, S. 693–696).

FRAU AVA

† 6./7.2.1127 Kloster Melk (?)

DAS LEBEN JESU

Geistliches Gedicht (mhd.) von Frau AVA, entstanden 1120. – Das Gedicht bildet zusammen mit den drei anderen Werken der Verfasserin, dem *Johannes, Antichrist* und dem *Jüngsten Gericht*, eine Einheit. Das *buoch*, wie die Dichterin es selbst nennt, ist gedichtete Heilsgeschichte und spannt einen Bogen vom neuen Beginn der Menschheit im Zeichen des Neuen Bundes bis zum Weltende und Jüngsten Gericht. Die vier Gedichte sind in der großen Vorauer Sammelhandschrift aus dem 12.Jh. und in einer Görlitzer Handschrift aus dem 14.Jh. überliefert. Die Dichterin erwähnt ihren Namen nur in der letzten Zeile des *Jüngsten Gerichts*, ihre Verfasserschaft ist jedoch auch für die anderen Gedichte gesichert (R. Kienast). Frau Ava ist wahrscheinlich mit der in den Melker Annalen erwähnten »Ava inclusa« identisch, deren Klause in der Nähe des Klosters in Niederösterreich lag. Sie ist die älteste Dichterin deutscher Sprache. Sie berichtet, daß sie Mutter zweier Söhne sei, wahrscheinlich zweier Geistlicher, »*diu sageten ir disen sin*«, d. h. den Inhalt ihrer Gedichte und seine theologische Ausdeutung. Sie waren jedoch sicher nicht an der Abfassung der Werke beteiligt, wie es Helmut de BOOR stilistisch nachzuweisen versuchte. Frau Ava, die offenbar Lateinkenntnisse besaß, dichtete für Angehörige des höheren Standes, für Adlige und Geistliche.

Das erste Gedicht umfaßt, den *Evangelien* und zeitgenössischen Bibelkommentaren folgend, das Leben Jesu von der Geburt bis zur Himmelfahrt und Ausgießung des Heiligen Geistes. Christus wird mehr als Handelnder denn als Lehrender, mehr als Wunder Wirkender denn als Prediger dargestellt. Eindringlich kurz und prägnant werden Passion und Grablegung erzählt; mit deutlicher Anteilnahme zeichnet Frau Ava die Gestalten der Maria Magdalena, Josephs von Arimathia und des Nicodemus unter dem Kreuz, und sie stimmt in deren Klage mit ein: »*Owi, Maria Magdalena, / wie gestunte du ie da / da du dinen herren guoten / sahe hangen unde bluoten.*« Hier wird der Geist der *compassio* deutlich, der die Erzählhaltung der Dichterin bestimmt. Als dramatische Geschichten werden die Ereignisse nach dem Tod Christi behandelt: Auferstehung, Höllenfahrt, Erscheinung vor Maria Magdalena und vor den Frauen und Jüngern. Das Gedicht endet mit der Ausgießung des Heiligen Geistes und der Einsetzung der vier Evangelisten.

In der Auswahl des Stoffs und in seiner Anordnung steht das Werk dem mittelalterlichen Drama nahe. Schon Edward SCHRÖDER wies im Zusammenhang mit dem *Leben Jesu* auf die in einer Handschrift des 13.Jh.s überlieferte, aber früher entstandene lateinische Osterfeier aus Orleans hin, und Richard KIENAST nimmt für die Passagen von der Gefangennahme bis zur Kreuzigung den Einfluß eines Passionsspiels an. Neuestens weist H. de Boor den Einfluß der lateinischen Osterfeier auf das *Leben Jesu* nach. Der dramatischen Konzeption der Erzählung entspricht, daß alle lehrhaften Teile der *Evangelien* (Bergpredigt, Gleichnisse) fehlen und nur die Abschnitte berücksichtigt werden, in denen handelnde Personen auftreten. Auch weist die Anordnung der einzelnen Szenen auf dramatische Dichtungen, wie z. B. der Abschnitt über die Geburt Christi, auf das *Benediktbeurer Weihnachtsspiel* (vgl. *Weihnachtsspiele*). Die Tatsache, daß in Frau Avas Gedicht die beiden Marien am Grab Christi einen weißen und einen roten Engel erblicken, stellt zudem die Beziehung zum Osterspiel des Mittelalters her: Eine Regieanweisung zum *Benediktbeurer Osterspiel* (vgl. *Osterspiele*) nennt zwei Engel in rotem bzw. in weißem Gewand. Für den Einfluß dramatischer Dichtung auf Frau Avas Werk spricht weiter, daß der österreichische Donauraum um das Bistum Passau entscheidend an der Entwicklung des mittelalterlichen Dramas beteiligt war. – Die Dichterin erzählt das Leben Jesu mit großer Anteilnahme. Der Stil ist einfach und paratraktisch, die Satzschlüsse fallen ans Zeilenende. Metrik und Reim entsprechen in ihrer Unausgeglichenheit der Entwicklungsstufe frühmittelhochdeutscher Dichtung.

Der Erzählung vom Leben Jesu schließt sich eine kurze Abhandlung über die sieben Gaben des Heiligen Geistes an, die sich aus dem vorhergehenden Bericht über die Ausgießung des Heiligen Geistes ergibt. Der Aufzählung der sieben Gaben, mit denen sich die vier Elemente vereinigen, folgen die sieben Seligpreisungen der Bergpredigt und eine Tugendlehre. In diesem Abschnitt verbindet die Dichterin die Augustinische Lehre von der Dreieinigkeit mit ABAELARDS Trinitätsformel der Macht, Weisheit und Güte. Die Quellenfrage ist ungeklärt, doch ist *De quinque septenis* VON HUGO VON ST. VIKTOR nicht Frau Avas Vorlage gewesen, wie noch Gustav EHRISMANN und, nach ihm, Hans STEINGER annahmen. – Mit ihrer Abhandlung über die sieben Gaben, die zeigen soll, daß der Heilige Geist die Menschheit vor dem Fall bewahrt, wenn die Endzeit hereinbricht, leitet die Dichterin zu den beiden eschatologischen Gedichten ihres *buoches* über, dem *Antichrist* und dem *Jüngsten Gericht*. Vor der Darstellung der letzten Dinge und der mit ihnen verbundenen Bußstimmung versagt jedoch ihre dichterische Gestaltungskraft. Die beiden kurzen Gedichte wirken trocken und karg und erreichen nicht die Eindringlichkeit der als Vorlage benutzten Dichtung *Himmel und Hölle* (2. Hälfte des 11.Jh.s).

In dem wenig über hundert Verse umfassenden *Antichrist* wird dessen Wirken beschrieben. Er kommt vor dem Jüngsten Gericht und überzieht das Land mit Pest, Seuche, Haß, Neid und Zwietracht. Er ist der Gegenchrist, der die Frommen verführt und falsche Wunder tut. Elias und Enoch bekämpfen ihn, aber sie unterliegen. Dreieinhalb Jahre währt sein Reich, dann stürzt er; »*sin ubermuot in vellet*«. Das Gedicht endet mit einer Mahnung zur »*durnahtigen becherde*«, zu vollständiger Bekehrung. – Das anschließende *Jüngste Gericht* berichtet von den fünfzehn Zeichen, die dem Gericht vorausgehen, und über das Gericht selbst; als Abschluß folgt ein Preis der Seligen. A.Roe.

AUSGABEN: Wien 1849 (in *Deutsche Gedichte des 11. u. 12. Jh.s*, Hg. J. Diemer). – Stg. 1887 (in *Die Gedichte der Ava*, Hg. P. Piper; in ZfdPh, 19). – Tübingen 1965 (in *Die religiösen Dichtungen des 11. u. 12. Jh.s*, Hg. F. Maurer, Bd. 2). – Tübingen 1966 (in *Die Dichtungen der Frau Ava*, Hg. u. Vorw. F. Maurer; ATB, 66). – Darmstadt 1968 [Nachdr. der Ausg. Wien 1849]. – St. Pölten/Wien 1985 (in *Lit. aus Niederösterreich: Von Frau Ava bis Helmut Zenker*). – Graz 1986 (in *Die Dichtungen der Frau Ava*, Hg. K. Schacks).

LITERATUR: A. Langguth, *Untersuchungen über die Geschichte der A.*, Budapest 1880 [auch Diss. Lpzg. 1880]. – E. Schröder, *A. und Bettina* (in AfdA, 42, 1923, S. 90/91). – H. de Boor, *Frühmittelhochdeutsche Studien*, Halle 1926, S. 151–182. – E. Schröder, *Aus der Gelehrsamkeit der Frau A.* (in ZfdA, 66, 1929, S. 171 ff.). – R. Kienast, *A. Studien I–III* (in

ZfdA, 74, 1937, S. 1–36; 277 – 308; 77, 1940, S. 85–104). – M. Domitrovic, *Die Sprache in den Gedichten der Frau A.*, Diss. Graz 1950. – G. Wesenick, *Frühmittelhochdeutsche Dichtung des 12. Jh.s aus der Wachau. Frau A.s Gedichte*, Diss. Wien 1963. – R. Woelfert, *Wandel der religiösen Epik zwischen 1100 u. 1200. Dargestellt an Frau A.s »Leben Jesu« u. der »Kindheit Jesu« des Konrad von Fussesbrunnen*, Diss. Tübingen 1964. – E. Greinemann OSB, *Die Gedichte der Frau A. Untersuchungen zur Quellenfrage*, Diss. Freiburg i. Br. 1967. – A. Masser, *Bibel, Apokryphen u. Legenden. Geburt u. Kindheit Jesu in der religiösen Epik des deutschen MAs*, Bln. 1969. – H. Rosenfeld, *Frau A. u. der deutsche Personenname Awe* (in *Fs. für H. Rosenfeld*, 1977, S. 19–27). – E. Papp (in VL², 1, Sp. 560–565). – De Boor, 1, S. 153–155.

DAVID AVIDAN

* 21.2.1934 Tel Aviv

MASHEHU BISHVIL MISHEHU

(hebr.; *Etwas für Jemanden*). Gedichte von David AVIDAN aus den Jahren 1952–1964, erschienen 1964. – Avidan gilt als das »enfant terrible« der israelischen Gegenwartslyrik. Er wurde in Tel Aviv geboren und studierte an der Hebräischen Universität. In den fünfziger Jahren schloß er sich der Gruppe junger Poeten an, deren Sprachrohr die von Natan ZACH herausgegebene Zeitschrift ›Akhshav‹ war. Avidan ist nicht nur einer der innovativsten israelischen Lyriker, er machte sich auch einen Namen als Cineast und Graphiker. Die Geschichte seines künstlerischen und schriftstellerischen Gesamtwerks ist reich an Provokationen. Er war zum Beispiel der erste israelische Lyriker, der den Computer als schöpferisches Instrument für sich entdeckte. Als einziger schrieb er auch Gedichte unter dem Einfluß von LSD. Die Vielzahl seiner Aktivitäten bündelt eine Künstleragentur, ein Einmann-Unternehmen mit dem programmatischen Namen »Das dreißigste Jahrhundert«.
Avidans Botschaft ist die Umwertung aller Werte im Zeitalter der Moderne. Kulturpessimismus kennzeichnet einen Großteil seines lyrischen Werks. Überall sieht der Dichter Zerstörung, Verfall, Täuschung und Blendung. Die menschliche Gesellschaft wird in seinen Augen immer unmenschlicher. In diesem Kontext definiert er die Aufgabe des Dichters als die Macht, anzuklagen und auf Dehumanisierungsprozesse aufmerksam zu machen. Der Dichter hat aufzuklären, oder wie es an einer Stelle im Gedicht *Sin'a arukat tvakh (Langfristiger Haß)* heißt: »[...] Heuchelei/ atmet nur den Odem der Beschwichtigung./ Vielleicht ist das die Art und Weise, in der menschliche Kultur geschaffen wurde.« In einem anderen Gedicht versetzt er sich in die Lage einer Mumie, die nach tausend Jahren mit einer geballten Ladung Adrenalin wieder zum Leben erweckt wird, um Rom erneut niederzubrennen und dann darüber zu berichten. Geschichte als immer wiederkehrender Kreislauf des Lebens gesehen: »*Gehen und nicht wiederkehren, Rückkehr in Entfernung,/ wenn alles Vergessene erinnert wird und alle Erinnerungen vergessen sein werden*« (*Hizdamnut Chozeret – Wiederkehrende Gelegenheit*).
Avidans Aussagen klingen häufig zynisch, direkt und manchmal verletzend. In seiner Lyrik schwingt etwas von der »Beatnik«-Welle der sechziger Jahre mit. So sagt er einmal von sich »*Ich bin ein jüdischer Vagabund*«, in Anspielung auf das Motto der amerikanischen Hippie-Bewegung »I am a bum«. Auch manche seiner späteren Gedichte sind durch eine unmittelbare »*körperliche Direktheit und Vitalität*« gekennzeichnet, die typisch für den Stil der Rockmusik ist. Tabus scheinen für ihn nicht zu gelten, auch nicht die eigene Person betreffend. Selbstbeweihräucherung und Star-Kult sind diesem exzentrischen Dichter deshalb fremd. So heißt es zum Schluß seines Gedichts *Eyn Atsma'ut (Keine Selbständigkeit)*: »*Ich brauche einfach keinen –/ auch nicht mich selbst.*«
A.F.

AUSGABE: Jerusalem 1964.

ÜBERSETZUNGEN: [Auszüge]: *Megaovertone, Selected Poems 1952–1966*, D. Avidan u. A. Birman, Ldn./Tel Aviv 1966 [engl.]. – *Cryptograms for a Telestar: Poems, Transmissions, Documents*, D. Avidan u. a., Tel Aviv 1980 [engl.].

LITERATUR: L. I. Yudkin, *New Wave in Israeli Poetry* (in L. I. Y., *Escape into Siege. A Survey of Israeli Literature*, Ldn./Boston 1974, S. 156–159). – W. Bargad u. S. F. Chyet, *D. A.* (in *Israeli Poetry*, Hg. dies., Bloomington 1986, S. 147–170; m. Textausw.).

JUAN DE ÁVILA

* 1500 Almodóvar del Campo / Sevilla
† 1569 Montilla / Córdoba

LITERATUR ZUM AUTOR:
A. Catalán Latorre, *El Beato J. de Á., su tiempo, su vida, sus escritos*, Zaragoza 1894. – J. F. Schermer, *J. de Á.s Beredsamkeit nach ihrem Wesen*, Regensburg 1896. – Gerardo de San Juan de la Cruz, *Vida del Maestro J. de Á.*, Toledo 1915. – E. A. Peers, *Studies of the Spanish Mystics*, London 1930, S. 121–148. – Fray Luis de Granada u. Luis Muñoz, *Vidas de padre Maestro de Á.*, Barcelona 1964. – J. Esquerda Bifet, *Escuela sacerdotal*

española del siglo XVI. J. de Á. (in Anthologico Annua, 17, 1970, S. 133–185). – R. N. de Hornedo, *El estilo coloquial del J. de Á.* (in Razón y Fé, 181, S. 513–524). – B. Jiménez Duque, *El Maestro J. de Á. – Un recuerdo en su centenario* (in Arbor, 1970, Nr. 293, S. 17–25).

AUDI, FILIA, ET VIDE

(span.; *Höre, Tochter, und sieh*). Kommentar zum 11. Vers des 44. Psalms von Juan de ÁVILA, erschienen 1556. – Der Verfasser gehört der Generation an, die mit dazu beitrug, den gewaltigen Aufschwung asketisch-mystischer Literatur in der zweiten Hälfte des 16.Jh.s vorzubereiten. Juan de Ávila war ein frommer, gütiger, um das Seelenheil seiner Mitmenschen besonders besorgter Priester. Davon zeugt auch dieses Buch, das er für Sancha Carrillo, eine von ihm zum frommen Leben zurückgeführte Dame, schrieb. Sein Christentum steht abseits der großen theologischen Umwälzungen im damaligen Europa. Es ist so unproblematisch, wort- und dogmengläubig, daß es unverständlich erscheint, warum die Inquisitionsbeamten – man weiß allerdings, daß die unteren Chargen dieser Behörde ebenso spitzfindig wie theologisch ungebildet waren – den Verfasser monatelang unter dem Verdacht des Lutheranismus im Kerker gefangenhielten.

Das klar und flüssig geschriebene Werk ist eine Mischung aus gehobener Erbauungsliteratur und popularisierter Theologie. Nur selten streift es die dunklen Grenzen mystischer Erlebnisse; theologische Spekulationen liegen ihm fern. Juan de Ávila war ein gewandter und berühmter Prediger, dessen oft auf rührende Effekte abzielender pathetischer Kanzelstil streckenweise auch in diesem Buch vorherrscht. Seine Themen sind die der landläufigen asketischen Literatur: Weltflucht, Buß- und Unbußfertigkeit, Gebet, die Feinde der Seele, Teufel, die Welt, die Versuchungen des Fleisches – die mit viel Takt behandelt sind – und schließlich die »letzten Dinge«: Tod, Gericht, Himmel und Hölle. Mit besonderer Hingabe widmet sich Juan de Ávila der Betrachtung der Leiden Christi. Das Werk ist ein wohl eher halbherziger Versuch, das religiöse Leben zu systematisieren; denn der Autor war kein Systematiker und wollte auch keiner sein. Seine Berufung war die eines wandernden Seelsorgers und christlichen Ratgebers, wofür er den Beinamen »Apostel Andalusiens« erhielt. Auf seinen Wanderungen trat er in Verbindung mit Menschen aller Klassen und Gruppierungen dieser schon damals in die Unterentwicklung gedrängten Region, für deren notleidende Bevölkerung er so energisch eintrat, daß man ihn anklagte, er habe behauptet, der Himmel sei für die Armen reserviert.

Juan de Ávila ist eine repräsentative Gestalt des Spaniens von Karl V., das P. CHAUNU als ein »*aus vitaler Kraft nach allen Seiten und allen Himmelsrichtungen explodierendes Land*« beschrieben hat, auf dessen schlechten Wegen und Straßen ein Gewimmel von Menschen herrschte: Soldaten, Eroberer und Entdecker, Bettler und Bettelmönche, Vagabunden, Pilger, Wundertäter, Gaukler und Studenten. Dazu noch die Schar derer, die alle in geistigen Aufruhr versetzten: asketisch-mystische Schriftsteller, die gerne die martialische Sprache der Eroberer und Entdecker gebrauchten. In *Audi, filia* entwickelte der Autor eine innerweltliche Frömmigkeitslehre, die zwischen dem Rituellen der Volksfrömmigkeit und den exklusiven Spekulationen und Introspektionen eines an ekstatische Esoterik grenzenden Asketentums steht. Anklänge an die von ihm übersetzte *Imitatio Christi* von THOMAS A KEMPIS (1379/80–1471) sind spürbar, allerdings ohne dessen spätmittelalterliche, melancholische Stimmungslage. Juan de Ávila, der aus einer Familie von *conversos* (konvertierte Juden) stammt, war ein großer Stilist und Sprachgestalter, wie auch andere *conversos* und Klassiker der spanischen Sprache, beispielsweise TERESA DE JESÚS (auch Teresa de Ávila), Luis de LÉON und Juan Luis VIVES. A.F.R.

AUSGABEN: Alcalá de Henares 1556. – Madrid 1901 (in *Obras completas*, Hg. J. Fernández Montaña, 4 Bde., 1). – Madrid 1970/71 (in *Obras completas*, hg. L. Sala Balust u. F. Martin Hernández, 6 Bde.; krit.).

ÜBERSETZUNGEN: *Triumph über die Welt, das Fleisch und den Teufel,* Ägidius Albertinus, Mchn. 1601. – *Audifilia*, F. J. Schermer (in *SW*, Bd. 2 u. 3, Regensburg 1859–1861).

LITERATUR: L. Sala Balust, *Vicisitudes del »Audi, filia« del maestro A.* (in Hispania Sacra, 3, 1950).

EPISTOLARIO ESPIRITUAL PARA TODOS ESTADOS

(span.; *Geistlicher Briefwechsel für alle Stände*). Briefe von Juan de ÁVILA, erschienen vor 1578. – Die geistlichen Briefe des seligen Juan de Ávila, der als Prediger in Andalusien wirkte und als wichtigster Vertreter des spanischen Asketizismus gilt, können in zwei Gruppen geteilt werden: Briefe an andere Geistliche über die Praxis des Hirtenamtes und Briefe an Menschen, die seines geistlichen Beistandes bedürfen. Die letzteren sind literarisch interessanter, da sich in ihnen das Gefühl ungehemmter aussprechen und das rhetorische Talent Ávilas sich besser entfalten kann. Die Briefe sind meist an Leidende und Trostbedürftige gerichtet. Mit großer Leidenschaft spricht er von der Liebe Gottes, überredet die Adressaten, selbst im »*Krieg der Liebe*« nicht nachzulassen, erläutert an Beispielen und Zitaten aus der *Heiligen Schrift* den Sinn des Leidens (»*Eure Schwachheit läßt Seine Stärke größer erscheinen*«) und gibt einfache moralische Anweisungen (»*Gefällt euch die Krone, laßt euch nicht die Prüfung mißfallen*«). Seine Sprache ist die der Predigt: klar, bildhaft und ausgewogen, steht sie immer im Dienste der Sache. Gedanklich interessanter sind die Briefe an Geistliche. Die leidenschaftliche Auffassung vom Hirtenamt und das bedingungslose Christentum der tätigen Liebe sind ohne Beispiel; und Juan de Ávila ist sich dessen bewußt. So schreibt er an einen jungen Menschen, der Priester werden will, dieses Amt, »*den Himmel mit der Sprache zu öffnen und zu schließen*«, sei selbst für »*Engelsschultern*« schwer. Wie unmenschlich hart diese tätige Ausübung der Liebe für den Seelsorger sein kann, zeigt der Rat an einen anderen Priester, keinen Gruß zu erwidern, damit nichts Persönliches seine Aufgabe trübe, so wie Christus seine Mutter und seinen Bruder nicht kannte. Oder Juan de Ávila sagt vom Priesteramt, es sei »*ein Beruf, viele gut zu machen, auch mit Verlust für die eigene Person*«.

Das Interesse der Allgemeinheit steht immer über dem des einzelnen. Dieser Gedanke ist auch die Grundlage seiner Auffassung von der weltlichen Macht. Zu bestimmen, was das Interesse der Allgemeinheit ist, sei freilich nicht Aufgabe des Volkes, sondern des Herrschers, der für christliche Tugend zu sorgen habe, und das sei noch wichtiger, als Mauern zu bauen und Gesetze zu geben. Da Menschenrecht immer unvollkommen ist, sei es vor allem nötig zu vermeiden, daß es oft in Funktion treten muß. Darum solle der Herrscher durch sein Beispiel das Volk zur christlichen Tugend führen. Wenn aber doch einmal Recht gesprochen werden müsse, dann solle der Richter eine Nacht lang beten, bis er Mitleid mit dem zu Verurteilenden verspüre; denn die »*Enge der Gesetze*« stehe die »*Weite der Liebe*« gegenüber. Der Staatslenker soll zum Philosophen werden und mit Gott regieren. Dies ist Platonisches Gedankengut, und Juan de Ávila zitiert den griechischen Philosophen hier, wie an anderen Stellen, als Bürgen für seine Vorstellungen. In seinen Briefen kritisiert er indessen auch Korruption und soziale Mißstände und weist auf die Notwendigkeit hin, der Jugend besondere Aufmerksamkeit zu widmen und sie auf den Weg zur Tugend zu führen. Letztlich sind diese Gedanken des Predigers Juan de Ávila dann im christlich-autoritären Staat Philipps II. verwirklicht worden.

B.v.B.

AUSGABEN: Baeza vor 1578. – Madrid 1578. – Madrid 1952 (in *Obras completas*, Hg. L. Sala Balust; BAC; m. Bibliogr. u. Einl.). – Madrid 1970/71 (in *Obras completas*, Hg. L. Sala Balust u. F. Martín Hernández, 6 Bde.; krit.).

ÜBERSETZUNG: *Geistliche Briefe*, F. J. Schermer (in *SW*, Bd. 4/5, Regensburg 1869–1877).

LITERATUR: N. González Ruiz, *El Maestro J. de A. y su »Epistolario«* (in Bulletin of Spanish Studies, 5, 1928, S. 120–127; 154-159). – A. Marín Ocete, *Contribución al »Epistolario« del Maestro A.* (in Boletín de la Universidad de Granada, 23, 1951, S. 37–71). – A. Berengueras de Vilar, *La abnegación en los escritos del beato J. de A.*, Madrid 1959.

PROTOPOPE AVVAKUM

* 1620 oder 1621 Grigorovo / Kreis Nižnij Novgorod
† 14.4.1682 Pustozersk / Gebiet Archangel'sk

ŽITIE PROTOPOPA AVVAKUMA, im samym napisannoe

(russ.; *Das Leben des Protopopen Avvakum, von ihm selbst niedergeschrieben*). Autobiographie des Erzpriesters AVVAKUM, entstanden um 1672/73, zunächst nur handschriftlich verbreitet, erstmals im Druck erschienen 1861. – In Pustozersk am Unterlauf der Pečora unweit von ihrer Mündung ins Nördliche Eismeer, wohin man ihn 1667 gebracht hatte und wo er schließlich am 14. April 1682 für seine »*gewaltigen Schmähungen gegen das Zarenhaus*« auf dem Scheiterhaufen endete, hat Avvakum, in eine Hütte gesperrt, auf Geheiß eines Mitgefangenen, der dort sein Beichtvater war, sein Leben beschrieben, »*damit nicht der Vergessenheit anheimgegeben werde die Sache Gottes*«. Demgemäß stehen Avvakums Kampf um Erneuerung der altrussischen Frömmigkeit, der sich zunächst nur gegen den Verfall kirchlicher Zucht und Sitte, seit 1653 aber auch gegen die von Patriarch Nikon eingeleiteten Kultusreformen (Änderung der Fingerhaltung beim Bekreuzigen, Verbesserung liturgischer Texte u. a.) richtete, sowie seine dabei gewonnenen geistlichen Erfahrungen im Vordergrund der Darstellung, die durch ein von Lesefrüchten aus Kirchenväteranthologien gebildetes Glaubensbekenntnis eingeleitet wird. Kindheit und Jugend des Popensohnes im Dorfe Grigorovo an der Kud'ma sowie seine Verheiratung kommen nur kurz zur Sprache, Art und Vorgang seiner Ausbildung bleiben unerwähnt. Seine Wirksamkeit als Landgeistlicher in Lopatišči und Jur'evec-Povol'skij (1642–1652) sowie als Mitarbeiter des Erzpriesters Ivan Neronov an der Kathedrale der Muttergottesikone von Kazan' nahe dem Roten Platz in Moskau (1652/53), seine Verschickung nach Sibirien, während der er über Tobol'sk und Enisejsk bis Nerčinsk ziehen mußte (1653–1664), und sein durch die Verbannung nach Mezen' an der Küste des Weißen Meeres (1664–1666), die Verurteilung seitens des Großen Moskauer Konzils (1666/67) sowie die Einkerkerung in Pustozersk bedingter letzter Leidensweg lassen sich als die Hauptabschnitte der Lebensbeschreibung herausheben. Avvakum widmet ihnen jedoch nur wenige zusammenfassende Erwägungen, da es ihm mehr um die in Fülle erzählten einzelnen Begebenheiten zu tun ist. Dabei hält er sich nicht streng an die zeitliche Abfolge, sondern nimmt um sachlicher Zusammenhänge willen häufig Späteres vorweg oder trägt nicht selten Zurückliegendes nach, wie er die Darstellung schließlich überhaupt durch eine Kette von Nachträgen beendet.

Bei der Abfassung dieser ersten russischen Autobiographie konnte sich Avvakum nur stellenweise an die Heiligenviten anlehnen, die ihm als die einzigen literarischen Vorbilder zur Verfügung standen; ebensowenig vermochte er das damals allein literaturfähige Kirchenslavisch durchzuhalten. Um seine Erlebnisse unabgeschwächt vermitteln und sich selbst rückhaltlos mitteilen zu können, hat er in seiner völlig kunstlosen Erzählweise ein literarisches Kunstwerk von höchstem Rang geschaffen und zugleich der russischen Umgangssprache des 17. Jh.s zu ihrem ersten literarischen Niederschlag verholfen. Durch den mitunter ausgesprochen humorvollen Realismus seiner Schilderungen beeindruckt Avvakum nicht weniger als durch den Ernst seiner Frömmigkeit und die Zartheit seiner Empfindungen. Die innige Verbundenheit mit Frau und Kindern wird durch wiederholte knappe Bemerkungen mehr angedeutet als beschrieben. Ähnliches gilt von seinem Verhältnis zur Zarenfamilie, das trotz sachlicher Gegensätze von gegenseitiger Wertschätzung bestimmt gewesen ist. Die rührende Erzählung von der schwarzen Henne, die Avvakums Kinder in Sibirien mit Eiern versorgte und sich engsten Familienanschlusses erfreute, gehört zu den schönsten Tiergeschichten überhaupt. – Angesichts der bis ins 19. Jh. hinein andauernden Verfolgungen der russischen Altgläubigen – Avvakums Glaubensgenossen – durch die orthodoxe Staatsgewalt ist seine Lebensbeschreibung erst spät in weiteren Kreisen bekannt geworden. N. S. LESKOV entwarf die Gestalt des Helden seiner Roman-Chronik *Soborjane*, 1872 *(Die Klerisei)*, des Erzpriesters Savelij Tuberozov, unter dem Eindruck der Persönlichkeit Avvakums. Außer ins Deutsche ist dieses »sprachlich originellste und, man möchte fast sagen, russischste Schriftdenkmal Altmoskaus« (R. Jagoditsch) bereits ins Englische (1924), Französische (1938), Neutürkische, Polnische und Bulgarische übersetzt worden. Die in der Sowjetunion besorgten Neuausgaben (Auflagenhöhe 1960: 30 000; 1963: 3000) waren binnen kurzem vergriffen. P.Ha.

AUSGABEN: Petersburg 1861, Hg. N. S. Tichonravov. – Moskau 1960, Hg. N. K. Gudzij u. a. – Moskau 1963 (A. N. Robinson, *Žizneopisanija Avvakuma i Epifanija, Issledovanie i teksty*). – Irkutsk 1979. – Ann Arbor 1983.

ÜBERSETZUNGEN: *Das Leben des Protopopen A.*, R. Jagoditsch, Bln. 1930 [m. Komm.]. – Dass., G. Hildebrandt, Göttingen 1965 [m. Nachw.].

LITERATUR: A. K. Borozdin, *Protopop A. Očerk iz istorii umstvennoj žizni russkogo obščestva v XVII v.*, Petersburg ²1900. – P. Pascal, *A. et les débuts du Raskol. La crise religieuse au XVIIe siècle en Russie*, Paris 1938. – P. Hauptmann, *Altrussischer Glaube. Der Kampf des Protopopen A. gegen die Kirchenreformen des 17.Jh.s*, Göttingen 1963. – B. Ilek, *Život protopopa A. Studie o stylu*, Prag 1967 [enth. Bibliogr.]. – N. S. Demkova, *Žitie protopopa A. (Tvorč. istorija proizv.)*, Leningrad 1974. – H. Grasshoff, *Wirklichkeitsaneignung und gesellschaftsverändernde Zielsetzung in A.'s »Žitie«* (in ZfSl, 1976, 21, S. 351–356). – D. S. Lichačev, *Jumor protopopa A.'a* (in Russian Literature, 1977, 5, S. 373–387). – P. Hunt, *The Autobiography of the Archpriest A. The Outer Limits of the Narrative Icon*, Diss. Stanford Univ. 1979 [enth. Bibliogr.]. – *Archpriest A., the Life Written by Himself* (with the Study of V. V. Vinogradov: *On the Tasks of Stylistics. Observations Regarding the Style of the Life of the Archpriest A.*), Ann Arbor 1979. – A. M. Pančenko, *Protopop A. kak poėt* (in Izvestija Akademii Nauk S.S.S.R., 1979, 38, S. 300–308). – Ders., *A. kak novator* (in Russkaja Literatura, 1982, 4, S. 142–152). – V. I. Malyšev, *Materialy k »Letopisi žizni protopopa A.* (in *Drevnerusskaja knižnost' po materialam Puškinskogo doma*, Leningrad 1985, S. 277–322).

JONAS AVYŽIUS

* 16.5.1922 Mėdginai, Kr. Joniškis / Litauen

LITERATUR ZUM AUTOR:
E. Bukelienė, *J. A.*, Wilna 1975. – *Lietuvių Rašytojai*, Bd. 1, Wilna 1979 [Bibliogr.]. – K. Ambrasas, *Kritikos etiudai*, Wilna 1981. – *Lietuvių Literaturos Istorija*, Hg. Lietuvos TSR Mokslų Akademija, Bd. 2, Wilna 1982. – V. Galinis, *J. A.s kelias in »Šaknys ir atžalos«*, Wilna 1984. – J. Lankutis, *Literatūros procesas*, Wilna 1984.

SODYBŲ TUŠTEJIMO METAS

(lit.; *Zeit der verödeten Höfe*). Roman von Jonas AVYŽIUS, erschienen in drei Bänden 1969–1987. – In diesem nach Anlage und Umfang groß dimensionierten Roman schildert Avyžius die Epoche der politischen Umbrüche in Litauen während des Zweiten Weltkriegs und unmittelbar danach. Das bis 1940 unabhängige Litauen wurde 1941 von sowjetischen Truppen besetzt und eine kommunistische Regierung etabliert; von 1941 bis 1944 herrschte die deutsche Besatzungsmacht; seit 1944 ist Litauen eine Sowjetrepublik. Das Werk zeichnet sich aus durch die epische Breite des aufgerollten Zeitpanoramas, durch psychologische Tiefe und durch die Bedeutung der dargestellten Ereignisse, die das Schicksal des gesamten litauischen Volkes bestimmten. Daher bezeichnete der litauische Literaturkritiker J. LANKUTIS diesen Roman als eine Art litauischen *Krieg und Frieden*. Das Werk wurde in viele Sprachen übersetzt und 1976 mit dem Leninpreis ausgezeichnet.

Doch nicht die geschichtlichen und politischen Ereignisse bilden den Kern des Geschehens, vielmehr geht es im Grunde um den Zusammenstoß gegensätzlicher Ideologien vor dem Hintergrund des Krieges und um den noch lange danach andauernden unerbittlichen Konflikt verfeindeter Kräfte und dessen Auswirkungen auf das Schicksal einzelner Personen und des ganzen Volkes.

Orte der Handlung sind die (erfundene) Kleinstadt Kraštupėnai und das nahegelegene Dorf Lauksodis – Orte, die ebenso das ganze Land symbolisieren sollen wie die im Roman auftretenden Menschen aus allen sozialen Schichten: Bauern, Arbeiter, Bettler, Partisanen, Polizeibeamte, Angehörige der Besatzungsmächte, Juden, russische Kriegsgefangene, litauische Intellektuelle. Das ganze Volk hält inne in der Stunde tödlicher Gefahr, hat das kaum vergangene Gestern noch nicht bewältigt und erlebt die von Grauen erfüllte Gegenwart. All dies spiegelt sich indirekt in einer Vielzahl menschlicher Dramen, in denen die konkreten Auswirkungen der historischen Ereignisse zu Tage treten, ohne daß diese selbst geschildert werden. Avyžius selbst hat gesagt, er habe nicht den Krieg an sich schildern wollen, als er diesen Roman schrieb, sondern seine Folgen, die so tief und schmerzlich in die Psyche der Menschen drangen und ihr ganzes Weltbild veränderten.

Die Handlung des Romans beginnt im Juli 1941 während der deutschen Besetzung Litauens. Der Geschichtslehrer Gediminas Džiugas kommt mit den Deutschen, die ihn zur Mitarbeit zu überreden suchen, nicht zurecht, verläßt die Schule und geht zu seinem Vater, einem Bauern in Lauksodis. Hier glaubt er, dem Geschehen entrinnen zu können: *»Der Boden hat nie einen verraten. Er allein bleibt seinen Kindern treu. Er lebt und gebärt, damit alles lebe, dem die Natur das Leben gegeben hat.«* Doch das grausame Geschehen holt ihn ein. In Kraštupėnai trifft er seinen ehemaligen Schulfreund Adomas Vainoras, der jetzt Polizeichef der Stadt ist. Gediminas hat dessen Schwester Akvilė einst geliebt, doch sie liebt Marius Nemunis, der 1940/41 Funktionär der kommunistischen Regierung gewesen war und beim Einmarsch der deutschen Truppen geflohen ist. Akvilė, die von ihm ein Kind erwartet, ließ er zurück. In diesen unruhigen Zeiten halten sich viele Partisanen in den Wäldern verborgen (die einen kämpfen noch für ein freies Litauen, die andern sind Kommunisten) und überfallen nachts die Bauernhöfe. Sie fordern Lebensmittel und morden ganze Familien, wenn deren Angehörige mit den Besatzungsmächten zusammenarbeiten. Andererseits drohen die gleichen Grausamkeiten von der deutschen Gestapo. Es gibt Gerüchte, daß Marius von der Polizei erschossen wurde. Schließlich findet Akvilė, von ihrer Mutter vertrieben, bei Gediminas' Vater Džiugas Zuflucht. Hier wird auch ihr Kind geboren. Kurze Zeit später gibt sie – in der Hoffnung, eine bescheidene Bleibe zu finden – dem Drängen des alten Bauern Keršis nach und heiratet ihn. Keršis ist ganz mit seinem Bauernhof verwachsen, wie so viele in Litauen; er könnte wie Gediminas sagt, *»ein Stück Erde abschneiden und sie als Brot essen«*. Auch er will von dem Geschehen draußen nichts wissen, doch bleibt er nicht verschont. Marius ist nicht tot – Akvilė entdeckt ihn eines Tages schwer verwundet auf dem Heuboden und versorgt ihn heimlich, bis Keršis die Wahrheit herausfindet und nun den Kranken so lange pflegt, bis dieser zu den Partisanen zurückkehren kann. Weil sie einen jüdischen Jungen versteckt hatte, wird Marius' Familie von der Gestapo ermordet – nur die jüngste Schwester überlebt; beim Anblick des Mordens ist sie wahnsinnig geworden.

Adomas, der Polizeichef in Kraštupėnai, versucht seinen Landsleuten zu helfen, wird aber ebenso wie Gediminas, der wieder in der Schule arbeitet, in die Ereignisse verstrickt. Gediminas verliebt sich in Milda, die Frau Adomas', die allerdings auch der Gestapochef Dangelis begehrt. Er verwickelt Adomas immer mehr in seine Machenschaften, bis dieser sich genötigt sieht, an Judenerschießungen teilzunehmen. Als Adomas und Gediminas bei einem Fest in betrunkenem Zustand ihre wahre Gesinnung offenbaren, werden beide verhaftet und verhört. Um sie zu retten, gibt sich Milda dem Gestapochef Dangelis hin und erfährt von diesem, daß ihr Mann an Judenerschießungen beteiligt war. Daraufhin will sie ihn verlassen. Als Adomas diese Absicht Mildas erkennt, erwürgt er sie in Wut und Verzweiflung. Gediminas zieht sich wieder auf das Land nach Lauksodis zurück, um dort als Bauer zu arbeiten. Weil sein Vater die Abgaben an die Deutschen verweigert, wird er verschleppt, und auch Gediminas selbst wird verhaftet und verhört. Kollaboration mit den Deutschen, die sie ihm anbieten, lehnt er ab – ebenso die Versuche der Partisanen, ihn für ihre Sache zu gewinnen. Als er bei einem derartigen Treffen einen Spitzel der Gestapo entdeckt, stößt er diesen ins Moor und flieht; er kann bei einer alten Frau untertauchen.

Nach der Niederlage der Deutschen wird Litauen 1944 eine Sowjetrepublik. Marius gelangt wieder zu Amt und Würden und wieder gibt es Partisanen. Es beginnen die Verschleppungen der sog. *buozes* (der Reichen) nach Sibirien. Marius holt Akvilė und seinen Sohn zu sich nach Kraštupėnai, doch nach und nach macht man ihm wegen Akvilė Schwierigkeiten, gehörte sie doch auch zu den *buozes*, und ihr Bruder Adomas ist Partisan. Als auch ihr Mann Keršis als *buoze* verhaftet wird und gebrochen nach Hause zurückkehrt, verläßt Akvilė ihren Marius und geht mit ihrem Sohn wieder nach Lauksodis zu Keršis. Auch Gediminas kehrt aus seinem Versteck nach Lauksodis zurück. Beim Versuch, den hungernden Frauen und Kindern im Versteck der Partisanen Lebensmittel zu bringen, wird er von Marius und seinen Männern gestellt. Er kann jedoch entfliehen.

Die zahlreichen Ereignisse des Romans werden in einem ruhigen, epischen Ton erzählt. Die auktoriale Erzählperspektive wird von Ich-Erzählungen, Monologen und Selbstanalysen der handelnden Personen immer wieder durchbrochen. Daneben lockern eingeflochtene Gedichte und Volkslieder die Erzählstruktur auf. Nicht zuletzt dank dieser Vielfalt und der variationsreichen sprachlichen Gestaltung gehört der Roman neben den Werken von ŽEMAITĖ, P. CVIRKA, A. VIENUOLIS, I. SIMONAITYTĖ und J. BALTUŠIS zur klassischen modernen Erzählliteratur Litauens. L.Ba.

AUSGABEN: in Pergale, 1969 (Nr. 4–9; Bd. 1, 2). – Wilna 1970; ern. 1973. – in Pergale, 1987 (Nr. 8–11; Bd. 3).

ÜBERSETZUNG: *Zeit der verödeten Höfe*, I. Brewing, Bln. 1974, 1977 [Bd. 1 u. 2].

VERFILMUNG: *Sodybu tustejimo metas*, UdSSR 1976.

LITERATUR: V. Areška, *Tradicija ir ieškojimai*, Wilna 1973. – Alg. Bučys, *Naujasis epas in Romanas ir dabartis*, Wilna 1977.

KOFI AWOONOR

* 13.3.1935 Wheta / Ghana

THIS EARTH, MY BROTHER ...

(engl.; Ü: *Schreckliche Heimkehr nach Ghana*). Roman von Kofi AWOONOR (Ghana), erschienen 1971. – Der ghanaische Autor, der zuvor vor allem durch seine Lyrik bekannt geworden war, möchte auch seinen ersten Roman nicht eigentlich als Prosawerk, sondern vielmehr als ein »*sehr langes Gedicht*« von und über Afrika verstanden wissen. Chinua ACHEBE bezeichnete den Roman in einer Rezension als Allegorie. Es ist die Geschichte des Anwalts Amamu, der als »Been-to«, als einer, der in Europa studiert hat, in seine Heimat Ghana zurückkehrt, hier alle Privilegien seiner sozialen Stellung nutzen kann und nutzt, der aber vor den Realitäten der von der kolonialen Vorgeschichte geprägten Unabhängigkeit – dem unvereinbaren Gegensatz zwischen saturierter, unproduktiver, verwestlichter Intelligenzschicht und Bürokratie einerseits und dem Elend der Massen andererseits – in den Wahnsinn flüchtet, weil er sich unfähig sieht, etwas Konkretes zur grundlegenden Änderung der Situation zu tun.

Zwölf der fünfzehn Kapitel des Romans sind Unterkapitel in höchst kondensierter, poetischer Sprache beigeordnet: Tagebuchnotizen des Anwalts, die aus Erinnerungsfetzen, philosophischen Gedankensplittern, Kommentaren, Zitaten, Reflexionen und herber Selbstkritik bestehen. Die fortlaufenden Kapitel, in leichterem Erzählstil gehalten, haben Episoden des Alltagslebens zum Gegenstand, ohne einer chronologischen Ordnung zu folgen. Das fiktive Abbild ist so zerrissen, zerstük-kelt, in Einzelbegebenheiten gespalten, die miteinander verwoben und doch scheinbar beziehungslos sind, wie die Wirklichkeit selbst. Dennoch lassen sich die einzelnen Episoden drei aufeinanderfolgenden Erfahrungszeiträumen zuordnen: koloniale Vorgeschichte – die mit der Kindheit des Protagonisten zusammenfällt –, die Zeit des Studiums und der Auslandsaufenthalte Amamus und die Zeit nach der Rückkehr in das unabhängige Ghana. Ein dem Buch vorangestelltes DANTE-Zitat – Beginn des ersten Gesangs des ersten Teils der *Göttlichen Komödie* – hat leitmotivischen Charakter: Man befindet sich in der Mitte der Reise in einem dunklen Wald, der rechte Weg ist verloren, eine Situation, kaum weniger schlimm als der Tod. Dieser Tod ist die Sackgasse, in die sich alles hineinzubewegen scheint, die zusammengewürfelten Ereignisse türmen sich, streben einem unausweichlich scheinenden, katastrophalen Ende zu, das von Amamu um so schmerzlicher empfunden wird, als seine Tagebuchnotizen deutlich werden lassen, daß Chancen und Möglichkeiten bestanden, aber vertan wurden und ungenutzt blieben. Wie der Schmetterling, den das Kind Amamu fing und den es für den Mond hielt, der ihm aber entwischte, und der durch all die vielen Falter, die er später einfing, nicht ersetzt werden konnte, wie die Kusine, die als Kind starb und der noch heute seine ganze Liebe gilt, die er in den späteren Geliebten wieder suchte und nie fand, so hat auch die Unabhängigkeit die damit verbundenen Erwartungen nicht eingelöst; statt Veränderung und Erneuerung von Grund auf zu bringen – was sie hätte leisten können –, brachte die Unabhängigkeit nur einen Tausch der Eliten und Ausbeuter, erwies sie sich als Verrat. Bilder, die diesen Verrat des Vertrauens und der Verantwortung verdeutlichen, tauchen wieder und wieder auf, sind Leitmotive der Episoden, die zugleich eine von quälender Sehnsucht getriebene Suche nach der verlorenen Unschuld, der reinen Anfänge sind. Der kühl und selbstsicher erscheinende Anwalt Amamu, der sich in die gegebene Situation ebenso glatt einzufügen scheint wie seine ineffektiven, parasitären Freunde im Klub, geht immer mehr eigene Wege, tritt immer deutlicher den Rückzug in sich selbst, in die ganz eigene Welt an.

This Earth, My Brother wirft wie andere Romane der sogenannten »Post-Independence Disillusionment« – der Ernüchterung nach der Unabhängigkeit, wie etwa ARMAHS *The Beautyful Ones Are Not Yet Born (Die Schönen sind noch nicht geboren)*, Wole SOYINKAS *The Interpreters (Die Ausleger)* oder Chinua ACHEBES *A Man of the People (Ein Mann des Volkes)* – Fragen auf, ohne Antworten oder gar Lösungen zu bieten, ist aber gleichermaßen kompromißlos in seinen Angriffen auf die neue schwarze Elite. I.U.

AUSGABEN: NY 1971. – Ldn. 1972.

ÜBERSETZUNG: *Schreckliche Heimkehr nach Ghana*, U. Goertz, Ffm. 1985.

LITERATUR: Chinua Achebe, Rez. (in Transition, 8, 1972, Nr. 4, S. 69/70).

MELPO AXIOTI

* 15.7.1905 Mykonos
† 23.5.1973 Athen

I KADMO

(ngriech.; *Kadmo*). Erzählung von Melpo AXIOTI, erschienen 1972. – Das autobiographisch gefärbte Buch erschien nach einer langen Schweigeperiode der Autorin, kurz vor ihrem Tod. Der surrealistische Stil, den Melpo Axioti seit ihrem ersten Roman, *Diskoles Nichtes*, 1938 *(Schwere Nächte)*, gepflegt hat – sie war eine der ersten Surrealisten Griechenlands –, erreicht in diesem Buch schmerzhafte Klarheit und poetische Prägnanz. Die äußeren Charakteristika einer Erzählung fehlen: Es gibt weder einen Anfang noch ein Ende, auch keine sich allmählich entwickelnde Handlung. Der Zusammenhalt der einzelnen Szenen besteht in dem ständig präsenten verzweifelten Versuch der Erzählerin, sich gegen den Verlust ihrer Erinnerungen zu wehren. Unter dem Namen Kadmo spricht Melpo Axioti selbst. Aus politischen Gründen mußte sie achtzehn Jahre im Exil verbringen – in der DDR, Polen und anderen kommunistischen Ländern –, wobei sie zusätzlich die bittere Erfahrung der innerparteiischen Zerstrittenheit erlebt hat. Zurückgekehrt, versucht sie durch das Niederschreiben die Wörter ihrer eigenen Sprache und dadurch die verlorene Zeit wiederzugewinnen.
Die »Gegenstände« *(Ta pragmata)* dienen als Anhaltspunkte auf dem mühsamen Weg der Wiederentdeckung. Der venezianische Sekretär des einleitenden Kapitels, die Bücher, die sie einst geschrieben hat und die nun irgendwo von Staub und Würmern vernichtet werden, der Wecker, der an Freiheitskampf und Krieg erinnert, die alten Häuser, jetzt abgerissen oder zerfallen, fungieren als greifbare Spuren des menschlichen Schicksals. Auch die Gegenstände müssen sich dem Tod und der Vergessenheit beugen – nur ihre Namen bleiben übrig. Zunächst erscheinen die Menschen als Gegenstände, als Fossile. Wirkliches und Unwirkliches vergegenwärtigt sich auf derselben Ebene: neben den Vorfahren, den Freunden, den Parteigefährten, den zufälligen Bekanntschaften während der Exilperiode werden die fiktiven Personen ihrer Bücher, besonders die Frauen, ins Leben gerufen. Selbst die Erzählerin wird zu einer fiktiven Person. Doch der zum Gegenstand erniedrigte Mensch wird trotz seiner Vergänglichkeit den Sieg davontragen: Was er schafft, was er vor der Zeit retten kann, begründet seinen Ort im Universum. Trotzdem *»gehört das letzte Wort für all das, was Kadmo schreibt, der Zeit«*. In den dreizehn Kapiteln dieses Werks, die in einer scheinbar losen Beziehung zueinander stehen, wird eine Vielfalt von Problemen angesprochen; die Sprache ist wohl das wichtigste: Die Autorin hatte selbst lange damit gerungen, ihre Muttersprache während der Emigration nicht zu verlieren.
Ihr letztes Buch macht die dichterischen Anlagen Axiotis deutlich, an deren Entfaltung sie durch ihr langes Exil gehindert wurde. E.Th.

AUSGABE: Athen 1972.

LITERATUR: A. Argyriou, Rez. (in I Sinexia, 2, April 1972). – M. Douka, *Simera perimeno ena suvriali. Asimenio* (in I Lexi, 55, Juni 1986, S. 594/95). – T. Vournas, *Mnimi M. A.* (ebd., S. 596/97).

PEDRO DE AXULAR

* 1556 Urdax / Navarra
† 1644 Sare

GUEROCO GUERO, edo Gueroco luçamendutan ibiltceac, eta arimaren eguitecoac guerocotz utzteac cembat calte eguiten duen

(bask.; *Nach Danach oder Die Übel, die daraus entstehen, daß man die geistlichen Übungen, Andachten und frommen Lesungen immer wieder aufschiebt)*. Religiöser Traktat von Pedro de AXULAR, erschienen 1643. – Der Autor, Pfarrer der Gemeinde Sara im französischen Labourd (Westpyrenäen), gehörte zu einem Kreis baskischer Geistlicher, die ihren Landsleuten religiöses Schrifttum in der baskischen Muttersprache zur Verfügung stellen wollten. Die so entstandenen Werke sind meist Übersetzungen und Bearbeitungen; auch Axular hatte sich durch die Übertragung lateinischer Texte einen Ruf als glänzender Stilist erworben.
In seinem einzigen eigenen Werk, einem Traktat *De non procrastinanda paenitentia (Über die Unaufschiebbarkeit der Buße)*, wendet er sich an die lauen Christen, um sie mit geschickt ausgewählten und formulierten Argumenten *ad hominem* zu zeitiger Umkehr und Besserung zu bewegen, wobei er sich ganz auf das äußere Verhalten konzentriert. Seine Argumentation ist nüchtern und direkt, die erläuternden Beispiele zeugen von umfassender Bildung. Bemerkenswert ist die sehr klare und flexible Sprache dieses Werkes, das als das schönste Beispiel baskischer Prosa gilt. Axular verfügt über einen großen Wortschatz, den er souverän einzusetzen weiß. Sein Stil verrät leichte Anklänge an die Rhetorik Luis de GRANADAS (1504–1588), ist jedoch sachlicher als der des spanischen Mystikers und völlig frei von barockem Beiwerk.
Die gelegentlich vertretene Meinung, *Guero* sei kein originales Werk, wurde bisher weder bestätigt

noch widerlegt. Daß Axular weitgehend aus den Werken de Granadas schöpfte, die er mit Sicherheit gekannt hat, ist jedoch wenig wahrscheinlich – dem ganz von asketischem Geist getragenen Werk des Basken sind Mystik und Spekulation gleichermaßen fremd. L.M.E.

AUSGABEN: Bordeaux 1643. – Barcelona 1964; [7]1977 *(Gero. Después,* Hg. L. Villasante; m. Einl., Bibliogr. u. span. Übersetzung).

LITERATUR: J. de Urquijo, *A. y su libro* (in Revista Internacional de Estudios Vascos, 5, 1911; 6, 1912). – Ders., *Una fuente del G.,* Saint-Jean-de-Luz 1912.

FRANCISCO AYALA

* 16.3.1906 Granada / Spanien

LITERATUR ZUM AUTOR:
K. Ellis, *The Narrative Art of F. A.*, Diss. Washington 1962. – E. Irizarry, *Teoría y creación literaria en F. A.*, Madrid 1971. – R. Hiriart, *Las alusiones literarias en la obra narrativa de F. A.*, NY 1972. – Ders., *Los recursos técnicos en la novelística de F. A.*, Madrid 1972. – T. Mermall, *Las alegorías del poder en F. A.*, Madrid 1983.

EL FONDO DEL VASO

(span.; *Der Boden des Glases*). Roman von Francisco AYALA (Argentinien), erschienen 1962. – Formal gehört das Werk zum Typ des experimentierenden Romans. Der Schauplatz und viele der Personen sind aus Ayalas früherem Roman *Muertes de perro*, 1958 *(Hundetod)*, übernommen, in dem der Autor den Zusammenbruch der Diktatur des grausamen Tyrannen Bocanegra und dessen Ermordung geschildert hatte. Beide Romane spielen in einem nicht näher bezeichneten hispanoamerikanischen Land und in einer nur undeutlich charakterisierten Gegenwart.
Im ersten Teil von *El fondo del vaso* berichtet der Ich-Erzähler José Lino Ruiz von seinem Vorsatz, das in *Muertos de perro* entworfene trübe Bild der Gesellschaft zu widerlegen und sich selbst und den Diktator Bocanegra – »*ein großer Patriot, Ritter ohne Furcht und Tadel und vorbildlicher Mensch*« – zu rechtfertigen. Da er über keine schriftstellerischen Erfahrungen verfügt, gewinnt er den Journalisten Luis Rodríguez als Mitarbeiter. Beide besprechen das Projekt eingehend, kommen aber nicht über die Anfangssätze der Apologie hinaus, denn Frauengeschichten und Streitereien über Bagatellen bringen sie auseinander. Außerdem stößt Ruiz bei der Verwirklichung des Projekts immer wieder auf Schwierigkeiten; indem er darüber berichtet, entsteht das Bild einer korrupten Gesellschaft, die sich nur um die eigenen Interessen kümmert und ihre Begeisterungsfähigkeit für Nichtigkeiten wie Schönheitskonkurrenzen u. ä. verbraucht. Schließlich wird Ruiz unschuldig des Mordes angeklagt und ins Gefängnis geworfen. – Es folgt ein Teil, der ausschließlich Zeitungsberichte über den Mord mit müßigen Spekulationen über das Tatmotiv enthält; auch dieser Teil ist ein Spiegel der Gesellschaft, in der Ruiz lebt. – Im dritten Teil setzt Ruiz, der im Gefängnis sitzt, seine Erzählung fort. In einem langen inneren Monolog faßt er die Geschichte seines Lebens zusammen. Bei dieser Gewissenserforschung, die das unbestimmte Gefühl einer noch nicht gesühnten Schuld in ihm weckt, kommt er zu der Erkenntnis, daß sein Tun sinnlos und sein Leben absurd gewesen ist. Manchmal empört er sich noch über die ihm von der Gesellschaft zugefügte Ungerechtigkeit, aber seine Erbitterung legt sich mit der Zeit. Im Zuge des allgemein herrschenden Konformismus und in völliger moralischer Apathie paßt er sich seiner Lage an: »*Sehen Sie, ich habe mich gewöhnt. Außerdem gehöre ich dieser Klasse von Menschen an, die nichts haben, nicht einmal Vorurteile. Und die Zelle? Sie könnte schlechter sein.*« Am Ende versucht Ruiz sogar, die Fehler und Mißgriffe der Gesellschaft zu rechtfertigen: er führt sie auf die Erbsünde zurück.
Ayala erzählt diese Geschichte des menschlichen Scheiterns ohne Pathos, als distanzierter Beobachter der Menschen und der Gesellschaft, die er mit teils zynischer, teils humoristischer Satirik darstellt. Der Roman scheint reines Spiel der Phantasie zu sein, aber er enthält eine exakte Analyse der sozialen und politischen Wirklichkeit. Indem Ayala sich auf die fiktive Welt eines anderen Romans bezieht, arbeitet er bewußt dem Wunsch des Lesers nach Lebensnähe entgegen und läßt die Romanwelt in schwebender Beziehungslosigkeit. Aber letztlich zielt dieses Verfahren nur darauf, die Wirklichkeit fester in den Griff zu bekommen: Figuren, Situationen und Handlungen erhalten dadurch die Qualität von Modellfällen. Ruiz mit seinen erfolglosen Unternehmungen, seinem hilflosen Aufbegehren und seiner trägen Hinnahme des Schicksals verkörpert das Abgleiten in betriebsame Mittelmäßigkeit und die verdammenswerte Nachgiebigkeit gegenüber einer allmächtigen Gesellschaft. In seinem Scheitern liegt keine Größe und keine Tragik: es ist ein Opfer ohne Aufopferung, die feige und konformistische Selbstaufgabe des Individuums. A.F.R.

AUSGABEN: Buenos Aires 1962. – Mexiko 1969 (in *Obras narrativas completas*, Vorw. A. Amorós). – Madrid 1970.

LITERATUR: K. Ellis, *La estructura de »El fondo del vaso«* (in Insula, 1963, Nr. 199). – H. Álvarez Murena, *»El fondo del vaso« de F. A.* (in PSA, 1963, Nr. 78). – M. Bieder, *Narrative Perspective in the Post-Civil War Novels of F. A. »Muertes de perro« and »El fondo del vaso«*, Chapel Hill 1969.

MUERTES DE PERRO

(span.; *Hundetode*). Roman von Francisco AYALA (Argentinien), erschienen 1958. – Neben *Tirano Banderas* (1926) von VALLE-INCLÁN und *El señor Presidente* (1946) von ASTURIAS ist dieser Roman der bedeutsamste Versuch, das Phänomen der hispanoamerikanischen Diktatur darzustellen. Die Ereignisse, von denen es handelt, spielen sich in einem fiktiven Land Südamerikas ab und sind als satirisches Modell ohne Bezug zu einer bestimmten nationalen Wirklichkeit und Epoche konstruiert. Als Berichterstatter stellt sich vor: Luis Pinedo, der sich als »*privatisierender Historiker*« ausgibt und der, als körperbehinderter Mann zur Untätigkeit verurteilt, Zeit und Muße gehabt hat, »*zu beobachten, zu untersuchen, um alles zu erfahren, sich über alles zu unterrichten*«. Die Geschichte der Diktatur Antón Bocanegras will er allerdings erst schreiben, »*wenn die Welle der Gewalttaten, Übergriffe, Morde, Räubereien, Brandstiftungen und sonstigen Ausschreitungen*« abgeflaut ist. Inzwischen beschränkt er sich darauf, die Ergebnisse seiner bisherigen Sammlertätigkeit vorzulegen: Auszüge aus Memoiren und Tagebüchern der Beteiligten, Briefe, Berichte des spanischen Botschafters an seine Regierung, in die wiederum die Berichte anderer Personen eingearbeitet sind, mündliche und schriftliche Äußerungen der verschiedensten Personen. Aus diesem Kaleidoskop von Informationen, in denen eine Gesellschaft von sich selbst Zeugnis gibt und die Ereignisse aus verschiedenen, oft entgegengesetzten Perspektiven dargestellt werden, ergibt sich das chaotische Bild eines sinnlosen Vorgangs, zynisch kommentiert von Pinedo, der als Chronist und Kolporteur von Skandalgeschichten selbst ein Repräsentant der Gesellschaft ist, zu deren Richter er sich aufwirft. Seiner Materialsammlung ist zu entnehmen, daß der Diktator Bocanegra, ein lethargischer Popanz ohne jede politische Konzeption, von seinem Sekretär (und, wie man sich erzählt, illegitimen Sohn) ermordet wird, nachdem dieser von der machthungrigen »Ersten Dame« des Landes zu ihrem Geliebten gemacht und zu der Tat aufgestachelt worden war; daß Requena, als die Dame genug von ihm hatte, vom Stabschef, Oberst Pancho Cortina, beseitigt wurde; daß in den durch Bocanegras Tod verursachten Wirren auch Cortina einen »Hundetod« durch Mörderhand starb; daß die Witwe des Diktators den Verstand verlor; daß ein Triumvirat unter der Führung des Intriganten Oláriz an die Macht kam; und daß auch dieser umgebracht wurde – vom Berichterstatter Luis Pinedo selbst, den zynisch-egoistische Motive dazu getrieben haben.

Diese Vorgänge enthüllen sich dem Leser nicht ohne eigene Bemühung, denn durch die Vielzahl der fiktiven Zeugnisse und Dokumente, die ganz verschiedene sprachliche Ebenen widerspiegeln und völlig wahllos, je nach Lust und Laune des Kommentators zusammengestellt scheinen, entsteht ein höchst widersprüchlicher Bericht, dessen Formlosigkeit »*unmittelbarer Ausdruck und Symbol der dargestellten Gesellschaft ist*« (K. Ellis). A.F.R.

AUSGABEN: Buenos Aires 1958. – Mexiko 1969 (in *Obras narrativas completas*, Vorw. A. Amorós). – Madrid 1968.

LITERATUR: R. Gullón, Rez. (in Torre, 24, 1958, S. 173–176). – M. Durán, Rez. (in RHM, 25, 1959, 1/2, S. 109). – A. Paita, Rez. (in Sur, 257, 1959, S. 70–73). – H. Rodríguez Alcalá, *En torno a una novela americana* (in CA, 1959, Nr. 104, S. 264–281). – A. Torres-Ríoseco, Rez. (in RI, 29, 1959, S. 307–310). – R. A. Molina, *Fondo ideológico de »Muertes de perro«* (in Quaderni Ibero-Americani, 24, 1959, S. 581–583). – K. Ellis, *The Theme of a World Without Values in »Muertes de perro«* (in Hispania, 43, 1960, S. 223–226). – R. A. Molina, Rez. (in PSA, 16, 1961, S. 176–207). – M. Bieder, *Narrative Perspective in the Post-Civil War Novels of F. A. »Muertes de perro« and »El fondo del vaso«*, Chapel Hill 1969.

ALAN AYCKBOURN

* 12.4.1939 London

THE NORMAN CONQUESTS

(engl.; *Ü: Normans Eroberungen*). Dramentrilogie von Alan AYCKBOURN, Uraufführung: Scarborough, Juli 1973. – Alan Ayckbourn gilt als einer der wichtigsten Neuerer des englischen *well-made play* und der Farce, der die traditionelle sprachliche und handwerkliche Perfektion dieser in Großbritannien hoch geschätzten Gattungen durch das raffinierte Spiel mit thematischen und strukturellen Konventionen bereichert und ihm neue Dimensionen eröffnet hat.

Die Trilogie *The Norman Conquests* stellt – wie für das *well-made play* typisch – eine Art Familientreffen an einem Sommerwochenende dar, und jedes der drei Stücke deckt die Zeitspanne von Samstagabend bis Montagmorgen ab, wobei sich die einzelnen Stücke zum Teil auf unterschiedliche, zum Teil auf gleichzeitig verlaufende Phasen innerhalb dieses Zeitraums beziehen. Dabei konzentriert sich jedes der drei Schauspiele auf einen bestimmten Ort des Geschehens: das Eßzimmer in *Table Manners (Tischmanieren)*, das Wohnzimmer in *Living Together (Trautes Heim)* und den Garten in *Round and Round the Garden (Quer durch den Garten)*. In jedem Stück finden sich immer wieder Querverweise auf Geschehnisse der beiden anderen. Die Teile der Trilogie können einzeln als selbständige Vorstellungen auf die Bühne gebracht werden, oder wie bei der Uraufführung an drei aufeinanderfolgenden Abenden. Die Einhaltung einer bestimmten Reihenfolge ist dabei nach Absicht des Autors weder vorgeschrieben noch notwendig.

Im Zentrum der farcenhaft grotesken Gesellschaftskomödie stehen – wie bei Ayckbourn meistens – typische Vertreter der Mittelschicht: die Geschwister Annie, Ruth und Reg sowie deren Ehepartner bzw. Verehrer. Reg und seine Frau Sarah wollen Annie entlasten, die die bettlägerige Mutter betreut; niemand ahnt, daß Annie mit ihrem Schwager Norman ein amouröses Wochenende geplant hat, auch nicht Annies dümmlicher Verehrer, der Tierarzt Tom. Die betuliche, stets um die Familienharmonie besorgte Sarah wird schließlich eingeweiht und informiert Tom. Dieser reagiert jedoch keineswegs empört, er läßt sich vielmehr vom »Eroberer« Norman über den richtigen Umgang mit Frauen beraten. Der geplante Ausflug von Norman und Annie findet allerdings nicht statt; einerseits deshalb, weil der egozentrische Norman schon bei der Vorbereitung zu ungeschickt ist, als er zum Beispiel viel zu früh eintrifft. Andererseits empfindet Annie plötzlich Skrupel, trotz der Liebesbeteuerungen Normans – die sich im weiteren Verlauf als recht hohl erweisen sollen. Norman gesteht nämlich später auch Sarah seine Liebe und lädt auch sie zu einem gemeinsamen Wochenende ein. Sein Ansinnen stößt bei Sarah keineswegs auf Widerstand. Schließlich versichert Norman seine Liebe auch noch Ruth, der Ehefrau, nachdem er ihr all seine Verfehlungen eingestanden hat.

Aufdeckung und Klärung dieses Beziehungsgeflechts dienen gleichsam als Folie für eine Kette farcenhaft komischer Szenen, in denen das Scheitern der Figuren, ihrer Träume und Illusionen an der Realität den Zuschauer immer wieder zwischen satirischer Distanz und verständnisvoll schmunzelnder Einfühlung schwanken läßt. Ayckbourn setzt dabei geschickt das Mittel der eingeschränkten Perspektive ein, denn in der Regel agieren nur zwei Personen in einer Szene. Ein Großteil der Komik resultiert aus dem Informationsvorsprung des Zuschauers, der die Akteure in wechselnden Konstellationen erlebt und damit den Überblick über das Gesamtgeschehen hat. Neben der Situationskomik stehen auch die schnellen, witzigen Rededuelle, mit denen Ayckbourn hier brilliert, ganz in der Tradition des *well-made play*. Allerdings überschreitet der Autor damit zugleich die Grenzen dieses Genres und nähert sich – wie etwa in der Parallelisierung simultan ablaufender Dialoge in *Table Manners* – den Techniken der *sophisticated comedies* des Films an.

Kritik und Literaturwissenschaft haben Ayckbourn wegen der deutlichen Tendenz zum Farcenhaften lange Zeit unterschätzt und in ihm einen zwar kunstfertigen, aber doch zu seichten Autor gesehen (J. R. Taylor). Seit Ende der siebziger Jahre wird seine herausragende Rolle als scharfer Kritiker der englischen Mittelschicht und gewichtiger Dramatiker, der in seinen erfolgreichen Komödien Entertainment und Sozialkritik zu verbinden weiß, kaum noch in Zweifel gezogen. Seit den späten achtziger Jahren wird Ayckbourn auch von den deutschen Staatstheatern, die ihn bis dahin als vermeintlichen »Boulevard«-Autor eher ablehnten, entdeckt, wobei hier dem Regisseur Peter Zadek als einem der ersten deutschen »Fürsprecher« Ayckbourns eine besondere Rolle zukommt. F.W.P.

AUSGABEN: Ldn. 1975. – NY 1977.

ÜBERSETZUNG: Normans Eroberungen, U. Liederwald u. Chr. Ferber, Reinbek 1975 (Bühnenms.).

LITERATUR: G. Almansi, *Victims of Circumstance: Ay.s Plays* (in Encounter, Apr. 1978, S. 58–65). – E. M. Blistein, *Ay: Few Jokes, Much Comedy*, (in Modern Drama, 26, 1983, S. 26–35). – J. Elsom Hg., *British Theatre Criticism*, London 1981, S. 233–240. – M. Page, *The Serious Side of A. Ay.*, Modern Drama 26 (1983), S. 36–44. – J. R. Taylor, *Art and Commerce* (in C. W. E. Bigsby, *Contemporary English Drama*, Ldn., 1981, S. 182–185). – S. H. White, *A. A.*, Boston 1984 (TEAS). – P. Becker, *Der berühmte Unbekannte – ein Molière der Middleclass?* (in Theater 1987, Jb. d. Zs. Theater heute, 1987, S. 26–38).

MARCEL AYMÉ

* 29.3.1902 Joigny
† 14.10.1967 Paris

LITERATUR ZUM AUTOR:
G. Robert, *A., cet inconnu*, Paris 1956. – J. Cathelin, *M. A. ou le paysan de Paris*, Paris 1958. – P. Vandromme, *M. A.*, Paris 1960. – A. L. Dumont, *M. A. et le merveilleux*, Paris 1970. – Cahiers M. A., 1981 ff. – M. Lécureur, *La comédie humaine de A.*, Lyon 1985.

CLÉRAMBARD

(frz.; Ü: *Der Herr von Clérambard*). Komödie in vier Akten von Marcel AYMÉ, Uraufführung: Paris 1950, Théâtre des Champs-Élysées. – Man hat Aymé gelegentlich den modernen RABELAIS genannt; in der Tat erinnern sein schalkhafter Spott und seine Satire lebhaft an den Lebenskünstler aus der Renaissancezeit. Die Gestalten sind so gut beobachtet und so treffend und plastisch gezeichnet, daß man vielfach die Unglaubwürdigkeit der vorgeführten Situationen völlig vergißt.

Tiere spielen in allen Werken Aymés eine hervorragende Rolle; auch im *Clérambard* geht es um die Einstellung des Menschen zum Tier. – Der aus alter, hochherrschaftlicher, aber verarmter Familie stammende Graf Hector de Clérambard ist ein adelsstolzer Grobian, der seit Jahren mit Frau,

Sohn und Schwiegermutter Pullover strickt, um sich am Leben zu erhalten und das verfallene Familienschloß nicht verkaufen zu müssen. Er spielt sich als Haustyrann auf, duldet keinen Widerspruch und erschlägt skrupellos fremde Katzen und Hunde, um sie mit den Seinen zu verspeisen. Eines Tages aber erscheint ihm in einer Vision der heilige Franz von Assisi; danach verwandelt sich der Graf von Grund auf, beschließt, künftig die Tiere zu schützen und ein heiligmäßiges Leben zu führen. Als seine Frau eine Spinne töten will, macht er ihr eine Szene und rettet »*seine kleine Schwester*«. Und als seine Frau eine Heirat für den Sohn Octave zu arrangieren beginnt, die die Familie finanziell sanieren soll, besteht der Vater aus Nächstenliebe darauf, daß sein Sohn die Dirne La Langouste zur Frau nimmt. Der junge Vicomte, der nur aus Geldmangel und Schüchternheit bisher nicht zu ihren Kunden gehört hat, willigt ein. Die Gräfin bestellt einen Irrenarzt, um den Geisteszustand ihres Mannes prüfen zu lassen. Als der Doktor erscheint, hat der Graf gerade einen Wagen besorgt, in dem er von jetzt an mit den Seinen als Bettler durch die Lande ziehen will. In diesem Wagen verführt Octave die Schwester der ihm von seiner Mutter zugedachten Braut; La Langouste löst daraufhin die Verlobung. Gerade als der Arzt seine Diagnose des Falles Clérambard verkünden will, hat dieser wieder eine Vision, der auch die übrigen Anwesenden – mit Ausnahme des Pfarrers – teilhaftig werden. Der Zuschauer sieht zwar nicht, was die auf den Knien liegenden Akteure erleben, doch aus den stockenden ekstatisch hervorgebrachten Worten erfährt er, daß es sich um eine Erscheinung von Engeln handelt. Danach sind sich alle einig, daß Clérambard auserwählt ist und seine Pläne richtig sind: sie steigen in den Bettlerwagen, um ihr neues Leben zu beginnen.

Das Stück ist reich an unvorhergesehenen Wendungen und geradezu possenhaften Szenen. Grotesk übertrieben, aber nichtsdestoweniger amüsant wirkt der Kontrast zwischen der Würde der Gräfin und der robusten Derbheit des Freudenmädchens, mit Absicht unwahrscheinlich kraß der Wandel im Charakter des Titelhelden. Die letzte Szene ist eine glänzende Parodie auf religiöse Wahnvorstellungen und Massenpsychose, denen sich sinnigerweise nicht einmal der Irrenarzt entziehen kann. R.B.

AUSGABEN: Paris 1950. – Paris 1961 (Poche). – Paris 1984. – Paris 1985 (in *Le théâtre*, Hg. M. Lécureur u. Y. A. Favre; Cahiers M. A., 4).

ÜBERSETZUNG: *Der Herr von Clérambard*, L. Kornell u. U. Gettinger, Zürich 1951 [Bühnenms.].

VERFILMUNG: Frankreich 1969 (Regie: Y. Robert).

LITERATUR: R. Kemp, *Clérambard* (in R. K., *Vie du théâtre*, Paris 1956, S. 260–265). – C. Carlut, *Le théâtre de M. A.* (in Littératures Modernes, 10, 1960, S. 597–608). – S. J. Collier, *Le théâtre de A.* (in *Studies in French Literature Presented to H. W. Lawton*, Manchester/NY 1968, S. 75–87). – G. D. Farcy, *Introduction à la dramaturgie de A.* (in Cahiers M. A., 4, 1985, S. 119–147). – P. Sénart, *Une reprise de »Clérambard« de M. A. à la Comédie des Champs-Élysées* (in RDM, Okt.–Dez. 1986, S. 452–462).

LES CONTES DU CHAT PERCHÉ

(frz.; Ü: *Kater Titus erzählt*). Neun Tiermärchen von Marcel AYMÉ, erschienen 1939. – Die Geschichten, eine Mischung aus PERRAULTS *Contes de ma mère l'Oye* (1697) und LA FONTAINES *Fables* (1668–1694), fanden bei Kindern und Erwachsenen so viel Beifall, daß Aymé zwei Fortsetzungen mit den Titeln *Autres contes du chat perché* (1950) und *Derniers contes du chat perché* (1958) folgen ließ. Von der Fabel übernimmt Aymé nicht nur die Tiere, die auch hier sprechen können und menschliche Eigenschaften haben, sondern ebenso die erzieherische Absicht. Die phantastische Ausgestaltung aber, die Atmosphäre seiner Geschichten, hat mehr als die herkömmliche Fabel märchenhaften Charakter. Zwei kleine Mädchen, Delphine und Marinette (»*la plus blonde des deux*«), erleben in jeder Geschichte ein neues, sonderbares und lehrreiches Abenteuer mit Tieren. Über den moralischen Schluß, der von Fall zu Fall aus ihren Erlebnissen zu ziehen ist, sind sie sich stets einig und wagen gegebenenfalls sogar, gemeinsam ihren Eltern zu widersprechen, die als Erwachsene vom Wunderreich der Kinder und Tiere ausgeschlossen sind und deshalb meist allzu rasch eine rationale Erklärung für die sonderbarsten Geschehnisse zur Hand haben. Für Aymé sind – wie für William WORDSWORTH – die Kinder und Tiere *blessed creatures*; seine Erzählungen aber hat er, gemäß seinen eigenen Worten, »*für Kinder von 4 bis 75 Jahren*« geschrieben und überdies für solche Erwachsenen, denen die beiden Hauptthemen der Romanliteratur – Liebe und Geld – langweilig geworden sind.

In der Geschichte *Le loup* lernen die kleinen Bauernmädchen, daß einem plötzlichen Charakterwandel nicht unbedingt zu trauen ist: Der Wolf, der lange Zeit brav war und mit sich scherzen ließ, wird rückfällig und frißt sie beide auf. (Sie werden in derselben Weise wie das Rotkäppchen und die sieben Geißlein aus dem Bauch des Unholds wieder befreit.) Eine ähnliche Lektion erteilt die Geschichte *Le canard et le panthère*: Der Panther, der allen Haustieren ewige Freundschaft geschworen hat, kann der Versuchung nicht widerstehen und verschlingt das Schwein. Die Vorsätze beider Tiere waren aufrichtig wie die der meisten Sünder, doch konnten sie auf die Dauer gegen ihre Natur nicht ankommen. Hinterher aber empfinden sie wie die Menschen Gewissensbisse und Scham über ihr Verhalten. Daß zuviel Gelehrsamkeit schadet und isoliert, lehrt die Geschichte von dem weisen Rind (*Les bœufs*), das zur Feldarbeit nicht mehr taugt und an einen Zirkus verkauft werden muß, weil die

Kinder ihm das Lesen beigebracht haben. Ebenfalls soll man sich vor Leichtgläubigkeit und Vertrauensseligkeit hüten, um nicht enden zu müssen wie das schwarze Hähnchen *(Le petit coq noir)*, das der Bruderschaftserklärung des Fuchses glaubt und natürlich prompt von diesem Meister der Verstellung verschlungen wird. Böse Menschen und Tiere aber trifft über kurz oder lang die gerechte Strafe. So wird der blinde Bettler, der seinen Hund mißhandelt hat, durch Unglück klüger, dem Bussard werden zur Strafe für seine Gefräßigkeit die Flügel abgenommen und dem unglücklichen Schwein angeklebt, das damit dem Appetit der verständnislosen Erwachsenen auf Schweinefleisch entkommen kann, und der böse Gänserich, der den beiden Mädchen beim Spiel den Ball gestohlen hat, muß dank einer List des Esels zu guter Letzt reumütig zu Kreuze kriechen.

Aymés Erzählstil ist so einfach, unaufdringlich und von so liebenswerter Bescheidenheit wie die Motive seiner Märchen. Der Reiz der Geschichten liegt in der humorvollen, leicht ironischen, doch niemals überheblichen Darstellung menschlicher Schwächen und Einsichten. R.B.

AUSGABEN: Paris 1939. – Paris 1950 *(Autres contes du chat perché)*. – Paris 1958 *(Derniers contes du chat perché)*. – Paris 1959. – Paris 1963. – Paris 1973. – Paris 1978 *(Les contes bleus du chat perché)*. – Paris 1978 *(Les contes rouges du chat perché)*.

ÜBERSETZUNGEN: *Der Esel und das Pferd*, anon., Zürich 1955; ern. 1960 (Die kleinen Bücher der Arche, 194/195). – *Der Elefant und der Hund*, M. Lang, Zürich 1954 (Die kleinen Bücher der Arche, 162/163; ern. 1963). – *Kater Titus erzählt*, Y. Meier-Haas u. M. Lang, Einsiedeln/Zürich/Köln 1964.

LITERATUR: G. Ganne, *M. A. l'anticonformiste*, Paris 1952. – G. Robert, *M. A., cet inconnu*, Paris 1956. – G. Krause, *Die Welt A.s. Eine Einführung in sein Werk* (in NSp, 1957, H. 6, S. 263–280). – P. Vandromme, *M. A.*, Paris 1960. – A. Simounet, *»Les contes du chat perché« de A.*, Paris 1977. – G. Lord, *The Short Stories of A.*, Perth 1980. – P. P. Brand, *The Modern French Fairy-Tale*, Diss. Boulder 1983 (vgl. Diss. Abstracts, 44, 1983/84, S. 1468 A)

LA JUMENT VERTE

(frz.; *Ü: Die grüne Stute*). Burlesker Roman von Marcel AYMÉ, erschienen 1933. – Mit Humor und Gemüt, vor allem aber einer starken Dosis jenes *esprit gaulois*, um dessentwillen man Aymé sogar mit RABELAIS verglichen hat, wird in diesem prallen, lebensstrotzenden Epos die Geschichte eines Bauerngeschlechts erzählt, das seit eh und je in dem unsäglich eintönigen Provinzdorf Claquebue ansässig ist. Drei Generationen der Haudouins läßt Aymé Revue passieren; den rechtschaffenen, freimütigen und sinnenfreudigen Honoré aus der zweiten Generation – zur Zeit der Dritten Republik – nimmt er zum Helden des Romans. Da Honoré nicht sehr geschäftstüchtig ist, verdankt er es nur der Gnade seines Bruders Ferdinand, eines ehrgeizigen und ebenso prüden wie lüsternen Duckmäusers, der es als Veterinär zu Reichtum und Ansehen gebracht hat, daß er noch auf dem väterlichen Hof sitzt. Dennoch ist er es, der die wahren Mannestugenden seiner Sippe geerbt hat und sich zuletzt als der Starke erweisen wird.

Zwischen den Haudouins und ihren Nachbarn, den Malorets, herrscht eine uralte Rivalität, die zur offenen Fehde geworden ist, als die Großmutter im Siebziger Krieg durch die Schuld eines Malorets von einem Bayern vergewaltigt wurde. Ferdinand ist zwar um seines Vorteils willen zur Versöhnung, d. h. zur Opferung einer geheiligten Familientradition, bereit, aber Honoré nimmt den Kampf auf, der auf beiden Seiten mit List und grimmigem Humor zäh und umsichtig geführt und schließlich im Bett entschieden wird. Sozusagen *coram publico*, vor den Augen des Gatten und des Sohnes, vergewaltigt Honoré Malorets Weib und demonstriert damit sichtbar die »Überlegenheit« der eigenen Sippe.

Aymés Bauern kennen weder das naiv-idyllische Ideal des »einfachen Lebens« noch die heidnisch-religiöse Naturverbundenheit der Bauern GIONOS. Ihre wahre Natur – und ihr Mythos – ist der fleischliche Eros. Das Motiv der grünen Stute, das dem Roman den Titel gibt, steht symbolisch für den Sinnlichkeitskult seiner Figuren. Eine grüne Stute nämlich – welche Sensation für Claquebue – war seinerzeit im Stall von Großvater Jules geboren und als Kuriosum sogar »porträtiert« worden. Weil der Maler dabei aber *»die Gunst der Magd genossen und in seiner Palette den Seim der Lust aufgefangen und damit Augen und Lefzen der Stute betupft hatte«*, verband sich in dem Konterfei, das seitdem im Schlafzimmer der Haudouins hängt, die Stutennatur mit der Sinnlichkeit des geilen Malers. Jahr um Jahr beobachtet nun die Stute, von der ein geheimnisvolles Fluidum ausgeht, von der Wand herab die erotischen Abenteuer der Familie und berichtet darüber jeweils zu Ende eines Kapitels – ein grotesker Einfall, den Aymé vortrefflich mit dem derben Milieu des Romans in Einklang gebracht hat. A.B.

AUSGABEN: Paris 1933. – Paris 1960. – Paris 1970. – Paris 1976 (Folio).

ÜBERSETZUNG: *Die grüne Stute*, W. Widmer, Köln/Bln. 1952; ern. 1967; ern. 1987.

VERFILMUNG: Frankreich/Italien 1959 (Regie: C. Autant-Lara).

LITERATUR: P. Bost, Rez. (in L'Europe Nouvelle, 29. 7. 1933). – G. Ganne, *M. A., l'anticonformiste, Paris 1952*. – J. Cathelin, *L'apothéose de »La jument verte«* (in J. C., *M. A. ou Le paysan de Paris*, Paris 1958, S. 29–50). – G. Krause, *Die Welt M. A.s. Ei-*

ne Einführung in sein Werk (in NSp, 1959, H. 6, S. 263–280).

LES OISEAUX DE LUNE

(frz.; Ü: *Die Mondvögel*). Komödie in vier Akten von Marcel AYMÉ, Uraufführung: Paris, 15. 12. 1955, Théâtre de l'Atelier; deutsche Erstauff.: Krefeld/Mönchengladbach, Jan. 1958, Vereinigte Städt. Bühnen. – An seiner Privatschule, »Boîte à bachot« (»Presse«), plagt sich Monsieur Chabert, unbegabte oder faule Schüler, die durch die staatliche Reifeprüfung gefallen sind, doch noch zum Abitur zu führen. Lieber würde er, statt Philosophie zu unterrichten, sich zur Ruhe setzen, um endlich zur Lektüre Platons zu kommen, den er nur aus der Sekundärliteratur kennt; Chabert empfindet diese Tatsache als eine Schande und fürchtet, sein Unwissen könne entdeckt werden. Aber er muß Geld verdienen, um die Ansprüche seiner extravaganten, mannstollen Frau, Armandine, die ihn seit Jahren betrügt, erfüllen zu können. Im Schatten der Mutter steht die älteste der drei Töchter: Elisa, ein reizloses, altjüngferliches Geschöpf, erteilt Unterricht an Chaberts Schule, wo auch ihr schüchterner, verträumter Mann, Valentin, angestellt ist. Valentin verliebt sich in die junge, reizvolle Sylvie. Als er sich eines Tages den Nachstellungen seiner Schwiegermutter nicht erwehren kann, entdeckt er plötzlich an sich eine wunderbare Gabe: Er verwandelt Armandine in einen Vogel. – Kurz darauf ist Professor Bobignot verschwunden. Wie sich herausstellt, hat Valentin auch ihn, der Sylvie zu nahegetreten war, in einen Vogel verzaubert. Während Valentin seine geheimnisvollen Kräfte, die er auf die Lektüre Jules Vernes und der Comtesse de Ségur zurückführt, wie selbstverständlich nimmt, zeigt sich Monsieur Chabert hilflos und moralisch empört. Als sich Valentin nach und nach aller ihm unliebsamen Personen, der Angehörigen der Verschwundenen, der Polizisten, mittels Metamorphose entledigt, muß Chabert um den Ruf seines Instituts fürchten. Um die Auflösung der Schule zu verhindern, bittet er Valentin, zwei Inspektoren in Vögel zu verwandeln, und ist nun dessen Komplice. Während Valentin zunächst vorgibt, er wolle die Menschen durch die Metamorphose glücklicher machen, übt er seine Macht schließlich unverhohlen aus. Bald beherrscht er die ganze Stadt. Die Schüler flehen ihn an, in Vögel verwandelt zu werden, um nicht mehr lernen und arbeiten zu müssen; nur Martinon bleibt fest und kämpft *»für die Kultur, die Menschlichkeit, die Geometrie, den ganzen Plunder«*, aber auch um Sylvie, die er liebt. Mit nahendem Mondwechsel verliert Valentin seine Zauberkräfte; die letzten Metamorphosen gelingen nur halb, seine Schwäger werden zu Schnecken, seinen Schwägerinnen, die ihn entmannen wollten, wachsen lediglich Vogelköpfe. Mit Eintritt des Mondwechsels gewinnen alle ihre menschliche Gestalt zurück. Valentin: »*Ich sehe, daß alles wieder in Ordnung kommt. Es hat nur Mondvögel gegeben.*« Aber die Verzauberten haben sich wirklich verwandelt. Madame Chabert, verjüngt und noch schöner, wird ihrem Mann eine treue, bescheidene Frau sein. Professor Bobignot kehrt zu seiner Frau zurück. Valentin nimmt eine verschönte, reizvolle Elisa in die Arme. Martinon wird Sylvie heiraten. Die strengen Eltern bitten ihre gezüchtigten Kinder um Verzeihung. Alle Verzauberten danken Valentin für die Stunden des Glücks, die er ihnen beschert hat.

Seinen großen Erfolg beim Publikum verdankt das Stück vor allem den brillanten Dialogen und Aymés ausgeprägtem Sinn für Situationskomik. Die vom Autor beabsichtigte moralische Wirkung tritt ganz in den Hintergrund. Zwar wird die Gefahr, die von Valentins Macht ausgeht, mit der der Atombombe verglichen, doch bleibt das ein Aperçu. Der märchenhafte Charme der Komödie läßt den Gedanken an eine ernsthafte Bedrohung gar nicht aufkommen. Auch Martinons Kampf für die Vernunft bleibt ganz an die Komik gebunden, die in diesem Stück alles, Handlung, Personen, Dialoge, gleichermaßen durchtränkt.

R.B.

AUSGABE: Paris 1956.

ÜBERSETZUNG: *Die Mondvögel*, W. Widmer, Köln/Bln. 1963.

LITERATUR: Ch. Carlut, *Rire et satire dans le théâtre de A.* (in FR, 33, 1959/60, S. 448–453). – Ders., *Le théâtre de A.* (in Litterature Moderne, 10, 1960, S. 597–608). - M. J. Temmer, *A., Fabulist and Moralist* (in FR, 35, 1961/62, S. 453–462). – Y. A. Favre, *Merveilleux et poésie dans »Les oiseaux de lune«* (in Cahiers M. A., 2, 1983, S. 79–86). – G. D. Farcy, *Introduction à la dramaturgie de A.* (in ebd., 1985, S. 119–147).

JAKOB AYRER

* um 1544 Nürnberg
† 26.3.1605 Nürnberg

LITERATUR ZUM AUTOR:
G. Höfer, *Die Bildung J. A.s*, Lpzg. 1929. – H. G. Sachs, *Die deutschen Fastnachtspiele von den Anfängen bis zu J. A.*, Diss. Tübingen 1972.

COMEDIA VON DER SCHÖNEN SIDEA, WIE ES JHR BISS ZU JHRER VERHEÜRATUNG GANGEN

Burleskes Lustspiel in fünf Akten von Jakob AYRER, erschienen 1618. – SHAKESPEARE hat im *Sturm* dieselbe Fabel benutzt. Nach einer verlorenen Schlacht gegen den Fürsten Leudegast muß Fürst Ludolf gemeinsam mit seiner Tochter Sidea sein Reich verlassen. Er irrt im Wald umher und sinnt auf Rache, zu der ihm der dienstbereite Teufel Runcifal verhilft. Während eines Jagdausflugs von Leudegast gelingt es Ludolf mit Hilfe eines Zaubertricks, Engelbrecht, den Sohn Leudegasts, gefangenzunehmen und ihn als Leibeigenen mit sich zu führen. Der erniedrigte Fürstensohn aber erweckt Mitleid bei der barmherzigen Sidea, ja, sie verliebt sich bald in den Leibeigenen. Kurz entschlossen entfliehen die beiden, um am Hofe Leudegasts zu heiraten. Wutentbrannt sendet der verzweifelte Ludolf seinen Diener, den Müller Jahn Molitor, die komische Person, aus, um die Flüchtigen zu suchen. Inzwischen hat Engelbrecht den Hof seines Vaters allein erreicht, um ein Gefährt für die erschöpft zurückgebliebene Sidea zu holen. Dort aber erwartet ihn schon eine polnische Prinzessin, die sein Vater ihm zur Frau bestimmt hat. Nur übernatürlichen Umständen ist es zu danken, daß Engelbrecht schließlich wieder zu seiner Geliebten findet. Die Polin erhält den verdienten Rat Franciscus zum Manne, und die beiden verfeindeten Fürsten söhnen sich im Beisein der beiden glücklichen Paare aus. – In einer Parallelhandlung werden die komischen Erlebnisse des Dieners Jahn Molitor vorgeführt, die an Verwicklungen ebenso reich sind wie die der Hauptpersonen.

Von den in Nürnberg gastierenden englischen Komödianten (v. a. der Truppe um Robert BROWNE) empfing Ayrer spürbare Anregungen, die in einigen formalen Besonderheiten seiner Stücke sichtbar werden: der Text (in Knittelversen) ist mit ausführlichen, die Gestikulationen und die Mimik betreffenden Regieanweisungen versehen, die Personen wurden gegenüber den alten Fastnachtspielen bedeutend vermehrt, die komische Person ist in die Handlung ganz einbezogen. Die moralische Absicht der Stücke Ayrers ist sehr eindeutig: die Rechtschaffenheit der Guten geht aus allen Fährnissen siegreich hervor, während die plumpe Tücke der Bösen dem Spott und der Verachtung anheimfällt; die komische Person teilt dem Zuschauer diese Moral in Form von strophischen – in die Handlung eingestreuten – Liedern mit. Übernatürliche Kräfte (Zauber, Verwünschung), die – wie in der *Sidea* – die Handlung vorantreiben, wirken nicht als Eingriffe magischer Gewalten in irdische Konflikte (wie etwa bei Shakespeare), sondern werden als mehr oder weniger zufällige Bühneneffekte empfunden. R.Rr.

AUSGABEN: Nürnberg 1618 (in *Opus Theatricum. Dreißig Außbündtige schöne Comedien und Tragedien mit sechsunddreißig Fastnachts- und Possenspielen*, 6 Bde., Nr. 28). – Stg. 1865 (in *Dramen*, 8 Bde., Hg. A. v. Keller; Nachdruck des *Opus Theatricum*; BLV, 79; Nachdr. Stg. 1972, 5 Bde.). – Lpzg. 1867 (in *Dt. Dichter d. 16. Jh.s*, Hg. K. Goedeke u. J. Tittmann, Bd. 3/2; ern. Nendeln 1974). – Lpzg. 1868 (in *Schauspiele a. d. 16. Jh.*, Hg. J. Tittmann, Tl. 2).

LITERATUR: W. Wodick, *J. A.s Dramen in ihrem Verhältnis zur einheimischen Literatur u. zum Schauspiel d. engl. Komödianten*, Halle 1912. – L. M. Price, *English-German Literary Influences, Bibliography and Survey*, Berkeley 1919 (Univ. of California Publications in Modern Philology, Bd. 9, S. 12 ff.; 54 ff.; 134 ff.; 588). – K. Fouquet, *J. A.s »Sidea«, Shakespeares »Tempest« und das Märchen*, Diss. Marburg 1929. – W. Flemming, *J. A.* (in NDB, 1, 1953). – H. Plard, *Adaptions de la »Tragédie espagnole« dans les Pays-Bas et en Allemagne (1595–1640)* (in *Dramaturgie et Société*, Bd. 2, Paris 1968, S. 633–653).

SPIEGEL WEIBLICHER ZUCHT VND EHR. Comedia von der schönen Phänicia vnd Tymbri von Golison auß Arragonien, wie es ihnen in ihrer ehrlichen lieb gangen, biß sie ehelich zusammen kommen

Komödie in fünf Akten und einem Vorspiel von Jakob AYRER, erschienen 1618. – Die deutsche Literaturwissenschaft ist dem schreibfreudigen Notar und Prokurator Ayrer aus Nürnberg nicht eben wohlgesonnen: Seine schon von Ludwig TIECK zur Diskussion gestellten Beziehungen zu den »Englischen Komödianten« werden weit weniger geschätzt als die ihres Förderes, des Herzogs HEINRICH JULIUS VON BRAUNSCHWEIG; seine »Stoffgier«, die ihn Angelesenes und Aufgeschnapptes unbedenklich in Schwänken, Sing- und Fastnachtspielen verarbeiten ließ, deklassiert ihn zum *»unrühmlichen Vollender, der noch einmal versuchte, eine absterbende Überlieferung mit unzulänglichen Mitteln aufzufrischen«* (R. Newald). Auch in der Komödie *Spiegel weiblicher zucht vnd ehr* ist das stoff- und motivgeschichtliche Überlieferungsgut durchsichtig: SHAKESPEARES auf die *Novellen* (1554) des BANDELLO zurückgehende Komödie *Much Adoe about Nothing* steht unverkennbar Pate, wenn auch in vergröberter Gestalt; möglicherweise floß auch ein durch die »Englischen Komödianten« tradiertes elisabethanisches Schauspiel *Ariodante und Ginevra* in Ayrers flinke Feder ein. Die Komödie wurde ihrerseits zur Quelle für Michael KONGEHLS 1680 verfaßtes ›Mischspiel‹ *Die vom Tode erweckte Phönizia*.

In einem eher derb realistischen als allegorischen Vorspiel beklagt sich Venus darüber, *»das mich vnd mein Sohn macht zu spot / Tymborius, der Graf von Golison, / Am Königs Hof zu Arragon«*. Tymborius, der erheblichen Anteil am großen Blutbad der *»Sicilischen Vesper«* hatte, sei ein abschreckendes Beispiel für den Niedergang der Ritterschaft, die den Krieg mehr liebe als *»Weiber zu führn auff den Schlitten«*. Venus will den liebesfeindlichen Grafen damit bestrafen, daß er sich auf dem Turnier zu Messina sterblich in die schöne Jungfrau Phänicia verlieben, aber an der Keuschheit der Begehrten scheitern solle. Im Spiel führt der heimtückische Edelmann Gerando die göttliche Intrige auf höchst irdische Art aus. Im Turnier von Tymborius schmählich besiegt und zugleich dessen Rivale im Kampf um Phänicias Gunst, demonstriert der Bösewicht an seinem Diener, dem in Ayrers Stücken obligatorischen *kurtzweiler* Jahn, wessen er fähig ist: Er gießt dem liebestrunkenen Tolpatsch vor dem Haus seiner Angebeteten *»bruntzwasser«* auf den Kopf. Als Tymborius mit Hilfe von Briefen, Liebesliedern und einer ernsthaften Werbung um Phänicias Hand kurz vor dem ersehnten Ziel steht, sucht ihn Gerando durch eine plumpe Verkleidungskomödie abzufangen: Jahn, als Phänicia verkleidet, und der Edelmann Gerwalt, der gleichsam berufsmäßig *»so vil böser hendel anricht«*, promenieren Arm in Arm im nächtlichen Garten vor Tymborius' Augen. Verzweifelt über die vermeintliche Untreue seiner Braut, tritt Tymborius von seinem Heiratsversprechen zurück. Dank einer List von Phänicias Vater aber kommt das glückliche Komödienende dennoch zustande: Am Grabe der angeblich an gebrochenem Herzen gestorbenen Phänicia erkennt Tymborius seine Liebe zu ihr, verzeiht großzügig dem reumütig seine Schuld eingestehenden Gerando und heiratet schließlich die ihm von Phänicias Vater präsentierte schöne Unbekannte Lucilia alias Phänicia. Während selbst der geheilte Bösewicht Gerando deren Schwester Bellaflura in Armen hält, klingt die Komödie im Schlußlied *»der Jungfrau Spiegel genandt«* mit dem moralisierenden Lobpreis von Keuschheit und Gottesfurcht aus.

Neben den vielen nicht zu Unrecht als zweitrangig empfundenen Stücken Ayrers darf *Spiegel weiblicher zucht vnd ehr* als eine seiner gelungensten Komödien gelten. Die geschickte Adaption der berühmten Vorlage wartet – ein Novum in der Theaterpraxis der Zeit – mit zahlreichen Bühnenanweisungen auf und befreit vor allem die stereotype komische Person von ihrer selbstzweckhaften Clownerie: Das Intrigenspiel der Haupthandlung wird zunächst auf dem niederen Niveau des *kurtzweilers* parallelisiert und kontrapunktiert, um sich in der komödiengerechten Verquickung beider Ebenen zum tragikomischen Knoten zu schürzen, der sich schließlich im glücklichen Ende wieder auflöst. M.Schm.

AUSGABEN: Nürnberg 1618 (in *Opus Theatricum. Dreißig Außbündige schöne Comedien und Tragedien mit sechsunddreißig Fastnachts- und Possenspielen*, 6 Bde., Nr. 26). – Bln. 1817 (in *Deutsches Theater*, Hg. L. Tieck, 2 Bde., 2). – Stg. 1865 (in *Dramen*, 8 Bde., 5, Hg. A. v. Keller; Nachdr. d. *Opus Theatricum*; BLV, 78); ern. Hildesheim 1973.

LITERATUR: E. C. J. Lützelberger, *J. A.s Phänizia u. Shakespeares »Viel Lärm um Nichts«*, Nürnberg 1868. – W. Wodick, *J. A.s Dramen in ihrem Verhältnis zur einheimischen Literatur u. zum Schauspiel der englischen Komödianten*, Halle 1912. – L. M. Price, *English-German Literary Influences, Bibliography and Survey*, Berkeley 1919. – J. Dünninger u. D. Kiesselbach, *J. A.s Spiegel weiblicher Zucht u.*

Ehr (in *Das Komödi-Spielen*, Mchn. 1961, S. 52–76). – H. Plard, *Adaptions de la »Tragédie espagnole« dans les Pays-Bas et en Allemagne (1595–1640)* (in *Dramaturgie et Société*, Bd. 2, Paris 1968, S. 633–653).

WILLIAM EDMONDSTONE AYTOUN

* 21.6.1813 Edinburgh
† 4.8.1865 Blackhills bei Elgin

LITERATUR ZUM AUTOR:
A. Schmidt, *Ein Denkstein, gesetzt den Manen des Dichters W. E. A.* (in Progr. Königsberg 1866, S. 1–21). – T. Martin, *Memoir of W. E. A.*, Edinburgh/Ldn. 1867. – O. Elton, *A Survey of English Literature 1830–1880*, Bd. 2, Ldn. 1920, S. 154 f. – E. Gosse, *More Books on the Table*, Ldn. 1923, S. 151–158. – L. Stumptner, *W. E. A., 1813–1865*, Diss. Wien 1934. – E. Frykman, *W. E. A., Pioneer Professor of English at Edinburgh. A Study of His Literary Opinions and His Contribution to the Development of English as an Academic Discipline*, Göteborg 1963.

FIRMILIAN OR THE STUDENT OF BADAJOZ: A SPASMODIC TRAGEDY

(engl.; *Firmilian oder Der Student von Badajoz. Eine »spasmodische« Tragödie*). Satirische Verstragödie in fünfzehn Szenen von William Edmondstone AYTOUN, unter dem Pseudonym T. Percy Jones veröffentlicht 1854. – In der zum großen Teil in jambischen Pentametern geschriebenen Tragödie parodiert Aytoun (schottischer Rechtsanwalt, Balladendichter und -sammler und Professor für schöne Literatur, der sich für sprachliche Klarheit und Disziplin einsetzte) den verkrampften Tiefsinn, den sentimentalen Bombast und die konfuse Extravaganz von Zeitgenossen wie Philip James BAILEY (vgl. *Festus*, 1839), Sydney DOBELL (*The Roman*, 1850 und *Balder*, 1853), und Alexander SMITH (*A Life-Drama*, 1852). Für ihre Art zu schreiben erfand er die Bezeichnung »Spasmodic School«. Selbst TENNYSON, der in seinem Monodrama *Maud* (1855, vgl.) nicht ganz frei ist von den Stiltendenzen dieser Gruppe, wurde von Aytoun heftig angegriffen. – Im Vorwort erklärt der angebliche Verfasser Jones ungeschminkt: »Es ist meine feste Überzeugung, daß Kunstdichtung immer krampfhaft ist und sein muß.« Mit beißender Ironie stellt er fest, daß die Kritiker, die seinen Helden Firmilian für extravagant hielten, gerechterweise dasselbe über die Helden GOETHES und SHAKESPEARES sagen müßten. Leute, die sein *»Meisterwerk«* so beurteilen würden, müßten wohl an *»unterentwickelter Vorstellungskraft«* leiden. Zwar sei er nicht arrogant genug, seinen *Firmilian* für das beste Stück der ganzen Epoche zu halten, fordere jedoch den Leser auf, ihm ein besseres zu nennen.

Der Titelheld des Stücks, Student an der Universität von Badajoz, ist wie Faust unbefriedigt von allem, was er bisher erlernt hat. Nun will er eine Tragödie über »*die Seelenkrämpfe, von denen Kain gemartert wurde*« schreiben. Um sich systematisch auf diese Aufgabe vorzubereiten, begeht er eine Reihe von absurden Verbrechen. Er braut für drei seiner Kommilitonen nach Lukrezia Borgias Geheimrezept einen Gifttrank. Als die drei daran sterben, stellen sich bei Firmilian jedoch keineswegs die Seelenqualen ein, die er kennenlernen wollte – er befindet sich im Gegenteil nach der Tat in geradezu euphorischer Stimmung. Als nächstes bringt er einen fortschrittlich eingestellten Studenten als Ketzer vor die Inquisition, aber auch nach dieser Tat bleiben die erwünschten Gewissensnöte aus. Um die »*Akropolis der Schuld*« zu erklimmen, sprengt er die Kathedrale, in der gerade der Kirchenchor singt, in die Luft. Doch noch immer stellt sich keine Reue ein. Endlich beschließt er, seinen besten Freund, Haverillo, zu ermorden. Um seinen Studien eine neue Variante hinzuzufügen, stößt er ihn in die Tiefe, und zwar genau dorthin, wo gerade der Philosoph Apollodorus spazierengeht: so tötet er zwei mit einem Streich. Das Schicksal ereilt ihn, als er sich in der Liebe ebenso unmäßig gebärdet wie im Verbrechen. Nach einem Rendezvous mit seiner Verlobten Mariana (einer Szene, bei der der Autor nicht mit pathetischen Schwüren und albernen Vergleichen spart) bringt Firmilian zum nächsten Stelldichein gleich noch zwei weitere Frauenspersonen, Lilian und eine Negerin, mit. Die empörten Mädchen verklagen ihn beim Inquisitor und beim König. Auf der Flucht gelangt Firmilian zuerst in eine Berglandschaft (Aytouns Vorbild war hier die Brockenszene im *Faust*) und gerät dann in ein Moor. Dort peinigt ihn der Chor der Irrlichter mit Gesängen über seine Schandtaten und jagt ihn schließlich in den Tod. Als ein Beispiel für Aytouns parodistischen Stil seien folgende Verse aus diesen, die Tragödie beschließenden Gesängen zitiert: »*Firmilian! Firmilian! / What have you done to Lilian? / There's a cry from the grotto, a sob by the scream, / a woman's loud wailing, a little babe's scream! / How fared it with Lilian/ in the pavilion,/ Firmilian, Firmilian!*«

Das Stück war eine der langlebigsten Travestien der Viktorianischen Ära und gilt noch heute als bemerkenswertes Beispiel dieses Genres. R.B.

AUSGABEN: Edinburgh 1854 [u. d. Pseud. T. Percy Jones]. – Ldn. 1921 (in *Poems of W. E. A.*, Hg. F. Page; Oxford Edition).

LITERATUR: Th. Martin, *Memoir of W. E. A.*, Edinburgh/Ldn. 1867. – M. A. Weinstein, *W. E. A. and the Spasmodic Controversy*, New Haven/Ldn. 1968.

SAMIHA AYVERDI

* 1906 Istanbul

İBRAHİM EFENDİ KONAĞI

(ntürk.; *Ibrahim Efendis Konak*). Lebensbild einer türkischen Familie von Samiha AYVERDI, erschienen 1964. – Die Bezeichnungen Erzählung, Novelle oder Roman sind insofern unzutreffend, als das Werk kaum Fiktives enthält. Die Autorin schreibt die Geschichte ihrer eigenen Familie, legt jedoch kein Gewicht auf die Darstellung von Einzelschicksalen oder besonderen Ereignissen, sondern schildert das Typische und entwirft so ein farbiges Bild der osmanischen Ständegesellschaft, deren letzte Phase zu Beginn des 20. Jh.s sie selbst noch miterlebt hat und die sie unverhohlen bewundert.

In dem *konak* (großes Stadthaus oder Palais reicher türkischer Familien), den Ibrahim Efendi mit seinen beiden Töchtern und deren Männern bewohnt, gilt die Hausordnung der alten Oberschicht. Das von eingewurzelten Konventionen beherrschte Familienleben wiederholt gleichsam im kleinen den Aufbau der alttürkischen Gesellschaft; das Heer der Dienstboten spiegelt in seiner Farbigkeit die Weite des osmanischen Weltreichs. Neger und Abessinier leben mit Kaukasiern unter einem Dach; ihre Treue gegenüber dem Herrn, ihre gegenseitige Liebe, Achtung und Verbundenheit bieten ein für die Autorin faszinierendes Schauspiel unversehrter Ordnung und Disziplin. (Die Klasse der Dienstboten gilt zwar vor dem Gesetz als Handelsware, ist aber durch ein soziales Gewohnheitsrecht vor Übergriffen geschützt.)

Die Autorin berichtet kenntnisreich von der geheimnisvollen Rolle der Drehtüren zwischen Herren- und Frauengemächern, von der bunten Schar der Gäste in beiden Teilen des Hauses und ihrer mehr oder weniger ehrenvollen Bewirtung, von den einen ganzen Monat andauernden Feiern im Ramazan, von Hochzeits-, Geburts- und Sterbezeremonien und von den tausenderlei kleinen Beschäftigungen der damaligen türkischen Frau in ihrem engen Lebenskreis. – Besuche bei ehemaligen Dienstboten, die einen eigenen Hausstand gegründet haben, geben Gelegenheit zu Einblicken ins Volksleben. Oft sind die Männer Handwerker im großen Istanbuler Bazar, und so wird auch das Treiben auf diesem Markt geschildert, wo Waren aus allen Teilen des Riesenreichs feilgeboten wurden. Bei der Beschreibung häuslicher Arzneimittel und Heilmethoden findet die Autorin schöne Beispiele dafür, wie diese Gesellschaft, in der die Medizin noch nicht ihren heutigen Stand erreicht hat, die »soziale Hilfe« versteht. – Samiha Ayverdi läßt den Leser am Umzug der Hausbewohner in die Sommerfrische teilnehmen; sie beschreibt die herbstlichen Wallfahrten nach der Moschee von Eyüp Sultan und die bei Hochzeiten auftretenden, über Istanbul hinaus berühmten Meister des alttürkischen Schattentheaters *(Karagöz)* und des Volksschauspiels *Orta Oyunu* (»Spiel in der Mitte«, da die Schauspieler ohne Bühne mitten im Kreis der Zuschauer auftraten), die Musikanten und die Sänger.

Als im Verlauf des Ersten Balkankriegs und des Ersten Weltkriegs das Osmanische Imperium zerbricht, muß auch İbrahim Efendis Haus, dessen Schicksal mit dem des Reichs eng verknüpft ist, in den Grundfesten wanken, brüchig werden und schließlich einstürzen. Mit ihm versinkt eine ganze Gesellschaftsordnung mit ihren Traditionen, ihrer Kunst, ihrer Sprache und ihrer Weltanschauung. Für Samiha Ayverdi ist es die letzte große Epoche der türkischen Geschichte. Was nun folgt – das Buch endet erst mit dem Tod von İbrahim Efendis Enkelin im Jahr 1945 –, ist in ihren Augen nicht »nationale Wiedergeburt«, sondern Abstieg und Verfall. Die Gründe dafür sucht sie weniger in der Korruptheit des alten Systems als in den kriegerischen und zivilisatorischen Einflüssen Europas. Diese Tendenz, die schon in ihrem Buch *Istanbul geceleri (Stambuler Nächte)* deutlich wird, äußert sich auch in Stil und Sprache: auffallend lange, gekünstelt wirkende Sätze mit viel arabisch-persischem Wortgut, zeremonielle Dialoge ohne dramatische Zuspitzungen, Zurücktreten der Handlung gegenüber der impressionistischen Schilderung. So fremd die Autorin damit den meisten Themen der heutigen türkischen Literatur gegenübersteht, so sehr ist es ihr doch gelungen, auch dem modernen Leser ein authentisches Bild der spätosmanischen Epoche und ihrer Geisteshaltung zu vermitteln. B.At.

AUSGABEN: Istanbul 1964. – Istanbul ²1973.

LITERATUR: H. Varoğlu, Rez. (in Cumhuriyet, 12. 4. 1964, S. 3). – A. Kabaklı, Rez. (in Tercüman, 6. 7. 1964, S. 2). – *Türk Dili ve Edebiyatı Ansiklopedisi*, Bd. 1, Istanbul 1977, S. 251 f.

İSTANBUL GECELERİ

(ntürk.; *Stambuler Nächte*). Essayistische Impressionen von Samiha AYVERDİ, erschienen 1952. – Die aus einer alten Istanbuler Familie stammende Autorin versucht in diesem Werk – teils aus eigenem Erleben, teils in historischem Rückblick – fünfzehn Istanbuler Stadtteile zu beschreiben. Die Türken entwickelten in dieser Großstadt, die sie von den Byzantinern übernahmen, eine eigenständige, zugleich prunkvolle und verfeinerte Kultur, die mit ihrem Zeremoniell, ihren Sitten und Gebräuchen bis zum Anfang dieses Jahrhunderts lebendig blieb, dann aber unter dem Einfluß der abendländischen Zivilisation schnell degenerierte und unterging. Samiha Ayverdi schildert die letzte Epoche der alten Kultur, die sie bewundert, in leuchtenden Farben. Jeder Istanbuler Stadtteil hatte seine Eigenart und sein eigenes Gesicht. So war z. B. Şehzâdebaşı früher ein Vergnügungsviertel mit Teehäusern, Musiklokalen und Theatern. In den Straßen drängten sich fröhliche Menschengruppen in eleganter Kleidung, unter ihnen auch verschleierte, halbverschleierte und unverschleierte Frauen. Im Stadtteil Bayazıt um die gleichnamige große Moschee saßen die Bernsteinbearbeiter, Buchhändler und Verzierer, deren Läden wie Privatwohnungen mit Kelims geschmückt waren. Jede Innung hatte ihren besonderen Kodex. Das Viertel um die Süleymâniye-Moschee erhielt sein Gepräge durch das Amt der Obersten Geistlichkeit (des Şeyhülislam) und die Schreibwarenhändler. Jahrhundertelang gingen alle religiösen Erlasse von hier aus bis in die entferntesten Ecken des Reichs. Sandıkburnu war der Stadtteil der Kneipen. Aksaray war berühmt durch seine Kaffeehäuser mit Blumen und Springbrunnen. Tavukpazarı beherbergte die untersten Sozialschichten. Çırpıcı wurde von Frauenhelden oder Schürzenjägern bevorzugt. In Çarşamba wohnten die Geistlichen und Theologen. Das Goldene Horn, das sowohl während der byzantinischen als auch während der türkischen Zeit mit vielen Palästen geschmückt war, verlor in unserem Jahrhundert durch häßliche Fabrikbauten und Industrieanlagen sein romantisches Gesicht. Lediglich Eyüp, das Viertel um die gleichnamige Moschee vor den Toren der Stadt, konnte seine alte Schönheit etwas länger bewahren. Jenseits des Goldenen Horns liegt das der Autorin verhaßte Beyoğlu (Pera), das Stadtviertel der *»Bankiers, Levantiner und Freimaurer«*, mit seinen Lasterhöhlen und Freudenhäusern. Den schönsten Teil des alten Istanbul bildeten die Ufer des Bosporus mit ihren Blumengärten und Parks, in denen besonders im Sommer zahllose musikalische Feste stattfanden. Manche Paläste oder Strandvillen besaßen eigens angestellte Kapellen und Chöre mit bis zu 80 und mehr Musikern und Sängern. In Üsküdar, auf der kleinasiatischen Seite des Bosporus, hatten sich in erster Linie Derwischorden klösterlich angesiedelt, deren Lebensart, Philosophie und Zeremoniell von der Autorin ausführlich geschildert werden. Hier fanden und finden sich eindrucksvolle Beispiele der osmanischen Architektur verschiedener Epochen. Hinter Üsküdar liegen die heute noch als Ausflugsorte beliebten Çamlıca-Hügel.

Das Buch ist bemerkenswert als Huldigung an eine Epoche, die in der modernen türkischen Literatur ganz überwiegend als dekadent und rückständig abgelehnt wird. Samiha Ayverdis wehmütiger Blick in die Vergangenheit ist eines der wenigen literarischen Zeugnisse einer unterschwellig weitverbreiteten Reaktion auf die in der ersten Jahrhunderthälfte gewaltsam vollzogene Abkehr von der orientalisch-islamischen Tradition; bezeichnenderweise erscheint Europa hier nur in seinem »levantinischen« Zerrbild. Trotz der Subjektivität ihrer Impressionen vermitteln die *Stambuler Nächte* viel interessantes Wissen über das spätosmanische Alltagsleben, vor allem aber die einzigartige Atmosphäre der alten Weltstadt zwischen Orient und Okzident. B.At.

AUSGABE: Istanbul 1952.

ÜBERSETZUNG: Auszug von A. Schimmel (in *Fs. O. Spies*, Wiesbaden 1967).

LITERATUR: N. S. Banarlı, Rez. (in Hürriyet, 26. 3. 1952). – Aka Gündüz, Rez. (in Son Telgraf, 6. 4. 1952). – Beria Karadeniz, Rez. (in Son Saat, 9. 4. 1952). – C. Terin, Rez. (in Hafta Mecmuası, 28. 4. 1952). – E. E. Talu, Rez. (Son Posta, 30. 4. 1952). – C. Tanyol, Rez. (in Yeni Sabah, 9. 5. 1952). – N. S. Örik, *Dünkü İstanbul hakkında bir kitap* (in Büyük Doğu, 17. 5. 1952). – İ. M. Devrim, *Son eseri münasebetiyle* (in Yeni Sabah, 18. 5. 1952).

ʿAYYUQI

1. Hälfte 11. Jh.

WARQA O GOLŠĀH

(iran.-npers.; *Warqa und Golšāh*). Helden- und Liebesepos von ʿAYYUQI. – Der Autor, der zur Zeit des Sultans Maḥmud von Gasna (reg. 999–1030) lebte, erzählt in Doppelversen (Metrum Motaqāreb: --/--/--/-) die in Arabien spielende Geschichte von der Liebe zweier junger Menschen, deren Glück an der Habsucht der Eltern des Mädchens scheitert. Warqa und Golšāh, die Kinder zweier Brüder, waren schon während ihrer Schulzeit einander herzlich zugetan. Als sie das sechzehnte Lebensjahr erreicht haben, willigen die Eltern ein, daß sie einander heiraten. Doch während man schon die Vorbereitungen zur Hochzeit trifft, wird der Araberstamm von einem benachbarten Stammesfürsten überfallen, der die Braut entführt. Nach blutigen Kämpfen rettet Warqa seine Braut Golšāh aus der Gefangenschaft. Nun stellt es sich aber heraus, daß der Bräutigam durch die lang andauernden Kämpfe verarmt ist. Die Eltern Golšāhs sind jedoch nicht gewillt, die reichen Freier abzuweisen und ihre Tochter einem zwar tapferen, aber verarmten Krieger zur Frau zu geben. Sie sind aber bereit, den beiden Liebenden die Ehe unter der Bedingung zu versprechen, daß Warqa vorher eine Zeitlang in den Dienst seines Onkels, des jemenitischen Fürsten, tritt, um neuen Wohlstand zu erwerben. Aber dieses Abenteuer, das den Helden erneut in zahlreiche kriegerische Ereignisse verwickelt, entfernt ihn immer weiter von seinem Ziel. Die Eltern seiner Braut können den üppigen Geschenken des Königs von Syrien, als dieser um die Hand Golšāhs zu werben beginnt, nicht widerstehen; sie brechen das Eheversprechen und vermählen die Tochter gegen deren Willen mit dem reichen Fürsten. Golšāh bleibt auch während der Ehe mit dem syrischen Herrscher ihrem Geliebten treu. Nach einem letzten Wiedersehen im syrischen Königspalast werden die beiden Liebenden durch den Tod von ihren Leiden erlöst. Das Epos endet damit, daß der Prophet Mohammad während seines Siegeszuges nach Syrien Warqa und Golšāh wieder zum Leben erweckt.

Die in dem Epos vorkommenden Namen, Ortschaften, Persönlichkeiten, Sitten und Gebräuche sind alle der arabischen Kulturwelt entnommen. Wie in *Laili o Maǧnun* treten die Helden als Dichter auf. Der Gang der Erzählung wird oft durch Liebeslieder, in denen sie ihr Leid klagen, unterbrochen. Die Fabel selbst lehnt sich eng an die von arabischen Autoren häufig erwähnte Liebesgeschichte von Urwa und Afra an, deren Fabel auf der islamischen Vorstellung basiert, daß den verzweifelten Liebenden nur im Jenseits das Glück beschert wird. Bemerkenswert ist die arabisch-islamische Moral, die den Frauen Zucht und Selbstbeherrschung bis in den Tod vorschreibt. Ausführlich werden Schlachten und Einzelkämpfe beschrieben, wobei die amazonenhafte Tapferkeit der Heldin besonders hervorgehoben wird. – Das Thema ist wiederholt von persischen Dichtern bearbeitet worden; vom Werk selbst gibt es eine kurdische und zwei türkische Versionen. Auf die Ähnlichkeit mit der im Mittelalter in Europa verbreiteten Erzählung von *Flore und Blancheflur* (vgl. dort) haben verschiedene Wissenschaftler hingewiesen.

B.A.

AUSGABE: Teheran 1964 [m. Vorw.].

ÜBERSETZUNG: *Le roman de Varqe et Golšāh*, A. S. Melikian-Chirvani, Paris 1970 [m. Bibliogr.].

LITERATUR: Ḍ. Ṣafā, *Tārīḫ-e adabiyāt dar Īran*, Bd. 1, Teheran 1953, S. 604 ff.

VASILIJ NIKOLAEVIČ AŽAEV

* 12.2.1915 Sockoe
† 27.4.1968 Moskau

DALEKO OT MOSKVY

(russ.; *Ü: Fern von Moskau*). Roman von Vasilij N. Ažaev, erschienen 1948. – Der in der Sowjetunion außerordentlich erfolgreiche (und verfilmte) Erstlingsroman Ažaevs spielt während des Zweiten Weltkriegs und schildert den Kampf sowjetischer Ingenieure und Bauarbeiter um die vorfristige Fertigstellung einer kriegswichtigen Ölleitung in der sibirischen Taiga. Dem Wunsch der Partei entsprechend sollte der Roman den sowjetischen Menschen als Meister der Technik und als heroischen Überwinder der ungeheuerlichsten Schwierigkeiten (hier: Kälte, Schnee, Material- und Arbeitskräftemangel) zeigen. Hauptfigur ist der junge Inge-

nieur Aleksej Kovšov, der in den ersten Kriegstagen verwundet wurde, sich aber sofort nach seiner Genesung wieder zum Kriegsdienst meldet, statt dessen aber in den Fernen Osten zum Bau der Öltrasse beordert wird. Nur widerwillig gehorcht er, da er glaubt, daß sein Platz an der Front sei. Erst auf der Baustelle lernt er begreifen, daß der Arbeitskampf im Hinterland der Heimat ebenso nützlich und für jeden Arbeiter ebenso gefährlich und entbehrungsreich ist wie für den Soldaten der Frontkampf: »*Nie zuvor hatte er ... so klar und deutlich gesehen, gefühlt und begriffen, welchen Platz er einnahm im Leben seiner großen Heimat, in ihrem gewaltigen Kampf um die Zukunft.*«
Dieses »Hohelied auf den Sowjetpatriotismus«, 1949 mit dem Stalin-Preis ausgezeichnet, beeindruckt nicht durch seine Erzählkunst, sondern allein durch seinen Umfang: 890 Seiten. Als typisches Produkt der stalinistischen Nachkriegsliteratur preist es den heldischen Menschen, seinen Opfermut und unerschütterlichen Glauben an die Zukunft ebenso pathetisch wie die moralische Integrität des Sowjetmenschen, eines spießigen Puritaners nach Stalins Geschmack. M.Gru.

AUSGABEN: Moskau 1948. – Moskau 1957. – Chabarovsk 1971.

ÜBERSETZUNG: *Fern von Moskau*, O. Braun, Bln. 1956.

VERFILMUNG: UdSSR 1950.

LITERATUR: Pospelow, *Geschichte der russischen Literatur*, Bln. 1952, 3, S. 396. – G. Struve, *Geschichte der Sowjet-Literatur*, Mchn. 1957, S. 435. – A. Gurvič, *Sila položitel'nogo primera* (in A. G., *Čerty sovremennika*, Moskau 1958). – *Istorija russkoj sov. lit.*, Moskau 1958, 3, S. 75 ff. – *Kratkaja lit. encikl.*, Moskau 1962, 1, S. 90.

MUḤAMMAD IBN AḤMAD ABŪ
L-MUṬAHHAR AL-AZDĪ

11.Jh.

ḤIKĀYĀT ABĪ L-QĀSIM AL-BAĠDĀDĪ

(arab.; *Die Darstellung (des Baġdader Lebens) durch den Baġdader Abū l-Qāsim*). Sittenbild von Muḥammad Ibn Aḥmad Abū l-Muṭahhar AL-AZDĪ. – Al-Azdī präsentiert mit diesem Werk ganz bewußt eine neue literarische Form: Wie er selbst in der Einleitung sagt, will er am Beispiel eines einzelnen Bürgers einen Einblick in das Alltagsleben der Stadt Bagdad geben. Aus den literarischen Formen Erzählung, Streitgespräch und Anthologie komponiert er die *ḥikāya*, das Sittenbild, wie Mez es nennt.
Den Rahmen bildet eine Versammlung edler Männer; Abū l-Qāsim nimmt an dieser Zusammenkunft teil und verläßt sie erst am anderen Morgen. Er wird zunächst dem Leser vorgestellt. In der dann folgenden Unterhaltung werden allerlei Gesprächsthemen aufgeworfen; schließlich erkundigt sich Abū l-Qāsim nach dem Essen, womit zum nächsten Teil, der Beschreibung eines üppigen Mahles und des anschließenden Trinkgelages mit Gesang und Tanz, übergeleitet wird. Schwer berauscht schläft Abū l-Qāsim nach einiger Zeit ein. Als der Morgen anbricht, verrichtet er sein Gebet und geht nach Hause.
Während der kurzen Zeitspanne, in der die Handlung abläuft, bietet sich al-Azdī reichlich Gelegenheit, aus der arabischen Literatur zu zitieren: Verse und Gedichte sowohl der altarabischen als auch der neueren Dichtung, Anekdoten und Schwänke. Der Verfasser steuert aber auch, wie er in seiner Vorrede betont, eigene Gedichte und Gedanken bei. Den Bagdader Abū l-Qāsim läßt er in der *ḥikāya* »*schöne und ungeschliffene Formulierungen, korrekte und fehlerhafte Ausdrucksweisen der Leute seiner Stadt*« wiedergeben. Im Verlauf des geschilderten Abends werden der Vergleich zwischen den Städten Bagdad und Iṣfahān, die Beschreibung der Vorzüge der einen wie der anderen Stadt, immer wieder aufgenommen. Das gibt Gelegenheit, über vielerlei Themen zu sprechen, wie die verschiedenen Speisen, die Einrichtung eines Hauses, Vergnügungen und Arbeit der Bevölkerung usw.
Man kann davon ausgehen, daß Badī' az-Zamān al-Hamaḏānīs *Maqāmāt* (s. dort) al Azdī bekannt waren. Ihr Einfluß ist sicher in der Rahmenerzählung der *ḥikāya* zu spüren, jedoch ist al-Azdī in der Art, wie er diesen Rahmen ausfüllt, originell. Als Gattung konnte sich seine literarische Neuschöpfung allerdings nicht durchsetzen. S.Gr.

AUSGABE: Heidelberg 1902 *(Abulḳásim, ein baġdáder Sittenbild von Muḥammad ibn aḥmad abulmuṭahhar alazdí*, Hg. A. Mez; m. Anm.).

LITERATUR: F. Gabrieli, *Sulla* »*Hikāyat abī l-qāsim*« *di Abū l-Muṭahhar al-Azdī* (in RSO 20, 1943, S. 33–45).

MASSIMO TAPARELLI D'AZEGLIO

---

* 24.10.1798 Turin
† 15.1.1866 Turin

LITERATUR ZUM AUTOR:
N. Vaccaluzzo, *M. d'A.*, Rom ²1930. – A. M. Ghisalberti, *M. d'A. un moderato realizzatore*, Rom 1953. – M. Wackernagel, *M. d'A., Maler,*

Schriftsteller u. Politiker des Risorgimento (in *Studien zur dt.-ital. Geistesgeschichte*, Köln 1959, S. 173-182). - R. Marshall, *M. d'A. An Artist in Politics, 1798-1866*, Ldn. 1966.

ETTORE FIERAMOSCA O LA DISFIDA DI BARLETTA

(ital.; *Ettore Fieramosca oder Die Herausforderung von Barletta*). Historischer Roman von Massimo Taparelli D'AZEGLIO, erschienen 1833. - Die historische Grundlage für Azeglios Roman bildet ein berühmtes Ereignis aus dem französisch-spanischen Krieg um die Thronfolge in Neapel, ein Ehrenhandel zwischen 13 in spanischen Diensten stehenden Italienern und ebensovielen französischen Soldaten. Er fand 1503 im Lager von Barletta statt, und die Italiener rächten sich nicht nur für die ihnen widerfahrene Beleidigung, sondern konnten in der Folge (1504) das Königreich Neapel für die spanische Krone gewinnen.

Azeglio erzählt die berühmte Episode nicht mit historiographischer Genauigkeit. Er folgt vielmehr romantischen Tendenzen, indem er das Einzelschicksal des Ritters Ettore Fieramosca in den Mittelpunkt rückt, das Thema der beleidigten Ehre zur nationalen Frage der *patria* ausweitet und die Darstellung des Politischen mit einer dramatischen Liebesgeschichte verquickt. Fieramosca hat schon als Kind Ginevra geliebt. Sie wird jedoch mit einem piemontesischen Ritter in französischen Diensten verheiratet, der als typischer Vaterlandsverräter charakterisiert ist. Zwar kann Fieramosca die Geliebte eine Zeit lang zu sich nehmen und vor den Nachstellungen des lüsternen Herzogs Valentino bewahren, aber als er siegreich aus dem Kampf in Barletta zurückkehrt, wo er den verhaßten Ehemann erschlagen hat, ist Ginevra von Valentino vergewaltigt worden und schließlich gestorben. Verzweifelt flieht er aus der Beerdigungsgesellschaft und wird darauf niemals mehr gesehen.

Aus der Gruppe der Nebenfiguren ragt insbesondere die Gestalt des Ritters Fanfulla da Lodi, eines ungestüm handelnden und derb-volkstümliche Reden führenden Helden hervor. Er verkörpert nicht nur in besonderem Maße das historische Kolorit, sondern ist gleichzeitig auch das Sprachrohr der zentralen, auf die nationale Einigung zielenden Freiheitsbotschaft des Romans.

Die appellative Kraft des Werks und der große Erfolg bei den Zeitgenossen ist damit zu erklären, daß sich der Autor unter dem Deckmantel der Historie über die strenge Zensur der restaurativen politischen Kräfte hinwegsetzte, die sogar den Namen »*Italia*« aus dem alltäglichen Sprachgebrauch verbannt hatten. Hinzu kommen der Verzicht auf eine klassisch stilisierte Sprache und das bewußte Bemühen um Popularität, wie sie die Romantiker gefordert hatten. Über die Entstehung des Werkes - Azeglio hatte sich ursprünglich als Maler mit dem Stoff auseinandergesetzt - und das zeitgenössische Umfeld gibt der Autor selbst in seiner Autobiographie *I miei ricordi* einschlägige Erläuterungen. Der literarische Rang des Romans bleibt, insbesondere im Vergleich mit den *Promessi sposi* (1825/26) von Alessandro MANZONI (dem Schwiegervater des Autors), weit hinter seiner politischen Wirkung zurück.
KLL

AUSGABEN: Mailand 1833, 2 Bde. - Turin 1842. - Mailand 1958, Hg. L. G. Tenconi.

ÜBERSETZUNGEN: *Hector Fieramosca oder Der Zweikampf zu Barletta*, R. v. Langenn, Lpzg. 1842. - *Hector Fieramosca oder Die Herausforderung von Barletta*, J. Ziegler, Konstanz 1847.

VERFILMUNG: Italien 1938 (Regie: A. Blasetti).

LITERATUR: C. Culcasi, *M. d'A. e il »Fieramosca«* (in C. C., *Saggi e profili letterari*, Palermo 1939, S. 55-72). - E. M. Fusco, *Immagine di M. d'A., introduzione all'»Ettore Fieramosca«*, Bologna 1941. - M. Parenti, *Manzoni e il finale de »Fieramosca«* (in M. P., *Rarità bibliografiche dell'ottocento*, Bergamo ²1945). - A. Gallina, *Sulle fonti dell' »Ettore Fieramosca«* (in Lettere Italiane, 8, 1956, S. 323-327). - P. Gasparrini, *Fonti ignorate dell' »Ettore Fieramosca«* (in Lettere Italiane, 12, 1960, S. 331-338).

NICCOLÒ DE' LAPI ovvero I Palleschi e i Piagnoni

(ital.; *Niccolò de' Lapi oder Die Palleschi und die Piagnoni*). Historischer Roman von Massimo Taparelli D'AZEGLIO, erschienen 1841. - Nur wenige Jahre nach F. D. GUERRAZZIS historischem Roman *L'Assedio di Firenze* (1836) nimmt sich auch Azeglio des gleichen Stoffs an.

Im Mittelpunkt seines Werks steht die Belagerung und Einnahme der Republik Florenz durch Kaiser Karl V. im Jahre 1530. Der Schwerpunkt der Darstellung liegt auf den innerstädtischen Zwistigkeiten zwischen den Parteien der Medici, die nach ihrem fürstlichen Wappen den Namen *Palleschi* tragen, und derjenigen der *Piagnoni* (»Tränenbrüder«), den Nachfolgern des dominikanischen Bußpredigers Gerolamo SAVONAROLA, der 1498 nach seinem zeitweise erfolgreichen Kampf für seine sittenstrenge, theokratische Republik hingerichtet worden war. Der Held des Romans, Niccolò, ist ein glühender Verfechter der Lehren des Dominikanermönchs, er trägt sogar dessen Reliquien immer bei sich. Durch seine republikanische Gesinnung gerät er jedoch zwischen alle Parteien und bezahlt schließlich den von ihm geschürten Aufruhr mit dem Leben. Zuvor hat er schon seinen gesamten Besitz verloren, vier seiner Kinder sind tot, und seine letzte Tochter Lisa ist von Troilo degli Ardinghelli, einem Anhänger der Palleschi, vergewaltigt worden, worauf der Vater sie verstoßen hat. Lisa erhält jedoch von Fanfulla da Lodi, dem aus Azeglios Roman *Ettore Fieramosca* bekannten und nun zum Mönch bekehrten Ritter, und dessen Schwester Laudomia Schutz und Hilfe und gelangt schließlich – auf der Suche nach Troilo, dem Vater ihres Kindes – ins Heerlager der kaiserlichen Truppen. Als Troilo im Kampf fällt, zieht sich Lisa in die Einsamkeit der Berge von Pistoia zurück. Die romantisierende Perspektive des Autors wird besonders augenfällig an den Frauengestalten, aus denen neben den erwähnten noch Selvaggia herausragt, eine am Ende bekehrte Kurtisane, welche die für das romantische Frauenbild typischen Eigenschaften des Engelhaften und des Dämonischen in einer Person vereinigt. Wie schon für *Ettore Fieramosca* gilt auch für dieses Werk, daß seine politische Wirkung im Rahmen der italienischen Einigung seine literarische Bedeutung weit übertrifft. F. DE SANCTIS hat es rückblickend als das "*Musterbuch des italienischen Heldentums*" bezeichnet. KLL

AUSGABEN: Mailand 1841, 4 Bde. – Paris 1841, 2 Bde. – Turin 1941, Hg. M. De Rubris (Jubiläums-Ausg.).

VERTONUNG: G. Pacini, *Niccolò de' Lapi (Oper; Urauff.: Florenz 1873, Teatro Pagliano)*.

LITERATUR: A. De Leo, *Brevi cenni sui romanzi di M. d'A.*, Palermo 1913. – F. Lopez Celly, *Il romanzo storico in Italia*, Bologna 1939.

ALUÍZIO TANCREDO GONÇALVES
DE AZEVEDO

* 14.4.1857 São Luís
† 21.1.1913 Buenos Aires

LITERATUR ZUM AUTOR:
Bibliographien:
Carpeaux, S. 228–232. – J. A. Epple, *Bibliografia de A. A.* (in Revista de crítica literária latino-americana, 6, Lima 1980, Nr. 11, S. 129–136).
Biographien:
R. de Menezes, *A. A.*, São Paulo 1958 [m. Bibliogr.]. – J.-Y. Mérian, *A. A., vie et œuvre, 1857–1913*, Diss. Rennes 1980.
Gesamtdarstellungen und Studien:
A. Lins, *Dois naturalistas: A. A. e Júlio Ribeiro* (in A. L., *O romance brasileiro de 1752 a 1930*, Rio 1952, S. 151–164). – O. Montenegro, *O romance brasileiro*, Rio 1952, S. 79–88. – P. Dantas, *A. A.*, São Paulo 1954. – E. Gomes, *Aspectos do romance brasileiro*, Salvador 1958, S. 111–130. – M. Moisés, *Alguns aspectos da obra de A. A.* (in Revista do Livro, 4, Rio 1959, 16, S. 109–137). – D. S. Loos, *The Naturalistic Novel of Brazil*, NY 1963. – R. Magalhães Jr., *A. A. e sua época*, São Paulo ³1966 [rev. u. erw.]. – J. Montelo, *A. A.* (in Coutinho, 3, S. 68–73). – Moisés, 2, S. 330–350.

O CORTIÇO

(portug.; *Der Bienenkorb*). Roman von Aluízio de AZEVEDO (Brasilien), erschienen 1890. – Die Zentralhandlung des Romans schildert den Aufstieg des Gastwirts und Kramladenbesitzers João Romão, eines portugiesischen Einwanderers, dem es gelingt, sich durch schamlose Ausnutzung sozialen und moralischen Elends aus den *favelas*, den Elendsvierteln von Rio de Janeiro, in die Kreise seines begüterten Nachbarn Miranda emporzuarbeiten. Miranda seinerseits versucht durch Heirat und Kauf eines Titels Zugang zur adligen Gesellschaft zu gewinnen. Während Romão und Miranda zu Sklaven ihrer Habsucht und ihres Geltungsdrangs werden, sind die armen Bewohner des *cortiço*, des »Bienenkorbs«, einer armseligen Wohnsiedlung, die Romão gebaut hat und zu Wucherpreisen vermietet, ebensosehr Opfer der Ausbeutung wie ihrer eigenen hemmungslosen Triebhaftigkeit. Am sinnfälligsten wird der Einfluß einer fragwürdigen Umwelt an der Entwicklung des Aufsehers Jerónimo demonstriert, eines ordentlichen und strebsamen Bürgers, der der aufreizenden Mulattin Rita verfällt, zum Trinker wird, einen Nebenbuhler ermordet und die Seinen im Stich läßt. Romão hingegen erreicht sein Ziel, die Heirat mit der Tochter des Barons Miranda, indem er sich auf brutale Weise seiner Geliebten und Sklavin Bertaloza entledigt: sie ersticht sich, als er sie durch die Polizei ihrem früheren Herrn zurückbringen lassen will.
Der *cortiço* ist mehr als nur Hintergrund, er ist der eigentliche Gegenstand der Handlung. Azevedo führt eine Fülle von Nebenfiguren ein und schildert in allen Einzelheiten das Leben der Armen, ihre kleinen und großen Streitigkeiten, die Feste, den Klatsch. In schonungsloser Offenheit prangert er die sozialen Mißstände an, mit einem Naturalismus, wie er bis dahin von brasilianischen Schriftstellern noch nicht gewagt worden war. Wegen seiner anschaulichen und farbigen Sprache und seines sehr geschickten kontrapunktischen Aufbaus, der jeweils die Sphären der Ausbeuter und der Ausgebeuteten zueinander in Beziehung setzt, zählt der Roman zu den bedeutendsten Werken dieses Stils in Brasilien. Zweifellos hat Eça de QUEIRÓS, der die Errungenschaften des französischen Naturalismus in die portugiesische Literatur einführte, auch hier Pate gestanden; den Blick für den Einfluß der sozialen Situation auf das Einzelschicksal hat diesen Autoren Émile ZOLA geöffnet. A.E.B.

AUSGABEN: Rio 1890. – São Paulo 1959–1961 (in *Obras completas*). – São Paulo 1962, Hg. u. Einl. S. Milliet. – Rio 1973, Hg. S. Brayner. – Rio 1979. – São Paulo 1981.

LITERATUR: Brito Broca, *O aparecimento de »O cortiço«* (in Revista do Livro, 6, Rio 1957, S. 93–99). – M. Franzbach, *Die Darstellung des Ehebruchs bei A. A. und Guy de Maupassant* (in AION, 14, 1972, S. 75–86). – S. Brayner, *A metáfora do corpo no romance naturalista. Estudo sobre »O Cortiço«*, Rio

1973. – J.-Y. Mérian, *Génèse, signification et portée de »O Cortiço«* (in Nouvelles Études Portugaises et Brésiliennes, 9, Rennes 1973/74, S. 53–94). – A. R. de Sant'Anna, *Análise estrutural de romances brasileiros*, Petrópolis ²1974, S. 94–115. – S. Schmidt, *A contribuição de A. A. para a formação do realismo crítico no romance brasileiro »O Cortiço«*, obra principal de A. A. (in Revista Brasileira, 1, Rio 1975, Nr. 1, S. 329–359). – J. A. Sedycias, *Crane, A., and Gamboa: A Comparative Study*, Diss. of NY at Buffalo 1985 (vgl. Diss. Abstracts, 46, 1986, S. 3026 A).

O MULATO

(portug.; *Ü: Der Mulatte*). Roman von Aluízio de AZEVEDO (Brasilien), erschienen 1881. – Durch diesen Roman wurde Azevedo, der von der Romantik herkam und gewisse romantische Züge nie ganz verlor, zum Begründer des Naturalismus in Brasilien. Erschienen zu einer Zeit, da der Kampf um die Sklavenbefreiung seinem Höhepunkt zustrebte, erzählt das Buch die Geschichte Raimundos, des unehelichen Sohnes eines Weißen und einer Sklavin. Selbst von fast weißer Hautfarbe, mit hervorragenden körperlichen und geistigen Gaben ausgestattet, ausgebildet an europäischen Universitäten, erleidet er trotzdem das erniedrigende Drama der Rassendiskriminierung, bis schließlich das Negerblut in ihm durchbricht. Er gibt der Versuchung nach und tut seiner weißen Kusine, der verführerisch schönen Ana Rosa, Gewalt an.

Azevedo gestaltet diese Geschichte im Sinne der naturalistischen These von der determinierenden Kraft der Rasse, des Erbguts und der Umwelt, hält allerdings eine Grundregel des Naturalismus nicht ein, die besagt, daß der Autor in seinem Werk nicht sichtbar werden dürfe. Der Roman beschwört die Atmosphäre des Rassenkampfes im Staat Maranhão, der Heimat des Autors. Azevedos Absicht ist es, die Rolle der Kirche in diesem Kampf anzuprangern, die als Bundesgenossin der privilegierten Schichten den Zustand der Ungerechtigkeit und Verfolgung verlängern half. In der Auswahl der Typen, der Zeichnung der Charaktere, der Schilderung des Milieus und der Ereignisse läßt der Verfasser seine eigene Parteinahme in diesem Kampf, seine Sympathien und Antipathien erkennen. Dabei kommt es nicht selten zu romantischen Entgleisungen. Beispiele dafür sind gewisse kitschig empfindsame Szenen und die rhetorisch hochtrabende Form, in die Azevedo seinen Protest gegen soziale Ungerechtigkeit kleidet. Trotzdem verdient das Buch als erster naturalistischer Roman Brasiliens noch heute Interesse. N.N.C.

AUSGABEN: São Luis do Maranhão 1881. – Rio ⁵1927. – Rio 1941 (in *Obras completas*, Hg. M. Nogueira da Silva, 14 Bde., 1937–1941, 2). – São Paulo 1959 (in *Obras completas*, 12 Bde., 1959–1961, 2; Vorw. F. Góis). – São Paulo 1977; ern. 1982.

ÜBERSETZUNG: *Der Mulatte*, M. O. Güsten, Bln. 1964.

VERFILMUNG: Brasilien 1917 (Regie: A. Leal).

LITERATUR: V. Magalhães, *Escritores e escritos*, Rio 1894, S. 75–83. – R. S. Sayers, *The Negro in Brazilian Literature*, NY 1956. – T. de Araripe Junior, *Obra crítica*, Bd. 1, Rio 1959, S. 117–122. – F. Góis, *A. A. e »O Mulato«* (in F. G., *O espelho infiel*, São Paulo 1966, S. 37–54). – J.-Y. Mérian, *Structure et signification du roman de A. A. »O Mulato«* (in Nouvelles Études Luso-Brésiliennes, Rennes o. J. [um 1970], S. 83–121). – A. Andrade Jr., *A génese d'»O Mulato« de A. A.*, Diss. Indiana 1975 (vgl. Diss. Abstracts, 36, 1975, S. 5334 A). – M. G. MacNicoll, *»O Mulato« and Maranhão: The Socio-Historical Context* (in LBR, 12, 1975, Nr. 2, S. 234–240). – J. Montelo, *A. A. e a polémica d'»O Mulato«*, Rio 1975. – J.-Y. Mérian, *Les débuts du naturalisme au Brésil* (in Recherches et Etudes Comparatistes Ibéro-Françaises, Paris 1981, Nr. 3, S. 27–37).

ARTUR NABANTINO GONÇALVES DE AZEVEDO

* 7.7.1855 São Luís
† 22.10.1908 Rio de Janeiro

O DOTE

(portug.; *Die Mitgift*). Komödie in drei Akten von Artur Nabantino Gonçalves de AZEVEDO (Brasilien), Uraufführung: Rio de Janeiro, 8. 3. 1907. – Der Autor, der eine ganze Reihe von Burlesken, Revuen, Farcen, Parodien und anderen Theaterstücken geschrieben hat, wurde zu dieser Komödie angeregt durch *Reflexões de um marido (Betrachtungen eines Ehemannes)*, eine Familienchronik von Júlia Lopes de ALMEIDA (1862–1934), die wenige Monate vor der Uraufführung des Stückes erschien. Er griff allerdings nur auf die Hauptidee des Werkes zurück, die er seinen Absichten entsprechend ausformte. Kern der Handlung sind die Geldstreitigkeiten zwischen den Eheleuten Ângelo und Henriqueta. Die leichtsinnige junge Frau benutzt ihre Mitgift immer wieder als Argument, um ihren übertriebenen Aufwand zu rechtfertigen, der die Mitgift längst aufgezehrt hat. Ângelo, der seine Frau ehrlich liebt, hat es nicht vermocht, ihrer Verschwendungssucht energisch Einhalt zu gebieten, und sieht sich nun den Forderungen des Juweliers und des wucherischen Geldverleihers gegenüber. Der Ehezwist führt in dramatisch-komischer Zuspitzung fast zur Trennung des Paares, und das glückliche Ende läßt sich schließlich nur noch

durch das traditionelle Allheilmittel herbeiführen, das das brasilianische Theater für eheliche Konflikte bereithält und das auch Azevedos Freund und Lehrer Joaquim José da FRANÇA JÚNIOR in seiner Komödie *As doutóras*, 1889 *(Die Doktorinnen)*, angewandt hat: Henriqueta bekommt ein Kind.
Die einzelnen Figuren sind psychologisch etwas undifferenziert, im ganzen aber klar und überzeugend gezeichnet. Wegen der Bühnenwirksamkeit aller Charaktere, von dem schmeichlerischen Juwelier und dem zynischen Wucherer, die nur als Randfiguren in Erscheinung treten, bis zu Henriquetas Eltern und den jungen Eheleuten selbst, ist das Stück, das von der brasilianischen Kritik als die beste Komödie Azevedos betrachtet wird, auch von Liebhaberbühnen immer wieder aufgeführt worden. S.M.

AUSGABEN: Rio 1907. – São Paulo 1977 (in *Teatro a vapor*, Hg. G. Moser; m. Vorw.). – Rio 1983, Hg. A. M. de Araujo [m. Bibliogr.].

LITERATUR: R. Seidl, *A. de A.*, Rio 1937. – J. Galante de Sousa, *O teatro no Brasil*, Rio 1960. – S. Magaldi, *Panorama do teatro no Brasil*, São Paulo 1962, S. 141–154. – R. Magalhães Jr., *A. A. e sua época*, Rio ³1966 [rev. u. erw.]. – Coutinho, 6, S. 20–23. – Moisés, 2, S. 578–583.

GUILHERME DE AZEVEDO

eig. Guilherme Avelino de Azevedo Chaves
* 30.11.1839/40 Santarém
† 6.4.1882 Paris

A ALMA NOVA

(portug.; *Die neue Seele*). Lyriksammlung aus 47 Gedichten, darunter 12 Sonetten, von Guilherme de AZEVEDO, erschienen 1874. – Blieb der Autor in seiner ersten Lyrikveröffentlichung noch der Romantik verhaftet, so distanzierte er sich von dieser literarischen Strömung schon mit *Radiações da noite*, 1871 *(Strahlungen der Nacht)*, besonders aber mit *A alma nova*. Zusammen mit Guerra JUNQUEIRO (1850–1923) und Gomes LEAL (1848–1921) repräsentiert Azevedo die sozialrevolutionäre Dichtung des zu Ende gehenden Jahrhunderts. Seine Lyrik sollte soziale Mißstände aufdecken, zur Veränderung der Gesellschaft beitragen und die Botschaft des Aufbruchs zu einer neuen Zeit, einer »*neuen Seele*« formulieren. Der Titel dieser Lyriksammlung ist einer revolutionären Ode von Azevedos Freund Antero de QUENTAL (1842 bis 1893) entlehnt, dem *A alma nova* auch gewidmet ist.
Teilweise geht jedoch die Auseinandersetzung mit aktuellen Fragen, oft in etwas langatmigen Gedichten, nicht über die Nachahmung französischer Vorbilder hinaus. Über die Gruppe von Coimbra, der sogenannten »Generation der siebziger Jahre«, hatte Azevedo BAUDELAIRE und die französische Parnaßlyrik, sowie die Theorien des literarischen Realismus und die humanitäre Philosophie PROUDHONS kennengelernt. So gehen in Azevedos Gedichten der Satanismus oder die Figur der perversen kalten Schönheit Baudelaires Hand in Hand mit dem Kampf für die neuen Ideale, mit dem Schrei nach Gerechtigkeit und Humanität, Ziele, denen er sich auch in seiner journalistischen Laufbahn verschrieben hatte. Seine Verse verraten Lebensüberdruß und Kulturpessimismus der Epoche, zeugen aber auch vom Wissenschafts- und Fortschrittsglauben des Dichters. Das bis dahin gültige christliche Menschenbild wird entmythisiert; der Mensch selbst wird zum Schöpfer. Auch romantische Figuren wie Don Juan und Romeo, sowie die vielbeschworene Idylle des Landlebens werden ihres mythischen Gehalts entkleidet. Azevedos Lyrik spricht von modernen Themen: der Unterschied Stadt-Land, das Verhältnis Wissenschaft-Christentum, das Elend der vielen Proletarier, die Welt des Zirkus und der Bühne. Bergleute, Kranke, Alte, hungernde Kinder, leidende Mütter, schwindsüchtige Mädchen ziehen an dem vom Leben enttäuschten Dichter vorbei, der die Verdorbenheit der Stadt und ihrer Bewohner anprangert, und sich doch von ihnen fasziniert zeigt. So schweben im Gedicht *Astro da rua (Stern der Straße)* die Dirnen wie Erzengel an ihm vorbei. Dem Dichter gelingen auch originelle Bilder, wie beispielsweise in dem von umgangssprachlichem Tonfall geprägten Gedicht *Fala a ordem (Die Ordnung spricht)*: Die Ordnung spricht einen Jungen an, verdächtigt ihn der Agitation; es stellt sich heraus, daß er in der Hand eine Lesefibel hält.
Der literarische Wert der Lyriksammlung Azevedos bleibt umstritten: »*Ihr politisches Engagement, das sich mehr ausländischer Probleme annimmt als spezifisch landesinnerer, gerät unversehens zur gesellschaftlichen Unverbindlichkeit, die soziale Anklage wird zur literarischen Attitüde*« (R. Hess). Dennoch nimmt Azevedos Lyrik, deren kämpferischer Charakter den zeitgenössischen revolutionären Geist spiegelt, einen wichtigen Platz in der Literatur des ausgehenden 19.Jh.s ein. *A alma nova* war im damaligen literarischen Milieu ein Erfolg und eröffnete somit Wege zu einer neuen Form von Literatur mit veränderter Weltsicht. L.C.H.

AUSGABEN: Lissabon 1874. – Coimbra 1923 [Vorw. T. da Fonseca]. – Lissabon 1981 [Vorw. M. Simões].

LITERATUR: R. Ortigão, *G. de A.* (in Jornal do Comércio, Lissabon 17. 5. 1882). – M. Dionísio, *G. de A.* (in *Perspectiva da literatura portuguesa do século XIX*, Hg. J. G. Simões, Bd. 1, Lissabon 1947). – J. C. Seabra Pereira, *Decadentismo e simbolismo na poesia portuguesa*, Coimbra 1975. – R. Hess, *Die Anfänge der modernen Lyrik in Portugal*

(1865–1890), Mchn. 1978. – A. Cirurgião, *O carácter combativo em »A alma nova«, de G. de A.*, Lissabon 1979. – M. das Graças Moreira de Sá, *G. de A. na geração de 70*, Lissabon 1986.

MANUEL ANTÔNIO ÁLVARES DE AZEVEDO

* 12.9.1831 São Paulo
† 25.4.1852 Rio de Janeiro

LITERATUR ZUM AUTOR:
Bibliographien:
A. Mota, *Á. de A.* (in Revista Nova, 1, 1931, H. 3, S. 397–415). – Carpeaux, S. 141–145.
Biographien:
V. de Paulo Vicente de Azevedo, *A. Á. de A.*, São Paulo 1931; ²1977 [rev.; ersch. u. d. T. *Á. de A. desvendado*]. – H. Pires, *Á. de A.*, Rio 1931. – R. Magalhães Jr., *Poesia e vida de Á. de A.*, São Paulo 1962. – H. Rocha, *Á. de A., anjo e demónio do romantismo*, Rio 1982.
Gesamtdarstellungen und Studien:
E. Gomes, *Á. de A.* (in Coutinho, 2, S. 131–143). – A. Cândido, *Formação da literatura brasileira*, Bd. 2, São Paulo 1964, S. 178–193. – A. S. Amora, *Á. de A.* (in A. S. A., *O romantismo*, São Paulo ³1970, S. 153–160). – Moisés, 2, S. 139–152.

A LIRA DOS VINTE ANOS

(portug.; *Die Leier der zwanzig Jahre*). Gedichte von Manuel Antônio Álvares de AZEVEDO (Brasilien), erschienen 1853. – Diese Sammlung von 88 Gedichten, die ein Zwanzigjähriger hinterließ, gilt noch heute als eines der bezeichnendsten Bücher der brasilianischen Romantik. Byronischer Weltschmerz, Lebensüberdruß und Todessehnsucht äußern sich hier auf sehr persönliche, in Brasilien bis dahin unbekannte Weise. In der Behandlung der Grundthemen Liebe und Tod und des Gegensatzes von Traum und Wirklichkeit, an dem der Dichter scheitert, ist ein neuer Ton zu vernehmen, wenn die prosaische Realität des Alltags angesprochen und teils wehmütig-heiter, teils derb und bitter verspottet wird. Derartiges hatte es in der brasilianischen Literatur noch nicht gegeben. Neu ist auch die erotische Atmosphäre dieser Gedichte. An die Stelle der gefühlvoll-empfindsamen, vorwiegend geistig bestimmten Liebe tritt hier das Liebesverlangen aus glühender Sinnlichkeit. Aber es ist ein von Furcht gehemmtes Verlangen, zu »statischer Haltung« (Mário de Andrade) erstarrt. Die Geliebte, die der Dichter erblickt und von der er träumt, liegt schlafend vor ihm, und sein Verhältnis zu ihr erschöpft sich in Betrachtung und Traum.

Erlösung aus dieser unlösbaren Spannung zwischen Verlangen und moralischer Hemmung, zwischen poetischer Vision und prosaischer Wirklichkeit, verspricht nur der Tod, den der Dichter ersehnt und als Ende der Pein besingt, als Vergessen der Not und Vernichtung der ihn bedrängenden Sinnlichkeit.

Freiheit und Vielfalt von Strophenbau und Versmaß kennzeichnen die *Lira dos vinte anos* auch formal als romantisches Werk. Neben dem klassischen Zehn- bzw. Elfsilber finden sich die *redondilha maior*, der siebensilbige Vers der älteren portugiesischen Dichtung, der reimlose Blankvers usw., Vierzeiler, Sechs- und Achtzeiler als vorherrschende Strophenformen. Nicht alle Gedichte sind formal von letzter Vollendung, und auch sprachlich-stilistisch sind manche nicht ganz überzeugend. Trotzdem behalten sie ihren Wert als eines der lebendigsten, liebenswürdigsten und anziehendsten Zeugnisse ihrer Zeit. N.N.C.

AUSGABEN: Rio 1853 (in *Obras*, 2 Bde., 1853–1855, 1). – São Paulo 1942 (in *Obras completas*, 2 Bde., 1, Hg. H. Pires). – São Paulo 1957 (in *Poesias completas*, Hg. P. E. da Silva Ramos). – Rio 1960, Hg. M. J. de Trindade Negrão. – São Paulo 1985 (in *Os melhores poemas*; Ausw. A. Cândido).

LITERATUR: J. M. Machado de Assis, *Crítica literária*, Rio 1936, S. 112–117. – D. O. Warrin, *Imagem e pensamento na »Lira dos vinte anos«*, Diss. NY 1973 (vgl. Diss. Abstracts, 34, 1974, S. 7791A). – Ders., *On the Function of the Poetic Sign in Á. de A.* (in LBR, 17, 1980, Nr. 1, S. 93–105). – A. Soares, *A morte: senso e contra-senso na »Lira dos vinte anos«* (in RBLL, 6, 1984, Nr. 12, S. 15–20).

AZORÍN

d.i. José Martínez Ruiz

* 8.6.1873 Manóvar
† 2.3.1967 Madrid

LITERATUR ZUM AUTOR:
W. Mulertt, *A. Zur Kenntnis spanischen Schrifttums um die Jahrhundertwende*, Halle 1926. – R. Gómez de la Serna, *A.*, Madrid 1930. – H. Denner, *Das Stilproblem bei A.*, Zürich 1931. – J. M. Martínez Cachero, *Las novelas de A.*, Madrid 1960. – M. Tudela, *A.*, Madrid 1969. – L. Livingstone, *Tema y forma en las novelas de A.*, Madrid 1970. – J. Valverde, *A.*, Barcelona 1971. – J. Alonso, *A. íntimo*, Madrid 1973. – J. Rico Verdú, *Un A. desconocido. Estudio psicologico de su obra*, Alicante 1973. – F. Sáinz de Bujanda, *Clausura de un centenario: guía bibliográfica de A.*, Madrid 1974. – S. Rióperez y Mila, *A. integro*, Madrid 1979. –

A. Risco, *A. y la ruptura con la novela tradicional*, Madrid 1980. – K. M. Glenn, *A. (J. M. R.)*, Boston 1981 (TWAS). – *Annales Azorianos*, 1, 1983/84.

ANTONIO AZORÍN

(span.; *Antonio Azorín*). Roman von AZORÍN, erschienen 1903. – Wie *Der Wille (La voluntad)*, als dessen Fortsetzung er betrachtet werden kann, ist auch dieser Roman vorwiegend autobiographisch, ein Erinnerungsbuch, in dem das Romanhafte völlig zurücktritt. Es besteht aus drei Teilen. Im ersten Teil wird erzählt, wie Azorín müde und enttäuscht aus Madrid in seinen Heimatort Manóvar zurückkehrt, wo er sich in der ruhigen Abgeschiedenheit auf dem Land seinen Studien und Meditationen hingibt. Der zweite Teil berichtet über einen längeren Besuch Azoríns bei einem Onkel in einem Nachbardorf, wo er Pepita kennenlernt und eine zarte Liebesgeschichte sich anbahnt. Diese beiden Teile des Romans sind im schleppenden *tempo lento* geschrieben. In der genauen Beschreibung von Landschaft, Wohnungen, Möbeln, Personen sucht er das Substantielle des Lebens in der Provinz zu erfassen, wo die Zeit stillzustehen scheint und wo höchstens Begegnungen mit mehr extravaganten als geistvollen Menschen die ewige Monotonie des Alltags unterbrechen. Azorín schildert auch die »spanische Traurigkeit«, diese überall herrschende müde und freudlose, düstere Stimmung, die zwar im spanischen Menschen und seinem Land liegen mag, doch seiner Ansicht nach mehr die Folge einer jahrhundertealten religiösen Erziehung ist, die den Todesgedanken, die Resignation, eine weltflüchtige Askese und die Entwertung des Diesseitigen in den Vordergrund stellt. Diese Traurigkeit entspringt einem äußerst empfindlichen Gemüt, das der raschen Hinfälligkeit alles Seienden nur manchmal Dauer und Schönheit entgegensetzen kann. Ihre letzte Konsequenz ist die Unfähigkeit, das Leben zu genießen und, was tragischer ist, es durch Handlungen oder Willensentscheid zu meistern und zu gestalten. Der dritte Teil zeigt uns Azorín als Journalisten in Madrid. Seiner Arbeit bald überdrüssig, unternimmt er Ausflüge und längere Fahrten in die Umgebung. Er entdeckt die Landschaft der Hochebene, auch die Stätten, die mit den Namen der großen Vertreter der spanischen Literatur verbunden sind (QUEVEDO, CERVANTES, Luis de LEÓN u. a.). Vor allem wird ihm der materielle Verfall dieser Gegend bewußt, die das Herzstück Spaniens gewesen war, als dieses Land ein Weltimperium schuf. Überall sieht er Zeichen von Niedergang, Apathie, Hoffnungslosigkeit, Unwissenheit, Armut und Rückständigkeit. Jetzt erwacht Azorín aus seiner Tatenlosigkeit, und endlich bekommt sein Leben ein Ziel: gegen die Dekadenz zu kämpfen, indem er seinem Land hilft, die Welt und das Leben zu bejahen und sich die Zivilisationsgüter Europas anzueignen (Schulen, Bildung, Wissenschaft, aber auch gute Straßen, Bewässerung und Aufforstung, helle Wohnungen und saubere Kleidung). – Dieses Lebensideal hatte schon der Jurist J. COSTA verkündet, und die Mitglieder der »Generation von 98« machten es sich zu eigen. Als Roman ist *Antonio Azorín* nahezu bedeutungslos, aber als Zeitdokument ist das Werk von unschätzbarem Wert. An einem Modellfall werden die Probleme, Krisen und Sorgen gezeigt, die für die geistige Prägung dieser Generation wesentlich waren. A.F.R.

AUSGABEN: Madrid 1903. – Madrid 1947 (in *Obras completas*, Hg. A. Cruz Rueda, 9 Bde., 1947–1954, 1). – Barcelona 1970, Hg. u. Einl. F. I. Fox. – Barcelona 1983.

LITERATUR: J. R. Jiménez, »*Antonio Azorín*« (in Helios, 1, 1903). – A. Cruz Rueda, *Realidad y fantasia en los personajes de A.* (in Revista Nacional de Educación, 99, 1956). – H. R. Romero, Símbolismo e impresionismo en la trilogía »*Antonio Azorín*« (in RoNo, 15, 1973, S. 30–36).

CLÁSICOS Y MODERNOS

(span.; *Klassiker und Moderne*). Literarkritisches Werk von AZORÍN, erschienen 1913. – Zusammen mit den *Lecturas castellanas* (1912) steht dieser Band am Anfang einer langen Reihe von literarkritischen Werken des Autors. Wie sie alle ist auch *Clásicos y modernos* eine Sammlung von Zeitungs- und Zeitschriftenaufsätzen Azoríns. Sie beginnt mit der Betrachtung verschiedener Zeitgenossen (Silverio LANZA, Leopoldo ALAS, Joaquín COSTA, Ramón MENÉNDEZ PIDAL u. a.). Die epigonale Romantik des 19. Jh.s beachtet Azorín kaum. Einen breiten Raum widmet er dagegen den Aufklärern und Reformern des 18. Jh.s (COBARRÚS, JOVELLANOS, CADALSO, Francisco Gregorio de SALAS u. a.), die mit ihren wirtschaftlichen, kulturellen und politischen Reformprogrammen den Niedergang Spaniens aufzuhalten suchten. Azorín betrachtet sie als »Vorläufer« Costas, der auf seine Generation einen so entscheidenden Einfluß ausübte. Wenig Sympathie empfindet der Verfasser dagegen für das *siglo de oro*. Wie Jacinto BENAVENTE lehnt auch er das klassische Theater Spaniens als unlogisch, unmoralisch und unpädagogisch ab. Ähnliche Einwände erhebt er gegen den pikaresken Roman, in dem er jede Menschlichkeit vermißt. Die barocke Literatur, ob Prosa oder Poesie, mit ihrer hochartistischen Ornamentik und ihrer Obskurität bedeutet wenig für Azorín, den Schöpfer eines Stils, der in seiner Klarheit und Einfachheit so weit geht, daß die Sätze unverbunden aneinandergereiht werden. So sind es eigentlich nur die von der Renaissance beeinflußten Dichter, wie Luis de LEÓN und CERVANTES, denen seine ungeteilte Liebe und Bewunderung gilt. Besondere Erwähnung verdienen vier der »Generation von 98« gewidmete Beiträge. Wenn dieser Begriff auch zuerst von dem Politiker Gabriel Maura (1853–1925) gebraucht wurde, machte Azorín ihn erst zu jenem Einordnungskriterium, das heute aus der Geistesgeschichte Spaniens nicht mehr fortzudenken ist. Gemeint ist damit die Generation von Denkern und Schriftstellern, die das Land nach dem Verlust der letzten Kolonien (Kuba, Puerto Rico, Philippinen) im Jahre 1898 zu Selbstbesinnung und geistiger Erneuerung aufgerufen haben. Als Mitglieder dieser Generation nennt Azorín Ramón del VALLE-INCLÁN, Miguel de UNAMUNO, Jacinto BENAVENTE, PÍO BAROJA, Manuel BUENO, Ramiro de MAEZTU und Rubén DARÍO. Als das ihnen allen gemeinsame Ziel bezeichnet er »*el renacimiento*« (Wiedergeburt), d. h. die »*Befruchtung des spanischen Denkens mit den Denkergebnissen des Auslands*«. Unter den Vorbildern nennt er NIETZSCHE, Théophile GAUTIER und Paul VERLAINE. Azorín charakterisiert die Generation 98 wie folgt: »*Die Generation von 1898 liebt die alten Dörfer und die Landschaft; sie versucht, die primitiven Dichter lebendig zu machen; sie fördert die Begeisterung für El Greco...; sie erklärt sich als romantisch auf dem Bankett zu Ehren von Pío Baroja...; sie bemüht sich, sich der Wirklichkeit zu nähern, und auch darum, die Sprache zu vereinfachen, ihr Schärfe zu verleihen und darin einfache, plastische Wörter einzuführen.*«

Für dieses wie für alle anderen literarkritischen Werke Azoríns gilt: sie sind nicht Erzeugnisse der Gelehrsamkeit eines Philologen, Kritikers oder Literaturhistorikers. Azorín geht an sein Thema vielmehr als belesener Amateur heran, der sich an ein breites Publikum wendet. Nach W. MULERTT liegt die Betonung nicht »*auf der rein wissenschaftlichen, vielmehr auf der national-pädagogischen und künstlerischen Seite*«. Die Fähigkeit des Verfassers, durch kleine Beobachtungen, durch Hervorhebung unscheinbarer Züge und Umstände ein Werk oder einen Autor dem Leser lebendig vor Augen zu stellen, sein Interesse und sogar seine Neugierde zu wecken, bewog ORTEGA Y GASSET schon im Jahre 1913 zu der Feststellung, daß Azorín die Lektüre der Klassiker und der Modernen am nachhaltigsten gefördert habe. A.F.R.

AUSGABEN: Madrid 1913. – Madrid 1947 (in *Obras completas*, Hg. A. Cruz Rueda, 9 Bde., 1947–1954, 2).

LITERATUR: W. Mulertt, *A. Zur Kenntnis spanischen Schrifttums um die Jahrhundertwende*, Halle 1926, S. 197–224. – J. Ortega y Gasset, *El espectador; II; R. Gómez de la Serna, A.*, Madrid 1930. – E. J. Fox, *A. as a Literary Critic*, NY 1962. – I. Fox, *Lectura y literatura en torno a la inspiración libresca de A.* (in CHA, 1967, Nr. 205, S. 5–26). – M. Pérez López, *A. y la literatura española*, Salamanca 1974. – M. D. van Biervliet d'Overbroeck, *Los clásicos redivivos: A.' Attempt to Revivify His Presentation of the Classics* (in REH, 11, 1977, S. 411–423). – E. Rubio Cremades, *A., crítico de L. Alas* (in Letras de Deusto, 32, 1985, S. 185–198).

LAS CONFESIONES DE UN PEQUEÑO FILÓSOFO

(span.; *Ü: Bekenntnisse eines kleinen Philosophen*). Autobiographischer Roman von AZORÍN, erschienen 1904. – Wie in *La voluntad (Der Wille)* und *Antonio Azorín*, mit denen dieser Roman eine lose Trilogie bildet, wird auch hier in der Ich-Form und im *tempo lento* erzählt, und die schon in den ersten beiden Büchern auf ein Minimum reduzierte Handlung tritt nun hinter dem Autobiographischen völlig zurück. Der Verfasser erinnert sich an sein »*Leben als Knabe und Jüngling*« in seinem Heimatort Monóvar und im Internat in Yecla. Eine Reihe von zwanglos aneinandergereihten Episoden und persönlichen Erlebnissen aus dem eintönigen Dasein eines Internatszöglings wird durch Porträts der Patres an der Ordensschule ergänzt. Der zweite Teil ist Verwandten und Menschen gewidmet, die den Schüler Azorín beeindruckt haben. Mit besonderer Vorliebe verweilt er bei der Schilderung der »*vidas opacas*« (der undurchsichtigen Existenzen), bescheidener Menschen, wie Krämer, Händler, Büroangestellte und kleinere Beamte, die ihn »*von jeher wie einen Flaubert*« mehr als die Vertreter der großen Gesellschaft angezogen haben. Der Epilog berichtet von der späteren Rückkehr an die Orte der Jugend, wo dem Autor zwar manches fremd erscheint, wo sich im Grunde aber nichts verändert hat. Die Erkenntnis, daß »*das Leben Wiederkehr bedeutet*«, ist ein im Werk Azoríns immer wieder auftauchendes Thema. Die kaum merklich verrinnende Zeit gleicht alle Gegensätze aus: »*Die Gegenwart stellt mit Überraschung fest, daß sie schon vergangen, daß sie ein Gewesensein ist*« (Ortega). Zwar vergeht alles, aber etwas bleibt, was sich immer wiederholt: die Gewohnheit, das Alltägliche.

Obwohl die *Bekenntnisse* kurz nach den anderen Romanen der Trilogie entstanden sind, lassen sie eine entscheidende geistige und künstlerische Wandlung Azoríns erkennen. An die Stelle seiner früheren, bald kritisch-pessimistischen, bald ironisch-überlegenen oder nörgelnd-mißmutigen Lebenseinstellung ist die heitere Abgeklärtheit des Humoristen getreten. Die wichtigste Entdeckung ist: »*Im Leben gibt es nichts Großes und nichts Kleines: denn für einen einfachen Menschen kann ein Sandkorn wie ein Berg sein.*« Es geht Azorín darum, »*das Substantielle des Lebens zu erfassen*«, Menschen und Dinge, Vergangenes und aktuelles Geschehen »*im Worte aufzuheben*« und sie »*vor ihrer Vergänglichkeit zu retten*« (Ortega). Hatte er vorher versucht, die Welt vom Standpunkt eines apriorischen Kategoriensystems aus zu deuten, so geht er in den *Bekenntnissen* ganz von der Wirklichkeit aus. Dem entspricht ein Stil, der durch das Vorherrschen parataktischer Syntaxformen gekennzeichnet ist. Azorín schreibt nun eine intime, anspruchslose Prosa von »*schwieriger Einfachheit*«, die unter bewußtem Verzicht auf deklamatorische Geste und äußere Brillanz die Dinge anspricht und selbst sprechen läßt. A.F.R.

AUSGABEN: Madrid 1903 (in *Alma Española*, 22.11.). – Madrid 1904. – Madrid ²1909. – Madrid 1947 (in *Obras completas*, Hg. A. Cruz Rueda, 9 Bde., 1947–1954, 2). – Madrid 1956; ern. 1983, Hg. u. Einl. J. M. Martínez Cachero (Austral).

ÜBERSETZUNG: *Bekenntnisse eines kleinen Philosophen*, L. Roffler u. J. Romagosa, Bern-Bümplitz 1949.

LITERATUR: A. Krause, *A., el pequeño filósofo*, Madrid 1955. – K. M. Glenn, *Point of View and Narrative Distance in »Las confesiones de un pequeño filosofo«* (in *Perspectivas sobre la novela española de los siglos XIX y XX*, Valencia 1979, S. 93–102).

DOÑA INÉS. Historia de amor

(span.; *Doña Inés. Liebesgeschichte*). Roman von AZORÍN, erschienen 1925. – Der Untertitel und die Zeit der Handlung (1840) lassen eine romantische Liebesgeschichte erwarten; heftige Leidenschaften und Gemütsbewegungen jedoch sucht man darin vergeblich. Wie schon der drei Jahre früher veröffentlichte Roman *Don Juan* folgt auch dieses Werk der künstlerischen Konzeption des Autors, alles auszuschließen, was die fast schon passive Zurückhaltung seiner Romanfiguren beeinträchtigen könnte.

Die schöne Doña Inés reist nach Segovia, wo sie den Dichter Diego Lodares kennen- und lieben lernt. Dort lebt auch Don Pablo, Inés' Onkel. Er arbeitet an einer Biographie der Doña Beatriz (Untertitel: »Historia de amor«) und erzählt der Nichte von den unglücklichen Leben dieser Urahne, die in einen Troubadour verliebt war und deren Ehemann den Geliebten enthaupten ließ. Beatriz verfiel dem Wahnsinn. Als Inés später ihr Grab besucht, trifft sie in der Kathedrale Diego, und sie küssen sich. Das Volk empört sich über die Entweihung des Gotteshauses, sogar der Bischof greift ein. Zudem erkrankt Plácida, eine Jugendfreundin von Inés: auch sie ist in den Dichter verliebt. Doña Inés verzichtet auf die Liebe des Dichters, gibt einen Teil ihres Vermögens her und verläßt Spanien, um den Rest ihres Lebens der Wohltätigkeit zu widmen: sie gründet in Buenos Aires eine Schule für arme Kinder. – Die Parallele und zugleich der Gegensatz zwischen Doña Inés und Doña Beatriz sind offensichtlich. Die Dame des Mittelalters gibt sich ihrer Leidenschaft hin und verfällt dem Wahnsinn, die moderne Frau dagegen verzichtet und zieht sich zurück.

Doña Inés schien manchen Kritikern zu beweisen, daß Azorín keine Romane schreiben könne. Ohne Zweifel gibt es in dem Werk keine dynamische Handlung, und zuweilen muß der Leser die inneren Zusammenhang des Geschehens erschließen. Aber wie Azoríns andere Romane dieser Epoche ist *Doña Inés* das Ergebnis einer bewußten ästhetischen Formel, deren grundlegendes Postulat die minutiöse Beschreibung ist, die auf unbedeutenden Details eines Milieus basiert. Zu intuitiver Annäherung erschließt Azorín die Empfindsamkeit der Figuren, und zwar jeder einzelnen für sich, so als ob kein Zusammenspiel zwischen ihnen existieren würde. Die äußere Realität interessiert den Autor nur in dem Maße, wie er sie in Literatur verwandeln kann. Die Protagonisten dieses Romans dienen Azorín vor allem dazu, seine Ansichten über die Liebe darzustellen, und obgleich ihre Erscheinung und ihre Handlungen genau geschildert werden, bleiben sie blaß. Den engstirnigen Geist einer spanischen Provinzstadt jener Zeit zeichnet er mit feiner Ironie und verhaltenem Spott. Wie in allen seinen Werken sind die Beschreibungen auch hier meisterhaft. Mit der ihm eigenen Kunst des kurzen Satzes und in einer scheinbar schlichten Sprache vermag er die zartesten Töne wiederzugeben. Als hervorragender Kenner des Kastilischen verwendet er gelegentlich auch nicht mehr gebräuchliche, kraftvolle Worte, die er in alten Büchern gefunden oder von Bauern gehört hat.   A.A.A.

AUSGABEN: Madrid 1925 (Cuadernos Literarios de la Lectura). – Madrid 1948 (in *Obras completas*, Hg. A. Cruz Rueda, 9 Bde., 1947–1954, 4). – Buenos Aires 1960. – Madrid 1983, Hg. u. Einl. E. Catena (Castália).

LITERATUR: R. Blanco Fombona, *Motivos y letras de España*, Madrid 1930. – A. Cruz Rueda, *Mujeres de A.*, Madrid 1953. – M. Enguidanos, *A. en busca del tiempo divinal* (in PSA, 17, 1959, S. 13–32). – M. Duran, *A.'s ›Broken Record Device‹ in »Doña Inés«* (in RoNo, 4, 1963, S. 112–116). – M. C. Rand, *A. y Eros* (in RHM, 29, 1963, S. 217–233). – J. B. Vidal, *El tiempo de los personajes de »Doña Inés«* (in CHA, 1968, Nr. 226/227, S. 220–238). – E. Catena, *Lo azoriano en »Doña Inés«* (in ebd., S. 226–291). – K. M. Glenn, *»Doña Inés«* (in K. M. G., *The Novelistic Technique de A.*, Madrid 1973, S. 69–94). – S. R. Wilson, *The Colours of »Doña Inés«* (in BHS, 56, 1979, S. 117–121).

DON JUAN

(span.; *Don Juan*). Roman von AZORÍN, erschienen 1922. – Im Prolog heißt es, daß Juan del Prado y Ramos ein großer Sünder gewesen sei, daß ihn aber eine schwere Krankheit befallen habe, aus der er »*mit tief verändertem Gemüt hervorging*«. Im Epilog erscheint er als Bruder Juan, der zurückgezogen in einem Kloster lebt. Der Lebensweg des Don Juan del Prado, der hier erzählt wird, setzt also mit dem Verzicht auf das bewegte und abenteuerliche Leben ein und führt bis zu seinem Eintritt ins Kloster. In den 39 Kapiteln des Werks wird das beschauliche und geruhsame Leben des Helden geschildert, in dem es – wie übrigens auch im Leben des Autors – keine besonderen Ereignisse gibt. Es besteht aus gemächlichen Spaziergängen, Besuchen bei Freunden, kleinen Ausflügen und zufälligen Begegnungen. Selbst die Liebe zwischen Don

Juan und der achtzehnjährigen Jeannette, der Tochter eines Freundes, verläuft leidenschaftslos und beschränkt sich auf irgendeine Frage, das Überreichen einer Rose oder einen Händedruck, als Jeannette mit ihren Eltern nach Paris fährt. Das ist alles nichts anderes als die »Verliteralisierung« der Realität, ihre literarische Ausarbeitung durch die Sensibilität des Autors: »... *die Wirklichkeit, die ich empfinde, ist wie eine, die in einem Kolben destilliert wurde. Ich glaube, es gibt keinen Grund, daß das, was ich mir vorgestellt habe, weniger real und weniger schön als die tadellose Kohärenz sei*«.
Ausführlich beschreibt Azorín die kleine Stadt, in der Don Juan lebt, ebenso eingehend werden seine Freunde und alle anderen Menschen geschildert, die zu ihm in Beziehung treten; eine eigentliche Handlung jedoch gibt es in dem Roman nicht. In den Romanen dieser Epoche vermischen sich Personen aus dem täglichen Leben mit Figuren aus dem literarischen Bereich: Doña Inés und Don Juan sind die Protagonisten in *Don Juan Tenorio* von ZORILLA. Seine Gestalten wirken etwas starr, der Rhythmus des Werks ist schleppend. Jedes Kapitel bildet eine Einheit, jedes ist ein kleines, in sich abgerundetes »Bild« und hängt – mit Ausnahme der Schlußkapitel – nur selten unmittelbar mit den anderen Kapiteln zusammen. Dem Leser bleibt es überlassen, zu erraten, was zwischen den einzelnen »Bildern« geschieht. Vor dramatischen Ereignissen und großen Gesten scheut Azorín zurück. Er bevorzugt das Alltägliche, das Kleine und Unaufdringliche (ORTEGA Y GASSET sprach einmal von *»Meisterstücken des Alltäglichen«*). Das war eine bewußte Reaktion auf die Übertreibungssucht und Großspurigkeit des spanischen 19.Jh.s, und auch die glatte, ausdrucksvolle, aber schlichte Prosa dieses Autors ist als Gegensatz zu dem überladenen und komplizierten Stil jener Zeit zu verstehen.
Azoríns Zugehörigkeit zur »Generation von 1898« äußert sich in den kritischen Bemerkungen über das Geschehen in der Stadt und die Kräfte, die sie regieren. Aber seine Kritik hat viel von der Schärfe früherer Jahre verloren. Er klagt nicht an, spricht nicht einmal aus, daß dieses oder jenes schlecht sei, sondern deutet nur an, daß etwas nicht sein dürfte. *»Wie vor zweitausend Jahren andere Augen dieses Schauspiel betrachteten, so betrachten wir es jetzt. In seiner Permanenz liegt die definitive Norm des Lebens.«* Hier deutet sich bereits jene konservative und tolerante Einstellung an, die später für Azorín charakteristisch wurde. A.A.A.

AUSGABEN: Madrid 1922. – Madrid 1948 (in *Obras completas*, Hg. A. Cruz Rueda, 9 Bde., 1947–1954, 4, S. 215–276). – Madrid 1957; ern. 1974 (Austral). – Madrid 1977, Hg. u. Einl. J. M. Martínez Cachero (Clás. Cast.).

LITERATUR: S. H. Ackermann, *Don Juan in the Generation of '98*, Diss. Ohio State Univ. 1956. – J. M. Martínez Cachero, *La versión azoriniana del mito de Don Juan* (in CHA, 40, 1959, S. 173–183). – M. Montes Huidobro, »*Don Juan« o cómo decir lo que no se dice* (in RdO, 46/47, 1974, S. 88–111).

FÉLIX VARGAS

(span.; *Felix Vargas*). Roman von AZORÍN, erschienen 1928. – Azorín selbst bezeichnete dieses Werk, das in der Ausgabe der *Gesammelten Werke* den treffenderen Titel *El caballero inactual (Der unzeitgemäße Herr)* erhielt, nicht als »Roman«, sondern als »Ethopöie«, d. h. eine Beschreibung des Charakters und der Gewohnheiten einer Person. Dieser Absicht entsprechend ist denn auch die Handlung auf ein Minimum beschränkt.
Der Dichter Félix Vargas lebt ganz in der Welt des ausgehenden 18. und beginnenden 19.Jh.s. Gestalten wie Benjamin Constant, Madame de Récamier, Madame Charrière und Madame de Staël üben einen starken Reiz auf ihn aus. Er bereitet ein Buch über sie vor. Der Fémina-Klub von Madrid fordert ihn auf, eine Vortragsreihe über Teresa de Jesús (Theresa von Ávila) zu halten. Diese große Persönlichkeit fesselt ihn fortan so sehr, daß sie nach und nach das Bild jener empfindsamen und eleganten französischen Frauen aus seinem Geist verdrängt. Die Heilige wird nun das Thema seines nächsten Buches sein. Ein Ausflug nach Biarritz führt ihn mit seiner ehemaligen Freundin Andrea zusammen. Der Eindruck dieser Begegnung mischt sich in der Seele des Dichters mit der Erinnerung an Andreas Schwester Hortensia und an die Ehemänner der beiden Frauen. Er stellt eine starke Ähnlichkeit Andreas mit Berninis Skulptur der hl. Teresa fest. – Als er nach Madrid zurückkehrt, ist sein Werk beendet, das Ringen um den dichterischen Ausdruck abgeschlossen.
Félix Vargas und *Superrealismo* (1929), das später den Titel *El libro de Levante* erhielt, stellen den Versuch dar, zu neuen literarischen Ausdrucksformen zu gelangen. In dem kurzen, in Dialogform gehaltenen Prolog zu *Félix Vargas* erklärt Azorín sein Ziel: Zurückgehen auf Anorganisches, Durchbrechen von Zeit und Raum, Aufheben der Übergänge und willkürliches Springen von einem Punkt zum anderen. In Wirklichkeit ist all das bei Azorín nichts Neues. Die Aufhebung der Übergänge z. B. findet sich in allen seinen Werken und entspricht seiner Grundkonzeption vom Roman. Schon in *Las confesiones de un pequeño filósofo*, 1904 *(Die Bekenntnisse eines kleinen Philosophen)*, definiert er den Roman als »*eine Reihe von lebendigen, unzusammenhängenden Bildern, wie die Wirklichkeit sie liefert*«. Im vorliegenden Werk werden einige dieser Tendenzen geradezu übersteigert. Höhepunkt ist in dieser Hinsicht wohl die Beschreibung von vier Personen (Andrea, Hortensia und die Ehemänner) unter Verzicht auf jeglichen menschlichen Zug: sie werden lediglich als »*strahlende Materie*« (Überschrift von Kapitel 19) betrachtet, ein Verfahren, das der Kritiker Eugenio de NORA als »*mechanischen Kubismus*« bezeichnet hat. Das 21. Kapitel, in dem Esteban, Andreas Mann, Zaubertricks mit

Börsenaktien vorführt, ist durchaus surrealistisch gemeint, desgleichen die Spaltung der Persönlichkeit des Titelhelden in Félix-Dichter, Félix-Ritter des 16.Jh.s, Félix-Rilke.

Auch das Stilmittel aller Romane Azoríns, der schleppende Rhythmus, kennzeichnet diesen Roman in besonders auffälliger Weise, wohl deshalb, weil der Autor sich hier fast ausschließlich auf die Beschreibung der Landschaften oder der Geistesverfassung des von seiner literarischen Schöpfung besessenen Dichters beschränkt. Ebenso dienen die seltenen Andeutungen, in denen auf reale Personen und eine reale Umwelt hingewiesen wird, nur zur Erhellung des subtilen und komplizierten Innenwelt des Dichters, die sich in seinem Buch manifestieren soll.

Der Roman stellt auch sprachlich einen Höhepunkt im Schaffen des Autors dar: er besticht durch präzise Wortwahl, Durchsichtigkeit, Schlichtheit und syntaktische Beweglichkeit – für Azorín bezeichnende Stileigenheiten, die sich hier in Vollendung finden und seinen von RACINE übernommenen Grundsatz bestätigen: »*Toute l'invention consiste à faire quelque chose de rien.*« (»*Die ganze Erfindung besteht darin, aus nichts etwas zu machen.*«)

A.A.A.

AUSGABEN: Madrid 1928. – Madrid 1948 (*El caballero inactual*; in *Obras completas*, Hg. A. Cruz Rueda, 9 Bde., 1947–1954, 5). – Madrid 1965 (Austral).

LITERATUR: J. Cassou, Rez. (in MdF, 40, 1929). – A. Espina, *A.: »Félix Vargas«* (in RdO, 7, 1929, S. 114–118). – C. Clavería, *Sobre el tema del tiempo en A.* (in *Cinco estudios de literatura española moderna*, Salamanca 1945). – R. E. Lott, *The Structure and Style of A.'s »El caballero inactual«*, Athens 1963. – L. D. Joiner, *»Félix Vargas«, A.'s Proustian Protagonist* (in RoNo, 19, 1978, S. 177–182). – Ders. u. J. W. Zdenek, *Art, Renunciation and Religious Imagery in Proust and A.* (in Modern Fiction Studies, 2, 1981, S. 273–277).

LO INVISIBLE

(span.; *Das Unsichtbare*). Drei Einakter von AZORÍN, Uraufführung des Gesamtwerks: Madrid, 24. 11. 1928. – In der Ausgabe der *Gesammelten Werke* wird diese Trilogie von einer Präambel eingeleitet, in der Azorín den Tod RILKES erwähnt und sagt: »*Die Lektüre des Meisterwerkes des großen Dichters* [gemeint sind *Die Aufzeichnungen des Malte Laurids Brigge*] *führte zur Entstehung dieser Einakter, die geschrieben wurden, damit eine Schauspielerin* [das Werk ist der großen Rosario Pino gewidmet] *ihre ganze Kunst entfalte.*« – Die Trilogie beginnt mit einem »Szenischen Prolog«, in dem eine seltsame Dame kurz vor der Aufführung den Autor und die Darstellerin besucht. Aus ihren Worten wird nach und nach ersichtlich, daß sie der Tod ist: »*Die ganze Welt ist ein Schauspiel, und ich bin darin die Hauptperson . . .*« Sie verschwindet wieder, und die Zurückbleibenden fragen sich, ob diese Erscheinung Traum oder Wirklichkeit gewesen sei. Danach hebt sich der Vorhang.

La arañita en el espejo (Die kleine Spinne im Spiegel), Uraufführung: Barcelona, 15. 10. 1927. – Die unheilbar kranke Leonor erwartet ihren Gatten Fernando aus dem Krieg zurück. Ihre Liebe zu ihm – gesteht sie dem Dienstmädchen Lucia – ist der einzige Lichtpunkt in einem von Krankheit und Trübsal überschatteten Leben gewesen. Als sie das Zimmer verläßt, sagt Leonors Vater, Don Pablo, dem Dienstmädchen, daß Fernando nicht zurückkommen werde. Leonor hat im Zimmer ihres Gatten eine Spinne im Spiegel gesehen und mit ihr gesprochen: Sie möchte, daß Fernando, wenn sie sterben muß, eine andere heiratet. Ihr Vater deutet jetzt an, daß ihr Mann vielleicht nicht wiederkommen werde. Man hört die Sirene des Schiffs, mit dem Fernando kommen wollte. Obwohl Leonor nichts weiß, fällt sie bewußtlos zu Boden und fühlt den Tod nahen.

El segador (Der Schnitter). – Maria ist seit zwei Monaten verwitwet und lebt mit ihrem kleinen Sohn in einem abgelegenen Haus. Der Landmann Pedro versucht sie zu überreden, ins Dorf zu ziehen, damit sie weniger allein sei; überdies möchte er das Haus und die angrenzenden Ländereien kaufen. Sie weigert sich; hier hat ihr Mann gelebt, und hier will sie mit ihren Erinnerungen bleiben. Pedros Tochter Teresa erzählt, daß in den letzten Tagen viele Kinder in der Gegend gestorben seien. Ein schwarz gekleideter Schnitter, mit einer Sense über der Schulter, klopfe an jedem Haus an, in dem ein Kind lebt. Kurz darauf werde es krank und sterbe. Man hört Rufen und Schreien. Ein Kind in der Nähe ist gestorben. Pedro und Teresa gehen. Es wird Nacht. Maria hat Angst: Nein, ihr Sohn nicht! Sie beginnt zu beten, das Schlimmste befürchtend. Da klopft es an der Tür . . .

Doctor Death, de 3 a 5 (Dr. Death von 3 bis 5), Uraufführung: Santander, 28. 4. 1927. – Die Kranke betritt einen schlichten, unmöblierten Raum. Sie spricht mit dem Gehilfen des Arztes, versteht aber seine Andeutungen nicht. Sie fühlt sich gut, besser denn je. Der Garten, den man vom Fenster aus sieht, ist schön. Man hört ein Geräusch, als ob etwas zu Boden falle. Der Gehilfe geht, und sie wird unruhig. Noch ist der Garten schön, aber die Zypressen stehen düster und drohend gegen den Himmel . . . Ein alter Mann tritt ein. Er ist des Lebens müde, erhofft nichts mehr. Er betritt das Sprechzimmer. Die Kranke ist beunruhigt. Es wird Nacht. Sie betrachtet den Garten. Er ist jetzt voller Kreuze und Gräber. Sie protestiert. Sie will leben. Sie will fort, kann aber die Tür nicht öffnen und weint. Die Krankenschwester tritt ein und tröstet sie. Sie spricht von ihrer Kindheit, von ihrer Mutter und wird ruhiger. Die Tür öffnet sich. Der Gehilfe erscheint, schwarz gekleidet. Die Stunde ist gekommen. Beide helfen der Kranken, die Schwelle zu überschreiten.

Azorín, der einige Zeit Theaterkritiker war, beurteilte seine eigenen Beiträge als revolutionäre Neuerung und nannte sie surrealistisch. Man darf diese Bezeichnung nicht wörtlich nehmen. Mehr als die Freilegung des Unbewußten spielen hier phantastische Elemente eine Rolle, die eine Atmosphäre von Mysterium und Idealität innerhalb des Konkreten der einzelnen Bilder schaffen. Der Tod ist nicht sichtbar – außer im »Szenischen Prolog«, dem schwächsten Teil des Werks –, aber man fühlt sein Nahen, fühlt, wie er die Szene mit seinem Hauch erfüllt. – Es ist von der Literaturkritik u. a. der Einfluß MAETERLINCKS auf Azorín betont worden. Doch erreicht der Spanier dieselben Effekte mit sparsameren Mitteln, mit weniger »Milieu«. Was andere seiner dramatischen Versuche zum Scheitern verurteilte, die Verhaltenheit, das lange Verweilen bei Details, wirkt sich hier, dank der Kürze der Stücke, positiv aus. Die Kleinigkeiten – das stete Zurückblicken auf die gleichen Dinge – führen zu einem Crescendo der Todesangst, von der die Hauptfiguren (und auch der Zuschauer) gepackt werden. Die Details deuten jedesmal klarer die Gegenwart des Todes an. – Die Worte Miguels aus *Cervantes o La casa encantada (Cervantes oder Das verzauberte Haus)*, einem anderen Theaterstück Azoríns, kennzeichnen gut die für den Autor primäre Darstellungsebene: »... es geht nicht darum, zu wissen, sondern zu fühlen... Es wäre mir gleich, ob man von mir sagen würde: ›Er weiß nicht.‹ Wohl aber würde es mich treffen, wenn man mir sagte: ›Er fühlt nicht.‹«
A.Á.A.

AUSGABEN: Madrid 1928. – Madrid 1948 (in *Obras completas*, Hg. A. Cruz Rueda, 9 Bde., 1947–1954, 4).

LITERATUR: C. Consiglio, »Lo invisible«. La gran obra teatral de A. (in Cuadernos de Literatura Contemporánea, 16/17, 1945, S. 389–393). – G. Díaz-Plaja, *El teatro de A.* (ebd., S. 369–388). – L. A. Lahjohn, *A. Dramatist*, Diss. Univ. of Indiana 1958 (vgl. Diss. Abstracts, 19, 1958/59, S. 1385). – F. S. Stimson, »Lo invisible«. A.'s Debt to Maeterlinck (in HR, 26, 1958, S. 64–70). – S. Riopérez y Milá, *El problema de la muerte en la obra de A.* (in CHA, 38, 1959, S. 126–134). – L. A. Lahjohn, *A. and the Spanish Stage*, NY 1961. – G. Torrente Ballester, »Lo invisible« en el teatro española contemporáneo, Madrid 1968.

PUEBLO. Novela de los que trabajen y sufren

(span.; *Volk. Roman von denen, die arbeiten und leiden*). Roman von AZORÍN, erschienen 1930. – Dieses Werk Azoríns gehört zu einer Gruppe von Büchern, die der Autor als *Nuevas obras (Neue Werke)* bezeichnete, weil er in ihnen literarische Ausdrucksformen zu finden suchte, durch die er sich der »avantgardistischen« Literatur zu nähern glaubte (vgl. *Félix Vargas*). Noch weniger als seine übrigen »Romane« ist dieses Buch ein Roman, obgleich der Untertitel es als solchen ausweist. Es gibt weder Personen noch Handlung, weder psychologische Betrachtung noch Dialoge. Auch enthält das Werk, dessen surrealistische Bewandtnis der beigefügte *Epilog in einem Traum* entschlüsseln soll, keinerlei soziale Problematik, wie der Untertitel vermuten ließe.

Der »Roman« handelt von den Leidenden, aber was stellvertretend darin auftaucht, wie ein weit entfernter Punkt sich vom Horizont her scheinbar bewegungslos nähert, ein Gegenstand unter anderen, der die Aufmerksamkeit des Dichters erregt, schließlich wie vom Teleobjektiv einer Fotokamera in den Vordergrund geholt wird, ist die einsame Gestalt einer Frau, die weinend ihren kleinen Sohn an der Hand führt. Ebenso die »Arbeitenden«, der endlose Zug derer, die sich Tag für Tag, jahraus jahrein zur Arbeit begeben, altern, sterben und durch andere ersetzt werden, während die Arbeit weitergeht – sie sind in der Gestalt eines Arbeiters verkörpert, der, ein Bündel über der Schulter, den Blick in die Ferne gerichtet, noch eine weite Wegstrecke vor sich hat. Aus Mitleid und Anteilnahme für alle, die zur Fronarbeit und zum Leiden verurteilt sind, entsteht die Grundstimmung des Buchs, doch fehlt jedes Aufbegehren gegen die Ungerechtigkeit. Das Werk läßt sich als eine Art lyrische Meditation bezeichnen, die eine Reihe von Gegenständen – Haus, Fenster, Stuhl, Truhe, Schmiede, Fabrik – zum Anlaß nimmt, um den Gegensatz zwischen dem eitlen, oberflächlichen Leben der Mächtigen und dem tiefen, erfüllten Dasein der einfachen Wesen und Dinge sichtbar zu machen und daraus die Lehre zu ziehen: »Zurück zum Grund und zum Ursprung, zurück zum Volk, und die Gemütsbewegung des Volkes, d. h. des Anfänglichen, empfinden!«, nicht »die beunruhigende, heftige Gemütsbewegung« – sie ist vielmehr »als verderblichster Feind zu betrachten« –, sondern die innige, milde, die zu der weinenden Frau und dem in die Ferne schauenden Arbeiter führt.

Mehr als reale Personen tauchen literarische Figuren auf. In diesen Jahren, in denen Azorín sich völlig auf sein schriftstellerisches Schaffen konzentriert, betrachtet er distanziert das Weltgeschehen, ohne einzugreifen, und beschreibt es. So erreicht den Leser das ferne Echo einiger früherer Erfahrungen des Autors sowohl aus seiner Lebensgeschichte wie aus der kulturellen Situation der Zeit.
A.A.A.

AUSGABEN: Madrid 1930. – Madrid 1948 (in *Obras completas*, Hg. A. Cruz Rueda, 9 Bde., 1947–1954, 5). – Madrid 1981 (Austral).

LITERATUR: J. Entrambasaguas, *Las mejores novelas contemporáneas*, Bd. 2, Barcelona 1958, S. 575–681. – E. G. de Nora, *la novela española contemporánea*, Bd. 1, Madrid 1958, S. 231–260.

LA RUTA DE DON QUIJOTE

(span.; *Ü: Auf den Spuren Don Quijotes*). Literarische Impressionen von Azorín, erschienen 1905. – Dieses Werk ist eines der ersten, das Azorín unter dem Namen einer von ihm geschaffenen Romanfigur veröffentlichte (vgl. *Antonio Azorín*). Die Annahme dieses Pseudonyms, das er bis an sein Lebensende beibehalten hat, bezeichnet einen tiefgreifenden Wandel in der Lebensauffassung und literarischen Tätigkeit Azoríns. Aus dem sozialrevolutionären Stürmer und Dränger (einen »literarischen Anarchisten« nannte ihn Clarín, der scharfsinnigste Kritiker dieser Zeit) war ein Konservativer geworden, der zwar fortschrittlich gesinnt blieb und jahrelang, von 1907 bis 1919, im politischen Leben stand, sich aber mehr und mehr vom Tagesgeschehen abwandte und eine kontemplative, ästhetisierende Haltung einnahm, der er sich schließlich ergab. Dabei hielt er in seiner literarischen Tätigkeit, der er sich dann in fünf Jahrzehnten ausschließlich widmete, mit großer Treue an einer Aufgabe fest, die er als eine wesentliche Aufgabe seiner Generation, der von ihm so genannten »Generación del 98« (»Generation von 1898«), erkannte: das Wesen Spaniens, seiner Landschaft, seiner Menschen, seiner Vergangenheit und Geschichte zu ergründen und literarisch darzustellen. Dieser Aufgabe ist auch *La ruta de Don Quijote* gewidmet. Aus Anlaß des 300. Jahrestages der Veröffentlichung des *Don Quijote* als Artikelserie für die Madrider Zeitung ›El Imperial‹ entstanden, die Azorín in die Mancha entsandte, um dort den Spuren des »Ritters von der traurigen Gestalt« nachzugehen, handelt es sich darin um einen Versuch, Kastilien, für die »Achtundneunziger« der Inbegriff spanischer Art, in der Kontinuität seiner Wesensmerkmale seit der Zeit des Cervantes bis in die Gegenwart literarisch darzustellen. In einzelnen unzusammenhängenden Bildern zeichnet der Autor die Landschaft, die Bauern, die ihm begegnen, die Hidalgos, mit denen er sich unterhält, und dies alles verschmilzt zu einem harmonischen Ganzen, in dem der Geist und die Atmosphäre des Cervantesschen Werks lebendig sind. Denn wie Berichte und Dokumente aus der Zeit Philipps II. beweisen, hat sich in drei Jahrhunderten kaum etwas geändert. Die Menschen erscheinen dem Autor wie Gestalten aus dem *Quijote*, die Mädchen erinnern ihn an Dulcinea, die Walkmühlen, die den fahrenden Ritter und seinen Knappen erschreckten, lärmen heute wie damals. Es ist, als sei das Leben in den Orten, die er durchwandert, stehengeblieben, es wirkt bedeutungslos, wie gelähmt, doch im Innern der Menschen lebt noch immer die fiebrige, törichte Exaltiertheit von damals. Eben sie, nicht die Liebe zum Ideal, wollte Cervantes verdammen. Doch äußerlich herrscht, wie dem Autor in Alcázar de San Juan schmerzlich bewußt wird, »*die Monotonie und die Verzweiflung der Stunden, die verrinnen, langsam, ewig, in einer Umgebung der Traurigkeit, Einsamkeit und Tatenlosigkeit*« (Kap. XV). Das Spanien von heute – im Unterschied zu späteren Werken verbirgt sich hinter dieser Feststellung hier noch ein Gefühl der Entmutigung und des Scheiterns – ist nichts als Fortsetzung und Wiederkehr des alten.

A.A.A.

Ausgaben: Madrid 1905. – Madrid 1947 (in *Obras completas*, Hg. A. Cruz Rueda, 9 Bde., 1947–1954, 2; m. Einl.) – Madrid 1984 (Hg. u. Einf. J. M. Martínez Cachero).

Übersetzung: *Auf den Spuren Don Quijotes*, A. M. Ernst-Jelmoli, Zürich 1923 [Einl. F. Ernst].

Literatur: J. A. Balseiro, *A. y Cervantes* (in MLJ, 19, 1935, S. 501–510). – Luis S. Granjel, *Retrato de A.*, Madrid 1958. – E. Milazzo, *A., studio critico*, Rom 1961. – F. Torres Yagües, *»La ruta de Don Quijote«*, Madrid 1962.

LA VOLUNTAD

(span.; *Der Wille*). Roman von Azorín, erschienen 1902. – Dies ist der erste von drei Romanen – *La voluntad*, *Antonio Azorín*, 1903 *(Antonio Azorín)*, und *Las confesiones de un pequeño filósofo*, 1904 *(Die Bekenntnisse eines kleinen Philosophen)* –, mit deren gemeinsamem Helden sich der Dichter so sehr identifizierte, daß er seither alle seine Werke unter dem Namen der von ihm geschaffenen Gestalt veröffentlichte: Azorín. Was der Dichter in diesen Romanen beschreibt, ist, gewoben aus Wahrheit und Dichtung, die Geschichte seines eigenen inneren Wandels vom Rebellen und Anarchisten zum kontemplativen, die Menschen und Dinge aus der Distanz, *sub specie aeternitatis* betrachtenden Ästheten (vgl. auch *La ruta de Don Quijote*). Dabei sind zahlreiche Einzelheiten – Örtlichkeiten, Daten, Begebenheiten, Personen – der eigenen Lebensgeschichte entnommen, doch verkörpern die Hauptfiguren mehr als reale Personen die Ideen des Zöglings, Ergebnis der ungeordneten Lektüre des Erzählers. So spielt der erste Teil von *La voluntad* in Yecla, wo der Dichter als Angehöriger des Priaristenkollegs seine Jugend verbrachte. Im Roman ist Yecla der Schauplatz der »Lehrjahre« Antonio Azoríns, seiner Beziehung zu dem verehrten Lehrer Yuste und seines ersten zarten Liebesverhältnisses mit Justina, der Nichte des frommen, weltabgewandten Geistlichen Puche, auf dessen Rat das Mädchen den Schleier nimmt, sich des eigenen Willens begibt und Gott überantwortet. Zu der Reinheit, Klarheit und Ruhe des Klosters, das sie aufnimmt, steht die innere Unruhe des jungen Mannes, der, ein rastloser Leser, zwischen einander widersprechenden Theorien und Glaubenssätzen schwankt, in schroffem Gegensatz. Nach Yustes und Justinas Tod verläßt Antonio Azorín die Stadt und geht nach Madrid, um sich dort literarischer Tätigkeit zu widmen. Dieser zweite Teil des Romans enthält eine Fülle autobiographischer Details aus den ersten Madrider Jahren des Dichters, insbesondere sein Verhältnis zu dem wenig älteren Pío BAROJA (1872–1956), zu anderen Mitgliedern der »Generación del 98« (Generation von 1898), zu PI Y MARGALL (1824–1901), dem Präsidenten der Ersten Spanischen Republik, der auch als Historiker, Essayist und politischer Schriftsteller hervorgetreten war. Für Antonio Azorín bedeutet Madrid eine Enttäuschung. Angesichts der Armseligkeit des geistigen Lebens, der Rivalität und Zwietracht unter den Schriftstellern zieht er sich mehr und mehr in sich selbst zurück, der innere Kampf zwischen Willen und Reflexion entscheidet sich allmählich zugunsten der Kontemplation: »*Azorín ist fast ein Symbol; seine Angst, seine Sehnsucht, seine Verzweiflung können gut für eine ganze Generation stehen, die ohne Willen, ohne Energie und Entschlossenheit ist, eine Generation, die weder den Wagemut der Romantiker noch den bejahenden Glauben der Naturalisten*« (Kap. XI). Im dritten Teil des Romans heiratet Antonio Azorín, der Madrid den Rücken gekehrt hat und nach Yecla zurückgekehrt ist, eine Jugendfreundin Justinas, die tatkräftige, entschlossene Iluminada. Sie bildet eine Gegenkraft zu Azoríns Willenlosigkeit und Untätigkeit. »*Sein Fall ist mehr oder weniger typisch für die gesamte Spanische Jugend*«, schreibt der Dichter an Pío Baroja im Epilog. »*Ländlich gekleidet, unrasiert*«, so lebe dieser Mensch, ein Schriftsteller »*von so schöner Intelligenz, so unabhängigem Urteil, heute versunken in einem Dorf der Mancha*«. Nach E. I. Fox spiegelt sich in der Lebensgeschichte Antonio Azoríns die Chronik einer spanischen Generation, deren geistige Vorkämpfer den Widerspruch zwischen ihrem eigenen Leben und der historischen Wirklichkeit, in der sie leben mußten, schmerzlich fühlten. Ihre Merkmale sind Protest gegen die kurzsichtige Politik der Regierung, Auflehnung gegen die Autorität der Kirche, Mitleid mit dem Elend der Bauern, Ablehnung des spanischen Hanges zur Rhetorik, zu hochtönendem Patriotismus, Kritik an den literarischen Zuständen der Zeit, Ablehnung der spanischen Klassiker des 17.Jh.s. Andererseits verkörpert er auch den Glauben an die Kraft des spanischen Volkes, das ein besseres Schicksal verdient hat, die Sehnsucht nach einem Katholizismus der einfachen Leute, die Achtung vor echter, mit Güte und Toleranz einhergehender Frömmigkeit, die Wiederentdeckung der spanischen Dichter der vorklassischen Zeit (BERCEO, ARCIPRESTE DE HITA, Jorge MANRIQUE usw.) und einer neuen Malerei, deren Vorläufer El Greco ist. Und mit Azorín, dem Dichter, teilt Antonio Azorín, der Held dieses Romans, die Ansicht von der Notwendigkeit einer neuen, freien Romantechnik, die das enge, starre, vom Naturalismus ererbte Schema durchbricht: »*Vor allem ist die Fabel unnötig ... das Leben hat keine Fabel; es ist mannigfaltig, vielgestaltig, immer in Bewegung, widersprüchlich ... und alles andere als symmetrisch, geometrisch starr, wie es in den Romanen erscheint*« (Kap. IV).

A.A.A.

AUSGABEN: Madrid 1902. – Madrid 1947 (in *Obras completas*, Hg. A. Cruz Rueda, 9 Bde., 1947–1954, 1). – Barcelona 1958 (in *Las mejores novelas contemporáneas*, Hg. J. de Entrambasaguas, Bd. 2; m. Einl.). – Madrid 1985, Hg. u. Einl. F. I. Fox (Castalia).

LITERATUR: E. Bobadilla, *Impresiones literarias: »La voluntad«* (in Nuestro Tiempo, 1902, 2, S. 92–99). – S. Beser, *Notas sobre la estructura de »La voluntad«* (in Boletín de la Sociedad Castellonense de Cultura, 36, 1960, S. 169–181). – L. Litvak, *La catedral inconclusa. Un análisis de »La voluntad« de A. como novela de tema religiosa* (in Explicación de Textos Literarios, 2, 1973, S. 67–73). – P. Pearsall, *A.'s »La voluntad« and Nietzsche's »Schopenhauer as Educator«* (in RoNo, 2, 1984, Nr. 25, S. 121–126).

MARIANO AZUELA

eig. Mariano Azuela González
* 1.1.1873 Lagos de Moreno
† 1.3.1952 Mexiko

LITERATUR ZUM AUTOR:
B. Dulsey, *The Mexican Revolution as Mirrored in the Novels of M. A.* (in MLJ, 35, 1951, S. 382–386). – M. Azuela-Arriaga, *M. A. Novelista de la revolución mexicana*, Mexiko 1955. – A. Castro Leal, *La novela de la revolución mexicana*, Madrid 1960. – J. S. Dean, *Extreme Unction for Past Power and Glory: Four Fictions on the Mexican Revolution* (in REH, 17, 1983, S. 89–106).

LOS DE ABAJO

(span.; *Ü: Die Rotte*). Roman von Mariano AZUELA (Mexiko), erschienen 1915. – Dieses Werk eröffnet die mehr als 300 Titel umfassende Reihe des sogenannten »Romans der mexikanischen Revolution« und zählt heute zu den klassischen Erzählungen des hispanoamerikanischen Schrifttums. In *Los de abajo* (wörtliche Übersetzung: *Die da unten*) schildert Azuela, der sich auch in seinen anderen Romanen die mexikanische Revolution zum Vorwurf genommen hat, Aufstand, Siegeszug und Untergang des Demetrio Macías. Von Regierungstruppen verfolgt, die seine armselige Behausung niedergebrannt haben, flüchtet Demetrio ins Gebirge, wo sich bald andere Flüchtlinge um ihn scharen. Die Kunde von seinen Heldentaten treibt ihm dann rasch immer mehr Unzufriedene zu, verelendete Bauern und Landarbeiter, entwurzelte Indianer, aber auch Abenteurer, Dirnen und Verbrecher, bis er schließlich als selbsternannter »General« eine Horde von der Stärke eines Heeres befehligt, die mordend und plündernd durchs Land zieht und

Dörfer und Städte verwüstet. Neid und Eifersucht, Ungehorsam und Zuchtlosigkeit untergraben jedoch bald den Zusammenhalt, so daß »die Rotte« auseinanderfällt und sich auflöst. Verraten und verlassen, nur noch von wenigen Getreuen umgeben, fällt Demetrio kämpfend an eben der Stelle, von der aus er seinen Siegeszug antrat.

In der realistischen Schilderung Azuelas treten die düsteren Seiten der mexikanischen Revolution, die er als Arzt aus der Nähe miterlebte, stark hervor. Der Autor zeigt die Revolution dort, wo sie als Aufstand der Massen dunklen, verworrenen, oft niederen, ja verbrecherischen Antrieben entspringt, ohne das Bewußtsein eines möglichen Sinns, eines höheren Ziels. Von seiner Frau nach dem Wozu seines Kampfes befragt, wirft Demetrio einen Stein den Abhang hinab und sagt: »*Siehst du, der rollt immer weiter.*« Und sein Gefährte Solis sieht nur noch den Rausch der Sinnlosigkeit, in dem allein »*das Geschrei der den Wonnen der Plünderung hingegebenen Massen*« zu hören ist und die Seele des Volkes »*durchsichtig wie ein Tropfen Wasser in zwei Worten zusammengedrängt erscheint: Raub und Mord*«. – Ob Azuela aus dieser Sicht das Wesen der mexikanischen Revolution erfassen zu können glaubt, darf bezweifelt werden. Dennoch ist die künstlerische Bedeutung seines Werks unbestritten. Als Epos des Volksaufstands ist *Los de abajo* eine Heldensage besonderer Art. Hier weht echte epische Luft, auch wenn die Tonlage immer wieder umschlägt in Sarkasmus und makabren Humor. In kurzen Kapiteln, von denen jedes ein Bild oder eine dramatisch bewegte Szene des Kampfes, der Plünderung, der Zerstörung, der Liebe, der Eifersucht, des Todes bringt, schreitet die Erzählung fort. Sie muten an wie die Gesänge in alten Epen. Balladenhaft wie in alten spanischen *romances* wird oft der Ton: »*So wie die Fohlen, die umherspringen, wiehernd, wenn sie den ersten Donner der Maistürme hören, ziehen über die Berge die Mannen Demetrios. He, Jungs, auf nach Moyahua! Und die Landschaft wird hell, am klaren Himmel erscheint über einem roten Streifen die Sonne.*« Daneben erweist sich Azuela in den nur berichtenden Teilen als Schöpfer eines besonderen Stils: In ihrer Diktion kündigt sich die zupackende und auf dramatische Wirkung berechnete Ausdrucksform der modernen Reportage an.

A.F.R.

AUSGABEN: El Paso 1915 (in El Paso del Norte, Okt.–Dez.). – El Paso 1916. – Mexiko 1958 (in *Obras completas*, 3 Bde., 1958–1960, 1; Einl. F. Monterde). – Lima 1960. – Buenos Aires 1962. – Havanna 1971. – Madrid 1980.

ÜBERSETZUNG: *Die Rotte*, H. D. Disselhoff, Bln. 1930.

VERFILMUNG: Mexiko 1939 (Regie: C. Urueta).

LITERATUR: G. Fretes-Hilda, *La revolución mexicana a través de una novela* (in Revista de Literatura Argentina e Iberoamericana, 1, 1959, S. 83–92). – A. Dessau, *Der mexikanische Revolutionsroman*, Bln. 1967, S. 131–144 (Neue Beitr. z. Lit.wiss., 26). – D. Jaén, *Realidad ideal y realidad antagónica en »Los de abajo«* (in CA, 31, 1972, Nr. 183, S. 231–243). – T. Murad, *Animal Imagery and Structural Unity in M. A.'s »Los de abajo«* (in JSpS, 7, 1979, Nr. 2, S. 207–222). – D. Bradley, *Patterns of Myth in »Los de abajo«* (in MLR, 75, 1980, Nr. 1, S. 94–104). – D. Gerdes, *Point of View in »Los de abajo«* (in Hispania, 64, 1981, Nr. 4, S. 557–563). – M. Polgár, *Un análisis del misticismo revolucionario en »Los de abajo« de M. A.* (in CHA, 1984, Nr. 139, S. 152–162).